Cambridge Learner's Dictionary

Słownik
angielsko-polski
polsko-angielski

CAMBRIDGE
UNIVERSITY PRESS

CAMBRIDGE
UNIVERSITY PRESS

University Printing House, Cambridge CB2 8BS, United Kingdom

One Liberty Plaza, 20th Floor, New York, NY 10006, USA

477 Williamstown Road, Port Melbourne, VIC 3207, Australia

4843/24, 2nd Floor, Ansari Road, Daryaganj, Delhi – 110002, India

79 Anson Road, #06–04/06, Singapore 079906

Cambridge University Press is part of the University of Cambridge.

It furthers the University's mission by disseminating knowledge in the pursuit of education, learning and research at the highest international levels of excellence.

www.cambridge.org
Information on this title: www.cambridge.org/9780521170932

First edition published 2003
Second edition 2011
20 19 18 17 16 15 14 13 12 11 10 9 8 7 6 5 4 3 2

Printed in Malaysia by Vivar Printing

A catalogue record for this publication is available from the British Library

ISBN 978-0-521-17093-2 Paperback

Podziękowania

Naczelny redaktor koordynujący
Colin McIntosh

Redaktor merytoryczny
Robert Lew

Redaktorzy
Dorota Kotowicz
Dorota Holowiak
Mariusz Idzikowski
Magdalena Nadolska
Agnieszka Rzepa
Beata Tomaszewska

Redaktor korpusu
Ann Fiddes

Systemy komputerowe
Dominic Glennon
Daniel Perrett

Korekta
Sarah Chatwin
Urszula Chowaniec
Dorota Niewinska
Dilys Parkinson
Elizabeth Simpson
Gavin Simpson
Helen Warren

Projekt graficzny
Boag Associates
Claire Parson

Projekt okładki serii
Andrew Oliver

Skład
Data Standards Limited

Produkcja
Clive Rumble
Chris Williams

Ilustracje
Eikon Illustrators Ltd
Corinne Burrows
Ray Burrows
David Shenton

Zdjęcia na okładce
Kumar Sriskandan/Alamy
René Mansi/iStock
Jan Włodarczyk/Alamy

Wstęp

To wydanie *Cambridge Learner's Dictionary* zostało opublikowane specjalnie dla tych uczących się angielskiego, których językiem ojczystym jest polski. Dlatego w artykułach hasłowych obok angielskiej definicji, informacji gramatycznej oraz wielu przykładów użycia pojawi się również polskie tłumaczenie każdego znaczenia danego słowa.

Cambridge International Corpus

Słownik został stworzony w oparciu o *Cambridge International Corpus*, który jest zbiorem ponad miliarda wyrazów angielskich pochodzących z wielu różnych źródeł, na przykład z gazet, powieści, podręczników, Internetu czy z nagrań codziennych rozmów. Dlatego wszystkie wyrazy korpusu, składowane w olbrzymiej bazie komputerowej, ilustrują autentyczne użycie angielskiego. W tej bazie danych można wyszukać przykłady użycia, które są wiarygodne oraz typowe dla współczesnego angielskiego. Ponadto dzięki tej bazie danych możliwe było sporządzenie w tym słowniku uwag dotyczących związków wyrazowych (grup wyrazów, które często występują razem) oraz synonimów (wyrazów o podobnym znaczeniu); uwagi te, odznaczające się kolorowym tłem, pojawiają się na niemal wszystkich kartach tego słownika.

Cambridge Learner Corpus

Cambridge Learner Corpus to olbrzymi zbiór skryptów egzaminacyjnych wypełnionych przez studentów z całego świata, którzy przystąpili do egzaminu *Cambridge ESOL English*. Skrypty wypełnione przez polskich studentów zostały przeanalizowane pod kątem wyrazów, które stanowią największe utrudnienie i wyzwanie w opanowaniu angielskiego. Dzięki tej analizie możliwe było dodanie do tego słownika pożytecznej informacji, podanej jako **Najczęściej popełniane błędy**, aby przestrzec użytkowników tego słownika przed popełnianiem podobnych błędów.

Poziomy według *English Profile*

W artykułach hasłowych słownika pojawiają się symbole A1, A2, B1 oraz B2. Oznaczają one poziomy zaawansowania, które wykorzystuje projekt *English Profile*; ich zadaniem jest wskazanie, które wyrazy i wyrażenia uczący się powinien znać na kolejnych poziomach nauki. Wyrazy oznaczone jako A1 to wyrazy podstawowe, których należy nauczyć się na początku. Następnie należy kolejno zaznajomić się z wyrazami i wyrażeniami oznaczonymi literami A2, B1 oraz B2. Oznaczenia te pomogą zdecydować, które wyrazy są ważne dla uczącego się, aby mógł osiągnąć odpowiedni poziom zaawansowania.

Listy słownikowe są częścią programu *English Profile* (dużego projektu badawczego sponsorowanego przez Radę Europy). Listy te zostały stworzone przy szerokim wykorzystaniu *Cambridge Learner Corpus*, zbioru ponad 350 milionów angielskich wyrazów z tekstów napisanych przez osoby uczące się angielskiego na całym świecie. Korpus ten wykorzystał również inne źródła, takie jak listy słownikowe przygotowujące do egzaminów czy materiały używane podczas zajęć. W oparciu o wyniki badań nad wszystkimi zbiorami, *Cambridge Learner Corpus* wskazuje, jaki zasób języka uczący się powinni już mieć, a jakiego jeszcze nie mieć na danym poziomie.

Cambridge Dictionaries Online

Słowniki Cambridge są również dostępne w sieci. Znajdują się na stronie: www.dictionary.cambridge.org

Spis treści

Jak korzystać z tego słownika

Odszukiwanie słowa

Każdy artykuł hasłowy rozpoczyna się od podstawowej formy danego słowa.

language /ˈlæŋgwɪdʒ/ **noun 1** [U] B1 communication between people, usually using words: *She has done research into how children acquire language.* ▷ **język 2** [C] A1 a type of communication used by the people of a particular country: *How many **languages** do you **speak**?* ▷ **język 3** [U] words of a particular type, especially the words used by people in a particular job: *legal language* ◦ *the language of business* ▷ **język 4** [C, U] a system of instructions that is used to write computer programs ▷ **język** → See also **body language**, **modern languages**, **second language**, **sign language**

Hasła wyrazów złożonych znajdują się w słowniku w porządku alfabetycznym. Symbol akcentu (ˈ ˌ) wskazuje, którą część wyrazu należy wypowiedzieć mocniej.

ˈlanguage laˌboratory UK (US **ˈlanguage ˌlaboratory**) **noun** [C] a room in a college or school where you can use equipment to help you practise listening to and speaking a foreign language ▷ **laboratorium językowe**

Hasło zawiera również inną możliwą pisownię danego wyrazu lub wskazuje inny wyraz o takim samym znaczeniu.

dialogue (also US **dialog**) /ˈdaɪəlɒg/ **noun** [C, U] **1** B2 the talking in a book, play, or film ▷ **dialog 2** a formal discussion between countries or groups of people ▷ **dialog**

Jeśli dwa wyrazy mają taką samą pisownię, ale należą do różnych części mowy (np. czasownika i rzeczownika), wówczas tworzą osobne hasła.

interface[1] /ˈɪntəfeɪs/ **noun** [C] **1** a connection between two pieces of electronic equipment, or between a person and a computer: *a simple **user interface*** ▷ **interfejs 2** a situation, way, or place where two things can come together and have an effect on each other: *the **interface between** technology and tradition* ▷ **granica, obszar wzajemnego oddziaływania**

interface[2] /ˈɪntəˌfeɪs/ **verb** [I, T] to communicate with people or electronic equipment, or to make people or electronic equipment communicate: *We use email to **interface with** our customers.* ▷ **kontaktować się**

Niektóre wyrazy pochodne od wyrazu hasłowego podane są na końcu hasła. Jeśli nie są stworzone przez regularną derywację lub ich znaczenie nie jest jasne, będzie im towarzyszyć wyjaśnienie.

fluent /ˈfluːənt/ **adjective 1** B2 able to use a language naturally without stopping or making mistakes: *She is* ***fluent in*** *six languages.* ▷ **biegły 2** B2 produced or done in a smooth, natural style: *Hendrik speaks fluent English.* ▷ **biegły, płynny** • **fluency** /ˈfluːənsi/ **noun** [U] B2 ▷ **biegłość, płynność** • **fluently adverb** B2 ▷ **biegle, płynnie**

Hasła

Jeśli dany wyraz ma więcej niż jedno znaczenie, wówczas to najczęściej występujące pojawia się jako pierwsze.

Te symbole oznaczają poziom zaawansowania, według *English Profile*, w którym znajomość danego słowa jest wymagana. A1 oznacza najniższy poziom, po którym następują A2, B1 oraz B2.

Przykładowe zdania podane w oparciu o *Cambridge International Corpus* pokazują, jak użyć danego wyrazu w typowej sytuacji.

voice[1] /vɔɪs/ **noun 1** [C] B1 the sounds that you make when you speak or sing: *I could hear voices in the next room.* ◦ *Jessie has a beautiful singing voice.* ◦ *Could you please* ***keep your voices down*** (= *speak more quietly*)? ◦ *He* ***raised his voice*** (= *spoke more loudly*) *so that everyone could hear.* ▷ **głos 2 lose your voice** B2 to become unable to speak, often because of an illness: *She had a bad cold and was losing her voice.* ▷ **tracić głos 3** [C] someone's opinion about a particular subject: *The programme gives people the opportunity to make their voices heard.* ▷ **głos**

Każde słowo opatrzone jest informacją o przynależności do części mowy (np. *noun*, *verb*, *adj*). Lista części mowy znajduje się na wewnętrznej stronie okładki.

Objaśnienia gramatyczne, które informują o poprawnym użyciu słowa, znajdują się na stronie xi.

say[1] /seɪ/ **verb** [T] (**says**, past tense and past participle **said**) **1** A1 to speak words: *"I'd like to go home," she said.* ◦ *I couldn't hear what they were saying.* ◦ *How do you say this word?* ▷ **mówić, powiedzieć 2** B1 to tell someone about a fact, thought, or opinion: [+ question word] *Did she say where she was going?* ◦ [+ (that)] *The jury said that he was guilty.* ▷ **powiedzieć 3** B1 to give information in writing, numbers, or signs: *My watch says one o'clock.* ◦ *What do the papers say about the election?* ▷ **mówić, pisać, wskazywać 4 say sth to yourself** to think something but not speak: *"I hope she likes me," he said to himself.* ▷ **powiedzieć do siebie** *coś*

Wymowa podana jest za pomocą symboli międzynarodowego alfabetu fonetycznego (IPA). Lista symboli fonetycznych znajduje się na stronie 1232, a najtrudniejsze symbole są również wyjaśnione u dołu każdej strony słownika. Wyjaśnienia dotyczące systemu wymowy podane są na stronie xiv.

Nieregularne odmiany wyrazów są podane i wyraźnie oznaczone. Lista nieregularnych form czasowników podana jest na stronie 1229.

speak /spi:k/ **verb** (past tense **spoke**, past participle **spoken**) **1** [I] A1 to say something using your voice: *to speak loudly/quietly* ◦ *There was complete silence – nobody spoke.* ▷ **rozmawiać, mówić** **2 speak to sb** mainly UK (mainly US **speak with sb**) to talk to someone: *Could I speak to Mr Davis, please?* ◦ *Have you spoken with your new neighbors yet?* ▷ **rozmawiać z** *kimś* **3 speak about/of sth** to talk about something: *He refused to speak about the matter in public.* ▷ **rozmawiać lub mówić o** *czymś* **4 speak English/French/German, etc** A1 to be able to communicate in English/French/German, etc: *Do you speak English?* ▷ **mówić po angielsku/francusku/niemiecku** *itp.* **5** [I] to make a speech to a large group of people: *She was invited to speak at a conference in Madrid.* ▷ **przemawiać**

Te informacje podawane są, gdy dany wyraz używany jest w brytyjskim bądź amerykańskim angielskim. Lista objaśnień odpowiednich skrótów podana jest na stronie xiii.

Te skróty wskazują, czy dany wyraz jest np. słowem formalnym czy potocznym. Więcej skrótów i ich objaśnienia znajdują się na stronie xiii.

chat[1] /tʃæt/ **verb** [I] (present participle **chatting**, past tense and past participle **chatted**) A2 to talk with someone in a friendly and informal way: *I wanted to **chat to** you **about** the party on Saturday.* ▷ **pogadać**

PHRASAL VERB **chat sb up** UK informal to talk to someone in a way that shows them that you are sexually attracted to them ▷ **podrywać** *kogoś*

Więcej informacji na temat danego wyrazu

Odniesienia wewnątrz haseł wskazują, gdzie można znaleźć więcej informacji na temat danego słowa, np. wyrazy o znaczeniu przeciwnym, ilustracje, *study pages* czy idiomy.

lamp /læmp/ **noun** [C] A2 a piece of equipment that produces light: *a table lamp* ◦ *an oil lamp* ▷ **lampa** → See **The Living Room** on page Centre 4

Wyrazy, które często występują razem (*collocations* czy *word partners*), są wskazane w przykładach poprzez ciemniejszą czcionkę.

communicate /kəˈmjuːnɪkeɪt/ **verb** [I, T] **1** B1 to share information with others by speaking, writing, moving your body, or using other signals: *We can now* ***communicate*** *instantly* ***with*** *people on the other side of the world.* ▷ **porozumiewać się, przekazywać** **2** B2 to talk about your thoughts and feelings, and help other people to understand them: *He can't* ***communicate with*** *his parents.* ▷ **dogadywać się, wyrażać**

Jeśli dany wyraz hasłowy stanowi część wyrażenia, jest to wskazane na początku definicji.

Czasowniki złożone podane są w porządku alfabetycznym po haśle z głównym czasownikiem.

spell[1] /spel/ **verb** (past tense and past participle **spelled**, also UK **spelt**) **1** [T] A2 to write down or tell someone the letters which are used to make a word: *How do you spell that?* ◦ *Her name's spelt S-I-A-N.* ▷ **przeliterować** **2** [I] If you can spell, you know how to write the words of a language correctly: *My grammar's all right, but I can't spell.* ▷ **pisać (bez błędów)** **3 spell disaster/trouble, etc** If something spells disaster, trouble, etc, you think it will cause something bad to happen in the future: *The new regulations could spell disaster for small businesses.* ▷ **oznaczać katastrofę/kłopoty** *itp.*

PHRASAL VERB **spell sth out** to explain something in a very clear way with details: *They sent me a letter,* ***spelling out the details*** *of the agreement.* ▷ **wyjaśniać** *coś*

Niektóre słowa stanowią część idiomu. Wówczas całe wyrażenie idiomatyczne wyróżnione jest ciemną czcionką na końcu hasła.

message[1] /ˈmesɪdʒ/ **noun** [C] **1** A1 a piece of written or spoken information which one person gives to another: *Did you* ***get*** *my* ***message****?* ◦ *I* ***left*** *her several* ***messages****, but she hasn't returned my call.* ▷ **wiadomość** **2** B2 the most important idea of a film, book, etc: *The book conveys a complex message.* ▷ **przesłanie**

IDIOM **get the message** informal to understand what someone wants you to do by their actions: *Don't return any of his calls – he'll soon get the message and leave you alone.* ▷ **załapać lub zrozumieć (o co chodzi)**

Wszystkie objaśnienia napisane są przystępnym językiem. Jeśli w definicjach użyte są trudniejsze wyrazy, ich znaczenie podane jest w nawiasie.

Tłumaczenia wyrazów hasłowych są podane po przykładzie i zaznaczone są innym kolorem czcionki.

express[1] /ɪkˈspres/ **verb** [T] B2 to show what you think or how you feel using words or actions: *I'm simply expressing my opinion.* ◦ [often reflexive] *You're not expressing yourself (= saying what you mean) very clearly.* ▷ **wyrażać**

Informacje podane w ramkach

Te ramki podają informacje na temat wyrazów, które często występują razem, tj. na temat związków wyrazowych (*collocations*). W słowniku znajduje się ponad 1000 ramek z tego typu informacjami.

ˈtext ˌmessage noun [C] A2 a written message, usually containing words with letters left out, sent from one mobile phone to another ▷ **wiadomość tekstowa, SMS**
• **text messaging** noun [U] ▷ **wiadomości tekstowe, SMS-y**

> Wyrazy występujące razem z **text message**
>
> **get/send** a text message • a text message **saying** sth • a text message **from/to** sb

Te ramki wskazują wyrazy o takim samym lub podobnym znaczeniu. W słowniku znajduje się 80 ramek tego typu.

> **Happy** wyrazy bliskoznaczne
>
> Osoba, która sprawia wrażenie radosnej i szczęśliwej może być określona jako **cheerful**:
>
> *She's always very **cheerful**.*
>
> Jeśli ktoś jest szczęśliwy z jakiegoś powodu, możemy go opisać za pomocą przymiotników **pleased** lub **glad**, a jeśli jest on wyjątkowo szczęśliwy możemy użyć **delighted**:
>
> *He was **pleased** that she had come back.*
> *I was so **glad** to see her.*
> *They are **delighted** with their new car.*
>
> Jeśli ktoś jest wyjątkowo szczęśliwy i podekscytowany, możemy go określić za pomocą przymiotników **ecstatic** lub **elated**:
>
> *The new president was greeted by an **ecstatic** crowd.*
> *We were **elated** at the news.*

Te uwagi powstały w oparciu o *Cambridge Learner Corpus* i podają informacje na temat słów, które są problematyczne dla uczących się angielskiego.

> **!** Najczęściej popełniane błędy: **call**
>
> Proszę pamiętać, że gdy **call** występuje jako czasownik i oznacza „dzwonić do kogoś", nigdy nie następuje po nim przyimek.
>
> Nie mówimy więc „call to someone", ale **call someone**:
>
> ~~*Please call to Mr Black and postpone our meeting.*~~
>
> *Please call Mr Black and postpone our meeting.*

Więcej informacji na temat korzystania ze słownika

Objaśnienia gramatyczne

Jeśli dane słowo zawsze występuje w danej formie gramatycznej, jest ona wskazana na początku hasła lub definicji. Struktury, w których dany wyraz występuje często, ale nie zawsze, podane są przy przykładach ilustrujących dane użycie.

Rzeczowniki

C	Rzeczowniki policzalne	*pencil, friend, house*
U	Rzeczowniki niepoliczalne, tj. takie, które nie mają liczby mnogiej	*water, advice, health*
C, U	Rzeczowniki, które mogą być policzalne lub niepoliczalne	*ability, quantity, exercise* ▸ *You should take some **exercise**.* ▸ *I do my **exercises** every morning.*
group	Rzeczownik odnoszący się do grupy ludzi lub przedmiotów i który może być użyty z czasownikiem w formie liczby pojedynczej bądź mnogiej	*government, class, team* ▸ *The French **team are** European champions.* ▸ *His **team is** top of the league.*
plural	Rzeczownik w liczbie mnogiej, który musi być użyty z czasownikiem w liczbie mnogiej	*trousers, scissors, pliers*
no plural	Rzeczownik, który może być użyty z przedimkiem nieokreślonym a lub an, ale który nie ma liczby mnogiej	*rush, vicious circle, wait* ▸ *Sorry, I'm in **a rush**.*
usually plural	Rzeczownik, który zwykle używany jest w formie liczby mnogiej	*statistics, resources, regulations*
usually singular	Rzeczownik, który zwykle używany jest w formie liczby pojedynczej	*mess, range, world*

Czasowniki

I	Czasownik nieprzechodni, po którym nie występuje dopełnienie	*sleep, glance, fall* ▸ *Anna's **sleeping**.*
T	Czasownik przechodni, po którym musi występować dopełnienie	*cure, hit, catch* ▸ *Fiona **hit her sister**.*
I, T	Czasownik, który może być nieprzechodni lub przechodni	*sing, explain, drive* ▸ *I always **sing** in the bath.* ▸ *He **sang** a **song**.*
+ two objects	Czasownik, po którym występują dwa dopełnienia	*give, send, lend* ▸ *She **gave me the keys**.*

often passive	Czasownik często używany w stronie biernej	*allow* ▸ *Smoking **is** not **allowed** in the restaurant.*
often reflexive	Czasownik często używany z zaimkiem zwrotnym (np. **myself**, **yourself**, **herself**)	*defend* ▸ *He can **defend himself**.*

Jeśli znaczenie danego czasownika jest zawsze bierne (np. **inundate**, **demote**, **affiliate**) lub zawsze zwrotne (np. **brace**, **ingratiate**, **steel**), wzór struktury gramatycznej podany jest na początku hasła.

Po niektórych czasownikach lub ich znaczeniach zawsze występują przysłówki lub przyimki (np. **creep**, **flick**, **trickle**). Wówczas przykłady takich typowych związków podane są na początku hasła lub odpowiedniego znaczenia danego czasownika.

Przymiotniki

Always before noun	Przymiotnik przydawkowy, który jest zawsze używany przed rzeczownikiem	*major, basic, staunch* ▸ *a **staunch** supporter*
Never before noun	Przymiotnik orzecznikowy, który jest zawsze używany z takimi czasownikami jak **be**, **seem**, **feel**	*afraid, ready, done* ▸ *She's **afraid** of water.*
Always after noun	Przymiotnik, który jest zawsze używany po rzeczowniku	*galore, proper, incarnate* ▸ *the devil **incarnate***

Inne struktury gramatyczne

Poniższe struktury mogą się odnosić do rzeczowników, przymiotników lub czasowników

+ that	Po tym wyrazie występuje zdanie podrzędne *that clause*, w którym wyraz **that** musi się pojawić.	*boast, assertion, evident* ▸ *It was **evident** from her voice **that** she was upset.*
+ (that)	Po tym wyrazie występuje zdanie podrzędne *that clause*, w którym wyraz **that** nie musi się pojawić.	*hope, amazed, doubt* ▸ *I **hope that** the bus won't be late.* ▸ *I **hope** the bus won't be late.*
+ doing sth	Po tym wyrazie występuje czasownik w formie **–ing**.	*enjoy, busy, difficulty* ▸ *I **enjoy going** to the beach.*
+ to do sth	Po tym wyrazie występuje czasownik w formie bezokolicznika	*confidence, careful, decide* ▸ *I didn't have the confidence to speak up.*
+ for/of, etc + doing sth	Po tym wyrazie występuje przyimek (np. **for**/**of**), a następnie czasownik w formie **–ing**.	*apologize, idea, guilty* ▸ *She **apologized for being** late.*
+ question word	Po tym wyrazie pojawia się zaimek pytajny (np. **who**, **what**, **how**)	*ask, certain, clue* ▸ *I'm not **certain who** to ask.*
Used in questions and negatives	Wyraz używany w pytaniach oraz zdaniach zaprzeczonych	*mind, much, yet* ▸ *Do you mind if I come in?* ▸ *I haven't seen him yet.*

Kwalifikatory

informal	Wyraz potoczny używany podczas rozmowy z osobami, które się zna; zwykle nie pojawia się w tekstach pisanych, dotyczących poważnych tematów	*brainy, freebie, goalie*
formal	Wyraz używany w tekstach pisanych, dotyczących poważnych tematów, np. prawa lub biznesu	*examination, moreover, purchase*
very informal	Wyraz bardzo potoczny używany podczas rozmowy z osobami, które się zna bardzo dobrze; zwykle nie pojawia się w tekstach pisanych. Czasami taki wyraz może zostać odebrany jako obraźliwy lub wulgarny, co zaznaczone jest w haśle	*prat, barf, crap*
spoken	Pisemna forma wyrazu używanego podczas rozmowy	*yeah, hey, eh*
humorous	Wyraz używany w celu osiągnięcia efektu humorystycznego lub podczas opowiadania dowcipu	*couch potato, snail mail*
literary	Wyraz książkowy, który nie pojawia się zwykle podczas codziennych rozmowów	*beloved, slumber, weep*
old-fashioned	Wyraz przestarzały, który nie jest używany we współczesnej angielszczyźnie, ale może znajdować się w książkach, w tekstach humorystycznych lub w wypowiedziach osób starszych	*gramophone, spectacles, farewell*
trademark	Nazwa markowa produktu, który jest oferowany na rynku przez jedną firmę. Czasami ten znak towarowy używany jest jako ogólna nazwa podobnych produktów	*Coke, Hoover, Sellotape*

Angielszczyna brytyjska i amerykańska

Definicje i przykłady w tym słowniku podane są w angielszczyźnie brytyjskiej. Jednak słownik ten zawiera również informacje na temat angielszczyzny amerykańskiej i jeśli w znaczeniach lub użyciu wyrazów występują różnice pomiędzy brytyjskim i amerykańskim angielskim, są one wyraźnie wskazane.

UK	Wyraz używany tylko w angielszczyźnie brytyjskiej	*pavement, petrol station*
US	Wyraz używany tylko w angielszczyźnie amerykańskiej	*sidewalk, gas station*
Mainly UK	Wyraz używany przeważnie w angielszczyźnie brytyjskiej, ale czasami też w angielszczyźnie amerykańskiej	*lecturer, rubbish, nightdress*
Mainly US	Wyraz używany przeważnie w angielszczyźnie amerykańskiej, ale czasami też w angielszczyźnie brytyjskiej	*movie, apartment, semester*
Also UK	Wyraz dodatkowy, który może być użyty w angielszczyźnie brytyjskiej	
Also UK	Wyraz dodatkowy, który może być użyty w angielszczyźnie amerykańskiej	

Wymowa

Wymowa podana jest za pomocą symboli międzynarodowego alfabetu fonetycznego. Pełna lista symboli fonetycznego zapisu podana jest na stronie wewnętrznej ostatniej strony okładki.

Wiele symboli fonetycznych, np. /p/, /s/ czy /k/, podaje brzmienie dokładnie takie samo, jak najczęściej spotykana wymowa tych liter. Te symbole nie są wyjaśnione na dole każdej strony słownika.

Gdy hasło zawiera więcej niż jedną możliwą wymowę danego słowa, jako pierwsza podana jest wymowa spotykana najczęściej.

Wymowa brytyjska i amerykańska

Większość artykułów hasłowych zawiera jeden opis wymowy wyrazu, który jest dopuszczalny zarówno w brytyjskiej jak i amerykańskiej wymowie. Jednak istnieją pewne regularne różnice pomiędzy wymową brytyjską i amerykańską, które nie są wskazane przy każdym słowie.
Do głównym różnic zaliczamy:

1 W amerykańskiej angielszczyźnie wymawiany jest dźwięk odpowiadający literze **r** w wyrazach takich jak **hard** czy **teacher**, natomiast w brytyjskiej angielszczyźnie w tych wrazach **r** nie jest wymawiane.

2 W amerykańskiej angielszczyźnie litery **t** oraz **tt** w wyrazach takich jak **later** czy **butter** są wymawiane miękko, prawie jak dźwięk /d/.

Gdy istnieje wyraźna różnica między wymową brytyjską i amerykańską, obie wymowy są przedstawione. Symbol ⓤⓢ poprzedza wymowę amerykańską, np. **schedule** /ˈʃedjuːl ⓤⓢ ˈskedjuːl/.

Akcent

Symbol akcentu wskazuje, która sylaba wyrazu powinna być wyróżniona podczas wypowiedzi.

/ ˈ / wskazuje akcent główny wyrazu. Przykładowo, w wyrazie **picture** /ˈpɪktʃəʳ/, zaakcentowana powinna być pierwsza część wyrazu, natomiast w wyrazie **deny** /dɪˈnaɪ/ należy zaakcentować drugą część wyrazu.

/ ˌ / wskazuje akcent poboczny wyrazu. Przykładowo, w słowie **submarine** /ˌsʌbməˈriːn/ główny akcent pada na ostatnią sylabę, ale pierwsza sylaba jest również lekko akcentowana, tj. ma ona akcent poboczny.

W przypadku wyrazów złożonych (składających się z dwóch lub więcej wyrazów) akcent zaznaczony jest w samym złożeniu. Przykładowo, w wyrażeniu **deˌsigner ˈbaby** akcent główny pada na pierwszą sylabę drugiego wyrazu, ale w pierwszym wyrazie druga sylaba ma akcent poboczny.

Formy mocne i słabe

Niektóre podstawowe słowa (np. **and**, **them**, **of**) mają formę mocną i słabą. Formy słabe używane są znacznie częściej. Przykładowo, w zdaniu *I saw them leave* będzie użyta forma słaba /ðəm/.

Mocna forma jest używana w celu wyróżnienia tego słowa, tj. gdy wymawiane jest ono z dużą emfazą. Przykładowo, w zdaniu *They said they saw me, but I didn't see them*, użyta będzie mocna forma /ðem/.

Odmiana regularna

Wszystkie formy odmiany (np. liczba mnoga rzeczowników, czas przeszły czasowników), które nie są regularne, są podane w artykule hasłowym danego słowa. Tworzenie form regularnych wyjaśnione jest poniżej.

Rzeczowniki

Większość rzeczowników tworzy liczbę mnogą poprzez dodanie **-s**:
▸ *chair, chairs* ▸ *plate, plates*

Rzeczowniki zakończone na **-s**, **-ss**, **-ch**, **-x** lub **-z** tworzą liczbę mnogą przez dodanie **-es**:
▸ *mass, masses* ▸ *match, matches*

Rzeczowniki zakończone na **-y** poprzedzone spółgłoską (np. **-t-**, **-p-** czy **-m-**), tworzą liczbę mnogą przez zastąpienie **-y** końcówką **-ies**:
▸ *baby, babies* ▸ *university, universities*

Przymiotniki

Forma wyższa przymiotników angielskich tworzona jest albo przez dodanie końcówki **-er**, albo w sposób opisowy przez dodanie wyrazu **more** przed przymiotnikiem.

Forma najwyższa przymiotników angielskich, tworzona jest albo przez dodanie końcówki **-est**, albo w sposób opisowy przez dodanie wyrazu **most** przed przymiotnikiem.

Jednosylabowe przymiotniki zwykle tworzą formę wyższą i najwyższą przez dodanie końcówek **-er** oraz **-est**:
▸ *small, smaller, smallest*

Dwusylabowe przymiotniki mogą być stopniowane przez użycie wyrazów **more** oraz **most**:
▸ *complex, more complex, most complex*

Niektóre przymiotniki dwusylabowe mogą tworzyć formy wyższe i najwyższe również poprzez dodanie końcówek **-er** oraz **-est**. Do tej grupy należą:

- przymiotniki zakończone na **-y** oraz na **-ow**:
  ▸ *happy, noisy, shallow*
- przymiotniki zakończone na **-le**:
  ▸ *able, noble, simple*
- niektóre dwusylabowe przymiotniki o dużej frekwencji użycia:
  ▸ *common, cruel, handsome, pleasant, polite, quiet, solid, wicked*

Trzysylabowe przymiotniki zwykle tworzą formy wyższe i najwyższe poprzez dodanie wyrazów **more** i **most**:
▸ *beautiful, more beautiful, most beautiful*

W przypadku stopniowania przymiotników zakończonych na **-e** poprzez użycie końcówek **-er** oraz **-est**, ostatnie **-e** zostaje pominięte:
▸ *pale, paler, palest*

W przypadku stopniowana przymiotników zakończonych na **-y** poprzez użycie końcówek **-er** oraz **-est**, litera **-y** zostaje zastąpiona przez literę **-i**:
▸ *happy, happier, happiest*

Czasowniki

Regularne formy czasowników są następujące.

Trzecią formę liczby pojedynczej w czasie teraźniejszym tworzy się przez dodanie końcówki **-s**. W przypadku czasowników zakończonych na **-s**, **-ss**, **-ch**, **-x** lub **-z**, formę tę tworzy się poprzez dodanie końcówki **-es**.

Formę imiesłowu teraźniejszego tworzy się przez dodanie końcówki **-ing**.

Formę czasu przeszłego oraz imiesłowu przeszłego tworzy się przez dodanie końcówki **-ed**.
▸ *pack, packs, packing, packed*

W przypadku odmiany czasowników zakończonych na **-e** przed dodaniem końcówki imiesłowów lub czasu przeszłego litera **-e** zostaje usunięta:
▸ *hate, hating, hated*

W przypadku odmiany czasowników zakończonych na **-y** litera ta zostaje usunięta; forma trzeciej osoby liczby pojedynczej czasu teraźniejszego to **-ies**, a forma imiesłowu przeszłego oraz czasu przeszłego to **-ied**:
▸ *cry, cries, crying, cried*

A, a /eɪ/ the first letter of the alphabet ▷ **A, a**

a (also **an**) strong /eɪ/ weak /ə/ **determiner 1** A1 used before a noun to refer to a single thing or person but not a particular thing or person or not one that you have referred to before: *I need a new car.* ◦ *I saw a woman speaking to him.* **2** A1 one: *a hundred dollars* ◦ *a dozen eggs* ▷ **jeden 3** A1 every or each: *A child needs love.* ◦ *Take one tablet three times a (= each) day.* ▷ **każdy 4** A1 used to say what type of thing or person something or someone is: *It's a guinea pig.* ◦ *She's a doctor.* **5** A2 used before some action nouns when referring to one example of the action: *I'm just going to have a wash.* ◦ *Take a look at this.* ▷ Często tłumaczymy formą dokonaną czasownika, np. **umyć się**, **spojrzeć**, *itp.* **6** A2 used before the first of two nouns that are often used together: *a cup and saucer* **7** A2 used before some phrases saying how much of something there is: *a few days* ◦ *a bit of sugar* **8** used before a person's name when referring to someone you do not know: *There's a Ms Leeming to see you.* ▷ **jakiś**

> **!** Najczęściej popełniane błędy: **a** czy **the**?
>
> **Uwaga:** Jeśli mówimy o konkretnej rzeczy, o której już wcześniej wspomniano lub którą już znamy, lub gdy tylko jedna taka rzecz istnieje, nie używamy „a" czy „an", ale **the**:
>
> ~~*The hotel is in a centre of London.*~~
>
> *The hotel is in the centre of London.*

> **!** Najczęściej popełniane błędy: **a** czy **an**?
>
> **Uwaga! A** jest używane przed rzeczownikami zaczynającymi się od spółgłoski:
>
> ***a** car, **a** teacher, **a** school*
>
> Przed rzeczownikami rozpoczynającymi się od samogłosek: *a, e, i, o,* i *u* lub dźwięków samogłoskowych, używamy **an**:
>
> ***an** orange, **an** important person, **an** hour*

a- /eɪ/ **prefix** not, without: *atypical* ◦ *amoral* ▷ **a-**

aback /ə'bæk/ **adverb be taken aback** to be very surprised or shocked: *I was rather taken aback by her honesty.* ▷ **być zaskoczonym**

abacus /'æbəkəs/ **noun** [C] a square object with small balls on wires, used for counting ▷ **liczydło**

abandon /ə'bændən/ **verb** [T] **1** B2 to leave someone or something somewhere, sometimes not returning to get them: *They were **forced to abandon** the car.* ▷ **porzucać 2** to stop doing something before it is finished, or to stop following a plan, idea, etc: *The match was abandoned because of rain.* ▷ **zaniechać, zarzucać, rezygnować z**
• **abandoned adjective** B2 ▷ **porzucony, opuszczony** • **abandonment noun** [U] ▷ **porzucenie, zarzucenie, rezygnacja**

> Wyrazy występujące razem z **abandon**
>
> be forced to abandon sth • abandon an attempt/effort/idea/plan/search

abate /ə'beɪt/ **verb** [I] formal to become less strong: *By the weekend, the storms had abated.* ▷ **słabnąć**

abattoir /'æbətwɑːʳ/ **noun** [C] UK (UK/US **slaughterhouse**) a place where animals are killed for meat ▷ **rzeźnia**

abbey /'æbi/ **noun** [C] a group of buildings that is a home for monks or nuns ▷ **opactwo**

abbreviate /ə'briːvieɪt/ **verb** [T] to make a word or phrase shorter: *The word 'street' is often **abbreviated to** 'St'.* ▷ **skracać**

abbreviation /əˌbriːvi'eɪʃən/ **noun** [C] a shorter form of a word or phrase, especially used in writing: *A doctor is often called a 'GP', an **abbreviation for** 'general practitioner'.* ▷ **skrót**

abdicate /'æbdɪkeɪt/ **verb 1** [I] If a king or queen abdicates, they choose to stop being king or queen. ▷ **abdykować 2 abdicate responsibility** formal to decide not to be responsible for something any more ▷ **zrzekać się odpowiedzialności**
• **abdication** /ˌæbdɪ'keɪʃən/ **noun** [C, U] ▷ **abdykacja, zrzeczenie się**

abdomen /'æbdəmən/ **noun** [C] formal the lower part of a person or animal's body, containing the stomach and other organs ▷ **brzuch**
• **abdominal** /æb'dɒmɪnəl/ **adjective** to do with the abdomen: *abdominal pains* ▷ **brzuszny**

abduct /əb'dʌkt/ **verb** [T] to take someone away illegally: *He was abducted by a terrorist group.* ▷ **porwać, uprowadzić**
• **abduction** /əb'dʌkʃən/ **noun** [C, U] ▷ **porwanie, uprowadzenie**

aberration /ˌæbə'reɪʃən/ **noun** [C] formal a temporary change from what usually happens ▷ **odchylenie**

abhor /əb'hɔːʳ/ **verb** [T] (present participle **abhorring**, past tense and past participle **abhorred**) formal to hate something or someone very much ▷ **brzydzić się**
• **abhorrence** /əb'hɒrəns/ **noun** [U] formal ▷ **obrzydzenie, odraza**

abhorrent /əb'hɒrənt/ **adjective** formal morally very bad: *an abhorrent crime* ▷ **odrażający**

abide /ə'baɪd/ **verb can't abide sb/sth** to

A

strongly dislike someone or something: *I can't abide rudeness.* ▷ **nie znosić** *kogoś/czegoś*

PHRASAL VERB **abide by sth** to obey a rule: *Staff who refused to* ***abide by*** *the* ***rules*** *were fired.* ▷ **przestrzegać** *czegoś*

abiding /ə'baɪdɪŋ/ **adjective** [always before noun] An abiding feeling or memory is one that you have for a long time: *My* ***abiding memory*** *is of him watering his plants in the garden.* ▷ **niezatarty** → See also **law-abiding**

ability /ə'bɪləti/ **noun** [C, U] B1 the physical or mental skill or qualities that you need to do something: *athletic/academic ability* ◦ [+ to do sth] *He* ***had the ability*** *to explain things clearly.* ◦ *The report questions the technical ability of the staff.* ▷ **umiejętność, zdolność** → Opposite **inability** → Compare **disability**

> Wyrazy występujące razem z **ability**
>
> have/lack/possess ability • innate/remarkable/uncanny ability

abject /'æbdʒekt/ **adjective** **1** **abject misery/poverty/terror, etc** when someone is extremely unhappy, poor, afraid, etc ▷ **skrajna rozpacz/nędza/paraliżujący strach** *itp.* **2** showing that you are very ashamed of what you have done: *an* ***abject apology*** ▷ **uniżony**

ablation /ə'bleɪʃən/ **noun** [U] the loss of ice, snow or rock from melting or erosion ▷ **ablacja**

ablaze /ə'bleɪz/ **adjective** [never before noun] burning strongly ▷ **rozpalony, w płomieniach**

able /'eɪbl/ **adjective** **1** **be able to do sth** A2 to have the ability to do something or the possibility of doing something: *He'll be able to help you.* ▷ **móc** *coś zrobić*, **potrafić** *coś zrobić* → Opposite **be unable to do sth** **2** clever or good at doing something: *She's a very* ***able student.*** ▷ **zdolny**

• **ably** adverb *Robson,* ***ably assisted*** *by Anderson, has completely rebuilt the team.* ▷ **umiejętnie**

able-bodied /ˌeɪbl'bɒdid/ **adjective** having all the physical abilities that most people have ▷ **sprawny**

abnormal /æb'nɔːməl/ **adjective** different from what is normal or usual, in a way which is strange or dangerous: *abnormal behaviour/weather* ◦ *They found* ***abnormal levels*** *of lead in the water.* ▷ **nietypowy, nienormalny**

• **abnormally** adverb ***abnormally high*** *temperatures* ▷ **nietypowo, nieprawidłowo**

abnormality /ˌæbnɔː'mæləti/ **noun** [C, U] something abnormal, usually in the body: *a* ***genetic abnormality*** ▷ **nieprawidłowość, wada**

aboard /ə'bɔːd/ **adverb, preposition** on or onto a plane, ship, bus, or train: *Welcome aboard flight BA109 to Paris.* ▷ **na pokładzie**

abode /ə'bəʊd/ **noun** [C] formal a home ▷ **miejsce zamieszkania**

abolish /ə'bɒlɪʃ/ **verb** [T] B2 to officially end something, especially a law or system: *National Service was abolished in Britain in 1962.* ▷ **znieść, zlikwidować**

• **abolition** /ˌæbə'lɪʃən/ **noun** [U] *the abolition of slavery* ▷ **zniesienie**

abominable /ə'bɒmɪnəbl/ **adjective** extremely bad: *abominable behaviour* ▷ **okropny**

• **abominably adverb** ▷ **okropnie**

Aboriginal /ˌæbə'rɪdʒənəl/ **adjective** relating or belonging to the original race of people who lived in Australia ▷ **aborygeński, Aborygenów**

• **Aborigine** /ˌæbə'rɪdʒəni/ **noun** [C] an Aboriginal person ▷ **Aborygen/ka**

abort /ə'bɔːt/ **verb** [T] **1** to stop a process before it has finished: *The take-off was aborted due to bad weather.* ▷ **przerywać** **2** to end a pregnancy that is not wanted using a medical operation ▷ **usuwać, przerywać**

abortion /ə'bɔːʃən/ **noun** [C, U] a medical operation to end a pregnancy when the baby is still too small to live: *She* ***had*** *an* ***abortion.*** ▷ **aborcja, przerywanie ciąży**

abortive /ə'bɔːtɪv/ **adjective** [always before noun] An abortive attempt or plan fails before it is complete. ▷ **nieudany**

the ABO system /ˌeɪbiː'əʊsɪstəm/ **noun** the system that divides human blood into four main groups called A, B, AB and O ▷ **grupa krwi**

abound /ə'baʊnd/ **verb** [I] formal to exist in large numbers: ***Rumours abound*** *about a possible change of leadership.* ▷ **mnożyć się**

about[1] /ə'baʊt/ **preposition** **1** A1 relating to a particular subject or person: *a book about the Spanish Civil War* ◦ *What was she talking about?* ▷ **o** **2** UK (US **around**) B2 to or in different parts of a place, often without purpose or order: *We heard someone moving about the garden.* ▷ **po** **3** **what/how about ...?** **a** used to make a suggestion: *How about France for a holiday?* ▷ **co powiesz na ...?, a może (by tak) ...?** **b** B1 used to ask for someone's opinion on a particular subject: *What about Ann – is she nice?* ▷ **a może ...?, co sądzisz o ...?**

about[2] /ə'baʊt/ **adverb** **1** A1 used before a number or amount to mean approximately: *It happened about two months ago.* ▷ **około, mniej więcej** **2** UK (US **around**) B2 to or in different parts of a place, often without purpose or order: *She's always leaving her clothes lying about.* ▷ **dookoła** **3** UK informal (US **around**) If someone or something is about, they are near to the place where you are now: *Is Kate about?* ▷ **tu, w pobliżu** **4** **be about to do sth** B2 to be going to do something very soon: *I stopped her just as she was about to leave.* ▷ **mieć (właśnie)** *coś zrobić*

above[1] /ə'bʌv/ **adverb, preposition** **1** A1 in or to a higher position than something else: *There's a mirror above the washbasin.* ◦ *I could hear music coming from the room above.* ▷ **nad** **2** A2 more than an amount or level: *It says on the box*

A

it's for children aged three and above. ◦ *Rates of pay are above average.* ▷ **powyżej, ponad 3** in a more important or advanced position than someone else: *Sally's a grade above me.* ▷ **nad, wyżej niż 4** too good or important for something: *No one is above suspicion in this matter.* ▷ **poza 5 above all** B1 most importantly: *Above all, I'd like to thank everyone.* ▷ **przede wszystkim**

above[2] /ə'bʌv/ **adjective, adverb** B1 higher on the same page: *the above diagram* ◦ *the address shown above* ▷ **powyższy, powyżej, wyżej**

a,bove 'board adjective [never before noun] honest and legal: *We hired a lawyer to make sure the agreement was all above board.* ▷ **uczciwy, zgodny z prawem**

a,bove the line pro'motion noun [U] ways of advertising products that involve people outside the business, such as newspapers or TV ▷ **reklama medialna**

abrasive /ə'breɪsɪv/ **adjective 1** An abrasive substance is rough and can be used for rubbing surfaces, to make them clean or smooth. ▷ **ścierny, szorstki 2** speaking or behaving in a rude and unpleasant way: *an abrasive manner* ▷ **opryskliwy, szorstki**

abreast /ə'brest/ **adverb 1 keep (sb) abreast of sth** to make sure you or someone else knows about the most recent changes in a subject or situation: *I'll keep you abreast of any developments.* ▷ **informować** *kogoś* **na bieżąco o** *czymś*, **być z** *czymś* **na bieżąco 2 two/three/four, etc abreast** If people who are moving are two/three, etc abreast, that number of people are next to each other, side by side: *They were cycling four abreast, completely blocking the road.* ▷ **parami/trójkami/czwórkami** *itp.*

abridged /ə'brɪdʒd/ **adjective** An abridged book or other piece of writing has been made shorter. ▷ **skrócony** → Opposite **unabridged**

• **abridge** /ə'brɪdʒ/ **verb** [T] ▷ **skracać**

abroad /ə'brɔːd/ **adverb** B1 in or to a foreign country: *He* ***goes abroad*** *a lot with his job.* ▷ **za granicą, za granicę**

> Wyrazy występujące razem z **abroad**
>
> **go/live/travel/work** abroad • a **holiday/trip** abroad

abrupt /ə'brʌpt/ **adjective 1** sudden and not expected: *Our conversation came to an* ***abrupt*** *end.* ▷ **nagły 2** dealing with people in a quick way that is unfriendly or rude: *She has a rather* ***abrupt manner.*** ▷ **szorstki, oschły**

• **abruptly adverb** ▷ **nagle, szorstko**

abscess /'æbses/ **noun** [C] a painful, swollen area on the body which contains a yellow liquid ▷ **ropień, wrzód**

abscond /əb'skɒnd/ **verb** [I] formal to leave somewhere suddenly without permission because you want to escape, or because you have stolen something ▷ **zbiec**

absence /'æbsᵊns/ **noun 1** [C, U] B2 a time when you are not in a particular place: *Lisa will be acting as manager* ***in*** *Phil's* ***absence*** *(= while Phil is not here).* ◦ *A large number of* ***absences from*** *work are caused by back problems.* ▷ **nieobecność 2** [U] B2 when something does not exist: ***In the absence of*** *any proof, it is impossible to accuse her.* ▷ **brak**

> Wyrazy występujące razem z **absence**
>
> a **lengthy/long/prolonged** absence • an absence **from** sth • **during/in** sb's absence

absent /'æbsᵊnt/ **adjective** B1 not in the place where you are expected to be, especially at school or work: *He has been* ***absent from*** *school all week.* ▷ **nieobecny**

absentee /,æbsᵊn'tiː/ **noun** [C] someone who is not in a place where they should be ▷ **nieobecn-y/a**

• **absenteeism noun** [U] when someone is often absent from work or school ▷ **absencja**

absently /'æbsəntli/ **adverb** without thinking about what you are doing: *He stared absently at the television screen.* ▷ **bezmyślnie, tępo**

absent-minded /,æbsᵊnt'maɪndɪd/ **adjective** often forgetting things ▷ **roztargniony**

• **absent-mindedly adverb** ▷ **przez roztargnienie** • **absent-mindedness noun** [U] ▷ **roztargnienie**

absolute /'æbsəluːt/ **adjective** [always before noun] **1** B2 complete: *absolute power/control* ◦ *The party was an absolute disaster.* ▷ **absolutny, całkowity, zupełny 2** definite: *There was no* ***absolute proof*** *of fraud.* ▷ **jednoznaczny**

absolutely /,æbsə'luːtli/ **adverb 1** B1 completely: *The food was absolutely delicious.* ◦ *There's absolutely nothing (= nothing at all) left.* ▷ **całkowicie, zupełnie, absolutnie 2 Absolutely.** used to strongly agree with someone: *"Do you think it helped his career?" "Absolutely."* ▷ **oczywiście, jak najbardziej 3 Absolutely not.** used to strongly disagree with someone or to agree with something negative: *"Are you suggesting that we should just ignore the problem?" "No, absolutely not."* ▷ **w żadnym wypadku**

,absolute 'zero noun [U] the lowest temperature that scientists think is possible ▷ **zero bezwzględne**

absolve /əb'zɒlv/ **verb** [T] formal to formally say that someone is not guilty of something, or to forgive someone ▷ **przebaczać, rozgrzeszać**

absorb /əb'zɔːb/ **verb** [T] **1** B2 If a substance absorbs a liquid, it takes it in through its surface and holds it: *The fabric absorbs all the moisture, keeping your skin dry.* ▷ **wchłaniać 2 be absorbed in sth** B2 to give all your attention to something that you are doing: *Simon was so absorbed in his computer game, he didn't notice me come in.* ▷ **być pochłoniętym** *czymś* **3** to understand and remember facts that you read

A

or hear: *It's hard to **absorb** so much **information**.* ▷ **przyswajać sobie** **4** B2 If something is absorbed into something else, it becomes part of it: *The drug is quickly **absorbed into** the bloodstream.* ▷ **wchłaniać się**
• **absorption** /əb'zɔːpʃən/ noun [U] ▷ **wchłanianie**

absorbent /əb'zɔːbənt/ adjective An absorbent substance can take liquids in through its surface and hold them. ▷ **(dobrze) wchłaniający, chłonny**
• **absorbency** /əb'zɔːbəntsi/ noun [U] ▷ **chłonność**

absorbing /əb'zɔːbɪŋ/ adjective very interesting: *an absorbing book/game* ▷ **zajmujący**

abstain /əb'steɪn/ verb [I] **1** formal to not do something that you enjoy because it is bad or unhealthy: *The doctor suggested that he **abstain from** alcohol.* ▷ **unikać, wystrzegać się** **2** to choose not to vote for or against something: *63 members voted in favour, 39 opposed and 5 abstained.* ▷ **wstrzymać się od głosu**
• **abstention** /əb'stenʃən/ noun [C, U] ▷ **wstrzymanie się od głosu, głos wstrzymujący**

abstinence /'æbstɪnəns/ noun [U] formal when you do not do something that you enjoy because it is bad or unhealthy ▷ **abstynencja, powstrzymanie się**

abstract /'æbstrækt/ adjective **1** B2 relating to ideas and not real things: *an **abstract concept*** ▷ **abstrakcyjny** **2** B2 Abstract art involves shapes and colours and not images of real things or people. ▷ **abstrakcyjny**

absurd /əb'zɜːd/ adjective B2 very silly: *an absurd situation/suggestion* ▷ **absurdalny**
• **absurdity** noun [C, U] ▷ **absurd, absurdalność** • **absurdly** adverb ▷ **absurdalnie**

abundance /ə'bʌndəns/ noun [U, no plural] formal a lot of something: *an abundance of flowers* ◦ *There was food **in abundance** (= a lot of food).* ▷ **obfitość, ≈ pod dostatkiem**

abundant /ə'bʌndənt/ adjective existing in large quantities: *an **abundant supply** of food* ▷ **obfity**
• **abundantly** adverb ▷ **obficie**

abuse[1] /ə'bjuːs/ noun **1** [C, U] B2 when something is used for the wrong purpose in a way that is harmful or morally wrong: ***drug/alcohol abuse*** ◦ *abuse of public money* ▷ **nadużywanie, nadużycie** **2** [U] B2 violent, cruel treatment of someone: ***child abuse*** ◦ ***sexual abuse*** ▷ **przemoc** **3** [U] rude and offensive words said to another person: *Rival fans shouted abuse at each other.* ▷ **obelgi**

abuse[2] /ə'bjuːz/ verb [T] **1** to treat someone cruelly and violently: *He was **physically abused** by his alcoholic father.* ▷ **znęcać się nad** **2** to use something for the wrong purpose in a way that is harmful or morally wrong: *to abuse alcohol* ▷ **nadużywać** **3** to say rude and offensive words to someone: *The crowd started abusing him.* ▷ **ubliżać**
• **abuser** noun [C] ▷ **nadużywając-y/a, znęcając-y/a się**

abusive /ə'bjuːsɪv/ adjective saying rude and offensive words to someone: *an abusive phone call* ▷ **obraźliwy, obelżywy**

abysmal /ə'bɪzməl/ adjective very bad, especially of bad quality: *the team's **abysmal performance** last season* ▷ **beznadziejny**
• **abysmally** adverb ▷ **beznadziejnie**

abyss /ə'bɪs/ noun [C] **1** a very bad situation which will not improve: [usually singular] *The country is sinking into an **abyss of** violence and bloodshed.* ▷ **otchłań** **2** literary a very deep hole ▷ **przepaść, otchłań**

abyssal /ə'bɪsəl/ adjective found at the bottom of deep oceans ▷ **głębinowy**

AC /ˌeɪ'siː/ noun [U] abbreviation for alternating current: electrical current which regularly changes the direction in which it moves ▷ **AC (prąd przemienny)** → Compare **DC**

.ac /dɒt'æk/ Internet abbreviation for academic institution: used in some internet addresses for organizations such as universities ▷ w adresach internetowych oznacza domenę akademicką

academia /ˌækə'diːmiə/ noun [U] the people and organizations, especially universities, involved in studying ▷ **środowisko akademickie, świat akademicki**

academic[1] /ˌækə'demɪk/ adjective **1** B2 related to education, schools, universities, etc: ***academic ability/standards*** ◦ *It's the start of the **academic year**.* ▷ **akademicki** **2** related to subjects which involve thinking and studying and not technical or practical skills: ***academic subjects*** ▷ **(czysto) naukowy, teoretyczny** **3** clever and good at studying ▷ **zdolny** **4** If what someone says is academic, it has no purpose because it relates to a situation that does not exist: *The whole discussion is academic since management won't even listen to us.* ▷ **czysto teoretyczny, akademicki**
• **academically** adverb ▷ **naukowo, akademicko**

academic[2] /ˌækə'demɪk/ noun [C] someone who teaches at a university or college, or is paid to study there ▷ **naukowiec, pracownik naukowy**

academy /ə'kædəmi/ noun [C] **1** a college which teaches people the skills needed for a particular job: *a military academy* ▷ **akademia** **2** an organization whose purpose is to encourage and develop an art, science, language, etc: *the Royal Academy of Music* ▷ **akademia**

accelerate /ək'seləreɪt/ verb **1** [I] to start to drive faster ▷ **przyspieszać** **2** [I, T] to start to happen more quickly, or to make something start to happen more quickly: *Inflation is likely to accelerate this year.* ▷ **przyspieszać**
• **acceleration** /əkˌselə'reɪʃən/ noun [U] ▷ **przyspieszenie**

accelerator /ək'seləreɪtər/ noun [C] (also US **gas**

pedal) the part of a car which you push with your foot to make it go faster ▷ **gaz, pedał gazu** → See **Car** on page Centre 7

accent /ˈæksᵊnt/ **noun** [C] **1** B1 the way in which someone pronounces words, influenced by the country or area they come from, or their social class: *an American accent* ◦ *a French accent* ▷ **wymowa, akcent 2** B2 a mark above a letter to show you how to pronounce it, for example (â) and (é) ▷ **akcent 3** the word or part of a word that you emphasize when you are speaking: *In the word 'impossible' the* ***accent*** *is* ***on*** *the second syllable.* ▷ **akcent 4 the accent on sth** particular importance or attention that you give to something: *a wonderful menu with the accent on fresh fish* ▷ **nacisk na** *coś*

> Wyrazy występujące razem z **accent**
>
> **have/speak with** a [local/northern/strong, etc] accent • **lose** your accent • a **heavy/strong/thick** accent

accentuate /əkˈsentʃueɪt/ **verb** [T] to emphasize something so that people notice it: *make-up to accentuate the eyes* ▷ **podkreślać**

accept /əkˈsept/ **verb 1** [I, T] B1 to agree to take something that is offered to you: *to* ***accept an invitation/offer*** ◦ *He won't accept advice from anyone.* ▷ **przyjmować, akceptować 2** [T] B2 to admit that something is true, often something unpleasant: [+ (that)] *He refuses to accept that he's made a mistake.* ▷ **przyjmować do wiadomości 3** [T] B2 to allow someone to join an organization or become part of a group: *She's been accepted by two universities.* ▷ **przyjmować 4 accept responsibility/blame** B2 to admit that you caused something bad that happened: *The company has now accepted responsibility for the accident.* ▷ **brać (na siebie) odpowiedzialność/winę 5** [T] to understand that you cannot change a very sad or unpleasant situation: *The hardest part is* ***accepting the fact*** *that you'll never see that person again.* ▷ **zaakceptować**

acceptable /əkˈseptəbl/ **adjective 1** B1 good enough: *work of an* ***acceptable standard*** ◦ *We still hope to find a solution which is* ***acceptable to*** *both sides.* ▷ **do przyjęcia 2** allowed or approved of: *Smoking is less and less* ***socially acceptable****.* ▷ **akceptowany** → Opposite **unacceptable**
• **acceptability** /əkˌseptəˈbɪləti/ **noun** [U] ▷ **dopuszczalność**

acceptance /əkˈseptəns/ **noun** [C, U] when you accept something: *his* ***acceptance of*** *the award* ◦ *There is a growing* ***public acceptance of*** *alternative medicine.* ▷ **przyjęcie, akceptacja, przyzwolenie**

> Wyrazy występujące razem z **acceptance**
>
> sb/sth **gains/wins** acceptance • **general/growing/grudging/public** acceptance • acceptance **of** sth

accepted /əkˈseptɪd/ **adjective** agreed or approved by most people: *an accepted spelling* ▷ **przyjęty**

access¹ /ˈækses/ **noun** [U] **1** B1 when you have the right or opportunity to use or see something: *I don't* ***have access to*** *that kind of information.* ◦ *Do you have Internet access?* ▷ **dostęp 2** B1 the way in which you can enter a place or get to a place: *The only* ***access to*** *the village is by boat.* ▷ **dostępność, dojazd, dojście**

access² /ˈækses/ **verb** [T] B2 to find or see information, especially using a computer: *You can access the files over the Internet.* ▷ **mieć dostęp do, docierać do**

accessible /əkˈsesəbl/ **adjective 1** B2 easy to find or reach: *Information such as this is freely* ***accessible to*** *the public.* ◦ *The hotel is in a quiet but easily accessible part of the resort.* ▷ **dostępny, osiągalny** → Opposite **inaccessible 2** easy to understand: *They are attempting to make opera* ***accessible to*** *a wider audience.* ▷ **przystępny**
• **accessibility** /əkˌsesəˈbɪləti/ **noun** [U] ▷ **dostępność, przystępność**

accessory /əkˈsesᵊri/ **noun** [C] **1** something extra which is not necessary but is attractive or useful: [usually plural] *bathroom accessories* ◦ *computer accessories* ▷ **dodatek,** ≈ **akcesoria 2** formal someone who helps a criminal to commit a crime: *an* ***accessory to*** *murder* ▷ **współsprawca/czyni, współwinn-y/a**

ˈaccess proˌvider noun [C] a company that makes you able to use the Internet, so that you can use email and see or show documents ▷ **dostawca internetu**

accident /ˈæksɪdᵊnt/ **noun** [C] **1** A2 something bad which happens that is not intended and which causes injury or damage: *a* ***car/traffic accident*** ◦ *She* ***had an accident*** *in the kitchen.* ◦ *I didn't mean to spill his drink. It was an accident.* ▷ **wypadek 2 by accident** B1 without being intended: *I deleted the wrong file by accident.* ▷ **przez przypadek, przypadkiem**

> Wyrazy występujące razem z **accident**
>
> **have/be involved in** an accident • an accident **happens/occurs** • a **fatal/serious/tragic** accident • [killed, paralyzed, etc] **in** an accident • a **car/traffic** accident

accidental /ˌæksɪˈdentᵊl/ **adjective** B2 not intended: ***accidental damage*** ▷ **przypadkowy**
• **accidentally adverb** B2 *She accidentally knocked over a glass of red wine.* ▷ **przypadkowo**

accident-prone /ˈæksɪdᵊntˌprəʊn/ **adjective** Someone who is accident-prone often has accidents. ▷ **podatny na wypadki**

acclaim /əˈkleɪm/ **noun** [U] praise from a lot of people: ***international/critical acclaim*** ▷ **uznanie**

A

acclaimed /əˈkleɪmd/ **adjective** praised by a lot of people: *the acclaimed singer and songwriter* ▷ **ceniony, cieszący się uznaniem**

acclimatize (also UK **-ise**) /əˈklaɪmətaɪz/ **verb** [I, T] to start to feel happy with the weather, the way of life, etc in a new place, or to make someone do this ▷ **przyzwyczajać (się), aklimatyzować (się)**

• **acclimatization** /əˌklaɪmətaɪˈzeɪʃən/ **noun** [U] ▷ **aklimatyzacja**

accolade /ˈækəleɪd/ **noun** [C] formal a prize or praise given to someone because they are very good at something ▷ **wyraz uznania**

accommodate /əˈkɒmədeɪt/ **verb** [T] **1** to have enough space somewhere for a number of things or people: *We need more roads to accommodate the increase in traffic.* ▷ **pomieścić 2** to do what someone wants, often by providing them with something: *He requires special equipment and, where possible, we've accommodated those needs.* ▷ **zaspokajać, spełniać 3** to provide someone with a place to live or stay: *The athletes will be accommodated in a special Olympic village.* ▷ **zakwaterować**

accommodating /əˈkɒmədeɪtɪŋ/ **adjective** willing to change your plans in order to help people ▷ **uczynny**

accommodation /əˌkɒməˈdeɪʃən/ **noun** [U] **1** B1 (also US **accommodations** [plural]) a place where you live or stay: ***rented accommodation*** ◦ *The price includes travel and accommodation.* ▷ **zakwaterowanie 2** the way the lens in the eye changes depending on on whether the thing it is looking at is close or far away ▷ **akomodacja**

accompaniment /əˈkʌmpənɪmənt/ **noun 1** [C] formal something that is nice to eat or drink with a particular food or drink: *salmon with an accompaniment of green salad* ▷ **dodatek 2** [C, U] music that is played with the main instrument or with a singing voice: *a song with piano accompaniment* ▷ **akompaniament**

accompany /əˈkʌmpəni/ **verb** [T] **1** formal B1 to go somewhere with someone: *We accompanied her back to her hotel.* ▷ **towarzyszyć 2** B1 to happen or exist at the same time as something else: *The teachers' book is accompanied by a DVD.* ▷ **towarzyszyć, być w komplecie z 3** to play a musical instrument with someone else who is playing or singing ▷ **akompaniować**

accomplice /əˈkʌmplɪs/ **noun** [C] someone who helps a criminal to commit a crime ▷ **wspólni-k/czka**

accomplish /əˈkʌmplɪʃ/ **verb** [T] to succeed in doing something good: *I feel as if I've accomplished nothing all day.* ▷ **osiągać**

accomplished /əˈkʌmplɪʃt/ **adjective** having a lot of skill in art, music, writing, etc: *an accomplished musician/painter* ▷ **znakomity**

accomplishment /əˈkʌmplɪʃmənt/ **noun 1** [U] when you succeed in doing something good: *Finishing the course gave me a great sense of accomplishment.* ▷ **osiągnięcie 2** [C] formal a skill in art, music, writing, etc ▷ **umiejętność**

accord¹ /əˈkɔːd/ **noun 1 of your own accord** If you do something of your own accord, you choose to do it and no one else forces you: *Luckily, she left of her own accord.* ▷ **z własnej woli 2** [C] an official agreement, especially between countries: *a peace/trade accord* ▷ **porozumienie**

accord² /əˈkɔːd/ **verb** [T] formal to treat someone specially, usually by showing respect: *the respect accorded to doctors* ▷ **obdarzać**

accordance /əˈkɔːdəns/ **noun** formal **in accordance with sth** agreeing with a rule, law, or wish: *Both companies have insisted that they were acting in accordance with the law.* ▷ **w zgodzie z** *czymś*, **zgodnie z** *czymś*

accordingly /əˈkɔːdɪŋli/ **adverb** in a way that is suitable: *We'll wait until we hear the decision and* ***act accordingly***. ▷ **stosownie, odpowiednio**

according to /əˈkɔːdɪŋtuː/ **preposition 1** B1 as said by someone or shown by something: *According to our records, she was absent last Friday.* ▷ **według 2** B2 based on a particular system or plan: *Children are allocated to schools according to the area in which they live.* ▷ **według, zgodnie z**

accordion /əˈkɔːdiən/ **noun** [C] a musical instrument with a folding centre part and keyboards at both ends, which you play by pushing the two ends together ▷ **akordeon**

accost /əˈkɒst/ **verb** [T] If someone you do not know accosts you, they move towards you and start talking to you in an unfriendly way. ▷ **zaczepiać**

account¹ /əˈkaʊnt/ **noun** [C] **1** B2 a written or spoken description of something that has happened: *They* ***gave*** *conflicting* ***accounts*** *of the events.* ▷ **relacja 2** (also **bank account**) B1 an arrangement with a bank to keep your money there and to let you take it out when you need to: *I paid the money into my account.* ▷ **konto, rachunek 3** an agreement with a shop or company that allows you to buy things and pay for them later ▷ **rachunek 4 take sth into account; take account of sth** B2 to consider something when judging a situation: *You have to take into account the fact that he is less experienced when judging his performance.* ▷ **brać** *coś* **pod uwagę 5 on account of sth** formal B2 because of something: *He doesn't drink alcohol on account of his health.* ▷ **ze względu na** *coś* **6 by all accounts** as said by a lot of people: *The party was, by all accounts, a great success.* ▷ **podobno 7 on my account** just for or because of me: *Please don't change your plans on my account.* ▷ **z mojego powodu 8 on no account; not on any account** UK not for any reason or in any situation: *On no account must these records be changed.* ▷ **pod żadnym**

pozorem → See also **checking account**, **current account**, **deposit account**

> **Wyrazy występujące razem z account**
>
> give an account of sth • a **brief/detailed/full** account • an **eye-witness/first-hand** account • an account **of** sth
> **close/open** an account • **have an account with** [name of bank] • a **joint/personal/savings** account • an account **holder/number**

account² /əˈkaʊnt/ **verb**

PHRASAL VERB **account for sth 1** to be part of a total number of something: *Oil accounts for 40% of Norway's exports.* ▷ **stanowić** *coś* **2** to be the reason for something, or to explain the reason for something: *She was asked to account for the missing money.* ▷ **wyjaśniać** *coś*

accountable /əˈkaʊntəbl/ **adjective** [never before noun] having to be responsible for what you do and able to explain your actions: *Hospitals must be held* ***accountable for*** *their mistakes.* ◦ *Politicians should be* ***accountable to*** *the public that elects them.* ▷ **odpowiedzialny** → Opposite **unaccountable**
• **accountability** /əˌkaʊntəˈbɪləti/ **noun** [U] ▷ **odpowiedzialność**

accountancy /əˈkaʊntənsi/ **noun** [U] UK (US **accounting**) the job of being an accountant ▷ **księgowość**

accountant /əˈkaʊntənt/ **noun** [C] B1 someone whose job is to keep or examine the financial records of a company or organization ▷ **księgow-y/a**

acˈcounting ˌratio **noun** [C] any of several kinds of calculation used to understand financial accounts, for instance comparing money received with money owed ▷ **wskaźnik finansowy**

accounts /əˈkaʊnts/ **noun** [plural] an official record of all the money a company or organization has received or paid ▷ **księgi (rachunkowe)**

accreditation /əˌkredɪˈteɪʃᵊn/ **noun** [U] official approval of an organization ▷ **akredytacja**
• **accredited** /əˈkredɪtɪd/ **adjective** officially approved ▷ **akredytowany**

accrual /əˈkruːəl/ **noun** [U] when something increases in number or amount over a period of time ▷ **przyrost**

accrue /əˈkruː/ **verb** [I] to increase in number or amount over a period of time: *Interest accrues at a rate of 6%.* ▷ **narastać**
• **accrued** /əˈkruːd/ **adjective** *accrued interest* ▷ **narosły**

accumulate /əˈkjuːmjəleɪt/ **verb** [I, T] to increase in amount over a period of time, or to make something increase over a period of time: *The chemicals accumulate in your body.* ▷ **gromadzić (się)**
• **accumulation** /əˌkjuːmjəˈleɪʃᵊn/ **noun** [U] ▷ **nagromadzenie**

acˌcumulated ˈfund **noun** [C] the amount of money owned by an organization such as a club that does not sell things ▷ **skumulowany fundusz**

accuracy /ˈækjərəsi/ **noun** [U] B2 how correct or exact something is: *The new system should help to improve the accuracy of weather forecasts.* ▷ **dokładność**

accurate /ˈækjərət/ **adjective** B1 correct or exact: ***accurate information/measurements*** ◦ *She was able to give police a fairly* ***accurate description*** *of the man.* ▷ **dokładny** → Opposite **inaccurate**
• **accurately** **adverb** B1 ▷ **dokładnie**

accusation /ˌækjʊˈzeɪʃᵊn/ **noun** [C] when you say that someone has done something bad: *He* ***made*** *a number of* ***accusations against*** *his former colleagues.* ▷ **oskarżenie**

> **Wyrazy występujące razem z accusation**
>
> make an accusation • **deny/dismiss/face/reject** an accusation • a **false/wild** accusation • accusations **of** sth • an accusation **against** sb • an accusation **by/from** sb

accusative /əˈkjuːzətɪv/ **noun** [U] the form of a noun, pronoun or adjective which is used in some languages to show that the word is the direct object of a verb ▷ **biernik**
• **accusative** **adjective** ▷ **w bierniku**

accuse /əˈkjuːz/ **verb** [T] B2 to say that someone has done something bad: *He was falsely* ***accused of*** *murder.* ◦ [+ of + doing sth] *She accused Andrew of lying to her.* ▷ **oskarżać**
• **accuser** **noun** [C] ▷ **oskarżyciel/ka**

the accused /əˈkjuːzd/ **noun** formal the person or people who are accused of a crime in a court of law ▷ **oskarżon-y/a**

accusing /əˈkjuːzɪŋ/ **adjective** showing that you think someone is responsible for something bad: *Why are you giving me that* ***accusing look****?* ▷ **oskarżycielski**
• **accusingly** **adverb** *She looked at me accusingly.* ▷ **oskarżycielsko**

accustom /əˈkʌstəm/ **verb**

PHRASAL VERB **accustom yourself to sth/doing sth** to experience something often enough for it to seem normal to you ▷ **przywyczajać się do** *czegoś*

accustomed /əˈkʌstəmd/ **adjective** **accustomed to sth/doing sth** If you are accustomed to something, you have experienced it often enough for it to seem normal to you: *I've worked nights for years now so I've* ***grown accustomed*** *to it.* ▷ **przyzwyczajony do** *czegoś*

ace¹ /eɪs/ **noun** [C] **1** a playing card with one symbol on it, that has the highest or lowest value in many games ▷ **as 2** when the first shot

A

by a tennis player is too good for the other player to hit back ▷ **as serwisowy**

ace[2] /eɪs/ **adjective** informal very good ▷ **bezkonkurencyjny**

acetic acid /əˌsiːtɪkˈæsɪd/ **noun** [U] a colourless acid with a strong smell which is contained in vinegar ▷ **kwas octowy**

acetone /ˈæsɪtəʊn/ **noun** [U] a strong-smelling colourless liquid which is used in the production of various chemicals and is sometimes added to paint to make it thinner ▷ **aceton**

acetylene /əˈsetəliːn/ **noun** [U] a colourless gas which burns with a very hot bright flame, used in cutting and joining metal (formula C_2H_2) ▷ **acetylen**

ache[1] /eɪk/ **noun** [C] B1 a feeling of pain over an area of your body which continues for a long time: *There's a* ***dull ache*** *in my right shoulder.* ▷ **ból** → See also **stomach ache**

ache[2] /eɪk/ **verb** [I] B2 If a part of your body aches, it is painful: *My legs ache after all that exercise.* ▷ **boleć**

achieve /əˈtʃiːv/ **verb** [T] B1 to succeed in doing something good, usually by working hard: *I've achieved my ambition ◦ I've been working all day but I feel I've achieved nothing.* ▷ **osiągać**
• **achievable adjective** possible to achieve: ***achievable goals*** ▷ **osiągalny** • **achiever** noun [C] *He's from a family of* ***high achievers*** *(= very successful people).* ▷ **człowiek sukcesu**

achievement /əˈtʃiːvmənt/ **noun 1** [C] B1 something good that you achieve: *This film is his* ***greatest achievement*** *to date.* ▷ **osiągnięcie 2** [U] when you succeed in doing something good, usually by working hard: *You get such* ***a sense of achievement*** *when you finish the course.* ▷ **sukces**

> Wyrazy występujące razem z **achievement**
>
> a **great/notable/outstanding/remarkable** achievement • sb's **crowning** achievement • a sense of achievement

acid[1] /ˈæsɪd/ **noun** [C, U] B2 one of several liquid substances with a pH of less than 7 which react with other substances, often burning or dissolving them: *hydrochloric acid* ▷ **kwas**

acid[2] /ˈæsɪd/ **adjective 1** (also **acidic** /əˈsɪdɪk/) containing acid, or having similar qualities to an acid: *acid soil ◦ an acid smell/taste* ▷ **kwaśny 2 acid remark/comment, etc** an unkind remark that criticizes someone ▷ **uszczypliwa uwaga**

acidify /əˈsɪdɪfaɪ/ **verb** [I, T] to become an acid or to make something become an acid ▷ **zakwaszać (się)**

acidity /əˈsɪdɪti/ **noun** [U] the amount of acid in a substance or in your stomach ▷ **kwasowość, nadkwasota**

ˌacid ˈrain noun [U] rain that contains chemicals from pollution and damages plants, etc ▷ **kwaśny deszcz**

ˈacid ˌsalt noun [C] a chemical compound that is formed when an acid has reacted with another substance to produce salt and water ▷ **sól kwaśna**

ˈacid ˌtest noun [C, usually singular] a sure test of whether something is true or of good quality ▷ **próba ognia**

acknowledge /əkˈnɒlɪdʒ/ **verb** [T] **1** to accept that something is true or exists: [+ (that)] *He acknowledged that there was a problem.* ▷ **przyznawać 2** to tell someone, usually in a letter, that you have received something they sent you: *Send a letter acknowledging receipt of his application.* ▷ **potwierdzać 3** to let someone know that you have seen them, usually by saying hello: *She didn't even acknowledge my presence.* ▷ **zauważać, zwracać uwagę na**

> Wyrazy występujące razem z **acknowledge**
>
> be **generally/widely/universally** acknowledged • acknowledge sb/sth **as/to be** sth

acknowledgement (also **acknowledgment**) /əkˈnɒlɪdʒmənt/ **noun 1** [C, U] when you accept that something is true or exists: *There was no acknowledgement of the extent of the problem.* ▷ **przyznanie 2** [C] a letter telling you that someone has received something that you sent them ▷ **potwierdzenie (odbioru) 3** [C] something written at the front of a book by the author to thank people who have helped them: [usually plural] *His name appears in the acknowledgements.* ▷ **podziękowanie**

acne /ˈækni/ **noun** [U] a skin problem that young people often have that causes spots on the face ▷ **trądzik**

acorn /ˈeɪkɔːn/ **noun** [C] an oval nut which grows on oak trees ▷ **żołądź**

acorn

acoustic /əˈkuːstɪk/ **adjective 1** [always before noun] An acoustic musical instrument does not use electricity: *an* ***acoustic guitar*** ▷ **akustyczny 2** relating to sound and hearing ▷ **akustyczny**

acoustics /əˈkuːstɪks/ **noun** [plural] the way in which the shape of a room affects the quality of sound: *The acoustics of the hall were terrible.* ▷ **akustyka**

acquaintance /əˈkweɪntəns/ **noun** [C] someone who you know but do not know well: *He's just a* ***business acquaintance.*** ▷ **znajom-y/a**

acquainted /əˈkweɪntɪd/ **adjective** [never before noun] formal **1** If you are acquainted with someone, you have met them but do not know them well: *We're already acquainted – we met at Elaine's party.* ▷ **zaznajomiony, ≈ znać się 2 be acquainted with sth** to know about something:

A

I'm afraid I'm not yet acquainted with the system. ▷ **być zaznajomionym lub zapoznanym** z *czymś*

acquiesce /ˌækwiˈes/ **verb** [I] formal to agree to something, often when you do not want to ▷ **przystawać**

• **acquiescence** noun [U] formal ▷ **zgoda, przyzwolenie**

acquire /əˈkwaɪəʳ/ **verb** [T] **1** B2 to get something: *I managed to acquire a copy of the report.* ▷ **wchodzić w posiadanie 2** B2 to learn something: *to* ***acquire knowledge/skills*** ▷ **nabywać, posiąść, przyswajać sobie**

acquisition /ˌækwɪˈzɪʃᵊn/ **noun 1** [U] the process of learning or getting something: *children's acquisition of language* ▷ **przyswajanie (sobie) 2** [C] something that you get, usually by buying it: *And the hat – is that a* ***recent acquisition****?* ▷ **nabytek**

acquit /əˈkwɪt/ **verb** [T] (present participle **acquitting**, past tense and past participle **acquitted**) If someone is acquitted of a crime, a court of law decides that they are not guilty: [often passive] *Both men were* ***acquitted of*** *murder.* ▷ **uniewinniać**

acquittal /əˈkwɪtᵊl/ **noun** [C, U] when a court of law decides that someone is not guilty of a crime ▷ **wyrok uniewinniający, uniewinnienie**

acre /ˈeɪkəʳ/ **noun** [C] a unit for measuring area, equal to 4047 square metres ▷ **akr (= 0,4047 hektara)**

acrid /ˈækrɪd/ **adjective** An acrid smell is unpleasant and causes a burning feeling in your throat. ▷ **gryzący**

acrimonious /ˌækrɪˈməʊniəs/ **adjective** involving a lot of anger, disagreement, and bad feelings: *an* ***acrimonious divorce*** ▷ **zaciekły**

• **acrimony** /ˈækrɪməni/ **noun** [U] angry, bad feelings between people ▷ **zaciekłość**

acrobat /ˈækrəbæt/ **noun** [C] someone who entertains people by performing difficult physical acts, such as walking on a wire high above the ground ▷ **akrobat-a/ka**

• **acrobatic** /ˌækrəˈbætɪk/ **adjective** ▷ **akrobatyczny** • **acrobatics** /ˌækrəˈbætɪks/ **noun** [plural] the actions of an acrobat ▷ **akrobacje**

acronym /ˈækrəʊnɪm/ **noun** [C] a word made from the first letters of other words: *AIDS is the acronym for 'acquired immune deficiency syndrome'.* ▷ **akronim, skrótowiec**

across /əˈkrɒs/ **adverb, preposition 1** A2 from one side of something to the other: *I was walking across the road.* ◦ *They've built a new bridge across the river.* ▷ **przez, w poprzek 2** A2 on the opposite side of: *There's a library just across the street.* ▷ **po drugiej stronie 3** used after a measurement to show how wide something is: *The window measures two metres across.* ▷ **na szerokość, szerokości, w poprzek**

acrylic /əˈkrɪlɪk/ **noun 1** [U] a type of cloth or plastic produced by chemical processes ▷ **akryl 2** [C, usually singular] a type of paint ▷ **farba akrylowa**

• **acrylic adjective** *acrylic paints* ▷ **akrylowy**

act¹ /ækt/ **verb 1** [I] B1 to behave in a particular way: *to act responsibly* ◦ *Jeff's been acting strangely recently.* ◦ *Stop* ***acting like*** *a child!* ▷ **zachowywać się 2** [I] B2 to do something, especially in order to solve a problem: *We have to act now to stop the spread of this disease.* ▷ **działać 3** [I, T] B1 to perform in a play or film: *He's acted in a number of successful Hollywood films.* ▷ **grać, występować**

PHRASAL VERBS **act as sth 1** B2 to do a particular job, especially one you do not normally do: *He was asked to act as an adviser on the project.* ▷ **występować jako** *ktoś* **lub w roli** *kogoś*, **pełnić rolę** *kogoś* **2** to have a particular effect: *Caffeine acts as a stimulant.* ▷ **mieć** *jakieś* **działanie, działać** *jakoś* • **act sth out** to perform the actions and words of a situation or story: *The children acted out a verse from their favourite poem.* ▷ **odgrywać** *coś* • **act up** If someone, especially a child, acts up, they behave badly. ▷ **źle się zachowywać, przysparzać kłopotów**

act² /ækt/ **noun 1** [C] B2 something that someone does: *an* ***act of*** *terrorism/kindness* ▷ **akt, czyn 2** [C] a law made by a government: *an act of Congress/Parliament* ▷ **ustawa, akt (prawny) 3** [C] B1 one of the parts a play is divided into: *Her character doesn't appear until Act 2.* ▷ **akt 4** [C] one or several performers who perform for a short while in a show: *a comedy* ***double act*** ▷ **numer 5** [no plural] behaviour which hides your real feelings or intentions: *Was she really upset or was that just an act?* ▷ **poza 6 in the act (of doing sth)** doing something wrong: *I caught him in the act of opening one of my letters.* ▷ **na gorącym uczynku (jak ...)**

IDIOMS **get your act together** informal to organize your activities so that you can make progress ▷ **sprężyć się** • **get in on the act** informal to become involved in something successful that someone else has started ▷ **podłączyć się**

> Wyrazy występujące razem z **act**
>
> an act of sth • **commit** an act • a **barbaric/cowardly** act • a **criminal/terrorist** act

acting¹ /ˈæktɪŋ/ **adjective acting chairman/director, etc** someone who does a job for a short time while the person who usually does it is not there ▷ **pełniący obowiązki prezesa/dyrektora** *itp.*

acting² /ˈæktɪŋ/ **noun** [U] the job of performing in plays and films: *He's trying to get into acting.* ▷ **aktorstwo**

action /ˈækʃᵊn/ **noun 1** [C, U] B2 something that you do: *She has to accept the consequences of her actions.* ◦ *We must* ***take action*** *(= do something)*

A

before the problem gets worse. ◦ So what do you think is the best **course of action** (= way of dealing with the situation)? ◦ It was the first time I'd seen firemen **in action** (= doing a particular activity). ▷ **działanie, czyn, akcja 2** [U] B1 things which are happening, especially exciting or important things: *He likes films with a lot of action.* ▷ **akcja** → Opposite **inaction 3 out of action** damaged or hurt and not able to operate or play sports: *They've got three players out of action.* ▷ **nieczynny, niesprawny, wyłączony z gry 4 legal action** a legal process in a court: *They are planning to* ***take legal action against*** *the company.* ▷ **kroki prawne, postępowanie (prawne) 5** [U] fighting in a war: *He was killed* ***in action*** (= while fighting). ▷ ≈ **na polu bitwy 6** [no plural] a movement or natural process: *The rocks are smoothed by the action of water.* ▷ **działanie** → See also **industrial action, be all** ***talk*** **(and no action)**

action-packed /ˈækʃənˌpækt/ **adjective** An action-packed film or story has a lot of exciting events. ▷ **z wartką akcją**

ˌaction ˈreplay noun [C] UK (US **instant replay**) when part of a film of a sporting event is shown again, often more slowly ▷ **powtórka, replay**

activate /ˈæktɪveɪt/ **verb** [T] to make something start working: *The alarm can be activated by a laser beam.* ▷ **uruchamiać, aktywować**

active /ˈæktɪv/ **adjective 1** B2 very involved in an organization or planned activity: *He played an* ***active role*** *in the campaign.* ▷ **czynny, aktywny 2** B1 doing a lot of things, or moving around a lot: *Even at the age of 80 she's still very active.* ▷ **pełen wigoru, energiczny 3** B1 An active verb or sentence is one in which the subject of the verb is the person or thing doing the action. For example 'Andy drove the car.' is an active sentence. ▷ **w stronie czynnej** → Compare **passive 4** An active volcano could throw out rocks, fire, etc at any time. ▷ **aktywny**

ˌactive imˈmunity noun [U] when the body produces its own antibodies ▷ **odporność czynna**

actively /ˈæktɪvli/ **adverb** B2 in a way that causes something to happen: *He* ***actively encourages*** *me to spend money.* ▷ **czynnie, aktywnie**

ˌactive ˈtransport noun [U] the process by which molecules can pass through a membrane from an area where there are not many of them into an area where there are a lot of them ▷ **transport aktywny**

activist /ˈæktɪvɪst/ **noun** [C] someone who tries to cause social or political change: *a* ***political activist*** ▷ **aktywist-a/ka**
• **activism noun** [U] ▷ **działalność, aktywizm**

activity /ækˈtɪvəti/ **noun 1** [C] A2 something which you do for enjoyment, especially an organized event: *The centre offers a range of activities, such as cycling, swimming, and tennis.* ▷ **zajęcie 2** [C, U] B2 the work of a group or organization to achieve an aim: ***criminal/terrorist activities*** ▷ **działalność, działanie 3** [U] B2 when a lot of things are happening or people are moving around: *There was a sudden* ***flurry of activity*** (= short period of activity) *at the back of the hall.* ▷ **poruszenie, zamieszanie** → Opposite **inactivity**

> Wyrazy występujące razem z **activity**
>
> do/perform an activity • frantic/strenuous activity • outdoor/leisure activity • a flurry of activity

actor /ˈæktəʳ/ **noun** [C] A2 someone, especially a man, whose job is to perform in plays and films ▷ **aktor**

actress /ˈæktrəs/ **noun** [C] a woman whose job is to perform in plays and films ▷ **aktorka**

actual /ˈæktʃuəl/ **adjective 1** B2 real, not guessed or imagined: *We were expecting about fifty people, though the* ***actual number*** *was a lot higher.* ▷ **faktyczny, rzeczywisty 2 in actual fact** UK B2 really: *It was due to start at ten, but in actual fact, it didn't begin until nearly eleven.* ▷ **w praktyce, w rzeczywistości**

actually /ˈæktʃuəli/ **adverb 1** A2 used when you are saying what is the truth of a situation: *He didn't actually say anything important.* ▷ **właściwie, (tak) naprawdę, faktycznie 2** B1 used when you are saying something surprising: *She sounds English but she's actually Spanish.* ◦ *Did you actually meet the president?* ▷ **właściwie, (tak) naprawdę 3** mainly UK B2 used when you are disagreeing with someone or saying no to a request: *"You didn't tell me." "Actually, I did."* ◦ *"Do you mind if I smoke?" "Actually, I'd rather you didn't."* ▷ **właśnie że, actually** nie oznacza **aktualnie**; **aktualnie** to **currently**

acumen /ˈækjʊmən/ **noun** [U] the ability to make good judgments and decisions: ***business/political acumen*** ▷ **dar, wyczucie**

acupuncture /ˈækjʊpʌŋktʃəʳ/ **noun** [U] a way of treating pain or illness by putting thin needles into different parts of the body ▷ **akupunktura**

acute /əˈkjuːt/ **adjective 1** An acute problem or negative feeling is extreme: *There's an* ***acute shortage*** *of medical staff.* ◦ ***acute pain*** ◦ *acute anxiety* ▷ **ostry, dotkliwy 2** An acute angle is less than 90 degrees. ▷ **ostry 3** quick to notice or understand things: *an acute mind* ◦ *Dogs rely on their acute sense of smell.* ▷ **przenikliwy, czuły**

aˌcute ˈaccent noun [C] a mark which is written above a letter in some languages, e.g. 'é', showing you how to pronounce the letter ▷ **akcent rosnący lub akutowy**

acutely /əˈkjuːtli/ **adverb** very strongly: *I was* ***acutely aware*** *of how Alex felt about the situation.* ▷ **wyraźnie**

AD /ˌeɪˈdiː/ abbreviation for Anno Domini: used to

A

show that a particular year came after the birth of Christ: *1066 AD* ▷ **n.e. (= naszej ery)**

ad /æd/ **noun** [C] B1 an advertisement ▷ **reklama, ogłoszenie** → See also **classified ad**

adagio /əˈdɑːdʒiəʊ/ **noun** [C] a piece of classical music that should be played slowly ▷ **adagio**

Adam /ˈædəm/ **noun** a male name

adamant /ˈædəmənt/ **adjective** very sure of what you think and not willing to change your opinion: [+ (that)] *They are adamant that they have not broken any rules.* ▷ **nieugięty**
• **adamantly adverb** ▷ **niewzruszenie**

Adam's apple /ˌædəmzˈæpl/ **noun** [C] the lump in a man's throat that you can see moving up and down when he speaks or swallows ▷ **grdyka, jabłko Adama**

adapt /əˈdæpt/ **verb 1** [I] B2 to change your behaviour so that it is suitable for a new situation: *It takes time to **adapt to** a new working environment.* ▷ **przystosowywać się 2** [T] B2 to change something so that it is suitable for a different use or situation: *Courses have to be **adapted for** different markets.* ▷ **przystosowywać 3** [T] to change a book or play so that it can be made into a film or television programme: *Both novels have been **adapted for** television.* ▷ **adaptować, przerabiać**

adaptable /əˈdæptəbl/ **adjective** able to change to suit different situations or uses ▷ **elastyczny**
• **adaptability** /əˌdæptəˈbɪləti/ **noun** [U] ▷ **elastyczność**

adaptation /ˌædæpˈteɪʃən/ **noun 1** [C] a film, television programme, or play which has been made from a book ▷ **adaptacja, przeróbka 2** [C, U] the process or act of changing to suit a new situation: *Evolution occurs as a result of **adaptation to** new environments.* ▷ **przystosowanie, adaptacja**

adapter (also **adaptor**) /əˈdæptər/ **noun** [C] something that is used for connecting two or more pieces of electrical equipment to an electrical supply ▷ **rozgałęziacz, przejściówka**

add /æd/ **verb 1** [T] A2 to put something with something else: ***Add** the eggs **to** the cream.* ▷ **dodawać 2** [I, T] to increase an amount or level: *Then there's the service charge which **adds** another ten percent **to** the bill.* ▷ **zwiększać 3** [T] B1 to say another thing: [+ that] *She said she liked him but added that he was difficult to work with.* ▷ **dodawać 4** [T] A2 to put two or more numbers or amounts together to get a total ▷ **dodawać** → See also **add *insult* to injury**

PHRASAL VERBS **add (sth) up** B1 to put numbers together in order to reach a total: *When you add up everything we've spent, it's cost well over £200.* ▷ **dodawać** *coś* • **not add up** informal If something does not add up, you cannot believe it is true: *She gave me an explanation but somehow it doesn't add up.* ▷ **nie zgadzać się**

adder /ˈædər/ **noun** [C] a small poisonous snake ▷ **żmija**

addict /ˈædɪkt/ **noun** [C] **1** B2 someone who cannot stop taking a drug: *a **heroin/drug addict*** ▷ **narkoman/ka 2** informal someone who likes something very much and does it or has it very often: *a TV/computer game addict* ▷ **osoba uzależniona**

addicted /əˈdɪktɪd/ **adjective 1** not able to stop taking a drug: *He later became **addicted to** heroin.* ▷ **uzależniony 2** informal liking something very much and doing or having it too often: *He's **addicted to** chocolate/football.* ▷ **uzależniony**

addiction /əˈdɪkʃən/ **noun** [C, U] B2 when you cannot stop doing or taking something because you are addicted to it ▷ **uzależnienie**

> Wyrazy występujące razem z **addiction**
>
> **fight/have/suffer from** an addiction • **alcohol/drug/gambling** addiction • addiction **to** sth

addictive /əˈdɪktɪv/ **adjective** If something is addictive, it makes you want more of it so that you become addicted: *Tobacco is **highly addictive**.* ▷ **wywołujący uzależnienie, uzależniający**

addition /əˈdɪʃən/ **noun 1 in addition (to sth)** B1 added to what already exists or happens, or more than you already do or have: *In addition to teaching, she works as a nurse in the holidays.* ▷ **oprócz** *czegoś*, **ponadto, w dodatku 2** [U] B2 the process of adding numbers or amounts together in order to get a total ▷ **dodawanie 3** [C] B2 a new or extra thing which is added to something: *Defender Matt Smith is the latest **addition to** the team.* ▷ **nabytek**

additional /əˈdɪʃənəl/ **adjective** B2 extra to what already exists: *We plan to take on an additional ten employees over the next year.* ▷ **dodatkowy**
• **additionally adverb** B2 ▷ **dodatkowo, w dodatku**

adˈdition reˌaction noun [C] a chemical reaction where two whole molecules join together to form one larger molecule ▷ **addycja**

additive /ˈædɪtɪv/ **noun** [C] a chemical which is added to food in order to make it taste or look better or to keep it fresh ▷ **konserwant, dodatek**

add-on /ˈædɒn/ **noun** [C] a piece of equipment that can be connected to a computer to give it an extra use ▷ **urządzenie dodatkowe**

address[1] /əˈdres/ (US) /ˈædres/ **noun** [C] **1** A1 the details of where a building is, including the building number, road name, town, etc ▷ **adres 2** A1 a series of letters, signs, or numbers used to send email to someone or to reach a page of information on the Internet: *an **email/web address*** ▷ **adres 3** a formal speech to a group

A

of people ▷ **wystąpienie, orędzie** → See also **forwarding address**, **public address system**

> Wyrazy występujące razem z **address**
> give sb your address • your business/home/work address • a change of address

address² /əˈdres/ **verb** [T] **1** to write a name or address on an envelope or parcel: *A parcel arrived* ***addressed to*** *Emma.* ▷ **adresować 2** to deal with a problem: *We have to* ***address*** *the* ***issue/problem*** *before it gets worse.* ▷ **zajmować się 3** formal to speak to someone, or to give a speech to an audience: *Today she will be addressing a major conference in London.* ▷ **zwracać się do, przemawiać do, przemawiać na forum 4 address sb as sth** formal to give someone a particular name or title when you speak or write to them: *Do you think I should address him as 'Mr Benson' or 'Albert'?* ▷ **zwracać się do** *kogoś* **per** *ktoś*

aˈddress ˌbook **noun** [C] (US ˈ**address ˌbook**) **1** a computer document that keeps a list of names and email addresses ▷ **książka adresowa 2** a book in which you keep a list of names and addresses ▷ **notes z adresami**

adept /æˈdept/ **adjective** good at doing something difficult: *She's very* ***adept at*** *dealing with the media.* ▷ **biegły**

adequate /ˈædɪkwət/ **adjective 1** B2 enough: *I didn't have* ***adequate time*** *to prepare.* ▷ **wystarczający, dostateczny 2** B2 good enough, but not very good: *The sound quality isn't exceptional but it's* ***adequate for*** *everyday use.* ▷ **wystarczający, dostateczny** → Opposite **inadequate**
• **adequately** **adverb** B2 *Make sure you are adequately equipped for the journey.* ▷ **wystarczająco, dostatecznie**

adhere /ədˈhɪəʳ/ **verb** [I] formal to stick to a surface ▷ **przylegać**

PHRASAL VERB **adhere to sth** to obey a rule or principle: *We always adhere strictly to the guidelines.* ▷ **trzymać się** *czegoś*, **przestrzegać** *czegoś*, **stosować się do** *czegoś*

adherence /ədˈhɪərᵊns/ **noun** [U] formal when someone obeys a set of rules or principles ▷ **przestrzeganie**
• **adherent** **noun** [C] formal someone who obeys a particular set of rules, principles, etc ▷ **zwolenni-k/czka**

adhesive /ədˈhiːsɪv/ **noun** [C] a substance used for sticking things together ▷ **klej**
• **adhesive** **adjective** ▷ **klejący**

ad hoc /ˌædˈhɒk/ **adjective** not regular or planned, but happening only when necessary: *We meet* ***on an ad hoc basis.*** ▷ **ad hoc**

adipose /ˈædɪpəʊs/ **adjective** [always before noun] of animal fat: *adipose tissue* ▷ **tłuszczowy**

adjacent /əˈdʒeɪsᵊnt/ **adjective** formal If two things are adjacent, they are next to each other: *The fire started in an adjacent building.* ◦ *They live in a house* ***adjacent to*** *the railway.* ▷ **sąsiedni, sąsiadujący, przyległy**

adˌjacent ˈangle **noun** [C] one of two angles that are formed when one angle is divided by a straight line ▷ **kąt przyległy**

adjective /ˈædʒɪktɪv/ **noun** [C] A2 a word that describes a noun or pronoun. The words 'big', 'boring', 'purple', and 'obvious' are all adjectives. ▷ **przymiotnik**
• **adjectival** /ˌædʒɪkˈtaɪvᵊl/ **adjective** containing or used like an adjective: *an adjectival phrase* ▷ **przymiotnikowy**

adjoining /əˈdʒɔɪnɪŋ/ **adjective** next to and joined to something: *an* ***adjoining room*** ▷ **sąsiedni, przyległy**

adjourn /əˈdʒɜːn/ **verb** [I, T] formal to stop a meeting, especially a legal process, for a period of time or until a later date: *The judge* ***adjourned the case*** *until March 31.* ▷ **odraczać**
• **adjournment** **noun** [C] ▷ **odroczenie**

adjudicate /əˈdʒuːdɪkeɪt/ **verb** [I, T] formal to make an official judgment or decision about a competition or disagreement: *Occasionally, he has to* ***adjudicate on*** *a pensions matter.* ▷ **rozstrzygać**
• **adjudication** /əˌdʒuːdɪˈkeɪʃᵊn/ **noun** [U] ▷ **rozstrzygnięcie, werdykt** • **adjudicator** **noun** [C] ▷ **sędzia, arbiter**

adjust /əˈdʒʌst/ **verb 1** [T] B2 to change something slightly so that it works better, fits better, or is more suitable: *You can adjust the heat using this switch here.* ◦ *The figures need to be adjusted for inflation.* ▷ **regulować, poprawiać, korygować, uwzględniać lub wprowadzać poprawki 2** [I] B2 to change the way you behave or think in order to suit a new situation: *They found it hard* ***adjusting to*** *life in a new country.* ▷ **przystosowywać się, przyzwyczajać się**

adjustable /əˈdʒʌstəbl/ **adjective** able to be changed slightly in order to suit different people or situations: *an adjustable seat* ▷ **regulowany**

adjustment /əˈdʒʌstmənt/ **noun** [C, U] B2 a slight change that you make to something so that it works better, fits better, or is more suitable: *We've* ***made*** *a few* ***adjustments to*** *the schedule.* ▷ **regulacja, korekta, poprawka**

ad lib /ˌædˈlɪb/ **verb** [I, T] to speak in public without having planned what to say: *I had no script so I had to ad lib.* ▷ **improwizować**

admin /ˈædmɪn/ **noun** [U] UK short for administration ▷ **administracja**

administer /ədˈmɪnɪstəʳ/ **verb** [T] **1** to organize or arrange something: *The fund is administered by the Economic Development Agency.* ▷ **przeprowadzać, zarządzać, administrować 2** formal to give medicine or medical help to someone: *to administer first aid* ▷ **podawać, udzielać**

administration /ədˌmɪnɪˈstreɪʃᵊn/ **noun 1** [U] the work of organizing and arranging the operation of something, such as a company: *The job involves a lot of administration.* ▷ **admi-**

A

nistracja **2** [C] mainly US the President and politicians who govern a country at a particular time, or a period of government: *the Bush administration* ▷ **rząd, administracja**

administrative /ədˈmɪnɪstrətɪv/ **adjective** relating to the organization and management of something: *The work is largely administrative.* ▷ **administracyjny**

administrator /ədˈmɪnɪstreɪtəʳ/ **noun** [C] someone who helps to manage an organization ▷ **zarządca, administrator/ka**

admirable /ˈædmᵊrəbl/ **adjective** If something is admirable, you respect or approve of it: *He has many* ***admirable qualities****.* ▷ **godny podziwu**
• **admirably adverb** ▷ **imponująco**

admiral /ˈædmᵊrəl/ **noun** [C] an officer of very high rank in the navy ▷ **admirał**

admiration /ˌædməˈreɪʃᵊn/ **noun** [U] B2 when you admire someone or something: *My* ***admiration for*** *him grows daily.* ▷ **podziw**

> Wyrazy występujące razem z **admiration**
>
> express/feel/have admiration • **enormous/great/grudging/profound** admiration • admiration for sb

admire /ədˈmaɪəʳ/ **verb** [T] **1** B2 to respect or approve of someone or something: *You have to* ***admire*** *him* ***for*** *being so determined.* ▷ **podziwiać 2** B1 to look at something or someone, thinking how attractive they are: *We stood for a few minutes, admiring the view.* ▷ **podziwiać**
• **admirer noun** [C] ▷ **wielbiciel/ka**

admissible /ədˈmɪsəbl/ **adjective** formal allowed or acceptable, especially in a court of law: *admissible evidence* ▷ **dopuszczalny**

admission /ədˈmɪʃᵊn/ **noun 1** [U] B1 the money that you pay to enter a place: *Art exhibition – admission free.* ▷ **(opłata za) wstęp 2** [C] when you agree that you did something bad, or that something bad is true: *She is,* ***by her own admission****, lazy.* ◦ *His departure was seen by many as an* ***admission of*** *guilt.* ▷ **przyznanie się 3** [C, U] B2 when someone is given permission to enter somewhere or to become a member of a club, university, etc: *She's applied for* ***admission to*** *law school.* ▷ **przyjęcie, wstęp**

admit /ədˈmɪt/ **verb** (present participle **admitting**, past tense and past participle **admitted**) **1** [I, T] B1 to agree that you did something bad, or that something bad is true: [+ doing sth] *Both men admitted taking illegal drugs.* ◦ [+ to + doing sth] *She* ***admitted to*** *stealing the keys.* ◦ *I was wrong – I admit it.* ◦ [+ (that)] *He finally admitted that he couldn't cope.* ▷ **przyznawać się 2** [T] to allow someone to enter somewhere, especially to take someone who is ill into hospital: UK *to be* ***admitted to*** *hospital*/US *to be* ***admitted to*** *the hospital* ◦ *It says on the ticket 'admits 2'.* ▷ **przyjmować**

> **Admit** wyrazy bliskoznaczne
>
> Gdy przyznajemy prawdziwość jakiegoś niekorzystnego faktu, możemy użyć słów **accept** i **acknowledge**:
>
> *I* ***accept*** *that things should have been done differently.*
>
> *He refuses to* ***acknowledge*** *the problem.*
>
> Jeśli ktoś przyznaje się do popełnienia niewłaściwego czynu, często używamy słowa **confess**:
>
> *Rawlinson finally* ***confessed*** *to the murder.*
>
> Jeśli ktoś przyznaje się do popełnienia jakiegoś niewłaściwego czynu, możemy również użyć czasowników frazowych **own up** i (*w mowie potocznej*) **fess up**, oraz idiomu **come clean**.
>
> *I decided to* ***come clean*** *about the broken vase.*
>
> *Come on,* ***own up*** *– who's eaten the last sandwich?*

admittance /ədˈmɪtᵊns/ **noun** [U] permission to enter a place ▷ **wstęp**

admittedly /ədˈmɪtɪdli/ **adverb** B2 used when you are agreeing that something is true although you do not want to: *Admittedly I was partly to blame but it wasn't all my fault.* ▷ **co prawda, istotnie**

admonish /ədˈmɒnɪʃ/ **verb** [T] formal to gently tell someone that they have done something wrong ▷ **upominać**

ado /əˈduː/ **noun without further/more ado** without waiting any more ▷ **bez dalszych wstępów**

adolescence /ˌædᵊlˈesᵊns/ **noun** [U] the period of time in someone's life between being a child and an adult ▷ **okres dojrzewania**

adolescent /ˌædᵊlˈesᵊnt/ **noun** [C] a young person who is between being a child and an adult ▷ **nastolat-ek/ka**
• **adolescent adjective** ▷ **nastoletni, niedojrzały**

adopt /əˈdɒpt/ **verb 1** [I, T] B2 to legally become the parents of someone else's child ▷ **adoptować 2** [T] B2 to accept or start using something new: *We've* ***adopted*** *a new* ***approach****.* ▷ **przejmować, przyjmować**
• **adopted adjective** B2 *an adopted son* ▷ **adoptowany** • **adoption** /əˈdɒpʃᵊn/ **noun** [C, U] B2 ▷ **adopcja**

adorable /əˈdɔːrəbl/ **adjective** very attractive, often because of being small: *an adorable little boy* ▷ **rozkoszny**

adore /əˈdɔːʳ/ **verb** [T] **1** to love someone and have a very good opinion of them: *Sarah adored her father.* ▷ **uwielbiać 2** to like something very much: *I adore travelling.* ▷ **uwielbiać**
• **adoration** /ˌædəˈreɪʃᵊn/ **noun** [U] ▷ **uwielbienie**

adorn /əˈdɔːn/ **verb** [T] formal to decorate some-

A

thing: *The room was **adorned with** flowers.* ▷ **dekorować, przyzdabiać**
• **adornment** noun [C, U] ▷ **dekoracja, dekoracje**

adrenal gland /əˈdriːnəlˌglænd/ **noun** [C] one of two body organs that produce adrenalin ▷ **nadnercze**

adrenalin (also **adrenaline**) /əˈdrenəlɪn/ **noun** [U] a substance that your body produces when you are angry, excited, or frightened which makes your heart beat faster ▷ **adrenalina**

adrift /əˈdrɪft/ **adjective 1** [never before noun] If a boat is adrift, it floats around in the water and is not tied to anything. ▷ **w dryfie, dryfujący 2 come adrift** to become loose and not joined to anything: *A few bricks in the garden wall had come adrift.* ▷ **obluzować się**

adsorb /ædˈzɔːb/ **verb** [T] to cause a substance, usually a gas, to form a very thin layer on the surface of another substance ▷ **adsorbować**
• **adsorbent** /ædˈzɔː.bənt/ **adjective** ▷ **adsorbent** • **adsorption** /ædˈzɔːpʃən/ **noun** [U] ▷ **adsorpcja**

adulation /ˌædjʊˈleɪʃən/ **noun** [U] great praise and admiration for someone, often which they do not deserve ▷ **uwielbienie**

adult¹ /ˈædʌlt/, /əˈdʌlt/ **noun** [C] Ⓐ1 a person or animal that has finished growing and is not now a child ▷ **dorosły**

adult² /ˈædʌlt/, /əˈdʌlt/ **adjective 1** having finished growing: *an adult male rat* ▷ **dorosły 2** [always before noun] Ⓐ2 for or relating to adults: ***adult education*** ◦ *adult life* ▷ **dorosły 3** Adult books, films, etc show naked people or sexual acts and are not for children. ▷ **dla dorosłych**

adultery /əˈdʌltəri/ **noun** [U] sex between a married person and someone who is not their husband or wife ▷ **cudzołóstwo**
• **adulterous** adjective ▷ **cudzołożny**

adulthood /ˈædʌlthʊd/ ⓤⓢ /əˈdʌlthʊd/ **noun** [U] the part of your life when you are an adult ▷ **dorosłość**

advance¹ /ədˈvɑːns/ **noun 1 in advance** Ⓑ1 before a particular time: *You need to book your ticket at least 14 days in advance.* ▷ **z wyprzedzeniem, z góry 2** [C, U] Ⓑ2 new discoveries and inventions: ***technological/scientific advances*** ▷ **postęp, osiągnięcie 3** [C] a payment given to someone before work has been completed, or before the usual time ▷ **zaliczka 4** [C] a movement forward, especially by an army ▷ **natarcie, posuwanie się**

> **Wyrazy występujące razem z advance**
> medical/scientific/technological advances • a major advance • advances in sth

advance² /ədˈvɑːns/ **verb 1** [I, T] to develop or progress, or to make something develop or progress: *He moved to New York with hopes of **advancing** his **career**.* ▷ **posuwać (się) naprzód 2** [I] to move forward to a new position, especially while fighting: *Rebel soldiers **advanced on** the capital.* ▷ **nacierać, posuwać się naprzód**

advance³ /ədˈvɑːns/ **adjective** [always before noun] happening or ready before an event: ***advance planning/warning*** ◦ *an **advance booking*** ▷ **z wyprzedzeniem, z góry**

advanced /ədˈvɑːnst/ **adjective 1** Ⓑ1 having developed or progressed to a late stage: ***advanced technology*** ◦ *The disease was at an **advanced stage**.* ▷ **zaawansowany 2** Ⓐ2 at a higher, more difficult level: *an advanced English course* ▷ **zaawansowany, dla zaawansowanych**

advancement /ədˈvɑːnsmənt/ **noun** [C, U] progress: ***career advancement*** ◦ ***technological advancements*** ▷ **postęp, osiągnięcie**

advances /ədˈvɑːnsɪz/ **noun sb's advances** things that someone says and does to try to start a sexual relationship with someone ▷ *czyjeś* **zaloty**

advantage /ədˈvɑːntɪdʒ/ **noun** [C, U] **1** Ⓑ1 something good about a situation that helps you: *One of the **advantages of** living in town is having the shops so near.* ▷ **korzyść, zaleta 2** Ⓑ2 something that will help you to succeed: *These new routes will give the airline a considerable **advantage over** its competitors.* ◦ *If we could start early it would be **to our advantage** (= help us to succeed).* ▷ **przewaga** → Opposite **disadvantage 3 take advantage of sth** Ⓑ1 to use the good things in a situation: *I thought I'd take advantage of the sports facilities while I'm here.* ▷ **korzystać z** *czegoś*, **wykorzystywać** *coś* **4 take advantage of sb/sth** Ⓑ2 to treat someone badly in order to get what you want ▷ **wykorzystywać** *kogoś/coś*

> **Wyrazy występujące razem z advantage**
> a big/enormous/main/major advantage • an unfair advantage • take advantage of sth • the advantage of sth

advantageous /ˌædvənˈteɪdʒəs/ **adjective** helping to make you more successful ▷ **korzystny**

advent /ˈædvent/ **noun 1 the advent of sth** the start or arrival of something new: *the advent of the Internet* ▷ **pojawienie się** *czegoś*, **nastanie** *czegoś*, **nadejście** *czegoś* **2 Advent** the religious period before Christmas in the Christian year ▷ **adwent**

adventure /ədˈventʃər/ **noun** [C, U] Ⓐ2 an exciting and sometimes dangerous experience: *It's a film about the adventures of two friends travelling across Africa.* ▷ **przygoda**
• **adventurer** noun [C] ▷ **amator/ka lub poszukiwacz/ka przygód**

> **Wyrazy występujące razem z adventure**
> have an adventure • be looking for adventure • a big/exciting adventure • an adventure holiday/playground

adventurous /əd'ventʃᵊrəs/ **adjective** **1** B2 willing to try new and often difficult things: *I'm trying to be more adventurous with my cooking.* ▷ **odważny** **2** exciting and often dangerous: *He led an adventurous life.* ▷ **pełen przygód, ryzykowny**

adverb /'ædvɜːb/ **noun** [C] A2 a word that describes or gives more information about a verb, adjective, phrase, or other adverb. In the sentences 'He ate quickly' and 'It was extremely good', 'quickly' and 'extremely' are both adverbs. ▷ **przysłówek**

adversary /'ædvəsᵊri/ **noun** [C] formal someone who you are fighting or competing against ▷ **przeciwni-k/czka**

adverse /'ædvɜːs/ **adjective** formal **1** **adverse conditions/effects/impact** things that cause problems or danger: *adverse weather conditions* ◦ *Pollution levels like these will certainly have an adverse effect on health.* ▷ **niekorzystn-e/y warunki/skutki/wpływ** **2** **adverse comment/publicity/reaction, etc** something negative that is said or written about someone or something ▷ **negatywny komentarz/wroga opinia publiczna/reakcja** *itp.*
• **adversely adverb** ▷ **niekorzystnie**

adversity /əd'vɜːsəti/ **noun** [C, U] formal an extremely difficult situation: *She showed a great deal of courage **in adversity**.* ▷ **trudna sytuacja, przeciwności losu**

advert /'ædvɜːt/ **noun** [C] UK B1 an advertisement ▷ **reklama, ogłoszenie**

advertise /'ædvətaɪz/ **verb** **1** [I, T] B1 to tell people about a product or service, for example in newspapers or on television, in order to persuade them to buy it: *Companies are not allowed to advertise cigarettes on television any more.* ▷ **reklamować (się)** **2** [I] B1 to put information in a newspaper or on the Internet, asking for someone or something that you need: *The university is **advertising for** administrative staff.* ▷ **ogłaszać się, dać ogłoszenie**
• **advertiser noun** [C] a company that advertises things ▷ **reklamodawca**

advertisement /əd'vɜːtɪsmənt/ US /ˌædvər'taɪzmənt/ **noun** [C] A2 a picture, short film, song, etc which tries to persuade people to buy a product or service: *a newspaper/television advertisement* ▷ **reklama, ogłoszenie**

> **!** Najczęściej popełniane błędy: **advertisement**
>
> **Uwaga!** Sprawdzamy pisownię!
> Jest jednym z 10 wyrazów najczęściej pisanych z błędem przez uczących się angielskiego Polaków.
> Proszę pamiętać: według prawidłowej pisowni „e" następuje po „s".

advertising /'ædvətaɪzɪŋ/ **noun** [U] B2 the business of trying to persuade people to buy products or services: *an **advertising agency*** ▷ **reklama**

advice /əd'vaɪs/ **noun** [U] A2 suggestions about what you think someone should do or how they should do something: *She **asked** me **for advice** about writing a book.* ◦ *There's a booklet **giving advice on** how to set up your own club.* ◦ *I **took** your **advice** (= did what you suggested) and went home early.* ◦ *Can I give you a **piece of advice**?* ▷ **rada**

> **!** Najczęściej popełniane błędy: **advice**
>
> **Proszę pamiętać:** nie można utworzyć liczby mnogiej od rzeczownika **advice.** Nie mówimy więc „advices", ale **advice, some advice** lub **pieces of advice**:
> ~~*I want to give you some advices on how to spend your holiday.*~~
> *I want to give you some advice on how to spend your holiday.*

> **Wyrazy występujące razem z advice**
>
> ask for/give/offer/provide/seek advice • take sb's advice • bad/conflicting/expert/good advice • advice on/about sth • a piece of advice

advisable /əd'vaɪzəbl/ **adjective** [never before noun] If something is advisable, it will avoid problems if you do it: *It is advisable to book seats at least a week in advance.* ▷ **wskazany, ≈ lepiej**

advise /əd'vaɪz/ **verb** **1** [I, T] B1 to make a suggestion about what you think someone should do or how they should do something: [+ to do sth] *His doctor advised him to take time off work.* ◦ *They **advise** the government **on** environmental matters.* ◦ *The government is **advising against** travelling in the area.* ◦ [+ that] *They're advising that children be kept out of the sun altogether.* ▷ **radzić, doradzać** **2** [T] formal to give someone official information about something: *They were **advised of** their rights.* ▷ **powiadamiać**

adviser (also **advisor**) /əd'vaɪzəʳ/ **noun** [C] someone whose job is to give advice about a subject: *a **financial adviser*** ▷ **dorad-ca/czyni**

advisory¹ /əd'vaɪzᵊri/ **adjective** **advisory committee/panel/board, etc** a group of people whose purpose is to give advice ▷ **zespół doradców**

advisory² /əd'vaɪzᵊri/ **noun** [C] US an official announcement that contains advice, information, or a warning: [usually plural] ***weather/travel advisories*** ▷ **komunikat**

advocate¹ /'ædvəkeɪt/ **verb** [T] to express support for a particular idea or way of doing things: *I certainly wouldn't advocate the use of violence.* ▷ **popierać**
• **advocacy** /'ædvəkəsi/ **noun** [U] when someone advocates something ▷ **poparcie**

advocate² /'ædvəkət/ **noun** [C] **1** someone who supports a particular idea or way of doing things: *He has always been* ***an advocate of*** *stricter gun controls.* ▷ **zwolenni-k/czka** **2** UK a lawyer who defends someone in court ▷ **adwokat/ka**

A&E /ˌeɪənd'iː/ **noun** [C, U] UK (US **emergency room**) abbreviation for Accident and Emergency: the part of a hospital where people go when they are injured or ill and need treatment quickly ▷ **oddział ratunkowy**

aeolian UK (US **eolian**) /iː'əʊliən/ **adjective** [always before noun] produced or carried by the wind ▷ **eoliczny**

aerial[1] /'eəriəl/ **noun** [C] UK (US **antenna**) a piece of metal that is used for receiving television or radio signals ▷ **antena** → See **Car** on page Centre 7

aerial[2] /'eəriəl/ **adjective** [always before noun] in or from the air, especially from an aircraft: *an aerial photograph/view* ▷ **lotniczy, z lotu ptaka**

ˌaerial 'root **noun** [C] a plant root that grows down to the ground from above the ground ▷ **korzeń oddechowy**

aerobic /eə'rəʊbɪk/ **adjective** **1** Aerobic exercise is intended to make your heart stronger. ▷ **aerobowy** **2** needing or using oxygen ▷ **tlenowy, aerobowy**

aeˌrobic respi'ration **noun** [U] a chemical process in which energy is produced in the body from food by using oxygen ▷ **oddychanie komórkowe**

aerobics /eə'rəʊbɪks/ **noun** [U] physical exercises that you do to music, especially in a class: *She goes to aerobics (= to aerobics classes).* ▷ **aerobik**

aerodynamic /ˌeərəʊdaɪ'næmɪk/ **adjective** having a shape that moves quickly through the air ▷ **aerodynamiczny**

• **aerodynamics** **noun** [U] the study of how objects move through the air ▷ **aerodynamika**

aeroplane /'eərəpleɪn/ **noun** [C] UK (US **airplane**) (A2) a vehicle that flies and has an engine and wings ▷ **samolot**

aerosol /'eərəsɒl/ **noun** [C] a metal container that forces a liquid out in small drops when you press a button ▷ **aerozol**

aerosol

aerospace /'eərəʊspeɪs/ **noun** [U] the design and production of aircraft ▷ **lotnictwo i kosmonautyka**

aesthetic (also US **esthetic**) /es'θetɪk/ **adjective** relating to beauty and the way something looks: *the* ***aesthetic appeal*** *of cats* ▷ **estetyczny**

• **aesthetically** **adverb** ▷ **estetycznie**

aesthetics (also US **esthetics**) /es'θetɪks/ **noun** [U] the study of beauty, especially in art ▷ **estetyka**

aetiology UK (US **etiology**) /iː.ti'ɒlədʒi/ **noun** [U] the study of the causes of a disease ▷ **etiologia**

AFAIK Internet abbreviation for as far as I know: used when you believe that something is true, but you are not completely certain ▷ **OIMW (= o ile mi wiadomo)**

afar /ə'fɑːʳ/ **adverb** literary **from afar** from a long distance: *He had admired her from afar.* ▷ **z oddali, z dala**

affable /'æfəbl/ **adjective** pleasant and friendly ▷ **przyjemny**

affair /ə'feəʳ/ **noun** **1** [C] (B2) a situation or set of related events, especially bad ones: *The government's handling of the affair has been widely criticized.* ▷ **kwestia, sprawa** **2** [C] (B2) a sexual relationship between two people when one or both of them is married to someone else: *He's been* ***having an affair*** *with a woman at work.* ▷ **romans** **3** **be sb's affair** If something is your affair, it is private and you do not want anyone else to be involved or know about it. ▷ ≈ **to (jest)** *czyjaś* **sprawa** → See also **love affair**

affairs /ə'feəz/ **noun** [plural] situations or subjects that involve you: *He refused to discuss his financial affairs.* ▷ **sprawy** → See also **current affairs**, **state of affairs**

affect /ə'fekt/ **verb** [T] **1** (B1) to influence someone or something, or cause them to change: *It's a disease which affects many older people.* ▷ **dotyczyć, wpływać na, szkodzić** **2** (B2) to cause a strong emotion, especially sadness: [often passive] *I was deeply affected by the film.* ▷ **poruszać, wzruszać**

affectation /ˌæfek'teɪʃᵊn/ **noun** [C, U] a way of speaking or behaving that is not natural to someone ▷ **maniera**

affected /ə'fektɪd/ **adjective** behaving or speaking in a way that is not natural or sincere ▷ **manieryczny, sztuczny, afektowany**

affection /ə'fekʃᵊn/ **noun** [C, U] (B2) a feeling of liking or loving someone: *Ann's* ***affection for*** *her grandfather was obvious.* ▷ **uczucie**

> Wyrazy występujące razem z **affection**
>
> show affection • affection for sb • a display/show of affection

affectionate /ə'fekʃᵊnət/ **adjective** showing that you like or love someone: *an affectionate little girl* ◦ *He's very affectionate.* ▷ **czuły**

• **affectionately** **adverb** ▷ **czule**

affiliate /ə'filieɪt/ **verb** **be affiliated to/with sth** to be officially connected to, or a member of, a larger organization: *a college affiliated to the University of London* ▷ **być stowarzyszonym z** *czymś*

• **affiliation** /əˌfɪli'eɪʃᵊn/ **noun** [C, U] ▷ **powiązanie**

affinity /ə'fɪnəti/ **noun 1** [no plural] a feeling that you like and understand someone or something: *She seems to have a natural **affinity for/with** water.* ▷ **więź 2** [C, U] a similarity: *There are **affinities between** this poem and some of his earlier work.* ▷ **podobieństwo, związek**

affirm /ə'fɜːm/ **verb** [T] formal to say that something is true: *He gave a speech affirming the government's commitment to education.* ▷ **potwierdzać**
• **affirmation** /ˌæfə'meɪʃᵊn/ **noun** [C, U] ▷ **potwierdzenie**

affirmative /ə'fɜːmətɪv/ **adjective** formal In language, an affirmative word or phrase expresses the meaning 'yes': *an **affirmative answer*** ▷ **twierdzący**

affix /'æfɪks/ **noun** [C] a group of letters that you add to the beginning or the end of a word to make another word. In the word 'non-alcoholic', 'non-' is an affix. ▷ **przyrostek** → Compare **prefix**, **suffix**

afflict /ə'flɪkt/ **verb** [T] formal If an illness or problem afflicts you, it makes you suffer: [often passive] *a country afflicted by civil war* ▷ **dotykać**
• **affliction** /ə'flɪkʃᵊn/ **noun** [C, U] something that makes you suffer ▷ **nieszczęście, przypadłość**

affluent /'æfluənt/ **adjective** having a lot of money: *affluent families/neighbourhoods* ▷ **zamożny**
• **affluence** /'æfluəns/ **noun** [U] ▷ **zamożność**

afford /ə'fɔːd/ **verb** [T] **1 can afford** (B1) to have enough money to buy something or enough time to do something: *I can't afford a new computer.* ◦ [+ to do sth] *Can we afford to go away?* ◦ *I'd love to come out but I **can't afford the time**.* ▷ **móc sobie pozwolić na, stać** *kogoś* **na 2 can afford to do sth** If you can afford to do something, it is possible for you to do it without causing problems: *We can't afford to take that risk.* ▷ **móc sobie pozwolić na** *coś*

affordable /ə'fɔːdəbl/ **adjective** cheap enough for most people: ***affordable housing/prices*** ▷ **przystępny**

affront /ə'frʌnt/ **noun** [C] something that is offensive or insulting to someone: *He regarded the comments as an **affront to** his dignity.* ▷ **obraza, afront**

Afghanistan /æf'gænɪstæn/ **noun** a country in Asia ▷ **Afganistan**
• **Afghan** /'æfgæn/ **adjective** coming from or relating to Afghanistan ▷ **afgański** • **Afghan noun** someone from Afghanistan ▷ **Afgańczyk, Afganka**

afield /ə'fiːld/ **adverb** mainly UK **far/further afield** away from the place where you are: *We hired a car so we could travel further afield.* ▷ **daleko/dalej**

afloat /ə'fləʊt/ **adjective 1** floating on water ▷ **unoszący się na wodzie 2 stay afloat** to have enough money to continue a business: *Many small businesses are struggling to stay afloat.* ▷ **przetrwać, utrzymać się na powierzchni**

afoot /ə'fʊt/ **adjective** [never before noun] being planned, or happening now: *There are **plans afoot** to launch a new radio station.* ▷ **w planach, w realizacji**

afraid /ə'freɪd/ **adjective** [never before noun] **1 I'm afraid** (A2) used to politely tell someone bad news or to politely disagree with someone: *We haven't got any tickets left, I'm afraid.* ◦ [+ (that)] *I'm afraid that I've broken your vase.* ▷ **obawiam się (że), przykro mi, ale 2** (A2) frightened: *She's **afraid of** water.* ▷ **przestraszony, ≈ bać się 3** (B1) worried that something bad might happen: [+ (that)] *Many people are afraid that they might lose their jobs.* ◦ [+ of + doing sth] *He was **afraid of** upsetting Clare.* ▷ **≈ obawiać się**

> **Afraid** wyrazy bliskoznaczne
>
> Sens **afraid** można też wyrazić za pomocą **scared** i **frightened**:
>
> *He's **frightened** that the other children will laugh at him.*
>
> *Gerry has always been **scared** of heights.*
>
> Jeśli ktoś jest wyjątkowo przerażony, możemy w stosunku do niego użyć przymiotników **petrified**, **terrified**, **panic-stricken** lub bardziej potocznego wyrażenia **scared to death**:
>
> *I'm **terrified** of flying.*
>
> *She was **panic-stricken** when her little boy disappeared.*
>
> *He's **scared to death** of having the operation.*

afresh /ə'freʃ/ **adverb** If you do something afresh, you do it again in a different way: *Juan tore up the letter he was writing and **started afresh**.* ▷ **od nowa**

Africa /'æfrɪkə/ **noun** a continent ▷ **Afryka**

African /'æfrɪkən/ **adjective** relating or belonging to Africa: *African art/music* ▷ **afrykański**
• **African noun** [C] someone from Africa ▷ **Afryka-ńczyk/nka**

African-American /ˌæfrɪkənə'merɪkən/ **adjective** (also **Afro-American** /ˌæfrəʊə'merɪkən/) relating or belonging to American people whose families came from Africa in the past: *the African-American community* ▷ **afroamerykański**
• **African-American** (also **Afro-American**) **noun** [C] *a 25-year-old African-American* ▷ **Afroameryka-nin/nka, (= czarnoskór-y/a Ameryka-nin/nka)**

Afro /'æfrəʊ/ **noun** [C] a way of arranging very curly hair, especially for black people, in a round shape ▷ **(fryzura) afro**

Afro-Caribbean /ˌæfrəʊkærɪ'biːən/ **adjective** UK relating to people from the Caribbean whose families originally came from Africa: *Afro-Caribbean art/music* ▷ **afrokaraibski**

A

after¹ /ˈɑːftəʳ/ **preposition 1** A1 when a time or event has happened: *We went swimming after lunch.* ◦ *Let's get the shopping.* ***After that****, we can have coffee.* ▷ **po 2** A2 following in order: *H comes after G in the alphabet.* ▷ **po 3** US (UK/US **past**) used to say how many minutes past the hour it is: *It's five after three.* ▷ **po 4** B2 because of something that happened: *I'll never trust her again after what she did to me.* ▷ **po (tym jak) 5** B2 despite: *I can't believe he was so unpleasant after you gave him so much help.* ▷ **po tym jak 6** B1 following someone or something: *We ran after him, but he escaped.* ▷ **za 7 after 5 minutes/2 weeks, etc** when five minutes, two weeks, etc have passed ▷ **po 5 minutach/2 tygodniach** *itp.* **8 day after day/year after year, etc** B1 continuing for a long time, or happening many times: *I'm bored with going to school day after day.* ▷ **dzień w dzień/rok w rok** *itp.* **9** used when giving someone or something the same name as another person or thing: *It was called the Biko building, after the famous South African.* ▷ **po, na cześć 10 after all a** used to say that something happened or was true although you did not expect it to happen or be true: *Helen couldn't come to the party after all.* ▷ **jednak, mimo wszystko b** B1 used to add information that shows that what you have just said is true: *You can't expect to be perfect – after all, it was only your first lesson.* ▷ **w końcu, przecież 11 be after sth** informal to be trying to get something: *What type of job are you after?* ▷ **szukać** *czegoś*, **polować na** *coś* **12 be after sb** informal to be looking for someone: *The police are after him.* ▷ **poszukiwać** *kogoś*

after² /ˈɑːftəʳ/ **conjunction** B1 at a later time than something else happens: *We arrived after the game had started.* ◦ *After further discussion, we decided to call the police.* ▷ **po (tym jak)**

after³ /ˈɑːftəʳ/ **adverb** A2 later than someone or something else: *He had the operation on Monday and I saw him the day after.* ▷ **później**

afterbirth /ˈɑːftəbɜːθ/ **noun** [U] the material, including the placenta, which is pushed out of a woman's or female animal's body soon after she has given birth ▷ **łożysko i błony płodowe, popłód**

aftermath /ˈɑːftəmɑːθ/ **noun** [no plural] a situation that is the result of an accident, crime, or other violent event: *There are calls for tighter airport security* ***in the aftermath of*** *last week's bombing.* ▷ **następstwo, ≈ w następstwie**

> Wyrazy występujące razem z **aftermath**
> in the aftermath of sth • the immediate aftermath

afternoon /ˌɑːftəˈnuːn/ **noun 1** A1 [C, U] the time between the middle of the day, and the evening: *I played tennis on Saturday afternoon.* ◦ *The train arrives at 3 o'clock in the afternoon.* ◦ *What are you doing* ***this afternoon*** *(= today in the afternoon)?* ▷ **popołudnie, ≈ po południu 2 (Good) afternoon.** A1 used to say hello to someone in the afternoon ▷ **dzień dobry**

aftershave /ˈɑːftəʃeɪv/ **noun** [C, U] a liquid with a pleasant smell that men put on their faces after shaving ▷ **płyn lub woda po goleniu**

aftertaste /ˈɑːftəteɪst/ **noun** [C] the taste that a food or drink leaves in your mouth when you have swallowed it: [usually singular] *a bitter/sweet aftertaste* ▷ **posmak**

afterthought /ˈɑːftəθɔːt/ **noun** [C] something that you say or do later: [usually singular] *She only asked me to the party* ***as an afterthought****.* ▷ **refleksja**

afterwards /ˈɑːftəwədz/ **adverb** (also US **afterward**) A2 at a later time, after something else has happened: *I did my homework and went swimming afterwards.* ▷ **potem, później**

again /əˈgen/ **adverb 1** A1 once more: *I'll ask her again.* ◦ *I'll see you again next week.* ▷ **znowu, ponownie 2** A2 as before: *Get some rest and you'll soon be well again.* ▷ **znowu 3 again and again** B1 many times: *He played the same song again and again.* ▷ **w kółko 4 all over again** B2 repeated from the beginning: *We had to start all over again.* ▷ **od nowa 5 then/there again** used when adding a fact to something you have just said: *I failed my history test – but then again, I didn't do much studying for it.* ▷ **z drugiej strony**

against /əˈgenst/ **preposition 1** B2 disagreeing with a plan or activity: *Andrew wants to change offices but I'm against it.* ◦ *There were 70 votes for the new proposal and 30 against.* ▷ **przeciwny, przeciw 2** A2 competing with or opposing someone or something: *Liverpool is playing against AC Milan.* ◦ *the fight against racism* ▷ **przeciw, z 3** A2 touching something: *Push the bed against the wall.* ▷ **do, o 4** protecting you from something bad: *Fresh fruit in the diet may protect against cancer.* ▷ **na, przed, przeciw 5** B1 in the opposite direction to the way something is moving: *I was cycling against the wind.* ▷ **pod 6 against the law/the rules** B2 forbidden by a law or by rules: *It's against the law to leave young children alone in the house.* ▷ **wbrew prawu/zasadom 7 against sb's advice/wishes, etc** If you do something against someone's advice, wishes, etc, you do it although they have said you should not or must not: *He flew there against his doctor's advice.* ▷ **wbrew** *czyimś* **radom/życzeniom** *itp.* **8 have sth against sb/sth** to have a reason not to like someone or something: *I've got nothing against him personally, I just don't think he's the right man for the job.* ▷ **mieć** *coś* **przeciwko** *komuś/czemuś*

agar /ˈeɪgɑːʳ/ **noun** [U] a thick clear substance used by scientists for growing microorganisms or for making liquids thicker: *agar jelly* ▷ **agar**

age¹ /eɪdʒ/ **noun 1** [C, U] A1 the number of years that someone has lived, or that something has existed: *The show appeals to people of all ages.* ◦ *She left India* ***at the age of*** *12.* ◦ *Children* *under 10* ***years of age*** *must be accompanied by an adult.* ▷ **wiek 2** [C] B1 a period of history: *the Ice Age* ◦ *We're living in* ***the age of*** *electronic communication.* ▷ **epoka, doba 3** [U] when something is old: *Some wines improve* ***with age.*** ▷ **wiek 4 under age** too young to do something legally ▷ **nieletni, niepełnoletni** → See also **the Middle Ages**, **old age**

> Wyrazy występujące razem z **age**
>
> reach the age of [18/60/75, etc] • at/from the age of [8/12/60, etc] • [8/25/70, etc] years of age • at sb's age • an age limit

age² /eɪdʒ/ **verb** [I, T] (present participle UK **ageing**, present participle US **aging**, past tense and past participle **aged**) to become older or to make someone seem older: *Dad has aged a lot recently.* ▷ **starzeć się, postarzać**

aged¹ /eɪdʒd/ **adjective** A2 having a particular age: *They have one daughter, aged three.* ▷ **w wieku** → See also **middle-aged**

aged² /ˈeɪdʒɪd/ **adjective** old: *an aged dog* ◦ *improved health care for the aged* ▷ **w podeszłymwieku, wiekowy**

ˈage ˌgroup noun [C] people of a particular age: *job training for people in the 16-24 age group* ▷ **grupa wiekowa**

ageing¹ UK (US **aging**) /ˈeɪdʒɪŋ/ **adjective** becoming older: *an ageing population* ▷ **starzejący się**

ageing² UK (US **aging**) /ˈeɪdʒɪŋ/ **noun** [U] the process of becoming older: *the ageing process* ▷ **starzenie (się)**

ˈage ˌlimit noun [C] the age at which a person is allowed or not allowed to do something: *Eighteen is the legal age limit for buying alcohol.* ▷ **ograniczenie wieku**

agency /ˈeɪdʒənsi/ **noun** [C] **1** B1 a business that provides a service: *an advertising agency* ▷ **agencja 2** an international organization or government department: *an international development agency* ▷ **agencja, biuro, urząd** → See also **travel agency**

agenda /əˈdʒendə/ **noun** [C] **1** a list of subjects that people will discuss at a meeting: *There are several items* ***on the agenda.*** ▷ **porządek dzienny 2** important subjects that have to be dealt with: *The issue of rail safety is back* ***on the*** *political* ***agenda.*** ▷ **lista spraw**

> Wyrazy występujące razem z **agenda**
>
> set (= decide) the agenda • be off/on the agenda • be at the top of/high on the agenda • the agenda for sth

agent /ˈeɪdʒənt/ **noun** [C] **1** B2 someone whose job is to deal with business for someone else: *a literary agent* ▷ **agent/ka 2** (also **secret agent**) B2 someone who tries to find out secret information, especially about another country ▷ **agent/ka, wywiadow-ca/czyni** → See also **estate agent**, **real estate agent**, **travel agent**

ages /ˈeɪdʒɪz/ **noun** [plural] informal B1 a very long time: *I've been waiting here* ***for ages.*** ◦ *It* ***takes ages*** *to cook.* ▷ **całe wieki, wieczność**

aggravate /ˈæɡrəveɪt/ **verb** [T] **1** to make a situation or condition worse: *His comments only* ***aggravated*** *the* ***problem.*** ▷ **pogarszać 2** to annoy someone: *She's starting to really aggravate me.* ▷ **denerwować**

• **aggravating adjective** ▷ **denerwujący** • **aggravation** /ˌæɡrəˈveɪʃən/ **noun** [C, U] ▷ **utrapienie, problemy**

aggregate /ˈæɡrɪɡət/ **noun** [C, U] a total: UK *Liverpool won 2-0* ***on aggregate*** *(= in total).* ▷ **suma**

aggression /əˈɡreʃən/ **noun** [U] angry or violent behaviour towards someone: *an act of aggression* ▷ **agresja**

aggressive /əˈɡresɪv/ **adjective 1** B2 behaving in an angry and violent way towards another person: *aggressive behaviour* ▷ **agresywny 2** using forceful methods and determined to succeed: *an aggressive marketing campaign* ▷ **agresywny**

• **aggressively adverb** B2 ▷ **agresywnie**

aggressor /əˈɡresəʳ/ **noun** [C] someone who starts a fight or war with someone else ▷ **agresor/ka**

aggrieved /əˈɡriːvd/ **adjective** upset or angry because someone has treated you unfairly ▷ **dotknięty**

aghast /əˈɡɑːst/ **adjective** [never before noun] very shocked: *She looked at him aghast.* ▷ **zszokowany, przerażony**

agile /ˈædʒaɪl/ (US) /ˈædʒəl/ **adjective 1** able to move your whole body easily and quickly ▷ **zwinny 2** able to think quickly in an intelligent way: *an agile mind* ▷ **sprawny**

• **agility** /əˈdʒɪləti/ **noun** [U] ▷ **zwinność, sprawność**

aging /ˈeɪdʒɪŋ/ **noun**, **adjective** US spelling of ageing ▷ **starzenie (się)**

agitate /ˈædʒɪteɪt/ **verb** [I] to argue strongly about something in order to achieve social or political changes: *They continued to* ***agitate for*** *changes to the legal system.* ▷ **agitować**

• **agitator noun** [C] ▷ **agitator/ka**

agitated /ˈædʒɪteɪtɪd/ **adjective** very anxious or upset: *He seemed agitated, as if something was worrying him.* ▷ **poruszony**

• **agitation** /ˌædʒɪˈteɪʃən/ **noun** [U] ▷ **agitacja, poruszenie**

agitprop /ˈædʒɪtprɒp/ **noun** [U] the spreading of strongly political ideas or arguments expressed especially through plays, art, books, etc ▷ **propaganda**

AGM /ˌeɪdʒiːˈem/ **noun** [C] UK (US **annual meeting**) abbreviation for Annual General Meeting: a meeting that happens once every year in which an organization discusses the past year's activities and chooses the people who will

A

be in charge of the organization ▷ **walne zgromadzenie**

agnostic /æg'nɒstɪk/ **noun** [C] someone who believes that we cannot know if God exists or not ▷ **agnosty-k/czka**
• **agnostic adjective** ▷ **agnostyczny**

ago /ə'gəʊ/ **adverb ten minutes/six years/a long time ago** A2 used to refer to a time in the past: *They moved to London ten years ago.* ▷ **dziesięć minut/sześć lat/dawno temu**

agonist /'ægənɪst/ **noun** [C] a muscle that is pulled in the opposite direction by another muscle ▷ **mięsień agonistyczny**

agonize (also UK **-ise**) /'ægənaɪz/ **verb** [I] to spend a lot of time worrying about a decision: *Lee **agonized over** what to buy his girlfriend.* ▷ **nie móc się zdecydować, bić się z myślami**

agonizing (also UK **-ising**) /'ægənaɪzɪŋ/ **adjective** causing you a lot of pain or worry: *an agonizing choice* ▷ **dręczący**

agony /'ægəni/ **noun** [C, U] extreme suffering, either physical or mental: *She lay on the bed **in agony**.* ▷ **męczarnia, agonia**

'agony ˌaunt **noun** [C] UK someone who gives advice on personal problems, in a newspaper or magazine ▷ **(= redaktorka rubryki porad dla czytelników)**

agree /ə'gri:/ **verb** (present participle **agreeing**, past tense and past participle **agreed**) **1** [I, T] A2 to have the same opinion as someone: *I **agree with** you.* ◦ *"She's definitely the right person for the job." "I agree."* ◦ [+ (that)] *We all agreed that mistakes had been made.* ◦ *We **agree about** most things.* ▷ **zgadzać się** **2** [I] B2 to say you will do something that someone asks you to do: [+ to do sth] *She agreed to help him.* ▷ **zgadzać się** **3** [I, T] B1 to decide something with someone: *We couldn't **agree on** what to buy.* ◦ [+ to do sth] *They agreed to meet on Sunday.* ◦ [+ (that)] *We agreed that they would deliver the sofa in the morning.* ▷ **uzgadniać** **4** [I] If two descriptions agree, they are the same. ▷ **pokrywać się**
→ Opposite **disagree**

PHRASAL VERB **agree with sth** B2 to think that something is morally acceptable: *I don't agree with hunting.* ▷ **akceptować** *coś*, **godzić się na** *coś*

agreeable /ə'gri:əbl/ **adjective** formal **1** pleasant or nice: *an agreeable young man* ▷ **miły**
→ Opposite **disagreeable** **2 be agreeable to sth** to be willing to do or accept something: *If Harvey is agreeable to the proposal, we'll go ahead.* ▷ **zgadzać się na** *coś*
• **agreeably adverb** ▷ **miło**

agreement /ə'gri:mənt/ **noun** **1** [C] B2 a promise or decision made between two or more people: *an international agreement* ◦ *It was difficult to **reach an agreement**.* ▷ **porozumienie** **2** [U] B2 when people have the same opinion as each other: *Not everyone was **in agreement**.* ▷ **zgoda** → Opposite **disagreement**

> Wyrazy występujące razem z **agreement**
>
> reach/sign an agreement • a draft/written agreement • an agreement between sb

agriculture /'ægrɪkʌltʃəʳ/ **noun** [U] B2 the work and methods of growing crops and looking after animals which are then used for food ▷ **rolnictwo**
• **agricultural** /ˌægrɪ'kʌltʃərəl/ **adjective** ▷ **rolniczy**

agritourism /ˌægrɪ'tʊərɪzm/ **noun** [U] the business of providing holidays for people on farms or in the countryside ▷ **agroturystyka**

aground /ə'graʊnd/ **adverb run aground** If a ship runs aground, it cannot move because the water is not deep enough. ▷ **osiąść na mieliźnie**

ah /ɑː/ **exclamation** **1** used to show sympathy or to show pleasure at seeing a baby or attractive animal: *Ah, you poor thing!* ◦ *Ah, look at that little kitten!* ▷ **ach** **2** used to show that you have just understood something: *Ah, now I see what you're saying!* ▷ **ach**

aha /ə'hɑː/ **exclamation** used when you suddenly understand or find something: *Aha! That's where I left my keys!* ▷ **aha**

ahead /ə'hed/ **adjective, adverb** **1** B1 in front: *The road ahead is very busy.* ◦ *Rick walked **ahead of** us.* ▷ **przed, z przodu, do przodu** **2** B1 in the future: *She has a difficult time **ahead of** her.* ▷ **przed, w przyszłości** **3** B2 having more points than someone else in a competition: *Barcelona was ahead after ten minutes.* ▷ **na prowadzeniu, na czele** **4** making more progress than someone or something else: *Sue is **ahead of** everyone else in French.* ▷ **na prowadzeniu, na czele** **5 go ahead** informal B2 used to allow someone to do something: *"Can I use your phone?" "Sure, go ahead."* ▷ **proszę bardzo** **6 ahead of time/schedule** before the time that was planned: *We finished the project ahead of schedule.* ▷ **przed czasem/terminem** → See also **be one *step* ahead (of sb)**, **be *streets* ahead (of sb/sth)**, **be ahead of your *time***

-aholic /-ə'hɒlɪk/ **suffix** unable to stop doing or taking something: *chocaholic (= someone who cannot stop eating chocolate)* ▷ **-aholik**

aid¹ /eɪd/ **noun** **1** [U] money, food, or equipment that is given to help a country or group of people: *Emergency aid was sent to the flood victims.* ◦ *aid workers* ▷ **pomoc** **2 in aid of sb/sth** UK in order to collect money for a group of people who need it: *a concert in aid of famine relief* ▷ **na rzecz** *kogoś/czegoś* **3 with the aid of sth** using something to help you: *She can walk with the aid of a stick.* ▷ **z lub za pomocą** *czegoś* **4 come/go to sb's aid** to go to someone and help them: *Luckily a policeman came to my aid.* ▷ **przyjść** *komuś* **z pomocą** **5** [C] a piece of equipment that helps you to do something: *teaching aids such as books and videos* ▷ **pomoc**
→ See also **Band-Aid**, **first aid**, **visual aid**

A

aid² /eɪd/ **verb** formal **1** [T] to help someone ▷ **pomagać, wspomagać 2 aid and abet (sb)** in law, to help someone do something that is illegal ▷ **współdziałać (z** *kimś***)**

aide /eɪd/ **noun** [C] someone whose job is to help someone important, especially in the government: *a former aide to the President* ▷ **dorad-ca/czyni**

AIDS, Aids /eɪdz/ **noun** [U] abbreviation for acquired immune deficiency syndrome: a serious disease that destroys the body's ability to fight infection ▷ **AIDS** → Compare **HIV**

ailing /ˈeɪlɪŋ/ **adjective** weak or ill: *an ailing company/economy* ▷ **niedomagający, kulejący**

ailment /ˈeɪlmənt/ **noun** [C] an illness: *Treat **minor ailments** yourself.* ▷ **dolegliwość**

aim¹ /eɪm/ **noun 1** B1 [C] the purpose of doing something, and what you hope to achieve: *The **aim of** the film was to make people laugh.* ◦ [+ of + doing sth] *He went to Paris **with the aim** of improving his French.* ▷ **cel 2 sb's aim** someone's ability to hit an object by throwing something or shooting at something ▷ **celność, cel 3 take aim** to point a weapon towards someone or something ▷ **wycelować**

> **Wyrazy występujące razem z aim**
>
> achieve your aim • sb's/sth's main/ultimate aim • the aim of sth • with the aim of doing sth

aim² /eɪm/ **verb 1 aim for/at sth; aim to do sth** B1 to intend to achieve something: *I aim to arrive at three o'clock.* ◦ *We're aiming for a 10% increase in sales.* ▷ **dążyć do** *czegoś*, **planować** *coś* **2 be aimed at sb** B2 to be intended to influence or affect a particular person or group: *advertising aimed at students* ▷ **być skierowanym do** *kogoś* **lub pod** *czyimś* **adresem 3 be aimed at doing sth** to be intended to achieve a particular thing: *a plan aimed at reducing traffic* ▷ **mieć** *coś* **na celu 4** [I, T] to point a weapon towards someone or something: *He **aimed** the gun **at** the lion.* ▷ **celować**

aimless /ˈeɪmləs/ **adjective** with no purpose ▷ **bezcelowy**
• **aimlessly adverb** ▷ **bez celu**

ain't /eɪnt/ informal short for am not, is not, are not, have not, or has not. This word is not considered correct by most people. ▷ **nie (być)**

air¹ /eəʳ/ **noun 1** [U] A2 the mixture of gases around the Earth which we breathe: *air pollution* ◦ *He went outside to get some **fresh air** (= clean, cool air).* ▷ **powietrze 2 the air** B2 the space above and around things: *He fired his gun into the air.* ▷ **powietrze 3** [U] A2 travel in an aircraft: *I like travelling **by air**.* ◦ *air safety* ▷ **samolot, lot 4** [no plural] a particular appearance or quality: *He has **an air of** authority.* ▷ **otoczka, wygląd 5 be on air** to be broadcasting on television or radio ▷ **być na antenie**

IDIOMS **clear the air** If an argument or discussion clears the air, people feel less angry or upset after it. ▷ **oczyścić atmosferę** • **disappear/vanish into thin air** to suddenly disappear in a mysterious way ▷ **zniknąć bez śladu, rozpłynąć się** • **be up in the air** If something is up in the air, no decision has been made: *Our plans for the summer are still up in the air.* ▷ **być na wodzie pisanym, pozostawać w zawieszeniu**

→ See also **a *breath* of fresh air**, **mid-air**

air² /eəʳ/ **verb 1** [T] to broadcast something on radio or television ▷ **nadawać 2 air your opinions/views, etc** to say what your opinions are: *The meeting will give everyone a chance to air their views.* ▷ **wyrażać poglądy 3** [T] to make a room smell better by opening a door or window ▷ **wietrzyć, przewietrzyć 4** [I, T] If clothes air, or if you air them, you hang them up with a lot of air around them. ▷ **wietrzyć (się)**

airbag /ˈeəbæg/ **noun** [C] a bag in the front of a car that protects people in an accident by filling with air: *passenger/twin airbags* ▷ **poduszka powietrzna**

airbase /ˈeəbeɪs/ **noun** [C] a military airport ▷ **baza lotnicza**

ˈair ˌbladder noun [C] a small bag of air or gas inside the body of a fish or inside a plant, that helps it to float or breathe ▷ **pęcherz pławny**

airborne /ˈeəbɔːn/ **adjective** moving in, or carried by the air: *airborne troops* ◦ *an airborne virus* ▷ **lotniczy, w locie, zawieszony w powietrzu**

ˈair ˌcon noun [U] UK abbreviation for air conditioning ▷ **klimatyzacja**

ˈair conˌditioner noun [C] a machine that keeps the air cool in a building or a car ▷ **klimatyzator**

ˈair conˌditioning noun [U] B1 a system that keeps the air cool in a building or car ▷ **klimatyzacja**
• **air-conditioned** /ˈeəkənˌdɪʃənd/ **adjective** having air conditioning: *an air-conditioned office* ▷ **klimatyzowany**

aircraft /ˈeəkrɑːft/ **noun** [C] (plural **aircraft**) B2 a vehicle that can fly ▷ **samolot**

ˈaircraft ˌcarrier noun [C] a ship on which aircraft can take off and land ▷ **lotniskowiec**

airfare /ˈeəfeəʳ/ **noun** [C] the cost of a ticket to fly somewhere ▷ **koszt przelotu, cena biletu lotniczego, (opłata za) bilet lotniczy**

airfield /ˈeəfiːld/ **noun** [C] a place where small or military aircraft can take off and land ▷ **lądowisko**

ˈair ˌforce noun [C] B1 the part of a country's military organization that uses aircraft to fight wars ▷ **siły powietrzne**

ˈair hoˌstess noun [C] UK (UK/US **flight attendant**) someone whose job is to serve

A

passengers on an aircraft and to make sure that safety rules are obeyed ▷ **stewardesa**

ˈairing ˌcupboard noun [C] UK a warm cupboard where you keep sheets, clean clothes, etc ▷ **szafka do suszenia bielizny**

airless /ˈeələs/ **adjective** An airless room does not have enough fresh air. ▷ **duszny**

airlift /ˈeəlɪft/ **noun** [C] when people or things are moved by aircraft because it is too difficult or too slow to travel by road: *an airlift of medical supplies* ▷ **most powietrzny, desant**

• **airlift** verb [T] [often passive] *Three small children were airlifted to safety.* ▷ **transportować drogą lotniczą**

airline /ˈeəlaɪn/ **noun** [C] B1 a company that provides regular flights to places ▷ **linia lotnicza**

airliner /ˈeəlaɪnəʳ/ **noun** [C] a large plane for carrying people ▷ **samolot pasażerski**

airmail /ˈeəmeɪl/ **noun** [U] the sending of letters or parcels by plane: *an airmail letter* ▷ **poczta lotnicza**

airman /ˈeəmən/ **noun** [C] (plural **airmen**) a man who flies an aircraft in a country's air force ▷ **lotnik, pilot (wojskowy)**

airplane /ˈeəpleɪn/ **noun** [C] US (UK **aeroplane**) a vehicle that flies and has an engine and wings ▷ **samolot**

airport /ˈeəpɔːt/ **noun** [C] A2 a place where planes take off and land, with buildings for passengers to wait in ▷ **lotnisko**

ˈair ˌraid noun [C] an attack by military planes ▷ **nalot**

ˈair ˌsac noun [C] **1** a part of a bird or an insect used for breathing ▷ **worek powietrzny 2** an alveolus ▷ **pęcherzyk płucny**

airship /ˈeə.ʃɪp/ **noun** [C] a large aircraft without wings and filled with a gas lighter than air, used especially in the past. ▷ **sterowiec**

airspace /ˈeəspeɪs/ **noun** [U] the sky above a country that belongs to that country ▷ **przestrzeń powietrzna**

airstrike /ˈeəstraɪk/ **noun** [C] an attack by military planes ▷ **nalot**

airtight /ˈeətaɪt/ **adjective** An airtight container does not allow air in or out. ▷ **hermetyczny, szczelny**

ˌair traffic conˈtroller noun [C] the person in an airport who tells pilots when to take off and land their aircraft ▷ **kontroler ruchu lotniczego**

airway /ˈeəweɪ/ **noun** [C] the tube through the mouth and throat that carries air to the lungs ▷ **drogi oddechowe**

airy /ˈeəri/ **adjective** An airy room or building is pleasant because it has a lot of space and air. ▷ **przestronny**

aisle /aɪl/ **noun** [C] a passage between the lines of seats or goods in a plane, church, supermarket, etc ▷ **przejście**

ajar /əˈdʒɑːʳ/ **adjective** [never before noun] If a door is ajar, it is slightly open. ▷ **uchylony**

aka /ˌeɪkeɪˈeɪ/ **adverb** abbreviation for also known as: used when giving the name that a person is generally known by, after giving their real name: *Peter Parker, aka Spiderman* ▷ **alias**

akin /əˈkɪn/ **adjective** formal **be akin to sth** to be similar to something ▷ **przypominać** *coś*

à la carte /ˌæləˈkɑːt/ **adjective, adverb** choosing food as separate items from a menu, not as a meal with a fixed price ▷ **à la carte**

alacrity /əˈlækrəti/ **noun** [U] formal If you do something with alacrity, you do it in a very quick and willing way. ▷ **ochota**

Alan /ˈælən/ **noun** a male name

alarm¹ /əˈlɑːm/ **noun 1** [C] B1 a loud noise that warns you of danger: *a fire alarm ◦ to **set off** an **alarm*** ▷ **alarm 2** [C] (also **alarm clock**) B1 a clock that makes a noise to wake you ▷ **budzik 3** [U] a sudden feeling of fear or worry that something bad might happen: *There's no need for alarm – it is completely safe.* ▷ **niepokój**

IDIOM **raise the alarm** to warn someone of a dangerous situation: *Her parents raised the alarm when she failed to return home.* ▷ **podnieść alarm**

→ See also **burglar alarm**, **false alarm**

> Wyrazy występujące razem z **alarm**
>
> an alarm **goes off/sounds** • **set off/trigger** an alarm • a **burglar/fire/smoke** alarm • a **car** alarm • an alarm **system**

alarm² /əˈlɑːm/ **verb** [T] to make someone worried or frightened: *I don't want to alarm you but he really should be here by now.* ▷ **niepokoić**

aˈlarm ˌclock noun [C] A2 a clock that makes a noise to wake you: *I've **set the alarm clock for** six.* ▷ **budzik**

alarm clock

alarmed /əˈlɑːmd/ **adjective** worried or frightened by something: *I was a bit **alarmed at** the number of people in the audience.* ▷ **zaniepokojony**

alarming /əˈlɑːmɪŋ/ **adjective** making you feel worried or frightened: *alarming news* ▷ **niepokojący**

alas /əˈlæs/ **exclamation** literary used to show sadness ▷ **niestety**

Albania /ælˈbeɪniə/ **noun** a country in Europe ▷ **Albania**

• **Albanian** /ælˈbeɪniən/ **adjective** coming from or relating to Albania ▷ **albański** • **Albanian** noun someone from Albania ▷ **Albańczyk, Albanka**

albeit /ɔːlˈbiːɪt/ **conjunction** formal although: *He tried, albeit without success.* ▷ **aczkolwiek**

albino /æl'bi:nəʊ/ (US) /æl'baɪnəʊ/ **noun** [C] a person or animal with white skin, white hair or fur, and pink eyes ▷ **albinos/ka**

album /'ælbəm/ **noun** [C] **1** (A2) several songs or pieces of music on a CD, a record, etc ▷ **album 2** (A2) a book in which you keep photographs, stamps, etc ▷ **album**

albumen /'ælbjʊmən/ **noun** [U] the clear part inside an egg which is white when cooked and which is used as food by the bird or animal growing in the egg ▷ **białko (jajka)**

alcohol /'ælkəhɒl/ **noun** [U] **1** (A2) drinks such as wine and beer that can make you drunk ▷ **alkohol 2** a liquid that has no colour and is in drinks that make you drunk ▷ **alkohol**

alcoholic¹ /ˌælkə'hɒlɪk/ **noun** [C] someone who regularly drinks too much alcohol and cannot stop the habit ▷ **alkoholi-k/czka**

alcoholic² /ˌælkə'hɒlɪk/ **adjective 1** (B1) containing alcohol: *alcoholic drinks* ▷ **alkoholowy 2** [always before noun] regularly drinking too much alcohol and unable to stop the habit: *She lived with her alcoholic father.* ▷ **uzależniony od alkoholu, ≈ alkoholi-k/czka**

alcoholism /'ælkəhɒlɪzᵊm/ **noun** [U] the condition of being an alcoholic ▷ **alkoholizm**

alcove /'ælkəʊv/ **noun** [C] a part of a wall in a room that is further back than the rest of the wall ▷ **wnęka**

ale /eɪl/ **noun** [C, U] a type of beer ▷ **piwo (typu ale)**

alert¹ /ə'lɜ:t/ **adjective** quick to notice and react to things around you: *A young dog should be alert and playful.* ◦ *Teachers need to be* ***alert to*** *sudden changes in students' behaviour.* ▷ **czujny**
• **alertness noun** [U] ▷ **czujność**

alert² /ə'lɜ:t/ **verb** [T] to warn someone of a possibly dangerous situation: *Six hours later she still wasn't home so they alerted the police.* ▷ **zaalarmować, powiadomić**

alert³ /ə'lɜ:t/ **noun 1** [C] a warning about a possibly dangerous situation: *a* ***bomb alert*** ▷ **pogotowie, alarm 2 be on full/red alert** to be expecting problems and ready to deal with them: *Police in the region were on full alert against further attacks.* ▷ **być w pełnym pogotowiu**

'A ˌlevel noun [C] in the UK, an exam taken at the age of eighteen, or the qualification itself ▷ **(zaliczony) egzamin maturalny**

Alexander /ˌælɪg'zɑ:ndər/ **noun** (also **Alex** /'ælɪks/) a male name

algae /'ældʒi:/ **noun** [U, group] a plant with no stem or leaves that grows in or near water ▷ **glon, glony**

algebra /'ældʒɪbrə/ **noun** [U] a type of mathematics in which numbers and amounts are shown by letters and symbols ▷ **algebra**

Algeria /æl'dʒɪəriə/ **noun** a country in Africa ▷ **Algieria**
• **Algerian** /æl'dʒɪəriən/ **adjective** coming from or relating to Algeria ▷ **algierski** • **Algerian noun** someone from Algeria ▷ **Algierczyk, Algierka**

algorithm /'ælgərɪðᵊm/ **noun** [C] a set of rules used to calculate an answer to a mathematical problem ▷ **algorytm**

alias¹ /'eɪliəs/ **noun** [C] a false name, especially one used by a criminal ▷ **pseudonim**

alias² /'eɪliəs/ **preposition** used when giving the name that a person is generally known by, after giving their real name: *Grace Kelly, alias Princess Grace of Monaco* ▷ **alias, inaczej**

alibi /'ælɪbaɪ/ **noun** [C] proof that someone was not in the place where a crime happened and so cannot be guilty ▷ **alibi**

Alice /'ælɪs/ **noun** a female name

alien¹ /'eɪliən/ **adjective 1** strange and not familiar: *The custom was totally* ***alien to*** *her.* ▷ **obcy 2** [always before noun] relating to creatures from another planet: *an alien spacecraft* ▷ **obcy**

alien² /'eɪliən/ **noun** [C] **1** a creature from another planet ▷ **istota pozaziemska, kosmita/ka 2** formal someone who does not legally belong to the country where they live or work ▷ **obcokrajowiec**

alienate /'eɪliəneɪt/ **verb** [T] **1** to make someone stop supporting and liking you: *The government's comments have alienated many teachers.* ▷ **zrażać 2** to make someone feel that they are different and do not belong to a group: *Disagreements can* ***alienate*** *teenagers* ***from*** *their families.* ▷ **wyobcować**
• **alienation** /ˌeɪliə'neɪʃᵊn/ **noun** [U] ▷ **wyobcowanie, alienacja**

alight¹ /ə'laɪt/ **adjective** [never before noun] mainly UK burning: *Vandals* ***set*** *the car* ***alight*** *(= made it burn).* ▷ **płonący, w płomieniach**

alight² /ə'laɪt/ **verb** [I] formal to get out of a bus, train, etc: *He* ***alighted from*** *the taxi.* ▷ **wysiadać**

align /ə'laɪn/ **verb 1** [T] to put things in an exact line or make them parallel ▷ **ustawiać, wyrównywać 2 align yourself with sb; be aligned with sb** to support the opinions of a political group, country, etc: *Many voters are not aligned with any party.* ▷ **opowiadać się po** *czyjejś* **stronie**
• **alignment noun** [C, U] ▷ **ustawienie, zbieżność (stanowisk)**

alike¹ /ə'laɪk/ **adjective** [never before noun] (B1) similar: *The children look so alike.* ▷ **podobny**

alike² /ə'laɪk/ **adverb 1** (B2) in a similar way: *We think alike.* ▷ **podobnie, jednakowo 2** (B2) used to say that two people or groups are included: *It is a disease which affects men and women alike.* ▷ **zarówno, jednakowo**

alimentary canal /ælɪˌmentᵊrikə'næl/ **noun** [C] the parts of the body that food goes through as it is eaten and digested ▷ **układ pokarmowy**

alimony /'ælɪməni/ **noun** [U] money that

A

someone must pay regularly to their wife or husband after the marriage has ended ▷ **alimenty**

Alison /ˈælɪsən/ **noun** a female name

alive /əˈlaɪv/ **adjective** [never before noun] **1** B1 living, not dead: *Are your grandparents* ***still alive****?* ▷ **żywy 2** full of activity and excitement: *The bar was* ***alive with*** *the sound of laughter.* ◦ *The city* ***comes alive*** *at night.* ▷ **tętniący życiem, ożywiony 3** continuing to exist: *Local people are fighting to* ***keep*** *the language* ***alive****.* ▷ **żywy**

IDIOM **be alive and kicking/well** to continue to be popular or successful: *Despite rumours to the contrary, feminism is alive and kicking.* ▷ **mieć** *się* **dobrze lub doskonale**

alkali /ˈælkəlaɪ/ **noun** [U, C] a substance which has the opposite effect or chemical behaviour to an acid and has a pH of more than 7 ▷ **zasada** • **alkaline** /ˈælkəlaɪn/ **adjective** ▷ **zasadowy** • **alkalinity** /ˌælkəˈlɪnəti/ **noun** [U] ▷ **zasadowość**

ˌalkali ˈmetal noun [C] any of a group of metallic elements such as lithium, sodium and potassium that react very easily and have a positive electric charge ▷ **metal alkaliczny**

alkaloid /ˈælkəlɔɪd/ **noun** [C] a poisonous chemical found in plants that is sometimes used in medicines ▷ **alkaloid**

alkane /ˈælkeɪn/ **noun** [C] any gas in a group of gases that contain carbon and hydrogen atoms: *Alkanes, such as butane and methane, are very flammable.* ▷ **alkan**

alkene /ˈælkiːn/ **noun** [C] any gas in a group that contains carbon and hydrogen atoms, with the carbon atoms joined together in a double bond (= connection) ▷ **alken**

all[1] /ɔːl/ **pronoun, determiner 1** A1 every person or thing in a group: *We were all dancing.* ◦ *I've watched* ***all of*** *the programmes in the series.* ▷ **wszyscy 2** A2 the whole amount of something: *Who's eaten all the cake?* ◦ *He spends* ***all of*** *his money on clothes.* ▷ **wszystkie, cały 3** A1 the whole of a period of time: *all week/month/year* ◦ *He's been studying all day.* ▷ **cały 4** B1 the only thing: *All I remember is waking up in hospital.* ▷ **wszystko 5 at all** B1 in any way: *He hasn't changed at all.* ◦ UK *Can I help at all?* ▷ **wcale 6 in all** B2 in total: *There were twenty people at the meeting in all.* ▷ **w sumie**

all[2] /ɔːl/ **adverb 1** A2 completely or very: *You're all wet!* ◦ *I'm all excited now.* ▷ **cały 2 all over a** A2 in every place: *Lee has travelled all over the world.* ▷ **wszędzie b** finished: *It was all over very quickly.* ▷ **po wszystkim 3 2/5/8, etc all** B1 used to say that two players or teams have the same number of points in a game: *It was 3 all at half time.* ▷ **po 2/5/8** *itp.* **4 all along** B2 from the beginning of a period of time: *I said all along that it was a mistake.* ▷ **od (samego) początku 5 all but** almost: *The film was all but over by the time we arrived.* ▷ **prawie 6 all the better/easier/more exciting, etc** much better, easier, etc: *The journey was all the more dangerous because of the bad weather.* ▷ **dużo lepszy/łatwiejszy/ciekawszy** *itp.* **7 all in all** B2 considering everything: *All in all, I think she did well.* ▷ **w sumie**

Allah /ˈælə/ **noun** the name of God for Muslims ▷ **Allach**

allay /əˈleɪ/ **verb** formal **allay sb's concerns/fears/suspicions, etc** to make someone feel less worried or frightened, etc: *I tried to allay his fears about the interview.* ▷ **uspokajać** *czyjeś* **obawy/podejrzenia** *itp.*

allegation /ˌælɪˈgeɪʃən/ **noun** [C] when you say that someone has done something wrong or illegal, without proof that this is true: ***allegations of*** *corruption* ◦ [+ that] *He* ***denied allegations*** *that he had cheated.* ▷ **zarzut**

> Wyrazy występujące razem z **allegation**
>
> make/deny/face/investigate an allegation • a serious allegation • an allegation of sth • an allegation **against** sb

allege /əˈledʒ/ **verb** [T] to say that someone has done something wrong or illegal, but not prove it: [often passive] *The teacher is alleged to have hit a student.* ◦ [+ (that)] *He alleges that Bates attacked him.* ▷ **utrzymywać**

alleged /əˈledʒd/ **adjective** [always before noun] believed to be true, but not proved: *an alleged attack* ▷ **domniemany, rzekomy**
• **allegedly** /əˈledʒɪdli/ **adverb** *He was arrested for allegedly stealing a car.* ▷ **rzekomo, jakoby**

allegiance /əˈliːdʒəns/ **noun** [U] loyalty and support: *To become a citizen, you have to* ***pledge/swear allegiance to*** *(= say you will be loyal to) the United States.* ▷ **wierność**

allegory /ˈælɪgəri/ **noun** [C, U] a story, poem, or painting that has a hidden meaning, especially a moral one ▷ **alegoria**
• **allegorical** /ˌælɪˈgɒrɪkəl/ **adjective** ▷ **alegoryczny**

allele /əˈliːl/ **noun** [C] one of two or more genes that is found in the same position in a chromosome, and so produces a particular characteristic such as eye colour ▷ **allel**

allergen /ˈælədʒən/ **noun** [C] a substance that can make some people ill if they eat it, touch it, or breathe it in ▷ **alergen**

allergic /əˈlɜːdʒɪk/ **adjective 1** [never before noun] having an allergy: *I'm* ***allergic to*** *eggs.* ▷ **uczulony 2** [always before noun] caused by an allergy: *an* ***allergic reaction*** ▷ **alergiczny, uczuleniowy**

allergy /ˈælədʒi/ **noun** [C] a medical condition in which your body reacts badly to something that you eat, breathe, or touch: *an* ***allergy to*** *dogs* ▷ **alergia, uczulenie**

alleviate /əˈliːvieɪt/ **verb** [T] to make problems or suffering less extreme: *She's been given some tablets to* ***alleviate*** *the* ***pain****.* ▷ **łagodzić**

• **alleviation** /əˌliːviˈeɪʃən/ **noun** [U] ▷ **ulga**

alley /ˈæli/ **noun** [C] (also **alleyway** /ˈæliweɪ/) a narrow road between buildings ▷ **uliczka**

IDIOM **be right up sb's alley** US informal (UK **be right up sb's street**) to be exactly the type of thing that someone knows about or likes to do ▷ **(idealnie)** *komuś* **pasować lub podpasować**

alliance /əˈlaɪəns/ **noun** [C] an agreement between countries or political parties to work together to achieve something: *an **alliance between** France and Britain* ▷ **sojusz**

> Wyrazy występujące razem z **alliance**
>
> form an alliance • an alliance **between** sb and sb • an alliance **with** sb • **in** alliance **with** sb

allied /ˈælaɪd/ **adjective** **1** [always before noun] joined by a formal agreement: *the allied powers* ▷ **sojuszniczy, sprzymierzony** **2 be allied to/with sth** to be related to something: *a group closely allied with the Green Party* ▷ **być powiązanym z** *czymś*

alligator

alligator /ˈælɪgeɪtər/ **noun** [C] a big reptile with a long mouth and sharp teeth, that lives in lakes and rivers ▷ **aligator**

alliteration /əˌlɪtəˈreɪʃən/ **noun** [U] the use of the same sound or sounds at the beginning of several words that are close together ▷ **aliteracja**

all-night /ˈɔːlnaɪt/ **adjective** lasting all night: *Tom was tired after his **all-night party**.* ▷ **całonocny**

allocate /ˈæləkeɪt/ **verb** [T] to give some time, money, space, etc to be used for a particular purpose: *The government has promised to **allocate** extra money **for** health care.* ◦ *More police time should be **allocated to** crime prevention.* ▷ **przeznaczać, przydzielać**

allocation /ˌæləˈkeɪʃən/ **noun** **1** [C] an amount of money, time, space, etc that is allocated ▷ **przydział, kwota** **2** [U] when money, time, space, etc is allocated: *the allocation of money* ▷ **podział**

allot /əˈlɒt/ **verb** [T] (present participle **allotting**, past tense and past participle **allotted**) to give someone a particular amount of something: [often passive] *They were allotted seats in the front row.* ▷ **przydzielać**

allotment /əˈlɒtmənt/ **noun** **1** [C] in Britain, a small area of land that people rent and grow vegetables and flowers on ▷ **działka** **2** [C, U] the process of sharing something, or the amount that you get ▷ **przydział**

allotrope /ˈælətrəʊp/ **noun** [C] any of two or more forms of the same chemical substance ▷ **odmiana alotropowa**

allotropy /æˈlɒtrəpiː/ **noun** [U] the existence of the same chemical substance in more than one form, each with different physical qualities ▷ **alotropia**

• **allotropic** /ˌæləˈtrɒpɪk/ **adjective** *Diamond and graphite are allotropic forms of carbon.* ▷ **alotropowy**

all-out /ˈɔːlˌaʊt/ **adjective** [always before noun] complete and with as much effort as possible: *an all-out battle/effort* ▷ **totalny, wytężony, zaciekły**

allow /əˈlaʊ/ **verb** [T] **1** (B1) to give someone permission for something: [often passive] *Smoking is not allowed in the restaurant.* ◦ [+ to do sth] *You are not allowed to use calculators in the exam.* ◦ [+ two objects] *Patients are not allowed visitors after nine o'clock.* ▷ **pozwalać, zezwalać na** **2** to not prevent something from happening: [+ to do sth] *They have allowed the problem to get worse.* ▷ **pozwalać, dopuszczać do** **3** to make it possible for someone to do something: [+ to do sth] *The extra money will allow me to upgrade my computer.* ▷ **pozwalać** **4** to plan to use a particular amount of money, time, etc for something: *Allow three hours for the whole journey.* ▷ **przewidywać, zarezerwować (sobie)**

PHRASAL VERB **allow for sth** to consider or include something when you are making plans: *The journey should take two hours, allowing for delays.* ▷ **brać poprawkę na** *coś*

allowance /əˈlaʊəns/ **noun** [C] **1** money that you are given regularly, especially to pay for a particular thing: *a clothing allowance* ▷ **dieta, dodatek, kieszonkowe** **2** an amount of something that you are allowed: *The luggage allowance is 25 kilos.* ▷ **limit** **3 make allowances for sb/sth** to remember that someone has a disadvantage which is not their fault when you are judging their behaviour or work: *They made allowances for the fact that he was ill.* ▷ **brać poprawkę na** *coś*

alloy /ˈælɔɪ/ **noun** [C] a metal that is a mixture of two or more metals ▷ **stop**

ˌall ˈright[1] (also **alright**) **adjective** [never before noun], **adverb** **1** (B1) good enough, although not very good: *The hotel wasn't brilliant but it was all right.* ◦ *It's a cheap wine but it tastes all right.* ▷ **w porządku** **2** (A2) safe or well: *I'm all right thanks. How are you?* ◦ *Did you get home all right last night?* ▷ **w porządku** **3 that's all right a** used as an answer when someone thanks you: *"Thanks for cleaning the kitchen." "That's all right."* ▷ **nie ma za co** **b** (A2) something you say when someone says sorry to show that you are not angry: *"I'm sorry – I forgot all about it." "That's all right."* ▷ **nic się nie stało, (nic) nie szkodzi**

A

ˌall ˈright² (also **alright**) exclamation A1 used to agree to a suggestion or request: *"How about going out for dinner?" "All right."* ▷ **zgoda**

all-time /ˌɔːlˈtaɪm/ **adjective** [always before noun] If something is at an all-time best/high/low, etc, it is the best/highest/lowest, etc it has ever been. ▷ **wszech czasów**

allude /əˈluːd/ **verb**

PHRASAL VERB **allude to sb/sth** formal to refer to someone or something but not directly ▷ **robić aluzję do** *kogoś/czegoś*

allure /əˈljʊəʳ/ **noun** [U] an attractive or exciting quality: *the allure of the city* ▷ **czar**
• **alluring adjective** attractive or exciting: *an alluring image* ▷ **czarujący**

allusion /əˈluːʒən/ **noun** [C, U] formal when you refer to someone or something but not directly: *a play full of* ***allusions to*** *Shakespeare* ▷ **aluzja**

alluvium /əˈluːviəm/ **noun** [U] earth and sand that has been left by rivers, floods, etc ▷ **osady aluwialne**
• **alluvial** /əˈluːviəl/ **adjective** *alluvial deposits* ▷ **aluwialny**

ally¹ /ˈælaɪ/ **noun** [C] **1** someone who supports you, especially when other people are against you ▷ **sprzymierzeniec, sojuszni-k/czka 2** a country that has agreed to help another country, especially in a war ▷ **sojusznik**

ally² /əˈlaɪ/ **verb**

PHRASAL VERB **ally yourself to/with sb** to join someone and support them ▷ **sprzymierzać się z** *kimś*

almighty /ɔːlˈmaɪti/ **adjective 1** [always before noun] very strong or forceful: *All of a sudden I heard an almighty bang in the kitchen.* ▷ **gwałtowny 2** having the power to do everything, like a god: ***Almighty God*** ▷ **wszechmogący**

almond /ˈɑːmənd/ **noun** [C, U] a flat, oval nut, often used in cooking ▷ **migdał**

almost /ˈɔːlməʊst/ **adverb 1** A2 If something almost happens, it does not happen but it is very close to happening: *I almost missed the bus.* ▷ **prawie 2 almost always/everyone/half, etc** not always/everyone/half, etc but very close to it: *He's almost always late.* ▷ **prawie zawsze/każdy/pół** *itp.*

alone /əˈləʊn/ **adjective, adverb 1** [never before noun] A2 without other people: *She lives alone.* ▷ **sam, samemu, samotnie 2** [always after noun] used to emphasize that only one person or thing is involved: *Last year alone the company made a million dollars.* ▷ **tylko 3 leave sb alone** B2 to stop talking to someone or annoying them: *Leave him alone, he's tired.* ▷ **dać** *komuś* **spokój 4 leave sth alone** to stop touching something: *Leave your hair alone!* ▷ **zostawić** *coś* **w spokoju** → See also ***let*** **alone**

along¹ /əˈlɒŋ/ **preposition 1** A2 from one part of a road, river, etc to another: *a romantic walk along the beach* ▷ **wzdłuż, po 2** B1 in a line next to something long: *a row of new houses along the river* ▷ **wzdłuż, przy 3** at a particular place on a road, river, etc: *Somewhere along this road there's a garage.* ▷ **przy**

along² /əˈlɒŋ/ **adverb 1** B1 forward: *We were just walking along, chatting.* ▷ **przed siebie 2 be/come along** to arrive somewhere: *You wait ages for a bus and then three come along at once.* ▷ **nadejść, nadjechać 3 bring/take sb along** B1 to take someone with you to a place: *She asked if she could bring some friends along to the party.* ▷ **zabierać** *kogoś* **(ze sobą) 4 along with sb/sth** B2 in addition to someone or something else: *California along with Florida is probably the most popular American holiday destination.* ▷ **obok** *kogoś/czegoś*

alongside /əˌlɒŋˈsaɪd/ **adverb, preposition 1** next to someone or something: *A car pulled up alongside ours.* ▷ **obok 2** together with someone: *She enjoyed* ***working alongside*** *such famous actors.* ▷ **u boku**

aloof /əˈluːf/ **adjective 1** not friendly, especially because you think you are better than other people: *He seems arrogant and aloof.* ▷ **wyniosły 2** not involved in something: *He tried to remain* ***aloof from*** *family arguments.* ▷ **z boku**

aloud /əˈlaʊd/ **adverb** B1 in a way that other people can hear: *to* ***laugh aloud*** ◦ *The author* ***read aloud*** *from his new book.* ▷ **głośno, na głos**

alphabet /ˈælfəbet/ **noun** [C] B1 a set of letters used for writing a language: *The English alphabet starts at A and ends at Z.* ▷ **alfabet**

alphabetical /ˌælfəˈbetɪkəl/ **adjective** B2 arranged in the same order as the letters of the alphabet: *Put the names* ***in alphabetical order.*** ▷ **alfabetyczny**
• **alphabetically adverb** ▷ **alfabetycznie**

alphanumeric /ˌælfənjuːˈmerɪk/ **adjective** containing or using letters of the alphabet and also numbers ▷ **alfanumeryczny**

alpha particle /ˈælfəˌpɑːtɪkl/ **noun** [C] an extremely small piece of matter with a positive electrical charge, produced in a nuclear reaction ▷ **cząstka alfa**

alphorn /ˈælp.hɔːn/ **noun** [C] a large, long musical instrument shaped like a horn, played in places like Switzerland ▷ **róg alpejski**

alpine /ˈælpaɪn/ **adjective** [always before noun] existing in, or relating to high mountains: *an alpine village* ▷ **alpejski, wysokogórski**

already /ɔːlˈredi/ **adverb 1** A2 before now, or before a particular time in the past: *I've already told him.* ◦ *By the time we arrived, he'd already left.* ▷ **już 2** B1 used to say that something has happened earlier than you expected: *I'm already full and I've only eaten one course.* ▷ **już**

alright /ɔːlˈraɪt/ **adjective, adverb, exclamation** another spelling of all right

also /ˈɔːlsəʊ/ **adverb** A1 in addition: *She speaks*

French and also a little Spanish. ◦ *The book also has a chapter on grammar.* ▷ **też, także**

altar /ˈɔːltəʳ/ **noun** [C] a table used for religious ceremonies, especially in a Christian church ▷ **ołtarz**

alter /ˈɔːltəʳ/ **verb** [I, T] B2 to change, or to make someone or something change: *We've had to alter our plans.* ▷ **zmieniać (się), przerabiać**

alteration /ˌɔːltəˈreɪʃən/ **noun** [C, U] a change, or the process of changing something: *We've* ***made*** *a few* ***alterations to*** *the kitchen.* ▷ **przeróbka**

> Wyrazy występujące razem z **alteration**
>
> make alterations (to) sth • a major/minor/slight alteration • an alteration in/to sth

alternate¹ /ɔːlˈtɜːnət/ **adjective 1 alternate days/weeks/years, etc** one out of every two days, weeks, years, etc: *I work alternate Saturdays.* ▷ **co drugi dzień/tydzień, co dwa lata** *itp.* **2** with first one thing, then another thing, and then the first thing again, etc: *a dessert with alternate layers of chocolate and cream* ▷ **naprzemienny, na przemian 3** [always before noun] US An alternate plan, method, etc is one that you can use if you do not want to use another one. ▷ **alternatywny**

• **alternately adverb** ▷ **na przemian**

alternate² /ˈɔːltəneɪt/ **verb 1** [I] If two things alternate, one thing happens, then the other thing happens, then the first thing happens again, etc.: *She* ***alternates between*** *cheerfulness and deep despair.* ▷ **oscylować 2 alternate sth with sth** to use or do one thing then another thing and then the first thing again, etc: *They alternate classical pieces with more modern works.* ▷ **przeplatać** *coś czymś*

• **alternating adjective** *alternating moods of anger and sadness* ▷ **naprzemienny**

alˌternate ˈangle noun [C] one of two angles on opposite sides of a line that crosses two usually parallel lines ▷ **kąt naprzemianległy** → Compare **corresponding angle**

ˈalternating ˌcurrent noun [C] electrical current which regularly changes the direction in which it moves ▷ **prąd przemienny** → Compare **direct current**

alternative¹ /ɔːlˈtɜːnətɪv/ **noun** [C] B2 one of two or more things that you can choose between: *It's a low-fat* ***alternative to*** *butter.* ◦ *After the public protests the government* ***had no alternative*** *but to change its policy.* ▷ **alternatywa**

alternative² /ɔːlˈtɜːnətɪv/ **adjective** [always before noun] **1** (also US **alternate**) B2 An alternative plan, method, etc is one that you can use if you do not want to use another one: *We can make* ***alternative arrangements*** *if necessary.* ▷ **alternatywny 2** B2 different from what is usual or traditional: ***alternative comedy*** ◦ *an alternative lifestyle* ▷ **alternatywny**

alternatively /ɔːlˈtɜːnətɪvli/ **adverb** B2 used to give a second possibility: *We could go there by train or, alternatively, I could drive us.* ▷ **ewentualnie**

alˌternative ˈmedicine noun [U] any way of trying to make an illness better that uses medicines or methods that are not normally used in Western medicine ▷ **medycyna alternatywna**

although /ɔːlˈðəʊ/ **conjunction 1** B1 despite the fact that: *She walked home by herself, although she knew it was dangerous.* ▷ **chociaż 2** B1 but: *He's coming this evening, although I don't know exactly when.* ▷ **chociaż**

altitude /ˈæltɪtjuːd/ **noun** [C, U] the height of something above sea level: *flying at an altitude of 8000 metres* ▷ **wysokość**

Alt key /ˈæltkiː/ **noun** [C, usually singular] a key on a computer keyboard that you press at the same time as another key to produce a particular result ▷ **klawisz Alt**

alto /ˈæltəʊ/ **noun** [C] a woman or boy with a low singing voice ▷ **alt**

altocumulus /ˌæltəʊˈkjuːmjələs/ **noun** [U] a type of tall, round, white cloud with a flat base found at medium height ▷ **chmura kłębiasta**

altogether /ˌɔːltəˈgeðəʳ/ **adverb 1** B2 completely: *The train slowed down and then stopped altogether.* ◦ *I'm* ***not altogether*** *sure about the idea.* ▷ **zupełnie 2** B1 in total: *There were twenty people there altogether.* ▷ **w sumie 3** B2 when you consider everything: *Altogether, I'd say the party was a great success.* ▷ **w sumie**

altostratus /ˌæltəʊˈstrɑːtəs/ US /-ˈstreɪ-/ **noun** [U] a type of flat, grey cloud formed in thin layers and found at medium height ▷ **chmura warstwowa**

alum /ˈæləm/ **noun** [U] a chemical substance used for several purposes, including dyeing (= changing the colour of something) and some medicines ▷ **ałun**

aluminium /ˌæljəˈmɪniəm/ **noun** [U] UK (US **aluminum** /əˈluːmɪnəm/) B2 a light, silver-coloured metal used for making containers, cooking equipment, and aircraft parts (symbol Al): *aluminium cans/foil* ▷ **aluminium**

alveolus /ˌælviˈəʊləs/ US /ˌæˈviː.ələs/ **noun** [C] (plural **alveoli**) one of the many very small air bags in the lungs, with thin walls that allow oxygen to enter the blood ▷ **pęcherzyk płucny**

always /ˈɔːlweɪz/ **adverb 1** A1 every time, or at all times: *I always walk to work.* ▷ **zawsze 2** A2 at all times in the past: *We've always lived here.* ▷ **zawsze 3** A2 forever: *I will always remember you.* ▷ **zawsze 4** B2 again and again, usually in an annoying way: [+ doing sth] *He's always losing his keys.* ▷ **zawsze 5 can/could always do sth** B1 used to suggest something: *You can always stay with us if you miss your train.* ▷ **zawsze (przecież) móc** *coś zrobić*

A

Always wyrazy bliskoznaczne

Jeśli używamy **always** w znaczeniu „wciąż" możemy również użyć **constantly, continually, forever** lub wyrażeń **time after time** lub **all the time:**

*He's **constantly/forever** losing his keys.*

*I'm fed up with you making excuses **all the time.***

Czasem używamy słowa **invariably** w znaczeniu **always** w języku formalnym, zwłaszcza jeśli mówimy o niepomyślnych wydarzeniach:

*The train is **invariably** late.*

Alzheimer's (disease) /ˈæltshaɪməzdɪˌziːz/ **noun** [U] a brain disease mainly of old people which makes a person forget things and stops them from thinking clearly ▷ **choroba Alzheimera, Alzheimer**

a.m. (also **am**) /ˌeɪˈem/ A1 used to refer to a time between 12 o'clock in the night and 12 o'clock in the day: *We're open from 9 a.m. to 5 p.m. daily.* ▷ **rano**

AM /ˌeɪˈem/ **noun** [U] abbreviation for amplitude modulation; a system of radio signals used for broadcasting programmes ▷ **AM**

am strong /æm/ weak /əm/, /m/ present simple I of be ▷ **jestem**

amalgam /əˈmælgəm/ **noun** [U] a mixture of mercury and another metal, especially one used by dentists to repair teeth ▷ **amalgamat (rtęci)**

amalgamate /əˈmælgəmeɪt/ **verb** [I, T] If two or more organizations amalgamate, they join to become one, and if you amalgamate them, you make them do this: *a decision to **amalgamate with** another school* ▷ **łączyć (się)**

• **amalgamation** /əˌmælgəˈmeɪʃən/ **noun** [C, U] ▷ **połączenie**

Amanda /əˈmændə/ **noun** (also **Mandy** /ˈmændi/) a female name

amass /əˈmæs/ **verb** [T] formal to get a lot of money or information over a period of time: *He **amassed a fortune** in the diamond trade.* ▷ **gromadzić**

amateur[1] /ˈæmətəʳ/ **adjective** doing something as a hobby and not as your job: *an amateur photographer* ▷ **amator/ka**

amateur[2] /ˈæmətəʳ/ **noun** [C] **1** someone who does something as a hobby and not as their job ▷ **amator/ka 2** someone who is not good at what they do: *I won't be giving them any more work – they're a bunch of amateurs.* ▷ **amator/ka**

amateurish /ˈæmətərɪʃ/ (US) /ˌæməˈtɜːrɪʃ/ **adjective** done without skill or attention ▷ **amatorski**

amaze /əˈmeɪz/ **verb** [T] to make someone very surprised: *It amazes me how much energy that woman has.* ▷ **zdumiewać**

amazed /əˈmeɪzd/ **adjective** B1 extremely surprised: *I was **amazed at** the price.* ◦ [+ (that)] *I was amazed that Paul recognized me.* ▷ **zdumiony**

amazement /əˈmeɪzmənt/ **noun** [U] B2 extreme surprise: *Jana looked at him **in amazement**.* ◦ ***To his amazement** they offered him the job.* ▷ **zdumienie**

amazing /əˈmeɪzɪŋ/ **adjective** B1 very surprising: [+ question word] *It's amazing how many people can't read.* ▷ **zdumiewający**

• **amazingly adverb** B1 ▷ **zdumiewająco**

ambassador /æmˈbæsədəʳ/ **noun** [C] B2 the main official sent by the government of a country to represent it in another country: *the French ambassador to Britain* ▷ **ambasador**

amber /ˈæmbəʳ/ **noun** [U] **1** a colour between yellow and orange ▷ **(kolor) żółty lub bursztynowy 2** a hard, clear yellowish-brown substance, used for making jewellery ▷ **bursztyn**

• **amber adjective** *an amber traffic light* ▷ **żółty, bursztynowy**

ambience (also **ambiance**) /ˈæmbiəns/ **noun** [U, no plural] the qualities of a place and the way it makes you feel: *Lighting adds a lot to the ambience of a room.* ▷ **atmosfera**

ambiguity /ˌæmbɪˈgjuːəti/ **noun** [C, U] when something has more than one possible meaning: *Legal documents must be free of ambiguity.* ▷ **niejednoznaczność, dwuznaczność**

ambiguous /æmˈbɪgjuəs/ **adjective** having more than one possible meaning: *an ambiguous statement* ▷ **niejednoznaczny**

• **ambiguously adverb** ▷ **niejednoznacznie**

ambition /æmˈbɪʃən/ **noun 1** [C] B1 something you want to achieve in your life: *My ambition is to retire at forty.* ▷ **ambicja 2** [U] B2 a strong feeling that you want to be successful or powerful: *My sister always had more ambition than me.* ▷ **ambicja**

Wyrazy występujące razem z ambition

have an ambition • **achieve/fulfil/realize** an ambition • a **burning/lifelong** ambition

ambitious /æmˈbɪʃəs/ **adjective 1** B2 wanting to be successful or powerful: *an ambitious young lawyer* ▷ **ambitny 2** B2 An ambitious plan will need a lot of work and will be difficult to achieve: *This is our most ambitious project so far.* ▷ **ambitny**

ambivalent /æmˈbɪvələnt/ **adjective** having two different feelings about something: *He was **ambivalent about** moving to London.* ▷ **z mieszanymi uczuciami**

• **ambivalence** /æmˈbɪvələns/ **noun** [U] ▷ **mieszane uczucia**

amble /ˈæmbl/ **verb amble along/around/through, etc** to walk somewhere in a slow and relaxed way: *We ambled home across the fields.* ▷ **przechadzać się**

ambulance /ˈæmbjələns/ **noun** [C] A2 a vehicle

A

that takes people to hospital when they are ill or hurt ▷ **karetka**

ambush

ambush /ˈæmbʊʃ/ **verb** [T] to attack a person or vehicle after hiding somewhere and waiting for them to arrive: [often passive] *The bus was ambushed by a gang of youths.* ▷ **atakować z ukrycia**
• **ambush noun** [C] *Two policemen were killed in a terrorist ambush.* ▷ **zasadzka**

ameba /əˈmiːbə/ **noun** [C] US spelling of amoeba

ameliorate /əˈmiːliəreɪt/ **verb** [T] formal to make a problem or bad situation better ▷ **poprawiać**

amen /ˌɑːˈmen/ **exclamation** something that Christians say at the end of a prayer ▷ **amen**

amenable /əˈmiːnəbl/ **adjective** willing to do or accept something: *She may be more* ***amenable to*** *the idea now.* ▷ **otwarty, przychylny**

amend /əˈmend/ **verb** [T] to slightly change the words of a document: [often passive] *The contract has now been amended.* ▷ **poprawiać**

amendment /əˈmendmənt/ **noun** [C, U] a change in the words of a document, or the process of doing this: *to* ***make*** *an* ***amendment to*** *the human rights law* ▷ **poprawka**

amends /əˈmendz/ **noun make amends** to do something nice for someone to show that you are sorry for something that you have done: *I want to* ***make amends for*** *the worry I've caused you.* ▷ **rekompensować, naprawiać (sytuację)**

amenity /əˈmiːnəti/ (US) /əˈmenəti/ **noun** [C] a building, piece of equipment, or service that is provided for people's comfort or enjoyment: [usually plural] *The campsite's amenities include a pool and three restaurants.* ▷ **atrakcja**

American /əˈmerɪkən/ **adjective 1** relating to the United States of America: *an American accent* ▷ **amerykański 2 North/South American** relating to one or more of the countries of North/South America ▷ **północnoamerykański/południowoamerykański**
• **American noun** [C] someone who comes from the United States of America ▷ **Amerykanin/nka**
→ See also **Native American**

Aˌmerican ˈfootball noun [U] UK (US **football**) a game for two teams of eleven players in which each team tries to kick, run with, or throw an oval ball across the opposing team's goal line ▷ **futbol amerykański** → See **Sports 2** on page Centre 15

Aˌmerican ˈIndian adjective relating or belonging to the original race of people who lived in North America ▷ **indiański**
• **American Indian noun** [C] ▷ **India-nin/nka**

amiable /ˈeɪmiəbl/ **adjective** pleasant and friendly: *an amiable young man* ▷ **miły**
• **amiably adverb** ▷ **miło**

amicable /ˈæmɪkəbl/ **adjective** formal done in a friendly way, without arguments: *an amicable agreement/divorce* ▷ **przyjazny**
• **amicably adverb** ▷ **przyjaźnie**

amid /əˈmɪd/ **preposition** (also **amidst** /əˈmɪdst/) **1** while something else is happening: *Security was increased* ***amid fears*** *of further terrorist attacks.* ▷ **pośród 2** among: *a village set amid the hills* ▷ **wśród**

amino acid /əˌmiːnəʊˈæsɪd/ **noun** any of the chemical substances found in plants and animals that combine to make protein ▷ **aminokwas**

amiss[1] /əˈmɪs/ **adjective** [never before noun] If something is amiss, there is something wrong: *I knew something was amiss when he didn't answer the door.* ▷ ≈ *coś* **jest nie tak**

amiss[2] /əˈmɪs/ **adverb 1 would not go amiss** UK If something would not go amiss, it would be useful or nice in a particular situation: *A cup of coffee wouldn't go amiss.* ▷ **dobrze by zrobił, przydałby się 2 take it amiss** UK to feel upset by what someone says or does: *I think she might take it amiss if I left early.* ▷ **źle to odebrać, mieć za złe**

ammeter /ˈæmiːtəʳ/ **noun** [C] a device for measuring electric current ▷ **amperomierz**

ammonia /əˈməʊniə/ **noun** [U] a liquid or gas with a strong smell, used in substances for cleaning things (formula NH_3) ▷ **amoniak**

ammonite /ˈæmənaɪt/ **noun** [C] an extinct (= no longer existing) sea creature often found as a fossil (= animal or plant turned into rock) ▷ **amonit**

ammonium hydroxide /əˌməʊniəmhaɪˈdrɒksaɪd/ **noun** [U] a chemical mixture of water and ammonia used in cleaning materials and making some plastics (formula NH_4OH) ▷ **woda amoniakalna**

ammonium nitrate /əˌməʊniəmˈnaɪtreɪt/ **noun** [U] a chemical compound in the form of a white powder, often used as a fertilizer and in explosives (formula NH_4 NO_4) ▷ **saletra amonowa**

ammonium sulphate UK (US **ammonium sulfate**) /əˌməʊniəmˈsʌlfeɪt/ **noun** [U] a chemical compound often used as a fertilizer (formula NH_4 SO_4) ▷ **siarczan amonu**

ammunition /ˌæmjəˈnɪʃən/ **noun** [U] **1** a supply of bullets and bombs to be fired from guns ▷ **amunicja 2** facts that you can use to criticize someone ▷ **broń**

amnesia /æmˈniːʒə/ **noun** [U] a medical condition that makes you forget things ▷ **amnezja**

amnesty /ˈæmnəsti/ **noun 1** [C, U] a time when a government allows political prisoners to go free ▷ **amnestia 2** [C] a time when people can give weapons or drugs to the police, or admit that they have done something illegal, without being punished ▷ **amnestia**

amnion /ˈæmniən/ **noun** [C] (plural **amnions**, **amnia**) a bag made of thin skin which contains amniotic fluid and surrounds a baby growing inside its mother ▷ **owodnia**

amniotic fluid /ˌæmniɒtɪkˈfluːɪd/ **noun** [U] the liquid that surrounds an embryo inside its mother ▷ **płyn owodniowy**

amoeba /əˈmiːbə/ **noun** [C] UK (US **ameba**) (plural UK **amoebas**, US **amebas**, UK **amoebae**, US **amebae**) a very small simple organism consisting of only one cell ▷ **ameba, pełzak**

among /əˈmʌŋ/ **preposition** (also **amongst** /əˈmʌŋst/) **1** (A2) in the middle of something: *He disappeared among the crowd.* ▷ **wśród, między, pomiędzy 2** (A2) in a particular group: *The decision will not be popular among students.* ◦ *I'm going to give you a minute to talk* ***amongst yourselves*** (= *talk to each other*). ▷ **wśród 3** to be one of a small group: *He is among the top five tennis players in the country.* ▷ **wśród 4** to each one in a group: *She divided the cake among the children.* ▷ **między, pomiędzy**

amoral /ˌeɪˈmɒrəl/ **adjective** not caring if what you are doing is morally wrong: *an amoral person/act* ▷ **amoralny**

amorous /ˈæmərəs/ **adjective** full of love and sexual excitement: *amorous adventures* ▷ **miłosny**

amortize (also UK **-ise**) /əˈmɔːtaɪz/ **verb** [T] to reduce a debt by paying small regular amounts ▷ **amortyzować**

• **amortization** (also UK **-isation**) /əˌmɔːtɪˈzeɪʃən/ **noun** [U] ▷ **amortyzacja**

amount[1] /əˈmaʊnt/ **noun** [C] (B1) how much there is of something: *The project will take a huge* ***amount of*** *time and money.* ▷ **ilość, kwota**

amount[2] /əˈmaʊnt/ **verb**

PHRASAL VERB **amount to sth 1** to be the same as something, or to have the same effect as something: *He gave what amounted to an apology on behalf of the company.* ▷ **być równoznacznym z** *czymś* **2** to have a particular total: *goods amounting to $800* ▷ **wynosić** *ileś*

amp /æmp/ **noun** [C] (also **ampere** /ˈæmpeəʳ/) a unit for measuring the strength of an electric current ▷ **amper**

amperage /ˈæmpərɪdʒ/ **noun** [U] the strength of electrical current needed to make a piece of electric equipment work ▷ **prąd znamionowy**

ampersand /ˈæmpəsænd/ **noun** [C] the sign (&) used for 'and' ▷ **ampersand (symbol &)**

amphibian /æmˈfɪbiən/ **noun** [C] an animal, such as a frog, which lives both on land and in water but must lay its eggs in water ▷ **płaz**

amphibious /æmˈfɪbiəs/ **adjective 1** of or relating to a type of animal which lives both on land and in water: *amphibious animals* ▷ **ziemnowodny 2** relating to vehicles which operate both on land or in water ▷ **wodnolądowy**

amphoteric /ˌæmfəˈterɪk/ **adjective** able to act as a base or an acid ▷ **amfoteryczny**

ample /ˈæmpl/ **adjective 1** enough, or more than enough: *She's had* ***ample time*** *to get the work done.* ▷ **wystarczający, ≈ dosyć, aż nadto 2** large: *her ample bosom* ▷ **pokaźny**

• **amply adverb** ▷ **wystarczająco**

amplifier /ˈæmplɪfaɪəʳ/ **noun** [C] a piece of electronic equipment that makes sounds louder ▷ **wzmacniacz**

amplify /ˈæmplɪfaɪ/ **verb** [T] **1** to make a sound louder using electronic equipment ▷ **wzmacniać 2** formal to make a feeling or opinion stronger or clearer ▷ **podkreślać, wzmacniać**

• **amplification** /ˌæmplɪfɪˈkeɪʃən/ **noun** [U] ▷ **wzmocnienie**

amplitude /ˈæmplɪtjuːd/ **noun** [U] the greatest distance between the top or bottom of a curve, e.g. a sound wave, and its middle point ▷ **amplituda**

amputate /ˈæmpjəteɪt/ **verb** [I, T] to cut off someone's leg, arm, finger, etc in a medical operation: *His leg was amputated at the knee.* ▷ **amputować**

• **amputation** /ˌæmpjəˈteɪʃən/ **noun** [C, U] ▷ **amputacja**

amuse /əˈmjuːz/ **verb** [T] **1** (B2) to make someone smile or laugh: *I took him an article that I thought might amuse him.* ▷ **bawić, rozbawić, śmieszyć 2** (B2) to keep someone interested and help them to have an enjoyable time: [often reflexive] *I bought a magazine to amuse myself while I was on the train.* ▷ **zajmować**

amused /əˈmjuːzd/ **adjective 1** (B2) showing that you think something is funny: *an amused smile* ◦ *She was very* ***amused by/at*** *your comments.* ▷ **rozbawiony 2 keep sb amused** (B2) to keep someone interested and help them to have an enjoyable time: *How do you keep an eight-year-old boy amused?* ▷ **zapewniać** *komuś* **rozrywkę**

amusement /əˈmjuːzmənt/ **noun 1** [U] (B2) the feeling that you have when something makes you smile or laugh: *I watched the performance* ***with*** *great* ***amusement***. ◦ ***To our amusement*** *the tent collapsed on top of them.* ▷ **uciecha, rozbawienie 2** [C, U] (B2) an enjoyable way of spending your time: *I play the piano but just* ***for*** *my own* ***amusement***. ▷ **rozrywka**

aˈmusement ˌpark noun [C] a large park where you can ride on exciting machines ▷ **wesołe miasteczko**

amusing /əˈmjuːzɪŋ/ **adjective** (B1) making you laugh or smile: *an amusing letter* ▷ **zabawny**

Amy /ˈeɪmi/ **noun** a female name

amylase /ˈæmɪleɪz/ **noun** [U] an enzyme that helps change starch into sugar ▷ **amylaza**

an strong /æn/ weak /ən/ **determiner** A1 used instead of 'a' when the next word starts with a vowel sound: *an apple* ◦ *an hour* ▷ forma rodzajnika nieokreślonego stosowana przed wyrazem zaczynającym się samogłoską → See Note at **a**

anabolic steroid /ˌænəbɒlɪkˈsterɔɪd/ **noun** [C] a hormone that causes muscle and bone growth. Anabolic steroids are sometimes used illegally by athletes competing in sports competitions ▷ **steryd anaboliczny**

anaemia UK (US **anemia**) /əˈniːmiə/ **noun** [U] a medical condition in which your blood does not contain enough red cells ▷ **anemia**

• **anaemic** UK (US **anemic**) /əˈniːmɪk/ **adjective** ▷ **anemiczny**

anaerobic /ˌænəˈrəʊbɪk/ **adjective** not needing, or without oxygen ▷ **beztlenowy**

ˌanaerobic respiˈration **noun** [U] producing energy without the use of oxygen ▷ **oddychanie beztlenowe**

anaesthetic UK (US **anesthetic**) /ˌænəsˈθetɪk/ **noun** [C, U] a drug that makes you unable to feel pain during an operation: *The operation is done* ***under anaesthetic*** (= *using anaesthetic*). ▷ **narkoza, znieczulenie** → See also **general anaesthetic**, **local anaesthetic**

anaesthetist UK (US **anesthetist**) /əˈniːsθətɪst/ (US) /əˈnesθətɪst/ **noun** [C] a doctor in a hospital who gives anaesthetics to people ▷ **anestezjolog**

anaesthetize /əˈniːsθətaɪz/ **verb** [T] UK (US **anesthetize** /əˈnesθətaɪz/) to give someone drugs that make them unable to feel pain ▷ **znieczulać**

anagram /ˈænəgræm/ **noun** [C] a word or phrase made by putting the letters of another word or phrase in a different order: *'Team' is an anagram of 'meat'.* ▷ **anagram**

anal /ˈeɪnəl/ **adjective** relating to the anus ▷ **odbytniczy**

analogous /əˈnæləgəs/ **adjective** formal **1** similar in some ways: *It's often said that life is* ***analogous to*** *a journey.* ▷ **analogiczny, podobny** **2** Analogous organs or body parts have the same use but developed in different ways ▷ **analogiczny** → Compare **homologous**

analogue UK (US **analog**) /ˈænəlɒg/ **adjective** **1** using signals that use continuously changing quantities of space, electrical current, etc to measure or store data: *analogue data* ▷ **analogowy** **2** **analogue clock/watch** a clock/watch which has hands (= narrow parts that point) that show what time it is ▷ **zegar/zegarek analogowy**

analogy /əˈnælədʒi/ **noun** [C, U] a comparison that shows how two things are similar: *She* ***draws an analogy between*** *life's events and a game of chance.* ▷ **analogia**

analyse UK (US **analyze**) /ˈænəlaɪz/ **verb** [T] B2 to examine the details of something carefully, in order to understand or explain it: *to analyse information* ◦ *Blood samples were analysed in the laboratory.* ▷ **analizować**

analysis /əˈnæləsɪs/ **noun** [C, U] (plural **analyses** /əˈnæləsiːz/) B2 the process of analysing something: *a* ***detailed analysis*** ◦ *A sample of soil was sent* ***for analysis.*** ▷ **analiza**

> Wyrazy występujące razem z **analysis**
>
> do an analysis • a **detailed** analysis • an analysis **of** sth • send sth **for** analysis

analyst /ˈænəlɪst/ **noun** [C] B2 someone whose job is to examine the details of a situation carefully, and give their opinion about it: *a financial/political analyst* ▷ **analityk**

analytical /ˌænəlˈɪtɪkəl/ **adjective** (also **analytic**) examining the details of something carefully, in order to understand or explain it: *analytical skills* ◦ *an* ***analytical mind*** ▷ **analityczny**

analyze /ˈænəlaɪz/ **verb** [T] US spelling of analyse

anapaest UK (US **anapest**) /ˈænəpest/ **noun** [C] in poetry, a unit of two short syllables and one long syllable ▷ **anapest**

anarchist /ˈænəkɪst/ **noun** [C] someone who thinks that society should not be controlled by a government and laws ▷ **anarchist-a/ka**

anarchy /ˈænəki/ **noun** [U] when there is no law or government, or when people ignore them ▷ **anarchia**

• **anarchic** /ænˈɑːkɪk/ **adjective** ▷ **anarchistyczny**

anatomical /ˌænəˈtɒmɪkəl/ **adjective** connected with anatomy ▷ **anatomiczny**

anatomy /əˈnætəmi/ **noun** **1** [U] the scientific study of the body and how its parts are arranged ▷ **anatomia** **2** [C] the body of a person or living thing: [usually singular] *the female anatomy* ▷ **ciało**

• **anatomical** /ˌænəˈtɒmɪkəl/ **adjective** ▷ **anatomiczny**

ancestor /ˈænsestər/ **noun** [C] B2 a relative who lived a long time ago: *My ancestors came from Ireland.* ▷ **przodek**

• **ancestral** /ænˈsestrəl/ **adjective** ▷ **rodowy**

ancestry /ˈænsestri/ **noun** [C, U] your relatives who lived a long time ago, or the origin of your family: *Americans of Japanese ancestry* ▷ **przodkowie, pochodzenie**

anchor¹ /ˈæŋkər/ **noun** [C] **1** a heavy, metal object that is dropped

into water to stop a boat from moving ▷ **kotwica** **2** US someone who reads the news and announcements on a television or radio programme ▷ **prezenter/ka**

anchor[2] /ˈæŋkəʳ/ **verb** **1** [I, T] to stop a boat from moving by dropping a heavy metal object into the water ▷ **rzucać kotwicę, zakotwiczyć** **2** [T] to make something or someone stay in one position by fastening them firmly: *We anchored ourselves to the rocks with a rope.* ▷ **mocować** **3** [T] US to read the news or announcements on television or radio as your job ▷ **pracować jako prezenter/ka**

ancient /ˈeɪnʃənt/ **adjective** **1** [always before noun] B1 from a long time ago: *ancient Greece/Rome* ◦ *an ancient building* ▷ **starożytny** **2** humorous very old: *This computer is ancient.* ▷ **wiekowy**

and strong /ænd/ weak /ənd/, /ən/ **conjunction** **1** A1 used to join two words or two parts of a sentence: *tea and coffee* ◦ *We were tired and hungry.* ▷ **i** **2** A1 used to say that one thing happens after another thing: *I got dressed and had my breakfast.* ▷ **i** **3** so: *The car wouldn't start and I had to get a taxi.* ▷ **i, a** **4** mainly UK A2 used instead of 'to' after some verbs, such as 'try' and 'go': *Try and eat something.* ▷ w języku mówionym, zamiast *to* po *try* i *go*, przed bezokolicznikiem **5** A1 used when saying or adding numbers: *It cost a hundred and twenty pounds.* ◦ UK *Two and three equals five.* ▷ **i, plus** **6** B1 used between two words that are the same to make their meaning stronger: *The sound grew louder and louder.* ▷ **coraz**

Andorra /ænˈdɔːrə/ **noun** a country in Europe ▷ **Andora**
• **Andorran** /ænˈdɔːrən/ **adjective** coming from or relating to Andorra ▷ **andorski** • **Andorran noun** someone from Andorra ▷ **Andor-czyk/ka**

Andrew /ˈændruː/ **noun** (also **Andy** /ˈændi/) a male name

androgen /ˈændrədʒen/ **noun** [C] a male hormone ▷ **androgen**

androgynous /ænˈdrɒdʒɪnəs/ **adjective** having both male and female features ▷ **obupłciowy, androgyniczny**
• **androgyny** /ænˈdrɒdʒəni/ **noun** [U] ▷ **hermafrodytyzm, androgynia**

anecdote /ˈænɪkdəʊt/ **noun** [C] a short story that you tell someone about something that happened to you or someone else: *a speech full of anecdotes* ▷ **anegdota**
• **anecdotal** /ˌænɪkˈdəʊtəl/ **adjective** consisting of things that people have said, and not facts: ***anecdotal evidence*** ▷ **anegdotyczny**

anemia /əˈniːmiə/ **noun** [U] US spelling of anaemia ▷ **anemia**

anemic /əˈniːmɪk/ **adjective** US spelling of anaemic ▷ **anemiczny**

anemometer /ˌænɪˈmɒmɪtəʳ/ **noun** [C] a device that measures the speed and force of wind ▷ **wiatromierz**

anesthetic /ˌænəsˈθetɪk/ **noun** [C, U] US spelling of anaesthetic ▷ **narkoza, znieczulenie**

anesthetist /əˈnesθətɪst/ **noun** [C] US spelling of anaesthetist ▷ **anestezjolog**

anew /əˈnjuː/ **adverb** literary If you do something anew, you do it again in a different way: *Moving to another city gave me the chance to* ***start anew.*** ▷ **od nowa**

angel /ˈeɪndʒəl/ **noun** [C] **1** B1 a spiritual creature like a human with wings, who some people believe lives with God in heaven ▷ **anioł** **2** a very good, kind person: *Be an angel and get me a drink.* ▷ **anioł**
• **angelic** /ænˈdʒelɪk/ **adjective** very beautiful or good: *an angelic child* ▷ **anielski**

angel

anger[1] /ˈæŋgəʳ/ **noun** [U] B2 a strong feeling against someone who has behaved badly, making you want to shout at them or hurt them: *public anger at the terrorist killings* ◦ ***anger at/over*** *sth* ◦ *He never once raised his voice* ***in anger.*** ▷ **gniew, złość**

> Wyrazy występujące razem z **anger**
> express/show anger • **be trembling with** anger • **in** anger • **public** anger • **mounting/growing** anger • anger **at/over** sth

anger[2] /ˈæŋgəʳ/ **verb** [T] to make someone angry: [often passive] *Students were angered by the college's decision.* ▷ **rozgniewać, złościć**

angle[1] /ˈæŋgl/ **noun** [C] **1** a space between two lines or surfaces that meet at one point, which you measure in degrees: *an angle of 90 degrees* ▷ **kąt, narożnik** **2 at an angle** not horizontal or vertical, but sloping: *He wore his hat at an angle.* ▷ **pod kątem, na ukos** **3** the way you think about a situation: *Try looking at the problem* ***from*** *my* ***angle.*** ▷ **punkt widzenia** **4** the direction from which you look at something: *This is the same building photographed* ***from*** *different* ***angles.*** ▷ **kąt** → See also **right angle**

angle[2] /ˈæŋgl/ **verb** [T] to aim or turn something in a direction that is not horizontal or vertical: *She angled a shot into the corner of the court.* ▷ **ustawiać (pod kątem)**

PHRASAL VERB **be angling for sth** to try to get something without asking for it in a direct way: *Is he angling for an invitation?* ▷ **przymawiać się o** *coś*

angler /ˈæŋgləʳ/ **noun** [C] someone who catches fish as a hobby or sport ▷ **wędkarz**

Anglican /ˈæŋglɪkən/ **adjective** belonging or relating to the Church of England, or Churches associated with it ▷ **anglikański**
• **Anglican noun** [C] ▷ **anglika-nin/nka**

A

angling /ˈæŋɡlɪŋ/ **noun** [U] the sport or hobby of catching fish ▷ **wędkarstwo**

Anglo- /æŋɡləʊ-/ **prefix** of or connected with Britain or England: *Anglo-Indian, Anglo-Saxon* ▷ **anglo-, Anglo-**

Angola /æŋˈɡəʊlə/ **noun** a country in Africa ▷ **Angola**
• **Angolan** /æŋˈɡəʊlən/ **adjective** coming from or relating to Angola ▷ **angolski** • **Angolan noun** someone from Angola ▷ **Angolij-czyk/ka**

angry /ˈæŋɡri/ **adjective** (A2) having a strong feeling against someone who has behaved badly, making you want to shout at them or hurt them: *He's really **angry at/with** me for upsetting Sophie.* ◦ *I don't understand what he's **angry about**.* ▷ **zły, rozgniewany**
• **angrily adverb** (B1) ▷ **ze złością**

> **Angry** wyrazy bliskoznaczne
>
> Jeśli kogoś rozgniewało jakieś wydarzenie, możemy w stosunku do niego użyć przymiotników **annoyed** lub **irritated**:
>
> *He was a bit **annoyed** with her for being late.*
> *I was **irritated** that he didn't thank me.*
>
> Jeśli ktoś jest wyjątkowo rozgniewany, możemy w stosunku do niego użyć przymiotników **furious, irate** lub **livid**:
>
> *My boss was **furious** with me.*
> *Hundreds of **irate** passengers have complained to the airline.*
>
> Jeśli gniewamy się na dziecko, możemy w stosunku do siebie użyć przymiotnika **cross**:
>
> *I'm **cross** with you for not telling me where you were going.*

angst /æŋst/ **noun** [U] a strong feeling of worry and unhappiness: *teenage angst* ▷ **frustracja**

anguish /ˈæŋɡwɪʃ/ **noun** [U] extreme suffering, especially mental suffering: *It's the anguish of knowing that I can do nothing to help.* ▷ **udręka**
• **anguished adjective** [always before noun] *anguished parents* ▷ **udręczony**

angular /ˈæŋɡjʊləʳ/ **adjective** An angular shape or object has a lot of straight lines and sharp points: *an angular face* ▷ **kanciasty**

anhydrous /ænˈhaɪdrəs/ **adjective** containing no water ▷ **bezwodny**

animal¹ /ˈænɪməl/ **noun** [C] **1** (A1) something that lives and moves but is not a person, bird, fish, or insect: *a wild animal* ◦ *She's a real animal lover.* ▷ **zwierzę 2** (B2) anything that lives and moves, including people, birds, etc: *Are humans the only animals to use language?* ▷ **zwierzę 3** informal a very cruel and violent person ▷ **zwierzę**

animal² /ˈænɪməl/ **adjective** [always before noun] Animal qualities and feelings relate to your basic physical needs: *animal passion* ▷ **zwierzęcy**

animate /ˈænɪmət/ **adjective** formal alive ▷ **ożywiony** → Opposite **inanimate**

animated /ˈænɪmeɪtɪd/ **adjective 1** showing a lot of interest and excitement: *an animated conversation* ▷ **ożywiony 2** An animated film is one in which drawings and models seem to move. ▷ **animowany**

animation /ˌænɪˈmeɪʃən/ **noun 1** [U] interest and excitement: *She spoke with great animation.* ▷ **ożywienie 2** [C, U] an animated film, or the process of making animated films: ***computer animation*** ▷ **animacja**

animosity /ˌænɪˈmɒsəti/ **noun** [C, U] when someone hates or feels angry towards someone else: *There is no **animosity between** the two teams.* ▷ **animozja**

anion /ˈænaɪən/ **noun** [C] an ion with a negative electrical charge ▷ **anion** → Compare **cation**

ankle /ˈæŋkl/ **noun** [C] (B1) the part of your leg that is just above your foot ▷ **kostka** → See **The Body** on page Centre 13

Ann, Anne /æn/ **noun** a female name

annelid /ˈænəlɪd/ **noun** [C] a type of worm whose body is divided into several parts ▷ **pierścienica**

annex¹ /əˈneks/ **verb** [T] to start to rule or control an area or country next to your own ▷ **zajmować, anektować**
• **annexation** /ˌænekˈseɪʃən/ **noun** [C, U] ▷ **aneksja**

annex² (also UK **annexe**) /ˈæneks/ **noun** [C] a building that is joined to a larger one ▷ **przybudówka, aneks**

annihilate /əˈnaɪɪleɪt/ **verb** [T] **1** to destroy something completely: *a city annihilated by an atomic bomb* ▷ **unicestwiać 2** informal to defeat someone very easily ▷ **rozgromić**
• **annihilation** /əˌnaɪɪˈleɪʃən/ **noun** [U] ▷ **unicestwienie**

anniversary /ˌænɪˈvɜːsəri/ **noun** [C] (B1) a date on which you remember or celebrate something that happened on that date one or more years ago: *a **wedding anniversary*** ◦ ***the** 40th **anniversary of** Kennedy's death* ▷ **rocznica** → See also **silver wedding anniversary**

> Wyrazy występujące razem z **anniversary**
>
> the [10th/50th/500th, etc] anniversary **of** sth • **commemorate/mark** an anniversary • sb's **wedding** anniversary • anniversary **celebrations**

announce /əˈnaʊns/ **verb** [T] (B1) to tell people about something officially or with force or confidence: *The company has **announced plans** to open six new stores.* ◦ [+ (that)] *Halfway through dinner, he announced that he was going out.* ▷ **ogłaszać, oświadczać**

announcement /əˈnaʊnsmənt/ **noun 1** [C] (B1) something that someone says officially, giving information about something: *The Prime Minister **made** an unexpected **announcement** this morning.* ▷ **oświadczenie 2** [no plural] when

A

someone announces something ▷ **oświadczenie**

> **Wyrazy występujące razem z announcement**
>
> make an announcement • a **formal/official/public** announcement • an announcement **about/on** sth • an announcement **by/from** sb

announcer /əˈnaʊnsəʳ/ **noun** [C] someone who introduces programmes on the radio or television ▷ **spiker/ka**

annoy /əˈnɔɪ/ **verb** [T] B1 to make someone slightly angry: *He's always late and it's starting to annoy me.* ▷ **drażnić, denerwować**

annoyance /əˈnɔɪəns/ **noun** [U] the feeling of being annoyed: *He kept losing his keys,* ***much to the annoyance of*** *(= which annoyed) his wife.* ▷ **irytacja**

annoyed /əˈnɔɪd/ **adjective** B1 slightly angry: *I was a bit* ***annoyed with/at*** *Kathy for not coming.* ▷ **zły**

annoying /əˈnɔɪɪŋ/ **adjective** B1 making you feel annoyed: *an annoying habit/cough* ▷ **denerwujący**

annual[1] /ˈænjuəl/ **adjective** **1** B1 happening or produced once a year: *an* ***annual meeting/report*** ▷ **doroczny** **2** measured over a period of one year: *annual rainfall* ▷ **roczny**
• **annually adverb** B2 ▷ **co rok, rocznie**

annual[2] /ˈænjuəl/ **noun** [C] **1** a plant which grows, produces seed, and dies within one year ▷ **roślina jednoroczna** **2** a book produced every year containing new information about the same subject ▷ **rocznik**

annulment /əˈnʌlmənt/ **noun** [C, U] formal when a court says officially that a marriage or agreement does not now exist and was never legal ▷ **unieważnienie**

anode /ˈænəʊd/ **noun** [C] one of the electrodes in a piece of electrical equipment; the negative electrode in a battery and the positive electrode in an electrolytic cell ▷ **anoda**

anomaly /əˈnɒməli/ **noun** [C] formal something that is unusual or that does not seem right: *There are some anomalies in the data.* ▷ **anomalia, nieprawidłowość**

anonymity /ˌænəˈnɪməti/ **noun** [U] when someone's name is not given or known: *She agreed to speak to a journalist but* ***requested anonymity****.* ▷ **anonimowość**

anonymous /əˈnɒnɪməs/ **adjective** not giving a name: *an anonymous phone call* ◦ *The winner has asked to* ***remain anonymous****.* ▷ **anonimowy**
• **anonymously adverb** ▷ **anonimowo**

anorak /ˈænəræk/ **noun** [C] UK **1** a jacket with a hood that protects you from rain and cold ▷ **skafander** **2** humorous a boring person who is too interested in the details of a hobby and who is not good in social situations ▷ **smutas, nerd**

anorexia /ˌænəˈreksiə/ **noun** [U] (also **anorexia nervosa** /ænəˈreksiənɜːˈvəʊsə/) a mental illness in which someone refuses to eat and becomes very thin ▷ **anoreksja**

anorexic /ˌænəˈreksɪk/ **adjective** having the illness anorexia ▷ **anorektyczny**
• **anorexic noun** [C] ▷ **anorekty-k/czka**

another /əˈnʌðəʳ/ **pronoun, determiner** **1** A2 one more person or thing, or an additional amount: *Would you like another piece of cake?* ◦ *We can fit another person in my car.* ▷ **następny, drugi, jeszcze jeden** **2** A2 a different person or thing: *I'm going to look for another job.* ◦ *This one's slightly damaged – I'll get you another.* ▷ **inny**

answer[1] /ˈɑːnsəʳ/ **verb** **1** [I, T] A1 to speak or write back to someone who has asked you a question or spoken to you: *I asked when she was leaving but she didn't answer.* ◦ *I must answer his letter.* ▷ **odpowiadać** **2** [I, T] A2 to open the door when someone has knocked on it or rung a bell: *I knocked several times but no one answered.* ▷ **otwierać** **3** [I, T] A2 to pick up the telephone receiver when it rings: *Could someone* ***answer the phone****?* ▷ **odbierać** **4** [T] B1 to write or say something as a reply to a question in a test or competition ▷ **rozwiązywać, odpowiadać**

PHRASAL VERBS **answer (sb) back** If a child answers back, they reply rudely to an adult. ▷ **odpyskować** (*komuś*) • **answer for sth** **1** to be responsible for something, or punished for something: *Do you think parents should have to answer for their children's behaviour?* ▷ **odpowiadać za** *coś* **2 have a lot to answer for** to be the main cause of something bad which has happened: *"Why is violent crime on the increase?" " Well, I think television has a lot to answer for."* ▷ **uczynić wiele złego**

answer[2] /ˈɑːnsəʳ/ **noun** [C] **1** A1 what you say or write back to someone who has asked you a question or spoken to you: *I asked him if he was going but I didn't hear his answer.* ◦ *Please* ***give*** *me your* ***answer*** *by next week.* ▷ **odpowiedź** **2** A2 when someone answers the telephone or the door: [usually singular] *I rang the bell but there was no answer.* ▷ **odpowiedź** **3** B1 a way of solving a problem: *It's a difficult situation and I don't know what the answer is.* ▷ **rozwiązanie** **4** A2 the correct number or information given as a reply to a question in a test or competition: *Did you get the* ***answer to*** *Question 6?* ▷ **odpowiedź, rozwiązanie**

> **Wyrazy występujące razem z answer**
>
> get/give/know/provide an answer • a correct/simple/wrong answer • the answer to sth

answerphone /ˈɑːnsəfəʊn/ **noun** [C] UK (UK/US **answering machine**) a machine that records your message if you telephone someone and they do not answer: *I left a message on her answerphone.* ▷ **automatyczna sekretarka**

ant /ænt/ **noun** [C] (B1) a small, black or red insect that lives in groups on the ground ▷ **mrówka**

antacid /ˌænˈtæsɪd/ **noun** [C, U] a substance used to reduce or prevent acid collecting in the body, especially in the stomach ▷ **środek zobojętniający kwas (zwłaszcza lek na nadkwasotę)**

antagonism /ænˈtægᵊnɪzᵊm/ **noun** [U] feelings of strong disagreement or hate: *There's a history of* ***antagonism between*** *the two teams.* ▷ **wrogość**

antagonist /ænˈtægənɪst/ **noun** [C] **1** a muscle that is pulled in the opposite direction by another muscle ▷ **mięsień antagonistyczny** **2** a drug that stops the effects of another drug ▷ **antagonista**

antagonistic /ænˌtægᵊnˈɪstɪk/ **adjective** **1** strongly disagreeing with someone or something: *He's* ***antagonistic towards*** *critics.* ▷ **wrogi** **2** antagonistic muscles pull against each other ▷ **antagonistyczny**

antagonize (also UK **-ise**) /ænˈtægᵊnaɪz/ **verb** [T] to make someone angry or unfriendly towards you: *He's antagonized colleagues by making changes without discussing them.* ▷ **zrażać (sobie)**

the Antarctic /ænˈtɑːktɪk/ **noun** the very cold area around the South Pole ▷ **Antarktyka**
• **Antarctic adjective** [always before noun] *Antarctic wildlife* ▷ **antarktyczny**

antelope /ˈæntɪləʊp/ **noun** [C] an animal like a large deer with long horns ▷ **antylopa**

antenatal /ˌæntiˈneɪtᵊl/ **adjective** [always before noun] UK (US **prenatal**) relating to pregnant women before their babies are born: *an* ***antenatal class*** ▷ **przedporodowy**

antenna /ænˈtenə/ **noun** [C] **1** (plural **antennae**) one of two long, thin parts on the head of an insect or sea creature, used for feeling things ▷ **czułek** **2** (plural **antennae**, **antennas**) US (UK **aerial**) a piece of metal that is used for receiving television or radio signals ▷ **antena** → See **Car** on page Centre 7

anthem /ˈænθəm/ **noun** [C] a song chosen by a country or organization to be sung on special occasions ▷ **hymn** → See also **national anthem**

anther /ˈæntθəʳ/ **noun** [C] the part of the stamen that produces pollen ▷ **pylnik**

anthology /ænˈθɒlədʒi/ **noun** [C] a book which includes stories or poems written by different people ▷ **antologia**

Anthony /ˈæntəni/ (US) /ˈænθəni/ **noun** (also **Tony** /ˈtəʊni/) a male name

anthropology /ˌænθrəˈpɒlədʒi/ **noun** [U] the scientific study of human development and society or different societies ▷ **antropologia**
• **anthropologist** /ˌænθrəˈpɒlədʒɪst/ **noun** [C] ▷ **antropolog** • **anthropological** /ˌænθrəpəˈlɒdʒɪkᵊl/ **adjective** ▷ **antropologiczny**

anti- /ænti-/ (US) /æntaɪ/ **prefix** **1** opposed to or against: *anti-terrorist laws, anti-American protesters* ▷ **anty-** **2** opposite of or preventing: *anti-clockwise movement, anti-lock brakes, anti-depressant drugs* ▷ **anty-** → Compare **pro-**

antibiotic /ˌæntibaɪˈɒtɪk/ **noun** [C] a medicine which cures infections by destroying harmful bacteria: [usually plural] *He is* ***on antibiotics*** *for an ear infection.* ▷ **antybiotyk**

antibody /ˈæntiˌbɒdi/ **noun** [C] a substance produced in your blood to fight disease ▷ **przeciwciało**

anticipate /ænˈtɪsɪpeɪt/ **verb** [T] to expect something, or to prepare for something before it happens: *to* ***anticipate*** *a* ***problem*** ◦ [+ that] *We anticipate that prices will fall next year.* ▷ **przewidywać, oczekiwać**

anticipation /ænˌtɪsɪˈpeɪʃᵊn/ **noun** [U] **1** when you are waiting for something to happen, usually with excitement: *The children were breathless* ***with anticipation.*** ▷ **oczekiwanie, niecierpliwość** **2 in anticipation (of)** in preparation for something happening: *She's even decorated the spare room in anticipation of your visit.* ▷ **na wypadek, z okazji, niecierpliwie**

anticlimax /ˌæntiˈklaɪmæks/ **noun** [C, U] a disappointing experience, often one that you thought would be exciting before it happened or one that comes after a more exciting experience: *After so much preparation, the party was a bit of an anticlimax.* ▷ **rozczarowanie**

anticline /ˈæntiklaɪn/ **noun** [C] an upward curved fold in the layers of rock in the Earth's surface ▷ **siodło, antyklina** → Compare **syncline**

anti-clockwise /ˌæntiˈklɒkwaɪz/ **adjective, adverb** UK (US **counterclockwise**) in the opposite direction to the way the hands of a clock move: *Turn the knob anti-clockwise.* ▷ **w lewo**

anti-competitive /ˌæntikəmˈpetɪtɪv/ **adjective** designed to stop businesses from competing with one another, for example by fixing prices, in a way that is not legal in some countries ▷ **antykonkurencyjny**

antics /ˈæntɪks/ **noun** [plural] unusual or bad behaviour that entertains or annoys people: *He's well known for his antics on and off the tennis court.* ▷ **wybryki, popisy**

anticyclone /ˌæntiˈsaɪkləʊn/ **noun** [C] an area of high pressure in the air or atmosphere which causes calm weather ▷ **wyż**

anti-depressant /ˌæntidɪˈpresᵊnt/ **noun** [C] a medicine for people who are depressed ▷ **lek przeciwdepresyjny**

antidote /ˈæntidəʊt/ **noun** [C] **1 antidote to sth** an activity that stops something bad from harming you: *Exercise is the* ***best antidote*** *to stress.* ▷ **lekarstwo na** *coś* **2** a substance that stops another substance from damaging your body: *a deadly poison with no antidote* ▷ **antidotum**

antigen /ˈæntɪdʒən/ **noun** [C] a harmful sub-

stance that causes the body to produce antibodies ▷ **antygen**

Antigua and Barbuda /ænˈtiːgə æn bɑːˈbjuːdə/ **noun** a country consisting of a group of islands in the Caribbean ▷ **Antigua i Barbuda**

• **Antiguan** /ænˈtiːgən/ **adjective** coming from or relating to Antigua and Barbuda ▷ **antiguański** • **Antiguan** noun someone from Antigua and Barbuda ▷ **Antigua-ńczyk/nka**

antimatter /ˈæntiˌmætəʳ/ **noun** [U] particles that are the opposite to real particles in the universe, and which would destroy them if they came together ▷ **antymateria**

anti-oxidant /ˌæntiˈɒksɪdənt/ **noun** [C] **1** a substance that slows down the rate at which something decays because of oxidization ▷ **przeciwutleniacz** **2** a substance, for example a vitamin in food, that protects your body from damage ▷ **przeciwutleniacz**

antiparticle /ˌæntiˈpɑːtɪkl/ **noun** [C] a particle that has the same mass as a normal particle, but the opposite electrical charge ▷ **antycząstka**

antipathy /ænˈtɪpəθi/ **noun** [U] formal a strong feeling of dislike for someone: *He is a private man with a deep **antipathy to/towards** the press.* ▷ **antypatia**

antiperspirant /ˌæntiˈpɜːspᵊrənt/ **noun** [C, U] a substance that prevents you from becoming wet under your arms when you are hot ▷ **dezodorant, antyperspirant**

antiquated /ˈæntɪkweɪtɪd/ **adjective** very old and not modern enough: *an antiquated system* ▷ **przestarzały**

antique /ænˈtiːk/ **noun** [C] B1 an object that is old, and often rare or beautiful: *His home is full of **valuable antiques**.* ◦ *an **antique shop*** ▷ **antyk**

• **antique adjective** B1 *antique furniture/china* ▷ **zabytkowy**

antiquity /ænˈtɪkwəti/ **noun** **1** [U] formal the ancient past: *the writers of antiquity* ▷ **starożytność** **2** [C] an ancient object: [usually plural] *priceless Egyptian antiquities* ▷ **antyk**

anti-Semitism /ˌæntiˈsemɪtɪzᵊm/ **noun** [U] when someone hates Jewish people, or treats them in a cruel or unfair way ▷ **antysemityzm**

• **anti-Semitic** /ˌæntisɪˈmɪtɪk/ **adjective** ▷ **antysemicki**

antiseptic /ˌæntiˈseptɪk/ **noun** [C, U] a substance that you put on an injury to prevent infection ▷ **środek odkażający**

• **antiseptic adjective** *antiseptic cream* ▷ **odkażający**

anti-social /ˌæntiˈsəʊʃᵊl/ **adjective** **1** Anti-social behaviour harms or upsets the people around you: *Increasingly, smoking is regarded as an anti-social habit.* ▷ **aspołeczny** **2** An anti-social person does not like being with other people. ▷ **nietowarzyski**

anti-spam /ˌæntiˈspæm/ **adjective** [always before noun] used to stop people sending or receiving emails that are not wanted, especially advertisements: *anti-spam legislation* ▷ **antyspamowy**

anti-terrorist /ˌæntiˈterᵊrɪst/ **adjective** intended to prevent or reduce terrorism: ***anti-terrorist** **laws/legislation*** ▷ **antyterrorystyczny**

antithesis /ænˈtɪθəsɪs/ **noun** [C] (plural **antitheses** /ænˈtɪθəsiːz/) formal the exact opposite: [usually singular] *She is slim and shy – **the antithesis of** her sister.* ▷ **przeciwieństwo, antyteza**

antitoxin /ˌæntiˈtɒksɪn/ **noun** [C] a substance that stops or reduces the effect of a toxin in your body ▷ **antytoksyna**

anti-virus /ˌæntiˈvaɪərəs/ **adjective** [always before noun] produced and used to protect the main memory of a computer against infection by a virus: *anti-virus software/programs* ▷ **antywirusowy**

antler /ˈæntləʳ/ **noun** [C] a horn that looks like branches on the head of a male deer ▷ **róg**

antonym /ˈæntənɪm/ **noun** [C] a word which means the opposite of another word ▷ **antonim**

anus /ˈeɪnəs/ **noun** [C] a hole where solid waste comes out of the body ▷ **odbyt**

anxiety /æŋˈzaɪəti/ **noun** [C, U] B2 the feeling of being very worried: *That explains his **anxiety about** her health.* ▷ **niepokój, obawa**

> **Wyrazy występujące razem z anxiety**
> a cause/source of anxiety • feelings/levels of anxiety • anxiety about/over sth

anxious /ˈæŋkʃəs/ **adjective** **1** B1 worried and nervous: *She's very **anxious about** her exams.* ▷ **zaniepokojony** **2** B2 wanting to do something or wanting something to happen: [+ to do sth] *He's anxious to get home.* ◦ [+ that] *I was anxious that no one else should know.* ▷ **chcący,** ≈ **nie móc się doczekać**

• **anxiously adverb** B2 *We **waited anxiously** by the phone.* ▷ **pełen obawy, niecierpliwie**

any[1] strong /ˈeni/ weak /əni/ **pronoun, determiner** **1** A1 used in questions and negatives to mean 'some': *Is there any of that lemon cake left?* ◦ *I haven't seen any of his films.* ◦ *I asked Andrew for some change but he hasn't got any.* ▷ **jakiś, (z przeczeniem) żaden** **2** A1 one of or each of a particular kind of person or thing when it is not important which: *Any advice that you can give me would be greatly appreciated.* ◦ *Any of those shirts would be fine.* ▷ **każdy, jakikolwiek**

any[2] strong /ˈeni/ weak /əni/ **adverb** B1 used in questions and negatives to emphasize a comparative adjective or adverb: *Do you feel any better?* ◦ *I can't walk any faster.* ◦ *She couldn't wait **any longer**.* ▷ **(choć) trochę, (z przeczeniem) ani trochę**

anybody /ˈeniˌbɒdi/ **pronoun** another word for anyone

anyhow /ˈenihaʊ/ **adverb** (also **anyway**) **1** B2 used to give a more important reason for something that you are saying: *I don't need a car and I can't afford one anyhow.* ▷ **zresztą** **2** B2 despite that: *He hates carrots but he ate them anyhow.* ▷ **i tak** **3** B2 used when you are returning to an earlier subject: *Anyhow, as I said, I'll be away next week.* ▷ **(no) więc, w każdym razie** **4** used when you want to slightly change something that you have just said: *Boys aren't horrible – not all of them anyhow!* ▷ **przynajmniej**

ˌany ˈmore (also **anymore**) **adverb** A2 If you do not do something or something does not happen any more, you have stopped doing it or it does not now happen: *This coat doesn't fit me any more.* ▷ **już**

anyone /ˈeniwʌn/ **pronoun** (also **anybody**) **1** A2 used in questions and negatives to mean 'a person or people': *I didn't know anyone at the party.* ◦ *Does* ***anyone else*** *(= another person/other people) want to come?* ▷ **ktoś, (z przeczeniem) nikt** **2** B1 any person or any people: *Anyone can go – you don't have to be invited.* ▷ **każdy, ktokolwiek**

anyplace /ˈenipleɪs/ **adverb** US anywhere

anything /ˈeniθɪŋ/ **pronoun** **1** A1 used in questions and negatives to mean 'something': *I haven't got anything to wear.* ◦ *Was there* ***anything else*** *(= another thing) you wanted to say?* ▷ **coś, nic (z przeczeniem)** **2** A1 any object, event, or situation: *We can do anything you like.* ◦ *Tom will eat anything.* ▷ **wszystko, cokolwiek** **3** **anything like** B2 used in questions and negatives to mean 'at all similar to': *Does he look anything like his brother?* ▷ **choć trochę jak, (z przeczeniem) ani trochę jak**

anyway /ˈeniweɪ/ **adverb** (also **anyhow**) (also US spoken **anyways**) **1** B1 used to give a more important reason for something that you are saying: *We can drive you to the station – we go that way anyway.* ▷ **i tak** **2** A2 despite that: *He hates carrots but he ate them anyway.* ▷ **i tak** **3** A2 used when you are returning to an earlier subject: *Anyway, as I said, I'll be away next week.* ▷ **(no) więc, w każdym razie** **4** used when you want to slightly change something that you have just said: *Boys aren't horrible – not all of them anyway!* ▷ **przynajmniej**

anywhere /ˈeniweəʳ/ **adverb** (also US **anyplace**) **1** A2 in or to any place: *Just sit anywhere.* ◦ *I couldn't find a post office anywhere.* ▷ **gdziekolwiek, (z przeczeniem) nigdzie** **2** A2 used in questions and negatives to mean 'a place': *He doesn't have anywhere to stay.* ◦ *Is there* ***anywhere else*** *you'd like to visit while you're here?* ▷ **gdzieś, (z przeczeniem) nigdzie** **3** **anywhere near sth** used in questions and negatives to mean 'close to being or doing something': *The house isn't anywhere near ready.* ▷ **choć trochę, (z przeczeniem) ani trochę**

IDIOM **not get anywhere** informal B2 to not make any progress: *I tried discussing the problem with her but I didn't get anywhere.* ▷ **nic nie wskórać**

aorta /eɪˈɔːtə/ **noun** [C] the main artery which takes blood to the other parts of the body ▷ **aorta**

apart /əˈpɑːt/ **adverb** **1** B1 separated by a space or period of time: *Stand with your feet wide apart.* ◦ *Our kids were born just eighteen months apart.* ▷ **osobno, w odstępie, w odległości** **2** B2 into separate, smaller pieces: *My jacket is* ***coming/falling apart****.* ▷ **na kawałki** **3** **apart from a** B1 except for: *Apart from Jodie, who hurt her leg, all the children were fine.* ▷ **oprócz, z wyjątkiem** **b** B1 in addition to: *He works a ten-hour day and that's apart from the work he does at the weekend.* ▷ **oprócz**

apartheid /əˈpɑːtaɪt/ **noun** [U] in the past in South Africa, a political system in which white people had power over black people and made them live separately ▷ **apartheid**

apartment /əˈpɑːtmənt/ **noun** [C] mainly US A2 a set of rooms for someone to live in on one level of a building or house ▷ **mieszkanie**

aˈpartment ˌbuilding **noun** [C] US a building which is divided into apartments ▷ **blok lub budynek mieszkalny**

apathetic /ˌæpəˈθetɪk/ **adjective** not interested in anything or willing to change things: *Young people today are so apathetic about politics.* ▷ **obojętny, apatyczny**

apathy /ˈæpəθi/ **noun** [U] when someone is not interested in anything or willing to change things ▷ **apatia**

ape /eɪp/ **noun** [C] a hairy animal like a monkey but with no tail and long arms ▷ **małpa (człekokształtna)**

ape

aperitif /əˌperəˈtiːf/ **noun** [C] a small alcoholic drink before a meal ▷ **aperitif**

aperture /ˈæpətʃəʳ/ **noun** [C] a small hole, especially one that allows light into a camera ▷ **przysłona, szczelina**

apex /ˈeɪpeks/ **noun** [C] the highest part of a shape: *the apex of a pyramid* ▷ **wierzchołek, szczyt**

aphid /ˈeɪfɪd/ **noun** [C] any of various small insects which suck the juices of plants for food ▷ **mszyca**

apiece /əˈpiːs/ **adverb** each: *Dolls from this period sell for £300 apiece.* ▷ **za sztukę**

the apocalypse /əˈpɒkəlɪps/ **noun** in some religions, the final destruction of the world ▷ **apokalipsa**

apocalyptic /əˌpɒkəˈlɪptɪk/ **adjective** showing or describing the destruction of the world: *an apocalyptic vision of the future* ▷ **apokaliptyczny**

apologetic /əˌpɒləˈdʒetɪk/ **adjective** showing or saying that you are sorry about something: *an apologetic smile* ◦ *She was very* ***apologetic about*** *missing the meeting.* ▷ **przepraszający, skruszony**

apologize (also UK **-ise**) /əˈpɒlədʒaɪz/ **verb** [I] B1 to tell someone that you are sorry about something you have done: *The bank* ***apologized for*** *the error.* ◦ *The pilot* ***apologized to*** *passengers for the delay.* ▷ **przepraszać**

apology /əˈpɒlədʒi/ **noun** [C, U] B1 something you say or write to say that you are sorry about something you have done: *I have an* ***apology*** *to* ***make*** *to you – I opened your letter by mistake.* ◦ *a letter of apology* ▷ **przeprosiny**

> Wyrazy występujące razem z **apology**
>
> demand/make/owe sb/receive an apology • accept sb's apology • make no apology for (doing) sth • a formal/full/public apology • an apology for sth • an apology to sb

apostle /əˈpɒsl/ **noun** [C] one of the twelve men chosen by Jesus Christ to teach people about Christianity ▷ **apostoł**

apostrophe /əˈpɒstrəfi/ **noun** [C] **1** B2 a mark (') used to show that letters or numbers are absent: *I'm (= I am) hungry.* ◦ *I graduated in '98 (= 1998).* ▷ **apostrof 2** B2 a punctuation mark (') used before the letter 's' to show that something belongs to someone or something: *I drove my brother's car.* ▷ **apostrof**

appal (present participle **appalling**, past tense and past participle **appalled**) UK (US **appall**) /əˈpɔːl/ **verb** [T] to make someone extremely shocked or upset: *The amount of violence on television appals me.* ◦ *We were* ***appalled at/by*** *her behaviour.* ▷ **bulwersować**
• **appalled** adjective ▷ **zbulwersowany**

appalling /əˈpɔːlɪŋ/ **adjective 1** shocking and very unpleasant: *Many live in appalling conditions.* ◦ *appalling injuries* ▷ **przerażający 2** very bad: *appalling behaviour/weather* ▷ **okropny**
• **appallingly** adverb ▷ **strasznie, okropnie**

apparatus /ˌæpərˈeɪtəs/ (US) /ˌæpəˈrætəs/ **noun** [C, U] (plural **apparatus**, **apparatuses**) a set of equipment or tools used for a particular purpose: *The diver wore breathing apparatus.* ▷ **sprzęt, aparat, aparatura, przyrządy**

apparel /əˈpærəl/ **noun** [U] mainly US clothes: *children's/women's apparel* ▷ **odzież**

apparent /əˈpærənt/ **adjective 1** B2 obvious or easy to notice: [+ that] *It soon became apparent that she had lost interest in the project.* ◦ *Suddenly,* ***for no apparent reason*** *(= without a reason), he started screaming and shouting.* ▷ **oczywisty, wyraźny 2** [always before noun] seeming to exist or be true: *I was a little surprised by her apparent lack of interest.* ▷ **pozorny**

apparently /əˈpærəntli/ **adverb 1** B2 used to say that you have read or been told something although you are not certain it is true: *Apparently it's going to rain today.* ▷ **najwyraźniej 2** B2 used to say that something seems to be true, although it is not certain: *There were two apparently unrelated deaths.* ▷ **pozornie**

apparition /ˌæpərˈɪʃən/ **noun** [C] literary a ghost ▷ **zjawa**

appeal[1] /əˈpiːl/ **noun 1** [C] when a lot of people are asked to give money, information, or help: *The appeal raised over £2 million for AIDS research.* ▷ **apel 2** [U] B2 the quality in someone or something that makes them attractive or enjoyable: *I've never understood the appeal of skiing.* ▷ **urok 3** [C] a request to a court of law to change a previous legal decision: *He won his* ***appeal against*** *his jail sentence.* ▷ **apelacja**

> Wyrazy występujące razem z **appeal**
>
> issue/launch/make an appeal • an appeal for sth

appeal[2] /əˈpiːl/ **verb** [I] **1** to strongly request something, often publicly: *The police have* ***appealed for*** *more information.* ◦ *They* ***appealed to*** *the commission to keep the hospital open.* ▷ **apelować 2** B2 to attract or interest someone: *Cycling has never* ***appealed to*** *me.* ▷ **pociągać 3** to formally ask someone to change an official or legal decision: *He is* ***appealing against*** *a ten-year prison sentence.* ▷ **wnosić apelację**

appealing /əˈpiːlɪŋ/ **adjective** attractive or interesting: *The idea of living in Paris is very appealing.* ▷ **atrakcyjny**
• **appealingly** adverb ▷ **atrakcyjnie**

appear /əˈpɪər/ **verb** [I] **1** B1 to seem to be a particular thing or have a particular quality: *He appeared calm and relaxed.* ◦ *She* ***appeared to be*** *crying.* ◦ [+ (that)] ***It appears*** *that we were wrong about him.* ▷ **wydawać się 2** B1 to start to be seen: *He suddenly appeared in the doorway.* ◦ *Then a bright light appeared in the sky.* ▷ **pojawiać się, ukazywać się** → Opposite **disappear 3** B2 to start to exist or become available: *Laptop computers first appeared in the 1990s.* ◦ *The story appeared in all the major newspapers.* ▷ **pojawiać się, ukazywać się 4 appear in/at/on, etc** B1 to perform in a film, play, etc, or be seen in public: *She appears briefly in the new Bond film.* ▷ **występować w/na** *itp.*

appearance /əˈpɪərəns/ **noun 1** [C] B2 an occasion when someone appears in public: *a television/****public appearance*** ◦ *He* ***made*** *two* ***appearances*** *during his brief visit.* ▷ **wystąpienie 2** [no plural] B1 the way a person or thing looks: *She's very concerned with her appearance.* ▷ **wygląd 3** [no plural] when you arrive somewhere or can be seen somewhere: *Her appear-*

A

ance at the party was a surprise. ▷ **pojawienie się** → Opposite **disappearance** **4** [no plural] B2 when something starts to exist or becomes available: *The appearance of new products on the market has increased competition.* ▷ **pojawienie się, ukazanie się**

appease /əˈpiːz/ **verb** [T] to avoid more arguments by doing what someone wants ▷ **ugiąć się przed, spełniać życzenia, uspokajać**
• **appeasement noun** [U] ▷ **kompromis**

appendicitis /əˌpendɪˈsaɪtɪs/ **noun** [U] an illness in which your appendix becomes larger than usual and painful ▷ **zapalenie wyrostka**

appendix /əˈpendɪks/ **noun** [C] **1** (plural **appendixes**) a small tube-shaped part inside the body below the stomach, attached to the large intestine ▷ **wyrostek (robaczkowy)** **2** (plural **appendices**) a separate part at the end of a book, article, etc which contains extra information ▷ **dodatek**

appetite /ˈæpɪtaɪt/ **noun** [C, U] **1** the feeling that makes you want to eat: *All that walking has **given** me an **appetite**.* ▷ **apetyt** **2 an appetite for sth** when you want something very much: *his appetite for adventure* ▷ **apetyt lub chętka na** *coś*, **żądza** *czegoś* **3 whet sb's appetite** to make someone want more of something ▷ **narobić** *komuś* **smaku**

> **Wyrazy występujące razem z appetite**
>
> give sb /have an appetite • lose your appetite • a good/healthy/huge appetite • loss of appetite

appetizer /ˈæpɪtaɪzəʳ/ **noun** [C] US (UK **starter**) something that you eat as the first part of a meal ▷ **przystawka, zakąska**

appetizing (also UK **-ising**) /ˈæpɪtaɪzɪŋ/ **adjective** If food is appetizing, it looks or smells as if it will taste good. ▷ **apetyczny**

applaud /əˈplɔːd/ **verb** **1** [I, T] to clap your hands to show that you have enjoyed a performance, talk, etc: *The audience applauded loudly.* ▷ **klaskać, bić brawo** **2** [T] formal to approve of or admire something: *Most people will surely applaud the decision.* ▷ **pochwalać, przyklaskiwać**

applause /əˈplɔːz/ **noun** [U] when people make a noise by clapping their hands to show they have enjoyed or approve of something: *There was loud applause at the end of her speech.* ▷ **oklaski, brawa**

apple /ˈæpl/ **noun** [C] A1 a hard, round fruit with a green or red skin ▷ **jabłko** → See **Fruits and Vegetables** on page Centre 10 → See also **Adam's apple**

apple

applet /ˈæplət/ **noun** [C] a small computer program that is automatically copied onto a computer when you look at a document that needs this program to make it work ▷ **aplet**

appliance /əˈplaɪəns/ **noun** [C] a piece of electrical equipment with a particular purpose in the home: *fridges, radios, and other **electrical appliances*** ▷ **urządzenie**

applicable /əˈplɪkəbl/ **adjective** affecting or relating to a person or situation: *This law is only **applicable to** people living in Europe.* ▷ **mający zastosowanie, odpowiedni**

applicant /ˈæplɪkənt/ **noun** [C] someone who asks for something officially, often by writing: *There were over fifty **applicants for** the job.* ▷ **kandydat/ka**

application /ˌæplɪˈkeɪʃən/ **noun** **1** [C] B1 an official request for something, usually in writing: *an **application for** a bank loan* ▷ **podanie, wniosek** **2** [C, U] a way in which something can be used for a particular purpose: *This technology has many practical applications.* ▷ **zastosowanie** **3** [C] B2 a computer program designed for a particular purpose ▷ **aplikacja**

appliˈcation ˌform **noun** [C] a form that you use to officially ask for something, for example a job ▷ **podanie, formularz (podania lub wniosku)**

appliˈcation ˌsoftware **noun** [U] software that makes a computer do a process that the user wants ▷ **oprogramowanie użytkowe** → Compare **system software**

applied /əˈplaɪd/ **adjective** **applied mathematics/science, etc** mathematics, science, or another subject which is studied for a practical use ▷ **matematyka/nauka** *itp.* **stosowana**

appliqué /əˈpliːkeɪ/ US /ˈæplɪkeɪ/ **noun** [U] decorative work in which one piece of cloth is sewn or fixed onto another, or the activity of decorating cloth in this way ▷ **aplikacja**

apply /əˈplaɪ/ **verb** **1** [I] B1 to ask officially for something, often by writing: *I've **applied for** a job.* ◦ *He has **applied to** several companies.* ▷ **składać wniosek lub podanie, zgłaszać się** **2** [I] B2 to affect or relate to a particular person or situation: *This law only **applies to** married people.* ▷ **mieć zastosowanie** **3** [T] to use something in a particular situation: *The same method can be **applied to** other situations.* ▷ **stosować** **4** [T] to spread a substance on a surface: *Apply the cream daily until the symptoms disappear.* ▷ **nakładać** **5 apply yourself** to work hard: *If he doesn't apply himself, he'll never pass his exams.* ▷ **przykładać się**

appoint /əˈpɔɪnt/ **verb** [T] to officially choose someone for a job: *He was **appointed as** company director last year.* ▷ **mianować**

appointed /əˈpɔɪntɪd/ **adjective** **appointed date/time/place, etc** the date, time, place, etc that has been chosen for something to happen ▷ **wyznaczona data/oznaczony czas/wyznaczone miejsce** *itp.*

appointment /əˈpɔɪntmənt/ **noun** **1** [C] A2 a

A

time you have arranged to meet someone or go somewhere: *a doctor's/dental appointment* ◦ *I* ***made*** *an* ***appointment*** *with my hairdresser for next Monday.* ▷ **wizyta, spotkanie** **2** [C, U] when you officially choose someone for an important job, or the job itself: *the appointment of three new teachers* ▷ **mianowanie, stanowisko**

> Wyrazy występujące razem z **appointment**
>
> have/make an appointment • cancel/keep/miss an appointment • an appointment with sb

apportion /əˈpɔːʃən/ **verb** [T] formal **1** to choose how much of something a person or each person should have ▷ **przydzielać, rozdzielać** **2 apportion blame/responsibility** to say who was responsible for something bad that happened ▷ **obarczać winą/odpowiedzialnością**

appraisal /əˈpreɪzəl/ **noun** [C, U] **1** when you examine someone or something and judge how good or successful they are: *a critical appraisal* ▷ **ocena** **2** a meeting where the manager of an employee talks to them about the quality of their work: *an appraisal scheme* ▷ **ocena pracownika**

appraise /əˈpreɪz/ **verb** [T] to examine something and judge it: *We need to stop and appraise the situation.* ▷ **oceniać**

appreciable /əˈpriːʃəbl/ **adjective** formal large or important enough to be noticed: *There's an* ***appreciable difference*** *in temperatures between the two regions.* ▷ **znaczny**

appreciate /əˈpriːʃieɪt/ **verb** **1** [T] B2 to understand how good something or someone is and be able to enjoy them: *There's no point buying him expensive wines – he doesn't appreciate them.* ▷ **doceniać** **2** [T] B2 to feel grateful for something: *I'd really appreciate your help.* ▷ **być wdzięcznym za** **3** [T] to understand something about a situation, especially that it is complicated or difficult: [+ (that)] *I appreciate that it is a difficult decision for you to make.* ▷ **rozumieć** **4** [I] formal to increase in value: *Houses and antiques generally appreciate with time.* ▷ **zyskiwać na wartości**

appreciation /əˌpriːʃiˈeɪʃən/ **noun** [U] **1** B2 when you understand how good something or someone is and are able to enjoy them: *His* ***appreciation of*** *art increased as he grew older.* ▷ **uznanie** **2** when you feel grateful for something: *To show our appreciation, we've bought you a little gift.* ▷ **wdzięczność** **3** when you understand something about a situation, especially that it is complicated or difficult: *He has no* ***appreciation of*** *the size of the problem.* ▷ **świadomość** **4** formal an increase in value ▷ **wzrost wartości**

appreciative /əˈpriːʃiətɪv/ **adjective** showing that you understand how good something is, or are grateful for something: *an appreciative audience* ▷ **wdzięczny, pełen uznania** • **appreciatively adverb** ▷ **z wdzięcznością**

apprehend /ˌæprɪˈhend/ **verb** [T] formal If the police apprehend someone, they catch them and take them away to ask them about a crime which they might have committed. ▷ **zatrzymywać, ująć**

apprehension /ˌæprɪˈhenʃən/ **noun** [U] an anxious feeling about something that you are going to do: *It's normal to feel a little apprehension before starting a new job.* ▷ **obawa**

apprehensive /ˌæprɪˈhensɪv/ **adjective** feeling anxious about something that you are going to do: *He's a bit* ***apprehensive about*** *living away from home.* ▷ **pełen obawy**

apprentice /əˈprentɪs/ **noun** [C] a person who is learning a job by working for someone who already has skills and experience ▷ **praktykant/ka**

apprenticeship /əˈprentɪʃɪp/ **noun** [C, U] when someone learns the skills needed to do a job by working for someone who already has skills and experience ▷ **praktyka**

approach[1] /əˈprəʊtʃ/ **noun** **1** [C] B2 a way of doing something: *Liam has a different* ***approach to*** *the problem.* ◦ *We've decided to* ***adopt/take*** *a new* ***approach.*** ▷ **podejście** **2** [C] when you speak or write to someone, often asking to buy something or offering them work ▷ **oferta, propozycja** **3** [U] B2 when something or someone gets nearer, in distance or time: *the approach of winter* ▷ **zbliżanie się, nadejście** **4** [C] a path or route that leads to a place ▷ **droga, dojście, dojazd**

approach[2] /əˈprəʊtʃ/ **verb** **1** [I, T] B1 to come close in distance or time: *The train now approaching platform 2 is the 5.35 to London, Kings Cross.* ◦ *Christmas is fast approaching.* ▷ **zbliżać się (do)** **2** [T] B2 to deal with something: *I'm not sure how to approach the problem.* ▷ **podchodzić do** **3** [T] to speak or write to someone, often asking to buy something or offering them work: *She's been approached by a modelling agency.* ▷ **zwracać się do**

approachable /əˈprəʊtʃəbl/ **adjective** friendly and easy to talk to ▷ **przystępny**

appropriate[1] /əˈprəʊpriət/ **adjective** B2 suitable or right for a particular situation or person: *Is this film* ***appropriate for*** *young children?* ▷ **odpowiedni** → Opposite **inappropriate** • **appropriately adverb** B2 *appropriately dressed* ▷ **odpowiednio**

appropriate[2] /əˈprəʊprieɪt/ **verb** [T] formal to take or steal something ▷ **przywłaszczyć sobie** • **appropriation** /əˌprəʊpriˈeɪʃən/ **noun** [U] ▷ **przywłaszczenie**

appropriˈation acˌcount **noun** [C] a document that shows how the profit of a business is shared between the parters that own that business ▷ **rachunek zbiorczy**

A

approval /ə'pruːvəl/ **noun** [U] **1** B2 when you think that something or someone is good or right: *I don't need his approval.* ▷ **aprobata** → Opposite **disapproval** **2** B2 official permission: *The project has now **received approval** from the government.* ▷ **zgoda**

> Wyrazy występujące razem z **approval**
> **gain/get/win/receive/seek** approval • **formal/full** approval • approval **for** sth

approve /ə'pruːv/ **verb** **1** [T] B1 to allow or officially agree to something: *The council has **approved plans** for a new shopping centre.* ▷ **zatwierdzać** **2** [I] B2 to think that something is good or right: *I don't **approve of** smoking.* ▷ **pochwalać** → Opposite **disapprove**

approving /ə'pruːvɪŋ/ **adjective** showing that you think something is good or right: *an approving smile* ▷ **pełen aprobaty** → Opposite **disapproving**
• **approvingly adverb** ▷ **z aprobatą**

approx written abbreviation for approximately ▷ **ok. (= około)**

approximate[1] /ə'prɒksɪmət/ **adjective** B2 not completely accurate but close: *Do you have an approximate idea of when he's arriving?* ▷ **przybliżony**

approximate[2] /ə'prɒksɪmeɪt/ **verb** [T] (also **approximate to**) to be almost the same as something ▷ **być zbliżonym do**
• **approximation** /əˌprɒksɪ'meɪʃən/ **noun** [C, U] ▷ **przybliżenie**

approximately /ə'prɒksɪmətli/ **adverb** B1 close to a particular number or time although not exactly that number or time: *The college has approximately 700 students.* ▷ **w przybliżeniu, około**

Apr written abbreviation for April ▷ **kwiec. (= kwiecień)**

apricot /'eɪprɪkɒt/ **noun** [C] a small, soft, orange fruit ▷ **morela**

April /'eɪprəl/ **noun** [C, U] (written abbreviation **Apr**) A1 the fourth month of the year ▷ **kwiecień**

ˌApril 'Fool's Day **noun** 1 April, a day when people play tricks on people, then say 'April fool!' ▷ **prima aprilis**

apron /'eɪprən/ **noun** [C] a piece of clothing you wear when cooking to keep your clothes clean ▷ **fartuszek**

apt /æpt/ **adjective**
1 suitable for a particular situation: *an **apt** description* ▷ **trafny** **2 be apt to do sth** to often do something: *He's apt to forget his keys.* ▷ **często** *coś robić*
• **aptly adverb** ▷ **trafnie**

aptitude /'æptɪtjuːd/ **noun** [C, U] a natural skill or an ability to do something well: *He has an **aptitude for** learning languages.* ◦ *an **aptitude test*** ▷ **uzdolnienie**

> Wyrazy występujące razem z **aptitude**
> **have/show an aptitude for** (doing) sth • a **natural** aptitude • an aptitude **test**

aquarium /ə'kweəriəm/ **noun** [C] **1** a building where fish and other water animals are kept for people to visit ▷ **oceanarium** **2** a glass container filled with water that fish are kept in ▷ **akwarium**

Aquarius /ə'kweəriəs/ **noun** [C, U] the sign of the zodiac which relates to the period of 21 January – 19 February, or a person born during this period ▷ **Wodnik**

aquatic /ə'kwætɪk/ **adjective** living or growing in water, or related to water: *aquatic animals* ▷ **wodny**

aqueous /'eɪkwiəs/ **adjective** like or containing water: *an aqueous solution* ▷ **wodny, wodnisty**

ˌaqueous 'humour **noun** [U] a clear liquid that fills the space inside your eye between the cornea and the lens ▷ **ciecz wodnista**

aquifer /'ækwɪfər/ **noun** [C] a layer of rock, sand or earth that contains water or allows water to pass through it ▷ **warstwa wodonośna**

Arab /'ærəb/ **adjective** relating or belonging to the people of the Middle East or North Africa whose families came from Arabia in the past: *Arab countries* ▷ **arabski**
• **Arab noun** [C] an Arab person ▷ **Arab/ka**

Arabic /'ærəbɪk/ **noun** [U] the language used by Arab peoples ▷ **(język) arabski**
• **Arabic adjective** ▷ **arabski**

arable /'ærəbl/ **adjective** suitable for or used for growing crops: *arable land/farming* ▷ **uprawny**

arachnid /ə'ræknɪd/ **noun** [C] any of a group of small animals, similar to insects but with four pairs of legs, for example spiders ▷ **pajęczak**

arbiter /'ɑːbɪtər/ **noun** [C] **1** someone who judges what is right or helps to solve an argument ▷ **rozjemca, arbiter** **2 arbiter of fashion/style/taste, etc** someone who decides what is beautiful or stylish ▷ **dyktator/ka mody/arbiter dobrego smaku** *itp.*

arbitrary /'ɑːbɪtrəri/ **adjective** not based on a system or principles and often seeming unfair: *an **arbitrary decision*** ▷ **przypadkowy, arbitralny**
• **arbitrarily** /ˌɑːbɪ'treərəli/ **adverb** ▷ **przypadkowo, arbitralnie**

arbitrate /'ɑːbɪtreɪt/ **verb** [I, T] to officially help to solve an argument between two people or groups ▷ **pośredniczyć (w rozmowach między)**
• **arbitrator noun** [C] ▷ **pośrednik, arbiter**

arbitration /ˌɑːbɪ'treɪʃən/ **noun** [U] the process of solving an argument between people by helping them to agree to an acceptable solution ▷ **pośrednictwo, arbitraż**

A

arc /ɑːk/ **noun** [C] a curved line that looks like part of a circle ▷ **łuk**

arcade /ɑːˈkeɪd/ **noun** [C] **1** a place where you can pay to play games on machines: *an amusement arcade* ▷ **salon gier 2** a passage, especially between shops, that is covered by a roof: *a shopping arcade* ▷ **pasaż**

arch[1] /ɑːtʃ/ **noun** [C] **1** a curved structure that usually supports something, for example a bridge or wall ▷ **łuk 2** the curved middle part of your foot that does not touch the ground ▷ **podbicie**

arch[2] /ɑːtʃ/ **verb** [I, T] to be a curved shape or make something become a curved shape: *The bridge arched over the river.* ▷ **wyginać (się) w łuk lub łukiem**

archaeologist (also US **archeologist**) /ˌɑːkiˈɒlədʒɪst/ **noun** [C] someone who studies archaeology ▷ **archeolog**

archaeology (also US **archeology**) /ˌɑːkiˈɒlədʒi/ **noun** [U] the study of ancient cultures by looking for and examining their buildings, tools, and other objects ▷ **archeologia**
• **archaeological** (also US **archeological**) /ˌɑːkiəˈlɒdʒɪkəl/ **adjective** ▷ **archeologiczny**

archaic /ɑːˈkeɪɪk/ **adjective** very old and often not suitable for today: *an archaic law* ▷ **archaiczny**

archbishop /ˌɑːtʃˈbɪʃəp/ **noun** [C] a priest of the highest rank in some Christian churches, responsible for a very large area: *Archbishop Desmond Tutu* ▷ **arcybiskup**

archeologist /ˌɑːkiˈɒlədʒɪst/ **noun** [C] another US spelling of archaeologist ▷ **archeolog**

archeology /ˌɑːkiˈɒlədʒi/ **noun** [U] another US spelling of archaeology ▷ **archeologia**

archery /ˈɑːtʃəri/ **noun** [U] a sport in which you shoot arrows ▷ **łucznictwo**

architect /ˈɑːkɪtekt/ **noun** [C] B1 someone who designs buildings ▷ **architekt**

architecture /ˈɑːkɪtektʃər/ **noun** [U] **1** B1 the design and style of buildings: ***modern architecture*** ▷ **architektura 2** B1 the skill of designing buildings ▷ **architektura**
• **architectural** /ˌɑːkɪˈtektʃərəl/ **adjective** ▷ **architektoniczny**

archive[1] /ˈɑːkaɪv/ **noun** [C] **1** a collection of historical documents that provides information about the past, or a place where they are kept: *the national archives* ▷ **archiwum 2** a place on a computer used to store information or documents that you do not need to use often ▷ **archiwum**

archive[2] /ˈɑːkaɪv/ **verb** [T] to store paper or electronic documents in an archive ▷ **archiwizować**

the Arctic /ˈɑːktɪk/ **noun** the very cold area around the North Pole ▷ **Arktyka**
• **Arctic adjective** *Arctic temperatures* ▷ **arktyczny**

ardent /ˈɑːdənt/ **adjective** [always before noun] enthusiastic or showing strong feelings: *an* ***ardent supporter*** *of Arsenal* ▷ **zagorzały**
• **ardently adverb** ▷ **zagorzale**

> Wyrazy występujące razem z **ardent**
>
> an ardent **admirer/fan/supporter**

arduous /ˈɑːdjuəs/ **adjective** needing a lot of effort to do: *an* ***arduous journey/task*** ▷ **żmudny**

are strong /ɑːr/ weak /ər/ present simple you/we/they of be ▷ **jesteś, jesteście, jesteśmy, są**

area /ˈeəriə/ **noun 1** [C] A2 a region of a country or city: *an industrial area* ◦ *a mountainous area* ◦ *the London area* ▷ **obszar, teren 2** [C] B1 a part of a building or piece of land used for a particular purpose: *a* ***play/picnic area*** ▷ **miejsce, strefa, rejon 3** [C] B2 a part of a subject or activity: *Software is not really my area of expertise.* ▷ **dziedzina 4** [C, U] the size of a flat surface calculated by multiplying its width by its length ▷ **powierzchnia** → See also **catchment area**, **no-go area**

ˈarea ˌcode noun [C] a set of numbers used at the beginning of all the telephone numbers in a particular area ▷ **(numer) kierunkowy**

arena /əˈriːnə/ **noun** [C] **1** a flat area with seats around where you can watch sports and other entertainments: *an Olympic/sports arena* ▷ **arena 2 in the political/public, etc arena** involved in politics/the government, etc ▷ **na arenie politycznej/publicznej** *itp.*

aren't /ɑːnt/ **1** short for are not: *We aren't going to the party.* **2 aren't I?** short for am I not?: *I am invited, aren't I?* ▷ **prawda?**

arete /ærˈet/ **noun** [C] a high, thin, pointed area that separates two valleys ▷ **grań**

Argentina /ˌɑːdʒənˈtiːnə/ **noun** a country in South America ▷ **Argentyna**
• **Argentine, Argentinian** /ˈɑːdʒəntaɪn/, /ˌɑːdʒənˈtɪniən/ **adjective** coming from or relating to Argentina ▷ **argentyński** • **Argentine, Argentinian noun** someone from Argentina ▷ **Argenty-ńczyk, nka**

argon /ˈɑːgɒn/ **noun** [U] a gas that does not react with any other substances, used in electric lights (symbol Ar) ▷ **argon**

arguable /ˈɑːgjuəbl/ **adjective 1 It is arguable that** it is possibly true that: *It is arguable that the government has failed in this respect.* ▷ **można twierdzić, że 2** If something is arguable, it is not certain if it is true: ***It is arguable whether*** *this method would even have succeeded.* ▷ **dyskusyjny, wątpliwy**

arguably /ˈɑːgjuəbli/ **adverb** possibly: *He's arguably the greatest footballer in the world.* ▷ **(być) może, prawdopodobnie**

argue /ˈɑːgjuː/ **verb** (present participle **arguing**, past tense and past participle **argued**) **1** [I] B1 to speak angrily to someone, telling them that you disagree with them: *My parents are always* *arguing about* money. ◦ Kids, will you stop *arguing with* each other? ▷ **kłócić się** **2** [I, T] B2 to give reasons to support or oppose an idea, action, etc: [+ that] *He argued that cuts in military spending were necessary.* ◦ *She* ***argued for/against*** *tax cuts.* ▷ **argumentować**

argument /ˈɑːgjəmənt/ **noun** [C] **1** B1 an angry discussion with someone in which you both disagree: *They* ***had*** *an* ***argument*** *about who should do the cleaning.* ▷ **kłótnia** **2** B2 a reason or reasons why you support or oppose an idea, action, etc: *There are many* ***arguments for/against*** *nuclear energy.* ▷ **argument**

> Wyrazy występujące razem z **argument**
>
> have an argument • an argument **about/over** sth • a **heated/violent** argument

argumentative /ˌɑːgjəˈmentətɪv/ **adjective** often arguing or wanting to argue ▷ **kłótliwy**

aria /ˈɑːriə/ **noun** [C] a song that one person sings in an opera ▷ **aria**

arid /ˈærɪd/ **adjective** very dry and without enough rain for plants: *an arid region/climate* ▷ **suchy, jałowy**

Aries /ˈeəriːz/ **noun** [C, U] the sign of the zodiac which relates to the period of 21 March – 20 April, or a person born during this period ▷ **Baran**

arise /əˈraɪz/ **verb** [I] (past tense **arose**, past participle **arisen**) **1** If a problem arises, it starts to happen: *The whole problem* ***arose from*** *a lack of communication.* ▷ **pojawiać się, wynikać** **2** literary to get up, usually from a bed ▷ **wstawać**

aristocracy /ˌærɪˈstɒkrəsi/ **noun** [group] the highest social class, usually in countries which have or had a royal family ▷ **arystokracja**

aristocrat /ˈærɪstəkræt/ **noun** [C] a member of the highest social class ▷ **arystokrat-a/ka**
• **aristocratic** /ˌærɪstəˈkrætɪk/ **adjective** *an aristocratic family* ▷ **arystokratyczny**

arithmetic /əˈrɪθmətɪk/ **noun** [U] when you calculate numbers, for example by multiplying or adding ▷ **arytmetyka, obliczenia**

arm[1] /ɑːm/ **noun** [C] **1** A1 the long part at each side of the human body, ending in a hand: *He put his arms around her.* ◦ *She was standing with her arms folded (= with one arm crossed over the other).* ▷ **ręka, ramię** → See **The Body** on page Centre 13 **2 arm in arm** with your arm gently supporting or being supported by someone else's arm ▷ **pod rękę** **3** the part of a piece of clothing that you put your arm in ▷ **rękaw** **4** the part of a chair where your arm rests ▷ **poręcz**

IDIOM **twist sb's arm** informal to persuade someone to do something ▷ **(próbować) namawiać** *kogoś*

→ See also **arms**

arm[2] /ɑːm/ **verb** [T] to give weapons to someone: *The terrorists had* ***armed*** *themselves* ***with*** *automatic rifles.* ▷ **uzbroić** → Opposite **disarm**

armaments /ˈɑːməmənts/ **noun** [plural] military weapons and equipment: *nuclear armaments* ▷ **broń**

armband /ˈɑːmbænd/ **noun** **1** [C] a strip of material worn around your upper arm: *a black/reflective armband* ▷ **opaska (na ramię)** **2 armbands** UK two plastic tubes that you fill with air and wear round the top of your arms when you are learning to swim ▷ **skrzydełka (do pływania), nadmuchiwane rękawki**

armchair /ˈɑːmˌtʃeəʳ/ **noun** [C] A2 a comfortable chair with sides that support your arms ▷ **fotel** → See **The Living Room** on page Centre 4

armed /ɑːmd/ **adjective** **1** B2 carrying or using weapons: ***armed guards/police*** ◦ *an* ***armed robbery*** *(= robbery where guns are used)* ▷ **uzbrojony, zbrojny, z bronią (w ręku)** → Opposite **unarmed** **2 armed with sth** carrying or knowing something that will be useful: *I like to go to a meeting armed with the relevant facts.* ▷ **uzbrojony w** *coś*

the ˌarmed ˈforces **noun** [plural] (also **the ˌarmed ˈservices**) a country's military forces, for example the army and the navy ▷ **siły zbrojne**

Armenia /ɑːˈmiːniə/ **noun** a country in Asia ▷ **Armenia**
• **Armenian** /ɑːˈmiːniən/ **adjective** coming from or relating to Armenia ▷ **armeński** • **Armenian** **noun** someone from Armenia ▷ **Arme-ńczyk/nka**

armful /ˈɑːmfʊl/ **noun** [C] the amount that you can carry in your arms: *an armful of books* ▷ **naręcze**

armistice /ˈɑːmɪstɪs/ **noun** [C] an agreement to stop fighting that is made between two countries ▷ **zawieszenie broni**

armour UK (US **armor**) /ˈɑːməʳ/ **noun** [U] metal clothing which soldiers wore in the past to protect them when fighting: *a suit of armour* ▷ **zbroja**

armoured UK (US **armored**) /ˈɑːməd/ **adjective** covered with a protective layer of metal: *an armoured vehicle* ▷ **opancerzony**

armpit /ˈɑːmpɪt/ **noun** [C] the part of your body under your arm, where your arm meets your shoulder ▷ **pacha** → See **The Body** on page Centre 13

arms /ɑːmz/ **noun** [plural] weapons: *the sale of arms* ▷ **broń**

IDIOM **be up in arms** to be very upset and angry about something: *Local residents are up in arms over plans to close the swimming pool.* ▷ **zażarcie protestować, być wzburzonym**

army /ˈɑːmi/ **noun** [C] **1** B1 a military force that fights wars on the ground: *the British Army* ▷ **wojsko, armia** **2** a group of people that is

A

organized to do the same job: *an army of cleaners/helpers* ▷ **armia**

> Wyrazy występujące razem z **army**
> join the army • be in the army

aroma /ə'rəʊmə/ **noun** [C] a nice smell that usually comes from food or drink: *the aroma of freshly baked bread* ▷ **aromat**
• **aromatic** /ˌærəʊ'mætɪk/ **adjective** having a nice smell: ***aromatic herbs*** ▷ **aromatyczny**

aromatherapy /əˌrəʊmə'θerəpi/ **noun** [U] a way of making a person who is ill better by rubbing pleasant-smelling oils into the skin or allowing them to smell the oils ▷ **aromaterapia**

arose /ə'rəʊz/ past tense of arise

around /ə'raʊnd/ **adverb, preposition 1** (also UK **round**) A2 on all sides of something: *They sat around the table.* ▷ **dookoła, wokół 2** (also UK **round**) B1 to the opposite direction: *He turned around and looked at her.* ▷ **w drugą stronę 3** (also UK **round**) A2 in a circular movement: *This lever turns the wheels around.* ▷ **dookoła 4** (also UK **round**) along the outside of something, not through it: *You have to walk around the house to get to the garden.* ▷ **dookoła, naokoło 5** (also UK **round**) A2 to or in different parts of a place: *I spent a year travelling around Australia.* ▷ **po 6** (also UK **round**) B1 from one place or person to another: *She passed a plate of biscuits around.* ▷ **dookoła 7** B2 here, or near this place: *Is Roger around?* ▷ **tu, tutaj, w pobliżu 8** present or available: *Mobile phones have been around for years now.* ▷ **dostępny 9** A2 used before a number or amount to mean 'approximately': *around four o'clock* ◦ *around twenty thousand pounds* ▷ **około** → See also **throw your *weight* around**

arousal /ə'raʊzᵊl/ **noun** [U] when someone is sexually excited ▷ **podniecenie**

arouse /ə'raʊz/ **verb** [T] **1** to make someone have a particular feeling or reaction: *It's a subject which has **aroused** a lot of **interest**.* ▷ **wzbudzać 2** to make someone sexually excited ▷ **podniecać**

arrange /ə'reɪndʒ/ **verb** [T] **1** B1 to make the necessary plans and preparations for something to happen: *to arrange a meeting* ◦ *I'll **arrange for** a car to come and pick you up.* ◦ [+ to do sth] *We've arranged to visit the house on Saturday afternoon.* ▷ **organizować, załatwiać 2** B2 to put objects in a particular order or position: *The books are arranged alphabetically by author.* ▷ **układać**

arrangement /ə'reɪndʒmənt/ **noun 1** [C] B1 plans for how something will happen: [usually plural] *We're meeting tomorrow to discuss **arrangements for** the competition.* ◦ [+ to do sth] *I've **made arrangements** to go home this weekend.* ▷ **plan, szczegół, przygotowanie 2** [C, U] B2 an agreement between two people or groups: *We have an arrangement whereby we share the childcare.* ◦ *Viewing is **by** prior **arrangement**.* ▷ **umowa, uzgodnienie 3** [C] B2 a group of objects in a particular order or position: *a flower arrangement* ▷ **kompozycja, ułożenie**

> Wyrazy występujące razem z **arrangement**
> have/make an arrangement • arrangements for sth • alternative/necessary arrangements

array /ə'reɪ/ **noun** [C] a large number of different things: [usually singular] *There is **a** vast **array of** books on the subject.* ▷ **wybór, gama**

arrears /ə'rɪəz/ **noun** [plural] money that is owed and should have been paid before: *mortgage/rent arrears* ◦ *He **is** already **in arrears** with the rent.* ▷ **zaległości (płatnicze)**

arrest¹ /ə'rest/ **verb** [T] B1 If the police arrest someone, they take them away to ask them about a crime which they might have committed: *He was **arrested for** possession of illegal drugs.* ▷ **aresztować**

arrest

arrest² /ə'rest/ **noun** [C, U] B2 when the police take someone away to ask them about a crime which they might have committed: *Police **made** 20 **arrests** at yesterday's demonstration.* ◦ *He's **under arrest*** (= has been arrested). ▷ **aresztowanie** → See also **house arrest**

> Wyrazy występujące razem z **arrest**
> make an arrest • resist arrest • be under arrest • the arrest of sb • an arrest for [murder/drugs offences, etc]

arrival /ə'raɪvᵊl/ **noun 1** [U] B1 when someone or something arrives somewhere: *He first met Panos soon after his arrival in Greece.* ◦ *There was a car waiting for him **on arrival**.* ▷ **przyjazd, przybycie 2** [U] when something new is discovered or created or becomes available: *The town grew rapidly with **the arrival of** the railway.* ▷ **nastanie 3** [C] a new thing or person that has arrived: *Two teachers were there to greet the **new arrivals**.* ▷ **nowo przybyły, nowość**

arrive /ə'raɪv/ **verb** [I] **1** A2 to get to a place: *When he first **arrived in** New York, he didn't speak a word of English.* ◦ *We were the last to **arrive at** the station.* ◦ *A letter arrived for you this morning.* ▷ **przybywać, przyjeżdżać, przychodzić 2 arrive at an answer/decision/conclusion, etc** to find an answer to a problem or make a decision after a lot of discussion: *We didn't arrive at any firm conclusions.* ▷ **znajdować odpowiedź/podejmować decyzję/dochodzić do wniosku 3** to happen or start to exist: *Summer had finally arrived.* ▷ **przychodzić, nastać**

! Najczęściej popełniane błędy: arrive

Proszę pamiętać: kiedy używamy **arrive** w znaczeniu przybywać do miejscowości, miasta lub kraju, używamy przyimka **in**.
Nie mówimy więc „arrive to London/England", ale **arrive in London/England**:
~~*I arrived at Dublin and took a taxi to the hotel.*~~
I arrived in Dublin and took a taxi to the hotel.

arrogant /ˈærəgənt/ **adjective** (B2) believing that you are better or more important than other people: *I found him arrogant and rude.* ▷ **arogancki**
• **arrogance** /ˈærəgəns/ **noun** [U] ▷ **arogancja** • **arrogantly adverb** ▷ **arogancko**

arrow /ˈærəʊ/ **noun** [C] **1** (B2) a symbol used on signs to show a direction ▷ **strzałka 2** (B2) a long, thin stick with a sharp point at one end which is fired from a bow ▷ **strzała**

arse /ɑːs/ **noun** [C] UK very informal (US **ass**) a person's bottom ▷ **dupa**

arsenal /ˈɑːsᵊnᵊl/ **noun** [C] a large collection of weapons ▷ **arsenał**

arsenic /ˈɑːsᵊnɪk/ **noun** [U] a chemical element that is a very strong poison (symbol As) ▷ **arszenik**

arson /ˈɑːsᵊn/ **noun** [U] the crime of intentionally burning something, such as a building ▷ **podpalenie**
• **arsonist noun** [C] someone who commits arson ▷ **podpalacz/ka**

art /ɑːt/ **noun 1** [U] (A2) the making or study of paintings, drawings, etc or the objects created: *fine/modern art* ◦ *an* ***art exhibition/gallery*** ▷ **sztuka 2** [C, U] a skill in a particular activity: *the art of conversation* ▷ **sztuka** → See also **martial art**, **work of art**

artefact UK (US **artifact**) /ˈɑːtɪfækt/ **noun** [C] an object, especially something very old of historical interest ▷ **wytwór ludzkiej działalności, wyrób**

arteriole /ɑːˈtɪəriəʊl/ **noun** [C] a thin tube carrying blood that comes out from an artery ▷ **tętniczka**

artery /ˈɑːtᵊri/ **noun** [C] **1** one of the tubes in your body that carries blood from your heart ▷ **tętnica 2** an important route for traffic ▷ **arteria**
• **arterial** /ɑːˈtɪəriəl/ **adjective** ▷ **tętniczy, szybkiego ruchu**

artful /ˈɑːtfᵊl/ **adjective** [always before noun] showing skill: *an artful use of colour* ▷ **umiejętny, przebiegły**
• **artfully adverb** ▷ **umiejętnie, przebiegle**

arthritis /ɑːˈθraɪtɪs/ **noun** [U] an illness which causes the parts of the body where bones meet to become painful and often big ▷ **reumatyzm, artretyzm, zapalenie stawów**
• **arthritic** /ɑːˈθrɪtɪk/ **adjective** *an arthritic hip/knee* ▷ **reumatyczny, artretyczny**

arthropod /ˈɑːθrəpɒd/ **noun** [C] a type of animal with no spine, a hard outer skin, legs with bones joined together, and a body divided into sections, for example a spider, crab, or ant ▷ **stawonóg**

artichoke /ˈɑːtɪtʃəʊk/ **noun** [C, U] a round, green vegetable with thick, pointed leaves covering the outside ▷ **karczoch**

article /ˈɑːtɪkl/ **noun** [C] **1** (B1) a piece of writing in a magazine, newspaper, etc ▷ **artykuł 2** an object, especially one of many: *an* ***article of clothing/furniture*** ▷ **artykuł, sztuka 3** (B1) in grammar, used to mean the words 'the', 'a', or 'an' ▷ **przedimek, rodzajnik** → See also **definite article**, **indefinite article**

ˌArticles of Assoˈciˈation noun [plural] a legal document that is written when a limited company is formed and that says things like who controls the company and how the profits will be shared ▷ **statut (spółki)**

articulate¹ /ɑːˈtɪkjələt/ **adjective** able to express ideas and feelings clearly in words: *She's an intelligent and highly articulate young woman.* ▷ **elokwentny** → Opposite **inarticulate**

articulate² /ɑːˈtɪkjəleɪt/ **verb** [T] formal to express ideas or feelings in words: *He articulates the views and concerns of the local community.* ▷ **wyrażać**
• **articulation** /ɑːˌtɪkjəˈleɪʃᵊn/ **noun** [U] ▷ **wyrażanie**

articulated /ɑːˈtɪkjəleɪtɪd/ **adjective** [always before noun] mainly UK An articulated vehicle is long and has two parts which are joined together to help it turn corners: *an* ***articulated lorry*** ▷ **przegubowy**

artifact /ˈɑːtɪfækt/ **noun** [C] US spelling of artefact

artificial /ˌɑːtɪˈfɪʃᵊl/ **adjective 1** (B2) not natural, but made by people: *an artificial flower/lake* ◦ *an artificial heart* ▷ **sztuczny 2** not sincere ▷ **sztuczny**
• **artificially adverb** (B2) ▷ **sztucznie**

artificial insemination /ɑːtɪˌfɪʃəlɪnsemɪˈneɪʃᵊn/ **noun** [U] the process of putting sperm into a female using methods which do not involve sexual activity ▷ **sztuczne zapłodnienie**

ˌartificial inˈtelligence UK (US **artiˌficial inˈtelligence**) **noun** [U] the study and development of computer systems which do jobs that previously needed human intelligence ▷ **sztuczna inteligencja**

artillery /ɑːˈtɪlᵊri/ **noun** [U] large guns, especially those fixed on wheels used by an army ▷ **artyleria**

artisan /ˌɑːtɪˈzæn/ (US) /ˈɑːrtəzᵊn/ **noun** [C] old-fashioned someone who does skilled work with their hands ▷ **rzemieślnik**

artist /ˈɑːtɪst/ **noun** [C] Ⓐ2 someone who creates art, especially paintings and drawings ▷ **artyst-a/ka**

artistic /ɑːˈtɪstɪk/ **adjective 1** Ⓑ2 showing skill and imagination in creating things, especially in painting, drawing, etc: *artistic talent* ▷ **artystyczny 2** [always before noun] Ⓑ2 relating to art: *the artistic director of the theatre* ▷ **artystyczny** • **artistically** adverb ▷ **artystycznie**

artistry /ˈɑːtɪstri/ **noun** [U] great skill in creating or performing something, such as in writing, music, sport, etc ▷ **artyzm**

arts /ɑːts/ **noun 1** [plural] (also US **liberal arts**) subjects of study which are not science, such as history, languages, etc: *an arts subject/degree* ▷ **nauki lub przedmioty humanistyczne 2 the arts** Ⓑ2 activities such as painting, music, film, dance, and literature: *public interest in the arts* ▷ **kultura i sztuka** → See also **the performing arts**

artwork /ˈɑːtwɜːk/ **noun** [U] the pictures or patterns in a book, magazine, CD cover, etc ▷ **grafika, ilustracje**

arty /ˈɑːti/ **adjective** (also US **artsy** /ˈɑːtsi/) knowing a lot about art, or wanting to appear as if you do ▷ **znający się na sztuce, pretensjonalny**

as strong /æz/ weak /əz/ **preposition, conjunction 1 as ... as** Ⓐ2 used to compare two things, people, amounts, etc: *He's not as tall as his brother.* ◦ *She earns three times as much as I do.* ▷ **tak ... jak, tyle ... co 2** Ⓑ1 used to describe two things happening at the same time or something happening at a particular time: *He was shot in the back as he tried to escape.* ◦ *I think your opinions change as you get older.* ▷ **gdy, kiedy, jak 3** Ⓐ1 used to describe the purpose, job, or appearance of something or someone: *She **works as** a waitress.* ◦ *It could be **used as** evidence against him.* ▷ **jako 4** Ⓑ1 in the same way: *This year, as in previous years, tickets sold very quickly.* ▷ **(tak) jak 5** used to describe the way in which people see or think of something or someone: *Most people think of nursing as a female occupation.* ▷ **jako 6** Ⓐ2 because: *You can go first as you're the oldest.* ▷ **ponieważ 7 as if/as though** Ⓑ2 used to describe how a situation seems to be: *It looks as if it might rain.* ▷ **tak jakby 8 as for** Ⓑ2 used to talk about how another person or thing is affected by something: *I was pleased. As for Emily, well, who cares what she thinks.* ▷ **jeśli chodzi o 9 as from/as of** formal starting from a particular time, date, etc: *The new conditions are effective as of 15 May.* ▷ **(począwszy) od 10 as to** formal about: *There's no decision as to when the work might start.* ▷ **jeśli chodzi o, w sprawie**

asap /ˌeɪeseɪˈpiː/ abbreviation for as soon as possible ▷ **jak najszybciej**

asbestos /æsˈbestɒs/ **noun** [U] a soft grey-white material which does not burn easily, once used in building ▷ **azbest**

Asbo (also **ASBO**) /ˈæzbəʊ/ UK abbreviation for anti-social behaviour order: an official order that a person must stop doing something bad or they might go to prison ▷ **zakaz zachowań aspołecznych**

ascend /əˈsend/ **verb** [I, T] formal to move up or to a higher position ▷ **wznosić (się)**

ascendancy (also **ascendency**) /əˈsendənsi/ **noun** [U] formal a position of power, strength, or success: ***in the ascendancy*** ▷ **dominacja**

ascending /əˈsendɪŋ/ **adjective** [always before noun] starting with the lowest or smallest and becoming greater or higher: *They announced the results **in ascending order**.* ▷ **rosnący**

ascent /əˈsent/ **noun 1** [C] when someone climbs or moves up: *his first ascent of the mountain* ▷ **wspinaczka 2** [no plural] when someone starts to become successful: *The book describes his rapid ascent from truck driver to film star.* ▷ **awans 3** [C] a path or road which goes up a hill or mountain: *a steep ascent* ▷ **wzniesienie**

ascertain /ˌæsəˈteɪn/ **verb** [T] formal to discover something: [+ question word] *We are still trying to ascertain whether the fire was started deliberately.* ▷ **ustalać**

ASCII /ˈæski/ **noun** abbreviation for American Standard Code for Information Interchange: a way of storing numbers, letters, or symbols for exchanging information between computer systems ▷ **(kod) ASCII**

ascribe /əˈskraɪb/ **verb**

PHRASAL VERB **ascribe sth to sth** formal to say that something is caused by something else: *She ascribes her success to hard work.* ▷ **przypisywać** *coś czemuś*

asexual reproduction /eɪˌseksjuəlriːprəˈdʌkʃən/ **noun** [U] a method of producing new young plants or animals from a single individual and without separate male and female cells joining together ▷ **rozmnażanie bezpłciowe lub wegetatywne**

ash /æʃ/ **noun 1** [U] the soft, grey powder which remains when something has burnt: *cigarette ash* ▷ **popiół 2** [C] a forest tree ▷ **jesion**

ashamed /əˈʃeɪmd/ **adjective 1** Ⓑ1 feeling guilty or embarrassed about something you have done: *You've got nothing to be **ashamed of**.* ◦ [+ to do sth] *He was ashamed to admit his mistake.* ▷ **zawstydzony, ≈ wstydzić się 2 be ashamed of sb** Ⓑ2 to be angry and disappointed with a family member or friend because they have behaved badly: *He was so rude to Phil – I was ashamed of him.* ▷ **wstydzić się za** *kogoś*

ashes /ˈæʃɪz/ **noun sb's ashes** the powder that remains when a dead person's body has been burnt: ***scatter** her **ashes*** ▷ *czyjeś* **prochy**

ashore /əˈʃɔːʳ/ **adverb** onto land from the sea, a river, a lake, etc: *We swam ashore.* ▷ **na brzeg, do brzegu**

ashtray /ˈæʃˌtreɪ/ **noun** [C] a small, open

container used to put cigarette ash and finished cigarettes in ▷ **popielniczka**

Asia /ˈeɪʒə/ **noun** a continent ▷ **Azja**

Asian /ˈeɪʒᵊn/ **adjective** relating or belonging to Asia: *Asian culture* ▷ **azjatycki**
• **Asian noun** [C] someone from Asia ▷ **Azjat-a/ka**

aside¹ /əˈsaɪd/ **adverb 1** B2 in a direction to one side: *I gave her a plate of food but she pushed it aside.* ▷ **na bok, w bok 2** B2 If you put or set something aside, you do not use it now, but keep it to use later: *We've put some money aside to pay for the children's education.* ▷ **na później 3 aside from** B2 except for ▷ **oprócz, poza**

aside² /əˈsaɪd/ **noun** [C] something which you say quietly so that not everyone can hear it, often something funny ▷ **uwaga na marginesie lub stronie**

ask /ɑːsk/ **verb 1** [I, T] A1 to say something to someone as a question which you want them to answer: [+ two objects] *Can I **ask** you a few **questions**?* ◦ *I **asked** him **about** his hobbies.* ◦ [+ question word] *I asked why the plane was so late.* ▷ **pytać, zadawać 2** [I, T] B1 to say something to someone because you want them to give you something: *He's **asked for** a bike for his birthday.* ▷ **prosić (o) 3** [I, T] B1 to say something to someone because you want them to do something: [+ to do sth] *They've asked me to look after their dog while they're away.* ▷ **prosić (o) 4** [T] A2 to invite someone to do something: *She **asked** him **out** to lunch the next day.* ▷ **zapraszać 5** [I, T] B1 to say something to someone because you want to know if you can do something: *Bruce asked if he could stay with us for a few days.* ◦ [+ to do sth] *She asked to leave early.* ▷ **zapytać, prosić 6** [T] to want a particular amount of money for something which you sell: *How much are you **asking for** it?* ▷ **chcieć 7 ask yourself sth** to think about something carefully: *You've got to ask yourself whether it's what you really want.* ▷ **zadawać sobie** *jakieś* **pytanie 8 ask for it/trouble** informal to behave in a way that is likely to make something unpleasant happen to you or to cause you problems: *Drinking and driving is asking for trouble.* ▷ **szukać guza 9 don't ask me** informal B2 used to tell someone that you do not know the answer to a question and that you are surprised they have asked you: *Don't ask me why you left your last job!* ▷ **nie mam pojęcia 10 you may well ask** said to someone who has asked you a question that would be difficult or interesting to answer ▷ **dobre pytanie**

askew /əˈskjuː/ **adjective** [never before noun] not straight: *The picture was slightly askew.* ▷ **przekrzywiony, krzywy, ≈ krzywo**

asleep /əˈsliːp/ **adjective 1 be asleep** B1 to be sleeping: *The children are asleep.* ◦ *I was **fast/sound asleep** (= sleeping deeply).* ▷ **spać 2 fall asleep** B1 to start sleeping: *He fell asleep in front of the TV.* ▷ **zasypiać**

> **Asleep** wyrazy bliskoznaczne
>
> Jeśli ktoś zapada w sen, możemy w stosunku do niego zastosować wyrażenie **fall asleep**:
> *I **fell asleep** in front of the TV.*
> Jeśli ktoś śpi głębokim snem, możemy w stosunku do niego użyć określenia **fast asleep**:
> *You were **fast asleep** by the time I came to bed.*
> Czasowniki **doze** i **snooze**, jak i wyrażenie **have/take a nap**, odnoszą się do „niedługiego snu, zwłaszcza w ciągu dnia":
> *She's always **dozing** in front of the TV.*
> *Granddad was **snoozing** in his chair.*
> *Oliver is really tired so he's just **taking a nap**.*

asparagus /əˈspærəgəs/ **noun** [U] a vegetable consisting of a long, green stem with a pointed end ▷ **szparagi**

aspect /ˈæspekt/ **noun 1** [C] B2 one part of a situation, problem, subject, etc: *His illness affects almost every aspect of his life.* ▷ **aspekt 2** [U, C] the form of a verb which shows how the meaning of a verb is considered in relation to time ▷ **aspekt**

Asperger's syndrome /ˈæspɜːdʒəzˌsɪndrəʊm/ **noun** [U] a mental illness in which someone does not develop normal social abilities, and they are often very interested in one particular subject ▷ **zespół Aspergera**

asphalt /ˈæsfælt/ **noun** [U] a hard, black substance used to make roads and paths ▷ **asfalt**

asphyxiate /əsˈfɪksieɪt/ **verb be asphyxiated** to die because you cannot breathe ▷ **udusić się**
• **asphyxiation** /əsˌfɪksiˈeɪʃᵊn/ **noun** [U] ▷ **uduszenie**

aspiration /ˌæspᵊrˈeɪʃᵊn/ **noun** [C, U] something you hope to achieve: *The story is about the lives and aspirations of the Irish working classes.* ▷ **aspiracja, aspiracje**

> Wyrazy występujące razem z **aspiration**
>
> **have** aspirations **to do sth/of doing sth** • **high** aspirations • **dreams/hopes and** aspirations • aspirations **for** sth

aspire /əˈspaɪəʳ/ **verb aspire to sth; aspire to do sth** to hope to achieve something: *He has never aspired to a position of power.* ▷ **pragnąć** *czegoś*, **aspirować do** *czegoś*

aspirin /ˈæspᵊrɪn/ **noun** [C, U] (plural **aspirin, aspirins**) B1 a common drug used to reduce pain and fever ▷ **aspiryna**

aspiring /əˈspaɪərɪŋ/ **adjective an aspiring actor/politician/writer, etc** someone who is trying to become a successful actor/politician/writer, etc ▷ **początkujący aktor/polityk/pisarz** *itp.*

ass /æs/ **noun** [C] **1** US very informal (UK **arse**) a person's bottom ▷ **tyłek, dupa 2** informal a

A

stupid person ▷ **osioł 3** old-fashioned a donkey ▷ **osioł**

assailant /əˈseɪlənt/ **noun** [C] formal a person who attacks someone ▷ **napastni-k/czka**

assassin /əˈsæsɪn/ **noun** [C] a person who kills someone important or famous, often for money ▷ **zamachowiec**

assassinate /əˈsæsɪneɪt/ **verb** [T] to kill someone important or famous ▷ **dokonać zamachu na**

• **assassination** /əˌsæsɪˈneɪʃən/ **noun** [C, U] ▷ **zamach**

assault /əˈsɔːlt/ **noun** [C, U] an attack: *an **assault on** a police officer* ◦ ***sexual assault*** ▷ **napaść**

• **assault verb** [T] ▷ **napadać na, atakować**

assemble /əˈsembl/ **verb 1** [I, T] to join other people somewhere to make a group, or to bring people together into a group: *They assembled in the meeting room after lunch.* ▷ **gromadzić (się), zbierać (się) 2** [T] to build something by joining parts together ▷ **montować, składać**

assembler /əˈsembləʳ/ **noun** [C] **1** a program that changes computer instructions into machine code ▷ **asembler 2** assembly language ▷ **asembler**

assembly /əˈsembli/ **noun 1** [C, U] UK a regular meeting of all the students and teachers at a school: *morning assembly* ▷ **apel 2** [C] a group of people, such as a government, who meet to make decisions, laws, etc: *the national assembly* ▷ **zgromadzenie 3** [U] when you build something by joining parts together ▷ **montaż**

aˈssembly ˌlanguage noun [C] the language used to write a computer program before it is turned into machine code ▷ **język asemblera**

assent /əˈsent/ **noun** [U] formal agreement or approval: *Has she **given** her **assent**?* ▷ **zgoda**

• **assent verb** [I] formal to agree to something ▷ **wyrażać zgodę, godzić się**

assert /əˈsɜːt/ **verb 1 assert yourself** to behave or speak in a strong, confident way: *She has to learn to assert herself.* ▷ **postawić na swoim 2 assert your authority/control/independence, etc** to do something to show other people that you have power ▷ **demonstrować swój autorytet/swoją władzę/swoją niezależność 3** [T] formal to say that something is certainly true: [+ that] *He **asserts that** she stole money from him.* ▷ **twierdzić, zapewniać**

assertion /əˈsɜːʃən/ **noun** [C, U] formal when you say that something is certainly true: [+ that] *I don't agree with his assertion that men are safer drivers than women.* ▷ **twierdzenie, zapewnienie**

assertive /əˈsɜːtɪv/ **adjective** behaving or speaking in a strong, confident way: *You need to be much more assertive.* ▷ **stanowczy, asertywny**

• **assertively adverb** ▷ **stanowczo, asertywnie**

• **assertiveness noun** [U] ▷ **stanowczość, asertywność**

assess /əˈses/ **verb** [T] B2 to make a judgment about the quality, size, value, etc of something: *The tests are designed to assess a child's reading skills.* ▷ **oceniać**

• **assessment noun** [C, U] B2 ▷ **ocena**

asset /ˈæset/ **noun** [C] **1** a person, skill, or quality which is useful or helps you to succeed: *He'll be a great **asset to** the team.* ▷ **zaleta, (cenny) nabytek 2** something which a person or company owns which has a value: [usually plural] *The company has $70 billion in assets.* ▷ ≈ **aktywa**

assiduous /əˈsɪdjuəs/ **adjective** formal showing a lot of effort and determination ▷ **wytrwały, gorliwy**

• **assiduously adverb** ▷ **wytrwale, gorliwie**

assign /əˈsaɪn/ **verb** [T] to give someone a particular job or responsibility: [+ two objects] *UN troops were assigned the task of rebuilding the hospital.* ◦ [often passive] *The case has been **assigned to** our most senior officer.* ▷ **przydzielać, wyznaczać**

PHRASAL VERB **assign sb to sth** to give someone a particular job or place to work: [often passive] *Which police officer has been assigned to this case?* ▷ **przydzielać** *kogoś* **do** *czegoś*

assignment /əˈsaɪnmənt/ **noun** [C, U] a piece of work or job that you are given to do: *a written assignment* ◦ *He's **on assignment** in Brazil.* ▷ **zadanie, delegacja**

assimilate /əˈsɪmɪleɪt/ **verb** formal **1** [T] to understand and remember new information ▷ **przyswajać sobie 2** [I, T] to become part of a group, society, etc, or to make someone or something become part of a group, society, etc: *The refugees have now **assimilated into** the local community.* ▷ **zasymilować (się) 3** to absorb food into the tissue of a living organism ▷ **przyswajać**

• **assimilation** /əˌsɪmɪˈleɪʃən/ **noun** [U] ▷ **asymilacja**

assist /əˈsɪst/ **verb** [I, T] B2 to help: *The army arrived to **assist in** the search.* ◦ *He's **assisting** the police **with** their investigation.* ▷ **pomagać, służyć pomocą**

assistance /əˈsɪstəns/ **noun** [U] formal B2 help: *financial/medical assistance* ◦ *Can I **be of** any **assistance**? (= Can I help you?)* ▷ **pomoc**

assistant /əˈsɪstənt/ **noun** [C] **1** B1 someone whose job is to help a person who has a more important job: *an administrative assistant* ◦ *assistant manager* ▷ **asystent/ka 2 a sales/shop assistant** mainly UK A2 someone who helps customers in a shop ▷ **sprzedaw-ca/czyni, ekspedient/ka**

associate¹ /əˈsəʊsieɪt/ **verb** [T] to relate two things, people, etc in your mind: *Most people **associate** this brand **with** good quality.* ▷ **kojarzyć**

PHRASAL VERBS **associate with sb** formal to spend time with someone ▷ **przebywać z** *kimś* • **be associated with sth** B2 to be related to something or caused by something: *There are many risks associated with smoking.* ▷ **mieć związek z** *czymś*, **łączyć się z** *czymś*

associate² /ə'səʊsiət/ **noun** [C] someone who you know because of work or business: *She's a business associate of mine.* ▷ **współpracow-ni-k/czka**

associate³ /ə'səʊsiət/ **adjective associate director/editor/producer, etc** someone in a slightly less important position than the main person ▷ **zastęp-ca/czyni dyrektora/redaktora/realizatora** *itp.*

association /əˌsəʊsi'eɪʃən/ **noun 1** [C] B2 an organization of people with the same interests or with a particular purpose: *the Football Association* ▷ **stowarzyszenie, zrzeszenie 2** [C, U] a connection or relationship between two things or people ▷ **związek 3 in association with** working together with: *The event was organized in association with the Sports Council.* ▷ **we współpracy z, wspólnie z** → See also **savings and loan association**

assonance /'æsənəns/ **noun** [U] using similar sounds several times close together ▷ **asonans**

assorted /ə'sɔːtɪd/ **adjective** of different types: *a box of assorted chocolates* ▷ **mieszany**

assortment /ə'sɔːtmənt/ **noun** [C] a group of different types of something: *an assortment of vegetables* ▷ **mieszanka, wybór**

assuage /ə'sweɪdʒ/ **verb** [T] formal to make unpleasant feelings less strong: *The government tried to assuage the public's fears.* ▷ **uspokajać**

assume /ə'sjuːm/ **verb** [T] **1** B2 to think that something is likely to be true, although you have no proof: [+ (that)] *Everything was quiet when I got home so I assumed that you had gone out.* ▷ **zakładać 2 assume control/power/responsibility, etc** to take a position of control/power/responsibility, etc: *He has assumed the role of spokesman for the group.* ▷ **obejmować kontrolę/władzę/przyjmować odpowiedzialność** *itp.* **3 assume an air/expression, etc** formal to pretend to have a feeling that you do not have ▷ **przybierać postawę/minę 4 assume a false identity/name, etc** to pretend to be someone else: *an assumed name* ▷ **występować pod przybranym nazwiskiem**

> Wyrazy występujące razem z **assumption**
>
> make an assumption • be **based on** an assumption • a **basic/common/false/underlying** assumption • do sth **under the** assumption **that** • an assumption **about** sth

assumption /ə'sʌmʃən/ **noun** [C] **1** something that you think is true without having any proof: *People tend to* ***make assumptions about*** *you when you have a disability.* ◦ *These calculations are based* ***on the assumption that*** *prices will continue to rise.* ▷ **założenie 2 the assumption of power/responsibility, etc** when someone takes a position of power/responsibility, etc ▷ **objęcie władzy/przyjęcie odpowiedzialności** *itp.*

assurance /ə'ʃʊərəns/ **noun 1** [C] a promise: [+ that] *He* ***gave*** *us an* ***assurance*** *that it would not happen again.* ▷ **zapewnienie 2** [U] confidence: *He spoke with calm assurance.* ▷ **pewność siebie, przekonanie**

assure /ə'ʃɔːʳ/ **verb** [T] **1** B2 to tell someone that something is certainly true, especially so that they do not worry: [+ (that)] *She assured them that she would be all right.* ▷ **zapewniać 2** to make something certain to happen: *This loan should assure the company's future.* ▷ **zapewniać, zabezpieczać**

assured /ə'ʃʊəd/ **adjective 1** showing skill and confidence: *an assured performance* ▷ **pewny siebie 2 be assured of sth** to be certain to get or achieve something in the future: *They are now assured of a place in the final.* ▷ **móc być pewnym** *czegoś*, **mieć** *coś* **zapewnione** → See also **self-assured**

asterisk /'æstərɪsk/ **noun** [C] a written symbol in the shape of a star (*), often used to mark a particular word, phrase, etc ▷ **gwiazdka**

asteroid /'æstərɔɪd/ **noun** [C] one of many large rocks that go around the sun ▷ **planetoida, asteroida**

the asthenosphere /æs'θenəʊˌsfɪəʳ/ **noun** the thin, almost liquid, layer under the hard rock that forms the outer layer of the Earth ▷ **astenosfera**

asthma /'æsmə/ **noun** [U] an illness which makes it difficult to breathe: *She had an asthma attack.* ▷ **astma**

• **asthmatic** /æs'mætɪk/ **adjective** *an asthmatic child* ▷ **astmatyczny**

astonish /ə'stɒnɪʃ/ **verb** [T] to make someone very surprised: *Her quick recovery has astonished doctors.* ▷ **zdumiewać**

astonished /ə'stɒnɪʃt/ **adjective** B2 very surprised: *He was* ***astonished at*** *her behaviour.* ▷ **zdumiony**

astonishing /ə'stɒnɪʃɪŋ/ **adjective** B2 very surprising: *It's astonishing that so many people believed his story.* ▷ **zdumiewający**

• **astonishingly adverb** ▷ **zdumiewająco**

astonishment /ə'stɒnɪʃmənt/ **noun** [U] B2 extreme surprise: *The others stared at him* ***in astonishment.*** ◦ ***To my astonishment****, he started laughing.* ▷ **zdumienie**

astound /ə'staʊnd/ **verb** [T] to make someone very surprised: *The speed of her recovery has astounded doctors.* ▷ **zdumiewać**

astounded /ə'staʊndɪd/ **adjective** very surprised: *I'm* ***astounded at/by*** *these prices.* ▷ **zdumiony**

astounding /ə'staʊndɪŋ/ **adjective** very surprising: *an astounding success* ▷ **zdumiewający**

• **astoundingly adverb** ▷ **zdumiewająco**

astray /ə'streɪ/ **adverb 1 go astray** to get lost or go in the wrong direction: *One of my bags went*

A

astray at the airport. ▷ **zginąć, zgubić się 2 lead sb astray** to encourage someone to do bad things that they should not do: *He was led astray by his friends.* ▷ **sprowadzać** *kogoś* **na złą drogę**

astride /əˈstraɪd/ **adverb** If you sit or stand astride something, you have one foot on each side of it. ▷ **okrakiem na lub nad**

astro- /æstrəʊ-/ **prefix** relating to stars or outer space: *astronomer* ◦ *astrophysics* ▷ **astro-**

astrology /əˈstrɒlədʒi/ **noun** [U] the study of the positions and movements of stars and planets to say how they might influence people's lives ▷ **astrologia**
• **astrologer noun** [C] someone who studies astrology ▷ **astrolog** • **astrological** /ˌæstrəˈlɒdʒɪkəl/ **adjective** ▷ **astrologiczny**

astronaut /ˈæstrənɔːt/ **noun** [C] someone who travels into space ▷ **astronaut-a/ka**

astronaut

astronomical /ˌæstrəˈnɒmɪkəl/ **adjective 1** An astronomical amount is extremely large: ***astronomical prices*** ▷ **astronomiczny 2** relating to astronomy ▷ **astronomiczny**
• **astronomically adverb** ▷ **astronomicznie**

astronomy /əˈstrɒnəmi/ **noun** [U] the scientific study of stars and planets ▷ **astronomia**
• **astronomer noun** [C] a scientist who studies astronomy ▷ **astronom**

astute /əˈstjuːt/ **adjective** good at judging situations and making decisions which give you an advantage: *an astute businesswoman* ◦ *politically astute* ▷ **błyskotliwy**
• **astutely adverb** ▷ **błyskotliwie**

asylum /əˈsaɪləm/ **noun 1** [U] when someone is allowed to stay somewhere because they are escaping danger in another country ▷ **azyl 2** [C] old-fashioned a hospital for people with a mental illness ▷ **zakład dla obłąkanych** → See also **political asylum**

aˈsylum ˌseeker noun [C] someone who leaves their country to escape from danger, and tries to get permission to live in another country ▷ **uchodźca**

asymmetrical /ˌeɪsɪˈmetrɪkəl/ **adjective** not being exactly the same shape and size on both sides ▷ **asymetryczny**
• **asymmetry** /eɪˈsɪmɪtri/ **noun** [U] ▷ **asymetria**

at strong /æt/ weak /ət/ **preposition 1** A1 used to show the place or position of something or someone: *We met at the station.* ◦ *She's at the library.* ▷ **na, w, przy 2** A1 used to show the time something happens: *The meeting starts at three.* ▷ **o 3** A1 towards or in the direction of: *She threw the ball at him.* ◦ *He's always shouting at the children.* ▷ **do, w (kierunku) 4** B1 used after an adjective to show a person's ability to do something: *He's good at making friends.* ▷ **w 5** A2 used to show the cause of something, especially a feeling: *We were surprised at the news.* ▷ **z powodu, w reakcji na 6** B2 used to show the price, speed, level, etc of something: *He denied driving at 120 miles per hour.* ▷ **po, z szybkością 7** used to show a state or activity: *a country at war* ▷ **w (trakcie) 8** A1 the @ symbol, used in email addresses to separate the name of a person, department, etc from the name of the organization or company ▷ **małpa**

ate /eɪt/, /et/ past tense of eat

atheist /ˈeɪθiɪst/ **noun** [C] someone who believes that there is no god ▷ **ateist-a/ka**
• **atheism noun** [U] ▷ **ateizm**

atheroma /ˌæθəˈrəʊmə/ **noun** [C] a substance containing a lot of fat that forms on the inside wall of an artery and causes it to harden or become blocked ▷ **ognisko miażdżycowe**

atherosclerosis /ˌæθərəʊskləˈrəʊsɪs/ **noun** [U] a disease where the arteries are damaged or made too thin by fat collecting in them ▷ **miażdżyca (tętnic)**

athlete /ˈæθliːt/ **noun** [C] B1 someone who is very good at a sport and who competes with others in organized events ▷ **sportowiec, sportsmenka**

athletic /æθˈletɪk/ **adjective 1** B2 strong, healthy, and good at sports ▷ **wysportowany 2** [always before noun] relating to athletes or to the sport of athletics ▷ **sportowy**

athletics /æθˈletɪks/ **noun** [U] UK (US **track and field**) B1 the sports which include running, jumping, and throwing ▷ **lekkoatletyka** → See **Sports 1** on page Centre 14

-athon /-əθɒn/ **suffix** an event or activity that lasts a long time, usually to collect money for charity: *a walkathon (= a long walk)* ▷ **-aton**

atlas /ˈætləs/ **noun** [C] a book of maps: *a **road atlas*** ◦ *a world atlas* ▷ **atlas**

ATM /ˌeɪtiːˈem/ **noun** [C] mainly US abbreviation for automated teller machine: a machine that you get money from using a plastic card ▷ **bankomat**

atmosphere /ˈætməsfɪəʳ/ **noun 1** [no plural] B1 the feeling which exists in a place or situation: *a **relaxed atmosphere*** ▷ **atmosfera 2 the atmosphere** B2 the layer of gases around the Earth ▷ **atmosfera 3** [no plural] B2 the air inside a room or other place: *a smoky atmosphere* ▷ **atmosfera, powietrze**

> Wyrazy występujące razem z **atmosphere**
>
> create an atmosphere • an atmosphere of [fear/trust, etc] • a **family/friendly/relaxed** atmosphere

atmospheric /ˌætməsˈferɪk/ **adjective 1** [always before noun] relating to the air or to the atmosphere: ***atmospheric conditions*** ▷ **atmosferyczny 2** creating a special feeling, such as mystery or romance: ***atmospheric music/lighting*** ▷ **nastrojowy**

ˌatmospheric ˈpressure noun [U] the pressure of the atmosphere on the Earth's surface, which gets less the higher the ground is ▷ **ciśnienie atmosferyczne**

atom /ˈætəm/ **noun** [C] B2 the smallest unit that an element can be divided into ▷ **atom**

atomic /əˈtɒmɪk/ **adjective** **1** [always before noun] relating to atoms: *an atomic particle* ▷ **atomowy** **2** B2 using the energy created when an atom is divided: ***atomic power/weapons*** ▷ **atomowy**

aˌtomic ˈbomb noun [C] (also **ˈatom ˌbomb**) a very powerful bomb which uses the energy created when an atom is divided ▷ **bomba atomowa**

aˌtomic ˈenergy noun [U] energy which is produced by dividing atoms ▷ **energia atomowa**

aˌtomic ˈmass noun [U, C] the mass of an atom of a particular chemical element ▷ **masa atomowa**

aˌtomic mass ˈunit noun [C] a unit used for measuring atomic mass ▷ **jednostka masy atomowej**

aˌtomic ˈnumber noun [C] the number of protons found in the nucleus of an atom of a particular chemical, used as a way of listing the chemical elements in order in the periodic table ▷ **liczba atomowa**

aˌtomic ˈweight noun [U] atomic mass ▷ **masa atomowa**

atop /əˈtɒp/ **preposition** US on the top of ▷ **na (szczycie)**

ATP /ˌeɪtiːˈpiː/ **noun** [U] abbreviation for adenosine triphosphate: an important chemical in the cells of living organisms that stores energy and releases it when it is needed ▷ **ATP**

atrium /ˈeɪtriəm/ **noun** [C] (plural **atriums** or **atria**) **1** a large, central room with a glass roof in an office building, restaurant, etc ▷ **atrium** **2** one of the two spaces in the top part of the heart which push blood around the body ▷ **przedsionek (serca)**

atrocious /əˈtrəʊʃəs/ **adjective** **1** extremely bad: *atrocious weather* ▷ **okropny** **2** violent and shocking: *an atrocious crime* ▷ **przerażający**

atrocity /əˈtrɒsəti/ **noun** [C, U] when someone does something extremely violent and shocking: *Soldiers have been* ***committing atrocities against*** *civilians.* ▷ **akt okrucieństwa**

attach /əˈtætʃ/ **verb** [T] **1** B1 to join or fix one thing to another: *She* ***attached*** *a photograph* ***to*** *her letter.* ▷ **załączać, przymocować** **2 attach importance/value, etc to sb/sth** to think that someone or something has importance/value, etc: *You attach too much importance to money.* ▷ **zwracać uwagę na** *kogoś/coś*, **przywiązywać wagę** *itp.* **do** *czegoś* **3** to include something as part of something else: *There were too many conditions* ***attached to*** *the deal.* ▷ **załączać, dołączać** → See also **no *strings* (attached)** **4** B1 to add an attachment to an email message ▷ **załączać**

attached /əˈtætʃt/ **adjective** **be attached to sb/sth** to like someone or something very much: *I've become rather attached to my old car.* ▷ **być przywiązanym do** *kogoś/czegoś*

attachment /əˈtætʃmənt/ **noun** **1** [C, U] a feeling of love or strong connection to someone or something: *I wasn't aware of any* ***romantic attachments.*** ▷ **przywiązanie** **2** [C] B2 a computer file which is sent together with an email message: *I wasn't able to* ***open*** *that* ***attachment.*** ▷ **załącznik** **3** [C] B2 an extra part which can be added to a piece of equipment: *There's a special attachment for cleaning in the corners.* ▷ **przystawka, końcówka**

attack[1] /əˈtæk/ **noun** **1** [C, U] B1 a violent act intended to hurt or damage someone or something: *a terrorist* ***attack on*** *the capital* ▷ **atak, szturm** **2** [C, U] when you say something to strongly criticize someone or something: *a scathing* ***attack on*** *the president* ▷ **atak, napaść** **3** [C] a sudden, short illness: *a nasty* ***attack of*** *flu* ▷ **atak, napad** **4** [C, U] in games such as football, when the players in a team try to score points, goals, etc ▷ **atak** → See also **counter-attack**

> Wyrazy występujące razem z **attack**
>
> **launch/mount** an attack • be **under** attack • a **bomb/terrorist** attack • an attack **on** sb/sth**launch/mount** an attack • be/come **under** attack • a **personal/scathing** attack • an attack **on** sb/sth

attack[2] /əˈtæk/ **verb** **1** [I, T] B1 to use violence to hurt or damage someone or something: *He was attacked and seriously injured by a gang of youths.* ▷ **atakować, napadać** **2** [T] to strongly criticize someone or something: *She attacked the government's new education policy.* ▷ **atakować** **3** [T] If a disease, chemical, etc attacks someone or something, it damages them: *The virus attacks the central nervous system.* ▷ **atakować** **4** [I, T] If players in a team attack, they move forward to try to score points, goals, etc. ▷ **atakować**

attacker /əˈtækəʳ/ **noun** [C] a person who uses violence to hurt someone: *The police think she must have known her attackers.* ▷ **napastni-k/czka**

attain /əˈteɪn/ **verb** [T] to achieve something, especially after a lot of work: *She's attained a high level of fitness.* ▷ **osiągać**

• **attainable** adjective possible to achieve ▷ **osiągalny** • **attainment** noun [C, U] when you achieve something ▷ **osiągnięcie**

attempt[1] /əˈtempt/ **noun** [C] **1** B2 when you try to do something: *This is his second* ***attempt at*** *the exam.* ◦ [+ to do sth] *They closed the road* ***in an attempt*** *to reduce traffic in the city.* ◦ *She* ***made no attempt*** *(= did not try) to be sociable.* ▷ **próba** **2 an attempt on sb's life** when

A

someone tries to kill someone ▷ **zamach na** *czyjeś* **życie**

> **Wyrazy występujące razem z attempt**
> make an attempt • a **successful/unsuccessful** attempt • an attempt **at** sth/doing sth • **in** an attempt to do sth

attempt² /əˈtempt/ **verb** [T] B1 to try to do something, especially something difficult: [+ to do sth] *He attempted to escape through a window.* ▷ **próbować**

attempted /əˈtemptɪd/ **adjective attempted murder/robbery, etc** when someone tries to commit a crime but does not succeed ▷ **usiłowanie zabójstwa/nieudany napad rabunkowy** *itp.*

attend /əˈtend/ **verb** [I, T] formal **1** B1 to go to an event: *to attend a concert/meeting* ▷ **uczęszczać na, być obecnym 2 attend a church/school, etc** B1 to go regularly to a particular church/school, etc ▷ **uczęszczać lub chodzić do szkoły/kościoła** *itp.*

> **Najczęściej popełniane błędy: attend**
> Proszę pamiętać, że gdy **attend** oznacza „uczestniczyć w wydarzeniu" nigdy nie używamy go w połączeniu z „to" lub „at". Nie mówimy więc „attend to/at an event", ale **attend an event**:
> ~~*I would like to attend to the conference on March 17th.*~~
> *I would like to attend the conference on March 17th.*

> **Attend wyrazy bliskoznaczne**
> Zamiast czasownika „attend", używa się powszechnie **come/go to:**
> *How many people **came to** the meeting?*
> *He **goes to** church regularly.*
> Czasownika **make** używamy czasem, gdy ktoś oznajmia, że może lub nie może uczestniczyć w jakimś wydarzeniu:
> *I'm afraid I can't **make** the meeting this afternoon (= I will not be able to attend).*
> Wyrażenia **make it** używamy również w znaczeniu „dotrzeć do jakiegoś miejsca, zwłaszcza wbrew trudnościom":
> *The traffic was so bad we only just **made it** in time for the start of the film.*

PHRASAL VERB **attend to sb/sth** formal to deal with something or help someone ▷ **zajmować się** *kimś/czymś*

attendance /əˈtendᵊns/ **noun** [C, U] **1** the number of people who go to an event, meeting, etc: *falling attendance* ▷ **frekwencja 2** when you go somewhere such as a church, school, etc regularly: *His attendance at school is very poor.* ▷ **obecność 3 in attendance** formal present at an event: *They have doctors in attendance at every match.* ▷ **obecny**

attendant /əˈtendᵊnt/ **noun** [C] someone whose job is to help the public in a particular place: *a parking attendant* ▷ **pracownik (obsługi)** → See also **flight attendant**

attention /əˈtenʃᵊn/ **noun** [U] **1** B1 when you watch, listen to, or think about something carefully or with interest: *Ladies and gentlemen, could I **have your attention**, please?* ▷ **uwaga 2 pay attention (to sth)** B1 to watch, listen to, or think about something carefully or with interest: *You weren't paying attention to what I was saying.* ▷ **uważać (na** *coś***) 3 bring/draw (sb's) attention to sth/sb** B2 to make someone notice something or someone: *If I could just draw your attention to the second paragraph.* ▷ **zwracać** (*czyjąś*) **uwagę na** *coś/kogoś* **4 attract/get (sb's) attention** B2 to make someone notice you: *I waved at him to get his attention.* ▷ **przyciągać** (*czyjąś*) **uwagę 5** treatment to deal with a problem: *medical attention ◦ This old engine needs a lot of attention.* ▷ **opieka, uwaga**

> **Wyrazy występujące razem z attention**
> pay attention (to sth/sb) • **give** sth attention • **have/hold/keep** sb's attention • **careful/full/special/undivided** attention

attentive /əˈtentɪv/ **adjective** listening or watching carefully and showing that you are interested: *an attentive student* ▷ **uważny**
• **attentively adverb** ▷ **uważnie**

attest /əˈtest/ **verb** [I, T] formal to show or prove that something is true ▷ **potwierdzać, zaświadczyć**

attic /ˈætɪk/ **noun** [C] a room at the top of a house under the roof ▷ **strych**

attire /əˈtaɪəʳ/ **noun** [U] old-fashioned the clothes that you wear ▷ **strój, odzienie**
• **attired adjective** dressed in a particular way: *suitably attired* ▷ **odziany**

attitude /ˈætɪtjuːd/ **noun** [C, U] B1 how you think or feel about something and how this makes you behave: *a **positive attitude** ◦ He has a very bad **attitude to/towards** work.* ▷ **postawa, stosunek**

> **Wyrazy występujące razem z attitude**
> have/take a [positive/responsible, etc] attitude • a **casual/hostile/negative/positive** attitude • (sb's) attitude **to/towards** sth/sb

attorney /əˈtɜːni/ **noun** [C] US a lawyer: *a defense attorney* ▷ **prawnik** → See also **district attorney**

attract /əˈtrækt/ **verb** [T] **1** B1 to make people come to a place or do a particular thing by being interesting, enjoyable, etc: *The castle attracts more than 300,000 visitors a year. ◦ We need to **attract** more science graduates **to** teaching.* ▷ **przyciągać 2 attract attention/interest, etc** B1 to cause people to pay attention/be interested, etc ▷ **przyciągać uwagę/zainteresowanie** *itp.* **3 be attracted to sb** B2 to like someone, especially sexually, because of the way they look or behave: *I was attracted to him straight away.* ▷ **odczuwać do** *kogoś* **pociąg,** ≈ *ktoś* **się** *komuś* **podoba 4** If something attracts a substance or object, it causes it to move towards it: *Magnets attract metal.* ▷ **przyciągać**

attraction /əˈtrækʃᵊn/ **noun 1** [C] B1 something that makes people come to a place or want to do a particular thing: *a **tourist attraction*** ◦ *The opportunity to travel is one of the main **attractions of** this job.* ▷ **atrakcja 2** [U] when you like someone, especially sexually, because of the way they look or behave: *physical attraction* ▷ **pociąg 3** when something causes an object or substance to move towards it ▷ **przyciąganie**

> Wyrazy występujące razem z **attraction**
>
> an **added**/a **big**/**the main**/a **major**/**the star** attraction • a **tourist** attraction • the attraction **of** sth • an attraction **for** sb

attractive /əˈtræktɪv/ **adjective 1** A2 beautiful or pleasant to look at: *an attractive woman* ◦ *I **find** him very **attractive**.* ▷ **atrakcyjny 2** B2 interesting or useful: *We want to make the club **attractive to** a wider range of people.* ▷ **atrakcyjny** → Opposite **unattractive**
• **attractively adverb** ▷ **atrakcyjnie** • **attractiveness noun** [U] ▷ **atrakcyjność**

> **Attractive** wyrazy bliskoznaczne
>
> Przymiotniki **beautiful** i **lovely** są często używane zamiast „attractive" do określenia zarówno osób jak i rzeczy:
> *His wife is very **beautiful**.*
> *We drove through some really **beautiful/lovely** countryside.*
> *You look **lovely**!*
> Jeśli jakaś osoba jest atrakcyjna, możemy określić ją jako **good-looking**. Przymiotnika **handsome** używamy do określenia mężczyzn, a **pretty** w odniesieniu do kobiet:
> *He's certainly very **good-looking**.*
> *Your daughter is very **pretty**.*
> Jeśli jakaś osoba jest wyjątkowo atrakcyjna, możemy określić ją jako **gorgeous** lub **stunning**:
> *You look **gorgeous** in that dress!*
> *Her daughter is absolutely **stunning**.*

attributable /əˈtrɪbjətəbl/ **adjective attributable to sth** caused by something: *A lot of crime is attributable to the use of drugs.* ▷ **spowodowany** *czymś*

attribute¹ /əˈtrɪbjuːt/ **verb**

PHRASAL VERBS **attribute sth to sth** to say that something is caused by something else: *He attributes his success to hard work.* ▷ **przypisywać** *coś czemuś* • **attribute sth to sb** to say that someone wrote, said, or made something: *This drawing has been attributed to Picasso.* ▷ **przypisywać** *coś komuś*

attribute² /ˈætrɪbjuːt/ **noun** [C] a quality or characteristic that someone or something has: *Her hair is her best attribute.* ▷ **cecha**

attributive /əˈtrɪbjətɪv/ **adjective** An attributive adjective comes before the noun it describes. ▷ **przydawkowy, atrybutywny** → Compare **predicative**

aubergine /ˈəʊbəʒiːn/ **noun** [C, U] UK (US **eggplant**) B2 an oval, purple vegetable that is white inside ▷ **bakłażan, oberżyna** → See **Fruits and Vegetables** on page Centre 10

auburn /ˈɔːbən/ **adjective** Auburn hair is red-brown. ▷ **kasztanowy**

auction /ˈɔːkʃᵊn/ **noun** [C, U] a sale in which things are sold to the person who offers the most money ▷ **licytacja, aukcja**
• **auction** (also **auction off**) **verb** [T] to sell something at an auction ▷ **sprzedawać na licytacji**

auctioneer /ˌɔːkʃᵊnˈɪəʳ/ **noun** [C] the person who is in charge of an auction ▷ **licytator/ka**

audacity /ɔːˈdæsəti/ **noun** [U] showing too much confidence in your behaviour in a way that other people find shocking or rude: *And then he **had the audacity to** blame me for his mistake!* ▷ **zuchwałość, czelność**
• **audacious** /ɔːˈdeɪʃəs/ **adjective** ▷ **zuchwały**

audible /ˈɔːdəbl/ **adjective** If something is audible, you can hear it: *His voice was barely audible.* ▷ **słyszalny** → Opposite **inaudible**
• **audibly adverb** ▷ **słyszalnie**

audience /ˈɔːdiəns/ **noun 1** [group] B1 the people who sit and watch a performance at a theatre, cinema, etc: *There were a lot of children **in the audience**.* ▷ **publiczność, widownia 2** [group] B2 the type of people who watch a particular TV show, read a particular book, etc: *This magazine is aimed at a teenage audience.* ▷ **publiczność, odbiorcy 3** [C] formal a formal meeting with an important person: *an **audience with** the Queen* ▷ **audiencja**

> Wyrazy występujące razem z **audience**
>
> be **in the** audience • a **member of** the audience
> **reach** an audience • sth's **target** audience • a **wide** audience

audio /ˈɔːdiəʊ/ **adjective** relating to the recording or playing of sound: *audio equipment* ▷ **audio**

audio- /ɔːdiəʊ-/ **prefix** relating to hearing or sound: *audiotape* ▷ **audio-**

audit /ˈɔːdɪt/ **noun** [C] when an independent person examines all the financial records of a company to produce a report ▷ **kontrola (finansowa), audyt**
• **audit verb** [T] ▷ **kontrolować** • **auditor noun**

A

[C] ▷ **rewident (księgowy), kontroler (księgowy)**

audition /ɔːˈdɪʃᵊn/ **noun** [C] when someone does a short performance to try to get a job as an actor, singer, etc ▷ **przesłuchanie**
• **audition verb** [I] ▷ **mieć przesłuchanie**

auditorium /ˌɔːdɪˈtɔːriəm/ **noun** [C] the part of a theatre, hall, etc where people sit to watch a performance ▷ **widownia**

auditory nerve /ˈɔːdɪtᵊriˌnɜːv/ **noun** [C] a nerve in the ear that carries electrical signals to the brain ▷ **nerw słuchowy**

Aug written abbreviation for August ▷ **sierp.** (= **sierpień**)

augment /ɔːgˈment/ **verb** [T] formal to increase the size or value of something by adding something to it ▷ **powiększać**

August /ˈɔːgəst/ **noun** [C, U] (written abbreviation **Aug**) A1 the eighth month of the year ▷ **sierpień**

aunt /ɑːnt/ **noun** [C] (also **auntie, aunty** /ˈɑːnti/) A2 the sister of your mother or father, or the wife of your uncle ▷ **ciocia, ciotka** → See also **agony aunt**

au pair /ˌəʊˈpeəʳ/ **noun** [C] a young person who goes to live with a family in another country and looks after their children, does work in their house, etc ▷ **au pair**

aura /ˈɔːrə/ **noun** [C] a feeling which a person or place seems to have: *an aura of mystery* ▷ **aura, klimat**

aural /ˈɔːrᵊl/ **adjective** relating to hearing ▷ **słuchowy**

auricle /ˈɔːrɪkəl/ **noun** [C] old-fashioned one of the two spaces in the top part of the heart which push blood around the body ▷ **przedsionek (serca)**

auspices /ˈɔːspɪsɪz/ **noun under the auspices of sb/sth** formal with the help or support of a person or organization: *The conference was held under the auspices of the Red Cross.* ▷ **pod auspicjami** *kogoś/czegoś*

auspicious /ɔːˈspɪʃəs/ **adjective** If an event or time is auspicious, it makes you believe that something will be successful in the future: *an auspicious start* ▷ **pomyślny**

austere /ɒsˈtɪəʳ/ **adjective 1** plain, simple, and without unnecessary decorations or luxuries: *an austere room* ▷ **surowy 2** strict or severe: *an austere woman* ▷ **surowy**
• **austerity** /ɒsˈterəti/ **noun** [U] ▷ **surowość**

Australia /ɒsˈtreɪliə/ **noun 1** a country on the continent of the same name ▷ **Australia 2** a continent ▷ **Australia**
• **Australian** /ɒsˈtreɪliən/ **adjective** coming from or relating to Australia ▷ **australijski**

Austria /ˈɒstriə/ **noun** a country in Europe ▷ **Austria**
• **Austrian** /ˈɒstriən/ **adjective** coming from or relating to Austria ▷ **austriacki** • **Austrian noun** someone from Austria ▷ **Austria-k/czka**

authentic /ɔːˈθentɪk/ **adjective** If something is authentic, it is real, true, or what people say it is: *authentic Italian food* ▷ **autentyczny**
• **authentically adverb** ▷ **autentycznie** • **authenticity** /ˌɔːθenˈtɪsəti/ **noun** [U] ▷ **autentyczność**

author /ˈɔːθəʳ/ **noun** [C] B1 someone who writes a book, article, etc: *a popular author of children's fiction* ▷ **autor/ka, pisa-rz/rka**

authoritarian /ˌɔːθɒrɪˈteəriən/ **adjective** very strict and not allowing people freedom to do what they want: *an authoritarian leader/regime* ▷ **apodyktyczny, autorytarny**

authoritative /ɔːˈθɒrɪtətɪv/ **adjective 1** An authoritative book, report, etc is respected and considered to be accurate: *an authoritative guide* ▷ **miarodajny, wiarygodny 2** confident and seeming to be in control of a situation: *an authoritative manner/voice* ▷ **władczy**

authority /ɔːˈθɒrəti/ **noun 1** [U] B2 the official power to make decisions or to control other people: *a **position of authority*** ◦ [+ to do sth] *The investigators have the authority to examine all the company's records.* ◦ *We need the support of someone **in authority**.* ▷ **prawo, władza 2** [C] an official group or government department with power to control particular public services: *the local housing authority* ▷ **władze 3** [U] the quality of being confident and being able to control people: *She has an **air of authority**.* ▷ **autorytet 4 an authority on sth** someone who has a lot of knowledge about a particular subject: *She is an authority on seventeenth-century English literature.* ▷ **autorytet w dziedzinie** *czegoś* → See also **local authority**

authorize (also UK **-ise**) /ˈɔːθᵊraɪz/ **verb** [T] **1** to give official permission for something ▷ **upoważniać, zaakceptować, zezwalać na 2 be authorized to do sth** to be officially allowed to do something: *Only managers are authorized to sign expense forms.* ▷ **być upoważnionym do** *czegoś*
• **authorization** /ˌɔːθᵊraɪˈzeɪʃᵊn/ **noun** [U] ▷ **upoważnienie, akceptacja**

autistic /ɔːˈtɪstɪk/ **adjective** Autistic children have a mental illness which causes problems with communicating and forming relationships. ▷ **autystyczny**
• **autism** /ˈɔːtɪzᵊm/ **noun** [U] ▷ **autyzm**

auto /ˈɔːtəʊ/ **adjective** US relating to cars: *the auto industry* ▷ **motoryzacyjny**

auto- /ɔːtəʊ-/ **prefix 1** operating without being controlled by humans: *autopilot* (= *a computer that directs an aircraft*) ▷ **auto- 2** self: *an autobiography* (= *a book that someone writes about their own life*) ▷ **auto-**

autobiography /ˌɔːtəʊbaɪˈɒgrəfi/ **noun** [C] a book written by someone about their own life ▷ **autobiografia**

• **autobiographical** /ˌɔːtəʊbaɪəʊˈɡræfɪkəl/ **adjective** ▷ **autobiograficzny**

autograph /ˈɔːtəɡrɑːf/ **noun** [C] a famous person's name, written by that person ▷ **autograf**
• **autograph verb** [T] *an autographed photo* ▷ **podpisać**

automate /ˈɔːtəmeɪt/ **verb** [T] to control something using machines and not people ▷ **automatyzować**
• **automated adjective** *a fully automated system* ▷ **automatyczny** • **automation** /ˌɔːtəˈmeɪʃən/ noun [U] ▷ **automatyzacja**

automatic[1] /ˌɔːtəˈmætɪk/ **adjective 1** (B2) An automatic machine works by itself or with little human control: *automatic doors* ▷ **automatyczny 2** certain to happen as part of the normal process or system: *You get an automatic promotion after two years.* ▷ **automatyczny 3** done as a natural reaction without thinking: *My automatic response was to pull my hand away.* ▷ **automatyczny**
• **automatically adverb** (B2) ▷ **automatycznie**

automatic[2] /ˌɔːtəˈmætɪk/ **noun** [C] a car in which you do not have to change the gears ▷ **samochód z automatyczną skrzynią biegów**

automobile /ˈɔːtəməʊbiːl/ **noun** [C] US a car: *the automobile industry* ▷ **samochód**

automotive /ˌɔːtəˈməʊtɪv/ **adjective** [always before noun] relating to cars and car production: *the automotive industry* ▷ **motoryzacyjny**

autonomous /ɔːˈtɒnəməs/ **adjective** independent and having the power to make your own decisions: *an autonomous region/state* ▷ **autonomiczny**

autonomy /ɔːˈtɒnəmi/ **noun** [U] the right of a country or group of people to govern itself: *Local councils need more autonomy.* ▷ **autonomia**

autopsy /ˈɔːtɒpsi/ **noun** [C] a medical examination of a dead body to discover the exact cause of death ▷ **sekcja zwłok**

autotroph /ˈɔːtːəʊtrəʊf/ **noun** [C] a living thing that can make its own food from simple chemical substances such as carbon dioxide ▷ **organizm samożywny** → Compare **heterotroph**
• **autotrophic** /ˌɔːtːəʊˈtrəʊfɪk/ **adjective** *autotrophic nutrition* ▷ **samożywny**

autumn /ˈɔːtəm/ **noun** [C, U] (also US **fall**) (A2) the season of the year between summer and winter, when leaves fall from the trees: *I'm starting a new job **in the autumn**.* ◦ *autumn leaves* ▷ **jesień**
• **autumnal** /ɔːˈtʌmnəl/ **adjective** typical of autumn ▷ **jesienny**

auxiliary /ɔːɡˈzɪliəri/ **adjective** providing extra help or support: *an auxiliary nurse* ▷ **pomocniczy**

auˌxiliary ˈverb noun [C] a verb which is used with another verb to form tenses, negatives, and questions. In English the auxiliary verbs are 'be', 'have', and 'do'. ▷ **czasownik posiłkowy**

auxin /ˈɔːksɪn/ **noun** [U] a chemical substance that controls growth in plants ▷ **auksyna**

avail /əˈveɪl/ **noun to no avail** without success, especially after a lot of effort: *She sent more than 50 letters, but to no avail.* ▷ **na próżno**

available /əˈveɪləbl/ **adjective 1** (A2) If something is available, you can use it or get it: *This information is available free on the Internet.* ◦ *The new drug is not yet **available to** the public.* ▷ **dostępny 2** (A2) If someone is available, they are not busy and so are able to do something: *No one from the company was available to comment on the accident.* ▷ **wolny** → Opposite **unavailable**
• **availability** /əˌveɪləˈbɪləti/ **noun** [U] (B2) ▷ **dostępność**

> **Wyrazy występujące razem z available**
> **be/become** available • **make sth** available • **easily/freely/readily/widely** available • be available **to sb**

avalanche /ˈævəlɑːnʃ/ **noun** [C] **1** when a large amount of snow falls down the side of a mountain ▷ **lawina 2 an avalanche of sth** a sudden, large amount of something, usually more than you can deal with: *an avalanche of mail* ▷ **lawina czegoś**

avalanche

avant-garde /ˌævɒŋˈɡɑːd/ **adjective** If art, music, etc, is avant-garde, it is new and unusual in style. ▷ **awangardowy**

avarice /ˈævərɪs/ **noun** [U] formal a strong feeling that you want a lot of money and possessions ▷ **skąpstwo**

avatar /ˈævətɑːr/ **noun** [C] an electronic image of a person that represents the computer user, especially in games ▷ **awatar**

Ave written abbreviation for avenue: *132, Gainsborough Ave* ▷ **al.**

avenge /əˈvendʒ/ **verb** [T] literary to punish someone for doing something bad to you, your family, etc: *He swore he would avenge his brother's death.* ▷ **pomścić**

avenue /ˈævənjuː/ **noun** [C] **1** (written abbreviation **Ave**) a wide road in a town or city, often with trees along it ▷ **aleja 2** a possible way of doing or achieving something: *We have exhausted all other avenues of treatment.* ▷ **opcja**

average[1] /ˈævərɪdʒ/ **adjective 1** (B2) usual and like the most common type: *an average person* ◦ *an average day* ▷ **przeciętny 2** [always before noun] (B1) An average amount is calculated by adding some amounts together and then dividing by the number of amounts: *an average age/*

A

temperature ▷ **przeciętny, średni** **3** not excellent, although not bad: *The food was pretty average.* ▷ **przeciętny**

average² /ˈævᵊrɪdʒ/ **noun** **1** [C] B1 an amount calculated by adding some amounts together and then dividing by the number of amounts: *They work an average of 30.5 hours per week.* ▷ **przeciętna, średnia** **2** [C, U] B1 the usual or typical amount: *well above/below average* ▷ **przeciętna, średnia** **3 on average** B2 usually, or based on an average: *Female workers earn, on average, a third less than men.* ▷ **średnio, przeciętnie**

average³ /ˈævᵊrɪdʒ/ **verb** [T] to reach a particular amount as an average: *He averages about 20 points a game.* ▷ **osiągać lub uzyskiwać lub wynosić średnio**

averse /əˈvɜːs/ **adjective** **1 not be averse to sth** UK humorous to be happy or willing to do or have something: *She's not averse to the occasional glass of champagne.* ▷ **nie mieć nic przeciwko** *czemuś*, **nie odmówić** *czegoś* **2 be averse to sth** formal to strongly dislike something ▷ **być przeciwnym** *czemuś*

aversion /əˈvɜːʒᵊn/ **noun** **an aversion to sth** when you strongly dislike something ▷ **awersja lub niechęć do** *czegoś*

avert /əˈvɜːt/ **verb** **1 avert a crisis/disaster/war, etc** to prevent something bad from happening ▷ **zapobiegać kryzysowi/katastrofie/wojnie** *itp.*, **uniknąć kryzysu/katastrofy/wojny** *itp.* **2 avert your eyes/face/gaze** to turn your head away so that you do not see something ▷ **odwracać wzrok/twarz**

avian flu /ˌeɪviənˈfluː/ **noun** [U] bird flu: an illness that kills birds and can sometimes pass from birds to people ▷ **ptasia grypa**

aviary /ˈeɪviᵊri/ **noun** [C] a large cage for birds ▷ **ptaszarnia**

aviation /ˌeɪviˈeɪʃᵊn/ **noun** [U] flying aircraft or producing aircraft: *the aviation industry* ▷ **lotnictwo**

avid /ˈævɪd/ **adjective** very interested and enthusiastic: *an avid reader* ▷ **zagorzały**
• **avidly adverb** ▷ **gorliwie**

avocado /ˌævəˈkɑːdəʊ/ **noun** [C, U] a dark green, oval fruit which is pale green inside and is not sweet ▷ **awokado**

avoid /əˈvɔɪd/ **verb** [T] **1** B1 to stay away from a person, place, situation, etc: *Try to avoid the city centre.* ▷ **unikać, omijać** **2** B2 to prevent something from happening: *Book early to avoid disappointment.* ▷ **unikać** **3 avoid doing sth** B2 to intentionally not do something: *She managed to avoid answering my question.* ▷ **unikać** *czegoś*
• **avoidable adjective** possible to avoid ▷ **do uniknięcia** → Opposite **unavoidable** • **avoidance noun** [U] when you avoid something ▷ **unikanie, uchylanie się**

await /əˈweɪt/ **verb** [T] formal **1** to wait for something: *We are awaiting the results of the tests.* ▷ **oczekiwać na** **2** If something awaits you, you will experience it in the future: *A surprise awaits her when she gets home.* ▷ **czekać na**

awake¹ /əˈweɪk/ **adjective** **1 be/lie/stay, etc awake** B1 to not be sleeping: *Is Tom awake yet?* ◦ *The noise from the party **kept** me **awake** all night.* ▷ **nie spać** **2 be wide awake** to be completely awake ▷ **być zupełnie przytomnym**

awake² /əˈweɪk/ **verb** [I, T] (past tense **awoke**, past participle **awoken**) literary to wake up, or make someone wake up ▷ **budzić (się), obudzić (się)**

awaken /əˈweɪkᵊn/ **verb** **1** [T] formal to cause an emotion, feeling, etc: *The song awakened painful memories.* ▷ **budzić** **2** [I, T] literary to wake up, or make someone wake up ▷ **budzić (się), obudzić (się)**

awakening /əˈweɪkənɪŋ/ **noun** [no plural] when you start to be aware of something or feel something ▷ **przebudzenie**

IDIOM **a rude awakening** If you have a rude awakening, you have a shock when you discover the truth about a situation. ▷ **przykra niespodzianka**

award¹ /əˈwɔːd/ **noun** [C] **1** B2 a prize given to someone for something they have achieved: *the **award for** best actress* ◦ *to **receive/win** an **award*** ▷ **nagroda** **2** money given to someone because of a legal decision ▷ **odszkodowanie**

> Wyrazy występujące razem z **award**
>
> **present/receive/win** an award • an award **for** sth • an awards **ceremony** • an award **winner**

award² /əˈwɔːd/ **verb** [T] B2 to officially give someone something such as a prize or an amount of money: [+ two objects, often passive] *He was awarded the Nobel Prize for Physics.* ▷ **przyznawać, zasądzać**

aware /əˈweəʳ/ **adjective** **1 be aware of/that** B2 to know about something: *Are you aware of the risks involved?* ◦ *She was **well aware** that he was married.* ▷ **zdawać sobie sprawę z/że** → Opposite **unaware** **2** interested in and knowing a lot about a particular subject: ***politically**/socially **aware*** ▷ **świadomy**

awareness /əˈweənəs/ **noun** [U] when you know about something: *Environmental awareness is increasing all the time.* ▷ **świadomość**

> Wyrazy występujące razem z **awareness**
>
> **create/increase/raise** awareness • **a greater/growing/heightened/increased** awareness • **public** awareness • an awareness **about/of** sth • an awareness **among** [parents/students, etc]

awash /əˈwɒʃ/ **adjective** **be awash with sth** UK (US **be awash in sth**) to have a lot of something, often too much: *The sport is awash with money.* ▷ **opływać w** *coś*

away¹ /ə'weɪ/ **adverb 1** A2 to or in a different place or situation: *Go away and leave me alone.* ◦ *We'd like to move* ***away from*** *the town centre.* ▷ **(= często tłumaczy się czasownikami z przedrostkiem od-, np. odchodzić) 2** A2 at a particular distance from a place: *The nearest town was ten miles away.* ◦ *How far away is the station?* ▷ **stąd 3** A2 not at the place where someone usually lives or works: *Shirley's feeding the cat while we're away.* ▷ **poza domem, w podróży 4** B1 into a usual or safe place: *Can you put everything away when you've finished?* ▷ **na miejsce 5 two weeks/five hours, etc away** B1 at a particular time in the future: *My exam's only a week away now.* ▷ **za dwa tygodnie/pięć godzin** *itp.* **6** used after a verb to mean 'continuously or repeatedly': *Chris was hammering away in the garden all day.* ▷ **bez przerwy, w kółko 7** B2 gradually disappearing until almost or completely gone: *The snow has melted away.* ▷ **(= często tłumaczy się formą dokonaną, np. stopnieć) 8** UK If a sports team is playing away, the game is at the place where the other team usually plays. ▷ **na wyjeździe**
→ See also **take sb's *breath* away**, **give the *game* away**

away² /ə'weɪ/ **adjective** [always before noun] UK In sports, an away game is played at the place where the other team usually plays. ▷ **na wyjeździe, wyjazdowy**

awe /ɔː/ **noun** [U] **1** a feeling of great respect and sometimes fear: *I was filled with awe at the sheer size of the building.* ▷ **respekt 2 be in awe of sb** to feel great respect for someone: *As children we were rather in awe of our grandfather.* ▷ **czuć respekt przed** *kimś*

awe-inspiring /'ɔːɪnspaɪərɪŋ/ **adjective** causing people to feel great respect or admiration ▷ **budzący respekt**

awesome /'ɔːsəm/ **adjective** very great, large, or special and making you feel respect and sometimes fear: *an awesome challenge/responsibility* ◦ *The scenery was awesome.* ▷ **budzący respekt lub lęk, niesamowity**

awful /'ɔːfəl/ **adjective 1** B1 very bad, of low quality, or unpleasant: *an awful place* ◦ *The film was absolutely awful.* ▷ **okropny, straszny 2 an awful lot (of sth)** informal B2 a large amount: *It cost an awful lot of money.* ▷ **strasznie dużo** (*czegoś*)

awfully /'ɔːfəli/ **adverb** very: *awfully difficult/good* ▷ **strasznie**

awhile /ə'waɪl/ **adverb** US for a short time: *Let's* ***wait awhile*** *and see what happens.* ▷ **chwilę**

awkward /'ɔːkwəd/ **adjective 1** B2 difficult or causing problems: *an awkward customer* ◦ *an awkward question* ▷ **kłopotliwy 2** B2 embarrassing and not relaxed: *an awkward pause/silence* ◦ *I'm in an awkward situation.* ▷ **niezręczny 3** moving in a way that is not attractive: *His movements were slow and awkward.* ▷ **niezgrabny**
• **awkwardly adverb** ▷ **niezręcznie** • **awkwardness noun** [U] ▷ **niezręczność**

awoke /ə'wəʊk/ past tense of awake

awoken /ə'wəʊkən/ past participle of awake

awry /ə'raɪ/ **adverb go awry** to not happen in the correct way: *Suddenly everything started to go awry.* ▷ **źle iść, komplikować się**

axe¹ (also US **ax**) /æks/ **noun** [C] a tool consisting of a wooden handle with a sharp piece of metal at one end, used for cutting trees or wood ▷ **siekiera, topór**

axe² (also US **ax**) /æks/ **verb** [T] to get rid of something or someone suddenly: *The company has announced plans to* ***axe*** *500* ***jobs***. ▷ **likwidować**

axes /'æksiːz/ plural of axis ▷ **osie**

axil /'æksɪl/ **noun** [C] the angle between a branch or leaf stalk and the stem it is growing out from ▷ **nasada liścia**

axis /'æksɪs/ **noun** [C] (plural **axes** /'æksiːz/) **1** an imaginary, central line around which an object turns ▷ **oś 2** a line at the side or bottom of a graph ▷ **oś**

axle /'æksl/ **noun** [C] a long metal bar which connects two wheels on a vehicle ▷ **oś**

axon /'æksɒn/ **noun** [C] a long thread that comes out of a nerve cell and carries signals from it ▷ **akson**

aye /aɪ/ **exclamation** informal yes, used especially in Scotland and the North of England ▷ **tak**

Azerbaijan /ˌæzəbaɪ'dʒɑːn/ **noun** a country in Asia ▷ **Azerbejdżan**
• **Azerbaijani** /ˌæzəbaɪ'dʒɑːni/ **adjective** coming from or relating to Azerbaijan ▷ **azerski, azerbejdżański** • **Azeri** /ə'zeəri/ **noun** [C] someone from Azerbaijan ▷ **Azer/ka**

B

B

B, b /biː/ the second letter of the alphabet ▷ **B, b**

BA /biːˈeɪ/ **noun** [C] abbreviation for Bachelor of Arts: a university or college qualification in an arts subject which usually takes 3 or 4 years of study ▷ **licencjat (z nauk humanistycznych)**

baa /bɑː/ **noun** [C] the sound that a sheep makes ▷ **bek, beczenie**

babble /ˈbæbl/ **verb** [I] to talk quickly in a way which is confused, silly, or has no meaning ▷ **bełkotać, paplać**
• **babble noun** [U] *the babble of voices* ▷ **bełkot, paplanie**

babe /beɪb/ **noun** [C] **1** very informal a young, attractive woman ▷ **laska 2** literary a baby ▷ **dziecko, niemowlę**

baby /ˈbeɪbi/ **noun** [C] **1** (A1) a very young child: *a baby girl/boy* ◦ *baby clothes* ◦ *Liz has **had a baby**.* ◦ *Maria's **expecting a baby** (= she is pregnant).* ▷ **dziecko, niemowlę 2** (A2) a very young animal: *a baby bird* ▷ **młode**

> **Wyrazy występujące razem z baby**
> have/ be expecting/give birth to a baby • a baby is born • a new/newborn baby

ˈbaby ˌboom noun [C] a time when a lot of babies are born in a particular area: *the postwar baby boom* ▷ **wyż demograficzny**

ˈbaby ˌcarriage noun [C] US a small vehicle with four wheels for carrying a baby ▷ **wózek dziecięcy**

babyish /ˈbeɪbiɪʃ/ **adjective** Babyish behaviour is silly, like the behaviour of a young child. ▷ **dziecinny**

babysit /ˈbeɪbisɪt/ **verb** [I, T] (present participle **babysitting**, past tense and past participle **babysat**) (B1) to look after children while their parents are not at home ▷ **opiekować się dzieckiem**
• **babysitter noun** [C] (B1) *We'd like to come, but we can't get a babysitter.* ▷ **opiekun/ka do dziecka** • **babysitting noun** [U] ▷ **opieka nad dziećmi**

bachelor /ˈbætʃələr/ **noun** [C] **1** a man who is not married ▷ **kawaler 2 Bachelor of Arts/Science/ Education, etc** a university or college qualification which usually takes 3 or 4 years of study, or a person who has this qualification ▷ **licencjat nauk humanistycznych/ścisłych/pedagogicznych**

bacillus /bəˈsɪləs/ **noun** [C] (plural **bacilli**) a bacterium (= an extremely small organism) shaped like a very small rod, some types of which cause disease ▷ **laseczka**

back[1] /bæk/ **adverb 1** (A1) where someone or something was before: *When do you go back to college?* ◦ *I put it back in the cupboard.* ▷ **z powrotem 2** (B1) in a direction behind you: *Anna stepped back.* ◦ *Flint leaned back in his chair.* ▷ **do tyłu 3** (A2) as a reply or reaction to something: UK *to ring back*/US *to call back* ◦ *I signalled to her and she waved back.* ▷ **(= często tłumaczy się czasownikami z przedrostkiem od-, np. oddzwonić, odmachać) 4** (B1) to the state something or someone was in before: *Hopefully things will **get back to normal** again now.* ◦ *I'm sure we can **put** it **back together** again (= repair it).* ◦ *Try to go back to sleep.* ▷ **z powrotem 5** (B2) at or to an earlier time: *We first met **back in** 1973.* ◦ *Looking back, I think we did the right thing.* ▷ **wstecz 6** (B2) in a direction away from something: *He pulled back the curtain.* ▷ **do tyłu, z tyłu 7 back and forth** (also UK **backwards and forwards**) in one direction, then the opposite way, then in the original direction again many times: *He has to travel back and forth between London and Paris every week.* ▷ **tam i z powrotem**

back[2] /bæk/ **noun** [C] **1** (A2) the part of something that is furthest from the front or in the opposite direction to the front: *He wrote his number down on the back of an envelope.* ◦ *I always keep a blanket in the back of the car.* ▷ **tył 2** (A2) the part of your body from your shoulders to your bottom: *back injuries/pain* ◦ *He was lying on his back.* ▷ **plecy** → See **The Body** on page Centre 13 **3** the part of a seat that you lean against when you are sitting: *the back of a chair* ▷ **oparcie 4 back to front** UK with the back part of something where the front should be: *You've got your trousers on back to front.* ▷ **odwrotnie, tyłem do przodu 5 in back of** US behind: *They sat in back of us on the plane.* ▷ **z tyłu**

IDIOMS **at/in the back of your mind** If you have a thought or idea at the back of your mind, you are always thinking about it. ▷ **ciągle obecny** • **behind sb's back** If you do something behind someone's back, you do it without them knowing, often in an unfair way: *Have they been saying things about me behind my back?* ▷ **za** *czyimiś* **plecami** • **be glad/happy, etc to see the back of sb/sth** UK to be pleased when someone leaves or something ends because you did not like them ▷ **chcieć już mieć** *kogoś/coś* **z głowy** • **be on sb's back** to remind someone again and again to do something, or to criticize someone in an annoying way ▷ **czepiać się** *kogoś* • **turn your back on sb/sth** to decide to stop having contact with someone or something, or to refuse to help someone: *She turned her back on Hollywood and went to live in Florida.* ▷ **wypiąć się na** *kogoś/coś*, **odwrócić się plecami do** *kogoś*

→ See also **a *pat* on the back**, **be (like) *water* off a duck's back**

back[3] /bæk/ **verb 1** [T] to give support or help to a person, plan, or idea: *He backed Mr Clark in the* *recent election.* ▷ **popierać** **2** [T] to risk money by saying that you think a horse, team, etc will win a race, game, or competition in order to win more money if they do: *Many people are backing Holyfield to win the fight.* ▷ **obstawiać** **3** **back (sth) away/into/out, etc** to move backwards or drive backwards: *She saw he had a gun and backed away.* ▷ **wycofać się**/*coś*

PHRASAL VERBS **back away** to show that you do not support a plan or idea any more and do not want to be involved with it: *The government has backed away from plans to increase taxes.* ▷ **wycofać się** • **back down** to admit that you were wrong, or agree not to do something: *The council* ***backed down over*** *rent increases.* ▷ **ustąpić, wycofać się** • **back off** **1** B2 to move away from someone, usually because you are afraid: *I saw the knife and backed off.* ▷ **cofnąć się** **2** mainly US to stop supporting a plan: *The president has* ***backed off from*** *a threat to expel U.N. soldiers.* ▷ **wycofać się** • **back out** B2 to decide not to do something you had planned or agreed to do: *Nigel backed out at the last minute, so we had a spare ticket.* ▷ **wycofać się** • **back sb up** **1** B2 to support or help someone: *My family backed me up in my fight for compensation.* ▷ **popierać** *kogoś*, **wspomagać** *kogoś* **2** to say that someone is telling the truth: *Honestly, that's exactly what happened – Claire'll back me up.* ▷ **potwierdzać** *czyjeś* **słowa** • **back sth up** **1** to prove that something is true: [often passive] *His claims are backed up by recent research.* ▷ **potwierdzać** *coś* **2** B2 to make an extra copy of computer information ▷ **robić kopię (zapasową)** *czegoś* • **back (sth) up** to drive backwards ▷ **cofać**

back⁴ /bæk/ **adjective** **1** A2 [always before noun] at or near the back of something: *back door/garden/page* ◦ *I put it in the back pocket of my jeans.* ▷ **tylny** **2** **back road/street** a very small road or street that goes behind or between buildings ▷ **boczna droga/ulica** → See also **put sth on the back** ***burner***

backache /ˈbækeɪk/ **noun** [C, U] B1 a pain in your back ▷ **ból kręgosłupa lub pleców**

backbench /ˌbækˈbentʃ/ **adjective** UK **a backbench MP/politician, etc** a member of the government who does not have an important position ▷ **szeregowy członek Izby Gmin** • **backbencher** **noun** [C] a backbench politician ▷ **szeregowy członek Izby Gmin**

the backbenches /ˌbækˈbentʃɪz/ **noun** [plural] UK the place where backbench politicians sit: *He prefers to remain* ***on the backbenches.*** ▷ **tylne ławy poselskie**

backboard /ˈbækbɔːd/ **noun** [C] in basketball, a board behind the metal ring that you have to throw the ball through to score ▷ **tablica** → See **Sports 2** on page Centre 15

backbone /ˈbækbəʊn/ **noun** [C] **1** the main or strongest part of something: *The car industry remains* ***the backbone of*** *the area's economy.* ▷ **filar** **2** the line of bones down the centre of your back ▷ **kręgosłup**

backdrop /ˈbækdrɒp/ **noun** [C] **1** the situation that an event happens in: [usually singular] *The attack took place* ***against a backdrop of*** *rising tensions between the two communities.* ▷ **kontekst** **2** the painted cloth at the back of a stage in a theatre ▷ **kulisy**

backer /ˈbækəʳ/ **noun** [C] someone who supports a person or plan, especially by giving them money ▷ **sponsor/ka**

backfire /ˌbækˈfaɪəʳ/ **verb** [I] If something that you do backfires, it has the opposite result of what you wanted. ▷ **odnieść odwrotny skutek**

background /ˈbækgraʊnd/ **noun** **1** [no plural] B2 Sounds in the background are not the main sounds you can hear: ***background music/noise*** ◦ *I could hear a baby crying* ***in the background.*** ▷ **tło** **2** [C] B1 a person's education, family, and experience of life: *She* ***came from*** *a middle-class* ***background.*** ▷ **środowisko, wykształcenie** **3** [C, U] B2 the parts at the back of a picture, view, etc which are not the main things you look at: *gold stars* ***on*** *a black* ***background*** ▷ **tło** **4** [C] B2 the situation that an event happens in, or things which have happened in the past which affect it: [usually singular] *The talks are taking place* ***against a background of*** *economic uncertainty.* ▷ **kontekst** **5** **in the background** If a person stays in the background, they try not to be noticed. ▷ **z tyłu**

> Wyrazy występujące razem z **background**
>
> come from a [poor/different, etc] background • sb's family background

ˌbackground radiˈation **noun** [U] radiation found naturally on Earth, that comes from some soil and rocks, etc and from the atmosphere ▷ **promieniowanie tła**

backhand /ˈbækhænd/ **noun** [C] when you hit a ball with your arm across your body, in sports such as tennis ▷ **bekhend**

backing /ˈbækɪŋ/ **noun** [U] support, especially money, for a person or plan: *financial backing* ◦ *The proposal has the full backing of the government.* ▷ **poparcie, wsparcie**

backlash /ˈbæklæʃ/ **noun** [C] when people react against an idea which was previously popular: [usually singular] *a* ***backlash against*** *the royal family* ▷ **(gwałtowny) sprzeciw**

backlog /ˈbæklɒg/ **noun** [C] work that should have been done earlier ▷ **zaległości**

backpack /ˈbækpæk/ **noun** [C] B1 a bag that you carry on your back ▷ **plecak**

backpack

B

• **backpacking** noun [U] B1 *to go backpacking* ▷ **turystyka piesza** • **backpacker** noun [C] B1 ▷ **turyst-a/ka (piesz-y/a)**

ˈback ˌscatter noun [U] (also **back scattering**) **1** when radiation is scattered by the atoms of the substance it is moving through ▷ **rozpraszanie wsteczne 2** radiation that has been scattered this way ▷ **promieniowanie wstecznie rozproszone**

backside /ˌbækˈsaɪd/ US /ˈbækˌsaɪd/ **noun** [C] informal the part of your body that you sit on ▷ **pupa, tyłek**

backslash /ˈbækslæʃ/ **noun** [C] the symbol '\', used in computer programs ▷ **ukośnik lewy** → Compare **forward slash**

backspace /ˈbækspeɪs/ **noun** [C] the key that you press on a computer keyboard to move the cursor backwards and delete the character before it ▷ **klawisz backspace, klawisz cofający**

• **backspace verb** [I] to use the backspace key ▷ **skasować, cofnąć się**

backstage /ˌbækˈsteɪdʒ/ **adverb** in the area behind the stage in a theatre where performers get ready ▷ **za kulisami**

backstroke /ˈbækstrəʊk/ **noun** [U] a style of swimming on your back ▷ **styl grzbietowy**

back-to-back /ˌbæktəˈbæk/ **adjective, adverb 1** If two people or things are back-to-back, their backs are touching or facing each other: *They stood back-to-back.* ▷ **tyłem lub plecami do siebie 2** If two things happen back-to-back, one happens after the other without a pause: *back-to-back interviews* ▷ **jeden po drugim, bez przerwy**

backtrack /ˈbæktræk/ **verb** [I] to say that you did not mean something you said earlier: *The government has* ***backtracked on*** *its promises.* ▷ **wycofać się**

backup /ˈbækʌp/ **noun 1** [C, U] B2 extra help, support, or equipment which is available if you need it: *Medical staff are on call to* ***provide backup*** *in case of an emergency.* ▷ **wsparcie 2** [C] B2 an extra copy of computer information: *to* ***make a backup*** ▷ **kopia zapasowa**

backward /ˈbækwəd/ **adjective 1** [always before noun] in the direction behind you: *a* ***backward glance*** ▷ **wstecz, do tyłu 2** less developed or slower to develop than normal: *a backward country* ▷ **zacofany**

backwards /ˈbækwədz/ **adverb** (also **backward**) **1** B1 towards the direction behind you: *She took a couple of steps backwards.* ▷ **wstecz, do tyłu 2** towards an earlier time or an earlier stage of development: *Let's start with your most recent job and* ***work backwards.*** ▷ **wstecz, do tyłu 3** in the opposite order to what is usual: *"Erehwon" is "nowhere" spelled backwards.* ▷ **od tyłu, wspak 4** (also UK **back to front**) with the part that is usually at the front at the back: *You've got your skirt on backwards.* ▷ **odwrotnie 5 backwards and forwards** UK (UK/US **back and forth**) in one direction then the opposite way and back again many times: *I have to drive backwards and forwards between here and Ipswich every day.* ▷ **tam i z powrotem**

IDIOM **bend over backwards** to try extremely hard to help or to please someone: [+ to do sth] *She bent over backwards to help him.* ▷ **wychodzić ze skóry, stawać na głowie**

backyard /ˌbækˈjɑːd/ **noun** [C] US the area behind a house ▷ **podwórko lub ogródek (za domem)**

bacon /ˈbeɪkᵊn/ **noun** [U] B1 meat from a pig cut into long thin slices ▷ **bekon, boczek**

bacteria /bækˈtɪəriə/ **noun** [plural] very small living things that sometimes cause disease ▷ **bakterie**

• **bacterial adjective** made from or caused by bacteria: ***bacterial infections*** ▷ **bakteryjny**

bacteriophage /bækˈtɪəriəufeɪdʒ/ **noun** [C] (also **phage**) a virus that grows and divides inside a bacterium, destroying it ▷ **bakteriofag**

bacterium /bækˈtɪəriəm/ **noun** [C] (plural **bacteria**) a very small organism that can sometimes cause disease ▷ **bakteria**

bad /bæd/ **adjective** (**worse**, **worst**) **1** A1 not pleasant: ***bad weather*** ◦ ***bad news*** ◦ *My phone bill was even worse than I'd expected.* ◦ *He's in a bad mood today.* ▷ **zły, niedobry 2** A2 of low quality: *bad behaviour* ◦ *The service was really bad.* ◦ *He's always been* ***bad at*** *maths.* ▷ **zły, niegrzeczny, słaby 3** B1 very serious or severe: *a bad injury* ◦ *the worst flooding for years* ▷ **poważny 4** B1 not lucky, not convenient, or not happening how you would like: *It was just* ***bad luck*** *that she heard us.* ◦ *Is this a bad time to ask?* ▷ **pechowy, nieodpowiedni 5 not bad** A2 satisfactory: *"There are about 10 people in a group." "Oh well, that's not bad."* ◦ *That's* ***not bad for*** *such a small company.* ▷ **niezły, ≈ nieźle 6 be bad for sb/sth** A2 to be harmful for someone or something: *Looking at a computer screen for too long can be bad for your eyes.* ▷ **szkodzić** *komuś/czemuś* **7 feel bad about sth/doing sth** B1 to feel guilty or sorry about something that has happened: *I felt bad about letting her down.* ▷ *komuś* **przykro z** *jakiegoś* **powodu 8 too bad a** B1 mainly US informal used to say that you are sorry about a situation: *"He didn't get the job." "Oh, that's too bad."* ▷ **szkoda, to przykrość b** used to say that nothing can be done to change a situation: *I know you don't want to go but it's too bad, we have to.* ▷ **trudno 9** B1 evil: *She's a really bad person.* ▷ **zły 10** B2 Bad food is not fresh and cannot be eaten. ▷ **zepsuty 11** [always before noun] If you have a bad arm, leg, heart, etc, there is something wrong with it and it is painful. ▷ **chory** → See also **bad *blood*, be in sb's good/bad *books***

ˌbad ˈdebt noun [C] a debt that is not likely to be paid ▷ **dług nieściągalny**

baddie /ˈbædi/ **noun** [C] mainly UK informal a bad person in a film, book, etc ▷ **czarny charakter, ciemny typek**

bade /bæd/ past tense of **bid**

badge /bædʒ/ **noun** [C] **1** B2 a piece of plastic, metal, etc which you wear on your clothes showing your name or the organization you work for ▷ **identyfikator 2** UK (US **button**) B2 a piece of plastic, metal, etc with words or pictures on it that you wear on your clothes for decoration ▷ **odznaka, plakietka**

badger /ˈbædʒəʳ/ **noun** [C] a wild animal with thick black and white fur that lives under the ground and comes out at night ▷ **borsuk**

badly /ˈbædli/ **adverb** (**worse**, **worst**) **1** A2 very seriously: *badly damaged/injured* ▷ **poważnie 2** B2 in a way that is of low quality or in an unpleasant way: *to behave badly* ◦ *They played badly in the first half.* ▷ **źle**

badminton /ˈbædmɪntən/ **noun** [U] A2 a sport for two or four people in which you hit a shuttlecock over a net ▷ **badminton**

bad-tempered /ˌbædˈtempəd/ **adjective** B2 a bad-tempered person gets angry or annoyed easily: *Sam's been bad-tempered recently, is something worrying him?* ▷ **wybuchowy**

baffle /ˈbæfl/ **verb** [T] If something baffles you, you cannot understand it at all: [often passive] *The police were baffled by his disappearance.* ▷ **wprawiać w zakłopotanie, zbić z tropu**

bag¹ /bæg/ **noun** [C] **1** A1 a container made of paper, plastic, etc, used for carrying things: *a paper/plastic bag* ◦ *He **packed** his **bags** and left.* ▷ **torba, worek 2** (also **handbag**) mainly UK a bag with handles in which a woman carries her money, keys, etc ▷ **torebka 3** the amount a bag contains: *It doesn't weigh more than a couple of bags of sugar.* ▷ **torebka, worek 4 bags of sth** mainly UK informal a large amount of something: *There's bags of room.* ▷ **mnóstwo** *czegoś* **5 bags** Bags under your eyes are areas of loose or dark skin. ▷ **worki (pod oczami)** → See also **carrier bag**, **let the *cat* out of the bag**, **shoulder bag**, **sleeping bag**, **tote bag**

bag² /bæg/ **verb** [T] (present participle **bagging**, past tense and past participle **bagged**) informal to get something, especially before other people have a chance to take it: *Bag us some decent seats.* ▷ **złapać**

bagel /ˈbeɪgəl/ **noun** [C] a type of bread made in the shape of a ring ▷ **bajgiel** → See picture at **bread**

baggage /ˈbægɪdʒ/ **noun** [U] **1** B1 all the cases and bags that you take with you when you travel: *baggage reclaim* ▷ **bagaż 2** feelings and experiences from the past that influence how you think and behave now: *emotional baggage* ▷ **bagaż**

baggy /ˈbægi/ **adjective** Baggy clothes are big and loose. ▷ **luźny, workowaty**

bagpipes /ˈbægpaɪps/ **noun** [plural] a Scottish musical instrument that is played by blowing air into a bag and forcing it through pipes ▷ **dudy**

baguette /bægˈet/ **noun** [C] a French-style loaf of bread that is long and thin and white: *a ham and cheese baguette* ▷ **bagietka**

the Bahamas /bəˈhɑːməz/ **noun** a country consisting of a group of islands in the Caribbean ▷ **Bahamy**

• **Bahamian** /bəˈheɪmiən/ **adjective** coming from or relating to the Bahamas ▷ **bahamski**
• **Bahamian noun** someone from the Bahamas ▷ **Baham-czyk/ka**

Bahrain /bɑːˈreɪn/ **noun** a country in the Middle East ▷ **Bahrajn**

• **Bahraini** /bɑːˈreɪni/ **adjective** coming from or relating to Bahrain ▷ **bahrajński** • **Bahraini noun** someone from Bahrain ▷ **Bahraj-ńczyk/nka**

bail¹ /beɪl/ **noun** [U] when money is paid to a court so that someone can be released from prison until their trial: *He was **released on bail**.* ◦ *She was **granted bail**.* ▷ **kaucja**

bail² /beɪl/ **verb be bailed** If someone is bailed until a particular time, they can leave prison until then if they pay money to the court. ▷ **wyjść lub być zwolnionym za kaucją**

PHRASAL VERB **bail sb out 1** to help a person or organization by giving them money: *Companies can't expect the government to keep bailing them out.* ▷ **poratować** *kogoś* **(finansowo) 2** to pay money to a court so that someone can be released from prison until their trial ▷ **wpłacać kaucję za** *kogoś*

---

bailiff /ˈbeɪlɪf/ **noun** [C] **1** UK someone whose job is to take away things people own when they owe money ▷ **komornik 2** US someone whose job is to guard prisoners in a court ▷ **strażnik sądowy**

bailout /ˈbeɪlaʊt/ **noun** [C] mainly US when a company is given money to solve its financial problems ▷ **pomoc finansowa**

bait¹ /beɪt/ **noun** [U, no plural] **1** food that is used to try to attract fish or animals so that you can catch them ▷ **przynęta 2** something that you use to persuade someone to do something ▷ **przynęta, pokusa**

bait² /beɪt/ **verb** [T] **1** to put food in or on something to try to catch fish or animals: *a mouse trap baited with cheese* ▷ **używać jako przynęty 2** to try to make someone angry by laughing at them or criticizing them ▷ **podpuszczać**

bake /beɪk/ **verb** [I, T] A2 to cook something such as bread or a cake with dry heat in an oven: *a baked apple* ▷ **piec**

ˌbaked ˈbeans noun [plural] beans cooked in a tomato sauce and sold in tins ▷ **fasolka w sosie pomidorowym**

B

ˌbaked poˈtato **noun** [C] a potato baked and served with the skin still on ▷ **pieczony ziemniak**

baker /ˈbeɪkəʳ/ **noun** [C] (B1) someone who makes and sells bread, cakes, etc: *Can you call at* ***the baker's*** *and get a loaf of bread?* ▷ **piekarz**

bakery /ˈbeɪkəri/ **noun** [C] (B2) a shop where you can buy bread, cakes, etc ▷ **piekarnia**

baking /ˈbeɪkɪŋ/ **adjective** informal Baking weather is very hot. ▷ **skwarny**

balalaika /ˌbæləˈlaɪkə/ **noun** [C] a type of musical instrument with three strings, played especially in Russia ▷ **bałałajka**

balance¹ /ˈbæləns/ **noun** **1** [U] (B2) when the weight of someone or something is spread in such a way that they do not fall over: *I* ***lost my balance*** *and fell off the bike.* ◦ *The force of the explosion threw him* ***off balance*** *(= it was difficult for him to stay standing).* ▷ **równowaga** **2** [U, no plural] (B2) when the correct amount of importance is given to each thing so that a situation is successful: *We hope to* ***strike a balance between*** *police powers and the protection of citizens.* ▷ **równowaga, kompromis** → Opposite **imbalance** **3** [U] when you consider all the facts in a fair way: *I felt his report lacked balance.* ▷ **wyważenie** **4** **on balance** (B2) used to give your opinion after you have considered all the facts about something: *On balance, I'd prefer a woman dentist to a man.* ▷ **zważywszy wszystko** **5** [C] (B2) the amount of money that you still have to pay, or that you have left to use: [usually singular] *I always pay off the balance on my credit card each month.* ▷ **saldo, bilans**

IDIOM **be/hang in the balance** If something hangs in the balance, nobody knows if it will continue to exist in the future or what will happen to it: *After a bad year, Judd's career hung in the balance.* ▷ **ważyć się**

> Wyrazy występujące razem z **balance**
>
> keep/lose your balance • knock/throw sb off balance • sb's sense of balance
> find/maintain/strike a balance • redress the balance • a delicate balance • a balance between sth and sth

balance² /ˈbæləns/ **verb** **1** [I, T] (B2) to be in a position where you will not fall to either side, or to put something in this position: *She was trying to balance a book on her head.* ▷ **balansować, utrzymywać równowagę** **2** [T] (B2) to give the correct amount of importance to each thing so that a situation is successful: *I struggle to balance work and family commitments.* ▷ **wyważać, utrzymywać równowagę** **3** **balance the books/budget** to make sure that you do not spend more money than you get ▷ **zrównoważyć budżet**

PHRASAL VERB **balance sth against sth** to compare the advantages and disadvantages of something: *The ecological effects of the factory need to be balanced against the employment it provides.* ▷ **rozważać** *coś* **w kontekście** *czegoś*

balanced /ˈbælənst/ **adjective** **1** (B2) considering all the facts in a fair way: *a balanced discussion of his work* ▷ **wyważony** **2** **a balanced diet/meal** (B2) a healthy mixture of different kinds of food ▷ **pełnowartościow-a/y lub urozmaicon-a/y dieta/posiłek** → See also **well-balanced**

ˌbalanced eˈquation **noun** [C] a chemical equation that has the same number of each type of atom on the left and right sides ▷ **równanie zbilansowane**

ˌbalance of ˈpayments **noun** [no plural] mainly UK the difference between how much a country pays to other countries and how much it gets paid by other countries ▷ **bilans płatniczy**

ˌbalance of ˈpower **noun** [no plural] the way in which power is divided between different people or groups: *maintaining the balance of power in the European Union* ▷ **równowaga sił**

ˌbalance of ˈtrade **noun** [C, usually singular] the difference in value between exports and imports ▷ **bilans handlowy**

ˈbalance ˌsheet **noun** [C] a document that shows what a company has earned and what it has spent ▷ **zestawienie bilansowe**

balcony /ˈbælkəni/ **noun** [C] **1** (B1) a small area joined to the wall outside a room on a high level where you can stand or sit ▷ **balkon** **2** the seats in an upper area of a theatre ▷ **balkon**

bald /bɔːld/ **adjective** **1** (B1) with little or no hair: *John started to* ***go bald*** *at an early age.* ◦ *I've got a* ***bald patch/spot.*** ▷ **łysy** **2** [always before noun] Bald facts or ways of saying things are very clear and are not intended to comfort you. ▷ **nagi, bezceremonialny**
• **baldness** **noun** [U] ▷ **łysienie, łysina**

balding /ˈbɔːldɪŋ/ **adjective** becoming bald ▷ **łysiejący**

baldly /ˈbɔːldli/ **adverb** If you say something baldly, you say it in a very clear way which may upset the person you are speaking to: *"I don't love you any more," he said baldly.* ▷ **bez ogródek**

bale /beɪl/ **noun** [C] a large amount of something such as paper, cloth, or hay, that is tied together so that it can be stored or moved ▷ **bela**

baleful /ˈbeɪlfəl/ **adjective** formal evil or angry: *a baleful look* ▷ **złowrogi**

balk (also UK **baulk**) /bɔːlk/ (US) /bɔːk/ **verb** [I] to not want to do something that is unpleasant or difficult: *Most people* ***balk at*** *paying these kind of prices for clothes.* ▷ **wzdragać się**

B

ball /bɔːl/ **noun** [C] **1** A1 a round object that you throw, kick, or hit in a game, or something with this shape: *a tennis ball* ◦ *a ball of string* ▷ **piłka, kula, kulka, kłębek** **2** a large formal occasion where people dance ▷ **bal** **3 have a ball** informal to enjoy yourself very much ▷ **świetnie się bawić**

IDIOMS **be on the ball** informal to be quick to understand and react to things ▷ **być czujnym** • **set/start the ball rolling** to begin an activity that involves a group of people: *I've started the ball rolling by setting up a series of meetings.* ▷ **zrobić pierwszy ruch**

→ See also **ball game**, **crystal ball**

ballad /ˈbæləd/ **noun** [C] a song that tells a story, especially about love ▷ **ballada**

ballerina /ˌbæləˈriːnə/ **noun** [C] a female ballet dancer ▷ **baletnica**

ballet /ˈbæleɪ/ (US) /bælˈeɪ/ **noun** **1** [U] B1 a type of dancing that is done in a theatre and tells a story, usually with music ▷ **balet** **2** [C] a particular story or performance of ballet dancing ▷ **balet** **3** [C] a group of ballet dancers who work together: *the Royal Ballet* ▷ **balet**

ˈball ˌgame **noun** [C] US a game of baseball, basketball, or American football ▷ **mecz**

IDIOM **a whole new ball game** (also **a different ball game**) informal a completely different situation from how things were before: *We'd been climbing in Scotland, but the Himalayas were a whole new ball game.* ▷ **coś zupełnie innego**

ballistic /bəˈlɪstɪk/ **adjective**

IDIOM **go ballistic** informal to suddenly become very angry ▷ **wkurzyć się**

balloon[1] /bəˈluːn/ **noun** [C] A2 a small coloured rubber bag that you fill with air to play with or to use as a decoration: *Could you help me to* ***blow up*** *some* ***balloons****?* ▷ **balonik, balon** → See also **hot-air balloon**

balloon[2] /bəˈluːn/ **verb** [I] to suddenly become much larger: *I ballooned to 14 stone when I had my second baby.* ▷ **rozrastać się, urastać**

ballot[1] /ˈbælət/ **noun** [C, U] a secret written vote: *to* ***hold a ballot*** ◦ *She was the only candidate* ***on the ballot*** *(= available to vote for).* ◦ UK ***ballot papers*** ◦ *a* ***ballot box*** *(= box where votes are collected)* ▷ **(tajne) głosowanie**

> **Wyrazy występujące razem z ballot**
>
> **hold** a ballot • a ballot **on** sth • **be on** a ballot • ballot **papers** • a ballot **box**

ballot[2] /ˈbælət/ **verb** [T] mainly UK to ask people to vote in a ballot so that you can find out their opinion about something: *In July he will* ***ballot*** *his members* ***on*** *how they want to proceed.* ▷ **przeprowadzać głosowanie wśród, zasięgać opinii**

ballpark /ˈbɔːlpɑːk/ **noun** **1** [C] US a place where baseball is played and watched ▷ **stadion baseballowy** **2** **ballpark estimate/figure** a number or amount that is not exact but should be near the correct number or amount: *$3 million would be a ballpark figure for sales next year.* ▷ **przybliżona liczba**

ballpoint pen /ˌbɔːlpɔɪntˈpen/ **noun** [C] a pen with a very small ball in the end that rolls ink onto the paper ▷ **długopis**

ballroom /ˈbɔːlruːm/ **noun** [C] a large room where dances are held ▷ **sala balowa**

bamboo /bæmˈbuː/ **noun** [C, U] a tall plant with hard hollow stems, often used for making furniture ▷ **bambus**

ban[1] /bæn/ **verb** [T] (present participle **banning**, past tense and past participle **banned**) B2 to officially say that someone must not do something: *A lot of people think boxing should be banned.* ◦ [+ from + doing sth] *Ian's been banned from driving for 2 years.* ▷ **zabraniać, zakazywać**

ban[2] /bæn/ **noun** [C] B2 an official rule that people must not do or use something: *There is a* ***ban on*** *developing land around the city.* ▷ **zakaz**

> **Wyrazy występujące razem z ban**
>
> **impose/introduce/lift** a ban • a **blanket/complete/outright/total** ban • a ban **on** (doing) sth

banal /bəˈnɑːl/ **adjective** ordinary and not exciting: *banal pop songs* ▷ **banalny**

banana /bəˈnɑːnə/ **noun** [C, U] A1 a long, curved fruit with a yellow skin ▷ **banan** → See **Fruits and Vegetables** on page Centre 10

band[1] /bænd/ **noun** [C] **1** A1 a group of musicians who play modern music together: *a jazz band* ▷ **zespół** **2** a line of a different colour or design: *The band of lighter coloured soil marks the position of the fort.* ▷ **pasek, prążek** **3** a piece of material put around something: *an* ***elastic band*** ▷ **opaska** **4** a group of people who do something together: *the Cathedral's band of regular worshippers* ▷ **grupa** **5** UK one of the groups that something is divided into: *the 20-25 age band* ▷ **przedział** → See also **elastic band**, **rubber band**

band[2] /bænd/ **verb**

PHRASAL VERB **band together** to work with other people in order to achieve something: *Companies banded together to keep prices high.* ▷ **zorganizować się** → Opposite **disband**

B

bandage¹ /ˈbændɪdʒ/ noun [C] B1 a long piece of soft cloth that you tie around an injured part of the body ▷ **bandaż**

bandage² /ˈbændɪdʒ/ verb [T] to put a bandage around a wound or injury ▷ **bandażować**

Band-Aid /ˈbændeɪd/ noun [C] US trademark (UK **plaster**) a small piece of cloth or plastic that sticks to your skin to cover and protect a small wound ▷ **plaster**

bandit /ˈbændɪt/ noun [C] a thief who attacks people who are travelling in a wild place ▷ **bandyta**

bandwagon /ˈbændˌwægən/ noun

IDIOM **get/jump on the bandwagon** to become involved in an activity which is successful so that you can get the advantages of it yourself: *Publishers are rushing to get on the CD-ROM bandwagon.* ▷ **nie pozostawać w tyle, iść w ślad za innymi**

bandwidth /ˈbændwɪtθ/ noun [usually singular] the amount of information per second that can move between computers connected by a telephone wire ▷ **przepustowość, szerokość pasma**

bang¹ /bæŋ/ noun [C] **1** B2 a sudden loud noise: *The door slammed with a deafening bang.* ▷ **huk 2** when you suddenly hit part of your body on something hard: *a nasty bang on the head* ▷ **uderzenie**

IDIOMS **go out with a bang** informal If someone or something goes out with a bang, they stop existing or doing something in an exciting way. ▷ **odejść z trzaskiem** • **more bang for your buck(s)** US informal the best result for the smallest effort ▷ **wiele za niewiele**

bang² /bæŋ/ verb [I, T] **1** B2 to make a loud noise, especially by hitting something against something hard: *We heard the door bang.* ◦ *Ben banged his fist on the desk.* ▷ **trzasnąć 2** to hit part of your body against something hard: *Ted fell and banged his head.* ▷ **walnąć się (w)** → See also **be banging your *head* against a brick wall**

bang³ /bæŋ/ adverb UK informal exactly: *The books were piled up* ***slap bang*** *in the middle of the kitchen table.* ◦ *The curtain rose* ***bang on time***. ▷ **dokładnie**

banger /ˈbæŋəʳ/ noun [C] UK informal **1** an old car that is in a bad condition ▷ **rzęch 2** a sausage ▷ **kiełbacha**

Bangladesh /ˌbæŋgləˈdeʃ/ noun a country in Asia ▷ **Bangladesz**
• **Bangladeshi** /ˌbæŋgləˈdeʃi/ adjective coming from or relating to Bangladesh ▷ **bangladeski** • **Bangladeshi** noun someone from Bangladesh ▷ **Banglij-czyk/ka**

bangle /ˈbæŋgl/ noun [C] a circle of stiff plastic, metal, etc that people wear around the arm as jewellery ▷ **bransoletka**

bangs /bæŋz/ noun [plural, C] US (UK **fringe**) hair that is cut short and straight at the top of someone's face ▷ **grzywka**

banish /ˈbænɪʃ/ verb [T] **1** to send someone away from a place, often as a punishment: [often passive] *He was* ***banished to*** *a remote Alaskan island.* ▷ **wypędzić, wygnać, zsyłać 2** to make yourself stop thinking about something or feeling a particular way: *Banish winter blues with a holiday in the sun!* ▷ **odpędzać**

banister /ˈbænɪstəʳ/ noun [C] a long piece of wood that you can hold as you go up or down stairs ▷ **poręcz, balustrada**

banjo /ˈbændʒəʊ/ noun [C] a musical instrument like a guitar with a round body ▷ **bandżo**

bank¹ /bæŋk/ noun [C] **1** A1 an organization or place where you can borrow money, save money, etc: *Most banks are reluctant to lend money to new businesses.* ▷ **bank 2** B1 the land along the side of a river: *We found a shady spot on the river bank.* ▷ **brzeg 3** a place where a supply of something can be kept until it is needed: *a blood bank* ▷ **bank 4** a large pile of snow, sand, or soil ▷ **zwał, wał, nasyp** → See also **bottle bank**, **merchant bank**, **piggy bank**

bank² /bæŋk/ verb **1** [I, T] to put or keep money in a bank: *to bank a cheque* ◦ *Who do you* ***bank with***? ◦ *I* ***bank at*** *the First National Bank.* ▷ **mieć rachunek, realizować 2** [I] When a plane banks, it flies with one wing higher than the other when turning. ▷ **kłaść się na skrzydło**

PHRASAL VERB **bank on sb/sth** to depend on someone doing something or something happening: *Chrissie might arrive on time, but I wouldn't bank on it.* ▷ **liczyć na** *kogoś/coś*

ˈbank aˌccount noun [C] B1 an arrangement with a bank to keep your money there and take it out when you need to ▷ **rachunek bankowy, konto bankowe**

ˈbank ˌbalance noun [C] the amount of money in a bank account ▷ **saldo, stan konta**

ˈbank ˌcharges noun [usually plural] sums of money paid by a customer for a bank's services ▷ **opłaty bankowe**

banker /ˈbæŋkəʳ/ noun [C] B2 someone who has an important job in a bank ▷ **bankier, bankowiec**

ˌbanker's ˈorder noun [C] a standing order ▷ **zlecenie stałe**

ˌbank ˈholiday noun [C] UK an official holiday when all banks and most shops and offices are closed: *Spring bank holiday* ▷ **święto państwowe**

banking /ˈbæŋkɪŋ/ **noun** [U] B2 the business of operating a bank ▷ **bankowość**

banknote /ˈbæŋknəʊt/ **noun** [C] mainly UK (US **bill**) a piece of paper money ▷ **banknot**

ˈbank ˌrate noun [C] the amount of interest that a bank charges when it lends money ▷ **stopa depozytowa**

ˈbank reconciliˌation noun [C, U] the process of checking a business's accounts against a bank statement ▷ **uzgodnienie kont**

bankrupt¹ /ˈbæŋkrʌpt/ **adjective** unable to continue in business because you cannot pay your debts: *He **went bankrupt** after only a year in business.* ▷ **niewypłacalny**

bankrupt² /ˈbæŋkrʌpt/ **verb** [T] to make someone bankrupt ▷ **doprowadzać do bankructwa lub upadku**

bankruptcy /ˈbæŋkrəptsi/ **noun** [C, U] when a person or organization becomes bankrupt: *Factories that continue to make losses could soon face bankruptcy.* ▷ **bankructwo**

ˈbank ˌstatement noun [C] a piece of paper that shows how much money you have put into your bank account and how much you have taken out ▷ **wyciąg z konta**

banner /ˈbænəʳ/ **noun** [C] a long piece of cloth, often stretched between poles, with words or a sign written on it ▷ **transparent**

ˈbanner ˌad noun [C] an advertisement that appears across the top of a page on the Internet ▷ **baner**

banquet /ˈbæŋkwɪt/ **noun** [C] a large formal dinner for a lot of people ▷ **bankiet**

banter /ˈbæntəʳ/ **noun** [U] conversation which is funny and not serious ▷ **żarty, przekomarzanie**

baptism /ˈbæptɪzᵊm/ **noun** [C, U] a Christian ceremony in which water is put on someone to show that they are a member of the Church ▷ **chrzest**

Baptist /ˈbæptɪst/ **adjective** belonging or relating to a Christian group which only believes in baptism for people who are old enough to understand what it means: *the Baptist Church* ▷ **baptystów**
• **Baptist noun** [C] ▷ **baptyst-a/ka**

baptize (also UK **-ise**) /bæpˈtaɪz/ US /ˈbæptaɪz/ **verb** [T] to perform a baptism ceremony for someone ▷ **chrzcić**

bar¹ /bɑːʳ/ **noun** [C] **1** A1 a place where alcoholic drinks are sold and drunk, or the area behind the person serving the drinks: *I met him in a bar in Soho.* ▷ **bar 2** B1 a small block of something solid: *a chocolate bar ◦ gold bars* ▷ **tabliczka, sztaba** → See **Pieces and Quantities** on page Centre 1 **3** B2 a long, thin piece of metal or wood: *There were bars on the downstairs windows.* ▷ **pręt, krata 4** UK something that prevents you doing something or having something: *Lack of money should not be **a bar to** a good education.* ▷ **przeszkoda 5** one of the short, equal groups of notes that a piece of music is divided into: *The band played the first few bars.* ▷ **takt 6** a long area of sand, soil, or stones in the sea but close to land or joining two pieces of land ▷ **mierzeja 7 the bar** lawyers thought of as a group: *Haughey was **called to the bar** (= became a lawyer) in 1949.* ▷ **adwokatura**

IDIOM **behind bars** in prison ▷ **za kratkami**

bar² /bɑːʳ/ **verb** [T] (present participle **barring**, past tense and past participle **barred**) **1** to officially prevent someone doing something or going somewhere, or to prevent something happening: [+ from + doing sth] *The court barred him from contacting his former wife.* ▷ **zabraniać 2** to stop someone going into a place: *A line of policemen barred the entrance to the camp.* ▷ **zagradzać 3** to close and lock a door or gate ▷ **zaryglować**

bar³ /bɑːʳ/ **preposition 1** except: *I've read all her books, **bar one**.* ▷ **oprócz 2 bar none** used to emphasize that someone or something is the best: *the best suspense writer going, bar none* ▷ **bez wyjątku**

Barbados /bɑːˈbeɪdɒs/ **noun** a country on an island in the Caribbean ▷ **Barbados**
• **Barbadian** /bɑːˈbeɪdiən/ **adjective** coming from or relating to Barbados ▷ **barbadoski** • **Barbadian noun** someone from Barbados ▷ **Barbado-szczyk/ska**

barbarian /bɑːˈbeəriən/ **noun** [C] someone who behaves in a way which shows they are not well educated and do not care about the feelings of others ▷ **barbarzyńca**

barbaric /bɑːˈbærɪk/ **adjective** violent and cruel: *a barbaric act of violence* ▷ **barbarzyński**
• **barbarically adverb** ▷ **po barbarzyńsku**

barbecue¹ /ˈbɑːbɪkjuː/ **noun** [C] **1** A2 a party at which you cook food over a fire outdoors ▷ **grill 2** A2 a metal frame for cooking food over a fire outdoors ▷ **grill**

barbecue² /ˈbɑːbɪkjuː/ **verb** [I, T] (present participle **barbecuing**, past tense and past participle **barbecued**) B1 to cook food on a barbecue: *barbecued chicken wings* ▷ **grillować**

barbecue

barbed wire /ˌbɑːbd ˈwaɪəʳ/ **noun** [U] strong wire with short, sharp points on it to keep people out of a place: *a barbed wire fence* ▷ **drut kolczasty**

barbed wire

barber /ˈbɑːbəʳ/ **noun** [C] someone whose job is to cut men's hair: *Dad goes to **the barber's** (= the barber's shop) once a month.* ▷ **fryzjer (męski)**

ˈbar ˌchart noun [C] (also **bar graph**) a graph in which different amounts are shown by thick lines of different heights or lengths ▷ **wykres słupkowy**

ˈbar ˌcode noun [C] a row of black lines on something you buy, that a computer reads to find the price ▷ **kod paskowy**

bare[1] /beəʳ/ **adjective 1** B2 not covered by clothes: *a bare chest* ◦ *She ran out into the road* ***in her bare feet.*** ▷ **nagi, bosy 2** B2 not covered by anything: *bare floorboards* ▷ **goły 3** empty: *a bare room* ◦ *The cupboard was bare.* ▷ **pusty 4** including only the smallest amount that you need of something: *The report just gave us the barest facts about the accident.* ◦ *Tony's salary only covers* ***the bare essentials*** *for the family.* ▷ **podstawowy, najniezbędniejszy** → See also **with your bare *hands***

bare[2] /beəʳ/ **verb** [T] to take away the thing that is covering something so that it can be seen: *He bared his chest.* ◦ *The dog bared its teeth.* ▷ **obnażać**

barefoot /beəˈfʊt/ **adjective, adverb** not wearing any shoes or socks: *They ran barefoot along the wet beach.* ▷ **na bosaka, boso**

ˌbare inˈfinitive noun [C] in grammar, the infinitive form of a verb without the word 'to' ▷ **bezokolicznik bez** *to*

barely /ˈbeəli/ **adverb** B2 only just: *He was barely alive when they found him.* ▷ **ledwie, ledwo**

barf /bɑːf/ **verb** [I] US very informal to vomit ▷ **rzucać pawia, rzygać**
• **barf** noun [U] ▷ **paw**

bargain[1] /ˈbɑːgɪn/ **noun** [C] **1** B2 something that is sold for less than its usual price or its real value: *At $8.95, it's a bargain.* ▷ **okazja 2** when you agree to something someone else wants so that they will agree to something you want: *They were prepared to* ***strike a bargain*** *to avoid more fighting.* ▷ **porozumienie 3 into the bargain** mainly UK as well as everything else: *Caffeine has no good effects on health and is mildly addictive into the bargain.* ▷ **w dodatku**

> Wyrazy występujące razem z **bargain**
> get/pick up/snap up a bargain • a bargain price • bargain hunting

bargain[2] /ˈbɑːgɪn/ **verb** [I] to try to make someone agree to something better for you: *Do not hesitate to* ***bargain over*** *the price.* ▷ **targować się**

PHRASAL VERB **bargain for/on sth** to expect or be prepared for something: *We hadn't bargained on such a long wait.* ◦ *The stormy weather proved to be* ***more than*** *anybody* ***bargained for.*** ▷ **spodziewać się** *czegoś*

barge[1] /bɑːdʒ/ **noun** [C] a long, narrow boat with a flat bottom that is used to carry goods ▷ **barka**

barge[2] /bɑːdʒ/ **verb** informal **barge past/through/ahead, etc** to walk somewhere quickly, pushing people or things out of the way: *Fred barged through the crowd.* ▷ **przepychać się**

PHRASAL VERB **barge in/barge into sth** to walk into a room quickly and without being invited ▷ **wpychać się** (*gdzieś*)

baritone /ˈbærɪtəʊn/ **noun** [C] a man who sings in a voice that is quite low ▷ **baryton**

barium /ˈbeəriəm/ **noun** [U] a soft, silver-white metal element (symbol Ba) ▷ **bar**

bark[1] /bɑːk/ **noun 1** [U] the hard substance that covers the surface of a tree ▷ **kora 2** [C] the sound that a dog makes ▷ **szczekanie**

bark[2] /bɑːk/ **verb 1** [I] B2 If a dog barks, it makes loud, short sounds. ▷ **szczekać 2** [I, T] to say something loudly and quickly: *I'm sorry, I had no right to bark at you like that.* ▷ **warczeć**

barley /ˈbɑːli/ **noun** [U] a type of grain used for making food and alcoholic drinks ▷ **jęczmień**

barmaid /ˈbɑːmeɪd/ **noun** [C] UK (US **bartender**) a woman who serves drinks in a bar ▷ **barmanka**

barman /ˈbɑːmən/ **noun** [C] (plural **barmen**) UK (US **bartender**) B1 a man who serves drinks in a bar ▷ **barman**

bar mitzvah /ˌbɑːˈmɪtsvə/ **noun** [usually singular] a religious ceremony for a Jewish boy when he reaches the age of 13 ▷ **bar micwa**

barmy /ˈbɑːmi/ **adjective** UK informal crazy or silly: *What a barmy idea!* ▷ **stuknięty**

barn /bɑːn/ **noun** [C] a large building on a farm where crops or animals can be kept ▷ **stodoła, obora, stajnia**

barometer /bəˈrɒmɪtəʳ/ **noun** [C] **1** a way of showing what people think or what the quality of something is: *Car sales are viewed as* ***a barometer of*** *consumer confidence.* ▷ **wskaźnik 2** a piece of equipment that measures air pressure and shows when the weather will change ▷ **barometr**

baron /ˈbærᵊn/ **noun** [C] **1** a man of high social rank in the UK and other parts of Europe ▷ **baron 2** a man who owns or controls a lot of a particular industry: *a wealthy media baron* ▷ **oligarcha**

baroness /ˈbærᵊnes/ **noun** [C] a woman of the same rank as a baron or married to a baron, or a title given to a woman in the UK who has earned official respect: *Baroness Thatcher* ▷ **baronowa**

baroque /bəˈrɒk/ **adjective** relating to the style of art, building, and music that was popular in Europe in the 17th and early 18th century, and which had a lot of decoration ▷ **barokowy**

barracks /ˈbærəks/ **noun** [C] (plural **barracks**) a group of buildings where soldiers live ▷ **koszary**

barrage /ˈbærɑːdʒ/ US /bəˈrɑːdʒ/ **noun 1 a barrage of sth** a lot of questions, complaints, or criticisms: *He faced a barrage of questions about his decision to leave the show.* ▷ **grad**

B

czegoś **2** [C] a continuous attack with several big guns ▷ **kanonada**

barrel /ˈbærəl/ **noun** [C] **1** a large, round container for storing liquids such as oil or wine ▷ **beczka, baryłka** **2** the tube in a gun that the bullet shoots out of ▷ **lufa**

barrel

barren /ˈbærən/ **adjective** **1** Land that is barren does not produce crops. ▷ **jałowy** **2** old-fashioned A woman who is barren cannot have children. ▷ **bezpłodny**

• **barrenness** **noun** [U] ▷ **jałowość**

barricade¹ /ˌbærɪˈkeɪd/ **noun** [C] something that is quickly put across a road or entrance to prevent people from going past ▷ **zapora, barykada**

barricade² /ˌbærɪˈkeɪd/ **verb** [T] to build a barricade somewhere: [often reflexive] *They barricaded themselves in the building (= built a barricade so that nobody could get to them).* ▷ **zabarykadować**

barrier /ˈbæriəʳ/ **noun** [C] **1** (B2) a type of fence that prevents people from going into an area: *Police erected barriers to hold back the crowd.* ▷ **barierka** **2** (B2) something that prevents people from doing what they want to do: *Shyness is a big **barrier to** making friends.* ▷ **bariera** → See also **crash barrier**

> Wyrazy występujące razem z **barrier**
>
> **act as/be/create/serve as a barrier to sth** • **break through/overcome/remove a barrier** • **the biggest/the main/a major barrier** • **[age/size, etc] is no barrier to sth**

barring /ˈbɑːrɪŋ/ **preposition** if something does not happen: *We should arrive at about five o'clock, barring accidents.* ▷ **o ile nie zdarzy się, oprócz**

barrister /ˈbærɪstəʳ/ **noun** [C] in the UK, a lawyer who can work in the highest courts ▷ **adwokat**

barrow /ˈbærəʊ/ UK (UK/US **wheelbarrow**) a big, open container with a wheel at the front and handles that is used to move things, especially around in a garden ▷ **taczka**

bartender /ˈbɑːˌtendəʳ/ **noun** [C] US (UK **barman/barmaid**) someone who serves drinks in a bar ▷ **barman/ka**

barter /ˈbɑːtəʳ/ **verb** [I, T] to exchange goods or services for other goods or services, without using money ▷ **wymieniać**

basalt /ˈbæsɒlt/ **noun** [U] a type of black rock that comes from a volcano ▷ **bazalt**

base¹ /beɪs/ **noun** [C] **1** (B2) the bottom part of something, or the part something rests on: *I felt a sharp pain at the base of my thumb.* ▷ **podstawa** **2** the most important part of something, from which other things can develop: *a solid economic base* ▷ **podstawa** **3** (B2) the main place where a person lives or works, or from where they do things: *Keswick is an excellent base for exploring the Lake District.* ▷ **baza** **4** (B2) a place where people in the army or navy live and work: *an American Air Force base* ▷ **baza** **5** the place where the main work of an organization is done: *The company's European base is in Frankfurt.* ▷ **siedziba** **6** the main substance in a mixture: *paints with an oil base* ▷ **baza** **7** one of the four places in baseball that a player must run to in order to win a point ▷ **baza** **8** a chemical substance with a pH of more than 7 ▷ **zasada** **9** a number that is used as the most important unit in a system of counting: *The binary system of counting uses base 2.* ▷ **podstawa**

IDIOMS **be off base** US informal to be wrong: *In 1893, many of the forecasts about 1993 were way off base.* ▷ **być chybionym** • **touch/cover all the bases** mainly US to deal with every part of a situation or activity ▷ **zabezpieczyć się ze wszystkich stron**

base² /beɪs/ **verb** **be based at/in, etc** (B2) If you are based at/in, etc a particular place, that is the main place where you live or work: *The company is based in Geneva.* ▷ **mieć siedzibę lub bazę w/na** *itp.*

PHRASAL VERB **base sth on/upon sth** (B1) If you base something on facts or ideas, you use those facts or ideas to develop it: *Her latest TV serial is based on a true story.* ▷ **opierać** *coś* **na** *czymś*

baseball /ˈbeɪsbɔːl/ **noun** **1** [U] (A2) a game in which two teams try to win points by hitting a ball and running around four fixed points ▷ **baseball** **2** [C] (A2) the ball used in this game ▷ **piłka do baseballa** → See **Sports 2** on page Centre 15

ˈbaseball ˌcap **noun** [C] a type of hat with a long flat piece at the front to protect the eyes from the sun ▷ **bejsbolówka, czapka z daszkiem** → See **Clothes** on page Centre 9

ˈbase ˌcamp **noun** [C] the place from which people go to climb mountains ▷ **baza, obóz bazowy lub główny**

basement /ˈbeɪsmənt/ **noun** [C] (B2) a room or set of rooms that is below ground level in a building ▷ **suterena, przyziemie, piwnica**

ˈbase ˌmetal **noun** [C] a common metal such as lead or copper which is not a precious metal ▷ **metal nieszlachetny**

ˈbase ˌrate **noun** [C] a rate (= level of payment) decided by the Bank of England which banks use when deciding how much to charge for lending money ▷ **stopa podstawowa**

bases /ˈbeɪsiːz/ plural of basis

bash¹ /bæʃ/ **verb** [T] informal **1** to hit someone or something hard: *I bashed my arm on the car door as I got out.* ▷ **walnąć (się w)** **2** **immigrant-bashing/lawyer-bashing/union-bashing, etc**

when particular groups are criticized strongly and unfairly ▷ **nagonka na imigrantów/prawników/związki zawodowe** *itp.*

B

bash² /bæʃ/ **noun** [C] informal **1** a party ▷ **impreza 2** a hard hit on something: *a bash on the nose* ▷ **uderzenie 3 have a bash (at sth)** UK informal to try to do something: *I've never been water-skiing but I'd love to have a bash at it.* ▷ **spróbować** (*czegoś*)

bashful /ˈbæʃfəl/ **adjective** shy and easily embarrassed ▷ **nieśmiały, wstydliwy**
• **bashfully adverb** ▷ **nieśmiało**

basic /ˈbeɪsɪk/ **adjective 1** [always before noun] **B1** being the main or most important part of something: *basic ideas/principles* ▷ **zasadniczy 2 B1** including or providing only the things that are most necessary: *basic training/services/skills* ▷ **podstawowy 3 B1** very simple, with nothing special added: *My software is pretty basic.* ▷ **prosty, podstawowy**

basically /ˈbeɪsɪkəli/ **adverb 1 B2** in the most important ways: *Frazier's films are basically documentaries.* ◦ *The two PCs are basically the same.* ▷ **zasadniczo 2** used to introduce a short explanation about something: *Basically, what he's saying is that we need more time.* ▷ **w zasadzie**

the basics /ˈbeɪsɪks/ **noun B2** the most important facts, skills, or needs: *the basics of computer technology* ▷ **podstawy**

basil /ˈbæzəl/ US /ˈbeɪzəl/ **noun** [U] a herb with a sweet smell ▷ **bazylia**

basin /ˈbeɪsən/ **noun** [C] **1** mainly UK a bowl for liquids or food: *a basin of water* ▷ **miska, miednica 2** UK (UK/US **sink**) **B1** the bowl that is fixed to the wall in a bathroom, where you can wash your hands and face ▷ **umywalka 3** a low area of land from which water flows into a river ▷ **dorzecze, basen**

basis /ˈbeɪsɪs/ **noun** [C] (plural **bases** /ˈbeɪsiːz/) **1 on a daily/monthly/regular, etc basis B2** how often something happens or is done: *Meetings are held on a weekly basis.* ▷ **codziennie/co miesiąc/regularnie** *itp.* **2 on a commercial/full-time/percentage, etc basis B2** the way something happens or is organized: *We will consider claims for asylum on a case by case basis.* ▷ **na zasadach komercyjnych/na pełny etat/proporcjonalnie** *itp.* **3** the reason for something: *Marks are awarded **on the basis of** progress and performance.* ◦ *There is no legal basis for his claim.* ▷ **podstawa 4** a situation, fact, or idea from which something can develop: *Dani's essay can serve as **a basis for** our discussion.* ▷ **punkt wyjścia**

bask /bɑːsk/ **verb** [I] to sit or lie in a place that is warm: *Seals basked on the rocks.* ▷ **wygrzewać się**

PHRASAL VERB **bask in sth** to enjoy the way other people admire you: *They basked in the glory victory had brought them.* ▷ **rozkoszować się** *czymś*

basket /ˈbɑːskɪt/ **noun** [C] **1 B1** a container with a handle made of thin pieces of wood, wire, plastic, etc: *a shopping basket* ▷ **koszyk, kosz 2** when a player throws the ball through the net in basketball ▷ **kosz** → See also **wastepaper basket**

basketball /ˈbɑːskɪtbɔːl/ **noun 1** [U] **A1** a game in which two teams try to win points by throwing a ball through a high net ▷ **koszykówka 2** [C] **A1** the large ball used in the game of basketball ▷ **piłka do koszykówki** → See **Sports 2** on page Centre 15

basmati (rice) /bəˌsmɑːtiˈraɪs/ **noun** [U] a type of South Asian rice with long grains ▷ **ryż basmati**

bass /beɪs/ **noun 1** [C] a man who sings with a very low voice ▷ **bas 2** [U] the lower half of the set of musical notes ▷ **basy 3** [C, U] (also **double bass**) a large, wooden musical instrument with four strings that you play while standing up or sitting on a high chair ▷ **kontrabas 4** [C, U] (also ˌ**bass guiˈtar**) an electric guitar that makes a low sound ▷ **bas, gitara basowa**

bassoon /bəˈsuːn/ **noun** [C] a long, wooden musical instrument that you blow through to make a low sound ▷ **fagot**

bastard /ˈbɑːstəd/ **noun** [C] **1** an offensive word for a man you do not like ▷ **drań 2** old-fashioned an offensive word for a child whose parents are not married ▷ **bękart**

bastion /ˈbæstiən/ **noun** [C] a place, organization, etc where particular ideas or ways of doing things are protected: *the last bastion of male chauvinism* ▷ **bastion, twierdza**

bat¹ /bæt/ **noun** [C] **1 A2** a piece of wood used to hit the ball in some sports ▷ **kij, rakietka 2 B1** a small animal like a mouse with wings that flies at night ▷ **nietoperz**

bat² /bæt/ **verb** [I] (present participle **batting**, past tense and past participle **batted**) to try to hit a ball with a bat: *Rimmer batted well for Oxford.* ▷ **wybijać (piłkę)** → See also **not bat an *eyelid***

batch /bætʃ/ **noun** [C] a group of things or people that are dealt with at the same time or are similar in type: *the university's first **batch of** students* ◦ *Fry the aubergines in batches.* ▷ **porcja, grupa**

ˈ**batch** ˌ**file noun** [C] a group of commands for a computer that are kept together in one file ▷ **plik wsadowy**

ˌ**batch** ˈ**processing noun** [U] when a computer does several jobs one after the other ▷ **tryb wsadowy**

ˈ**batch pro**ˌ**duction noun** [U] in business, the production of a group of products together ▷ **produkcja seryjna**

bath[1] /bɑːθ/ **noun** [C] **1** UK (US **bathtub**) Ⓐ1 the container that you sit or lie in to wash your body ▷ **wanna** → See **The Bathroom** on page Centre 3 **2** Ⓐ1 when you wash your body in a bath, or the water in the bath: [usually singular] *I'll just* ***have a*** *quick* ***bath***. ◦ UK *She* ***ran*** *herself* ***a bath*** (*= filled a bath with water*). ▷ **kąpiel**

bath[2] /bɑːθ/ **verb** [I, T] UK to wash yourself or someone else in a bath: *Emma usually baths the kids about seven o'clock.* ▷ **kąpać (się)**

bathe /beɪð/ **verb** **1** [I, T] to wash yourself or someone else in a bath: *As a rule, I bathe every day.* ▷ **kąpać (się)** **2** [T] to wash part of someone's body, often because it is hurt: *Bathe your eye with cool salty water.* ▷ **przemywać** **3** [I] old-fashioned to swim ▷ **kąpać się** **4** **be bathed in light** to look attractive in a beautiful light: *The mountain was bathed in red-gold light from the setting sun.* ▷ **być skąpanym w słońcu**

ˈ**bathing** ˌ**suit** **noun** [C] a piece of clothing that you wear to swim in ▷ **strój kąpielowy**

bathrobe /ˈbɑːθrəʊb/ **noun** [C] a soft coat that you wear before or after a bath ▷ **szlafrok**

bathroom /ˈbɑːθruːm/ **noun** [C] **1** Ⓐ1 a room with a bath, sink, and often a toilet ▷ **łazienka** → See **The Bathroom** on page Centre 3 **2** **go to the bathroom** US to use the toilet ▷ **skorzystać z toalety, iść do ubikacji**

bathtub /ˈbɑːθtʌb/ **noun** [C] US (UK **bath**) the container that you sit or lie in to wash your body ▷ **wanna** → See **The Bathroom** on page Centre 3

batik /bætˈiːk/ **noun** [U] a method of printing patterns on cloth, in which wax is put on the cloth before it has colour put on it ▷ **batik (technika barwienia tkanin)**

bat mitzvah /ˌbætˈmɪtsvə/ **noun** [usually singular] a religious ceremony for a Jewish girl when she reaches the age of 12 or 13 ▷ **bat micwa**

baton /ˈbætᵊn/ ⓤⓢ /bəˈtɑːn/ **noun** [C] **1** a thin stick used to control the rhythm of a group of musicians ▷ **batuta** **2** a thick stick that a police officer uses as a weapon ▷ **pałka (policyjna)** **3** a stick that a runner passes to the next person in a race ▷ **pałeczka**

batsman /ˈbætsmən/ **noun** [C] (plural **batsmen**) UK the person who is trying to hit the ball in cricket ▷ **(gracz) wybijający** → See **Sports 2** on page Centre 15

battalion /bəˈtæliən/ **noun** [C] a large group of soldiers made from several smaller groups ▷ **batalion**

batter[1] /ˈbætəʳ/ **noun** **1** [U] a mixture of flour, milk, and often eggs used to make cakes and pancakes, and to cover fish, etc before it is fried ▷ **panierka** **2** [C] the person who is trying to hit the ball in baseball ▷ **(gracz) wybijający** → See **Sports 2** on page Centre 15

batter[2] /ˈbætəʳ/ **verb** [I, T] to hit someone or something repeatedly very hard: *If you don't open up we'll* ***batter*** *the door* ***down***. ◦ *Waves* ***battered against*** *the rocks.* ▷ **walić, bić, maltretować**

battered /ˈbætəd/ **adjective** old and not in very good condition: *a battered copy of her favourite novel* ▷ **sponiewierany**

battering /ˈbætərɪŋ/ **noun** [C] when someone or something is hit repeatedly, criticized strongly, or damaged badly: [usually singular] *The prime minister has* ***taken*** *quite* ***a battering*** *this week.* ▷ **maltretowanie, przemoc, ostra krytyka**

battery /ˈbætᵊri/ **noun** **1** [C] Ⓐ2 an object that provides electricity for things such as radios, toys, or cars: *My car has got* ***a flat battery*** (*= one that has no electricity left*). ▷ **bateria, akumulator** **2** [U] formal the crime of hitting someone: *assault and battery* ▷ **pobicie**

battery

battle[1] /ˈbætl/ **noun** **1** [C, U] Ⓑ1 a fight between two armies in a war: *the Battle of Waterloo* ◦ *Her grandfather was killed* ***in battle*** (*= while fighting*). ▷ **bitwa** **2** [C] when two people or groups compete against each other or have an argument about something: *a* ***battle for*** *control in the boardroom* ▷ **walka** **3** [C] Ⓑ2 a fight against something that is hurting or destroying you: *a long battle against cancer* ▷ **zmaganie, walka**

IDIOM **fight a losing battle** to try hard to do something when there is no chance that you will succeed: *I try to control what my children watch on TV, but I think I'm fighting a losing battle.* ▷ **toczyć beznadziejną walkę, być skazanym na porażkę**

> Wyrazy występujące razem z **battle**
>
> **face/fight/lose/win** a battle • a **bitter/long-running/uphill** battle • a **legal** battle • a battle **for** sth • a battle **with** sb/**between** sb and sb

battle[2] /ˈbætl/ **verb** [I] to try very hard to do something that is difficult: *Both teams* ***are battling for*** *a place in the Premier League.* ◦ *Throughout the campaign Johnson was* ***battling against*** *severe health problems.* ▷ **zmagać się**

baud /bɔːd/ **noun** [C] a unit that measures how fast electronic data is sent ▷ **bod (bit/s)**

baulk /bɔːk/, /bɔːlk/ **verb** [I] UK (UK/US **balk**) to not want to do something that is unpleasant or difficult: *Most people would* ***baulk at*** *paying these kind of prices for clothes.* ▷ **wzdragać się**

bauxite /ˈbɔːk.saɪt/ **noun** [U] a type of rock from which aluminium is produced ▷ **boksyt**

B

bawl /bɔːl/ **verb** [I, T] informal to shout or cry loudly ▷ **ryczeć**

bay /beɪ/ **noun 1** [C] B1 an area of coast where the land curves in: *a sandy bay* ▷ **zatoka 2** [C] a part of a building or place that is used for a particular purpose: *a parking bay* ▷ **izba, zatoczka 3 keep/hold sth at bay** to prevent something unpleasant from coming near you or from happening: *Gunmen kept police at bay for almost four hours.* ▷ **wystrzegać się** *czegoś*, **opierać się** *czemuś*

bayonet /ˈbeɪənət/ **noun** [C] a knife that is fastened onto the end of a long gun ▷ **bagnet**

bazaar /bəˈzɑːʳ/ **noun** [C] **1** a market in Eastern countries ▷ **bazar 2** a sale where goods are sold to raise money for a school, church, etc ▷ **kiermasz (dobroczynny)**

B&B /ˌbiːənˈbiː/ **noun** [C] abbreviation for bed and breakfast ▷ **pensjonat, pokój ze śniadaniem**

BBC /ˌbiːbiːˈsiː/ **noun** abbreviation for British Broadcasting Corporation: one of the main television and radio companies in the United Kingdom: *a cookery programme on BBC2* ▷ **BBC**

BC /biːˈsiː/ abbreviation for Before Christ: used to show that a particular year came before the birth of Christ: *331 BC* ▷ **p.n.e. (= przed naszą erą)**

B-cell /ˈbiːsel/ **noun** [C] (also **B lymphocyte**) a type of blood cell that produces antibodies ▷ **limfocyt B**

be[1] strong /biː/ weak /bi/, /bɪ/ **verb** (present participle **being**, past tense **was**, past participle **been**) **1** A1 used to describe or give information about someone or something: *I'm sixteen.* ◦ *I'm Andy.* ◦ *Her mother is a teacher.* ◦ *He's German.* ◦ *They were very upset.* ◦ *He was very ill last year.* ◦ *I'm sorry I'm late.* ◦ *They've been unlucky.* ◦ *Be quiet!* ▷ **być, stanowić 2 there is/there are/there was, etc** A1 used to show that someone or something exists: *There were about fifty people at the party.* ◦ *Is there a bank near here?* ▷ **jest/są** *itp.* **3** A1 used to show the position of someone or something: *It's been in the cupboard for months.* ◦ *She's in the kitchen.* ▷ **być 4 it is/it was, etc** used to give a fact or your opinion about something: *It's not surprising that she left him.* ◦ *It's a good idea to keep a spare key somewhere safe.* ▷ **to (jest/był** *itp.***)**

be[2] strong /biː/ weak /bi/, /bɪ/ **auxiliary verb 1** A2 used with the present participle of other verbs to describe actions that are or were still continuing: *Where are you going?* ◦ *How long have you been sitting there?* ◦ *He was standing by the window.* ◦ *He's working at the moment.* ▷ **(= używany w konstrukcji ciągłej z formą -ing czasownika, która wyraża czynność trwającą w danym momencie) 2** A2 used with the present participle of other verbs, and sometimes after a modal verb, to describe actions that will happen in the future: *I'm going to France next week.* ◦ *I'll be coming back on Tuesday.* ▷ **(= konstrukcja ciągła może też wyrażać niedaleką przyszłość) 3** A2 used with the past participle of other verbs to form the passive: *He was injured in a car crash.* ◦ *The results will be announced next week.* ▷ **zostać, być, (= tworzy stronę bierną) 4** used in conditional sentences to say what might happen: *If he were to offer me the job, I'd take it.* ▷ **jeśliby, gdyby, miałby** *itp.* W zdaniach warunkowych tego typu we wszystkich osobach występuje forma **were 5** used to say that someone must or should do something: *You are not to see him again.* ▷ **powinien 6** formal used to show that something has been organized: *They are to stay with us when they arrive.* ▷ **mieć**

beach /biːtʃ/ **noun** [C] A1 an area of sand or rocks next to the sea ▷ **plaża**

> Wyrazy występujące razem z **beach**
>
> on the beach • a sandy beach • a beach house

beacon /ˈbiːkᵊn/ **noun** [C] a light on a hill or in a tower that warns people of something or is a signal or guide ▷ **światło ostrzegawcze**

bead /biːd/ **noun** [C] **1** a small, round ball of glass, plastic, or wood that is used for making jewellery: *a necklace of coloured glass beads* ▷ **koralik, paciorek 2** a small drop of liquid on a surface: *beads of sweat* ▷ **kropla**

beak /biːk/ **noun** [C] the hard part of a bird's mouth ▷ **dziób**

beaker /ˈbiːkəʳ/ **noun** [C] UK a tall cup without a handle, usually made of plastic ▷ **kubek**

beam[1] /biːm/ **noun** [C] **1** B2 a line of light shining from something: *a laser beam* ▷ **wiązka, promień 2** a long, thick piece of wood, metal, or concrete that is used to support weight in a building or other structure ▷ **belka 3** UK a big smile ▷ **promienny uśmiech**

beam[2] /biːm/ **verb 1** [I] to smile very happily: *The baby **beamed at** me.* ▷ **uśmiechać się promiennie 2** [T] to send a television or radio signal: [often passive] *The match was beamed live by satellite around the world.* ▷ **transmitować 3** [I] If the sun or the moon beams, it shines brightly. ▷ **świecić**

ˈbeam ˌbalance **noun** [C] a piece of equipment used by scientists to measure the mass of an object by hanging it from one end of a balanced bar ▷ **waga laboratoryjna**

beamer /ˈbiːməʳ/ **noun** [C] a data projector: a machine that allows you to show words or images on a screen or wall ▷ **rzutnik (multimedialny)**

bean /biːn/ **noun** [C] **1** A2 a seed of some climbing plants, that is used as food: *soya beans* ▷ **fasolka, fasola 2** A2 a seed case of some climbing plants that is eaten as a vegetable: *green beans* ▷ **fasolka, fasola** **3** a plant seed used to make coffee and chocolate: *coffee beans* ▷ **ziarnko (kawy)** → See also **baked beans**, **runner bean**

bean curd /ˈbiːnkɜːd/ **noun** [U] tofu ▷ **tofu**

bear¹ /beəʳ/ **verb** [T] (past tense **bore**, past participle **borne**) **1** B2 to accept someone or something unpleasant: *She* ***couldn't bear*** *the thought of him suffering.* ◦ *I like her, but I* ***can't bear*** *her friends.* ◦ [+ to do sth] *How can you bear to watch?* ◦ *The pain was too much to bear.* ▷ **znosić** **2 bear a resemblance/relation, etc to sb/sth** to be similar to someone or something: *He bears a striking resemblance to his father.* ▷ **wykazywać podobieństwo do** *kogoś/czegoś*/ **związek z** *kimś/czymś itp.* **3** formal to carry something: *He came in, bearing a tray of drinks.* ▷ **nieść** **4** to support the weight of something: *I don't think that chair will bear his weight.* ▷ **wytrzymać, podtrzymywać** **5 bear the responsibility/cost, etc** to accept that you are responsible for something, you should pay for something, etc: *He must bear some responsibility for the appalling conditions in the prison.* ▷ **ponosić odpowiedzialność/koszty** **6** to continue to have a bad feeling towards someone: *They were rude to her in the past, but she's not the kind of woman who* ***bears grudges*** *(= continues to be angry).* ▷ **nosić (urazę)** **7** formal to give birth to a child: *She has been told that she will never bear children.* ▷ **rodzić** **8** to have or show a particular name, picture, or symbol: *The shop bore his family name.* ▷ **nosić** **9 bear left/right** to turn left or right: *Bear right at the next set of traffic lights.* ▷ **skręcać w lewo/prawo** → See also **bear *fruit***, ***grin*** **and bear it**

PHRASAL VERBS **bear sb/sth out** to prove that someone is right or that something is true: *The facts do not bear out his claims.* ▷ **potwierdzać** *czyjeś* **słowa/***coś* • **bear with sb** to be patient and wait while someone does something: *If you'll bear with me a moment, I'll just find your details.* ▷ **okazywać** *komuś* **cierpliwość**

bear² /beəʳ/ **noun** [C] A2 a large, strong, wild animal with thick fur ▷ **niedźwiedź** → See also **polar bear**, **teddy bear**

bear

bearable /ˈbeərəbl/ **adjective** If an unpleasant situation is bearable, you can accept or deal with it: *Having her there* ***made*** *life at home more* ***bearable*** *for me.* ▷ **znośny, do zniesienia** → Opposite **unbearable**

beard /bɪəd/ **noun** [C] A1 the hair that grows on a man's chin ▷ **broda**
• **bearded adjective** with a beard ▷ **brodaty**

bearer /ˈbeərəʳ/ **noun** [C] a person who brings or carries something: *I am sorry to be* ***the bearer of*** *bad news.* ▷ **dostarczyciel/ka, zwiastun/ka, nosiciel/ka**

bearing /ˈbeərɪŋ/ **noun have a bearing on sth** to have an influence on something or a relationship to something: *What you decide now could have a considerable bearing on your future.* ▷ **mieć na** *coś* **wpływ**

bearings /ˈbeərɪŋz/ **noun** **1 get/find your bearings a** to find out where you are: *She looked at the sun to find her bearings.* ▷ **zorientować się, gdzie się jest** **b** to become confident in a new situation: *When you start a new job, it can take some time to get your bearings.* ▷ **zorientować się** **2 lose your bearings** to become confused about where you are ▷ **stracić orientację, pogubić się**

ˈ**bear ˌmarket** **noun** [C] a time when the price of shares is falling and a lot of people are selling them ▷ **zniżka, rynek zniżkujący**

beast /biːst/ **noun** [C] **1** formal an animal, especially a large or wild one ▷ **bestia, zwierz** **2** old-fashioned an annoying or cruel person ▷ **bestia, potwór**

beastly /ˈbiːstli/ **adjective** old-fashioned unkind or unpleasant ▷ **okropny**

beat¹ /biːt/ **verb** (past tense **beat**, past participle **beaten**, also US **beat**) **1** [T] B1 to defeat someone in a competition: *Our team beat Germany 3-1.* ▷ **pokonać** **2** [I, T] B2 to hit a person or animal hard many times: *She beat the dog with a stick.* ◦ *She was beaten to death.* ▷ **bić, pobić** **3** [I, T] to hit against something hard, making a continuous or regular sound: *soldiers beating drums* ◦ *Rain beat against the windows.* ▷ **uderzać, walić** **4** [T] to get rid of something bad: *I'm determined to beat this illness.* ▷ **pokonać, przezwyciężyć** **5** [I] B1 When your heart beats, it makes regular movements and sounds: *By the time the doctor arrived, his heart had stopped beating.* ▷ **bić** **6** [T] to be better than something: [+ doing sth] *Being at the youth club beats sitting at home.* ▷ **być lepszym niż** **7 you can't beat sth** used to emphasize that something is best: *You can't beat Pedro's for a great pizza.* ▷ **nie ma nic lepszego niż** *coś* **8 take a lot of/some, etc beating** to be so good or enjoyable that it is hard to find anything better: *This ice cream takes some beating.* ▷ **trudno by znaleźć coś lepszego** **9** [T] to mix food using hard, quick movements: *Beat the egg whites until they are stiff.* ▷ **ubijać** → See also **beat about the *bush***, **beat/knock the (living) *daylights* out of sb**, **off the beaten *track***

IDIOM **It beats me** informal something that you say when you do not understand a situation or someone's behaviour: *It beats me why she goes out with him.* ▷ **nie mogę pojąć**

PHRASAL VERBS **beat down** If the sun beats down, it is very hot and bright. ▷ **palić** • **beat sb down** UK to persuade someone to charge you less for something ▷ **utargować z** *kimś* **cenę** • **beat sb/sth off** to manage to defeat someone who is attacking you ▷ **odpierać** *kogoś/coś* **lub atak** *kogoś/czegoś* • **beat sb to sth** to do something before someone else does it: *I was going to ask her to the party, but you beat me to it.* ▷ **uprzedzić** *kogoś* **w** *czymś* • **beat sb up** B2 to attack someone by hitting or kicking them many times: *He beat up one of the other prisoners.* ▷ **pobić** *kogoś*

beat² /biːt/ **noun** [C] **1** B2 a regular sound that is made by your heart or by something hitting a surface: *a heart beat* ◦ *the beat of a drum* ▷ **bicie, rytm, bębnienie 2** B2 the main rhythm of a piece of music: *loud music with a repetitive beat* ▷ **rytm 3** the area of a town or city that a police officer walks around regularly: *Having more police officers* ***on the beat*** *(= walking around their beat) should help to reduce crime.* ▷ **rewir, obchód**

beating /ˈbiːtɪŋ/ **noun 1** [C] when someone hits another person hard many times ▷ **lanie 2 take a beating** to be defeated, criticized, or damaged: *Our team took a severe beating in the tournament.* ▷ **dostać lanie**

the Beaufort scale /ˈbəʊfətˌskeɪl/ **noun** [no plural] a set of numbers used for measuring and comparing wind speeds ▷ **skala Beauforta**

beautician /bjuːˈtɪʃᵊn/ **noun** [C] someone whose job is to improve people's appearance by treatments to their hair, skin, etc ▷ **kosmetyczka**

beautiful /ˈbjuːtɪfᵊl/ **adjective 1** A1 very attractive: *a beautiful woman* ◦ *beautiful scenery* ▷ **piękny 2** A1 very pleasant: *beautiful music* ◦ *It's a beautiful day (= the sun is shining).* ▷ **wspaniały**

• **beautifully adverb** B1 *a beautifully illustrated book* ◦ *She sings beautifully.* ▷ **pięknie**

> **!** Najczęściej popełniane błędy: **beautiful**
>
> **Uwaga!** Sprawdzamy pisownię!
>
> Jest jednym z 10 wyrazów najczęściej pisanych z błędem przez uczących się angielskiego Polaków.
>
> Proszę pamiętać: prawidłowa pisownia zawiera „au" i tylko jedno „l".

> **!** Najczęściej popełniane błędy: **beautiful**
>
> **Uwaga!** Częsty błąd słowotwórczy!
>
> Przymiotniki z przyrostkiem **-ful** zawierają tylko jedno „l".
>
> Nie piszemy „beautifull", ale **beautiful**.

> **+ Beautiful** wyrazy bliskoznaczne
>
> Jeśli jakaś osoba (mężczyzna lub kobieta) jest piękna, możemy określić ją jako **attractive** lub **good-looking** Przymiotnika **handsome** używamy do określenia mężczyzn, a **pretty** w odniesieniu do kobiet:
>
> *Her husband is really* ***good-looking.***
>
> *Your daughter is very* ***pretty.***
>
> Jeśli jakaś osoba, zwłaszcza kobieta jest wyjątkowo piękna, możemy określić ją jako **gorgeous** lub **stunning**:
>
> *You look* ***gorgeous*** *in that dress!*
>
> *I think she's* ***stunning.***
>
> Przymiotniki **breathtaking, lovely** i **gorgeous** są często używane do opisania pięknego krajobrazu:
>
> *The views from the window were* ***breathtaking.***
>
> *We drove through some* ***gorgeous*** *countryside.*

beauty /ˈbjuːti/ **noun 1** [U] B1 the quality of being beautiful: *The whole area is famous for its* ***natural beauty.*** ◦ *a beauty contest (= competition to find the most beautiful woman)* ▷ **piękno, piękność 2 the beauty of sth** the quality that makes something especially good or attractive: *The beauty of the plan is that it won't cost anything.* ▷ **genialność** *czegoś* **3 a beauty product/treatment** a product or treatment to make you more beautiful ▷ **kosmetyk/zabieg kosmetyczny 4** [C] informal something that is an excellent example of its type: *That last goal was a beauty.* ▷ **coś pięknego, poezja 5** [C] old-fashioned a beautiful woman ▷ **piękność**

> Wyrazy występujące razem z **beauty**
>
> **great/sheer/stunning** beauty • **natural** beauty • beauty **products**

ˈbeauty ˌsalon noun [C] (also US **ˈbeauty ˌparlor**) a place where you can have beauty treatments ▷ **salon piękności lub kosmetyczny**

ˈbeauty ˌspot noun [C] **1** UK a place in the countryside that is very beautiful ▷ **uroczy zakątek 2** a small dark mark on someone's face ▷ **pieprzyk**

beaver /ˈbiːvəʳ/ **noun** [C] an animal with brown fur, a long, flat tail, and sharp teeth, which builds dams across rivers ▷ **bóbr**

became /bɪˈkeɪm/ past tense of become

> **!** Najczęściej popełniane błędy: **because**
>
> **Uwaga!** Sprawdzamy pisownię!
>
> Jest jednym z 10 wyrazów najczęściej pisanych z błędem przez uczących się angielskiego Polaków.
>
> Proszę pamiętać: nie piszemy „ou", ale **au**.

because /bɪˈkɒz/, /bɪˈkəz/ **conjunction** A1 used to give a reason for something: *I phoned because*

I needed to talk to you. ◦ *I can't come out tonight because I've got too much homework.* ▷ **bo, ponieważ**

because of /bɪˈkɒzəv/, /bɪˈkəzəv/ **preposition** B1 as a result of someone or something: *We got into all this trouble because of you.* ▷ **z powodu**

beck /bek/ **noun**

IDIOM **be at sb's beck and call** to be always ready and willing to do what someone wants ▷ **być na każde** *czyjeś* **skinienie lub zawołanie**

beckon /ˈbekən/ **verb 1** [I, T] to move your hand, head, etc to show someone that you would like them to come nearer: *She* ***beckoned to*** *the waiter.* ▷ **skinąć 2** [I] to seem very likely to happen: *A career as a lead guitarist beckoned.* ▷ **wydawać się w zasięgu ręki 3** [I] If a place beckons, it is very attractive to you, and you want to go there: *The bright lights of London beckoned.* ▷ **nęcić**

become /bɪˈkʌm/ **verb** (past tense **became**, past participle **become**) **1 become available/rich/a writer, etc** A2 to begin to be something: *They became great friends.* ◦ *She wants to become a teacher when she leaves school.* ◦ *This style of skirt is becoming fashionable.* ▷ **pojawić się/ zostać lub stać się bogatym/pisarzem** *itp.* **2 what/whatever became of sb/sth** something you say when you want to know what has happened to someone: *Whatever became of your friend Harry?* ▷ **a co z** *kimś/czymś*

becquerel /ˌbekəˈrel/ **noun** [C] a unit of measurement for radioactivity ▷ **bekerel**

bed /bed/ **noun 1** [C, U] A1 a piece of furniture that you sleep on: *a* ***single/double bed*** ◦ *What time did you* ***go to bed*** *last night?* ◦ *She was lying* ***in bed*** *when I arrived.* ◦ *He had only just* ***got out of bed.*** ◦ *Have you* ***made the bed*** *(= tidied the bed after you have slept in it)?* ▷ **łóżko 2** [C] a piece of ground that is used for growing plants, especially flowers: *a flower bed* ▷ **grządka, klomb 3** [C] the ground at the bottom of the sea, a river, etc: *the sea bed* ▷ **dno** → See also **bunk beds**

> **Wyrazy występujące razem z bed**
>
> go to bed • be in/lie in/be tucked up in bed • get into/get out of bed • make the bed • be on the bed • share a bed • a double/ single bed

ˌbed and ˈbreakfast noun [C] (also **B & B**) a small hotel or private house where you pay for a room to sleep in for the night and a meal in the morning ▷ **pensjonat, pokój ze śniadaniem**

bedclothes /ˈbedkləʊðz/ **noun** [plural] the sheets and other pieces of cloth that cover you and keep you warm in bed ▷ **pościel, posłanie**

bedding /ˈbedɪŋ/ **noun** [U] **1** the sheets and other pieces of cloth that cover you and keep you warm in bed ▷ **pościel, posłanie 2** material such as hay that animals sleep on ▷ **legowisko**

bedraggled /bɪˈdrægld/ **adjective** untidy, and often wet and dirty ▷ **brudny, przemoczony**

bedrock /ˈbedrɒk/ **noun** [U] formal a situation, idea, or principle that provides a strong base for something: *Family life is* ***the bedrock of*** *a stable society.* ▷ **filar**

bedroom /ˈbedruːm/ **noun** [C] A1 a room used for sleeping in ▷ **sypialnia**

bedside /ˈbedsaɪd/ **noun** [no plural] **1** the area at the side of a bed: *He was* ***at her bedside*** *in the hospital.* ◦ *a* ***bedside table/lamp*** ▷ ≈ **przy łóżku 2 bedside manner** a doctor's ability to make the people they are treating feel comfortable: *My surgeon has a wonderful bedside manner.* ▷ **(dobre) podejście do chorych**

bedsit /ˈbedsɪt/ **noun** [C] UK a rented room where you live, sleep, and cook your meals ▷ **(samodzielny) pokój**

bedspread /ˈbedspred/ **noun** [C] a cloth cover that is put over a bed ▷ **narzuta, kapa**

bedtime /ˈbedtaɪm/ **noun** [C, U] the time that you usually go to bed ▷ **pora spania**

bee /biː/ **noun** [C] B1 a flying insect that has a yellow and black body and makes honey : *the queen bee* ▷ **pszczoła**

beech /biːtʃ/ **noun** [C, U] a large tree with a smooth grey trunk that produces small nuts ▷ **buk**

beef[1] /biːf/ **noun** [U] B1 the meat of a cow: *roast beef* ▷ **wołowina** → See also **ground beef**

beef[2] /biːf/ **verb**

PHRASAL VERB **beef sth up** to make something stronger or more important: *The company wants to beef up its sales force by employing new graduates.* ▷ **podreperować** *coś*, **wzmacniać** *coś*

beefburger /ˈbiːfˌbɜːgər/ **noun** [C] UK (UK/US **hamburger**) very small pieces of meat that are pressed together into a round flat shape, cooked, and eaten between bread ▷ **hamburger (wołowy)**

beehive /ˈbiːhaɪv/ **noun** [C] (also **hive**) a special container where people keep bees ▷ **ul**

been /biːn/, /bɪn/ **verb have been to** to have gone to a place and come back: *Have you ever been to Thailand?* ▷ **być** → See also **be**

beep /biːp/ **verb 1** [I] If a machine beeps, it makes a short, high noise. ▷ **piszczeć, pikać 2** [I, T] If a car horn beeps or if you beep it, it makes a loud noise: *Beep the horn to let me know that you're here.* ▷ **trąbić**

• **beep noun** [C] ▷ **sygnał (dźwiękowy)**

beeper /ˈbiːpər/ **noun** [C] (also UK **bleeper**) a small piece of electronic equipment that you carry which makes a short high sound when someone wants to talk to you ▷ **pager**

beer /bɪər/ **noun** [C, U] A1 an alcoholic drink made from grain, or a glass or container of this drink: *a pint of beer* ▷ **piwo**

beet /biːt/ **noun** [C, U] US (UK **beetroot**) a round, dark red vegetable, that is usually cooked and eaten cold ▷ **burak, buraki**

B

beetle /ˈbiːtl/ **noun** [C] an insect with a hard, usually black, shiny body ▷ **żuk, chrząszcz**

beetroot /ˈbiːtruːt/ **noun** [C, U] UK (US **beet**) a round, dark red vegetable, that is usually cooked and eaten cold ▷ **burak, buraki**

befall /bɪˈfɔːl/ **verb** [T] (past tense **befell**, past participle **befallen**) formal If something bad befalls you, it happens to you: *A dreadful misfortune has befallen the family.* ▷ **przytrafiać się**

befit /bɪˈfɪt/ **verb** [T] (present participle **befitting**, past tense and past participle **befitted**) formal to be suitable or right for someone or something: *He was given a huge welcome, **as befits** such a hero.* ▷ **wypadać, ≈ jak przystało**

before[1] /bɪˈfɔːʳ/ **preposition** **1** A1 earlier than something or someone: *a week before Christmas* ◦ *She arrived before me.* ◦ [+ doing sth] *Think hard before accepting the offer.* ▷ **przed** **2** B1 in a position in front of someone or something: *I've never performed this before an audience.* ◦ *He stood before her, shaking.* ▷ **przed** **3** A1 at a place that you arrive at first when travelling towards another place: *The hospital is just before the bridge.* ▷ **przed** **4** B1 in front of someone or something in an order or a list: *P comes before Q in the alphabet.* ▷ **przed** **5** treated as more important than someone or something: *They always **put** the children's needs **before** their own.* ▷ **przed** **6** being formally examined or considered by a group: *He appeared before the court dressed in jeans.* ▷ **przed**

before[2] /bɪˈfɔːʳ/ **conjunction** **1** A2 earlier than the time when something happens: *He was a teacher before he became famous.* ◦ *Before I could warn him, he had fallen.* ▷ **zanim** **2** B1 in order to avoid something bad happening: *Put that stick down before you hurt someone.* ▷ **zanim** **3** B1 until: *It took a few moments before I realized that he was lying.* ▷ **zanim**

before[3] /bɪˈfɔːʳ/ **adverb** A2 at an earlier time, or on a previous occasion: *I've never seen her before.* ◦ *We had spoken on the phone a few days before.* ▷ **przedtem, wcześniej**

beforehand /bɪˈfɔːhænd/ **adverb** before a particular time or event: *Did you know beforehand what they had planned to do?* ▷ **wcześniej, z góry**

befriend /bɪˈfrend/ **verb** [T] formal to be friendly to someone, especially someone who needs support or help ▷ **okazywać życzliwość**

beg /beg/ **verb** (present participle **begging**, past tense and past participle **begged**) **1** [I] B2 to ask someone for food or money, because you do not have any: *Young children were begging on the streets.* ▷ **żebrać** **2** [I, T] B2 to make a very strong and urgent request: *She **begged** him **for** help.* ◦ [+ to do sth] *I begged her not to go.* ▷ **błagać** → See also **I beg your *pardon*.**

began /bɪˈgæn/ past tense of begin

beggar /ˈbegəʳ/ **noun** [C] a poor person who lives by asking other people for money and food ▷ **żebra-k/czka**

begin /bɪˈgɪn/ **verb** (present participle **beginning**, past tense **began**, past participle **begun**) **1** [I, T] A2 to start to do something: [+ to do sth] *The children began to cry.* ◦ [+ doing sth] *Have they begun building the wall yet?* ◦ *She began her career as a journalist on a local newspaper.* ▷ **zaczynać** **2** [I] A1 to start to happen: *What time does the film begin?* ▷ **zaczynać się** **3 begin with sth** B1 to have something at the start: *Local phone numbers begin with 1223.* ▷ **zaczynać się od** *czegoś* **lub** *czymś* **4 to begin with a** B1 at the start of a situation: *To begin with, the two girls got on well.* ▷ **najpierw, na początku b** B2 used to give the first important reason for something: *To begin with, we can't leave the children alone.* ▷ **po pierwsze**

beginner /bɪˈgɪnəʳ/ **noun** [C] A2 someone who is starting to do or learn something for the first time: *I'm a **complete beginner** at yoga.* ▷ **początkując-y/a**

beginning /bɪˈgɪnɪŋ/ **noun** [C] A2 the first part of something or the start of something: [usually singular] *We met **at the beginning of** 1998.* ◦ *Things went well **in the beginning**.* ▷ **początek**

> **!** Najczęściej popełniane błędy: **beginning**
>
> **Uwaga!** Sprawdzamy pisownię!
> Jest jednym z 10 wyrazów najczęściej pisanych z błędem przez uczących się angielskiego Polaków.
> Proszę pamiętać: prawidłowa pisownia zawiera „g" i „nn".

begrudge /bɪˈgrʌdʒ/ **verb** [T] **1** to feel upset because someone has something that you would like: [+ two objects] *I don't begrudge him his success.* ▷ **zazdrościć** **2** to feel upset because you have to spend money on something or spend time doing something: *They begrudge every penny that they have to spend on him.* ▷ **żałować**

beguile /bɪˈgaɪl/ **verb** [T] formal to attract someone very much, sometimes in order to deceive them: [often passive] *I can see how people are beguiled by his charm.* ◦ *a beguiling smile* ▷ **zwodzić, mamić**

begun /bɪˈgʌn/ past participle of begin

behalf /bɪˈhɑːf/ **noun on sb's behalf** B2 If you do something on someone's behalf, you do it for them or instead of them: *We are campaigning on behalf of thousands of refugees.* ◦ *Will you accept the prize on my behalf?* ▷ **w** *czyimś* **imieniu**

behave /bɪˈheɪv/ **verb** [I] **1** B1 to do or say things in a particular way: *to behave badly/stupidly* ◦ *They are behaving like children.* ▷ **zachowywać się** **2** (also **behave yourself**) B1 to be polite and not make a situation difficult: *Try to behave.*

◦ *The children can only come if they promise to behave themselves.* ▷ **być grzecznym, dobrze się zachowywać** → Opposite **misbehave**

-behaved /bɪˈheɪvd/ **suffix** used after a word describing how someone behaves: *a badly-behaved child* ▷ **wychowany** → See also **well-behaved**

behaviour UK (US **behavior**) /bɪˈheɪvjəʳ/ **noun** [U] B1 the way that you behave: ***good/bad behaviour*** ◦ *Did you notice anything odd about his behaviour?* ▷ **zachowanie**

> Wyrazy występujące razem z **behaviour**
>
> **anti-social/bad/disruptive/good/normal** behaviour

behavioural UK (US **behavioral**) /bɪˈheɪvjərəl/ **adjective** relating to behaviour: *behavioural changes/problems* ▷ **behawioralny**

behead /bɪˈhed/ **verb** [T] to cut someone's head off ▷ **ściąć**

beheld /bɪˈheld/ past of behold

behind¹ /bɪˈhaɪnd/ **preposition 1** A1 at or to the back of someone or something: *Close the door behind you.* ◦ *The pub is behind the train station.* ▷ **za 2** B1 slower or less successful than someone or something: *Our team is 3 points behind the winners.* ◦ *The building work is already* ***behind schedule*** (= late). ▷ **za, z tyłu 3** causing something, or responsible for something: *What was the reason behind her decision to leave?* ▷ **za 4** B1 giving your help or support to someone: *The group is 100 percent behind her.* ▷ **po stronie 5** If a bad experience or your own bad behaviour is behind you, it does not exist or affect your life now: *He's* ***put*** *his criminal past* ***behind*** *him.* ▷ **za**

behind² /bɪˈhaɪnd/ **adverb 1** A2 at or to the back of someone or something: *Somebody grabbed me from behind.* ▷ **z tyłu, od tyłu 2** slower or later than someone else, or than you should be: *She's behind with the rent (= is late to pay it).* ▷ **do tyłu, ≈ zalegać 3** A2 in the place where someone or something was before: *You go on ahead. I'll* ***stay behind*** *and tidy up.* ◦ *When we got to the restaurant, I realized that I had* ***left*** *my purse* ***behind***. ▷ **tam, tutaj**

behind³ /bɪˈhaɪnd/ **noun** [C] informal the part of your body that you sit on ▷ **pupa, siedzenie**

behold /bɪˈhəʊld/ **verb** [T] (past tense and past participle **beheld**) literary to see something ▷ **ujrzeć**

beige /beɪʒ/ **noun** [U] a pale brown colour ▷ **beż**
• **beige adjective** → See **Colours** on page Centre 12 ▷ **beżowy**

being¹ /ˈbiːɪŋ/ **noun 1** [C] a living person or imaginary creature: *human beings* ▷ **istota 2 come into being** to start to exist: *The new law comes into being next month.* ▷ **powstawać** → See also **well-being**

being² /ˈbiːɪŋ/ present participle of be

Belarus /ˌbeləˈruːs/ **noun** a country in Europe ▷ **Białoruś**
• **Belorussian** /ˌbeləˈrʌʃən/ **adjective** coming from or relating to Belarus ▷ **białoruski** • **Belorussian noun** someone from Belarus ▷ **Białorusin/ka**

belated /bɪˈleɪtɪd/ **adjective** coming late, or later than expected: *a* ***belated attempt*** *to win votes* ▷ **spóźniony**
• **belatedly adverb** *Supermarkets have belatedly realized the purchasing power of mothers.* ▷ **za późno**

belch¹ /beltʃ/ **verb 1** [I] to make a sudden noise as air from your stomach comes out through your mouth ▷ **bekać, ≈ odbijać się 2** [T] (also **belch out**) to produce a lot of smoke, fire, gas, etc: *tall chimneys belching smoke* ▷ **wyrzucać, buchać**

belch² /beltʃ/ **noun** [C] the noise you make when you belch ▷ **beknięcie**

beleaguered /bɪˈliːgəd/ **adjective** formal having a lot of problems: *the beleaguered farming industry* ▷ **borykający się z problemami**

belfry /ˈbelfri/ **noun** [C] the tower of a church where the bells are hung ▷ **dzwonnica**

Belgium /ˈbeldʒəm/ **noun** a country in Europe ▷ **Belgia**
• **Belgian** /ˈbeldʒən/ **adjective** coming from or relating to Belgium ▷ **belgijski** • **Belgian noun** someone from Belgium ▷ **Belg/ijka**

belie /bɪˈlaɪ/ **verb** [T] (present participle **belying**, past tense and past participle **belied**) formal to give a wrong idea about something: *His shy manner belied his very sharp mind.* ▷ **zadawać kłam, skrywać**

belief /bɪˈliːf/ **noun 1** [U, no plural] B2 when you believe that something is true or real: *It is a* ***widely-held belief*** *that smoking helps you lose weight.* ◦ *She married him* ***in the belief that*** *he would change.* ▷ **wiara, przekonanie** → Opposite **disbelief 2** [C, U] B2 an idea that you are certain is true: ***religious/political beliefs*** ▷ **przekonanie, wierzenie 3** [U, no plural] the feeling that someone or something is effective or right: *a* ***belief in*** *social justice* ▷ **wiara 4 beyond belief** B2 too bad, good, difficult, etc to be real: *The evil of this man is beyond belief.* ▷ **niewiarygodny**

> Wyrazy występujące razem z **belief**
>
> a **firm/mistaken/sincere/strong/widespread/ widely-held** belief • **have/hold** a belief • a belief **in** sth • **in the** belief **that**

believable /bɪˈliːvəbl/ **adjective** If something is believable, you can believe that it could be true or real. ▷ **wiarygodny** → Opposite **unbelievable**

believe /bɪˈliːv/ **verb 1** [T] A2 to think that something is true, or that what someone says is true: [+ (that)] *They believe that their health has suffered because of the chemicals.* ◦ *Do you believe him?* ▷ **wierzyć** → Opposite **disbelieve 2** [T] A2 to think something, without being completely sure: *The murderer is believed to be in his thirties.* ▷ **sądzić, przypuszczać 3** [I] to have religious beliefs ▷ **wierzyć 4 not believe your eyes/ears** B1 to be very surprised when you see someone or something, or when you hear what someone says: *I couldn't believe my ears when Dan said they were getting married.* ▷ **nie wierzyć własnym oczom/uszom 5 believe it or not** B1 used to say that something is true although it seems surprising: *He even remembered my birthday, believe it or not.* ▷ **choć trudno w to uwierzyć**

> **!** Najczęściej popełniane błędy: **believe**
>
> **Uwaga!** Sprawdzamy pisownię!
> Jest jednym z 10 wyrazów najczęściej pisanych z błędem przez uczących się angielskiego Polaków.
> Proszę pamiętać: według prawidłowej pisowni „e" następuje po „i".

PHRASAL VERBS **believe in sth** B1 to be certain that something exists: *I believe in life after death.* ▷ **wierzyć w** *coś* • **believe in sth/doing sth** B2 to be confident that something is effective or right: *He believes in saying what he thinks.* ▷ **wierzyć w** *coś*

believer /bɪˈliːvəʳ/ **noun** [C] **1** a person who has a religious belief ▷ **wierząc-y/a, wiern-y/a 2 a firm/great/strong, etc believer in sth/doing sth** someone who has confidence in a particular idea or way of doing things: *She's a firm believer in freedom of speech.* ▷ **zagorzał-y/a zwolenni-k/czka** *czegoś*

belittle /bɪˈlɪtl/ **verb** [T] formal to say that someone or something is not very important or not very good ▷ **umniejszać**

Belize /bəˈliːz/ **noun** a country in Central America ▷ **Belize**
• **Belizian** /bəˈliːziən/ **adjective** coming from or relating to Belize ▷ **belizeński** • **Belizian noun** someone from Belize ▷ **Belize-ńczyk/nka**

bell /bel/ **noun** [C] **1** B2 a hollow, metal object, shaped like a cup, that makes a ringing sound when you hit it: *the sound of church bells ringing* ▷ **dzwon 2** B1 an electrical object that makes a ringing sound when you press a switch: *Please* ***ring the bell*** *for attention.* ▷ **dzwonek**

IDIOMS **give sb a bell** UK informal to telephone someone ▷ **zadzwonić do** *kogoś* • **ring a bell** If a word, especially a name, rings a bell, you think you have heard it before. ▷ *coś komuś* **przypominać**

belligerent /bəˈlɪdʒərənt/ **adjective** wanting to fight or argue ▷ **wojowniczy**

bellow /ˈbeləʊ/ **verb** [I, T] to shout something in a loud voice ▷ **ryczeć**
• **bellow noun** [C] ▷ **ryk**

belly /ˈbeli/ **noun** [C] informal your stomach, or the front part of your body between your chest and your legs ▷ **brzuch**

ˈbelly ˌbutton noun [C] informal the small, round, and usually hollow place on your stomach, where you were connected to your mother before birth ▷ **pępek**

belong /bɪˈlɒŋ/ **verb 1 belong in/on/there, etc** B2 to be in the right place: *That chair belongs in the dining room.* ▷ **mieć swoje miejsce 2** B2 [I] to feel happy and comfortable in a place or with a group of people: *I never felt that I belonged there.* ▷ **mieć swoje miejsce, pasować**

PHRASAL VERBS **belong to sb** A2 If something belongs to you, you own it: *This necklace belonged to my grandmother.* ▷ **należeć do** *kogoś* • **belong to sth** B1 to be a member of a group or organization: *We belong to the same youth club.* ▷ **należeć do** *czegoś*

belongings /bɪˈlɒŋɪŋz/ **noun** [plural] B2 the things that you own: *I took a few* ***personal belongings*** *with me.* ▷ **rzeczy**

beloved /bɪˈlʌvɪd/ **adjective** literary very much loved: *in memory of our beloved son* ▷ **ukochany**

below /bɪˈləʊ/ **adverb, preposition 1** A1 in a lower position than someone or something else: *Send your answers to the address below (= lower on the page or on a later page).* ▷ **poniżej 2** B1 less than an amount or level: *The temperature there rarely drops below 22°C.* ◦ *His work is* ***below average****.* ▷ **poniżej 3** lower in rank: *Monica is a grade below me.* ▷ **pod, poniżej**

beˌlow the line proˈmotion noun [U] ways of persuading people to buy a product that a business can do itself, for example by offering low prices ▷ **promocja własna lub pozamedialna**

belt¹ /belt/ **noun** [C] **1** A2 a long, thin piece of leather, cloth, or plastic that you wear around your waist ▷ **pasek, pas** → See **Clothes** on page Centre 9 **2** an area of a particular type of land, or an area where a particular group of people live: *the* ***commuter belt*** ◦ *a narrow belt of trees* ▷ **pas 3** part of a machine that moves in a circle to carry objects or to make a machine work: *The car needs a new fan belt.* ▷ **pas**

belt

IDIOMS **have sth under your belt** to have already achieved, learnt, or done something important: *At 18, she already has several victories under her belt.* ▷ **mieć** *coś* **na koncie** • **tighten your belt** to try to spend less money ▷ **zaciskać pasa**

→ See also **conveyor belt**, **green belt**, **safety belt**, **seat belt**

belt² /belt/ **verb** informal **1 belt along/down/through, etc** UK to move very fast: *He came belting down the street.* ▷ **pędzić 2** [T] to hit someone or something very hard ▷ **walić**

PHRASAL VERBS **belt sth out** to sing something very loudly ▷ **wyśpiewywać** *coś* • **belt up** UK informal used to tell someone to stop talking or making a noise: *Just belt up, would you? I'm trying to concentrate.* ▷ **zamknij się**

belying /bɪˈlaɪɪŋ/ present participle of belie

bemused /bɪˈmjuːzd/ **adjective** slightly confused: *He seemed* ***bemused by*** *all the attention.* ▷ **zakłopotany**

bench /benʃ/ **noun** [C] **1** B2 a long seat for two or more people, usually made of wood or metal: *a park bench* ▷ **ławka** **2** **the bench** **a** in some sports, a place where players sit when they are not playing ▷ **ławka rezerwowych** **b** a judge in court, or judges as a group: *Please address your comments to the bench.* ▷ **(wysoki) sąd, przysięgli, ława przysięgłych**

benchmark /ˈbenʃmɑːk/ **noun** [C] a level of quality with which other things of the same type can be compared: *Her performance set a new* ***benchmark for*** *ballet dancing.* ▷ **standard**

bend[1] /bend/ **verb** [I, T] (past tense and past participle **bent**) **1** B2 to move your body or part of your body so that it is not straight: *He was* ***bending over*** *to tie his shoelaces.* ◦ *Bend your knees when lifting heavy objects.* ▷ **schylać się, zginać (się)** **2** B2 to become curved, or to make something become curved: *The trees were bending in the wind.* ◦ *The road bent sharply to the left.* ▷ **zakręcać, wyginać (się), zakrzywiać (się)** → See also **bend over** ***backwards***, **bend/stretch the** ***rules***

bend[2] /bend/ **noun** [C] B2 a curved part of something: *a bend in the road/river* ▷ **zakręt, łuk**

IDIOM **drive/send sb round the bend** informal to make someone very angry, especially by continuing to do something annoying ▷ **doprowadzać** *kogoś* **do szału**

→ See also **hairpin bend**

> Wyrazy występujące razem z **bend**
>
> a **sharp/tight** bend • a bend **in** sth

beneath /bɪˈniːθ/ **adverb, preposition** **1** B1 under something, or in a lower position than something: *He hid the letter beneath a pile of papers.* ◦ *She looked out of the window at the children playing beneath.* ▷ **pod, poniżej** **2** If someone or something is beneath you, you think they are not good enough for you: *He thinks housework is beneath him.* ▷ **poniżej godności**

benefactor /ˈbenɪfæktəʳ/ **noun** [C] someone who gives money to help an organization or person ▷ **ofiarodaw-ca/czyni, dobroczyńca**

beneficial /ˌbenɪˈfɪʃəl/ **adjective** B2 helpful or useful: *Exercise is* ***beneficial to*** *almost everyone.* ▷ **korzystny, dobroczynny**

beneficiary /ˌbenɪˈfɪʃəri/ **noun** [C] formal someone who receives money, help, etc from something or someone else: *They were the beneficiaries of free education.* ▷ **beneficjent/ka, spadkobier-ca/czyni**

benefit[1] /ˈbenɪfɪt/ **noun** [C, U] **1** B1 something that helps you or gives you an advantage: *I've* ***had the benefit of*** *a happy childhood.* ▷ **korzyść, przewaga** **2** money that the government gives to people who are ill, poor, not working, etc: *unemployment benefit* ▷ **zasiłek** **3** **for sb's benefit** in order to help someone: *We bought the piano for the children's benefit.* ▷ **dla** *kogoś*

IDIOM **give sb the benefit of the doubt** to choose to believe what someone tells you even though it may be wrong or a lie ▷ **wierzyć** *komuś* **na słowo**

→ See also **child benefit**, **fringe benefit**

> Wyrazy występujące razem z **benefit**
>
> **enjoy/have/offer/reap** benefits • [the drawbacks/risks, etc] **outweigh** the benefits • **great/long-term/maximum/potential/tangible** benefit • **of** benefit **to** sb

benefit[2] /ˈbenɪfɪt/ **verb** (present participle **benefiting**, past tense and past participle **benefited**) **1** [I] B2 to be helped by something: *The film* ***benefited from*** *the excellent acting by its stars.* ▷ **skorzystać** **2** [T] to help someone: *The charity supports activities that directly benefit children.* ▷ **przynosić korzyść**

benevolent /bɪˈnevələnt/ **adjective** formal kind, generous, and helpful ▷ **życzliwy**
• **benevolence** /bɪˈnevələns/ **noun** [U] ▷ **życzliwość**

benign /bɪˈnaɪn/ **adjective** **1** not likely to kill you: *a benign tumour* ▷ **łagodny, niezłośliwy** **2** kind, or not intending to harm anyone: *a benign ruler* ▷ **dobroduszny**

Benin /beˈniːn/ **noun** a country in Africa ▷ **Benin**
• **Beninese** /ˌbenɪˈniːz/ **adjective** coming from or relating to Benin ▷ **beniński** • **Beninese** **noun** (plural **Beninese**) someone from Benin ▷ **Beni-ńczyk/nka**

Benjamin /ˈbendʒəmɪn/ **noun** (also **Ben** /ben/) a male name

bent[1] /bent/ **adjective** **1** curved and not now straight or flat: *The metal bars were bent and twisted.* ▷ **wygięty, zakrzywiony** **2** **bent on sth/doing sth** determined to do something or get something: *Both parties are bent on destroying each other's chances of winning.* ▷ **zdecydowany na** *coś* **3** UK informal not honest: *a bent policeman* ▷ **nieuczciwy, skorumpowany**

bent[2] /bent/ past of bend

benzene /ˈbenziːn/ **noun** [U] a colourless liquid made from petroleum, from which plastics and many chemical products can be made (formula C_6H_6) ▷ **benzen**

'benzene ˌring **noun** [C] a connected ring of six

carbon atoms, as found in a molecule of benzene ▷ **pierścień benzenowy**

benzoic acid /benˌzəʊɪk'æsɪd/ **noun** [U] a colourless substance found in various plant resins, used for example in food preservatives or medical products (formula C_6H_5COOH) ▷ **kwas benzoesowy**

bequeath /bɪ'kwi:ð/ **verb** [+ two objects] formal to formally arrange to give someone something after you die: *He **bequeathed** his art collection **to** the city of Glasgow.* ▷ **zapisywać (w testamencie), zostawiać w spadku**

bequest /bɪ'kwest/ **noun** [C] formal money or property that you have arranged for someone to get after you die ▷ **spadek**

berate /bɪ'reɪt/ **verb** [T] formal to speak angrily to someone: *She **berated** him **for** being late.* ▷ **łajać**

bereaved /bɪ'ri:vd/ **adjective** If you have been bereaved, someone you loved has died: *bereaved parents* ◦ *The minister spoke quietly with **the bereaved**.* ▷ **(pogrążony) w żałobie**
• **bereavement** noun [C, U] formal ▷ **utrata bliskiej osoby**

bereft /bɪ'reft/ **adjective** formal **1 bereft of sth** completely without something: *They were bereft of new ideas.* ▷ **pozbawiony** *czegoś* **2** [never before noun] alone and extremely sad: *She was left bereft by his death.* ▷ **opuszczony, osamotniony**

beret /'bereɪ/ (US) /bə'reɪ/ **noun** [C] a round, flat hat made of soft material ▷ **beret**

bergschrund /'bɜ:gʃrʊnd/ **noun** [C] a deep crack near or at the top of a glacier ▷ **rozpadlina skalna**

berimbau /be'rɪmbaʊ/ **noun** [C] a musical instrument from Brazil, made from a long stick with a wire stretched between the ends ▷ **berimbau (instrument)**

berry /'beri/ **noun** [C] B2 a small, round fruit on some plants and trees ▷ **jagoda, owoc**

berserk /bə'zɜ:k/ **adjective go berserk** informal to become extremely angry or violent ▷ **dostać szału**

berth /bɜ:θ/ **noun** [C] **1** a bed on a boat or train ▷ **koja, miejsce sypialne lub do leżenia 2** a place for a boat to stay in a port ▷ **miejsce postoju**

beryllium /bə'rɪliəm/ **noun** [U] a hard, light, silver-grey metallic element, used to make strong alloys (symbol Be) ▷ **beryl**

beset /bɪ'set/ **verb** [T] formal If problems beset you, they cause you continuing difficulties: [often passive] *The project has been **beset by problems** from the start.* ▷ **nękać**

beside /bɪ'saɪd/ **preposition 1** A2 next to someone or something, or very near them: *She knelt beside his bed.* ▷ **przy, obok, koło 2 be beside yourself (with sth)** to experience a powerful emotion: *He was beside himself with rage.* ▷ **wychodzić z siebie (z** *czegoś***)**

besides[1] /bɪ'saɪdz/ **preposition** B1 in addition to something or someone: *Do you play any other sports besides football?* ▷ **oprócz, poza**

besides[2] /bɪ'saɪdz/ **adverb 1** B1 used to give another reason for something: *She won't mind if you're late – besides, it's not your fault.* ▷ **poza tym 2** B1 in addition to: *Besides looking after the children, she also runs a successful business.* ▷ **oprócz, poza**

besiege /bɪ'si:dʒ/ **verb 1 be besieged by/with sb** to have lots of people asking you questions or making demands: *The president was besieged by reporters.* ▷ **być obleganym przez** *kogoś* **2 be besieged by/with sth** to receive many demands or criticisms: *The radio station was besieged with calls from angry listeners.* ▷ **otrzymywać lawinę** *czegoś* **3** [T] to surround a place with an army in order to attack it ▷ **otaczać**

best[1] /best/ **adjective** A1 superlative of **good**: better than any other: *She's one of our best students.* ◦ *Give her my **best wishes**.* ◦ *Susie's my **best friend** (= the friend I like more than any other).* ◦ *What's the best way to get to Manchester from here?* ▷ **najlepszy** → See also **second best, the best/greatest *thing* since sliced bread**

best[2] /best/ **adverb 1** A1 superlative of **well**: most, or more than any other: *Which of the songs did you like best?* ▷ **najbardziej 2** B1 in the most suitable or satisfactory way: *I sleep best with the windows open.* ▷ **najlepiej**

best[3] /best/ **noun 1 the best** B1 someone or something that is better than any other: *He's the best of the new players.* ▷ **najlepszy 2 at best** used to show that the most positive way of considering something is still not good: *At best, only 50 per cent of babies born at 24 weeks will survive.* ▷ **w najlepszym wypadku 3 at his/its, etc best** B1 at the highest level of achievement or quality: *The article is an example of journalism at its best.* ▷ **w najlepszym wydaniu 4 do/try your best** B1 to make the greatest effort possible: *I did my best to persuade him.* ▷ **zrobić lub uczynić wszystko, co w** *czyjejś* **mocy, dać z siebie wszystko 5 bring out the best in sb** to cause someone's best qualities to show ▷ **pozwolić** *komuś* **pokazać się z najlepszej strony 6 make the best of sth** B2 to try to be positive about a situation you do not like but cannot change: *Our hotel room is rather small, but we'll just have to make the best of it.* ▷ **cieszyć się tym, co jest 7 for the best** If something is for the best, it seems unpleasant now, but will improve a situation in the future: *Divorce is always painful, but it really was for the best.* ▷ **na lepsze 8 at the best of times** used to show that something is not good when it is the best it can be: *He's not exactly patient at the best of times.* ▷ **w swoich najlepszych momentach**

IDIOM **have the best of both worlds** to have the advantages of two different situations: *Living in the country and working in the city you have the best of both worlds.* ▷ **mieć same korzyści**

B

ˌ**best ˈman** noun [no plural] a man who stands next to the man who is getting married at the marriage ceremony and helps him ▷ **drużba**

bestow /bɪˈstəʊ/ **verb** [T] formal to give someone an important present or a public reward for their achievements: *He won the Nobel Peace Prize, an honour also* ***bestowed on*** *his colleague.* ▷ **obdarzać, przyznawać**

bestseller /ˌbestˈseləʳ/ **noun** [C] B2 a very popular book that many people have bought ▷ **bestseller**

• **best-selling adjective** [always before noun] *best-selling authors* ▷ **bijący rekordy popularności**

bet[1] /bet/ **verb** [I, T] (present participle **betting**, past tense and past participle **bet**) **1** to risk money on the result of a game, competition, etc: *He lost all his money* ***betting on*** *horses.* ◦ [+ two objects + (that)] *I bet him a dollar that I was right.* ▷ **obstawiać, zakładać się 2 I bet** informal B1 something that you say to show that you believe that something is true or will happen: [+ (that)] *I bet that he's forgotten my birthday again.* ▷ **założę się, na pewno 3 You bet!** mainly US informal used to say that you will do something with enthusiasm: *"Are you going to Pam's party?" "You bet!"* ▷ **jasne!**

bet[2] /bet/ **noun** [C] **1** when you risk money on the result of a game, competition, etc: *She* ***won*** *her* ***bet****.* ◦ *He* ***put*** *a* ***bet on*** *Manchester United winning on Saturday.* ▷ **zakład 2 a good bet** something that would be useful, clever, or enjoyable to do: *Putting your savings in a high-interest account would be a good bet.* ▷ **dobry wybór, dobra rzecz 3 your best bet** the best decision or choice: *Your best bet in terms of value would be the Regent Hotel.* ▷ **najlepsze rozwiązanie, najlepszy wybór**

IDIOMS **hedge your bets** to avoid choosing one particular thing or action when it is not certain which is the right choice: *Journalists are hedging their bets on the likely outcome of the election.* ▷ **zachowywać ostrożność • a safe bet** something that you are certain will happen: *Wheeler is a safe bet for a place on the team.* ▷ **pewniak**

> Wyrazy występujące razem z **bet**
>
> have/place a bet (on) sth • put a bet on sth • lose/win a bet

ˈ**beta deˌcay noun** [U] the process in which a neutron breaks up into a proton and an electron ▷ **rozpad beta**

ˈ**beta ˌparticle noun** [C] an extremely small piece of matter with a negative or sometimes positive electric charge, produced when an atom is broken down ▷ **cząstka beta**

betray /bɪˈtreɪ/ **verb** [T] **1** B2 to behave in a dishonest or cruel way to someone who trusts you: *When I heard what he had said about me, I felt betrayed.* ▷ **zdradzać 2** If you betray your country or an organization, you give secret information to its enemies or to other organizations. ▷ **zdradzać 3** to show an emotion that you were trying to hide: *Her face was calm, but her hands betrayed her nervousness.* ▷ **zdradzać**

betrayal /bɪˈtreɪəl/ **noun** [C, U] when you betray someone: *a betrayal of trust* ▷ **zdrada**

better[1] /ˈbetəʳ/ **adjective 1** A1 comparative of **good**: of a higher quality, more effective, or more enjoyable than something or someone else: *Jeff's been offered a better job in the States.* ◦ *The sales figures were* ***better than*** *expected.* ◦ *Her English has* ***got*** *a lot* ***better*** *(= improved) recently.* ▷ **lepszy 2** A1 healthy, or less ill than before: *I feel much better.* ◦ *I hope you* ***get better*** *soon.* ▷ **zdrowszy 3 the bigger/brighter/hotter, etc the better** used to say that the bigger, brighter, hotter, etc something is, the more pleased you will be ▷ **im większy/jaśniejszy/cieplejszy** *itp.* **tym lepiej**

better[2] /ˈbetəʳ/ **adverb 1** A1 comparative of **well**: to a greater degree, or in a more successful or effective way: *I'd like to get to know you better.* ◦ *Helen did much* ***better than*** *me in the exam.* ▷ **lepiej 2 he/you, etc had better do sth** A2 used in order to say what you think someone should do: *You'd better hurry or you'll miss the train.* ▷ **lepiej 3 know better** to have enough experience not to do something stupid or something that will not achieve anything: *I thought she'd listen to me – I should have known better.* ▷ **być mądrzejszym**

better[3] /ˈbetəʳ/ **noun 1 for the better** If a situation changes for the better, it improves: *Their relationship has changed for the better.* ▷ **na lepsze 2 get the better of sb** If a feeling gets the better of you, it becomes too strong to control: *Curiosity finally got the better of her and she opened the letter.* ▷ **brać górę nad** *kimś*

better[4] /ˈbetəʳ/ **verb** [T] to do something better than it has been done before: *He bettered his previous best time for a marathon.* ▷ **poprawiać**

ˌ**better ˈoff adjective** [never before noun] **1** richer: *We're a lot better off now that Jane's started work again.* ▷ **lepiej sytuowany 2** in a better situation: *Simon's such an idiot – you'd be better off without him.* ▷ **w lepszej sytuacji 3 you're better off doing sth** used to give advice: *You're better off getting a taxi.* ▷ **lepiej** *zrób coś*

between[1] /bɪˈtwiːn/ **preposition 1** A1 in the space that separates two places, people, or things: *The town lies halfway between Florence and Rome.* ◦ *A narrow path runs between the two houses.* ▷ **między, pomiędzy 2** A1 in the period of time that separates two events or times: *The shop is closed for lunch between 12.30 and 1.30.* ▷ **między 3** A1 involving two or more groups of people: *Tonight's game is between the New Orleans Saints and the Los Angeles Rams.* ▷ **między, pomiędzy 4** A2 used to show the largest and smallest amount or level of something: *Between 50 and 100 people will lose their jobs.* ▷ **między 5** A2 connecting two or more places or things: *There is a regular train service*

B

between Glasgow and Edinburgh. ▷ **między 6** A2 separating two or more things or people: *the gap between rich and poor* ◦ *What's the* ***difference between*** *these two cameras?* ▷ **między 7** B1 shared by a particular number of people: *We drank two bottles of wine between four of us.* ▷ **między, na 8** A2 If something is between two amounts, it is larger than the first amount but smaller than the second: *The temperature will be between 20 and 25 degrees today.* ▷ **między 9** If you choose between two things, you choose one thing or the other. ▷ **między**

between² /bɪˈtwiːn/ **adverb** (also **in between**) **1** B1 in the space that separates two places, people, or things: *The wood is in neat piles with newspaper placed between.* ▷ **w środek, w środku, między nie/nich/nimi 2** B1 in the period of time that separates two events or times: *There's a train at 6.15 and one at 10.30 but nothing in between.* ▷ **w międzyczasie**

beverage /ˈbevᵊrɪdʒ/ **noun** [C] formal a drink ▷ **napój**

beware /bɪˈweəʳ/ **verb** [I] used in order to warn someone to be careful: ***Beware of*** *the dog.* ◦ [+ of + doing sth] *You should beware of spending too long in the sun.* ▷ **wystrzegać się, uważać na**

bewildered /bɪˈwɪldəd/ **adjective** very confused and not sure what to do: *She looked bewildered.* ▷ **zdezorientowany**

• **bewilderment noun** [U] *He stared at me* ***in bewilderment.*** ▷ **dezorientacja**

bewildering /bɪˈwɪldᵊrɪŋ/ **adjective** making you feel confused: *There was a bewildering range of subjects to choose from.* ▷ **oszałamiający**

bewitch /bɪˈwɪtʃ/ **verb** [T] If someone or something bewitches you, you find them extremely attractive and interesting: *a bewitching smile* ▷ **oczarować**

beyond¹ /biˈjɒnd/ **preposition 1** B1 on the other side of something: *Our house is just beyond the bridge.* ▷ **za 2** B1 continuing after a particular time or date: *A lot of people now live beyond the age of 80.* ▷ **ponad 3 beyond belief/repair/recognition, etc** B2 impossible to believe/repair/recognize, etc: *Steven had changed beyond all recognition.* ▷ **nie do uwierzenia/naprawy/poznania** *itp.* **4** informal If something is beyond you, you cannot understand it: *It's beyond me why anyone would want to buy that house.* ▷ **niezrozumiały dla, ponad możliwości 5** except for: *She said very little beyond the occasional 'yes' and 'no'.* ▷ **poza, oprócz 6** involving or affecting other things or people than the ones you have talked about: *You should try to develop interests beyond the family.* ▷ **poza**

beyond² /biˈjɒnd/ **adverb 1** B2 on the other side of something: *From the top of the hill, we could see our house and the woods beyond.* ▷ **za nią/nimi, po drugiej stronie 2** B2 continuing after a particular time or date: *The strike looks set to continue into March and beyond.* ▷ **później**

bhangra /ˈbæŋgrə/ **noun** [U] a type of pop music based on traditional music from North India and Pakistan ▷ **bhangra**

Bhutan /buːˈtɑːn/ **noun** a country in Asia ▷ **Bhutan**

• **Bhutanese** /ˌbuːtəˈniːz/ **adjective** coming from or relating to Bhutan ▷ **bhutański** • **Bhutanese noun** (plural **Bhutanese**) someone from Bhutan ▷ **Bhuta-ńczyk/nka**

bi- /baɪ-/ **prefix** two: *bilingual (= speaking two languages)* ◦ *bimonthly (= happening twice in a month or once every two months)* ▷ **dwu-**

biannual /baɪˈænjuəl/ **adjective** happening twice a year ▷ **odbywający się dwa razy do roku** → Compare **biennial**

bias /ˈbaɪəs/ **noun** [C, U] when you support or oppose someone or something in an unfair way because you are influenced by your personal opinions: *a* ***bias towards/against*** *private education* ◦ *The news channel has been accused of* ***bias in favour of*** *the government.* ▷ **tendencyjność, stronniczość**

biased /ˈbaɪəst/ **adjective** showing unfair support for or opposition to someone or something because of your personal opinions: *to be* ***biased against/towards*** *younger workers* ▷ **tendencyjny, ≈ nieprzychylny/przychylny**

bib /bɪb/ **noun** [C] a piece of cloth or plastic that is worn by young children when they are eating in order to stop their clothes getting dirty ▷ **śliniaczek**

bible /ˈbaɪbl/ **noun 1 the Bible** the holy book of the Christian and Jewish religions ▷ **Biblia 2** [C] a copy of this book ▷ **Biblia 3** [C] a book or magazine that gives important information and advice about a particular subject: *'Vogue' was regarded as the fashion student's bible.* ▷ **biblia**

biblical /ˈbɪblɪkᵊl/ **adjective** relating to the Bible ▷ **biblijny**

bibliography /ˌbɪbliˈɒgrəfi/ **noun** [C] a list of books and articles on a particular subject ▷ **bibliografia**

bicentenary /ˌbaɪsenˈtiːnᵊri/ US /baɪˈsentᵊneri/ **noun** [C] UK (US **bicentennial** /ˌbaɪsenˈteniəl/) the day or year that is 200 years after an important event: *the bicentenary of Schubert's birth* ◦ *bicentennial celebrations* ▷ **dwóchsetlecie**

biceps /ˈbaɪseps/ **noun** [C] (plural **biceps**) the large muscle at the front of your upper arm ▷ **biceps, bicepsy**

bicker /ˈbɪkəʳ/ **verb** [I] to argue about something that is not very important: *They were* ***bickering over*** *which channel to watch.* ▷ **sprzeczać się**

bicuspid valve /baɪˈkʌspɪdˌvælv/ **noun** [C] a mitral valve ▷ **zastawka dwudzielna**

bicycle /ˈbaɪsɪkl/ **noun** [C] A2 a vehicle with two wheels that you sit on and move by turning the two pedals ▷ **rower** → See **Sports 2** on page Centre 15

bicycle

> **Wyrazy występujące razem z bicycle**
> ride a bicycle • be on a bicycle • a bicycle helmet

bid[1] /bɪd/ **noun** [C] **1** an attempt to achieve something: *a successful* ***bid for*** *re-election* ◦ [+ to do sth] *The council has banned cars from the city centre* ***in a bid*** *to reduce pollution.* ▷ **próba 2** an offer to pay a particular amount of money for something: *I made a* ***bid*** *of $150* ***for*** *the painting.* ▷ **oferta 3** an offer to do work for someone for a particular amount of money: *We put in a* ***bid for*** *the stadium contract.* ▷ **oferta**

> **Wyrazy występujące razem z bid**
> launch/mount a bid • in a (desperate) bid to do sth • a bid for sth

bid[2] /bɪd/ **verb** (present participle **bidding**, past tense and past participle **bid**) **1** [I, T] to offer to pay an amount of money for something: *They* ***bid*** *$500 million* ***for*** *the company.* ▷ **oferować 2 bid for sth; bid to do sth** to try to do or obtain something: *Five firms have bid for the contract.* ▷ **składać ofertę na** *coś*

bid[3] /bɪd/ **verb** (present participle **bidding**, past tense and past participle **bid**, **bade**, past participle **bid**, **bidden**) **bid sb farewell/goodbye/good night, etc** literary to say goodbye, good night, etc: *She bade her guests good night.* ▷ **pożegnać** *kogoś*

bidder /ˈbɪdəʳ/ **noun** [C] someone who offers to pay a particular amount of money for something: *The house will be sold to* ***the highest bidder*** *(= the person who offers to pay the most).* ▷ **oferent/ka**

bidding /ˈbɪdɪŋ/ **noun** [U] **1** when people offer to pay a particular amount of money for something ▷ **przetarg, licytacja 2 do sb's bidding** literary to do what someone tells you to do ▷ **robić, co** *ktoś* **każe**

bidet /ˈbiːdeɪ/ (US) /bɪˈdeɪ/ **noun** [C] a small low bath that a person uses to wash their bottom and sex organs ▷ **bidet**

biennial /baɪˈeniəl/ **adjective** happening every two years ▷ **odbywający się co dwa lata** → Compare **biannual**

big[1] /bɪg/ **adjective** (**bigger**, **biggest**) **1** A1 large in size or amount: *I come from a big family.* ◦ *We're looking for a bigger house.* ▷ **duży 2** A2 important or serious: *Tonight's big game is between Real Madrid and Manchester United.* ◦ *Buying that car was a big mistake.* ▷ **wielki 3 your big brother/sister** informal A2 your older brother/sister ▷ **starsz-y/a brat/siostra 4** informal successful or popular: *The programme's been* ***a big hit*** *(= very popular) with young children.* ▷ **wielki 5 make it big** informal to become very successful or famous ▷ **osiągać sukces**

big[2] /bɪg/ **verb**

PHRASAL VERB **big sth/sb up** [T] informal to praise someone or something a lot, sometimes more than they deserve ▷ **wychwalać** *coś/kogoś*

the ˌbig ˈbang noun the large explosion that many scientists believe created the universe ▷ **Wielki Wybuch**

ˌbig ˈbusiness noun [U] **1** an activity that makes a lot of money: *Football has become big business.* ▷ **wielki biznes 2** large, powerful businesses ▷ **wielki biznes**

bigot /ˈbɪgət/ **noun** [C] a bigoted person ▷ **dewot/ka, bigot/ka, fanaty-k/czka**

bigoted /ˈbɪgətɪd/ **adjective** A bigoted person has very strong, unfair opinions and refuses to consider different opinions. ▷ **fanatyczny, bigoteryjny**
• **bigotry** /ˈbɪgətri/ **noun** [U] when someone is bigoted ▷ **bigoteria, fanatyzm**

big-ticket /ˈbɪgˌtɪkɪt/ **adjective** [always before noun] US Big-ticket items are expensive things to buy, such as cars or furniture. ▷ **drogi**

bike /baɪk/ **noun** [C] informal **1** A2 short for bicycle ▷ **rower 2** B1 short for motorbike/motorcycle ▷ **motor**

biker /ˈbaɪkəʳ/ **noun** [C] someone who rides a motorbike ▷ **motocyklist-a/ka**

bikini /bɪˈkiːni/ **noun** [C] B2 a piece of clothing with two parts that women wear for swimming ▷ **bikini** → See **Clothes** on page Centre 9

bilateral /baɪˈlætᵊrᵊl/ **adjective** involving two groups or countries: *bilateral talks/agreements/trade* ▷ **dwustronny, bilateralny**

bile /baɪl/ **noun** [U] a bitter liquid made and stored in the body that helps to digest fat ▷ **żółć**

ˈbile ˌduct noun [C] a tube from the liver and gall bladder through which bile passes into the small intestine ▷ **drogi żółciowe**

bilingual /baɪˈlɪŋgwᵊl/ **adjective** using or able to speak two languages: *a bilingual dictionary* ◦ *She's bilingual.* ▷ **dwujęzyczny**

bill[1] /bɪl/ **noun** [C] **1** A2 a piece of paper that tells you how much you must pay for something you have bought or for a service you have used: *Have you* ***paid the*** *electricity* ***bill****?* ▷ **rachunek 2** a written plan for a law: *Parliament will vote today on whether to pass the reform bill.* ▷ **projekt ustawy 3** US (UK **note**) a piece of paper money: *a five-dollar bill* ▷ **banknot 4** UK what is on at a cinema or theatre ▷ **program 5** a bird's beak ▷ **dziób**

> **Wyrazy występujące razem z bill**
> pay/settle a bill • a bill comes to [£100/$500, etc] • a bill for sth • an electricity/gas/phone bill

B

bill² /bɪl/ **verb 1 be billed as sth** to be advertised with a particular description: *The film was billed as a romantic comedy.* ▷ **być reklamowanym jako** *coś* **2** [T] to give or send someone a bill asking for money that they owe for a product or service: *He **billed** us **for** the materials.* ▷ **wystawiać rachunek, obciążać**

billboard /ˈbɪlbɔːd/ **noun** [C] (also UK **hoarding**) a large board used for advertising, especially by the side of a road ▷ **billboard**

billfold /ˈbɪlfəʊld/ **noun** [C] US (UK/US **wallet**) a small, flat container for carrying paper money and credit cards ▷ **portfel**

billiards /ˈbɪliədz/ **noun** [U] a game in which two people try to hit coloured balls into holes around the edge of a table using long, thin sticks ▷ **bilard**

billing /ˈbɪlɪŋ/ **noun** [U] **1** when people are sent letters to ask for payments ▷ **rozliczenie, billing 2 star/top billing** when a particular performer is shown as the most important person in a performance ▷ **czołowe miejsce**

billion /ˈbɪliən/ Ⓑ2 the number 1,000,000,000 ▷ **miliard,** Forma ta – pierwotnie amerykańska – rozszerzyła się na wiele krajów. Również w języku polskim spotyka się coraz częściej słowo **bilion** w znaczeniu "tysiąc milionów"

billow /ˈbɪləʊ/ **verb** [I] to be moved and spread out by a current of air: *Smoke **billowed out** of the building.* ▷ **kłębić się**

bimbo /ˈbɪmbəʊ/ **noun** [C] very informal a young woman who is attractive but not intelligent ▷ **cizia, słodka idiotka**

bimetallic strip /ˌbaɪmetælɪkˈstrɪp/ **noun** [C] a strip, used in a thermostat, made from two different metals which grow by different amounts when heated, causing it to bend and switch the thermostat on or off ▷ **bimetal**

bin /bɪn/ **noun** [C] **1** UK (US **trash can**) Ⓑ1 a container that is used to put waste in: *a **rubbish/wastepaper bin*** ◦ *I threw it in the bin.* ▷ **kosz na śmieci** → See **The Office** on page Centre 5 **2** a container for storing things: *a storage bin* ▷ **pojemnik**

binary /ˈbaɪnᵊri/ **adjective** The binary system expresses numbers using only 1 and 0, and is especially used for computers. ▷ **dwójkowy, binarny**

ˌbinary ˈcode noun [U] a code made of zeros and ones that represent numbers and letters ▷ **kod dwójkowy, kod binarny**

ˌbinary ˈfission noun [U] when organisms with only one cell create new organisms by dividing ▷ **amitoza, podział bezpośredni**

bind¹ /baɪnd/ **verb** [T] (past tense and past participle **bound**) **1** to tie something together with string, rope, etc: *His hands were bound behind his back.* ▷ **wiązać, związywać 2** to force someone to keep a promise: *His contract **binds** him **to** working a six-day week.* ▷ **zobowiązywać 3** to unite people: *Culture and language **bind** people together.* ▷ **łączyć 4** to fasten together pages to make a book ▷ **oprawiać**

bind² /baɪnd/ **noun** [no plural] informal **1** a difficult or unpleasant situation: *a financial bind* ▷ **trudne położenie, tarapaty 2** UK a job which uses a lot of your time: *Cleaning the bathroom is a bind.* ▷ **niewdzięczna robota**

binder /ˈbaɪndəʳ/ **noun** [C] a strong cover for holding together pieces of paper ▷ **segregator**

binding /ˈbaɪndɪŋ/ **adjective** A binding agreement, promise, etc cannot be broken or changed: *It's a **legally binding** contract.* ▷ **wiążący**

ˈbinding ˌsite noun [C] an area on an enzyme, DNA, or RNA to which particular molecules or ions attach ▷ **miejsce wiązania**

binge¹ /bɪndʒ/ **noun** [C] when you eat or drink too much or spend too much money in shops ▷ **popijawa, atak (obżarstwa), szał (zakupów)**

binge² /bɪndʒ/ **verb** [I] (present participle **bingeing**, present participle **binging**) to eat too much food at one time: *I've been **bingeing on** chocolate.* ▷ **opychać się**

ˈbinge ˌdrinking noun [U] when someone drinks too much alcohol on one occasion ▷ **nadużywanie alkoholu**
• **ˈbinge ˌdrinker** noun [C] ▷ **nadużywający alkoholu (okresowo)**

bingo /ˈbɪŋgəʊ/ **noun** [U] a game in which people mark numbers on a card as they are called, and the person whose numbers are called first is the winner ▷ **bingo**

binoculars /bɪˈnɒkjələz/ **noun** [plural] a piece of equipment for looking at things that are far away, made from two tubes with glass at the ends: *a **pair of binoculars*** ▷ **lornetka**

binoculars

binomial /baɪˈnəʊmiəl/ **noun** [C] an expression that has two groups of numbers or letters, for example 4x + 3y ▷ **dwumian**

binomial system /ˌbaɪˈnəʊmiəlˌsɪstəm/ **noun** [C] (also **binomial nomenclature**) the formal system for naming species ▷ **nazewnictwo dwuimienne**

bio- /baɪəʊ-/ **prefix** relating to living things or human life: *biodiversity* ◦ *bioethics* ▷ **bio-**

biochemical /ˌbaɪəʊˈkemɪkᵊl/ **adjective** relating to the chemistry of living things ▷ **biochemiczny**

biochemistry /ˌbaɪəʊˈkemɪstri/ **noun** [U] the study of the chemistry of living things such as plants, animals, or people ▷ **biochemia**
• **biochemist** noun [C] a scientist who studies biochemistry ▷ **biochemik**

biodegradable /ˌbaɪəʊdɪˈgreɪdəbl/ **adjective** Biodegradable substances decay naturally without damaging the environment. ▷ **ulegający biodegradacji**

biodiesel /ˈbaɪəʊˌdiːzl/ **noun** [U] fuel used in the engines of some vehicles that is made from vegetable oil or animal fat ▷ **biodiesel**

biodiversity /ˌbaɪəʊdaɪˈvɜːsɪti/ **noun** [U] the number and types of plants and animals that exist in a particular area ▷ **bioróżnorodność**

bioethanol /ˌbaɪəʊˈeθənɒl/ **noun** [U] fuel used in the engines of some vehicles that is partly made from ethanol ▷ **bioetanol**

biofuel /ˈbaɪəʊˌfjʊəl/ **noun** [U] fuel produced from plant material ▷ **biopaliwo**

biogas /ˈbaɪəʊˌgæs/ **noun** [U] a gas produced by dead plants and animals that can be burned as a fuel ▷ **biogaz**

biographer /baɪˈɒgrəfəʳ/ **noun** [C] someone who writes the story of a particular person's life ▷ **biograf, autor/ka biografii**

biography /baɪˈɒgrəfi/ **noun** [C] B1 the story of a person's life written by another person ▷ **biografia**

• **biographical** /ˌbaɪəʊˈgræfɪkəl/ **adjective** about someone's life: *biographical information* ▷ **biograficzny**

biological /ˌbaɪəˈlɒdʒɪkəl/ **adjective** **1** B2 relating to the study of living things such as plants and animals: *biological sciences* ▷ **biologiczny** **2** using living things or poisons made from living things: *biological weapons* ▷ **biologiczny**

• **biologically** **adverb** ▷ **biologicznie**

bioˌlogical conˈtrol **noun** the use of one plant or animal to control another, especially to prevent disease or damage ▷ **kontrola biologiczna (zwłaszcza szkodników)**

biology /baɪˈɒlədʒi/ **noun** [U] A2 the study of living things ▷ **biologia**

• **biologist** **noun** [C] a scientist who studies biology ▷ **biolog**

biomass /ˈbaɪəʊˌmæs/ **noun** [U] **1** dead plant and animal material suitable for using as fuel ▷ **biomasa** **2** the total amount of living things in a particular area ▷ **biomasa**

biome /ˈbaɪəʊm/ **noun** [C] a region of the Earth's surface and the particular combination of climate, plants, and animals that are found in it ▷ **biom**

biometric /ˌbaɪəʊˈmetrɪk/ **adjective** using a person's characteristics, e.g. their voice or the pattern of their eyes, to prove who they are ▷ **biometryczny**

biopsy /ˈbaɪɒpsi/ **noun** [C] when a small number of cells are taken from a part of the body and examined to see if there is a disease ▷ **biopsja**

biosphere /ˈbaɪəʊsfɪər/ **noun** [U] the part of the Earth's environment where life exists ▷ **biosfera**

biotechnology /ˌbaɪəʊtekˈnɒlədʒi/ **noun** [U] the use of living cells and bacteria in chemical processes, especially in the food and medical industries ▷ **biotechnologia**

bioterrorism /ˌbaɪəʊˈterərɪzəm/ **noun** [U] when people use living things, such as bacteria, to hurt other people for political reasons ▷ **bioterroryzm**

• **bioterrorist** **noun** [C] ▷ **bioterroryst-a/ka**

biotic /baɪˈɒtɪk/ **adjective** involving, caused by, or relating to living things in the environment ▷ **biotyczny**

biˌotic ˈindex **noun** [C] a way of measuring the pollution in water, e.g. a river, by counting the organisms in it ▷ **indeks biotyczny**

bipartisan /baɪˈpɑːtɪzæn/ **adjective** involving two political parties: *a bipartisan agreement* ▷ **dwupartyjny, dwustronny, (ze strony) obu partii**

birch /bɜːtʃ/ **noun** [C, U] a tree that has thin, smooth branches ▷ **brzoza**

bird /bɜːd/ **noun** [C] A1 an animal that has wings and feathers and is usually able to fly ▷ **ptak**

ˈbird ˌflu **noun** [U] (also **avian flu**) an illness that kills birds and can sometimes pass from birds to people ▷ **ptasia grypa**

birdie /ˈbɜːdi/ **noun** [C] US (UK **shuttlecock**) a small object with feathers that is used like a ball in badminton ▷ **lotka**

ˌbird of ˈprey **noun** [C] (plural **birds of prey**) a large bird that kills smaller animals for food ▷ **ptak drapieżny**

bird-watching /ˈbɜːdˌwɒtʃɪŋ/ **noun** [U] the hobby of looking at birds ▷ **obserwowanie ptaków**

biro /ˈbaɪərəʊ/ **noun** [C, U] UK trademark a type of pen that has a very small metal ball at its end and a thin tube of ink inside ▷ **długopis**

birth /bɜːθ/ **noun** **1** **give birth** B2 When a woman or an animal gives birth, she produces a baby from her body: *She gave birth to twins.* ▷ **rodzić, urodzić** **2** [C, U] B1 the time when a baby is born: *a difficult birth* ◦ *Write your **date of birth** (= the date when you were born) here.* ▷ **poród, narodziny** **3** [U] literary the beginning of something: ***the birth of** modern science* ▷ **narodziny** **4** **American/Italian, etc by birth** born in a particular place or having parents with a particular nationality ▷ **z pochodzenia Amerykanin/Włoch** *itp.*

ˈbirth caˌnal **noun** [C] the part of the female body which a baby travels through in order to be born ▷ **drogi rodne, kanał rodny**

ˈbirth cerˌtificate **noun** [C] an official document that records when and where a person was born ▷ **świadectwo urodzenia**

ˈbirth conˌtrol **noun** [U] methods of limiting the number of children you have ▷ **antykoncepcja, kontrola urodzeń**

birthday /ˈbɜːθdeɪ/ **noun** [C] A1 the day on which someone was born, or the same date each year: *She is **celebrating** her seventieth **birthday**.* ◦ ***Happy Birthday!*** ◦ *a **birthday cake/party*** ▷ **urodziny**

B

> **Wyrazy występujące razem z birthday**
>
> celebrate your birthday • on sb's [1st/50th/100th, etc] birthday • a birthday **cake/card/party/present**

birthmark /ˈbɜːθmɑːk/ **noun** [C] a mark on someone's skin that has been there since they were born ▷ **znamię (wrodzone)**

birthplace /ˈbɜːθpleɪs/ **noun** [C] the place where someone was born ▷ **miejsce urodzenia**

ˈbirth ˌrate noun [C] a measurement of the number of babies born in a particular period ▷ **wskaźnik urodzeń**

biscuit /ˈbɪskɪt/ **noun** [C] **1** UK (US **cookie**) A1 a thin, flat cake that is dry and usually sweet ▷ **herbatnik** → See **Food** on page Centre 11 **2** US a small, soft, round bread ▷ **ciasteczko**

bisect /baɪˈsekt/ **verb** [T] to divide something into two equal parts ▷ **dzielić na dwie równe części**
• **bisection** /baɪˈsekʃᵊn/ **noun** [C, U] ▷ **dwupodział, podział na dwie równe części**

bisector /baɪˈsektəʳ/ **noun** [C] a straight line that divides an angle or line into two equal parts ▷ **dwusieczna (kąta), symetralna (odcinka)**

bisexual /baɪˈsekʃuəl/ **adjective** sexually attracted to both men and women ▷ **biseksualny**

bishop /ˈbɪʃəp/ **noun** [C] a priest of high rank in some Christian churches: *the Bishop of Oxford* ▷ **biskup**

bison /ˈbaɪsᵊn/ **noun** [C] (plural **bison**) a large, wild animal similar to a cow with long hair ▷ **bizon**

bistro /ˈbiːstrəʊ/ **noun** [C] an informal place to eat or drink, in a French style ▷ **bistro**

bit¹ /bɪt/ **noun** [C] **1** A2 a small amount or piece of something: *I wrote it down on a bit of paper.* ◦ *There's a little bit more pasta left.* ◦ *My favourite bit of the film is right at the end.* ◦ *The books are falling* ***to bits*** *(= into separate parts).* ▷ **kawałek 2 a bit a** A2 slightly: *It's a bit cold in here.* ◦ *It was a bit too expensive.* ▷ **trochę b** B2 informal a short time: *I'll see you* ***in a bit****.* ◦ *She lived in Italy* ***for a bit****.* ▷ **chwila 3 a bit of a change/fool/problem, etc** a change, fool, problem, etc, but not an important or serious one: *I am a bit of a romantic.* ◦ *It was a bit of a shock.* ▷ **mała zmiana/trochę niemądry/drobny kłopot** *itp.* **4 quite a bit** informal B1 a lot: *He does quite a bit of travelling.* ◦ *She is quite a bit older than him.* ▷ **sporo 5 a bit much** informal more than is fair, or more than you can deal with: *It's a bit much to expect me to tidy up their mess.* ▷ **trochę za wiele, lekka przesada 6 bit by bit** gradually: *She saved up the money, bit by bit.* ▷ **stopniowo 7 every bit as** used to emphasize that one thing is equally good, important, etc as something else: *The gardens are every bit as impressive as the castle itself.* ▷ **równie 8 bits and pieces** small things or jobs which are not connected or not very important: *We've packed most of it up now, there are just a few bits and pieces left.* ▷ **drobiazgi 9** a unit of information in a computer ▷ **bit 10** a piece of metal which goes in the mouth of a horse to control it ▷ **wędzidło**

bit² /bɪt/ past tense of bite

bitch¹ /bɪtʃ/ **noun** [C] **1** very informal an offensive name for an unpleasant woman ▷ **jędza, zołza 2** a female dog ▷ **suka**

bitch² /bɪtʃ/ **verb** [I] very informal to talk in an unkind way about people: *She's always* ***bitching about*** *her boss.* ▷ **nadawać**

bitchy /ˈbɪtʃi/ **adjective** If someone is bitchy, they are unkind about other people: *a bitchy comment* ▷ **zjadliwy, zołzowaty**

bite¹ /baɪt/ **verb** (past tense **bit**, past participle **bitten**) **1** [I, T] B1 to cut something using your teeth: *She* ***bit into*** *an apple.* ◦ *He bites his fingernails.* ◦ *He was bitten by a dog.* ▷ **gryźć, kąsać 2** [I] to begin to have a bad effect: *Higher mortgage rates are beginning to bite.* ▷ **dawać się we znaki** → See also **bite the *bullet***, **bite the *dust***

IDIOM **come back to bite you** If a problem will come back to bite you, it will cause more trouble for you in the future if you do not solve it now. ▷ **to się może zemścić**

bite² /baɪt/ **noun 1** [C] B2 a piece taken from food when you bite it: *She* ***took a bite*** *from her pizza.* ▷ **kęs 2** [C] B2 an injury caused when an animal or insect bites you: *mosquito bites* ▷ **ugryzienie, ukąszenie 3 a bite** a small meal: *I just want to grab a bite to eat.* ▷ **przekąska**

biting /ˈbaɪtɪŋ/ **adjective** A biting wind or biting cold is extremely cold and hurts your skin. ▷ **przenikliwy**

bitmap /ˈbɪtmæp/ **noun** [C] a computer image formed from many small points on the screen ▷ **mapa bitowa**

bitten /ˈbɪtən/ past participle of bite

bitter¹ /ˈbɪtəʳ/ **adjective 1** B2 angry and upset because of something bad which has happened that you cannot forget: *I feel very* ***bitter about*** *my childhood.* ▷ **rozgoryczony 2** B2 full of hate or anger: *a bitter argument/dispute* ▷ **zaciekły, zawzięty 3** B1 having a strong, sour, usually unpleasant taste ▷ **gorzki 4** B2 extremely cold: *a bitter wind* ▷ **przenikliwy 5 to/until the bitter end** until something is completely finished, usually something unpleasant: *He was determined to stay right to the bitter end.* ▷ **do samego końca 6** B2 making you feel very disappointed: *Losing the championship was a bitter disappointment.* ▷ **gorzki**
• **bitterness noun** [U] ▷ **gorycz**

bitter² /ˈbɪtəʳ/ **noun** [U] UK a type of beer with a bitter taste ▷ **piwo (gorzkie)**

bitterly /ˈbɪtəli/ **adverb 1** in a way which shows

strong negative emotion such as anger or disappointment: *We were **bitterly disappointed** about the decision.* ▷ **mocno, gorzko** **2** If it is bitterly cold, the weather is extremely and unpleasantly cold. ▷ **przejmująco**

bitumen /ˈbɪtʃʊmən/ **noun** [U] a black sticky substance used for making roads and roofs ▷ **asfalt, masa bitumiczna**

bivalve /ˈbaɪvælv/ **noun** [C] a type of mollusc that has its body inside two connected shells ▷ **małż**

bizarre /bɪˈzɑːʳ/ **adjective** (B2) very strange and surprising: *bizarre behaviour* ▷ **dziwaczny**
• **bizarrely adverb** ▷ **dziwacznie**

black[1] /blæk/ **adjective** **1** (A1) being the colour of coal or of the sky on a very dark night: *a black jacket* ▷ **czarny** → See **Colours** on page Centre 12 **2** (A2) Someone who is black has the dark skin typical of people from Africa: *black athletes/Americans* ▷ **czarnoskóry** **3** relating to black people: *the black community* ▷ **murzyński, czarnoskórych** **4** Black tea or coffee has no milk or cream added to it. ▷ **bez mleka, czarny** **5** funny about unpleasant or frightening subjects: *black comedy* ▷ **czarny** **6** angry: *He gave her a black look.* ▷ **wściekły** **7** If your situation or future is black, it is very bad. ▷ **ponury**

IDIOMS **black and blue** covered with bruises ▷ **posiniaczony** • **black and white** very clear or simple: *The issue of nuclear weapons is not black and white.* ▷ **czarno na białym**

• **blackness noun** [U] ▷ **czerń**
→ See also **jet-black**, **pitch-black**

black[2] /blæk/ **noun** **1** [C, U] (A2) the colour of coal or of the sky on a very dark night: *She always dresses **in black** (= in black clothes).* ▷ **czerń** → See **Colours** on page Centre 12 **2** [C] a black person ▷ **czarnoskór-y/a, Murzyn/ka** **3 in the black** If your bank account is in the black, it contains some money. ▷ **z dodatnim saldem**

IDIOM **in black and white a** printed in a book, newspaper, or official document: *Look at the contract – it's all there in black and white.* ▷ **czarno na białym** **b** using or seeing no colours, but only black, white, and grey: *I saw the original film in black and white.* ▷ **w wersji czarno-białej**

→ See also **jet-black**

black[3] /blæk/ **verb**

PHRASAL VERB **black out** informal to suddenly become unconscious ▷ **stracić przytomność**

blackberry /ˈblækbəri/ **noun** [C] a small, soft, dark purple fruit with seeds ▷ **jeżyna**

BlackBerry /ˈblækbəri/ **noun** [C] trademark a computer with no wires that fits in your hand and that you can use for documents, email and Internet access ▷ **telefon inteligentny (typu BlackBerry)**
• **BlackBerry verb** [I] to use a BlackBerry ▷ używać telefonu BlackBerry

blackbird /ˈblækbɜːd/ **noun** [C] a bird with black feathers and a yellow beak ▷ **kos**

blackboard /ˈblækbɔːd/ **noun** [C] (also US **chalkboard**) (A2) a large board with a dark surface that teachers write on with chalk ▷ **tablica** → See **The Classroom** on page Centre 6

ˌblack ˈbox noun [C] a small machine on an aircraft that people use to discover the reason for an aircraft accident ▷ **czarna skrzynka**

blackcurrant /ˌblækˈkʌrənt/ **noun** [C] UK a very small, round, sour, dark purple fruit: *blackcurrant juice/jelly* ▷ **czarna porzeczka**

ˌblack ˈdwarf noun [C] a small, cool star formed from a very old white dwarf ▷ **czarny karzeł**

blacken /ˈblækən/ **verb** **1** [I, T] to become black or to make something become black: *Storm clouds blackened the sky.* ▷ **poczernieć, zaczerniać** **2** [T] If you blacken someone's name, you say bad things about them. ▷ **szkalować, oczerniać**

ˌblack ˈeye noun [C] an eye that has a dark circle around it because it has been hit ▷ **podbite oko**

ˌblack ˈhole noun [C] an area in outer space that sucks material and light into it from which it cannot escape ▷ **czarna dziura**

blacklist /ˈblæklɪst/ **verb** [T] to include someone on a list of people you think are bad or you will not deal with: [often passive] *He was blacklisted by the banks and credit card companies.* ▷ **czarna lista**

ˌblack ˈmagic noun [U] magic used for evil ▷ **czarna magia**

blackmail /ˈblækmeɪl/ **noun** [U] when someone forces you to do something, or to pay them money, by saying they will tell another person something that you want to keep secret ▷ **szantaż**
• **blackmail verb** [T] [+ into + doing sth] *They used the photographs to blackmail her into spying for them.* ▷ **szantażować** • **blackmailer noun** [C] ▷ **szantażyst-a/ka**

ˌblack ˈmarket noun [C] illegal trading of goods that are not allowed to be bought and sold or that there are not enough of for everyone who wants them: *the black market in heroin* ▷ **czarny rynek**

blackout /ˈblækaʊt/ **noun** [C] **1** when someone suddenly becomes unconscious ▷ **utrata przytomności, omdlenie** **2** when information is kept from people: [usually singular] *a **media/news blackout*** ▷ **blokada (informacyjna)** **3** a failure in the supply of electricity ▷ **awaria elektryczności** **4** a period during a war when no lights must show at night ▷ **zaciemnienie**

blacksmith /ˈblæksmɪθ/ **noun** [C] someone whose job is to make things from metal, especially shoes for horses ▷ **kowal**

bladder /ˈblædəʳ/ **noun** [C] the organ where waste liquid is stored before it leaves your body ▷ **pęcherz** → See also **gall bladder**

blade /bleɪd/ **noun** [C] **1** (B2) the flat, sharp, metal part of a knife, tool, or weapon ▷ **ostrze, łopatka** **2** a long, narrow leaf of grass or a similar plant: *a* ***blade of grass*** ▷ **źdźbło** → See also **razor blade**, **shoulder blade**

blame[1] /bleɪm/ **verb** [T] **1** (B1) to say or think that someone or something is responsible for something bad which has happened: *Many people* ***blame*** *him* ***for*** *Tony's death.* ◦ *Poor housing* ***is to blame*** *for many of their health problems.* ◦ *They apologized for the delay and* ***blamed*** *it* ***on*** *technical problems.* ▷ **obwiniać, winić** **2 I don't blame him/them/you, etc** used to say that you understand and accept the reason for what someone is doing: *"I think I'll go home early." "I don't blame you – you look really tired."* ▷ **wcale się nie dziwię**

blame[2] /bleɪm/ **noun** [U] (B2) when people say that someone or something is responsible for something bad: *The manager should* ***take the blame for*** *the team's defeat.* ◦ *They* ***put the blame on*** *faulty equipment.* ▷ **wina**

> Wyrazy występujące razem z **blame**
>
> apportion blame • **get/shoulder/take** the blame **for** sth • **lay/put** the blame **on** sth

blameless /ˈbleɪmləs/ **adjective** not responsible for anything bad: *They concluded that Lucy was entirely blameless.* ▷ **bez winy, niewinny**

blanch /blɑːntʃ/ **verb** [T] to put vegetables or similar foods into boiling water for a few minutes to make them white, remove the skins, get rid of strong flavours, or prepare them for freezing ▷ **blanszować**

bland /blænd/ **adjective** **1** not interesting or exciting: *bland statements* ▷ **nieciekawy** **2** If food is bland, it does not have much taste. ▷ **bez smaku, mdły**

blank[1] /blæŋk/ **adjective** **1** (B1) with no writing, pictures, or sound: *a* ***blank page*** ◦ *a blank tape* ◦ *The space for the date was* ***left blank***. ▷ **czysty, pusty** **2 go blank** If your mind goes blank, you suddenly cannot remember or think of something. ▷ **mieć pustkę w głowie** **3** showing no feeling or understanding: *a* ***blank expression*** ▷ **bez wyrazu** → See also **point-blank**

blank[2] /blæŋk/ **noun** [C] an empty space on a piece of paper or form where information can be given: *Just* ***fill in*** *the* ***blanks***. ▷ **puste miejsce**

IDIOM **draw a blank** to be unable to get information, think of something, or achieve something: *All their investigations have drawn a blank so far.* ▷ **nie przynosić efektu**

ˌblank ˈcheque UK (mainly US **ˌblank ˈcheck**) **noun** [C] If you give someone a blank cheque, you allow them as much money as they want or need to do something. ▷ **czek in blanco**

blanket[1] /ˈblæŋkɪt/ **noun** [C] **1** (A2) a thick, warm cover that you sleep under ▷ **koc** **2** a thick layer of something: *a blanket of cloud/snow* ▷ **pokrywa**

blanket[2] /ˈblæŋkɪt/ **adjective** [always before noun] including or affecting everything: *a blanket ban* ▷ **całkowity**

blanket[3] /ˈblæŋkɪt/ **verb** [T] to completely cover something: *The ground was blanketed with snow.* ▷ **pokrywać**

blankly /ˈblæŋkli/ **adverb** without showing any emotion or understanding: *She just stared at me blankly.* ▷ **tępo**

blare /bleəʳ/ **verb** [I] (also **blare out**) to make a very loud noise: *There was* ***music blaring*** *from his room.* ▷ **ryczeć**

blasphemy /ˈblæsfəmi/ **noun** [U] something which you say or do that shows you do not respect God or a religion ▷ **bluźnierstwo**

• **blasphemous** /ˈblæsfəməs/ **adjective** expressing blasphemy ▷ **bluźnierczy**

blast[1] /blɑːst/ **noun** **1** [C] an explosion: *a* ***bomb blast*** ▷ **wybuch** **2** [C] a sudden strong movement of air: *a blast of cold air/heat* ▷ **podmuch** **3 full blast** If something is happening or working full blast, it is at its loudest, strongest, or fastest level: *The heating was on full blast.* ▷ **cały regulator** **4** [C] a sudden loud noise: *a blast on the trumpet* ▷ **ryk** **5** [no plural] US very informal an exciting and enjoyable experience: *Eric's party was a blast.* ▷ **odlot**

blast[2] /blɑːst/ **verb** **1** [I, T] (also **blast out**) to make a very loud noise: *rock music blasting from a stereo* ▷ **ryczeć** **2** [I, T] to move through something or to hit something with force: *Dixon blasted the ball past the goalkeeper.* ▷ **szturmować, strzelać** **3** [T] to break through rock using explosives: *They blasted a hole in the rock face.* ▷ **wysadzić** **4** [T] to destroy a person or place with guns or bombs ▷ **rozwalać**

PHRASAL VERB **blast off** When a spacecraft blasts off, it leaves the ground to go into space. ▷ **wystartować**

blast[3] /blɑːst/ **exclamation** UK used when you are annoyed at something: *Blast! I forgot the keys.* ▷ **kurczę!**

blast-off /ˈblɑːstɒf/ **noun** [U] when a spacecraft leaves the ground ▷ **start**

blatant /ˈbleɪtᵊnt/ **adjective** very obvious, with no attempt to be honest or behave well: ***blatant lies****/racism* ▷ **ewidentny**

• **blatantly adverb** ▷ **ewidentnie**

> Wyrazy występujące razem z **blatant**
>
> a blatant **attempt** to do sth • a blatant **disregard for** sth • a blatant **lie**

blaze[1] /bleɪz/ **verb** [I] to burn or shine very brightly or strongly: *The sun blazed down on the dry countryside.* ▷ **płonąć, palić się**

blaze[2] /bleɪz/ **noun** [C] **1** a large, strong fire: *The blaze started in the hall.* ▷ **pożar** **2 a blaze of colour/lights, etc** very bright colour, lights, etc:

The tulips provided a blaze of colour outside her window. ▷ **feeria barw/świateł 3 a blaze of glory/publicity** a lot of public attention for a short time ▷ **blask chwały/sławy**

blazer /ˈbleɪzəʳ/ **noun** [C] a type of jacket, often worn as part of a school uniform ▷ **blezer**

blazing /ˈbleɪzɪŋ/ **adjective** [always before noun] **1** very hot: *a blazing log fire* ▷ **gorący 2** UK very angry: *a **blazing row*** ▷ **wściekły**

bleach¹ /bliːtʃ/ **noun** [U] a strong chemical used for cleaning things or removing colour from things ▷ **wybielacz**

bleach² /bliːtʃ/ **verb** [T] to remove the colour from something or make it lighter using chemicals: *She's bleached her hair.* ▷ **rozjaśniać, wybielać**

bleak /bliːk/ **adjective 1** If a situation is bleak, there is little or no hope for the future: *The future is looking bleak for small clubs struggling with debts.* ▷ **ponury 2** If a place is bleak, it is cold, empty, and not attractive: *a bleak landscape* ▷ **ponury**
• **bleakness noun** [U] ▷ **ponurość**

bleary /ˈblɪəri/ **adjective** If you have bleary eyes, you cannot see clearly because you are tired or have just woken up. ▷ **kaprawy**

bleat /bliːt/ **verb** [I] **1** to make the noise of a sheep or goat ▷ **beczeć, meczeć 2** to speak or complain in a weak and annoying way: *She keeps bleating about her lack of money.* ▷ **jęczeć**
• **bleat noun** [C] ▷ **beczenie, bek**

bled /bled/ past of bleed

bleed /bliːd/ **verb** [I] (past tense and past participle **bled**) B1 to have blood coming from a cut in your body ▷ **krwawić**
• **bleeding noun** [U] *Try to stop the bleeding.* ▷ **krwawienie**

bleep /bliːp/ **noun** [C] a short, high electronic noise ▷ **pisk**
• **bleep verb** [I] ▷ **piszczeć**

bleeper /ˈbliːpəʳ/ **noun** [C] UK (UK/US **beeper**) a small piece of electronic equipment which you carry that makes a sound when someone wants to speak to you ▷ **pager**

blemish /ˈblemɪʃ/ **noun** [C] a mark which spoils the appearance of someone or something ▷ **skaza**

blend¹ /blend/ **verb 1** [T] to mix two or more things together completely: *Blend the ingredients into a smooth paste.* ▷ **mieszać, łączyć, miksować 2** [I, T] to combine two or more things: *The team blends new, young players with more mature, experienced ones.* ▷ **łączyć, mieszać**

PHRASAL VERB **blend in** If something or someone blends in, they look or seem the same as the people or things around them and so are not easily noticed. ▷ **wtapiać się**

blend² /blend/ **noun** [C] a combination of two or more things: *Their music is a blend of jazz and African rhythms.* ▷ **mieszanka**

blender /ˈblendəʳ/ **noun** [C] an electric machine for making soft foods into a smooth liquid ▷ **mikser** → See **The Kitchen** on page Centre 2

bless /bles/ **verb** [T] **1** to ask God to help or protect someone or something, or to make it holy: *The priest blessed their marriage.* ▷ **błogosławić 2 be blessed with sth** to be lucky enough to have something good: *He's blessed with a wonderful singing voice.* ▷ **być obdarzonym** *czymś* **3 Bless you!** something you say when someone sneezes ▷ **na zdrowie! 4 bless her/him/them, etc** informal used to show your affection for the person you are talking about: *Peter, bless him, slept all the way through it.* ▷ **daj jej/mu/im** *itp.* **Boże zdrowie**

blessed /ˈblesɪd/ **adjective** [always before noun] **1** pleasant and wanted very much: *The rain was a **blessed relief**.* ▷ **błogi 2** holy: *the Blessed Virgin Mary* ▷ **błogosławiony**

blessing /ˈblesɪŋ/ **noun 1** [C] something which is lucky or makes you happy: *It is a blessing that no one was hurt.* ▷ **(wielkie) szczęście, cud 2** [U] approval that someone gives to a plan or action: *Mr Newton has **given** his **blessing** for the plan.* ▷ **aprobata 3** [C, U] protection or help from God, or a prayer to ask for this ▷ **błogosławieństwo**

IDIOMS **a blessing in disguise** something that has a good effect, although at first it seemed that it would be bad ▷ **błogosławione w skutkach nieszczęście, ≈ wyjść na dobre • a mixed blessing** something which has both good and bad effects ▷ ≈ **mieć dobre i złe strony**

blew /bluː/ past tense of blow

blight /blaɪt/ **noun** [no plural] something which has a very bad effect on something, often for a long time: *the blight of poverty/unemployment* ◦ *He became **a blight on** their lives.* ▷ **przekleństwo, nieszczęście**
• **blight verb** [T] to cause damage to or have a bad effect on something: *Injury has blighted his career.* ▷ **kłaść się cieniem na**

blind¹ /blaɪnd/ **adjective 1** B1 not able to see: *She **went blind** after an accident.* ◦ *This project provides guide dogs for **the blind**.* ▷ **niewidomy, ślepy 2 be blind to sth** to not notice something, or not want to notice something: *Drivers who speed are often blind to the risks they cause.* ▷ **być ślepym na** *coś* **3 blind panic/rage/trust, etc** an extremely strong feeling that makes you do things without thinking ▷ **ślep-a/e panika/wściekłość/zaufanie** *itp.* **4 a blind corner/bend** UK a bend or corner on a road that is dangerous because you cannot see cars coming around it ▷ **ślepy zakręt**
• **blindness noun** [U] ▷ **ślepota**
→ See also **colour-blind**, **turn a blind** ***eye*** **(to sth)**

blind² /blaɪnd/ **verb 1** [T] to make someone

blind, either for always or for a short time: [often passive] *I was blinded by the car headlights.* ▷ **oślepiać** **2 blind sb to sth** to make someone unable to understand the truth about someone or something: *Love blinded her to all his faults.* ▷ **uczynić** *kogoś* **ślepym na** *coś*

blind³ /blaɪnd/ **noun** [C] a cover that you pull down over a window ▷ **żaluzja, roleta** → See also **venetian blind**

ˌblind ˈdate noun [C] a romantic meeting between a man and a woman who have not met before ▷ **randka w ciemno**

blindfold /ˈblaɪndfəʊld/ **noun** [C] a piece of cloth that you put over someone's eyes so they cannot see ▷ **opaska na oczy**
• **blindfold verb** [T] to put a blindfold on someone ▷ **zawiązać oczy**

blinding /ˈblaɪndɪŋ/ **adjective 1** A blinding light is extremely bright. ▷ **oślepiający 2** A blinding headache is extremely painful. ▷ **rozdzierający**

blindly /ˈblaɪndli/ **adverb 1** not able to see or not noticing what is around you: *Carly reached blindly for the light switch.* ▷ **(na) ślepo 2** not thinking about what you are doing: *They just blindly followed orders.* ▷ **ślepo**

ˈblind ˌspot noun [C] **1** a difficulty in accepting or understanding a particular thing: *She has a complete blind spot where relations with the press are concerned.* ▷ **słaba strona 2** the part of the road just behind you, that you cannot see when you are driving ▷ **martwy punkt**

blink /blɪŋk/ **verb 1** [I, T] (B2) to open and close both of your eyes quickly ▷ **mrugać 2** [I] If a light blinks, it goes on and off quickly. ▷ **migać, błyskać**
• **blink noun** [C] ▷ **błysk, mrugnięcie**

blinkered /ˈblɪŋkəd/ **adjective** not willing to consider new or different ideas: *a* ***blinkered attitude*** ▷ **ograniczony**

blip /blɪp/ **noun** [C] **1** a small, temporary, and usually negative change from what usually happens: *The rise in unemployment may just be a blip.* ▷ **fluktuacja 2** a small spot of light on an electronic screen, sometimes with a short, high sound ▷ **punkcik (na ekranie)**

bliss /blɪs/ **noun** [U] complete happiness: *My idea of bliss is lying on a sunny beach.* ▷ **rozkosz**
• **blissful adjective** making you feel very happy: *a blissful childhood* ▷ **błogi** • **blissfully adverb** *She seemed* ***blissfully unaware*** *of the chaos she had caused.* ▷ **błogo**

blister¹ /ˈblɪstəʳ/ **noun** [C] a painful, raised area of skin with liquid inside, that you get if your skin has been rubbed or burned, or a similar area on a painted surface ▷ **pęcherz, bąbel**

blister² /ˈblɪstəʳ/ **verb** [I, T] to get or cause blisters ▷ **pokrywać się pęcherzami, powodować pęcherze**

blistering /ˈblɪstᵊrɪŋ/ **adjective 1** using very strong criticism: *a* ***blistering attack*** ▷ **zaciekły 2** extremely hot: *blistering sunshine* ▷ **piekący 3** extremely fast: *The economy has grown at a blistering pace.* ▷ **błyskawiczny**

blithely /ˈblaɪðli/ **adverb** without thinking about what might happen: *People were* ***blithely ignoring*** *warnings not to swim in the river.* ▷ **beztrosko**

blitz¹ /blɪts/ **noun** [C] **1** a lot of activity to achieve something in a short time: *We had a cleaning blitz before my parents came home.* ▷ **(szybka) akcja 2 the Blitz** bomb attacks on British cities during the Second World War ▷ **nalot (bombowy)**

blitz² /blɪts/ **verb** [T] **1** to defeat someone or something completely ▷ **rozgromić 2** to drop bombs on something ▷ **zbombardować**

blitzkrieg /ˈblɪtskriːg/ **noun** [C] a sudden, very strong attack in a war, which is intended to defeat the enemy quickly ▷ **wojna błyskawiczna**

blizzard /ˈblɪzəd/ **noun** [C] a storm with strong winds and snow ▷ **zamieć, śnieżyca**

bloated /ˈbləʊtɪd/ **adjective 1** swollen because of air or liquid inside ▷ **spuchnięty 2** feeling uncomfortable because you have eaten too much ▷ **wzdęty**

blob /blɒb/ **noun** [C] a small amount of a thick liquid: *a blob of cream/glue* ▷ **kropla** → See **Pieces and Quantities** on page Centre 1

bloc /blɒk/ **noun** [C] a group of countries with similar political ideas, who work together: *the communist bloc* ▷ **blok**

block¹ /blɒk/ **noun** [C] **1** (B2) a solid piece of something, usually in the shape of a square or rectangle: *a block of ice/stone/wood* ▷ **blok, klocek 2** US (B1) the distance along a street from where one road crosses it to the place where the next road crosses it: *They only live two blocks away from the school.* ▷ **przecznica 3** (B1) a large building containing many apartments or offices: UK *a* ***block of flats*** ▷ **blok 4** a square group of buildings or houses with roads on each side: *Omar took the dog for a walk* ***round the block.*** ▷ **kwartał 5** If you have a block about something, you cannot understand it or remember it: *I had a complete* ***mental block*** *about his name.* ▷ **zaćmienie umysłu 6** something that makes it difficult to move or make progress ▷ **przeszkoda 7** an amount or group of something that is considered together: *This block of seats is reserved.* ▷ **blok, sektor** → See also **be a *chip* off the old block, stumbling block, tower block**

block² /blɒk/ **verb** [T] **1** (also **block up**) (B2) to prevent anyone or anything from passing through a place: *A fallen tree blocked the road.* ◦ *The sink is blocked up.* ◦ *a blocked drain* ▷ **blokować, zapychać (się) 2** to stop something from happening or making progress: *The council's blocked plans for a new supermarket.* ▷ **blokować 3** to be between someone and the thing they are looking at, so that they cannot see: *A pillar was blocking my view.* ▷ **zasłaniać**

PHRASAL VERBS **block sth off** to close a road, path, or entrance so that people cannot use it: *Police blocked off the road where the body was found.* ▷ **tarasować** *coś*, **zastawiać** *coś* • **block sth out 1** to try to stop yourself thinking about something unpleasant: *I've blocked out memories of the accident.* ▷ **wymazać** *coś* **z pamięci 2** to stop light or noise passing through something: *Most sunscreens block out UVB radiation.* ▷ **zatrzymywać** *coś*

blockade /blɒk'eɪd/ **noun** [C] when a government or soldiers stop goods or people from entering or leaving a place: *The government **imposed a blockade on** oil trading.* ▷ **blokada** • **blockade verb** [T] ▷ **blokować**

blockage /'blɒkɪdʒ/ **noun** [C] something that stops something else passing through: *His death was caused by a blockage in his arteries.* ▷ **zator**

blockbuster /'blɒkˌbʌstəʳ/ **noun** [C] informal a book, film, etc that is very popular and successful: *a new blockbuster movie* ▷ **hit kasowy**

ˌblock 'capitals noun [plural] letters in the form A, B, C, not a, b, c ▷ **litery drukowane**

'block ˌgraph noun [C] a graph in which different amounts are shown by rectangular blocks ▷ **wykres słupkowy**

blog /blɒg/ **noun** [C] (also **weblog**) B1 a record of your thoughts that you put on the Internet for other people to read ▷ **blog** • **blog verb** [I] B1 ▷ **blogować** • **blogger** /'blɒgəʳ/ **noun** [C] B1 a person who writes or reads a blog ▷ **bloger/ka**

bloke /bləʊk/ **noun** [C] UK informal a man: *Jake's a nice bloke.* ▷ **facet**

blonde[1] (also **blond**) /blɒnd/ **adjective 1** A2 Blonde hair is pale yellow. ▷ **blond 2** A2 Someone who is blonde has pale yellow hair. ▷ **blond**

blonde[2] (also **blond**) /blɒnd/ **noun** [C] someone, especially a woman, who has pale yellow hair ▷ **blondyn/ka**

blood /blʌd/ **noun** [U] **1** A2 the red liquid that flows around your body: *a **blood test/sample*** ▷ **krew 2** the family or place that you come from: *I've got some Spanish blood in me.* ▷ **krew 3 be in your blood** If something is in your blood, you and other people in your family are interested in it or good at it: *Sailing is in my blood.* ▷ ≈ **mieć** *coś* **we krwi**

IDIOMS **bad blood** feelings of hate between people because of things that have happened in the past ▷ **wrogość, animozje** • **in cold blood** in a cruel way, without showing any emotion: *He shot three policemen in cold blood.* ▷ **z zimną krwią** • **new blood** new people in an organization who will provide new ideas and energy ▷ **nowa krew**

→ See also **your own *flesh* and blood**

Wyrazy występujące razem z **blood**

donate/give blood (= allow blood to be taken from your body for someone else's body) • a **drop/pool/trickle** of blood • a blood **test**

bloodbath /'blʌdbɑːθ/ **noun** [no plural] an extremely violent event in which many people are killed ▷ **rzeź**

blood-curdling /'blʌdˌkɜːdlɪŋ/ **adjective** extremely frightening: *a **blood-curdling scream*** ▷ **mrożący krew w żyłach**

'blood ˌdonor noun [C] someone who gives some of their blood for ill people who need it ▷ **krwiodawca**

'blood ˌgroup noun [C] UK (UK/US **blood type**) one of the groups that human blood is divided into ▷ **grupa krwi**

bloodless /'blʌdləs/ **adjective** achieved without killing or violence: *a bloodless coup* ▷ **bezkrwawy**

'blood ˌpressure noun [U] the force with which blood flows around your body: ***high/low blood pressure*** ▷ **ciśnienie krwi**

bloodshed /'blʌdʃed/ **noun** [U] when people are killed or injured in fighting: *Peace talks have failed to end the bloodshed in the region.* ▷ **rozlew krwi**

bloodshot /'blʌdʃɒt/ **adjective** Bloodshot eyes are red in the part that should be white. ▷ **przekrwiony, nabiegły krwią**

'blood ˌsport noun [C] a sport in which animals are killed ▷ **krwawy sport**

bloodstained /'blʌdsteɪnd/ **adjective** Something that is bloodstained has blood on it. ▷ **zakrwawiony**

bloodstream /'blʌdstriːm/ **noun** [no plural] the flow of blood around your body ▷ **krwiobieg, krew**

bloodthirsty /'blʌdˌθɜːsti/ **adjective** enjoying using or watching violence ▷ **żądny krwi, krwiożerczy**

'blood transˌfusion noun [C] when blood is put into someone's body ▷ **transfuzja**

'blood ˌtype noun [C] (also UK **blood group**) one of the groups that human blood is divided into ▷ **grupa krwi**

'blood ˌvessel noun [C] one of the small tubes that blood flows through in your body ▷ **naczynie krwionośne**

bloody[1] /'blʌdi/ **adjective 1** B2 covered in blood: *bloody hands* ▷ **krwawy 2** violent and involving a lot of blood and injuries: *a bloody war* ▷ **krwawy**

bloody[2] /'blʌdi/ **adjective, adverb** UK very informal used to show anger or to emphasize what you are saying in a slightly rude way: *I can't find my bloody keys.* ◦ *We were bloody lucky to win.* ▷ **cholerny, cholernie**

bloom[1] /bluːm/ **noun 1** [C] a flower: *beautiful, pink blooms* ▷ **kwiat 2 in bloom** with flowers

B

that are open: *In June the roses are in bloom.* ▷ **kwitnący, rozkwitły**

B

bloom[2] /bluːm/ **verb** [I] **1** If a plant blooms, its flowers open. ▷ **kwitnąć 2** to develop and become successful, happy, or healthy: *Their romance bloomed while they were in Paris.* ▷ **kwitnąć, rozkwitać**

blossom[1] /ˈblɒsᵊm/ **noun** [C, U] a small flower, or the small flowers on a tree or plant: *cherry blossom* ▷ **kwiat, kwiecie**

blossom[2] /ˈblɒsᵊm/ **verb** [I] **1** If a tree blossoms, it produces flowers. ▷ **kwitnąć 2** to develop and become successful or beautiful: *She has **blossomed into** a world champion.* ▷ **rozkwitać**

blot[1] /blɒt/ **verb** [T] (present participle **blotting**, past tense and past participle **blotted**) to dry wet marks using soft paper or a cloth ▷ **wsączać**

PHRASAL VERB **blot sth out 1** to stop yourself from thinking about something unpleasant: *I've tried to blot out memories of my relationship with Dieter.* ▷ **wymazać** *coś* **z pamięci 2** If smoke or cloud blots out the sun, it prevents it from being seen. ▷ **zasłaniać** *coś*

blot[2] /blɒt/ **noun 1** [C] a mark on something, made by ink or paint falling on it ▷ **plama 2 a blot on sth** something that spoils something else: *The financial scandal was a blot on his reputation.* ▷ **plama na** *czymś*

blotch /blɒtʃ/ **noun** [C] a mark on something, especially your skin ▷ **plama**
• **blotchy** (also **blotched**) **adjective** having blotches ▷ **plamisty**

ˈblotting ˌpaper noun [U] thick paper used for drying wet ink ▷ **bibuła**

blouse /blaʊz/ (US) /blaʊs/ **noun** [C] a piece of clothing like a shirt that women wear ▷ **bluzka**

blow[1] /bləʊ/ **verb** (past tense **blew**, past participle **blown**) **1** [I] (B1) If the wind blows, it moves and makes currents of air: *A cool sea breeze was blowing.* ▷ **wiać 2** [I] (B1) to force air out through your mouth: *She blew on her coffee before taking a sip.* ▷ **dmuchać 3 blow sth down/across/off, etc** (B1) If the wind blows something somewhere, it makes it move in that direction: *The storm blew trees across the road.* ▷ **unosić** *coś*, **zdmuchnąć** *coś* **4** [I] to move in the wind: *branches blowing in the breeze* ▷ **poruszać się, powiewać 5** [I, T] (B1) to make a sound by forcing air out of your mouth and through an instrument: *Ann blew a few notes on the trumpet.* ▷ **trąbić 6** [T] to make shapes out of something by blowing it: *to blow bubbles* ▷ **wydmuchiwać 7** [T] informal to spend a lot of money quickly and without considering it seriously: *Lou **blew** all her prize money **on** a diamond necklace.* ▷ **przepuścić 8 blow it/your chance(s)** informal If you blow it or blow your chance, you lose an opportunity to do something by doing or saying the wrong thing: *Tom blew his chances of getting the job by arriving late for the interview.* ▷ **zmarnować szansę, zawalić sprawę 9 blow your nose** (B1) to clear your nose by forcing air through it into a handkerchief ▷ **wydmuchiwać nos 10** [I, T] If a piece of electrical equipment blows, it suddenly stops working because the electric current is too strong. ▷ **przepalić się** → See also **blow sb's *mind***, **blow/get sth out of *proportion***

PHRASAL VERBS **blow sb away** mainly US informal to surprise or please someone very much: *a movie that will blow you away* ▷ **powalić** *kogoś* **na ziemię** • **blow (sth) out** (B1) If a flame blows out, or if you blow it out, it stops burning because you or the wind have blown it. ▷ **zgasnąć, zdmuchnąć** *coś* • **blow over** If a storm or an argument blows over, it ends. ▷ **ucichnąć** • **blow (sb, sth) up** (B1) to destroy something or kill someone with a bomb, or to be destroyed by a bomb: *Terrorists blew up an office building in the city.* ▷ **wysadzić (***kogoś/coś***) w powietrze, wylecieć w powietrze, eksplodować** • **blow sth up** (B2) to fill something with air: *blow up a balloon* ▷ **nadmuchiwać** *coś* • **blow up 1** If a storm or an argument blows up, it starts suddenly. ▷ **rozpętać się 2** informal to suddenly become very angry ▷ **wybuchnąć (gniewem)**

blow[2] /bləʊ/ **noun** [C] **1** a shock or disappointment: *Losing his job was a terrible **blow to** him.* ▷ **cios 2** a hard hit with a hand or heavy object: *He suffered serious **blows to** the head during the attack.* ▷ **cios, uderzenie 3** when you blow something or blow into an instrument or other object: *a blow on the whistle* ▷ **zadęcie, dmuchnięcie**

IDIOM **come to blows** to fight or argue ▷ **dojść do rękoczynów**

blow-by-blow /ˌbləʊbaɪˈbləʊ/ **adjective a blow-by-blow account/description** a description of an event that gives all the details in the exact order that they happened ▷ **szczegółowy opis**

blow-dry /ˈbləʊdraɪ/ **verb** [T] to dry your hair in a particular style using a hairdryer ▷ **suszyć**
• **blow-dry noun** [no plural] *I had a cut and blow-dry.* ▷ **suszenie**

ˈblow ˌmoulding noun [U] a method of making bottles and containers where air is blown into melted plastic ▷ **formowanie rozdmuchowe**

blown /ˈbləʊn/ past participle of blow

blowout /ˈbləʊaʊt/ **noun** [C] **1** when a tyre suddenly explodes while a vehicle is still moving ▷ **guma 2** informal an expensive meal or a big party ▷ **feta 3** US informal when one team or player beats another easily in a sport ▷ **porażka**

bludgeon /ˈblʌdʒᵊn/ **verb** [T] to hit someone several times with a heavy object: [often passive] *She was bludgeoned to death with a hammer.* ▷ **tłuc, zatłuc**

blue[1] /bluː/ **adjective 1** (A1) being the same colour as the sky when there are no clouds: *a dark blue jacket* ▷ **niebieski, błękitny** → See **Colours** on page Centre 12 **2** informal sad

▷ **smutny** **3** about sex: *a blue joke/movie* ▷ **pikantny** → See also ***black* and blue**, **once in a blue *moon***

blue² /bluː/ **noun** [C, U] Ⓐ2 the colour of the sky when there are no clouds ▷ **błękit** → See **Colours** on page Centre 12

IDIOM **out of the blue** If something happens out of the blue, you did not expect it: *One day, completely out of the blue, I had a letter from her.* ▷ **ni stąd, ni zowąd, znienacka**

bluebell /ˈbluːbel/ **noun** [C] a plant with small, blue flowers shaped like bells ▷ **dzwonek**

blueberry /ˈbluːbᵊri/ **noun** [C] a small, sweet, dark blue fruit that grows on bushes ▷ **(czarna) jagoda, borówka amerykańska**

blue-chip /ˌbluːˈtʃɪp/ **adjective** [always before noun] A blue-chip company or investment is considered certain to make a profit. ▷ **renomowany, pewny**

blue-collar /ˌbluːˈkɒləʳ/ **adjective** [always before noun] A blue-collar worker does physical work, especially in a factory. ▷ **fizyczny**

blueprint /ˈbluːprɪnt/ **noun** [C] a plan that shows how someone will design, build, or achieve something: *a blueprint for political reform* ▷ **projekt, plan**

blues /bluːz/ **noun** [plural] **1** a type of slow, sad music that was developed by African-Americans: *jazz and blues* ▷ **blues** **2 have/get the blues** informal to feel or become sad ▷ **mieć chandrę lub bluesa**

Bluetooth /ˈbluːtuːθ/ **noun** [U] trademark a technology that allows equipment such as computers and mobile phones to connect with no wires or cables: *a Bluetooth headset* ▷ **(technologia) Bluetooth**

bluff¹ /blʌf/ **verb** [I, T] to pretend you will do something or that you have knowledge, in order to force someone to do something: *He won't really leave her – he's only bluffing.* ▷ **blefować**

bluff² /blʌf/ **noun** [C] an attempt to bluff ▷ **blef**

IDIOM **call sb's bluff** to tell someone to do the thing they say they will do, because you do not think they will do it ▷ **zagrać z *kimś* ostro**

blunder¹ /ˈblʌndəʳ/ **noun** [C] a serious and often stupid mistake: *a series of financial blunders* ▷ **gafa, wpadka**

blunder² /ˈblʌndəʳ/ **verb** **1** [I] to make a serious mistake ▷ **popełniać błąd** **2 blunder around/into, etc** to move somewhere in a heavy way, as if you cannot see well: *He blundered around, looking for the light switch.* ▷ **iść po omacku**

blunt¹ /blʌnt/ **adjective** **1** not sharp: *a blunt knife* ▷ **tępy** **2** saying exactly what you think without caring about people's feelings: *a blunt letter* ▷ **bezceremonialny, bez ogródek**
• **bluntness** **noun** [U] ▷ **bezceremonialność**

blunt² /blʌnt/ **verb** [T] **1** to make a feeling less strong: *Mario's comments blunted everyone's enthusiasm.* ▷ **ostudzić** **2** to make something less sharp ▷ **stępić**

bluntly /ˈblʌntli/ **adverb** saying exactly what you think without caring about people's feelings ▷ **prosto z mostu, bez ogródek**

blur¹ /blɜːʳ/ **verb** [I, T] (present participle **blurring**, past tense and past participle **blurred**) **1** to make the difference between two things less clear, or to make it difficult to see the exact truth about something: *a book that blurs the distinction between reality and fiction* ▷ **zacierać** **2** to become difficult to see clearly, or to make something become difficult to see clearly: *soft sunlight that blurred the edges of the mountains* ▷ **rozmazywać (się), zacierać (się)**

blur² /blɜːʳ/ **noun** [no plural] something that you cannot see or remember clearly: *The accident happened so quickly that it's all a blur.* ▷ **mgliste wspomnienie**

blurb /blɜːb/ **noun** [C] a short description to advertise a product, especially a book ▷ **notka reklamowa**

blurred /blɜːd/ **adjective** **1** (also **blurry** /ˈblɜːri/) not clear: *a blurred photograph* ◦ *blurred memories* ▷ **niewyraźny** **2** If your sight is blurred, you cannot see clearly: *blurred vision* ▷ **nieostry**

blurt /blɜːt/ **verb** [T] (also **blurt out**) to say something suddenly and without thinking, especially because you are excited or nervous: *"Will you marry me?" he blurted.* ▷ **wykrztusić, wyrzucić z siebie, wygadać**

blush /blʌʃ/ **verb** [I] Ⓑ2 If you blush, your face becomes red, especially because you are embarrassed: *He **blushed with** shame.* ▷ **rumienić się**
• **blush** **noun** [C] ▷ **rumieniec**

blusher /ˈblʌʃəʳ/ **noun** [U] UK (US **blush**) red powder or cream that women put on their faces in order to make them more attractive ▷ **róż**

bluster /ˈblʌstəʳ/ **verb** [I, T] to speak in a loud and angry way, often with little effect ▷ **odgrażać się**
• **bluster** **noun** [U] ▷ **pogróżki**

blustery /ˈblʌstᵊri/ **adjective** very windy: *a cold, blustery day* ▷ **wietrzny**

ˌB ˈlymphocyte **noun** [C] (also **B-cell**) a type of blood cell that produces antibodies ▷ **limfocyt B**

boa constrictor /ˌbəʊəkənˈstrɪktəʳ/ **noun** [C] a large, strong snake, found in South and Central America, that kills animals and birds by wrapping itself around them and crushing them ▷ **boa dusiciel**

boar /bɔːʳ/ **noun** [C] **1** a male pig ▷ **knur 2** (also **wild boar**) a wild pig ▷ **dzik**

B

board¹ /bɔːd/ **noun 1** [C] a long, thin, flat piece of wood: *He nailed some boards across the broken window.* ▷ **deska 2** [C] B1 a flat piece of wood, plastic, etc used for a particular purpose: *an* ***ironing board*** ◦ *a* ***chopping board*** ▷ **deska 3** [C] A2 a piece of wood, plastic, etc on a wall, where information can be put: *Have you seen the poster on the board?* ▷ **tablica 4** [C] A1 a surface on the wall of a school room that the teacher writes on: *Copy down the sentences from the board.* ▷ **tablica 5** [C] A2 a piece of wood, cardboard, etc for playing games on: *a chess board* ▷ **plansza 6** [group] a group of people who officially control a company or organization, or a particular type of business activity: *The board approved the sales plan.* ◦ *the Gas/Tourist Board* ▷ **zarząd, rada 7 on board** B1 on a boat, train, aircraft, etc ▷ **na pokładzie 8** [U] B2 meals that are provided when you stay in a hotel: *bed and board* ◦ *How much is a single room with* ***full board*** *(= all meals)?* ▷ **wyżywienie**

IDIOM **across the board** affecting everyone or every part of something: *Jobs are likely to be lost across the board.* ▷ **wszędzie bez wyjątku**

→ See also **bulletin board**, **diving board**, **drawing board**, **full board**, **half board**, **ironing board**

board² /bɔːd/ **verb 1** [I, T] B1 to get on a bus, boat, aircraft, etc: *He boarded the train to London.* ▷ **wsiadać (do) 2** [I] If an aircraft, train, etc is boarding, passengers are getting onto it. ▷ **przyjmować pasażerów na pokład**

PHRASAL VERB **board sth up** to cover a door or window with wooden boards ▷ **zabić** *coś* **deskami**

boarder /ˈbɔːdəʳ/ **noun** [C] **1** UK a student who lives at school ▷ **mieszka-niec/nka internatu 2** US (UK **lodger**) someone who pays for a place to sleep and meals in someone else's house ▷ **gość 3** someone who goes snowboarding ▷ **snowboardzist-a/ka**

ˈboard ˌgame **noun** [C] A2 a game such as chess that is played on a board ▷ **gra planszowa**

ˈboarding ˌhouse **noun** [C] a house where you pay for a room and meals ▷ **pensjonat**

ˈboarding ˌpass **noun** [C] (also **ˈboarding ˌcard**) a piece of paper you must show to get on an aircraft ▷ **karta pokładowa**

ˈboarding ˌschool **noun** [C] a school where students live and study ▷ **szkoła z internatem**

boardroom /ˈbɔːdruːm/ **noun** [C] a room where the people who control a company or organization have meetings ▷ **sala posiedzeń zarządu, sala konferencyjna**

boast¹ /bəʊst/ **verb 1** [I, T] B2 to talk with too much pride about what you have done or what you own: *I wish she would stop* ***boasting about*** *her exam results.* ◦ [+ that] *Liam boasted that he owned two sports cars.* ▷ **chwalić się 2** [T] If a place boasts something good, it has it: *New York boasts some of the best museums in the world.* ▷ **szczycić się, móc się pochwalić**

boast² /bəʊst/ **noun** [C] something you are proud of and like to tell people about ▷ **powód do dumy**

boastful /ˈbəʊstfəl/ **adjective** talking with too much pride: *boastful remarks* ▷ **pełen przechwałek**

boat /bəʊt/ **noun** [C] A1 a vehicle for travelling on water: *a fishing boat* ▷ **łódź, łódka, statek**

IDIOMS **be in the same boat** to be in the same unpleasant situation as other people: *She complains that she doesn't have enough money, but we're all in the same boat.* ▷ **jechać na jednym wózku • miss the boat** to be too late to get what you want: *I'm afraid you've missed the boat. All the tickets have been sold.* ▷ **przegapić okazję • push the boat out** UK to spend a lot of money, especially when you are celebrating ▷ **świętować na całego • rock the boat** to do or say something that changes a situation in a way that causes problems ▷ **robić zamieszanie**

→ See also **rowing boat**

bob /bɒb/ **verb** [I] (present participle **bobbing**, past tense and past participle **bobbed**) to move up and down quickly and gently: *boats bobbing in the harbour* ▷ **kołysać się**

bobby /ˈbɒbi/ **noun** [C] UK informal old-fashioned a police officer ▷ **policjant**

ˈbobby ˌpin **noun** [C] US (UK **hairgrip**) a small, thin piece of metal, used to fasten a woman's hair in position ▷ **spinka do włosów**

bode /bəʊd/ **verb** literary **bode ill/well** to be a bad or good sign for the future: *These religious differences do not bode well for their marriage.* ▷ **źle/dobrze wróżyć**

bodily¹ /ˈbɒdɪli/ **adjective** [always before noun] relating to a person's body: ***bodily strength*** ▷ **cielesny, fizyczny**

bodily² /ˈbɒdɪli/ **adverb** If you move someone bodily, you lift or push them: *He carried her bodily out of the room.* ▷ **siłą**

body /ˈbɒdi/ **noun 1** [C] A1 the whole physical structure of a person or animal: *the* ***human body*** ▷ **ciało** → See **The Body** on page Centre 13 **2** [C] A2 a dead person: *Police found the body in a field.* ▷ **ciało, zwłoki 3** [C] B1 the main part of a person or animal's body, not the head, arms, or legs: *a dog with a thin body and short legs* ▷ **korpus 4** [group] an official group of people who work together: *the sport's regulatory body* ▷ **grupa, ciało 5** [no plural] the main part of something: *The body of the book is about his childhood.* ▷ **główna część 6** [no plural] a large amount of information: *a body of research into AIDS* ▷ **ilość 7** [C] the main part of a vehicle: *The body of the ship was not damaged.* ▷ **nadwozie**

bodybuilding /ˈbɒdibɪldɪŋ/ **noun** [U] doing

exercises with heavy weights to make your muscles big ▷ **kulturystyka**
• **bodybuilder** noun [C] ▷ **kulturyst-a/ka**

bodyguard /ˈbɒdiɡɑːd/ **noun** [C] someone whose job is to protect someone ▷ **ochroniarz**

ˈ**body** ˌ**language** **noun** [U] the way you move your body, that shows people what you are feeling ▷ **język ciała**

bog[1] /bɒɡ/ **noun** [C, U] an area of soft, wet ground ▷ **bagno**

bog[2] /bɒɡ/ **verb** (present participle **bogging**, past tense and past participle **bogged**)

PHRASAL VERB **be bogged down** to become so involved in something that you cannot do anything else: *Try not to get too bogged down in details.* ▷ **grzęznąć**

boggle /ˈbɒɡl/ **verb** **the mind boggles** UK (US **it boggles the mind**) something you say if something is difficult for you to accept, imagine, or understand: *The mind boggles at the stupidity of some people.* ▷ **to się nie mieści w głowie** → See also **mind-boggling**

bogus /ˈbəʊɡəs/ **adjective** pretending to be real: *a bogus doctor* ◦ *bogus documents* ▷ **fałszywy**

bohemian /bəʊˈhiːmiən/ **adjective** typical of artists, musicians, etc, who live in a more informal way than most people ▷ **swobodny**

boil[1] /bɔɪl/ **verb** [I, T] **1** (A2) If a liquid boils, or if you boil it, it reaches the temperature where bubbles rise up in it and it produces steam: *boiling water* ▷ **wrzeć, gotować (się)** **2** (B1) If a container of liquid boils, or if you boil it, the liquid inside it reaches the temperature where bubbles rise up in it and it produces steam: *I've boiled the kettle.* ▷ **zagotować, doprowadzać do wrzenia** **3** (B1) to cook food in water that is boiling: *Boil the pasta for 10 minutes.* ▷ **gotować**

PHRASAL VERBS **boil down to sth** If a situation or problem boils down to something, that is the main reason for it: *The problem boils down to one thing – lack of money.* ▷ **sprowadzać się do** *czegoś* • **boil over** **1** If a liquid that is being heated boils over, it flows over the side of the pan. ▷ **wykipieć** **2** If a difficult situation or bad emotion boils over, it cannot be controlled any more and people start to argue or fight. ▷ **przebrać miarę**

boil[2] /bɔɪl/ **noun** **1** **bring sth to the boil** to heat something until it starts to produce bubbles and steam: *Bring the water to the boil, then add the rice.* ▷ **zagotować** *coś*, **doprowadzać** *coś* **do wrzenia** **2** [C] a red swollen area on the skin that is infected ▷ **czyrak**

boiler /ˈbɔɪləʳ/ **noun** [C] a piece of equipment that provides hot water for a house ▷ **kocioł, bojler**

boiling /ˈbɔɪlɪŋ/ **adjective** (also ˌ**boiling** ˈ**hot**) (B2) very hot: *It's boiling in here!* ▷ **strasznie gorący,** ≈ **strasznie gorąco**

ˈ**boiling** ˌ**point** **noun** [C] the temperature that a liquid boils at ▷ **temperatura lub punkt wrzenia**

boisterous /ˈbɔɪstᵊrəs/ **adjective** noisy and full of energy: *a boisterous child* ▷ **hałaśliwy, niesforny**
• **boisterously** adverb ▷ **hałaśliwie**

bold[1] /bəʊld/ **adjective** **1** (B2) not frightened of taking risks: *It was a* ***bold decision*** *to go and live abroad.* ▷ **śmiały** **2** (B1) strong in colour or shape: ***bold colours*** ◦ *a* ***bold design*** ▷ **odważny** **3** Words that are printed in bold letters are darker and thicker than normal words. ▷ **pogrubiony**
• **boldly** adverb (B2) ▷ **śmiało** • **boldness** noun [U] ▷ **śmiałość**

> **Wyrazy występujące razem z bold**
> a bold **decision/move/plan/step**

bold[2] /bəʊld/ **noun** [U] a style of printing in which the letters are darker and thicker than usual ▷ **czcionka pogrubiona**

Bolivia /bəˈlɪviə/ **noun** a country in South America ▷ **Boliwia**
• **Bolivian** /bəˈlɪviən/ **adjective** coming from or relating to Bolivia ▷ **boliwijski** • **Bolivian** noun someone from Bolivia ▷ **Boliwij-czyk/ka**

bollard /ˈbɒlɑːd/ **noun** [C] UK a short thick post in a road, used to stop cars driving somewhere ▷ **pachołek, słupek drogowy**

Bolshevik /ˈbɒlʃəvɪk/ **noun** [C] a supporter of the political system introduced by Lenin in Russia in 1917 ▷ **bolszewik**
• **Bolshevik** adjective ▷ **bolszewicki** • **Bolshevism** /ˈbɒlʃəvɪzm/ noun [U] ▷ **bolszewizm**

bolster /ˈbəʊlstəʳ/ **verb** [T] to make something stronger by supporting or encouraging it: *Strong sales are bolstering the economy.* ▷ **podbudowywać, umacniać**

bolt[1] /bəʊlt/ **noun** [C] **1** a metal bar that you push across a door or window to lock it ▷ **zasuwka** **2** a small piece of metal that is used with a nut to fasten pieces of wood or metal together ▷ **śruba** → See also **the** ***nuts*** **and bolts**

bolt[2] /bəʊlt/ **verb** [T] **1** to fasten two things together with a bolt: *The seats in the cinema were bolted to the floor.* ▷ **przykręcać** **2** to lock a door or window with a bolt ▷ **ryglować** **3** **bolt down/out/through, etc** to move suddenly and quickly: *The cat bolted out of the door when it saw the dog.* ▷ **pędzić** **4** (also **bolt down**) to eat something very quickly ▷ **połykać**

ˌ**bolt** ˈ**upright** **adverb** sitting or standing with your back very straight ▷ **(prosto) jakby kij połknął**

bomb[1] /bɒm/ **noun** [C] (B1) a weapon that explodes and causes damage: *The bomb destroyed several office buildings in the city.* ▷ **bomba** → See also **atomic bomb**

B

> Wyrazy występujące razem z **bomb**
>
> plant a bomb • a bomb explodes/goes off • a bomb attack/blast • a bomb scare/threat/warning

bomb[2] /bɒm/ **verb 1** B1 [T] to attack a place using bombs: *The factories were bombed during the war.* ▷ **bombardować 2 bomb along/down/through, etc** UK informal to move very quickly: *A car came bombing down the road.* ▷ **pędzić**

bombard /bɒm'bɑːd/ **verb** [T] to continuously attack a place using guns and bombs ▷ **bombardować**

• **bombardment** noun [C, U] *an aerial bombardment* ▷ **bombardowanie**

PHRASAL VERB **bombard sb with sth** to give someone too much information, ask them too many questions, etc ▷ **zarzucać** *kogoś czymś*

bomber /'bɒməʳ/ **noun** [C] **1** an aircraft that drops bombs ▷ **bombowiec 2** B2 someone who puts a bomb somewhere ▷ **zamachowiec**

bombshell /'bɒmʃel/ **noun** [C] informal a piece of usually bad news that surprises you very much: *He* ***dropped a bombshell*** *by announcing that he was quitting the sport.* ▷ **sensacja**

bona fide /ˌbəʊnə'faɪdi/ **adjective** real and honest: *Make sure you are dealing with a bona fide company.* ▷ **rzetelny**

bonang /'bɒnæŋ/ **noun** [C] a musical instrument from Indonesia, with several metal pots placed on strings over a wooden frame ▷ **bonang**

bonanza /bə'nænzə/ **noun** [C] a situation in which many people are successful and get a lot of money: *The Internet is a bonanza for the computer industry.* ▷ **żyła złota**

bond[1] /bɒnd/ **noun** [C] **1** B2 an interest, experience, or feeling that makes two people feel connected: *A love of opera* ***created a bond between*** *them.* ▷ **więź 2** an official document from a government or company to show that you have given them money that they will pay back with a certain amount of extra money ▷ **obligacja 3** (also **chemical bond**) the way two atoms are joined together in a chemical compound ▷ **wiązanie**

> Wyrazy występujące razem z **bond**
>
> create/forge/form/strengthen a bond • a close bond • a bond with sb /between sb and sb

bond[2] /bɒnd/ **verb 1** [I, T] If two things bond, they stick together, or if you bond them, you make them stick together: *This glue bonds wood and metal in seconds.* ▷ **wiązać 2** [I] to develop a strong relationship with someone: *Physical contact helps a mother* ***bond with*** *her baby.* ▷ **wytwarzać więź**

bondage /'bɒndɪdʒ/ **noun** [U] when someone is completely controlled by something or is a slave ▷ **niewola**

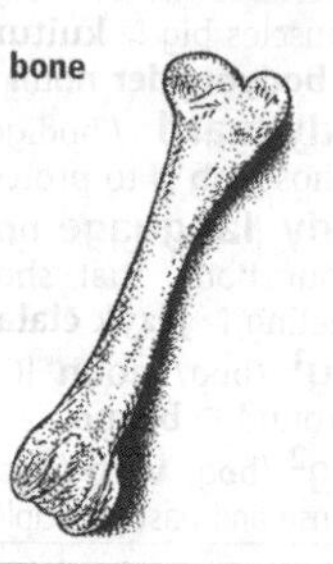

bone[1] /bəʊn/ **noun** [C, U] B1 one of the hard pieces that make the structure inside a person or animal: *He broke a bone in his hand.* ▷ **kość, ość**

IDIOMS **a bone of contention** something that people argue about ▷ **kość niezgody** • **have a bone to pick with sb** informal to want to talk to someone because you are annoyed about something they have done ▷ **mieć z** *kimś* **do pogadania** • **make no bones about sth/doing sth** to say what you think or feel, without being embarrassed: *She made no bones about her reluctance to work with me.* ▷ **nie kryć się z** *czymś*

bone[2] /bəʊn/ **verb** [T] to remove the bones from meat or fish ▷ **filetować**

ˈbone ˌmarrow noun [U] the soft substance inside bones ▷ **szpik kostny**

bonfire /'bɒnfaɪəʳ/ **noun** [C] a large fire outside, often used for burning waste ▷ **ognisko**

bonkers /'bɒŋkəz/ **adjective** informal crazy ▷ **szurnięty**

bonnet /'bɒnɪt/ **noun** [C] **1** UK (US **hood**) the metal cover of a car's engine ▷ **maska** → See **Car** on page Centre 7 **2** a hat that you tie under your face ▷ **czepek**

bonus /'bəʊnəs/ **noun** [C] **1** B2 an extra amount of money that you are given, especially because you have worked hard: *All employees received a bonus of £500.* ▷ **premia 2** B2 another pleasant thing in addition to something you were expecting: *The sunny weather was an* ***added bonus****.* ▷ **(dodatkowa) korzyść**

bony /'bəʊni/ **adjective** very thin, so that you can see or feel bones: *bony elbows* ▷ **kościsty**

boo /buː/ **verb** [I, T] (present participle **booing**, past tense and past participle **booed**) to shout the word "boo" to show that you do not like a speech, performance, etc ▷ **wygwizdać**

• **boo** noun [C] ▷ **gwizdy**

boob /buːb/ **noun** [C] informal **1** a woman's breast ▷ **cycek 2** a silly mistake ▷ **byk, gafa**

booby prize /'buːbiˌpraɪz/ **noun** [C] a prize that you get if you finish last in a competition ▷ **nagroda pocieszenia**

booby trap /'buːbiˌtræp/ **noun** [C] something dangerous, especially a bomb, that is hidden somewhere that looks safe ▷ **bomba-pułapka**

• **booby-trap** verb [T] [often passive] *His car was booby-trapped.* ▷ **podkładać bombę w**

book[1] /bʊk/ **noun 1** [C] A1 a set of pages

B

fastened together in a cover for people to read: *a book about animals* ▷ **książka** **2 a book of stamps/tickets, etc** a set of stamps, tickets, etc that are fastened together inside a cover ▷ **karnet lub bloczek znaczków/biletów** *itp.* **3** [C] a set of pages fastened together in a cover and used for writing on: *an* ***address book*** ▷ **zeszyt, notes**

IDIOMS **do sth by the book** to do something exactly as the rules tell you ▷ *robić coś* **zgodnie z regulaminem lub przepisami** • **be in sb's good/bad books** UK informal If you are in someone's good books, they are pleased with you, and if you are in their bad books, they are angry with you. ▷ **móc/nie móc liczyć na** *czyjąś* **przychylność**

→ See also **cookery book**, **take a** ***leaf*** **out of sb's book**, **phone book**, **reference book**

book² /bʊk/ **verb 1** [I, T] A2 to arrange to use or do something at a particular time in the future: *to book a ticket/hotel room* ◦ *We've booked a trip to Spain for next month.* ◦ *Sorry, the hotel is* ***fully booked*** *(= has no more rooms).* ▷ **zarezerwować** **2** [T] to officially accuse someone of a crime: *Detectives* ***booked*** *him* ***for*** *resisting arrest.* ▷ **ukarać, spisać** **3** [T] UK If a sports official books you, they write an official record of something you have done wrong: *The referee* ***booked*** *two players* ***for*** *fighting during the game.* ▷ **ukarać (żółtą kartką)**

PHRASAL VERBS **book in/book into sth** UK to say that you have arrived when you get to a hotel ▷ **zameldować się** *(gdzieś)* • **book sb in/book sb into sth** mainly UK B1 to arrange for someone to stay at a hotel ▷ **zarezerwować** *komuś* **miejsce** *(gdzieś)*

bookcase /ˈbʊkkeɪs/ **noun** [C] A2 a piece of furniture with shelves for putting books on ▷ **regał (na książki)** → See **The Living Room** on page Centre 4

ˈbook ˌclub noun [C] a group of people who meet regularly to talk about books they have read ▷ **(dyskusyjny) klub książki**

bookie /ˈbʊki/ **noun** [C] informal someone whose job is to take and pay out money that people risk trying to guess the result of horse races, sports events, etc ▷ **bukmacher/ka**

booking /ˈbʊkɪŋ/ **noun** [C, U] mainly UK B1 an arrangement you make to have a hotel room, tickets, etc at a particular time in the future: ***advance booking*** ▷ **rezerwacja**

> Wyrazy występujące razem z **booking**
>
> **accept/cancel/make/take** a booking • an **advance** booking • a booking **for** sth • a booking **fee/form**

bookkeeping /ˈbʊkˌkiːpɪŋ/ **noun** [U] recording the money that an organization or business spends and receives ▷ **księgowość** • **bookkeeper noun** [C] ▷ **księgow-y/a**

booklet /ˈbʊklət/ **noun** [C] B2 a small, thin book that contains information: *The tourist office has booklets about the area.* ▷ **broszura**

bookmaker /ˈbʊkˌmeɪkəʳ/ **noun** [C] a bookie ▷ **bukmacher/ka**

bookmark¹ /ˈbʊkmɑːk/ **noun** [C] **1** something you put in a book so you can find the page you want ▷ **zakładka** **2** B2 an address on the Internet that you record so that you can quickly find something again: *Add this website to your bookmarks.* ▷ **zakładka**

bookmark² /ˈbʊkmɑːk/ **verb** [T] B2 to make a record of the address of an Internet document in your computer so that you can find it again easily ▷ **dodać do ulubionych**

ˌbook of prime ˈentry noun [C] one of the books or computer files, for example the cash book, where a business's financial records are kept ▷ **dziennik**

books /bʊks/ **noun** [plural] the written financial records of a business or organization ▷ **księgi (rachunkowe)**

bookseller /ˈbʊkˌseləʳ/ **noun** [C] a person or company that sells books ▷ **księgarnia, księgarz**

bookshelf /ˈbʊkʃelf/ **noun** [C] (plural **bookshelves**) A2 a shelf for holding books ▷ **półka (na książki)**

bookshop /ˈbʊkʃɒp/ **noun** [C] UK (US **bookstore** /ˈbʊkstɔːʳ/) A2 a shop that sells books ▷ **księgarnia**

bookworm /ˈbʊkwɜːm/ **noun** [C] informal someone who enjoys reading very much ▷ **mól książkowy**

Boolean /ˈbuːliən/ **adjective** In a database, a Boolean field can have the values 'true' or 'false': *Boolean data* ◦ *a Boolean search* ▷ **logiczny**

boom¹ /buːm/ **noun** [C] **1** a period when there is a big increase in sales or profits: *an* ***economic boom*** ◦ *The 1990's saw a* ***boom in*** *computer sales.* ▷ **(dobra) koniunktura** **2** a loud, deep sound ▷ **grzmot** → See also **baby boom**

boom² /buːm/ **verb** [I] **1** If something is booming, it is increasing or becoming more successful or popular very quickly: *House prices are booming.* ▷ **zwyżkować** **2** to make a loud, deep sound, or to speak in a loud, deep voice ▷ **grzmieć**

boomerang /ˈbuːmᵊræŋ/ **noun** [C] a curved piece of wood that comes back to you when you throw it ▷ **bumerang**

boon /buːn/ **noun** [C] something helpful that improves your life: [usually singular] *Microwaves are a boon for busy people.* ▷ **dobrodziejstwo**

boost¹ /buːst/ **noun** [C] B2 something that makes you feel more confident and happy, or that helps something increase or improve: *Increased tourism was a major* ***boost to*** *the local economy.* ▷ **zastrzyk**

B

Wyrazy występujące razem z boost

give sb / sth a boost • receive a boost • a huge/major/massive/much-needed boost • a confidence/morale boost • a boost to sth • a boost for sb

boost[2] /buːst/ **verb** [T] B2 to increase or improve something: *Getting the job has* ***boosted*** *my confidence.* ▷ **podreperować**

booster /ˈbuːstəʳ/ **noun 1 a confidence/morale, etc booster** something that makes you feel happier or more confident ▷ **zastrzyk pewności siebie 2** [C] an engine on a spacecraft that gives extra power for the first part of a flight ▷ **silnik pomocniczy**

boot[1] /buːt/ **noun** [C] **1** A2 a strong shoe that covers your foot and part of your leg: *a* ***pair of boots*** ▷ **but, kozaczek** → See **Clothes** on page Centre 9 **2** UK (US **trunk**) B1 a closed space at the back of a car for storing things in ▷ **bagażnik** → See **Car** on page Centre 7 **3 get/be given the boot** informal to be told that you must leave your job ▷ **wylecieć z pracy**

IDIOM **too big for your boots** UK (US **too big for your britches**) behaving as if you are more important or more clever than you really are ▷ **zgrywający ważniaka**

→ See also **car boot sale**

boot[2] /buːt/ **verb** [T] informal to kick someone or something ▷ **kopać**

PHRASAL VERB **boot sb out** informal to make someone leave a place or job ▷ **wylać** *kogoś* **z pracy**

bootcut /ˈbuːtkʌt/ **adjective** bootleg ▷ **poszerzany**

booth /buːð/ **noun** [C] a small area that is separated from a larger public area, especially used for doing something privately: *a telephone booth* ▷ **budka, kiosk, stoisko**

bootleg /ˈbuːtleg/ **adjective** (also **bootcut**) Bootleg trousers are wider at the bottom than at the knee. ▷ **poszerzany**
• **bootlegs noun** [plural] ▷ **dzwony**

booty /ˈbuːti/ **noun** [U] valuable things stolen by thieves or by an army in a war ▷ **łup**

booze[1] /buːz/ **noun** [U] informal alcoholic drinks ▷ **procenty**

booze[2] /buːz/ **verb** [I] informal to drink alcohol ▷ **tankować**

Wyrazy występujące razem z border

cross the border • across/on/over the border • the border between [France and Spain/ Switzerland and Italy, etc] • [Germany's/ Syria's, etc] border with [France/Lebanon, etc] • the [French/Mexican, etc] side of the border • border controls/guards

border[1] /ˈbɔːdəʳ/ **noun** [C] **1** B1 the line that separates two countries or states: *the* ***border between*** *France and Spain* ◦ *We* ***crossed the border*** *from Canada into the US.* ▷ **granica 2** a strip around the edge of something for decoration: *white plates with a blue border* ▷ **brzeg**

border[2] /ˈbɔːdəʳ/ **verb** [T] **1** to form a line around the edge of something: [often passive] *The fields are bordered by tall trees.* ▷ **otaczać 2** to have a border with another country: [often passive] *Spain is bordered by France and Portugal.* ▷ **graniczyć z**

PHRASAL VERB **border on sth** to almost be a more extreme thing: *Her anger bordered on aggression.* ▷ **graniczyć z** *czymś*

borderline[1] /ˈbɔːdəlaɪn/ **adjective** If something or someone is borderline, it is not clear if they are good enough or if they will succeed: ***Borderline cases*** *should take the exam again.* ▷ **graniczny**

borderline[2] /ˈbɔːdəlaɪn/ **noun** [no plural] the point where one feeling, quality, level, etc ends and another one begins: *My work was* ***on the borderline between*** *two grades.* ▷ **granica**

bore[1] /bɔːʳ/ **verb 1** [T] to make someone feel bored: *His war stories really bore me.* ▷ **nudzić 2** [I, T] to make a hole in something hard with a tool ▷ **wiercić**

bore[2] /bɔːʳ/ **noun 1** [C] someone who talks too much about things that are not interesting ▷ **nudzia-rz/ra 2** [no plural] a situation or job that annoys you because it causes difficulties or is not interesting: *It's a real bore not having a car.* ▷ **nuda, kłopot**

bore[3] /bɔːʳ/ past tense of bear

bored /bɔːd/ **adjective** A1 feeling tired and unhappy because something is not interesting or because you have nothing to do: *I'm* ***bored with*** *doing homework.* ◦ *We were* ***bored stiff*** *(= extremely bored) in her lessons.* ▷ **znudzony**
• **boredom** /ˈbɔːdəm/ **noun** [U] when you are bored: *I nearly died of boredom.* ▷ **nuda**

boring /ˈbɔːrɪŋ/ **adjective** A1 not interesting or exciting: *a boring job* ◦ *The film was so boring, I fell asleep.* ▷ **nudny**

Boring wyrazy bliskoznaczne

Przymiotnika **bland** używamy często do opisania jedzenia:
This sauce is really ***bland****, it doesn't taste of anything.*
Jeśli jakiś film, sztuka, książka, itp. lub osoba są nudne, możemy określić je jako **dull**:
I find her writing a bit ***dull****.*
Przymiotnika **monotonous** używamy często do opisania czegoś, czego słuchamy:
The teacher had a really ***monotonous*** *voice and I almost fell asleep.*
Jeśli opisujemy czynność, czasem używamy przymiotnika **tedious**:
You have to fill in various forms, which is a bit ***tedious****.*

B

born¹ /bɔːn/ **verb be born a** A2 When a person or animal is born, they come out of their mother's body and start to exist: *She was born in London in 1973.* ◦ *an American-born writer* (= *born in America*) ▷ **urodzić się b** If an idea is born, it starts to exist. ▷ **narodzić się, powstawać**

born² /bɔːn/ **adjective a born actor/leader/teacher, etc** someone who has a natural ability to act, lead, teach, etc ▷ **urodzony aktor/przywódca/nauczyciel** *itp.*

born-again /ˌbɔːnəˈgen/ **adjective a born-again Christian** someone who has become a very enthusiastic member of the Christian religion ▷ **nawrócon-y/a chrześcija-nin/nka**

borne /bɔːn/ past participle of bear

boron /ˈbɔː.rɒn/ **noun** [U] a hard, yellow-brown chemical element used in nuclear reactors and to make steel hard (symbol B) ▷ **bor**

borough /ˈbʌrə/ (US) /ˈbɜːrəʊ/ **noun** [C] a town or part of a city ▷ **miasto, dzielnica**

borrow /ˈbɒrəʊ/ **verb 1** [T] A2 to use something that belongs to someone else and give it back later: *Can I borrow a pen please?* ◦ *I* ***borrowed*** *the book* ***from*** *my sister.* ▷ **pożyczać,** Nie mylić z **lend 2** [I, T] to take money from a bank or financial organization and pay it back over a period of time ▷ **pożyczać 3** [T] to take and use a word or idea: *The English word 'rucksack' is* ***borrowed from*** *German.* ▷ **zapożyczać**

borrower /ˈbɒrəʊəʳ/ **noun** [C] someone who borrows money ▷ **pożyczkobiorca, kredytobiorca**

Bosnia-Herzegovina /ˌbɒzniəˌhɜːzəgɒˈviːnə/ **noun** a country in Europe ▷ **Bośnia i Hercegowina**

• **Bosnian** /ˈbɒzniən/ **adjective** coming from or relating to Bosnia-Herzegovina ▷ **bośniacki** • **Bosnian noun** someone from Bosnia-Herzegovina ▷ **Bośnia-k/czka**

bosom /ˈbʊzᵊm/ **noun 1** [C] a woman's breasts ▷ **biust, pierś 2 a bosom buddy/pal, etc** a very good friend ▷ **przyjaciel od serca**

boss¹ /bɒs/ **noun** [C] A2 someone who is responsible for employees and tells them what to do: *I'll ask my boss if I can leave work early tomorrow.* ▷ **szef/owa**

boss² /bɒs/ **verb** [T] (also **boss about/around**) to tell someone what they should do all the time: *My older brother is always bossing me about.* ▷ **rozkazywać**

bossy /ˈbɒsi/ **adjective** B2 always telling other people what to do ▷ **apodyktyczny**

• **bossiness noun** [U] ▷ **apodyktyczność**

botanist /ˈbɒtᵊnɪst/ **noun** [C] someone who studies plants ▷ **botanik**

botany /ˈbɒtᵊni/ **noun** [U] the scientific study of plants ▷ **botanika**

• **botanical** /bəˈtænɪkəl/ **adjective** (also **botanic** /bəˈtænɪk/) relating to botany ▷ **botaniczny**

botch /bɒtʃ/ **verb** [T] (also **botch up**) to spoil something by doing it badly: *a botched robbery* ▷ **sknocić**

both /bəʊθ/ **pronoun, determiner, quantifier 1** A1 used to talk about two people or things: *The children both have red hair.* ◦ ***Both of*** *my sisters are teachers.* ◦ *Would you like cream, ice cream, or both?* ▷ **oba 2 both... and...** used to emphasize that you are talking about two people or things: *Both Jack and his wife are keen chess players.* ▷ **zarówno ... jak i ...** → See also **have the** ***best*** **of both worlds**

bother¹ /ˈbɒðəʳ/ **verb 1** [T] A2 to annoy someone by trying to get their attention when they do not want to see you or talk to you: *Sorry to bother you, but could you spare any change?* ▷ **niepokoić, przeszkadzać, zawracać głowę 2** [T] B2 to make someone feel worried or upset: *Living on my own doesn't bother me at all.* ▷ **martwić, przeszkadzać 3** [I, T] B2 to make the effort to do something: [+ doing sth] *Don't bother making the bed – I'll do it later.* ◦ [+ to do sth] *He didn't even bother to call.* ▷ **fatygować się 4 can't be bothered** informal If you can't be bothered to do something, you are too lazy or tired to do it: [+ to do sth] *I can't be bothered to iron my clothes.* ▷ **nie chce się** *komuś* **5 not bothered** UK informal If you are not bothered about something, it is not important to you and does not worry you: *"Do you want tea or coffee?" "Either, I'm not bothered."* ▷ **nieważne**

bother² /ˈbɒðəʳ/ **noun** [U] trouble or problems: *"Are you sure you don't mind taking me?" "No,* ***it's no bother****, really!"* ▷ **kłopot**

bothered /ˈbɒðəd/ **adjective** [never before noun] B2 If you are bothered about something, it is important to you and you are worried about it: *He's very* ***bothered about*** *what other people think.* ▷ **zatroskany, ≈ przejmować się**

Botox /ˈbəʊtɒks/ **noun** [U] trademark Botulinum Toxin: a drug used in a person's face to make it look smooth and young ▷ **toksyna botulinowa, botulina**

• **Botox verb** [T] ▷ **wygładzać zmarszczki botuliną**

Botswana /bɒtˈswɑːnə/ **noun** a country in Africa ▷ **Botswana**

• **Botswanan** /bɒtˈswɑːnən/ **adjective** coming from or relating to Botswana ▷ **botswański** • **Motswana** /mɒtˈswɑːnə/, /bɒtˈswɑːnə/ **noun** [C] (plural **Batswana**) someone from Botswana ▷ **Botswa-ńczyk/nka**

bottle¹ /ˈbɒtl/ **noun** [C] A2 a container for liquids, usually made of glass or plastic, with a narrow top: *an empty bottle* ◦ *a bottle of wine* ▷ **butelka** → See also **hot-water bottle**

bottle² /ˈbɒtl/ **verb** [T] to put liquid into a bottle: [often passive] *This wine was bottled in France.* ◦ *bottled beer/water* ▷ **rozlewać**

PHRASAL VERB **bottle sth up** to not allow yourself to show or talk about your feelings ▷ **nie okazywać** *czegoś*

ˈbottle ˌbank noun [C] UK a large container outside, where you can put empty bottles so that the glass can be used again ▷ **pojemnik na (zużyte) butelki**

bottleneck /ˈbɒtlnek/ **noun** [C] **1** something that causes a process to happen more slowly than it should ▷ **wąskie gardło 2** a narrow part of a road where traffic moves slowly ▷ **zwężenie (drogi), korek, zator**

bottom[1] /ˈbɒtəm/ **noun 1** [C] Ⓐ1 the lowest part of something: [usually singular] *Click on the icon **at the bottom of** the page.* ▷ **dół 2** [C] Ⓐ2 the flat surface on the lowest side of something: [usually singular] *There was a price tag on **the bottom of** the box.* ▷ **spód, dno 3** [no plural] Ⓐ2 the lowest position in a group, organization, etc: *He got bad exam marks and is **at the bottom of** the class.* ▷ **dół 4** [no plural] Ⓑ1 the ground under a river, lake, or sea: *Divers found the wreck on **the bottom of** the ocean.* ▷ **dno 5** [no plural] Ⓑ1 the part of a road or area of land that is furthest from where you are: *Go to the bottom of the road and turn left.* ▷ **koniec 6** [C] Ⓑ1 the part of your body that you sit on ▷ **pupa, siedzenie 7 be at the bottom of sth** to be the cause of a problem or situation ▷ **leżeć u podstaw** *czegoś* **8 get to the bottom of sth** to discover the truth about a situation ▷ **dojść do sedna** *czegoś* → See also **rock bottom**, **from *top* to bottom**

bottom[2] /ˈbɒtəm/ **adjective** [always before noun] in the lowest position: *the bottom drawer* ▷ **najniższy, dolny**

bottomless /ˈbɒtəmləs/ **adjective a bottomless pit** a supply, especially of money, that has no limit ▷ **worek bez dna**

the ˌbottom ˈline noun the most important fact in a situation: *The bottom line is that if you don't work, you'll fail the test.* ▷ **sedno sprawy**

bough /baʊ/ **noun** [C] literary a large branch on a tree ▷ **konar, gałąź**

bought /bɔːt/ past of buy

boulder /ˈbəʊldəʳ/ **noun** [C] a very large rock ▷ **głaz**

ˈboulder ˌclay noun [U] a type of heavy, sticky soil full of large rocks that is formed in and between large areas of ice ▷ **glina lodowcowa**

boulevard /ˈbuːləvɑːd/ **noun** [C] a wide road in a city, usually with trees along it ▷ **bulwar**

bounce[1] /baʊns/ **verb 1** [I, T] Ⓑ2 to hit a surface and then move quickly away, or to make something do this: *The ball bounced high into the air.* ▷ **odbijać (się), kozłować 2** [I] to jump up and down several times on a soft surface: *The children loved bouncing on the bed.* ▷ **skakać 3 bounce along/around/into, etc** to move somewhere in a happy and energetic way: *Sarah bounced into the room with a big smile on her face.* ▷ **biec w podskokach 4** [I, T] If a cheque bounces, or a bank bounces it, the bank will not pay it because there is not enough money in the account. ▷ **nie mieć pokrycia, odmówić realizacji**

PHRASAL VERB **bounce back 1** to be successful or happy again after a failure, disappointment, etc: *After a terrible start the team bounced back and won the game.* ▷ **stanąć na nogi 2** If an email bounces back, it is returned to you because the address is not correct or there is a computer problem. ▷ **odbić się, wrócić**

bounce[2] /baʊns/ **noun** [C, U] when something bounces, or the quality that makes something able to bounce ▷ **sprężystość, żywotność**

bouncer /ˈbaʊnsəʳ/ **noun** [C] someone whose job is to stand at the door of a bar, party, etc and keep out people who are not wanted ▷ **bramkarz**

bouncy /ˈbaʊnsi/ **adjective 1** happy and full of energy: *She's very bouncy and confident.* ▷ **energiczny 2** able to bounce: *bouncy balls* ▷ **sprężysty**

bound[1] /baʊnd/ **adjective 1 bound to do sth** Ⓑ2 certain to do something, or certain to happen: *You're bound to feel nervous before your driving test.* ▷ **≈ musieć** *coś zrobić* **2 bound up with sth** closely connected with something: *A country's culture is bound up with its language and history.* ▷ **związany z** *czymś* **3** [never before noun] having a moral or legal duty to do something: *The witness was **bound by** an oath to tell the truth.* ▷ **zobowiązany 4** [never before noun] travelling towards a particular place: *He was on a train **bound for** Berlin.* ▷ **do, w kierunku**

bound[2] /baʊnd/ **verb bound across/down/into, etc** to move quickly with large steps or jumps: *Guy bounded across the room to answer the phone.* ▷ **pospieszyć**

bound[3] /baʊnd/ **noun** [C] a big jump ▷ **sus** → See also **by/in *leaps* and bounds**

bound[4] /baʊnd/ past of bind

boundary /ˈbaʊndᵊri/ **noun** [C] **1** a line that divides two areas or forms an edge around an area: *The mountains mark the **boundary between** the two countries.* ▷ **granica 2** a limit: *Such violence is beyond the boundaries of civilized conduct.* ▷ **granica**

boundless /ˈbaʊndləs/ **adjective** having no limit: *He has **boundless energy/enthusiasm**.* ▷ **bezgraniczny**

bounds /baʊndz/ **noun 1** [plural] legal or social limits: *They have overstepped **the bounds of** good taste.* ▷ **granice 2 out of bounds** If a place is out of bounds, you are not allowed to go there: *The staff room is out of bounds to students.* ▷ **zamknięty**

bounty /ˈbaʊnti/ **noun 1** [C, U] a large or generous amount of something ▷ **obfitość 2** [C] an amount of money paid as a reward ▷ **nagroda**

bouquet /bʊˈkeɪ/ **noun** [C] flowers that are tied together in an attractive way ▷ **bukiet**

bourbon /ˈbɜːbən/ **noun** [C, U] a type of American whisky ▷ **burbon**

bourgeois /ˈbɔːʒwɑː/ **adjective** typical of middle class people who are too interested in money and correct social behaviour: *bourgeois values* ▷ **drobnomieszczański**
• **the bourgeoisie** /ˌbɔːʒwɑːˈziː/ **noun** [group] the middle class, that owns most of society's money ▷ **mieszczaństwo, burżuazja**

bout /baʊt/ **noun** [C] **1** a short period of activity or illness: *a bout of depression* ▷ **napad, atak 2** a fight in boxing ▷ **walka**

boutique /buːˈtiːk/ **noun** [C] a small shop that sells fashionable clothes ▷ **butik**

bovine /ˈbəʊvaɪn/ **adjective** relating to cows ▷ **bydlęcy, krowi**

bow¹ /baʊ/ **verb** [I, T] to bend your head or body forward in order to show respect or to thank an audience: *The actors all bowed after the performance.* ◦ *We* ***bowed*** *our* ***heads*** *in prayer.* ▷ **kłaniać się, schylać (się), skłaniać**

PHRASAL VERBS **bow out** to leave a job or stop doing an activity, usually after a long time: *He* ***bowed out of*** *politics at the age of 70.* ▷ **wycofać się** • **bow to sth/sb** to do what someone else wants you to do: *The government are refusing to* ***bow to*** *public* ***pressure***. ▷ **ugiąć się pod** *czymś*/ **pod wpływem** *kogoś*

bow² /baʊ/ **noun** [C] **1** when you bow: *The actors came back on stage and* ***took a bow***. ▷ **ukłon 2** the front part of a ship ▷ **dziób**

bow³ /bəʊ/ **noun** [C] **1** (B2) a knot with two curved parts and two loose ends, that is used to tie shoes or as decoration ▷ **kokardka, kokarda 2** a long, thin piece of wood with hair stretched between the ends, used to play some musical instruments ▷ **smyczek 3** (B2) a piece of curved wood with string fixed to both ends, used for shooting arrows ▷ **łuk**

bowel /baʊəl/ **noun** [C] the long tube that carries solid waste from your stomach out of your body: [usually plural] *He's got trouble with his bowels.* ▷ **jelito**

bowl¹ /bəʊl/ **noun** [C] (A2) a round, deep dish used for holding soup and other food: *a bowl of rice/soup* ▷ **miska**

bowl² /bəʊl/ **verb** [I, T] **1** to roll a ball along a surface as part of a game ▷ **toczyć, grać w kręgle 2** in cricket, to throw a ball to the person who has to hit it ▷ **serwować**

bowler /ˈbəʊləʳ/ **noun** [C] in cricket, the player who throws the ball so someone can hit it ▷ **serwujący** → See **Sports 2** on page Centre 15

ˌbowler ˈhat noun [C] UK (US **derby**) a round, hard, black hat worn by men, especially in the past ▷ **melonik**

bowling /ˈbəʊlɪŋ/ **noun** [U] a game in which you roll a large ball along a wooden track in order to knock down bottle-shaped objects ▷ **kręgle**

bowls /bəʊlz/ **noun** [U] UK a game in which you roll large balls as close as possible to a smaller ball ▷ **gra w kule**

ˌbow ˈtie noun [C] a piece of cloth around the neck in the shape of a bow that men sometimes wear, especially at formal events ▷ **muszka**

box¹ /bɒks/ **noun 1** [C] (A1) a square or rectangular container: *a cardboard box* ◦ *a box of chocolates/matches* ▷ **pudełko, karton 2** [C] (A2) a small square on a page that gives you information or where you write information: *Tick the box if you would like more details.* ▷ **kratka, kwadracik 3** [C] a small area of a theatre, court, etc that is separate from where other people are sitting ▷ **loża 4 the box** informal the television: *What's* ***on the box*** *tonight?* ▷ **telewizja** → See also **phone box**, **post box**, **witness box**

box² /bɒks/ **verb 1** [I, T] to do the sport of boxing ▷ **boksować 2** [T] (also **box up**) to put something in a box: *We boxed up the old books.* ▷ **pakować do kartonu lub kartonów**

PHRASAL VERB **box sb/sth in** to move so close to someone or something that they cannot move: [often passive] *When I returned I found that my car had been boxed in.* ▷ **zablokować** *kogoś/coś*

boxer /ˈbɒksəʳ/ **noun** [C] someone who does the sport of boxing ▷ **bokser**

boxers /ˈbɒksəz/ **noun** [plural] (also **ˈboxer ˌshorts**) loose underwear worn by men ▷ **bokserki** → See **Clothes** on page Centre 9

boxing /ˈbɒksɪŋ/ **noun** [U] (B1) a sport in which two people hit each other while wearing big, leather gloves ▷ **boks** → See **Sports 1** on page Centre 14

boxing

ˈBoxing ˌDay noun [C, U] 26 December, a public holiday in Britain and Canada ▷ **drugi dzień Świąt (Bożego Narodzenia)**

ˈbox ˌoffice noun [C] the place in a theatre, cinema, etc where you buy tickets ▷ **kasa**

boy¹ /bɔɪ/ **noun 1** (A1) [C] a male child or young man: *We've got three children – a boy and two girls.* ▷ **chłopiec 2 the boys** informal a group of male friends: *Steve's gone out with the boys.* ▷ **koledzy**

boy² /bɔɪ/ **exclamation** (also **oh boy**) used when you are excited or pleased: *Boy, that was good!* ▷ **kurczę!**

ˈboy ˌband noun [C] a pop music group made up of young men who sing and dance ▷ **boysband**

boycott /ˈbɔɪkɒt/ **noun** [C] when someone refuses to buy, use, or do something because they do not approve of it: *Environmental groups have called for a* ***boycott of*** *the company's products.* ▷ **bojkot**
• **boycott verb** [T] *Several countries boycotted the international peace talks.* ▷ **bojkotować**

boyfriend /ˈbɔɪfrend/ **noun** [C] (A2) a man or boy

who someone is having a romantic relationship with ▷ **chłopak**

B

boyhood /ˈbɔɪhʊd/ **noun** [U] the part of a male's life when they are a boy ▷ **dzieciństwo**

boyish /ˈbɔɪɪʃ/ **adjective** like a boy: *boyish charm* ▷ **chłopięcy**

ˌBoy ˈScout UK (US **ˈBoy ˌScout**) **noun** [C] a boy who belongs to an organization that teaches boys practical skills ▷ **harcerz**

bra /brɑː/ **noun** [C] B2 a piece of woman's underwear that supports the breasts ▷ **biustonosz, stanik** → See **Clothes** on page Centre 9

brace[1] /breɪs/ **verb brace yourself** to prepare for something difficult or unpleasant: *I **braced myself for** bad news.* ▷ **przygotować się**

brace[2] /breɪs/ **noun** [C] **1** something that supports or holds something in the correct position: *He wore a neck brace for months after the accident.* ▷ **aparat (ortopedyczny), obejma 2** a wire object that some children wear to make their teeth straight ▷ **aparat (ortodontyczny)**

bracelet /ˈbreɪslət/ **noun** [C] B1 a piece of jewellery that you wear around your wrist ▷ **bransoletka**

braces /ˈbreɪsɪz/ **noun** [plural] UK (US **suspenders**) two straps fixed to a pair of trousers that go over your shoulders and stop the trousers from falling down ▷ **szelki**

bracing /breɪsɪŋ/ **adjective** Bracing weather or a bracing activity makes you feel cold but healthy and full of energy: *bracing sea air ◦ a bracing walk* ▷ **orzeźwiający**

bracket[1] /ˈbrækɪt/ **noun** [C] **1** a group of people whose ages, taxes, etc are between two limits: *Most heart attack victims are in the 45-65 age bracket.* ▷ **przedział 2** a piece of metal, wood, etc, that is fixed to a wall to support something, especially a shelf ▷ **wspornik**

bracket[2] /ˈbrækɪt/ **verb** [T] **1** to put curved lines ( ) around words, phrases, numbers, etc to make them separate ▷ **brać w nawias 2** to consider two or more people or things to be similar: [often passive] *Canadian accents are often **bracketed with** American accents.* ▷ **traktować razem**

brackets /ˈbrækɪts/ **noun** [plural] (also **parentheses**) UK B2 two curved lines ( ) used around extra information or information that should be considered as separate from the main part ▷ **nawiasy**

bract /brækt/ **noun** [C] a type of leaf that grows from the area just below a flower ▷ **podsadka**

brag /bræg/ **verb** [I] (present participle **bragging**, past tense and past participle **bragged**) to talk with too much pride about what you have done or what you own: *He's always **bragging about** how much money he earns.* ▷ **chwalić się, przechwalać się**

braid[1] /breɪd/ **noun 1** [C] US (UK **plait**) a single piece of hair made by twisting three thinner pieces over and under each other ▷ **warkocz 2** [U] a thin piece of cloth or twisted threads used for decorating clothes ▷ **lamówka**

braid[2] /breɪd/ **verb** [T] US (UK **plait**) to twist three pieces of hair over and under each other ▷ **splatać**

braille /breɪl/ **noun** [U] a system of printing for blind people, using raised patterns that they read by touching ▷ **alfabet Braille'a, brajl**

brain /breɪn/ **noun 1** [C] A2 the organ inside your head that controls your thoughts, feelings, and movements: ***brain damage*** ▷ **mózg 2** [C] informal an extremely intelligent person: [usually plural] *This university attracts some of the **best brains** in the country.* ▷ **mózg 3 brains** intelligence: *He has brains and good looks.* ▷ **głowa (na karku) 4 have sth on the brain** informal to think or talk about something all the time: *You've got football on the brain!* ▷ **mieć** *czymś* **zaprzątniętą głowę 5 pick sb's brains** informal to ask someone for information: *I want to pick your brains about keeping chickens.* ▷ **wypytywać** *kogoś* **6 the brains behind sth** informal the person who has planned and organized something successful: *Anthony is the brains behind the project.* ▷ **mózg** *czegoś*

brainchild /ˈbreɪntʃaɪld/ **noun the brainchild of sb** someone's new and clever idea or invention: *The project is the brainchild of a Japanese designer.* ▷ *czyjeś* **dzieło**

brainstorm /ˈbreɪnstɔːm/ **noun** [C] US (UK **brainwave**) a sudden, clever idea ▷ **olśnienie**

brainstorming /ˈbreɪnˌstɔːmɪŋ/ **noun** [U] when a group of people meet to develop new ideas: *a **brainstorming session*** ▷ **burza mózgów**

brainwash /ˈbreɪnwɒʃ/ **verb** [T] to make someone believe something by telling them that it is true many times: [+ into + doing sth] *Advertising often brainwashes people into buying things they do not really need.* ▷ **robić wodę z mózgu**

• **brainwashing noun** [U] ▷ **pranie mózgu**

brainwave /ˈbreɪnweɪv/ **noun** [C] UK (US **brainstorm**) a sudden, clever idea ▷ **olśnienie**

brainy /ˈbreɪni/ **adjective** informal clever ▷ **łebski**

brake[1] /breɪk/ **noun** [C] **1** B1 the part of a vehicle that makes it stop or go more slowly ▷ **hamulec 2** something that stops or slows the progress of something: *High inflation has **put the brakes on** economic growth.* ▷ **przeszkoda**

> Wyrazy występujące razem z **brake**
>
> apply/hit/slam on the brakes • the brakes fail

brake[2] /breɪk/ **verb** [I] B1 to make a vehicle stop or move more slowly, using its brake ▷ **hamować**

ˈbrake ˌpedal noun [C] the part of a car which you push with your foot to make it go more slowly ▷ **pedał hamulca** → See **Car** on page Centre 7

branch[1] /brɑːnʃ/ **noun** [C] **1** B1 one of the many parts of a tree that grows out from its trunk ▷ **gałąź** **2** B1 one of several shops, offices, etc that are part of a company or organization: *a bank with branches all over the country* ▷ **oddział** **3** B2 a part of a subject: *Neurology is a branch of medicine.* ▷ **gałąź**

branch[2] /brɑːnʃ/ **verb** [I] (also **branch off**) If a road, path, etc branches, it separates into two or more roads, paths, etc. ▷ **rozchodzić się**

PHRASAL VERB **branch out** to start to do something different from what you usually do, especially in your job: *After working in publishing, she* ***branched out into*** *journalism.* ▷ **przechodzić, przerzucić się**

brand[1] /brænd/ **noun** [C] **1** B2 a product that is made by a particular company: *Which brand of toothpaste do you use?* ▷ **marka** **2** a particular type of something: *a team that plays a distinctive brand of football* ▷ **odmiana**

brand[2] /brænd/ **verb** [T] **1** to describe someone or something in a way that makes them seem bad: *The media branded him a liar.* ▷ **napiętnować** **2** to burn a mark on an animal to show who owns it ▷ **znakować**

ˈbrand ˌequity noun [U] the value to a business of having products with a particular name or made by a particular company ▷ **wartość marki**

ˈbrand exˌtension noun [U] in business, using a name for a new product that is already well known from other products ▷ **rozszerzanie marki**

branding /ˈbrændɪŋ/ **noun** [U] the act of giving a company or a product a particular design or symbol in order to advertise it ▷ **budowanie świadomości marki**

brandish /ˈbrændɪʃ/ **verb** [T] to wave something in the air, especially a weapon: *He came running into the room, brandishing a gun.* ▷ **wymachiwać**

ˈbrand ˌname noun [C] the special name that a company gives to a product ▷ **nazwa firmowa**

ˌbrand ˈnew adjective B1 completely new ▷ **fabrycznie nowy**

brandy /ˈbrændi/ **noun** [C, U] a strong alcoholic drink made from wine ▷ **koniak, brandy**

brash /bræʃ/ **adjective** too confident: *a brash young businessman* ▷ **obcesowy**

brass /brɑːs/ **noun** [U] **1** a shiny yellow metal: *a door with a brass handle* ▷ **mosiądz** **2** the group of musical instruments made from brass: *a brass band* ▷ **blaszane instrumenty dęte**

brat /bræt/ **noun** [C] a child who behaves badly: *a spoilt brat* ▷ **bachor**

bravado /brəˈvɑːdəʊ/ **noun** [U] behaviour that is intended to make people admire you for your bravery and confidence ▷ **brawura**

brave[1] /breɪv/ **adjective** B1 showing no fear of dangerous or difficult situations: *He died after a brave fight against cancer.* ▷ **odważny**
• **bravely adverb** B1 ▷ **odważnie**

brave[2] /breɪv/ **verb** [T] to deal with a dangerous or unpleasant situation in a brave way: *Crowds braved the cold weather to watch the game.* ▷ **stawiać czoło, nie zważać na**

bravery /ˈbreɪvəri/ **noun** [U] B2 when someone is brave ▷ **odwaga**

bravo /brɑːˈvəʊ/ **exclamation** something you shout to show that you approve of something, for example a performance ▷ **brawo!**

brawl /brɔːl/ **noun** [C] a noisy fight, usually in public: *a drunken brawl in a bar* ▷ **awantura**
• **brawl verb** [I] ▷ **awanturować się**

brazen /ˈbreɪzᵊn/ **adjective** not feeling at all ashamed about your bad behaviour: *a brazen cheat* ▷ **bezczelny**
• **brazenly adverb** ▷ **bezczelnie**

Brazil /brəˈzɪl/ **noun** a country in South America ▷ **Brazylia**
• **Brazilian** /brəˈzɪliən/ **adjective** coming from or relating to Brazil ▷ **brazylijski** • **Brazilian noun** someone from Brazil ▷ **Brazylij-czyk/ka**

BRB Internet abbreviation for be right back: used when you stop taking part in a discussion on the Internet ▷ **z/w (= zaraz wracam)**

breach[1] /briːtʃ/ **noun** **1** [C, U] when someone breaks a rule, agreement, or law: *a policy that is* ***in breach of*** *international law* ◦ *He was sued for* ***breach of*** *contract.* ▷ **złamanie, naruszenie** **2** [C] formal a serious disagreement between two groups, countries, etc ▷ **konflikt**

> Wyrazy występujące razem z **breach**
> (a) breach of sth • be **in breach of** sth • a **flagrant** breach of sth

breach[2] /briːtʃ/ **verb** [T] to break a rule, law, or agreement ▷ **łamać**

bread

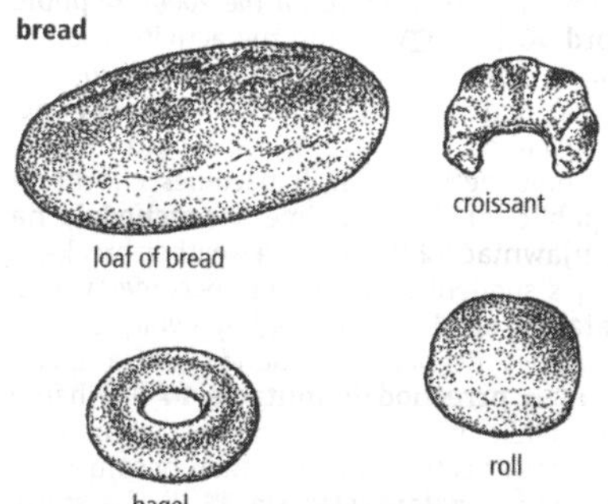

bread /bred/ **noun** [U] A1 a basic food made by mixing and baking flour, water, and sometimes yeast : *a* ***slice of bread*** ◦ *a* ***loaf of white bread*** ▷ **chleb** → See also **the best/greatest** ***thing*** **since sliced bread**

breadcrumbs /ˈbredkrʌmz/ **noun** [plural] very

small pieces of dry bread, used in cooking ▷ **bułka tarta**

breadth /bretθ/ **noun** [U, no plural] **1** the distance from one side of something to the other side: *a swimming pool with a breadth of 10 metres and a length of 50 metres* ▷ **szerokość 2 sb's breadth of experience/knowledge/interest, etc** the great number of different things that someone has done, knows, is interested in, etc ▷ **zakres doświadczenia/wiedzy/zainteresowań** *itp. kogoś* → See also **the *length* and breadth of sth**

breadwinner /ˈbredˌwɪnəʳ/ **noun** [C] the person who earns the money in a family ▷ **żywiciel/ka (rodziny)**

break[1] /breɪk/ **verb** (past tense **broke**, past participle **broken**) **1** [I, T] A2 to separate into two or more pieces, or to make something separate into two or more pieces: *The vase fell on the floor and broke.* ◦ *They had to break a window to get in.* ▷ **złamać (się), stłuc (się) 2 break your arm/leg, etc** A2 to damage a bone in your arm/leg, etc: *Carolyn broke her leg in a skiing accident.* ▷ **złamać rękę/nogę** *itp.* **3** [I, T] A2 If you break a machine, object, etc, or if it breaks, it stops working because it is damaged: *Who broke the video?* ▷ **zepsuć (się) 4 break an agreement/promise/rule, etc** B2 to not do what you should do according to an agreement/promise/rule, etc: *Police stopped him for breaking the speed limit.* ▷ **złamać umowę/słowo/zasadę** *itp.* **5 break the law** B2 to do something illegal ▷ **naruszyć prawo 6 break the news to sb** to tell someone about something unpleasant that has happened ▷ **powiedzieć** *komuś*, **zawiadomić** *kogoś* **7 break the silence** B2 to make a noise, speak, etc and end a period of silence: *The silence was broken by a sudden knock at the door.* ▷ **przerywać ciszę 8 break a habit/routine, etc** to stop doing something that you usually do ▷ **zmienić zwyczaj 9 break a record** B2 to do something faster, better, etc than anyone else: *He broke the world record for the 200m.* ▷ **pobić rekord 10** [I, T] B1 to stop the activity you are doing to have a short rest: *Let's **break for** five minutes and have a drink.* ▷ **odpoczywać, przerywać 11** [I, T] If news or a story breaks, or if someone breaks it, it becomes known by the public for the first time. ▷ **wychodzić na jaw, ujawniać 12** [I] UK If the weather breaks, it changes suddenly, and usually becomes worse. ▷ **załamać się 13** [I] When a boy's voice breaks, it becomes deeper and sounds like a man's voice. ▷ ≈ **przechodzić mutację 14** [I] When a wave breaks, it reaches its highest point as it moves towards the land, and then becomes flat and white. ▷ **załamywać się 15** [I] If a storm breaks, it starts suddenly. ▷ **rozpętać się 16 break even** to not make money but also not lose money ▷ **wyjść na czysto lub zero 17 break free/loose** to suddenly escape or become separate from something ▷ **uwolnić się 18 dawn/day breaks** When dawn/day breaks, the sky becomes lighter because the sun is rising. ▷ **świta** → See also **break new *ground***, **break sb's *heart***, **break the *ice***, **break the *mould***, **break *ranks***

PHRASAL VERBS **break away 1** to suddenly leave or escape from someone who is holding you ▷ **wyrwać się 2** to stop being part of a group because you disagree with them: *Some members broke away to form a new political party.* ▷ **oderwać się** • **break down 1** B1 If a machine or vehicle breaks down, it stops working: *My car broke down on the way to work.* ▷ **zepsuć się 2** If a system, relationship, or discussion breaks down, it fails because there is a problem or disagreement: *Their marriage broke down after only two years.* ▷ **rozlecieć się, zostać zerwanym 3** to become very upset and start crying ▷ **załamać się** • **break sth down** to divide something into smaller, simpler parts ▷ **podzielić** *coś* • **break in** B1 to get into a building or car using force, usually to steal something ▷ **włamać się** • **break sth in** to wear something new, usually shoes, for short periods of time to make them more comfortable ▷ **rozchodzić** *coś* • **break into sth 1** B1 to get into a building or car using force, usually to steal something ▷ **włamać się do** *czegoś* **2** to suddenly start doing something: *The crowd broke into a cheer when he came on stage.* ▷ **wybuchnąć** *czymś*, **zacząć** *coś robić* • **break (sth) off** to separate a part from a larger piece, or to become separate from something: *He broke off a piece of chocolate.* ▷ **ułamać się/***coś* • **break off** B2 to suddenly stop speaking or doing something: *She broke off in the middle of a sentence.* ▷ **przerywać** • **break sth off** B2 to end a relationship: *She **broke off the engagement** just two weeks before the wedding.* ▷ **zerwać** *coś* • **break out 1** B2 If a fire, war, disease, etc breaks out, it starts suddenly: *A fight broke out among the crowd.* ▷ **wybuchnąć 2** to escape from prison: *to break out of jail* ▷ **uciec 3 break out in a rash/sweat, etc** to suddenly have spots or sweat appear on your skin ▷ **pokrywać się wysypką/potem** *itp.* • **break through sth** B2 to force your way through something that is holding you back: *Protesters broke through the barriers.* ▷ **przebić się przez** *coś* • **break (sth) up** to divide into many pieces, or to divide something into many pieces: *The company has been broken up and sold.* ▷ **podzielić się/***coś* • **break up 1** B1 If people break up, they stop having a relationship or stop working together: *He's just **broken up with** his girlfriend.* ▷ **zerwać 2** UK B1 When schools or colleges break up, the classes end and the holidays begin. ▷ **skończyć zajęcia**

break[2] /breɪk/ **noun** [C] **1** A2 when you stop an activity for a short time, usually to rest or to eat: *a **coffee/tea break*** ◦ ***Take a break** and come back after lunch.* ▷ **przerwa 2** B1 a holiday or period of time away from work, school, etc: *the spring break* ◦ *a **weekend break** to Paris* ▷ **przerwa, wypad 3** a lucky opportunity: *His*

big break *came when he was offered a part in a TV series.* ◦ *Meeting Tom was my* ***lucky break.*** ▷ **szansa** **4** B1 where something has separated in an accident: *a break in the bone* ▷ **złamanie** **5 a break with sth** when you end a relationship, connection, or way of doing something: *a break with tradition* ▷ **zerwanie z** *czymś*

breakable /ˈbreɪkəbl/ **adjective** B2 able to break easily: *a breakable vase* ▷ **kruchy, łatwo tłukący (się)**

breakage /ˈbreɪkɪdʒ/ **noun** [C, U] when something has been broken: *The delivery company must pay for any breakages.* ▷ **szkoda, stłuczka**

breakaway /ˈbreɪkəweɪ/ **adjective a breakaway group/republic/region, etc** a group/region, etc that has separated itself from a larger group or region because of a disagreement ▷ **zbuntowan-a/y grupa/republika/region** *itp.*

break-bulk /ˈbreɪkˌbʌlk/ **noun** [U] in business, the practice of dividing large amounts of goods that have been bought into smaller amounts to sell again ▷ **dystrybucja**

breakdown /ˈbreɪkdaʊn/ **noun** [C] **1** (also **nervous breakdown**) B2 a short period of mental illness when people are too ill to continue with their normal lives: *to* ***have a breakdown*** ▷ **załamanie (nerwowe)** **2** when something such as communication or a relationship fails or ends: *a breakdown in the peace talks* ▷ **zerwanie** **3** a short explanation of the details of something: *I need a breakdown of the costs involved.* ▷ **zestawienie** **4** B2 when a vehicle or machine stops working for a period of time ▷ **awaria**

ˈbreak-even ˌpoint **noun** [C, usually singular] in business, the point at which you have sold enough so that you have not lost money but have not made any profit ▷ **próg rentowności**

breakfast /ˈbrekfəst/ **noun** [C] A1 the food you eat in the morning after you wake up: *She had breakfast in bed this morning.* ▷ **śniadanie**

• **breakfast verb** [I] ▷ **jeść śniadanie**

→ See also **bed and breakfast**, **continental breakfast**, **English breakfast**

break-in /ˈbreɪkɪn/ **noun** [C] when someone forces their way into a building or car, usually to steal something: *There has been another break-in at the office.* ▷ **włamanie**

ˈbreaking ˌpoint **noun** [U] when a situation has become so bad that it cannot continue: *Things had become so bad at work they'd almost* ***reached breaking point.*** ▷ **granica wytrzymałości**

breakneck /ˈbreɪknek/ **adjective breakneck speed/growth, etc** dangerously fast speed/growth, etc ▷ **karkołomna prędkość/niepohamowany wzrost** *itp.*

breakout /ˈbreɪkaʊt/ **noun** [C] an escape, usually from prison ▷ **ucieczka**

breakthrough /ˈbreɪkθruː/ **noun** [C] B2 an important discovery or development that helps solve a problem: *a* ***major breakthrough in*** *the fight against cancer* ▷ **przełom**

> Wyrazy występujące razem z **breakthrough**
>
> **make/provide** a breakthrough • a breakthrough **comes** • a **big/crucial/major/real** breakthrough • a **medical/scientific** breakthrough • a breakthrough **in** sth

break-up /ˈbreɪkʌp/ **noun** [C] **1** when a close relationship ends: *He moved away after the break-up of his marriage.* ▷ **rozpad** **2** when a country, group, etc separates into several smaller parts ▷ **rozpad, podział**

breast /brest/ **noun** **1** [C] B1 one of the two soft, round parts on a woman's chest ▷ **pierś** **2** [C, U] the front part of a bird's body, or the meat from this area: *chicken breast* ▷ **pierś**

breastbone /ˈbrestbəʊn/ **noun** [C] the long, flat vertical bone in the centre of your chest ▷ **mostek**

breast-feed /ˈbrestfiːd/ **verb** [I, T] (past tense and past participle **breast-fed**) If a woman breast-feeds, she gives a baby milk from her breast. ▷ **karmić piersią**

• **breast-feeding noun** [U] ▷ **karmienie piersią**

breaststroke /ˈbreststrəʊk/ **noun** [U] a way of swimming in which you push your arms forward and then to the side, while you kick your legs backwards ▷ **żabka, styl klasyczny**

breath /breθ/ **noun** **1** [U] B1 the air that comes out of your lungs: *His breath smells of garlic.* ▷ **oddech** **2** [C] B2 when air goes into or out of your lungs: *She* ***took a deep breath*** *before she started.* ▷ **oddech** **3 be out of breath** B2 to be breathing quickly because you have been running, walking fast, etc ▷ **nie móc złapać tchu** **4 catch your breath; get your breath back** to rest for a short time until you can breathe regularly again ▷ **złapać oddech** **5 under your breath** If you say something under your breath, you say it very quietly so that other people cannot hear it. ▷ **pod nosem** **6 hold your breath** B2 to keep air in your lungs and not let it out: *How long can you hold your breath under water?* ▷ **wstrzymać oddech** **7 don't hold your breath** humorous something that you say in order to tell someone that an event is not likely to happen: *He said he'd phone, but don't hold your breath.* ▷ **nie spodziewaj się za dużo, jeszcze się nie ciesz**

IDIOMS **a breath of fresh air** someone or something that is new, different, and exciting ▷ **miła odmiana** • **take sb's breath away** B2 If something takes your breath away, you feel surprise and admiration because it is so beautiful or exciting: *The view from the window took my breath away.* ▷ **odbierać mowę** • **with bated breath** in an excited or anxious way: *I waited with bated breath as the results were read out.* ▷ **z zapartym tchem**

B

breathalyser /ˈbreθəlaɪzəʳ/ **noun** [C] UK a piece of equipment that tests your breath to measure how much alcohol you have had ▷ **alkomat**
• **breathalyse** verb [T] UK to measure the alcohol in someone's body using a breathalyser ▷ **poddać testowi alkomatem**

breathe /briːð/ **verb** [I, T] (B1) to take air into and out of your lungs: ***breathe in/out*** ◦ ***breathe deeply*** ▷ **oddychać** → See also **be breathing down sb's *neck*, not breathe a *word***

breather /ˈbriːðəʳ/ **noun** [C] informal a short rest: *If you start to feel tired,* ***take a breather.*** ▷ **odpoczynek**

breathing /ˈbriːðɪŋ/ **noun** [U] when you take air into and out of your lungs: *The doctor listened to my breathing.* ▷ **oddech**

ˈbreathing ˌspace noun [U] an opportunity to stop, relax, or think about things ▷ **chwila wytchnienia**

breathless /ˈbreθləs/ **adjective** not able to breathe enough ▷ **bez tchu**
• **breathlessly** adverb ▷ **bez tchu**

breathtaking /ˈbreθˌteɪkɪŋ/ **adjective** (B2) very beautiful or surprising: ***breathtaking views*** ▷ **zapierający dech (w piersiach)**
• **breathtakingly** adverb ▷ **niezwykle**

bred /bred/ past of breed

breed[1] /briːd/ **noun** [C] **1** (B2) a type of dog, sheep, pig, etc: *a rare breed of cattle* ▷ **rasa 2** a type of person or thing: *a* ***new breed*** *of bank* ▷ **rodzaj**

breed[2] /briːd/ **verb** (past tense and past participle **bred** /bred/) **1** [I] If animals breed, they produce young animals. ▷ **rozmnażać się 2 breed chickens/horses/rabbits, etc** (B2) to keep animals in order to produce young animals ▷ **hodować kurczaki/konie/króliki** *itp.* **3 breed contempt/ignorance, etc** to cause something to develop, especially something bad ▷ **prowadzić do uprzedzeń/ignorancji** *itp.*

breeder /ˈbriːdəʳ/ **noun** [C] someone who keeps animals in order to produce young animals: *a dog/horse breeder* ▷ **hodowca**

breeding /ˈbriːdɪŋ/ **noun** [U] **1** when animals produce young animals: *the* ***breeding season*** ▷ **rozmnażanie 2** when someone keeps animals in order to produce young animals: *horse breeding* ▷ **hodowla**

ˈbreeding ˌground noun [C] **1** a place where something develops quickly, especially something bad: *This estate is* ***a breeding ground for*** *crime.* ▷ **wylęgarnia 2** a place where animals breed ▷ **lęgowisko**

breeze[1] /briːz/ **noun** [C] (B1) a gentle wind: *a cool breeze* ▷ **wietrzyk**

breeze[2] /briːz/ **verb** informal **breeze along/into/through, etc** to move somewhere quickly in a confident way and without worrying ▷ **przemykać**

breezy /ˈbriːzi/ **adjective 1** with a slight wind: *a cool, breezy day* ▷ **wietrzny 2** happy, confident, and enthusiastic: *a cheerful, breezy style* ▷ **pełen werwy**
• **breezily** adverb ▷ **z werwą**

brethren /ˈbreðrən/ **noun** [plural] members of an organized group, especially a religious group of men ▷ **bracia**

brevity /ˈbrevəti/ **noun** [U] formal **1** when speech or writing is short and contains few words ▷ **zwięzłość 2** when something lasts for a short time ▷ **krótkotrwałość**

brew[1] /bruː/ **verb 1** [T] to make beer ▷ **warzyć 2** [I, T] If you brew tea or coffee, you make it by adding hot water, and if it brews, it gradually develops flavour in hot water. ▷ **parzyć (się) 3 be brewing** If something bad is brewing, it is beginning to develop: *There is a row brewing over the plans.* ▷ **wisieć w powietrzu**

brew[2] /bruː/ **noun** [C] informal a drink made by brewing, such as beer or tea ▷ **browar, napar**

brewer /ˈbruːəʳ/ **noun** [C] a person or organization that makes beer ▷ **piwowar, browar**

brewery /ˈbruːəri/ **noun** [C] a company that makes beer ▷ **browar**

bribe /braɪb/ **noun** [C] money or a present given to someone so that they will do something for you, usually something dishonest: *The politician was accused of* ***accepting bribes*** *from businessmen.* ▷ **łapówka**
• **bribe** verb [T] [+ to do sth] *He was bribed to give false evidence at the trial.* ▷ **przekupić**

> Wyrazy występujące razem z **bribe**
>
> accept/take a bribe • offer sb /pay a bribe • a cash bribe

bribery /ˈbraɪbəri/ **noun** [U] when someone is offered money or a present so that they will do something, usually something dishonest: ***bribery and corruption*** ▷ **łapownictwo, przekupstwo**

bric-a-brac /ˈbrɪkəˌbræk/ **noun** [U] a collection of small, decorative objects that have little value ▷ **bibeloty**

brick /brɪk/ **noun** [C] (B2) a small, hard, rectangular block used for building walls, houses, etc: *a* ***brick wall*** ▷ **cegła** → See also **be banging your *head* against a brick wall**

brick

bricklayer /ˈbrɪkˌleɪəʳ/ **noun** [C] someone whose job is to build houses, walls, etc with bricks ▷ **murarz**

bridal /ˈbraɪdəl/ **adjective** [always before noun] relating to a woman who is getting married, or relating to a wedding: *a bridal gown* ▷ **ślubny**

bride /braɪd/ **noun** [C] (B1) a woman who is getting married: *the* ***bride and groom*** ▷ **panna młoda**

bridegroom /ˈbraɪdgruːm/ **noun** [C] (also

groom) a man who is getting married ▷ **pan młody**

bridesmaid /ˈbraɪdzmeɪd/ **noun** [C] a woman or girl who helps the bride on her wedding day ▷ **druhna**

bridge

bridge¹ /brɪdʒ/ **noun 1** [C] (A2) a structure that is built over a river, road, etc so that people or vehicles can go across it: *to go across/over a bridge ◦ Brooklyn Bridge* ▷ **most 2** [C] something that connects two groups, organizations, etc and improves the relationship between them: *After the war they tried to* ***build bridges*** *with neighbouring countries.* ▷ **most 3 the bridge of your nose** the hard part of your nose between your eyes ▷ **mostek 4 the bridge** the raised area of a ship where the controls are ▷ **mostek 5** [U] a card game for four players ▷ **brydż**

IDIOM **I'll/We'll cross that bridge when I/we come to it.** something you say when you do not intend to worry about a possible problem now, but will deal with it if or when it happens ▷ **później będziemy się o to martwić**

bridge² /brɪdʒ/ **verb bridge the gap/gulf, etc** to make the difference between two things smaller: *This course is designed to* ***bridge the gap between*** *school and work.* ▷ **zmniejszyć przepaść**

Bridget /ˈbrɪdʒɪt/ **noun** a female name

bridle /ˈbraɪdl/ **noun** [C] a set of straps that you put on a horse's head to control it ▷ **uzda**

brief¹ /briːf/ **adjective 1** (B1) lasting only for a short time: *a brief visit* ▷ **krótki 2** (B1) using only a few words: *a brief description/statement* ▷ **zwięzły 3 in brief** (B2) using only a few words: *world news in brief* ▷ **w skrócie**

• **briefly adverb** (B1) *They discussed the matter briefly.* ▷ **krótko**

brief² /briːf/ **verb** [T] to give someone instructions or information: [often passive] *At the meeting reporters were* ***briefed on*** *the plans.* ▷ **instruować, informować**

brief³ /briːf/ **noun** [C] a set of instructions or information: [+ to do sth] *My brief was to improve the image of the city.* ▷ **wytyczne, instrukcje**

briefcase /ˈbriːfkeɪs/ **noun** [C] a flat, rectangular case with a handle for carrying documents, books, etc ▷ **aktówka**

briefing /ˈbriːfɪŋ/ **noun** [C, U] a meeting when people are given instructions or information: *a press briefing* ▷ **odprawa, instruktaż**

briefs /briːfs/ **noun** [plural] underwear that you wear on your bottom: *a pair of briefs* ▷ **majtki** → See **Clothes** on page Centre 9

brigade /brɪˈgeɪd/ **noun** [C] **1** a large group of soldiers ▷ **brygada 2** UK humorous a group of people with a particular characteristic or interest: *the anti-smoking brigade* ▷ **brygada** → See also **fire brigade**

brigadier /ˌbrɪgəˈdɪəʳ/ **noun** [C] a British army officer of high rank ▷ **brygadier**

bright /braɪt/ **adjective 1** (A2) having a strong, light colour: *bright yellow/blue* ▷ **jasny 2** (B1) full of light or shining strongly: *bright sunshine* ▷ **jasny 3** (B2) intelligent: *He's a bright boy.* ▷ **bystry 4** (B2) happy or full of hope: *She's always so bright and cheerful.* ▷ **pogodny**

• **brightly adverb** (B2) ***brightly coloured*** *flowers* ▷ **jasno** • **brightness noun** [U] ▷ **jasność**

brighten /ˈbraɪtᵊn/ **verb** [I, T] (also **brighten up**) **1** to become lighter or more colourful, or to make something become lighter or more colourful: *A picture or two would brighten up the room.* ▷ **rozjaśnić 2** to become happier, or to make someone become happier: *She brightened up when she saw him.* ▷ **poweseleć, rozweselić**

brilliant /ˈbrɪliənt/ **adjective 1** UK (A2) very good: *We saw a brilliant film.* ▷ **doskonały 2** (B1) extremely clever: *a brilliant scholar* ▷ **błyskotliwy 3** (B1) full of light or colour: *The sky was a brilliant blue.* ▷ **lśniący**

• **brilliantly adverb** (B2) ▷ **doskonale** • **brilliance** /ˈbrɪliəns/ **noun** [U] ▷ **błyskotliwość, lśnienie**

brim¹ /brɪm/ **verb** (present participle **brimming**, past tense and past participle **brimmed**) **be brimming with sth** to be full of something: *Her eyes were brimming with tears.* ▷ **być pełnym** *czegoś*

brim² /brɪm/ **noun** [C] **1** the flat part around the bottom of a hat ▷ **rondo 2** the top edge of a container: *He* ***filled*** *my glass* ***to the brim.*** ▷ **brzeg**

brine /braɪn/ **noun** [U] salty water, often used for keeping food from decaying: *olives in brine* ▷ **solanka, słona zalewa**

bring /brɪŋ/ **verb** [T] (past tense and past participle **brought**) **1** (A2) to take someone or something with you when you go somewhere: *Did you bring an umbrella with you?* ◦ [+ two objects] *He brought me some flowers.* ▷ **zabierać, przynosić, przyprowadzać 2 bring happiness/peace/shame, etc** (B1) to cause happiness/peace/shame, etc: *Money does not always bring happiness.* ▷ **przynosić szczęście/pokój/wstyd** *itp.* **3 cannot bring yourself to do sth** to not be willing to do something because it is so unpleasant: *He couldn't bring himself to talk to*

B

her. ▷ **nie móc zmusić się do** *zrobienia czegoś* → See also **bring sb/sth to their *knees*, bring sth to *light***

PHRASAL VERBS **bring sth about** to make something happen: *The Internet has **brought about** big **changes** in the way we work.* ▷ **powodować** *coś*, **wywoływać** *coś* • **bring sth back 1** A2 to return from somewhere with something: [+ two objects] *Can you bring me back some milk from the shop, please?* ▷ **przynosić** *coś* **2** to make someone think about something from the past: *The photos **brought back memories**.* ▷ **przywodzić** *coś* **na myśl, przypominać** *coś* • **bring sb down** to cause someone in a position of power to lose their job: *This scandal could **bring down** the **government**.* ▷ **obalić** *kogoś/coś* • **bring sth down** to reduce the level of something: *to **bring down prices*** ▷ **zredukować** *coś* • **bring sth forward** to change the date or time of an event so that it happens earlier than planned: *I've brought forward the meeting to this week.* ▷ **przyspieszać** *coś* • **bring sth in 1** to introduce something new, usually a product or a law: *New safety regulations were brought in last year.* ▷ **wprowadzać** *coś* **2** to earn or make money: *The film has brought in millions of dollars.* ▷ **przynosić** *coś* • **bring sb in** to ask someone to do a particular job: *We need to bring in an expert to sort out this problem.* ▷ **sprowadzać** *kogoś* • **bring sth off** to succeed in doing something difficult: *How did he manage to bring that off?* ▷ **przeprowadzać** *coś* • **bring sth on** to make something happen, usually something bad: [often passive] *Headaches are often brought on by stress.* ▷ **wywoływać** *coś* • **bring sth out 1** B2 to produce something to sell to the public: *They have just brought out a new, smaller phone.* ▷ **wprowadzać** *coś* **na rynek 2** to make a particular quality or detail noticeable: *Salt can help to bring out the flavour of food.* ▷ **podkreślać** *coś* • **bring sb together** to cause people to be friendly with each other: *The disaster brought the community closer together.* ▷ **zbliżać** *kogoś* • **bring sb up** B1 to look after a child and teach them until they are old enough to look after themselves: *She was brought up by her grandparents.* ▷ **wychowywać** *kogoś* • **bring sth up 1** B2 to start to talk about a particular subject: *There are several points I'd like to bring up at tomorrow's meeting.* ▷ **poruszać** *coś* **2** UK to vomit something ▷ **zwymiotować** *coś*

brink /brɪŋk/ **noun be on the brink of sth** to be in a situation where something bad is going to happen very soon: *The two countries are on the brink of war.* ▷ **być o krok od** *czegoś*

brisk /brɪsk/ **adjective** quick and energetic: *a **brisk walk*** ▷ **żwawy**
• **briskly adverb** ▷ **żwawo**

bristle¹ /ˈbrɪsl/ **verb** [I] to show that you are annoyed about something: *She **bristled at** the suggestion that it was her fault.* ▷ **zjeżyć się**

bristle² /ˈbrɪsl/ **noun** [C, U] a short, stiff hair ▷ **szczecina**
• **bristly adjective** ▷ **szczecinowaty**

Brit /brɪt/ **noun** [C] informal someone who comes from Great Britain ▷ **Brytyj-czyk/ka**

British¹ /ˈbrɪtɪʃ/ **adjective** relating to Great Britain or the United Kingdom ▷ **brytyjski**

British² /ˈbrɪtɪʃ/ **noun the British** [plural] the people of Great Britain or the United Kingdom ▷ **Brytyjczycy**

Briton /ˈbrɪtᵊn/ **noun** [C] someone who comes from Great Britain ▷ **Brytyj-czyk/ka**

brittle /ˈbrɪtl/ **adjective** hard but able to be broken easily: *brittle bones* ▷ **kruchy**

broach /brəʊtʃ/ **verb broach an idea/subject/topic, etc** to begin to talk about something, usually something difficult or embarrassing: *I don't know how to broach the subject of money with him.* ▷ **zasugerować pomysł/poruszyć temat**

broad /brɔːd/ **adjective 1** B1 wide: ***broad shoulders*** ◦ *a broad smile* ▷ **szeroki 2 a broad range/variety, etc** B1 a group that includes many different things or people: *a broad range of subjects* ▷ **szeroki wachlarz/wybór** *itp.* **3 a broad outline/picture, etc** a general description, without detail: *This is just a broad outline of the proposal.* ▷ **ogólny zarys/obraz** *itp.* **4** A broad accent is very noticeable. ▷ **silny 5 in broad daylight** during the day when it is light and people can see: *He was attacked in broad daylight.* ▷ **w biały dzień**

broadband /ˈbrɔːdbænd/ **noun** [U] B2 a system that allows large amounts of information to be sent very quickly between computers or other electronic equipment ▷ **łączność szerokopasmowa**

broadcast¹ /ˈbrɔːdkɑːst/ **noun** [C] a television or radio programme: *a news broadcast* ▷ **program**
• **broadcast adjective** [always before noun] relating to television or radio: *broadcast news* ▷ **nadawany, transmitowany**

broadcast² /ˈbrɔːdkɑːst/ **verb** [I, T] (past tense and past participle **broadcast**, also US **broadcasted**) B2 to send out a programme on television or radio: [often passive] *The concert will be **broadcast live** next week.* ▷ **emitować, nadawać, transmitować**
• **broadcaster noun** [C] someone who speaks on radio or television as a job ▷ **prezenter/ka, komentator/ka** • **broadcasting noun** [U] ▷ **emisja programów, radio i telewizja**

broaden /ˈbrɔːdᵊn/ **verb** [I, T] **1** to increase or make something increase and include more things or people: *We need to broaden the range of services that we offer.* ◦ *Travel **broadens your mind**.* ▷ **poszerzać 2** to become wider or make something become wider: *Her smile broadened and she began to laugh.* ▷ **poszerzać (się)**

broadly /ˈbrɔːdli/ **adverb** in a general way and

not including everything or everyone: *The plans have been broadly accepted.* ▷ **zasadniczo**

> **Wyrazy występujące razem z broadly**
>
> broadly **in line with/similar** • broadly **welcome sth**

broadsheet /ˈbrɔːdʃiːt/ **noun** [C] UK a large newspaper, usually considered to be more serious than smaller newspapers ▷ **poważna gazeta**

broccoli /ˈbrɒkəli/ **noun** [U] B1 a green vegetable with a thick stem ▷ **brokuły**

brochure /ˈbrəʊʃəʳ/ US /brəʊˈʃʊr/ **noun** [C] B1 a thin book with pictures and information, usually advertising something: *a* ***holiday/travel brochure*** ▷ **broszura**

broil /brɔɪl/ **verb** [T] US (UK/US **grill**) to cook food using direct heat ▷ **piec, opiekać**

broiler /ˈbrɔɪləʳ/ **noun** [C] US (UK/US **grill**) a piece of equipment used for cooking food under direct heat ▷ **opiekacz**

broke¹ /brəʊk/ **adjective** informal **1 be broke** to not have any money ▷ **być bez grosza 2 go broke** to lose all your money and have to end your business ▷ **zbankrutować**

broke² /brəʊk/ past tense of break

> **Broken wyrazy bliskoznaczne**
>
> Jeśli uszkodzeniu ulega jakaś część wyposażenia lub urządzenie w miejscu publicznym, możemy użyć zwrotu **out of order**:
>
> *The coffee machine was* ***out of order.***
>
> Jeśli jakieś urządzenie właśnie przestało działać, w języku potocznym (w sytuacjach codziennych) możemy zastosować zwroty **have had it** i **give up the ghost**:
>
> *The kettle's* ***had it****, you'll have to boil a pan of water.*
>
> *I can't give you a lift – my car's* ***given up the ghost.***

broken¹ /ˈbrəʊkən/ **adjective 1** A2 damaged and separated into pieces: *broken glass* ▷ **rozbity** → Opposite **unbroken 2 a broken arm/leg, etc** A2 an arm/leg, etc with a damaged bone ▷ **złamana ręka/noga** *itp.* **3** A2 If a machine or piece of equipment is broken, it is not working: *The video's broken.* ▷ **zepsuty 4 a broken heart** B2 when you are very sad because someone you love has ended a relationship with you ▷ **złamane serce 5 a broken home** a family in which the parents do not now live together ▷ **rozbity dom 6 a broken promise** a promise that has not been kept ▷ **złamana obietnica 7 broken English/Spanish, etc** English/Spanish, etc that is spoken slowly and has a lot of mistakes in it ▷ **łaman-a/y angielszczyzna/hiszpański** *itp.*

broken² /ˈbrəʊkən/ past participle of break

broken-down /ˌbrəʊkənˈdaʊn/ **adjective** not working or in bad condition: *a broken-down vehicle* ▷ **zepsuty, podupadły**

broken-hearted /ˌbrəʊkənˈhɑːtɪd/ **adjective** very sad because someone you love has ended a relationship with you ▷ **o złamanym sercu**

broker¹ /ˈbrəʊkəʳ/ **noun** [C] **1** (also **stockbroker**) someone whose job is to buy and sell shares ▷ **makler 2 an insurance/mortgage, etc broker** someone who makes other people's financial arrangements for them ▷ **agent ubezpieczeniowy/makler hipoteczny** *itp.*

broker² /ˈbrəʊkəʳ/ **verb** [T] to arrange an agreement: *The peace deal was brokered by the US.* ▷ **pośredniczyć w, aranżować**

brominate /ˈbrəʊmɪneɪt/ **verb** [T, I] to add bromine to something or to react with bromine ▷ **bromować**
• **bromination** /ˌbrəʊmɪnˈeɪʃᵊn/ **noun** [U] ▷ **bromowanie**

bromine /ˈbrəʊmiːn/ **noun** [U] a chemical element that is a strong-smelling, corrosive, dark red liquid that changes easily into a gas, used in photographic materials and other industries (symbol Br) ▷ **brom**

bronchiole /ˈbrɒŋkiəʊl/ **noun** [C] in the lungs, one of the very small tubes that come out from the bronchi and connect to the alveoli ▷ **oskrzelik**

bronchitis /brɒŋˈkaɪtɪs/ **noun** [U] an illness in your lungs which makes you cough and have problems breathing ▷ **zapalenie oskrzeli**

bronchus /ˈbrɒŋkəs/ **noun** [C] (plural **bronchi**) one of the two tubes that come from the trachea and carry air into the lungs ▷ **oskrzele**

bronze¹ /brɒnz/ **noun 1** [U] a shiny orange-brown metal ▷ **brąz 2** [U] an orange-brown colour ▷ **brąz 3** [C] a bronze medal: *He won a bronze in the 200m.* ▷ **brąz**

bronze² /brɒnz/ **adjective 1** made of bronze: *a bronze statue* ▷ **brązowy, z brązu 2** being the colour of bronze ▷ **brązowy**

ˌbronze ˈmedal noun [C] a small disc given to someone for finishing third in a race or competition ▷ **brązowy medal**

brooch /brəʊtʃ/ **noun** [C] a piece of jewellery for women which is fastened onto clothes with a pin: *a diamond brooch* ▷ **broszka**

brood¹ /bruːd/ **noun** [C] a family of young birds or animals, all born at the same time ▷ **wyląg, potomstwo, miot**

brood² /bruːd/ **verb** [I] to think for a long time about things that make you sad or angry: *I wish he'd stop* ***brooding about*** *the past.* ▷ **rozmyślać**

brook /brʊk/ **noun** [C] a small stream ▷ **potok**

broom /bruːm/ **noun** [C] a brush with a long handle used for cleaning the floor ▷ **miotła**

broth /brɒθ/ **noun** [U] soup, usually made with meat: *chicken broth* ▷ **rosół**

brothel /ˈbrɒθᵊl/ **noun** [C] a building where prostitutes work ▷ **dom publiczny**

B

brother /ˈbrʌðəʳ/ **noun** [C] **1** A1 a boy or man who has the same parents as you: *an older/younger brother* ∘ *my big/little brother* ▷ **brat 2** a man who is a member of the same race, religious group, organization, etc ▷ **brat 3** (also **Brother**) a monk: *Brother Paul* ▷ **brat**

brotherhood /ˈbrʌðəhʊd/ **noun 1** [C] a group of men who have the same purpose or religious beliefs ▷ **bractwo 2** [U] friendship and loyalty, like the relationship between brothers ▷ **braterstwo**

brother-in-law /ˈbrʌðərɪnlɔː/ **noun** [C] (plural **brothers-in-law**) B2 the man married to your sister, or the brother of your husband or wife ▷ **szwagier**

brotherly /ˈbrʌðəli/ **adjective** [always before noun] relating to or typical of brothers: *brotherly love* ▷ **bratni, braterski**

brought /brɔːt/ past of bring

brow /braʊ/ **noun** [C] **1** the front part of your head between your eyes and your hair: *He wiped the sweat from his brow.* ▷ **czoło 2 brow of a hill/slope** UK the top part of a hill or slope ▷ **szczyt wzniesienia**

brown /braʊn/ **adjective 1** A1 being the same colour as chocolate or soil: *a brown leather bag* ∘ *dark brown hair/eyes* ▷ **brązowy** → See **Colours** on page Centre 12 **2** having darker skin because you have been in the sun ▷ **brązowy**
• **brown noun** [C, U] A2 the colour brown ▷ **brąz**

brownfield /ˈbraʊnfiːld/ **adjective** UK describes land that was used for industry and where new buildings can be built: *a brownfield site* ▷ **poprzemysłowy** → Compare **greenfield**

Brownian motion /ˌbraʊniənˈməʊʃən/ **noun** [U] (also **Brownian movement**) the movement of particles in a liquid or gas, caused by being hit by molecules of that liquid or gas ▷ **ruchy Browna**

brownie /ˈbraʊni/ **noun** [C] a small, square cake made with chocolate and nuts ▷ **murzynek**

browse /braʊz/ **verb 1** [I, T] B2 to look at information on the Internet: *to browse the Internet/Web* ▷ **przeglądać (strony) 2** [I] B2 to read a book, magazine, etc in a relaxed way and not in detail: *She **browsed through** some travel brochures looking for ideas.* ▷ **wertować 3** [I] to walk around a shop and look at things without buying anything: *I love **browsing around** bookshops.* ▷ **szperać, rozglądać się**

browser /ˈbraʊzəʳ/ **noun** [C] **1** B2 a computer program which allows you to look at pages on the Internet ▷ **przeglądarka 2** someone who browses ▷ **internaut-a/ka, oglądając-y/a**

bruise /bruːz/ **noun** [C] B2 a dark area on your skin where you have been hurt: *He suffered **cuts and bruises** after falling off his bike.* ▷ **siniak**
• **bruise verb** [T] to cause someone or something to have a bruise: [often passive] *He was badly bruised in the accident.* ▷ **potłuc, poobijać**
• **bruising noun** [U] ▷ **siniaki, obrażenia**

Brunei /bruːˈnaɪ/ **noun** a country which is part of an island in Asia ▷ **Brunei**
• **Bruneian** /bruːˈnaɪən/ **adjective** coming from or relating to Brunei ▷ **brunejski • Bruneian noun** someone from Brunei ▷ **Brunej-czyk/ka**

brunette /bruːˈnet/ **noun** [C] a white woman with dark brown hair ▷ **brunetka**

brunt /brʌnt/ **noun bear/feel/take the brunt of sth** to experience the worst part of something: *He took the brunt of the criticism.* ▷ **stać się głównym obiektem** *czegoś*

brush¹ /brʌʃ/ **noun 1** [C] A2 an object made of short, thin pieces of plastic, wire, etc fixed to a handle and used to tidy hair, to clean, to paint, etc: *a stiff wire brush* ▷ **szczotka 2** [no plural] the action of using a brush: *I need to **give my hair a quick brush**.* ▷ **szczotkowanie 3 the brush of sth** when something touches you lightly: *She felt the brush of his lips against her cheek.* ▷ **muśnięcie** *czegoś* **4 a brush with sth** when you experience something, or almost experience something, especially something unpleasant: *a brush with death* ▷ **zetknięcie z** *czymś*

brush² /brʌʃ/ **verb** [T] **1** A2 to use a brush to clean or tidy something: *to **brush your hair/teeth*** ▷ **szczotkować 2 brush sth away/off, etc** B2 to move something somewhere using a brush or your hand: *He brushed the snow off his coat.* ▷ **strzepnąć** *coś* **3 brush against/past sb/sth** B2 to lightly touch someone or something as you move past: *He brushed past me as he went up the stairs.* ▷ **ocierać się o** *kogoś/coś*

PHRASAL VERBS **brush sth aside/off** to refuse to think about something seriously: *He brushed aside her suggestion.* ▷ **zignorować** *coś* • **brush up (on) sth** to improve your skills in something: *I'm trying to brush up on my French before I go to Paris.* ▷ **podszkolić** *coś*

brush-off /ˈbrʌʃɒf/ **noun** informal **give sb the brush-off** to be unfriendly to someone by not talking to them ▷ **ignorować** *kogoś*

brusque /bruːsk/ (US) /brʌsk/ **adjective** dealing with people in a quick way that is unfriendly or rude: *a **brusque manner*** ▷ **szorstki**
• **brusquely adverb** ▷ **szorstko**

brussel sprout /ˌbrʌsəlˈspraʊt/ (US) /ˈbrʌsəlˌspraʊt/ **noun** [C] a small, green vegetable which is round and made of leaves ▷ **brukselka**

brutal /ˈbruːtəl/ **adjective** very violent or cruel: *a **brutal murder*** ▷ **brutalny**
• **brutally adverb** *brutally murdered* ∘ ***brutally honest*** ▷ **brutalnie • brutality** /bruːˈtæləti/ **noun** [C, U] ▷ **brutalność**

brute¹ /bruːt/ **noun** [C] someone who behaves in a very violent and cruel way ▷ **brutal**
• **brutish** /ˈbruːtɪʃ/ **adjective** like a brute ▷ **brutalny**

brute[2] /bruːt/ **adjective brute force/strength** great force or strength ▷ **brutalna siła**

BSc /ˌbiːes'siː/ **noun** [C] UK (US **BS** /biː'es/) abbreviation for Bachelor of Science: a university or college qualification in a science subject which usually takes 3 or 4 years of study: *He has a BSc in computer science.* ▷ **licencjat (z nauk ścisłych)**

BSE /ˌbiːes'iː/ **noun** [U] abbreviation for bovine spongiform encephalopathy: a disease that kills cows by destroying their brains ▷ **BSE (= gąbczaste zwyrodnienie mózgu)**

BTW Internet abbreviation for by the way: used when you write some extra information that may or may not be related to what is being discussed ▷ przy okazji

bubble[1] /'bʌbl/ **noun** [C] a ball of air or gas with liquid around it: *an air bubble* ▷ **bańka**

bubble[2] /'bʌbl/ **verb** [I] **1** If a liquid bubbles, balls of air or gas rise to its surface: *The soup was bubbling on the stove.* ▷ **bulgotać, wrzeć 2 bubble (over) with confidence/enthusiasm, etc** to be full of a positive emotion or quality ▷ **być pełnym wiary w siebie/entuzjazmu** *itp.*

'bubble ˌgum **noun** [U] a sweet that you chew and blow into a bubble ▷ **guma balonowa**

bubble-jet /'bʌbldʒet/ **adjective** A bubble-jet printer uses a very fast and quiet method of printing, in which ink is directed electronically onto the paper. ▷ **pęcherzykowy**

bubbly /'bʌbli/ **adjective 1** happy and enthusiastic: *a bubbly personality* ▷ **radosny 2** full of bubbles ▷ **gazowany, musujący**

Buchner funnel /'buːxnəˌfʌnəl/ **noun** [C] a piece of equipment used by scientists for filtering ▷ **lejek sitowy lub Buchnera**

buck[1] /bʌk/ **noun** [C] **1** US informal a dollar : *It cost me twenty bucks to get a new bike lock.* ▷ **dolec, zielony 2** a male rabbit or deer ▷ **królik, kozioł**

IDIOM **pass the buck** to blame someone or to make them responsible for a problem that you should deal with yourself ▷ **zrzucać odpowiedzialność**

buck[2] /bʌk/ **verb** [I] If a horse bucks, it kicks its back legs into the air. ▷ **wierzgać**

bucket /'bʌkɪt/ **noun** [C] **B1** a round, open container with a handle used for carrying liquids: *a bucket of water* ▷ **wiadro**

bucket

buckle[1] /'bʌkl/ **noun** [C] a metal object used to fasten the ends of a belt or strap: *a silver buckle* ▷ **sprzączka**

buckle[2] /'bʌkl/ **verb** **1** [I, T] to fasten a belt or strap with a buckle ▷ **zapinać 2** [I, T] to bend, or to cause some-

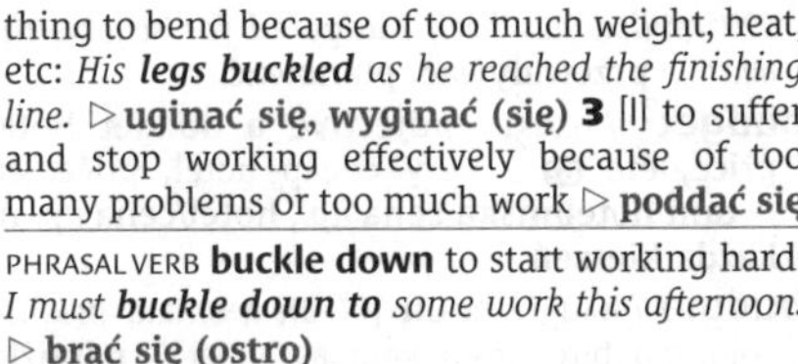

thing to bend because of too much weight, heat, etc: *His* ***legs buckled*** *as he reached the finishing line.* ▷ **uginać się, wyginać (się) 3** [I] to suffer and stop working effectively because of too many problems or too much work ▷ **poddać się**

PHRASAL VERB **buckle down** to start working hard: *I must* ***buckle down to*** *some work this afternoon.* ▷ **brać się (ostro)**

buckminsterfullerene /ˌbʌkmɪnstə'fʊləriːn/ **noun** [U] a form of pure carbon found in soot (symbol C_{60}) ▷ **fuleren Buckminstera**

bud /bʌd/ **noun** [C] a part of a plant that develops into a leaf or a flower: *In spring the trees are covered in buds.* ▷ **pączek**

IDIOM **nip sth in the bud** to stop a small problem from getting worse by stopping it soon after it starts ▷ **zdusić** *coś* **w zarodku**

→ See also **taste buds**

Buddha /'bʊdə/ (US) /'buːdə/ **noun** the Indian holy man on whose life and teachings Buddhism is based ▷ **Budda**

Buddhism /'bʊdɪzəm/ (US) /'buːdɪzəm/ **noun** [U] a religion based on the teachings of Buddha ▷ **Buddyzm**

Buddhist /'bʊdɪst/ (US) /'buːdɪst/ **noun** [C] someone who believes in Buddhism ▷ **Buddyst-a/ka**
• **Buddhist adjective** *a Buddhist temple* ▷ **buddyjski**

budding /'bʌdɪŋ/ **adjective** [always before noun] starting to develop well: *a* ***budding romance*** ▷ **obiecujący, dobrze się zapowiadający**

buddy /'bʌdi/ **noun** [C] informal a friend: *my best buddy* ▷ **kumpel/a**

budge /bʌdʒ/ **verb** [I, T] **1** If something will not budge, or you cannot budge it, it will not move: *I've tried to open the window, but it won't budge.* ▷ **drgnąć, ruszyć się 2** If someone will not budge, or you cannot budge them, they will not change their opinion. ▷ **zmienić zdanie**

budgerigar /'bʌdʒərɪgɑːr/ **noun** [C] UK a budgie ▷ **papużka falista**

budget[1] /'bʌdʒɪt/ **noun** [C] **1** a plan that shows how much money you have and how you will spend it ▷ **budżet 2** **B2** the amount of money you have for something: *an* ***annual budget*** *of £30 million* ▷ **budżet 3 the Budget** in the UK, when the government officially tells the public about its plans for taxes and spending ▷ **budżet**
• **budgetary adjective** [always before noun] relating to a budget ▷ **budżetowy**

> Wyrazy występujące razem z **budget**
>
> **have** a budget **of** [£30 000/$5000, etc] • **be on a tight** budget (= not have much money) • the budget **for** sth

budget[2] /'bʌdʒɪt/ **verb** [I, T] to plan how much money you will spend on something: *An extra*

£20 million has been ***budgeted for*** *schools this year.* ▷ **przewidywać, planować**

B

budget[3] /ˈbʌdʒɪt/ **adjective a budget hotel/price, etc** B2 a very cheap hotel, price, etc ▷ **tani hotel/niska cena** *itp.*, **hotel/cena** *itp.* **na każdą kieszeń**

budgie /ˈbʌdʒi/ **noun** [C] UK a small, brightly coloured bird often kept as a pet ▷ **papużka falista**

buff[1] /bʌf/ **noun** [C] **a computer/film/wine, etc buff** someone who knows a lot about computers/films/wine, etc ▷ **znawca komputerów/filmu/koneser wina** *itp.*

buff[2] /bʌf/ **adjective** informal If someone's body is buff, it looks strong and attractive, as if they have had a lot of exercise ▷ **umięśniony**

buffalo /ˈbʌfələʊ/ **noun** [C] (plural **buffaloes**, **buffalo**) a large, wild animal, like a cow with horns: *a herd of wild buffalo* ▷ **bawół, bizon**

buffer /ˈbʌfəʳ/ **noun** [C] **1** something that helps protect someone or something from harm: *I have some money saved to act as* ***a buffer against*** *unexpected bills.* ▷ **zabezpieczenie** **2** an area in a computer memory where information can be stored for a short time ▷ **bufor**

ˈbuffer ˌzone noun [C] an area created to separate two countries that are fighting ▷ **strefa buforowa**

buffet[1] /ˈbʊfeɪ/ US /bəˈfeɪ/ **noun** [C] a meal in which dishes of food are arranged on a table and you serve yourself: *a cold buffet* ◦ *a buffet lunch* ▷ **bufet**

buffet[2] /ˈbʌfɪt/ **verb** [T] If something is buffeted by the weather, sea, etc, it is hit repeatedly and with force: [often passive] *The little boat was buffeted by the waves.* ▷ **poniewierać**

ˈbuffet ˌcar noun [C] UK the part of a train where you can buy something to eat or drink ▷ **wagon barowy**

buffoon /bəˈfuːn/ **noun** [C] old-fashioned someone who does silly things ▷ **bufon**

bug[1] /bʌg/ **noun** [C] **1** B2 a bacteria or virus, or the illness that it causes: *a* ***flu/stomach bug*** ▷ **wirus, zarazek** **2** B2 a mistake in a computer program: *This program is full of bugs.* ▷ **błąd** **3** B1 a small insect ▷ **robak, pluskwa** **4** a small, electronic piece of equipment used to secretly listen to people talking ▷ **podsłuch, pluskwa, ukryty mikrofon** **5 be bitten by the bug/get the bug** informal to develop a strong interest or enthusiasm for a particular activity: *He's been bitten by the tennis bug.* ▷ **połknąć bakcyla**

bug[2] /bʌg/ **verb** [T] (present participle **bugging**, past tense and past participle **bugged**) **1** to hide a piece of equipment somewhere in order to secretly listen to people talking: [often passive] *Their hotel room had been bugged.* ▷ **zakładać podsłuch w lub na** **2** informal to annoy someone: *He's been bugging me all morning.* ▷ **wkurzać**

buggy /ˈbʌgi/ **noun** [C] **1** UK (US **stroller**) a chair on wheels which is used to move small children ▷ **wózek, spacerówka** **2** a vehicle with two wheels that is pulled by a horse, especially in the past ▷ **powóz (dwukołowy)**

bugle /ˈbjuːgl/ **noun** [C] a small, metal musical instrument that you play by blowing into it ▷ **trąbka, sygnałówka**

build[1] /bɪld/ **verb** (past tense and past participle **built**) **1** [I, T] A2 to make something by putting materials and parts together: *build a house/wall* ◦ *The bridge* ***is built of*** *steel and aluminium.* ▷ **budować** **2** [T] to create and develop something over a long time: *They have built a solid friendship over the years.* ▷ **budować**

PHRASAL VERBS **build sth into sth** to make something a part of something else: *There are video screens built into the back of the seats.* ▷ **wbudować** *coś* **w** *coś* • **build on sth** to use a success or achievement as a base from which to achieve more success ▷ **budować na** *czymś* • **build (sth) up** to increase or develop, or to make something increase or develop: *Traffic usually builds up in the late afternoon.* ▷ **wzmacniać (się), nasilać się**

build[2] /bɪld/ **noun** [C, U] the size and shape of a person's body: *He's of medium build with short brown hair.* ▷ **budowa**

builder /ˈbɪldəʳ/ **noun** [C] B1 someone who makes or repairs buildings as a job ▷ **budowlaniec, budowniczy**

building /ˈbɪldɪŋ/ **noun** **1** [C] A2 a structure with walls and a roof, such as a house, school, etc: *an office building* ▷ **budynek** **2** [U] the activity of putting together materials and parts to make structures: *building materials* ▷ **budowa** → See also **apartment building**

ˈbuilding soˌciety noun [C] UK (US **savings and loan association**) an organization similar to a bank which lends you money to buy a house ▷ **kasa mieszkaniowa**

build-up /ˈbɪldʌp/ **noun** [U] **1** when something slowly increases: [usually singular] *the build-up of traffic* ▷ **wzrost, nasilenie się** **2 the build-up to sth** UK the period of preparation before something happens: *There was a lot of excitement in the build-up to the Olympics.* ▷ **okres przygotowań do** *czegoś*

built /bɪlt/ past of build

built-in /ˌbɪltˈɪn/ **adjective** [always before noun] included as part of the main structure of something: *a computer with a built-in modem* ▷ **wbudowany**

built-up /ˌbɪltˈʌp/ **adjective** a built-up area has a lot of buildings ▷ **zabudowany**

bulb /bʌlb/ **noun** [C] **1** (also **light bulb**) B1 a glass object containing a wire which produces light from electricity: *an electric light bulb* ▷ **żarówka** **2** a round root that some plants grow from: *daffodil bulbs* ▷ **cebulka**

B

bulbous /ˈbʌlbəs/ **adjective** large and round in an unattractive way: ***a bulbous nose*** ▷ **perkaty**

Bulgaria /bʌlˈgeəriə/ **noun** a country in Europe ▷ **Bułgaria**
• **Bulgarian** /bʌlˈgeəriən/ **adjective** coming from or relating to Bulgaria ▷ **bułgarski** • **Bulgarian noun** someone from Bulgaria ▷ **Bułgar/ka**

bulge[1] /bʌldʒ/ **verb** [I] to look larger and rounder or fuller than normal: *Her bags were* ***bulging with*** *shopping.* ▷ **wypełniać się, wybrzuszać się**

bulge[2] /bʌldʒ/ **noun** [C] a round, raised area on a surface ▷ **wybrzuszenie**

bulimia /buˈlɪmiə/ **noun** [U] a mental illness in which someone eats too much and then forces themselves to vomit ▷ **bulimia**
• **bulimic noun** [C], **adjective** ▷ **chor-y/a na bulimię**

bulk /bʌlk/ **noun 1 in bulk** in large amounts: *to buy in bulk* ▷ **hurtowo 2 the bulk of sth** the largest part or most of something: *He spends the bulk of his money on rent.* ▷ **większość** *czegoś* **3** [no plural] the large size of something or someone ▷ **masa**

bulky /ˈbʌlki/ **adjective** too big and taking up too much space ▷ **masywny, wielki**

bull /bul/ **noun** [C] B1 a male cow ▷ **byk** → See also **be like a red** ***rag*** **to a bull**

bulldog /ˈbuldɒg/ **noun** [C] a short, strong dog with a large head and neck ▷ **buldog**

bulldozer /ˈbulˌdəuzəʳ/ **noun** [C] a heavy vehicle used to destroy buildings and make the ground flat ▷ **spychacz**
• **bulldoze verb** [T] ▷ **wyrównywać (spychaczem)**

bullet /ˈbulɪt/ **noun** [C] B2 a small, metal object that is fired from a gun: *a* ***bullet wound*** ▷ **kula**

IDIOM **bite the bullet** to make yourself do something or accept something difficult or unpleasant ▷ **zacisnąć zęby**

> Wyrazy występujące razem z **bullet**
> fire a bullet • a bullet **flies/lodges** somewhere • a **hail of** bullets • a bullet **hole/wound**

bulletin /ˈbulətɪn/ **noun** [C] **1** a short news programme on television or radio: *the evening* ***news bulletin*** ▷ **serwis 2** a regular newspaper or report containing news about an organization ▷ **biuletyn**

ˈ**bulletin** ˌ**board noun** [C] US (UK **noticeboard**) a board on a wall where you put advertisements and announcements ▷ **tablica ogłoszeń** → See **The Classroom** on page Centre 6

ˈ**bullet** ˌ**(point) noun** [C] a small black circle used in writing to show separate items on a list ▷ **punkt**

bulletproof /ˈbulɪtpruːf/ **adjective** made of material that a bullet cannot go through: ***bulletproof vests*** ▷ **kuloodporny**

ˈ**bullet** ˌ**train noun** [C] a very fast Japanese train ▷ **szybka kolej**

bullion /ˈbuliən/ **noun** [U] blocks of gold or silver ▷ **złoto lub srebro w sztabach**

ˈ**bull** ˌ**market noun** [C] a time when the prices of most shares are rising ▷ **zwyżka, rynek zwyżkujący**

bullock /ˈbulək/ **noun** [C] a young bull ▷ **byczek**

bully[1] /ˈbuli/ **verb** [T] to intentionally frighten someone who is smaller or weaker than you: *He was bullied at school by some older boys.* ◦ [+ into + doing sth] *She was bullied into leaving.* ▷ **znęcać się nad, zmuszać**
• **bullying noun** [U] *Bullying is a problem in many schools.* ▷ **znęcanie się**

bully[2] /ˈbuli/ **noun** [C] someone who intentionally frightens a person who is smaller or weaker than them ▷ **osoba znęcająca się nad słabszymi**

bum[1] /bʌm/ **noun** [C] informal **1** UK your bottom ▷ **pupa 2** US someone who has no home and no money ▷ **włóczęga**

bum[2] /bʌm/ **verb** [T] (present participle **bumming**, past tense and past participle **bummed**) very informal to ask someone for something, such as money or cigarettes, without intending to pay for them: *Hey, could I bum a cigarette?* ▷ **wyżebrać, dostać**

PHRASAL VERBS **bum around** informal to spend time being lazy and doing very little ▷ **obijać się** • **bum around sth** informal to travel to different places and not do any work ▷ **włóczyć się** *gdzieś*

bumbag /ˈbʌmbæg/ **noun** [C] UK (US **fanny pack**) a small bag fixed to a belt that you wear around your waist ▷ **saszetka przy pasie**

bumblebee /ˈbʌmblbiː/ **noun** [C] a large, hairy bee ▷ **trzmiel**

bumbling /ˈbʌmblɪŋ/ **adjective** [always before noun] confused and showing no skill: *a* ***bumbling idiot*** ▷ **nieudolny**

bummer /ˈbʌməʳ/ **noun a bummer** informal something unpleasant or annoying: *That last exam was a real bummer.* ▷ **kanał, obciach, pasztet**

bump[1] /bʌmp/ **verb 1** B2 [T] to hurt part of your body by hitting it against something hard: *I bumped my head on the door.* ▷ **uderzyć (się), walnąć (się) 2 bump into/against sth** B2 to hit your body, your car, etc against something by accident: *He kept falling over and bumping into things.* ▷ **wpaść na** *coś* **3 bump along/over sth** to move in a vehicle over a surface that is not smooth: *The bus bumped along the country road.* ▷ **telepać się po** *czymś*

PHRASAL VERBS **bump into sb** informal to meet someone you know when you have not planned to meet them: *I bumped into an old school friend in town today.* ▷ **wpaść na** *kogoś* • **bump sb off** informal to murder someone ▷ **załatwić** *kogoś*

bump² /bʌmp/ **noun** [C] **1** a round, raised area on a surface: *My bike hit a bump in the road.* ▷ **wybój 2** a raised area on your body where it has been hurt by hitting something hard: *a nasty bump on the head* ▷ **guz 3** when something hits something hard: *I heard a bump upstairs.* ▷ **wstrząs, huk**

bumper¹ /ˈbʌmpəʳ/ **noun** [C] B2 a bar fixed along the front or back of a vehicle to protect it in an accident: *a front/rear bumper* ▷ **zderzak**

bumper² /ˈbʌmpəʳ/ **adjective** [always before noun] bigger or better than usual: *a* ***bumper year*** ▷ **rekordowy**

ˈbumper ˌsticker noun [C] a sign that you stick on a car, often with a funny message on it ▷ **napis (dowcipny na zderzaku samochodu)**

bumpy /ˈbʌmpi/ **adjective 1** A bumpy road or surface is not smooth but has raised areas on it. ▷ **wyboisty 2** A bumpy journey is uncomfortable because the vehicle moves around a lot. ▷ **trzęsący 3** full of problems or sudden changes: *We had a* ***bumpy start***. ▷ **trudny**

bun /bʌn/ **noun** [C] **1** UK B2 a small, round cake: *an iced bun* ▷ **bułeczka 2** B2 a small, round piece of bread: *a hamburger/hot cross bun* ▷ **bułka 3** a hairstyle in which the hair is arranged in a small, round shape on the back of the head ▷ **kok**

bunch¹ /bʌnʃ/ **noun 1** [C] B1 a number of things of the same type which are joined or held together: *He handed me a* ***bunch of flowers.*** ▷ **bukiet, pęk, kiść** → See **Pieces and Quantities** on page Centre 1 **2** [C] informal B1 a group of people: [usually singular] *His friends are a nice bunch.* ▷ **paczka 3 a bunch of sth** US informal a large amount or number of something: *There's a whole bunch of places I'd like to visit.* ▷ **sporo** *czegoś*

> Wyrazy występujące razem z **bunch**
>
> a bunch of **bananas/flowers/grapes/keys**

bunch² /bʌnʃ/ **verb**

PHRASAL VERBS **bunch (sb/sth) together/up** to move close together so that you make a tight group, or to make someone or something do this: [often passive] *We were all bunched up at the back of the room.* ▷ **ścieśniać (***kogoś***/się), ściskać (***kogoś***/się)** • **bunch (sth) up** If material bunches up, or if someone bunches it up, it moves into tight folds: [often passive] *My shirt's all bunched up at the back.* ▷ **marszczyć (się)**

bunches /ˈbʌntʃɪz/ **noun** [plural] UK a hairstyle in which the hair is tied together in two parts, one on each side of the head ▷ **kitki, kucyki**

bundle¹ /ˈbʌndl/ **noun 1** [C] a number of things that are tied together: *a bundle of letters/clothes* ▷ **zawiniątko, pakunek 2 a bundle of energy/nerves** informal a very energetic or nervous person ▷ **osoba o niespożytej energii/kłębek nerwów**

bundle² /ˈbʌndl/ **verb 1 bundle sb into/out of/through sth** to push or carry someone somewhere quickly and roughly: *He was bundled into the back of a car and driven away.* ▷ **wpakować** *kogoś gdzieś* **2** to include an extra computer program or other product with something you sell ▷ **dołączać**

PHRASAL VERBS **bundle sth up** to tie a number of things together ▷ **związać** *coś* • **bundle (sb) up** to put warm clothes on yourself or someone else ▷ **opatulić** *kogoś***/się**

bung /bʌŋ/ **verb bung sth in/on, etc** UK informal to put something somewhere in a quick, careless way: *Shall I bung a chicken in the oven for dinner?* ▷ **wrzucić** *coś gdzieś*

PHRASAL VERB **bung sth up** UK informal to cause something to be blocked so that it does not work in the way it should: [often passive] *The toilet was bunged up with paper.* ▷ **zapychać** *coś*

bungalow /ˈbʌŋgəˡləʊ/ **noun** [C] a house that has all its rooms on the ground floor ▷ **dom parterowy**

bungee jumping /ˈbʌndʒiˌdʒʌmpɪŋ/ **noun** [U] (also **bungy jumping**) the sport of jumping from a very high place while tied to a long elastic rope, so that the rope pulls you back before you hit the ground ▷ **bungee jumping, skoki na linie**

bungle /ˈbʌŋgl/ **verb** [T] to do something wrong in a very careless or stupid way: *a bungled robbery* ▷ **partaczyć** • **bungling noun** [U] ▷ **partactwo**

bunk /bʌŋk/ **noun** [C] a narrow bed in a ship, train, etc ▷ **koja, łóżko**

ˈbunk ˌbeds noun [plural] two beds fixed together with one on top of the other ▷ **łóżko piętrowe**

bunker /ˈbʌŋkəʳ/ **noun** [C] **1** an underground room where people go to be protected, especially from bombs ▷ **bunkier 2** in golf, a hollow area filled with sand ▷ **bunkier, piasek**

bunny /ˈbʌni/ **noun** [C] (also **ˈbunny ˌrabbit**) a child's word for 'rabbit' ▷ **króliczek**

Bunsen burner /ˌbʌnsənˈbɜːnəʳ/ **noun** [C] a small device that burns gas to produce a flame which is used to heat things in scientific work ▷ **palnik Bunsena**

buoy¹ /bɔɪ/ **noun** [C] a floating object used in water to mark dangerous areas for boats ▷ **boja**

buoy² /bɔɪ/ **verb be buoyed (up) by sth** to feel happy or confident because of something: *The* *team was buoyed up by their win last week.* ▷ **żyć** *czymś*, **być podbudowanym** *czymś*

buoyant /ˈbɔɪənt/ **adjective 1** happy and confident: *in a* ***buoyant mood*** ▷ **radosny, optymistyczny 2** successful or making a profit: *a* ***buoyant economy*** ▷ **dobrze prosperujący 3** floating or able to float ▷ **pływający**
• **buoyancy** /ˈbɔɪənsi/ **noun** [U] ▷ **optymizm, elastyczność**

burden /ˈbɜːdᵊn/ **noun** [C] something difficult or unpleasant that you have to deal with or worry about: *the* ***burden of*** *responsibility* ◦ *I'd hate to* ***be a burden to*** *you when I'm older.* ▷ **ciężar**
• **burden verb** [T] to give someone something difficult or unpleasant to deal with or worry about: *Sorry to* ***burden*** *you* ***with*** *my problems.* ▷ **obarczać** • **burdensome adjective** ▷ **kłopotliwy**

> Wyrazy występujące razem z **burden**
>
> **be/become a burden on/to sb • carry the burden of sth • ease/lighten/share the burden • a heavy burden • the burden of (doing) sth**

bureau /ˈbjʊərəʊ/ **noun** [C] (plural **bureaux**, US **bureaus**) **1** a department or office ▷ **biuro 2** UK a piece of furniture with drawers and a sloping top used for writing ▷ **biurko 3** US (UK **chest of drawers**) a piece of furniture with drawers for keeping clothes in ▷ **komoda**

bureaucracy /bjʊəˈrɒkrəsi/ **noun 1** [U] complicated rules and processes used by an organization, especially when they do not seem necessary: *government bureaucracy* ▷ **biurokracja 2** [C, U] a government or organization in which there are a lot of officials in a lot of departments ▷ **biurokratyczny moloch**
• **bureaucrat** /ˈbjʊərəʊkræt/ **noun** [C] someone working in a bureaucracy ▷ **biurokrat-a/ka** • **bureaucratic** /ˌbjʊərəʊˈkrætɪk/ **adjective** ▷ **biurokratyczny**

burette /bjʊˈret/ **noun** [C] a glass tube with measurements marked on it and with a small tap at the bottom, used for adding small quantities of liquid to something ▷ **biureta**

burgeoning /ˈbɜːdʒᵊnɪŋ/ **adjective** growing very quickly: *a burgeoning population* ▷ **gwałtownie rosnący**

burger /ˈbɜːgəʳ/ **noun** [C] (A2) a flat, round piece of food, usually made of meat, that is fried and served between pieces of bread: *burger and fries* ◦ *a veggie burger* ▷ **hamburger**

burglar /ˈbɜːgləʳ/ **noun** [C] (B2) someone who gets into buildings illegally and steals things ▷ **włamywacz/ka**

ˈburglar aˌlarm noun [C] something that makes a noise if someone tries to get into a building illegally ▷ **alarm (przeciwwłamaniowy)**

burglarize /ˈbɜːgləraɪz/ **verb** US burgle ▷ **obrobić**

burglary /ˈbɜːglᵊri/ **noun** [C, U] (B2) when someone gets into a building illegally and steals things ▷ **włamanie**

burgle /ˈbɜːgl/ **verb** [T] UK (US **burglarize**) to get into a building illegally and steal things: [often passive] *They've been burgled twice recently.* ▷ **okradać**

burial /ˈberiəl/ **noun** [C, U] when a dead body is put into the ground ▷ **pogrzeb**

Burkina Faso /bɜːˈkiːnə ˈfæseʊ/ **noun** a country in Africa ▷ **Burkina Faso**
• **Burkinabe** /bɜːˈkiːnəˌbei/ **adjective** coming from or relating to Burkina Faso ▷ **burkiński** • **Burkinabe noun** someone from Burkina Faso ▷ **Burki-ńczyk/nka**

burly /ˈbɜːli/ **adjective** A burly man is large and strong. ▷ **krzepki**

burn[1] /bɜːn/ **verb** (past tense and past participle **burnt, burned**) **1** [I, T] (B1) to destroy something with fire, or to be destroyed by fire: *I burnt all his letters.* ◦ *The factory burned to the ground.* ◦ *He dropped his cigarette and* ***burnt a hole in*** *his jacket.* ▷ **spalić, wypalić 2** [I] (B1) to produce flames: *The fire's burning well.* ▷ **palić się, płonąć 3** [I, T] If you burn something that you are cooking, you cook it too much and if something you are cooking burns, it cooks too much: *Check the pizza – I think it's burning!* ▷ **przypalać (się) 4 burn yourself/your fingers, etc** (B1) to be hurt by fire or heat: *He burned his hand on the kettle.* ▷ **oparzyć się (palce** *itp.***) 5** [T] (also **burn up**) to use fuel to produce heat or energy: *to burn calories/fuel* ▷ **spalać 6** [T] to copy music, information or images onto a CD: *He's* ***burnt*** *all his favourite records* ***onto*** *a CD.* ▷ **wypalać 7** [I] to be very hot or sore: *Her cheeks were burning.* ▷ **palić, piec 8 burn with anger/hatred, etc** to feel an emotion very strongly ▷ **pałać wściekłością/nienawiścią** *itp.*

PHRASAL VERBS **burn (sth) down** (B2) to destroy something, especially a building, by fire, or to be destroyed by fire: *Their house burnt down while they were away on holiday.* ▷ **spalić (się)** • **burn out 1** If a fire burns out, it stops producing flames because nothing remains that can burn. ▷ **wypalać się 2** (B2) to become ill or very tired from working too hard: *If Olivia keeps working late every night, she will burn out.* ▷ **przemęczyć się** • **burn (sth) up** to destroy something completely, or to be destroyed completely by fire or heat: *The satellite will burn up when it enters the atmosphere.* ▷ **spalić (się)**

burn[2] /bɜːn/ **noun** [C] a place where fire or heat has damaged or hurt something: *She has a nasty burn on her arm.* ▷ **oparzenie**

burner /ˈbɜːnəʳ/ **noun** [C] a piece of equipment used to burn or heat something ▷ **palnik**

IDIOM **put sth on the back burner** to not deal with something now, but intend to deal with it at a later time ▷ **odkładać** *coś* **na później**

B

burning /ˈbɜːnɪŋ/ **adjective 1** very hot: *the burning heat of the midday sun* ▷ **piekący, palący 2 burning ambition/desire, etc** a very strong need to do something ▷ **przemożn-a/e ambicja/pożądanie** *itp.* **3 a burning issue/question** a subject or question that must be dealt with or answered quickly ▷ **palący problem**

burnout /ˈbɜːnaʊt/ **noun** [U] extreme tiredness, usually caused by working too much ▷ **przemęczenie**

burnt[1] /bɜːnt/ **adjective** destroyed or made black by fire or heat: *burnt toast* ▷ **przypalony, spalony**

burnt[2] /bɜːnt/ past of burn

burnt out /ˌbɜːntˈaʊt/ **adjective** (also **burned out** /bɜːndˈaʊt/) **1** A burnt-out car or building has been almost completely destroyed by fire. ▷ **spalony 2** informal tired and without enthusiasm because you have worked too hard: *a burnt-out teacher* ▷ **przemęczony, przepracowany**

burp /bɜːp/ **verb** [I] to let air from your stomach come out of your mouth in a noisy way ▷ **bekać, ≈ odbijać się**
• **burp noun** [C] ▷ **beknięcie**

burrow[1] /ˈbʌrəʊ/ **verb** [I] When an animal burrows, it digs a hole or passage in the ground to live in: *There are rabbits burrowing under the building.* ▷ **ryć**

burrow[2] /ˈbʌrəʊ/ **noun** [C] a hole or passage in the ground dug by an animal to live in ▷ **nora**

burst[1] /bɜːst/ **verb** (past tense and past participle **burst**) **1** B2 [I, T] If a container bursts, or if you burst it, it breaks suddenly, so that what is inside it comes out: *A water* ***pipe burst*** *and flooded the cellar.* ▷ **pękać 2 burst in/out/through, etc** B2 to move somewhere suddenly and forcefully: *Three masked men burst into the shop.* ▷ **wpadać/wypadać 3 burst into flames** to suddenly start burning ▷ **stanąć w płomieniach 4 burst into laughter/tears, etc** B2 to suddenly start laughing/crying, etc: *She burst into tears and ran away.* ▷ **wybuchnąć śmiechem/płaczem** *itp.* **5 burst open** to open suddenly and with force ▷ **nagle się otworzyć, stanąć otworem 6 be bursting with confidence/joy, etc** to be full of an emotion or quality: *She was bursting with pride.* ▷ **tryskać pewnością siebie/szaleć z radości** *itp.* **7 be bursting to do sth** informal to want to do something very much: *I was bursting to tell him about the party.* ▷ **nie móc się** *czegoś* **doczekać**

PHRASAL VERB **burst out 1** B2 to suddenly say something loudly: *"Don't go!" he burst out.* ▷ **wybuchnąć 2 burst out laughing/crying** B2 to suddenly start laughing/crying: *I walked in and everyone burst out laughing.* ▷ **wybuchnąć śmiechem/płaczem** *itp.*

burst[2] /bɜːst/ **noun 1 a burst of sth** a sudden large amount of noise, activity, etc: *a burst of applause/laughter* ▷ **wybuch** *czegoś* **2** [C] when something breaks open and what is inside it comes out ▷ **wybuch**

Burundi /bʊˈrʊndi/ **noun** a country in Africa ▷ **Burundi**
• **Burundi** /bʊˈrʊndi/ **adjective** coming from or relating to Burundi ▷ **burundyjski** • **Burundian** /bʊˈrʊndiən/ **noun** someone from Burundi ▷ **Burundyj-czyk/ka**

bury /ˈberi/ **verb** [T] **1** B1 to put a dead body into the ground: [often passive] *He was buried next to his wife.* ▷ **pogrzebać 2** B1 to hide something in the ground or under something: *buried treasure* ◦ [often passive] *Two climbers were buried in the snow.* ▷ **zakopać, pogrzebać 3 bury your face/head in sth** to move your face/head somewhere where it is hidden: *She buried her face in her hands.* ▷ **ukryć twarz w** *czymś* **4 bury yourself in sth** to give all your attention to something: *He buried himself in his work.* ▷ **poświęcić się** *czemuś* → See also **bury the** ***hatchet***

bus /bʌs/ **noun** [C] (plural **buses**) A1 a large vehicle that carries passengers by road, usually along a fixed route: *a school bus* ◦ *I'll go home* ***by bus.*** ▷ **autobus**
• **bus verb** [T] (present participle UK **bussing** US **busing**, past tense and past participle **bussed**) to take a group of people somewhere in a bus ▷ **dowozić (autobusem)**

> Wyrazy występujące razem z **bus**
>
> catch a bus • miss the bus • on a bus • by bus • a bus route

bush /bʊʃ/ **noun 1** B2 [C] a short, thick plant with a lot of branches: *a rose bush* ◦ *There was someone hiding in the bushes.* ▷ **krzew, krzak 2 the bush** wild parts of Australia or Africa where very few people live ▷ **busz**

IDIOM **beat about the bush** to avoid talking about something difficult or embarrassing ▷ **owijać w bawełnę**

bushy /ˈbʊʃi/ **adjective** If hair or a plant is bushy, it has grown very thick: ***bushy eyebrows*** ▷ **krzaczasty**

busily /ˈbɪzɪli/ **adverb** in a busy, active way: *He was busily writing notes.* ▷ **skwapliwie, pracowicie**

business /ˈbɪznɪs/ **noun 1** [U] A1 the buying and selling of goods or services: *The shop closed last year, but now they're back* ***in business.*** ◦ *We* ***do*** *a lot of* ***business with*** *China.* ◦ *His company has* ***gone out of business*** *(= failed).* ▷ **biznes, interesy 2** [C] A2 an organization that sells goods or services: *My uncle* ***runs a*** *small decorating* ***business.*** ▷ **firma, przedsiębiorstwo 3** [U] B1 work that you do to earn money: *She's in Vienna* ***on business*** *(= working).* ▷ **interes, praca 4 a nasty/strange, etc business** an unpleasant/strange, etc situation ▷ **przykra/dziwna** *itp.* **sprawa 5 be sb's (own) business** to be something private that other people do not need to know ▷ ≈ **to** *czyjaś* **(prywatna) sprawa 6 be none of sb's business** B2 If something is none of someone's business, they do not need to know about it, although they want to, because it does not affect them. ▷ ≈ **to nie** *czyjaś* **sprawa 7 mind your own business** used to tell someone in a rude way that you do not want them to ask about something private ▷ **pilnuj swojego nosa, nie wtrącaj się** → See also **big business**, **show business**

> Wyrazy występujące razem z **business**
>
> be in business • do business with sb • go into business • go out of business

ˈbusiness ˌclass noun [U] a more expensive way of travelling by aircraft in which you sit in a separate part of the aircraft and are given better service ▷ **klasa biznes(owa)**
• **business class** adjective, adverb

businesslike /ˈbɪznɪslaɪk/ **adjective** working in a serious and effective way: *a businesslike manner* ▷ **profesjonalny, konkretny**

businessman, businesswoman /ˈbɪznɪs mən/, /ˈbɪznɪsˌwʊmən/ **noun** [C] (plural **businessmen, businesswomen**) A2 someone who works in business, usually in a high position in a company ▷ **biznesmen, bizneswoman**

ˈbusiness ˌplan noun [C] a detailed plan describing the future plans of a business ▷ **biznesplan, plan biznesowy**

busk /bʌsk/ **verb** [I] UK to perform music in a public place to get money from people walking past ▷ **grać na ulicy**
• **busker** noun [C] ▷ **uliczny grajek**

ˈbus ˌstation noun [C] (also UK **coach station**) A2 a building where a bus starts or ends its journey ▷ **dworzec autobusowy**

ˈbus ˌstop noun [C] A2 a place where buses stop to let passengers get on or off: *I saw her waiting at the bus stop.* ▷ **przystanek autobusowy**

bust¹ /bʌst/ **verb** [T] (past tense and past participle **bust**, US **busted**) informal **1** to break or damage something: *The cops had to bust the door down to get in.* ▷ **rozwalać 2** If the police bust someone, they catch them and accuse them of a crime: [often passive] *He was busted for selling drugs.* ▷ **przymknąć**

bust² /bʌst/ **noun** [C] **1** a woman's breasts, or their size in relation to clothing: *a 36-inch bust* ▷ **biust 2** a model of someone's head and shoulders: *a bronze bust of the Queen* ▷ **popiersie 3 a drug bust** when the police catch people selling or using illegal drugs ▷ **obława na handlarzy narkotyków**

bust³ /bʌst/ **adjective 1 go bust** If a business goes bust, it stops trading because it does not have enough money: *His **company went bust**, leaving huge debts.* ▷ **splajtować 2** UK informal (US **busted** /ˈbʌstɪd/) broken: *My phone's bust – can I use yours?* ▷ **zepsuty**

bustle¹ /ˈbʌsl/ **verb 1 bustle about/around/in, etc** to move around and do things in a quick, busy way: *There were lots of shoppers bustling about.* ▷ **krzątać się 2 bustle with sth** to be full of people or activity: *The town centre was bustling with people.* ▷ **kłębić się od** *czegoś/kogoś*

bustle² /ˈbʌsl/ **noun** [U] people and activity: *We left the bustle of the city behind us.* ▷ **gwar**

bustling /ˈbʌslɪŋ/ **adjective** full of people and activity: *a bustling city/street* ▷ **tętniący życiem**

bust-up /ˈbʌstʌp/ **noun** [C] UK informal a serious disagreement: *He left home after a big bust-up with his dad.* ▷ **awantura**

busy¹ /ˈbɪzi/ **adjective 1** A2 If you are busy, you are working hard, or giving your attention to a particular activity: *Mum was busy in the kitchen.* ◦ [+ doing sth] *I was busy mowing the lawn.* ◦ *I've got plenty of jobs to **keep** you **busy**.* ◦ *He was **too busy** talking **to** notice us come in.* ▷ **zajęty 2** A2 A busy place is full of activity or people: *a busy restaurant/road* ▷ **zatłoczony 3** A2 In a busy period you have a lot of things to do: *I've had a very busy week.* ▷ **gorączkowy 4** US (UK **engaged**) If a telephone line is busy, someone is using it. ▷ **zajęty**

busy² /ˈbɪzi/ **verb busy yourself** to spend time working or doing something: *We busied ourselves in the kitchen preparing dinner.* ▷ **krzątać się, zajmować się**

but¹ strong /bʌt/ weak /bət/ **conjunction 1** A1 used to introduce something new that you say, especially something which is different or the opposite from what you have just said: *I'd drive you there, but I haven't got my car.* ◦ *The tickets were expensive, but the kids really enjoyed it.* ▷ **ale 2** used before you say why something did not happen or is not true: *I was going to go to his party, but I was ill.* ▷ **ale 3** used to show that you are surprised about what someone has just said: *"Tim is leaving." "But why?"* ▷ **ale 4** used to connect 'excuse me' or 'I'm sorry' with what you say next: *Excuse me, but would you mind shutting the door?* ▷ **ale**

but² strong /bʌt/ weak /bət/ **preposition** B1 except: *Everyone but Andrew knows.* ◦ *Can you buy me a sandwich? Anything but ham.* ◦ *This is the **last** programme **but one** (= the programme before the last).* ▷ **oprócz, tylko nie**

but³ strong /bʌt/ weak /bət/ **adverb** formal only: *We can but try.* ▷ **tylko, chociaż**

butane /ˈbjuː.teɪn/ **noun** [U] a gas obtained from petroleum used in its liquid form as a fuel (formula C_4H_{10}) ▷ **butan**

butcher¹ /ˈbʊtʃəʳ/ **noun** [C] B1 someone who prepares and sells meat ▷ **rzeźni-k/czka**

butcher² /ˈbʊtʃəʳ/ **verb** [T] **1** to kill someone in a very violent way ▷ **dokonywać rzezi 2** to cut an animal into pieces of meat ▷ **oprawiać**

butcher's /ˈbʊtʃəz/ **noun** [C] UK (US ˈ**butcher** ˌ**shop**) a shop that prepares and sells meat: *I went to the butcher's to buy some sausages.* ▷ **(sklep) mięsny**

butler /ˈbʌtləʳ/ **noun** [C] a man who opens the door, serves dinner, etc in a large house as a job ▷ **kamerdyner**

butt¹ /bʌt/ **noun 1** [C] US informal your bottom: *He just sits on his butt all day long.* ▷ **tyłek 2** [C] the end of a cigarette that is left after it is smoked: *There were* ***cigarette butts*** *all over the floor.* ▷ **pet 3** [C] the end of the handle of a gun: *the butt of a rifle* ▷ **kolba 4 a head butt** when you hit someone with the top, front part of your head ▷ **uderzenie z główki**

IDIOM **kick sb's butt** US informal to punish someone or defeat someone with a lot of force ▷ **dać** *komuś* **wycisk**

butt² /bʌt/ **verb** [T] to hit something with the top, front part of your head: *He butted me in the stomach.* ▷ **uderzyć z główki**

PHRASAL VERB **butt in** to interrupt or join in a conversation or activity when the other people do not want you to: *The interviewer kept butting in and wouldn't let me answer the question.* ▷ **wtrącać się, przerywać**

butter¹ /ˈbʌtəʳ/ **noun** [U] Ⓐ1 a soft, pale yellow food made from cream that you put on bread and use in cooking ▷ **masło** → See **Food** on page Centre 11

IDIOM **butter wouldn't melt in sb's mouth** used to say that someone looks as if they would never do anything wrong ▷ *ktoś* **by muchy nie tknął,** *ktoś* **ma minę niewiniątka**

→ See also **peanut butter**

butter² /ˈbʌtəʳ/ **verb** [T] to put a layer of butter on something: *hot buttered toast* ▷ **smarować masłem**

PHRASAL VERB **butter sb up** informal to be very nice to someone so that they will do what you want them to do ▷ **podlizywać się** *komuś*

buttercup /ˈbʌtəkʌp/ **noun** [C] a small, bright yellow flower ▷ **jaskier**

butterfly /ˈbʌtəflaɪ/ **noun** [C] Ⓑ1 an insect with large, patterned wings ▷ **motyl**

IDIOM **have butterflies (in your stomach)** to feel very nervous about something that you are going to do ▷ **denerwować się, mieć tremę**

buttock /ˈbʌtək/ **noun** [C] one of the two sides of your bottom ▷ **pośladek**

button¹ /ˈbʌtᵊn/ **noun** [C] **1** Ⓑ1 a small, round object that you push through a hole to fasten clothing: *to* ***do up/undo*** *your* ***buttons*** ▷ **guzik 2** Ⓑ1 a switch that you press to control a piece of equipment: *Press the play button to listen to your recording.* ▷ **przycisk, guzik** → See also **belly button**

button² /ˈbʌtᵊn/ **verb** [T] (also **button up**) to fasten a piece of clothing with buttons: *Jack buttoned up his jacket.* ▷ **zapinać (na guziki)** → Opposite **unbutton**

buttonhole /ˈbʌtᵊnhəʊl/ **noun** [C] **1** a hole that you push a button through on a piece of clothing ▷ **dziurka 2** UK a flower worn on a jacket or coat for a special occasion ▷ **kwiatek (w butonierce)**

buxom /ˈbʌksəm/ **adjective** A buxom woman has large breasts. ▷ **obfitych kształtów**

buy¹ /baɪ/ **verb** [T] (past tense and past participle **bought**) Ⓐ1 to get something by paying money for it: *I went to the shop to buy some milk.* ◦ *They* ***bought*** *their house* ***for*** *£14,000.* ◦ [+ two objects] *He bought me a camera for my birthday.* ▷ **kupować**

PHRASAL VERBS **buy into sth** to believe in something: *I don't buy into all that dieting nonsense.* ▷ **uwierzyć w** *coś* • **buy sb/sth out** to buy part of a company or building from someone else so that you own all of it ▷ **wykupić** *kogoś/coś* • **buy sth up** to quickly buy a lot of something, often all that is available ▷ **wykupić** *coś*

buy² /baɪ/ **noun a good buy** when you buy something good for a cheap price: *This coat was a really good buy.* ▷ **okazja**

buyer /ˈbaɪəʳ/ **noun** [C] Ⓑ1 someone who buys something ▷ **kupujący/a, nabywca**

buyout /ˈbaɪaʊt/ **noun** [C] when a group of people buy the company that they work for ▷ **wykup**

buzz¹ /bʌz/ **noun 1** [no plural] informal a feeling of excitement, energy, or pleasure: *He* ***gets a*** *real* ***buzz from*** *going to the gym.* ▷ **(przyjemny) dreszczyk 2** [C] a continuous sound like a bee makes ▷ **bzyczenie, brzęczenie, szum**

buzz² /bʌz/ **verb** [I] **1** to make a continuous sound like a bee: *I can hear something buzzing.* ▷ **bzyczeć, brzęczeć, szumieć 2** to be full of activity or excitement: *The crowd was* ***buzzing with*** *excitement.* ▷ **wrzeć 3 buzz about/around, etc** to move around in a quick and busy way ▷ **przemykać**

buzzer /ˈbʌzəʳ/ **noun** [C] a piece of electronic equipment that makes a long sound as a signal: *to* ***press*** *the* ***buzzer*** ▷ **brzęczyk, dzwonek**

buzzword /ˈbʌzwɜːd/ **noun** [C] a word or expression that has become fashionable, usually in a particular subject or group of people: *a new political buzzword* ▷ **modne określenie**

by¹ strong /baɪ/ weak /bɪ/, /bə/ **preposition 1** Ⓐ2 used to show the person or thing that does something: *She was examined by a doctor.* ◦ *a painting by Van Gogh* ▷ **przez 2** Ⓐ2 through doing or using something: *Can I pay by cheque?* ◦ *We'll get there by car.* ◦ [+ doing sth] *Open the file by clicking on the icon.* ▷ Często tłumaczy się narzędnikiem, np. **czekiem, mejlem, samochodem 3** Ⓑ2 holding a particular part of someone or something: *She grabbed me by the arm.* ▷ **za 4** Ⓑ1 near or next to something or someone: *I'll meet you by the post office.* ◦ *A small child stood by her side.* ▷ **przy, koło 5** Ⓐ2 not later than a particular time or date:

Applications have to be in by the 31st. ▷ **do** **6** according to: *By law you must be eighteen to purchase alcohol.* ▷ **według** **7** past: *He sped by me on a motorcycle.* ▷ **koło, obok** **8** used to show measurements or amounts: *twelve by ten metres of floor space* ◦ *Interest rates have been increased by 0.25%.* ◦ *I'm paid by the hour.* ▷ **na** **9 by accident/chance/mistake, etc** B1 as a result of an accident/chance/mistake, etc: *I went to the wrong room by mistake.* ▷ **przez przypadek/pomyłkę** *itp.* **10 by day/night** during the day/night ▷ **w dzień, za dnia/nocą, w nocy** **11 day by day/little by little/one by one, etc** used in particular phrases to mean 'gradually' or 'in units of': *Day by day he grew stronger.* ▷ **dzień po dniu/stopniowo/po kolei**

by² /baɪ/ **adverb** past: *A motorcycle sped by.* ▷ **koło mnie/nas** *itp.*

bye /baɪ/ **exclamation** (also **bye-bye**) A1 goodbye: *Bye, see you tomorrow.* ▷ **pa, do widzenia**

by-election /ˈbaɪɪˌlekʃᵊn/ **noun** [C] an election in the UK to choose a new member of parliament for an area because the old one has left or died ▷ **wybory uzupełniające**

bygone /ˈbaɪgɒn/ **adjective** literary **bygone age/days/era, etc** a time in the past ▷ **minion-y/a/e wiek/epoka/czasy** *itp.*

bygones /ˈbaɪgɒnz/ **noun let bygones be bygones** something that you say to tell someone to forget about the unpleasant things in the past ▷ **co było to było**

bypass¹ /ˈbaɪpɑːs/ **noun** [C] **1** a road that goes around a town and not through it ▷ **obwodnica** **2** a medical operation to make blood flow along a different route and avoid a damaged part of the heart: *a **coronary/heart bypass*** ▷ **bypass**

bypass² /ˈbaɪpɑːs/ **verb** [T] **1** to go around a place or thing and not through it: *I was hoping to bypass the city centre.* ▷ **omijać** **2** to avoid dealing with someone or something by dealing directly with someone or something else: *They bypassed him and went straight to his manager.* ▷ **pomijać**

by-product /ˈbaɪˌprɒdʌkt/ **noun** [C] something that is produced when you are making or doing something else: *Carbon monoxide is a by-product of burning.* ▷ **produkt uboczny**

bystander /ˈbaɪˌstændəʳ/ **noun** [C] someone who is near the place where an event happens, but not directly involved in it: *The gunman began firing at **innocent bystanders**.* ▷ **(przypadkowy) przechodzień**

byte /baɪt/ **noun** [C] a unit for measuring the amount of information a computer can store, equal to 8 bits ▷ **bajt**

C

C, c /siː/ the third letter of the alphabet ▷ **C, c**

C written abbreviation for Celsius or centigrade: measurements of temperature: *30°C* ▷ **C**

c. written abbreviation for circa: *c. 1900* ▷ **ok. (= około)**

cab /kæb/ **noun** [C] **1** informal B1 a taxi : *We **took a cab** to the theatre.* ◦ *a cab driver* ▷ **taksówka 2** the front part of a truck where the driver sits ▷ **kabina**

cabaret /ˈkæbəreɪ/ **noun** [C, U] when someone entertains people with songs, jokes, etc in a bar or restaurant: *He's appearing **in cabaret** at the Cafe Royal.* ▷ **kabaret**

cabbage /ˈkæbɪdʒ/ **noun** [C, U] B1 a large, round vegetable that consists of a lot of thick leaves ▷ **kapusta**

cabbie /ˈkæbi/ **noun** [C] informal someone who drives a taxi ▷ **taksiarz, taksówkarz**

cabin /ˈkæbɪn/ **noun** [C] **1** a small, simple house made of wood: *a log cabin* ▷ **chata 2** a small room to sleep in on a ship ▷ **kabina 3** B1 the area where passengers sit on an aircraft ▷ **kabina**

ˈcabin ˌcrew **noun** [C] the people on an aircraft who take care of the passengers as their job ▷ **załoga**

cabinet /ˈkæbɪnət/ **noun 1 the Cabinet** a group of people in a government who are chosen by and who advise the highest leader: *a **Cabinet minister/member*** ▷ **gabinet 2** B2 [C] a cupboard with shelves or drawers to store or show things in: *a **bathroom/medicine cabinet*** ▷ **szafka** → See also **filing cabinet**

cable /ˈkeɪbl/ **noun 1** [C, U] B2 a wire covered by plastic that carries electricity, telephone signals, etc: *overhead **power cables*** ▷ **kabel 2** [C, U] thick wire twisted into a rope ▷ **lina 3** [U] B1 the system of sending television programmes or telephone signals along wires under the ground: ***cable TV*** ◦ *This channel is only available **on cable**.* ▷ **telewizja kablowa**

ˈcable ˌcar **noun** [C] a vehicle that hangs from thick cables and carries people up hills and mountains ▷ **kolejka linowa**

ˌcable (TˈV) **noun** [U] (also **ˌcable ˈtelevision**) a system of sending television pictures and sound along wires buried under the ground ▷ **telewizja kablowa**

cacao /kəˈkaʊ/ **noun** [U] the seeds of a tropical tree, from which chocolate and cocoa are made ▷ **kakao**

cache /kæʃ/ **noun** [C] a secret supply of something: *a **cache of weapons*** ▷ **skład**

ˌcache ˈmemory **noun** [C, U] an area or type of computer memory in which information that is often used can be stored temporarily and got to quickly ▷ **pamięć podręczna**

cachet /ˈkæʃeɪ/ (US) /kæʃˈeɪ/ **noun** [U] when something is admired or respected ▷ **prestiż**

cacophony /kəˈkɒfəni/ **noun** [no plural] a loud, unpleasant mixture of sounds ▷ **kakofonia**

cactus /ˈkæktəs/ **noun** [C] (plural **cacti** /ˈkæktaɪ/, **cactuses**) a plant with thick leaves for storing water and often sharp points that grows in deserts ▷ **kaktus**

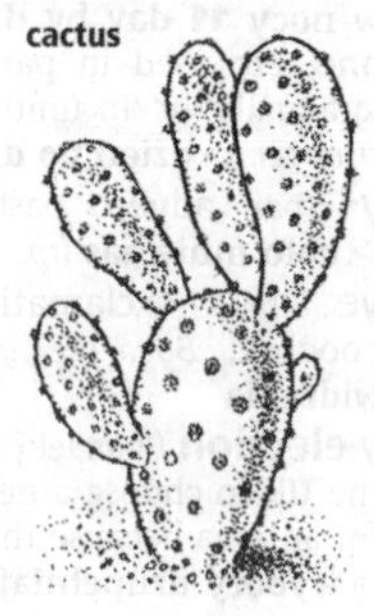

CAD /kæd/ **noun** [U] computer-aided design: the use of computers to design objects ▷ **CAD, komputerowe wspomaganie projektowania**

caddie /ˈkædi/ **noun** [C] someone who carries the equipment for someone playing golf ▷ **pomocnik (noszący kije do golfa)** → See **Sports 2** on page Centre 15

• **caddie verb** [I] (present participle **caddying**, past tense and past participle **caddied**) to be a caddie for someone ▷ **nosić kije (do golfa)**

cadet /kəˈdet/ **noun** [C] a young person who is training to be in a military organization, the police, etc: *an **army cadet*** ▷ **kadet**

cadmium /ˈkædmiəm/ **noun** [U] a poisonous soft, blue-white metallic element used for example in batteries and electroplating (symbol Cd) ▷ **kadm**

caecum UK (US **cecum**) (plural UK **caeca**, US **ceca**) /ˈsiːkəm/ **noun** [C] the bag-shaped part at the beginning of the large intestine (= lower part of the bowels) ▷ **jelito ślepe**

caesarean (also US **cesarean**) /sɪˈzeəriən/ **noun** [C] an operation in which a baby is taken out of a woman through a cut in the front of her body ▷ **cesarka, cesarskie cięcie**

caesium UK (US **cesium**) /ˈsiːziəm/ **noun** [U] a soft silver-white metallic element that reacts strongly with other chemicals, used in photoelectric cells (symbol Cs) ▷ **cez**

café (also **cafe**) /ˈkæfeɪ/ (US) /kæˈfeɪ/ **noun** [C] A1 a small restaurant where you can buy drinks and small meals ▷ **kawiarnia**

cafeteria /ˌkæfəˈtɪəriə/ **noun** [C] a restaurant where you collect and pay for your food and drink before you eat it: *a school cafeteria* ▷ **stołówka, bufet**

caffeine /ˈkæfiːn/ **noun** [U] a chemical in coffee,

tea, etc that makes you feel more awake ▷ **kofeina**

cage /keɪdʒ/ **noun** [C] **B1** a container made of wire or metal bars used for keeping birds or animals in: *a bird cage* ▷ **klatka** → See also **rib cage**

cagey /ˈkeɪdʒi/ **adjective** If someone is cagey, they are not very willing to give information, and you may think they are not honest: *He's very* ***cagey about*** *his past.* ▷ **skryty**

cajole /kəˈdʒəʊl/ **verb** [I, T] to persuade someone to do something by being friendly or by promising them something: [+ into + doing sth] *She cajoled me into helping with the dinner.* ▷ **namawiać, nakłaniać**

cake /keɪk/ **noun** [C, U] **A1** a sweet food made from flour, butter, sugar, and eggs mixed together and baked: *a chocolate/fruit cake* ◦ *a* ***piece/slice of cake*** ◦ *to bake/make a cake* ▷ **ciasto, ciastko** → See **Food** on page Centre 11

IDIOM **have your cake and eat it** to have or do two things that it is usually impossible to have or do at the same time ▷ **mieć wszystko (naraz)**

→ See also **the *icing* on the cake**, **be a *piece* of cake**

caked /keɪkt/ **adjective be caked in/with sth** to be covered with a thick, dry layer of something: *His boots were caked in mud.* ▷ **być oblepionym** *czymś*

CAL /kæl/ **noun** [U] abbreviation for computer-aided learning: the use of computers for teaching and learning ▷ **e-learning, nauczanie wspomagane komputerowo**

calamity /kəˈlæməti/ **noun** [C] a sudden, bad event that causes a lot of damage or unhappiness ▷ **klęska, katastrofa**

calcium /ˈkælsiəm/ **noun** [U] a chemical element in teeth, bones, and chalk (symbol Ca) ▷ **wapń, wapno**

calcium carbonate /ˌkælsiəmˈkɑːbəneɪt/ **noun** [U] a common, white chemical compound found in chalk, marble and other substances, and in bones and shells (formula $CaCO_3$) ▷ **węglan wapnia**

calcium hydroxide /ˌkælsiəmhaɪˈdrɒksaɪd/ **noun** [U] a white alkaline chemical compound used to make cement and plaster and to reduce the acid in soil (formula $Ca(OH)_2$) ▷ **wodorotlenek wapnia, wapno gaszone**

calcium sulphate UK (US **calcium sulfate**) /ˌkælsiəmˈsʌlfeɪt/ **noun** [U] a white chemical substance used to make some building materials, e.g. cement, and to make other substances drier (formula $Ca\ SO_4$) ▷ **siarczan wapnia**

calculate /ˈkælkjəleɪt/ **verb 1 B2** [T] to discover an amount or number using mathematics: *to calculate a cost/percentage* ▷ **obliczać 2 be calculated to do sth** to be intended to have a particular effect: *His comments were calculated to embarrass the prime minister.* ▷ **być obliczonym na** *coś*

calculated /ˈkælkjəleɪtɪd/ **adjective** based on careful thought or planning, not on emotion: *a* ***calculated risk/decision*** ▷ **świadomy, przemyślany**

calculating /ˈkælkjəleɪtɪŋ/ **adjective** Calculating people try to get what they want by thinking carefully and without emotion, and not caring about other people: *a cold, calculating criminal* ▷ **wyrachowany**

calculation /ˌkælkjəˈleɪʃən/ **noun 1** [C, U] **B2** when you use mathematics to discover a number or amount: *I* ***did*** *some quick* ***calculations*** *to see if I could afford to buy it.* ▷ **obliczenie, kalkulacja 2** [U] when someone thinks very carefully about something without any emotion ▷ **wyrachowanie**

> Wyrazy występujące razem z **calculation**
>
> **do/perform** a calculation • a **complex/precise/quick/rough** calculation

calculator /ˈkælkjəleɪtəʳ/ **noun** [C] **B1** an electronic device that you use to do mathematical calculations: *a* ***pocket calculator*** ▷ **kalkulator**

calculus /ˈkælkjʊləs/ **noun** [U] an area of advanced mathematics in which continuously changing values are studied ▷ **rachunek różniczkowy i całkowy**

caldera /kælˈdeərə/ **noun** [C] a very large circular hole, sometimes containing a lake, that is made when the central part of a volcano falls in after an explosion ▷ **kaldera**

calendar /ˈkæləndəʳ/ **noun 1 A2** [C] something that shows all the days, weeks, and months of the year ▷ **kalendarz 2 the Christian/Jewish/Western, etc calendar** the system used to measure and arrange the days, weeks, months and special events of the year according to Christian/Jewish/Western, etc tradition ▷ **kalendarz chrześcijański/żydowski/zachodni** *itp.* **3 the political/school/sporting, etc calendar** the events that are arranged during the year for a particular activity or organization ▷ **kalendarz polityczny/szkolny/sportowy**

calf /kɑːf/ **noun** [C] (plural **calves** /kɑːvz/) **1 B1** a young cow ▷ **cielak, cielę 2** the back of your leg below your knee ▷ **łydka** → See **The Body** on page Centre 13

calibre UK (US **caliber**) /ˈkælɪbəʳ/ **noun** [U] **1** the quality or level of ability of someone or something: *The calibre of applicants was very high.* ▷ **poziom, kaliber 2** the measurement across the inside of a gun, or across a bullet ▷ **kaliber**

call[1] /kɔːl/ **noun** [C] **1** (also **phone call**) **A2** when you use the telephone: ***Give me a call*** *at the weekend.* ◦ *I* ***got a call*** *from Sue this morning.*

▷ **telefon 2 a call for sth** a demand for something to happen: *a call for action/peace* ▷ **wezwanie do** *czegoś*, **apel o** *coś* **3** a short visit: *I thought I'd* ***pay*** *Gary* ***a call.*** ▷ **wizyta 4** B1 when someone shouts something ▷ **wołanie 5** a sound made by a bird or other animal ▷ **odgłos 6 sb's call** informal when someone can decide something: *I don't mind what we do – it's your call.* ▷ *czyjaś* **decyzja 7 call for sth** when people want or need a particular thing: *There's not much call for interior designers round here.* ▷ **zapotrzebowanie na** *coś* **8 be on call** to be ready to go to work if you are needed, as part of your job ▷ **być w pogotowiu, dyżurować**

IDIOM **a close call** when something you do not want to happen nearly happens ▷ **ogromne szczęście**

→ See also **be at sb's** ***beck*** **and call**, **wake-up call**

> **Wyrazy występujące razem z call**
>
> **make/get/take** a call • **give** sb a call • a call **from/to** sb

call² /kɔːl/ **verb 1 be called sth** A1 to have a particular name: *a man called John* ◦ *What's your dog called?* ◦ *Their latest record is called 'Ecstasy'.* ▷ **nazywać się** *jakoś* **2** [+ two objects] B1 to give someone or something a particular name: *I want to call the baby Alex.* ▷ **nazywać 3** [+ two objects] B2 to describe someone or something in a particular way: *She called him a liar.* ▷ **nazywać 4** [T] B2 to ask someone to come somewhere: *She called me into her office.* ▷ **wzywać 5** [I, T] (also **call out**) B1 to shout or say something in a loud voice: *I thought I heard someone calling my name.* ▷ **wołać 6** [I, T] A2 to telephone someone: *He called me every night while he was away.* ◦ *Has anyone called the police?* ▷ **dzwonić (do) 7** [I] (also **call by/in/round**) B1 UK to visit someone for a short time: *John called round earlier.* ▷ **wpaść (z wizytą) 8 call an election/meeting, etc** to arrange for an election/meeting, etc to happen: *The chairman has called an emergency meeting.* ▷ **rozpisać wybory/zwołać spotkanie** → See also **call sb's** ***bluff***, **call it a** ***day***

> **Najczęściej popełniane błędy: call**
>
> Proszę pamiętać, że gdy **call** występuje jako czasownik i oznacza „dzwonić do kogoś", nigdy nie następuje po nim przyimek.
> Nie mówimy więc „call to someone", ale **call someone**:
>
> ~~*Please call to Mr Black and postpone our meeting.*~~
> *Please call Mr Black and postpone our meeting.*

PHRASAL VERBS **call back** UK B2 to go back to a place in order to see someone or collect something: *I'll call back later to pick up the books.* ▷ **wracać • call (sb) back** A2 to telephone someone again, or to telephone someone who telephoned you earlier: *I can't talk now – I'll call you back in ten minutes.* ▷ **oddzwonić (do** *kogoś***)** • **call for sth 1** to demand that something happens: *to call for a ban on guns* ▷ **nawoływać do** *czegoś*, **wzywać do** *czegoś* **2** to need or deserve a particular action or quality: *You passed your test? This calls for a celebration!* ▷ **wymagać** *czegoś* • **call for sb** B1 to go to a place in order to collect someone: *I'll call for you at eight.* ▷ **wstąpić po** *kogoś* • **call sth off 1** B2 to decide that a planned event or activity will not happen because it is not possible, useful, or wanted now: *The game has been called off because of the weather.* ▷ **odwołać** *coś* **2** to decide to stop an activity: *Police have called off the search.* ▷ **odwołać** *coś* • **call on sb to do sth** to ask someone in a formal way to do something: *He called on the rebels to stop fighting.* ▷ **wzywać** *kogoś*, **aby** *coś zrobił* • **call (sb) up** mainly US to telephone someone: *My dad called me up to tell me the good news.* ▷ **dzwonić (do** *kogoś***)** • **call sth up** B2 to find and show information on a computer screen: *I'll just call up your account details.* ▷ **wyświetlać** *coś* • **be called up** to be ordered to join a military organization or asked to join an official team: *He was called up soon after the war started.* ▷ **dostać wezwanie**

CALL /kɔːl/ abbreviation for computer aided language learning: a way of learning languages using computers ▷ **komputerowo wspomagane nauczanie języków**

ˈcall ˌcentre noun [C] UK a place where people use telephones to provide information to customers, or to sell goods or services ▷ **centrum obsługi telefonicznej, call centre**

caller /ˈkɔːləʳ/ **noun** [C] **1** someone who makes a telephone call: *an anonymous caller* ▷ **rozmówca/czyni, dzwoniąc-y/a 2** mainly UK someone who visits for a short time ▷ **gość**

call-in /ˈkɔːlɪn/ **noun** [C] US (UK **phone-in**) a television or radio programme in which the public can ask questions or give opinions over the telephone ▷ **program z (telefonicznym) udziałem widzów lub słuchaczy**

calling /ˈkɔːlɪŋ/ **noun** [C] a strong feeling that you should do a particular type of work: *She found her true calling in teaching.* ▷ **powołanie**

callous /ˈkæləs/ **adjective** cruel and not caring about other people: *a callous remark* ▷ **bezduszny**
• **callously adverb** ▷ **bezdusznie**

calm¹ /kɑːm/ **adjective 1** B1 relaxed and not worried, frightened, or excited: *a calm voice/manner* ◦ *Try to* ***stay calm*** *– the doctor will be here soon.* ▷ **spokojny 2** B1 If the sea is calm, it is still and has no large waves. ▷ **spokojny 3** B1 If the weather is calm, there are no storms or wind. ▷ **bezwietrzny**
• **calmness noun** [U] ▷ **spokój**

calm² /kɑːm/ **noun** [U] when people or conditions are calm ▷ **spokój**

calm³ /kɑːm/ **verb** [T] to make someone stop feeling upset, angry, or excited: *The police tried to calm the crowd.* ◦ *a calming effect* ▷ **uspokajać**

PHRASAL VERB **calm (sb) down** (B2) to stop feeling upset, angry, or excited, or to make someone stop feeling this way: *Calm down and tell me what's wrong.* ▷ **uspokajać (*kogoś*/się)**

calmly /ˈkɑːmli/ **adverb** (B2) in a relaxed way: *He spoke slowly and calmly.* ▷ **spokojnie**

calorie /ˈkæləri/ **noun** [C] a unit for measuring the amount of energy food provides: *I try to eat about 2000 calories a day.* ▷ **kaloria**

calorimeter /ˌkæləˈrɪmɪtəʳ/ **noun** [C] a piece of equipment for measuring the amount of heat produced in a chemical reaction ▷ **kalorymetr**

calves /kɑːvz/ plural of calf

calyx /ˈkeɪlɪks/ **noun** [C] (plural **calyxes**, **calyces**) the outer part of a flower formed by the sepals, which covers and protects the flowers as they develop ▷ **kielich**

CAM /kæm/ **noun** [U] abbreviation for computer-aided manufacture; the use of computers in producing goods ▷ **komputerowe wspomaganie wytwarzania**

camaraderie /ˌkæməˈrɑːdəri/ **noun** [U] special friendship felt by people who work together or experience something together ▷ **więź**

cambium /ˈkæmbiəm/ **noun** [C, U] (plural **cambiums**, **cambia**) a layer of cells in the roots and stems of plants that produce new tissue to make them thicker ▷ **miazga**

Cambodia /ˌkæmˈbəʊdiə/ **noun** a country in Asia ▷ **Kambodża**
• **Cambodian** /ˌkæmˈbəʊdiən/ **adjective** coming from or relating to Cambodia ▷ **kambodżański**
• **Cambodian noun** someone from Cambodia ▷ **Kambodża-nin/nka**

Cambrian /ˈkæmbriən/ **adjective** from the period of time between about 543 and 490 million years ago, in which many different types of invertebrate animals first appeared ▷ **kambr**

camcorder /ˈkæmˌkɔːdəʳ/ **noun** [C] a camera that you can hold in your hand and that takes moving pictures ▷ **kamera wideo**

came /keɪm/ past tense of come

camel /ˈkæməl/ **noun** [C] (B1) a large animal that lives in the desert and has one or two humps ▷ **wielbłąd**

camel

cameo /ˈkæmiəʊ/ **noun** [C] when someone famous appears for a short time in a film or play: *a cameo role* ▷ **epizodyczna rola**

camera /ˈkæmərə/ **noun** [C] (A1) a piece of equipment used to take photographs or to make films: *a digital camera* ◦ *a television camera* ▷ **aparat (fotograficzny), kamera**

cameraman /ˈkæmərəmæn/ **noun** [C] (plural **cameramen**) someone who operates a television camera or film camera as their job ▷ **operator**

Cameroon /ˌkæməˈruːn/ **noun** a country in Africa ▷ **Kamerun**
• **Cameroonian** /ˌkæməˈruːniən/ **adjective** coming from or relating to Cameroon ▷ **kameruński** • **Cameroonian noun** someone from Cameroon ▷ **Kameru-ńczyk/nka**

camisole /ˈkæmɪsəʊl/ **noun** [C] a piece of women's underwear for the top half of the body, with thin straps that go over the shoulders: *a lace camisole* ▷ **podkoszulek** → See **Clothes** on page Centre 9

camouflage /ˈkæməflɑːʒ/ **noun** [U] when the colour or pattern on something is similar to the area around it, making it difficult to see: *a camouflage jacket* ▷ **kamuflaż**
• **camouflage verb** [T] ▷ **maskować**

camp¹ /kæmp/ **noun** **1** (B1) [C] an area where people stay in tents for a short time, usually for a holiday ▷ **obóz** **2 an army/prison/refugee, etc camp** (B2) an area containing temporary buildings or tents used for soldiers/prisoners/refugees, etc ▷ **obóz wojskowy/jeniecki/uchodźców** *itp.* → See also **base camp**, **concentration camp**

camp² /kæmp/ **verb** [I] (also **camp out**) (A2) to stay in a tent or temporary shelter: *We camped on the beach for two nights.* ▷ **biwakować**

campaign¹ /kæmˈpeɪn/ **noun** [C] **1** a series of organized activities or events intended to achieve a result: *an **advertising/election campaign*** ▷ **kampania** **2** a series of military attacks: *a bombing campaign* ▷ **kampania**

> Wyrazy występujące razem z **campaign**
>
> **launch/mount/run** a campaign • a campaign **against/for** sth • an **advertising/election** campaign

campaign² /kæmˈpeɪn/ **verb** [I] to organize a series of activities to try to achieve something: *to **campaign against/for** something* ▷ **prowadzić kampanię**
• **campaigner noun** [C] *an animal rights campaigner* ▷ **orędowni-k/czka, uczestni-k/czka kampanii**

camper /ˈkæmpəʳ/ **noun** [C] **1** someone who stays in a tent on holiday ▷ **obozowicz/ka** **2** (also ˈ**camper** ˌ**van**) a vehicle containing a bed, kitchen equipment, etc that you can live in ▷ **samochód kempingowy**

camping /ˈkæmpɪŋ/ **noun** [U] (A2) when you stay in a tent for a holiday: *We're **going camping** in France this summer.* ◦ *a camping trip* ▷ **biwak, biwakowanie**

campsite /ˈkæmpsaɪt/ **noun** [C] (also US **campground** /ˈkæmpgraʊnd/) (B1) an area where people can stay in tents for a holiday ▷ **kemping**

campus /ˈkæmpəs/ **noun** [C, U] B2 the land and buildings belonging to a college or university: *I lived* ***on campus*** *in my first year.* ▷ **miasteczko uniwersyteckie, kampus**

C

can[1] strong /kæn/ weak /kən/, /kn/ **modal verb** (past tense and past participle **could**) **1** A1 to be able to do something: *We can't pay the rent.* ◦ *Can you drive?* ▷ **umieć, potrafić, móc 2** A1 to be allowed to do something: *You can't park here.* ◦ *Can I go now?* ▷ **móc 3** A1 used to ask someone to do or provide something: *Can you tell her to meet me outside?* ◦ *Can I have a drink of water?* ▷ **móc 4** A1 used to politely offer to do something: *Can I carry those bags for you?* ▷ **móc 5** A2 used to talk about what is possible: *You can buy stamps from the shop on the corner.* ◦ *Smoking can cause cancer.* ▷ **móc 6** B2 used to talk about how someone often behaves or what something is often like: *She can be really rude at times.* ▷ **móc 7** B1 used to show surprise or lack of belief: *You can't possibly be hungry already!* ◦ *Can you believe it?* ▷ **móc**

> **!** Najczęściej popełniane błędy: **can**
>
> **Proszę pamiętać:** po **can** zawsze następuje czasownik w bezokoliczniku bez **to**.
> Nie mówimy więc „can did something" lub „can doing something", ale **can do something**:
> *~~Here you can swimming or doing other water sports.~~*
> *Here you can swim or do other water sports.*

can[2] /kæn/ **noun** [C] A2 a closed, metal container for food or liquids: *a can of soup/beans* ◦ *a can of paint* ▷ **puszka**

IDIOM **a can of worms** a situation which causes a lot of trouble for you when you start to deal with it ▷ **puszka Pandory, bagno**

→ See also **trash can, watering can**

can[3] /kæn/ **verb** [T] (present participle **canning**, past tense and past participle **canned**) to put food or drink into metal containers in a factory: *canned tomatoes* ▷ **puszkować, ≈ w puszkach**

Canada /ˈkænədə/ **noun** a country in North America ▷ **Kanada**

• **Canadian** /kəˈneɪdiən/ **adjective** coming from or relating to Canada ▷ **kanadyjski • Canadian noun** someone from Canada ▷ **Kanadyj-czyk/ka**

canal /kəˈnæl/ **noun** [C] B1 an artificial river built for boats to travel along or to take water where it is needed ▷ **kanał**

canary /kəˈneəri/ **noun** [C] a small, yellow bird that sings ▷ **kanarek**

cancel /ˈkænsəl/ **verb** [T] (present participle UK **cancelling**, US **canceling**, past tense and past participle UK **cancelled**, US **canceled**) **1** B1 to say that an organized event will not now happen: [often passive] *The meeting has been cancelled.* ▷ **odwołać 2** to stop an order for goods or services that you do not now want ▷ **anulować**

PHRASAL VERB **cancel sth out** If something cancels out another thing, it stops it from having any effect. ▷ **znosić** *coś*, **kompensować** *coś*

cancellation /ˌkænsəlˈeɪʃən/ **noun** [C, U] when someone decides that an event will not now happen or stops an order for something: *a last-minute cancellation* ▷ **odwołanie**

Cancer /ˈkænsər/ **noun** [C, U] the sign of the zodiac which relates to the period of 22 June – 22 July, or a person born during this period ▷ **Rak**

cancer /ˈkænsər/ **noun** [C, U] B1 a serious disease that is caused when cells in the body grow in a way that is uncontrolled and not normal: ***breast/lung cancer*** ◦ *His wife died of cancer.* ▷ **rak**

• **cancerous adjective** *a cancerous growth* ▷ **nowotworowy**

> Wyrazy występujące razem z **cancer**
>
> **get/have** cancer • **breast/lung/prostate/skin** cancer • cancer **of the** [liver/stomach, etc] • cancer **patients/sufferers** • cancer **research/treatment**

candid /ˈkændɪd/ **adjective** honest, especially about something that is unpleasant or embarrassing: *She was very candid about her personal life in the interview.* ▷ **szczery**

• **candidly adverb** ▷ **szczerze**

candidacy /ˈkændɪdəsi/ **noun** [U] when someone is a candidate in an election ▷ **kandydatura**

candidate /ˈkændɪdət/ **noun** [C] **1** B2 one of the people taking part in an election or trying to get a job: *a presidential candidate* ▷ **kandydat/ka 2** UK B1 someone who is taking an exam ▷ **kandydat/ka**

candle /ˈkændl/ **noun** [C] B1 a stick of wax with string going through it that you burn to produce light ▷ **świeczka** → See **The Living Room** on page Centre 4

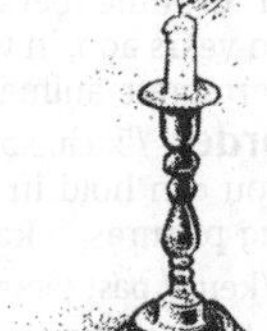

candlelight /ˈkændllaɪt/ **noun** [U] light produced by a candle ▷ **światło świec**

candlestick /ˈkændlstɪk/ **noun** [C] an object that holds a candle ▷ **świecznik**

can-do /ˈkænˌduː/ **adjective** informal determined to deal with problems and achieve results: *I really admire her* ***can-do attitude.*** ▷ **optymistyczny, pozytywny**

candour UK (US **candor**) /ˈkændər/ **noun** [U] when you speak honestly, especially about something that is unpleasant or embarrassing ▷ **szczerość**

candy /ˈkændi/ **noun** [C, U] US a small piece of sweet food made from sugar, chocolate, etc: *a box of candy* ◦ *a candy bar* ▷ **cukierek, słodycze**

cane[1] /keɪn/ **noun** **1** [C, U] the long, hard, hollow stem of some plants, sometimes used to make furniture ▷ **trzcina** **2** [C] a long stick used by people to help them walk ▷ **laska** **3** [C] UK a long stick used in the past to hit children at school ▷ **rózga**

cane[2] /keɪn/ **verb** [T] UK to hit someone, especially a school student, with a stick as a punishment ▷ **chłostać, bić (rózgą)**

canine[1] /ˈkeɪnaɪn/ **adjective** relating to dogs ▷ **psi**

canine[2] /ˈkeɪnaɪn/ **noun** [C] one of four pointed teeth in a person's mouth ▷ **kieł** → Compare **incisor**, **molar**

canister /ˈkænɪstəʳ/ **noun** [C] a metal container for gases or dry things: *a gas canister* ▷ **pojemnik**

cannabis /ˈkænəbɪs/ **noun** [U] mainly UK (mainly US **marijuana**) a drug that some people smoke for pleasure and that is illegal in many countries ▷ **marihuana**

canned /kænd/ **adjective** (also UK **tinned**) B2 Canned food is sold in metal containers. ▷ **w puszce, z puszki**

cannibal /ˈkænɪbəl/ **noun** [C] someone who eats human flesh ▷ **kanibal**
• **cannibalism** noun [U] ▷ **kanibalizm**

cannon /ˈkænən/ **noun** [C] a very large gun, in the past one that was on wheels ▷ **działo, armata**

cannot /ˈkænɒt/ **modal verb** A1 the negative form of 'can': *I cannot predict what will happen.* ▷ **nie móc**

> **!** Najczęściej popełniane błędy: **cannot**
> **Cannot** jest zawsze pisane łącznie.
> Nie piszemy więc „can not", ale **cannot**.
> ~~*I'm sorry but I can not attend the meeting.*~~
> *I'm sorry but I cannot attend the meeting.*

canny /ˈkæni/ **adjective** clever and able to think quickly, especially about money or business: *a canny businessman* ▷ **sprytny**

canoe /kəˈnuː/ **noun** [C] a small, narrow boat with pointed ends that you move using a paddle ▷ **kajak**

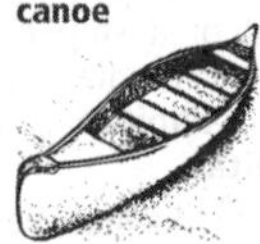
canoe

• **canoeing** noun [U] the activity of travelling in a canoe ▷ **kajakarstwo**

canon /ˈkænən/ **noun** [C] a Christian priest who works in a cathedral : *the Canon of Westminster* ▷ **kanonik**

ˈcan ˌopener **noun** [C] (also UK **tin opener**) a piece of kitchen equipment for opening metal food containers ▷ **otwieracz do puszek** → See **The Kitchen** on page Centre 2

canopy /ˈkænəpi/ **noun** [C] a cover or type of roof for protection or decoration ▷ **baldachim, sklepienie**

can't /kɑːnt/ **modal verb** **1** short for cannot: *I can't find my keys.* ▷ **nie móc** **2** used to suggest that someone should do something: *Can't you ask Jonathan to help?* ▷ **nie móc**

canteen /kænˈtiːn/ **noun** [C] B1 a restaurant in an office, factory, or school ▷ **bufet, stołówka**

canter /ˈkæntəʳ/ **verb** [I] When a horse canters, it runs quite fast. ▷ **kłusować**
• **canter** noun [no plural] ▷ **kłus**

canvas /ˈkænvəs/ **noun** **1** [U] strong cloth used for making sails, tents, etc ▷ **płótno, brezent** **2** [C] a piece of canvas used for a painting ▷ **płótno**

canvass /ˈkænvəs/ **verb** **1** [I, T] to try to persuade people to vote for someone in an election: *He's* ***canvassing for*** *the Labour party.* ▷ **agitować** **2** [T] to ask people their opinion about something: *The study* ***canvassed*** *the* ***views*** *of over 9000 people.* ▷ **badać**

canyon /ˈkænjən/ **noun** [C] a deep valley with very steep sides ▷ **kanion**

cap[1] /kæp/ **noun** [C] **1** A2 a hat with a flat, curved part at the front: *a baseball cap* ▷ **czapka** → See **Clothes** on page Centre 9 **2** a small lid that covers the top or end of something ▷ **zakrętka, kapturek** → See also **skull cap**

cap[2] /kæp/ **verb** [T] (present participle **capping**, past tense and past participle **capped**) **1** to be the last and the best or worst event in a series of events: *The party capped a wonderful week.* ▷ **ukoronować, uwieńczyć** **2** to put a limit on an amount of money that can be borrowed, charged, etc: [often passive] *The interest rate has been capped at 5%.* ▷ **ograniczać** **3** to cover the top of something: [often passive] *The mountains were capped with snow.* ▷ **zwieńczać, pokrywać**

capability /ˌkeɪpəˈbɪləti/ **noun** [C, U] the ability or power to do something: [+ to do sth] *Both players have the capability to win this match.* ▷ **potencjał, zdolność**

capable /ˈkeɪpəbl/ **adjective** **1** B2 able to do things effectively and achieve results: *She's a very capable young woman.* ▷ **zdolny** **2 capable of sth/doing sth** B2 having the ability or qualities to be able to do something: *She was capable of great cruelty.* ▷ **zdolny do** *czegoś* → Opposite **incapable**

capacitance /kəˈpæsɪtənts/ **noun** [U] **1** the ability of a system to store electrical charge ▷ **pojemność** **2** a measurement of this characteristic ▷ **pojemność**

capacitor /kəˈpæsɪtər/ **noun** [C] a device which collects and stores electricity, and is an important part of electronic equipment such as televisions and radios ▷ **kondensator**

capacity /kəˈpæsəti/ **noun 1** [C, U] (B2) the largest amount or number that a container, building, etc can hold: *The restaurant has **a capacity of** about 200.* ◦ *The stadium was **filled to capacity*** (= *completely full*). ▷ **pojemność 2** [U] the amount that a factory or machine can produce: *The factory is operating **at full capacity*** (= *producing as much as possible*). ▷ **wydajność 3** [C] (B2) the ability to do, experience, or understand something: *She has a great **capacity for** love.* ▷ **umiejętność, zdolność 4** [C] a position or job: *He attended over 100 events last year **in his capacity as** mayor.* ▷ **funkcja, rola**

cape /keɪp/ **noun** [C] **1** a loose coat without any sleeves that is fastened at the neck ▷ **peleryna 2** a large area of land that goes out into the sea ▷ **przylądek**

caper /ˈkeɪpəʳ/ **noun** [C] something that is done as a joke, or intended to entertain people: *His new movie is a **comic caper**.* ▷ **żart, figiel**

Cape Verde /ˌkeɪp ˈvɜːd/ **noun** a country consisting of a group of islands to the west of Africa ▷ **Republika Zielonego Przylądka**
• **Cape Verdean** /ˌkeɪp ˈvɜːdiən/ **adjective** coming from or relating to Cape Verde ▷ **z Republiki Zielonego Przylądka** • **Cape Verdean noun** someone from Cape Verde ▷ **obywatel/ka Republiki Zielonego Przylądka**

capillary /kəˈpɪlᵊri/ (US) /ˈkæpəleri/ **noun** [C] a very thin tube that carries blood around the body, connecting arteries to veins ▷ **naczynie włoskowate**

capital¹ /ˈkæpɪtᵊl/ **noun 1** [C] (A2) the most important city in a country or state, where the government is based: *Paris is the capital of France.* ▷ **stolica 2** [U] an amount of money that you can use to start a business or to make more money ▷ **kapitał 3** [C] (also ˌcapital ˈletter) (A2) a large letter of the alphabet used at the beginning of sentences and names ▷ **duża lub wielka litera** → See also **block capitals**

capital² /ˈkæpɪtᵊl/ **adjective a capital crime/offence** a crime that can be punished by death ▷ **przestępstwo zagrożone karą śmierci**

ˌcapital ˈassets noun [plural] the buildings and machines owned by a business or other organization ▷ **środki trwałe**

ˌcapital ˈgains noun [plural] profits made by selling property or an investment : *They had to pay a lot of capital gains tax.* ▷ **zyski kapitałowe**

ˌcapital inˈtensive adjective A capital intensive business needs to spend a lot of money on buildings, equipment, etc before it can start. ▷ **kapitałochłonny**

ˌcapital inˈvestment noun [U] money which is spent on buildings and equipment to make a business more effective ▷ **inwestycja kapitałowa**

capitalism /ˈkæpɪtᵊlɪzᵊm/ **noun** [U] a political and economic system in which industry is owned privately for profit and not by the state ▷ **kapitalizm**

capitalist /ˈkæpɪtᵊlɪst/ **noun** [C] someone who supports capitalism ▷ **kapitalist-a/ka**
• **capitalist adjective** *a capitalist society* ▷ **kapitalistyczny**

capitalize (also UK **-ise**) /ˈkæpɪtᵊlaɪz/ **verb** [T] to write something using capital letters, or starting with a capital letter ▷ **pisać dużą literą**

PHRASAL VERB **capitalize on sth** to use a situation to achieve something good for yourself: *He failed to capitalize on his earlier success.* ▷ **wykorzystywać** *coś*, **zyskać na** *czymś*

ˌcapital ˈpunishment noun [U] when someone is killed by the state for committing a serious crime ▷ **kara śmierci**

ˌcapital reˈceipt noun [C] an amount of money received when fixed assets are sold by a business ▷ **przychód ze sprzedaży środków trwałych**

capitulate /kəˈpɪtjʊleɪt/ **verb** [I] to stop disagreeing or fighting with someone and agree to what they want ▷ **poddać się, skapitulować**
• **capitulation** /kəˌpɪtjʊˈleɪʃᵊn/ **noun** [C, U] ▷ **kapitulacja**

cappuccino /ˌkæpʊˈtʃiːnəʊ/ **noun** [C, U] coffee made with milk that has been heated with steam to produce a lot of small bubbles ▷ **cappuccino**

capricious /kəˈprɪʃəs/ **adjective** likely to suddenly change your ideas or behaviour ▷ **kapryśny**

Capricorn /ˈkæprɪkɔːn/ **noun** [C, U] the sign of the zodiac which relates to the period of 23 December – 20 January, or a person born during this period ▷ **Koziorożec**

capsize /kæpˈsaɪz/ **verb** [I, T] If a boat capsizes, or if it is capsized, it turns over in the water. ▷ **wywracać (się) dnem do góry**

Caps Lock (key) /ˈkæpslɒkˌkiː/ **noun** [C, usually singular] a key on a computer keyboard that you press to make any letters you type appear as capital letters until you press it again ▷ **(klawisz) Caps lock**

capsule /ˈkæpsjuːl/ **noun** [C] **1** a small container with medicine inside that you swallow ▷ **kapsułka 2** the part of a spacecraft that people live in ▷ **kapsuła**

captain¹ /ˈkæptɪn/ **noun** [C] **1** (B2) the person in control of a ship or aircraft ▷ **kapitan 2** an officer of middle rank in the army, navy, or air force ▷ **kapitan 3** (B1) the leader of a team ▷ **kapitan**

captain² /ˈkæptɪn/ **verb** [T] to be the captain of a team, ship, or aircraft: *He has captained the England cricket team three times.* ▷ **być kapitanem**

captaincy /ˈkæptɪnsi/ **noun** [U] when someone is the captain of a team ▷ **ranga lub funkcja kapitana**

caption /ˈkæpʃən/ **noun** [C] words written under a picture to explain it ▷ **podpis**

captivate /ˈkæptɪveɪt/ **verb** [T] to interest or attract someone very much: *She captivated film audiences with her beauty and charm.* ▷ **urzekać**
• **captivating** **adjective** *a captivating performance* ▷ **urzekający**

captive[1] /ˈkæptɪv/ **adjective** **1** A captive person or animal is being kept somewhere and is not allowed to leave. ▷ **pojmany** **2** **a captive audience/market** a group of people who have to watch something or have to buy something because they do not have a choice ▷ **widzowie z przymusu/kupujący z konieczności** **3** **hold/take sb captive** to keep someone as a prisoner, or make someone a prisoner ▷ **więzić/uwięzić** *kogoś*, **przetrzymywać** *kogoś* **(w niewoli)**

captive[2] /ˈkæptɪv/ **noun** [C] someone who is kept as a prisoner ▷ **jeniec, uwięzion-y/a**

captivity /kæpˈtɪvəti/ **noun** [U] when a person or animal is kept somewhere and is not allowed to leave: *lion cubs born* ***in captivity*** ▷ **niewola**

capture[1] /ˈkæptʃəʳ/ **verb** [T] **1** (B2) to catch someone and make them your prisoner: *Two soldiers were captured by the enemy.* ▷ **pojmać** **2** (B2) to get control of a place with force: *Rebel troops have captured the city.* ▷ **zdobyć, opanować** **3** to succeed in getting something when you are competing against other people: *The Green Party has captured 12% of the vote.* ▷ **zdobyć** **4** (B2) to show or describe something successfully using words or pictures: *His book really captures the spirit of the place.* ▷ **uchwycić** **5** **capture sb/sth on camera/film, etc** (B2) to record someone or something on camera/film, etc ▷ **uchwycić** *kogoś/coś* **na taśmie (filmowej)** *itp.* **6** **capture sb's attention/imagination** to make someone very interested or excited: *The campaign has really captured the public's imagination.* ▷ **przyciągać** *czyjąś* **uwagę** **7** **capture sb's heart** to make someone love you: *She captured the hearts of the nation.* ▷ **zawładnąć** *czyimś* **sercem**

capture[2] /ˈkæptʃəʳ/ **noun** [U] **1** when someone is caught and made a prisoner: *He shot himself to avoid capture.* ▷ **schwytanie, pojmanie** **2** when someone gets control of a place with force: *the capture of the city by foreign troops* ▷ **zdobycie, opanowanie**

car /kɑːʳ/ **noun** [C] **1** (A1) a vehicle with an engine, four wheels, and seats for a small number of passengers: *She goes to work* ***by car.*** ◦ *Where did you* ***park*** *your car?* ▷ **samochód** → See **Car** on page Centre 7 **2** US a part of a train in which passengers sit, eat, sleep, etc: *the dining car* ▷ **wagon** → See also **buffet car**, **cable car**, **estate car**, **sports car**

> Wyrazy występujące razem z **car**
>
> drive/park/start a car • a car breaks down • by car • a car accident/crash • a car driver

caramel /ˈkærəməl/ **noun** [C, U] sugar that has been heated until it turns brown and that is used to add colour and flavour to food, or a sweet made from sugar, milk, and butter ▷ **karmel**

carat (also US **karat**) /ˈkærət/ **noun** [C] a unit for measuring how pure gold is, or how much jewels weigh: *22 carat gold* ▷ **karat**

caravan /ˈkærəvæn/ **noun** [C] **1** UK a vehicle which people can live in on holiday and which is pulled by a car: *a* ***caravan site*** ▷ **przyczepa kempingowa** **2** a group of people with animals or vehicles who travel together across a desert ▷ **karawana**

carbohydrase /ˌkɑːbəʊˈhaɪdreɪz/ **noun** [U] an enzyme which causes a chemical reaction that helps the body to digest carbohydrate ▷ **karbohydraza**

carbohydrate /ˌkɑːbəʊˈhaɪdreɪt/ **noun** [C, U] a substance in food such as sugar, potatoes, etc that gives your body energy ▷ **węglowodan**

carbon /ˈkɑːbən/ **noun** [U] (B2) a chemical element present in all animals and plants and in coal and oil (symbol C) ▷ **węgiel**

carbonate /ˈkɑːbəneɪt/ **noun** [C] a salt that contains carbon and oxygen and another chemical ▷ **węglan**

carbonated /ˈkɑːbəneɪtɪd/ **adjective** Carbonated drinks contain a lot of small bubbles. ▷ **gazowany**

ˈcarbon ˌcapture **noun** [U] a way of catching the carbon produced by machines so that it is not released into the air ▷ **sekwestracja lub wyłapywanie dwutlenku węgla**

ˈcarbon ˌchain **noun** [C] a line of connected carbon atoms ▷ **łańcuch węglowy**

ˌcarbon ˈcopy **noun** [C] **1** a copy of a written document that is made using carbon paper ▷ **kopia** **2** an exact copy of something: *He's a* ***carbon copy of*** *his father.* ▷ **dokładna kopia,** ≈ **wykapany**

ˈcarbon ˌcredits **noun** [plural] a system that allows organizations the right to produce a certain amount of carbon, and allows them to buy or sell those rights ▷ **kredyty węglowe**

the ˈcarbon ˌcycle **noun** the way carbon moves between living organisms and their environment, by being taken from the air by plants which are then eaten by animals, and being returned to the atmosphere by the respiration of plants and animals and by the burning of plant material ▷ **obieg węgla (w przyrodzie)**

ˌcarbon ˈdating **noun** [U] a method of calculating the age of extremely old objects by measuring the amount of a particular type of carbon in them ▷ **datowanie radiowęglowe**

carbon dioxide /ˌkɑːbəndaɪˈɒksaɪd/ **noun** [U] (B2) a gas that is produced when people and animals breathe out, or when carbon is burned (formula CO_2) ▷ **dwutlenek węgla**

C

ˈcarbon eˌmissions noun [plural] carbon dioxide and carbon monoxide made by things such as factories or cars that burn carbon and cause pollution ▷ **emisja dwutlenku węgla, emisja gazów cieplarnianych**

carbonic /kɑːˈbɒnɪk/ **adjective** containing carbon ▷ **węglowy**

carbonic acid /kɑːˌbɒnɪkˈæsɪd/ **noun** [U] a weak acid made of carbon dioxide dissolved in water (formula H_2CO_3) ▷ **kwas węglowy**

carboniferous /ˌkɑːbəˈnɪfərəs/ **adjective** containing or producing carbon: *carboniferous rocks* ▷ **karboński**

carbon monoxide /ˌkɑːbənməˈnɒksaɪd/ **noun** [U] B2 a poisonous gas that is produced by burning some types of fuel, especially petrol (formula CO) ▷ **tlenek węgla**

ˌcarbon ˈneutral adjective not producing carbon emissions: *a carbon-neutral fuel/home/lifestyle* ▷ **nieemitujący dwutlenku węgla**

ˌcarbon offˈsetting noun [U] trying to stop the damage caused by activities that produce carbon by doing other things to reduce it, such as planting trees ▷ **kompensacja emisji (dwutlenku węgla)**

ˈcarbon ˌpaper noun [U] thin paper that is covered on one side with carbon and is used for making copies of written documents ▷ **kalka**

ˌcarbon ˈtax noun [C] a tax on oil, coal, and other things which produce greenhouse gases ▷ **podatek węglowy**

ˌcar ˈboot sale noun [C] UK an event where people sell things they no longer want from the backs of their cars ▷ **giełda rzeczy używanych**

carburettor UK (US **carburetor**) /ˌkɑːbəˈretər/ (US) /ˈkɑːbəreɪtər/ **noun** [C] the part of an engine that mixes fuel and air which are then burned to provide power ▷ **gaźnik**

carcass /ˈkɑːkəs/ **noun** [C] the body of a dead animal ▷ **padlina**

carcinogen /kɑːˈsɪnədʒən/ **noun** [C] a substance that can cause cancer ▷ **czynnik rakotwórczy, substancja rakotwórcza**
• **carcinogenic** /ˌkɑːsɪnəʊˈdʒenɪk/ **adjective** *carcinogenic chemicals* ▷ **rakotwórczy**

card /kɑːd/ **noun 1** [C] A2 a folded piece of stiff paper with a picture on the front and a message inside that you send to someone on a special occasion: *a **birthday card*** ▷ **kartka 2** [C] B1 a piece of stiff paper or plastic that has information printed on it: *a library card* ▷ **karta 3** [C] (also **playing card**) A2 one of a set of 52 pieces of stiff paper with numbers and pictures used for playing games: UK *a pack of cards*/US *a deck of cards* ◦ *We spent the evening **playing cards** (= playing games using cards).* ▷ **karta 4** [U] UK thick, stiff paper ▷ **karton 5** [C] a postcard ▷ **kartka, pocztówka 6** [C] B1 a part inside a computer which controls how the computer operates: *a graphics/sound card* ▷ **karta**

IDIOMS **be on the cards** UK (US **be in the cards**) to be likely to happen: *Do you think marriage is on the cards?* ▷ **szykować się • put/lay your cards on the table** to tell someone honestly what you think or plan to do ▷ **grać w otwarte karty**

→ See also **cash card**, **charge card**, **Christmas card**, **credit card**, **debit card**, **phone card**, **smart card**, **swipe card**, **trump card**, **wild card**

cardboard /ˈkɑːdbɔːd/ **noun** [U] B2 thick, stiff paper that is used for making boxes ▷ **karton**

cardiac /ˈkɑːdiæk/ **adjective** [always before noun] relating to the heart: *cardiac surgery* ◦ ***cardiac arrest** (= when the heart stops beating)* ▷ **kardiologiczny**

cardigan /ˈkɑːdɪgən/ **noun** [C] B2 a piece of clothing, often made of wool, that covers the top part of your body and fastens at the front ▷ **sweter rozpinany** → See **Clothes** on page Centre 8

cardinal¹ /ˈkɑːdɪnəl/ **noun** [C] a priest with a high rank in the Catholic Church: *Cardinal Basil Hume* ▷ **kardynał**

cardinal² /ˈkɑːdɪnəl/ **adjective** [always before noun] formal extremely important or serious: *One of the **cardinal rules** of business is know what your customer wants.* ▷ **kardynalny, podstawowy**

ˌcardinal ˈnumber noun [C] (also **cardinal**) a number such as 1, 2, 3, etc that shows the quantity of something ▷ **liczebnik główny**

carding /ˈkɑːdɪŋ/ **noun** [U] using wire brushes to separate the threads of some materials such as wool before they can be used ▷ **gręplowanie**

care¹ /keər/ **verb 1** [I, T] B1 to think that something is important and to feel interested in it or worried about it: *He **cares** deeply **about** the environment.* ◦ [+ question word] *I don't care how long it takes – just get the job done.* ▷ **troszczyć się, dbać 2** [I] B1 to love someone: *Your parents are only doing this because they **care about** you.* ◦ *I knew that Amy still **cared for** me.* ▷ **darzyć uczuciem 3 I/he, etc couldn't care less** informal used to emphasize that someone is not interested in or worried about something or someone: [+ question word] *I couldn't care less what people think.* ▷ **nic mnie/go** *itp.* **nie obchodzi 4 Who cares?** informal B2 used to emphasize that you do not think something is important: *"Manchester United will be in the final if they win this match." "Who cares?"* ▷ **(no i) co z tego?, kogo to obchodzi? 5 Would you care for sth/to do sth?** formal used to ask someone if they want something or want to do something: *Would you care for a drink?* ◦ *Would you care to join us for dinner?* ▷ **Czy miał(a)by Pan/i ochotę na ...?**

PHRASAL VERBS **care for sb/sth** B1 to look after someone or something, especially someone who is young, old, or ill: *The children are being cared* *for by a relative.* ▷ **opiekować się** *kimś/czymś* • **not care for sth/sb** formal to not like something or someone: *I don't care for shellfish.* ▷ **nie przepadać za** *czymś/kimś*, **nie lubić** *czegoś/kogoś*

care² /keəʳ/ **noun 1** [U] B2 the process of looking after something or someone, especially someone who is young, old, or ill: *skin/hair care* ◦ *A small baby requires constant care.* ▷ **opieka 2** [U] B1 If you do something with care, you give a lot of attention to it so that you do not make a mistake or damage anything: *She planned the trip with great care.* ◦ *Fragile – please handle with care.* ▷ **uwaga, ostrożność 3 take care** to give a lot of attention to what you are doing so that you do not have an accident or make a mistake: *The roads are very icy so take care when you drive home.* ▷ **uważać 4 Take care!** informal A2 used when saying goodbye to someone: *See you soon, Bob – take care!* ▷ **Trzymaj się! 5** [C] a feeling of worry: *He was sixteen years old and* ***didn't have a care in the world*** *(= had no worries).* ▷ **troska 6 in care** UK Children who are in care are looked after by government organizations because their parents cannot look after them: *She was* ***put/taken into care*** *at the age of twelve.* ▷ **w domu lub w domach dziecka 7 take care of sb/sth** B1 to look after someone or something: *My parents are going to take care of the house while we're away.* ▷ **zajmować lub opiekować się** *kimś/czymś* **8 take care of sth/doing sth** to be responsible for dealing with something: *I did the cooking while Guy took care of the washing up.* ▷ **zajmować się** *czymś* → See also **intensive care**

> **Wyrazy występujące razem z care**
>
> take care of sb • need/provide/receive care • constant/long-term care • in/under sb's care

career¹ /kəˈrɪəʳ/ **noun** [C] **1** B1 a job that you do for a long period of your life and that gives you the chance to move to a higher position and earn more money: *a successful career in marketing* ▷ **kariera 2** the time that you spend doing a particular job: *She began her acting career in TV commercials.* ▷ **kariera**

> **Wyrazy występujące razem z career**
>
> begin/embark on/launch a career • follow/pursue a career • a career in sth • a career change • career opportunities/prospects

career² /kəˈrɪəʳ/ **verb career down/into/off, etc** UK to move quickly and in an uncontrolled way: *The train careered off a bridge and plunged into the river.* ▷ **sunąć, stoczyć się**

carefree /ˈkeəfriː/ **adjective** without any worries or problems: *a carefree childhood* ▷ **beztroski**

careful /ˈkeəfᵊl/ **adjective** A2 giving a lot of attention to what you are doing so that you do not have an accident, make a mistake, or damage something: *careful planning/consideration* ◦ ***Be careful****, Michael – that knife's very sharp.* ◦ [+ to do sth] *We were careful to avoid the midday sun.* ▷ **uważny, ostrożny**
• **carefully adverb** A2 *a carefully prepared speech* ▷ **ostrożnie**

> **Careful** wyrazy bliskoznaczne
>
> Jeśli ktoś przezornie stara się unikać ryzyka lub niebezpieczeństwa, możemy określić go jako **cautious**:
>
> *She's a very* ***cautious*** *driver.*
>
> Wyrażenie **play (it) safe** znaczy również „zachowywać się ostrożnie w celu uniknięcia ryzyka":
>
> *I think I'll* ***play it safe*** *and get the earlier train.*
>
> Jeśli ktoś robi coś bardzo ostrożnie, z wielką dbałością o szczegóły, możemy użyć wobec niego przymiotników **meticulous, methodical** i **painstaking:**
>
> *This book is the result of years of* ***meticulous/painstaking*** *research.*

caregiver /ˈkeəˌgɪvəʳ/ **noun** [C] US (UK **carer**) someone who looks after a person who is young, old, or ill ▷ **opiekun/ka**

careless /ˈkeələs/ **adjective** B1 not giving enough attention to what you are doing: *It was very* ***careless of*** *you to forget your passport.* ◦ *He was fined £250 for* ***careless driving****.* ▷ **nieostrożny, niedbały, lekkomyślny**
• **carelessly adverb** B2 ▷ **nieostrożnie, niedbale, lekkomyślnie** • **carelessness noun** [U] B2 ▷ **nieostrożność, lekkomyślność**

carer /ˈkeərəʳ/ **noun** [C] UK (US **caregiver**) someone who looks after a person who is young, old, or ill ▷ **opiekun/ka**

caress /kəˈres/ **verb** [T] to touch someone in a gentle way that shows that you love them ▷ **pieścić**
• **caress noun** [C] ▷ **pieszczota**

caretaker /ˈkeəˌteɪkəʳ/ **noun** [C] **1** someone whose job is to look after a large building, such as a school ▷ **woźn-y/a, dozor-ca/czyni 2** US someone who looks after a person who is young, old, or ill ▷ **opiekun/ka**

cargo /ˈkɑːgəʊ/ **noun** [C, U] (plural **cargoes**) goods that are carried in a vehicle: *a cargo of oil* ◦ *a cargo ship/plane* ▷ **towar, ładunek**

caricature /ˈkærɪkətʃʊəʳ/ **noun** [C] a funny drawing or description of someone, especially someone famous, which makes part of their appearance or character more noticeable than it really is ▷ **karykatura**
• **caricature verb** [T] ▷ **wyśmiewać się z**

caring /ˈkeərɪŋ/ **adjective** B2 kind and supporting other people: *She's a very caring person.* ▷ **czuły, opiekuńczy**

carjacking /ˈkɑːˌdʒækɪŋ/ **noun** [C, U] the crime of attacking someone who is driving and stealing their car ▷ **porwanie lub uprowadzenie samochodu**
• **carjacker noun** [C] someone who commits the

crime of carjacking ▷ **porywacz/ka samochodów**

carnage /ˈkɑːnɪdʒ/ **noun** [U] formal when a lot of people are violently killed or injured ▷ **rzeź**

C

carnation /kɑːˈneɪʃᵊn/ **noun** [C] a small flower with a sweet smell that is usually white, pink, or red ▷ **goździk**

carnival /ˈkɑːnɪvᵊl/ **noun** [C] **1** B2 a public celebration where people wear special clothes and dance and play music in the roads ▷ **karnawał 2** US a place of outside entertainment where there are machines you can ride on and games that can be played for prizes ▷ **wesołe miasteczko**

carnivore /ˈkɑːnɪvɔːʳ/ **noun** [C] an animal that eats meat ▷ **zwierzę mięsożerne** → Compare **herbivore**

• **carnivorous** /kɑːˈnɪvᵊrəs/ **adjective** eating meat ▷ **mięsożerny**

carol /ˈkærᵊl/ **noun** [C] (also **Christmas carol**) a song that people sing at Christmas ▷ **kolęda**

Carol /ˈkærəl/ **noun** a female name

Caroline /ˈkærəlaɪn/ **noun** a female name

carotid artery /kəˌrɒtɪdˈɑːtəri/ **noun** [C] one of the two large arteries in the neck that carry blood to the head ▷ **tętnica szyjna**

carousel /ˌkærəˈsel/ **noun** [C] **1** a moving strip where passengers collect their bags at an airport ▷ **taśma (bagażowa) 2** mainly US a machine that goes round and round and has toy animals or cars for children to ride on ▷ **karuzela**

carp[1] /kɑːp/ **noun** [C, U] (plural **carp**) a large fish that lives in lakes and rivers, or the meat of this fish ▷ **karp**

carp[2] /kɑːp/ **verb** [I] to complain continually about things that are not important: *He's always* ***carping about*** *how badly organized the office is.* ▷ **marudzić, narzekać**

ˈcar ˌpark noun [C] UK (US **parking lot**) A2 a place where vehicles can be parked ▷ **parking**

carpel /ˈkɑːpel/ **noun** [C] the female reproductive part of a flower ▷ **owocolistek**

carpenter /ˈkɑːpᵊntəʳ/ **noun** [C] a person whose job is making and repairing wooden objects ▷ **stolarz**

carpentry /ˈkɑːpᵊntri/ **noun** [U] making and repairing wooden objects ▷ **stolarka**

carpet /ˈkɑːpɪt/ **noun 1** A2 [C, U] thick material for covering floors, often made of wool: *a new living room carpet* ◦ UK *fitted carpets* (= *carpets that cover floors from wall to wall*) ▷ **dywan, wykładzina 2 a carpet of sth** a thick layer of something that covers the ground: *a carpet of snow* ▷ **kobierzec** *czegoś*

• **carpet verb** [T] to put carpet on the floor of a room: *The stairs were carpeted.* ▷ **kryć wykładziną**

→ See also **the red carpet**

carriage /ˈkærɪdʒ/ **noun 1** [C] UK one of the separate parts of a train where the passengers sit: *The front carriage of the train is for first-class passengers only.* ▷ **wagon 2** [C] a vehicle with wheels that is pulled by a horse ▷ **powóz 3** [U] UK the cost of transporting goods ▷ **koszt przewozu, przewóz** → See also **baby carriage**

ˌcarriage ˈinwards noun [U] the cost for a business of having goods sent to it ▷ **koszt przywozu**

ˌcarriage ˈoutwards noun [U] the cost for a business of sending goods to its customers ▷ **koszty przesyłki**

carriageway /ˈkærɪdʒweɪ/ **noun** [C] UK one of the two sides of a motorway or main road: *the southbound carriageway* ▷ **nitka (autostrady)** → See also **dual carriageway**

carrier /ˈkæriəʳ/ **noun** [C] **1** a person, vehicle, or machine that transports things from one place to another ▷ **przewoźnik, transporter 2** a person who has a disease that they can give to other people without suffering from it themselves ▷ **nosiciel/ka 3** a company that operates aircraft ▷ **linia lotnicza, przewoźnik** → See also **aircraft carrier**, **letter carrier**

ˈcarrier ˌbag noun [C] UK a large paper or plastic bag with handles that you are given in a shop to carry the things you have bought ▷ **reklamówka**

carrot /ˈkærət/ **noun 1** [C, U] A2 an orange-coloured vegetable that is long and thin and grows in the ground ▷ **marchewka, marchew** → See **Fruits and Vegetables** on page Centre 10 **2** [C] informal something that is offered to someone in order to encourage them to do something ▷ **marchewka**

IDIOM **carrot and stick** If you use a carrot-and-stick method, you offer someone rewards if they do something and say you will punish them if they do not. ▷ **kij i marchewka**

carry /ˈkæri/ **verb 1** [T] A1 to hold something or someone with your hands, arms, or on your back and take them from one place to another: *He was carrying my bags.* ▷ **nieść, przenosić 2** [T] B2 to move someone or something from one place to another: *The plane was carrying 30 passengers.* ◦ *Strong currents carried them out to sea.* ▷ **przenosić, nieść, wieźć 3** [T] B1 to have something with you in a pocket, bag, etc: *She still carries his photo in her purse.* ▷ **nosić 4** [T] B2 to have a disease that you might give to someone else: *Mosquitoes carry malaria and other infectious diseases.* ▷ **przenosić, być nosicielem 5** [T] to have something as a part or a result of something: *All cigarette advertising must carry a government health warning.* ◦ *Murder still carries the death penalty there.* ▷ **zawierać, nieść za sobą 6** [I] If a sound or someone's voice carries, it can be heard a long way away. ▷ **nieść się 7** [T] B2 to support the weight of something: *Is the ice thick enough to* ***carry my weight****?* ▷ **udźwignąć 8** [T] to put a number into another column when adding numbers

▷ **przenieść** **9** [T] to develop something in a particular way: *She carried her diet to extremes.* ▷ **doprowadzać** **10** **be carried** to be formally accepted by people voting at a meeting: *The **motion was carried** by 210 votes to 160.* ▷ **przechodzić** → See also **carry *weight***

PHRASAL VERBS **be carried away** B2 to be so excited about something that you do not control what you say or do: *There's far too much food – I'm afraid I got a bit carried away.* ▷ **dać się ponieść** • **carry sth forward/over** **1** (in accounting) to move an amount from one page or column to the next ▷ **przenieść** *coś* **2** (in accounting) to move an amount into a period of time in the future ▷ **przenieść** *coś* **(do następnego okresu)** • **carry sth off** to succeed in doing or achieving something difficult: *It's not an easy part to act but he carried it off brilliantly.* ▷ **przeprowadzić** *coś* • **carry on** B1 to continue doing something: [+ doing sth] *The doctors have warned him but he just carries on drinking.* ◦ ***Carry on with** your work while I'm gone.* ▷ **kontynuować** • **carry out sth** B1 to do or complete something, especially something that you have said you would do or that you have been told to do: *I was only **carrying out orders**.* ▷ **wykonywać** *coś*

carryall /ˈkæriɔːl/ **noun** [C] US (UK **holdall**) a large bag for carrying clothes ▷ **torba (podróżna)**

cart[1] /kɑːt/ **noun** [C] **1** a vehicle with two or four wheels that is pulled by an animal and used for carrying goods ▷ **wóz, furmanka** **2** US (UK **trolley**) a metal structure on wheels that is used for carrying things ▷ **wózek** → See also **go-cart**

cart[2] /kɑːt/ **verb** informal **cart sb/sth around/away/off, etc** to take someone or something somewhere ▷ **wozić/wywozić** *itp. kogoś/coś*

carte blanche /ˌkɑːtˈblɑːnʃ/ **noun** [U] complete freedom to do what you want: [+ to do sth] *She was **given carte blanche** to make whatever changes she wanted.* ▷ **wolna ręka**

cartel /kɑːˈtel/ **noun** [C] a group of companies who join together to control prices and limit competition ▷ **kartel**

cartilage /ˈkɑːtɪlɪdʒ/ **noun** [C, U] a strong elastic substance found where two bones connect in the human body ▷ **chrząstka**

carton /ˈkɑːtən/ **noun** [C] a container for food and drink that is made from strong, stiff paper or plastic: *a carton of milk/fruit juice* ▷ **karton**

cartoon /kɑːˈtuːn/ **noun** [C] **1** A2 a film made using characters that are drawn and not real: *Mickey Mouse and other famous **cartoon characters*** ▷ **kreskówka** **2** A2 a funny drawing, especially in a newspaper or magazine ▷ **dowcip rysunkowy, komiks**
• **cartoonist** **noun** [C] someone whose job is to draw cartoons ▷ **rysownik**

cartridge /ˈkɑːtrɪdʒ/ **noun** [C] **1** a small container that is used in a larger piece of equipment and can be easily replaced: *an ink cartridge* ▷ **pojemnik, kaseta** **2** a tube containing an explosive substance and a bullet for use in a gun ▷ **nabój**

carve /kɑːv/ **verb** [I, T] **1** to make an object, a shape, or a pattern by cutting wood, stone, etc: *The statue was **carved out of** stone.* ◦ *They had **carved** their initials **into** the tree.* ▷ **rzeźbić, wycinać** **2** to cut a large piece of cooked meat into smaller pieces ▷ **pokroić** **3** **carve (out) a niche/career/role, etc for yourself** to be successful in a particular job or activity ▷ **znaleźć miejsce dla siebie, sprawdzić się**

PHRASAL VERB **carve sth up** to divide something into smaller parts, in a way that people do not approve of: *The countryside has been carved up and sold to property developers.* ▷ **podzielić** *coś*, **rozparcelować** *coś*

carving /ˈkɑːvɪŋ/ **noun** **1** [C] an object or a pattern that has been carved ▷ **rzeźba** **2** [U] the activity of carving an object or pattern: *wood carving* ▷ **rzeźbiarstwo, rzeźba**

cascade /kæsˈkeɪd/ **verb** [I] to fall quickly and in large amounts: *Water cascaded from the rocks above.* ▷ **spływać kaskadą**
• **cascade** **noun** [C] literary a large amount of something, especially something falling or hanging: *a cascade of golden hair* ▷ **kaskada**

case /keɪs/ **noun** **1** [C] B1 a particular situation or example of something: *People were imprisoned, and, **in some cases**, killed for their beliefs.* ◦ *We usually ask for references, but in your case it will not be necessary.* ◦ *The whole film is based on **a case of** mistaken identity.* ▷ **przypadek** **2** [C] B2 something that is decided in a court of law: *a libel/criminal/divorce case* ◦ *He lost his case.* ▷ **sprawa** **3** [C] B2 a crime that police are trying to solve: *a murder case* ◦ *Police in the town have investigated 50 **cases of** burglary in the past month.* ▷ **przypadek** **4** [C] an illness, or somebody with an illness: *4000 new **cases of** the disease are diagnosed every year.* ▷ **przypadek** **5** **be the case** B1 to be true: *Bad diet can cause tiredness, but I don't think that's the case here.* ▷ **mieć miejsce** **6** [C] facts or reasons that prove a particular opinion: [usually singular] *There is **a strong case for/against** bringing in the new legislation.* ◦ mainly UK *He **put the case for** more funding very convincingly.* ▷ **argumenty** **7** [C] A2 a container for storing or protecting something: *a pencil case* ◦ *a cigarette case* ▷ **kasetka, pojemnik** **8** [C] UK A2 another word for suitcase ▷ **walizka** **9** **(just) in case** B1 because something might happen, or might have happened: *I don't think that it's going to rain, but I'll bring a raincoat just in case.* ▷ **na wszelki wypadek** **10** **in any case** B2 used to give another reason for something that you are saying, or that you have done: *I don't want to go skiing and, in any case, I can't afford it.* ▷ **i tak, tak czy siak** **11** **in that case/in which case** B2 because that is the situation/if that is the situation: *"Peter's coming* tonight." "Oh, in that case, I'll stay in." ▷ **w takim razie** **12 be a case of doing sth** to be necessary to do something: *We know that we're right. It's just a case of proving it.* ▷ **pozostaje tylko** *coś* **13 in case of sth** formal B1 when something happens, or in preparation for when something happens: *We keep a bucket of water backstage, in case of fire.* ▷ **na wypadek** *czegoś* **14** [C] any of the various types to which a noun can belong, depending on what it is doing in the sentence, usually shown by a particular ending ▷ **przypadek (gramatyczny)**

IDIOMS **a case in point** a good example of something: *Supermarkets often charge too much for goods. Bananas are a case in point.* ▷ **przykład** • **be/get on sb's case** informal to criticize someone in an annoying way because of something that they have done: *She's always on my case about something.* ▷ **czepiać się** *kogoś* • **be on the case** UK informal to be doing what needs to be done ▷ **pracować nad tym**

→ See also **lower case**, **upper case**

ˌcase ˈhistory noun [C] a record of what happens to a particular person: *The study used case histories from 500 teenage boys.* ▷ **historia choroby**

ˈcase ˌstudy noun [C] a report about a particular person or thing, to show an example of a general principle ▷ **analiza lub studium (przypadku)**

cash¹ /kæʃ/ **noun** [U] **1** A2 money in the form of coins or notes : *I'm taking £50 **in cash**.* ◦ *Are you **paying** by cheque or **cash**?* ▷ **gotówka** **2** informal B1 money in any form: *She's a bit short of cash at the moment.* ◦ *a cash prize* ▷ **gotówka** → See also **e-cash**, **hard cash**

> **Wyrazy występujące razem z cash**
> pay (in) cash • [£50/$100, etc] **in** cash • a cash **machine** • cash **payments**

cash² /kæʃ/ **verb cash a cheque** to exchange a cheque for coins or paper money ▷ **zrealizować czek**

PHRASAL VERB **cash in on sth** to get money or another advantage from an event or a situation, often in an unfair way: *Her family have been accused of cashing in on her death.* ▷ **czerpać korzyści z** *czegoś*

cashback /ˈkæʃbæk/ **noun** [U] UK money that you can take from your bank account when you pay in a shop with a bank card: *£50 cashback* ▷ **cashback (wypłata gotówki przy zakupach kartą)**

ˈcash ˌbook noun [C] a record that a business uses to record all money spent and received, either through the bank or as cash ▷ **księga kasowa**

ˈcash ˌcard noun [C] UK a plastic card that you use to get money from a machine ▷ **karta bankomatowa**

ˈcash ˌcrop noun [C] a crop that is grown to be sold ▷ **uprawa rynkowa**

ˈcash ˌdesk noun [C] UK the place in a shop where you pay for the things that you buy ▷ **kasa**

cashew /ˈkæʃuː/, /kəˈʃuː/ **noun** [C] (also **ˈcashew ˌnut**) a curved nut that you can eat ▷ **orzech nerkowca**

cashflow /ˈkæʃfləʊ/ **noun** [U] the movement of money in and out of a business or bank account ▷ **przepływ gotówki**

cashier /kæʃˈɪəʳ/ **noun** [C] someone whose job is to receive and pay out money in a shop, bank, etc ▷ **kasjer/ka**

ˈcash maˌchine noun [C] (also UK **cashpoint**) a machine, usually in a wall outside a bank, that you can get money from using a plastic card ▷ **bankomat**

cashmere /ˈkæʃmɪəʳ/ US /ˈkæʒmɪr/ **noun** [U] a type of very soft, expensive wool ▷ **kaszmir**

cashpoint /ˈkæʃpɔɪnt/ **noun** [C] UK (UK/US **cash machine**) B1 a machine, usually in a wall outside a bank, that you can get money from using a plastic card ▷ **bankomat**

ˈcash ˌregister noun [C] a machine that is used in shops for keeping money in, and for recording everything that is sold ▷ **kasa**

casino /kəˈsiːnəʊ/ **noun** [C] a place where card games and other games of risk are played for money ▷ **kasyno**

cask /kɑːsk/ **noun** [C] a strong, round, wooden container that is used for storing alcoholic drinks ▷ **beczułka**

casket /ˈkɑːskɪt/ **noun** [C] **1** UK a small, decorated box that is used for keeping valuable objects ▷ **szkatułka, kasetka** **2** US (UK/US **coffin**) a box in which a dead body is buried ▷ **trumna**

casserole /ˈkæsᵊrəʊl/ **noun** **1** [C, U] a mixture of meat or beans with liquid and vegetables cooked for a long time in the oven ▷ **zapiekanka** **2** [C] (also **ˈcasserole ˌdish**) a large, heavy container with a lid, that is used for cooking casseroles ▷ **naczynie żaroodporne**

cassette /kəˈset/ **noun** [C] a flat, plastic case containing a long piece of magnetic material that is used to record and play sound or pictures: *a video cassette* ▷ **kaseta**

caˈssette ˌplayer noun [C] a machine that plays cassettes of music or sound ▷ **odtwarzacz kasetowy**

caˈssette reˌcorder noun [C] a machine that is used for playing cassettes of music or sound and for recording music or sound onto cassettes ▷ **magnetofon kasetowy**

cast¹ /kɑːst/ **verb** [T] (past tense and past participle **cast**) **1** B2 to choose an actor for a particular part in a film or play: [often passive] *Why am I always **cast as** the villain?* ▷ **obsadzać** **2** literary to throw something ▷ **rzucać** **3** literary to send light or shadow in a particular direction: *The moon cast a white light into the room.* ▷ **rzucać** **4 cast doubt/suspicion on sb/sth** to make people feel less sure about or have less trust in someone or something: *A leading scientist has cast doubts on government claims that the drug is safe.* ▷ **stawiać** *kogoś/coś* **w wątpliwym świetle/ rzucać podejrzenie na** *kogoś/coś* **5 cast a/your vote** to vote ▷ **oddać głos** **6 cast a spell on sb a** to seem to use magic to attract someone: *The city had cast a spell on me and I never wanted to leave.* ▷ **oczarować** *kogoś* **b** to use magic to make something happen to someone ▷ **rzucać czar na** *kogoś* **7** to make an object by pouring hot metal into a container of a particular shape ▷ **odlewać** → See also **cast/run your/an** ***eye*** **over sth**, **cast/shed** ***light*** **on sth**, **cast a** ***pall*** **over sth**, **cast a** ***shadow*** **over sth**

PHRASAL VERB **cast off** If a boat casts off, it leaves. ▷ **odpływać**

cast[2] /kɑːst/ **noun** **1** [group] B2 all the actors in a film or play: *The cast are in rehearsal at the moment.* ▷ **obsada** **2** [C] a hard cover used to keep a broken bone in the correct position until it gets better ▷ **gips**

> Wyrazy występujące razem z **cast**
>
> [a play/film, etc] features a cast • the cast includes sb • the cast of sth • a member of the cast

castaway /ˈkɑːstəweɪ/ **noun** [C] someone who is left on an island, or in a place where there are few or no other people, after their ship has sunk ▷ **rozbitek**

caste /kɑːst/ **noun** [C, U] a system of dividing Hindu society into social groups, or one of these groups: *the caste system* ▷ **kasta**

castigate /ˈkæstɪgeɪt/ **verb** [T] formal to criticize someone severely ▷ **piętnować**

casting /ˈkɑːstɪŋ/ **noun** [U] making an object by pouring liquid metal or plastic into a mould ▷ **odlewanie**

cast-iron /ˈkɑːstˌaɪən/ **adjective** **1** [always before noun] able to be trusted completely, or impossible to doubt: *I need a cast-iron guarantee that the work will be finished on time.* ▷ **żelazny** **2** made of cast iron ▷ **żeliwny**

ˌcast ˈiron **noun** [U] a type of very hard iron ▷ **żeliwo**

castle /ˈkɑːsl/ **noun** [C] A2 a large, strong building with towers and high walls, that was built in the past to protect the people inside from being attacked ▷ **zamek**

castle

cast-off /ˈkɑːstɒf/ **noun** [C] a piece of clothing or other item that you give to someone because you do not want it any more: [usually plural] *This dress is another of my sister's cast-offs.* ▷ **rzecz używana**

castrate /kæsˈtreɪt/ (US) /ˈkæstreɪt/ **verb** [T] to remove the testicles of a man or male animal ▷ **kastrować**
• **castration** /kæsˈtreɪʃᵊn/ **noun** [U] ▷ **kastracja**

casual /ˈkæʒjuəl/ **adjective** **1** [always before noun] B2 not planned, or without particular meaning or importance: *a casual remark/acquaintance/ meeting* ▷ **przypadkowy** **2** relaxed and not seeming very interested in someone or something: *a casual manner/approach* ◦ *She's much too casual about her work.* ▷ **swobodny** **3** B1 Casual clothing is comfortable and not suitable for formal occasions. ▷ **codzienny** **4** [always before noun] mainly UK Casual work is not regular or fixed: ***casual labour/workers*** ▷ **dorywczy**

casually /ˈkæʒjuəli/ **adverb** **1** B2 in a relaxed way, or not seeming to be interested in someone or something: *I asked as casually as I could if she was going to be at the party.* ▷ **od niechcenia** **2** B2 If you dress casually, you do not dress in a formal way. ▷ **swobodnie, zwyczajnie**

casualty /ˈkæʒjuəlti/ **noun** **1** [C] someone who is injured or killed in an accident or war: *Both sides in the conflict have promised to try to avoid civilian casualties.* ▷ **ofiara, poszkodowan-y/a** **2** [C] someone or something that is badly affected by something that happens: *The health service has been the biggest* ***casualty of*** *government cuts.* ▷ **ofiara** **3** [U] UK (US **emergency room**) the part of a hospital where people go when they have been injured or have illnesses so that they can be treated immediately ▷ **oddział urazowy, izba przyjęć**

cat /kæt/ **noun** [C] **1** A1 a small animal with fur, four legs, and a tail that is kept as a pet ▷ **kot** **2** a large, wild animal that is related to the cat, such as the lion ▷ **kot**

IDIOM **let the cat out of the bag** to tell people secret information, often without intending to ▷ **wygadać się**

cataclysmic /ˌkætəˈklɪzmɪk/ **adjective** sudden, shocking, and violent: ***cataclysmic changes/ events*** ▷ **katastrofalny**

catalase /ˈkætæleɪz/ **noun** [C] an enzyme found in living organisms that speeds up the breaking down of hydrogen peroxide into water and oxygen ▷ **katalaza**

catalogue[1] (also US **catalog**) /ˈkætᵊlɒg/ **noun** [C] **1** B2 a book with a list of all the goods that you can buy from a shop, or of all the books, paintings, etc that you can find in a place: *a clothing catalogue* ▷ **katalog** **2 a catalogue of disasters/errors/failures, etc** a series of bad events ▷ **seria nieszczęść/błędów/pomyłek** *itp.*

C

catalogue[2] (present participle **cataloguing**, past tense and past participle **catalogued**) (also US **catalog**) /ˈkætəlɒg/ **verb** [T] to make a list of things, especially in order to put it in a catalogue ▷ **skatalogować**

catalysis /kəˈtæləsɪs/ **noun** [U] the process of making a chemical reaction happen more quickly by using a catalyst ▷ **kataliza**
• **catalytic** /kætəˈlɪtɪk/ **adjective** ▷ **katalityczny**

catalyst /ˈkætəlɪst/ **noun** [C] **1** someone or something that causes change: *Recent riots and suicides have acted as* ***a catalyst for change*** *in the prison system.* ▷ **katalizator 2** a substance that makes a chemical reaction happen more quickly ▷ **katalizator**

cataˌlytic conˈverter **noun** [C] a device on a car that reduces the amount of poisonous gas that it produces ▷ **katalizator**

catalyze (also UK **-yse**) /ˈkætəlaɪz/ **verb** [T] to make a chemical reaction happen faster ▷ **katalizować**

catapult[1] /ˈkætəpʌlt/ **verb 1 catapult sb/sth into/out/through, etc** to make someone or something move through the air very quickly and with great force: [often passive] *When the two cars collided, he was catapulted out of his seat.* ▷ **wyrzucać** *kogoś/coś* **2 catapult sb to stardom/into the lead, etc** to make someone suddenly very famous/successful, etc ▷ **przynosić** *komuś* **sławę/prowadzenie** *itp.*

catapult[2] /ˈkætəpʌlt/ **noun** [C] UK (US **slingshot**) a Y-shaped object with a piece of elastic used by children to shoot small stones ▷ **proca**

cataract /ˈkætərækt/ **noun** [C] an area of someone's eye with a disease that gradually prevents them from seeing correctly ▷ **zaćma**

catarrh /kəˈtɑːr/ **noun** [U] UK the thick substance that is produced in your nose and throat when you have a cold ▷ **katar**

catastrophe /kəˈtæstrəfi/ **noun** [C, U] an extremely bad event that causes a lot of suffering or destruction: *After the drought, the country is facing environmental catastrophe.* ▷ **katastrofa**

catastrophic /ˌkætəˈstrɒfɪk/ **adjective** causing a lot of suffering or destruction ▷ **katastrofalny**

catch[1] /kætʃ/ **verb** (past tense and past participle **caught**) **1** [T] (A1) to stop someone or something that is moving through the air by getting hold of it: *Try to catch the ball.* ◦ *She fell backwards but he caught her in his arms.* ▷ **łapać 2** [T] (B1) to find and stop a person or animal who is trying to escape: *He ran after his attacker but couldn't catch him.* ◦ *Did you catch many fish today?* ▷ **złapać 3** [T] If the police catch a criminal, they find them and take them away: *These terrorists must be caught.* ▷ **ująć, schwytać 4** [T] (A2) to get an illness or disease: *I think I've caught a cold.* ▷ **złapać, dostać 5** [T] (A1) to get on a bus, train, etc in order to travel somewhere: *You can catch the bus from the top of the hill.* ▷ **złapać 6** [T] (B2) to discover someone who is doing something wrong or something secret: [+ doing sth] *I caught her listening outside the door.* ◦ informal *You* ***won't catch me*** *wearing (= I never wear) a tie.* ▷ **przyłapać 7** [I, T] to stick somewhere, or to make something stick somewhere: *My dress caught on the door handle as I was leaving.* ▷ **zaczepić się 8** [T] to collect something that is falling: *I used a bucket to catch the drips.* ▷ **łapać 9** [T] to manage to be in time to see or do something: *I only caught the end of the programme.* ▷ **załapać się na 10** [T] to hear or understand something correctly: *I'm sorry. I didn't catch your name.* ▷ **dosłyszeć, zrozumieć 11 catch fire** (B1) to start burning ▷ **zająć się ogniem 12 be/get caught** to be unable to avoid something unpleasant: *I got caught in the rain.* ▷ **nie uciec 13 catch the sun** UK to burn your skin in the sun: *You've caught the sun on your shoulders.* ▷ **złapać opaleniznę 14 catch sight of sth** to see something suddenly, often only for a short time: *He caught sight of himself in the mirror.* ▷ **dostrzec 15** [T] UK to hit something or someone: *The ball flew across the garden, and caught me on the chin.* ▷ **trafić** → See also **catch sb's** ***eye***, **catch sb off** ***guard***

PHRASAL VERBS **catch on 1** to become popular: *I wonder if the game will* ***catch on with*** *young people?* ▷ **przyjąć się 2** informal to understand something, especially after a long time: *It took him a while to* ***catch on to*** *what we meant.* ▷ **załapać** • **catch sb out** UK to trick someone so that they make a mistake ▷ **zagiąć** *kogoś* • **catch (sb/sth) up 1** (B2) to reach someone or something that is in front of you, by going faster than them: *We soon* ***caught up with*** *the car in front.* ▷ **doganiać** *kogoś/coś* **2** (B1) to reach the same level or quality as someone or something else: *She's doing extra work to* ***catch up with*** *the rest of the class.* ▷ **doganiać** *kogoś/coś* • **catch up** (B2) to learn or discuss the most recent news: *Let's meet for a chat – I need to* ***catch up on*** *all the gossip.* ▷ **nadrabiać zaległości** • **catch up on/with sth** (B2) to do something that you did not have time to do earlier: *After the exams, I need to catch up on some sleep.* ▷ **nadrabiać zaległości w** *czymś* • **catch up with sb** If something bad that you have done or that has been happening to you catches up with you, it begins to cause problems for you: *I can feel the stress of the last few weeks beginning to catch up with me.* ▷ **mścić się na** *kimś* • **be/get caught up in sth** to become involved in a situation, often without wanting to: *How did the paper get caught up in a legal dispute?* ▷ **zaplątać się w** *coś*

catch[2] /kætʃ/ **noun** [C] **1** when someone catches something that is moving through the air: *a brilliant catch* ▷ **chwyt 2** the amount of fish that someone has caught ▷ **połów 3** a hidden problem or difficulty with something: *He's offering us a free flight? There must be a catch.* ▷ **kruczek 4** a part on something that fastens it and keeps it closed: *a* ***safety catch*** ▷ **zapadka**

Catch-22 /ˌkætʃtwentiˈtuː/ **noun** [C] an impossible situation: you cannot do one thing until you have done another thing, but you cannot do the other thing until you have done the first thing: *a* ***Catch-22 situation*** ▷ **błędne koło**

catching /ˈkætʃɪŋ/ **adjective** [never before noun] If an illness or a mood is catching, other people can get it from you. ▷ **zaraźliwy**

catchment area /ˈkætʃməntˌeəriə/ **noun** [C] UK the area around a school or a hospital, where most of the students or patients come from ▷ **rejon**

catchphrase /ˈkætʃfreɪz/ **noun** [C] a phrase which is often repeated by a particular organization or person, and becomes connected with them ▷ **slogan**

catchy /ˈkætʃi/ **adjective** A catchy song, tune, or phrase is easy to remember. ▷ **wpadający w ucho, chwytliwy**

categorical /ˌkætəˈɡɒrɪkəl/ **adjective** If someone is categorical about what they say, they say it with force and are completely certain about it: *a* ***categorical assurance/denial*** ▷ **kategoryczny**
• **categorically adverb** *They have* ***denied categorically*** *that they were involved in the conspiracy.* ▷ **kategorycznie**

categorize (also UK **-ise**) /ˈkætəɡəraɪz/ **verb** [T] to divide people or things into groups of similar types: *The books are categorized according to subject.* ▷ **klasyfikować**

category /ˈkætəɡəri/ **noun** [C] (B2) a group of people or things of a similar type: *Our customers* ***fall into*** *two main* ***categories****: retired people and housewives.* ▷ **kategoria**

cater /ˈkeɪtər/ **verb** [I, T] to provide and often serve food and drinks for a particular event: *How many are we* ***catering for*** *at the wedding reception?* ▷ **obsługiwać**

PHRASAL VERBS **cater for sb/sth** mainly UK to provide what is wanted or needed by a particular group of people: *The club caters for children between the ages of 4 and 12.* ▷ **zaspokajać potrzeby** *kogoś/czegoś* • **cater to sb/sth** to give people exactly what they want, usually something that people think is wrong: *This legislation simply caters to unacceptable racist opinions.* ▷ **służyć (tylko)** *komuś/czemuś*

caterer /ˈkeɪtərər/ **noun** [C] a person or company that provides food and drinks for particular events, or for an organization ▷ **aprowizator/ka**

catering /ˈkeɪtərɪŋ/ **noun** [U] (B2) providing food and drinks for people: *Who* ***did the catering*** *for the party?* ▷ **aprowizacja, obsługa**

caterpillar /ˈkætəpɪlər/ **noun** [C] a small, long animal with many legs that eats leaves ▷ **gąsienica**

caterpillar

cathartic /kəˈθɑːtɪk/ **adjective** A cathartic experience or event helps you to express and get rid of strong emotions. ▷ **oczyszczający**

cathedral /kəˈθiːdrəl/ **noun** [C] (A2) the largest and most important church in a particular area ▷ **katedra**

Catherine, Kathryn /ˈkæθrɪn/ **noun** (also **Kate** /keɪt/) (also **Katie** /ˈkeɪti/) (also **Cath** /kæθ/) a female name

cathode /ˈkæθəʊd/ **noun** [C] one of the electrodes in a piece of electrical equipment; the positive electrode in a battery and the negative electrode in an electrolytic cell ▷ **katoda** → Compare **anode**

ˌcathode ˈray tube noun [C] a tube-shaped part in a television or computer screen, inside which a flow of electrons is produced to create the images or text ▷ **kineskop**

Catholic /ˈkæθəlɪk/ **adjective** (also **Roman Catholic**) belonging or relating to the part of the Christian religion that has the Pope as its leader: *a Catholic priest/school* ▷ **katolicki**
• **Catholic noun** [C] *I think he's a Catholic.* ▷ **katoli-k/czka**

the ˌCatholic ˈChurch noun the Catholic religion and all the people who believe in it ▷ **Kościół Katolicki**

Catholicism /kəˈθɒlɪsɪzəm/ **noun** [U] (also **ˌRoman Caˈtholicism**) the beliefs of the Catholic religion ▷ **katolicyzm**

cation /ˈkætaɪən/ **noun** [C] an ion with a positive electric charge ▷ **kation** → Compare **anion**

catsup /ˈkætsəp/ **noun** [U] another US spelling of ketchup ▷ **ketchup, keczup**

cattle /ˈkætl/ **noun** [plural] (B1) male and female cows, kept on a farm for their milk and meat ▷ **bydło**

catty /ˈkæti/ **adjective** informal intending to hurt someone by saying unkind things: *catty remarks* ▷ **złośliwy, zjadliwy**

catwalk /ˈkætwɔːk/ **noun** [C] the narrow, raised path that people walk along in a fashion show ▷ **wybieg**

Caucasian /kɔːˈkeɪʒən/ **adjective** belonging to a race of people with white or pale skin ▷ **biały**
• **Caucasian noun** [C] a Caucasian person ▷ **biały**

caught /kɔːt/ past of catch

cauldron /ˈkɔːldrən/ **noun** [C] literary a large, round metal pot that is used for cooking over a fire ▷ **kocioł**

cauliflower /ˈkɒlɪˌflaʊər/ **noun** [C, U] a large,

round, white vegetable with thick, green leaves around the outside ▷ **kalafior** → See **Fruits and Vegetables** on page Centre 10

cause[1] /kɔːz/ **noun 1** [C] Ⓑ2 someone or something that makes something happen: *The police are still trying to* ***establish the cause of*** *the fire.* ◦ *She died of* ***natural causes.*** ▷ **przyczyna 2** [U] a reason to feel something or to behave in a particular way: *He's never given me any* ***cause for*** *concern.* ▷ **powód 3** [C] a principle or aim that a group of people support or fight for: *The money will all go to a* ***good cause.*** ▷ **sprawa**

> Wyrazy występujące razem z **cause**
>
> a common/leading/probable/root cause • discover/establish/identify the cause of sth • the main cause

cause[2] /kɔːz/ **verb** [T] Ⓑ2 to make something happen: *The hurricane caused widespread damage.* ◦ *Most heart attacks are* ***caused by*** *blood clots.* ◦ [+ two objects] *I hope the children haven't caused you too much trouble.* ◦ [+ to do sth] *What caused the washing machine to blow up?* ▷ **powodować**

causeway /ˈkɔːzweɪ/ **noun** [C] a raised path or road over a wet area ▷ **droga na grobli**

caustic /ˈkɔːstɪk/ **adjective 1** A caustic remark is extremely unkind and intended to upset or criticize someone. ▷ **uszczypliwy 2** Caustic chemicals can burn things. ▷ **żrący**

ˌcaustic ˈsoda **noun** [U] the chemical sodium hydroxide used in soap and paper production and in powerful cleaning substances ▷ **soda żrąca, soda kaustyczna**

caution[1] /ˈkɔːʃən/ **noun 1** [U] great care and attention not to take risks or get into danger: *Travellers have been advised to* ***exercise*** *great* ***caution*** *when passing through the region.* ◦ *I would* ***treat*** *anything he says* ***with*** *extreme* ***caution*** *(= not be too quick to believe it).* ▷ **ostrożność 2** [C] UK when a police officer or other person in authority warns you that you will be punished if you do something bad again ▷ **upomnienie**

IDIOM **throw caution to the wind** to take a risk ▷ **nie zważać na nic**

→ See also **err on the *side* of caution**

> Wyrazy występujące razem z **caution**
>
> advise/exercise/urge caution • extreme/great caution • do sth **with caution** • caution **in** doing sth

caution[2] /ˈkɔːʃən/ **verb 1** [I, T] formal to warn someone of something: [often passive] *They were* ***cautioned against*** *buying shares in the company.* ▷ **ostrzegać, przestrzegać 2** [T] UK If police caution people, they are given a spoken warning that they will be punished next time. ▷ **upominać**

cautionary /ˈkɔːʃənəri/ **adjective** intended to warn or advise someone: *a* ***cautionary tale*** ▷ **ostrzegawczy**

cautious /ˈkɔːʃəs/ **adjective** Ⓑ2 taking care to avoid risks or danger: *She is cautious about lending money to anyone.* ▷ **ostrożny**

• **cautiously adverb** ▷ **ostrożnie**

cavalier /ˌkævəlˈɪər/ **adjective** formal without caring about other people or about a dangerous or serious situation: *a* ***cavalier attitude*** ▷ **nonszalancki**

the cavalry /ˈkævəlri/ **noun** [U, group] soldiers who fight on horses ▷ **kawaleria**

cave[1] /keɪv/ **noun** [C] Ⓑ1 a large hole in the side of a cliff, mountain, or under the ground ▷ **jaskinia**

cave[2] /keɪv/ **verb**

PHRASAL VERB **cave in 1** If a ceiling, roof, or other structure caves in, it breaks and falls into the space below. ▷ **zapadać się 2** to agree to something that you were against before, after someone has persuaded you or made you afraid: *The company has finally* ***caved in to*** *the demands of the unions.* ▷ **ugiąć się**

caveat /ˈkæviæt/ **noun** [C] formal something you say which warns that there is a limit on a general announcement made earlier ▷ **klauzula**

cavern /ˈkævən/ **noun** [C] a large cave ▷ **pieczara**

caviar (also **caviare**) /ˈkæviɑːr/ **noun** [U] the eggs of a large fish, eaten as a food and usually very expensive ▷ **kawior**

cavity /ˈkævəti/ **noun** [C] **1** a hole or a space inside something solid or between two surfaces ▷ **otwór, pusta przestrzeń 2** a hole in a tooth ▷ **ubytek**

cavort /kəˈvɔːt/ **verb** [I] to jump, dance, or move about in an excited way ▷ **hasać**

CBI /ˌsiːbiːˈaɪ/ **noun** abbreviation for Confederation of British Industry: a large organisation that many British companies belong to ▷ stowarzyszenie pracodawców brytyjskich

cc /ˌsiːˈsiː/ **1** abbreviation for carbon copy: used on a letter or email to show that you are sending a copy to other people ▷ **kopia 2** abbreviation for cubic centimetre: a unit for measuring the volume of something: *a 750cc motorcycle* ▷ **cm^3**

CCTV /ˌsiːsiːtiːˈviː/ **noun** [U] abbreviation for closed circuit television: a system of television cameras filming in shops and public places so that people can watch and protect those places: *CCTV cameras* ▷ **monitoring, kamery (monitoringu)**

CD /ˌsiːˈdiː/ **noun** [C] Ⓐ1 abbreviation for compact disc: a small disc on which music or information is recorded ▷ **kompakt** → See **The Office** on page Centre 5

ˌCˈD ˌ**burner** noun [C] a machine that can record information onto a CD ▷ **nagrywarka CD**

ˌCˈD ˌ**player** noun [C] A1 a machine that is used for playing music CDs ▷ **odtwarzacz kompaktowy**

CD-R /ˌsiːdiːˈɑːʳ/ **noun** [C] abbreviation for compact disc recordable: an empty compact disc for recording information only once using special computer equipment ▷ **płytka CD-R, płytka nagrywalna**

CD-ROM /ˌsiːdiːˈrɒm/ **noun** [C] B1 abbreviation for compact disc read-only memory: a CD that holds large amounts of information that can be read by a computer ▷ **CD-ROM, płytka (kompaktowa)**

CD-RW /ˌsiːdiːɑːˈdʌbljuː/ **noun** [C] abbreviation for compact disc rewritable: an empty compact disc for recording and changing information using special computer equipment ▷ **płytka CD-RW, płytka wielokrotnego zapisu**

ˌCˈD ˌ**writer** noun [C] a CD burner ▷ **nagrywarka CD**

cease /siːs/ **verb** [I, T] formal B2 to stop: [+ doing sth] *He ordered his men to cease firing.* ◦ [+ to do sth] *Her behaviour never ceases to amaze me.* ▷ **przerywać, przestawać**

ceasefire /ˈsiːsfaɪəʳ/ **noun** [C] an agreement between two armies or groups to stop fighting ▷ **zawieszenie broni**

ceaseless /ˈsiːsləs/ **adjective** formal continuous: *the ceaseless movement of the sea* ▷ **nieustanny**
• **ceaselessly adverb** ▷ **nieustannie**

cedar /ˈsiːdəʳ/ **noun** [C, U] a tall, evergreen tree, or the red wood of this tree ▷ **cedr**

cede /siːd/ **verb** [T] formal to give something such as land or power to another country or person, especially because you are forced to ▷ **oddawać, cedować**

ceiling /ˈsiːlɪŋ/ **noun** [C] **1** A2 the surface of a room which you can see when you look above you ▷ **sufit 2** a limit on the amount that can be paid for something: *They have set a* ***ceiling on*** *pay rises.* ▷ **pułap**

celeb /sɪˈleb/ **noun** [C] informal a celebrity ▷ **celebryt-a/ka**

celebrate /ˈseləbreɪt/ **verb** [I, T] B1 to do something enjoyable because it is a special day, or because something good has happened: *Do you celebrate Christmas in your country?* ▷ **obchodzić**

celebrated /ˈseləbreɪtɪd/ **adjective** famous for a special ability or quality: *She is* ***celebrated for*** *her wit.* ▷ **sławny**

celebration /ˌseləˈbreɪʃən/ **noun** [C, U] B1 when you celebrate a special day or event: *Let's buy some champagne* ***in celebration of*** *her safe arrival.* ◦ *You've passed? This* ***calls for a celebration.*** ▷ **świętowanie**

> Wyrazy występujące razem z **celebration**
>
> **anniversary/birthday/New Year** celebrations • **be a cause for** celebration • sth **calls for a** celebration • a celebration **to mark/of** sth • **in** celebration **of** sth

celebratory /ˌseləˈbreɪtəri/ US /ˈseləbrətɔːri/ **adjective** done to celebrate something or wanting to celebrate something: *a celebratory dinner* ◦ *in a* ***celebratory mood*** ▷ **świąteczny**

celebrity /səˈlebrəti/ **noun** [C] B1 a famous person ▷ **celebryt-a/ka, sława**

celery /ˈselᵊri/ **noun** [U] a vegetable with long, pale green stems, often eaten in salads ▷ **seler** → See **Fruits and Vegetables** on page Centre 10

celestial /səˈlestiəl/ **adjective** literary relating to heaven or the sky ▷ **niebieski, niebiański**

celibate /ˈseləbət/ **adjective** Someone who is celibate does not have sex. ▷ **wstrzemięźliwy**
• **celibacy** /ˈseləbəsi/ **noun** [U] when you do not have sex ▷ **celibat**

cell /sel/ **noun** [C] **1** B2 the smallest living part of an animal or a plant: *brain/cancer cells* ▷ **komórka 2** B2 a small room in a prison or police station where a prisoner is kept ▷ **cela**

cellar /ˈseləʳ/ **noun** [C] B2 a room under the floor of a building ▷ **piwnica** → See also **salt cellar**

cellist /ˈtʃelɪst/ **noun** [C] someone who plays the cello ▷ **wiolonczelist-a/ka**

cello /ˈtʃeləʊ/ **noun** [C] B2 a large, wooden musical instrument with four strings that you hold between your knees to play ▷ **wiolonczela**

Cellophane /ˈseləfeɪn/ **noun** [U] trademark thin, transparent material that is used for wrapping goods, especially flowers and food ▷ **celofan**

cell phone /ˈselfəʊn/ **noun** [C] (also **cellular phone**) US a mobile phone ▷ **komórka, telefon komórkowy**

ˈ**cell** ˌ**sap** **noun** [U] the liquid that is found in the vacuole of plant cells ▷ **sok komórkowy**

cellular /ˈseljələʳ/ **adjective 1** relating to animal or plant cells: *cellular damage* ▷ **komórkowy 2** [always before noun] relating to cellular phones: *cellular companies/communications* ▷ **komórkowy**

cellulite /ˈseljəlaɪt/ **noun** [U] fat that looks like small lumps below the skin, especially on the upper legs: *I can't seem to get rid of my cellulite.* ▷ **cellulitis, cellulit**

celluloid /ˈseljʊlɔɪd/ **noun** [U] **1** old-fashioned films or the cinema generally ▷ **kinematografia 2** a type of plastic used to make many things, especially, in the past, photographic film ▷ **celuloid**

cellulose /ˈseljələʊs/ **noun** [U] a substance in plants that is used to make some paper and plastics ▷ **celuloza**

Celsius /ˈselsiəs/ **noun** [U] (written abbreviation **C**) a measurement of temperature in which water freezes at 0° and boils at 100° ▷ **skala Celsjusza, stopień Celsjusza**

Celtic /ˈkeltɪk/ **adjective** relating to the people of Ireland, Scotland, and Wales: *Celtic art/music* ▷ **celtycki**

cement[1] /sɪˈment/ **noun** [U] **1** a grey powder used in building which is mixed with water and sand or stones to make a hard substance ▷ **cement 2** the substance that covers the roots of teeth ▷ **cement (dentystyczny)**

cement[2] /sɪˈment/ **verb** [T] **1** to make something such as a relationship, a belief, or a position stronger: *It was the holiday that really cemented our friendship.* ▷ **cementować 2** (also **cement over**) to cover something with cement ▷ **cementować**

cemetery /ˈsemətri/ **noun** [C] B2 a place where dead people are buried ▷ **cmentarz**

censor /ˈsensəʳ/ **verb** [T] to examine books, documents, or films and remove parts of them that are offensive or not allowed by rules: [often passive] *The book was heavily censored before publication.* ▷ **cenzurować**
• **censor** noun [C] ▷ **cenzor**

censorship /ˈsensəʃɪp/ **noun** [U] when a book, film, newspaper, or other information is censored: *political/state censorship* ▷ **cenzura**

censure /ˈsensjəʳ/ **verb** [T] formal to criticize someone formally for something that they have done ▷ **udzielać nagany, potępiać**
• **censure** noun [U] formal ▷ **nagana, potępienie**

census /ˈsensəs/ **noun** [C] when people in a country are officially counted and information is taken about them ▷ **spis ludności**

cent /sent/ **noun** [C] A2 a coin or unit of money with a value of ¹⁄₁₀₀ of a dollar; ¢: *The newspaper costs sixty-five cents.* ▷ **cent**

centenary /senˈtiːnᵊri/ US /ˈsentᵊneri/ **noun** [C] (also US **centennial** /senˈteniəl/) the day or year that is 100 years after an important event: *This year, there will be many concerts to mark **the centenary of** the composer's death.* ▷ **stulecie**

center /ˈsentəʳ/ **noun, verb** US spelling of centre

centerpiece /ˈsentəpiːs/ **noun** [C] US spelling of centrepiece

centi-, cent- /senti-/, /sent-/ **prefix** hundred: *a centimetre ◦ a century* ▷ **centy-, stu-**

centigrade /ˈsentɪgreɪd/ **noun** [U] (written abbreviation **C**) a measurement of temperature in which water freezes at 0° and boils at 100° ▷ **skala Celsjusza, stopień Celsjusza**

centigram /ˈsentɪgræm/ **noun** [C] a unit of weight equal to 0.01 grams ▷ **centygram**

centilitre /ˈsentɪˌliːtəʳ/ **noun** [C] UK (US **centiliter**) (written abbreviation **cl**) a unit for measuring liquid, equal to 0.01 litres ▷ **centylitr**

centimetre UK (US **centimeter**) /ˈsentɪˌmiːtəʳ/ (written abbreviation **cm**) **noun** [C] A2 a unit for measuring length, equal to 0.01 metres ▷ **centymetr**

central /ˈsentrᵊl/ **adjective 1** B1 in or near the centre of a place or object: *central Africa/America ◦ The roof is supported by a central column.* ▷ **centralny, środkowy 2** [always before noun] controlled or organized in one main place: *central authorities/government ◦ the US central bank* ▷ **centralny 3** main or most important: *a central character/figure ◦ Her role is **central to** the film.* ▷ **główny 4** in the main part of a town or city ▷ **blisko centrum**
• **centrally adverb** ▷ **centralnie**

the Central African Republic /ˈsentrəl æfrɪkən rɪˈpʌblɪk/ **noun** a country in Africa ▷ **Republika Środkowoafrykańska**
• **Central African** /ˈsentrəl ˈæfrɪkən/ **adjective** coming from or relating to the Central African Republic ▷ **z Republiki Środkowoafrykańskiej** • **Central African noun** someone from the Central African Republic ▷ **obywatel/ka Republiki Środkowoafrykańskiej**

Central America /ˈsentrəl əˈmerɪkə/ **noun** a region between North and South America ▷ **Ameryka Środkowa**
• **Central American** /ˈsentrəl əˈmerɪkən/ **adjective** coming from or relating to Central America ▷ **środkowoamerykański** • **Central American noun** someone from Central America ▷ **mieszka-niec/nka Ameryki Środkowej**

ˌcentral ˈheating noun [U] B1 a system of heating a building by warming air or water in one place and carrying it to different rooms in pipes ▷ **centralne ogrzewanie**

centralize (also UK **-ise**) /ˈsentrᵊlaɪz/ **verb** [T] If a country or organization is centralized, it is controlled from one place: [often passive] *centralized control/government* ▷ **centralizować**
• **centralization** /ˌsentrᵊlaɪˈzeɪʃᵊn/ **noun** [U] ▷ **centralizacja**

ˌcentral ˈnervous system noun the main system of nerve control in a living thing, consisting of the brain and the spinal cord ▷ **ośrodkowy układ nerwowy**

centre[1] UK (US **center**) /ˈsentəʳ/ **noun 1** [C] A2 the middle point or part of something: *She stood **in the centre** of the room. ◦ Cars are not allowed in the **town centre**.* ▷ **środek, centrum 2** [C] A2 a place or a building used for a particular activity: *a **health/advice centre** ◦ a **centre for** the homeless* ▷ **centrum 3** [C] a place where a lot of a particular activity or business takes place: *an industrial centre* ▷ **centrum 4** [no plural] (also **the centre**) a political position with opinions that are not extreme: *His political views are left of centre.* ▷ **centrum, środek 5 be the centre of attention** to receive more attention than anyone or anything else ▷ **być w centrum uwagi** → See also **community centre**, **garden centre**, **shopping centre**

centre[2] UK (US **center**) /ˈsentəʳ/ **verb** [T] to put something in the middle of an area ▷ **umieszczać na lub w środku**

PHRASAL VERB **centre around/on sb/sth** to have someone or something as the main part of a discussion or activity: *The dispute centres on racial issues.* ▷ **koncentrować się na** *kimś/czymś*

ˌcentre of ˈgravity noun [C] (plural **centres of gravity**) the point in an object where its weight is balanced ▷ **środek ciężkości**

centrepiece UK (US **centerpiece**) /ˈsentəpiːs/ noun [C] **1** the most important or attractive part of something: *The employment programme is **the centrepiece of** the government's economic strategy.* ▷ **filar, duma 2** a decoration that is put in the middle of a dinner table ▷ **dekoracja stołu**

centrifugal /ˌsentrɪˈfjuːgəl/ adjective (of a turning object) moving away from the point around which it is turning: *centrifugal force* ▷ **odśrodkowy**

centrifuge /ˈsentrɪfjuːdʒ/ noun [C] a machine which turns a container round very quickly, causing the solids and liquids inside it to separate ▷ **wirówka**

• **centrifugation** /ˌsentrɪfjuːˈgeɪʃən/ noun [U] when something is put in a centrifuge ▷ **wirowanie**

centripetal /ˌsentrɪˈpiːtəl/ adjective (of a turning object) moving towards the point around which it is turning: *centripetal force* ▷ **dośrodkowy**

century /ˈsenʃəri/ noun [C] A2 a period of 100 years, especially used in giving dates: *the twentieth century* ▷ **wiek**

> Wyrazy występujące razem z **century**
>
> **in the** [17th/21st, etc] **century** • **the early/mid/late** [15th/19th, etc] **century** • **the turn of the century** (= the time around the end of one century and the beginning of the next)

CEO /ˌsiːiːˈəʊ/ noun [C] abbreviation for chief executive officer: the person with the most important job in a company ▷ **prezes, dyrektor (naczelny)**

cephalopod /ˈsefələʊpɒd/ noun [C] an animal such as an octopus or squid, that has tentacles (= long parts like arms) joining directly on to a large head ▷ **głowonóg**

ceramics /səˈræmɪks/ noun [plural] objects that are made by shaping and heating clay ▷ **ceramika**

• **ceramic** adjective made by shaping and heating clay: *a ceramic pot* ▷ **ceramiczny**

cereal /ˈsɪəriəl/ noun [C, U] **1** a plant that is grown to produce grain for food: *cereal crops* ▷ **zboże 2** A2 a food that is made from grain and eaten with milk, especially in the morning: ***breakfast cereals*** ▷ **płatki (zbożowe)** → See **Food** on page Centre 11

cerebellum /ˌserəˈbeləm/ noun [C] (plural **cerebellums** or **cerebella**) a large part at the back of the brain that controls your muscles, movement and balance ▷ **móżdżek**

cerebral /ˈserəbrəl/ adjective formal **1** Cerebral films, books, etc need a lot of thought to understand them, and cerebral people think a lot. ▷ **ambitny, intelektualny 2** [always before noun] relating to the brain: *cerebral arteries* ▷ **mózgowy**

ˌcerebral ˈcortex noun [usually singular] the outer layer of the cerebrum responsible for language, thinking, creative skills, etc ▷ **kora mózgu**

ˌcerebral ˈhemisphere noun [usually singular] one of the two halves of the cerebrum, each of which controls the opposite side of the body ▷ **półkula mózgu**

cerebral palsy /ˌserəbrəlˈpɔːlzi/ noun [U] a medical condition caused by damage to the brain at birth ▷ **porażenie mózgowe**

cerebrum /sɪˈriːbrəm/ noun [C] (plural **cerebrums** or **cerebra**) the front part of the brain, which is involved with thought, decision, emotion, and character ▷ **kresomózgowie**

ceremonial /ˌserɪˈməʊniəl/ adjective relating to a ceremony ▷ **uroczysty, ceremonialny**

• **ceremonially** adverb ▷ **uroczyście, ceremonialnie**

ceremony /ˈserɪməni/ noun **1** [C] B1 a formal event that is performed on important social or religious occasions: *a **wedding/marriage ceremony*** ◦ *an **award ceremony*** ▷ **uroczystość, ceremonia 2** [U] formal behaviour, words, and actions that are part of a ceremony ▷ **ceremoniał**

> Wyrazy występujące razem z **ceremony**
>
> **attend/hold** a ceremony • **at** a ceremony • an **award/marriage/wedding** ceremony

certain /ˈsɜːtən/ adjective **1** [never before noun] B1 completely sure of something, or knowing without doubt that something is true: [+ (that)] *I feel absolutely certain that you're doing the right thing.* ◦ [+ question word] *Nobody was certain how the accident had happened.* ◦ *He was quite **certain about/of** the thief's identity.* ▷ **pewny** → Opposite **uncertain 2 know/say for certain** to know something without doubt: *We don't know for certain whether she's coming.* ▷ **być pewnym 3** B1 sure to happen, to do something, or to be true: [+ (that)] *It now looks certain that she will resign.* ◦ [+ to do sth] *She is certain to do well in the exams.* ◦ *How can we **make certain that** (= do something to be sure that) she sees the note?* ▷ **pewny 4** [always before noun] B1 used to refer to a particular person or thing without naming or describing them exactly: *The museum is only open at certain times of the day.* ▷ **pewien 5 a certain** B2 used before a noun to mean existing, but difficult to describe the exact quality or amount: *He's got a certain charm.* ▷ **pewien**

6 certain of formal used to refer to some of a group of people or things: *Certain of you already know the news.* ▷ **niektórzy**

certainly /ˈsɜːtənli/ **adverb 1** Ⓐ2 used to emphasize something and show that there is no doubt about it: *Their team certainly deserved to win.* ◦ *"Are your parents paying for dinner?" "I certainly hope so."* ◦ *"Do you regret what you said?" **"Certainly not!"*** ▷ **na pewno 2** Ⓐ2 used to agree to a request: *"Could you pass the salt, please?" "Certainly."* ▷ **oczywiście**

certainty /ˈsɜːtᵊnti/ **noun 1** [U] Ⓑ2 when you are completely sure about something: *I can't say **with** any **certainty** what time she left.* ▷ **pewność 2** [C] something that is very likely to happen or cannot be doubted: *There are no absolute certainties in life.* ▷ **pewność**

certificate /səˈtɪfɪkət/ **noun** [C] Ⓑ1 an official document that gives details to show that something is true: *a **death/marriage certificate*** ◦ *an **exam certificate*** ▷ **świadectwo, certyfikat** → See also **birth certificate**

certify /ˈsɜːtɪfaɪ/ **verb** [T] **1** formal to say in a formal or official way that something is true or correct: [+ (that)] *I certify that the information I have given is true.* ◦ *She was **certified dead** on arrival at the hospital.* ▷ **stwierdzać, potwierdzać 2** to give someone a certificate to say that they have completed a course of study: *a certified accountant* ▷ **przyznawać dyplom 3** to say officially that someone has a mental illness ▷ **stwierdzać chorobę umysłową u**

certitude /ˈsɜːtɪtjuːd/ **noun** [U] formal when you feel certain about something ▷ **przekonanie**

cervix /ˈsɜːvɪks/ **noun** [C] the narrow entrance to a woman's womb ▷ **szyjka macicy**
• **cervical** /səˈvaɪkᵊl/, /ˈsɜːvɪkᵊl/ **adjective** *cervical cancer* ▷ **szyjki macicy**

cesarean /sɪˈzeəriən/ **noun** [C] US spelling of caesarean

cessation /sesˈeɪʃᵊn/ **noun** [C, U] formal when something, especially violence, stops: *the cessation of hostilities* ▷ **zaprzestanie**

cetacean /sɪˈteɪʃᵊn/ **noun** [C] any of various types of mammal, such as the whale, that live in the sea like fish ▷ **waleń**

cf used in writing when you want the reader to make a comparison between the subject being discussed and something else ▷ **por.**

CFC /ˌsiːefˈsiː/ **noun** [C] abbreviation for chlorofluorocarbon: a type of gas used in some fridges and aerosols, which damages the layer of gases around the Earth ▷ **CFC**

CGI /ˌsiːdʒiːˈaɪ/ **noun** [U] abbreviation for computer generated imagery: the process of using computers to create pictures or characters in film and television ▷ **grafika komputerowa**

Chad /tʃæd/ **noun** a country in Africa ▷ **Czad**
• **Chadian** /tʃædiən/ **adjective** coming from or relating to Chad ▷ **czadyjski** • **Chadian noun** someone from Chad ▷ **Czadyj-czyk/ka**

chafe /tʃeɪf/ **verb 1** [I] to feel angry because of rules and limits: *He **chafed against/at** the narrow academic approach of his school.* ▷ **irytować się 2** [I, T] to make part of the body painful by rubbing, or to become painful because of being rubbed ▷ **ocierać, drażnić**

chagrin /ˈʃægrɪn/ Ⓤⓢ /ʃəˈgrɪn/ **noun** [U] anger or disappointment caused by something that does not happen the way you wanted it: *To his parents' **chagrin**, he had no intention of becoming a lawyer.* ▷ **rozgoryczenie**

chain[1] /tʃeɪn/ **noun 1** [C, U] Ⓐ2 a line of metal rings connected together: *a bicycle chain* ◦ *She wore a gold chain around her neck.* ◦ *The hostages were kept **in chains**.* ▷ **łańcuch, łańcuszek 2** [C] Ⓑ1 a number of similar shops, restaurants, etc owned by the same company: *a chain of hotels/supermarkets* ▷ **sieć 3** [C] Ⓑ2 a series of things that happen one after the other: *His arrival set off a surprising **chain of events**.* ▷ **łańcuch, ciąg**

chain[2] /tʃeɪn/ **verb** [T] (also **chain up**) to fasten someone or something to someone or something else using a chain: *I **chained** my bike **to** a lamppost.* ◦ *You shouldn't keep a dog **chained up** like that.* ▷ **przypinać (łańcuchem), trzymać na łańcuchu**

the ˌchain of comˈmand noun the way a business or organization organizes what decisions can be taken and how much control people have at each level ▷ **hierarchia służbowa**

ˌchain of proˈduction noun [C] all the businesses that are involved in making goods or providing services, from producing the materials to selling the product ▷ **łańcuch produkcji**

ˌchain reˈaction noun [C] a series of events where each one causes the next one to happen ▷ **reakcja łańcuchowa**

chain-smoke /ˈtʃeɪnsməʊk/ **verb** [I, T] to smoke cigarettes one after another ▷ **palić nałogowo**
• **chain-smoker noun** [C] ▷ **nałogow-y/a palacz/ka**

ˈchain ˌstore noun [C] one of a group of similar shops owned by the same company ▷ **supermarket, sklep należący do sieci**

chair[1] /tʃeəʳ/ **noun** [C] **1** Ⓐ1 a seat for one person, with a back, usually four legs, and sometimes two arms ▷ **krzesło** → See **The Office** on page Centre 5 **2** someone who controls a meeting or organization: [usually singular] *All questions should be addressed to the chair.* ▷ **przewodniczą-cy/a 3** a very important position in a university department, or the person who has this position ▷ **katedra, kierownik katedry** → See also **the electric chair**

chair[2] /tʃeəʳ/ **verb** [T] to control a meeting or organization: *I've been asked to chair the committee.* ▷ **przewodniczyć**

chairman, chairwoman /ˈtʃeəmən/, /ˈtʃeəˌwʊmən/ **noun** [C] (plural **chairmen, chair-**

women) a man/woman who controls a meeting, company, or other organization ▷ **prezes, przewodniczący/a**

chairperson /ˈtʃeəˌpɜːsən/ **noun** [C] someone who controls a meeting, company, or other organization ▷ **przewodniczący/a**

chalet /ˈʃæleɪ/ US /ʃælˈeɪ/ **noun** [C] a small wooden house, often in a mountain area, or for people who are on holiday ▷ **domek (letniskowy) w górach**

chalk[1] /tʃɔːk/ **noun 1** [U] a type of soft, white rock ▷ **kreda 2** [C, U] a small stick of chalk that is used for writing and drawing: *a piece of chalk* ▷ **kreda** → See **The Classroom** on page Centre 6

IDIOM **be like chalk and cheese** UK If two people are like chalk and cheese, they are completely different from each other. ▷ **być jak ogień i woda**

chalk[2] /tʃɔːk/ **verb** [T] UK to write something with a piece of chalk ▷ **napisać kredą**

PHRASAL VERB **chalk sth up** to achieve something: *She's chalked up five goals this season.* ▷ **zaliczyć coś**

chalkboard /ˈtʃɔːkbɔːd/ **noun** [C] US (UK/US **blackboard**) a large board with a dark surface that teachers write on with chalk ▷ **tablica**

chalky /ˈtʃɔːki/ **adjective** made of chalk, or similar to chalk ▷ **kredowy**

challenge[1] /ˈtʃælɪndʒ/ **noun 1** [C, U] B1 something that is difficult and that tests someone's ability or determination: *Finding a decision that pleases everyone is the* ***challenge*** *which now* ***faces*** *the committee.* ▷ **wyzwanie 2** [C] an invitation to compete in a game or a fight: *I'm sure Paul will race you. He never refuses a challenge.* ▷ **wyzwanie 3** [C] an expression of disagreement with ideas, rules, or someone's authority: *a* ***challenge to*** *the authority of the President* ▷ **wyzwanie, kwestionowanie**

> Wyrazy występujące razem z **challenge**
>
> face/pose/present/relish a challenge • a big/formidable/serious/tough challenge

challenge[2] /ˈtʃælɪndʒ/ **verb** [T] **1** B2 to express disagreement with ideas, rules, or someone's authority: *The election results are being challenged.* ▷ **kwestionować 2** to invite someone to compete in a game or fight: *He* ***challenged*** *Smith* ***to*** *a fight.* ▷ **rzucać wyzwanie**

challenger /ˈtʃæləndʒər/ **noun** [C] someone who competes in a game, competition, or election, often to win a position that someone else has: *There are five* ***challengers for*** *the title.* ▷ **kandydat/ka, pretendent/ka**

challenging /ˈtʃæləndʒɪŋ/ **adjective** B1 difficult to do in a way that tests your ability or determination: *This has been a challenging time for us all.* ▷ **wymagający**

chamber /ˈtʃeɪmbər/ **noun** [C] **1** a room used for an official or special purpose: *a debating chamber* ◦ *a burial chamber* ▷ **izba 2** one of the groups that a parliament is divided into: *the* ***upper/lower chamber*** ▷ **izba 3** a closed space in a machine or in your body: *the left chamber of the heart* ▷ **komora** → See also **gas chamber**

chambermaid /ˈtʃeɪmbəmeɪd/ **noun** [C] a woman whose job is to clean and tidy hotel bedrooms ▷ **pokojówka**

ˈchamber ˌmusic noun [U] music that is written for a small group of musicians ▷ **muzyka kameralna**

ˌchamber of ˈcommerce noun [C] (plural **chambers of commerce**) an organization of business people who work together to improve business in their local area ▷ **izba handlowa**

champ /tʃæmp/ **noun** [C] informal short for champion ▷ **mistrz/yni**

champagne /ʃæmˈpeɪn/ **noun** [U] A2 French white wine with lots of bubbles in it which people often drink to celebrate something ▷ **szampan**

champagne

champion[1] /ˈtʃæmpiən/ **noun** [C] **1** B1 a person, animal, or team that wins a competition: *a boxing champion* ◦ *the* ***world champions*** ▷ **mistrz/yni 2** someone who supports, defends, or fights for a person, belief, or principle: *a* ***champion of*** *human rights* ▷ **obrońca/czyni** → See also **reigning champion**

champion[2] /ˈtʃæmpiən/ **verb** [T] to support, defend, or fight for a person, belief, or principle: *She* ***championed the cause*** *of free speech.* ▷ **bronić, walczyć o**

championship /ˈtʃæmpiənʃɪp/ **noun** [C] **1** B1 a competition to find the best team or player in a particular game or sport: *The* ***world championship*** *will be held in this country next year.* ▷ **mistrzostwa 2** the position of being a champion: *She is current holder of our tennis championship.* ▷ **mistrzostwo**

chance[1] /tʃɑːns/ **noun 1** [C, U] B1 the possibility that something will happen: [+ (that)] *There's a chance that she'll still be there.* ◦ *She has little* ***chance of*** *passing the exam.* ◦ *Is there* ***any chance of*** *a drink?* ▷ **szansa 2** [C] B1 the opportunity to do something: [+ to do sth] *I didn't* ***get a chance*** *to speak to you at the party.* ◦ *I hope you've* ***had the chance*** *to look around the exhibition.* ◦ ***Give*** *me* ***a chance*** *to prove that I can do the work.* ◦ *Going on a world cruise is* ***the chance of a lifetime*** *(= an opportunity which only comes once in your life).* ▷ **szansa, okazja 3** [U] B1 when something happens because of luck, or without being planned: *I saw her* ***by chance*** *in the shop.* ▷ **przypadek 4** [C] B2 a risk: *I'm delivering my work by hand. I'm not* ***taking***

any chances. ▷ **ryzyko 5 by any chance** used to ask in a polite way whether something is possible or true: *You're not Spanish by any chance, are you?* ▷ **przypadkiem 6 stand a chance** to have a chance of success or of achieving something: *He stands a good chance of winning the election.* ▷ **mieć szansę 7 chances are** it is likely: [+ (that)] *Chances are that he'll refuse.* ▷ **wygląda na to 8 No chance!/ Not a chance!** used to emphasize that there is no possibility of something happening: *"Do you think she'd go out with me?" "No chance!"* ▷ **nie ma mowy!**

IDIOM **fat chance** informal used to say that you do not think that something is likely to happen: *"Do you think we'll win?" "Fat chance."* ▷ **nigdy w życiu**

→ See also **off-chance**, **outside chance**

Wyrazy występujące razem z chance

a chance of sth • a fifty-fifty chance • a fair/ good/slim chance

chance[2] /tʃɑːns/ **verb** [T] informal to take a risk by doing something ▷ **ryzykować**

chance[3] /tʃɑːns/ **adjective** [always before noun] A chance event is not planned or expected: *a chance meeting* ▷ **przypadkowy**

chancellor /ˈtʃɑːnsələr/ **noun** [C] **1** the leader of the government in some countries: *the German chancellor* ▷ **kanclerz 2** the person with the highest position in some universities ▷ **kanclerz, rektor 3** (also **ˌChancellor of the Exˈchequer**) UK the person in the British government who makes decisions about taxes and government spending ▷ **minister skarbu**

chandelier /ˌʃændəˈlɪər/ **noun** [C] a large light that hangs from the ceiling and is made of many small lights or candles and small pieces of glass ▷ **żyrandol**

change[1] /tʃeɪndʒ/ **verb 1** [I, T] A2 to become different, or to make someone or something become different: *I hadn't seen her for twenty years, but she hadn't changed a bit.* ◦ *The course changed my life.* ◦ *She's* ***changed from*** *being a happy, healthy child* ***to*** *being ill all the time.* ▷ **zmieniać (się) 2** [I, T] A1 to stop having or using one thing, and start having or using another: *The doctor has recommended changing my diet.* ◦ *I'll have to ask them if they can change the time of my interview.* ▷ **zmieniać 3** [I, T] A2 to take off your clothes and put on different ones: *He* ***changed out of*** *his school uniform* ***into*** *jeans and a T-shirt.* ◦ *Is there somewhere I can* ***get changed****?* ▷ **przebierać się 4** [I, T] A2 to get off a bus, plane, etc and catch another, in order to continue a journey: *I have to change trains at Bristol.* ▷ **przesiadać się 5** [T] UK B1 to take something you have bought back to a shop and exchange it for something else: *If the dress doesn't fit, can I* ***change*** *it* ***for*** *a smaller one?* ▷ **wymienić 6** [T] A2 to get or give someone money in exchange for money of a different type: *Where can I change my dollars?* ◦ *Can you* ***change*** *a £20 note* ***for*** *two tens?* ▷ **rozmieniać 7** [T] to take dirty sheets off a bed and put on clean ones: *to change the bed/sheets* ▷ **wymieniać 8** [T] to put a clean nappy on a baby ▷ **przewijać** → See also ***chop*** **and change**, **change** ***hands***, **change your** ***tune***

Change wyrazy bliskoznaczne

Czasownik **alter** jest powszechnie używany w miejsce czasownika „change":

We've had to ***alter*** *our plans.*

Jeśli często wprowadzamy zmiany w czymś, co robimy, możemy użyć czasownika **vary**:

Try to ***vary*** *the children's diet a little.*

Jeśli ktoś zmienia przeznaczenie lub wygląd czegoś, możemy użyć czasownika **convert** lub czasownika frazowego **turn into**:

We're going to ***convert*** *the spare bedroom into an office.*

There are plans to ***turn*** *his latest book* ***into*** *a film.*

Jeśli ktoś wykonuje na przemian jakieś czynności lub używa czegoś na przemian z czymś innym, używamy czasem czasownika **switch**:

We've ***switched*** *over to low fat milk.*

Jack has just ***switched*** *jobs.*

PHRASAL VERBS **change sth around/round** to move objects such as furniture into different positions ▷ **poprzestawiać** *coś* • **change over** UK to stop using or having one thing and start using or having something else: *We've just* ***changed over from*** *gas central heating* ***to*** *electric.* ▷ **przechodzić, przestawiać się**

change[2] /tʃeɪndʒ/ **noun 1** [C, U] A2 when something becomes different, or the result of something becoming different: *We need to* ***make*** *a few* ***changes to*** *the design.* ◦ *There is no* ***change in*** *the patient's condition (= the illness has not got better or worse).* ◦ *How can we* ***bring about*** *social* ***change****?* ▷ **zmiana, zmiany 2** [C, U] A2 when you stop having or using one thing and start having or using another: *This country needs a* ***change of*** *government.* ◦ *I've notified the school of our* ***change of address****.* ▷ **zmiana 3** [C] B1 something that you enjoy because it is a new experience: [usually singular] *Going abroad for our anniversary would* ***make a*** *lovely* ***change****.* ◦ *It's nice to eat together as a family* ***for a change****.* ▷ **odmiana 4** [U] A2 the money that you get back when you pay more for something than it costs: *There's your receipt and £3 change.* ▷ **reszta 5** [U] A2 coins, not paper money: *Have you got any change for the parking meter?* ◦ *Have you got change for £5 (= can you give me £5 in coins in return for paper money)?* ▷ **drobne 6 a change of clothes** A2 a set of clean clothes that you can put on if you need to take off the ones you are wearing ▷ **ubranie na zmianę, zmiana ubrania**

IDIOM **a change of heart** If you have a change of heart, you change your opinion or feelings about something. ▷ **zmiana zdania**

→ See also **small change**

Wyrazy występujące razem z change

bring about/implement/make/undergo change • change **occurs/takes place** • **a big/dramatic/fundamental/major/radical/sweeping** change • change **in/to** sth

changeable /ˈtʃeɪndʒəbl/ **adjective** often changing, or likely to change ▷ **zmienny**

changeover /ˈtʃeɪndʒˌəʊvəʳ/ **noun** [C] a change from one system or situation to another: [usually singular] *the **changeover from** the old computer system to the new one* ▷ **przejście**

ˈ**changing** ˌ**room** **noun** [C] UK a room in a shop where you can try clothes, or a room where you change into clothes to do sport ▷ **przymierzalnia, szatnia, przebieralnia**

channel[1] /ˈtʃænəl/ **noun** [C] **1** (A2) a television or radio station ▷ **program, kanał 2** a long, narrow passage for water or other liquids to flow along: *an irrigation channel* ▷ **kanał 3** a way of communicating with people or getting something done: *a **channel of communication*** ▷ **kanał, droga 4 the Channel** (also **the** ˌ**English** ˈ**Channel**) the narrow area of water between England and France ▷ **kanał La Manche 5** a part of a river or sea that is deep and wide enough for ships to travel along: *a navigable channel* ▷ **kanał**

channel[2] /ˈtʃænəl/ **verb** [T] (present participle UK **channelling**, past tense and past participle **channelled**, present participle US **channeling**, past tense and past participle **channeled**) **1** to direct water along a particular route: *The waste water is channelled through this pipe.* ▷ **prowadzić, kierować 2** to use money or energy for a particular purpose: *We've **channelled** all our resources **into** this project.* ▷ **kierować**

the ˌ**Channel** ˈ**Tunnel** **noun** the three long passages under the English Channel between England and France ▷ **tunel pod kanałem La Manche**

chant[1] /tʃɑːnt/ **verb** [I, T] **1** to repeat or sing a word or phrase many times, often shouting: *The demonstrators **chanted** anti-racist **slogans**.* ▷ **skandować 2** to sing a religious song or prayer using a very simple tune ▷ **intonować**

chant[2] /tʃɑːnt/ **noun** [C] **1** a word or phrase that is repeated many times ▷ **hasło 2** a religious song or prayer that is sung using a very simple tune ▷ **pieśń**

Chanukah /ˈhɑːnəkə/ **noun** [C, U] Hanukkah ▷ **Chanuka**

chaos /ˈkeɪɒs/ **noun** [U] (B2) a situation where there is no order at all and everyone is confused: *The country's at war and everything is **in chaos**.* ▷ **chaos**

Wyrazy występujące razem z chaos

cause chaos • **descend into/be thrown into** chaos • be **in** chaos • **total/utter** chaos

chaotic /keɪˈɒtɪk/ **adjective** in a state of chaos: *a chaotic situation* ▷ **chaotyczny**

chap /tʃæp/ **noun** [C] UK informal a man ▷ **gość, facet**

chapel /ˈtʃæpəl/ **noun** [C] a small church, or a room used as a church in a building ▷ **kaplica**

chaperone[1] (also **chaperon**) /ˈʃæpərəʊn/ **noun** [C] an older person who goes somewhere with a younger person in order to make sure they behave well, especially a woman in the past who went with a younger woman who was not married ▷ **przyzwoitka**

chaperone[2] (also **chaperon**) /ˈʃæpərəʊn/ **verb** [T] to go somewhere with someone as their chaperone ▷ **towarzyszyć, służyć za przyzwoitkę**

chaplain /ˈtʃæplɪn/ **noun** [C] a priest in the army, a school, a hospital, or a prison ▷ **kapelan**

chapter /ˈtʃæptəʳ/ **noun** [C] **1** (B1) one of the parts that a book is divided into ▷ **rozdział 2** a period of time when something happens in history or in someone's life: *an interesting **chapter in** Spanish history* ▷ **rozdział**

character /ˈkærəktəʳ/ **noun 1** [C, U] (B1) the combination of qualities and personality that makes one person or thing different from others: *It's **not in her character** to be jealous (= she would not usually be jealous).* ◦ *It would be very **out of character** (= not typical) of her to lie.* ◦ *The character of the village has changed since the road was built.* ▷ **charakter 2** [C] (B1) a person in a book, film, etc: *a cartoon character* ▷ **postać 3** [U] (B2) qualities that are interesting or unusual: *a hotel of character* ▷ **charakter 4** [C] informal a particular kind of person: *an unpleasant character* ▷ **typ (człowieka) 5** [C] an interesting or funny person whose behaviour is different from most people's: *Your granny's a **real character**.* ▷ **oryginał 6** [C] a letter, sign, or number that you use when you are writing or printing: *Chinese characters* ▷ **znak**

Wyrazy występujące razem z character

a colourful/lovable/shady/strong/unsavoury character • **a real** character

characteristic[1] /ˌkærəktəˈrɪstɪk/ **noun** [C] a typical or obvious quality that makes one person or thing different from others: *a national characteristic* ◦ *Does he have any distinguishing physical characteristics?* ▷ **cecha (charakterystyczna)**

C

characteristic² /ˌkærəktəˈrɪstɪk/ **adjective** typical of someone or something: *Grey stone is **characteristic of** buildings in that area.* ▷ **charakterystyczny** → Opposite **uncharacteristic**
• **characteristically adverb** ▷ **charakterystycznie**

characterization (also UK **-isation**) /ˌkærəktᵊraɪˈzeɪʃᵊn/ **noun** [U] the way that people are described in a play, book, etc ▷ **przedstawienie, charakterystyka**

characterize (also UK **-ise**) /ˈkærəktᵊraɪz/ **verb** [T] **1** to be typical of someone or something: [often passive] *Her behaviour in class has been characterized by rudeness and laziness.* ▷ **charakteryzować** **2** to describe or show someone or something in a particular way: *Historians have **characterized** the age **as** a period of great change.* ▷ **przedstawiać, określać**

charade /ʃəˈrɑːd/ Ⓤⓢ /ʃəˈreɪd/ **noun** [C] a situation which is clearly false, but where people behave as if it is true or serious: *The interview was just a charade.* ▷ **komedia**

charcoal /ˈtʃɑːkəʊl/ **noun** [U] a hard, black substance that is produced by burning wood without much air, and that is used as fuel or for drawing ▷ **węgiel drzewny**

charge¹ /tʃɑːdʒ/ **noun** **1** [C, U] B1 the amount of money that you have to pay for something, especially for an activity or a service: *bank charges* ◦ *There's no **charge for** children under 14.* ◦ *He repaired the computer **free of charge** (= it did not cost anything).* ▷ **opłata** **2 be in charge** B1 to be the person who has control of or is responsible for someone or something: *She's **in charge of** a team of 20 people.* ◦ *Who's in charge of organizing the music for the party?* ▷ **kierować** **3 take charge** B2 to take control of or make yourself responsible for something: *I was happy to let her take charge of paying all the bills.* ▷ **brać na siebie** **4** [C] B2 a formal police statement saying that someone is accused of a crime: *to **bring/press charges*** ◦ *She was **arrested on charges of** theft and forgery.* ▷ **zarzut, oskarżenie** **5** [C] when you accuse someone of something: *This is a **serious charge** to make against your colleagues.* ▷ **zarzut, oskarżenie** **6** [C, U] the amount of electricity that an electrical device has in it or that a substance has in it ▷ **ładunek** **7** [C] an attack in which people or animals run forward suddenly ▷ **szarża** **8 reverse the charges** UK (US **call collect**) to make a telephone call that is paid for by the person who receives it ▷ **dzwonić na koszt abonenta** → See also **service charge**

> Wyrazy występujące razem z **charge**
>
> make a charge • at no extra/free of/without charge • a charge for sth • a charge of [£10/$12, etc] • a small charge

charge² /tʃɑːdʒ/ **verb** **1** [I, T] B1 to ask someone to pay an amount of money for something, especially for an activity or a service: [+ two objects] *They are going to charge motorists a tax to drive into the city centre.* ◦ *How much do you **charge for** delivery?* ▷ **obciążać, pobierać (opłatę)** **2** [T] B2 If the police charge someone, they accuse them officially of a crime: [often passive] *He was **charged with** assault.* ▷ **stawiać zarzuty, oskarżać** **3** [I, T] B2 to attack someone or something by moving forward quickly: *The bull looked as if it was about to charge.* ▷ **szarżować** **4 charge around/into/through, etc** to run from one place to another: *The children charged around the house.* ▷ **biegać** **5** [I,T] B2 to put electricity into something ▷ **ładować**

ˈcharge ˌcard noun [C] a small plastic card that allows you to buy something and pay for it at a particular date in the future ▷ **karta obciążeniowa**

charged /tʃɑːdʒd/ **adjective** A situation or a subject that is charged causes strong feelings or arguments: *a **highly charged debate*** ▷ **pełen emocji, wzbudzający emocje, drażliwy**

chariot /ˈtʃæriət/ **noun** [C] a vehicle with two wheels that was used in races and fights in ancient times and was pulled by a horse ▷ **rydwan**

charisma /kəˈrɪzmə/ **noun** [U] a natural power which some people have to influence or attract people ▷ **charyzma**
• **charismatic** /ˌkærɪzˈmætɪk/ **adjective** ▷ **charyzmatyczny**

charitable /ˈtʃærɪtəbl/ **adjective** **1** [always before noun] A charitable event, activity, or organization gives money, food, or help to people who need it. ▷ **charytatywny** **2** kind, and not judging other people in a severe way ▷ **wyrozumiały**
• **charitably adverb** ▷ **wyrozumiale**

charity /ˈtʃærɪti/ **noun** **1** [C, U] B1 an official organization that gives money, food, or help to people who need it: *The raffle will raise money **for charity**.* ◦ *A percentage of the company's profits **go to charity**.* ▷ **organizacja charytatywna** **2** [U] B1 money, food, or other help that is given to people: *I won't **accept charity**.* ▷ **jałmużna** **3** [U] kindness towards other people: *an act of charity* ▷ **miłosierdzie**

> Wyrazy występujące razem z **charity**
>
> donate/give sth to charity • [money, etc] goes to charity • do sth for charity • a charity for [homeless people/sick children, etc] • a charity event (= an event to raise money for a charity)

ˈcharity ˌshop noun [C] UK (US **thrift shop**) a shop which sells goods given by the public, especially clothes, to make money for a particular charity ▷ **sklep organizacji charytatywnej**

charlatan /ˈʃɑːlətᵊn/ **noun** [C] someone who pretends to have skills or knowledge that they do not have ▷ **szarlatan**

Charles /tʃɑːlz/ **noun** (also **Charlie** /ˈtʃɑːli/) a male name

Charlotte /ˈʃɑːlət/ **noun** a female name

charm¹ /tʃɑːm/ **noun 1** [C, U] Ⓑ2 a quality that makes you like someone or something: *The building had a certain charm.* ▷ **urok 2** [C] an object that you keep or wear because you believe that it is lucky: *a **lucky charm*** ▷ **amulet**

charm² /tʃɑːm/ **verb** [T] to attract someone or persuade someone to do something because of your charm: [often passive] *We were charmed by his boyish manner.* ▷ **zauroczyć**

charmed /tʃɑːmd/ **adjective** very lucky, or managing to avoid danger: *The young boy had led **a charmed life**.* ▷ **jak z bajki**

charmer /ˈtʃɑːməʳ/ **noun** [C] informal someone who knows how to be charming in order to attract people or persuade them to do things ▷ **czarodziej/ka**

charming /ˈtʃɑːmɪŋ/ **adjective** Ⓑ1 pleasant or attractive: *a charming smile/place* ▷ **uroczy**
• **charmingly adverb** ▷ **uroczo**

charred /tʃɑːd/ **adjective** black from having been burned: *charred wreckage* ▷ **zwęglony**

chart¹ /tʃɑːt/ **noun 1** [C] Ⓑ2 a drawing which shows information in a simple way, often using lines and curves to show amounts: *a sales chart* ▷ **wykres 2 the charts** Ⓑ2 an official list of the most popular songs each week ▷ **lista przebojów 3** [C] a map of the sea or the sky ▷ **mapa**

chart² /tʃɑːt/ **verb** [T] **1** to watch and record information about something over a period of time: *The documentary **charted** the **progress** of the war.* ▷ **dokumentować, rejestrować 2** to make a map of an area of land, sea, or sky ▷ **nanosić na mapę**

charter¹ /ˈtʃɑːtəʳ/ **noun** [C] a formal, written description of the principles, activities, and purpose of an organization ▷ **karta, statut**

charter² /ˈtʃɑːtəʳ/ **verb** [T] to rent a vehicle, especially an aircraft: *The holiday company chartered a plane to fly us all home.* ▷ **czarterować**

charter³ /ˈtʃɑːtəʳ/ **adjective a charter flight/company/plane, etc** using aircraft paid for by travel companies for their customers ▷ **lot/firma/samolot** *itp.* **czarterow-y/a**

chartered /ˈtʃɑːtəd/ **adjective** [always before noun] UK having the necessary qualifications to work in a particular profession: *a **chartered** accountant/surveyor* ▷ **dyplomowany**

chase¹ /tʃeɪs/ **verb 1** [I, T] Ⓑ2 to run after someone or something in order to catch them: *The dog was chasing a rabbit.* ▷ **gonić 2 chase sb/sth away/off/out, etc** to run after a person or animal to make them leave a place: *I chased the cat away.* ▷ **odpędzać** *kogoś/coś*, **odganiać** *kogoś/coś* **3** [T] UK to try very hard to get something: *There are hundreds of graduates **chasing** very few **jobs**.* ▷ **polować na**

chase² /tʃeɪs/ **noun 1** [C] when you go after someone or something quickly in order to catch them: *a high speed **car chase*** ▷ **pościg 2 give chase** to go after someone or something quickly in order to catch them ▷ **ruszyć w pościg**

chasm /ˈkæzᵊm/ **noun** [C] **1** a long, deep, narrow hole in rock or ice ▷ **rozpadlina 2** a very large difference between two opinions or two groups of people ▷ **przepaść**

chassis /ˈʃæsi/ **noun** [C] (plural **chassis** /ˈʃæsiz/) the structure of a vehicle that the outer metal is fixed on to ▷ **podwozie**

chaste /tʃeɪst/ **adjective** not having had sex, or without sexual thoughts or intentions: *a chaste relationship* ▷ **cnotliwy, czysty**

chasten /ˈtʃeɪsᵊn/ **verb** [T] formal to make someone feel ashamed by making them understand that they have failed or done something wrong: [often passive] *The team were chastened by their defeat.* ▷ **nauczyć pokory**
• **chastening adjective** ▷ **uczący pokory**

chastise /tʃæsˈtaɪz/ **verb** [T] formal to criticize or punish someone ▷ **upominać**

chastity /ˈtʃæstəti/ **noun** [U] when someone does not have sex ▷ **cnota**

chat¹ /tʃæt/ **verb** [I] (present participle **chatting**, past tense and past participle **chatted**) Ⓐ2 to talk with someone in a friendly and informal way: *I wanted to **chat to** you **about** the party on Saturday.* ▷ **pogadać**

PHRASAL VERB **chat sb up** UK informal to talk to someone in a way that shows them that you are sexually attracted to them ▷ **podrywać** *kogoś*

chat² /tʃæt/ **noun** [C, U] Ⓐ2 a friendly, informal conversation ▷ **pogaduszki, gadka**

> Wyrazy występujące razem z **chat**
>
> have a chat • a chat about sth • a good/little/long/quick chat • a chat with sb

chateau /ˈʃætəʊ/ Ⓤⓢ /ʃæˈtəʊ/ **noun** [C] (plural **chateaux**) a large house or castle in France ▷ **zameczek, zamek**

ˈchat ˌroom noun [C] a place on the Internet where you can have discussions with other people ▷ **czat, kanał czatowy**

ˈchat ˌshow noun [C] UK (US **talk show**) Ⓑ1 a television or radio programme where people are asked questions about themselves ▷ **talk-show**

chatter /ˈtʃætəʳ/ **verb** [I] **1** to talk for a long time about things that are not important ▷ **nawijać, paplać 2** If your teeth chatter, they knock together because you are cold or frightened. ▷ **szczękać**
• **chatter noun** [U] ▷ **paplanina**

chatty /ˈtʃæti/ **adjective 1** liking to talk ▷ **rozmowny 2** A piece of writing that is chatty has a friendly and informal style: *a chatty letter/style* ▷ **gawędziarski**

chauffeur /ˈʃəʊfəʳ/ (US) /ʃəʊˈfɜːr/ **noun** [C] someone whose job is to drive a car for someone else ▷ **szofer**
• **chauffeur verb** [T] ▷ **szoferować**

chauvinist /ˈʃəʊvənɪst/ **noun** [C] **1** (also **male chauvinist**) a man who believes that men are better or more important than women ▷ **(męski) szowinista 2** someone who believes that their country or race is better or more important than other countries or races ▷ **szowinist-a/ka**
• **chauvinism noun** [U] the beliefs and behaviour of chauvinists ▷ **szowinizm**

chav /tʃæv/ **noun** [C] UK informal a young person who dresses in cheap clothes and jewellery that are intended to look expensive, and who does not look clever ▷ **dresiarz**

cheap[1] /tʃiːp/ **adjective 1** (A1) not expensive, or costing less than usual: *I got a cheap flight to Spain at the last minute.* ◦ *It will be a lot cheaper to go by bus.* ▷ **tani 2** (A1) where you have to pay less than usual or less than you expect: *Are there any cheap restaurants around here?* ▷ **tani 3** low in price and quality: *cheap perfume* ▷ **tani 4** US not willing to spend money ▷ **skąpy**

> **Cheap** wyrazy bliskoznaczne
>
> Jeśli coś jest dostatecznie tanie, by większość ludzi mogła to nabyć, możemy określić to mianem **affordable, inexpensive** lub **reasonable**:
>
> *There's very little **affordable** housing around here.*
> *They sell **inexpensive** children's clothes.*
> *I thought the food was very **reasonable**.*
>
> Jeśli jakaś część wyposażenia jest tania w eksploatacji, możemy określić ją jako **economical**:
>
> *I need a car that's reliable and **economical**.*

cheap[2] /tʃiːp/ **adverb** informal **1** for a low price: *You'll **get** the table **cheap** if you buy the chairs too.* ▷ **tanio 2 be going cheap** UK to be offered for sale for less money than is usual ▷ **być (sprzedawanym) po promocyjnej cenie 3 not come cheap** to be expensive: *Good carpets don't come cheap.* ▷ **trochę kosztować**

cheaply /ˈtʃiːpli/ **adverb** for a low price: *You can buy some goods more cheaply in America.* ▷ **tanio**

cheat[1] /tʃiːt/ **verb** [I, T] (B2) to behave in a way that is not honest or fair in order to win something or to get something: *She was caught* UK ***cheating in*** *her French exam*/US ***cheating on*** *her French exam.* ◦ *He **cheats at** cards.* ▷ **oszukiwać, ściągać**

PHRASAL VERBS **cheat on sb** (B2) to have a secret sexual relationship with someone who is not your usual sexual partner ▷ **zdradzać** *kogoś* • **cheat sb out of sth** to get something that belongs to someone else by deceiving them ▷ **podstępem odebrać** *coś komuś*, **wyłudzić** *coś* **od** *kogoś*

cheat[2] /tʃiːt/ **noun** [C] **1** someone who cheats ▷ **oszust/ka 2** special instructions or information which someone can use to help them play a computer game more effectively ▷ **cheat (w grze komputerowej)**

check[1] /tʃek/ **verb 1** [I, T] (A2) to examine something in order to make sure that it is correct or the way it should be: [+ (that)] *I went to check that I'd locked the door.* ◦ *Have you **checked** your **facts**?* ◦ *I knelt down beside the body and **checked for** a pulse.* ▷ **sprawdzać 2** [I, T] (B1) to find out about something: [+ question word] *I'll check whether Peter knows about the party.* ▷ **sprawdzać 3** [I] (B2) to ask someone for permission to do something: *I'd like to stay overnight, but I need to **check with** my parents.* ▷ **uzgadniać 4** [T] to stop something bad from increasing or continuing: *The government needs to find a way to check rising inflation.* ▷ **opanować, powstrzymać 5** [T] US (UK **tick**) to put a mark by an answer to show that it is correct, or by an item on a list to show that you have dealt with it ▷ **odhaczać, zaznaczać 6** [T] US to leave your coat, bags, or other possessions temporarily in someone's care ▷ **oddawać (na przechowanie), nadawać** → See also **double-check**

PHRASAL VERBS **check in 1** (B1) to go to the desk at an airport in order to say that you have arrived and to get the number of your seat: *We have to check in three hours before the flight leaves.* ▷ **zgłosić się do odprawy 2** (B1) to go to the desk at a hotel in order to say that you have arrived, and to get the key to your room ▷ **zameldować się** • **check sth off** US (UK **tick sth off**) to put a mark next to a name or an item on a list to show that it is correct, or that it has been dealt with ▷ **odhaczyć** *coś* • **check (up) on sb/sth** to try to discover how something is progressing or whether someone is doing what they should be doing: *My boss is always checking up on me.* ▷ **pilnować** *kogoś/czegoś* • **check out** (B1) to leave a hotel after paying your bill ▷ **wymeldować się** • **check sth out 1** informal to examine something or get more information about it in order to be certain that it is true, safe, or suitable: *We'll need to check out his story.* ▷ **sprawdzać** *coś* **2** informal to go to a place in order to see what it is like: *Let's check out that new dance club.* ▷ **wypróbować** *coś* **3** mainly US to borrow books from a library ▷ **wypożyczać** *coś*

check[2] /tʃek/ **noun 1** [C] (B1) an examination of something in order to make sure that it is correct or the way it should be: *We **do safety checks on** all our equipment.* ▷ **sprawdzian, przegląd 2** [C] US spelling of cheque ▷ **czek 3** [C]

US (UK **bill**) a list that you are given in a restaurant showing how much your meal costs ▷ **rachunek** **4** [C] US (UK **tick**) a mark (✓) that shows that an answer is correct, or that you have dealt with something on a list ▷ **ptaszek** **5** [C, U] a pattern of squares of different colours ▷ **kratka** **6** **hold/keep sth in check** to control something that could increase too quickly or become too large or powerful: *We need to keep our spending in check.* ▷ **ograniczać** *coś*, **kontrolować** *coś* → See also **rain check**

Wyrazy występujące razem z **check**

do/make a check • a rigorous check • a final/last-minute/random/routine check • safety/security checks • a check of/on sth

checkbook /ˈtʃekbʊk/ **noun** [C] US spelling of chequebook ▷ **książeczka czekowa**

checked /tʃekt/ **adjective** with a pattern of squares of different colours: *a checked shirt/tablecloth* ▷ **w kratkę**

checkers /ˈtʃekəz/ **noun** [U] US (UK **draughts**) a game that two people play by moving flat, round objects around on a board of black and white squares ▷ **warcaby**

check in

check-in /ˈtʃekɪn/ **noun** [C] B1 the place at an airport where you go to say that you have arrived for your flight, or the act of going to the check-in to say that you have arrived for your flight: *a **check-in counter/desk*** ▷ **punkt odpraw, odprawa**

ˈchecking acˌcount noun [C] US (UK **current account**) a bank account which you can take money out of at any time ▷ **rachunek oszczędnościowo-rozliczeniowy**

checklist /ˈtʃeklɪst/ **noun** [C] a list of things that you should think about, or that you must do ▷ **lista (czynności do wykonania)**

checkmate /ˈtʃekmeɪt/ **noun** [U] the final position in the game of chess when your king cannot escape and you have lost the game ▷ **szach-mat**

checkout /ˈtʃekaʊt/ **noun** [C] **1** B1 (also US **ˈcheckout ˌcounter**) the place in a large shop, especially a food shop, where you pay for your goods: *a supermarket checkout* ▷ **kasa** **2** B1 the place on an Internet website where you order and pay for things: *After you've chosen what you want, click here to go to checkout.* ▷ **kasa**

checkpoint /ˈtʃekpɔɪnt/ **noun** [C] a place where people and vehicles are stopped and examined: *a military/police checkpoint* ▷ **punkt kontroli (drogowej), rogatka**

checksum /ˈtʃeksʌm/ **noun** [C] a number that is found from all the numbers in a piece of electronic data, in order to check that the data is correct ▷ **suma kontrolna**

check-up /ˈtʃekʌp/ **noun** [C] a general medical examination to see if you are healthy: *I'm going to the doctor for a check-up.* ▷ **badanie kontrolne**

cheddar /ˈtʃedəʳ/ **noun** [U] a type of hard, yellow cheese ▷ **cheddar**

cheek /tʃiːk/ **noun** **1** [C] B1 the soft part of your face below your eye: *Tears ran down his cheeks.* ▷ **policzek** → See **The Body** on page Centre 13 **2** [U, no plural] mainly UK rude behaviour that shows that you do not respect someone: [+ to do sth] *She **had the cheek to** ask me to pay for her!* ▷ **bezczelność, czelność**

cheekbone /ˈtʃiːkbəʊn/ **noun** [C] one of the two bones below your eyes ▷ **kość policzkowa**

cheeky /ˈtʃiːki/ **adjective** UK B2 slightly rude or behaving without respect, but often in a funny way: *He's got such a **cheeky grin**.* ▷ **bezczelny**
• **cheekily** adverb ▷ **bezczelnie**

cheer¹ /tʃɪəʳ/ **verb** **1** B2 [I, T] to shout loudly in order to show your approval or to encourage someone: *The crowd stood up and cheered at the end of the concert.* ▷ **wiwatować** **2** **be cheered by sth** to feel happier or encouraged because of something ▷ **pocieszyć się** *czymś*

PHRASAL VERBS **cheer sb on** to shout loudly in order to encourage someone in a competition ▷ **dopingować** *kogoś* • **cheer (sb) up** B2 to stop feeling sad, or to make someone feel happier: *Cheer up. It's not the end of the world.* ▷ **rozchmurzyć się, pocieszyć** *kogoś* • **cheer sth up** to make a place look brighter or more attractive ▷ **rozweselić** *coś*

cheer² /tʃɪəʳ/ **noun** [C] a shout of approval or encouragement ▷ **wiwat**

cheerful /ˈtʃɪəfəl/ **adjective** **1** B1 happy: *I'm not feeling very cheerful today.* ▷ **wesoły, radosny** **2** B2 bright and pleasant to look at: *a bright and cheerful room* ▷ **wesoły, radosny**
• **cheerfully** adverb B2 ▷ **wesoło, radośnie** • **cheerfulness** noun [U] ▷ **radość**

cheering¹ /ˈtʃɪərɪŋ/ **noun** [U] shouts of encouragement and approval ▷ **doping**

cheering² /ˈtʃɪərɪŋ/ **adjective** Something cheering encourages you and makes you feel happier: *We received some cheering news.* ▷ **pocieszający**

cheerleader /ˈtʃɪəˌliːdəʳ/ **noun** [C] a girl, especially in the United States, who leads the crowd in shouting encouragement to a team who are playing a sport ▷ **cheerliderka**

cheers /tʃɪəz/ **exclamation 1** B1 something friendly that you say before you start to drink alcohol with someone ▷ **na zdrowie! 2** UK informal B2 thank you ▷ **dzięki**

cheery /ˈtʃɪəri/ **adjective** bright and happy: *a **cheery** wave/smile* ▷ **radosny**
• **cheerily adverb** ▷ **radośnie**

cheese /tʃi:z/ **noun** [C, U] A1 a food that is made from milk, is usually white or yellow, and can be either hard or soft: *a cheese sandwich* ▷ **ser** → See **Food** on page Centre 11

IDIOM **Say cheese!** something that you say to make someone smile when you are taking their photograph ▷ **(proszę o) uśmiech!**

→ See also **be like *chalk* and cheese**, **cottage cheese**, **cream cheese**

cheesecake /ˈtʃi:zkeɪk/ **noun** [C, U] a sweet cake made with soft, white cheese on a biscuit base ▷ **sernik**

cheesy /ˈtʃi:zi/ **adjective** informal **1** not fashionable and of low quality: *cheesy music* ▷ **obciachowy 2 a cheesy grin** a wide smile that is not always sincere ▷ **sztuczny uśmiech**

cheetah /ˈtʃi:tə/ **noun** [C] a large, wild cat that has black spots and can run very fast ▷ **gepard**

chef /ʃef/ **noun** [C] A2 someone who is the main cook in a hotel or a restaurant ▷ **szef/owa kuchni**

chemical[1] /ˈkemɪkəl/ **adjective** B2 relating to chemistry or chemicals: *a chemical reaction ◦ chemical weapons* ▷ **chemiczny**
• **chemically adverb** ▷ **chemicznie**

chemical[2] /ˈkemɪkəl/ **noun** [C] B2 a basic substance that is used in chemistry or produced by chemistry ▷ **substancja chemiczna**

ˌchemical ˈbond noun [C] the way two atoms are joined together in a chemical compound ▷ **wiązanie chemiczne**

ˌchemical ˈelement noun [C] a substance that cannot be broken down into any simpler chemical substances and is made of atoms all of the same type ▷ **pierwiastek (chemiczny)**

ˌchemical eˈquation noun [C] a statement containing chemical symbols, used to show the changes that happen during a particular chemical reaction ▷ **równanie reakcji**

ˌchemical ˈformula noun [C] the representation of a substance using the symbols of its elements ▷ **wzór chemiczny**

chemist /ˈkemɪst/ **noun** [C] **1** UK (US **pharmacist**) A2 someone whose job is to prepare and sell drugs in a shop ▷ **apteka-rz/rka 2** B1 a scientist who does work involving chemistry ▷ **chemi-k/czka**

chemistry /ˈkemɪstri/ **noun** [U] A2 the scientific study of substances and how they change when they combine ▷ **chemia**

chemist's /ˈkemɪsts/ **noun** [C] UK (US **drugstore**) A2 a shop where you can buy drugs, soap, beauty products, etc ▷ **apteka, drogeria**

chemotherapy /ˌki:məʊˈθerəpi/ **noun** [U] (also **chemo**) the treatment of a disease using chemicals: *Chemotherapy is often used to treat cancer.* ▷ **chemioterapia**

cheque UK (US **check**) /tʃek/ **noun** [C] A2 a piece of paper printed by a bank that you use to pay for things: *a **cheque for** £1500 ◦ Are you **paying by cheque**?* ▷ **czek** → See also **blank cheque**, **traveller's cheque**

> **Wyrazy występujące razem z cheque**
>
> **pay by** cheque • a cheque **bounces** • **write** a cheque • a cheque **for** [£50/£200, etc]

chequebook UK (US **checkbook**) /ˈtʃekbʊk/ **noun** [C] a book of cheques ▷ **książeczka czekowa**

ˈcheque ˌcard noun [C] a small plastic card from your bank which you show when you write a cheque ▷ **karta czekowa**

cherish /ˈtʃerɪʃ/ **verb** [T] **1** to love someone or something very much and take care of them ▷ **hołubić, pielęgnować 2** If you cherish an idea, hope, memory, etc, it is very important to you. ▷ **hołubić, pielęgnować**

cherry /ˈtʃeri/ **noun** [C] B2 a small, round red or black fruit with a large seed inside ▷ **wiśnia**

cherub /ˈtʃerəb/ **noun** [C] a small child with a beautiful, round face and wings who appears in religious paintings ▷ **cherubin**

chess /tʃes/ **noun** [U] A2 a game that two people play by moving differently shaped pieces around a board of black and white squares: *a chess set* ▷ **szachy**

chest /tʃest/ **noun** [C] **1** B2 the front of your body between your neck and your waist: *a hairy chest ◦ chest pains* ▷ **klatka piersiowa, pierś, piersi** → See **The Body** on page Centre 13 **2** a strong, usually wooden, container with a lid, used for keeping things in: *a treasure chest* ▷ **skrzynia**

IDIOM **get sth off your chest** informal to tell someone about something that you have been worried or angry about for a long time ▷ **wyrzucić** *coś* **z siebie**

chestnut /ˈtʃesnʌt/ **noun 1** [C] a nut that has a shiny, red-brown surface and is white inside, or the tree that produces these nuts: *roasted chestnuts* ▷ **kasztan, kasztanowiec 2** [C, U] a dark red-brown colour ▷ **kasztan** → See also **horse chestnut**

ˌchest of ˈdrawers noun [C] UK (US **bureau**) B1 a piece of furniture with drawers for keeping clothes in ▷ **komoda**

chew /tʃu:/ **verb** [I, T] **1** B2 to crush food between your teeth before you swallow it ▷ **pogryźć 2** B2 to repeatedly bite something without swallowing it: *to chew gum* ▷ **żuć**

PHRASAL VERB **chew sth over** to think carefully about something, or to discuss it ▷ **roztrząsać** *coś*

ˈchewing ˌgum noun [U] (B1) a sweet substance that you chew but do not swallow ▷ **guma do żucia**

chewy /ˈtʃuːi/ **adjective** Chewy food needs to be chewed a lot before you can swallow it. ▷ **trudny do pogryzienia, ciągliwy**

chic /ʃiːk/ **adjective** fashionable and attractive: *a chic restaurant* ▷ **elegancki**

chick /tʃɪk/ **noun** [C] a baby bird, especially a baby chicken ▷ **pisklak, kurczątko**

chicken¹ /ˈtʃɪkɪn/ **noun 1** [C] (A2) a bird kept on a farm for its meat and eggs ▷ **kurczak 2** [U] (A2) the meat of a chicken: *a chicken sandwich* ▷ **kurczak**

chicken² /ˈtʃɪkɪn/ verb

PHRASAL VERB **chicken out** informal to decide not to do something because you are too nervous ▷ **stchórzyć**

ˈchicken ˌpox noun [U] a children's disease that causes a fever and red spots on the skin ▷ **ospa wietrzna**

ˈchick ˌflick noun [C] humorous a film about romantic relationships or other subjects that interest women ▷ **babski film**

ˈchick ˌlit noun [U] humorous books about romantic relationships or other subjects that interest women ▷ **babskie czytadła**

chief¹ /tʃiːf/ **adjective** [always before noun] **1** (B2) most important: *The wonderful weather was our **chief reason** for coming here.* ▷ **główny 2** (B2) highest in rank: *chief economic adviser to the government* ▷ **główny**

chief² /tʃiːf/ **noun** [C] **1** (B2) the leader of a group of people: *tribal chiefs* ▷ **wódz 2** (B2) a person who controls other people in an organization: *police chiefs* ▷ **szef/owa, dowódca**

ˌchief exˈecutive noun [C] (also **chief executive officer**) the person with the most important job in a company ▷ **prezes, dyrektor (naczelny)**

chiefly /ˈtʃiːfli/ **adverb** mainly: *magazines intended chiefly for teenagers* ▷ **głównie**

chieftain /ˈtʃiːftᵊn/ **noun** [C] the leader of a tribe ▷ **wódz**

chiffon /ˈʃɪfɒn/ (US) /ʃɪˈfɑːn/ **noun** [U] a soft, thin cloth used for making women's clothes ▷ **szyfon**

child /tʃaɪld/ **noun** [C] (plural **children**) **1** (A1) a young person who is not yet an adult: *an eight-year-old child* ◦ *How many children are there in your class?* ▷ **dziecko 2** (A1) someone's son or daughter, also when they are adults: *Both our children have grown up and moved away.* ▷ **dziecko** → See also **only child**

ˈchild aˌbuse noun [U] when adults treat children in a cruel or violent way ▷ **maltretowanie dzieci**

ˌchild ˈbenefit noun [U] money that the British government pays every week to families with children ▷ **zasiłek rodzinny**

childbirth /ˈtʃaɪldbɜːθ/ **noun** [U] the process during which a baby is born: *His mother died **in childbirth**.* ▷ **poród**

childcare /ˈtʃaɪldkeəʳ/ **noun** [U] when someone looks after children while their parents are working ▷ **opieka nad dziećmi**

childhood /ˈtʃaɪldhʊd/ **noun** [C, U] (B1) the part of your life when you are a child ▷ **dzieciństwo**

> Wyrazy występujące razem z **childhood**
>
> **spend** your childhood swh/doing sth • **early** childhood • **in** (sb's) childhood • **a happy/lonely/unhappy** childhood • **a** childhood **friend/** sb's childhood **sweetheart** • child-hood **memories**

childish /ˈtʃaɪldɪʃ/ **adjective 1** (B2) Childish behaviour is silly, like that of a small child: *Don't be so childish!* ▷ **dziecinny 2** (B2) typical of a child: *childish handwriting* ▷ **dziecinny**
• **childishly adverb** ▷ **dziecinnie** • **childishness noun** [U] ▷ **dziecinność**

childless /ˈtʃaɪldləs/ **adjective** A childless person has no children. ▷ **bezdzietny**

childlike /ˈtʃaɪldlaɪk/ **adjective** Childlike people are like children in some ways, such as trusting people or behaving in a natural way. ▷ **dziecinny, dziecięcy**

childminder /ˈtʃaɪldˌmaɪndəʳ/ **noun** [C] UK someone whose job is to look after children while their parents are working ▷ **opiekun/ka do dziecka**

children /ˈtʃɪldrən/ plural of child ▷ **dzieci**

ˈchild supˌport noun [U] money that someone gives the mother or father of their children when they do not live with them ▷ **alimenty**

Chile /ˈtʃɪli/ **noun** a country in South America ▷ **Chile**
• **Chilean** /ˈtʃɪliən/ **adjective** coming from or relating to Chile ▷ **chilijski** • **Chilean noun** someone from Chile ▷ **Chilij-czyk/ka**

chili /ˈtʃɪli/ **noun** US spelling of chilli

chill¹ /tʃɪl/ **verb** [I, T] to become cold, or to make someone or something become cold: *Chill the wine before serving.* ▷ **chłodzić (się), marznąć, ochładzać**

PHRASAL VERB **chill out** informal to relax completely, or not allow things to upset you: *Chill out, Dad – if we miss this train there's always another one.* ▷ **wyluzować się**

chill² /tʃɪl/ **noun 1** [no plural] a cold feeling: *There is a definite chill in the air.* ▷ **chłód 2** [C] a sudden frightened feeling: *The scream **sent a chill down my spine**.* ▷ **dreszcz 3** [C] UK a cold that is not very bad ▷ **przeziębienie**

chilli (plural **chillies**) UK (US **chili**) /ˈtʃɪli/ **noun** **1** [C, U] A2 a small, thin, red or green vegetable that tastes very hot: *chilli powder* ▷ **(papryka) chili** **2** [U] a spicy dish of beans, meat, and chillies ▷ **chili (con carne)**

C

chilling /ˈtʃɪlɪŋ/ **adjective** very frightening: *a chilling tale* ▷ **mrożący krew w żyłach**

chilly /ˈtʃɪli/ **adjective** **1** unpleasantly cold: *a chilly evening* ▷ **chłodny** **2** unfriendly: *He gave me a chilly look.* ▷ **chłodny**

chime /tʃaɪm/ **verb** [I, T] If a bell or clock chimes, it rings. ▷ **bić, dzwonić, wybijać**
• **chime noun** [C] ▷ **bicie, dzwonek**

PHRASAL VERB **chime in** to suddenly say something in order to add your opinion to a conversation: *"Quite right too!" Tony chimed in.* ▷ **wtrącać (się), dorzucać**

chimney /ˈtʃɪmni/ **noun** [C] B2 a wide pipe that allows smoke from a fire to go out through the roof ▷ **komin**

ˈ**chimney** ˌ**sweep** **noun** [C] someone whose job is to clean inside a chimney, using long brushes ▷ **kominiarz**

chimpanzee /ˌtʃɪmpənˈziː/ **noun** [C] (informal **chimp** /tʃɪmp/) an African animal like a large monkey ▷ **szympans**

chin /tʃɪn/ **noun** [C] B1 the bottom part of your face, below your mouth ▷ **podbródek** → See **The Body** on page Centre 13

China /ˈtʃaɪnə/ **noun** a country in Asia ▷ **Chiny**
• **Chinese** /tʃaɪˈniːz/ **adjective** coming from or relating to China ▷ **chiński** • **Chinese noun** (plural **Chinese**) someone from China ▷ **Chińczyk, Chinka**

china /ˈtʃaɪnə/ **noun** [U] **1** the hard substance that plates, cups, bowls, etc are made from: *a china teapot* ▷ **porcelana** **2** cups, plates, bowls, etc that are made from china ▷ **porcelana, naczynia**

chink /tʃɪŋk/ **noun** [C] **1** a small, narrow opening in something ▷ **szczelina** **2** a short ringing sound that is made when glass or metal objects touch each other ▷ **brzęk**

chip[1] /tʃɪp/ **noun** [C] **1** UK (US **french fry**) A1 a long, thin piece of potato that is cooked in oil: [usually plural] *fish and chips* ▷ **frytka** → See **Food** on page Centre 11 **2** US (UK **crisp**) a very thin, dry, fried slice of potato: [usually plural] *barbecue-flavoured potato chips* ▷ **chips** → See **Food** on page Centre 11 **3** B2 a microchip ▷ **chip, procesor** **4** a small piece that has broken off something: *wood chips* ▷ **odłamek, odprysk, drzazga** **5** a place where a small piece has broken off something: *This cup has a chip in it.* ▷ **wyszczerbienie, szczerba**

IDIOMS **be a chip off the old block** informal to be very similar to your mother or father ▷ **wdać się w ojca lub matkę** • **have a chip on your shoulder** informal to blame other people for something bad that has happened to you and continue to feel angry about it: *She's always had a real chip on her shoulder because she didn't go to university.* ▷ **mieć pretensje do całego świata**

chip[2] /tʃɪp/ **verb** [T] (present participle **chipping**, past tense and past participle **chipped**) to break a small piece off something: *Henman may have chipped a bone in his wrist.* ◦ *a chipped plate* ▷ **ukruszyć, wyszczerbić**

PHRASAL VERBS **chip in** informal to interrupt a conversation in order to say something: *I'll start and you can all* ***chip in with*** *your comments.* ▷ **włączać się** • **chip in (sth)** If several people chip in, they each give money to buy something together: *We all chipped in to buy our teacher a present.* ▷ **zrzucać się, dorzucać** *coś*

ˌ**chip and** ˈ**PIN** **noun** [U] a way to pay for goods and services using a credit card and a secret number ▷ **(płatności) kartą czipową potwierdzaną PIN-em**

chiropodist /kɪˈrɒpədɪst/ **noun** [C] UK (US **podiatrist**) someone whose job is to treat problems with people's feet ▷ **pedikurzyst-a/ka, specjalista chorób stóp**

chirp /tʃɜːp/ **verb** [I] If birds or insects chirp, they make short, high sounds. ▷ **ćwierkać**
• **chirp noun** [C] ▷ **ćwierkanie**

chirpy /ˈtʃɜːpi/ **adjective** UK informal happy and active: *Why's Ben so chirpy this morning?* ▷ **wesolutki**

chisel /ˈtʃɪzəl/ **noun** [C] a tool with a sharp end that you use for cutting and shaping wood or stone ▷ **dłuto**

chitin /ˈkaɪtɪn/ **noun** [U] a tough substance in the outer protective covering of insects and animals such as lobsters, and in the cell walls of some fungi ▷ **chityna**

chivalrous /ˈʃɪvəlrəs/ **adjective** A chivalrous man behaves very politely towards women. ▷ **szarmancki**
• **chivalry noun** [U] polite behaviour towards women ▷ **szarmanckość**

chives /tʃaɪvz/ **noun** [plural] a plant with long, thin leaves used in cooking to give a flavour similar to onions ▷ **szczypiorek**

Chloe /ˈkləʊi/ **noun** a female name

chloride /ˈklɔːraɪd/ **noun** [C, U] a chemical compound that is a mixture of chlorine and another substance ▷ **chlorek**

chlorine /ˈklɔːriːn/ **noun** [U] a gas with a strong smell, used to make water safe to drink and swim in (symbol Cl) ▷ **chlor**

chlorofluorocarbon /ˌklɔːrəʊˌflɔː.rəʊˈkɑːbən/ **noun** [C, U] (a) CFC ▷ **freon**

chlorophyll /ˈklɒrəfɪl/ **noun** [U] the green substance in plants, that allows them to use the energy from the sun for food ▷ **chlorofil**

chloroplast /ˈklɒrəplɑːst/ **noun** [C] one of the parts in a plant cell that contain chlorophyll and where the energy from the sun is turned into food by photosynthesis ▷ **chloroplast**

chocolate /ˈtʃɒkələt/ **noun 1** [U] A1 a sweet, brown food that is usually sold in a block: *a bar of chocolate* ◦ *milk chocolate* ◦ *a chocolate cake* ▷ **czekolada 2** [C] A1 a small piece of sweet food covered in chocolate: *a box of chocolates* ▷ **czekoladka 3** [C, U] A2 a sweet drink made with chocolate and hot milk ▷ **czekolada**

choice[1] /tʃɔɪs/ **noun 1** [U, no plural] B1 when you can choose between two or more things: *If I **had a choice**, I'd give up work.* ◦ *He **had no choice** but to accept their offer.* ◦ *I'm single **by choice** (= because I want to be).* ▷ **wybór 2** [C] B1 the decision to choose one thing or person and not someone or something else: *In the past women had to **make a choice between** a career or marriage.* ▷ **wybór 3** [U, no plural] B1 the things or people you can choose from: *The dress is available in a **choice of** colours.* ◦ *The evening menu offers **a wide choice of** dishes.* ▷ **wybór 4** [C] B1 the person or thing that someone has chosen: [usually singular] *Harvard was not his **first choice**.* ◦ *The winner got £1000 to give to the charity **of her choice**.* ▷ **wybór** → See also **multiple choice**

> **Wyrazy występujące razem z choice**
>
> have/make a choice • give/offer sb a choice • a good/informed/obvious/popular/stark/wide/wrong choice • a choice **between** sth • **by** choice • have (no) choice

choice[2] /tʃɔɪs/ **adjective** [always before noun] of very good quality: *the choicest cuts of meat* ▷ **wyborowy**

choir /kwaɪər/ **noun** [group] B2 a group of people who sing together: *a school/church choir* ▷ **chór**

choke[1] /tʃəʊk/ **verb 1** [I, T] If you choke, or if something chokes you, you stop breathing because something is blocking your throat: *Children can **choke on** peanuts.* ▷ **dławić (się), dusić (się) 2** [T] (also **choke up**) to fill something such as a road or pipe so that nothing can pass through: [often passive] *The roads were choked with traffic.* ▷ **zatykać, zablokować**

PHRASAL VERBS **choke sth back** to try not to show how angry or upset you are: *She ran to the door, choking back the tears.* ▷ **zdusić w sobie** *coś* • **choke (sb) up** to become unable to speak because you are starting to cry: *I can't watch that movie without choking up.* ▷ **wzruszyć się/** *kogoś* **do łez**

choke[2] /tʃəʊk/ **noun** [C] a piece of equipment that controls the amount of air going into a car engine ▷ **ssanie**

cholera /ˈkɒlərə/ **noun** [U] a serious disease that affects the stomach and bowels, usually caused by dirty water or food ▷ **cholera**

cholesterol /kəˈlestərɒl/ **noun** [U] a type of fat in your body that can cause heart disease if you have too much ▷ **cholesterol**

choose /tʃuːz/ **verb** (past tense **chose**, past participle **chosen**) **1** A1 [I, T] to decide which thing you want: *I helped my sister choose a name for her baby.* ◦ *They have to **choose between** earning a living or getting an education.* ◦ *There were lots of books to **choose from**.* ◦ [+ question word] *How did you choose which school to go to?* ◦ *Adam was **chosen as** team captain.* ▷ **wybierać 2 choose to do sth** B1 to decide to do something: *Manuela chose to take a job in Paris.* ▷ **zdecydować się na** *coś*

> **Choose wyrazy bliskoznaczne**
>
> Czasowniki **pick** i **select** są często używane, gdy ktoś wybiera kogoś lub coś po głębokim namyśle:
>
> *He's been **picked** for the school football team.*
>
> *We've **selected** three candidates.*
>
> W bardziej nieformalnych sytuacjach, używamy czasem czasowników frazowych **go for, opt for** lub **decide on**:
>
> *I've **decided on** blue walls for the bathroom.*
>
> *I think I'll **go for** the chocolate cake.*
>
> *Mike's **opted for** early retirement.*
>
> Czasowników **opt** i **decide** używamy często, gdy ktoś świadomie wybiera zrobienie czegoś:
>
> *Most people **opt** to have the operation.*
>
> *I've **decided** to take the job.*

choosy /ˈtʃuːzi/ **adjective** difficult to please because of being very exact about what you like: *a choosy customer* ▷ **wybredny**

chop[1] /tʃɒp/ **verb** [T] (present participle **chopping**, past tense and past participle **chopped**) (also **chop up**) B2 to cut something into small pieces: *Chop an onion finely.* ▷ **siekać, rąbać**

IDIOM **chop and change** UK informal to keep changing your opinions, activities, or job ▷ **ciągle zmieniać zdanie**

PHRASAL VERBS **chop sth down** to cut through something to make it fall down ▷ **ściąć** *coś* • **chop sth off** to cut off part of something with a sharp tool ▷ **odrąbać** *coś*, **odciąć** *coś*

chop[2] /tʃɒp/ **noun** [C] **1** a flat piece of meat with a bone in it: *a lamb chop* ▷ **kotlet 2** a quick, hard hit with a sharp tool or with the side of your hand ▷ **uderzenie**

chopper /ˈtʃɒpər/ **noun** [C] **1** informal a helicopter ▷ **helikopter 2** a heavy tool with a sharp edge for cutting wood, meat, etc ▷ **tasak**

choppy /ˈtʃɒpi/ **adjective** Choppy water has a lot of small waves. ▷ **(lekko) wzburzony**

chopsticks /ˈtʃɒpstɪks/ **noun** [plural] thin sticks used for eating food in East Asia ▷ **pałeczki**

choral /ˈkɔːrəl/ **adjective** Choral music is written for a choir. ▷ **chóralny**

chord /kɔːd/ **noun 1** [C] two or more musical notes that are played at the same time ▷ **akord 2** a straight line connecting two points on a curve or a curved surface ▷ **cięciwa**

IDIOM **strike a chord (with sb)** If something strikes a chord with you, you like it or are interested in it because it is connected with your own life or opinions. ▷ **wzbudzić** (*czyjeś*) **zainteresowanie**

chore /tʃɔːr/ **noun** [C] a boring job that you must do: *I find cooking a real chore.* ▷ **obowiązek**

choreograph /ˈkɒriəgrɑːf/ **verb** [T] **1** to arrange an event or series of events carefully: *a carefully choreographed publicity stunt* ▷ **wyreżyserować 2** to design the dances for a performance ▷ **przygotowywać choreografię do**
• **choreographer** /ˌkɒriˈɒgrəfər/ noun [C] ▷ **choreograf**

choreography /ˌkɒriˈɒgrəfi/ **noun** [U] the process of designing dances for a performance ▷ **choreografia**

choroid /ˈkɔː.rɔɪd/ **noun** [C] in the eye, the layer containing blood vessels between the retina and the sclera ▷ **naczyniówka**

chorus¹ /ˈkɔːrəs/ **noun 1** [C] the part of a song that is repeated several times ▷ **refren 2** [group] a large group of people who sing together ▷ **chór 3** [group] a group of dancers and singers in a show who do not have the main parts ▷ **chórek, balet 4 a chorus of approval/demands/protest, etc** something that a lot of people say at the same time ▷ **chór pochwał/żądań/protestów** *itp.*

chorus² /ˈkɔːrəs/ **verb** [T] UK If two or more people chorus something, they say it at the same time. ▷ **zgodnie powiedzieć**

chose /tʃəʊz/ past tense of choose

chosen /ˈtʃəʊzən/ past participle of choose

Christ /kraɪst/ **noun** (also **Jesus Christ**) the Jewish holy man believed by Christians to be the Son of God, and on whose life and teachings Christianity is based ▷ **(Jezus) Chrystus**

christen /ˈkrɪsən/ **verb** [T] to give a baby a name at a Christian ceremony and make them a member of the Christian Church: [often passive] *She's being christened in June.* ▷ **chrzcić**

christening /ˈkrɪsənɪŋ/ **noun** [C] a ceremony where someone is christened ▷ **chrzciny**

Christian /ˈkrɪstʃən/ **noun** [C] someone who believes in Christianity ▷ **chrześcija-nin/nka**
• **Christian** adjective ▷ **chrześcijański**

Christianity /ˌkrɪstiˈænəti/ **noun** [U] a religion based on belief in God and the life and teachings of Jesus Christ, and on the Bible ▷ **chrześcijaństwo**

ˈ**Christian** ˌ**name** noun [C] your first name, not your family name ▷ **imię**

Christine /ˈkrɪstiːn/ **noun** (also **Chris** /krɪs/) a female name

Christmas /ˈkrɪsməs/ **noun** [C, U] the Christian period of celebration around 25 December, when Christians celebrate the birth of Jesus Christ and people give each other presents, or the day itself: *We're going to my mother's for Christmas.* ◦ ***Merry Christmas!*** ◦ *Christmas dinner* ▷ **Boże Narodzenie, Święta (Bożego Narodzenia)** → See also **Father Christmas**

ˈ**Christmas** ˌ**card** noun [C] a decorated card that you send to someone at Christmas ▷ **kartka świąteczna**

ˌ**Christmas** ˈ**carol** UK (US ˈ**Christmas** ˌ**carol**) noun [C] a song that people sing at Christmas ▷ **kolęda**

ˌ**Christmas** ˈ**cracker** noun [C] a coloured paper tube with a small toy inside, that people in the UK pull open at Christmas ▷ **strzelająca niespodzianka**

ˌ**Christmas** ˈ**Day** noun [C, U] 25 December, the day on which Christians celebrate the birth of Jesus Christ ▷ **dzień Bożego Narodzenia**

ˌ**Christmas** ˈ**Eve** noun [C, U] the day before Christmas Day ▷ **Wigilia (Bożego Narodzenia)**

ˈ**Christmas** ˌ**tree** noun [C] a real or artificial tree that people decorate inside their home for Christmas ▷ **choinka**

Christopher /ˈkrɪstəfər/ **noun** (also **Chris** /krɪs/) a male name

chromatid /ˈkrəʊmətɪd/ **noun** [C] either of the parts into which a chromosome divides during mitosis ▷ **chromatyda**

chromatography /ˌkrəʊməˈtɒgrəfi/ **noun** [U] a method of finding what separate substances are in a mixture by making it flow, as a liquid or gas, through a material such as paper which different substances pass through at different speeds ▷ **chromatografia**

chrome /krəʊm/ **noun** [U] a hard, shiny metal that is used to cover objects: *chrome bath taps* ▷ **chrom**

chromosome /ˈkrəʊməsəʊm/ **noun** [C] the part of a cell found in the nucleus, that controls what an animal or plant is like ▷ **chromosom**
• **chromosomal** /krəʊməˈsəʊməl/ **adjective** ▷ **chromosomowy, chromosomalny**

chronic /ˈkrɒnɪk/ **adjective** A chronic illness or problem continues for a long time: *a chronic shortage of nurses* ◦ *chronic back pain* ▷ **chroniczny, przewlekły**
• **chronically** adverb ▷ **chronicznie**

chronicle¹ /ˈkrɒnɪkl/ **noun** [C] a written record of things that happened in the past ▷ **kronika**

chronicle² /ˈkrɒnɪkl/ **verb** [T] to make a record of something, or give details of something: *The* *book chronicles his life as an actor.* ▷ **dokumentować**

chronological /ˌkrɒnəˈlɒdʒɪkəl/ **adjective** arranged in the order in which events happened ▷ **chronologiczny**
• **chronologically** adverb ▷ **chronologicznie**

chrysalis /ˈkrɪsəlɪs/ **noun** [C] an insect covered by a hard case at the stage of development before it becomes a moth or butterfly with wings, or the case itself ▷ **poczwarka**

chubby /ˈtʃʌbi/ **adjective** pleasantly fat: *the baby's chubby legs* ▷ **okrąglutki**

chuck /tʃʌk/ **verb** [T] informal to throw something: *Don't just chuck your coat on the floor!* ▷ **rzucać**

PHRASAL VERBS **chuck sth away/out** informal to throw something away: *I chucked out all my old clothes.* ▷ **wyrzucać** *coś* • **chuck sth in** UK informal to stop doing something because it is boring ▷ **zarzucać** *coś* • **chuck sb out** informal to force someone to leave a place: *Pierre was chucked out of school for starting a fight.* ▷ **wyrzucać** *kogoś*

chuckle /ˈtʃʌkl/ **verb** [I] to laugh quietly ▷ **chichotać**
• **chuckle** noun [C] ▷ **chichot**

chug /tʃʌg/ **verb** (present participle **chugging**, past tense and past participle **chugged**) **chug across/along/up, etc** If a vehicle chugs somewhere, it moves slowly, making a low, regular noise with its engine: *a boat chugging across the lake* ▷ **posuwać się (leniwie), sunąć**

chum /tʃʌm/ **noun** [C] informal a friend ▷ **kumpel/a**
• **chummy** adjective friendly ▷ **przyjacielski**

chunk /tʃʌŋk/ **noun** [C] **1** a large piece of something: *a chunk of cheese* ▷ **kawał** → See **Pieces and Quantities** on page Centre 1 **2** a large part of something: *I spend a big **chunk of** my money on clothes.* ▷ **spora część**

chunky /ˈtʃʌŋki/ **adjective** **1** A chunky person is short and heavy. ▷ **przysadzisty** **2** big, thick, and heavy: *chunky shoes* ▷ **masywny, ciężki**

church /tʃɜːtʃ/ **noun** **1** [C, U] (A2) a building where Christians go to worship God: *We used to **go to church** every Sunday morning.* ▷ **kościół** **2** [C] (also **Church**) one of the different groups that make up the Christian religion: *the Anglican Church* ▷ **kościół** → See also **the Catholic Church**

> Wyrazy występujące razem z **church**
> go to church • in church • a church service

churchgoer /ˈtʃɜːtʃˌgəʊəʳ/ **noun** [C] someone who goes to church regularly ▷ **wiern-y/a**

churchyard /ˈtʃɜːtʃjɑːd/ **noun** [C] the land around a church, often where people are buried ▷ **cmentarz (parafialny)**

churn[1] /tʃɜːn/ **verb** **1** [T] (also **churn up**) to mix something, especially liquids, with great force: *The sea was churned up by heavy winds.* ▷ **wzburzać** **2** [I] If your stomach is churning, you feel sick, usually because you are nervous. ▷ **podchodzić do gardła, ≈ przewracać się** **3** [T] to mix milk until it becomes butter ▷ **ubijać (na masło)**

PHRASAL VERB **churn sth out** informal to produce large quantities of something very quickly ▷ **produkować** *coś* **(masowo)**

churn[2] /tʃɜːn/ **noun** [C] **1** a container that you fill with milk and mix to make butter ▷ **maselnica** **2** UK a tall metal container for storing and transporting milk ▷ **bańka**

chute /ʃuːt/ **noun** [C] **1** a long thin structure that people or things can slide down: *a water chute* ▷ **zjeżdżalnia, zsyp** **2** informal short for parachute ▷ **spadochron**

chutney /ˈtʃʌtni/ **noun** [U] a mixture of fruit, vegetables, sugar, and vinegar that you eat with meat or cheese ▷ **sos do mięs i serów**

chyme /kaɪm/ **noun** [U] the thick, wet mass of partly digested food that leaves the stomach ▷ **miazga pokarmowa, chymus**

the CIA /ˌsiːaɪˈeɪ/ **noun** abbreviation for Central Intelligence Agency: the department of the US government that collects secret information about people and organizations ▷ **CIA**

the CID /ˌsiːaɪˈdiː/ **noun** abbreviation for Criminal Investigation Department: the part of the British police force that deals with serious crimes ▷ **wydział kryminalny**

cider /ˈsaɪdəʳ/ **noun** [C, U] **1** UK a drink made from apples that contains alcohol ▷ **cydr, jabłecznik** **2** US a drink made from apples that contains no alcohol ▷ **napój jabłkowy**

cigar /sɪˈgɑːʳ/ **noun** [C] a thick tube made from rolled tobacco leaves, that people smoke ▷ **cygaro**

cigarette /ˌsɪgərˈet/ **noun** [C] (A2) a thin tube of paper filled with tobacco, that people smoke ▷ **papieros**

cilantro /sɪˈlæntrəʊ/ **noun** [U] US (UK/US **coriander**) a herb that is used in cooking ▷ **kolendra, natka kolendry**

ciliary muscle /ˈsɪliəriˌmʌsl/ **noun** [C] one of the muscles around the lens of the eye which are used to change the shape of the lens so that you can see clearly ▷ **mięsień rzęskowy**

cilium /ˈsɪliəm/ **noun** [C] (plural **cilia**) one of the very small parts like hairs on the surface of a cell which move regularly and keep the surrounding liquid moving around it or help an organism with only one cell to move ▷ **rzęska**

CIM /ˌsiːaɪˈem/ **noun** [U] abbreviation for computer integrated manufacturing: a method of making goods that is controlled by computers ▷ **komputerowo zintegrowane wytwarzanie**

cinder /ˈsɪndəʳ/ **noun** [C] a small piece of coal, wood, etc that has been burned ▷ **popiół**

cinema /ˈsɪnəmə/ **noun** **1** [C] UK (US **movie**

theater) A1 a building where you go to watch films ▷ **kino** **2** [U] the art or business of making films: *an article about French cinema* ▷ **kino, kinematografia**

C

cinnamon /ˈsɪnəmən/ **noun** [U] a brown spice that is used in cooking ▷ **cynamon**

circa /ˈsɜːkə/ **preposition** (written abbreviation **c.**) formal used before a date to show that something happened at about that time: *Gainsborough's painting 'The Cottage Door' (circa 1780)* ▷ **około**

circle¹ /ˈsɜːkl/ **noun** **1** [C] A2 a round, flat shape like the letter O, or a group of people or things arranged in this shape: *We all sat on the floor* ***in a circle.*** ▷ **koło, okrąg** **2** [C] B2 a group of people with family, work, or social connections: *a close circle of friends* ◦ *It's a technical term used in medical circles.* ▷ **krąg** **3** **the circle** UK the seats in the upper area of a theatre ▷ **balkon** → See also **inner circle**, **traffic circle**, **vicious circle**

circle² /ˈsɜːkl/ **verb** **1** [I, T] to move in a circle, often around something: *Birds circled above the trees.* ▷ **krążyć, okrążać** **2** [T] to draw a circle around something: *Circle the answer you think is correct.* ▷ **zakreślać**

circuit /ˈsɜːkɪt/ **noun** [C] **1** a path, route, or sports track that is shaped like a circle ▷ **tor, okrążenie** **2** a complete circle that an electric current travels around ▷ **obwód** **3** a regular series of places or events that people involved in a particular activity go to: [usually singular] *the tennis circuit* ▷ **program, trasa** → See also **short-circuit**

circular¹ /ˈsɜːkjələʳ/ **adjective** **1** B2 shaped like a circle: *a circular rug* ▷ **okrągły** **2** A circular journey takes you around in a circle, back to the place where you started: *a circular walk* ▷ **okrężny**

circular² /ˈsɜːkjələʳ/ **noun** [C] a letter or advertisement that is sent to a lot of people at the same time ▷ **okólnik, ulotka (reklamowa)**

circulate /ˈsɜːkjəleɪt/ **verb** **1** [I] If information circulates, a lot of people hear about it: ***Rumours*** *are* ***circulating*** *that the mayor is going to resign.* ▷ **krążyć** **2** [T] to give or send information to a group of people: *A copy of the report was circulated to each director.* ▷ **rozsyłać** **3** [I, T] to move around or through something, or to make something move around or through something: *Hot water circulates through the pipes.* ▷ **krążyć**

circulation /ˌsɜːkjəˈleɪʃᵊn/ **noun** **1** [U] the movement of blood around your body: *Exercise improves your circulation.* ▷ **krążenie** **2** [U] when something such as information, money, or goods pass from one person to another: *Police have warned there are a lot of fake £50 notes* ***in circulation.*** ▷ **obieg** **3** [no plural] the number of copies of a newspaper or magazine that are sold each day, week, etc ▷ **nakład**

circuˈlatory ˌsystem **noun** [C] UK (US ˈ**circulatory ˌsystem**) the parts of the body that are involved in sending blood around it ▷ **układ krążenia**

circumcise /ˈsɜːkəmsaɪz/ **verb** [T] to cut off the skin at the end of a boy's or man's penis, or cut off part of a girl's sex organs ▷ **obrzezać**
• **circumcision** /ˌsɜːkəmˈsɪʒᵊn/ **noun** [C, U] when someone is circumcised ▷ **obrzezanie**

circumference /səˈkʌmfᵊrᵊns/ **noun** [C, U] the distance around the edge of a circle or round object: *The lake is 250km* ***in circumference.*** ▷ **obwód**

circumflex /ˈsɜːkəmfleks/ **noun** [C] a sign (^) over a letter, especially a vowel, in some languages ▷ **cyrkumfleks (znak diakrytyczny ^)**

circumspect /ˈsɜːkəmspekt/ **adjective** formal careful about things you do or say ▷ **ostrożny**

circumstances /ˈsɜːkəmstænsɪz/ **noun** [plural] **1** B2 facts or events that make a situation the way it is: *I think they coped very well* ***under the circumstances.*** ◦ *We oppose capital punishment* ***in/under*** *any* ***circumstances.*** ▷ **okoliczności, warunki** **2** **under no circumstances** used to say that something must never happen: *Under no circumstances should you approach the man.* ▷ **w żadnym wypadku**

> Wyrazy występujące razem z **circumstances**
>
> **in/under** [any/certain/difficult/normal, etc] circumstances • **in/under** the circumstances • the circumstances **of/surrounding** sth • **exceptional/normal/unforeseen** circumstances

circumstantial /ˌsɜːkəmˈstænʃᵊl/ **adjective** **circumstantial evidence** information about a crime that makes you believe that something is true, but does not prove it ▷ **poszlaki**

circumvent /ˌsɜːkəmˈvent/ **verb** [T] formal to find a way of avoiding something, especially a law or rule ▷ **obchodzić, omijać**

circus /ˈsɜːkəs/ **noun** [C] B1 a show in which a group of people and animals perform in a large tent ▷ **cyrk**

cirrhosis /sɪˈrəʊsɪs/ **noun** [U] a serious disease of the liver, often caused by drinking too much alcohol ▷ **marskość wątroby**

cirrostratus /ˌsɪrəʊˈstrɑːtəs/ (US) /-ˈstreɪ-/ **noun** [U] a type of flat white cloud formed in a very thin layer and seen high in the sky ▷ **chmura warstwowo-pierzasta**

cirrus /ˈsɪrəs/ **noun** [U] a type of thin cloud that is very high up and is made of small pieces of ice ▷ **chmura pierzasta**

cistern /ˈsɪstən/ **noun** [C] a large container to store water, especially one that supplies water to a toilet ▷ **zbiornik, spłuczka** → See **The Bathroom** on page Centre 3

citadel /ˈsɪtədəl/ **noun** [C] a strong castle that was used in the past to protect people when their city was attacked ▷ **cytadela**

cite /saɪt/ **verb** [T] formal **1** to mention something as an example or proof of something else: *The doctor cited the case of a woman who had died after taking the drug.* ▷ **cytować, przywoływać** **2** US to order someone to go to court because they have done something wrong: [often passive] *A local farmer was* ***cited for*** *breaking environmental standards.* ▷ **wzywać do sądu**

citizen /ˈsɪtɪzən/ **noun** [C] **1** B2 someone who lives in a particular town or city: *the* ***citizens of*** *Berlin* ▷ **mieszka-niec/nka** **2** B2 someone who has a legal right to live in a particular country: *My husband became a British citizen in 1984.* ▷ **obywatel/ka** → See also **senior citizen**

> Wyrazy występujące razem z **citizen**
>
> a citizen **of** [Paris/Tokyo, etc] • your **fellow** citizens • **decent/law-abiding** citizens

citizenship /ˈsɪtɪzənʃɪp/ **noun** [U] the legal right to be a citizen of a particular country: *British/French citizenship* ▷ **obywatelstwo**

citrus fruit /ˈsɪtrəsˌfruːt/ **noun** [C, U] an orange, lemon, or similar fruit ▷ **cytrus**

city /ˈsɪti/ **noun** **1** A1 [C] a large town: *the city of Boston* ◦ *the* ***city centre*** ▷ **miasto** **2 the City** UK the part of London where the large financial organizations have their offices ▷ **(londyńskie) City** → See also **inner city**

civic /ˈsɪvɪk/ **adjective** [always before noun] relating to a city or town and the people who live there: ***civic leaders*** ◦ *The opera house was a source of great* ***civic pride*** *(= people in the city were proud of it).* ▷ **miejski**

civil /ˈsɪvəl/ **adjective** **1** [always before noun] relating to the ordinary people or things in a country and not to military or religious organizations: *They married in a* ***civil ceremony****.* ▷ **cywilny** **2** [always before noun] relating to private arguments between people and not criminal cases: *a* ***civil court*** ▷ **cywilny** **3** polite in a formal way: *He and his ex-wife can't even have a civil conversation.* ▷ **uprzejmy**

ˌcivil engiˈneering **noun** [U] the planning and building of roads, bridges, and public buildings ▷ **budownictwo (lądowe)**

civilian /sɪˈvɪliən/ **noun** [C] someone who is not a member of a military organization or the police ▷ **cywil**

civility /sɪˈvɪləti/ **noun** [U] polite behaviour ▷ **uprzejmość**

civilization (also UK **-isation**) /ˌsɪvəlaɪˈzeɪʃən/ **noun** **1** [C, U] B2 human society with its developed social organizations, or the culture and way of life of a society at a particular period of time: *ancient civilizations* ◦ *Nuclear war could mean the end of civilization.* ▷ **cywilizacja** **2** [U] when people have an advanced and comfortable way of life: *modern civilization* ▷ **cywilizacja**

civilize (also UK **-ise**) /ˈsɪvəlaɪz/ **verb** [T] to educate a society so that it becomes more advanced and organized ▷ **cywilizować**

civilized (also UK **-ised**) /ˈsɪvəlaɪzd/ **adjective** **1** A civilized society is advanced and has well-developed laws and customs: *A fair justice system is an important part of* ***civilized society****.* ▷ **cywilizowany** **2** polite and calm: *Let's discuss this in a civilized manner.* ▷ **kulturalny**

ˌcivil ˈliberties **noun** [plural] the freedom people have to do, think, and say what they want ▷ **swobody obywatelskie**

ˌcivil ˈpartnership **noun** [C, U] in Britain, a legal relationship between two people of the same sex, which gives them the same rights as people who are married ▷ **związek partnerski**

ˌcivil ˈrights **noun** [plural] the rights that everyone in a country has ▷ **prawa obywatelskie**

ˌcivil ˈservant **noun** [C] someone who works in the Civil Service ▷ **urzędnik administracji państwowej, urzędnik służby cywilnej**

the ˌCivil ˈService **noun** the government departments and the people who work in them ▷ **służba cywilna**

ˌcivil ˈwar **noun** [C, U] a war between groups of people who live in the same country ▷ **wojna domowa**

cl written abbreviation for centilitre : *a 75 cl bottle of wine* ▷ **cl. (= 10 mililitrów)**

clad /klæd/ **adjective** literary covered or dressed in something: *He came to the door clad only in a towel.* ▷ **odziany**

claim[1] /kleɪm/ **verb** **1** [T] B2 to say that something is true, although you have not proved it: [+ (that)] *She claimed that the dog attacked her.* ◦ [+ to do sth] *He claims to have seen a ghost.* ▷ **twierdzić** **2** **claim credit/responsibility/success, etc** to say that you have done or achieved something: *No one has claimed responsibility for yesterday's bomb attack.* ▷ **przypisywać sobie zasługę/przyznawać się/ogłaszać sukces** *itp.* → Opposite **disclaim** **3** [I, T] B2 to ask for something because it belongs to you or you have the right to have it: *She claimed $2500 in travel expenses.* ◦ *If no one claims the watch, then you can keep it.* ▷ **domagać się** **4** [T] If an accident, war, etc claims lives, people are killed because of it: *The floods claimed over 200 lives.* ▷ **pochłonąć**

claim[2] /kleɪm/ **noun** [C] **1** B2 when someone says that something is true, although it has not been proved: [+ (that)] *She* ***rejected claims*** *that she had lied.* ▷ **twierdzenie** **2** B2 an official demand for something you think you have a right to: *a* ***claim for*** *compensation* ▷ **roszczenie** **3** a right to have something: *You don't have any* ***claim to*** *the land.* ▷ **prawo** **4** **lay claim to sth** formal to say that something is yours or that you have done something ▷ **rościć sobie prawo do** *czegoś*

IDIOM **sb's/sth's claim to fame** a reason why someone or something is known: *My main claim to fame is meeting the President.* ▷ *czyjś* **powód do dumy**

Wyrazy występujące razem z claim
make a claim • deny/dismiss/reject a claim • a false claim • a claim by sb

clam¹ /klæm/ **noun** [C] a small sea creature with a shell in two parts, that you can eat ▷ **małż**

clam² /klæm/ **verb** (present participle **clamming**, past tense and past participle **clammed**)

PHRASAL VERB **clam up** informal to suddenly stop talking, usually because you are embarrassed or nervous ▷ **zaniemówić**

clamber /ˈklæmbəʳ/ **verb clamber into/over/up, etc** to climb somewhere with difficulty, especially using your hands and feet: *The children clambered into the boat.* ▷ **wdrapywać się**

clammy /ˈklæmi/ **adjective** unpleasantly wet and sticky: *clammy hands* ▷ **lepki**

clamour¹ UK (US **clamor**) /ˈklæməʳ/ **verb clamour for sth; clamour to do sth** to ask for something continuously in a loud or angry way: *Fans were clamouring for their autographs.* ▷ **(głośno) domagać się** *czegoś*

clamour² UK (US **clamor**) /ˈklæməʳ/ **noun** [no plural] **1** a demand for something, or a complaint about something that is made by a lot of people: *the **public's clamour** for organic food* ▷ **nawoływania, skargi 2** a loud, continuous noise made by people talking or shouting: *We heard the clamour of voices in the street outside.* ▷ **gwar**

clamp¹ /klæmp/ **noun** [C] **1** a piece of equipment that is used for holding things together tightly ▷ **klamra, zacisk 2** UK a metal cover that is put on the wheel of a car so you cannot move it if you have parked in an illegal place ▷ **blokada (kół)**

clamp² /klæmp/ **verb 1 clamp sth around/over/to, etc** to put something in a particular position and hold it there tightly: *He clamped his hand over her mouth.* ▷ **przyciskać** *coś* **2 clamp sth onto/to/together, etc** to fasten two things together using a clamp ▷ **zaciskać** *coś*, **ściskać** *coś* **3** [T] UK to fasten a metal cover on the wheel of a car to stop it moving because it has been parked in an illegal place ▷ **założyć blokadę**

PHRASAL VERB **clamp down** to do something strict to try to stop or limit an activity: *Local police have **clamped down on** teenage drinking.* ▷ **podejmować zdecydowane działania**

clampdown /ˈklæmpdaʊn/ **noun** [C] a strict attempt to stop or limit an activity: [usually singular] *a **clampdown on** inner city pollution* ▷ **zdecydowane działania**

clan /klæn/ **noun** [C] a large group of families who are all related to each other, especially in Scotland ▷ **klan**

clandestine /klænˈdestɪn/ **adjective** formal secret and often illegal: *a **clandestine meeting*** ▷ **tajny, potajemny**

clang /klæŋ/ **verb** [I, T] If something metal clangs, it makes a loud ringing sound, or if you clang it, you make it do this: *The gate clanged shut behind me.* ▷ **szczękać**
• **clang** noun [C] ▷ **szczęk**

clank /klæŋk/ **verb** [I] If metal objects clank, they make a low noise when they hit each other: *The bracelets on her arm clanked as she moved.* ▷ **pobrzękiwać, podzwaniać**
• **clank** noun [C] ▷ **brzęk**

clap¹ /klæp/ **verb** (present participle **clapping**, past tense and past participle **clapped**) **1** [I, T] B1 to hit your hands together, often repeatedly, especially in order to show that you enjoyed a performance: *The crowd clapped and cheered for more.* ▷ **klaskać 2 clap sb on the back/shoulder** to hit someone on the back or shoulder in a friendly way ▷ **poklepać** *kogoś* **po plecach/ramieniu 3** [T] to put something somewhere suddenly: *She clapped her hands over her ears and refused to listen.* ▷ **przyłożyć, trzasnąć**

clap² /klæp/ **noun 1** [no plural] when you hit your hands together, often repeatedly: *Let's **give** our winning contestant **a big clap**.* ▷ **oklaski 2 a clap of thunder** a sudden, loud sound that is made by thunder ▷ **grzmot**

Clare, Claire /kleər/ **noun** a female name

claret /ˈklærət/ **noun** [U] UK red wine from the area of France around Bordeaux ▷ **(wino typu) bordo**

clarify /ˈklærɪfaɪ/ **verb** [T] to make something easier to understand by explaining it: *The law aims to clarify building regulations.* ▷ **wyjaśniać**
• **clarification** /ˌklærɪfɪˈkeɪʃᵊn/ **noun** [C, U] ▷ **wyjaśnienie**

clarinet /ˌklærɪˈnet/ **noun** [C] a musical instrument like a long, black tube, that you play by blowing into it and pressing metal keys ▷ **klarnet**

clarity /ˈklærəti/ **noun** [U] the quality of being clear and easy to understand ▷ **jasność**

clash¹ /klæʃ/ **verb 1** [I] to fight or argue: *Government troops **clashed with** rebel soldiers.* ◦ *Many young people **clash** with their parents **over** what time they must be home at night.* ▷ **ścierać się 2** [I] If colours or styles clash, they do not look good together: *You can't wear pink lipstick – it **clashes with** your dress.* ▷ **kłócić się 3** [I] UK If two events clash, they happen at the same time so that you cannot go to them both: *Emma's party **clashes with** my brother's wedding.* ▷ **kolidować 4** [I, T] to make a loud noise by hitting metal objects together ▷ **brzękać, chrzęścić**

clash[2] /klæʃ/ **noun** [C] **1** a fight or argument: *There were violent* ***clashes between*** *the police and demonstrators.* ▷ **starcie 2** when ideas or qualities are very different, and this causes problems: *a clash of personalities* ▷ **konflikt 3** a loud sound that is made when metal objects hit each other: *the clash of pans in the sink* ▷ **brzęk**

> Wyrazy występujące razem z **clash**
>
> be **involved in** a clash • **fierce/violent** clashes • clashes **between** sb and sb • a clash **with** sb • a clash **over** sth

clasp[1] /klɑːsp/ **verb** [T] to hold something or someone tightly: *He clasped his daughter in his arms.* ▷ **ściskać**

clasp[2] /klɑːsp/ **noun 1** [C] a small metal object that is used to fasten a bag, belt, or piece of jewellery ▷ **zapięcie, sprzączka 2** [no plural] a tight hold ▷ **uścisk**

class[1] /klɑːs/ **noun 1** [C] Ⓐ1 a group of students who have lessons together: *Katie and Sarah are in the same class at school.* ▷ **klasa 2** [C, U] Ⓐ1 a period of time in which students are taught something: *My first class starts at 8.30.* ◦ *He was told off for talking* ***in class*** *(= during the lesson).* ▷ **lekcja 3** [C, U] Ⓑ2 one of the groups in a society with the same social and economic position, or the system of dividing people into these groups: *She's from a working-class background.* ▷ **klasa 4** [C] Ⓐ2 a group into which people or things are put according to their quality: *When it comes to mathematics, he's in a different class to his peers.* ◦ *second-class mail* ▷ **klasa, kategoria 5** [C] a group of similar or related things, especially plants and animals ▷ **klasa 6** [U] informal the quality of being stylish or fashionable: *a player with real class* ▷ **klasa** → See also **middle class**, **upper class**, **working class**

class[2] /klɑːs/ **verb class sb/sth as sth** to put someone or something in a particular group according to their qualities: *The tower is* ***classed as*** *a historic monument.* ▷ **zaliczać** *kogoś/coś* **do** *czegoś*

classic[1] /ˈklæsɪk/ **adjective 1** Ⓑ2 A classic book, film, etc is one that has been popular for a long time and is considered to be of a high quality: *the classic film 'Gone with the Wind'* ▷ **klasyczny 2** having a traditional style that is always fashionable: *a classic black jacket* ▷ **klasyczny 3** typical ▷ **klasyczny**

classic[2] /ˈklæsɪk/ **noun** [C] Ⓑ2 a classic book, film, etc ▷ **klasyka**

classical /ˈklæsɪkəl/ **adjective 1 classical music** Ⓐ2 serious music by people like Mozart and Stravinsky: *Do you prefer classical music or pop music?* ▷ **muzyka klasyczna 2** traditional in style: *classical and modern dance* ▷ **klasyczny 3** relating to ancient Greece and Rome: *classical literature* ▷ **klasyczny**

classically /ˈklæsɪkəli/ **adverb 1** in a traditional style: *a* ***classically trained*** *actor* ▷ **klasycznie 2** in a typical style: *a classically English tea room* ▷ **klasycznie**

classics /ˈklæsɪks/ **noun** [U] the study of ancient Greece and Rome, especially the language, literature, and history ▷ **filologia klasyczna**

classification /ˌklæsɪfɪˈkeɪʃən/ **noun** [C, U] the process of putting people or things into groups by their type, size, etc, or one of these groups: *the classification of plants* ▷ **klasyfikacja**

classified /ˈklæsɪfaɪd/ **adjective** Classified information is officially kept secret by a government: ***classified documents/information*** ▷ **poufny**

ˌclassified ˈad noun [C] a small advertisement that you put in a newspaper if you want to buy or sell something ▷ **ogłoszenie drobne**

classify /ˈklæsɪfaɪ/ **verb** [T] to put people or things into groups by their type, size, etc: [often passive] *A third of the population has been* ***classified as*** *poor.* ◦ *The books are* ***classified by*** *subject.* ▷ **klasyfikować**

classmate /ˈklɑːsmeɪt/ **noun** [C] Ⓐ2 someone who is in your class at school or college ▷ **kolega/koleżanka z klasy**

classroom /ˈklɑːsruːm/ **noun** [C] Ⓐ1 a room in a school where students have lessons ▷ **klasa** → See **The Classroom** on page Centre 6

classy /ˈklɑːsi/ **adjective** informal stylish and fashionable ▷ **z klasą**

clatter /ˈklætər/ **verb 1** [I] If something clatters, it makes a lot of noise when it hits something hard. ▷ **stukać, pobrzękiwać 2 clatter about/around/down, etc** to move somewhere in a very noisy way: *I could hear Sue clattering about upstairs.* ▷ **krzątać się**

• **clatter noun** [no plural] *He dropped his spoon* ***with a clatter.*** ▷ **pobrzękiwanie**

clause /klɔːz/ **noun** [C] **1** a part of a legal document: *a clause in a contract* ▷ **klauzula 2** Ⓑ2 a group of words containing a subject and a verb, that is usually only part of a sentence ▷ **zdanie** → See also **relative clause**, **subordinate clause**

claustrophobia /ˌklɒstrəˈfəʊbiə/ **noun** [U] fear of being in a small or crowded place ▷ **klaustrofobia**

claustrophobic /ˌklɒstrəˈfəʊbɪk/ **adjective 1** feeling very anxious when you are in a small or crowded place ▷ **klaustrofobiczny 2** A claustrophobic place makes you feel anxious because it is very small or crowded: *a claustrophobic room* ▷ **klaustrofobiczny**

clavicle /ˈklævɪkəl/ **noun** [C] a bone between the base of the neck and the shoulder; collarbone ▷ **obojczyk**

C

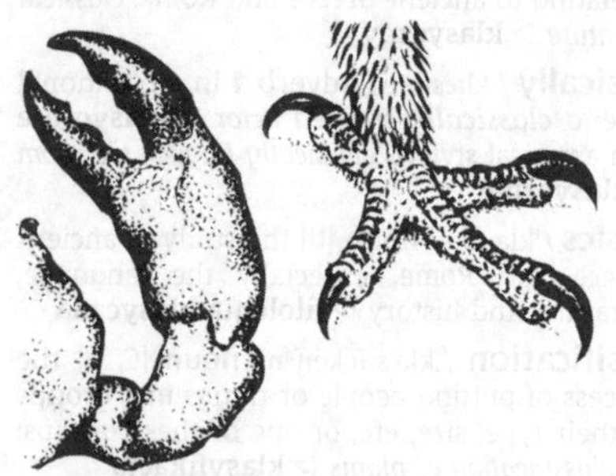
claw

claw¹ /klɔː/ **noun** [C] one of the sharp, curved nails on the feet of some animals and birds ▷ **szpon, pazur**

claw² /klɔː/ **verb** [I, T] If a person or animal claws something, they try to get hold of it or damage it with their nails or claws: *He* ***clawed at*** *the rope, trying to free himself.* ▷ **wczepiać się**

PHRASAL VERB **claw sth back** mainly UK to try to get back something that you had before: *The party is desperately trying to claw back support.* ▷ **odzyskać** *coś*

clay /kleɪ/ **noun** [U] a type of heavy soil that becomes hard when dry, used for making things such as bricks and containers: *a clay pot* ▷ **glina**

clean¹ /kliːn/ **adjective 1** A1 not dirty: *clean hands ◦ clean clothes* ▷ **czysty 2** not about sex: *a clean joke* ▷ **przyzwoity 3** showing that you have not done anything illegal: *a* ***clean driving licence*** ▷ **bez wykroczeń 4** fair and honest: *a clean election/fight* ▷ **uczciwy**

IDIOM **come clean** informal to tell the truth about something that you have been keeping secret ▷ **przyznać się**

clean² /kliːn/ **verb** [I, T] A1 to remove the dirt from something: *I spent the morning cleaning the house.* ▷ **sprzątać, czyścić** → See also **dry clean**, **spring clean**

PHRASAL VERBS **clean sth out 1** to take everything out of a room, car, container, etc and clean the inside of it ▷ **opróżniać** *coś*, **wysprzątać** *coś* **2** informal to steal everything from a place ▷ **wyczyścić** *coś* • **clean (sb/sth) up** to make a person or place clean and tidy: *We have to clean up before we leave.* ▷ **posprzątać, umyć** *kogoś/coś*/**się**

clean³ /kliːn/ **adverb** informal used to emphasize that something is done completely: *The bullet went clean through his helmet.* ▷ **prosto**

clean-cut /ˌkliːnˈkʌt/ **adjective** Someone who is clean-cut has a tidy appearance. ▷ **zadbany**

cleaner /ˈkliːnəʳ/ **noun 1** [C] A2 someone whose job is to clean houses, offices, public places, etc ▷ **sprzątacz/ka 2** [C, U] a substance used for cleaning things: *carpet/oven cleaner* ▷ **środek myjący lub czyszczący 3 the cleaner's** a shop where clothes are cleaned with chemicals ▷ **pralnia chemiczna** → See also **vacuum cleaner**

cleanliness /ˈklenlɪnəs/ **noun** [U] the state of being clean, or the practice of keeping things clean ▷ **czystość**

cleanly /ˈkliːnli/ **adverb** in a quick and tidy way: *The branch broke cleanly away from the tree.* ▷ **równo, czysto**

cleanse /klenz/ **verb** [T] to clean your face or an injured part of your body ▷ **przemywać, myć**

cleanser /ˈklenzəʳ/ **noun** [C, U] a substance for cleaning, especially your face ▷ **płyn do mycia twarzy**

clear¹ /klɪəʳ/ **adjective 1** A2 easy to understand: *clear instructions* ▷ **jasny, wyraźny 2** A2 easy to hear, read, or see: *These photos are very clear. ◦ Can we make the sound any clearer?* ▷ **wyraźny 3** not possible to doubt: *The evidence against him was clear.* ◦ [+ (that)] *It was clear that Leif was angry. ◦ Ella* ***made it clear that*** *she didn't like James.* ▷ **wyraźny, jednoznaczny 4** [never before noun] B1 certain about something: *Are you clear about how to get there?* ◦ [+ question word] *I'm not very clear why she phoned.* ▷ **pewny, jasny 5** not covered or blocked by anything: *a clear road ◦ a clear desk* ▷ **pusty 6** B1 A clear sky does not have any clouds. ▷ **czysty 7** A2 easy to see through: *clear water ◦ clear glass* ▷ **czysty** → See also **the** ***coast*** **is clear**, **crystal clear**

clear² /klɪəʳ/ **verb 1** [T] B1 to remove all the objects or people from a place: *clear a room/shelf ◦ Police cleared the building because of a bomb threat.* ▷ **opróżniać 2** [I] If the sky or weather clears, the clouds and rain disappear. ▷ **przejaśniać się 3** [T] to prove that someone is not guilty of something that they were accused of: *The jury* ***cleared*** *him* ***of*** *murder.* ▷ **oczyścić z zarzutów 4** [I] If a cheque clears, the money goes from one person's bank account to another person's bank account. ▷ **zostać rozliczonym 5** [T] to jump over something without touching it: *The horse easily cleared the fence.* ▷ **pokonać 6** [T] to give or get permission to do something: *You have to* ***clear it with*** *the headteacher if you want a day off school.* ▷ **uzyskać lub dać pozwolenie** → See also **clear the** ***air***

PHRASAL VERBS **clear sth away** to make a place tidy by removing things from it, or putting them where they should be: *The children are not very good at clearing away their toys.* ▷ **usuwać** *coś*, **sprzątać** *coś* • **clear off** UK informal used to tell someone to go away immediately ▷ **zmykaj (stąd)** • **clear sth out** to tidy a place by getting rid of things that you do not want ▷ **wyrzucać niepotrzebne rzeczy** *skądś* • **clear (sth) up 1** mainly UK B2 to make a place tidy by removing things from it or putting them where they should be: *Dad was clearing up in the kitchen.* ▷ **sprzątać (***coś***) 2** to make an illness better, or to become better: *Antibiotics will clear up the infection.* ▷ **pomagać (na** *coś***)** • **clear sth up** B2 to give an explanation for something, or to deal with a problem or argument: *Before we sign the contract, there are a few points we should clear up.* ▷ **wyjaśniać** *coś* • **clear up** informal B2 If the weather clears up, the cloud and rain disappears. ▷ **przejaśniać się**

clear[3] /klɪəʳ/ **adverb** away from something so that you are not touching it: *Stand **clear of** the doors, please.* ▷ **z dala**

IDIOM **steer clear of sb/sth** to avoid someone or something because they are unpleasant or dangerous ▷ **wystrzegać się** *czegoś*, **nie wchodzić** *komuś* **w drogę**

clear[4] /klɪəʳ/ **noun in the clear a** not responsible for a mistake or crime ▷ **niewinny b** UK not in a difficult situation or having problems any more ▷ **na prostej, na plusie**

clearance /ˈklɪərᵊns/ **noun** [C, U] **1** permission from someone in authority: *The company needs to get government clearance for the deal.* ▷ **zgoda 2** the distance that is needed for one thing to avoid touching another thing ▷ **prześwit, odstęp 3** when waste or things you do not want are removed from a place ▷ **opróżnienie, oczyszczenie**

clear-cut /ˌklɪəˈkʌt/ **adjective** very certain or obvious: *The issue is not very clear-cut.* ▷ **jednoznaczny**

clearing /ˈklɪərɪŋ/ **noun** [C] a small area in the middle of a forest, where there are no trees ▷ **polana**

clearly /ˈklɪəli/ **adverb 1** A2 in a way that is easy to see, hear, read, or understand: *He spoke very clearly.* ▷ **wyraźnie, jasno 2** B1 used to show that you think something is obvious or certain: *Clearly he's very talented.* ▷ **najwyraźniej 3** A2 If you think clearly, you are not confused. ▷ **jasno**

cleavage /ˈkliːvɪdʒ/ **noun** [C, U] the area between a woman's breasts ▷ **dekolt**

cleaver /ˈkliːvəʳ/ **noun** [C] a heavy knife with a large, square blade: *a **meat cleaver*** ▷ **tasak**

clef /klef/ **noun** [C] a sign written at the beginning of a line of music, that shows how high or low the notes are ▷ **klucz**

clemency /ˈklemənsi/ **noun** [U] formal when a judge, king, etc decides not to punish someone severely although they have committed a crime ▷ **łaska**

clench /klenʃ/ **verb** [T] to close your hands or teeth very tightly, or to hold something tightly: *Dan **clenched his fists**.* ▷ **zaciskać, ściskać**

clergy /ˈklɜːdʒi/ **noun** [plural] priests or religious leaders: *a member of the clergy* ▷ **kler, duchowieństwo**

clergyman /ˈklɜːdʒɪmən/ **noun** [C] (plural **clergymen**) a man who is a member of the clergy ▷ **duchowny**

cleric /ˈklerɪk/ **noun** [C] a member of the clergy ▷ **duchowny**

clerical /ˈklerɪkᵊl/ **adjective 1** relating to work done in an office: *a clerical assistant* ▷ **biurowy 2** relating to priests or religious leaders ▷ **duchowny**

clerk /klɑːk/ (US) /klɜːrk/ **noun** [C] **1** someone who works in an office or bank, keeping records and doing general office work: *a bank clerk* ▷ **urzędni-k/czka 2** US someone who sells things in a shop: *a store/sales clerk* ▷ **sprzedaw-ca/czyni**

clever /ˈklevəʳ/ **adjective 1** A1 able to learn and understand things quickly and easily: *a clever student* ▷ **zdolny, inteligentny 2** B1 designed in an effective and intelligent way: *a clever idea* ◦ *a clever tool* ▷ **sprytny, pomysłowy**
• **cleverly adverb** *a cleverly designed toy* ▷ **sprytnie, pomysłowo** • **cleverness noun** [U] ▷ **inteligencja, spryt**

> **Clever** wyrazy bliskoznaczne
>
> Przymiotniki **intelligent** i **smart** są często używane zamiast „clever":
>
> *She's a highly **intelligent** woman.*
>
> *He's one of the **smartest** kids in the class.*
>
> Młodych, inteligentnych ludzi czasem określamy mianem **bright**:
>
> *Jacob was a very **bright** boy.*
>
> Ktoś wyjątkowo inteligentny jest czasem określany jako **brilliant** lub **gifted**:
>
> *William was a **brilliant/gifted** scholar.*

cliché /ˈkliːʃeɪ/ (US) /kliːˈʃeɪ/ **noun** [C] something that people have said or done so much that it has become boring or has no real meaning ▷ **komunał**

click[1] /klɪk/ **verb 1** [I, T] to make a short, sharp sound, or to use something to make this sound: *The door clicked shut behind him.* ▷ **pstrykać, trzaskać 2** [I, T] A2 to press on part of a computer mouse to make the computer do something: *To start the program, **click on** its icon.* ▷ **klikać 3** [I] informal If two people click, they like each other immediately. ▷ **przypaść sobie do gustu 4** [I] informal to suddenly understand something: *Suddenly everything clicked and I realized where I'd met him.* ▷ **zaskoczyć, załapać** → See also **double-click**, **click your fingers**

click[2] /klɪk/ **noun** [C] A2 a short, sharp sound: *the click of a switch* ▷ **pstryk, trzask**

client /klaɪənt/ **noun** [C] B2 someone who pays someone else for services or advice ▷ **klient/ka**

clientele /ˌkliːɒnˈtel/ **noun** [group, no plural] the regular customers of a business: *The new bar aims to attract a younger clientele.* ▷ **klientela**

client-server /ˌklaɪəntˈsɜːvər/ **adjective** [always before noun] using or consisting of several computers which are connected to a server from which they get information: *client-server applications* ▷ **klient-serwer**

C

cliff /klɪf/ **noun** [C] B1 an area of high, steep rocks beside the sea ▷ **klif**

cliff

climactic /klaɪˈmæktɪk/ **adjective** [always before noun] literary A climactic event or time is one in which important or exciting things happen. ▷ **kulminacyjny**

climate /ˈklaɪmət/ **noun 1** [C, U] B1 the weather conditions that an area usually has: *a hot, dry climate* ▷ **klimat 2** [C] the situation, feelings, and opinions that exist at a particular time: [usually singular] *the **political/social climate*** ◦ *Terrorism **creates a climate of** fear.* ▷ **klimat**

> Wyrazy występujące razem z **climate**
>
> create a climate of [fear/trust, etc] • **in a climate** • **in the current/in the present climate** • the **political/social** climate

ˈ**climate** ˌ**change noun** [C, U] B2 the way the Earth's weather is changing ▷ **zmiany klimatu**

climatic /klaɪˈmætɪk/ **adjective** formal relating to the weather conditions that an area usually has: ***climatic change*** ▷ **klimatyczny**

climax[1] /ˈklaɪmæks/ **noun** [C] the most exciting or important part of something: [usually singular] *The **climax of** her career was winning a gold medal.* ▷ **kulminacja, uwieńczenie** → Opposite **anticlimax**

> Wyrazy występujące razem z **climax**
>
> **build up to/come to/reach** a climax • a **dramatic/exciting/fitting/thrilling** climax • the **climax of** sth

climax[2] /ˈklaɪmæks/ **verb** [I, T] to reach the most important or exciting part: *The festival **climaxed with/in** a huge fireworks display.* ▷ **osiągać punkt kulminacyjny**

climb /klaɪm/ **verb 1** [I, T] (also **climb up**) A2 to go up something, or onto the top of something: ***climb** a **ladder/tree/mountain*** ◦ *He climbed up on a chair to change the light bulb.* ▷ **wspinać się (po) 2 climb into/out of/through, etc** B2 to move somewhere using your hands and legs: *The child climbed into the back of the car.* ▷ **czołgać się, pełzać 3** [I] If a price, number, or amount climbs, it increases: *Profits climbed 11% last quarter.* ▷ **wzrastać 4** [I] B2 to move to a higher position: *The road climbs quite steeply.* ▷ **wspinać się**
• **climb noun** [C] *a long/steep/uphill climb* ▷ **wspinaczka**

PHRASAL VERB **climb down** UK informal to change your opinion or admit that you are wrong: *The government has been forced to **climb down** over the issue of increased taxes.* ▷ **wycofać się, zmienić stanowisko**

climbdown /ˈklaɪmdaʊn/ **noun** [C] UK when someone admits that they were wrong about something or have changed their opinion: *an embarrassing climbdown by the government* ▷ **zwrot**

climber /ˈklaɪməʳ/ **noun** [C] someone who climbs mountains, hills, or rocks as a sport ▷ **alpinist-a/ka**

climbing /ˈklaɪmɪŋ/ **noun** [U] A2 the sport of climbing mountains, hills, or rocks: ***rock/mountain climbing*** ◦ *climbing boots* ▷ **wspinaczka**

clinch /klɪnʃ/ **verb** [T] informal **1** to finally get or win something: ***clinch a deal*** ▷ **sfinalizować 2 clinch it** informal to make someone finally decide what to do: *When he said the job was in Paris, that clinched it for me.* ▷ **rozstrzygać sprawę**

cling /klɪŋ/ **verb** [I] (past tense and past participle **clung**) **1** to hold someone or something tightly, especially because you are frightened: *She was found **clinging to** the ledge.* ◦ *I **clung on to** his hand in the dark.* ▷ **trzymać się kurczowo 2** to stick to something: *His damp hair **clung to** his forehead.* ▷ **kleić się, przylegać**

PHRASAL VERBS **cling (on) to sth** to try very hard to keep something: *He clung on to power for ten more years.* ▷ **trzymać się** *czegoś* **kurczowo** • **cling to sth** to refuse to stop believing or hoping for something: *He **clung to the belief** that his family were alive.* ▷ **uporczywie trwać przy** *czymś*

clingfilm /ˈklɪŋfɪlm/ **noun** [U] UK trademark (US **plastic wrap**) thin, transparent plastic used for wrapping or covering food ▷ **folia do żywności**

clingy /ˈklɪŋi/ **adjective** mainly UK always wanting to be with someone and not wanting to do things alone: *a clingy child* ▷ **niesamodzielny**

clinic /ˈklɪnɪk/ **noun** [C] B1 a place where people go for medical treatment or advice: *an eye/skin clinic* ▷ **klinika**

clinical /ˈklɪnɪkəl/ **adjective 1** [always before noun] relating to medical treatment and tests: ***clinical trials/research*** ▷ **kliniczny 2** only considering facts and not influenced by feelings or emotions: *a clinical approach/attitude* ▷ **chłodny**
• **clinically adverb** ▷ **chłodno**

clinician /klɪˈnɪʃən/ **noun** [C] a doctor who treats ill people and does not just study diseases ▷ **klinicyst-a/ka**

clink /klɪŋk/ **verb** [I, T] If pieces of glass or metal clink, they make a short ringing sound when they touch, and if you clink them, you make them do this. ▷ **pobrzękiwać**
• **clink noun** [C] ▷ **brzęk**

clip[1] /klɪp/ **noun** [C] **1** a small metal or plastic object used for holding things together ▷ **spinacz, spinka, klamra 2** a short part of a film or television programme that is shown at a different time: *They showed clips from Spielberg's new movie.* ▷ **urywek, klip** **3 a clip round the ear/earhole** UK informal a quick hit on the side of someone's head ▷ **kuksaniec** → See also **paper clip**

clip[2] /klɪp/ **verb** (present participle **clipping**, past tense and past participle **clipped**) **1** [I, T] to fasten things together with a clip, or to be fastened in this way: ***Clip** the microphone **to** the collar of your jacket.* ▷ **przypinać, spinać** **2** [T] to cut small pieces from something: *Jamie was outside clipping the hedge.* ▷ **przycinać, wycinać** **3** [T] to hit something quickly and lightly: *The plane clipped a telephone line and crashed.* ▷ **zawadzić o**

clipart /ˈklɪpɑːt/ **noun** [U] small pictures which are stored on a computer and can be easily added to a document ▷ **grafiki (clipart)**

clipboard /ˈklɪpbɔːd/ **noun** [C] **1** a board with a clip at the top that holds paper in position for writing on ▷ **podkładka z zaciskiem (do notowania)** **2** an area for storing information in a computer when you are moving it from one document to another ▷ **schowek**

clipped /klɪpt/ **adjective** If someone speaks in a clipped voice, their words sound quick, short, and not friendly. ▷ **szorstki**

clippers /ˈklɪpəz/ **noun** [plural] a tool used to cut small pieces off something: *hedge clippers* ▷ **obcinacz, nożyce, maszynka (do strzyżenia)**

clipping /ˈklɪpɪŋ/ **noun** [C] **1** (also UK **cutting**) an article or picture that has been cut out of a newspaper or magazine: *a collection of **newspaper clippings** about the princess* ▷ **wycinek** **2** a small piece that has been cut off something: [usually plural] *grass clippings* ▷ **ścinek**

clique /kliːk/ **noun** [C] a small group of people who spend a lot of time together and are unfriendly to people who are not in the group ▷ **klika**

cloak /kləʊk/ **noun** **1** [C] a loose coat without sleeves that hangs down from your shoulders ▷ **peleryna** **2 a cloak of sth** literary something that is intended to cover or hide the truth of something else: *a cloak of secrecy/mystery* ▷ **mgiełka lub płaszczyk** *czegoś*

cloakroom /ˈkləʊkruːm/ **noun** [C] **1** a room where you leave your coat at a theatre, school, etc ▷ **szatnia** **2** UK old-fashioned a toilet in a public building ▷ **toaleta**

clobber /ˈklɒbəʳ/ **verb** [T] informal **1** to hit someone ▷ **walnąć** **2** to affect someone very badly: *a policy that has clobbered people on low incomes* ▷ **(szczególnie dotkliwie) ugodzić w**

clock[1] /klɒk/ **noun** [C] **1** (A1) a piece of equipment that shows you what time it is, usually in a house or on a building: *She could hear the hall clock ticking.* ▷ **zegar** → See **The Living Room** on page Centre 4 **2** UK a piece of equipment in a vehicle for measuring how far it has travelled: *a car with 63,000 kilometres **on the clock*** ▷ **licznik** **3 around/round the clock** all day and all night: *Rescue teams are **working round the clock** to search for survivors of the earthquake.* ▷ **24 godziny na dobę** **4 race/work against the clock** to do something as fast as you can in order to finish before a particular time ▷ **walczyć z czasem**

IDIOM **turn/put the clock back** UK to make a situation the same as it was at an earlier time ▷ **cofnąć czas**

→ See also **alarm clock**, **grandfather clock**

clock[2] /klɒk/ **verb**

PHRASAL VERB **clock sth up** to achieve a particular number or amount of something: *Yuri has clocked up 5500 flying hours.* ▷ **zaliczyć** *coś*

clockwise /ˈklɒkwaɪz/ **adjective, adverb** in the same direction as the hands on a clock move ▷ **w prawo** → Opposite **anti-clockwise**, US **counterclockwise**

clockwork /ˈklɒkwɜːk/ **noun** **1** [U] a system of machinery that starts when you turn a handle or key: *a **clockwork toy*** ▷ **mechanizm, ≈ na kluczyk** **2 (as) regular as clockwork** extremely regularly: *The bell rang at 8 a.m., regular as clockwork.* ▷ **jak w zegarku** **3 run/go like clockwork** to happen exactly as planned, with no problems ▷ **iść jak w zegarku**

clog /klɒg/ **verb** [I, T] (present participle **clogging**, past tense and past participle **clogged**) (also **clog up**) to fill something so that nothing can pass through it, or to be filled in this way: [often passive] *The plughole was **clogged with** hair.* ▷ **zapychać (się)**

clogs /klɒgz/ **noun** [plural] shoes made from wood, or shoes with a wooden sole ▷ **drewniaki**

cloister /ˈklɔɪstəʳ/ **noun** [C] a covered stone passage around the edges of a garden in a church or religious building ▷ **krużganek**

clone[1] /kləʊn/ **noun** [C] **1** an exact copy of a plant or animal that scientists make by removing one of its cells ▷ **klon** **2** informal someone or something that is very similar to someone or something else ▷ **klon**

clone[2] /kləʊn/ **verb** [T] to create a clone of a plant or animal: *Scientists have already cloned a sheep.* ▷ **klonować**

• **cloning** **noun** [U] *animal/human cloning* ▷ **klonowanie**

close[1] /kləʊz/ **verb** [I, T] **1** (A1) If something closes, it moves so that it is not open, and if you close something, you make it move so that it is not open: *Jane closed the window.* ◦ *Lie down and close your eyes.* ◦ *Suddenly the door closed.* ▷ **zamykać (się)** **2** (A2) If a shop, restaurant, public place, etc closes, people cannot go in it: *The supermarket closes at 8 p.m.* ▷ **zamykać się** **3** (also **close down**) (B2) If a business or organization closes, or if someone or something closes it, it stops operating: *Many factories have closed in the last ten years.* ▷ **ulegać likwidacji** **4** to end, or to end something: *She closed the meeting with a short speech.* ▷ **zakończyć (się)**

PHRASAL VERBS **close (sth) down** B2 If a business or organization closes down, or if someone or something closes it down, it stops operating. ▷ **likwidować** *(coś)*, **ulegać likwidacji** • **close in** If people close in, they gradually get nearer to someone, usually in order to attack them or stop them escaping: *Police **closed in on** the demonstrators.* ▷ **zbliżać się** • **close sth off** to put something across the entrance to a place in order to stop people entering it: *Police quickly closed off the area.* ▷ **odgradzać** *coś*

close[2] /kləʊs/ **noun** [C] (also **Close**) used in the name of a road that cars can only enter from one end: *They live at 7 Kingswear Close.* ▷ **zaułek**

close[3] /kləʊs/ **adjective** **1** A1 near in distance: *His house is **close to** the sea.* ▷ **bliski** **2** A1 near in time: *It was **close to** lunchtime when we arrived.* ▷ **bliski** **3** A2 If people are close, they know each other very well and like each other a lot: *close friends* ◦ *I'm very **close to** my brother.* ▷ **bliski** **4** [always before noun] B1 A close relative is someone who is directly related to you, for example your mother, father, or brother. ▷ **bliski** **5** seeing or talking with someone a lot: *Our school has **close links** with a school in China.* ◦ *I'm still in **close contact** with my school friends.* ▷ **ścisły, bliski** **6 be/come close to doing sth** to almost achieve or do something: *We are close to reaching an agreement.* ▷ **być bliskim** *czegoś*, **prawie** *coś zrobić* **7 be close to sth** If someone or something is close to a particular state, they are almost in that state: *She was **close to tears**.* ▷ **być bliskim** *czegoś* **8** B2 A close game, competition, etc is one in which people's scores are nearly the same. ▷ **wyrównany** **9** [always before noun] looking at or listening to someone or something very carefully: *On **close inspection**, you could see that the painting was a fake.* ◦ ***Keep a close watch on** the children (= watch them carefully).* ▷ **uważny** **10** Close weather is too warm and there is not enough fresh air. ▷ **duszny**
• **closeness noun** [U] ▷ **bliskość**
→ See also **a close** ***call***, **a close** ***shave***

close[4] /kləʊs/ **adverb** **1** B1 near in distance: *He stayed **close to** his mother.* ◦ *Come a bit closer.* ◦ *We walked close behind them.* ◦ *There's a great beach **close by** (= near).* ▷ **blisko** **2** near in time: *The time for change is coming closer.* ▷ **blisko**

close[5] /kləʊz/ **noun** [no plural] the end of something: *They finally reached an agreement **at the close of** a week of negotiations.* ◦ *The year was **drawing to a close**.* ▷ **koniec, zakończenie**

closed /kləʊzd/ **adjective** **1** A1 not open for business: *We went to the library but it was closed.* ▷ **zamknięty** **2** A1 not open: *The door was closed.* ◦ *Her eyes were closed.* ▷ **zamknięty** **3** not wanting to accept new ideas, people, customs, etc: *a closed mind* ▷ **ograniczony**

ˌclosed-circuit ˈtelevision noun [C, U] a system of hidden cameras that take pictures of people in public places, used to help prevent crime ▷ **telewizja przemysłowa**

ˌclosed ˈshop noun [C, usually singular] a place of work where you have to belong to a particular trade union ▷ zakład pracy wymagający od pracowników przynależności do związków zawodowych

close-knit /ˌkləʊsˈnɪt/ **adjective** A close-knit group of people is one in which everyone helps and supports each other: ***a close-knit community*** ▷ **zwarty**

closely /ˈkləʊsli/ **adverb** **1** If you look at or listen to something closely, you look at it or listen to it very carefully. ▷ **uważnie** **2** B2 If two things are closely connected, related, etc, they are very similar to each other or there is a relationship between them: *The two languages are **closely related**.* ◦ *I saw a cat that closely resembles ours.* ▷ **blisko, ściśle, dokładnie** **3** in a way that is very near in distance or time: *Elke came into the room, closely followed by her children.* ▷ **blisko** **4** B2 If you work closely with someone, you work together a lot: *Nurses **work closely** with other medical staff.* ▷ **ściśle**

closet[1] /ˈklɒzɪt/ **noun** [C] US (UK **wardrobe**) a large cupboard for keeping clothes in ▷ **szafa wnękowa** → See also **have a** ***skeleton*** **in the closet**

closet[2] /ˈklɒzɪt/ **adjective** **a closet intellectual/liberal/socialist, etc** someone who hides their true opinions or way of life ▷ **krypto-inteligent/krypto-liberał/krypto-socjalista** *itp.*

close-up /ˈkləʊsʌp/ **noun** [C] a photograph of someone or something that is taken by standing very close to them ▷ **zbliżenie**

closing /ˈkləʊzɪŋ/ **adjective** [always before noun] The closing part of an event or period of time is the final part of it: *Owen scored a goal in the closing minutes of the game.* ▷ **ostatni**

closure /ˈkləʊʒəʳ/ **noun** **1** [C, U] when a business, organization, etc stops operating: *factory closures* ◦ *The company announced the **closure of** its Paris office.* ▷ **likwidacja** **2** [U] the feeling that a sad or unpleasant experience has now finished so that you can think about and do other things ▷ **zamknięcie (przykrego przeżycia)**

Wyrazy występujące razem z **closure**

face/be threatened with closure • save sth from closure • the closure of sth

clot[1] /klɒt/ **noun** [C] **1** a lump that forms when a liquid, especially blood, becomes almost solid ▷ **skrzep** **2** UK informal a stupid person ▷ **tępak**

clot[2] /klɒt/ **verb** [I, T] (present participle **clotting**, past tense and past participle **clotted**) to form clots, or to make clots form ▷ **krzepnąć, powodować krzepnięcie**

cloth /klɒθ/ **noun 1** [U] B2 material made from cotton, wool, etc, and used, for example, to make clothes or curtains: *a piece of cloth* ▷ **tkanina, materiał 2** [C] B2 a piece of cloth used for cleaning or drying things ▷ **szmatka, ścierka**

clothe /kləʊð/ **verb** [T] to supply clothes for someone ▷ **ubierać**

clothed /kləʊðd/ **adjective** wearing clothes: ***fully clothed*** ▷ **ubrany**

clothes /kləʊðz/ **noun** [plural] A1 items such as shirts and trousers that you wear on your body: *She was **wearing** her sister's **clothes**.* ◦ *to **put on/take off** your **clothes*** ▷ **ubrania, ubranie** → See **Clothes** on pages Centre 8, 9

> **Wyrazy występujące razem z clothes**
> **put on/take off/wear** clothes • **change** your clothes

clothesline /ˈkləʊðzlaɪn/ **noun** [C] a rope for hanging wet clothes on until they dry ▷ **sznur do bielizny**

ˈclothes ˌpeg noun [C] UK (US **clothespin** /ˈkləʊðzpɪn/) a short piece of wood or plastic that is used to hold clothes on a rope while they dry ▷ **klamerka**

clothing /ˈkləʊðɪŋ/ **noun** [U] B2 clothes, especially of a particular type: *outdoor/protective clothing* ▷ **odzież**

cloud¹ /klaʊd/ **noun 1** [C, U] A2 a white or grey mass that floats in the sky, made of small water drops: *rain/storm clouds* ▷ **chmura 2** [C] B2 a mass of gas or very small pieces of something floating in the air: *a cloud of dust/smoke* ▷ **chmura**

IDIOM **be under a cloud** If someone is under a cloud, they are not trusted or not popular because people think they have done something bad. ▷ **być w niełasce**

• **cloudless** adjective without clouds ▷ **bezchmurny**

cloud² /klaʊd/ **verb 1** [T] to make someone confused, or make something harder to understand: *to **cloud** someone's **judgment/vision*** ▷ **zaciemniać 2** [I, T] If something transparent clouds, it becomes hard to see through, and if something clouds it, it makes it hard to see through. ▷ **zmącić (się)**

PHRASAL VERB **cloud over** to become covered with clouds ▷ **chmurzyć się**

cloudy /ˈklaʊdi/ **adjective 1** A2 When it is cloudy, there are clouds in the sky. ▷ **pochmurny, zachmurzony 2** A cloudy liquid is not transparent: *cloudy water* ▷ **mętny**

clout /klaʊt/ **noun 1** [U] power and influence over other people: *As mayor, he **has** political **clout**.* ▷ **autorytet, siła przebicia 2** [C] UK informal a heavy blow made with the hand ▷ **cios**

clove /kləʊv/ **noun** [C] **1** a small, dark-brown, dried flower that is used as a spice ▷ **goździk (przyprawa) 2** one separate part in a root of garlic ▷ **ząbek (czosnku)**

clover /ˈkləʊvəʳ/ **noun** [U] a small plant that has three round leaves and round flowers ▷ **koniczyna**

clown¹ /klaʊn/ **noun** [C] **1** A2 a performer who has special clothes and a painted face and makes people laugh ▷ **klown 2** a silly person ▷ **błazen**

clown² /klaʊn/ **verb** [I] (also **clown around**) to behave in a silly way in order to make people laugh ▷ **błaznować**

club¹ /klʌb/ **noun** [C] **1** A2 an organization for people who want to take part in a sport or social activity together, or the building they use for this: *a fitness/football club* ▷ **klub 2** (also **golf club**) a long, thin stick used to hit the ball in golf ▷ **kij** → See **Sports 2** on page Centre 15 **3** a heavy stick used as a weapon ▷ **maczuga 4** a place open late at night where people can dance ▷ **klub 5 clubs** playing cards with black shapes like three leaves on them: *the ten of clubs* ▷ **trefle** → See also **fan club**

> **Wyrazy występujące razem z club**
> **belong to/join** a club • **a member of** a club

club² /klʌb/ **verb** (present participle **clubbing**, past tense and past participle **clubbed**) **1** [T] to hit a person or animal with a heavy stick ▷ **walić 2 go clubbing** mainly UK to go to clubs where there is music and dancing ▷ **iść potańczyć, iść się zabawić**

PHRASAL VERB **club together** UK If a group of people club together to buy something, they share the cost of it. ▷ **składać się**

clubhouse /ˈklʌbhaʊs/ **noun** [C] a building that the members of a club use for social activities or for changing their clothes ▷ **budynek lub siedziba klubu**

cluck /klʌk/ **verb** [I] to make the sound that a chicken makes ▷ **gdakać**
• **cluck** noun [C] ▷ **gdakanie**

clue /kluː/ **noun** [C] **1** B2 a sign or a piece of information that helps you to solve a problem or answer a question: *Police are searching the area for **clues to** the murder.* ◦ *I can't remember who wrote it. **Give** me **a clue**.* ▷ **wskazówka 2 not have a clue** informal B2 to be completely unable to guess, understand, or deal with something: [+ question word] *I haven't a clue what you're talking about.* ▷ **nie mieć pojęcia**

ˌclued ˈup **adjective** UK knowing all the most important information about something: *He's very **clued up on** the law.* ▷ **obeznany, zorientowany**

clueless /ˈkluːləs/ **adjective** informal A clueless person does not know anything about a particular subject. ▷ **zielony**

clump /klʌmp/ **noun** [C] a group of plants growing closely together: *a clump of grass* ▷ **kępa**

clumsy /ˈklʌmzi/ **adjective** **1** B2 Clumsy people move in a way that is not controlled or careful enough, and often knock or damage things. ▷ **niezgrabny, niezdarny** **2** If you behave in a clumsy way, you upset people because you are not careful about their feelings: *a **clumsy attempt** to be friendly* ▷ **niezręczny** **3** Clumsy objects are large, not attractive, and often difficult to use. ▷ **nieporęczny**
• **clumsily** **adverb** ▷ **niezgrabnie, niezręcznie**
• **clumsiness** **noun** [U] ▷ **niezgrabność, niezręczność**

clung /klʌŋ/ past of cling

cluster¹ /ˈklʌstəʳ/ **noun** a group of similar things that are close together: *a cluster of galaxies* ▷ **grupa, gromada**

cluster² /ˈklʌstəʳ/ **verb** **cluster around/round/together, etc** to form a close group: *Photographers clustered round the film star.* ▷ **gromadzić się (wokół), otaczać**

clutch¹ /klʌtʃ/ **verb** [T] to hold something tightly: *She clutched a coin.* ▷ **ściskać**

PHRASAL VERB **clutch at sth** to try very hard to hold something: *She clutched wildly at the branch.* ▷ **trzymać się** *czegoś* **kurczowo**

clutch² /klʌtʃ/ **noun** **1** [C] the part of a car or truck that you press with your foot when you change gear ▷ **sprzęgło** → See **Car** on page Centre 7 **2** [C, U] when someone holds or tries to hold something tightly ▷ **uścisk** **3** **sb's clutches** If you are in someone's clutches, they control you, often in an evil way. ▷ **czyjeś szpony**

clutter¹ /ˈklʌtəʳ/ **verb** [T] (also **clutter up**) to cover a surface, or to fill a place with things that are not tidy or well organized: [often passive] *Every shelf is **cluttered with** ornaments.* ▷ **zagracać**

clutter² /ˈklʌtəʳ/ **noun** [U] a lot of objects that are not tidy or well organized: *I've got too much clutter on my desk.* ▷ **bałagan**

cm written abbreviation for centimetre ▷ **cm**

CNS /ˌsiːenˈes/ **noun** [U] abbreviation for central nervous system ▷ **OUN (= ośrodkowy układ nerwowy)**

Co **1** written abbreviation for Company: *Williams & Co* ▷ **Sp. = spółka** **2** written abbreviation for County: *Co. Wexford* ▷ **hr. = hrabstwo**

co- /kəʊ-/ **prefix** with or together: *a co-author* ◦ *to coexist* ▷ **współ-, ko-**

c/o written abbreviation for care of: used when you send a letter to someone who will give it to the person you are writing to ▷ **na adres**

coach¹ /kəʊtʃ/ **noun** [C] **1** UK A2 a comfortable bus used to take groups of people on long journeys: *a **coach trip*** ▷ **autokar** **2** B1 someone whose job is to teach people to improve at a sport, skill, or school subject: *a football/tennis coach* ▷ **trener/ka, korepetytor/ka** **3** a vehicle with wheels that is pulled by horses ▷ **powóz**

coach² /kəʊtʃ/ **verb** [T] B2 to teach someone so they improve at a sport, skill, or in a school subject ▷ **trenować, dawać lekcje lub korepetycje**
• **coaching** **noun** [U] B2 ▷ **korepetycje**

ˈcoach ˌstation **noun** [C] UK (UK/US **bus station**) a building where a bus starts or ends its journey ▷ **dworzec autobusowy**

coal /kəʊl/ **noun** **1** [U] a hard, black substance that is dug from under the ground and burnt as fuel: *a lump of coal* ▷ **węgiel** **2** **coals** pieces of coal, usually burning ▷ **węgiel**

coalition /kəʊəˈlɪʃᵊn/ **noun** [C] two or more political parties that have joined together, usually to govern a country: *to **form a coalition*** ◦ *a **coalition government*** ▷ **koalicja**

ˈcoal ˌmine **noun** [C] (also UK **colliery**) a place where people work digging coal from under the ground ▷ **kopalnia węgla**

coarse /kɔːs/ **adjective** **1** rough and thick, or not in very small pieces: *coarse cloth* ◦ *coarse breadcrumbs* ▷ **szorstki, duży** **2** not polite: *coarse language* ▷ **prostacki**
• **coarsely** **adverb** ▷ **szorstko**

coast¹ /kəʊst/ **noun** [C, U] **1** B1 the land beside the sea: *The island lies **off the** North African **coast** (= in the sea near North Africa).* ◦ *They live **on the** east **coast** of Scotland.* ▷ **wybrzeże** **2** **coast to coast** from one side of a country to the other ▷ **od morza do morza**

IDIOM **the coast is clear** If the coast is clear, you can do something or go somewhere because there is nobody who might see you. ▷ **droga wolna**

coast² /kəʊst/ **verb** [I] **1** to progress or succeed without any effort or difficulty: *Pakistan **coasted to** a four-wicket victory over Australia.* ▷ **prześlizgnąć się (bez wysiłku)** **2** to move forward in a vehicle without using the engine, usually down a hill ▷ **jechać rozpędem**

coastal /ˈkəʊstᵊl/ **adjective** B2 situated on or relating to the coast: *a coastal town/resort* ▷ **nadmorski, przybrzeżny**

ˈcoastal deˌfence **noun** [U, C] ways of protecting land from being flooded or worn away by the sea ▷ **ochrona wybrzeża (przez zalaniem lub zniszczeniem)**

coastguard /ˈkəʊstgɑːd/ **noun** [C] a person or the organization responsible for preventing accidents and illegal activities in the sea near a coast ▷ **straż przybrzeżna, strażnik straży przybrzeżnej**

coastline /ˈkəʊstlaɪn/ **noun** [C, U] the part of the land along the edge of the sea: *a rocky coastline* ▷ **linia brzegowa**

coat[1] /kəʊt/ **noun** [C] **1** A1 a piece of clothing with sleeves that you wear over your other clothes, especially when you go outside: *a fur/winter coat* ▷ **płaszcz 2** the fur that covers an animal's body ▷ **sierść 3** a layer of a substance such as paint: *a coat of paint/varnish* ▷ **warstwa**

coat[2] /kəʊt/ **verb** [T] to cover something with a thin layer of something: *Stir the rice until it is* ***coated with*** *butter.* ▷ **pokrywać**

ˈ**coat** ˌ**hanger** noun [C] a wire, wooden, or plastic object for hanging clothes on ▷ **wieszak**

coating /ˈkəʊtɪŋ/ **noun** [C] a thin layer that covers the surface of something: *a protective/non-stick coating* ▷ **pokrywa**

coax /kəʊks/ **verb** [T] to persuade someone in a gentle way: [+ into + doing sth] *She coaxed me into joining the group.* ▷ **namawiać**

cobble[1] /ˈkɒbl/ **verb**

PHRASAL VERB **cobble sth together** to make something quickly and not very carefully ▷ **sklecić** *coś* **(naprędce)**

cobble[2] /ˈkɒbl/ **noun** [C] a rounded stone used on the surface of an old-fashioned road ▷ **kamień brukowy**

• **cobbled adjective** made with cobbles: ***cobbled streets*** ▷ **brukowany**

cobbler /ˈkɒbləʳ/ **noun** [C] mainly UK old-fashioned someone whose job is to make or repair shoes ▷ **szewc**

cobblestone /ˈkɒblstəʊn/ **noun** [C] a rounded stone that is used on the surface of an old-fashioned road ▷ **kamień brukowy**

cobra /ˈkəʊbrə/ **noun** [C] a poisonous snake that makes the skin of its neck wide and flat when it is going to attack ▷ **kobra**

cobweb /ˈkɒbweb/ **noun** [C] a structure of fine threads made by a spider to catch insects ▷ **pajęczyna**

cobweb

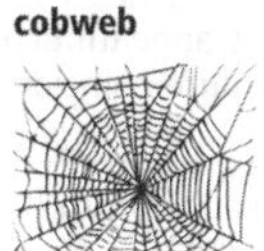

Coca-Cola /ˌkəʊkə ˈkəʊlə/ **noun** [U] trademark a sweet, dark-brown drink with lots of bubbles ▷ **coca-cola**

cocaine /kəʊˈkeɪn/ **noun** [U] an illegal drug, often used in the form of white powder ▷ **kokaina**

cock[1] /kɒk/ **noun** [C] an adult male chicken ▷ **kogut**

cock[2] /kɒk/ **verb** [T] to move part of the body up or to the side: *to cock an ear/eyebrow* ▷ **nastawiać, podnieść**

PHRASAL VERB **cock sth up** UK informal to do something wrong or badly: *I really cocked up my exams.* ▷ **sknocić** *coś*

cockerel /ˈkɒkᵊrᵊl/ **noun** [C] UK a young male chicken ▷ **kogucik**

cockney /ˈkɒkni/ **noun 1** [U] a type of English spoken in East London ▷ **cockney (gwara miejska wschodniego Londynu) 2** [C] someone who speaks Cockney ▷ **cockney (rodowity londyńczyk, zwłaszcza z klasy robotniczej i dzielnic wschodnich)**

cockpit /ˈkɒkpɪt/ **noun** [C] the part of an aircraft or racing car that contains the controls ▷ **kokpit**

cockroach /ˈkɒkrəʊtʃ/ **noun** [C] a large, brown or black insect that can live in houses and places where food is prepared ▷ **karaluch**

cocktail /ˈkɒkteɪl/ **noun 1** [C] a mixture of powerful substances: *a cocktail of drugs/chemicals* ▷ **koktajl, mieszanka, zestaw 2** [C] an alcoholic drink made from two or more kinds of drink mixed together: *a cocktail bar/party* ▷ **koktajl 3** [C, U] a cold dish containing small pieces of food mixed together: *a prawn cocktail* ◦ *fruit cocktail* ▷ **koktajl**

cock-up /ˈkɒkʌp/ **noun** [C] UK informal a stupid mistake or failure ▷ **wpadka, fuszerka**

cocky /ˈkɒki/ **adjective** confident in an annoying way ▷ **butny**

cocoa /ˈkəʊkəʊ/ **noun** [U] **1** a dark-brown powder produced from a type of bean, used to make chocolate ▷ **kakao 2** a drink made by mixing cocoa powder with hot milk ▷ **kakao**

coconut /ˈkəʊkənʌt/ **noun** [C] B1 a very large nut with a hard, hairy shell, a white part that you eat, and liquid in the centre ▷ **kokos, orzech kokosowy**

cocoon /kəˈkuːn/ **noun** [C] a cover that protects some insects as they develop into adults ▷ **kokon**

cod /kɒd/ **noun** [C, U] (plural **cod**) B1 a large sea fish which can be eaten as food ▷ **dorsz**

code /kəʊd/ **noun 1** [C, U] B2 a set of letters, numbers, or signs that are used instead of ordinary words to keep a message secret: *It was written* ***in code.*** ◦ *They were trying to* ***break*** *(= understand) the enemy's* ***code.*** ▷ **szyfr 2** [C] UK (UK/US **area code**) a set of numbers used at the beginning of all the telephone numbers in a particular area ▷ **kierunkowy 3** [C] a set of rules on how to behave or how to do things: *a code of conduct/practice* ◦ *The club has a strict* ***dress code*** *(= rules about what you wear).* ▷ **kodeks** → See also **bar code**, **zip code**

coded /ˈkəʊdɪd/ **adjective** written or sent in code: *a* ***coded message/warning*** ▷ **szyfrowany**

codeine /ˈkəʊdiːn/ **noun** [U] a medicine used to reduce pain ▷ **kodeina**

co-ed /ˌkəʊˈed/ (US) /ˈkəʊˌed/ **adjective** with both male and female students ▷ **koedukacyjny**

coefficient /ˌkəʊɪˈfɪʃənt/ **noun** [C] a value that multiplies another value, e.g. the number 2 in '2x' ▷ **współczynnik**

coelenterate /sɪˈlentəreɪt/ **noun** [C] a type of sea animal that has a simple body with tentacles and a single opening at the centre, for example a jellyfish ▷ **jamochłon**

coerce /kəʊˈɜːs/ **verb** [T] formal to make someone do something that they do not want to do: [+ into + doing sth] *Employees said they were coerced into signing the agreement.* ▷ **zmuszać**
• **coercion** /kəʊˈɜːʃᵊn/ **noun** [U] ▷ **przymus**

coexist /ˌkəʊɪgˈzɪst/ **verb** [I] If two things or groups coexist, they exist at the same time or together, although they may be very different: *Can science and religion coexist?* ▷ **współistnieć**
• **coexistence noun** [U] ▷ **współistnienie**

coffee /ˈkɒfi/ **noun 1** [C, U] A1 a hot drink made from dark beans which are made into a powder, or a cup of this drink ▷ **kawa 2** [U] A1 the beans from which coffee is made, or the powder made from these beans: *instant coffee* ▷ **kawa**

ˈcoffee ˌtable noun [C] a low table in a room where people sit ▷ **ława, stoliczek** → See **The Living Room** on page Centre 4

coffers /ˈkɒfəz/ **noun** [plural] a supply of money that a group or organization has and can spend: *government/party coffers* ▷ **fundusze**

coffin /ˈkɒfɪn/ **noun** [C] (also US **casket**) a box in which a dead body is buried ▷ **trumna** → See also **the final *nail* in the coffin**

cog /kɒg/ **noun** [C] a part shaped like a tooth on the edge of a wheel in a machine, that makes another wheel turn ▷ **ząb, koło zębate**

cogent /ˈkəʊdʒᵊnt/ **adjective** A cogent argument, reason, or explanation is one which people will believe because it is clear and careful. ▷ **logiczny**

cognac /ˈkɒnjæk/ **noun** [U] good quality French brandy ▷ **koniak**

cognitive /ˈkɒgnətɪv/ **adjective** [always before noun] formal relating to how people think, understand, and learn ▷ **kognitywny, poznawczy**

cohabit /kəʊˈhæbɪt/ **verb** [I] formal If two people cohabit, they live together and are sexual partners but are not married. ▷ **mieszkać ze sobą (bez ślubu), kohabitować**
• **cohabitation** /kəʊˌhæbɪˈteɪʃᵊn/ **noun** [U] ▷ **kohabitacja**

coherent /kəʊˈhɪərᵊnt/ **adjective 1** A coherent argument, plan, etc is clear, and each part of it has been carefully considered. ▷ **spójny 2** If someone is coherent, you can understand what they say. ▷ **komunikatywny** → Opposite **incoherent**
• **coherence** /kəʊˈhɪərᵊns/ **noun** [U] ▷ **spójność**
• **coherently adverb** ▷ **spójnie**

cohesion /kəʊˈhiːʒᵊn/ **noun** [U] when the members of a group or society are united: *The country needs greater social cohesion.* ▷ **jedność**
• **cohesive** /kəʊˈhiːsɪv/ **adjective** united and working together effectively: *a cohesive unit/group* ▷ **spójny**

cohort /ˈkəʊhɔːt/ **noun** [C] someone who supports someone else, especially a political leader: *the prime minister's cohorts* ▷ **poplecznik/czka**

coil[1] /kɔɪl/ **noun** [C] a long piece of wire, rope, etc curled into several circles: *a coil of rope* ▷ **zwój**

coil[2] /kɔɪl/ **verb** [I, T] (also **coil up**) to twist something into circles, or to become twisted into circles: *Her hair was coiled in a bun on top of her head.* ▷ **zwijać**

coin[1] /kɔɪn/ **noun 1** B1 [C] a flat, usually round, piece of metal used as money: *a pound coin* ▷ **moneta 2 toss a coin** to throw a coin into the air so that it turns over several times, and see which side it lands on, often in order to make a decision ▷ **rzucić monetą**

coin[2] /kɔɪn/ **verb** [T] **1** to be the first person who uses a new word or phrase ▷ **ukuć 2 to coin a phrase** something you say before using a common expression: *Still, to coin a phrase, there is light at the end of the tunnel.* ▷ **jak mówią**

coincide /ˌkəʊɪnˈsaɪd/ **verb** [I] **1** to happen at the same time as something else: *The band's American tour **coincided with** the release of their second album.* ▷ **zbiegać się 2** When people's opinions or ideas coincide, they are the same. ▷ **być zbieżnym**

coincidence /kəʊˈɪnsɪdᵊns/ **noun** [C, U] B2 when two very similar things happen at the same time but there is no reason for it: *an **amazing/strange coincidence*** ◦ *It was **pure coincidence** that we both married dentists.* ▷ **zbieg okoliczności**
• **coincidental** /kəʊˌɪnsɪˈdentᵊl/ **adjective** happening by coincidence: *The similarities are coincidental.* ▷ **przypadkowy** • **coincidentally** /kəʊˌɪnsɪˈdentᵊli/ **adverb** ▷ **przypadkowo**

> Wyrazy występujące razem z **coincidence**
>
> by coincidence • an **amazing/happy/remarkable/strange/unfortunate** coincidence • **mere/pure** coincidence • **it's no coincidence that**

Coke /kəʊk/ **noun** [C, U] trademark short for Coca-Cola ▷ **cola**

Col written abbreviation for Colonel ▷ **płk. (pułkownik)**

cola /ˈkəʊlə/ **noun** [U] A2 a sweet, dark brown drink with lots of bubbles ▷ **cola** → See also **Coca-Cola**

colander /ˈkɒləndəʳ/ **noun** [C] a bowl with small holes in it used for washing food or separating water from food after cooking ▷ **cedzak, durszlak** → See **The Kitchen** on page Centre 2

cold[1] /kəʊld/ **adjective 1** A1 having a low temperature: *cold water/weather* ◦ *This soup has*

gone cold. ◦ *My hands are* ***getting cold.*** ▷ **zimny** **2** B1 unfriendly or showing no emotion: *a cold stare/voice* ◦ *She became quite cold and distant with me.* ▷ **chłodny** **3** served cold: *cold roast beef* ▷ **na zimno**

• **coldness** noun [U] ▷ **chłód**

→ See also **in cold *blood*, get cold *feet***

> **Cold** wyrazy bliskoznaczne
>
> Jeśli pogoda na zewnątrz lub temperatura w jakimś wnętrzu jest bardzo niska, możemy użyć przymiotników **bitter** lub **freezing**:
>
> *Wrap up warmly – it's* ***bitter*** *outside!*
>
> *It's absolutely* ***freezing*** *in here!*
>
> Jeśli pogoda, zwłaszcza wietrzna, jest bardzo zimna i nieprzyjemna, możemy czasem użyć przymiotników **biting** i **icy**:
>
> *A* ***biting/icy*** *wind blew in her face as she opened the door.*
>
> Przymiotnika **chilly** używamy często do opisania pogody lub temperatury, które są tylko nieznacznie chłodne lub nieprzyjemne:
>
> *It's a bit* ***chilly*** *in here – can you turn the heater on?*
>
> Jeśli gdzieś jest chłodno, lecz przyjemnie, możemy użyć przymiotnika **cool**:
>
> *That's a nice* ***cool*** *breeze.*

cold[2] /kəʊld/ **noun** **1** A2 [C] a common illness which makes you sneeze and makes your nose produce liquid: ***I've got a cold.*** ◦ *He* ***caught a*** *bad* ***cold*** *at school.* ▷ **przeziębienie** **2 the cold** B1 cold weather or temperatures ▷ **zimno** **3 leave sb out in the cold** to not allow someone to be part of a group or activity ▷ **pomijać** *kogoś*

> **Wyrazy występujące razem z cold**
>
> catch/have a cold • a bad/heavy/stinking (= very bad) cold

cold[3] /kəʊld/ **adverb** **1 be out cold** informal to be unconscious: *I hit my head and was out cold for two minutes.* ▷ **być nieprzytomnym** **2** completely and immediately: *I offered him £10 but he turned me down cold.* ▷ **po prostu, zwyczajnie**

cold-blooded /ˌkəʊld'blʌdɪd/ **adjective** showing no emotion or sympathy: *a cold-blooded killer* ▷ **bezwzględny**

cold-hearted /ˌkəʊld'hɑːtɪd/ **adjective** feeling no kindness or sympathy towards other people ▷ **nieczuły**

coldly /'kəʊldli/ **adverb** in a way that is not friendly or emotional: *He looked at me coldly.* ▷ **chłodno**

colic /'kɒlɪk/ **noun** [U] When a baby has colic, it has a bad pain in the stomach. ▷ **kolka**

collaborate /kə'læbəreɪt/ **verb** [I] **1** When two or more people collaborate, they work together to create or achieve the same thing: *Didn't you* ***collaborate with*** *him* ***on*** *one of your books?* ▷ **współpracować** **2** to help people who are an enemy of your country or government: *He was accused of* ***collaborating with*** *the enemy.* ▷ **kolaborować**

• **collaborator** noun [C] ▷ **współpracowni-k/czka, kolaborant/ka**

collaboration /kəˌlæbə'reɪʃən/ **noun** **1** [C, U] when two or more people work together to create or achieve the same thing, or a product of this: *The show was a result of* ***collaboration between*** *several museums.* ▷ **współpraca** **2** [U] when someone helps an enemy country or government ▷ **kolaboracja**

collage /kɒl'ɑːʒ/ **noun** [C, U] a picture made by sticking small pieces of paper or other materials onto a surface, or the process of making pictures like this ▷ **collage**

collagen /'kɒlədʒən/ **noun** [U] a protein found especially in the joints of humans and animals ▷ **kolagen**

collapse[1] /kə'læps/ **verb** **1** [I] B2 When someone collapses, they fall down, usually because they are ill or weak. ▷ **upaść** **2** [I, T] B2 to fall down or towards the inside, or to make a structure or object fall down or towards its inside: *The roof collapsed under the weight of snow.* ▷ **zawalić się** **3** [I] to fail to work or succeed: *The peace talks have collapsed.* ▷ **załamać się**

collapse[2] /kə'læps/ **noun** [C, U] **1** B2 the sudden failure of a system, organization, business, etc ▷ **załamanie, upadek** **2** when a person or structure becomes too weak to stand and suddenly falls ▷ **upadek**

collapsible /kə'læpsɪbl/ **adjective** able to be folded or made flat in order to be stored or carried: *a collapsible table/boat* ▷ **składany**

collar[1] /'kɒlər/ **noun** [C] **1** B1 the part of a shirt, coat, etc that is usually folded over and goes round your neck: *a shirt collar* ▷ **kołnierz** → See picture at **jacket** **2** B2 a narrow piece of leather or plastic that you fasten round the neck of an animal ▷ **obroża**

collar[2] /'kɒlər/ **verb** [T] informal to find someone and stop them going somewhere, often so that you can talk to them about something ▷ **dopadać, zaczepiać**

collarbone /'kɒləbəʊn/ **noun** [C] a bone between the base of your neck and your shoulder ▷ **obojczyk**

collateral /kə'lætərəl/ **noun** [U] things that you agree to give someone if you are not able to pay back money you have borrowed from them: *I used my car* ***as collateral*** *for a loan.* ▷ **gwarancja, zabezpieczenie**

colleague /'kɒliːg/ **noun** [C] A2 someone that you work with ▷ **współpracowni-k/czka, kolega/koleżanka (z pracy)**

collect[1] /kə'lekt/ **verb** **1** [T] B1 to get things from different places and bring them together: *Police collected a good deal of information during the investigation.* ◦ *Would you* ***collect up*** *the books please, Joanne?* ▷ **zbierać** **2** [T] A2 to get and keep things of one type such as stamps or coins as a hobby: *She collects dolls.* ▷ **zbierać, kolekcjonować** **3** [T] UK **A2** to go to a place and bring someone or something away from it: *She collects Anna **from** school at three o'clock.* ▷ **odbierać** **4** [I, T] **B2** to ask people to give you money for something, for example a charity: *I'm collecting on behalf of Oxfam.* ▷ **kwestować** **5** [T] to receive money that you are owed: *You can begin to collect a pension at age 62.* ▷ **otrzymywać** **6** [I] to come together in a single place: *Journalists collected outside the palace.* ▷ **zbierać się** **7 collect yourself/your thoughts** to get control over your feelings and thoughts ▷ **zebrać myśli**

collect² /kəl'ekt/ **adjective, adverb** US When you telephone collect or make a collect telephone call, the person you telephone pays for the call. ▷ **na koszt abonenta**

collected /kə'lektɪd/ **adjective** **1** [always before noun] brought together in one book or series of books: *His collected poems were published in 1928.* ▷ **zebrany** **2** showing control over your feelings: *Jane was very **calm and collected**.* ▷ **opanowany**

col'lecting ˌflask **noun** [C] wide glass container with a flat base, used by scientists for collecting liquids ▷ **kolba**

collection /kə'lekʃən/ **noun** **1** [C] **B1** a group of objects of the same type that have been collected by one person or in one place: *a **private** art **collection*** ▷ **zbiór, kolekcja** **2** [U] **B2** when something is taken away from a place: *rubbish collection* ▷ **zbiórka** **3** [C] an amount of money collected from several people: *We **had** a **collection for** Emily's gift.* ▷ **zbiórka, zrzutka, kwesta** **4** [C] a group of things or people: *There's quite a **collection of** toothbrushes in the bathroom.* ▷ **kolekcja, zbiór**

> Wyrazy występujące razem z **collection**
>
> amass/display/have a collection • an extensive/large/priceless/private collection

collective¹ /kə'lektɪv/ **adjective** involving, felt by, or owned by everyone in a group: *collective responsibility* ▷ **zbiorowy**

collective² /kə'lektɪv/ **noun** [C] a business that is owned and controlled by the people who work in it ▷ **spółdzielnia**

colˌlective 'bargaining **noun** [U] the system in which employees talk as a group with their employers to try to agree on matters such as pay and working conditions ▷ **negocjacje zbiorowe**

collectively /kə'lektɪvli/ **adverb** as a group: *She has a staff of four who collectively earn almost $200,000.* ▷ **wspólnie, łącznie**

collector /kə'lektəʳ/ **noun** [C] **1** someone whose job is to collect tickets or money from people: *a tax collector* ▷ **konduktor/ka, poborca** **2** **B2** someone who collects objects because they are interesting or beautiful: *a collector of modern art* ▷ **zbieracz/ka, kolekcjoner/ka**

college /'kɒlɪdʒ/ **noun** **1** [C, U] UK **A2** a place where students are educated when they are between 16 and 18 years old, or after they have finished school: *a sixth-form college* ◦ *a teacher-training college* ▷ **studium** **2** [C, U] US a university ▷ **studia, uniwersytet** **3** [C] a part of a university that has its own teachers and students: *Cambridge/Oxford colleges* ▷ **kolegium**
→ See also **community college**, **junior college**

> Wyrazy występujące razem z **college**
>
> go to college • be at college • a college course/lecturer/student

collegiate /kə'li:dʒiət/ **adjective** relating to or belonging to a college or its students: *collegiate sports* ▷ **akademicki**

collide /kə'laɪd/ **verb** [I] When two objects collide, they hit each other with force, usually while moving: *The car **collided with** a van.* ▷ **zderzyć się**

colliery /'kɒljəri/ **noun** [C] UK (UK/US **coal mine**) a place where people work digging coal from under the ground ▷ **kopalnia węgla**

collision /kə'lɪʒən/ **noun** **1** [C] an accident that happens when two vehicles hit each other with force ▷ **zderzenie, kolizja** **2** when two or more objects or particles come together in a way that causes an exchange of energy and a change of direction ▷ **zderzenie**

IDIOM **be on a collision course** If two people or groups are on a collision course, they are doing or saying things that are certain to cause a serious disagreement or fight between them. ▷ **zmierzać do konfrontacji**

> Wyrazy występujące razem z **collision**
>
> avoid/be involved in a collision • [a car/train, etc] is **in a collision with sth** • a head-on collision • a collision between sth and sth

collocation /ˌkɒlə'keɪʃən/ **noun** [C] **1** **B2** a word or phrase that sounds natural and correct when it is used with another word or phrase: *In the phrase 'a hard frost', 'hard' is a collocation of 'frost', and 'strong' would not sound natural.* ▷ **kolokacja** **2** **B2** the combination of words formed when two or more words are frequently used together in a way that sounds natural: *The phrase 'a hard frost' is a collocation.* ▷ **kolokacja, związek wyrazowy**

colloid /'kɒlɔɪd/ **noun** [C] a mixture in which particles of one substance are held inside another substance ▷ **koloid**

colloquial /kə'ləʊkwiəl/ **adjective** Colloquial words or expressions are informal: *colloquial speech* ▷ **potoczny**
• **colloquially adverb** ▷ **potocznie**

collude /kə'lu:d/ **verb** [I] formal to do something

secretly with another person or group, in order to deceive or cheat others: *The company* ***colluded with*** *competitors to fix prices.* ▷ **działać w zmowie**
• **collusion** /kəˈluːʒᵊn/ **noun** [U] *He was accused of being* ***in collusion with*** *the terrorists.* ▷ **zmowa**

Colombia /kəˈlʌmbiə/ **noun** a country in South America ▷ **Kolumbia**
• **Colombian** /kəˈlʌmbiən/ **adjective** coming from or relating to Colombia ▷ **kolumbijski** • **Colombian noun** someone from Colombia ▷ **Kolumbij-czyk/ka**

colon /ˈkəʊlɒn/ **noun** [C] **1** (B2) a mark (:) used before a list, an example, an explanation, etc ▷ **dwukropek 2** the large intestine (= lower part of a person's bowels) ▷ **okrężnica**

colonel /ˈkɜːnᵊl/ **noun** [C] an officer of high rank in the army or air force ▷ **pułkownik**

colonial /kəˈləʊniəl/ **adjective** [always before noun] relating to colonialism or a colony: *colonial rule/government* ▷ **kolonialny**

colonialism /kəˈləʊniəlɪzᵊm/ **noun** [U] the system in which powerful countries control other countries ▷ **kolonializm**

colonize (also UK **-ise**) /ˈkɒlənaɪz/ **verb** [T] **1** to send people to live in and govern another country: [often passive] *Burundi was first colonized by the Germans.* ▷ **kolonizować, zasiedlać 2** to start growing or living in large numbers in a place: *Weeds quickly colonize areas of cleared ground.* ▷ **zasiedlać**
• **colonist** /ˈkɒlənɪst/ **noun** [C] someone who goes to colonize a country ▷ **kolonist-a/ka, osiedleniec** • **colonization** /ˌkɒlənaɪˈzeɪʃᵊn/ **noun** [U] ▷ **kolonizacja**

colony /ˈkɒləni/ **noun** [C] **1** a country or area controlled in an official, political way by a more powerful country: *a French/British colony* ▷ **kolonia 2** a group of the same type of animals, insects, or plants living together in a particular place: *a colony of ants* ▷ **kolonia 3** a group of people with the same interests or job who live together: *an artists' colony* ▷ **kolonia**

color /ˈkʌləʳ/ **noun, verb** US spelling of colour

colored /ˈkʌləd/ **adjective** US spelling of coloured

colorful /ˈkʌləfəl/ **adjective** US spelling of colourful

coloring /ˈkʌlərɪŋ/ **noun** [U] US spelling of colouring

colorless /ˈkʌlələs/ **adjective** US spelling of colourless

colossal /kəˈlɒsᵊl/ **adjective** extremely large: *colossal amounts of money* ▷ **kolosalny**

colour¹ UK (US **color**) /ˈkʌləʳ/ **noun 1** [C, U] (A1) red, blue, green, yellow, etc: *Green is my favourite colour.* ◦ *What colour shall I paint the kitchen?* ▷ **kolor, barwa** → See **Colours** on page Centre 12 **2** [U] using or showing all the colours, not only black and white: *Why didn't he shoot the film* ***in colour?*** ▷ **kolor 3** [U] the colour of a person's skin, which shows their race ▷ **kolor (skóry) 4** [U] healthy pink skin on someone's face: *The colour drained from her cheeks.* ▷ **rumieniec 5** [U] interesting or exciting qualities or parts: *We added your story for a bit of local colour.* ▷ **koloryt**

IDIOM **with flying colours** with a very high score or with great success: *He passed the entrance exam with flying colours.* ▷ **w pięknym stylu**

→ See also **primary colour**

colour² UK (US **color**) /ˈkʌləʳ/ **verb 1** [I, T] (A1) to become a particular colour, or to make something a particular colour: *He drew a heart and coloured it red.* ◦ *Fry the onions until they start to colour.* ▷ **zabarwić (się), nabierać koloru, kolorować 2** [T] to affect what someone does, says, or feels: [often passive] *Her views are coloured by her own bad experiences.* ▷ **mieć wpływ na**

PHRASAL VERB **colour sth in** to fill an area with colour using paint, pens, etc ▷ **pokolorować** *coś*

colour-blind UK (US **color-blind**) /ˈkʌləblaɪnd/ **adjective** unable to see the difference between particular colours ▷ **cierpiący na daltonizm, ≈ daltonist-a/ka**

coloured UK (US **colored**) /ˈkʌləd/ **adjective 1** having or producing a colour or colours: *coloured lights/cloth* ▷ **kolorowy 2** an old-fashioned way of describing someone from a race with dark skin that is now considered offensive ▷ **kolorowy**

colourful UK (US **colorful**) /ˈkʌləfᵊl/ **adjective 1** (B1) having bright colours: *a colourful painting* ▷ **kolorowy 2** (B2) interesting and unusual: *a* ***colourful character*** ▷ **barwny**

colouring UK (US **coloring**) /ˈkʌlərɪŋ/ **noun** [U] **1** the colour of something, especially an animal or person's skin, hair, and eyes: *The boys have their father's colouring.* ▷ **kolor, zabarwienie, karnacja 2** a substance that is used to colour something: *food/artificial colouring* ▷ **barwnik**

colourless UK (US **colorless**) /ˈkʌlələs/ **adjective 1** without any colour: *a colourless liquid* ▷ **bezbarwny 2** without the qualities that make someone or something interesting and unusual ▷ **bezbarwny**

ˈcolour sepaˌration UK (US **color separation**) **noun** [U] a method used for printing, where a colour image is divided into 4 images of a single colour which, when put together, make the complete colour image ▷ **separacja barw**

ˈcolour ˌwheel UK (US **color wheel**) **noun** [C] a diagram showing colours in a circle so that you can see the relationship between them ▷ **koło barw**

colt /kəʊlt/ **noun** [C] a young male horse ▷ **źrebak**

column /ˈkɒləm/ **noun** [C] **1** (B2) a tall, solid,

usually stone post which is used to support a roof or as decoration in a building: *a stone/marble column* ▷ **kolumna 2** a regular article in a newspaper or magazine on a particular subject or by the same writer ▷ **rubryka 3** B2 one of the blocks of print into which a page of a newspaper, magazine, or dictionary is divided ▷ **kolumna 4** any block of numbers or words written one under the other ▷ **kolumna 5 a column of sth** something with a tall, narrow shape: *A column of smoke rose from the chimney.* ▷ **słup** *czegoś* **6** a long line of moving people or vehicles: *a column of refugees* ▷ **kolumna** → See also **gossip column**

columnist /ˈkɒləmnɪst/ **noun** [C] someone who writes a regular article for a newspaper or magazine: *a* ***sports/gossip columnist*** ▷ **felietonist-a/ka**

.com /dɒtˈkɒm/ Internet abbreviation for company: used in some Internet addresses which belong to companies or businesses: *www.google.com* ▷ w adresach internetowych oznacza domenę komercyjną

coma /ˈkəʊmə/ **noun** [C] when someone is not conscious for a long time: [usually singular] *She has been* ***in a coma*** *for over a week.* ▷ **śpiączka**

comb[1] /kəʊm/ **noun** [C] A2 a flat piece of metal or plastic with a row of long, narrow parts along one side, that you use to tidy your hair ▷ **grzebień**

comb[2] /kəʊm/ **verb** [T] **1** B1 to tidy your hair using a comb ▷ **czesać 2** to search a place very carefully: *Investigators* ***combed through*** *the wreckage.* ▷ **przeczesywać**

combat[1] /ˈkɒmbæt/ **noun** [C, U] a fight, especially during a war: *The aircraft was shot down* ***in combat.*** ▷ **walka**

combat[2] /ˈkɒmbæt/ **verb** [T] (present participle **combatting**, past tense and past participle **combatted**) to try to stop something unpleasant or harmful from happening or increasing: *new measures to combat the rise in crime* ▷ **zwalczać, walczyć z**

> Wyrazy występujące razem z **combat**
>
> combat crime/global warming/racism/terrorism • combat the effects of sth • combat a problem • combat the threat of sth • combat the rise in [crime, etc]

combatant /ˈkɒmbətᵊnt/ **noun** [C] formal someone who fights in a war ▷ **żołnierz**

combative /ˈkɒmbətɪv/ **adjective** formal eager to fight or argue ▷ **wojowniczy**

combination /ˌkɒmbɪˈneɪʃᵊn/ **noun 1** [C, U] B2 a mixture of different people or things: *Strawberries and cream – a perfect combination!* ◦ *We won through a* ***combination of*** *luck and skill.* ◦ *This drug can be safely used* ***in combination with*** *other medicines.* ▷ **połączenie, kombinacja 2** [C] a set of numbers or letters in a particular order which is needed to open some types of locks: *a combination lock* ▷ **szyfr**

combine /kəmˈbaɪn/ **verb 1** [I, T] B2 to become mixed or joined, or to mix or join things together: *My wages* ***combined with*** *your savings should just pay for it.* ◦ *The band combines jazz rhythms and romantic lyrics.* ▷ **łączyć (się) 2** [T] to do two or more activities at the same time: *I don't know how she* ***combines*** *working* ***with*** *studying.* ▷ **łączyć**

combined /kəmˈbaɪnd/ **adjective** [always before noun] joined together: *the* ***combined effects*** *of poverty and disease* ▷ **połączony**

combine harvester /ˌkɒmbaɪnˈhɑːvɪstəʳ/ **noun** [C] (also **combine**) a large farm machine which cuts a crop and separates the grain from the stem ▷ **kombajn**

combustion /kəmˈbʌstʃᵊn/ **noun** [U] the process of burning ▷ **spalanie**

come /kʌm/ **verb** (past tense **came**, past participle **come**) **1** [I] A1 to move or travel towards a person who is speaking or towards the place that they are speaking about: *Come and see what I've done.* ◦ *Can you come to my party?* ◦ *The rain came down heavily.* ◦ ***Here comes*** *Adam (= Adam is coming).* ▷ **przychodzić, przyjeżdżać 2** [I] A1 to arrive somewhere or go to a place: *I'll come and see you later.* ◦ [+ to do sth] *I've come to see Mr Curtis.* ◦ *Dad will* ***come for*** *you at six.* ◦ *We* ***came to*** *a crossroads.* ▷ **przychodzić, przyjeżdżać 3** [I] A1 to go somewhere with the person who is speaking: *Come for a walk with us.* ◦ *We're going to the cinema. Do you want to come?* ▷ **iść 4 come after/first/last, etc** B1 to have or achieve a particular position in a race, competition, list, etc: *Our team came third.* ◦ *Sunday comes after Saturday.* ▷ **być po/pierwszym/ostatnim** *itp.*, **uplasować się za** *kimś/czymś*/**na pierwszej/na ostatniej** *itp.* **pozycji 5 come past/to/up to, etc** to reach a particular length, height, or depth: *The water came up to my waist.* ▷ **sięgać do/po** *itp.* **6 come apart/off, etc** to become separated or removed from something: *The book* ***came apart*** *in my hands.* ◦ *The handle* ***came off.*** ◦ *My shoelaces have* ***come undone.*** ◦ *The door came open.* ▷ **rozpadać się/odpadać** *itp.* **7 come easily/easy/naturally** to be very easy for someone: *Singing came naturally to Louise.* ▷ **łatwo przychodzić 8** [I] B2 to happen: *Spring has come early.* ◦ *The worst problems are still* ***to come.*** ▷ **przychodzić, nadchodzić 9 how come** informal used to ask why or how something has happened: *How come you didn't go to the party?* ▷ **czemu, dlaczego 10 come and go** to exist or happen somewhere for a short time and then go away: *The feeling of nausea comes and goes.* ▷ **(szybko) przechodzić 11** [I] A2 to be available in a particular size, colour, etc: *The table* ***comes in*** *three different sizes.* ◦ *Furniture like this doesn't* ***come cheap.***

C

▷ **być dostępnym** **12 come to do sth** to start to do something: *I have come to rely on acupuncture.* ◦ *This place has come to be known as 'Pheasant Corner'.* ▷ **zaczynać** *coś* **robić** **13 when it comes to sth/doing sth** used to introduce a new idea that you want to say something about: *When it comes to baking cakes, she's an expert.* ▷ **jeśli chodzi o** *coś* **14 come to think of it** used to say that you have just thought of something: *Come to think of it, I've got two batteries that you can have upstairs.* ▷ **ale przecież, w zasadzie (to)** → See also **come to** ***blows***, **I'll/We'll cross that** ***bridge*** **when I/we come to it.**, **come** ***clean***, **if/when it comes to the** ***crunch***, **come (back) down to** ***earth***, **come under** ***fire***, **deliver/come up with the** ***goods***, **come to** ***grief***, **come/get to** ***grips*** **with sth**, **come to** ***light***, **come into your/its** ***own***, **not be/come up to** ***scratch***, **come to your** ***senses***, **come/turn up** ***trumps***

PHRASAL VERBS **come about** to happen, or start to happen: *How did the idea for an arts festival come about?* ▷ **powstawać** • **come across sb/sth** B2 to meet someone or discover something by chance: *I came across a lovely little restaurant in the village.* ▷ **natknąć się na** *kogoś/coś* • **come across 1** to seem to be a particular type of person: *He* ***came across as*** *shy.* ▷ **sprawiać wrażenie** **2** If an idea or emotion comes across, it is expressed clearly and people understand it: *His bitterness comes across in his poetry.* ▷ **dać się odczytać lub wyczuć** • **come along 1** to arrive or appear at a place: *A taxi never comes along when you need one.* ▷ **pojawiać się** **2** B1 to go somewhere with someone: *We're going to the cinema. Do you want to come along?* ▷ **przyłączyć się** **3** to start to exist: *I gave up climbing when my first child came along.* ▷ **pojawiać się** **4 be coming along** to be developing or making progress ▷ **rozwijać się** • **come around 1** A2 to visit someone at their house ▷ **wpadać (z wizytą)** **2** to change your opinion about something, or agree to an idea or a plan that you were against: *I'm sure she'll* ***come around to*** *our view eventually.* ▷ **przekonać się, zmienić zdanie** **3** If an event that happens regularly comes around, it happens, or is going to happen soon: *Thanksgiving has come around again.* ▷ **nadchodzić** **4** to become conscious again after an accident or medical operation ▷ **odzyskać przytomność** • **come back 1** A2 to return to a place: *I've just* ***come back from*** *the dentist's.* ▷ **wracać** **2** If a style or a fashion comes back, it becomes popular again: *Miniskirts are coming back into fashion.* ▷ **wracać** • **come back to sb** If something comes back to you, you remember it: *Suddenly, the horror of the accident came back to me.* ▷ **przypominać się** *komuś*, **odżywać w** *kimś* • **come between sb** to harm the relationship between two or more people: *I won't let anything come between me and my children.* ▷ **skłócić** *kogoś*, **poróżnić** *kogoś* • **come by sth** to get something, especially something that is unusual or difficult to find: *Cheap organic food is still* ***difficult to come by.*** ▷ **zdobyć** *coś*, **dostać** *coś* • **come down 1** B2 to break and fall to the ground: *A lot of trees came down in the storm.* ▷ **przewracać się** **2** B2 If a price or a level comes down, it becomes lower: *Prices always come down after Christmas.* ▷ **spadać** **3** to decide that you support a particular person or side in an argument, etc: *The government has* ***come down on the side of*** *military action.* ▷ **opowiadać się** • **come down on sb** to punish or criticize someone: *The police are* ***coming down hard on*** *people for not paying parking fines.* ▷ **karać** *kogoś*, **krytykować** *kogoś* • **come down to sth/doing sth** If a situation, problem, decision, etc comes down to something, then that is the thing that will influence it most. ▷ **sprowadzać się do** *czegoś* • **come down with sth** informal B2 to get an illness: *I came down with the flu at Christmas.* ▷ **zachorować na** *coś* • **come forward** to offer to help someone or to give information: *We need witnesses to* ***come forward with*** *information about the attack.* ▷ **zgłaszać się** • **come from sth** A1 to be born, obtained from, or made somewhere: *She comes from Poland.* ◦ *Milk comes from cows.* ▷ **pochodzić** *skądś*, **brać się** *skądś* • **come from sth/doing sth** to be caused by something: *"I feel awful." "That comes from eating too many sweets."* ▷ **być spowodowanym** *czymś* • **come in 1** A2 to enter a room or building: *Do you want to come in for a cup of tea?* ▷ **wchodzić** **2** If a fashion or a product comes in, it becomes available or becomes popular: *Flared trousers came in during the seventies.* ▷ **pojawiać się** **3** If news, information, a report, etc comes in, it is received: *News is just coming in about the explosion.* ▷ **pojawiać się, nadchodzić** **4 come in first/second, etc** to finish a race or a competition in first/second, etc position ▷ **zająć pierwsze/drugie** *itp.* **miejsce** **5** If the tide comes in, the sea moves towards the beach or coast. ▷ **podnosić się** **6** informal used to describe how someone is involved in a situation, story, or plan: *We need people to help clean up, and that's where you come in.* ▷ **mieć rolę do spełnienia** • **come in for sth** If someone comes in for criticism, praise, etc, they are criticized, praised, etc. ▷ **otrzymywać** *coś* • **come into sth 1** to get money from someone who has died: *Just after I left university, I came into a bit of money.* ▷ **odziedziczyć** *coś* **2 come into it** UK informal to influence a situation: *Money doesn't come into it.* ▷ **odgrywać rolę** • **come of sth/doing sth** to happen as a result of something: *Did anything come of all those job applications?* ▷ **wynikać z** *czegoś*, **wychodzić z** *czegoś* • **come off 1** to happen successfully: *His attempt to impress us all didn't quite come off.* ▷ **powieść się, wypalić** **2 come off badly/best/well, etc** to be in a bad or good position at the end of a fight, argument, etc: *She usually comes off best in an argument.* ▷ **zostać na przegranej pozycji/wychodzić**

C

zwycięsko *itp.* **3 Come off it!** informal used to tell someone that you do not agree with them or do not believe them: *Oh, come off it! I saw you take it!* ▷ **Nie wygłupiaj się!** • **come on 1** to start to happen or work: *The heating comes on at six in the morning.* ◦ *I've got a cold coming on.* ▷ **włączać się, zaczynać się 2** to make progress: *How's your new novel coming on?* ▷ **posuwać się, iść 3 Come on!** informal (B1) used to encourage someone to do something, to hurry, to try harder, etc: *Come on! We're going to be late.* ▷ **Szybciej! 4** used to tell someone that you do not agree with them, do not believe them, etc: *Come on Bob! You made the same excuse last week.* ▷ **Daj spokój!** • **come out 1** (B1) If a book, record, film, etc comes out, it becomes available for people to buy or see: *When does their new album come out?* ▷ **ukazywać się 2** (B1) If the sun, the moon, or a star comes out, it appears in the sky. ▷ **wychodzić 3** to become known: *The truth about him will come out in the end.* ▷ **wychodzić na jaw 4** UK to go somewhere with someone for a social event: *Would you like to come out for a drink?* ▷ **iść 5** If you describe how something comes out at the end of a process or activity, you say what it is like: *How did your chocolate cake come out?* ▷ **wychodzić 6** If results or information come out, they are given to people: *The exam results come out in August.* ▷ **ukazywać się, być ujawnionym 7** If dirt or a mark comes out of something, it disappears when you clean it: *Will this red wine stain come out?* ▷ **schodzić 8** If a photograph comes out, the picture can be seen clearly: *The photos didn't come out very well.* ▷ **wychodzić 9** If something that you say comes out in a particular way, you say it in that way: *I wanted to tell her that I loved her, but it came out all wrong.* ▷ **wyjść 10** to tell people that you are homosexual ▷ **ujawniać swoją orientację seksualną 11 come out against/in favour of sth** to say publicly that you oppose or support something ▷ **opowiadać się przeciw** *czemuś***/za** *czymś* • **come out in sth** If you come out in a skin disease, it appears on your skin. ▷ **dostać** *czegoś* • **come out of sth** If something comes out of a process or event, it is one of the results: *I hope something good can come out of this mess.* ▷ **wynikać z** *czegoś* • **come out with sth** to say something suddenly that is not expected ▷ **wyrywać się z** *czymś* • **come over 1** to come to a place, move from one place to another, or move towards someone: *Are your family **coming over from** Greece for the wedding?* ▷ **przychodzić, przyjeżdżać 2** to seem to be a particular type of person: *Henry **came over as** a real enthusiast.* ▷ **sprawiać wrażenie** • **come over sb** If a feeling comes over you, you suddenly experience it: *I don't usually get so angry. I don't know what came over me.* ▷ **nachodzić** *kogoś*, **napadać** *kogoś* • **come round** UK **1** (A2) to visit someone at their house: *You must come round to the flat for dinner some time.* ▷ **wpadać (z wizytą) 2** to change your opinion about something, or agree to an idea or a plan that you were against ▷ **przekonać się, zmienić zdanie 3** If an event that happens regularly comes round, it happens, or is going to happen soon: *I can't believe that winter has come round already.* ▷ **nadchodzić 4** to become conscious again after an accident or medical operation ▷ **odzyskać przytomność** • **come through 1** If information or a result comes through, you receive it: *Have the results of the tests come through yet?* ▷ **docierać, przychodzić 2** If an emotion comes through, other people can notice it: *His nervousness came through when he spoke.* ▷ **dać się zauważyć** • **come through (sth)** to manage to get to the end of a difficult or dangerous situation: *We've had some hard times, but we've come through them.* ▷ **przetrwać** (*coś*) • **come to** to become conscious again after an accident or medical operation ▷ **odzyskać przytomność** • **come to sb** If a thought or idea comes to you, you suddenly remember it or start to think about it. ▷ **przypominać się** *komuś* • **come to sth 1** to be a particular total when numbers or amounts are added together: *That comes to £50, please.* ▷ **być (w sumie), wynosić** *ileś* **2 come to a decision/conclusion/arrangement, etc** to make a decision or decide what to think about something ▷ **podejmować decyzję/dojść do wniosku/porozumienia** *itp.* **3** to reach a particular state or situation, especially a bad one: *You won't **come to** any **harm**.* ▷ **być narażonym na** *coś* • **come under sth 1 come under attack/criticism/scrutiny, etc** to be attacked, criticized, examined, etc ▷ **być przedmiotematakόw/krytyki/badań** *itp.* **2** to be controlled or dealt with by a particular authority: *Schools come under local government control.* ▷ **podlegać** *czemuś* **3** to be in a particular part of a book, list, etc: *Hairdressers come under 'beauty salons' in the Yellow Pages.* ▷ **być pod** *czymś* • **come up 1** (B2) to move towards someone: *After the concert, he **came up to** me to ask for my autograph.* ▷ **podchodzić 2** (B2) to be discussed or suggested: *The issue of security came up at the meeting yesterday.* ▷ **wypływać 3** If a job or opportunity comes up, it becomes available. ▷ **pojawiać się 4** If a problem or difficult situation comes up, it happens. ▷ **pojawiać się 5 be coming up** to be happening soon: *My exams are coming up next month.* ▷ **zbliżać się 6** (B2) When the sun or the moon comes up, it rises. ▷ **wschodzić 7** If information comes up on a computer screen, it appears there. ▷ **wyświetlać się, pojawiać się** • **come up against sb/sth** to have to deal with a problem or difficulty: *She came up against a lot of sexism in her first engineering job.* ▷ **musieć zmierzyć lub zmagać się z** *kimś/czymś*, **spotykać się z** *czymś* • **come up to sth** to reach the usual or necessary standard: *This essay doesn't **come up to** your usual **standards**.* ▷ **spełniać** *coś* • **come up with sth** (B2) to think of a plan, an idea, or a solution to a problem: *We need to come up with a good scheme to make money.* ▷ **wymyślić** *coś*

comeback /ˈkʌmbæk/ **noun** [C] a successful attempt to become powerful, important, or famous again: *She's **made a comeback** with her first new album for twenty years.* ▷ **powrót**

comedian /kəˈmiːdiən/ **noun** [C] B2 someone who entertains people by telling jokes ▷ **satyryk, komik**

comedown /ˈkʌmdaʊn/ **noun** [C] informal a situation that is not as good as one you were in before: [usually singular] *Cleaning windows is a bit of a comedown after his last job.* ▷ **degradacja**

comedy /ˈkɒmədi/ **noun** [C, U] B1 entertainment such as a film, play, etc which is funny: *The film is a **romantic comedy**.* ▷ **komedia**

comet /ˈkɒmɪt/ **noun** [C] an object in space that leaves a bright line behind it in the sky ▷ **kometa**

comfort[1] /ˈkʌmfət/ **noun 1** [U] B1 a pleasant feeling of being relaxed and free from pain: *Now you can watch the latest films **in the comfort of** your sitting room.* ▷ **wygoda 2** [U] when you feel better after being worried or sad: *What she said brought me great comfort.* ▷ **pociecha 3** [U] when you have a pleasant life with enough money for everything that you need: *He can afford to retire and live **in comfort** for the rest of his life.* ▷ **komfort 4 a comfort to sb** someone or something that helps you when you are anxious or sad: *The children have been a great comfort to me since his death.* ▷ **pociecha dla** *kogoś* **5** [C] something that makes your life easy and pleasant: [usually plural] *Good chocolate is one of life's little comforts.* ▷ **przyjemność** → Opposite **discomfort**

comfort[2] /ˈkʌmfət/ **verb** [T] to make someone feel better when they are anxious or sad ▷ **pocieszać**
• **comforting adjective** *He said a few comforting words.* ▷ **pocieszający**

comfortable /ˈkʌmftəbl/ **adjective 1** A2 Comfortable furniture, clothes, rooms, etc make you feel relaxed and do not cause any pain: *comfortable shoes* ◦ *We had a comfortable journey.* ▷ **wygodny 2** B1 If you are comfortable, you are relaxed and have no pain: ***Make yourself comfortable** while I fetch you a drink.* ▷ **wygodny, swobodny** → Opposite **uncomfortable 3** B2 If you are comfortable in a situation, you do not have any worries about it: *I don't feel comfortable about leaving the children here alone.* ▷ **spokojny 4** having enough money for everything that you need: *a comfortable retirement* ▷ **komfortowy 5** If you win a game or competition by a comfortable amount, you win easily: *a comfortable lead/victory* ▷ **pewny**
• **comfortably adverb** ▷ **wygodnie**

comforter /ˈkʌmfətəʳ/ **noun** [C] US (UK **duvet**) a cover filled with feathers or warm material, that you sleep under ▷ **kołdra**

ˈcomfort ˌzone noun [C] a situation that you know well and in which you are relaxed and confident: *Owen thought about deep-sea diving but decided it was beyond his comfort zone.* ▷ **bezpieczna strefa, azyl**

comfy /ˈkʌmfi/ **adjective** informal comfortable ▷ **wygodny**

comic[1] /ˈkɒmɪk/ **adjective** B1 funny: *a comic actor* ▷ **komiczny**

comic[2] /ˈkɒmɪk/ **noun** [C] **1** (also **ˈcomic ˌbook**) A2 a magazine with stories told in pictures ▷ **komiks 2** someone who entertains people by telling jokes ▷ **satyryk, komik**

comical /ˈkɒmɪkəl/ **adjective** funny in a strange or silly way: *He looked so comical in that hat.* ▷ **komiczny**
• **comically adverb** ▷ **komicznie**

ˈcomic ˌstrip noun [C] a set of pictures telling a story, usually in a newspaper ▷ **historyjka obrazkowa**

coming[1] /ˈkʌmɪŋ/ **noun 1 the coming of sth** the arrival of something: *the coming of spring* ▷ **nadejście** *czegoś* **2 comings and goings** people's movements to and from a particular place over a period of time ▷ **ruch**

coming[2] /ˈkʌmɪŋ/ **adjective** [always before noun] a coming time or event will come or happen soon: *the coming elections* ▷ **nadchodzący** → See also **up-and-coming**

Comintern (also **Komintern**) /ˈkɒmɪntɜːn/ **noun** a communist organisation founded by Lenin and used by Stalin for controlling people ▷ **Międzynarodówka Komunistyczna, Komintern**

comma /ˈkɒmə/ **noun** [C] B1 a mark (,) used to separate parts of a sentence, or to separate the items in a list ▷ **przecinek** → See also **inverted commas**

command[1] /kəˈmɑːnd/ **noun 1** [U] control over someone or something and responsibility for them: *The soldiers were **under the command of** a tough sergeant-major.* ◦ *Jones was **in command** (= the leader).* ▷ **dowództwo 2** [C] B2 an order to do something ▷ **polecenie, rozkaz 3** [no plural] B2 knowledge of a subject, especially a language: *She **had** a good **command of** French.* ▷ **znajomość 4 be at sb's command** to be ready to obey someone's orders ▷ **być do** *czyjejś* **dyspozycji, oczekiwać** *czyichś* **rozkazów 5** [C] an instruction to a computer ▷ **polecenie**

command[2] /kəˈmɑːnd/ **verb** formal **1** [T] to control someone or something and tell them what to do: *He commanded the armed forces.* ▷ **dowodzić 2** [I, T] to order someone to do something: [+ to do sth] *The officer commanded his men to shoot.* ▷ **rozkazywać 3 command attention/loyalty/respect, etc** to deserve and get attention, loyalty, respect, etc from other people ▷ **zasługiwać na uwagę/lojalność/szacunek** *itp.*

commandeer /ˌkɒmənˈdɪəʳ/ **verb** [T] formal to take something, especially for military use: *The ships were commandeered as naval vessels.* ▷ **rekwirować**

commander /kəˈmɑːndəʳ/ **noun** [C] an officer who is in charge of a military operation, or an officer of middle rank in the navy ▷ **dowódca, komandor porucznik**

commanding /kəˈmɑːndɪŋ/ **adjective** [always before noun] in a very successful position and likely to win or succeed: *He has a* ***commanding lead*** *in the championships.* ▷ **zdecydowany**

commandment /kəˈmɑːndmənt/ **noun** [C] one of the ten important rules of behaviour given by God in the Bible ▷ **przykazanie**

commando /kəˈmɑːndəʊ/ **noun** [C] a soldier who is part of a small group who make surprise attacks ▷ **komandos**

commemorate /kəˈmeməreɪt/ **verb** [T] to do something to show you remember an important person or event in the past with respect: *a ceremony to commemorate the battle* ▷ **upamiętniać**

• **commemoration** /kəˌmeməˈreɪʃᵊn/ **noun** [U] *a march* ***in commemoration of*** *the war of independence* ▷ **obchody**

commemorative /kəˈmemᵊrətɪv/ **adjective** intended to commemorate a person or event: *a commemorative coin* ▷ **pamiątkowy**

commence /kəˈmens/ **verb** [I, T] formal to begin something ▷ **rozpoczynać**

• **commencement noun** [C, U] formal the beginning of something ▷ **rozpoczęcie**

commend /kəˈmend/ **verb** [T] formal to praise someone or something: [often passive] *His courage was commended by the report.* ▷ **chwalić**

• **commendation** /ˌkɒmenˈdeɪʃᵊn/ **noun** [C, U] ▷ **pochwała**

commendable /kəˈmendəbl/ **adjective** deserving praise: *She showed commendable modesty.* ▷ **godny pochwały**

commensalism /kəˈmentsəlɪzᵊm/ **noun** [U] a relationship between two species in which one gets an advantage from living closely with the other and the other is not affected by it ▷ **współbiesiadnictwo, komensalizm**

comment¹ /ˈkɒment/ **noun** [C, U] **1** (B2) something that you say or write that shows what you think about something: *He* ***made*** *negative* ***comments*** *to the press.* ▷ **uwaga, komentarz 2 No comment.** used to say that you do not want to answer someone's question ▷ **Bez komentarza**

> Wyrazy występujące razem z **comment**
>
> make a comment • make no comment • do sth **without** comment • a comment **about/on** sth

comment² /ˈkɒment/ **verb** [I, T] (B2) to make a comment: *My mum always* ***comments on*** *what I'm wearing.* ◦ [+ that] *He commented that the two essays were very similar.* ▷ **komentować, zauważać**

commentary /ˈkɒməntᵊri/ **noun 1** [C, U] a spoken description of an event on the radio or television while the event is happening: *the football commentary* ▷ **komentarz 2** [U, no plural] a discussion or explanation of something: *a* ***commentary on*** *American culture* ▷ **komentarz**

commentator /ˈkɒmənteɪtəʳ/ **noun** [C] someone who describes an event on the radio or television while it is happening: *a* ***sports commentator*** ▷ **komentator/ka, sprawozdawca**

commerce /ˈkɒmɜːs/ **noun** [U] (B2) the activities involved in buying and selling things ▷ **handel** → See also **chamber of commerce, e-commerce**

commercial¹ /kəˈmɜːʃᵊl/ **adjective 1** (B2) relating to buying and selling things ▷ **handlowy 2** intended to make a profit: *commercial television* ▷ **komercyjny**

• **commercially adverb** ▷ **komercyjnie**

commercial² /kəˈmɜːʃᵊl/ **noun** [C] (B2) an advertisement on the radio or television ▷ **reklama**

commercialism /kəˈmɜːʃᵊlɪzᵊm/ **noun** [U] when making money is the most important aim of an activity ▷ **komercjalizm**

commercialized (also UK **-ised**) /kəˈmɜːʃəlaɪzd/ **adjective** organized to make profits: *Christmas has become so commercialized.* ▷ **skomercjalizowany**

• **commercialization** /kəˌmɜːʃᵊlaɪˈzeɪʃᵊn/ **noun** [U] ▷ **komercjalizacja**

commiserate /kəˈmɪzᵊreɪt/ **verb** [I] to express sympathy to someone who is sad or has had bad luck ▷ **współczuć**

commission¹ /kəˈmɪʃᵊn/ **noun 1** [group] an official group of people who have been chosen to find out about something and say what they think should be done about it ▷ **komisja 2** [C, U] when you arrange for someone to do a piece of work for you such as painting, writing, or making something ▷ **zlecenie 3** [C, U] money given to someone when they sell something: *The staff receive 5%* ***commission on*** *everything that they sell.* ◦ *Many salesmen work* ***on commission.*** ▷ **prowizja**

commission² /kəˈmɪʃᵊn/ **verb** [T] to arrange for someone to do a piece of work: [+ to do sth] *I've been commissioned to write a song for their wedding.* ▷ **zlecać**

commissioner /kəˈmɪʃənəʳ/ **noun** [C] a member of a commission or someone with an important government job in a particular area ▷ **komisarz**

commit /kəˈmɪt/ **verb** [T] (present participle **committing**, past tense and past participle **committed**) **1** (B2) to do something that is considered wrong, or that is illegal: *He was sent to prison for* *a* ***crime*** *that he didn't* ***commit.*** ◦ *to* ***commit suicide/adultery*** ▷ **popełniać** **2** to make a firm decision that you will do something: *He* ***committed himself to*** *helping others.* ▷ **zobowiązywać się, deklarować się** **3 not commit yourself** to refuse to express an opinion about a particular subject ▷ **nie deklarować się** **4** If you commit money, time, energy, etc to something, you use it to try to achieve something: *The government has* ***committed*** *thousands of pounds* ***to*** *the research.* ▷ **przeznaczać, inwestować**

commitment /kəˈmɪtmənt/ **noun** **1** [C] B2 a promise or firm decision to do something: *Players must* ***make a commitment to*** *daily training.* ▷ **zaangażowanie** **2** [U] B2 when you are willing to give your time and energy to something that you believe in: *We are looking for someone with talent, enthusiasm, and commitment.* ▷ **zaangażowanie, poświęcenie** **3** [C] B2 something that you must do that takes your time: *I've got too many commitments at the moment.* ▷ **zobowiązanie, obowiązek**

> Wyrazy występujące razem z **commitment**
>
> make a commitment • fulfil/honour/meet a commitment • a commitment to sth

committed /kəˈmɪtɪd/ **adjective** loyal and willing to give your time and energy to something that you believe in: *a committed Christian* ◦ *She's* ***committed to*** *the job.* ▷ **oddany**

committee /kəˈmɪti/ **noun** [group] B2 a group of people who have been chosen to represent a larger organization and make decisions for it ▷ **komisja, komitet**

commodity /kəˈmɒdəti/ **noun** [C] a product that you can buy or sell ▷ **towar**

common[1] /ˈkɒmən/ **adjective** **1** B1 happening often or existing in large numbers: *Injuries are common in sports such as hockey.* ▷ **częsty, normalny, powszechny** → Opposite **uncommon** **2** B1 belonging to or shared by two or more people or things: *a* ***common goal/interest*** ◦ *English has some features* ***common to*** *many languages.* ▷ **wspólny** **3 common knowledge** B2 something that a lot of people know: [+ that] *It's common knowledge that he spent time in jail.* ▷ **żadna tajemnica, fakt ogólnie znany** **4** [always before noun] not special in any way: *The herbs all have* ***common names*** *and Latin names.* ▷ **pospolity, zwyczajny** **5** UK typical of a low social class: *My mum thinks dyed blonde hair is really common.* ▷ **prostacki, pospolity**

common[2] /ˈkɒmən/ **noun** **1 have sth in common** B1 to share interests, experiences, or other characteristics with someone or something: *Sue and I don't have much in common.* ▷ **mieć** *coś* **wspólnego** **2 in common with sb/sth** in the same way as someone or something: *In common with many working mothers, she feels guilty towards her children.* ▷ **podobnie jak** *ktoś/coś* **3** [C] a large area of grass in a town or village which everyone is allowed to use ▷ **błonia**

ˌcommon deˈnominator **noun** [C] a number that can be divided exactly by all the denominators (= numbers under the lines) of a group of fractions ▷ **wspólny mianownik**

ˌcommon ˈfactor **noun** [C] a number that two or more other numbers can be divided by exactly ▷ **wspólny czynnik**

ˌcommon ˈfraction **noun** [C] a fraction written with one number above and one number below the line, not written as a number with a decimal point in it ▷ **ułamek zwykły**

ˌcommon ˈground **noun** [U] shared interests, beliefs, or ideas: *It's difficult for me to* ***find*** *any* ***common ground*** *with my dad.* ▷ **wspólna płaszczyzna**

common-law /ˌkɒmənˈlɔː/ **adjective** [always before noun] A common-law wife or husband is someone who is not married, but has lived with their partner for a long time as if they were married. ▷ **zwyczajowy, nieformalny**

commonly /ˈkɒmənli/ **adverb** often or usually: *These caterpillars are commonly found on nettles.* ▷ **zwykle**

ˌcommon ˈmultiple **noun** [C] a number that can be divided exactly by two or more different numbers ▷ **wspólna wielokrotność**

commonplace /ˈkɒmənpleɪs/ **adjective** [never before noun] happening often or existing in large numbers, and so not considered special or unusual ▷ **wszechobecny**

the Commons /ˈkɒmənz/ **noun** (also **the House of Commons**) one of the two parts of the British parliament, with elected members who make laws ▷ **Izba Gmin**

ˌcommon ˈsalt **noun** [U] sodium chloride, a substance used especially to make food taste better ▷ **sól kuchenna**

ˌcommon ˈsense **noun** [U] B1 the natural ability to be practical and to make good decisions: *The children shouldn't be in any danger as long as they use their common sense.* ▷ **zdrowy rozsądek**

the Commonwealth /ˈkɒmənwelθ/ **noun** Britain and the group of countries that used to be in the British Empire ▷ **Wspólnota Narodów**

commotion /kəˈməʊʃən/ **noun** [U, no plural] a sudden period of noise and confused or excited movement: *He looked up to see what all the commotion was about.* ▷ **zamieszanie**

communal /ˈkɒmjʊnəl/ (US) /kəˈmjuːnəl/ **adjective** belonging to or used by a group of people: *a communal changing room* ▷ **wspólny**

commune /ˈkɒmjuːn/ **noun** [C] a group of people who live together, sharing the work and the things they own ▷ **komuna**

communicate /kəˈmjuːnɪkeɪt/ **verb** [I, T] **1** B1 to share information with others by speaking, writing, moving your body, or using other signals: *We can now* ***communicate*** *instantly* ***with*** *people on the other side of the world.* ▷ **porozumiewać się, przekazywać 2** B2 to talk about your thoughts and feelings, and help other people to understand them: *He can't* ***communicate with*** *his parents.* ▷ **dogadywać się, wyrażać**

communication /kəˌmjuːnɪˈkeɪʃən/ **noun 1** [U] B1 the act of communicating with other people: *The school is improving* ***communication between*** *teachers and parents.* ◦ *We are* ***in direct communication with*** *Moscow.* ▷ **porozumienie, komunikacja 2** [C] formal a message sent to someone by letter, email, telephone, etc ▷ **wiadomość**

> Wyrazy występujące razem z **communication**
>
> communication **between** sb and sb • **in communication with** sb • **a means of** communication • **a breakdown in** communication • communication **skills**

communications /kəˌmjuːnɪˈkeɪʃənz/ **noun** [plural] the different ways of sending information between people and places, such as post, telephones, computers, and radio: *the communications industry* ▷ **telekomunikacja**

communicative /kəˈmjuːnɪkətɪv/ **adjective** B2 willing to talk to people and give them information ▷ **rozmowny**

communion /kəˈmjuːniən/ **noun** [U] (also **Communion**) the Christian ceremony in which people eat bread and drink wine, as symbols of Christ's body and blood ▷ **komunia**

communiqué /kəˈmjuːnɪkeɪ/ US /kəˌmjuːnɪˈkeɪ/ **noun** [C] an official announcement ▷ **komunikat**

communism, Communism /ˈkɒmjənɪzəm/ **noun** [U] a political system in which the government controls the production of all goods, and where everyone is treated equally ▷ **komunizm**

communist, Communist /ˈkɒmjənɪst/ **noun** [C] someone who supports communism ▷ **komunist-a/ka**

• **communist adjective** *a communist country/leader* ▷ **komunistyczny**

community /kəˈmjuːnəti/ **noun 1** [C] B2 the people living in a particular area: *a rural/small community* ▷ **społeczność 2** [group] B2 a group of people with the same interests, nationality, job, etc: *the business/Chinese community* ▷ **środowisko, społeczność 3** a group of plants or animals living in the same area ▷ **biocenoza**

comˈmunity ˌcentre noun [C] UK (US **community center**) a place where people who live in an area can meet together to play sport, go to classes, etc ▷ **dom lub ośrodek kultury**

comˌmunity ˈcollege noun [C, U] US a two-year college where students can learn a skill or prepare to enter a university ▷ **szkoła pomaturalna**

comˌmunity ˈservice noun [U] work that someone who has committed a crime does to help other people instead of going to prison ▷ **praca społeczna**

commutative /kəˈmjuːtətɪv/ **adjective** a commutative calculation gives the same result whatever the order of the quantities in it ▷ **przemienny**

commutator /ˈkɒmjuteɪtər/ **noun** [C] **1** a device that changes the direction that electricity moves ▷ **komutator 2** a device for connecting a motor to an electricity supply ▷ **komutator**

commute /kəˈmjuːt/ **verb** [I] to regularly travel between work and home ▷ **dojeżdżać (do pracy)**

• **commuter** noun [C] ▷ **dojeżdżając-y/a (do pracy)**

Comoros /ˈkɒmərəʊz/ **noun** a country consisting of a group of islands off the east coast of Africa ▷ **Komory**

• **Comoran** /kəˈmɔːrən/ **adjective** coming from or relating to Comoros ▷ **komoryjski** • **Comoran** noun someone from Comoros ▷ **Komoryj-czyk/ka**

compact[1] /kəmˈpækt/ **adjective** small and including many things in a small space ▷ **niewielki, niewielkich rozmiarów**

compact[2] /kəmˈpækt/ **verb** [T] to press something together so that it becomes tight or solid ▷ **kompresować**

ˌcompact ˈdisc noun [C] a CD ▷ **płyta kompaktowa**

companion /kəmˈpænjən/ **noun** [C] B2 someone who you spend a lot of time with or go somewhere with: *a travelling companion* ▷ **towarzysz/ka**

companionship /kəmˈpænjənʃɪp/ **noun** [U] the feeling of having friends around you ▷ **towarzystwo**

company /ˈkʌmpəni/ **noun 1** [C] A2 an organization which sells goods or services: *a software/telephone company* ▷ **przedsiębiorstwo, firma 2** [U] B2 when you have a person or people with you: *I enjoy his company.* ◦ *I didn't realize that you* ***had company.*** ▷ **towarzystwo 3 keep sb company** B2 to stay with someone so that they are not alone ▷ **dotrzymywać** *komuś* **towarzystwa 4 be good company** to be a pleasant or interesting person to spend time with ▷ **stanowić miłe towarzystwo 5** [C] a group of performers such as actors or dancers: *the Royal Shakespeare Company* ▷ **zespół** → See also **limited company**

> Wyrazy występujące razem z **company**
>
> **establish/found/set up/start up** a company

ˌcompany ˈsecretary noun [C] UK a person in a business who has particular legal duties ▷ **sekretarz rady zarządzającej (spółki)**

comparable /ˈkɒmpərəbl/ **adjective** similar in size, amount, or quality to something else: *Our prices are* ***comparable to*** *those in other shops.* ▷ **porównywalny**

comparative¹ /kəmˈpærətɪv/ **adjective** **1 comparative comfort/freedom/silence, etc** a situation which is comfortable/free/silent, etc when compared to another situation or to what is usual: *I enjoyed the comparative calm of his flat after the busy office.* ▷ **względna wygoda/swoboda/cisza** *itp.* **2** comparing similar things: *a comparative study of two poems* ▷ **porównawczy**

comparative² /kəmˈpærətɪv/ **noun** [C] (A2) the form of an adjective or adverb that is used to show that someone or something has more of a particular quality than someone or something else. For example 'better' is the comparative of 'good' and 'smaller' is the comparative of 'small'. ▷ **stopień wyższy** → Compare **superlative**

comparatively /kəmˈpærətɪvli/ **adverb** **comparatively cheap/easy/little, etc** cheap/easy/little, etc when compared to something else or to what is usual ▷ **stosunkowo tani/łatwy/mało** *itp.*

compare /kəmˈpeəʳ/ **verb** **1** [T] (B1) to examine the ways in which two people or things are different or similar: *The teachers are always* ***comparing me with/to*** *my sister.* ▷ **porównywać** **2** [I] to be as good as something else: *This product* ***compares*** *well* ***with*** *more expensive brands.* ▷ **wypadać** **3 compared to/with sb/sth** (B2) used when saying how one person or thing is different from another: *This room is very tidy compared to mine.* ▷ **w porównaniu do** *kogoś/czegoś*/**z** *kimś/czymś* → See also **compare notes**

PHRASAL VERB **compare sb/sth to sb/sth** to say that someone or something is similar to someone or something else ▷ **przyrównywać** *kogoś/coś* **do** *kogoś/czegoś*

comparison /kəmˈpærɪsən/ **noun** [C, U] **1** (B2) when you compare two or more people or things: *They published a* ***comparison of*** *schools in the area.* ◦ *She's so tall that he looks tiny* ***by/in comparison.*** ▷ **porównanie** **2 There's no comparison.** used to say that someone or something is much better than someone or something else ▷ **Nie ma porównania**

> Wyrazy występujące razem z **comparison**
>
> **draw/make** a comparison • a comparison **between** sth and sth • a comparison **of** sth (**with** sth) • **by/in** comparison (**with** sth)

compartment /kəmˈpɑːtmənt/ **noun** [C] **1** one of the separate areas inside a vehicle, especially a train: *The first class compartment is at the front of the train.* ▷ **przedział** **2** a separate part of a container, bag, etc: *a fridge with a small freezer compartment* ▷ **komora**

compass /ˈkʌmpəs/ **noun** [C] a piece of equipment which shows you which direction you are going in ▷ **kompas**

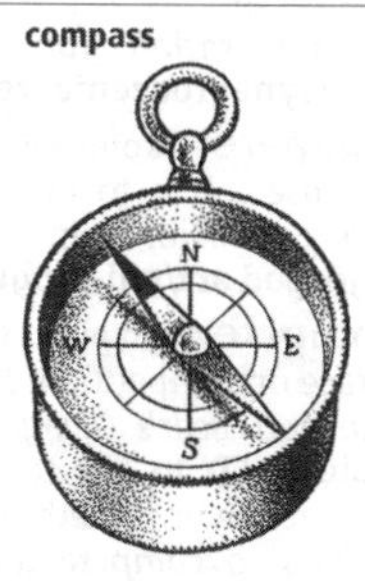

compasses /ˈkʌmpəsɪz/ **noun** [plural, C] UK (US **compass**) a piece of equipment which is used for drawing circles ▷ **cyrkiel**

compassion /kəmˈpæʃən/ **noun** [U] a feeling of sympathy for people who are suffering ▷ **współczucie**

compassionate /kəmˈpæʃənət/ **adjective** showing compassion ▷ **współczujący**

compatible /kəmˈpætɪbl/ **adjective** **1** compatible equipment can be used together: *This keyboard is* ***compatible with*** *all of our computers.* ▷ **kompatybilny, zgodny** **2** If people are compatible, they like each other and are happy to spend time together. ▷ **pasujący do siebie, zgadzający się** **3** formal compatible ideas or situations can exist together: *Such policies are not* ***compatible with*** *democratic government.* ▷ **dający się pogodzić**

• **compatibility** /kəmˌpætəˈbɪləti/ **noun** [U] ▷ **zgodność**

compatriot /kəmˈpætriət/ **noun** [C] formal someone who comes from the same country ▷ **rodak**

compel /kəmˈpel/ **verb** (present participle **compelling**, past tense and past participle **compelled**) formal **compel sb to do sth** to force someone to do something: [often passive] *He felt compelled to resign from his job.* ▷ **zmuszać** *kogoś* **do** *czegoś*

compelling /kəmˈpelɪŋ/ **adjective** **1** very exciting or interesting and making you want to watch, listen, etc: *a compelling story* ▷ **zajmujący** **2** If a reason, argument, etc is compelling, it makes you believe it or accept it because it is so strong: ***compelling evidence*** ▷ **przekonujący**

compensate /ˈkɒmpənseɪt/ **verb** **1** [T] to pay someone money because you are responsible for injuring them or damaging something: *Victims of the crash will be* ***compensated for*** *their injuries.* ▷ **zrekompensować, wypłacić odszkodowanie** **2** [I, T] to reduce the bad effect of something, or make something bad become something good: *Nothing will ever* ***compensate for*** *his lost childhood.* ▷ **wynagrodzić**

compensation /ˌkɒmpənˈseɪʃən/ **noun** **1** [U] money that you pay to someone because you are responsible for injuring them or damaging something: *Most of the workers have* ***won compensation for*** *losing their jobs.* ▷ **odszkodowanie, rekompensata** **2** [C, U] something you get to make you feel better when you have suffered something bad: *Free food was no* *compensation* **for** *a very boring evening.* ▷ **wynagrodzenie, rekompensata**

compère /ˈkɒmpeəʳ/ **noun** [C] UK someone whose job is to introduce performers on television, radio, or in a theatre ▷ **prowadząc-y/a, gospod-arz/yni programu**

compete /kəmˈpiːt/ **verb** [I] **1** B1 to take part in a race or competition: *She's* ***competing for*** *a place in next year's Olympics.* ▷ **startować, ubiegać się 2** B2 to try to be more successful than someone or something else: *It's difficult for small shops to* ***compete with/against*** *the big supermarkets.* ▷ **konkurować, rywalizować**

competent /ˈkɒmpɪtᵊnt/ **adjective** able to do something well: *a competent swimmer/teacher* ▷ **kompetentny**

• **competence** /ˈkɒmpɪtᵊns/ **noun** [U] the ability to do something well ▷ **fachowość, kompetencje** • **competently adverb** ▷ **kompetentnie**

competition /ˌkɒmpəˈtɪʃᵊn/ **noun 1** [C] A2 an organized event in which people try to win a prize by being the best, fastest, etc: *to* ***enter*** *a* ***competition*** ▷ **konkurs, zawody 2** [U] B2 when someone is trying to win something or be more successful than someone else: *There's a lot of* ***competition between*** *computer companies.* ◦ *Applicants face stiff* ***competition for*** *university places this year.* ▷ **konkurencja, rywalizacja 3 the competition** people you are competing against, especially in business ▷ **konkurencja**

> Wyrazy występujące razem z **competition**
>
> enter/go in for/take part in a competition • hold a competition • win a competition • fierce/intense/stiff competition • competition between sb and sb • competition for sth

competitive /kəmˈpetɪtɪv/ **adjective 1** B2 involving competition: *competitive sports* ◦ *a highly competitive industry* ▷ **oparty na rywalizacji, wymagający rywalizacji 2** B2 wanting to win or to be more successful than other people: *She's very competitive.* ▷ **ambitny 3** B2 Competitive prices, services, etc are as good as or better than other prices, services, etc. ▷ **konkurencyjny**

• **competitively adverb** ▷ **konkurencyjnie** • **competitiveness noun** [U] ▷ **konkurencyjność**

competitor /kəmˈpetɪtəʳ/ **noun** [C] B1 a person, team, or company that is competing with others ▷ **konkuren-t/ka, rywal/ka**

compilation /ˌkɒmpɪˈleɪʃᵊn/ **noun** [C] a recording, book, or film containing a collection of things from many different recordings, books, or films ▷ **składanka, kompilacja**

compile /kəmˈpaɪl/ **verb** [T] to collect information and arrange it in a book, report, or list ▷ **zbierać**

compiler /kəmˈpaɪləʳ/ **noun** [C] a computer program that changes instructions into machine language ▷ **kompilator**

complacent /kəmˈpleɪsᵊnt/ **adjective** feeling so satisfied with your own abilities or situation that you do not feel that you need to try any harder: *We can't afford to become too complacent about our work.* ▷ **zadowolony z siebie, zarozumiały**

• **complacency noun** [U] when someone is complacent ▷ **samozadowolenie, zarozumiałość** • **complacently adverb** ▷ **przemądrzale**

complain /kəmˈpleɪn/ **verb** [I] B1 to say that something is wrong or that you are annoyed about something: *Lots of people have* ***complained about*** *the noise.* ◦ [+ that] *He's always complaining that nobody listens to him.* ▷ **skarżyć się, uskarżać się, narzekać, składać reklamację**

> **Complain** wyrazy bliskoznaczne
>
> Czasowników **grumble**, **moan** i (*w brytyjskim angielskim, w mowie potocznej*) **whinge** używamy czasem, gdy ktoś skarży się z powodu rzeczy nieistotnych:
>
> *She's always* ***grumbling*** *about something.*
>
> *He's forever* ***moaning*** *about his work.*
>
> *I hope you don't think I'm just* ***whingeing.***
>
> Jeśli ktoś, zwłaszcza dziecko, marudzi w irytujący sposób, często używamy w stosunku do niego czasownika **whine**:
>
> *Stop* ***whining****, Tom – it's not that bad!*

PHRASAL VERB **complain of sth** B1 to tell other people that something is making you feel ill: *She's been complaining of a headache all day.* ▷ **skarżyć się na** *coś*, **uskarżać się na** *coś*

complaint /kəmˈpleɪnt/ **noun 1** [C, U] B1 when someone says that something is wrong or not satisfactory: *a letter of complaint* ◦ *I wish to* ***make a complaint.*** ▷ **skarga, zarzut, reklamacja 2** [C] something that makes you complain: *My only complaint was the lack of refreshments.* ▷ **zastrzeżenie 3** [C] an illness: *a stomach complaint* ▷ **dolegliwość**

> Wyrazy występujące razem z **complaint**
>
> make/investigate/receive a complaint • a complaint about sb/sth • a complaint against sb • a formal/official/written complaint • a letter of complaint • have cause for/grounds for complaint

complement¹ /ˈkɒmplɪmənt/ **noun** [C] **1** something that makes something else seem good, attractive, or complete: *This wine is the perfect* ***complement to*** *the meal.* ▷ **uzupełnienie, dodatek 2** the total amount or number of something that is needed to complete a group: *Do we have* ***a full complement of*** *players for Saturday's match?* ▷ **skład 3** a word or phrase which comes after the verb and gives more information about the subject of the verb ▷ **dopełnienie 4** the angle that, when it is added to another angle, makes a right angle ▷ **dopełnienie (kąta)**

complement² /ˈkɒmplɪment/ **verb** [T] to make

something else seem good or attractive: *The music complements her voice perfectly.* ▷ **uzupełniać, dopełniać**

complementary /ˌkɒmplɪˈmentᵊri/ **adjective** **1** Things which are complementary are good or attractive together: *complementary colours/ flavours* ▷ **wzajemnie się uzupełniający** **2 complementary medicine/treatment, etc** ways of treating medical problems which people use instead of or in addition to ordinary medicine: *The clinic offers complementary therapies such as homeopathy.* ▷ **leczenie wspomagające**

compleˌmentary ˈangle **noun** [C, usually plural] one of two angles which together add up to 90° ▷ **kąt dopełniający** → Compare **supplementary angle**

complete[1] /kəmˈpliːt/ **adjective** **1** B1 with all parts: *the* ***complete works*** *of Oscar Wilde* ◦ *The report comes* ***complete with*** *(= including) diagrams and colour photographs.* ▷ **kompletny** **2** [always before noun] B1 used to emphasize what you are saying: *a complete waste of time* ▷ **kompletny** **3** finished: *Our report is almost complete.* ▷ **gotowy, ukończony**

complete[2] /kəmˈpliːt/ **verb** [T] **1** A2 to finish doing or making something: *The palace took 15 years to complete.* ▷ **ukończyć** **2** A2 to provide the last part needed to make something whole: *Complete the sentence with one of the adjectives provided.* ▷ **zakończyć** **3** A2 to write all the details asked for on a form or other document ▷ **wypełniać**

completely /kəmˈpliːtli/ **adverb** B1 in every way or as much as possible: *I completely forgot that you were coming.* ▷ **całkiem, zupełnie**

completion /kəmˈpliːʃᵊn/ **noun** [U] when something that you are doing or making is finished: *The stadium is due for completion in 2016.* ◦ *They will be paid* ***on completion of*** *the job.* ▷ **ukończenie**

complex[1] /ˈkɒmpleks/, /kəmˈpleks/ **adjective** B2 involving a lot of different but connected parts in a way that is difficult to understand: *complex details/issues* ◦ *The situation is very complex.* ▷ **złożony**

• **complexity** /kəmˈpleksəti/ **noun** [C, U] when something is complex: *the complexities of life* ▷ **złożoność**

complex[2] /ˈkɒmpleks/ **noun** [C] **1** a group of buildings or rooms that are used for a particular purpose: *a sports/housing complex* ▷ **kompleks** **2** a mental problem which makes someone anxious or frightened about something: *an* ***inferiority complex*** ▷ **kompleks**

ˌcomplex carboˈhydrate **noun** [C] a type of carbohydrate such as starch or cellulose that is formed of many monosaccharides ▷ **węglowodan złożony**

complexion /kəmˈplekʃᵊn/ **noun** [C] **1** the colour and appearance of the skin on someone's face: *a clear complexion* ▷ **karnacja** **2** the way something seems to be: *This new information* ***puts a*** *completely different* ***complexion on*** *the situation.* ▷ **światło**

ˌcomplex ˈnumber **noun** [C] a number that contains a real number and an imaginary number ▷ **liczba zespolona** → Compare **imaginary number**, **real number**

compliance /kəmˈplaɪəns/ **noun** [U] formal when people obey an order, rule, or request: *The work was done* ***in compliance with*** *planning regulations.* ▷ **podporządkowanie się, poszanowanie**

compliant /kəmˈplaɪənt/ **adjective** Compliant people are willing to do what other people want them to. ▷ **uległy, posłuszny**

complicate /ˈkɒmplɪkeɪt/ **verb** [T] to make something more difficult to deal with or understand: *These new regulations just complicate matters further.* ▷ **komplikować**

complicated /ˈkɒmplɪkeɪtɪd/ **adjective** B1 involving a lot of different parts, in a way that is difficult to understand: *a complicated problem/ process* ◦ *The instructions were too complicated for me.* ▷ **skomplikowany**

complication /ˌkɒmplɪˈkeɪʃᵊn/ **noun** [C] **1** something which makes a situation more difficult ▷ **komplikacja** **2** a new medical problem that develops when you are already ill: *Eye problems can be a complication of diabetes.* ▷ **powikłanie**

complicity /kəmˈplɪsəti/ **noun** [U] formal when someone is involved in doing something wrong ▷ **współudział**

compliment[1] /ˈkɒmplɪmənt/ **noun** **1** [C] something that you say or do to show praise or admiration for someone: *She was always* ***paying*** *him* ***compliments.*** ▷ **komplement** **2 with the compliments of sb** formal used by someone to express good wishes when they give you something free, for example in a restaurant: *Please accept this champagne with the compliments of the manager.* ▷ **na** *czyjś* **koszt lub rachunek**

compliment[2] /ˈkɒmplɪment/ **verb** [T] to praise or express admiration for someone: *He* ***complimented*** *me* ***on*** *my writing.* ▷ **chwalić**

complimentary /ˌkɒmplɪˈmentᵊri/ **adjective** **1** praising or expressing admiration for someone: *a complimentary report* ▷ **pochlebny** **2** given free, especially by a business: *a complimentary glass of wine* ▷ **bezpłatny**

comply /kəmˈplaɪ/ **verb** [I] to obey an order, rule, or request: *The pilot* ***complied with*** *instructions to descend.* ▷ **zastosować się**

component /kəmˈpəʊnənt/ **noun** [C] one of the parts of something, especially a machine ▷ **składnik**

compose /kəmˈpəʊz/ **verb** **1** [T] B2 to be the parts that something consists of: [often passive] *The committee* ***was composed of*** *elected leaders and citizens.* ▷ **składać się na, ≈ składać się z** **2** [I, T] B2 to write a piece of music ▷ **komponować** **3 compose yourself** to make yourself calm again after being angry or upset

▷ **uspokoić się 4** [T] to write a speech, letter, etc, thinking carefully about the words to use: *Laura was composing a letter of sympathy.* ▷ **układać**

C

composed /kəmˈpəʊzd/ **adjective** calm and in control of your emotions ▷ **opanowany**

composer /kəmˈpəʊzəʳ/ **noun** [C] B2 someone who writes music ▷ **kompozytor/ka**

composite /ˈkɒmpəzɪt/ **adjective** consisting of several different parts: *a composite image of the killer* ▷ **złożony**

composition /ˌkɒmpəˈzɪʃᵊn/ **noun 1** [U] the parts, substances, etc that something consists of: *the composition of the atmosphere* ▷ **skład 2** [C] B2 a piece of music that someone has written ▷ **kompozycja, utwór 3** [U] the process or skill of writing music: *He taught composition at Yale.* ▷ **kompozycja 4** [C, U] B1 a short piece of writing about a particular subject, done by a student ▷ **wypracowanie 5** [U] the way that people or things are arranged in a painting or photograph ▷ **kompozycja, układ**

compost /ˈkɒmpɒst/ **noun** [U] a mixture of decayed leaves and plants that is added to the soil to improve its quality: *a* ***compost heap*** ▷ **kompost**

composure /kəmˈpəʊʒəʳ/ **noun** [U] when you feel or look calm and confident: *to* ***keep/lose your composure*** ▷ **opanowanie**

compound[1] /ˈkɒmpaʊnd/ **noun** [C] **1** a substance that is a combination of two or more elements: *Water is a compound of hydrogen and oxygen.* ▷ **związek 2** an area of land with a group of buildings surrounded by a fence or wall: *a prison compound* ▷ **teren 3** (also **compound noun/verb/adjective**) a noun, verb, or adjective that is made by two or more words used together. For example, 'golf club' is a compound. ▷ **złożenie, wyraz złożony**

compound[2] /kəmˈpaʊnd/ **verb** [T] to make a problem or difficult situation worse: *Severe drought has compounded food shortages in the region.* ▷ **pogłębiać, pogarszać**

ˌcompound ˈeye noun [C] a type of eye that some insects have, made of many separate parts ▷ **oko złożone** → Compare **simple eye**

ˈcompound ˌleaf noun [C] a type of leaf which is formed from a number of smaller leaves all joined to one stem ▷ **liść złożony** → Compare **simple leaf**

comprehend /ˌkɒmprɪˈhend/ **verb** [I, T] formal to understand: *I was too young to comprehend what was happening.* ▷ **pojmować**

comprehensible /ˌkɒmprɪˈhensəbl/ **adjective** easy to understand: *Computer manuals should be easily comprehensible.* ▷ **zrozumiały**

comprehension /ˌkɒmprɪˈhenʃᵊn/ **noun 1** [U] the ability to understand something: *It's* ***beyond my comprehension*** *(= I can't understand) how anyone could be so cruel.* ▷ **pojęcie, rozumienie 2** [C, U] UK a test to see how well students understand written or spoken language: *a reading comprehension* ▷ **test rozumienia**

comprehensive[1] /ˌkɒmprɪˈhensɪv/ **adjective** including everything: *a comprehensive study of the subject* ▷ **wszechstronny, wyczerpujący**
• **comprehensively adverb** completely: *We were comprehensively beaten in the finals.* ▷ **doszczętnie**

comprehensive[2] /ˌkɒmprɪˈhensɪv/ **noun** [C] (also **compreˈhensive ˌschool**) a school in Britain for students aged 11 to 18 of all levels of ability ▷ **szkoła ponadpodstawowa ogólnokształcąca**

compress /kəmˈpres/ **verb** [T] **1** to make something smaller, especially by pressing it, so that it uses less space or time: *compressed air* ◦ *The course* ***compresses*** *two years' training* ***into*** *six months.* ▷ **ściskać, sprężać, kondensować 2** to use a special program to make information on a computer use less space ▷ **spakować**
• **compression** /kəmˈpreʃᵊn/ **noun** [U] ▷ **ściskanie, sprężanie**

comˈpression ˌmoulding noun [U] a method of making plastic shapes by pressing plastic between two shapes and heating it ▷ **formowanie tłoczne**

comprise /kəmˈpraɪz/ **verb** [T] formal **1** to consist of particular parts or members: *The orchestra* ***was comprised of*** *amateur and professional musicians.* ▷ **składać się 2** to form part of something, especially a larger group: *Women comprise 15% of the police force.* ▷ **stanowić**

compromise[1] /ˈkɒmprəmaɪz/ **noun** [C, U] B2 when you agree to something which is not exactly what you want: *We need to* ***reach a compromise*** *over this issue.* ◦ *Decorating is usually a* ***compromise between*** *taste and cost.* ▷ **kompromis**

> Wyrazy występujące razem z **compromise**
>
> **accept/come to/find/reach** a compromise • a compromise **between** sth and sth • a compromise **on** sth • a compromise **agreement/deal/solution**

compromise[2] /ˈkɒmprəmaɪz/ **verb 1** [I] B2 to agree to something that is not exactly what you want: *The president may be willing to compromise in order to pass the bill.* ◦ *I never* ***compromise on*** *fresh ingredients.* ▷ **iść na kompromis 2 compromise yourself** to do something dishonest or embarrassing that makes people stop admiring you ▷ **skompromitować się 3** [T] to do something that does not agree with what you believe in: *I refuse to compromise my principles.* ▷ **postępować niezgodnie z 4** [T] formal to have a harmful effect on something: *The trial has been seriously compromised by sensational media coverage.* ▷ **narażać (na szwank)**

compromising /ˈkɒmprəmaɪzɪŋ/ **adjective** A compromising situation, photograph, etc makes people think you have done something wrong:

The press printed compromising photographs of the princess and her bodyguard. ▷ **kompromitujący**

compulsion /kəmˈpʌlʃən/ **noun 1** [C] a strong wish to do something, often something that you should not do ▷ **nieodparta pokusa 2** [U] when you are forced to do something: *We were* ***under no compulsion*** *to attend.* ▷ **przymus**

compulsive /kəmˈpʌlsɪv/ **adjective 1** A compulsive habit is something that you do a lot because you want to so much that you cannot control yourself: *a compulsive eating disorder* ▷ **nałogowy 2 a compulsive eater/gambler/liar, etc** someone who is unable to stop eating/lying, etc, despite knowing that they should stop ▷ **nałogowy lub notoryczny żarłok/gracz/kłamca** *itp.* **3** so interesting or exciting that you cannot stop reading, playing, or watching it: *This documentary about life in prison makes* ***compulsive viewing.*** ▷ **fascynujący**
• **compulsively adverb** ▷ **nałogowo**

compulsory /kəmˈpʌlsəri/ **adjective** (B2) If something is compulsory, you must do it because of a rule or law. ▷ **obowiązkowy, przymusowy**

computer /kəmˈpjuːtər/ **noun** [C] (A1) an electronic machine that can store and arrange large amounts of information: *We've put all our records* ***on computer.*** ◦ *computer software* ▷ **komputer** → See **The Office** on page Centre 5

comˌputer-aided ˈlearning noun [U] (also **computer-assisted learning**) the use of computers for teaching and learning ▷ **e-learning, nauczanie wspomagane komputerowo**

comˌputer-aided manuˈfacture ▷ **komputerowe wspomaganie wytwarzania** → See **CAM**

computerize (also UK **-ise**) /kəmˈpjuːtəraɪz/ **verb** [T] to use a computer to do something that was done by people or other machines before: *a computerized accounts system* ▷ **komputeryzować**
• **computerization** /kəmˌpjuːtəraɪˈzeɪʃən/ **noun** [U] ▷ **komputeryzacja**

comˌputer-ˈliterate adjective able to understand and use computer systems ▷ **biegły w obsłudze komputera**

comˌputer ˈscience noun [U] the study of computers and how they can be used ▷ **informatyka**

computing /kəmˈpjuːtɪŋ/ **noun** [U] the study or use of computers: *a degree in computing* ▷ **informatyka**

comrade /ˈkɒmreɪd/ (US) /ˈkɑːmræd/ **noun** [C] **1** literary a friend, especially someone who fights with you in a war ▷ **towarzysz/ka 2** a word used by some members of trade unions or other Socialist organizations to talk to or about each other ▷ **towarzysz/ka**

comradeship /ˈkɒmreɪdʃɪp/ **noun** [U] the feeling of friendship between people who live or work together, especially in a difficult situation ▷ **koleżeństwo**

con[1] /kɒn/ **verb** [T] (present participle **conning**, past tense and past participle **conned**) informal to trick someone, especially in order to take money from them: *Thieves* ***conned him out of*** *his life savings.* ◦ *She felt she had been* ***conned into*** *buying the car.* ▷ **naciągać**

con[2] /kɒn/ **noun** [C] informal a trick to get someone's money, or make them do what you want ▷ **kant**

ˈcon ˌartist noun [C] someone who tricks people into giving them money or valuable things ▷ **kancia-rz/ra**

concave /ˈkɒnkeɪv/ **adjective** A concave surface curves inwards: *a concave lens* ▷ **wklęsły**

conceal /kənˈsiːl/ **verb** [T] to hide something: *The listening device was concealed in a pen.* ◦ *She could barely conceal her irritation.* ▷ **ukrywać**
• **concealment noun** [U] when something is hidden ▷ **ukrycie**

concede /kənˈsiːd/ **verb 1** [T] to admit that something is true, even though you do not want to: [+ (that)] *Even the company chairman concedes that the results are disappointing.* ▷ **przyznawać 2** [I, T] to allow someone to have something, even though you do not want to: *The government will not* ***concede to*** *rebel demands.* ▷ **ustępować (w) 3 concede defeat** to admit that you have lost a fight, argument, game, etc ▷ **uznać swoją porażkę**

conceit /kənˈsiːt/ **noun** [U] when you are too proud of yourself and your actions ▷ **zarozumialstwo**

conceited /kənˈsiːtɪd/ **adjective** too proud of yourself and your actions ▷ **zarozumiały**
• **conceitedly adverb** ▷ **zarozumiale**

conceivable /kənˈsiːvəbl/ **adjective** possible to imagine or to believe: *every conceivable kind of fruit* ◦ [+ (that)] *It is just conceivable that the hospital made a mistake.* ▷ **możliwy, wyobrażalny**
• **conceivably adverb** ▷ **możliwie**

conceive /kənˈsiːv/ **verb 1** [I, T] to become pregnant ▷ **zajść w ciążę, począć 2** [I, T] to be able to imagine something: *I cannot* ***conceive of*** *anything more horrible.* ▷ **wyobrażać sobie 3** [T] to think of an idea or plan: *The original idea for the novel was conceived in Rome.* ▷ **obmyślić, wymyślić**

concentrate[1] /ˈkɒnsəntreɪt/ **verb 1** (B1) [I] to think very carefully about something you are doing and nothing else: *Be quiet – I'm trying to concentrate.* ◦ *I can't* ***concentrate on*** *my work. It's too noisy here.* ▷ **skoncentrować się, skupić się 2 be concentrated around/in/on, etc** to be present in large numbers or amounts in a particular area: *Most of the fighting was concentrated in the mountains.* ▷ **koncentrować się wokół/na** *itp.*

PHRASAL VERB **concentrate on sth** to use most of your time and effort to do something: *She gave* *up her job to concentrate on writing a novel.* ▷ **skoncentrować się na** *czymś*, **skupić się na** *czymś*

concentrate² /ˈkɒnsᵊntreɪt/ **noun** [C, U] a substance that is strong because it has had water or other substances taken out of it ▷ **koncentrat**

concentrated /ˈkɒnsəntreɪtɪd/ **adjective** **1** [always before noun] using a lot of effort to succeed at one particular thing: *a* ***concentrated effort*** *to finish the work* ▷ **wytężony** **2** A concentrated liquid has had most of the water removed: *concentrated tomato puree* ▷ **skoncentrowany, stężony**

concentration /ˌkɒnsᵊnˈtreɪʃᵊn/ **noun** **1** [U] (B2) the ability to think carefully about something you are doing and nothing else ▷ **koncentracja, skupienie** **2** [C, U] a large number or amount of something in the same place: ***high concentrations*** *of minerals* ▷ **stężenie** **3** [C, U] the amount of a substance in a liquid or other substance ▷ **stężenie**

> Wyrazy występujące razem z **concentration**
>
> sth **demands/needs/requires** concentration • **lose** concentration • a **lapse in/of** concentration • your **powers of** concentration

concenˈtration ˌcamp **noun** [C] a prison where large numbers of people are kept in very bad conditions, especially for political reasons ▷ **obóz koncentracyjny**

concentric /kənˈsentrɪk/ **adjective** Concentric circles have the same centre but are different sizes. ▷ **współśrodkowy, koncentryczny**

concept /ˈkɒnsept/ **noun** [C] (B2) an idea or principle: *the concept of free speech* ▷ **pojęcie, koncepcja**

conception /kənˈsepʃᵊn/ **noun** **1** [C, U] an idea about what something is like or a way of understanding something ▷ **koncepcja** **2** [U] when a woman or animal becomes pregnant ▷ **poczęcie**

conceptual /kənˈseptʃuəl/ **adjective** formal based on ideas: *a conceptual model* ▷ **pojęciowy**

concern¹ /kənˈsɜːn/ **verb** [T] **1** (B2) to involve someone or be important to them: *Environmental issues concern us all.* ▷ **dotyczyć, interesować** **2** to worry or upset someone: *What really concerns me is her lack of experience.* ▷ **martwić** **3** (B2) If a story, film, etc concerns a particular subject, it is about that subject. ▷ **dotyczyć** **4 concern yourself** to become involved with doing something: *You needn't concern yourself with the travel arrangements.* ▷ **angażować się, zajmować się**

concern² /kənˈsɜːn/ **noun** **1** [C, U] (B2) a feeling of worry about something, or the thing that is worrying you: *I have* ***concerns about*** *his health.* ▷ **obawa, troska** **2** [C, U] (B2) something that involves or affects you or is important to you: *Our primary concern is safety.* ▷ **troska** **3** [C] a company or business: *The perfume factory was a family concern.* ▷ **koncern**

> Wyrazy występujące razem z **concern**
>
> **cause** concern • **express/raise/voice** concern • **grave/serious** concern • concerns **about/over** sth • **a matter of** concern • **a cause for** concern

concerned /kənˈsɜːnd/ **adjective** **1** (B2) worried: [+ that] *I am very concerned that class sizes seem to be growing.* ◦ *People are becoming more* ***concerned about*** *what they eat.* ▷ **zaniepokojony, świadomy** → Opposite **unconcerned** **2** [never before noun] involved in something or affected by it: *A letter will be sent out to everyone concerned.* ▷ **zainteresowany** **3 as far as sb is concerned** (B2) used to show what someone thinks about something: *As far as our customers are concerned, price is the main consideration.* ▷ **jeśli chodzi o** *kogoś* **4 as far as sth is concerned** (B2) used to tell someone what you are talking about: *As far as college is concerned, everything is fine.* ▷ **jeśli chodzi o** *coś*

concerning /kənˈsɜːnɪŋ/ **preposition** (B2) about something: *I've had a letter concerning my tax payments.* ▷ **w sprawie, dotyczący**

concert /ˈkɒnsət/ **noun** [C] (A2) a performance of music and singing: *a pop concert* ▷ **koncert**

concerted /kənˈsɜːtɪd/ **adjective** [always before noun] done with a lot of effort, often by a group of people working together: *Iceland has made* ***a concerted effort*** *to boost tourism.* ▷ **wytężony**

concerto /kənˈtʃeətəʊ/ **noun** [C] a piece of music for one main instrument and an orchestra: *a piano concerto* ▷ **koncert**

concession /kənˈseʃᵊn/ **noun** **1** [C, U] something that you agree to do or give to someone in order to end an argument: *Both sides will have to* ***make concessions.*** ▷ **ustępstwo** **2** [C] a special right to use buildings or land or to sell a product in a particular area, or the place where that business takes place: *a concession to develop oil fields in the north* ▷ **koncesja** **3** [C] UK a reduction in the price of a ticket for a particular group of people such as students, people without a job, or old people ▷ **ulga, zniżka**

conch /kɒntʃ/ **noun** [C] a large spiral shell, or the sea animal that lives in it ▷ **koncha (= muszla), ślimak**

conciliation /kənˌsɪliˈeɪʃᵊn/ **noun** [U] formal the process of trying to end an argument ▷ **pojednanie**

conciliatory /kənˈsɪliətᵊri/ **adjective** formal If people behave in a conciliatory manner, they try to make people stop being angry with them: *a conciliatory approach* ▷ **pojednawczy**

concise /kənˈsaɪs/ **adjective** **1** giving a lot of information clearly in a few words ▷ **zwięzły** **2** A concise book is small: *a concise history of France* ▷ **mały, krótki**

• **concisely** adverb ▷ **zwięźle** • **conciseness** noun [U] ▷ **zwięzłość**

conclude /kənˈkluːd/ **verb 1** [I, T] formal to end something such as a meeting, speech, or piece of writing by doing or saying one last thing: *The concert **concluded with** a firework display.* ◦ *I would like to **conclude by** thanking you all for attending.* ▷ **zakończyć (się) 2** [T] to decide something after studying all the information about it very carefully: [+ that] *The report concluded that the drug was safe.* ▷ **dochodzić do wniosku 3** [T] to complete something, especially an agreement or a business arrangement: *talks aimed at concluding the peace treaty* ▷ **sfinalizować, zakończyć**

concluding /kənˈkluːdɪŋ/ **adjective** [always before noun] last in a series of things: *Don't miss tonight's **concluding episode**.* ▷ **ostatni**

conclusion /kənˈkluːʒən/ **noun 1** [C] B1 the opinion you have after considering all the information about something: *I've **come to the conclusion that** we'll have to sell the car.* ▷ **wniosek 2** [C] the final part of something: *the dramatic conclusion of the film* ◦ *The case should finally **be brought to a conclusion** (= end) this week.* ▷ **zakończenie 3 in conclusion** B2 used to introduce the last part of a speech or piece of writing: *In conclusion, I would like to thank our guest speaker.* ▷ **na zakończenie 4** [U] when something is arranged or agreed formally: *the conclusion of peace talks* ▷ **zakończenie**

IDIOM **jump to conclusions** to guess the facts about a situation without having enough information ▷ **wyciągać pochopne wnioski**

→ See also **foregone conclusion**

> Wyrazy występujące razem z **conclusion**
>
> draw/reach a conclusion • come to the conclusion that • sth leads you to the conclusion that

conclusive /kənˈkluːsɪv/ **adjective** proving that something is true: ***conclusive evidence/proof*** ▷ **jednoznaczny, ostateczny**
• **conclusively** adverb *Tests have **proved conclusively** that the drugs are effective.* ▷ **jednoznacznie, ostatecznie**

concoct /kənˈkɒkt/ **verb** [T] **1** to invent a story or explanation in order to deceive someone: *He had concocted a web of lies.* ▷ **zmyślać, spreparować 2** to make something unusual, especially food, by mixing things together ▷ **zaimprowizować, upichcić**
• **concoction** /kənˈkɒkʃən/ noun [C] *a concoction of meringue, ice cream, and fresh strawberries* ▷ **mieszanka**

concourse /ˈkɒŋkɔːs/ **noun** [C] a large room or open area inside a building such as an airport or station ▷ **hol, hala**

concrete[1] /ˈkɒŋkriːt/ **noun** [U] B2 a hard substance that is used in building and is made by mixing sand, water, small stones, and cement: *concrete blocks* ▷ **beton**

concrete[2] /ˈkɒŋkriːt/ **adjective 1** certain or based on facts: ***concrete evidence/proof*** ▷ **konkretny 2** existing in a real form that can be seen or felt: *concrete achievements/actions* ◦ *concrete objects* ▷ **konkretny**

concrete[3] /ˈkɒŋkriːt/ **verb** [T] UK to cover something with concrete ▷ **betonować**

concur /kənˈkɜːr/ **verb** [I] (present participle **concurring**, past tense and past participle **concurred**) formal to agree: *The new report **concurs with** previous findings.* ▷ **pokrywać się, być zbieżnym**

concurrent /kənˈkʌrənt/ **adjective** happening or existing at the same time: *three concurrent prison sentences* ▷ **jednoczesny**
• **concurrently** adverb ▷ **jednocześnie**

concussed /kənˈkʌst/ **adjective** [never before noun] If someone is concussed, they are suffering from concussion. ▷ **ze wstrząsem mózgu**

concussion /kənˈkʌʃən/ **noun** [C, U] a slight injury to the brain that is caused by being hit on the head and makes you feel tired or sick ▷ **wstrząs mózgu**

condemn /kənˈdem/ **verb** [T] **1** to say very strongly that you think something is wrong or very bad: *The Prime Minister was quick to condemn the terrorists.* ▷ **potępiać 2** to say that a building must be destroyed because it is not safe enough for people to use ▷ **przeznaczać do rozbiórki**

PHRASAL VERB **condemn sb to sth 1** to say what the punishment of someone who is guilty of a serious crime will be: *He was **condemned to death**.* ▷ **skazywać** *kogoś* **na** *coś* **2** to make someone suffer in a particular way: *Poor education condemns many young people to low-paid jobs.* ▷ **skazywać** *kogoś* **na** *coś*

condemnation /ˌkɒndemˈneɪʃən/ **noun** [C, U] when you say very strongly that you think something is wrong or very bad: *widespread condemnation of the war* ▷ **potępienie**

condensation /ˌkɒndenˈseɪʃən/ **noun** [U] small drops of water that form when warm air touches a cold surface ▷ **(skroplona) para, wilgoć**

condense /kənˈdens/ **verb 1** [I, T] If hot air or a gas condenses, it changes into a liquid as it becomes colder. ▷ **skraplać się 2** [T] to make something such as a speech or piece of writing shorter: *You need to **condense** your conclusion **into** a single paragraph.* ▷ **skondensować 3** [T] to make a liquid thicker by taking some of the water out of it: *condensed milk* ▷ **zagęszczać**

condenser /kənˈdensər/ **noun** [C] a piece of equipment that changes gases to their liquid or solid form ▷ **skraplacz, kondensator**

condescend /ˌkɒndɪˈsend/ **verb condescend to do sth** humorous to agree to do something even though you think you are too important to do it ▷ **raczyć lub zechcieć** *coś zrobić*

PHRASAL VERB **condescend to sb** to treat someone as though you are better or more important than them ▷ **okazywać** *komuś* **swoją wyższość**

condescending /ˌkɒndɪˈsendɪŋ/ **adjective** showing that you think that you are better or more important than someone else: *a condescending smile* ▷ **protekcjonalny**
• **condescendingly adverb** ▷ **protekcjonalnie**

condescension /ˌkɒndɪˈsenʃən/ **noun** [U] when you behave as though you are better or more important than someone else ▷ **protekcjonalność**

condition[1] /kənˈdɪʃən/ **noun 1** [U, no plural] B1 the state that something or someone is in: *My bike's a few years old but it's* ***in*** *really* ***good condition.*** ◦ *He's* ***in no condition*** (= not well enough) *to travel.* ▷ **stan 2** [C] something that must happen or be agreed before something else can happen: *One of the conditions of the contract is that we can't keep pets.* ▷ **warunek 3 on condition that** B2 only if: *Visitors are allowed in the gardens on condition that they don't touch the plants.* ▷ **pod warunkiem, że 4** [C] B2 an illness: *a serious heart condition* ▷ **choroba 5 conditions** B1 the physical situation that people are in: ***working/living conditions*** ◦ *severe* ***weather conditions*** ▷ **warunki**

condition[2] /kənˈdɪʃən/ **verb** [T] **1** to make a person or animal behave in a particular way by influencing the way they think: [often passive, + to do sth] *The boys were conditioned to be aggressive.* ▷ **warunkować 2** to put a special liquid on your hair to make it soft and healthy ▷ **nakładać odżywkę na**

conditional /kənˈdɪʃənəl/ **adjective 1** If an offer or agreement is conditional, it will only happen if something else is done first: *Their fee is* ***conditional on*** *the work being completed by January.* ▷ **warunkowy, uwarunkowany, uzależniony** → Opposite **unconditional 2** A conditional sentence usually begins with 'if' and says that something must be true or happen before something else can be true or happen. ▷ **warunkowy**

conditioner /kənˈdɪʃənəʳ/ **noun** [C, U] a liquid that you use when you wash your hair to make it soft ▷ **odżywka**

conditioning /kənˈdɪʃənɪŋ/ **noun** [U] when a person or animal is made to behave in a particular way: *social/physical conditioning* ▷ **uwarunkowanie** → See also **air conditioning**

condo /ˈkɒndəʊ/ **noun** [C] US informal short for condominium

condolence /kənˈdəʊləns/ **noun** [C, U] formal sympathy for the family or friends of a person who has recently died: *Please* ***offer my condolences*** *to your father.* ▷ **kondolencje**

condom /ˈkɒndɒm/ (US) /ˈkɑːndəm/ **noun** [C] a thin rubber covering that a man wears on his penis during sex to stop a woman becoming pregnant, or to protect against diseases ▷ **prezerwatywa**

condominium /ˌkɒndəˈmɪniəm/ **noun** [C] US a building containing apartments which are owned by the people living in them, or one of these apartments ▷ **mieszkanie własnościowe, budynek mieszkalny (własnościowy)**

condone /kənˈdəʊn/ **verb** [T] to accept or allow behaviour that is wrong: *His comments appeared to condone drug abuse.* ▷ **pochwalać, akceptować, popierać**

conducive /kənˈdjuːsɪv/ **adjective** making something possible or likely to happen: *Such a noisy environment was not* ***conducive to*** *a good night's sleep.* ▷ **sprzyjający**

conduct[1] /ˈkɒndʌkt/ **noun 1** [U] the way someone behaves: *a code of conduct* (= rules about how to behave) ▷ **zachowanie 2 conduct of sth** the way someone organizes or does something: *He was criticized for his conduct of the inquiry.* ▷ **prowadzenie** *czegoś*, **przeprowadzenie** *czegoś*

conduct[2] /kənˈdʌkt/ **verb 1** [T] B2 to organize or do something: *They're* ***conducting*** *a* ***survey.*** ▷ **przeprowadzać 2** [I, T] B2 to stand in front of a group of musicians and control their performance ▷ **dyrygować 3** [T] If a substance conducts electricity or heat, it allows electricity or heat to go through it. ▷ **przewodzić 4 conduct yourself** to behave in a particular way: *She conducted herself with great dignity.* ▷ **zachowywać się 5** [T] formal to lead someone to a place: *I was conducted to a side room.* ▷ **zaprowadzić**

> **Wyrazy występujące razem z conduct**
> conduct an experiment/ an interview/ an inquiry/ an investigation/research/ a survey

conduction /kənˈdʌkʃən/ **noun** [U] the process by which heat or electricity goes through a substance ▷ **przewodzenie**

conductive /kənˈdʌktɪv/ **adjective** A conductive substance allows heat or electricity to go through it. ▷ **przewodzący**
• **conductivity** /ˌkɒndʌkˈtɪvɪti/ **noun** [U] *a high level of conductivity* ▷ **przewodnictwo**

conductor /kənˈdʌktəʳ/ **noun** [C] **1** B2 someone who stands in front of a group of musicians or singers and controls their performance ▷ **dyrygent/ka 2** UK someone whose job is to sell or check tickets on a bus, train, etc ▷ **konduktor/ka, kontroler/ka 3** US (UK **guard**) someone whose job is to be responsible for a train and the people who work on it ▷ **kierownik pociągu 4** a substance that allows electricity or heat to go through it ▷ **przewodnik**

cone /kəʊn/ **noun** [C] **1** a solid shape with a round or oval base which narrows to a point, or an object which has this shape: *a row of* ***traffic***

cones ▷ **stożek, pachołek** **2** a container for ice cream that you can eat ▷ **wafelek, wafel, rożek**

confectionery /kənˈfekʃənəri/ **noun** [U] mainly UK sweet food like sweets and chocolate ▷ **słodycze, wyroby cukiernicze**

confederacy /kənˈfedərəsi/ **noun** [C] (also **confederation** /kənˌfedəˈreɪʃən/) an organization of smaller groups who have joined together for business or political purposes ▷ **konfederacja**

confer /kənˈfɜːr/ **verb** (present participle **conferring**, past tense and past participle **conferred**) **1** [I] to discuss something with other people before making a decision: *I'll need to **confer with** my lawyers.* ▷ **naradzać się** **2** [T] formal to give someone something, especially an official title, an honour, or an advantage ▷ **nadawać**

conference /ˈkɒnfərəns/ **noun** [C] **1** (B1) a large, formal meeting, often lasting a few days, where people discuss their work, politics, subjects they are studying, etc: *the annual **sales conference*** ▷ **konferencja** **2** a small, private meeting for discussion of a particular subject ▷ **narada** → See also **press conference**

> Wyrazy występujące razem z **conference**
>
> **attend/hold** a conference • a conference **on** sth • **at** a conference • a conference **centre** • a **sales** conference

ˈ**conference** ˌ**call** **noun** [C] a telephone call between three or more people in different places ▷ **rozmowa konferencyjna**

confess /kənˈfes/ **verb** [I, T] **1** (B2) to admit that you have done something wrong or something that you feel guilty about: [+ to + doing sth] *The man has confessed to stealing the painting.* ◦ *Rawlinson finally **confessed to** the murder.* ▷ **przyznać się (do), przyznać** **2** to tell a priest or God about all the wrong things that you have done ▷ **wyspowiadać się, wyznać**

confession /kənˈfeʃən/ **noun** [C, U] **1** (B2) when you admit that you have done something wrong or illegal: *Sutcliffe has **made** a full **confession** to the police.* ▷ **przyznanie się** **2** when someone tells a priest all the wrong things they have done: *to go to confession* ▷ **spowiedź**

confetti /kənˈfeti/ **noun** [U] small pieces of coloured paper that you throw when celebrating something such as a marriage ▷ **konfetti**

confidant, confidante /ˈkɒnfɪdænt/ **noun** [C] a person you can talk to about your feelings and secrets ▷ **powierni-k/ca, ktoś zaufany**

confide /kənˈfaɪd/ **verb** [I, T] to tell a secret to someone who you trust not to tell anyone else: [+ that] *Holly **confided to** me that she was ill.* ▷ **zwierzać się**

PHRASAL VERB **confide in sb** to tell someone who you trust about things that are secret or personal ▷ **zwierzać się** *komuś*

confidence /ˈkɒnfɪdəns/ **noun** **1** [U] (B2) when you are certain of your ability to do things well: *He's a good student, but he **lacks confidence**.* ◦ [+ to do sth] *His training has **given** him the **confidence** to deal with any problem that arises.* ▷ **pewność siebie** **2** [U] trusting someone's ability or believing that something will produce good results: *Kate's new to the job, but I've got **every confidence in** her.* ▷ **zaufanie** **3** [C] something secret that you tell someone: *to exchange confidences* ▷ **tajemnica** **4** **in confidence** If you tell something to someone in confidence, you do not want them to tell anyone else. ▷ **w tajemnicy**

> Wyrazy występujące razem z **confidence**
>
> **grow in/lack/lose** confidence • sth **gives** you confidence • do sth **with** confidence • a **lack** of confidence
> **express/lose/restore** confidence (in sth) • **have (complete/every/little/no)** confidence **in** sb/sth • **consumer/public** confidence • confidence in sth

confident /ˈkɒnfɪdənt/ **adjective** **1** (B1) certain about your ability to do things well: *a confident grin* ◦ *He feels **confident of** winning.* ▷ **pewny (siebie)** **2** (B2) being certain that something will happen: [+ (that)] *Doctors are confident that she'll recover.* ▷ **przekonany**
• **confidently adverb** (B2) ▷ **pewnie, z przekonaniem**
→ See also **self-confident**

confidential /ˌkɒnfɪˈdenʃəl/ **adjective** secret, especially in an official situation: *These documents are **strictly confidential**.* ▷ **poufny**
• **confidentially adverb** ▷ **poufnie** • **confidentiality** /ˌkɒnfɪdenʃiˈæləti/ **noun** [U] ▷ **poufność**

confine /kənˈfaɪn/ **verb** [T] to prevent someone from leaving a place or to prevent something from spreading: [often passive] *He was **confined to** a prison cell for several days.* ▷ **ograniczać, zamykać**

PHRASAL VERBS **be confined to sth/sb** to only exist in a particular area or group of people: *The flooding was confined to the basement.* ▷ **dotyczyć tylko** *czegoś/kogoś*, **być ograniczonym do** *czegoś/kogoś* • **confine sb/sth to sth** to limit an activity: *Please confine your discussion to the topic.* ▷ **ograniczać** *kogoś/coś* **do** *czegoś*

confined /kənˈfaɪnd/ **adjective** [always before noun] A confined space is very small. ▷ **ograniczony, zamknięty**

confinement /kənˈfaɪnmənt/ **noun** [U] when someone is kept in a room or area, usually by force ▷ **zamknięcie** → See also **solitary confinement**

confines /ˈkɒnfaɪnz/ **noun** [plural] the outer limits or edges of something ▷ **granice**

confirm /kənˈfɜːm/ **verb** [T] **1** (B2) to say or show that something is true: [+ (that)] *His wife confirmed that he'd left the house at 8.* ▷ **potwierdzać** **2** (B1) to make an arrangement certain: *Flights should be confirmed 48 hours before* *departure.* ▷ **potwierdzać** **3 be confirmed** to become a member of the Christian Church at a special ceremony ▷ **mieć bierzmowanie, zostać konfirmowanym**

C

confirmation /ˌkɒnfəˈmeɪʃᵊn/ **noun** [C, U] **1** B2 an announcement or proof that something is true or certain: *You'll receive* ***written confirmation of*** *your reservation within five days.* ▷ **potwierdzenie** **2** a special ceremony in which someone becomes a full member of the Christian Church ▷ **bierzmowanie, konfirmacja**

confirmed /kənˈfɜːmd/ **adjective** **a confirmed atheist/bachelor/pessimist, etc** someone who has behaved in a particular way for a long time and is not likely to change ▷ **zaprzysięgły lub zatwardziały ateista/kawaler/pesymista** *itp.*

confiscate /ˈkɒnfɪskeɪt/ **verb** [T] to take something away from someone, especially as a punishment ▷ **konfiskować**

• **confiscation** /ˌkɒnfɪˈskeɪʃᵊn/ **noun** [C, U] ▷ **konfiskata**

conflict¹ /ˈkɒnflɪkt/ **noun** [C, U] **1** B2 serious disagreement: *The Government was* ***in conflict with*** *the unions over pay.* ◦ *The peasants often* ***came into conflict with*** *the landowners.* ▷ **konflikt** **2** B2 fighting between groups or countries: ***armed conflict*** ▷ **konflikt** **3** when two or more different things cannot easily exist together: *the conflict between science and religion* ▷ **konflikt** **4 a conflict of interest** a situation where someone cannot make fair decisions because they are influenced by something ▷ **konflikt interesów**

> Wyrazy występujące razem z **conflict**
>
> resolve a conflict • be in/come into conflict with sb • a conflict between sb and sb • a conflict over sth • an area of/source of conflict

conflict² /kənˈflɪkt/ **verb** [I] If things such as beliefs, needs, or facts conflict, they are very different and cannot easily exist together or both be true: *Her views on raising children* ***conflict with*** *mine.* ◦ *There were* ***conflicting accounts*** *of how the fight started.* ▷ **kłócić się, być sprzecznym**

conflicted /kənˈflɪktɪd/ **adjective** [never before noun] confused because you have two feelings or opinions about something that are opposite ▷ **w rozterce**

confluence /ˈkɒnfluːənts/ **noun** [C] the place where two rivers flow together and become one larger river ▷ **zbieg (rzek)**

conform /kənˈfɔːm/ **verb** [I] to behave in the way that most other people behave ▷ **podporządkować się, dostosować się**

PHRASAL VERB **conform to/with sth** to obey a rule or to do things in a traditional way: *All our toys conform with safety standards.* ▷ **podporządkować się** *czemuś*, **spełniać** *coś*

conformity /kənˈfɔːməti/ **noun** [U] **1** behaving in the way that most other people behave ▷ **podporządkowanie się (normom)** **2 conformity to/with sth** formal following rules or traditional ways of doing things ▷ **podporządkowanie się** *czemuś*

confound /kənˈfaʊnd/ **verb** [T] If something confounds someone, it makes them surprised and confused, because they cannot explain it: *The growth in the economy continues to confound the experts.* ▷ **zadziwiać, wprawiać w zakłopotanie**

confront /kənˈfrʌnt/ **verb** [T] **1** to tell someone something, or show them something to try to make them admit they have done something wrong: ***Confronted with*** *the evidence, she broke down and confessed.* ▷ **przedstawiać, konfrontować** **2 be confronted by/with sth** to be in a difficult situation, or to be shown something which may cause difficulties: *We are confronted by the possibility of war.* ▷ **stanąć w obliczu** *czegoś* **3** to stand in front of someone in a frightening way: *He was confronted by two masked men.* ▷ **zagrodzić drogę** **4** to see that a problem exists and try to deal with it: *First, they must confront their addiction.* ▷ **stawiać czoło**

confrontation /ˌkɒnfrʌnˈteɪʃᵊn/ **noun** [C, U] a fight or argument ▷ **konfrontacja**

confrontational /ˌkɒnfrʌnˈteɪʃᵊnᵊl/ **adjective** intentionally causing fighting or an argument: *a confrontational style of management* ▷ **konfrontacyjny, konfliktowy**

confuse /kənˈfjuːz/ **verb** [T] **1** B2 to make someone unable to think clearly or understand something: *These advertisements simply confused the public.* ▷ **dezorientować** **2** B2 to think that one person or thing is another person or thing: *I don't see how anyone could* ***confuse*** *me* ***with*** *my mother!* ▷ **mylić**

confused /kənˈfjuːzd/ **adjective** **1** B1 unable to think clearly or to understand something: *Sorry, I'm completely confused.* ◦ *The politicians themselves are* ***confused about*** *what to do.* ▷ **zdezorientowany, zagubiony** **2** not clear: *The witnesses gave confused accounts of what happened.* ▷ **sprzeczny**

confusing /kənˈfjuːzɪŋ/ **adjective** B1 difficult to understand: *I found the instructions very confusing.* ▷ **niejasny, mylący**

confusion /kənˈfjuːʒᵊn/ **noun** **1** [C, U] B2 when people do not understand what is happening or what they should do: *There was a lot of* ***confusion about*** *what was actually going on.* ▷ **zamieszanie, dezorientacja** **2** [U] a feeling of not being able to think clearly: *He could see the confusion on Marion's face.* ▷ **dezorientacja** **3** [U] when you think that one person or thing is another ▷ **pomyłka** **4** [U] B2 a situation which is confusing because there is a lot of noise and activity: *In the confusion, several prisoners tried to escape.* ▷ **zamieszanie**

Wyrazy występujące razem z confusion

sth **causes/creates/leads to** confusion • confusion **surrounds** sth • do sth **in** confusion • **widespread** confusion • confusion **about/over** sth

congeal /kən'dʒiːl/ **verb** [I] If a liquid congeals, it becomes thick and almost solid: *congealed fat* ▷ **krzepnąć, zastygać**

congenial /kən'dʒiːniəl/ **adjective** formal pleasant and friendly: *congenial company* ▷ **sympatyczny**

congenital /kən'dʒenɪtəl/ **adjective** Congenital diseases or problems are ones that people have from when they are born: *congenital heart defects* ▷ **wrodzony**

congested /kən'dʒestɪd/ **adjective** full or blocked, especially with traffic: *The roads are very congested.* ▷ **zatłoczony, zapchany**

congestion /kən'dʒestʃən/ **noun** [U] when something is full or blocked, especially with traffic: *traffic congestion* ▷ **zator**

conglomerate /kən'glɒmərət/ **noun** [C] a large company that is made up of several smaller companies ▷ **konglomerat**

conˌglomerate 'merger **noun** [C] (also **diversifying merger**) when two companies that have completely different types of business join together ▷ **fuzja konglomeratowa**

congratulate /kən'grætʃʊleɪt/ **verb** [T] (B2) to tell someone that you are happy because they have done something good or something good has happened to them: *Did you **congratulate** Cathy **on** her engagement?* ▷ **gratulować**

congratulations /kənˌgrætʃʊ'leɪʃənz/ **exclamation** (A2) something that you say when you want to congratulate someone: ***Congratulations on** doing an outstanding job.* ◦ *I hear you're getting married. Congratulations!* ▷ **gratulacje**

congregate /'kɒŋgrɪgeɪt/ **verb** [I] to come together in a group: *Young people congregated on street corners.* ▷ **gromadzić się**

congregation /ˌkɒŋgrɪ'geɪʃən/ **noun** [group] a group of people meeting to worship in church ▷ **wierni**

congress /'kɒŋgres/ **noun** **1** [C] a large meeting of the members of one or more organizations: *an international congress on art history* ▷ **kongres** **2** **Congress** the group of people who make laws in the United States. Congress consists of the Senate and the House of Representatives. ▷ **Kongres**

congressional /kən'greʃənəl/ **adjective** [always before noun] relating to the United States Congress: *a congressional committee* ▷ **kongresowy, (do) Kongresu**

congressman, congresswoman /'kɒŋgresmən/, /'kɒŋgresˌwʊmən/ **noun** [C] (plural **congressmen, congresswomen**) a man or woman who is a member of the United States Congress ▷ **członek/członkini Kongresu**

congruent /'kɒŋgruənt/ **adjective** congruent shapes have the same size and shape as each other ▷ **przystający**
• **congruence** /'kɒŋgruənts/ **noun** [U] ▷ **przystawanie**

conical /'kɒnɪkəl/ **adjective** Conical objects have a wide, round base, sloping sides and a pointed top. ▷ **stożkowy**

ˌconical 'flask **noun** [C] a glass container with a flat base, a wide rounded body, and a long neck, used by scientists ▷ **kolba (stożkowa)**

conifer /'kɒnɪfər/ **noun** [C] a tree with cones and thin green leaves that stay green all winter ▷ **drzewo iglaste**
• **coniferous** /kə'nɪfərəs/ **adjective** *a coniferous forest* ▷ **iglasty**

conjecture /kən'dʒektʃər/ **noun** [C, U] formal guessing about something without real evidence: *Exactly what happened that night is still **a matter for conjecture**.* ▷ **domysł, przypuszczenie, domysły**
• **conjecture** **verb** [I, T] formal [+ (that)] *Some people conjectured that it was an attempt to save money.* ▷ **przypuszczać**

conjugal /'kɒndʒʊgəl/ **adjective** formal relating to marriage ▷ **małżeński**

conjugate /'kɒndʒʊgeɪt/ **verb** [T] to add different endings to a verb in order to produce all its different forms ▷ **koniugować, odmieniać**
• **conjugation** /ˌkɒndʒʊ'geɪʃən/ **noun** [C, U] ▷ **koniugacja, odmiana**

conjunction /kən'dʒʌŋkʃən/ **noun** **1** (B2) [C] A word that is used to connect phrases or parts of a sentence. For example the words 'and', 'because', and 'although' are conjunctions. ▷ **spójnik** **2** **in conjunction with sth/sb** working, used, or happening with something or someone else ▷ **w połączeniu z** *czymś/kimś*

conjunctiva /ˌkɒndʒʌŋk'taɪvə/ **noun** [C, usually singular] the transparent layer of mucous membrane that covers the inside of the eyelid and the front surface of the eye ▷ **spojówka**

conjure /'kʌndʒər/ **verb**

PHRASAL VERB **conjure sth up** **1** to make a picture or idea appear in someone's mind: *Familiar tunes can help us conjure up memories of the past.* ▷ **wywoływać** *coś*, **przywoływać** *coś* **2** to make something in a quick and clever way, especially food ▷ **wyczarować** *coś*

conjurer /'kʌndʒərər/ **noun** [C] another spelling of conjuror ▷ **iluzjonist-a/ka**

conjuring /'kʌndʒərɪŋ/ **noun** [U] performing magic to entertain people: *a **conjuring trick*** ▷ **magia**

conjuror /'kʌndʒərər/ **noun** [C] a person who performs magic to entertain people ▷ **iluzjonist-a/ka**

conker /'kɒŋkər/ **noun** [C] the shiny brown poisonous nut of a large tree, used by children for playing a game ▷ **kasztan**

conman /ˈkɒnmæn/ **noun** [C] a man who tricks people into giving him money or valuable things ▷ **oszust**

connect /kəˈnekt/ **verb 1** [I, T] B1 to join two things or places together: *Ferries **connect** the mainland **with** the islands.* ◦ ***Connect up** the printer **to** your computer.* ▷ **łączyć 2** [T] to see or show that two or more people or things are involved with each other: *There is no evidence to **connect** him **with** the crime.* ▷ **łączyć 3** [I] If buses, trains, aircraft, etc connect, they arrive at a particular time so that passengers can get off one and onto another: *Can you get me a **connecting flight**?* ▷ **być skomunikowanym 4** [T] to make it possible for two people to talk to each other on the telephone ▷ **łączyć** → Opposite **disconnect**

connected /kəˈnektɪd/ **adjective 1** If people or things are connected, there is a relationship between them: *The hospital is **connected to** the University of Rochester.* ◦ *He remained closely **connected with** the museum until his death.* ▷ **powiązany, związany** → Opposite **unconnected 2** If two things are connected, they are joined together: *The Red Sea is **connected to** the Mediterranean by the Suez Canal.* ▷ **połączony** → Opposite **disconnected** → See also **well-connected**

connection /kəˈnekʃən/ **noun 1** [C, U] B2 a relationship between people or things: *The **connection between** smoking and heart disease is well known.* ◦ *He denied having any **connection with** the terrorists.* ▷ **związek 2** [C, U] B1 something that joins things together: *Many companies now offer free **connection to** the Internet.* ▷ **połączenie, podłączenie 3** [C] B2 a train, bus, or aircraft that leaves a short time after another arrives, so that people can continue their journey: *The train was half an hour late and I **missed my connection**.* ▷ **połączenie, przesiadka 4 in connection with** B2 used to say what something is about: *A man has been arrested in connection with the murder.* ▷ **w związku z**

> Wyrazy występujące razem z **connection**
>
> have a/no connection with sb/sth • a close/direct connection • a connection between sth and sth • a connection with sth

connections /kəˈnekʃənz/ **noun** [plural] important or powerful people who you know and who will help you: *He has connections in Washington.* ▷ **znajomości**

connective tissue /kəˌnektɪvˈtɪʃuː/ **noun** [U] the strong material in the body that supports and connect the organs in the body and is also found in the joints ▷ **tkanka łączna**

connectivity /ˌkɒnekˈtɪvɪti/ **noun** [U] the ability of a computer, program, device or system to connect with one or more others ▷ **łączność**

connive /kəˈnaɪv/ **verb** [I] to work secretly to do something wrong or illegal, or to allow something wrong or illegal to happen: *They accused the government of **conniving in** drug smuggling.* ▷ **knuć, przymykać oczy**

connoisseur /ˌkɒnəˈsɜːʳ/ **noun** [C] someone who knows a lot about and enjoys good food, wine, art, etc ▷ **koneser**

connotation /ˌkɒnəˈteɪʃən/ **noun** [C, U] the feelings or ideas that words give in addition to their meanings: *The word 'second-hand' has connotations of poor quality.* ▷ **konotacja**

conquer /ˈkɒŋkəʳ/ **verb 1** [I, T] to take control of a country or to defeat people by war: *Peru was conquered by the Spanish in 1532.* ▷ **podbić 2** [T] to succeed in stopping or dealing with a bad feeling or a difficult problem: *He has finally conquered his fear of spiders.* ▷ **pokonać**

conqueror /ˈkɒŋkərəʳ/ **noun** [C] someone who has conquered a country or its people ▷ **zdobywca**

conquest /ˈkɒŋkwest/ **noun** [C, U] when someone takes control of a country, area, or situation: *the Roman conquest of Britain* ▷ **podbój**

conscience /ˈkɒnʃəns/ **noun 1** [C, U] the part of you that makes you feel guilty when you have behaved badly: *a guilty conscience* • *My **conscience is clear** (= I do not feel guilty) because I've done nothing wrong.* ▷ **sumienie 2 be on your conscience** If something is on your conscience, it is making you feel guilty. ▷ **leżeć na sumieniu, ≈ mieć na sumieniu**

conscientious /ˌkɒnʃiˈenʃəs/ **adjective** always doing your work with a lot of care: *a conscientious student* ▷ **sumienny**
• **conscientiously adverb** ▷ **sumiennie**

conscientious objector /kɒnʃiˌenʃəsəbˈdʒektəʳ/ **noun** [C] someone who refuses to work in the armed forces because they think war is wrong ▷ **(= osoba odmawiająca służby wojskowej ze względu na przekonania)**

conscious /ˈkɒnʃəs/ **adjective 1 be conscious of/that** B2 to know that something is present or that something is happening: *I'm very conscious that a lot of people disagree with me.* ▷ **być świadomym** *czegoś*/ **że 2 a conscious decision/choice/effort, etc** a decision/choice/effort, etc that you make intentionally: *Did you make a conscious decision to lose weight?* ▷ **świadom-a/y decyzja/wybór/wysiłek** → Opposite **subconscious 3** awake and able to think and notice things: *He's still conscious but he's very badly injured.* ▷ **przytomny** → Opposite **unconscious**
• **consciously adverb** ▷ **świadomie**
→ See also **self-conscious**

-conscious /ˈkɒnʃəs/ **suffix** used at the end of words to mean 'thinking that something is important': *a safety-conscious mother* ◦ *fashion-conscious teenagers* ▷ **świadomy, zwracający uwagę na**

consciousness /ˈkɒnʃəsnəs/ **noun 1** [U] B2

when someone is awake and can think and notice things: *He* ***lost consciousness*** *(= stopped being conscious) for several minutes.* ◦ *I want to be here when she* ***regains consciousness*** *(= becomes conscious again).* ▷ **przytomność** **2** [no plural] when someone knows about something: *There's a growing consciousness about environmental issues among young people.* ▷ **świadomość**

conscript[1] /ˈkɒnskrɪpt/ **noun** [C] someone who has been made to join the army ▷ **poborowy**

conscript[2] /kənˈskrɪpt/ **verb** [T] to make someone join the army: [often passive] *During World War I, he was* ***conscripted into*** *the Russian army.* ▷ **powoływać (do wojska)**

conscription /kənˈskrɪpʃᵊn/ **noun** [U] a system in which people are made to join the army ▷ **pobór**

consecrate /ˈkɒnsɪkreɪt/ **verb** [T] to make a place or object holy in a religious ceremony ▷ **poświęcać, święcić**

• **consecration** /ˌkɒnsɪˈkreɪʃᵊn/ **noun** [U] *a consecration ceremony* ▷ **poświęcenie**

consecutive /kənˈsekjʊtɪv/ **adjective** Consecutive events, numbers, or periods of time come one after the other: *the third consecutive day of rain* ▷ **kolejny, z rzędu**

• **consecutively adverb** ▷ **kolejno**

consensus /kənˈsensəs/ **noun** [U, no plural] when all the people in a group agree about something: *to* ***reach*** *a* ***consensus*** ◦ *The* ***general consensus*** *is that we should wait and see what happens.* ▷ **jednomyślność, zgoda**

consent[1] /kənˈsent/ **noun** [U] **1** permission for someone to do something: *You can't come without your parents' consent.* ▷ **zgoda** **2 by common consent** UK used to say that everyone agrees about something: *He is, by common consent, the most talented actor in Hollywood.* ▷ **za zgodą wszystkich, zdaniem wszystkich**

consent[2] /kənˈsent/ **verb** [I] to agree to do something, or to allow someone to do something: [+ to do sth] *They eventually consented to let us enter.* ▷ **zgadzać się**

consequence /ˈkɒnsɪkwəns/ **noun** **1** (B2) [C] the result of an action or situation, especially a bad result: *The ship capsized, with* ***disastrous consequences.*** ◦ *If you make him angry, you'll have to* ***suffer the consequences.*** ▷ **konsekwencja** **2 of little/no consequence** formal not important: *The money was of little consequence to Tony.* ▷ **mało ważny/bez znaczenia**

> **Wyrazy występujące razem z consequence**
>
> **face/live with/suffer** the consequences • **as a** consequence (of sth) • a **direct** consequence • **devastating/dire/disastrous/serious** consequences • the consequences **of** sth

consequent /ˈkɒnsɪkwənt/ **adjective** [always before noun] formal happening as a result of something: *the closure of the factory and the consequent loss of 400 jobs* ▷ **związany z tym, będący tego konsekwencją**

consequently /ˈkɒnsɪkwəntli/ **adverb** (B2) as a result: *She was the child of two models and, consequently, she was very tall.* ▷ **w rezultacie**

conservation /ˌkɒnsəˈveɪʃᵊn/ **noun** [U] **1** (B2) the protection of nature: *wildlife conservation* ◦ *conservation groups* ▷ **ekologia, ochrona (przyrody lub środowiska)** **2** when you are careful not to waste energy, water, etc ▷ **oszczędzanie**

conservationist /ˌkɒnsəˈveɪʃᵊnɪst/ **noun** [C] someone who believes that people should protect nature ▷ **ekolog**

conservatism /kənˈsɜːvətɪzᵊm/ **noun** [U] conservative actions and beliefs ▷ **konserwatyzm**

conservative /kənˈsɜːvətɪv/ **adjective** **1** not trusting sudden changes or new ideas: *Older people tend to be very conservative.* ▷ **konserwatywny** **2 a conservative estimate/guess** a guess about a number or amount that is probably lower than the true number or amount ▷ **ostrożna ocena**

Conservative /kənˈsɜːvətɪv/ **noun** [C] someone who supports the Conservative Party in the UK: *the Conservative candidate/MP* ▷ **konserwatyst-a/ka**

the Conˈservative ˌParty **noun** [group] one of the three main political parties in the UK ▷ **Partia Konserwatywna**

conservatory /kənˈsɜːvətri/ **noun** [C] a room attached to a house that has windows all around it and a glass roof ▷ **weranda**

conserve /kənˈsɜːv/ **verb** [T] **1** to use something in a way that does not waste it: *Insulating the walls will help to conserve heat.* ▷ **oszczędzać** **2** to prevent harm or damage to animals or places ▷ **chronić, ochraniać**

consider /kənˈsɪdəʳ/ **verb** **1** [T] (B1) to think carefully about a decision or something you might do: *Have you considered surgery?* ◦ [+ doing sth] *We're considering buying a new car.* ▷ **rozważać** **2** [T] to think about particular facts when you are making a decision about something: *If you buy an old house, you have to consider the cost of repairs.* ▷ **brać pod uwagę** **3 consider sb/sth (to be) sth; consider that** (B2) to have a particular opinion about someone or something: [often reflexive] *I don't consider myself to be a great athlete.* ▷ **uważać** *kogoś/coś* **za** *kogoś/coś*

considerable /kənˈsɪdᵊrəbl/ **adjective** (B2) large or important enough to have an effect: *a considerable amount of money* ◦ *The damage has been considerable.* ▷ **znaczny**

• **considerably adverb** (B2) *Rates of pay vary considerably.* ▷ **znacznie**

considerate /kənˈsɪdᵊrət/ **adjective** kind and helpful: *a polite and considerate child* ▷ **liczący się z innymi** → Opposite **inconsiderate**

consideration /kənˌsɪdəʳˈeɪʃən/ **noun 1** [C] B2 something that you have to think about when you make decisions or plans: *Safety is our* ***main consideration.*** ▷ **czynnik, wzgląd 2** [U] B2 when you think about something very carefully: *After* ***careful consideration,*** *we have decided to offer you the job.* ◦ *Several options are* ***under consideration*** *(= being considered).* ▷ **namysł 3** [U] when you are kind to people or think about their feelings: *They always treated me with consideration.* ▷ **zrozumienie 4 take sth into consideration** to think about something when you make a decision or plan ▷ **brać** *coś* **pod uwagę**

> **Wyrazy występujące razem z consideration**
>
> an important/ the main/ a major consideration • environmental/financial/political considerations
> careful/serious consideration • be under consideration • be worthy of consideration

considered /kənˈsɪdəd/ **adjective 1** [always before noun] A considered opinion or decision is based on careful thought: *It is our considered opinion that he should resign.* ▷ **przemyślany 2 all things considered** used when you are giving your opinion about something after thinking carefully about all the facts: *All things considered, I think we made the right choice.* ▷ **wziąwszy wszystko pod uwagę**

considering /kənˈsɪdərɪŋ/ **preposition, conjunction** B2 used for saying that you have a particular opinion about something, because of a particular fact about it: *She's fairly fit considering her age.* ◦ *Considering she'd only been there once before, she did well to find the way.* ▷ **zważywszy na**

consign /kənˈsaɪn/ **verb**

PHRASAL VERB **consign sb/sth to sth** formal to get rid of someone or something or to put them in an unpleasant place or situation: *They were consigned to a life of poverty.* ▷ **skazywać** *kogoś/coś* **na** *coś*

consignment /kənˈsaɪnmənt/ **noun** [C] an amount of goods that is being sent somewhere: *a ship carrying a small consignment of rice* ▷ **dostawa**

consist /kənˈsɪst/ **verb**

PHRASAL VERB **consist of sth** B1 to be formed or made from two or more things: *a dessert consisting of fruit and cream* ▷ **składać się z** *czegoś*

consistency /kənˈsɪstənsi/ **noun 1** [+ (that)] when someone always behaves or performs in a similar way or when something always happens in a similar way: *The team has won a few matches but lacks consistency.* ▷ **konsekwencja 2** [C, U] how thick or smooth a liquid is: *Beat the mixture to a smooth consistency.* ▷ **konsystencja**

consistent /kənˈsɪstənt/ **adjective 1** always behaving or happening in a similar, usually positive, way: *consistent effort/improvement* ▷ **konsekwentny 2 consistent with sth** formal having the same principles as something else, or agreeing with other facts: *His account of events is entirely consistent with the video evidence.* ▷ **zgodny z** *czymś*, **w zgodzie z** *czymś*

• **consistently adverb** *The President has consistently denied the rumours.* ▷ **konsekwentnie**

consolation /ˌkɒnsəˈleɪʃən/ **noun** [C, U] something that makes you feel better about a bad situation: *If it's any consolation, I failed my driving test too.* ▷ **pocieszenie**

console¹ /kənˈsəʊl/ **verb** [T] to make someone who is sad feel better: *I tried to console her but she just kept crying.* ▷ **pocieszać**

console² /ˈkɒnsəʊl/ **noun** [C] an object that contains the controls for a piece of equipment: *a video game console* ▷ **konsola**

consolidate /kənˈsɒlɪdeɪt/ **verb 1** [I, T] to make sure that you become more powerful, or that success and achievements continue strongly: *It will take him some time to consolidate his position in the banking world.* ▷ **umacniać 2** [T] to combine several things, especially businesses, so that they become more effective, or to be combined in this way: *He consolidated his businesses into one large company.* ▷ **konsolidować**

• **consolidation** /kənˌsɒlɪˈdeɪʃən/ **noun** [U] ▷ **wzmocnienie, konsolidacja**

consonant /ˈkɒnsənənt/ **noun** [C] B1 a letter of the alphabet that is not a vowel ▷ **spółgłoska**

consort /kənˈsɔːt/ **verb**

PHRASAL VERB **consort with sb** to spend time with a bad person: *They claimed he had been consorting with drug dealers.* ▷ **przestawać z** *kimś*, **zadawać się z** *kimś*

consortium /kənˈsɔːtiəm/ **noun** [C] (plural **consortiums, consortia**) an organization consisting of several businesses or banks: *an international consortium of airlines* ▷ **konsorcjum**

conspicuous /kənˈspɪkjuəs/ **adjective** very easy to notice: *His army uniform made him very conspicuous.* ▷ **widoczny, rzucający się w oczy**

• **conspicuously adverb** *His wife was* ***conspicuously absent.*** ▷ **wyraźnie**

conspiracy /kənˈspɪrəsi/ **noun** [C, U] when a group of people secretly plan to do something bad or illegal: [+ to do sth] *a conspiracy to overthrow the government* ▷ **spisek**

conspirator /kənˈspɪrətəʳ/ **noun** [C] someone who secretly plans with other people to do something bad or illegal ▷ **spiskowiec**

conspire /kənˈspaɪəʳ/ **verb 1** [I] to join with other people to secretly plan to do something bad or illegal: [+ to do sth] *He was convicted of conspiring to blow up the World Trade Center.* ◦ *The king accused his advisers of* ***conspiring against*** *him.* ▷ **spiskować 2 conspire against sb; conspire**

to do sth If events or a situation conspire against you, they cause problems for you: *Circumstances had conspired to ruin her plans.* ▷ **sprzysiąc się przeciwko** *komuś* **(żeby)**

constable /ˈkɒnstəbl/ **noun** [C] a British police officer of the lowest rank ▷ **posterunkowy**

constant /ˈkɒnstənt/ **adjective** **1** B2 happening a lot or all the time: *machines that are in constant use* ▷ **ciągły** **2** staying at the same level: *The temperature remained constant.* ▷ **stały**
• **constantly adverb** B2 *He's constantly changing his mind.* ▷ **ciągle, stale**

constellation /ˌkɒnstəˈleɪʃən/ **noun** [C] a group of stars ▷ **konstelacja**

consternation /ˌkɒnstəˈneɪʃən/ **noun** [U] a feeling of shock or worry ▷ **konsternacja**

constipated /ˈkɒnstɪpeɪtɪd/ **adjective** unable to empty your bowels as often as you should ▷ **cierpiący na zaparcie**

constipation /ˌkɒnstɪˈpeɪʃən/ **noun** [U] when you are constipated ▷ **zaparcie**

constituency /kənˈstɪtjuənsi/ **noun** [C] an area of a country which elects someone to represent it in the government, or the people who live there ▷ **okręg (wyborczy)**

constituent /kənˈstɪtjuənt/ **noun** [C] **1** one of the parts or substances that something is made of: *Methane is the main* ***constituent of*** *natural gas.* ▷ **składnik** **2** someone who lives in a particular constituency ▷ **wyborca**

constitute /ˈkɒnstɪtjuːt/ **verb** [T] to be or form something: *This defeat constitutes a real setback for their championship hopes.* ▷ **stanowić**

constitution /ˌkɒnstɪˈtjuːʃən/ **noun** [C] **1** the set of laws and principles that a country's government must obey: *the US Constitution* ▷ **konstytucja** **2** the state of someone's health: *a* ***strong/weak constitution*** ▷ **zdrowie**

constitutional /ˌkɒnstɪˈtjuːʃənəl/ **adjective** relating to the constitution of a country: *a constitutional crisis* ▷ **konstytucyjny**

constrain /kənˈstreɪn/ **verb** [T] to control something by limiting it: *regulations that constrain industry* ◦ [often passive] *I'm constrained by decisions made in the past.* ▷ **ograniczać**

constraint /kənˈstreɪnt/ **noun** [C] something that limits what you can do: *budget constraints* ◦ *There are* ***constraints on*** *the medicines doctors can prescribe.* ▷ **ograniczenie**

constrict /kənˈstrɪkt/ **verb** **1** [T] to limit someone's freedom to do what they want to or be the way they want to: *His creativity was constricted by the political regime he lived under.* ▷ **ograniczać** **2** [I, T] to become narrower or tighter, or to make something narrower or tighter: *The blood vessels constricted.* ▷ **zwężać (się)**
• **constriction** /kənˈstrɪkʃən/ **noun** [U] ▷ **zwężenie**

construct /kənˈstrʌkt/ **verb** [T] B2 to build something from several parts: *The building was constructed in 1930.* ▷ **budować**

construction /kənˈstrʌkʃən/ **noun** **1** [U] B2 the work of building houses, offices, bridges, etc: *railway construction* ◦ *construction work* ▷ **budowa** **2** [C] B2 something large that is built: *a large steel construction* ▷ **budowla, konstrukcja** **3** [C] B2 The construction of a sentence or phrase is the way the words are arranged. ▷ **budowa**

constructive /kənˈstrʌktɪv/ **adjective** helpful or useful: ***constructive advice/criticism*** ▷ **konstruktywny**
• **constructively adverb** ▷ **konstruktywnie**

construe /kənˈstruː/ **verb** [T] (present participle **construing**, past tense and past participle **construed**) to understand something in a particular way: *Her comments could be* ***construed as*** *patronizing.* ▷ **odbierać**

consul /ˈkɒnsəl/ **noun** [C] someone whose job is to work in a foreign country taking care of the people from their own country who go or live there ▷ **konsul**

consular /ˈkɒnsjʊləʳ/ **adjective** [always before noun] relating to a consul or a consulate: *consular officials* ▷ **konsularny**

consulate /ˈkɒnsjʊlət/ **noun** [C] the offices where a consul works: *the Cuban consulate in Mexico City* ▷ **konsulat**

consult /kənˈsʌlt/ **verb** [T] **1** to go to a particular person or book to get information or advice: *For more information, consult your travel agent.* ▷ **poradzić się, konsultować się z, sięgać do** **2** to discuss something with someone before you make a decision: *Why didn't you consult me about this?* ▷ **poradzić się**

consultancy /kənˈsʌltənsi/ **noun** **1** [C] a company that gives advice on subjects it knows a lot about: *a* ***management/recruitment consultancy*** ▷ **doradztwo** **2** [U] the activity of giving advice on a particular subject ▷ **doradztwo**

consultant /kənˈsʌltənt/ **noun** [C] **1** B2 someone who advises people about a particular subject: *a tax consultant* ▷ **konsultant/ka, dorad-ca/czyni** **2** UK a hospital doctor who is an expert in a particular area of medicine ▷ **lekarz specjalista**

consultation /ˌkɒnsəlˈteɪʃən/ **noun** **1** [C] a meeting to discuss something or to get advice: *a medical consultation* ▷ **porada, konsultacja** **2** [U] when you discuss something with someone in order to get their advice or opinion about it: *After* ***consultation with*** *his lawyers, he decided to abandon the case.* ▷ **konsultacja**

consultative /kənˈsʌltətɪv/ **adjective** A consultative group or document gives advice about something. ▷ **doradczy**

consume /kənˈsjuːm/ **verb** [T] **1** B2 to use something such as a product, energy, or fuel: *These lights don't consume much electricity.* ▷ **zużywać** **2** formal B2 to eat or drink something ▷ **spożywać, konsumować** **3 be con-**

sumed with/by sth to have so much of a feeling that it affects everything you do: *a dancer consumed by ambition* ▷ **być pochłoniętym lub trawionym** *czymś* **4** If fire consumes something, it completely destroys it. ▷ **strawić**

C

consumer /kən'sju:mər/ **noun** [C] **1** (B2) someone who buys or uses goods or services: *These price cuts are good news for consumers.* ▷ **konsument/ka** **2** a person or animal that eats another ▷ **konsument**

> Wyrazy występujące razem z **consumer**
>
> consumer **choice/confidence/demand/protection/spending**

consumerism /kən'sju:mərɪzᵊm/ **noun** [U] buying and selling things, especially when this is an important part of a society's activities ▷ **konsumpcjonizm**

con,sumer 'price ,index **noun** [C, usually singular] US retail price index ▷ **wskaźnik cen detalicznych**

con,sumer 'spending **noun** [U] the amount that people spend on goods: *Consumer spending has risen in the last six months.* ▷ **wydatki na konsumpcję**

consummate¹ /'kɒnsəmeɪt/ **verb** [T] to make a marriage or relationship complete by having sex ▷ **konsumować**

• **consummation** /,kɒnsə'meɪʃᵊn/ **noun** [U] ▷ **skonsumowanie**

consummate² /kən'sʌmət/, /'kɒnsəmət/ **adjective** [always before noun] formal having great skill: *a* ***consummate professional*** ◦ ***consummate ease/skill*** ▷ **perfekcyjny, doskonały**

consumption /kən'sʌmpʃᵊn/ **noun** [U] **1** the amount of something that someone uses, eats, or drinks: *China's total* ***energy consumption*** ▷ **zużycie, spożycie** **2** when someone uses, eats, or drinks something: *products sold for* ***personal consumption*** ▷ **spożycie**

contact¹ /'kɒntækt/ **noun** **1** [U] (B1) when you communicate with someone, especially by speaking to them: *We* ***keep in*** *close* ***contact*** *with our grandparents.* ◦ *Jo and I are determined not to* ***lose contact.*** ▷ **kontakt** **2** [U] when two people or things are touching each other: *She dislikes any kind of* ***physical contact.*** ◦ *Wash your hands if they* ***come into contact with*** *chemicals.* ▷ **kontakt** **3** [C] (A2) someone you know who may be able to help you because of their job or position: ***business contacts*** ▷ **kontakt** **4** [C] (also **contact lens**) a small piece of plastic that you put on your eye to make you see more clearly ▷ **soczewka kontaktowa** → See also **eye contact**

> Wyrazy występujące razem z **contact**
>
> **be in/get in/keep in/stay in** contact **(with sb)** • **lose/make** contact **(with sb)** • **have no** contact **with sb** • **close/regular** contact

contact² /'kɒntækt/ **verb** [T] (A2) to telephone, email or write to someone: *I've been trying to contact you for days.* ▷ **kontaktować się z**

> **!** Najczęściej popełniane błędy: **contact**
>
> **Proszę pamiętać:** gdy **contact** to czasownik, nigdy nie następuje po nim przyimek. Nie mówimy więc „contact with someone" czy „contact to someone", ale **contact someone**:
>
> ~~*You can contact with me by phone or email.*~~
>
> *You can contact me by phone or email.*

'contact ,lens UK (US **,contact 'lens**) **noun** [C] a small piece of plastic that you put on your eye to make you see more clearly ▷ **soczewka kontaktowa**

contagious /kən'teɪdʒəs/ **adjective** **1** A contagious disease is one that you can get if you touch someone who has it. ▷ **zakaźny** **2** A contagious feeling spreads quickly amongst people: *Her excitement was contagious.* ▷ **zaraźliwy**

contain /kən'teɪn/ **verb** [T] **1** (B1) If one thing contains another, it has it inside it: *a box containing a diamond ring* ▷ **zawierać** **2** (B2) to have something as a part: *Does this drink contain alcohol?* ▷ **zawierać** **3** to control something by stopping it from spreading: *The police were unable to contain the fighting.* ▷ **opanować** **4** to control your emotions: *He could barely contain his anger.* ▷ **opanować**

container /kən'teɪnər/ **noun** [C] (B2) an object such as a box or a bottle that is used for holding something ▷ **pojemnik**

contaminate /kən'tæmɪneɪt/ **verb** [T] to make something dirty or poisonous: *contaminated drinking water* ▷ **zanieczyszczać, skazić**

• **contamination** /kən,tæmɪ'neɪʃᵊn/ **noun** [U] ▷ **zanieczyszczenie, skażenie**

contemplate /'kɒntəmpleɪt/ **verb** [T] to think about something for a long time or in a serious way: [+ doing sth] *I'm contemplating changing my name.* ◦ *He even contemplated suicide.* ▷ **rozważać**

• **contemplation** /,kɒntəm'pleɪʃᵊn/ **noun** [U] ▷ **rozmyślanie, kontemplacja**

contemporary¹ /kən'tempᵊrᵊri/, /kən'tempəri/ **adjective** **1** (B2) of the present time: *contemporary music* ▷ **współczesny** **2** [always before noun] existing or happening at the same time as something: *Most* ***contemporary accounts*** *of the event have been destroyed.* ▷ **współczesny**

contemporary² /kən'tempᵊrᵊri/, /kən'tempəri/ **noun** [C] Someone's contemporaries are the people who live at the same time as them: *Shakespeare and his contemporaries* ▷ **współczesn-y/a**

contempt /kən'tempt/ **noun** **1** [U] a strong feeling that you do not respect someone or something: *He has utter* ***contempt for*** *anyone with power.* ▷ **pogarda** **2** **contempt of court** behaviour that is illegal because it does not obey the rules of a law court ▷ **obraza sądu, niezastosowanie się do nakazu sądu**

> Wyrazy występujące razem z **contempt**
>
> treat sb/sth with contempt • deep/open/utter contempt • have nothing but contempt for sb/ sth • sb's contempt for sb/sth

contemptible /kənˈtemptəbl/ **adjective** extremely bad, because of being dishonest or cruel ▷ **godny pogardy lub potępienia**

contemptuous /kənˈtemptʃuəs/ **adjective** showing contempt ▷ **pogardliwy**
• **contemptuously adverb** ▷ **pogardliwie**

contend /kənˈtend/ **verb 1** [T] formal to say that something is true: [+ (that)] *His lawyers contend that he is telling the truth.* ▷ **utrzymywać 2** [I] to compete with someone to try to win something: *one of the groups* ***contending for*** *power* ▷ **rywalizować**

PHRASAL VERB **contend with sth** to have to deal with a difficult or unpleasant situation: *I have enough problems of my own to contend with.* ▷ **zmagać się z** *czymś*

contender /kənˈtendəʳ/ **noun** [C] someone who competes with other people to try to win something: *a leading* ***contender for*** *an Oscar* ▷ **kandydat/ka, pretendent/ka**

content¹ /ˈkɒntent/ **noun** [no plural] **1** (B2) the information or ideas that are talked about in a book, speech, film, etc: *The* ***content of*** *the article was controversial.* ▷ **treść 2** the amount of a particular substance that something contains: *Most soft drinks have a high sugar content.* ▷ **zawartość**

content² /kənˈtent/ **adjective** (B2) happy or satisfied: *Not* ***content with*** *second place, Jeff played only to win.* ◦ [+ to do sth] *I was content to stay home and read.* ▷ **zadowolony**

content³ /kənˈtent/ **verb**

PHRASAL VERB **content yourself with sth** to do something or have something although it is not exactly what you want: *Since it rained we had to content ourselves with playing cards.* ▷ **zadowolić się** *czymś*

contented /kənˈtentɪd/ **adjective** satisfied, or making you feel satisfied ▷ **zadowolony** → Opposite **discontented**
• **contentedly adverb** ▷ **z zadowoleniem**

contention /kənˈtenʃən/ **noun 1** [C] formal a belief or opinion: *There's a general* ***contention that*** *too much violence is shown on TV.* ▷ **twierdzenie, przekonanie 2** [U] when people or groups compete for something: *Johnson is back* ***in contention for*** *the championships.* ▷ **rywalizacja 3** [U] arguments and disagreements ▷ **spory** → See also **a *bone* of contention**

contentious /kənˈtenʃəs/ **adjective** likely to make people argue: *a contentious issue* ▷ **sporny, kontrowersyjny**

ˌcontent ˈmanagement ˌsystem noun [U] a computer system that allows you to organise large amounts of information, especially words and pictures to be shown on a website ▷ **system zarządzania treścią, system CMS**

contentment /kənˈtentmənt/ **noun** [U] the feeling of being happy or satisfied ▷ **zadowolenie**

contents /ˈkɒntents/ **noun** [plural] **1** (B1) all of the things that are contained inside something: *Please empty out* ***the contents of*** *your pockets.* ▷ **zawartość 2** (B1) the information or ideas that are written in a book, letter, document, etc: ***the contents of*** *his will* ▷ **tekst 3** (B2) a list in a book that tells you what different parts the book contains: *a table of contents* ▷ **spis treści**

contest¹ /ˈkɒntest/ **noun** [C] (B1) a competition or election ▷ **konkurs, rywalizacja**

> Wyrazy występujące razem z **contest**
>
> enter/be in a contest • win a contest • a close contest • a contest **between** sb and sb • a contest **for** sth

contest² /kənˈtest/ **verb** [T] **1** to say formally that something is wrong or unfair and try to have it changed: *Mr Hughes went back to court to contest the verdict.* ▷ **zaskarżyć, odwołać się od 2** to compete for something ▷ **walczyć o**

contestant /kənˈtestənt/ **noun** [C] someone who competes in a contest ▷ **uczestni-k/czka, kandydat/ka**

context /ˈkɒntekst/ **noun** [C, U] **1** (B2) all the facts, opinions, situations, etc relating to a particular thing or event: *This small battle is important* ***in the context of*** *Scottish history.* ▷ **kontekst 2** other words that were said or written at the same time as the word or words you are talking about: *Taken* ***out of context****, her remark sounded like an insult.* ▷ **kontekst**

continent /ˈkɒntɪnənt/ **noun** [C] (B1) one of the seven main areas of land on the Earth, such as Asia, Africa, or Europe ▷ **kontynent**

the Continent /ˈkɒntɪnənt/ **noun** UK the main part of land in Europe, not including Britain ▷ **Europa kontynentalna**

continental /ˌkɒntɪˈnentəl/ **adjective** relating to a continent: *the continental US* ▷ **kontynentalny**

Continental /ˌkɒntɪˈnentəl/ **adjective** mainly UK relating to Europe, but not Britain ▷ **kontynentalny**

ˌcontinental ˈbreakfast noun [C] a breakfast consisting of fruit juice, coffee, and bread ▷ **lekkie śniadanie, śniadanie kontynentalne (= sok, kawa i pieczywo z dżemem)**

ˌcontinental ˈcrust noun [U] the part of the Earth's surface that includes the land and the rock underneath ▷ **skorupa kontynentalna**

ˌcontinental ˈplate noun [C] one of the large

sections of the surface of the Earth that move separately ▷ **płyta kontynentalna**

ˌcontinental ˈshelf **noun** [C, usually singular] the area of the bottom of the sea near the coast of a continent, where the sea is not very deep ▷ **szelf kontynentalny**

contingency /kənˈtɪndʒənsi/ **noun** [C] **1** an event or situation that might happen in the future, especially one which could cause problems: *a* ***contingency fund/plan*** *(= money or a plan that can be used if there are problems)* ▷ **ewentualność** **2 a contingency fee** money that lawyers charge, which is a share of what the person they represent has won ▷ **honorarium uzależnione od wygranej (w procesie)**

contingent¹ /kənˈtɪndʒənt/ **noun** [group] **1** a group of people from the same country, organization, etc who are part of a much larger group ▷ **reprezentacja, delegacja** **2** a group of soldiers who are part of a larger military group ▷ **kontyngent**

contingent² /kənˈtɪndʒənt/ **adjective** **contingent on sth** depending on something else in order to happen: *Buying the new house was contingent on selling the old one.* ▷ **uzależniony od** *czegoś*

continual /kənˈtɪnjuəl/ **adjective** happening again and again over a long period of time: *I can't work with these continual interruptions.* ▷ **ciągły**
• **continually** **adverb** *Dad continually complains about money.* ▷ **ciągle**

continuation /kənˌtɪnjuˈeɪʃən/ **noun** **1** [C] something that comes after an event, situation, or thing to make it continue or go further: *Today's meeting will be* ***a continuation of*** *yesterday's talks.* ▷ **kontynuacja** **2** [U, no plural] when something continues to exist, happen, or be used: *the continuation of their partnership* ▷ **kontynuacja**

continue /kənˈtɪnjuː/ **verb** (present participle **continuing**, past tense and past participle **continued**) **1** [I, T] (B1) to keep happening, existing, or doing something: [+ to do sth] *It continued to snow heavily for three days.* ◦ [+ doing sth] *Ann continued working part-time until June.* ▷ **trwać, kontynuować** **2** [T] (B1) to start doing or saying something again, after stopping for a short period: *We'll have to continue this discussion tomorrow.* ▷ **kontynuować** **3 continue along/down/up, etc** to go further in a particular direction ▷ **iść lub jechać dalej**

continued /kənˈtɪnjuːd/ **adjective** [always before noun] still happening, existing, or done: *his continued success* ▷ **nieprzerwany, ciągły**

continuity /ˌkɒntɪˈnjuːəti/ **noun** [U] the state of continuing for a long period of time without being changed or stopped ▷ **ciągłość**

continuous¹ /kənˈtɪnjuəs/ **adjective** **1** (B2) happening or existing without stopping: *continuous pain* ◦ *ten years of continuous service in the army* ▷ **ciągły** **2** (B2) The continuous form of a verb is used to show that an action is continuing to happen. The sentence 'He was eating lunch.' is in the continuous form. ▷ **ciągły**
• **continuously** **adverb** (B2) *Their baby cried continuously all afternoon.* ▷ **ciągle**

continuous² /kənˈtɪnjuəs/ **noun** **the continuous** the continuous form of the verb ▷ **forma ciągła (czasownika)**

contort /kənˈtɔːt/ **verb** [I, T] If your face or body contorts, or you contort it, you twist it into a different shape, often because you are experiencing a strong emotion: *His face was contorted with pain.* ▷ **wykrzywiać (się), wyginać (się)**

contour /ˈkɒntʊəʳ/ **noun** [C] **1** the shape of the outer edge of something: *the contours of her body* ▷ **kontur** **2** (also ˈ**contour** ˌ**line**) a line on a map joining places that are at the same height ▷ **poziomica**

contra- /kɒntrə-/ **prefix** against or opposite: *to contradict (= say the opposite)* ◦ *contraception (= something that is used to prevent pregnancy)* ▷ **kontra-, przeciw-**

contraband /ˈkɒntrəbænd/ **noun** [U] goods that are brought into or taken out of a country illegally ▷ **kontrabanda, towary z przemytu**

contraception /ˌkɒntrəˈsepʃən/ **noun** [U] methods that prevent a woman from becoming pregnant ▷ **antykoncepcja**

contraceptive /ˌkɒntrəˈseptɪv/ **noun** [C] a drug or object that prevents a woman from becoming pregnant ▷ **środek antykoncepcyjny**

contract¹ /ˈkɒntrækt/ **noun** [C] (B1) a legal agreement between two people or organizations, especially one that involves doing work for a particular amount of money ▷ **umowa, kontrakt**

> Wyrazy występujące razem z **contract**
>
> **enter into/negotiate/sign** a contract • **breach/break/end/terminate** a contract • **in** a contract • the **terms of** a contract • a contract **between sb and sb /with sb**

contract² /kənˈtrækt/ **verb** **1** [I, T] to become smaller or shorter, or to make something do this: *The wood contracts in dry weather.* ▷ **kurczyć (się)** **2** [T] formal to get a serious disease: *She contracted malaria while living abroad.* ▷ **zarazić się, nabawić się** **3** [I, T] to make a legal agreement with someone to do work or to have work done for you: [+ to do sth] *He's been contracted to perform in five shows.* ▷ **wynajmować**

PHRASAL VERB **contract out sth** to make a formal arrangement for other people to do work that you are responsible for: *They've* ***contracted out*** *the cleaning* ***to*** *a private firm.* ▷ **zlecać lub podzlecać** *coś*

contraction /kənˈtrækʃən/ **noun** **1** [C] a strong, painful movement of the muscles that a woman has when she is having a baby: *She was **having contractions** every ten minutes.* ▷ **skurcz** **2** [C] a short form of a word or group of words: *'Won't' is a contraction of 'will not'.* ▷ **skrót, forma ściągnięta** **3** [U] when something becomes smaller or shorter ▷ **skrócenie**

contractor /kənˈtræktəʳ/ **noun** [C] a person or company that supplies goods or does work for other people ▷ **wykonawca, dostawca, zleceniobiorca**

contractual /kənˈtræktʃuəl/ **adjective** relating to or stated in a contract : *a contractual dispute* ▷ **kontraktowy, wynikający z umowy**

contradict /ˌkɒntrəˈdɪkt/ **verb** **1** [T] If two things that are said or written about something contradict each other, they are so different that they cannot both be true: *His account of the accident contradicts the official government report.* ▷ **przeczyć, pozostawać w sprzeczności z** **2** [I, T] to say that what someone else has just said is wrong ▷ **sprzeciwiać się, zaprzeczać**

contradiction /ˌkɒntrəˈdɪkʃən/ **noun** **1** [C] a big difference between two things that are said or written about the same subject, or between what someone says and what they do: *There is a clear **contradiction between** what she says and what she does.* ▷ **sprzeczność** **2** [U] when you say that what someone has just said is wrong ▷ **sprzeciw, zaprzeczenie**

IDIOM **a contradiction in terms** a phrase that is confusing because it contains words that seem to have opposite meanings: *An honest politician – isn't that a contradiction in terms?* ▷ **wewnętrzna sprzeczność**

contradictory /ˌkɒntrəˈdɪktəri/ **adjective** If two statements about the same subject or two actions by the same person are contradictory, they are very different. ▷ **sprzeczny**

ˈcontra ˌentry **noun** [C] an entry in a business's accounts where the letter 'c' is written to show that the other entry in the double entry bookkeeping system is on the other side of the same book ▷ **storno czarne**

contraption /kənˈtræpʃən/ **noun** [C] a machine or object that looks strange or complicated ▷ **machina**

contrary¹ /ˈkɒntrəri/ **noun** **1 to the contrary** saying or showing the opposite: *She claimed she hadn't been involved, despite evidence to the contrary.* ▷ **przeczący temu** **2 on the contrary** used to show that the opposite of what has just been said is true: *"You're a vegetarian, aren't you?" "On the contrary, I love meat."* ▷ **wręcz przeciwnie**

contrary² /ˈkɒntrəri/ **adjective** **1** opposite or very different: *a contrary opinion/view* ▷ **przeciwny** **2 contrary to sth** **a** opposite to what someone said or thought: *Contrary to popular belief, bottled water is not always better than tap water.* ▷ **wbrew** *czemuś* **b** If something is contrary to a rule, it does not obey that rule. ▷ **sprzeczny z** *czymś*

contrast¹ /ˈkɒntrɑːst/ **noun** [C, U] **1** (B2) an obvious difference between two people or things: *The **contrast between** their lifestyles couldn't be greater.* ∘ *The busy north coast of the island is **in** sharp **contrast to** the peaceful south.* ▷ **kontrast** **2 by/in contrast** (B2) used to show that someone or something is completely different from someone or something else: *She's quite petite, in contrast with her tall sister.* ▷ **w przeciwieństwie**

> **Wyrazy występujące razem z contrast**
>
> a complete/sharp/striking contrast • the contrast **between** sth and sth
> **in** direct/marked/sharp/stark contrast (**to** sth)

contrast² /kənˈtrɑːst/ **verb** **1** [T] to compare two people or things in order to show the differences between them: *If you **contrast** his early novels **with** his later work, you can see how his writing has developed.* ▷ **porównywać** **2** [I] If one thing contrasts with another, it is very different from it: *The sharpness of the lemons **contrasts with** the sweetness of the honey.* ▷ **kontrastować**

contrasting /kənˈtrɑːstɪŋ/ **adjective** very different: *contrasting colours/styles* ▷ **kontrastujący**

contravene /ˌkɒntrəˈviːn/ **verb** [T] formal to do something that is forbidden by a law or rule ▷ **naruszać**

• **contravention** /ˌkɒntrəˈvenʃən/ **noun** [C, U] *By accepting the money, she was **in contravention of** company rules.* ▷ **naruszenie**

contribute /kənˈtrɪbjuːt/, /ˈkɒntrɪbjuːt/ **verb** [I, T] **1** (B2) to give something, especially money, in order to provide or achieve something together with other people: *I **contributed** $20 **towards** Andrea's present.* ▷ **dokładać (się)** **2** to write articles for a newspaper, magazine, or book: *She **contributes to** several magazines.* ▷ **pisać, pisywać**

PHRASAL VERB **contribute to sth** to be one of the causes of an event or a situation: *Smoking contributed to his early death.* ▷ **przyczyniać się do** *czegoś*

contribution /ˌkɒntrɪˈbjuːʃən/ **noun** [C] **1** (B2) something that you do to help produce or develop something, or to help make something successful: *She has **made** a major contribution **to** our work.* ▷ **wkład** **2** (B2) an amount of money that is given to help pay for something: *a generous contribution to charity* ▷ **datek**

contributor /kənˈtrɪbjʊtəʳ/ **noun** [C] **1** someone who writes articles for a newspaper, magazine, or book ▷ **współpracowni-k/czka, autor/ka artykułu lub rozdziału** **2** someone who gives something, especially money, together with other people ▷ **ofiarodaw-ca/czyni** **3** one of the causes of something: *Speeding is a major contributor to road accidents.* ▷ **czynnik**

C

contributory /kən'trɪbjʊtəri/ **adjective** helping to cause something ▷ **przyczyniający się**

contrive /kən'traɪv/ **verb** [T] formal to manage to do something difficult, or to make something happen, by using your intelligence or by tricking people: [+ to do sth] *They contrived to meet in secret.* ▷ **wymyślić, ukartować**

contrived /kən'traɪvd/ **adjective** Something that is contrived seems false and not natural. ▷ **nienaturalny**

control[1] /kən'trəʊl/ **noun 1** [U] B2 the power to make a person, organization, or object do what you want: *The new teacher has no* ***control over*** *the class.* ◦ *The police are* ***in control of*** *the situation.* ◦ *He* ***lost control of*** *the vehicle.* ▷ **władza, kontrola 2** [U] B2 the power to rule or govern an area: *Soldiers* ***took control of*** *the airport.* ▷ **kontrola 3 under control** B2 being dealt with successfully: *Don't worry – everything's under control.* ◦ *I couldn't* ***keep*** *my drinking* ***under control.*** ▷ **pod kontrolą 4 out of control** B2 If something or someone is out of control, you cannot influence, limit, or direct them. ▷ **niekontrolowany, poza kontrolą 5** [C, U] B2 a rule or law that limits something: *The government has introduced tighter immigration controls.* ▷ **ograniczenie 6** [U] the ability to be calm: *It took a lot of control to stop myself hitting him.* ▷ **opanowanie 7** [C] B2 a switch or piece of equipment that you use to operate a machine or vehicle: *Where's the volume control on your stereo?* ▷ **przełącznik, klawisz, pokrętło 8** [C, U] B2 a place where something official, usually a document, is checked: ***passport/immigration control*** ▷ **kontrola 9** a person or thing that is used to compare with someone or something that is having an experiment done on them ▷ **kontrola** → See also **birth control**, **remote control**, **self-control**

control[2] /kən'trəʊl/ **verb** [T] (present participle **controlling**, past tense and past participle **controlled**) **1** B1 to make a person, organization, or object do what you want: *This switch controls the temperature.* ◦ *Can't you control your dogs?* ▷ **kierować, sterować, panować nad 2** B2 to limit the number, amount, or increase of something: *Fire crews struggled to control the blaze.* ▷ **panować nad, ograniczać 3** B2 to rule or govern an area: *The whole area is controlled by rebel forces.* ▷ **kontrolować 4** B1 to stop yourself expressing strong emotions or behaving in a silly way: *He can't control his temper.* ▷ **panować nad, opanować**

con'trol ˌfreak noun [C] informal someone who wants to control everything about a situation and does not want other people to be involved ▷ **dyktator**

con'trol ˌkey noun [C, usually singular] the key on a computer keyboard that is usually marked 'Ctrl' and is used together with other keys to do particular operations ▷ **klawisz Ctrl, klawisz control**

controller /kən'trəʊlər/ **noun** [C] someone who directs the work of other people: *a marketing controller* ▷ **kierownik**

controversial /ˌkɒntrə'vɜːʃəl/ **adjective** B2 causing a lot of disagreement or argument: *a* ***controversial decision/issue*** ▷ **kontrowersyjny**

controversy /'kɒntrəvɜːsi/ **noun** [C, U] a lot of disagreement and argument about something: *There is a lot of* ***controversy over*** *mobile phone towers.* ▷ **kontrowersja**

> Wyrazy występujące razem z **controversy**
>
> sth **attracts/causes/provokes/sparks** controversy • the controversy **surrounding** sth • **bitter/continuing/furious** controversy • controversy **about/over** sth • **be at the centre of** a controversy

conundrum /kə'nʌndrəm/ **noun** [C] a problem or question that is difficult to solve ▷ **łamigłówka**

conurbation /ˌkɒnə'beɪʃən/ **noun** [C] a large city area formed by several towns growing and joining together ▷ **konurbacja**

convalescence /ˌkɒnvə'lesəns/ **noun** [U] the period of time when you rest and get better after a serious illness ▷ **rekonwalescencja**
• **convalesce verb** [I] ▷ **przechodzić rekonwalescencję**

convection /kən'vekʃən/ **noun** [U] the flow of heat through a gas or a liquid as the hotter part rises and the cooler part goes down ▷ **konwekcja**
• **convectional** /kən'vekʃənəl/ **adjective** ▷ **konwekcyjny**

conˌvectional 'rainfall noun [U] heavy rain caused by the surface of the atmosphere becoming hotter and causing damp air to rise ▷ **opad konwekcyjny**

convene /kən'viːn/ **verb** [I, T] formal to arrange a meeting, or to meet for a meeting: *The committee convenes three times a year.* ▷ **zbierać się**

convenience /kən'viːniəns/ **noun 1** [U] B2 when something is easy to use and suitable for what you want to do: *the convenience of credit cards* ▷ **wygoda 2** [C] something that makes life easier: *Fortunately, the house has every* ***modern convenience.*** ▷ **wygoda**

con'venience ˌfood noun [C] food that can be prepared quickly and easily ▷ **dania gotowe**

con'venience ˌstore noun [C] mainly US a shop that sells food, drinks, etc, and is usually open late ▷ **sklepik (spożywczy)**

convenient /kən'viːniənt/ **adjective 1** B1 easy to use or suiting your plans well: *When would be a convenient time to meet?* ▷ **wygodny, dogodny 2** B1 near or easy to get to: *The new supermarket is very convenient for me.* ▷ **wygodny**
• **conveniently adverb** B2 ▷ **wygodnie**

convent /ˈkɒnvənt/ **noun** [C] a building where nuns live and pray together ▷ **klasztor**

convention /kənˈvenʃᵊn/ **noun 1** [C] a large formal meeting of people with the same interest or work: *the Democratic Party convention* ▷ **zjazd, konwencja 2** [C, U] a usual and accepted way of behaving or doing something: *In many countries it is the convention to wear black at funerals.* ▷ **obyczaj 3** [C] a formal agreement between countries: *an international convention on human rights* ▷ **konwencja**

conventional /kənˈvenʃᵊnᵊl/ **adjective 1** B2 Conventional people are traditional and not willing to try new ideas. ▷ **konwencjonalny 2** B2 Conventional objects or ways of doing things are the usual ones which have been used for a long time: *conventional farming/medicine* ▷ **konwencjonalny 3 conventional arms/forces/warfare, etc** not involving the use of nuclear weapons ▷ **broń/siły/wojna** *itp.* **konwencjonaln-a/e 4 conventional wisdom** what most people believe ▷ **popularny pogląd**
→ Opposite **unconventional**

conventionally /kənˈvenʃᵊnᵊli/ **adverb** in a traditional way: *He dressed conventionally in a suit and tie.* ▷ **konwencjonalnie**

converge /kənˈvɜːdʒ/ **verb** [I] **1** If lines, roads, or rivers converge, they meet at a particular point. ▷ **zbiegać się 2** to move towards a particular point and form a group there: *The protesters* ***converged on*** *the town square.* ▷ **przybywać 3** If ideas, interests, or systems converge, they become more similar to one another. ▷ **zbliżać się (do siebie)**
• **convergence noun** [U] ▷ **zbieżność**

conversation /ˌkɒnvəˈseɪʃᵊn/ **noun** [C, U] A1 a talk between two or more people, usually an informal one: *a telephone conversation* ◦ *We* ***had a conversation about*** *football.* ▷ **rozmowa**
• **conversational adjective** relating to or like a conversation: *a conversational style* ▷ **potoczny**

> Wyrazy występujące razem z **conversation**
>
> **engage in/have/join in/strike up** a conversation • **make** conversation • a **brief/casual/long/polite/private** conversation • a conversation **about** sth • a conversation **between** sb and sb

converse /kənˈvɜːs/ **verb** [I] formal to talk with someone ▷ **rozmawiać**

conversely /ˈkɒnvɜːsli/ **adverb** used to introduce something that is different to something you have just said: *Dark lipsticks make your mouth look smaller. Conversely, light shades make it larger.* ▷ **odwrotnie, wręcz przeciwnie**

conversion /kənˈvɜːʒᵊn/ **noun** [C, U] **1** when the appearance, form, or purpose of something is changed: *the country's* ***conversion to*** *democracy* ▷ **przejście, przemiana 2** when someone changes to a new religion or belief: *her* ***conversion to*** *Christianity* ▷ **nawrócenie**

convert¹ /kənˈvɜːt/ **verb** [I, T] **1** B2 to change the appearance, form, or purpose of something: *The old warehouse was* ***converted into*** *offices.* ◦ *How do you convert miles into kilometres?* ▷ **przekształcać, zamieniać 2** to change to a new religion, belief, etc, or to make someone do this: *When did he* ***convert to*** *Islam?* ▷ **nawracać (się), przechodzić**

convert² /ˈkɒnvɜːt/ **noun** [C] someone who has been persuaded to change to a different religion or belief: *a Catholic convert* ▷ **nawrócon-y/a**

convertible¹ /kənˈvɜːtəbl/ **adjective** able to be converted ▷ **składany, wymienialny**

convertible² /kənˈvɜːtəbl/ **noun** [C] a car with a folding roof ▷ **kabriolet**

convex /kɒnˈveks/ **adjective** A convex surface curves out: *a convex mirror/lens* ▷ **wypukły**

convey /kənˈveɪ/ **verb** [T] **1** to communicate information, feelings, or images to someone: *She always conveys a sense of enthusiasm for her work.* ▷ **przekazywać, komunikować 2** to transport something or someone to a particular place ▷ **przenosić, przewozić**

conveyor belt /kənˈveɪəˌbelt/ **noun** [C] a continuous moving piece of rubber or metal used to transport objects from one place to another ▷ **przenośnik taśmowy**

convict¹ /kənˈvɪkt/ **verb** [T] to decide officially in a court of law that someone is guilty of a particular crime: [often passive] *He was* ***convicted of*** *murder.* ◦ *a convicted criminal* ▷ **skazywać**

convict² /ˈkɒnvɪkt/ **noun** [C] someone who is in prison because they are guilty of a particular crime ▷ **skazan-y/a**

conviction /kənˈvɪkʃᵊn/ **noun 1** [C] when someone is officially found to be guilty of a particular crime: *He already had two convictions for burglary.* ▷ **wyrok (skazujący), skazanie 2** [C, U] a strong opinion or belief: *religious/moral convictions* ▷ **przekonanie**

convince /kənˈvɪns/ **verb** [T] **1** B1 to make someone believe that something is true: [+ that] *He tried to convince me that I needed a new car.* ◦ *She convinced the jury of her innocence.* ▷ **przekonywać 2** B1 to persuade someone to do something: [+ to do sth] *I convinced her to go to the doctor's.* ▷ **namawiać**

convinced /kənˈvɪnst/ **adjective** B2 completely certain about something: [+ (that)] *I'm convinced that he's made a mistake.* ▷ **przekonany**

convincing /kənˈvɪnsɪŋ/ **adjective 1** able to make you believe that something is true or right: *a convincing argument* ▷ **przekonujący 2 a convincing win/victory** a win or victory where the person or team that wins is much better than the people they are competing against ▷ **zdecydowany**
• **convincingly adverb** ▷ **przekonująco, zdecydowanie**

convoluted /ˈkɒnvəluːtɪd/ **adjective** formal extremely complicated and difficult to understand: *a convoluted argument/story* ▷ **zagmatwany**

convoy /ˈkɒnvɔɪ/ **noun** [C] a group of vehicles or ships that travel together ▷ **konwój**

convulsion /kənˈvʌlʃᵊn/ **noun** [C] a sudden uncontrollable movement of muscles in your body, caused by illness or drugs ▷ **drgawka**

coo /kuː/ **verb** [I] (present participle **cooing**, past tense and past participle **cooed**) **1** to make a soft, low sound, like a pigeon ▷ **gruchać 2** to speak in a soft, low voice ▷ **gruchać**

cook¹ /kʊk/ **verb 1** [I, T] (A1) to prepare food and usually heat it: *Who's cooking this evening?* ◦ *She cooked the meat in oil and spices.* ▷ **gotować 2** [I] If food cooks, it is heated until it is ready to eat: *The rice is cooking.* ▷ **gotować się**
• **cooked adjective** not raw ▷ **gotowany**

PHRASAL VERB **cook sth up** informal to invent a story, plan, etc, usually dishonestly ▷ **wykombinować** *coś*

cook² /kʊk/ **noun** [C] (A2) someone who prepares and cooks food ▷ **kucha-rz/rka**

cookbook /ˈkʊkbʊk/ **noun** [C] (also UK **cookery book**) a book containing instructions for preparing food ▷ **książka kucharska**

cooker /ˈkʊkəʳ/ **noun** [C] UK (UK/US **stove**) (A2) a piece of equipment used to cook food: *an electric cooker* ▷ **kuchenka** → See also **pressure cooker**

cookery /ˈkʊkᵊri/ **noun** [U] UK preparing or cooking food ▷ **kuchnia, sztuka kulinarna**

ˈ**cookery ˌbook noun** [C] UK (UK/US **cookbook**) a book containing instructions for preparing food ▷ **książka kucharska**

cookie /ˈkʊki/ **noun** [C] **1** US (also UK **biscuit**) a thin, flat cake that is dry and usually sweet ▷ **ciasteczko, herbatnik** → See **Food** on page Centre 11 **2** a piece of information stored on your computer which contains information about Internet documents you have looked at ▷ **(plik) cookie, ciasteczko**

cooking /ˈkʊkɪŋ/ **noun** [U] **1** (A2) preparing or cooking food: *I do most of the cooking.* ▷ **gotowanie 2** (A2) a style of preparing food: *vegetarian/French cooking* ▷ **kuchnia**
• **cooking adjective** [always before noun] suitable to cook with: *cooking oil/apples* ▷ **do gotowania lub smażenia lub pieczenia**

cool¹ /kuːl/ **adjective 1** (B1) slightly cold, but not too cold: *a cool breeze/day* ◦ *cool water* ▷ **chłodny 2** informal (A2) good, stylish, or fashionable: *He looks really cool in those sunglasses.* ▷ **świetny 3** calm and not emotional: *She seemed cool and confident.* ▷ **spokojny, opanowany 4** unfriendly ▷ **chłodny**

IDIOM **be cool with sth** informal to be happy to accept a situation or suggestion: *Yeah, we could leave later – I'm cool with that.* ▷ **coś** *komuś* **pasuje**

• **coolness noun** [U] ▷ **chłód, opanowanie**

cool² /kuːl/ **verb** [I, T] **1** (B2) to become less hot, or to make something become less hot: *Allow the bread to cool before slicing it.* ▷ **ochładzać (się) 2** If emotions or relationships cool, or if something cools them, they become less strong. ▷ **ochładzać (się)**

PHRASAL VERB **cool (sb/sth) down/off 1** (B2) to become less hot, or to make someone or something become less hot: *We went for a swim to cool off.* ▷ **ochładzać się/***kogoś/coś* **2** (B2) to become calmer, or to make someone become calmer ▷ **(pozwalać** *komuś***) ochłonąć**

cool³ /kuːl/ **noun the cool** a cool temperature: *the cool of the early morning* ▷ **chłód, chłodek**

IDIOMS **keep your cool** to remain calm ▷ **zachować spokój** • **lose your cool** to suddenly become very angry ▷ **stracić panowanie nad sobą**

cool⁴ /kuːl/ **exclamation** informal (A2) used when you like something or agree to something ▷ **świetnie**

coolly /ˈkuːlli/ **adverb** without showing emotion or interest: *Her colleagues reacted coolly to the idea.* ▷ **chłodno, spokojnie**

coop¹ /kuːp/ **noun** [C] a cage for birds such as chickens ▷ **klatka**

coop² /kuːp/ **verb**

PHRASAL VERB **coop sb up** to keep a person or animal in a small area: [often passive] *We've been cooped up in a plane all day.* ▷ **stłaczać** *kogoś*

co-op /ˈkəʊɒp/ **noun** [C] informal short for **cooperative²** ▷ **spółdz.**

cooperate (also UK **co-operate**) /kəʊˈɒpᵊreɪt/ **verb** [I] **1** (B2) to work together with someone in order to achieve the same aim: *Witnesses are* ***cooperating with*** *detectives.* ◦ *Several countries are* ***cooperating in*** *the relief effort.* ▷ **współpracować 2** (B2) to help someone or do what they ask: *We can get there early as long as the children will cooperate.* ▷ **pomagać, być posłusznym**

cooperation (also UK **co-operation**) /kəʊˌɒpəˈreɪʃᵊn/ **noun** [U] (B2) when you work together with someone or do what they ask you: *international cooperation* ◦ *The clubs work* ***in*** *close* ***cooperation with*** *the Football Association.* ▷ **współpraca**

cooperative¹ (also UK **co-operative**) /kəʊˈɒpᵊrətɪv/ **adjective 1** (B2) willing to help or do what people ask: *a cooperative and polite employee* ▷ **pomocny 2** involving people working together to achieve the same aim: *a cooperative relationship* ▷ **wspólny**
• **cooperatively adverb** ▷ **wspólnie**

cooperative² (also UK **co-operative**) /kəʊˈɒpᵊrətɪv/ **noun** [C] a business or organization owned and managed by the people who work in it ▷ **spółdzielnia**

coordinate¹ (also UK **co-ordinate**) /kəʊˈɔːdɪneɪt/

verb [T] to make different people or things work together effectively, or to organize all the different parts of an activity: *My manager is coordinating the new project.* ▷ **koordynować**

coordinate² /kəʊˈɔːdɪnət/ **noun** [C] one of a pair of numbers and/or letters that show the exact position of a point on a map or graph ▷ **współrzędna**

coordination (also UK **co-ordination**) /kəʊˌɔːdɪˈneɪʃən/ **noun** [U] **1** when you organize the different parts of an activity or make people or things work together effectively: *The President called for closer coordination between business and government.* ▷ **koordynacja 2** the ability to make different parts of your body move together in a controlled way: *Dancing helps develop balance and coordination.* ▷ **koordynacja**

coordinator (also UK **co-ordinator**) /kəʊˈɔːdɪneɪtəʳ/ **noun** [C] someone who organizes the different parts of an activity or makes people or things work together effectively ▷ **koordynator/ka**

cop /kɒp/ **noun** [C] mainly US informal a police officer ▷ **gliniarz, glina**

cope /kəʊp/ **verb** [I] B2 to deal quite successfully with a difficult situation: *How do you **cope with** stress?* ▷ **radzić sobie**

copier /ˈkɒpiəʳ/ **noun** [C] mainly US (UK/US **photocopier**) a machine which produces copies of documents by photographing them ▷ **ksero, kopiarka**

copious /ˈkəʊpiəs/ **adjective** [always before noun] in large amounts: *They drank **copious amounts** of wine.* ▷ **obfity**

• **copiously adverb** ▷ **obficie**

coplanar /ˌkəʊˈpleɪnəʳ/ **adjective** on the same plane: *coplanar lines* ▷ **współpłaszczyznowy**

copolymer /ˌkəʊˈpɒlɪməʳ/ **noun** a chemical compound with a high molecular weight, formed by joining the molecules of two or more compounds ▷ **kopolimer**

copolymerize (also UK **-ise**) /ˌkəʊˈpɒlɪməraɪz/ **verb** [T, I] to form a copolymer or to make something form a copolymer ▷ **kopolimeryzować**

• **copolymerization** (also UK **-isation**) /ˌkəʊˌpɒlɪməraɪˈzeɪʃən/ **noun** [U] ▷ **kopolimeryzacja**

copper /ˈkɒpəʳ/ **noun 1** [U] B2 a soft, red-brown metal, used in electrical equipment and to make coins, etc (symbol Cu): *copper wire* ▷ **miedź 2** [C] UK a brown coin with a low value ▷ **miedziak 3** [C] UK informal a police officer ▷ **gliniarz, glina**

copy¹ /ˈkɒpi/ **noun** [C] **1** B1 something that is made to look exactly like something else: *Always **make copies of** important documents.* ▷ **kopia 2** B2 a single book, newspaper, etc of which many have been produced: *Four million copies of the book were sold in the first year.* ▷ **egzemplarz** → See also **carbon copy**

copy² /ˈkɒpi/ **verb 1** [T] A2 to produce something that is similar or exactly the same as something else: *Copy the file onto disk.* ◦ *The design was **copied from** the American model.* ▷ **kopiować 2** [T] B2 to behave like someone else: *He likes to copy his older brother.* ▷ **naśladować 3** [I, T] B2 to cheat by looking at and using someone else's work: *She copied his answers.* ▷ **odpisywać**

PHRASAL VERBS **copy sb in on sth** If you copy somebody in on something, you give them a copy of something, usually an email, that you have written for somebody else: *Please copy me in on your email to Dr White.* ▷ **wysłać** *komuś* **kopię** *czegoś* • **copy sth out** UK If you copy out a piece of writing, you write it out again on a piece of paper. ▷ **przepisywać** *coś*

copyright /ˈkɒpiraɪt/ **noun** [C, U] the legal right to control the use of an original piece of work such as a book, play, or song: *The book is **protected by copyright**.* ▷ **prawo autorskie**

coral /ˈkɒrəl/ **noun** [U] a hard, usually pink or white substance produced by a type of very small sea animal: *a coral reef* ▷ **koral**

cord /kɔːd/ **noun** [C, U] **1** thick string, or a piece of this ▷ **sznur 2** (also UK **flex**) a piece of wire covered in plastic, used to connect electrical equipment to a power supply: *an electrical cord* ◦ *a telephone cord* ▷ **przewód, kabel** → See also **umbilical cord**

cordial /ˈkɔːdiəl/ **adjective** polite and friendly: *a cordial invitation* ▷ **serdeczny**

• **cordially adverb** ▷ **serdecznie**

cordless /ˈkɔːdləs/ **adjective** able to operate without an electrical cord: *a cordless phone* ▷ **bezprzewodowy**

cordon¹ /ˈkɔːdən/ **noun** [C] a line of police, soldiers, vehicles, etc around an area, protecting it or keeping people out ▷ **kordon**

cordon² /ˈkɔːdən/ **verb**

PHRASAL VERB **cordon sth off** If the police, army, etc cordon off an area, they stop people from entering it. ▷ **odgradzać** *coś* **(kordonem)**

cords /kɔːdz/ **noun** [plural] informal trousers made from corduroy ▷ **sztruksy**

corduroy /ˈkɔːdərɔɪ/ **noun** [U] thick, cotton cloth with raised parallel lines on the outside: *a corduroy jacket* ▷ **sztruks**

core /kɔːʳ/ **noun 1** [no plural] the most important part of a system or principle: ***core values*** ◦ *Better health care was **at the core of** the senator's campaign.* ▷ **podstawa, centrum 2** [C] the hard, central part of certain fruits, such as apples, which contains the seeds ▷ **ogryzek 3** [no plural] the centre of a planet: *the Earth's core* ▷ **jądro** → See also **hard core**

coriander /ˌkɒriˈændəʳ/ **noun** [U] (also US **cilantro**) a herb that is used in cooking ▷ **kolendra**

cork /kɔːk/ **noun 1** [U] a light material obtained from the bark of a particular type of tree ▷ **korek 2** [C] a small cylindrical piece of this

C

material put in the top of a bottle, especially a wine bottle, to close it ▷ **korek**

corkscrew /ˈkɔːkskruː/ **noun** [C] a piece of equipment used for pulling corks out of wine bottles ▷ **korkociąg**

C

corn /kɔːn/ **noun** [U] **1** mainly UK B1 a crop of grain, or the seed from this crop used to make flour or feed animals: *fields of corn* ▷ **zboże 2** US (UK **sweetcorn**) a tall plant with yellow seeds that are cooked and eaten as a vegetable ▷ **kukurydza** → See **Fruits and Vegetables** on page Centre 10

cornea /kɔːˈniə/ **noun** [C] the transparent outer part of the eye ▷ **rogówka**

corner[1] /ˈkɔːnər/ **noun** [C] **1** A2 the point or area where two lines, walls, or roads meet: *There was a television* ***in the corner*** *of the room.* ◦ *The pub is* ***on/at the corner*** *of Ross Street and Mill Road.* ▷ **róg 2** a part of a larger area, often somewhere quiet or far away: *He lives in a beautiful corner of northern California.* ▷ **zakątek 3** a kick or hit taken from the corner of the field in some games, especially football ▷ **rzut rożny 4 from/out of the corner of your eye** If you see something out of the corner of your eye, you just see it, but do not look at it directly. ▷ **kątem oka**

IDIOMS **around/round the corner** going to happen soon ▷ **(tuż) za pasem** • **cut corners** to do something in the quickest or cheapest way, often harming the quality of your work ▷ **iść na łatwiznę**

corner[2] /ˈkɔːnər/ **verb 1** [T] to force a person or animal into a situation or place from which it is hard to escape: *His attackers cornered him in a dark alley.* ▷ **przypierać do muru, osaczyć 2 corner the market** to become so successful at selling or making a particular product that almost no one else sells or makes it ▷ **zmonopolizować rynek**

cornerstone /ˈkɔːnəstəʊn/ **noun** [C] something very important that something else depends on: *Freedom of speech is* ***the cornerstone of*** *democracy.* ▷ **filar, podstawa**

cornflakes /ˈkɔːnfleɪks/ **noun** [plural] a food made from corn and eaten with milk for breakfast ▷ **płatki kukurydziane**

corny /ˈkɔːni/ **adjective** informal repeated too often to be interesting or funny: *a* ***corny*** *joke* ▷ **oklepany, banalny**

corolla /kəˈrɒlə/ **noun** [C] all of the petals of a flower ▷ **korona (kwiatu)**

coronary[1] /ˈkɒrənəri/ **adjective** relating to the heart: *coronary heart disease* ▷ **wieńcowy**

coronary[2] /ˈkɒrənəri/ **noun** [C] a heart attack ▷ **zawał (serca)**

coronation /ˌkɒrəˈneɪʃən/ **noun** [C] a ceremony at which someone is officially made king or queen ▷ **koronacja**

coroner /ˈkɒrənər/ **noun** [C] an official who examines the causes of someone's death, usually if it was violent or sudden ▷ **koroner**

Corp noun [C] written abbreviation for corporation (= used after the name of a large company in the United States) ▷ **Korp. (= Korporacja)**

corporal /ˈkɔːpərəl/ **noun** [C] a soldier of low rank in the army or air force ▷ **kapral**

ˌcorporal ˈpunishment noun [U] physical punishment, especially of children, usually by hitting with the hand or a stick ▷ **kara cielesna**

corporate /ˈkɔːpərət/ **adjective** [always before noun] relating to a large company or group: *corporate finance* ▷ **przedsiębiorstw/a**

corporation /ˌkɔːpərˈeɪʃən/ **noun** [C] B2 a large company or group of companies ▷ **korporacja**

corpoˈration ˌtax noun [U] tax paid by businesses on their profits ▷ **podatek dochodowy od osób prawnych, podatek CIT**

corps /kɔːr/ **noun** [C] (plural **corps**) **1** a group of people involved in the same job: *the press/diplomatic corps* ▷ **korpus 2** a special part of a military force: *the Air Corps* ▷ **korpus**

corpse /kɔːps/ **noun** [C] a dead person's body ▷ **zwłoki**

corpuscle /ˈkɔːpʌsl/ **noun** [C] any of the red or white cells in the blood ▷ **krwinka, ciałko**

corpus luteum /ˌkɔːpəsˈluːtiːəm/ **noun** [U] (plural **corpus lutea**) a mass of yellow tissue that produces progesterone after a woman's egg is released ▷ **ciałko żółte**

correct[1] /kəˈrekt/ **adjective 1** A2 accurate, or having no mistakes: *Check that you have the correct information.* ◦ *Was that the correct answer?* ▷ **prawidłowy, poprawny 2** B1 suitable for a particular situation: *correct behaviour* ◦ *Have you got the correct number of players for the match?* ▷ **prawidłowy, poprawny**
• **correctly adverb** B1 ▷ **prawidłowo, poprawnie** • **correctness noun** [U] ▷ **poprawność**
→ See also **politically correct**

correct[2] /kəˈrekt/ **verb** [T] **1** to make a mistake or problem right or better: *The new software finds and corrects any errors on the hard disk.* ▷ **poprawiać 2** to improve the quality of something: *These contact lenses will help to correct your vision.* ▷ **poprawiać, korygować 3** to show someone the mistakes in something they have said or written: *Our teacher normally corrects our pronunciation.* ▷ **poprawiać**

correction /kəˈrekʃən/ **noun** [C, U] B1 a change to make something right or better, or when you make such a change: *She* ***made*** *some* ***corrections*** *before handing in the essay.* ▷ **poprawka, poprawa**

> Wyrazy występujące razem z **correction**
>
> make a correction • a minor/small correction • a correction to sth

corrective /kəˈrektɪv/ **adjective** formal intended

to improve or correct something: *corrective surgery/lenses* ▷ **korekcyjny**

correlate /ˈkɒrəleɪt/ **verb** [I, T] If facts or pieces of information correlate, they are connected to each other and influence each other, and if you correlate them, you show their connections. ▷ **wiązać (się), korelować**

correlation /ˌkɒrəˈleɪʃən/ **noun** [C] a connection between two or more things, usually where one causes or influences the other: *The research showed a* ***close correlation between*** *smoking and lung cancer.* ▷ **związek, korelacja**

> Wyrazy występujące razem z **correlation**
>
> a **clear/close/direct/high/strong** correlation • a correlation **between** sth **and** sth

correspond /ˌkɒrɪˈspɒnd/ **verb** [I] **1** (B2) to be the same or very similar: *The newspaper story does not* ***correspond with/to*** *what really happened.* ▷ **zgadzać się, pokrywać się 2** (B2) to communicate with someone by writing letters ▷ **korespondować**

correspondence /ˌkɒrɪˈspɒndəns/ **noun 1** [U] letters or emails from one person to another, or the activity of writing and receiving letters or emails: *business correspondence* ▷ **korespondencja 2** [C, U] when there is a connection or similarity between two or more things ▷ **zgodność, powiązanie**

correspondent /ˌkɒrɪˈspɒndənt/ **noun** [C] **1** someone who reports news for newspapers, television, or radio, usually from another country ▷ **korespondent/ka 2** someone who writes letters, usually regularly ▷ **korespondent/ka**

corresponding /ˌkɒrɪˈspɒndɪŋ/ **adjective** [always before noun] similar or related: *Draw a line between the words with corresponding meanings.* ▷ **odpowiadający (sobie), analogiczny, powiązany**

cor͵responding ˈangle noun [C] one of two equal angles on the same side of a line that crosses two parallel lines, and on the same side of each parallel line ▷ **kąt naprzemianległy** → Compare **alternate angle**

corridor /ˈkɒrɪdɔːr/ **noun** [C] (B2) a passage in a building or train with rooms on one or both sides ▷ **korytarz**

corrie /ˈkɒri/ **noun** [C] a hollow round shape in the side of a mountain ▷ **kotlina**

corroborate /kəˈrɒbəreɪt/ **verb** [T] formal to say something or provide information that supports what someone says: *A witness corroborated his account of the accident.* ▷ **potwierdzać**
• **corroboration** /kəˌrɒbəˈreɪʃən/ **noun** [U] ▷ **potwierdzenie**

corrode /kəˈrəʊd/ **verb 1** [I, T] If metal corrodes, or rain or chemicals corrode it, it is slowly damaged by them: *Rain corroded the metal pipes.* ▷ **korodować, powodować korozję 2** [T] to slowly damage someone or something: *He was corroded by guilt.* ▷ **żerać, niszczyć**
• **corrosion** /kəˈrəʊʒən/ **noun** [U] ▷ **korozja** • **corrosive** /kəˈrəʊsɪv/ **adjective** *Acid rain is highly corrosive.* ▷ **żrący, powodujący korozję**

corrugated /ˈkɒrəgeɪtɪd/ **adjective** [always before noun] Corrugated metal or cardboard has parallel rows of folds that look like waves: *a corrugated iron roof* ▷ **falisty**

corrupt[1] /kəˈrʌpt/ **adjective 1** dishonest or illegal: *a corrupt government* ▷ **skorumpowany 2** If information on a computer is corrupt, it has been damaged or spoiled: *corrupt files* ▷ **uszkodzony**

corrupt[2] /kəˈrʌpt/ **verb** [T] **1** to make someone or something become dishonest or immoral: [often passive] *He became corrupted by power and money.* ▷ **zepsuć, korumpować 2** to damage information on a computer ▷ **uszkodzić**

corruption /kəˈrʌpʃən/ **noun** [U] **1** dishonest or immoral behaviour, usually by people in positions of power: *He was arrested for corruption and bribery.* ▷ **korupcja 2** when you cause someone or something to become dishonest or immoral: *the corruption of innocent young children* ▷ **zepsucie**

corset /ˈkɔːsət/ **noun** [C] a tight piece of underwear worn by women to make themselves look thinner, especially in the past ▷ **gorset**

cortex /ˈkɔːteks/ **noun** (plural **cortices**) **1** the outer layer of an organ of the body, especially the brain ▷ **kora 2** a layer of tissue in the stems and roots of plants ▷ **kora**

cosine /ˈkəʊsaɪn/ **noun** [C] (abbreviation **cos**) in a triangle that has one angle of 90°, the ratio of the length of the side next to an angle less than 90°, divided by the length of the hypotenuse ▷ **cosinus** → Compare **sine, tangent**

cosmetic /kɒzˈmetɪk/ **adjective 1** intended to improve your appearance ▷ **kosmetyczny 2** involving only small changes or improvements that will not solve a problem: *Critics claimed that the changes were only cosmetic.* ▷ **kosmetyczny**

cosmetics /kɒzˈmetɪks/ **noun** [plural] substances that you put on your face or body to improve your appearance ▷ **kosmetyki**

cos͵metic ˈsurgery noun [U] a medical operation to make someone more attractive ▷ **operacja plastyczna**

cosmic /ˈkɒzmɪk/ **adjective** relating to the whole universe: *cosmic rays* ▷ **kosmiczny**

cosmopolitan /ˌkɒzməˈpɒlɪtən/ **adjective 1** consisting of people and things from many different countries: *London is a very* ***cosmopolitan city.*** ▷ **kosmopolityczny 2** having experience of many different countries or cultures: *a dynamic, cosmopolitan businesswoman* ▷ **kosmopolityczny**

the cosmos /ˈkɒzmɒs/ **noun** the whole universe ▷ **kosmos**

cost¹ /kɒst/ **noun** **1** [C, U] A2 the amount of money that you need to buy or do something: *The cruise ship was built* ***at a cost of*** *$400 million.* ◦ *Software is included at* ***no extra cost****.* ◦ *The* ***cost of living*** *(= the cost of food, clothes, etc) has increased.* ▷ **koszt** **2** [no plural] B2 something that you give or lose, in order to get or achieve something else: *He rescued four people* ***at the cost of*** *his own life.* ▷ **cena, koszt** **3 at all costs** B2 If something must be done at all costs, it is very important that it is done: *We have to succeed at all costs.* ▷ **za wszelką cenę** **4 to your cost** UK because of a bad experience you have had: *An ankle injury can last a long time, as I know to my cost.* ▷ **na własnej skórze, z własnego doświadczenia**

> **Wyrazy występujące razem z cost**
>
> the cost of sth • at a cost of [£500/$1000, etc] • the **high/low** cost of sth • **cover the** cost of (doing) sth • **cut/reduce** costs • at no extra cost • the cost of **living**

cost² /kɒst/ **verb** (past tense and past participle **cost**) **1** [T] A2 If something costs a particular amount of money, you have to pay that in order to buy or do it: *How much do these shoes cost?* ◦ [+ to do sth] ***It costs*** *$5 to send the package by airmail.* ◦ [+ two objects] *It's going to cost me a lot of money to buy a new car.* ▷ **kosztować** **2** [+ two objects] B2 to make someone lose something: *His lazy attitude cost him his job.* ▷ **kosztować**

cost³ /kɒst/ **verb** [T] to calculate the amount of money needed to do or make something: *The building work has been costed at $30,000.* ▷ **oszacować, wycenić**

co-star¹ /ˈkəʊstɑːʳ/ **noun** [C] one of two famous actors who both have important parts in a particular film ▷ **partner/ka**

co-star² /kəʊˈstɑːʳ/ (US) /ˈkəʊstɑːr/ **verb** (present participle **co-starring**, past tense and past participle **co-starred**) **1** [T] If a film, play, etc co-stars two or more famous actors, they are in it. ▷ **mieć w obsadzie, ≈ grać główne role** **2** [I] to be in a film, play, etc with another famous actor: *Hugh Grant* ***co-stars with*** *Julia Roberts in 'Notting Hill'.* ▷ **partnerować**

Costa Rica /ˌkɒstə ˈriːkə/ **noun** a country in Central America ▷ **Kostaryka**
• **Costa Rican** /ˌkɒstə ˈriːkən/ **adjective** coming from or relating to Costa Rica ▷ **kostarykański**
• **Costa Rican noun** someone from Costa Rica ▷ **Kostaryka-nin/nka**

cost-ˈbenefit aˌnalysis **noun** [C] a method of deciding whether something is worth doing, especially by a government or a business, by comparing the cost with the benefits that will come from it ▷ **analiza kosztów i korzyści**

cost-cutting /ˈkɒstˌkʌtɪŋ/ **noun** [U] actions that reduce the amount of money spent on something: *cost-cutting* ***measures/****strategies* ▷ **redukcja kosztów, ≈ oszczędnościowy**

cost-effective /ˌkɒstɪˈfektɪv/ **adjective** If something is cost-effective, it achieves good results for little money. ▷ **opłacalny, wydajny**

costly /ˈkɒstli/ **adjective** **1** expensive: [+ to do sth] *It would be too costly to build a swimming pool.* ▷ **kosztowny** **2** causing a lot of problems, or causing you to lose something important: *a costly mistake* ▷ **kosztowny**

ˌcost of ˈborrowing **noun** [U] the amount of money that a person or business has to pay in order to borrow a sum of money ▷ **koszty kredytu**

ˌcost of ˈsales **noun** [U] the amount that it costs a business to produce and sell something ▷ **koszty sprzedaży**

cost-plus pricing /ˌkɒstplʌsˈpraɪsɪŋ/ **noun** [U] a method of deciding the price for a product by adding a particular amount to the cost of producing it ▷ **metoda rozsądnej marży**

ˌcost ˈprice **noun** [C, U] the price that it cost to make a product, without a profit being added ▷ **cena własna**

costume /ˈkɒstjuːm/ **noun** **1** [C, U] B2 a set of clothes that someone wears to make them look like someone or something else, for example in a play: *actors in costume* ◦ *He arrived at the party dressed in a gorilla costume.* ▷ **kostium** **2** [U] B2 a set of clothes that are typical of a particular country or time in history: *Japanese national costume* ▷ **strój** → See also **swimming costume**

cosy UK (US **cozy**) /ˈkəʊzi/ **adjective** B1 comfortable and warm ▷ **przytulny**

cot /kɒt/ **noun** [C] UK (US **crib**) a bed with high sides for a baby ▷ **łóżeczko (dziecięce)**

ˈcot ˌdeath **noun** [C, U] UK (US **SIDS**) the sudden death of a sleeping baby for no obvious reason ▷ **(nagła) śmierć łóżeczkowa**

Côte d'Ivoire /ˌkəʊt diːˈvwɑː/ **noun** (also **Ivory Coast**) a country in Africa ▷ **Wybrzeże Kości Słoniowej**
• **Ivorian** /aɪˈvɔːriən/ **adjective** coming from or relating to Côte d'Ivoire ▷ **z Wybrzeża Kości Słoniowej** • **Ivorian noun** someone from Côte d'Ivoire ▷ **obywatel/ka Wybrzeża Kości Słoniowej**

cottage /ˈkɒtɪdʒ/ **noun** [C] B1 a small house, usually in the countryside ▷ **domek**

ˌcottage ˈcheese **noun** [U] a soft, white cheese with small lumps in it ▷ **twarożek, serek ziarnisty**

cotton /ˈkɒtᵊn/ **noun** [U] **1** B1 cloth or thread that is produced from the cotton plant: *a cotton shirt/dress* ▷ **bawełna** **2** a plant that produces a soft, white substance used for making thread and cloth ▷ **bawełna** **3** US (UK **cotton wool**) a soft mass of cotton, usually used for cleaning your skin ▷ **wata** → See **The Bathroom** on page Centre 3

ˌcotton ˈwool **noun** [U] UK (US **cotton**) a soft

mass of cotton, usually used for cleaning your skin ▷ **wata** → See **The Bathroom** on page Centre 3

cotyledon /ˌkɒtɪˈliːdən/ **noun** [C] a type of leaf that is part of the developing plant inside a seed and either stores food or grows from the seed to produce food ▷ **liścień**

couch¹ /kaʊtʃ/ **noun** [C] a long, comfortable piece of furniture that two or more people can sit on ▷ **sofa, kanapa**

couch² /kaʊtʃ/ **verb be couched in/as sth** to be expressed in a particular way: *His explanation was* ***couched in*** *technical language.* ▷ **być napisanym lub wyrażonym** *jakoś*

ˈcouch poˌtato noun [C] UK humorous a person who is not active and spends a lot of time watching television ▷ **leniuch tkwiący przed telewizorem**

cough¹ /kɒf/ **verb** [I] B1 to make air come out of your throat with a short sound ▷ **kaszleć**

PHRASAL VERBS **cough sth up** to make something come out of your lungs or throat by coughing: *Doctors were worried when she started* ***coughing up*** *blood.* ▷ **wykaszleć** *coś*, **pluć** *czymś* • **cough (sth) up** informal to give money to someone although you do not want to ▷ **wybulić** (*ileś*), **sięgać do kieszeni**

cough² /kɒf/ **noun** [C] **1** B1 when you cough, or the sound this makes ▷ **kaszel 2** B1 an illness that makes you cough a lot: *Uwe* ***has*** *a nasty* ***cough.*** ▷ **kaszel** → See also **whooping cough**

could strong /kʊd/ weak /kəd/ **modal verb 1** A2 used as the past form of 'can' to talk about what someone or something was able or allowed to do: *I couldn't see what he was doing.* ◦ *You said we could watch television when we'd finished our homework.* ▷ **mógł** *itp.*, **można było 2** B1 used to talk about what is possible or might happen: *The baby could arrive any day now.* ◦ *This kind of crime could easily be prevented.* ◦ *She could have (= might have) been seriously injured.* ▷ **może, można 3** A2 used to ask someone politely to do or provide something: *Could you lend me £5?* ◦ *Could I have another drink?* ▷ **mógłbyś** *itp.* **4** B1 used to ask politely for permission to do something: *Could I speak to Mr Davis, please?* ▷ **mógłbym** *itp.* **5** B1 used to make a suggestion: *You could try painting it a different colour.* ▷ **mógłbyś** *itp.* **6 I could (have)** used when you feel so happy, sad, angry, etc that you would like to do something: *I was so grateful I could have kissed her!* ▷ **miałem ochotę, o mało nie**

couldn't /ˈkʊdənt/ short for could not: *I couldn't understand what he was saying.* ▷ **nie mógł** *itp.*

could've /ˈkʊdəv/ short for could have: *It could've been much worse.* ▷ **mogło być**

coulomb /ˈkuːlɒm/ **noun** [C] a unit of measurement for electric charge, representing the charge carried by one ampere in one second ▷ **kulomb**

council, Council /ˈkaʊnsəl/ **noun** [C] **1** B2 a group of people who are elected to control a town, city, or area: *Edinburgh City Council* ◦ *a council meeting* ▷ **rada, Rada 2** a group of people who are elected or chosen to give advice or make decisions: *the Medical Research Council* ▷ **rada, Rada 3 a council house/flat** in the UK a house or flat that is owned by a city or town council and rented to people ▷ **budynek/mieszkanie komunaln-y/e**

ˈcouncil eˌstate noun [C] UK (US **housing project**) a part of a city with council houses and flats: *a Birmingham council estate* ▷ **osiedle komunalne (w Wielkiej Brytanii)**

councillor UK (US **councilor**) /ˈkaʊnsələr/ **noun** [C] a member of a town, city, or area council ▷ **radn-y/a**

counsel¹ /ˈkaʊnsəl/ **noun 1** [C] a lawyer who speaks for someone in court ▷ **adwokat 2** [U] literary advice ▷ **porada, rada**

counsel² /ˈkaʊnsəl/ **verb** [T] (present participle UK **counselling**, US **counseling**, past tense and past participle **counselled**, US **counseled**) **1** formal to advise someone to do something: [+ to do sth] *Lawyers had counselled him not to say anything.* ▷ **radzić 2** to give advice to someone who has problems ▷ **doradzać**

counselling UK (US **counseling**) /ˈkaʊnsəlɪŋ/ **noun** [U] the job or process of listening to someone and giving them advice about their problems: *a counselling service* ▷ **doradztwo, porady**

counsellor UK (US **counselor**) /ˈkaʊnsələr/ **noun** [C] someone whose job is to listen to people and give them advice about their problems ▷ **psycholog**

count¹ /kaʊnt/ **verb 1** [T] B1 to see how many people or things there are: *I counted the money on the table.* ▷ **liczyć 2** [I] B1 to say numbers in their correct order: *Can you count to twenty in French?* ▷ **liczyć 3** [T] to think of someone or something in a particular way: *She* ***counted*** *Tim* ***as*** *her closest friend.* ◦ *You should* ***count yourself lucky*** *you weren't hurt.* ▷ **uważać 4** [I] B2 to be important: *I believe that health and happiness count more than money.* ◦ *Doesn't my opinion* ***count for*** *anything?* ▷ **liczyć się 5** [T] to include something or someone in a calculation: *There are 1500 people at my school, counting teachers.* ▷ **wliczać 6** [I] to be accepted or allowed as part of something: *I've been to sixteen different countries, but I only spent half an hour in Luxembourg, so that doesn't really count.* ▷ **liczyć się**

PHRASAL VERBS **count against sb/sth** to make someone or something more likely to fail: *She's got the qualifications for the job, but her lack of experience will count against her.* ▷ **przemawiać przeciwko** *komuś/czemuś* • **count sb in** to include someone in an activity: *If you're going for a pizza, you can count me in.* ▷ **liczyć na** *kogoś*, **włączać** *kogoś* • **count on sb** B2 to be confident that you can depend on someone: *I can always count on my parents to help me.* ▷ **liczyć na** *kogoś* • **count on sth** (B2) to expect something to happen and make plans based on it: *I didn't count on so many people coming to the party.* ▷ **liczyć na** *coś* • **count sth out** to count coins or pieces of paper money one by one as you put them down: *She counted out five crisp $20 bills.* ▷ **odliczać** *coś* • **count sb out** to not include someone in an activity ▷ **wykluczać** *kogoś* • **count towards sth** to be part of what is needed to complete something or achieve something: *This essay counts towards my exam result.* ▷ **liczyć się do** *czegoś* • **count up sb/sth** to add together all the people or things in a group ▷ **policzyć** *kogoś/coś*

count² /kaʊnt/ **noun** **1** [C] when you count something, or the total number you get after counting: [usually singular] *At the last count there were 410 club members.* ▷ **obliczenie** **2** **lose count** to forget how many of something there is: *I've **lost count of** the number of times she's arrived late.* ▷ **stracić rachubę** **3** **on all/both/several, etc counts** in all, both, several, etc parts of a situation, argument, etc: *I had been wrong **on both counts**.* ▷ **we wszystkich/w obu/kilku** *itp.* **przypadkach** **4** [C] (also **Count**) a man of high social rank in some European countries ▷ **hrabia** **5** [C] one of the times that someone has been accused of a particular crime: *He was charged with two counts of assault.* ▷ **przypadek**
→ See also **pollen count**

countable noun /ˌkaʊntəbəlˈnaʊn/ **noun** [C] (also ˈ**count** ˌ**noun**) (B1) a noun that has both plural and singular forms ▷ **rzeczownik policzalny**

countdown /ˈkaʊntdaʊn/ **noun** [C] the time just before an important event when people are counting the time until it happens: [usually singular] *The **countdown to** the Olympics has begun.* ▷ **odliczanie**

countenance¹ /ˈkaʊntənəns/ **noun** [C] literary the appearance or expression of someone's face ▷ **oblicze**

countenance² /ˈkaʊntənəns/ **verb** [T] formal to accept that something should happen: *They will not countenance building a new airport.* ▷ **aprobować**

counter¹ /ˈkaʊntər/ **noun** [C] **1** (B2) the place in a shop, bank, etc, where people are served: *The woman **behind the counter** took his money.* ▷ **lada, okienko (kasowe)** **2** US a flat surface in a kitchen on which food can be prepared ▷ **blat** **3** a small disc used in some games that are played on a board ▷ **żeton, pionek**

counter² /ˈkaʊntər/ **verb** [T] **1** to prevent something or reduce the bad effect that it has: *This skin cream claims to counter the effects of sun damage.* ▷ **równoważyć, przeciwdziałać** **2** to say something to show that what someone has just said is not true: *"Of course I love him," Clare countered.* ▷ **odpierać**

counter³ /ˈkaʊntər/ **adverb** **be/run counter to sth** to have the opposite effect to something else: *The new road plans run counter to the government's aim of reducing pollution.* ▷ **stać lub być w sprzeczności z** *czymś*, **kłócić się z** *czymś*

counter- /kaʊntər-/ **prefix** opposing or as a reaction to: *a counter-attack* (= *an attack on someone who has attacked you*) ▷ **przeciw-, kontr-**

counteract /ˌkaʊntərˈækt/ **verb** [T] to reduce the bad effect that something else has: *drugs that counteract the effects of sea sickness* ▷ **znosić, równoważyć**

counter-attack /ˈkaʊntərəˌtæk/ **noun** [C] an attack that you make against someone who has attacked you in a sport, war, or argument ▷ **kontratak**
• **counter-attack** verb [I, T] ▷ **kontratakować**

counterclockwise /ˌkaʊntəˈklɒkwaɪz/ **adjective, adverb** US (UK **anti-clockwise**) in the opposite direction to the way the hands of a clock move ▷ **w lewo**

counterfeit /ˈkaʊntəfɪt/ **adjective** made to look like the real thing, in order to trick people: *counterfeit money/jewellery* ▷ **fałszywy**

counterpart /ˈkaʊntəpɑːt/ **noun** [C] someone or something that has the same job or position as someone or something in a different place or organization ▷ **odpowiedni-k/czka**

counterproductive /ˌkaʊntəprəˈdʌktɪv/ **adjective** having the opposite effect from the one you want ▷ **destrukcyjny, przynoszący efekty odwrotne do zamierzonych**

countess /ˈkaʊntɪs/ **noun** [C] a woman who has a high social rank in some European countries, especially the wife of an earl or count: *the Countess of Abingdon* ▷ **hrabina**

countless /ˈkaʊntləs/ **adjective** [always before noun] very many: *The song has been played **countless times** on the radio.* ▷ **niezliczony**

country¹ /ˈkʌntri/ **noun** **1** (A1) [C] an area of land that has its own government, army, etc: *European countries* ▷ **państwo, kraj** **2** **the country** **a** (A2) the areas that are away from towns and cities ▷ **wieś** **b** the people who live in a country: *The country was shocked by the President's decision.* ▷ **kraj**

country² /ˈkʌntri/ **adjective** [always before noun] in or relating to the areas that are away from towns and cities: *country roads/hotels* ▷ **wiejski**

countryman /ˈkʌntrɪmən/ **noun** [C] (plural **countrymen**) someone from the same country as you ▷ **rodak**

ˌ**country** ˈ**music** **noun** [U] (also ˌ**country and** ˈ**western**) a style of popular music from the southern and western US ▷ **muzyka country**

countryside /ˈkʌntrɪsaɪd/ **noun** [U] (A2) land that

is not in towns or cities and has farms, fields, forests, etc ▷ **wieś, krajobraz (wiejski)**

county /ˈkaʊnti/ **noun** [C] B2 an area of Britain, Ireland, or the US that has its own local government ▷ **hrabstwo**

coup /kuː/ **noun** [C] **1** (also **coup d'état** /ˌkuːdeɪˈtɑː/) when a group of people suddenly takes control of a country using force: *a* ***military coup*** ▷ **zamach stanu 2** an important achievement, often one that was not expected: *The award is a* ***major coup*** *for the university.* ▷ **osiągnięcie**

couple¹ /ˈkʌpl/ **noun 1** [no plural] B1 two or a few: *I went to New York with* ***a couple of*** *friends.* ◦ *The weather has improved over the last* ***couple of*** *weeks.* ▷ **dwa, parę,** Angielskie **a couple of** sugeruje "dwa i nie więcej", podczas gdy pozorny polski odpowiednik **parę** zwykle sugeruje więcej niż dwa **2** [C] B1 two people who are married or having a romantic relationship: *a* ***married couple*** ▷ **para**

couple² /ˈkʌpl/ **verb coupled with sth** combined with something else: *Concern about farming methods, coupled with health awareness, have led to a fall in meat consumption.* ▷ **w połączeniu z** *czymś*

coupon /ˈkuːpɒn/ **noun** [C] **1** a piece of printed paper that you can use to buy something at a cheaper price or to get something free: *Collect 10 coupons to get a free meal.* ▷ **kupon 2** a printed form in a magazine or newspaper, that you use to send for information, enter a competition, etc ▷ **kupon, talon**

courage /ˈkʌrɪdʒ/ **noun** [U] B2 the ability to deal with dangerous or difficult situations without being frightened: [+ to do sth] *She didn't* ***have the courage*** *to tell him the truth.* ▷ **odwaga**

IDIOM **pluck up the courage (to do sth)** to decide to do something that you were too frightened to do before ▷ **zdobyć się na odwagę (aby** *coś zrobić***)**

> Wyrazy występujące razem z **courage**
>
> have the courage to do sth • show courage • sth takes courage • great/immense/personal courage

courageous /kəˈreɪdʒəs/ **adjective** brave ▷ **odważny**
• **courageously adverb** ▷ **odważnie**

courgette /kɔːˈʒet/ **noun** [C, U] UK (US **zucchini**) B2 a long, green vegetable which is white inside ▷ **cukinia**

courier /ˈkʊriəʳ/ **noun** [C] **1** someone whose job is to take and deliver documents and parcels ▷ **kurier 2** UK someone whose job is to look after people who are on holiday ▷ **pilot/ka (wycieczek)**

course /kɔːs/ **noun 1 of course a** A1 used to say 'yes' and emphasize your answer: *"Can you help me?" "Of course!"* ▷ **oczywiście b** B1 used to show that what you are saying is obvious or already known: *Of course, the Olympics are not just about money.* ▷ **oczywiście 2 of course not** A2 used to say 'no' and emphasize your answer: *"Do you mind if I borrow your pen?" "Of course not."* ▷ **absolutnie nie 3** [C] A1 a series of lessons about a particular subject: *She did a ten-week course in computing.* ▷ **kurs 4** [C] A2 a part of a meal: *a three-course dinner* ▷ **danie 5** [C] B1 an area used for horse races or playing golf: *a golf course* ▷ **tor, pole 6** [C] mainly UK a fixed number of regular medical treatments: *a course of antibiotics* ▷ **kuracja, seria 7** [C, U] the direction in which a ship, aircraft, etc is moving: *During the storm, the boat was blown* ***off course*** *(= in the wrong direction).* ▷ **kurs 8** [C] (also ˌ**course of** ˈ**action**) something that you can do in a particular situation: *I think the best course of action would be to write to him.* ▷ **wyjście 9 during/in/over the course of sth** during a particular time or activity: *In the course of the interview she mentioned her previous experience.* ▷ **w czasie** *czegoś* **10 in due course** B2 at a suitable time in the future: *The results will be sent to you in due course.* ▷ **w odpowiednim momencie 11** [no plural] the way something develops, usually over a long time: *Nuclear weapons have changed* ***the course of*** *modern history.* ▷ **bieg 12 in the course of time** UK gradually, or over a period of time ▷ **stopniowo, z czasem 13 be on course for sth/to do sth** UK to be very likely to succeed at something ▷ **mieć duże szanse na** *coś*, **być na dobrej drodze do** *czegoś* **14 run its course** If something runs its course, it continues naturally until it has finished. ▷ **dobiegać końca** → See also **be on a *collision* course**, **crash course**, **be *par* for the course**

coursebook /ˈkɔːsbʊk/ **noun** [C] UK a book used by students when they do a particular course of study ▷ **podręcznik**

coursework /ˈkɔːswɜːk/ **noun** [U] UK work done by students as part of their course of study ▷ **materiał, wymagania (przedmiotu)**

court¹ /kɔːt/ **noun** [C, U] **1** B2 the place where a judge decides whether someone is guilty of a crime: *The suspect appeared* ***in court*** *charged with robbery.* ◦ *You can* ***take them to court*** *(= make them be judged in court) if they don't pay.* ▷ **sąd 2 the court** the judge and group of people at a trial who decide whether someone is guilty of a crime ▷ **sąd 3** B1 an area for playing particular sports: *a tennis/basketball court* ▷ **boisko, kort 4** the official home of a king or queen and the people who live with them ▷ **dwór** → See also **High Court**, **the supreme court**

court² /kɔːt/ **verb 1** [T] to try to please someone because you want them to support you or join you: *Adams is being courted by several football clubs.* ▷ **zabiegać o 2** [T] to try to get or achieve something: *to court investment/publicity* ▷ **zabiegać o 3** [I, T] old-fashioned to have a romantic relationship with someone you hope to marry ▷ **zalecać się (do), być narzeczonym 4 court controversy/danger/disaster, etc** to behave in a way that risks bad results ▷ **prowokować konflikt/niebezpieczeństwo/katastrofę** *itp.*

C

courteous /ˈkɜːtiəs/ **adjective** polite and showing respect ▷ **uprzejmy**
• **courteously adverb** ▷ **uprzejmie**

courtesy /ˈkɜːtəsi/ **noun 1** B2 [U] behaviour that is polite and shows respect, or a polite action or remark: *The hotel treats all guests with courtesy.* ◦ [+ to do sth] *He didn't even* ***have the courtesy*** *to thank me.* ▷ **uprzejmość, grzeczność 2 (by) courtesy of sb/sth** If you have something courtesy of someone, they have allowed you to have it: *The photograph is courtesy of the Natural History Museum.* ▷ **dzięki** *czyjejś* **uprzejmości**

courthouse /ˈkɔːthaʊs/ **noun** [C] (plural **courthouses** /ˈkɔːthaʊzɪz/) mainly US a building with law courts inside it ▷ **gmach lub budynek sądu, sąd**

courtier /ˈkɔːtiəʳ/ **noun** [C] someone who spent a lot of time in the home of a king or queen in the past ▷ **dworzanin**

court-martial[1] /ˌkɔːtˈmɑːʃəl/ **noun** [C] a military court, or a trial in a military court ▷ **sąd wojenny lub wojskowy**

court-martial[2] /ˌkɔːtˈmɑːʃəl/ **verb** [T] to judge someone in a military court ▷ **oddawać pod sąd wojenny**

ˈcourt ˌorder noun [C] an instruction from a law court that someone must do or not do something ▷ **nakaz sądowy**

courtroom /ˈkɔːtrʊm/ **noun** [C] the room where a judge and other people decide whether someone is guilty of a crime ▷ **sala rozpraw**

courtship /ˈkɔːtʃɪp/ **noun** [C, U] formal the time when people have a romantic relationship with the intention of getting married ▷ **okres narzeczeństwa**

courtyard /ˈkɔːtjɑːd/ **noun** [C] an open area by a building with walls or buildings around it ▷ **dziedziniec**

cousin /ˈkʌzən/ **noun** [C] A2 the child of your aunt or uncle ▷ **kuzyn/ka**

couture /kuːˈtjʊəʳ/ **noun** [U] the design, making, and selling of expensive and fashionable clothes ▷ **świat mody**

covalent bond /kəʊˌveɪləntˈbɒnd/ **noun** [C] a chemical bond in which two atoms share one or more pairs of electrons, which hold them together ▷ **wiązanie kowalencyjne**

cove /kəʊv/ **noun** [C] a place on the coast where the land curves in ▷ **zatoczka**

covenant /ˈkʌvənənt/ **noun** [C] a formal written agreement ▷ **umowa**

cover[1] /ˈkʌvəʳ/ **verb** [T] **1** A2 to put something over something else, in order to protect or hide it: *They covered him with a blanket.* ◦ *He covered his face with his hands.* ▷ **zakrywać, nakrywać** → Opposite **uncover 2** B1 to form a layer on the surface of something: *Snow covered the trees.* ◦ *My legs were* ***covered in/with*** *mud.* ▷ **pokrywać 3** B2 to travel a particular distance: *We covered 700 kilometres in four days.* ▷ **przebyć 4** B2 to be a particular size or area: *The town covers an area of 10 square miles.* ▷ **zajmować 5** B1 to include or deal with a subject or piece of information: *The book covers European history from 1789-1914.* ▷ **obejmować 6** B2 to report on an event for a newspaper, television programme, etc: *Dave was asked to cover the Olympics.* ▷ **obsługiwać 7** to be enough money to pay for something: *£100 should cover the cost of the repairs.* ▷ **pokrywać 8** to provide financial protection if something bad happens: *travel insurance that covers accident and injury* ▷ **pokrywać, obejmować** → See also **touch/cover all the *bases***

PHRASAL VERBS **cover sth up** to put something over something else, in order to protect or hide it ▷ **zasłaniać** *coś* • **cover (sth) up** to stop people from discovering the truth about something bad: *She tried to cover up her mistakes.* ▷ **zatuszować** *coś*

cover[2] /ˈkʌvəʳ/ **noun 1** [C] B1 the outer part of a book, magazine, etc, that protects the pages: *Her picture was* ***on the cover*** *of 'Vogue' magazine.* ▷ **okładka 2** [C] B1 something you put over something else, usually to protect it: *an ironing board cover* ◦ *a lens cover* ▷ **pokrowiec, osłona 3** [U] financial protection so that you get money if something bad happens: *The policy provides £50,000 accidental damage cover.* ▷ **ubezpieczenie 4** [U] protection from bad weather or an attack: *They* ***took cover*** *under some trees until the rain stopped.* ▷ **schronienie 5** [C] something used to hide a secret or illegal activity: *The club is used as a* ***cover for*** *a gang of car thieves.* ▷ **przykrywka**

coverage /ˈkʌvərɪdʒ/ **noun** [U] **1** the way a newspaper, television programme, etc reports an event or subject: *There is* ***live coverage*** *of the game on cable TV.* ▷ **relacja, sposób przedstawienia 2** mainly US financial protection so that you get money if something bad happens ▷ **ubezpieczenie**

coveralls /ˈkʌvərɔːlz/ **noun** [plural] US (UK **overalls**) a piece of clothing that you wear over your clothes to keep them clean while you are working ▷ **kombinezon**

covering /ˈkʌvərɪŋ/ **noun** [C] a layer that covers something: *a thick covering of snow* ▷ **powłoka, warstwa**

ˌcovering ˈletter noun [C] UK (US **ˈcover ˌletter**) a letter that you send with something to explain what it is or to give more information about it ▷ **list przewodni lub towarzyszący**

covers /ˈkʌvəz/ **noun** [plural] the sheets and other layers of cloth on your bed that keep you warm ▷ **pościel**

covert /ˈkəʊvɜːt/ **adjective** done in a secret way: *covert police operations* ▷ **tajny**
• **covertly adverb** ▷ **ukradkiem, w tajemnicy**

cover-up /ˈkʌvərʌp/ **noun** [C] an attempt to prevent people finding out the truth about a crime or a mistake: *Police denied accusations of a cover-up.* ▷ **zatuszowanie prawdy**

ˈcover ˌversion noun [C] a recording of a song already recorded by someone else: *a cover version of 'Let It Be'* ▷ **przeróbka, nowe wykonanie**

covet /ˈkʌvɪt/ **verb** [T] formal to want something very much, especially something that someone else has ▷ **pożądać**

cow /kaʊ/ **noun** [C] **1** (A1) a large farm animal kept for milk or meat ▷ **krowa 2** UK informal an offensive word for a woman ▷ **krowa**

coward /kaʊəd/ **noun** [C] (B2) someone who is not brave and tries to avoid dangerous or difficult situations ▷ **tchórz**

cowardice /ˈkaʊədɪs/ **noun** [U] behaviour that shows that someone is not brave ▷ **tchórzostwo**

cowardly /ˈkaʊədli/ **adjective** (B2) behaving in a way that shows you are not brave ▷ **tchórzliwy**

cowboy /ˈkaʊbɔɪ/ **noun** [C] **1** a man whose job is to look after cattle in the US, and who usually rides a horse ▷ **kowboj 2** UK informal someone who does their job badly or who is dishonest in business: *cowboy builders* ▷ **partacz/ka, krętacz/ka**

ˈcowboy ˌboots noun [C] a type of boots with pointed toes, first worn by cowboys ▷ **buty kowbojskie** → See **Clothes** on page Centre 9

ˈcowboy ˌhat noun [C] a type of hat with a high top and a wide lower edge, first worn by cowboys ▷ **kapelusz kowbojski**

cower /kaʊəʳ/ **verb** [I] to bend down or move back because you are frightened ▷ **kulić się**

co-worker /ˌkəʊˈwɜːkəʳ/ **noun** [C] mainly US someone that you work with ▷ **współpracowni-k/czka**

coy /kɔɪ/ **adjective 1** not wanting to give people information about something: *Nigel's very coy about how much he earns.* ▷ **tajemniczy 2** pretending to be shy: *a coy look* ▷ **kokieteryjny**
• **coyly adverb** ▷ **tajemniczo, kokieteryjnie**

coyote /kaɪˈəʊti/ **noun** [C] a wild animal similar to a dog, that lives in North America ▷ **kojot**

cozy /ˈkəʊzi/ **adjective** US spelling of cosy

CPU /ˌsiːpiːˈjuː/ **noun** [C] abbreviation for central processing unit: the part of a computer that controls all the other parts ▷ **procesor**

Cr. written abbreviation for credit: money going into an account ▷ **MA**

crab /kræb/ **noun** [C, U] (B2) a sea creature with ten legs and a round, flat body covered by a shell, or the meat from this animal ▷ **krab**

crack¹ /kræk/ **verb 1** [I, T] (B2) to break something so that it does not separate, but very thin lines appear on its surface, or to become broken in this way: *The concrete had started to crack.* ◦ *cracked dishes* ▷ **utłuc (się), stłuc (się), pękać 2** [T] to open an egg or nut by breaking its shell ▷ **rozbijać, rozłupywać 3** [T] to hit a part of your body against something hard, by accident: *He cracked his head on the cupboard door.* ▷ **walnąć 4** [T] informal to solve a difficult problem: *It took three months to crack the enemy's code.* ▷ **złamać, rozgryźć 5 get cracking** informal to start doing something quickly ▷ **ruszyć się, zabierać się do roboty 6** [I] to lose control of your emotions and be unable to deal with a situation: *He finally cracked after years of stress.* ▷ **załamać się 7** [I, T] to make a sudden, short noise, or to cause something to make this noise ▷ **trzaskać 8 crack a joke** to tell a joke ▷ **opowiedzieć dowcip**

IDIOM **not all it's cracked up to be** (also **not as good as it's cracked up to be**) not as good as people think or say: *Being an actor isn't all it's cracked up to be.* ▷ **(wcale) nie taki wspaniały (za jaki uchodzi)**

PHRASAL VERBS **crack down** to start dealing with bad or illegal behaviour in a more severe way: *Police are **cracking down on** crime in the area.* ▷ **wydawać lub wypowiadać walkę** • **crack up** informal to become mentally ill ▷ **załamać się (nerwowo)** • **crack (sb) up** informal to suddenly laugh a lot, or to make someone suddenly laugh a lot ▷ **pękać ze śmiechu, rozśmieszyć** *kogoś* **do łez**

crack² /kræk/ **noun 1** [C] a line on the surface of something that is damaged: *Several cups had cracks in them.* ▷ **pęknięcie, rysa 2** [C] a narrow space between two parts of something or between two things: *I could see sunlight through a crack in the curtains.* ▷ **szpara 3** [U] an illegal drug that is very harmful ▷ **crack 4** [C] a sudden, short noise: *a **crack of thunder*** ▷ **trzask 5** [C] an unkind joke or remark: *He was always **making cracks about** my weight.* ▷ **przytyk 6 have/take a crack at sth** informal to try to do something: *I've never put up shelves before, but I'll have a crack at it.* ▷ **spróbować (swoich) sił w** *czymś*

IDIOM **the crack of dawn** very early in the morning: *He gets up at the crack of dawn.* ▷ **blady świt**

crack³ /kræk/ **adjective** [always before noun] of the highest quality: *a crack regiment* ▷ **doborowy, elitarny**

crackdown /ˈkrækdaʊn/ **noun** [C] when bad or illegal behaviour is dealt with in a very severe way, in order to stop it happening: *The police are having **a crackdown on** speeding.* ▷ **akcja**

> Wyrazy występujące razem z **crackdown**
>
> **announce/call for/launch/order** a crackdown • a crackdown **on** sth • a **tough** crackdown • a **government/police** crackdown

cracker /ˈkrækəʳ/ **noun 1** [C] a dry biscuit that you eat with cheese ▷ **krakers 2** [C] (also **Christmas cracker**) a coloured paper tube with a small toy inside, that people pull open at Christmas in the UK ▷ **strzelająca niespodzianka 3** [no plural] UK informal someone or something that is very good ▷ **rewelacja**

cracking /ˈkrækɪŋ/ **noun** [U] a process in which complex molecules are broken down into more simple molecules ▷ **krakowanie**

crackle /ˈkrækl/ **verb** [I] to make a lot of short, dry noises: *A fire crackled in the hearth.* ▷ **trzaskać**
• **crackle noun** [no plural] ▷ **trzask**

cradle¹ /ˈkreɪdl/ **noun 1** [C] a baby's bed, especially one that swings from side to side ▷ **kołyska 2** the part of a telephone that holds the receiver ▷ **baza, widełki 3** a small stand that holds a mobile phone ▷ **podstawka, uchwyt 4 the cradle of sth** the place where something started: *Massachusetts, the cradle of the American Revolution* ▷ **kolebka** *czegoś*

cradle² /ˈkreɪdl/ **verb** [T] to hold someone or something in a careful, gentle way: *He* ***cradled*** *her* ***in*** *his arms.* ▷ **tulić**

craft¹ /krɑːft/ **noun 1** [C, U] B2 an activity in which you make something using a lot of skill, especially with your hands: *traditional crafts such as weaving* ▷ **rzemiosło 2** [C] (plural **craft**) a boat ▷ **statek**

craft² /krɑːft/ **verb** [T] to make something using a lot of skill: [often passive] *a bowl that was beautifully crafted from wood* ▷ **wykonać, uformować**

craftsman /ˈkrɑːftsmən/ **noun** [C] (plural **craftsmen**) someone who uses special skill to make things, especially with their hands ▷ **rzemieślnik**
• **craftsmanship noun** [U] skill at making things ▷ **kunszt**

crafty /ˈkrɑːfti/ **adjective** clever at getting what you want, especially by deceiving people: *a crafty trick* ▷ **przebiegły**
• **craftily adverb** ▷ **przebiegle**

crag /kræg/ **noun** [C] a high, rough mass of rock that sticks up from the land around it ▷ **skała**

cram /kræm/ **verb** (present participle **cramming**, past tense and past participle **crammed**) **1 cram sth between/in/into, etc** to force things into a small space: *The refugees were crammed into the truck.* ▷ **wtłaczać** *coś* **2** [I] to study a lot before an exam ▷ **wkuwać**

crammed /kræmd/ **adjective** completely full of people or things: *crammed commuter trains* ◦ *The room was* ***crammed with*** *boxes.* ▷ **wypchany, napchany**

cramp /kræmp/ **noun** [C, U] a sudden, strong pain in a muscle that makes it difficult to move: *I've got cramp in my legs.* ▷ **skurcz**

cramped /kræmpt/ **adjective** A cramped room, building, etc is unpleasant because it is not big enough. ▷ **stłoczony, ciasny**

cranberry /ˈkrænbəri/ **noun** [C] a small, red berry with a sour taste ▷ **żurawina**

crane¹ /kreɪn/ **noun** [C] **1** a large machine used for lifting and moving heavy things ▷ **dźwig, żuraw 2** a bird with long legs and a long neck ▷ **żuraw**

crane² /kreɪn/ **verb** [I, T] to stretch your neck, in order to see or hear something ▷ **wykręcać, wyciągać**

cranium /ˈkreɪniəm/ **noun** [C] (plural **craniums** or **crania**) the hard bone in animals and humans, which gives the head its shape and protects the brain ▷ **czaszka**

crank /kræŋk/ **noun** [C] **1** informal someone with strange ideas or behaviour ▷ **czubek 2** a handle that you turn to make a machine work ▷ **korba**

crap¹ /kræp/ **noun** [U] very informal a very impolite word for something that you think is wrong or bad: *He was talking a lot of crap!* ▷ **gówno, bzdety**

crap² /kræp/ **adjective** (**crapper**, **crappest**) UK very informal (UK/US **crappy** /ˈkræpi/) a very impolite word for describing things that are very bad in quality: *a crap car/job* ▷ **gówniany**

crash¹ /kræʃ/ **noun** [C] **1** B1 an accident in which a vehicle hits something: *a* ***car/plane crash*** ▷ **wypadek, kraksa 2** B2 a sudden, loud noise made when something falls or breaks: *I heard a crash and hurried into the kitchen.* ▷ **trzask, huk 3** when a computer or computer system suddenly stops working ▷ **awaria 4** when the value of a country's businesses suddenly falls by a large amount: *He lost a lot of money in the stock market crash of 1929.* ▷ **krach**

> Wyrazy występujące razem z **crash**
> **have/be involved in a crash • be injured in/killed in a crash • the cause of a crash • a crash victim • a car/plane/train crash**

crash² /kræʃ/ **verb 1** [I, T] B1 If a vehicle crashes, it hits something by accident, and if you crash a vehicle, you make it hit something by accident: *The van skidded and* ***crashed into*** *a tree.* ◦ *Rick crashed his dad's car.* ▷ **rozbić (się), zderzyć się (z) 2** [I] B2 If a computer or computer system crashes, it suddenly stops working. ▷ **ulegać awarii 3 crash against/on/through, etc** to hit something and make a loud noise: *The waves crashed against the rocks.* ▷ **rozbijać się o/przebijać się przez** *itp.* **4** [I] B2 to make a sudden, loud noise: *Thunder crashed overhead.* ▷ **trzasnąć, huknąć 5** [I] If a financial market crashes, prices suddenly fall by a large amount. ▷ **załamać się**

ˈcrash ˌbarrier noun [C] UK a fence along the middle or edge of a road for preventing accidents ▷ **barierka (ochronna)**

ˈcrash ˌcourse UK (US **ˌcrash ˈcourse**) **noun** [C] a course that teaches you a lot of basic facts in a very short time ▷ **kurs ekspresowy**

ˈcrash ˌhelmet noun [C] a hard hat that protects your head when you ride a motorcycle ▷ **kask**

crass /kræs/ **adjective** showing that you do not understand or care about other people's feelings: *a crass remark* ▷ **głupi, niedelikatny**

crate /kreɪt/ **noun** [C] a large box used for carrying or storing things ▷ **skrzynka, kontener**

crater /ˈkreɪtəʳ/ **noun** [C] **1** the round, open part at the top of a volcano ▷ **krater 2** a big hole in the ground: *The explosion left a crater in the road.* ▷ **krater**

ˈcrater ˌlake noun [C] a round lake that has formed in the top of a volcano ▷ **jezioro wulkaniczne lub kraterowe**

crave /kreɪv/ **verb** [T] to want something very much: *a child who craves affection* ▷ **pragnąć, mieć nieodpartą ochotę na**

• **craving noun** [C] a strong feeling that you want or need a particular thing: *She* ***had a craving for*** *chocolate.* ▷ **(nieodparta) ochota**

crawl¹ /krɔːl/ **verb 1** [I] B2 to move on your hands and knees: *I crawled under the desk to plug the lamp in.* ▷ **czołgać się 2** [I] If an insect crawls, it uses its legs to move: *There's an ant crawling up your leg.* ▷ **pełzać 3** [I] If traffic crawls, it moves extremely slowly: *We were* ***crawling along*** *at 10 miles per hour.* ▷ **wlec się 4** [I] UK informal to try to please someone because you want them to like you or help you: *My brother is always* ***crawling to*** *Mum.* ▷ **podlizywać się 5 be crawling with sb/sth** to be full of insects or people in a way that is unpleasant: *The kitchen's crawling with ants.* ▷ **roić się od** *kogoś/czegoś*

crawl² /krɔːl/ **noun 1** [no plural] a very slow speed: *Traffic slowed to a crawl.* ▷ **żółwie tempo 2** [U] a style of swimming in which you move your arms over your head and kick with straight legs ▷ **kraul**

crayon /ˈkreɪɒn/ **noun** [C] a stick of coloured wax used for drawing ▷ **kredka (świecowa)**

craze /kreɪz/ **noun** [C] something that is very popular for a short time ▷ **szał, szaleństwo**

crazed /kreɪzd/ **adjective** behaving in a dangerous and uncontrolled way: *a crazed gunman* ▷ **szalony**

crazy /ˈkreɪzi/ **adjective 1** A2 stupid or strange: *a crazy idea* ◦ *I was crazy not to take that job.* ▷ **szalony 2** B2 annoyed or angry: *The children are* ***driving me crazy*** *(= making me annoyed).* ◦ *Dad* ***went crazy*** *when I told him what had happened.* ▷ **wściekły 3 be crazy about sb/sth** A2 to love someone very much, or to be very interested in something: *Mia's crazy about baseball.* ▷ **szaleć na punkcie** *kogoś/czegoś* **4 go crazy** to become very excited about something: *When he came on stage the audience went crazy.* ▷ **oszaleć 5 like crazy** informal If you do something like crazy, you do a lot of it, or do it very quickly: *We worked like crazy to get everything finished.* ▷ **jak oszalały**

• **crazily adverb** ▷ **wściekle** • **craziness noun** [U] ▷ **szaleństwo**

creak /kriːk/ **verb** [I] If something such as a door or a piece of wood creaks, it makes a long noise when it moves: *creaking floorboards* ▷ **skrzypieć** • **creak noun** [C] ▷ **skrzypienie** • **creaky adjective** A creaky door, stair, etc creaks. ▷ **skrzypiący**

cream¹ /kriːm/ **noun 1** [U] A2 a thick, yellowish-white liquid that is taken from milk: *raspberries and cream* ▷ **śmietana 2** [C, U] B1 a soft substance that you rub into your skin to make it softer or less painful: *face/hand cream* ▷ **krem 3** [U] A2 a yellowish-white colour ▷ **(kolor) kremowy 4 the cream of sth** the best people or things in a particular group: *the cream of Milan's designers* ▷ **śmietanka** *czegoś* → See also **ice cream**

cream² /kriːm/ **adjective** A2 being a yellowish-white colour ▷ **kremowy**

cream³ /kriːm/ **verb**

PHRASAL VERB **cream sth/sb off** UK to take away the best part of something, or the best people in a group, and use them for your own advantage ▷ **zgarniać** *coś/kogoś*, **wybierać (sobie)** *coś/kogoś*

ˌcream ˈcheese noun [U] smooth, soft, white cheese ▷ **serek śmietankowy**

creamy /ˈkriːmi/ **adjective** like cream or containing cream: *creamy sauce/soup* ▷ **gęsty, kremowy**

crease¹ /kriːs/ **noun** [C] a line on cloth or paper where it has been folded or crushed ▷ **zgięcie, zagniecenie**

crease² /kriːs/ **verb** [I, T] If cloth, paper, etc creases, or if you crease it, it gets a line in it where it has been folded or crushed: *Cotton creases very easily.* ▷ **miąć (się)**

create /kriˈeɪt/ **verb** [T] B1 to make something happen or exist: *The project will create more than 500 jobs.* ◦ *The snow created further problems.* ▷ **tworzyć**

creation /kriˈeɪʃən/ **noun 1** [U] B2 when someone makes something happen or exist: *the creation of a new political party* ▷ **stworzenie, tworzenie 2** [C] B2 something that someone has made: *The museum contains some of his best creations.* ▷ **dzieło 3** [U] (also **Creation**) in many religions, when God made the universe and everything in it ▷ **stworzenie**

creative /kriˈeɪtɪv/ **adjective** B1 good at thinking of new ideas or using imagination to create new and unusual things: *Her book is full of creative ways to decorate your home.* ▷ **twórczy** • **creatively** adverb B2 ▷ **twórczo** • **creativity** /ˌkriːeɪˈtɪvəti/ noun [U] B2 the ability to produce new ideas or things using skill and imagination ▷ **inwencja**

C

creator /kriˈeɪtəʳ/ noun **1** [C] someone who invents or makes something ▷ **twór-ca/czyni** **2 the Creator** God ▷ **Stwórca**

creature /ˈkriːtʃəʳ/ noun [C] B1 anything that lives but is not a plant: *Dolphins are intelligent creatures.* ▷ **stworzenie**

creche /kreʃ/ noun [C] UK a place where babies and young children are looked after while their parents do something else ▷ **żłobek**

credence /ˈkriːdᵊns/ noun **add/give/lend credence to sth** to make a story, theory, etc seem more likely to be true: *The letters lend credence to the idea that he had an unhappy life.* ▷ **czynić** *coś* **bardziej wiarygodnym**

credentials /krɪˈdenʃᵊlz/ noun [plural] **1** skills and experience that show you are suitable for a particular job or activity: *academic credentials* ▷ **kwalifikacje 2** documents that prove who you are ▷ **referencje**

credibility /ˌkredəˈbɪləti/ noun [U] when someone can be believed and trusted: *This decision has **damaged** the President's **credibility**.* ▷ **wiarygodność**

> Wyrazy występujące razem z **credibility**
>
> gain/lose credibility • sth **damages/destroys/restores/undermines** sb's credibility • sb **lacks** credibility

credible /ˈkredəbl/ adjective able to be trusted or believed: *credible evidence* ▷ **wiarygodny**

credit[1] /ˈkredɪt/ noun **1** [U] B1 a way of buying something in which you arrange to pay for it at a later time: *We offer **interest-free credit** on all new cars.* ◦ *He bought most of the furniture **on credit**.* ▷ **kredyt 2** [U] B2 praise that is given to someone for something they have done: *I did most of the work but Dan **got all the credit**!* ◦ *We should **give** her **credit for** her honesty.* ◦ *I can't **take** full **credit for** this meal – Sam helped.* ▷ **uznanie 3 be a credit to sb/sth** to do something that makes a person or organization proud of you: *Giorgio is a credit to his family.* ▷ **być chlubą** *kogoś/czegoś* **4 to sb's credit** If something is to someone's credit, they deserve praise for it: *To his credit, Bill never blamed her for the incident.* ▷ **trzeba przyznać, że ..., trzeba** *kogoś* **pochwalić (za to, że) ..., dzięki** *komuś* **5 have sth to your credit** to have achieved something: *By the age of 25, she had five novels to her credit.* ▷ **mieć** *coś* **na koncie 6 in credit** having money in your bank account ▷ **wypłacalny 7** [C] B1 an amount of money that you put into your bank account ▷ **wpłata** → Opposite **debit 8** [C] B2 a unit that shows you have completed part of a college course ▷ **punkt, zaliczenie**

credit[2] /ˈkredɪt/ verb [T] **1** to add money to someone's bank account ▷ **wpłacać 2** to believe that something is true: *Dean's getting married! Who would have credited it?* ▷ **dawać wiarę**

PHRASAL VERBS **credit sth to sb** to say that someone is responsible for something good: *an idea credited to Isaac Newton* ▷ **przypisywać** *coś komuś* • **credit sb with sth** to believe that someone has a particular quality: *Credit me with some intelligence!* ▷ **przyznawać lub uważać, że** *ktoś coś* **ma** • **credit sb with sth/doing sth** to say that someone is responsible for something good: *She is credited with making the business a success.* ▷ **przypisywać** *coś komuś*

creditable /ˈkredɪtəbl/ adjective Something that is creditable deserves praise: *a creditable performance* ▷ **godny uznania**

ˈcredit acˌcount noun [C] UK (US **charge account**) a formal agreement between a shop or other business and a customer, in which the customer can take goods and pay the shop or business for them at a later time ▷ **konto kredytowe**

ˈcredit ˌcard noun [C] A1 a small plastic card that allows you to buy something and pay for it later: *He paid **by credit card**.* ▷ **karta kredytowa**

ˈcredit conˌtrol noun [U] a process or a group of people in a business that controls how much customers owe the business and how much they are allowed to owe it ▷ **kontrola zadłużenia (klientów)**

ˈcredit ˌlimit noun [C] the largest amount of money that a person can borrow with a credit card: *a £500 credit limit* ▷ **limit kredytowy**

ˈcredit ˌnote noun [C] **1** a piece of paper that a shop gives a customer who has returned goods, that allows them to have other goods of the same value ▷ **bon towarowy 2** a document that is sent by a business to a customer to reduce the amount a customer owes if there was a problem with the quality or amount of what they bought ▷ **nota kredytowa**

creditor /ˈkredɪtəʳ/ noun [C] a person or organization that someone owes money to ▷ **wierzyciel/ka**

ˈcreditors ˌledger noun [C] a record that a business keeps of how much it owes to each business that has supplied goods or services to it ▷ **księga wierzycieli**

ˈcredit ˌrating noun [C, usually singular] a calculation of someone's ability to pay back money which they have borrowed ▷ **rating (kredytowy)**

the credits /ˈkredɪts/ noun [plural] a list of people who made a film or television programme ▷ **napisy (końcowe), czołówka**

ˈcredit ˌterms noun [plural] the arrangements

made for giving a customer credit, e.g. the amount of money, when they must pay it, etc ▷ **warunki kredytu**

ˈcredit ˌtransfer noun [C] an arrangement where a bank pays an amount of money from someone's bank account directly into the bank account of a business ▷ **polecenie przelewu**

creed /kriːd/ noun [C] a set of beliefs, especially religious beliefs that influence your life ▷ **wyznanie**

creek /kriːk/ noun [C] **1** UK a narrow area of water that flows into the land from a sea or river ▷ **zatoczka 2** mainly US a stream or narrow river ▷ **strumień**

creep[1] /kriːp/ verb (past tense and past participle **crept**) **1 creep along/in/out, etc** to move very quietly and carefully: *I crept out of the room.* ▷ **skradać się/zakradać się/wymykać się** *itp.* **2 creep across/in/into, etc** to gradually start to exist or appear: *Problems were beginning to creep into their relationship.* ▷ **pojawiać się 3 creep along/down/through, etc** to move somewhere very slowly: *The convoy crept along in the darkness.* ▷ **posuwać się powoli**

PHRASAL VERB **creep up on sb 1** to surprise someone by moving closer to them from behind: *Don't creep up on me like that!* ▷ **zachodzić** *kogoś* **od tyłu 2** If a feeling or state creeps up on you, it happens gradually so that you do not notice it: *Old age just creeps up on you.* ▷ **zaskoczyć** *kogoś*, **nadchodzić niepostrzeżenie**

creep[2] /kriːp/ noun [C] **1** UK someone who you do not like because they are nice to people in a way that is not sincere ▷ **lizus/ka 2** someone who you think is unpleasant ▷ **pętak**

creeps /kriːps/ noun **give sb the creeps** informal to make someone feel frightened or nervous: *These old buildings give me the creeps.* ▷ **przyprawiać** *kogoś* **o gęsią skórkę lub ciarki**

creepy /ˈkriːpi/ adjective informal strange and frightening: *a creepy story/person* ▷ **przerażający**

cremate /krɪˈmeɪt/ verb [T] to burn a dead body ▷ **kremować**

• **cremation** /krɪˈmeɪʃᵊn/ noun [C, U] the ceremony where someone is cremated ▷ **kremacja**

crematorium /ˌkreməˈtɔːriəm/ noun [C] (also US **crematory** /ˈkriːmətɔːri/) a place where people are cremated ▷ **krematorium**

crept /krept/ past of creep

crescendo /krɪˈʃendəʊ/ noun [C] when a noise or piece of music gradually gets louder ▷ **crescendo**

crescent /ˈkresᵊnt/ noun **1** [C] a curved shape that is narrow at each end and wider in the middle: *the pale crescent of the moon* ▷ **rogalik, półksiężyc 2 Crescent** used in the names of streets that have a curved shape: *57 Park Crescent* ▷ **ulica, zaułek**

crest /krest/ noun [C] **1** the highest part of a hill or wave ▷ **grzbiet 2** the feathers that point upwards on a bird's head ▷ **czub, czubek 3** a design used as the symbol of a school, important family, etc ▷ **herb**

crestfallen /ˈkrestˌfɔːlᵊn/ adjective disappointed or sad ▷ **przybity**

Cretacious /krɪˈteɪʃəs/ adjective from the period of time between around 144 and 65 million years ago, in which plants with flowers first appeared ▷ **kredowy, z okresu kredy**

crevasse /krɪˈvæs/ noun [C] a deep, wide crack, especially in ice ▷ **szczelina**

crevice /ˈkrevɪs/ noun [C] a small, narrow crack, especially in a rock ▷ **szczelina**

crew /kruː/ noun [group] **1** (B1) the people who work together on a ship, aircraft, or train: *a crew member* ▷ **załoga 2** (B2) a team of people with special skills who work together: *Fire and ambulance crews were at the scene.* ▷ **ekipa**

crewman /ˈkruːmæn/ noun [C] (plural **crewmen**) a member of the crew of a ship or aircraft ▷ **członek załogi, załogant**

crib /krɪb/ noun [C] US (UK **cot**) a bed with high sides for a baby ▷ **łóżeczko (dziecięce)**

cricket /ˈkrɪkɪt/ noun **1** [U] (A2) a game in which two teams of eleven people try to score points by hitting a ball and running between two wickets: *a cricket ball/bat* ▷ **krykiet** → See **Sports 2** on page Centre 15 **2** [C] an insect that jumps and makes a noise by rubbing its wings together ▷ **świerszcz**

cricketer /ˈkrɪkɪtəʳ/ noun [C] someone who plays cricket, especially as their job ▷ **gracz w krykieta**

crime /kraɪm/ noun **1** [U] (B1) illegal activities: ***violent crime*** ◦ *tough new measures to* ***fight crime*** ▷ **przestępczość 2** [C] (B1) something someone does that is illegal: *He* ***committed*** *a serious* ***crime***. ▷ **przestępstwo** → See also **war crime**

> Wyrazy występujące razem z **crime**
>
> commit a crime • combat/reduce/fight crime • a minor/petty/terrible/violent crime

criminal[1] /ˈkrɪmɪnᵊl/ adjective **1** [always before noun] (B2) relating to crime: *criminal activity* ◦ *He has a* ***criminal record*** *(= the police have an official record of his crimes).* ▷ **przestępczy, kryminalny 2** informal very bad or morally wrong: *It's criminal that people are having to wait so long for hospital treatment.* ▷ **karygodny**
• **criminally** adverb ▷ **karygodnie**

criminal[2] /ˈkrɪmɪnᵊl/ noun [C] (B1) someone who has committed a crime: *a* ***dangerous/violent criminal*** ▷ **przestęp-ca/czyni**

criminologist /ˌkrɪmɪˈnɒlədʒɪst/ noun [C]

someone who studies crime and criminals ▷ **kryminolog**

crimson /ˈkrɪmzᵊn/ **noun** [U] a dark red colour ▷ **purpura, karmazyn**
• **crimson** adjective ▷ **purpurowy, karmazynowy**

C

cringe /krɪndʒ/ **verb** [I] **1** to feel very embarrassed about something: *Jan* ***cringed at*** *the sight of her father dancing.* ▷ **rumienić się 2** to move away from something because you are frightened ▷ **kulić się**

crinkle /ˈkrɪŋkl/ **verb** [I, T] to become covered in small lines or folds, or to make something become covered in small lines or folds ▷ **marszczyć (się)**
• **crinkly adjective** Something that is crinkly has crinkles in it. ▷ **pomarszczony**

cripple¹ /ˈkrɪpl/ **verb** [T] **1** to injure someone so that they cannot use their arms or legs: [often passive] *His son was crippled by a riding accident.* ▷ **okaleczyć 2** to damage something very badly and make it weak or not effective: [often passive] *a country crippled by war* ▷ **wyniszczyć, unieruchomić**

cripple² /ˈkrɪpl/ **noun** [C] old-fashioned an offensive word for someone who cannot use their legs or arms in a normal way ▷ **kaleka**

crippling /ˈkrɪplɪŋ/ **adjective 1** [always before noun] A crippling illness makes someone unable to use their arms or legs in a normal way. ▷ **paraliżujący 2** causing great damage ▷ **wyniszczający**

crisis /ˈkraɪsɪs/ **noun** [C, U] (plural **crises** /ˈkraɪsiːz/) B2 a situation or time that is extremely dangerous or difficult: *an economic/financial crisis ◦ The country's leadership is* ***in crisis.*** ▷ **kryzys** → See also **mid-life crisis**

crisp¹ /krɪsp/ **adjective 1** Crisp food is pleasantly hard: *a crisp apple ◦ crisp pastry* ▷ **kruchy, chrupiący 2** Crisp cloth or paper money is clean and looks new, with no folds: *a crisp linen shirt* ▷ **błyszczący, świeży 3** Crisp weather is pleasantly cold and dry: *a crisp autumn day* ▷ **rześki 4** A crisp way of talking or behaving is quick and confident. ▷ **rzeczowy 5** A crisp image is very clear. ▷ **ostry**

crisp² /krɪsp/ **noun** [C] UK (US **chip**) A2 a very thin slice of potato that has been cooked in oil and is eaten cold: [usually plural] *a packet of crisps* ▷ **chips, chrupka** → See **Food** on page Centre 11

crispy /ˈkrɪspi/ **adjective** Crispy food is pleasantly hard and easy to bite through: *crispy bacon* ▷ **kruchy, chrupiący**

criss-cross /ˈkrɪskrɒs/ **verb** [I, T] If something criss-crosses an area, it crosses it several times in different directions: [often passive] *The forest is criss-crossed with paths and tracks.* ▷ **przecinać**

criterion /kraɪˈtɪəriən/ **noun** [C] (plural **criteria**) a fact or level of quality that you use when making a choice or decision: [+ for + doing sth] *We have strict criteria for deciding which students will receive a grant.* ▷ **kryterium**

critic /ˈkrɪtɪk/ **noun** [C] **1** someone who says that they do not approve of someone or something: *an* ***outspoken critic*** *of the government* ▷ **krytyk 2** B2 someone whose job is to give their opinion of a book, play, film, etc: *a* ***theatre/film critic*** ▷ **krytyk**

critical /ˈkrɪtɪkᵊl/ **adjective 1** B2 saying that someone or something is bad or wrong: *a critical report ◦ He is very* ***critical of*** *the way I work.* ▷ **krytyczny 2** B2 very important for the way things will happen in the future: *a critical decision* ▷ **kluczowy 3** B2 extremely serious or dangerous: *The doctors said her condition was critical and she might not survive.* ▷ **krytyczny 4** giving judgments and opinions on books, plays, films, etc: *a critical study of Tennyson's work* ▷ **krytyczny**
• **critically adverb** B2 ▷ **krytycznie**

critical mass noun [no plural] the smallest amount of a substance that is needed to produce a nuclear reaction ▷ **masa krytyczna**

criticism /ˈkrɪtɪsɪzᵊm/ **noun 1** [C, U] B2 when you say that something or someone is bad: *Plans to close the hospital* ***attracted*** *strong public* ***criticism.*** ▷ **krytyka 2** [U] when someone gives their judgments and opinions on books, plays, films, etc: *literary criticism* ▷ **krytyka**

> Wyrazy występujące razem z **criticism**
>
> sb/sth **attracts/draws/faces/sparks** criticism • **deflect/dismiss** criticism • **fierce/stinging/strong** criticism • criticism **of** sb/sth • criticism **from** sb

criticize (also UK **-ise**) /ˈkrɪtɪsaɪz/ **verb** [I, T] B2 to say that something or someone is bad: [often passive, + for + doing sth] *The film was criticized for being too violent.* ▷ **krytykować**

critique /krɪˈtiːk/ **noun** [C] a report that says what is good and bad about something ▷ **analiza krytyczna**

croak /krəʊk/ **verb 1** [I, T] to talk or say something in a low, rough voice: *"I don't feel well," he croaked.* ▷ **chrypieć 2** [I] If a bird or frog croaks, it makes a deep, low sound. ▷ **krakać, rechotać**

Croatia /krəʊˈeɪʃə/ **noun** a country in Europe ▷ **Chorwacja**
• **Croatian** /krəʊˈeɪʃən/ **adjective** coming from or relating to Croatia ▷ **chorwacki** • **Croat** /ˈkrəʊæt/ **noun** [C] someone from Croatia ▷ **Chorwat/ka**

crochet /ˈkrəʊʃeɪ/ US /krəʊˈʃeɪ/ **verb** [I, T] to make clothes and other items using wool and a special needle with a hook at one end ▷ **szydełkować, robić na szydełku**

crockery /ˈkrɒkᵊri/ **noun** [U] plates, cups, and other dishes, especially those made from clay ▷ **zastawa (stołowa)**

crocodile /ˈkrɒkədaɪl/ **noun** [C] B2 a big reptile

with a long mouth and sharp teeth, that lives in lakes and rivers ▷ **krokodyl**

crocus /ˈkrəʊkəs/ **noun** [C] a small, yellow, purple, or white spring flower ▷ **krokus**

croissant /ˈkwæsɒŋ/ (US) /kwɑːˈsɒŋ/ **noun** [C] a soft, curved piece of bread, eaten for breakfast ▷ **rogalik, rogal** → See picture at **bread**

crony /ˈkrəʊni/ **noun** [C] informal one of a group of friends who help each other, especially in a way that is not fair: [usually plural] *He gave his cronies all the best jobs.* ▷ **koleś, kumpel/a**

crook /krʊk/ **noun 1** [C] informal a criminal or someone who cheats people ▷ **oszust/ka, hochsztapler/ka 2 the crook of your arm** the inside part of your arm where it bends ▷ **zgięcie łokcia**

crooked /ˈkrʊkɪd/ **adjective 1** not straight: *crooked teeth* ▷ **krzywy 2** informal not honest: *a crooked politician* ▷ **nieuczciwy**

croon /kruːn/ **verb** [I, T] to sing in a soft, low, romantic voice ▷ **nucić**

crop¹ /krɒp/ **noun 1** [C] (B1) a plant such as a grain, fruit, or vegetable that is grown in large amounts by farmers ▷ **roślina uprawna 2** [C] (B1) the amount of plants of a particular type that are produced at one time: *We had a record crop of grapes this year.* ▷ **zbiór, plon 3 a crop of sth** a group of the same type of things or people that exist at the same time: *He's one of the current crop of young Italian artists.* ▷ **pokolenie** *czegoś*, **generacja** *czegoś* → See also **cash crop**

crop² /krɒp/ **verb** (present participle **cropping**, past tense and past participle **cropped**) **1** [T] to cut something so that it is short ▷ **przycinać 2** [T] to cut pieces from the sides of a computer image so that it is the size you want ▷ **przyciąć 3** [I] UK If a plant crops, it produces fruit, flowers, etc. ▷ **rodzić**

PHRASAL VERB **crop up** to happen or appear suddenly: *The same old problems **kept cropping up**.* ▷ **pojawiać się**

cropper /ˈkrɒpəʳ/ **noun come a cropper a** to fall over: *The horse came a cropper at the first fence.* ▷ **wywalić się b** to fail in an embarrassing way, or to make an embarrassing mistake ▷ **dać plamę**

croquet /ˈkrəʊkeɪ/ (US) /krəʊˈkeɪ/ **noun** [U] a game played on grass, in which you hit a ball with a wooden hammer through curved wires pushed into the ground ▷ **krokiet**

cross¹ /krɒs/ **verb 1** [I, T] (A2) to go from one side of something to the other side: *It's not a good place to **cross** the **road**.* ▷ **przecinać, przechodzić przez 2** [I, T] (A2) to travel over a border or line into a different area, country, etc: *They **crossed** from Albania **into** Greece.* ▷ **przekraczać, przejeżdżać 3** [I, T] If two lines, roads, etc cross, they go over or across each other. ▷ **przecinać się (z) 4 cross your arms/fingers/legs** to put one of your arms, fingers, or legs over the top of the other ▷ **skrzyżować ręce/palce/nogi 5 cross yourself** to touch your head, chest, and both shoulders as a sign to God ▷ **przeżegnać się 6** [T] to mix two breeds of animal or plant to produce a new breed ▷ **krzyżować 7** [T] to make someone angry by refusing to do what they want you to do ▷ **nie posłuchać** → See also **I'll/We'll cross that *bridge* when I/we come to it.**, **criss-cross**, **double-cross**, **keep your *fingers* crossed**, **cross sb's *mind***

PHRASAL VERBS **cross sth off (sth)** to remove a word from a list by drawing a line through it: *Did you cross her name off the guest list?* ▷ **skreślać lub wykreślać** *coś* **(z** *czegoś***)** • **cross sth out** to draw a line through something that you have written, usually because it is wrong: *Cross out that last sentence.* ▷ **przekreślać** *coś*

cross² /krɒs/ **noun 1** [C] (B1) two pieces of wood that cross each other, on which people were left to die as a punishment in the past ▷ **krzyż 2** [C] (B1) an object in the shape of a cross, used as a symbol of the Christian religion ▷ **krzyż 3** [C] (A1) a written mark (x), used for showing where something is, or that something that has been written is wrong ▷ **krzyżyk 4 a cross between sth and sth** a mixture of two different things or people: *The dog is a cross between a terrier and a rottweiler.* ▷ **skrzyżowanie** *czegoś* **z** *czymś*, **krzyżówka** *czegoś* **z** *czymś* **5** [C] when someone kicks or hits the ball across the field in sport, especially football ▷ **kros, poprzeczne podanie**

cross³ /krɒs/ **adjective** annoyed or angry: *Don't be **cross with** me!* ▷ **zły**

cross- /krɒs-/ **prefix 1** across: *cross-border* ▷ **trans-, przez 2** including different groups or subjects: *a cross-party committee (= one formed from many political parties)* ◦ *cross-cultural* ▷ **między-**

crossbar /ˈkrɒsbɑːʳ/ **noun** [C] **1** the post at the top of a goal in games such as football ▷ **poprzeczka 2** the metal tube that joins the front and back of a bicycle ▷ **rama**

cross-border /ˈkrɒsˌbɔːdəʳ/ **adjective** [always before noun] between different countries, or involving people from different countries: *cross-border trade* ▷ **transgraniczny**

cross-Channel /ˌkrɒsˈtʃænəl/ **adjective** [always before noun] connecting or happening between England and France: *a **cross-Channel ferry**/route* ▷ **przez kanał La Manche**

cross-country /ˌkrɒsˈkʌntri/ **adjective** [always before noun], **adverb 1** across fields and countryside: *cross-country running/skiing* ▷ **przełajowy, biegowy, na przełaj, na nartach biegowych 2** from one side of a country to the other side ▷ **krajowy, na trasach krajowych**

cross-examine /ˌkrɒsɪgˈzæmɪn/ **verb** [T] to ask someone a lot of questions about something they have said, in order to discover if it is true, especially in a court of law ▷ **przesłuchiwać**

• **cross-examination** /ˌkrɒsɪɡˌzæmɪˈneɪʃən/ **noun** [U] ▷ **przesłuchanie**

cross-eyed /krɒsˈaɪd/ **adjective** A cross-eyed person has both eyes looking in towards their nose. ▷ **zezowaty**

crossfire /ˈkrɒsfaɪəʳ/ **noun** **1** [U] bullets fired towards you from different directions: *Civilians died when a bus was* ***caught in crossfire*** *between government and rebel troops.* ▷ **strzelanina, ogień krzyżowy** **2 be caught in the crossfire** to be involved in a situation where people around you are arguing ▷ **zostać wciągniętym w konflikt**

crossing /ˈkrɒsɪŋ/ **noun** [C] **1** (B1) a place where people can go across a road, river, etc ▷ **przejście, przeprawa** **2** a journey across water ▷ **przeprawa, podróż (morska)** **3** a place where roads, railways, etc cross each other ▷ **skrzyżowanie** → See also **grade crossing**, **level crossing**, **zebra crossing**

cross-legged /ˌkrɒsˈleɡɪd/ **adverb** **sit cross-legged** to sit on the floor with your knees wide apart and one foot over the other foot ▷ **siedzieć po turecku**

cross-pollination /ˌkrɒspɒlɪˈneɪʃən/ **noun** [U] when pollen is carried from one flower to another by wind, insects, etc ▷ **zapylenie krzyżowe, obcopylność**

ˌcross ˈpurposes **noun** **at cross purposes** If two people are at cross purposes, they do not understand each other because they are talking about different things but do not know this. ▷ **mówiący o zupełnie różnych rzeczach**

ˌcross ˈreference **noun** [C] a note in a book that tells you to look somewhere else in the book for more information about something ▷ **odsyłacz**

crossroads /ˈkrɒsrəʊdz/ **noun** [C] (plural **crossroads**) **1** (B2) a place where two roads cross each other ▷ **skrzyżowanie (dróg)** **2** a time when you have to make an important decision that will affect your future life: *I felt I was* ***at a crossroads*** *in my life.* ▷ **decydujący moment**

cross-section /ˈkrɒssekʃən/ **noun** [C] **1** a small group of people or things that represents all the different types in a larger group: *a* ***cross-section of society*** ▷ **przekrój** **2** something that has been cut in half so that you can see the inside, or a picture of this: *a cross-section of a human heart* ▷ **przekrój**

crosswalk /ˈkrɒswɔːk/ **noun** [C] US (UK **pedestrian crossing**) a special place on a road where traffic must stop if people want to cross ▷ **przejście (dla pieszych)**

crossword /ˈkrɒswɜːd/ **noun** [C] (also **ˈcrossword ˌpuzzle**) a game in which you write words which are the answers to questions in a pattern of black and white squares ▷ **krzyżówka**

crotch /krɒtʃ/ **noun** [C] (also UK **crutch**) the part of your body between the tops of your legs, or the part of a piece of clothing that covers this area ▷ **krok, krocze**

crouch /kraʊtʃ/ **verb** [I] (also **crouch down**) to move your body close to the ground by bending your knees: *I crouched behind the chair to avoid being seen.* ▷ **kucać**

crow¹ /krəʊ/ **noun** [C] a large black bird that makes a loud noise ▷ **wrona**

IDIOM **as the crow flies** when measured in a straight line: *It's about 50 miles from London to Cambridge as the crow flies.* ▷ **w linii prostej**

crow² /krəʊ/ **verb** [I] **1** to talk in a proud and annoying way about something you have done: *Donald wouldn't stop* ***crowing about*** *his exam results.* ▷ **piać** **2** If a cock crows, it makes a loud noise, usually in the early morning. ▷ **piać**

crowd¹ /kraʊd/ **noun** **1** [C] (A2) a large group of people who are together in one place: *A large* ***crowd*** *had* ***gathered*** *to wait for the princess.* ◦ *Shop early and avoid the crowds.* ▷ **tłum** **2** [no plural] informal a group of friends or people with similar interests: *the art/theatre crowd* ▷ **krąg**

> Wyrazy występujące razem z **crowd**
>
> a crowd **gathers** • a crowd **of** [people/tourists, etc] • **in** a crowd

crowd² /kraʊd/ **verb** [T] **1** to stand together in large numbers: *Protesters crowded the streets.* ▷ **wypełniać** **2** to stand too close to someone: *Don't crowd me!* ▷ **pchać się na**

PHRASAL VERBS **crowd around/round (sb/sth)** If a group of people crowd around or crowd around someone or something, they stand very close all around them: *Everyone crowded around my desk.* ▷ **tłoczyć się (wokół** *kogoś/czegoś***)** • **crowd in/crowd (sb) into sth** If a large group of people crowd into somewhere, they all go there and fill the place. ▷ **wpychać się/***kogoś gdzieś* • **crowd sb out** to prevent someone or something from succeeding or existing by being much more successful than them or by being present in much larger numbers: *Large national companies often crowd out smaller local businesses.* ▷ **wypierać** *kogoś*

crowded /ˈkraʊdɪd/ **adjective** (A2) very full of people: *a crowded room/train* ▷ **zatłoczony**

crown¹ /kraʊn/ **noun** **1** [C] a round object made of gold and jewels that a king or queen wears on their head ▷ **korona** **2** [C] the top of a hat, head, or hill ▷ **korona, wierzchołek** **3 the Crown** used to refer to the power or government of a king or queen: *All this land belongs to the Crown.* ▷ **Korona** **4** [C] an artificial top that is put on a damaged tooth ▷ **koronka** **5** the top part of a tooth ▷ **korona**

crown² /kraʊn/ **verb** [T] **1** to put a crown on someone's head in an official ceremony that makes them a king or queen: [often passive]

Queen Elizabeth II of England was crowned in 1952. ▷ **koronować** **2** literary to be on top of something else: *A large domed ceiling crowns the main hall.* ▷ **zwieńczać** **3** to be the best or most successful part of something: *a book that crowned his successful writing career* ▷ **ukoronować**

crowning /ˈkraʊnɪŋ/ **adjective** [always before noun] more important, beautiful, etc than anything else: *It was the **crowning achievement** of his political career.* ▷ **szczytowy**

CRT /ˌsiːɑːˈtiː/ **noun** [C] abbreviation for cathode ray tube ▷ **kineskop**

crucial /ˈkruːʃəl/ **adjective** B2 extremely important or necessary: *a crucial decision/question* ◦ *Her work has been **crucial to** the project's success.* ▷ **kluczowy**
• **crucially adverb** ▷ **kluczowo**

crucifix /ˈkruːsɪfɪks/ **noun** [C] a model of a cross with Jesus Christ on it ▷ **krucyfiks**

crucifixion /ˌkruːsəˈfɪkʃən/ **noun** [C, U] in the past, when someone was fastened to a cross and left to die: *the crucifixion of Christ* ▷ **ukrzyżowanie**

crucify /ˈkruːsɪfaɪ/ **verb** [T] **1** in the past, to fasten someone to a cross and leave them to die ▷ **ukrzyżować** **2** informal to criticize someone or something in a cruel and damaging way: [often passive] *The film has been crucified by the media.* ▷ **zmieszać z błotem**

crude /kruːd/ **adjective** **1** made or done in a simple way and without much skill: *a crude device/weapon* ▷ **prymitywny** **2** rude and offensive: *a crude comment/remark* ▷ **ordynarny**
• **crudely adverb** ▷ **prymitywnie, ordynarnie**

ˌcrude ˈoil noun [U] (also **crude**) oil in its natural state before it has been treated ▷ **ropa naftowa**

cruel /ˈkruːəl/ **adjective** (**crueller**, **cruellest**, **crueler**, **cruelest**) B1 extremely unkind, or causing people or animals to suffer: *a cruel joke* ◦ *Many people think hunting is **cruel to** animals.* ▷ **okrutny**
• **cruelly adverb** B2 ▷ **okrutnie**

cruelty /ˈkruːəlti/ **noun** [C, U] B2 cruel behaviour or a cruel action: *laws against **cruelty to** animals* ▷ **okrucieństwo**

cruise[1] /kruːz/ **noun** [C] B1 a holiday on a ship, sailing from place to place ▷ **rejs (wycieczkowy)**

cruise[2] /kruːz/ **verb** **1** [I] to move in a vehicle at a speed that does not change: *The plane is cruising at 500 miles per hour.* ▷ **jechać, lecieć, płynąć** **2** [I] B2 to go on a cruise ▷ **płynąć** **3 cruise to success/victory, etc** informal to win a competition easily ▷ **osiągać łatwe zwycięstwo**

ˌcruise ˈmissile UK (US ˈ**cruise ˌmissile**) **noun** [C] a weapon that flies through the air, and which often carries nuclear weapons ▷ **pocisk manewrujący**

cruiser /ˈkruːzər/ **noun** [C] **1** a large military ship used in wars ▷ **krążownik** **2** (also ˈ**cabin ˌcruiser**) a motor boat with a room for people to sleep in ▷ **jacht motorowy**

ˈ**cruise ˌship noun** [C] (also ˈ**cruise ˌliner**) a large ship like a hotel, which people travel on for pleasure ▷ **statek pasażerski**

C

crumb /krʌm/ **noun** **1** [C] a very small piece of bread, cake, etc ▷ **okruch, okruszek** **2 a crumb of sth** a very small amount of something ▷ **odrobina** *czegoś*

crumble /ˈkrʌmbl/ **verb** **1** [I, T] to break into small pieces, or to make something break into small pieces: *Buildings crumbled as the earthquake struck.* ▷ **kruszyć (się), rozsypywać się** **2** [I] If a relationship, system, or feeling crumbles, it fails or ends: *His first marriage crumbled after only a year.* ▷ **rozpadać się, rozsypywać się**

crummy /ˈkrʌmi/ **adjective** informal unpleasant, or of bad quality: *a crummy job* ◦ *a crummy hotel* ▷ **byle jaki**

crumple /ˈkrʌmpl/ **verb** **1** [I, T] If something such as paper or cloth crumples, it becomes crushed, and if you crumple it, you crush it until it is full of folds: *a crumpled shirt* ▷ **miąć (się)** **2** [I] If someone's face crumples, they suddenly look very sad or disappointed. ▷ **zrzednąć**

PHRASAL VERB **crumple sth up** to crush a piece of paper until it is full of folds ▷ **zmiąć** *coś*

crunch[1] /krʌnʃ/ **noun** [C] the sound of something being crushed: [usually singular] *the crunch of dried leaves under our feet* ▷ **chrzęst**

IDIOM **if/when it comes to the crunch** if/when a situation becomes serious or you have to make an important decision ▷ **w krytycznym momencie**

crunch[2] /krʌnʃ/ **verb** **1** [I, T] to make a noise by chewing hard food: *She was **crunching on** an apple.* ▷ **chrupać** **2** [I] to make a sound as if something is being crushed: *The gravel crunched under our feet.* ▷ **chrzęścić**

crunchy /ˈkrʌntʃi/ **adjective** Crunchy food is hard and makes a noise when you eat it. ▷ **kruchy, chrupiący**

crusade /kruːˈseɪd/ **noun** [C] a determined attempt to change or achieve something that you believe in strongly ▷ **kampania**
• **crusader noun** [C] someone who is involved in a crusade ▷ **orędowni-k/czka**

> Wyrazy występujące razem z **crusade**
>
> **launch/mount** a crusade • **be on** a crusade • a **moral/personal** crusade • a crusade **against/for** sth

crush[1] /krʌʃ/ **verb** [T] **1** to press something so hard that it is made flat or broken into pieces: *Her car was crushed by a falling tree.* ▷ **zgniatać, miażdżyć** **2** to defeat someone or something completely: *government attempts to crush protests* ◦ *a **crushing defeat*** ▷ **zmiażdżyć, stłamsić**

crush² /krʌʃ/ **noun 1** [no plural] a crowd of people forced to stand close together because there is not enough room: *Many people fell over in the crush.* ▷ **ścisk, tłum 2** [C] informal a strong temporary feeling of love for someone: *Tim* ***has a crush on*** *Jennifer.* ▷ **zadurzenie, ≈ podkochiwać się**

crust /krʌst/ **noun** [C, U] **1** the hard outer surface of bread or other baked foods ▷ **skórka 2** a hard, dry layer on the surface of something ▷ **skorupa**

crustacean /krʌsˈteɪʃən/ **noun** [C] any of various types of animal which live in water and have a hard outer shell ▷ **skorupiak**

crusty /ˈkrʌsti/ **adjective 1** unfriendly and becoming annoyed very easily ▷ **drażliwy 2** Something that is crusty has a hard outer layer: ***crusty bread*** ▷ **chrupiący**

crutch /krʌtʃ/ **noun** [C] **1** a stick that you put under your arm to help you walk if you have injured your leg or foot: [usually plural] *Charles was* ***on crutches*** *(= walking with crutches) for six weeks.* ▷ **kula 2** UK (UK/US **crotch**) the part of your body between the tops of your legs, or the part of a piece of clothing that covers this area ▷ **krok, krocze**

crux /krʌks/ **noun the crux (of sth)** the main or most important part of a problem, argument, etc ▷ **sedno** (*czegoś*)

cry¹ /kraɪ/ **verb 1** [I] Ⓐ2 to produce tears from your eyes, usually because you are sad, angry, or hurt: *My baby brother cries all the time.* ▷ **płakać 2** [I, T] Ⓑ1 to speak or say something loudly: *"Look at this!" cried Raj.* ▷ **krzyczeć, wołać** → See also **cry your** ***eyes*** **out**, **a** ***shoulder*** **to cry on**

PHRASAL VERBS **be crying out for sth** informal to need something very much: *a school that's crying out for more money* ▷ **wołać o** *coś* • **cry out (sth)** to shout or make a loud noise because you are frightened, hurt, etc: *She* ***cried out in*** *terror.* ▷ **wykrzykiwać** (*coś*), **krzyczeć** (*coś*)

cry² /kraɪ/ **noun 1** [C] Ⓑ1 a shout, especially one that shows that someone is frightened, hurt, etc: *a cry of horror/joy/pain* ◦ *I could hear the cries of children playing in the street.* ▷ **krzyk, okrzyk 2** [C] a sound that a particular animal or bird makes: *an eagle's cry* ▷ **krzyk 3 have a cry** to produce tears from your eyes, usually because you are sad, angry, or hurt ▷ **popłakać sobie**

IDIOM **be a far cry from sth** to be very different from something: *Her luxury mansion is a far cry from the house she grew up in.* ▷ **bardzo się różnić od** *czegoś*

crying /ˈkraɪɪŋ/ **adjective 1 a crying need for sth** mainly UK a need that is very urgent: *There's a crying need for more nurses.* ▷ **dotkliwy brak** *czegoś*, **paląca lub pilna potrzeba** *czegoś* **2 it's a crying shame** used to say that you think a situation is very wrong ▷ **to woła o pomstę do nieba**

cryogenics /ˌkraɪəʊˈdʒenɪks/ **noun** [U] the scientific study of very low temperatures and how to produce them ▷ **kriogenika**
• **cryogenic** /ˌkraɪəʊˈdʒenɪk/ **adjective** ▷ **kriogeniczny**

cryolite /ˈkraɪəʊlaɪt/ **noun** [U] a white or colourless mineral used in making aluminium, glass and other substances ▷ **kriolit**

crypt /krɪpt/ **noun** [C] a room under a church, especially one where people are buried ▷ **krypta**

cryptic /ˈkrɪptɪk/ **adjective** mysterious and difficult to understand: *a* ***cryptic*** ***comment/message*** ▷ **zagadkowy**
• **cryptically adverb** ▷ **zagadkowo**

crystal /ˈkrɪstəl/ **noun 1** [C, U] a type of transparent rock ▷ **kryształ 2** [U] a type of high quality glass: *a crystal vase* ▷ **kryształ 3** [C] a piece of a substance that has become solid, with a regular shape: *ice crystals* ▷ **kryształ, kryształek**

ˌcrystal ˈball noun [C] a large, glass ball that some people believe you can look into to see what will happen in the future ▷ **szklana kula**

ˌcrystal ˈclear adjective very obvious and easy to understand: *She made her feelings crystal clear to me.* ▷ **absolutnie jasny**

crystallize (mainly UK **-ise**) /ˈkrɪstəlaɪz/ **verb** [I, T] **1** If something crystallizes your thoughts or opinions, or if they crystallize, they become clear and fixed ▷ **ukształtować (się) 2** If a liquid crystallizes, it turns into crystals. ▷ **krystalizować**
• **crystallization** (mainly UK **-isation**) /ˌkrɪstəlaɪˈzeɪʃən/ **noun** [U] ▷ **krystalizacja**

Ctrl Key noun [C, usually singular] abbreviation for control key ▷ **klawisz Ctrl, klawisz control**

CU Internet abbreviation for see you: used when saying goodbye at the end of an email or text message ▷ **do zobaczenia**

cub /kʌb/ **noun** [C] a young bear, fox, lion, etc ▷ **młode**

Cuba /ˈkjuːbə/ **noun** a country on an island in the Caribbean ▷ **Kuba**
• **Cuban** /ˈkjuːbən/ **adjective** coming from or relating to Cuba ▷ **kubański** • **Cuban noun** someone from Cuba ▷ **Kubańczyk, Kubanka**

cube¹ /kjuːb/ **noun 1** [C] a solid object with six square sides of the same size: *Cut the cheese into small cubes.* ▷ **kostka, sześcian 2 the cube of sth** the number you get when you multiply a particular number by itself twice: *The cube of 3 is 27.* ▷ **sześcian** *czegoś*, **trzecia potęga** *czegoś* → See also **ice cube**

cube² /kjuːb/ **verb** [T] **1** to multiply a particular number by itself twice: *5 cubed is 125.* ▷ **podnosić do sześcianu lub trzeciej potęgi 2** to cut something into cubes ▷ **kroić w kostkę**

ˌcube ˈroot noun [C] the cube root of a number

is another number that, when multiplied by itself twice, makes the first number ▷ **pierwiastek sześcienny**

cubic /ˈkjuːbɪk/ **adjective cubic centimetre/inch/metre, etc** a unit of measurement that shows the volume of something: *a reservoir that holds 22 million cubic metres of water* ▷ **centymetr/cal/metr** *itp.* **sześcienny**

cubicle /ˈkjuːbɪkl/ **noun** [C] a small space with walls around it, that is separate from the rest of a room: *a shower cubicle* ▷ **kabina**

cuboid[1] /ˈkjuːbɔɪd/ **noun** [C] a solid object with six rectangular sides ▷ **prostopadłościan**

cuboid[2] /ˈkjuːbɔɪd/ **adjective** in the shape of a cube or a cuboid ▷ **sześcienny, prostopadłościenny**

cuckoo /ˈkʊkuː/ **noun** [C] a small bird that makes a sound like its name and puts its eggs into other birds' nests ▷ **kukułka**

cucumber /ˈkjuːkʌmbəʳ/ **noun** [C, U] (B1) a long, green vegetable that you eat raw in salads ▷ **ogórek** → See **Fruits and Vegetables** on page Centre 10

cuddle /ˈkʌdl/ **verb** [I, T] to put your arms around someone to show them that you love them: *Her mother cuddled her until she stopped crying.* ▷ **przytulać**
• **cuddle noun** [C] ▷ **przytulenie**

PHRASAL VERB **cuddle up** to sit or lie very close to someone: *The children **cuddled up to** me to keep warm.* ▷ **przytulać się**

cuddly /ˈkʌdli/ **adjective** soft and pleasant to hold close to you ▷ **przytulany, do przytulania**

cue /kjuː/ **noun 1** [C] an action or event that is a sign that something should happen: *The final goal was the **cue for** celebration.* ▷ **sygnał, znak 2** [C] a signal that tells someone to start speaking or doing something when acting in a play, film, etc ▷ **sygnał, znak 3 on cue** If something happens on cue, it happens at exactly the right time: *Then, **right on cue**, Andrew appeared at the door.* ▷ **(jak) na zawołanie 4 take your cue from sb/sth** to copy what someone else does: *I took my cue from the others and left.* ▷ **brać przykład z** *kogoś/czegoś* **5** [C] a long, straight stick used to hit the balls in games like snooker ▷ **kij bilardowy**

cuff /kʌf/ **noun** [C] the bottom part of a sleeve that goes around your wrist ▷ **mankiet**

IDIOM **off the cuff** If you speak off the cuff, you do it without having planned what you will say. ▷ **z głowy**

cuisine /kwɪzˈiːn/ **noun** [U] a style of cooking: *French/international cuisine* ▷ **kuchnia**

cul-de-sac /ˈkʌldəsæk/ **noun** [C] a short road with houses which is blocked at one end ▷ **ślepa uliczka**

culinary /ˈkʌlɪnəri/ **adjective** [always before noun] formal related to food and cooking: *culinary equipment* ▷ **kulinarny**

cull /kʌl/ **verb** [T] to kill some of the animals in a group, especially the weakest ones, to limit their numbers ▷ **przeprowadzać ubój lub odstrzał selektywny**
• **cull noun** [C] ▷ **ubój lub odstrzał selektywny**

PHRASAL VERB **cull sth from sth** to collect ideas or information from several different places: [often passive] *The book is culled from over 800 pages of his diaries.* ▷ **zaczerpnąć** *coś* **z** *czegoś*, **pozbierać** *coś* **z** *czegoś*

culminate /ˈkʌlmɪneɪt/ **verb** formal **1 culminate in/with sth** to finish with a particular event, or reach a final result after gradual development and often a lot of effort: *His career culminated with the post of ambassador to NATO.* ▷ **kończyć się** *czymś*, **zostać uwieńczonym** *czymś* **2** [T] US to be the final thing in a series of events: *The discovery of a body culminated two days of desperate searching.* ▷ **kończyć, wieńczyć**
• **culmination** /ˌkʌlmɪˈneɪʃən/ **noun** [no plural] *This discovery is **the culmination of** years of research.* ▷ **zakończenie, uwieńczenie**

culpable /ˈkʌlpəbl/ **adjective** formal deserving to be blamed for something bad ▷ **winny**
• **culpability** /ˌkʌlpəˈbɪləti/ **noun** [U] ▷ **wina**

culprit /ˈkʌlprɪt/ **noun** [C] **1** someone who has done something wrong ▷ **spraw-ca/czyni, winowaj-ca/czyni 2** something that is responsible for a bad situation: *In many of these illnesses, stress is the **main culprit**.* ▷ **sprawca, winowaj-ca/czyni**

cult /kʌlt/ **noun** [C] **1** someone or something which has become very popular with a particular group of people: *a **cult figure/movie*** ▷ **kult 2** a religious group whose ideas are considered strange by many people ▷ **kult**

cultivate /ˈkʌltɪveɪt/ **verb** [T] **1** to prepare land and grow crops on it: *This shrub is cultivated in Europe as a culinary herb.* ▷ **uprawiać 2** to try to develop or improve something: *She has **cultivated an image** as a tough negotiator.* ▷ **wytwarzać, kultywować**
• **cultivation** /ˌkʌltɪˈveɪʃən/ **noun** [U] ▷ **uprawa**

cultivated /ˈkʌltɪveɪtɪd/ **adjective** A cultivated person has had a good education and knows a lot about art, books, music, etc. ▷ **wykształcony**

cultural /ˈkʌltʃərəl/ **adjective 1** (B1) relating to the habits, traditions, and beliefs of a society: *cultural diversity/identity* ▷ **kulturowy 2** (B1) relating to music, art, theatre, literature, etc: *cultural events* ▷ **kulturalny**
• **culturally adverb** (B2) ▷ **kulturowo**

culture /ˈkʌltʃəʳ/ **noun 1** [C, U] (B1) the habits, traditions, and beliefs of a country, society, or group of people: *American/Japanese culture* ◦ *It's a good opportunity for children to learn about other cultures.* ▷ **kultura 2** [U] (B1) music, art, theatre, literature, etc: *popular culture* ▷ **kultura** **3** [C, U] the process of growing things, especially bacteria, for scientific purposes, or the bacteria produced by this process ▷ **hodowla, kultura**

C

cultured /ˈkʌltʃəd/ **adjective** A cultured person knows a lot about music, art, theatre, etc. ▷ **kulturalny**

ˈculture ˌmedium **noun** [C] a substance that scientists use to grow cells or microorganisms ▷ **pożywka**

ˈculture ˌshock **noun** [U] the feeling of confusion someone has when they go to a new and very different place ▷ **szok kulturowy**

-cum- /kʌm/ used between two nouns to describe something which combines the two things: *a kitchen-cum-dining room (= room which is used as a kitchen and a dining room)* ▷ Tłumaczymy spójnikiem **z** albo łącznikiem, np. **kuchnia z jadalnią, kuchnio-jadalnia**; w przypadku określeń osób czasem oddajemy zwrotem **w jednej osobie**

cumbersome /ˈkʌmbəsəm/ **adjective** **1** large and difficult to move or use: *cumbersome safety equipment* ▷ **nieporęczny** **2** slow and not effective: *cumbersome bureaucracy* ▷ **nieefektywny**

cumulative /ˈkjuːmjələtɪv/ **adjective** reached by gradually adding one thing after another: *a cumulative score* ▷ **sumaryczny, łączny, skumulowany**

cumulonimbus /ˌkjuːmjələʊˈnɪmbəs/ **noun** [U] a large, tall type of cloud that is often dark and brings heavy rain ▷ **chmura kłębiasta deszczowa**

cumulus /ˈkjuːmjʊləs/ **noun** [U] a type of tall white cloud with a wide flat base and rounded shape ▷ **chmura kłębiasta**

cunning /ˈkʌnɪŋ/ **adjective** clever at getting what you want, especially by tricking people: *a **cunning plan**/ploy* ▷ **przebiegły** • **cunning** **noun** [U] ▷ **przebiegłość** • **cunningly** **adverb** ▷ **przebiegle**

cup

cup¹ /kʌp/ **noun** [C] **1** (A1) a small, round container with a handle on the side, used to drink from: *a cup of tea/coffee* ▷ **filiżanka** **2** (B1) a prize given to the winner of a competition, or the name of the competition: *the World Cup* ▷ **puchar** **3** mainly US a measurement of amounts of food used in cooking ▷ **ćwierć litra** → See also **egg cup**

cup² /kʌp/ **verb** [T] (present participle **cupping**, past tense and past participle **cupped**) to make your hands into the shape of a cup, or to hold something with your hands in this shape ▷ **trzymać w dłoniach, składać**

cupboard /ˈkʌbəd/ **noun** [C] (A2) a piece of furniture with a door on the front and shelves inside, used for storing things ▷ **szafka, kredens** → See **The Kitchen** on page Centre 2 → See also **have a *skeleton* in the cupboard**

curate /ˈkjʊərət/ **noun** [C] a person who works for the Church of England and whose job is to help the vicar ▷ **wikary**

curator /kjʊəˈreɪtəʳ/ **noun** [C] a person who is in charge of a museum ▷ **kurator**

curb¹ /kɜːb/ **verb** [T] to limit or control something: *to curb crime/inflation* ▷ **ograniczać**

curb² /kɜːb/ **noun** [C] **1** something which limits or controls something: *They are proposing a **curb on** tobacco advertising.* ▷ **ograniczenie** **2** US spelling of kerb ▷ **krawężnik**

curdle /ˈkɜːdl/ **verb** [I, T] If a liquid curdles, or if you curdle it, it gets thicker and develops lumps: *Heat the sauce slowly or it will curdle.* ▷ **zwarzyć się, zsiadać się, ścinać (się)**

cure¹ /kjʊəʳ/ **noun** [C] **1** (B1) something that makes someone with an illness healthy again: *They are trying to **find a cure for** cancer.* ▷ **lekarstwo** **2** a solution to a problem ▷ **rozwiązanie**

> **Wyrazy występujące razem z cure**
>
> find/look for a cure • a cure for sth • the search for a cure

cure² /kjʊəʳ/ **verb** [T] **1** (B1) to make someone with an illness healthy again: *Getting a better chair completely cured my back problems.* ▷ **wyleczyć** **2** to solve a problem: *the fight to cure social inequality* ▷ **zaradzić** **3** to treat food with smoke or salt so that you can keep it for longer: *cured meats* ▷ **wędzić, zasolić**

curfew /ˈkɜːfjuː/ **noun** [C] a time, especially at night, when people are not allowed to leave their homes ▷ **godzina policyjna**

curiosity /ˌkjʊəriˈɒsəti/ **noun** **1** [U] (B2) the feeling of wanting to know or learn about something: *My curiosity got the better of me and I opened the envelope.* ◦ *Just **out of curiosity**, how did you get my address?* ▷ **ciekawość** **2** [C] something strange or unusual ▷ **ciekawostka, osobliwość**

> **Wyrazy występujące razem z curiosity**
>
> **arouse/satisfy** sb's curiosity • (do sth) **out of** curiosity • **mild/natural** curiosity • curiosity **about** sth

curious /ˈkjʊəriəs/ **adjective** **1** (B1) wanting to know or learn about something: *I was **curious***

about *his life in India.* ◦ *I was* ***curious to know*** *what would happen next.* ▷ **ciekawy** **2** strange or unusual: *The house was decorated in a curious style.* ▷ **dziwny**

• **curiously** adverb B1 *She looked at him curiously.* ▷ **ciekawie, dziwnie**

curl¹ /kɜːl/ **noun** [C] something with a small, curved shape, especially a piece of hair: *a child with blonde curls* ▷ **lok**

curl² /kɜːl/ **verb** [I, T] to make something into the shape of a curl, or to be this shape: *The cat curled its tail around its body.* ▷ **zawijać, kręcić**

PHRASAL VERB **curl up** **1** to sit or lie in a position with your arms and legs close to your body: *She curled up and went to sleep.* ▷ **zwijać się (w kłębek)** **2** If something flat, such as a piece of paper, curls up, the edges start to curve up. ▷ **zwijać się, podwijać się**

curly /ˈkɜːli/ **adjective** B1 shaped like a curl, or with many curls: *curly hair* ▷ **kręcony, zakręcony**

currant /ˈkʌrᵊnt/ **noun** [C] a small, black dried fruit used in cooking, especially in cakes ▷ **rodzynek**

currency /ˈkʌrᵊnsi/ **noun** **1** [C, U] B1 the units of money used in a particular country: *foreign currency* ▷ **waluta** **2** [U] when an idea is believed or accepted by many people: *This view is* ***gaining currency*** *within the government.* ▷ **popularność** → See also **hard currency**

current¹ /ˈkʌrᵊnt/ **adjective** B2 happening or existing now: *What is your current address?* ▷ **aktualny, obecny, bieżący**

• **currently** adverb B2 *The factory currently employs 750 people.* ▷ **aktualnie, obecnie**

current² /ˈkʌrᵊnt/ **noun** **1** [C] the natural flow of air or water in one direction: *a current of air* ◦ *dangerous/strong currents* ▷ **prąd** **2** [C, U] the flow of electricity through a wire: *an electrical current* ▷ **prąd**

ˌcurrent acˈcount noun [C] UK (US **checking account**) a bank account which you can take money out of at any time ▷ **rachunek bieżący**

ˌcurrent afˈfairs noun [plural] UK (US **ˌcurrent eˈvents**) important political or social events which are happening in the world at the present time ▷ **aktualności**

ˌcurrent ˈassets noun [plural] everything of value that a business owns at a particular time ▷ **środki obrotowe**

ˌcurrent liaˈbilities noun [plural] everything that a business owes money for at a particular time ▷ **zobowiązania bieżące**

ˈcurrent ˌratio noun [C, usually singular] (also **working ˌcapital ratio**) a calculation that compares the assets of a business that will be changed into money within 12 months with the payments that have to be made in that time ▷ **wskaźnik płynności**

curriculum /kəˈrɪkjələm/ **noun** [C] (plural **curricula, curriculums**) B1 all the subjects taught in a school, college, etc or on an educational course: *the school curriculum* ▷ **program (nauczania)**

curry /ˈkʌri/ **noun** [C, U] A2 a type of food from India, made of vegetables or meat cooked with hot spices ▷ **curry**

curse¹ /kɜːs/ **noun** [C] **1** magic words which are intended to bring bad luck to someone: *to* ***put a curse on*** *someone* ▷ **klątwa, zaklęcie** **2** a rude or offensive word or phrase ▷ **przekleństwo** **3** something that causes harm or unhappiness, often over a long period of time: *Traffic is one of the curses of modern living.* ▷ **przekleństwo**

curse² /kɜːs/ **verb** **1** [I] to use rude or offensive words: *He cursed angrily under his breath.* ▷ **przeklinać, kląć** **2** [T] to express anger towards someone or something: *He cursed himself for not telling David about it earlier.* ▷ **przeklinać** **3** **be cursed by/with sth** to have something which causes problems over a long period of time ▷ **być pokaranym** *czymś* **przez los, ≈ los** *kogoś czymś* **pokarał**

cursor /ˈkɜːsər/ **noun** [C] B2 a symbol on a computer screen which shows the place where you are working ▷ **kursor**

cursory /ˈkɜːsᵊri/ **adjective** [always before noun] formal done quickly and without much care: *a* ***cursory glance*** ▷ **pobieżny**

curt /kɜːt/ **adjective** If something you say or write is curt, it is short and not very polite. ▷ **szorstki, lakoniczny**

• **curtly** adverb ▷ **szorstko, lakonicznie**

curtail /kɜːˈteɪl/ **verb** [T] formal to reduce, limit, or stop something: *to curtail spending* ▷ **ograniczać, redukować**

• **curtailment** noun [U] ▷ **redukcja, ograniczenie**

curtain /ˈkɜːtᵊn/ **noun** [C] A2 a piece of material which hangs down to cover a window, stage, etc: *to* ***draw the curtains*** *(= open or close them)* ◦ *The* ***curtain goes up*** *(= the performance starts) at 8 o'clock.* ▷ **zasłona, kurtyna** → See **The Living Room** on page Centre 4

curtsey (also **curtsy**) /ˈkɜːtsi/ **noun** [C] a movement where a girl or woman puts one foot behind the other and bends her knees, especially to show respect to a king or queen ▷ **dygnięcie**

• **curtsey** verb [I] ▷ **dygnąć**

curve¹ /kɜːv/ **noun** [C] B2 a line which bends round like a part of a circle: *a road with gentle curves* ▷ **łuk, (linia) krzywa**

curve² /kɜːv/ **verb** [I, T] to move in a curve, form a curve, or make something into the shape of a curve: *The road curves to the left.* ◦ *a chair with a curved back* ▷ **zakręcać, wyginać (się)**

cushion¹ /ˈkʊʃᵊn/ **noun** [C] **1** B1 a cloth bag filled with something soft which you sit on or lean against to make you comfortable ▷ **poduszka** → See **The Living Room** on page Centre 4

2 somethingwhich protects you from possible problems: *Overseas savings provide* ***a cushion against*** *tax rises at home.* ▷ **asekuracja, zabezpieczenie**

cushion² /ˈkʊʃᵊn/ **verb** [T] **1** to reduce the bad effects of something: *attempts to cushion the impact of unemployment* ▷ **złagodzić 2** to protect something, especially part of the body, with something soft: *Soft grass cushioned his fall.* ▷ **złagodzić**

cushy /ˈkʊʃi/ **adjective** informal very easy: *a* ***cushy job*** ▷ **ciepły, lekki i przyjemny**

custard /ˈkʌstəd/ **noun 1** [U] a sweet, yellow sauce made from milk and eggs, usually eaten hot with sweet food: *apple pie and custard* ▷ **krem budyniowy 2** [C, U] a soft baked mixture made from milk, eggs, and sugar: *a custard pie/tart* ▷ **krem budyniowy**

custodial /kʌsˈtəʊdiəl/ **adjective** If someone is given a custodial sentence, they are sent to prison. ▷ **pozbawienia wolności**

custodian /kʌsˈtəʊdiən/ **noun** [C] **1** formal a person who takes care of something valuable or important: *He's the grandson of Oscar Wilde and custodian of his private papers.* ▷ **kustosz/ka 2** US someone whose job is to look after a building, especially a school ▷ **woźn-y/a, dozorca/czyni**

custody /ˈkʌstədi/ **noun** [U] **1** the legal right to look after a child, especially when parents separate: *When they divorced, it was Nicola who* ***won custody of*** *their two children.* ▷ **opieka nad dzieckiem lub dziećmi 2** when someone is kept in prison, usually while they are waiting for a trial in court: *He is being* ***held in custody*** *in Los Angeles charged with assault.* ◦ *He was* ***taken into custody*** *by Mexican authorities.* ▷ **areszt**

> Wyrazy występujące razem z **custody**
>
> be **awarded/given** custody (of sb) • **have/win** custody (of sb)

custom /ˈkʌstəm/ **noun 1** [C, U] B1 a habit or tradition ▷ **obyczaj, zwyczaj 2** [U] when people buy things from shops or businesses: *Free gifts are a good way of* ***attracting custom.*** ▷ **klienci, klientela, obroty**

> Wyrazy występujące razem z **custom**
>
> an **ancient/local/traditional** custom • the custom **of** doing sth

custom- /ˈkʌstəm/ **prefix** used before another word to mean 'specially designed for a particular person or purpose': *custom-built* ◦ *custom-designed* ▷ **na (indywidualne) zamówienie**

customary /ˈkʌstəmᵊri/ **adjective** normal or expected for a particular person, situation, or society: [+ to do sth] *It is* ***customary for*** *the chairman to make the opening speech.* ▷ **zwyczajowy, tradycyjny**

• **customarily** /ˌkʌstəˈmerᵊli/ **adverb** ▷ **zwyczajowo, tradycyjnie**

customer /ˈkʌstəməʳ/ **noun** [C] A2 a person or organization that buys goods or services from a shop or business: *a* ***satisfied customer*** ◦ *Mrs Wilson is one of our* ***regular customers.*** ▷ **klient/ka**

customise UK (US **customize**) /ˈkʌstəmaɪz/ **verb** [T] to change something to make it suitable for a particular person or purpose: *Our language courses are customised to each student.* ▷ **dostosować, dopasować**

customs /ˈkʌstəmz/ **noun** [U] B1 the place where your bags are examined when you are going into a country, to make sure you are not carrying anything illegal: ***customs officials*** ◦ *to* ***go through customs*** ▷ **odprawa celna, punkt odprawy celnej**

cut¹ /kʌt/ **verb** (present participle **cutting**, past tense and past participle **cut**) **1** [I, T] A2 to use a knife or other sharp tool to divide something, remove part of something, or make a hole in something: ***Cut*** *the meat* ***into*** *small pieces.* ◦ *He* ***cut*** *the piece of wood* ***in half.*** ◦ *I had my hair cut last week.* ◦ *She* ***cut off*** *all the diseased buds.* ▷ **ciąć, przecinać, obcinać 2** [T] B2 to reduce the size or amount of something: *Prices have been cut by 25%.* ◦ *The company is cutting 50 jobs.* ▷ **obniżać, redukować 3** [T] B1 to injure yourself on a sharp object which makes you bleed: *She cut her finger on a broken glass.* ▷ **przeciąć (się w), skaleczyć się w 4** [T] B2 to remove part of a film or piece of writing: *The film was too long so they cut some scenes.* ▷ **wycinać** → See also **cut** ***corners,*** **cut it/things** ***fine,*** **have your** ***work*** **cut out**

PHRASAL VERBS **cut across sth 1** B2 to go from one side of an area to the other instead of going round it: *If we cut across this field, it will save time.* ▷ **skrócić sobie drogę przez** *coś*, **iść na skróty przez** *coś* **2** If a problem or subject cuts across different groups of people, all of those groups are affected by it or interested in it. ▷ **dotyczyć** *czegoś* • **cut back (sth)** to reduce the amount of money being spent on something: *We have had to* ***cut back on*** *training this year.* ▷ **ograniczać lub obcinać wydatki (na** *coś***)** • **cut sth down** B2 to make a tree or other plant fall to the ground by cutting it near the bottom ▷ **ścinać** *coś* • **cut down (sth)** B2 to eat or drink less of something, or to reduce the amount or number of something: *My doctor says I should cut down on cigarettes.* ▷ **ograniczać się/***coś* • **cut sb off** to stop someone speaking by interrupting them or putting the telephone down: *She cut me off in the middle of our conversation.* ▷ **przerywać** *komuś*, ≈ **odkładać słuchawkę** • **cut sb/sth off 1** B2 to prevent people from reaching or leaving a place, or to separate them from other people: [often passive] *The whole village was cut off by flooding.* ◦ *She lives abroad and feels very* ***cut off from*** *her family.* ▷ **odcinać** *kogoś/coś* **2** B2 to stop providing something such as electricity or food supplies: [often passive] *If we don't pay the gas bill, we'll be cut off.* ▷ **odcinać** (*komuś*) *coś* • **cut sth out 1** to remove something or form a shape by cutting, usually something made of paper or cloth: *She cut out his picture from the magazine.* ▷ **wycinać** *coś* **2** to stop eating or drinking something, usually to improve your health: *I've cut out red meat from my diet.* ▷ **wyeliminować** *coś* **3 Cut it out!** informal something you say to tell someone to stop doing something annoying ▷ **Przestań! 4 not be cut out to be sth/not be cut out for sth** to not have the right qualities for something: *I'm not really cut out to be a nurse.* ▷ **nie być stworzonym do** *czegoś*/**dla** *czegoś*/**na** *coś* • **cut out** If an engine, machine, or piece of equipment cuts out, it suddenly stops working. ▷ **zgasnąć, zaciąć się** • **cut sb out** to not let someone share something or be included in something ▷ **wykluczać** *coś/kogoś* • **cut sth up 1** B1 to cut something into pieces ▷ **pokroić** *coś* **2 be cut up** UK informal to be very upset about something: *He was very cut up when his brother died.* ▷ **być załamanym**

cut² /kʌt/ **noun** [C] **1** B1 an injury made when the skin is cut with something sharp: *He suffered cuts and bruises in the accident.* ▷ **skaleczenie, rana (cięta) 2** an opening made with a sharp tool: *She **made a cut** in the material.* ▷ **rozcięcie, nacięcie 3** B2 a reduction in the number or amount of something: ***tax/job cuts*** ◦ *The workers were angry about the **cut in** pay.* ▷ **cięcie, redukcja 4** a piece of meat from a particular part of an animal: *an expensive cut of beef* ▷ **płat, kawałek 5** a share of something, usually money: *My family owns the company, so we get a **cut of** the profits.* ▷ **udział, działka 6 an electricity/power, etc cut** B2 when the supply of something is stopped ▷ **wyłączenie energii/prądu** *itp.* **7** (also **haircut**) the style in which your hair has been cut ▷ **fryzura** → See also **shortcut**

ˌcut and ˈpaste **verb** [I, T] (present participle **cutting and pasting**, past tense and past participle **cut and pasted**) to move words or pictures from one place to another in a computer document ▷ **wyciąć i wkleić**

cutback /ˈkʌtbæk/ **noun** [C] a reduction of something, usually to save money: *The company has **made cutbacks** and closed one of its factories.* ▷ **cięcie**

> Wyrazy występujące razem z **cutback**
>
> make cutbacks • drastic/severe/sharp cutbacks • cutbacks in sth

cute /kjuːt/ **adjective 1** attractive: *a cute baby* ▷ **śliczny 2** US informal clever in a way that is annoying or rude: *He thinks it's cute to tell dirty jokes.* ▷ **zabawny, dowcipny**

cuticle /ˈkjuːtɪkl/ **noun** [C] **1** the thin skin at the bottom of the nails on the fingers and toes ▷ **skórka (przy paznokciu) 2** the outer layer of a plant, that protects it ▷ **kutykula**

cutlery /ˈkʌtlᵊri/ **noun** [U] UK (US **silverware**) knives, forks, and spoons ▷ **sztućce**

cutlet /ˈkʌtlət/ **noun** [C] a small piece of meat still joined to the bone: *a lamb cutlet* ▷ **kotlet**

cut-price /ˈkʌtˌpraɪs/ **adjective** [always before noun] mainly UK (US **cut-rate**) cheaper than usual: *cut-price tickets* ▷ **przeceniony**

cutters /ˈkʌtəz/ **noun** [plural] a tool for cutting something: *wire cutters* ▷ **cążki**

cut-throat mainly UK (also US **cutthroat**) /ˈkʌt θrəʊt/ **adjective** a cut-throat business or other situation is where people will do anything to succeed and do not care if they hurt others: *the cut-throat world of journalism* ▷ **bezwzględny**

cutting¹ /ˈkʌtɪŋ/ **noun** [C] **1** a piece cut from a plant and used to grow a new plant ▷ **odszczepka 2** UK (UK/US **clipping**) an article or picture that has been cut out of a newspaper or magazine ▷ **wycinek**

cutting² /ˈkʌtɪŋ/ **adjective** If something you say or write is cutting, it is unkind: ***a cutting remark*** ▷ **cięty**

cutting-edge /ˌkʌtɪŋˈedʒ/ **adjective** very modern and with all the newest developments: ***cutting-edge design/technology*** ▷ **wiodący, najnowocześniejszy**

CV /ˌsiːˈviː/ **noun** [C] UK (US **résumé**) B1 a document which describes your qualifications and the jobs you have done, which you send to an employer that you want to work for ▷ **życiorys, CV**

cwt written abbreviation for hundredweight ▷ **cetnar (= 50,8 kg w Wielkiej Brytanii lub 45,36 kg w USA)**

cyanide /ˈsaɪənaɪd/ **noun** [U] a very strong poison ▷ **cyjanek**

cyber- /saɪbəʳ/ **prefix** relating to electronic communications, especially the Internet: *cyberspace* ▷ **cyber-**

cybercafe /ˈsaɪbəˌkæfeɪ/ **noun** [C] a place where customers can buy food and drink and use computers to search for information on the Internet ▷ **kawiarenka internetowa, cyberkafejka**

cyberspace /ˈsaɪbəˌspeɪs/ **noun** [U] the Internet, considered as an imaginary area where you can communicate with people and find information ▷ **cyberprzestrzeń**

cycle¹ /ˈsaɪkl/ **noun** [C] **1** B2 a series of events which happen in a particular order and are often repeated: *the **life cycle** of a moth* ▷ **cykl 2** B2 a bicycle ▷ **rower** → See also **life cycle**

cycle² /ˈsaɪkl/ **verb** [I] B1 to ride a bicycle ▷ **jeździć lub jechać na rowerze**
• **cycling noun** [U] A2 ▷ **jazda na rowerze, kolarstwo** → See **Sports 2** on page Centre 15 • **cyclist noun** [C] B1 someone who rides a bicycle ▷ **rowerzyst-a/ka**

ˈcycle ˌhelmet noun [C] a hard hat that protects your head when you ride a bicycle ▷ **kask rowerowy** → See **Clothes** on page Centre 9

cyclical /ˈsɪklɪkəl/ **adjective** happening in a regular and repeated pattern: *the cyclical nature of the country's history* ▷ **cykliczny**

cyclone /ˈsaɪkləʊn/ **noun** [C] a violent storm with very strong winds which move in a circle ▷ **cyklon**

cylinder /ˈsɪlɪndər/ **noun** [C] **1** a shape with circular ends and long, straight sides, or a container or object shaped like this: *an oxygen cylinder* ▷ **cylinder 2** a part in a car or machine's engine which is shaped like a tube, and where another part moves up and down ▷ **cylinder**

cylindrical /səˈlɪndrɪkəl/ **adjective** having the shape of a cylinder ▷ **cylindryczny**

cymbal /ˈsɪmbəl/ **noun** [C] a musical instrument like a metal plate which is played by being hit with a stick or another cymbal ▷ **talerz**

cynic /ˈsɪnɪk/ **noun** [C] a cynical person ▷ **cynik**

cynical /ˈsɪnɪkəl/ **adjective** believing that people are only interested in themselves and are not sincere: *Many people have become cynical about politicians.* ▷ **cyniczny**
• **cynically adverb** ▷ **cynicznie** • **cynicism** /ˈsɪnɪsɪzəm/ **noun** [U] cynical beliefs ▷ **cynizm**

Cyprus /ˈsaɪprəs/ **noun** a country on an island in the Mediterranean ▷ **Cypr**
• **Cypriot** /ˈsɪpriət/ **adjective** coming from or relating to Cyprus ▷ **cypryjski** • **Cypriot noun** someone from Cyprus ▷ **Cypryj-czyk/ka**

cyst /sɪst/ **noun** [C] a small lump containing liquid that can grow under your skin ▷ **torbiel, cysta**

cystic fibrosis /ˌsɪstɪkfaɪˈbrəʊsɪs/ **noun** [U] a serious disease which causes the lungs and other organs to become blocked ▷ **mukowiscydoza**

cytoplasm /ˈsaɪtəʊplæzəm/ **noun** [U] the substance inside a cell which surrounds the cell's nucleus ▷ **cytoplazma**

czar (also UK **tsar**) /zɑːr/ **noun** [C] **1** a male Russian ruler before 1917 ▷ **car 2** informal a powerful official who makes important decisions for the government about a particular activity: *a drugs czar* ▷ **spec (rządowy)**

the Czech Republic /tʃek rɪˈpʌblɪk/ **noun** a country in Europe ▷ **Czechy**
• **Czech** /tʃek/ **adjective** coming from or relating to the Czech Republic ▷ **czeski** • **Czech noun** (plural **Czech**) someone from the Czech Republic ▷ **Czech, Czeszka**

D

D, d /diː/ the fourth letter of the alphabet ▷ **D, d**

dab /dæb/ **verb** [I, T] (present participle **dabbing**, past tense and past participle **dabbed**) to touch something with quick, light touches, or to put a substance on something with quick, light touches: *She **dabbed at** her eyes with a tissue.* ▷ **przecierać, wklepywać**

• **dab noun** [C] a small amount of something: *a **dab of** lipstick* ▷ **odrobina**

DAB /ˌdiːeɪˈbiː/ **noun** [U] abbreviation for digital audio broadcasting: an electronic system for sending radio or television information using signals in the form of numbers ▷ **technologia DAB (cyfrowej transmisji radiowej)**

dabble /ˈdæbl/ **verb** [I] to try something or take part in an activity in a way that is not serious: *I only **dabble in** politics.* ◦ *He **dabbled with** drugs at university.* ▷ **bawić się, parać się, ocierać się**

dactyl /ˈdæktɪl/ **noun** a unit of poetry with one long syllable followed by two short syllables ▷ **daktyl**

• **dactylic** /dækˈtɪlɪk/ **adjective** ▷ **daktyliczny**

dad /dæd/ **noun** [C] informal A1 father: *Can I go to the park, Dad?* ▷ **tata**

daddy /ˈdædi/ **noun** [C] a word for 'father', used especially by children ▷ **tatuś**

daffodil /ˈdæfədɪl/ **noun** [C] a yellow flower that usually grows in spring ▷ **żonkil**

daffodil

daft /dɑːft/ **adjective** UK informal silly: *That's a **daft** idea.* ▷ **głupi**

dagger /ˈdægəʳ/ **noun** [C] a short knife, used as a weapon ▷ **sztylet**

daily¹ /ˈdeɪli/ **adjective** [always before noun], **adverb 1** A2 happening or produced every day or once a day: *a **daily newspaper*** ◦ *The shop is open daily from 8 a.m. to 6 p.m.* ▷ **codzienny, codziennie 2** relating to one single day: *They are paid on a **daily basis**.* ▷ **codzienny, codziennie 3 daily life** B1 the usual things that happen to you every day: *Shootings are **part of daily life** in the region.* ▷ **życie codzienne**

daily² /ˈdeɪli/ **noun** [C] a newspaper that is published every day except Sunday ▷ **dziennik**

dainty /ˈdeɪnti/ **adjective** small, attractive, and delicate: *dainty feet* ▷ **słodki, delikatny**

• **daintily adverb** ▷ **delikatnie**

dairy¹ /ˈdeəri/ **noun** [C] **1** a place where milk is stored and cream and cheese are made ▷ **mleczarnia, zakłady mleczne 2** a company which sells milk and products made of milk ▷ **mleczarnia**

dairy² /ˈdeəri/ **adjective** [always before noun] B2 relating to milk or products made using milk: ***dairy products*** ◦ ***dairy cattle*** ▷ **mleczny**

daisy /ˈdeɪzi/ **noun** [C] a small flower with white petals and a yellow centre that often grows in grass ▷ **stokrotka**

dam /dæm/ **noun** [C] a strong wall built across a river to stop the water and make a lake ▷ **zapora, tama**

• **dam verb** [T] (present participle **damming**, past tense and past participle **dammed**) to build a dam across a river ▷ **budować tamę lub zaporę na**

damage¹ /ˈdæmɪdʒ/ **noun** [U] B1 harm or injury: *He suffered **brain damage** in the car crash.* ◦ *The strong wind caused serious **damage to** the roof.* ▷ **uszkodzenie**

> **Wyrazy występujące razem z damage**
>
> cause/inflict/repair/suffer damage • extensive/permanent/serious/slight damage • damage to sth

damage² /ˈdæmɪdʒ/ **verb** [T] B1 to harm or break something: *Many buildings were damaged in the storm.* ◦ *Smoking can seriously damage your health.* ▷ **niszczyć, szkodzić**

• **damaging adjective** harmful: *the **damaging effects** of pollution* ▷ **szkodliwy**

damages /ˈdæmɪdʒɪz/ **noun** [plural] money that a person or organization pays to someone because they have harmed them or something that belongs to them: *She was **awarded £400 in damages**.* ▷ **odszkodowanie**

> **Wyrazy występujące razem z damages**
>
> award/claim/pay/seek/win damages • substantial damages • [£400, $10,000, etc] in damages

dame /deɪm/ **noun** [C] **1** a title used in the UK before the name of a woman who has been officially respected: *Dame Agatha Christie* ▷ **(= w Wielkiej Brytanii tytuł kobiety, której nadano jeden z tytułów szlacheckich lub udekorowano Medalem Imperium Brytyjskiego) 2** US informal old-fashioned a woman ▷ **niewiasta**

damn¹ /dæm/ **adjective** [always before noun] (also **damned** /dæmd/) used to express anger: *He didn't listen to a damn thing I said.* ▷ **cholerny**

damn² /dæm/ **exclamation** (also **damn it**) B1 used to express anger or disappointment: *Damn! I've forgotten the tickets.* ▷ **cholera**

damn³ /dæm/ **adverb** (also **damned** /dæmd/) very: *He worked damn hard to pass that exam.* ▷ **cholernie**

damn⁴ /dæm/ **noun not give a damn** informal to not be interested in or worried about someone or something: *I don't give a damn what people think.* ▷ ≈ **nie obchodzić** *kogoś*

damn⁵ /dæm/ **verb 1 damn him/it/you, etc** used to express anger about someone or something: *Stop complaining, damn you!* ▷ **do diaska 2** [T] to strongly criticize someone or something: *He was damned by the media.* ▷ **potępiać**

damning /ˈdæmɪŋ/ **adjective** criticizing someone or something very strongly, or showing clearly that someone is guilty: ***damning evidence*** ◦ *a* ***damning report*** *on education standards* ▷ **potępiający, oskarżycielski**

damp /dæmp/ **adjective** B2 slightly wet, usually in an unpleasant way: *damp clothes/grass* ◦ *It was cold and damp outside.* ▷ **wilgotny**

• **damp** (also **dampness**) **noun** [U] when something is slightly wet ▷ **wilgoć**

dampen /ˈdæmpən/ **verb** [T] (also **damp**) **1** to make something less strong: *Nothing you can say will* ***dampen*** *her* ***enthusiasm.*** ▷ **tłumić, osłabiać 2** to make something slightly wet ▷ **zwilżać**

damper /ˈdæmpəʳ/ **noun**

IDIOM **put a damper on sth** to stop an occasion from being enjoyable: *The accident put a damper on their holiday.* ▷ **kłaść się cieniem na** *czymś*

dance¹ /dɑːns/ **verb** [I, T] A1 to move your feet and body to the rhythm of music: *She's dancing with Steven.* ◦ *Can you dance the tango?* ▷ **tańczyć**

• **dancer noun** [C] A2 ▷ **tance-rz/rka** • **dancing noun** [U] A1 ▷ **taniec**

dance² /dɑːns/ **noun 1** [C] A1 when you move your feet and body to music: *I* ***had*** *a* ***dance*** *with my dad.* ▷ **taniec 2** [C] B1 a particular set of steps or movements to music: *My favourite dance is the tango.* ▷ **taniec 3** [C] a social event where people dance to music ▷ **bal (taneczny), potańcówka 4** [U] A2 the activity or skill of dancing: *a dance school* ▷ **taniec**

dandelion /ˈdændɪlaɪən/ **noun** [C] a yellow wild flower ▷ **mlecz**

dandruff /ˈdændrʌf/ **noun** [U] small pieces of dead skin in someone's hair or on their clothes ▷ **łupież**

danger /ˈdeɪndʒəʳ/ **noun 1** [C, U] A2 the possibility that someone or something will be harmed or killed, or that something bad will happen: *the dangers of rock climbing* ◦ *The soldiers were* ***in serious danger.*** ◦ *We were* ***in danger of*** *missing our flight.* ▷ **niebezpieczeństwo 2** [C] B1 something or someone that may harm you: *Icy roads are a* ***danger to*** *drivers.* ▷ **niebezpieczeństwo, zagrożenie**

> Wyrazy występujące razem z **danger**
>
> face danger • pose a danger • great/serious danger • be in danger • be in danger of sth

dangerous /ˈdeɪndʒərəs/ **adjective** A2 If someone or something is dangerous, they could harm you: *a dangerous chemical* ▷ **niebezpieczny**

• **dangerously adverb** B1 *dangerously close to the edge* ▷ **niebezpiecznie**

> **Dangerous** wyrazy bliskoznaczne
>
> Jeśli coś jest wyjątkowo niebezpieczne, możemy użyć przymiotników **hazardous, perilous** lub **treacherous**:
>
> *Ice had made the roads* ***treacherous.***
>
> *Heavy rain is causing* ***hazardous*** *driving conditions.*
>
> *A* ***perilous*** *journey through the mountains was their only escape route.*
>
> Niebezpieczne substancje są często określane jako **harmful** lub **hazardous**:
>
> *Please be aware that these chemicals are* ***harmful/hazardous*** *to human health.*
>
> Jeśli coś jest niebezpieczne, gdyż może wywołać niekorzystny skutek, możemy określić to jako **risky**:
>
> *Surgery at his age would be too* ***risky.***

dangle /ˈdæŋgl/ **verb 1** [I, T] to hang loosely, or to hold something so that it hangs loosely: *Electrical wires were* ***dangling from*** *the ceiling.* ▷ **zwisać, dyndać 2** [T] to offer someone something they want in order to persuade them to do something: *They dangled the possibility of a job in Paris in front of him.* ▷ **nęcić, podsuwać**

Daniel /ˈdænjəl/ **noun** (also **Dan** /dæn/) a male name

dank /dæŋk/ **adjective** wet, cold, and unpleasant: *a dark, dank basement* ▷ **zatęchły**

dapper /ˈdæpəʳ/ **adjective** A dapper man looks stylish and tidy. ▷ **wymuskany**

dare¹ /deəʳ/ **verb 1 dare (to) do sth** B2 to be brave enough to do something: *I didn't dare tell Dad that I'd scratched his car.* ▷ **odważyć się** *coś zrobić* **2 dare sb to do sth** to try to make someone do something dangerous: *She dared her friend to climb onto the roof.* ▷ **rzucać** *komuś* **wyzwanie do** *zrobienia czegoś* **3 Don't you dare** informal used to tell someone angrily not to do something: *Don't you dare hit your sister!* ▷ **nie waż się 4 How dare she/you, etc** used to express anger about something someone has done: *How dare you talk to me like that!* ▷ **jak śmie/śmiesz** *itp.* **5 I dare say** (also **I daresay**) used when you think that something is probably true or will probably happen: *I dare say she'll change her mind.* ▷ **zaryzykowałbym twierdzenie (że)**

dare² /deəʳ/ **noun** [C] something that you do to prove that you are not afraid: [usually singular] *She climbed down the cliff for a dare.* ▷ **wyzwanie**

daredevil /ˈdeəˌdevəl/ **noun** [C] someone who enjoys doing dangerous things ▷ **szaleniec, śmiałek**

daren't /deənt/ UK short for dare not: *I daren't tell*

my wife how much it cost. ▷ **nie ośmielać się, nie śmieć**

daring /ˈdeərɪŋ/ **adjective** brave and taking risks: *a daring escape* ▷ **śmiały, odważny** • **daring noun** [U] ▷ **śmiałość**

dark¹ /dɑːk/ **adjective 1** A2 with no light or not much light: *It's a bit dark in here.* ◦ *It doesn't* ***get dark*** *until 9 o'clock in the evening.* ▷ **ciemny, ≈ ciemno 2** A1 nearer to black than white in colour: *dark blue/green* ◦ *dark clouds* ◦ *He's got dark hair and blue eyes.* ▷ **ciemny 3** having black or brown hair or brown skin: *a short, dark woman with glasses* ▷ **ciemnowłosy, ciemnoskóry 4** frightening or unpleasant: *a dark period in human history* ▷ **ponury**

dark² /dɑːk/ **noun 1 the dark** B1 when there is no light somewhere: *He's scared of the dark.* ▷ **ciemność 2 before/after dark** B1 before/after it becomes night: *She doesn't let her children out after dark.* ▷ **przed zmrokiem/po zmroku**

IDIOM **be in the dark** to not know about something that other people know about: *I'm completely in the dark about all this.* ▷ **nic nie wiedzieć**

→ See also **a *shot* in the dark**

darken /ˈdɑːkᵊn/ **verb** [I, T] **1** to become dark or make something dark: *the darkening sky* ◦ *a darkened room* ▷ **ściemniać (się), ciemnieć, pogrążać (się) w mroku 2** If someone's mood darkens, or if something darkens it, they suddenly feel less happy. ▷ **psuć (się)**

darkly /ˈdɑːkli/ **adverb** in a frightening or mysterious way: *"He might not be what he seems," she said darkly.* ▷ **ponuro**

darkness /ˈdɑːknəs/ **noun** [U] B2 when there is little or no light: *He stumbled around in the darkness looking for the light switch.* ◦ *There was a power cut and the house was* ***in darkness***. ▷ **ciemność**

darling¹ /ˈdɑːlɪŋ/ **noun** [C] B2 used when you speak to someone you love: *Would you like a drink, darling?* ▷ **kochanie**

darling² /ˈdɑːlɪŋ/ **adjective** [always before noun] loved very much: *my darling daughter* ▷ **ukochany**

darn¹ /dɑːn/ **adjective** [always before noun], **adverb** (also **darned** /dɑːnd/) US informal used to emphasize what you are saying, or to show that you are annoyed: *I'm too darn tired to care.* ▷ **cholerny, cholernie**

darn² /dɑːn/ **verb** [I, T] to repair a piece of clothing by sewing across a hole with thread: *to darn socks* ▷ **cerować**

Darren /ˈdærən/ **noun** a male name

dart¹ /dɑːt/ **noun** [C] a small arrow used in the game of darts or as a weapon: *a tranquilizer dart* ▷ **strzałka**

dart² /dɑːt/ **verb dart between/in/out, etc** to run or move somewhere quickly and suddenly: *A cat darted across the street.* ▷ **przemykać/wpadać/wypadać,** *itp.*

darts

darts /dɑːts/ **noun** [U] a game played by throwing small arrows at a round board ▷ **(gra w) strzałki**

dash¹ /dæʃ/ **verb 1** B2 [I] to go somewhere quickly: *She dashed downstairs when she heard the phone.* ◦ *I must dash. I've got to be home by 7 p.m.* ▷ **lecieć, pędzić 2 dash sb's hopes** to destroy someone's hopes: *Saturday's 2-0 defeat dashed their hopes of reaching the final.* ▷ **pogrzebać** *czyjeś* **nadzieje 3 dash (sth) against/on, etc** literary to hit or throw something with great force, usually causing damage: *Waves dashed against the cliffs.* ▷ **uderzać** (*czymś*) **o/w** *itp.*

PHRASAL VERB **dash sth off** UK to write something very quickly: *She* ***dashed off a letter*** *to her solicitor.* ▷ **napisać** *coś* **na kolanie**

dash² /dæʃ/ **noun 1** [no plural] B2 when you run somewhere very quickly: *As the rain started, we* ***made a dash for*** *shelter.* ▷ **sprint, bieg 2** [C] a small amount of something, often food: ***Add a dash*** *of milk to the sauce.* ▷ **odrobina 3** [C] B2 a mark (—) used to separate parts of sentences ▷ **myślnik, pauza**

dashboard /ˈdæʃbɔːd/ **noun** [C] the part facing the driver at the front of a car with controls and equipment to show things such as speed and temperature ▷ **tablica rozdzielcza** → See **Car** on page Centre 7

dashing /ˈdæʃɪŋ/ **adjective** A dashing man is attractive in a confident and exciting way. ▷ **atrakcyjny, pełen wigoru**

data /ˈdeɪtə/ **noun** [U] **1** B2 information or facts about something: *financial data* ▷ **dane 2** B2 information in the form of text, numbers, or symbols that can be used by or stored in a computer ▷ **dane**

> Wyrazy występujące razem z **data**
> analyse/collect data • data on sth

database /ˈdeɪtəbeɪs/ **noun** [C] B2 information stored in a computer in an organized structure so that it can be searched in different ways: *a national database of missing people* ▷ **baza danych**

ˌdatabase ˈmanagement ˌsystem noun [C] (abbreviation **DBMS**) a system for organising large amounts of computer information ▷ **system zarządzania bazą danych**

ˈdata ˌcapture noun [U] collecting data, especially using computers: *They designed a new data capture form.* ▷ **przechwytywanie danych**

dataglove /ˈdeɪtəglʌv/ **noun** [C] an electronic glove which sends information about the hand movements of the person wearing it to a computer ▷ **rękawica wirtualna**

ˈdata ˌprocessing noun [U] the use of a computer to do calculations on data ▷ **przetwarzanie danych**

ˈdata proˌjector noun [C] a machine that allows you to show words or images on a screen or wall ▷ **rzutnik (multimedialny)**

date[1] /deɪt/ **noun** [C] **1** A1 a particular day of the month or year: *"What's the date today?" "It's the fifth."* ◦ *Please give your name, address and* ***date of birth***. ▷ **data 2** B1 a time when something has been arranged to happen: *Let's* ***make a date*** *to have lunch.* ◦ *We agreed to finish the report* ***at a later date***. ▷ **termin 3 to date** formal B2 up to the present time: *This novel is his best work to date.* ▷ **do tej pory, do chwili obecnej 4** B1 a romantic meeting when two people go out somewhere, such as to a restaurant or to see a film: *He's asked her out* ***on a date***. ▷ **randka 5** someone who you are having a romantic meeting with: *Who's your date for the prom?* ▷ **chłopak, dziewczyna 6** a sticky brown fruit with a long seed inside ▷ **daktyl** → See also **blind date**, **sell-by date**

> Wyrazy występujące razem z **date**
>
> make/fix/set a date • at a future/at a later date • the date of sth • sb's date of birth

date[2] /deɪt/ **verb 1** [I, T] to regularly spend time with someone you have a romantic relationship with: *We've been dating for six months.* ▷ **spotykać się (z) 2** [T] B1 to write the day's date on something: *a letter dated March 13th* ▷ **datować 3** [T] to say how long something has existed or when it was made: *Scientists have dated the bones to 10,000 BC.* ▷ **określać wiek, datować 4** [I, T] to stop seeming modern, or to make something not seem modern: *Clothes like these date really quickly.* ▷ **starzeć się, wychodzić z mody**

PHRASAL VERBS **date back** B2 to have existed a particular length of time or since a particular time: *This house* ***dates back to*** *1650.* ▷ **pochodzić z** • **date from sth** B2 to have existed since a particular time: *The castle dates from the 11th century.* ▷ **pochodzić z**

dated /ˈdeɪtɪd/ **adjective** not modern: *This film seems a bit dated today.* ▷ **staromodny, przestarzały**

ˈdate ˌrape noun [C] when someone is raped by someone they know, or someone they have arranged to meet ▷ **gwałt na randce**

daub /dɔːb/ **verb** [T] to put a lot of a substance like paint on a surface in a careless way, often to write words or draw pictures: *The walls have been daubed with graffiti.* ▷ **pomazać, zapaćkać**

daughter /ˈdɔːtər/ **noun** [C] A1 your female child ▷ **córka**

daughter-in-law /ˈdɔːtərɪnlɔː/ **noun** [C] (plural **daughters-in-law**) B2 your son's wife ▷ **synowa**

daunt /dɔːnt/ **verb** [T] If someone is daunted by something, they are worried because it is difficult or frightening: [often passive] *I was a bit daunted by the idea of cooking for so many people.* ▷ **zrażać, zniechęcać**

daunting /dɔːntɪŋ/ **adjective** If something is daunting, it makes you worried because it is difficult or frightening: *a daunting challenge/task* ▷ **niełatwy**

David /ˈdeɪvɪd/ **noun** (also **Dave** /deɪv/) a male name

dawdle /ˈdɔːdl/ **verb** [I] to walk very slowly, or do something very slowly in a way that wastes time: *Stop dawdling! You'll be late for school!* ▷ **ociągać się**

dawn[1] /dɔːn/ **noun** [U] **1** B2 the early morning when light first appears in the sky: *We woke* ***at dawn***. ▷ **świt 2 the dawn of sth** literary the time when something began: ***the dawn of civilization*** ▷ **zaranie** *czegoś* → See also **the *crack* of dawn**

dawn[2] /dɔːn/ **verb** [I] If a day or a period of time dawns, it begins: *The day of her party dawned at last.* ▷ **świtać, zaświtać**

PHRASAL VERB **dawn on sb** If a fact dawns on you, you become aware of it after a period of not being aware of it: [+ that] *It suddenly dawned on them that Mary had been lying.* ▷ **zaświtać** *komuś*

day /deɪ/ **noun 1** [C] A1 a period of 24 hours: *the days of the week* ◦ *January has 31 days.* ◦ *I saw her the day before yesterday.* ▷ **dzień 2** [C, U] A2 the period during the day when there is light from the sun: *a bright, sunny day* ◦ *We've been travelling all day.* ▷ **dzień 3** [C] A2 the time that you usually spend at work or school: *She's had a very busy day at the office.* ▷ **dzień 4 the other day** B1 a few days ago: *I saw Terry the other day.* ▷ **kilka dni temu 5 day after day** every day for a long period of time: *Day after day they marched through the mountains.* ▷ **dzień w dzień, dzień po dniu 6 one day** A2 used to talk about something that happened in the past: *One day, I came home to find my windows smashed.* ▷ **pewnego dnia 7 one day/some day/one of these days** B1 used to talk about something you think will happen in the future: *One of these days I'll tell her what really happened.* ▷ **pewnego (pięknego) dnia 8 days a** used to talk about a particular period of time when something happened or existed: ***in my younger days*** ▷ **lata, czasy** **b** B1 a long time: *I haven't seen Jack **for days**.* ▷ **wiele dni** **9 these days** A2 used to talk about the present time: *I don't go out much these days.* ▷ **obecnie, w dzisiejszych czasach** **10 in those days** B2 used to talk about a period in the past: *In those days, boys used to wear short trousers.* ▷ **w tamtych czasach** **11 the old days** a period in the past ▷ **dawne czasy**

IDIOMS **call it a day** informal to stop doing something, especially working: *It's almost midnight – let's call it a day.* ▷ **kończyć (na dziś)** • **it's early days** UK something that you say when it is too early to know what will happen: *Both teams are at the bottom of the league, but it's early days yet.* ▷ **to dopiero początek, to może się (jeszcze) zmienić** • **make sb's day** to make someone very happy: *Go on, ask him to dance – it'll make his day!* ▷ **ucieszyć** *kogoś*, **sprawić** *komuś* **(wielką) radość** • **save the day** to do something that solves a serious problem ▷ **uratować sytuację**

→ See also **April Fool's Day**, **Boxing Day**, **Christmas Day**, **at the *end* of the day**, **field day**, **Independence Day**, **Mother's Day**, **New Year's Day**, **open day**, **polling day**, **Valentine's Day**

daybreak /ˈdeɪbreɪk/ **noun** [U] the time in the morning when light first appears in the sky ▷ **świt**

daycare /ˈdeɪkeəʳ/ **noun** [U] care provided during the day for people who cannot look after themselves, especially young children or old people: *a daycare centre* ▷ **opieka dzienna**

daydream /ˈdeɪdriːm/ **verb** [I] to have pleasant thoughts about something you would like to happen ▷ **marzyć, śnić (na jawie)**
• **daydream noun** [C] ▷ **marzenie**

daylight /ˈdeɪlaɪt/ **noun** **1** B2 [U] the natural light from the sun ▷ **światło dzienne** **2 in broad daylight** used to emphasize that something happens when it is light and people can see: *He was attacked in broad daylight.* ▷ **w biały dzień**

daylights /ˈdeɪlaɪts/ **noun**

IDIOMS **beat/knock the (living) daylights out of sb** informal to hit someone very hard many times ▷ **zbić** *kogoś* **do nieprzytomności** • **scare/frighten the (living) daylights out of sb** informal to frighten someone very much ▷ **śmiertelnie** *kogoś* **przestraszyć**

ˌday reˈturn **noun** [C] UK a ticket for a bus or train when you go somewhere and come back on the same day: *a day return to Norwich* ▷ **jednodniowy bilet powrotny, bilet wycieczkowy**

daytime /ˈdeɪtaɪm/ **noun** [U] B2 the period of the day when there is light from the sun, or the period when most people are at work: ***daytime television*** ◦ *a **daytime telephone number*** ▷ **dzień**

day-to-day /ˌdeɪtəˈdeɪ/ **adjective** [always before noun] happening every day as a regular part of your job or your life: *day-to-day activities/problems* ▷ **codzienny**

daze /deɪz/ **noun in a daze** when you cannot think clearly because you are shocked or have hit your head: *The survivors were walking around in a daze.* ▷ **półprzytomny, oszołomiony**

dazed /deɪzd/ **adjective** not able to think clearly because you are shocked or have hit your head: *a **dazed expression*** ▷ **oszołomiony**

dazzle /ˈdæzl/ **verb** [T] **1** If you are dazzled by someone or something, you think they are extremely good and exciting: [often passive] *I was dazzled by his intelligence and good looks.* ▷ **oszołamiać, olśniewać** **2** If light dazzles someone, it makes them unable to see for a short time. ▷ **oślepiać**

dazzling /ˈdæzlɪŋ/ **adjective** **1** extremely good and exciting: *a **dazzling display/performance*** ▷ **olśniewający** **2** A dazzling light is so bright that you cannot see for a short time after looking at it: *a dazzling white light* ▷ **oślepiający**

DBMS /ˌdiːbiːemˈes/ **noun** [C] abbreviation for database management system: a system for organising large amounts of computer information ▷ **system zarządzania bazą danych**

DC /diːˈsiː/ **noun** [C] abbreviation for direct current: electrical current that only moves in one direction ▷ **DC (prąd stały)** → Compare **AC**

de- /di-/ **prefix** to take something away: *deforestation (= when the trees in an area are cut down)* ▷ **de(z)-, od-**

deacon /ˈdiːkən/ **noun** [C] an official in some Christian churches ▷ **diakon**

dead[1] /ded/ **adjective** **1** A2 not now alive: *She's been dead for 20 years now.* ◦ *He was **shot dead** by a masked intruder.* ◦ *There were three children among **the dead**.* ▷ **martwy, nieżywy** **2** B2 If a piece of equipment is dead, it is not working: *a dead battery* ◦ *The phone suddenly **went dead**.* ▷ **zepsuty** **3** informal If a place is dead, it is too quiet and nothing interesting is happening there. ▷ **jak wymarły** **4** [always before noun] complete: *We waited in dead silence as the votes were counted.* ▷ **zupełny** **5** mainly UK If part of your body is dead, you cannot feel it: *My arm's **gone dead**.* ▷ **zdrętwiały** **6 wouldn't be caught/seen dead** informal If someone wouldn't be caught dead in a place or doing something, they would never go there or do it, usually because it would be too embarrassing: [+ doing sth] *I wouldn't be caught dead wearing a bikini.* ▷ **za nic nie, za żadne skarby świata nie** **7 drop dead** informal to die very suddenly ▷ **paść trupem**

dead[2] /ded/ **adverb** **1** informal extremely or completely: UK *The exam was dead easy.* ◦ US

His advice was dead wrong. ▷ **całkowicie, zupełnie 2 be dead set against sth/doing sth** to oppose something strongly: *My parents were dead set against us getting married.* ▷ **zdecydowanie się** *czemuś* **sprzeciwiać 3 stop dead** to suddenly stop moving or doing something ▷ **stanąć jak wryty, stanąć w miejscu**

D

dead[3] /ded/ **noun**

IDIOM **the dead of night/winter** the middle of the night/winter ▷ **środek nocy/zimy**

deadbeat /ˈdedbiːt/ **noun** [C] US informal someone who does not pay their debts: *a deadbeat dad* ▷ **kombinator/ka**

deaden /ˈdedᵊn/ **verb** [T] to make something less painful or less strong: *She gave me an injection to **deaden** the **pain**.* ▷ **tłumić, łagodzić**

ˌdead ˈend noun [C] **1** a road which is closed at one end ▷ **ślepa uliczka 2** a situation in which it is impossible to make progress: *The peace talks have **reached** a **dead end**.* ▷ **ślepa uliczka** • **dead-end** /ˌdedˈend/ **adjective** *a **dead-end job/relationship** ◦ a **dead-end street*** ▷ **bez perspektyw**

ˌdead ˈheat noun [C] when two people finish a race at exactly the same time ▷ **bieg lub wynik nierozstrzygnięty**

deadline /ˈdedlaɪn/ **noun** [C] B2 a time by which something must be done: *to **meet/miss** a **deadline** ◦ The **deadline for** entering the competition is tomorrow.* ▷ **termin**

> Wyrazy występujące razem z **deadline**
>
> set a deadline • meet/miss a deadline • a tight deadline • the deadline for (doing) sth

deadlock /ˈdedlɒk/ **noun** [U] a situation in which it is impossible to make progress or to reach a decision: *The talks have **reached deadlock**. ◦ There have been several attempts to **break the deadlock**.* ▷ **impas, sytuacja patowa** • **deadlocked adjective** ▷ **patowy**

deadly[1] /ˈdedli/ **adjective** B2 likely to cause death: *a **deadly virus** ◦ a **deadly weapon*** ▷ **zabójczy**

deadly[2] /ˈdedli/ **adverb deadly dull/serious, etc** extremely dull/serious, etc ▷ **śmiertelnie nudny/poważny** *itp.*

deadpan /ˈdedpæn/ **adjective** looking or sounding serious when you are telling a joke: *a deadpan expression* ▷ **kamienny, śmiertelnie poważny**

deaf /def/ **adjective 1** B1 unable to hear: *Many deaf people learn to lip read. ◦ He goes to a school for **the deaf**.* ▷ **niesłyszący, głuchy 2 be deaf to sth** to refuse to listen to something ▷ **być głuchym na** *coś* • **deafness noun** [U] ▷ **głuchota**
→ See also **fall on *deaf* ears**, **tone-deaf**

deafening /ˈdefᵊnɪŋ/ **adjective** extremely loud: *a **deafening noise*** ▷ **ogłuszający**

deal[1] /diːl/ **noun 1** [C] B2 an arrangement or an agreement, especially in business: *a **business deal** ◦ The police refused to **do/make/strike a deal** with the terrorists.* ▷ **umowa, układ 2** [C] the price you pay for something, and what you get for your money: *I **got** a really **good deal on** my new car.* ▷ **interes 3 a good/great deal** B2 a lot: *A great deal of time and effort went into arranging this party.* ▷ **dużo**

> Wyrazy występujące razem z **deal**
>
> agree/do/make/strike a deal • negotiate/sign a deal • a deal **between** [two people/companies, etc] • a deal **with** sb

deal[2] /diːl/ **verb** [I, T] (past tense and past participle **dealt**) to give cards to players in a game: *Whose turn is it to deal?* ▷ **rozdawać (karty)**

PHRASAL VERBS **deal in sth** to buy and sell particular goods as a business: *a shop dealing in rare books* ▷ **handlować** *czymś* • **deal with sth 1** B1 to take action in order to achieve something or to solve a problem: *Can you deal with this gentleman's complaint?* ▷ **zajmować się** *czymś*, **załatwiać** *coś*, **radzić sobie z** *czymś* **2** to be about a particular subject: *The programme dealt with teenage pregnancy.* ▷ **dotyczyć** *czegoś* • **deal with sb/sth** to do business with a person or organization: *I usually deal with the accounts department.* ▷ **mieć kontakty z** *kimś/czymś*, **kontaktować się z** *kimś/czymś* • **deal with sb** B2 to meet or talk to someone, especially as part of your job: *She's used to dealing with foreign customers.* ▷ **obsługiwać** *kogoś*, **zajmować się** *kimś*

dealer /ˈdiːləʳ/ **noun** [C] **1** B2 a person or company that buys and sells things for profit: *a **car dealer** ◦ a **drug dealer*** ▷ **przedstawiciel, dealer 2** a person who gives out cards to players in a game ▷ **rozdający**

dealership /ˈdiːləʃɪp/ **noun** [C] a business that sells cars, usually cars made by a particular company: *a Ford/Toyota dealership* ▷ **dealer**

dealings /ˈdiːlɪŋz/ **noun** [plural] activities involving other people, especially in business: *Have you **had** any **dealings with** their London office?* ▷ **kontakty**

dealt /delt/ past of deal

deaminate /ˌdiːˈæmɪneɪt/ **verb** [T] to remove one or more of the groups of atoms that contain nitrogen from a molecule ▷ **deaminować** • **deamination** /diːˌæmɪˈneɪʃᵊn/ **noun** [U] ▷ **deaminacja**

dean /diːn/ **noun** [C] **1** an official in a college or university ▷ **dziekan 2** an official in charge of a large church or group of churches ▷ **dziekan**

dear[1] /dɪəʳ/ **adjective 1** A1 used at the beginning of a letter, before the name of the person you are writing to: *Dear Amy ◦ Dear Mrs Simpson ◦ Dear Sir/Madam* ▷ **drogi, szanowny 2** [always before noun] B2 A dear person is someone who you know and like very much: *my dear Peter* ◦ *He's one of my dearest friends.* ▷ **drogi, bliski** **3** UK expensive ▷ **drogi** **4 dear to sb/sb's heart** If something is dear to someone or dear to their heart, it is very important to them: *The charity was very dear to his heart.* ▷ **drogi** *czyjemuś* **sercu**

dear² /dɪəʳ/ **exclamation oh dear** (A2) used to express surprise and disappointment: *Oh dear! I forgot my keys!* ▷ **o jejku!**

dear³ /dɪəʳ/ **noun** [C] used to address someone in a friendly way, especially a child or someone you love: *Don't cry, my dear.* ◦ *Yes, dear?* ▷ **kochanie**

dearly /ˈdɪəli/ **adverb** very much: *I would* ***dearly love*** *to visit Rome again.* ▷ **niezwykle, bardzo**

dearth /dɜːθ/ **noun** formal **a dearth of sth** when there are not many or not enough of something available: *a dearth of new homes* ▷ **niedostatek** *czegoś*

death /deθ/ **noun** **1** (B1) [C, U] the end of life: *Do you believe in life after death?* ◦ *We need to reduce the number of* ***deaths from*** *heart attacks.* ◦ *a death threat* ▷ **śmierć** **2 to death** until you die: *He was* ***beaten to death*** *by a gang of youths.* ▷ **na śmierć, śmiertelnie** **3 put sb to death** to kill someone as a punishment: [often passive] *She was put to death for her beliefs.* ▷ **stracić** *kogoś*, **uśmiercić** *kogoś* **4 frightened/bored, etc to death** informal (B2) extremely frightened/bored, etc: *She's scared to death of dogs.* ▷ **śmiertelnie przerażony/znudzony** *itp.*

> **Wyrazy występujące razem z death**
>
> bleed/choke/freeze/starve to death • be beaten/crushed/stabbed/trampled to death • sb's premature/sudden/tragic/untimely death • death from sth

deathbed /ˈdeθbed/ **noun on your deathbed** very ill and going to die soon ▷ **na łożu śmierci**

deathly /ˈdeθli/ **adjective, adverb** extreme in a way which is unpleasant: *a* ***deathly silence*** ◦ *Her face turned* ***deathly pale.*** ▷ **śmiertelny, śmiertelnie**

ˈdeath ˌpenalty **noun** [C] the legal punishment of death for a crime ▷ **kara śmierci**

ˌdeath ˈrow **noun on death row** in prison and waiting to be killed as a punishment for a crime ▷ **oczekujący na egzekucję, w celi śmierci**

ˈdeath ˌsentence **noun** [C] a legal punishment of death for a crime ▷ **wyrok lub kara śmierci**

ˈdeath ˌtoll **noun** [C] the number of people who die because of an event such as a war or an accident: *The death toll from the earthquake has risen to 1500.* ▷ **liczba ofiar (śmiertelnych)**

ˈdeath ˌtrap **noun** [C] something that is very dangerous and could cause death: *That old factory across the road is a real death trap.* ▷ **śmiertelna pułapka**

debase /dɪˈbeɪs/ **verb** [T] formal to reduce the value or quality of something: *They argue that money has debased football.* ▷ **deprecjonować**

debatable /dɪˈbeɪtəbl/ **adjective** If something is debatable, it is not certain if it is true or not: *It's* ***debatable whether*** *a university degree will help you in this job.* ▷ **dyskusyjny**

debate¹ /dɪˈbeɪt/ **noun** [C, U] (B2) discussion or argument about a subject: *a political debate* ◦ *There has been a lot of public* ***debate on*** *the safety of food.* ▷ **dyskusja, debata**

debate² /dɪˈbeɪt/ **verb** **1** [I, T] to discuss a subject in a formal way: *These issues need to be debated openly.* ▷ **dyskutować, debatować** **2** [T] to try to make a decision about something: [+ question word] *I'm still debating whether to go out tonight or not.* ▷ **zastanawiać się**

debenture /dɪˈbentʃəʳ/ **noun** [C] an official document from a government or company to show that you have given them money that they will pay back with a certain amount of extra money ▷ **obligacja**

debilitating /dɪˈbɪlɪteɪtɪŋ/ **adjective** formal A debilitating illness or problem makes you weak and unable to do what you want to do: *the debilitating effects of flu* ▷ **osłabiający, paraliżujący**

debit¹ /ˈdebɪt/ **noun** [C] (B2) money taken out of a bank account, or a record of this ▷ **wypłata, debet** → Opposite **credit** → See also **direct debit**

debit² /ˈdebɪt/ **verb** [T] (B2) to take money out of a bank account as a payment for something: *Twenty pounds has been debited from my account.* ▷ **potrącać**

ˈdebit ˌcard **noun** [C] (B2) a plastic card used to pay for things directly from your bank account ▷ **karta debetowa**

ˈdebit ˌnote **noun** [C] a document that is sent by a business to a company supplying goods to record any problems with the quality or amount of what the business has received ▷ **nota debetowa**

Deborah /ˈdebərə/ **noun** (also **Debbie** /debi/) a female name

debris /ˈdebriː/ (US) /dəˈbriː/ **noun** [U] broken pieces of something: *Debris from the aircraft was scattered over a wide area.* ▷ **szczątki**

debt /det/ **noun** **1** [C] (B2) an amount of money that you owe someone: *She's working in a bar to try to* ***pay off her debts.*** ▷ **dług** **2** [U] (B2) when you owe money to someone: *We don't want to* ***get into debt.*** ◦ *He's heavily* ***in debt.*** ▷ **dług** **3 be in sb's debt** to feel grateful to someone who has helped you or given you something ▷ **mieć u** *kogoś* **dług wdzięczności**

> **Wyrazy występujące razem z debt**
>
> be in/fall into/get into/run into debt • get out of debt • clear/pay off/repay/settle a debt

debtor /ˈdetəʳ/ **noun** [C] someone who owes money ▷ **dłużni-k/czka**

ˈ**debtors** ˌ**ledger** noun [C] (also **sales ledger**) a record that a business keeps of how much each customer owes ▷ **księga dłużników**

ˈ**debt re**ˌ**lief** noun [U] when a bank tells a person, a company, or a government that they do not have to pay back the money they owe the bank ▷ **umorzenie długu**

debug /ˌdiːˈbʌg/ **verb** [T] (present participle **debugging**, past tense and past participle **debugged**) to remove mistakes from a computer program ▷ **śledzić, debugować**

debut /ˈdeɪbjuː/ (US) /deɪˈbjuː/ **noun** [C] when someone performs or presents something to the public for the first time: *She **made her debut** as a pianist in 1975.* ◦ *This is the band's **debut album**.* ▷ **debiut**

Dec written abbreviation for December ▷ **grudz.**

decade /ˈdekeɪd/ **noun** [C] B2 a period of ten years ▷ **dziesięciolecie**

decadence /ˈdekədᵊns/ **noun** [U] when you do or have things only for your own pleasure or behave in an immoral way ▷ **dekadencja**
• **decadent adjective** *a decadent lifestyle* ▷ **dekadencki**

decaf /ˈdiːkæf/ **noun** [C, U] informal short for decaffeinated coffee ▷ **kawa bez kofeiny**

decaffeinated /diˈkæfɪneɪtɪd/ **adjective** Decaffeinated tea or coffee is made by removing the caffeine. ▷ **bezkofeinowy**

decant /dɪˈkænt/ **verb** [T] to pour a liquid from one container into another ▷ **przelewać**
• **decantation** /ˌdɪkænˈteɪʃᵊn/ **noun** [U] ▷ **przelewanie**

decathlon /dɪˈkæθlɒn/ **noun** [C] a sports competition in which someone competes in ten events ▷ **dziesięciobój**

decay /dɪˈkeɪ/ **verb** [I] B2 to gradually become bad or weak or be destroyed, often because of natural causes like bacteria or age: *decaying leaves* ◦ *Sugar makes your teeth decay.* ▷ **gnić, rozkładać się**
• **decay noun** [U] when something decays: ***tooth decay*** ◦ *Many of the buildings had **fallen into decay**.* ▷ **gnicie, rozkład, próchnica**

deceased /dɪˈsiːst/ **adjective** formal **1** dead: *the deceased man's belongings* ▷ **zmarły, nieżyjący** **2 the deceased** someone who has died: *The police have not yet informed the family of the deceased.* ▷ **zmarły**

deceit /dɪˈsiːt/ **noun** [U] when someone tries to make someone believe something that is not true ▷ **oszustwo**
• **deceitful adjective** *deceitful behaviour* ▷ **oszukańczy, kłamliwy**

deceive /dɪˈsiːv/ **verb** [T] B2 to make someone believe something that is not true: *The company deceived customers by selling old computers as new ones.* ▷ **oszukiwać**

decelerate /ˌdiːˈselᵊreɪt/ **verb** [I] to move more slowly ▷ **zwalniać**
• **deceleration** /ˌdiːselᵊˈreɪʃᵊn/ **noun** [U] ▷ **zwalnianie**

December /dɪˈsembəʳ/ **noun** [C, U] (written abbreviation **Dec**) A1 the twelfth month of the year ▷ **grudzień**

decency /ˈdiːsᵊnsi/ **noun** [U] behaviour that is good, moral, and acceptable in society: *a sense of decency* ◦ *She didn't even **have the decency to** tell me she wasn't coming.* ▷ **przyzwoitość**

decent /ˈdiːsᵊnt/ **adjective 1** B2 of a satisfactory quality or level: *He earns a decent salary.* ◦ *I haven't had a decent cup of coffee since I've been here.* ▷ **przyzwoity 2** B2 honest and morally good: *Decent people have had their lives ruined by his behaviour.* ◦ *She should **do the decent thing** and apologize.* ▷ **przyzwoity, porządny 3** [never before noun] wearing clothes: *Can I come in? Are you decent?* ▷ **ubrany**
• **decently adverb** ▷ **przyzwoicie, porządnie**

decentralize (also UK **-ise**) /diːˈsentrəlaɪz/ **verb** [T] to move the control of an organization or a government from a single place to several smaller places ▷ **decentralizować**
• **decentralization** /diːˌsentrᵊlaɪˈzeɪʃᵊn/ **noun** [U] ▷ **decentralizacja**

deception /dɪˈsepʃᵊn/ **noun** [C, U] when someone makes someone believe something that is not true: *He was found guilty of obtaining money by deception.* ▷ **oszustwo**

deceptive /dɪˈseptɪv/ **adjective** If something is deceptive, it makes you believe something that is not true: *Appearances can be deceptive.* ▷ **zwodniczy**
• **deceptively adverb** ▷ **zwodniczo**

decibel /ˈdesɪbel/ **noun** [C] a unit for measuring how loud a sound is ▷ **decybel**

Decide wyrazy bliskoznaczne

Jeśli ktoś podejmuje decyzję dotyczącą czasu lub sumy, zwłaszcza określając dokładną datę lub cenę czegoś, często używamy czasowników **fix** i **set**:

*The price has been **set/fixed** at $10.*

*Have you **set/fixed** a date for the wedding?*

Jeśli ktoś podejmuje ostateczną decyzję dotyczącą jakiegoś planu lub daty czegoś, używamy czasem czasownika **finalize**:

*We've chosen a venue, but we haven't **finalized** the details yet.*

Wyrażenie **make up your mind** jest często używane w znaczeniu **decide**:

*I like them both – I just can't **make up my mind** which one to pick.*

*Have you **made up your mind** whether you're going?*

decide /dɪˈsaɪd/ **verb 1** [I, T] A2 to choose something after thinking about several possibilities: [+ question word] *I haven't decided* *whether or not to tell him.* ◦ [+ to do sth] *She's decided to take the job.* ◦ [+ (that)] *The teachers decided that the school would take part in the competition.* ▷ **decydować 2** [T] to be the reason or situation that makes a particular result happen: *This match will decide the tournament.* ▷ **rozstrzygać 3 deciding factor** the thing that helps to make the final decision ▷ **czynnik rozstrzygający**

PHRASAL VERB **decide on sth/sb** to choose something or someone after thinking carefully: *I've decided on blue walls for the bathroom.* ▷ **zdecydować się na** *coś/kogoś*

decided /dɪˈsaɪdɪd/ **adjective** [always before noun] certain, obvious, or easy to notice: *She had a decided advantage over her opponent.* ▷ **zdecydowany, wyraźny**
• **decidedly adverb** *That exam was decidedly more difficult than the last one.* ▷ **zdecydowanie**

deciduous /dɪˈsɪdjuəs/ **adjective** A deciduous tree has leaves that drop off every autumn. ▷ **zrzucający liście, liściasty**

decimal¹ /ˈdesɪməl/ **adjective** involving counting in units of 10: *a decimal system* ▷ **dziesiętny**

decimal² /ˈdesɪməl/ **noun** [C] a number less than one that is written as one or more numbers after a point: *The decimal 0.5 is the same as the fraction ½.* ▷ **ułamek dziesiętny**

ˌdecimal ˈfraction noun [C] a fraction that is written using a decimal point ▷ **ułamek dziesiętny**

ˌdecimal ˈplace UK (US **ˈdecimal ˌplace**) **noun** [C] the position of a number after a decimal point: *The number is accurate to three decimal places.* ▷ **miejsce po przecinku, miejsce dziesiętne**

ˌdecimal ˈpoint UK (US **ˈdecimal ˌpoint**) **noun** [C] the point (.) that is used to separate a whole number and a decimal ▷ **przecinek, kropka dziesiętna,** W tradycji anglosaskiej w ułamku dziesiętnym używamy kropki, nie przecinka

decimate /ˈdesɪmeɪt/ **verb** [T] formal to destroy large numbers of people or things: *Populations of endangered animals have been decimated.* ▷ **zdziesiątkować**

decipher /dɪˈsaɪfər/ **verb** [T] to discover what something says or means: *It's sometimes difficult to* ***decipher*** *his* ***handwriting***. ▷ **rozszyfrować**

decision /dɪˈsɪʒən/ **noun** [C] (B1) a choice that you make about something after thinking about several possibilities: *She has had to* ***make*** *some very difficult* ***decisions***. ◦ [+ to do sth] *It was his decision to leave.* ◦ *The committee should* ***come to/reach a*** *final* ***decision*** *by next week.* ▷ **decyzja**

> Wyrazy występujące razem z **decision**
>
> come to/make/reach a decision • a big/difficult/final/important/unanimous/wise decision • a decision about/on sth

decisive /dɪˈsaɪsɪv/ **adjective 1** strongly affecting how a situation will progress or end: *a* ***decisive goal/victory*** ▷ **decydujący, rozstrzygający 2** (B2) making decisions quickly and easily: *You need to be more decisive.* ▷ **zdecydowany, stanowczy** → Opposite **indecisive**
• **decisively adverb** ▷ **zdecydowanie** • **decisiveness noun** [U] ▷ **zdecydowanie, stanowczość**

D

deck¹ /dek/ **noun** [C] **1** (B2) one of the floors of a ship, bus, or aircraft: *The children like to sit on the top deck of the bus.* ▷ **pokład, piętro 2 on deck** on the top floor of a ship that is not covered ▷ **na pokładzie 3** US (UK **pack**) a collection of cards that you use to play a game ▷ **talia 4** a machine that you use to play records or tapes : *a tape deck* ▷ **deck**

deck² /dek/ **verb**

PHRASAL VERB **be decked out** to be decorated with something, or dressed in something special: *The bar was decked out with red and yellow flags.* ▷ **być przystrojonym, być wystrojonym**

deckchair /ˈdektʃeər/ **noun** [C] a folding chair that you use outside ▷ **leżak**

declaration /ˌdekləˈreɪʃən/ **noun** [C] an announcement, often one that is written and official: *a declaration of independence* ▷ **deklaracja, oświadczenie**

declare /dɪˈkleər/ **verb** [T] **1** (B2) to announce something publicly or officially: *to declare war* ◦ [+ that] *Scientists have declared that this meat is safe to eat.* ▷ **oświadczać, ogłaszać 2** (B1) to officially tell someone the value of goods you have bought, or the amount of money you have earned because you might have to pay tax: *Have you got anything to declare?* ▷ **deklarować, zgłaszać**

decline¹ /dɪˈklaɪn/ **noun** [C, U] (B2) when something becomes less in amount, importance, quality, or strength: *a steady* ***decline in*** *sales/standards* ▷ **spadek, obniżenie**

> Wyrazy występujące razem z **decline**
>
> be in decline • a sharp/steady/steep decline • a decline in sth

decline² /dɪˈklaɪn/ **verb 1** [I, T] formal (B2) If you decline something, you refuse it politely: *She* ***declined*** *his* ***offer*** *of a lift.* ◦ [+ to do sth] *He* ***declined to comment.*** ▷ **nie przyjmować, odmawiać 2** [I] (B2) to become less in amount, importance, quality, or strength: *Sales of records have declined steadily.* ▷ **zmniejszać się, obniżać się**

decode /ˌdiːˈkəʊd/ **verb** [T] to discover the

meaning of a message that is in code ▷ **rozszyfrować, odkodować**

decoder /diːˈkəʊdəʳ/ **noun** [C] a piece of equipment that allows you to receive particular television signals ▷ **dekoder**

decompose /ˌdiːkəmˈpəʊz/ **verb** [I] If a dead person, animal, or plant decomposes, it decays and is gradually destroyed: *a decomposing body* ▷ **rozkładać się**

• **decomposition** /ˌdiːkɒmpəˈzɪʃᵊn/ ▷ **rozkład**

decomposer /ˌdiːkəmˈpəʊzəʳ/ **noun** [C] an organism such as a bacterium or fungus that makes dead plant and animal material decay ▷ **reducent**

decor /ˈdeɪkɔːʳ/ (US) /deɪˈkɔːr/ **noun** [U, no plural] the style of decoration and furniture in a room or building ▷ **wystrój wnętrza**

decorate /ˈdekᵊreɪt/ **verb 1** [T] B1 to make something look more attractive by putting things on it or around it: *They decorated the room with balloons for her party.* ▷ **dekorować, ozdabiać 2** [I, T] B1 to put paint or paper on the walls or other surfaces of a room or building: *The whole house needs decorating.* ▷ **remontować, odnawiać 3 be decorated** to be given a medal as official respect for military action: *He was decorated for bravery.* ▷ **otrzymać odznaczenie, zostać odznaczonym**

> **Decorate** wyrazy bliskoznaczne
>
> Czasowników **refurbish, renovate** i **revamp** często używamy zamiennie z **decorate**, gdy mówimy o poprawianiu wyglądu pokoju lub mieszkania:
>
> *The University library is currently being **refurbished**.*
>
> *They were in the process of **renovating** an old barn.*
>
> *The restaurant has recently been **revamped**.*
>
> W sytuacjach nieformalnych częstą alternatywą jest też czasownik frazowy **do up**:
>
> *He's bought an old cottage and is gradually **doing** it **up**.*

decoration /ˌdekᵊˈreɪʃᵊn/ **noun 1** [C, U] B2 when you make something look more attractive by putting things on it or around it, or something that you use to do this: ***Christmas decorations*** ◦ *She hung some pictures around the room for decoration.* ▷ **dekoracja, ozdoba 2** [U] B2 when the walls or other surfaces of rooms or buildings are covered with paint or paper: *This place is badly in need of decoration.* ▷ **remont 3** [C] an official sign of respect such as a medal ▷ **odznaczenie**

decorative /ˈdekᵊrətɪv/ **adjective** B2 making something or someone look more attractive: *decorative objects* ▷ **dekoracyjny, ozdobny**

decorator /ˈdekᵊreɪtəʳ/ **noun** [C] **1** UK someone whose job is to put paint or paper on the walls and other surfaces of rooms or buildings ▷ **malarz, malarz-tapeciarz 2** US someone whose job is to design the appearance of rooms in houses and buildings ▷ **dekorator/ka lub projektant/ka wnętrz**

decorum /dɪˈkɔːrəm/ **noun** [U] formal behaviour which is considered to be polite and correct ▷ **przyzwoitość, dobre maniery**

decoy /ˈdiːkɔɪ/ **noun** [C] someone or something used to lead a person or animal to a place so that they can be caught ▷ **przynęta, wabik**

decrease /dɪˈkriːs/ **verb** [I, T] B1 to become less, or to make something become less: *During the summer months, rainfall decreases.* ▷ **zmniejszać się, spadać**

• **decrease** /ˈdiːkriːs/ **noun** [C, U] B1 *There has been a **decrease in** the number of violent crimes.* ▷ **spadek** → Opposite **increase**

> Wyrazy występujące razem z **decrease**
>
> a **marked/significant/slight** decrease • a decrease **in** sth • a decrease **of** [5%/1000, etc]

> **Decrease** wyrazy bliskoznaczne
>
> Czasowniki **lessen, lower** i **reduce** oraz czasownik frazowy **bring down** są często używane, gdy ktoś zmniejsza ilość lub poziom czegoś:
>
> *They've just **lowered** the age at which you can join.*
>
> *Exercise **reduces** the chance of heart disease.*
>
> *They are **bringing down** their prices.*
>
> Czasowniki **drop** i **fall** oraz czasowniki frazowe **go down** i **come down** są często używane, gdy ilość lub poziom czegoś zmniejszają się same:
>
> *Unemployment has **dropped/fallen** from 8% to 6% in the last year.*
>
> *Prices always **come/go down** after Christmas.*
>
> Jeśli poziom lub ilość czegoś gwałtownie się zmniejsza, używamy czasem czasowników **plummet** i **plunge**:
>
> *Temperatures last night **plummeted/plunged** below zero.*

decree /dɪˈkriː/ **noun** [C] an official order or decision from a government or leader: *a presidential/royal decree* ▷ **dekret, rozporządzenie**

• **decree verb** [T] (present participle **decreeing**, past tense and past participle **decreed**) ▷ **zarządzić**

decrepit /dɪˈkrepɪt/ **adjective** old and in very bad condition: *a decrepit building* ▷ **walący się, zgrzybiały**

decrypt /dɪˈkrɪpt/ **verb** [T] to change electronic information from a secret system of letters, numbers, or symbols back into a form that people can understand ▷ **deszyfrować**

dedicate /ˈdedɪkeɪt/ **verb 1 dedicate your life/yourself to sth** to give most of your energy and time to something: *She has dedicated her life to helping others.* ▷ **poświęcić życie/się** *czemuś* **2 dedicate sth to sb** to say that something you have made or done is to show your love or respect for someone: [often passive] *This book is dedicated to my daughter.* ▷ **zadedykować** *coś komuś*

dedicated /ˈdedɪkeɪtɪd/ **adjective** **1** believing that something is very important and giving a lot of time and energy to it: *a dedicated teacher* ▷ **oddany** **2** designed to be used for a particular purpose: *a dedicated word processor* ▷ **wyspecjalizowany, wydzielony**

dedication /ˌdedɪˈkeɪʃᵊn/ **noun** **1** [U] when you are willing to give a lot of time and energy to something because you believe it is very important: *She thanked the staff for their dedication and enthusiasm.* ▷ **oddanie, poświęcenie** **2** [C] when someone says that something has been made or done to show love and respect for someone else: *a dedication to the poet's mother* ▷ **dedykacja**

deduce /dɪˈdjuːs/ **verb** [T] to decide that something is true using the available information: [+ (that)] *From the contents of his shopping basket, I deduced that he was single.* ▷ **wywnioskować**

deduct /dɪˈdʌkt/ **verb** [T] to take an amount or a part of something away from a total: *The company will* ***deduct*** *tax* ***from*** *your earnings.* ◦ *Marks are deducted for spelling mistakes.* ▷ **potrącać, odliczać, odejmować**

deduction /dɪˈdʌkʃᵊn/ **noun** [C, U] **1** when an amount or a part of something is taken away from a total, or the amount that is taken: *tax deductions* ▷ **potrącenie, odliczenie** **2** when you decide that something is true using the available information ▷ **wnioskowanie, dedukcja**

deed /diːd/ **noun** [C] **1** formal something that you do: *good deeds* ◦ *I judge a person by their deeds, not their words.* ▷ **czyn, uczynek** **2** a legal document recording an agreement, especially saying who owns something: [usually plural] *Where do you keep the deeds to the house?* ▷ **akt notarialny**

deem /diːm/ **verb** [T] formal to judge or consider something in a particular way: *The book was deemed to be unsuitable for children.* ▷ **uznawać**

deep¹ /diːp/ **adjective** **1** (A2) having a long distance from the top to the bottom: *The water is a lot deeper than it seems.* ▷ **głęboki** **2** having a long distance from the front to the back: *How deep are the shelves?* ▷ **głęboki** **3 one metre/6 ft, etc deep** (B2) one metre/6 ft, etc from the top to the bottom, or from the front to the back: *This end of the pool is two metres deep.* ▷ **głęboki na metr/sześć stóp** *itp.* **4** (B2) A deep feeling is very strong: *deep affection/regret* ▷ **głęboki** **5** (B2) A deep sound is low: *a deep voice* ▷ **niski** **6** serious and difficult for most people to understand: *a* ***deep and meaningful*** *conversation* ▷ **poważny** **7 a deep sleep** (B2) when someone is sleeping in a way that makes it difficult to wake them up ▷ **głęboki sen** **8** (B1) A deep colour is strong and dark: *deep brown eyes* ▷ **głęboki, ciemny** **9 take a deep breath** (B2) to fill your lungs with air: *Take a deep breath and relax.* ▷ **wziąć głęboki oddech** **10 deep in thought/conversation** giving all of your attention to what you are thinking or talking about, and not noticing anything else ▷ **pogrążony w myślach/rozmowie** → See also **throw sb in at the deep *end*, be in deep *water***

deep² /diːp/ **adverb** **1** (B1) a long way into something from the top or outside: *They travelled deep into the forest.* ▷ **głęboko** **2 deep down** (B2) If you know or feel something deep down, you are certain that it is true, or you feel it strongly although you do not admit it or show it: *Deep down, I knew that I was right.* ▷ **w głębi duszy lub serca** **3 go/run deep** If a feeling or a problem goes deep, it is very strong or serious and has existed for a long time. ▷ **być głęboko zakorzenionym**

deepen /ˈdiːpᵊn/ **verb** [I, T] **1** to become deeper, or to make something become deeper: *The sky deepened to a rich, dark blue.* ▷ **pogłębiać, ściemnieć** **2** to become worse, or to make something become worse: *a* ***deepening crisis*** ▷ **pogłębiać (się)**

ˌdeep ˈfreeze UK (US **ˈdeep ˌfreeze**) **noun** [C] another word for freezer ▷ **zamrażarka**

deep-fried /ˌdiːpˈfraɪd/ **adjective** fried in a lot of oil ▷ **smażony (we frytownicy lub w głębokim tłuszczu)**

deeply /ˈdiːpli/ **adverb** **1** (B2) very much: *I have fallen deeply in love with her.* ▷ **głęboko** **2 breathe deeply** to fill your lungs with air ▷ **oddychać głęboko, wziąć głęboki oddech**

deep-seated /ˌdiːpˈsiːtɪd/ **adjective** (also **deep-rooted**) strongly felt or believed and difficult to change: ***deep-seated fears/problems*** ▷ **głęboko zakorzeniony, zastarzały**

deer

deer /dɪəʳ/ **noun** [C] (plural **deer**) (B2) a large, wild animal that is sometimes hunted for food and which has antlers if it is male ▷ **sarna, jeleń**

deface /dɪˈfeɪs/ **verb** [T] to spoil the appearance of something, especially by writing or painting on it: *Several posters have been defaced with political slogans.* ▷ **oszpecić, bezcześcić**

default[1] /dɪˈfɔːlt/ **noun 1** [no plural] what exists or happens usually if no changes are made ▷ **standard, opcja lub wartość domyślna 2 by default** If something happens by default, it happens only because something else does not happen: *No one else stood in the election, so he won by default.* ▷ **walkowerem**
• **default** adjective [always before noun] *The default font size is 10.* ▷ **domyślny, standardowy**

default[2] /dɪˈfɔːlt/ **verb** [I] to not do what you have made an agreement to do, especially paying back money you have borrowed: *They have **defaulted on** their debt repayments.* ▷ **nie wywiązać się, zalegać**

defeat[1] /dɪˈfiːt/ **verb** [T] **1** B1 to win against someone in a fight or competition: *She was defeated by an Australian player in the first round of the tournament.* ▷ **pokonywać 2** B2 to make someone or something fail: *The bill was narrowly defeated in parliament.* ▷ **udaremnić, niweczyć**

defeat[2] /dɪˈfiːt/ **noun 1** [C, U] B1 when someone loses against someone else in a fight or competition: *The Chicago Cubs have **suffered** their worst **defeat** of the season.* ▷ **porażka, przegrana 2** [no plural] B2 when someone or something is made to fail: *the defeat of apartheid* ▷ **klęska, upadek**

> Wyrazy występujące razem z **defeat**
>
> admit/face/suffer defeat • a comprehensive/crushing/humiliating/narrow defeat

defeatism /dɪˈfiːtɪzᵊm/ **noun** [U] behaviour or thoughts that show that you do not expect to be successful ▷ **defetyzm**

defeatist /dɪˈfiːtɪst/ **adjective** behaving in a way that shows that you do not expect to be successful: *a **defeatist attitude*** ▷ **defetystyczny**
• **defeatist** noun [C] ▷ **defetyst-a/ka**

defect[1] /ˈdiːfekt/ **noun** [C] a fault or problem with someone or something: *a birth defect* ◦ *A mechanical defect caused the plane to crash.* ▷ **wada, defekt, usterka**
• **defective** /dɪˈfektɪv/ **adjective** having a fault or problem: *defective goods* ▷ **uszkodzony, wadliwy**

defect[2] /dɪˈfekt/ **verb** [I] to leave your country or organization and go to join an enemy country or competing organization: *He **defected to** the West.* ▷ **uciekać, przechodzić na stronę wroga**
• **defection** /dɪˈfekʃᵊn/ noun [C, U] when someone defects ▷ **zdrada, ucieczka** • **defector** noun [C] ▷ **zdraj-ca/czyni**

defence UK (US **defense**) /dɪˈfens/ **noun 1** [U] the weapons and military forces that a country uses to protect itself against attack: *Government spending on defence is increasing.* ◦ *the defence minister/industry* ▷ **obronność 2** [C, U] B2 protection, or something that provides protection against attack or criticism: *the body's **defences against** infection* ◦ *She argued strongly **in defence of** her actions.* ▷ **obrona 3 come to sb's defence** to support someone when they are being criticized ▷ **stanąć w** *czyjejś* **obronie 4 the defence** [group] the lawyers in a court who work in support of the person who is accused of a crime: *He was cross-examined by the defence.* ◦ *a **defence lawyer*** ▷ **obrona 5** [C, U] B1 the part of a sports team which tries to prevent the other team from scoring points ▷ **obrona** → See also **self-defence**

> Wyrazy występujące razem z **defence**
>
> mount/put up a defence • an effective/spirited/strong/vigorous defence • defence against sth • [argue, etc] in defence of sth

defenceless UK (US **defenseless**) /dɪˈfensləs/ **adjective** weak and unable to protect yourself from attack: *a small, defenceless child* ▷ **bezbronny**

defend /dɪˈfend/ **verb 1** [T] B1 to protect someone or something from being attacked, especially by fighting: *The army was sent in to **defend** the country **against** enemy attack.* ◦ [often reflexive] *She tried to defend herself with a knife.* ▷ **bronić 2** [T] B2 to support someone or something that is being criticized: *The newspaper's editor **defended** his **decision** to publish the photos.* ▷ **bronić 3** [T] to try to show in a court that someone is not guilty of a crime: *He has hired two lawyers to defend him in court.* ▷ **bronić 4** [I, T] to try to stop the other sports team from scoring points ▷ **bronić 5 defend a championship/title, etc** to try to win a match or competition that you have won before ▷ **bronić tytułu (mistrzowskiego)** *itp.*
• **defender** noun [C] B2 ▷ **obroń-ca/czyni**

defendant /dɪˈfendənt/ **noun** [C] the person in a court who is accused of a crime ▷ **oskarżon-y/a, pozwan-y/a**

defense /dɪˈfens/ **noun** US spelling of defence

defenseless /dɪˈfensləs/ **adjective** US spelling of defenceless

defensive[1] /dɪˈfensɪv/ **adjective 1** quick to protect yourself from being criticized: *He's very **defensive about** his weight.* ▷ **drażliwy, defensywny 2** mainly US A defensive player in a sports team tries to stop the other team scoring points. ▷ **defensywny 3** done or used to protect someone or something from attack ▷ **obronny**
• **defensively** adverb ▷ **defensywnie**

defensive[2] /dɪˈfensɪv/ **noun on the defensive** ready to protect yourself because you are expecting to be criticized or attacked ▷ **w defensywie**

defer /dɪˈfɜːʳ/ **verb** [T] (present participle **deferring**, past tense and past participle **deferred**) to arrange for something to happen at a later time: *The payments can be deferred for three months.* ▷ **odkładać, odraczać**

deference /ˈdefᵊrᵊns/ **noun** [U] polite behaviour

that shows that you respect someone or something ▷ **szacunek**
• **deferential** /ˌdefᵊˈrenʃᵊl/ **adjective** ▷ **uniżony, pełen szacunku**

defiance /dɪˈfaɪəns/ **noun** [U] when you refuse to obey someone or something: *an* ***act of defiance*** ▷ **bunt, nieposłuszeństwo**

defiant /dɪˈfaɪənt/ **adjective** refusing to obey someone or something: *a defiant child* ▷ **nieposłuszny, buntowniczy**
• **defiantly adverb** ▷ **nieposłusznie**

deficiency /dɪˈfɪʃᵊnsi/ **noun** [C, U] **1** when you do not have enough of something: *a* ***vitamin deficiency*** ▷ **niedobór 2** a mistake or fault in something so that it is not good enough: *Parents are complaining of serious* ***deficiencies in*** *the education system.* ▷ **brak, niedociągnięcie**

> Wyrazy występujące razem z **deficiency**
>
> a **glaring/major/serious/severe** deficiency • a deficiency **in** sth

deˈficiency diˌsease noun [C] a disease caused by not getting enough vitamins or other substances that are important for the body ▷ **choroba niedoborowa**

deficient /dɪˈfɪʃᵊnt/ **adjective 1** not having enough of something: *If you have poor night vision you may be* ***deficient in*** *vitamin A.* ▷ **niewystarczający, wykazujący niedobór 2** not good enough: *His theory is deficient in several respects.* ▷ **niedoskonały**

deficit /ˈdefɪsɪt/ **noun** [C] the amount by which the money that you spend is more than the money that you receive: *a* ***budget deficit*** ▷ **deficyt**

defile /dɪˈfaɪl/ **verb** [T] formal to spoil someone or something that is pure, holy, or beautiful ▷ **bezcześcić, brukać**

define /dɪˈfaɪn/ **verb** [T] **1** (B2) to say exactly what something means, or what someone or something is like: *Your duties are clearly defined in the contract.* ▷ **definiować, określać 2** to show the outer edges or shape of something: *It has sharply defined edges.* ▷ **zarysować, wyznaczać**

definite /ˈdefɪnət/ **adjective 1** (B2) certain, fixed, and not likely to change: *We need a definite answer by tomorrow.* ▷ **zdecydowany, ostateczny 2** clear and obvious: *There has been a definite improvement in her behaviour.* ▷ **zdecydowany, wyraźny**

ˌdefinite ˈarticle noun [C] (B1) in grammar, used to mean the word 'the' ▷ **rodzajnik lub przedimek określony** → Compare **indefinite article**

definitely /ˈdefɪnətli/ **adverb** (B1) without any doubt: *This book is definitely worth reading.* ◦ *"Do you want to come?" "Yes, definitely."* ▷ **bez wątpienia, zdecydowanie**

definition /ˌdefɪˈnɪʃᵊn/ **noun 1** [C] (B2) an explanation of the meaning of a word or phrase: *a dictionary definition* ▷ **definicja 2** [U] how clear an image of something is in a photograph or on a screen ▷ **ostrość**

definitive /dɪˈfɪnətɪv/ **adjective 1** certain, clear, and not likely to change: *a* ***definitive answer*** ▷ **jednoznaczny, ostateczny 2** A definitive book or piece of work is the best of its type: *the definitive guide to London* ▷ **najlepszy**
• **definitively adverb** ▷ **zdecydowanie, ostatecznie**

deflate /dɪˈfleɪt/ **verb 1** [I, T] to let all the air or gas out of something, or to become emptied of air or gas: *to deflate a balloon/tyre* ▷ **wypuszczać lub tracić powietrze 2** [T] to make someone lose confidence or feel less important: [often passive] *They were totally deflated by losing the match.* ▷ **przygasić, przybijać 3** to reduce the supply of money in an economy ▷ **przeprowadzać deflację**

deflation /dɪˈfleɪʃᵊn/ **noun** [U] a reduction of the supply of money in an economy, and because of this a reduction of economic activity, which is often part of an intentional government plan to reduce prices ▷ **deflacja** → Compare **inflation**

deflationary /dɪˈfleɪʃᵊnᵊri/ **adjective** causing deflation ▷ **deflacyjny** → Compare **inflationary**

deflect /dɪˈflekt/ **verb 1** [I, T] to make something change direction by hitting or touching it, or to change direction after hitting something: *The ball was deflected into the corner of the net.* ▷ **odbijać (się) 2 deflect attention/blame/criticism, etc** to cause attention/blame/criticism, etc to be directed away from you ▷ **odwracać uwagę/odpierać oskarżenia/krytykę** *itp.*
• **deflection** /dɪˈflekʃᵊn/ **noun** [C, U] ▷ **odbicie**

deforestation /diːˌfɒrɪˈsteɪʃᵊn/ **noun** [U] when all the trees in a large area are cut down ▷ **deforestacja**

deformed /dɪˈfɔːmd/ **adjective** with a shape that has not developed normally: *deformed hands* ▷ **zdeformowany**
• **deform** /dɪˈfɔːm/ **verb** [T] ▷ **deformować**

deformity /dɪˈfɔːməti/ **noun** [C, U] when a part of the body has not developed in the normal way, or with the normal shape ▷ **deformacja, kalectwo**

defraud /dɪˈfrɔːd/ **verb** [T] to obtain money from someone illegally by being dishonest ▷ **defraudować**

defrost /ˌdiːˈfrɒst/ **verb** [I, T] **1** If food defrosts, it becomes warmer after being frozen, and if you defrost it, you make it become warmer after being frozen: *You need to defrost the fish before you can cook it.* ▷ **rozmrażać (się) 2** If you defrost a fridge or freezer, you make them warmer and remove the ice, and if they defrost, they become warmer and the ice melts. ▷ **odszraniać (się)**

deft /deft/ **adjective** quick and showing great skill: *a* ***deft movement/touch*** ▷ **wprawny, zręczny**
• **deftly adverb** formal ▷ **zręcznie**

D

defunct /dɪˈfʌŋkt/ **adjective** not working or existing now ▷ **martwy**

defuse /ˌdiːˈfjuːz/ **verb** [T] **1** to make a difficult or dangerous situation calmer: *He made a joke to* ***defuse*** *the* ***tension.*** ▷ **rozładować 2** to prevent a bomb from exploding by removing the fuse ▷ **rozbroić**

D

defy /dɪˈfaɪ/ **verb 1** [T] to refuse to obey someone or something: *Some of these children openly defy their teachers.* ▷ **przeciwstawiać się 2 defy belief/description/explanation, etc** to be impossible to believe/describe/explain, etc: *His attitude defies belief.* ▷ **być nie do uwierzenia/opisania/wyjaśnienia 3 defy sb to do sth** to tell someone to do something that you think will be impossible: *I defy you to prove that I'm wrong.* ▷ **rzucać** *komuś* **wyzwanie do,** *zrobienia czegoś*

degenerate[1] /dɪˈdʒenəreɪt/ **verb** [I] to become worse: *The protest soon* ***degenerated into*** *violence.* ▷ **pogarszać się, ulegać degeneracji, przeradzać się**
• **degeneration** /dɪˌdʒenəˈreɪʃən/ **noun** [U] ▷ **degeneracja**

degenerate[2] /dɪˈdʒenərət/ **adjective** having low moral principles ▷ **zdegenerowany**

degrade /dɪˈgreɪd/ **verb** [T] **1** to treat someone without respect and as if they have no value: *They think the advert degrades women.* ▷ **poniżać 2** to damage the quality or condition of something ▷ **pogarszać 3** to change into a more simple chemical substance ▷ **rozkładać (się)**
• **degradation** /ˌdegrəˈdeɪʃən/ **noun** [U] ▷ **degradacja, poniżenie**

degrading /dɪˈgreɪdɪŋ/ **adjective** treating people without respect and as if they have no value: *degrading work* ▷ **poniżający, upadlający**

degree /dɪˈgriː/ **noun 1** [C] Ⓐ2 a unit for measuring temperature, shown by the symbol ° written after a number ▷ **stopień 2** [C] a unit for measuring angles, shown by the symbol ° written after a number ▷ **stopień 3** [C] Ⓑ1 a qualification given for completing a university course: *She has a* ***degree in*** *physics.* ▷ **stopień naukowy 4** [C, U] Ⓑ2 an amount or level of something: *I agree with you* ***to a degree*** *(= in some ways but not completely).* ▷ **stopień** → See also **Master's (degree)**

dehydrated /ˌdiːhaɪˈdreɪtɪd/ **adjective** not having enough water in your body ▷ **odwodniony**

dehydration /ˌdiːhaɪˈdreɪʃən/ **noun** [U] **1** when you do not have enough water in your body ▷ **odwodnienie 2** the process of removing water from something ▷ **dehydratacja, odwodnienie**

deign /deɪn/ **verb deign to do sth** to do something that you think you are too important to do ▷ **raczyć** *coś zrobić*

deindustrialization (UK **-isation**) /diːɪnˌdʌstriəlaɪˈzeɪʃən/ **noun** [U] the process by which a country or area stops having so much industry ▷ **odprzemysłowienie, dezindustrializacja**

deity /ˈdeɪɪti/ Ⓤ /ˈdiːəti/ **noun** [C] formal a god or goddess ▷ **bóstwo**

deja vu /ˌdeɪʒɑːˈvuː/ **noun** [U] a feeling that you have already experienced exactly what is happening now: *She suddenly had a strong* ***sense of deja vu.*** ▷ **deja vu**

dejected /dɪˈdʒektɪd/ **adjective** unhappy and disappointed: *He looked tired and dejected.* ▷ **przygnębiony, zniechęcony**
• **dejection** /dɪˈdʒekʃən/ **noun** [U] ▷ **przygnębienie, zniechęcenie**

delay[1] /dɪˈleɪ/ **verb 1** [I, T] Ⓐ2 to make something happen at a later time than originally planned or expected: *Can you delay your departure until next week?* ▷ **odkładać, odwlekać 2** [T] Ⓑ1 to cause someone or something to be slow or late: [often passive] *I was delayed by traffic.* ▷ **opóźniać**

delay[2] /dɪˈleɪ/ **noun** [C, U] Ⓐ2 when you have to wait longer than expected for something to happen, or the time that you have to wait: *An accident* ***caused long delays*** *on the motorway.* ▷ **opóźnienie, zwłoka**

> Wyrazy występujące razem z **delay**
>
> **a brief/short/slight** delay • **a considerable/lengthy/long** delay • **cause** delays • **experience/face/suffer** delays

delayering /diːˈleɪərɪŋ/ **noun** [U] when a company or organization reduces the number of its managers ▷ **redukcja kadry kierowniczej**

delectable /dɪˈlektəbl/ **adjective** formal extremely nice, especially to eat ▷ **rozkoszny, smakowity**

delegate[1] /ˈdelɪgət/ **noun** [C] someone who is sent somewhere to represent a group of people, especially at a meeting ▷ **delegat/ka, wysłanni-k/czka**

delegate[2] /ˈdelɪgeɪt/ **verb** [I, T] to give someone else part of your work or some of your responsibilities ▷ **dzielić się (odpowiedzialnością), zlecać**

delegation /ˌdelɪˈgeɪʃən/ **noun 1** [C] a group of people who have been chosen to represent a much larger group of people: *a delegation of Chinese officials* ▷ **delegacja 2** [U] when you give someone else part of your work or some of your responsibilities ▷ **delegowanie, zlecanie**

delete /dɪˈliːt/ **verb** [T] Ⓑ1 to remove something, especially from a computer's memory: *All names have been deleted from the report.* ▷ **usuwać**
• **deletion** /dɪˈliːʃən/ **noun** [C, U] ▷ **usunięcie**

deli /ˈdeli/ **noun** [C] short for delicatessen ▷ **delikatesy**

deliberate[1] /dɪˈlɪbərət/ **adjective 1** Ⓑ2 done intentionally, or planned: *This was a* ***deliberate***

attempt by them to deceive us. ▷ **zamierzony, celowy** **2** careful and without hurry: *Her movements were calm and deliberate.* ▷ **rozważny, opanowany**

deliberate² /dɪˈlɪbᵊreɪt/ **verb** [I, T] to consider something carefully before making a decision: *They deliberated for ten hours before reaching a decision.* ▷ **deliberować**

deliberately /dɪˈlɪbᵊrətli/ **adverb** (B2) intentionally, having planned to do something: *He deliberately lied to the police.* ▷ **celowo**

deliberation /dɪˌlɪbəˈreɪʃᵊn/ **noun** [C, U] careful thought or talk about a subject before a decision is made: *The jury began deliberations on Thursday.* ▷ **obrady, deliberacja**

delicacy /ˈdelɪkəsi/ **noun** **1** [C] a special food, usually something rare or expensive ▷ **delikates, specjał** **2** [U] the quality of being soft, light, or gentle ▷ **delikatność** **3** [U] when something is easy to damage or break ▷ **delikatność, kruchość** **4** [U] when something needs to be treated very carefully: *You need to be very tactful because of the delicacy of the situation.* ▷ **drażliwość** **5** [U] when something has a thin, attractive shape ▷ **subtelność, delikatność**

delicate /ˈdelɪkət/ **adjective** **1** (B2) soft, light, or gentle: *a delicate flavour* ◦ *a delicate shade of pink* ▷ **delikatny, subtelny** **2** (B2) easy to damage or break: *a delicate china cup* ▷ **delikatny, kruchy** **3** needing to be dealt with very carefully: *I need to discuss a very delicate matter with you.* ▷ **drażliwy, delikatny** **4** having a thin, attractive shape: *delicate hands* ▷ **delikatny, drobny**

• **delicately adverb** ▷ **delikatnie**

delicatessen /ˌdelɪkəˈtesᵊn/ **noun** [C] a shop, or a part of a shop which sells cheeses, cooked meats, salads, etc ▷ **delikatesy**

delicious /dɪˈlɪʃəs/ **adjective** (B1) If food or drink is delicious, it smells or tastes extremely good: *This soup is absolutely delicious.* ▷ **wyśmienity, pyszny**

• **deliciously adverb** ▷ **wspaniale, wyśmienicie**

delight¹ /dɪˈlaɪt/ **noun** **1** [U] (B2) happiness and excited pleasure: *The children screamed with delight.* ▷ **rozkosz, radość** **2** [C] (B2) someone or something that gives you pleasure: *She is a delight to have around.* ▷ **rozkosz, radość**

delight² /dɪˈlaɪt/ **verb** [T] to make someone feel very pleased and happy: *The new discovery has delighted scientists everywhere.* ▷ **zachwycać**

PHRASAL VERB **delight in sth/doing sth** to get a lot of pleasure from something, especially something unpleasant: *She seems to delight in making him look stupid.* ▷ **uwielbiać** *coś/robić coś*

delighted /dɪˈlaɪtɪd/ **adjective** (B1) very pleased: [+ to do sth] *I'd be delighted to accept your invitation.* ◦ *They are* ***delighted with*** *their new car.* ▷ **zachwycony**

delightful /dɪˈlaɪtfᵊl/ **adjective** (B2) very pleasant, attractive, or enjoyable: *We had a delightful evening.* ▷ **wspaniały, rozkoszny**

• **delightfully adverb** ▷ **wspaniale, rozkosznie**

delinquency /dɪˈlɪŋkwənsi/ **noun** [U] criminal or bad behaviour, especially by young people ▷ **przestępczość (nieletnich)**

delinquent /dɪˈlɪŋkwənt/ **noun** [C] a young person who behaves badly, usually by committing crimes ▷ **młodociany przestępca**

• **delinquent adjective** *delinquent behaviour* ▷ **przestępczy**

deliquesce /ˌdelɪˈkwes/ **verb** [I] to dissolve in water from the air around ▷ **absorbować wilgoć**

• **deliquescence** /ˌdelɪˈkwesᵊnts/ **noun** [U] ▷ **higroskopijność**

delirious /dɪˈlɪriəs/ **adjective** **1** speaking or thinking in a confused way, often because of a fever or drugs ▷ **majaczący, w amoku** **2** extremely happy: *delirious fans* ▷ **oszalały z radości**

• **deliriously adverb** ▷ **szalenie**

deliver /dɪˈlɪvəʳ/ **verb** **1** [I, T] (B1) to take things such as letters, parcels, or goods to a person or place: *They can deliver the sofa on Wednesday.* ▷ **dostarczać, dowozić, doręczać** **2** [I, T] to achieve or do something that you have promised to do, or that people expect you to do: *The company failed to deliver the high quality service that we expect.* ▷ **wywiązywać się (z)** **3 deliver a speech/talk, etc** (B2) to speak formally to a group of people: *She delivered the speech on national TV.* ▷ **wygłosić mowę/przemówienie** *itp.* **4 deliver a baby** to help take a baby out of its mother when it is being born ▷ **przyjmować poród** → See also **deliver/come up with the goods**

delivery /dɪˈlɪvᵊri/ **noun** [C, U] **1** (B1) when someone takes things such as letters, parcels, or goods to a person or place: *Is there a charge for delivery?* ▷ **dostarczenie, dowóz, doręczenie** **2** when a baby is born and comes out of its mother: *Her husband was present at the delivery.* ▷ **poród**

delta /ˈdeltə/ **noun** [C] a low, flat area of land where a river divides into smaller rivers and goes into the sea: *the Nile delta* ▷ **delta**

delude /dɪˈluːd/ **verb** [T] to make someone believe something that is not real or true: [often reflexive, + into + doing sth] *She deluded herself into thinking she could win.* ▷ **łudzić, oszukiwać**

• **deluded adjective** believing things that are not real or true ▷ **omamiony**

deluge¹ /ˈdeljuːdʒ/ **noun** [C] **1** a very large amount of something that suddenly arrives: *They have received a deluge of complaints.* ▷ **lawina, powódź, zalew** **2** a sudden, large amount of rain, or a flood ▷ **potop, powódź**

deluge² /ˈdeljuːdʒ/ **verb be deluged with/by sth**

to receive very large amounts of something suddenly: *Our switchboard was deluged with calls last night.* ▷ **zostać zasypanym lawiną** *czegoś*

delusion /dɪˈluːʒᵊn/ **noun** [C, U] when someone believes something that is not true: [+ (that)] *She is* ***under the delusion*** *that her debts will just go away.* ▷ **złudzenie**

deluxe /dəˈlʌks/ **adjective** luxurious and of very high quality: *a deluxe hotel* ▷ **luksusowy**

delve /delv/ **verb delve in/into/inside, etc** to search in a container to try to find something: *He delved in his pocket and pulled out a pen.* ▷ **sięgać do**

PHRASAL VERB **delve into sth** to examine something carefully in order to discover more information about someone or something: *I don't like to delve too deeply into his past.* ▷ **zagłębiać się w** *coś*

demand¹ /dɪˈmɑːnd/ **noun 1** [U, no plural] B2 a need for something to be sold or supplied: *There's an increasing* ***demand for*** *cheap housing.* ▷ **popyt 2** [C] B1 a strong request: *They received a final* ***demand for*** *payment.* ▷ **żądanie 3 in demand** wanted or needed in large numbers: *Good teachers are always in demand.* ▷ **pożądany**

> Wyrazy występujące razem z **demand**
>
> increase/meet/satisfy demand • great/growing/high/steady demand • be in demand • demand for sth

demand² /dɪˈmɑːnd/ **verb** [T] **1** B1 to ask for something in a way that shows that you do not expect to be refused: *I demanded an explanation.* ∘ [+ that] *The survivors are demanding that the airline pays them compensation.* ▷ **żądać, domagać się 2** B2 to need something such as time or effort: *This job demands a high level of concentration.* ▷ **wymagać**

demanding /dɪˈmɑːndɪŋ/ **adjective** B2 needing a lot of your time, attention, or effort: *a very demanding job* ▷ **wymagający**

demands /dɪˈmɑːndz/ **noun** [plural] the difficult things that you have to do: *the demands of modern life* ∘ *His new job* ***makes*** *a lot of* ***demands on*** *him (= he has to work very hard).* ▷ **wymagania**

demarcation dispute /ˌdiːmɑːˈkeɪʃənˌdɪspjuːt/ **noun** [C] a disagreement between trade unions about what types of work should be done by the members of each of them ▷ **spór kompetencyjny**

demeaning /dɪˈmiːnɪŋ/ **adjective** If something is demeaning, it makes you feel that you are not respected: *Some people consider beauty competitions* ***demeaning to*** *women.* ▷ **poniżający, uwłaczający**

demeanour UK (US **demeanor**) /dɪˈmiːnəʳ/ **noun** [C] the way that someone looks, seems, and behaves: *a quiet, serious demeanour* ▷ **postawa, aparycja**

demented /dɪˈmentɪd/ **adjective** mentally ill, or behaving in a very strange way without any control ▷ **obłąkany, szalony**

dementia /dɪˈmenʃə/ **noun** [U] a mental illness suffered especially by old people ▷ **demencja**

demi- /demi-/ **prefix** half, partly: *demitasse (= a small coffee cup)* ∘ *demigod (= a creature that is part god and part human)* ▷ **pół-**

demise /dɪˈmaɪz/ **noun 1** [no plural] when something ends, usually because it has stopped being popular or successful: *the demise of apartheid* ▷ **upadek, koniec 2 sb's demise** someone's death ▷ *czyjś* **zgon**

demo¹ /ˈdeməʊ/ **noun** [C] **1** an example of a product, given or shown to someone to try to make them buy it: *a software demo* ▷ **demo, wersja demonstracyjna 2** UK short for demonstration : *a student demo* ▷ **demonstracja**

demo² /ˈdeməʊ/ **verb** [T] to show something and explain how it works: *We need someone to demo a new piece of software.* ▷ **zaprezentować**

democracy /dɪˈmɒkrəsi/ **noun** [C, U] B2 a system of government in which people elect their leaders, or a country with this system ▷ **demokracja**

> Wyrazy występujące razem z **democracy**
>
> an emerging/new democracy • in a democracy

democrat /ˈdeməkræt/ **noun** [C] **1** someone who supports democracy ▷ **demokrata 2 Democrat** someone who supports the Democratic Party in the US: *the Democrat candidate* ▷ **Demokrata** → See also **Liberal Democrat**

democratic /ˌdeməˈkrætɪk/ **adjective 1** B2 following or supporting the political system of democracy: *a democratic society/government* ▷ **demokratyczny 2** where everyone has equal rights and can help to make decisions: *a democratic discussion/debate* ▷ **demokratyczny**
• **democratically adverb** *a democratically elected government* ▷ **demokratycznie**

the Demoˌcratic ˌParty noun [group] one of the two main political parties in the US ▷ **Partia Demokratyczna**

the Democratic Republic of Congo /ˌdeməˈkrætɪk rɪˈpʌblɪk əv ˈkɒŋgəʊ/ **noun** a country in Africa ▷ **Demokratyczna Republika Konga**
• **Congolese** /ˌkɒŋgəˈliːz/ **adjective** coming from or relating to the Democratic Republic of Congo ▷ **kongijski** • **Congolese noun** (plural **Congolese**) someone from the Democratic Republic of Congo ▷ **Kongij-czyk/ka**

demographics /ˌdeməˈgræfɪks/ **noun** [plural] the quantity and characteristics of the people who live in a particular area, for example their age, how much money they have, etc ▷ **dane demograficzne**

demography /dɪˈmɒɡrəfi/ **noun** [U] the study of the characteristics of people in a particular area ▷ **demografia**

• **demographic** /ˌdeməˈɡræfɪk/ **adjective** ▷ **demograficzny**

demolish /dɪˈmɒlɪʃ/ **verb** [T] **1** B2 to destroy something such as a building: *The factory is dangerous, and will have to be demolished.* ▷ **burzyć 2** to show that an idea or argument is wrong: *He completely demolished my argument.* ▷ **obalać**

demolition /ˌdeməˈlɪʃən/ **noun** [C, U] when something such as a building is destroyed: *the demolition of dangerous buildings* ▷ **wyburzenie**

demon /ˈdiːmən/ **noun** [C] an evil spirit ▷ **demon**

demonic /dɪˈmɒnɪk/ **adjective** evil ▷ **demoniczny**

demonstrable /dɪˈmɒnstrəbl/ **adjective** Something that is demonstrable can be shown to exist or be true: *a demonstrable fact* ▷ **dający się udowodnić**

• **demonstrably adverb** ▷ **w oczywisty sposób**

demonstrate /ˈdemənstreɪt/ **verb 1** [T] B2 to show or prove that something exists or is true: [+ that] *The survey clearly demonstrates that tourism can have positive benefits.* ▷ **dowodzić 2** [T] to show someone how to do something, or how something works: *She demonstrated how to use the new software.* ▷ **demonstrować, pokazywać 3** [T] to express or show that you have a feeling, quality, or ability: *He has demonstrated a genuine interest in the project.* ▷ **wykazywać, demonstrować 4** [I] B2 to march or stand with a group of people to show that you disagree with or support someone or something: *Thousands of people gathered to* ***demonstrate against*** *the new proposals.* ▷ **demonstrować**

demonstration /ˌdemənˈstreɪʃən/ **noun 1** [C] B2 when a group of people march or stand together to show that they disagree with or support someone or something: *They're taking part in a* ***demonstration against*** *the causes of climate change.* ▷ **demonstracja 2** [C, U] showing how to do something, or how something works: *We asked the sales assistant to* ***give*** *us a* ***demonstration****.* ▷ **demonstracja, pokaz 3** [C, U] proof that something exists or is true: *This disaster is a clear demonstration of the need for tighter controls.* ▷ **dowód**

> Wyrazy występujące razem z **demonstration**
>
> hold/organize/stage a demonstration • go on/take part in a demonstration • a mass demonstration • a demonstration against sth

demonstrative /dɪˈmɒnstrətɪv/ **adjective** willing to show your feelings, especially your affection ▷ **demonstracyjny**

demonstrator /ˈdemənstreɪtəʳ/ **noun** [C] a person who marches or stands with a group of people to show that they disagree with or support someone or something ▷ **demonstrant/ka**

demoralized (also UK **-ised**) /dɪˈmɒrəlaɪzd/ **adjective** having lost your confidence, enthusiasm, and hope: *After the match, the players were tired and demoralized.* ▷ **zniechęcony, zdemoralizowany**

• **demoralizing adjective** making you lose your confidence, enthusiasm, and hope: *a demoralizing defeat* ▷ **zniechęcający, demoralizujący** • **demoralize** /dɪˈmɒrəlaɪz/ **verb** [T] ▷ **zniechęcać, demoralizować**

demote /dɪˈməʊt/ **verb be demoted** to be moved to a less important job or position, especially as a punishment ▷ **zostać zdegradowanym**

• **demotion** /dɪˈməʊʃən/ **noun** [C, U] ▷ **degradacja**

demotivated /ˌdiːˈməʊtɪveɪtɪd/ **adjective** not having any enthusiasm for your work ▷ **zniechęcony**

demure /dɪˈmjʊəʳ/ **adjective** If a young woman is demure, she is quiet and shy. ▷ **skromny**

• **demurely adverb** ▷ **skromnie**

den /den/ **noun** [C] **1** the home of some wild animals: *a lions' den* ▷ **legowisko, nora 2** a place where secret and illegal activity happens: *a gambling den* ▷ **melina 3** mainly US a room in your home where you relax, read, watch television, etc ▷ **pokój wypoczynkowy**

denature /diːˈneɪtʃəʳ/ **verb** [T] to change the characteristics of a substance, for example by the action of heat or acid ▷ **denaturować**

dendrite /ˈdendraɪt/ **noun** [C] one of the short parts like threads at the edge of a nerve cell that carry messages to the cell ▷ **dendryt**

denial /dɪˈnaɪəl/ **noun 1** [C, U] when you say that something is not true: *a* ***denial of*** *his guilt* ▷ **zaprzeczenie 2** [U] not allowing someone to have or do something: *the denial of medical treatment* ▷ **pozbawienie, odmowa**

> Wyrazy występujące razem z **denial**
>
> issue a denial • a categorical/emphatic/ strenuous/vehement denial • denial of sth

denigrate /ˈdenɪɡreɪt/ **verb** [T] to criticize and not show much respect for someone or something ▷ **poniżać, uwłaczać**

denim /ˈdenɪm/ **noun** [U] B2 thick, strong, cotton cloth, usually blue, which is used to make clothes: *a* ***denim jacket*** ▷ **dżins**

denitrify /diˈnaɪtrɪfaɪ/ **verb** [T] to break up nitrates, for example in soil, and so release nitrogen into the air: *denitrifying bacteria* ▷ **denitryfikować**

• **denitrification** /diˌnaɪtrɪ.fɪˈkeɪʃən/ **noun** [U] ▷ **denitryfikacja**

Denmark /ˈdenmɑːk/ **noun** a country in Europe ▷ **Dania**

• **Danish** /ˈdeɪnɪʃ/ **adjective** coming from or relating to Denmark ▷ **duński** • **Dane** /deɪn/ **noun** [C] someone from Denmark ▷ **Duńczyk, Dunka**

denomination /dɪˌnɒmɪˈneɪʃən/ **noun** [C] **1** a religious group which has slightly different beliefs from other groups which share the same religion ▷ **wyznanie 2** the value of a particular coin, piece of paper money, or stamp ▷ **nominał**

denominator /dɪˈnɒmɪneɪtər/ **noun** [C] the number below the line in a fraction ▷ **mianownik** → Compare **numerator**

denote /dɪˈnəʊt/ **verb** [T] to be a sign of something: *The colour red is used to denote passion or danger.* ▷ **oznaczać, wskazywać**

denounce /dɪˈnaʊns/ **verb** [T] to publicly criticize someone or something, or to publicly accuse someone of something: *They've been **denounced as** terrorists.* ▷ **potępiać**

dense /dens/ **adjective 1** with a lot of people or things close together: ***dense forest*** ▷ **gęsty 2** B2 If cloud, smoke, etc is dense, it is thick and difficult to see through: ***dense fog*** ▷ **gęsty 3** containing a lot of matter in a small space ▷ **gęsty**

• **densely** **adverb** B2 *a **densely populated** area* ▷ **gęsto**

density /ˈdensɪti/ **noun** [C, U] **1** the number of people or things in a place when compared with the size of the place: *The area has a high population density.* ▷ **gęstość 2** the relationship between the weight of a substance and its size: *bone density* ▷ **gęstość**

dent¹ /dent/ **noun** [C] **1** a hollow area in a hard surface where it has been hit: *The car door had a dent in it.* ▷ **wgniecenie 2** a reduction in something: *The cost of repairs **made** a serious **dent in** my savings.* ▷ **uszczerbek, wyrwa**

dent² /dent/ **verb** [T] **1** to create a hollow area in the hard surface of something by hitting it: *The side of the car was dented in the accident.* ▷ **wgnieść 2** to reduce someone's confidence or positive feelings about something: *The defeat did little to dent her enthusiasm.* ▷ **nadszarpnąć**

dental /ˈdentəl/ **adjective** B2 relating to teeth: ***dental treatment*** ▷ **zębowy, dentystyczny, stomatologiczny**

dental floss /ˈdentəlˌflɒs/ **noun** [U] a thin thread which is used for cleaning between the teeth ▷ **nić dentystyczna**

dentine /ˈdentiːn/ **noun** [U] a hard substance which forms the main part of a tooth and has enamel covering it ▷ **zębina**

dentist

dentist /ˈdentɪst/ **noun** [C] A2 someone who examines and repairs teeth: *I've got an appointment at the dentist's (= where the dentist works) tomorrow.* ▷ **dentyst-a/ka, stomatolog**

• **dentistry** **noun** [U] the subject or job of examining and repairing teeth ▷ **stomatologia**

dentition /denˈtɪʃən/ **noun** [U] the number, type and arrangement of teeth in a person or animal ▷ **uzębienie**

dentures /ˈdentʃəz/ **noun** [plural] false teeth ▷ **proteza (zębowa), sztuczna szczęka**

denunciation /dɪˌnʌnsiˈeɪʃən/ **noun** [C, U] when you publicly criticize someone or something, or publicly accuse someone of something ▷ **potępienie**

deny /dɪˈnaɪ/ **verb** [T] **1** B2 to say that something is not true, especially something that you are accused of: [+ (that)] *He never denied that he said those things.* ◦ [+ doing sth] *He denies murdering his father.* ▷ **zaprzeczać 2** B2 to not allow someone to have or do something: [often passive] *These children are being denied access to education.* ▷ **pozbawiać**

deodorant /diˈəʊdərənt/ **noun** [C, U] a substance that you put on your body to prevent or hide unpleasant smells ▷ **dezodorant**

deoxygenate /diːˈɒksɪdʒəneɪt/ **verb** [T] to remove oxygen from a substance: *deoxygenated blood* ▷ **odtleniać**

• **deoxygenation** /diːˌɒksɪdʒəˈneɪʃən/ **noun** [U] ▷ **odtlenianie**

depart /dɪˈpɑːt/ **verb** [I] formal B1 to leave a place, especially to start a journey to another place: *The train to Lincoln will **depart from** platform 9.* ◦ *He **departed for** Paris on Tuesday.* ▷ **odjeżdżać, wyjeżdżać**

department /dɪˈpɑːtmənt/ **noun** [C] A2 a part of an organization such as a school, business, or government which deals with a particular area of work: *the sales department* ◦ *head of the English department* ▷ **dział, wydział, ministerstwo** → See also **police department**

departmental /ˌdiːpɑːtˈmentəl/ **adjective** relating to a department: *the departmental budget* ▷ **wydziałowy, ministerialny**

deˈpartment ˌstore **noun** [C] A2 a large shop divided into several different parts which sell different types of things ▷ **dom towarowy lub handlowy**

departure /dɪˈpɑːtʃər/ **noun** [C, U] **1** B1 when someone or something leaves a place, especially to start a journey to another place: *the departure of flight BA117* ◦ *This fare is valid for weekday **departures from** Manchester.* ▷ **wyjazd, odjazd, odlot 2** a change from what is expected, or from what has happened before: *This film is a major **departure from** his previous work.* ▷ **odejście**

depend /dɪˈpend/ **verb** **it/that depends** B1 used to say that you are not certain about something because other things affect your answer:

[+ question word] *"Are you coming out tonight?" "It depends where you're going."* ▷ **to zależy**

PHRASAL VERB **depend on/upon sb/sth 1** B2 to need the help of someone or something in order to exist or continue as before: *She depends on her son for everything.* ◦ *The city's economy depends largely on the car industry.* ▷ **być uzależnionym od** *kogoś/czegoś* **2** B1 If something depends on someone or something, it is influenced by them, or changes because of them: [+ question word] *The choice depends on what you're willing to spend.* ▷ **zależeć od** *kogoś/czegoś* **3** B2 to be able to trust someone or something to help, or to do what you expect: [+ to do sth] *You can always depend on Andy to keep his promises.* ▷ **polegać na** *kimś/czymś*

dependable /dɪˈpendəbl/ **adjective** able to be trusted and very likely to do what you expect: *the team's most dependable player* ▷ **niezawodny, godny zaufania**

dependant UK (US **dependent**) /dɪˈpendənt/ **noun** [C] someone, usually a child, who depends on you for financial support ▷ **osoba będąca na** *czyimś* **utrzymaniu**

dependence /dɪˈpendəns/ **noun** [U] (also **dependency** /dɪˈpendəntsi/) when you need someone or something all the time in order to exist or continue as before: *Our society needs to reduce its* ***dependence on*** *the car.* ▷ **uzależnienie**

dependent[1] /dɪˈpendənt/ **adjective 1** B2 needing the help of someone or something in order to exist or continue as before: *She's completely* ***dependent on*** *her parents for money.* ▷ **uzależniony, zależny 2 dependent on/upon sth** influenced by or decided by something: *The amount of tax you pay is dependent on how much you earn.* ▷ **zależny lub uzależniony od** *czegoś*

dependent[2] /dɪˈpendənt/ **noun** [C] US spelling of dependant

deˌpendent ˈvariable noun [C] a number or amount whose value depends on the value of another element in the same mathematical statement ▷ **zmienna zależna** → Compare **independent variable**

depict /dɪˈpɪkt/ **verb** [T] to represent someone or something in a picture or story: *The cartoon* ***depicts*** *the president* ***as*** *a vampire.* ▷ **przedstawiać**

• **depiction** /dɪˈpɪkʃən/ **noun** [C, U] ▷ **przedstawienie, wizerunek, obraz**

deplete /dɪˈpliːt/ **verb** [T] to reduce the amount of something, especially a natural supply: *Alcohol depletes the body of B vitamins.* ▷ **uszczuplać, wyczerpać, pozbawiać**

• **depletion** /dɪˈpliːʃən/ **noun** [U] ▷ **wyczerpanie, uszczuplenie**

deplorable /dɪˈplɔːrəbl/ **adjective** very bad or morally wrong ▷ **żałosny, godny ubolewania**

deplore /dɪˈplɔːʳ/ **verb** [T] formal to feel or express strong disapproval of something: *We deeply deplore the loss of life.* ▷ **ubolewać nad**

deploy /dɪˈplɔɪ/ **verb** [T] to move soldiers or equipment to a place where they can be used when they are needed ▷ **rozmieszczać**

• **deployment noun** [U] *the deployment of nuclear weapons* ▷ **rozmieszczenie**

deport /dɪˈpɔːt/ **verb** [T] to force a foreign person to leave a country: *Thousands of illegal immigrants are* ***deported from*** *the US every year.* ▷ **deportować**

• **deportation** /ˌdiːpɔːˈteɪʃən/ **noun** [C, U] *He now faces deportation back to his native country.* ▷ **deportacja**

depose /dɪˈpəʊz/ **verb** [T] to remove a ruler or leader from their position of power ▷ **odsuwać od władzy**

• **deposed adjective** *the deposed president* ▷ **były**

deposit[1] /dɪˈpɒzɪt/ **noun** [C] **1** B1 a payment that you make immediately when you decide to buy something, as proof that you will really buy it: *They've* ***put down*** *a* ***deposit on*** *a house.* ▷ **zaliczka, zadatek 2** an amount of money that you pay into a bank: *to* ***make*** *a* ***deposit*** ▷ **wpłata 3** a layer of a substance that has developed from a natural or chemical process: *deposits of iron ore* ▷ **złoże 4** an amount of money that you pay when you rent something, and that is given back to you when you return it without any damage ▷ **kaucja**

> Wyrazy występujące razem z **deposit**
>
> **pay/put down** a deposit • a deposit **of** [£500/$300, etc] • a deposit **on** sth

deposit[2] /dɪˈpɒzɪt/ **verb** [T] **1** to put something down somewhere: *He deposited his books on the table.* ▷ **umieszczać, składać 2** to put money into a bank or valuable things into a safe place: *She deposited $150,000 in a Swiss bank account.* ▷ **wpłacać 3** to leave something lying on a surface, as a result of a natural or chemical process ▷ **osadzać, zostawiać osad**

deˈposit acˌcount noun [C] UK a bank account that pays interest on the money you put into it and that you use for saving ▷ **rachunek lokat**

deposition /ˌdepəˈzɪʃən/ **noun** [U, C] when a layer of a substance such as soil or rock is formed, or the substance that forms the layer ▷ **osad, osadzanie (się)**

depot /ˈdepəʊ/ **noun** [C] **1** a place where trains, trucks, or buses are kept ▷ **zajezdnia 2** a building where supplies of goods are stored ▷ **magazyn 3** US a small bus or train station ▷ **stacja, dworzec**

depraved /dɪˈpreɪvd/ **adjective** morally bad ▷ **zdeprawowany, niemoralny**

• **depravity** /dɪˈprævəti/ **noun** [U] ▷ **zepsucie, deprawacja**

depreciate /dɪˈpriːʃieɪt/ **verb** [I] to lose value

over a period of time: *New computers depreciate in value very quickly.* ▷ **tracić na wartości**
• **depreciation** /dɪˌpriːʃiˈeɪʃən/ noun [U] ▷ **spadek wartości, deprecjacja**

depress /dɪˈpres/ verb [T] **1** to make someone feel very unhappy, especially about the future: *This place really depresses me.* ▷ **przygnębiać 2** to reduce the value or level of something, especially in business: *Competition between stores has depressed prices.* ▷ **obniżać, osłabiać**

D

depressed /dɪˈprest/ adjective **1** B1 very unhappy, often for a long time: *She has been feeling very depressed since her marriage broke up.* ▷ **przygnębiony 2** A depressed country, area, or economy does not have enough jobs or business activity: *an economically depressed area* ▷ **dotknięty kryzysem lub bezrobociem**

depressing /dɪˈpresɪŋ/ adjective B2 making you feel unhappy and without any hope for the future: *The news is very depressing.* ▷ **przygnębiający**

depression /dɪˈpreʃən/ noun [C, U] **1** B2 when you feel very unhappy, or a mental illness that makes you feel very unhappy: *Nearly three million people **suffer from depression** every year.* ▷ **depresja, przygnębienie 2** a time when there is not much business activity: *The stock market crash marked the start of a severe depression.* ▷ **kryzys 3** an area where the air pressure is low ▷ **niż, depresja**

deprive /dɪˈpraɪv/ verb

PHRASAL VERB **deprive sb/sth of sth** B2 to take something important or necessary away from someone or something: *They were deprived of food for long periods.* ▷ **pozbawiać** *kogoś/coś czegoś*
• **deprivation** /ˌdeprɪˈveɪʃən/ noun [C, U] ***sleep deprivation*** ▷ **brak, niedobór**

deprived /dɪˈpraɪvd/ adjective not having enough food, money, and the things that you need to have a normal life: *children from **deprived backgrounds*** ▷ **ubogi, najuboższy, upośledzony**

dept written abbreviation for department ▷ **wydz. (= wydział), min. (= ministerstwo)**

depth /depθ/ noun **1** [C, U] B1 the distance from the top of something to the bottom: *The lake reaches a maximum **depth of** 292 metres.* ◦ *Dig a hole 10 cm **in depth**.* ▷ **głębokość 2** [C, U] the distance from the front to the back of something ▷ **głębokość 3** [U] how much someone knows or feels about something: *She was amazed at the depth of his knowledge.* ▷ **głębia 4 in depth** B2 giving all the details: *With access to the Internet, students can do their homework in greater depth.* ▷ **szczegółowo, dogłębnie**

IDIOM **be out of your depth** to not have the knowledge, experience, or skills to deal with a particular subject or situation ▷ **nie czuć się zbyt pewnie**

> Wyrazy występujące razem z **depth**
>
> a depth **of** [6 metres/8 inches, etc] • [5cm/7 inches, etc] **in depth** • **at/to** a depth of [5 metres/6 inches, etc]

depths /depθs/ noun [plural] **1** a position far below the surface or far into something: ***the depths of** the forest* ▷ **głębia 2** the worst period of something: *the **depths of despair*** ▷ **dno, szczyt**

deputy /ˈdepjəti/ noun [C] someone who has the second most important job in an organization: *the deputy Prime Minister* ▷ **zastęp-ca/czyni**

derail /dɪˈreɪl/ verb **1** [I, T] If a train derails, or is derailed, it comes off the railway tracks. ▷ **wykoleić (się) 2** [T] If you derail plans, you prevent them from happening. ▷ **popsuć, pokrzyżować**
• **derailment** noun [C, U] ▷ **wykolejenie**

deranged /dɪˈreɪndʒd/ adjective behaving in a way that is not normal, especially when suffering from a mental illness ▷ **szalony, niezrównoważony**

derby /ˈdɑːbi/ (US) /ˈdɜːrbi/ noun [C] **1** mainly UK a type of sports competition: *a fishing/motorcycle derby* ▷ **derby 2 Derby** a type of horse race ▷ **derby 3** US (UK **bowler hat**) a round, hard, black hat worn by men, especially in the past ▷ **melonik**

deregulate /ˌdiːˈregjəleɪt/ verb [T] to remove national or local government controls from a business: *The government plans to deregulate the banking industry.* ▷ **wyjmować spod kontroli państwowej, wprowadzać konkurencję**
• **deregulation** /ˌdiːregjəˈleɪʃən/ noun [U] ▷ **wyjęcie spod kontroli państwowej, wprowadzenie konkurencji**

derelict /ˈderəlɪkt/ adjective A derelict building or piece of land is not used any more and is in a bad condition: *a **derelict house*** ▷ **zrujnowany, opuszczony**

deride /dɪˈraɪd/ verb [T] formal to talk about someone or something as if they are ridiculous and do not deserve any respect: *Her novel, once derided by critics, is now a classic.* ▷ **wyśmiewać, wyszydzać**

derision /dɪˈrɪʒən/ noun [U] when you talk about someone or something as if they are ridiculous and do not deserve respect: *The novel was **greeted with derision**.* ▷ **szyderstwo, drwina**

derisive /dɪˈraɪsɪv/ adjective showing derision towards someone or something ▷ **szyderczy, drwiący**

derisory /dɪˈraɪsəri/ adjective **1** so small that it seems ridiculous: *a **derisory sum** of money* ▷ **śmieszny 2** cruel and making someone feel stupid: *derisory remarks* ▷ **szyderczy**

derivation /ˌderɪˈveɪʃən/ noun [C, U] the origin of something, such as a word, from which another form has developed, or the new form itself ▷ **derywacja**

derivative /dɪˈrɪvətɪv/ **noun** [C] a form of something, such as a word, that has developed from another form ▷ **derywat, pochodna**

derive /dɪˈraɪv/ **verb**

PHRASAL VERB **derive (sth) from sth 1** to come from or be developed from something: *The name derives from Latin.* ▷ **wywodzić** *coś*/**się od** *czegoś* **2 derive comfort/pleasure, etc from sth** to get a positive feeling or advantage from someone or something: *I derive great pleasure from gardening.* ▷ **znajdować w** *czymś* **pocieszenie/przyjemność** *itp.*

dermatitis /ˌdɜːməˈtaɪtɪs/ **noun** [U] a condition which makes your skin red and painful ▷ **dermatoza**

dermis /ˈdɜːmɪs/ **noun** [U] the thick layer of skin underneath the epidermis ▷ **skóra właściwa**

derogatory /dɪˈrɒɡətᵊri/ **adjective** showing strong disapproval and not showing any respect for someone: *derogatory* ***comments/remarks*** ▷ **uwłaczający, obelżywy**

descale /ˌdiːˈskeɪl/ **verb** [T] to remove scale from something, for example a water pipe ▷ **odkamienić**

• **descaler** /ˌdiːˈskeɪlərˈ/ a substance used for descaling things ▷ **odkamieniacz**

descend /dɪˈsend/ **verb** [I, T] formal B2 to move or go down: *We descended four flights of stairs.* ▷ **schodzić**

PHRASAL VERB **be descended from sb/sth** to be related to a person or creature that lived a long time ago ▷ **pochodzić od** *kogoś/czegoś*

descendant /dɪˈsendənt/ **noun** [C] someone who is related to someone who lived a long time ago: *She is a* ***descendant of*** *Queen Victoria.* ▷ **potomek**

descent /dɪˈsent/ **noun** [C, U] **1** a movement down: *The plane* ***began*** *its* ***descent*** *into Heathrow.* ▷ **zejście, schodzenie 2 of Irish/French, etc descent** being related to people who lived in the past in Ireland/France, etc ▷ **pochodzenia irlandzkiego/francuskiego** *itp.*

describe /dɪˈskraɪb/ **verb** [T] A2 to say what someone or something is like: *Neighbours* ***described*** *her* ***as*** *a shy, quiet girl.* ◦ [+ question word] *I tried to describe what I had seen.* ▷ **opisywać**

description /dɪˈskrɪpʃᵊn/ **noun 1** B1 [C, U] something that tells you what someone or something is like: *I* ***gave*** *the police a* ***description of*** *the stolen jewellery.* ▷ **opis 2 of any/every/some description** of any/every/some type: *They sell plants of every description.* ▷ **wszelkiego/każdego/jakiegoś rodzaju**

> Wyrazy występujące razem z **description**
>
> give a description • an accurate/detailed/short description • a description of sth/sb

descriptive /dɪˈskrɪptɪv/ **adjective** describing something, especially in a detailed, interesting way ▷ **opisowy**

desert[1] /ˈdezət/ **noun** [C, U] A2 a large, hot, dry area of land with very few plants: *the Sahara Desert* ▷ **pustynia**

desert[2] /dɪˈzɜːt/ **verb 1** [T] to leave someone and never come back: *He deserted his family.* ▷ **opuszczać, porzucać 2** [T] to leave a place, so that it is empty: *People are deserting the countryside to work in towns.* ▷ **opuszczać, porzucać 3** [I, T] to leave the army without permission ▷ **dezerterować**

• **desertion** /dɪˈzɜːʃᵊn/ **noun** [U] ▷ **porzucenie, dezercja**

deserted /dɪˈzɜːtɪd/ **adjective** If a place is deserted, it has no people in it: *a deserted street* ▷ **opustoszały**

deserter /dɪˈzɜːtərˈ/ **noun** [C] someone who leaves the army without permission ▷ **dezerter**

desertification /dɪˌzɜːtɪfɪˈkeɪʃᵊn/ **noun** [U] the process of land that could once grow food becoming so dry that it turns into a desert ▷ **pustynnienie**

ˌdesert ˈisland noun [C] a tropical island where no one lives, far from any other places ▷ **bezludna wyspa**

deserve /dɪˈzɜːv/ **verb** [T] B1 If you deserve something good or bad, it should happen to you because of the way you have behaved: *The school deserves praise for the way it has raised standards.* ◦ [+ to do sth] *He deserves to be locked up for life.* ▷ **zasługiwać na**

• **deservedly adverb** ▷ **zasłużenie**

deserving /dɪˈzɜːvɪŋ/ **adjective** If something or someone is deserving, people should help or support them: *The children's charity is a* ***deserving cause.*** ▷ **zasługujący, słuszny**

design[1] /dɪˈzaɪn/ **noun 1** [U] B1 the way in which something is planned and made: *There was a fault in the design of the aircraft.* ▷ **konstrukcja 2** [C] a drawing which shows how an object, machine, or building will be made: *Engineers are working on the new designs.* ▷ **projekt 3** [C] B1 a pattern or decoration ▷ **wzór 4** [U] B1 the process of making drawings to show how something will be made: *a course in art and design* ▷ **projektowanie, wzornictwo** → See also **interior design**

design[2] /dɪˈzaɪn/ **verb** [T] **1** B1 to draw or plan something before making it: *She designs furniture.* ▷ **projektować 2 be designed to do sth** B2 to have been planned or done for a particular purpose: *The new law is designed to protect children.* ▷ **mieć** *coś* **na celu**

designate /ˈdezɪɡneɪt/ **verb** [T] formal to choose someone or something for a particular purpose or duty: *The area has been* ***designated as*** *a nature reserve.* ▷ **wyznaczać, mianować, desygnować**

• **designation** /ˌdezɪɡˈneɪʃᵊn/ **noun** [C, U] ▷ **wyznaczenie, mianowanie**

designer[1] /dɪˈzaɪnərˈ/ **noun** [C] B1 someone who

draws and plans how something will be made: *a fashion designer* ▷ **projektant/ka**

designer² /dɪˈzaɪnəʳ/ **adjective designer jeans/sunglasses, etc** B2 clothes or objects made by a fashionable designer ▷ **markowe dżinsy/okulary** *itp.*, **dżinsy/okulary** *itp.* **od znanego projektanta**

D

deˌsigner ˈbaby noun [C] a baby with some characteristics chosen by its parents and doctors using gene therapy ▷ **dziecko na zamówienie**

desirable /dɪˈzaɪərəbl/ **adjective** B2 If something is desirable, it is very good or attractive and most people would want it: *A good education is highly desirable.* ▷ **atrakcyjny, pożądany** → Opposite **undesirable**

desire¹ /dɪˈzaɪəʳ/ **noun 1** [C, U] B2 a strong feeling that you want something: [+ to do sth] *I have no desire to have children.* ◦ *There is a strong* ***desire for*** *peace among the people.* ▷ **pragnienie 2** [U] when you are sexually attracted to someone ▷ **pożądanie**

> **Wyrazy występujące razem z desire**
> express/have a desire to do sth • a burning/strong desire • a desire for sth

desire² /dɪˈzaɪəʳ/ **verb** [T] formal to want something: *You can have whatever you desire.* ▷ **pragnąć**

desired /dɪˈzaɪəd/ **adjective the desired effect/result/shape, etc** the effect/result/shape, etc that is wanted: *Her medicine seems to have had the desired effect.* ▷ **pożądany skutek/rezultat/kształt** *itp.*

desk /desk/ **noun** [C] A1 a table that you sit at to write or work, often with drawers ▷ **biurko** → See also **cash desk** → See **The Office** on page Centre 5

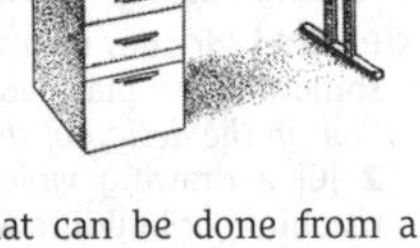
desk

ˈdesk reˌsearch noun [U] market research that can be done from a desk, for example reading reports or looking for information on the Internet ▷ **badania źródeł zastanych**

desktop /ˈdesktɒp/ **noun** [C] **1** B2 a computer screen that contains icons and which is usually used as a place to start and finish computer work ▷ **pulpit 2** (also **desktop computer**) B2 a computer that is small enough to fit on a desk ▷ **komputer stacjonarny 3** the top of a desk ▷ **pulpit**

ˌdesktop ˈpublishing noun [U] producing finished designs for pages of books or documents using a small computer and printer ▷ **(mała) poligrafia komputerowa**

desolate /ˈdesələt/ **adjective 1** A desolate place is empty and makes you feel sad: *a desolate landscape* ▷ **opuszczony, odludny 2** lonely and unhappy: *She felt desolate when he left.* ▷ **niepocieszony, zrozpaczony**

• **desolation** /ˌdesəlˈeɪʃən/ **noun** [U] ▷ **pustka, rozpacz**

despair¹ /dɪˈspeəʳ/ **noun** [U] B2 a feeling of having no hope: *She shook her head* ***in despair.*** ▷ **rozpacz**

> **Wyrazy występujące razem z despair**
> abject/complete/utter despair • in despair

despair² /dɪˈspeəʳ/ **verb** [I] to feel that you have no hope: *Don't despair – things will improve.* ◦ [+ of + doing sth] *He had begun to despair of ever finding a job.* ▷ **rozpaczać**

• **despairing adjective** ▷ **zrozpaczony**

despatch¹ UK (UK/US **dispatch**) /dɪˈspætʃ/ **verb** [T] formal to send someone or something somewhere: *They despatched a police car to arrest him.* ▷ **wysyłać**

despatch² UK (UK/US **dispatch**) /dɪˈspætʃ/ **noun 1** [U] when someone or something is sent somewhere: *the despatch of troops* ▷ **wysłanie, wysyłka 2** [C] an official report that someone in a foreign country sends to their organization ▷ **meldunek, doniesienie**

desperate /ˈdespərət/ **adjective 1** B2 feeling that you have no hope and are ready to do anything to change the situation you are in: *He was absolutely desperate and would have tried anything to get her back.* ▷ **zdesperowany 2** B2 needing or wanting something very much: *By two o'clock I was* ***desperate for*** *something to eat.* ▷ **zdesperowany 3** A desperate situation is very bad or serious: *The economy is in a really* ***desperate situation.*** ▷ **rozpaczliwy**

• **desperately adverb** B2 ▷ **rozpaczliwie** • **desperation** /ˌdespəˈreɪʃən/ **noun** [U] ▷ **desperacja, rozpacz**

despicable /dɪˈspɪkəbl/ **adjective** very unpleasant or cruel: *a despicable act/crime* ▷ **nikczemny, podły**

despise /dɪˈspaɪz/ **verb** [T] to hate someone or something and have no respect for them: *The two groups despise each other.* ▷ **gardzić, pogardzać**

despite /dɪˈspaɪt/ **preposition 1** B1 used to say that something happened or is true, although something else makes this seem not probable: *I'm still pleased with the house despite all the problems we've had.* ◦ [+ doing sth] *He managed to eat lunch despite having had an enormous breakfast.* ▷ **mimo, pomimo 2 despite yourself** If you do something despite yourself, you do it although you did not intend to. ▷ **wbrew sobie**

despondent /dɪˈspɒndənt/ **adjective** unhappy and having no enthusiasm ▷ **przybity, przygnębiony**

• **despondency noun** [U] ▷ **przygnębienie**

despot /ˈdespɒt/ **noun** [C] a very powerful person, especially someone who treats people cruelly ▷ **despot-a/ka**

dessert /dɪˈzɜːt/ **noun** [C, U] A2 sweet food that is

eaten after the main part of a meal: *We had ice cream for dessert.* ▷ **deser**

dessertspoon /dɪˈzɜːtspuːn/ **noun** [C] UK a medium-sized spoon used for eating or measuring food, or the amount this spoon can hold ▷ **łyżeczka deserowa**

destabilize (also UK **-ise**) /ˌdiːˈsteɪbəlaɪz/ **verb** [T] to cause change in a country or government so that it loses its power or control: *a plot to destabilize the government* ▷ **destabilizować**

destination /ˌdestɪˈneɪʃən/ **noun** [C] B1 the place where someone or something is going: *Spain is a very popular* ***holiday destination.*** ▷ **cel (podróży), miejsce przeznaczenia**

destined /ˈdestɪnd/ **adjective be destined for sth; be destined to do sth** to be certain to be something or do something in the future: *She was destined for a brilliant future.* ▷ **mieć** *coś* **przeznaczone,** ≈ *coś* **jest** *komuś* **pisane**

destiny /ˈdestɪni/ **noun 1** [C] the things that will happen to someone in the future: *At last she feels in control of her own destiny.* ▷ **los 2** [U] a power that some people believe controls what will happen in the future: *Nick said it was destiny that we met.* ▷ **przeznaczenie**

destitute /ˈdestɪtjuːt/ **adjective** so poor that you do not have the basic things you need to live, such as food, clothes, or money ▷ **bez środków do życia**

• **destitution** /ˌdestɪˈtjuːʃən/ **noun** [U] ▷ **nędza**

destroy /dɪˈstrɔɪ/ **verb** [T] B1 to damage something so badly that it does not exist or cannot be used: *Many works of art were destroyed in the fire.* ▷ **niszczyć**

destroyer /dɪˈstrɔɪər/ **noun** [C] a small, fast ship that is used in a war ▷ **niszczyciel**

destruction /dɪˈstrʌkʃən/ **noun** [U] B2 when something is destroyed: *We are all responsible for the* ***destruction of*** *the forest.* ▷ **zniszczenie, destrukcja**

• **destructive** /dɪˈstrʌktɪv/ **adjective** causing a lot of damage: *the destructive power of nuclear weapons* ▷ **niszczący, destrukcyjny** → See also **self-destructive**

detach /dɪˈtætʃ/ **verb** [T] to take a part of something off so that it is separate: *Please complete and detach the form below and return it to the school.* ▷ **odłączać, odrywać, zdejmować**

• **detachable adjective** ▷ **odczepiany, zdejmowany**

detached /dɪˈtætʃt/ **adjective 1** UK A detached building is not joined to another building. ▷ **wolnostojący 2** If someone is detached, they do not feel involved with someone or emotional about something. ▷ **obojętny** → See also **semi-detached**

detachment /dɪˈtætʃmənt/ **noun 1** [U] when someone does not feel involved in a situation: *He spoke with cool detachment.* ▷ **obojętność 2** [C] a small group of soldiers with a particular job to do ▷ **oddział**

detail¹ /ˈdiːteɪl/ US /dɪˈteɪl/ **noun** [C, U] **1** B1 a fact or piece of information about something: *Please send me* ***details of*** *your training courses.* ◦ *She didn't include very much detail in her report.* ▷ **szczegół 2 in detail** B1 including every part of something: *He explained it all in great detail.* ▷ **szczegółowo 3 go into detail** B2 to include all the facts about something ▷ **wchodzić w szczegóły**

> **Wyrazy występujące razem z detail**
>
> disclose/discuss/divulge/reveal details • exact/full/precise/relevant details • details about/of/on sth

detail² /ˈdiːteɪl/ US /dɪˈteɪl/ **verb** [T] to describe something completely, giving all the facts ▷ **opisać szczegółowo, wyszczególniać**

detailed /ˈdiːteɪld/ **adjective** B2 giving a lot of information: *a* ***detailed account/description*** ▷ **szczegółowy**

detain /dɪˈteɪn/ **verb** [T] to keep someone somewhere and not allow them to leave, especially in order to ask them about a crime: *Three men were detained by police for questioning.* ▷ **zatrzymywać**

detect /dɪˈtekt/ **verb** [T] to discover or notice something, especially something that is difficult to see, hear, smell, etc: *This special camera can detect bodies by their heat.* ▷ **wykryć, wyczuć**

detection /dɪˈtekʃən/ **noun** [U] **1** when someone notices or discovers something: *the early detection of cancer* ▷ **wykrycie 2** when the police discover information about a crime ▷ **wykrywanie**

detective /dɪˈtektɪv/ **noun** [C] B1 someone, especially a police officer, whose job is to discover information about a crime ▷ **oficer śledczy, detektyw**

detector /dɪˈtektər/ **noun** [C] a piece of equipment used to discover something, especially something that is difficult to see, hear, smell, etc: *a* ***smoke detector*** ▷ **czujnik, detektor, wykrywacz**

detente /ˌdeɪˈtɒnt/ **noun** [U] formal when countries become friendly with each other after a period of not being friendly ▷ **odprężenie**

detention /dɪˈtenʃən/ **noun 1** [U] when someone is officially kept somewhere and not allowed to leave ▷ **zatrzymanie 2** [C, U] when a student is kept in school after the other students leave, as a punishment ▷ **koza (= zostawienie ucznia po lekcjach za karę)**

deter /dɪˈtɜːr/ **verb** [T] (present participle **deterring**, past tense and past participle **deterred**) to make someone less likely to do something, or to make something less likely to happen: *We have introduced new security measures to deter shoplifters.* ◦ [+ from + doing sth] *Higher fuel costs* *could deter people from driving their cars.* ▷ **odstraszać**

detergent /dɪˈtɜːdʒᵊnt/ **noun** [C, U] a liquid or powder that is used to clean things ▷ **proszek lub płyn lub żel do prania, detergent**

deteriorate /dɪˈtɪəriᵊreɪt/ **verb** [I] to become worse: *Her condition deteriorated rapidly.* ▷ **pogarszać się**

• **deterioration** /dɪˌtɪəriəˈreɪʃᵊn/ **noun** [U] ▷ **pogorszenie**

D

determination /dɪˌtɜːmɪˈneɪʃᵊn/ **noun** [U] B2 when someone continues trying to do something, although it is very difficult: *Andy Murray will need great determination and skill to win this match.* ▷ **determinacja, wytrwałość, upór**

> Wyrazy występujące razem z **determination**
>
> demonstrate/show determination • dogged/fierce/grim/steely determination • courage/grit/guts and determination

determine /dɪˈtɜːmɪn/ **verb** [T] **1** to discover the facts or truth about something: [+ question word] *The doctors are still unable to determine what is wrong.* ▷ **określać, ustalać 2** to decide what will happen: [+ question word] *Her exam results will determine which university she goes to.* ▷ **decydować, rozstrzygać**

determined /dɪˈtɜːmɪnd/ **adjective** B2 wanting to do something very much, and not letting anyone stop you: [+ to do sth] *He's determined to win this match.* ▷ **zdeterminowany, zdecydowany**

determiner /dɪˈtɜːmɪnəʳ/ **noun** [C] B2 a word that is used before a noun or adjective to show which person or thing you are referring to. For example 'my' in 'my old car' and 'that' in 'that man' are determiners. ▷ **określnik**

deterrent /dɪˈterᵊnt/ **noun** [C] something that stops people doing something because they are afraid of what will happen if they do: *They've installed a security camera as a* ***deterrent to*** *thieves.* ▷ **środek lub czynnik odstraszający**

• **deterrent** adjective *a deterrent effect* ▷ **odstraszający**

detest /dɪˈtest/ **verb** [T] to hate someone or something very much ▷ **nie cierpieć, nienawidzić**

detonate /ˈdetᵊneɪt/ **verb** [I, T] to explode or make something explode: *The* ***bomb*** *was* ***detonated*** *safely by army officers and no one was hurt.* ▷ **detonować**

• **detonation** /ˌdetᵊnˈeɪʃᵊn/ **noun** [C, U] ▷ **detonacja**

detonator /ˈdetᵊneɪtəʳ/ **noun** [C] a piece of equipment that makes a bomb explode ▷ **detonator**

detour /ˈdiːtʊəʳ/ **noun** [C] a different, longer route to a place that is used to avoid something or to visit something: *Several roads were closed, so we had to* ***take a detour.*** ▷ **objazd**

detox /ˈdiːtɒks/ **noun** [U] informal treatment to clean out your blood, stomach, etc and get rid of bad substances such as drugs ▷ **odtrucie**

detract /dɪˈtrækt/ **verb**

PHRASAL VERB **detract from sth** to make something seem less good than it really is, or than it was thought to be ▷ **umniejszać** *coś*, **psuć** *coś*

detriment /ˈdetrɪmənt/ **noun to the detriment of sth** causing damage to something: *He was working very long hours, to the detriment of his health.* ▷ **ze szkodą dla** *czegoś*

• **detrimental** /ˌdetrɪˈmentᵊl/ **adjective** *a* ***detrimental effect*** ▷ **szkodliwy**

deuterium /djuːˈtɪəriəm/ **noun** [U] a type of hydrogen that is twice as heavy as normal hydrogen (symbol D) ▷ **deuter, ciężki wodór**

devaluation /ˌdiːvæljuˈeɪʃᵊn/ **noun** [C, U] when the value of something is reduced: *the devaluation of the dollar* ▷ **dewaluacja**

devalue /ˌdiːˈvæljuː/ **verb** [T] (present participle **devaluing**, past tense and past participle **devalued**) **1** to make something less valuable, especially a country's money: *to devalue the pound* ▷ **dewaluować 2** to make someone or something seem less important than they really are ▷ **lekceważyć, nie doceniać**

devastate /ˈdevəsteɪt/ **verb** [T] to destroy or damage something very badly: *A recent hurricane devastated the city.* ▷ **niszczyć, pustoszyć, dewastować**

• **devastation** /ˌdevəˈsteɪʃᵊn/ **noun** [U] ▷ **dewastacja, spustoszenie**

devastated /ˈdevəsteɪtɪd/ **adjective 1** very shocked and upset: *She was devastated when her husband died.* ▷ **zdruzgotany 2** completely destroyed ▷ **spustoszony, zdewastowany**

devastating /ˈdevəsteɪtɪŋ/ **adjective 1** making someone very shocked and upset: *Despite the devastating news, no one is giving up hope.* ▷ **przytłaczający, szokujący, druzgocący 2** causing a lot of damage or destruction: *The fire has had a devastating effect on the local wildlife.* ▷ **niszczący, tragiczny**

devastatingly /ˈdevəsteɪtɪŋli/ **adverb** extremely: *devastatingly funny/handsome* ▷ **niesamowicie**

develop /dɪˈveləp/ **verb 1** [I, T] B1 to grow or change and become more advanced, or to make someone or something do this: *The baby develops inside the mother for nine months.* ◦ *He's* ***developing into*** *a very good tennis player.* ▷ **rozwijać (się) 2** [T] B1 to make something new such as a product: *Scientists are developing new drugs all the time.* ▷ **opracowywać 3** [T] B2 to start to have something, such as an illness, problem, or feeling: *Shortly after take-off the plane developed engine trouble.* ▷ **nabywać, ≈ pojawiać się 4** [I] to start to happen or exist: *Further problems may develop if you do not deal with this now.* ▷ **pojawiać się 5** [T] to use special chemicals on a piece of film to make photographs appear: *I need to get my holiday photos developed.* ▷ **wywoływać** **6** [T] to build houses, factories, shops, etc on a piece of land ▷ **zagospodarować**

developed /dɪˈveləpt/ **adjective** **a developed country/nation, etc** B2 a country with an advanced level of technology, industry, etc ▷ **kraj** *itp.* **rozwinięty** → Opposite **undeveloped**

developer /dɪˈveləpəʳ/ **noun** [C] a person or company that buys land and builds houses, factories, shops, etc ▷ **inwestor, deweloper**

development /dɪˈveləpmənt/ **noun** **1** [C, U] B1 when someone or something grows or changes and becomes more advanced: *The nurse will do some tests to check on your child's development.* ◦ *There have been some* ***major developments*** *in technology recently.* ▷ **rozwój** **2** [C, U] B1 when something new is made: *the development of new drugs* ▷ **opracowanie** **3** [U] when something starts to happen or exist: *Smoking encourages the development of cancer.* ▷ **rozwój** **4** [U] when new houses, factories, shops, etc, are built on an area of land: *land suitable for development* ▷ **zabudowa** **5** [C] an area of land with new houses, factories, shops, etc on it: *a new housing development* ▷ **osiedle, zabudowa** **6** [C] B2 something new that happens and changes a situation: *Have there been any more developments since I left?* ▷ **nowość, zmiana** **7** [U] when someone makes photographs from a film ▷ **wywołanie**

> Wyrazy występujące razem z **development**
>
> **encourage/monitor/restrict** development • **dramatic/major/rapid** development • **in/under** development

developmental /dɪˌveləpˈmentəl/ **adjective** connected with the development of someone or something: *developmental problems* ▷ **rozwojowy**

deviant /ˈdiːviənt/ **adjective** different to what most people think is normal or acceptable, usually relating to sexual behaviour ▷ **dewiacyjny, zboczony, odbiegający od normy**
• **deviant noun** [C] ▷ **zboczeniec, dewiant**

deviate /ˈdiːvieɪt/ **verb** [I] to do something in a different way from what is usual or expected: *The aircraft* ***deviated from*** *its original flight plan.* ▷ **zbaczać, odbiegać**

deviation /ˌdiːviˈeɪʃən/ **noun** [C, U] when something is different to what is usual, expected, or accepted by most people: ***sexual deviation*** ▷ **dewiacja, zboczenie, odchylenie**

device /dɪˈvaɪs/ **noun** [C] B2 a piece of equipment that is used for a particular purpose: *A pager is a small, electronic device for sending messages.* ▷ **urządzenie, przyrząd**

IDIOM **leave someone to their own devices** to leave someone to do what they want to do: *With both parents out at work, the kids were often left to their own devices.* ▷ **pozostawiać** *kogoś* **samemu sobie**

devil /ˈdevəl/ **noun** **1** **the Devil** B2 the most powerful evil spirit, according to the Christian and Jewish religions ▷ **szatan** **2** [C] B2 an evil spirit ▷ **diabeł** **3** [C] informal someone who behaves badly ▷ **diabeł** **4** **lucky/poor, etc devil** informal used to describe a person who is lucky/unlucky, etc ▷ **szczęściarz/biedak** *itp.*

IDIOM **speak/talk of the devil** informal something that you say when someone you have been talking about suddenly appears ▷ **o wilku mowa**

devilish /ˈdevəlɪʃ/ **adjective** evil or bad: *a devilish smile* ▷ **diaboliczny, diabelski**
• **devilishly adverb** very: ***devilishly difficult*** ▷ **diabelsko, diabelnie**

devious /ˈdiːviəs/ **adjective** clever in a way that is bad and not honest: *a devious mind* ▷ **przebiegły, podstępny**

devise /dɪˈvaɪz/ **verb** [T] to design or invent something such as a system, plan, or piece of equipment ▷ **wymyślić, opracowywać**

devoid /dɪˈvɔɪd/ **adjective** **devoid of sth** formal completely without a quality: *His voice was devoid of emotion.* ▷ **pozbawiony** *czegoś*

devolution /ˌdiːvəˈluːʃən/ **noun** [U] when power moves from a central government to local governments ▷ **decentralizacja (władzy)**

devolve /dɪˈvɒlv/ **verb**

PHRASAL VERB **devolve sth to sb/sth** formal to give power or responsibility to a person or organization at a lower or more local level ▷ **przekazywać** *coś komuś/czemuś*

devote /dɪˈvəʊt/ **verb**

PHRASAL VERB **devote sth to sb/sth** **1** B2 to use time, energy, etc for a particular purpose: *She devotes most of her free time to charity work.* ▷ **poświęcać** *coś komuś/czemuś* **2** B2 to use a space or area for a particular purpose: [often passive] *Most of the magazine was devoted to coverage of the royal wedding.* ▷ **poświęcać** *coś komuś/czemuś*

devoted /dɪˈvəʊtɪd/ **adjective** B2 loving or caring very much about someone or something: *She's absolutely* ***devoted to*** *her grandchildren.* ▷ **oddany**
• **devotedly adverb** ▷ **z oddaniem**

devotee /ˌdevəʊˈtiː/ **noun** [C] someone who likes something or someone very much: *a* ***devotee of*** *classical music* ▷ **wielbiciel/ka, entuzjast-a/ka**

devotion /dɪˈvəʊʃən/ **noun** [U] **1** great love or loyalty for someone or something: *She will always be remembered for her* ***devotion to*** *her family.* ▷ **oddanie, poświęcenie** **2** strong religious belief or behaviour ▷ **pobożność**

devour /dɪˈvaʊəʳ/ **verb** [T] **1** to eat something quickly because you are very hungry ▷ **pożerać,**

D

pochłaniać 2 to read something quickly and enthusiastically ▷ **pożerać, pochłaniać**

devout /dɪˈvaʊt/ **adjective** extremely religious: *a devout Catholic/Muslim* ▷ **pobożny**
• **devoutly adverb** ▷ **pobożnie**

dew /djuː/ **noun** [U] drops of water that form on surfaces outside during the night ▷ **rosa**

ˈdew ˌpoint noun [U] the point at which the air cannot hold any more water and dew begins to form ▷ **punkt rosy**

dexterity /dekˈsterəti/ **noun** [U] skill at doing something, especially using your hands: ***manual dexterity*** ▷ **zręczność**

diabetes /ˌdaɪəˈbiːtiːz/ **noun** [U] a serious medical condition in which your body cannot control the level of sugar in your blood ▷ **cukrzyca**
• **diabetic** /ˌdaɪəˈbetɪk/ **adjective** ▷ **cukrzycowy**
• **diabetic** /ˌdaɪəˈbetɪk/ **noun** [C] someone who has diabetes ▷ **diabetyk, cukrzyk, chor-y/a na cukrzycę**

diabolical /ˌdaɪəˈbɒlɪkəl/ **adjective** extremely bad ▷ **ohydny, potworny**

diagnose /ˈdaɪəgnəʊz/ **verb** [T] to say what is wrong with someone who is ill: [often passive] *She was* ***diagnosed with/as having*** *cancer last year.* ▷ **diagnozować**

diagnosis /ˌdaɪəgˈnəʊsɪs/ **noun** [C, U] (plural **diagnoses**) when a doctor says what is wrong with someone who is ill ▷ **diagnoza**

> Wyrazy występujące razem z **diagnosis**
>
> make a diagnosis • a diagnosis of [cancer, heart disease, etc]

diagnostic /ˌdaɪəgˈnɒstɪk/ **adjective diagnostic methods/tests, etc** methods/tests, etc that help you discover what is wrong with someone or something ▷ **metody/testy** *itp.* **diagnostyczne**

diagonal /daɪˈægənəl/ **adjective 1** A diagonal line is straight and sloping and not horizontal or vertical: *a tie with diagonal stripes* ▷ **ukośny 2** going from the top corner of a square to the bottom corner on the other side ▷ **przekątny**
• **diagonally adverb** ▷ **ukośnie**

diagram /ˈdaɪəgræm/ **noun** [C] (B1) a simple picture showing what something looks like or explaining how something works ▷ **schemat, diagram**

> Wyrazy występujące razem z **diagram**
>
> draw a diagram • a diagram **of** sth • **in/on** a diagram

dial¹ /daɪəl/ **noun** [C] **1** the round part of a clock, watch, or machine that shows you the time or other measurement ▷ **tarcza, wskaźnik 2** a round part on a piece of equipment such as a television or radio that you turn to operate it, make it louder, etc ▷ **pokrętło 3** the ring of holes with numbers that you turn on the front of an old telephone ▷ **tarcza**

dial² /daɪəl/ **verb** [I, T] (present participle UK **dialling**, US **dialing**, past tense and past participle **dialled**, US **dialed**) (B1) to make a telephone call to a particular number: *Dial 0 for the operator.* ▷ **wykręcać**

dialect /ˈdaɪəlekt/ **noun** [C, U] a form of a language that people speak in a particular part of a country ▷ **dialekt, gwara**

ˈdialog ˌbox noun [C] a window that appears and asks the person using the computer for information ▷ **okienko dialogowe**

dialogue (also US **dialog**) /ˈdaɪəlɒg/ **noun** [C, U] **1** (B2) the talking in a book, play, or film ▷ **dialog 2** a formal discussion between countries or groups of people ▷ **dialog**

dial-up /ˈdaɪəlʌp/ **adjective** [always before noun] Dial-up computer systems and equipment and Internet services use a telephone connection to reach them. ▷ **telefoniczny, komutowany**
→ Compare **broadband**

dialysis /daɪˈæləsɪs/ **noun** [C] a process for removing substances from liquid, especially for cleaning the blood of people whose kidneys do not work well ▷ **dializa**

diameter /daɪˈæmɪtəʳ/ **noun** [C, U] a straight line that goes from one side of a circle to the other side and through the centre, or the length of this line: *The cake was about 30 centimetres* ***in diameter.*** ▷ **średnica**

diamond /ˈdaɪəmənd/ **noun 1** [C, U] (B2) a very hard, transparent stone that is extremely valuable and is often used in jewellery: *a diamond ring* ▷ **diament, brylant 2** [C] (B2) a shape with four straight sides of equal length that join to form two large angles and two small angles ▷ **romb 3** [C] the field where baseball is played ▷ **boisko do baseballa 4 diamonds** playing cards with red, diamond shapes on them: *the queen of diamonds* ▷ **karo**

Diane /daɪˈæn/ **noun** a female name

diaper /ˈdaɪəpəʳ/ **noun** [C] US (UK **nappy**) a thick piece of paper or cloth worn by a baby on its bottom ▷ **pieluszka, pielucha**

diaphragm /ˈdaɪəfræm/ **noun** [C] the large muscle between your lungs and your stomach that moves up and down to move air in and out of the lungs ▷ **przepona**

diarrhoea UK (US **diarrhea**) /ˌdaɪəˈrɪə/ **noun** [U] an illness in which your solid waste is more liquid than usual, and comes out of your body more often ▷ **biegunka**

diary /ˈdaɪəri/ **noun** [C] **1** (A2) a book containing spaces for all the days and months of the year, in which you write meetings and other things that you must remember ▷ **terminarz, kalendarz 2** (A2) a book in which you write each day about your personal thoughts and experiences: *She* ***kept a diary*** *of her trip to Egypt.* ▷ **pamiętnik, dziennik**

diastole /daɪˈæstəli/ **noun** [C] the part of a

heart's action where it fills with blood ▷ **rozkurcz** → Compare **systole**

• **diastolic** /ˌdaɪəˈstɒlɪk/ **adjective** ▷ **rozkurczowy**

diatomic /ˌdaɪəˈtɒmɪk/ **adjective** A diatomic molecule has two atoms of the same kind. ▷ **dwuatomowy**

dice[1] /daɪs/ **noun** [C] (plural **dice**) a small object with six equal square sides, each with between one and six spots on it, used in games: ***Roll the dice*** *to see who starts the game.* ▷ **kostka (do gry)**

dice

dice[2] /daɪs/ **verb** [T] to cut food into small, square pieces: *diced onions* ▷ **kroić w kostkę, siekać**

dicey /ˈdaɪsi/ **adjective** informal possibly dangerous or involving a risk ▷ **ryzykowny**

dichotomy /daɪˈkɒtəmi/ **noun** [C] formal the difference between two completely opposite ideas or things: *the* ***dichotomy between*** *good and evil* ▷ **rozdźwięk, dychotomia**

dicotyledon /ˌdaɪkɒtɪˈliːdᵊn/ **noun** [C] a plant that produces flowers and has two cotyledons ▷ **roślina dwuliścienna**

• **dicotyledonous** /ˌdaɪkɒtɪˈliːdᵊnəs/ **adjective** ▷ **dwuliścienny**

dictate /dɪkˈteɪt/ **verb 1** [I, T] to say or read something for someone to write down: *Tony was busy* ***dictating*** *letters* ***to*** *his secretary.* ▷ **dyktować 2** [T] to decide or control what happens: [+ question word] *The weather will dictate where we hold the party.* ▷ **decydować, dyktować**

PHRASAL VERB **dictate to sb** to tell someone what to do, often in a way that annoys them: *I'm 15 years old – you can't dictate to me any more.* ▷ **dyktować** *komuś*, **rozkazywać** *komuś*

dictation /dɪkˈteɪʃᵊn/ **noun 1** [U] when someone speaks or reads something for someone else to write down ▷ **dyktando 2** [C, U] when a teacher says or reads something for students to write down as a test ▷ **dyktando**

dictator /dɪkˈteɪtəʳ/ **noun** [C] a leader who has complete power in a country and has not been elected by the people ▷ **dyktator/ka**

• **dictatorial** /ˌdɪktəˈtɔːriəl/ **adjective** ▷ **dyktatorski**

dictatorship /dɪkˈteɪtəʃɪp/ **noun** [C, U] a country or system of government with a dictator as leader ▷ **dyktatura**

dictionary /ˈdɪkʃᵊnᵊri/ **noun** [C] **A1** a book that contains a list of words in alphabetical order with their meanings explained or written in another language ▷ **słownik**

did /dɪd/ past tense of do

didgeridoo /ˌdɪdʒəriˈduː/ **noun** [C] a long wooden wind instrument played by Australian Aborigines to produce a deep sound ▷ **didgeridoo (ludowy instrument dęty z Australii)**

didn't /ˈdɪdᵊnt/ short for did not

die /daɪ/ **verb** (present participle **dying**, past tense and past participle **died**) **1** **A1** [I] to stop living: *Many of the refugees* ***died of*** *hunger.* ◦ *She* ***died from*** *brain injuries after a road accident.* ▷ **umierać 2 be dying for sth; be dying to do sth** informal **B1** to very much want to have, eat, drink, or do something: *I'm dying for a drink.* ▷ **marzyć o** *czymś* **3 to die for** informal If something is to die for, it is extremely good. ▷ **świetny, niesamowity** → See also **die** ***hard***

PHRASAL VERBS **die away** If something, especially a sound, dies away, it gradually becomes less strong and then stops. ▷ **zanikać, cichnąć** • **die down** If something, especially noise or excitement, dies down, it gradually becomes less loud or strong until it stops. ▷ **cichnąć, przycichać** • **die off** If a group of plants, animals, or people dies off, all of that group dies over a period of time. ▷ **wymierać** • **die out** **B2** to become more and more rare and then disappear completely: *Dinosaurs died out about 65 million years ago.* ▷ **wymierać, zanikać**

die-cast /ˈdaɪkɑːst/ **verb** [T] to make something by pouring liquid metal, plastic, etc into a mould ▷ **odlewać**

• **die-cast** **adjective** *die-cast toys* ▷ **odlewany (pod ciśnieniem)**

ˈ**die** ˌ**cutting** **noun** [U] the process of cutting shapes from plastic by pressing with a sharp knife on one or more layers of plastic ▷ **sztancowanie, wycinanie na prasie**

diehard /ˈdaɪhɑːd/ **adjective** [always before noun] supporting something in a very determined way and refusing to change: *a* ***diehard fan*** ▷ **zatwardziały, zagorzały**

diesel /ˈdiːzᵊl/ **noun 1** [U] fuel used in the engines of some vehicles, especially buses and trucks ▷ **olej napędowy 2** [C] a vehicle that uses diesel in its engine ▷ **samochód lub pojazd z silnikiem diesla, diesel**

diet[1] /daɪət/ **noun 1** [C, U] **B1** the type of food that someone usually eats ▷ **sposób odżywiania, dieta 2** [C] **B1** when someone eats less food, or only particular types of food, because they want to become thinner, or because they are ill: *No cake for me, thanks – I'm* ***on a diet.*** ▷ **dieta**

> Wyrazy występujące razem z **diet**
>
> be on/go on a diet • follow/stick to a diet • a special/strict diet

diet[2] /daɪət/ **verb** [I] **B1** to eat less food so that you become thinner ▷ **być na diecie**

differ /ˈdɪfəʳ/ **verb** [I] **1** **B2** to be different: *How does the book* ***differ from*** *the film?* ◦ *These computers* ***differ*** *quite a lot* ***in*** *price.* ▷ **różnić się 2** to have a different opinion: *Economists* ***differ on*** *the cause of inflation.* ▷ **nie zgadzać się**

D

difference /ˈdɪfᵊrᵊns/ **noun 1** [C, U] A2 the way in which two people or things are not the same: *What's the **difference between** an ape and a monkey?* ▷ **różnica 2** [U] when two people or things are not the same ▷ **różnica 3** [C, U] B1 the amount by which one thing or person is different from another: *There's a big **difference in** age between them.* ▷ **różnica 4** [C] a disagreement or different opinion: *They must try to resolve their differences peacefully.* ▷ **różnica poglądów 5 make a/any difference** B2 to have an effect on a situation: *Painting the walls white has made a big difference to this room.* ▷ **sprawiać lub robić różnicę**

> Wyrazy występujące razem z **difference**
>
> **know/tell** the difference • a **big/fundamental/important/obvious** difference • a difference **between** [sth and sth]

different /ˈdɪfᵊrᵊnt/ **adjective 1** A1 not the same as someone or something else: *Jo's very **different from** her sister, isn't she?* ◦ UK *The house is **different to** how I expected it to be.* ▷ **inny, różny 2** [always before noun] B1 used to talk about separate things or people of the same type: *I had to go to three different shops to find the book she wanted.* ▷ **różny**
• **differently** adverb B1 ▷ **inaczej, różnie**
→ See also **a different** ***ball game***

> **Najczęściej popełniane błędy: different**
>
> **Uwaga!** Sprawdzamy pisownię!
> Jest jednym z 10 wyrazów najczęściej pisanych z błędem przez uczących się angielskiego Polaków.
> Proszę pamiętać: według prawidłowej pisowni po drugim „f" następuje „e".

> **Different** wyrazy bliskoznaczne
>
> Jeśli coś jest różne od tego, czego zwykle się oczekuje, używamy czasem czasownika **unusual**:
> *Carina – that's quite an **unusual** name.*
> Przymiotnika **alternative** używamy często do określenia czegoś, co aczkolwiek różne, może być jednak zastosowane zamiast czegoś innego:
> *The hotel's being renovated, so we're looking for an **alternative** venue.*
> Jeśli jakaś rzecz bardzo się różni i jest bardzo odmienna od reszty, możemy opisać ją jako **distinct** lub **distinctive**:
> *She's got really **distinctive** handwriting.*
> *The word has three **distinct** meanings.*
> Przyimek **unlike** jest często używany w celu porównywania ludzi lub rzeczy bardzo się od siebie różniących:
> *Dan's actually quite nice, **unlike** his father.*
> *The furniture was **unlike** anything she had ever seen.*

differential /ˌdɪfᵊˈrenʃᵊl/ **noun** [C] a difference between amounts of things: ***differentials in** pay/wealth* ▷ **zróżnicowanie**

diffeˌrential ˈcalculus noun [U] the branch of calculus in which rates of change and connected quantities are calculated ▷ **rachunek różniczkowy**

differentiate /ˌdɪfᵊˈrenʃieɪt/ **verb 1** [I, T] to understand or notice how two things or people are different from each other: *He can't **differentiate between** blue and green.* ▷ **odróżniać, rozróżniać 2** [T] to make someone or something different: *We need to **differentiate** ourselves **from** the competition.* ▷ **wyróżniać**
• **differentiation** /ˌdɪfᵊrenʃiˈeɪʃᵊn/ **noun** [U] ▷ **zróżnicowanie**

difficult /ˈdɪfɪkᵊlt/ **adjective 1** A1 not easy and needing skill or effort to do or understand: *Japanese is a difficult language for Europeans to learn.* ◦ *This game is too **difficult for** me.* ◦ [+ to do sth] *It's difficult to think with all that noise.* ▷ **trudny 2** B1 not friendly or easy to deal with: *a difficult teenager* ▷ **trudny**

> **Difficult** wyrazy bliskoznaczne
>
> Przymiotnika **hard** używamy często zamiast **difficult**, mają one bowiem to samo znaczenie:
> *The exam was really **hard**.*
> *It must be **hard** to study with all this noise.*
> Jeśli coś jest trudne do zrozumienia lub zrobienia, ponieważ jest złożone z wielu różniących się części lub etapów, możemy określić to jako **complicated**:
> *The instructions were so **complicated** I just couldn't follow them.*
> Przymiotnik **tricky** opisuje coś trudnego, czego wykonanie wymaga umiejętności lub wielkiej ostrożności:
> *It's quite **tricky** getting the bits to fit together.*
> *It's a **tricky** situation – I don't want to upset anyone.*
> Przymiotnik **awkward** opisuje coś lub kogoś, z kim trudno sobie poradzić i kto może sprawiać problemy:
> *Dealing with **awkward** customers is just part of the job.*
> *Luckily, she didn't ask any **awkward** questions.*
> Przymiotnik **demanding** oznacza „wymagający wiele czasu, uwagi lub wysiłku":
> *She has a very **demanding** job.*
> *Like most young children, he's very **demanding**.*
> Sytuacja lub zadanie określane jako **challenging** jest trudne i wymaga pełni naszych umiejętności i determinacji:
> *This has been a **challenging** time for us all.*
> *I found the course very **challenging**.*

difficulty /ˈdɪfɪkᵊlti/ **noun 1** [U] B1 when something is not easy to do or understand: [+ in + doing sth] *He was **having difficulty** in breathing because of the smoke.* ◦ [+ doing sth] *I **had difficulty** finding somewhere to park.* ◦ *She had twisted her ankle and was walking **with difficulty**.* ▷ **trudność, kłopot** **2** [C] (B2) something that is not easy to deal with: *The company is having some **financial difficulties** at the moment.* ▷ **trudność, kłopot**

> Wyrazy występujące razem z **difficulty**
>
> **create/experience/have** difficulty • **great/serious** difficulty • **with/without** difficulty

diffident /ˈdɪfɪdᵊnt/ **adjective** shy and without any confidence: *a diffident young man* ▷ **nieśmiały**

• **diffidence** /ˈdɪfɪdᵊns/ **noun** [U] ▷ **nieśmiałość**

diffract /dɪˈfrækt/ **verb** [T] to break up light or sound waves by making them go through a narrow space or across an edge ▷ **uginać**

diffraction /dɪˈfrækʃᵊn/ **noun** [U] a change in the direction of light, water, or sound waves or the pattern caused by this ▷ **dyfrakcja, ugięcie**

diffuse /dɪˈfjuːz/ **verb** [I, T] **1** to spread, or to make something spread over a large area, or to a large number of people ▷ **rozpowszechniać, szerzyć** **2** to cause a gas or liquid to spread through or into a surrounding substance by mixing with it ▷ **dyfundować**

diffusion /dɪˈfjuːʒᵊn/ **noun** [U] the process of gases and liquids spreading into a surrounding substance ▷ **dyfuzja**

dig[1] /dɪg/ **verb** (present participle **digging**, past tense and past participle **dug**) **1** (B1) [I, T] to break or move the ground with a tool, machine, etc: *Digging the garden is good exercise.* ▷ **kopać** **2 dig a hole/tunnel, etc** (B2) to make a hole in the ground by moving some of the ground or soil away: *They've dug a huge hole in the road.* ▷ **wykopać dziurę/tunel** *itp.* → See also **dig the/up *dirt* on sb**

PHRASAL VERBS **dig in/dig into sth** informal to start eating food: *Dig in, there's plenty for everyone.* ▷ **zaczynać (jeść** *coś***)** • **dig (sth) into sb/sth** to press or push hard into someone or something, or to press something hard into someone or something: *A stone was digging into my heel.* ▷ **wpijać lub wbijać** *coś***/się w** *kogoś/coś* • **dig sb/sth out** to get someone or something out of somewhere by digging ▷ **odkopać** *kogoś/coś* • **dig sth out** to find something that you have not seen or used for a long time: *Mum dug out some old family photographs to show me.* ▷ **odgrzebać** *coś* • **dig sth up 1** to take something out of the ground by digging: *Could you dig up a few potatoes for dinner?* ▷ **wykopać** *coś* **2** to break the ground or make a hole in the ground with a tool, machine, etc: *They're digging up the road outside my house.* ▷ **rozkopywać** *coś* **3** to discover information that is secret or forgotten by searching very carefully: *See if you can dig up anything interesting about his past.* ▷ **wygrzebać** *coś*

dig[2] /dɪg/ **noun** **1** [C] something that you say to annoy or criticize someone: *He was **having a dig at** me.* ▷ **przytyk** **2** [C] a place where people are digging in the ground looking for ancient things to study: *an **archaeological dig*** ▷ **wykopalisko** **3** [no plural] informal a quick, hard push: *a dig in the ribs* ▷ **kuksaniec, szturchnięcie**

digest /daɪˈdʒest/ **verb** [T] **1** to change food in your stomach into substances that your body can use ▷ **trawić** **2** to read and understand new information: *You need to give me time to digest this report.* ▷ **przetrawić**

• **digestible adjective** easy to digest ▷ **(lekko) strawny**

digestion /daɪˈdʒestʃᵊn/ **noun** [U] when your body changes food in your stomach into substances that it can use ▷ **trawienie**

digestive /daɪˈdʒestɪv/ **adjective** [always before noun] relating to digestion: *the **digestive system*** ▷ **trawienny**

diˈgestive ˌsystem noun [C, usually singular] the organs in your body that digest food ▷ **układ trawienny**

diˈgestive ˌtract noun [C, usually singular] the tube that goes from your mouth through your body, along which food passes as it is being digested ▷ **przewód pokarmowy**

digger /ˈdɪgəʳ/ **noun** [C] a large machine that is used to lift and move soil, or a person who digs ▷ **koparka, kopacz**

Digibox /ˈdɪdʒɪbɒks/ **noun** [C] trademark a piece of electronic equipment that allows you to watch digital broadcasts on an ordinary television ▷ **dekoder (telewizji cyfrowej)**

digit /ˈdɪdʒɪt/ **noun** [C] any of the numbers from 0 to 9, especially when they form part of a longer number: *a seven-digit telephone number* ▷ **cyfra**

digital /ˈdɪdʒɪtᵊl/ **adjective** **1** (A2) using an electronic system that changes sounds or images into signals in the form of numbers before it stores them or sends them: ***digital television*** ▷ **cyfrowy** **2** (B1) A digital clock or watch shows the time in the form of numbers. ▷ **cyfrowy**

ˌdigital ˈcamera noun [C] (A2) a type of camera that records images that you can use and store on a computer ▷ **aparat cyfrowy**

ˌdigital ˈsignature noun [C] a way of putting a person's name on an electronic document that proves who they are ▷ **podpis cyfrowy**

digitize (also UK **-ise**) /ˈdɪdʒɪtaɪz/ **verb** [T] to put information into the form of a series of the numbers 0 and 1, usually so that it can be processed by a computer ▷ **digitalizować**

• **digitizer** /ˈdɪdʒɪtaɪzəʳ/ **noun** [C] a piece of software that digitizes information ▷ **dyskretyzator, digitalizator**

dignified /ˈdɪgnɪfaɪd/ **adjective** calm, serious,

and behaving in a way that makes people respect you: *a quiet, dignified woman* ▷ **dostojny, godny**

dignitary /ˈdɪgnɪtᵊri/ **noun** [C] someone with an important, official position: *a group of **visiting dignitaries*** ▷ **dygnitarz**

D

dignity /ˈdɪgnəti/ **noun** [U] calm and serious behaviour that makes people respect you: *He behaved with great dignity and courage.* ▷ **godność**

digress /daɪˈgres/ **verb** [I] to start talking about something that is not related to what you were talking about before ▷ **robić dygresje, zbaczać z tematu**
• **digression** /daɪˈgreʃᵊn/ **noun** [C, U] ▷ **dygresja**

digs /dɪgz/ **noun** [plural] UK informal a room in someone's house that you pay rent to live in ▷ **kwatera, stancja, pokój**

dike (also **dyke**) /daɪk/ **noun 1** a wall built to stop water from a sea or river going onto the land ▷ **grobla 2** UK a passage that has been dug to take water away from fields ▷ **rów**

diktat /ˈdɪktæt/ **noun** [C, U] an order which must be obeyed, or when you give such an order ▷ **dyktat**

dilapidated /dɪˈlæpɪdeɪtɪd/ **adjective** A dilapidated building or vehicle is old and in bad condition. ▷ **rozpadający się**
• **dilapidation** /dɪˌlæpɪˈdeɪʃᵊn/ **noun** [U] ▷ **ruina**

dilate /daɪˈleɪt/ **verb** [I, T] If a part of your body dilates, or if you dilate it, it becomes wider or more open: *The drug causes your pupils to dilate.* ▷ **poszerzać (się), rozszerzać (się)**
• **dilation** /daɪˈleɪʃᵊn/ **noun** [U] ▷ **rozszerzenie**

dilemma /dɪˈlemə/ **noun** [C] B2 when you have to make a difficult choice between two things you could do: *She's still **in a dilemma about** whether she should go or not.* ▷ **dylemat**

> Wyrazy występujące razem z **dilemma**
>
> face/have/be in a dilemma • sth poses/presents a dilemma • a **moral** dilemma • a dilemma **for** sb • a dilemma **about/over** sth

diligence /ˈdɪlɪdʒᵊns/ **noun** [U] when you work hard with care and effort ▷ **pilność**

diligent /ˈdɪlɪdʒᵊnt/ **adjective** working hard with care and effort: *a diligent student* ▷ **pilny**
• **diligently adverb** ▷ **pilnie**

dilute /daɪˈluːt/ **verb** [T] to make a liquid thinner or weaker by adding water or another liquid to it ▷ **rozcieńczać**
• **dilute adjective** *dilute solution* ▷ **rozcieńczony**

dim¹ /dɪm/ **adjective** (**dimmer**, **dimmest**) **1** not bright or clear: *He could hardly see her in the dim light.* ▷ **przyćmiony, niewyraźny 2 a dim memory/recollection, etc** when you can remember something slightly, but not very well ▷ **zamglone wspomnienie** *itp.* **3** UK informal stupid: *He's nice, but a bit dim.* ▷ **tępy, ciemny**
• **dimly** adverb *a **dimly lit** room* ▷ **mgliście, niewyraźnie**

dim² /dɪm/ **verb** [I, T] (present participle **dimming**, past tense and past participle **dimmed**) to become less bright, or to make something become less bright: *He **dimmed the lights** and turned up the music.* ▷ **ściemniać (się)**

dime /daɪm/ **noun** [C] a US or Canadian coin with a value of 10 cents ▷ **dziesięciocentówka**

IDIOM **a dime a dozen** mainly US informal easy to find and very ordinary: *Millionaires are now a dime a dozen.* ▷ **na porządku dziennym**

dimension /ˌdaɪˈmenʃᵊn/ **noun** [C] **1** B2 a particular part of a situation, especially something that affects how you think or feel: *Music has **added** a new **dimension to** my life.* ▷ **wymiar, aspekt 2** B2 a measurement of the length, width, or height of something ▷ **wymiar, rozmiar**

> Wyrazy występujące razem z **dimension**
>
> add/give a [new/extra, etc] dimension (to sth) • an **added/extra/new** dimension

dimensioning /daɪˈmentʃᵊnɪŋ/ **noun** [U] **1** cutting or shaping something so that it is a particular size and shape ▷ **przycinanie na wymiar 2** marking particular measurements on something ▷ **wymiarowanie**

diminish /dɪˈmɪnɪʃ/ **verb** [I, T] to become less, or to make something become less: *Your pain should diminish gradually after taking these tablets.* ▷ **zmniejszać (się)**

diminutive /dɪˈmɪnjətɪv/ **adjective** formal extremely small: *a diminutive figure* ▷ **drobniutki**

dimple /ˈdɪmpl/ **noun** [C] a small hollow place on your skin, often one that appears on your face when you smile ▷ **dołek, dołeczek**
• **dimpled** adjective ▷ **z dołkami**

din /dɪn/ **noun** [no plural] a lot of loud, unpleasant noise ▷ **hałas**

dine /daɪn/ **verb** [I] formal to eat dinner: *On Saturday we dined with friends.* ▷ **jeść obiad**

PHRASAL VERB **dine out** formal to eat your evening meal in a restaurant ▷ **jeść poza domem**

diner /ˈdaɪnəʳ/ **noun** [C] **1** someone who is eating in a restaurant ▷ **konsument/ka, gość 2** mainly US a small, informal restaurant ▷ **tania restauracja, knajpka**

dinghy /ˈdɪŋi/ **noun** [C] a small boat: *an inflatable dinghy* ▷ **bączek, łódka, tratwa pneumatyczna**

dingy /ˈdɪndʒi/ **adjective** dirty and not bright: *a dingy basement* ▷ **obskurny**

ˈdining ˌroom noun [C] A1 a room where you eat your meals in a house or hotel ▷ **jadalnia**

dinner /ˈdɪnəʳ/ **noun** [C, U] A1 the main meal of

dinosaur

the day that people usually eat in the evening: *What's for dinner tonight?* ▷ **obiad, kolacja**

> Wyrazy występujące razem z **dinner**
> eat/have dinner • have sth for dinner

ˈdinner ˌjacket noun [C] UK (US **tuxedo**) a black or white jacket that a man wears on a very formal occasion ▷ **smoking**

dinner jacket *UK*, tuxedo *US*

dinosaur /ˈdaɪnəsɔːʳ/ noun [C] Ⓐ2 a very large animal that used to live millions of years ago ▷ **dinozaur**

diocese /ˈdaɪəsɪs/ noun [C] the area controlled by a bishop ▷ **diecezja**

diode /ˈdaɪəʊd/ noun [C] a device which controls an electric current so that it can only flow in one direction ▷ **dioda**

dioxide /daɪˈɒksaɪd/ **noun** [U] a chemical substance consisting of two atoms of oxygen combined with one atom of another element ▷ **dwutlenek**

dioxin /daɪˈɒksɪn/ **noun** [C, U] a poisonous chemical of a type produced when substances used for killing plants are made ▷ **dioksyna**

dip[1] /dɪp/ **noun 1** [C, U] a thick sauce that you can put pieces of food into before you eat them: *a blue cheese dip* ▷ **sos (do zamaczania zakąsek) 2** [C] a lower area on a surface: *a sudden* ***dip in*** *the road* ▷ **obniżenie, nachylenie 3** [C] a sudden fall in the level or amount of something: *a* ***dip in*** *profits* ▷ **spadek 4** [C] informal a short swim: *Let's* ***have a*** *quick* ***dip*** *in the pool before breakfast.* ▷ **kąpiel**

dip[2] /dɪp/ **verb** (present participle **dipping**, past tense and past participle **dipped**) **1** [T] Ⓑ2 to put something into a liquid for a short time: *She* ***dipped*** *the brush* ***into*** *the paint.* ▷ **zanurzać 2** [I] Ⓑ2 to become lower in level or amount: *The number of students taking sciences has dipped sharply.* ▷ **spadać, obniżać się**

PHRASAL VERB **dip into sth 1** UK to read small parts of a book or magazine: *It's the sort of book you can dip into now and then.* ▷ **sięgać po** *coś* **2** to spend part of a supply of money that you have been keeping: *I had to dip into my savings to pay for the repairs.* ▷ **sięgać do** *czegoś*

dipeptide /ˌdaɪˈpeptaɪd/ **noun** [C] a compound formed of two linked amino acids ▷ **dipeptyd**

diphtheria /dɪpˈθɪəriə/ **noun** [U] a very serious disease of the throat ▷ **błonica, dyfteryt**

diphthong /ˈdɪfθɒŋ/ **noun** [C] a sound made by two vowels which are said together ▷ **dyftong, dwugłoska**

diploid /ˈdɪplɔɪd/ **adjective** a diploid cell has two sets of chromosomes, one from each parent ▷ **diploidalny** → Compare **haploid**

diploma /dɪˈpləʊmə/ **noun** [C] Ⓐ2 a qualification from a school, college, or university, or an official document showing that someone has completed a course of study: ***a diploma in*** *art and design* ▷ **dyplom**

diplomacy /dɪˈpləʊməsi/ **noun** [U] **1** dealing with the relationships between governments: ***international diplomacy*** ▷ **dyplomacja 2** skill in dealing with people well and not upsetting them: *She showed great tact and diplomacy in the meeting.* ▷ **dyplomacja**

diplomat /ˈdɪpləmæt/ **noun** [C] Ⓑ2 someone whose job is to live in another country and to keep a good relationship between their government and that country's government ▷ **dyplomat-a/ka**

diplomatic /ˌdɪpləˈmætɪk/ **adjective 1** [always before noun] relating to diplomacy or diplomats: *diplomatic relations* ▷ **dyplomatyczny 2** good at dealing with people without upsetting them: *That's a very diplomatic answer.* ▷ **dyplomatyczny**
• **diplomatically adverb** ▷ **dyplomatycznie**

dire /daɪəʳ/ **adjective** very serious or bad: *He's in* ***dire need*** *of help.* ▷ **dramatyczny, skrajny**

direct[1] /dɪˈrekt/, /daɪˈrekt/ **adjective 1** Ⓑ1 going straight from one place to another without turning or stopping: *We went by the most direct route.* ▷ **bezpośredni 2** Ⓑ2 with no other person or thing involved or between: *There is a* ***direct link*** *between smoking and cancer.* ▷ **bezpośredni 3** saying clearly and honestly what you think: *a direct answer* ▷ **bezpośredni** → Opposite **indirect**

direct[2] /dɪˈrekt/, /daɪˈrekt/ **adverb** going straight from one place to another without turning or stopping: *Several airlines now* ***fly direct*** *to Vancouver.* ▷ **bezpośrednio**

direct[3] /dɪˈrekt/, /daɪˈrekt/ **verb 1** [T] Ⓑ1 to tell the actors in a film or play what to do: *a film directed by Alfred Hitchcock* ▷ **reżyserować 2 direct sth against/at/towards, etc sb/sth** to aim something at someone or something: *The* demonstrators' anger was directed at the police. ▷ **skierować** *coś* **na** *kogoś/coś*/**przeciwko** *komuś/czemuś*/**do** *kogoś/czegoś itp.* **3** [T] B1 to show or tell someone how to get to a place: *Can you **direct** me **to** the manager's office please?* ▷ **skierować, wskazywać drogę 4** [T] to organize and control the way something is done: *He directed the building of the new art gallery.* ▷ **kierować 5 direct sb to do sth** formal to officially order someone to do something: *They directed us not to discuss the matter.* ▷ **nakazać** *komuś coś*

ˌdirect ˈaction noun [U] the use of action such as strikes or other forms of protest in order to try to make political or social changes in society ▷ **działania bezpośrednie**

diˌrect ˈcurrent noun [U] electrical current that only moves in one direction ▷ **prąd stały** → Compare **alternating current**

ˌdirect ˈdebit noun [C, U] an arrangement that allows an organization to take money from your bank account at regular times to pay for goods or services: *I pay my council tax by direct debit.* ▷ **polecenie zapłaty**

ˌdirect deˈposit noun [U] US an arrangement in which money is moved electronically into a bank account ▷ **przelew na konto**

direction /dɪˈrekʃᵊn/ **noun 1** [C] B1 the way that someone or something is going or facing: *The car sped away **in the direction of** the airport.* ◦ *I think we're going in the **wrong direction**.* ▷ **kierunek 2 in sb's direction** B2 towards someone: *She keeps looking in my direction.* ▷ **w** *czyimś* **kierunku 3** [C] the way that someone or something changes or develops: *Our careers have gone in very different directions.* ▷ **kierunek, strona 4** [U] control or instructions: ***Under his direction** the company has doubled its profits.* ▷ **kierownictwo 5** [U] knowing what you want to do: *According to his teachers, he **lacks direction**.* ▷ **cel, motywacja, ukierunkowanie**

> Wyrazy występujące razem z **direction**
>
> change direction • in the opposite/other direction • in the right/wrong direction • in the direction of sth • from all/in all directions

directions /dɪˈrekʃᵊnz/ **noun** [plural] A2 instructions that tell you how to get to a place, or how to do something: *We stopped to **ask for directions**.* ◦ *Just **follow** the **directions** on the label.* ▷ **wskazówki, instrukcje**

directive /dɪˈrektɪv/ **noun** [C] formal an official instruction: *The government has **issued** new **directives** on food hygiene.* ▷ **wytyczna, dyrektywa**

ˌdirect ˈlabour noun [U] UK (US **direct labor**) the cost of paying people who are employed directly to make products ▷ **robocizna bezpośrednia**

directly /dɪˈrektli/ **adverb 1** B1 with no other person or thing involved or between: *Why don't you **speak to** him **directly**?* ▷ **bezpośrednio 2 directly after/behind/opposite, etc** exactly or immediately after/behind/opposite, etc: *She was sitting directly opposite me.* ▷ **bezpośrednio po/za/dokładnie naprzeciwko** *itp.* **3** B2 clearly and honestly: *Let me answer that question directly.* ▷ **wprost**

ˌdirect ˈmail noun [U] when companies or organizations write to people to try to persuade them to buy their product or give money, etc ▷ **przesyłki reklamowe**

directness /dɪˈrektnəs/ **noun** [U] when someone is clear and honest in their speech or behaviour: *He liked her directness and simplicity.* ▷ **bezpośredniość**

ˌdirect ˈobject noun [C] the direct object of a transitive verb is the person or thing that is affected by the action of the verb. In the sentence 'I bought a new car yesterday', 'a new car' is the direct object. ▷ **dopełnienie bliższe** → Compare **indirect object**

director /dɪˈrektəʳ/ **noun** [C] **1** B1 an important manager in an organization or company: *Meet the new **sales director**.* ▷ **dyrektor, kierownik 2** B1 someone who tells the actors in a film or play what to do: *the famous film director, Alfred Hitchcock* ▷ **reżyser** → See also **funeral director**, **managing director**

directorate /dɪˈrektᵊrət/ **noun** [C] a part of a government or other organization with responsibility for a particular activity ▷ **zarząd, rada zarządzająca, administracja**

directory /dɪˈrektᵊri/ **noun** [C] **1** a book or list of names, numbers, or other facts ▷ **spis, katalog** → See also **telephone directory 2** (also **file directory**) a place on a computer for putting files and folders together ▷ **katalog, folder**

ˌdirect ˈtax noun [C] tax that people must pay to the government themselves, especially income tax ▷ **podatek bezpośredni** → Compare **indirect tax**

dirt[1] /dɜːt/ **noun** [U] **1** B1 an unpleasant substance that makes something not clean: *You've got some dirt on your trousers.* ▷ **brud 2** soil or rough ground: *a dirt road/track* ▷ **ziemia**

IDIOM **dig the/up dirt on sb** informal to try to discover bad things about someone to stop other people admiring them ▷ **szukać na** *kogoś* **haka**

dirt[2] /dɜːt/ **adverb dirt cheap/poor** extremely cheap/poor ▷ **tani jak barszcz/biedny jak mysz kościelna**

dirty[1] /ˈdɜːti/ **adjective 1** A2 not clean: *dirty clothes* ◦ *dirty dishes* ▷ **brudny 2** talking about sex in a way that some people find offensive: *dirty books/jokes* ▷ **nieprzyzwoity, świński 3** dishonest or unfair: *a dirty business* ▷ **brudny** → See also **do sb's dirty *work***

Dirty wyrazy bliskoznaczne

Jeśli coś jest wyjątkowo brudne, możemy określić to jako **filthy**:

Wash your hands before supper – they're ***filthy****!*

Jeśli coś lub ktoś wygląda brudno i nieporządnie, możemy określić go jako **scruffy** lub **messy**:

He's the typical ***scruffy*** *student.*

Ben's bedroom is always really ***messy****.*

Jeśli jakieś miejsce jest wyjątkowo brudne i nieprzyjemne, używamy często przymiotnika **squalid**:

The prisoners lived in ***squalid*** *conditions.*

dirty[2] /ˈdɜːti/ **verb** [T] to make something dirty ▷ **brudzić**

dis- /dɪs-/ **prefix** not or the opposite of: *dishonest* ◦ *disbelief* ◦ *to disagree* ▷ **dys-, nie-**

disability /ˌdɪsəˈbɪləti/ **noun** [C, U] B2 an illness, injury, or condition that makes it difficult for someone to do the things that other people do ▷ **niepełnosprawność, kalectwo**

disable /dɪˈseɪbl/ **verb** [T] **1** If someone is disabled by an illness or injury, it makes it difficult for them to live in the way that most other people do: [often passive] *Some children were permanently disabled by the bomb.* ▷ **okaleczyć, powodować kalectwo 2** to stop a piece of equipment from working: *The thieves must have disabled the alarm system.* ▷ **wyłączać, unieszkodliwiać**

disabled /dɪˈseɪbld/ **adjective** B1 having an illness, injury, or condition that makes it difficult to do the things that other people do: *They are demanding equal rights for* ***the disabled****.* ▷ **niepełnosprawny**

disaccharide /daɪˈsækəraɪd/ **noun** [C] a sugar that is formed of two simple sugar molecules ▷ **dwucukr, disacharyd**

disadvantage /ˌdɪsədˈvɑːntɪdʒ/ **noun 1** B1 [C] something which makes a situation more difficult, or makes you less likely to succeed: *One* ***disadvantage of*** *living in the country is the lack of public transport.* ▷ **minus, wada 2 at a disadvantage** having problems that other people do not have: *Being shy puts him at a disadvantage.* ▷ **w niekorzystnej sytuacji**

Wyrazy występujące razem z **disadvantage**

have/face a disadvantage • **a big/the main/a major/a serious** disadvantage • a disadvantage **of/to** (doing) sth • a disadvantage **for** sb • **the advantages and disadvantages** (of sth)

disadvantaged /ˌdɪsədˈvɑːntɪdʒd/ **adjective** Disadvantaged people are poor and do not have many opportunities: *disadvantaged children* ▷ **w trudnej sytuacji**

disaffected /ˌdɪsəˈfektɪd/ **adjective** disappointed with someone or something and not supporting them as you did before: *disaffected voters* ▷ **rozczarowany, zniechęcony**
• **disaffection** /ˌdɪsəˈfekʃən/ **noun** [U] ▷ **rozczarowanie, zniechęcenie**

disagree /ˌdɪsəˈgriː/ **verb** [I] (present participle **disagreeing**, past tense and past participle **disagreed**) B1 to have a different opinion from someone else about something: *I* ***disagree with*** *most of what he said.* ◦ *Experts* ***disagree about/on*** *the causes of the disease.* ▷ **nie zgadzać się**

disagreeable /ˌdɪsəˈgriːəbl/ **adjective** formal unpleasant: *a disagreeable old man* ▷ **nieprzyjemny, niemiły**

disagreement /ˌdɪsəˈgriːmənt/ **noun** [C, U] B2 when people have a different opinion about something or have an argument: *They* ***had*** *a* ***disagreement about/over*** *money.* ◦ *There is a lot of* ***disagreement among*** *doctors on this matter.* ▷ **nieporozumienie, różnica zdań**

disallow /ˌdɪsəˈlaʊ/ **verb** [T] to officially refuse to accept something because the rules have been broken: *The goal was disallowed by the referee.* ▷ **odrzucać, nie uznawać**

disappear /ˌdɪsəˈpɪər/ **verb** [I] **1** B1 to become impossible to see: *She watched him* ***disappear into*** *the crowd.* ▷ **znikać 2** B1 to suddenly go somewhere else and become impossible to find: *Her husband disappeared in 1991.* ▷ **znikać 3** B2 to stop existing: *These flowers are disappearing from our countryside.* ▷ **znikać**
• **disappearance** /ˌdɪsəˈpɪərəns/ **noun** [C, U] B2 *Police are investigating the girl's disappearance.* ▷ **zniknięcie** → See also **disappear/vanish into thin** ***air***

disappoint /ˌdɪsəˈpɔɪnt/ **verb** [T] B1 to make someone feel unhappy because someone or something was not as good as they had expected: *We don't want to disappoint the fans.* ▷ **rozczarować, sprawić zawód**

Disappointed wyrazy bliskoznaczne

Jeśli ktoś czuje się bardzo rozczarowany jakimś wydarzeniem, możemy określić go przymiotnikiem **disheartened** lub, w sytuacjach nieformalnych (*w brytyjskim angielskim*) **gutted**:

He was very ***disheartened*** *by the results of the test.*

Nick's absolutely ***gutted*** *that he's been dropped from the team.*

Jeśli ktoś rozczarował kogoś innego, ponieważ nie zrobił czegoś, co zostało uzgodnione, używamy czasem czasownika frazowego **let down**:

John had promised to go but he ***let*** *me* ***down*** *at the last minute.*

Sytuacja, na skutek której ktoś czuje się rozczarowany jest często określana mianem **letdown**:

After all that planning the party was a bit of a ***letdown****.*

D

disappointed /ˌdɪsəˈpɔɪntɪd/ **adjective** B1 unhappy because someone or something was not as good as you hoped or expected, or because something did not happen: [+ (that)] *I was very disappointed that he didn't come.* ◦ *I'm really* ***disappointed in*** *you.* ▷ **rozczarowany**

disappointing /ˌdɪsəˈpɔɪntɪŋ/ **adjective** B1 making you feel disappointed: *a disappointing performance/result* ▷ **rozczarowujący**
• **disappointingly adverb** *a disappointingly small audience* ▷ **rozczarowująco**

disappointment /ˌdɪsəˈpɔɪntmənt/ **noun 1** [U] B1 the feeling of being disappointed: *She couldn't hide her disappointment when she lost.* ▷ **rozczarowanie, zawód 2** [C] B1 someone or something that disappoints you: *I'm sorry I'm such* ***a disappointment to*** *you.* ▷ **rozczarowanie, zawód**

disapproval /ˌdɪsəˈpruːvəl/ **noun** [U] when you think that someone or something is bad or wrong ▷ **dezaprobata**

disapprove /ˌdɪsəˈpruːv/ **verb** [I] B2 to think that someone or something is bad or wrong: *Her family* ***disapproved of*** *the marriage.* ▷ **nie aprobować, nie pochwalać**
• **disapproving adjective** showing that you think someone or something is bad or wrong: *a disapproving look* ▷ **potępiający**

disarm /dɪˈsɑːm/ **verb 1** [I, T] to give up your weapons, or to take away someone else's weapons: *Both sides have agreed to disarm.* ▷ **rozbrajać (się) 2** [T] to make someone feel less angry: *His smile disarmed her.* ▷ **rozbrajać**

disarmament /dɪˈsɑːməmənt/ **noun** [U] when a country or group gets rid of some or all of its weapons: ***nuclear disarmament*** ▷ **rozbrojenie**

disarming /dɪˈsɑːmɪŋ/ **adjective** behaving in a way that stops people feeling angry with you or criticizing you: *a* ***disarming smile*** ▷ **rozbrajający**

disarray /ˌdɪsəˈreɪ/ **noun** [U] when something is untidy and not organized: *The house was* ***in*** *complete* ***disarray.*** ▷ **nieład**

disaster /dɪˈzɑːstər/ **noun 1** [C] B2 something that causes a lot of harm or damage: *floods and other* ***natural disasters*** ▷ **klęska, katastrofa 2** [C] B2 a failure or something that has a very bad result: *His idea was a total disaster.* ▷ **katastrofa 3** [U] an extremely bad situation: *The holiday ended in disaster.* ▷ **katastrofa**

> Wyrazy występujące razem z **disaster**
>
> **bring/cause/prevent** disaster • disaster **happens/strikes** • a **complete/major/terrible/unmitigated** disaster • a **natural** disaster

disastrous /dɪˈzɑːstrəs/ **adjective** extremely bad: ***disastrous consequences*** ◦ *a disastrous week* ▷ **fatalny**

disband /dɪsˈbænd/ **verb** [I, T] formal to stop working together as a group, or to stop a group from working together ▷ **rozwiązywać (się)**

disbelief /ˌdɪsbɪˈliːf/ **noun** [U] when you do not believe that something is true or real: *She shook her head* ***in disbelief.*** ▷ **niedowierzanie**

disbelieve /ˌdɪsbɪˈliːv/ **verb** [T] to not believe someone or something ▷ **nie wierzyć, niedowierzać**

disc (also US **disk**) /dɪsk/ **noun** [C] **1** B2 a flat, round shape or object ▷ **dysk, krążek 2** B1 a record or CD ▷ **krążek, płyta 3** a piece of cartilage between the bones in your back ▷ **dysk** → See also **compact disc**

discard /dɪˈskɑːd/ **verb** [T] to throw something away: *discarded food wrappers* ▷ **wyrzucać, odrzucać**

discern /dɪˈsɜːn/ **verb** [T] formal to see or recognize something ▷ **dostrzegać**
• **discernible adjective** *There was no* ***discernible difference*** *between them.* ▷ **dostrzegalny**

discerning /dɪˈsɜːnɪŋ/ **adjective** having or showing good judgment, especially about style and quality: *a discerning customer/reader* ▷ **wyrobiony, wnikliwy**

discharge¹ /dɪsˈtʃɑːdʒ/ **verb** [T] **1** to allow someone to leave a hospital or prison, or to order or allow someone to leave an organization such as the army: [often passive] *She was* ***discharged from*** *the army yesterday.* ▷ **zwalniać, wypisywać 2** If a liquid or gas is discharged from something, it comes out of it. ▷ **uwalniać, wydalać**

discharge² /ˈdɪstʃɑːdʒ/ **noun** [C, U] **1** when someone is officially allowed or ordered to leave somewhere such as a prison, hospital, or the army ▷ **zwolnienie, wypis 2** when a liquid or gas comes out of something: *the discharge of carbon dioxide* ▷ **emisja 3** a liquid or gas that comes out of something ▷ **wyciek, wydzielina**

disciple /dɪˈsaɪpl/ **noun** [C] someone who follows the ideas and teaching of someone, especially of a religious leader ▷ **ucze-ń/nnica**

disciplinarian /ˌdɪsəplɪˈneəriən/ **noun** [C] someone who is very strict and gives punishments when people break rules ▷ **służbist-a/ka**

disciplinary /ˌdɪsəˈplɪnəri/ US /ˈdɪsəplɪneri/ **adjective** [always before noun] relating to punishment for someone who has broken rules: ***disciplinary action*** ▷ **dyscyplinarny**

discipline¹ /ˈdɪsəplɪn/ **noun 1** [U] B2 when people's behaviour is controlled using rules and punishments: *There should be better discipline in schools.* ▷ **dyscyplina 2** [U] when you can control your own behaviour carefully: *I don't have enough discipline to save money.* ▷ **dyscyplina, samozaparcie 3** [C] formal a particular subject of study: *the scientific disciplines* ▷ **dyscyplina, dziedzina** → See also **self-discipline**

> Wyrazy występujące razem z **discipline**
>
> **enforce/establish/restore** discipline • **firm/harsh/rigorous** discipline • **lax/poor** discipline

discipline[2] /ˈdɪsəplɪn/ **verb** [T] **1** to punish someone: [often passive] *He was disciplined for missing a training session.* ▷ **dyscyplinować, karać** **2** to teach someone to behave in a controlled way: [often reflexive] *You have to learn to discipline yourself.* ▷ **narzucać dyscyplinę**

disciplined /ˈdɪsəplɪnd/ **adjective** behaving in a very controlled way: *the most disciplined army in the world* ▷ **zdyscyplinowany**

ˈdisc ˌjockey noun [C] (also **DJ**) (B1) someone who plays music on the radio or at discos ▷ **dyskdżokej**

disclaim /dɪsˈkleɪm/ **verb** [T] formal to say that you know nothing about something, or are not responsible for something: *The terrorists* ***disclaimed responsibility*** *for the bomb.* ▷ **wypierać się, zaprzeczać**

disclaimer /dɪsˈkleɪməʳ/ **noun** [C] when someone officially says that they are not responsible for something ▷ **oświadczenie, zrzeczenie się odpowiedzialności, dementi**

disclose /dɪsˈkləʊz/ **verb** [T] formal to give new or secret information to someone: *He refused to* ***disclose details*** *of the report.* ▷ **wyjawić, ujawniać**

disclosure /dɪsˈkləʊʒəʳ/ **noun** [C, U] when someone gives people new or secret information ▷ **wyjawienie, ujawnienie**

disco /ˈdɪskəʊ/ **noun** [C] (A2) a place or event where people dance to pop music ▷ **dyskoteka**

discoloured UK (US **discolored**) /dɪsˈkʌləd/ **adjective** If something is discoloured, it has become a less attractive colour than it was originally: ***discoloured teeth*** ▷ **odbarwiony**

discomfort /dɪˈskʌmfət/ **noun** **1** [U] (B2) slight pain: *You may feel some discomfort for a few days.* ▷ **(lekki) ból, dyskomfort** **2** [U] when you feel slightly embarrassed or anxious ▷ **zakłopotanie** **3** [C, U] a physically uncomfortable situation ▷ **niewygoda**

disconcert /ˌdɪskənˈsɜːt/ **verb** [T] to make someone feel confused or anxious: [often passive] *She was disconcerted by his questions.* ▷ **zbić z tropu, wprawiać w zakłopotanie**

disconcerting /ˌdɪskənˈsɜːtɪŋ/ **adjective** making you feel confused or anxious: *a disconcerting silence* ▷ **żenujący, niepokojący**
• **disconcertingly adverb** ▷ **niepokojąco**

disconnect /ˌdɪskəˈnekt/ **verb** [T] to separate two things that are joined or connected, especially a piece of equipment and a power supply: *Switch off the machine before* ***disconnecting*** *it* ***from*** *the power supply.* ▷ **odłączać, wyłączać**

disconnected /ˌdɪskəˈnektɪd/ **adjective** not joined in any way: *disconnected thoughts* ▷ **chaotyczny, bezładny**

discontent /ˌdɪskənˈtent/ **noun** [U] unhappiness about a situation: *There is growing* ***discontent with*** *this government.* ▷ **niezadowolenie**
• **discontented adjective** ▷ **niezadowolony**

discontinue /ˌdɪskənˈtɪnjuː/ **verb** [T] (present participle **discontinuing**, past tense and past participle **discontinued**) to stop producing or providing something such as a product or service: [often passive] *I'm afraid this model has been discontinued.* ▷ **wycofać z produkcji lub obiegu**

discord /ˈdɪskɔːd/ **noun** [U] disagreement between people ▷ **rozdźwięk, niezgoda**

discount[1] /ˈdɪskaʊnt/ **noun** [C, U] (A2) a reduction in price: *They offer a 10 percent* ***discount on*** *rail travel for students.* ▷ **zniżka, ulga, rabat**

discount[2] /dɪˈskaʊnt/ **verb** [T] **1** to ignore something because you do not believe that it is true or that it will happen: *You shouldn't* ***discount*** *the* ***possibility*** *of him coming back.* ▷ **wykluczać** **2** to reduce the price of something: *discounted goods/rates* ▷ **stosować rabat lub ulgę, obniżać cenę**

ˌdiscount alˈlowed noun [U] a discount given to customers who pay within a particular period of time ▷ **udzielony rabat**

ˌdiscount reˈceived noun [U] a discount a business receives when it pays for goods or services within a particular period of time ▷ **otrzymany rabat**

discourage /dɪˈskʌrɪdʒ/ **verb** **1 discourage sb from doing sth** (B2) to try to persuade someone not to do something: *a campaign to discourage people from smoking* ▷ **odwodzić** *kogoś* **od** *czegoś*, **zniechęcać** *kogoś* **do** *czegoś* **2** [T] to try to prevent something from happening: *a campaign to discourage smoking* ▷ **zapobiegać** **3** [T] (B2) to make someone less confident or enthusiastic about something: *I didn't mean to discourage her.* ▷ **zniechęcać**
• **discouragement noun** [U] ▷ **zniechęcenie**
→ Opposite **encourage**

discouraged /dɪˈskʌrɪdʒd/ **adjective** having lost your confidence or enthusiasm for something ▷ **zniechęcony**

discouraging /dɪˈskʌrɪdʒɪŋ/ **adjective** making you feel less enthusiastic or confident about something: *discouraging results* ▷ **zniechęcający**

discover /dɪˈskʌvəʳ/ **verb** [T] **1** (B1) to find something: *The body was discovered in a ditch.* ▷ **odkrywać** **2** (B1) to be the first person to find something important: *Who discovered America?* ▷ **odkrywać** **3** (B1) to get information about something for the first time: [+ (that)] *She discovered that he had been married three times before.* ◦ [+ question word] *Have they discovered what was causing your headaches?* ▷ **odkrywać**

discoverer /dɪˈskʌvərəʳ/ **noun** [C] someone who is the first person to find something important ▷ **odkrywca**

discovery /dɪˈskʌvᵊri/ **noun** **1** [C, U] (B2) when someone discovers something: *the* ***discovery of*** *bones in the garden* ◦ *Scientists have* ***made*** *some important* ***discoveries*** *about genetics recently.*

D

▷ **odkrycie 2** [C] something or someone that is discovered ▷ **odkrycie**

> Wyrazy występujące razem z **discovery**
>
> make a discovery • a chance/new discovery • the discovery of sth

D

discredit /dɪˈskredɪt/ **verb** [T] to make someone or something appear bad and lose the respect of other people: *They're always looking for ways to discredit her.* ▷ **zdyskredytować, skompromitować**

discreet /dɪˈskriːt/ **adjective** careful not to cause embarrassment or attract too much attention, especially by keeping something secret: *Can I trust you to be discreet?* ▷ **dyskretny** → Opposite **indiscreet**
• **discreetly adverb** ▷ **dyskretnie**

discrepancy /dɪˈskrepənsi/ **noun** [C, U] when two things that should be the same are different: *There is a slight* ***discrepancy between*** *the two statements.* ▷ **rozbieżność**

discrete /dɪˈskriːt/ **adjective** separate and different: *a word that has two discrete meanings* ▷ **odrębny**

discretion /dɪˈskreʃən/ **noun** [U] **1** when someone is careful not to cause embarrassment or attract too much attention, especially by keeping something secret: *You can rely on my discretion.* ▷ **dyskrecja, takt** → Opposite **indiscretion 2** the right to decide something: *Students can be expelled* ***at the discretion of*** *the head teacher (= if the head teacher decides it).* ▷ **uznanie, gestia**

discretionary /dɪˈskreʃənəri/ **adjective** decided by officials and not fixed by rules: *Judges have great* ***discretionary powers.*** ▷ **fakultatywny, dobrowolny, dyskrecjonalny**

discriminate /dɪˈskrɪmɪneɪt/ **verb** [I] **1** to treat someone unfairly because of their sex, race, religion, etc: *The company was accused of* ***discriminating against*** *people on the basis of age.* ▷ **dyskryminować 2** to notice a difference between two things: *Police dogs are very good at* ***discriminating between*** *different smells.* ▷ **odróżniać, rozróżniać**

discriminating /dɪˈskrɪmɪneɪtɪŋ/ **adjective** good at judging what is good quality: *a discriminating shopper* ▷ **wyrobiony**

discrimination /dɪˌskrɪmɪˈneɪʃən/ **noun** [U] when someone is treated unfairly because of their sex, race, religion, etc: ***racial/sex discrimination*** ◦ ***discrimination against*** *older workers* ▷ **dyskryminacja**

> Wyrazy występujące razem z **discrimination**
>
> face/suffer discrimination • age/racial/sex discrimination • discrimination against sb

discus /ˈdɪskəs/ **noun** [C] a round, flat, heavy object that people throw as a sport ▷ **dysk**

discuss /dɪˈskʌs/ **verb** [T] (A2) to talk about something with someone and tell each other your ideas or opinions: *Have you discussed this matter with anyone else?* ▷ **dyskutować**

discussion /dɪˈskʌʃən/ **noun** [C, U] (B1) when people talk about something and tell each other their ideas or opinions: *They were* ***having a discussion about*** *football.* ◦ *Several ideas are still* ***under discussion*** *(= being discussed).* ▷ **dyskusja**

> Wyrazy występujące razem z **discussion**
>
> have/hold a discussion • a heated/lengthy discussion • a discussion about sth • be under discussion

disˈcussion ˌgroup noun [C] a group of people who use the Internet to discuss particular subjects ▷ **grupa dyskusyjna**

disdain /dɪsˈdeɪn/ **noun** [U] when you dislike someone or something and think that they do not deserve any respect: *His* ***disdain for*** *politicians is obvious.* ▷ **pogarda**
• **disdainful adjective** *disdainful remarks* ▷ **pogardliwy** • **disdainfully adverb** ▷ **pogardliwie**

disease /dɪˈziːz/ **noun** [C, U] (B1) an illness caused by an infection or by a failure of health and not by an accident: ***heart disease*** ◦ ***an infectious disease*** ▷ **choroba**
• **diseased adjective** affected by a disease: *a diseased lung* ▷ **chory**

> Wyrazy występujące razem z **disease**
>
> be affected by/have/suffer from a disease • contract/develop a disease • cure/detect/diagnose/treat a disease • a chronic/deadly/hereditary/infectious disease

disembark /ˌdɪsɪmˈbɑːk/ **verb** [I] formal to leave a ship, boat, or aircraft: *All passengers must disembark in Vancouver.* ▷ **opuszczać pokład, wysiadać**
• **disembarkation** /ˌdɪsɪmbɑːˈkeɪʃən/ **noun** [U] ▷ **zejście na ląd**

disembodied /ˌdɪsɪmˈbɒdid/ **adjective** seeming not to have a body or not to be connected to a body: *a disembodied voice* ▷ **bezcielesny**

disenchanted /ˌdɪsɪnˈtʃɑːntɪd/ **adjective** disappointed with something that you thought was good in the past: *He became* ***disenchanted with*** *politics.* ▷ **rozczarowany**
• **disenchantment noun** [U] ▷ **rozczarowanie**

disengage /ˌdɪsɪnˈgeɪdʒ/ **verb** [I, T] to become separated from something, or to make two things become separate from each other: *He gently disengaged his hand from hers.* ▷ **odłączać (się), rozłączać (się), odczepiać (się)**

disentangle /ˌdɪsɪnˈtæŋgl/ **verb** [T] **1** to separate someone or something that is connected to something else in a complicated way: *He* ***disentangled*** *himself* ***from*** *her arms.* ▷ **wyswobodzić (się), wyplątać (się) 2** to separate things such as pieces of string, hair, or wire that have become twisted together ▷ **rozplątać**

disfigure /dɪsˈfɪgəʳ/ verb [T] to spoil someone's or something's appearance: [often passive] *Her face was disfigured by a huge scar.* ▷ **zniekształcać, oszpecić**

disgrace¹ /dɪsˈgreɪs/ verb [T] to make people stop respecting you or your family, team, etc by doing something very bad ▷ **hańbić, kompromitować**

disgrace² /dɪsˈgreɪs/ noun [U] **1** B2 when someone does something very bad that makes people stop respecting them or their family, team, etc: *They were sent home* ***in disgrace.*** ▷ **hańba, kompromitacja 2 be a disgrace** B2 to be very bad: [+ that] *It's a disgrace that money is being wasted like this.* ▷ **być wstydem, ≈ to wstyd 3 be a disgrace to sb/sth** to be so bad or unacceptable that you make people stop respecting a particular group, activity, etc: *You are a disgrace to your profession.* ▷ **przynosić hańbę** *komuś/czemuś*

disgraced /dɪsˈgreɪst/ adjective A disgraced person has lost other people's respect because they have done something very bad: *a disgraced politician* ▷ **zhańbiony, skompromitowany**

disgraceful /dɪsˈgreɪsfəl/ adjective very bad: *disgraceful behaviour* ▷ **haniebny**
• **disgracefully** adverb ▷ **haniebnie**

disgruntled /dɪsˈgrʌntld/ adjective angry and upset: *Disgruntled workers have decided to go on strike.* ▷ **niezadowolony, zawiedziony**

disguise¹ /dɪsˈgaɪz/ noun [C, U] B2 clothes and other things that you wear to change the way you look so that people cannot recognize you: *She usually goes out* ***in disguise*** *to avoid being bothered by the public.* ▷ **przebranie** → See also **a *blessing* in disguise**

disguise² /dɪsˈgaɪz/ verb **1 disguise yourself/your voice, etc** B2 to change your appearance/voice, etc so that people cannot recognize you: *He managed to escape by* ***disguising*** *himself* ***as*** *a woman.* ▷ **przebierać się/zmieniać swój głos** *itp.* **2 be disguised as sb/sth** B2 to be wearing clothes and other things that make you look like someone or something else ▷ **być przebranym za** *kogoś/coś* **3** [T] to hide something such as a feeling or opinion: *She couldn't disguise her disappointment.* ▷ **ukrywać**

disgust¹ /dɪsˈgʌst/ noun [U] a very strong feeling of dislike or disapproval: *She walked out* ***in disgust.*** ▷ **obrzydzenie, wstręt**

disgust² /dɪsˈgʌst/ verb [T] If something disgusts you, it makes you feel extreme dislike or disapproval: *These pictures disgust me.* ▷ **napawać obrzydzeniem lub wstrętem**

disgusted /dɪsˈgʌstɪd/ adjective feeling extreme dislike or disapproval of something: *I'm totally* ***disgusted with*** *your behaviour.* ▷ **zdegustowany**

disgusting /dɪsˈgʌstɪŋ/ adjective B1 extremely unpleasant: *What's that disgusting smell?* ▷ **obrzydliwy, wstrętny**

dish¹ /dɪʃ/ noun [C] **1** A2 a curved container for eating or serving food from: *a baking/serving dish* ▷ **naczynie, półmisek 2** A2 food that is prepared in a particular way as part of a meal: *a chicken/vegetarian dish* ▷ **danie 3 the dishes** A2 dirty plates, bowls, and other objects for cooking or eating food: *Who's going to* ***wash the dishes****?* ▷ **naczynia**

dish² /dɪʃ/ verb

PHRASAL VERB **dish sth out** informal to give or say things to people without thinking about them carefully ▷ **rozdawać** *coś*, **obdzielać** *czymś*

dishcloth /ˈdɪʃklɒθ/ noun [C] a cloth used for washing dirty dishes ▷ **ściereczka do naczyń**

disheartened /dɪsˈhɑːtənd/ adjective disappointed or without hope: *She was very disheartened by the results of the test.* ▷ **zrezygnowany, przygnębiony, zniechęcony**

disheartening /dɪsˈhɑːtənɪŋ/ adjective making you feel disappointed or without hope: *a disheartening experience* ▷ **zniechęcający, przygnębiający**

dishevelled UK (US **disheveled**) /dɪˈʃevəld/ adjective very untidy: *dishevelled hair* ▷ **rozczochrany, w nieładzie**

dishonest /dɪˈsɒnɪst/ adjective B2 not honest and likely to lie or do something illegal ▷ **nieuczciwy**
• **dishonestly** adverb ▷ **nieuczciwie** • **dishonesty** noun [U] B2 when someone is not honest ▷ **nieuczciwość**

dishonour¹ UK (US **dishonor**) /dɪˈsɒnəʳ/ noun [U] when people stop respecting you because you have done something bad ▷ **hańba**
• **dishonourable** adjective bad or not deserving respect: *dishonourable conduct* ▷ **haniebny**

dishonour² UK (US **dishonor**) /dɪˈsɒnəʳ/ verb [T] **1** to show no respect for someone or something by behaving badly: *He felt that he had dishonoured his country.* ▷ **hańbić 2** to refuse to accept or pay a cheque or a bill ▷ **nie honorować**

ˈdish ˌsoap noun [U] US (UK **washing-up liquid**) a thick liquid soap used to wash pans, plates, knives and forks, etc ▷ **płyn do naczyń**

dishtowel /ˈdɪʃtaʊəl/ noun [C] US (UK **tea towel**) a cloth that is used for drying plates, dishes, etc ▷ **ręcznik kuchenny, ścierka do naczyń**

dishwasher /ˈdɪʃˌwɒʃəʳ/ noun [C] B1 a machine that washes plates, glasses and other kitchen equipment: *I'll load the dishwasher.* ▷ **zmywarka (do naczyń)** → See **The Kitchen** on page Centre 2

disillusion /ˌdɪsɪˈluːʒən/ verb [T] to cause someone to discover that something they believed is not true ▷ **pozbawiać złudzeń**

disillusioned /ˌdɪsɪˈluːʒənd/ adjective feeling disappointed because something is not as good as you thought it was: *She says she's **disillusioned with** the music business.* ▷ **rozczarowany**

disillusionment /ˌdɪsɪˈluːʒənmənt/ **noun** [U] (also **disillusion**) the disappointment someone feels when they discover something is not as good as they thought it was: *There's growing **disillusionment with** the government.* ▷ **rozczarowanie**

D

disinfect /ˌdɪsɪnˈfekt/ **verb** [T] to clean something with a chemical that destroys bacteria ▷ **dezynfekować, odkażać**

disinfectant /ˌdɪsɪnˈfektənt/ **noun** [C, U] a chemical substance that destroys bacteria ▷ **środek dezynfekujący lub odkażający**

disintegrate /dɪˈsɪntɪgreɪt/ **verb** [I] **1** to break into a lot of small pieces ▷ **rozpadać się 2** to become much worse: *The situation is **disintegrating into** total chaos.* ▷ **pogarszać się**
• **disintegration** /dɪˌsɪntɪˈgreɪʃən/ **noun** [U] ▷ **rozpad, dezintegracja**

disinterested /dɪˈsɪntrəstɪd/ **adjective** not involved in a situation and so able to judge it without supporting a particular side: *a **disinterested observer*** ▷ **bezstronny, bezinteresowny**

disjointed /dɪsˈdʒɔɪntɪd/ **adjective** having words or ideas that are not in a clear order: *a disjointed conversation* ▷ **nieskładny, bezładny**

disk /dɪsk/ **noun** [C] **1** another US spelling of disc **2** (B1) a piece of computer equipment that records and stores information electronically: *How much **disk space** is there?* ▷ **dysk** → See **The Office** on page Centre 5 → See also **floppy disk, hard disk**

> Wyrazy występujące razem z **disk**
>
> save/write sth **to disk** • **on a disk** • **disk space**

ˈdisk ˌdrive **noun** [C] the part of a computer that allows the person using the computer to store and read information from a disk ▷ **stacja dysków**

diskette /dɪˈsket/ **noun** [C] a small, flat, plastic object that you put in your computer to record and store information electronically ▷ **dyskietka**

dislike¹ /dɪˈslaɪk/ **verb** [T] (B1) to not like someone or something: *Why do you dislike her so much?* ◦ [+ doing sth] *I dislike ironing intensely.* ▷ **nie lubić**

dislike² /dɪˈslaɪk/ **noun** [C, U] (B2) when you do not like someone or something: *a dislike of cold weather* ◦ *I **took** an instant **dislike to** her (= disliked her immediately).* ▷ **niechęć**

dislocate /ˈdɪsləʊkeɪt/ **verb** [T] If you dislocate a part of your body, the bones move away from their correct position: *I think you've dislocated your shoulder.* ◦ *a dislocated hip* ▷ **zwichnąć**
• **dislocation** /ˌdɪsləʊˈkeɪʃən/ **noun** [U] ▷ **zwichnięcie**

dislodge /dɪˈslɒdʒ/ **verb** [T] to move something away from a fixed position ▷ **wyrywać**

disloyal /dɪˈslɔɪəl/ **adjective** not loyal or not supporting someone who you should support: *I don't want to be **disloyal to** my friend.* ▷ **nielojalny**
• **disloyalty** **noun** [U] *They accused her of disloyalty.* ▷ **nielojalność**

dismal /ˈdɪzməl/ **adjective** very bad or unpleasant and making you feel unhappy: *What **dismal** weather.* ◦ *That was a **dismal performance**.* ▷ **przygnębiający, ponury, żałosny**
• **dismally** **adverb** *I tried to cheer her up, but **failed dismally** (= completely failed).* ▷ **żałośnie**

dismantle /dɪˈsmæntl/ **verb** [T] **1** to take something apart so that it is in several pieces: *He's specially trained to dismantle bombs.* ▷ **rozkładać, rozbierać, demontować 2** to get rid of a system or organization ▷ **doprowadzać do upadku, rowiązywać**

dismay /dɪˈsmeɪ/ **noun** [U] a feeling of unhappiness and disappointment: ***To our dismay**, it started raining.* ▷ **niezadowolenie, konsternacja**

dismayed /dɪˈsmeɪd/ **adjective** unhappy and disappointed: [+ to do sth] *I was dismayed to discover that he'd lied to me.* ▷ **niezadowolony, skonsternowany**

dismember /dɪˈsmembəʳ/ **verb** [T] to cut the arms and legs off the body of a person or animal: *a **dismembered body*** ▷ **poćwiartować**

dismiss /dɪˈsmɪs/ **verb** [T] **1** to refuse to consider an idea or opinion: *The committee **dismissed** the idea **as** rubbish.* ▷ **wykluczać, lekceważyć 2** to officially make someone leave their job: [often passive] *Anyone who breaks company rules will be dismissed.* ▷ **zdymisjonować, zwalniać (z pracy) 3** to give someone official permission to leave: *The bell rang and the teacher dismissed the class.* ▷ **pozwolić wyjść lub odejść**

dismissal /dɪˈsmɪsəl/ **noun 1** [U] when someone refuses to consider an idea or opinion ▷ **lekceważenie 2** [C, U] when an employer officially makes someone leave their job ▷ **zwolnienie (z pracy)**

dismissive /dɪˈsmɪsɪv/ **adjective** treating something as if it is not important: *He's so **dismissive of** all my suggestions.* ▷ **lekceważący**
• **dismissively** **adverb** ▷ **lekceważąco**

dismount /dɪˈsmaʊnt/ **verb** [I] formal to get off a horse or bicycle ▷ **zsiadać**

disobedience /ˌdɪsəʊˈbiːdiəns/ **noun** [U] when someone refuses to do what someone in authority tells them to do ▷ **nieposłuszeństwo**

disobedient /ˌdɪsəʊˈbiːdiənt/ **adjective** refusing to do what someone in authority tells you to do: *a disobedient child* ▷ **nieposłuszny**

disobey /ˌdɪsəʊˈbeɪ/ **verb** [T] to not do what you are told to do by someone in authority: *How dare you disobey me!* ▷ **być nieposłusznym, nie słuchać**

disorder /dɪˈsɔːdəʳ/ **noun 1** [C] a disease or mental problem: *a blood disorder* ▷ **schorzenie, zaburzenie 2** [U] uncontrolled, bad behaviour, especially by large groups of people: *crime and disorder* ▷ **niepokoje, rozruchy 3** [U] when things are untidy or confused and not organized: *His financial affairs are* ***in*** *complete* ***disorder****.* ▷ **bałagan, nieporządek** → See also **eating disorder**

disordered /dɪˈsɔːdəd/ **adjective** confused and not organized: *a disordered mind* ▷ **w nieładzie**

disorderly /dɪˈsɔːdəli/ **adjective 1** behaving badly by being noisy or violent: *He was charged with being* ***drunk and disorderly****.* ▷ **zakłócający porządek 2** untidy ▷ **nieporządny**

disorganized (also UK **-ised**) /dɪˈsɔːgənaɪzd/ **adjective 1** B2 not planned or organized well: *The competition was completely disorganized.* ▷ **niezorganizowany, chaotyczny 2** B2 not good at planning or organizing things ▷ **niezorganizowany, chaotyczny**

disorient /dɪˈsɔːriənt/ **verb** [T] (also UK **disorientate** /dɪˈsɔːriənteɪt/) to make someone not know where to go or what to do ▷ **dezorientować**

disoriented /dɪˈsɔːriəntɪd/ **adjective** (also UK **disorientated** /dɪˈsɔːriənteɪtɪd/) confused and not knowing where to go or what to do: *Whales become disoriented in shallow water.* ▷ **zdezorientowany**

disown /dɪˈsəʊn/ **verb** [T] to say that you do not want to have any involvement or connection with someone: *Even his parents have disowned him.* ▷ **wyrzekać się, wypierać się**

disparage /dɪˈspærɪdʒ/ **verb** [T] to say that you think someone or something is not very good: [often passive] *He is often disparaged by the critics.* ▷ **wypowiadać się lekceważąco o**

disparaging /dɪˈspærɪdʒɪŋ/ **adjective** criticizing someone or something: ***disparaging remarks*** ▷ **lekceważący, pogardliwy**

disparate /ˈdɪspərət/ **adjective** formal completely different: *people from disparate cultures* ▷ **odmienny**

disparity /dɪˈspærəti/ **noun** [C, U] formal difference, usually relating to the money people earn or their position ▷ **różnica**

dispatch[1] formal (also UK **despatch**) /dɪˈspætʃ/ **verb** [T] to send someone or something somewhere: *They dispatched a police car to arrest him.* ▷ **wysyłać**

dispatch[2] (also UK **despatch**) /dɪˈspætʃ/ **noun 1** [U] when someone or something is sent somewhere: *the dispatch of troops* ▷ **wysłanie, wysyłka 2** [C] an official report that someone in a foreign country sends to their organization ▷ **meldunek, doniesienie**

dispel /dɪˈspel/ **verb** [T] (present participle **dispelling**, past tense and past participle **dispelled**) to get rid of a feeling, thought, or belief: *He appeared on TV to* ***dispel rumours*** *that he was dying.* ▷ **rozpraszać, rozwiewać**

dispensary /dɪˈspensəri/ **noun** [C] a place where medicines are given out ▷ **apteka, punkt apteczny**

dispensation /ˌdɪspenˈseɪʃən/ **noun** [C, U] special permission to do something: [+ to do sth] *The court would not* ***grant*** *him a* ***dispensation*** *to visit his children.* ▷ **pozwolenie, dyspensa**

D

dispense /dɪˈspens/ **verb** [T] to give something out: *a machine that dispenses drinks and snacks* ▷ **wydawać**

PHRASAL VERB **dispense with sth/sb** to stop using something or someone, or to get rid of something or someone, usually because you do not need them ▷ **obywać się bez** *czegoś/kogoś*, **pozbywać się** *czegoś/kogoś*

dispenser /dɪˈspensəʳ/ **noun** [C] a machine that you can get something from: *a* ***cash/drink/soap dispenser*** ▷ **dozownik, automat**

disperse /dɪˈspɜːs/ **verb** [I, T] to separate and go in different directions, or to make something do this: *We waited until the* ***crowds*** *had* ***dispersed****.* ▷ **rozpraszać (się)**

• **dispersal noun** [U] ▷ **rozproszenie**

dispersion /dɪˈspɜːʃən/ **noun** [U] the separation of light into different colours ▷ **rozproszenie, dyspersja**

dispirited /dɪˈspɪrɪtɪd/ **adjective** unhappy and without hope ▷ **przygnębiony, zniechęcony**

displace /dɪˈspleɪs/ **verb** [T] **1** to take the place of someone or something: *Many of these workers will be displaced by modern technology.* ▷ **wypierać 2** to make someone or something leave their usual place or position: *The earthquake displaced thousands of people.* ▷ **wypierać, wysiedlać**

• **displacement noun** [U] ▷ **wyparcie, wysiedlenie**

display[1] /dɪˈspleɪ/ **noun 1** [C] B1 a collection of objects or pictures arranged for people to look at: *a display of children's paintings* ▷ **wystawa 2 on display** B1 If something is on display, it is there for people to look at: *Many old aircraft are on display at the museum.* ▷ **wystawiony (na widok publiczny), udostępniony (dla zwiedzających) 3** [C] B2 a performance or show for people to watch: *a* ***firework display*** ▷ **pokaz 4** [C, U] B1 when something is shown electronically such as on a computer screen: *The display problems might be due to a shortage of disk space.* ▷ **ekran, wyświetlacz, wyświetlenie 5 a display of affection/anger, etc** when someone behaves in a way that shows they have a particular feeling ▷ **manifestacja uczucia/gniewu** *itp.*

display[2] /dɪˈspleɪ/ **verb 1** [T] B1 to arrange something somewhere so that people can see it: *There were some family photographs displayed on his desk.* ▷ **wystawiać 2** [I, T] B2 to show something electronically such as on a computer screen: *The **text** can be **displayed** and edited on screen.* ▷ **wyświetlać 3** [T] to show how you feel by your expression or behaviour: *He never **displayed** any **interest** in girls.* ▷ **okazywać, manifestować**

D

displease /dɪˈspliːz/ **verb** [T] formal to make someone annoyed or unhappy ▷ **wywoływać niezadowolenie**
• **displeased** adjective ▷ **niezadowolony**

displeasure /dɪˈspleʒəʳ/ **noun** [U] formal when someone is annoyed or unhappy about something: *She expressed great **displeasure at** his behaviour.* ▷ **niezadowolenie**

disposable /dɪˈspəʊzəbl/ **adjective** intended to be used only once and then thrown away: *a disposable camera/razor* ▷ **jednorazowy**

ˌdisposable ˈincome UK (US **disˌposable ˈincome**) **noun** [C, U] the amount of money that you have available to spend after tax, rent, and other basic things that you must pay for ▷ **dochód netto**

disposal /dɪˈspəʊzəl/ **noun** [U] **1** (B2) when you get rid of something, especially by throwing it away: ***waste disposal*** ◦ *the disposal of hazardous substances* ▷ **wywóz, usuwanie, likwidacja 2 at sb's disposal** (B2) available for someone to use: *We will have a car at our disposal for the whole trip.* ▷ **do** *czyjejś* **dyspozycji**

dispose /dɪˈspəʊz/ **verb**

PHRASAL VERB **dispose of sth** to get rid of something, especially by throwing it away ▷ **pozbywać się** *czegoś*

disposed /dɪˈspəʊzd/ **adjective** formal **1 be disposed to do sth** to be willing or likely to do something: *I tried to tell her but she didn't seem disposed to listen.* ▷ **mieć ochotę** *coś robić* **2 be favourably/well, etc disposed towards sth** to like or approve of something: *She seems well disposed towards the idea.* ▷ **być pozytywnie/dobrze** *itp.* **ustosunkowanym do** *czegoś*

disposition /ˌdɪspəˈzɪʃən/ **noun** [C] the type of character someone has: *a **cheerful/nervous disposition*** ▷ **charakter**

disproportionate /ˌdɪsprəˈpɔːʃənət/ **adjective** too large or small in comparison to something else: *There are a **disproportionate number** of girls in the class.* ▷ **nieproporcjonalny, niewspółmierny**
• **disproportionately** adverb ▷ **nieproporcjonalnie, niewspółmiernie**

disprove /dɪˈspruːv/ **verb** [T] to prove that something is not true ▷ **obalać**

dispute¹ /ˈdɪspjuːt/ **noun** [C, U] a disagreement, especially one that lasts a long time: *A man stabbed his neighbour in a **dispute over** noise.* ▷ **spór**

> Wyrazy występujące razem z **dispute**
> **have/be involved in** a dispute • **resolve/settle** a dispute • a **bitter/long-running** dispute • a dispute **about/over** sth

dispute² /dɪˈspjuːt/ **verb** [T] to disagree with something someone says: [+ (that)] *I'm not disputing that the drug has benefits.* ▷ **kwestionować, poddawać pod dyskusję**

disqualify /dɪˈskwɒlɪfaɪ/ **verb** [T] to stop someone from being in a competition or doing some other activity because they have done something wrong: [often passive] *She was **disqualified from** the race after a drugs test.* ▷ **dyskwalifikować**
• **disqualification** /dɪˌskwɒlɪfɪˈkeɪʃən/ **noun** [U] ▷ **dyskwalifikacja**

disquiet /dɪˈskwaɪət/ **noun** [U] formal when people are anxious or worried about something: *His health has been causing disquiet.* ▷ **niepokój**

disregard¹ /ˌdɪsrɪˈgɑːd/ **noun** [U, no plural] when someone does not care about or show any interest in someone or something: *His behaviour shows a total **disregard for** other people.* ▷ **lekceważenie**

> Wyrazy występujące razem z **disregard**
> **blatant/callous/flagrant/total** disregard • disregard **for/of** sb/sth

disregard² /ˌdɪsrɪˈgɑːd/ **verb** [T] to ignore something: *She chose to disregard my advice.* ▷ **lekceważyć, ignorować**

disrepair /ˌdɪsrɪˈpeəʳ/ **noun** [U] when a building is in a bad condition because someone has not taken care of it: *The house has **fallen into disrepair**.* ▷ **ruina**

disreputable /dɪsˈrepjətəbl/ **adjective** not respected or trusted by people: *a disreputable company* ▷ **podejrzany, o złej reputacji**

disrepute /ˌdɪsrɪˈpjuːt/ **noun bring sb/sth into disrepute** formal to cause people not to respect or trust someone or something: *Corrupt policemen are bringing the law into disrepute.* ▷ **przynosić** *komuś/czemuś* **złą sławę, ośmieszać** *kogoś/coś*

disrespect /ˌdɪsrɪˈspekt/ **noun** [U] when someone does not show any respect or behave politely towards someone or something: *a **disrespect for** authority* ▷ **pogarda, brak szacunku**

disrespectful /ˌdɪsrɪˈspektfəl/ **adjective** being rude and not showing any respect: *Don't be **disrespectful to** your mother.* ▷ **lekceważący**
• **disrespectfully** adverb ▷ **lekceważąco**

disrupt /dɪsˈrʌpt/ **verb** [T] (B2) to interrupt something and stop it continuing as it should: *He disturbs other children and disrupts the class.* ▷ **zakłócać**
• **disruption** /dɪsˈrʌpʃən/ **noun** [C, U] *the disruption of services* ▷ **zakłócenie** • **disruptive**

adjective *disruptive behaviour* ▷ **zakłócający spokój**

dissatisfaction /dɪsˌsætɪsˈfækʃᵊn/ **noun** [U] B2 when you are not pleased or happy with something: *He expressed his* ***dissatisfaction with*** *the legal system.* ▷ **niezadowolenie**

dissatisfied /dɪsˈsætɪsfaɪd/ **adjective** B2 not pleased or happy with something: *a dissatisfied customer* ◦ *Are you* ***dissatisfied with*** *our service?* ▷ **niezadowolony**

dissect /daɪˈsekt/ **verb** [T] to cut something into pieces for scientific study: *We had to dissect a rat in biology.* ▷ **poddawać sekcji**

• **dissection** /daɪˈsekʃᵊn/ **noun** [U] ▷ **sekcja**

disseminate /dɪˈsemɪneɪt/ **verb** [T] to spread information or ideas: *They are using their website to disseminate political propaganda.* ▷ **rozprowadzać, szerzyć**

• **dissemination** /dɪˌsemɪˈneɪʃᵊn/ **noun** [U] ▷ **rozprowadzanie, szerzenie**

dissent /dɪˈsent/ **noun** [U] when someone does not agree with something: *There is a lot of dissent within the Church about women priests.* ▷ **różnica zdań**

• **dissent verb** [I] to not agree with other people about something ▷ **nie zgadzać się, różnić się poglądami** • **dissenter noun** [C] ▷ **dysydent/ka**

dissertation /ˌdɪsəˈteɪʃᵊn/ **noun** [C] a very long piece of writing done as part of a course of study: *She's writing a* ***dissertation on*** *American poetry.* ▷ **rozprawa, dysertacja**

disservice /ˌdɪsˈsɜːvɪs/ **noun** [no plural] when something causes harm to someone or something: *Bad teaching* ***does a*** *great* ***disservice to*** *children.* ▷ **szkoda**

dissident /ˈdɪsɪdᵊnt/ **noun** [C] someone who criticizes their government in a public way: ***political dissidents*** ▷ **dysydent/ka, opozycjonist-a/ka**

dissimilar /ˌdɪsˈsɪmɪləʳ/ **adjective** different: *Her hair is* ***not dissimilar to*** *yours (= is similar to yours).* ▷ **niepodobny, różny**

dissipate /ˈdɪsɪpeɪt/ **verb** [I, T] to disappear, or to make something disappear: *The heat gradually dissipates into the atmosphere.* ▷ **rozpraszać (się)**

dissociate /dɪˈsəʊʃieɪt/ **verb dissociate yourself from sb/sth** to say that you do not have any connection or involvement with someone or something: *He's trying to dissociate himself from his former friends.* ▷ **odcinać się od** *kogoś/czegoś*

dissolution /ˌdɪsəˈluːʃᵊn/ **noun** [U] when an organization or an official arrangement ends ▷ **rozwiązanie**

dissolve /dɪˈzɒlv/ **verb 1** [I, T] If a solid dissolves, it becomes part of a liquid, and if you dissolve it, you make it become part of a liquid: *These tablets dissolve in water.* ▷ **rozpuszczać (się) 2** [T] to end an organization or official arrangement: [often passive] *Their marriage was dissolved in 1996.* ▷ **rozwiązywać 3 dissolve into laughter/tears, etc** to suddenly start to laugh/cry, etc ▷ **wybuchnąć śmiechem/płaczem**

dissuade /dɪˈsweɪd/ **verb** [T] to persuade someone not to do something: [+ from + doing sth] *We tried to dissuade him from leaving.* ▷ **odwodzić**

distance[1] /ˈdɪstᵊns/ **noun 1** [C, U] B1 the length of the space between two places or things: *We're only a short* ***distance from*** *my house.* ◦ *He calculated the* ***distance between*** *the Earth and the Sun.* ◦ *Are the shops* ***within walking distance****?* ▷ **odległość 2** [no plural] B2 somewhere that is far away, but close enough for you to see or hear the things that are there: *I could see Mary* ***in the distance****.* ◦ ***From a distance****, it sounded like a bell ringing.* ▷ **dal, ≈ w/z oddali**

> Wyrazy występujące razem z **distance**
>
> a **large/long/short/small/vast** distance • a (short/long, etc) distance **from** [a place] • the distance **between** sth and sth

distance[2] /ˈdɪstᵊns/ **verb distance yourself from sb/sth** to say or show that you are not connected or involved with someone or something: *She has tried to distance herself from the book.* ▷ **odcinać lub dystansować się od** *kogoś/czegoś*

distant /ˈdɪstᵊnt/ **adjective 1** B2 far away in space or time: *distant galaxies* ◦ *the distant sound of traffic* ◦ *We hope to see you in the* ***not too distant future****.* ▷ **odległy 2** A distant relative is not very closely related to you: *a distant cousin* ▷ **daleki 3** [never before noun] not friendly: *She seemed cold and distant.* ▷ **obojętny, zdystansowany**

• **distantly adverb** ***distantly related*** ▷ **odlegle, deleko**

distaste /dɪˈsteɪst/ **noun** [U] when you dislike something and think it is unpleasant: *I have developed a* ***distaste for*** *meat.* ▷ **niesmak, niechęć**

distasteful /dɪˈsteɪstfᵊl/ **adjective** unpleasant or offensive: *I find this advertisement extremely distasteful.* ▷ **wstrętny, niesmaczny**

• **distastefully adverb** ▷ **niesmacznie**

distil (present participle **distilling**, past tense and past participle **distilled**) UK (US **distill**) /dɪˈstɪl/ **verb** [T] to make a liquid stronger or more pure by heating it until it changes into a gas and then changing it into a liquid again: *distilled water* ▷ **destylować**

• **distillation** /ˌdɪstɪˈleɪʃᵊn/ **noun** [U] ▷ **destylacja** • **distillery** /dɪˈstɪlᵊri/ **noun** [C] a place where strong alcoholic drinks are produced ▷ **destylarnia, gorzelnia**

distillate /ˈdɪstɪlət/ **noun** [C] a substance that is formed by distilling a liquid ▷ **destylat**

dis͵tilled ˈwater noun [U] water that has been made purer by being heated until it becomes a gas and then cooled until it becomes a liquid again ▷ **woda destylowana**

distinct /dɪˈstɪŋkt/ **adjective 1** different and separate: *This word has three distinct meanings.* ▷ **odmienny, różny 2** easy to hear, see, or smell: *The voices gradually became louder and more distinct.* ▷ **wyraźny** → Opposite **indistinct 3** [always before noun] clear and certain: *There's been a distinct improvement in your work.* ▷ **wyraźny, zauważalny**
• **distinctly adverb** ▷ **wyraźnie**

distinction /dɪˈstɪŋkʃən/ **noun** [C, U] **1** B2 a difference between two similar things: *the **distinction between** spoken and written language* ▷ **różnica, rozróżnienie 2** a quality or fact that makes someone or something special or different: *wines of distinction* ◦ *He has **the distinction of** being the youngest player in the World Cup finals.* ▷ **szczególna cecha, wyróżnienie**

> Wyrazy występujące razem z **distinction**
> draw/make a distinction • a clear distinction • a distinction between sth and sth

distinctive /dɪˈstɪŋktɪv/ **adjective** Something that is distinctive is easy to recognize because it is different from other things: *a **distinctive** style of writing* ▷ **szczególny, charakterystyczny**
• **distinctively adverb** ▷ **wyraźnie**

distinguish /dɪˈstɪŋgwɪʃ/ **verb 1** [I, T] B2 to recognize the differences between two people, ideas, or things: *Children must learn to **distinguish between** right and wrong.* ◦ *People have difficulty **distinguishing** Tracy **from** her twin sister Mary.* ▷ **rozróżniać, odróżniać 2** [T] B2 to make one person or thing seem different from another: *His great skill **distinguishes** him **from** the rest of the team.* ▷ **wyróżniać, odróżniać 3** [T] B2 to be able to see, hear, or understand something ▷ **wyławiać, rozpoznawać 4 distinguish yourself** to do something so well that people notice and admire you ▷ **wyróżniać się**
• **distinguishable adjective** ▷ **rozróżnialny**

distinguished /dɪˈstɪŋgwɪʃt/ **adjective** B2 famous, praised, or admired: *a distinguished writer* ▷ **ceniony, wybitny**

distort /dɪˈstɔːt/ **verb** [T] **1** to change the shape, sound, or appearance of something so that it seems strange: *It's a bad recording – the microphone distorted our voices.* ▷ **zniekształcać 2** to change information so that it is not true or realistic: *Newspapers **distorted the truth** about their marriage.* ▷ **zniekształcać, wypaczać**
• **distorted adjective** ▷ **zniekształcony, wypaczony** • **distortion** /dɪˈstɔːʃən/ **noun** [C, U] *a gross distortion of the facts* ▷ **zniekształcenie, wypaczenie**

distract /dɪˈstrækt/ **verb** [T] B2 to make someone stop giving their attention to something: *Stop distracting me – I'm trying to finish my essay.* ▷ **rozpraszać**

distracted /dɪˈstræktɪd/ **adjective** anxious and unable to think carefully ▷ **rozkojarzony**

distraction /dɪˈstrækʃən/ **noun 1** [C, U] something that makes you stop giving your attention to something else: *The phone calls were a **constant distraction**.* ▷ **zakłócenie 2 drive sb to distraction** UK to make someone very annoyed ▷ **doprowadzać** *kogoś* **do szału**

distraught /dɪˈstrɔːt/ **adjective** extremely upset and unhappy ▷ **roztrzęsiony**

distress[1] /dɪˈstres/ **noun** [U] **1** the feeling of being extremely upset or worried: *The newspaper reports caused her a great deal of distress.* ▷ **rozpacz 2** when someone or something is in danger and needs help: *an aircraft **in distress*** ▷ **niebezpieczeństwo**

> Wyrazy występujące razem z **distress**
> deep/great distress • to sb's distress • be in distress

distress[2] /dɪˈstres/ **verb** [T] to make someone feel very upset or worried ▷ **martwić**
• **distressing adjective** B2 *a distressing experience* ▷ **niepokojący**

distribute /dɪˈstrɪbjuːt/ **verb** [T] **1** B2 to give something out to people or places: *The books will be **distributed** free **to** local schools.* ▷ **rozdawać, rozprowadzać 2** to supply goods to shops and companies: *The company manufactures and distributes computer equipment worldwide.* ▷ **rozprowadzać**

distribution /ˌdɪstrɪˈbjuːʃən/ **noun 1** [U] when something is supplied or given out to people or places: *the sale and distribution of videos* ▷ **dystrybucja 2** [U, no plural] the way something is divided and shared in a group or area: *the distribution of wealth* ▷ **dystrybucja, podział**

distributor /dɪˈstrɪbjətəʳ/ **noun** [C] a person or organization that supplies goods to shops and companies ▷ **dystrybutor, dostawca**

district /ˈdɪstrɪkt/ **noun** [C] B1 a part of a city or country, either an official area or one that is known for having a particular characteristic or business: *the fashion district of New York* ▷ **dzielnica, okręg**

ˌdistrict atˈtorney noun [C] (abbreviation **DA**) US a lawyer who works for the government of a particular district ▷ **prokurator rejonowy**

distrust /dɪˈstrʌst/ **noun** [U] when you do not trust someone or something ▷ **nieufność, podejrzliwość**
• **distrust verb** [T] ▷ **nie ufać, niedowierzać**

disturb /dɪˈstɜːb/ **verb** [T] **1** B2 to interrupt what someone is doing by making noise or annoying them: *Don't disturb him, he needs to sleep.* ▷ **przeszkadzać, niepokoić 2** to make someone feel anxious or upset: *Some scenes are violent and may disturb younger viewers.* ▷ **poru-**

szyć, **szokować 3** to change something by touching it or moving it from its original position ▷ **poruszyć**

disturbance /dɪˈstɜːbᵊns/ **noun 1** [C, U] something that interrupts what you are doing, especially something loud or annoying ▷ **zakłócenie 2** [C] when people fight or shout ▷ **rozruchy, zakłócenie porządku**

disturbed /dɪˈstɜːbd/ **adjective** not thinking or behaving normally because of mental or emotional problems ▷ **niezrównoważony**

disturbing /dɪˈstɜːbɪŋ/ **adjective** unpleasant in a way that makes people feel anxious or upset: *disturbing images* ▷ **niepokojący, poruszający**
• **disturbingly adverb** ▷ **niepokojąco**

disused /dɪˈsjuːzd/ **adjective** not used now: *a disused warehouse* ▷ **opuszczony, nieużywany**
• **disuse** /dɪˈsjuːs/ **noun** [U] when something is not used: *to **fall into disuse*** ▷ **zaniedbanie, zapomnienie**

ditch[1] /dɪtʃ/ **noun** [C] a long, narrow hole in the ground next to a road or field, which water can flow through ▷ **rów, kanał**

ditch[2] /dɪtʃ/ **verb** [T] informal to get rid of someone or something that you do not need or want now: *He ditched his girlfriend when she got pregnant.* ▷ **porzucać, wyrzucać**

dither /ˈdɪðəʳ/ **verb** [I] to spend too much time trying to make a decision: *Stop dithering and tell me which one you want!* ▷ **wahać się**

ditto[1] /ˈdɪtəʊ/ **adverb** used to agree with something that has been said, or to avoid repeating something that has been said ▷ **tak samo, też**

ditto[2] /ˈdɪtəʊ/ **noun** [C] a mark (") used instead of words to show that you are repeating what is written above it ▷ **kreseczki, znak powtórzenia, j.w.**

ditty /ˈdɪti/ **noun** [C] a short, simple song ▷ **piosnka, śpiewka**

diva /ˈdiːvə/ **noun** [C] a successful and famous female singer ▷ **diwa**

Divali /dɪˈvɑːli/ **noun** [U] Diwali ▷ **diwali, święto świateł**

dive[1] /daɪv/ **verb** [I] (past tense and past participle **dived**, also US **dove**, past participle **dived**) **1** (B1) to jump into water with your head and arms going in first: *He dived off the side of the boat into the sea.* ▷ **skakać (do wody) 2** (B1) to swim under water, usually with breathing equipment ▷ **nurkować 3 dive into/over/under, etc** to move somewhere quickly: *He heard footsteps and dived under the table.* ▷ **dać nura** *gdzieś* **4** to fly down through the air very quickly: *Suddenly the plane dived to the ground.* ▷ **pikować 5** If a value or price dives, it suddenly becomes less. ▷ **gwałtownie spadać**

dive[2] /daɪv/ **noun** [C] **1** (B2) a jump into water with your arms and head going in first ▷ **skok (do wody) 2** a quick movement somewhere ▷ **skok 3** when the value or price of something suddenly becomes less: *Share prices **took a dive** today.* ▷ **(gwałtowny) spadek 4** informal a place such as a bar which is considered to be dirty or of low quality ▷ **spelunka, nora**

diver /ˈdaɪvəʳ/ **noun** [C] (B1) someone who swims under water, usually with breathing equipment ▷ **nurek**

diverge /daɪˈvɜːdʒ/ **verb** [I] **1** to be different, or to develop in a different way: *Over the years our interests have diverged.* ▷ **rozchodzić się 2** to go in different directions: *At that point, the paths diverged.* ▷ **rozchodzić się**
• **divergence noun** [C, U] ▷ **rozbieżność**

diverse /daɪˈvɜːs/ **adjective** (B2) including many different types: *a diverse collection of music* ▷ **różnorodny**

diversify /daɪˈvɜːsɪfaɪ/ **verb** [I, T] If a business diversifies, it starts making new products or offering new services: *Many designers are **diversifying into** casual wear.* ▷ **poszerzać ofertę**
• **diversification** /daɪˌvɜːsɪfɪˈkeɪʃᵊn/ **noun** [U] ▷ **poszerzenie oferty**

diˌversifying ˈmerger noun [C] when two companies that have completely different types of business join together ▷ **fuzja spółek z różnych branż**

diversion /daɪˈvɜːʃᵊn/ **noun 1** [C, U] when something is sent somewhere different from where it was originally intended to go: *the diversion of money to other projects* ▷ **przekierowanie, skierowanie 2** [C] UK (US **detour**) a different route that is used because a road is closed ▷ **objazd 3** [C] something that takes your attention away from something else: *John **created a diversion** while the rest of us escaped.* ▷ **odwrócenie uwagi, zmyłka 4** [C] an activity you do for entertainment or pleasure: *Reading is a pleasant diversion.* ▷ **rozrywka**

diversity /daɪˈvɜːsəti/ **noun** [U] when many different types of things or people are included in something: *ethnic diversity* ▷ **różnorodność**

divert /daɪˈvɜːt/ **verb 1** [T] to send someone or something somewhere different from where they were expecting to go: *The plane was **diverted to** Stansted because of engine trouble.* ▷ **przekierować, skierować 2 divert sb's attention/thoughts, etc** to take someone's attention away from something ▷ **odwracać** *czyjąś* **uwagę**

divide /dɪˈvaɪd/ **verb 1** [I, T] (B1) to separate into parts or groups, or to make something separate into parts or groups: *We **divided up into** teams of six.* ◦ *Each school year is divided into two semesters.* ▷ **dzielić (się) 2 divide sth (up) among/between sb** to separate something into parts and give a part to each person in a group: *The prize money will be divided equally among the winners.* ▷ **dzielić** *coś* **między** *kogoś* **3** [T] (B2) to separate a place into two areas: *An ancient wall divides the city.* ▷ **dzielić, przedzielać 4** [I, T] to calculate how many times a number can go into another number: *12* *divided by 6 equals 2.* ▷ **dzielić** **5** [T] to cause people to disagree about something: [often passive] *Council members were* ***divided over*** *plans to build a new stadium.* ▷ **dzielić**

dividend /ˈdɪvɪdend/ **noun** [C] an amount of money paid regularly to someone who owns shares in a company from the company's profits ▷ **dywidenda**

dividers /dɪˈvaɪdəz/ **noun** [plural] a piece of equipment used in mathematics consisting of two parts which are joined at one end and have sharp points at the other and which are used for measuring lines and angles and for making marks to show positions along lines ▷ **cyrkiel**

divine /dɪˈvaɪn/ **adjective** relating to or coming from God or a god ▷ **boski**

diving /ˈdaɪvɪŋ/ **noun** [U] **1** B1 the activity or sport of swimming under water, usually using special breathing equipment ▷ **nurkowanie** **2** the activity or sport of jumping into water with your arms and head going in first ▷ **skoki do wody** → See also **scuba diving**

ˈ**diving** ˌ**board** **noun** [C] a raised board next to a swimming pool that you jump from into the water ▷ **trampolina**

divisible /dɪˈvɪzəbl/ **adjective** **divisible by 2/7/50, etc** able to be divided by 2/7/50, etc ▷ **podzielny przez 2/7/50** *itp.*

division /dɪˈvɪʒən/ **noun** **1** [U] B2 when something is separated into parts or groups, or the way that it is separated: *the equal division of labour among workers* ▷ **podział** **2** [C] B2 one of the groups in a business or organization: *the sales division* ▷ **dział, oddział, wydział** **3** [C, U] when people disagree about something: *a division over the issue of free medical care* ▷ **rozłam, podział** **4** [U] when you calculate how many times one number goes into another number ▷ **dzielenie**

divisive /dɪˈvaɪsɪv/ **adjective** causing disagreements between people: *a divisive issue* ▷ **kontrowersyjny, sporny**

divisor /dɪˈvaɪzər/ **noun** [C] a number by which another number is divided in a calculation ▷ **dzielnik**

divorce /dɪˈvɔːs/ **noun** [C, U] B1 when two people officially stop being married: *My parents are* ***getting a divorce.*** ▷ **rozwód**

• **divorce** **verb** [I, T] B2 *She's divorcing her husband.* ▷ **rozwodzić się (z)**

> **Wyrazy występujące razem z divorce**
>
> get a divorce • a divorce **from** sb • divorce proceedings/rate/settlement

divorced /dɪˈvɔːst/ **adjective** **1** B1 married before but not married now ▷ **rozwiedziony** **2** **get divorced** to officially stop being married: *My parents got divorced when I was seven.* ▷ **rozwieść się**

divorcée /dɪˌvɔːˈsiː/ (US) /-seɪ/ **noun** [C] a woman who is divorced ▷ **rozwódka**

divulge /daɪˈvʌldʒ/ **verb** [T] to give secret or private information to someone: *He would not divulge how much the house cost.* ▷ **wyjawić**

Diwali /dɪˈwɑːli/ **noun** [C, U] (also **Divali**) a Hindu holiday in October/November that celebrates light and the new year ▷ **diwali, święto świateł**

DIY /ˌdiːaɪˈwaɪ/ **noun** [U] UK abbreviation for do it yourself: when you do building, decorating, or repairs in your own home ▷ **zrób to sam, majsterkowanie**

dizygotic /ˌdaɪzaɪˈɡɒtɪk/ **adjective** Dizygotic twins develop from two separate eggs. ▷ **(bliźnięta) dwujajowe** → Compare **monozygotic**

dizzy /ˈdɪzi/ **adjective** B2 feeling like everything is turning round, so that you feel ill or as if you might fall ▷ **mający zawroty głowy,** ≈ **kręcić się w głowie**

DJ /ˈdiːˌdʒeɪ/ **noun** [C] (also **disc jockey**) B1 someone who plays music on the radio or at discos ▷ **dyskdżokej, DJ, didżej**

Djibouti /dʒɪˈbuːti/ **noun** a country in Africa ▷ **Dżibuti**

• **Djiboutian** /dʒɪˈbuːtiən/ **adjective** coming from or relating to Djibouti ▷ **dżibucki** • **Djiboutian** **noun** someone from Djibouti ▷ **Dżibut-czyk/ka**

DNA /ˌdiːenˈeɪ/ **noun** [U] abbreviation for deoxyribonucleic acid: a chemical in the cells of living things which contains genetic information ▷ **DNA**

do[1] strong /duː/ weak /də/ **auxiliary verb** **1** A1 used with another verb to form questions and negative phrases: *Do you need any help?* ◦ *When does the next bus leave?* ◦ *I don't know.* ▷ **(= czasownik posiłkowy służący do tworzenia zdań pytających i zaprzeczonych)** **2** A2 used in a phrase at the end of a sentence to make it into a question: *Sarah lives near here, doesn't she?* ◦ *That doesn't make any sense, does it?* ▷ **(= używany w krótkich pytaniach na końcu zdania, które po polsku tłumaczy się jako prawda? lub nieprawdaż?)** **3** B1 used to avoid repeating a verb that has just been used: *"I hate that song." "So do I."* ◦ *My sister reads a lot more than I do.* ▷ **(= zastępuje czasownik, którego nie chcemy powtarzać)** **4** B2 used to emphasize the main verb: *He does like you, he's just shy.* ◦ *Do come and visit us soon.* ▷ **(= tworzy konstrukcję podkreślającą czasownik główny, której odpowiada polskie naprawdę)**

do[2] /duː/ **verb** (past tense **did**, past participle **done**) **1** [T] A1 to perform an action or job: *Go upstairs and do your homework.* ◦ *What are you doing this weekend?* ◦ *What does she do? (= What is her job?)* ▷ **robić** **2** [T] A2 to make or prepare something: *Our printer only does black and white copies.* ◦ *Max's Cafe does great sandwiches.* ▷ **robić** **3** **do badly/well, etc** B1 to be unsuccessful/successful, etc: *Sam did very well in her exams.* ▷ **źle/dobrze** *itp.* **się spisać,** ≈ *komuś* **źle/dobrze** *itp.* **poszło** **4** **do biology/French/history, etc** UK A1 to study biology/French/history, etc ▷ **studiować biologię/francuski/historię** *itp.* **5 do your hair/make-up, etc** B1 to make your hair/make-up, etc look nice ▷ **robić sobie włosy/makijaż** *itp.*, **uczesać się/pomalować się** *itp.* **6 do sb good** B2 to have a good effect on someone: *A holiday would do you good.* ▷ **dobrze** *komuś* **zrobić 7 do damage/harm, etc** B2 to cause damage/harm, etc: *Luckily the fire didn't do much damage.* ▷ **narobić szkód/zaszkodzić** *itp.* **8 will do** will be satisfactory: *You don't have to pay now, next week will do.* ▷ **wystarczy 9** [T] to travel at a particular speed: *For most of the journey we were doing 70 miles an hour.* ▷ **jechać, pędzić**

PHRASAL VERBS **do away with sth** to get rid of something, or to stop using something: *We may do away with the school uniform soon.* ▷ **pozbyć się** *czegoś* • **do away with sb** informal to kill someone ▷ **pozbyć się** *kogoś*, **załatwić** *kogoś* • **do sb in** informal **1** to make someone extremely tired: *All that exercise has done me in.* ▷ **wykończyć** *kogoś* **2** to attack or kill someone ▷ **wykończyć** *kogoś* • **do sth over** US to do something again because you did not do it well the first time ▷ **zrobić** *coś* **jeszcze raz, powtórzyć** *coś* • **do sth up 1** mainly UK to fasten something: *Do your coat up. It's cold outside.* ▷ **zapinać** *coś*, **zawiązywać** *coś* **2** B2 to repair or decorate a building so that it looks attractive ▷ **wyremontować** *coś*, **odnawiać** *coś* • **do with sth** used to ask where someone put something: *What did you do with my keys?* ▷ **zrobić z** *czymś* • **do with sb/sth 1 could do with sb/sth** to need or want someone or something: *I could do with a few days off work.* ▷ **przydałby się** *ktoś*/**przydałoby się** *coś* **2 be/have to do with sb/sth** B2 to be about or connected with someone or something: *My question has to do with yesterday's homework.* ▷ **być związanym z** *kimś/czymś* • **do without (sb/sth)** B2 to manage without having someone or something: *Jack's the kind of player we can't do without.* ▷ **obywać się (bez** *kogoś/czegoś***)**

do³ /duː/ **noun** [C] UK informal a party: *Are you going to the Christmas do?* ▷ **impreza**

docile /ˈdəʊsaɪl/ US /ˈdɑːsəl/ **adjective** A docile person or animal is quiet and easily controlled. ▷ **uległy, potulny**

dock¹ /dɒk/ **noun 1** [C] the place where ships stop and goods are taken off or put on ▷ **dok, nabrzeże 2 the dock** UK (US **the stand**) the place in a law court where the person who is accused of a crime sits ▷ **ława oskarżonych**

dock² /dɒk/ **verb 1** [I, T] If a ship docks, it arrives at a dock. ▷ **wchodzić lub wprowadzać do portu 2 dock sb's pay/wages** to take away part of the money you pay someone, usually as a punishment ▷ **potrącać** *komuś* **z pensji**

doctor¹ /ˈdɒktər/ **noun 1** A1 [C] a person whose job is to treat people who have an illness or injury: *I have to* ***go to the doctor's*** *for a check-up.* ▷ **lekarz 2 Doctor of Philosophy/Divinity, etc** someone who has the most advanced type of qualification from a university ▷ **doktor nauk humanistycznych/teologii** → See also **spin doctor**

> **Wyrazy występujące razem z doctor**
> **consult/see** a doctor • **go to the doctor's** • a doctor's **appointment**

doctor² /ˈdɒktər/ **verb** [T] to change something, usually in a dishonest way: *The photo in his passport had been doctored.* ▷ **fałszować, preparować**

doctorate /ˈdɒktərət/ **noun** [C] the most advanced type of qualification from a university: *He has a* ***doctorate in*** *physics from Cambridge.* ▷ **doktorat**

doctrine /ˈdɒktrɪn/ **noun** [C, U] a belief or set of beliefs taught by a religious or political group: *Christian doctrine* ▷ **doktryna**

document /ˈdɒkjəmənt/ **noun** [C] **1** A2 a piece of paper with official information on it: *Please sign and return the insurance documents enclosed.* ▷ **dokument 2** B1 a piece of text produced electronically on a computer: *How do I create a new document?* ▷ **dokument**

> **Wyrazy występujące razem z document**
> **draw up/produce** a document • **in** a document • a document **about/concerning/on** sth

documentary /ˌdɒkjəˈmentəri/ **noun** [C] B1 a film or television programme that gives facts about a real situation or real people: *a TV documentary about the Russian Revolution* ▷ **film lub program dokumentalny, dokument**

documentation /ˌdɒkjəmenˈteɪʃən/ **noun** [U] **1** pieces of paper containing official information ▷ **dokumentacja 2** the instructions written for a piece of computer software or equipment ▷ **dokumentacja**

docusoap /ˈdɒkjuːsəʊp/ **noun** [C] UK an entertaining television programme about the lives of real people who live in the same place or who do the same thing ▷ **telenowela dokumentalna**

doddle /ˈdɒdl/ **noun** UK **be a doddle** informal to be very easy: *This computer's a doddle to use.* ▷ **być łatwizną, ≈ to łatwizna, ≈ to pestka**

dodecahedron /ˌdəʊdekəˈhiːdrən/ **noun** [C] (plural **dodecahedrons** or **dodecahedra**) a solid shape that has twelve flat surfaces of equal size with five sides ▷ **dwunastościan**

dodge¹ /dɒdʒ/ **verb 1** [I, T] to move quickly to avoid someone or something: *He managed to* ***dodge past*** *the security guard.* ▷ **unikać, przemykać 2** [T] to avoid talking about something or doing something you should do: *The minister dodged questions about his relationship with the actress.* ▷ **unikać, wykręcać się od**

dodge² /dɒdʒ/ **noun** [C] when you avoid some-

D

thing, usually in a dishonest way: *a tax dodge* ▷ **unik**

dodgems /ˈdɒdʒəmz/ **noun** [plural] trademark a form of entertainment where people drive small electric cars on a special surface and try to hit each other ▷ **samochodziki (w wesołym miasteczku)**

dodgy /ˈdɒdʒi/ **adjective** UK informal bad, or not able to be trusted: *His friend's a bit dodgy.* ▷ **podejrzany**

doe /dəʊ/ **noun** [C] a female deer ▷ **łania**

does strong /dʌz/ weak /dəz/ present simple he/she/it of do

doesn't /ˈdʌzᵊnt/ short for does not: *Keith doesn't like mushrooms or garlic.*

dog¹ /dɒg/ **noun** [C] Ⓐ1 an animal with fur, four legs and a tail that is kept as a pet, or trained to guard buildings and guide blind people: *Let's take the dog for a walk.* ▷ **pies** → See also **guide dog**, **hot dog**

dog² /dɒg/ **verb** [T] (present participle **dogging**, past tense and past participle **dogged**) to cause someone or something trouble for a long time: [often passive] *His football career has been dogged by injury.* ▷ **prześladować, gnębić**

dog-eared /ˈdɒgɪəd/ **adjective** If a piece of paper or a book is dog-eared, its corners are folded and torn from being touched a lot. ▷ **z pozaginanymi rogami**

dogfight /ˈdɒgfaɪt/ **noun** [C] a fight between two military aircraft in which they fly very fast and very close to each other ▷ **walka manewrowa**

dogged /ˈdɒgɪd/ **adjective** [always before noun] continuing to do or believe in something, although it is difficult: ***dogged determination*** ▷ **uparty, zawzięty**
• **doggedly adverb** ▷ **uparcie**

doghouse /ˈdɒghaʊs/ **noun** **1** [C] US (UK **kennel**) a small building for a dog to sleep in ▷ **buda** **2 be in the doghouse** If you are in the doghouse, you have done something to make people angry or annoyed with you. ▷ **mieć przerąbane**

dogma /ˈdɒgmə/ **noun** [C, U] a belief or set of beliefs that people are expected to accept as the truth, without ever doubting them: ***political dogma*** ▷ **dogmat**

dogmatic /dɒgˈmætɪk/ **adjective** not willing to accept other ideas or opinions because you think yours are right ▷ **dogmatyczny**

dogsbody /ˈdɒgzbɒdi/ **noun** [C] UK someone who has to do boring jobs for someone else ▷ **pomocnik**

doing /ˈduːɪŋ/ **noun** **1 be sb's doing** to have been done or caused by someone: *The problem is not all his doing.* ▷ **być** *czyjąś* **winą** **2 take some/a lot of doing** informal to be difficult to do: ***It took some doing*** *to convince him to come.* ▷ **zabierać trochę/dużo czasu lub wysiłku**

doldrums /ˈdɒldrəmz/ **noun** **in the doldrums** **a** If a business or job is in the doldrums, it is not very successful and nothing new is happening in it. ▷ **w zastoju** **b** UK sad and with no energy or enthusiasm ▷ **zdołowany, przybity**

dole¹ /dəʊl/ **verb**

PHRASAL VERB **dole sth out** to give something, especially money, to several people or in large amounts ▷ **rozdawać** *coś*, **rozdzielać** *coś*, **wydzielać** *coś*

dole² /dəʊl/ **noun** UK **the dole** money that the government gives someone when they are unemployed: *He's been* ***on the dole*** *for years.* ▷ **zasiłek (dla bezrobotnych)**

doleful /ˈdəʊlfᵊl/ **adjective** very sad: *doleful eyes* ▷ **żałosny, smętny**

doll /dɒl/ **noun** [C] Ⓐ1 a child's toy that looks like a small person ▷ **lalka**

dollar /ˈdɒlər/ **noun** [C] Ⓐ1 the unit of money used in the US, Canada, and some other countries; $: *a hundred dollars/$100* ◦ *a* ***dollar bill*** ▷ **dolar**

dollop /ˈdɒləp/ **noun** [C] a lump or mass of a soft substance, usually food: *a* ***dollop of*** *cream* ▷ **łycha, kupka**

dolphin /ˈdɒlfɪn/ **noun** [C] Ⓑ1 an intelligent animal that lives in the sea, breathes air, and looks like a large, smooth, grey fish ▷ **delfin**

domain /dəʊˈmeɪn/ **noun** [C] a particular area, activity, or subject that someone controls or deals with: *The garden is his domain.* ◦ *This information should be* ***in the public domain*** *(= known by the public).* ▷ **domena, sfera**

doˈmain ˌname **noun** [C] the part of an email or website address that shows the name of the organization that the address belongs to ▷ **nazwa domeny**

dome /dəʊm/ **noun** [C] a curved, round roof of a building ▷ **kopuła**
• **domed adjective** *a domed roof* ▷ **kryty lub zwieńczony kopułą, kopułowy**

domestic /dəˈmestɪk/ **adjective** **1** Ⓑ2 relating to the home and family relationships: ***domestic violence*** ◦ *What are his* ***domestic arrangements?*** ▷ **domowy, rodzinny, w rodzinie** **2** Ⓑ2 inside one country and not international: *a domestic flight* ▷ **krajowy, wewnętrzny** **3** A domestic animal is kept as a pet. ▷ **domowy**

domesticated /dəˈmestɪkeɪtɪd/ **adjective** **1** A domesticated animal is kept as a pet or lives on a farm. ▷ **udomowiony, oswojony** **2** A domesticated person is able or willing to do cleaning, cooking, and other jobs in the home. ▷ **lubiący prace domowe**

domesticity /ˌdɒmesˈtɪsəti/ **noun** [U] life at home looking after a house and family ▷ **życie domowe lub rodzinne**

dominance /ˈdɒmɪnəns/ **noun** [U] power, influence, and control: *the company's dominance in the software industry* ▷ **dominacja**

dominant /ˈdɒmɪnənt/ **adjective** **1** main or

most important: *Her mother was the dominant influence in her life.* ▷ **dominujący, przeważający** **2** strongest and wanting to take control: *a dominant older brother* ▷ **dominujący** **3** a dominant gene will cause a particular characteristic even if it is only passed on by one parent ▷ **dominujący** → Compare **recessive**

dominate /ˈdɒmɪneɪt/ **verb** [I, T] **1** B2 to control or have power over someone or something: *The US continues to dominate the world politically.* ▷ **dominować** **2** to be the largest, most important, or most noticeable part of something: *The cathedral dominates the skyline.* ▷ **dominować**

domination /ˌdɒmɪˈneɪʃən/ **noun** [U] great power and control over someone or something else: ***world domination*** ▷ **dominacja, zwierzchnictwo**

> Wyrazy występujące razem z **domination**
> **global/world** domination • domination **of** sth • domination **over** sb/sth

domineering /ˌdɒmɪˈnɪərɪŋ/ **adjective** trying to control people too much: *a domineering mother* ▷ **apodyktyczny**

Dominica /ˌdəˈmɪnɪkə/ **noun** a country on an island in the Caribbean ▷ **Dominika**
• **Dominican** /dəˈmɪnɪkən/, /ˌdɒmɪˈniːkən/ **adjective** coming from or relating to Dominica ▷ **dominicki** • **Dominican noun** someone from Dominica ▷ **obywatel/ka Dominiki**

the Dominican Republic /dəˈmɪnɪkən rɪˈpʌblɪk/ **noun** a country on an island in the Caribbean ▷ **Dominikana**
• **Dominican** /ˌdəˈmɪnɪkən/ **adjective** coming from or relating to the Dominican Republic ▷ **dominikański** • **Dominican noun** someone from the Dominican Republic ▷ **Dominikanin/nka**

dominion /dəˈmɪnjən/ **noun** [U] formal the power and right to control someone or something ▷ **zwierzchnictwo**

domino /ˈdɒmɪnəʊ/ **noun** [C] (plural **dominoes**) a small, rectangular object that has spots on it, used in a game ▷ **kostka domina**
• **dominoes noun** [U] a game played using dominoes ▷ **domino**

don /dɒn/ **verb** [T] (present participle **donning**, past tense and past participle **donned**) formal to put on a piece of clothing such as a coat or hat ▷ **przywdziewać**

donate /dəʊˈneɪt/ **verb** [T] **1** B2 to give money or goods to a person or organization that needs help: *Four hundred new computers were* ***donated to*** *the college.* ▷ **podarować, ofiarować** **2** to allow some of your blood or part of your body to be used for medical purposes ▷ **być dawcą**

donation /dəʊˈneɪʃən/ **noun** [C, U] B2 when money or goods are given to help a person or organization: *Would you like to* ***make a donation?*** ▷ **datek, darowizna**

> Wyrazy występujące razem z **donation**
> **make** a donation • a donation **of** [$50/food/clothing, etc] • a donation **to** sb/sth

done¹ /dʌn/ **adjective** **1** finished or completed: *Did you* ***get*** *your essay* ***done*** *in time?* ▷ **gotowy, zakończony** **2** cooked enough: *The potatoes aren't quite done yet.* ▷ **gotowy, dogotowany** → See also ***easier*** **said than done, well-done**

done² /dʌn/ **exclamation** something that you say to show that you accept someone's offer: *"I'll give you 50 pounds for the whole lot." "Done!"* ▷ **zgoda!**

done³ /dʌn/ past participle of do

donkey

donkey /ˈdɒŋki/ **noun** [C] B1 an animal that looks like a small horse with long ears ▷ **osioł**

IDIOM **for donkey's years** UK informal for a long time ▷ **całe wieki**

ˈdonkey ˌwork noun [U] UK informal the most boring or difficult parts of a job ▷ **czarna robota**

donor /ˈdəʊnəʳ/ **noun** [C] **1** someone who gives some of their blood or part of their body to be used for medical purposes ▷ **dawca** **2** someone who gives money or goods to a person or organization that needs help: *Ten thousand dollars was given by an* ***anonymous donor.*** ▷ **ofiarodaw-ca/czyni** → See also **blood donor**

don't /dəʊnt/ short for do not: *Please don't talk during the exam.*

donut /ˈdəʊnʌt/ **noun** [C] another US spelling of doughnut ▷ **pączek**

doodle /ˈduːdl/ **verb** [I, T] to draw little pictures or patterns on something without thinking about it ▷ **gryzmolić, bazgrać**
• **doodle noun** [C] ▷ **gryzmoły, bazgroły**

doodle

doom /duːm/ **noun** [U] **1** death, destruction, and other unpleasant events that cannot be avoided: *a horrible* ***sense of doom*** ▷ **katastrofa, fatum** **2 doom and gloom** unhappiness and feeling no hope for the future: *Life's* ***not all doom and gloom****, you know.* ▷ **płacz i zgrzytanie zębów**

doomed /duːmd/ **adjective** certain to fail, die, or have problems: *Their marriage was doomed from the start.* ▷ **skazany na klęskę**

door /dɔːʳ/ **noun** [C] **1** A1 the part of a building, room, vehicle, or piece of furniture that you open or close to get inside it or out of it: *Please*

D

***shut the door** behind you.* ◦ *I can't **open the door**.* ◦ *There's someone **at the door**.* ▷ **drzwi** **2** the space in a wall where you enter a building or room: *He led us through the door to the rear of the building.* ▷ **drzwi** **3 behind closed doors** privately and not in public: *Most of the deals were done behind closed doors.* ▷ **za zamkniętymi drzwiami** **4 two/three, etc doors away** in a place that is two/three, etc houses away: *We live just a few doors away from the Smiths.* ▷ **dwa/trzy** *itp.* **domy dalej** → See also **trap door**

> **Wyrazy występujące razem z door**
>
> **close/open/shut/slam** a door • **knock on** a door • **be at the** door

doorbell /ˈdɔːbel/ **noun** [C] a button that you press next to a door that makes a noise to let someone know that you are there ▷ **dzwonek**

doorknob /ˈdɔːnɒb/ **noun** [C] a round object on a door that you hold and turn to open or close it ▷ **klamka**

doorman /ˈdɔːmən/ **noun** [C] (plural **doormen**) a man who stands near the doors of a large building such as a hotel to watch and help the visitors ▷ **portier**

doormat /ˈdɔːmæt/ **noun** [C] **1** a piece of thick material on the floor by a door, used to clean your shoes before entering a building ▷ **wycieraczka** **2** informal someone who allows other people to treat them very badly ▷ **popychadło**

doorstep /ˈdɔːstep/ **noun** [C] **1** a step in front of the door of a building ▷ **próg** **2 on your doorstep** very near to where you live: *They have the Rocky Mountains on their doorstep.* ▷ **pod bokiem**

door-to-door /ˌdɔːtəˈdɔːʳ/ **adjective** [always before noun], **adverb** **1** going from one house or building to another: *The hotel offers a **door-to-door service** to the airport.* ▷ **bezpośredni, bezpośrednio** **2** going to every house in an area: *a **door-to-door salesman*** ▷ **domokrążny, obwoźny, od drzwi do drzwi**

doorway /ˈdɔːweɪ/ **noun** [C] an entrance to a building or room through a door: *She waited **in the doorway** while I ran back inside.* ▷ **drzwi, próg**

dope[1] /dəʊp/ **noun** informal **1** [U] an illegal drug taken for pleasure, especially cannabis ▷ **prochy, trawka** **2** [C] US informal a stupid or silly person ▷ **bałwan**

dope[2] /dəʊp/ **verb** **1** [T] to give a drug to a person or animal, usually so that they become sleepy ▷ **odurzać** **2 be doped up** to have a lot of a drug in your body affecting your behaviour ▷ **być naćpanym**

dork /dɔːk/ **noun** [C] mainly US informal a stupid or silly person ▷ **ofiara, sierota**

dormant /ˈdɔːmənt/ **adjective** not active or developing now, but possibly active in the future: *a dormant volcano* ▷ **uśpiony**

dormitory /ˈdɔːmɪtəri/ **noun** [C] (informal **dorm**) **1** a large bedroom with a lot of beds, especially in a school ▷ **sala sypialna** **2** US (UK **hall of residence**) a large building at a college or university where students live ▷ **akademik**

DOS /dɒs/ **noun** [U] trademark abbreviation for disk operating system: a type of operating system for computers ▷ **DOS**

dosage /ˈdəʊsɪdʒ/ **noun** [C] how much medicine you should take and how often you should take it: *the recommended daily dosage* ▷ **dawkowanie, dawka**

dose /dəʊs/ **noun** [C] **1** (B2) a measured amount of medicine that is taken at one time or during a period of time: *What is the recommended dose?* ◦ *a **lethal dose*** ▷ **dawka** **2 a dose of sth** (B2) an amount of something, often something unpleasant: *a dose of bad news* ▷ **dawka** *czegoś*

• **dose verb** [T] to give someone a drug or medicine ▷ **dawkować**

> **Wyrazy występujące razem z dose**
>
> a **high/low** dose • a **fatal/lethal** dose • a dose **of** sth

dosh /dɒʃ/ **noun** [U] UK informal money ▷ **kasa**

doss /dɒs/ **verb** [I] (also **doss down**) UK informal to sleep somewhere temporarily, such as on the floor: *Can I doss at your house tonight?* ▷ **przekimać się, przespać się**

PHRASAL VERB **doss about/around** UK informal to spend your time doing very little ▷ **pałętać się**

dossier /ˈdɒsieɪ/ **noun** [C] a set of documents that contain information about a particular person or subject: *The officers **compiled** a **dossier** on the case.* ▷ **dossier, akta**

dot[1] /dɒt/ **noun** **1** [C] (B2) a small, round mark or spot: *a pattern of blue and green dots* ▷ **kropka** **2** [U] spoken (B1) the spoken form of '.' in an internet address: *dot co dot uk* (= *.co.uk*) ▷ **kropka** **3 on the dot** at that exact time: *We have to leave at 7.30 on the dot.* ▷ **dokładnie, co do minuty**

dot[2] /dɒt/ **verb** [T] (present participle **dotting**, past tense and past participle **dotted**) **1** to put a dot or dots on something ▷ **stawiać kropkę, kropkować, pstrzyć** **2** (also **dot around**) to be spread across an area: *The company has 43 hotels dotted around the UK.* ▷ **rozmieszczać**

dot.com /ˌdɒtˈkɒm/ **noun** [C] (also **dotcom**) a company that does most of its business on the Internet: *a dot.com company/millionaire* ▷ **firma internetowa, dotcom**

dote /dəʊt/ **verb**

PHRASAL VERB **dote on sb** to love someone completely and believe that they are perfect: *She absolutely dotes on that little boy.* ▷ **świata poza** *kimś* **nie widzieć**

doting /ˈdəʊtɪŋ/ **adjective** [always before noun] extremely loving and caring: *doting parents* ▷ **kochający, nadopiekuńczy**

dot-matrix printer /ˌdɒtmeɪtrɪksˈprɪntər/ **noun** [C] a computer printer that forms letters, numbers, and other symbols from dots ▷ **drukarka igłowa**

ˌdotted ˈline noun 1 [C] a line of printed dots on a piece of paper ▷ **linia kropkowana 2 sign on the dotted line** to make an agreement official by writing your name on it ▷ **złożyć podpis**

dotty /ˈdɒti/ **adjective** UK slightly crazy: *a dotty old woman* ▷ **stuknięty**

double¹ /ˈdʌbl/ **adjective 1** having two parts of the same type or size: *double doors* ◦ *My number is four, two, six, double two, five (= 426225).* ▷ **podwójny 2** A2 twice the amount, number, or size of something: *a double vodka* ◦ *a double hamburger* ▷ **podwójny 3** made to be used by two people: *a* ***double bed/room*** ▷ **dwuosobowy**

double² /ˈdʌbl/ **verb** [I, T] B2 to increase and become twice the original size or amount, or to make something do this: *Our house has almost* ***doubled in*** *value.* ▷ **podwoić (się)**

PHRASAL VERBS **double (up) as sth** If something doubles up as something else, it also has the purpose of that thing: *The school's gymnasium doubles up as a dining room.* ▷ **służyć także jako** *coś*, **spełniać równocześnie funkcję** *czegoś* • **double back** to turn and go back in the direction that you have come from ▷ **zawracać** • **double (sb) over/up** to suddenly bend your body forward, usually because of pain or laughter, or to make someone do this ▷ **skręcać się/***kogoś*

double³ /ˈdʌbl/ **noun 1** [C, U] something that is twice the usual amount, number, or size ▷ **podwójna porcja, dwukrotność 2 sb's double** someone who looks exactly the same as someone else ▷ *czyjś* **sobowtór**

double⁴ /ˈdʌbl/ **determiner** B1 twice as much or as many: *Our new house is double the size of our old one.* ▷ **dwa razy**

double-barrelled UK (US **double-barreled**) /ˌdʌblˈbærəld/ **adjective 1** A double-barrelled gun has two of the cylindrical parts that bullets come out of. ▷ **dwulufowy 2** UK A double-barrelled name is two names joined together. ▷ **dwuczłonowy**

ˌdouble ˈbass noun [C] a wooden musical instrument with four strings, like a very large violin, that you play while standing up or sitting on a high chair ▷ **kontrabas**

ˌdouble ˈbed noun [C] a bed big enough for two people to sleep in ▷ **łóżko dwuosobowe**

ˌdouble ˈbond noun [C] a chemical bond in which two atoms share two pairs of electrons, which hold them together ▷ **wiązanie podwójne**

double-breasted /ˌdʌblˈbrestɪd/ **adjective** A double-breasted jacket or coat has two sets of buttons to fasten at the front. ▷ **dwurzędowy**

double-check /ˌdʌblˈtʃek/ **verb** [I, T] to examine something again so that you are certain it is safe or correct ▷ **sprawdzać dwa razy, sprawdzać drugi raz, upewniać się**

double-click /ˌdʌblˈklɪk/ **verb** [I, T] to quickly press a button twice on a mouse to make something happen on a computer screen: ***Double-click on*** *the icon to start the program.* ▷ **kliknąć dwukrotnie (myszką)**

double-cross /ˌdʌblˈkrɒs/ **verb** [T] to deceive someone who you should be helping ▷ **wystawiać do wiatru, oszukiwać**

double-decker /ˌdʌblˈdekər/ **noun** [C] UK a tall bus with two levels: *a* ***double-decker bus*** ▷ **autobus piętrowy, piętrus**

ˌdouble entry ˈbookkeeping noun [U] a system that a business uses to record its financial situation, where each sum of money is shown as money received in one part and money spent in the other part ▷ **reguła podwójnego zapisu**

double-glazing /ˌdʌblˈgleɪzɪŋ/ **noun** [U] UK windows that have two layers of glass to keep a building warm or quiet ▷ **podwójne szyby**

ˌdouble ˈhelix noun [C] the structure of a DNA molecule that is made of two long thin pieces twisted together in a double spiral shape ▷ **podwójna spirala**

doubles /ˈdʌblz/ **noun** [U] a game, especially tennis, in which two people play together against two other people ▷ **debel, gra podwójna**

ˌdouble ˈstandard noun [C] when people are given different treatment in an unfair way: [usually plural] *Critics accused the government of double standards in its policies.* ▷ **podwójny standard, niekonsekwentne zasady, niejednakowa miara**

ˌdouble ˈtake noun [C] when you quickly look at someone or something a second time because you cannot believe you have seen something or heard something: [usually singular] *He* ***did a double take*** *when he saw her.* ▷ **spóźniona reakcja**

doubly /ˈdʌbli/ **adverb** twice as much, or very much more: *It is doubly important to drink plenty of water when it's hot.* ▷ **podwójnie, szczególnie**

doubt¹ /daʊt/ **noun 1** B1 [C, U] when you are not certain about something, or do not trust someone or something: *I have some* ***doubts about*** *his ability to do the job.* ▷ **wątpliwość 2 have no doubt** B1 to be certain: [+ (that)] *I have no doubt that I made the right decision.* ▷ **nie mieć wątpliwości 3 there's no doubt** B1 it is certain: [+ (that)] *There is no doubt that he's a good player.* ▷ **nie ma wątpliwości, bez wątpienia 4 be in doubt** B2 to not be certain: *The future of the project is in doubt.* ▷ **stać pod znakiem zapytania 5 cast doubt on sth** to make something seem uncertain: *Witnesses have cast doubt on the suspect's innocence.* ▷ **podać**

coś **w wątpliwość 6 without (a) doubt** B2 certainly: *She is without doubt a great musician.* ▷ **bez wątpienia 7 no doubt** used to say that something is very likely: *No doubt she'll spend the money on new clothes.* ▷ **na pewno, niewątpliwie** → See also **give sb the *benefit* of the doubt, beyond/without a *shadow* of a doubt**

D

> Wyrazy występujące razem z **doubt**
> express/have/raise doubts • a nagging/serious doubt • doubts about sth

doubt² /daʊt/ **verb** [T] **1** B2 to feel uncertain about something or think that something is not probable: [+ (that)] *I doubt that I'll get the job.* ◦ *I **doubt if/whether** he'll win.* ▷ **wątpić 2** to not believe someone or something: *Do you have any reason to doubt her?* ▷ **wątpić, niedowierzać**

doubtful /ˈdaʊtfəl/ **adjective 1** B2 not probable: *It's **doubtful if/whether** he'll be able to come.* ◦ [+ (that)] *It's doubtful that anyone survived the fire.* ▷ **wątpliwy 2** B2 not feeling certain about something ▷ **pełen wątpliwości, niepewny**
• **doubtfully** adverb ▷ **z powątpiewaniem**

ˌ**doubtful** ˈ**debt** noun [C] a debt that is not likely to be paid ▷ **dług wątpliwy**

doubtless /ˈdaʊtləs/ **adverb** probably: *He will doubtless be criticized by journalists.* ▷ **na pewno, niewątpliwie**

dough /dəʊ/ **noun** [U] a thick mixture of flour and liquid used to make foods such as bread or pastry ▷ **ciasto**

doughnut (also US **donut**) /ˈdəʊnʌt/ **noun** [C] a small, round, fried cake, sometimes with a hole in the middle ▷ **pączek**

doughnut

dour /dʊəʳ/, /daʊəʳ/ **adjective** unfriendly and serious: *a dour expression* ▷ **surowy, srogi**

douse /daʊs/ **verb** [T] **1** to pour a lot of liquid over someone or something: *The dessert was doused with brandy and set alight.* ▷ **zalewać, oblewać 2** to stop a fire burning by putting a lot of water on it: *to douse the flames/fire* ▷ **ugasić**

dove¹ /dʌv/ **noun** [C] a white bird, sometimes used as a symbol of peace ▷ **gołąb**

dove² /dəʊv/ US past tense of dive

dowdy /ˈdaʊdi/ **adjective** plain and not fashionable ▷ **niemodny, byle jaki**

the Dow Jones /ˌdaʊˈdʒəʊnz/ **noun** [no plural] a list of the prices of shares in the 30 most important companies on the New York Stock Exchange ▷ **indeks Dow-Jonesa**

down¹ /daʊn/ **adverb, preposition 1** A2 towards or in a lower place: *The kids ran down the hill to the gate.* ◦ *I bent down to have a look.* ▷ **w dół, na dole 2** towards or at a lower level or amount: *Can you turn the music down?* ◦ *Slow down so they can see us.* ▷ często oddawane przedrostkiem **s-**, **z-**, np. **ściszać zwalniać** *itp.* **3** A1 moving from above and onto a surface: *I sat down and turned on the TV.* ◦ *Put that box down on the floor.* ▷ **w dół, na dół 4** in or towards a particular direction, usually south: *Pete's moved down to London.* ▷ **na południe, na południu 5 down the road/river, etc** A2 along or further along the road/river, etc: *There's another pub further down the street.* ▷ **wzdłuż rzeki/ulicy** *itp.*, **dalej 6 note/write, etc sth down** B1 to write something on a piece of paper: *Can I just take down your phone number?* ▷ **zanotować/zapisywać** *itp. coś* **7** inside your stomach: *He's had food poisoning and can't keep anything down.* ▷ **w żołądku 8 be down to sb** UK to be someone's responsibility or decision: *I've done all I can now, the rest is down to you.* ▷ **należeć do** *kogoś* **9 come/go down with sth** to become ill: *The whole family came down with food poisoning.* ▷ **zachorować na** *coś*

IDIOM **down under** informal Australia, or in Australia ▷ **kraina kangurów, w krainie kangurów**

down² /daʊn/ **adjective** [never before noun] **1** B2 sad: *What's the matter? You look a bit down today.* ▷ **przygnębiony 2** If a computer or machine is down, it is temporarily not working: *The network was down all morning.* ▷ **nieczynny, zepsuty**

down³ /daʊn/ **noun** [U] soft feathers, often used as a warm filling for bed covers ▷ **puch** → See also **ups and downs**

down⁴ /daʊn/ **verb** [T] informal to drink something quickly ▷ **obalić, wychylić**

down-and-out /ˌdaʊnənˈaʊt/ **adjective** If someone is down-and-out, they have no money, possessions, or opportunities. ▷ **bez środków do życia**
• **down-and-out** noun [C] ▷ **kloszard**

downcast /ˈdaʊnkɑːst/ **adjective 1** sad or disappointed ▷ **przybity 2** If someone's eyes are downcast, they are looking down. ▷ **opuszczony**

downgrade /ˌdaʊnˈgreɪd/ **verb** [T] to move someone or something to a less important position ▷ **zdegradować, obniżać**

downhearted /ˌdaʊnˈhɑːtɪd/ **adjective** sad or disappointed ▷ **przybity**

downhill¹ /ˌdaʊnˈhɪl/ **adverb 1** towards the bottom of a hill or slope: *It's so much easier cycling downhill.* ▷ **z górki, w dół 2 go downhill** to gradually become worse: *After his wife died, his health started to go downhill.* ▷ **podupadać**

downhill² /ˌdaʊnˈhɪl/ **adjective 1** leading down towards the bottom of a hill or slope: *downhill skiing* ▷ **zjazdowy, w dół 2 be all downhill; be downhill all the way** to be much easier: *From now on it will be all downhill.* ▷ **być z górki**

download¹ /ˌdaʊnˈləʊd/ (US) /ˈdaʊnˌləʊd/ **verb** [T] A2 to copy computer programs, music or other information electronically using the Internet: *You can **download** this software free **from** their website.* ▷ **ściągać, pobierać**

• **downloadable** adjective able to be downloaded: ***downloadable files/images*** ▷ **do pobrania**

download[2] /ˈdaʊnləʊd/ **noun** [C] B1 a computer program, music, or other information that has been or can be downloaded ▷ **plik do pobrania**

downmarket /ˌdaʊnˈmɑːkɪt/ **adjective** UK cheap and low quality ▷ **tandetny**

ˌdown ˈpayment noun [C] the first amount of money that you pay when you buy something expensive and pay over a period of time: *a **down payment on** a house* ▷ **pierwsza rata, zaliczka**

downplay /ˌdaʊnˈpleɪ/ **verb** [T] to make something seem less important or bad than it really is: *The report downplays the risks of nuclear power.* ▷ **bagatelizować**

downpour /ˈdaʊnpɔːʳ/ **noun** [C] when it suddenly rains a lot ▷ **ulewa**

downright /ˈdaʊnraɪt/ **adverb downright dangerous/rude/ugly, etc** extremely dangerous/rude/ugly, etc ▷ **wręcz lub wyjątkowo niebezpieczny/chamski/brzydki** *itp.*

downside /ˈdaʊnsaɪd/ **noun** [no plural] the disadvantage of a situation: *The **downside of** living in a city is all the pollution.* ▷ **minus, wada**

downsize /ˈdaʊnˌsaɪz/ **verb** [I, T] to make a company or organization smaller by reducing the number of people who work there ▷ **redukować**

• **downsizing** noun [U] ▷ **redukcja**

Down's syndrome /ˈdaʊnzˌsɪndrəʊm/ **noun** [U] a condition that some babies are born with which affects their physical and mental development ▷ **zespół Downa**

downstairs /ˌdaʊnˈsteəz/ **adverb** A2 on or to a lower level of a building: *She **went downstairs** to see who was at the door.* ▷ **na dół, w dół, na dole, piętro niżej**

• **downstairs** adjective B1 *a downstairs bathroom* ▷ **na dole, w dół, piętro niżej**

downstream /ˌdaʊnˈstriːm/ **adverb** in the direction that the water in a river is moving in ▷ **w dole rzeki, w dół rzeki**

down-to-earth /ˌdaʊntuˈɜːθ/ **adjective** practical and realistic ▷ **praktyczny, realistyczny, trzeźwy**

downtown /ˌdaʊnˈtaʊn/ **adjective** [always before noun], **adverb** US in or to the central part or main business area of a city: *downtown Chicago* ▷ **w centrum, centralny**

downtrodden /ˈdaʊnˌtrɒdᵊn/ **adjective** treated badly and without respect from other people: *downtrodden workers* ▷ **poniewierany**

downturn /ˈdaʊntɜːn/ **noun** [C] when a business or economy becomes less successful: *There has been a sharp **downturn in** sales.* ▷ **załamanie**

downwards (also US **downward**) /ˈdaʊnwədz/ **adverb** towards a lower place or level: *The road slopes downwards to the river.* ▷ **w dół**

• **downward adjective** → See also **a downward** ***spiral*** ▷ **zniżkowy**

downwind /ˌdaʊnˈwɪnd/ **adjective, adverb** in the direction that the wind is blowing ▷ **z wiatrem, po nawietrznej**

dowry /ˈdaʊri/ **noun** [C] money that a woman's family gives to the man she is marrying in some cultures ▷ **posag**

doze /dəʊz/ **verb** [I] to sleep lightly: *Grandma was dozing in front of the TV.* ▷ **drzemać**

PHRASAL VERB **doze off** to gradually start sleeping, usually during the day: *He dozed off during the film.* ▷ **przysypiać, zasypiać**

dozen /ˈdʌzᵊn/ **noun, determiner 1** B1 twelve, or a group of twelve: *There were about a dozen people at the party.* ▷ **tuzin 2 dozens** informal a lot: *She's got **dozens of** friends.* ▷ **dziesiątki** → See also **a *dime* a dozen**

Dr A2 written abbreviation for doctor: *Dr Paul Thomas* ▷ **dr (= doktor)**

Dr. written abbeviation for debit: money taken out of an account ▷ **WN (= winien)**

drab /dræb/ **adjective** without colour and boring to look at: *drab, grey buildings* ▷ **szary, ponury**

draconian /drəˈkəʊniən/ **adjective** very severe: *draconian laws* ▷ **drakoński**

draft[1] /drɑːft/ **noun 1** [C] B2 a piece of writing or a plan that is not yet in its finished form: *He made several changes to the **first draft**.* ▷ **szkic, projekt 2 the draft** US when people are told that they must join the armed forces ▷ **pobór 3** [C] US spelling of draught ▷ **przeciąg**

draft[2] /drɑːft/ **verb** [T] **1** to produce a piece of writing or a plan that you intend to change later: *to **draft** a **letter*** ▷ **szkicować, sporządzać projekt lub szkic lub pierwszą wersję 2** to order someone to join the armed forces ▷ **powoływać do wojska**

> **Wyrazy występujące razem z draft**
> draft a constitution/legislation/a letter/a proposal

PHRASAL VERB **draft sb in/draft sb into sth** UK to bring someone somewhere to do a particular job: *Extra police were drafted in to stop the demonstration.* ▷ **wzywać** *kogoś*, **zmobilizować** *kogoś*

draftsman (plural **draftsmen**) US (UK **draughtsman**) /ˈdrɑːftsmən/ **noun** [C] someone who draws detailed drawings as plans for something ▷ **kreślarz**

drafty /ˈdrɑːfti/ **adjective** US spelling of draughty

drag[1] /dræg/ **verb** (present participle **dragging**, past tense and past participle **dragged**) **1 drag sth/sb across/along/over, etc** B2 to pull something or someone along the ground somewhere, usually with difficulty: *The table was too heavy to lift, so we had to drag it across the room.* ▷ **ciągnąć/wlec/przywlec** *itp. coś/kogoś* **2 drag sb along/out/to, etc** to make someone go somewhere they do not want to go: *I have to drag myself out of bed every morning.* ▷ **wlec/wywlec/zawlec** *itp. kogoś* **3** [T] B1 to move something somewhere on a computer screen using a mouse ▷ **przeciągać (myszką) 4** [I] (also **drag on**) to continue for too much time in a boring way ▷ **wlec się** → See also **drag your** ***feet***

PHRASAL VERBS **drag sb down** UK If an unpleasant situation drags someone down, it makes them feel unhappy or ill. ▷ **przybijać** *kogoś* • **drag sb into sth** to force someone to become involved in an unpleasant or difficult situation: *I don't want to be dragged into this argument.* ▷ **wciągać** *kogoś* **w** *coś* • **drag sth out** to make something continue for more time than is necessary ▷ **przeciągać** *coś*

drag² /dræg/ **noun 1 in drag** informal If a man is in drag, he is wearing women's clothes. ▷ **w damskim przebraniu, w dragu 2 be a drag** informal to be boring and unpleasant: *Cleaning the house is such a drag.* ▷ **być nudnym, być męką 3** [C] when you breathe in smoke from a cigarette: *He* ***took*** *a* ***drag*** *on his cigarette.* ▷ **sztach**

ˌ**drag and** ˈ**drop** verb [I, T] B1 to move something on a computer screen using a mouse ▷ **przeciągnąć (i upuścić) (myszką)**

dragon /ˈdrægᵊn/ **noun** [C] a big, imaginary creature which breathes out fire ▷ **smok**

dragonfly /ˈdrægᵊnflaɪ/ **noun** [C] an insect with long wings and a thin, colourful body, often seen flying near water ▷ **ważka**

drain¹ /dreɪn/ **verb 1** [T] to remove the liquid from something, usually by pouring it away: *Drain the pasta and add the tomatoes.* ▷ **odcedzać, odsączać, osuszać 2** [I] If something drains, liquid flows away or out of it. ▷ **osuszać się 3** [T] to make someone very tired: *The long journey drained him.* ▷ **wyczerpać 4** [T] If you drain a glass or cup, you drink all the liquid in it. ▷ **wysączyć**

drain² /dreɪn/ **noun 1** [C] a pipe or hole that takes away waste liquids or water: *She poured the dirty water* ***down*** *the* ***drain***. ▷ **odpływ, ściek 2 a drain on sth** something that uses or wastes a lot of money or energy ▷ **obciążenie lub ciężar dla** *czegoś*

IDIOM **down the drain** informal If money or work goes down the drain, it is wasted. ▷ **na marne**

drainage /ˈdreɪnɪdʒ/ **noun** [U] the system of water or waste liquids flowing away from somewhere into the ground or down pipes ▷ **kanalizacja, system odwadniający lub kanalizacyjny**

ˈ**drainage** ˌ**basin** noun [C] an area of land from which the rain flows into a particular river or lake, etc ▷ **zlewnia**

drained /dreɪnd/ **adjective** If someone is drained, they are extremely tired. ▷ **wyczerpany**

drainpipe /ˈdreɪnpaɪp/ **noun** [C] a pipe that carries waste water away from a building ▷ **rura spustowa lub ściekowa**

drama /ˈdrɑːmə/ **noun 1** [C] B1 a play in a theatre or on television or radio: *a historical drama* ▷ **sztuka, dramat 2** [U] B1 plays and acting generally: *modern drama* ▷ **teatr, dramat, dramaturgia 3** [C, U] B1 when something exciting happens: *There was a lot of drama in the courtroom.* ▷ **dramatyzm**

> Wyrazy występujące razem z **drama**
>
> a drama **unfolds** • **high** drama • **human** drama

ˈ**drama** ˌ**queen** noun [C] informal someone who gets far too upset or angry over small problems ▷ **histery-k/czka**

dramatic /drəˈmætɪk/ **adjective 1** B2 very sudden or noticeable: *a* ***dramatic*** ***change/improvement*** ▷ **dramatyczny 2** B2 full of action and excitement: *a dramatic rescue* ▷ **dramatyczny, widowiskowy 3** [always before noun] relating to plays and acting ▷ **dramatyczny 4** showing your emotions in a very obvious way because you want other people to notice you: *Stop being so dramatic!* ▷ **dramatyczny**
• **dramatically adverb** B2 ▷ **dramatycznie**

dramatist /ˈdræmətɪst/ **noun** [C] someone who writes plays ▷ **dramaturg, dramatopisa-rz/rka**

dramatize (also UK **-ise**) /ˈdræmətaɪz/ **verb** [T] **1** to make an event or situation seem more exciting than it really is: *The media tends to dramatize things.* ▷ **dramatyzować, ubarwiać 2** to change a story so that it can be performed as a play ▷ **adaptować (dla potrzeb sceny), inscenizować**
• **dramatization** /ˌdræmətaɪˈzeɪʃᵊn/ **noun** [C, U] ▷ **dramatyzacja, adaptacja sceniczna, inscenizacja**

drank /dræŋk/ past tense of drink

drape /dreɪp/ **verb 1 drape sth across/on/over, etc** to put something such as cloth or a piece of clothing loosely over something: *He draped his jacket over the chair and sat down to eat.* ▷ **zarzucać** *coś* **na/przerzucać** *coś* **przez 2 be draped in/with sth** to be loosely covered with a cloth: *The coffin was draped in a flag.* ▷ **być owiniętym w** *coś*

drapes /dreɪps/ **noun** [plural] mainly US long, heavy curtains ▷ **draperie, zasłony**

drastic /ˈdræstɪk/ **adjective** Drastic action or change is sudden and extreme: *drastic reductions in price* ▷ **drastyczny**
• **drastically adverb** ▷ **drastycznie**

draught¹ UK (US **draft**) /drɑːft/ **noun** [C] a current of cold air in a room ▷ **przeciąg**

draught² UK (US **draft**) /drɑːft/ **adjective** **draught beer/lager, etc** a drink that comes from a large container and not from a can or bottle ▷ **piwo beczkowe**

draughts /drɑːfts/ **noun** [U] UK (US **checkers**) a game that two people play by moving flat, round objects around on a board of black and white squares ▷ **warcaby**

draughtsman (plural **draughtsmen**) UK (US **draftsman**) /ˈdrɑːftsmən/ **noun** [C] someone who draws detailed drawings as plans for something ▷ **kreślarz**

draughty UK (US **drafty**) /ˈdrɑːfti/ **adjective** having currents of cold air blowing through: *a draughty old building* ▷ **pełen przeciągów, nieszczelny**

draw¹ /drɔː/ **verb** (past tense **drew**, past participle **drawn**) **1** [I, T] A1 to produce a picture by making lines or marks, usually with a pen or pencil: *She drew a picture of a tree.* ▷ **rysować** **2 draw sth/sb across/back/over, etc** to pull something or someone gently in a particular direction: *He took her hand and drew her towards him.* ▷ **ciągnąć/przeciągać** *itp. coś/kogoś* **3 draw into/out/away, etc** B2 to move somewhere, usually in a vehicle: *The train drew into the station.* ▷ **wjeżdżać (na)/wyjeżdżać/odjeżdżać** *itp.* **4 draw the curtains** to pull curtains open or closed ▷ **odsuwać lub zasuwać zasłony** **5 draw (sb's) attention to sth/sb** B2 to make someone notice someone or something: *I don't want to draw too much attention to myself.* ▷ **zwracać** (*czyjąś*) **uwagę na** *coś/kogoś* **6** [T] B2 to attract someone to a place or person: *Thousands of tourists are* ***drawn to*** *the city every year.* ▷ **przyciągać** **7** [I, T] UK to finish a game or competition with each team or player having the same score: *England drew 2-2 against Italy.* ▷ **remisować** **8** [T] to take something out of a container or your pocket, especially a weapon: *He drew a knife and started threatening me.* ▷ **wyciągać** **9 draw near/close** B2 to become nearer in space or time: *Her birthday's drawing nearer every day.* ▷ **zbliżać się** **10 draw (a) breath** to breathe in air: *She drew a deep breath and started her speech.* ▷ **brać oddech** **11** [T] (also **draw out**) to take money from your bank account ▷ **pobierać, wypłacać** **12 draw to a close/end** to be almost finished ▷ **kończyć się, dobiegać końca** **13 draw conclusions** B2 to make judgments after considering an subject or situation ▷ **wyciągać wnioski** **14 draw a comparison/distinction** to say that there is a similarity or difference between two things ▷ **porównywać/rozróżniać, wskazywać na podobieństwa/różnice** → See also **draw a** ***blank***, **draw the** ***line*** **at sth**, **draw a** ***veil*** **over sth**

PHRASAL VERBS **draw back** to move away from someone or something, usually because you are surprised or frightened ▷ **cofać się, odsuwać się** • **draw sb/sth into sth** to make someone or something become involved in a difficult or unpleasant situation: *I'm not going to be drawn into this argument.* ▷ **wciągać** *kogoś/coś* **w** *coś* • **draw on sth** to use information or your knowledge or experience of something to help you do something: *His novels draw heavily on his childhood.* ▷ **czerpać z** *czegoś*, **opierać się na** *czymś* • **draw sth up** to prepare something, usually a plan, list, or an official agreement, by writing it ▷ **nakreślać** *coś*, **sporządzać** *coś*

draw² /drɔː/ **noun** [C] **1** mainly UK when a game or competition finishes with each player or team having the same score: *The match ended in a draw.* ▷ **remis** **2** (also US **drawing**) a competition that is decided by choosing a particular ticket or number: *the National Lottery draw* ▷ **loteria, losowanie** → See also **the** ***luck*** **of the draw**

drawback /ˈdrɔːbæk/ **noun** [C] a problem or disadvantage: *The only* ***drawback with*** *this camera is the price.* ▷ **wada, minus**

> Wyrazy występujące razem z **drawback**
>
> have drawbacks • a **big/major** drawback • the **main/only** drawback • a drawback **of/to/with** sth

drawer /drɔːʳ/ **noun** [C] A2 a container like a box without a lid that is part of a piece of furniture and that slides in and out: *She* ***opened*** *the* ***drawer*** *and took out a knife.* ▷ **szuflada** → See also **chest of drawers**

drawing /ˈdrɔːɪŋ/ **noun** **1** [C] A2 a picture made with a pencil or pen: *There were some children's drawings pinned up on the wall.* ▷ **rysunek** **2** [U] A2 the skill or activity of making pictures using a pencil or pen: *Do you want to do some drawing?* ▷ **rysunek** **3** [C] US (UK/US **draw**) a competition that is decided by choosing a particular ticket or number ▷ **loteria, losowanie**

ˈdrawing ˌboard noun

IDIOM **back to the drawing board** If you go back to the drawing board, you have to start planning a piece of work again because the first plan failed. ▷ **trzeba zacząć (wszystko) od początku**

ˈdrawing ˌpin noun [C] UK (US **thumbtack**) a pin with a wide, flat top, used for fastening pieces of paper to a wall ▷ **pinezka**

ˈdrawing ˌroom noun [C] old-fashioned a room in a large house used for sitting in and talking with guests ▷ **salon**

drawings /ˈdrɔːɪŋz/ **noun** [plural] money that is taken out of a business, for example to pay the people who own the business ▷ **podjęte środki pieniężne**

drawl /drɔːl/ **noun** [no plural] a lazy way of speaking that uses long vowel sounds ▷ **zaciąganie**
• **drawl** verb [I] ▷ **zaciągać**

drawn[1] /drɔːn/ **adjective** looking very tired or ill: *She looked pale and drawn after the operation.* ▷ **wymizerowany, wycieńczony** → See also **horse-drawn**

drawn[2] /drɔːn/ past participle of draw

drawn-out /ˌdrɔːnˈaʊt/ **adjective** continuing for longer than you think is necessary: *long, drawn-out negotiations* ▷ **rozwlekły, przeciągły**

dread[1] /dred/ **verb 1** [T] to feel worried or frightened about something that has not happened yet: *I'm dreading the first day at my new school.* ◦ [+ doing sth] *I dread seeing him again.* ▷ **obawiać się, bać się 2 I dread to think** UK used to say that you do not want to think about something because it is too worrying: *I dread to think what could have happened if we hadn't been wearing seat belts.* ▷ **strach pomyśleć**

dread[2] /dred/ **noun** [U, no plural] a strong feeling of fear or worry: [+ of + doing sth] *a dread of being lonely* ▷ **strach**

dreadful /ˈdredfəl/ **adjective** B2 extremely bad or unpleasant: *a dreadful mistake* ◦ *a dreadful man* ▷ **okropny, straszny**

dreadfully /ˈdredfəli/ **adverb 1** mainly UK formal very: *I'm dreadfully sorry.* ▷ **okropnie 2** very badly: *The children behaved dreadfully.* ▷ **okropnie**

dreadlocks /ˈdredlɒks/ **noun** [plural] a hairstyle in which the hair is twisted together in lengths and is never brushed ▷ **dredy**

dream[1] /driːm/ **noun 1** [C] A2 a series of events and images that happen in your mind while you are sleeping: *a **bad dream*** ◦ *I **had** a very strange **dream** last night.* ▷ **sen 2** [C] B1 something that you want to happen although it is not very likely: *It was his dream to become an actor.* ▷ **marzenie 3 be in a dream** UK B2 to not notice things that are around you because you are thinking about something else ▷ **być rozmarzonym, być zamyślonym**

IDIOMS **beyond your wildest dreams** bigger or better than anything you could imagine or hope for ▷ **o którym się nawet nie śniło, przekraczający wszelkie oczekiwania • like a dream** If something or someone does something like a dream, they do it very well. ▷ **jak złoto**

> Wyrazy występujące razem z **dream**
> have a dream • in sb's dream • a bad dream • a recurring dream

dream[2] /driːm/ **verb** (past tense and past participle **dreamed**, **dreamt**) **1** [I, T] A2 to experience events and images in your mind while you are sleeping: [+ (that)] *Last night I dreamed that I was flying.* ▷ **śnić 2** [I, T] B1 to imagine something that you would like to happen: [+ of + doing sth] *I dream of living on a desert island.* ◦ [+ (that)] *He **never dreamed** that one day he would become President.* ▷ **marzyć 3 wouldn't dream of doing sth** used to say that you would not do something because you think it is wrong or silly ▷ **do głowy by** *coś* **człowiekowi nie przyszło**

PHRASAL VERB **dream sth up** to think of an idea or plan, usually using a lot of imagination: *Who dreams up these new designs?* ▷ **wymyślić** *coś*

dream[3] /driːm/ **adjective dream house/job/car, etc** the perfect house/job/car, etc ▷ **wymarzon-y/a dom/praca/samochód** *itp.*

dreamer /ˈdriːməʳ/ **noun** [C] someone who is not practical and thinks about things that are not likely to happen ▷ **marzyciel/ka**

dreamy /ˈdriːmi/ **adjective 1** seeming to be in a dream and thinking about pleasant things instead of what is happening around you: *She had a dreamy look in her eyes.* ▷ **rozmarzony, marzycielski 2** very pleasant: *a dreamy dessert* ▷ **bajeczny**
• **dreamily** adverb ▷ **z rozmarzeniem, marzycielsko**

dreary /ˈdrɪəri/ **adjective** boring and making you feel unhappy: *a rainy, dreary day* ◦ *a dreary job* ▷ **ponury, smętny, nudny**

dredge /dredʒ/ **verb** [T] to clean the bottom of a lake or river by removing dirt, plants, or rubbish ▷ **pogłębiać**

PHRASAL VERB **dredge sth up** to talk about something bad or unpleasant that happened in the past ▷ **wywlekać** *coś*

dregs /dregz/ **noun 1** [plural] the part of a drink at the bottom of a glass or other container that usually contains small solid bits ▷ **fusy 2 the dregs of society/humanity** people who you think are extremely bad or unimportant ▷ **męty (społeczne), szumowiny**

drench /drenʃ/ **verb** [T] to make something or someone completely wet: [often passive] *He was completely drenched by the time he got home.* ▷ **przemoczyć**

dress[1] /dres/ **verb 1** [I, T] A2 to put clothes on yourself or someone else: *I usually **get dressed** before having breakfast.* ▷ **ubierać (się)** → Opposite **undress 2** [I] B1 to wear a particular type, style, or colour of clothes: *Ali always dresses smartly for work.* ◦ [often passive] *She was **dressed in** black.* ▷ **ubierać się 3 dress a burn/cut/wound, etc** to clean an injury and put a covering over it to protect it ▷ **opatrzyć oparzenie/ranę** *itp.*

PHRASAL VERB **dress up 1** to put on formal clothes for a special occasion ▷ **stroić się, ładnie lub elegancko się ubierać 2** to wear special clothes in order to change your appearance, usually for a game or party: *He **dressed up as** Superman for the party.* ▷ **przebierać się**

dress[2] /dres/ **noun 1** [C] Ⓐ1 a piece of clothing for women or girls which covers the top of the body and hangs down over the legs: *She was wearing a short, black dress.* ▷ **sukienka** → See **Clothes** on page Centre 8 **2** [U] Ⓑ2 a particular style of clothes: *casual/formal dress* ▷ **strój, ubranie** → See also **fancy dress**

dresser /ˈdresəʳ/ **noun** [C] **1** mainly US a piece of bedroom furniture with a mirror and drawers for keeping clothes in ▷ **komoda 2** UK a piece of furniture consisting of a cupboard with shelves above for keeping plates, cups, and other kitchen equipment ▷ **kredens**

dressing /ˈdresɪŋ/ **noun 1** [C, U] a sauce, especially a mixture of oil and vinegar for salad ▷ **sos (do sałatek), dressing 2** [C] a covering that protects an injury ▷ **opatrunek**

ˈ**dressing** ˌ**gown noun** [C] UK (US **robe**) a piece of clothing, like a long coat, that you wear at home when you are not dressed ▷ **szlafrok**

ˈ**dressing** ˌ**room noun** [C] a room where actors or sports teams get dressed before a performance or game ▷ **przebieralnia, garderoba**

ˈ**dressing** ˌ**table noun** [C] mainly UK a piece of bedroom furniture like a table with a mirror and drawers ▷ **toaletka**

dressy /ˈdresi/ **adjective** Dressy clothes are suitable for a formal occasion. ▷ **elegancki**

drew /druː/ past tense of draw

dribble /ˈdrɪbl/ **verb 1** [I] If someone dribbles, a small amount of liquid comes out of their mouth and goes down their face: *Babies dribble a lot.* ▷ **ślinić się 2** [I, T] If a liquid dribbles, it falls slowly in small amounts, and if you dribble a liquid, you pour it so it falls slowly in small amounts: *Dribble some oil over the vegetables.* ▷ **kapać, wkrapiać 3** [I, T] to move a ball along by using your hand to hit it against the ground or kicking it several times ▷ **dryblować**
• **dribble noun** [C, U] ▷ **strużka (śliny), ślina**

dried /draɪd/ past of dry

drier /ˈdraɪəʳ/ **noun** [C] another spelling of dryer ▷ **suszarka**

drift[1] /drɪft/ **verb 1 drift across/down/towards, etc** to be moved slowly somewhere by currents of wind or water: *Smoke drifted across the rooftops.* ▷ **unosić się lub dryfować przez/ w stronę** *itp.* **2 drift in/out/into, etc** to move somewhere slowly: *Guests were drifting out onto the terrace.* ▷ **wchodzić (do)/wychodzić (z)** *itp.* **3** [I] to get into a situation or job without having any particular plan: *He* ***drifted into*** *acting after university.* ▷ **znaleźć się, zająć się 4** [I] If snow or leaves drift, they are blown into piles by the wind. ▷ **tworzyć zaspy lub zwały**

PHRASAL VERBS **drift apart** If two people drift apart, they gradually become less friendly and the relationship ends. ▷ **stawać się sobie obcym** • **drift off** to gradually start to sleep: *I drifted off during the lecture.* ▷ **przysypiać**

drift[2] /drɪft/ **noun 1** [C] slow, gradual movement from one place to another: *the drift of people into Western Europe* ▷ **napływ, odpływ 2 catch/get sb's drift** to understand the general meaning of what someone is saying ▷ **zrozumieć o co** *komuś* **chodzi 3** [C] a pile of snow or leaves that has been blown somewhere ▷ **zaspa, kupa, zwał**

drill[1] /drɪl/ **noun 1** [C] a tool or machine for making holes in a hard substance: *an electric drill* ▷ **wiertarka 2** [C, U] a teaching method in which students repeat something several times to help them learn it: *We do lots of drills to practise pronunciation.* ▷ **ćwiczenie utrwalające 3 an emergency/fire, etc drill** when you practise what to do in an emergency/fire, etc ▷ **alarm próbny lub ćwiczebny 4** [C, U] when soldiers do training for marching ▷ **musztra**

drill[2] /drɪl/ **verb 1** [I, T] to make a hole in a hard substance using a special tool: *Billy drilled a hole in the wall.* ◦ *The engineers were* ***drilling for*** *oil.* ▷ **wiercić 2** [T] to make someone repeat something several times so that they learn it ▷ **ćwiczyć**

drily /ˈdraɪli/ **adverb** another spelling of dryly ▷ **sarkastycznie, ironicznie**

drink[1] /drɪŋk/ **verb** (past tense **drank**, past participle **drunk**) **1** [I, T] Ⓐ1 to put liquid into your mouth and swallow it: *Would you like something to drink?* ◦ *He was drinking a glass of milk.* ▷ **pić 2** [I] Ⓐ2 to drink alcohol, usually regularly: *She doesn't smoke or drink.* ▷ **pić**

PHRASAL VERBS **drink to sb/sth** to hold your glass up before drinking from it, in order to wish someone or something good luck or success ▷ **pić za** *czyjeś* **zdrowie/***coś* • **drink (sth) up** to finish your drink completely: *Drink up! We've got to leave soon.* ▷ **wypijać lub dopijać** (*coś*)

drink[2] /drɪŋk/ **noun 1** [C] Ⓐ1 a liquid or an amount of liquid that you drink: *a* ***hot/cold*** *drink* ◦ *Can I* ***have a drink*** *of water please?* ▷ **napój, łyk 2** [C, U] Ⓐ2 alcohol, or an alcoholic drink: *Do you fancy a drink tonight to celebrate?* ▷ **drink, kieliszek** → See also **soft drink**

> Wyrazy występujące razem z **drink**
>
> have a drink • a drink **of** [water/milk, etc] • a hot/cold drink

drink-driving /ˌdrɪŋkˈdraɪvɪŋ/ **noun** [U] UK (US **drunk driving**) driving a vehicle after drinking too much alcohol: *He was convicted of drink-driving.* ▷ **jazda po pijanemu**

drinker /ˈdrɪŋkəʳ/ **noun 1** [C] someone who regularly drinks alcohol: *He's a* ***heavy drinker*** *(= he drinks a lot of alcohol).* ▷ **pijący, pijak 2 a coffee/tea/wine, etc drinker** someone who regularly drinks a particular drink ▷ **amator kawy/herbaty/wina** *itp.*

drinking /ˈdrɪŋkɪŋ/ **noun** [U] when someone drinks alcohol ▷ **alkohol, picie (alkoholu)**

D

ˈdrinking ˌwater noun [U] water that is safe for people to drink ▷ **woda pitna**

drip¹ /drɪp/ **verb** (present participle **dripping**, past tense and past participle **dripped**) **1** [I, T] If a liquid drips, it falls in drops or you make it fall in drops: *There was water **dripping from** the ceiling.* ▷ **kapać, ciec 2** [I] to produce drops of liquid: *The candle's dripping.* ▷ **kapać**

D

drip² /drɪp/ **noun 1** [C] a drop of liquid that falls from something ▷ **kropla 2** [no plural] the sound or action of a liquid falling in drops ▷ **kapanie 3** [C] UK (US **IV**) a piece of medical equipment used for putting liquids into your body: *The doctor's put him **on a drip**.* ▷ **kroplówka**

drive¹ /draɪv/ **verb** (past tense **drove**, past participle **driven**) **1** [I, T] A1 to make a car, bus, or train move, and control what it does: *She's learning to drive.* ◦ *He drives a red sports car.* ▷ **prowadzić, kierować 2** [I, T] A1 to travel somewhere in a car, or to take someone somewhere in a car: *My friend drove me home last night.* ▷ **jechać (samochodem), zawozić (samochodem) 3 drive sb out/away/from, etc** to force someone to leave a place: *The supermarket has driven many small shops out of the area.* ▷ **wypędzić** *kogoś* **(z), wypierać** *coś* **(z) 4 drive sb crazy/mad/wild, etc** B2 to make someone feel crazy, annoyed, or excited: *That noise is driving me mad.* ▷ **doprowadzać** *kogoś* **do szaleństwa/szału** *itp.* **5 drive sb to sth; drive sb to do sth** to make someone have a bad feeling or do something bad: *The arguments and violence drove her to leave home.* ▷ **zmuszać** *kogoś* **do** *czegoś* **6 drive sth into/through/towards, etc** to push something somewhere by hitting it hard: *He drove the nail into the wall with a hammer.* ▷ **wbijać/przebijać** *coś* **7** [T] to provide the power or energy that makes someone or something work: [often passive] *She was driven by greed and ambition.* ▷ **kierować, powodować** → See also **drive/send sb round the *bend*, drive sb up the *wall***

PHRASAL VERBS **be driving at sth** used to ask what someone really means: *Just what are you driving at?* ▷ **zmierzać do** *czegoś* • **drive off** to leave in a car ▷ **odjeżdżać**

drive² /draɪv/ **noun 1** [C] B1 a journey in a car: *The drive from Boston to New York took 4 hours.* ▷ **jazda, droga 2** [C] the area of ground that you drive on to get from your house to the road: *You can park on the drive.* ▷ **podjazd 3** [C] B1 a part of a computer that can read or store information: *a DVD drive* ◦ *Save your work **on the C: drive**.* ▷ **stacja, napęd 4** [C] when someone makes a great effort to achieve something: [+ to do sth] *The government started a drive to improve standards in schools.* ▷ **kampania 5** [U] energy and determination to achieve things: *She has drive and ambition.* ▷ **energia, zapał**

> Wyrazy występujące razem z **drive**
>
> go for a drive

drive-by /ˈdraɪvbaɪ/ **adjective** describes something that someone does when they are inside a vehicle that is moving: *a drive-by shooting* ▷ **z (jadącego) samochodu**

drive-in /ˈdraɪvɪn/ **noun** [C] mainly US a cinema or restaurant that you can visit without getting out of your car ▷ **kino lub restauracja dla zmotoryzowanych**

drivel /ˈdrɪvᵊl/ **noun** [U] nonsense: *He was talking complete drivel.* ▷ **brednie**

driven /ˈdrɪvᵊn/ past participle of drive

driver /ˈdraɪvəʳ/ **noun** [C] A1 someone who drives a vehicle: *a **bus/train driver*** ▷ **kierowca** → See also **engine driver**

> Wyrazy występujące razem z **driver**
>
> a bus/taxi/train/truck driver • the driver of sth

ˈdriver's ˌlicense noun [C] US (UK **driving licence**) an official document that allows you to drive a car ▷ **prawo jazdy**

drive-through /ˈdraɪvθruː/ **noun** [C] a place where you can get a type of service by driving through, without needing to get out of your car: *a drive-through restaurant* ▷ **(= bar, bank** *itp.*, **z którego korzysta się bez wysiadania z samochodu)**

driveway /ˈdraɪvweɪ/ **noun** [C] the area of ground that you drive on to get from your house to the road ▷ **podjazd**

driving¹ /ˈdraɪvɪŋ/ **noun** [U] when you drive a car, or the way someone drives ▷ **jazda (samochodem), prowadzenie (samochodu)**

driving² /ˈdraɪvɪŋ/ **adjective 1 driving rain/snow** rain or snow that is falling very fast and being blown by the wind ▷ **zacinający deszcz/śnieg 2 the driving force** a person or thing that has a very strong effect and makes something happen: *She was **the driving force behind** the project.* ▷ **siła napędowa**

ˈdriving ˌlicence noun [C] UK (US **driver's license**) A2 an official document that allows you to drive a car ▷ **prawo jazdy**

drizzle /ˈdrɪzl/ **noun** [U] light rain ▷ **mżawka** • **drizzle** verb [I] ▷ **mżyć**

drone /drəʊn/ **verb** [I] to make a continuous, low sound, like an engine: *I could hear traffic droning in the distance.* ▷ **szumieć, warczeć**

PHRASAL VERB **drone on** to talk for a long time in a very boring way: *I wish he'd stop **droning on about** school.* ▷ **ględzić**

drool /druːl/ **verb** [I] If a person or animal drools, liquid comes out of the side of their mouth. ▷ **ślinić się**

PHRASAL VERB **drool over sb/sth** to look at someone or something in a way that shows you think they are very attractive ▷ **pożerać** *kogoś/coś* **wzrokiem**

droop /druːp/ **verb** [I] to hang down, often

because of being weak, tired, or unhappy: *He was tired and his eyelids were starting to droop.* ▷ **obwisać, opadać**

drop[1] /drɒp/ **verb** (present participle **dropping**, past tense and past participle **dropped**) **1** [T] B1 to let something you are carrying fall to the ground: *She tripped and dropped the vase.* ▷ **upuszczać 2** [I] B1 to fall: *The ball dropped to the ground.* ▷ **upadać, spadać 3** [I] B2 If a level or amount drops, it becomes less: *Unemployment has **dropped from** 8% to 6% in the last year.* ▷ **spadać, obniżać się 4** [T] (also **drop off**) to take someone or something to a place, usually by car as you travel somewhere else: *I can drop you at the station on my way to work.* ▷ **podrzucić 5** [T] B2 If you drop a plan, activity, or idea, you stop doing or planning it: *Plans for a new supermarket have been dropped.* ◦ *When we heard the news, we **dropped everything** (= stopped what we were doing) and rushed to the hospital.* ▷ **zarzucać, rzucać 6** [T] to decide to stop including someone in a group or team: *The coach **dropped** me **from** the team.* ▷ **wykluczać, wyłączać 7 drop it/the subject** to stop talking about something, especially because it is annoying or upsetting someone ▷ **dać spokój/zejść z tematu 8** [I, T] If your voice drops, or if you drop your voice, you talk more quietly. ▷ **ściszać (głos), ≈ mówić ciszej** → See also **be dropping like *flies***

PHRASAL VERBS **drop by/in** to visit someone for a short time, usually without arranging it before: *I **dropped in on** George on my way home from school.* ▷ **wpadać** • **drop sb/sth off** to take someone or something to a place, usually by car as you travel somewhere else ▷ **podrzucić** *kogoś/coś* • **drop off 1** informal to start to sleep: *She dropped off in front of the TV.* ▷ **zasypiać, przysypiać 2** If the amount, number, or quality of something drops off, it becomes less: *The demand for mobile phones shows no signs of dropping off.* ▷ **spadać** • **drop out** to stop doing something before you have completely finished: *He **dropped out of** school at 14.* ▷ **odpadać, rzucać**

drop[2] /drɒp/ **noun 1** [C] B1 a small, round-shaped amount of liquid: *I felt a few drops of rain.* ▷ **kropla** → See **Pieces and Quantities** on page Centre 1 **2** [no plural] B2 when the level or amount of something becomes less: *There has been a **drop in** crime recently.* ▷ **spadek 3** [no plural] a small amount of a liquid you can drink: *Would you like a drop more milk?* ▷ **odrobina, kropelka 4** [no plural] a vertical distance down from somewhere to the ground: *It's a drop of about 50 metres from the top of the cliff.* ▷ **spadek**

> Wyrazy występujące razem z **drop**
>
> a **big/dramatic/sharp/steep** drop • a drop **in** sth

ˈ**drop-down** ˌ**menu noun** [C] a list of choices on a computer screen which is hidden until you choose to look at it ▷ **menu rozwijane**

droplet /ˈdrɒplət/ **noun** [C] a very small, round amount of liquid ▷ **kropelka**

dropout /ˈdrɒpaʊt/ **noun** [C] **1** a student who leaves school or university before they have completely finished: *a high-school dropout* ▷ **(= osoba, która nie ukończyła szkoły lub studiów) 2** someone who does not want to have a job, possessions, etc because they do not want to be like everyone else ▷ **odszczepieniec**

dropper /ˈdrɒpəʳ/ **noun** [C] a glass tube with a hollow rubber part on one end that you press to make small amounts of liquid come out ▷ **zakraplacz**

droppings /ˈdrɒpɪŋz/ **noun** [plural] solid waste from birds and some small animals: *rabbit droppings* ▷ **odchody**

drought /draʊt/ **noun** [C, U] a long period when there is no rain and people do not have enough water: *A severe drought ruined the crops.* ▷ **susza**

drove /drəʊv/ past tense of drive

droves /drəʊvz/ **noun in droves** If people do something in droves, they do it in large numbers. ▷ **masowo**

drown /draʊn/ **verb 1** [I, T] B2 to die because you are under water and cannot breathe, or to kill someone in this way: *Two people drowned in a boating accident yesterday.* ▷ **topić się, tonąć 2** [T] (also **drown out**) If a loud noise drowns the sound of something else, it prevents that sound from being heard: *His voice was drowned out by the traffic.* ▷ **zagłuszać**

drowning /ˈdraʊnɪŋ/ **noun** [C, U] when someone dies because they are under water and cannot breathe ▷ **utonięcie**

drowsy /ˈdraʊzi/ **adjective** feeling tired and wanting to sleep: *The sun was making me drowsy.* ▷ **śpiący, senny**

• **drowsily adverb** ▷ **sennie** • **drowsiness noun** [U] ▷ **senność**

drudgery /ˈdrʌdʒəri/ **noun** [U] work that is very boring ▷ **harówka**

drug[1] /drʌg/ **noun** [C] **1** B2 an illegal substance that people take to make them feel happy: [usually plural] *He started **taking/using drugs** such as heroin and cocaine.* ◦ *Greg is **on drugs** (= he uses drugs regularly).* ◦ *a **drug dealer*** ▷ **narkotyk 2** B2 a chemical substance used as a medicine: *Scientists are developing a new drug to treat cancer.* ▷ **lek** → See also **hard drugs**

> Wyrazy występujące razem z **drug**
>
> **be on/take/use** drugs • drug **abuse/addiction** • a drug **addict/dealer/user**

drug[2] /drʌg/ **verb** [T] (present participle **drugging**, past tense and past participle **drugged**) to give someone a chemical substance that makes them sleep or stop feeling pain: *He drugged his vic-*

tims before robbing them. ▷ **odurzać, usypiać, podawać środki nasenne lub przeciwbólowe**

ˈdrug ˌaddict noun [C] someone who cannot stop taking drugs ▷ **narkoman/ka**

drugstore /ˈdrʌgstɔːʳ/ **noun** [C] US (UK **chemist's**) a shop that sells medicines and also things such as soap and beauty products ▷ **apteka, drogeria z apteką**

drum¹ /drʌm/ **noun** [C] **1** A2 a round, hollow musical instrument that you hit with your hands or with sticks: *Anna **plays the drums**.* ▷ **bęben 2** a large, round container for holding substances such as oil or chemicals ▷ **beczka**

drum

drum² /drʌm/ **verb** [I, T] (present participle **drumming**, past tense and past participle **drummed**) to hit something several times and make a sound like a drum, or to make something do this: *the sound of rain drumming on the roof* ◦ *She drummed her fingers nervously on the desk.* ▷ **bębnić**

PHRASAL VERBS **drum sth into sb** to make someone remember or believe an idea or fact by repeating it to them many times: [often passive] *The importance of good manners was drummed into me by my father.* ▷ **wpajać** *coś komuś* • **drum up sth** to increase interest in something or support for something: *He was trying to **drum up** some **enthusiasm** for his idea.* ▷ **wzbudzać** *coś*, **rozniecać** *coś*

drumlin /ˈdrʌmlɪn/ **noun** [C] a small hill formed by a glacier, usually with an oval shape and found in groups ▷ **drumlin**

drummer /ˈdrʌməʳ/ **noun** [C] someone who plays a drum ▷ **perkusist-a/ka, dobosz**

drunk¹ /drʌŋk/ **adjective** B2 unable to behave or speak normally because you have drunk too much alcohol: *He usually **gets drunk** at parties.* ▷ **pijany**

drunk² /drʌŋk/ past participle of drink

drunken /ˈdrʌŋkən/ **adjective** [always before noun] drunk, or involving people who are drunk: *a drunken man* ◦ *drunken behaviour* ▷ **pijany, pijacki**

• **drunkenly** adverb ▷ **po pijanemu, pijacko** • **drunkenness** noun [U] ▷ **pijaństwo**

dry¹ /draɪ/ **adjective** (**drier**, **driest**, **dryer**, **dryest**) **1** A2 Something that is dry does not have water or liquid in it or on its surface: *dry paint* ◦ *Is your hair dry yet?* ▷ **suchy 2** A2 with no or not much rain: *a dry summer* ▷ **suchy, bezdeszczowy 3** Dry skin or hair does not feel soft or smooth: *My lips feel really dry.* ▷ **suchy, wyschnięty, spierzchnięty 4** Dry wine is not sweet. ▷ **wytrawny 5** If a book, talk, or subject is dry, it is not interesting. ▷ **suchy, nudny 6** saying something in a serious way but trying to be funny: *a dry sense of humour* ▷ **sarkastyczny, ironiczny, kostyczny**

• **dryness** /ˈdraɪnəs/ **noun** [U] ▷ **suchość**

dry² /draɪ/ **verb** [I, T] A2 to become dry, or to make something become dry: *He dried his hands on a towel.* ▷ **suszyć (się), wycierać** → See also **blow-dry**

PHRASAL VERBS **dry (sb/sth) off** to make someone or something dry, or to become dry, especially on the surface: [often reflexive] *I dried myself off with a towel and got dressed.* ▷ **wycierać się/** *kogoś/coś* • **dry (sth) out** to become dry, or to make something become dry ▷ **wysychać, wysuszać** *coś* • **dry (sth) up** mainly UK to make plates, cups, etc dry with a cloth after they have been washed ▷ **wycierać (coś)** • **dry up 1** If a supply of something dries up, it ends: *The work dried up and he went out of business.* ▷ **wyczerpać się, kończyć się 2** If a river or lake dries up, the water in it disappears. ▷ **wysychać**

ˌdry-ˈclean verb [T] to clean clothes using a special chemical and not with water ▷ **czyścić lub prać chemicznie**

• **dry-cleaner's** noun [C] a shop where you can have your clothes cleaned this way ▷ **pralnia chemiczna** • **dry-cleaning** noun [U] ▷ **czyszczenie lub pranie chemiczne**

dryer (also **drier**) /ˈdraɪəʳ/ **noun** [C] a machine for drying wet things, usually clothes or hair ▷ **suszarka** → See also **tumble dryer**

dryly (also **drily**) /ˈdraɪli/ **adverb** If you say something dryly, you say it in a serious way but you are trying to be funny. ▷ **sarkastycznie, ironicznie**

dual /ˈdjuːəl/ **adjective** [always before noun] having two parts, or having two of something: ***dual nationality*** ▷ **podwójny**

ˌdual ˈcarriageway noun [C] UK a road that consists of two parallel roads, so that traffic travelling in opposite directions is separated by a central strip of land ▷ **droga dwupasmowa**

dub /dʌb/ **verb** [T] (present participle **dubbing**, past tense and past participle **dubbed**) **1** to give someone or something an unofficial or funny name: [often passive] *He was dubbed 'Big Ears' by the media.* ▷ **nadać przydomek, przezywać 2** to change the language in a film or television programme into a different language: [often passive] *The film was **dubbed into** English.* ▷ **dubbingować**

dubious /ˈdjuːbiəs/ **adjective 1** thought not to be completely true, honest, or legal: *dubious evidence* ◦ *a man with a dubious reputation* ▷ **wątpliwy 2** not certain that something is good or true: *He's **dubious about** the benefits of acupuncture.* ▷ **nieprzekonany, pełen wątpliwości**

• **dubiously** adverb ▷ **wątpliwie, z powątpiewaniem**

duchess /ˈdʌtʃɪs/ **noun** [C] a woman of very high

social rank in some European countries: *the Duchess of Windsor* ▷ **księżna**

duck

duck¹ /dʌk/ **noun** [C, U] A2 a bird with short legs that lives in or near water, or the meat from this bird ▷ **kaczka** → See also **be (like) *water* off a duck's back**

duck² /dʌk/ **verb 1** [I, T] to move your head or body down quickly to avoid being hit or seen: *Billy ducked behind a car when he saw his teacher.* ▷ **robić unik, uchylać się, chować się 2** [T] informal to avoid something that is difficult or unpleasant: *He managed to **duck** the **issue**.* ▷ **unikać**

PHRASAL VERB **duck out of sth** to avoid doing something that other people are expecting you to do: [+ doing sth] *She was trying to duck out of doing her homework.* ▷ **wykręcać się od** *czegoś*

duct /dʌkt/ **noun** [C] **1** a tube in the body that a liquid substance can flow through: *a **tear duct*** ▷ **kanalik, kanał, przewód 2** a tube or passage for air or wires that is part of the structure of a building: *a heating duct* ▷ **przewód, kanał**

ductile /ˈdʌk.taɪl/ US /-tɪl/ **adjective** Ductile metals bend easily. ▷ **plastyczny**
• **ductility** /dʌkˈtɪləti/ **noun** [U] ▷ **plastyczność**

dud /dʌd/ **noun** [C] something that does not work correctly ▷ **niewypał, bubel**
• **dud adjective** ▷ **nic nie warty, fałszywy**

dude /duːd/ **noun** [C] mainly US very informal a man: *a cool dude* ▷ **gość, facet**

due¹ /djuː/ **adjective 1** [never before noun] B1 expected or planned: [+ to do sth] *He was due to fly back this morning.* ◦ *Her book is **due out** (= expected to be published) next week.* ◦ *When is the baby due (= expected to be born)?* ▷ **planowany, planowy, oczekiwany 2 due to sth** B1 because of something: *The train was late due to snow.* ▷ **z powodu** *czegoś* **3** [never before noun] Money that is due is owed to someone and must be paid: *The rent is due today.* ▷ **należny 4** Something that is due to you is something that is owed to you or something you deserve: *He didn't get the praise and recognition that was **due to** him.* ▷ **należny 5** [always before noun] formal correct and suitable: *He was fined for driving without due care and attention.* ▷ **należyty** → Opposite **undue 6 be due for sth** If you are due for something, it should happen very soon: *I'm due for a check-up at the dentist's.* ▷ **szykować się na** *coś* **lub do** *czegoś*

due² /djuː/ **noun give sb their due** something that you say when you want to describe someone's good qualities after they have done something wrong or after you have criticized them: *Joe's a bit slow but, to give him his due, he does work hard.* ▷ **oddawać** *komuś* **sprawiedliwość**

due³ /djuː/ **adverb due east/north/south/west, etc** directly east/north/south/west, etc: *sail/fly due south* ▷ **prosto na wschód/północ/południe/zachód** *itp.*

duel /ˈdjuːəl/ **noun** [C] **1** a type of fight in the past between two people with weapons, used as a way of deciding an argument: *He challenged him to a duel.* ▷ **pojedynek 2** an argument or competition between two people or groups ▷ **pojedynek, potyczka**

dues /djuːz/ **noun** [plural] money that you must pay to be a member of an organization: *annual dues* ▷ **składka, opłata**

duet /djuˈet/ **noun** [C] a piece of music for two people to perform together ▷ **duet**

dug /dʌg/ past of dig

duke /djuːk/ **noun** [C] a man of very high social rank in some European countries: *the Duke of Beaufort* ▷ **książę**

dull¹ /dʌl/ **adjective 1** B1 not interesting: *a dull place* ◦ *a dull person* ▷ **nudny 2** not bright: *dull colours* ◦ *dull weather* ▷ **przytłumiony, posępny 3** A dull sound is not loud or clear: *a dull thud* ▷ **głuchy 4** [always before noun] A dull pain is not strong: *a dull ache* ▷ **tępy**
• **dullness noun** [U] ▷ **nuda** • **dully adverb** ▷ **tępo**

dull² /dʌl/ **verb** [T] to make a feeling or quality become less strong: *He's on morphine to dull the pain.* ▷ **tłumić, przytępiać**

duly /ˈdjuːli/ **adverb** formal at the correct time, in the correct way, or as you would expect: *I ordered it over the Internet and within a few days, it duly arrived.* ◦ *I was duly impressed.* ▷ **odpowiednio, należycie, zgodnie z planem**

dumb /dʌm/ **adjective 1** mainly US informal stupid: *a dumb idea/question* ◦ *He's too dumb to understand.* ▷ **głupi, tępy 2** physically unable to talk ▷ **niemy**

IDIOM **be struck dumb** to be unable to speak because you are so shocked or angry ▷ **oniemieć**

• **dumbly adverb** ▷ **tępo**

dumbfounded /ˌdʌmˈfaʊndɪd/ **adjective** extremely surprised ▷ **zaskoczony**

ˌdumb ˈterminal noun [C] a computer terminal that is used to enter or read information, but does not have many of the functions of a normal terminal and cannot work on its own ▷ **terminal nieinteligentny**

dummy[1] /ˈdʌmi/ **noun** [C] **1** UK (US **pacifier**) a small, rubber object that a baby sucks to stop it crying ▷ **smoczek 2** mainly US informal a stupid person: *She's no dummy.* ▷ **tępak, głupek 3** a model of a person ▷ **manekin**

dummy[2] /ˈdʌmi/ **adjective** [always before noun] not real but made to look real: *dummy weapons* ▷ **sztuczny**

dump[1] /dʌmp/ **verb 1** [T] to put something somewhere to get rid of it, especially in a place where you should not put it: *The company was fined for illegally dumping toxic chemicals.* ▷ **wyrzucać, pozbywać się 2 dump sth on/in/down, etc** to put something somewhere quickly and carelessly: *Henri dumped his bag on the table and went upstairs.* ▷ **rzucać** *coś* **lub** *czymś*, **ciskać** *coś* **lub** *czymś*

dump[2] /dʌmp/ **noun** [C] (also UK **tip**) **1** a place where people take things that they do not want: *We took our old mattress to the dump.* ▷ **wysypisko (śmieci) 2** informal a place that is dirty and untidy: *His room is a dump.* ▷ **nora, dziura**

dumpling /ˈdʌmplɪŋ/ **noun** [C] a round mixture of fat and flour that has been cooked in boiling liquid: *stew and dumplings* ▷ **kluska, pyza**

dumps /dʌmps/ **noun**

IDIOM **be down in the dumps** informal to be unhappy: *He looks a bit down in the dumps.* ▷ **mieć chandrę, być przybitym**

Dumpster /ˈdʌmpstəʳ/ **noun** [C] US trademark (UK **skip**) a very large, metal container for big pieces of rubbish ▷ **kontener (na śmieci)**

dumpy /ˈdʌmpi/ **adjective** informal short and fat ▷ **przysadzisty**

dune /djuːn/ **noun** [C] (also **sand dune**) a hill of sand in the desert or on the coast ▷ **wydma**

dung /dʌŋ/ **noun** [U] solid waste from a large animal ▷ **gnój, obornik, odchody**

dungarees /ˌdʌŋgəˈriːz/ **noun** [plural] UK (US **overalls**) trousers with a part that covers your chest and straps that go over your shoulders ▷ **ogrodniczki**

dungeon /ˈdʌndʒən/ **noun** [C] a dark, underground prison, used in the past ▷ **loch**

dunk /dʌŋk/ **verb** [T] to quickly put something into liquid and take it out again: *He dunked the roll in his soup.* ▷ **zanurzać, maczać**

dunno /dəˈnəʊ/ informal **I dunno** I do not know ▷ **nie wiem**

duo /ˈdjuːəʊ/ **noun** [C] two people who perform together: *a **comedy/pop duo*** ▷ **duet, para**

duodecimal /ˌdjuːəʊˈdesɪməl/ **adjective** using a system of counting based on the number 12 ▷ **dwunastkowy**

duodenum /ˌdjuːəʊˈdiːnəm/ **noun** [C] (plural **duodenums** or **duodena**) the first part of the small intestine (= upper part of the bowels) just below the stomach ▷ **dwunastnica**

dupe /djuːp/ **verb** [T] to trick someone: [often passive, + into + doing sth] *He was duped into paying $4000 for a fake painting.* ▷ **oszukiwać, naciągać**

duplicate[1] /ˈdjuːplɪkeɪt/ **verb** [T] **1** to make an exact copy of something: *The document has been duplicated.* ▷ **duplikować, podrabiać, powielać 2** to do something that has already been done, in exactly the same way: *Ajax hope to duplicate last year's success.* ▷ **powtarzać**

• **duplication** /ˌdjuːplɪˈkeɪʃən/ **noun** [U] ▷ **duplikacja**

duplicate[2] /ˈdjuːplɪkət/ **noun 1** [C] something that is an exact copy of something else: *I lost my passport and had to get a duplicate.* ▷ **duplikat 2 in duplicate** If a document is in duplicate, there are two copies of it. ▷ **w dwóch egzemplarzach**

• **duplicate adjective** *a duplicate key* ▷ **zapasowy, dodatkowy**

duplicity /djʊˈplɪsəti/ **noun** [U] when you dishonestly tell different people different things ▷ **obłuda**

durable /ˈdjʊərəbl/ **adjective** remaining in good condition for a long time: *durable goods* ◦ *a fabric that is comfortable and durable* ▷ **trwały, wytrzymały**

• **durability** /ˌdjʊərəˈbɪləti/ **noun** [U] ▷ **trwałość, wytrzymałość**

Duralumin /djʊəˈræljʊmɪn/ **noun** [U] trademark a strong, light metal containing aluminium, used to make aircraft ▷ **duraluminium**

duration /djʊəˈreɪʃən/ **noun** [U] formal the amount of time that something lasts: *The singer remained in the hotel **for the duration of** his stay in the UK.* ▷ **czas trwania, okres**

duress /djʊˈres/ **noun** formal **under duress** If you do something under duress, you do it because someone is forcing you to: *a confession made under duress* ▷ **pod przymusem**

during /ˈdjʊərɪŋ/ **preposition 1** (A2) for the whole of a period of time: *Emma's usually at home during the day.* ▷ **podczas, w czasie 2** (A2) at a particular moment in a period of time: *We'll arrange a meeting some time during the week.* ▷ **w ciągu, podczas, w trakcie**

dusk /dʌsk/ **noun** [U] the time in the evening when it starts to become dark: *As **dusk fell**, we headed back to the hotel.* ▷ **zmierzch, zmrok**

dust[1] /dʌst/ **noun** [U] (B1) a powder of dirt or soil that you see on a surface or in the air: *He drove off in a cloud of dust.* ▷ **kurz**

IDIOMS **bite the dust** informal to die, fail, or stop existing ▷ **zakończyć żywot, gryźć ziemię, trafić do kosza** • **the dust settles** If the dust settles after an argument or big change, the situation becomes calmer: *Let the dust settle a bit before you make any decisions about the future.* ▷ **sytuacja się uspokaja**

dust[2] /dʌst/ **verb** [I, T] to remove dust from

something: *I tidied and dusted the shelves.* ▷ **odkurzać**

dustbin /ˈdʌstbɪn/ **noun** [C] UK (US **garbage can**) B1 a large container for rubbish kept outside your house ▷ **kosz na śmieci**

duster /ˈdʌstəʳ/ **noun** [C] UK a cloth used for removing dust from furniture and other objects ▷ **ściereczka do kurzu**

dustman /ˈdʌstmən/ **noun** [C] (plural UK **dustmen**) UK (US **garbage man**) someone whose job is to remove rubbish from containers outside people's houses ▷ **śmieciarz**

dustpan /ˈdʌstpæn/ **noun** [C] a flat container with a handle, used with a brush for removing dirt from a floor: *Get the* ***dustpan and brush*** *and I'll sweep this up.* ▷ **śmietniczka, szufelka**

dusty /ˈdʌsti/ **adjective** B1 covered with dust : *a dusty old chair* ◦ *dusty streets* ▷ **zakurzony**

dutiful /ˈdjuːtɪfəl/ **adjective** doing everything that you should do in your position or job: *a dutiful son* ▷ **obowiązkowy**
• **dutifully adverb** ▷ **obowiązkowo**

duty /ˈdjuːti/ **noun** [C, U] **1** B1 something you must do because it is morally or legally right: *a* ***moral duty*** ◦ [+ to do sth] *Rail companies* ***have a duty*** *to provide safe transport.* ▷ **obowiązek 2** B2 something you do as part of your job or because of your position: *professional/official duties* ▷ **obowiązek 3 on/off duty** B2 If a doctor, police officer, etc is on duty, they are working, and if they are off duty, they are not working. ▷ **na/po służbie, na dyżurze/nie na dyżurze 4** tax that you pay on something you buy ▷ **cło**

> Wyrazy występujące razem z **duty**
>
> have/neglect/perform a duty • a duty to/towards sb

duty-free /ˌdjuːtiˈfriː/ **adjective** B1 Duty-free goods are things that you can buy and bring into a country without paying tax. ▷ **wolnocłowy, wolny od cła**

duvet /ˈdjuːveɪ/ US /duːˈveɪ/ **noun** [C] UK (US **comforter**) B1 a cover filled with feathers or warm material that you sleep under ▷ **kołdra**

DVD /ˌdiːviːˈdiː/ **noun** [C] A1 abbreviation for digital versatile disc: a small disc for storing music, films and information: *a* ***DVD player/drive*** ◦ *Is this film available* ***on DVD***? ▷ **DVD**

dwarf¹ /dwɔːf/ **noun** [C] **1** an imaginary creature like a little man, in children's stories: *Snow White and the Seven Dwarves* ▷ **krasnoludek, krasnal 2** an offensive word for someone who is very short ▷ **karzeł**
• **dwarf adjective** A dwarf animal or plant is much smaller than the normal size. ▷ **karłowaty**

dwarf² /dwɔːf/ **verb** [T] If something dwarfs other things, it is very big and makes them seem small: [often passive] *The hotel is dwarfed by skyscrapers.* ▷ **przyćmiewać, przytłaczać**

dwell /dwel/ **verb** (past tense and past participle **dwelt, dwelled**) **dwell in/among/with, etc** literary to live somewhere ▷ **mieszkać w/pośród/z** *itp.*

PHRASAL VERB **dwell on/upon sth** to keep thinking or talking about something, especially something bad or unpleasant: *I don't want to* ***dwell on the past.*** ▷ **rozpamiętywać** *coś*

dweller /ˈdweləʳ/ **noun an apartment/city/country, etc dweller** someone who lives in an apartment/city/the country, etc ▷ **mieszka-niec/nka bloku/miasta/wsi** *itp.*

dwelling /ˈdwelɪŋ/ **noun** [C] formal a house or place to live in ▷ **mieszkanie, miejsce zamieszkania**

dwindle /ˈdwɪndl/ **verb** [I] to become smaller or less: *The number of students in the school has* ***dwindled to*** *200.* ◦ *Our savings slowly* ***dwindled away.*** ◦ ***dwindling supplies*** *of oil* ▷ **topnieć, kurczyć się**

dye¹ /daɪ/ **noun** [C, U] a substance that is used to change the colour of something ▷ **farba**

dye² /daɪ/ **verb** [T] (present participle **dyeing**, past tense and past participle **dyed**) to change the colour of something by using a dye: *He dyed his hair pink last week.* ▷ **farbować, barwić**

dying /ˈdaɪɪŋ/ present participle of die

dyke (also **dike**) /daɪk/ **noun** [C] **1** a wall built to stop water from a sea or river going onto the land ▷ **grobla, wał 2** UK a passage that has been dug to take water away from fields ▷ **rów**

dynamic /daɪˈnæmɪk/ **adjective 1** B2 full of ideas, energy, and enthusiasm: *a dynamic, young teacher* ◦ *dynamic leadership* ▷ **dynamiczny 2** continuously changing or moving: *a dynamic economy* ▷ **dynamiczny 3** A dynamic force makes something move. ▷ **dynamiczny**
• **dynamically adverb** ▷ **dynamicznie**

dyˌnamic equiˈlibrium noun [U] when two opposite chemical reactions happen at the same speed ▷ **równowaga dynamiczna**

dynamics /daɪˈnæmɪks/ **noun 1** [plural] the way that parts of a situation, group, or system affect each other: *political dynamics* ◦ *The* ***dynamics of*** *family life have changed greatly.* ▷ **dynamika 2** [U] the scientific study of the movement of objects ▷ **dynamika**

dynamism /ˈdaɪnəmɪzəm/ **noun** [U] the quality of being dynamic ▷ **dynamizm**

dynamite /ˈdaɪnəmaɪt/ **noun** [U] **1** a type of explosive: *a stick of dynamite* ▷ **dynamit 2** informal someone or something that is very exciting, powerful, or dangerous: *an issue that is political dynamite* ▷ **dynamit, bomba (zegarowa)**

dynamo /ˈdaɪnəməʊ/ **noun** [C] a device which changes energy of movement into electrical energy ▷ **prądnica, dynamo**

dynasty /ˈdɪnəsti/ US /ˈdaɪnəsti/ **noun** [C] a series of rulers who are all from the same family: *the Ming dynasty* ▷ **dynastia**

dysentery /ˈdɪsᵊntᵊri/ **noun** [U] an infectious disease which causes severe problems with the bowels, making solid waste become liquid ▷ **czerwonka**

dysfunctional /dɪsˈfʌŋkʃᵊnᵊl/ **adjective** formal not behaving, working, or happening in the way that most people think is normal: *a dysfunctional family/childhood* ▷ **patologiczny**

dyslexia /dɪˈsleksiə/ **noun** [U] a condition affecting the brain that makes it difficult for someone to read and write ▷ **dysleksja**

• **dyslexic** /dɪˈsleksɪk/ **adjective** having dyslexia ▷ **dyslektyczny, cierpiący na dysleksję**

E

E, e /iː/ the fifth letter of the alphabet ▷ **E, e**

e- /iː-/ **prefix** electronic, usually relating to the Internet: *an e-ticket* ◦ *e-commerce* ▷ **e-**

each /iːtʃ/ **pronoun, determiner** A1 every one in a group of two or more things or people when they are considered separately: *A player from* ***each of*** *the teams volunteered to be captain.* ◦ *The bill is £36 between the four of us, that's £9 each.* ▷ **każdy, dla każdego**

ˌeach ˈother pronoun A2 used to show that each person in a group of two or more people does something to the others: *The kids are always arguing with each other.* ▷ **się, siebie, sobie, sobą**

eager /ˈiːgəʳ/ **adjective** B2 wanting to do or have something very much: [+ to do sth] *Sam was eager to go home and play on his computer.* ▷ **chętny, niecierpliwy**

• **eagerly adverb** B2 *an* ***eagerly awaited*** *announcement* ▷ **chętnie, z zapałem, niecierpliwie, z niecierpliwością** • **eagerness noun** [U] B2 ▷ **zapał**

eagle

eagle /ˈiːgl/ **noun** [C] B2 a large, wild bird with a big, curved beak, that hunts smaller animals ▷ **orzeł**

ear /ɪəʳ/ **noun 1** [C] A1 one of the two organs on your head that you hear with: *The child whispered something in her mother's ear.* ▷ **ucho** → See **The Body** on page Centre 13 **2** [C] the top part of some crop plants, which produces grain: *an ear of wheat/corn* ▷ **kłos, kolba 3 have an ear for sth** to be good at hearing, repeating, or understanding a particular type of sound: *He has no ear for music.* ▷ **mieć do** *czegoś* **ucho**

IDIOMS **fall on deaf ears** If advice or a request falls on deaf ears, people ignore it. ▷ **trafiać w pustkę** • **play it by ear** to decide how to deal with a situation as it develops ▷ **improwizować** • **play sth by ear** to play a piece of music by remembering the notes ▷ **grać** *coś* **ze słuchu**

earache /ˈɪəreɪk/ **noun** [C, U] B1 pain in your ear: *I've got* UK *earache/*US *an earache.* ▷ **ból ucha**

eardrum /ˈɪədrʌm/ **noun** [C] a part inside your ear made of thin, tight skin that allows you to hear sounds ▷ **bębenek, błona bębenkowa**

earl /ɜːl/ **noun** [C] a man of high social rank in the UK: *the Earl of Northumberland* ▷ **hrabia**

earlobe /ˈɪələʊb/ **noun** [C] the soft part at the bottom of your ear ▷ **płatek ucha**

early /ˈɜːli/ **adjective, adverb** (**earlier, earliest**) **1** A2 near the beginning of a period of time, process, etc: *the early 1980s* ◦ *It is too early to say whether he will recover completely.* ▷ **wczesny, wcześnie 2** B1 before the usual time or the time that was arranged: *early retirement* ◦ *The plane arrived ten minutes early.* ▷ **wczesny, przedwczesny, przed czasem, za wcześnie 3 at the earliest** used after a time or date to show that something will not happen before then: *Building will not begin until July at the earliest.* ▷ **najwcześniej 4 early on** in the first stage or part of something: *I lost interest quite early on in the book.* ▷ **na początku, szybko** → See also **it's early** ***days***

earmark /ˈɪəmɑːk/ **verb** [T] to decide that something, especially money, will be used for a particular purpose: [often passive] *More than $7 million has been* ***earmarked for*** *schools in the area.* ◦ *The land is earmarked for development.* ▷ **przeznaczać**

earn /ɜːn/ **verb 1** [I, T] A2 to get money for doing work: *She earns more than £40,000 a year.* ▷ **zarabiać 2 earn a/your living** to work to get money for the things you need ▷ **zarabiać na życie 3** [T] to get something that you deserve because of your work, qualities, etc: *As a teacher you have to earn the respect of your students.* ▷ **zapracować na, zasłużyć sobie na 4** [T] to make a profit: *an account that earns a high rate of interest* ▷ **przynosić**

earner /ˈɜːnəʳ/ **noun** [C] **1** someone who earns money: *a* ***high earner*** ▷ **zarabiający-y/a, zarobkujący-y/a 2** UK informal a product or service that earns you money: *She has a* ***nice little earner*** *making curtains.* ▷ **(dobre) źródło dochodów, żyła złota**

Wyrazy występujące razem z **earner**
high/low/top earners • **wage** earners

earnest /ˈɜːnɪst/ **adjective 1** very serious and sincere: *an earnest young man* ◦ *an earnest effort* ▷ **szczery, poważny 2 in earnest** If something begins to happen in earnest, it really starts to happen in a serious way: *The research will* ***begin in earnest*** *early next year.* ▷ **na poważnie 3 be in earnest** to be very serious about something and mean what you are saying ▷ **mówić lub traktować** *coś* **serio**

• **earnestly** adverb ▷ **szczerze, poważnie** • **earnestness** noun [U] ▷ **szczerość, powaga**

earnings /ˈɜːnɪŋz/ **noun** [plural] B2 money that you get from working ▷ **zarobki**

earphones /ˈɪəfəʊnz/ **noun** [plural] a piece of electronic equipment that you put on your ears so that you can listen privately to radio, recorded music, etc ▷ **słuchawki**

earring /ˈɪərɪŋ/ **noun** [C] A2 a piece of jewellery that you wear on or through your ear: [usually plural] *diamond earrings* ▷ **kolczyk**

earring

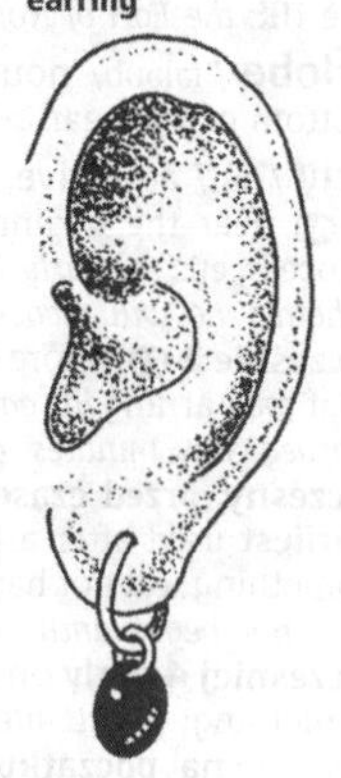

earshot /ˈɪəʃɒt/ **noun be out of/within earshot** If you are out of earshot, you are too far away to hear something, and if you are within earshot, you are close enough to hear something. ▷ **być poza zasięgiem/w zasięgu słuchu**

earth /ɜːθ/ **noun 1** [no plural] (also **the Earth**) B1 the planet that we live on ▷ **Ziemia 2** [U] B2 soil or ground: *a mound of earth* ▷ **ziemia 3** [C] UK (US **ground**) a wire that makes electrical equipment safer ▷ **uziemienie 4 cost/charge, etc the earth** UK informal to cost/charge, etc an extremely large amount of money ▷ **kosztować/żądać** *itp.* **krocie**

IDIOMS **come (back) down to earth** to start dealing with life and problems again after you have had a very exciting time ▷ **zejść (z powrotem) na ziemię** • **how/what/why, etc on earth?** informal used when you are extremely surprised, confused, or angry about something: *Why on earth didn't you tell me before?* ▷ **jak/co/dlaczego** *itp.* **do diabła**

earthly /ˈɜːθli/ **adjective 1 no earthly reason/use, etc** used to emphasize that there is not any reason/use, etc: *There's no earthly reason why you should feel guilty.* ▷ **najmniejsze-go/j powodu/przyczyny/sensu** *itp.* **2** literary relating to this world and not any spiritual life: *earthly powers* ▷ **ziemski, doczesny**

earthquake /ˈɜːθkweɪk/ **noun** [C] B2 a sudden movement of the Earth's surface, often causing severe damage: *A powerful* ***earthquake struck*** *eastern Turkey last night.* ▷ **trzęsienie ziemi**

> Wyrazy występujące razem z **earthquake**
>
> an earthquake **hits/strikes** [a place] • a **devastating/major/massive/powerful** earthquake

earthy /ˈɜːθi/ **adjective 1** referring to sex and the human body in a direct way: *earthy jokes* ▷ **rubaszny, prymitywny 2** similar to soil in colour, smell, or taste ▷ **ziemisty**

earwig /ˈɪəwɪg/ **noun** [C] a small dark-brown insect with two curved parts on its tail ▷ **skorek**

ease[1] /iːz/ **noun 1** B2 [U] If you do something with ease, it is very easy for you to do it: *Gary passed his exams* ***with ease.*** ◦ *I'm amazed at* ***the ease with which*** *he learnt the language.* ▷ **łatwość 2 at ease** B2 feeling relaxed and comfortable: *I felt completely at ease with him.* ▷ **na luzie**

IDIOM **ill at ease** feeling anxious ▷ **skrępowany, nieswój**

ease[2] /iːz/ **verb 1** [I, T] to become less severe, or to make something become less severe: *The new road should ease traffic problems in the village.* ▷ **łagodzić, łagodnieć 2 ease sb/sth back/out/up, etc** to move someone or something gradually and gently to another position: [often reflexive] *Tom eased himself back in his chair.* ▷ **delikatnie** *kogoś/coś* **umieścić/wsunąć/wysunąć/podnieść** *itp.*

PHRASAL VERB **ease off/up 1** to gradually stop or become less: *The storm is easing off.* ▷ **przechodzić, słabnąć 2** to start to work less or do things with less energy: *As he got older, he started to ease up a little.* ▷ **oszczędzać się 3** to start to treat someone less severely: *I wish his supervisor would* ***ease up on*** *him a bit.* ▷ **poluzować, łagodniej traktować**

easel /ˈiːzəl/ **noun** [C] something used to support a painting while you paint it ▷ **sztaluga**

easel

easily /ˈiːzɪli/ **adverb 1** A2 with no difficulty: *She makes friends easily.* ▷ **z łatwością, łatwo 2** used to emphasize that something is likely: *A comment like that could easily be misunderstood.* ▷ **z łatwością 3 easily the best/worst/biggest, etc** certainly the best/worst/biggest, etc ▷ **bez wątpienia najlepszy/najgorszy/największy** *itp.*

east, East /iːst/ **noun 1** A2 [U] the direction that you face to see the sun rise: *Which way's east?* ▷ **wschód 2 the east** A2 the part of an area that is further towards the east than the rest ▷ **wschód 3 the East** B2 the countries of Asia, especially Japan and China ▷ **Wschód**
• **east adjective** A2 *New York is* ***east of*** *Chicago.* ▷ **wschodni** • **east adverb** A2 towards the east: *They sailed east.* ▷ **na wschód, na wschodzie**
→ See also **the Middle East**

Easter /ˈiːstər/ **noun** [C, U] the Christian period of celebration around Easter Sunday : *the Easter holidays* ▷ **Wielkanoc**

ˈEaster ˌegg noun [C] a chocolate egg that

people give and receive at Easter ▷ **jajko wielkanocne, pisanka**

easterly /ˈiːstəli/ **adjective** **1** towards or in the east: *The river flows in an easterly direction.* ▷ **wschodni** **2** An easterly wind comes from the east: *a strong, easterly breeze* ▷ **wschodni, ze wschodu**

eastern, Eastern /ˈiːstən/ **adjective** [always before noun] **1** B1 in or from the east part of an area: *eastern Europe* ▷ **wschodni** **2** B2 in or from the countries of Asia: *Eastern philosophy* ◦ *an Eastern religion* ▷ **wschodni, Wschodu**

easterner, Easterner /ˈiːstənər/ **noun** [C] mainly US someone from the east part of a country or area ▷ **mieszka-niec/nka Wschodu**

ˌEaster ˈSunday noun [C, U] (also **ˌEaster ˈDay**) the special Sunday in March or April on which Christians celebrate Jesus Christ's return to life ▷ **niedziela wielkanocna**

East Timor /iːst ˈtiːmɔːr/ **noun** a country on an island in southeast Asia ▷ **Timor Wschodni**
• **East Timorese** /iːst ˌtiːmɔːˈriːz/ **adjective** coming from or relating to East Timor ▷ **timorski** • **East Timorese noun** (plural **East Timorese**) someone from East Timor ▷ **obywatel/ka Timoru Wschodniego**

eastward, eastwards /ˈiːstwəd/, /ˈiːstwədz/ **adverb** towards the east ▷ **na wschód**
• **eastward adjective** *an eastward direction* ▷ **wschodni**

easy[1] /ˈiːzi/ **adjective** **1** A1 not difficult: *an easy choice* ◦ *He thought the exam was very easy.* ◦ [+ to do sth] *It's easy to see why he's so popular.* ▷ **łatwy** **2** relaxed and comfortable: *She has a very easy manner.* ▷ **swobodny** **3** **I'm easy** informal used to say that you do not mind which choice is made: *"Would you like pizza or curry?" "I'm easy. You choose."* ▷ **wszystko mi jedno**

Easy wyrazy bliskoznaczne

Jeśli coś jest łatwe do zrobienia lub zrozumienia, często używamy przymiotników **simple** lub **straightforward**:

*The recipe is so **simple**, you just mix all the ingredients together.*

*It seems like a fairly **straightforward** task.*

Jeśli jakaś maszyna lub system są łatwe w użyciu, często określamy je jako **user-friendly**:

*This latest version of the software is much more **user-friendly**.*

easy[2] /ˈiːzi/ **adverb** **1** **take it/things easy** B1 to relax and not use too much energy: *After his heart attack, he had to take things easy for a while.* ▷ **nie przemęczać się, oszczędzać się** **2** **go easy on sb** informal to treat someone in a gentle way and not be so strict: *Go easy on the boy – he's only young.* ▷ **być wyrozumiałym lub łagodnym dla** *kogoś* **3** **go easy on sth** informal to not eat or use too much of something: *Go easy on the chips, there aren't many left.* ▷ **ograniczać się z** *czymś*, **nie przesadzać z** *czymś*

IDIOM **easier said than done** used to say that something seems like a good idea but it would be difficult to do ▷ **łatwo powiedzieć**

easy-going /ˌiːziˈgəʊɪŋ/ **adjective** B1 relaxed and not easily upset or worried ▷ **spokojny**

eat /iːt/ **verb** (past tense **ate**, past participle **eaten**) **1** [I, T] A1 to put food into your mouth and then swallow it: *Who ate all the cake?* ◦ *I haven't eaten since breakfast.* ◦ *Let's have **something to eat** (= some food).* ▷ **jeść** **2** [I] A1 to eat a meal: *We usually eat in the kitchen.* ▷ **jeść** → See also **have your *cake* and eat it**

Eat wyrazy bliskoznaczne

W bardziej formalnych sytuacjach możemy użyć czasownika **consume**:

*He **consumes** vast quantities of bread with every meal.*

Jeśli ktoś je bardzo szybko, bo jest bardzo głodny używamy czasem czasownika **devour**:

*The children **devoured** a whole packet of biscuits.*

Czasowniki frazowe **bolt down**, **gobble up** i **wolf down** są często używane do określenia bardzo szybkiego jedzenia czegoś:

*He **gobbled up** his food before anyone else had started.*

*I gave her a plate of pasta and she **wolfed** it **down**.*

Eat out oznacza jeść w restauracji:

*I thought we could **eat out** tonight.*

Czasownik frazowy **tuck into** znaczy „rzucić się na jakąś potrawę":

*I was just about to **tuck into** a huge bowl of ice cream.*

PHRASAL VERBS **eat away at sb** If a memory or bad feeling eats away at someone, it makes them feel more and more unhappy. ▷ **dręczyć** *kogoś*, **gryźć** *kogoś* • **eat away at sth** to gradually damage or destroy something ▷ **przeżerać** *coś*, **pochłaniać** *coś* • **eat into sth** to use or take away a large part of something valuable, such as money or time ▷ **pochłaniać** *coś* • **eat out** B1 to eat at a restaurant ▷ **jeść poza domem** → See **Phrasal Verbs** on page Centre 16 • **eat (sth) up** B2 to eat all the food you have been given: *Be a good boy and eat up your spinach.* ▷ **zjeść** (*coś* **do końca), dojeść** (*coś*) • **eat up sth** to use or take away a large part of something valuable, such as money or time: *Cities are eating up more and more farmland.* ▷ **pochłaniać** *coś*

eater /ˈiːtər/ **noun** **a big/fussy/meat, etc eater** someone who eats in a particular way or eats a particular food ▷ **żarłok/(wybredny) smakosz/amator mięsa** *itp.*

eatery /ˈiːtᵊri/ **noun** [C] informal a restaurant ▷ **lokal, jadłodajnia**

ˈeating diˌsorder **noun** [C] a mental illness in which someone cannot eat normal amounts of food ▷ **zaburzenie łaknienia**

eaves /iːvz/ **noun** [plural] the edges of a roof where it is wider than the walls ▷ **okap**

eavesdrop /ˈiːvzdrɒp/ **verb** [I] (present participle **eavesdropping**, past tense and past participle **eavesdropped**) to secretly listen to a conversation: *He stood outside the door **eavesdropping on** their conversation.* ▷ **podsłuchiwać**
• **eavesdropper** noun [C] ▷ **podsłuchiwacz/ka**

eBay /ˈiːbeɪ/ **noun** [U] trademark a website that allows users to buy and sell things online ▷ **eBay**

ebb¹ /eb/ **noun the ebb (tide)** when the sea flows away from the land ▷ **odpływ**

IDIOMS **be at a low ebb** If someone's enthusiasm, confidence, etc is at a low ebb, it is much less than before: *Staff morale is at a low ebb.* ▷ **przechodzić kryzys** • **ebb and flow** the way in which the level of something regularly becomes higher or lower in a situation: *the ebb and flow of the economy* ▷ **wzloty i upadki**

ebb² /eb/ **verb** [I] **1** (also **ebb away**) to gradually disappear: *She watched her father's life slowly ebbing away.* ▷ **odpływać, zanikać, słabnąć** **2** When the tide ebbs, the sea flows away from the land. ▷ **odpływać**

ebony /ˈebᵊni/ **noun** [U] hard, black wood ▷ **heban**

ebullient /ɪˈbʊliənt/ **adjective** energetic, enthusiastic, and excited: *an ebullient personality* ▷ **energiczny, entuzjastyczny**

e-business /ˈiːbɪznɪs/ **noun** [C, U] the business of buying and selling goods and services on the Internet, or a company which does this ▷ **e-biznes**

e-cash /ˈiːkæʃ/ **noun** [U] money in an electronic form, used for buying goods and services on the Internet ▷ **pieniądz elektroniczny, e-pieniądz**

eccentric¹ /ɪkˈsentrɪk/ **adjective** behaving in a strange and unusual way: *an eccentric professor* ◦ *eccentric behaviour* ▷ **ekscentryczny**
• **eccentrically** adverb ▷ **ekscentrycznie** • **eccentricity** /ˌeksenˈtrɪsəti/ noun [U] when someone is eccentric ▷ **ekscentryczność**

eccentric² /ɪkˈsentrɪk/ **noun** [C] someone who is eccentric: *a harmless eccentric* ▷ **ekscentryk, dziwa-k/czka**

ecclesiastical /ɪˌkliːziˈæstɪkᵊl/ **adjective** relating to the Christian Church: *ecclesiastical law/history* ▷ **kościelny**

echelon /ˈeʃəlɒn/ **noun** formal **the lower/upper echelons** the people at the lower/upper level of a large organization or society: *the upper echelons of government/management* ▷ **niższe/wyższe szczeble**

echinacea /ˌekɪˈneɪʃə/ **noun** [U] a plant that is used as a medicine, especially to help your body fight illness ▷ **jeżówka**

echinoderm /ɪˈkaɪnəʊdɜːm/ **noun** [C] a type of sea animal with a body which has five equal parts arranged around a centre: *A starfish is an example of an echinoderm.* ▷ **szkarłupień**

echo¹ /ˈekəʊ/ **verb** (present participle **echoing**, past tense and past participle **echoed**) **1** [I] If a sound echoes, or a place echoes with a sound, you hear the sound again because you are in a large, empty space: *Their **voices echoed** around the room.* ▷ **odbijać lub roznosić się echem** **2** [T] to repeat something that someone else has said because you agree with it: *This report echoes some of the earlier research I've read.* ▷ **powtarzać**

echo² /ˈekəʊ/ **noun** [C] (plural **echoes**) **1** a sound that you hear more than once because you are in a big, empty space ▷ **echo** **2** something that is very much like something else and makes you think of it: [usually plural] *There are **echoes of** Shakespeare's work in the play.* ▷ **echo**

eclectic /ekˈlektɪk/ **adjective** including many different styles and types: *an **eclectic mix*** ▷ **eklektyczny**

eclipse¹ /ɪˈklɪps/ **noun** [C] when the sun is covered by the moon, or the moon is covered by the Earth's shadow : *a solar/lunar eclipse* ▷ **zaćmienie**

eclipse² /ɪˈklɪps/ **verb** [T] **1** to make another person or thing seem much less important, good, or famous: [often passive] *Braque was somewhat eclipsed by Picasso.* ▷ **przyćmiewać, spychać na dalszy plan** **2** to make an eclipse of the moon or sun ▷ **przesłaniać**

eco- /iːkəʊ-/ **prefix** relating to the environment: *eco-friendly cleaning products* ▷ **eko-**

eco-friendly /ˌiːkəʊˈfrendli/ **adjective** describes a product that is designed so that it does not damage the environment: *eco-friendly washing powder* ▷ **przyjazny dla środowiska**

ecological /ˌiːkəˈlɒdʒɪkᵊl/ **adjective** (B2) relating to ecology or to the environment: *an ecological disaster* ▷ **ekologiczny**
• **ecologically** adverb (B2) ▷ **ekologicznie**

ecoˌlogical ˈfootprint **noun** [C] the amount of the earth's energy that someone or something uses: *You can reduce your ecological footprint by cycling more and driving less.* ▷ **ekologiczny odcisk stopy**

ecology /iːˈkɒlədʒi/ **noun** [U, no plural] the relationship between living things and the environment, or the scientific study of this ▷ **ekologia**
• **ecologist** noun [C] someone who studies ecology ▷ **ekolog**

e-commerce /ˈiːˌkɒmɜːs/ **noun** [U] the buying and selling of goods and services on the Internet ▷ **handel elektroniczny, e-handel**

econometrics /ɪˌkɒnəˈmetrɪks/ **noun** [U] the

use of mathematical methods to describe economic systems ▷ **ekonometria**

economic /ˌiːkəˈnɒmɪk/, /ˌekəˈnɒmɪk/ **adjective** **1** [always before noun] B2 relating to trade, industry, and money: *economic growth* ◦ *economic policies* ▷ **ekonomiczny, gospodarczy** **2** making a profit, or likely to make a profit: *It's not economic to produce goods in small quantities.* ▷ **ekonomiczny, opłacalny** → Opposite **uneconomic**
• **economically** adverb *The country would benefit economically.* ▷ **ekonomicznie, gospodarczo**

economical /ˌiːkəˈnɒmɪkəl/, /ˌekəˈnɒmɪkəl/ **adjective** B2 not using a lot of money, fuel, etc: *I need a car that's economical and reliable.* ▷ **oszczędny, ekonomiczny**
• **economically** adverb ▷ **oszczędnie, gospodarczo, ekonomicznie**

ˌeconomic ˈmigrant noun [C] a person who leaves their home country to live in another country with better work or living conditions ▷ **emigrant ekonomiczny**

economics /ˌiːkəˈnɒmɪks/ **noun** [U] B1 the study of the way in which trade, industry, and money are organized ▷ **ekonomia**
• **economist** /ɪˈkɒnəmɪst/ **noun** [C] B2 someone who studies economics ▷ **ekonomist-a/ka**
→ See also **home economics**

eˌconomies of ˈscale noun [plural] saving money by buying large amounts of things, especially in a business ▷ **korzyści skali**

economize (also UK **-ise**) /ɪˈkɒnəmaɪz/ **verb** [I] to use less of something because you want to save money ▷ **oszczędzać**

economy /ɪˈkɒnəmi/ **noun** **1** [C] B2 the system by which a country produces and uses goods and money: *the German/US economy* ◦ *a global economy* ▷ **gospodarka** **2** [C, U] when someone or something does not use much money, fuel, etc: *The car's design combines comfort with economy.* ◦ UK *We'll need to **make** some **economies** when I stop work.* ▷ **oszczędność**

> Wyrazy występujące razem z **economy**
>
> a **booming/stable/strong/weak** economy • the **global/local/national economy** • the economy **grows/improves/recovers/slows**

eˈconomy ˌclass noun [U] the cheapest and least comfortable seats on an aircraft ▷ **klasa ekonomiczna**
• **eˈconomy ˌclass** adjective, adverb ▷ **w klasie ekonomicznej**

ecosystem /ˈiːkəʊˌsɪstəm/ **noun** [C] all the living things in an area and the way they affect each other and the environment: *Tourism is damaging the fragile ecosystem of the reef.* ▷ **ekosystem**

ecotourism /ˈiːkəʊtʊərɪzəm/ **noun** [U] the business of providing holidays for people so that they can help local people and not damage the environment ▷ **ekoturystyka**

eco-warrior /ˈiːkəʊˌwɒriər/ **noun** [C] someone who tries to stop activities which damage the environment ▷ **ekowojownik**

ecstasy /ˈekstəsi/ **noun** **1** [U] a feeling of extreme happiness: *She danced about **in ecstasy**.* ▷ **ekstaza, uniesienie** **2** **Ecstasy** an illegal drug that makes you feel happier and more active ▷ **Ecstasy**

ecstatic /ɪkˈstætɪk/ **adjective** extremely happy ▷ **ekstatyczny**
• **ecstatically** adverb ▷ **ekstatycznie**

ectoplasm /ˈektəplæzəm/ **noun** [U] the outer layer of particular types of cell ▷ **ektoplazma**

Ecuador /ˈekwədɔːr/ **noun** a country in South America ▷ **Ekwador**
• **Ecuadorian** /ˌekwəˈdɔːriən/ **adjective** coming from or relating to Ecuador ▷ **ekwadorski** • **Ecuadorian** **noun** someone from Ecuador ▷ **Ekwador-czyk/ka**

ecumenical /ˌekjʊˈmenɪkəl/ **adjective** encouraging different types of Christian churches to unite: *an ecumenical service* ▷ **ekumeniczny**

eczema /ˈeksmə/ **noun** [U] a medical condition which makes areas of skin become red and dry ▷ **wyprysk, egzema**

edge[1] /edʒ/ **noun** [C] **1** B1 the part around something that is furthest from the centre: *Rick was sitting **on the edge of** the bed.* ◦ *She ran down to the water's edge.* ▷ **brzeg, skraj** **2** B2 the part of a blade of a knife or tool that cuts: *a sharp/cutting edge* ▷ **ostrze**

IDIOMS **have the edge on/over sb/sth** to be slightly better than someone or something else ▷ **mieć nad** *kimś/czymś* **przewagę** • **be on edge** to be nervous or worried: *Sorry for shouting – I'm a bit on edge today.* ▷ **być podminowanym** • **take the edge off sth** to make something unpleasant have less of an effect on someone: *Have an apple. It'll **take the edge off** your **hunger**.* ▷ **łagodzić** *coś*

edge[2] /edʒ/ **verb** **1** **edge (sth) up/down/past, etc** to move somewhere gradually, or to make something move somewhere gradually: *She edged her way through the crowd of reporters.* ▷ **przesunąć się/***coś gdzieś* **2** [T] to put something around the edge of something else as a decoration: *The cloth was edged with gold.* ▷ **obramować, obrzeżać**

edgeways /ˈedʒweɪz/ **adverb** UK (US **edgewise** /ˈedʒwaɪz/) with the narrowest part going first: *We should be able to get the sofa through edgeways.* ▷ **bokiem, wzdłuż** → See also **not get a *word* in edgeways**

edgy /ˈedʒi/ **adjective** nervous: *David was starting to feel a bit edgy.* ▷ **podminowany**

EDI /ˌiːdiːˈaɪ/ **noun** [U] abbreviation for electronic data interchange: a system for organizing information sent by computers that is often used by companies buying and selling things on the Internet ▷ **elektroniczna wymiana danych**

edible /ˈedɪbl/ **adjective** safe to eat and not harmful: *edible berries* ▷ **jadalny** → Compare **inedible**

edict /ˈiːdɪkt/ **noun** [C] formal an official order from someone in authority ▷ **edykt, rozporządzenie**

edifice /ˈedɪfɪs/ **noun** [C] formal a very large building ▷ **gmach**

edit /ˈedɪt/ **verb** [T] B2 to prepare text, film, etc by deciding what to include and making mistakes correct ▷ **redagować, montować, adiustować**

edition /ɪˈdɪʃᵊn/ **noun** [C] **1** B2 a book, newspaper, etc that is one of several that are the same and were produced at the same time: *a new edition* ◦ *The paperback edition costs £7.95.* ▷ **wydanie 2** a radio or television programme that is one of a series ▷ **wydanie, edycja**

editor /ˈedɪtəʳ/ **noun** [C] **1** B2 someone whose job is to prepare text, film, etc by deciding what to include and making mistakes correct ▷ **redaktor 2** B2 someone who is in charge of a newspaper or magazine ▷ **redaktor**

editorial[1] /ˌedɪˈtɔːriəl/ **adjective** [always before noun] **1** relating to editors or editing: *editorial skills* ▷ **redaktorski 2** written by or expressing the opinions of a newspaper editor: *editorial pages* ▷ **redakcyjny**

editorial[2] /ˌedɪˈtɔːriəl/ **noun** [C] (US **op-ed**) an article in a newspaper expressing the editor's opinion ▷ **artykuł redakcyjny lub wstępny**

educate /ˈedʒʊkeɪt/ **verb** [T] **1** B2 to teach someone at a school or college: [often passive] *She was educated at the Perse School.* ▷ **uczyć, kształcić 2** B2 to give people information about something so that they understand it better: *This is part of a campaign to* ***educate*** *people* ***about*** *the dangers of smoking.* ▷ **uświadamiać, informować**

educated /ˈedʒʊkeɪtɪd/ **adjective 1** B2 Someone who is educated has learned a lot at school or university and has a good level of knowledge. ▷ **wykształcony 2 an educated guess** a guess that is probably correct because you have enough knowledge about something ▷ **domysł oparty na solidnych przesłankach** → See also **well-educated**

education /ˌedʒʊˈkeɪʃᵊn/ **noun** [U, no plural] B1 the process of teaching and learning in a school or college, or the knowledge that you get from this: *We expect a good standard of education for our children.* ▷ **edukacja, oświata, wykształcenie**

• **educational adjective** B2 providing education, or relating to education: *the* ***educational*** *system* ▷ **edukacyjny, oświatowy, pouczający** • **educationally adverb** ▷ **edukacyjnie** → See also **further education, higher education**

> Wyrazy występujące razem z **education**
>
> continue/have/provide/receive education • compulsory/good education

educator /ˈedjʊkeɪtəʳ/ **noun** [C] mainly US a person who teaches people ▷ **nauczyciel/ka**

Edward /ˈedwəd/ **noun** (also **Ed** /ed/) (also **Ted** /ted/) a male name

eel /iːl/ **noun** [C] a long fish that looks like a snake ▷ **węgorz**

eerie /ˈɪəri/ **adjective** unusual and slightly frightening: *an* ***eerie silence*** ▷ **dziwny, niesamowity**

• **eerily adverb** ▷ **dziwnie, niesamowicie** • **eeriness noun** [U] ▷ **niesamowitość**

effect[1] /ɪˈfekt/ **noun 1** B1 [C, U] a change, reaction, or result that is caused by something: *The accident* ***had a*** *huge* ***effect on*** *her life.* ◦ *We don't know the long-term* ***effects of*** *this drug.* ▷ **wpływ, efekt, skutek 2 in effect** used to say what the real situation is: *This means, in effect, that the plan has been scrapped.* ▷ **w praktyce 3 come/go into effect** to start being used: *New food safety rules come into effect on Monday.* ▷ **wchodzić w życie 4 take effect** B2 to start to produce results or changes: *The anaesthetic takes effect in about ten minutes.* ▷ **zaczynać działać 5 to that effect** used to say that you are giving the general meaning of something but not the exact words: *He said he was bored with school or something to that effect.* ▷ **w tym stylu lub sensie 6 a sound/special/visual, etc effect** B1 a sound, image, etc that is created artificially ▷ **efekt dźwiękowy/specjalny/wizualny** *itp.* → See also **side effect**

> Wyrazy występujące razem z **effect**
>
> have/produce an effect • an adverse/beneficial/devastating/harmful/profound effect • an effect on sb/sth • the effects of sth

effect[2] /ɪˈfekt/ **verb** [T] formal to make something happen: *The civil rights movement* ***effected*** *a huge* ***change*** *in America.* ▷ **doprowadzać do, dokonywać**

effective /ɪˈfektɪv/ **adjective 1** B2 successful or achieving the result that you want: *effective management* ◦ *What is the most effective way of teaching grammar?* ▷ **efektywny, skuteczny 2 become/be effective** If changes, laws, etc become effective, they officially start. ▷ **wchodzić w życie 3** [always before noun] used to say what the real situation is although officially it is different: *She has effective control of the company.* ▷ **faktyczny, rzeczywisty** → Opposite **ineffective**

• **effectiveness noun** [U] ▷ **efektywność, skuteczność**

effectively /ɪˈfektɪvli/ **adverb 1** B2 in a way that is successful and achieves what you want: *Teachers need to be able to communicate ideas effectively.* ▷ **skutecznie 2** used when you describe what the real result of a situation is: *His illness effectively ended his career.* ▷ **faktycznie, praktycznie**

effector /ɪˈfektəʳ/ **noun** [C] a body part or cell that changes or does something as a result of something that is outside the body: *effector cells* ▷ **efektor**

effects /ɪˈfekts/ **noun** [plural] formal possessions: *my **personal effects*** ▷ **rzeczy, dobytek**

effeminate /ɪˈfemɪnət/ **adjective** An effeminate man behaves or looks like a woman. ▷ **zniewieściały**

efficiency /ɪˈfɪʃənsi/ **noun** [U] B2 when someone or something uses time and energy well, without wasting any: *fuel efficiency* ◦ *We must improve the efficiency of the industry.* ▷ **wydajność, sprawność**

efficient /ɪˈfɪʃənt/ **adjective** B1 working well and not wasting time or energy: *an efficient person/organization* ◦ *Email is a quick and efficient way of contacting people.* ▷ **wydajny, sprawny** → Opposite **inefficient**
• **efficiently adverb** B2 ▷ **wydajnie, sprawnie**

effigy /ˈefɪdʒi/ **noun** [C] a model of a person: *Protesters burned effigies of the president.* ▷ **kukła**

efflorescence /ˌef.lɔːˈresənts/ **noun** [U] the powder that is left when a liquid has evaporated ▷ **wykwit**

effort /ˈefət/ **noun 1** [C, U] B1 an attempt to do something: [+ to do sth] *We huddled together **in an effort** to keep warm.* ◦ *He was **making an effort** to be sociable.* ▷ **próba, wysiłek 2** [U] B1 the energy that you need to do something: ***I put** a lot of **effort into** organizing the party.* ◦ [+ to do sth] *It would **take** too much **effort** to tidy my bedroom.* ▷ **wysiłek 3** [U] the force that is used to make something move ▷ **siła czynna 4 be an effort** to be difficult or painful: *After his accident, walking was an effort.* ▷ **stanowić wysiłek, być trudnym**

> Wyrazy występujące razem z **effort**
> **make an effort • require/take effort • a big/brave/concerted/frantic/valiant effort • in an effort to do sth**

effortless /ˈefətləs/ **adjective** achieved without any special or obvious effort: ***effortless grace/style*** ▷ **swobodny, naturalny**
• **effortlessly adverb** ▷ **bez wysiłku, lekko**

effusive /ɪˈfjuːsɪv/ **adjective** showing a lot of enthusiasm or approval for someone or something, often too much ▷ **wylewny**

EFL /ˌiːefˈel/ **noun** [U] abbreviation for English as a Foreign Language: the teaching of English to students whose first language is not English ▷ **(język) angielski dla obcokrajowców, (język) angielski jako język obcy**

EFTPOS /ˈeftpɒz/ **noun** [U] abbreviation for electronic funds transfer at point of sale: a method of paying money electronically ▷ system płatności kartą w czasie rzeczywistym

e.g. (also **eg**) /ˌiːˈdʒiː/ used to give an example of what you mean: *crime writers, e.g. Agatha Christie and Ruth Rendell* ▷ **np. (= na przykład)**

egalitarian /ɪˌgælɪˈteəriən/ **adjective** formal believing that everyone should have the same freedom and opportunities ▷ **egalitarny, egalitarystyczny**

egestion /ɪˈdʒestʃən/ **noun** [U] the process by which solid waste leaves the body through the bottom ▷ **wydalanie**

egg[1] /eg/ **noun 1** [C, U] A1 an oval object produced by a female chicken, that you eat as food: ***a boiled/fried egg*** ▷ **jajko** → See **Food** on page Centre 11 **2** [C] B2 an oval object with a hard shell that contains a baby bird, insect, or other creature: *The bird **lays** (= produces) its **eggs** in a nest.* ▷ **jajko, jajo 3** [C] a cell inside a female person or animal that can develop into a baby ▷ **komórka jajowa**

IDIOM **have egg on your face** to seem stupid because of something you have done ▷ **wyjść na głupka**

→ See also **Easter egg**, **scrambled eggs**

egg[2] /eg/ **verb**

PHRASAL VERB **egg sb on** to encourage someone to do something, usually something that is wrong, stupid, or dangerous: *Two girls were fighting outside the club, egged on by a group of friends.* ▷ **zachęcać** *kogoś*, **podjudzać** *kogoś*

ˈegg ˌcup noun [C] a small container for holding a boiled egg while you eat it ▷ **kieliszek do jajek**

eggplant /ˈegplɑːnt/ **noun** [C, U] US (UK **aubergine**) an oval, purple vegetable that is white inside ▷ **bakłażan** → See **Fruits and Vegetables** on page Centre 10

ego /ˈiːgəʊ/, /ˈegəʊ/ **noun** [C] your opinion of yourself: *He has a huge ego.* ▷ **ego**

egocentric /ˌiːgəʊˈsentrɪk/ **adjective** interested only in yourself ▷ **egocentryczny**

egotism /ˈiːgəʊtɪzəm/ **noun** [U] (also **egoism** /ˈiːgəʊɪzəm/) when someone thinks that they are very important and is not interested in other people ▷ **egotyzm, egoizm**
• **egotist noun** [C] ▷ **egotyst-a/ka, egoist-a/ka** • **egotistic** /ˌiːgəʊˈtɪstɪk/ **adjective** (also **egotistical** /ˌiːgəʊˈtɪstɪkəl/) ▷ **egotystyczny, egoistyczny, samolubny**

egregious /ɪˈgriːdʒəs/ **adjective** formal extremely bad or shocking in an obvious way: *an egregious example of racism* ▷ **rażący**

Egypt /ˈiːdʒɪpt/ **noun** a country in Africa ▷ **Egipt**
• **Egyptian** /ɪˈdʒɪpʃən/ **adjective** coming from or relating to Egypt ▷ **egipski** • **Egyptian noun** someone from Egypt ▷ **Egipcja-nin/nka**

eh? /eɪ/ **exclamation** UK informal spoken **1** used to ask someone to repeat something because you did not hear or understand it: *"You're looking tired." "Eh?" "I said, you're looking tired."* ▷ **co?, hm? 2** used to show interest or surprise at something: *Sue's had a baby girl, eh?* ▷ **co?, hę?**

Eid /iːd/ **noun** the name of two Muslim festivals. The more important one celebrates the end of Ramadan. ▷ **Eid (święta muzułmańskie)**

E

eight /eɪt/ A1 the number 8 ▷ **osiem**

eighteen /ˌeɪˈtiːn/ A1 the number 18 ▷ **osiemnaście**

• **eighteenth** 18th written as a word ▷ **osiemnasty**

eighth[1] /eɪtθ/ A2 8th written as a word ▷ **ósmy**

eighth[2] /eɪtθ/ **noun** [C] one of eight equal parts of something; ⅛ ▷ **(jedna) ósma, ósma część**

eighty /ˈeɪti/ **1** A2 the number 80 ▷ **osiemdziesiąt 2 the eighties** the years from 1980-1989 ▷ **lata osiemdziesiąte 3 be in your eighties** to be aged between 80 and 89 ▷ **być po osiemdziesiątce**

• **eightieth** 80th written as a word ▷ **osiemdziesiąty**

either[1] /ˈaɪðəʳ/, /ˈiːðəʳ/ **conjunction either… or** B1 used when you are giving a choice of two or more things: *Either call me tonight or I'll speak to you tomorrow.* ▷ **albo … albo**

either[2] /ˈaɪðəʳ/, /ˈiːðəʳ/ **pronoun, determiner 1** B1 one of two people or things when it is not important which: *"Would you like red or white wine?" – "Oh, either."* ◦ *Ask Dom or Andrew, either of them will help you.* ▷ **każdy, którykolwiek, obojętnie (który) 2** B2 both: *People were smoking on either side (= at both sides) of me.* ◦ *You can use the train or the bus,* ***either way*** *it'll take an hour.* ▷ **oba, każdy**

either[3] /ˈaɪðəʳ/, /ˈiːðəʳ/ **adverb** B1 used in negative sentences to mean that something else is also true: *The menu is boring and it's not cheap either.* ▷ **też (nie), ani**

ejaculate /ɪˈdʒækjʊleɪt/ **verb** [I] If a man or male animal ejaculates, sperm suddenly comes out from his penis. ▷ **mieć wytrysk, ejakulowac**

• **ejaculation** /ɪˌdʒækjʊˈleɪʃən/ **noun** [U] when a man or male animal ejaculates ▷ **wytrysk**

eject /ɪˈdʒekt/ **verb 1** [T] formal to make someone leave a place, usually using force: [often passive] *He was* ***ejected from*** *the courtroom for shouting.* ▷ **wyrzucać, usuwać 2** [I, T] to come out of a machine when a button is pressed, or to make something do this: *How do you eject the tape?* ▷ **wysuwać (się) 3** [I] to leave an aircraft in an emergency by being pushed out while still in your seat ▷ **katapultować się**

eke /iːk/ **verb**

PHRASAL VERB **eke sth out 1** to use something slowly or carefully because you only have a small amount of it ▷ **oszczędnie** *czymś* **gospodarować 2 eke out a living/existence** to earn only just enough money to pay for things you need: *He ekes out a living by cleaning windows.* ▷ **wiązać koniec z końcem**

elaborate[1] /ɪˈlæbərət/ **adjective** complicated, detailed, or made carefully from many parts: *an elaborate system/scheme* ◦ *an elaborate design* ▷ **skomplikowany, kunsztowny**

• **elaborately adverb** ▷ **kunsztownie, misternie**

elaborate[2] /ɪˈlæbəreɪt/ **verb** [I, T] to explain something and give more details: *He wouldn't* ***elaborate on*** *the details.* ▷ **powiedzieć coś więcej (o), rozwijać (temat), wyjaśniać**

• **elaboration** /ɪˌlæbəˈreɪʃən/ **noun** [U] ▷ **wyjaśnienie, rozwinięcie**

elapse /ɪˈlæps/ **verb** [I] formal If time elapses, it passes: *Two years have elapsed since the attack.* ▷ **mijać**

elastic[1] /ɪˈlæstɪk/ **adjective** Something that is elastic can stretch and return to its original size: *Your skin is more elastic when you are young.* ▷ **elastyczny**

• **elasticity** /ˌɪlæsˈtɪsəti/ **noun** [U] the quality of being elastic ▷ **elastyczność**

elastic[2] /ɪˈlæstɪk/ **noun** [U] a type of rubber that returns to its original size and shape after you stretch it ▷ **guma**

eˌlastic ˈband noun [C] UK (UK/US **rubber band**) a thin circle of rubber used to hold things together ▷ **gumka**

elated /ɪˈleɪtɪd/ **adjective** extremely happy and excited: *We were* ***elated by/at*** *the news.* ▷ **rozradowany**

• **elation** /ɪˈleɪʃən/ **noun** [U] ▷ **rozradowanie, radość**

elbow[1] /ˈelbəʊ/ **noun** [C] B1 the part in the middle of your arm where it bends ▷ **łokieć**
→ See **The Body** on page Centre 13

elbow[2] /ˈelbəʊ/ **verb** [T] to push someone with your elbow, especially so you can move past them: *He* ***elbowed his way through*** *the crowds of shoppers.* ▷ **rozpychać**

ˈelbow ˌroom noun [U] space to move easily ▷ **przestrzeń, pole manewru**

elder[1] /ˈeldəʳ/ **adjective elder brother/daughter/sister, etc** B1 the older of two brothers/daughters/sisters, etc ▷ **starsz-y/a brat/córka/siostra** *itp.*

elder[2] /ˈeldəʳ/ **noun 1 the elder** B2 the oldest of two people: *He's the elder of two sons.* ▷ **starszy 2 your elders** people older than you: *I was taught to respect my elders.* ▷ **osoby starsze, starsi 3** [C] an important, respected, older member of a group ▷ **członek starszyzny**

elderly /ˈeldəli/ **adjective** B1 a more polite word for 'old', used to describe people: *an elderly man* ◦ *Children should show respect for* ***the elderly***. ▷ **starszy**

eldest /ˈeldɪst/ **adjective eldest child/daughter/brother, etc** B1 the oldest child/daughter/brother, etc: *My eldest brother is a doctor.*

◦ *Susan is **the eldest** of three sisters.* ▷ **najstarsz-e/a/y dziecko/córka/brat** *itp.*

e-learning /ˈiːlɜːnɪŋ/ **noun** [U] electronic learning: the business of providing courses online for students so that they can study and learn from home ▷ **e-learning, nauczanie wspomagane komputerowo**

elect /ɪˈlekt/ **verb 1** B2 [T] to choose someone for a particular job or position by voting: [often passive] *She was **elected to** the US Senate in 2004.* ◦ *He was elected president in 1997.* ▷ **wybierać 2 elect to do sth** formal to choose to do something: *The child elected to stay with his mother.* ▷ **zdecydować się** *coś zrobić* → See also **re-elect**

election /ɪˈlekʃᵊn/ **noun** [C, U] B1 a time when people vote in order to choose someone for a political or official job: *a presidential election* ◦ *Who do you think will **win** the **election**?* ◦ *Will you **stand/run for election** again this year?* ▷ **wybory** → See also **by-election**, **general election**, **re-election**

> Wyrazy występujące razem z **election**
>
> **hold** an election • **run for/stand for** election • **lose/win** an election • an election **campaign**

eˈlection ˌday **noun** [C] US (UK **polling day**) the day when people vote in an election ▷ **dzień wyborów**

electoral /ɪˈlektᵊrᵊl/ **adjective** [always before noun] relating to elections: *the **electoral system*** ◦ ***electoral reform*** ▷ **wyborczy**

electorate /ɪˈlektᵊrət/ **noun** [group] the people who are allowed to vote in an election: *the British electorate* ▷ **elektorat, wyborcy**

electric /ɪˈlektrɪk/ **adjective 1** A2 Electric lights, tools, etc work using electricity: *an electric light/heater* ▷ **elektryczny 2** B1 supplying electricity: *an electric socket* ◦ *electric current* ▷ **elektryczny 3** full of excitement and emotion: *The atmosphere backstage was electric.* ▷ **pełen podniecenia**

electrical /ɪˈlektrɪkᵊl/ **adjective 1** B1 Electrical goods or equipment work using electricity: ***electrical appliances/goods*** ▷ **elektryczny 2** relating to the production and supply of electricity: *an electrical engineer* ▷ **elektryczny**

the eˌlectric ˈchair **noun** a chair used in parts of the US to kill a criminal using electricity ▷ **krzesło elektryczne**

electrician /ɪˌlekˈtrɪʃᵊn/ **noun** [C] B2 someone whose job is to put in, check, or repair electrical wires and equipment ▷ **elektryk**

electricity /ɪˌlekˈtrɪsəti/ **noun** [U] A2 a type of energy that can produce light and heat, or make machines work: *The electricity has been turned off.* ◦ *an electricity bill* ▷ **elektryczność**

> Wyrazy występujące razem z **electricity**
>
> **generate/produce** electricity • **be operated by/be powered by** electricity • an electricity **supply**

eˌlectric ˈshock **noun** [C] a sudden, painful feeling that you get when electricity flows through your body ▷ **porażenie prądem**

electrify /ɪˈlektrɪfaɪ/ **verb** [T] **1** to make people who are watching something feel very excited: *She electrified the crowd with her fantastic performance.* ▷ **elektryzować 2** to supply something with electricity: *an electrified railway* ▷ **elektryfikować**

electrocute /ɪˈlektrəkjuːt/ **verb** [T] to kill someone by causing electricity to flow through their body: [often passive] *He was electrocuted while playing on a railway line.* ▷ **porazić prądem**
• **electrocution** /ɪˌlektrəˈkjuːʃᵊn/ **noun** [U] ▷ **porażenie prądem**

electrode /ɪˈlektrəʊd/ **noun** [C] the point where an electric current enters or leaves something such as a battery ▷ **elektroda**

electrolysis /ɪˌlekˈtrɒləsɪs/ **noun** [U] the use of an electric current to cause chemical change in a liquid ▷ **elektroliza**

electrolyte /ɪˈlektrəlaɪt/ **noun** [C] a liquid which electricity can go through or which breaks into its parts when electricity goes through it ▷ **elektrolit**
• **electrolytic** /ɪlektrəˈlɪtɪk/ **adjective** ▷ **elektrolityczny**

electrolytic cell /ɪlektrəˌlɪtɪkˈsel/ **noun** [C] a device which contains an electrolyte and through which an electrical current is passed in order to cause a reaction ▷ **ogniwo elektrolityczne**

electromagnet /ɪˌlektrəʊˈmægnət/ **noun** [C] a magnet in which there is wire around the iron, and which only becomes magnetic when a current is passed through the wire ▷ **elektromagnes**

electromagnetism /ɪˌlektrəʊˈmægnətɪzᵊm/ **noun** [U] magnetism that is produced by an electrical current ▷ **elektromagnetyzm**
• **electromagnetic** /ɪˌlektrəʊmægˈnetɪk/ **adjective** *the electromagnetic spectrum* ▷ **elektromagnetyczny**

electron /ɪˈlektrɒn/ **noun** [C] an extremely small piece of an atom with a negative electrical charge ▷ **elektron**

electronic /ɪˌlekˈtrɒnɪk/ **adjective 1** B1 Electronic equipment consists of things such as computers, televisions, and radios. ▷ **elektroniczny 2** B1 Electronic music, games, etc use electronic equipment. ▷ **elektroniczny**
• **electronically** **adverb** B2 ▷ **elektronicznie**

ˌelectronic ˈbanking **noun** [U] the use of the Internet to pay money into a bank account, take

E

money out, etc: *electronic banking services* ▷ **bankowość elektroniczna**

electronics /ˌɪlekˈtrɒnɪks/ **noun** [U] B2 the science of making electronic equipment: *the electronics industry* ▷ **elektronika**

electron microscope **noun** [C] a very powerful microscope which produces pictures by sending electrons through objects ▷ **mikroskop elektronowy**

electroplate /ɪˈlektrəʊpleɪt/ **verb** [T] to cover the surface of a metal object with a thin layer of a different metal, often silver, using electrolysis ▷ **galwanizować**

electrostatic /ɪˌlektrəʊˈstætɪk/ **adjective** relating to electricity which does not move in a current but is attracted to the surface of some objects: *an electrostatic charge* ▷ **elektrostatyczny**

electrovalent bond /ɪlektrəʊˌveɪləntˈbɒnd/ **noun** [C] the way two atoms are joined together when one atom loses an electron to form a positive ion and the other gains an electron to form a negative ion ▷ **wiązanie jonowe**

elegance /ˈelɪgᵊns/ **noun** [U] when someone or something is stylish or attractive in their appearance or behaviour ▷ **elegancja**

elegant /ˈelɪgᵊnt/ **adjective** B2 stylish or attractive in appearance or behaviour: *an elegant dining room* ◦ *She's a very elegant woman.* ▷ **elegancki**
• **elegantly adverb** B2 ▷ **elegancko**

element /ˈelɪmənt/ **noun** **1** [C] B2 a part of something: *This book has all the elements of a good detective story.* ▷ **składnik, część, element** **2** **an element of sth** a small amount of an emotion or quality: *There's an element of truth in what she says.* ▷ **odrobina** *czegoś* **3** [C] a group of people of a particular type: *The disruptive element on the committee voted against the proposal.* ▷ **element, grupa** **4** [C] B2 a simple substance which cannot be reduced to smaller chemical parts: *Iron is one of the elements of the Earth's crust.* ▷ **pierwiastek** **5** [C] the part of a piece of electrical equipment which produces heat ▷ **element grzejny, grzałka**

IDIOM **be in your element** to be happy because you are doing what you like doing and what you are good at: *I'm in my element at a children's party.* ▷ **być w swoim żywiole**

elementary /ˌelɪˈmentᵊri/ **adjective** **1** B1 basic: *I only have an elementary knowledge of physics.* ◦ *an elementary mistake* ▷ **podstawowy, elementarny** **2** B1 relating to the early stages of studying a subject: *students at elementary level* ▷ **podstawowy, początkujący**

ˌelementary ˈparticle **noun** [C] any of the smallest and simplest parts that all physical things are made from, such as an electron, a proton or a neutron ▷ **cząstka elementarna**

eleˈmentary ˌschool **noun** [C] US (UK **primary school**) a school for children from the ages of five to eleven ▷ **szkoła podstawowa**

elements /ˈelɪmənts/ **noun** **the elements** the weather, especially bad weather: *Shall we* ***brave the elements*** *and go out for a walk?* ▷ **żywioły**

elephant

elephant /ˈelɪfənt/ **noun** [C] A2 a very large, grey animal with big ears and a very long nose ▷ **słoń**

elevate /ˈelɪveɪt/ **verb** formal **1 be elevated to sth** to be given a more important position: *She has been elevated to deputy manager.* ◦ *an elevated position* ▷ **otrzymać awans lub awansować na** *jakieś* **stanowisko** **2** [T] to move something to a higher level or height: *High stress levels elevate blood pressure.* ◦ *Try to keep your leg elevated.* ▷ **podwyższać, podnosić**

elevation /ˌelɪˈveɪʃᵊn/ **noun** **1** [C] the height of a place above the level of the sea: *The hotel is situated at an elevation of 1000m.* ▷ **wysokość, wzniesienie** **2** [U] formal when someone or something is given a more important position: *his sudden* ***elevation to*** *stardom* ▷ **wyniesienie, awans**

elevator /ˈelɪveɪtəʳ/ **noun** [C] US (UK **lift**) a machine that carries people up and down in tall buildings ▷ **winda**

eleven /ɪˈlevᵊn/ A1 the number 11 ▷ **jedenaście**
• **eleventh** 11th written as a word ▷ **jedenasty**

elf /elf/ **noun** [C] (plural **elves**) a small person with pointed ears who has magic powers in children's stories ▷ **elf**

elicit /ɪˈlɪsɪt/ **verb** [T] formal to get information or a reaction from someone: *You have to ask the right questions to* ***elicit*** *the* ***information*** *you want.* ▷ **zdobyć, uzyskać**

eligible /ˈelɪdʒəbl/ **adjective** **1** If you are eligible to do something, you can do it because you are in the right situation: [+ to do sth] *Only people over 18 are eligible to vote.* ◦ *You might be* ***eligible for*** *a grant for your studies.* ▷ **mający prawo, uprawniony** → Opposite **ineligible** **2** If someone who is not married is eligible, they would be a good husband or wife because they are rich, attractive, etc.: *an eligible young bachelor* ▷ **do wzięcia, wolny**
• **eligibility** /ˌelɪdʒəˈbɪləti/ **noun** [U] ▷ **warunki, uprawnienia**

eliminate /ɪˈlɪmɪneɪt/ **verb** [T] **1** to remove something from something, or get rid of something: *The doctor advised me to* ***eliminate*** *salt* ***from*** *my diet.* ▷ **eliminować, usuwać 2** to defeat someone so that they cannot go any further in a competition: [often passive] *She was eliminated after the first round of the tournament.* ▷ **wyeliminować**

elimination /ɪˌlɪmɪˈneɪʃᵊn/ **noun 1** [U] when you eliminate someone or something ▷ **eliminacja 2 a process of elimination** when you remove all possible answers to something until only one remains ▷ **droga eliminacji**

elimiˈnation reˌaction noun [C] a chemical reaction where a substance separates from a molecule ▷ **eliminacja**

elite /ɪˈliːt/ **noun** [group] the richest, most powerful, or best educated group in a society: *a member of the elite* ◦ *an elite group* ▷ **elita**

elitism /ɪˈliːtɪzᵊm/ **noun** [U] when a small group of rich, powerful, or educated people are given an advantage in a situation ▷ **elitaryzm**
• **elitist adjective** *elitist attitudes* ▷ **elitarny, elitarystyczny**

Elizabeth /ɪˈlɪzəbəθ/ **noun** (also **Beth** /beθ/) (also **Liz** /lɪz/) a female name

elk /elk/ **noun** [C] UK (US **moose**) a large deer which lives in the northern US and Canada ▷ **(łoś) wapiti**

elm /elm/ **noun** [C, U] a large tree which loses its leaves in winter ▷ **wiąz**

elocution /ˌeləˈkjuːʃᵊn/ **noun** [U] the skill of speaking in a careful, clear way ▷ **wymowa**

elongated /ˈiːlɒŋgeɪtɪd/ (US) /iːˈlɒŋgeɪtɪd/ **adjective** longer and thinner than usual ▷ **wydłużony**

elope /ɪˈləʊp/ **verb** [I] to leave home secretly with someone in order to get married ▷ **uciekać**

eloquent /ˈeləkwənt/ **adjective** expressing ideas clearly and in a way that influences people: *the most eloquent speaker at the conference* ▷ **elokwentny, wymowny, sugestywny**
• **eloquence** /ˈeləkwəns/ **noun** [U] when someone or something is eloquent ▷ **elokwencja** • **eloquently adverb** ▷ **elokwentnie, sugestywnie**

El Salvador /ˌel sælvədɔːʳ/ **noun** a country in Central America ▷ **Salwador**
• **Salvadoran** /ˈsælvədɔːrən/ **adjective** coming from or relating to El Salvador ▷ **salwadorski** • **Salvadoran noun** someone from El Salvador ▷ **Salwador-czyk/ka**

else /els/ **adverb 1** (A2) in addition to someone or something: *Would you like* ***anything else*** *to eat?* ◦ ***What else*** *did he say?* ▷ **jeszcze 2** (A2) different from someone or something: *I don't like it here. Let's go* ***somewhere else****.* ◦ *I didn't say that. It must have been* ***someone else****.* ▷ **indziej, inny 3** (A2) other things or people: *I forgot my toothbrush, but I remembered* ***everything else****.* ▷ **inny, pozostały 4 or else a** used to compare two different things or situations: *He talks to her all the time, or else he completely ignores her.* ▷ **albo b** (B2) used to say what will happen if another thing does not happen: *We must be there by six, or else we'll miss the beginning.* ▷ **bo inaczej 5 if all else fails** if no other plan is successful: *If all else fails, you're welcome to stay at our house.* ▷ **w ostateczności, zawsze jeszcze**

elsewhere /ˌelsˈweəʳ/ **adverb** (B2) in or to another place: *The report studies economic growth in Europe and elsewhere.* ◦ *If we can't find it here, we'll have to* ***go elsewhere****.* ▷ **gdzie indziej**

ELT /ˌiːelˈtiː/ **noun** [U] abbreviation for English Language Teaching: the teaching of English to students whose first language is not English ▷ **nauczanie języka angielskiego**

elucidate /ɪˈluːsɪdeɪt/ **verb** [T] formal to explain something, or make it clear ▷ **wyjaśniać, objaśniać**

elude /ɪˈluːd/ **verb** [T] formal **1** If something that you want eludes you, you do not succeed in achieving it: *The gold medal continues to elude her.* ▷ **umykać 2** to not be caught by someone: *He eluded the police for years before he was arrested.* ▷ **uciekać, wymykać się 3** If a piece of information eludes you, you cannot remember it. ▷ **uciekać z pamięci, umykać**

elusive /ɪˈluːsɪv/ **adjective** difficult to describe, find, achieve, or remember: *The answers to these questions remain as elusive as ever.* ▷ **ulotny, nieuchwytny**

elves /elvz/ plural of elf ▷ **elfy**

'em /əm/ informal spoken short for them

emaciated /ɪˈmeɪsieɪtɪd/ **adjective** very thin and weak because of being ill or not eating enough food ▷ **wychudzony**

email (also **e-mail**) /ˈiːmeɪl/ **noun 1** [U] (A1) a system for sending messages electronically, especially from one computer to another using the Internet: *You can contact me* ***by email****.* ◦ *What's your* ***email address****?* ▷ **poczta elektroniczna, e-mail 2** [C, U] (A1) a message sent electronically: *I got an email from Danielle yesterday.* ▷ **e-mail, wiadomość, mejl**
• **email verb** [T] (A2) to send a message using email ▷ **wysyłać e-mail lub mejla**

> **Wyrazy występujące razem z email**
> **get/send** an email • **by** email • **in** an email • an email **address/attachment**

emanate /ˈeməneɪt/ **verb** formal

PHRASAL VERB **emanate from sth** to come from something: *Strange noises emanated from the room next door.* ▷ **wydobywać się** *skądś*, **dochodzić** *skądś*

emancipate /ɪˈmænsɪpeɪt/ **verb** [T] formal to give people more freedom or rights by removing social, legal, or political controls that limit them:

E

emancipated women ▷ **wyzwalać, emancypować, dawać równouprawnienie**
• **emancipation** /ɪˌmænsɪˈpeɪʃᵊn/ **noun** [U] ▷ **emancypacja, wyzwolenie, równouprawnienie**

embalm /ɪmˈbɑːm/ **verb** [T] to use oils and chemicals to prevent a dead body from decaying ▷ **balsamować**

E

embankment /ɪmˈbæŋkmənt/ **noun** [C] an artificial slope built from soil or stones to stop floods, or to support a road or railway: *a **railway embankment*** ▷ **nasyp, wał, nabrzeże**

embargo /ɪmˈbɑːgəʊ/ **noun** [C] (plural **embargoes**) an order by a government to stop trade with another country: *an **arms/oil embargo*** ◦ *We will not **lift** (= stop) the trade **embargo** until they end this war.* ▷ **embargo**

embark /ɪmˈbɑːk/ **verb** [I] to get on a ship, boat, or aircraft to begin a journey ▷ **wchodzić na pokład, wsiadać** → Opposite **disembark**

PHRASAL VERB **embark on/upon sth** to start something new or important: *You're never too old to embark on a new career.* ▷ **rozpoczynać** *coś*, **podejmować** *coś*

embarrass /ɪmˈbærəs/ **verb** [T] to make someone feel ashamed or shy: *My dad's always embarrassing me in front of my friends.* ▷ **wprawiać w zakłopotanie**

embarrassed /ɪmˈbærəst/ **adjective** (B1) feeling ashamed or shy: *She felt **embarrassed about** undressing in front of the doctor.* ◦ [+ to do sth] *I was too embarrassed to admit that I was scared.* ▷ **zażenowany, zakłopotany**

embarrassing /ɪmˈbærəsɪŋ/ **adjective** (B1) making you feel embarrassed: *an embarrassing defeat* ◦ *What has been your most embarrassing moment?* ▷ **krępujący, żenujący**
• **embarrassingly adverb** *The play was embarrassingly bad.* ▷ **krępująco, żenująco**

embarrassment /ɪmˈbærəsmənt/ **noun** **1** [U] (B2) when you feel embarrassed: *He blushed with embarrassment.* ◦ *Her behaviour has caused great embarrassment to her family.* ▷ **zażenowanie, zakłopotanie** **2** [C] (B2) something or someone that makes you feel embarrassed: *He is becoming an **embarrassment to** the government.* ▷ **powód zażenowania, wstyd**

> Wyrazy występujące razem z **embarrassment**
>
> acute/great/huge embarrassment • a source of embarrassment • the embarrassment of doing sth

embassy /ˈembəsi/ **noun** [C] (B1) the official group of people who live in a foreign country and represent their government there, or the building where they work ▷ **ambasada**

embedded /ɪmˈbedɪd/ **adjective** **1** fixed into the surface of something: *A small piece of glass was **embedded in** his finger.* ▷ **osadzony, tkwiący, wbity** **2** If an emotion, attitude, etc is embedded in someone or something, it is a very strong and important part of them: *A sense of guilt was deeply **embedded in** my conscience.* ▷ **zakorzeniony**

emˌbedded ˈsystem **noun** [C] a system used in a computer to do a particular thing that a general computer cannot do ▷ **system wbudowany**

embellish /ɪmˈbelɪʃ/ **verb** [T] to make something more beautiful or interesting by adding something to it: *He embellished the story with lots of dramatic detail.* ▷ **upiększać, ozdabiać**
• **embellishment noun** [C, U] ▷ **ozdoba**

embers /ˈembəz/ **noun** [plural] pieces of wood or coal that continue to burn after a fire has no more flames ▷ **żar**

embezzle /ɪmˈbezl/ **verb** [T] to steal money that belongs to the company or organization that you work for ▷ **zdefraudować, sprzeniewierzyć**
• **embezzlement noun** [U] ▷ **defraudacja, sprzeniewierzenie**

embittered /ɪmˈbɪtəd/ **adjective** very angry about unfair things that have happened to you ▷ **rozgoryczony, zgorzkniały**

emblazoned /ɪmˈbleɪzᵊnd/ **adjective** decorated in a very obvious way with something such as a name or a design: *Her T-shirt was **emblazoned with** the company logo.* ▷ **ozdobiony**

emblem /ˈembləm/ **noun** [C] a picture, object, or symbol that is used to represent a person, group, or idea: *The rose is the national emblem of England.* ▷ **emblemat, godło, symbol**

embodiment /ɪmˈbɒdɪmənt/ **noun** **the embodiment of sth** If someone or something is the embodiment of a particular idea or quality, they express or represent it exactly: *The mother in the story is the embodiment of evil.* ▷ **uosobienie** *czegoś*, **wcielenie** *czegoś*

embody /ɪmˈbɒdi/ **verb** [T] to represent an idea or quality exactly: *He embodies the values of hard work and fair play.* ▷ **uosabiać**

emboss /ɪmˈbɒs/ **verb** [T] to decorate an object, especially with letters, using special tools to make a mark on the surface of the object: *The envelope was embossed with the company's logo.* ▷ **ozdabiać (przez wytłaczanie liter, wzorów)**

embrace¹ /ɪmˈbreɪs/ **verb** **1** [I, T] If you embrace someone, you put your arms around them, and if two people embrace, they put their arms around each other. ▷ **obejmować (się)** **2** [T] to accept new ideas, beliefs, methods, etc in an enthusiastic way: *We are always eager to embrace the latest technology.* ▷ **przyjmować, akceptować** **3** [T] formal to include a number of things: *The report embraces a wide range of opinions.* ▷ **zawierać, obejmować**

embrace² /ɪmˈbreɪs/ **noun** [C] when you put your arms around someone: *a passionate embrace* ▷ **uścisk**

embroider /ɪmˈbrɔɪdəʳ/ **verb** **1** [I, T] to decorate cloth by sewing small patterns or pictures onto it ▷ **wyszywać, haftować** **2** [T] to add imaginary details to a story to make it more interesting: *They accused him of embroidering the facts.* ▷ **ubarwiać**

embroidery /ɪmˈbrɔɪdəri/ **noun** [U] **1** the activity of sewing small patterns or pictures onto things ▷ **wyszywanie, haftowanie** **2** decoration on cloth made by sewing small patterns or pictures onto it ▷ **haft**

embroil /ɪmˈbrɔɪl/ **verb** formal **be embroiled in sth** to be involved in an argument or difficult situation: *We don't want to become embroiled in a dispute over ownership.* ▷ **być zamieszanym w** *coś*

embryo /ˈembriəʊ/ **noun** [C] a human or an animal that is starting to develop in its mother's uterus ▷ **embrion**

embryonic /ˌembriˈɒnɪk/ **adjective** starting to develop: *The project is still at an embryonic stage.* ▷ **embryonalny, początkowy, zalążkowy**

emerald /ˈemərəld/ **noun** **1** [C] a bright green stone used in jewellery ▷ **szmaragd** **2** [U] (also ˌ**emerald** ˈ**green**) a bright green colour ▷ **(kolor) szmaragdowy**
• **emerald** adjective ▷ **szmaragdowy**

emerge /ɪˈmɜːdʒ/ **verb** [I] **1** (B2) to appear from somewhere or come out of somewhere: *A figure **emerged from** the shadows.* ▷ **wyłaniać się** **2** to become known: ***It emerged that** she had lied to her employers.* ▷ **okazywać się, wychodzić na jaw** **3** to reach the end of a difficult situation: *They **emerged** victorious **from** the fight.* ▷ **wychodzić**
• **emergence** noun [U] ▷ **pojawienie się, wyłonienie się**

emergency /ɪˈmɜːdʒənsi/ **noun** [C] (B1) a serious or dangerous situation that needs immediate action: *You should only ring this number **in an emergency**.* ◦ *an **emergency exit*** ▷ **nagły wypadek, sytuacja awaryjna**

> **Wyrazy występujące razem z emergency**
> **cope with/respond to** an emergency • a **major/real** emergency • **in** an emergency

eˈ**mergency** ˌ**brake** **noun** [C] US (UK **handbrake**) a stick inside a car that you can pull up to stop the car from moving ▷ **hamulec ręczny**
→ See **Car** on page Centre 7

eˈ**mergency** ˌ**room** **noun** [C] US (UK **casualty**) the part of a hospital where people go when they have been injured or have urgent illnesses so that they can be treated immediately ▷ **izba przyjęć**

eˌ**mergency** ˈ**services** **noun** [plural] the organizations who deal with accidents and urgent problems such as fire, illness, or crime ▷ **służby ratownicze**

emerging /ɪˈmɜːdʒɪŋ/ **adjective** [always before noun] starting to exist or develop: ***emerging economies/markets*** ▷ **rozwijający się, nowo powstały, nowy**

emigrant /ˈemɪgrənt/ **noun** [C] someone who leaves their own country to go and live in another one ▷ **emigrant/ka**

emigrate /ˈemɪgreɪt/ **verb** [I] to leave your own country to go and live in another one: *We're thinking of **emigrating to** New Zealand.* ▷ **emigrować**
• **emigration** /ˌemɪˈgreɪʃən/ noun [U] ▷ **emigracja**

Emily /ˈemɪli/ **noun** a female name

eminent /ˈemɪnənt/ **adjective** famous, respected, or important: *an eminent historian* ▷ **wybitny, znakomity**
• **eminence** /ˈemɪnəns/ noun [U]
→ See also **pre-eminent** ▷ **sława**

eminently /ˈemɪnəntli/ **adverb** formal very: *He is eminently qualified for the job.* ▷ **wybitnie**

emission /ɪˈmɪʃən/ **noun** [C, U] when gas, heat, light, etc is sent out into the air, or an amount of gas, heat, light, etc that is sent out: ***Carbon dioxide emissions** will be reduced by 20%.* ▷ **emisja**

emit /ɪˈmɪt/ **verb** [T] (present participle **emitting**, past tense and past participle **emitted**) to send out gas, heat, light, etc into the air: *The machine emits a high-pitched sound when you press the button.* ▷ **emitować, wydawać**

Emma /ˈemə/ **noun** a female name

emoticon /ɪˈməʊtɪkɒn/ **noun** [C] an image such as :-) which looks like a face when you look at it from the side, made using keyboard symbols and used in emails to express emotions ▷ **emotikon, buźka**

emotion /ɪˈməʊʃən/ **noun** [C, U] (B2) a strong feeling such as love or anger, or strong feelings in general: *He finds it hard to **express** his **emotions**.* ◦ *She was overcome with emotion and burst into tears.* ▷ **uczucie, emocja**

> **Wyrazy występujące razem z emotion**
> **display/experience/feel/show** emotion • **deep/powerful/strong** emotion

emotional /ɪˈməʊʃənəl/ **adjective** **1** (B2) relating to emotions: *a child's emotional development* ▷ **emocjonalny, uczuciowy** **2** (B2) showing strong feelings, or making people have strong feelings: *an emotional speech* ◦ *After the argument, I was feeling confused and emotional.* ▷ **emocjonalny, poruszony, poruszający** **3** An emotional person shows their emotions very easily or very often. ▷ **uczuciowy**
• **emotionally** adverb (B2) ▷ **emocjonalnie, uczuciowo**

emotive /ɪˈməʊtɪv/ **adjective** making people feel strong emotions: *Animal experimentation is a very **emotive issue**.* ▷ **budzący emocje**

empathy /ˈempəθi/ **noun** [U] the ability to imagine what it must be like to be in someone's situation ▷ **empatia**
• **empathize** (also UK **-ise**) /ˈempəθaɪz/ **verb** [I] to feel empathy with someone: *I think people find it easy to* ***empathize with*** *the main character.* ▷ **czuć empatię, wczuwać się**

emperor /ˈempᵊrəʳ/ **noun** [C] the male ruler of an empire: *Emperor Charlemagne* ▷ **cesarz, imperator**

E

emphasis /ˈemfəsɪs/ **noun** [C, U] (plural **emphases** /ˈemfəsiːz/) **1** B2 particular importance or attention that you give to something: *Schools are starting to* ***place/put*** *greater* ***emphasis on*** *passing exams.* ▷ **nacisk, uwaga 2** the extra force that you give to a word or part of a word when you are saying it: *The* ***emphasis*** *is* ***on*** *the final syllable.* ▷ **akcent**

emphasize (also UK **-ise**) /ˈemfəsaɪz/ **verb** [T] B2 to show that something is especially important or needs special attention: *The government is* ***emphasizing*** *the* ***importance*** *of voting in the election.* ◦ [+ that] *He emphasized that the driver was not to blame for the accident.* ▷ **podkreślać**

emphatic /ɪmˈfætɪk/ **adjective** done or said in a strong way and without any doubt: *an emphatic victory* ▷ **jednoznaczny, stanowczy, dobitny**
• **emphatically adverb** ▷ **dobitnie, stanowczo**

empire /ˈempaɪəʳ/ **noun** [C] **1** a group of countries that is ruled by one person or government ▷ **imperium 2** a large group of businesses that is controlled by one person or company: *a publishing empire* ▷ **imperium**

empirical /ɪmˈpɪrɪkᵊl/ **adjective** formal based on experience or scientific experiments and not only on ideas: ***empirical evidence*** ▷ **empiryczny**
• **empirically adverb** ▷ **empirycznie**

employ /ɪmˈplɔɪ/ **verb** [T] **1** B1 If a person or company employs someone, they pay that person to work for them: *The company employs 2500 staff.* ◦ [+ to do sth] *They employ her to look after their children.* ▷ **zatrudniać 2** formal to use something: *Companies employ clever tactics to persuade us to buy their products.* ▷ **stosować**

employee /ɪmˈplɔɪiː/ **noun** [C] B1 someone who is paid to work for a person or company ▷ **pracowni-k/ca**

employer /ɪmˈplɔɪəʳ/ **noun** [C] B1 a person or company that pays people to work for them ▷ **pracodawca**

employment /ɪmˈplɔɪmənt/ **noun** [U] **1** B1 when someone is paid to work for a person or company: ***full-time/part-time employment*** ◦ *It is not easy to* ***find employment*** *in the countryside.* ◦ *employment opportunities/rights* ▷ **zatrudnienie, praca** → Compare **unemployment 2** formal the use of something ▷ **zastosowanie**

> Wyrazy występujące razem z **employment**
>
> find/offer/provide/seek employment • gainful/paid/full-time/part-time/temporary employment • be in employment

empower /ɪmˈpaʊəʳ/ **verb 1** [T] to give someone the confidence, skills, freedom, etc to do something: [+ to do sth] *Education empowers people to take control of their lives.* ▷ **umożliwiać, uprawniać 2 be empowered to do sth** to have the legal or official right to do something ▷ **być** *uprawnionym* **do** *zrobienia czegoś*

empress /ˈemprəs/ **noun** [C] the female ruler, or the wife of a male ruler, of an empire: *Empress Josephine* ▷ **cesarzowa**

empty[1] /ˈempti/ **adjective 1** A2 If something is empty, it does not contain any things or people: *an empty house/street* ◦ *empty bottles/glasses* ◦ *The train was completely empty when it reached London.* ▷ **pusty 2** having no meaning or value: *an* ***empty promise/threat*** ▷ **pusty**
• **emptiness noun** [U] ▷ **pustka**

empty[2] /ˈempti/ **verb 1** [T] (also **empty out**) If you empty a container, or if you empty the things inside it, you remove everything from it: *He* ***emptied*** *the dirty water* ***into*** *the sink.* ▷ **opróżniać, wyrzucać, wylewać 2** [I] to become empty: *The room emptied rapidly when the fire started.* ▷ **opróżniać się, pustoszeć**

empty-handed /ˌemptiˈhændɪd/ **adjective** without bringing or taking anything: *We can't go to the party empty-handed.* ▷ **z pustymi rękami**

ˌempty ˈset noun [C] a set that contains no elements ▷ **zbiór pusty**

the EMS /ˌiːemˈes/ **noun** [no plural] abbreviation for the European Monetary System: a system which limits changes in the values of the different types of money used in countries in the European Union ▷ **ESW (= Europejski System Walutowy)**

EMU /ˌiːemˈjuː/ **noun** [U] abbreviation for Economic and Monetary Union: when several countries form a single market with one currency ▷ **UGW = Unia Gospodarcza i Walutowa**

emulate /ˈemjəleɪt/ **verb** [T] formal to try to be like someone or something that you admire or that is successful: *They hope to* ***emulate*** *the* ***success*** *of other software companies.* ▷ **naśladować**

emulsifier /ɪˈmʌlsɪfaɪəʳ/ **noun** [C] a substance which is added to a mixture of food in order to stop the mixture from separating into different parts ▷ **emulgator**

emulsify /ɪˈmʌlsɪfaɪ/ **verb** [I, T] If two liquids emulsify or are emulsified, they combine and become a smooth mixture. ▷ **emulgować**
• **emulsification** /ɪˌmʌlsɪfɪˈkeɪʃᵊn/ **noun** [U] ▷ **emulgacja**

emulsion /ɪˈmʌlʃᵊn/ **noun** [C, U] **1** a liquid in which two liquids have been mixed together but neither liquid has dissolved into the other liquid ▷ **emulsja** **2** (also **emulsion paint**) a water-based paint which is not shiny when dry ▷ **emulsja**

enable /ɪˈneɪbl/ **verb** [T] (B2) to make someone able to do something, or to make something possible: [+ to do sth] *This money has enabled me to buy a new computer.* ▷ **umożliwiać**

-enabled /ɪˈneɪbᵊld/ **suffix** **1** having the necessary equipment or system to use something: *Bluetooth-enabled mobile phones* ▷ wyposażony w coś **2** used or made possible by using a particular thing: *voice-enabled software* ▷ obsługujący coś

enact /ɪˈnækt/ **verb** [T] **1** to make something into a law: [often passive] *When was this legislation enacted?* ▷ **uchwalać** **2** formal to perform a story or play ▷ **grać, odgrywać**

• **enactment noun** [U] ▷ **uchwalenie, odegranie**

enamel /ɪˈnæmᵊl/ **noun** [U] **1** a hard, shiny substance that is used to decorate or protect metal or clay ▷ **emalia** **2** the hard, white substance that covers your teeth ▷ **szkliwo**

enamoured UK (US **enamored**) /ɪˈnæməd/ **adjective be enamoured of/with sb/sth** formal to like someone or something very much ▷ **być zakochanym w** *kimś/czymś*

enc (also **encl**) written abbreviation for enclosed: used at the end of a business letter to show that there is something else in the envelope ▷ **zał. (= załączniki, w załączeniu)**

encapsulate /ɪnˈkæpsjəleɪt/ **verb** [T] to express or show the most important facts about something: *The film encapsulates the essence of that period.* ▷ **wyrażać, przedstawiać, podsumowywać**

encase /ɪnˈkeɪs/ **verb be encased in sth** formal to be completely covered in something: *The outside walls are encased in concrete.* ▷ **być pokrytym** *czymś*, **być otoczonym** *czymś*

encephalitis /ˌenkefəˈlaɪtɪs/ (US) /enˌsefəˈ-/ **noun** [U] a serious illness in which the brain swells, which is caused by an infection ▷ **zapalenie mózgu**

enchanted /ɪnˈtʃɑːntɪd/ **adjective** **1** If you are enchanted by something, you like it very much: *She was enchanted by the Scottish landscape.* ▷ **oczarowany** **2** affected by magic: *an enchanted forest* ▷ **zaczarowany**

enchanting /ɪnˈtʃɑːntɪŋ/ **adjective** very nice: *What an enchanting child!* ▷ **czarujący, uroczy**

encircle /ɪnˈsɜːkl/ **verb** [T] formal to form a circle around something: [often passive] *The house is encircled by a high fence.* ▷ **otaczać**

enclave /ˈenkleɪv/ **noun** [C] a place which is different from the area that is around it because its people have a different language or culture: *an Italian enclave in Switzerland* ▷ **enklawa**

enclose /ɪnˈkləʊz/ **verb** [T] **1** (B2) to send something in the same envelope or parcel as something else: *I enclose a map of the area.* ▷ **załączać** **2** to be all around something and separate it from other things or places ▷ **otaczać, ogradzać**

• **enclosed adjective** *He doesn't like* ***enclosed spaces.*** ▷ **zamknięty**

enclosure /ɪnˈkləʊʒəʳ/ **noun** [C] a small area of land that has a wall or fence around it ▷ **zagroda, ogrodzony teren**

encompass /ɪnˈkʌmpəs/ **verb** [T] to include a lot of things, ideas, places, etc: *Their albums* ***encompass*** *a wide* ***range*** *of music.* ▷ **obejmować, zawierać**

encore /ˈɒŋkɔːʳ/ **noun** [C] an extra song or piece of music that is performed at the end of a show because the audience shout for it ▷ **bis**

encounter¹ /ɪnˈkaʊntəʳ/ **verb** [T] **1** (B2) to experience something unpleasant: *We* ***encountered*** *quite a few* ***problems*** *at the beginning.* ▷ **napotkać, natknąć się na** **2** literary to meet someone, especially when you do not expect it ▷ **spotykać**

encounter² /ɪnˈkaʊntəʳ/ **noun** [C] a meeting, especially one that happens by chance ▷ **spotkanie**

> Wyrazy występujące razem z **encounter**
>
> have an encounter • a **chance** encounter • an encounter **with** sb

encourage /ɪnˈkʌrɪdʒ/ **verb** [T] **1** (B1) to make someone more likely to do something, or make something more likely to happen: [+ to do sth] *My parents encouraged me to try new things.* ◦ *Cutting back plants will encourage growth.* ▷ **zachęcać, pobudzać** **2** (B1) to give someone confidence or hope: *My parents encouraged me when things weren't going well at school.* ▷ **wspierać, zachęcać** → Opposite **discourage**

• **encouragement noun** [C, U] (B2) *Children need lots of encouragement from their parents.* ▷ **zachęta, wsparcie**

encouraged /ɪnˈkʌrɪdʒd/ **adjective** having more confidence or hope about something: *We were very encouraged by his exam results.* ▷ **podbudowany, zachęcony**

encouraging /ɪnˈkʌrɪdʒɪŋ/ **adjective** (B2) making you feel more hope and confidence: *The team's performance was very encouraging.* ▷ **zachęcający** → Opposite **discouraging**

• **encouragingly adverb** ▷ **zachęcająco**

encroach /ɪnˈkrəʊtʃ/ **verb**

PHRASAL VERB **encroach on/upon sth** to gradually take away someone's rights, power, etc, or get control of something, often without being noticed: *My job is starting to encroach on my family life.* ▷ **wkraczać na** *coś*, **wtargnąć na** *coś*, **zakłócać** *coś*

encrusted /ɪnˈkrʌstɪd/ **adjective** covered with something hard, for example dirt or stones: *My trousers were* ***encrusted with*** *mud.* ▷ **oblepiony**

encrypt /ɪnˈkrɪpt/ **verb** [T] to change electronic information into a secret system of letters, numbers, or symbols ▷ **szyfrować**
• **encryption noun** [U] ▷ **szyfrowanie**

encyclopedia (also UK **encyclopaedia**) /ɪnˌsaɪkləˈpiːdiə/ **noun** [C] a book or a set of books containing facts about a lot of subjects ▷ **encyklopedia**

E

end¹ /end/ **noun 1** [no plural] Ⓐ1 the final part of something such as a period of time, activity, or story: *I'll pay you* ***at the end*** *of next month.* ◦ *I didn't meet him until the end of the course.* ◦ *a film with a twist at the end* ▷ **koniec 2** [C] Ⓐ2 the furthest part or final part of a place or thing: *They live* ***at the*** *other* ***end*** *of the street.* ◦ *They were standing at* ***opposite ends*** *of the room.* ▷ **koniec 3** [C] Ⓑ2 when something stops happening: [usually singular] *They are calling for* ***an end to*** *the violence.* ▷ **koniec, kres 4 in the end** Ⓑ1 finally, after something has been thought about or discussed a lot ▷ **w końcu 5 come to an end** to finish ▷ **zakończyć się 6 put an end to sth** Ⓑ2 to make something stop happening or existing: *He's determined to put an end to these rumours.* ▷ **położyć** *czemuś* **kres 7 bring sth to an end** to make something finish: *The stories in the newspaper brought her career to a sudden end.* ▷ **położyć** *czemuś* **kres 8 no end** informal a lot: *I've had* ***no end of*** *trouble finding a hotel room.* ▷ **mnóstwo 9 for hours/days, etc on end** for hours/days, etc without stopping: *He waited by the telephone for hours on end.* ▷ **całymi godzinami/dniami** *itp.* **10** [C] an intention or purpose: *She only has one end in mind.* ▷ **cel**

IDIOMS **at the end of the day** UK something that you say before you give the most important fact of a situation: *At the end of the day, what matters is that you're safe.* ▷ **ale przecież, w końcu, w ostatecznym rozrachunku** • **at the end of your tether** (also US **at the end of your rope**) so tired, annoyed, or worried by something that you do not feel that you can deal with it ▷ **u kresu wytrzymałości** • **get (hold of) the wrong end of the stick** to not understand a situation correctly: *My mum got the wrong end of the stick and thought that Jim was my boyfriend.* ▷ **źle zrozumieć** • **be at a loose end** to have nothing to do: *Come and visit us if you're at a loose end over the weekend.* ▷ **nie mieć nic do roboty** • **make ends meet** to have just enough money to pay for the things that you need: *I've taken a second job in the evenings just to make ends meet.* ▷ **wiązać koniec z końcem** • **not be the end of the world** If something is not the end of the world, it will not cause very serious problems: *It won't be the end of the world if I don't get the job.* ▷ **to nie koniec świata** • **be on/at the receiving end of sth** If you are on the receiving end of something, you suffer something unpleasant when you have done nothing to deserve it: *They are often on the receiving end of verbal abuse from angry customers.* ▷ **być ofiarą lub celem** *czegoś* • **throw sb in at the deep end** to make someone start a new and difficult job or activity without helping them or preparing them for it ▷ **rzucić** *kogoś* **na głęboką wodę**

→ See also **dead end**, ***light*** **at the end of the tunnel**, ***odds*** **and ends**, **the** ***tail*** **end of sth**, **the West End**, **be at your** ***wits'*** **end**

> **Wyrazy występujące razem z end**
> at the end (of sth) • by the end (of sth) • the very end

end² /end/ **verb** [I, T] Ⓐ2 to finish or stop, or to make something finish or stop: *What time does the concert end?* ◦ *These talks do not look likely to end the war.* ▷ **kończyć (się), zakończyć (się)**

PHRASAL VERBS **end in/with sth** to finish in a particular way: *The evening ended in a big argument.* ▷ **zakończyć się** *czymś* • **end up** Ⓑ1 to finally be in a particular place or situation: *I never thought he'd end up in prison.* ◦ [+ doing sth] *He always ends up doing what Alan wants to do.* ◦ *She'll end up unemployed.* ▷ **skończyć, wylądować**

endanger /ɪnˈdeɪndʒəʳ/ **verb** [T] to put someone or something in a situation where they might be harmed or seriously damaged: *He would never do anything to endanger the children's lives.* ▷ **narażać (na niebezpieczeństwo)**

endangered /ɪnˈdeɪndʒəd/ **adjective endangered birds/plants/species, etc** Ⓑ2 animals or plants which may soon not exist because there are very few now alive ▷ **ptaki/rośliny/gatunki** *itp.* **zagrożone wymarciem**

endear /ɪnˈdɪəʳ/ **verb**

PHRASAL VERB **endear sb to sb** If a quality in someone's character, or their behaviour endears them to you, it makes you like them. ▷ **zjednać** *komuś czyjąś* **sympatię**

endearing /ɪnˈdɪərɪŋ/ **adjective** An endearing quality is one that makes people like you. ▷ **ujmujący**

endeavour UK (US **endeavor**) /ɪnˈdevəʳ/ **verb endeavour to do sth** formal to try very hard to do something: *I endeavoured to help her, but she wouldn't let me.* ▷ **usiłować** *coś zrobić*
• **endeavour** UK (US **endeavor**) **noun** [C, U] *human/artistic endeavour* ▷ **przedsięwzięcie, usiłowanie**

endemic /enˈdemɪk/ **adjective** formal If something unpleasant is endemic in a place or among a group of people, there is a lot of it there: *Corruption is endemic in some parts of the police force.* ▷ **powszechny**

ending /'endɪŋ/ **noun** [C] **1** Ⓑ1 the last part of a story: *I hope this film has a* ***happy ending****.* ▷ **zakończenie 2** Ⓑ1 a part added to the end of a word: *To make the plural of 'dog', you add the plural ending '-s'.* ▷ **końcówka**

endive /'endaɪv/ **noun** [C, U] a plant with bitter green leaves that are eaten in salads ▷ **cykoria, endywia**

endless /'endləs/ **adjective** Ⓑ2 continuing for a long time and never finishing, or never seeming to finish: *He seems to think that I have an* ***endless supply*** *of money.* ▷ **nieskończony, niewyczerpany**
• **endlessly adverb** ▷ **bez końca**

endocrine gland /'endəkraɪn,glænd/ **noun** [C] any of the organs of the body which make hormones and put the hormones into the blood ▷ **gruczoł wydzielania wewnętrznego lub dokrewny**

endorse /ɪn'dɔːs/ **verb** [T] formal to say publicly that you support a person or action: [often passive] *The idea was endorsed by a majority of members.* ▷ **popierać**
• **endorsement noun** [C, U] ▷ **poparcie**

endoscope /'endəskəʊp/ **noun** [C] a very small camera on the end of a long, thin tube that can be pushed into the body so that doctors can see inside the body ▷ **endoskop**

endoscopy /en'dɒskəpi/ **noun** [C] a medical operation using an endoscope ▷ **endoskopia**

endoskeleton /,endəʊ'skelɪtᵊn/ **noun** [C] a set of bones inside a body, such as the bones that support the body of a vertebrate ▷ **szkielet wewnętrzny** → Compare **exoskeleton**

endosperm /'endəʊspɜːm/ **noun** [U] the store of food inside a plant seed ▷ **bielmo w nasieniu**

endothermic reaction /endəʊ,θɜːmɪk ri'ækʃən/ **noun** [C] a chemical reaction that needs heat in order to happen ▷ **reakcja endotermiczna** → Compare **exothermic reaction**

endow /ɪn'daʊ/ **verb** formal **1 be endowed with sth** to have a particular quality or characteristic: *The country is richly endowed with natural resources.* ▷ **cieszyć się** *czymś*, **móc się poszczycić** *czymś*, **być obdarzonym** *czymś* **2** [T] to give a large amount of money to a college, hospital, etc ▷ **wspomagać finansowo, dokonać zapisu na rzecz**

end-product /'end,prɒdʌkt/ **noun** [C] the thing that you get at the end of a process or activity ▷ **produkt końcowy, rezultat**

endurance /ɪn'djʊərᵊns/ **noun** [U] the ability to keep doing something difficult, unpleasant, or painful for a long time: *a race to test athletes' endurance* ▷ **wytrzymałość**

endure /ɪn'djʊəʳ/ **verb** [T] formal Ⓑ2 to suffer something difficult, unpleasant, or painful: *She's already had to endure three painful operations on her leg.* ▷ **wytrwać, znosić, przechodzić**

enduring /ɪn'djʊərɪŋ/ **adjective** existing for a long time: *the enduring popularity of cartoons* ▷ **trwały, niesłabnący**

enemy /'enəmi/ **noun 1** [C] Ⓑ1 a person who you dislike or oppose: *I try not to* ***make*** *any* ***enemies****.* ▷ **wróg 2** [group] Ⓑ2 a country or army that your country or army is fighting against in a war: *enemy forces/territory* ▷ **wróg**

> Wyrazy występujące razem z **enemy**
>
> **have/make** enemies • **arch/bitter/deadly** enemies

energetic /,enə'dʒetɪk/ **adjective** Ⓑ2 having or involving a lot of energy: *an energetic young woman* ◦ *Aerobics is too energetic for me.* ▷ **energiczny**
• **energetically adverb** ▷ **energicznie**

energy /'enədʒi/ **noun** [C, U] **1** Ⓑ1 the power and ability to be very active without becoming tired: *Looking after children takes up a lot of time and energy.* ◦ [+ to do sth] *I didn't even have the energy to get out of bed.* ▷ **energia 2** Ⓑ1 the power that comes from electricity, gas, etc: *nuclear energy* ◦ *energy conservation* ▷ **energia** → See also **atomic energy**

> Wyrazy występujące razem z **energy**
>
> **expend/have/save/waste** energy • **boundless/high/restless/surplus** energy

enforce /ɪn'fɔːs/ **verb** [T] **1** to make people obey a rule or law: *It is the duty of the police to enforce the law.* ▷ **egzekwować 2** to make a particular situation happen, or to make people accept it: *The new teacher failed to enforce discipline.* ▷ **wprowadzać (w życie), egzekwować, wymuszać**
• **enforcement noun** [U] *law enforcement* ▷ **egzekwowanie**

engage /ɪn'geɪdʒ/ **verb** [T] formal **1** to interest someone in something and keep them thinking about it: *The debate about food safety has engaged the whole nation.* ▷ **wciągać, angażować 2** to employ someone: [+ to do sth] *I have engaged a secretary to deal with all my paperwork.* ▷ **zatrudniać, angażować**

PHRASAL VERBS **engage in sth** to take part in something ▷ **zajmować się** *czymś*, **zaangażować się w** *coś* • **engage sb in sth** If you engage someone in conversation, you start a conversation with them. ▷ **zajmować** *kogoś czymś*

engaged /ɪn'geɪdʒd/ **adjective 1** Ⓑ1 If two people are engaged, they have formally agreed to marry each other: *When did they* ***get engaged****?* ▷ **zaręczony 2** UK Ⓑ1 If a telephone line or a toilet is engaged, it is already being used. ▷ **zajęty**

engagement /ɪn'geɪdʒmənt/ **noun** [C] **1** an agreement to get married to someone: *an* ***engagement ring*** ▷ **zaręczyny 2** an arrangement to meet someone or do something at a particular time ▷ **(zaplanowane) zajęcie lub spotkanie**

> **Wyrazy występujące razem z engagement**
>
> **announce/break off** your engagement • your engagement **to** sb • an engagement **party/ring**

E

engaging /ɪnˈgeɪdʒɪŋ/ **adjective** pleasant, interesting, or attractive: *She has a very engaging personality.* ▷ **ujmujący**

engender /ɪnˈdʒendəʳ/ **verb** [T] formal to make people have a particular feeling or make a situation start to exist: *We want to engender loyalty to our products.* ▷ **rozbudzać, wywoływać, wytwarzać**

engine /ˈendʒɪn/ **noun** [C] **1** A2 the part of a vehicle that uses energy from oil, electricity, or steam to make it move: *a diesel/petrol engine* ▷ **silnik 2** the part of a train that pulls it along ▷ **lokomotywa** → See also **fire engine**, **search engine**

> **Wyrazy występujące razem z engine**
>
> **start/switch on/switch off/turn off** the engine

ˈ**engine** ˌ**driver** **noun** [C] UK (US **engineer**) someone whose job is to drive a train ▷ **maszynist-a/ka**

engineer[1] /ˌendʒɪˈnɪəʳ/ **noun** [C] **1** A2 someone whose job is to design, build, or repair machines, engines, roads, bridges, etc: *a **mechanical/structural engineer*** ◦ *a **software engineer*** ▷ **inżynier, technik 2** US someone whose job is to drive a train ▷ **maszynist-a/ka**

engineer[2] /ˌendʒɪˈnɪəʳ/ **verb** [T] to arrange for something to happen, especially in a clever and secret way: [often passive] *She was convinced that the accident had been engineered by his enemies.* ▷ **aranżować**

engineering /ˌendʒɪˈnɪərɪŋ/ **noun** [U] B1 the work of an engineer, or the study of this work: *mechanical engineering* ▷ **inżynieria** → See also **civil engineering**, **genetic engineering**

English[1] /ˈɪŋglɪʃ/ **noun 1** [U] the language that is spoken in the UK, the US, and in many other countries: *American/British English* ◦ *Do you speak English?* ▷ **(język) angielski 2 the English** [plural] the people of England ▷ **Anglicy**

English[2] /ˈɪŋglɪʃ/ **adjective 1** relating to the English language: *an English teacher* ▷ **angielski, (języka) angielskiego 2** relating to England: *English law* ▷ **angielski**

ˌ**English** ˈ**breakfast** **noun** [C] UK a dish including cooked meat and eggs, eaten as the first meal of the day ▷ **tradycyjne angielskie śniadanie**

ˌ**English** ˈ**muffin** **noun** [C] US (UK **muffin**) a small, round, flat bread that is often eaten hot with butter ▷ **bułeczka drożdżowa**

engrave /ɪnˈgreɪv/ **verb** [T] to cut words or pictures into the surface of metal, stone, etc: *He gave her a silver pen engraved with her name.* ▷ **grawerować**
• **engraver** noun [C] ▷ **grawer**

engraving /ɪnˈgreɪvɪŋ/ **noun** [C] a picture printed from an engraved piece of metal or wood ▷ **sztych, rycina**

engrossed /ɪnˈgrəʊst/ **adjective** giving all your attention to something: *He was so **engrossed in** what he was doing that he didn't hear the bell.* ▷ **zaabsorbowany, pochłonięty**

engrossing /ɪnˈgrəʊsɪŋ/ **adjective** very interesting, and needing all your attention: *an engrossing book* ▷ **absorbujący**

engulf /ɪnˈgʌlf/ **verb** [T] **1** to surround or cover someone or something completely: [often passive] *The house **was** quickly **engulfed in** flames.* ▷ **pochłaniać 2** to affect a place or a group of people quickly and strongly: *Panic is threatening to engulf the country.* ▷ **ogarniać**

enhance /ɪnˈhɑːns/ **verb** [T] formal to improve something: *Winning that award greatly enhanced her reputation.* ▷ **poprawiać**
• **enhancement** noun [C, U] when something is improved ▷ **poprawa**

enigma /ɪˈnɪgmə/ **noun** [C] someone or something that is mysterious and difficult to understand: *She is a complete enigma to me.* ▷ **enigma, zagadka**

enigmatic /ˌenɪgˈmætɪk/ **adjective** mysterious and impossible to understand completely ▷ **enigmatyczny, zagadkowy**

enjoy /ɪnˈdʒɔɪ/ **verb** [T] **1** A1 If you enjoy something, it gives you pleasure: *I hope you enjoy your meal.* ◦ [+ doing sth] *I really enjoyed being with him.* ▷ **lubić, być zadowolonym z, cieszyć się z 2 enjoy yourself** A2 to get pleasure from something that you are doing: *Everyone eventually relaxed and began to enjoy themselves.* ▷ **dobrze się bawić 3** formal to have or experience something good such as success: *His play enjoyed great success on Broadway.* ▷ **cieszyć się, odnosić**

> **Enjoy** wyrazy bliskoznaczne
>
> W sytuacjach bardziej formalnych mówimy **relish** zamiast „enjoy":
> *Jonathan always **relishes** a challenge.*
> Jeśli ktoś czerpie radość z jakiejś sytuacji lub z robienia czegoś, możemy użyć czasowników frazowych **lap up** lub **revel in**:
> *He **lapped up** all the attention they gave him.*
> *She **revelled in** her role as team manager.*
> Gdy ktoś bardzo dobrze się bawi, w sytuacjach nieformalnych możemy zastosować wyrażenie **have a ball**:
> *We **had a ball** in Miami.*

enjoyable /ɪnˈdʒɔɪəbl/ **adjective** B1 An enjoyable event or experience gives you pleasure: *We had a very enjoyable evening.* ▷ **miły, przyjemny**

enjoyment /ɪnˈdʒɔɪmənt/ **noun** [U] B2 when you enjoy something: *She **gets** a lot of **enjoyment from** music.* ▷ **radość, przyjemność**

enlarge /ɪnˈlɑːdʒ/ **verb** [I, T] to become bigger or to make something become bigger: [often passive] *I want to get this photo enlarged.* ◦ *an enlarged liver* ▷ **powiększać (się)**

PHRASAL VERB **enlarge on/upon sth** formal to give more details about something that you have said or written ▷ **powiedzieć coś więcej o** *czymś*, **rozwodzić się nad** *czymś*

enlargement /ɪnˈlɑːdʒmənt/ **noun** [C, U] when something is enlarged, or something that has been enlarged: *I'm going to get an enlargement of this wedding photo.* ▷ **powiększenie**

enlighten /ɪnˈlaɪtᵊn/ **verb** [T] formal to give someone information about something, so that they understand a situation: *He believes he has a duty to enlighten the public on these matters.* ▷ **oświecać, uświadamiać**

enlightened /ɪnˈlaɪtᵊnd/ **adjective** having practical, modern ideas and ways of dealing with things: *an **enlightened attitude*** ▷ **nowoczesny, świadomy, oświecony**

enlightening /ɪnˈlaɪtᵊnɪŋ/ **adjective** giving you more information and understanding about something: *an enlightening book* ▷ **pouczający**

enlist /ɪnˈlɪst/ **verb 1 enlist the help/support of sb** to ask for and get help or support from someone: *They are hoping to enlist the support of local politicians.* ▷ **uzyskać lub pozyskać pomoc/wsparcie** *kogoś* **2** [I] to join the army, navy, etc ▷ **zaciągnąć się**

enliven /ɪnˈlaɪvᵊn/ **verb** [T] to make something more interesting: *The children's arrival enlivened a boring evening.* ▷ **ożywić**

en masse /ɒnˈmæs/ **adverb** If a group of people do something en masse, they do it together as a group: *They surrendered en masse.* ▷ **en masse**

enmity /ˈenməti/ **noun** [U] formal a strong feeling of hate ▷ **wrogość**

enormity /ɪˈnɔːməti/ **noun the enormity of sth** how big or important something is: *He hadn't realized the enormity of the problem.* ▷ **ogrom** *czegoś*

enormous /ɪˈnɔːməs/ **adjective** B1 extremely large: *This living room is enormous.* ▷ **ogromny**

enormously /ɪˈnɔːməsli/ **adverb** extremely: *an enormously popular show* ▷ **ogromnie**

enough[1] /ɪˈnʌf/ **pronoun, quantifier 1** A2 as much as is necessary: *They had enough fuel for one week.* ◦ [+ to do sth] *Have you had enough to eat?* ▷ **dosyć 2** B2 as much as or more than you want: *I've got enough work at the moment, without being given any more.* ▷ **dosyć 3 have had enough** to want something to stop because it is annoying you: *I've **had enough of** your excuses.* ▷ **mieć dosyć 4 that's enough** used to tell someone to stop behaving badly ▷ **dosyć tego**

enough[2] /ɪˈnʌf/ **adverb 1** A2 as much as is necessary: [+ to do sth] *Are you old enough to vote?* ◦ *You're not going fast enough.* ▷ **wystarczająco 2** slightly, but not very: *He's nice enough, but I don't really want to go out with him.* ▷ **dosyć, całkiem 3 funnily/oddly/strangely enough** B2 although it may seem strange: *I was dreading the party, but I really enjoyed it, funnily enough.* ▷ **co ciekawe, dziwnym trafem**

enquire UK (UK/US **inquire**) /ɪnˈkwaɪəʳ/ **verb** [I, T] B2 to ask someone for information about something: *"Are you staying long?" she enquired.* ◦ *I'm **enquiring about** dentists in the area.* ▷ **dowiadywać się, pytać się**

• **enquirer** UK (UK/US **inquirer**) **noun** [C] ▷ **pytając-y/a**

PHRASAL VERBS **enquire after sb** UK formal to ask someone for information about someone else's health and what they are doing, in order to be polite ▷ **dopytywać się lub pytać o** *kogoś* • **enquire into sth** formal to try to discover the facts about something ▷ **badać** *coś*

enquiring UK (UK/US **inquiring**) /ɪnˈkwaɪərɪŋ/ **adjective** [always before noun] **1** always wanting to learn new things: *an **enquiring mind*** ▷ **dociekliwy 2** An enquiring expression on your face shows that you want to know something. ▷ **pytający**

enquiry UK (UK/US **inquiry**) /ɪnˈkwaɪəri/ **noun 1** [C] formal B1 a question that you ask when you want more information: *We receive a lot of **enquiries about** tax issues.* ▷ **zapytanie, pytanie 2** [C] an official process to discover the facts about something bad that has happened: *The hospital is holding an **enquiry into** the accident.* ▷ **dochodzenie 3** [U] formal the process of asking questions in order to get information ▷ **dochodzenie**

> Wyrazy występujące razem z **enquiry**
>
> **make/receive** an enquiry • an enquiry **about** sth

enrage /ɪnˈreɪdʒ/ **verb** [T] to make someone very angry: [often passive] *Farmers are enraged by the government's refusal to help.* ▷ **rozwścieczać**

enrich /ɪnˈrɪtʃ/ **verb** [T] to improve the quality of something by adding something to it: [often passive] *Our culture has been enriched by the many immigrants who live here.* ▷ **wzbogacać**

• **enrichment noun** [U] ▷ **wzbogacenie**

enrol (present participle **enrolling**, past tense and past participle **enrolled**) UK (US **enroll**) /ɪnˈrəʊl/ **verb** [I, T] to become or make someone become an official member of a course, college, or group: *I've UK **enrolled on**/US **enrolled in** a creative writing course.* ▷ **zapisywać (się)**

• **enrolment** UK (US **enrollment**) **noun** [C, U] ▷ **zapisanie (się)**

en route /ˌɒnˈruːt/ **adverb** on the way to or from somewhere: *We stopped in Monaco* ***en route to*** *Switzerland.* ▷ **po drodze**

ensemble /ɒnˈsɒmbəl/ **noun** [C] a small group of musicians or actors who regularly play or perform together ▷ **zespół (muzyczny), grupa (muzyczna)**

enshrined /ɪnˈʃraɪnd/ **verb** formal **be enshrined in sth** If a political or social right is enshrined in something, it is protected by being included in it: *These fundamental human rights are enshrined in the constitution.* ▷ **być zagwarantowanym przez** *coś*

enslave /ɪnˈsleɪv/ **verb** [T] formal to control someone and keep them in a bad situation: [often passive] *These workers are enslaved by poverty.* ▷ **zniewalać**

ensue /ɪnˈsjuː/ **verb** [I] (present participle **ensuing**, past tense and past participle **ensued**) formal to happen after something, often as a result of it ▷ **następować, wywiązywać się**

• **ensuing** **adjective** [always before noun] *the ensuing hours/months/weeks* ▷ **następujący (później), wynikły (z tego), następny**

en suite /ˌɒnˈswiːt/ **adjective** UK An en suite bathroom is directly connected to a bedroom. ▷ **przyległy, własny**

ensure /ɪnˈʃɔːr/ **verb** [T] formal Ⓑ2 to make certain that something is done or happens: [+ (that)] *Please ensure that all examination papers have your name at the top.* ▷ **zapewniać, upewniać się, dopilnować**

entail /ɪnˈteɪl/ **verb** [T] to involve something: *What exactly does the job entail?* ▷ **wiązać się z, pociągać za sobą**

entangled /ɪnˈtæŋgld/ **adjective** **1** involved with someone or something so that it is difficult to escape: *I don't know how I ever got entangled in this relationship.* ▷ **uwikłany, zaplątany** **2** caught in something such as a net or ropes: *The dolphin had become entangled in the fishing net.* ▷ **zaplątany**

entente cordiale /ˌɒntɒntˌkɔːdiˈɑːl/ **noun** [C, usually singular, U] a friendly agreement or relationship between two countries, especially that between the UK and France, agreed in 1904 ▷ **entente cordiale**

enter /ˈentər/ **verb** **1** [I, T] Ⓐ2 to come or go into a place: *The police entered by the back door.* ◦ *She is accused of entering the country illegally.* ▷ **wchodzić, wjeżdżać, wkraczać** **2** [T] Ⓑ1 to put information into a computer, book, or document: *You have to enter a password to access this information.* ▷ **wprowadzać** **3** [I, T] Ⓑ1 to take part in a competition, race, or exam, or to arrange for someone else to do this: *Are you going to enter the photography competition?* ▷ **zgłaszać (się) do, brać udział w** **4** [T] to become a member of a particular organization, or start working in a particular type of job: *She didn't enter the legal profession until she was 40.* ▷ **wstępować do, przystępować do** **5** [T] to begin a period of time: *The violence is now entering its third week.* ▷ **trwać już**

PHRASAL VERB **enter into sth** to start to become involved in something, especially a discussion or agreement ▷ **włączać się w** *coś*, **przystępować do** *czegoś*, **zawierać** *coś*

enterprise /ˈentəpraɪz/ **noun** **1** [C] a business or organization: *a state-owned enterprise* ▷ **przedsiębiorstwo** **2** [C] a difficult and important plan: *Putting on the concert will be a joint enterprise between the two schools.* ▷ **przedsięwzięcie** **3** [U] when someone is enthusiastic and willing to do something new and clever, although there are risks involved: *The scheme shows imagination and enterprise.* ▷ **przedsiębiorczość** → See also **free enterprise**

enterprising /ˈentəpraɪzɪŋ/ **adjective** enthusiastic and willing to do something new, clever, and difficult: *The film was made by an enterprising group of students.* ▷ **przedsiębiorczy**

entertain /ˌentəˈteɪn/ **verb** **1** [T] Ⓑ1 to keep someone interested and help them to have an enjoyable time: *We hired a clown to entertain the children.* ▷ **zabawiać** **2** [I, T] to invite someone to be your guest and give them food, drink, etc: *We don't entertain as much as we used to.* ▷ **przyjmować (gości)** **3** [T] formal to consider or be willing to accept an idea or suggestion: *He had never even* ***entertained*** *the* ***idea*** *of her returning.* ▷ **rozważać, brać pod uwagę**

entertainer /ˌentəˈteɪnər/ **noun** [C] Ⓑ2 someone whose job is to entertain people by singing, telling jokes, etc ▷ **artyst-a/ka estradow-y/a**

entertaining /ˌentəˈteɪnɪŋ/ **adjective** Ⓑ2 interesting and helping someone to have an enjoyable time: *an entertaining and informative book* ▷ **rozrywkowy, zabawny**

entertainment /ˌentəˈteɪnmənt/ **noun** [C, U] Ⓑ1 shows, films, television, or other performances or activities that entertain people: ***popular entertainment*** ◦ *There is* ***live entertainment*** *in the bar every night.* ▷ **rozrywka**

enthral (present participle **enthralling**, past tense and past participle **enthralled**) UK (US **enthrall**) /ɪnˈθrɔːl/ **verb** [T] to keep someone's interest and attention completely: [often passive] *The children were enthralled by the circus.* ▷ **zafascynować, zauroczyć**

• **enthralling** **adjective** keeping someone's interest and attention completely ▷ **fascynujący**

enthuse /ɪnˈθjuːz/ **verb** [I] to express excitement about something or great interest in it: *She couldn't stop enthusing about the film.* ▷ **zachwycać się**

enthusiasm /ɪnˈθjuːziæzəm/ **noun** [U] Ⓑ2 when you feel very interested in something and would very much like to be involved in it: *She has* *always had a lot of* ***enthusiasm for*** *her work.* ▷ **entuzjazm**

enthusiast /ɪnˈθjuːziæst/ **noun** [C] someone who is very interested in and involved with a particular activity or subject: *a sports enthusiast* ▷ **entuzjast-a/ka, wielbiciel/ka**

enthusiastic /ɪnˌθjuːziˈæstɪk/ **adjective** B2 showing enthusiasm: *The teacher was very* ***enthusiastic about*** *my project.* ▷ **entuzjastyczny**

• **enthusiastically adverb** B2 ▷ **entuzjastycznie**

entice /ɪnˈtaɪs/ **verb** [T] to persuade someone to do something by offering them something pleasant: [+ to do sth] *Supermarkets use all sorts of tricks to entice you to buy things.* ▷ **wabić, kusić**

• **enticing adjective** Something which is enticing attracts you by offering you something pleasant. ▷ **kuszący**

entire /ɪnˈtaɪəʳ/ **adjective** [always before noun] B2 whole or complete: *She spent her entire life caring for other people.* ▷ **cały**

entirely /ɪnˈtaɪəli/ **adverb** B2 completely: *I'm not entirely convinced that it will work.* ▷ **całkowicie, w pełni**

entirety /ɪnˈtaɪərəti/ **noun in its entirety** with all parts included: *This is the first time that the book has been published in its entirety.* ▷ **w całości**

entitle /ɪnˈtaɪtl/ **verb 1 entitle sb to (do) sth** B2 to give someone the right to do or have something: [often passive] *I'm entitled to apply for citizenship.* ▷ **uprawniać** *kogoś* **do** *czegoś* **2** [T] to give something a particular title: *a lecture entitled "Language, Learning and Literacy"* ▷ **zatytułować**

entitlement /ɪnˈtaɪtlmənt/ **noun** [C, U] when you have the right to do or have something ▷ **uprawnienie, prawo**

entity /ˈentɪti/ **noun** [C] something which exists apart from other things: *They want the area recognized as a* ***separate*** *political* ***entity.*** ▷ **jednostka, całość**

entourage /ˈɒntʊrɑːʒ/ US /ɒntʊˈrɑːʒ/ **noun** [group] the group of people who travel with an important or famous person: *She arrived with her usual entourage of dancers and musicians.* ▷ **świta**

entrance /ˈentrəns/ **noun 1** [C] A2 a door or other opening which you use to enter a building or place: *They must have used the back* ***entrance to*** *the building.* ◦ *I'll meet you* ***at the*** *main* ***entrance.*** ▷ **wejście 2** [C] when someone comes into or goes into a place, especially in a way that makes people notice them: *The whole room went quiet when he* ***made his entrance.*** ▷ **wejście 3** [U] B1 the right to enter a place or to join an organization, college, etc: *Entrance is free, but you have to pay for your drinks.* ▷ **wstęp**

> Wyrazy występujące razem z **entrance**
>
> the **back/front/main** entrance • **at the** entrance • the entrance **to** sth

entranced /ɪnˈtrɑːnst/ **adjective** If you are entranced by someone or something, you cannot stop watching them because they are very interesting or very beautiful: *The children were entranced by the puppet show.* ▷ **zafascynowany, oczarowany**

entrant /ˈentrənt/ **noun** [C] someone who enters a competition, organization, or examination ▷ **uczestni-k/czka**

entreat /ɪnˈtriːt/ **verb** [T] formal to try very hard to persuade someone to do something ▷ **błagać**

entrenched /ɪnˈtrenʃt/ **adjective** Entrenched ideas are so fixed or have existed for so long that they cannot be changed: *These* ***attitudes*** *are firmly* ***entrenched*** *in our culture.* ▷ **(głęboko) zakorzeniony**

entrepreneur /ˌɒntrəprəˈnɜːʳ/ **noun** [C] someone who starts their own business, especially when this involves risks ▷ **przedsiębiorca**

• **entrepreneurial adjective** ***an entrepreneurial spirit*** ▷ **inwestycyjny, przedsiębiorczości**

entrust /ɪnˈtrʌst/ **verb** [T] to make someone responsible for doing something or looking after something: [often passive] *I was* ***entrusted with*** *the task of organizing the party.* ▷ **powierzać**

entry /ˈentri/ **noun 1** [U] B1 when you come into or go into a place: *She was* ***refused entry*** *to the US.* ◦ *Police* ***gained entry*** *by breaking a window.* ▷ **wstęp, wejście 2** [U] B1 when you join an organization or take part in a competition: *Are there lots of exams for* ***entry into*** *the legal profession?* ◦ *an entry form* ▷ **wstąpienie, wejście, przystąpienie 3** [C] B1 a piece of work that you do to try to win a competition: *The first ten correct entries will receive a prize.* ▷ **praca (konkursowa) 4** [C] B1 one of the pieces of information or writing that is recorded in a book such as a dictionary, or in a computer system: *a diary entry* ▷ **zapis, hasło, pozycja 5** [U] when someone puts information into something such as a computer system: ***data entry*** ▷ **wprowadzanie**

> Wyrazy występujące razem z **entry**
>
> **allow/gain/refuse** entry • entry **into/to** [a place]

entwined /ɪnˈtwaɪnd/ **adjective 1** twisted together or twisted around something: *Their arms were entwined.* ▷ **spleciony, splątany 2** unable to be separated: *My fate is entwined with his.* ▷ **spleciony, związany**

enumerate /ɪˈnjuːmᵊreɪt/ **verb** [T] formal to name each thing on a list ▷ **wyliczać**

envelop /ɪnˈveləp/ **verb** [T] to completely cover something: [often passive] *The farm was enveloped in fog.* ▷ **okrywać, spowijać**

envelope /ˈenvələʊp/ **noun** [C] A2 a flat paper container for a letter ▷ **koperta** → See **The Office** on page Centre 5

enviable /ˈenviəbl/ **adjective** If someone is in an enviable situation, you wish that you were also in that situation: *She's in the **enviable position** of being able to choose who she works for.* ▷ **godny pozazdroszczenia**

E

envious /ˈenviəs/ **adjective** wishing that you had what someone else has: *She was **envious of** his successful career.* ▷ **zazdrosny**
• **enviously adverb** ▷ **zazdrośnie**

environment /ɪnˈvaɪərənmənt/ **noun** **1 the environment** B1 the air, land, and water where people, animals, and plants live: *The new road may cause damage to the environment.* ▷ **środowisko (naturalne)** **2** B2 [C] the situation that you live or work in, and how it influences how you feel: *We are working in a very competitive environment.* ▷ **otoczenie**

> **!** Najczęściej popełniane błędy: **environment**
>
> **Uwaga!** Sprawdzamy pisownię!
> Jest jednym z 10 wyrazów najczęściej pisanych z błędem przez uczących się angielskiego Polaków.
> Proszę pamiętać: według prawidłowej pisowni „n" poprzedza „m".

> Wyrazy występujące razem z **environment**
>
> **damage/harm/pollute/protect** the environment

environmental /ɪnˌvaɪərənˈmentəl/ **adjective** B1 relating to the environment: *environmental damage* ◦ *an environmental disaster* ▷ **ekologiczny, środowiska**
• **environmentally adverb** B2 *environmentally damaging chemicals* ▷ **ekologicznie, dla środowiska**

environmentalist /ɪnˌvaɪərənˈmentəlɪst/ **noun** [C] someone who tries to protect the natural environment from being damaged ▷ **ekolog, działacz/ka na rzecz ochrony środowiska**

enˌvironmentally ˈfriendly adjective B2 not damaging the environment: *environmentally-friendly washing powder* ▷ **przyjazny dla środowiska, ekologiczny**

envisage /ɪnˈvɪzɪdʒ/ **verb** [T] mainly UK (mainly US **envision** /ɪnˈvɪʒən/) to imagine something happening, or think that something is likely to happen: *The police don't envisage any trouble at the festival.* ▷ **przewidywać, wyobrażać sobie**

envoy /ˈenvɔɪ/ **noun** [C] someone who is sent to represent their government in another country ▷ **wysłanni-k/czka**

envy[1] /ˈenvi/ **noun** **1** B2 [U] the feeling that you wish you had something that someone else has: *I watched with envy as he climbed into his brand new sports car.* ▷ **zazdrość** **2 be the envy of sb** to be liked and wanted by someone: *Her new office was the envy of the whole company.* ▷ **budzić** *czyjąś* **zazdrość**

envy[2] /ˈenvi/ **verb** [T] B2 to wish that you had something that someone else has: *I envy her good looks.* ◦ [+ two objects] *I don't envy him that job.* ▷ **zazdrościć**

enzyme /ˈenzaɪm/ **noun** [C] a chemical substance produced by living cells which makes particular chemical reactions happen in animals and plants ▷ **enzym**

eolian /iːˈəʊ.li.ən/ **adjective** [always before noun] US spelling of aeolian

ephemeral /ɪˈfemərəl/ **adjective** formal lasting for only a short time ▷ **ulotny, efemeryczny**

epic /ˈepɪk/ **noun** [C] a story or film which is very long and contains a lot of action ▷ **epos**
• **epic adjective** *an epic journey* ▷ **epicki**

epicentre UK (US **epicenter**) /ˈepɪsentəʳ/ **noun** [C] the point on the Earth's surface which is exactly above an earthquake ▷ **epicentrum**

epidemic /ˌepɪˈdemɪk/ **noun** [C] when a large number of people get the same disease over the same period of time: *the AIDS epidemic* ▷ **epidemia**

epidermis /ˌepɪˈdɜːmɪs/ **noun** [C, U] the thin outer layer of the skin ▷ **naskórek**

epiglottis /ˌepɪˈglɒtɪs/ **noun** [C] a flat part at the back of the tongue which closes when you swallow to stop food from entering the tube that air goes down ▷ **nagłośnia**

epilepsy /ˈepɪlepsi/ **noun** [U] a brain disease which can make someone become unconscious and have fits ▷ **padaczka, epilepsja**

epileptic /ˌepɪˈleptɪk/ **noun** [C] someone who suffers from epilepsy ▷ **epilepty-k/czka**
• **epileptic adjective** ▷ **padaczkowy, epileptyczny**

epilogue /ˈepɪlɒg/ **noun** [C] a speech or piece of writing that is added to the end of a play or book ▷ **epilog**

epiphany /ɪˈpɪfəni/ **noun** [U] literary a moment when you suddenly understand or become aware of something ▷ **objawienie**

epiphyte /ˈepɪfaɪt/ **noun** [C] a plant that grows on another plant, especially one that does not feed from it ▷ **epifit, porośle**

episode /ˈepɪsəʊd/ **noun** [C] **1** B2 one programme of a series shown on television: *Did you see last week's episode of The X-Files?* ▷ **odcinek** **2** B2 a single event or period of time: *an important **episode in** British history* ▷ **epizod, wydarzenie**

epitaph /ˈepɪtɑːf/ **noun** [C] words that are written to remember a dead person, usually on the stone where they are buried ▷ **epitafium**

epithelium /ˌepɪθiːliəm/ **noun** [usually singular] a layer of cells that are tightly pressed together which covers the outside and inside surfaces of the body ▷ **nabłonek**

epitome /ɪˈpɪtəmi/ **noun be the epitome of sth** to be a perfect example of a quality or type of thing: *The hotel was the epitome of luxury.* ▷ **być uosobieniem** *czegoś*

epitomize (also UK **-ise**) /ɪˈpɪtəmaɪz/ **verb** [T] to be a perfect example of a quality or type of thing: *She epitomizes elegance and good taste.* ▷ **uosabiać**

epoch /ˈiːpɒk/ (US) /ˈepək/ **noun** [C] (plural **epochs**) a long period of time in history ▷ **epoka**

eponymous /ɪˈpɒnɪməs/ **adjective** [always before noun] literary An eponymous character in a play, book, etc, has the same name as the title. ▷ **tytułowy**

EPOS /ˈiːpɒz/ **noun** [U] abbreviation for electronic point of sale: any electronic system used at the place where customers pay for their goods ▷ **elektroniczny punkt sprzedaży**

equal¹ /ˈiːkwəl/ **adjective 1** B1 the same in amount, number, or size: *The sides are of equal length.* ◦ *One metre is* ***equal to*** *39.37 inches.* ▷ **równy, jednakowy 2 equal opportunities/rights, etc** B2 opportunities/rights, etc that are the same for everyone without anyone having an unfair advantage ▷ **równe szanse/prawa** *itp.* → Opposite **unequal**

equal² /ˈiːkwəl/ **verb** [T] (present participle UK **equalling**, past tense and past participle **equalled**, present participle US **equaling**, past tense and past participle **equaled**) **1** to have the same value, size, etc as something else, often shown using a symbol (=): *Two plus two equals four.* ▷ **równać się 2** to be as good as someone or something else: *She equalled her own world record in the race.* ▷ **dorównać, wyrównać**

equal³ /ˈiːkwəl/ **noun** [C] B2 someone who has the same ability, opportunities, or rights as someone else: *The teacher treats us all as equals.* ▷ **partner**

equality /ɪˈkwɒləti/ **noun** [U] B2 when everyone is equal and has the same opportunities, rights, etc: ***racial/sexual equality*** ◦ ***equality between*** *men and women* ▷ **równość** → Opposite **inequality**

> Wyrazy występujące razem z **equality**
>
> racial/sexual/social equality • equality between sb and sb

equalize (also UK **-ise**) /ˈiːkwəlaɪz/ **verb 1** [I] UK to get the point in a game or competition that makes your score the same as the other team or player ▷ **wyrównać 2** [T] to make things or people equal ▷ **zrównać**

equally /ˈiːkwəli/ **adverb 1** to the same degree or level: *an equally important question* ◦ *She did* ***equally well*** *in the competition last year.* ▷ **równie 2** into amounts or parts that are the same size: *She shared the money equally between the four children.* ▷ **równo 3** B2 If you treat people equally, you treat everyone in the same way so that no one has an unfair advantage. ▷ **jednakowo**

ˈequal ˌsign noun [C] (also **ˈequals ˌsign**) the symbol =, used to show that two things are the same in value, size, meaning, etc ▷ **znak równości**

equanimity /ˌekwəˈnɪməti/ **noun** [U] formal the ability to react calmly, especially in difficult situations ▷ **opanowanie**

equate /ɪˈkweɪt/ **verb** [T] to consider one thing to be the same as or equal to another thing: *Many people* ***equate*** *wealth* ***with*** *happiness.* ▷ **identyfikować, przyrównywać**

equation /ɪˈkweɪʒən/ **noun** [C] when you show that two amounts are equal using mathematical symbols ▷ **równanie**

equator /ɪˈkweɪtər/ **noun** [U] the imaginary line around the Earth that divides it into equal north and south parts ▷ **równik**

• **equatorial** /ˌekwəˈtɔːriəl/ **adjective** relating to the equator ▷ **równikowy**

Equatorial Guinea /ˌekwətɔːriəl ˈgɪni/ **noun** a country in Africa ▷ **Gwinea Równikowa**

• **Equatorial Guinean** /ˌekwətɔːriəl ˈgɪniən/ **adjective** coming from or relating to Equatorial Guinea ▷ **gwinejski** • **Equatorial Guinean noun** someone from Equatorial Guinea ▷ **Gwinej-czyk/ka**

equestrian /ɪˈkwestriən/ **adjective** relating to riding horses ▷ **konny, hipiczny, jeździecki**

equi- /ekwɪ-/ **prefix** equal, equally: *equidistant* (= *the same distance from two or more places*) ▷ **równo-**

equidistant /ˌekwɪˈdɪstənt/ **adjective** formal equally far or close: *London is roughly equidistant from Oxford and Cambridge.* ▷ **równoodległy**

equilateral /ˌiːkwɪˈlætərəl/ /ˌekwɪ-/ **adjective** describes a triangle whose sides are all the same length: *an equilateral triangle* ▷ **równoboczny** → Compare **isosceles triangle**, **scalene triangle**

equilibrium /ˌiːkwɪˈlɪbriəm/ **noun** [U] **1** a state of balance between forces or influences ▷ **równowaga 2** a state in which an object is not moving or is moving at the same speed all the time because there is a balance of forces acting on it ▷ **równowaga**

equip /ɪˈkwɪp/ **verb** (present participle **equipping**, past tense and past participle **equipped**) **1 be equipped with sth** B2 to include the things that are needed for a particular purpose: *The new trains are equipped with all the latest technology.* ▷ **być wyposażonym w** *coś* **2** [T] to give someone the skills they need to do a particular thing: [+ to do sth] *The course didn't really equip me to be a journalist.* ▷ **wyposażyć, przygotować**

equipment /ɪˈkwɪpmənt/ **noun 1** B1 [U] the things that are used for a particular activity or purpose: *kitchen/office equipment* ◦ *electrical*

E

equipment (= equipment that uses electricity) ▷ **wyposażenie, sprzęt** **2** **a piece of equipment** B1 a tool or object used for a particular activity or purpose ▷ **przyrząd, narzędzie**

> Wyrazy występujące razem z **equipment**
>
> install/operate/use equipment • modern/ necessary/specialist equipment • equipment for sth

E

equitable /ˈekwɪtəbl/ **adjective** formal treating everyone in an equal way: *a fair and equitable voting system* ▷ **sprawiedliwy, równy**
• **equitably adverb** ▷ **sprawiedliwie, równo**

equity /ˈekwɪti/ **noun** [U] formal **1** when everyone is treated fairly and equally: *pay equity* ▷ **sprawiedliwość, równość** → Compare **inequity** **2** [C, U] the value of a company, which is divided into many equal parts owned by the shareholders, or one of the equal parts into which the value of a company is divided: *He sold his equity in the company last year.* ▷ **wartość majątku netto, udział**

equivalent[1] /ɪˈkwɪvələnt/ **adjective** equal in amount, value, importance, or meaning: *The UK's Brit Awards are roughly **equivalent to** the Oscars.* ▷ **równoważny, odpowiadający**

equivalent[2] /ɪˈkwɪvələnt/ **noun** [C] something that has the same value, importance, size, or meaning as something else: *She won **the equivalent of** $5 million.* ▷ **równowartość, równoważnik, odpowiednik, ekwiwalent**

er /ɜːr/ **exclamation** UK spoken (US **uh**) something that you say while you are thinking what to say next: *Well, er, I'm not too sure about that.* ▷ **hm**

ER /ˌiːˈɑːr/ **noun** [C] US abbreviation for emergency room: the part of a hospital where people go when they have been injured or have urgent illnesses so that they can be treated immediately ▷ **izba przyjęć**

era /ˈɪərə/ **noun** [C] B2 a period of time in history that is special for a particular reason: *the Victorian era* ◦ *a new era of peace* ▷ **era, epoka**

eradicate /ɪˈrædɪkeɪt/ **verb** [T] formal to destroy or completely get rid of something such as a social problem or a disease ▷ **wykorzenić, wyeliminować, wytępić**
• **eradication** /ɪˌrædɪˈkeɪʃən/ **noun** [U] ▷ **eliminacja, usunięcie**

erase /ɪˈreɪz/ US /ɪˈreɪs/ **verb** [T] to completely remove words, music, pictures, etc that are written or stored on a computer or other piece of equipment: *I accidentally erased the tape she lent me.* ▷ **wymazać, usuwać, kasować**

eraser /ɪˈreɪzər/ US /ɪˈreɪsər/ **noun** [C] US (UK **rubber**) **1** a small object which is used to remove pencil marks from paper ▷ **gumka** **2** an object which is used to remove marks from a blackboard ▷ **gąbka, szmatka** → See **The Classroom** on page Centre 6

erect[1] /ɪˈrekt/ **adjective** straight and standing up: *She stood very erect, with her hands behind her back.* ▷ **wyprostowany**

erect[2] /ɪˈrekt/ **verb** [T] formal to build or put up a structure: *When was this building erected?* ▷ **wznosić**

erection /ɪˈrekʃən/ **noun** **1** [C] when a penis becomes harder and bigger than usual ▷ **wzwód, erekcja** **2** [C, U] formal when a structure is built or put up, or the building itself ▷ **wzniesienie, budowla**

erector muscle /ɪˈrektəˌmʌsl/ **noun** [C] a muscle that can pull something, such as the bone in a human's back, into an upright position ▷ **mięsień prostownik**

ergonomic /ˌɜːgəˈnɒmɪk/ **adjective** relating to the scientific study of people and their working conditions, especially the study of how well people work with their equipment, furniture, lighting, etc: *ergonomic design/features* ▷ **ergonomiczny**

Eritrea /ˌerɪˈtreɪə/ **noun** a country in Africa ▷ **Erytrea**
• **Eritrean** /ˌerɪˈtreɪən/ **adjective** coming from or relating to Eritrea ▷ **erytrejski** • **Eritrean noun** someone from Eritrea ▷ **Erytrej-czyk/ka**

erode /ɪˈrəʊd/ **verb** **1** [I, T] If soil, stone, etc erodes or is eroded, it is gradually damaged and removed by the sea, rain, or wind: [often passive] *The coastline is slowly being eroded by the sea.* ▷ **erodować, ulegać erozji** **2** [T] formal to gradually destroy a good quality or situation: *Reports of corruption have eroded people's confidence in the police.* ▷ **podkopywać, nadwątlić**
• **erosion** /ɪˈrəʊʒən/ **noun** [U] *soil erosion* ▷ **erozja, kryzys**

erotic /ɪˈrɒtɪk/ **adjective** making you feel strong sexual feelings, or involving sexual love: *an erotic film* ▷ **erotyczny**
• **erotically adverb** ▷ **erotycznie**

err /ɜːr/ **verb** [I] formal to make a mistake or do something that is wrong ▷ **mylić się, błądzić** → See also **err on the *side* of caution**

errand /ˈerənd/ **noun** [C] a short journey in order to buy or do something for someone: *I've got to **run** a few **errands** this morning before we go.* ▷ **sprawa (do załatwienia)**

errant /ˈerənt/ **adjective** [always before noun] An errant person has behaved badly: *an errant husband* ▷ **zbłąkany**

erratic /ɪˈrætɪk/ **adjective** often changing suddenly and not regular: *His behaviour is becoming more and more erratic.* ▷ **nieobliczalny, niekonsekwentny, nieregularny**
• **erratically adverb** ▷ **nieregularnie, nieobliczalnie**

erroneous /ɪˈrəʊniəs/ **adjective** formal not correct: *an erroneous answer* ▷ **błędny**

error /ˈerər/ **noun** [C, U] B2 a mistake, especially one that can cause problems: *a computer error/ **human error*** ◦ *to **make** an **error*** ◦ *The docu-*

*ments were destroyed **in error** (= by mistake) by the police.* ▷ **błąd, pomyłka**

> Wyrazy występujące razem z **error**
>
> **make/correct** an error • a **fundamental/glaring** error • **do sth in** error • **human** error

ˈerror ˌmessage noun [C] a message that comes onto your computer screen when you have made a mistake ▷ **komunikat błędu**

erupt /ɪˈrʌpt/ verb [I] **1** If a volcano erupts, it suddenly throws out smoke, fire, and melted rocks. ▷ **wybuchać 2** to happen suddenly or violently: ***Violence erupted** in the city on Friday night.* ▷ **wybuchać 3** to suddenly become very excited or angry, or start to shout: *The whole stadium erupted when he scored the second goal.* ▷ **wybuchać**

• **eruption** /ɪˈrʌpʃən/ noun [C, U] *a **volcanic eruption*** ▷ **wybuch**

erythrocyte /ɪˈrɪθrəsaɪt/ noun [C] a red blood cell ▷ **erytrocyt, krwinka czerwona**

escalate /ˈeskəleɪt/ verb **1** [I, T] If a violent or bad situation escalates or is escalated, it quickly becomes worse or more serious: *The fight quickly **escalated into** a riot.* ▷ **wzmagać (się), nasilać (się), rozwijać (się) 2** [I] to rise or increase quickly: *Airline **prices escalate** during the holiday season.* ▷ **wzrastać, rosnąć**

• **escalation** /ˌeskəˈleɪʃən/ noun [C, U] *an **escalation in** violence* ▷ **eskalacja, nasilenie (się)**

escalator /ˈeskəleɪtər/ noun [C] (B2) moving stairs that take people from one level of a building to another: *We **took** the **escalator** down to the basement.* ▷ **ruchome schody**

escapade /ˌeskəˈpeɪd/ noun [C] an exciting and sometimes dangerous experience ▷ **eskapada**

escape[1] /ɪˈskeɪp/ verb **1** [I] (B1) to succeed in getting away from a place where you do not want to be: *The two killers **escaped from** prison last night.* ▷ **uciekać 2** [I, T] (B2) to avoid a dangerous or unpleasant situation: *to **escape capture/injury*** ▷ **uniknąć, umknąć 3** [T] If something such as a name escapes you, you cannot remember it: *The **name** of her book **escapes** me at the moment.* ▷ **umykać 4** [T] If something escapes your notice or attention, you do not notice or see it: *Nothing that goes on in this office **escapes** her **attention**.* ▷ **umykać 5** [I] If a gas or liquid escapes from a pipe or container, it comes out, especially when it should not. ▷ **wyciekać, ulatniać się**

• **escaped** adjective *an escaped prisoner* ▷ **zbiegły**

escape[2] /ɪˈskeɪp/ noun **1** [C, U] (B2) when someone succeeds in getting out of a place or a dangerous or bad situation ▷ **ucieczka 2 a narrow escape** when someone almost dies or almost has a very bad experience ▷ **ogromne szczęście, cud 3** [U, no plural] (B2) something that helps you to forget about your usual life or problems: *I love old movies, they're such an **escape from** the real world.* ▷ **ucieczka, odskocznia** → See also **fire escape**

> Wyrazy występujące razem z **escape**
>
> **attempt/make/plan** an escape • a **lucky/remarkable** escape • an escape **from** sth/sb

esˈcape ˌ(key) noun [C] (written abbreviation **Esc**) the key on a computer keyboard which allows you to leave a particular screen or program: *If you press the escape key, you will return to the main menu.* ▷ **(klawisz) Escape**

escapism /ɪˈskeɪpɪzəm/ noun [U] entertainment or imagination that helps you to forget about your work and your problems ▷ **ucieczka, eskapizm**

• **escapist** adjective ▷ **szukający ucieczki, eskapistyczny**

escort[1] /ˈeskɔːt/ noun **1** [C, U] a person or vehicle that goes somewhere with someone to protect or guard them: *She was driven to court **under** police **escort**.* ▷ **eskorta 2** [C] a person who goes with someone else to a social event, sometimes for payment ▷ **osoba towarzysząca, eskorta**

escort[2] /ɪˈskɔːt/ verb [T] to go somewhere with someone, often to protect or guard them: *He offered to escort me home.* ▷ **odeskortować, odprowadzać, towarzyszyć**

Eskimo /ˈeskɪməʊ/ noun [C, U] (plural **Eskimos**, **Eskimo**) old-fashioned another word for Inuit: *an Eskimo village* ▷ **Eskimos/ka**

ESL /ˌiːesˈel/ noun [U] abbreviation for English as a Second Language: the teaching of English to students whose first language is not English, but who live in a country where it is the main language ▷ **(język) angielski jako drugi język**

esophagus noun [C] US spelling of oesophagus

especially /ɪˈspeʃəli/ adverb **1** (A2) more than other things or people, or much more than usual: *He's always making comments about her appearance, especially her weight.* ◦ *She's especially interested in American poetry.* ▷ **szczególnie, zwłaszcza 2** for one particular person, purpose, or reason: *I cooked this meal **especially for** you.* ▷ **specjalnie**

espionage /ˈespiənɑːʒ/ noun [U] the activity of discovering secret information about a country or company that is fighting or competing against you: ***industrial espionage*** ▷ **szpiegostwo**

espouse /ɪˈspaʊz/ verb [T] formal to support a belief or way of life ▷ **wyznawać, przyjmować**

espresso /esˈpresəʊ/ noun [C, U] strong, black coffee ▷ **kawa espresso**

essay /ˈeseɪ/ noun [C] (B1) a short piece of writing about a particular subject, especially one written by a student: *He wrote an **essay on** modern Japanese literature.* ▷ **wypracowanie, esej**

Wyrazy występujące razem z essay
do/write an essay • **in** an essay • an essay **on** sth

essence /ˈesᵊns/ **noun 1** [U, no plural] the basic or most important idea or quality of something: *The **essence of** his argument is that we should not eat meat.* ▷ **istota 2** [C, U] a strong liquid, usually made from a plant or flower, that is used to add a flavour or smell to something: *vanilla essence* ▷ **esencja, olejek**

essential /ɪˈsenʃᵊl/ **adjective 1** Ⓑ1 very important and necessary: *Computers are an **essential part** of our lives.* ◦ *Fibre is **essential for** a healthy digestive system.* ◦ [+ to do sth] *It is essential to arrive early for the show.* ◦ [+ (that)] *It is absolutely essential that she gets this message.* ▷ **niezbędny, konieczny 2** the most basic and important: *There's one essential point I think you've forgotten.* ▷ **zasadniczy, podstawowy**

essentially /ɪˈsenʃᵊli/ **adverb** Ⓑ2 used when you are emphasizing the basic facts about something: *What he is saying is essentially true.* ▷ **zasadniczo**

esˌsential ˈoil noun [C, U] a strong oil made from a plant which contains its smell or other special qualities ▷ **esencja, olejek eteryczny**

essentials /ɪˈsenʃᵊlz/ **noun** [plural] the most important or necessary things ▷ **rzeczy niezbędne**

establish /ɪˈstæblɪʃ/ **verb 1** [T] Ⓑ2 to start a company or organization that will continue for a long time: [often passive] *The brewery was established in 1822.* ▷ **zakładać 2 establish sb/sth as sth** to put someone or something into a successful and lasting position: [often reflexive] *He quickly established himself as a talented actor.* ▷ **zapewniać** *komuś/czemuś* **pozycję jako** *ktoś/coś* **3 establish communication/relations, etc** to start having a relationship or communicating with another company, country, or organization: *The two countries have only recently established diplomatic relations.* ▷ **nawiązywać kontakt/stosunki** *itp.* **4** [T] to decide something: *Our first step must be to establish priorities for the weeks ahead.* ▷ **ustanawiać, ustalać 5** [T] to find out information or prove something: [+ question word] *The police are trying to establish how he died.* ▷ **ustalać**
• **established adjective** ▷ **uznany, ustalony**

establishment /ɪˈstæblɪʃmənt/ **noun 1** [C] an organization or business ▷ **placówka, zakład, firma 2** [U] when an organization, school, business, etc is started: *the establishment of a new national bank* ▷ **założenie 3 the Establishment** the people and organizations that have most power and influence in a country ▷ **establishment, elita 4 the legal/medical, etc establishment** the group of people with most influence in a particular area of work or activity ▷ **elita prawnicza/medyczna** *itp.*

estate /ɪˈsteɪt/ **noun** [C] **1** Ⓑ2 a large area of land in the countryside that is owned by one person or organization: *a country estate* ▷ **posiadłość, majątek 2** UK Ⓑ2 an area with a lot of buildings of the same type: *an **industrial estate*** ▷ **osiedle, tereny 3** the possessions and money that someone owns when they die ▷ **majątek** → See also **housing estate, real estate**

esˈtate ˌagent noun [C] UK (US **real estate agent**) someone who sells buildings and land as their job ▷ **pośredni-k/czka**

esˈtate ˌcar noun [C] UK (US **station wagon**) a big car with a large space for bags behind the back seat ▷ **kombi**

esteem /ɪˈstiːm/ **noun** [U] formal respect and admiration for someone: *My father was **held in high esteem** by everyone who knew him.* ▷ **szacunek, estyma** → See also **self-esteem**

esteemed /ɪˈstiːmd/ **adjective** formal respected and admired: *a **highly esteemed** professor* ▷ **szanowany, ceniony**

ester /ˈestəʳ/ **noun** [C] any of several compounds produced by a reaction between an acid and an alcohol ▷ **ester**

esthetic /esˈθetɪk/ **adjective** another US spelling of aesthetic ▷ **estetyczny**
• **esthetically adverb** ▷ **estetycznie**

esthetics /esˈθetɪks/ **noun** [U] another US spelling of aesthetics ▷ **estetyka**

estimate¹ /ˈestɪmət/ **noun** [C] **1** Ⓑ2 a guess of what a size, value, amount, etc might be: *a **rough estimate*** ▷ **ocena, szacunek 2** a written document saying how much it will probably cost to do a job: *Can you **give** me an **estimate** for the work?* ▷ **wycena, kosztorys**

Wyrazy występujące razem z estimate
an **accurate/rough** estimate • an estimate **of** sth • **give** sb an estimate

estimate² /ˈestɪmeɪt/ **verb** [T] Ⓑ2 to guess the cost, size, value, etc of something: [+ that] *They estimate that a hundred people were killed in the accident.* ◦ *The number of dead **is estimated at** a hundred.* ▷ **oceniać, szacować**
• **estimated adjective** Ⓑ2 *an estimated cost* ▷ **szacunkowy**

estimation /ˌestɪˈmeɪʃᵊn/ **noun** [U] your opinion of someone or something: *He is a total genius, **in my estimation**.* ▷ **ocena, opinia**

Estonia /esˈtəʊniə/ **noun** a country in Europe ▷ **Estonia**
• **Estonian** /esˈtəʊniən/ **adjective** coming from or relating to Estonia ▷ **estoński** • **Estonian noun** someone from Estonia ▷ **Estończyk, Estonka**

estranged /ɪˈstreɪndʒd/ **adjective** formal **1** not now communicating with a friend or a member of your family, because you have argued ▷ **skłócony 2** not now living with your husband or wife: *his estranged wife* ▷ **(żyjący) w separacji**

• **estrangement** noun [C, U] ▷ **separacja, skłócenie**

estrogen /ˈiːstrədʒən/ (US) /ˈestrədʒən/ **noun** [U] US spelling of oestrogen ▷ **estrogen**

estuary /ˈestjuəri/ **noun** [C] the wide part of a river where it goes into the sea ▷ **ujście (rzeki)**

etc /etˈsetərə/ abbreviation for et cetera: used at the end of a list to show that other things or people could also be added to it ▷ **itp.**

etch /etʃ/ **verb** [I, T] to cut lines on a hard surface to make a picture or words ▷ **ryć, wyryć**

eternal /ɪˈtɜːnəl/ **adjective** continuing forever, or seeming to continue forever: ***eternal youth*** ▷ **wieczny**
• **eternally** adverb *I will be **eternally grateful** to you.* ▷ **wiecznie**

eternity /ɪˈtɜːnəti/ **noun** **1** [U] time that continues forever, especially after death ▷ **wieczność** **2 an eternity** informal a very long time: *It **seemed like an eternity** until she came back.* ▷ **wieczność**

ethane /ˈiːθeɪn/ **noun** [U] a gas with no smell or colour, which burns easily and is found in natural gas and petroleum (formula C_2H_6) ▷ **etan**

ethanoic acid /eθəˌnəʊɪkˈæsɪd/ **noun** [U] (also **acetic acid**) a colourless acid with a strong smell that is contained in vinegar ▷ **kwas etanowy lub octowy**

ethanol /ˈeθənɒl/ **noun** [U] (also **ethyl alcohol**) a chemical compound which is the type of alcohol that is found in alcoholic drinks (formula CH_3CH_2OH) ▷ **etanol, alkohol etylowy**

ethereal /ɪˈθɪəriəl/ **adjective** very delicate and light and almost seeming not to be from this world ▷ **eteryczny, ulotny**
• **ethereally** adverb ▷ **eterycznie, ulotnie**

ethic /ˈeθɪk/ **noun** [no plural] a belief or idea that influences the way you think or behave ▷ **etyka**

ethical /ˈeθɪkəl/ **adjective** **1** relating to what is right or wrong: *The book raises some serious ethical questions.* ▷ **etyczny** **2** morally correct and good: *He dealt with this case in a completely professional and ethical manner.* ▷ **etyczny**
→ Opposite **unethical**
• **ethically** adverb ▷ **etycznie**

ethics /ˈeθɪks/ **noun** [plural] ideas and beliefs about what type of behaviour is morally right and wrong: *a **code of ethics*** ◦ *the ethics of genetic engineering* ▷ **etyka**

Ethiopia /ˌiːθiˈəʊpiə/ **noun** a country in Africa ▷ **Etiopia**
• **Ethiopian** /ˌiːθiˈəʊpiən/ **adjective** coming from or relating to Ethiopia ▷ **etiopski** • **Ethiopian noun** someone from Ethiopia ▷ **Etiop-czyk/ka**

ethnic /ˈeθnɪk/ **adjective** relating to a particular race of people: ***ethnic minorities*** ▷ **etniczny**

ethnic cleansing /ˌeθnɪkˈklenzɪŋ/ **noun** [U] the use of violence to remove everyone of a particular race or religion from a country ▷ **czystki etniczne**

ethos /ˈiːθɒs/ **noun** [no plural] the ideas and beliefs of a particular person or group ▷ **etos**

ethylene /ˈeθɪliːn/ **noun** [U] (also **ethene**) a colourless gas with a slightly sweet smell that burns easily and is often used in industry (formula C_2H_4) ▷ **etylen**

e-ticket /ˈiːˌtɪkɪt/ **noun** [C] a ticket, usually for someone to travel on an aircraft, that is held on a computer and is not printed on paper ▷ **bilet elektroniczny**

E

etiology /iiː.tiˈɒl.ə.dʒi/ **noun** [U] US spelling of aetiology

etiquette /ˈetɪket/ **noun** [U] rules about what is polite and correct behaviour ▷ **etykieta**

etymology /ˌetɪˈmɒlədʒi/ **noun** [U] the study of the history and origin of words and their meanings ▷ **etymologia**
• **etymological** /ˌetɪməˈlɒdʒɪkəl/ **adjective** ▷ **etymologiczny** • **etymologically** adverb ▷ **etymologicznie**

the EU /ˌiːˈjuː/ **noun** abbreviation for the European Union: a European political and economic organization that encourages business and good relationships between the countries that are members ▷ **UE (= Unia Europejska)**

euphemism /ˈjuːfəmɪzəm/ **noun** [C, U] a polite word or phrase that is used to avoid saying something embarrassing or offensive: *'Passed away' is a **euphemism for** 'died'.* ▷ **eufemizm**
• **euphemistic** /ˌjuːfəˈmɪstɪk/ **adjective** ▷ **eufemistyczny** • **euphemistically** adverb ▷ **eufemistycznie**

euphoria /juːˈfɔːriə/ **noun** [U] a feeling of extreme happiness and excitement ▷ **euforia**
• **euphoric** /juːˈfɒrɪk/ **adjective** ▷ **euforyczny**

euro /ˈjʊərəʊ/ **noun** [C] (A2) a unit of money used in European countries that belong to the European Union; € ▷ **euro**

Euro- /jʊərəʊ-/ **prefix** relating to Europe: *Europop (= pop music from Europe)* ▷ **euro-, Euro-**

Europe /ˈjʊərəp/ **noun** a continent ▷ **Europa**

European /ˌjʊərəˈpiːən/ **adjective** relating or belonging to Europe: *European countries/languages* ◦ *the European Parliament* ▷ **europejski**
• **European noun** [C] *Many Europeans speak English.* ▷ **Europej-czyk/ka**

the ˌEuropean ˈUnion noun (also **the EU**) a European political and economic organization that encourages business and good relationships between the countries that are members ▷ **Unia Europejska**

Eustachian tube /juːˈsteɪʃənˌtjuːb/ **noun** [C] one of two tubes that connect the ear and the back of the nose, which open to keep the pressure equal on both sides of the eardrum ▷ **trąbka Eustachiusza**

euthanasia /ˌjuːθəˈneɪziə/ **noun** [U] when

someone who is very old or very ill is killed so that they do not suffer any more: ***voluntary euthanasia*** ▷ **eutanazja**

eutrophication /ˌjuːtrəfɪˈkeɪʃən/ **noun** [U] when too many plants grow on the surface of a river, lake, etc, often because of chemicals that have come from farms that are near ▷ **eutrofizacja**

evacuate /ɪˈvækjueɪt/ **verb** [T] to move people from a dangerous place to somewhere safer: *The police quickly evacuated the area after the bomb threat.* ▷ **ewakuować**

• **evacuation** /ɪˌvækjuˈeɪʃən/ **noun** [C, U] *the evacuation of civilians from the war zone* ▷ **ewakuacja**

evacuee /ɪˌvækjuˈiː/ **noun** [C] someone who is evacuated from a place to somewhere safer ▷ **ewakuowan-y/a, osoba ewakuowana**

evade /ɪˈveɪd/ **verb 1** [T] to avoid something or someone, especially in a dishonest way: *to **evade capture** ◦ to evade paying tax* ▷ **unikać, wymykać się 2 evade the issue/question, etc** to intentionally not talk about something or not answer something ▷ **omijać temat/unikać pytania** *itp.*

evaluate /ɪˈvæljueɪt/ **verb** [T] formal to consider or study something carefully and decide how good or bad it is ▷ **oceniać**

• **evaluation** /ɪˌvæljuˈeɪʃən/ **noun** [C, U] ▷ **ocena**

evangelical /ˌiːvænˈdʒelɪkəl/ **adjective** Evangelical Christians believe that faith in Jesus Christ and studying the Bible are more important than religious ceremonies. ▷ **ewangelicki, ewangeliczny**

evaporate /ɪˈvæpəreɪt/ **verb 1** [I, T] If a liquid evaporates or is evaporated, it changes into gas or vapour. ▷ **parować, odparować 2** [I] If feelings evaporate, they disappear. ▷ **wyparować, ulotnić się**

• **evaporation** /ɪˌvæpəˈreɪʃən/ **noun** [U] ▷ **parowanie**

eˈvaporating ˌdish **noun** [C] a small dish in which liquids are heated over fire so that they evaporate, leaving a solid substance in the dish ▷ **parownica**

evasion /ɪˈveɪʒən/ **noun** [C, U] when you avoid something, especially in a dishonest way: ***tax evasion*** ▷ **unik, unikanie, uchylanie się**

evasive /ɪˈveɪsɪv/ **adjective 1** trying to avoid talking about something: *He was very evasive about his past. ◦ an **evasive answer*** ▷ **wymijający 2 take evasive action** to do something to avoid an accident or bad situation ▷ **zastosować unik, robić uniki, starać się uniknąć wypadku**

• **evasively** adverb ▷ **wymijająco** • **evasiveness** noun [U] ▷ **uchylanie się, wykręcanie się**

eve /iːv/ **noun 1 Christmas Eve/New Year's Eve** the day or night before Christmas Day/New Year's Day ▷ **Wigilia (Bożego Narodzenia)/sylwester 2 the eve of sth** the time just before something important happens: *They were married in Washington on the eve of the Second World War.* ▷ **w przeddzień** *czegoś*

even¹ /ˈiːvən/ **adjective 1** flat, level, or smooth: *Find an **even surface** to work on.* ▷ **równy, gładki** → Opposite **uneven 2** An even temperature or rate is regular and does not change very much. ▷ **równy, równomierny 3** An even number is a number which can be exactly divided by two, for example four, six, or eight. ▷ **parzysty** → Opposite **odd 4** informal not now owing someone money: *If you pay for my cinema ticket, we'll be even.* ▷ **kwita 5** An even race or competition is one that both players, teams, or people involved have an equal chance of winning. ▷ **wyrównany 6 get even (with sb)** informal If you get even with someone who has done something bad to you, you do something bad to them. ▷ **wyrównywać (z** *kimś***) rachunki**

even² /ˈiːvən/ **adverb 1** (A2) used to emphasize something that is surprising: *Everyone danced, even Mick.* ▷ **nawet 2 even better/faster/smaller, etc** (B1) used when comparing things, to emphasize the difference: *I think Alex is going to be even taller than his father.* ▷ **jeszcze lepszy/szybszy/mniejszy** *itp.* **3 even if** (B2) used to emphasize that a particular situation would not change what you have just said: *I would never eat meat, even if I was really hungry.* ▷ **nawet jeśli, nawet gdyby 4 even though** (B2) although: *He still smokes, even though he's got asthma.* ▷ **chociaż, mimo że 5 even so** used to emphasize that something surprising is true despite what you have just said: *Car prices have gone down a lot, but even so, we couldn't afford to buy one.* ▷ **mimo to**

even³ /ˈiːvən/ **verb**

PHRASAL VERB **even (sth) out** to become equal, or to make something equal: *Sometimes I pay and sometimes Tom does – it usually evens out in the end.* ▷ **wyrównywać się/***coś*

evening /ˈiːvnɪŋ/ **noun 1** (A1) [C, U] the part of the day between the afternoon and the night: *Are you doing anything **this evening**? ◦ I go to band practice on Monday evenings. ◦ We usually eat our main meal **in the evening**.* ▷ **wieczór 2 (Good) evening.** something that you say when you meet someone in the evening ▷ **dobry wieczór**

> Wyrazy występujące razem z **evening**
>
> **this/tomorrow/yesterday** evening • **in the** evening

evenly /ˈiːvənli/ **adverb 1** into equal amounts, or in a regular way: *They decided to divide the prize money evenly between them.* ▷ **równo, równomiernie 2 evenly matched** Two people or teams who are evenly matched are equally good, or have an equal chance of winning. ▷ **równorzędny, mający równe szanse**

event /ɪˈvent/ **noun** [C] **1** (B1) something that happens, especially something important or unusual: *Local people have been shocked by*

recent events in the town. ▷ **wydarzenie** **2** B1 a race, party, competition, etc that has been organized for a particular time: *a **social/sporting event*** ▷ **impreza** **3 in the event** UK used to emphasize what did happen when it was not what you had expected: *In the event, we didn't need the extra money.* ▷ **ostatecznie, końcem końców** **4 in the event of sth** formal if something happens: *An airbag could save your life in the event of an accident.* ▷ **w razie** *czegoś* **5 in any event** whatever happens: *I'm not sure if I'm coming on Friday, but in any event, I'll see you next week.* ▷ **w każdym razie, tak czy siak**
→ See also **non-event**

> Wyrazy występujące razem z **event**
>
> an event **happens/occurs/takes place** • **witness** an event • a **dramatic/major/rare/tragic** event • **recent** events

eventful /ɪˈventfəl/ **adjective** full of interesting or important events: *a very eventful day/journey* ▷ **pełen wydarzeń, bogaty w przeżycia**

eventual /ɪˈventʃuəl/ **adjective** [always before noun] happening or existing at the end of a process or period of time: *the eventual winner of the competition* ▷ **ostateczny, końcowy**

eventually /ɪˈventʃuəli/ **adverb** B2 in the end, especially after a long time: *We all hope that an agreement can be reached eventually.* ▷ **w końcu, ostatecznie**

ever /ˈevər/ **adverb** **1** A2 at any time: *Have you ever been skiing?* ◦ *No one ever calls me any more.* ▷ **kiedykolwiek, kiedyś, (z przeczeniem) nigdy** **2 better/faster/happier, etc than ever** better/faster/happier, etc than at any time before ▷ **lepszy/szybszy/szczęśliwszy** *itp.* **niż kiedykolwiek przedtem** **3 hardly ever** B1 almost never: *We hardly ever go out these days.* ▷ **rzadko kiedy** **4 ever since** B1 always since that time: *We met at school and have been friends ever since.* ▷ **od tej pory** **5 ever so/ever such a** UK B2 very/a very: *She's ever so pretty.* ▷ **taki** **6 for ever** UK (UK/US **forever**) B1 always in the future: *I'm not going to live here for ever.* ▷ **(na) zawsze** **7 ever-changing/growing/increasing, etc** always changing/growing/increasing, etc ▷ **ciągle lub wciąż zmieniający się/rosnący** *itp.*

evergreen /ˈevəgriːn/ **adjective** An evergreen plant has green leaves that do not fall off in winter. ▷ **wiecznie zielony, zimozielony**
• **evergreen noun** [C] a plant with leaves that do not fall off in winter ▷ **roślina wiecznie zielona lub zimozielona**

everlasting /ˌevəˈlɑːstɪŋ/ **adjective** continuing for a long time or always: *everlasting love* ▷ **wieczny**

evermore /ˌevəˈmɔːr/ **adverb** literary always in the future ▷ **zawsze**

every /ˈevri/ **determiner** **1** A1 each one of a group of people or things: *He knows the name of every child in the school.* ◦ ***Every one** of the paintings was a fake.* ▷ **każdy** **2** A1 used to show that something is repeated regularly: *He goes to Spain every summer.* ▷ **każdy, co** **3** B2 as much as is possible: *I'd like to wish you **every success** in your new job.* ◦ ***Every effort** is being made to rectify the problem.* ▷ **jak najwięcej, każdy możliwy** **4 every now and then/every so often** sometimes, but not often: *We still meet up every now and then.* ▷ **od czasu do czasu/co jakiś czas** **5 one in every five/ten, etc** used to show how many people or things in a group are affected by or involved in something ▷ **co piąty/dziesiąty** *itp.*, **jeden na pięć/dziesięć** *itp.*

everybody /ˈevriˌbɒdi/ **pronoun** A2 another word for everyone ▷ **każdy**

everyday /ˈevrideɪ/ **adjective** [always before noun] normal, usual, or happening every day: *Computers are now part of **everyday life**.* ▷ **codzienny**

everyone /ˈevriwʌn/ **pronoun** (also **everybody**) **1** A2 every person: *Everyone agreed with the decision.* ▷ **wszyscy, każdy** **2 everyone else** every other person: *Everyone else was wearing jeans.* ▷ **wszyscy inni, każdy inny**

everyplace /ˈevripleɪs/ **adverb** US another word for everywhere ▷ **wszędzie**

everything /ˈevriθɪŋ/ **pronoun** **1** A2 all things or each thing: *They lost everything in the fire.* ◦ *What's the matter Nick, is everything all right?* ▷ **wszystko** **2 everything else** all the other things: *The meat tasted strange, but everything else was okay.* ▷ **wszystko inne** **3 be/mean everything** to be the most important part of someone's life: *His children **mean everything to** him.* ◦ *Money isn't everything.* ▷ **być wszystkim**

everywhere /ˈevriweər/ **adverb** A2 in or to every place: *I've looked everywhere, but I still can't find that letter.* ▷ **wszędzie**

evict /ɪˈvɪkt/ **verb** [T] to legally force someone to leave the house they are living in: *They were evicted after complaints from their neighbours.* ▷ **eksmitować**
• **eviction** /ɪˈvɪkʃən/ **noun** [C, U] ▷ **eksmisja**

evidence /ˈevɪdəns/ **noun** [U] **1** B2 something that makes you believe that something is true or exists: ***evidence of** global warming* ◦ [+ that] *There is no **scientific evidence** that the drug is addictive.* ▷ **dowód, dowody** **2** information that is given or objects that are shown in a court of law to help to prove if someone has committed a crime: *He was arrested despite the lack of evidence against him.* ▷ **dowody, materiał dowodowy** **3 give evidence** UK to give information and answer questions in a court of law: *She was called to give evidence at his trial.* ▷ **zeznawać, składać zeznania** **4 be in evidence** formal to be noticeable ▷ **dać się zauważyć, być widocznym**

E

> **Wyrazy występujące razem z evidence**
>
> **compelling/conclusive/hard/scientific/strong** evidence • evidence of sth

evident /ˈevɪdᵊnt/ **adjective** formal B2 obvious to everyone and easy to see or understand: [+ that] *It was evident from his voice that he was upset.* ▷ **oczywisty** → See also **self-evident**

E

evidently /ˈevɪdᵊntli/ **adverb** **1** B2 used to say that something can easily be noticed: *He evidently likes her.* ▷ **bez wątpienia** **2** used to say that something seems probable from the information you have: *The intruder evidently got in through an open window.* ▷ **najwyraźniej**

evil¹ /ˈiːvᵊl/ **adjective** B2 very cruel, bad, or harmful: *an evil monster* ▷ **zły, złowrogi**

evil² /ˈiːvᵊl/ **noun** [C, U] B2 something that is very bad and harmful: *The theme of the play is the battle between **good and evil**.* ▷ **zło** → See also **the *lesser* of two evils**

evocative /ɪˈvɒkətɪv/ **adjective** making you remember or imagine something that is pleasant: *evocative music* ◦ ***evocative of** the sea* ▷ **poruszający, pobudzający wspomnienia, przywodzący na myśl**

evoke /ɪˈvəʊk/ **verb** [T] to make someone remember something or feel an emotion: *The story evoked memories of my childhood.* ▷ **przywoływać, wywoływać**

evolution /ˌiːvəˈluːʃᵊn/ **noun** [U] **1** B2 the way in which living things gradually change and develop over millions of years: *Darwin's theory of evolution* ▷ **ewolucja** **2** B2 a gradual process of change and development: *the evolution of language* ▷ **ewolucja, rozwój**
• **evolutionary** adjective ▷ **ewolucyjny**

evolve /ɪˈvɒlv/ **verb** **1** [I] to develop from other forms of life over millions of years ▷ **rozwijać się, ewoluować** **2** [I, T] to develop or make something develop, usually gradually: *rapidly evolving technology* ▷ **rozwijać się**

ewe /juː/ **noun** [C] a female sheep ▷ **owca**

ex /eks/ **noun** [C] informal someone who used to be your husband, wife, or partner: *My ex and his new wife live abroad.* ▷ **były (mąż), była (żona), eks**

ex- /eks-/ **prefix** from before: *an ex-boyfriend* ◦ *an ex-boss* ▷ **eks-**

exacerbate /ɪɡˈzæsəbeɪt/ **verb** [T] to make something worse: *Sunny weather exacerbates the effects of pollution.* ▷ **zaostrzać, pogarszać**

exact¹ /ɪɡˈzækt/ **adjective** B1 completely correct in every detail: *I'm afraid I can't give you the exact details of the show yet.* ◦ *They've lived here a long time – 25 years **to be exact**.* ▷ **dokładny, ścisły**
• **exactness** noun [U] ▷ **dokładność, ścisłość**

exact² /ɪɡˈzækt/ **verb** [T] formal to demand and get something from someone ▷ **wymagać, egzekwować**

exacting /ɪɡˈzæktɪŋ/ **adjective** needing a lot of effort and attention: *an exacting training schedule* ▷ **wymagający, pracochłonny**

exactly /ɪɡˈzæktli/ **adverb** **1** A2 used when you are giving or asking for information that is completely correct: *What exactly seems to be the problem?* ◦ *The train got in at exactly ten o'clock.* ▷ **dokładnie** **2** B1 used to emphasize what you are saying: *I found a dress that's exactly the same colour as my shoes.* ▷ **dokładnie** **3** B2 something you say when you agree completely with someone: *"Surely they should have told us about this problem sooner?" "Exactly."* ▷ **(no) właśnie, dokładnie** **4** **not exactly** B2 used to say that something is not completely true: *"Do you live here?" "Not exactly, I'm staying with friends."* ▷ **niezupełnie** **5** **not exactly easy/new/clear, etc** informal used to say that a description is completely untrue: *Let's face it, we're not exactly rich, are we?* ▷ **nie taki łatwy/nowy/oczywisty itp.**

exaggerate /ɪɡˈzædʒᵊreɪt/ **verb** [I, T] to make something seem larger, better, worse, etc than it really is: *Don't exaggerate – it didn't cost that much!* ▷ **przesadzać, wyolbrzymiać**

exaggeration /ɪɡˌzædʒᵊrˈeɪʃᵊn/ **noun** [C, U] when you describe something as larger, better, worse, etc than it really is: *a **gross exaggeration** of the facts* ▷ **przesada**

> **Wyrazy występujące razem z exaggeration**
>
> **a gross/slight** exaggeration • an exaggeration **of** sth

exalted /ɪɡˈzɔːltɪd/ **adjective** formal very highly respected, or with a very high position ▷ **wysoko postawiony, powszechnie szanowany**

exam /ɪɡˈzæm/ **noun** [C] **1** A2 an official test of how much you know about something, or how well you can do something: *a maths exam* ◦ *to **fail/pass** an **exam*** ◦ UK *to **sit**/*UK/US *to **take** (= do) an **exam*** ▷ **egzamin** **2** US a series of medical tests: *an eye exam* ▷ **badanie**

> **Wyrazy występujące razem z exam**
>
> **do/sit/take** an exam • **fail/pass** an exam • exam **results**

examination /ɪɡˌzæmɪˈneɪʃᵊn/ **noun** **1** [C, U] B2 when someone looks at something very carefully: *a **medical examination*** ◦ *a **close examination** of the facts* ▷ **badanie, analiza, kontrola** **2** [C] formal A2 an exam: *a written examination* ▷ **egzamin**

examine /ɪɡˈzæmɪn/ **verb** [T] **1** B2 to look at someone or something very carefully, especially to try to discover something: *She picked up the knife and examined it closely.* ◦ *He was examined by a doctor as soon as he arrived.* ▷ **oglądać, analizować, badać** **2** formal to test someone to see how much they know or how well they can do something: *You'll be examined in three main areas: speaking, listening, and reading comprehension.* ▷ **egzaminować** **3** to consider a plan or an idea carefully: *They have called a special meeting to examine the proposal.* ▷ **rozważać, rozpatrywać** → See also **cross-examine**

examiner /ɪɡˈzæmɪnəʳ/ **noun** [C] B1 someone who tests how much you know about something, or how well you can do something ▷ **egzaminator**

example /ɪɡˈzɑːmpl/ **noun** **1** [C] A1 something that is typical of the group of things that you are talking about: *This is a good* ***example of*** *medieval Chinese architecture.* ▷ **przykład** **2 for example** A1 used to give an example of what you are talking about: *Some people, students for example, can get cheaper tickets.* ▷ **na przykład** **3** [C] someone or something that is very good and should be copied: *He is a very good example to the rest of the class.* ▷ **przykład** **4 set an example** B2 to behave in a way that other people should copy ▷ **dawać (dobry) przykład**

> Wyrazy występujące razem z **example**
>
> a **classic/good/prime** example • an example of sth

exasperate /ɪɡˈzæspəreɪt/ **verb** [T] to annoy someone a lot ▷ **bulwersować, irytować, doprowadzać do wściekłości**

exasperated /ɪɡˈzæspəreɪtɪd/ **adjective** extremely annoyed: *He's become increasingly exasperated with the situation.* ▷ **zbulwersowany, zirytowany**

exasperating /ɪɡˈzæspəreɪtɪŋ/ **adjective** extremely annoying ▷ **irytujący**

exasperation /ɪɡˌzæspəˈreɪʃən/ **noun** [U] when you feel extremely annoyed with someone or something ▷ **irytacja, złość**

excavate /ˈekskəveɪt/ **verb** [I, T] to dig in the ground, especially with a machine, or to look for objects from the past: *These Roman coins were excavated from a site in Cambridge.* ▷ **wykopać, kopać, prowadzić wykopaliska**
• **excavation** /ˌekskəˈveɪʃən/ **noun** [C, U] ▷ **wykopaliska, wykop**

exceed /ɪkˈsiːd/ **verb** **1** [T] to be more than a particular number or amount: *Sales have exceeded $1 million so far this year.* ▷ **przekraczać, przewyższać** **2 exceed the speed limit** to drive faster than you are allowed to according to the law ▷ **przekraczać dozwoloną prędkość**

exceedingly /ɪkˈsiːdɪŋli/ **adverb** formal very: *He was clever, attractive, and exceedingly rich.* ▷ **niezmiernie**

excel /ɪkˈsel/ **verb** (present participle **excelling**, past tense and past participle **excelled**) formal **1** [I] to be very good at something: *Paula always* ***excelled in*** *languages at school.* ▷ **osiągać doskonałe wyniki** **2 excel yourself** to do something better than you usually do ▷ **przerastać lub przechodzić samego siebie**

excellent /ˈeksələnt/ **adjective** A2 very good, or of a very high quality: *That was an excellent meal.* ▷ **doskonały**
• **excellently adverb** ▷ **doskonale** • **excellence** /ˈeksələns/ **noun** [U] ▷ **doskonałość**

except /ɪkˈsept/ **preposition, conjunction** A2 not including a particular fact, thing, or person: *The boat sails from Oban every day except Sunday.* ◦ *Everyone passed the exam* ***except for*** *Rory.* ◦ [+ (that)] *So nothing changed, except that Anna saw her son less and less.* ▷ **oprócz, z wyjątkiem**

E

excepted /ɪkˈseptɪd/ **adjective** [always after noun] formal not included: *Everybody who was asked, myself excepted, said no.* ▷ **oprócz, z wyjątkiem**

excepting /ɪkˈseptɪŋ/ **preposition** not including ▷ **oprócz, z wyjątkiem**

exception /ɪkˈsepʃən/ **noun** **1** B2 [C, U] someone or something that is not included in a rule, group, or list: *There are* ***exceptions to*** *every rule.* ◦ *I like all kinds of movies,* ***with the exception of*** *horror films.* ◦ *All our pupils,* ***without exception****, have access to the Internet.* ◦ *Her films are always popular and this one* ***is no exception****.* ▷ **wyjątek** **2 make an exception** to not treat someone or something according to the usual rules: *They don't usually take cheques, but they said they'd make an exception in my case.* ▷ **robić wyjątek** **3 take exception to sth** formal to be annoyed or insulted by something ▷ **poczuć się** *czymś* **urażonym**

exceptional /ɪkˈsepʃənəl/ **adjective** **1** B2 extremely good: *an exceptional student* ▷ **wyjątkowy** **2** B2 very unusual and not likely to happen very often: *Visitors are only allowed in exceptional circumstances.* ▷ **wyjątkowy**
• **exceptionally adverb** *an exceptionally gifted pianist* ▷ **wyjątkowo**

excerpt /ˈeksɜːpt/ **noun** [C] a short piece from a book, film, piece of music, etc ▷ **fragment, wyjątek, urywek**

excess[1] /ɪkˈses/ **noun** **1** [U, no plural] more of something than is usual or needed: ***An excess of*** *oil on the markets has caused prices to fall sharply.* ▷ **nadmiar** **2 in excess of sth** more than a particular amount or level: *He earns in excess of £60,000 a year.* ▷ **ponad** *coś*, **powyżej** *czegoś* **3 do sth to excess** to do something too much: *He occasionally has a beer, but he never drinks to excess.* ▷ *robić coś* **przesadnie lub do przesady**

excess[2] /ɪkˈses/ **adjective** [always before noun] more than is usual or allowed: *We had to pay £100 for* ***excess baggage****.* ▷ **nadmierny, dodatkowy**

excesses /ɪkˈsesɪz/ **noun** [plural] extreme, harmful, or immoral actions or behaviour ▷ **wybryki, ekscesy**

excessive /ɪkˈsesɪv/ **adjective** more than is necessary or wanted: *They accused the police of using* ***excessive force****.* ▷ **nadmierny, przesadny**
• **excessively adverb** ▷ **nadmiernie, przesadnie**

exchange[1] /ɪks'tʃeɪndʒ/ **noun 1** [C, U] (B1) when you give something to someone and they give you something else: *an **exchange of** ideas/ information* ◦ *They were given food and shelter **in exchange for** work.* ▷ **wymiana 2** [C] (B1) an arrangement by which students and teachers from one country go to stay with students and teachers in another ▷ **wymiana 3** [C] a short conversation or argument: *There were **angry exchanges** between the police and demonstrators.* ▷ **wymiana zdań** → See also **the stock exchange**

exchange[2] /ɪks'tʃeɪndʒ/ **verb 1** [T] (B1) to give something to someone and receive something similar from them: *It's traditional for the two teams to exchange shirts after the game.* ▷ **wymieniać 2** [T] (B2) to take something back to the shop where you bought it and change it for something else: *Could I **exchange** this shirt **for** a larger size?* ▷ **wymieniać 3 exchange looks/smiles/words, etc** (B2) If two people exchange looks, smiles, words, etc, they look at each other/smile at each other/talk to each other, etc. ▷ **wymieniać spojrzenia/uśmiechy/ zamieniać słowa** *itp.*

ex'change ˌrate noun [C] (B1) the amount of another country's money that you can buy with a particular amount of your own country's money ▷ **kurs wymiany**

excise /'eksaɪz/ **noun** [U] government taxes that must be paid on some things that are made or sold in a particular country ▷ **akcyza**

excitable /ɪk'saɪtəbl/ **adjective** easily becoming excited: *a very excitable child/puppy* ▷ **pobudliwy**

excite /ɪk'saɪt/ **verb** [T] **1** to make someone feel very happy and enthusiastic: *Try not to excite the children too much.* ▷ **ekscytować, podniecać 2** formal to cause a particular reaction in someone: *This product has **excited** a great deal of **interest**.* ▷ **wywoływać**

excited /ɪk'saɪtɪd/ **adjective** (A1) feeling very happy and enthusiastic: *happy, excited faces* ◦ *The children are getting really **excited about** the party.* ▷ **podekscytowany, podniecony**
• **excitedly adverb** (B1) ▷ **w podnieceniu**

excitement /ɪk'saɪtmənt/ **noun** [U] (B1) when people feel very happy and enthusiastic: *The competition is causing a lot of excitement.* ▷ **podniecenie, ekscytacja**

> **Wyrazy występujące razem z excitement**
>
> cause/feel excitement • excitement **mounts** • great/wild excitement • excitement **about/at/ over** sth

exciting /ɪk'saɪtɪŋ/ **adjective** (A1) making you feel very happy and enthusiastic: *an exciting football match* ◦ *You're going to Africa? How exciting!* ▷ **ekscytujący, pasjonujący**

> **Exciting** wyrazy bliskoznaczne
>
> Jeśli coś jest tak ekscytujące, że całkowicie pochłania naszą uwagę, możemy określić to jako **gripping** lub **riveting**:
>
> *The book was **gripping** – I couldn't put it down.*
>
> *I found the film absolutely **riveting**.*
>
> Ekscytujące sporty i zajęcia na świeżym powietrzu możemy opisać często jako **exhilarating**:
>
> *I find skiing absolutely **exhilarating**.*
>
> Przymiotnika **action-packed** często używamy do opisania historii lub okresu czasu obfitującego w ekscytujące wydarzenia:
>
> *We had an **action-packed** weekend in Berlin.*
>
> *The film is described as 'an **action-packed** thriller'.*
>
> Pełną ekscytacji atmosferę możemy czasem opisać przymiotnikiem **electric**:
>
> *The atmosphere backstage was **electric**.*
>
> Przymiotnika **vibrant** często używa się do opisania ekscytujących miejsc:
>
> *This is one of Europe's most **vibrant** cities.*

exclaim /ɪks'kleɪm/ **verb** [I, T] to say something suddenly and loudly because you are surprised, annoyed, excited, etc: *"How terrible!" she exclaimed.* ▷ **wykrzyknąć, krzyknąć**

exclamation /ˌekskləˈmeɪʃən/ **noun** [C] something that you say loudly and suddenly because you are surprised, angry, excited, etc: *an exclamation of delight* ▷ **okrzyk**

excla'mation ˌmark noun [C] (also US **excla'mation ˌpoint**) (B2) a mark (!) used at the end of a sentence that expresses surprise, excitement, or shock, or that is a greeting or an order ▷ **wykrzyknik**

exclude /ɪks'kluːd/ **verb** [T] **1** to not allow someone or something to take part in an activity or enter a place: [often passive] *Women are still **excluded from** the club.* ▷ **wykluczać 2** to intentionally not include something: *The insurance cover excludes particular medical conditions.* ▷ **pomijać, nie obejmować 3** to decide that something is certainly not true or possible: *We can't **exclude** the **possibility** that he is dead.* ▷ **wykluczać**

excluding /ɪks'kluːdɪŋ/ **preposition** not including: *That's $600 per person for seven days, excluding travel costs.* ▷ **nie licząc, wyłączając**

exclusion /ɪks'kluːʒən/ **noun 1** [C, U] when someone or something is not allowed to take part in an activity or to enter a place: *the exclusion of disruptive pupils* ▷ **wykluczenie** → Opposite **inclusion 2 to the exclusion of sth** If you do something to the exclusion of something else, you do it so much that you have no time to do anything else. ▷ **kosztem** *czegoś*

exclusive[1] /ɪks'kluːsɪv/ **adjective 1** (B2) expensive and only for people who are rich or of a high social class: *an exclusive private club* ▷ **ekskluzywny** **2 exclusive of sth** not including something: *The price of the meal is exclusive of drinks.* ▷ **bez** *czegoś*, **nie wliczając** *czegoś* → Opposite **inclusive** **3** not shared with another person, organization, newspaper, etc: *an* ***exclusive interview*** ▷ **wyłączny, zastrzeżony**

exclusive² /ɪks'klu:sɪv/ **noun** [C] a news story that appears in only one newspaper or on one television programme ▷ **(= artykuł lub program, na który gazeta lub stacja ma wyłączność)**

exclusively /ɪks'klu:sɪvli/ **adverb** only: *an exclusively female audience* ▷ **wyłącznie**

excrement /'ekskrəmənt/ **noun** [U] formal solid waste that comes out of the bottom of a person or animal ▷ **ekskrementy, odchody**

excrete /ɪk'skri:t/ **verb** [I, T] to get rid of waste substances from the body ▷ **wydalać**

• **excretion** /ɪk'skri:ʃən/ **noun** [C, U] ▷ **wydzielanie, wydalanie, wydzielina**

excruciating /ɪk'skru:ʃieɪtɪŋ/ **adjective** very bad or painful: *Her illness causes her* ***excruciating pain.*** ▷ **rozdzierający, straszliwy**

• **excruciatingly** **adverb** *an* ***excruciatingly embarrassing*** *situation* ▷ **rozdzierająco, straszliwie**

excursion /ɪk'skɜ:ʒən/ **noun** [C] a short journey made by a group of people for pleasure: *We've booked to go on an* ***excursion to*** *Pompeii.* ▷ **wycieczka**

excusable /ɪk'skju:zəbl/ **adjective** easy to forgive ▷ **wybaczalny** → Opposite **inexcusable**

excuse¹ /ɪk'skju:z/ **verb** [T] **1** (B1) to forgive someone for something that is not very serious: *Please excuse my appearance, I've been painting.* ◦ [+ for + doing sth] *She asked him to excuse her for being so rude.* ▷ **wybaczać** **2** to say that someone does not have to do something that they usually have to do: *Could I be excused from football training today?* ▷ **zwalniać** **3** (B2) to be given as a reason for someone's bad behaviour, so that it does not seem so bad: *Nothing can excuse what he did.* ▷ **usprawiedliwiać** **4 excuse me a** (A1) used to politely get someone's attention: *Excuse me, does this bus go to Oxford Street?* ▷ **przepraszam** **b** (A2) used to say sorry for something that you do without intending to: *Oh, excuse me, did I take your seat?* ▷ **przepraszam**

• **excusable** **adjective** ▷ **wybaczalny**

> Wyrazy występujące razem z **excuse**
> **have/make/offer/think up** an excuse • a **feeble/good** excuse

excuse² /ɪk'skju:s/ **noun** [C] **1** (B1) a reason that you give to explain why you did something wrong: [+ for + doing sth] *I hope he's got a good excuse for being so late.* ▷ **wytłumaczenie** **2** (B1) a false reason that you give to explain why you do something: *Nick was just looking for an excuse to call her.* ▷ **wymówka, pretekst**

execute /'eksɪkju:t/ **verb** [T] **1** to kill someone as a legal punishment: *He was executed for murder.* ▷ **wykonać egzekucję na, stracić** **2** formal to do something, such as follow a plan or order: *to* ***execute*** *a* ***deal/plan*** ▷ **wprowadzać (w życie)**

execution /ˌeksɪ'kju:ʃən/ **noun** **1** [C, U] when someone is killed as a legal punishment ▷ **egzekucja** **2** [U] when you do something, such as follow a plan or order: *He was killed in* ***the execution of*** *his duties as a soldier.* ▷ **wykonanie, wykonywanie, przeprowadzenie**

executioner /ˌeksɪ'kju:ʃənər/ **noun** [C] someone whose job is to execute criminals ▷ **kat**

executive¹ /ɪg'zekjətɪv/ **adjective** [always before noun] **1** relating to making decisions and managing businesses: *an executive director* ▷ **wykonawczy, kierowniczy** **2** suitable for people who have important jobs in business: *Peter always stays in the executive suite.* ▷ **dyrektorski, dla VIP-ów**

executive² /ɪg'zekjətɪv/ **noun** **1** [C] someone who has an important job in a business: *a company executive* ▷ **dyrektor, kierownik, pracownik szczebla kierowniczego** **2 the executive** mainly UK the people who have the power to make decisions in an organization ▷ **dyrekcja, egzekutywa, władza wykonawcza**

exemplary /ɪg'zempləri/ **adjective** formal very good and suitable to be copied by people: *Sarah's behaviour is always exemplary.* ▷ **przykładny**

exemplify /ɪg'zemplɪfaɪ/ **verb** [T] formal to be or give a typical example of something ▷ **stanowić przykład, ilustrować**

exempt¹ /ɪg'zempt/ **adjective** [never before noun] with special permission not to have to do something or pay something: *The first £4,000 that you earn is* ***exempt from*** *tax.* ▷ **zwolniony**

exempt² /ɪg'zempt/ **verb** [T] formal to officially say that someone does not have to do something or pay for something: [often passive] *Students are* ***exempted from*** *payment.* ▷ **zwalniać**

• **exemption** /ɪg'zempʃən/ **noun** [C, U] ▷ **zwolnienie**

exercise¹ /'eksəsaɪz/ **noun** **1** [C, U] (A2) physical activity that you do to make your body strong and healthy: *Swimming is my favourite* ***form of exercise.*** ◦ *Let's* ***do*** *some stretching* ***exercises*** *to start with.* ▷ **ćwiczenie (fizyczne), ruch, aktywność fizyczna** **2** [C] (A2) a piece of written work that helps you learn something: *For your homework, please* ***do exercise*** *3 on page 24.* ▷ **ćwiczenie** **3** [C] an activity which is intended to achieve a particular thing: *The whole* ***point of the exercise*** *was to get people to share their ideas.* ◦ *a team-building exercise.* ▷ **działanie** **4** [C] a set of actions that a group of soldiers do to practise their skills: *The cadets are out on military* *exercises.* ▷ **ćwiczenia 5** [U] formal the use of something such as a power or right ▷ **wykorzystanie**

> **Wyrazy występujące razem z exercise**
> **do/get/take** exercise • **daily/gentle/regular/strenuous** exercise • **a form of** exercise

exercise² /ˈeksəsaɪz/ **verb 1** [I, T] A2 to do physical activities to make your body strong and healthy: *I try to exercise every day.* ▷ **ćwiczyć 2** [T] formal to use a power, right, or ability: *You should always **exercise** your **right** to vote.* ▷ **korzystać z**

E

exert /ɪgˈzɜːt/ **verb 1** [T] to use something such as authority, power, influence, etc in order to make something happen: *My parents **exerted** a lot of pressure **on** me to do well at school.* ▷ **wywierać, wykorzystywać 2 exert yourself** to use a lot of physical or mental energy to do something: *She was too ill to exert herself much.* ▷ **wysilać się**

exertion /ɪgˈzɜːʃən/ **noun** [C, U] when you use a lot of physical or mental energy to do something: *I get out of breath with any kind of **physical exertion**.* ▷ **wysiłek**

exhale /eksˈheɪl/ **verb** [I, T] formal to send air out of your lungs ▷ **wydychać** → Opposite **inhale**

exhaust¹ /ɪgˈzɔːst/ **verb** [T] **1** to finish all of the supply of something: *How long will it be before the world's fuel **supplies** are **exhausted**?* ▷ **wyczerpać 2** to make someone very tired ▷ **wyczerpać 3** to say everything possible about a subject: *We seem to have exhausted that topic of conversation.* ▷ **wyczerpać**

exhaust² /ɪgˈzɔːst/ **noun 1** [U] the waste gas from a vehicle's engine: ***exhaust fumes*** ▷ **spaliny 2** [C] (also **exhaust pipe**) mainly UK the pipe that waste gas from a vehicle's engine flows through ▷ **rura wydechowa** → See **Car** on page Centre 7

exhausted /ɪgˈzɔːstɪd/ **adjective** B1 very tired ▷ **wyczerpany**

exhausting /ɪgˈzɔːstɪŋ/ **adjective** B2 making you feel very tired: *What an exhausting day!* ▷ **wyczerpujący**

exhaustion /ɪgˈzɔːstʃən/ **noun** [U] B2 when you are extremely tired: *The tennis star was **suffering from exhaustion**.* ▷ **wyczerpanie, przemęczenie**

exhaustive /ɪgˈzɔːstɪv/ **adjective** complete and including everything: *an exhaustive account of the incident* ▷ **wyczerpujący**

exˈhaust ˌpipe noun [C] mainly UK (also US **tailpipe**) the pipe that waste gas from a vehicle's engine flows through ▷ **rura wydechowa**

exhibit¹ /ɪgˈzɪbɪt/ **verb 1** [I, T] to show objects such as paintings to the public: *She's exhibiting her roses at the local flower show.* ▷ **wystawiać 2** [T] formal to show a feeling, quality, or ability: *The crew exhibited great courage when the plane crashed.* ▷ **okazywać**

exhibit² /ɪgˈzɪbɪt/ **noun** [C] an object such as a painting that is shown to the public: *a museum exhibit* ▷ **eksponat**

• **exhibitor noun** [C] someone who shows something that they own or have made to the public ▷ **wystawca**

exhibition /ˌeksɪˈbɪʃən/ **noun 1** [C, U] B1 when objects such as paintings are shown to the public: *There's a new **exhibition of** sculpture on at the city gallery.* ◦ *an exhibition centre* ▷ **wystawa 2** [C] when someone shows a particular skill or quality that they have to the public ▷ **pokaz**

exhibitionist /ˌeksɪˈbɪʃənɪst/ **noun** [C] someone who tries to attract attention to themselves with their behaviour ▷ **ekshibicjonist-a/ka**

• **exhibitionism** /ˌeksɪˈbɪʃənɪzəm/ **noun** [U] behaviour which tries to attract attention ▷ **ekshibicjonizm**

exhilarated /ɪgˈzɪləreɪtɪd/ **adjective** very excited and happy ▷ **rozradowany**

exhilarating /ɪgˈzɪləreɪtɪŋ/ **adjective** making you feel very excited and happy: *There's nothing more exhilarating than water-skiing.* ▷ **radosny**

exhilaration /ɪgˌzɪləˈreɪʃən/ **noun** [U] when you feel very excited and happy ▷ **radość**

exhort /ɪgˈzɔːt/ **verb** [T] formal to strongly encourage someone to do something ▷ **nawoływać**

• **exhortation** /ˌegzɔːˈteɪʃən/ **noun** [C, U] ▷ **nawoływanie**

exile /ˈeksaɪl/, /ˈegzaɪl/ **noun 1** [U] when someone has to leave their home and live in another country, often for political reasons: *He spent the war years **in exile** in New York.* ◦ *The King was forced **into exile**.* ▷ **wygnanie 2** [C] someone who is forced to live in another country: *She lived the rest of her life as an exile in the UK.* ▷ **wygnaniec**

• **exile verb** [T] to force someone to leave their home and live in another country, often for political reasons ▷ **wygnać** • **exiled adjective** ▷ **wygnany**

exist /ɪgˈzɪst/ **verb** [I] **1** B1 to be real or present: *Poverty still exists in this country.* ▷ **istnieć 2** to live in difficult conditions: *You can't exist without water for more than a week.* ▷ **egzystować, żyć**

existence /ɪgˈzɪstəns/ **noun 1** [U] B2 when something or someone exists: *She never doubted **the existence of** God.* ◦ *The theatre company that we started is still **in existence** today.* ◦ *When did the Football League **come into existence** (= begin to exist)?* ▷ **istnienie 2** [C] a particular way of life: *We could have a much more peaceful existence in the countryside.* ▷ **egzystencja**

> **Wyrazy występujące razem z existence**
> **come into/go out of** existence • **be in** existence • **the existence of sth**

existing /ɪɡˈzɪstɪŋ/ **adjective** [always before noun] B2 which exist or are used at the present time: *Existing schools will have to be expanded to accommodate the extra students.* ▷ **istniejący** → See also **pre-existing**

exit¹ /ˈeksɪt/ **noun** [C] **1** A2 the door or gate which you use to leave a public building or place: *a **fire exit*** ◦ *an **emergency exit*** ▷ **wyjście 2** when someone leaves a place: *Sue **made** a quick **exit** when she saw Mick come in.* ▷ **wyjście 3** A2 a road which you use to leave a motorway or roundabout: ***Take** the third **exit** at the next roundabout.* ▷ **zjazd**

exit² /ˈeksɪt/ **verb** [I, T] **1** B1 to stop using a program on a computer: *Press escape to exit the game.* ▷ **zamykać, wychodzić (z) 2** formal to leave a place or a competition ▷ **wychodzić (z), opuszczać**

ˈexit ˌstrategy **noun** [C] a plan that you use to get out of a difficult situation: *A good politician will plan his exit strategy before announcing his retirement from office.* ▷ **strategia wyjścia**

exodus /ˈeksədəs/ **noun** [no plural] when a large number of people all leave a place together: *There has been **a mass exodus** of workers from the villages to the towns.* ▷ **exodus**

exonerate /ɪɡˈzɒnəreɪt/ **verb** [T] formal to say that someone is not guilty of doing something that they have been blamed for: [often passive] *He was **exonerated of** all blame by the investigation.* ▷ **oczyszczać, uniewinniać**
• **exoneration** /ɪɡˌzɒnəˈreɪʃən/ **noun** [U] ▷ **oczyszczenie, uniewinnienie**

exorbitant /ɪɡˈzɔːbɪtənt/ **adjective** Exorbitant prices or costs are much too high. ▷ **wygórowany, zawyżony**

exorcism /ˈeksɔːsɪzəm/ **noun** [C, U] when an evil spirit is exorcized ▷ **egzorcyzmy, zaklęcie, egzorcyzm**

exorcize (also UK **-ise**) /ˈeksɔːsaɪz/ **verb** [T] **1** to make evil spirits leave a person or place by saying special prayers and having a special ceremony ▷ **egzorcyzmować 2** to get rid of something such as a bad memory: *She moved to Paris to try to exorcize the past.* ▷ **uwalniać się od**

exoskeleton /ˌeksəʊˈskelɪtən/ **noun** [C] a hard outer layer that covers and and protects the body of some animals, such as insects ▷ **szkielet zewnętrzny** → Compare **endoskeleton**

exothermic reaction /eksəʊˌθɜːmɪkriˈækʃən/ **noun** [C] a chemical reaction in which heat is produced ▷ **reakcja egzotermiczna** → Compare **endothermic reaction**

exotic /ɪɡˈzɒtɪk/ **adjective** B2 unusual, interesting, and often foreign: *exotic fruits* ▷ **egzotyczny**

expand /ɪkˈspænd/ **verb** [I, T] B2 to increase in size or amount, or to make something increase: *We are hoping to **expand** our **range** of products.* ▷ **rozwijać (się), powiększać (się)**

PHRASAL VERB **expand on sth** to give more details about something that you have said or written: *She mentioned a few ideas, but she didn't expand on them.* ▷ **rozwijać** *coś*, **szerzej** *coś* **omawiać**

exˌpanded polyˈstyrene **noun** [U] a type of polystyrene often used to protect goods when they are packed ▷ **polistyren spieniony, styropian**

expanse /ɪkˈspæns/ **noun** [C] a large, open area of land, sea, or sky: *a vast expanse of water* ▷ **obszar, przestrzeń, połać**

expansion /ɪkˈspænʃən/ **noun** [U] B2 when something increases in size or amount: *the rapid expansion of the software industry* ▷ **rozwój, wzrost**

expansive /ɪkˈspænsɪv/ **adjective** formal very happy to talk to people in a friendly way: *He was in an **expansive mood** on the night of the party.* ▷ **wylewny**

expatriate /ɪkˈspætriət/ **noun** [C] (also UK informal **expat** /ˌekˈspat/) someone who does not live in their own country ▷ **ekspatriant**
• **expatriate adjective** ▷ **ekspatriancki**

expect /ɪkˈspekt/ **verb 1** [T] B1 to think that something will happen: [+ to do sth] *He didn't expect to see me.* ◦ [+ (that)] *I expect that she'll be very angry about this.* ▷ **oczekiwać, spodziewać się 2 be expecting sb/sth** B1 to be waiting for someone or something to arrive: *I'm expecting a letter from my sister.* ▷ **oczekiwać na** *kogoś/coś*, **spodziewać się** *kogoś/czegoś* **3** [T] B2 to think that someone should behave in a particular way or do a particular thing: [+ to do sth] *You will be expected to work some weekends.* ▷ **oczekiwać, wymagać 4 I expect** mainly UK informal B2 used to show that you think that something is likely to be true: *I expect Isabel's told you about me?* ◦ *"Will you be coming to the party?" "**I expect so.**"* ▷ **pewnie, spodziewam się 5 be expecting** B2 to be going to have a baby: *I'm expecting my first baby in May.* ▷ **spodziewać się (dziecka)**

expectancy /ɪkˈspektənsi/ **noun** [U] when you think that something pleasant or exciting is going to happen: *An air of expectancy filled the room.* ▷ **oczekiwanie** → See also **life expectancy**

expectant /ɪkˈspektənt/ **adjective 1** thinking that something pleasant or exciting is going to happen: *the children's expectant faces* ▷ **pełen oczekiwania 2 an expectant mother/father, etc** someone who is going to have a baby soon ▷ **przyszł-a/y matka/ojciec** *itp.*
• **expectantly adverb** ▷ **wyczekująco, z nadzieją**

expectation /ˌekspekˈteɪʃən/ **noun 1** [C] B2 when you expect good things to happen in the future: [usually plural] *The holiday **lived up to** all our **expectations** (= was as good as we expected).* ◦ *My parents **had high expectations** for me (= expected me to be successful).* ▷ **oczekiwanie**

2 [C, U] when you expect something to happen: *He had gone away and there was no* ***expectation of*** *his return.* ▷ **oczekiwanie**

> **Wyrazy występujące razem z expectation**
>
> **have high/have low** expectations • **live up to/meet** (sb's) expectations • expectations **of** sth

expedient¹ /ɪkˈspiːdiənt/ **adjective** formal An expedient action achieves a useful purpose, although it may not be moral: *It might be expedient not to pay him until the work is finished.* ▷ **wskazany, celowy, wygodny**
• **expediency** /ɪkˈspiːdiənsi/ **noun** [U] when something is expedient: *an issue of political expediency* ▷ **korzyść, wygoda**

expedient² /ɪkˈspiːdiənt/ **noun** [C] formal a useful or clever action ▷ **wybieg**

expedite /ˈekspɪdaɪt/ **verb** [T] formal to make an action or process happen more quickly ▷ **przyspieszać, usprawniać**

expedition /ˌekspɪˈdɪʃən/ **noun** [C] B1 an organized journey, especially a long one for a particular purpose: *Peary* ***led*** *the first* ***expedition*** *to the North Pole.* ◦ *a* ***shopping expedition*** ▷ **ekspedycja, wyprawa**

expel /ɪkˈspel/ **verb** [T] (present participle **expelling**, past tense and past participle **expelled**) **1** to make someone leave a school, organization, or country because of their behaviour: [often passive] *He was* ***expelled from*** *school* ***for*** *hitting another student.* ▷ **usuwać, wygnać** **2** formal to force air, gas, or liquid out of something ▷ **wypuszczać**

expend /ɪkˈspend/ **verb** [T] formal to use effort, time, or money to do something: [+ doing sth] *You* ***expend*** *far too much* ***energy*** *doing things for other people.* ◦ *Governments* ***expend*** *a lot of resources* ***on*** *war.* ▷ **zużywać, wydatkować**

expendable /ɪkˈspendəbl/ **adjective** If someone or something is expendable, people can do something or deal with a situation without them: *He considers his staff as temporary and expendable.* ▷ **niekonieczny, zbyteczny**

expenditure /ɪkˈspendɪtʃər/ **noun** [U] formal **1** the total amount of money that a government or person spends: *The government's annual* ***expenditure on*** *arms has been reduced.* ▷ **wydatki** **2** when you use energy, time, or money ▷ **wydatek**

expense /ɪkˈspens/ **noun** **1** B2 [C, U] the money that you spend on something: *You have to* ***pay*** *your own medical* ***expenses.*** ◦ *He eventually found her the car she wanted,* ***at great expense*** *(= it cost him a lot of money).* ▷ **koszt** **2 at the expense of sth** If you do one thing at the expense of another, doing the first thing harms the second thing: *He spent a lot of time at work, at the expense of his marriage.* ▷ **kosztem** *czegoś* **3 at sb's expense** **a** If you do something at someone's expense, they pay for it: *We went on holiday at my father's expense.* ▷ **na** *czyjś* **koszt** **b** in order to make someone look stupid: *Stop making jokes at my expense.* ▷ *czyimś* **kosztem**

expenses /ɪkˈspensɪz/ **noun** [plural] money that you spend when you are doing your job, that your employer will pay back to you: *travel expenses* ◦ *They pay us two hundred pounds a week, plus expenses.* ▷ **koszty, wydatki**

expensive /ɪkˈspensɪv/ **adjective** A1 costing a lot of money: *expensive jewellery* ◦ [+ to do sth] *It's too expensive to go out every night.* ▷ **drogi, kosztowny** → Opposite **inexpensive**
• **expensively** **adverb** *expensively dressed* ▷ **kosztownie**

experience¹ /ɪkˈspɪəriəns/ **noun** **1** [U] B1 knowledge that you get from doing a job, or from doing, seeing, or feeling something: *Do you have any* ***experience of*** *working with children?* ◦ *He knows* ***from experience*** *not to play with fire.* ◦ ***In my experience,*** *people smile back if you smile at them.* ▷ **doświadczenie** **2** [C] B1 something that happens to you that affects how you feel: *My trip to Australia was an experience I'll never forget.* ▷ **doświadczenie**

> **Wyrazy występujące razem z experience**
>
> **gain/have/lack** experience • **good/previous/useful/wide** experience • experience **in/of** sth • **from** experience • **in my** experience

experience² /ɪkˈspɪəriəns/ **verb** [T] B1 If you experience something, it happens to you, or you feel it: *It was the worst pain I had ever experienced.* ◦ *We experienced a lot of difficulty in selling our house.* ▷ **doświadczać, przeżywać**

experienced /ɪkˈspɪəriənst/ **adjective** B1 having skill and knowledge because you have done something many times: *Karsten's a very experienced ski instructor.* ▷ **doświadczony** → Opposite **inexperienced**

experiment¹ /ɪkˈsperɪmənt/ **noun** [C] B1 a test, especially a scientific one, that you do in order to learn something or discover if something is true: *to* ***conduct/do/perform*** *an* ***experiment*** ◦ *They're conducting* ***experiments on*** *hamster cells to test the effects of the drug.* ▷ **eksperyment, doświadczenie**

> **Wyrazy występujące razem z experiment**
>
> **conduct/do/perform** an experiment • an experiment **on** sth

experiment² /ɪkˈsperɪment/ **verb** [I] **1** B2 to try something in order to discover what it is like: *Did he ever* ***experiment with*** *drugs?* ▷ **eksperymentować** **2** to do an experiment: ***Experimenting on*** *mice can give us an idea of the effect of the disease in humans.* ▷ **eksperymentować, przeprowadzać doświadczenia**
• **experimentation** /ɪkˌsperɪmenˈteɪʃən/ **noun** [U] ▷ **eksperymenty, doświadczenia**

experimental /ɪkˌsperɪˈmentᵊl/ **adjective** relating to tests, especially scientific ones ▷ **eksperymentalny, doświadczalny**
• **experimentally** adverb ▷ **eksperymentalnie, doświadczalnie**

expert¹ /ˈekspɜːt/ **noun** [C] B1 someone who has a lot of skill in something or a lot of knowledge about something: *He's **an expert on** Japanese literature.* ▷ **ekspert, specjalist-a/ka**

expert² /ˈekspɜːt/ **adjective** [always before noun] B2 having a lot of skill in something or knowing a lot about something: *I need some **expert advice** on investments.* ◦ *What's your **expert opinion**?* ▷ **fachowy**
• **expertly** adverb *He carved the roast expertly.* ▷ **fachowo**

expertise /ˌekspɜːˈtiːz/ **noun** [U] skill: *the technical expertise of the engineers* ▷ **wiedza (fachowa), umiejętności**

ˈexpert ˌsystem noun [C] a computer system which asks questions and gives answers that have been thought of by a person who knows a lot about a subject ▷ **system ekspertowy**

expiration /ekspɪˈreɪʃᵊn/ **noun** [U, C] the act of breathing out air, or a breath going out ▷ **wydech**

expire /ɪkˈspaɪəʳ/ **verb** [I] **1** If a legal document or agreement expires, you can no longer use it: *Your contract expired six months ago.* ▷ **wygasać, tracić ważność** **2** to breathe out air ▷ **wydychać**

expiry /ɪkˈspaɪəri/ **noun** [U] UK the end of a period when something can be used: *What's **the expiry date** on your passport?* ▷ **wygaśnięcie, utrata ważności**

explain /ɪkˈspleɪn/ **verb** [I, T] A2 to make something clear or easy to understand by giving reasons for it or details about it: [+ question word] *Can you explain why you did this?* ◦ *Can you **explain to** me how this mobile phone works?* ◦ [+ (that)] *He explained that he was going to stay with his sister.* ▷ **wyjaśniać, tłumaczyć**
• **explaining** noun [U] when you have to explain or give a good reason for your actions: *You'll **have** a lot of **explaining to do** when dad finds out what happened.* ▷ **tłumaczenie (się), wyjaśnianie**

> **Najczęściej popełniane błędy: explain**
>
> **Proszę pamiętać:** kiedy po **explain** następuje dopełnienie dalsze, zawsze używamy go z przyimkiem.
> Nie mówimy więc „explain someone", ale **explain to someone**:
> *~~I want to explain you why I want to move to another area.~~*
> *I want to explain to you why I want to move to another area.*

> **Explain** wyrazy bliskoznaczne
>
> Jeśli ktoś wyjaśnia coś komuś w celu uczynienia tego bardziej dla niego zrozumiałym, możemy użyć czasownika **clarify**:
> *Let me just **clarify** what I mean here.*
> Czasownika **define** czasem używamy gdy wyjaśniamy dokładne znaczenie czegoś:
> *Your responsibilities are clearly **defined** in the contract.*
> Jeśli wyjaśniamy coś wyjątkowo szczegółowo, często używamy czasownika frazowego **spell out**:
> *They sent me a letter, **spelling out** the details of the agreement.*

explanation /ˌekspləˈneɪʃᵊn/ **noun** [C, U] B1 the details or reasons that someone gives to make something clear or easy to understand: *What's your **explanation for** the team's poor performance?* ◦ *Could you give me a quick **explanation of** how it works?* ▷ **wyjaśnienie, wytłumaczenie**

> Wyrazy występujące razem z **explanation**
>
> **demand/give/have/offer** an explanation • a **clear/possible/satisfactory/simple** explanation • an explanation **for** sth

explanatory /ɪkˈsplænətᵊri/ **adjective** giving an explanation about something: *There are **explanatory notes** with the diagram.* ▷ **wyjaśniający, objaśniający** → See also **self-explanatory**

expletive /ɪkˈspliːtɪv/ (US) /ˈeksplətɪv/ **noun** [C] formal a swear word ▷ **przekleństwo**

explicable /ɪkˈsplɪkəbl/ **adjective** formal Something that is explicable can be explained. ▷ **dający się wytłumaczyć, zrozumiały** → Opposite **inexplicable**

explicit /ɪkˈsplɪsɪt/ **adjective** **1** clear and exact: *She was very **explicit about** her plans.* ◦ *He made no **explicit references** to Tess.* ▷ **jasny, bezpośredni** **2** showing or talking about sex or violence in a very detailed way: *a **sexually explicit** film* ▷ **odważny**
• **explicitly** adverb *She **explicitly stated** that she did not want her name to be revealed.* ▷ **jasno, bezpośrednio, odważnie**

explode /ɪkˈspləʊd/ **verb** **1** [I, T] B1 If something such as a bomb explodes, it bursts with noise and force, and if you explode it, you make it burst with noise and force: *One of the bombs did not explode.* ▷ **wybuchać, eksplodować, detonować** **2** [I] to suddenly start shouting because you are very angry ▷ **wybuchać**

exploit¹ /ɪkˈsplɔɪt/ **verb** [T] **1** B2 to not pay or reward someone enough for something: [often passive] *I felt as though I was being exploited.* ▷ **wykorzystywać** **2** B2 to use or develop something for your advantage: *We are not fully exploiting all the resources that we have.* ▷ **wykorzystywać**
• **exploitation** /ˌeksplɔɪˈteɪʃᵊn/ **noun** [U] *the*

E

exploitation of child workers ▷ **wyzysk, wykorzystanie**

exploit² /ˈeksplɔɪt/ **noun** [C] something unusual, brave, or interesting that someone has done: [usually plural] *Have you heard about her amazing exploits travelling in Africa?* ▷ **wyczyn**

exploratory /ɪkˈsplɒrətᵊri/ **adjective** done in order to discover or learn about something: *an exploratory expedition* ◦ *an exploratory operation* ▷ **rozpoznawczy, badawczy, wstępny**

E

explore /ɪkˈsplɔːʳ/ **verb 1** [I, T] (B1) to go around a place where you have never been in order to find out what is there: *The children love exploring.* ◦ *The best way to explore the countryside is on foot.* ▷ **poznawać, badać, zgłębiać 2** [T] (B2) to think about something very carefully before you make a decision about it: *We're **exploring** the **possibility** of buying a holiday home.* ▷ **rozważać**

• **exploration** /ˌekspləˈreɪʃᵊn/ **noun** [C, U] *She's always loved travel and exploration.* ▷ **badanie, eksploracja, zgłębianie**

explorer /ɪkˈsplɔːrəʳ/ **noun** [C] someone who travels to places where no one has ever been in order to find out what is there ▷ **badacz/ka**

explosion /ɪkˈspləʊʒᵊn/ **noun** [C] **1** (B2) when something such as a bomb explodes: *Forty people were killed in the explosion.* ▷ **eksplozja, wybuch 2** when something increases suddenly by a large amount: *the recent **population explosion*** ▷ **eksplozja, wybuch**

explosive¹ /ɪkˈspləʊsɪv/ **adjective 1** An explosive substance or piece of equipment can cause explosions: *The **explosive device** was hidden in a suitcase.* ▷ **wybuchowy 2** An explosive situation or subject causes strong feelings, and may make people angry or violent: *a highly explosive political issue* ▷ **zapalny**

explosive² /ɪkˈspləʊsɪv/ **noun** [C] a substance or piece of equipment that can cause explosions ▷ **materiał wybuchowy**

exponent /ɪkˈspəʊnənt/ **noun** [C] **1** someone who supports a particular idea or belief, or performs a particular activity: *The early **exponents of** votes for women suffered greatly.* ▷ **propagator/ka, zwolenni-k/czka, reprezentant/ka 2** a number or sign which shows how many times another number is to be multiplied by itself ▷ **wykładnik**

exponential /ˌekspəʊˈnentʃᵊl/ **adjective 1** formal increasing extremely quickly: *There has been an exponential increase in the world population in the last hundred years.* ▷ **wykładniczy, lawinowy 2** containing an exponent ▷ **wykładniczy**

export¹ /ˈekspɔːt/ **noun 1** [C] (B2) a product that you sell in another country: *Scottish beef exports to Japan* ▷ **towar lub produkt eksportowy 2** [U] (B2) the business of sending goods to another country in order to sell them there: *the export of industrial goods* ▷ **eksport** → Opposite **import**

export² /ɪkˈspɔːt/ **verb** [I, T] **1** (B2) to send goods to another country in order to sell them there: *Singapore exports large quantities of rubber.* ▷ **eksportować** → Opposite **import 2** If you export information from a computer, you copy it to another place. ▷ **eksportować**

• **exporter noun** [C] *Brazil is the world's largest exporter of coffee.* ▷ **eksporter**

expose /ɪkˈspəʊz/ **verb** [T] **1** to remove what is covering something so that it can be seen: *Our bodies need to be exposed to sunlight in order to make vitamin D.* ▷ **obnażać, wystawiać 2** (B2) to make public something bad or something that is not honest: *The review exposed widespread corruption in the police force.* ▷ **obnażać, ujawniać, demaskować 3 be exposed to sth** (B2) to experience something or be affected by something because you are in a particular situation or place: *It was the first time I'd been exposed to violence.* ▷ **być narażonym na** *coś*, **spotykać się z** *czymś* **4** to allow light to reach a piece of camera film in order to produce a photograph ▷ **naświetlać**

exposed /ɪkˈspəʊzd/ **adjective** having no protection from bad weather: *an exposed cliff* ▷ **eksponowany, nieosłonięty, odkryty**

exposure /ɪkˈspəʊʒəʳ/ **noun 1** [U] when someone experiences something or is affected by it because they are in a particular situation or place: *There is a risk of **exposure to** radiation.* ◦ *Many young children now have exposure to computers in the home.* ▷ **styczność, kontakt, ekspozycja 2** [C, U] when something bad that you have done is made public: *She was threatened with exposure by a journalist.* ▷ **zdemaskowanie, ujawnienie 3** [U] a serious medical condition that is caused by being outside in very cold weather ▷ **wychłodzenie organizmu 4** [C] a single photograph on a piece of film: *This film has 24 exposures.* ▷ **klatka**

expound /ɪkˈspaʊnd/ **verb** [I, T] formal to give a detailed explanation of something: *He's always **expounding on** what's wrong with the world.* ◦ *She uses her newspaper column to **expound** her **views** on environmental issues.* ▷ **wykładać, perorować**

express¹ /ɪkˈspres/ **verb** [T] (B2) to show what you think or how you feel using words or actions: *I'm simply expressing my opinion.* ◦ [often reflexive] *You're not expressing yourself (= saying what you mean) very clearly.* ▷ **wyrażać**

express² /ɪkˈspres/ **adjective 1 an express service/train, etc** a service/train, etc that is much faster than usual: *an express train* ◦ *an express service* ▷ **usługa/pociąg** *itp.* **ekspresow-a/y 2 an express aim/intention/purpose, etc** a clear and certain aim/intention/purpose, etc: *You came here with the express purpose of causing trouble.* ▷ **wyraźn-y/a cel/intencja/zamiar** *itp.*

express³ /ɪkˈspres/ **noun** [C] (also **exˈpress ˌtrain**) a fast train: *I took the express to London.* ▷ **ekspres**

expression /ɪkˈspreʃᵊn/ **noun** **1** [C] B2 the look on someone's face showing what they feel or think: *your **facial expression*** ◦ *He had a sad expression on his face.* ▷ **wyraz (twarzy), mina** **2** [C] B2 a phrase that has a special meaning: *'A can of worms' is an expression meaning a difficult situation.* ▷ **wyrażenie, zwrot** **3** [C, U] B2 when you say what you think or show how you feel using words or actions: *As **an expression of** our disapproval, we will no longer use his shop.* ▷ **wyraz**

> Wyrazy występujące razem z **expression**
>
> have a [pained, puzzled, etc] expression **on your face** • an expression **changes** • an **angry/dazed/pained/puzzled** expression • **facial** expression

expressive /ɪkˈspresɪv/ **adjective** showing your feelings: *a very expressive face* ▷ **ekspresywny, wyrazisty, sugestywny**

expressly /ɪkˈspresli/ **adverb** formal **1** If you say something expressly, you say it in a clear way, so that your meaning cannot be doubted: *I **expressly stated** that I did not want any visitors.* ▷ **wyraźnie** **2** If something is expressly for a particular reason or person, it is for that reason or person only: *The picture was painted expressly for me.* ▷ **specjalnie**

expressway /ɪkˈspresweɪ/ **noun** [C] US (UK **motorway**) a long, wide road, usually used by traffic travelling fast over long distances ▷ **autostrada**

expulsion /ɪkˈspʌlʃᵊn/ **noun** [C, U] when someone is made to leave their school, organization, or country because of their behaviour: *They threatened him with **expulsion from** school.* ▷ **wydalenie, usunięcie**

exquisite /ɪkˈskwɪzɪt/ **adjective** very beautiful or perfect: *a garden of exquisite flowers* ▷ **przepiękny, wykwintny**

• **exquisitely** **adverb** *an exquisitely dressed woman* ▷ **przepięknie, wykwintnie**

extend /ɪkˈstend/ **verb** **1** [T] B2 to make something bigger or longer: *We're going to extend our kitchen.* ▷ **powiększać, wydłużać** **2** [T] to make an activity, agreement, etc last for a longer time: *They have extended the deadline by one week.* ▷ **przedłużać** **3** **extend from/into/over, etc** to continue or stretch over a particular area of land or period of time: *Will the building work extend into next week?* ▷ **rozciągać lub przedłużać się** **4** [T] to stretch out a part of your body: *She smiled and extended her hand.* ▷ **wyciągać** **5** **extend an invitation/thanks, etc to sb** formal to give someone an invitation/thanks, etc: *I'd like to extend a warm welcome to our guests.* ▷ **wystosować do** *kogoś* **zaproszenie/złożyć** *komuś* **podziękowanie** *itp.*

extension /ɪkˈstenʃᵊn/ **noun** [C] **1** a new room or rooms that are added to a building: *You could build an extension onto the back of the house.* ▷ **dobudówka** **2** B2 extra time that you are given to do or use something: *You might be able to get an extension on your visa.* ▷ **przedłużenie** **3** B2 a telephone that is connected to the main telephone in an office or other large building: *Call me on extension 213.* ▷ **(numer) wewnętrzny**

extensive /ɪkˈstensɪv/ **adjective** B2 large in amount or size: *an **extensive** art **collection*** ◦ *The hurricane caused **extensive damage**.* ▷ **rozległy**

• **extensively** **adverb** *I have **travelled extensively** in Europe.* ▷ **wiele**

extensor (muscle) /ɪkˈstensəʳ/ **noun** [C] a muscle that allows you to make part of your body straight ▷ **prostownik** → Compare **flexor (muscle)**

extent /ɪkˈstent/ **noun** **1** B2 [no plural] the size or importance of something: *They are just beginning to realize the **full extent** of the damage.* ◦ *Her face was injured **to such an extent** (= so much) that he didn't recognize her.* ▷ **rozmiar, zasięg, stopień** **2** **to some extent/to a certain extent** B2 in some ways: *I was, to some extent, responsible for the accident.* ▷ **do pewnego stopnia**

> Wyrazy występujące razem z **extent**
>
> the **full/true** extent of sth • **to such** an extent • the extent **of** sth

exterior /ɪkˈstɪəriəʳ/ **noun** [C] the outside part of something or someone: [usually singular] *The exterior of the house was painted white.* ▷ **zewnętrze, zewnętrzna strona, powierzchowność**

• **exterior** **adjective** [always before noun] *an exterior wall* ▷ **zewnętrzny** → Opposite **interior**

exterminate /ɪkˈstɜːmɪneɪt/ **verb** [T] to kill a large group of people or animals ▷ **eksterminować, tępić**

• **extermination** /ɪkˌstɜːmɪˈneɪʃᵊn/ **noun** [C, U] ▷ **eksterminacja, tępienie**

external /ɪkˈstɜːnᵊl/ **adjective** **1** B2 relating to the outside part of something: *the **external walls** of the house* ◦ *The ointment is **for external use** only (= it must not be put inside the body).* ▷ **zewnętrzny** **2** B2 coming from or relating to another country, group, or organization: *All exams are marked by an **external examiner**.* ▷ **niezależny** → Opposite **internal**

• **externally** **adverb** ▷ **zewnętrznie**

extinct /ɪkˈstɪŋkt/ **adjective** If a type of animal is extinct, it does not now exist. ▷ **wymarły**

extinction /ɪkˈstɪŋkʃᵊn/ **noun** [U] when a type of animal no longer exists: *Many species of animal are **threatened with extinction**.* ▷ **wymarcie, wyginięcie**

extinguish /ɪkˈstɪŋgwɪʃ/ **verb** [T] formal to stop something burning or giving out light: *The fire took two hours to extinguish.* ▷ **gasić**

extinguisher /ɪkˈstɪŋgwɪʃəʳ/ **noun** [C] (also **fire extinguisher**) a piece of equipment shaped like a tube, which is used to spread a substance onto a fire to stop it burning ▷ **gaśnica**

extol /ɪk'stəʊl/ **verb** [T] (present participle **extolling**, past tense and past participle **extolled**) to say that you think that something is very good: *He always* ***extols the virtues of*** *(= praises) French cooking.* ▷ **wychwalać**

extort /ɪk'stɔːt/ **verb** [T] to get money from someone by saying that you will harm them ▷ **wymuszać**

• **extortion** /ɪk'stɔːʃᵊn/ **noun** [U] ▷ **szantaż, wymuszenie**

extortionate /ɪk'stɔːʃᵊnət/ **adjective** Extortionate prices or costs are very high. ▷ **paskarski, wygórowany**

extra[1] /'ekstrə/ **adjective** (A2) more, or more than usual: *Can I invite a few extra people?* ◦ *She's been babysitting to earn some extra cash.* ▷ **dodatkowy**

extra[2] /'ekstrə/ **noun** [C] **1** (B1) something that costs more when you buy goods or pay for a service: *The hi-fi comes with* ***optional extras*** *such as headphones and remote control.* ▷ **dodatek** **2** an actor in a film who does not have a main part and usually plays someone in a crowd ▷ **statyst-a/ka**

Wyrazy występujące razem z **extra**
an **added/hidden/optional** extra

extra[3] /'ekstrə/ **adverb** (B1) more than usual: *Do you get paid extra for working late?* ▷ **dodatkowo, ekstra, wyjątkowo**

extra- /ekstrə-/ **prefix** outside of or in addition to: *extracurricular activities (= activities that are in addition to the usual school work)* ▷ **poza-, ekstra-**

extracellular /ˌekstrə'seljələʳ/ **adjective** being or happening outside a cell ▷ **pozakomórkowy**

extract[1] /ɪk'strækt/ **verb** [T] formal **1** (B2) to take something out, especially using force: *He's going to the dentist's to have a tooth extracted.* ▷ **wyrywać, usuwać, wydobywać** **2** to get the money, information, etc that you want from someone who does not want to give it to you: *They were not able to extract a confession from her.* ▷ **wyciągać, wydobywać**

extract[2] /'ekstrækt/ **noun** [C] **1** (B2) a particular part of a book, poem, etc that is chosen so that it can be used in a discussion, article, etc: *The teacher read out* ***an extract from*** *'Brave New World'.* ▷ **fragment, wyjątek, urywek** **2** a substance taken from a plant, flower, etc and used especially in food or medicine: *pure vanilla extract* ▷ **ekstrakt, wyciąg**

extraction /ɪk'strækʃᵊn/ **noun** **1** [C, U] when something is taken out, especially using force ▷ **wydobycie, usunięcie, ekstrakcja** **2** **of Chinese/Italian, etc extraction** having a family whose origin is Chinese, Italian, etc ▷ **pochodzenia chińskiego/włoskiego** *itp.*

extradite /'ekstrədaɪt/ **verb** [T] to send someone back to the country where they are accused of a crime, so that a court there can decide if they are guilty: [often passive] *The suspects were* ***extradited to*** *the UK.* ▷ **wydawać, ekstradować**

• **extradition** /ˌekstrə'dɪʃᵊn/ **noun** [C, U] ▷ **ekstradycja, wydanie**

extraneous /ɪk'streɪniəs/ **adjective** not directly connected to something: *extraneous information/noise* ▷ **uboczny, zewnętrzny**

extranet /'ekstrənet/ **noun** [C] a system of computers that makes it possible for organizations to communicate with each other and share information: *The extranet will link the company with its customers and suppliers.* ▷ **ekstranet**

extraordinary /ɪk'strɔːdᵊnᵊri/ **adjective** (B1) very special, unusual, or strange: *an extraordinary tale of courage* ◦ *She was an extraordinary young woman.* ▷ **wyjątkowy**

• **extraordinarily** **adverb** (B2) *Their last album was extraordinarily successful.* ▷ **wyjątkowo**

extravagant /ɪk'strævəgənt/ **adjective** **1** costing too much or spending a lot more money than you need to: *the* ***extravagant lifestyle*** *of a movie star* ▷ **rozrzutny** **2** too unusual and extreme to be believed or controlled: *the* ***extravagant claims*** *made by cosmetics companies* ▷ **ekstrawagancki, dziwaczny**

• **extravagance** /ɪk'strævəgəns/ **noun** [C, U] when someone or something is extravagant ▷ **ekstrawagancja, rozrzutność** • **extravagantly** **adverb** ▷ **ekstrawagancko, rozrzutnie**

extravaganza /ɪkˌstrævə'gænzə/ **noun** [C] a large, exciting, and expensive event or entertainment: *a three-hour extravaganza of country music* ▷ **feta, święto**

extreme[1] /ɪk'striːm/ **adjective** **1** (B2) the most unusual or most serious possible: *extreme weather conditions* ◦ ***In extreme cases,*** *the disease can lead to blindness.* ▷ **skrajny, ekstremalny** **2** (B2) very large in amount or degree: *extreme pain* ◦ *extreme wealth* ▷ **ekstremalny, wyjątkowy** **3** having such strong opinions or beliefs that most people cannot agree with you: *extreme views* ◦ *the extreme right* ▷ **skrajny, ekstremalny** **4** [always before noun] at the furthest point of something: *in the extreme south of the island* ▷ **najdalszy**

extreme[2] /ɪk'striːm/ **noun** [C] the largest possible amount or degree of something: *Anna's moods went* ***from one extreme to another*** *(= first she was very happy, then she was very unhappy).* ◦ *Coach Wilson* ***took*** *our training* ***to extremes*** *(= made us train extremely hard).* ▷ **skrajność, ekstremum**

extremely /ɪk'striːmli/ **adverb** (B1) very, or much more than usual: *extremely beautiful* ▷ **niezwykle, wyjątkowo**

exˌtreme 'sports **noun** [C, U] (B1) activities which people do that are dangerous: *extreme sports such as bungee jumping and snowboarding* ▷ **sporty ekstremalne**

extremist /ɪk'stri:mɪst/ **noun** [C] someone who has such strong opinions or beliefs that most people cannot agree with them ▷ **ekstremist-a/ka**
• **extremism** /ɪk'stri:mɪzᵊm/ **noun** [U] ▷ **ekstremizm** • **extremist adjective** ▷ **ekstremistyczny**

extremities /ɪk'stremətiz/ **noun** [plural] the end parts of your body such as your hands and feet ▷ **kończyny**

extremity /ɪk'streməti/ **noun** formal **1** [C] the part of something that is furthest from the centre: *at the north-west extremity of Europe* ▷ **skraj 2** [U] when a feeling is very strong or a bad situation very serious ▷ **skrajność**

extricate /'ekstrɪkeɪt/ **verb extricate yourself from sth** to get yourself out of a difficult situation or unpleasant place: *I didn't know how to extricate myself from such an embarrassing situation.* ▷ **wyplątać lub wywinąć się z** *czegoś*

extrovert /'ekstrəvɜ:t/ **noun** [C] someone who is very confident and likes being with other people ▷ **ekstrawerty-k/czka** → Opposite **introvert**
• **extrovert adjective** *an extrovert personality* ▷ **ekstrawertyczny** → Opposite **introverted**

extrude /ɪk'stru:d/ **noun** [T] to form something by forcing or pushing it out, especially through a small opening: *extruded aluminium rods* ▷ **wytłaczać, wyciskać**
• **extrusion** /ɪk'stru:ʒən/ **noun** [U] ▷ **wytłaczanie, wyciskanie**

exuberant /ɪg'zju:bᵊrᵊnt/ **adjective** full of happiness, excitement, and energy: *a warm and exuberant personality* ▷ **entuzjastyczny, tryskający energią**
• **exuberance** /ɪg'zju:bᵊrᵊns/ **noun** [U] ▷ **entuzjazm, energia**

exude /ɪg'zju:d/ **verb** [T] If you exude love, confidence, pain, etc, you show that you have a lot of that feeling. ▷ **tryskać, wyrażać**

exult /ɪg'zʌlt/ **verb** [I] to show great pleasure, especially at someone else's defeat or failure: *She seems to* ***exult in*** *her power.* ▷ **pławić się**
• **exultation** /ˌegzʌl'teɪʃᵊn/ **noun** [U] ▷ **radość, triumf**

eye[1] /aɪ/ **noun 1** [C] (A1) one of the two organs in your face, which you use to see with: *Sara has black hair and brown eyes.* ◦ *She* ***closed her eyes*** *and drifted off to sleep.* ▷ **oko 2** [C] the small hole at the end of a needle, that you put the thread through ▷ **ucho (igielne) 3 have an eye for sth** to be good at noticing a particular type of thing: *Your son has a very good eye for detail.* ▷ **mieć wyczucie** *czegoś* **4 keep your/an eye on sb/sth** (B2) to watch or look after someone or something: *Could you keep an eye on this pan of soup for a moment?* ▷ **mieć** *kogoś/coś* **na oku 5 have your eye on sth** informal to want something and intend to get it: *Jane's got her eye on that new advertising job.* ▷ **mieć na** *coś* **oko 6 can't keep/take your eyes off sb/sth** to be unable to stop looking at someone or something because they are so attractive or interesting: *He couldn't take his eyes off her all night.* ▷ **nie móc od** *kogoś/czegoś* **oderwać oczu 7 lay/set eyes on sb/sth** to see someone or something for the first time: *They fell in love the moment they laid eyes on each other.* ▷ **ujrzeć** *kogoś/coś* **(po raz pierwszy) 8 look sb in the eye/eyes** to look at someone in a direct way, without showing fear or shame: *Look me in the eye and say that you didn't steal it.* ▷ **spojrzeć lub patrzeć** *komuś* **w oczy 9 in sb's eyes** (B2) in someone's opinion: *In my parents' eyes, I'll always be a child.* ▷ **w** *czyichś* **oczach, dla** *kogoś*

eye

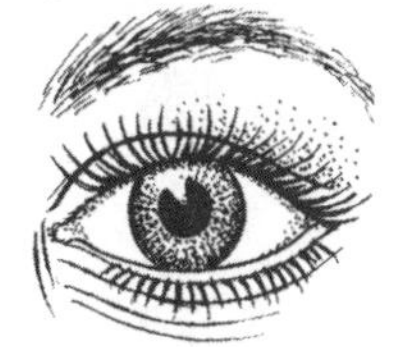

IDIOMS **cast/run your/an eye over sth** UK to look at something quickly, often in order to give your opinion about it: *Would you cast an eye over our work so far?* ▷ **rzucić na** *coś* **okiem** • **catch sb's eye a** to get someone's attention by looking at them: *I tried to catch her eye, but she had already turned away.* ▷ **przyciągać** *czyjąś* **uwagę b** to be attractive or different enough to be noticed by people: *It was the colour of his jacket that caught my eye.* ▷ **przyciągać** *czyjś* **wzrok** • **cry your eyes out** If someone cries their eyes out, they cry a lot about a problem or situation. ▷ **wypłakiwać oczy** • **keep your eyes open/peeled (for sb/sth)** to watch carefully for someone or something: *Keep your eyes peeled, he should be here any minute.* ▷ **mieć oczy (szeroko) otwarte, mieć oko na** *coś/kogoś* • **keep an eye out for sb/sth** to watch carefully for someone or something to appear: *Keep an eye out for the delivery van.* ▷ **wypatrywać** *kogoś/czegoś* • **see eye to eye (with sb)** If two people see eye to eye, they agree with each other. ▷ **całkowicie się (z** *kimś*) **zgadzać** • **turn a blind eye (to sth)** to choose to ignore something that you know is wrong or illegal ▷ **przymykać (na** *coś*) **oko** • **with your eyes open** knowing about all of the problems that could happen if you do something: *I went into this marriage with my eyes open.* ▷ **z pełną świadomością**

→ See also **black eye**

eye[2] /aɪ/ **verb** [T] (present participle **eyeing**, present participle also US **eying**, past tense and past participle **eyed**) to look at someone or something with interest: *The two women eyed each other suspiciously.* ▷ **przyglądać się**

eyeball /'aɪbɔ:l/ **noun** [C] the whole of the eye, that has the shape of a small ball ▷ **gałka oczna**

eyebrow /'aɪbraʊ/ **noun** [C] (B2) the thin line of hair that is above each eye ▷ **brew** → See **The Body** on page Centre 13

eye-catching /'aɪˌkætʃɪŋ/ **adjective** attractive, interesting, or different enough to be noticed:

E

an eye-catching poster ▷ **atrakcyjny, przyciągający wzrok**

ˈeye ˌcontact noun [U] UK If two people make eye contact, they look at each other at the same time. ▷ **kontakt wzrokowy**

-eyed /aɪd/ **suffix** used at the end of a word describing a person's eyes: *Both sisters are brown-eyed.* ▷ **-oki** → See also **cross-eyed, wide-eyed**

eyelash /ˈaɪlæʃ/ **noun** [C] (also **lash**) B2 one of the short hairs that grow from the edge of your eyelids: [usually plural] *false eyelashes* ▷ **rzęsa**

eyelid /ˈaɪlɪd/ **noun** [C] B2 the piece of skin that covers your eye when you close it ▷ **powieka**

IDIOM **not bat an eyelid** to not react to something unusual ▷ **nawet nie mrugnąć okiem**

eyeliner /ˈaɪˌlaɪnəʳ/ **noun** [C, U] a coloured substance, usually contained in a pencil, which you put in a line above or below your eyes in order to make them more attractive ▷ **kredka lub ołówek do oczu**

eye-opener /ˈaɪˌəʊpənəʳ/ **noun** [C] something that surprises you and teaches you new facts about life, people, etc: *Living in another country can be a* ***real eye-opener.*** ▷ **objawienie, rewelacja**

eyeshadow /ˈaɪʃædəʊ/ **noun** [C, U] a coloured cream or powder which you put above or around your eyes in order to make them more attractive ▷ **cień do powiek**

eyesight /ˈaɪsaɪt/ **noun** [U] B2 the ability to see: *My eyesight is getting worse.* ▷ **wzrok**

eyesore /ˈaɪsɔːʳ/ **noun** [C] a building, area, etc that looks ugly compared to the things that are around it ▷ **straszydło, monstrum**

eyewitness /ˌaɪˈwɪtnɪs/ **noun** [C] (also **witness**) someone who saw something such as a crime or an accident happen: *Eyewitnesses saw two men running away from the bank.* ▷ **(naoczny) świadek**

F

F, f /ef/ the sixth letter of the alphabet ▷ **F, f**

F written abbreviation for Fahrenheit: *a body temperature of 98.6 °F* ▷ **F**

FA /ˌefˈeɪ/ **noun** abbreviation for Football Association: the national organization for football in England: *the FA Cup* ▷ **(= Zrzeszenie Piłki Nożnej odpowiadające polskiemu PZPN)**

fable /ˈfeɪbl/ **noun** [C] a short, traditional story, usually involving animals, which is intended to show people how to behave: *Aesop's fables* ▷ **bajka**

fabric /ˈfæbrɪk/ **noun 1** [C, U] cloth: *a light/woollen fabric* ▷ **tkanina 2 the fabric of sth a** the basic way in which a society or other social group is organized: *The family is part of **the fabric of society**.* ▷ **struktura** *czegoś*, **tkanka** *czegoś* **b** UK the walls, floor, and roof of a building ▷ **szkielet** *czegoś*

fabricate /ˈfæbrɪkeɪt/ **verb** [T] to invent facts, a story, etc in order to deceive someone: *He claims that the police **fabricated evidence** against him.* ▷ **zmyślać, fabrykować**
• **fabrication** /ˌfæbrɪˈkeɪʃᵊn/ **noun** [C, U] ▷ **fabrykacja, wymysł, wymysły**

fabulous /ˈfæbjələs/ **adjective** extremely good: *They've got a fabulous house.* ◦ *We had an absolutely fabulous holiday.* ▷ **fantastyczny**
• **fabulously adverb** extremely: *Her family is **fabulously wealthy**.* ▷ **fantastycznie**

facade (also **façade**) /fəˈsɑːd/ **noun** [C] **1** a false appearance: ***Behind** that amiable **facade**, he's a deeply unpleasant man.* ▷ **fasada, maska 2** the front of a large building: *the gallery's elegant 18th century facade* ▷ **fasada**

face¹ /feɪs/ **noun 1** [C] (A1) the front part of the head where the eyes, nose, and mouth are, or the expression on this part: *She's got a long, thin face.* ◦ *I can't wait to see her face when she opens the present.* ▷ **twarz, mina 2 make a face** (also UK **pull a face**) (B1) to show with your face that you do not like someone or something: *The baby made a face every time I offered her some food.* ▷ **krzywić się 3 make faces** to make silly expressions with your face in order to try and make people laugh ▷ **stroić miny 4 sb's face falls/lights up** someone starts to look disappointed/happy: *His face fell when I said that she wasn't coming.* ▷ *komuś* **rzednie mina/twarz się rozpromienia 5 to sb's face** (B2) If you say something unpleasant to someone's face, you say it to them directly, when you are with them: *If you've got something to say, say it to my face.* ▷ **prosto w twarz 6** the front or surface of something: *the north face of the cliff* ◦ *a clock face* ▷ **przód, ściana, strona, tarcza 7 in the face of sth** while having to deal with a difficult situation or problem: *She refused to leave him, in the face of increasing pressure from friends and family.* ▷ **w obliczu** *czegoś* **8 on the face of it** used when you are describing how a situation seems on the surface: *On the face of it, it seems like a bargain, but I bet there are hidden costs.* ▷ **na pierwszy rzut oka, z pozoru**

IDIOMS **keep a straight face** to manage to stop yourself from smiling or laughing: *I can never play jokes on people because I can't keep a straight face.* ▷ **powstrzymać się od śmiechu • lose/save face** to do something so that people stop respecting you/still respect you: *He seemed more interested in saving face than telling the truth.* ▷ **stracić/zachować twarz**

→ See also **have *egg* on your face**, **a *slap* in the face**

face² /feɪs/ **verb** [T] **1** (B1) to be or turn in a particular direction: *The room faces south.* ◦ *She turned to face him.* ▷ **być zwróconym w kierunku, stać twarzą do 2** (B2) If you face a problem, or a problem faces you, you have to deal with it: [often passive] *This is one of the many problems faced by working mothers.* ▷ **stanąć wobec 3 can't face sth/doing sth** (B2) to not want to do something or deal with something because it is so unpleasant: *I had intended to go for a run, but now I just can't face it.* ▷ **nie móc się na** *coś* **zdobyć 4** (B2) to accept that something unpleasant is true and start to deal with the situation: *She's going to have to **face the fact that** he's not coming back to her.* ▷ **pogodzić się z 5 let's face it** something that you say before you say something that is unpleasant but true: *Let's face it, none of us are getting any younger.* ▷ **powiedzmy sobie szczerze 6** If you face something unpleasant, especially a punishment, then it might happen to you: *If found guilty, the pair face fines of up to $40,000.* ▷ **spodziewać się 7** to deal with someone when the situation between you is difficult: *How can I face him now that he knows what I've done?* ▷ **spojrzeć (prosto) w oczy 8** to play against another player or team in a competition, sport, etc: *We face Spain in the semifinal.* ▷ **zmierzyć się z**
→ See also **face the *music***

PHRASAL VERB **face up to sth** (B2) to accept that a difficult situation exists ▷ **pogodzić się z** *czymś*

facelift /ˈfeɪslɪft/ **noun** [C] **1** medical treatment which makes the skin of your face tighter so that you look younger: *She looks like she's **had** a **facelift**.* ▷ **lifting (twarzy), operacja plastyczna (twarzy) 2** when you improve a place and make it look more attractive: *The council is planning a £6 million facelift for the old harbour area.* ▷ **modernizacja**

facet /ˈfæsɪt/ **noun** [C] one part of a subject,

situation, etc that has many parts: *She has many **facets to** her personality.* ▷ **strona, aspekt**

facetious /fəˈsiːʃəs/ **adjective** trying to make a joke or a clever remark in a way that annoys people ▷ **(głupio) dowcipny**

face-to-face /ˌfeɪstəˈfeɪs/ **adjective, adverb** B1 directly, meeting someone in the same place: *We need to talk face-to-face.* ◦ *She **came face-to-face with** the gunman as he strode into the playground.* ▷ **twarzą w twarz**

F

ˌface ˈvalue noun take sth at face value to accept the way that something first appears without thinking about what it really means: *You can't just take everything you read in the papers at face value.* ▷ **brać lub przyjmować** *coś* **za dobrą monetę**

facial /ˈfeɪʃəl/ **adjective** of or on the face: ***facial expressions/hair*** ▷ **(do) twarzy**

facile /ˈfæsaɪl/ US /ˈfæsəl/ **adjective** formal A facile remark is too simple and has not been thought about enough. ▷ **naiwny**

facilitate /fəˈsɪlɪteɪt/ **verb** [T] formal to make something possible or easier: *I will do everything in my power to facilitate the process.* ▷ **umożliwiać, ułatwiać**

facilities /fəˈsɪlətiz/ **noun** [plural] B1 buildings, equipment, or services that are provided for a particular purpose: ***sports/washing facilities*** ◦ *childcare facilities* ▷ **zaplecze, warunki, wyposażenie**

> **Wyrazy występujące razem z facilities**
>
> **offer/provide** facilities • facilities **for** sb/(doing) sth • **sports** facilities

facility /fəˈsɪləti/ **noun** [C] **1** B2 a part of a system or machine which makes it possible to do something: *This phone has a memory facility.* ▷ **funkcja 2** a place where a particular activity happens: *a new medical facility* ▷ **obiekt**

fact /fækt/ **noun 1** [C] A2 something that you know is true, exists, or has happened: *I'm not angry that you drove my car, it's just **the fact that** you didn't ask me first.* ◦ *No decision will be made until we know all the facts.* ◦ *He **knew for a fact** (= was certain) that Natalie was lying.* ▷ **fakt 2** [U] B2 real events and experiences, not things that are imagined: *It's hard to separate fact from fiction in what she says.* ▷ **fakty 3 in fact/in actual fact/as a matter of fact a** B1 used to emphasize what is really true: *I was told there were some tickets left, but in actual fact they were sold out.* ▷ **w rzeczywistości b** B2 used when giving more information about something: *"Is Isabel coming?" "Yes. As a matter of fact, she should be here soon."* ▷ **właściwie (to) 4 the fact (of the matter) is** B2 used to tell someone that something is the truth: *I wouldn't usually ask for your help, but the fact is I'm desperate.* ▷ **rzecz w tym, że, prawda jest taka, że**

IDIOM **the facts of life** details about sexual activity and the way that babies are born ▷ **sprawy seksu**

> **Wyrazy występujące razem z fact**
>
> **accept/face up to/establish/explain/ignore** a fact • the fact **remains** • an **important/interesting/simple/undeniable** fact • the facts **about** sth • **know for a** fact

faction /ˈfækʃən/ **noun** [C] a small group of people who are part of a larger group, and oppose the ideas of everyone else ▷ **frakcja**

factor /ˈfæktəʳ/ **noun** [C] **1** B2 one of the things that has an effect on a particular situation, decision, event, etc: *Money was an important **factor in** their decision to move.* ▷ **czynnik 2** a number that another larger number can be divided by exactly: *5 is a factor of 10.* ▷ **podzielnik**

factoring /ˈfæktərɪŋ/ **noun** [U] when a company buys the debts of another business for less than they are worth so that they make a profit and the business selling the debts gets money more quickly ▷ **faktoring**

factorize (also UK **-ise**) /fæktəraɪz/ **verb** [T] If you factorize a number, you divide it into factors. ▷ **rozkładać na czynniki**

factory /ˈfæktəri/ **noun** [C] A1 a building or group of buildings where large amounts of products are made or put together: *a textile factory* ▷ **fabryka, wytwórnia**

factual /ˈfæktʃuəl/ **adjective** using or consisting of facts ▷ **rzeczowy, oparty na faktach**
• **factually adverb** *factually correct/incorrect* ▷ **rzeczowo**

faculty /ˈfækəlti/ **noun 1** [C] a natural ability to hear, see, think, move, etc ▷ **zdolność, umiejętność 2 the English/law/science, etc faculty** a particular department at a college or university, or the teachers in that department ▷ **wydział lub pracownicy wydziału filologii angielskiej/prawa/nauk ścisłych** *itp.* **3 the faculty** US all of the teachers at a school or college ▷ **grono nauczycielskie, pracownicy (naukowi)**

fad /fæd/ **noun** [C] something that is fashionable to do, wear, say, etc for a short period of time: *the latest **health fad*** ▷ **(przelotna) moda, kaprys**

fade /feɪd/ **verb 1** [I, T] B2 If a colour or a sound fades, or if something fades it, it becomes less bright or strong: *The music began to fade.* ◦ *The walls had been faded by the sun.* ▷ **cichnąć, wyciszać, płowieć, powodować płowienie 2** [I] (also **fade away**) B2 to slowly disappear, lose importance, or become weaker: *With time, memories of that painful summer would fade away.* ▷ **zanikać, gasnąć**

faeces UK (US **feces**) /ˈfiːsiːz/ **noun** [plural] formal solid waste that comes out of the bottom of a person or animal ▷ **odchody, kał**

fag /fæg/ **noun** [C] UK informal a cigarette ▷ **fajka**

Fahrenheit /ˈfærᵊnhaɪt/ **noun** [U] (written abbreviation **F**) a measurement of temperature in which water freezes at 32° and boils at 212° ▷ **skala Fahrenheita, stopień Fahrenheita**

fail[1] /feɪl/ **verb 1** [I] B2 to not be successful: *Dad's business failed after just three years.* ◦ *She keeps **failing in** her attempt to lose weight.* ▷ **ponieść porażkę, nie udać się, nie powieść się 2 fail to do sth** B2 to not do what is necessary or expected: *John failed to turn up for football practice yesterday.* ▷ **nie** *zrobić czegoś* **3** [I, T] A2 to not pass a test or an exam, or to decide that someone has not passed: *I'm worried about failing my driving test.* ▷ **nie zdać, oblać 4** [I] B2 to stop working normally, or to become weaker: *Two of the plane's engines had failed.* ▷ **zawodzić, ulegać awarii 5** [T] to stop being helpful or useful to someone when they need you: *The government is failing the poor and unemployed.* ▷ **zawodzić 6 I fail to see/understand** used to show that you do not accept something: [+ question word] *I fail to see why you cannot work on a Sunday.* ▷ **nie rozumiem**

fail[2] /feɪl/ **noun without fail** If you do something without fail, you always do it, even when it is difficult: *I go to the gym every Monday and Thursday without fail.* ▷ **obowiązkowo, na pewno, bez wyjątku**

failing[1] /ˈfeɪlɪŋ/ **noun** [C] a bad quality or fault that someone or something has: *Despite one or two failings, he's basically a nice guy.* ▷ **słabość, wada**

failing[2] /ˈfeɪlɪŋ/ **preposition failing that** if something is not possible or does not happen: *Our goal is to move out by January, or failing that, by March.* ▷ **jeśli (to) się nie uda**

failure /ˈfeɪljəʳ/ **noun 1** [U] B2 when someone or something does not succeed: *Their attempt to climb Everest **ended in failure**.* ▷ **niepowodzenie 2** [C] B2 someone or something that does not succeed: *All my life I've felt like a failure.* ▷ **niepowodzenie, ofiara losu 3 failure to do sth** B2 when you do not do something that you must do or are expected to do: *Failure to pay within 14 days will result in prosecution.* ▷ *niezrobienie czegoś* **4** [C, U] B2 when something does not work, or stops working as well as it should: ***heart failure*** ◦ *All trains were delayed due to a **power failure**.* ▷ **awaria, uszkodzenie, niewydolność**

> Wyrazy występujące razem z **failure**
>
> **admit/end in** failure • **be doomed to** failure • **an abject/complete/humiliating/total** failure

faint[1] /feɪnt/ **adjective 1** B2 slight and not easy to notice, smell, hear, etc: *a faint smell of smoke* ◦ *faint laughter coming from next door* ▷ **lekki, słaby 2 feel faint** to feel very weak and as if you might fall down: *Seeing all the blood made me feel faint.* ▷ **czuć się słabo,** ≈ *komuś* **zrobiło się słabo 3 faint hope/praise/chance, etc** very little hope, praise, chance, etc: *a faint hope of winning the gold medal* ▷ **nikła nadzieja/słaba pochwała/nikła szansa** *itp.* **4 not have the faintest idea** used to emphasize that you do not know something: [+ question word] *I haven't the faintest idea what you're talking about.* ▷ **nie mieć zielonego pojęcia**

faint[2] /feɪnt/ **verb** [I] B2 to suddenly become unconscious for a short time, usually falling down onto the floor: *She fainted with exhaustion.* ▷ **zemdleć**

faintly /ˈfeɪntli/ **adverb** slightly: *faintly embarrassed* ▷ **lekko**

fair[1] /feəʳ/ **adjective 1** B1 treating everyone in the same way, so that no one has an advantage: *a **fair trial*** ◦ ***That's not fair.** You always go first!* ▷ **sprawiedliwy, uczciwy, w porządku 2** B1 acceptable or right: *a fair deal* ◦ *We'd like to move abroad, but it's just not **fair on** the children.* ▷ **sprawiedliwy, uczciwy, w porządku** → Opposite **unfair 3** A2 having pale skin or a light colour of hair: *a boy with fair hair and blue eyes* ▷ **jasny** → Opposite **dark 4 a fair amount/distance/size, etc** quite a large amount, distance, size, etc: *There's still a fair bit of work to be done on the house.* ▷ **spora ilość/odległość/wielkość** *itp.* **5** sunny and not raining: *Tomorrow will be fair, with some early morning frost.* ▷ **pogodny 6** not very good but not very bad: *He has a **fair chance** of winning.* ▷ **przyzwoity, niezły 7 fair enough** UK informal B2 used to say that you agree, or think that something is acceptable: *"He'll only work on Sunday if he gets paid extra." "Fair enough."* ▷ **w porządku** → See also **fair play**, **have your (fair)** ***share*** **of sth**

fair

fair[2] /feəʳ/ **noun** [C] **1** B1 an event outside where you can ride large machines for pleasure and play games to win prizes ▷ **wesołe miasteczko 2** an event where people show and sell goods or services relating to a particular business or hobby: *a **trade fair*** ▷ **targi, targ**

fair³ /feəʳ/ **adverb play fair** to do something in a fair and honest way ▷ **postępować uczciwie**

IDIOM **fair and square** in an honest way and without any doubt: *We won the match fair and square.* ▷ **uczciwie**

fairground /ˈfeəgraʊnd/ **noun** [C] an outside area that is used for fairs ▷ **wesołe miasteczko, teren rekreacyjny**

fair-haired /ˌfeəˈheəd/ **adjective** having a light colour of hair: *a fair-haired child* ▷ **jasnowłosy**

F

fairly /ˈfeəli/ **adverb 1** B1 more than average, but less than very: *a fairly big family* ◦ *fairly quickly* ▷ **dosyć, dość 2** B2 done in a fair way: *treating people fairly* ▷ **sprawiedliwie**

fairness /ˈfeənəs/ **noun** [U] when you treat everyone in the same way, so that no one has an advantage ▷ **sprawiedliwość**

ˌfair ˈtrade noun [U] a way of buying and selling products that makes certain that the original producer receives a fair price: *fair trade coffee/chocolate* ▷ **sprawiedliwy handel** → Compare **free trade**

• **fairly traded adjective** ▷ **zgodny z zasadami sprawiedliwego handlu**

fairy /ˈfeəri/ **noun** [C] a small, imaginary creature that looks like a person with wings, and has magic powers ▷ **wróżka**

fairy

fairytale /ˈfeəriteɪl/ **adjective** [always before noun] happy and beautiful, like something in a fairy tale: *a* ***fairytale romance/wedding*** ▷ **(jak) z bajki**

ˈfairy ˌtale noun [C] a story told to children which involves magic, imaginary creatures, and a happy ending ▷ **bajka**

faith /feɪθ/ **noun 1** [U] B2 the belief that someone or something is good, right, and able to be trusted: ***Have faith in*** *me. I won't let you down.* ▷ **wiara 2** [U] B2 strong belief in a god or gods: *Throughout her illness, she never* ***lost*** *her* ***faith in*** *God.* ▷ **wiara 3** [C] B2 a religion: *the Jewish and Christian faiths* ▷ **religia 4 in good faith** If you act in good faith, you believe that what you are doing is good, honest, or legal. ▷ **w dobrej wierze**

> Wyrazy występujące razem z **faith**
>
> have/lose faith • sb's faith in sb/sth

faithful /ˈfeɪθfəl/ **adjective 1** If your husband, wife, or partner is faithful, they do not have a sexual relationship with anyone else: *a faithful husband* ◦ *They remained* ***faithful to*** *each other throughout their long marriage.* ▷ **wierny 2** B2 always loyal: *his trusted and faithful servant* ▷ **wierny 3** not changing any of the original details, facts, style, etc: *Does the film adaptation stay* ***faithful to*** *the novel?* ▷ **wierny** → Opposite **unfaithful**

• **faithfulness noun** [U] ▷ **wierność**

faithfully /ˈfeɪθfəli/ **adverb 1** in a faithful way ▷ **wiernie 2 Yours faithfully** B2 used to end a formal letter to someone whose name you do not know ▷ **Z poważaniem**

> **!** Najczęściej popełniane błędy: **faithfully** czy **sincerely**?
>
> **Proszę pamiętać:** oficjalny list powinien kończyć zwrot **Yours sincerely** lub **Yours faithfully.**
>
> Jeśli list jest skierowany do konkretnej osoby, nie piszemy „Yours faithfully", ale **Yours sincerely.**

fake¹ /feɪk/ **adjective** not real, but made to look or seem real: ***fake fur*** ◦ *a fake passport* ▷ **sztuczny, fałszywy**

fake² /feɪk/ **noun** [C] **1** a copy of something that is intended to look real or valuable and deceive people: *Experts say that the painting is a fake.* ▷ **podróbka, falsyfikat 2** someone who pretends to have particular skills or qualities so that they can deceive people or get their admiration ▷ **oszust/ka, udawacz/ka**

fake³ /feɪk/ **verb** [T] **1** to copy something in order to deceive people: *faked documents* ▷ **podrabiać 2** to pretend that you have a particular feeling or emotion: *He said he was feeling sick, but he was just* ***faking it.*** ▷ **udawać**

falcon /ˈfɔːlkən/ **noun** [C] a large bird that eats small animals and is often taught to hunt by people ▷ **sokół**

fall¹ /fɔːl/ **verb** [I] (past tense **fell**, past participle **fallen**) **1** A2 to move down towards the ground: *Huge drops of rain were* ***falling from*** *the sky.* ◦ *By winter, all the leaves had* ***fallen off*** *the trees.* ▷ **spadać, padać 2** A2 to suddenly go down and hit the ground without intending to: *She* ***fell off*** *her bike and broke her arm.* ▷ **spadać, upadać 3** B1 to become less in number or amount: *Housing prices have* ***fallen by*** *15% since last year.* ◦ *Temperatures are expected to* ***fall from*** *15°C* ***to*** *9°C.* ▷ **opadać 4** to become worse, or start to be in a bad situation or condition: *Education standards are continuing to fall.* ◦ *Empty for 30 years, the building had* ***fallen into ruin*** *(= become very damaged).* ▷ **podupadać 5 fall asleep/ill/still, etc** B1 to start to sleep/become ill/become quiet, etc: *I fell asleep on the sofa watching TV.* ▷ **zasnąć/zachorować/zamilknąć** *itp.* **6 darkness/night falls** literary used to say that it is becoming dark ▷ **zapada zmierzch/noc 7** to lose power and start to be controlled by a different leader: *In 1453 the city* ***fell to*** *the Turks.* ▷ **upadać 8** to hang down: *Her long blonde hair fell softly over her shoulders.* ▷ **opadać** → See also **fall on deaf** ***ears***, **fall** ***flat***, **fall** ***foul*** **of sb/sth**, **go/**

fall to ***pieces*****, fall into** ***place*****, fall** ***prey*** **to sth, fall by the** ***wayside***

PHRASAL VERBS **fall apart 1** B2 to break into pieces: *My poor old boots are falling apart.* ▷ **rozpadać się 2** B2 to start having problems that you cannot deal with: *Their relationship fell apart after they moved to Detroit.* ▷ **rozpadać się** • **fall back on sb/sth** to use someone or something when other things have failed, or when there are no other choices: *We've been saving up the past few years, to have something to fall back on.* ▷ **zdawać się na** *kogoś/coś*, **uciekać się do** *czegoś* • **fall behind** to not do something fast enough, or not do something by a particular time: *Lucy's been falling behind with her homework again.* ▷ **zostawać w tyle, mieć zaległości** • **fall for sb** B2 to suddenly have strong, romantic feelings about someone ▷ **zakochać się w** *kimś*, **stracić głowę dla** *kogoś* • **fall for sth** to be tricked into believing something that is not true: *He told me he owned a mansion in Spain and I fell for it.* ▷ **nabrać się na** *coś*, **dać się nabrać na** *coś* • **fall in** If a roof or ceiling falls in, it drops to the ground because it is damaged. ▷ **zawalić się, zapaść się** • **fall off** If the amount, rate, or quality of something falls off, it becomes smaller or lower: *Demand for new cars is falling off.* ▷ **spadać** • **fall on sth** to happen on a particular day or date: *New Year's Day* ***falls on*** *a Tuesday this year.* ▷ **przypadać na** *coś* • **fall out** UK B2 to argue with someone and stop being friendly with them: *Have you and Sam* ***fallen out with*** *each other again?* ▷ **pokłócić się** • **fall over** B1 If someone or something falls over, they fall to the ground or onto their side: *The fence fell over in the wind.* ▷ **przewracać się** → See **Phrasal Verbs** on page Centre 16 • **fall through** B2 If a plan or agreement falls through, it fails to happen. ▷ **nie udać się, nie powieść się**

fall[2] /fɔːl/ **noun 1** [C] B1 when the number or amount of something becomes smaller: *There's been a sharp* ***fall in*** *prices.* ▷ **spadek 2** [C] B2 when someone or something moves down to the ground: *a heavy fall of snow* ▷ **upadek 3** [C, U] US (UK/US **autumn**) the season of the year between summer and winter, when leaves fall from the trees: *He started a new job* ***in the fall.*** ▷ **jesień 4** [no plural] when a city, government, leader, etc loses power or control: *the fall of communism* ▷ **upadek**

> Wyrazy występujące razem z **fall**
> a **dramatic/sharp/steep** fall • a fall **in** sth

fallacy /ˈfæləsi/ **noun** [C, U] a belief that is not true or correct: *It's a fallacy that problems will disappear if you ignore them.* ▷ **mit**

fallen /ˈfɔːlən/ past participle of fall

fallible /ˈfæləbl/ **adjective** able to make mistakes: *We place our trust in doctors, but even they are fallible.* ▷ **omylny** → Opposite **infallible**

• **fallibility** /ˌfæləˈbɪləti/ **noun** [U] ▷ **omylność**

Fallopian tube /fəˌləupiənˈtjuːb/ **noun** [C, usually plural] one of the two tubes in a woman's or female animal's body along which eggs travel, from the ovaries to the womb ▷ **jajowód**

fallout /ˈfɔːlaut/ **noun** [U] the radiation from a nuclear explosion ▷ **opad (radioaktywny)**

fallow /ˈfæləu/ **adjective** If land is left fallow, it is not planted with crops, in order to improve the quality of the soil. ▷ **nieuprawiany, ≈ leżeć odłogiem**

false /fɔːls/ **adjective 1** B1 not true or correct: *a false name* ◦ *Many rumours about her life were later proved to be false.* ▷ **fałszywy 2** B2 not real, but made to look or seem real: ***false teeth*** ◦ *false documents* ▷ **sztuczny 3** not sincere or expressing real emotions: *false promises* ▷ **fałszywy**

• **falsely adverb** ▷ **fałszywie**

ˌfalse aˈlarm noun [C] an occasion when people believe that something dangerous is happening, but it is not: *Fire engines rushed to the scene, but it was a false alarm.* ▷ **fałszywy alarm**

falsehood /ˈfɔːlshud/ **noun** [C] formal a lie ▷ **fałsz**

ˌfalse ˈstart noun [C] an occasion when you try to start an activity, event, or process, but fail and have to stop: *The after-school club finally opened this term, after several false starts.* ▷ **falstart**

falsify /ˈfɔːlsɪfaɪ/ **verb** [T] to change important information, especially in documents, in order to deceive people ▷ **fałszować**

falter /ˈfɔːltəʳ/ **verb** [I] **1** to stop being confident, powerful, or successful: *In the late 1980s his career began to falter.* ▷ **słabnąć, załamywać się 2** to pause, make mistakes, or seem weak when you are talking or moving: *Her voice didn't falter once during the ceremony.* ◦ *a few* ***faltering steps*** ▷ **jąkać się, wahać się, drżeć**

fame /feɪm/ **noun** [U] B2 when you are known by many people because of your achievements, skills, etc: *fame and fortune* ◦ *She first* ***rose to fame*** *as a pop star at the age of 16.* ▷ **sława** → See also **sb's/sth's** ***claim*** **to fame**

famed /feɪmd/ **adjective** famous, especially for having particular qualities: *It is a city* ***famed for*** *its ski slopes and casinos.* ▷ **słynny**

familiar /fəˈmɪliəʳ/ **adjective 1** B1 easy to recognize because of being seen, met, heard, etc before: *It's nice to see a few* ***familiar faces*** *(= people that I recognize) around here.* ◦ *This street doesn't look* ***familiar to*** *me.* ▷ **znany, znajomy 2 be familiar with sth** B2 to know about something or have experienced it many times before: *Anyone who's familiar with his poetry will find the course easy.* ▷ **znać** *coś*, **znać się na** *czymś* → Opposite **unfamiliar 3** friendly and very informal: *He doesn't like to be too familiar with his staff.* ▷ **poufały**

familiarity /fəˌmɪliˈærəti/ **noun** [U] **1** a good

knowledge of something, or experience of doing or using it: *Her **familiarity with** computers is very impressive.* ▷ **znajomość, obeznanie** **2** friendly and informal behaviour ▷ **poufałość**

familiarize (also UK **-ise**) /fəˈmɪliəraɪz/ **verb familiarize sb/yourself with sth** to teach someone more about something new, or try to understand more about it yourself: *We spent a few minutes familiarizing ourselves with the day's schedule.* ▷ **zapoznawać** *kogoś*/**się z** *czymś*

family /ˈfæməli/ **noun** **1** [group] A1 a group of people who are related to each other, such as a mother, a father, and their children: *Her* UK *family are/*US *family is originally from Ireland.* ◦ *a family business* ▷ **rodzina** **2** [C] B1 the children in a family: [usually singular] *Single parents have to **raise a family** on their own.* ◦ *Paul and Alison are hoping to **start a family** soon.* ▷ **dzieci** **3** [C] a group of similar types of plants or animals that are related to each other ▷ **rodzina**

> Wyrazy występujące razem z **family**
>
> have/raise/start/support a family • a big/close/happy family • your close/extended/immediate family

ˈfamily ˌname **noun** [C] the name that is used by all the members of a family ▷ **nazwisko**

ˌfamily ˈplanning **noun** [U] controlling how many children you have by using contraceptives ▷ **planowanie rodziny**

ˌfamily ˈtree **noun** [C] a drawing that shows the relationships between the different members of a family, especially over a long period of time ▷ **drzewo genealogiczne**

famine /ˈfæmɪn/ **noun** [C, U] when people living in a particular area do not have enough food for a long time causing suffering and death ▷ **głód, klęska głodu**

famous /ˈfeɪməs/ **adjective** A1 known or recognized by many people: *a famous actress* ◦ *New York is a city **famous for** its shopping and nightlife.* ▷ **słynny** → See also **world-famous**

famously /ˈfeɪməsli/ **adverb** **1 get on famously (with sb)** to have a very friendly relationship with someone ▷ **świetnie się dogadywać** **2** in a way that is famous ▷ **co (jest) najbardziej znane**

fan

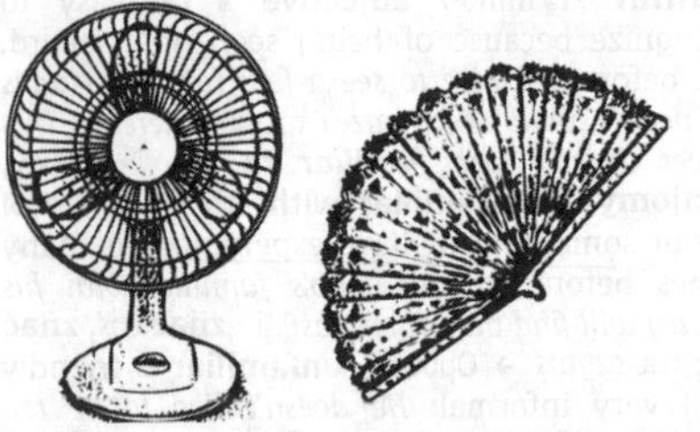

fan¹ /fæn/ **noun** [C] **1** A2 someone who admires and supports a famous person, sport, type of music, etc: *More than 15,000 Liverpool fans attended Saturday's game.* ◦ *He's a big **fan of** country music.* ▷ **fan/ka, wielbiciel/ka** **2** B1 something that is used to move the air around so that it feels cooler, such as a machine or an object that you wave with your hand: *an electric fan* ▷ **wentylator, wachlarz**

> Wyrazy występujące razem z **fan**
>
> a big/huge fan • a fan of sb/sth • football/soccer fans

fan² /fæn/ **verb** [T] (present participle **fanning**, past tense and past participle **fanned**) to move the air around with a fan or something used like a fan, to make it feel cooler: [often reflexive] *The spectators sat in the bright sun, fanning themselves with newspapers.* ▷ **wachlować, ochładzać**

PHRASAL VERB **fan out** If a group of people fan out, they move out in different directions from a single point. ▷ **rozchodzić się**

fanatic /fəˈnætɪk/ **noun** [C] someone whose interest in something or enthusiasm for something is extreme ▷ **fanaty-k/czka**
• **fanatical** **adjective** extremely enthusiastic about something: *She's fanatical about football.* ▷ **fanatyczny** • **fanaticism** /fəˈnætɪsɪzəm/ **noun** [U] ▷ **fanatyzm**

fanciable /ˈfænsiəbl/ **adjective** UK informal sexually attractive ▷ **seksowny**

fanciful /ˈfænsɪfəl/ **adjective** Something that is fanciful comes from someone's imagination and so is probably not true or real: *a fanciful story* ▷ **fantastyczny**

ˈfan ˌclub **noun** [C] an organization for the people who support and admire a particular singer, actor, sports team, etc ▷ **fanklub**

fancy¹ /ˈfænsi/ **verb** [T] **1** UK B1 to want to have or do something: *Do you fancy a drink?* ◦ [+ doing sth] *We fancy going to the Caribbean for our holiday.* ▷ **mieć ochotę na** **2** UK informal to feel sexually attracted to someone: *I fancied him the first time I saw him.* ▷ **mieć oko na** **3 fancy (that)!** UK informal used to show that you are surprised or shocked by something: [+ doing sth] *Fancy seeing you here!* ▷ **kto by pomyślał!, coś podobnego!** **4** formal to think that something is true: [+ (that)] *I fancy that he was smiling, but I can't be sure.* ▷ **wydawać się**

fancy² /ˈfænsi/ **adjective** **1** Fancy things and places are expensive and fashionable: *a fancy restaurant* ▷ **luksusowy** **2** with lots of decoration, or very complicated: *fancy cakes* ▷ **fantazyjny**

fancy³ /ˈfænsi/ **noun** **1 take a fancy to sb/sth** to start to like someone or something a lot: *Marina had taken a fancy to her.* ▷ **polubić** *kogoś/coś* **2 take sb's fancy** If something or someone takes your fancy, you find them interesting or attractive: *We can go anywhere that takes your fancy.* ▷ **spodobać się** *komuś*

ˌ**fancy ˈdress** **noun** [U] UK special clothes that people wear for a party, which make them look like a different person: *a* ***fancy dress party*** ▷ **kostium**

fanfare /ˈfænfeəʳ/ **noun** [C] a short, loud tune played on a trumpet to announce an important person or event ▷ **fanfara**

fang

fang /fæŋ/ **noun** [C] a long, sharp tooth of an animal such as a dog or a snake ▷ **kieł, ząb jadowy**

ˈ**fanny** ˌ**pack** **noun** [C] US (UK **bumbag**) a small bag fixed to a belt that you wear around your waist ▷ **saszetka przy pasie**

fantasize (also UK **-ise**) /ˈfæntəsaɪz/ **verb** [I, T] to imagine something that you would like to happen, but is not likely to happen: *We used to* ***fantasize about*** *becoming famous actresses.* ▷ **wyobrażać sobie, mieć fantazje**

fantastic /fænˈtæstɪk/ **adjective** **1** informal (A2) very good: *I've had a fantastic time.* ▷ **fantastyczny** **2** informal A fantastic amount or number of something is very large: *They're making fantastic amounts of money.* ▷ **niewiarygodny** **3** very strange and probably not true: *fantastic stories about monsters and witches* ▷ **fantastyczny**

fantastically /fænˈtæstɪkəli/ **adverb** (B2) extremely: *fantastically rich* ▷ **niewiarygodnie**

fantasy /ˈfæntəsi/ **noun** [C, U] (B2) a situation or event that you imagine, which is not real or true ▷ **fantazja**

> Wyrazy występujące razem z **fantasy**
>
> **have** fantasies **about/of** (doing) sth • a fantasy **world**

FAQ /ˌefeɪˈkjuː/ **noun** [C] abbreviation for frequently asked question: something that many people ask when they use the Internet or a computer program, or a file of these questions with their answers ▷ **FAQ (odpowiedzi na najczęstsze pytania)**

far[1] /fɑːʳ/ **adverb** (**farther**, **farthest**, **further**, **furthest**) **1** (A2) used to talk about how distant something is: *It's the first time I've been so* ***far away*** *from home.* ◦ ***How far*** *is it to the supermarket?* ◦ *Bournemouth is* ***not far from*** *Poole.* ◦ *In the summer the herds move farther north.* ▷ **daleko** **2** (A2) a long time: *How far back can you remember?* ◦ *We need to plan further ahead.* ▷ **długo, dawno, daleko** **3** **far better/cheaper/more, etc** (B2) much better/cheaper/more, etc: *Young people are far more independent these days.* ▷ **znacznie lepszy/tańszy/więcej** *itp.* **4** **far too difficult/expensive/late, etc** (B2) much too difficult/expensive/late, etc: *His trousers were far too tight.* ▷ **o wiele za trudny/drogi/późno** **5** **as far as I know** informal (B2) used to say what you think is true, although you do not know all the facts: *As far as I know, they haven't reached a decision yet.* ▷ **o ile mi wiadomo** **6** **as far as sb is concerned** (B2) used to say what someone's opinion is: *It's all over as far as I'm concerned.* ▷ **jeśli chodzi o** *kogoś* **7** **as far as sth is concerned** (B2) used to say what you are talking about: *As far as sport's concerned, I like tennis and football.* ▷ **jeśli chodzi o** *coś* **8** **by far** (B2) used to emphasize that something is the biggest, the best, etc: *This is his best film by far.* ▷ **zdecydowanie** **9** **far from sth** certainly not something: *The situation is far from clear.* ▷ **daleki od** *czegoś* **10** **far from doing sth** certainly not doing something: *Far from being pleased, he was embarrassed by the praise.* ▷ **daleki od** *czegoś* **11** **far from it** informal used to tell someone that something is certainly not true: *He's not handsome – far from it.* ▷ **bynajmniej, ani trochę** **12** **as far as possible** as much as is possible: *We try to buy organic food as far as possible.* ▷ **(na tyle,) na ile to możliwe** **13** **go so far as to do sth** to take the extreme action of doing something: *He even went so far as to stop her using the telephone.* ▷ **posunąć się do** *czegoś* **14** **go too far** to behave in a way that upsets or annoys other people ▷ **posunąć się za daleko** **15** **how far** used to talk about how true something is: *How far do politicians represent the views of ordinary people?* ▷ **w jakim stopniu** **16** **so far** (B1) until now: *So far, we haven't made much progress.* ▷ **jak dotąd** **17** **so far so good** informal used to say that something has gone well until now ▷ **byle tak dalej** **18** **not go (very) far** If something such as money does not go far, you cannot do very much with it: *£1 doesn't go very far these days.* ▷ **niewiele znaczyć**

far[2] /fɑːʳ/ **adjective** (**farther**, **farthest**, **further**, **furthest**) **1** (B2) [always before noun] describes the part of something that is most distant from you or from the centre: *His office is at the far end of the corridor.* ◦ *They live in the far south of the country.* ▷ **daleki, drugi** **2** **the far left/right** used to describe political groups whose opinions are very extreme ▷ **radykalna lewica/prawica**
→ See also **be a far** ***cry*** **from sth**

farad /ˈfæræd/ **noun** [C] a unit for measuring capacitance ▷ **farad**

the Faraday constant /ˌfærədeɪˈkɒnstənt/

noun the amount of electric charge in a particular amount of electrons ▷ **stała Faradaya**

faraway /ˌfɑːrəˈweɪ/ **adjective 1** [always before noun] literary a long distance away: ***faraway places*** ▷ **odległy, daleki 2 a faraway look/expression** an expression on someone's face that shows that they are not thinking about what is happening around them: *He had a faraway look in his eyes.* ▷ **nieobecne spojrzenie/nieobecny wyraz twarzy**

farce /fɑːs/ **noun 1** [no plural] a serious event or situation that becomes ridiculous because it is so badly organized: *The meeting was a complete farce.* ▷ **farsa 2** [C] a funny play in which a lot of silly things happen ▷ **farsa**

• **farcical** /ˈfɑːsɪkəl/ **adjective** like a farce ▷ **absurdalny**

fare¹ /feəʳ/ **noun** [C] B1 the price that you pay to travel on an aircraft, train, bus, etc: ***air/train fares*** ▷ **cena biletu, opłata (za przejazd)**

> Wyrazy występujące razem z **fare**
>
> a **return/single** fare • the fare **to** [Seattle/Moscow, etc]

fare² /feəʳ/ **verb** formal **fare well/badly/better, etc** used to say how well or badly someone or something does in a particular situation: *All the children fared well in the exams.* ▷ **powodzić się lub wieść się lub radzić sobie dobrze/źle/lepiej** *itp.*

farewell /ˌfeəˈwel/ **exclamation** old-fashioned goodbye ▷ **żegnaj**

• **farewell noun** [C] when someone says goodbye: *a sad farewell* ◦ *a farewell party* ▷ **pożegnanie**

far-fetched /ˌfɑːˈfetʃt/ **adjective** difficult to believe and not likely to be true: *The idea is not as far-fetched as it might sound.* ▷ **naciągany, radykalny**

farm¹ /fɑːm/ **noun** [C] A1 an area of land with fields and buildings that is used for growing crops and keeping animals as a business: *a dairy farm* ◦ *farm animals/buildings* ▷ **gospodarstwo, farma**

> Wyrazy występujące razem z **farm**
>
> on a farm • farm **workers** • farm **animals**

farm² /fɑːm/ **verb** [I, T] to grow crops or keep animals as a business: *Only 2% of the country's farmland is farmed organically.* ▷ **uprawiać, mieć gospodarstwo**

farmer /ˈfɑːməʳ/ **noun** [C] A2 someone who owns or looks after a farm ▷ **rolni-k/czka, farmer/ka**

farmhouse /ˈfɑːmhaʊs/ **noun** [C] (plural **farmhouses** /ˈfɑːmhaʊzɪz/) the house on a farm where the farmer lives ▷ **dom (na wsi), zagroda**

farming /ˈfɑːmɪŋ/ **noun** [U] B1 working on a farm or organizing the work there ▷ **rolnictwo**

farmland /ˈfɑːmlænd/ **noun** [U] land which is used for or suitable for farming ▷ **ziemia uprawna**

farmyard /ˈfɑːmjɑːd/ **noun** [C] an area of ground with farm buildings around it ▷ **podwórze**

far-off /ˌfɑːrˈɒf/ **adjective** literary a long distance away or a long time in the past or future: *far-off lands* ▷ **odległy**

far-reaching /ˌfɑːˈriːtʃɪŋ/ **adjective** Far-reaching acts, events, or ideas have very big effects: ***far-reaching changes*** *in the education system* ▷ **daleko idący, radykalny**

farsighted /ˈfɑːˌsaɪtɪd/ **adjective** US (UK **long-sighted**) able to see objects which are far away, but not things which are near to you ▷ **dalekowzroczny**

fart /fɑːt/ **verb** [I] very informal to release gas from the bowels through the bottom ▷ **pierdzieć**

• **fart noun** ▷ **pierdnięcie**

farther /ˈfɑːðəʳ/ **adjective, adverb** comparative of **far**: more distant: *I couldn't walk any farther.* ▷ **dalszy, dalej**

farthest /ˈfɑːðɪst/ **adjective, adverb** superlative of **far**: most distant: *They walked to the farthest edge of the garden.* ▷ **najdalszy, najdalej**

fascinate /ˈfæsɪneɪt/ **verb** [T] to interest someone a lot: *Science has always fascinated me.* ▷ **fascynować**

fascinated /ˈfæsɪneɪtɪd/ **adjective** B2 extremely interested: *They were absolutely fascinated by the game.* ▷ **zafascynowany**

fascinating /ˈfæsɪneɪtɪŋ/ **adjective** B2 extremely interesting: *I found the movie fascinating.* ▷ **fascynujący**

fascination /ˌfæsɪˈneɪʃən/ **noun** [U, no plural] when you find someone or something fascinating: *Her* ***fascination with*** *fashion started at an early age.* ▷ **fascynacja**

fascism, Fascism /ˈfæʃɪzəm/ **noun** [U] a political system in which the government is extremely powerful and controls people's lives ▷ **faszyzm**

fascist /ˈfæʃɪst/ **noun** [C] **1** (also **Fascist**) someone who supports fascism ▷ **faszyst-a/ka 2** someone who you do not like because they try to control other people's behaviour ▷ **despot-a/ka**

• **fascist adjective** *a* ***fascist dictator/regime*** ▷ **faszystowski**

fashion¹ /ˈfæʃən/ **noun 1** [C, U] A2 the most popular style of clothes, appearance, or behaviour at a particular time: *Long hair is back* ***in fashion*** *for men.* ◦ *Fur coats have* ***gone out of fashion.*** ▷ **moda 2** [U] B1 making and selling clothes: *the* ***fashion industry*** ▷ **moda 3** [no plural] formal the way in which someone does something: *He told the story* ***in a*** *very amusing* ***fashion.*** ▷ **sposób**

Wyrazy występujące razem z fashion

be **in** fashion • **come into/go out of** fashion • **a** fashion **for** sth

fashion² /ˈfæʃən/ **verb** [T] formal to make something: *jewellery **fashioned from** recycled metal* ▷ **wykonywać**

fashionable /ˈfæʃənəbl/ **adjective** B1 popular at a particular time: ***fashionable clothes*** ◦ [+ to do sth] *It's no longer fashionable to smoke.* ▷ **modny** → Opposite **unfashionable**
• **fashionably adverb** *fashionably dressed* ▷ **modnie**

fast¹ /fɑːst/ **adjective 1** A1 moving, happening, or doing something quickly: *fast cars* ◦ *a fast swimmer* ◦ *Computers are getting faster all the time.* ▷ **szybki 2** [never before noun] If a clock or watch is fast, it shows a time that is later than the correct time. ▷ ≈ **spieszyć się** → See also **a fast *track* (to sth)**

Fast wyrazy bliskoznaczne

Jeśli chcemy użyć „fast" w znaczeniu przymiotnikowym, częstą alternatywą jest zastosowanie przymiotnika **quick**:

*I tried to catch him, but he was too **quick** for me.*

Jeśli coś dzieje się szybko, bez zwłoki, możemy użyć przymiotników **prompt** lub **speedy**:

*A **prompt** reply would be very much appreciated.*

*He made a **speedy** recovery.*

Jeśli coś jest robione szybko, bez głębokiego namysłu, możemy użyć przymiotników **hasty** i **hurried**:

*I don't want to make a **hasty** decision.*

*We left early after a **hurried** breakfast.*

Szybki spacer często określamy przymiotnikiem **brisk**:

*We took a **brisk** walk through the park.*

Przymiotnika **rapid** często używamy do określenia szybkiego wzrostu lub zmiany:

*The 1990's were a period of **rapid** change/ growth.*

Jeśli chcemy użyć „fast" w znaczeniu przysłówkowym, częstą alternatywą jest zastosowanie przysłówka **quickly**:

*The problem needs to be sorted out as **quickly** as possible.*

fast² /fɑːst/ **adverb 1** A2 moving or happening quickly: *We ran as fast as we could.* ◦ *You'll have to act fast.* ▷ **szybko 2 fast asleep** completely asleep ▷ **śpiący głęboko 3** in a firm or tight way: *He tried to get away, but she **held** him **fast**.* ▷ **mocno** → See also ***thick* and fast**

fast³ /fɑːst/ **verb** [I] to eat nothing, or much less than you usually eat for a period of time ▷ **pościć**
• **fast noun** [C] ▷ **post**

fasten /ˈfɑːsən/ **verb 1** B1 [I, T] to close or fix something together, or to become closed or fixed together: *Fasten your seat belts.* ◦ *This dress fastens at the side.* ▷ **zapinać (się) 2 fasten sth on/to/together, etc** B2 to fix one thing to another: *He fastened the rope to a tree.* ▷ **przymocować** *coś gdzieś* → Opposite **unfasten**

fastener /ˈfɑːsənəʳ/ **noun** [C] something that is used to close or fix things together ▷ **zapięcie**

ˌfast ˈfood noun [U] A2 hot food that can be served very quickly in a restaurant because it is already prepared: ***fast food restaurants*** ▷ **(jedzenie typu) fast food, szybkie dania**

fast-forward /ˌfɑːstˈfɔːwəd/ **verb** [I, T] If you fast-forward a recording, or if it fast-forwards, you make it play at very high speed so that you get to the end more quickly. ▷ **przewijać (do przodu)**
• **fast-forward noun** [U] ▷ **przewijanie (do przodu)**

fastidious /fæsˈtɪdiəs/ **adjective** Someone who is fastidious wants every detail of something to be correct and perfect. ▷ **drobiazgowy**

fat¹ /fæt/ **adjective (fatter, fattest) 1** A1 Someone who is fat weighs too much: *She eats all the time but never **gets fat**.* ▷ **gruby, tłusty 2** thick or large: *a fat book* ▷ **gruby** → See also **fat *chance***

fat² /fæt/ **noun 1** [U] the substance under the skin of people and animals that keeps them warm: *body fat* ▷ **tłuszcz 2** [C, U] B2 a solid or liquid substance like oil that is taken from plants or animals and used in cooking: ***animal/ vegetable fat*** ▷ **tłuszcz** → See also **saturated fat**

fatal /ˈfeɪtəl/ **adjective 1** B2 A fatal accident or illness causes death: *a fatal car crash* ▷ **śmiertelny 2** B2 Fatal actions have very bad effects: *a **fatal error*** ▷ **fatalny (w skutcach)**
• **fatally adverb *fatally injured*** ▷ **śmiertelnie**

fatalism /ˈfeɪtəlɪzəm/ **noun** [U] the belief that people cannot change events, and that bad events cannot be avoided ▷ **fatalizm**
• **fatalistic** /ˌfeɪtəlˈɪstɪk/ **adjective** ▷ **fatalistyczny**

fatality /fəˈtæləti/ **noun** [C] formal the death of a person caused by violence or an accident ▷ **ofiara śmiertelna**

ˈfat ˌcat noun [C] someone who has a lot of money, especially someone in charge of a company ▷ **gruba ryba**

fate /feɪt/ **noun 1** [C] B2 what happens to someone, especially when it is something bad: *His fate is now in the hands of the jury.* ▷ **los 2** [U] B2 a power that some people believe decides what will happen: *I believe it was fate that caused us to meet again.* ▷ **przeznaczenie, los** → See also ***quirk* of fate**

Wyrazy występujące razem z fate

suffer a fate • **decide/seal** sb's fate • [suffer] **the same/a similar** fate

F

fated /ˈfeɪtɪd/ **adjective** [never before noun] If something that happens or someone's actions are fated, they are decided by a power that controls events, and cannot be avoided: [+ to do sth] *I seem fated to meet him wherever I go.* ▷ **skazany, przeznaczony** → See also **ill-fated**

fateful /ˈfeɪtfᵊl/ **adjective** A fateful event has an important and usually bad effect on the future: *a* ***fateful decision*** ▷ **brzemienny w skutki**

father¹ /ˈfɑːðəʳ/ **noun 1** A1 [C] your male parent ▷ **ojciec 2 Father** the title of some Christian priests: *Father O'Brian* ▷ **ojciec 3 the father of sth** the man who invented or started something: *Descartes is known as the father of modern philosophy.* ▷ **ojciec** *czegoś*

father² /ˈfɑːðəʳ/ **verb** [T] formal to become a male parent: *He fathered three children.* ▷ **być ojcem**

ˌFather ˈChristmas noun [no plural] UK a kind, fat, old man in red clothes who people say brings presents to children at Christmas ▷ **Święty Mikołaj**

ˈfather ˌfigure noun [C] an older man who gives you advice and support like a father ▷ **ktoś (prawie) jak ojciec**

fatherhood /ˈfɑːðəhʊd/ **noun** [U] being a father ▷ **ojcostwo**

father-in-law /ˈfɑːðərɪnlɔː/ **noun** [C] (plural **fathers-in-law**) B2 the father of your husband or wife ▷ **teść**

fathom¹ /ˈfæðəm/ **verb** [T] (also UK **fathom out**) to be able to understand something after thinking about it a lot: [+ question word] *No one could fathom why she had left so early.* ▷ **pojąć, zgłębić**

fathom² /ˈfæðəm/ **noun** [C] a unit for measuring the depth of water, equal to 1.8 metres ▷ **sążeń (= 1,83 m)**

fatigue /fəˈtiːg/ **noun** [U] when you feel very tired ▷ **zmęczenie**

• **fatigued adjective** ▷ **zmęczony**

fatigues /fəˈtiːgz/ **noun** [plural] special clothes that soldiers wear when they are fighting or working ▷ **mundur polowy**

fatten /ˈfætᵊn/ **verb** [T] to make animals fatter so that they can be eaten ▷ **tuczyć**

PHRASAL VERB **fatten sb/sth up** to give a thin person or animal lots of food so that they become fatter ▷ **utuczyć** *kogoś/coś*

fattening /ˈfætᵊnɪŋ/ **adjective** Fattening food can make you fat: *I don't eat chips, they're too fattening.* ▷ **tuczący**

fatty /ˈfæti/ **adjective** Fatty foods contain a lot of fat. ▷ **tłusty**

ˌfatty ˈacid noun [C] any of a large group of acids, especially those found in fats and oils ▷ **kwas tłuszczowy**

fatuous /ˈfætjuəs/ **adjective** very stupid and not deserving your attention or respect: *a* ***fatuous comment/remark*** ▷ **niedorzeczny**

faucet /ˈfɔːsɪt/ **noun** [C] US (UK/US **tap**) an object at the end of a pipe which you turn to control the flow of water ▷ **kran**

fault¹ /fɔːlt/ **noun 1 sb's fault** B1 If something bad that has happened is someone's fault, they are responsible for it: *She believes it was the doctor's fault that Peter died.* ▷ *czyjaś* **wina 2 at fault** B2 responsible for something bad that has happened: *I was at fault and I would like to apologize.* ▷ **winny 3** B2 [C] something that is wrong with something or with someone's character: *The car has a serious* ***design fault****.* ▷ **wada 4 find fault with sb/sth** to criticize someone or something, especially without good reasons ▷ **krytykować** *kogoś/coś*, **czepiać się** *kogoś/czegoś* **5** a place where the layers of rock under the surface of the Earth have broken and the pieces on either side can move ▷ **uskok**

> Wyrazy występujące razem z **fault**
>
> all/entirely sb's fault • it's sb's own fault • be at fault

fault² /fɔːlt/ **verb** [T] to find a reason to criticize someone or something: *I can't fault the way that they dealt with the complaint.* ▷ **zarzucać coś, krytykować**

faultless /ˈfɔːltləs/ **adjective** perfect, or without any mistakes: *a* ***faultless performance*** ▷ **nienaganny, bezbłędny**

faulty /ˈfɔːlti/ **adjective** B2 not working correctly: *faulty brakes/wiring* ▷ **wadliwy**

fauna /ˈfɔːnə/ **noun** [group] all the animals that live in a particular area: *the* ***flora and fauna*** *of the area* ▷ **fauna**

favour¹ UK (US **favor**) /ˈfeɪvəʳ/ **noun 1** [C] B1 something that you do to help someone: *Could you* ***do me a favour*** *please?* ◦ *I wanted to* ***ask you a favour****.* ▷ **grzeczność 2 be in favour of sth** B2 to agree with or approve of a plan or idea: *Most people are in favour of reducing traffic in cities.* ▷ **być zwolennikiem** *czegoś*, **być za** *czymś* **3 in favour of sb/sth** If you refuse or get rid of someone or something in favour of someone or something else, you choose them instead: *They dropped him from the team in favour of a much younger player.* ▷ **na korzyść lub rzecz** *kogoś/czegoś* **4 in sb's favour a** If something is in your favour, it helps you to win or succeed: *Both sides have strong arguments in their favour.* ▷ **na** *czyjąś* **korzyść b** If a game, vote, or judgment is in someone's favour, they win: *The final score was 16-10 in England's favour.* ▷ **na** *czyjąś* **korzyść 5** [U] formal when people like something or someone: *Her work never* ***found favour*** *among the critics.* ▷ **uznanie 6 be in favour/out of favour** to be popular/unpopular: *He has fallen out of favour recently.* ▷ **cieszyć się/nie cieszyć się popularnością**

favour² UK (US **favor**) /ˈfeɪvəʳ/ **verb** [T] **1** to choose or prefer one possibility: [often passive] *These are the running shoes favoured by marathon* *runners.* ▷ **upodobać sobie, preferować** **2** to act unfairly by treating one person better than another: *She always felt that her parents favoured her brother.* ▷ **faworyzować**

favourable UK (US **favorable**) /ˈfeɪvᵊrəbl/ **adjective** **1** B2 showing that you like or approve of someone or something, or making you like or approve of them: *She made a very* ***favourable impression*** *on us.* ▷ **korzystny, pozytywny** **2** making something more likely to be successful: ***favourable weather conditions*** ▷ **sprzyjający** → Opposite **unfavourable**
• **favourably** UK (US **favorably**) **adverb** ▷ **korzystnie, przychylnie**

favourite¹ UK (US **favorite**) /ˈfeɪvᵊrət/ **adjective** [always before noun] A1 Your favourite person or thing is the one that you like best: *What's your favourite band?* ▷ **ulubiony**

favourite² UK (US **favorite**) /ˈfeɪvᵊrət/ **noun** [C] **1** B1 a person or thing that you like more than all others: *These chocolates are my favourites.* ▷ **ulubie-niec/nica, ulubiona rzecz** **2** the person or animal that is most likely to win a competition: *The Dallas Cowboys are now favourites to win.* ▷ **faworyt/ka**

favouritism UK (US **favoritism**) /ˈfeɪvᵊrətɪzᵊm/ **noun** [U] unfairly treating one person or group better than another ▷ **protekcjonizm**

fawn¹ /fɔːn/ **noun** **1** [C] a young deer ▷ **sarenka, jelonek** **2** [U] a light brown colour ▷ **kolor płowy**

fawn² /fɔːn/ **verb**

PHRASAL VERB **fawn on/over sb** to praise someone or be nice to someone in a way that is false in order to get something or to make them like you ▷ **nadskakiwać** *komuś*

fax¹ /fæks/ **noun** **1** [C] a document that is sent or received using a special machine and a telephone line: *I got a fax from them this morning.* ▷ **faks** **2** [U] the system of sending or receiving documents using a special machine and a telephone line: *Some products can be ordered* ***by fax.*** ▷ **faks** **3** [C] (also ˈ**fax** ˌ**machine**) a machine that is used to send and receive faxes ▷ **faks** → See **The Office** on page Centre 5

fax² /fæks/ **verb** [T] B1 to send documents using a fax machine: [+ two objects] *Can you fax me a price list?* ▷ **faksować**

the FBI /ˌefbiːˈaɪ/ **noun** abbreviation for the Federal Bureau of Investigation: one of the national police forces in the US that is controlled by the central government: *He is wanted by the FBI for fraud.* ▷ **FBI (= Federalne Biuro Śledcze w USA)**

fear¹ /fɪəʳ/ **noun** **1** B1 [C, U] a strong, unpleasant feeling that you get when you think that something bad, dangerous, or frightening might happen: *She was trembling with fear.* ◦ *Unlike the rest of us, Dave had no* ***fear of*** *snakes.* ◦ [+ (that)] *There are fears that the disease will spread to other countries.* ▷ **strach, obawa, lęk** **2** **for fear of sth/doing sth** because you are worried about something/doing something: *I didn't want to move for fear of waking her up.* ▷ **z obawy przed** *czymś*

> Wyrazy występujące razem z **fear**
>
> **allay/calm/cause/heighten** fear • **hold** no fear for sb • **great/morbid/widespread** fear • fear of sth

fear² /fɪəʳ/ **verb** [T] **1** B2 to be worried or frightened that something bad might happen or might have happened: [+ (that)] *Police fear that the couple may have drowned.* ▷ **obawiać się** **2** B2 to be frightened of something or someone unpleasant: *Most older employees fear unemployment.* ▷ **obawiać się** **3** **fear the worst** B2 If you fear the worst, you are frightened that an unpleasant situation will become much worse: *When there was no sign of the children, rescuers feared the worst.* ▷ **obawiać się najgorszego**

PHRASAL VERB **fear for sth/sb** to be worried about something, or to be worried that someone is in danger: *Her parents* ***fear for*** *her* ***safety*** *(= worry that she may not be safe).* ▷ **bać lub obawiać się o** *coś/kogoś*

fearful /ˈfɪəfᵊl/ **adjective** formal **1** frightened or worried: [+ of + doing sth] *Many women are fearful of travelling alone.* ▷ **obawiający się, przestraszony** **2** [always before noun] UK very bad: *Nigel has a fearful temper.* ▷ **okropny**
• **fearfully** **adverb** ▷ **bojaźliwie, okropnie**

fearless /ˈfɪələs/ **adjective** not frightened of anything: *a fearless fighter* ▷ **nieustraszony**
• **fearlessly** **adverb** ▷ **nieustraszenie**

fearsome /ˈfɪəsəm/ **adjective** very frightening: *a fearsome opponent* ▷ **przerażający**

feasible /ˈfiːzəbl/ **adjective** possible to do: *a feasible plan* ◦ [+ to do sth] *It may be feasible to clone human beings, but is it ethical?* ▷ **możliwy, wykonalny**
• **feasibility** /ˌfiːzəˈbɪləti/ **noun** [U] ▷ **wykonalność**

feast¹ /fiːst/ **noun** [C] a large meal, especially to celebrate something special: *a wedding feast* ▷ **uczta**

feast² /fiːst/ **verb**

PHRASAL VERB **feast on sth** to eat a lot of food and enjoy it very much: *We feasted on fried chicken, ice cream, and chocolate cake.* ▷ **zajadać się** *czymś*

feat /fiːt/ **noun** **1** [C] an act or achievement that shows great skill or strength: *The Eiffel Tower is a remarkable* ***feat of*** *engineering.* ▷ **wyczyn** **2** **be no mean feat** used when you want to emphasize that an act or achievement is very difficult: *Learning to ski at 60 is no mean feat!* ▷ **być nie lada wyczynem**

feather /ˈfeðəʳ/ **noun** [C] B2 one of the soft, light

things that grow from and cover a bird's skin ▷ **pióro**

• **feathery adjective** like feathers: *feathery leaves* ▷ **pierzasty**

feature¹ /ˈfiːtʃəʳ/ **noun** [C] **1** B2 a typical quality, or important part of something: *This phone has several **new features**.* ▷ **cecha, atrakcja, możliwość 2** B2 Someone's features are the parts of their face that you notice when you look at them: *His eyes are his **best feature**.* ▷ **cecha (wyglądu), rys 3** a special article in a newspaper or magazine, or a special television programme: *a double-page **feature on** global warming* ▷ **artykuł**

> Wyrazy występujące razem z **feature**
>
> a **distinguishing/important/notable** feature • a **redeeming** feature • a feature **of** sth • a **new** feature

feature² /ˈfiːtʃəʳ/ **verb** [T] B2 to include someone or something as an important part: *a new movie featuring Bruce Willis* ▷ **mieć w obsadzie, prezentować, zawierać**

PHRASAL VERB **feature in sth** to be an important part of something ▷ **odgrywać w** *czymś* **ważną rolę**

ˈ**feature** ˌ**film noun** [C] a film that is usually 90 or more minutes long ▷ **film fabularny**

February /ˈfebruəri/ **noun** [C, U] (written abbreviation **Feb**) A1 the second month of the year ▷ **luty**

feces /ˈfiːsiːz/ **noun** [plural] US spelling of faeces ▷ **odchody, kał**

feckless /ˈfekləs/ **adjective** A feckless person is not willing to work or take responsibility for their actions. ▷ **nieodpowiedzialny**

fed /fed/ past of feed

federal /ˈfedərəl/ **adjective** [always before noun] **1** relating to the central government, and not to the government of a region, of some countries such as the United States: *the **federal government*** ◦ *a federal agency/employee* ▷ **federalny 2** A federal system of government consists of a group of regions that is controlled by a central government. ▷ **federalny, związkowy**

ˌ**federal** ˈ**holiday noun** [C] US (UK/US **national holiday**) a day when most people in a country do not have to work ▷ **święto państwowe**

federalism /ˈfedərəlɪzəm/ **noun** [U] a political system in which separate states are organized under a central government ▷ **federalizm**

• **federalist noun** [C] someone who supports federalism ▷ **federalist-a/ka**

federation /ˌfedərˈeɪʃən/ **noun** [C] a group of organizations, countries, regions, etc that have joined together to form a larger organization or government: *the International Tennis Federation* ▷ **federacja**

ˌ**fed** ˈ**up adjective** [never before noun] informal B2 annoyed or bored by something that you have experienced for too long: *I'm **fed up with** my job.* ▷ **znudzony, ≈ mieć dość**

fee /fiː/ **noun** [C] B1 an amount of money that you pay to do something, to use something, or to get a service: *an entrance fee* ◦ *university fees* ▷ **opłata, honorarium**

feeble /ˈfiːbl/ **adjective 1** extremely weak: *She became too feeble to get out of bed.* ▷ **słaby 2** not very good or effective: *a **feeble argument/excuse*** ▷ **słaby, kiepski**

• **feebly adverb** ▷ **słabo**

feed¹ /fiːd/ **verb** (past tense and past participle **fed**) **1** [T] B1 to give food to a person, group, or animal: *I fed Simone's cat while she was away.* ▷ **karmić 2** [I] If an animal or a baby feeds, it eats: *The caterpillars **feed on** cabbage leaves.* ▷ **żywić się, jeść 3** [T] to supply something such as information to a person or a machine, especially in a regular or continuous way: *We fed them false information about our plans.* ▷ **wprowadzać, podawać** → See also **breast-feed**

feed² /fiːd/ **noun 1** [U] food for animals that are not kept as pets: *cattle/chicken feed* ▷ **pasza 2** [C] UK (US **feeding**) a meal for a baby or an animal: *He has three feeds during the night.* ▷ **karmienie**

feedback /ˈfiːdbæk/ **noun** [U] B2 an opinion from someone about something that you have done or made: ***positive/negative feedback*** ◦ *We've had lots of **feedback on** these new products **from** our customers.* ▷ **reakcja, opinie**

> Wyrazy występujące razem z **feedback**
>
> **get/give/provide** feedback • **negative/positive** feedback • feedback **on** sth • feedback **from** sb

feedstock /ˈfiːdstɒk/ **noun** [U] the main material used for making a product ▷ **surowiec**

feel¹ /fiːl/ **verb** (past tense and past participle **felt**) **1** [I, T] A1 to experience an emotion or a physical feeling: *You shouldn't feel embarrassed about making a mistake.* ◦ *I felt a sharp pain in my side when I stood up.* ◦ *"Are you feeling better?" "Yes, thanks, I feel fine now."* ▷ **czuć (się), odczuwać 2 feel better/different/strange, etc; feel like/as if** B1 If you describe the way a place, situation, or object feels, you say how it seems to you, or what your experience of it is like: *It felt strange to see him again after so long.* ◦ *The house feels empty without the children.* ◦ *This shirt feels tight under my arms.* ◦ *I feel as if I've known you for ages.* ▷ **wydawać się lepszym/innym/dziwnym/jakby** *itp.* **3 feel like sb/sth** B1 to seem to be similar to a type of person, thing, or situation: *My feet feel like blocks of ice.* ◦ *I felt like a fool when I saw what everyone else was wearing.* ▷ **czuć się jak** *ktoś*, **odczuwać** *coś* **jak** *coś* **4** [I, T] B1 to think something or have an opinion: [+ (that)] *I feel that he's the best person for the job.* ◦ *Do you feel strongly (= have strong opinions) about it?* ▷ **sądzić 5** [I, T] B2 to touch something, especially with your hands, in order to examine it: *He felt her ankle to see if it was broken.* ▷ **dotykać, macać** **6 feel like sth/doing sth** B1 to want something, or want to do something: *I feel like some chocolate.* ◦ *Jane felt like crying.* ▷ **mieć na** *coś* **ochotę** **7** [T] B2 to be aware of something: *You could feel the tension in the room.* ◦ *I could feel them watching me.* ▷ **wyczuć** → See also **feel** ***free***, **feel the** ***pinch***, **be/feel under the** ***weather***

PHRASAL VERB **feel for sb** to feel sorry for someone because they are very unhappy, or in a difficult situation ▷ **współczuć** *komuś*

feel[2] /fiːl/ **noun** **1** [no plural] the way that something seems, or feels when you touch it: *I love the* ***feel of*** *silk against my skin.* ◦ *His art has a very modern feel to it.* ▷ **dotyk, charakter, atmosfera** **2 a feel for sth** informal the ability to do something or use something well: *Once you get a feel for it, using the mouse is easy.* ◦ *Claire has a feel for this kind of work.* ▷ **wyczucie** *czegoś*, **talent do** *czegoś*

feel-good /ˈfiːlgʊd/ **adjective** causing happy feelings about life: *a feel-good story* ▷ **poprawiający nastrój**

feeling /ˈfiːlɪŋ/ **noun** **1** [C, U] B1 emotion: *guilty feelings* ◦ *a feeling of joy/sadness* ◦ *Her performance was completely lacking in feeling.* ▷ **uczucie** **2** [C, U] B1 when you feel something physical: *I had a tingling feeling in my fingers.* ◦ *Pablo lost all feeling (= could not feel anything) in his feet.* ▷ **uczucie, czucie** **3** [C] B2 an opinion or belief: *My feeling is that we should wait until they come back.* ▷ **odczucie, zdanie** **4 have/get a feeling (that)...** B1 to think that something is likely: *I had a feeling he'd be there.* ◦ *I get the feeling that he doesn't like me.* ▷ **mieć wrażenie (że)** **5 bad/ill feeling** when people are upset or angry with each other ▷ **animozje**

> **Feeling** wyrazy bliskoznaczne
>
> Bardzo częstą alternatywą dla rzeczownika „feeling" jest **emotion**:
>
> *He finds it hard to express his* ***emotions.***
>
> Rzeczowników **pang** lub **stab** często używamy do określenia nagłego, negatywnego uczucia:
>
> *Amelia felt a sharp* ***pang*** *of jealousy when she saw her.*
>
> *He felt a* ***stab*** *of regret as he looked at his son.*
>
> Negatywne uczucie o niewielkim natężeniu często określamy słowem **tinge**:
>
> *It was with a* ***tinge*** *of sadness that she finally said goodbye.*

feelings /ˈfiːlɪŋz/ **noun** **1** B1 [plural] Your feelings are your beliefs and emotions: *You can't* ***hide*** *your* ***feelings*** *from me.* ▷ **uczucia** **2 hurt sb's feelings** B1 to make someone feel unhappy ▷ **zranić** *czyjeś* **uczucia**

> Wyrazy występujące razem z **feeling**
>
> **express/hide/show** your feelings • **hurt** sb's feelings • a **funny/horrible/nasty/wonderful** feeling • **mixed/strong** feelings

feet /fiːt/ plural of foot

feign /feɪn/ **verb** [T] formal If you feign an emotion, illness, etc, you pretend to have it: *He feigned illness to avoid having to work.* ▷ **udawać, symulować**

feisty /ˈfaɪsti/ **adjective** active, confident, and determined: *a feisty young woman* ▷ **przebojowy**

feldspar /ˈfeldspɑr/ **noun** [C, U] a very common type of mineral ▷ **skaleń**

feline /ˈfiːlaɪn/ **adjective** relating to cats, or like a cat ▷ **koci**

fell[1] /fel/ **verb** [T] **1** to cut down a tree ▷ **ścinać** **2** to knock someone down: *He was felled with a single punch.* ▷ **powalić**

fell[2] /fel/ past tense of fall

fella (also **feller**) /ˈfelə/ **noun** [C] informal a man ▷ **facet**

fellow[1] /ˈfeləʊ/ **noun** [C] **1** old-fashioned a man: *a big fellow with broad shoulders* ▷ **gość, chłop** **2** someone whose job is to teach or study a particular subject at some colleges or universities: *She's a research fellow at St Peter's college.* ▷ **wykładowca, pracownik naukowy** **3** a member of an official organization for a particular subject or job ▷ **człon-ek/kini**

fellow[2] /ˈfeləʊ/ **adjective** **fellow countrymen/students, etc** B2 used to describe people who share your interests or situation: *She's earned enormous respect from her fellow artists.* ▷ **rodacy/koledzy** *itp.*

fellowship /ˈfeləʊʃɪp/ **noun** **1** [C] a job teaching or studying a particular subject at some colleges or universities: *a research fellowship at Harvard* ▷ **stanowisko** **2** [U] a friendly feeling among people ▷ **braterstwo** **3** [C] a group of people who share the same interests or beliefs ▷ **wspólnota**

felon /ˈfelən/ **noun** [C] someone who is guilty of a serious crime in the US: *a convicted felon* ▷ **(groźny) przestępca, zbrodniarz**

felony /ˈfeləni/ **noun** [C, U] a serious crime in the US: *to* ***commit a felony*** ▷ **(poważne) przestępstwo, zbrodnia**

felt[1] /felt/ **noun** [U] a soft, thick cloth that is made from wool, hair, or fur that has been pressed together ▷ **filc**

felt[2] /felt/ past of feel

ˌfelt-tip ˈpen **noun** [C] a pen with a point made of soft material, usually with brightly coloured ink for colouring pictures ▷ **pisak, mazak**

female[1] /ˈfiːmeɪl/ **adjective** B1 belonging to or relating to women, or to the sex that can produce eggs or have babies: *a female athlete/*

F

employee ◦ *a female butterfly/elephant* ◦ *Is it male or female?* ▷ **żeński, kobiecy**

female² /ˈfiːmeɪl/ **noun** [C] B2 a person or animal that belongs to the sex that can produce eggs or have babies: *Our dog's just had puppies – three males and two females.* ▷ **samica, kobieta**

feminine /ˈfemɪnɪn/ **adjective 1** showing qualities that people generally think are typical of women: *a feminine voice* ◦ *feminine beauty* ▷ **kobiecy 2** in some languages, belonging to a group of nouns or adjectives that have the same grammatical behaviour. The other groups are 'masculine' and 'neuter'. ▷ **żeński**

F

femininity /ˌfemɪˈnɪnəti/ **noun** [U] when someone shows qualities that people generally think are typical of women ▷ **kobiecość**

feminism /ˈfemɪnɪzᵊm/ **noun** [U] the belief that women should have the same economic, social, and political rights as men ▷ **feminizm**
• **feminist noun** [C] someone who supports feminism: *a radical feminist* ▷ **feminist-a/ka** • **feminist adjective** *feminist literature* ▷ **feministyczny**

fence

fence¹ /fens/ **noun** [C] B2 a wood, wire, or metal structure that divides or goes around an area: *a garden/electric fence* ▷ **ogrodzenie, płot**

IDIOM **sit on the fence** to wait before you choose between two possibilities ▷ **zachowywać neutralność**

→ See also **picket fence**

fence² /fens/ **verb** [I] to take part in the sport of fencing ▷ **uprawiać szermierkę**

PHRASAL VERBS **fence sth in** to build a fence around an area ▷ **ogrodzić** *coś* • **fence sth off** to separate one area from another by building a fence ▷ **odgradzać** *coś*

fencing /ˈfensɪŋ/ **noun** [U] **1** the sport of fighting with thin swords ▷ **szermierka 2** fences, or the material that is used to make them ▷ **ogrodzenie**

fend /fend/ **verb**

PHRASAL VERBS **fend for yourself** to take care of yourself without help ▷ **radzić sobie samemu** • **fend sb/sth off** to defend yourself against someone or something that is attacking you or annoying you: *They managed to fend off their attackers with rocks and sticks.* ▷ **bronić się przed** *kimś/czymś*, **odpierać** *kogoś/coś*

fender /ˈfendəʳ/ **noun** [C] **1** US (UK **wing**) one of the parts at each corner of a car above the wheels ▷ **błotnik 2** US (UK **mudguard**) a curved piece of metal or plastic fixed above a wheel of a bicycle or motorcycle to prevent water or dirt from hitting the legs of the person who is riding it ▷ **błotnik 3** UK a low, metal structure around an open fireplace which stops the coal or wood from falling out ▷ **osłona kominka**

feng shui /fʌŋˈʃweɪ/ **noun** [U] an ancient Chinese belief that the way your house is built and the way that you arrange objects affects your success, health, and happiness ▷ **feng shui**

fennel /ˈfenᵊl/ **noun** [U] a plant whose base can be eaten, and whose leaves and seeds are used as a spice in cooking ▷ **koper (włoski)**

ferment¹ /fəˈment/ **verb** [I, T] If food or drink ferments, or if you ferment it, the sugar in it changes into alcohol because of a chemical process: *wine fermenting in barrels* ▷ **fermentować, poddawać fermentacji**
• **fermentation** /ˌfɜːmenˈteɪʃᵊn/ **noun** [U] ▷ **fermentacja**

ferment² /ˈfɜːment/ **noun** [U] formal excitement or disagreement caused by change or a difficult situation ▷ **wrzenie, ferment**

fermenter /fəˈmentəʳ/ **noun** [C] a substance that causes fermentation ▷ **czynnik powodujący fermentację**

fern /fɜːn/ **noun** [C] a green plant with long stems, narrow leaves like feathers, and no flowers ▷ **paproć**

fern

ferocious /fəˈrəʊʃəs/ **adjective** extremely angry, violent, or forceful: *a ferocious dog* ◦ *a ferocious attack* ▷ **krwiożerczy, zawzięty**
• **ferociously adverb** ▷ **krwiożerczo, zawzięcie**

ferocity /fəˈrɒsəti/ **noun** [U] extreme violence or force: *a storm of incredible ferocity* ▷ **zawziętość**

ferret¹ /ˈferɪt/ **noun** [C] a small animal with a long, thin body that is sometimes used to hunt rabbits ▷ **fretka**

ferret² /ˈferɪt/ **verb**

PHRASAL VERB **ferret sth out** to find something after searching carefully for it ▷ **wywęszyć** *coś*, **wyszperać** *coś*

Ferris wheel /ˈferɪsˌwiːl/ **noun** [C] an entertainment consisting of a large wheel that turns slowly with seats for people to sit in ▷ **diabelski młyn**

ferromagnetism /ˌferəʊˈmægnətɪzᵊm/ **noun** [U] the type of magnetism that iron has ▷ **ferromagnetyzm**

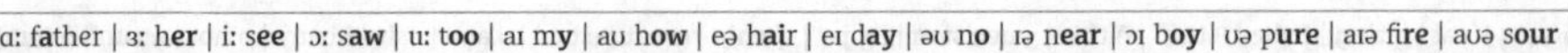

• **ferromagnetic** /ˌferəʊmæg'netɪk/ **adjective** ▷ **ferromagnetyczny**

ferrous /'ferəs/ **adjective** containing iron: *ferrous metals/compounds* ▷ **żelazonośny**

ferry[1] /'feri/ **noun** [C] B1 a boat that regularly carries passengers and vehicles across an area of water: *a **car/passenger ferry*** ▷ **prom**

ferry[2] /'feri/ **verb** [T] to regularly carry passengers or goods from one place to another in a vehicle ▷ **przewozić**

fertile /'fɜːtaɪl/ US /'fɜːrtᵊl/ **adjective** **1** Fertile land or soil produces a lot of healthy plants. ▷ **urodzajny, żyzny** **2** If people or animals are fertile, they are able to have babies. ▷ **płodny** **3 fertile ground (for sth)** a situation or place where an idea, activity, etc is likely to succeed ▷ **podatny grunt (na** *coś***)** **4 a fertile imagination** If someone has a fertile imagination, they have lots of interesting and unusual ideas. ▷ **bogata wyobraźnia**
• **fertility** /fə'tɪləti/ **noun** [U] ▷ **płodność, żyzność**

fertilize (also UK **-ise**) /'fɜːtɪlaɪz/ **verb** [T] **1** to cause an egg to start to develop into a young animal or baby by combining it with a male cell: *Once an egg is fertilized it becomes an embryo.* ▷ **zapłodnić** **2** to put a natural or chemical substance on land in order to make plants grow well ▷ **nawozić**
• **fertilization** /ˌfɜːtɪlaɪ'zeɪʃᵊn/ **noun** [U] ▷ **zapłodnienie**

fertilizer (also UK **-iser**) /'fɜːtɪlaɪzəʳ/ **noun** [C, U] a natural or chemical substance that you put on land in order to make plants grow well ▷ **nawóz**

fervent /'fɜːvᵊnt/ **adjective** showing sincere and enthusiastic beliefs or feelings: *a **fervent supporter** of animal rights* ▷ **żarliwy, zagorzały**
• **fervently adverb** ▷ **żarliwie, zagorzale**

fervour UK (US **fervor**) /'fɜːrvəʳ/ **noun** [U] extremely strong beliefs or feelings: ***religious/patriotic fervour*** ▷ **żarliwość**

fess /fes/ **verb**

PHRASAL VERB **fess up** informal to admit that you have done something bad: *He eventually **fessed up to** having spilt coffee on it.* ▷ **przyznać się**

fest /fest/ **noun** **a beer/film/jazz, etc fest** a special event where people can enjoy a particular activity or thing ▷ **festyn lub festiwal piwa/filmowy/jazzowy** *itp.*

fester /'festəʳ/ **verb** [I] **1** If a bad feeling or situation festers, it becomes worse over a period of time: *Hatred between the two groups has festered for years.* ▷ **jątrzyć się** **2** If an injury festers, it becomes infected: *a festering wound* ▷ **ropieć, jątrzyć się**

festival /'festɪvᵊl/ **noun** [C] **1** B1 a series of special events, performances, etc that often takes place over several days: *a **dance/music festival*** ◦ *the Berlin Film Festival* ▷ **festiwal** **2** B1 a special day or period when people celebrate something, especially a religious event: *the Jewish festival of Hanukkah* ▷ **święto**

festive /'festɪv/ **adjective** happy and enjoyable because people are celebrating: *a **festive mood/occasion*** ◦ *What are you doing **for the festive season** (= Christmas)?* ▷ **uroczysty, świąteczny**
• **festivity** /fes'tɪvəti/ **noun** [U] when people are happy and celebrating ▷ **uroczystość**

festivities /fes'tɪvətiz/ **noun** [plural] events that people organize in order to celebrate something ▷ **uroczystości**

festoon /fes'tuːn/ **verb** [T] to cover something with objects, especially decorations: [often passive] *The balcony was **festooned with** flags and ribbons.* ▷ **dekorować**

fetch /fetʃ/ **verb** [T] **1** B1 to go to another place to get something or someone and bring them back: *Can you fetch my glasses from the bedroom?* ▷ **przynosić** **2** If something fetches a particular amount of money, it is sold for that amount: *The painting is expected to fetch $50,000 in the auction.* ▷ **przynosić**

fetching /'fetʃɪŋ/ **adjective** attractive: *That scarf looks rather fetching on you.* ▷ **czarujący**

fête /feɪt/ **noun** [C] **1** UK an event that is held outside and includes competitions, games, and things for sale: *a **village fête*** ▷ **festyn** **2** US a special event to celebrate someone or something ▷ **święto, feta**
• **fête verb** [T] to publicly celebrate someone, often by having a special party: [often passive] *She was fêted by audiences all over the world.* ▷ **fetować**

fetish /'fetɪʃ/ **noun** [C] **1** a strong sexual interest in something unusual: *a rubber fetish* ▷ **fetysz** **2** something that someone spends too much time thinking about or doing: *a **fetish for** cleanliness* ▷ **mania**

fetus /'fiːtəs/ **noun** [C] US spelling of foetus ▷ **płód**
• **fetal** /'fiːtᵊl/ **adjective** US spelling of foetal ▷ **płodowy**

feud /fjuːd/ **noun** [C] a serious and sometimes violent argument between two people or groups that continues for a long period ▷ **waśń**
• **feud verb** [I] *The families have been feuding for years.* ▷ **waśnić się, toczyć spór**

> Wyrazy występujące razem z **feud**
> a **bitter/long-running** feud • a **family** feud • a feud **with** sb/**between** sb and sb

feudal /'fjuːdᵊl/ **adjective** relating to a social system in the past in which people worked and fought for a lord in exchange for land and protection ▷ **feudalny**
• **feudalism noun** [U] ▷ **feudalizm**

> Wyrazy występujące razem z **fever**
> **develop/have/run** a fever • a **high** fever

fever /'fiːvəʳ/ **noun** **1** [C, U] B1 when someone's body temperature rises because they are ill: *a*

F

high**/slight **fever ▷ **gorączka 2** [U] when people are very excited about something: *Election fever has gripped the nation.* ▷ **gorączka** → See also **glandular fever, hay fever**

feverish /ˈfiːvᵊrɪʃ/ **adjective 1** having a fever: *I feel a bit feverish.* ▷ **rozpalony, gorączkujący 2** Feverish activity is done quickly, often because of excitement or fear: *The rescuers worked at a **feverish pace**.* ▷ **gorączkowy**
• **feverishly adverb** *They worked feverishly to put out the fire.* ▷ **gorączkowo**

ˈfever ˌpitch noun reach fever pitch If emotions reach fever pitch, they become so strong that they are difficult to control. ▷ **sięgać zenitu**

few /fjuː/ **quantifier 1 a few** (A2) some, or a small number of: *It'll be here in a few minutes.* ◦ *I met **a few of** the other employees at my interview.* ▷ **kilka, parę 2 quite a few/a good few** (A2) quite a large number of: *Quite a few people have had the same problem.* ▷ **sporo 3** (B1) not many, or only a small number of: *We get few complaints.* ◦ ***Few of** the children can read or write yet.* ◦ ***Very few** people can afford to pay those prices.* ▷ **niewiele, mało 4 few and far between** not happening or existing very often: *Opportunities like this are few and far between.* ▷ **bardzo rzadki**

fiancé /fiˈɑːnseɪ/ **noun** [C] A woman's fiancé is the man that she has promised to marry. ▷ **narzeczony**

fiancée /fiˈɑːnseɪ/ **noun** [C] A man's fiancée is the woman that he has promised to marry. ▷ **narzeczona**

fiasco /fiˈæskəʊ/ **noun** [C] a complete failure, especially one that embarrasses people: *My last dinner party was a complete fiasco.* ▷ **fiasko**

fib /fɪb/ **noun** [C] informal a small lie that is not very important: *Don't **tell fibs**.* ▷ **bajka, kłamstewko**
• **fib verb** [I] (present participle **fibbing**, past tense and past participle **fibbed**) to say something that is not true ▷ **bujać**

fibre UK (US **fiber**) /ˈfaɪbəʳ/ **noun 1** [C, U] cloth made from thin threads twisted together: *Man-made fibres like nylon are easy to wash.* ▷ **tkanina 2** [C] one of the thin threads that forms a substance such as cloth: *The fibres are woven into fabric.* ▷ **włókno 3** [U] the substance in plants which cannot be digested and helps food pass through your body: *Broccoli is a good source of fibre.* ▷ **błonnik 4** [C] a structure like a thread in your body: *muscle/nerve fibres* ▷ **włókno**

fibreglass UK (US **fiberglass**) /ˈfaɪbəglɑːs/ **noun** [U] a strong, light material made by twisting together glass or plastic threads ▷ **włókno szklane**

ˌfibre ˈoptics (US **fiber optics**) **noun** [U] the use of long, very thin pieces of glass or plastic to carry light signals, used especially in telephone, television, and computer systems ▷ **technika światłowodowa**

fibrin /ˈfɪbrɪn/ **noun** [U] a substance that forms in the blood to stop the blood from flowing, for example when the body is injured ▷ **fibryna**

fibrinogen /fɪˈbrɪnəʊdʒᵊn/ **noun** [U] a substance in the blood from which fibrin is produced ▷ **fibrynogen**

fibula /ˈfɪbjələ/ **noun** [C] the thin outer bone in a person's leg, between the knee and the foot ▷ **kość strzałkowa**

fickle /ˈfɪkl/ **adjective** Someone who is fickle often changes their opinion about things. ▷ **kapryśny**

fiction /ˈfɪkʃᵊn/ **noun 1** [U] (B1) literature and stories about imaginary people or events: *What's the best-selling children's fiction title?* ▷ **beletrystyka, literatura (piękna)** → Opposite **nonfiction** → See also **science fiction 2** [U, no plural] something that is not true or real ▷ **fikcja**

fictional /ˈfɪkʃᵊnᵊl/ **adjective** existing only in fiction: *a **fictional character*** ▷ **fikcyjny**

fictitious /fɪkˈtɪʃəs/ **adjective** invented and not real or true: *a **fictitious name*** ▷ **zmyślony, fikcyjny**

fiddle[1] /ˈfɪdl/ **verb** [T] UK informal to change something dishonestly in order to get money: *She was fired for fiddling her travel expenses.* ▷ **fałszować**

PHRASAL VERB **fiddle (about/around) with sth 1** to touch or move things with your fingers because you are nervous or bored: *Stop fiddling with your hair!* ▷ **bawić się** *czymś* **2** to make small changes to something to try to make it work: *He fiddled with the wires to get the radio working again.* ▷ **kombinować przy** *czymś*

fiddle[2] /ˈfɪdl/ **noun** [C] **1** informal a violin ▷ **skrzypce, skrzypki 2** UK a dishonest way to get money: *a tax fiddle* ▷ **przekręt, szwindel**

fiddler /ˈfɪdləʳ/ **noun** [C] someone who plays the violin ▷ **skrzyp-ek/aczka**

fiddly /ˈfɪdli/ **adjective** UK difficult to do because the parts involved are small: *Repairing a watch is very fiddly.* ▷ **precyzyjny**

fidelity /fɪˈdeləti/ **noun** [U] loyalty, especially to a sexual partner ▷ **wierność** → Opposite **infidelity**

fidget /ˈfɪdʒɪt/ **verb** [I] to keep making small movements with your hands or feet because you are nervous or bored: *She fidgeted all the way through the job interview.* ▷ **wiercić się**
• **fidgety adjective** ▷ **niespokojny**

field[1] /fiːld/ **noun 1** [C] (A2) an area of land used for growing crops or keeping animals: *a wheat field* ◦ *a field of cows* ▷ **pole 2** [C] (B1) an area of grass where you can play a sport: *a football field* ▷ **boisko 3** [C] (B2) an area of study or activity: *He's an expert **in the field of** biochemistry.* ▷ **dziedzina 4** [no plural] the people who are competing in a race, activity, or business: *We* *lead the field* in genetic research. ▷ **stawka 5** [C] a part of a computer screen which is for a particular type of information, or a piece of information in a database: *There's a field for you to enter your name and address.* ▷ **pole 6 a gas/oil field** an area of land containing gas or oil ▷ **złoże gazu/ropy 7 a gravitational/magnetic field** an area affected by a particular physical force ▷ **pole grawitacyjne/magnetyczne** → See also **paddy field**, **playing field**

field² /fiːld/ **verb 1** [I, T] to try to catch or stop a ball after it has been hit in a game such as cricket or baseball: *Are we fielding or batting?* ▷ **łapać 2** [T] to send out a team or player to play in a game: *Brazil fielded a strong team in the World Cup.* ▷ **wystawiać 3 field questions/telephone calls** to answer or deal with questions/telephone calls ▷ **odpowiadać na pytania/telefony**

ˈfield ˌday noun have a field day to have the opportunity to do a lot of something you want to do, especially to criticize someone: *The press had a field day when they found out about the scandal.* ▷ **mieć używanie, mieć swój dzień**

fielder /ˈfiːldəʳ/ **noun** [C] a player who tries to catch or stop the ball in games such as cricket or baseball ▷ **łapacz, fielder**

ˈfield ˌhockey noun [U] US (UK **hockey**) a team game played on grass where you hit a small ball with a long, curved stick ▷ **hokej na trawie**

ˌfield ˈmarshal UK (US **ˈfield ˌmarshal**) **noun** [C] an officer of the highest rank in the British army ▷ **marszałek polny**

fiend /fiːnd/ **noun** [C] **1** an evil or cruel person ▷ **potwór 2** someone who is very interested in a particular thing ▷ **pasjonat/ka**

fiendish /ˈfiːndɪʃ/ **adjective 1** evil or cruel: *a fiendish attack* ▷ **okrutny 2** very difficult or complicated: *a fiendish crossword* ▷ **piekielnie trudny**
• **fiendishly adverb** mainly UK extremely: ***fiendishly clever/difficult*** ▷ **diabelsko**

fierce /fɪəs/ **adjective 1** B2 violent or angry: *a **fierce attack*** ◦ *a **fierce dog*** ▷ **dziki, wściekły, zajadły 2** B2 very strong or powerful: ***fierce winds/storms*** ◦ *There is **fierce competition** between car manufacturers.* ▷ **gwałtowny, zaciekły**
• **fiercely adverb** ▷ **wściekle, zaciekle**

fiery /ˈfaɪəri/ **adjective 1** showing strong emotion, especially anger: *a **fiery** temper* ▷ **płomienny, ognisty 2** bright or burning like a fire: *a fiery sunset* ▷ **ognisty**

fifteen /ˌfɪfˈtiːn/ A1 the number 15 ▷ **piętnaście**
• **fifteenth** 15th written as a word ▷ **piętnasty**

fifth¹ /fɪfθ/ A2 5th written as a word ▷ **piąty**

fifth² /fɪfθ/ **noun** [C] B1 one of five equal parts of something; ⅕ ▷ **(jedna) piąta, piąta część**

fifty /ˈfɪfti/ **1** A2 the number 50 ▷ **pięćdziesiąt 2 the fifties** the years from 1950 to 1959 ▷ **lata pięćdziesiąte 3 be in your fifties** to be aged between 50 and 59 ▷ **być po pięćdziesiątce**
• **fiftieth** 50th written as a word ▷ **pięćdziesiąty**

fifty-fifty /ˌfɪftiˈfɪfti/ **adjective, adverb** informal **1** shared equally between two people: *Let's divide the bill fifty-fifty.* ▷ **po połowie 2 a fifty-fifty chance** If something has a fifty-fifty chance, it is equally likely to happen or not to happen: *We have a fifty-fifty chance of winning the match.* ▷ **szansa 50%**

fig /fɪg/ **noun** [C] a dark, sweet fruit with lots of seeds, that is often eaten dried ▷ **figa**

fig. written abbreviation for figure : *See fig. 1.* ▷ **rys. (= rysunek), ilustr. (= ilustracja)**

fight¹ /faɪt/ **verb** (past tense and past participle **fought**) **1** [I, T] B1 When people fight, they use physical force to try to defeat each other: *Two men were arrested for fighting outside a bar.* ◦ *Sam's always **fighting with** his little brother.* ▷ **walczyć, bić się, toczyć 2** [I, T] B2 to take part in a war: *Millions of young men fought in World War I.* ▷ **walczyć, toczyć 3** [I] B2 to argue: *We've got to stop fighting in front of the children.* ▷ **kłócić się 4** [I, T] B2 to try hard to stop something bad happening: *He **fought against** racism.* ◦ *New measures have been introduced to **fight crime**.* ▷ **walczyć, zwalczać 5** [I] B2 to try hard to achieve something you want or think is right: *They are **fighting for** their freedom.* ◦ [+ to do sth] *He had to fight very hard to keep his job.* ▷ **walczyć 6 be fighting for your life** to be trying very hard to stay alive when you are very ill or badly injured ▷ **walczyć o życie** → See also **fight a losing *battle***

PHRASAL VERB **fight back** to defend yourself when someone or something attacks you or causes problems for you ▷ **bronić się**

fight² /faɪt/ **noun** [C] **1** B1 when people use physical force to hurt or attack others: *He's always **getting into fights**.* ▷ **bójka 2** B2 a determined effort to achieve or stop something: *She was very active in the **fight against** drugs.* ◦ *Join us in our **fight for** freedom!* ◦ [+ to do sth] *This year has brought some good news in the fight to save the whales.* ▷ **kampania, walka 3** B2 an argument: *I don't want to have a fight over this.* ▷ **kłótnia 4** a boxing competition ▷ **walka**

> Wyrazy występujące razem z **fight**
>
> a fight **with** sb • **have/get into/pick/start** a fight • **lose/win** a fight

fighter /ˈfaɪtəʳ/ **noun** [C] **1** (also **ˈfighter ˌplane**) a fast military aircraft that can attack other aircraft: *a **fighter** pilot* ▷ **myśliwiec 2** someone who fights in a war or as a sport ▷ **bojowni-k/czka, zawodni-k/czka**

fighting /ˈfaɪtɪŋ/ **noun** [U] B2 when people fight, usually in a war: *Thousands of civilians were killed in the fighting.* ▷ **walki**

figment /ˈfɪgmənt/ **noun a figment of sb's imagination** something that someone believes is real but that only exists in their imagination ▷ **wytwór** *czyjejś* **wyobraźni**

figurative /ˈfɪɡjᵊrətɪv/ **adjective 1** A figurative meaning of a word or phrase is a more imaginative meaning developed from the usual meaning. ▷ **przenośny 2** Figurative art shows people, places, or things in a similar way to how they look in real life. ▷ **figuralny**
• **figuratively adverb** ▷ **w przenośni, przenośnie**

F

figure¹ /ˈfɪɡəʳ/ **noun** [C] **1** (B1) a symbol for a number: *Write down the amount in words and figures.* ◦ *He's now being paid a six-figure salary.* ▷ **cyfra 2 single/double, etc figures** numbers from 0 to 9/numbers from 10 to 99, etc ▷ **liczby jednocyfrowe/dwucyfrowe** *itp.* **3** (B1) a number that expresses an amount, especially in official documents: ***Government figures*** *show a rise in unemployment.* ▷ **liczba 4** (B2) a particular type of person, often someone important or famous: *a mysterious figure* ◦ *Lincoln was a major figure in American politics.* ▷ **postać 5** (B2) a person that you cannot see clearly: *I could see two figures in the distance.* ▷ **postać 6** (B1) the shape of someone's body, usually an attractive shape: *She's got a good figure for her age.* ▷ **figura 7** (written abbreviation **fig.**) a picture or drawing in a book or document, usually with a number: *Look at the graph shown in Figure 2.* ▷ **ilustracja, rysunek** → See also **father figure**

> Wyrazy występujące razem z **figure**
>
> a **key/leading/major/prominent** figure • a **public** figure

figure² /ˈfɪɡəʳ/ **verb 1** [I] to be a part of something, or to appear in something: *Love* ***figures in*** *most pop songs.* ▷ **pojawiać się, figurować 2** [T] to decide something after thinking about it: [+ (that)] *I figured that it was time to tell her the truth.* ▷ **zdecydować 3 that/it figures** informal something you say when you expected something to happen: *"I've run out of money, Mum." "That figures."* ▷ **to było do przewidzenia, tego się należało spodziewać**

PHRASAL VERB **figure sth/sb out** (B2) to finally understand something or someone after a lot of thought: [+ question word] *I never could figure out what she saw in him.* ▷ **zrozumieć** *coś/kogoś*

figurehead /ˈfɪɡəhed/ **noun** [C] a leader who has no real power ▷ **marionetka**

ˌfigure of ˈspeech noun [C] (plural **figures of speech**) words that are used together in an imaginative way to mean something different from their usual meaning ▷ **metafora, figura retoryczna**

Fiji /ˈfiːdʒiː/ **noun** a country consisting of a group of islands east of Australia ▷ **Fidżi**
• **Fijian** /fɪˈdʒiːən/ **adjective** coming from or relating to Fiji ▷ **fidżyjski** • **Fijian noun** someone from Fiji ▷ **Fidżyj-czyk/ka**

filament /ˈfɪləmənt/ **noun** [C] **1** a thin wire, especially one which lights up inside an electric light bulb ▷ **włókno 2** the long, thin stem that carries the anther of a flower ▷ **nitka pyłkowa**

file¹ /faɪl/ **noun 1** [C] (A2) a collection of information and documents about someone or something: *The school* ***keeps files on*** *all its pupils.* ▷ **kartoteka, akta 2** [C] (A2) a piece of text, a picture, or a computer program stored on a computer: *Do you want to* ***download all these files?*** ▷ **plik 3** [C] a box or folded piece of thick paper used to put documents in: *He keeps all his bank statements in a file.* ▷ **teczka, segregator** → See **The Office** on page Centre 5 → See **The Classroom** on page Centre 6 **4 on file** If information is on file, it is recorded and stored somewhere. ▷ **w aktach 5** [C] a small tool with a rough edge that is used to make a surface smooth: *a* ***nail file*** ▷ **pilnik 6 in single file** in a line with one person following the other ▷ **gęsiego, jeden za drugim** → See also **the rank and file**

> Wyrazy występujące razem z **file**
>
> **hold/keep** a file **on** sb/sth
> **close/create/download/open/save** a file

file² /faɪl/ **verb 1** [T] (also **file away**) to put documents into an ordered system of boxes or files where you can easily find them again: *She filed all her tax returns under T.* ▷ **katalogować, włączać do dokumentacji 2** [T] (also **file for**) to officially state that you are going to take someone to court: *The police* ***filed charges*** *against the suspect.* ◦ *His wife's* ***filing for divorce.*** ▷ **wnosić 3** [T] to rub something with a rough tool in order to make it smooth ▷ **piłować 4 file along/into/through, etc** to walk somewhere in a line, one behind the other: *The audience slowly filed back to their seats.* ▷ **iść gęsiego, iść jeden za drugim**

ˈfile diˌrectory noun [C] a place on a computer for putting files and folders together ▷ **katalog plików**

ˈfile exˌtension noun [C] a dot followed by three letters, such as .doc or .jpg, that forms the end of the name of a computer document and shows what sort of document it is ▷ **rozszerzenie nazwy pliku**

filename /ˈfaɪlneɪm/ **noun** [C] a name given to a computer file ▷ **nazwa pliku**

ˈfile ˌsharing noun [U] the activity of putting a file onto a special place on your computer so that many other people can copy it, look at it, or use it by using the Internet ▷ **udostępnianie plików**

filet /fɪˈleɪ/ **noun** [C] another US spelling of fillet ▷ **filet**

ˈfiling ˌcabinet noun [C] (also US **ˈfile ˌcabinet**) a piece of office furniture with deep drawers for storing documents ▷ **segregator** → See **The Office** on page Centre 5

fill[1] /fɪl/ **verb 1** [I, T] (also **fill up**) A2 to make a container or space full, or to become full: *He filled the bucket with water.* ◦ *I made a drink while the bath was filling.* ▷ **napełniać (się), wypełniać (się) 2** [T] B1 If people or things fill a place, there are a lot of them in it: *The streets were **filled with** tourists.* ◦ *Dark clouds filled the sky.* ▷ **wypełniać 3** [T] B1 If light, sound, or a smell fills a place, you can easily notice it: *The smell of smoke filled the room.* ▷ **wypełniać 4 fill sb with anger/joy/pride, etc** B2 to make someone feel very angry/happy/proud, etc: *The thought of losing him filled her with fear.* ▷ **przepełniać** *kogoś* **złością/radością/dumą** *itp.* **5 fill a post/position/vacancy** B2 to give someone a new job: *They still haven't filled the vacancy.* ▷ **zająć stanowisko/wypełnić wakat 6 fill a need/gap/demand** to provide something that people need or want ▷ **zaspokajać potrzebę/wypełniać lukę**

PHRASAL VERBS **fill sth in/out** A2 to write the necessary information on an official document: *to **fill in** a **form/questionnaire*** ▷ **wypełniać** *coś* • **fill (sth) up** B1 to become full, or to make something become full: *The restaurant soon filled up with people.* ▷ **napełniać się/***coś*

fill[2] /fɪl/ **noun your fill** as much of something as you want or need: *I've **had my fill of** living in the city.* ▷ **dosyć**

fillet (also US **filet**) /ˈfɪlɪt/ US /fɪˈleɪ/ **noun** [C] a piece of meat or fish with the bones taken out ▷ **filet**

filling[1] /ˈfɪlɪŋ/ **noun 1** [C, U] food that is put inside things such as cakes, pastry, pieces of bread, etc: *What sort of filling do you want in your sandwich?* ▷ **nadzienie 2** [C] a hard substance that fills a hole in a tooth ▷ **wypełnienie, plomba**

filling[2] /ˈfɪlɪŋ/ **adjective** Food that is filling makes your stomach feel full: *This soup is very filling.* ▷ **sycący**

ˈfilling ˌstation noun [C] a petrol station ▷ **stacja benzynowa**

film[1] /fɪlm/ **noun 1** [C] (also US **movie**) A1 a story shown in moving pictures, shown at the cinema or on television: *'Titanic' was one of the most popular Hollywood **films** ever **made**.* ▷ **film 2** [C, U] special thin plastic used for making photographs or moving pictures, or a length of this: *I need to buy another **roll of film**.* ▷ **film 3** [no plural] a thin layer of something on a surface: *A thick film of dust covered the furniture.* ▷ **warstwa, powłoka**

> Wyrazy występujące razem z **film**
>
> make a film • a film **about** sb/sth • **in** a film • a **horror** film • a **classic** film • the film **industry**

film[2] /fɪlm/ **verb** [I, T] B1 to record moving pictures with a camera, usually to make a film for the cinema or television: *Most of the scenes were filmed in a studio.* ▷ **filmować**
• **filming noun** [U] ▷ **zdjęcia**

film-maker UK (US **filmmaker**) /ˈfɪlmmeɪkəʳ/ **noun** [C] B1 someone who makes films for the cinema or television ▷ **filmowiec**

ˈfilm ˌstar noun [C] a famous cinema actor or actress ▷ **gwiazdor/gwiazda filmow-y/a**

filter[1] /ˈfɪltəʳ/ **verb 1** [T] to pass a liquid or gas through a piece of equipment in order to remove solid pieces or other substances: *The water was filtered to remove any impurities.* ▷ **filtrować 2 filter down/in/through, etc** to gradually appear or become known: *News is filtering in of an earthquake in Mexico.* ▷ **przenikać**

PHRASAL VERB **filter sth out** to remove a particular substance from a liquid or gas ▷ **odfiltrować** *coś*

filter[2] /ˈfɪltəʳ/ **noun** [C] a piece of equipment that you pass a liquid or gas through in order to remove particular substances: *a coffee filter* ▷ **filtr**

ˈfilter ˌpaper noun [U] thick paper used for filtering substances ▷ **bibuła filtracyjna**

filth /fɪlθ/ **noun** [U] **1** thick and unpleasant dirt: *His clothes were covered in filth and mud.* ▷ **brud 2** offensive language or pictures, usually relating to sex ▷ **obsceniczność, sprośności**

filthy /ˈfɪlθi/ **adjective 1** extremely dirty: *Wash your hands, they're filthy!* ▷ **brudny 2** rude or offensive: *filthy language/jokes* ◦ *Smoking is a **filthy habit**.* ▷ **ordynarny, nieprzyjemny**

filtrate /ˈfɪltreɪt/ **noun** [C] a liquid, gas, or other substance that has passed through a filter ▷ **filtrat**

filtration /fɪlˈtreɪʃᵊn/ **noun** [U] the act of passing a liquid or gas through a filter ▷ **filtracja**

fin /fɪn/ **noun** [C] a thin, triangular part on a fish, which helps it to swim ▷ **płetwa**

final[1] /ˈfaɪnᵊl/ **adjective 1** [always before noun] A2 last in a series or coming at the end of something: *the final paragraph* ◦ *They scored a goal in the final minute.* ▷ **ostatni 2** If a decision, agreement, or answer is final, it will not be changed or discussed any more: *The committee's decision is final.* ▷ **ostateczny** → See also **the final *nail* in the coffin, the final/last *straw***

final[2] /ˈfaɪnᵊl/ **noun 1** B1 [C] the last part of a competition to decide which person or team will be the winner: *the European Cup Final* ◦ *The finals will be shown on TV.* ▷ **finał 2 finals** exams taken at the end of a university course ▷ **egzaminy końcowe**

ˌfinal acˈcounts noun [plural] the accounts produced by a business, usually at the end of each year, that show the financial situation of the business ▷ **rozliczenie roczne**

finale /fɪˈnɑːli/ **noun** [C] the last part of a show, event, or piece of music ▷ **finał**

finalist /ˈfaɪnᵊlɪst/ **noun** [C] a person or team in the last part of a competition ▷ **finalist-a/ka**

finalize (also UK **-ise**) /ˈfaɪnᵊlaɪz/ **verb** [T] to make a final and certain decision about a plan, date, etc: *to **finalize arrangements/details*** ▷ **finalizować**

finally /ˈfaɪnᵊli/ **adverb** **1** A2 after a long time or some difficulty: *After months of looking, he finally found a job.* ▷ **w końcu, wreszcie** **2** B1 used to introduce the last point or idea: *Finally, I'd like to thank everyone for coming this evening.* ▷ **wreszcie** **3** in a way that will not be changed: *The date of the wedding hasn't been finally decided yet.* ▷ **ostatecznie**

finance¹ /ˈfaɪnæns/ **noun** **1** [U] B2 the control of how large amounts of money should be spent ▷ **finanse** **2** [U] the money that is needed to support a business: *Who **put up** the **finance** for the project?* ▷ **fundusze, środki (finansowe)** **3 sb's finances** B2 the money which a person, company, or country has: *You must learn how to manage your own finances.* ▷ *czyjeś* **finanse**

finance² /ˈfaɪnæns/ **verb** [T] B2 to provide the money needed to do something: *Who's financing the project?* ▷ **finansować**

financial /faɪˈnænʃᵊl/ **adjective** B1 relating to money or how money is managed: *a **financial adviser*** ◦ *She's having some financial difficulties at the moment.* ▷ **finansowy**

• **financially** **adverb** B2 *Many students are still financially dependent on their parents.* ▷ **finansowo**

fiˌnancial ˈyear **noun** [C] (also UK **tax year**) the period of twelve months when a person or company's finances and taxes are calculated ▷ **rok podatkowy lub obrachunkowy**

finch /fɪnʃ/ **noun** [C] a small singing bird with a short beak ▷ **zięba**

find¹ /faɪnd/ **verb** [T] (past tense and past participle **found**) **1** A1 to discover something or someone that you have been searching for: *I can't find my glasses and I've looked everywhere.* ◦ *Police found the missing girl at a London railway station.* ◦ [+ two objects] *Has he found himself a place to live yet?* ▷ **znaleźć** **2** A2 to discover something or someone by chance: *The body was found by a man walking his dog.* ▷ **znaleźć** **3** B1 to become aware that something exists, or has happened: *I came home to find that my cat had had kittens.* ▷ **odkryć** **4 find the energy/money/time, etc** to have or get enough energy/money/time, etc to do something: *Where do you find the energy to do all these things?* ▷ **znajdować energię/pieniądze/czas** *itp.* **5 find sb/sth easy/boring/funny, etc** B1 to think or feel a particular way about someone or something: *I still find exams very stressful.* ▷ **uważać, że** *ktoś/coś* **jest łatw-y/e/nudn-y/e/śmieszn-y/e** *itp.* **6 find yourself somewhere/doing sth** B2 to become aware that you have gone somewhere or done something without intending to: *I suddenly found myself making everyone's lunch.* ▷ **znaleźć się** *gdzieś*/**zorientować się, że się** *coś robi* **7 be found** B2 to exist or be present somewhere: *Vitamin C is found in oranges and other citrus fruit.* ▷ **występować** **8 find sb guilty/not guilty** to judge that someone is guilty or not guilty in a law court: [often passive] *She was **found guilty of** murder.* ▷ **uznać** *kogoś* **za winnego/niewinnego**

> **Find** wyrazy bliskoznaczne
>
> Bardzo częstą alternatywą dla czasownika „find" jest **discover**:
>
> *The victim's wallet was **discovered** in a ditch.*
>
> *I finally **discovered** the letters in a drawer.*
>
> Jeśli ktoś określa dokładną pozycję kogoś lub czegoś, w sytuacjach formalnych możemy czasem użyć czasownika **locate**:
>
> *Police are still trying to **locate** the suspect.*
>
> Jeśli ktoś odkrywa jakiś sekret lub coś, co było uprzednio ukryte, używamy niekiedy czasownika **uncover** lub **unearth**:
>
> *Reporters **uncovered/unearthed** evidence of corruption.*
>
> Czasowników frazowych **come across** i **stumble across/on** używamy, gdy ktoś znajduje coś przez przypadek:
>
> *I **stumbled on** these photographs when I was cleaning out my desk.*
>
> *We **came across** a lovely little restaurant in the village.*
>
> Jeśli odnajdujemy kogoś lub coś po długich i starannych poszukiwaniach, możemy czasem użyć czasownika **trace** lub czasownika frazowego **track down**:
>
> *Police have so far failed to **trace/track down** the missing woman.*

PHRASAL VERB **find (sth) out** A2 to get information about something, or to learn a fact for the first time: *I must find out the train times.* ◦ [+ question word] *Peter was shocked when he found out what we had done.* ▷ **dowiedzieć się (o** *czymś***)**

find² /faɪnd/ **noun** [C] something or someone valuable, interesting, or useful that you discover: [usually singular] *This hotel was a real find.* ▷ **odkrycie, znalezisko**

finding /ˈfaɪndɪŋ/ **noun** [C] a piece of information that has been discovered as a result of an official study: [usually plural] *The findings of this research will be published next year.* ▷ **wniosek, wynik**

fine¹ /faɪn/ **adjective** **1** A1 well, healthy, or happy: *"How are you?" "I'm **fine thanks.** And you?"* ◦ *I had a cold last week, but I'm fine now.* ▷ **w porządku, zdrowy** **2** A2 good or good enough: *"Is the soup hot enough?" "Yes, it's fine."* ▷ **w porządku, w sam raz** **3** B2 excellent, or of very good quality: *fine wines* ◦ *He's a fine musician.* ▷ **świetny** **4 (that's) fine** A1 used to agree with a suggestion, idea, decision, etc: *"Shall we meet at 8 o'clock?" "Yes, that's **fine by***

me." ▷ **dobrze** **5** thin or made of very small pieces: *fine, brown hair* ◦ *fine sand* ▷ **drobny, delikatny** **6** mainly UK B1 sunny and not raining: *If it's fine, we could have a picnic.* ▷ **ładny, pogodny** **7 the finer details/points, etc of sth** the more detailed or more difficult parts of an argument, idea, etc ▷ **szczegóły** *czegoś*

fine[2] /faɪn/ **adverb** informal B2 very well or without any problems: *"How did your exam go?" "It went fine thanks."* ▷ **dobrze**

IDIOM **cut it/things fine** to leave yourself only just enough time to do something: *Twenty minutes to get to the station? That's cutting it a bit fine!* ▷ **planować na styk, ryzykownie zagrywać**

fine[3] /faɪn/ **verb** [T] B2 to make someone pay an amount of money as a punishment for breaking a law or rule: [often passive] *He was **fined** £500 **for** dangerous driving.* ▷ **karać grzywną**

fine[4] /faɪn/ **noun** [C] B1 an amount of money that you must pay for breaking a law or rule: *a **parking fine*** ◦ *The court gave her two weeks to **pay** the **fine**.* ▷ **grzywna**

> Wyrazy występujące razem z **fine**
>
> face/get/receive a fine • pay a fine • a heavy/hefty/stiff fine • a parking fine

finely /ˈfaɪnli/ **adverb** **1** B2 into small pieces: ***Finely chop** the garlic.* ▷ **drobno** **2** very exactly: *a finely tuned machine* ▷ **precyzyjnie**

finger[1] /ˈfɪŋɡəʳ/ **noun** [C] A2 one of the five, long, separate parts at the end of your hand, including your thumb ▷ **palec** → See **The Body** on page Centre 13

IDIOMS **have green fingers** UK (US **have a green thumb**) to be good at gardening and making plants grow well ▷ **być urodzonym ogrodnikiem, mieć dobrą rękę do roślin** • **keep your fingers crossed** informal to hope that things will happen in the way that you want them to: *Let's keep our fingers crossed that it doesn't rain.* ▷ **trzymać kciuki** • **not lift a finger** informal to not help someone do something, usually because you are too lazy: *He never lifts a finger to help with the housework.* ▷ **nie ruszyć palcem** • **put your finger on sth** to understand exactly why a situation is the way it is: *Something was wrong, but I couldn't put my finger on it.* ▷ **określać** *coś* **dokładnie** • **snap your fingers** (also UK **click your fingers**) to press your thumb and middle finger together until the finger hits your hand and makes a short sound ▷ **pstrykać palcami**

→ See also **index finger**

finger[2] /ˈfɪŋɡəʳ/ **verb** [T] to touch or feel something with your fingers ▷ **dotykać (palcami), macać**

fingernail /ˈfɪŋɡəneɪl/ **noun** [C] B2 the hard, thin part on the top of the end of your finger ▷ **paznokieć**

fingerprint /ˈfɪŋɡəprɪnt/ **noun** [C] the mark made on something by the pattern of curved lines on the end of someone's finger: *The police found fingerprints all over the murder weapon.* ▷ **odcisk palca**

fingertip /ˈfɪŋɡətɪp/ **noun** [C] the end of your finger ▷ **koniuszek palca**

IDIOM **at your fingertips** If you have something at your fingertips, you can get it and use it very easily: *He had all the information he needed at his fingertips.* ▷ **w małym palcu**

finish[1] /ˈfɪnɪʃ/ **verb** **1** [I, T] A1 to complete something, or come to the end of an activity: *When I finish my homework, can I watch TV?* ◦ [+ doing sth] *Have you finished reading that book yet?* ▷ **skończyć** **2** [I] A1 to end: *The meeting should finish at five o'clock.* ▷ **skończyć się** **3** [T] (also **finish off**) B1 to eat, drink, or use something completely: *They finished their drinks and left the bar.* ▷ **dokończyć** **4 finish first/second, etc** to be in the first/second, etc winning position at the end of a race or competition ▷ **zająć pierwsze/drugie** *itp.* **miejsce**

> **Finish** wyrazy bliskoznaczne
>
> Częstą alternatywą dla czasownika „finish", gdy oznacza on „przestać" jest czasownik **end**:
>
> *What time does the concert **end**?*
>
> Gdy ktoś zakańcza jakieś działanie lub wykańcza jakąś rzecz, często używamy czasownika **complete**:
>
> *Have you **completed** all the questions?*
>
> *The project took 5 years to **complete**.*
>
> Czasownika frazowego **wind up** używamy czasem, gdy jakaś rzecz jest kończona stopniowo:
>
> *It's time to **wind up** the game now.*

PHRASAL VERBS **finish sth off** **1** B2 to complete the last part of something that you are doing: *I have to finish off this report by Friday.* ▷ **dokończyć** *coś* **2** to eat, drink, or use the last part of something: *Would you like to finish off the pizza?* ▷ **dokończyć** *coś* • **finish up** mainly UK to finally be in a particular place, state, or situation, usually without having planned it: *I only went for two days, but finished up staying for a week.* ▷ **znaleźć się, ≈ skończyć się na** • **finish with sth** to stop using or needing something: *Have you finished with the newspaper?* ▷ **nie potrzebować (już)** *czegoś* • **finish with sb** UK B2 to stop having a romantic relationship with someone ▷ **zerwać z** *kimś*

finish[2] /ˈfɪnɪʃ/ **noun** [C] **1** B1 the end of a race, or the last part of something: *a **close/exciting finish*** ◦ *I enjoyed the film **from start to finish**.* ▷ **finisz, meta** **2** the way the surface of something feels or looks: *The table has a smooth, shiny finish.* ▷ **wykończenie**

finished /ˈfɪnɪʃt/ **adjective** **1** completed: *How*

*much does the **finished product** cost?* ▷ **gotowy** → Opposite **unfinished** **2 be finished** If you are finished, you have completed something: *I hope I'll be finished before 5 p.m.* ▷ **skończyć**

Finland /ˈfɪnlənd/ **noun** a country in Europe ▷ **Finlandia**
• **Finnish** /ˈfɪnɪʃ/ **adjective** coming from or relating to Finland ▷ **fiński** • **Finn** /fɪn/ **noun** [C] someone from Finland ▷ **Fin/ka**

fir /fɜːr/ **noun** [C] (also ˈ**fir ˌtree**) a tree with thin, straight leaves shaped like needles that do not fall in winter ▷ **jodła**

F

fire[1] /faɪər/ **noun 1** [U] A2 heat, light, and flames that are produced when something burns ▷ **ogień 2 catch fire** B1 to start burning: *The car crashed and caught fire.* ▷ **zapalić się, stanąć w płomieniach, zająć się ogniem 3 on fire** B1 burning: *That house is on fire.* ▷ **w płomieniach 4 set fire to sth; set sth on fire** to make something start burning, usually to cause damage: *Enemy troops set fire to the village.* ▷ **podpalić** *coś* **5** [C] when something burns in a way that causes damage and cannot be controlled: *Three people were killed in the fire.* ◦ *It took the firefighters two hours to **put the fire out** (= stop it burning).* ▷ **pożar 6** [C] B1 a pile of wood, coal, etc that is burning to produce heat: *We sat by the fire.* ◦ *They put up the tents and **lit** a **fire**.* ▷ **ognisko, ogień 7 an electric/gas fire** UK a piece of equipment that uses electricity/gas to heat a room ▷ **grzejnik lub piecyk elektryczny/gazowy 8** [U] the shooting of guns and other weapons: *The soldiers **opened fire** (= started shooting).* ▷ **ogień**

IDIOM **come under fire** to be criticized: *The government has come under fire for closing the hospital.* ▷ **znaleźć się w ogniu krytyki**

> Wyrazy występujące razem z **fire**
> put out/start a fire • a fire **breaks out/burns/rages** • be on fire • catch fire

fire[2] /faɪər/ **verb 1** [I, T] B2 to shoot a bullet from a gun: *She **fired** three shots **at** him.* ▷ **strzelać, wystrzelić 2** [T] informal B2 to tell someone they must leave their job: [often passive] *I was fired for being late.* ▷ **wylać lub wyrzucać lub zwalniać (z pracy) 3 fire sb's imagination** to make someone very excited or interested in something ▷ **podsycać** *czyjąś* **wyobraźnię 4 fire questions at sb** to ask someone questions quickly one after the other ▷ **zarzucać** *kogoś* **pytaniami**

PHRASAL VERB **fire sb up** to make someone excited or angry ▷ **rozpalać** *kogoś*, **podniecać** *kogoś*

ˈ**fire aˌlarm** **noun** [C] a device such as a bell that warns the people in a building that the building is on fire: *If you hear the fire alarm, you must leave the building immediately.* ▷ **alarm pożarowy**

firearm /ˈfaɪərɑːm/ **noun** [C] a gun that you can carry easily ▷ **broń palna**

ˈ**fire briˌgade** **noun** [C] UK (US ˈ**fire deˌpartment**) B2 an organization of people whose job is to stop fires burning ▷ **straż pożarna**

ˈ**fire ˌengine** **noun** [C] a vehicle for carrying firefighters and equipment for stopping large fires ▷ **wóz strażacki**

ˈ**fire esˌcape** **noun** [C] a set of metal stairs on the outside of a building which allows people to leave if there is an emergency ▷ **schody pożarowe, wyjście ewakuacyjne**

ˈ**fire exˌtinguisher** **noun** [C] a piece of equipment kept inside buildings which is used to stop small fires ▷ **gaśnica**

firefighter /ˈfaɪəfaɪtər/ **noun** [C] B1 someone whose job is to stop fires burning ▷ **strażak**

fireman /ˈfaɪəmən/ **noun** [C] (plural **firemen**) a man whose job is to stop fires burning ▷ **strażak**

fireplace /ˈfaɪəpleɪs/ **noun** [C] a space in the wall of a room where you can have a fire, or the structure around this space ▷ **kominek** → See **The Living Room** on page Centre 4

fireside /ˈfaɪəsaɪd/ **noun** [U] the area next to a fireplace ▷ **miejsce przy kominku, kominek**

ˈ**fire ˌstation** **noun** [C] the building where fire engines are kept, and firefighters wait for emergencies ▷ **remiza (strażacka), posterunek straży pożarnej**

firewall /ˈfaɪəwɔːl/ **noun** [C] a system that controls what information can be sent from your computer using the Internet ▷ **zapora, firewall**

firewood /ˈfaɪəwʊd/ **noun** [U] wood that is used for burning on a fire ▷ **drewno na opał lub opałowe**

fireworks

> Wyrazy występujące razem z **firework**
> **let off/set off** a firework • a firework(s) display

firework /ˈfaɪəwɜːk/ **noun** [C] B1 a small object that explodes to produce a loud noise and bright colours and is often used to celebrate special events: *a **firework display*** ▷ **fajerwerk**

ˈ**firing** ˌ**squad** noun [C] a group of soldiers who are ordered to shoot and kill a prisoner ▷ **pluton egzekucyjny**

firm[1] /fɜːm/ **adjective 1** B2 not soft, but not completely hard: *A firm bed is better for your back.* ▷ **twardy 2** [always before noun] B2 certain or fixed and not likely to change: *We don't have any **firm plans** for the weekend yet.* ◦ *I'm a **firm believer** in equal rights.* ▷ **zdecydowany, stanowczy 3** strong and tight: *a **firm handshake/grip*** ▷ **mocny, pewny 4** strict and making certain that people do what you want: *You've got to be firm with children.* ▷ **stanowczy**
• **firmly** adverb B2 ▷ **stanowczo** • **firmness** noun [U] ▷ **stanowczość**

firm[2] /fɜːm/ **noun** [C] B1 a company that sells goods or services: *a law firm* ▷ **firma**

> Wyrazy występujące razem z **firm**
>
> **run/set up** a firm • a firm **of** [solicitors, accountants, etc]

first[1] /ˈfɜːst/ **adjective 1** A1 coming before all others: *Who was the first person to arrive at the party?* ◦ *He was nervous on his first day at school.* ◦ *They went abroad last year **for the first time** since having children.* ▷ **pierwszy 2** 1st written as a word ▷ **pierwszy 3** A2 most important: *Sheila won first prize in the photo competition.* ▷ **pierwszy** → See also **in the first** ***place***

> **!** Najczęściej popełniane błędy: **first**
>
> **Proszę pamiętać:** kiedy używamy **first**, aby mówić o osobie lub rzeczy, która następuje przed innymi, zawsze używamy **the**.
>
> Nie mówimy więc „first", ale **the first**:
>
> ~~*I was very surprised when I read first chapter of Harry Potter.*~~
>
> *I was very surprised when I read the first chapter of Harry Potter.*

first[2] /ˈfɜːst/ **adverb 1** A1 before everything or everyone else: *I can go to the cinema, but I've got to do my homework first.* ◦ *Jason **came first** in the 400 metres (= he won).* ▷ **najpierw, jako pierwszy 2** B1 for the first time: *I first heard the song on the radio.* ◦ *He first started playing the piano at school.* ▷ **po raz pierwszy 3 at first** B1 at the beginning of a situation or period of time: *At first I thought she was unfriendly, but actually she is just shy.* ▷ **na początku, z początku 4 first; first of all a** B1 used to introduce the first idea, reason, etc in a series: *First, I think we have to change our marketing strategy.* ▷ **po pierwsze b** A2 before doing anything else: *First of all check you have all the correct ingredients.* ▷ **przede wszystkim 5 come first** to be the most important person or thing: *Her career always comes first.* ▷ **być na pierwszym miejscu 6 put sb/sth first** to consider someone or something to be the most important thing: *Most couples put their children first when sorting out their problems.* ▷ **stawiać** *kogoś/coś* **na pierwszym miejscu 7 First come, first served.** something you say when there is not enough of something for everyone and only the first people who ask for it will get it ▷ **kto pierwszy ten lepszy**

first[3] /ˈfɜːst/ **noun, pronoun 1 the first** B1 the first person, people, thing, or things: *Hillary and Norgay were the first to climb Everest.* ▷ **pierwszy 2 be a first** to be something that has never happened before: *Man walking on the moon was a first in space history.* ▷ **otwierać drogę, przecierać szlaki 3** [C] the highest exam result that you can achieve at the end of a university course in the UK ▷ **dyplom z wyróżnieniem**

ˌ**first** ˈ**aid** noun [U] basic medical treatment that you give someone who is ill or injured in an emergency: *The policeman **gave** him **first aid** before the ambulance arrived.* ▷ **pierwsza pomoc**

first-class /ˌfɜːstˈklɑːs/ **adjective 1** relating to the best and most expensive available service, especially when travelling or sending something somewhere: *a **first-class ticket*** ◦ *a **first-class stamp*** ▷ **pierwszej klasy 2** of very good quality: *It was a first-class restaurant.* ▷ **pierwszorzędny**
• **first class** adverb *How much is it to **send** this letter **first class**?* ▷ **pierwszą klasą, pierwszorzędnie**

ˌ**first** ˈ**floor** noun [no plural] **1** UK B1 the level of a building directly above the ground level ▷ **pierwsze piętro 2** US (UK **ground floor**) the level of a building on the same level as the ground ▷ **parter**

firsthand /ˌfɜːstˈhænd/ **adjective, adverb** experienced, seen, or learnt directly: *Police heard **firsthand accounts** of the accident from witnesses.* ◦ ***firsthand experience*** ▷ **z pierwszej ręki**

ˈ**first** ˌ**language** noun [C] B2 the language that someone learns to speak first: *Madeleine's first language is French, but she also knows English and German.* ▷ **język ojczysty**

firstly /ˈfɜːstli/ **adverb** B2 used to introduce the first idea, reason, etc in a series: *The aim of this activity is firstly to have fun, and secondly to keep fit.* ▷ **po pierwsze**

ˈ**first** ˌ**name** noun [C] A2 the name that people who know you call you and that comes before your family name ▷ **imię**

the ˌ**first** ˈ**person** noun B2 the form of a verb or pronoun that is used when people are speaking or writing about themselves. For example, 'I' and 'we' are first person pronouns. ▷ **pierwsza osoba**

first-rate /ˌfɜːstˈreɪt/ **adjective** extremely good: *a first-rate team/writer* ▷ **pierwszorzędny**

fiscal /ˈfɪskəl/ **adjective** relating to government money, especially taxes ▷ **fiskalny**

F

ˌfiscal ˈyear noun [C] the period of twelve months when a person or company's finances and taxes are calculated ▷ **rok fiskalny**

fish¹ /fɪʃ/ **noun** (plural **fish**, **fishes**) **1** [C] A1 an animal that lives only in water and swims using its tail and fins : *Are there any fish in the pond?* ▷ **ryba 2** [U] A1 fish eaten as food: *fish and chips* ▷ **ryba** → See **Food** on page Centre 11

fish² /fɪʃ/ **verb** [I] B1 to try to catch fish: *They're* ***fishing for*** *tuna.* ▷ **łowić (ryby), wędkować**

PHRASAL VERB **fish sth out** informal to pull or take something out of a bag or pocket, especially after searching ▷ **wyjąć** *coś*, **wyłowić** *coś*

F

fisherman /ˈfɪʃəmən/ **noun** [C] (plural **fishermen**) someone who catches fish as a job or as a hobby ▷ **rybak, wędkarz**

fishing /ˈfɪʃɪŋ/ **noun** [U] A2 the sport or job of catching fish: *Dad loves to* ***go fishing****.* ▷ **wędkarstwo, wędkowanie, rybołówstwo**

ˈfish ˌslice noun [C] UK a kitchen tool with a wide, flat end used for lifting and serving food ▷ **łopatka (do smażenia)** → See **The Kitchen** on page Centre 2

fishy /ˈfɪʃi/ **adjective 1** smelling or tasting like fish ▷ **rybny 2** making you feel that someone is lying or something dishonest is happening: *His story sounds a bit fishy to me.* ▷ **podejrzany**

fission /ˈfɪʃᵊn/ **noun** [U] **1** (also **nuclear fission**) when the nucleus of an atom is divided, creating a very large amount of energy ▷ **rozszczepianie 2** when cells divide to form new cells ▷ **podział**

fist /fɪst/ **noun** [C] a hand closed into a ball with the fingers and thumb curled tightly together: *He banged his fist down angrily on the table.* ▷ **pięść**

fist

fit¹ /fɪt/ **verb** (present participle **fitting**, past tense and past participle **fitted**) **1** [I, T] B1 to be the right shape or size for someone or something: *These trousers don't fit any more.* ◦ *I can't find a lid to fit this jar.* ▷ **pasować (do) 2 fit (sth) in/through/under, etc** B1 If people or things fit somewhere, or if you can fit them somewhere, that place is big enough for them: *How many people can you fit in your car?* ◦ *This radio is small enough to fit into my pocket.* ▷ **zmieścić się**/*coś* **3** [T] mainly UK B2 to put or fix something somewhere: *You ought to fit a smoke alarm in the kitchen.* ▷ **zamontować, założyć 4** [I, T] to be the same as or like something: *She seems to fit the police description.* ▷ **pasować (do), odpowiadać 5** [T] to be suitable for something: *The punishment should fit the crime.* ▷ **odpowiadać**

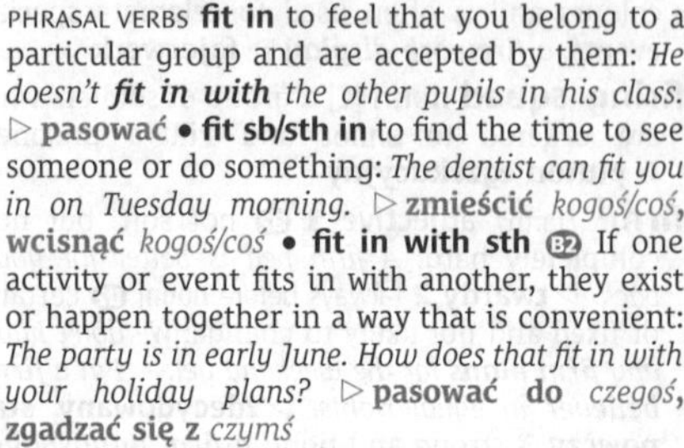

PHRASAL VERBS **fit in** to feel that you belong to a particular group and are accepted by them: *He doesn't* ***fit in with*** *the other pupils in his class.* ▷ **pasować** • **fit sb/sth in** to find the time to see someone or do something: *The dentist can fit you in on Tuesday morning.* ▷ **zmieścić** *kogoś/coś*, **wcisnąć** *kogoś/coś* • **fit in with sth** B2 If one activity or event fits in with another, they exist or happen together in a way that is convenient: *The party is in early June. How does that fit in with your holiday plans?* ▷ **pasować do** *czegoś*, **zgadzać się z** *czymś*

fit² /fɪt/ **adjective** (**fitter**, **fittest**) **1** of a good enough quality or suitable type for a particular purpose: [+ to do sth] *Is this water fit to drink?* ◦ *She's not in a* ***fit state*** *to drive.* ▷ **zdatny, nadający się, ≈ nadawać się 2** A2 healthy, especially because you exercise regularly: *He's very fit for his age.* ▷ **sprawny (fizycznie), w dobrej formie** → Opposite **unfit 3 do sth as you see/think fit** to do something that you feel is the right thing to do, although other people might disapprove: *You must spend the money as you see fit.* ▷ *robić coś* **jak** *ktoś* **uważa lub według własnego uznania**

fit³ /fɪt/ **noun 1 a good/loose/tight, etc fit** when something fits someone or somewhere well, loosely, tightly, etc: *These shoes are a perfect fit.* ▷ **≈ dobrze dopasowany/luźny/ciasny 2** [C] a sudden, uncontrolled period of doing something or feeling something: *a coughing fit* ◦ *I hit him* ***in a fit of*** *anger.* ▷ **atak, napad 3** [C] a short period of illness when someone cannot control their movements and becomes unconscious: *to have an epileptic fit* ▷ **atak, napad 4 have a fit** informal to become extremely angry ▷ **wściec się**

fitful /ˈfɪtfᵊl/ **adjective** stopping and starting and not happening in a regular or continuous way: ***fitful sleep*** ▷ **niespokojny, przerywany** • **fitfully adverb** ▷ **niespokojnie**

fitness /ˈfɪtnəs/ **noun** [U] **1** B1 the condition of being physically strong and healthy: ***physical fitness*** ▷ **sprawność (fizyczna), forma, kondycja 2** the quality of being suitable for a particular purpose, job, course of study, etc: *The purpose of the exercise is to judge a soldier's* ***fitness for*** *combat.* ▷ **zdatność**

Wyrazy występujące razem z **fitness**

improve your fitness • sb's fitness level(s) • a fitness **programme/regime/test** • **physical** fitness

fitted /ˈfɪtɪd/ **adjective 1** UK made or cut to fill a particular space exactly: ***fitted carpets/kitchens*** ▷ **(pasowany) na wymiar 2** Fitted clothes fit tightly to your body: *a fitted jacket* ▷ **dopasowany**

fitting /ˈfɪtɪŋ/ **adjective** suitable or right for a particular situation: *The promotion was a fitting* *reward for all his hard work.* ▷ **adekwatny, właściwy**

ˈfitting ˌroom noun [C] a room in a shop where you can put on clothes to check that they fit before you buy them ▷ **przymierzalnia**

fittings /ˈfɪtɪŋz/ noun [plural] mainly UK **1** parts that are fixed to a piece of furniture or equipment: *a circular bath with gold fittings* ▷ **akcesoria, armatura 2** things that are fixed to the walls, floors, and ceilings inside a house but that can be moved ▷ **wyposażenie**

five /faɪv/ (A1) the number 5 ▷ **pięć**

fiver /ˈfaɪvəʳ/ noun [C] UK informal a piece of paper money worth £5: *You owe me a fiver.* ▷ **piątak, piątka**

five-star /faɪvˈstɑːʳ/ adjective describes a hotel or resort of very high quality ▷ **pięciogwiazdkowy**

fix¹ /fɪks/ verb [T] **1** (B1) to repair something: *My watch is broken – can you fix it?* ▷ **naprawiać 2** (B2) to decide a certain and exact date, price, plan, etc: *Let's fix a day to have lunch together.* ◦ *The price has been fixed at $10.* ▷ **ustalać 3 fix sth onto/to/under, etc** (B2) to fasten something in a particular place: *They fixed the bookcase to the wall.* ▷ **przymocować** *coś gdzieś* **4** (B2) to prepare a drink or meal: [+ two objects] *I'll fix you a sandwich.* ▷ **zrobić, przygotować 5** to do something dishonest to make certain that a competition, race, or election is won by a particular person: [often passive] *People are saying that the elections were fixed.* ▷ **sprzedać, sfałszować**

PHRASAL VERBS **fix sth up 1** UK to arrange a meeting, date, event, etc: *Can we fix up a date for the next meeting?* ▷ **ustalać** *coś* **2** to repair or change something in order to improve it: *Nick loves fixing up old cars.* ▷ **naprawiać** *coś* • **fix sb up** to provide someone with something that they need: *My uncle has **fixed me up with** a summer job.* ▷ **załatwić** *komuś* (*coś*)

fix² /fɪks/ noun **1 a quick fix** a way of solving a problem easily: *There is no quick fix for unemployment.* ▷ **prosta rada, prosty sposób 2 be in a fix** to be in a difficult situation: *I'm in a fix and need your help.* ▷ **być w tarapatach lub kłopocie 3** [C] informal an amount of an illegal drug or something that you want very much: *Cath needs her **fix of** chocolate every day.* ▷ **działka, dawka**

fixation /fɪkˈseɪʃᵊn/ noun [C] a very strong interest in a particular person or thing: *She's got an unhealthy **fixation with** her weight.* ▷ **obsesja**

fixed /fɪkst/ adjective **1** (B2) decided already and not able to be changed: *a **fixed price*** ◦ *Is the date of the wedding fixed yet?* ▷ **ustalony 2** fastened somewhere and not able to be moved ▷ **stały**

ˌfixed ˈassets noun [plural] the equipment, buildings, and land that a business owns ▷ **środki trwałe**

ˌfixed ˈcosts noun [plural] the things that a company must pay for in order to keep working, that do not depend on the amount of work the company gets ▷ **koszty stałe** → Compare **variable costs**

fixture /ˈfɪkstʃəʳ/ noun [C] **1** a piece of furniture or equipment that is fixed inside a house or building and is usually sold with it: [usually plural] *It comes with the usual **fixtures and fittings**.* ▷ **element instalacji lub wyposażenia,** ≈ **wyposażenie 2** UK a sports event that is arranged for a particular day ▷ **(cykliczna) impreza sportowa**

fizz /fɪz/ noun [U] bubbles of gas in a liquid or the sound that they make ▷ **gaz, bąbelki, musowanie**

• **fizz** verb [I] ▷ **musować**

fizzle /ˈfɪzl/ verb

PHRASAL VERB **fizzle out** to gradually end in a disappointing way: *Their relationship soon fizzled out when they got back from holiday.* ▷ **skończyć się**

fizzy /ˈfɪzi/ adjective A fizzy drink has lots of bubbles of gas in it. ▷ **musujący**

flabbergasted /ˈflæbəgɑːstɪd/ adjective informal extremely surprised ▷ **osłupiały**

flabby /ˈflæbi/ adjective having too much loose fat on your body: *flabby arms/thighs* ▷ **sflaczały, wiotki**

flaccid /ˈflæsɪd/ adjective formal soft and not firm ▷ **wiotki, zwiotczały**

flag¹ /flæg/ noun [C] (B1) a piece of cloth with a special design and colours, that is fixed to a pole as the symbol of a country or group: *the French flag* ◦ *There was a flag flying above the castle.* ▷ **flaga**

flag² /flæg/ verb [I] (present participle **flagging**, past tense and past participle **flagged**) to become tired or less interested in something: *The players started to flag towards the end of the game.* ▷ **słabnąć**

PHRASAL VERB **flag sth down** to make a vehicle stop by waving at the driver ▷ **zatrzymać** *coś*

flagrant /ˈfleɪgrənt/ adjective shocking because of being so obviously wrong or bad: *a flagrant disregard for the law* ▷ **rażący**

• **flagrantly** adverb ▷ **rażąco**

flagship /ˈflægʃɪp/ noun [C] a product or service that is the best and most admired that a company has ▷ **sztandarowy produkt**

flail /fleɪl/ verb [I, T] (also **flail about/around**) to wave or move your arms and legs about energetically and in an uncontrolled way: *The wasp came towards us and Howard started flailing his arms around.* ▷ **wymachiwać**

flair /fleəʳ/ noun **1** [no plural] a natural ability to do something well: *She has a **flair for** languages.*

F

▷ **smykałka, dar 2** [U] when you do something in an exciting and interesting way: *He played with great imagination and flair.* ▷ **polot**

flak /flæk/ **noun** [U] informal criticism: *The government **took** a lot **of flak for** breaking its election promises.* ▷ **krytyka**

flake[1] /fleɪk/ **noun** [C] a small, flat, thin piece of something: *flakes of paint/snow* ▷ **płatek**

flake[2] /fleɪk/ **verb** [I] to come off in small, flat, thin pieces: *The paint was **flaking off** the walls.* ▷ **łuszczyć się**

• **flaky adjective** coming off easily in small, flat, thin pieces: *dry, flaky skin* ▷ **łuszczący się**

flamboyant /flæmˈbɔɪənt/ **adjective 1** A flamboyant person is loud, stylish, and confident: *a flamboyant pop star* ▷ **ekstrawagancki 2** Flamboyant clothes or colours are very bright and noticeable. ▷ **krzykliwy**

• **flamboyance** /flæmˈbɔɪəns/ **noun** [U] ▷ **ekstrawagancja**

flame[1] /fleɪm/ **noun** [C, U] **1** (B2) hot, bright, burning gas produced by something on fire: *Smoke and flames were pouring out of the burning factory.* ◦ *The whole building was soon **in flames** (= burning).* ◦ *The car crashed and **burst into flames** (= suddenly started burning).* ▷ **płomień 2** an angry email or message in a chat room, etc ▷ **bluzgi (w mejlu, na forum, itp.)**

> Wyrazy występujące razem z **flame**
>
> be in flames • burst into/go up in flames • flames spread

flame[2] /fleɪm/ **verb** [I, T] to send an angry email to someone ▷ **bluzgać**

ˈflame ˌtest noun [C] a method used by scientists to discover whether a substance contains metal ions ▷ **próba na barwienie płomienia**

flaming /ˈfleɪmɪŋ/ **adjective** [always before noun] **1** burning with a bright light: *a flaming building* ▷ **płonący 2** very bright in colour or light: *flaming red hair* ▷ **ognisty 3** UK informal used to emphasize something when you are annoyed: *What a flaming idiot!* ▷ **cholerny**

flamingo /fləˈmɪŋɡəʊ/ **noun** [C] a large bird with long, thin legs and pink feathers that lives near water in some hot countries ▷ **flaming**

flammable /ˈflæməbl/ **adjective** (also **inflammable**) Flammable liquids, gases, or materials burn very easily. ▷ **łatwopalny**

flan /flæn/ **noun** [C, U] a round, open pastry base filled with something such as fruit, or cheese and vegetables: *cheese and onion flan* ▷ **placek, tarta**

flank[1] /flæŋk/ **verb be flanked by sb/sth** to have someone or something at the side or at each side: *The President was flanked by police officers.* ▷ **być otoczonym** *kimś/czymś*

flank[2] /flæŋk/ **noun** [C] **1** the side of the body of an animal or person from the chest to the hips ▷ **bok 2** the side of an army when it is ready to fight ▷ **skrzydło**

flannel /ˈflænəl/ **noun 1** [U] soft, warm cloth for making clothes: *flannel pyjamas* ▷ **flanela 2** [C] UK (US **washcloth**) a small cloth that you use to wash your face and body ▷ **myjka** → See **The Bathroom** on page Centre 3

flap[1] /flæp/ **noun 1** [C] a piece of cloth or material fixed along one edge to cover or close an opening ▷ **klapa, klapka 2** [C, U] US when someone is worried or excited, or a situation that causes them to feel this way: *The President's remarks caused a huge flap.* ▷ **poruszenie**

IDIOM **be/get in a flap** mainly UK informal to be or become worried or excited ▷ **panikować**

flap[2] /flæp/ **verb** (present participle **flapping**, past tense and past participle **flapped**) **1** [T] If a bird flaps its wings, it moves them up and down. ▷ **machać, trzepotać 2** [I] If something such as cloth or paper flaps, the side that is not fixed to something moves around, especially in the wind: *The curtains were flapping around in the breeze.* ▷ **łopotać, powiewać 3** [I] UK informal to become worried or excited about something: *Don't flap! We've got plenty of time to get to the airport.* ▷ **panikować**

flare[1] /fleəʳ/ **verb** [I] (also **flare up**) **1** If something bad such as anger or pain flares or flares up, it suddenly starts or gets worse: *Violence flared up between football fans yesterday.* ▷ **wybuchnąć 2** to suddenly burn brightly, usually for a short time: *The rocket flared in the sky and disappeared into space.* ▷ **rozbłysnąć**

flare[2] /fleəʳ/ **noun** [C] **1** a piece of safety equipment that produces a bright signal when you are lost or injured ▷ **flara, raca 2** a sudden, bright light ▷ **błysk, rozbłysk**

flared /fleəd/ **adjective** wide at the bottom: *flared trousers* ▷ **rozszerzany**

flash[1] /flæʃ/ **verb 1** [I, T] (B2) to shine brightly and suddenly, or to make something shine in this way: *The doctor flashed a light into my eye.* ◦ *Lightning flashed across the sky.* ▷ **błyskać 2** [I, T] (also **flash up**) to appear for a short time, or to make something appear for a short time: *An icon flashed up on the screen.* ▷ **pojawiać się, wyświetlać (się) 3 flash by/past/through, etc** to move somewhere fast: *The motorcycle flashed past us and around the corner.* ▷ **przemknąć 4 flash (sb) a look/smile, etc** to look/smile, etc at someone quickly: *She flashed him a smile as he came in.* ▷ **rzucić** (*komuś*) **spojrzenie/uśmiech** *itp.*

PHRASAL VERB **flash back** If your mind or thoughts flash back to something that happened in the past, you suddenly remember it. ▷ **sięgać wstecz**

flash[2] /flæʃ/ **noun 1** [C] (B2) a sudden bright light: *The bomb exploded in a **flash of** yellow light.* ▷ **błysk, rozbłysk 2** [C, U] (B2) a piece of camera equipment that produces a bright light when you take a photograph in a dark place ▷ **flesz, lampa błyskowa** **3** [C] a sudden experience of something such as a feeling or idea: *a flash of anger* ◦ *I had a* ***flash of inspiration.*** ▷ **przypływ** **4 in a flash** immediately, or very quickly: *I'll be back in a flash.* ▷ **w mgnieniu oka**

IDIOM **a flash in the pan** a sudden success that does not continue ▷ **krótkotrwały sukces**

flashback /ˈflæʃbæk/ **noun** [C] **1** when you suddenly remember something that happened in the past, usually something bad ▷ **retrospekcja** **2** part of a film or book that goes back in time to something that happened before the main story began ▷ **retrospekcja**

flashlight /ˈflæʃlaɪt/ **noun** [C] US (UK **torch**) an electric light that you can hold in your hand ▷ **latarka**

flash-mob /ˈflæʃmɒb/ **noun** [C] informal a group of people who agree to come together suddenly in a place and do something funny or silly and then move away ▷ **flash mob**

flashpoint /ˈflæʃpɔɪnt/ **noun** [C] The flashpoint of a liquid is the lowest temperature at which its vapour will burn in the air. ▷ **temperatura zapłonu**

flashy /ˈflæʃi/ **adjective** looking too bright, big, and expensive, in a way that is intended to get attention: *flashy gold jewellery* ▷ **krzykliwy**

flask /flɑːsk/ **noun** [C] **1** UK (UK/US **Thermos**) a special container that keeps drinks hot or cold: *a flask of coffee* ▷ **termos** **2** a flat bottle that is used to carry alcohol in your pocket ▷ **piersiówka** **3** a glass container with a wide base and a narrow opening used in science ▷ **kolba**

flat¹ /flæt/ **noun** [C] mainly UK (mainly US **apartment**) (A1) a set of rooms to live in, with all the rooms on one level of a building: *a large* ***block of flats*** ▷ **mieszkanie**

> Wyrazy występujące razem z **flat**
>
> in a flat • a block of flats • a one-bedroom/two-bedroom flat • a basement flat

flat² /flæt/ **adjective** (**flatter**, **flattest**) **1** (B1) smooth and level, with no curved, high, or hollow parts: *a flat surface* ◦ *The countryside around here is very flat.* ▷ **płaski** **2** without any energy, interest, or emotion: *Her voice sounded very flat.* ▷ **beznamiętny, pozbawiony entuzjazmu** **3** If a tyre is flat, it does not contain enough air. ▷ **bez powietrza** **4** If a drink is flat, it does not contain enough bubbles of gas. ▷ **bez gazu, zwietrzały** **5** UK If a battery is flat, it does not contain any more electrical power. ▷ **rozładowany** **6 a flat price/rate, etc** a price/rate, etc which is the same for everyone and does not change: *He charges a flat rate of £15 an hour.* ▷ **stała cena/stawka** *itp.* **7 B flat/E flat, etc** the musical note that is between the note B/E, etc and the note below it ▷ **b/e-moll** *itp.*, Uwaga: **B flat** to wyjątkowo dźwięk lub skala **b** (zamiast h-moll), nie **b-moll**; wszystkie pozostałe dźwięki skali mają zawsze po polsku końcówkę **-moll** **8** A flat musical note sounds unpleasant because it is slightly lower than it should be. ▷ **zbyt niski** **9** Flat shoes do not raise your feet far from the ground. ▷ **płaski**

flat³ /flæt/ **adverb** (**flatter**, **flattest**) **1** (B2) in a horizontal or level position on a surface: *She spread the cloth flat across the kitchen table.* ▷ **płasko** **2 flat out** using all your energy or effort: *We've all been working flat out to finish the project on time.* ▷ **na pełnych obrotach** **3 in 5 minutes/30 seconds, etc flat** in exactly and only 5 minutes, 30 seconds, etc: *He showered and got dressed in 10 minutes flat.* ▷ **dokładnie w 5 minut/30 sekund** *itp.*

IDIOM **fall flat** If an event or joke falls flat, it fails to have the effect that you wanted, such as making people laugh. ▷ **nie wypalić**

flat-bed scanner /ˌflætbedˈskænəʳ/ **noun** [C] a flat piece of computer equipment that turns words, pictures, or objects into digital images ▷ **skaner płaski**

flatly /ˈflætli/ **adverb** **1 flatly deny/refuse, etc** to say something in a direct and certain way: *He flatly refused to answer our questions.* ▷ **stanowczo zaprzeczyć/odmówić** *itp.* **2** without showing any emotion or interest: *"He's gone," she said flatly.* ▷ **beznamiętnie**

flatmate /ˈflætmeɪt/ **noun** [C] mainly UK (US **roommate**) someone who you share a flat with ▷ **współlokator/ka**

flatpack /ˈflætpæk/ **adjective** used to describe furniture that is sold in pieces inside a flat box, ready to be put together: *a flatpack table* ▷ **(meble) w paczkach**

ˈflat ˌscreen **noun** [C] a computer screen or a television that is thin and flat ▷ **płaski ekran**

ˌflat-screen TˈV **noun** [C] a type of television with a screen that is very thin and shows a very clear picture ▷ **telewizor z płaskim ekranem**

flatten /ˈflætᵊn/ **verb** [I, T] to become flat or to make something become flat: *Roll out the dough into balls and flatten them slightly.* ▷ **rozpłaszczyć (się), spłaszczyć (się)**

flatter /ˈflætəʳ/ **verb** **1** [T] to say nice things to someone in order to make them feel attractive or important, sometimes in a way that is not sincere: *The interviewer flattered him about his recent work.* ▷ **prawić komplementy, schlebiać** **2 be flattered** to feel very pleased and proud: *She was flattered by his attention.* ▷ **czuć się zaszczyconym, ≈ imponować lub pochlebiać** *komuś* **3** [T] to make someone look more attractive than usual: *That new hairstyle really flatters you.* ▷ **podkreślać urodę, być do twarzy** **4 flatter yourself** to believe something good about yourself, although it might not be true: *He flatters himself that he's a good driver.* ▷ **szczycić się**

flattering /ˈflætərɪŋ/ **adjective** making you look

more attractive than usual: *a flattering picture* ▷ **korzystny**

flattery /ˈflætᵊri/ **noun** [U] when you say nice things to someone, often because you want something from that person ▷ **pochlebstwa**

flaunt /flɔːnt/ **verb** [T] to make your success, money, beauty, etc very obvious so that people notice it and admire you: *Although he's a millionaire, he doesn't flaunt his wealth.* ▷ **obnosić się z, afiszować się z**

F

flavour[1] UK (US **flavor**) /ˈfleɪvəʳ/ **noun** **1** [C, U] B1 the taste of a particular type of food or drink: *We sell 50 different flavours of ice cream.* ◦ *Add some salt to give the soup more flavour.* ▷ **smak** **2** [no plural] a particular quality or style that something has: *London has a very international flavour.* ▷ **charakter, smaczek**

Wyrazy występujące razem z **flavour**

have a [mild/spicy/strong, etc] flavour • a delicate/delicious flavour

flavour[2] UK (US **flavor**) /ˈfleɪvəʳ/ **verb** **1** [T] to give a particular taste to food or drink: [often passive] *This sauce is flavoured with garlic and herbs.* ▷ **przyprawiać** **2 cheese/chocolate, etc -flavoured** tasting of cheese/chocolate, etc: *lemon-flavoured sweets* ▷ **o smaku serowym/czekoladowym** *itp.*

flavouring UK (US **flavoring**) /ˈfleɪvərɪŋ/ **noun** [C, U] something that is added to food or drink to give it a particular taste ▷ **dodatek smakowy**

flaw /flɔː/ **noun** [C] a mistake or bad characteristic that stops someone or something from being perfect: *There's a **flaw in** your reasoning.* ▷ **błąd, skaza**
• **flawed** adjective *a **flawed** argument* ▷ **wadliwy**

flawless /ˈflɔːləs/ **adjective** with no mistakes or bad characteristics: *a flawless complexion* ▷ **nieskazitelny**
• **flawlessly** adverb ▷ **nieskazitelnie**

flea /fliː/ **noun** [C] a small, jumping insect that lives on animals or people and drinks their blood ▷ **pchła**

ˈflea ˌmarket noun [C] a market where you can buy old or used things cheaply ▷ **pchli targ**

fleck /flek/ **noun** [C] a mark, or a very small piece of something: *His shirt was covered in **flecks of** paint.* ▷ **plamka**

fledgling /ˈfledʒlɪŋ/ **adjective** [always before noun] A fledgling company, country, or organization is new and not yet developed: *a fledgling democracy* ▷ **młody, nieopierzony**

flee /fliː/ **verb** [I, T] (present participle **fleeing**, past tense and past participle **fled**) to leave a place quickly because you are in danger or are afraid: *Police think the suspect has now fled the country.* ▷ **uciekać (z), opuszczać**

fleece /fliːs/ **noun** [C, U] **1** a warm, soft, light jacket, or the material used to make it ▷ **polar** **2** the thick covering of wool on a sheep ▷ **runo, wełna**

fleet /fliːt/ **noun** [C] **1** a group of ships, or all of the ships in a country's navy ▷ **flota** **2** a group of vehicles that are owned and controlled by one person or organization: *a **fleet of** aircraft/cars* ▷ **park**

flesh /fleʃ/ **noun** [U] **1** the soft part of a person's or animal's body between the skin and bones ▷ **ciało, mięso** **2 in the flesh** in real life and not on television or in a film: *She looks much taller in the flesh.* ▷ **w naturze, na żywo** **3** the soft part of a fruit or vegetable which you can eat ▷ **miąższ**

IDIOM **your own flesh and blood** a member of your family ▷ **członek rodziny**

• **fleshy** adjective fat or thick, or with a lot of flesh ▷ **tłusty, mięsisty**

flew /fluː/ past tense of fly

flex[1] /fleks/ **verb** [T] to bend a part of your body so that the muscle becomes tight ▷ **zginać, napinać**

flex[2] /fleks/ **noun** [C, U] UK (UK/US **cord**) a piece of wire covered in plastic, that is used to connect electrical equipment to a power supply ▷ **przewód (sieciowy)**

flexible /ˈfleksɪbl/ **adjective** **1** B2 able to change or be changed easily according to the situation: *I'd like a job with more flexible working hours.* ▷ **elastyczny** **2** A flexible substance can bend easily without breaking. ▷ **elastyczny**
• **flexibility** /ˌfleksɪˈbɪləti/ **noun** [U] B2 ▷ **elastyczność**

flexography /fleksˈɒɡrəfi/ **noun** [U] a method of printing using flexible printing plates, often used for printing on plastic or foil ▷ **fleksografia, fleksodruk**

flexor (muscle) /ˈfleksəʳ/ **noun** [C] a muscle that allows you to bend part of your body ▷ **zginacz** → Compare **extensor (muscle)**

flick[1] /flɪk/ **verb** **1 flick sth into/off/over, etc** to move something somewhere suddenly and quickly through the air, usually with your fingers: *He quickly flicked the crumbs off the table.* ▷ **wrzucić/strzepnąć/przerzucić** *coś gdzieś* **2 flick down/out/towards, etc** to make a sudden, quick movement somewhere: *His eyes flicked between her and the door.* ▷ **skakać** **3 flick a switch** to move a switch in order to make electrical equipment start or stop working ▷ **pstryknąć przełącznik**

PHRASAL VERBS **flick sth on/off** to move a switch in order to make electrical equipment start/stop working ▷ **włączać/wyłączać** *coś* • **flick through sth** to look quickly at the pages of a magazine, book, etc ▷ **przerzucać** *coś*

flick[2] /flɪk/ **noun** [C] a sudden, quick movement: *With **a flick of** her wrist, she threw the pebble into the water.* ▷ **szybki ruch**

flicker[1] /ˈflɪkəʳ/ **verb** [I] **1** to shine with a light that is sometimes bright and sometimes weak: *a candle flickering in the window* ▷ **migotać** **2** to appear for a short time or make a sudden movement somewhere: *A smile **flickered across** her face.* ▷ **pojawić się, przemknąć**

flicker[2] /ˈflɪkəʳ/ **noun** [no plural] **1** when a light is sometimes bright and sometimes weak: *the soft flicker of candlelight* ▷ **migotanie** **2** a slight, brief feeling or expression of an emotion: ***a flicker of hope*** ▷ **cień**

flier (also **flyer**) /ˈflaɪəʳ/ **noun** [C] **1** a small piece of paper advertising a business, show, event, etc ▷ **ulotka** **2** someone who flies, especially a passenger on an aircraft ▷ **pasażer/ka, lotnik**

flies /flaɪz/ **noun** [plural] UK (UK/US **fly**) the part where trousers open and close at the front ▷ **rozporek**

flight /flaɪt/ **noun** **1** [C] A2 a journey in an aircraft: *The **flight to** Chicago took 4 hours.* ▷ **lot** **2** [C] an aircraft that carries passengers from one place to another: *Flight 102 is ready for boarding at Gate 3.* ▷ **lot** **3** [U] when something flies or moves through the air: *an eagle in flight* ▷ **lot** **4 a flight of stairs/steps** a set of stairs ▷ **piętro, kondygnacja**

> Wyrazy występujące razem z **flight**
>
> on a flight • a flight **from/to** [Paris/Tokyo, etc] • a **long-haul/short-haul** flight

ˈflight atˌtendant **noun** [C] someone whose job is to look after passengers on an aircraft ▷ **steward/essa**

flimsy /ˈflɪmzi/ **adjective** **1** thin and not solid or strong: *a flimsy cardboard box* ▷ **cienki, lichy** **2** A flimsy argument, excuse, etc is weak and difficult to believe: *I'm sick of his **flimsy excuses** for being late.* ▷ **mizerny, marny**

flinch /flɪnʃ/ **verb** [I] **1** to make a sudden movement backwards because you are afraid or in pain: *She didn't flinch when the nurse cleaned the wound.* ▷ **wzdrygnąć się** **2** to avoid doing something that is unpleasant: *Nick never **flinches from** difficult decisions.* ▷ **unikać, wzdragać się**

fling[1] /flɪŋ/ **verb** (past tense and past participle **flung**) **fling sth around/across/down, etc** to throw or move something suddenly and with a lot of force: *She flung her arms around his neck.* ▷ **rzucać/zarzucać/zrzucać** *coś itp.*

fling[2] /flɪŋ/ **noun** [C] **1** a sexual relationship that is short and not serious: *She **had a fling with** someone last summer.* ▷ **(przelotny) romans** **2** a short period of time when you have a lot of enjoyment or pleasure: *This is my last fling before the exams.* ▷ **chwila wolności lub zabawy**

flint /flɪnt/ **noun** [C, U] a very hard, grey stone that can be used to produce a flame ▷ **krzemień**

flip /flɪp/ **verb** (present participle **flipping**, past tense and past participle **flipped**) **1** [I, T] to turn or make something turn onto a different side, or so that it is the wrong way up: *to flip a coin/pancake* ◦ *The boat **flipped** right **over**.* ▷ **przewracać (się)** **2** [I] informal to become uncontrollably angry, crazy, or excited: *Dad completely flipped when he saw the car.* ▷ **dostać szału**

PHRASAL VERB **flip through sth** to look quickly at the pages of a magazine, book, etc ▷ **przerzucać** *coś*

ˈflip ˌchart **noun** [C] large pieces of paper attached to a board on legs, which you write or draw on when you are talking to a group of people ▷ **tablica flip-chart**

flip-flop /ˈflɪpˌflɒp/ **noun** [usually plural] (US also **thong**) a type of shoe, often made of rubber, with a V-shaped strap in between the big toe and the toe next to it ▷ **klapek, japonka** → See **Clothes** on page Centre 9

flippant /ˈflɪpᵊnt/ **adjective** without respect or not serious: *a **flippant remark*** ▷ **lekceważący** • **flippantly** **adverb** ▷ **lekceważąco** • **flippancy** /ˈflɪpᵊnsi/ **noun** [U] ▷ **lekceważenie**

flipper /ˈflɪpəʳ/ **noun** [C] **1** a part like a wide, flat arm without fingers that some sea animals use for swimming ▷ **płetwa** **2** a long, flat, rubber shoe that you use when swimming under water ▷ **płetwa**

flipping /ˈflɪpɪŋ/ **adjective** [always before noun] UK informal used to emphasize something, or to show slight anger: *Where are my flipping keys?* ▷ **cholerny**

the ˈflip ˌside **noun** the opposite, less good, or less popular side of something ▷ **druga strona**

flirt[1] /flɜːt/ **verb** [I] to behave as if you are sexually attracted to someone, usually not in a very serious way: *She was **flirting with** a guy at the bar.* ▷ **flirtować**

PHRASAL VERB **flirt with sth** **1** to be interested in an idea, activity, etc but not seriously, or for only a short time: *He **flirted with the idea** of becoming a priest.* ▷ **(przelotnie) rozważać** *coś* **2 flirt with danger/disaster, etc** to risk experiencing something bad ▷ **igrać z niebezpieczeństwem**

• **flirtation** /flɜːˈteɪʃᵊn/ **noun** [C, U] ▷ **flirt**

flirt[2] /flɜːt/ **noun** [C] someone who often flirts with people ▷ **flircia-rz/rka**

flirtatious /flɜːˈteɪʃəs/ **adjective** behaving as if you are sexually attracted to someone, usually not in a very serious way ▷ **zalotny**

flit /flɪt/ **verb** (present participle **flitting**, past tense and past participle **flitted**) **flit about/around/in and out, etc** to fly or move quickly from one place to another: *Birds were flitting from tree to tree.* ▷ **przelatywać, przemykać**

float[1] /fləʊt/ **verb** **1** [I, T] B1 to stay on the surface of a liquid instead of sinking, or to make something do this: *I like floating on my back in the pool.* ▷ **unosić się, spławiać** **2** [I] B1 to stay in the air, or move gently through the air: *A balloon floated across the sky.* ▷ **szybować,**

unosić się **3** [I, T] to start selling a company's shares to the public ▷ **wprowadzać na giełdę, wchodzić na giełdę**

IDIOM **float sb's boat** informal to interest someone: *Georgia likes William, but he just doesn't float my boat.* ▷ **kręcić** *kogoś*

float² /fləʊt/ **noun** [C] **1** a large, decorated vehicle that is used in public celebrations ▷ **platforma 2** an object that floats on water, used in fishing or when learning to swim ▷ **spławik, koło lub deska do pływania 3** when you float a business ▷ **premiera na giełdzie 4** [C] mainly UK a small amount of money which you have before you sell things so that you can give people change ▷ **gotówka w kasie**

F

flock¹ /flɒk/ **noun** [group] **1** a group of birds or sheep: *a flock of geese* ▷ **stado 2** a group of people led by one person: *a flock of children/visitors* ▷ **grupa, stadko**

flock² /flɒk/ **verb** [I] to move or come together in large numbers: *Tourists are **flocking to** the beaches.* ◦ [+ to do sth] *People flocked to hear him speak.* ▷ **przybywać tłumnie, tłoczyć się**

flog /flɒg/ **verb** [T] (present participle **flogging**, past tense and past participle **flogged**) **1** to hit someone repeatedly as a punishment with something such as a stick ▷ **chłostać 2** UK informal to sell something quickly or cheaply: *I had to flog the car to pay my bills.* ▷ **opylić**
• **flogging noun** [C, U] ▷ **chłosta**

flood¹ /flʌd/ **verb** [I, T] **1** B1 If a place floods or is flooded, it becomes covered in water: [often passive] *The town was flooded when the river burst its banks.* ◦ *I left the taps running and flooded the bathroom.* ▷ **zalewać, ulegać zalaniu 2** B2 to fill or enter a place in large numbers or amounts: *Light flooded the room.* ◦ *Shoppers **flooded into** the store.* ▷ **wypełniać, wlewać się**
• **flooding noun** [U] *There is widespread flooding in the South.* ▷ **powódź, zalanie**

PHRASAL VERB **be flooded with sth** to receive so many letters, telephone calls, etc that you cannot deal with them ▷ **być zasypanym** *czymś*

flood

flood² /flʌd/ **noun** [C] **1** B1 when a lot of water covers an area that is usually dry, especially when a river becomes too full ▷ **powódź 2** a large number or amount of things or people that arrive at the same time: *a flood of letters/calls* ▷ **zalew**

IDIOM **in floods of tears** UK crying a lot ▷ **zalewając się łzami**

Wyrazy występujące razem z **flood**

catastrophic/devastating floods • flood damage/victims/warnings

floodgates /ˈflʌdgeɪts/ **noun**

IDIOM **open the floodgates** to make it possible for a lot of people to do something ▷ **wywołać lawinę, stworzyć możliwość**

floodlights /ˈflʌdlaɪts/ **noun** [plural] powerful lights used to light up sports fields or the outside of buildings at night ▷ **reflektory, jupitery**
• **floodlit** /ˈflʌdlɪt/ **adjective** lit up by floodlights ▷ **oświetlony reflektorami**

ˈflood ˌplain noun [C] an area of low, flat land near a river that often floods when the river becomes too full ▷ **równina zalewowa**

floor /flɔːʳ/ **noun 1** [C] A1 a surface that you walk on inside a building: *a wooden/tiled floor* ◦ *I must sweep the kitchen floor.* ▷ **podłoga 2** [C] A2 a particular level of a building: *the second/third floor* ▷ **piętro 3** [no plural] the ground or surface at the bottom of something: *the forest/sea floor* ▷ **dno 4** [C] B1 an area where a particular activity happens: *a dance floor* ▷ **parkiet** → See also **first floor**, **ground floor**, **shop floor**

floorboard /ˈflɔːbɔːd/ **noun** [C] a long, narrow, flat board that forms part of a wooden floor in a building ▷ **deska podłogowa**

flooring /ˈflɔːrɪŋ/ **noun** [U] the material used to make or cover a floor: *vinyl flooring* ▷ **posadzka**

flop¹ /flɒp/ **verb** [I] (present participle **flopping**, past tense and past participle **flopped**) **1 flop down/into/onto, etc** to fall or sit somewhere suddenly in a heavy or relaxed way: *He flopped down on the sofa.* ▷ **klapnąć, opaść 2** to hang loosely: *Her hair kept flopping in her eyes.* ▷ **opadać 3** informal If a film, product, plan, etc flops, it is not successful. ▷ **nie wypalić**

flop² /flɒp/ **noun** [C] informal **1** something that is not a success: *The party was a bit of a flop.* ▷ **niewypał 2** a movement towards the ground, or the noise someone or something makes as they fall down: *She fell onto the bed with a flop.* ▷ **klaps**

floppy /ˈflɒpi/ **adjective** soft and loose or hanging down loosely: *floppy hair* ◦ *a floppy hat* ▷ **miękki, luźno opadający**

ˌfloppy ˈdisk noun [C] (also **floppy**) a small disk inside a flat, square piece of plastic used in the past for storing information from a computer ▷ **dyskietka**

flora /ˈflɔːrə/ **noun** [U, group] the plants that grow naturally in a particular area: *Scotland's **flora and fauna*** ▷ **flora**

floral /ˈflɔːrəl/ **adjective** [always before noun] made from flowers or relating to flowers: *a floral arrangement/pattern* ▷ **kwiatowy**

florist /ˈflɒrɪst/ **noun** [C] **1** someone who sells and arranges flowers in a shop ▷ **kwiacia-rz/rka** **2** (also **florist's**) a shop that sells flowers ▷ **kwiaciarnia**

flotation /fləʊˈteɪʃən/ **noun 1** [C, U] when a company's shares are sold to the public for the first time ▷ **premiera na giełdzie 2** [U] when something or someone floats on or in liquid ▷ **pływanie, unoszenie się**

flounder /ˈflaʊndər/ **verb** [I] **1** to make wild movements with your arms or body, especially because you are trying not to sink ▷ **miotać się 2** to not know what to do or say: *When he resigned, the team was left floundering.* ▷ **plątać się 3** If a relationship, organization, or plan flounders, it fails or begins to experience problems: *By 1993 his marriage was floundering.* ▷ **kuleć, borykać się z trudnościami**

flour /flaʊər/ **noun** [U] (B1) a powder made from grain that is used to make bread, cakes, and other food ▷ **mąka**

flourish[1] /ˈflʌrɪʃ/ **verb 1** [I] to grow or develop well: *a flourishing tourist industry* ▷ **kwitnąć 2** [T] to wave something around in the air ▷ **wymachiwać**

flourish[2] /ˈflʌrɪʃ/ **noun** [no plural] when someone does something in a special and noticeable way: *The waiter handed me the menu **with a flourish**.* ▷ **rozmach, przesadny gest**

flout /flaʊt/ **verb** [T] to intentionally not obey or accept something: *to **flout** the **law/rules*** ▷ **(świadomie) łamać, lekceważyć**

flow[1] /fləʊ/ **verb** [I] **1** (B1) If something such as a liquid flows, it moves somewhere in a smooth, continuous way: *The river flows from the Andes to the ocean.* ▷ **płynąć 2** If words, ideas, or conversations flow, they continue in an easy and relaxed way without stopping: *At dinner, the **conversation flowed** freely.* ▷ **płynąć, toczyć się**

flow[2] /fləʊ/ **noun** [no plural] (B2) when something such as a liquid moves somewhere in a smooth, continuous way: *the flow of blood ◦ the flow of information* ▷ **przepływ**

IDIOM **go with the flow** informal to do or accept what other people are doing because it is the easiest thing to do: *Just relax and go with the flow!* ▷ **robić to co inni, płynąć z prądem**

→ See also ***ebb* and flow**

flowchart /ˈfləʊtʃɑːt/ **noun** (also **flow diagram**) a diagram which shows the stages of a process ▷ **schemat (blokowy)**

flower[1] /flaʊər/ **noun 1** [C] (A1) the attractive, coloured part of a plant where the seeds grow: *a bunch of flowers* ▷ **kwiat 2** [C] a type of plant that produces flowers: *spring/wild flowers* ▷ **kwiat 3 be in flower** When plants are in flower, they have flowers on them. ▷ **kwitnąć 4 the flower of sth** literary the best part of something: *the flower of our nation's youth* ▷ **kwiat** *czegoś*

> **Wyrazy występujące razem z flower**
> a bouquet of/bunch of flowers • wild flowers • cut/fresh flowers • dried flowers

flower[2] /flaʊər/ **verb** [I] to produce flowers: *These pansies flower all summer.* ▷ **kwitnąć**

ˈflower ˌbed noun [C] an area of soil in a garden that you grow flowers in ▷ **klomb**

flowery /ˈflaʊəri/ **adjective 1** (also **flowered** /flaʊəd/) decorated with a pattern of flowers: *a flowery dress* ▷ **kwiecisty 2** Flowery language contains unnecessarily complicated and unusual words. ▷ **kwiecisty**

flowing /ˈfləʊɪŋ/ **adjective 1** hanging down in a long, loose way: *flowing robes/hair* ▷ **powłóczysty, luźny 2** produced in a smooth, continuous, or relaxed style: *flowing lines* ▷ **płynny**

flown /fləʊn/ past participle of fly

ˈflow proˌduction noun [U] in business, the continuous production of a single product ▷ **produkcja taśmowa**

fl oz written abbreviation for fluid ounce ▷ **uncja obj. (= 28,41ml w Wielkiej Brytanii, 29,57ml w USA)**

flu /fluː/ **noun** [U] (B1) an illness like a very bad cold, that makes you feel hot and weak: *I **had the flu** last week.* ▷ **grypa**

fluctuate /ˈflʌktʃueɪt/ **verb** [I] to keep changing, especially in level or amount: *Oil **prices** have **fluctuated** wildly in recent weeks.* ▷ **wahać się, fluktuować**

• **fluctuation** /ˌflʌktʃuˈeɪʃən/ **noun** [C, U] ***fluctuations in** house prices* ▷ **wahanie, wahania, fluktuacja**

fluent /ˈfluːənt/ **adjective 1** (B2) able to use a language naturally without stopping or making mistakes: *She is **fluent in** six languages.* ▷ **biegły 2** (B2) produced or done in a smooth, natural style: *Hendrik speaks fluent English.* ▷ **biegły, płynny**

• **fluency** /ˈfluːənsi/ **noun** [U] (B2) ▷ **biegłość, płynność** • **fluently adverb** (B2) ▷ **biegle, płynnie**

fluff[1] /flʌf/ **noun** [U] small, loose bits of wool or other soft material: *There's a piece of fluff on your jacket.* ▷ **meszek, kłaczki**

fluff[2] /flʌf/ **verb** [T] informal to fail to do something successfully: *I had a great chance to score but I fluffed it.* ▷ **skopać**

PHRASAL VERB **fluff sth out/up** to make something appear bigger or fuller by hitting or shaking it so that it contains more air: *I'll fluff up your pillows for you.* ▷ **roztrzepywać** *coś*

F

fluffy /ˈflʌfi/ **adjective** made or covered with soft fur or cloth: *a fluffy toy* ▷ **puszysty, pluszowy**

fluid¹ /ˈfluːɪd/ **noun** [C, U] a liquid: *cleaning fluid* ◦ *Drink plenty of fluids.* ▷ **płyn, płyny**

fluid² /ˈfluːɪd/ **adjective** **1** able to flow easily like liquid ▷ **płynny** **2** likely or able to change: *a fluid situation* ▷ **niestabilny** **3** smooth and continuous: *fluid movements* ▷ **płynny**

ˌfluid ˈounce **noun** [C] (written abbreviation **fl oz**) a unit for measuring liquid, equal to 0.0284 litres in the UK and 0.0296 litres in the US ▷ **uncja objętości (płynu) (= 28,41ml w Wielkiej Brytanii, 29,57ml w USA)**

F

fluke /fluːk/ **noun** [C, U] something good that happens only because of luck or chance: *That first goal was just a fluke.* ▷ **fuks**

flume /fluːm/ **noun** [C] a large tube for people to slide down at a swimming pool ▷ **zjeżdżalnia (do wody)**

flung /flʌŋ/ past of fling

fluorescent /flɔːˈresᵊnt/ **adjective** **1** Fluorescent lights are very bright, tube-shaped, electric lights, often used in offices. ▷ **fluorescencyjny,** ≈ **świetlówka** **2** Fluorescent colours, clothes, etc are very bright and can be seen in the dark: *fluorescent pink* ◦ *a fluorescent jacket* ▷ **odblaskowy**

fluoride /ˈflɔːraɪd/ **noun** [U] a chemical that helps to prevent tooth decay: *fluoride toothpaste* ▷ **fluor, fluorek**

fluorocarbon /ˌflʊərəˈkɑːbᵊn/ **noun** [C] one of a group of chemical compounds which has many uses but which causes damage to the environment ▷ **fluoropochodna węglowodoru**

flurry /ˈflʌri/ **noun** [C] **1** a sudden, short period of activity, interest, or excitement: *a flurry of phone calls* ▷ **przypływ, seria** **2** a sudden, short period of snow and wind ▷ **śnieżyca, zawieja**

flush¹ /flʌʃ/ **verb** **1** [I, T] If you flush a toilet, or if it flushes, its contents empty and it fills with water again. ▷ **spuszczać wodę** **2 flush sth away/down/out, etc** to get rid of something by pushing it somewhere with lots of water, such as down a toilet ▷ **spuszczać** *coś* **(do toalety), spłukać** *coś*, **wypłukać** *coś* **3** [I] If you flush, your face becomes red and hot, usually because you are embarrassed or angry. ▷ **dostać wypieków, zaczerwienić się**

PHRASAL VERB **flush sb/sth out** to force a person or animal to come out from where they are hiding ▷ **wypłoszyć** *kogoś/coś*

flush² /flʌʃ/ **noun** [C] **1** when your face becomes hot and red: *a* ***hot flush*** ▷ **wypieki, rumieniec** **2 a flush of excitement/pleasure, etc** a sudden feeling of excitement/pleasure, etc ▷ **przypływ podniecenia/rozkoszy** *itp.*

flush³ /flʌʃ/ **adjective** [never before noun] **1** at the same level as another surface: *I want the door* ***flush with*** *the wall.* ▷ **równo** **2** informal rich: *flush with cash* ▷ **nadziany**

flustered /ˈflʌstəd/ **adjective** upset and confused: *She arrived very late, looking flustered.* ▷ **podenerwowany**

flute /fluːt/ **noun** [C] B1 a musical instrument in the shape of a tube that is held out to the side and played by blowing across a hole near one end ▷ **flet**

flutter¹ /ˈflʌtəʳ/ **verb** **1** [I, T] to move quickly and gently up and down or from side to side in the air, or to make something move in this way: *The flag was fluttering in the breeze.* ▷ **trzepotać** **2 flutter about/around/down, etc** to move somewhere quickly and gently, usually without any particular purpose: *There were several moths fluttering around the light.* ▷ **trzepotać**

flutter² /ˈflʌtəʳ/ **noun** [C] **1** a quick, gentle movement: *the flutter of wings* ▷ **trzepot** **2** a state of excitement or worry: *a flutter of excitement* ▷ **przypływ** **3** UK informal when you risk money on the result of a game, competition, etc ▷ **(drobny) zakład**

flux /flʌks/ **noun** [U] continuous change: *The housing market is still* ***in a state of flux.*** ▷ **płynność**

fly¹ /flaɪ/ **verb** (past tense **flew**, past participle **flown**) **1** [I] A2 When a bird, insect, aircraft, etc flies, it moves through the air: *The robin flew up into a tree.* ◦ *The plane was flying at 5000 feet.* ▷ **latać, lecieć** **2** [I] A1 to travel through the air in an aircraft: *I'm flying to Delhi tomorrow.* ▷ **lecieć** **3** [I, T] B2 to control an aircraft: *She learned to fly at the age of 18.* ▷ **latać, pilotować (samolot)** **4** [T] to take or send people or goods somewhere by aircraft: [often passive] *She was flown to hospital by helicopter.* ▷ **przewozić samolotem lub drogą powietrzną** **5 fly along/down/past, etc** to move somewhere very quickly: *He grabbed some clothes and flew down the stairs.* ▷ **pędzić, lecieć** **6 send sb/sth flying** to cause someone or something to move through the air suddenly, usually in an accident ▷ **wyrzucić** *kogoś/coś* **w powietrze** **7** [I] UK to leave suddenly: *I must fly – I'm late for work.* ▷ **pędzić, lecieć** **8 let fly (at sb/sth)** mainly UK informal to start shouting angrily or attacking someone ▷ **naskoczyć (na** *kogoś/coś***)** **9** [I] If time flies, it passes very quickly. ▷ **lecieć, uciekać** **10** [I, T] If you fly a flag, or a flag is flying, it is fixed to a rope or pole and raised in the air. ▷ **wywieszać, powiewać**

• **flying** **noun** [U] *Ben's afraid of flying.* ▷ **latanie**

→ See also **as the** ***crow*** **flies**, **fly off the** ***handle***

PHRASAL VERBS **fly about/around** If ideas or remarks are flying about, they are being passed quickly from one person to another and causing excitement: *All kinds of* ***rumours*** *are* ***flying around*** *about the school closing.* ▷ **krążyć** • **fly into a rage/temper** to suddenly become very angry ▷ **wpaść we wściekłość**

fly² /flaɪ/ **noun** [C] **1** B1 a small insect with two wings: *There was a fly buzzing around in the* *kitchen.* ▷ **mucha** **2** (also UK **flies** [plural]) the part where trousers open and close at the front: *a **button/zip fly*** ▷ **rozporek**

IDIOMS **fly on the wall** If you say that you would like to be a fly on the wall in a certain situation, you mean that you would like to be there secretly to see and hear what happens. ▷ **niewidzialny** • **a fly-on-the-wall documentary/film** a television programme or film in which people do not act but are recorded in real situations, sometimes without knowing ▷ **film z życia lub z ukrytej kamery** • **be dropping like flies** to be dying or becoming ill in large numbers ▷ **padać jak muchy** • **wouldn't hurt a fly** If you say that someone wouldn't hurt a fly, you mean that they are very gentle and would never do anything to injure or upset anyone. ▷ **nawet muchy by nie skrzywdził**

flyer (also **flier**) /ˈflaɪəʳ/ **noun** [C] **1** a small piece of paper advertising a business, show, event, etc: *She's handing out flyers in the shopping centre.* ▷ **ulotka** **2** someone who flies, especially a passenger on an aircraft: *a frequent flyer* ▷ **pasażer/ka, lotnik** → See also **high-flyer**

flying /ˈflaɪɪŋ/ **adjective** [always before noun] **1** A flying creature or object moves or is able to move through the air: *flying ants* ▷ **latający** **2 a flying visit** UK a very brief visit ▷ **szybka wizyta** → See also **with flying *colours***

ˌflying ˈsaucer **noun** [C] old-fashioned a UFO ▷ **latający spodek lub talerz**

flyover /ˈflaɪˌəʊvəʳ/ **noun** [C] UK (US **overpass**) a bridge that carries a road over another road ▷ **wiadukt**

FM /ˌefˈem/ **noun** [U] abbreviation for frequency modulation; a system of radio signals used for broadcasting programmes ▷ **FM, UKF**

foal /fəʊl/ **noun** [C] a young horse ▷ **źrebak**

foam /fəʊm/ **noun** [U] **1** a mass of small, white bubbles on the surface of a liquid ▷ **piana** **2** a thick substance of small, white bubbles used as a cleaning or beauty product: ***shaving foam*** ▷ **pianka** **3** a soft substance used to fill furniture and other objects ▷ **pianka**

foamboard /ˈfəʊmbɔːd/ **noun** [U] a type of very light board made of a plastic substance full of small bubbles between two sheets of paper or card, often used to attach documents to in order to display them ▷ **pianka**

focal point /ˈfəʊkəlˌpɔɪnt/ **noun** [no plural] the thing that attracts most of your attention or interest in a place, picture, etc: *The fireplace is the focal point of the room.* ▷ **centrum (uwagi), centralny punkt**

focus¹ /ˈfəʊkəs/ **verb** (present participle **focusing**, past tense and past participle **focused**) **1** [T] If you focus a camera or something else that you look through, you make small changes to it until you can see something clearly. ▷ **nastawiać** **2** [I, T] If you focus your eyes, or your eyes focus, they change so that you can see clearly: *Give your eyes time to focus in the darkness.* ▷ **dostosować (się)**

PHRASAL VERB **focus (sth) on sth** (B2) to give a lot of attention to one particular subject or thing: *The research focused on men under thirty.* ▷ **koncentrować się na** *czymś* **(w** *czymś***)**

focus² /ˈfəʊkəs/ **noun** **1 the focus of sth** (B2) the person or thing that is getting most attention in a situation or activity: *the focus of our attention* ◦ *He is the focus of a police investigation.* ▷ **centrum** *czegoś* **2** [U] when you give special attention to something: *Their main **focus** must be **on** reducing crime.* ▷ **nacisk** **3 in focus** If an image is in focus, you are able to see it clearly. ▷ **ostry** **4 out of focus** If an image is out of focus, you are not able to see it clearly. ▷ **nieostry**

> Wyrazy występujące razem z **focus**
>
> be **the focus of** sth • the focus is **on** (doing) sth

ˈfocus ˌgroup **noun** [group] a group of people who are brought together to discuss what they think about something such as a new product ▷ **grupa tematyczna lub problemowa**

fodder /ˈfɒdəʳ/ **noun** [U] food such as dried grass for animals that are kept on farms: *cattle fodder* ▷ **pasza**

foe /fəʊ/ **noun** [C] literary an enemy ▷ **wróg**

foetus UK (US **fetus**) /ˈfiːtəs/ **noun** [C] a young human or animal that is still developing inside its mother ▷ **płód**
• **foetal** UK (US **fetal**) /ˈfiːtəl/ **adjective** ***foetal development*** ▷ **płodowy**

fog /fɒg/ **noun** [U] (A2) thick cloud just above the ground or sea that makes it difficult to see ▷ **mgła**

> Wyrazy występujące razem z **fog**
>
> fog **descends** • fog **clears/lifts** • **dense/heavy/thick** fog

foggy /ˈfɒgi/ **adjective** (A2) with fog: *a foggy day* ▷ **mglisty**

IDIOM **not have the foggiest (idea)** informal to not know anything about something: [+ question word] *I haven't the foggiest idea what you're talking about.* ▷ **nie mieć zielonego pojęcia**

foible /ˈfɔɪbl/ **noun** [C] a slightly unusual or annoying habit: [usually plural] *Married couples must learn to accept each other's* ***little foibles***. ▷ **dziwactwo, słabostka**

foil¹ /fɔɪl/ **noun** **1** [U] metal made into very thin sheets like paper and used mainly for covering food: UK *aluminium foil*/US *aluminum foil* ▷ **folia** **2 a foil for sb/sth** a person or thing that shows or emphasizes how different someone or something else is ▷ **tło dla** *kogoś/czegoś*

F

foil² /fɔɪl/ **verb** [T] to stop a crime, plan, etc from succeeding, or to stop someone doing what they want to do: [often passive] *The plot was foiled by undercover police officers.* ▷ **powstrzymać, udaremnić**

fold¹ /fəʊld/ **verb 1** [T] B1 If you fold paper, cloth, etc, you bend it so that one part of it lies flat on top of another part: *He **folded** the letter **in half**.* ▷ **składać 2** [I, T] (also **fold up**) to make something such as a chair or table smaller or flatter by closing it or bending it together: *a folding chair* ▷ **składać** → Opposite **unfold 3** [I] informal If a business folds, it fails and is unable to continue: *The magazine folded last year.* ▷ **upaść 4 fold your arms** to bend your arms across your chest, with one crossing over the other: *He sat with his arms folded.* ▷ **skrzyżować ręce (na piersiach)**

fold² /fəʊld/ **noun** [C] **1** a line or mark where paper, cloth, etc was or is folded: *Make a fold across the centre of the card.* ▷ **zagięcie 2** a thick part where something folds or hangs over itself: [usually plural] *folds of skin/fabric* ▷ **fałda**

folder /ˈfəʊldəʳ/ **noun** [C] **1** A2 a piece of plastic or thick paper folded down the middle and used to store loose papers ▷ **teczka, segregator** → See **The Office** on page Centre 5 **2** B1 a place on a computer where particular files are kept ▷ **folder, katalog**

foliage /ˈfəʊliɪdʒ/ **noun** [U] the leaves on a plant ▷ **liście, listowie**

folic acid /ˌfəʊlɪkˈæsɪd/ **noun** [U] a B vitamin found in the leaves of plants and in liver, from which the body makes red blood cells ▷ **kwas foliowy**

folk¹ /fəʊk/ **noun 1** [plural] UK informal (US **folks**) people: *country folk ◦ old folk* ▷ **ludzie 2 sb's folks** informal someone's parents: *We always spend Christmas with my folks.* ▷ *czyiś* **rodzice 3** [U] B1 folk music ▷ **folk**

folk² /fəʊk/ **adjective folk art/dancing, etc** B1 the traditional style of art, dancing, etc among a particular group of people ▷ **sztuka/taniec** *itp.* **ludow-a/y**

ˈfolk ˌmusic noun [U] music written and played in a traditional style ▷ **muzyka folk lub folkowa lub ludowa**

follicle /ˈfɒlɪkl/ **noun** [C] one of the very many small holes in the skin from which hairs grow ▷ **mieszek (włosowy)**

follow /ˈfɒləʊ/ **verb 1** [I, T] A2 to move behind someone or something and go where they go, sometimes secretly: *She followed me into the kitchen.* ▷ **podążać (za), chodzić za, śledzić 2** [I, T] B1 to happen or come after something: *There was a bang, **followed by** a cloud of smoke.* ▷ **nastąpić (po) 3 follow a path/road, etc** B1 to travel along a path/road, etc: *Follow the main road down to the traffic lights.* ▷ **trzymać się ścieżki/drogi** *itp.* **4 follow instructions/orders/rules, etc** B1 to do what the instructions/orders/rules, etc say you should do: *I followed your advice and stayed at home.* ▷ **stosować się do poleceń/zasad** *itp.* **5 follow sb's example/lead** to copy someone's behaviour or ideas ▷ **brać** *z kogoś* **przykład 6** [I, T] B1 to understand something: *Could you say that again? I didn't quite follow.* ▷ **rozumieć 7** [T] to be interested in an event or activity: *I followed the trial closely.* ▷ **śledzić 8 as follows** B2 used to introduce a list or description ▷ **co lub jak następuje, następująco 9 it follows that** used to say that if one thing is true, another thing will also be true: *He's big, but it doesn't follow that he's strong.* ▷ **stąd wynika, że** → See also **follow in sb's *footsteps*, follow suit**

PHRASAL VERBS **follow on** mainly UK to happen or exist as the next part of something: *This report **follows on from** my earlier study.* ▷ **stanowić rozwinięcie lub kontynuację • follow sth through** to do something as the next part of an activity or period of development, usually to make certain that it is completed or successful ▷ **doprowadzać** *coś* **do końca • follow sth up** B2 to discover more about a situation or take further action in connection with it ▷ **badać** *coś*

follower /ˈfɒləʊəʳ/ **noun** [C] someone who believes in a particular person or set of ideas: *a **follower of** Jesus* ▷ **zwolenni-k/czka, wielbiciel/ka**

following¹ /ˈfɒləʊɪŋ/ **adjective 1 the following day/morning, etc** B1 the next day/morning, etc ▷ **następnego dnia/ranka** *itp.* **2 the following** B2 what comes next, often used to introduce a list, report, etc: *The following is an extract from her diary: Today I stayed in bed all day.* ▷ **co następuje, następujący**

following² /ˈfɒləʊɪŋ/ **noun** [no plural] a group of people who follow a leader, sport, etc, or admire a particular performer: *He has a large and loyal following.* ▷ **poparcie**

following³ /ˈfɒləʊɪŋ/ **preposition** B2 after or as a result of: *He died on October 23rd, following several years of illness.* ▷ **po, w następstwie**

follow-up /ˈfɒləʊʌp/ **noun** [C] something that is done to continue or complete something that was done before: *a follow-up meeting* ▷ **kontynuacja**

fond /fɒnd/ **adjective 1 be fond of sb/sth** B1 to like someone or something: *to be fond of animals/music ◦* [+ doing sth] *He's not very fond of dancing.* ▷ **lubić** *kogoś/coś* **2** B2 [always before noun] expressing or causing happy feelings: *fond memories* ▷ **ciepły, czuły 3 a fond hope/belief, etc** something that you wish were true, but probably is not ▷ **naiwna nadzieja/wiara** *itp.*
• fondly adverb ▷ **czule • fondness noun** [C, U] *We both **have a fondness for** cricket.* ▷ **czułość**

fondle /ˈfɒndl/ **verb** [T] to touch and rub part of someone's body, in a loving or sexual way ▷ **pieścić**

font /fɒnt/ **noun** [C] **1** a set of letters and symbols that are printed in a particular design and size: *What size font are you using?* ▷ **czcionka 2** a container in a church which holds the water for a baptism ▷ **chrzcielnica**

food /fuːd/ **noun** [C, U] (A1) something that people and animals eat, or plants absorb, to keep them alive: ***baby/dog food*** ◦ *His favourite food is pizza.* ▷ **jedzenie, żywność, pożywienie** → See **Food** on page Centre 11 → See also **fast food, junk food**

Wyrazy występujące razem z **food**
cold/hot/savoury/sweet food • baby/cat/dog food • canned/frozen/organic/processed food

ˈ**food** ˌ**chain** **noun** [C] a series of living things which are connected because each group of things eats the group below it in the series ▷ **łańcuch pokarmowy**

foodie /ˈfuːdi/ **noun** [C] informal someone who loves food and knows a lot about it ▷ **smakosz**

ˈ**food** ˌ**mile** **noun** [C] a unit for measuring how far food travels from where it is made or grown to where it is eaten: *People are becoming more concerned about how many food miles their produce has travelled.* ▷ **żywnościokilometr (wskaźnik długości drogi żywności od producenta do konsumenta)**

ˈ**food** ˌ**poisoning** **noun** [U] an illness caused by eating food containing harmful bacteria ▷ **zatrucie pokarmowe**

ˈ**food** ˌ**processor** **noun** [C] a piece of electrical equipment with a sharp blade, for cutting and mixing food ▷ **robot kuchenny** → See **The Kitchen** on page Centre 2

foodstuff /ˈfuːdstʌf/ **noun** [C] formal a substance used as food or to make food: [usually plural] *They need* ***basic foodstuffs*** *like rice and corn.* ▷ **artykuł żywnościowy**

ˈ**food tech**ˌ**nology** **noun** [U] (the study of) using science in preparing and storing food ▷ **technologia żywności**

ˈ**food** ˌ**web** **noun** [C] the relationship between all the animals and organisms in a particular area when thinking about how they eat each other ▷ **sieć pokarmowa**

fool[1] /fuːl/ **noun 1** (B1) [C] a stupid person: *I was a fool to trust him.* ▷ **głupiec 2 make a fool (out) of sb** (B2) to try to make someone look stupid intentionally: *She was always trying to make a fool out of me in front of my friends.* ▷ **robić z** *kogoś* **idiotę 3 make a fool of yourself** (B2) to behave in a silly or embarrassing way: *I got drunk and started singing and making a fool of myself.* ▷ **robić z siebie idiotę 4 act/play the fool** UK to behave in a silly way, usually in order to make people laugh: *Joe is always playing the fool in class.* ▷ **błaznować**

fool[2] /fuːl/ **verb 1** (B2) [T] to trick someone: *Don't be fooled by his appearance.* ◦ [+ into + doing sth] *He fooled the old man into giving him the money.* ▷ **oszukać, zwodzić 2 you could have fooled me** informal something that you say when you do not believe what someone says about something that you saw or experienced yourself: *"I wasn't cross." "Really? You could have fooled me."* ▷ **a nie widać!**

PHRASAL VERBS **fool around/about** to behave in a silly way or have a good time: *Stop fooling around – this is serious!* ▷ **wygłupiać się** • **fool with sb/sth** mainly US to deal with someone or something that could be dangerous in a stupid or careless way ▷ **niebezpiecznie sobie poczynać z** *kimś/czymś*

foolhardy /ˈfuːlˌhɑːdi/ **adjective** taking or involving silly and unnecessary risks: *a* ***foolhardy decision*** ▷ **ryzykancki**

foolish /ˈfuːlɪʃ/ **adjective** (B2) silly and not wise: [+ to do sth] *It would be foolish to ignore his advice.* ▷ **głupi**
• **foolishly adverb** (B2) ▷ **głupio** • **foolishness noun** [U] ▷ **głupota**

foolproof /ˈfuːlpruːf/ **adjective** A foolproof method, plan, or system is certain to succeed and not fail. ▷ **niezawodny**

foot[1] /fʊt/ **noun 1** [C] (plural **feet**) (A1) one of the two flat parts on the ends of your legs that you stand on: *bare feet* ◦ *He stepped on my foot.* ▷ **stopa** → See **The Body** on page Centre 13 **2** [C] (plural **foot, feet**) (written abbreviation **ft**) (B1) a unit for measuring length, equal to 0.3048 metres or 12 inches: *Alex is about 6 feet tall.* ▷ **stopa (= 30,48 cm) 3** [C] (plural **feet**) a part of a line of poetry which contains one strong beat and one or two weaker ones ▷ **stopa 4 the foot of sth** the bottom of something such as stairs, a hill, a bed, or a page: *Put the notes at the foot of the page.* ▷ **spód** *czegoś*, **dół** *czegoś* **5 on foot** (A2) If you go somewhere on foot, you walk there. ▷ **piechotą 6 be on your feet** to be standing and not sitting: *I'm exhausted, I've been on my feet all day.* ▷ **być na nogach 7 put your feet up** to relax, especially by sitting with your feet supported above the ground ▷ **zrelaksować się, odpocząć 8 set foot in/on sth** to go into a place or onto a piece of land: *He told me never to set foot in his house again.* ▷ **pokazywać się** *gdzieś*, ≈ *czyjaś* **noga gdzieś nie postanie 9 get/rise to your feet** to stand up after you have been sitting: *The audience rose to their feet.* ▷ **podnieść się, stanąć na nogi**

IDIOMS **drag your feet** to deal with something slowly because you do not really want to do it ▷ **ociągać się** • **get cold feet** to suddenly become too frightened to do what you had planned to do, especially something important ▷ **stchórzyć** • **get/start off on the wrong foot** to start a relationship or activity badly: *He got off on the wrong foot with my parents by arriving late.* ▷ **niefortunnie zacząć znajomość** • **not put a foot wrong** UK to not make any mistakes ▷ **nie popełnić najmniejszego błędu** • **put**

F

your foot down to tell someone in a strong way that they must do something or must stop doing something ▷ **postawić sprawę ostro** • **put your foot in it** UK (US **put your foot in your mouth**) to say something silly or embarrassing, without intending to ▷ **zbłaźnić się** • **stand on your own two feet** to do things for yourself without wanting or needing anyone else to help you ▷ **radzić sobie samemu, stanąć na nogi**

foot[2] /fʊt/ **verb foot the bill** to pay for something: *Why should taxpayers have to foot the bill?* ▷ **płacić (rachunek)**

footage /ˈfʊtɪdʒ/ **noun** [U] film of an event: *news/TV footage* ▷ **materiał (filmowy)**

football /ˈfʊtbɔːl/ **noun 1** [U] UK (UK/US **soccer**) A1 a game in which two teams of players kick a round ball and try to score goals: *a* ***game of*** *football* ◦ *a* ***football match/team*** ▷ **piłka nożna** → See **Sports 2** on page Centre 15 **2** [U] US (UK **American football**) a game in which two teams of players try to kick, run with, or throw an oval ball across each other's goal line ▷ **futbol amerykański** → See **Sports 2** on page Centre 15 **3** [C] A1 a large ball for kicking, especially in football ▷ **piłka (nożna lub do nogi lub futbolowa)**
• **footballer noun** [C] UK someone who plays football, especially as their job ▷ **piłka-rz/rka, futbolist-a/ka** • **footballing adjective** [always before noun] relating to or playing football: *his* ***footballing career*** ▷ **piłkarski**

> Wyrazy występujące razem z **football**
> **play** football • **a** football **club/match/player/team** • **a game of** football

footer /ˈfʊt.əʳ/ **noun** [C] a word or words that appear at the bottom of every page in a book or document ▷ **stopka** → Compare **header**

foothills /ˈfʊthɪlz/ **noun** [plural] the lower hills next to a mountain or line of mountains ▷ **pogórze**

foothold /ˈfʊthəʊld/ **noun** [C] **1** a place where it is safe to put your foot when you are climbing ▷ **oparcie dla stopy 2** a safe position from which you can make more progress, for example in business: *We are still trying to* ***gain a foothold*** *in the Japanese market.* ▷ **punkt zaczepienia**

footing /ˈfʊtɪŋ/ **noun 1** [no plural] when you are standing on a surface firmly: *I* ***lost my footing*** *and fell.* ▷ **równowaga 2 be on an equal/firm, etc footing** to be in an equal/safe, etc position or situation ▷ **być w podobnej/stabilnej** *itp.* **sytuacji**

footnote /ˈfʊtnəʊt/ **noun** [C] extra information that is printed at the bottom of a page ▷ **przypis**

footpath /ˈfʊtpɑːθ/ **noun** [C] mainly UK a path or track for people to walk along, especially in the countryside: *a* ***public footpath*** ▷ **ścieżka**

footprint /ˈfʊtprɪnt/ **noun** [C] **1** a mark made by a foot or shoe: [usually plural] *The police found some footprints in the mud.* ▷ **odcisk stopy lub łapy, trop 2** the amount of space on a surface that something needs, especially a computer ▷ **zajmowana powierzchnia** → Compare **ecological footprint**

footstep /ˈfʊtstep/ **noun** [C] the sound of a foot hitting the ground when someone walks: [usually plural] *I heard footsteps behind me and quickly turned round.* ▷ **krok**

IDIOM **follow in sb's footsteps** to do the same job or the same things in your life as someone else, especially a member of your family: *He followed in his father's footsteps and became an actor.* ▷ **iść w** *czyjeś ślady*

footwear /ˈfʊtweəʳ/ **noun** [U] shoes, boots, and other things that you wear on your feet ▷ **obuwie**

for strong /fɔːʳ/ weak /fəʳ/ **preposition 1** A1 intended to be given to or used by someone or something: *I've bought a few clothes for the new baby.* ◦ *parking for residents only* ▷ **dla 2** A2 having a particular purpose: *a cream for dry skin* ◦ *What are those large scissors for?* ▷ **do 3** A2 because of or as a result of something: [+ doing sth] *I got fined for travelling without a ticket.* ◦ *Scotland is famous for its spectacular countryside.* ▷ **za, z powodu 4** A1 used to show an amount of time or distance: *We drove for miles before we found a phone box.* ◦ *I've been living with my parents for a few months.* ▷ **przez 5** A2 in order to get or achieve something: *I've sent off for an application form.* ◦ *We had to wait for a taxi.* ▷ **po, na, dla 6** B1 in order to help someone: *I'll carry those bags for you.* ▷ **za, dla 7** A2 on the occasion of: *We're having a party for Jim's 60th birthday.* ▷ **z okazji 8** A2 at a particular time: *I've booked a table for 9 o'clock.* ▷ **na 9** A2 in exchange for something, especially an amount of money: *How much did you pay for your computer?* ◦ *I'd like to change it for a smaller one.* ▷ **za, na 10** B2 supporting or agreeing with someone or something: *Who did you vote for?* ◦ *There were 16 people for the motion and 14 against.* ▷ **za, na 11** B1 representing or working with a country, organization, etc: *He plays football for Cambridge United.* ◦ *She works for a charity.* ▷ **dla 12** A2 towards or in the direction of: *Just follow the signs for the airport.* ▷ **do 13** when compared to a particular fact: *She's quite tall for her age.* ▷ **(jak) na 14** A2 meaning or representing something: *What's the German word for 'cucumber'?* ▷ **na 15** used to say whose responsibility something is: *I can't tell you whether you should go or not – that's for you to decide.* ▷ **dla 16 for all** despite: *For all her qualifications, she's useless at the job.* ▷ **mimo 17 for all I care/know** used to say that a fact is not important to you: *He could be married by now, for all I care.* ▷ **o ile wiem, nie wiem dokładnie 18 for now** used to say that something should happen or be done now but can be changed later: *Just put everything on the table for* *now.* ▷ **na razie** **19 be for it** UK informal (UK/US **be in for it**) to be in trouble: *If Hilary finds out I'll be for it!* ▷ **mieć kłopoty**

forage /ˈfɒrɪdʒ/ **verb** [I] to move about searching for things you need, especially food: *Chimpanzees spend most of the day* ***foraging for*** *fruit, leaves, and insects.* ▷ **żerować, poszukiwać pożywienia**

foray /ˈfɒreɪ/ **noun** [C] when you try to do something that is not familiar to you, or go somewhere different, for a short time: *In 2004, she* ***made*** *her first* ***foray into*** *politics.* ▷ **przygoda, wyprawa**

forbid /fəˈbɪd/ **verb** [T] (present participle **forbidding**, past tense **forbade**, past participle **forbidden**) **1** (B2) to order someone not to do something, or to say that something must not happen: [+ to do sth] *I forbid you to see that boy again.* ◦ [often passive, + from + doing sth] *He is forbidden from leaving the country.* ▷ **zabraniać, zakazywać** **2 God/Heaven forbid!** something you say when you hope that something will not happen: [+ (that)] *God forbid that he should die during the operation.* ▷ **Broń Boże!**

• **forbidden adjective** (B1) not allowed by an official rule: *Smoking is* ***strictly forbidden*** *in this area.* ▷ **zabroniony, zakazany**

forbidding /fəˈbɪdɪŋ/ **adjective** looking unpleasant, unfriendly, or frightening: *a cold and forbidding landscape* ▷ **posępny, groźny**

force[1] /fɔːs/ **noun** **1** [U] (B2) physical power or strength: ***The force of*** *the explosion shattered every window in the street.* ◦ *The army has seized power* ***by force.*** ▷ **siła** **2** [C] (B2) a group of people organized to work together for a particular purpose, for example in military service: *the Royal Air Force* ◦ *a skilled* ***work force*** ▷ **siła** **3** [C, U] power and influence, or a person or thing that has it: *the forces of good/evil* ▷ **siła, moc** **4 in/into force** If a law, rule, etc is in force, it is being used, and if it comes into force, it starts to be used: *The new law came into force in April.* ▷ **w mocy/w życie** **5 be out in force** to be somewhere in large numbers: *Photographers were out in force at the palace today.* ▷ **przybywać licznie**

IDIOMS **a force to be reckoned with** a very powerful person or organization ▷ **licząca się siła** • **join forces** When two people or groups join forces, they act or work together: [+ to do sth] *She* ***joined forces with*** *her sister-in-law to set up a restaurant.* ▷ **połączyć siły, nawiązać współpracę**

→ See also **air force**, **the armed forces**, **market forces**, **police force**, **task force**

> **Wyrazy występujące razem z force**
>
> exert/use force • brute/sheer force • do sth by force • the force of sth

force[2] /fɔːs/ **verb** [T] **1** (B2) to make someone do something that they do not want to do: [+ to do sth] *The hijacker forced the pilot to fly to New York.* ◦ [often passive] *She was* ***forced out of*** *the race by a knee injury.* ▷ **zmuszać** **2** (B2) to make an object move or open by physical strength or effort: *They had to force the lock.* ◦ *She forced the window open.* ▷ **wyłamać, wypchnąć**

force-feed /ˈfɔːsfiːd/ **verb** [T] to make a person or animal eat, often by putting food in the stomach through a pipe in the mouth: *Eventually, the hunger strikers were force-fed.* ▷ **karmić na siłę**

forceful /ˈfɔːsfəl/ **adjective** expressing opinions strongly and demanding attention or action: *a forceful manner/personality* ▷ **zdecydowany, silny**

• **forcefully adverb** *to* ***argue forcefully*** ▷ **zdecydowanie, silnie**

forcible /ˈfɔːsəbl/ **adjective** A forcible action is done using force: *forcible entry/arrest* ▷ **z użyciem siły**

• **forcibly adverb** *Thousands of people were* ***forcibly removed*** *from their homes.* ▷ **z użyciem siły**

fore /fɔːʳ/ **noun to the fore** in or to an important or popular position: *The band first* ***came to the fore*** *in the late 1990s.* ▷ **na pierwszy plan**

forearm /ˈfɔːrɑːm/ **noun** [C] the lower part of your arm between your hand and your elbow ▷ **przedramię**

foreboding /fɔːˈbəʊdɪŋ/ **noun** [U, no plural] a feeling that something very bad is going to happen: *a* ***sense of foreboding*** ▷ **złe przeczucie**

forecast[1] /ˈfɔːkɑːst/ **noun** [C] (B1) a report saying what is likely to happen in the future: ***economic forecasts*** ▷ **prognoza** → See also **weather forecast**

> **Wyrazy występujące razem z forecast**
>
> a forecast of sth • an economic forecast • a gloomy forecast

forecast[2] /ˈfɔːkɑːst/ **verb** [T] (past tense and past participle **forecast**, **forecasted**) to say what you expect to happen in the future: *In 2001 a serious earthquake was forecast for the area.* ▷ **przewidywać, prognozować**

• **forecaster noun** [C] *a* ***weather forecaster*** ▷ **analityk**

forecourt /ˈfɔːkɔːt/ **noun** [C] UK a large area with a hard surface at the front of a building: *a* ***garage forecourt*** ▷ **podjazd**

forefather /ˈfɔːˌfɑːðəʳ/ **noun** formal **sb's forefathers** someone's relatives who lived a long time ago ▷ *czyiś* **przodkowie**

forefinger /ˈfɔːˌfɪŋgəʳ/ **noun** [C] the finger next to your thumb ▷ **palec wskazujący**

forefront /ˈfɔːfrʌnt/ **noun be at/in the forefront of sth** to have an important position or job in an area of activity: *The company is at the forefront of developing new technology.* ▷ **przodować w** *czymś*

forego /fɔːˈɡəʊ/ **verb** [T] (present participle **foregoing**, past tense **forewent**, past participle **foregone**) another spelling of forgo ▷ **zarzucać, rezygnować z**

ˌforegone conˈclusion noun [no plural] a result that is obvious before it happens: [+ (that)] *It was a foregone conclusion that he'd go into politics.* ▷ **przesądzona sprawa**

the foreground /ˈfɔːɡraʊnd/ **noun 1** the area of a view or picture which seems closest to you: *There's a seated figure in the foreground of the painting.* ▷ **pierwszy plan 2** the subject or person that people give most attention to: *Environmental issues have recently moved to the foreground.* ▷ **pierwszy plan**

forehand /ˈfɔːhænd/ **noun** [C] when you hit the ball in sports such as tennis with your arm held out on the side that you hold the racket: *a **forehand volley*** ▷ **forhend**

forehead /ˈfɔːhed/, /ˈfɒrɪd/ **noun** [C] B1 the part of your face between your eyes and your hair ▷ **czoło** → See **The Body** on page Centre 13

foreign /ˈfɒrɪn/ **adjective 1** A2 belonging to or coming from another country, not your own: *a foreign language/student* ◦ *foreign cars/films* ▷ **zagraniczny 2** [always before noun] A2 relating to or dealing with countries that are not your own: ***foreign policy*** ◦ *the **Foreign Minister*** ▷ **zagraniczny 3 be foreign to sb** to be something you know nothing about or do not understand: *The concept of loyalty is completely foreign to him.* ▷ **być** *komuś* **obcym**

foreigner /ˈfɒrɪnəʳ/ **noun** [C] B1 someone from another country ▷ **obcokrajowiec**

foreman /ˈfɔːmən/ **noun** [C] (plural **foremen**) someone who leads a group of workers: *a factory foreman* ▷ **brygadzista, kierownik**

foremost /ˈfɔːməʊst/ **adjective, adverb** formal most important: *He's one of the country's **foremost experts** on military law.* ▷ **czołowy, najważniejszy**

forename /ˈfɔːneɪm/ **noun** [C] UK formal your first name, which comes before your family name ▷ **imię**

forensic /fəˈrensɪk/ **adjective** [always before noun] relating to scientific methods of solving crimes: ***forensic evidence/medicine*** ◦ *a **forensic scientist*** ▷ **sądowy, kryminalistyczny**

forerunner /ˈfɔːˌrʌnəʳ/ **noun** [C] an earlier, less developed example: *the forerunner of the modern car* ▷ **prekursor/ka**

foresee /fɔːˈsiː/ **verb** [T] (present participle **foreseeing**, past tense **foresaw**, past participle **foreseen**) to expect a future situation or event: *I don't **foresee** any **problems** in the future.* ▷ **przewidywać**

foreseeable /fɔːˈsiːəbl/ **adjective for/in the foreseeable future** as far in the future as you can imagine: *Prices will remain high for the foreseeable future.* ▷ **w najbliższej przyszłości**

foreshadow /fɔːˈʃædəʊ/ **verb** [T] formal to show or warn that something bigger, worse, or more important is coming ▷ **zapowiadać**

foresight /ˈfɔːsaɪt/ **noun** [U] when you know or can judge what will happen or what you will need in the future: *She **had the foresight to** book her flight early.* ▷ **przezorność**

foreskin /ˈfɔːskɪn/ **noun** [C, U] the loose skin that covers the end of a penis ▷ **napletek**

forest /ˈfɒrɪst/ **noun** [C, U] A2 a large area of trees growing closely together: *pine forest* ▷ **las**

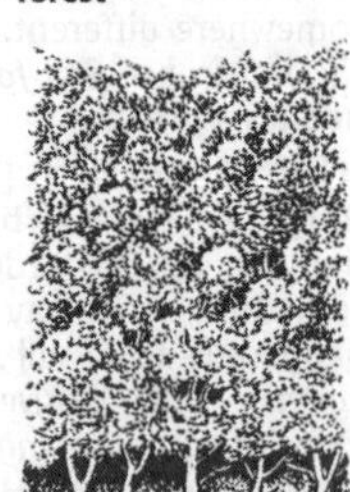
forest

• **forested adjective** covered by forest: *heavily forested areas* ▷ **zalesiony**

forestall /fɔːˈstɔːl/ **verb** [T] to prevent something from happening by taking action before it does: *to forestall an attack/crisis* ▷ **zapobiegać**

forestry /ˈfɒrɪstri/ **noun** [U] the work of looking after or making forests ▷ **leśnictwo**

foretell /fɔːˈtel/ **verb** [T] (past tense and past participle **foretold**) formal to say what is going to happen in the future ▷ **przepowiadać**

forever /fəˈrevəʳ/ **adverb 1** B1 for all time in the future: *I'll love you forever.* ▷ **(na) zawsze, wiecznie 2** informal B2 used to emphasize that something takes a long time: *The journey home took forever.* ▷ **całe wieki 3** used to emphasize that something happens often: *She is forever helping people.* ▷ **wiecznie**

foreword /ˈfɔːwɜːd/ **noun** [C] a short piece of writing at the front of a book that introduces the book or its writer ▷ **przedmowa**

forfeit /ˈfɔːfɪt/ **verb** [T] to lose the right to do something or have something because you have done something wrong: *They have **forfeited** the **right** to live in society.* ▷ **tracić**

forgave /fəˈɡeɪv/ past tense of forgive

forge[1] /fɔːdʒ/ **verb** [T] **1** to make an illegal copy of something in order to deceive people: *a **forged passport*** ▷ **fałszować 2** to develop a good relationship with someone or something: *The group **forged friendships** that have lasted more than twenty years.* ▷ **wypracować**

PHRASAL VERB **forge ahead** to suddenly make a lot of progress with something: *The organizers are **forging ahead with** a programme of public events.* ▷ **ruszyć do przodu**

forge[2] /fɔːdʒ/ **noun** [C] a place where metal objects are made by heating and shaping metal ▷ **kuźnia**

forgery /ˈfɔːdʒəri/ **noun 1** [C] an illegal copy of a document, painting, etc ▷ **falsyfikat 2** [U] the crime of making an illegal copy of something ▷ **fałszerstwo**

forget /fəˈget/ **verb** (present participle **forgetting**, past tense **forgot**, past participle **forgotten**) **1** [I, T] B1 to be unable to remember a fact, something that happened, or how to do something: *I've forgotten his name.* ◦ [+ (that)] *Don't forget that Lucy and John are coming this weekend.* ◦ *He'd completely* ***forgotten about*** *their quarrel.* ◦ [+ question word] *You never forget how to ride a bike.* ▷ **zapominać** **2** [I, T] A2 to not remember to do something: [+ to do sth] *Dad's always forgetting to take his pills.* ▷ **zapominać** **3** [T] A2 to not bring something with you because you did not remember it: *Oh no, I've forgotten my passport.* ▷ **zapominać** **4** [T] (also **forget about**) B1 to stop thinking about someone or something: *I'll never forget him for as long as I live.* ▷ **zapominać** **5 forget it** used to tell someone not to worry about something as it is not important ▷ **nie ma sprawy** **6 I forget** used instead of 'I have forgotten': *I forget when we last saw him.* ▷ **nie pamiętam** **7 forget yourself** to do or say something that is not acceptable in a particular situation: *She completely forgot herself and started screaming at him.* ▷ **zapominać się**

> **Forget** wyrazy bliskoznaczne
>
> Wyrażenia **slip someone's mind** często używamy, gdy ktoś zapomina czegoś zrobić:
>
> *I meant to tell you that he'd phoned, but it completely* ***slipped my mind.***
>
> Jeśli jakieś słowo jest **on the tip of your tongue**, oznacza to, że je zapomnieliśmy, ale myślimy, że wkrótce je sobie przypomnimy:
>
> *Oh, what was that film called? – it's* ***on the tip of my tongue.***
>
> Jeśli coś, np. imię, **escapes** nam z pamięci, nie możemy sobie tego przypomnieć:
>
> *The name of her book* ***escapes*** *me at the moment.*

forgetful /fəˈgetfᵊl/ **adjective** often forgetting things: *She's 84 now and getting a bit forgetful.* ▷ **roztargniony, zapominalski**
• **forgetfulness** noun [U] ▷ **roztargnienie, słaba pamięć**

forgive /fəˈgɪv/ **verb** (past tense **forgave**, past participle **forgiven**) **1** B1 [I, T] to decide not to be angry with someone or not to punish them for something they have done: *I've apologized, but I don't think she'll ever forgive me.* ◦ [often reflexive] *Mike would never forgive himself if anything happened to the children.* ◦ [+ for + doing sth] *Jane never forgave her mother for lying to her.* ▷ **wybaczać** **2 forgive me** B2 used before you ask or say something that might seem rude: *Forgive me for asking, but how much did you pay for your bag?* ▷ **nie obraź się, wybacz** **3 sb could be forgiven for doing sth** used to say that you can understand if someone might think, believe, or do something ▷ **można** *komuś coś* **wybaczyć**

forgiveness /fəˈgɪvnəs/ **noun** [U] when you forgive someone for something they have done ▷ **przebaczenie, wyrozumiałość**

> Wyrazy występujące razem z **forgiveness**
>
> ask (for)/beg (for) forgiveness • forgiveness for sth

forgiving /fəˈgɪvɪŋ/ **adjective** ready to forgive someone for something they have done ▷ **wyrozumiały**

forgo /fɔːˈgəʊ/ **verb** [T] (present participle **forgoing**, past tense **forwent**, past participle **forgone**) formal to decide not to have or do something, although you want to have it or do it: *She had to forgo her early ambition to be a writer.* ▷ **zarzucać, rezygnować z**

forgot /fəˈgɒt/ past tense of forget

forgotten /fəˈgɒtən/ past participle of forget

fork¹ /fɔːk/ **noun** [C] **1** A2 a small object with three or four points and a handle, that you use to pick up food and eat with: *a* ***knife and fork*** ▷ **widelec** **2** a tool with a long handle and three or four points, used for digging and breaking soil into pieces: *a garden fork* ▷ **widły** **3** a place where a road or river divides into two parts: *Turn right when you reach a* ***fork in the road.*** ▷ **rozwidlenie, rozjazd**

fork² /fɔːk/ **verb** [I] If a road or river forks, it divides into two parts. ▷ **rozwidlać się**

PHRASAL VERB **fork sth out** UK (US **fork sth over**) to pay or give money for something, especially when you do not want to ▷ **wybulić** *ileś*

forlorn /fəˈlɔːn/ **adjective** lonely and unhappy: *The captured soldiers looked forlorn and helpless.* ▷ **żałosny, osamotniony**
• **forlornly** adverb ▷ **żałośnie**

form¹ /fɔːm/ **noun** **1** [C] B2 a type of something or way of doing something: *Swimming is the best* ***form of*** *exercise.* ▷ **forma** **2** [C] A2 a printed document with spaces for you to write information: *Please* ***fill in/out the form*** *using black ink.* ▷ **formularz** **3 the form of sth** the particular way in which something exists: *The novel is written* ***in the form of*** *a series of letters.* ▷ **postać** *czegoś*, **forma** *czegoś* **4** [U] In sport, someone's form is how well or badly they are performing: *The team seems to have* ***lost its form*** *lately.* ▷ **forma** **5 be in/on/off form** UK If someone is in form or on form, they are feeling or performing well, and if they are off form they are not feeling or performing well: *Harry was* ***on good form*** *last night.* ▷ **być w formie/nie być w formie** **6** [C] UK (US **grade**) B1 a school class or group of classes for students of the same age or ability: *He's* ***in the*** *third* ***form.*** ▷ **klasa** **7** [C] the body or shape of someone or something ▷ **postać** **8** [C] B1 a way of writing or saying a word that shows if it is singular or plural, past or present, etc: *The plural form of 'sheep' is 'sheep'.* ▷ **forma** → See also **application form, sixth form**

F

form² /fɔːm/ **verb** **1** [I, T] B2 to begin to exist, or to make something begin to exist: [often passive] *We are learning more about how stars are formed.* ▷ **tworzyć (się), formować (się)** **2** [I, T] to take or to make something take a particular shape: *Form the dough **into** little balls.* ▷ **tworzyć (się), formować (się)** **3** [T] B1 to make something by combining different parts: *In English you form the present participle by adding -ing to the verb.* ▷ **tworzyć** **4** [T] B2 to start an organization or business: *Brown formed her own company eleven years ago.* ▷ **utworzyć** **5** [T] to be the thing talked about or be part of it: *The Alps form a natural barrier between Italy and Switzerland.* ▷ **stanowić** **6** **form an opinion/impression, etc** to begin to have a particular opinion or idea about something because of the information you have ▷ **wyrobić sobie zdanie/odnieść wrażenie**

formal /ˈfɔːməl/ **adjective** **1** B2 used about clothes, language, and behaviour that are serious and not friendly or relaxed: *a formal dinner party* ▷ **oficjalny** **2** [always before noun] public or official: *a **formal announcement/apology*** ▷ **oficjalny** **3** [always before noun] Formal education, training, etc happens in a school or college: *Tom had little **formal schooling**.* ▷ **formalny**

formality /fɔːˈmæləti/ **noun** **1** [C] something that the law or an official process says must be done: *There are certain **legal formalities** to be completed.* ▷ **formalność** **2** [U] formal and polite behaviour: *the formality of a royal funeral* ▷ **oficjalność, oficjalny charakter**

formally /ˈfɔːməli/ **adverb** **1** officially: *The deal will be **formally announced** on Tuesday.* ▷ **oficjalnie, formalnie** **2** in a polite way: *They shook hands formally.* ▷ **oficjalnie**

format¹ /ˈfɔːmæt/ **noun** [C] the way something is designed, arranged, or produced: *This year's event will have a **new format**.* ▷ **format, forma**

format² /ˈfɔːmæt/ **verb** [T] (present participle **formatting**, past tense and past participle **formatted**) **1** to prepare a computer disk so that information can be stored on it ▷ **formatować** **2** to organize and design the words on a page or document ▷ **formatować**

formation /fɔːˈmeɪʃən/ **noun** **1** [U] the development of something into a particular thing or shape: *the formation of a crystal* ▷ **tworzenie się, kształtowanie się** **2** [C, U] when something has a particular shape or things are arranged in a particular way: *rock/cloud formations* ◦ *The planes flew overhead **in formation** (= in a pattern).* ▷ **twór, formacja, szyk**

formative /ˈfɔːmətɪv/ **adjective** relating to the time when your character and opinions are developing: *She spent **her formative years** in New York.* ▷ **kształtujący**

former¹ /ˈfɔːməʳ/ **adjective** [always before noun] B1 happening, existing, or true in the past but not now: *the former Soviet Union* ◦ *former President Bill Clinton* ▷ **były, dawny**

former² /ˈfɔːməʳ/ **noun** **the former** B2 the first of two people or things that have just been talked about ▷ **pierwszy**

formerly /ˈfɔːməli/ **adverb** B2 in the past: *The European Union was formerly called the European Community.* ▷ **poprzednio, dawniej, wcześniej**

formidable /ˈfɔːmɪdəbl/ **adjective** **1** Someone who is formidable is strong and a bit frightening: *a formidable woman* ▷ **budzący respekt lub grozę** **2** difficult and needing a lot of effort or thought: *a **formidable task*** ▷ **ogromny**

formula /ˈfɔːmjələ/ **noun** [C] (plural **formulas**, **formulae**) **1** a plan or method that is used to achieve something: *There's no magic **formula for** success.* ▷ **przepis** **2** a set of letters, numbers, or symbols that are used to express a mathematical or scientific rule ▷ **wzór** **3** a list of the substances that something is made of ▷ **receptura, skład**

formulate /ˈfɔːmjəleɪt/ **verb** [T] **1** to develop all the details of a plan for doing something: *They **formulated a plan** to save the company.* ▷ **opracowywać** **2** to say what you think or feel after thinking carefully: *to **formulate** an **answer/reply*** ▷ **formułować**
• **formulation** /ˌfɔːmjəˈleɪʃən/ **noun** [C, U] ▷ **opracowanie, sformułowanie**

forsake /fəˈseɪk/ **verb** [T] (past tense **forsook**, past participle **forsaken**) formal **1** to leave someone, especially when they need you: *He felt he couldn't forsake her when she was so ill.* ▷ **porzucać, opuszczać** **2** to stop doing or having something: *He decided to forsake politics for journalism.* ▷ **porzucać**

fort /fɔːt/ **noun** [C] a strong building that soldiers use to defend a place ▷ **fort**

forth /fɔːθ/ **adverb** literary out of a place or away from it: *The knights rode forth into battle.* ▷ **w dal,** Często tłumaczy się przedrostkiem **wy-**, np. **wyruszać**

forthcoming /ˌfɔːθˈkʌmɪŋ/ **adjective** **1** [always before noun] formal B2 going to happen soon: *the forthcoming election/visit* ▷ **zbliżający się, nadchodzący** **2** [never before noun] If money or help is forthcoming, it is offered or given: *He insisted that no more money would be forthcoming.* ▷ **dostępny, mający nadejść** **3** [never before noun] willing to give information: *Elaine wasn't very forthcoming about her love life.* ▷ **rozmowny, otwarty**

forthright /ˈfɔːθraɪt/ **adjective** saying what you think honestly and clearly: *They dealt with all our questions in a very **forthright manner**.* ▷ **otwarty, bezpośredni**

forthwith /ˌfɔːθˈwɪθ/ **adverb** formal immediately: *to cease forthwith* ▷ **bezzwłocznie**

fortifications /ˌfɔːtɪfɪˈkeɪʃənz/ **noun** [plural] strong walls, towers, etc that are built to protect a place ▷ **umocnienia, fortyfikacje**

fortify /ˈfɔːtɪfaɪ/ **verb** [T] **1** to build strong walls, towers, etc around a place to protect it: *a fortified city/town* ▷ **fortyfikować, umacniać 2** to make someone feel stronger physically or mentally: *She had a sandwich to fortify herself before going on.* ▷ **wzmacniać 3** to add something, especially vitamins, to food ▷ **wzbogacać**
• **fortification** /ˌfɔːtɪfɪˈkeɪʃən/ **noun** [U] ▷ **wzmocnienie, wzbogacenie**

fortitude /ˈfɔːtɪtjuːd/ **noun** [U] formal when you are brave and do not complain about pain or problems ▷ **hart ducha**

fortnight /ˈfɔːtnaɪt/ **noun** [C] UK (B1) two weeks: [usually singular] *a fortnight's holiday* ◦ *We usually get together about once a fortnight.* ▷ **dwa tygodnie**
• **fortnightly adverb** UK happening every two weeks: *a fortnightly meeting* ▷ **(odbywający się) co dwa tygodnie**

fortress /ˈfɔːtrəs/ **noun** [C] a castle or other strong building built to defend a place ▷ **forteca**

fortunate /ˈfɔːtʃənət/ **adjective** (B2) lucky: [+ to do sth] *I'm very fortunate to be alive.* ◦ [+ (that)] *It was fortunate that someone was available to take over.* ▷ **szczęśliwy, ≈ (mieć) szczęście** → Opposite **unfortunate**

fortunately /ˈfɔːtʃənətli/ **adverb** (B1) happening because of good luck: *Fortunately, no one was hurt in the accident.* ▷ **na szczęście** → Opposite **unfortunately**

fortune /ˈfɔːtʃuːn/ **noun 1** [C] (B2) a lot of money: *She **made a fortune** selling her story to the newspapers.* ▷ **fortuna 2** [C, U] (B2) the good or bad things that happen to you: [usually plural] *The family's fortunes changed almost overnight.* ▷ **los, fortuna**

IDIOM **tell sb's fortune** to say what is going to happen to someone in the future ▷ **przepowiadać** *komuś* **przyszłość**

> Wyrazy występujące razem z **fortune**
> **cost/earn/make/spend** a fortune • a **personal** fortune • the **family** fortune

ˈfortune ˌcookie noun [C] a biscuit containing a piece of paper with a message about your future written on it, eaten especially in Chinese restaurants ▷ **ciasteczko z wróżbą**

fortune-teller /ˈfɔːtʃuːnˌteləʳ/ **noun** [C] someone who tells you what will happen to you in the future ▷ **wróżka**

forty /ˈfɔːti/ (A2) the number 40 ▷ **czterdzieści**
• **fortieth** 40th written as a word ▷ **czterdziesty**

forum /ˈfɔːrəm/ **noun** [C] **1** a situation or meeting in which people can exchange ideas and discuss things: *a forum for debate/discussion* ▷ **forum 2** an area of a website where people go to discuss things ▷ **forum**

forward¹ /ˈfɔːwəd/ **adverb** (also **forwards**) **1** (B1) towards the direction that is in front of you: *She leaned forward to make sure I could hear her.* ▷ **do przodu 2** (B2) towards the future: *I always **look forward**, not back.* ▷ **w przyszłość 3** used to say that something is making good progress: *This is a big **step forward** for democracy.* ▷ **naprzód**

forward² /ˈfɔːwəd/ **adjective 1 forward motion/movement, etc** movement towards the direction that is in front of you ▷ **ruch w przód lub do przodu 2 forward planning/thinking, etc** when you plan or think about something for the future ▷ **planowanie/myślenie** *itp.* **perspektywiczne 3** Someone who is forward is too confident or too friendly with people they do not know. ▷ **(zbyt) pewny siebie, (zbyt) śmiały**

forward³ /ˈfɔːwəd/ **verb** [T] to send a letter, email, etc that you have received to someone else: *Could you forward my mail to me while I'm away?* ▷ **przesyłać** → See also **fast-forward**

forward⁴ /ˈfɔːwəd/ **noun** [C] a player in a sport such as football who plays near the front and tries to score goals ▷ **napastni-k/czka**

ˈforwarding adˌdress noun [C] a new address that letters and parcels should be sent to ▷ **nowy adres**

forward-looking /ˈfɔːwədlʊkɪŋ/ **adjective** planning for the future and using new ideas or technology: *a forward-looking plan/policy* ▷ **dalekowzroczny**

forwards /ˈfɔːwədz/ **adverb** another word for forward

ˈforward ˌslash noun [C] (also **slash**) the symbol '/', used in Internet addresses and used to show where on a computer files are kept ▷ **ukośnik** → Compare **backslash**

forwent /fɔːˈwent/ past tense of forgo

fossil /ˈfɒsəl/ **noun** [C] part of an animal or plant from thousands of years ago, preserved in rock ▷ **skamielina**

ˈfossil ˌfuel noun [C, U] a fuel such as coal or oil that is obtained from under the ground ▷ **paliwo kopalne**

fossilize (also UK **-ise**) /ˈfɒsɪlaɪz/ **verb** [I] to become a fossil ▷ **skamienieć**
• **fossilization** (also UK **-isation**) /ˌfɒsɪlaɪˈzeɪʃən/ **noun** [U] ▷ **skamienienie**

foster¹ /ˈfɒstəʳ/ **verb** [T] **1** to encourage a particular feeling, situation, or idea to develop: *The growth of the Internet could foster economic development worldwide.* ▷ **stymulować 2** to look after a child as part of your family for a time, without becoming their legal parent ▷ **wychowywać, brać na wychowanie**

foster² /ˈfɒstəʳ/ **adjective 1 foster home/mother/parent, etc** the home where a child who is fostered lives, or the person or people who foster a child ▷ **zastępcz-a/y rodzina/matka/rodzic** *itp.* **2 foster child/daughter/son, etc** a child who is fostered ▷ **przybran-e/a/y dziecko/córka/syn** *itp.*

fought /fɔːt/ past of fight

foul[1] /faʊl/ **adjective** **1** very dirty, or with an unpleasant smell: *the foul smell of rotting fish* ▷ **paskudny, wstrętny** **2** very bad or unpleasant: *foul weather* ◦ *She's in a foul mood.* ▷ **paskudny** **3** **foul language/words** very rude and offensive words ▷ **wulgarny język**

IDIOM **fall foul of sb/sth** UK to do something which causes you to be in trouble ▷ **narazić się** *komuś/czemuś*

foul[2] /faʊl/ **verb** **1** [T] to make something very dirty: *The beaches had been fouled by dogs.* ▷ **zanieczyszczać** **2** [I, T] to do something that is against the rules in a sport: *He was fouled as he was about to shoot at goal.* ▷ **faulować**

PHRASAL VERB **foul sth up** informal to spoil something completely: *The travel company completely fouled up our holiday.* ▷ **zawalić** *coś*, **zmarnować** *coś*

foul[3] /faʊl/ **noun** [C] something that someone does in a sport that is not allowed by the rules ▷ **faul**

> Wyrazy występujące razem z **foul**
>
> commit a foul • a foul against/on sb

ˌ**foul** ˈ**play** **noun** [U] when someone's death is caused by a violent crime: *Police do not suspect foul play at present.* ▷ **morderstwo**

found[1] /faʊnd/ **verb** [T] **1** (B2) to start an organization, especially by providing money: *The company was founded in 1861.* ▷ **zakładać** **2** to base something on a set of ideas or beliefs: [often passive] *a society* ***founded on*** *principles of equality* ▷ **opierać, zasadzać**

found[2] /faʊnd/ past of find

foundation /faʊnˈdeɪʃən/ **noun** **1** [C] the idea or principle that something is based on: *Jefferson's document* ***formed the foundation of*** *a new nation.* ▷ **podstawa, podwalina** **2** [U] when an organization, state, or country is established: *the foundation of a new state* ▷ **założenie, utworzenie** **3** [C] an organization that gives money for a particular purpose: *the Mental Health Foundation* ▷ **fundacja** **4** **foundations** [plural] UK (US **foundation** [C]) the part of a building, road, bridge, etc that is under the ground and supports it: *concrete foundations* ▷ **fundament, fundamenty** **5** [U] make-up that is worn all over the face to give it a smooth appearance ▷ **podkład (pod makijaż)** **6** **be without foundation; have no foundation** If something is without foundation, there is no proof that it is true: *The allegations are completely without foundation.* ▷ **być bezpodstawnym**

IDIOM **lay the foundation(s) for/of sth** to provide the conditions that make it possible for something to happen: *His reforms laid the foundation of future greatness.* ▷ **tworzyć podstawy** *czegoś*, **kłaść podwaliny pod** *coś*

founˈdation ˌ**course** noun [C] UK (US **introductory course**) a college or university course on a subject that students take to prepare them for a more advanced course on that subject ▷ **kurs podstawowy**

founder /ˈfaʊndər/ **noun** [C] someone who establishes an organization ▷ **założyciel/ka**

foundry /ˈfaʊndri/ **noun** [C] a place where metal or glass is melted and made into objects ▷ **odlewnia**

fountain /ˈfaʊntɪn/ **noun** [C] (B1) a structure that forces water up into the air as a decoration ▷ **fontanna**

ˈ**fountain** ˌ**pen** noun [C] a pen that you fill with ink ▷ **wieczne pióro**

four /fɔːr/ (A1) the number 4 ▷ **cztery**

four-by-four /ˌfɔːbaɪˈfɔːr/ a four-wheel drive ▷ **samochód z napędem na cztery koła**

fours /fɔːz/ noun

IDIOM **on all fours** with your hands and knees on the ground ▷ **na czworakach**

foursome /ˈfɔːsəm/ **noun** [C] a group of four people: *We could go out as a foursome.* ▷ **czwórka**

fourteen /ˌfɔːˈtiːn/ (A1) the number 14 ▷ **czternaście**

• **fourteenth** 14th written as a word ▷ **czternasty**

fourth[1] /fɔːθ/ (A2) 4th written as a word ▷ **czwarty**

fourth[2] /fɔːθ/ **noun** [C] US (UK/US **quarter**) one of four equal parts of something; ¼ ▷ **(jedna) czwarta, czwarta część**

ˌ**Fourth of Juˈly** noun [U] (also **Independence Day**) 4 July, a national holiday in the US to celebrate the country's freedom from Great Britain in 1776 ▷ **Święto Niepodległości (Stanów Zjednoczonych)**

ˌ**four-wheel** ˈ**drive** noun [C] (written abbreviation **4WD**) a vehicle with an engine that supplies power to all four wheels so that it can drive easily over rough ground ▷ **samochód z napędem na cztery koła**

• ˌ**four-wheel** ˈ**drive adjective** *a four-wheel drive car* ▷ **z napędem na cztery koła**

fovea /ˈfɒviə/ **noun** [C] a small part at the back of the retina that is the area with the clearest sight ▷ **dołek środkowy (siatkówki)**

fowl /faʊl/ **noun** [C] (plural **fowl, fowls**) a bird that is kept for its eggs and meat, especially a chicken ▷ **drób, ptak**

fox /fɒks/ **noun** [C] (B2) a wild animal like a dog with red-brown fur, a pointed nose, and a long thick tail ▷ **lis**

foyer /ˈfɔɪeɪ/ (US) /ˈfɔɪər/ **noun** [C] a room at the entrance of a hotel, theatre, cinema, etc ▷ **foyer**

fracas /ˈfrækɑː/ (US) /ˈfreɪkəs/ **noun** [no plural] a noisy fight or argument ▷ **awantura**

fraction /ˈfrækʃən/ **noun** [C] **1** a number less than 1, such as ½ or ¾ ▷ **ułamek** **2** a very small number or amount: *a fraction of a second* ▷ **ułamek, odrobina**

• **fractionally** adverb by a very small amount: *Harry is fractionally taller than Ben.* ▷ **minimalnie**

> Wyrazy występujące razem z **fraction**
> a minute/small/tiny fraction of sth • a fraction of sth

fractional distillation /ˌfrækʃənəlˌdɪstɪˈleɪʃən/ **noun** [U] the process of separating parts of a liquid by heating it gradually so that different parts become gas, rise up, then turn back into liquid that can be collected as they cool ▷ **destylacja frakcyjna**

fracture /ˈfræktʃər/ **verb** [T] to break something hard such as a bone, or a piece of rock: *She's fractured her ankle.* ▷ **złamać, powodować pęknięcie**

• **fracture** noun [C] ▷ **złamanie, pęknięcie**

fragile /ˈfrædʒaɪl/ (US) /ˈfrædʒəl/ **adjective** **1** easily broken, damaged, or destroyed: *a fragile china cup* ◦ *a fragile economy* ▷ **kruchy, słaby** **2** physically or emotionally weak: *a fragile little girl* ▷ **wrażliwy, wątły**

• **fragility** /frəˈdʒɪləti/ noun [U] ▷ **kruchość, wrażliwość**

fragment¹ /ˈfrægmənt/ **noun** [C] a small piece of something: *fragments of pottery* ▷ **kawałek, fragment**

fragment² /frægˈment/ **verb** [I, T] to break something into small parts, or to be broken in this way: *The opposition has fragmented into a number of small groups.* ▷ **rozbijać, rozpadać się**

• **fragmented** adjective *a fragmented society* ▷ **podzielony**

fragrance /ˈfreɪgrəns/ **noun** [C, U] **1** a pleasant smell: *the delicate fragrance of roses* ▷ **zapach, woń** **2** a substance which people put on their bodies to make themselves smell nice: *a new fragrance for men* ▷ **perfumy**

fragrant /ˈfreɪgrənt/ **adjective** with a pleasant smell: *fragrant flowers* ▷ **pachnący**

frail /freɪl/ **adjective** not strong or healthy: *a frail old lady* ▷ **wątły**

frailty /ˈfreɪlti/ **noun** [C, U] when someone is physically or morally weak ▷ **słabość, wątłość**

frame¹ /freɪm/ **noun** [C] **1** (B1) a structure that goes around the edge of something such as a door, picture, window, or mirror: *a **picture frame*** ◦ *a **window frame*** ▷ **rama** **2** (B2) the basic structure of a building, vehicle, or piece of furniture that other parts are added onto: *a bicycle frame* ▷ **rama, szkielet** **3** the shape of someone's body: *his large/small frame* ▷ **sylwetka**

IDIOM **frame of mind** the way someone feels at a particular time: *She was in a much more positive frame of mind today.* ▷ **nastrój**

frame² /freɪm/ **verb** [T] **1** to put something such as a picture into a frame: *I'm going to frame this and put it on the wall.* ▷ **oprawiać** **2** to form an edge to something in an attractive way: *Dark hair framed her face.* ▷ **podkreślać, (zgrabnie) obramować** **3** to intentionally make it seem as if someone is guilty of a crime: [often passive] *He claimed he had been framed by the police.* ▷ **wrabiać** **4** formal to express something choosing your words carefully: *I tried to frame a suitable reply.* ▷ **formułować, układać**

frames /freɪmz/ **noun** [plural] the plastic or metal structure that holds together a pair of glasses ▷ **oprawka**

framework /ˈfreɪmwɜːk/ **noun** [C] **1** a system of rules, ideas, or beliefs that is used to plan or decide something: *a legal **framework for** resolving disputes* ▷ **ramy** **2** the basic structure that supports something such as a vehicle or building and gives it its shape ▷ **szkielet, struktura**

> Wyrazy występujące razem z **framework**
> create/develop/establish/provide a framework • a framework for (doing) sth

France /frɑːnts/ **noun** a country in Europe ▷ **Francja**

• **French** /frentʃ/ **adjective** coming from or relating to France ▷ **francuski** • **Frenchman, Frenchwoman** /ˈfrentʃmən/, /ˈfrentʃˌwʊmən/ **noun** [C] (plural **Frenchmen**, **Frenchwomen**) someone from France ▷ **Francuz/ka**

franchise /ˈfrænʃaɪz/ **noun** **1** [C] the right to sell a company's products or services in a particular area using the company's name: *a fast food franchise* ▷ **koncesja** **2** [U] the legal right to vote in elections ▷ **prawo wyborcze**

franchisee /ˌfræntʃaɪˈziː/ **noun** [C] a person or company that has the right to sell a company's products or services in a particular area using the company's name ▷ **ajent, franszyzobiorca**

franchiser /ˈfræntʃaɪzər/ **noun** [C] a business that sells the right to sell a company's products or services in a particular area using the company's name ▷ **koncesjodawca**

frank /fræŋk/ **adjective** speaking honestly and saying what you really think: *a full and **frank discussion*** ◦ ***To be frank**, I don't really want to see him.* ▷ **szczery**

• **frankness** noun [U] ▷ **szczerość**

frankfurter /ˈfræŋkfɜːtər/ **noun** [C] a long, thin sausage, often eaten with bread ▷ **(cienka) parówka**

frankly /ˈfræŋkli/ **adverb** (B2) in an honest and direct way: ***Quite frankly**, I think you're making a big mistake.* ▷ **szczerze (mówiąc)**

frantic /ˈfræntɪk/ **adjective** **1** done in a fast and excited way and not calm or organized: *a frantic search* ▷ **gorączkowy** **2** very worried or frightened: *frantic calls for help* ◦ *I got home to find Joe **frantic with** worry.* ▷ **oszalały**

F

• **frantically** adverb *Laura was searching frantically for her keys.* ▷ **gorączkowo**

fraternal /frəˈtɜːnəl/ **adjective** like or relating to a brother ▷ **braterski**

fraternity /frəˈtɜːnəti/ **noun 1** [U] a feeling of friendship between people ▷ **braterstwo 2** [C] in the US, a social organization of male college students ▷ **bractwo studenckie**

fraud /frɔːd/ **noun 1** [U] when someone does something illegal in order to get money: *credit card fraud* ▷ **oszustwo, oszustwa 2** [C] someone who deceives people by pretending to be someone or something that they are not ▷ **oszust/ka**

> Wyrazy występujące razem z **fraud**
>
> commit fraud • a fraud case/charge/investigation

fraudulent /ˈfrɔːdjələnt/ **adjective** formal dishonest and illegal: *fraudulent insurance claims* ▷ **fałszywy**

• **fraudulently adverb** ▷ **nieuczciwie, fałszywie**

fraught /frɔːt/ **adjective 1 fraught with danger/difficulties, etc** full of danger/difficulties, etc: *The present situation is fraught with danger.* ▷ **pełen niebezpieczeństw/przeszkód** *itp.* **2** mainly UK causing worry, or feeling worried: *a fraught silence* ▷ **napięty, spięty**

fray¹ /freɪ/ **verb 1** [I, T] If material or clothing frays, or if it is frayed, the threads at the edge break and become loose. ▷ **wycierać (się), strzępić (się) 2** [I] If your temper frays or your nerves fray, you gradually become annoyed or upset: *After hours of waiting, **tempers** were beginning to **fray**.* ▷ **zawodzić, puszczać**

fray² /freɪ/ **noun enter/join, etc the fray** to start taking part in an argument or fight: *The time had come for the US to enter the fray.* ▷ **włączać się w konflikt**

freak¹ /friːk/ **noun** [C] **1** informal someone who is very interested in a particular subject or activity: *My brother's a bit of a computer freak.* ▷ **maniak 2** someone who looks strange or behaves in a strange way: *They made me feel like a freak.* ▷ **dziwa-k/czka**

freak² /friːk/ **adjective a freak accident/storm, etc** A freak event is one that is very unusual. ▷ **niezwykł-y/a lub niespotykan-y/a wypadek/nawałnica** *itp.*

freak³ /friːk/ **verb** [I, T] (also **freak out**) to suddenly become very angry, frightened, or surprised, or to make someone do this: *I hated that film, it totally freaked me out.* ▷ **(kompletnie) oszaleć, załamać, osłabić**

freckle /ˈfrekl/ **noun** [C] a very small, brown spot on your skin from the sun ▷ **pieg**

• **freckled adjective** ▷ **piegowaty**

free¹ /friː/ **adjective 1** B2 able to live, happen, or exist without being controlled by anyone or anything: *free trade ∘ a free society ∘* [+ to do sth] *People should be free to say what they think.* ▷ **wolny 2** A2 not costing any money: *a free sample of perfume ∘ Entry is free for children under 12. ∘ The unemployed get their prescriptions **free of charge**.* ▷ **bezpłatny 3** B2 not in prison or in a cage: *He opened the cage and **set** the birds **free**.* ▷ **wolny 4** A2 not busy doing anything: *Are you free this evening? ∘ I don't have much **free time**.* ▷ **wolny 5** not being used by anyone: *Is this seat free?* ▷ **wolny 6** If an element is free, it is not combined with anything else or attached to anything else. ▷ **wolny 7 free from/of sth** not containing or having anything harmful or unpleasant: *a life free from pain* ▷ **wolny od** *czegoś*

IDIOM **feel free** something that you say in order to tell someone that they are allowed to do something: [+ to do sth] *Please feel free to ask questions.* ▷ **nie krępować się**

→ See also **duty-free**, **a free *hand***, **free *rein***, **tax-free**, **toll-free**

free² /friː/ **adverb 1** A2 without cost or payment: *Children under five travel free. ∘ He offered to do it **for free**.* ▷ **bezpłatnie, za darmo 2** B2 in a way that is not tied, limited, or controlled: *She **broke free** from his grasp and ran away.* ▷ **swobodnie, wolno**

free³ /friː/ **verb** [T] (present participle **freeing**, past tense and past participle **freed**) **1** B2 to allow someone to leave a prison or place where they have been kept: *The last hostages were finally freed yesterday.* ▷ **uwolnić 2** to get someone out of a situation or place that they cannot escape from: *Firefighters worked for two hours to **free** the driver **from** the wreckage.* ▷ **wyswobodzić 3** to help someone by taking something unpleasant away from them: *The book's success **freed** her **from** her financial worries.* ▷ **uwolnić 4** (also **free up**) to make something available for someone to use: *I need to free up some space for these files.* ▷ **wygospodarować, zwolnić**

-free /friː/ **suffix** used at the end of words to mean 'without' or 'not containing': *sugarfree gum ∘ an interest-free loan* ▷ **bez, bez-**

freebie /ˈfriːbi/ **noun** [C] informal something that you are given, usually by a company, and do not have to pay for ▷ **upominek**

ˌfree collective ˈbargaining noun [U] when workers and their employers talk formally about pay, working hours, etc in a way that is not limited by the law or government ▷ **wolne negocjacje zbiorowe**

Freecycle /ˈfriːsaɪkl/ **verb** [I, T] trademark to use a local Freecycle email group to give away things that you do not want now ▷ **oddawać rzeczy (za pośrednictwem serwisu Freecycle)**

• **freecycler noun** [C] ▷ **użytkownik serwisu Freecycle**

freedom /ˈfriːdəm/ **noun 1** [C, U] B2 the right to live in the way you want, say what you think, and make your own decisions without being controlled by anyone else: *religious freedom* ◦ ***freedom of choice/speech*** ◦ [+ to do sth] *You have the freedom to do what you want to do.* ▷ **wolność, swoboda 2 freedom from sth** a situation in which you are not suffering because of something unpleasant or harmful: *freedom from fear/poverty* ▷ **wolność od** *czegoś* **3** [U] when someone is no longer a prisoner ▷ **wolność**

> **Wyrazy występujące razem z freedom**
>
> **be given/have** the freedom to do sth • freedom **of choice/of expression/of movement/of speech**

ˌfree ˈenterprise noun [U] when trade and business is allowed to operate without much control from the government ▷ **wolna konkurencja**

freehand /ˈfriːhænd/ adjective, adverb describes a drawing which has been done only by hand, without using any special equipment ▷ **(rysunek) odręczny**

ˌfree ˈkick noun [C] a kick that a player in a football match is allowed to take after a player from the other team has broken the rules ▷ **rzut wolny**

freelance /ˈfriːlɑːns/ adjective, adverb working for several different organizations, and paid according to the hours you work: *a freelance photographer* ◦ *Most of our producers work freelance.* ▷ **niezależny, niezależnie**
• **freelance** verb [I] ▷ **pracować na własny rozrachunek lub na zlecenia** • **freelancer** noun [C] ▷ **osoba pracująca na własny rozrachunek lub na zlecenia**

freely /ˈfriːli/ adverb **1** B2 without being controlled or limited: *For the first time in months she could move freely.* ◦ *Exotic foods are **freely available** in supermarkets.* ▷ **swobodnie, bez ograniczeń, powszechnie 2** If you freely admit something, you are very willing to agree that it is true: *I **freely admit** that I was wrong about him.* ▷ **otwarcie**

ˌfree ˈmarket noun [no plural] when the government does not control prices and trade: *a free-market economy* ▷ **wolny rynek**

freephone /ˈfriːfəʊn/ adjective [always before noun] UK (US **toll-free**) A freephone number is a telephone number that you can connect to without paying. ▷ **bezpłatny**

ˌfree ˈradical noun [C, usually plural] an atom or molecule that is missing one electron and is therefore very quick to react with other atoms and molecules ▷ **wolny rodnik**

free-range /ˌfriːˈreɪndʒ/ adjective relating to or produced by farm animals that are allowed to move around outside and are not kept in cages: ***free-range eggs*** ▷ **wiejski**

freesheet /ˈfriːʃiːt/ noun [C] a free newspaper ▷ **bezpłatna gazeta**

ˌfree ˈspeech noun [U] the right to express your opinions in public ▷ **wolność słowa**

ˌfree ˈtrade noun [C] a way to buy and sell products between countries, without limits on the amount of goods that can be bought and sold, and without special taxes on the goods ▷ **wolny handel** → Compare **fair trade**

freeware /ˈfriːweəʳ/ noun [U] computer software that you do not have to pay for, for example from the Internet ▷ **darmowe oprogramowanie lub programy, (oprogramowanie lub programy) freeware**

freeway /ˈfriːweɪ/ noun [C] US (UK **motorway**) a long, wide road, usually used by traffic travelling fast over long distances ▷ **autostrada**

ˌfree ˈwill noun **1** [U] when people choose and decide what they want to do in their own lives ▷ **wolna wola 2 do sth of your own free will** to do something because you want to, not because someone forces you to: *She had gone there of her own free will.* ▷ *zrobić coś* **dobrowolnie lub z własnej woli**

freeze[1] /friːz/ verb (past tense **froze**, past participle **frozen**) **1** [I, T] B1 If something freezes or is frozen, it becomes hard and solid because it is very cold: *The river had frozen overnight.* ◦ *Water freezes at 0° Celsius.* ▷ **zamarzać, zamrażać 2** [I, T] B1 to make food last a long time by making it very cold and hard: *You can freeze any cakes that you have left over.* ▷ **zamrażać 3** [I] B2 to feel very cold: *One of the climbers **froze to death** on the mountain.* ▷ **marznąć 4** [I] B2 to suddenly stop moving, especially because you are frightened: *She saw someone outside the window and froze.* ▷ **znieruchomieć 5** [T] to fix the level of something such as a price or rate so that it does not increase ▷ **zamrażać**

freeze[2] /friːz/ noun **1** [C] when the level of something such as a price or rate is fixed so that it does not increase: *a pay freeze* ▷ **zamrożenie 2** [C] when a process is stopped for a period of time: *an immediate freeze on all new building in the city* ▷ **zamrożenie, wstrzymanie 3** [no plural] informal a period of extremely cold weather ▷ **mrozy**

freezer /ˈfriːzəʳ/ noun [C] B1 a large container operated by electricity in which food can be frozen and stored ▷ **zamrażarka** → See **The Kitchen** on page Centre 2

freezing[1] /ˈfriːzɪŋ/ adjective informal B1 very cold: *It's absolutely freezing in here.* ▷ **mroźny, ≈ zimno**

freezing[2] /ˈfriːzɪŋ/ noun [U] the temperature at which water freezes: *It was five degrees **below/above freezing**.* ▷ **zero (stopni)**

ˈfreezing ˌpoint noun [C, U] the temperature at which a liquid freezes ▷ **temperatura lub punkt krzepnięcia**

freight /freɪt/ noun [U] goods that are carried by trains, trucks, ships, or aircraft ▷ **ładunek, towar**

freighter /ˈfreɪtəʳ/ **noun** [C] a large ship or aircraft that carries goods ▷ **frachtowiec, transportowiec**

ˈ**french** ˌ**fries** **noun** [plural] US (UK **chips**) long, thin pieces of potato that have been cooked in hot oil ▷ **frytki** → See **Food** on page Centre 11

ˌ**French** ˈ**knickers** **noun** [plural] women's loose underwear that covers all the bottom ▷ **majtki damskie typu motylki** → See **Clothes** on page Centre 9

ˌ**French** ˈ**windows** **noun** [plural] (also **French** ˈ**doors**) a pair of glass doors that usually open into a garden ▷ **oszklone drzwi**

frenetic /frəˈnetɪk/ **adjective** fast and exciting in an uncontrolled way: *a* ***frenetic pace*** ◦ ***frenetic activity*** ▷ **gorączkowy**

frenzied /ˈfrenzɪd/ **adjective** wild and uncontrolled: *a frenzied dance* ▷ **szalony**

frenzy /ˈfrenzi/ **noun** [U, no plural] when you are so excited, nervous, or anxious that you cannot control what you are doing: *She hit him in a frenzy of rage.* ▷ **szał**

frequency /ˈfriːkwənsi/ **noun** [C, U] **1** the number of times something happens in a particular period, or the fact that something happens often or a large number of times: *The* ***frequency of*** *attacks seems to have increased recently.* ▷ **częstotliwość, częstość** **2** the rate at which a sound wave or radio wave is repeated: *the very high frequencies of a television signal* ▷ **częstotliwość**

frequent¹ /ˈfriːkwənt/ **adjective** (B1) happening often: *He is a frequent visitor to the US.* ▷ **częsty**

frequent² /frɪˈkwent/ (US) /ˈfriːkwent/ **verb** [T] to go to a place often: *a bar frequented by criminals* ▷ **odwiedzać, bywać w**

frequently /ˈfriːkwəntli/ **adverb** formal (B1) often: *a frequently asked question* ▷ **często**

fresh /freʃ/ **adjective** **1** (B1) new or different from what was there before: *We're looking for fresh ideas.* ◦ *They decided to move abroad and* ***make a fresh start.*** ▷ **nowy** **2** (A2) Fresh food has been produced or collected recently and has not been frozen, dried, etc: *fresh fruit/vegetables* ◦ *fresh bread* ▷ **świeży** **3** (B1) smelling clean or feeling pleasantly cool: *a fresh breeze* ◦ *a fresh smell* ▷ **świeży** **4 fresh air** (B1) air outside buildings that is clean and cool: *Let's go outside and get some fresh air.* ▷ **świeże powietrze** **5 fresh water** water from lakes, rivers, etc that has no salt in it ▷ **woda słodka** **6** having a lot of energy and not feeling tired: *We got up the next day feeling fresh and relaxed.* ▷ **rześki** **7** Fresh skin looks healthy: *a fresh complexion* ▷ **świeży** **8** (B2) recently made or done and not yet changed by time: *The memory of the accident is still very fresh in my mind.* ▷ **żywy** **9 fresh from/out of sth** having just left a place: *The new French teacher's fresh out of college.* ▷ **prosto skądś**

• **freshness noun** [U] ▷ **świeżość**
→ See also **a** ***breath*** **of fresh air**

freshen /ˈfreʃᵊn/ **verb**

PHRASAL VERBS **freshen up** to quickly wash yourself so that you feel clean: *Would you like to freshen up before dinner?* ▷ **odświeżyć się** • **freshen sth up** to make something look cleaner and more attractive: *A coat of paint would help to freshen this place up.* ▷ **odświeżyć** *coś*

fresher /ˈfreʃəʳ/ **noun** [C] UK informal a student in the first year of university ▷ **student/ka pierwszego roku**

freshly /ˈfreʃli/ **adverb** recently: ***freshly baked*** *bread* ▷ **świeżo**

freshman /ˈfreʃmən/ **noun** [C] (plural **freshmen**) US a student in the first year of a course at a US college, university, or high school ▷ **pierwszoklasist-a/ka, student/ka pierwszego roku**

freshwater /ˈfreʃˌwɔːtəʳ/ **adjective** relating to water that is not salty: *freshwater fish* ▷ **słodkowodny**

fret /fret/ **verb** [I] (present participle **fretting**, past tense and past participle **fretted**) to be anxious or worried: *There's no point in* ***fretting about*** *what you cannot change.* ▷ **gryźć się, dręczyć się**
• **fretful adjective** anxious and unhappy ▷ **zirytowany, marudny**

Fri written abbreviation for Friday ▷ **pt.**

friar /fraɪəʳ/ **noun** [C] a member of a religious group of men ▷ **zakonnik**

friction /ˈfrɪkʃᵊn/ **noun** [U] **1** when a surface rubs against something, often making movement more difficult ▷ **tarcie** **2** when people argue or disagree, often over a long period of time: *There's a lot of* ***friction between*** *my wife and my mother.* ▷ **tarcia, konflikty**

Friday /ˈfraɪdeɪ/ **noun** [C, U] (written abbreviation **Fri**) (A1) the day of the week after Thursday and before Saturday ▷ **piątek** → See also **Good Friday**

fridge /frɪdʒ/ **noun** [C] (A2) a large container that uses electricity to keep food cold ▷ **lodówka** → See **The Kitchen** on page Centre 2

fridge-freezer /ˌfrɪdʒˈfriːzəʳ/ **noun** [C] a piece of equipment for storing food that has two parts: a fridge and a freezer ▷ **lodówka z zamrażarką**

fried /fraɪd/ **adjective** (A2) cooked in hot oil or fat: *a fried egg* ▷ **smażony** → See also **deep-fried**

friend /frend/ **noun** [C] **1** (A1) someone who you know well and like: *Sarah's my* ***best friend*** *(= the friend I like most).* ◦ *Gordon is a* ***friend of mine.*** ▷ **przyjaci-el/ółka, kole-ga/żanka, znajom-y/a** **2 an old friend** (A2) someone who you have known and liked for a long time ▷ **przyjaci-el/ółka z dawnych lat, star-y/a przyjaci-el/ółka** **3 be friends (with sb)** (B1) to know and like someone: *I have been friends with Jo for years.* ▷ **przyjaźnić się (z** *kimś***)** **4 make friends (with sb)** (B1) to begin to know and like someone: *He's shy and finds it difficult to make friends.*

▷ **zaprzyjaźnić się (z** *kimś*) **5** Ⓐ2 a person you write to on an Internet site ▷ **znajom-y/a**

> **Wyrazy występujące razem z friend**
>
> sb's **best** friend • a **close/good** friend • a **family** friend • an **old** friend • a friend **of mine**

> **Friend wyrazy bliskoznaczne**
>
> Słowa **chum**, **mate** (*w brytyjskim angielskim*), i **pal** wszystkie mają znaczenie „friend":
> *Pete was there with a couple of his **mates**.*
> Wyrażenie **old friend** oznacza kogoś, kogo znamy i lubimy od wielu lat:
> *Rachel is one of my **oldest friends**.*
> **Acquaintance** to ktoś, kogo znamy, chociaż niezbyt dobrze:
> *He had a few business **acquaintances**.*
> Słowo **confidant** oznacza przyjaciela, z którym możemy porozmawiać o swych uczuciach i sekretach:
> *Sarah was my **confidant** throughout this period and I told her everything.*
> Grupa przyjaciół o podobnych zainteresowaniach jest czasem w sytuacjach nieformalnych określana słowem **crowd**:
> *"Who was there?" "Oh, you know, Dave, Fiona, and all that **crowd**."*

friendly¹ /ˈfrendli/ **adjective 1** Ⓐ2 behaving in a pleasant, kind way towards someone: *a **friendly** face/smile* ◦ *The other students have been very **friendly to** us.* ▷ **przyjazny, życzliwy** → Opposite **unfriendly 2 be friendly with sb** to know and like someone ▷ **być z** *kimś* **na stopie przyjacielskiej**
• **friendliness noun** [U] Ⓑ2 ▷ **życzliwość**

friendly² /ˈfrendli/ **noun** [C] UK a sports match that is not part of an official competition ▷ **spotkanie towarzyskie**

-friendly /ˈfrendli/ **suffix 1** used at the end of words to mean 'not harmful': ***environmentally-friendly*** *detergent* ▷ **bezpieczny dla, przyjazny dla 2** used at the end of words to mean 'suitable for particular people to use': *a family-friendly restaurant* ▷ **odpowiedni dla** → See also **user-friendly**

friendship /ˈfrendʃɪp/ **noun** [C, U] Ⓑ1 when two people are friends: *a **close friendship*** ▷ **przyjaźń**

> **Wyrazy występujące razem z friendship**
>
> **strike up** a friendship • a **close** friendship • sb's friendship **with** sb • a friendship **between** sb and sb

fries /fraɪz/ **noun** [plural] mainly US (also UK **chips**) long, thin pieces of potato that have been cooked in hot oil ▷ **frytki**

frieze /fri:z/ **noun** [C] an area of decoration along a wall ▷ **fryz**

frigate /ˈfrɪgət/ **noun** [C] a small, fast military ship ▷ **fregata**

fright /fraɪt/ **noun** [U, no plural] a sudden feeling of shock and fear: *That dog **gave me a** terrible **fright**.* ◦ *She screamed **in fright** when she saw him.* ▷ **strach, przerażenie**

frighten /ˈfraɪtᵊn/ **verb** [T] Ⓑ2 to make someone afraid or nervous: *It frightens me when he drives so fast.* ▷ **przestraszyć, przerażać** → See also **scare/frighten the (living)** ***daylights*** **out of sb**, **scare/frighten sb out of their** ***wits***

PHRASAL VERB **frighten sb away/off** to make a person or animal afraid or nervous so that they go away ▷ **odstraszać** *kogoś*

frightened /ˈfraɪtᵊnd/ **adjective** Ⓑ1 afraid or nervous: *I've always been **frightened of** going to the dentist.* ◦ [+ (that)] *Gerry was frightened that people would laugh at him.* ▷ **przestraszony, przerażony**

> **Frightened wyrazy bliskoznaczne**
>
> Przymiotniki **afraid** i **scared** są częstą alternatywą dla „frightened":
> *She's very **afraid** of dogs.*
> *Gerry has always been **scared** of heights.*
> Jeśli ktoś jest wyjątkowo przerażony, możemy użyć przymiotników **petrified, terrified, panic-stricken**, lub nieformalnego zwrotu **scared to death**:
> *I'm **terrified** of flying.*
> *She was **panic-stricken** when her little boy disappeared.*
> *He's **scared to death** of having the operation.*
> Jeśli ktoś odczuwa strach, gdyż niepokoi się z jakiegoś powodu, możemy użyć przymiotnika **afraid** lub **worried**:
> *I'm **afraid/worried** that something will go wrong.*

frightening /ˈfraɪtᵊnɪŋ/ **adjective** Ⓑ1 making you feel afraid or nervous: *a very frightening film* ▷ **przerażający**
• **frighteningly adverb** ▷ **przerażająco**

frightful /ˈfraɪtfᵊl/ **adjective** UK old-fashioned very bad: *The house was in a frightful mess.* ▷ **okropny**

frightfully /ˈfraɪtfᵊli/ **adverb** UK old-fashioned very: *They're frightfully rich, you know.* ▷ **okropnie**

frigid /ˈfrɪdʒɪd/ **adjective 1** not enjoying sexual activity, usually said about a woman ▷ **oziębły 2** literary not friendly or emotional ▷ **chłodny**

frill /frɪl/ **noun 1** [C] a strip of material with a lot of folds which is used to decorate the edge of cloth ▷ **falbanka 2 frills** extra things that are added to something to make it nicer or more attractive, but that are not really necessary: *a cheap, **no frills** airline service* ▷ **luksusy, (niepotrzebne) dodatki**

F

frilly /ˈfrɪli/ **adjective** with a lot of frills: *a frilly dress* ▷ **z falbankami**

fringe[1] /frɪndʒ/ **noun** [C] **1** UK (US **bangs** [plural]) hair that is cut short and straight at the top of someone's face ▷ **grzywka 2** loose threads that hang along the edge of cloth as a decoration ▷ **frędzle 3** the outside edge of an area, group, or subject and not the main part ▷ **skraj, obrzeża**

fringe[2] /frɪndʒ/ **verb be fringed with sth** If a place or object is fringed with something, that thing forms a border along the edge: *The river is fringed with wild flowers.* ▷ **być obrzeżonym** *czymś*

F

fringe[3] /frɪndʒ/ **adjective** [always before noun] not belonging to the main part of a group, activity, or subject: ***fringe politics/theatre*** ▷ **awangardowy**

ˌfringe ˈbenefit **noun** [C] something extra that you get from your employer in addition to money: [usually plural] *fringe benefits such as private health care* ▷ **świadczenie dodatkowe**

Frisbee /ˈfrɪzbi/ **noun** [C] trademark a circular piece of plastic with a curved edge which people throw to each other as a game ▷ **frisbee**

frisk /frɪsk/ **verb 1** [T] to move your hands over someone's body to discover if they are hiding something such as a weapon: *There were guards frisking people as they went into the building.* ▷ **przeszukiwać, rewidować 2** [I] to run and jump happily like a young animal ▷ **brykać**

frisky /ˈfrɪski/ **adjective** energetic and wanting to be active or play: *a frisky puppy* ▷ **rozbrykany**

fritter /ˈfrɪtəʳ/ **verb**

PHRASAL VERB **fritter sth away** to waste money or time on something that is not important ▷ **trwonić** *coś*

frivolity /frɪˈvɒləti/ **noun** [C, U] when people are being silly and not being serious ▷ **błazenada**

frivolous /ˈfrɪvələs/ **adjective** silly and not serious ▷ **niepoważny**

• **frivolously adverb** ▷ **niepoważnie**

frizzy /ˈfrɪzi/ **adjective** Frizzy hair has a lot of very small, tight curls. ▷ **kręcony**

frog /frɒg/ **noun** [C] B1 a small, green animal with long back legs for jumping that lives in or near water ▷ **żaba**

frogman /ˈfrɒgmən/ **noun** [C] (plural **frogmen**) someone whose job is to swim under water wearing a rubber suit and using special breathing equipment: ***Police frogmen*** *are searching the lake.* ▷ **płetwonurek**

from strong /frɒm/ weak /frəm/ **preposition 1** A1 used to show the place, time, or level that someone or something started at: *Did you walk all the way from Bond Street? ◦ The museum is open from 9.30 to 6.00, Tuesday to Sunday. ◦ Prices start from £5,595.* ▷ **od, z 2** A1 used to say where someone was born, or where someone lives or works: *His mother's originally from Poland. ◦ Our speaker tonight is from the BBC.* ▷ **z 3** A1 used to say how far away something is: *Their holiday cottage is about 15 kilometres from the coast.* ▷ **od 4** A1 used to say who gave or sent something to someone: *Have you had a Christmas card from Faye yet?* ▷ **od 5** If you take something from a person, place, or amount, you take it away: *Two from ten leaves eight. ◦ We had to borrow some money from my father to pay the bill.* ▷ **z, od 6** A1 used to say where something was produced or grown: *These vegetables are fresh from the garden.* ▷ **z 7** A2 used to say what something is made of: *juice made from oranges* ▷ **z 8** B2 used to show something that you want to avoid or prevent: *There's a bar across the front to prevent you from falling out.* ▷ **przed 9** B2 used to show where you are when you look at something or how you see something: *The view from the top was absolutely breathtaking.* ▷ **z 10** used to say why you think or believe something: *I guessed from her accent that she must be French. ◦ From what I've heard, the new exam is going to be a lot more difficult.* ▷ **po, z 11** B2 used to say what causes something: *Deaths from heart disease continue to rise every year. ◦ He was rushed to hospital* ***suffering from*** *severe burns.* ▷ **z (powodu) 12** B1 used when you are saying how similar or different two things, people, or places are: *University is very different from school.* ▷ **od 13 a week/six months/ten years, etc from now** a week/six months/ten years, etc after the time when you are speaking: *Who knows what we'll all be doing five years from now?* ▷ **za tydzień/pół roku/dziesięć lat** *itp.* **14 from now/then, etc on** starting now/then, etc and continuing into the future: *They were good friends from that day on.* ▷ **od teraz/tego momentu** *itp.*

front[1] /frʌnt/ **noun 1 the front a** A2 the side of something that is most important or most often seen because it faces forward: *You need to write the address clearly* ***on the front of*** *the envelope. ◦ There was blood on the front of his shirt.* ▷ **przód b** A2 the part of something that is furthest forward: *We asked to sit* ***in the front of*** *the plane. ◦ He was standing right* ***at the front****.* ▷ **przód 2 in front a** B1 further forward than someone or something else: *She started a conversation with the man sitting* ***in front of*** *her.* ▷ **z przodu, przed b** winning in a game or competition: *By half time the Italians were well in front.* ▷ **na czele, na prowadzeniu 3 in front of a** A2 close to the front part of something: *He parked the car in front of the house.* ▷ **przed, naprzeciwko, naprzeciw b** A2 where someone can see or hear you: *Please don't swear in front of the children.* ▷ **przy, na oczach 4** [C] when someone behaves in a way that hides how they really feel: [usually singular] *Many parents decide to stay together,* ***putting up*** *a* ***front*** *for the children's sake.* ▷ **pozory, fasada 5** [C] an organization or activity that is used to hide a different, illegal activity: [usually singular] *Police discovered the restaurant was just a front for a drugs operation.* ▷ **przykrywka** **6 the front** an area of land where soldiers fight during a war: *Thousands of young men were sent to the front to fight.* ▷ **front** **7 on the business/jobs/politics, etc front** in a particular area of activity: *How are things on the work front at the moment?* ▷ **w dziedzinie działalności gospodarczej/zatrudnienia/polityki** *itp.* **8** [C] a line where warm air meets cold air affecting the weather: *A cold front is moving across the Atlantic.* ▷ **front**

front² /frʌnt/ **adjective** [always before noun] B1 in or at the front of something: *the front door/garden* ◦ *the front page of the newspaper* ▷ **przedni, frontowy**

frontal /ˈfrʌntᵊl/ **adjective** **1** relating to the front of something ▷ **przedni, frontowy** **2 a frontal attack/assault** when you criticize or attack someone or something in a very strong and direct way ▷ **frontalny atak**

frontier /frʌnˈtɪəʳ/ **noun** **1** [C] a line or border between two countries ▷ **granica** **2 the frontiers of sth** the limits of what is known or what has been done before in an area of knowledge or activity: *the frontiers of science and technology* ▷ **granice** *czegoś*

ˌfront ˈline **noun** **the front line** **a** the place where soldiers fight in a war ▷ **front, linia frontu** **b** a position of direct and important influence: *doctors working **in the front line** of medicine* ▷ **pierwsza linia**

• **front-line** /ˈfrʌntlaɪn/ **adjective** [always before noun] *front-line troops* ▷ **frontowy, pionierski**

front-page /ˈfrʌntˌpeɪdʒ/ **adjective** **front-page news/story, etc** news that is very important and suitable for the front page of a newspaper ▷ **wiadomość/artykuł** *itp.* **z pierwszych stron (gazet)**

front-runner /ˌfrʌntˈrʌnəʳ/ ⓤⓢ /ˈfrʌntˌrʌnəʳ/ **noun** [C] the person or organization that will most probably win something ▷ **faworyt/ka**

frost¹ /frɒst/ **noun** **1** [U] B2 a thin, white layer of ice that forms on surfaces, especially at night, when it is very cold ▷ **szron** **2** [C] B2 when the temperature is cold and water freezes: *We're expecting a **hard frost** tonight.* ▷ **mróz**

frost² /frɒst/ **verb** [T] US (UK/US **ice**) to cover a cake with frosting ▷ **lukrować**

frostbite /ˈfrɒstbaɪt/ **noun** [U] when extreme cold injures your fingers and toes ▷ **odmrożenie**

frosted /ˈfrɒstɪd/ **adjective** Frosted glass has a special surface so that you cannot see through it. ▷ **matowy**

frosting /ˈfrɒstɪŋ/ **noun** [U] US (UK/US **icing**) a sweet mixture used to cover or fill cakes, made from sugar and water or sugar and butter ▷ **lukier**

frosty /ˈfrɒsti/ **adjective** **1** very cold, with a thin layer of white ice covering everything: *a frosty morning* ▷ **mroźny, oszroniony** **2** not friendly: *She gave me a very frosty look.* ▷ **lodowaty**

froth /frɒθ/ **noun** [U] small, white bubbles such as on the surface of a liquid ▷ **piana**

• **froth verb** [I] ▷ **pienić się** • **frothy adjective** *frothy coffee* ▷ **pienisty**

frown¹ /fraʊn/ **verb** [I] to make your face show that you are annoyed or worried by moving your eyebrows : *She frowned when I mentioned his name.* ▷ **marszczyć brwi**

PHRASAL VERB **frown on/upon sth** to think that something is wrong and that you should not do it: [often passive] *Smoking is frowned upon in many public places.* ▷ **krzywo patrzeć na** *coś*, **nie akceptować** *czegoś*

frown² /fraʊn/ **noun** [C] the expression on your face when you frown: *He looked at me with a puzzled frown.* ▷ **zmarszczenie brwi**

froze /frəʊz/ past tense of freeze

frozen¹ /ˈfrəʊzᵊn/ **adjective** **1** B1 Frozen food has been made so that it will last a long time by freezing: *frozen peas* ▷ **mrożony** **2** B1 turned into ice: *The pond was frozen and people were skating on it.* ▷ **zamarznięty** **3** informal B1 extremely cold: *Is there any heating in here? I'm frozen!* ▷ **zmarznięty**

frozen² /ˈfrəʊzᵊn/ past participle of freeze

fructose /ˈfrʊktəʊs/ **noun** [U] a type of sugar that you find in honey and many fruits ▷ **fruktoza**

frugal /ˈfruːgᵊl/ **adjective** careful not to spend very much money ▷ **oszczędny**

fruit /fruːt/ **noun** **1** A1 [C, U] something such as an apple or orange that grows on a tree or a bush, contains seeds, and can be eaten as food: ***dried/fresh fruit*** ◦ *fruit juice* ▷ **owoc, owoce** → See **Fruits and Vegetables** on page Centre 10 **2 the fruit(s) of sth** the good result of someone's work or actions: *This book is the fruit of 15 years' research.* ▷ **owoc/e** *czegoś*

IDIOM **bear fruit** If something that someone does bears fruit, it produces successful results: *Our decision is just beginning to bear fruit.* ▷ **przynosić owoce, zaowocować**

→ See also **citrus fruit**

> **Wyrazy występujące razem z fruit**
>
> **dried/fresh** fruit • **a piece of** fruit • fruit **juice** • **citrus/tropical** fruit

fruitful /ˈfruːtfᵊl/ **adjective** producing good or useful results: *We had a very fruitful discussion.* ▷ **owocny**

fruition /fruˈɪʃᵊn/ **noun** [U] formal when a plan or an idea really begins to happen, exist, or be successful: *The plan never really **came to fruition**.* ▷ **efekty, rezultaty**

fruitless /ˈfruːtləs/ **adjective** not successful or achieving good results: *a long and **fruitless** search* ▷ **bezowocny**

fruity /ˈfruːti/ **adjective** smelling or tasting of fruit: *a fruity wine/taste* ▷ **owocowy**

frustrate /frʌsˈtreɪt/ (US) /ˈfrʌstreɪt/ **verb** [T] **1** to make someone feel annoyed because things are not happening in the way that they want, or in the way that they should: *It really frustrates me when she arrives late for meetings.* ▷ **frustrować** **2** to prevent someone from achieving something, or to prevent something from happening: *They have frustrated all our attempts to find a solution to this problem.* ▷ **udaremnić, pokrzyżować plany**

F

frustrated /frʌsˈtreɪtɪd/ (US) /ˈfrʌstreɪtɪd/ **adjective** annoyed because things are not happening in the way that you want, or in the way that they should: *I'm very* ***frustrated at/with*** *my lack of progress.* ▷ **sfrustrowany**

frustrating /frʌsˈtreɪtɪŋ/ (US) /ˈfrʌstreɪtɪŋ/ **adjective** making you feel frustrated: *a frustrating situation* ▷ **frustrujący**

frustration /frʌsˈtreɪʃᵊn/ **noun** [C, U] (B2) the feeling of being annoyed because things are not happening in the way that you want, or in the way that they should: *I could sense his* ***frustration at*** *not being able to help.* ▷ **frustracja**

> Wyrazy występujące razem z **frustration**
>
> sheer frustration • **in** frustration • frustration at (doing) sth

frustum /ˈfrʌstəm/ **noun** [C] the part of a solid shape such as a cone that is between the base of the shape and a parallel plane (= layer) through the shape, or between two parallel layers through the shape ▷ **bryła ścięta**

fry /fraɪ/ **verb** [I, T] (B1) to cook something in hot oil or fat or to be cooked in hot oil or fat: *Fry the onions in a little butter.* ▷ **smażyć**

ˈfrying ˌpan **noun** [C] (B1) a flat, metal pan with a long handle that is used for frying food ▷ **patelnia** → See **The Kitchen** on page Centre 2

ft written abbreviation for foot ▷ **stopa (= 30,48 cm)**

the FTSE 100 Index /ˌfʊtsiwʌnˌhʌndrəd ˈɪndeks/ **noun** [no plural] (trademark informal **the Footsie**) a number which shows the value of the share prices of the hundred most important British companies, which is published by the Financial Times, a British newspaper: *The FTSE 100 Index closed 31.6 points down at 2459.3 in today's trading.* ▷ **indeks FTSE (giełdy brytyjskiej)**

fudge¹ /fʌdʒ/ **noun** [U] a soft sweet food made from butter, sugar, and milk ▷ **kajmak, karmel**

fudge² /fʌdʒ/ **verb** informal **1** [T] UK to avoid making a decision or giving a clear answer about something: *The government continues to* ***fudge*** *the* ***issue.*** ▷ **rozmydlać** **2** [I, T] US to slightly cheat, often by not telling the exact truth: *He* ***fudged on*** *his income tax return.* ▷ **naginać (fakty)**

fuel¹ /ˈfjuːəl/ **noun** [C, U] (B1) a substance that is burned to provide heat or power: *The plane ran out of fuel and had to land at sea.* ▷ **paliwo**

> Wyrazy występujące razem z **fuel**
>
> fuel **bills/consumption/prices/supplies** • fuel **efficiency**

fuel² /ˈfjuːəl/ **verb** [T] (present participle UK **fuelling**, past tense and past participle **fuelled**, present participle US **fueling**, past tense and past participle **fueled**) to make people's ideas or feelings stronger, or to make a situation worse: *Newspaper reports are* ***fuelling fears*** *about GM foods.* ▷ **podsycać**

fugitive /ˈfjuːdʒətɪv/ **noun** [C] someone who is escaping or hiding from the police or from a dangerous situation ▷ **uciekinier/ka, zbieg**

fulcrum /ˈfʊlkrəm/ **noun** [C, usually singular] the point at which a bar, or something that is balancing, is supported or turns ▷ **punkt podparcia**

fulfil /fʊlˈfɪl/ (present participle **fulfilling**, past tense and past participle **fulfilled**) UK (US **fulfill**) **verb** **1 fulfil a duty/promise/responsibility, etc** to do something that you have promised to do or that you are expected to do: *He has failed to fulfil his duties as a father.* ▷ **wypełniać obowiązek/spełniać obietnicę/wykonać zadanie** *itp.* **2 fulfil an ambition/dream/goal, etc** to do something that you really wanted to do ▷ **realizować ambicję/marzenie/cel** *itp.* **3 fulfil a function/need/role, etc** to do something that is necessary or useful: *You seem to fulfil a very useful role in the organization.* ▷ **spełniać funkcję/zaspokajać potrzebę/spełniać rolę** *itp.* **4 fulfil criteria/requirements/qualifications, etc** to have all the qualities that are wanted or needed for something: *You have to fulfil certain requirements to qualify for the competition.* ▷ **spełniać kryteria/wymagania/posiadać kwalifikacje** *itp.*

fulfilled /fʊlˈfɪld/ **adjective** feeling happy that you are receiving everything that you want from your life ▷ **spełniony, usatysfakcjonowany** → Opposite **unfulfilled**

fulfilling /fʊlˈfɪlɪŋ/ **adjective** If something is fulfilling, it satisfies you and makes you happy: *a fulfilling job* ▷ **satysfakcjonujący**

fulfilment UK (US **fulfillment**) /fʊlˈfɪlmənt/ **noun** [U] **1** a feeling of pleasure because you are receiving or achieving what you want: *I hope that you'll find happiness and fulfilment in your life together.* ▷ **spełnienie, satysfakcja** **2** when someone does something necessary or something that they have wanted or promised to do: *Being here is the* ***fulfilment of*** *a lifelong ambition.* ▷ **spełnienie**

full¹ /fʊl/ **adjective** **1** (A2) If a container or a space is full, it contains as many things or people as possible or as much of something as possible: *We couldn't get in, the cinema was full.* ◦ *The shelves were* ***full of*** *books.* ▷ **pełny** **2** (A2) containing a lot of things or people or a lot of something: *The room was **full of** people.* ◦ *His face was full of anger.* ▷ **pełny 3** [always before noun] (A2) complete and including every part: *Please give your full name and address.* ▷ **pełny, cały 4 full speed/strength/volume, etc** (B1) the greatest speed/strength/volume, etc possible: *We were driving at full speed.* ◦ *She got full marks in the test.* ▷ **pełna szybkość/cała siła/maksymalna głośność** *itp.* **5 be full of yourself** to think that you are very important ▷ **być zadufanym w sobie 6 be full of sth** to be talking or thinking a lot about a particular thing: *He's full of stories about his holiday.* ▷ **żyć** *czymś* **7** informal (also UK **full up**) (B2) having eaten enough food: *No more for me, thanks, I'm full.* ▷ **pełny, najedzony 8 a full face/figure** a face or body shape that is large and round ▷ **pełna twarz/figura** → See also **have your *hands* full**, **be in full *swing***

full² /fʊl/ **noun 1 in full** (B1) completely and with nothing missing: *The speech will be published in full in tomorrow's newspaper.* ▷ **w całości 2 to the full** mainly UK as much or as well as possible: *She certainly **lived life to the full**.* ▷ **w (całej) pełni**

full-blown /ˌfʊlˈbləʊn/ **adjective** completely developed: *a full-blown crisis* ◦ *a full-blown disease* ▷ **rozwinięty**

ˌfull ˈboard **noun** [U] UK when all your meals are provided in a hotel ▷ **pełne wyżywienie**

fullerene /ˈfʊləriːn/ **noun** [C] any of several carbon compounds with molecules arranged in a round, hollow shape ▷ **fuleren**

full-fledged /ˌfʊlˈfledʒd/ **adjective** [always before noun] US (UK **fully-fledged**) having finished developing, studying, or establishing yourself ▷ **dojrzały, pełnoprawny**

full-grown /ˌfʊlˈgrəʊn/ **adjective** A full-grown person, animal, or plant has developed completely, and is not expected to grow more: *a full-grown man* ▷ **dorosły**

ˌfull ˈhouse **noun** [C] when all the seats in a place such as a theatre or cinema are full ▷ **komplet (widowni), pełna sala**

full-length /ˌfʊlˈleŋθ/ **adjective 1 a full-length book/film, etc** a book/film, etc that is the usual length and not shorter: *a full-length feature film* ▷ **całkiem spora książka/pełnometrażowy film** *itp.* **2 a full-length mirror/photograph, etc** a mirror/image, etc that shows a person's whole body from the head to the feet ▷ **wysokie lustro/portret od stóp do głów 3 a full-length coat/dress/skirt, etc** a long piece of clothing that reaches to your feet ▷ **płaszcz/suknia/spódnica** *itp.* **do kostek**

ˌfull ˈmoon **noun** [no plural] the moon when it appears as a complete circle ▷ **pełnia (Księżyca)**

full-on /fʊlˈɒn/ **adjective 1** very great or to the greatest degree: *full-on luxury* ▷ **na maksa 2** very serious and enthusiastic, often in a way which annoys other people ▷ **nadgorliwy**

full-page /ˌfʊlˈpeɪdʒ/ **adjective** [always before noun] filling a complete page in a newspaper or magazine: *a **full-page ad*** ▷ **na całą stronę**

full-scale /ˌfʊlˈskeɪl/ **adjective** [always before noun] **1** very large or serious and involving everything that is possible or expected: *The violence has developed into a full-scale war.* ▷ **gruntowny, totalny 2** A full-scale model is the same size as the original thing that it is representing. ▷ **naturalnej wielkości**

ˌfull ˈstop **noun** [C] UK (US **period**) (B1) a mark (.) used at the end of a sentence, or to show that the letters before it are an abbreviation ▷ **kropka**

full-time /ˌfʊlˈtaɪm/ **adjective** (B1) happening or working for the whole of the working week and not only part of it: *a **full-time job/course*** ▷ **pełnoetatowy, w pełnym wymiarze**
• **full-time adverb** *She **works full-time** for the council.* ▷ **w pełnym wymiarze, na pełny etat**

fully /ˈfʊli/ **adverb** (B1) completely: *The restaurant was **fully booked**.* ◦ *He is **fully aware** of the dangers involved.* ▷ **całkowicie, w pełni**

fully-fledged /ˌfʊliˈfledʒd/ **adjective** [always before noun] UK (US **full-fledged**) having finished developing, studying, or establishing yourself: *I won't be a fully-fledged doctor until after the exams.* ▷ **dojrzały, pełnoprawny**

fumble /ˈfʌmbl/ **verb** [I] to use your hands with difficulty to try to get hold of something or find something: *She fumbled in her bag for her glasses.* ▷ **gmerać, grzebać**

fume /fjuːm/ **verb** [I] to be extremely angry, especially in a quiet way: *A week later, she was still fuming about his behaviour.* ▷ **gotować się ze złości**

fumes /fjuːmz/ **noun** [plural] strong, unpleasant, and often dangerous gas or smoke: *car exhaust fumes* ▷ **opary, wyziewy**

fun¹ /fʌn/ **noun** [U] **1** (A1) enjoyment or pleasure, or something that gives you enjoyment or pleasure: *She's **great fun** to be with.* ◦ ***Have fun!*** *(= enjoy yourself)* ◦ *It's **no fun** having to work late every night.* ▷ **zabawa 2 for fun/for the fun of it** (B1) for pleasure and not for any other reason ▷ **dla zabawy 3 make fun of sb/sth** (B2) to make a joke about someone or something in an unkind way: *The other children at school used to make fun of his hair.* ▷ **żartować lub kpić sobie z** *kogoś/czegoś*

> Wyrazy występujące razem z **fun**
>
> have fun • good/great fun • be no fun • for fun

fun² /fʌn/ **adjective** (A2) enjoyable or entertaining: *There are lots of fun things to do here.* ▷ **fajny, przyjemny**

function¹ /ˈfʌŋkʃᵊn/ **noun** [C] **1** (B2) the purpose of something or someone: *Each button has a* *different function.* ▷ **funkcja, rola 2** a large, formal party or ceremony: *a charity function* ▷ **uroczystość 3** a quantity whose value depends on another value and changes with that value ▷ **funkcja**

> **Wyrazy występujące razem z function**
>
> a basic/important/primary/vital function • carry out/fulfil/provide/serve a function

function² /ˈfʌŋkʃᵊn/ **verb** [I] to work or operate: *The operation should help his lungs to function properly again.* ▷ **funkcjonować**

PHRASAL VERB **function as sth** to have a particular purpose: *The spare bedroom also functions as a study.* ▷ **służyć za lub jako** *coś*

functional /ˈfʌŋkʃᵊnᵊl/ **adjective 1** B2 designed to be practical or useful and not only attractive: *functional clothing* ▷ **funkcjonalny 2** operating or working correctly: *The system is not yet fully functional.* ▷ **sprawny, działający**

ˈfunction ˌkey noun [C] (written abbreviation **F**) one of the keys on a computer keyboard which has the letter F and a number on it and that makes the computer do particular jobs: *Press F4 to print.* ▷ **klawisz funkcyjny**

fund /fʌnd/ **noun 1** [C] an amount of money collected, saved, or provided for a purpose: *a **pension fund*** ▷ **fundusz 2 funds** [plural] money needed or available to spend on something: *The charity closed down due to **lack of funds**.* ▷ **fundusze**

• **fund** verb [T] to provide money for an event, activity, or organization: *Who is the project funded by?* ▷ **finansować**

fundamental /ˌfʌndəˈmentᵊl/ **adjective** relating to the most important or main part of something: *a fundamental change/difference* ◦ *Training is **fundamental to** success.* ▷ **podstawowy, zasadniczy**

• **fundamentally** adverb *The world has changed fundamentally over the last century.* ▷ **zasadniczo**

fundamentalism /ˌfʌndəˈmentᵊlɪzᵊm/ **noun** [U] the belief that the traditions and rules of a religion should be followed exactly ▷ **fundamentalizm**

fundamentalist /ˌfʌndəˈmentᵊlɪst/ **noun** [C] someone who believes that the rules of their religion should be followed exactly ▷ **fundamentalist-a/ka**

• **fundamentalist** adjective ▷ **fundamentalistyczny**

fundamentals /ˌfʌndəˈmentᵊlz/ **noun** [plural] the main principles, or most important parts of something ▷ **podstawy**

funding /ˈfʌndɪŋ/ **noun** [U] money given by a government or organization for an event or activity: *The company received state funding for the project.* ▷ **środki, fundusze**

fundraiser /ˈfʌndˌreɪzəʳ/ **noun** [C] a person or an event that collects money for a particular purpose ▷ **impreza ze zbiórką pieniędzy, organizator/ka zbiórki pieniędzy**

fundraising /ˈfʌndˌreɪzɪŋ/ **noun** [U] when you collect money for a particular purpose: *a **fundraising event*** ▷ **zbiórka pieniędzy**

funeral /ˈfjuːnᵊrᵊl/ **noun** [C] B2 a ceremony for burying or burning the body of a dead person ▷ **pogrzeb**

ˈfuneral diˌrector noun [C] someone whose job is to organize funerals and prepare dead bodies to be buried or burned ▷ **przedsiębiorca pogrzebowy**

fungus /ˈfʌŋgəs/ **noun** [C, U] (plural **fungi**, **funguses**) a type of plant without leaves and without green colouring which gets its food from other living or decaying things ▷ **grzyb**

funk /fʌŋk/ **noun** [U] a style of popular music with a strong rhythm that is influenced by African and jazz music ▷ **(muzyka) funk**

funky /ˈfʌŋki/ **adjective** informal **1** fashionable in an unusual and noticeable way: *She's got some very funky clothes.* ▷ **wystrzałowy 2** Funky music has a strong rhythm, and is good to dance to. ▷ **funkowy**

funnel /ˈfʌnᵊl/ **noun** [C] **1** a tube with a wide part at the top that you use to pour liquid or powder into something that has a small opening ▷ **lejek 2** a metal pipe on the top of a ship or train which smoke comes out of ▷ **komin**

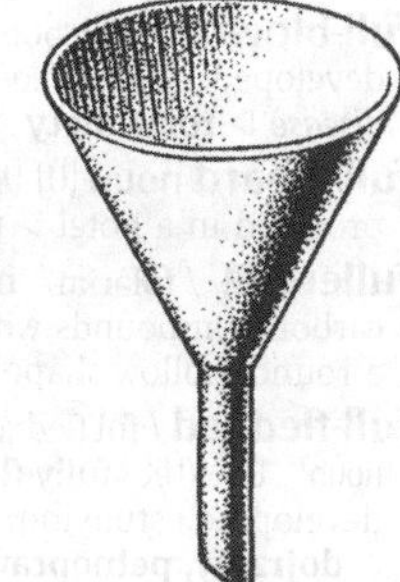
funnel

funnily /ˈfʌnɪli/ **adverb** UK **funnily enough** although it seems strange and surprising: *Funnily enough, I was just thinking about you when you called.* ▷ **to lub co dziwne**

> **Funny wyrazy bliskoznaczne**
>
> Przymiotnik **amusing** jest często używany zamiast „funny" w sytuacjach bardziej formalnych:
>
> *I gave her an article that I thought she would find **amusing**.*
>
> Jeśli coś jest wyjątkowo zabawne, możemy użyć przymiotników **hilarious** lub (*w mowie potocznej*) **hysterical**:
>
> *I've just read his autobiography – it's absolutely **hilarious/hysterical**.*
>
> Jeśli ktoś mówi w inteligentny i zabawny sposób, możemy użyć przymiotnika **witty**:
>
> *He was a very **witty** man.*
>
> Przymiotnika **comical** często używamy, jeśli ktoś lub coś wygląda śmiesznie:
>
> *She looked so **comical** in that hat!*

funny /ˈfʌni/ **adjective 1** A1 making you smile

or laugh: *a funny story* ◦ *It's not funny. Don't laugh!* ▷ **śmieszny, zabawny** **2** B1 strange or unusual and not what you expect: *This chicken tastes a bit funny.* ▷ **dziwny**

fur /fɜːʳ/ **noun** **1** [U] B1 the thick hair that covers the bodies of some animals like cats and rabbits ▷ **futro, sierść** **2** [C, U] the skin of an animal covered in thick hair and used for making clothes, or a piece of clothing made from this ▷ **futro**

furious /ˈfjʊəriəs/ **adjective** **1** B2 extremely angry: *He's* ***furious at*** *the way he's been treated.* ◦ *My boss was* ***furious with*** *me.* ▷ **wściekły** **2** very energetic or fast: *a furious attack* ▷ **wściekły, zaciekły**
• **furiously adverb** B2 ▷ **wściekle**

furlong /ˈfɜːlɒŋ/ **noun** [C] a unit of length used in horse races equal to 201 metres ▷ **1/8 mili (= 201 m)**

furnace /ˈfɜːnɪs/ **noun** [C] a container which is heated to a very high temperature and used to heat buildings, melt metal, or burn things ▷ **piec**

furnish /ˈfɜːnɪʃ/ **verb** [T] to put furniture into a room or building: *They have furnished the room very simply.* ▷ **umeblować, urządzać**

PHRASAL VERB **furnish sb with sth** formal to provide someone with something: *Can you furnish me with any further information?* ▷ **dostarczać** *komuś coś*, **wyposażyć** *kogoś* **w** *coś*

furnished /ˈfɜːnɪʃt/ **adjective** If a room or building is furnished, there is furniture in it. ▷ **umeblowany**

furnishings /ˈfɜːnɪʃɪŋz/ **noun** [plural] the furniture, curtains, and other decorations in a room or building ▷ **wyposażenie, umeblowanie**

furniture /ˈfɜːnɪtʃəʳ/ **noun** [U] A2 objects such as chairs, tables, and beds that you put into a room or building: *antique furniture* ▷ **meble**

> Wyrazy występujące razem z **furniture**
>
> a **piece of** furniture • **garden/office** furniture • **antique** furniture

furore /fjʊəˈrɔːri/ **noun** [no plural] UK (US **furor** /ˈfjʊrɔːr/) a sudden, excited, or angry reaction to something by a lot of people: *The book* ***caused a furore*** *when it was published.* ▷ **wrzawa, zamieszanie**

furrow¹ /ˈfʌrəʊ/ **noun** [C] **1** a deep line cut into a field that seeds are planted in ▷ **bruzda** **2** a deep line on someone's face, especially above their eyes ▷ **zmarszczka**

furrow² /ˈfʌrəʊ/ **verb** **furrow your brow** to make deep lines appear on your face above your eyes: *He furrowed his brow as he struggled to think of a solution.* ▷ **marszczyć brwi**

furry /ˈfɜːri/ **adjective** covered with fur or with something that feels like fur ▷ **puszysty, futerkowy, futrzany**

further¹ /ˈfɜːðəʳ/ **adverb** **1** B2 more: *He refused to discuss the matter further.* ◦ *Have you* ***got any further*** *(= achieved any more) with your research?* ▷ **dalej, więcej** **2** B1 comparative of **far**: at or to a place or time that is a longer distance away: *Let's walk a bit further down the road.* ▷ **dalej**

further² /ˈfɜːðəʳ/ **adjective** [always before noun] A2 more or extra: *For further details about the offer, call this number.* ◦ *We will let you know if there are any further developments.* ▷ **dalszy**

further³ /ˈfɜːðəʳ/ **verb** [T] to make something develop or become more successful: *He'll do anything to* ***further*** *his* ***career****.* ▷ **troszczyć się o, rozwijać**

ˌfurther eduˈcation **noun** [U] UK education at a college for people who have left school but are not at a university ▷ **kształcenie pomaturalne**

furthermore /ˌfɜːðəˈmɔːʳ/ (US) /ˈfɜːrðərmɔːr/ **adverb** B2 in addition to what has just been said ▷ **co więcej, ponadto**

furthest /ˈfɜːðɪst/ **adjective, adverb** B1 superlative of **far**: most distant ▷ **najdalszy, najdalej**

furtive /ˈfɜːtɪv/ **adjective** doing something secretly, or done secretly, so that people do not notice: *He gave her a* ***furtive glance*** *as soon as his wife left the room.* ▷ **ukradkowy**
• **furtively adverb** ▷ **ukradkiem**

fury /ˈfjʊəri/ **noun** [U, no plural] extreme anger: *He could hardly control his fury.* ▷ **wściekłość**

fuse¹ /fjuːz/ **noun** [C] **1** a small object that stops electrical equipment working if there is too much electricity going through it: *The* ***fuse has blown****. You'll have to change it.* ◦ *a* ***fuse box*** ▷ **bezpiecznik** **2** the part of a bomb or other explosive object that starts the explosion: ***Light*** *the* ***fuse****, and then stand back.* ▷ **zapalnik**

fuse² /fjuːz/ **verb** [I, T] **1** UK If a piece of electrical equipment fuses, or if you fuse it, it stops working because there is too much electricity going through it: *You've* ***fused*** *the* ***lights****.* ▷ **wywalić bezpiecznik, przepalić lub spalić bezpiecznik w** **2** to join or become combined: *The bones of the skull are not properly fused at birth.* ▷ **łączyć (się)**

fuselage /ˈfjuːzəlɑːʒ/ **noun** [C] the main body of an aircraft ▷ **kadłub**

fusion /ˈfjuːʒən/ **noun** [C, U] **1** when two or more things join or become combined: *nuclear fusion* ◦ *She describes her music as a fusion of folk and rock.* ▷ **synteza, połączenie, fuzja** **2** the process of joining two nuclei to produce energy ▷ **synteza jądrowa**

fuss¹ /fʌs/ **noun** **1** B2 [U, no plural] when people become excited, annoyed, or anxious about something, especially about something unimportant: *What's all the fuss about?* ◦ *They were* ***making*** *a big* ***fuss*** *over nothing.* ▷ **zamieszanie** **2** **kick up/make a fuss** to complain about something: *If they don't bring our food soon, I'll have to kick up a fuss.* ▷ **robić awanturę** **3** **make a fuss of/over sb** to give someone a lot of attention and treat them well: *My uncle always*

F

makes a big fuss of the children. ▷ **skakać wokół** *kogoś*, **trząść się nad** *kimś*

fuss² /fʌs/ **verb** [I] to worry too much or get too excited, especially about unimportant things: *Please don't fuss, Mum. Everything's under control.* ▷ **panikować**

PHRASAL VERB **fuss over sb/sth** to give someone or something too much attention because you want to show that you like them ▷ **skakać wokół** *kogoś/czegoś*

F

fussy /ˈfʌsi/ **adjective 1** only liking particular things and very difficult to please: *She's a very fussy eater.* ▷ **wybredny 2** too careful about unimportant details ▷ **drobiazgowy 3** If something is fussy, it is too complicated in design and has too many details. ▷ **(zbyt) skomplikowany, przezdobiony**

futile /ˈfjuːtaɪl/ Ⓤⓢ /ˈfjuːtəl/ **adjective** certain not to have a successful effect or result: *a futile attempt to escape* ▷ **daremny, beznadziejny** • **futility** /fjuːˈtɪləti/ **noun** [U] when something is futile ▷ **daremność, beznadzieja**

futon /ˈfuːtɒn/ **noun** [C] a flat bed filled with soft material that can be used on the floor or on a wooden base, or folded into a seat ▷ **futon, japoński materac**

future¹ /ˈfjuːtʃəʳ/ **noun 1 the future a** Ⓑ① the time which is to come: *He likes to* ***plan for the future.*** ◦ *They hope to get married* ***in the near future*** *(= soon).* ▷ **przyszłość b** Ⓐ② In grammar, the future is the form of the verb used to talk about something that will happen. ▷ **forma przyszła 2 in future** UK (mainly US **in the future**) Ⓑ① beginning from now: *In future, I'll be more careful about who I lend my bike to.* ▷ **w przyszłości 3** [C] Ⓑ② what will happen to someone or something in the time which is to come: *We need to discuss the future of the company.* ▷ **przyszłość 4** [U, no plural] Ⓑ① the chance of continuing to exist or succeed: *She's got a very promising future ahead of her.* ▷ **przyszłość**

> Wyrazy występujące razem z **future**
>
> the **distant/foreseeable/near** future • **plan for/predict** the future • **in the future**

future² /ˈfjuːtʃəʳ/ **adjective** [always before noun] **1** Ⓑ① happening or existing in the time which is to come: *future plans* ◦ *in future years* ◦ *What will we leave for future generations?* ▷ **przyszły 2 future tense** the form of the verb which is used to talk about something that will happen ▷ **czas przyszły**

the ˌfuture ˈperfect noun the form of the verb which is used to show that an action will have been completed before a particular time in the future. The sentence 'I'll probably have left by then.' is in the future perfect. ▷ **czas przyszły dokonany**

futuristic /ˌfjuːtʃəˈrɪstɪk/ **adjective** very modern and strange and seeming to come from some imagined time in the future: *a futuristic steel building* ▷ **futurystyczny**

fuzzy /ˈfʌzi/ **adjective 1** confused and not clear: *We could only get a fuzzy picture on the television.* ▷ **zamazany 2** covered in soft, short hairs, or material like this: *a fuzzy kitten* ◦ *fuzzy slippers* ▷ **puszysty**

ˌfuzzy ˈlogic noun [U] a way of solving questions in which statements or opinions are formed from information which is not clear or definite ▷ **logika rozmyta**

FYI Internet abbreviation for for your information: used when you send someone a document or tell them something you think they should know about ▷ **do twojej wiadomości**

G

G, g /dʒiː/ the seventh letter of the alphabet ▷ **G, g**

g written abbreviation for gram ▷ **g**

gabble /ˈgæbl/ **verb** [I, T] UK informal to talk quickly or in a way that people cannot understand: *He gabbled something in Italian.* ▷ **trajkotać**

gable /ˈgeɪbl/ **noun** [C] the top end of a wall of a building where two sloping parts of a roof meet at a point ▷ **szczyt (ściany)**

Gabon /gæbˈɒn/ **noun** a country in Africa ▷ **Gabon**

• **Gabonese** /ˌgæbənˈiːz/ **adjective** coming from or relating to Gabon ▷ **gaboński** • **Gabonese noun** (plural **Gabonese**) someone from Gabon ▷ **Gabo-ńczyk/nka**

gadget /ˈgædʒɪt/ **noun** [C] a small piece of equipment that does a particular job, especially a new type: *a* ***kitchen gadget*** ▷ **gadżet**

Gaelic /ˈgeɪlɪk/, /ˈgælɪk/ **noun** [U] a language spoken in parts of Scotland and Ireland ▷ **(język) celtycki**

• **Gaelic adjective** relating to Gaelic or to the Gaelic culture of Scotland and Ireland ▷ **celtycki**

gaffe /gæf/ **noun** [C] when someone says or does something embarrassing without intending to: *The minister has* ***made*** *a series of embarrassing* ***gaffes.*** ▷ **gafa**

gag¹ /gæg/ **verb** (present participle **gagging**, past tense and past participle **gagged**) **1** [T] to fasten something over someone's mouth so that they cannot speak: *The owners of the house were found* ***bound and gagged*** *in the cellar.* ▷ **zakneblować 2** [T] to prevent someone from giving their opinion or giving information about something: *The government is trying to gag the press over the issue.* ▷ **zamknąć usta 3** [I] to feel that you are going to vomit: *The sight of the body made him gag.* ▷ **krztusić się, ≈ zbierać się na wymioty**

IDIOM **be gagging for sth** UK informal to want something or want to do something very much: *I'm gagging for a coffee.* ▷ **nie móc się** *czegoś* **doczekać**

gag² /gæg/ **noun** [C] **1** informal a joke or funny story ▷ **gag 2** something that is fastened over someone's mouth to stop them speaking ▷ **knebel**

gaggle /ˈgægl/ **noun** [C] a group of people, especially when they are noisy: *a gaggle of newspaper reporters* ▷ **(wrzaskliwa) grupka**

gaiety /ˈgeɪəti/ **noun** [U] old-fashioned happiness or excitement ▷ **wesołość**

gaily /ˈgeɪli/ **adverb** old-fashioned in a happy way ▷ **wesoło**

gain¹ /geɪn/ **verb 1** [T] (B1) to get something useful or positive: *The country gained independence in 1948.* ◦ *You'll gain a lot of experience working there.* ▷ **zyskać, uzyskać 2 gain by/from sth** to get an advantage or something valuable from something: *Who stands to gain from the will?* ▷ **skorzystać na** *czymś* **3** [T] (B2) to increase in something such as size, weight, or amount: *He's gained a lot of weight in the last few months.* ▷ **nabierać, przybierać na 4** [I, T] If a clock or a watch gains, it works too quickly and shows a time that is later than the real time. ▷ **spieszyć się** → See also **gain/lose** ***ground***, **get/gain the upper** ***hand***

PHRASAL VERB **gain on sb/sth** to get nearer to someone or something that you are chasing: *Quick! They're gaining on us.* ▷ **doganiać** *kogoś/coś*

gain² /geɪn/ **noun** [C, U] **1** when you get something useful or positive: ***financial gain*** ▷ **zysk 2** an increase in something such as size, weight, or amount ▷ **wzrost**

gait /geɪt/ **noun** [C] someone's particular way of walking: *I recognized his gait from a distance.* ▷ **chód**

gala /ˈgɑːlə/ (US) /ˈgeɪlə/ **noun** [C] a special social event, performance, or sports competition: *a gala concert* ▷ **gala**

galaxy /ˈgæləksi/ **noun** [C] a very large group of stars held together in the universe ▷ **galaktyka**

gale /geɪl/ **noun** [C] a very strong wind ▷ **wichura**

gall¹ /gɔːl/ **noun have the gall to do sth** to be rude enough to do something that is not considered acceptable: *I can't believe he had the gall to complain.* ▷ **mieć czelność** *coś zrobić*

gall² /gɔːl/ **verb** [T] to annoy someone: *What galls me is that he escaped without punishment.* ▷ **drażnić**

• **galling adjective** annoying: *It's particularly galling for me that she gets paid more than I do.* ▷ **drażniący**

gallant /ˈgælənt/ **adjective** literary **1** brave: *a gallant attempt to rescue a drowning man* ▷ **dzielny 2** polite and kind, especially to women ▷ **szarmancki**

• **gallantly adverb** ▷ **dzielnie, szarmancko** • **gallantry noun** [U] when someone is gallant ▷ **dzielność, szarmanckość**

ˈgall ˌbladder noun [C] an organ in the body that contains a substance that helps you to digest food ▷ **woreczek lub pęcherzyk żółciowy**

gallery /ˈgælᵊri/ **noun** [C] **1** (B1) a room or building that is used for showing paintings and other art to the public: *a museum and* ***art***

gallery ▷ **galeria 2** a floor at a higher level that looks over a lower floor inside a large room or building: *The courtroom has a* ***public gallery.*** ▷ **galeria, balkon**

galley /ˈgæli/ **noun** [C] a kitchen in a ship or aircraft ▷ **kuchnia (pokładowa)**

gallon /ˈgælən/ **noun** [C] a unit for measuring liquid, equal to 4.546 litres in the UK and 3.785 litres in the US ▷ **galon (= 4,546 litra w Wielkiej Brytanii i 3,785 litra w USA)**

gallop /ˈgæləp/ **verb** [I] If a horse gallops, it runs very fast. ▷ **galopować**
• **gallop noun** [no plural] ▷ **galop**

G

gallows /ˈgæləʊz/ **noun** [C] (plural **gallows**) a wooden structure used in the past to hang criminals from to kill them ▷ **szubienica**

galore /gəˈlɔːʳ/ **adjective** [always after noun] in large amounts or numbers: *There are bargains galore at the new supermarket.* ▷ **w bród, co niemiara**

galvanize (also UK **-ise**) /ˈgælvənaɪz/ **verb** [T] **1** to make someone suddenly decide to do something: *His words* ***galvanized*** *the team* ***into*** *action.* ▷ **zmobilizować, zdopingować 2** to cover the metals iron or steel with a thin layer of zinc in order to protect them ▷ **cynkować**
• **galvanization** (also UK **-isation**) **noun** [U] ▷ **cynkowanie**

galvanized (also UK **-ised**) /ˈgælvənaɪzd/ **adjective** describes metal, or something made of metal, that is covered with a thin layer of zinc ▷ **cynkowany**

Gambia /ˈgæmbiə/ **noun** a country in Africa ▷ **Gambia**
• **Gambian** /ˈgæmbiən/ **adjective** coming from or relating to Gambia ▷ **gambijski** • **Gambian noun** someone from Gambia ▷ **Gambij-czyk/ka**

gamble¹ /ˈgæmbl/ **verb** [I, T] to risk money on the result of a game, race, or competition: *He gambled away all of our savings.* ▷ **uprawiać hazard, stawiać**
• **gambler noun** [C] ▷ **hazardzist-a/ka** • **gambling noun** [U] B2 ▷ **hazard**

PHRASAL VERB **gamble on sth** to take a risk that something will happen ▷ **liczyć na** *coś*

gamble² /ˈgæmbl/ **noun** [C] a risk that you take that something will succeed: *Buying this place was a big* ***gamble****, but it seems to have* ***paid off****.* ▷ **ryzyko**

> Wyrazy występujące razem z **gamble**
>
> take a gamble • a gamble backfires/pays off • a gamble on sth

game¹ /geɪm/ **noun 1** [C] A1 an entertaining activity or sport that people play, usually needing some skill and played according to rules: *a* ***computer game*** ◦ *Do you want to* ***play*** *a different* ***game****?* ▷ **gra 2** [C] A2 a particular competition, match, or occasion when people play a game: *Would you like a game of chess?* ◦ *Who won yesterday's game?* ▷ **mecz, partia 3 games** UK organized sports that children do at school: *I always hated games at school.* ◦ *a games teacher* ▷ **wuef, wychowanie fizyczne 4 the European/Commonwealth, etc Games** a special event where there are lots of competitions for different sports ▷ **igrzyska Europy/Wspólnoty Narodów** *itp.* **5** [C] UK informal a secret plan: *What's your game?* ▷ **plan 6** [U] wild animals and birds that are hunted for food or sport ▷ **zwierzyna (łowna)**

IDIOMS **give the game away** UK to spoil a surprise or joke by letting someone know something that should have been kept secret ▷ **zdradzić się** • **play games** to not deal with a situation seriously or honestly: *Someone's life is in danger here – we're not playing games.* ▷ **bawić się, żartować**

→ See also **ball game**, **board game**, **the Olympic Games**, **video game**

> Wyrazy występujące razem z **game**
>
> play a game • lose/win a game • a game of [chess/football, etc] • a computer game

game² /geɪm/ **adjective** willing to do new things, or things that involve a risk: *She's* ***game for*** *anything.* ▷ **chętny, gotowy**

Gameboy /ˈgeɪmbɔɪ/ **noun** [C] trademark a small machine that you play computer games on and that you can carry with you ▷ przenośna konsola do gier

gamekeeper /ˈgeɪmˌkiːpəʳ/ **noun** [C] someone whose job is to look after wild animals and birds that are going to be hunted ▷ **łowczy**

gamepad /ˈgeɪmpæd/ **noun** [C] a device that you hold in your hands and use to control a computer game or video game ▷ **dżojpad, pad**

gamer /ˈgeɪməʳ/ **noun** [C] someone who plays games, especially computer games ▷ **gracz/ka**

ˈgame ˌshow noun [C] a programme on television in which people play games to try to win prizes ▷ **teleturniej**

gamete /ˈgæmiːt/ **noun** [C] in sexual reproduction, a male or female cell that combines with a cell of the opposite sex to produce a zygote ▷ **gameta**

gamma globulin /ˌgæməˈglɒbjʊlɪn/ **noun** [U] a natural substance in the blood that protects the body against disease ▷ **gamma-globulina**

ˌgamma radiˈation noun [U] (also **gamma rays**) a type of radiation which goes through most solid objects ▷ **promieniowanie gamma**

gammon /ˈgæmən/ **noun** [U] UK a type of meat from a pig, usually cut in thick slices ▷ **mięso od szynki**

gamut /ˈgæmət/ **noun** [no plural] the whole group of things that can be included in something: *The film explores* ***the whole gamut*** *of emotions from despair to joy.* ▷ **gama**

gang[1] /gæŋ/ **noun** [C] **1** B2 a group of young people who spend time together, usually fighting with other groups and behaving badly: *a* ***member of a gang*** ◦ *gang violence* ▷ **gang 2** B2 a group of criminals who work together: *a* ***gang of*** *armed robbers* ▷ **gang 3** informal a group of young friends ▷ **paczka**

> **Wyrazy występujące razem z gang**
>
> **in** a gang • a gang **of** sth • a gang **leader/member**

gang[2] /gæŋ/ **verb**

PHRASAL VERB **gang up against/on sb** to form a group to attack or criticize someone, usually unfairly: *Some older girls have been ganging up on her at school.* ▷ **sprzysiąc się przeciwko** *komuś*

gangly /ˈgæŋgli/ **adjective** (also **gangling**) tall and thin: *a gangly youth* ▷ **patykowaty**

gangrene /ˈgæŋgriːn/ **noun** [U] the death and decay of a part of the body because blood is not flowing through it ▷ **gangrena**

gangster /ˈgæŋstəʳ/ **noun** [C] a member of a group of violent criminals ▷ **gangster**

gangway /ˈgæŋweɪ/ **noun** [C] **1** UK a space that people can walk down between two rows of seats in a vehicle or public place ▷ **przejście 2** a board or stairs for people to get on and off a ship ▷ **trap**

gaol /dʒeɪl/ **noun** [C, U] another UK spelling of jail ▷ **więzienie**

gap /gæp/ **noun** [C] **1** B1 an empty space or hole in the middle of something, or between two things: *There's quite a big* ***gap between*** *the door and the floor.* ◦ *The sun was shining through a* ***gap in*** *the curtains.* ▷ **szczelina, szpara 2** B2 a difference between two groups of people, two situations, etc: *an* ***age gap*** ◦ *This course* ***bridges the gap*** *between school and university.* ▷ **przepaść, luka 3** B2 something that is absent and stops something from being complete: *There are huge gaps in my memory.* ▷ **luka 4 a gap in the market** an opportunity for a product or service that does not already exist ▷ **luka (na rynku) 5** B2 a period of time when nothing happens, or when you are doing something different from usual: *I decided to go back to teaching after a gap of 10 years.* ▷ **przerwa** → See also **the generation gap**

> **Wyrazy występujące razem z gap**
>
> **bridge/close/narrow** the gap • the gap **between** sth and sth

gape /geɪp/ **verb** [I] **1** to look at someone or something with your mouth open because you are so surprised: *We stood there* ***gaping*** *in wonder* ***at*** *the beautiful landscape.* ▷ **gapić się 2** to be wide open ▷ **ziać, stać otworem**

gaping /ˈgeɪpɪŋ/ **adjective a gaping hole/wound, etc** a hole/wound, etc that is open very wide ▷ **ziejąca dziura/rana** *itp.*

ˈ**gap ˌyear noun** [C] UK a year between leaving school and starting university which you usually spend travelling or working ▷ **rok przerwy po maturze (przed podjęciem studiów)**

garage /ˈgærɑːʒ/ US /gəˈrɑːʒ/ **noun** [C] **1** A2 a small building, often built next to a house, that you can put a car in ▷ **garaż 2** B1 a business that repairs or sells cars, and sometimes also sells fuel ▷ **warsztat, salon samochodowy, stacja benzynowa**

garbage /ˈgɑːbɪdʒ/ **noun** [U] US (UK **rubbish**) **1** things that you throw away because you do not want them ▷ **śmieci 2** something that you think is nonsense, wrong, or very bad quality: *How can you listen to that garbage on the radio!* ▷ **bzdury, bzdura**

ˈ**garbage ˌcan noun** [C] US (UK **dustbin**) a large container for waste kept outside your house ▷ **kosz na śmieci**

ˈ**garbage colˌlector noun** [C] US (UK **dustman**) someone whose job is to remove the waste from containers left outside houses ▷ **śmieciarz**

ˈ**garbage ˌman noun** [C] US another word for garbage collector ▷ **śmieciarz**

garbled /ˈgɑːbəld/ **adjective** Garbled words or messages are not clear and are very difficult to understand. ▷ **zniekształcony**

garden /ˈgɑːdᵊn/ **noun 1** A1 [C] UK (US **yard**) an area of ground belonging to a house, often containing grass, flowers, or trees: *the* ***front/back garden*** ◦ *Dad's outside* ***in the garden.*** ▷ **ogród, ogródek 2 gardens** [plural] a park or large public area where plants and flowers are grown ▷ **ogrody**

• **garden verb** [I] to work in a garden, growing plants and making it look attractive ▷ **pracować w ogrodzie, zajmować się ogrodem**

ˈ**garden ˌcentre noun** [C] UK a place that sells things for gardens such as plants and tools ▷ **centrum ogrodnicze**

gardener /ˈgɑːdᵊnəʳ/ **noun** [C] someone who works in a garden, growing plants and making it look attractive ▷ **ogrodnik**

gardening /ˈgɑːdᵊnɪŋ/ **noun** [U] the job or activity of growing a garden and keeping it attractive ▷ **ogrodnictwo**

gargle /ˈgɑːgl/ **verb** [I] to move liquid or medicine around in your throat without swallowing, especially to clean it or stop it feeling painful ▷ **płukać gardło**

garish /ˈgeərɪʃ/ **adjective** unpleasantly bright in colour, or decorated too much: *a garish red jacket* ▷ **jaskrawy**

garlic /ˈgɑːlɪk/ **noun** [U] A2 a vegetable like a small onion with a very strong taste and smell: *a* ***clove of garlic*** ▷ **czosnek** → See **Fruits and Vegetables** on page Centre 10

garment /ˈgɑːmənt/ **noun** [C] formal a piece of clothing ▷ **część garderoby**

G

garnish /ˈɡɑːnɪʃ/ **verb** [T] to decorate food with something such as herbs or pieces of fruit: *salmon **garnished with** herbs and lemon* ▷ **przybierać, garnirować**

• **garnish** noun [C] ▷ **przybranie, garni**

garrison /ˈɡærɪsᵊn/ **noun** [C] a group of soldiers living in a particular area or building to defend it ▷ **garnizon**

garter /ˈɡɑːtəʳ/ **noun** [C] a piece of elastic that holds up a woman's stockings ▷ **podwiązka**

gas¹ /ɡæs/ **noun 1** [C, U] B2 a substance in a form like air and not solid or liquid: *poisonous gases* ▷ **gaz 2** [U] A2 a substance in a form like air used as a fuel for heating and cooking: UK *a gas cooker*/US *a gas stove* ▷ **gaz 3** [U] US (UK **petrol**) a liquid fuel used in cars: *half a tank of gas* ▷ **benzyna 4** [U] US (UK **wind**) gas or air in your stomach that makes you feel uncomfortable and sometimes makes noises ▷ **gazy 5 the gas** US informal the part of a car which you push with your foot to make it go faster: *We'd better **step on the gas** (= drive faster).* ▷ **gaz, pedał gazu** → See also **natural gas**, **tear gas**

gas² /ɡæs/ **verb** [T] (present participle **gassing**, past tense and past participle **gassed**) to poison or kill someone with gas ▷ **zagazować**

ˈgas ˌchamber noun [C] a room that is filled with poisonous gas to kill people ▷ **komora gazowa**

gash /ɡæʃ/ **noun** [C] a long, deep wound or cut ▷ **głębokie cięcie, rana cięta**

• **gash** verb [T] ▷ **rozciąć**

ˈgas ˌmask noun [C] a cover you wear over your face to protect you from breathing poisonous gas ▷ **maska gazowa**

gasohol /ˈɡæsəhɒl/ **noun** [U] a fuel made of alcohol and petrol ▷ **gazohol**

gasoline /ˈɡæsᵊliːn/ **noun** [U] US (UK **petrol**) another word for gas ▷ **benzyna**

gasp /ɡɑːsp/ **verb** [I] **1** to make a noise by suddenly breathing in because you are shocked or surprised: *She gasped in horror as the car spun out of control.* ▷ **westchnąć 2** to breathe loudly and with difficulty trying to get more air: *He clutched his heart, **gasping for breath**.* ▷ **sapać, łapać (z trudem) powietrze**

• **gasp** noun [C] *a gasp of surprise* ▷ **gwałtowny wdech**

ˈgas ˌpedal noun [C] US (UK/US **accelerator**) the part of a car which you push with your foot to make it go faster ▷ **pedał gazu**

ˈgas ˌstation noun [C] US (UK **petrol station**) a place where you can buy petrol ▷ **stacja benzynowa**

gastric /ˈɡæstrɪk/ **adjective** relating to the stomach ▷ **żołądkowy**

ˌgastric ˈjuice noun [U] the acid in your stomach that helps to digest food ▷ **sok żołądkowy**

gastrointestinal /ˌɡæstrəʊˌɪntesˈtaɪnᵊl/ **adjective** relating to the stomach and the intestines (= long tube that food passes through after the stomach) ▷ **pokarmowy**

gastronomic /ˌɡæstrəˈnɒmɪk/ **adjective** relating to good food and cooking ▷ **gastronomiczny**

gastropod /ˈɡæstrəʊpɒd/ **noun** [C] a type of animal with a soft, flat body, no legs, and often a shell, for example a snail or a slug ▷ **brzuchonóg**

gate /ɡeɪt/ **noun** [C] **1** A2 the part of a fence or outside wall that opens and closes like a door: *Please **shut** the **gate**.* ▷ **brama, furtka 2** B1 the part of an airport where passengers get on or off an aircraft: *The flight to Dublin is now boarding at gate 8.* ▷ **wyjście**

gateau /ˈɡætəʊ/ US /ɡæˈtəʊ/ **noun** [C, U] (plural **gateaux**) UK a large cake, usually filled and decorated with cream ▷ **tort**

gatecrash /ˈɡeɪtkræʃ/ **verb** [I, T] to go to a party or private event without an invitation ▷ **wprasić się**

• **gatecrasher** noun [C] someone who gatecrashes ▷ **nieproszony gość**

gateway /ˈɡeɪtweɪ/ **noun 1** [C] an opening in a fence or outside wall that is closed with a gate ▷ **brama 2 the gateway to sth** the way to get into something or somewhere: *the gateway to the North* ▷ **droga do** *czegoś*

gather /ˈɡæðəʳ/ **verb 1** [I, T] B2 to join other people somewhere to make a group, or to bring people together into a group: *Crowds of fans gathered at the stadium for the big match.* ▷ **gromadzić (się), zbierać (się) 2** [T] B2 to collect several things together, often from different places or people: *They interviewed 1000 people to gather data on TV viewing habits.* ◦ *She **gathered** her things **together** and left.* ▷ **zbierać 3** [T] to think something is true because you have heard or seen information about it: *From what I can gather, they haven't sold their house yet.* ▷ **domyślać się, rozumieć 4 gather speed/strength/support, etc** to increase in speed/strength/support, etc ▷ **nabierać szybkości/sił/zyskiwać poparcie**

gathering /ˈɡæðərɪŋ/ **noun** [C] a party or a meeting when many people get together as a group: *a **family gathering*** ▷ **zgromadzenie**

> Wyrazy występujące razem z **gathering**
>
> at a gathering • a gathering of [teachers/world leaders, etc] • a family gathering

GATT /ɡæt/ **noun** [U] abbreviation for General Agreement on Tariffs and Trade: an international agreement (1948-94) between over 100 countries to end rules that limit trade between them ▷ **Układ Ogólny w sprawie Taryf Celnych i Handlu**

gaudy /ˈɡɔːdi/ **adjective** unpleasantly bright in colour or decoration: *a gaudy pink sweatshirt with gold embroidery* ▷ **krzykliwy**

gauge[1] /geɪdʒ/ **verb** [T] **1** to make a judgment about a situation or about what someone thinks or feels: [+ question word] *It's impossible to gauge what her reaction will be.* ▷ **oceniać 2** to measure a distance, size, or amount ▷ **mierzyć**

gauge[2] /geɪdʒ/ **noun** [C] **1** a way of judging something such as a situation or what someone thinks or feels: *Street interviews aren't an accurate* ***gauge of*** *public opinion.* ▷ **wskaźnik 2** a method or piece of equipment that you use to measure something: *a* ***fuel gauge*** ▷ **miernik, wskaźnik**

gaunt /gɔːnt/ **adjective** very thin, especially because of being ill or old: *a pale, gaunt face* ▷ **wymizerowany**

gauntlet /ˈgɔːntlət/ **noun** [C] a long, thick glove ▷ **rękawica**

IDIOMS **run the gauntlet** to have to deal with a lot of people who are criticizing or attacking you ▷ **być narażonym na krytykę, odpierać krytykę** • **throw down the gauntlet** to invite someone to argue, fight, or compete with you ▷ **rzucać wyzwanie lub rękawicę**

gauze /gɔːz/ **noun** [U] **1** thin, transparent cloth, especially used to cover injuries ▷ **gaza 2** a flat square made of wires, used by scientists to put under containers that are being heated by a flame ▷ **siatka**

gave /geɪv/ past tense of give

gawp /gɔːp/ **verb** [I] UK (US **gawk** /gɔːk/) to look at someone or something with your mouth open because you are shocked or surprised: *He just stood there* ***gawping at*** *me.* ▷ **gapić się**

gay[1] /geɪ/ **adjective 1** B1 homosexual: *Have you told your parents you're gay yet?* ◦ *a gay bar/club* ▷ **(dla) homoseksualistów, gejowski, ≈ gej 2** old-fashioned very happy and enjoying yourself ▷ **radosny**

gay[2] /geɪ/ **noun** [C] someone who is homosexual, especially a man: *equal rights for gays and lesbians* ▷ **gej, homoseksualista**

gaze /geɪz/ **verb gaze at/into, etc** B2 to look for a long time at someone or something or in a particular direction: *They gazed into each other's eyes.* ▷ **wpatrywać się w**
• **gaze noun** [no plural] ▷ **spojrzenie, wzrok**

GB written abbreviation for gigabyte: *a 4 GB hard drive* ▷ **GB**

GCSE /ˌdʒiːsiːesˈiː/ **noun** [C] abbreviation for General Certificate of Secondary Education: in the UK, an exam taken by students at the age of sixteen, or the qualification itself: *Mary's got nine GCSEs.* ▷ **(= jeden z egzaminów przedmiotowych dla uczniów w wieku 16 lat)**

GDP /ˌdʒiːdiːˈpiː/ **noun** [U] abbreviation for Gross Domestic Product: the total value of goods and services that a country produces in a year ▷ **PKB (= produkt krajowy brutto)** → Compare **GNP**

gear[1] /gɪəʳ/ **noun 1** [C] B2 a set of parts in a motor vehicle or bicycle that control how fast the wheels turn: [usually plural] *a mountain bike with 21 gears* ◦ *to* ***change gear*** ▷ **bieg 2 first/second/third, etc gear** B2 a particular position of the gears in a motor vehicle or bicycle that controls how fast the wheels turn: *The lights turned green, but I couldn't* ***get into*** *first* ***gear***. ▷ **pierwszy/drugi/trzeci** *itp.* **bieg 3** [U] B2 the clothes and equipment used for a particular purpose: *sports/swimming gear* ▷ **sprzęt**

gear[2] /gɪəʳ/ **verb**

PHRASAL VERBS **gear sth to/towards sb/sth** to design or organize something so that it is suitable for a particular purpose, situation, or group of people: [often passive] *These advertisements are geared towards a younger audience.* ▷ *robić coś* **z myślą o** *kimś/czymś*, **kierować** *coś* **do** *kogoś/czegoś* • **gear (sb/sth) up** to prepare for something that you have to do, or to prepare someone else for something: [often reflexive] *I'm trying to* ***gear myself up for*** *the exams.* ▷ **szykować lub przygotowywać się/***kogoś* **do** *czegoś*

gearbox /ˈgɪəbɒks/ **noun** [C] the set of gears in a motor vehicle and the metal box that contains them ▷ **skrzynia biegów**

gearing /ˈgɪərɪŋ/ **noun** [U] the amount of a company's money that has been borrowed ▷ **przekładnia kapitałowa (wskaźnik zadłużenia)**

ˈgear ˌlever noun [C] UK (US **gearshift** /ˈgɪəʃɪft/) a stick with a handle that you move to change gear in a vehicle ▷ **dźwignia lub drążek zmiany biegów** → See **Car** on page Centre 7

gearstick /ˈgɪəstɪk/ **noun** [C] UK another word for gear lever ▷ **dźwignia lub drążek zmiany biegów** → See **Car** on page Centre 7

GED /ˌdʒiːiːˈdiː/ **noun** [C] abbreviation for General Equivalency Diploma: an official document in the US that is given to someone who did not complete high school but who has passed a government exam instead ▷ **(= dyplom państwowego egzaminu maturalnego dla eksternistów)**

geek /giːk/ **noun** [C] informal a man who is boring and not fashionable ▷ **smutas, nerd**
• **geeky adjective** informal *a geeky guy with a beard and glasses* ▷ **obciachowy**

geese /giːs/ plural of goose

geezer /ˈgiːzəʳ/ **noun** [C] UK very informal a man ▷ **dziadek, facet**

gel /dʒel/ **noun** [C, U] a thick, clear, liquid substance, especially a product used to style hair: ***hair gel*** ◦ ***shower gel*** ▷ **żel**

gelatine /ˈdʒelətiːn/ UK (US **gelatin** /ˈdʒelətɪn/) **noun** [U] a clear substance made from animal bones, often used to make food thicker ▷ **żelatyna**

gem /dʒem/ **noun** [C] **1** a valuable stone, especially one that has been cut to be used in jewellery ▷ **kamień szlachetny, klejnot 2** informal someone or something that you like very much and think is very special ▷ **skarb**

Gemini /ˈdʒemɪnaɪ/ **noun** [C, U] the sign of the zodiac which relates to the period of 23 May – 21 June, or a person born during this period ▷ **Bliźnięta**

gender /ˈdʒendəʳ/ **noun** [C, U] **1** B2 the state of being male or female ▷ **płeć 2** B2 the division of nouns, pronouns, and adjectives into masculine, feminine, and neuter types ▷ **rodzaj**

gene /dʒiːn/ **noun** [C] a part of a cell that is passed on from a parent to a child and that controls particular characteristics ▷ **gen**

G

> Wyrazy występujące razem z **gene**
>
> carry/have a gene • a gene (responsible) for sth • gene therapy

general¹ /ˈdʒenᵊrᵊl/ **adjective 1** B1 not detailed, but including the most basic or necessary information: *These leaflets contain some general information about the school.* ◦ *I've got a general idea of how it works.* ▷ **ogólny 2** [always before noun] B2 relating to or involving all or most people, things, or places: *There seems to be general agreement on this matter.* ▷ **generalny, ogólny 3** [always before noun] B2 including a lot of things or subjects and not limited to only one or a few: *general knowledge* ▷ **ogólny 4 in general a** B2 considering the whole of someone or something, and not just a particular part of them: *I still have a sore throat, but I feel much better in general.* ▷ **ogólnie (biorąc) b** B1 usually, or in most situations: *In general, the weather here stays sunny.* ▷ **na ogół**

general² /ˈdʒenᵊrᵊl/ **noun** [C] an officer of very high rank in the army or air force ▷ **generał**

ˌgeneral anaesˈthetic UK (US **general anesthetic**) **noun** [C, U] a substance that is used to stop someone being conscious when they have an operation so that they do not feel any pain ▷ **narkoza, znieczulenie ogólne**

ˌgeneral eˈlection noun [C] a big election in which the people living in a country vote to decide who will represent them in the government ▷ **wybory powszechne**

generalization (also UK **-isation**) /ˌdʒenᵊrᵊlaɪˈzeɪʃᵊn/ **noun** [C, U] when someone says something very basic that is often true but not always true ▷ **uogólnienie**

> Wyrazy występujące razem z **generalization**
>
> make a generalization • a broad/gross/sweeping generalization

generalize (also UK **-ise**) /ˈdʒenᵊrᵊlaɪz/ **verb** [I] to say something very basic that is often true but not always true ▷ **uogólniać**

ˌgeneral ˈledger noun [C] (also **nominal ledger**) a record that a business keeps of its sales, things it has bought, things it owns, things it has to pay regular amounts for, etc ▷ **księga główna**

generally /ˈdʒenᵊrᵊli/ **adverb 1** B1 usually, or in most situations: *I generally wake up early.* ▷ **zwykle, na ogół 2** B2 considering the whole of someone or something, and not just a particular part of them: *The police said that the crowd was generally well-behaved.* ▷ **ogólnie (rzecz) biorąc, na ogół 3** B2 by most people, or to most people: *He is generally believed to be their best player.* ▷ **powszechnie**

ˌgeneral pracˈtitioner noun [C] (also **GP**) a doctor who sees people in the local area and treats illnesses that do not need a hospital visit ▷ **lekarz rodzinny lub ogólny**

ˌgeneral ˈstrike noun [C] a strike in which most people in a country take part ▷ **strajk generalny**

generate /ˈdʒenᵊreɪt/ **verb** [T] **1** B2 to cause something to exist: *to **generate income/profit*** ◦ *This film has **generated** a lot of **interest**.* ▷ **przynosić, wywoływać 2** B2 to produce energy: *Many countries use nuclear fuels to generate electricity.* ▷ **wytwarzać**

generation /ˌdʒenəˈreɪʃᵊn/ **noun 1** [C] B1 all the people in a society or family who are approximately the same age: *the **older/younger generation*** ◦ *This is the story of three generations of women.* ▷ **pokolenie 2** [C] B2 a period of about 25 to 30 years, the time it takes for a child to become an adult and take the place of their parents in society: *Our family has lived in this village **for generations**.* ▷ **pokolenie 3** [C] B2 a product when it is at a particular stage of development: *a new generation of computers* ▷ **generacja 4** [U] B2 the production of energy: *the generation of electricity* ▷ **wytwarzanie**

the generˈation ˌgap noun when young people and old people do not understand each other because of their age difference ▷ **konflikt pokoleń**

generator /ˈdʒenᵊreɪtəʳ/ **noun** [C] a machine that produces electricity ▷ **generator, prądnica**

generic /dʒəˈnerɪk/ **adjective 1** relating to a whole group of things or type of thing ▷ **gatunkowy 2** A generic product such as a drug is not sold with the name of the company that produced it. ▷ **niemarkowy**

generosity /ˌdʒenəˈrɒsəti/ **noun** [U] B2 the quality of being generous ▷ **hojność, wspaniałomyślność**

generous /ˈdʒenᵊrəs/ **adjective 1** B1 giving other people a lot of money, presents, or time in a kind way: *a very generous man* ▷ **hojny, wspaniałomyślny 2** larger than usual or than expected: *a generous discount for students* ◦ *a generous portion* ▷ **spory, obfity**
• **generously adverb** B2 ▷ **hojnie**

ˈgene ˌtherapy noun [U] the science of changing genes in order to stop or prevent a disease ▷ **terapia genowa**

genetic /dʒəˈnetɪk/ **adjective** relating to genes: *a rare* ***genetic disorder*** ◦ ***genetic research*** ▷ **genetyczny**

• **genetically adverb** ▷ **genetycznie**

geˌnetically ˈmodified adjective Genetically modified plants or animals have had some of their genes changed. ▷ **genetycznie modyfikowany**

geˌnetic ˈcode noun [C] the pattern of chemicals inside the genes which controls the characteristics and qualities of a living thing ▷ **kod genetyczny**

geˌnetic engiˈneering noun [U] when scientists change the genes in the cells of plants or animals ▷ **inżynieria genetyczna**

geˌnetic ˈfingerprint noun [C] the pattern of someone's genes, which make each person different ▷ **genetyczny odcisk palca**

geˌnetic modifiˈcation noun [U] when the genes of a living thing are changed in order to make it healthier or more useful to humans ▷ **inżynieria genetyczna**

genetics /dʒəˈnetɪks/ **noun** [U] (B2) the scientific study of genes ▷ **genetyka**

genial /ˈdʒiːniəl/ **adjective** kind and friendly ▷ **przyjazny, miły**

genitals /ˈdʒenɪtəlz/ **noun** [plural] the sexual organs ▷ **genitalia**

genius /ˈdʒiːniəs/ **noun 1** [C] someone who is extremely intelligent or extremely good at doing something: *Einstein was a genius.* ▷ **geniusz 2** [U] the quality of being extremely intelligent or extremely good at doing something: *Einstein's genius* ▷ **geniusz**

genocide /ˈdʒenəsaɪd/ **noun** [U] the intentional killing of a large group of people who belong to a particular race or country ▷ **ludobójstwo**

genotype /ˈdʒenəʊtaɪp/ **noun** [C] the type and arrangement of genes that each living thing has ▷ **genotyp**

genre /ˈʒɒnrə/ **noun** [C] a type of art or writing with a particular style: *a* ***literary/musical genre*** ▷ **gatunek**

gent /dʒent/ **noun** [C] informal short for gentleman ▷ **dżentelmen**

genteel /dʒenˈtiːl/ **adjective** very polite, especially in an artificial way ▷ **dystyngowany, afektowany**

• **gentility** /ˌdʒenˈtɪləti/ **noun** [U] ▷ **dworskie maniery**

gentle /ˈdʒentl/ **adjective 1** (B1) kind and careful not to hurt or upset anyone or anything: *My mother was such a gentle, loving person.* ▷ **łagodny 2** (B1) not strong or severe: *a mild soap that is gentle on your skin* ◦ *a gentle breeze* ▷ **łagodny 3** A gentle slope or climb is not steep. ▷ **łagodny**

• **gently adverb** (B2) ▷ **łagodnie** • **gentleness noun** [U] ▷ **łagodność**

gentleman /ˈdʒentlmən/ **noun** [C] (plural **gentlemen**) **1** a man who behaves politely and treats people with respect: *He was a* ***perfect gentleman***. ▷ **dżentelmen 2** (B2) a polite word for 'man', used especially when talking to or about a man you do not know: *There's a gentleman here to see you.* ▷ **pan**

the gents /dʒents/ **noun** [group] UK informal a toilet in a public place for men ▷ **toaleta męska**

genuine /ˈdʒenjuɪn/ **adjective 1** If a person or their feelings are genuine, they are sincere and honest: *He shows a genuine concern for the welfare of his students.* ▷ **szczery 2** (B2) If something is genuine, it is really what it seems to be: *a genuine gold necklace* ▷ **prawdziwy**

• **genuinely adverb** (B2) ▷ **szczerze**

genus /ˈdʒiːnəs/, /ˈdʒenəs/ **noun** [C] (plural **genera**) a group of animals or plants that have the same characteristics ▷ **rodzaj**

geo- /dʒiːəʊ-/ **prefix** relating to the earth: *geothermal (= of or connected with the heat inside the Earth)* ▷ **geo-**

Geoffrey /dʒefri/ **noun** (also **Geoff** /dʒef/) a male name

geography /dʒiˈɒgrəfi/ **noun** [U] (A2) the study of all the countries of the world, and of the surface of the Earth such as the mountains and seas ▷ **geografia**

• **geographer noun** [C] someone who studies geography ▷ **geograf/ka** • **geographical** /ˌdʒiːəʊˈgræfɪkəl/ **adjective** (also **geographic** /dʒiːəʊˈgræfɪk/) ▷ **geograficzny** • **geographically adverb** ▷ **geograficznie**

geology /dʒiˈɒlədʒi/ **noun** [U] the study of rocks and soil and the physical structure of the Earth ▷ **geologia**

• **geological** /ˌdʒiːəʊˈlɒdʒɪkəl/ **adjective** ▷ **geologiczny** • **geologist noun** [C] someone who studies geology ▷ **geolog**

geomagnetism /ˌdʒiːəʊˈmægnɪtɪzəm/ **noun** [U] (the study of) the magnetic characteristics of the Earth ▷ **magnetyzm ziemski**

• **geomagnetic** /ˌdʒiːəʊmægˈnetɪk/ **adjective** ▷ **geomagnetyczny**

geometric /ˌdʒiːəʊˈmetrɪk/ **adjective** (also **geometrical**) **1** having a regular shape such as a circle or triangle, or having a pattern made of regular shapes ▷ **geometryczny 2** relating to geometry ▷ **geometryczny**

geometry /dʒiˈɒmɪtri/ **noun** [U] a type of mathematics that deals with points, lines, angles, and shapes ▷ **geometria**

geomorphic /ˌdʒiːəʊˈmɔːfɪk/ **adjective** like or relating to the Earth's surface ▷ **geomorficzny**

George /dʒɔːdʒ/ **noun** a male name

Georgia /ˈdʒɔːdʒə/ **noun** a country in Europe ▷ **Gruzja**

• **Georgian** /ˈdʒɔːdʒən/ **adjective** coming from

G

or relating to Georgia ▷ **gruziński** • **Georgian** noun someone from Georgia ▷ **Gruzin/ka**

geothermal /ˌdʒiːəʊˈθɜːməl/ **adjective** relating to the heat that is produced inside the Earth: *geothermal energy/power* ▷ **geotermiczny, geotermalny**

geotropism /ˌdʒiːəʊˈtrəʊpɪzm/ **noun** [U] the way plants or plant parts react to gravity ▷ **geotropizm**

geriatric /ˌdʒeriˈætrɪk/ **adjective** relating to very old people: *geriatric patients* ◦ *a geriatric hospital* ▷ **geriatryczny**

• **geriatrics noun** [U] care and medical treatment for very old people ▷ **geriatria**

G

germ /dʒɜːm/ **noun 1** [C] a very small living thing that causes disease: *Wash your hands before cooking so that you don't spread germs.* ▷ **zarazek 2 the germ of sth** the beginning of something: *the germ of a brilliant idea* ▷ **zalążek** *czegoś*

ˌ**German ˈmeasles** noun [U] (also **rubella**) a disease which causes red spots on your skin ▷ **różyczka**

Germany /ˈdʒɜːməni/ **noun** a country in Europe ▷ **Niemcy**

• **German** /ˈdʒɜːmən/ **adjective** coming from or relating to Germany ▷ **niemiecki** • **German noun** someone from Germany ▷ **Niemiec, Niemka**

germinate /ˈdʒɜːmɪneɪt/ **verb** [I, T] If a seed germinates or is germinated, it begins to grow. ▷ **kiełkować**

• **germination** /ˌdʒɜːmɪˈneɪʃən/ **noun** [U] ▷ **kiełkowanie**

gerund /ˈdʒerənd/ **noun** [C] a noun made from the form of a verb that ends with -ing, for example 'fishing' in 'John loves fishing.' ▷ **rzeczownik odsłowny**

gestation /dʒesˈteɪʃən/ **noun** [U] the development of a baby child or animal inside its mother's body: *Elephants have a long **gestation period**.* ▷ **ciąża**

gesticulate /dʒesˈtɪkjəleɪt/ **verb** [I] to move your hands and arms around to emphasize what you are saying or to express something ▷ **gestykulować**

gesture¹ /ˈdʒestʃər/ **noun** [C] **1** a movement you make with your hand, arm, or head to express what you are thinking or feeling: *He **made** a rude **gesture** at the crowd.* ▷ **gest 2** something you do to show people how you feel about a person or situation: *It would be a **nice gesture** to invite her to dinner.* ▷ **gest**

> Wyrazy występujące razem z **gesture**
>
> a **grand/token** gesture • a gesture **of** [friendship/goodwill, etc] • a **nice** gesture

gesture² /ˈdʒestʃər/ **verb** [I] to point at something or express something using your hand, arm, or head: *He **gestured towards** the window.* ▷ **wskazywać, dawać lub uczynić znak**

get /get/ **verb** (present participle **getting**, past tense **got**, past participle **got**, US **gotten**) **1** [T] (A1) to obtain or buy something: *I need to get some bread on the way home.* ◦ [+ two objects] *I'll try to get you a ticket.* ▷ **dostać, kupić 2** [T] (A2) to go somewhere and bring back someone or something: *Wait here while I get the car.* ▷ **brać 3** [T] (A1) to receive something or be given something: *Did you get anything nice for your birthday?* ◦ *Guy still hasn't got my email yet.* ▷ **dostać 4** [T] (B2) to understand something: *He never gets any of my jokes.* ▷ **rozumieć 5 get into/off/through, etc** (B1) to move somewhere: *Get over here right now!* ▷ **wchodzić/wychodzić/przechodzić** *itp.* **6 get sth into/down/out, etc** to move something somewhere: *Could you get that bowl down from the shelf for me?* ▷ **wkładać/ściągać/wyjmować** *itp. coś* **7 get here/there/to the bank, etc** (A1) to arrive somewhere: *What time do you normally get home from work?* ▷ **przyjeżdżać tu/tam/do banku** *itp.* **8 get sb/sth to do sth** (B2) to make someone or something do something: *Sorry, I couldn't get the window to shut properly.* ▷ **poprosić lub namówić** *kogoś*, **żeby** *coś zrobił*, **sprawić, żeby** *coś* **się** *stało* **9 get to do sth** (B2) to have an opportunity to do something: *I never get to sit in the front seat.* ▷ **mieć okazję** *coś robić* **10 get ill/rich/wet, etc** (B1) to become ill/rich/wet, etc: *We should go. It's getting late.* ▷ **zachorować/wzbogacić się/zmoknąć (często tłumaczy się formą dokonaną czasownika) 11 get caught/killed/married, etc** (B1) to have something done to you ▷ **zostać złapanym/zabitym/pobrać się** *itp.* **12 get sth painted/repaired, etc** (B1) to arrange for someone to do something for you, usually for money: *I need to get my hair cut.* ▷ **zlecić malowanie/naprawę** *itp. czegoś*, **pomalować/naprawić** *itp. coś* **13 get cancer/flu/malaria, etc** (B1) to become ill or develop an illness: *I feel like I'm getting a cold.* ▷ **dostać raka/grypy/malarii** *itp.* **14 get a bus/train, etc** (A1) to travel somewhere on a bus/train, etc: *Maybe we should get a taxi home.* ▷ **złapać autobus/pociąg** *itp.* **15 get the phone/door** informal (B1) to answer someone calling on the telephone or waiting at the door: *Can you get the phone?* ▷ **odebrać telefon/otworzyć drzwi**

PHRASAL VERBS **get about** UK (US **get around**) **1** to travel to a lot of places ▷ **podróżować 2** to be able to go to different places without difficulty, especially if you are old or ill ▷ **poruszać się 3** If news or information gets about, a lot of people hear about it. ▷ **rozchodzić się** • **get sth across** (B2) to successfully communicate information to other people: *This is the message that we want to **get across to** the public.* ▷ **przekazać** *coś*, **wyrazić** *coś* • **get ahead** to be successful in the work that you do: *It's tough for any woman who wants to **get ahead in** politics.* ▷ **osiągać sukces lub sukcesy** • **get along** mainly US (mainly UK **get on**) **1** If two or more people get along, they like each other and are friendly to each other: *I don't really* ***get along with*** *my sister's husband.* ▷ **zgadzać lub dogadywać się (dobrze) 2** to deal with a situation, especially successfully: *I wonder how Michael's getting along in his new job?* ▷ **radzić sobie** • **get around sth** (also UK **get round sth**) to find a way of dealing with or avoiding a problem: *Our lawyer found a way of getting around the adoption laws.* ▷ **obchodzić** *coś*, **poradzić sobie z** *czymś* • **get around to sth** (also UK **get round to sth**) B2 to do something that you have intended to do for a long time: *I finally got around to calling her yesterday.* ▷ **zabrać się za** *coś* • **get at sb** UK informal to criticize someone in an unkind way ▷ **czepiać się** *kogoś* • **be getting at sth** informal If you ask someone what they are getting at, you are asking them what they really mean. ▷ **zmierzać do** *czegoś* • **get at sth** B1 to be able to reach or get something ▷ **dosięgnąć** *czegoś* • **get away 1** B2 to leave or escape from a place or person, often when it is difficult to do this: *We walked to the next beach to* ***get away from*** *the crowds.* ▷ **wyrwać się, uciec 2** B2 to go somewhere to have a holiday, especially because you need to rest: *We decided to go up to Scotland to* ***get away from it all*** *(= have a relaxing holiday).* ▷ **wyrwać się** • **get away with sth** B2 to succeed in doing something bad or wrong without being punished or criticized: *He shouldn't treat you like that. Don't let him get away with it.* ▷ *robić coś* **bezkarnie,** ≈ **ujść** *komuś* **na sucho** • **get back** A2 to return to a place after you have been somewhere else: *By the time we got back to the hotel, Lydia had already left.* ▷ **wracać** • **get sth back** B1 If you get something back, something that you had before is given to you again: *I wouldn't lend him anything, you'll never get it back.* ▷ **odzyskać** *coś*, **dostać** *coś* **z powrotem, odebrać** *coś* • **get sb back** informal to do something unpleasant to someone because they have done something unpleasant to you ▷ **odegrać się na** *kimś* • **get back to sb** to talk to someone, usually on the telephone, to give them some information they have asked for or because you were not able to speak to them before ▷ **odezwać się do** *kogoś* • **get back to sth** to start doing or talking about something again: *Anyway, I'd better get back to work.* ▷ **wracać do** *czegoś* • **get behind** If you get behind with work or payments, you have not done as much work or paid as much money as you should by a particular time. ▷ **zalegać, mieć zaległości** • **get by** to be able to live or deal with a situation with difficulty, usually by having just enough of something you need, such as money: *I don't know how he* ***gets by on*** *so little money.* ▷ **przetrwać, dać sobie radę** • **get sb down** B2 to make someone feel unhappy: *All this uncertainty is really getting me down.* ▷ **przygnębiać** *kogoś* • **get sth down** to write something, especially something that someone has said ▷ **zapisywać** *coś* • **get down to sth** B2 to start doing something seriously and with a lot of attention and effort: *Before we get down to business, I'd like to thank you all for coming today.* ▷ **zabrać się za** *coś*, **przejść do** *czegoś* • **get in 1** B1 to succeed in entering a place, especially a building: *They must have got in through the bathroom window.* ▷ **wchodzić, dostać się 2** B1 to arrive at your home or the place where you work: *What time did you get in last night?* ▷ **wracać, przyjść 3** B1 If a train or other vehicle gets in at a particular time, that is when it arrives: *Our flight's getting in later than expected.* ▷ **przyjeżdżać, przybywać 4** B1 to succeed in being chosen or elected for a position in a school or other organization: *He wanted to go to Oxford but he didn't get in.* ▷ **dostać się** • **get into sth 1** B2 to succeed in being chosen or elected for a position in a school or other organization ▷ **dostać się** *gdzieś* **2** to become interested in an activity or subject, or start being involved in an activity: *How did you get into journalism?* ▷ **zainteresować się** *czymś* • **get into sb** If you do not know what has got into someone, you do not understand why they are behaving strangely. ▷ **wstąpić w** *kogoś* • **get off (sth) 1** A2 to leave a bus, train, aircraft, or boat: *We should get off at the next stop.* ▷ **wysiadać (z** *czegoś***)** → See **Phrasal Verbs** on page Centre 16 **2** to leave the place where you work, usually at the end of the day: *What time do you get off work?* ▷ **wychodzić (z** *czegoś***)** • **Get off!** UK informal something that you say in order to tell someone to stop touching someone or something ▷ **Łapy przy sobie!, Odczep się!** • **get (sb) off (sth)** to avoid being punished for something you have done wrong, or to help someone avoid getting punished for something they have done wrong: *He got off with a £20 fine.* ▷ **wykpić się** (*czymś*), **potraktować** *kogoś* **łagodnie** • **get off on sth** informal If you get off on something, it makes you feel very excited, especially in a sexual way. ▷ **podniecać się** *czymś* • **get off with sb** UK informal to begin a sexual relationship with someone ▷ **spiknąć się z** *kimś* • **get on (sth)** A2 to go onto a bus, train, aircraft, or boat: *I think we got on the wrong bus.* ▷ **wsiadać (do** *czegoś***)** → See **Phrasal Verbs** on page Centre 16 • **be getting on** informal **1** to be old ▷ **mieć (już) swoje lata, starzeć się 2** mainly UK If time is getting on, it is becoming late. ▷ **robić się późno,** ≈ **czas leci** • **get on** mainly UK (mainly US **get along**) **1** B1 If two or more people get on, they like each other and are friendly to each other: *I never knew that Karen didn't* ***get on with*** *Sue.* ▷ **zgadzać lub dogadywać się (dobrze) 2** B1 to deal with a situation, especially successfully: *How's Frank getting on in his new job?* ▷ **radzić sobie** • **get on with sth** to continue doing something, especially work: *Get on with your homework.* ▷ **wracać do** *czegoś*, **nie przerywać** *czegoś* • **get onto sth** to start talking about a subject after discussing something else: *How did we get onto this subject?* ▷ **wchodzić na** *coś*, **przechodzić do** *czegoś* • **get out 1** B1 to move out of something, especially a vehicle: *I'll get out when you stop at the traffic lights.* ▷ **wysiadać 2** to go out to different places and meet people in order to enjoy yourself: *She doesn't get out so much now that she's got the baby.* ▷ **wychodzić z domu, spotykać się z ludźmi 3** If news or information gets out, people hear about it although someone is trying to keep it secret. ▷ **rozchodzić się • get (sb) out** to escape from or leave a place, or to help someone do this: *I left the door open and the cat got out.* ▷ **wydostać się, wyciągać** *kogoś* **• get out of sth** B2 to avoid doing something that you should do, often by giving an excuse: *You're just trying to get out of doing the housework!* ▷ **wykręcać lub wymigać się od** *czegoś* **• get sth out of sb** to persuade or force someone to tell or give you something: *He was determined to get the truth out of her.* ▷ **wydobyć** *coś* **z lub od** *kogoś* **• get sth out of sth** to enjoy something or think that something is useful: *It was an interesting course but I'm not sure I got much out of it.* ▷ **mieć** *coś* **z** *czegoś* **• get over sth 1** B2 to begin to feel better after being unhappy or ill: *It took her months to get over the shock of Richard leaving.* ▷ **dojść do siebie po** *czymś* **2 can't/ couldn't get over sth** informal to be very shocked or surprised about something: *I can't get over how different you look with short hair.* ▷ **nie móc się** *czemuś* **nadziwić • get sth over with** to do and complete something difficult or unpleasant that must be done: *I'll be glad to get these exams over with.* ▷ **mieć** *coś* **(już) z głowy • get round** UK (US **get around**) If news or information gets round, a lot of people hear about it. ▷ **krążyć • get round sth** UK (US **get around sth**) to find a way of dealing with or avoiding a problem ▷ **obchodzić** *coś*, **poradzić sobie** z *czymś* **• get round sb** UK to persuade someone to do what you want by being kind to them ▷ **przekonać** *kogoś*, **zjednać sobie** *kogoś* **• get through** to manage to talk to someone on the telephone: *I tried to ring earlier, but I couldn't get through.* ▷ **dodzwonić się, połączyć się • get through to sb** to succeed in making someone understand or believe something: *I just don't seem to be able to get through to him these days.* ▷ **docierać do** *kogoś* **• get through sth 1** B2 to deal with a difficult or unpleasant experience successfully, or to help someone do this: *If I can just get through my exams I'll be so happy.* ▷ **przejść przez** *coś* **2** mainly UK to finish doing or using something: *We got through a whole jar of coffee last week.* ▷ **uporać się z** *czymś* **• get to sb** informal to make someone feel upset or angry: *I know he's annoying, but you shouldn't let him get to you.* ▷ **wkurzać** *kogoś* **• get together 1** B1 to meet in order to do something or spend time together: *Jan and I are getting together next week for lunch.* ▷ **spotykać się 2** to begin a romantic relationship: *She got together with Phil two years ago.* ▷ **poznać się • get (sb) up** A1 to wake up and get out of bed, or to make someone do this: *I had to get up at five o'clock this morning.* ▷ **wstawać, budzić** *kogoś* **• get up** to stand up: *The whole audience got up and started clapping.* ▷ **wstawać • get up to sth** UK to do something, especially something that other people think is wrong: *She's been getting up to all sorts of mischief lately.* ▷ **wyprawiać** *coś*

getaway /ˈgetəweɪ/ **noun** [C] when someone leaves a place quickly, especially after committing a crime: *They had a car waiting outside so they could* ***make*** *a quick* ***getaway****.* ▷ **ucieczka**

get-together /ˈgettəgeðə/ **noun** [C] an informal meeting or party: *We have a big family get-together every year.* ▷ **spotkanie**

geyser /ˈgiːzəʳ/ (US) /ˈgaɪzər/ **noun** [C] a hole in the ground that hot water and steam come out of ▷ **gejzer**

Ghana /ˈgɑːnə/ **noun** a country in Africa ▷ **Ghana**
• Ghanaian /gɑːˈneɪən/ **adjective** coming from or relating to Ghana ▷ **ghański • Ghanaian noun** someone from Ghana ▷ **Ghańczyk, Ghanka**

ghastly /ˈgɑːstli/ **adjective** very bad or unpleasant: *a ghastly mistake ◦ a ghastly man* ▷ **koszmarny**

ghetto /ˈgetəʊ/ **noun** [C] (plural **ghettos**, **ghettoes**) an area of a city where people of a particular race or religion live, especially a poor area ▷ **getto**

ghost /gəʊst/ **noun** [C] B1 the spirit of a dead person which appears to people who are alive: *Do you believe in ghosts? ◦ a* ***ghost story*** ▷ **duch**

IDIOM **give up the ghost** UK humorous If a machine gives up the ghost, it stops working completely. ▷ **całkiem wysiąść, wyzionąć ducha**

• ghostly adjective *a ghostly figure* ▷ **upiorny**

ˈghost ˌtown noun [C] a town where few or no people now live ▷ **wymarłe miasto**

ghoul /guːl/ **noun** [C] an evil spirit ▷ **upiór**

GI /ˌdʒiːˈaɪ/ **noun** [C] a soldier in the US army ▷ **żołnierz (amerykański)**

giant[1] /ˈdʒaɪənt/ **adjective** [always before noun] B1 extremely big, or much bigger than other similar things: *a giant spider* ▷ **gigantyczny, olbrzymi**

giant[2] /ˈdʒaɪənt/ **noun** [C] **1** an imaginary man who is much bigger and stronger than ordinary men ▷ **olbrzym 2** a very large and important company or organization: *a media/software giant* ▷ **gigant, potentat**

gibberish /ˈdʒɪbᵊrɪʃ/ **noun** [U] something that someone says that has no meaning or that cannot be understood ▷ **bełkot**

gibe /dʒaɪb/ **noun** [C] another spelling of jibe ▷ **kpina**

giddy /ˈgɪdi/ **adjective** feeling as if you cannot balance and are going to fall ▷ **przyprawiający**

o zawroty głowy, zawrotny, ≈ kręcić się w głowie

gift /gɪft/ **noun** [C] **1** A2 something that you give to someone, usually for a particular occasion: *a birthday/wedding gift* ▷ **prezent, upominek 2** a natural ability or skill: *She **has a gift for** design.* ▷ **dar**

gifted /ˈgɪftɪd/ **adjective** A gifted person has a natural ability or is extremely intelligent: *a gifted athlete* ◦ *a school for gifted children* ▷ **uzdolniony**

ˈ**gift** ˌ**token/**ˌ**voucher noun** [C] UK (US **gift certificate**) a card with an amount of money printed on it which you exchange in a shop for goods that cost that amount of money: *a £20 gift voucher* ▷ **bon towarowy lub upominkowy**

gig /gɪg/ **noun** [C] informal a performance of pop or rock music ▷ **występ, koncert**

gigabyte /ˈgɪgəbaɪt/ **noun** [C] (written abbreviation **GB**) a unit for measuring the amount of information a computer can store, equal to 1,000,000,000 bytes ▷ **gigabajt**

gigantic /dʒaɪˈgæntɪk/ **adjective** extremely big: *a gigantic teddy bear* ▷ **gigantyczny**

giggle /ˈgɪgl/ **verb** [I] to laugh in a nervous or silly way: *She started giggling and couldn't stop.* ▷ **chichotać**

• **giggle noun** [C] ▷ **chichot**

gilded /ˈgɪldɪd/ **adjective** covered with a thin layer of gold or gold paint: *a gilded frame/mirror* ▷ **pozłacany, złocony**

gill /gɪl/ **noun** [C] an organ on each side of a fish or other water creature which it uses to breathe ▷ **skrzele**

gilt /gɪlt/ **noun** [U] a thin covering of gold or gold paint ▷ **złocenie**

• **gilt adjective** ▷ **pozłacany, złocony**

gimmick /ˈgɪmɪk/ **noun** [C] something that is used only to get people's attention, especially to make them buy something: *a **marketing/publicity gimmick*** ▷ **chwyt, gadżet**

• **gimmicky adjective** ▷ **przesadzony, przegięciowy**

gin /dʒɪn/ **noun** [C, U] a strong alcoholic drink which has no colour ▷ **dżin**

ginger[1] /ˈdʒɪndʒəʳ/ **noun** [U] a pale brown root with a strong taste used as a spice in cooking: *ginger cake* ▷ **imbir**

ginger[2] /ˈdʒɪndʒəʳ/ **adjective** UK Ginger hair is an orange-brown colour: *She's got ginger hair and freckles.* ▷ **rudy**

ginger[3] /ˈgɪŋəʳ/ **noun** [C] UK informal an offensive word for a person with red hair ▷ **rudy, ruda**

gingerly /ˈdʒɪndʒəli/ **adverb** slowly and carefully: *He lowered himself gingerly into the water.* ▷ **ostrożnie**

gipsy /ˈdʒɪpsi/ **noun** [C] another UK spelling of gypsy ▷ **Cygan/ka**

giraffe /dʒɪˈrɑːf/ **noun** [C] B1 a large African animal with a very long neck and long, thin legs ▷ **żyrafa**

giraffe

girder /ˈgɜːdəʳ/ **noun** [C] a long, thick piece of metal that is used to support bridges or large buildings ▷ **dźwigar**

girl /gɜːl/ **noun 1** A1 [C] a female child or young woman: *We have three children – a boy and two girls.* ▷ **dziewczynka, dziewczyna 2 the girls** a group of female friends: *I'm going out with the girls tonight.* ▷ **dziewczyny**

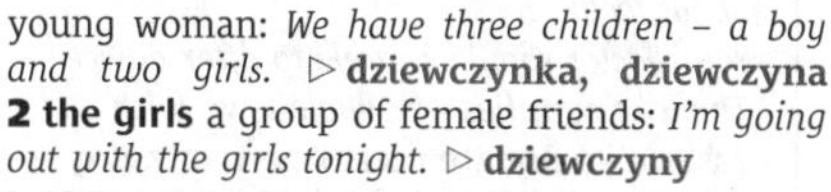

girlfriend /ˈgɜːlfrend/ **noun** [C] **1** A2 a woman or girl who someone is having a romantic relationship with: *Have you met Steve's new girlfriend?* ▷ **dziewczyna 2** a female friend, especially of a woman ▷ **przyjaciółka**

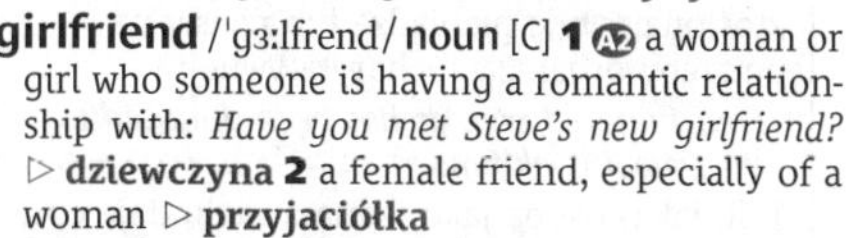

girth /gɜːθ/ **noun** [C, U] the measurement around something round, such as someone's waist ▷ **obwód**

gist /dʒɪst/ **noun the gist of sth** the main point or meaning of something without the details ▷ **esencja** *czegoś*, **ogólny sens** *czegoś*

give[1] /gɪv/ **verb** (past tense **gave**, past participle **given**) **1** [+ two objects] A1 to provide someone with something: *Her parents gave her a car for her birthday.* ◦ *Do you **give** money **to** charity?* ◦ *Could you give me a lift to the station, please?* ▷ **dawać 2** [+ two objects] A2 to put something near someone or in their hand so that they can use it or look at it: *Can you give me that pen?* ◦ *He poured a cup of coffee and **gave** it **to** Isabel.* ▷ **podawać 3** [+ two objects] B1 to allow someone to have a right or an opportunity: *We didn't really give him a chance to explain.* ▷ **dawać 4** [T] A2 to tell someone something: *The woman refused to give her name.* ◦ [+ two objects] *Can you give Jo a message?* ▷ **podawać 5** [+ two objects] B1 to cause someone to have or feel something: *I hope he hasn't given you any trouble.* ◦ *This news will **give** hope **to** thousands of sufferers.* ▷ **przynosić, powodować 6** [+ two objects] B1 to allow someone or something a particular amount of time: *I'm nearly ready – just give me a few minutes.* ▷ **dawać 7** [+ two objects] B1 to pay someone a particular amount of money for something: *I gave him £20 for his old camera.* ▷ **dawać 8** [T] B1 to perform an action: *to give a cry/shout* ◦ [+ two objects] *He gave her a kiss on the cheek.* ▷ Tłumaczy się często czasownikiem w formie dokonanej, np. **krzyknąć, pocałować 9 give sb a call/ring** A2 to telephone someone: *Why don't you just give him a call?* ▷ **zadzwonić do** *kogoś* **10 give a performance/speech, etc** B2 to perform or speak in public: *Tony gave a great speech.* ▷ **dać przedstawienie/wygłosić mowę** *itp.*

11 give a party (A2) to have a party: *Claire's giving a birthday party for Eric.* ▷ **wyprawić przyjęcie** **12** [I] to bend, stretch, or break because of too much weight ▷ **nie wytrzymać, poddać się** **13 give way** UK (US **yield**) to stop in order to allow other vehicles to go past before you drive onto a bigger road ▷ **ustąpić**

Give wyrazy bliskoznaczne

Do powszechnie używanych wyrazów o znaczeniu „give" należą **provide**, **offer** oraz **supply**:

*This booklet **provides** useful information about local services.*

*Your doctor should be able to **offer** advice.*

*The lake **supplies** the whole town **with** water.*

Czasownika **donate** często używamy, gdy ktoś ofiarowuje pieniądze lub rzeczy na potrzeby organizacji charytatywnej:

*Four hundred pounds has been **donated** to the school book fund.*

Jeśli jakaś osoba jako jedna z wielu daje coś, zwłaszcza pieniądze po to, by wspomóc lub doprowadzić coś do skutku, używamy czasownika **contribute**:

*I **contributed** twenty dollars towards Jamie's present.*

Jeśli wręczamy coś komuś, możemy użyć czasowników **pass** i **hand**:

*Could you **hand** me that book, please?*

*He **passed** a note to her during the meeting.*

Czasownika frazowego **hand in** używamy czasem, gdy ktoś daje coś komuś zajmującemu wysokie stanowisko:

*Have you **handed in** your history essay yet?*

Jeśli jakaś nagroda lub suma pieniędzy jest przekazywana w oficjalny sposób, możemy użyć czasowników **award** lub **present**:

*She was **presented** with a bouquet of flowers and a cheque for £500.*

*He was **awarded** the Nobel Prize for Physics.*

PHRASAL VERBS **give sth away 1** (B1) to give something to someone without asking for any money: *They're giving away a CD with this magazine.* ▷ **rozdawać** *coś*, **dawać** *coś* **za darmo 2** (B2) to let someone know a secret, often without intending to: *The party was meant to be a surprise, but Caroline gave it away.* ▷ **zdradzić** *coś*, **wyjawić** *coś* • **give sth back** (A2) to return something to the person who gave it to you: *Has she given you those books back yet?* ▷ **oddać** *coś* • **give in 1** (B1) to finally agree to what someone wants after a period when you refuse to agree: *We will never **give in to** terrorists' demands.* ▷ **ulegać, ustąpić 2** (B1) to accept that you have been beaten and agree to stop competing or fighting ▷ **poddać się** • **give sth in** UK (B1) to give a piece of written work or a document to someone for them to read, judge, or deal with: *I have to give my essay in on Monday.* ▷ **oddawać** *coś* • **give off sth** to produce heat, light, a smell, or a gas: *The fire was giving off a lot of smoke.* ▷ **wydzielać** *coś* • **give sth out** (B1) to give something to a large number of people: *He gave out copies of the report at the end of the meeting.* ▷ **rozdawać** *coś* • **give out** If a machine or part of your body gives out, it stops working correctly: *She read until her eyes gave out.* ▷ **odmówić posłuszeństwa** • **give up (sth) 1** (B1) If you give up a habit such as smoking, or give up something unhealthy such as alcohol, you stop doing it or having it: *I gave up smoking two years ago.* ▷ **rzucić** (*coś*), **zerwać lub skończyć (z** *czymś***) 2** (B1) to stop doing something before you have completed it, usually because it is too difficult: [+ doing sth] *I've given up trying to help her.* ▷ **zrezygnować (z** *czegoś***), dać sobie spokój (z** *czymś***)** • **give up sth** (B1) to stop doing a regular activity or job: *Are you going to give up work when you have your baby?* ▷ **zrezygnować z** *czegoś*, **rzucić** *coś* • **give up** to stop trying to think of the answer to a joke or question: *Do you give up?* ▷ **poddać się, zrezygnować** • **give it up for sb** used to ask people to clap their hands to show that they like a performance: *Ladies and gentlemen, give it up for the star of our show, Amy Jones!* ▷ **brawa dla** *kogoś* • **give yourself up** to allow the police or an enemy to catch you ▷ **poddać się, oddać się w ręce policji lub wroga** • **give up on sb** to stop hoping that someone will do what you want them to do: *The doctors have given up on him.* ▷ **stracić nadzieję co do** *kogoś* • **give up on sth** to stop hoping that something will achieve what you want it to achieve ▷ **dać sobie spokój z** *czymś*

give² /gɪv/ **noun** [U] when something can bend or move from its normal shape to take extra weight or size ▷ **elastyczność**

IDIOM **give and take** when people reach agreement by letting each person have part of what they want ▷ **wzajemne ustępstwa**

giveaway /ˈgɪvəweɪ/ **noun 1** [C] something that is given to people free ▷ **podarunek 2** [no plural] something that makes it easy for people to guess something ▷ **(= coś co pozwala domyślić się** *czegoś***), ≈ zdradzić lub wydać** *kogoś/coś*

given¹ /ˈgɪvᵊn/ **adjective 1** [always before noun] already arranged or agreed: *They can only stay for a given amount of time.* ▷ **ustalony, dany 2 any given day/time/week, etc** any day/time/week, etc: *About 4 million women are pregnant in the US at any given time.* ▷ **codziennie/w każdej chwili/co tydzień**

given² /ˈgɪvᵊn/ **preposition** when you consider: *Given the force of the explosion, it's a miracle they survived.* ▷ **biorąc lub wziąwszy pod uwagę**

given³ /ˈgɪvᵊn/ past participle of give

glacial /ˈgleɪsiəl/ (US) /ˈgleɪʃᵊl/ **adjective** [always before noun] relating to glaciers or ice: *glacial lakes* ▷ **lodowcowy, polodowcowy**

glaciation /ˌgleɪsiˈeɪʃᵊn/ **noun** [U] when land becomes covered with glaciers ▷ **zlodowacenie**

glacier /ˈglæsiəʳ/ (US) /ˈgleɪʃər/ **noun** [C] a large mass of ice that moves very slowly, usually down a slope or valley ▷ **lodowiec**

glad /glæd/ **adjective** [never before noun] **1** (A2) happy about something: [+ (that)] *She's very glad that she left.* ◦ [+ to do sth] *I'm so glad to see you.* ▷ **zadowolony 2** very willing to do something: [+ to do sth] *She's always glad to help.* ▷ **chętny 3 be glad of sth** formal to be grateful for something: *I was glad of a few days off before going back to work.* ▷ **cieszyć się z** *czegoś*

gladly /ˈglædli/ **adverb** willingly or happily: *I would gladly pay extra for better service.* ▷ **chętnie**

glamorize (also UK **-ise**) /ˈglæmᵊraɪz/ **verb** [T] to make something seem glamorous ▷ **idealizować**

glamorous /ˈglæmᵊrəs/ **adjective** attractive in an exciting and special way: *a glamorous woman* ◦ *a glamorous lifestyle* ▷ **olśniewający, pełny przepychu**

glamour (also US **glamor**) /ˈglæməʳ/ **noun** [U] the quality of being attractive, exciting, and special: *the glamour of Hollywood* ▷ **czar, blask**

glance[1] /glɑːns/ **verb 1 glance at/around/towards, etc** (B1) to look somewhere for a short time: *He glanced at his watch.* ▷ **zerkać na/rozglądać się/zerkać w kierunku** *itp.* **2 glance at/over/through, etc** (B2) to read something quickly: *She glanced through the newspaper.* ▷ **zerkać na/przeglądać** *itp.*

glance[2] /glɑːns/ **noun 1** (B2) [C] a quick look: *She **had a quick glance** around the restaurant.* ▷ **spojrzenie, rzut oka 2 at a glance** If you see something at a glance, you see it very quickly or immediately. ▷ **na pierwszy rzut oka**

> Wyrazy występujące razem z **glance**
>
> cast/give/have a glance [at/around, etc] sb/sth • exchange glances • a cursory/quick glance

gland /glænd/ **noun** [C] an organ in the body that produces a particular chemical substance or liquid ▷ **gruczoł**

glandular fever /ˌglændjʊləˈfiːvəʳ/ **noun** [U] UK (US **mononucleosis**) an infectious disease that makes your glands swell and makes you feel tired ▷ **mononukleoza (zakaźna)**

glare[1] /gleəʳ/ **noun 1** [U] strong, bright light that hurts your eyes: *I get a lot of glare from my computer screen.* ▷ **oślepiające światło 2** [C] a long, angry look ▷ **piorunujące spojrzenie 3 the glare of publicity/the media, etc** when someone gets too much attention from newspapers and television ▷ **blask sławy/uwaga mediów** *itp.*

glare[2] /gleəʳ/ **verb** [I] to look at someone in an angry way ▷ **patrzeć z wściekłością**

glaring /ˈgleərɪŋ/ **adjective 1 a glaring error/mistake/omission, etc** a very noticeable mistake or problem ▷ **rażąc-y/a/e błąd/pomyłka/przeoczenie** *itp.* **2 glaring light/sun, etc** light which is too strong and bright ▷ **oślepiające światło/słońce** *itp.*

glasnost /ˈglæsnɒst/ **noun** [U] a government policy of greater political freedom and information, especially in the former Soviet Union ▷ **głasnost**

glass /glɑːs/ **noun 1** [U] (A1) a hard, transparent substance that objects such as windows and bottles are made of: ***broken glass*** ◦ *glass jars* ▷ **szkło 2** [C] (A1) a container made of glass that is used for drinking: *Would you like **a glass of** water?* ▷ **szklanka, kieliszek** → See also **magnifying glass, stained glass**

> Wyrazy występujące razem z **glass**
>
> a pane/sheet of glass • broken glass

glasses /ˈglɑːsɪz/ **noun** [plural] (A1) a piece of equipment with two transparent parts that you wear in front of your eyes to help you see better: *a **pair of glasses*** ◦ *She was **wearing glasses**.* ▷ **okulary**

glassy /ˈglɑːsi/ **adjective 1** A glassy surface is smooth and shiny like glass. ▷ **szklisty 2** Glassy eyes show no expression and seem not to see anything. ▷ **bez wyrazu**

glaze[1] /gleɪz/ **verb 1** [I] (also **glaze over**) If someone's eyes glaze or glaze over, they stop showing any interest or expression because they are bored or tired. ▷ **stracić wyraz, zajść mgłą 2** [T] to cover the surface of objects made of clay with a liquid that makes them hard and shiny when they are baked ▷ **glazurować 3** [T] to put a liquid on food to make it shiny and more attractive ▷ **lukrować 4** [T] to put glass in a window or door ▷ **szklić**

glaze[2] /gleɪz/ **noun** [C, U] **1** a liquid that is put on objects made of clay to make them hard and shiny when they are baked ▷ **glazura 2** a liquid that is put on food to make it shiny and attractive ▷ **lukier**

gleam[1] /gliːm/ **verb** [I] to shine in a pleasant, soft way: *a gleaming new car* ▷ **błyszczeć**

gleam[2] /gliːm/ **noun** [no plural] **1** when something shines in a pleasant, soft way: *the gleam of sunlight on the frozen lake* ▷ **blask, błysk 2** an expression in someone's eyes: *She had a strange gleam in her eye.* ▷ **błysk**

glean /gliːn/ **verb** [T] to discover information slowly or with difficulty: [often passive] *Some useful information can be **gleaned from** this study.* ▷ **uzyskać, wydobyć**

glee /gliː/ **noun** [U] a feeling of great happiness, usually because of your good luck or someone else's bad luck: *Rosa began laughing with glee.* ▷ **radość**
• **gleeful adjective** ▷ **rozradowany, radosny** • **gleefully adverb** ▷ **radośnie**

glib /glɪb/ **adjective** using words in a way that is clever and confident, but not sincere ▷ **wygadany, gładki**

glide /glaɪd/ **verb glide along/into/over, etc** to move somewhere smoothly and quietly: *The train slowly glided out of the station.* ▷ **ślizgać się/wślizgnąć się/prześlizgnąć się** *itp.*

glider /ˈglaɪdəʳ/ **noun** [C] an aircraft that has no engine and flies on air currents ▷ **szybowiec**
• **gliding** noun [U] the activity of flying in a glider ▷ **szybownictwo**
→ See also **hang glider**, **hang gliding**

G

glimmer¹ /ˈglɪməʳ/ **noun 1 a glimmer of happiness/hope, etc** a small sign of something good ▷ **promyk szczęścia/nadziei** *itp.* **2** [C] when a light shines in a weak way ▷ **promyk, migotanie**

glimmer² /ˈglɪməʳ/ **verb** [I] to shine in a weak way ▷ **migotać**

glimpse /glɪms/ **noun** [C] when you see something or someone for a very short time: *He **caught/got a glimpse of** her as she got into the car.* ▷ **mignięcie**
• **glimpse** verb [T] to see something or someone for a very short time: *She glimpsed him out of the corner of her eye.* ▷ **ujrzeć przelotnie, mignąć**

> Wyrazy występujące razem z **glimpse**
> catch/get a glimpse • a **brief/fleeting** glimpse • a glimpse of sb/sth

glint /glɪnt/ **noun** [no plural] **1** when your eyes shine with excitement or because you are going to do something bad: *She had a wicked glint in her eye.* ▷ **błysk, iskierka 2** when something shines or reflects light for a short time ▷ **błysk, iskra**
• **glint** verb [I] ▷ **iskrzyć się, błyskać**

glisten /ˈglɪsᵊn/ **verb** [I] If something glistens, it shines, often because it is wet: *Their faces were **glistening with** sweat.* ▷ **lśnić, błyszczeć**

glitch /glɪtʃ/ **noun** [C] informal a mistake or problem that stops something from working correctly: ***technical glitches*** ▷ **usterka**

glitter¹ /ˈglɪtəʳ/ **verb** [I] to shine with small flashes of light: *Snow glittered on the mountains.* ▷ **skrzyć się**

glitter² /ˈglɪtəʳ/ **noun** [U] **1** very small, shiny pieces of metal used for decoration ▷ **brokat 2** when something seems exciting and attractive ▷ **blask**

glittering /ˈglɪtᵊrɪŋ/ **adjective 1** shining with small flashes of light: *glittering jewels* ▷ **lśniący 2** successful and exciting: *a glittering party/career* ▷ **błyskotliwy**

glitz /glɪts/ **noun** [U] when something is attractive, exciting, and shows money in an obvious way ▷ **blichtr**
• **glitzy adjective** *a glitzy nightclub* ▷ **ostentacyjny**

gloat /gləʊt/ **verb** [I] to show pleasure at your success or at someone else's failure: *His enemies were **gloating over** his defeat.* ▷ **triumfować, chełpić się**

global /ˈgləʊbᵊl/ **adjective** Ⓑ2 relating to the whole world: *the global problem of nuclear waste* ▷ **światowy, globalny**
• **globally adverb** Ⓑ2 ▷ **na całym świecie, globalnie**

globalization /ˌgləʊbᵊlaɪˈzeɪʃᵊn/ **noun** [U] **1** the increase of business around the world, especially by big companies operating in many countries ▷ **globalizacja 2** when things all over the world become more similar: *the globalization of fashion* ▷ **globalizacja**

ˌglobal ˈwarming noun [U] Ⓑ2 when the air around the world becomes warmer because of pollution ▷ **globalne ocieplenie**

globe /gləʊb/ **noun**
1 the globe the world: *This event is being watched by 200 million people around the globe.* ▷ **kula ziemska 2** [C] a model of the world shaped like a ball with a map of all the countries on it ▷ **globus**

globe

globule /ˈglɒbju:l/ **noun** [C] a small, round mass or lump of a liquid substance: *a globule of oil* ▷ **kropelka**

gloom /glu:m/ **noun** [U] **1** a feeling of unhappiness and of not having any hope: *an atmosphere of gloom* ▷ **przygnębienie 2** when it is dark, but not completely dark ▷ **mrok**

gloomy /ˈglu:mi/ **adjective 1** very negative about a situation: *a gloomy report* ▷ **przygnębiający 2** dark in an unpleasant way: *a small, gloomy room* ▷ **ponury 3** unhappy and without hope: *a gloomy face* ▷ **posępny**
• **gloomily adverb** ▷ **posępnie**

glorify /ˈglɔ:rɪfaɪ/ **verb** [T] **1** to describe or represent something in a way that makes it seem better or more important than it really is: *films that glorify violence* ▷ **gloryfikować 2** to praise someone, especially God ▷ **sławić**

glorious /ˈglɔ:riəs/ **adjective 1** beautiful or wonderful: *We had four days of glorious sunshine.* ◦ *glorious colours* ▷ **wspaniały 2** deserving praise and respect: *a glorious career* ▷ **wspaniały**
• **gloriously adverb** ▷ **wspaniale**

glory¹ /ˈglɔ:ri/ **noun** [U] **1** when people praise and respect you for achieving something important ▷ **chwała 2** great beauty: *The castle has been restored to its **former glory**.* ▷ **świetność**

glory² /ˈglɔːri/ verb

PHRASAL VERB **glory in sth** to enjoy something and be very proud of it ▷ **rozkoszować się** *czymś*

gloss¹ /glɒs/ noun **1** [U] paint that creates a shiny surface ▷ **emalia 2** [U] shine on a surface ▷ **połysk 3** [C] a short explanation of a word or phrase in a text ▷ **wyjaśnienie, glosa**

gloss² /glɒs/ verb [T] to give a short explanation of a word or phrase ▷ **wyjaśniać**

PHRASAL VERB **gloss over sth** to avoid discussing something, or to discuss something without any details in order to make it seem unimportant ▷ **prześlizgnąć się po** *czymś*

glossary /ˈglɒsəri/ noun [C] a list of difficult words with their meanings like a small dictionary, especially at the end of a book ▷ **glosariusz**

glossy /ˈglɒsi/ adjective **1** smooth and shiny: *glossy hair* ▷ **lśniący, błyszczący 2** Glossy magazines and pictures are printed on shiny paper: *a glossy brochure* ▷ **(drukowany na papierze) z połyskiem**

glottis /ˈglɒtɪs/ noun [C] the part of the throat that contains the vocal cords and the opening between the vocal cords ▷ **głośnia**

glove /glʌv/ noun [C] A2 a piece of clothing which covers your fingers and hand: *a pair of gloves* ▷ **rękawiczka** → See **Clothes** on page Centre 9

ˈglove comˌpartment noun [C] (also **glove box**) a small cupboard in the front of a car, used to hold small things ▷ **schowek**

glow¹ /gləʊ/ noun [no plural] **1** a soft, warm light: *the warm glow of the moon* ▷ **poświata, blask 2** when your face feels or appears warm and healthy: *Sam's face had lost its rosy glow.* ▷ **rumieniec 3 a glow of happiness/pride, etc** a strong feeling of being happy/proud, etc ▷ **uczucie szczęścia/dumy** *itp.*

glow² /gləʊ/ verb [I] **1** to produce a soft, warm light: *toys which glow in the dark* ▷ **świecić, jarzyć się 2** to have a warm and healthy appearance: *Her eyes were bright and her cheeks were glowing.* ▷ **różowić się 3 glow with happiness/pride, etc** to feel very happy/proud, etc: *Glowing with pride, she showed me her painting.* ▷ **promienieć szczęściem/dumą** *itp.*

glower /ˈglaʊəʳ/ verb [I] to look at someone in a very angry way: *The woman glowered at her husband.* ▷ **patrzeć spode łba lub wilkiem**

glowing /ˈgləʊɪŋ/ adjective praising someone a lot: *She got a* ***glowing report*** *from her teacher.* ▷ **(bardzo) pochlebny**

> Wyrazy występujące razem z **glowing**
> a glowing **reference/report/tribute** • **in glowing terms**

glucagon /ˈgluːkəgɒn/ noun [U] a hormone produced in the pancreas that helps glucose to get into the blood ▷ **glukagon**

glucose /ˈgluːkəʊs/ noun [U] a type of sugar ▷ **glukoza**

glue¹ /gluː/ noun [U] a substance used to stick things together: *Put a bit of glue on both edges and hold them together.* ▷ **klej** → See **The Classroom** on page Centre 6

glue² /gluː/ verb [T] (present participle **glueing** or **gluing**, past tense and past participle **glued**) to stick something to something else with glue: *Do you think you can* ***glue*** *this vase back* ***together****?* ▷ **przyklejać, sklejać, naklejać**

PHRASAL VERB **be glued to sth** to be watching something, especially television: *The kids were glued to the TV all morning.* ▷ **być przyklejonym do** *czegoś*

glum /glʌm/ adjective unhappy: *Why are you looking so glum today?* ▷ **przybity**
• **glumly** adverb ▷ **ponuro**

glut /glʌt/ noun [C] more of something than is needed: [usually singular] *There is* ***a glut of*** *houses for sale in this area.* ▷ **zalew**

gluten /ˈgluːtən/ noun [U] a substance which is found in wheat and some other food. Some people become ill if they eat it: *a gluten-free diet* ▷ **gluten**

glutton /ˈglʌtən/ noun [C] someone who eats too much ▷ **żarłok**

IDIOM **be a glutton for punishment** to enjoy doing things that are unpleasant or difficult ▷ **być masochist-ą/ką**

gluttony /ˈglʌtəni/ noun [U] when someone eats too much ▷ **obżarstwo**

glycerol /ˈglɪsərɒl/ noun [U] (also **glycerine**) a clear, thick liquid which is used in making many things, including explosives and medicines ▷ **glicerol**

glycogen /ˈglaɪkəʊdʒən/ noun [U] a substance that is found in the liver and the muscles, which stores carbohydrate and helps to control the level of sugar in the blood ▷ **glikogen**

gm written abbreviation for gram ▷ **g**

GM /dʒiːˈem/ adjective abbreviation for genetically modified: genetically modified plants or animals have had some of their genes changed: ***GM foods*** ▷ **GM (= genetycznie modyfikowany)**

GMO /ˌdʒiːemˈəʊ/ noun [U] abbreviation for genetically modified organism: a plant or animal in which scientists have changed the genes ▷ **GMO (= organizm zmodyfikowany genetycznie)**

GMT /ˌdʒiːemˈtiː/ noun [U] abbreviation for Greenwich Mean Time: the time at Greenwich in London, which is used as an international measurement for time ▷ **(czas) GMT, czas Greenwich**

gnarled /nɑːld/ **adjective** rough and twisted, usually because of being old: *a gnarled tree trunk* ▷ **sękaty**

gnat /næt/ **noun** [C] a small flying insect that can bite you ▷ **komar**

gnaw /nɔː/ **verb** [I, T] to bite something with a lot of small bites: *He was gnawing on a bone.* ▷ **obgryzać, gryźć**

PHRASAL VERB **gnaw at sb** to make someone feel more and more anxious or annoyed: *Doubt kept gnawing at him.* ▷ **targać** *kimś*, **gryźć** *kogoś*

G

gneiss /naɪs/ **noun** [U] a type of rock formed deep under the ground by high temperature and high pressure ▷ **gnejs**

gnome /nəʊm/ **noun** [C] an imaginary little man with a pointed hat: *a garden gnome* ▷ **krasnal, krasnoludek**

GNP /ˌdʒiːenˈpiː/ **noun** [U] abbreviation for Gross National Product: the total value of goods and services produced in a country in a year, including the profits made in foreign countries ▷ **PNB (= produkt narodowy brutto)** → Compare **GDP**

go[1] /gəʊ/ **verb** [I] (present participle **going**, past tense **went**, past participle **gone**) **1** A1 to move or travel somewhere: *I'd love to go to America.* ◦ *We went into the house.* ◦ *Are you* ***going by*** *train?* ▷ **jechać, iść 2** A1 to move or travel somewhere in order to do something: *Let's* ***go for*** *a walk.* ◦ [+ doing sth] *We're going camping tomorrow.* ▷ **jechać, iść 3** B1 to disappear or no longer exist: *When I turned round the man had gone.* ▷ **znikać 4 go badly/well, etc** B1 to develop in a particular way: *My exams went really badly.* ▷ **dobrze/źle** *itp.* **iść lub pójść 5** to continue to be in a particular state: *We won't let anyone go hungry.* ▷ **być, pozostawać 6** B2 to work correctly: *Did you manage to get the car going?* ▷ **działać 7** B2 to stop working correctly: *Her hearing is going, so speak loudly.* ▷ **psuć się, szwankować 8** B1 If two things go, they match each other: *That jumper doesn't* ***go with*** *those trousers.* ▷ **pasować 9** B2 If time goes, it passes: *The day went very quickly.* ▷ **mijać, upływać 10** B2 to have a particular tune or words: *I can't remember how it goes.* ▷ **lecieć, iść 11** B2 to make a particular sound or movement: *My dog goes like this when he wants some food.* ▷ **robić, zachowywać się**

> **!** Najczęściej popełniane błędy: **go**
>
> **Proszę pamiętać:** kiedy używamy **go** w znaczeniu podróżować lub przemieszczać się, podając miejsce, używamy przyimka **to**.
> Nie mówimy więc „go in/at somewhere", ale **go to somewhere.**
>
> ~~*In June, I went at the seaside with my parents.*~~
> *In June, I went to the seaside with my parents.*

IDIOM **not go there** to not think or talk about a subject that makes you feel bad: *"Then there's the guilt I feel about leaving my child with another woman." "****Don't even go there!****"* ▷ **(nawet) nie chcieć o tym myśleć**

PHRASAL VERBS **go about sth** to start to do something or deal with something: *What's the best way to go about this?* ▷ **zabierać się do** *czegoś*, **załatwiać** *coś* • **go after sb** to chase or follow someone in order to catch them: *He ran away, but the police went after him.* ▷ **ruszać (w pogoń) za** *kimś*, **podążać za** *kimś* • **go against sth** If something goes against a rule or something you believe in, it does not obey it or agree with it: *It goes against my principles to lie.* ▷ **kłócić się z** *czymś*, **być sprzecznym z** *czymś* • **go against sb** If a decision or vote goes against someone, they do not get the result that they needed: *The judge's decision went against us.* ▷ **nie być po** *czyjejś* **myśli** • **go ahead 1** B2 to start to do something: *We have permission to go ahead with the project.* ▷ **zaczynać, przystępować 2** B2 something that you say to someone to give them permission to do something: *"Can I borrow your book?" "Yes, go ahead."* ▷ **proszę (bardzo)** • **go-ahead noun** ***get/give the go-ahead*** ▷ **zgoda** • **go along 1** UK to go to a place or event, usually without much planning: *I might go along to the party after work.* ▷ **pójść, wpaść 2** to continue doing something: *I'll tell you the rules as we go along.* ▷ **posuwać się** • **go along with sth/sb** to support an idea, or to agree with someone's opinion: *She'll never go along with this idea.* ▷ **zgadzać się z** *czymś/kimś* • **go around** (also UK **go round**) **1** to be enough for everyone in a group: *There aren't enough chairs to go around.* ▷ **wystarczyć (dla wszystkich) 2 go around doing sth** to spend your time behaving badly or doing something that is unpleasant for other people: *She's been going around telling people I'm stupid.* ▷ **chodzić i** *robić coś* • **go at sth** UK informal to start doing something with a lot of energy and enthusiasm: *There were a lot of dishes to wash so we went at it straight away.* ▷ **zabierać się za** *coś* **lub do** *czegoś* • **go away 1** B1 to leave a place: *Go away – I'm busy.* ▷ **odchodzić 2** B1 to leave your home in order to spend time in a different place, usually for a holiday: *They're going away for a few weeks in the summer.* ▷ **wyjeżdżać 3** to disappear: *That smell seems to have gone away.* ▷ **znikać** • **go back** B1 to return to a place where you were or where you have been before: *When are you going back to London?* ▷ **wracać, przyjeżdżać znowu** • **go back on sth** to not do something that you promised you would do: *I never go back on my word (= not do what I said I would do).* ▷ **wycofać się z** *czegoś*, **nie dotrzymać** *czegoś* • **go back to sb** to start a relationship again with a person who you had a romantic relationship with in the past: *Jim's gone back to his ex-wife.* ▷ **wracać do** *kogoś* • **go back to sth** to start doing something again that you were doing before: *It's time to go back to work now.* ▷ **wracać do** *czegoś* • **go by 1** (B2) If time goes by, it passes: *The days went by really slowly.* ▷ **mijać, upływać 2** to move past: *A green sports car went by.* ▷ **przejeżdżać (obok), przechodzić (obok)** • **go by sth** to use information about something to help you make a decision about the best thing to do: *You can't go by anything she says.* ▷ **kierować się** *czymś* • **go down 1** (B1) to become lower in level: *Interest rates are going down at the moment.* ▷ **opadać, spadać, obniżać się 2** (B1) When the sun goes down, it moves down in the sky until it cannot be seen any more. ▷ **zachodzić 3** If a computer goes down, it stops working. ▷ **zepsuć się, ulec awarii 4** to be considered or remembered in a particular way: *This will* ***go down as*** *one of the most exciting soccer matches ever played.* ◦ UK *I don't think my plan will go down well at all.* ▷ **przechodzić do historii, dać się zapamiętać** • **go down with sth** UK informal (B2) to become ill, usually with an illness that is not very serious: *Our whole class went down with the flu.* ▷ **złapać** *coś*, **zachorować na** *coś* • **go for sth 1** (B1) to choose something: *What sort of printer are you going to go for?* ▷ **zdecydować się na** *coś* **2** informal (B2) to try to have or achieve something: *He'll be going for his third straight Olympic gold medal in the 200-meter dash.* ◦ *If you want it, go for it (= do what you need to do in order to have or achieve it).* ▷ **starać lub ubiegać się o** *coś* **3** (B2) to try to get something: *He tripped as he was going for the ball.* ▷ **łapać** *coś* **4** If something goes for a particular amount of money, it is sold for that amount. ▷ **pójść za** *jakąś sumę* • **go for sb** to attack someone: *He suddenly went for me with a knife.* ▷ **rzucać się na** *kogoś* • **go in** (A2) to enter a place: *I looked through the window, but I didn't actually go in.* ▷ **wchodzić** • **go in for sth** to like a particular activity: *I don't really go in for sports.* ▷ **interesować lub zajmować się** *czymś* • **go into sth 1** to start to do a particular type of work: *What made you decide to go into politics?* ▷ **zająć się** *czymś* **2** to describe, discuss, or examine something in a detailed way: *She didn't go into any detail about the job.* ▷ **wchodzić lub zagłębiać się w** *coś* **3** If an amount of time, money, or effort goes into a product or activity, it is used or spent creating that product or doing that activity: *A lot of effort has gone into producing this play.* ▷ **pójść na** *coś* • **go off 1** (B1) to leave a place and go somewhere else: *She's gone off to the pub with Tony.* ▷ **wychodzić 2** UK informal (B2) If food goes off, it is not good to eat any more because it is too old. ▷ **zepsuć się 3** (B1) If a light or machine goes off, it stops working: *The heating goes off at 10 o'clock.* ▷ **wyłączać się 4** (B2) If a bomb or gun goes off, it explodes or fires. ▷ **wybuchnąć, eksplodować, wystrzelić, wypalić 5** (B2) If something that makes a noise goes off, it suddenly starts making a noise: *His car alarm goes off every time it rains.* ▷ **włączać się 6 go off on one** informal to react angrily to something ▷ **wściec się** • **go off sb/sth** UK (B2) to stop liking someone or something: *I've gone off fish recently.* ▷ **przestać lubić** *kogoś/coś* • **go on 1** (B1) to last for a particular period of time: *The film seemed to go on forever.* ▷ **trwać, ciągnąć się 2** (B2) to continue doing something: [+ doing sth] *We can't go on living like this.* ▷ ≈ **dalej (***coś robić***) 3 go on to do sth** to do something else in the future: *He went on to win the final.* ▷ **następnie** *coś zrobić* **4** (B1) to happen: *What's going on?* ▷ **dziać się 5** UK to talk in an annoying way about something for a long time: *I wish she'd stop* ***going on about*** *her boyfriend.* ▷ **nawijać, gadać 6** to start talking again after stopping for a short time: *He paused and then went on with his story.* ▷ **podjąć 7 Go on** informal something that you say to encourage someone to do something: *Go on, what happened next?* ▷ **no, mów dalej** • **go on sth** to use a piece of information to help you discover or understand something: *Her first name was all we had to go on.* ▷ **dysponować** *czymś*, **mieć** *coś* **do dyspozycji** • **go out 1** (A1) to leave a place in order to go somewhere else: *Are you going out tonight?* ▷ **wychodzić 2** (B1) If a light or something that is burning goes out, it stops producing light or heat: *It took ages for the fire to go out.* ▷ **gasnąć 3** (B1) If two people go out together, they have a romantic relationship with each other: *I've been* ***going out with*** *him for a year.* ▷ **chodzić** • **go over** US to be thought of in a particular way: *I wonder how my speech will go over this afternoon.* ▷ **być przyjętym lub odebranym** • **go over sth** (B2) to talk or think about something in order to explain it or make certain that it is correct: *Let's go over the plan one more time.* ▷ **omówić** *coś*, **powtórzyć** *coś*, **przejrzeć** *coś* • **go round** UK (UK/US **go around**) **1** to be enough for everyone in a group: *There aren't enough chairs to go round.* ▷ **wystarczyć (dla wszystkich) 2 go round doing sth** to spend your time behaving badly or doing something that is unpleasant for other people: *She's been going round telling people I'm stupid.* ▷ **chodzić i** *robić coś* • **go through sth 1** (B2) to experience a difficult or unpleasant situation: *She's going through a difficult time with her job.* ▷ **przechodzić przez** *coś* **2** to carefully examine the contents of something or a collection of things in order to find something: *A customs officer went through my suitcase.* ▷ **przeszukiwać** *coś* **3** to use a lot of something: *I've gone through two boxes of tissues this week.* ▷ **zużyć (aż)** *ileś czegoś* • **go through** If a law, plan, or deal goes through, it is officially accepted or approved. ▷ **przechodzić, zostać przyjętym** • **go through with sth** to do something unpleasant or difficult that you have planned or promised to do: *He was too scared to go through with the operation.* ▷ **przeprowadzić** *coś*, **doprowadzać** *coś* **do końca** • **go under** If a company or business goes under, it

G

fails financially. ▷ **upaść** • **go up 1** (B1) to become higher in level: *House **prices** keep **going** up.* ▷ **rosnąć, podnosić się 2** If a building or sign goes up, it is fixed into position. ▷ **pojawiać się, wyrastać 3** to suddenly explode: *There was a loud bang, and then the building **went up in flames**.* ▷ **wybuchać** • **go without (sth)** to not have something that you usually have: *They went without food for four days.* ▷ **obywać się (bez** *czegoś***)**

go[2] /gəʊ/ **noun** [C] (plural **goes**) **1** UK (B2) when someone tries to do something: ***I had a go at*** *catching a fish.* ◦ *If you think you might like skiing, why don't you **give it a go** (= try to do it)?* ▷ **próba, ≈ spróbować 2** mainly UK (B1) someone's turn to do something: *Throw the dice Jane, it's your go.* ▷ **kolej 3 have a go at sb** UK to criticize someone angrily: *My mother's always having a go at me about my hair.* ▷ **suszyć** *komuś* **głowę, czepiać się** *kogoś* **4 make a go of sth** to try to make something succeed, usually by working hard ▷ **poradzić sobie z** *czymś*

goad /gəʊd/ **verb** [T] to make someone angry or annoyed so that they react in the way that you want: [+ into + doing sth] *They tried to goad us into attacking the police.* ▷ **podjudzać**

goal /gəʊl/ **noun** [C] **1** (A2) a point scored in sports such as football when a player sends a ball or other object into a particular area, such as between two posts: *He **scored** two **goals** in the second half.* ▷ **bramka 2** (A2) in some sports, the area between two posts where players try to send the ball ▷ **bramka** → See **Sports 2** on page Centre 15 **3** (B1) something you want to do successfully in the future: *Andy's goal is to run in the New York Marathon.* ▷ **cel**

> Wyrazy występujące razem z **goal**
>
> score a goal • the **winning** goal
> set yourself a goal • achieve a goal

goalie /ˈgəʊli/ **noun** [C] informal short for goalkeeper ▷ **bramkarz**

goalkeeper /ˈgəʊlˌkiːpər/ **noun** [C] (also US **goaltender** /ˈgəʊlˌtendər/) (B1) the player in a sport such as football who tries to stop the ball going into the goal ▷ **bramkarz** → See **Sports 2** on page Centre 15

goalkeeper

goalpost /ˈgəʊlpəʊst/ **noun** [C] either of the two posts that are each side of the area where goals are scored in sports such as football ▷ **słupek** → See **Sports 2** on page Centre 15

goat /gəʊt/ **noun** [C] (B1) an animal with horns which is kept for the milk it produces ▷ **koza**

gobble /ˈgɒbl/ **verb** [T] (also **gobble up/down**) to eat food very quickly ▷ **pożerać**

gobbledygook (also **gobbledegook**) /ˈgɒbldiˌguːk/ **noun** [U] informal nonsense or very complicated language that you cannot understand ▷ **bełkot**

go-between /ˈgəʊbɪˌtwiːn/ **noun** [C] someone who talks and gives messages to people who will not or cannot talk to each other ▷ **posłaniec**

goblet cell /ˈgɒblətˌsel/ **noun** [C] a simple cell that produces mucus ▷ **komórka kubkowa**

goblin /ˈgɒblɪn/ **noun** [C] a short, ugly, imaginary creature who behaves badly ▷ **chochlik**

go-cart (also UK **go-kart**) /ˈgəʊkɑːt/ **noun** [C] a small, low racing car with no roof or windows ▷ **gokart**

god /gɒd/ **noun 1 God** (A2) in Jewish, Christian, or Muslim belief, the spirit who created the universe and everything in it, and who rules over it ▷ **Bóg 2** [C] (B2) a spirit, especially a male one, that people pray to and who has control over parts of the world or nature: *the ancient Greek gods and goddesses* ▷ **bóg 3 (Oh) (my) God!** informal (B1) used to emphasize how surprised, angry, shocked, etc you are: *Oh my God! The car has been stolen.* ▷ **(O) (Mój) Boże! 4 thank God** informal (B1) something you say when you are happy because something bad did not happen: *Thank God nobody was hurt in the accident.* ▷ **dzięki Bogu**

godchild /ˈgɒdtʃaɪld/ **noun** [C] (plural **godchildren**) a child who has godparents ▷ **chrześnia-k/czka**

goddess /ˈgɒdes/ **noun** [C] a female spirit that people pray to and who has control over parts of the world or nature ▷ **bogini**

godfather /ˈgɒdfɑːðər/ **noun** [C] a man who is responsible for the moral and religious development of another person's child ▷ **ojciec chrzestny**

godforsaken /ˈgɒdfəˌseɪkən/ **adjective** [always before noun] informal A godforsaken place is very unpleasant and usually far from other places. ▷ **zapadły**

godlike /ˈgɒdlaɪk/ **adjective** having qualities that make someone admired and respected as if they were a god or God ▷ **boski**

godmother /ˈgɒdˌmʌðər/ **noun** [C] a woman who is responsible for the moral and religious development of another person's child ▷ **matka chrzestna**

godparent /ˈgɒdˌpeərənt/ **noun** [C] a person who is responsible for the moral and religious development of another person's child ▷ **(rodzic) chrzestny**

godsend /ˈgɒdsend/ **noun** [no plural] something good which happens unexpectedly, usually when you really need it: *The lottery win was a godsend for her.* ▷ **błogosławieństwo**

goes /gəʊz/ present simple he/she/it of go

goggles /ˈgɒglz/ **noun** [plural] special glasses which fit close to your face to protect your eyes:

a pair of goggles ▷ **gogle** → See **Sports 1** on page Centre 14

going¹ /ˈɡəʊɪŋ/ **noun 1** [U] how easy or difficult something is: *I found the exam quite **hard going**.* ▷ **sprawa 2** [U] the condition of the ground for walking, riding, etc ▷ **warunki, sytuacja 3** [no plural] when someone leaves somewhere: *His going came as a big surprise.* ▷ **odejście**

> Wyrazy występujące razem z **going**
>
> **hard/heavy/slow/tough** going

going² /ˈɡəʊɪŋ/ **adjective the going price/rate, etc** the usual amount of money you would expect to pay for something: *What's the going rate for babysitting these days?* ▷ **aktualna cena/stawka** → See also **easy-going**

going³ /ˈɡəʊɪŋ/ present participle of go

ˌgoing conˈcern noun [C] a business that is able to continue successfully: *He sold the business **as a going concern**.* ▷ **(dobrze) prosperująca firma**

goings-on /ˌɡəʊɪŋzˈɒn/ **noun** [plural] informal unusual events or activities: ***strange goings-on*** ▷ **rzeczy**

go-kart /ˈɡəʊkɑːt/ **noun** [C] another UK spelling of go-cart ▷ **gokart**

gold¹ /ɡəʊld/ **noun 1** [U] A2 a valuable, shiny, yellow metal used to make coins and jewellery (symbol Au) ▷ **złoto 2** [C, U] a gold medal ▷ **złoto**

gold² /ɡəʊld/ **adjective 1** A2 made of gold: *gold coins* ▷ **złoty 2** A2 being the colour of gold: *gold paint* ▷ **złoty**

golden /ˈɡəʊldᵊn/ **adjective 1** A2 being a bright yellow colour: *bright golden hair* ▷ **złocisty 2** literary A2 made of gold or like gold: *a golden ring* ▷ **złoty 3 a golden opportunity** B2 a very exciting and valuable opportunity ▷ **życiowa szansa**

ˌgolden ˈwedding noun [C] the day when two people have been married for 50 years ▷ **złote gody**

goldfish /ˈɡəʊldfɪʃ/ **noun** [C] (plural **goldfish, goldfishes**) a small, orange fish that is often kept as a pet ▷ **złota rybka**

ˌgold ˈmedal noun [C] a small, round disc given to someone for winning a race or competition: *to win an Olympic gold medal* ▷ **złoty medal**

ˈgold ˌmine noun [C] **1** a place where gold is taken from the ground ▷ **kopalnia złota 2** something that provides you with a lot of money ▷ **żyła złota**

golf

golf /ɡɒlf/ **noun** [U] A2 a game on grass where players try to hit a small ball into a series of holes using a long, thin stick ▷ **golf**

• **golfer noun** [C] ▷ **gracz w golfa** → See **Sports 2** on page Centre 15

ˈgolf ˌball noun [C] a small hard white ball used for playing golf ▷ **piłka golfowa**

ˈgolf ˌclub noun [C] **1** a place where people can play golf ▷ **klub golfowy 2** a long, thin stick used to play golf ▷ **kij do golfa** → See **Sports 2** on page Centre 15

ˈgolf ˌcourse noun [C] an area of land used for playing golf ▷ **pole golfowe**

gone /ɡɒn/ past participle of go

gong /ɡɒŋ/ **noun** [C] a metal disc which makes a loud sound when you hit it with a stick ▷ **gong**

gonna /ˈɡᵊnə/ informal short for going to

goo /ɡuː/ **noun** [U] a thick, sticky substance ▷ **maź**

> Najczęściej popełniane błędy: **good** czy **well**?
>
> **Uwaga! Good** jest przymiotnikiem i używa się go do opisania rzeczownika.
> Jeśli chcemy powiedzieć, że coś zostało zakończone powodzeniem lub miało satysfakcjonujący rezultat, używamy **well**:
> ~~*I speak German good, but not as good as English.*~~
> *I speak German well, but not as well as English.*

good¹ /ɡʊd/ **adjective** (**better, best**) **1** A1 enjoyable, pleasant, or interesting: *a good book* ◦ *Did you have a **good time** at the party?* ▷ **dobry 2** A1 of a high quality or level: *She speaks good French.* ◦ *The food at this restaurant is very good.* ▷ **dobry 3** A1 successful, or able to do something well: *Anne's a good cook.* ◦ *She's very **good at** geography.* ▷ **dobry 4** A1 kind or helpful: *a good friend* ◦ *My granddaughter is very **good to** me.* ▷ **dobry 5** A1 something that you say when a person asks how you are: *'Hi, how are you?' 'I'm good, thanks.'* ▷ **dobrze 6** A1 having a positive or useful effect: *Exercise is **good for** you.* ▷ **dobry, zdrowy 7** A2 suitable or satisfactory: *When would be a **good time** to phone?* ▷ **dobry, odpowiedni 8** A2 A good child or animal behaves well. ▷ **dobry, grzeczny 9** B1 morally right: *a good person* ◦ *He sets a **good example** to the rest of the class.* ▷ **dobry 10** complete and detailed: *She got a good look at the robbers.* ▷ **dobry, dokładny 11** B2 used to emphasize the number, amount, quality, etc of something: *There's a **good chance** he'll pass the exam.* ▷ **duży 12** A1 something you say when you are satisfied or pleased about something or when you agree with something: *Oh good, he's arrived at last.* ▷ **dobrze 13 Good God/grief/heavens!, etc** used to express surprise or shock: *Good heavens! It's already 11 p.m.* ▷ **Boże drogi!/wielkie nieba!** *itp.* **14 a good 20 minutes/30 miles, etc** not less than 20 minutes/30 miles, etc and probably a bit more ▷ **dobre 20 minut/30 mil** *itp.* → See also **be in sb's good/bad *books*,**

it's a good *job*, for good *measure*, stand sb in good *stead*

IDIOM **good to go** informal be ready to go: *I'll get my coat and then I'm good to go.* ▷ **gotowy**

good² /gʊd/ **noun 1** [U] B2 something that is an advantage or help to a person or situation: *It's hard work, but it's for your own good.* ▷ **dobro 2 be no good/not any good** B2 to not be useful, helpful, or valuable ▷ **być do niczego 3 do sb good** B2 to be useful or helpful to someone: *A holiday will do you good.* ▷ **dobrze** *komuś* **zrobić 4** [U] what people think is morally right: *Children don't always understand the difference between good and bad.* ▷ **dobro 5 for good** forever: *When he was 20, he left home for good.* ▷ **na dobre, na zawsze** → See also **do sb a/the *world* of good**

ˌgood afterˈnoon exclamation A1 something you say to greet someone when you meet them in the afternoon ▷ **dzień dobry**

goodbye /gʊdˈbaɪ/ **exclamation** A1 something you say when you leave someone or when they leave you: *Goodbye Vicki! See you next week.* ▷ **do widzenia**

> Wyrazy występujące razem z **goodbye**
>
> kiss/say/wave goodbye • a final goodbye

ˌgood ˈevening exclamation A1 something you say to greet someone in the evening ▷ **dobry wieczór**

ˌGood ˈFriday noun [C, U] the Friday before Easter, a day when Christians remember the death of Jesus Christ ▷ **Wielki Piątek**

good-humoured UK (US **good-humored**) /ˌgʊd ˈhjuːməd/ **adjective** pleasant and friendly ▷ **pogodny, dobroduszny**

goodies /ˈgʊdiz/ **noun** [plural] informal special or nice things that you will enjoy: *She gave the children some sweets and other goodies.* ▷ **pyszności**

good-looking /ˌgʊdˈlʊkɪŋ/ **adjective** A2 If someone is good-looking, they have an attractive face: *a good-looking woman* ▷ **atrakcyjny**

ˌgood ˈlooks noun [plural] an attractive face ▷ **atrakcyjny wygląd**

ˌgood ˈmorning exclamation A1 something you say to greet someone when you meet them in the morning ▷ **dzień dobry**

good-natured /ˌgʊdˈneɪtʃəd/ **adjective** pleasant and friendly: *a good-natured smile/crowd* ▷ **życzliwy**

goodness /ˈgʊdnəs/ **noun 1** [U] the quality of being good: *She believes in the goodness of human nature.* ▷ **dobroć 2 my goodness** informal something you say when you are surprised: *My goodness, he's a big baby, isn't he?* ▷ **ojej 3 thank goodness** informal something you say when you are happy because something bad did not happen: *Thank goodness that dog didn't bite you.* ▷ **chwała Bogu 4 for goodness sake** used when you are annoyed or when you want something to happen quickly: *For goodness sake, come in out of the rain.* ▷ **na litość boską**

ˌgood ˈnight exclamation A1 something you say when you leave someone or when they leave you in the evening or when someone is going to bed ▷ **dobranoc**

goods /gʊdz/ **noun** [plural] B1 items which are made to be sold: *radios, stereos, and other electrical goods* ▷ **artykuły, towary**

IDIOM **deliver/come up with the goods** If you deliver the goods, you do what people hope you will do. ▷ **spełniać oczekiwania**

goodwill /gʊdˈwɪl/ **noun** [U] **1** kind, friendly, or helpful feelings towards other people: *He gave them a thousand pounds as a* ***gesture of goodwill.*** ▷ **dobra wola 2** the positive feelings of customers for a business, which has a money value if a business is sold ▷ **wartość firmy**

goody-goody /ˈgʊdiˌgʊdi/ **noun** [C] informal someone who tries too hard to be good, usually to parents or teachers ▷ **świętosz-ek/ka**

gooey /ˈguːi/ **adjective** soft and sticky: *a sweet, gooey sauce* ▷ **lepki**

goof /guːf/ **verb** [I] (also **goof up**) US informal to make a silly mistake ▷ **wygłupić się**

PHRASAL VERBS **goof around** US to spend your time doing silly or unimportant things ▷ **wygłupiać się • goof off** US to avoid doing any work ▷ **obijać się**

goofy /ˈguːfi/ **adjective** mainly US silly: *a goofy sense of humour* ▷ **głupkowaty**

Google¹ /ˈguːgl/ **noun** trademark a popular Internet search engine ▷ **Google**

Google² /ˈguːgl/ **verb** [T] B2 to use the Google® search engine ▷ **szukać w Google, wyguglać**

goose /guːs/ **noun** [C, U] (plural **geese**) a large water bird similar to a duck, or the meat from this bird ▷ **gęś**

gooseberry /ˈgʊzbᵊri/ US /ˈguːsberi/ **noun** [C] a small, sour, green fruit with a hairy skin ▷ **agrest**

ˈgoose ˌpimples noun [plural] (also **ˈgoose bumps**) small, raised lumps that appear on your skin when you are cold or frightened ▷ **gęsia skórka**

gore¹ /gɔːʳ/ **noun** [U] blood, usually from a violent injury ▷ **krew**

gore² /gɔːʳ/ **verb** [T] If an animal gores someone, it injures them with its horn. ▷ **wziąć na rogi, ubóść**

gorge¹ /gɔːdʒ/ **noun** [C] a narrow and usually steep valley ▷ **wąwóz**

gorge² /gɔːdʒ/ **verb gorge (yourself) on sth** to eat food until you cannot eat any more: *She gorged herself on chocolate biscuits.* ▷ **objadać lub opychać się** *czymś*

gorgeous /ˈɡɔːdʒəs/ **adjective** B1 very beautiful or pleasant: *You look gorgeous in that dress.* ▷ **wspaniały, cudowny**

gorilla /ɡəˈrɪlə/ **noun** [C] a big, black, hairy animal, like a large monkey ▷ **goryl**

gorse /ɡɔːs/ **noun** [U] a bush with yellow flowers and sharp, pointed leaves ▷ **janowiec**

gory /ˈɡɔːri/ **adjective** involving violence and blood: *a gory murder* ▷ **krwawy**

gosh /ɡɒʃ/ **exclamation** used to express surprise or shock: *Gosh! I didn't realize it was that late.* ▷ **ojej**

gosling /ˈɡɒzlɪŋ/ **noun** [C] a young goose ▷ **gąsiątko**

gospel /ˈɡɒspəl/ **noun 1** [no plural] the teachings of Jesus Christ: *to **preach the gospel*** ▷ **ewangelia 2** [C] one of the four books in the Bible that tells the life of Jesus Christ ▷ **ewangelia 3 the gospel truth** something that is completely true ▷ **święta prawda 4** [U] a style of Christian music, originally sung by black Americans ▷ **muzyka gospel**

gossip[1] /ˈɡɒsɪp/ **noun 1** [U] B2 conversation or reports about other people's private lives that might or might not be true: *an interesting **piece of gossip*** ▷ **plotki 2** [C] someone who likes to talk about other people's private lives ▷ **plotka-rz/rka**

> Wyrazy występujące razem z **gossip**
>
> a bit of/piece of gossip • juicy gossip

gossip[2] /ˈɡɒsɪp/ **verb** [I] B2 to talk about other people's private lives: *They were **gossiping about** her boss.* ▷ **plotkować**

ˈgossip ˌcolumn noun [C] an article appearing regularly in a newspaper giving information about famous people's private lives ▷ **kronika towarzyska**

got /ɡɒt/ past of get

gotta /ˈɡɒtə/ informal short for got to

gotten /ˈɡɒtən/ US past participle of get

gouge /ɡaʊdʒ/ **verb** [T] to make a hole or long cut in something ▷ **wydrążyć, wyżłobić**

PHRASAL VERB **gouge sth out** to remove something by digging or cutting it out of a surface, often violently ▷ **wydłubać** *coś*

gourmet[1] /ˈɡʊəmeɪ/ **noun** [C] someone who enjoys good food and drink and knows a lot about it ▷ **smakosz**

gourmet[2] /ˈɡʊəmeɪ/ **adjective** [always before noun] relating to good food and drink: *a gourmet meal* ▷ **wykwintny, dla smakoszy**

govern /ˈɡʌvən/ **verb 1** [I, T] B2 to officially control a country: *The country is now governed by the Labour Party.* ◦ *a **governing body*** ▷ **rządzić 2** [T] to influence or control the way something happens or is done: *There are rules that govern how teachers treat children.* ▷ **określać, regulować**

governess /ˈɡʌvənəs/ **noun** [C] a woman employed to teach the children in a family at home ▷ **guwernantka**

government /ˈɡʌvənmənt/ **noun 1** [group] B1 the group of people who officially control a country: *The Government has cut taxes.* ▷ **rząd 2** [U] B2 the method or process of governing a country: *a new style of government* ▷ **rządy** • **governmental** /ˌɡʌvənˈmentəl/ **adjective** relating to government ▷ **rządowy**

> Wyrazy występujące razem z **government**
>
> **bring down/elect/form/overthrow** a government • a **democratic/elected** government • **be in** government

governor /ˈɡʌvənər/ **noun** [C] someone who is officially responsible for controlling a region, city, or organization: *a prison/school governor* ◦ *the Governor of Texas* ▷ **gubernator**

gown /ɡaʊn/ **noun** [C] **1** a woman's dress, usually worn on formal occasions: *a silk gown* ▷ **suknia 2** a loose piece of clothing like a coat worn for a particular purpose: *a hospital gown* ▷ **szlafrok, toga** → See also **dressing gown**

GP /ˌdʒiːˈpiː/ **noun** [C] abbreviation for general practitioner: a doctor who sees people in the local area and treats illnesses that do not need a hospital visit ▷ **lekarz rodzinny lub ogólny**

GPS /ˌdʒiːpiːˈes/ **noun** [U] abbreviation for Global Positioning System: a system of computers and satellites that work together to tell a user where they are ▷ **GPS, nawigacja (satelitarna)**

grab[1] /ɡræb/ **verb** [T] (present participle **grabbing**, past tense and past participle **grabbed**) **1** B1 to take hold of something or someone suddenly: *He grabbed my arm and pulled me away.* ▷ **chwytać, łapać 2** informal to eat, do, or get something quickly because you do not have much time: *I grabbed a sandwich on the way to the station.* ▷ **złapać 3 grab sb's attention** informal to attract someone's attention ▷ **zwracać** *czyjąś* **uwagę 4** B2 If someone grabs a chance or opportunity, they take it quickly and with enthusiasm. ▷ **łapać**

PHRASAL VERB **grab at sb/sth** to try to get hold of someone or something quickly, with your hand ▷ **rzucać się na** *kogoś/coś*

grab[2] /ɡræb/ **noun make a grab for sth/sb** to try to take hold of something or someone suddenly: *He made a grab for the gun.* ▷ **rzucać się na** *coś/kogoś* **lub do** *czegoś* **lub po** *coś*/**na**

IDIOM **up for grabs** informal If something is up for grabs, it is available to anyone who wants to try to get it: *Ten free concert tickets are up for grabs.* ▷ **do wzięcia**

grace[1] /greɪs/ **noun** [U] **1** the quality of moving in a smooth, relaxed, and attractive way: *She moved* ***with grace*** *and elegance.* ▷ **wdzięk, gracja 2** the quality of being pleasantly polite: *He* ***had the grace to*** *apologize for his mistake the next day.* ▷ **takt 3 with good grace** in a willing and happy way: *He accepted the failure with good grace.* ▷ **z uśmiechem 4 a month's/week's, etc grace** an extra month/week, etc you are given before something must be paid or done ▷ **miesięczne/tygodniowe** *itp.* **odroczenie 5** a prayer of thanks said before or after a meal: *to* ***say grace*** ▷ **modlitwa**

grace[2] /greɪs/ **verb** [T] When a person or object graces a place or thing, they make it more attractive: *Her face has graced the covers of magazines across the world.* ▷ **zdobić**

graceful /ˈgreɪsfəl/ **adjective 1** moving in a smooth, relaxed, and attractive way, or having a smooth, attractive shape: *graceful movements* ◦ *a graceful neck* ▷ **pełen wdzięku 2** behaving in a polite and pleasant way ▷ **taktowny**
• **gracefully adverb** ▷ **wdzięcznie**

gracious /ˈgreɪʃəs/ **adjective 1** behaving in a pleasant, polite, calm way: *He was gracious enough to thank me.* ▷ **uprzejmy 2** comfortable and with a good appearance and quality: *gracious homes/living* ▷ **wytworny 3 Good/Goodness gracious!** used to express polite surprise ▷ **Boże drogi!**
• **graciously adverb** ▷ **łaskawie**

grade[1] /greɪd/ **noun** [C] **1** (B1) a number or letter that shows how good someone's work or performance is: *Steve never studies, but he always* ***gets*** *good* ***grades***. ◦ UK *Carla got a grade A in German.* ▷ **stopień, ocena 2** (B2) a level of quality, size, importance, etc: *I applied for a position a grade higher than my current job.* ▷ **stopień 3** US a school class or group of classes for students of the same age or ability: *My son is in fifth grade.* ▷ **klasa**

IDIOM **make the grade** to perform well enough to succeed: *He wanted to get into the team but he didn't make the grade.* ▷ **osiągać wymagany poziom, udać się**

grade[2] /greɪd/ **verb** [T] **1** to separate people or things into different levels of quality, size, importance, etc: *The fruit is washed and then* ***graded by*** *size.* ▷ **segregować 2** US (UK **mark**) to give a score to a student's piece of work: *to grade work/papers* ▷ **oceniać**

ˈ**grade** ˌ**crossing noun** [C] US (UK **level crossing**) a place where a railway crosses a road ▷ **przejazd kolejowy**

ˈ**grade** ˌ**school noun** [C, U] US a school for the first six to eight years of a child's education ▷ **szkoła podstawowa**

gradient /ˈgreɪdiənt/ **noun** [C] how steep a slope is: *a steep/gentle gradient* ▷ **nachylenie**

gradual /ˈgrædʒuəl/ **adjective** (B2) happening slowly over a period of time: *a gradual change/improvement* ▷ **stopniowy**

gradually /ˈgrædʒuəli/ **adverb** (B2) slowly over a period of time: *Gradually he began to get better.* ▷ **stopniowo**

graduate[1] /ˈgrædʒuət/ **noun** [C] **1** UK (B2) someone who has studied for and received a degree from a university: *a science graduate* ▷ **absolwent/ka 2** US someone who has studied for and received a degree from a school, college, or university: *a high-school graduate* ▷ **absolwent/ka**

graduate[2] /ˈgrædjueɪt/ **verb 1** (B2) [I] to complete your education successfully at a university, college, or, in the US, at school: *He* ***graduated from*** *Cambridge University in 2006.* ▷ **kończyć studia lub szkołę 2 graduate to sth** to move up to something more advanced or important ▷ **awansować do** *czegoś* **lub na** *coś*

graduated /ˈgrædjueɪtɪd/ **adjective** divided into levels or stages: *a graduated scale* ▷ **progresywny**

graduation /ˌgrædʒuˈeɪʃən/ **noun** [C, U] when you receive your degree for completing your education or a course of study: *a* ***graduation ceremony*** ▷ **ukończenie studiów lub szkoły**

graffiti /grəˈfiːti/ **noun** [U] writing or pictures painted on walls and public places, usually illegally ▷ **graffiti**

graft[1] /grɑːft/ **noun 1** [C] a piece of skin or bone taken from one part of a body and joined to another part: *a* ***skin/bone graft*** ▷ **przeszczep 2** [C] a piece cut from one plant and joined onto another plant ▷ **szczep 3** [U] UK informal work: ***hard graft*** ▷ **harówka**

graft[2] /grɑːft/ **verb 1** [T] to join a piece of skin or bone taken from one part of the body to another part ▷ **przeszczepiać 2** [T] to join a piece cut from one plant onto another plant ▷ **szczepić 3** [I] UK informal to work hard ▷ **harować**

grain /greɪn/ **noun 1** [C, U] a seed or seeds from types of grass which are eaten as food: *grains of wheat/rice* ▷ **ziarno 2** [C] a very small piece of something: *a grain of sand/sugar* ▷ **ziarnko, ziarenko 3** [no plural] a very small amount of a quality: *There isn't* ***a grain of truth*** *in her story.* ▷ **odrobina 4 the grain** the natural direction and pattern of lines which you can see in wood or material: *to cut something along/against the grain* ▷ **słoje, układ włókien, faktura**

IDIOM **go against the grain** If something goes against the grain, you would not normally do it because it would be unusual or morally wrong. ▷ **kłócić się z zasadami**

→ See also **take sth with a grain of** ***salt***

gram (also UK **gramme**) /græm/ (written abbreviation **g, gm**) **noun** [C] (A2) a unit for measuring weight, equal to 0.001 kilograms ▷ **gram**

grammage /ˈɡræmɪdʒ/ **noun** [U] a measurement of paper weight ▷ **gramatura**

grammar /ˈɡræməʳ/ **noun 1** [U] (A2) the way you combine words and change their form and position in a sentence, or the rules or study of this ▷ **gramatyka 2** [C] mainly UK a book of grammar rules ▷ **gramatyka**

ˈ**grammar ˌschool** noun [C, U] **1** in the UK, a school which clever children over 11 years old can go to if they pass a special exam ▷ **liceum ogólnokształcące 2** US another word for elementary school ▷ **szkoła podstawowa**

grammatical /ɡrəˈmætɪkəl/ **adjective** relating to grammar, or obeying the rules of grammar: *grammatical rules* ◦ *a grammatical sentence* ▷ **gramatyczny**
• **grammatically adverb** ▷ **gramatycznie**

gramme /ɡræm/ **noun** [C] another UK spelling of gram ▷ **gram**

gramophone /ˈɡræməfəʊn/ **noun** [C] old-fashioned a machine for playing music ▷ **gramofon**

gran /ɡræn/ **noun** [C] UK informal short for grandmother ▷ **babcia**

grand[1] /ɡrænd/ **adjective 1** very large and special: *a grand hotel* ◦ *the Grand Canal* ▷ **wielki 2** rich and important, or behaving as if you are: *a grand old lady* ▷ **dostojny, ważny 3** informal very good or enjoyable ▷ **świetny**

grand[2] /ɡrænd/ **noun** [C] (plural **grand**) informal one thousand dollars or pounds: *The holiday cost me two grand.* ▷ **patol, klocek**

grandad /ˈɡrændæd/ **noun** [C] another UK spelling of granddad ▷ **dziadek**

grandchild /ˈɡrændtʃaɪld/ **noun** [C] (plural **grandchildren**) (A2) the child of your son or daughter ▷ **wnuk/wnuczka**

granddad /ˈɡrændæd/ **noun** [C] mainly UK informal (A2) grandfather ▷ **dziadek**

granddaughter /ˈɡrændˌdɔːtəʳ/ **noun** [C] (A2) the daughter of your son or daughter ▷ **wnuczka**

grandeur /ˈɡrændjəʳ/ **noun** [U] the quality of being very large and special or beautiful: *the grandeur of the hills* ▷ **wspaniałość, okazałość**

grandfather /ˈɡrændˌfɑːðəʳ/ **noun** [C] (A2) the father of your mother or father ▷ **dziadek, dziad**

ˌ**grandfather** ˈ**clock** noun [C] a clock in a very tall, wooden case ▷ **zegar stojący**

grandiose /ˈɡrændiəʊs/ **adjective** large or detailed and made to appear important, often in an unnecessary and annoying way: ***grandiose plans*** ▷ **ambitny, wielki**

grandly /ˈɡrændli/ **adverb** in a very important way, or as if you are very important ▷ **dostojnie**

grandma /ˈɡrændmɑː/ **noun** [C] informal (A2) another word for grandmother ▷ **babcia**

grandmother /ˈɡrændˌmʌðəʳ/ **noun** [C] (A2) the mother of your mother or father ▷ **babcia, babka**

grandpa /ˈɡrændpɑː/ **noun** [C] informal (A2) another word for grandfather ▷ **dziadek**

grandparent /ˈɡrændˌpeərənt/ **noun** [C] (A2) the parent of your mother or father ▷ **dziadek, babcia, ≈ dziadkowie**

ˌ**grand piˈano** noun [C] a very large piano, usually used in public performances ▷ **fortepian**

grand prix /ˌɡrɒnˈpriː/ **noun** [C] (plural **grands prix**) one of a series of important international races for very fast cars: *the Italian Grand Prix* ▷ **grand prix**

ˌ**grand** ˈ**slam** noun [C] when you win all the important competitions that are held in one year for a particular sport ▷ **wielki szlem**

grandson /ˈɡrændsʌn/ **noun** [C] (A2) the son of your son or daughter ▷ **wnuk, wnuczek**

grandstand /ˈɡrændstænd/ **noun** [C] a large, open structure containing rows of seats, used for watching sporting events ▷ **trybuna (główna)**

granite /ˈɡrænɪt/ **noun** [U] a type of very hard, grey rock ▷ **granit**

granny /ˈɡræni/ **noun** [C] informal (A2) another word for grandmother ▷ **babcia**

grant[1] /ɡrɑːnt/ **verb** [T] formal **1** (B2) to give or allow someone something, usually in an official way: [+ two objects] *to grant someone a licence/visa* ▷ **przyznawać, udzielać 2** to admit or agree that something is true: *She's a good-looking woman, I grant you.* ▷ **przyznawać (rację)**

IDIOMS **take sb/sth for granted** (B2) to not show that you are grateful for someone or something, and forget that you are lucky to have them: *Most of us take our freedom for granted.* ▷ **nie doceniać** *kogoś/czegoś* • **take it for granted** (B2) to believe that something is true without checking or thinking about it: [+ (that)] *I took it for granted that we'd be invited.* ▷ **z góry** *coś* **zakładać, traktować** *coś* **jako oczywiste**

grant[2] /ɡrɑːnt/ **noun** [C] (B1) an amount of money provided by a government or organization for a special purpose: *They received a* ***research grant*** *for the project.* ▷ **stypendium, dotacja, grant**

> **Wyrazy występujące razem z grant**
>
> apply for/get/receive a grant • a grant for/towards sth • a research grant

granule /ˈɡrænjuːl/ **noun** [C] a small, hard piece of a substance: *coffee granules* ▷ **granulka**
• **granulated** /ˈɡrænjəleɪtɪd/ **adjective** ***granulated sugar*** ▷ **granulowany**

grape /ɡreɪp/ **noun** [C] (A2) a small, round, green, purple, or red fruit that grows in large, close groups and is often used to make wine: *a* ***bunch***

G

of grapes ▷ **winogrono** → See **Fruits and Vegetables** on page Centre 10

grapefruit /ˈgreɪpfruːt/ **noun** [C, U] (plural **grapefruit**, **grapefruits**) a large, round, yellow fruit with a sour taste ▷ **grejfrut**

grapevine /ˈgreɪpvaɪn/ **noun**

IDIOM **hear sth on/through the grapevine** to hear news from someone who heard the news from someone else ▷ **zasłyszeć** *coś*, **dowiedzieć się** *czegoś* **od ludzi**

graph /grɑːf/ **noun** [C] B2 a picture with measurements marked on it as lines or curves, used to compare different things or show the development of something ▷ **wykres**

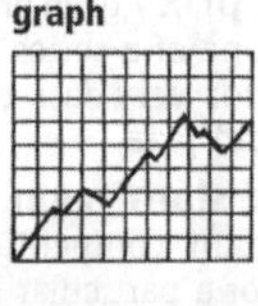

Wyrazy występujące razem z graph

draw a graph • a graph **indicates/shows** sth • a graph **of** sth

graphic¹ /ˈgræfɪk/ **adjective** A graphic description or image is extremely clear and detailed: *The film contains* ***graphic violence****.* ▷ **drastyczny**

• **graphically adverb** ▷ **drastycznie**

graphic² /ˈgræfɪk/ **noun** [C] an image, especially on a computer or in a newspaper or book: *I want to add a graphic here.* ▷ **grafika, ilustracja**

ˌgraphical user ˈinterface noun [C] a way of arranging information on a computer screen that is easy to understand because it uses pictures and symbols as well as words ▷ **środowisko graficzne, interfejs graficzny**

ˌgraphic deˈsign noun [U] the art of designing pictures and text for books, magazines, advertisements, etc ▷ **grafika użytkowa**

graphics /ˈgræfɪks/ **noun** [plural] B1 images shown on a computer screen ▷ **grafika**

ˈgraphics ˌcard noun [C] the part inside a computer that allows it to receive and show pictures and video ▷ **karta graficzna**

ˈgraphics ˌtablet noun [C] a flat device that is connected to a computer, that you draw on with a stylus to make an image on the computer screen ▷ **tablet graficzny**

graphite /ˈgræfaɪt/ **noun** [U] a soft, grey-black form of carbon used in pencils ▷ **grafit**

ˈgraph ˌpaper noun [U] paper with small squares on it, used for drawing graphs ▷ **papier milimetrowy**

grapple /ˈgræpl/ **verb**

PHRASAL VERBS **grapple with sth** to try to deal with or understand something difficult ▷ **zmagać się z** *czymś* • **grapple with sb** to hold onto someone and fight with them ▷ **mocować się z** *kimś*

grasp¹ /grɑːsp/ **verb** [T] **1** to take hold of something or someone firmly: *He* ***grasped*** *my* ***hand*** *enthusiastically.* ▷ **chwytać 2** to understand something: *I find these mathematical problems difficult to grasp.* ▷ **pojmować**

PHRASAL VERB **grasp at sth** to quickly try to get hold of something ▷ **chwytać (za)** *coś*

grasp² /grɑːsp/ **noun** [no plural] **1** when you understand something: *He* ***has an excellent grasp of*** *English.* ▷ **orientacja, znajomość 2** when you hold onto someone or something: *I tried to pull him out but he slipped from my grasp.* ▷ **uchwyt, chwyt 3** the ability to obtain or achieve something: *Victory is* ***within*** *our grasp.* ▷ **zasięg**

Wyrazy występujące razem z grasp

have a [good/poor, etc] grasp of sth

grasping /ˈgrɑːspɪŋ/ **adjective** wanting much more of something than you need, especially money: *a grasping, greedy man* ▷ **zachłanny**

grass /grɑːs/ **noun 1** [U] A1 a common plant with narrow green leaves that grows close to the ground in gardens and fields: *to* ***mow/cut*** *the* ***grass*** ◦ *We lay on the grass in the sunshine.* ▷ **trawa 2** [C] a particular type of grass: *ornamental grasses* ▷ **trawa**

grasshopper /ˈgrɑːsˌhɒpəʳ/ **noun** [C] a green insect which jumps about using its long back legs ▷ **pasikonik**

ˌgrass ˈroots noun [plural] ordinary people in a society or political organization and not the leaders ▷ **zwykli ludzie, szeregowi członkowie**

grassy /ˈgrɑːsi/ **adjective** covered with grass: *a grassy slope/meadow* ▷ **trawiasty**

grate¹ /greɪt/ **verb 1** [T] to break food such as cheese into small, thin pieces by rubbing it against a grater: *grated cheese/carrot* ▷ **ucierać, trzeć 2** [I] to make an unpleasant noise when rubbing against something: *The chair* ***grated against*** *the floor.* ▷ **zgrzytać**

PHRASAL VERB **grate on sb/sth** If someone's voice or behaviour grates on you, it annoys you. ▷ **działać** *komuś* **na nerwy**

grate² /greɪt/ **noun** [C] a metal structure for holding the wood or coal in a fireplace ▷ **palenisko**

grateful /ˈgreɪtfᵊl/ **adjective** B1 feeling or showing thanks: *I'm really* ***grateful to*** *you* ***for*** *all your help.* ▷ **wdzięczny** → Opposite **ungrateful**

• **gratefully adverb** *All donations* ***gratefully received****.* ▷ **z wdzięcznością**

Grateful wyrazy bliskoznaczne

Aby powiedzieć, że ktoś jest wdzięczny za coś, często używamy przymiotnika **appreciative**; to samo znaczenie możemy również wyrazić za pomocą czasownika **appreciate**:

*I'm really **appreciative** of all the help you've given me.*

*I really **appreciate** all the help you've given me.*

Wyrażenie **be glad of** jest kolejną alternatywą:

*We **were** very **glad of** some extra help.*

Przymiotników **thankful** lub **relieved** często używamy, gdy ktoś jest wdzięczny, ponieważ nic złego się nie wydarzyło:

*I'm just **thankful/relieved** that she's safe and well.*

grater /ˈgreɪtəʳ/ **noun** [C] a kitchen tool with a surface full of holes with sharp edges, used to grate foods such as cheese ▷ **tarka** → See **The Kitchen** on page Centre 2

gratify /ˈgrætɪfaɪ/ **verb** [T] formal to please someone or satisfy their wishes or needs: *I was gratified by their decision.* ◦ *a gratifying result* ▷ **satysfakcjonować**
• **gratification** /ˌgrætɪfɪˈkeɪʃən/ **noun** [U] ▷ **satysfakcja**

grating /ˈgreɪtɪŋ/ **noun** [C] a flat structure made of long, thin pieces of metal crossing each other over a hole in the ground or a window ▷ **krata**

gratitude /ˈgrætɪtju:d/ **noun** [U] the feeling or quality of being grateful: *I would like to express my deep gratitude to all the hospital staff.* ▷ **wdzięczność**

gratuitous /grəˈtju:ɪtəs/ **adjective** unnecessary and done without a good reason: ***gratuitous violence*** ▷ **nieuzasadniony, niepotrzebny**

gratuity /grəˈtju:əti/ **noun** [C] formal an extra amount of money given to someone to thank them for providing a service ▷ **napiwek**

grave[1] /greɪv/ **noun** [C] (B2) a place in the ground where a dead body is buried ▷ **grób**

grave[2] /greɪv/ **adjective** very serious: ***grave doubts*** ◦ *a **grave mistake*** ▷ **poważny**
• **gravely adverb** ▷ **poważnie**

gravel /ˈgrævəl/ **noun** [U] small pieces of stone used to make paths and road surfaces ▷ **żwir**

gravestone /ˈgreɪvstəʊn/ **noun** [C] a stone that shows the name of a dead person who is buried under it ▷ **nagrobek, kamień nagrobny**

graveyard /ˈgreɪvjɑ:d/ **noun** [C] an area of land where dead bodies are buried, usually next to a church ▷ **cmentarz**

gravitate /ˈgrævɪteɪt/ **verb**

PHRASAL VERB **gravitate to/towards sth/sb** to be attracted to something or someone, or to move in the direction of something or someone ▷ **ciążyć ku** *czemuś/komuś*

gravitational /ˌgrævɪˈteɪʃənəl/ **adjective** relating to gravity: ***gravitational force*** ▷ **ciążenia, grawitacyjny**

gravity /ˈgrævəti/ **noun** [U] **1** the force that makes objects fall to the ground or that pulls objects towards a planet or other body: *the laws of gravity* ▷ **ciążenie, grawitacja 2** formal when something is very serious: *You don't seem to realize the gravity of the situation.* ▷ **powaga** → See also **centre of gravity**

gravure /grəˈvjʊəʳ/ **noun** [U] a method of printing using a surface with many small cuts in it: *a gravure press* ▷ **druk wklęsły**

gravy /ˈgreɪvi/ **noun** [U] a warm, brown sauce made from the fat and liquid that comes from meat when it is being cooked ▷ **sos (pieczeniowy)**

gray /greɪ/ **noun** [C, U], **adjective** US spelling of grey

graying /ˈgreɪɪŋ/ **adjective** US spelling of greying ▷ **siwiejący**

graze[1] /greɪz/ **verb 1** [I] When cows or other animals graze, they eat grass: *Cattle grazed in the meadow.* ▷ **paść się 2** [T] UK (UK/US **skin**) to injure your skin by rubbing it against something rough: *I fell and grazed my knee.* ▷ **obetrzeć 3** [T] to touch or move lightly along the surface or edge of something: *A bullet grazed his cheek.* ▷ **muskać, ocierać się o**

graze[2] /greɪz/ **noun** [C] mainly UK an injury on the surface of your skin caused by rubbing against something: *She has a nasty **graze on** her elbow.* ▷ **obtarcie (naskórka)**

grease[1] /gri:s/ **noun** [U] **1** a substance such as oil or fat ▷ **tłuszcz 2** a substance like thick oil that is put on parts in an engine or machine to make them move more smoothly ▷ **smar**

grease[2] /gri:s/ **verb** [T] to put fat or oil on or in something ▷ **smarować**

greasy /ˈgri:si/ **adjective** containing or covered with fat or oil: *greasy food/fingers* ▷ **tłusty**

great /greɪt/ **adjective 1** (A1) very good: *We had a great time.* ◦ *I've had a great idea!* ▷ **świetny 2** (B2) important or famous: *a great statesman/novelist* ▷ **wielki 3** (A2) large in amount, size, or degree: *a great crowd of people* ▷ **wielki 4** (B1) extreme: *great success/difficulty* ▷ **wielki 5 great big/long, etc** (B2) very big/long, etc: *I gave her a great big hug.* ▷ **bardzo wielki/długi** *itp.* **6 a great many** a large number ▷ **mnóstwo**
• **greatness noun** [U] (B2) ▷ **wielkość**
→ See also **go to great *lengths* to do sth**, **set great *store* by sth**, **the best/greatest *thing* since sliced bread**

great- /greɪt/ **prefix 1 great-grandfather/-grandmother** the father/mother of your grandfather or grandmother ▷ **pradziadek/prababcia, pradziad/prababka 2 great-aunt/-uncle** the aunt/uncle of your mother or father ▷ **babka/dziadek cioteczn-y/a lub stryjeczn-y/a 3 great-grandchild/-granddaughter, etc** the child/

daughter, etc of your grandson or granddaughter ▷ **prawnuk/prawnuczka** *itp.* **4 great-niece/nephew** the daughter/son of your niece or nephew ▷ **kuzynka/kuzyn, córka/syn bratanicy lub bratanka lub siostrzenicy lub siostrzeńca**

greatly /ˈgreɪtli/ **adverb** B2 very much: *I greatly admire your paintings.* ◦ *We will miss her greatly.* ▷ **bardzo**

Greece /griːs/ **noun** a country in Europe ▷ **Grecja**
• **Greek** /griːk/ **adjective** coming from or relating to Greece ▷ **grecki** • **Greek noun** someone from Greece ▷ **Grek, Greczynka**

G

greed /griːd/ **noun** [U] when you want a lot more food, money, etc than you need ▷ **chciwość**

greedy /ˈgriːdi/ **adjective** B2 wanting a lot more food, money, etc than you need: *greedy, selfish people* ◦ *They were* ***greedy for*** *money.* ▷ **chciwy, zachłanny**
• **greedily** adverb ▷ **chciwie, zachłannie** • **greediness** noun [U] ▷ **chciwość**

Greek /griːk/ **adjective** relating to the culture, language, or people of Greece or ancient Greece ▷ **grecki**

green[1] /griːn/ **adjective 1** A1 being the same colour as grass: *The traffic lights turned green.* ▷ **zielony** → See **Colours** on page Centre 12 **2** [always before noun] B2 relating to nature and protecting the environment: *a green activist/campaigner* ▷ **zielony, ekologiczny 3** B1 covered with grass or other plants: ***green spaces*** ▷ **zielony 4** informal having little experience or understanding: *I was very green when I joined the company.* ▷ **zielony**

IDIOM **be green with envy** to wish very much that you had something that another person has ▷ **pękać z zazdrości**

→ See also **have green *fingers*, green light**

green[2] /griːn/ **noun 1** [C, U] A2 the colour of grass ▷ **zieleń** → See **Colours** on page Centre 12 **2** [C] a special area of very short, smooth grass on a golf course: *the 18th green* ▷ **pole puttingowe 3** [C] an area of grass in the middle of a village ▷ **błonia (wiejskie)**

ˈgreen ˌbelt noun [C] an area of land around a city or town where no new building is allowed ▷ **pas lub pierścień zieleni**

ˌgreen ˈcard noun [C] an official document allowing a foreigner to live and work in the US permanently ▷ **zielona karta**

greenery /ˈgriːnəri/ **noun** [U] green leaves, plants, or branches ▷ **zieleń, roślinność**

greenfield /ˈgriːnfiːld/ **adjective** UK describes land where there were no buildings before, or buildings on land that has never had buildings: *a* ***greenfield site*** ▷ **niezagospodarowany** → Compare **brownfield**

greengrocer /ˈgriːnˌgrəʊsəʳ/ **noun** [C] UK **1 greengrocer's** a shop where you buy fruit and vegetables ▷ **zieleniak, warzywniak 2** someone who sells fruit and vegetables ▷ **handla-rz/rka warzywami (i owocami)**

greenhouse /ˈgriːnhaʊs/ **noun** [C] (plural **greenhouses** /ˈgriːnhaʊzɪz/) a building made of glass for growing plants in ▷ **szklarnia**

the ˈgreenhouse efˌfect noun the gradual warming of the Earth's surface caused by an increase in pollution and gases in the air ▷ **efekt cieplarniany**

ˌgreenhouse ˈgas noun [C] a gas which causes the greenhouse effect, especially carbon dioxide ▷ **gaz cieplarniany**

Greenland /ˈgriːnlənd/ **noun** a large island northeast of North America ▷ **Grenlandia**
• **Greenland** /ˈgriːnlənd/ **adjective** coming from or relating to Greenland ▷ **grenlandzki** • **Greenlander** /ˈgriːnləndəʳ/ **noun** [C] someone from Greenland ▷ **Grenland-czyk/ka**

ˌgreen ˈlight noun [no plural] permission to do something: [+ to do sth] *They've been* ***given the green light*** *to build two new supermarkets.* ▷ **zielone światło**

the ˈGreen ˌParty noun [group] a political party whose main aim is to protect the environment ▷ **partia zielonych**

greens /griːnz/ **noun** [plural] green leaves that are cooked and eaten as a vegetable ▷ **(gotowana) kapusta**

greet /griːt/ **verb** [T] **1** B1 to welcome someone: *He greeted me at the door.* ▷ **witać 2** to react to something in a particular way: [often passive] *His story was* ***greeted with*** *shrieks of laughter.* ▷ **przyjmować**

greeting /ˈgriːtɪŋ/ **noun** [C] formal B1 something friendly or polite that you say or do when you meet or welcome someone ▷ **pozdrowienie**

gregarious /grɪˈgeəriəs/ **adjective** If you are gregarious, you enjoy being with other people. ▷ **towarzyski**

Grenada /grəˈneɪdə/ **noun** a country consisting of a group of islands in the Caribbean ▷ **Grenada**
• **Grenadian** /grəˈneɪdiən/ **adjective** coming from or relating to Grenada ▷ **grenadyjski** • **Grenadian noun** someone from Grenada ▷ **Grenadyj-czyk/ka**

grenade /grəˈneɪd/ **noun** [C] a small bomb that is thrown or fired from a weapon ▷ **granat**

grew /gruː/ past tense of grow

grey[1] UK (US **gray**) /greɪ/ **adjective 1** A1 being a colour that is a mixture of black and white: *grey clouds* ▷ **szary, popielaty** → See **Colours** on page Centre 12 **2** having hair that has become grey or white: *She* ***went grey*** *in her thirties.* ▷ **siwy 3** cloudy and not bright: *a cold, grey morning* ▷ **szary 4** not interesting or attractive: *Life was grey and tedious.* ▷ **szary 5 grey area** something which people are not certain about, usually because there are no clear rules for it ▷ **szara strefa**

grey² UK (US **gray**) /greɪ/ **noun** [C, U] A2 a colour that is a mixture of black and white ▷ **szarość, kolor szary, popiel** → See **Colours** on page Centre 12

greyhound /ˈgreɪhaʊnd/ **noun** [C] a thin dog with short hair that runs very fast, sometimes in races ▷ **chart (angielski)**

greying UK (US **graying**) /ˈgreɪɪŋ/ **adjective** having hair that is becoming grey or white ▷ **siwiejący**

grid /grɪd/ **noun 1** [C] a pattern or structure made from horizontal and vertical lines crossing each other to form squares ▷ **kratka, siatka 2** [no plural] a system of connected wires used to supply electrical power to a large area: *the National Grid* ▷ **sieć 3** [C] a pattern of squares with numbers or letters used to find places on a map ▷ **siatka**

gridlock /ˈgrɪdlɒk/ **noun** [U] when the traffic cannot move in any direction because all of the roads are blocked with cars ▷ **korek**

grief /gri:f/ **noun 1** B2 [U] great sadness, especially caused by someone's death ▷ **żałoba, żal 2 Good grief!** informal something that you say when you are surprised or annoyed ▷ **o rany!**

IDIOMS **come to grief** informal to suddenly fail or have an accident ▷ **źle skończyć, zawieść** • **cause/give sb grief** informal to annoy someone or cause trouble or problems for them ▷ **być utrapieniem dla** *kogoś*

grievance /ˈgri:vᵊns/ **noun** [C] formal a complaint, especially about unfair behaviour ▷ **pretensja, skarga**

ˈgrievance proˌcedure **noun** [C] a set of rules that a company has to deal with a situation when an employee is upset or angry about something ▷ **procedura rozpatrywania zażalenia**

grieve /gri:v/ **verb 1** [I] to feel or express great sadness, especially when someone dies: *He is still* ***grieving for*** *his wife.* ▷ **być pogrążonym w smutku lub żałobie 2** [T] formal to make someone feel very sad ▷ **zasmucać**

grievous /ˈgri:vəs/ **adjective** formal very serious: ***grievous injuries*** ▷ **poważny, ciężki**
• **grievously adverb** ▷ **poważnie, ciężko**

grill¹ /grɪl/ **noun** [C] **1** (also US **broiler**) B1 a piece of equipment which cooks food using direct heat from above ▷ **opiekacz** → See **The Kitchen** on page Centre 2 **2** a flat, metal structure used to cook food over a fire ▷ **grill, ruszt**

grill² /grɪl/ **verb** [T] **1** (also US **broil**) B1 to cook food using direct heat: *Grill the fish for 2 to 3 minutes on each side.* ▷ **opiekać, grillować 2** to ask someone questions continuously and for a long time: *I was grilled by the police for two days.* ▷ **maglować**

grille /grɪl/ **noun** [C] a metal structure of bars built across something to protect it ▷ **krata**

grim /grɪm/ **adjective** (**grimmer**, **grimmest**) **1** worrying and bad: ***grim news*** ◦ *The future looks grim.* ▷ **ponury 2** sad and serious: *a grim expression* ▷ **ponury 3** A grim place is ugly and unpleasant. ▷ **ponury**
• **grimly adverb** ▷ **ponuro**

grimace /ˈgrɪməs/ **verb** [I] to make your face show an expression of pain or unhappiness: *He grimaced at the bitter taste.* ▷ **wykrzywiać się**
• **grimace noun** [C] ▷ **grymas**

grime /graɪm/ **noun** [U] dirt that covers a surface: *The walls were covered in grime.* ▷ **brud**
• **grimy adjective** covered in dirt: *grimy hands* ▷ **brudny**

grin /grɪn/ **verb** [I] (present participle **grinning**, past tense and past participle **grinned**) to smile a big smile: *He* ***grinned at*** *me from the doorway.* ▷ **uśmiechać się, szczerzyć zęby**

IDIOM **grin and bear it** to accept an unpleasant or difficult situation because there is nothing you can do to improve it ▷ **zacisnąć zęby, jakoś wytrzymać**

• **grin noun** [C] *She had a big grin on her face.* ▷ **(szeroki) uśmiech**

grind¹ /graɪnd/ **verb** [T] (past tense and past participle **ground**) **1** to keep rubbing something between two rough, hard surfaces until it becomes a powder: *to grind coffee* ▷ **mleć 2** to rub a blade against a hard surface to make it sharp ▷ **ostrzyć 3 grind your teeth** to rub your teeth together, making an unpleasant sound ▷ **zgrzytać zębami**

PHRASAL VERB **grind sb down** to gradually make someone lose hope, energy, or confidence ▷ **przygnębiać** *kogoś*

grind² /graɪnd/ **noun** [no plural] informal work or effort that is boring and unpleasant and makes you tired because it does not change: *the* ***daily grind*** ▷ **harówka**

grinder /ˈgraɪndəʳ/ **noun** [C] a machine used to rub or press something until it becomes a powder: *a* ***coffee grinder*** ▷ **młynek**

grip¹ /grɪp/ **noun** [no plural] **1** B2 when you hold something tightly: *She* ***tightened*** *her* ***grip on*** *my arm.* ▷ **uchwyt, chwyt 2** control over something or someone: *He has a firm* ***grip on*** *the economy.* ▷ **kontrola, panowanie**

IDIOMS **come/get to grips with sth** to understand and deal with a problem or situation: *It's a difficult subject to get to grips with.* ▷ **zmierzyć się z** *czymś* • **get a grip (on yourself)** to make an effort to control your emotions and behave more calmly ▷ **wziąć się w garść**

> **Wyrazy występujące razem z grip**
> **loosen/release/tighten** your grip • sb's grip **on** sth

grip² /grɪp/ **verb** [T] (present participle **gripping**, past tense and past participle **gripped**) **1** B2 to hold something tightly: *She gripped his arm.* ▷ **chwytać, ściskać 2** to keep someone's attention completely: *This trial has gripped the whole nation.* ▷ **zafascynować 3** When an emotion grips you, you feel it very strongly: [often passive] *He was gripped by fear.* ▷ **opanować**

gripe /graɪp/ **verb** [I] informal to complain, often in an annoying way ▷ **biadolić**
• **gripe noun** [C] ▷ **bolączka**

gripping /ˈgrɪpɪŋ/ **adjective** If something is gripping, it is so interesting that it holds your attention completely: *a gripping story* ▷ **fascynujący**

G

grisly /ˈgrɪzli/ **adjective** very unpleasant, especially because death or blood is involved: *a grisly murder* ▷ **makabryczny**

grit[1] /grɪt/ **noun** [U] **1** very small pieces of stone or sand: *I've got a bit of grit in my eye.* ▷ **piasek, żwir 2** the quality of being brave and determined ▷ **zacięcie, determinacja**

grit[2] /grɪt/ **verb** [T] (present participle **gritting**, past tense and past participle **gritted**) to put grit onto a road surface when the road has ice on it ▷ **piaskować, posypywać piaskiem** → See also **grit your *teeth***

gritty /ˈgrɪti/ **adjective** **1** showing unpleasant details about a situation in a way that seems very real: *a* ***gritty drama*** ◦ ***gritty realism*** ▷ **realistyczny, drastyczny 2** brave and determined: ***gritty determination*** ▷ **z charakterem**

groan /grəʊn/ **verb** [I] to make a long, low sound such as when expressing pain, unhappiness, etc: *He collapsed, groaning with pain.* ▷ **jęczeć**
• **groan noun** [C] ▷ **jęk**

grocer /ˈgrəʊsəʳ/ **noun 1 grocer's** UK a shop that sells food and other products used in the home ▷ **sklep spożywczy 2** [C] someone who owns or works in a grocer's ▷ **właściciel/ka sklepu spożywczego**

groceries /ˈgrəʊsəriz/ **noun** [plural] goods bought to be used in the home such as food and cleaning products ▷ **artykuły spożywcze**

grocery /ˈgrəʊsəri/ **noun** [C] (also US ˈ**grocery store**) a shop that sells food and products used in the home ▷ **sklep spożywczy**

groggy /ˈgrɒgi/ **adjective** informal unable to think or act quickly because you have just woken up, been ill, etc: *I felt a bit groggy after the operation.* ▷ **otumaniony, oszołomiony**

groin /grɔɪn/ **noun** [C] the area where the legs join the rest of the body near the sexual organs: *He pulled a muscle in his groin.* ▷ **pachwina**

groom[1] /gru:m/ **verb** [T] **1** to prepare someone carefully for a special position or job: *He's being* ***groomed for*** *stardom.* ▷ **szykować, przygotowywać 2** to clean and brush an animal's fur ▷ **oporządzać**

groom[2] /gru:m/ **noun** [C] **1** (also **bridegroom**) (B1) a man who is getting married ▷ **pan młody 2** someone who cleans and looks after horses ▷ **stajenny**

groove /gru:v/ **noun** [C] a long, narrow line that has been cut into a surface ▷ **rowek**

groovy /ˈgru:vi/ **adjective** old-fashioned informal fashionable and stylish: *groovy clothes* ▷ **trendy**

grope /grəʊp/ **verb 1** [I, T] to try to get hold of something with your hand, usually when you cannot see it: *I* ***groped*** *in my bag* ***for*** *my keys.* ▷ **macać, szukać po omacku lub na oślep 2 grope your way along/through, etc** to move somewhere with difficulty, feeling with your hands because you cannot see clearly: *We groped our way through the smoke to the exit.* ▷ **iść lub posuwać się po omacku**

PHRASAL VERB **grope for sth** to try to think of the right words or the right way to express something: *He groped for the words to tell her.* ▷ **szukać** *czegoś*

gross[1] /grəʊs/ **adjective** **1** A gross amount of money has not had taxes or other costs taken from it: ***gross earnings/profit*** ▷ **brutto 2** [always before noun] formal very serious or unacceptable: ***gross misconduct*** ▷ **rażący 3** informal very unpleasant: *Oh, yuck. That's really gross.* ▷ **obrzydliwy**

gross[2] /grəʊs/ **verb** [T] to earn a particular amount of money as a total before tax or other costs are taken from it: *The film grossed $250 million.* ▷ **zarabiać (brutto)**

grossly /ˈgrəʊsli/ **adverb** extremely: ***grossly unfair/exaggerated*** ▷ **rażąco**

grotesque /grəʊˈtesk/ **adjective** strange and unpleasant, especially in a ridiculous or slightly frightening way: *a grotesque image* ▷ **groteskowy**
• **grotesquely adverb** ▷ **groteskowo**

grotto /ˈgrɒtəʊ/ **noun** [C] a small cave ▷ **grota**

ground[1] /graʊnd/ **noun 1 the ground** (B1) the surface of the Earth: *I sat down on the ground.* ▷ **ziemia 2** [U] (B2) the soil in an area: *soft/stony ground* ▷ **grunt, gleba 3** [C] (B1) an area of land used for a particular purpose or activity: *a football ground* ▷ **teren 4** [U] an area of knowledge, information, interest, or experience: *He had to* ***go over the same ground*** *several times before I understood it.* ▷ **obszar zagadnień**

IDIOMS **break new ground** to do something that is different to anything that has been done before ▷ **dokonać przełomu** • **gain/lose ground** to become more/less popular and accepted: *The idea is gradually gaining ground.* ▷ **zyskiwać/tracić na popularności** • **get (sth) off the ground** If a plan or activity gets off the ground, or if you get it off the ground, it starts or succeeds: *He worked hard at getting the project off the ground.* ▷ **wystartować, uruchamiać** *coś* • **stand your ground** to refuse to change your opinion or move your position despite attempts to make you ▷ **trwać przy swoim** • **suit sb down to the ground** UK to be exactly right or suitable for someone: *That job would suit you down to the ground.* ▷ **idealnie** *komuś* **odpowia-**

dać • **be thin on the ground** UK to exist only in small numbers or amounts ▷ **występować rzadko lub w niewielkich ilościach**

→ See also **breeding ground**, **common ground**

ground² /graʊnd/ **verb 1 be grounded** If a vehicle that travels on water or in the air is grounded, it cannot or may not leave the ground: *The aircraft was* ***grounded by*** *fog.* ▷ **wchodzić na mieliznę, być uziemionym 2 be grounded in sth** formal to be based firmly on something: *Fiction should be grounded in reality.* ▷ **opierać się na** *czymś*

ground³ /graʊnd/ past of grind

ˌground ˈbeef noun [U] US (UK **mince**) beef that has been cut into very small pieces by a machine ▷ **mielone wołowe**

groundbreaking /ˈgraʊndˌbreɪkɪŋ/ **adjective** based on or containing completely new ideas: ***groundbreaking research*** ▷ **przełomowy**

grounded /ˈgraʊn.dɪd/ **adjective 1** Someone who is grounded does not say or do stupid things and generally behaves well and makes good decisions: *He seems remarkably grounded considering his background.* ▷ **rozsądny 2** describes an aircraft that is prevented from flying, or a ship that cannot move because it has hit solid ground ▷ **(samolot) uziemiony, (statek) na mieliźnie**

ˌground ˈfloor noun [C] UK (US **first floor**) B1 the level of a building which is on the ground ▷ **parter**

grounding /ˈgraʊndɪŋ/ **noun** [no plural] knowledge of the basic facts and principles of a subject: *The course gave me a good* ***grounding in*** *bookkeeping.* ▷ **przygotowanie, podstawy**

groundless /ˈgraʊndləs/ **adjective** Groundless fears, worries, etc have no reason or facts to support them. ▷ **bezpodstawny**

ˈground ˌrules noun [plural] the basic rules or principles for doing something ▷ **zasady**

grounds /graʊndz/ **noun** [plural] **1** B2 the reason for doing or believing something: *He resigned* ***on*** *medical* ***grounds.*** ◦ *I refused* ***on the grounds that*** *(= because) it was too risky.* ▷ **powód, podstawa, powody 2** the land around and belonging to a particular building or organization: *We strolled around the hospital grounds.* ▷ **tereny**

groundwork /ˈgraʊndwɜːk/ **noun** [U] work or events that prepare for something that will be done or produced in the future: *The project is* ***laying the groundwork for*** *a new approach to research.* ▷ **podwaliny**

ˌground ˈzero noun [U] **1** the exact place where a nuclear bomb explodes ▷ **punkt zerowy (wybuchu) 2** the place in New York City where the World Trade Center stood before it was destroyed in an attack on September 11, 2001 ▷ **miejsce ataku terrorystycznego z 11 września**

group¹ /gruːp/ **noun** [C] **1** A1 a number of people or things that are together in one place or are connected: *She went camping with a small* ***group of*** *friends.* ▷ **grupa 2** A1 a few musicians or singers who perform together, usually playing popular music: *a* ***pop group*** ▷ **zespół, grupa 3** a set of chemical elements with similar characteristics, that are arranged under one another on the Periodic Table ▷ **grupa** → See also **age group**, **blood group**, **focus group**, **peer group**, **pressure group**

> Wyrazy występujące razem z **group**
>
> **form/join** a group • **divide/split** sth into groups • a **large/small** group • a group **of** sth

group² /gruːp/ **verb** [I, T] to form a group or put people or things into a group or groups: *The children are grouped according to their ability.* ▷ **grupować (się)**

grouping /ˈgruːpɪŋ/ **noun** [C] a group of people or things that have the same aims or qualities: *regional groupings* ▷ **ugrupowanie**

groupwork /ˈgruːpwɜːk/ **noun** [U] work in class done by groups of students together ▷ **praca w grupach**

grouse¹ /graʊs/ **noun** [C] **1** (plural **grouse**) a small, fat, brown bird that some people hunt for food ▷ **pardwa 2** a small complaint about something ▷ **bolączka**

grouse² /graʊs/ **verb** [I] to complain about something ▷ **gderać**

grove /grəʊv/ **noun** [C] a small group of trees: *an olive grove* ▷ **gaj**

grovel /ˈgrɒvəl/ **verb** [I] (present participle UK **grovelling**, past tense and past participle **grovelled**, present participle US **groveling**, past tense and past participle **groveled**) **1** to try very hard to be nice to someone important so that they will be nice to you or forgive you: *She grovelled to the producer to get that part.* ▷ **płaszczyć się 2** to move around on your hands and knees: *He was grovelling around on the floor.* ▷ **chodzić na czworakach, czołgać się**

grow /grəʊ/ **verb** (past tense **grew**, past participle **grown**) **1** [I] A2 to develop and become bigger or taller as time passes: *Children grow very quickly.* ▷ **rosnąć 2** [I, T] A2 If a plant grows, or you grow it, it develops from a seed to a full plant: *These shrubs grow well in sandy soil.* ▷ **rosnąć, hodować, uprawiać 3** [I] B1 to increase: *The number of people living alone grows each year.* ▷ **rosnąć 4 grow tired/old/calm, etc** B2 to gradually become tired/old/calm, etc: *The music grew louder and louder.* ▷ **zmęczyć się/postarzeć się/uspokoić się** *itp.* **5** [I, T] B1 If your hair or nails grow, or if you grow them, they get longer. ▷ **rosnąć, zapuszczać**

PHRASAL VERBS **grow into sb/sth** to develop into a particular type of person or thing ▷ **wyrosnąć na** *kogoś/coś* • **grow into sth** If a child grows into clothes, they gradually become big enough to wear them. ▷ **dorosnąć do** *czegoś* • **grow on sb** If someone or something grows on you, you start to like them: *I didn't like her at first but she's grown on me over the years.* ▷ **zaczynać się** *komuś* **podobać** • **grow out of sth 1** If children grow out of clothes, they gradually become too big to wear them: *Adam's grown out of his shoes.* ▷ **wyrastać z** *czegoś* **2** to stop doing something as you get older: *He still bites his nails, but hopefully he'll grow out of it.* ▷ **wyrastać z** *czegoś* • **grow up 1** Ⓐ2 to become older or an adult: *She grew up in New York.* ▷ **wychowywać się, dorastać 2** to develop or become bigger or stronger: *A close friendship had grown up between them.* ▷ **rozwijać się**

G

grower /ˈgrəʊəʳ/ **noun** [C] someone who grows fruit or vegetables to sell to people ▷ **hodowca**

growing /ˈgrəʊɪŋ/ **adjective** Ⓑ2 increasing: *A growing number of people are choosing to live alone.* ▷ **rosnący**

growl /graʊl/ **verb** [I] If a dog or similar animal growls, it makes a deep, angry noise in its throat. ▷ **warczeć**
• **growl noun** [C] ▷ **warczenie**

grown[1] /grəʊn/ **adjective a grown man/woman** an adult, used especially when they are not behaving like an adult ▷ **dorosł-y/a mężczyzna/kobieta**

grown[2] /grəʊn/ past participle of grow

grown-up[1] /ˈgrəʊnʌp/ **noun** [C] Ⓑ2 an adult, used especially when talking to children: *Ask a grown-up to cut the shape out for you.* ▷ **dorosły (człowiek)**

grown-up[2] /ˌgrəʊnˈʌp/ **adjective** Ⓑ2 with the physical and mental development of an adult: *Jenny has a grown-up son of 24.* ▷ **dorosły**

growth /grəʊθ/ **noun 1** [U, no plural] Ⓑ2 when something grows, increases, or develops: *population growth* ◦ *A balanced diet is essential for healthy growth.* ▷ **wzrost, rozwój 2** [C] something that grows on your skin or inside your body, that should not be there ▷ **narośl**

> Wyrazy występujące razem z **growth**
> encourage/slow/stimulate/stunt growth • healthy/long-term/low/rapid/slow/steady growth • a growth in sth

ˈgrowth ˌhormone noun [C] a hormone that helps an animal or plant to grow ▷ **hormon wzrostu**

grub /grʌb/ **noun 1** [U] informal food ▷ **żarcie 2** [C] a young, developing insect which has a fat, white tube shape ▷ **larwa**

grubby /ˈgrʌbi/ **adjective** quite dirty: *a grubby little boy* ▷ **brudny**

grudge[1] /grʌdʒ/ **noun** [C] a feeling of dislike or anger towards someone because of something they have done in the past: *He is not the type of person to* ***bear a grudge against*** *anyone.* ▷ **żal, uraza**

grudge[2] /grʌdʒ/ **verb** [T] to not want to spend time or money or to give something to someone: *He grudged the time he spent in meetings.* ▷ **żałować**

grudging /ˈgrʌdʒɪŋ/ **adjective** done against your will, in a way that shows you do not want to do it: *He treated her with* ***grudging respect.*** ▷ **wymuszony, niechętny**
• **grudgingly adverb** ▷ **niechętnie**

gruelling UK (US **grueling**) /ˈgruːəlɪŋ/ **adjective** Gruelling activities are very difficult and make you very tired: *a gruelling bicycle race* ▷ **wyczerpujący**

gruesome /ˈgruːsəm/ **adjective** very unpleasant or violent, usually involving injury or death: *a* ***gruesome murder*** ▷ **makabryczny**

gruff /grʌf/ **adjective** sounding unfriendly: *a* ***gruff voice*** ▷ **szorstki**
• **gruffly adverb** ▷ **szorstko**

grumble /ˈgrʌmbl/ **verb** [I] to complain about something in a quiet but angry way: *She's always* ***grumbling about*** *something.* ▷ **zrzędzić**
• **grumble noun** [C] ▷ **bolączka**

grumpy /ˈgrʌmpi/ **adjective** easily annoyed and often complaining: *a* ***grumpy old man*** ▷ **zrzędny**
• **grumpily adverb** ▷ **zrzędnie** • **grumpiness noun** [U] ▷ **zrzędność**

grunt /grʌnt/ **verb 1** [I, T] to make a short, low sound instead of speaking, usually when you are angry or in pain ▷ **stękać 2** [I] If a pig grunts, it makes short, low sounds. ▷ **chrząkać**
• **grunt noun** [C] ▷ **chrząknięcie**

guarantee[1] /ˌgærᵊnˈtiː/ **verb** [T] (present participle **guaranteeing**, past tense and past participle **guaranteed**) **1** Ⓑ2 to promise that something is true or will happen: *Every child is guaranteed a place at a local school.* ◦ [+ (that)] *We can't guarantee that it will arrive in time.* ▷ **gwarantować 2** If a company guarantees its products, it makes a written promise to repair them or give you a new one if they have a fault. ▷ **gwarantować, udzielać gwarancji na**

guarantee[2] /ˌgærᵊnˈtiː/ **noun** [C, U] **1** Ⓑ2 a written promise made by a company to repair one of its products or give you a new one if it has a fault: *a three-year guarantee* ◦ *I'm afraid this camera is no longer* ***under guarantee.*** ▷ **gwarancja 2** a promise that something will be done or will happen: [+ (that)] *There's no guarantee that it actually works.* ▷ **gwarancja**

guard[1] /gɑːd/ **noun 1** [C] Ⓑ1 someone whose job is to make certain someone does not escape or to protect a place or another person: *a* ***security guard*** ◦ ***prison guards*** ▷ **strażni-k/czka 2** [no plural] a group of soldiers or police officers who are protecting a person or place ▷ **straż 3** [C] (also **conductor**) someone who is in charge of a train ▷ **konduktor/ka 4** [C] something that covers or protects someone or something: *a **fire guard*** ▷ **osłona** **5 be on guard; stand guard** to be responsible for protecting a place or a person: *Armed police stood guard outside the house.* ▷ **stać na straży** **6 be under guard** to be kept in a place by a group of people who have weapons: *The suspect is now under guard in the local hospital.* ▷ **być pod strażą**

IDIOMS **catch sb off guard** to surprise someone by doing something when they are not ready to deal with it ▷ **zaskoczyć** *kogoś* • **be on (your) guard** to be ready to deal with something difficult that might happen: *Companies were warned to be **on their guard for** suspicious packages.* ▷ **mieć się na baczności**

guard² /gɑːd/ **verb** [T] **1** B2 to protect someone or something from being attacked or stolen: *Soldiers guarded the main doors of the embassy.* ▷ **strzec** **2** B2 to watch someone and make certain that they do not escape from a place: *Five prison officers guarded the prisoners.* ▷ **strzec**

PHRASAL VERB **guard against sth** to try to make certain that something does not happen by being very careful: *Regular exercise helps guard against heart disease.* ▷ **zapobiegać** *czemuś*

ˈguard ˌcell **noun** [C] on a leaf, one of two cells that are around each stoma which open the hole to let out gases or close it to stop water from leaving ▷ **komórka szparkowa**

guarded /ˈgɑːdɪd/ **adjective** careful not to give too much information or show how you really feel: *a guarded response* ▷ **ostrożny, nieufny** • **guardedly** **adverb** ▷ **ostrożnie, nieufnie**

guardian /ˈgɑːdiən/ **noun** [C] **1** someone who is legally responsible for someone else's child: *The consent form must be signed by the child's parent or guardian.* ▷ **opiekun** **2** a person or organization that protects laws, principles, etc ▷ **stróż** • **guardianship** **noun** [U] ▷ **opieka**

Guatemala /ˌgwɑːtəˈmɑːlə/ **noun** a country in Central America ▷ **Gwatemala** • **Guatemalan** /ˌgwɑːtəˈmɑːlən/ **adjective** coming from or relating to Guatemala ▷ **gwatemalski** • **Guatemalan** **noun** someone from Guatemala ▷ **Gwatemal-czyk/ka**

guerrilla /gəˈrɪlə/ **noun** [C] a member of an unofficial group of soldiers fighting to achieve their political beliefs: *guerrilla warfare* ▷ **party-zant/ka**

guess¹ /ges/ **verb** **1** [I, T] A2 to give an answer or opinion about something without having all the facts: *Can you guess how old he is?* ▷ **zgadywać, domyślać się** **2** [I, T] A2 to give a correct answer without having all the facts: *"You've got a promotion!" "Yes, how did you guess?"* ◦ [+ (that)] *I'd never have guessed that you two were related.* ▷ **zgadnąć, odgadnąć** **3 I guess** B1 used when you think that something is probably true or likely: *I've known her for about 12 years, I guess.* ▷ **myślę, sądzę** **4 I guess so/not** B2 used when you agree/disagree but are not completely certain about something ▷ **myślę, że tak/nie** **5 Guess what?** A2 something you say when you have some surprising news for someone: *Guess what? I'm pregnant.* ▷ **Nie uwierzysz!**

guess² /ges/ **noun** [C] **1** B1 an attempt to give the right answer when you are not certain what it is: *How old do you think John is? Go on,* UK ***have a guess***/US ***take a guess.*** ◦ ***At a guess,*** *I'd say there were about 70 people there.* ▷ **próba zgadnięcia** **2** an opinion that you have formed by guessing: *My guess is they'll announce their engagement soon.* ▷ **domysł** **3 be anybody's guess** informal to be something that no one can be certain about: *What happens after the election is anybody's guess.* ▷ **być wielką niewiadomą**

> Wyrazy występujące razem z **guess**
>
> have/hazard/make/take a guess • a rough guess • at a guess • a guess as to/at sth

guesswork /ˈgeswɜːk/ **noun** [U] when you try to find an answer by guessing ▷ **domysły**

guest /gest/ **noun** [C] **1** A2 someone who comes to visit you in your home, at a party, etc: *We've got some guests coming this weekend.* ▷ **gość** **2** A2 someone who is staying in a hotel: *The hotel has accommodation for 200 guests.* ▷ **gość** **3** B2 a famous person who takes part in a television programme or other entertainment: *Our special guest tonight is George Michael.* ▷ **gość**

IDIOM **Be my guest.** something you say when you give someone permission to use something or do something ▷ **Proszę bardzo!**

> Wyrazy występujące razem z **guest**
>
> entertain/invite/welcome guests • a frequent/honoured/special/uninvited guest

guesthouse /ˈgesthaʊs/ **noun** [C] a small cheap hotel ▷ **pensjonat**

GUI /ˈguːi/ **noun** [C] graphical user interface: a way of arranging information on a computer screen that is easy to understand because it uses pictures and symbols as well as words ▷ **środowisko graficzne, interfejs graficzny**

guidance /ˈgaɪdᵊns/ **noun** [U] B2 help or advice: *Students make choices about their future, with the guidance of their teachers.* ▷ **porada, pomoc**

guide¹ /gaɪd/ **noun** [C] **1** A2 someone whose job is to show interesting places to visitors, or to help people get somewhere: *a **tour guide*** ▷ **przewodni-k/czka** **2** B1 a book that gives information about something or tells you how to do something: *a hotel/restaurant guide* ◦ *a user's guide* ▷ **przewodnik** **3** something that helps you plan or decide what to do: [usually singular] *Parents use this report as a guide when choosing schools for their children.* ▷ **pomoc, wskazówka** **4 Guide** (also ˌ**Girl** ˈ**Guide**) a girl who belongs to an organization in the UK that

G

teaches practical things like living outside, and how to work as part of a team ▷ **harcerka** **5 the Guides** an organization in the UK that teaches girls practical skills and how to work as part of a team ▷ **harcerstwo**

guide² /gaɪd/ **verb** [T] **1** B1 to help someone or something go somewhere: *He gently guided her back to her seat.* ▷ **naprowadzać, prowadzić** **2** to tell someone what they should do: *She had no one to guide her as a teenager.* ▷ **doradzać, służyć radą**

guidebook /ˈgaɪdbʊk/ **noun** [C] A2 a book that gives visitors information about a particular place ▷ **przewodnik**

ˈguide ˌdog noun [C] (also US **seeing eye dog**) a dog that is trained to help blind people ▷ **pies przewodnik**

guidelines /ˈgaɪdlaɪnz/ **noun** [plural] advice about how to do something: *government* ***guidelines on*** *tobacco advertising* ▷ **zalecenia, wskazówki**

> Wyrazy występujące razem z **guidelines**
>
> **draw up/issue/lay down/produce** guidelines • guidelines **on** sth

guild /gɪld/ **noun** [C] an organization of people who have the same job or interests: *the Designers' Guild* ▷ **cech**

guile /gaɪl/ **noun** [U] formal clever but sometimes dishonest behaviour that you use to deceive someone ▷ **przebiegłość**

guillotine /ˈgɪlətiːn/ **noun** [C] a piece of equipment used to cut off criminals' heads in the past ▷ **gilotyna**

• **guillotine verb** [T] ▷ **zgilotynować**

guilt /gɪlt/ **noun** [U] **1** B2 the strong feeling of shame that you feel when you have done something wrong: *He was overcome with guilt over what he had done.* ▷ **wina** **2** B2 the fact that someone has done something illegal: *The prosecution must convince the jury of his guilt.* ▷ **wina** **3** the responsibility for doing something bad ▷ **wina**

guilt-ridden /ˈgɪltrɪdᵊn/ **adjective** feeling very guilty ▷ **nękany wyrzutami sumienia lub poczuciem winy**

guilty /ˈgɪlti/ **adjective** **1** B1 ashamed because you have done something wrong: [+ about + doing sth] *I feel so guilty about not going to see them.* ▷ **winny** **2** B2 having broken a law: *The jury* ***found her guilty*** *(= decided that she was guilty of a crime).* ◦ *They found him* ***guilty of*** *rape.* ▷ **winny**

• **guiltily adverb** ▷ **z poczuciem winy** • **guiltiness noun** [U] ▷ **poczucie winy**

Guinea /ˈgɪni/ **noun** a country in Africa ▷ **Gwinea**

• **Guinean** /ˈgɪniən/ **adjective** coming from or relating to Guinea ▷ **gwinejski** • **Guinean noun** someone from Guinea ▷ **Gwinej-czyk/ka**

Guinea-Bissau /ˌgɪnibɪˈsaʊ/ **noun** a country in Africa ▷ **Gwinea Bissau**

• **Guinea-Bissauan** /ˌgɪnibɪˈsaʊən/ **adjective** coming from or relating to Guinea-Bissau ▷ **gwinejski** • **Guinea-Bissauan noun** someone from Guinea-Bissau ▷ **Gwinej-czyk/ka**

guinea pig /ˈgɪniˌpɪg/ **noun** [C] **1** a small animal with fur and no tail that people sometimes keep as a pet ▷ **świnka morska** **2** informal someone who is used in a test for something such as a new medicine or product ▷ **królik doświadczalny**

guise /gaɪz/ **noun** [C] formal what something seems to be, although it is not: *Banks are facing new competition* ***in the guise of*** *supermarkets.* ▷ **postać, płaszczyk**

guitar /gɪˈtɑːʳ/ **noun** [C] A1 a musical instrument with strings that you play by pulling the strings with your fingers or a piece of plastic: *an* ***electric guitar*** ▷ **gitara**

guitar

guitarist /gɪˈtɑːrɪst/ **noun** [C] B1 someone who plays the guitar, especially as their job ▷ **gitarzyst-a/ka**

gulf /gʌlf/ **noun** [C] **1** a large area of sea that has land almost all the way around it: *the Arabian Gulf* ▷ **zatoka** **2** an important difference between the opinions or situations of two groups of people: *There is a growing* ***gulf between*** *the rich and the poor.* ▷ **przepaść**

gull /gʌl/ **noun** [C] (also **seagull**) a white or grey bird that lives near the sea and has a loud cry ▷ **mewa**

gullible /ˈgʌlɪbl/ **adjective** Someone who is gullible is easily tricked because they trust people too much: *How could you be so gullible?* ▷ **łatwowierny**

gully /ˈgʌli/ **noun** [C] a narrow valley which is usually dry except after a lot of rain ▷ **parów, wąwóz**

gulp /gʌlp/ **verb** **1** [T] (also **gulp down**) to drink or eat something quickly: *I just had time to gulp down a cup of coffee before I left.* ▷ **połykać** **2** [I, T] to breathe in large amounts of air ▷ **połykać lub łapać (powietrze)** **3** [I] to swallow suddenly, sometimes making a noise, because you are nervous or surprised ▷ **przełknąć ślinę**

• **gulp noun** [C] *He took a large gulp of tea.* ▷ **łyk**

gum¹ /gʌm/ **noun** **1** [C] B2 the hard, pink part inside your mouth that your teeth grow out of: [usually plural] *Protect your teeth and gums by visiting your dentist regularly.* ◦ ***gum disease*** ▷ **dziąsło** **2** [U] (also **chewing gum**) a sweet substance that you chew but do not swallow: *a stick of gum* ▷ **guma** **3** [U] a sticky substance like glue, used for sticking papers together ▷ **klej, guma arabska** → See also **bubble gum**

gum² /gʌm/ **verb** [T] (present participle **gumming**, past tense and past participle **gummed**) UK to stick things together using glue ▷ **kleić**

gun¹ /gʌn/ **noun** [C] B1 a weapon that you fire bullets out of ▷ **pistolet, strzelba, broń palna**

IDIOMS **jump the gun** to do something too soon, before you have thought about it carefully ▷ **zbytnio się śpieszyć** • **stick to your guns** informal to refuse to change your ideas although other people try to make you ▷ **obstawać przy swoim**

→ See also **machine gun**

Wyrazy występujące razem z **gun**
point a gun at sb/sth • fire a gun

gun² /gʌn/ **verb** (present participle **gunning**, past tense and past participle **gunned**)

PHRASAL VERB **gun sb down** to shoot someone and kill them or injure them badly ▷ **zastrzelić** *kogoś*, **postrzelić** *kogoś*

gunboat /ˈgʌnbəʊt/ **noun** [C] a small ship used during a war ▷ **kanonierka**

gunfire /ˈgʌnfaɪəʳ/ **noun** [U] when guns are fired, or the noise that this makes ▷ **wystrzały, ogień z broni palnej**

gunman /ˈgʌnmən/ **noun** [C] (plural **gunmen**) a criminal with a gun ▷ **uzbrojony bandyta**

gunner /ˈgʌnəʳ/ **noun** [C] a soldier or sailor whose job is to fire a large gun ▷ **artylerzysta**

gunpoint /ˈgʌnpɔɪnt/ **noun at gunpoint** with someone aiming a gun towards you: *The hostages are being* ***held at gunpoint****.* ▷ **na muszce**

gunpowder /ˈgʌnˌpaʊdəʳ/ **noun** [U] an explosive powder ▷ **proch (strzelniczy)**

gunshot /ˈgʌnʃɒt/ **noun** [C] when a gun is fired: *I heard a gunshot and rushed into the street.* ◦ ***gunshot wounds*** *to the chest* ▷ **wystrzał (z broni palnej), postrzał**

gurgle /ˈgɜːgl/ **verb** [I] to make a sound like bubbling liquid: *The baby was gurgling happily.* ▷ **bulgotać, gaworzyć**
• **gurgle noun** [C] ▷ **bulgot, gaworzenie**

guru /ˈguːruː/ **noun** [C] **1** someone whose opinion you respect because they know a lot about a particular thing ▷ **autorytet, guru 2** a teacher or leader in the Hindu religion ▷ **guru**

gush¹ /gʌʃ/ **verb** [I, T] **1** If liquid gushes from an opening, it comes out quickly and in large amounts: *He ran down the street, blood gushing from a wound in his neck.* ▷ **tryskać 2** to praise someone so much that they do not believe you are sincere: *"Darling! I'm so excited!" she gushed.* ▷ **rozpływać się (nad)**

gush² /gʌʃ/ **noun** [C] **1** a large amount of liquid or gas that flows quickly ▷ **strumień, wytrysk 2** a sudden feeling of a particular emotion ▷ **przypływ**

gust /gʌst/ **verb** [I] If winds gust, they blow strongly: *Winds gusting to 50 mph brought down power cables.* ▷ **wiać**
• **gust noun** [C] *a gust of air* ▷ **podmuch, poryw**
• **gusty adjective** ▷ **porywisty**

gusto /ˈgʌstəʊ/ **noun with gusto** with a lot of energy and enthusiasm: *Everyone joined in the singing with great gusto.* ▷ **ochoczo**

gut¹ /gʌt/ **noun** [C] the tube in your body that takes food from your stomach to be passed out as waste ▷ **jelito**

gut² /gʌt/ **adjective gut reaction/feeling/instinct** a reaction/feeling, etc that you feel certain is right, although you have no reason to think so: *I had a gut feeling that he was going to come back.* ▷ **instynktown-a/e reakcja/przeczucie**

gut³ /gʌt/ **verb** [T] (present participle **gutting**, past tense and past participle **gutted**) **1** to remove the organs from inside a fish or other animal ▷ **patroszyć 2** to completely destroy or remove the inside of a building: *A fire gutted the bookshop last week.* ▷ **spustoszyć**

guts /gʌts/ **noun** [plural] informal **1** B2 the bravery and determination that is needed to do something difficult or unpleasant: *It* ***took guts*** *to stand up and tell the boss how she felt.* ▷ **odwaga 2** the organs inside a person's or animal's body ▷ **wnętrzności**

IDIOM **hate sb's guts** informal to dislike someone very much ▷ **nie cierpieć** *kogoś*

gutsy /ˈgʌtsi/ **adjective** brave and determined: *a gutsy performance* ▷ **odważny**

gutted /ˈgʌtɪd/ **adjective** UK informal very disappointed and upset: [+ (that)] *Neil's absolutely gutted that he's been dropped from the team.* ▷ **zdruzgotany, załamany**

gutter /ˈgʌtəʳ/ **noun** [C] **1** a long, open pipe that is fixed to the edge of a roof to carry water away ▷ **rynna 2** the edge of a road where water flows away ▷ **rynsztok**

guy /gaɪ/ **noun** informal **1** A2 [C] a man: *What a nice guy!* ▷ **facet 2 guys** used when you are talking to or about two or more people: *Come on, you guys, let's go home.* ▷ **ludzie, wy**

Guyana /gaɪˈænə/ **noun** a country in South America ▷ **Gujana**
• **Guyanese** /ˌgaɪəˈniːz/ **adjective** coming from or relating to Guyana ▷ **gujański** • **Guyanese noun** (plural **Guyanese**) someone from Guyana ▷ **Gujańczyk, Gujanka**

guzzle /ˈgʌzl/ **verb** [I, T] informal to eat or drink a lot of something quickly: *Who's guzzled all the beer?* ▷ **żłopać, wyżłopać**

gym /dʒɪm/ **noun 1** [C] B1 a building with equipment for doing exercises: *Nick goes to the gym three times a week.* ▷ **siłownia, klub fitness, sala gimnastyczna 2** [U] B1 exercises done inside, especially as a school subject ▷ **gimnastyka, WF**

gymnasium /dʒɪmˈneɪziəm/ **noun** [C] a gym ▷ **sala gimnastyczna**

gymnast /ˈdʒɪmnæst/ **noun** [C] someone who does gymnastics: *an Olympic gymnast* ▷ **gimnasty-k/czka**

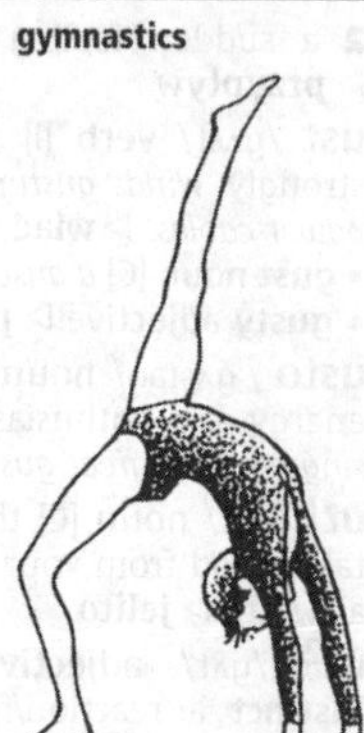

gymnastics /dʒɪmˈnæstɪks/ **noun** [U] B1 a sport in which you do physical exercises on the floor and on different pieces of equipment, often in competitions ▷ **gimnastyka**

gynaecologist UK (US **gynecologist**) /ˌgaɪnəˈkɒlədʒɪst/ **noun** [C] a doctor who treats medical conditions that only affect women ▷ **ginekolog**

gynaecology UK (US **gynecology**) /ˌgaɪnəˈkɒlədʒi/ **noun** [U] the study and treatment of diseases and medical conditions that only affect women ▷ **ginekologia**

• **gynaecological** /ˌgaɪnəkəˈlɒdʒɪkəl/ **adjective** UK ▷ **ginekologiczny**

gypsy (also UK **gipsy**) /ˈdʒɪpsi/ **noun** [C] a member of a race of people who travel from place to place, especially in Europe: *a gypsy caravan* ▷ **Cygan/ka**

H, h /eɪtʃ/ the eighth letter of the alphabet ▷ **H, h**

ha /hɑː/ **exclamation** something you say when you are surprised or pleased ▷ **ha**

the Haber process /ˈhɑːbːəˌprəʊses/ **noun** a method used in industry for producing ammonia ▷ **synteza amoniaku metodą Habera i Boscha**

habit /ˈhæbɪt/ **noun 1** [C, U] B1 something that you do regularly, almost without thinking about it: *He's just eating* ***out of habit*** *– he's not really hungry.* ▷ **zwyczaj 2 be in/get into the habit of doing sth** to be used/get used to doing something regularly: *We don't want the children to get into the habit of watching a lot of TV.* ▷ **mieć** *jakiś* **zwyczaj/nabrać** *jakiegoś* **zwyczaju 3** [C, U] B2 something that you often do that is bad for your health or is annoying: *He has some really nasty habits.* ◦ *We offer help to alcoholics who want to* ***kick the habit.*** ▷ **nawyk, nałóg 4** [C] a long, loose piece of clothing worn by some religious groups: *a monk's habit* ▷ **habit**

> Wyrazy występujące razem z **habit**
>
> **get into/get out of** the habit of doing sth • **have/kick** a habit • an **annoying/bad/good** habit • do sth **from/out of/through** habit

habitable /ˈhæbɪtəbl/ **adjective** A habitable building is in good enough condition to live in. ▷ **nadający się do zamieszkania**

habitat /ˈhæbɪtæt/ **noun** [C] the natural environment of an animal or plant ▷ **środowisko naturalne**

habitation /ˌhæbɪˈteɪʃən/ **noun** [U] when people live in a place: *This place is not fit for* ***human habitation.*** ▷ **zamieszkanie**

habitual /həˈbɪtʃuəl/ **adjective 1** usual or typical: *an habitual expression/gesture* ▷ **charakterystyczny 2** doing something often because it is a habit: *a habitual drug user* ▷ **nałogowy**
• **habitually adverb** ▷ **stale, notorycznie**

hack¹ /hæk/ **verb** [I, T] **1** to cut something roughly into pieces: *The victim had been* ***hacked to death.*** ▷ **rąbać 2** to use a computer to illegally get into someone else's computer system and read the information that is kept there: *Two British youths were caught* ***hacking into*** *government computers.* ▷ **włamać się (do)**

hack² /hæk/ **noun** [C] informal someone who produces low quality writing for books, newspapers, etc ▷ **pismak**

hacker /ˈhækəʳ/ **noun** [C] someone who illegally gets into someone else's computer system ▷ **haker**

had strong /hæd/ weak /həd/, /əd/, /d/ **verb 1** past of have **2 be had** informal to be tricked or made to look silly: *I think I've been had – this camera doesn't work.* ▷ **dać się nabrać**

haddock /ˈhædək/ **noun** [C, U] (plural **haddock**) a fish that lives in northern seas and is eaten as food ▷ **łupacz**

hadn't /ˈhædənt/ short for had not: *I hadn't seen Megan since college.*

haematite UK (US **hematite**) /ˈhiːmətaɪt/ **noun** [U] a common dark red rock from which we get iron ▷ **hematyt**

haemoglobin UK (US **hemoglobin**) /ˌhiːməˈɡləʊbɪn/ **noun** [U] a red substance in the blood which carries oxygen around the body ▷ **hemoglobina**

haemophilia UK (US **hemophilia**) /ˌhiːməˈfɪliə/ **noun** [U] a serious disease in which the flow of blood from someone's body cannot be stopped when they are hurt ▷ **hemofilia**
• **haemophiliac** UK (US **hemophiliac**) **noun** [C] someone who has haemophilia ▷ **hemofilik**

haemorrhage UK (US **hemorrhage**) /ˈhemərɪdʒ/ **noun** [C, U] when someone suddenly loses a lot of blood: *a* ***brain haemorrhage*** ▷ **krwotok**

haemorrhoids UK (US **hemorrhoids**) /ˈhemərɔɪdz/ **noun** [plural] painful swollen tissue around the opening of a person's bottom ▷ **hemoroidy**

haggard /ˈhæɡəd/ **adjective** Someone who is haggard has a thin face with dark marks around their eyes because they are ill or tired. ▷ **wymizerowany**

haggle /ˈhæɡl/ **verb** [I] to argue, especially about the price of something: *I spent 20 minutes* ***haggling over*** *the price of a leather bag.* ▷ **targować się**

ˌha ˈha exclamation used in writing to represent the sound someone makes when they laugh ▷ **ha-ha**

haiku /ˈhaɪkuː/ **noun** [C] a short Japanese poem which has only 17 syllables ▷ **haiku**

hail¹ /heɪl/ **noun 1** [U] small, hard pieces of frozen rain that fall from the sky ▷ **grad 2 a hail of bullets/stones/bottles, etc** a lot of bullets/stones/bottles, etc that are fired or thrown at the same time ▷ **grad kul/kamieni/butelek** *itp.*

hail² /heɪl/ **verb 1** [T] to call or wave to someone to get their attention: *She stepped into the road and* ***hailed*** *a* ***taxi.*** ▷ **przywoływać, łapać 2 it hails** If it hails, small, hard pieces of frozen rain fall from the sky. ▷ **pada grad**

PHRASAL VERBS **hail sb/sth as sth** to say publicly and enthusiastically that someone or something is something very good ▷ **okrzyknąć** *kogoś/coś kimś/czymś* • **hail from** to come from a particular place ▷ **pochodzić z**

hair /heəʳ/ **noun 1** [U] A1 the thin, thread-like parts that grow on your head: *a girl with long, fair hair* ▷ **włosy 2** [C] B2 one of the thin thread-like parts that grow on a person's or animal's skin: *My black skirt was covered in cat hairs.* ▷ **włos**

IDIOMS **let your hair down** informal to relax and enjoy yourself ▷ **zaszaleć** • **pull/tear your hair out** to be very anxious about something: *When they still weren't home by midnight, I was pulling my hair out.* ▷ **rwać sobie włosy z głowy** • **split hairs** to argue about small details that are not important ▷ **dzielić włos na czworo**

→ See also **pubic hair**

hairbrush /ˈheəbrʌʃ/ **noun** [C] a brush that you use to make your hair look tidy ▷ **szczotka do włosów**

haircut /ˈheəkʌt/ **noun** [C] **1** B1 when someone cuts your hair: *I really need a haircut.* ▷ **strzyżenie 2** B1 the style in which your hair has been cut ▷ **fryzura**

hairdo /ˈheəduː/ **noun** [C] informal the style in which someone arranges their hair ▷ **fryzura**

hairdresser /ˈheəˌdresəʳ/ **noun 1** B1 [C] someone whose job is to wash, cut, colour, etc people's hair ▷ **fryzjer/ka 2 hairdresser's** B1 the place where you go to have your hair washed, cut, coloured, etc ▷ **fryzjer, zakład fryzjerski**

hairdryer /ˈheəˌdraɪəʳ/ **noun** [C] B1 a piece of electrical equipment for drying your hair with hot air ▷ **suszarka (do włosów)**

-haired /-ˈheəd/ **suffix** used after a word describing someone's hair: *a red-haired woman* ◦ *a short-haired cat* ▷ **-włosy** → See also **fair-haired**

hairgrip /ˈheəgrɪp/ **noun** [C] UK (US **bobby pin**) a small, thin piece of metal, used to fasten a woman's hair in position ▷ **wsuwka do włosów**

hairline /ˈheəlaɪn/ **noun 1** [C] the place at the top of your face where your hair starts growing ▷ **linia włosów 2 a hairline crack/fracture** a very thin line where something hard such as a bone or cup is broken ▷ **cienka rysa/włoskowate pęknięcie**

hairpin /ˈheəpɪn/ **noun** [C] a piece of metal shaped like a U, used to fasten a woman's hair in position ▷ **spinka lub wsuwka do włosów**

ˌhairpin ˈbend **noun** [C] UK (US **ˌhairpin ˈturn**) a bend shaped like a U on a steep road ▷ **serpentyna**

hair-raising /ˈheəˌreɪzɪŋ/ **adjective** frightening but in an enjoyable way: *It was a rather **hair-raising journey** down the mountain road.* ▷ **jeżący włos na głowie**

hairstyle /ˈheəstaɪl/ **noun** [C] the style in which someone arranges their hair: *Do you like my new hairstyle?* ▷ **fryzura**

hairy /ˈheəri/ **adjective 1** covered in hair: *a **hairy chest*** ◦ ***hairy legs*** ▷ **owłosiony, włochaty 2** informal frightening or dangerous: *There were some rather **hairy moments** during the race.* ▷ **gorący**

• **hairiness noun** [U] ▷ **owłosienie**

Haiti /ˈheɪti/ **noun** a country on an island in the Caribbean ▷ **Haiti**

• **Haitian** /ˈheɪʃən/ **adjective** coming from or relating to Haiti ▷ **haitański** • **Haitian noun** someone from Haiti ▷ **Haitańczyk, Haitanka**

hajj (plural **hajjes** or **hajes**) (also **haj**) /hædʒ/ **noun** [C] the religious journey to Mecca which all Muslims try to make at least once in their life ▷ **hadż**

halal /hælˈæl/ **adjective** Halal meat is prepared according to Islamic law. ▷ **zgodny z zasadami Islamu**

hale /heɪl/ **adjective hale and hearty** healthy and full of life ▷ **krzepki**

half[1] /hɑːf/ **noun, determiner** (plural **halves**) **1** A2 [C, U] one of two equal parts of something; ½: *Rice is eaten by **half of** the world's population.* ◦ *Cut the lemons into halves.* ◦ *It'll take **half an hour** to get there.* ◦ *Jenny lived in Beijing for a year and a half.* ▷ **pół, połowa 2 break/cut/split sth in half** B1 to divide something into two equal parts: *Divide the dough in half and roll it out into two circles.* ▷ **przełamać/przeciąć/podzielić** *coś* **na pół 3 decrease/increase, etc sth by half** to make something smaller/larger, etc by half its size: *The drug reduces the risk of stroke by half.* ▷ **zwiększać/zmniejszać** *itp. coś* **o połowę 4 half past one/two/three, etc** mainly UK A1 30 minutes past one o'clock/two o'clock/three o'clock, etc: *We got back to our hotel at half past seven.* ▷ **wpół do drugiej/trzeciej/czwartej** *itp.* **5 half one/two/three, etc** UK informal A1 30 minutes past one o'clock/two o'clock/three o'clock, etc: *"What time does it start?" "About half six."* ▷ **wpół do drugiej/trzeciej/czwartej** *itp.*

IDIOMS **go halves with sb** informal to divide the cost of something with someone: *Shall we go halves on a present for Laura?* ▷ **podzielić się kosztami z** *kimś* • **half the fun/time/pleasure, etc** informal B2 a large part of the enjoyment/time, etc: *Kids today – parents don't know where they are half the time.* ▷ **większa część lub większość zabawy/czasu/przyjemności** *itp.* • **not half as good/bad/exciting, etc** informal B2 to be much less good/bad/exciting, etc than something else: *Her new book's not half as good as the last one.* ▷ **nawet w części nie tak dobry/zły/ciekawy** *itp.*

half[2] /hɑːf/ **adverb** B1 partly, but not completely: *half empty/full* ◦ *Sophia is half Greek and half Spanish (= she has one Greek parent and one Spanish parent).* ◦ *She was only half aware of what was happening.* ▷ **w połowie**

ˌhalf ˈboard **noun** [U] mainly UK the price for a room in a hotel, which includes breakfast and dinner ▷ **zakwaterowanie ze śniadaniem i kolacją**

half-brother /ˈhɑːfˌbrʌðəʳ/ **noun** [C] a brother who is the son of only one of your parents ▷ **brat przyrodni**

half-hearted /ˌhɑːfˈhɑːtɪd/ **adjective** without much effort or interest: *a* ***half-hearted*** *attempt* ▷ **bez przekonania**
• **half-heartedly adverb** ▷ **bez przekonania**

half-life /ˈhɑːflaɪf/ **noun** [C] the amount of time that is needed for the radioactivity of a radioactive substance to be reduced by half ▷ **okres półtrwania**

half-sister /ˈhɑːfˌsɪstəʳ/ **noun** [C] a sister who is the daughter of only one of your parents ▷ **siostra przyrodnia**

half-term /ˌhɑːfˈtɜːm/ **noun** [C, U] UK a short holiday in the middle of a school term ▷ **przerwa (śródsemestralna), ferie (śródsemestralne)**

half-time /ˌhɑːfˈtaɪm/ **noun** [U] a short period of rest between the two halves of a game ▷ **przerwa**

halfway /ˌhɑːfˈweɪ/ **adjective, adverb** at an equal distance between two places, or in the middle of a period of time: *the* ***halfway point*** ◦ *He was released* ***halfway through*** *his prison sentence.* ▷ **w połowie, w pół drogi**

hall /hɔːl/ **noun** [C] **1** (also **hallway** /ˈhɔːlweɪ/) A2 a room or passage in a building, which leads to other rooms ▷ **przedpokój, hol 2** A2 a large room or building where meetings, concerts, etc are held: *the Albert Hall* ◦ *The disco will be held in the school hall.* ▷ **sala, audytorium** → See also **town hall**

hallmark /ˈhɔːlmɑːk/ **noun** [C] **1** an official mark that is put on something made of silver or gold to prove that it is real ▷ **próba 2** a quality or method that is typical of a particular type of person or thing: *Simplicity is a* ***hallmark of*** *his design.* ▷ **cecha charakterystyczna**

hallo UK (UK/US **hello**) /həˈləʊ/ **exclamation 1** used to greet someone: *Hallo, Chris, how are things?* ▷ **cześć 2** used to start a conversation on the telephone: *Hallo, this is Alex.* ▷ **halo**

ˌhall of ˈresidence noun [C] (plural **halls of residence**) UK (US **dormitory**) a building where university or college students live ▷ **dom studencki, akademik**

hallowed /ˈhæləʊd/ **adjective 1** respected and considered important: *a* ***hallowed tradition*** ▷ **uświęcony 2** made holy by a priest: *the* ***hallowed ground*** *of the churchyard* ▷ **święty**

Halloween /ˌhæləʊˈiːn/ **noun** [U] the night of 31 October when children dress in special clothes and people try to frighten each other ▷ **Halloween, wigilia Wszystkich Świętych**

hallucinate /həˈluːsɪneɪt/ **verb** [I] to see things that are not really there, because you are ill or have taken an illegal drug ▷ **mieć halucynacje**

hallucination /həˌluːsɪˈneɪʃən/ **noun** [C, U] when you see things that are not really there because you are ill or have taken an illegal drug ▷ **halucynacje, halucynacja**

halo /ˈheɪləʊ/ **noun** [C] a gold circle of light that is shown around the head of a holy person in a painting ▷ **aureola**

halogen /ˈhælədʒen/ **noun** [C] any of a group of five chemical elements which combine with hydrogen to make compounds from which salts can be made: *Chlorine and iodine are halogens.* ◦ *halogen lighting* ▷ **fluorowiec**

halothane /ˈhæləθeɪn/ **noun** [U] a chemical that is used as an anaesthetic that is breathed in ▷ **halotan**

H

halt[1] /hɒlt/ **noun 1** [no plural] when something stops moving or happening: *The car* ***came to a halt*** *just inches from the edge of the cliff.* ◦ *News of the accident* ***brought*** *the party* ***to a halt.*** ▷ **bezruch, zatrzymanie się 2 call a halt to sth** to officially order something to stop: *The government has called a halt to all new building in the area.* ▷ **wstrzymać** *coś*

Wyrazy występujące razem z **halt**
bring sth to/come to a halt • an abrupt/grinding/sudden halt

halt[2] /hɒlt/ **verb** [I, T] formal to stop or make something stop: *The council ordered that work on the project should be halted immediately.* ▷ **zatrzymać (się), stanąć, wstrzymać**

halting /ˈhɒltɪŋ/ **adjective** stopping often while you are saying or doing something, especially because you are nervous: *He spoke quietly, in halting English.* ▷ **łamany, przerywany**

halve /hɑːv/ **verb 1** [T] to divide something into two equal parts: *Peel and halve the potatoes.* ▷ **przepołowić 2** [I, T] If you halve something, or if it halves, it is reduced to half the size it was before: *They have almost halved the price of flights to New York.* ▷ **zmniejszyć (się) o połowę**

ham /hæm/ **noun** [C, U] A2 meat from a pig's back or upper leg: *a ham sandwich* ▷ **szynka**

hamburger /ˈhæmˌbɜːgəʳ/ **noun 1** [C] a round, flat shape of meat which is cooked in hot oil and eaten between round pieces of bread: *a hamburger and fries* ▷ **hamburger 2** [U] US (UK **mince**) beef that is cut into very small pieces ▷ **mielone (wołowe)**

hamlet /ˈhæmlət/ **noun** [C] a very small village ▷ **wioska**

hammer[1] /ˈhæməʳ/ **noun** [C] B2 a tool with a heavy, metal part at the top that you use to hit nails into something ▷ **młotek**

hammer

hammer[2] /ˈhæməʳ/ **verb** [I, T] to hit something with a hammer ▷ **przybijać, walić młotkiem**

PHRASAL VERBS **hammer sth into sb** to repeat something to someone a lot of times until they remember it ▷ **wbijać** *coś komuś* **do głowy** • **hammer on sth** to hit something many times, making a lot of noise: *They were woken up by someone **hammering on** the door.* ▷ **walić w** *coś* • **hammer sth out** to finally agree on a plan, business agreement, etc after arguing about the details for a long time ▷ **wynegocjować** *coś*

hammering /ˈhæmᵊrɪŋ/ **noun 1** [U] the noise made by hitting something with a hammer or hitting something hard with your hands ▷ **walenie 2** [no plural] UK informal a very bad defeat ▷ **sromotna porażka**

hammock /ˈhæmək/ **noun** [C] a large piece of cloth or strong net that you hang between two trees or poles to sleep on ▷ **hamak**

hamper[1] /ˈhæmpəʳ/ **verb** [T] to make it difficult for someone to do something: *The police investigation was hampered by a lack of help from the community.* ▷ **utrudniać**

hamper[2] /ˈhæmpəʳ/ **noun** [C] a large basket with a lid: *a **picnic hamper*** ▷ **kosz, koszyk**

hamster /ˈhæmstəʳ/ **noun** [C] a small animal with soft fur and no tail that is often kept as a pet ▷ **chomik**

hamstring[1] /ˈhæmstrɪŋ/ **noun** [C] a tendon at the back of the upper part of your leg: *a hamstring injury* ▷ **mięsień (dwugłowy) uda**

hamstring[2] /ˈhæmstrɪŋ/ **verb** [T] (past tense and past participle **hamstrung**) to make it difficult for a person, team, or organization to do something ▷ **ograniczać, paraliżować**

hand[1] /hænd/ **verb** [+ two objects] (B1) to give something to someone: *Could you hand me that book, please?* ▷ **podawać, wręczać**

IDIOM **you have to hand it to sb** informal used when you want to show that you admire someone: *You have to hand it to Mick, he's done a good job on that kitchen.* ▷ **trzeba to** *komuś* **oddać**

PHRASAL VERBS **hand sth back** to return something to the person who gave it to you ▷ **oddawać** *coś* • **hand sth down 1** to give toys, clothes, books, etc to children who are younger than you in your family ▷ **przekazywać** *coś* **(młodszemu pokoleniu) 2** to pass traditions from older people to younger ones: *a custom handed down through the generations* ▷ **przekazywać** *coś* **(następnym pokoleniom)** • **hand sth in** (B1) to give something to someone in a position of authority: *Have you handed your history essay in yet?* ▷ **oddawać** *coś* • **hand sth out** (B1) to give something to all the people in a group: *A girl was handing out leaflets at the station.* ▷ **rozdawać** *coś* • **hand sb/sth over** (B2) to give someone or something to someone else: *The hijacker was handed over to the French police.* ▷ **przekazywać** *kogoś/coś*

hand[2] /hænd/ **noun 1** [C] (A1) the part of your body on the end of your arm that has fingers and a thumb: *Take your hands out of your pockets.* ▷ **ręka** → See **The Body** on page Centre 13 **2 take sb by the hand** to get hold of someone's hand: *Bill took her by the hand and led her into the garden.* ▷ **wziąć lub złapać** *kogoś* **za rękę 3 hand in hand** holding each other's hand: *The young couple walked hand in hand by the lake.* ▷ **ręka w rękę 4 hold hands** to hold each other's hand ▷ **trzymać się za ręce 5 at hand** near in time or space: *Teachers are always close at hand to give help to any child who needs it.* ▷ **pod ręką, w pobliżu 6 by hand** (B1) done or made by a person instead of a machine: *This sweater has to be washed by hand.* ▷ **ręcznie 7 in hand** being worked on or dealt with now: *Despite the pressures we are determined to get on with the job in hand.* ▷ **obecny, bieżący 8 be in sb's hands** to be in someone's control or care: *The matter is now in the hands of my solicitor.* ▷ **być w** *czyichś* **rękach 9 on hand** (also UK **to hand**) near to someone or something, and ready to help or be used when necessary: *Extra supplies will be on hand, should they be needed.* ▷ **do dyspozycji, dostępny 10 at the hands of sb** If you suffer at the hands of someone, they hurt you or treat you badly. ▷ **przez** *kogoś*, **ze strony** *kogoś* **11** [C] one of the long, thin pieces that point to the numbers on a clock or watch ▷ **wskazówka 12** [C] the set of playing cards that one player has been given in a game ▷ **rozdanie 13 a hand** (B1) some help, especially to do something practical: *Could you **give me a hand with** these suitcases?* ◦ *I think Matthew might **need a hand with** his homework.* ▷ **pomoc 14 on the one hand ... on the other hand** (B2) used when you are comparing two different ideas or opinions: *On the one hand, computer games develop many skills, but on the other, they mean kids don't get enough exercise.* ▷ **z jednej strony ... z drugiej strony 15 hands off** informal used to tell someone not to touch something: *Hands off – that's mine!* ▷ **łapy przy sobie, ręce precz**

IDIOMS **change hands** to be sold by someone and bought by someone else: *The hotel has changed hands twice since 1982.* ▷ **zmieniać właściciela** • **a free hand** permission to make your own decisions about how you want to do something ▷ **wolna ręka** • **get out of hand** to become difficult to control: *It was the end of term and the children were getting a little out of hand.* ▷ **wymykać się spod kontroli** • **go hand in hand** If two things go hand in hand, they exist together and are connected with each other. ▷ **iść w parze** • **have your hands full** to be very busy: *Shelley has her hands full with three kids under 5.* ▷ **mieć ręce pełne roboty** • **get/lay your hands on sth** to find something ▷ **znaleźć** *coś*, **dostać** *coś* **w swoje ręce** • **get/gain the upper hand** to get into a stronger position than someone else so that you are controlling a situation: *Government troops are gradually gaining the upper hand over the rebels.* ▷ **zyskać przewagę** • **with your bare hands** without using a weapon or tool ▷ **gołymi rękami** • **wring your hands** to press your hands together because you are upset or worried about something ▷ **załamywać ręce**

handbag /ˈhændbæg/ **noun** [C] mainly UK (mainly US **purse**) A2 a bag carried by a woman with her money, keys, etc inside ▷ **torebka**

handball /ˈhændbɔːl/ **noun** **1** [U] in the US, a game in which players hit a small rubber ball against a wall with their hands ▷ **amerykańska piłka ręczna (podobna do squasha)** **2** [C, U] in football, when a player breaks a rule by touching the ball with their hand or arm ▷ **ręka**

handbook /ˈhændbʊk/ **noun** [C] a book that contains information and advice about a particular subject: *a teacher's handbook* ▷ **poradnik, podręcznik**

handbrake /ˈhændbreɪk/ **noun** [C] UK (US **emergency brake**) a stick inside a car that you can pull up to stop the car from moving ▷ **hamulec ręczny** → See **Car** on page Centre 7

handcuffs /ˈhændkʌfs/ **noun** [plural] two metal rings that are joined by a chain and are put on a prisoner's wrists ▷ **kajdanki**

handcuffs

handful /ˈhændfʊl/ **noun** **1** [C] the amount of something that you can hold in one hand ▷ **garść** **2 a handful of sth** B2 a small number of people or things: *Only a handful of people came to the meeting.* ▷ **garstka** *czegoś* **3 a handful** informal someone who is difficult to control, especially a child ▷ **niezłe ziółko**

handgun /ˈhændgʌn/ **noun** [C] a small gun that you can hold in one hand ▷ **pistolet**

hand-held /ˈhændheld/ **adjective** B1 describes something that is designed to be held and used easily with one or two hands: *a hand-held computer/device* ▷ **ręczny**

handicap /ˈhændɪkæp/ **noun** [C] old-fashioned **1** something that is wrong with your mind or body permanently: *a **mental/physical handicap*** ▷ **upośledzenie** **2** something that makes it more difficult for you to do something: *I found not having a car quite a handicap in the countryside.* ▷ **utrudnienie**

handicapped /ˈhændɪkæpt/ **adjective** old-fashioned not able to use part of your body or your mind because it has been damaged in some way: ***mentally/physically handicapped*** ▷ **niepełnosprawny, upośledzony**

handicraft /ˈhændɪkrɑːft/ **noun** **1** [C] an activity that involves making things with your hands and that needs skill and artistic ability ▷ **rękodzieło** **2 handicrafts** things that people make with their hands: *a sale of handicrafts* ▷ **rękodzieła, wyroby rękodzielnicze**

handiwork /ˈhændɪwɜːk/ **noun** [U] something that someone makes or does: *She put down the brush and stood back to **admire** her **handiwork**.* ▷ **dzieło**

handkerchief /ˈhæŋkətʃiːf/ **noun** [C] B1 a small piece of cloth or soft paper that you use to dry your eyes or nose ▷ **chusteczka (do nosa)**

handle[1] /ˈhændl/ **verb** [T] **1** B1 to deal with something: *He handled the situation very well.* ◦ *This office handles thousands of enquiries every day.* ▷ **radzić sobie z** **2** to touch, hold, or pick up something: *You must wash your hands before handling food.* ▷ **obchodzić się z, dotykać, mieć kontakt z** **3** to buy and sell goods: *He's been charged with **handling stolen goods**.* ▷ **handlować**

handle[2] /ˈhændl/ **noun** [C] B2 the part of something that you use to hold it or open it: *a **door handle*** ◦ *the handle on a suitcase* ▷ **uchwyt, rączka, klamka**

IDIOM **fly off the handle** informal to suddenly become very angry ▷ **dostać szału**

handlebars /ˈhændlbɑːz/ **noun** [plural] the metal bars at the front of a bicycle or motorcycle that you hold onto to control direction ▷ **kierownica**

handler /ˈhændləʳ/ **noun** [C] someone whose job is to deal with or control a particular type of thing: *a police dog handler* ▷ **treser/ka, doradca/czyni**

ˈhand ˌluggage **noun** [U] small bags that you can carry onto an aircraft with you when you travel ▷ **bagaż podręczny**

handmade /ˌhændˈmeɪd/ **adjective** made by hand instead of by machine ▷ **ręcznej roboty**

handout /ˈhændaʊt/ **noun** [C] **1** money or food that is given to people who are poor: *Increasing numbers of people are dependent on government handouts.* ▷ **datek** **2** B2 a copy of a document that is given to all the people in a class or meeting ▷ **konspekt**

handpicked /ˌhændˈpɪkt/ **adjective** carefully chosen for a particular purpose or job: *a handpicked audience* ▷ **starannie dobrany**

handset /ˈhændset/ **noun** [C] **1** the outer part of a mobile phone ▷ **słuchawka** **2** the part of a telephone that you hold in front of your mouth and against your ear ▷ **słuchawka**

ˌhands ˈfree **adjective** describes a piece of equipment, especially a telephone, that you can use without needing to hold it in your hand ▷ **głośnomówiący, słuchawkowy**

handshake /ˈhændʃeɪk/ **noun** [C] the action of taking someone's right hand and shaking it when you meet or leave each other ▷ **uścisk dłoni**

handshaking /ˈhændʃeɪkɪŋ/ **noun** [U] the processes that happen so that two pieces of computer equipment can send information to each other ▷ **uzgadnianie**

handsome /ˈhændsəm/ **adjective 1** B1 A handsome man is attractive: *tall, dark, and handsome* ▷ **przystojny 2 a handsome profit/sum, etc** a large amount of money ▷ **pokaźn-y/a zysk/sumka** *itp.*

hands-on /ˌhændzˈɒn/ **adjective** physically doing something and not only studying it or watching someone else do it: ***hands-on experience*** ▷ **praktyczny**

handwriting /ˈhændˌraɪtɪŋ/ **noun** [U] B1 the way that someone forms the letters when they write with a pen or pencil ▷ **pismo, charakter pisma**

handwritten /ˌhændˈrɪtᵊn/ **adjective** written with a pen or pencil: *a* ***handwritten letter*** ▷ **ręcznie pisany**

handy /ˈhændi/ **adjective 1** useful or easy to use: *a handy container/tool* ▷ **poręczny, przydatny 2 come in handy** informal to be useful at some time in the future: *Don't throw those jars away – they might come in handy.* ▷ **przydać się 3** UK informal near to a place: *It's a nice house and it's* ***handy for*** *the station.* ▷ **dogodnie położony 4 be handy with sth** to be good at using something, usually a tool: *He's very handy with a paintbrush.* ▷ **umieć się** *czymś* **posługiwać**

handyman /ˈhændimæn/ **noun** [C] (plural **handymen**) someone who is good at making things or repairing them ▷ **złota rączka**

hang¹ /hæŋ/ **verb** (past tense and past participle **hung**) **1** [I, T] B1 to fasten something so that the top part is fixed but the lower part is free to move, or to be fastened in this way: *He* ***hung*** *his coat* ***on*** *the hook behind the door.* ▷ **wieszać, powiesić, wisieć 2** [I, T] (past also **hanged**) B2 to kill someone by putting a rope around their neck and making them drop, or to die in this way ▷ **powiesić, zginąć na szubienicy 3** [I] to stay in the air for a long time: *Thick fog hung over the town.* ▷ **wisieć** → See also **be/hang in the *balance*, hang your *head* (in shame)**

PHRASAL VERBS **hang around** informal (also UK **hang about**) **1** B1 to spend time somewhere, usually without doing very much: *There's nowhere for teenagers to go, so they just* ***hang around on street corners.*** ▷ **kręcić się, pałętać się 2 hang around with sb** to spend time with someone ▷ **zadawać się** z *kimś*, **spędzać** z *kimś* **czas • hang on 1** informal B1 to wait for a short time: *Hang on – I'm almost finished.* ▷ **poczekać, zaczekać 2** to hold something tightly: *Hang on, we're going over a big bump here.* ▷ **trzymać się • hang onto sth** informal to keep something: *You should hang onto that – it might be worth something.* ▷ **zostawiać sobie** *coś*, **nie wyrzucać** *czegoś* **• hang out** informal B1 to spend a lot of time in a particular place or with a particular group of people ▷ **spędzać czas • hang up** B1 to finish a conversation on the telephone by putting the phone down ▷ **odkładać słuchawkę • hang sth up** B1 to put something such as a coat somewhere where it can hang: *You can hang up your jacket over there.* ▷ **powiesić** *coś*

hang² /hæŋ/ **noun get the hang of sth** informal to gradually learn how to do or use something ▷ **nauczyć się** *czegoś*

hangar /ˈhæŋəʳ/ **noun** [C] a large building where aircraft are kept ▷ **hangar**

hanger /ˈhæŋəʳ/ **noun** [C] (also **coat hanger**) a wire, wooden, or plastic object for hanging clothes on ▷ **wieszak**

ˈhang ˌglider noun [C] a structure covered in cloth that you hold onto and float through the air ▷ **lotnia**

ˈhang ˌgliding noun [U] the sport of flying using a structure covered in cloth that you hang from ▷ **lotniarstwo**

ˌhanging ˈvalley noun [C] a valley that ends suddenly where it meets the side of a larger, deeper valley ▷ **dolina wisząca**

hangover /ˈhæŋəʊvəʳ/ **noun** [C] If you have a hangover, you feel ill because you drank too much alcohol the evening before. ▷ **kac**

hanker /ˈhæŋkəʳ/ **verb**

PHRASAL VERB **hanker after/for sth** to want something very much, especially over a long period of time ▷ **bardzo pragnąć** *czegoś*

hankie (also **hanky**) /ˈhæŋki/ **noun** [C] informal short for handkerchief ▷ **chusteczka**

Hannah /hænə/ **noun** a female name

Hanukkah (also **Chanukah**) /ˈhɑːnəkə/ **noun** [C, U] a Jewish religious holiday lasting for eight days in December ▷ **Chanuka**

haphazard /ˌhæpˈhæzəd/ **adjective** not planned, organized, controlled, or done regularly: *The whole examination process seemed completely haphazard.* ▷ **przypadkowy**
• haphazardly adverb ▷ **przypadkowo, bez ładu i składu**

hapless /ˈhæpləs/ **adjective** literary having bad luck ▷ **nieszczęsny**

haploid /ˈhæplɔɪd/ **adjective** a haploid cell has only one set of chromosomes, from one parent ▷ **haploidalny** → Compare **diploid**

happen /ˈhæpᵊn/ **verb** [I] **1** A2 If an event or situation happens, it exists or starts to be done, usually by chance: *Were you anywhere nearby when the accident happened? ◦ We can't let a mistake like this happen again.* ▷ **zdarzyć się, wydarzyć się, dziać się 2** A2 to be the result of an action, situation, or event that someone or something experiences: *Did you hear what **happened to** Jamie last night?* ◦ *What happens if we can't get enough tickets?* ▷ **stać się, zdarzyć się** **3 happen to do sth** to do something by chance: *If you happen to see Peter, say "hi" for me.* ◦ *You don't happen to know her phone number, do you?* ▷ **przypadkiem** *coś zrobić* **4 as it happens; it so happens** something that you say in order to introduce a surprising fact: *As it happens, her birthday is the day after mine.* ▷ **tak się składa, że**

> **!** Najczęściej popełniane błędy: **happen**
>
> **Uwaga!** Sprawdzamy końcówki czasowników!
> Wielu uczących się angielskiego Polaków popełnia błędy, używając **happen** w czasie przeszłym.
> Forma czasu przeszłego i imiesłowu biernego czasu przeszłego to happen **ed**.
> Nie piszemy więc „happend", ale **happened**.

PHRASAL VERB **happen on/upon sth/sb** to find something or meet someone without planning to ▷ **trafić lub natrafić na** *coś/kogoś*

happening /ˈhæpᵊnɪŋ/ **noun** [C] something that happens, often a strange event that is difficult to explain ▷ **wydarzenie, zdarzenie**

happily /ˈhæpɪli/ **adverb** **1** B1 in a happy way: ***happily married*** ▷ **szczęśliwie, wesoło** **2** B2 in a way that is very willing: *I'd happily drive you to the airport.* ▷ **chętnie, z przyjemnością** **3** having a good or lucky result: *Happily, the operation was a complete success.* ▷ **na szczęście**

happiness /ˈhæpɪnəs/ **noun** [U] B1 the feeling of being happy ▷ **szczęście**

> Wyrazy występujące razem z **happiness**
>
> find happiness

happy /ˈhæpi/ **adjective** **1** A1 pleased and in a good mood, especially because something good has happened: *I'm glad you've finally found someone who **makes** you **happy**.* ◦ *Jean seems much happier now that she's moved out.* ▷ **szczęśliwy** **2 happy to do sth** A2 to be willing to do something: *I'd be very happy to help, if you need a hand.* ▷ **chętnie lub z przyjemnością** *coś zrobić* **3** A1 making you feel happy, or expressing happiness: *Did the book have a **happy ending**?* ▷ **szczęśliwy** **4** A2 satisfied and not worried: *Are you **happy with** your exam results?* ◦ *I'm not very **happy about** you travelling alone at night.* ▷ **zadowolony** **5 Happy Birthday/New Year, etc** A1 something friendly that you say to someone on a special day or holiday: *Happy Christmas!* ▷ **wszystkiego najlepszego z okazji urodzin/szczęśliwego Nowego Roku** *itp.* → Opposite **unhappy**

> **+** **Happy** wyrazy bliskoznaczne
>
> Osoba, która sprawia wrażenie radosnej i szczęśliwej może być określona jako **cheerful**:
> *She's always very **cheerful**.*
> Jeśli ktoś jest szczęśliwy z jakiegoś powodu, możemy go opisać za pomocą przymiotników **pleased** lub **glad**, a jeśli jest on wyjątkowo szczęśliwy możemy użyć **delighted**:
> *He was **pleased** that she had come back.*
> *I was so **glad** to see her.*
> *They are **delighted** with their new car.*
> Jeśli ktoś jest wyjątkowo szczęśliwy i podekscytowany, możemy go określić za pomocą przymiotników **ecstatic** lub **elated**:
> *The new president was greeted by an **ecstatic** crowd.*
> *We were **elated** at the news.*

happy-go-lucky /ˌhæpigəʊˈlʌki/ **adjective** not worried and not having any responsibilities ▷ **beztroski**

ˈhappy ˌhour **noun** [usually singular] a period of time, usually in the early evening, when a bar sells drinks more cheaply than usual ▷ **happy hour**

ˌhappy ˈslapping **noun** [U] when a group of young people attack someone and photograph their attack with mobile phones ▷ **happy slapping (= napaść z jednoczesnym sfilmowaniem zdarzenia)**

harass /ˈhærəs/, /həˈræs/ **verb** [T] to continue to annoy or upset someone over a period of time ▷ **dręczyć**

harassed /ˈhærəst/ **adjective** tired and feeling anxious: *harassed passengers* ▷ **udręczony**

harassment /ˈhærəsmənt/ **noun** [U] behaviour that annoys or upsets someone: ***sexual harassment*** ▷ **molestowanie, nękanie**

> Wyrazy występujące razem z **harassment**
>
> **be subjected to/suffer** harassment • **racial/sexual** harassment • harassment **of** sb

harbour

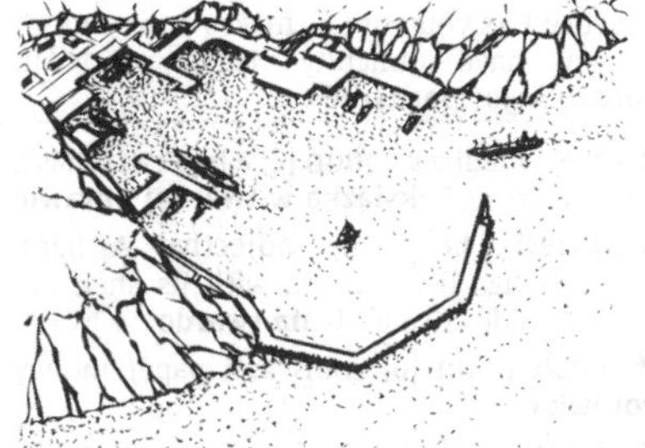

harbour¹ UK (US **harbor**) /ˈhɑːbəʳ/ **noun** [C] B1 an area of water near the coast where ships are kept and are safe from the sea ▷ **port**

H

harbour² UK (US **harbor**) /ˈhɑːbəʳ/ **verb** [T] **1** If you harbour doubts, hopes, thoughts, etc, you feel or think about them for a long time: *He harboured dreams of one day becoming a professional footballer.* ▷ **żywić 2** to hide someone or something bad: *to* ***harbour*** *a* ***criminal*** ▷ **ukrywać**

hard¹ /hɑːd/ **adjective 1** Ⓐ2 firm and stiff, and not easy to press or bend: *a hard surface* ◦ *The seats in the waiting room were hard and uncomfortable.* ▷ **twardy 2** Ⓐ1 difficult to do or understand: [+ to do sth] *It must be hard to study with all this noise.* ◦ *Quitting my job was the hardest decision I ever had to make.* ▷ **trudny 3** Ⓑ1 using or done with a lot of effort: *the long,* ***hard struggle*** ◦ *With a bit of* ***hard work*** *and determination we might still finish on time.* ▷ **ciężki 4** full of problems and difficult to deal with: *My grandparents had a very* ***hard life.*** ▷ **trudny, ciężki 5** not gentle or kind: *She had a cold, hard look in her eyes.* ▷ **surowy, twardy 6 be hard on sb a** Ⓑ2 to criticize someone too much or treat them unfairly: *You shouldn't be so hard on yourself.* ▷ **traktować** *kogoś* **surowo b** to make someone unhappy by causing them problems: *Our divorce has been particularly hard on the children.* ▷ **być dla** *kogoś* **trudnym 7 be hard on sth** to damage something or make it have problems: *Stress can be hard on any relationship.* ▷ **stanowić trudną próbę 8 do/learn sth the hard way** to do or learn something by experiencing a lot of problems or difficulty ▷ **być mądrym po szkodzie, uczyć się na błędach 9 give sb a hard time** informal to criticize someone or to treat them unfairly: *He gave me a hard time about losing his keys.* ▷ **czepiać się** *kogoś*

hard² /hɑːd/ **adverb 1** Ⓐ1 with a lot of effort: *She* ***tried*** *very* ***hard*** *but she wasn't quite fast enough.* ◦ *You'll have to* ***work harder,*** *if you want to pass this exam.* ▷ **ciężko 2** Ⓑ1 with a lot of force: *It's been raining hard all day.* ◦ *She kicked the ball as hard as she could.* ▷ **mocno**

IDIOMS **die hard** If a belief, custom, or habit dies hard, it is very difficult to change: *I'm afraid that* ***old habits die hard.*** ▷ **nie dawać się łatwo wykorzenić** • **hit sb hard** UK If a situation or experience hits you hard, it makes you so upset that you have difficulty dealing with it. ▷ **bardzo** *kogoś* **poruszyć**

hardback /ˈhɑːdbæk/ **noun** [C] a book that has a thick, stiff cover ▷ **książka w twardej oprawie**

hard-boiled /ˌhɑːdˈbɔɪld/ **adjective** A hard-boiled egg has been boiled with its shell on, until the inside is solid. ▷ **na twardo**

ˌhard ˈcash noun [U] coins and paper money ▷ **gotówka**

ˌhard ˈcopy UK (US **ˈhard ˌcopy**) **noun** [C, U] information from a computer that has been printed on paper ▷ **wydruk**

hardcore (also **hard-core**) /ˈhɑːdˌkɔː/ **adjective** **1** extremely loyal to someone or something, and not willing to change: *a* ***hard-core following*** ▷ **zatwardziały, wierny 2** Hardcore magazines, films, etc show very active or offensive sexual acts: ***hardcore pornography*** ▷ **twardy, pornograficzny**

ˌhard ˈcore noun [no plural] a small group of people in society or an organization who are very active and determined not to change: *a hard core of activists* ▷ **trzon**

ˌhard ˈcurrency noun [U] money that is valuable and can be exchanged easily because it comes from a powerful country ▷ **twarda waluta**

ˌhard ˈdisk noun [C] a hard drive ▷ **twardy dysk**

ˈhard ˌdrive noun [C] (also **hard disk**) Ⓑ2 the part inside a computer that is not removed and stores very large amounts of information ▷ **twardy dysk**

ˌhard ˈdrugs noun [plural] very strong, illegal drugs ▷ **narkotyki twarde**

harden /ˈhɑːdᵊn/ **verb** [I, T] **1** to become hard and stiff, or to make something become hard and stiff: *This island is formed from volcanic lava that has hardened into rock.* ▷ **twardnieć, utwardzać 2** to stop feeling emotions about someone or something, so that you seem less kind, gentle, or weak: ***hardened criminals*** ▷ **znieczulać, pozbawiać uczuć, pozbywać się uczuć**

hard-headed /ˌhɑːdˈhedɪd/ **adjective** very determined, and not willing to be influenced by your emotions: *a hard-headed manager* ▷ **trzeźwy, rzeczowy**

hard-hearted /ˌhɑːdˈhɑːtɪd/ **adjective** not caring how other people feel ▷ **bezwzględny**

hard-hitting /ˌhɑːdˈhɪtɪŋ/ **adjective** A hard-hitting speech, report, article, etc is very severe or criticizes someone or something a lot. ▷ **bezkompromisowy**

ˌhard ˈline noun [no plural] when someone is very strict and severe: *Judge Tucker has a reputation for* ***taking a hard line on*** *criminals.* ▷ **stanowcze kroki, twarde stanowisko**
• **hardline** /ˌhɑːdˈlaɪn/ **adjective** *a* ***hardline policy*** *on illegal immigrants* ▷ **stanowczy, zatwardziały**

hardly /ˈhɑːdli/ **adverb 1** Ⓑ1 almost not, or only a very small amount: *I was so tired that I could hardly walk.* ◦ *We've* ***hardly ever*** *spoken to each other.* ◦ *There's* ***hardly any*** *food left in the fridge.* ▷ **prawie nie, ledwie, ledwo 2** Ⓑ2 used to emphasize that you think something is not likely, true, possible, etc: *I hardly think she'll want to talk to me now that I have a new girlfriend.* ▷ **raczej nie**

hard-nosed /ˌhɑːdˈnəʊzd/ **adjective** very determined, and not willing to be influenced by your emotions: *a hard-nosed lawyer* ▷ **trzeźwy, rzeczowy**

ˌhard ˈpalate noun [C] the hard bony part that forms the top of the mouth, behind the front teeth ▷ **podniebienie twarde** → Compare **soft palate**

hard-pressed /ˌhɑːdˈprest/ **adjective** **1 be hard-pressed to do sth** to not be able to do something, or have difficulty doing something: *You'd be hard-pressed to find a better worker than Jeff.* ▷ ≈ **trudno** *coś zrobić* **2** having problems because you are poor: *hard-pressed farmers* ▷ **w trudnym położeniu**

hardship /ˈhɑːdʃɪp/ **noun** [C, U] a problem or situation that makes you suffer a lot, especially because you are very poor: *They have suffered years of **financial hardship**.* ▷ **trudności, trudność**

> **Wyrazy występujące razem z hardship**
>
> suffer hardship • economic/financial/physical hardship

ˌhard ˈshoulder noun [C] UK (US **shoulder**) the area on the edge of a main road where a car can stop in an emergency ▷ **(utwardzone) pobocze**

ˌhard ˈup adjective informal not having enough money ▷ **spłukany, goły**

hardware /ˈhɑːdweəʳ/ **noun** [U] **1** B1 the machines or equipment that your computer system is made from, not the programs ▷ **hardware, sprzęt** **2** tools and strong equipment, such as those used in the home or garden ▷ **narzędzia**

hard-wired /hɑːdˈwaɪəd/ **adjective** If something that a computer or electronic device does is hard-wired, it cannot be changed. ▷ **wbudowany (na stałe)**

hardwood /ˈhɑːdwʊd/ **noun** [C, U] hard heavy wood from a tree with wide leaves: *tropical hardwoods, such as mahogany and teak* ▷ **drewno twarde, drewno drzew liściastych**

hard-working /ˌhɑːdˈwɜːkɪŋ/ **adjective** doing a job seriously and with a lot of effort ▷ **pracowity**

hardy /ˈhɑːdi/ **adjective** strong enough to deal with bad conditions or difficult situations ▷ **wytrzymały, odporny**

hare /heəʳ/ **noun** [C] an animal like a large rabbit that can run very fast and has long ears ▷ **zając**

harem /ˈhɑːriːm/ US /ˈherəm/ **noun** [C] a group of women who live with or are married to one man in some Muslim societies, or the place where these women live ▷ **harem**

harm¹ /hɑːm/ **noun** **1** B2 [U] hurt or damage: *Smoking can **cause** serious **harm to** the lungs.* ◦ *Alan would never **do** anyone any **harm**.* ▷ **uszkodzenie, szkoda, krzywda** **2 not come to any harm** to not be hurt or damaged ▷ **nie ucierpieć** **3 not do any harm** to not be a bad thing to do and possibly be a good thing: [+ to do sth] ***It wouldn't do any harm** to have another look.* ▷ **nie zaszkodzić** **4 there's no harm in doing sth** used to say that something is not a bad thing to do and could possibly have a good effect: *I suppose there's no harm in trying.* ▷ **nie zaszkodzi** *coś zrobić* **5 not mean any harm** to not intend to hurt someone or damage something: *I never meant him any harm, I just wanted him to leave me alone.* ▷ **nie mieć złych zamiarów** **6 out of harm's way** safe from a dangerous place or situation ▷ **bezpieczny**

> **Wyrazy występujące razem z harm**
>
> cause/do (sb/sth) harm • not come to any harm • great/serious/untold harm • harm to sb

harm² /hɑːm/ **verb** [T] B2 to hurt someone or damage something: *Thankfully no one was harmed in the accident.* ▷ **skrzywdzić, pokrzywdzić, uszkodzić**

harmful /ˈhɑːmfᵊl/ **adjective** B2 causing or likely to cause harm: *Doctors believe that smoking is **harmful to** your health.* ▷ **szkodliwy**

harmless /ˈhɑːmləs/ **adjective** **1** B2 not able or not likely to cause any hurt or damage: *Taken in small doses, this drug is completely harmless.* ▷ **nieszkodliwy** **2** not likely to shock or upset people: *Their jokes seemed harmless enough.* ▷ **niewinny**
• **harmlessly adverb** ▷ **nieszkodliwie, niewinnie**

harmonica /hɑːˈmɒnɪkə/ **noun** [C] a small musical instrument that you blow into as you move it across your mouth ▷ **harmonijka, organki**

harmonious /hɑːˈməʊniəs/ **adjective** **1** friendly and peaceful: *a harmonious business relationship* ▷ **harmonijny** **2** having or making a pleasant sound ▷ **harmonijny**

harmonize (also UK **-ise**) /ˈhɑːmənaɪz/ **verb** [I, T] **1** to be suitable together, or to make different people, plans, situations, etc suitable for each other: *The gardens had been designed to **harmonize with** the natural landscape.* ▷ **harmonizować** **2** to sing or play music in harmony ▷ **harmonizować, śpiewać na głosy**

harmony /ˈhɑːməni/ **noun** **1** [U] B2 when people are peaceful and agree with each other, or when different things seem right or suitable together: *living together **in** peace and **harmony*** ▷ **harmonia** **2** [C, U] a pleasant sound in music, made by playing or singing a group of different notes together ▷ **harmonia**

harness¹ /ˈhɑːnɪs/ **noun** [C] **1** a set of straps fastened around a horse's body and connecting it to a vehicle that it will pull ▷ **uprząż** **2** a set of strong, flat ropes that fasten equipment to your body or fasten you to a vehicle to prevent you from moving too much: *All climbers must wear safety harnesses and helmets.* ▷ **uprząż, szelki**

harness² /ˈhɑːnɪs/ **verb** [T] **1** to put a harness on a horse, or to connect a horse to a vehicle using a harness ▷ **zaprzęgać, zakładać uprząż** **2** to control something so that you can use its power or qualities for a particular purpose ▷ **okiełznać, wykorzystywać**

harp¹ /hɑːp/ **noun** [C] a large wooden musical instrument with many strings that you play with your fingers ▷ **harfa**

harp² /hɑːp/ **verb**

PHRASAL VERB **harp on (about sb/sth)** to talk about someone or something too much ▷ **nudzić (o** *kimś/czymś***)**

harpoon /ˌhɑːˈpuːn/ **noun** [C] a weapon with a sharp point, used especially for hunting whales ▷ **harpun**

harrowing /ˈhærəʊɪŋ/ **adjective** making you feel extremely frightened or upset: *a harrowing experience* ▷ **koszmarny, przerażający**

Harry /ˈhæri/ **noun** a male name

harsh /hɑːʃ/ **adjective 1** cruel, unkind, or unpleasant in a way that seems unfair: ***harsh criticism/punishment*** ◦ *Taking him out of the game was a bit harsh.* ▷ **surowy 2** very cold, dangerous, or unpleasant and difficult to live in: ***harsh conditions*** ▷ **surowy 3** too strong, bright, loud, etc: ***harsh chemicals*** ◦ ***harsh lighting*** ▷ **ostry**
• **harshly adverb** ▷ **surowo** • **harshness noun** [U] ▷ **surowość**

harvest¹ /ˈhɑːvɪst/ **noun 1** [C, U] Ⓑ2 when crops are cut and collected from fields ▷ **żniwa, zbiór 2** [C] the quality or amount of crops that are collected ▷ **plon**

harvest² /ˈhɑːvɪst/ **verb** [I, T] to cut and collect crops when they are ready ▷ **zbierać (plony)**

has strong /hæz/ weak /həz/, /əz/, /z/ present simple he/she/it of have

has-been /ˈhæzbiːn/ **noun** [C] informal someone who was famous or important in the past but is now ignored ▷ **osoba należąca do przeszłości**

hash /hæʃ/ **noun make a hash of sth** UK informal to do something very badly ▷ **sknocić** *coś*

hashish /hæʃˈiːʃ/ **noun** [U] (also **hash**) an illegal drug that is usually smoked for pleasure ▷ **haszysz**

hasn't /ˈhæzᵊnt/ short for has not: *It hasn't rained for three weeks.*

hassle¹ /ˈhæsl/ **noun** [C, U] **1** something that is annoying because it is difficult or unpleasant to do: *I don't want to drive – it's such a hassle finding a place to park.* ▷ **kłopot, zawracanie głowy 2** an argument or fight: *They aren't giving you any hassle, are they?* ▷ **awantura**

hassle² /ˈhæsl/ **verb** [T] to annoy someone, especially by asking them something again and again: *He's always hassling me about money.* ▷ **zawracać głowę**

haste /heɪst/ **noun** [U] when you are in a hurry and do something more quickly than you should: ***In their haste*** *to escape, they left behind all their belongings.* ▷ **pośpiech**

> **Wyrazy występujące razem z haste**
> indecent/undue haste • in sb's haste • do sth in haste

hasten /ˈheɪsᵊn/ **verb 1** [T] to make something happen faster than usual ▷ **przyspieszać, poganiać 2 hasten to do sth** to hurry to do or say something: *I was not, I hasten to add, the only male there.* ▷ **pospiesznie** *coś zrobić*

hasty /ˈheɪsti/ **adjective** done very quickly, usually too quickly and without thinking enough: *a **hasty decision/remark*** ▷ **pochopny, pospieszny**
• **hastily adverb** ▷ **pochopnie, pospiesznie**

hat /hæt/ **noun** [C] Ⓐ1 something you wear to cover your head, for fashion or protection: *a cowboy hat* ▷ **czapka, kapelusz** → See also **bowler hat, top hat**

hatch¹ /hætʃ/ **verb 1** [I, T] If an egg hatches or is hatched, it is broken open by a baby creature such as a bird, fish, or snake being born. ▷ **wylęgać (się), wykluwać się 2 hatch a plan/plot, etc** to plan something secretly, especially something bad: *He hatched a plot to kill his wife.* ▷ **uknuć plan/spisek** *itp.*

hatch² /hætʃ/ **noun** [C] a small door or opening, especially in a ship, aircraft, or spacecraft: *an escape hatch* ▷ **luk, właz**

hatchback /ˈhætʃbæk/ **noun** [C] a car that has a large door at the back, which you lift up to open ▷ **hatchback, samochód pięciodrzwiowy**

hatchet /ˈhætʃɪt/ **noun** [C] a small axe ▷ **toporek**

IDIOM **bury the hatchet** to forget about your arguments and become friends with someone again ▷ **puścić urazę w niepamięć, zakopać topór wojenny**

hate¹ /heɪt/ **verb** [T] **1** Ⓐ2 to dislike someone or something very much: *They've hated each other since they were kids.* ◦ [+ doing sth] *He hates going to the dentist's.* ◦ [+ to do sth] *I hate to see you look so upset.* ▷ **nienawidzić 2** used to emphasize that you are sorry you have to do something: *I hate to interrupt, John, but we need to leave.* ▷ **nie chcieć** → See also **hate sb's *guts***

hate² /heɪt/ **noun** [U] when you dislike someone or something very much ▷ **nienawiść** → See also **pet hate**

hateful /ˈheɪtfᵊl/ **adjective** extremely unpleasant or unkind: *She called me the most hateful names.* ▷ **nienawistny**

hatred /ˈheɪtrɪd/ **noun** [U] when you dislike someone or something very much: *He developed an **intense hatred of** all women.* ▷ **nienawiść**

> **Wyrazy występujące razem z hatred**
> deep/intense hatred • racial hatred • hatred of sb/sth

ˈhat ˌtrick noun [C] when a player or team has

three successes, one after the other, especially three goals in a game ▷ **hat-trick**

haughty /ˈhɔːti/ **adjective** showing that you think you are much better or more important than other people: *a haughty young actress* ▷ **wyniosły**

• **haughtily adverb** ▷ **wyniośle**

haul[1] /hɔːl/ **verb** [T] to pull something somewhere slowly and with difficulty: *They hauled the piano into the living room.* ▷ **wlec, ciągnąć**

haul[2] /hɔːl/ **noun 1** [C] an amount of something that has been stolen or that is owned illegally: *a haul of arms/drugs* ▷ **łup 2 be a long haul** to be difficult and take a long time ▷ **długo potrwać**

haulage /ˈhɔːlɪdʒ/ **noun** [U] UK the business of moving things by road or railway: *a road haulage firm* ▷ **przewóz, spedycja**

haunt[1] /hɔːnt/ **verb** [T] **1** B2 If a ghost haunts a place, it appears there often: *a* ***haunted house*** ▷ **nawiedzać 2** B2 If an unpleasant memory or feeling haunts you, you think about or feel it often: [often passive] *He was haunted by memories of the war.* ▷ **prześladować**

haunt[2] /hɔːnt/ **noun** [C] a place that someone visits often: *Regents Park is one of my* ***favourite haunts*** *in London.* ▷ **ulubione lub często odwiedzane miejsce**

haunting /ˈhɔːntɪŋ/ **adjective** beautiful, but in a sad way: *the haunting beauty of Africa* ▷ **nostalgiczny**

have[1] strong /hæv/ weak /həv/, /əv/, /v/ **auxiliary verb** A2 used with the past participle of another verb to form the present and past perfect tenses: *Have you seen Roz?* ◦ *I've passed my test.* ◦ *He hasn't visited London before.* ◦ *It would have been better to tell the truth.* ◦ *He's been working in France for two years now.* ◦ *I had met his wife before.* ▷ z imiesłowem biernym tworzy konstrukcję **present perfect**

have[2] strong /hæv/ weak /həv/, /əv/, /v/ **verb** (past tense and past participle **had**) **1** [T] (also **have got**) A1 to own something: *I have two horses.* ◦ *Laura has got beautiful blue eyes.* ▷ **mieć 2** [T] B1 used to say that someone is holding something, or that someone or something is with them: *He had a pen in his hand.* ◦ *She had a baby with her.* ▷ **mieć 3** [T] (also **have got**) A1 If you have a particular illness, you are suffering from it: *Have you ever had the measles?* ▷ **mieć 4** [T] A1 to eat or drink something: *We are having dinner at 7 o'clock.* ◦ *Can I have a drink of water?* ▷ **zjeść, napić się 5 have a bath/sleep/walk, etc** A2 used with nouns to say that someone does something: *Can I have a quick shower?* ◦ *Let Mark have a try.* ▷ **wykąpać/przespać/przespacerować się** *itp.* **6 have difficulty/fun/problems, etc** A2 used with nouns to say that someone experiences something: *We had a great time in Barcelona.* ▷ **mieć trudności/przyjemność/problemy 7 have a baby** A2 to give birth to a baby ▷ **mieć lub rodzić dziecko 8 have sth done** B1 If you have something done, someone does it for you: *I'm having my hair cut tomorrow.* ◦ *We had the carpets cleaned.* ▷ **(dać lub kazać)** *coś zrobić*

IDIOMS **have had it** to be broken or not working well: *I think the car engine's had it.* ▷ **nawalić • have it in for sb** to dislike someone and want to cause problems for them: *She really has it in for me – I don't know what I've done to offend her.* ▷ **uwziąć się na** *kogoś* • **have it out (with sb)** to talk to someone about something they have done which made you angry, in order to try to solve the problem ▷ **rozmówić się (z** *kimś***)**

PHRASAL VERBS **have (got) sth on** B1 to be wearing something: *She only had a bikini on.* ▷ **mieć** *coś* **na sobie • have sb on** UK to make someone think that something is true, as a joke: *He's not really angry – he's just having you on.* ▷ **nabierać** *kogoś* • **have sth out** to have something removed from your body: *I'm having two teeth out next week.* ▷ **(dać) usunąć** *coś* **(sobie)**

have[3] /hæv/ **modal verb 1 have to do sth; have got to do sth** A2 to need to do something or be forced to do something: *I have to go to Manchester tomorrow.* ◦ *Do we have to finish this today?* ◦ *They've had to change their plans.* ▷ **musieć** *coś zrobić* **2** A2 used when you are telling someone how to do something: *You've got to type in your name, then your password.* ▷ **musieć** *coś zrobić* **3** used to say that you feel certain that something is true or will happen: *Interest rates have to come down at some point.* ◦ *There's (= there has) got to be a better way of doing this.* ▷ **musieć (być, stać się)**

haven /ˈheɪvᵊn/ **noun** [C] a safe place: *a haven for wildlife* ▷ **schronienie**

haven't /ˈhævᵊnt/ short for have not: *I haven't finished eating.*

havoc /ˈhævək/ **noun** [U] a very confused and possibly dangerous situation: *The snow has* ***caused havoc*** *on Scotland's roads today.* ▷ **zamęt, chaos**

> Wyrazy występujące razem z **havoc**
>
> cause/create/wreak havoc • play havoc with sth

hawk /hɔːk/ **noun** [C] a large hunting bird ▷ **jastrząb**

hay /heɪ/ **noun** [U] dried grass for animals to eat ▷ **siano**

ˈhay ˌfever noun [U] an illness caused by a bad reaction to plants that some people get in the summer, especially affecting the nose and eyes ▷ **katar sienny**

haystack /ˈheɪstæk/ **noun** [C] a large pile of hay ▷ **stóg siana**

hazard[1] /ˈhæzəd/ **noun 1** [C] something that is dangerous: *a* ***fire hazard*** ◦ *a* ***health hazard*** ▷ **zagrożenie 2 an occupational hazard** something unpleasant that sometimes happens to

H

people who do a particular job ▷ **ryzyko zawodowe**

hazard² /ˈhæzəd/ **verb hazard a guess** to risk guessing something: *I don't know where he is, but I'd be willing to hazard a guess.* ▷ **spróbować zgadnąć**

hazardous /ˈhæzədəs/ **adjective** dangerous: ***hazardous chemicals*** ▷ **niebezpieczny**

haze /heɪz/ **noun** [U] when the air is not very clear because of something such as heat or smoke, making it difficult to see well ▷ **mgiełka, opary**

hazel /ˈheɪzᵊl/ **adjective** green-brown in colour: *hazel eyes* ▷ **piwny**

hazy /ˈheɪzi/ **adjective 1** If the air is hazy, it is not very clear because of something such as heat or smoke, making it difficult to see well: *a hazy day* ▷ **zamglony, mglisty 2** not remembering things clearly: *He has only a hazy recollection of what happened.* ▷ **mglisty**

HCF /ˌeɪtʃsiːˈef/ abbreviation for highest common factor: (in maths) the highest number that a set of two or more different numbers can be divided by exactly ▷ **NWD (= największy wspólny dzielnik)**

HCFC /ˌeɪtʃsiˈefsiː/ **noun** [U, C] abbreviation for hydrochlorofluorocarbon: a type of gas used especially in aerosols ▷ **wodorochlorofluorowęglowodór**

HCI /ˌeɪtʃsiːˈaɪ/ **noun** [C] abbreviation for human-computer interface; the part of a computer system, for example what you see on the screen, that allows a person to use a computer ▷ **interfejs użytkownika**

he strong /hiː/ weak /hi/ **pronoun** (A1) used as the subject of the verb when referring to someone male who has already been talked about: *"When is Paul coming?" "He'll be here in a minute."* ▷ **on**

head¹ /hed/ **noun** [C] **1** (A1) the part of your body above your neck which contains your brain, eyes, ears, mouth, nose, etc and on which your hair grows: *He fell and hit his head on the table.* ▷ **głowa** → See **The Body** on page Centre 13 **2** (B1) your mind: *All these thoughts were going round in my head.* ▷ **głowa 3** (B1) the person who is in charge of an organization: *Her father is the head of an oil company.* ▷ **dyrektor/ka, szef/owa 4** (also ˌ**head** ˈ**teacher**) UK (A2) the person in charge of a school: *You'll have to ask the head if you can have a day off school.* ▷ **dyrektor/ka 5** the front or top part of something: *Who is that **at the head of** the table?* ▷ **czoło, szczyt 6 £10/$6, etc a head** costing £10/$6, etc for each person: *The meal costs £20 a head.* ▷ **10 funtów/6 dolarów** *itp.* **na głowę 7 heads** the side of a coin that has a picture of someone's head on it: *Heads or tails?* ▷ **reszka, awers**

IDIOMS **be banging your head against a brick wall** to do, say, or ask for something repeatedly but to be unable to change a situation ▷ **walić głową w mur** • **come to a head** If a problem or disagreement comes to a head, it becomes so bad that you have to start dealing with it. ▷ **osiągać punkt krytyczny** • **go over sb's head** to be too difficult for someone to understand: *All this talk about philosophy went right over my head.* ▷ **nie docierać do** *kogoś*, **być za trudnym dla** *kogoś* • **go to your head** If something that you have achieved goes to your head, it makes you too proud: *Fame and fortune had gone to his head.* ▷ **uderzyć** *komuś* **do głowy** • **hang your head (in shame)** to look ashamed or embarrassed ▷ **zwiesić głowę (ze wstydu)** • **keep your head** to stay calm in a difficult situation ▷ **nie tracić głowy** • **lose your head** to stop being calm in a difficult situation ▷ **tracić głowę** • **raise/rear its ugly head** If a problem or something unpleasant raises its ugly head, it becomes a problem that people have to deal with. ▷ **dawać się we znaki, dać o sobie znać** • **laugh/shout/scream, etc your head off** to laugh/shout/scream, etc very much and very loudly ▷ **śmiać się/krzyczeć/wrzeszczeć** *itp.* **jak wariat/ka**

→ See also **hit the *nail* on the head**, **a *roof* over your head**, **off the *top* of your head**

head² /hed/ **verb 1 head back/down/towards, etc** (B2) to move in a particular direction: *They headed back to the shore.* ▷ **kierować się z powrotem/w dół/w stronę** *itp.* **2** [T] (B2) to lead an organization or group: [often passive] *The company is headed by a young entrepreneur.* ▷ **kierować 3** [T] to be at the front or top of something: *Jo headed a very short list of candidates.* ▷ **znajdować się lub być na czele 4** [T] to hit a ball with your head: *Owen headed the ball straight into the back of the net.* ▷ **główkować**

PHRASAL VERBS **be heading for sth** (B2) to be likely to get or experience something soon: *Those children are heading for trouble.* ▷ **zmierzać do** *czegoś*, **prosić się o** *coś* • **head off** to start a journey or leave a place ▷ **wyruszać, wychodzić**

headache /ˈhedeɪk/ **noun** [C] (A2) pain inside your head: *I've got a bad headache.* ▷ **ból głowy** → See also **splitting headache**

header /ˈhedəʳ/ **noun** [C] a word or words that appear at the top of every page in a book or document ▷ **nagłówek** → Compare **footer**

headhunt /ˈhedhʌnt/ **verb** [T] to persuade someone to leave their job for a job with a different company: *She was headhunted by a rival firm.* ▷ **werbować (pracowników konkurencji)**

• **headhunter** noun [C] ▷ **łowca głów lub talentów**

heading /ˈhedɪŋ/ **noun** [C] words at the top of a piece of writing that tell you what it is about ▷ **nagłówek**

headland /ˈhedlənd/ **noun** [C] a piece of land that sticks out into the sea ▷ **cypel**

headlight /ˈhedlaɪt/ **noun** [C] one of the two large lights on the front of a car ▷ **reflektor**

headline /ˈhedlaɪn/ **noun 1** B1 [C] the title of a newspaper story that is printed in large letters above it: *a **front-page headline*** ▷ **nagłówek 2 the headlines** B2 the main stories in newspapers, on television, etc: *That story **made headlines** all over the world.* ▷ **skrót wiadomości, najważniejsze wiadomości**

headlong /ˈhedlɒŋ/ **adverb** quickly and directly: *The plane **plunged headlong** into the sea.* ▷ **prosto**

headmaster /ˌhedˈmɑːstəʳ/ **noun** [C] UK (US **principal**) a man who is in charge of a school ▷ **dyrektor (szkoły)**

headmistress /ˌhedˈmɪstrəs/ **noun** [C] UK (US **principal**) a woman who is in charge of a school ▷ **dyrektorka (szkoły)**

ˌhead ˈoffice noun [usually singular] the most important office of a company, or the people who work there: *Head office handles all complaints made against the company.* ▷ **centrala**

ˌhead ˈon adverb 1 If two vehicles hit each other head on, the front parts hit each other as they are moving forward. ▷ **czołowo 2** If you deal with something head on, you deal with it directly, although it is difficult. ▷ **twarzą w twarz**

• **head-on** /ˌhedˈɒn/ **adjective** *a **head-on collision*** ▷ **czołowy, twarzą w twarz**

headphones /ˈhedfəʊnz/ **noun** [plural] a piece of equipment that you wear over your ears so that you can listen to music without anyone else hearing it: *a pair of headphones* ▷ **słuchawki**

headphones

headquarters /ˈhedˌkwɔːtəz/ **noun** [group] (plural **headquarters**) B2 the place from where an organization is controlled: *police headquarters* ▷ **centrala, siedziba, kwatera główna**

headset /ˈhedset/ **noun** [C] a piece of equipment that you wear over your ears so that you can hear things, especially one with a microphone attached to it: *a mobile phone headset* ▷ **słuchawki**

ˌhead ˈstart noun [C] an advantage that someone has over other people: *Caroline's language skills should **give** her a **head start** over/on other people applying for the job.* ▷ **przewaga na starcie**

headstone /ˈhedstəʊn/ **noun** [C] a stone that shows the name of a dead person who is buried under it ▷ **nagrobek, płyta nagrobkowa**

headstrong /ˈhedstrɒŋ/ **adjective** extremely determined: *a headstrong young girl* ▷ **zawzięty, nieustępliwy**

heads-up /ˈhedzʌp/ **noun** [usually singular] informal a warning that something is going to happen, usually so that you can prepare for it ▷ **ostrzeżenie**

headteacher /ˌhedˈtiːtʃəʳ/ **noun** [C] UK (US **principal**) A2 the person in charge of a school ▷ **dyrektor/ka (szkoły)**

headway /ˈhedweɪ/ **noun make headway** to make progress in what you are doing: *The builders aren't **making** much **headway** with our new house.* ▷ **robić lub czynić postępy**

heady /ˈhedi/ **adjective** having a powerful effect on the way you feel, for example by making you feel excited: *a heady experience* ▷ **ekscytujący**

heal /hiːl/ **verb** [I, T] (also **heal up**) B2 If a wound or broken bone heals, it becomes healthy again, and if something heals it, it makes it healthy again: *The wound on his head had begun to heal.* ▷ **goić (się)**

• **healer noun** [C] someone who makes ill people well again using something such as prayer or magic ▷ **uzdrowiciel/ka**

health /helθ/ **noun** [U] **1** A2 the condition of your body: *to be **in good/poor health*** ◦ *Regular exercise is good for your health.* ▷ **zdrowie 2** how successful and strong something is: *the financial health of the business* ▷ **kondycja** → See also **the National Health Service**

> Wyrazy występujące razem z **health**
>
> damage/improve sb's health • excellent/good/ill/poor health • be **in** [good/bad, etc] health

ˌhealth and ˈsafety noun [U] making sure that people are safe and healthy, for instance at work or in public places: *health and safety regulations* ▷ **zasady bezpieczeństwa, BHP**

health-care /ˈhelθˌkeəʳ/ **noun** [U] the set of services provided by a country or an organization for treating people who are ill ▷ **opieka zdrowotna**

ˈhealth ˌservice noun [C] UK the National Health Service: the system providing free medical service in the UK ▷ **(publiczna) służba zdrowia**

healthy /ˈhelθi/ **adjective 1** A2 physically strong and well: *Sue is a normal healthy child.* ▷ **zdrowy 2** A2 good for your health: *a **healthy diet*** ▷ **zdrowy 3** successful and strong: *a **healthy** economy* ▷ **zdrowy** → Opposite **unhealthy**

heap[1] /hiːp/ **noun 1** [C] an untidy pile of things: *a **heap of rubbish*** ▷ **kupa 2 heaps of sth** informal a lot of something: *He's got heaps of money.* ▷ **kupa** *czegoś*

> Wyrazy występujące razem z **heap**
>
> a heap of sth • **in** a heap

H

heap² /hiːp/ **verb** informal **1** [T] to put things into an untidy pile: *He heaped more food onto his plate.* ▷ **ładować** **2 heap criticism/insults/praise, etc on sb** to criticize/insult/praise, etc someone a lot ▷ **obsypywać** *kogoś* **słowami krytyki/obelgami/pochwałami** *itp.*

hear /hɪəʳ/ **verb** (past tense and past participle **heard**) **1** [I, T] (A1) to be aware of a sound through your ears: *I could hear his voice in the distance.* ◦ *I can't hear – can you turn the sound up?* ▷ **słyszeć** **2** [I, T] (B1) to be told some information: *When did you first* ***hear about*** *this?* ◦ *Have you heard the news? Jane's back.* ◦ [+ (that)] *I hear that you're leaving.* ▷ **słyszeć, dowiedzieć się** **3** [T] If a judge hears a case, they listen to it in a law court, to decide if someone is guilty or not. ▷ **rozpatrywać** **4 will not hear of sth** If someone will not hear of something, they will not allow it: *I wanted to pay for her meal but she wouldn't hear of it.* ▷ **nie chcieć o** *czymś* **słyszeć**

PHRASAL VERBS **hear from sb** (B1) to receive a letter, telephone call, or other message from someone: *Have you heard from Sue recently?* ▷ **mieć wiadomości od** *kogoś* • **have heard of sb/sth** (B2) to know that someone or something exists: *I've never heard of her.* ▷ **słyszeć o** *kimś/czymś*

hearing /ˈhɪərɪŋ/ **noun** **1** [U] the ability to hear sounds: *He lost his hearing when he was a child.* ▷ **słuch** **2** [C] a meeting in a law court when a judge hears the facts of a case: *The preliminary hearing will take place next week.* ▷ **przesłuchanie, rozprawa (sądowa)** **3 a fair hearing** If you get a fair hearing, someone listens to your opinion. ▷ **możliwość wypowiedzenia się**

hearing-impaired /ˈhɪərɪŋɪmˌpeəd/ **adjective** A person who is hearing-impaired cannot hear or cannot hear well. ▷ **niedosłyszący, niesłyszący, upośledzony słuchowo** → Compare **deaf**

hearsay /ˈhɪəseɪ/ **noun** [U] things that people have told you and that may or may not be true: *Everything we heard was based on hearsay and rumour.* ▷ **pogłoska**

hearse /hɜːs/ **noun** [C] a large car that is used to take a dead body to a funeral ▷ **karawan**

heart /hɑːt/ **noun** **1** [C] (A2) the organ inside your chest that sends blood around your body: *Isabel's* ***heart*** *was* ***beating*** *fast.* ◦ ***heart disease/failure*** ▷ **serce** **2** [no plural] the centre of something: *Her office is* ***in the heart of*** *Tokyo.* ▷ **serce** **3 the heart of sth** (B1) the most important part of something: *We need to get to the heart of the matter.* ▷ **sedno lub środek** *czegoś* **4** [C, U] (B1) someone's deepest feelings and true character: *She has a kind heart.* ▷ **serce, dusza** **5** [C] a shape that is used to mean love ▷ **serce** **6 hearts** playing cards with red heart shapes on them ▷ **kiery, kier** **7 at heart** used to say what someone is really like: *I'm just a kid at heart.* ▷ **w głębi duszy lub serca** **8 in your heart** used to say what you really think: *In his heart he felt they were wrong.* ▷ **w głębi duszy lub serca** **9 with all your heart** used to say that you feel something very strongly: *I thank you with all my heart.* ▷ **całym sercem** **10 not have the heart to do sth** to decide not to do something that would make someone unhappy ▷ **nie mieć serca** *czegoś zrobić* **11 learn/know, etc sth by heart** (B2) to be able to remember all of something ▷ **uczyć się** *czegoś*/**znać** *coś itp.* **na pamięć**

IDIOMS **break sb's heart** (B2) to make someone very unhappy ▷ **złamać** *komuś* **serce** • **heart and soul** used to say that you give all your attention and enthusiasm to something: *She threw herself into teaching heart and soul.* ▷ **całe swoje serce**

→ See also **a *change* of heart**

> **Wyrazy występujące razem z heart**
>
> your heart **beats** • heart **disease/failure** • a heart **condition/problem**

heartache /ˈhɑːteɪk/ **noun** [C, U] extreme sadness ▷ **rozpacz**

ˈheart atˌtack **noun** [C] (B1) when someone's heart suddenly stops working correctly, sometimes causing death: *I think he's had a heart attack.* ▷ **zawał (serca), atak serca**

heartbeat /ˈhɑːtbiːt/ **noun** [C, U] the regular movement of the heart as it moves blood around the body ▷ **bicie serca, tętno**

heartbreaking /ˈhɑːtˌbreɪkɪŋ/ **adjective** causing extreme sadness: *heartbreaking news* ▷ **bolesny**

heartbroken /ˈhɑːtˌbrəʊkᵊn/ **adjective** If you are heartbroken, you feel extremely sad about something that has happened. ▷ **zrozpaczony**

heartened /ˈhɑːtᵊnd/ **adjective** feeling happier because of something: *We all felt heartened by the news.* ▷ **podniesiony na duchu, pocieszony** → Opposite **disheartened**

heartening /ˈhɑːtᵊnɪŋ/ **adjective** making you feel happier: *heartening news* ▷ **pocieszający** → Opposite **disheartening**

ˈheart ˌfailure **noun** [U] when someone's heart stops working, often causing death ▷ **zatrzymanie akcji serca**

heartfelt /ˈhɑːtfelt/ **adjective** Heartfelt feelings and words are strong and sincere: ***heartfelt thanks/gratitude*** ▷ **szczery, od serca**

hearth /hɑːθ/ **noun** [C] the floor around a fireplace ▷ **kominek**

heartily /ˈhɑːtɪli/ **adverb** **1** with a lot of enthusiasm: *We all* ***laughed heartily*** *at the joke.* ▷ **serdecznie** **2** completely or very much: *I am* ***heartily sick*** *of the situation.* ▷ **serdecznie**

heartland /ˈhɑːtlænd/ **noun** [C] the place where an activity or belief is strongest: *the* ***traditional heartland*** *of the motor industry* ▷ **centrum, serce**

heartless /ˈhɑːtləs/ **adjective** cruel and not caring about other people ▷ **bez serca**

heart-to-heart /ˌhɑːttəˈhɑːt/ **noun** [C] a serious conversation between two people in which they talk honestly about their feelings ▷ **rozmowa w cztery oczy**

hearty /ˈhɑːti/ **adjective** **1** friendly and full of energy: *a **hearty laugh/welcome*** ▷ **serdeczny** **2** Hearty meals are large and satisfy you. ▷ **solidny**

heat[1] /hiːt/ **noun** **1** [U] (B1) the quality of being hot or warm: *the heat of summer* ▷ **gorąco, ciepło** **2 the heat** when it is very hot: *I don't really like the heat.* ▷ **upał** **3** [U, no plural] (B1) the temperature of something: *Cook on a low heat.* ▷ **temperatura** **4 the heat** US (UK **the heating**) the system that keeps a building warm: *Could you turn the heat up a little.* ▷ **ogrzewanie** **5** [C] a competition, especially a race, which decides who will be in the final event ▷ **eliminacje**

IDIOM **in the heat of the moment** If you do or say something in the heat of the moment, you do or say it without thinking because you are angry or excited. ▷ **w zdenerwowaniu**

→ See also **dead heat**

> **Wyrazy występujące razem z heat**
> generate/give out heat • intense/searing heat

heat[2] /hiːt/ **verb** [I, T] (also **heat up**) (B2) to make something become hot or warm, or to become hot or warm: *I'll just heat up some soup.* ▷ **ogrzać (się), podgrzewać**

heated /ˈhiːtɪd/ **adjective** **1** made warm or hot ▷ **ogrzewany, podgrzewany** **2 a heated argument/debate, etc** an angry or excited argument ▷ **gorąca dyskusja/debata** *itp.*

heater /ˈhiːtəʳ/ **noun** [C] (B1) a machine that heats air or water ▷ **grzejnik, podgrzewacz**

heath /hiːθ/ **noun** [C] an open area of land covered with wild plants and rough grass ▷ **wrzosowisko**

heather /ˈheðəʳ/ **noun** [C, U] a small plant with purple or white flowers that grows on hills ▷ **wrzos**

heating /ˈhiːtɪŋ/ **noun** [U] UK (US **heat**) (A2) the system that keeps a building warm ▷ **ogrzewanie** → See also **central heating**

heatwave /ˈhiːtweɪv/ **noun** [C] a period of time, usually a few days or weeks, when the weather is much hotter than usual ▷ **fala upałów**

heave /hiːv/ **verb** **1** [I, T] to move something heavy using a lot of effort: *He heaved the bag on to his shoulder.* ▷ **dźwigać** **2** [I] to move up and down: *Her chest heaved as she started to cry.* ▷ **falować** **3 heave a sigh of relief** to breathe out loudly because you are pleased that something bad has not happened ▷ **odetchnąć z ulgą**
• **heave noun** [C] ▷ **wysiłek**

heaven /ˈhevᵊn/ **noun** [U] **1** (B2) according to some religions, the place where good people go when they die ▷ **niebo, raj** **2** informal (B2) something very nice that gives you great pleasure: *This cake is absolute heaven.* ▷ **raj**

heavenly /ˈhevᵊnli/ **adjective** **1** [always before noun] relating to heaven: *the heavenly kingdom* ▷ **rajski** **2** informal very nice: *a heavenly day* ▷ **boski**

heavens /ˈhevᵊnz/ **noun** **1 the heavens** literary the sky ▷ **niebiosa** **2 (Good) Heavens!** used when you are surprised or annoyed: *Heavens, what's the matter?* ▷ **wielkie nieba!**

heavily /ˈhevɪli/ **adverb** **1** (B1) a lot or to a great degree: *She's heavily involved in politics.* ▷ **mocno, dużo, bardzo** **2 drink/smoke heavily** to drink/smoke a lot ▷ **dużo pić/palić** **3 rain/snow heavily** to rain/snow a lot ▷ **mocno padać** **4** using a lot of force: *to breathe heavily* ▷ **ciężko, z trudnością**

heavy /ˈhevi/ **adjective** **1** (A2) Heavy objects weigh a lot: *heavy bags* ◦ *heavy machinery/equipment* ▷ **ciężki** **2** (A2) used to say how much someone or something weighs: *How heavy are you?* ◦ *Oxygen is sixteen times heavier than hydrogen.* ▷ **ciężki** **3** (B1) large in amount or degree: ***heavy traffic*** ◦ *heavy costs* ▷ **duży** **4 a heavy drinker/smoker** someone who drinks/smokes a lot ▷ **osoba, która dużo pije/pali, nałogow-y/a pija-k/czka/palacz/ka** **5 heavy snow/rain** when a lot of snow/rain falls ▷ **obfity lub intensywny śnieg/deszcz** **6** using a lot of force: *a heavy blow* ◦ *heavy breathing* ▷ **silny, ciężki** **7** informal serious: *The discussion got a bit too heavy.* ▷ **trudny** **8 heavy going** mainly UK too serious or difficult: *I found the book very heavy going.* ▷ **trudny, ciężki**

heavy-handed /ˌheviˈhændɪd/ **adjective** using too much force in dealing with people ▷ **niedelikatny, brutalny**

ˌheavy ˈmetal **noun** [U] a type of very loud, modern music ▷ **(heavy) metal**

heavyweight /ˈheviweɪt/ **noun** [C] **1** a fighter such as a boxer who is in the heaviest weight group: *the **heavyweight champion** of the world* ▷ **zawodni-k/czka wagi ciężkiej** **2** someone who is powerful and important: *a political heavyweight* ▷ **gruba ryba, potentat**

Hebrew /ˈhiːbruː/ **noun** [U] the language used in the Jewish religion and in Israel ▷ **(język) hebrajski**
• **Hebrew adjective** ▷ **hebrajski**

hectare /ˈhekteəʳ/ **noun** [C] a unit for measuring area, equal to 10,000 square metres ▷ **hektar**

hectic /ˈhektɪk/ **adjective** extremely busy and full of activity: *a hectic day/week* ▷ **gorączkowy**

he'd /hiːd/ **1** short for he had: *We knew he'd taken the money.* **2** short for he would: *No one thought he'd get the job.*

hedge[1] /hedʒ/ **noun** [C] B2 a row of bushes growing close together, often used to divide land into separate areas ▷ **żywopłot**

hedge

hedge[2] /hedʒ/ **verb** [I, T] to avoid giving a direct answer ▷ **kręcić** → See also **hedge your bets**

hedgehog /ˈhedʒhɒg/ **noun** [C] a small animal whose body is covered with sharp points ▷ **jeż**

hedgerow /ˈhedʒrəʊ/ **noun** [C] UK a row of bushes and small trees along the edge of a field or road ▷ **rząd lub szpaler krzewów lub drzew**

heed[1] /hiːd/ **verb** [T] formal to pay attention to some advice or a warning: *Officials failed to* ***heed*** *his* ***warning***. ▷ **posłuchać**

heed[2] /hiːd/ **noun** formal **take heed of sth** to pay attention to something, especially some advice or a warning ▷ **zważać na** *coś*

heel /hiːl/ **noun** [C] **1** B2 the back part of your foot ▷ **pięta** → See **The Body** on page Centre 13 **2** B1 the part of a shoe that is under your heel: *high heels* ▷ **obcas**

hefty /ˈhefti/ **adjective** informal very large: *a* ***hefty bill/fine*** ◦ *a hefty woman with dyed hair* ▷ **solidny, masywny**

height /haɪt/ **noun** **1** [C, U] B1 how tall or high something or someone is: *a man of average height* ◦ *The tower measures 27.28 metres* ***in height***. ▷ **wysokość, wzrost** **2** [C, U] B1 how far above the ground something is: *The aircraft was flying at a height of about 6000 metres.* ▷ **wysokość** **3** [U] being tall: *People always make comments about his height.* ▷ **wzrost** **4 the height of sth** the strongest or most important part of something: *I met him when he was at the height of his fame.* ▷ **szczyt** *czegoś*

> Wyrazy występujące razem z **height**
>
> grow to/reach a height of sth • be [3 metres, etc] in height

heighten /ˈhaɪtᵊn/ **verb** [I, T] to increase or make something increase: ***heightened awareness*** ◦ [often passive] *The book's success was heightened by the scandal.* ▷ **potęgować (się)**

heights /haɪts/ **noun** [plural] high places: *I've always been afraid of heights.* ▷ **wysokość**

IDIOM **new heights** when something is better or more successful than ever before: *Our athletes have reached new heights of sporting glory.* ▷ **nowy poziom**

heinous /ˈheɪnəs/ **adjective** formal very bad and shocking: ***heinous crimes*** ▷ **potworny, szokujący**

heir /eəʳ/ **noun** [C] a person who will have the legal right to someone's money and possessions when they die: *He is the* ***heir to*** *a huge fortune.* ▷ **spadkobier-ca/czyni**

heiress /ˈeəres/ **noun** [C] a woman who will have the legal right to someone's money and possessions when they die ▷ **spadkobierczyni**

held /held/ past of hold

Helen /ˈhelən/ **noun** a female name

helicopter

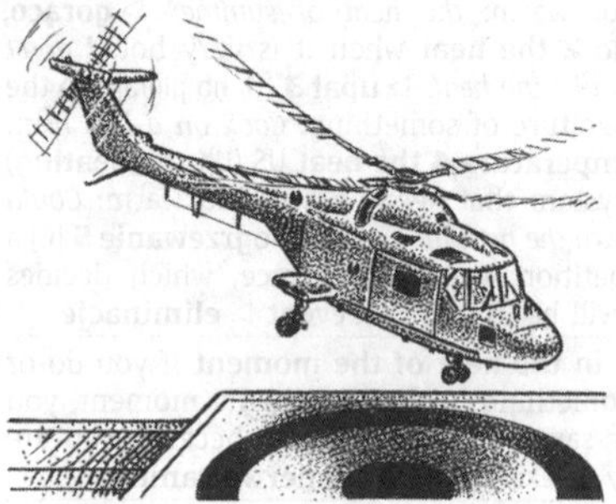

helicopter /ˈhelɪkɒptəʳ/ **noun** [C] A2 an aircraft which flies using long, thin parts on top of it that turn round and round very fast ▷ **helikopter, śmigłowiec**

helium /ˈhiːliəm/ **noun** [U] a gas that is lighter than air and that will not burn (formula He): *a* ***helium balloon*** ▷ **hel**

helix /ˈhiːlɪks/ **noun** [C] a line that goes around a central tube or cone shape in the form of a spiral ▷ **helisa, linia śrubowa**

hell /hel/ **noun** **1** [U] B2 according to some religions, the place where bad people go when they die ▷ **piekło** **2** [U] informal B2 an experience that is very unpleasant: *It's been hell working with him.* ▷ **piekło** **3 the hell** informal B2 used to emphasize something in a rude or angry way: *What the hell are you doing here?* ▷ **do diabła** **4 a/one hell of a** informal used to say that someone or something is very good, big, etc: *a hell of a noise* ◦ *He's one hell of a tennis player.* ▷ **niesamowity** **5 from hell** informal used to say that someone or something is extremely bad: *We had the holiday from hell.* ▷ **z piekła rodem, koszmarny** **6 like hell** informal very much: *It's raining like hell out there.* ▷ **jak diabli**

he'll /hiːl/ short for he will: *He'll be home soon.*

hellish /ˈhelɪʃ/ **adjective** informal extremely bad or unpleasant: *a hellish place/journey* ▷ **koszmarny**

hello (also UK **hallo**) /helˈəʊ/ **exclamation** **1** A1 used to greet someone: *Hello, Chris, how are things?* ▷ **cześć** **2** A1 used to start a conversation on the telephone: *Hello, this is Aler.* ▷ **halo**

helm /helm/ **noun** **1** [C] the part that you use to direct a boat or ship ▷ **ster** **2 at the helm** controlling a group or organization: *With Lewis at the helm we are certain of success.* ▷ **za sterem**

helmet /ˈhelmət/ **noun** [C] B2 a hard hat that protects your head: *a cycling helmet* ▷ **kask, hełm** → See also **crash helmet** → See **Sports 2** on page Centre 15

helmet

help¹ /help/ **verb 1** [I, T] A1 to make it easier for someone to do something: *Thank you for helping.* ◦ [+ (to) do sth] *Shall I help you to set the table?* ◦ *Dad always* ***helps*** *me* ***with*** *my homework.* ▷ **pomagać 2** [I, T] B2 to make something easier or better: [+ to do sth] *When you're nervous or frightened, it helps to breathe slowly and deeply.* ▷ **pomagać 3 can't/couldn't help sth** B1 to be unable to stop yourself doing something or to stop something happening: [+ doing sth] *I couldn't help thinking about what had happened.* ◦ *He couldn't help it, he slipped.* ▷ **nie móc się powstrzymać przed** *czymś*, **nie móc nic poradzić na** *coś* **4 help yourself (to sth)** B1 to take something, especially food or drink, without asking: *Please help yourself to some coffee.* ▷ **poczęstować się** (*czymś*)

> **Help** wyrazy bliskoznaczne
>
> W bardziej formalnych sytuacjach, mówiąc o udzielaniu pomocy, używa się zamiast „help" czasownika **assist** lub **aid**:
>
> *The army arrived to* ***assist*** *in the search.*
>
> *The project is designed to* ***aid*** *poorer countries.*
>
> Jeśli ludzie, kraje lub organizacje wspomagają się wzajemnie, aby uzyskać jakąś korzyść, używamy czasem czasowników **collaborate** lub **cooperate**:
>
> *Several countries are* ***collaborating/cooperating*** *in the relief effort.*
>
> Jeśli ktoś prosi o pomoc, w sytuacjach nieformalnych możemy użyć wyrażenia **give a hand**:
>
> *Do you think you could* ***give*** *me* ***a hand*** *with these heavy boxes?*

PHRASAL VERB **help (sb) out** B2 to help someone, especially by giving them money or working for them: *Carol's been helping out in the shop this week.* ▷ **pomóc** (*komuś*)

help² /help/ **noun 1** [U] A2 when someone helps another person: *I was too embarrassed to* ***ask for help.*** ◦ *Do you want any help?* ▷ **pomoc 2** [no plural] B2 something or someone that helps: *Dave has been a great help to me.* ▷ **pomoc 3 with the help of sth** B1 using something: *We assembled the computer with the help of the manual.* ▷ **z lub za pomocą** *czegoś*

> **Wyrazy występujące razem z help**
>
> ask for/need/offer/provide/refuse help • a big/great help • extra/professional help

help³ /help/ **exclamation** A2 something that you shout when you are in danger ▷ **na pomoc!**

ˈ**help ˌdesk noun** [C] a service which provides help to the people who use a computer network ▷ **dział wsparcia technicznego**

helper /ˈhelpəʳ/ **noun** [C] B2 someone who helps another person to do something ▷ **pomocni-k/ca**

helpful /ˈhelpfəl/ **adjective 1** B1 useful: *helpful advice/comments* ▷ **pomocny, przydatny 2** B1 willing to help: *The staff here are very helpful.* ▷ **pomocny** → Opposite **unhelpful**
• **helpfully adverb** ▷ **użytecznie** • **helpfulness noun** [U] ▷ **użyteczność, przydatność**

helping /ˈhelpɪŋ/ **noun** [C] an amount of food given to one person at one time: *She gave me a very large helping of pasta.* ▷ **porcja**

helpless /ˈhelpləs/ **adjective** not able to defend yourself or do things without help: *a helpless animal/child* ▷ **bezradny**
• **helplessly adverb** ▷ **bezradnie**

helpline /ˈhelplaɪn/ **noun** [C] UK a telephone number that you can ring for help or information: *If you have any questions about any of our products, just* ***call*** *our* ***helpline.*** ▷ **infolinia, telefon zaufania**

hem /hem/ **noun** [C] the edge of a piece of clothing or cloth that has been folded under and sewn ▷ **rąbek**
• **hem verb** [T] (present participle **hemming**, past tense and past participle **hemmed**) to sew a hem on a piece of clothing or cloth ▷ **obrębiać, obszywać**

hemisphere /ˈhemɪsfɪəʳ/ **noun** [C] one half of the Earth: *birds of the northern hemisphere* ▷ **półkula**

hemophilia /ˌhiːməˈfɪliə/ **noun** [U] US spelling of haemophilia ▷ **hemofilia**

hemophiliac /ˌhiːməˈfɪliæk/ **noun** [C] US spelling of haemophiliac ▷ **hemofilik**

hemorrhage /ˈhemərɪdʒ/ **noun** [C, U] US spelling of haemorrhage ▷ **krwotok**

hemorrhoids /ˈhemərɔɪdz/ **noun** [plural] US spelling of haemorrhoids ▷ **hemoroidy**

hemp /hemp/ **noun** [U] a plant that is used for making rope, cloth, and the drug cannabis ▷ **konopie**

hen /hen/ **noun** [C] a female bird, especially a chicken ▷ **kura**

hence /hens/ **adverb 1** for this reason: *He's got an interview today, hence the suit.* ▷ **stąd 2 three weeks/two months, etc hence** formal three weeks/two months, etc from this time ▷ **za trzy tygodnie/dwa miesiące**

henceforth /ˌhensˈfɔːθ/ **adverb** formal from this time: *Henceforth only English may be spoken in this classroom.* ▷ **odtąd**

henchman /ˈhenʃmən/ **noun** [C] (plural **henchmen**) someone who does unpleasant jobs for a powerful person ▷ **poplecznik**

H

ˈhen night noun [C] (also **ˈhen ˌparty**) a party for women only, usually one held for a woman before she gets married ▷ **wieczór panieński** → Compare **stag night**

hepatic /hepˈætɪk/ **adjective** relating to the liver ▷ **wątroby**

heˌpatic ˈportal ˌvein noun [C] (also **portal vein**) a vein which carries blood to the liver from the stomach and other organs ▷ **żyła wrotna wątroby**

hepatitis /ˌhepəˈtaɪtɪs/ **noun** [U] a serious disease that affects your liver ▷ **żółtaczka**

heptagon /ˈheptəgᵊn/ **noun** [C] a flat shape which has seven straight sides ▷ **siedmiokąt**

her[1] strong /hɜːʳ/ weak /həʳ/, /əʳ/ **pronoun 1** A1 used after a verb or preposition to refer to someone female who has already been talked about: *Where's Kath – have you seen her?* ▷ **ją, jej 2** used to refer to a country or ship: *God bless HMS Victoria and all who sail in her.* ▷ Zaimek **she/her** bywa też używany zamiast **it/its** w odniesieniu do państw i statków

her[2] strong /hɜːʳ/ weak /həʳ/ **determiner** A1 belonging to or relating to someone female who has already been talked about: *That's her house on the corner.* ◦ *It's not her fault.* ▷ **jej, swój**

herald[1] /ˈherəld/ **verb** [T] to be a sign that a particular event will happen soon: *Thick black clouds heralded rain.* ▷ **zwiastować, zapowiadać**

herald[2] /ˈherəld/ **noun** [C] a sign that a particular event will happen soon: *A fall in unemployment was the* ***herald of*** *economic recovery.* ▷ **zwiastun, zapowiedź**

herb /hɜːb/ (US) /ɜːrb/ **noun** [C] B1 a plant that is used in cooking to add flavour to food or used in medicines ▷ **zioło**
• **herbal** /ˈhɜːbᵊl/ **adjective** *herbal medicine* ▷ **ziołowy**

herbaceous /hɜːˈbeɪʃəs/ **adjective** describes plants which are soft and not woody: *a herbaceous border* ▷ **zielny**

herbivore /ˈhɜːbɪvɔːʳ/ **noun** [C] an animal that eats only plants: *Cows and sheep are herbivores.* ▷ **roślinożerca** → Compare **carnivore**

herd[1] /hɜːd/ **noun** [C] a large group of animals such as cows that live and eat together: *a herd of cattle/deer* ▷ **stado**

herd[2] /hɜːd/ **verb** [T] If people or animals are herded somewhere, they are moved there in a group: [often passive] *The passengers were quickly herded onto a bus.* ▷ **zaganiać, spędzać**

here /hɪəʳ/ **adverb 1** A1 in the place where you are: *Does Jane live near here?* ◦ *Come here!* ▷ **tu, tutaj 2** used to bring someone's attention to someone or something: *Look, here's our bus.* ◦ *Here, put this on.* ▷ **oto, proszę 3 here you are/here he is, etc** A2 used when you see someone or something you have been looking for or waiting for: *Here she is at last.* ◦ *Here we are, this is the place.* ▷ **już lub wreszcie jesteś/jest** *itp.* **4** A2 used when you are giving someone something: *Here's a present for you.* ▷ **oto 5 Here you are.** A2 used when you are giving someone something: *"Have you got the paper?" "Here you are."* ▷ **proszę 6** B2 at this point in a discussion: *I don't have time here to go into all the arguments.* ▷ **tutaj, teraz 7** A1 used when saying who you are on the telephone: *Hello, it's Tim here.* ▷ **z tej strony mówi 8 here and there** B2 in several different places but without any pattern: *Tall trees were growing here and there.* ▷ **tu i ówdzie, tu i tam**

hereafter /ˌhɪərˈɑːftəʳ/ **adverb** formal from now or after this time ▷ **odtąd**

hereby /ˌhɪəˈbaɪ/ **adverb** formal with these words or this action: *I hereby declare you the winner.* ▷ **niniejszym**

hereditary /hɪˈredɪtᵊri/ **adjective 1** passed to a child from its parents before birth: *Depression is often hereditary.* ▷ **dziedziczny 2** passed from parent to child as a right: *a* ***hereditary title*** ▷ **dziedziczny**

heredity /hɪˈredəti/ **noun** [U] the way in which mental or physical qualities pass from parent to child ▷ **dziedziczność**

heresy /ˈherəsi/ **noun** [C, U] a belief which is against what a group or society generally believes to be right or good ▷ **herezja**

heretic /ˈherətɪk/ **noun** [C] someone with a belief which is against what a group or society generally believes to be right or good ▷ **herety-k/czka**
• **heretical** /həˈretɪkᵊl/ **adjective** ▷ **heretycki**

heritage /ˈherɪtɪdʒ/ **noun** [U] the buildings, paintings, customs, etc which are important in a culture or society because they have existed for a long time: *our architectural/cultural heritage* ▷ **dziedzictwo, spuścizna**

hermaphrodite /hɜːˈmæfrədaɪt/ **noun** [C] a plant, animal, or person with both male and female sex organs ▷ **hermafrodyta, obojnak**

hermit /ˈhɜːmɪt/ **noun** [C] someone who chooses to live alone and away from other people ▷ **pustelni-k/ca, odludek**

hernia /ˈhɜːniə/ **noun** [C] a medical condition in which an organ pushes through the muscle which is around it ▷ **przepuklina**

hero /ˈhɪərəʊ/ **noun** [C] (plural **heroes**) **1** B1 someone who does something brave or good which people respect or admire them for: *He became a* ***national hero*** *for his part in the revolution.* ▷ **bohater/ka 2** B1 the main male character in a book or film who is usually good: *the hero of her new novel* ▷ **bohater**

> Wyrazy występujące razem z **hero**
> a local/national hero • an unsung hero

heroic /hɪˈrəʊɪk/ **adjective 1** very brave: *a* ***heroic figure*** ◦ *a* ***heroic act/deed*** ▷ **bohaterski 2** If someone makes a heroic effort to do something, they work very hard to try to do it: *In spite of England's **heroic efforts**, they lost the match.* ▷ **heroiczny**

• **heroically** adverb ▷ **bohatersko**

heroics /hɪˈrəʊɪks/ **noun** [plural] actions which seem brave but are stupid because they are dangerous ▷ **zgrywanie bohatera, brawura**

heroin /ˈherəʊɪn/ **noun** [U] a very strong drug which some people use illegally for pleasure: *a **heroin addict*** ▷ **heroina**

heroine /ˈherəʊɪn/ **noun** [C] **1** the main female character in a book or film, who is usually good: *the heroine of the film 'Alien'* ▷ **bohaterka 2** a woman who does something brave or good which people respect or admire her for ▷ **bohaterka**

heroism /ˈherəʊɪzᵊm/ **noun** [U] very brave behaviour: *an act of heroism* ▷ **bohaterstwo**

herring /ˈherɪŋ/ **noun** [C, U] a small, silver-coloured fish which lives in the sea and is eaten as food ▷ **śledź** → See also **red herring**

hers /hɜːz/ **pronoun** (A2) the things that belong or relate to someone female who has already been talked about: *That's Ann's coat over there – at least I think it's hers.* ◦ *I borrowed it from a friend of hers.* ▷ **jej**

herself /həˈself/ **pronoun 1** (A2) the reflexive form of the pronoun 'she': *She kept telling herself that nothing was wrong.* ▷ **się, sobie, siebie, sobą 2** (B2) used to emphasize the pronoun 'she' or the particular female person you are referring to: *She decorated the cake herself.* ▷ **sama 3 (all) by herself** (A2) alone or without anyone else's help: *She managed to put her shoes on all by herself.* ▷ **(całkiem) sama 4 (all) to herself** for her use only: *Mum's got the house to herself this weekend.* ▷ **(tylko) dla siebie**

hertz /hɜːts/ **noun** [C] (plural **hertz**) (written abbreviation **Hz**) a unit for measuring the frequency of a sound wave ▷ **herc**

he's /hiːz/ **1** short for he is: *He's my best friend.* **2** short for he has: *Sam must be tired – he's been dancing all night!*

hesitant /ˈhezɪtᵊnt/ **adjective** If you are hesitant, you do not do something immediately or quickly because you are nervous or not certain: *She was hesitant about returning to her home town.* ▷ **niezdecydowany**

• **hesitantly** adverb ▷ **niezdecydowanie, z wahaniem** • **hesitancy** noun [U] ▷ **wahanie, niezdecydowanie**

hesitate /ˈhezɪteɪt/ **verb 1** (B2) [I] to pause before doing something, especially because you are nervous or not certain: *Richard hesitated before answering.* ▷ **wahać się 2 not hesitate to do sth** (B2) to be very willing to do something because you are certain it is right: *They would not hesitate to call the police at the first sign of trouble.* ▷ **nie zawahać się** *czegoś zrobić*

hesitation /ˌhezɪˈteɪʃᵊn/ **noun 1** [C, U] when you pause before doing something, especially because you are nervous or not certain: *After a **moment's hesitation**, he unlocked the door.* ▷ **wahanie 2 have no hesitation in doing sth** when you are very willing to do something because you know it is the right thing to do: *He had no hesitation in signing for the team.* ▷ **nie zawahać się** *czegoś zrobić*

> Wyrazy występujące razem z **hesitation**
>
> **without** hesitation • a **brief/momentary/moment's/slight** hesitation

heterogeneous /ˌhetᵊrəʊˈdʒiːniəs/ **adjective** formal consisting of parts or things of different types: *a heterogeneous sample of people* ▷ **różnorodny**

heterosexual /ˌhetᵊrəʊˈsekʃuᵊl/ **adjective** sexually attracted to people of the opposite sex ▷ **heteroseksualny**

• **heterosexual** noun [C] ▷ **heteroseksualist-a/ka**

heterotroph /ˈheterəʊtrəʊf/ **noun** [C] a living thing that gets its food from other plants or animals ▷ **heterotrof, organizm cudzożywny** → Compare **autotroph**

• **heterotrophic** /ˌheterəʊˈtrəʊfɪk/ **adjective** ▷ **cudzożywny**

heterozygous /ˌhetᵊrəʊˈzaɪgəs/ **adjective** having two different forms of a gene that controls one characteristic, and therefore able to pass either form to the young: *a heterozygous cell* ▷ **heterozygotyczny** → Compare **homozygous**

het up /hetˈʌp/ **adjective** [never before noun] UK informal worried and upset: *Why are you **getting** so **het up** about this?* ▷ **przejęty**

hexagon /ˈheksəgən/ **noun** [C] a flat shape with six sides of the same length ▷ **sześciokąt**

• **hexagonal** /hekˈsægᵊnᵊl/ **adjective** shaped like a hexagon ▷ **sześciokątny**

hey /heɪ/ **exclamation** spoken (A2) used to get someone's attention or to show that you are interested, excited, angry, etc: *Hey, Helen, look at this!* ◦ *Hey, wait a minute!* ▷ **hej**

heyday /ˈheɪdeɪ/ **noun** [no plural] the time when something or someone was most successful or popular: ***In its heyday**, the company employed over a thousand workers.* ▷ **okres rozkwitu**

HFC /ˈeɪtʃefˌsiː/ **noun** [U, C] abbreviation for hydrofluorocarbon: a type of gas used especially in aerosols ▷ **fluorowęglowodór**

hi /haɪ/ **exclamation** (A1) hello: *Hi! How's it going?* ▷ **cześć**

hiatus /haɪˈeɪtəs/ **noun** [no plural] formal a short pause in which nothing happens or is said ▷ **przerwa**

hibernate /ˈhaɪbəneɪt/ **verb** [I] If an animal hibernates, it goes to sleep for the winter. ▷ **zapadać w sen zimowy**

• **hibernation** /ˌhaɪbəˈneɪʃᵊn/ **noun** [U] *Bears **go into hibernation** in the autumn.* ▷ **hibernacja, sen zimowy**

H

hiccup (also **hiccough**) /ˈhɪkʌp/ **noun** [C] **1** a quick noise you make in your throat when a muscle in your chest moves suddenly: [usually plural] *I* ***got hiccups*** *from drinking too quickly.* ▷ **czkawka 2** a small, temporary problem: *I'm afraid there's been a slight hiccup.* ▷ **(drobny) problem**

hide¹ /haɪd/ **verb** (past tense **hid**, past participle **hidden**) **1** [T] B1 to put something in a place where it cannot be seen or found: *I hid the money in a vase.* ◦ [often passive] *She kept the diary hidden in a drawer.* ▷ **chować, ukrywać 2** [I] (also **hide yourself**) B1 to go to a place where you cannot be seen or found: *She ran off and hid behind a tree.* ▷ **chować się, ukrywać się 3** [T] B1 to keep a feeling or information secret: *He couldn't hide his embarrassment.* ◦ *There's something about her past that she's trying to* ***hide from*** *me.* ▷ **ukrywać**

hide² /haɪd/ **noun** [C, U] the skin of an animal which is used for making leather ▷ **skóra**

hide-and-seek /ˌhaɪdənˈsiːk/ **noun** [U] a children's game in which one child hides and the others try to find them ▷ **(zabawa w) chowanego**

hideaway /ˈhaɪdəweɪ/ **noun** [C] a place where you go to hide or to be alone ▷ **kryjówka**

hideous /ˈhɪdiəs/ **adjective** very ugly: *a hideous monster* ▷ **ohydny**

• **hideously adverb** ▷ **ohydnie**

hideout /ˈhaɪdaʊt/ **noun** [C] a place where you go to hide, especially from the police or if you are in danger ▷ **kryjówka**

hiding /ˈhaɪdɪŋ/ **noun be in hiding; go into hiding** to hide in a place, especially from the police or if you are in danger ▷ **ukrywać się**

hierarchy /ˈhaɪərɑːki/ **noun** [C] a system or organization in which people or things are arranged according to their importance ▷ **hierarchia**

• **hierarchical** /ˌhaɪəˈrɑːkɪkəl/ **adjective** ***a hierarchical structure*** ▷ **hierarchiczny**

> Wyrazy występujące razem z **hierarchy**
>
> in a hierarchy • a hierarchy of sth

hieroglyphics /ˌhaɪərəʊˈglɪfɪks/ **noun** [plural] a system of writing which uses pictures instead of words, especially used in ancient Egypt ▷ **hieroglify**

hi-fi /ˈhaɪfaɪ/ **noun** [C] a set of electronic equipment for playing music, consisting of a CD player, radio, etc ▷ **wieża (audio)**

high¹ /haɪ/ **adjective 1** A2 having a large distance from the bottom to the top: *a high building/mountain* ▷ **wysoki 2** B1 a large distance above the ground or the level of the sea: *a high shelf/window* ◦ *The village was* ***high up*** *in the mountains.* ▷ **wysoki 3** used to say how big the distance is from the top of something to the bottom, or how far above the ground something is: *How high is it?* ◦ *It's ten metres high.* ▷ **wysoki 4** B1 great in amount, size, or level: *a high temperature* ◦ *high prices/costs* ◦ *The car sped away* ***at high speed.*** ▷ **wysoki 5** B1 very good: *high standards/quality* ▷ **wysoki 6** B2 important, powerful, or at the top level of something: *a high rank* ◦ *Safety is our highest priority.* ▷ **wysoki 7** If someone is high, they are behaving in an unusual way because they have taken an illegal drug. ▷ **naćpany, na haju 8** A high sound or note is near the top of the set of sounds that people can hear. ▷ **wysoki 9 high in sth** If a food is high in something, it contains a lot of it: *Avoid foods that are high in salt.* ▷ **zawierający dużo** *czegoś*, **z wysoką zawartością** *czegoś*

high² /haɪ/ **adverb 1** B1 at or to a large distance above the ground: *We flew high above the city.* ◦ *He threw the ball high into the air.* ▷ **wysoko 2** B1 at or to a large amount or level: *Temperatures rose as high as 40 degrees.* ▷ **wysoko**

high³ /haɪ/ **noun** [C] **1** the top amount or level which something reaches: *Computer ownership has* ***reached*** *an* ***all-time high*** *(= more people own computers than ever before).* ▷ **maksimum, najwyższy poziom 2** a feeling of excitement or happiness: [usually singular] *The players are still* ***on a high*** *from their last match.* ▷ **ekstaza, rausz**

> Wyrazy występujące razem z **high**
>
> hit/reach a high • an all-time/new/record high

highbrow /ˈhaɪbraʊ/ **adjective** A highbrow book, film, etc is serious and intended for very intelligent or well-educated people. ▷ **intelektualny**

high-class /ˌhaɪˈklɑːs/ **adjective** of very good quality: *a high-class hotel* ▷ **ekskluzywny**

ˌHigh ˈCourt noun [C] the most important law court in some countries: *a High Court judge* ▷ **Sąd Najwyższy**

ˌhigher eduˈcation noun [U] education at a college or university ▷ **wyższe wykształcenie**

ˌhighest common ˈfactor noun [C] (abbreviation **HCF**) the highest number that a set of two or more different numbers can be divided by exactly ▷ **największy wspólny dzielnik**

high-flyer (also **high-flier**) /ˌhaɪˈflaɪəʳ/ **noun** [C] someone who is very successful or who is likely to be very successful, especially in business ▷ **człowiek sukcesu**

• **high-flying adjective** ▷ **dynamiczny, odnoszący sukcesy**

ˌhigh ˈheels noun [plural] (also **heels**) women's shoes with heels raised high off the ground ▷ **wysokie obcasy**

• **high-heeled adjective** ▷ **na (wysokich) obcasach**

the ˈhigh ˌjump noun a sports event in which people try to jump over a bar which gets higher and higher during the competition ▷ **skok wzwyż** → See **Sports 1** on page Centre 14

highlands /ˈhaɪləndz/ **noun** [plural] an area with a lot of mountains: *the Scottish highlands* ▷ **góry**
• **highland** /ˈhaɪlənd/ **adjective** in or relating to the highlands: *a highland village* ▷ **górski**

high-level /ˌhaɪˈlevᵊl/ **adjective** involving important or powerful people: ***high-level meetings/talks*** ▷ **na szczycie, na wysokim szczeblu**

ˌhigh-level ˈlanguage **noun** [C] a language for writing computer programs which looks like a human language and is therefore easier to understand ▷ **język wysokiego poziomu**

highlight[1] /ˈhaɪlaɪt/ **verb** [T] **1** (B2) to emphasize something or make people notice something: *to **highlight** a **problem/danger*** ◦ *The report **highlights the need for** stricter regulations.* ▷ **podkreślać** **2** (B2) to make something a different colour so that it is more easily noticed, especially written words ▷ **zaznaczać**

> Wyrazy występujące razem z **highlight**
>
> highlight a **danger/need/issue/problem** • highlight **the need for** something

highlight[2] /ˈhaɪlaɪt/ **noun** [C] (B2) the best or most important part of something: *The boat trip was one of the **highlights of** the holiday.* ▷ **(główna) atrakcja**

highlighter /ˈhaɪˌlaɪtəʳ/ **noun** [C] a pen with bright, transparent ink which is used to emphasize words in a book, article, etc ▷ **marker, zakreślacz** → See **The Office** on page Centre 5

highly /ˈhaɪli/ **adverb** **1** (B2) very or to a large degree: *a highly effective treatment* ◦ *It is highly unlikely that they will succeed.* ▷ **bardzo, wielce** **2** (B2) at a high level: *a highly paid worker* ▷ **wysoko** **3 to speak/think highly of sb/sth** to have or express a very good opinion of someone or something ▷ **wysoko** *kogoś/coś* **oceniać**

Highness /ˈhaɪnəs/ **noun** **Her/His/Your Highness** used when you are speaking to or about a royal person: *Thank you, Your Highness.* ▷ **Jej/Jego/Wasza Wysokość**

high-pitched /ˌhaɪˈpɪtʃt/ **adjective** **1** A voice that is high-pitched is higher than usual. ▷ **cienki** **2** describes a noise that is high and sometimes also loud or unpleasant: *a high-pitched whine* ▷ **przenikliwy**

high-powered /ˌhaɪˈpaʊəd/ **adjective** very important or responsible: *a high-powered executive/job* ▷ **ważny, odpowiedzialny**

high-profile /ˌhaɪˈprəʊfaɪl/ **adjective** A high-profile person or event is known about by a lot of people and receives a lot of attention from television, newspapers, etc.: *a **high-profile campaign/case*** ▷ **głośny, eksponowany**

high-rise /ˈhaɪˌraɪz/ **adjective** A high-rise building is very tall and has a lot of floors. ▷ **wieżowiec**

ˈhigh ˌschool **noun** [C, U] a school in the US which children go to between the ages of 14 and 18: *I played violin when I was **in high school**.* ◦ *a high-school student/teacher* ▷ **szkoła średnia**

ˈhigh ˌstreet **noun** [C] UK the main road in the centre of a town where there are a lot of shops ▷ **główna ulica**

high-tech (also UK **hi-tech**) /ˌhaɪˈtek/ **adjective** (B2) using or involved with the most recent and advanced electronic machines, computers, etc: *high-tech companies/industry* ▷ **najnowocześniejszy, nowoczesnych technologii** → Compare **low-tech**

highway /ˈhaɪweɪ/ **noun** [C] mainly US a main road, especially between two towns or cities ▷ **autostrada**

hijack /ˈhaɪdʒæk/ **verb** [T] to take control of an aircraft during a journey, especially using violence: [often passive] *The plane was hijacked by terrorists.* ▷ **porwać, uprowadzić**
• **hijacker** **noun** [C] ▷ **porywacz/ka** • **hijacking** **noun** [C, U] ▷ **porwanie, uprowadzenie**

hike[1] /haɪk/ **noun** [C] a long walk, usually in the countryside ▷ **wycieczka piesza, wędrówka**

hike[2] /haɪk/ **verb** [I] to go for a long walk in the countryside ▷ **wędrować, chodzić**
• **hiker** **noun** [C] ▷ **piechur, turyst-a/ka (piesz-y/a)** • **hiking** **noun** [U] *to go hiking in the mountains* ▷ **turystyka piesza**

hilarious /hɪˈleəriəs/ **adjective** extremely funny: *They all thought the film was hilarious.* ▷ **przezabawny**
• **hilariously** adverb ***hilariously funny*** ▷ **przezabawnie**

hilarity /hɪˈlærəti/ **noun** [U] when people laugh very loudly and think something is very funny ▷ **wesołość**

hill /hɪl/ **noun** [C] (A2) a raised area of land, smaller than a mountain: *They climbed up the hill to get a better view.* ▷ **wzgórze, wzniesienie**

hillside /ˈhɪlsaɪd/ **noun** [C] the sloping side of a hill ▷ **stok**

hilly /ˈhɪli/ **adjective** having a lot of hills: *hilly countryside* ▷ **górzysty, pagórkowaty**

hilt /hɪlt/ **noun**

IDIOM **to the hilt** very much or as much as is possible: *Mark borrowed to the hilt to pay for his new car.* ▷ **gruntownie, całkowicie**

hilum /ˈhaɪləm/ **noun** [C] the mark on the surface of a seed from where it was attached to its stalk ▷ **znacznik**

him strong /hɪm/ weak /ɪm/ **pronoun** (A1) used after a verb or preposition to refer to someone male who has already been talked about: *Where's Serge – have you seen him?* ▷ **go, jego**

himself /hɪmˈself/ **pronoun** **1** (A2) the reflexive form of the pronoun 'he': *John always cuts himself when he's shaving.* ▷ **się, sobie, siebie, sobą** **2** (B2) used to emphasize the pronoun 'he' or the particular male person you are referring to: *Do you want to speak to Dr Randall himself or* *his secretary? ◦ He made the bookcase himself.* ▷ **sam 3 (all) by himself** A2 alone or without anyone else's help: *Joe made that snowman all by himself.* ▷ **(całkiem) sam 4 (all) to himself** for his use only: *Tim wants a desk all to himself.* ▷ **(tylko) dla siebie**

hind /haɪnd/ **adjective a hind foot/leg** a foot/leg at the back of an animal ▷ **tylna (łapa/noga)**

hinder /ˈhɪndəʳ/ **verb** [T] to make it difficult to do something or for something to develop: [often passive] *His performance at the Olympics was hindered by a knee injury.* ▷ **utrudniać**

hindrance /ˈhɪndrəns/ **noun** [C] something or someone that makes it difficult for you to do something: *Large class sizes are a **hindrance to** teachers.* ▷ **utrudnienie, przeszkoda**

hindsight /ˈhaɪndsaɪt/ **noun** [U] the ability to understand an event or situation only after it has happened: ***With hindsight**, I should have taken the job.* ▷ **wiedza po fakcie**

Hindu /ˈhɪnduː/ **noun** [C] someone who believes in Hinduism ▷ **wyznaw-ca/czyni hinduizmu** • **Hindu adjective** *a Hindu temple* ▷ **hinduistyczny**

Hinduism /ˈhɪnduːɪzᵊm/ **noun** [U] the main religion of India, based on belief in many gods and the belief that when someone dies their spirit returns to life in another body ▷ **hinduizm**

hinge¹ /hɪndʒ/ **noun** [C] a metal fastening that joins the edge of a door, window, or lid to something else and allows you to open or close it ▷ **zawias**

hinge² /hɪndʒ/ **verb**

PHRASAL VERB **hinge on sth** to depend completely on something: *Her career hinges on the success of this project.* ▷ **zależeć od** *czegoś*

hint¹ /hɪnt/ **noun 1** [C] B2 when you say something that suggests what you think or want, but not in a direct way: *He **dropped** (= made) several **hints** that he wanted a CD player for his birthday.* ▷ **aluzja 2** [C] B2 a small piece of advice: *The magazine gives lots of **useful hints** on how to save money.* ▷ **wskazówka 3 a hint of sth** a small amount of something: *There was a hint of anger in her voice.* ▷ **ślad** *czegoś*, **odrobina** *czegoś*

> **Wyrazy występujące razem z hint**
> drop a hint • a broad/heavy/subtle hint

hint² /hɪnt/ **verb** [I, T] to suggest something, but not in a direct way: [+ (that)] *He hinted that he wants to retire next year. ◦ She **hinted at** the possibility of moving to America.* ▷ **czynić aluzje, dawać do zrozumienia**

hip¹ /hɪp/ **noun** [C] B2 one of the two parts of your body above your leg and below your waist ▷ **biodro** → See **The Body** on page Centre 13

hip² /hɪp/ **adjective** informal fashionable ▷ **modny**

hip-hop /ˈhɪphɒp/ **noun** [U] A2 a type of pop music with songs about problems in society and words that are spoken and not sung ▷ **hip-hop**

hippie /ˈhɪpi/ **noun** [C] (also UK **hippy**) someone who believes in peace and love and has long hair, especially someone who was young in the 1960s ▷ **hipis/ka**

hippo /ˈhɪpəʊ/ **noun** [C] short for hippopotamus ▷ **hipopotam**

hippopotamus /ˌhɪpəˈpɒtəməs/ **noun** [C] (plural **hippopotamuses**, **hippopotami**) a very large animal with a thick skin that lives near water in parts of Africa ▷ **hipopotam**

hire¹ /haɪəʳ/ **verb** [T] **1** UK (US **rent**) B1 to pay money in order to use something for a short time: *They hired a car for a few weeks.* ▷ **wynajmować 2** B2 to begin to employ someone: *We hired a new secretary last week.* ▷ **zatrudniać, najmować**

PHRASAL VERB **hire sth out** UK to allow someone to borrow something from you in exchange for money: *The shop hires out electrical equipment.* ▷ **wypożyczać** *coś*

hire² /haɪəʳ/ **noun** [U] UK when you arrange to use something by paying for it: *The price includes flights and **car hire**. ◦ Do you have bikes **for hire**?* ▷ **wynajem, wypożyczenie**

ˌhire ˈpurchase noun [U] UK a method of paying for something in which you pay part of the money owed immediately and then the rest in small regular amounts until the whole amount is paid ▷ **sprzedaż ratalna, raty**

his¹ strong /hɪz/ weak /ɪz/ **determiner** A1 belonging to or relating to someone male who has already been talked about: *Alex is sitting over there with his daughter. ◦ It's not his fault.* ▷ **jego, swój**

his² /hɪz/ **pronoun** A2 the things that belong or relate to someone male who has already been talked about: *That's Frank's coat over there – at least I think it's his. ◦ I borrowed them from a friend of his.* ▷ **jego**

Hispanic /hɪˈspænɪk/ **adjective** relating or belonging to people whose families came from Spain or Latin America in the past ▷ **latynoski** • **Hispanic noun** [C] a Hispanic person ▷ **Latynos/ka**

hiss /hɪs/ **verb 1** [I] to make a long noise like the letter 's': *The gas hissed through the pipes.* ▷ **syczeć 2** [T] to speak in an angry or urgent way: *"Will you be quiet," she hissed.* ▷ **syknąć** • **hiss noun** [C] a sound like the letter 's' ▷ **syk**

hissy (fit) /ˈhɪsiˌfɪt/ **noun** [C] informal a sudden strong feeling of anger that someone cannot control: *David, of course, **threw a hissy fit** when he found out.* ▷ **napad złości**

histogram /ˈhɪstəɡræm/ **noun** [C] a graph in which different amounts are shown by thick lines of different heights, lengths or widths ▷ **histogram**

historian /hɪˈstɔːriən/ **noun** [C] someone who studies or writes about history ▷ **historyk**

historic /hɪˈstɒrɪk/ **adjective** B1 important in history or likely to be important in history: ***historic buildings*** ◦ *a* ***historic day/moment*** ▷ **historyczny**

historical /hɪˈstɒrɪkəl/ **adjective** B1 relating to events or people in the past, or the study of history: *a historical novel* ◦ *historical documents* ▷ **historyczny**
• **historically adverb** ▷ **historycznie**

history /ˈhɪstəri/ **noun** **1** [U] A2 the whole series of events in the past which relate to the development of a country, subject, or person: *The Civil War was a terrible time in American history.* ▷ **historia** **2** [U] A2 the study of events in the past: *He's very interested in modern European history.* ◦ *a history book* ▷ **historia** **3 a history of sth** If you have a history of a particular problem or illness, you have already suffered from it: *a man with a history of drug addiction* ▷ **historia** *czegoś* **4** [C] a description or record of events in the past relating to someone or something: *The doctor read through his* ***medical history.*** ▷ **historia** → See also **case history**, **natural history**

> Wyrazy występujące razem z **history**
> **in** sth's history • **recent** history

hit[1] /hɪt/ **verb** (present participle **hitting**, past tense and past participle **hit**) **1** [T] A2 to touch something quickly and with force using your hand or an object in your hand: *She hit him on the head with her tennis racket.* ▷ **uderzyć** **2** [T] B1 to touch someone or something quickly and with force, usually causing injury or damage: *The car skidded and hit a wall.* ◦ *As she fell, she hit her head on the pavement.* ▷ **uderzyć (w), trafić** **3** [I, T] B2 to affect something badly: [often passive] *The economy has been hit by high unemployment.* ▷ **dotknąć** **4** [T] to reach a place, position, or state: *Our profits have already hit $1 million.* ▷ **osiągać** **5** [T] informal If an idea or thought hits you, you suddenly think of it: *The idea for the book hit me in the middle of the night.* ▷ **najść, docierać do** → See also **hit sb *hard***, **hit the *jackpot***, **hit the *nail* on the head**, **hit the *roof***

IDIOM **hit it off** informal B2 If people hit it off, they like each other and become friendly immediately. ▷ **polubić się, przypaść sobie do gustu**

PHRASAL VERBS **hit back** to criticize or attack someone who has criticized or attacked you: *The President* ***hit back at*** *journalists who said he was a liar.* ▷ **nie pozostać dłużnym, odwzajemnić się** • **hit on/upon sth** to have a good idea, especially one which solves a problem: *We* ***hit upon the idea*** *of writing to the mayor to ask for his help.* ▷ **wpaść na** *coś*

hit[2] /hɪt/ **noun** [C] **1** B1 a very successful song, film, book, etc: *The film 'Titanic' was a* ***big hit.*** ▷ **hit, przebój** **2** B1 a popular person or thing: *The chocolate cake was a* ***big hit*** *with the children.* ▷ **hit, przebój** **3** when you touch something or when something touches you quickly and with force ▷ **uderzenie, cios, trafienie** **4** B2 a request to see a document on the Internet that is then counted to calculate the number of people looking at the page ▷ **odwiedziny**

> Wyrazy występujące razem z **hit**
> a **big/massive/smash** hit • a hit **CD/single**

hit-and-miss /ˌhɪtənˈmɪs/ **adjective** UK (US **hit or miss**) not planned, but happening by chance ▷ **przypadkowy**

hit-and-run /ˌhɪtənˈrʌn/ **adjective** A hit-and-run accident is when the driver of a vehicle hits and injures someone, but then drives away without helping. ▷ **zbiegły z miejsca wypadku**

hitch[1] /hɪtʃ/ **noun** [C] a small problem: *The ceremony* ***went without a hitch.*** ▷ **komplikacja, potknięcie**

hitch[2] /hɪtʃ/ **verb** **1 hitch a lift/ride** to get a free ride in someone's vehicle, by standing next to the road and waiting for someone to pick you up ▷ **złapać okazję lub stopa** **2** [T] (also US **hitch up**) to fasten something to an object or vehicle: *They hitched the caravan to the car.* ▷ **przyczepiać, doczepiać**

PHRASAL VERB **hitch sth up** to pull up a piece of clothing ▷ **podciągać** *coś*

hitchhike /ˈhɪtʃhaɪk/ **verb** [I] B1 to get free rides in people's vehicles by standing next to the road and waiting for someone to pick you up ▷ **podróżować lub jechać autostopem**
• **hitchhiker noun** [C] ▷ **autostopowicz/ka**

hi-tech UK (UK/US **high-tech**) /ˌhaɪˈtek/ **adjective** B2 using or involved with the most recent and advanced electronic machines, computers, etc ▷ **najnowocześniejszy, nowoczesnych technologii**

hitherto /ˌhɪðəˈtuː/ **adverb** formal until now, or until a particular point in time ▷ **dotychczas**

HIV /ˌeɪtʃaɪˈviː/ **noun** [U] abbreviation for human immunodeficiency virus: a virus which causes AIDS ▷ **(wirus) HIV**

hive /haɪv/ **noun** **1** [C] (also **beehive**) a special container where people keep bees ▷ **ul** **2 a hive of activity** a place where people are busy and working hard ▷ **miejsce wytężonej pracy**

HIV-positive /ˌeɪtʃaɪviːˈpɒzətɪv/ **adjective** If a person is HIV-positive, they are infected with HIV although they might not have AIDS. ▷ **zarażony HIV, ≈ nosiciel/ka HIV**

hiya /ˈhaɪjə/ **exclamation** informal a way to say hello to someone you know well: *Hiya, Mike, how are you doing?* ▷ **cześć**

hm (also **hmm**) /həm/ spoken something you say when you pause while talking or when you are

H

uncertain: *"Which one do you like best?" "Hmm. I'm not sure."* ▷ **hm**

hoard /hɔːd/ **verb** [T] to collect and store a large supply of something, often secretly: *He hoarded antique books in the attic.* ▷ **gromadzić**

• **hoard noun** [C] a large, secret supply or collection of something: *Police found a hoard of stolen jewellery in the car.* ▷ **zbiór**

hoarding /ˈhɔːdɪŋ/ **noun** [C] UK (UK/US **billboard**) a large board used for advertising, especially by the side of a road ▷ **billboard**

hoarse /hɔːs/ **adjective** If you are hoarse, your voice sounds rough when you speak, often because you are ill: *The teacher was hoarse from shouting.* ▷ **ochrypły**

• **hoarsely adverb** ▷ **ochryple**

H

hoax /həʊks/ **noun** [C] when someone tries to make people believe something which is not true: *The police said the bomb threat was a hoax.* ▷ **żart**

hob /hɒb/ **noun** [C] UK the flat part on top of an oven where you heat food in pans ▷ **płyta (kuchenna lub grzejna)** → See **The Kitchen** on page Centre 2

hobble /ˈhɒbl/ **verb** [I] to walk with small, uncomfortable steps, especially because your feet hurt ▷ **kuśtykać**

hobby /ˈhɒbi/ **noun** [C] A2 an activity that you enjoy and do regularly when you are not working: *Do you have any hobbies?* ▷ **hobby**

hockey /ˈhɒki/ **noun** [U] **1** UK (US **field hockey**) A2 a team game played on grass where you hit a small ball with a long, curved stick ▷ **hokej na trawie 2** US (UK/US **ice hockey**) a team game played on ice where you hit a small, hard object with a long, curved stick ▷ **hokej (na lodzie)** → See **Sports 1** on page Centre 14

hoe /həʊ/ **noun** [C] a garden tool with a long handle used for removing weeds ▷ **motyka**

hog[1] /hɒg/ **noun** [C] mainly US a large pig ▷ **wieprz**

hog[2] /hɒg/ **verb** [T] (present participle **hogging**, past tense and past participle **hogged**) informal to use or keep all of something for yourself: *Stop hogging the newspaper! I want to read it too.* ▷ **okupować, blokować**

hoist /hɔɪst/ **verb** [T] to raise something, sometimes using a rope or machine: *They slowly hoisted the flag.* ▷ **podnosić**

hold[1] /həʊld/ **verb** (past tense and past participle **held**) **1** [T] A2 to have something in your hand or arms: *He was holding a glass of wine.* ◦ *They were **holding hands** and kissing.* ▷ **trzymać 2** [T] B1 to keep something in a particular position: *Can you hold the door open please?* ◦ *Hold your hand up if you know the answer.* ◦ *The frame was held together with screws.* ▷ **przytrzymać, trzymać 3** [T] B1 to organize an event: *to hold talks/an election* ▷ **przeprowadzać 4** [T] B1 to contain something or to be able to contain a particular amount of something: *The bucket holds about 10 litres.* ▷ **mieścić 5** [T] to have a particular job, position, or qualification: *She held the post of treasurer.* ▷ **mieć, zajmować 6** [T] to have a particular position in a competition: *to hold the world record* ◦ *to hold the lead* ▷ **mieć, zajmować 7** [T] to store documents, information, etc in a particular place: *The documents are held in the local library.* ▷ **przechowywać 8** [T] B2 to keep someone as a prisoner: *Police held the suspect overnight.* ◦ *The hijackers are **holding** them **hostage/prisoner**.* ▷ **przetrzymywać 9** [T] If soldiers hold a place, they control it: *Rebel troops held the village.* ▷ **zajmować 10 hold an opinion/belief/view** to believe something: *They held the view that corporal punishment was good for children.* ▷ **uważać/wierzyć/reprezentować stanowisko 11 hold a conversation** to have a conversation ▷ **rozmawiać 12 hold sb's attention/interest** to keep someone interested in something: *The film held my attention from beginning to end.* ▷ **utrzymywać** *czyjąś* **uwagę/** *czyjeś* **zainteresowanie 13** [I, T] to wait on the telephone until someone can speak to you: *Her line's busy. Would you like to hold?* ◦ ***Hold the line**, please.* ▷ **czekać, nie rozłączać się 14** [I] to not break: *The rope held.* ▷ **wytrzymać 15 Hold it!** informal used to tell someone to wait or stop doing something: *Hold it! I've forgotten my coat.* ▷ **Poczekaj! 16 hold shares** to own shares ▷ **posiadać akcje 17 hold your breath a** B2 to intentionally stop breathing for a time ▷ **wstrzymywać oddech b** to wait for something to happen, often feeling anxious ▷ **czekać z zapartym tchem 18 hold your nose** to close your nose with your fingers to avoid smelling something unpleasant ▷ **zatykać nos** → See also **hold your** ***own***

PHRASAL VERBS **hold sth against sb** to like someone less because they have done something wrong or behaved badly: *It was his mistake, but I won't hold it against him.* ▷ **mieć** *coś komuś* **za złe** • **hold sb/sth back 1** to prevent someone or something from moving forward: *The police held back the protesters.* ▷ **powstrzymywać** *kogoś/coś* **2** to prevent someone or something from making progress: *She felt that having children would hold her back.* ▷ **hamować** *kogoś/coś*, **opóźniać** *kogoś/coś* • **hold sth back 1** to stop yourself showing an emotion: *She couldn't hold back the tears.* ▷ **powstrzymywać** *coś* **2** to not give information to someone ▷ **ukrywać** *coś* • **hold sth/sb down 1** to stop someone moving or escaping: *It took three officers to hold down the suspect.* ▷ **przytrzymać** *kogoś*, **obezwładniać** *kogoś* **2** to keep the cost of something at a low level: *to hold down prices/wages* ▷ **ograniczać** *coś*, **utrzymywać** *coś* **na niskim poziomie 3 hold down a job** to keep a job: *It's difficult for mothers to hold down a full-time job.* ▷ **utrzymać posadę** • **hold off (sth/doing sth)** to wait before doing something: *They are holding off making a decision until next week.* ▷ **odkładać (***coś/zrobie-*

nie czegoś) • **hold on** informal **1** (B1) to wait: *Hold on! I'll just check my diary.* ▷ **zaczekać 2** to hold something or someone firmly with your hands or arms: *Hold on tight!* ▷ **trzymać się** • **hold onto sth/sb** to hold something or someone firmly with your hands or arms: *Hold onto the rope and don't let go.* ▷ **trzymać się** *czegoś/kogoś* • **hold onto/on to sth** to keep something you have: *It was a tough election, but they held onto their majority.* ▷ **utrzymywać** *coś*, **trzymać się** *czegoś* • **hold sth out** to move your hand or an object in your hand towards someone: *She held out her glass for some more wine.* ▷ **podawać** *coś*, **wyciągać** *coś* • **hold out 1** If a supply of food or money holds out, you have enough for a particular period of time. ▷ **wystarczać 2** to continue to defend yourself against an attack: *The city is still **holding out against** rebel troops.* ▷ **bronić się** • **hold out for sth** to wait until you get what you want: *I decided to hold out for a better offer.* ▷ **czekać na** *coś* • **hold sth up** to prevent something from falling down: *The tent was held up by ropes.* ▷ **podtrzymywać** *coś* • **hold sth/sb up** (B1) to make something or someone slow or late: *Sorry I'm late. I got held up in traffic.* ▷ **zatrzymywać** *coś/kogoś*, **opóźniać** *coś/kogoś* • **hold up sth** to try to steal money from a bank, shop, or vehicle using force ▷ **napadać na** *coś*

hold² /həʊld/ **noun 1** [C] (B2) when you hold something or someone, or the way you do this: ***Keep** a tight **hold on** your tickets.* ▷ **chwyt 2 catch/grab/take, etc hold of sth/sb** (B2) to start holding something or someone: *He tried to escape, but I grabbed hold of his jacket.* ▷ **złapać** *coś/kogoś*, **chwycić** *coś/kogoś* **3 get hold of sth/sb** (B2) to obtain something, or to manage to speak to someone: *I got hold of a copy at the local library.* ◦ *I rang three times, but couldn't get hold of her.* ▷ **znaleźć** *coś/kogoś*, **złapać** *kogoś* **4 on hold a** If a plan or activity is on hold, it will not be done until a later time: *The project is on hold until we get more money.* ▷ **odłożony na później b** waiting to speak to someone on the telephone: *His secretary **put** me **on hold**.* ▷ **oczekujący (przy telefonie) 5 keep hold of sth** to keep something: *Keep hold of this. You might need it later.* ▷ **zatrzymać** *coś*, **nie wyrzucać** *czegoś* **6 hold on/over sth/sb** power or control over something or someone: *Their company has a strong hold on the computer market.* ▷ **kontrola nad** *czymś/kimś* **7** [C] an area on a ship or aircraft for storing things: *a cargo hold* ▷ **ładownia** → See also **get (hold of) the wrong** *end* **of the stick**

holdall /ˈhəʊldɔːl/ **noun** [C] UK (US **carryall**) a large bag for carrying clothes ▷ **torba (podróżna)**

holder /ˈhəʊldəʳ/ **noun** [C] someone who officially owns something: *the world record holder* ◦ *passport holders* ▷ **posiadacz/ka** → See also **title-holder**

holding /ˈhəʊldɪŋ/ **noun** [C] part of a company which someone owns ▷ **udział**

hold-up UK (US **holdup**) /ˈhəʊldʌp/ **noun** [C] **1** something that slows you down or makes you late: *There were several hold-ups on the motorway.* ▷ **utrudnienie, wąskie gardło 2** when someone steals money from a bank, shop, or vehicle using force ▷ **napad**

hole¹ /həʊl/ **noun 1** [C] (B1) a hollow space in something, or an opening in a surface: *a bullet hole* ◦ *There's a **hole in** the roof.* ◦ *We **dug** a **hole** to plant the tree.* ▷ **dziura, otwór 2 a rabbit/mouse, etc hole** a hollow space where a rabbit/mouse, etc lives ▷ **nora królika/myszy** *itp.* **3** a small, hollow space in the ground that you try to hit a ball into in a game of golf ▷ **dołek**

> Wyrazy występujące razem z **hole**
> dig/fill/make a hole • a hole **in** sth • a **deep** hole

hole² /həʊl/ **verb**

PHRASAL VERB **hole up** (also **be holed up**) informal to stay or hide somewhere ▷ **zaszyć się**

holiday¹ /ˈhɒlədeɪ/ **noun 1** [C, U] UK (US **vacation**) (A1) a time when you do not have to go to work or school: *My aunt looks after us during the **school holidays**.* ▷ **wakacje, urlop 2** [C, U] UK (US **vacation**) (A1) a long visit to a place away from where you live, for pleasure: *a skiing/walking holiday* ◦ *Are you **going on holiday** this year?* ▷ **wczasy 3** [C] (A1) an official day when you do not have to go to school or work: *a **public holiday*** ▷ **święto** → See also **bank holiday**, **federal holiday**, **national holiday**, **package holiday**, **summer holiday**

> Wyrazy występujące razem z **holiday**
> book/go on/have a holiday • a summer holiday • be on holiday

holiday² /ˈhɒlədeɪ/ **verb** [I] UK (US **vacation**) to have your holiday somewhere: *We usually holiday in Spain.* ▷ **spędzać urlop**

holidaymaker /ˈhɒlədeɪˌmeɪkəʳ/ **noun** [C] UK someone who is away from home on holiday ▷ **wczasowicz/ka, urlopowicz/ka**

holiness /ˈhəʊlɪnəs/ **noun** [U] the quality of being holy ▷ **świętość**

holistic /həʊˈlɪstɪk/ **adjective** dealing with or treating the whole of something or someone and not just some parts ▷ **holistyczny**

holler /ˈhɒləʳ/ **verb** [I] US informal to shout or call loudly ▷ **wrzeszczeć**
• **holler noun** [C] ▷ **wrzask**

hollow¹ /ˈhɒləʊ/ **adjective 1** having a hole or empty space inside: *a hollow shell/tube* ▷ **pusty (w środku), wydrążony 2** without meaning or real feeling: *a **hollow victory*** ◦ *a **hollow laugh*** ▷ **pusty 3 hollow cheeks/eyes** If someone has hollow cheeks/eyes, their face seems to curve in

H

around these areas. ▷ **zapadnięte policzki/oczy**

hollow² /ˈhɒləʊ/ **noun** [C] a hole or empty space in something, or a low area in a surface ▷ **wgłębienie, zagłębienie**

hollow³ /ˈhɒləʊ/ **verb**

PHRASAL VERB **hollow sth out** to make an empty space inside something ▷ **wydrążyć** *coś*

holly /ˈhɒli/ **noun** [U] a green bush with sharp, pointed leaves and small, red fruit ▷ **ostrokrzew**

Hollywood /ˈhɒliwʊd/ **noun** the centre of the US film industry ▷ **Hollywood**

holocaust /ˈhɒləkɔːst/ **noun** [C] when a very large number of people are killed and things destroyed, such as in a war or fire: *a nuclear holocaust* ▷ **zagłada, holokaust**

hologram /ˈhɒləgræm/ **noun** [C] a photograph or image which appears to be solid and have depth when light shines on it in a particular way ▷ **hologram**

holster /ˈhəʊlstəʳ/ **noun** [C] a leather container for carrying a gun on your body ▷ **kabura**

holy /ˈhəʊli/ **adjective 1** relating to a religion or a god: *the holy city of Jerusalem* ▷ **święty 2** very religious or pure: *a holy man* ▷ **święty**

homage /ˈhɒmɪdʒ/ **noun pay homage to sb** to show your respect for someone, especially by praising them in public: *Fans paid homage to the actress who died yesterday.* ▷ **oddawać** *komuś* **cześć, składać** *komuś* **hołd**

home¹ /həʊm/ **noun 1** [C, U] (A1) the place where you live or feel you belong: *I tried to ring him, but he wasn't* ***at home.*** ◦ *He* ***left home*** *(= stopped living with his family) when he was eighteen.* ▷ **dom 2** [C] a place where people who need special care live: *a* ***children's home*** ◦ *My grandmother lives in a home now.* ▷ **dom opieki 3 feel at home** (B1) to feel happy and confident in a place or situation: *After a month she felt at home in her new job.* ▷ **czuć się jak (u siebie) w domu, mieć świetną orientację 4 make yourself at home** to behave in a relaxed way in a place, as if it was your own home: *Take off your coat and make yourself at home.* ▷ **czuć się jak (u siebie) w domu, rozgościć się 5 the home of sth/sb** the place where you usually find something or someone, or where they come from: *France, the home of good food* ▷ **ojczyzna** *czegoś/kogoś* → See also **nursing home**, **stately home**

> **Najczęściej popełniane błędy: home**
>
> **Proszę pamiętać:** gdy mówimy o zbliżaniu się lub oddalaniu się od domu, nie używamy przyimka po **home.**
>
> Nie mówimy więc „go/come/arrive to/at home", ale **go/come/arrive home:**
>
> *~~I left the shop and went to home.~~*
>
> *I left the shop and went home.*

> **Wyrazy występujące razem z home**
>
> go home • be at home

home² /həʊm/ **adverb 1** (A2) to the place where you live: *He didn't* ***come home*** *until midnight.* ◦ *I* ***went home*** *to visit my parents.* ▷ **do domu 2** at or in the place someone lives: *Will you be home tomorrow evening?* ▷ **w domu**

home³ /həʊm/ **adjective 1 sb's home address/phone number, etc** an address/telephone number, etc for the place where someone lives ▷ *czyjś* **adres/telefon domowy 2** made or used in the place where someone lives: ***home cooking*** ◦ *a home computer* ▷ **domowy 3** relating to the place where a sporting event happens: *The home team won 2-0.* ▷ **gospodarzy, miejscowy, lokalny 4** relating to things in your own country: *home affairs* ▷ **wewnętrzny**

home⁴ /həʊm/ **verb**

PHRASAL VERB **home in on sth/sb** to give a lot of attention to something or someone: *The report only homes in on the negative points.* ▷ **koncentrować się na** *czymś/kimś*

homeboy /ˈhəʊmbɔɪ/ **noun** [C] (also **homey**) mainly US informal a boy or man who is a close friend or who is from your own town ▷ **ziomal**

homecoming /ˈhəʊmˌkʌmɪŋ/ **noun** [C, U] when someone returns home, usually after being away for a long time ▷ **powrót do domu**

ˌhome ecoˈnomics noun [U] a school subject in which you learn how to cook and sew ▷ **prowadzenie domu, zajęcia z prowadzenia domu**

the ˌhome ˈfront noun [no plural] the people who stay in their own country when some of its people are fighting a war in another country ▷ **front wewnętrzny**

home-grown /ˌhəʊmˈgrəʊn/ **adjective 1** from your own garden: *home-grown vegetables* ▷ **z własnego ogródka, z własnej uprawy 2** If someone or something is home-grown, they belong to or were developed in your own country: *Our football team has many home-grown players.* ▷ **krajowy, własny**

homeland /ˈhəʊmlænd/ **noun** [C] the country where you were born ▷ **ojczyzna**

homeless /ˈhəʊmləs/ **adjective** without a place to live: *10,000 people were made homeless by the floods.* ◦ *They're opening a new shelter for* ***the homeless.*** ▷ **bezdomny**

• **homelessness noun** [U] ▷ **bezdomność**

homely /ˈhəʊmli/ **adjective 1** UK A homely place is simple, but comfortable and pleasant: *It's a small restaurant with a homely atmosphere.* ▷ **skromny, przyjemny 2** US Someone who is homely is not very attractive. ▷ **nieurodziwy, niezbyt ładny**

homemade (also UK **home-made**) /ˌhəʊmˈmeɪd/ **adjective** made at home and not bought from a shop: *homemade bread/cookies* ▷ **domowej lub własnej roboty**

homeopathy /ˌhəʊmiˈɒpəθi/ **noun** [U] a way of treating illnesses using very small amounts of natural substances ▷ **homeopatia**
• **homeopathic** /ˌhəʊmiəʊˈpæθɪk/ **adjective** *a **homeopathic remedy*** ▷ **homeopatyczny**

homeostasis /ˌhəʊmiəʊˈsteɪsɪs/ **noun** [U] the process by which a living thing or a cell keeps the conditions inside it the same despite any changes in the conditions around it ▷ **homeostaza**

homeothermic /ˌhəʊmiəʊˈθɜːmɪk/ **adjective** able to keep a body temperature the same even when the temperature outside the body changes ▷ **stałocieplny**

homeowner /ˈhəʊmˌəʊnəʳ/ **noun** [C] someone who owns the house that they live in ▷ **właściciel/ka domu**

ˈhome ˌpage **noun** [C] the first page that you see when you look at a website on the Internet ▷ **strona domowa**

ˌhome ˈshopping **noun** [U] when someone buys goods from a magazine, a television programme, or a website ▷ **sprzedaż wysyłkowa**

homesick /ˈhəʊmsɪk/ **adjective** feeling sad because you are away from your home ▷ **tęskniący za domem lub krajem**
• **homesickness** **noun** [U] ▷ **tęsknota za domem lub krajem**

homestead /ˈhəʊmsted/ **noun** [C] mainly US a house and area of land usually used as a farm ▷ **gospodarstwo (rolne)**

hometown US (UK/US **ˌhome ˈtown**) /ˌhəʊm ˈtaʊn/ **noun** [C] the town or city that you come from ▷ **rodzinne miasto**

homeward /ˈhəʊmwəd/ **adjective, adverb** towards home: *the **homeward journey*** ▷ **do domu**

homework /ˈhəʊmwɜːk/ **noun** [U] **1** (A1) work which teachers give students to do at home: *Have you **done** your **homework** yet?* ▷ **zadanie lub zadania domowe** **2 do your homework** to prepare carefully for a situation: *It was clear that she had done her homework before the meeting.* ▷ **przygotować się**

homey[1] /ˈhəʊmi/ **adjective** US (UK **homely**) A homey place is simple, but comfortable and pleasant. ▷ **swojski**

homey[2] /ˈhəʊmi/ **noun** [C] (also **homeboy**) mainly US informal a boy or man who is a close friend or who is from your own town ▷ **ziom**

homicide /ˈhɒmɪsaɪd/ **noun** [C, U] US the crime of killing someone: *There were over 400 homicides in Chicago last year.* ▷ **zabójstwo**
• **homicidal** /ˌhɒmɪˈsaɪdᵊl/ **adjective** likely to murder someone: *a **homicidal maniac*** ▷ **niebezpieczny dla otoczenia, morderczy**

homogeneous /ˌhɒməˈdʒiːniəs/, /ˌhəʊməˈdʒiːniəs/ **adjective** formal **1** consisting of parts or members that are all the same: *The village was a fairly homogeneous community.* ▷ **jednorodny** **2** A homogeneous substance has the same characteristics, for example density, all the way through ▷ **jednorodny**

homologous /həˈmɒləgəs/ **adjective** **1** If two things are homologous, they have a similar position or appearance. ▷ **homologiczny** **2** Homologous body parts developed from the same thing but now have different uses. ▷ **homologiczny** → Compare **analogous**

hoˌmologous ˈchromosomes **noun** [plural] two chromosomes, one from the father and one from the mother, that look exactly the same and join together ▷ **chromosomy homologiczne**

hoˌmologous ˈseries **noun** [C] a series of organic compounds with similar characteristics ▷ **szereg homologiczny**

homophobia /ˌhəʊməˈfəʊbiə/ **noun** [U] hate of homosexual people ▷ **homofobia**
• **homophobic** **adjective** hating homosexual people ▷ **homofobiczny**

homosexual /ˌhəʊməˈsekʃuᵊl/ **adjective** sexually attracted to people of the same sex ▷ **homoseksualny**
• **homosexual** **noun** [C] someone who is homosexual ▷ **homoseksualist-a/ka** • **homosexuality** /ˌhəʊməʊˌsekʃuˈæləti/ **noun** [U] the quality of being homosexual ▷ **homoseksualizm**

homozygous /ˌhɒməˈzaɪgəs/ **adjective** having two of the same form of gene that controls one characteristic and therefore able to pass on one form only to the young ▷ **homozygotyczny** → Compare **heterozygous**

Honduras /hɒnˈdjʊərəs/ **noun** a country in Central America ▷ **Honduras**
• **Honduran** /hɒnˈdjʊərən/ **adjective** coming from or relating to Honduras ▷ **honduraski** • **Honduran** **noun** someone from Honduras ▷ **Hondura-nin/nka**

hone /həʊn/ **verb** [T] to improve something and make it perfect: *This is an opportunity for you to **hone** your **skills**.* ▷ **doskonalić**

honest /ˈɒnɪst/ **adjective** **1** (B1) sincere and telling the truth: *If you want my **honest opinion**, I think your hair looks awful.* ▷ **szczery** **2** (B1) not likely to lie, cheat, or steal: *an honest man* ▷ **uczciwy** → Opposite **dishonest** **3 to be honest** informal (B1) used to express your real opinion: *To be honest, I didn't really enjoy the party.* ▷ **szczerze mówiąc**

honestly /ˈɒnɪstli/ **adverb** **1** (B1) used to emphasize that you are telling the truth: *Thanks, but I honestly couldn't eat another piece of cake.* ▷ **naprawdę** **2** (B2) in an honest way ▷ **uczciwie, szczerze** **3** used to show that you are annoyed or do not approve of something: *Honestly! He should have been here hours ago.* ▷ **słowo daję**

honesty /ˈɒnɪsti/ **noun** **1** (B2) [U] the quality of being honest ▷ **uczciwość, szczerość** **2 in all honesty** used when you are saying what you

H

really think or feel about something: *In all honesty, I'd rather not go.* ▷ **szczerze mówiąc** → Opposite **dishonesty**

honey /ˈhʌni/ **noun 1** [U] Ⓐ2 a sweet, sticky food that is made by bees ▷ **miód** → See **Food** on page Centre 11 **2** [C] mainly US a name that you call someone you love or like very much ▷ **kochanie**

honeymoon /ˈhʌnimuːn/ **noun** [C] Ⓑ1 a holiday taken by two people who have just got married: *We went to Paris* ***on our honeymoon.*** ▷ **podróż poślubna, miesiąc miodowy**

• **honeymooner** noun [C] ▷ **nowożeniec**

> **Wyrazy występujące razem z honeymoon**
>
> be on (your) honeymoon • a honeymoon couple

H

honk /hɒŋk/ **verb** [I, T] to make a short sound with your car's horn: *The lorry driver* ***honked*** *his* ***horn*** *at me.* ▷ **trąbić**

honor /ˈɒnəʳ/ **noun, verb** US spelling of honour

honorable /ˈhɒnərəbl/ **adjective** US spelling of honourable

honorary /ˈɒnərəri/ **adjective 1** given as a reward to show respect: *He was given an* ***honorary degree*** *from Cambridge University.* ▷ **honorowy 2** If you have an honorary job, you are not paid for it: *the honorary chairman* ▷ **honorowy**

honour[1] UK (US **honor**) /ˈɒnəʳ/ **noun 1** [U] Ⓑ2 when people respect you because you have done what you believe is honest and right, or the quality of doing this: *a man of honour* ◦ *The soldiers fought for the honour of their country.* ▷ **honor** → Opposite **dishonour 2 in honour of sb/sth** Ⓑ2 in order to celebrate or show great respect for someone or something: *a banquet in honour of the President* ▷ **na cześć** *kogoś/czegoś* **3** [no plural] Ⓑ2 something which makes you feel proud and pleased: [+ to do sth] *It's an honour to be team captain.* ◦ [+ of + doing sth] *I had the great honour of meeting the King.* ▷ **honor 4** [C] something that you give to someone in public to show respect for them and their achievements: *She was granted the Order of Merit – one of the nation's highest honours.* ▷ **wyróżnienie 5 Her/His/Your Honour** used when you are speaking to or about a judge ▷ **Wysoki Sąd 6 honours** A qualification or university course with honours is of a very high level: *an honours degree* ▷ **wyróżnienie, z wyróżnieniem**

honour[2] UK (US **honor**) /ˈɒnəʳ/ **verb 1** [T] to show great respect for someone or something, usually in public: [often passive] *He was* ***honoured for*** *his bravery.* ◦ *She was* ***honoured with*** *an Oscar.* ▷ **uhonorować, nagradzać 2 honour an agreement/contract/promise, etc** to do what you agreed or promised to do ▷ **honorować umowę/kontrakt/obietnicę** *itp.* → Opposite **dishonour**

honourable /ˈɒnərəbl/ **adjective** UK **1** (US **honorable**) honest and fair, or deserving praise and respect: *a decent, honourable man* ▷ **honorowy** → Opposite **dishonourable 2 the Honourable a** a title used before the name of some important government officials ▷ **szanowny b** a title used in the UK before the name of certain people of high social rank ▷ **czcigodny**

• **honourably adverb** ▷ **honorowo**

hood /hʊd/ **noun** [C] **1** Ⓑ2 a part of a coat or jacket that covers your head and neck: *a waterproof jacket with a hood* ▷ **kaptur** → See **Clothes** on page Centre 8 **2** US (UK **bonnet**) the metal part that covers a car engine ▷ **maska** → See **Car** on page Centre 7

hooded /ˈhʊdɪd/ **adjective** having or wearing a hood: *a hooded sweatshirt* ◦ *hooded figures* ▷ **z kapturem, zakapturzony**

hoodie (also **hoody**) /ˈhʊdi/ **noun** [C] a sweatshirt with a hood ▷ **bluza z kapturem** → See **Clothes** on page Centre 8

hoof /huːf/ **noun** [C] (plural **hooves, hoofs**) the hard part on the foot of a horse and some other large animals ▷ **kopyto**

hook[1] /hʊk/ **noun 1** Ⓑ2 [C] a curved piece of metal or plastic used for hanging something on, or a similar object used for catching fish: *His coat was hanging from a hook on the door.* ▷ **hak, haczyk 2 off the hook** If a telephone is off the hook, the part you speak into is not in its correct position, so the telephone will not ring. ▷ **źle odłożony, zdjęty z widełek 3 a left/right hook** when you hit someone hard with your left/right hand ▷ **lewy/prawy sierpowy**

IDIOM **get/let sb off the hook** informal to allow someone to escape from a difficult situation or to avoid doing something that they do not want to do ▷ **wybawić** *kogoś* **z tarapatów**

hook[2] /hʊk/ **verb 1** [T] to fasten something with a hook, hang something on a hook, or catch something with a hook ▷ **zahaczać, przyczepiać, złapać na haczyk 2 be/get hooked on sth a** Ⓑ2 to like or start to like doing something very much and want to do it all the time: *He's completely hooked on computer games.* ▷ **być uzależnionym/uzależnić się od** *czegoś* **b** If you are hooked on a drug, you cannot stop taking it. ▷ **być uzależnionym/uzależnić się od** *czegoś*

• **hooked adjective** shaped like a hook: *a hooked nose* ▷ **zakrzywiony, haczykowaty**

PHRASAL VERB **hook sth/sb up** to connect a machine to a power supply or to another machine, or to connect someone to a piece of medical equipment ▷ **podłączać** *coś/kogoś*

hooligan /ˈhuːlɪgən/ **noun** [C] someone who behaves badly or violently and causes damage in a public place ▷ **chuligan**

• **hooliganism noun** [U] ▷ **chuligaństwo**

hoop /huːp/ **noun** [C] a ring made of metal, plastic, or wood ▷ **obręcz**

hooray (also **hurrah**) /hʊˈreɪ/ **exclamation** something that you shout when you are happy, excited, etc or when you approve of someone or something: ***Hip, hip, hooray!*** ▷ **hura**

hoot[1] /huːt/ **noun** **1** [C] a short sound made by an owl or by a car horn ▷ **pohukiwanie, klakson** **2 a hoot of laughter** when someone laughs loudly ▷ **wybuch śmiechu** **3** [no plural] informal something or someone that is very funny: *The film was an absolute hoot.* ▷ **kupa śmiechu**

hoot[2] /huːt/ **verb** **1** [I, T] mainly UK to make a short sound with your car's horn: *The van driver hooted his horn impatiently.* ▷ **trąbić** **2** [I] If an owl hoots, it makes a low 'oo' sound. ▷ **hukać** **3 hoot with laughter** to laugh a lot very loudly ▷ **ryczeć ze śmiechu**

Hoover /ˈhuːvəʳ/ **noun** [C] mainly UK trademark (UK/US **vacuum cleaner**) an electric machine which cleans floors by sucking up dirt ▷ **odkurzacz**
• **hoover verb** [I, T] ▷ **odkurzać**

hooves /huːvz/ plural of hoof ▷ **kopyta**

hop[1] /hɒp/ **verb** [I] (present participle **hopping**, past tense and past participle **hopped**) **1** to jump on one foot or to move about in this way ▷ **podskakiwać lub skakać (na jednej nodze)** **2** If a small animal, bird, or insect hops, it moves by jumping on all of its feet at the same time: *Rabbits were hopping across the field.* ▷ **podskakiwać, skakać** **3** informal to go somewhere quickly or get into or out of a vehicle quickly: *to hop on a plane/train* ▷ **skoczyć, wskoczyć**

hop[2] /hɒp/ **noun** **1** [C] a short jump, especially on one leg ▷ **skok, podskok** **2 a short hop** informal a short journey or distance: *London to Paris is only a short hop by plane.* ▷ **żabi skok**

hope[1] /həʊp/ **verb** **1** (A2) [I, T] to want something to happen or be true: [+ (that)] *I hope that the bus won't be late.* ◦ *We had* ***hoped for*** *better weather than this.* ◦ *"Do you think it's going to rain?"* ***"I hope not!"*** ◦ *"Is he coming?"* ***"I hope so."*** ▷ **mieć nadzieję** **2 hope to do sth** (B1) to intend to do something: *Dad hopes to retire next year.* ▷ **mieć nadzieję na** *coś*

hope[2] /həʊp/ **noun** **1** (B1) [C, U] a positive feeling about the future, or something that you want to happen: *a message full of hope* ◦ *What are your* ***hopes and dreams for*** *the future?* ◦ [+ of + doing sth] *Young people are growing up in our cities without any hope of getting a job.* ▷ **nadzieja** **2 sb's best/last/only hope** the best/last/only person or thing that can help you and make you succeed: *Doctors say his only hope is a transplant.* ▷ *czyjaś* **największa/ostatnia/jedyna nadzieja** **3 in the hope of/that** because you want something good to happen: [+ doing sth] *She went to Paris in the hope of improving her French.* ▷ **w nadziei na/że**

IDIOM **pin your hopes on sb/sth** to hope that someone or something will help you achieve what you want ▷ **wiązać z** *kimś/czymś* **swoje nadzieje**

> **Wyrazy występujące razem z hope**
>
> bring/give/give up/hold out/lose/offer hope • fresh/great/renewed/vain hope • hope of sth/doing sth

hopeful /ˈhəʊpfəl/ **adjective** **1** (B1) feeling positive about a future event or situation: *Many teenagers do not feel* ***hopeful about*** *the future.* ◦ [+ (that)] *Police are still hopeful that they will find the missing family.* ▷ **pełen nadziei, optymistyczny** **2** If something is hopeful, it makes you feel that what you want to happen will happen: *There are* ***hopeful signs*** *that she will make a full recovery.* ▷ **pomyślny**
• **hopefulness noun** [U] ▷ **optymizm, nadzieja**
• **hopeful noun** [C] someone who hopes to succeed, especially in the entertainment business: *a* ***young hopeful*** ▷ **obiecująca lub dobrze zapowiadająca się osoba**

hopefully /ˈhəʊpfəli/ **adverb** **1** (B1) used, often at the start of a sentence, to express what you would like to happen: *Hopefully it won't rain.* ▷ **miejmy nadzieję** **2** (B2) in a hopeful way: *"Are there any tickets left?" she asked hopefully.* ▷ **z nadzieją, pełen nadziei**

hopeless /ˈhəʊpləs/ **adjective** **1** (B1) very bad and not likely to succeed or improve: *a* ***hopeless situation*** ◦ *They searched for survivors, but it was hopeless.* ▷ **beznadziejny** **2** (B2) very bad at a particular activity: *Dad's a hopeless cook.* ◦ *I'm* ***hopeless at*** *sports.* ▷ **beznadziejny** **3** (B1) feeling no hope: *She was depressed and felt totally hopeless about the future.* ▷ **bezradny**
• **hopelessness noun** [U] ▷ **beznadzieja, beznadziejność**

hopelessly /ˈhəʊpləsli/ **adverb** extremely, or in a way that makes you lose hope: *hopelessly lost* ◦ *They met at university and fell* ***hopelessly in love.*** ▷ **beznadziejnie**

hops /hɒps/ **noun** [plural] the flowers of a plant that are used to make beer ▷ **chmiel**

hopscotch /ˈhɒpskɒtʃ/ **noun** [U] a children's game in which the player throws a stone onto one of a set of squares drawn on the ground and then jumps and hops into each square in turn to pick up the stone ▷ **(gra w) klasy**

horde /hɔːd/ **noun** [C] a large group of people: *There was a* ***horde of*** *tourists outside Buckingham Palace.* ▷ **horda**

horizon /həˈraɪzən/ **noun** **1** [C] the line in the distance where the sky seems to touch the land or sea ▷ **horyzont** **2 broaden/expand/widen your horizons** to increase the number of things that you know about, have experienced, or can do: *Travelling certainly broadens your horizons.* ▷ **poszerzać horyzonty**

H

IDIOM **on the horizon** likely to happen soon: *Economic recovery is on the horizon.* ▷ **na horyzoncie**

horizontal /ˌhɒrɪˈzɒntᵊl/ **adjective** level and flat, or parallel to the ground or to the bottom of a page: *a horizontal line/stripe* ▷ **poziomy**
• **horizontally adverb** ▷ **poziomo**

horiˌzontal ˈaxis noun [no plural] the line of figures or letters along the bottom of a graph or map; the x-axis ▷ **oś pozioma** → Compare **vertical axis**

horiˌzontal ˈmerger noun [C] when two companies that have the same type of business join together ▷ **fuzja pozioma**

H

hormone /ˈhɔːməʊn/ **noun** [C] one of several chemicals produced in your body that influence its growth and development ▷ **hormon**
• **hormonal** /hɔːˈməʊnᵊl/ **adjective** *a* ***hormonal imbalance*** ▷ **hormonalny**

horn /hɔːn/ **noun** [C] **1** one of the two hard, pointed growths on the heads of cows, goats, and some other animals ▷ **róg 2** Ⓑ2 a piece of equipment used to make a loud sound as a warning or signal: *a car horn* ◦ *The taxi driver* ***hooted*** *his* ***horn.*** ▷ **klakson 3** a curved musical instrument that you blow into to make a sound: *the French horn* ▷ **rożek, waltornia**

horoscope /ˈhɒrəskəʊp/ **noun** [C] a description of what someone is like and what might happen to them in the future, based on the position of the stars and planets when they were born ▷ **horoskop**

horrendous /hərˈendəs/ **adjective** extremely unpleasant or bad: *She suffered horrendous injuries in the accident.* ▷ **straszliwy**
• **horrendously adverb** extremely or extremely badly: *horrendously expensive* ▷ **straszliwie, horendalnie**

horrible /ˈhɒrəbl/ **adjective** Ⓐ2 very unpleasant or bad: *What's that horrible smell?* ◦ *That was a horrible thing to say to your sister.* ▷ **okropny**
• **horribly adverb** extremely, or in a very bad or unpleasant way: *His plan went horribly wrong.* ▷ **okropnie**

horrid /ˈhɒrɪd/ **adjective** very unpleasant or unkind ▷ **paskudny**

horrific /hɒrˈɪfɪk/ **adjective** very bad and shocking: *a* ***horrific accident/crime*** ◦ ***horrific injuries*** ▷ **straszny, paskudny**
• **horrifically adverb** ▷ **strasznie**

horrify /ˈhɒrɪfaɪ/ **verb** [T] to make someone feel very shocked: [often passive] *I was horrified to hear about your accident.* ▷ **przerażać**
• **horrifying adjective** ▷ **przerażający**

horror /ˈhɒrəʳ/ **noun 1** Ⓑ2 [C, U] a strong feeling of shock or fear, or something that makes you feel shocked or afraid: *She watched* ***in horror*** *as the car skidded across the road.* ▷ **przerażenie, groza, okropność 2 a horror film/movie/story** Ⓑ1 a film or story that entertains people by shocking or frightening them ▷ **horror**

horse /hɔːs/ **noun** [C] Ⓐ1 a large animal with four legs, which people ride or use to pull heavy things ▷ **koń**

horseback /ˈhɔːsbæk/ **noun 1 on horseback** riding a horse: *police on horseback* ▷ **konno, na koniu lub koniach 2 horseback riding** US (UK **horse riding**) the sport or activity of riding a horse ▷ **jeździectwo** → See **Sports 1** on page Centre 14

ˌhorse ˈchestnut noun [C] a tree that produces shiny, brown nuts in thick green shells with sharp points, or one of these nuts ▷ **kasztan, kasztanowiec**

horse-drawn /ˈhɔːsdrɔːn/ **adjective** [always before noun] A horse-drawn vehicle is pulled by a horse. ▷ **zaprzęgowy, konny**

horseman, horsewoman /ˈhɔːsmən/, /ˈhɔːsˌwʊmən/ **noun** [C] (plural **horsemen, horsewomen**) a man/woman who rides horses well ▷ **jeździec, amazonka**

horsepower /ˈhɔːsˌpaʊəʳ/ **noun** [U] (written abbreviation **hp**) a unit for measuring the power of an engine ▷ **koń mechaniczny**

ˈhorse ˌracing noun [U] the sport where people race on horses, usually to win money ▷ **wyścigi konne**

ˈhorse ˌriding noun [U] UK (US **ˈhorseback ˌriding**) the sport or activity of riding a horse ▷ **jeździectwo** → See **Sports 1** on page Centre 14

horseshoe /ˈhɔːsʃuː/ **noun** [C] a U-shaped piece of metal that is nailed to a horse's foot ▷ **podkowa**

horticulture /ˈhɔːtɪkʌltʃəʳ/ **noun** [U] the study or activity of growing plants ▷ **ogrodnictwo**
• **horticultural** /ˌhɔːtɪˈkʌltʃᵊrᵊl/ **adjective** relating to gardening ▷ **ogrodniczy**

hose /həʊz/ **noun 1** [C] (also UK **hosepipe** /ˈhəʊzpaɪp/) a long pipe made of rubber or plastic and used for directing water somewhere, usually onto a garden or fire ▷ **wąż 2** [plural] (also **pantyhose**) US a piece of women's clothing made of very thin material that covers the legs and bottom ▷ **rajtuzy, rajstopy**

hospice /ˈhɒspɪs/ **noun** [C] a place where people who are dying live and are cared for ▷ **hospicjum**

hospitable /hɒsˈpɪtəbl/ **adjective** A hospitable person or place is friendly, pleasant, and welcomes visitors. ▷ **gościnny**

hospital /ˈhɒspɪtᵊl/ **noun** [C, U] Ⓐ1 a place where ill or injured people go to be treated by doctors and nurses: *He was* UK ***in hospital***/US ***in the hospital*** *for two weeks.* ▷ **szpital**

> Wyrazy występujące razem z **hospital**
>
> **be admitted to/discharged from** hospital • **be in/in the** hospital

hospitalize (also UK **-ise**) /ˈhɒspɪtəlaɪz/ **verb** [T] to take someone to hospital and keep them there for treatment: [often passive] *My wife was often hospitalized for depression.* ▷ **hospitalizować**

host¹ /həʊst/ **noun** **1** [C] B2 someone who organizes a party and invites the guests ▷ **gospodarz** **2** [C] someone who introduces the guests on a radio or television programme: *a **talk show host*** ▷ **prowadzący, gospodarz** **3** [C] a country or city that provides the place and equipment for an organized event: *Australia **played host to** the Olympics in 2000.* ▷ **gospodarz** **4** a company that hosts websites on the Internet ▷ **firma hostingowa** **5 a host of sth** a large number of people or things: *I've got a whole host of questions to ask you.* ▷ **mnóstwo** *czegoś*

host² /həʊst/ **verb** [T] **1** to be the host of an event: *to **host** a **party/dinner*** ▷ **być gospodarzem** **2** to provide the computer equipment and programs that allow a website to operate on the Internet ▷ **zapewniać hosting**

hostage /ˈhɒstɪdʒ/ **noun** **1** [C] someone who is kept as a prisoner and may be hurt or killed in order to force other people to do something ▷ **zakładni-k/czka** **2 take/hold sb hostage** to catch or keep someone as a prisoner: *Two tourists were held hostage by terrorists.* ▷ **brać/trzymać** *kogoś* **jako zakładnika**

hostel /ˈhɒstəl/ **noun** [C] B1 a place like a cheap hotel, where you can live when you are away from home or have no home: *a hostel for the homeless* ◦ *a **student hostel*** ▷ **schronisko** → See also **youth hostel**

hostess /ˈhəʊstɪs/ **noun** [C] **1** a woman who organizes a party and invites the guests ▷ **gospodyni** **2** a woman who introduces the guests on a television programme ▷ **prowadząca** → See also **air hostess**

hostile /ˈhɒstaɪl/ **adjective** **1** unfriendly and not liking or agreeing with something: *Some politicians were very **hostile to** the idea.* ▷ **wrogo usposobiony, wrogi** **2** unpleasant or not suitable for living or growing: *a hostile climate* ▷ **wrogi, nieprzyjazny**

hostility /hɒsˈtɪləti/ **noun** **1** [U] unfriendly, angry behaviour that shows that you dislike someone: ***hostility towards** outsiders* ▷ **wrogość** **2** [U] when you strongly disagree with something or someone: *There is still open **hostility to** the idea.* ▷ **sprzeciw, opozycja** **3 hostilities** [plural] formal fighting in a war ▷ **działania wojenne, walki**

> Wyrazy występujące razem z **hostility**
>
> **arouse/provoke** hostility • **open** hostility • hostility **to/towards** sb

hot¹ /hɒt/ **adjective** (**hotter, hottest**) **1** A1 having a high temperature: *a hot summer's day* ◦ *a hot drink/meal* ◦ *I'm too hot in this jacket.* ▷ **gorący** **2** B1 Hot food contains strong spices which cause a burning feeling in your mouth: *Be careful. The chilli sauce is very hot.* ▷ **pikantny** **3** informal exciting or interesting: *Hollywood's hottest new actress* ▷ **modny, atrakcyjny** **4 a hot issue/topic** a subject which people discuss and have strong feelings about: *The legalization of drugs is a hot topic.* ▷ **modny lub gorący temat** → See also **piping hot**, **red-hot**

hot² /hɒt/ **verb** (present participle **hotting**, past tense and past participle **hotted**)

PHRASAL VERB **hot up** UK informal If a situation or event hots up, it becomes more exciting and more things start to happen. ▷ **rozkręcać się**

hot-ˈair balˌloon **noun** [C] a very large balloon filled with hot air, that has a container below it where people can travel ▷ **balon (powietrzny)**

hotbed /ˈhɒtbed/ **noun** [C] a place where there is a lot of a particular activity, usually something bad: *The government was **a hotbed of** corruption.* ▷ **siedlisko, wylęgarnia**

ˌhot ˈchocolate **noun** [C, U] a hot, sweet drink with a chocolate flavour ▷ **czekolada na gorąco**

ˈhot ˌdog **noun** [C] a cooked sausage that you usually eat inside bread ▷ **hot-dog**

hotel /həʊˈtel/ **noun** [C] A1 a place where you pay to stay when you are away from home: *We spent our honeymoon **in a** luxury **hotel**.* ◦ *a **hotel room*** ▷ **hotel**

> Wyrazy występujące razem z **hotel**
>
> at/in a hotel • a hotel **guest/room** • a **luxury** hotel

hotelier /həʊˈteliеɪ/ (US) /həʊˈtəljər/ **noun** [C] someone who owns or is in charge of a hotel ▷ **hotela-rz/rka**

ˈhot ˌkey **noun** [C] a key that starts a particular computer program or causes a series of actions to be performed, sometimes used with other keys; a shortcut (key) ▷ **skrót klawiaturowy**

hotline /ˈhɒtlaɪn/ **noun** [C] a telephone number that you can ring for help or information: *Ring our 24-hour hotline for advice.* ▷ **infolinia, gorąca linia**

hotly /ˈhɒtli/ **adverb** **1** in an angry or excited way: *He **hotly denied** the rumours.* ▷ **stanowczo** **2 hotly contested** If a race, election, or other competition is hotly contested, everyone is trying very hard to win it. ▷ **zawzięty**

ˌhot-ˈwater bottle **noun** [C] a flat, rubber container that you fill with hot water to keep you warm ▷ **termofor**

hound¹ /haʊnd/ **noun** [C] a dog that is used when people hunt animals ▷ **ogar, pies gończy**

hound² /haʊnd/ **verb** [T] to follow someone and annoy them by asking questions or taking photographs: [often passive] *She is always being hounded by photographers.* ▷ **prześladować**

hour /aʊəʳ/ **noun 1** [C] A1 a period of time equal to 60 minutes: *half an hour* ◦ *It's a six-hour flight.* ◦ *The job pays $5 an hour.* ▷ **godzina 2** [C] the period of time when a particular activity happens or when a shop or public building is open: [usually plural] ***working hours*** ◦ *Our* ***opening hours*** *are from 8 to 6.* ◦ *I've got to go to the bank* UK *in my* ***lunch hour****/*US *on my* ***lunch hour****.* ▷ **godzina 3 hours** informal B1 a long time: *I* ***spent hours*** *doing my homework.* ▷ **godziny 4 the hour** the point when a new hour begins: *The train leaves at two minutes past the hour.* ◦ *My watch beeps* ***on the hour****.* ▷ **pełna lub równa godzina 5 all hours** very late at night, until early morning, or almost all the time: *Our neighbours are up till all hours every night, playing loud music.* ▷ **do późna, bez przerwy 6 the early/small hours** the hours between midnight and the time that the sun rises ▷ **wczesne godziny poranne** → See also **rush hour**

hourly /ˈaʊəli/ **adjective, adverb 1** B2 happening every hour: *There is an hourly bus service.* ▷ **co godzinę 2** B2 for each hour: *an hourly rate/wage* ▷ **godzinowy, za godzinę**

house[1] /haʊs/ **noun** (plural **houses** /ˈhaʊzɪz/) **1** [C] A1 a building where people live, usually one family or group: *a three-bedroomed house* ◦ *We went to my aunt's house for dinner.* ▷ **dom 2** [no plural] the people who live in a house: *The baby's screaming woke the* ***whole house*** *up.* ▷ **dom 3** [C] the place where a particular business or activity happens: *an opera house* ◦ *a publishing house* ▷ **budynek, dom 4 the House** a group of people which makes a country's laws, or the place where they meet: *the House of Commons/Representatives* ◦ *The House voted on the proposals.* ▷ **izba 5** [C] the people watching a performance or the area where they sit: [usually singular] *The actors played to a* ***full house****.* ▷ **widownia**

IDIOM **on the house** If food or drink is on the house in a bar or restaurant, it is free. ▷ **na koszt firmy**

→ See also **boarding house**, **full house**, **row house**, **terraced house**, **the White House**

> Wyrazy występujące razem z **house**
> build/buy/rent/sell a house • a detached/semi-detached/terraced house

house[2] /haʊz/ **verb** [T] **1** to give a person or animal a place to live: *This development will house over 100 families.* ▷ **zapewniać mieszkanie, dawać schronienie, mieścić 2** to provide space for something: *The museum houses a huge collection of paintings.* ▷ **mieścić**

ˌ**house arˈrest noun under house arrest** when you are kept as a prisoner in your own home ▷ **w areszcie domowym**

houseboat /ˈhaʊsbəʊt/ **noun** [C] a boat that people can live on ▷ **łódź lub barka mieszkalna**

housebound /ˈhaʊsbaʊnd/ **adjective** unable to leave your home because you are too ill or old ▷ **niewychodzący z domu, uwiązany w domu**

household[1] /ˈhaʊshəʊld/ **noun** [C] B2 a family or group of people who live together in a house: *Many households own more than one television.* ▷ **gospodarstwo (domowe)**

household[2] /ˈhaʊshəʊld/ **adjective 1** [always before noun] connected with or belonging to a home: ***household bills/expenses*** ◦ ***household products/goods*** ▷ **domowy 2 a household name** someone or something that everyone knows: *Her TV roles made her a household name in the UK.* ▷ **popularna postać lub marka**

householder /ˈhaʊshəʊldəʳ/ **noun** [C] UK someone who owns or rents a house ▷ **właściciel/ka, lokator/ka**

ˈ**house ˌhusband noun** [C] a man who takes care of the house and children while his wife or partner earns money for the family ▷ **mąż zajmujący się domem**

housekeeper /ˈhaʊsˌkiːpəʳ/ **noun** [C] someone who is paid to clean and cook in someone else's house ▷ **gosposia**

housekeeping /ˈhaʊsˌkiːpɪŋ/ **noun** [U] the cleaning and cooking that you do in your home ▷ **prace domowe**

ˈ**house ˌ(music) noun** [U] a type of electronic pop music with a strong beat for dancing ▷ **house**

ˌ**House of ˈCommons noun** [no plural] one of the two parts of the British parliament, with elected members who make laws ▷ **Izba Gmin**

ˌ**House of ˈLords noun** [no plural] one of the two parts of the British parliament, with members who are chosen by the government ▷ **Izba Lordów**

ˌ**House of Repreˈsentatives noun** [no plural] a group of politicians elected by people in the US to make laws ▷ **Izba Reprezentantów**

ˌ**Houses of ˈParliament noun** [plural] the House of Commons and the House of Lords, or the building in London where they meet ▷ **Parlament**

ˈ**house ˌwarming noun** [C] a party to celebrate moving into a new house ▷ **parapetówa**

housewife /ˈhaʊswaɪf/ **noun** [C] (plural **housewives** /ˈhaʊswaɪvz/) A2 a woman who stays at home to cook, clean, and take care of her family ▷ **gospodyni domowa**

housework /ˈhaʊswɜːk/ **noun** [U] B1 the work that you do to keep your house clean: *I can't stand* ***doing housework****.* ▷ **prace domowe**

housing /ˈhaʊzɪŋ/ **noun** [U] buildings for people to live in: *a shortage of local housing* ▷ **mieszkania, zakwaterowanie**

ˈ**housing eˌstate noun** [C] UK (US ˈ**housing deˌvelopment**) an area with a large number of houses that were built at the same time ▷ **osiedle mieszkaniowe**

hover /ˈhɒvəʳ/ **verb** [I] **1** to stay up in the air but without moving anywhere: *A helicopter hovered overhead.* ▷ **unosić się 2** If you hover, you stand and wait near someone or something: *A waiter hovered at the table ready to take our order.* ▷ **stać, krążyć**

hovercraft /ˈhɒvəkrɑːft/ **noun** [C] a boat that moves across the surface of water or land supported by a large cushion of air ▷ **poduszkowiec**

how[1] /haʊ/ **adverb 1** A2 used to ask about the way something happens or is done: *How did he die?* ◦ *How does she manage to keep the house so tidy?* ▷ **jak 2** A1 used to ask about quantity, size, or age: *How big is the house?* ◦ *How old are they?* ◦ *How much (= what price) was that dress?* ▷ **jak 3** B1 used before an adjective or adverb to emphasize it: *I was amazed at how quickly she finished.* ▷ **jak 4** A2 used to ask about someone's health: *How are you feeling today?* ▷ **jak 5** B1 used to ask about the success or progress of a situation: *How's everything going?* ◦ *How was the exam?* ▷ **jak 6 How are you?** A1 used to ask someone if they are well and happy: *"How are you Jane?" – "Oh, not so bad thanks."* ▷ **Jak się masz? 7 How about..?** A2 used to make a suggestion: *How about a drink?* ◦ [+ doing sth] *How about going to the cinema?* ▷ **Co powiesz na ...? 8 How come?** informal used to ask about the reason for something, especially when you feel surprised about it: *"Kate's gone to the party on her own." "How come?"* ▷ **Jak to?, Czemu?**

IDIOM **How strange/stupid/weird, etc is that?** said to mean that something is strange/stupid, etc ▷ **Prawda, że dziwne/głupie** *itp.*?

→ See also **know-how**

how[2] /haʊ/ **conjunction** used to talk about the way that something happens or is done: [+ to do sth] *I don't know how to turn the video on.* ▷ **jak**

however[1] /haʊˈevəʳ/ **adverb 1 however cold/difficult/slowly, etc** B2 used to say that it does not make any difference how cold/difficult/slowly, etc something is or happens: *We're not going to get there in time, however fast we drive.* ▷ **jakkolwiek lub nieważne jak zimno/trudno/wolno** *itp.* **2** A2 used when you are about to say something which is surprising compared with what you have just said: *He had always been a successful businessman. Recently, however, things have not been going well for him.* ▷ **jednak, jednakże 3** UK used to ask about how something happened when the person asking feels surprised: *However did you manage to persuade her?* ▷ **jak**

however[2] /haʊˈevəʳ/ **conjunction** in any way: *However you look at it, it's still a mess.* ◦ *You can do it however you like.* ▷ **jakkolwiek**

howl /haʊl/ **verb** [I] **1** If a dog or wolf howls, it makes a long, sad sound. ▷ **wyć 2** to make a loud sound, usually to express pain, sadness, or another strong emotion: *He **howled in** pain.* ◦ *The audience was **howling with** laughter.* ▷ **wyć, ryczeć 3** If the wind howls, it blows hard and makes a lot of noise. ▷ **wyć**
• **howl noun** [C] ▷ **wycie, ryk**

hp written abbreviation for horsepower ▷ **KM (= koń mechaniczny)**

HQ /ˌeɪtʃˈkjuː/ **noun** [C, U] abbreviation for headquarters ▷ **kw. gł. (= kwatera główna), centr. (= centrala)**

hr written abbreviation for hour ▷ **godz.**

HRH /ˌeɪtʃɑːrˈeɪtʃ/ abbreviation for His/Her Royal Highness: used when speaking to or about a royal person ▷ **JKM (= Jego/Jej Królewska Mość)**

HTH Internet abbreviation for hope this helps: used when you send someone information you think is useful, especially when you answer a question ▷ **mam nadzieję, że o to chodziło**

HTML /ˌeɪtʃtiːemˈel/ abbreviation for hypertext markup language: a way of marking text so that it can be seen on the Internet ▷ **HTML**

http /ˌeɪtʃtiːtiːˈpiː/ abbreviation for hypertext transfer protocol: a set of instructions made by a computer program that allows your computer to connect to an Internet document ▷ **http (= protokół stron internetowych)**

hub /hʌb/ **noun** [C] **1** a place that is the centre of a particular activity: [usually singular] *Silicon Valley has become the **hub of** the electronics industry.* ▷ **centrum 2** the round part in the centre of a wheel ▷ **piasta**

huddle[1] /ˈhʌdl/ **verb** [I] (also **huddle together/up**) to move closer to other people, or to hold your arms and legs close to your body, usually because you are cold or frightened: *They huddled around the fire to keep warm.* ▷ **ściśniać się, skupiać się, kulić się**

huddle[2] /ˈhʌdl/ **noun** [C] a group of people or things that are standing close together ▷ **grupka**

hue /hjuː/ **noun** [C] literary a colour ▷ **odcień, barwa**

huff[1] /hʌf/ **verb huff and puff** informal to breathe loudly, especially because you have been exercising ▷ **sapać, dyszeć**

huff[2] /hʌf/ **noun in a huff** informal angry with someone: *Mum's in a huff because I didn't call yesterday.* ▷ **wkurzony**

hug[1] /hʌg/ **verb** (present participle **hugging**, past tense and past participle **hugged**) **1** [I, T] B1 to put your arms around someone and hold them tightly, usually because you love them: *They hugged and kissed each other.* ▷ **przytulać (się), ściskać (się) 2** [T] to stay very close to the edge

hug

of something: *The road hugs the coast for several miles.* ▷ **biec wzdłuż, trzymać się (blisko)**

hug² /hʌg/ **noun** [C] B1 when you put your arms around someone and hold them tightly: *She **gave** me a big **hug** before she left.* ▷ **uścisk**

huge /hjuːdʒ/ **adjective** B1 extremely large: *a huge house* ▷ **ogromny, olbrzymi**

hugely /ˈhjuːdʒli/ **adverb** extremely: ***hugely popular/successful*** ▷ **ogromnie, niezwykle**

huh /hʌ/ **exclamation** informal used to ask a question, or to express surprise, anger, etc: *So, you're leaving, huh?* ▷ **co?, phi!**

Hula Hoop /ˈhuːləhuːp/ **noun** [C] trademark a large plastic ring that you put around your waist and move your body so that it goes round and round ▷ **hula-hoop**

hull /hʌl/ **noun** [C] the main part of a ship that is mostly under water ▷ **kadłub**

hullo UK (UK/US **hello**) /həˈləʊ/ **exclamation** **1** used to greet someone: *Hullo, Chris, how are things?* ▷ **cześć** **2** used to start a conversation on the telephone: *Hullo, this is Alex.* ▷ **halo**

hum /hʌm/ **verb** (present participle **humming**, past tense and past participle **hummed**) **1** [I, T] to sing without opening your mouth: *She hummed to herself as she walked to school.* ▷ **nucić** **2** [I] to make a continuous, low sound: *The computers were humming in the background.* ▷ **szumieć, buczeć, bzyczeć** **3 be humming** If a place is humming, it is busy and full of activity. ▷ **tętnić życiem**

• **hum** noun [C] a low, continuous sound: *the **hum of traffic*** ▷ **szum, szmer**

human¹ /ˈhjuːmən/ **adjective** **1** B1 relating to people or their characteristics: *the human body* ◦ *human behaviour* ◦ *The accident was caused by **human error** (= a person's mistake).* ▷ **ludzki** **2 be only human** to not be perfect: *Of course Tom makes mistakes – he's only human.* ▷ **być tylko człowiekiem**

human² /ˈhjuːmən/ **noun** [C] (also ˌ**human ˈbeing**) B1 a man, woman, or child: *The disease affects both humans and animals.* ▷ **człowiek**

humane /hjuːˈmeɪn/ **adjective** kind, especially towards people or animals that are suffering: *They fought for more humane treatment of prisoners of war.* ▷ **humanitarny** → Opposite **inhumane**

• **humanely** adverb ▷ **humanitarnie**

ˌ**human ˈgeography** **noun** [U] the part of geography that studies the way in which human behaviour affects the Earth's surface, or the way in which the Earth affects human behaviour ▷ **geografia człowieka, antropogeografia**

humanism /ˈhjuːmənɪzᵊm/ **noun** [U] a belief system based on human needs and values and not on a god or religion ▷ **humanizm**

• **humanist** noun [C] ▷ **humanist-a/ka** • **humanistic** /ˌhjuːməˈnɪstɪk/ adjective ▷ **humanistyczny**

humanitarian /hjuːˌmænɪˈteəriən/ **adjective** connected with improving people's lives and reducing suffering: *The UN is sending **humanitarian aid** to the refugees.* ▷ **humanitarny**

humanities /hjuːˈmænətiz/ **noun** [plural] subjects that you study which are not connected with science, such as literature and history ▷ **nauki humanistyczne**

humanity /hjuːˈmænəti/ **noun** [U] **1** all people: *The massacre was a **crime against humanity**.* ▷ **ludzkość** **2** kindness and sympathy towards others ▷ **humanitaryzm** → Opposite **inhumanity** **3** the condition of being human ▷ **człowieczeństwo**

humankind /ˌhjuːmənˈkaɪnd/ **noun** [U] all the people in the world ▷ **ludzkość, rasa ludzka**

humanly /ˈhjuːmənli/ **adverb** **humanly possible** able to be done by people: *Doctors did everything humanly possible to save her life.* ▷ **co w ludzkiej mocy**

ˌ**human ˈnature** **noun** [U] feelings, qualities, and behaviour that are typical of most people: *It's human nature to want to be loved.* ▷ **natura ludzka**

the ˌ**human ˈrace** **noun** [no plural] all the people in the world ▷ **rasa ludzka, ludzkość**

ˌ**human reˈsources** UK (US ˌ**human ˈresources**) **noun** [U] the department of an organization that deals with finding new people to work there, keeping records about all the organization's employees, and helping them with any problems ▷ **kadry, dział kadr**

ˌ**human ˈrights** **noun** [plural] B2 the basic rights that every person should have, such as justice and the freedom to say what you think: *international laws protecting human rights* ◦ *the human rights group Amnesty International* ▷ **prawa człowieka**

humble¹ /ˈhʌmbl/ **adjective** **1** not proud or not believing that you are important: *He's very humble about his success.* ▷ **skromny, pokorny** **2** poor or of a low social rank: *She rose from **humble beginnings** to become Prime Minister.* ▷ **skromny, prosty**

• **humbly** adverb ▷ **skromnie, pokornie**

humble² /ˈhʌmbl/ **verb** [T] to make someone understand that they are not as important or special as they think they are: *She was humbled by the unexpected defeat.* ▷ **uczyć pokory**

• **humbling** adjective *a **humbling experience*** ▷ **pouczający**

humdrum /ˈhʌmdrʌm/ **adjective** boring and ordinary: *a **humdrum existence*** ▷ **monotonny**

humerus /ˈhjuːmᵊrəs/ **noun** [C] (plural **humeri**) the large bone at the top of the arm, between the shoulder and the elbow ▷ **kość ramienna**

humid /ˈhjuːmɪd/ **adjective** B1 Humid air or weather is hot and slightly wet: *a hot and humid climate* ▷ **wilgotny**

humidity /hjuːˈmɪdəti/ **noun** [U] a measurement of how much water there is in the air ▷ **wilgotność**

humiliate /hjuːˈmɪlieɪt/ **verb** [T] to make someone feel stupid or ashamed: *How could you humiliate me in front of all my friends!* ▷ **poniżać, upokarzać**
• **humiliated adjective** *Sue felt completely humiliated.* ▷ **poniżony** • **humiliation** /hjuːˌmɪliˈeɪʃᵊn/ **noun** [C, U] ▷ **poniżenie**

humiliating /hjuːˈmɪlieɪtɪŋ/ **adjective** making you feel stupid or ashamed: *a humiliating defeat* ▷ **poniżający**

humility /hjuːˈmɪləti/ **noun** [U] the quality of not being proud or not thinking that you are better than other people ▷ **pokora**

hummingbird /ˈhʌmɪŋbɜːd/ **noun** [C] a very small brightly coloured bird with a long thin beak whose wings move very fast, making a continuous, low noise ▷ **koliber**

humor /ˈhjuːmər/ **noun, verb** US spelling of humour

humorless /ˈhjuːmələs/ **adjective** US spelling of humourless

humorous /ˈhjuːmᵊrəs/ **adjective** funny, or making you laugh: *a humorous book* ▷ **dowcipny, zabawny**
• **humorously adverb** ▷ **dowcipnie**

humour¹ UK (US **humor**) /ˈhjuːmər/ **noun** [U] **1** B1 the ability to laugh and recognize that something is funny: *He's got a great* ***sense of humour***. ▷ **humor** **2** B2 the quality of being funny, or things that are funny: *His speech was full of humour.* ▷ **humor** **3** formal the way you are feeling, or your mood: ***good humour*** ▷ **humor**

> Wyrazy występujące razem z **humour**
> a sense of humour • a dry/wry humour

humour² UK (US **humor**) /ˈhjuːmər/ **verb** [T] to do what someone wants so that they do not become annoyed or upset: *Carol applied for the job just to humour me.* ▷ **zadowalać, dogadzać**

humourless UK (US **humorless**) /ˈhjuːmələs/ **adjective** unable to laugh and recognize when something is funny, or being without funny qualities ▷ **ponury, pozbawiony poczucia humoru**

hump /hʌmp/ **noun** [C] **1** a round, raised area on a road or other surface ▷ **garb** **2** a round, hard part on an animal's or person's back: *a camel's hump* ▷ **garb**

humus /ˈhjuːməs/ **noun** [U] dark earth made of dead leaves and plants ▷ **humus**

hunch¹ /hʌnʃ/ **noun** [C] a feeling or guess that something might be true, when there is no proof: *I* ***had a hunch*** *that he would get the job.* ▷ **przeczucie**

hunch² /hʌnʃ/ **verb** [I] to stand or sit with your shoulders and back curved forward: *Sitting* ***hunched over*** *a computer all day can cause back problems.* ▷ **garbić się**

hunchback /ˈhʌnʃbæk/ **noun** [C] someone with a large lump on their back, which makes them lean forward ▷ **garbus/ka**

hundred /ˈhʌndrəd/ **1** A2 the number 100 ▷ **sto, setka** **2 hundreds** informal a lot: ***Hundreds of*** *people wrote in to complain.* ▷ **setki**

hundredth¹ /ˈhʌndrədθ/ 100th written as a word ▷ **setny**

hundredth² /ˈhʌndrədθ/ **noun** [C] one of a hundred equal parts of something; 1⁄100; .01: *a hundredth of a second* ▷ **(jedna) setna, setna część**

hundredweight /ˈhʌndrədweɪt/ **noun** [C] (plural **hundredweight**) (written abbreviation **cwt**) a unit for measuring weight, equal to 50.8 kilograms in the UK and 45.36 kilograms in the US ▷ **cetnar (= 50,8 kg w Wielkiej Brytanii lub 45,36 kg w USA)**

hung /hʌŋ/ past of hang

Hungary /ˈhʌŋgəri/ **noun** a country in Europe ▷ **Węgry**
• **Hungarian** /hʌŋˈgeəriən/ **adjective** coming from or relating to Hungary ▷ **węgierski** • **Hungarian noun** someone from Hungary ▷ **Węgier/ka**

hunger /ˈhʌŋgər/ **noun** **1** [U] B1 the feeling you have when you need to eat: *The children were almost crying with hunger by the time we got home.* ▷ **głód** **2** [U] B2 when you do not have enough food: *Many of the refugees* ***died of hunger***. ▷ **głód** **3** [no plural] a strong wish for something: *a* ***hunger for*** *success/knowledge* ▷ **głód**

ˈhunger ˌstrike noun [C, U] when someone refuses to eat in order to show that they strongly disagree with something: *The prisoners* ***went on hunger strike***. ▷ **głodówka, strajk głodowy**

hungover /ˌhʌŋˈəʊvər/ **adjective** feeling ill after drinking too much alcohol the day before ▷ **skacowany, na kacu**

hungry /ˈhʌŋgri/ **adjective** **1** A1 wanting or needing food: *I'm hungry. What's for supper?* ▷ **głodny** **2 go hungry** to not have enough food to eat: *In an ideal world, nobody should go hungry.* ▷ **głodować** **3 be hungry for sth** to have a strong wish for something: *The journalists were hungry for more details of the accident.* ▷ **łaknąć lub pragnąć** *czegoś*
• **hungrily adverb** ▷ **chciwie**

hunk /hʌŋk/ **noun** [C] **1** informal an attractive man who is often young and has a strong body ▷ **przystojniak, kawał chłopa** **2** a piece of something, usually large and not flat or smooth: *a hunk of bread* ▷ **kawał** → See **Pieces and Quantities** on page Centre 1

hunt¹ /hʌnt/ **verb** [I, T] **1** B1 to chase and kill wild animals: *to hunt deer/rabbits* ▷ **polować (na)** **2** B2 to search for something: *The children* ***hunted for*** *sea shells on the beach.* ▷ **poszukiwać**

H

• **hunter** noun [C] a person who hunts wild animals ▷ **myśliwy**

PHRASAL VERB **hunt sb/sth down** to search everywhere for someone or something until you find them ▷ **pojmać** *kogoś*, **upolować** *coś*

hunt² /hʌnt/ **noun** [C] **1** a search for something or someone: *a **job hunt*** ∘ *The detective leading **the hunt for** the killer spoke at the news conference.* ▷ **poszukiwanie 2** when people chase and kill wild animals: *a fox/deer hunt* ▷ **polowanie** → See also **witch-hunt**

Wyrazy występujące razem z **hunt**
launch a hunt • a hunt for sb/sth

hunting /ˈhʌntɪŋ/ **noun** [U] B2 the sport of chasing and killing animals: *fox-hunting* ▷ **polowania, myślistwo**

hurdle¹ /ˈhɜːdl/ **noun** [C] **1** a bar or fence that people or horses jump over in a race ▷ **przeszkoda 2** a problem or difficulty that you have to deal with in order to be able to make progress: *Getting a work permit was the **first hurdle** to overcome.* ▷ **przeszkoda, bariera**

hurdle² /ˈhɜːdl/ **verb** [I, T] to jump over something, such as a bar or a fence, when you are running ▷ **skakać przez (płotki), biegać przez płotki, pokonywać**

• **hurdler** noun [C] ▷ **płotka-rz/rka**

hurl /hɜːl/ **verb 1** [T] to throw something with a lot of force, usually in an angry or violent way: *The demonstrators **hurled** stones **at** police.* ▷ **ciskać, miotać 2 hurl abuse/insults, etc at sb** to shout something at someone in a rude or angry way ▷ **obrzucać** *kogoś* **obelgami**

hurrah (also **hooray**) /həˈrɑː/ **exclamation** something that you shout when you are happy, excited, etc, or when you approve of someone or something: *Hurrah! Ian's won!* ▷ **hura**

hurricane /ˈhʌrɪkən/ **noun** [C] a violent storm with very strong winds ▷ **huragan**

hurried /ˈhʌrid/ **adjective** done more quickly than normal: *a hurried explanation/meeting* ▷ **pospieszny**

• **hurriedly** adverb ▷ **pospiesznie**

hurry¹ /ˈhʌri/ **verb** [I, T] A2 to move or do things more quickly than normal or to make someone do this: *to hurry away/home* ∘ *Please hurry, the train is about to leave.* ∘ [+ to do sth] *We had to hurry to get there on time.* ▷ **spieszyć się, popędzać, poganiać**

PHRASAL VERB **hurry up** B1 to start moving or doing something more quickly: *Hurry up! We're going to be late.* ▷ **pospieszyć się**

hurry² /ˈhʌri/ **noun 1 be in a hurry** B1 If you are in a hurry, you want or need to do something quickly: *If you're in a hurry, it's better to take a taxi.* ▷ **spieszyć się 2 be in no hurry; not be in any hurry** If you are in no hurry to do something, either you do not need to do it soon or you do not really want to do it : [+ to do sth] *They are in no hurry to sign a contract.* ▷ **nie spieszyć się**

hurt¹ /hɜːt/ **verb** (past tense and past participle **hurt**) **1** [T] A2 to cause someone pain or to injure them: *Simon hurt his knee playing football.* ∘ [often reflexive] *She hurt herself when she slipped on an icy step.* ▷ **zranić 2** [I] A2 If a part of your body hurts, it is painful: *My eyes really hurt.* ∘ [+ to do sth] *It hurts to walk on it.* ▷ **boleć 3** [I, T] B1 to cause emotional pain to someone: *Her comments about my work really hurt.* ▷ **sprawiać ból 4** [T] to have a harmful effect on something: *His chances of re-election were hurt by allegations of corruption.* ▷ **zaszkodzić 5 it won't/wouldn't hurt (sb) to do sth** informal used to say that someone should do something: *It wouldn't hurt to get there a bit earlier than usual.* ▷ **(komuś) nie zaszkodzi** *coś zrobić* → See also **wouldn't hurt a fly**

hurt² /hɜːt/ **adjective** [never before noun] **1** B1 injured or in pain: *Several people were **seriously hurt** in the accident.* ∘ *Put that knife away before someone **gets hurt**.* ▷ **ranny 2** B1 upset or unhappy: *She was deeply hurt by what he said.* ▷ **urażony**

hurt³ /hɜːt/ **noun** [U] emotional pain: *She has **caused** a lot of **hurt**.* ▷ **ból, krzywda**

hurtful /ˈhɜːtfᵊl/ **adjective** Hurtful behaviour or remarks make someone feel upset: ***hurtful comments/remarks*** ▷ **dotkliwy, bolesny**

hurtle /ˈhɜːtl/ **verb** [I] to move very quickly in a way which is not controlled and may be dangerous: *The explosion sent pieces of glass and metal hurtling through the air.* ▷ **pędzić, lecieć**

husband /ˈhʌzbənd/ **noun** [C] A1 the man you are married to: *Janet's husband is in the Navy.* ▷ **mąż**

hush¹ /hʌʃ/ **exclamation** used to tell someone to be quiet, especially if they are crying: *It's okay. Hush now and wipe your eyes.* ▷ **cicho, ćśś, cii**

hush² /hʌʃ/ **noun** [no plural] a period of silence: *A **hush fell** over the room.* ▷ **cisza**

• **hushed adjective** *a hushed atmosphere/crowd* ▷ **przyciszony**

Wyrazy występujące razem z **hush**
a hush **descends/falls** • a **deathly** hush

hush³ /hʌʃ/ **verb** [T] to make someone be quiet ▷ **uciszać**

PHRASAL VERB **hush sth up** to keep something secret, especially from the public, because it could cause embarrassment or trouble: *The whole affair was hushed up by the management.* ▷ **wyciszyć** *coś*, **zatuszować** *coś*

hush-hush /ˌhʌʃˈhʌʃ/ **adjective** informal If something is hush-hush, it is kept secret: *The project's **all very** **hush-hush**.* ▷ **owiany tajemnicą, poufny**

husky¹ /ˈhʌski/ **adjective 1** A husky voice is low

and rough but usually sounds attractive. ▷ **ochrypły** **2** US A husky man or boy is big and strong. ▷ **krzepki**

husky² /ˈhʌski/ **noun** [C] a large, strong dog that is used to pull heavy things across snow ▷ **husky**

hustle¹ /ˈhʌsl/ **verb** **1** [T] to make someone move somewhere, especially by pushing them quickly: *The security men hustled him out of the back door.* ▷ **popychać** **2** [I, T] informal to try to persuade someone, especially to buy something, often illegally: *to hustle for business/customers* ▷ **naciągać, naganiać**

hustle² /ˈhʌsl/ **noun** **hustle and bustle** busy movement and noise, especially where there are a lot of people: *He wanted to escape the hustle and bustle of city life.* ▷ **zgiełk**

hustler /ˈhʌsləʳ/ **noun** [C] someone who tries to persuade people to give them what they want, especially in order to make money illegally ▷ **naciągacz/ka, kombinator/ka**

hut /hʌt/ **noun** [C] B1 a small, simple building, often made of wood: *a mountain hut* ▷ **chata, szałas**

hybrid /ˈhaɪbrɪd/ **noun** [C] **1** a plant or animal that is produced from two different types of plant or animal ▷ **krzyżówka** **2** something, for example a machine, which is made using ideas or parts from two different things ▷ **skrzyżowanie** **3** (also **hybrid car**) a vehicle with an engine that uses both petrol and another type of energy, usually electricity ▷ **hybryda**

• **hybrid adjective** ▷ **hybrydowy, mieszany**

hydrant /ˈhaɪdrᵊnt/ **noun** [C] a pipe, especially at the side of the road, which is connected to the water system and is used to get water to stop fires: *a **fire hydrant*** ▷ **hydrant**

hydrate¹ /haɪˈdreɪt/ **verb** [I] to make something absorb water ▷ **uwadniać**

• **hydration** /haɪˈdreɪʃᵊn/ **noun** [U] ▷ **uwodnienie, hydratacja**

hydrate² /ˈhaɪdreɪt/ **noun** [C] a chemical compound that contains water ▷ **wodzian**

hydraulic /haɪˈdrɔːlɪk/ **adjective** operated using the force of water or another liquid ▷ **hydrauliczny**

hydro- /haɪdrəʊ-/ **prefix** relating to water: *hydroponic (= a method of growing plants in water)* ▷ **hydro-**

hydrocarbon /ˌhaɪdrəʊˈkɑːbᵊn/ **noun** [C] a chemical combination of hydrogen and carbon, found in oil and petrol: *hydrocarbon emissions* ▷ **węglowodór**

hydrochloric acid /ˌhaɪdrəklɒrɪkˈæsɪd/ **noun** [U] an acid containing hydrogen and chlorine (formula HCl) ▷ **kwas solny lub chlorowodorowy**

hydrochlorofluorocarbon /ˌhaɪdrəʊˌklɔːrəʊˌflʊərəʊˈkɑːbən/ **noun** [U, C] (abbreviation **HCFC**) a type of gas used especially in aerosols ▷ **wodorochlorofluorowęglowodór**

hydroelectric /ˌhaɪdrəʊɪˈlektrɪk/ **adjective** using the force of water to create electricity: ***hydroelectric power*** ▷ **hydroelektryczny**

hydroelectricity /ˌhaɪdrəʊɪlekˈtrɪsɪti/ **noun** [U] electricity produced by the force of fast moving water such as rivers or waterfalls ▷ **energia wodna**

hydrofluorocarbon /ˌhaɪdrəʊˌflʊərəʊˈkɑːbən/ **noun** [U, C] (abbreviation **HFC**) a type of gas used especially in aerosols ▷ **fluorowęglowodór**

hydrofoil /ˈhaɪdrəʊfɔɪl/ **noun** [C] a large boat which travels quickly above the surface of the water on structures which are the shape of wings ▷ **wodolot**

hydrogen /ˈhaɪdrədʒən/ **noun** [U] a gas that combines with oxygen to form water (formula H) ▷ **wodór**

hydrogenated /haɪˈdrɒdʒɪneɪtɪd/ **adjective** Hydrogenated substances, for example fats, have had hydrogen added to them. ▷ **uwodorniony**

• **hydrogenation** /haɪˌdrɒdʒɪˈneɪʃᵊn/ **noun** [U] ▷ **uwodornianie**

ˌhydrogen peˈroxide **noun** [U] (also **peroxide**) a colourless liquid that is used to kill bacteria and to make hair very pale (formula H_2O_2) ▷ **nadtlenek wodoru, woda utleniona**

hydrograph /ˈhaɪdrəʊgrɑːf/ **noun** [C] a graph showing the amount of water at different times, for example in a lake ▷ **hydrograf**

hydrology /haɪˈdrɒlədʒi/ **noun** [U] the study of water on the Earth, for example where it is and how it is used ▷ **hydrologia**

hydrolysis /haɪˈdrɒləsɪs/ **noun** [U] a chemical reaction in which one substance reacts with water to produce another ▷ **hydroliza**

hydrolyze **verb** [T, I] (also UK **-ise**) /ˈhaɪdrəlaɪz/ to have or to make something have a chemical reaction with water to produce another substance ▷ **hydrolizować**

hydrometer /haɪˈdrɒmɪtəʳ/ **noun** [C] a piece of equipment used for measuring the density of a liquid ▷ **areometr**

hydrophilic /ˌhaɪdrəʊˈfɪlɪk/ **adjective** Hydrophilic substances can be mixed with or dissolved in water. ▷ **hydrofilowy**

hydrophobia /ˌhaɪdrəʊˈfəʊbiə/ **noun** [U] when someone is very frightened of water, often because of having rabies ▷ **wodowstręt**

hydrophobic /ˌhaɪdrəʊˈfəʊbɪk/ **adjective** **1** Hydrophobic substances cannot be mixed with or dissolved in water. ▷ **hydrofobowy** **2** suffering from hydrophobia ▷ **z objawami wodowstrętu**

hydroponics /ˌhaɪdrəʊˈpɒnɪks/ **noun** [U] a way of growing plants in water with special chemicals added, and not in earth ▷ **kultura wodna, hydroponika**

hydrosphere /ˈhaɪdrəʊsfɪəʳ/ **noun** [C] all of the

H

water on the Earth's surface, such as the seas, lakes, and ice. This sometimes includes water above the Earth's surface, such as clouds. ▷ **hydrosfera**

hydroxide /haɪˈdrɒksaɪd/ **noun** [C] a chemical compound that contains the hydroxyl ion, or a compound of an oxide with water ▷ **wodorotlenek**

hydroxyl ion /haɪˌdrɒksɪlˈaɪən/ **noun** [C] an ion with a negative charge, which is made of an oxygen atom and a hydrogen atom ▷ **jon wodorotlenkowy**

hygiene /ˈhaɪdʒiːn/ **noun** [U] the process of keeping things clean, especially to prevent disease: *health and hygiene regulations* ◦ ***dental/personal hygiene*** ▷ **higiena**

• **hygienic** /haɪˈdʒiːnɪk/ **adjective** very clean, so that bacteria cannot spread ▷ **higieniczny**

> Wyrazy występujące razem z **hygiene**
>
> standards of hygiene • dental/personal hygiene

hygrometer /haɪˈgrɒmɪtəʳ/ **noun** [C] a piece of equipment used to measure how much water there is in the air ▷ **wilgotnościomierz, higrometr**

hymn /hɪm/ **noun** [C] a song sung by Christians in church to praise God ▷ **hymn**

hype¹ /haɪp/ **noun** [U] when people talk a lot about something, especially in newspapers, on television, etc, and make it seem more important or exciting than it really is: ***media hype*** ◦ *There's been a lot of* ***hype about/surrounding*** *his latest film.* ▷ **szum**

hype² /haɪp/ **verb** [T] (also **hype up**) to make something seem more important or exciting than it really is by talking about it a lot, especially in newspapers, on television, etc: *It's being* ***hyped as*** *the musical event of the year.* ▷ **reklamować, robić szum wokół**

• **hyped adjective** ▷ **rozreklamowany, przereklamowany**

hyper /ˈhaɪpəʳ/ **adjective** informal Someone who is hyper has more energy than is normal and is very excited. ▷ **nadpobudliwy, podekscytowany**

hyper- /haɪpəʳ/ **prefix** having a lot of or too much of a quality: *hyperactive* ◦ *hypersensitive* (= *more than normally sensitive*) ▷ **hiper-**

hyperactive /ˌhaɪpərˈæktɪv/ **adjective** Someone who is hyperactive has more energy than is normal, gets excited easily, and cannot stay still or think about their work: *hyperactive children* ▷ **nadpobudliwy**

• **hyperactivity** /ˌhaɪpəˈræk'tɪvəti/ **noun** [U] ▷ **nadpobudliwość**

hyperbole /haɪˈpɜːbəli/ **noun** [U] formal when you describe something as much better, more important, etc than it really is ▷ **hiperbola, przesadnia**

hyperinflation /ˌhaɪpərɪnˈfleɪʃən/ **noun** [U] when the price of everything increases very quickly and suddenly, in a way that is not controlled ▷ **hiperinflacja**

hyperlink /ˈhaɪpəlɪŋk/ **noun** [C] text that you can click on that lets you move easily between two computer documents or two pages on the Internet ▷ **hiperłącze, połączenie**

hypermarket /ˈhaɪpəˌmɑːkɪt/ **noun** [C] a very large shop, usually outside the centre of town ▷ **hipermarket**

hypertext /ˈhaɪpətekst/ **noun** [U] a way of joining a word or image to another page, document, etc on the Internet or in another computer program so that you can move from one to the other easily ▷ **hipertekst**

hypha /ˈhaɪfə/ **noun** [C] (plural **hyphae** /ˈhaɪfiː/) any of the parts like threads that form the body of a fungus ▷ **strzępek (grzybni)**

hyphen /ˈhaɪfən/ **noun** [C] (B2) a mark (-) used to join two words together, or to show that a word has been divided and continues on the next line ▷ **łącznik, kreseczka**

• **hyphenated adjective** written with a hyphen ▷ **z łącznikiem**

hypnosis /hɪpˈnəʊsɪs/ **noun** [U] a mental state like sleep, in which a person's thoughts can be easily influenced by someone else: *Police placed witnesses* ***under hypnosis*** *in an effort to gain additional information.* ▷ **hipnoza**

• **hypnotic** /hɪpˈnɒtɪk/ **adjective** ▷ **hipnotyczny**

hypnotize (also UK **-ise**) /ˈhɪpnətaɪz/ **verb** [T] to place someone in a mental state like sleep, in which their thoughts can be easily influenced ▷ **hipnotyzować**

• **hypnotist noun** [C] someone who hypnotizes people ▷ **hipnotyzer/ka** • **hypnotism** /ˈhɪpnətɪzəm/ **noun** [U] when someone is hypnotized ▷ **hipnoza**

hypochondriac /ˌhaɪpəˈkɒndriæk/ **noun** [C] someone who worries about their health more than is normal, although they are not really ill ▷ **hipochondry-k/czka**

• **hypochondria** /ˌhaɪpəʊˈkɒndriə/ **noun** [U] ▷ **hipochondria**

hypocrisy /hɪˈpɒkrəsi/ **noun** [C, U] when someone pretends to believe something that they do not really believe or that is the opposite of what they do or say at another time ▷ **hipokryzja**

hypocrite /ˈhɪpəkrɪt/ **noun** [C] someone who pretends to believe something that they do not really believe or that is the opposite of what they do or say at another time ▷ **hipokryt-a/ka, obłudni-k/ca**

• **hypocritical** /ˌhɪpəʊˈkrɪtɪkəl/ **adjective** ▷ **obłudny** • **hypocritically adverb** ▷ **obłudnie**

hypotenuse /haɪˈpɒtənjuːz/ **noun** [C] the longest side of any triangle which has one angle of 90° ▷ **przeciwprostokątna**

hypothalamus /ˌhaɪpəʊˈθæləməs/ **noun** [C, usually singular] a small part in the front of the brain that controls body temperature and tells your body if you are hungry or thirsty ▷ **podwzgórze**

hypothermia /ˌhaɪpəʊˈθɜːmiə/ **noun** [U] a serious illness caused by someone's body becoming too cold ▷ **hipotermia**

hypothesis /haɪˈpɒθəsɪs/ **noun** [C] (plural **hypotheses** /haɪˈpɒθəsiːz/) a suggested explanation for something which has not yet been proved to be true ▷ **hipoteza**

hypothetical /ˌhaɪpəˈθetɪkəl/ **adjective** A hypothetical situation or idea has been suggested but does not yet really exist or has not been proved to be true. ▷ **hipotetyczny**

hysteria /hɪˈstɪəriə/ **noun** [U] extreme fear, excitement, anger, etc which cannot be controlled: ***mass hysteria*** ▷ **histeria**

hysterical /hɪˈsterɪkəl/ **adjective 1** If someone is hysterical, they cannot control their feelings or behaviour because they are extremely frightened, angry, excited, etc: ***hysterical laughter*** ◦ *As soon as Wendy saw the blood, she became hysterical.* ▷ **histeryczny 2** informal extremely funny ▷ **prześmieszny**

• **hysterically adverb** *They all thought it was* ***hysterically funny.*** ▷ **histerycznie**

hysterics /hɪˈsterɪks/ **noun 1** [plural] uncontrolled behaviour ▷ **histeria 2 in hysterics** informal laughing so much that you cannot stop ▷ **zaśmiewający się, pokładający się ze śmiechu**

Hz written abbreviation for hertz ▷ **Hz (= herc)**

H

I, i /aɪ/ the ninth letter of the alphabet ▷ **I, i**

I /aɪ/ **pronoun** A1 used when the person speaking or writing is the subject of the verb: *I had lunch with Glen yesterday.* ◦ *Chris and I have been married for twelve years.* ▷ **ja**

iambus /aɪˈæmbəs/ **noun** [C] (plural **iambuses** or **iambi**) (also **iamb** /ˈaɪæm/) a rhythm in poetry with one short or weak syllable followed by one strong or long syllable ▷ **jamb**
• **iambic** /aɪˈæmbɪk/ **adjective** ▷ **jambiczny**

Ian /ˈiːən/ **noun** a male name

ice¹ /aɪs/ **noun** [U] A2 water that has frozen and become solid: *Gerry slipped on the ice and broke his arm.* ◦ *I've put a couple of bottles of champagne **on ice** (= in a bucket of ice to get cold).* ▷ **lód**

IDIOM **break the ice** B2 to make people who have not met before feel relaxed with each other, often by starting a conversation ▷ **przełamać lody**

ice² /aɪs/ **verb** [T] (also US **frost**) to cover a cake with icing: *an iced bun* ▷ **lukrować**

iceberg /ˈaɪsbɜːg/ **noun** [C] a very large piece of ice that floats in the sea ▷ **góra lodowa** → See also **be the *tip* of the iceberg**

ˈice ˌcap noun [C] a thick layer of ice that permanently covers an area of land ▷ **czapa lodowa**

ˌice ˈcream UK (US **ˈice ˌcream**) **noun** [C, U] A1 a sweet food made from frozen milk or cream and sugar: *chocolate/vanilla ice cream* ▷ **lody**

ˈice ˌcube noun [C] a small block of ice that you put into drinks to make them cold ▷ **kostka lodu**

ˈice ˌhockey noun [U] (also US **hockey**) B1 a game played on ice in which two teams try to hit a small hard object into a goal using long curved sticks ▷ **hokej (na lodzie)** → See **Sports 1** on page Centre 14

Iceland /ˈaɪslənd/ **noun** a country on an island west of Europe ▷ **Islandia**
• **Icelandic** /aɪsˈlændɪk/ **adjective** coming from or relating to Iceland ▷ **islandzki** • **Icelander** /ˈaɪsləndəʳ/ **noun** someone from Iceland ▷ **Island-czyk/ka**

ˌice ˈlolly noun [C] UK (US trademark **Popsicle**) a sweet, fruit-flavoured piece of ice on a small stick ▷ **lody na patyku**

ˈice ˌrink noun [C] an area of ice, usually inside a building, which is prepared for people to ice skate on ▷ **lodowisko**

ˈice ˌsheet noun [C] a thick layer of ice that covers a large area of land for a long time ▷ **lądolód**

ˈice ˌskate noun [C] a boot with a metal part on the bottom, used for moving across ice ▷ **łyżwa**
• **ice skate verb** [I] to move across ice using ice skates ▷ **jeździć na łyżwach** • **ice skating noun** [U] B1 the activity or sport of moving across ice using ice skates ▷ **łyżwiarstwo, jazda na łyżwach** → See **Sports 1** on page Centre 14

icicle /ˈaɪsɪkl/ **noun** [C] a long, thin piece of ice that hangs down from something ▷ **sopel**

icicles

icing /ˈaɪsɪŋ/ **noun** [U] (also US **frosting**) a sweet mixture used to cover or fill cakes, made from sugar and water or sugar and butter: *chocolate butter icing* ▷ **lukier**

IDIOM **the icing on the cake** something that makes a good situation better: *He was delighted to get the article published and the £100 payment was the icing on the cake.* ▷ **dodatkowa zaleta**

icon /ˈaɪkɒn/ **noun** [C] **1** B2 a small picture on a computer screen that you choose in order to make the computer do something: ***Click on** the print **icon**.* ▷ **ikona, ikonka 2** B2 a person or thing that is famous because it represents a particular idea or way of life: *a **cultural/fashion/ national icon*** ▷ **idol**

ICT /ˌaɪsiːˈtiː/ **noun** [U] abbreviation for information and communication technology: the use of computers and other electronic equipment to store and send information ▷ **informatyka**

icy /ˈaɪsi/ **adjective 1** B1 covered in ice: ***icy conditions/roads*** ▷ **oblodzony 2** B1 extremely cold: *an icy wind* ◦ *icy water* ▷ **lodowaty 3** B2 without showing any emotion: *an **icy look/stare*** ▷ **lodowaty**
• **icily adverb** ▷ **lodowato**

I'd /aɪd/ **1** short for I had: *Everyone thought I'd gone.* **2** short for I would: *I'd like to buy some stamps, please.*

ID /ˌaɪˈdiː/ **noun** [C, U] A2 abbreviation for identification: an official document that shows or proves who you are: *You'll need to show some form of ID, such as a passport or driving licence.* ▷ **dowód tożsamości, dokument**

IˈD ˌcard noun [C] A2 an identity card ▷ **dowód tożsamości**

idea /aɪˈdɪə/ **noun 1** [C] A2 a suggestion or plan: *"Why don't we ask George?" "That's **a good idea**."* ◦ [+ for + doing sth] *Stevens explained his ideas for improving production.* ◦ [+ to do sth] *It was Kate's idea to hire a car.* ▷ **pomysł 2** [U, no plural] B2 an understanding, thought, or picture in your mind: [+ of + doing sth] *Clive soon got used to the idea of having children around the house again.* ◦ [+ (that)] *I don't want them to **get the idea** that we're not interested.* ▷ **myśl, pojęcie** **3 have no idea** B1 to not know: *Beth had no idea where he'd gone.* ▷ **nie mieć pojęcia** **4** [C] B1 an opinion or belief: *My husband and I have very different **ideas about** school discipline.* ▷ **pogląd** **5** [no plural] the aim or purpose of something: *The idea is to give local people a chance to voice their opinions.* ▷ **idea** → See also **not have the *foggiest* (idea)**

Wyrazy występujące razem z idea

come up with/have an idea • a **bad/bright/ brilliant/good/stupid** idea

Idea wyrazy bliskoznaczne

Pomysł zrobienia czegoś jest często określany słowami **plan, thought** lub **suggestion:**

*The **plan** is to hire a car when we get there.*
*Have you got any **suggestions** for improvements?*
*Have you had any **thoughts** on presents for your mother?*

Nieoczekiwany, inteligentny pomysł jest czasem określany jako **brainwave** w Wielkiej Brytanii lub **brainstorm** w Stanach Zjednoczonych.

*I wasn't sure what to do and then I had a **brainwave** – I could ask Anna for help.*

Rzeczownika **theory** używamy czasem do określenia zbioru koncepcji mających na celu wyjaśnienie czegoś:

*He was giving a lecture on Darwin's **theory** of evolution.*

ideal¹ /aɪˈdɪəl/ **adjective** B2 perfect, or the best possible: *an ideal candidate/solution* ◦ *The book is **ideal for** children aged 4 to 6.* ◦ ***In an ideal world**, you wouldn't need to use a keyboard at all.* ▷ **idealny**

ideal² /aɪˈdɪəl/ **noun** **1** [C] a belief about the way you think something should be: *democratic ideals* ◦ *They are committed to the ideal of equality.* ▷ **ideał** **2** [no plural] a perfect thing or situation: *The ideal would be to have a house in the country and a flat in the city too.* ▷ **ideał**

idealism /aɪˈdɪəlɪzᵊm/ **noun** [U] the belief that your ideals can be achieved, often when this does not seem likely to others ▷ **idealizm**
• **idealist noun** [C] a person who believes that it is possible to achieve your ideals ▷ **idealist-a/ka**
• **idealistic** /aɪˌdɪəˈlɪstɪk/ **adjective** ▷ **idealistyczny**

ideally /aɪˈdɪəli/ **adverb** **1** B2 used to describe how something would be in a perfect situation: *Ideally, I'd like to work at home.* ▷ **najlepiej (byłoby, gdyby)** **2** B2 in a perfect way: *She seemed **ideally suited** for the job.* ▷ **idealnie**

identical /aɪˈdentɪkᵊl/ **adjective** B2 exactly the same: *The two rooms were almost/virtually identical.* ◦ *She found a dress **identical to** the one in the picture.* ▷ **identyczny**
• **identically adverb** ▷ **identycznie**

iˌdentical ˈtwin noun [C] one of two babies who are born at the same time from the same egg, and look exactly the same ▷ **bliźniak jednojajowy**

identifiable /aɪˌdentɪˈfaɪəbl/ **adjective** If someone or something is identifiable, you can recognize them and say or prove who or what they are: *clearly/readily identifiable* ▷ **dający się zidentyfikować**

identification /aɪˌdentɪfɪˈkeɪʃᵊn/ **noun** [U] **1** B2 when you recognize and can name someone or something: *Most of the bodies were badly burned, making identification almost impossible.* ▷ **identyfikacja** **2** A2 an official document that shows or proves who you are: *an identification card/ number* ▷ **dowód tożsamości**

Wyrazy występujące razem z identification

a **form**/a **means**/**proof** of identification

identify /aɪˈdentɪfaɪ/ **verb** [T] **1** B2 to recognize someone or something and say or prove who or what they are: *The gunman in Wednesday's attack has been identified as Lee Giggs, an unemployed truck driver.* ▷ **zidentyfikować, rozpoznawać** **2** to tell people who someone is: *My informant asked not to be identified.* ▷ **ujawniać tożsamość** **3** B2 to find a particular thing or all the things of a particular group: *You need to identify your priorities.* ▷ **określać**

PHRASAL VERBS **identify sb/sth with sb/sth** to connect one person or thing with another: *As a politician he was identified with liberal causes.* ▷ **utożsamiać lub identyfikować** *kogoś/coś* **z** *kimś/czymś* • **identify with sb/sth** B2 to feel that you are similar to someone, and can understand them or their situation because of this ▷ **utożsamiać lub identyfikować się z** *kimś/czymś*

identity /aɪˈdentəti/ **noun** [C, U] **1** B2 who someone is: *Police are trying to **establish** the **identity** of a woman seen walking away from the accident.* ▷ **tożsamość** **2** B2 the things that make one person or group of people different from others: ***cultural/national identity*** ▷ **tożsamość**

Wyrazy występujące razem z identity

cultural/national/personal identity • a **sense** of identity

iˈdentity ˌcard noun [C] B1 a piece of paper or a card that shows your name, photograph, and information to prove who you are ▷ **dowód tożsamości**

ideological /ˌaɪdiəˈlɒdʒɪkᵊl/ **adjective** based on or relating to a particular set of ideas or beliefs:

ideological conflicts/disagreements ▷ **ideologiczny**

• **ideologically** adverb ▷ **ideologicznie**

ideology /ˌaɪdiˈɒlədʒi/ noun [C, U] a set of ideas or beliefs, especially about politics: *socialist ideology* ▷ **ideologia**

idiom /ˈɪdiəm/ noun [C] B2 a group of words used together with a meaning that you cannot guess from the meanings of the separate words ▷ **idiom**

• **idiomatic** /ˌɪdiəʊˈmætɪk/ adjective *idiomatic language* ▷ **idiomatyczny**

idiosyncratic /ˌɪdiəʊsɪŋˈkrætɪk/ adjective An idiosyncratic quality or way of behaving is typical of only one person and is often strange or unusual. ▷ **specyficzny**

• **idiosyncrasy** /ˌɪdiəʊˈsɪŋkrəsi/ noun [C] an idiosyncratic habit or way of behaving ▷ **dziwactwo**

idiot /ˈɪdiət/ noun [C] B2 a stupid person or someone who is behaving in a stupid way: *Like an idiot, I believed him.* ▷ **idiot-a/ka**

• **idiocy** /ˈɪdiəsi/ noun [C, U] stupid behaviour ▷ **idiotyzm** • **idiotic** /ˌɪdiˈɒtɪk/ adjective stupid: *an idiotic grin/idea* ▷ **idiotyczny** • **idiotically** adverb ▷ **idiotycznie**

idle[1] /ˈaɪdl/ adjective **1** not working or being used: *The factory has* ***stood idle*** *for over a year.* ▷ **nieczynny, bezczynny, nieużywany** **2** [always before noun] not serious or having no real purpose: ***idle gossip*** ◦ *This is no* ***idle threat.*** ▷ **jałowy, pusty** **3** lazy and not willing to work: *He knows what has to be done, he's just* ***bone idle*** *(= extremely lazy).* ▷ **leniwy**

• **idleness** noun [U] ▷ **bezczynność** • **idly** adverb *We cannot* ***stand idly by*** *(= not do anything) and let this plan go ahead.* ▷ **bezczynnie**

idle[2] /ˈaɪdl/ verb **1** [I] If an engine or machine idles, it runs slowly but does not move or do any work. ▷ **pracować na biegu jałowym lub wolnych obrotach** **2** [T] US to stop someone or something working or being used, often because there is not enough work to do: *The closure of the plant idled about 300 workers.* ▷ **pozbawiać pracy** **3** [I] to spend time doing nothing: *We saw her idling in the school grounds.* ▷ **próżnować, nic nie robić**

PHRASAL VERB **idle sth away** to waste time doing nothing: *I idled away a few hours watching TV.* ▷ **marnować** *coś*, **trwonić** *coś*

idol /ˈaɪdᵊl/ noun [C] **1** someone that you admire and respect very much: *a* ***pop/sporting idol*** ▷ **idol** **2** a picture or object that people pray to as part of their religion ▷ **idol**

• **idolize** (also UK **-ise**) verb [T] to admire and respect someone very much ▷ **ubóstwiać**

idyllic /ɪˈdɪlɪk/ adjective An idyllic place or experience is extremely pleasant, beautiful, or peaceful: *an* ***idyllic childhood*** ◦ *an* ***idyllic existence*** ▷ **idylliczny, sielankowy**

i.e. (also **ie**) /ˌaɪˈiː/ used to explain exactly what you are referring to or what you mean: *The price must be more realistic, i.e. lower.* ▷ **tzn. (= to znaczy), tj. (= to jest)**

if[1] /ɪf/ conjunction **1** A2 used to say that something will happen only after something else happens or is true: *We'll have the party in the garden if the weather's good.* ◦ *If you eat up all your dinner you can have some chocolate.* ▷ **jeśli, jeżeli, jak** **2** B1 used to talk about something that might happen or be true: *What will we do if this doesn't work?* ▷ **jeśli, jeżeli** **3** B1 whether: *I wonder if he'll get the job.* ▷ **czy** **4** B1 used to mean always or every time: *If you mention his mother, he always cries.* ▷ **gdy (tylko)**

if[2] /ɪf/ noun [C] informal something which is not certain or not yet decided: *There are still a lot of ifs.* ◦ *There are* ***no ifs and buts*** *(= no doubts or excuses) about it – we'll have to start again.* ▷ **znak zapytania, niewiadoma**

iffy /ˈɪfi/ adjective informal **1** not completely good, honest, or suitable: *The milk smells a bit iffy.* ▷ **podejrzany** **2** not certain or decided: *Simon's still kind of iffy about going to Colombia.* ▷ **niepewny, niezdecydowany**

igloo /ˈɪgluː/ noun [C] a house made of blocks of hard snow ▷ **igloo**

igloo

igneous /ˈɪgniəs/ adjective Igneous rocks are made from magma. ▷ **wulkaniczny** → Compare **metamorphic, sedimentary**

ignite /ɪgˈnaɪt/ verb formal **1** [I, T] to start to burn or make something start to burn: *A spark ignited the fumes.* ▷ **zapalać (się)** **2** [T] to start an argument or fight ▷ **prowokować**

ignition /ɪgˈnɪʃᵊn/ noun **1** [no plural] the part of a car that starts the engine: *He turned the key in the ignition.* ▷ **zapłon, stacyjka** → See **Car** on page Centre 7 **2** [U] formal when something makes something start to burn ▷ **zapłon**

ignominious /ˌɪgnəʊˈmɪniəs/ adjective formal making you feel embarrassed or ashamed: *an* ***ignominious defeat*** ▷ **haniebny**

• **ignominiously** adverb ▷ **haniebnie**

ignorance /ˈɪgnᵊrᵊns/ noun [U] when someone does not have enough knowledge, understanding, or information about something: *There is still widespread* ***ignorance about*** *the disease.* ◦ *I was shocked by her total* ***ignorance of*** *world history.* ▷ **niewiedza, ignorancja**

ignorant /ˈɪgnᵊrᵊnt/ adjective **1** not having enough knowledge, understanding, or information about something: *He was a newcomer to Formula One and* ***ignorant of*** *many of the circuits.*

▷ **nieświadomy, niedouczony 2** UK not polite or showing respect: *an ignorant lout* ▷ **arogancki**

ignore /ɪɡˈnɔːr/ **verb** [T] B2 to pay no attention to something or someone: *They just ignored him and carried on with the game.* ◦ *We cannot afford to ignore the fact that the world's population is increasing rapidly.* ▷ **ignorować, lekceważyć**

IIRC Internet abbreviation for if I remember correctly ▷ **o ile pamiętam**

il- /ɪl-/ **prefix** not: *illegal* ◦ *illegible* ▷ **nie-**

ileum /ˈɪliəm/ **noun** [C, usually singular] the last and narrowest part of the small intestine (= upper part of the bowels), where substances from food are absorbed ▷ **jelito kręte**

ill¹ /ɪl/ **adjective 1** A2 not feeling well, or suffering from a disease: *critically/seriously ill* ◦ *Mark had been* ***feeling ill*** *for a couple of days.* ▷ **chory 2** [always before noun] formal bad: ***ill health*** ◦ *He suffered no* ***ill effects*** *from his fall.* ▷ **zły, szkodliwy** → See also **ill at ease**

Ill wyrazy bliskoznaczne

Czestą alternatywą jest przymiotnik **sick**:

He was off work ***sick*** *last week.*

W Wielkiej Brytanii w sytuacjach nieformalnych możemy również użyć przymiotników **poorly** i **rough**:

What's the matter, Sophie – are you feeling ***poorly****?*

I felt really ***rough*** *after eating that curry.*

W bardziej formalnych sytuacjach w znaczeniu „chory" używamy przymiotnika **unwell**:

I've felt a little ***unwell*** *all week.*

Jeśli chcemy powiedzieć, że ktoś trochę źle się czuje, w sytuacjach nieformalnych możemy również zastosować zwroty **be/feel under the weather** i **be/feel below par**:

I don't think I'll be coming to the party – I'm a bit ***under the weather.***

ill² /ɪl/ **noun** [C] formal a problem: [usually plural] *social and economic ills* ▷ **bolączka, dolegliwość**

ill³ /ɪl/ **adverb** formal **1** badly: *Many of the nurses were* ***ill prepared*** *to deal with such badly burned patients.* ▷ **źle 2 can ill afford (to do) sth** If you can ill afford to do something, it is likely to make things difficult for you if you do it: *This is a match United can ill afford to lose.* ▷ **nie móc sobie pozwolić na** *coś* **3 speak ill of sb** formal to say bad things about someone ▷ **źle o** *kimś* **mówić**

I'll /aɪl/ short for I shall/I will: *I'll be there at 6:00.*

ill- /ɪl-/ **prefix** in a way which is bad or not suitable: *ill-prepared* ◦ *an ill-judged remark* ▷ **źle**

ill-advised /ˌɪlədˈvaɪzd/ **adjective** not wise, and likely to cause problems in the future ▷ **nierozważny, nierozsądny**

ill-conceived /ˌɪlkənˈsiːvd/ **adjective** badly planned or not wise ▷ **nieprzemyślany**

illegal /ɪˈliːɡəl/ **adjective** B2 not allowed by law: *illegal drugs/weapons* ◦ [+ to do sth] *It is illegal to sell cigarettes to anyone under 16.* ▷ **nielegalny**

• **illegally adverb** B2 *an illegally parked car* ▷ **nielegalnie**

ilˌlegal ˈimmigrant noun [C] (also US **ilˌlegal ˈalien**) someone who goes to live or work in another country when they do not have the legal right to ▷ **nielegaln-y/a imigrant/ka**

illegible /ɪˈledʒəbl/ **adjective** Illegible writing is difficult or impossible to read. ▷ **nieczytelny**

illegitimate /ˌɪlɪˈdʒɪtəmət/ **adjective 1** An illegitimate child is born to parents who are not married to each other. ▷ **nieślubny 2** not legal, honest, or fair: *an illegitimate use of council funds* ▷ **bezprawny**

• **illegitimacy** /ˌɪlɪˈdʒɪtəməsi/ **noun** [U] ▷ **bezprawność, niezgodność z prawem**

ill-equipped /ˌɪlɪˈkwɪpt/ **adjective 1** not having the necessary equipment ▷ **źle przygotowany lub wyposażony 2** not having the necessary ability or qualities to do something: [+ to do sth] *These teachers were ill-equipped to deal with rowdy students.* ▷ **niedostatecznie przygotowany**

ill-fated /ˌɪlˈfeɪtɪd/ **adjective** unlucky and often unsuccessful: *an ill-fated expedition to the South Pole* ▷ **pechowy, niefortunny**

ill-fitting /ˌɪlˈfɪtɪŋ/ **adjective** Ill-fitting clothes do not fit well. ▷ **źle dopasowany**

ill-gotten /ˌɪlˈɡɒtən/ **adjective** literary obtained in a dishonest or illegal way: *He deposited his* ***ill-gotten gains*** *in foreign bank accounts.* ▷ **nieuczciwie zdobyty**

illicit /ɪˈlɪsɪt/ **adjective** not legal or not approved of by society: *an illicit love affair* ▷ **zakazany**

ill-informed /ˌɪlɪnˈfɔːmd/ **adjective** without enough knowledge or information: *an ill-informed decision* ▷ **mylny, błędny**

illiterate /ɪˈlɪtərət/ **adjective** not able to read or write ▷ **niepiśmienny, ≈ analfabet-a/ka**

illness /ˈɪlnəs/ **noun 1** [C] B1 a disease of the body or mind: *a* ***serious/terminal illness*** ◦ *He died at the age of 83 after a long illness.* ▷ **choroba 2** [U] B2 when you are ill ▷ **choroba**

Wyrazy występujące razem z illness

cause/develop/have/recover from/treat an illness • a **critical/minor/rare/serious/terminal** illness

illogical /ɪˈlɒdʒɪkəl/ **adjective** not based on careful thought: *It would be illogical for them to stop at this stage.* ▷ **nielogiczny**

illuminate /ɪˈluːmɪneɪt/ **verb** [T] **1** to shine lights on something: *The paintings and sculptures are illuminated by spotlights.* ▷ **oświetlać 2** to explain something clearly or make it easier to understand ▷ **wyjaśniać, rzucać światło na**

• **illumination** /ɪˌluːmɪˈneɪʃən/ **noun** [C, U] formal ▷ **oświetlenie, iluminacja**

illuminating /ɪˈluːmɪneɪtɪŋ/ **adjective** giving you new information about something or making it easier to understand: *a most illuminating discussion* ▷ **pouczający**

illusion /ɪˈluːʒən/ **noun** **1** [C, U] an idea or belief that is not true: *He **had no illusions about** his talents as a singer.* ◦ *We are not **under any illusion** – we know the work is dangerous.* ▷ **złudzenie** **2** [C] something that is not really what it seems to be: *There is a large mirror at one end to **create the illusion of** more space.* ▷ **złudzenie, iluzja** → See also **optical illusion**

illustrate /ˈɪləstreɪt/ **verb** [T] **1** to give more information or examples to explain or prove something: *to illustrate a point/problem* ◦ [+ question word] *This new discovery illustrates how little we know about early human history.* ▷ **ilustrować, pokazywać** **2** B2 to draw pictures for a book, magazine, etc: *an illustrated children's book* ▷ **ilustrować**

illustration /ˌɪləˈstreɪʃən/ **noun** **1** [C] B2 a picture in a book, magazine, etc: *a full-page colour illustration* ▷ **ilustracja** **2** [C, U] an example that explains or proves something: *This is another **illustration of** the power of the media.* ▷ **przykład, ilustracja**

illustrator /ˈɪləstreɪtər/ **noun** [C] a person whose job is to draw or paint pictures for books ▷ **ilustrator/ka**

illustrious /ɪˈlʌstriəs/ **adjective** formal famous and well respected: *an **illustrious career*** ▷ **znakomity**

ˌill ˈwill **noun** [U] bad feelings between people because of things that happened in the past ▷ **zła wola**

I'm /aɪm/ short for I am

im- /ɪm-/ **prefix** not: *impossible* ◦ *immortal* ▷ **nie-**

image /ˈɪmɪdʒ/ **noun** **1** [C, U] B2 the way that other people think someone or something is: *The aim is to improve the **public image of** the police.* ▷ **wizerunek** **2** [C] B2 a picture, especially on film or television or in a mirror: ***television images** of starving children* ▷ **obraz** **3** [C] a picture in your mind or an idea of how someone or something is: *I have an image in my mind of the way I want the garden to look.* ▷ **obraz**

> Wyrazy występujące razem z **image**
>
> **create/project** an image • sb's/sth's **public** image • an image **of** sth

imagery /ˈɪmɪdʒəri/ **noun** [U] the use of words or pictures in books, films, paintings, etc to describe ideas or situations ▷ **obrazowanie, symbolika**

imaginable /ɪˈmædʒɪnəbl/ **adjective** possible to think of: *ice cream of every imaginable flavour* ▷ **wyobrażalny, możliwy** → Opposite **unimaginable**

imaginary /ɪˈmædʒɪnəri/ **adjective** not real but imagined in your mind: *The story takes place in an imaginary world.* ▷ **zmyślony, wyimaginowany**

iˌmaginary ˈnumber **noun** [C] a number that is the square root of a negative number, especially the square root of -1 ▷ **liczba urojona** → Compare **complex number**, **real number**

imagination /ɪˌmædʒɪˈneɪʃən/ **noun** **1** [C] B1 the part of your mind that creates ideas or pictures of things that are not real or that you have not seen: [usually singular] *There's nothing out here – it's just your imagination.* ▷ **wyobraźnia** **2** [U] B1 the ability to create ideas or pictures in your mind: *The job needs someone with creativity and imagination.* ▷ **wyobraźnia** → See also **not by any *stretch* of the imagination**

> Wyrazy występujące razem z **imagination**
>
> **have/lack/show** imagination • **use** your imagination • **capture** sb's imagination • a **fertile/vivid** imagination

imaginative /ɪˈmædʒɪnətɪv/ **adjective** **1** Something which is imaginative is new or clever and often unusual: *an imaginative use of colour* ▷ **oryginalny, pomysłowy** **2** Someone who is imaginative is able to create new and interesting ideas or things: *a highly imaginative poet* ▷ **twórczy**

• **imaginatively adverb** ▷ **oryginalnie**

imagine /ɪˈmædʒɪn/ **verb** [T] **1** B1 to create an idea or picture of something in your mind: [+ doing sth] *Imagine being able to do all your shopping from your armchair.* ◦ [+ question word] *You can imagine how pleased I was when the letter arrived.* ▷ **wyobrażać sobie** **2** B2 to believe that something is probably true: *I imagine he must be under a lot of pressure at the moment.* ▷ **wyobrażać sobie** **3** B1 to think that you hear or see something which does not really exist: *I can't hear anything – you must be imagining it.* ▷ **≈ zdawać się, wydawać się**

imaging /ˈɪmɪdʒɪŋ/ **noun** [U] the process of producing an exact picture of something, especially on a computer screen: ***computer/digital imaging*** ▷ **grafika**

imbalance /ˌɪmˈbæləns/ **noun** [C] when two things which should be equal or are normally equal are not: *There is a huge economic **imbalance between** the two countries.* ▷ **brak równowagi, różnica**

imbue /ɪmˈbjuː/ **verb** (present participle **imbuing**, past tense and past participle **imbued**)

PHRASAL VERB **imbue sb/sth with sth** formal to fill someone or something with a particular feeling, quality, or idea: *His poetry is imbued with deep religious feeling.* ▷ **przepajać** *kogoś/coś czymś*

the IMF /ˌaɪemˈef/ **noun** [no plural] abbreviation for the International Monetary Fund: a part of the United Nations which encourages international trade and gives money to poor countries

▷ **MFW (= Międzynarodowy Fundusz Walutowy)**

IMHO Internet abbreviation for in my humble opinion: used when you tell someone your opinion ▷ **moim skromnym zdaniem**

imitate /ˈɪmɪteɪt/ **verb** [T] to copy the way someone or something looks, sounds, or behaves: *She tried to imitate the way the models walked.* ▷ **naśladować, imitować**
• **imitator noun** [C] ▷ **naśladow-ca/czyni**

imitation /ˌɪmɪˈteɪʃən/ **noun** **1** [C] a copy of something that is made to look like the real thing: *It wasn't a genuine Gucci handbag, just **a cheap imitation**.* ◦ ***imitation leather/fur*** ▷ **imitacja, ≈ sztuczny** **2** [C, U] when someone copies the way another person speaks or behaves: *He does a very good **imitation of** the Prime Minister.* ▷ **parodia**

> Wyrazy występujące razem z **imitation**
> a cheap/convincing/good/pale imitation • an imitation of sb/sth

immaculate /ɪˈmækjələt/ **adjective** **1** perfectly clean and tidy or in perfect condition: *an immaculate garden/room* ▷ **nieskazitelny** **2** perfect and without any mistakes: *an **immaculate performance*** ▷ **bezbłędny**
• **immaculately adverb** ▷ **nieskazitelnie**

immaterial /ˌɪməˈtɪəriəl/ **adjective** If something is immaterial, it is not important because it does not affect a situation. ▷ **nieistotny**

immature /ˌɪməˈtjʊəʳ/ **adjective** **1** not behaving in a way which is as wise and calm as people expect from someone your age: *Some of the boys are quite immature for their age.* ▷ **niedojrzały** **2** not completely developed: *immature cells* ▷ **niedojrzały**
• **immaturity noun** [U] ▷ **niedojrzałość**

immeasurable /ɪˈmeʒərəbl/ **adjective** very large or extreme and so impossible to measure: *the immeasurable pain of losing a child* ▷ **niezmierzony, bezgraniczny**
• **immeasurably adverb** *His confidence has grown immeasurably since he got the job.* ▷ **bezgranicznie**

immediate /ɪˈmiːdiət/ **adjective** **1** (B2) happening or done without waiting or very soon after something else: *The government has promised to take **immediate action**.* ◦ *The drugs will have an **immediate effect**.* ▷ **natychmiastowy** **2** (B2) important now and needing attention: *Our **immediate concern** is getting food and water to the refugees.* ▷ **bezpośredni, pilny** **3** [always before noun] closest to something or someone: *Police cleared people from the **immediate area** following the bomb warning.* ▷ **najbliższy, bezpośredni** **4 the immediate future** the period of time that is coming next ▷ **najbliższa przyszłość** **5 sb's immediate family** someone's closest relatives, such as their parents, children, husband, or wife ▷ *czyjaś* **najbliższa rodzina**

immediately¹ /ɪˈmiːdiətli/ **adverb** **1** (A2) now or without waiting or thinking about something: *The cause of the problem wasn't **immediately obvious**.* ▷ **natychmiast** **2** next to something, or close to something in time: *There are fields immediately behind the house.* ◦ *Cole scored again **immediately after** half-time.* ▷ **bezpośrednio, zaraz**

immediately² /ɪˈmiːdiətli/ **conjunction** UK as soon as: *Immediately I saw her I knew something terrible had happened.* ▷ **gdy tylko**

immense /ɪˈmens/ **adjective** extremely big: *immense pressure/value* ◦ *Health care costs the country **an immense amount of** money.* ▷ **ogromny**

immensely /ɪˈmensli/ **adverb** extremely: ***immensely powerful/popular*** ▷ **ogromnie**

immerse /ɪˈmɜːs/ **verb** **1 be immersed in sth; immerse yourself in sth** to be or become completely involved in something, so that you do not notice anything else ▷ **być pochłoniętym** *czymś* **2** [T] to put something in a liquid so that it is completely covered ▷ **zanurzać**
• **immersion** /ɪˈmɜːʃən/ **noun** [U] ▷ **zanurzenie**

immigrant /ˈɪmɪɡrənt/ **noun** [C] (B2) someone who comes to live in a different country ▷ **imigrant/ka** → See also **illegal immigrant**

immigration /ˌɪmɪˈɡreɪʃən/ **noun** [U] **1** (B2) when someone comes to live in a different country: ***immigration policy*** ▷ **imigracja** **2** (B1) the place where people's official documents are checked when they enter a country at an airport, port, border, etc: ***immigration control*** ▷ **kontrola paszportowa**
• **immigrate** /ˈɪmɪɡreɪt/ **verb** [I] to come to live in a different country ▷ **imigrować**

imminent /ˈɪmɪnənt/ **adjective** coming or happening very soon: ***imminent danger*** ▷ **nieuchronny, bliski**

immiscible /ɪˈmɪsəbəl/ **adjective** An immiscible liquid cannot be mixed with another liquid without separating from it. ▷ **niemieszalny** → Opposite **miscible**

immobile /ɪˈməʊbaɪl/ (US) /ɪˈməʊbəl/ **adjective** not moving or not able to move ▷ **nieruchomy**
• **immobility** /ˌɪməʊˈbɪləti/ **noun** [U] ▷ **brak ruchu, unieruchomienie**

immoral /ɪˈmɒrəl/ **adjective** (B2) morally wrong: *immoral behaviour* ▷ **niemoralny**
• **immorality** /ˌɪməˈræləti/ **noun** [U] ▷ **niemoralność**

immortal /ɪˈmɔːtəl/ **adjective** **1** living or lasting forever: *an immortal soul/God* ▷ **nieśmiertelny** **2** famous or remembered for a very long time: *Then he uttered the **immortal line** – "My name is Bond".* ▷ **nieśmiertelny**
• **immortality** /ˌɪmɔːˈtæləti/ **noun** [U] ▷ **nieśmiertelność**

immortalize (also UK **-ise**) /ɪˈmɔːtəlaɪz/ **verb** [T] to make someone or something famous for a long time ▷ **uwieczniać**

immune /ɪˈmjuːn/ **adjective 1** [never before noun] If you are immune to a disease, you will not get it: *Once you've had the virus, you are* ***immune to*** *it.* ▷ **odporny 2** [always before noun] relating to the way your body fights disease: *an* ***immune deficiency/response*** ▷ **immunologiczny, odpornościowy 3** [never before noun] not affected by a particular type of behaviour or emotion: *He is* ***immune to*** *flattery.* ▷ **nieczuły 4** [never before noun] not able to be punished or damaged by something: *His diplomatic passport makes him* ***immune from*** *prosecution.* ▷ **chroniony (immunitetem)**

imˈmune ˌsystem noun [C] the cells and tissues in your body that fight against infection: [usually singular] *Vitamins help* ***boost*** *(= make stronger) your* ***immune system.*** ▷ **układ immunologiczny lub odpornościowy**

immunity /ɪˈmjuːnəti/ **noun** [U] when you are immune, especially to disease or from legal action: ***diplomatic immunity*** ◦ *The vaccine gives you lifelong* ***immunity to*** *the virus.* ▷ **odporność, immunitet**

immunize (also UK **-ise**) /ˈɪmjənaɪz/ **verb** [T] to make a person or animal immune by giving them special medicine: *He was* ***immunized against*** *measles as a child.* ▷ **szczepić, uodparniać**

• **immunization** /ˌɪmjənaɪˈzeɪʃᵊn/ **noun** [C, U] *a programme of mass immunization* ▷ **szczepienie, uodpornienie**

immunosuppression /ˌɪmjənəʊsəˈpreʃᵊn/ **noun** [U] when the body's immune system is intentionally stopped from working, or is made less effective, usually by drugs, especially in order to help the body accept an organ which has been taken from another person's body ▷ **immunosupresja**

• **immunosuppressant** /ˌɪmjənəʊsəˈpresənt/ **noun** [C] a drug that stops the body's immune system from working ▷ **lek immunosupresyjny, immunosupresant**

IMO Internet abbreviation for in my opinion: used when you want to give an opinion ▷ **moim zdaniem**

impact¹ /ˈɪmpækt/ **noun 1** [no plural] (B2) the effect that a person, event, or situation has on someone or something: *Latino singers* ***have had a*** *major* ***impact on*** *pop music this year.* ▷ **wpływ 2** [U] (B2) the force or action of one object hitting another: *The missile explodes* ***on impact*** *(= when it hits another object).* ▷ **uderzenie**

> Wyrazy występujące razem z **impact**
>
> have/make an impact • a major/negative/ significant impact • an impact on sth

impact² /ɪmˈpækt/ **verb** [T] (also **impact on/ upon**) mainly US to affect something or someone: *Rising interest rates are sure to* ***impact on*** *the housing market.* ▷ **wpływać na**

impair /ɪmˈpeəʳ/ **verb** [T] formal to harm something and make it less good: [often passive] *When you're tired your* ***judgment*** *is* ***impaired.*** ▷ **upośledzać, pogarszać, osłabiać**

• **impairment noun** [C, U] when something is impaired: ***mental/physical impairment*** ▷ **upośledzenie**

impaired /ɪmˈpeəd/ **adjective visually/hearing impaired** unable to see or hear as well as most people ▷ **niedowidzący/niedosłyszący**

impale /ɪmˈpeɪl/ **verb** [T] to push a sharp object through something or someone ▷ **nadziewać, przebijać**

impart /ɪmˈpɑːt/ **verb** [T] formal **1** to communicate information or knowledge to someone: *I have disappointing* ***news*** *to* ***impart.*** ▷ **przekazywać 2** to give something a particular feeling, quality, or taste: *Preservatives can impart colour and flavour to a product.* ▷ **nadawać**

impartial /ɪmˈpɑːʃᵊl/ **adjective** not supporting or preferring any person, group, plan, etc more than others: ***impartial advice*** ◦ *A trial must be fair and impartial.* ▷ **bezstronny**

• **impartiality** /ɪmˌpɑːʃiˈæləti/ **noun** [U] when someone or something is impartial ▷ **bezstronność**

impassable /ɪmˈpɑːsəbl/ **adjective** If roads or paths are impassable, vehicles cannot move along them. ▷ **nieprzejezdny**

impasse /ˈæmpæs/ (US) /ˈɪmpæs/ **noun** [U] a situation in which it is impossible to make any progress: *He is determined to* ***break*** *(= end)* ***the impasse*** *in the peace process.* ▷ **impas**

> Wyrazy występujące razem z **impasse**
>
> break/reach an impasse • an impasse **in** sth

impassioned /ɪmˈpæʃᵊnd/ **adjective** showing and expressing strong emotion: *an* ***impassioned plea/speech*** ▷ **płomienny**

impassive /ɪmˈpæsɪv/ **adjective** An impassive person or face shows no emotion. ▷ **beznamiętny**

• **impassively adverb** ▷ **beznamiętnie**

impatience /ɪmˈpeɪʃᵊns/ **noun** [U] when someone is impatient ▷ **niecierpliwość**

impatient /ɪmˈpeɪʃᵊnt/ **adjective 1** (B2) easily annoyed by someone's mistakes or because you have to wait: *I do get* ***impatient with*** *the children when they won't do their homework.* ▷ **niecierpliwy 2** [never before noun] (B2) wanting something to happen as soon as possible: *People are increasingly* ***impatient for*** *change in this country.* ▷ **niecierpliwy**

• **impatiently adverb** (B2) *We waited impatiently for the show to begin.* ▷ **niecierpliwie**

impeccable /ɪmˈpekəbl/ **adjective** perfect and with no mistakes: *She speaks impeccable English.* ▷ **nienaganny**

• **impeccably** adverb *impeccably dressed* ▷ **nienagannie**

impede /ɪmˈpiːd/ **verb** [T] formal to make it difficult or impossible for someone or something to move or make progress: *A broken-down car is impeding the flow of traffic.* ▷ **utrudniać, wstrzymywać**

impediment /ɪmˈpedɪmənt/ **noun** [C] **1** formal something that makes it difficult or impossible for someone or something to move or make progress: *Cramped classrooms are an* ***impediment to*** *learning.* ▷ **utrudnienie, przeszkoda 2** a problem that makes speaking, hearing, or moving difficult: *a* ***speech impediment*** ▷ **wada**

impel /ɪmˈpel/ **verb** [T] (present participle **impelling**, past tense and past participle **impelled**) formal to make you feel that you must do something: [+ to do sth] *Harry felt impelled to tell the truth.* ▷ **zmuszać**

impending /ɪmˈpendɪŋ/ **adjective** [always before noun] An impending event will happen soon and is usually bad or unpleasant: ***impending disaster/doom*** ◦ *I've just heard about the* ***impending departure*** *of our chairman.* ▷ **nieuchronny**

impenetrable /ɪmˈpenɪtrəbl/ **adjective 1** impossible to understand: *impenetrable jargon* ▷ **niezrozumiały 2** impossible to see through or go through: *impenetrable fog* ▷ **nieprzenikniony**

imperative[1] /ɪmˈperətɪv/ **adjective 1** formal When an action or process is imperative, it is extremely important that it happens or is done: [+ (that)] *It is imperative that I speak with him at once.* ▷ **konieczny 2** An imperative form of a verb is used to express an order. In the sentence 'Stop the machine!', the verb 'stop' is an imperative verb. ▷ **rozkazujący, rozkaźnikowy**

imperative[2] /ɪmˈperətɪv/ **noun** [C] **1** something that must happen, exist, or be done: *a moral/political imperative* ▷ **imperatyw 2** (B2) the imperative form of a verb ▷ **forma rozkazująca, rozkaźnik**

imperceptible /ˌɪmpəˈseptəbl/ **adjective** not able to be noticed or felt: *She heard a faint, almost imperceptible cry.* ▷ **niezauważalny**

• **imperceptibly** adverb ▷ **niezauważalnie**

imperfect[1] /ɪmˈpɜːfɪkt/ **adjective** not perfect and with some mistakes: *an imperfect solution* ▷ **niedoskonały, wadliwy**

• **imperfectly** adverb ▷ **niedoskonale, wadliwie**

imperfect[2] /ɪmˈpɜːfɪkt/ **noun** (also **the imˌperfect ˈtense**) **the imperfect** The form of the verb that is used to show an action in the past which has not been completed. In the sentence 'We were crossing the road', 'were crossing' is in the imperfect. ▷ **forma niedokonana**

imperfection /ˌɪmpəˈfekʃən/ **noun** [C, U] when something or someone is not perfect: *Make-up can hide small skin imperfections.* ▷ **skaza, niedoskonałość**

imperial /ɪmˈpɪəriəl/ **adjective 1** [always before noun] relating or belonging to an empire or the person who rules it: *imperial rule* ◦ *the imperial family* ▷ **cesarski, imperialny 2** The imperial system of measurement uses units based on measurements such as inches, pints, and ounces. ▷ **angielski, calowy**

imperialism /ɪmˈpɪəriəlɪzəm/ **noun** [U] **1** when one government or person rules a group of other countries: *the age of imperialism* ▷ **imperializm 2** when one country has a lot of power or influence over others: ***cultural/economic imperialism*** ▷ **imperializm**

• **imperialist adjective** relating to imperialism ▷ **imperialistyczny**

imperil /ɪmˈperəl/ **verb** [T] (present participle UK **imperilling**, past tense and past participle **imperilled**, present participle US **imperiling**, past tense and past participle **imperiled**) formal to put someone or something in a dangerous situation ▷ **narażać (na niebezpieczeństwo)**

imperious /ɪmˈpɪəriəs/ **adjective** formal showing that you think that you are important and expect others to obey you: *an* ***imperious manner*** ▷ **władczy**

impermeable /ɪmˈpɜːmiəbl/ **adjective** If a substance is impermeable, it does not allow liquids or gases to go through it. ▷ **nieprzepuszczalny** → Opposite **permeable**

impersonal /ɪmˈpɜːsənəl/ **adjective** not being friendly towards people or showing any interest in them: *a cold and impersonal letter* ▷ **bezosobowy**

impersonate /ɪmˈpɜːsəneɪt/ **verb** [T] to copy the way someone looks and behaves in order to pretend to be them or to make people laugh: *Impersonating a police officer is a serious offence.* ▷ **podawać się za, naśladować, parodiować**

• **impersonation** /ɪmˌpɜːsənˈeɪʃən/ **noun** [C, U] *He did an* ***impersonation*** *of Bill Clinton.* ▷ **naśladowanie, parodia, podawanie się za** • **impersonator noun** [C] *an Elvis impersonator* ▷ **naśladow-ca/czyni, parodyst-a/ka**

impertinent /ɪmˈpɜːtɪnənt/ **adjective** formal rude or not showing respect: *an* ***impertinent remark*** ▷ **impertynencki, bezczelny**

impervious /ɪmˈpɜːviəs/ **adjective 1** not affected by something: *She was* ***impervious to*** *the pain.* ▷ **niewrażliwy, nieczuły 2** formal Impervious material does not let liquid into or through it: *impervious rock* ▷ **nieprzepuszczalny**

impetuous /ɪmˈpetʃuəs/ **adjective** done or acting quickly and without thinking carefully: *an impetuous outburst* ▷ **gwałtowny, porywczy**

impetus /ˈɪmpɪtəs/ **noun** [U] **1** something that makes an activity or process happen or continue with more speed and energy: *His visit* ***gave*** *new* ***impetus to*** *the peace process.* ▷ **bodziec 2** a physical force that makes an object start or continue to move ▷ **rozpęd**

> **Wyrazy występujące razem z impetus**
>
> **give/provide [new, fresh, added, etc] impetus to sth • the impetus behind/for sth**

impinge /ɪmˈpɪndʒ/ **verb** formal

PHRASAL VERB **impinge on/upon sb/sth** to affect or limit someone or something: *How does your religious commitment impinge upon your professional life?* ▷ **wpływać lub rzutować na** *kogoś/coś*

implacable /ɪmˈplækəbl/ **adjective** formal determined not to change the strong feelings you have against someone or something: ***implacable opposition/hostility*** ▷ **nieprzejednany**

implant¹ /ˈɪmplɑːnt/ **noun** [C] an object placed inside part of your body in an operation, to improve your appearance or treat a medical condition: ***breast implants*** ▷ **wszczep, implant**

implant² /ɪmˈplɑːnt/ **verb** [T] to place something into someone's body in a medical operation: *Two embryos were implanted in her womb.* ▷ **wszczepiać**

implausible /ɪmˈplɔːzəbl/ **adjective** difficult to believe or imagine: *an implausible explanation* ▷ **mało prawdopodobny**

implement¹ /ˈɪmplɪment/ **verb** [T] formal (B2) to make a law, system, plan, etc start to happen or operate: *Our new computerized system will soon be fully implemented.* ▷ **wprowadzać (w życie), wdrażać**

• **implementation** /ˌɪmplɪmenˈteɪʃən/ **noun** [U] ▷ **implementacja, wdrożenie**

implement² /ˈɪmplɪmənt/ **noun** [C] a tool: *a garden/farm implement* ▷ **narzędzie**

implicate /ˈɪmplɪkeɪt/ **verb** [T] to show that someone or something is involved in something bad, especially a crime: [often passive] *Two senior officers are **implicated in** the latest drugs **scandal**.* ▷ **zamieszać, wmieszać**

implication /ˌɪmplɪˈkeɪʃən/ **noun 1** [C] a result or effect that seems likely in the future: [usually plural] *financial/health implications* ◦ *This scheme **has** serious **implications for** the local economy.* ▷ **implikacja 2** [C, U] when you seem to suggest something without saying it directly: *The **implication** was **that** the school had to do much better or it would be closed.* ▷ **sugestia, implikacja 3** [U] when something or someone is implicated in something bad ▷ **udział, zamieszanie**

> **Wyrazy występujące razem z implication**
>
> **have implications for sth • far-reaching/profound/serious implications • the implications of sth**

implicit /ɪmˈplɪsɪt/ **adjective 1** suggested but not stated directly: *an implicit threat* ◦ *We interpreted his silence as implicit agreement.* ▷ **pośredni, ukryty 2** complete: ***implicit faith/trust*** ▷ **bezgraniczny**

• **implicitly adverb** *I **trust** him **implicitly**.* ▷ **nie wprost**

implore /ɪmˈplɔːʳ/ **verb** [T] literary to ask for something in a serious and emotional way: [+ to do sth] *I implored him to let the child go.* ▷ **błagać**

imply /ɪmˈplaɪ/ **verb** [T] to suggest or show something, without saying it directly: [+ (that)] *Are you implying that I'm fat?* ◦ *an **implied criticism*** ▷ **sugerować**

impolite /ˌɪmpəlˈaɪt/ **adjective** formal (B2) not polite ▷ **nieuprzejmy, niegrzeczny**

import¹ /ɪmˈpɔːt/ **verb** [T] **1** (B2) to bring something into your country from another country for people to buy: *We import about 20 percent of our food.* ▷ **importować 2** to copy information from one computer or computer program to another: *to **import data*** ◦ *imported files* ▷ **importować** → Opposite **export**

• **importation** /ˌɪmpɔːˈteɪʃən/ **noun** [U] ▷ **import**

• **importer noun** [C] ▷ **importer**

import² /ˈɪmpɔːt/ **noun 1** [C] a product which is imported from another country: [usually plural] *Japanese/American imports* ▷ **produkt importowany 2** [U] when you import goods: *a ban on the import of beef* ▷ **import** → Opposite **export**

importance /ɪmˈpɔːtəns/ **noun** [U] (B1) how important someone or something is: *He emphasized **the importance of** following safety procedures.* ◦ *She **attaches** a lot of **importance to** personal possessions (= she thinks they are important).* ▷ **znaczenie, waga**

> **Wyrazy występujące razem z importance**
>
> **central/great/major/paramount/the utmost/vital** importance • **emphasize/stress** the importance of sth • **attach (great)** importance to sth • the importance of sth

important /ɪmˈpɔːtənt/ **adjective 1** (A1) valuable, useful, or necessary: *My family is very **important to** me.* ◦ [+ to do sth] *It is important to say what you think.* ▷ **ważny 2** (B1) having a lot of power, influence, or effect: *an important person/decision* ▷ **ważny** → Opposite **unimportant**

• **importantly adverb** (B2) *They provided hot showers and, more importantly, clean clothes.* ▷ **co (równie) ważne**

> **Important** wyrazy bliskoznaczne
>
> Przymiotników **big, major** i **significant** często używamy w znaczeniu „ważny":
>
> *This is a **big** game tonight – if Manchester lose, they're out of the championship.*
>
> *This is a **major** decision so we'd better get it right.*
>
> *Did he make any **significant** changes to my suggestions?*
>
> Ważna lub sławna osoba jest czasem określana przymiotnikami **eminent, prominent** lub **great**:
>
> *Her father was an **eminent** historian.*

impose /ɪmˈpəʊz/ **verb** [T] **1** to officially order that a rule, tax, punishment, etc will happen: *to* ***impose*** *a* ***ban/tax*** ◦ *The judge* ***imposed*** *the death penalty* ***on*** *both men.* ▷ **nakładać** **2** to force someone to accept a belief or way of living: *I don't want them to* ***impose*** *their religious beliefs* ***on*** *my children.* ▷ **narzucać**

PHRASAL VERB **impose on sb** to ask or expect someone to do something that may give them extra work or trouble: *I hate to impose on you, but could I stay the night?* ▷ **nadużywać** *czyjejś* **uprzejmości, narzucać się** *komuś*

imposing /ɪmˈpəʊzɪŋ/ **adjective** looking big and important in a way that people admire: *He was an* ***imposing figure*** *– tall and broad-chested.* ▷ **imponujący**

imposition /ˌɪmpəˈzɪʃᵊn/ **noun** **1** [U] when you impose something: *the imposition of a fine* ▷ **nałożenie** **2** [C] the cause of extra work or trouble for someone else: *It's a bit of an imposition, but could you take me to the airport?* ▷ **kłopot, nadużycie uprzejmości**

impossible[1] /ɪmˈpɒsəbl/ **adjective** **1** (B1) If an action or event is impossible, it cannot happen or be done: *an impossible task* ◦ *He finds walking almost impossible.* ◦ [+ to do sth] *It was impossible to sleep because of the noise.* ▷ **niemożliwy** **2** very difficult to deal with: *You're putting me in an impossible position.* ▷ **beznadziejny**

• **impossibility** /ɪmˌpɒsəˈbɪləti/ **noun** [C, U] when something is impossible: [usually singular] *I can't do it – it's a* ***physical impossibility****.* ▷ **niemożliwość**

impossible[2] /ɪmˈpɒsəbl/ **noun** **the impossible** something that it is not possible to have or achieve ▷ **rzecz niemożliwa, niemożliwość**

impossibly /ɪmˈpɒsəbli/ **adverb** extremely, in a way that is very difficult to achieve or deal with: *a picture of an impossibly pretty woman* ▷ **niewiarygodnie**

impostor (also **imposter**) /ɪmˈpɒstəʳ/ **noun** [C] someone who pretends to be someone else in order to deceive people ▷ **oszust/ka**

impotent /ˈɪmpətənt/ **adjective** **1** An impotent man is unable to have sex because his penis does not become or stay hard. ▷ **cierpiący na impotencję,** ≈ **impotent** **2** not having the power or strength to do anything to change a situation: *When your child is ill, you feel so impotent.* ▷ **bezsilny**

• **impotence** /ˈɪmpətəns/ **noun** [U] ▷ **impotencja, bezsilność**

impound /ɪmˈpaʊnd/ **verb** [T] If the police or someone in authority impounds something that belongs to you, for example your car, they take it away because you have broken the law. ▷ **konfiskować, zatrzymywać**

impoverished /ɪmˈpɒvᵊrɪʃt/ **adjective** formal **1** poor or made poor: *an impoverished country/family* ▷ **zubożały** **2** made worse or weaker: *culturally/emotionally impoverished* ▷ **zubożały**

impractical /ɪmˈpræktɪkᵊl/ **adjective** **1** Impractical ideas, methods, etc cannot be used or done easily. ▷ **nierealny, niepraktyczny** **2** Impractical people are not good at making, repairing, or planning things. ▷ **niezaradny** **3** not suitable for using in normal situations: *I love high heels but they're rather impractical.* ▷ **niepraktyczny**

imprecise /ˌɪmprɪˈsaɪs/ **adjective** not accurate or exact: *an imprecise description* ▷ **niedokładny**

impress /ɪmˈpres/ **verb** [T] (B2) to make someone admire or respect you: *I was impressed by her professionalism.* ◦ *Sarah was hoping to* ***impress*** *him* ***with*** *her cooking.* ▷ **zaimponować, zrobić lub wywrzeć wrażenie na**

PHRASAL VERB **impress sth on sb** to make someone understand the importance of something: *He tried to impress the importance of hygiene on them.* ▷ **uzmysłowić** *coś komuś*

impression /ɪmˈpreʃᵊn/ **noun** **1** [no plural] (B2) an idea, feeling, or opinion about something or someone: [+ (that)] *I* ***got/had the impression*** *that he was bored.* ◦ *Monica* ***gives the impression*** *of being shy.* ◦ *Remember that it* ***makes a*** *bad* ***impression*** *if you're late.* ◦ *I think Mick* ***was under the impression that*** *(= thought that) we were married.* ▷ **wrażenie** **2** [C, U] when you copy the way a particular person or animal speaks or behaves, often to make people laugh: *He* ***does a*** *brilliant* ***impression of*** *the president.* ▷ **parodia** **3** [C] a mark left when an object is pressed into something soft ▷ **odcisk**

> Wyrazy występujące razem z **impression**
>
> **convey/create/give/make** an impression • **get** an impression • be **under** an impression • a **distinct/false/favourable/indelible/lasting/misleading** impression

impressionable /ɪmˈpreʃᵊnəbl/ **adjective** easy to influence: *impressionable young people* ▷ **podatny na wpływy, łatwowierny**

impressive /ɪmˈpresɪv/ **adjective** (B2) Someone or something that is impressive makes you admire and respect them: *an impressive performance/view* ▷ **imponujący**

• **impressively adverb** ▷ **imponująco**

imprest /ˈɪmprest/ **noun** [C] an amount of money used by part of a business to pay for small things ▷ **rachunek pomocniczy**

imprest system /ˈɪmprestˌsɪstəm/ **noun** [C, usually singular] a method of keeping an amount of cash in a business for paying small amounts, where a certain amount of money is kept and replaced to the same level at the beginning of each new period ▷ **system k[illegible] gowania na rachunkach pomocniczych**

imprint /ˈɪmprɪnt/ **noun** **1** [C] a mark left when an object is pressed into something soft: *The steps showed the imprint of his boots in the snow.* ▷ **odcisk, ślad** **2** [no plural] the effect that something leaves behind: *Much of the house still **bears the imprint of** her personality.* ▷ **ślad**

imprison /ɪmˈprɪzᵊn/ **verb** [T] to put someone in prison or keep them as a prisoner: [often passive] *Taylor was imprisoned in 1969 for burglary.* ▷ **uwięzić**
• **imprisonment noun** [U] ▷ **uwięzienie**

improbable /ɪmˈprɒbəbl/ **adjective 1** not likely to be true or to happen ▷ **nieprawdopodobny 2** surprising: *Shirley seemed an improbable choice for a supermodel.* ▷ **nieoczekiwany**
• **improbably adverb** ▷ **nieprawdopodobnie**

impromptu /ɪmˈprɒmptjuː/ **adjective, adverb** not planned or prepared: *an impromptu performance/party* ▷ **bez przygotowania**

improper /ɪmˈprɒpəʳ/ **adjective** formal not correct, suitable, honest, or acceptable: *improper conduct* ▷ **niewłaściwy, niestosowny**
• **improperly adverb** *The court ruled that he had **acted improperly**.* ▷ **niewłaściwie, niestosownie**

imˌproper ˈfraction noun [C] a fraction where the number above the line is bigger than the number below the line ▷ **ułamek niewłaściwy**
→ Compare **proper fraction**

impropriety /ˌɪmprəˈpraɪəti/ **noun** [U] formal behaviour that is not correct, suitable, or honest: *The enquiry found no evidence of financial impropriety.* ▷ **niestosowność, nieprawidłowości**

improve /ɪmˈpruːv/ **verb** [I, T] **A2** to get better or to make something better: *Scott's behaviour has improved a lot lately.* ◦ *Every year thousands of students come to London to improve their English.* ◦ *improved earnings/productivity* ▷ **poprawiać (się), polepszać (się)**

> **Improve** wyrazy bliskoznaczne
>
> Jeśli jakaś sytuacja poprawia się po okresie niepowodzeń, możemy użyć czasowników **rally** i **recover**:
> *The team played badly in the first half but **rallied** in the second.*
> *We are still waiting for the economy to **recover**.*
> Czasowników frazowych **look up** i **pick up** możemy użyć w sytuacjach nieformalnych, by powiedzieć, że sytuacja ulega poprawie:
> *Our financial situation is **looking up**.*
> *Business is really beginning to **pick up**.*
> Czasownik frazowy **work on** oznacza „próbować coś ulepszyć":
> *You need to **work on** your technique.*

PHRASAL VERB **improve on sth** to do something in a better way or with better results than before: *I hope our team can improve on last Saturday's performance.* ▷ **poprawiać** *coś*, **udoskonalać** *coś*

improvement /ɪmˈpruːvmənt/ **noun** [C, U] **B1** when something gets better or when you make it better: ***home improvements*** ◦ *There's been a noticeable **improvement in** her work this term.* ◦ *He's a definite **improvement on** her last boyfriend.* ◦ *Sadly, her health has **shown** no **improvement**.* ▷ **poprawa, ulepszenie**

> Wyrazy występujące razem z **improvement**
>
> a continuous/dramatic/gradual/significant/slight improvement • bring about/notice/produce an improvement • an improvement in/to sth

improvise /ˈɪmprəvaɪz/ **verb** [I, T] **1** to make or do something without any preparation, using only the things that are available: *For a football, we improvised with some rolled-up socks.* ▷ **improwizować 2** to play music or say words that you are inventing, not reading or remembering ▷ **improwizować**
• **improvisation** /ˌɪmprəvaɪˈzeɪʃᵊn/ **noun** [C, U] ▷ **improwizacja**

impulse /ˈɪmpʌls/ **noun 1** [C] a sudden feeling that you must do something, without thinking about the results: [usually singular] *Her **first impulse** was to run away.* ▷ **impuls, ochota 2 on impulse** suddenly and without thinking first: *I tend to act on impulse.* ▷ **spontanicznie, pod wpływem impulsu 3** [C] a short signal that carries information through a system, for example an electrical system or the nerves in your body ▷ **impuls**

> Wyrazy występujące razem z **impulse**
>
> resist an impulse • sb's first impulse

impulsive /ɪmˈpʌlsɪv/ **adjective** Impulsive people do things suddenly, without planning or thinking carefully, but because they want to. ▷ **impulsywny**
• **impulsively adverb** ▷ **impulsywnie**

impunity /ɪmˈpjuːnəti/ **noun** formal **with impunity** without being punished: *Criminal gangs are terrorizing the city with apparent impunity.* ▷ **bezkarnie**

impure /ɪmˈpjʊəʳ/ **adjective** not pure, but mixed with other substances ▷ **zanieczyszczony**
• **impurity noun** [C, U] when something is impure or a substance that is impure ▷ **zanieczyszczenie**

in- /ɪn-/ **prefix** not: *inaccurate* ◦ *insensitive* ▷ **nie-**

in¹ /ɪn/ **preposition 1** **A1** inside or towards the inside of a container, place, or area: *There's milk in the fridge.* ◦ *a shop in South London* ◦ *He put his hand in his pocket.* ▷ **w, do 2** **A1** during part or all of a period of time: *We're going to Italy in April.* ◦ *I started working here in 1993.* ▷ **w 3** **A2** needing or using no more than a particular amount of time: *I'll be ready in a few minutes.* ▷ **w, za 4** **A2** part of something: *Who's the woman in the painting?* ◦ *There's a few spelling mistakes in your essay.* ▷ **w, na 5** **B1** involved in a particular kind of job: *a career in publishing/politics* ▷ **w 6** **B1** connected with a particular subject: *a degree in philosophy* ◦ *advances in medical science* ▷ **w, z** **7** B1 wearing: *Do you know that man in the grey suit?* ▷ **w** **8** B1 expressed or written in a particular way: *Complete the form in black ink.* ◦ *She spoke to him in Russian.* ▷ **w, po, na** **9** B1 arranged in a particular way: *We sat down in a circle.* ◦ *Is this list in alphabetical order?* ▷ **w** **10** B1 experiencing an emotion or condition: *She's in a bad mood this morning.* ◦ *The kitchen's in a terrible state.* ▷ **w** **11 in all** B2 used to show the total amount of something: *Some of the children came, so there were 15 of us in all.* ▷ **w sumie**

in² /ɪn/ **adverb** **1** A2 into an area or space from the outside of it: *He rushed in halfway through the meeting.* ◦ *Annie opened the car door and threw her luggage in.* ▷ **do środka, do wewnątrz** **2** B1 at the place where a person usually lives or works: *I phoned, but she wasn't in.* ◦ *Could you ask him to ring me when he* ***gets in****?* ▷ **w domu, w pracy, na miejscu** **3** B1 If a train, plane, etc is in, it has arrived at the place it was going to: *My train gets in at 17.54.* ▷ **na miejsc-e/u** **4** B2 given or sent to someone official in order to be read: *Applications must be in by 28th February.* ▷ **nadesłany, złożony** **5** used when the sea or a ship moves close to land: *Let's go – the tide is* ***coming in****.* ▷ **do lądu** **6 be in for sth** informal If someone is in for a surprise, treat, shock, etc, it will happen to them soon: *If he thinks looking after a baby is easy, he's in for a shock.* ▷ **musieć się przygotować na** *coś*, ≈ *coś kogoś* **czeka** **7 be in on sth** informal If you are in on something, you know about it or are involved in it: *Were you in on the surprise?* ◦ *Please* ***let*** *me* ***in on*** (= tell me) *the secret.* ▷ **wiedzieć o** *czymś*, **być w** *coś* **wtajemniczonym** **8** UK In cricket and similar sports, if a person or team is in, they are taking a turn to play. ▷ **zagrywający** **9 be in for it** (also UK **be for it**) to be in trouble ▷ **mieć za swoje**

in³ /ɪn/ **adjective** informal fashionable or popular: *Pink is in this season.* ▷ **w modzie**

in⁴ /ɪn/ **noun**

IDIOM **the ins and outs of sth** the details of a particular subject: *the ins and outs of the legal system* ▷ **szczegóły** *czegoś*

in⁵ (also **in.**) B1 written abbreviation for inch ▷ **cal**

inability /ˌɪnəˈbɪləti/ **noun** [no plural] when you are unable to do something ▷ **niemożność, nieumiejętność**

inaccessible /ˌɪnəkˈsesəbl/ **adjective** impossible or extremely difficult to get to: *The plane crashed in a mountain area that was totally* ***inaccessible to*** *vehicles.* ▷ **niedostępny**

inaccurate /ɪnˈækjərət/ **adjective** B2 not correct or exact: *inaccurate information/figures* ▷ **nieścisły, niedokładny**

• **inaccuracy** /ɪnˈækjərəsi/ **noun** [C, U] when something is not correct or exact: *His book contains historical inaccuracies.* ▷ **nieścisłość, niedokładność**

inaction /ɪnˈækʃᵊn/ **noun** [U] when people do not take any action, especially about a problem: *This announcement follows months of inaction and delay.* ▷ **bezczynność**

inactive /ɪnˈæktɪv/ **adjective** not active or working: *Beetle grubs stay inactive underground until spring.* ▷ **bezczynny, nieczynny**

• **inactivity** /ˌɪnækˈtɪvəti/ **noun** [U] when something or someone is not active or working: *a* ***period of inactivity*** ▷ **bezczynność**

inadequacy /ɪˈnædɪkwəsi/ **noun** **1** [C, U] when something or someone is not good enough or not of a high enough quality: *feelings of inadequacy* ◦ *He pointed out several* ***inadequacies in*** *the present system.* ▷ **niedociągnięcie, nieudolność** **2** [U] when there is not enough of something: *The basic problem is the inadequacy of our school budget.* ▷ **niedostateczność**

inadequate /ɪˈnædɪkwət/ **adjective** **1** not good enough or too low in quality: *inadequate facilities/training* ◦ *Our equipment is totally* ***inadequate for*** *a job like this.* ▷ **nieodpowiedni, nieadekwatny, niewystarczający** **2** not enough: *inadequate funds* ▷ **niewystarczający**

• **inadequately** **adverb** ▷ **niewystarczająco**

inadvertent /ˌɪnədˈvɜːtᵊnt/ **adjective** not done intentionally: *an inadvertent error* ▷ **nieumyślny**

• **inadvertently** **adverb** *I had inadvertently picked up the wrong keys.* ▷ **niechcący, nieumyślnie**

inadvisable /ˌɪnədˈvaɪzəbl/ **adjective** likely to cause problems: *It is inadvisable for women to travel alone in this region.* ▷ **niewskazany**

inane /ɪˈneɪn/ **adjective** very silly and annoying: *an inane question* ▷ **idiotyczny**

inanimate /ɪˈnænɪmət/ **adjective** not alive: *an* ***inanimate object*** ▷ **nieożywiony**

inappropriate /ˌɪnəˈprəupriət/ **adjective** not suitable: *inappropriate behaviour* ◦ *It would* ***be inappropriate for*** *me to comment, without knowing the facts.* ▷ **niewłaściwy, niestosowny**

• **inappropriately** **adverb** ▷ **niewłaściwie, niestosownie**

inarticulate /ˌɪnɑːˈtɪkjələt/ **adjective** unable to express clearly what you feel or mean in words ▷ **nie umiejący się wysłowić**

inasmuch as /ɪnəzˈmʌtʃˌəz/ **conjunction** formal used to introduce a phrase which explains the degree to which something you have just said is true: *They were strict about our appearance inasmuch as we weren't allowed to wear jewellery or make-up.* ▷ **do tego stopnia, że**

inattentive /ˌɪnəˈtentɪv/ **adjective** not giving attention to someone or something ▷ **nieuważny**

inaudible /ɪˈnɔːdəbl/ **adjective** impossible to hear: *His voice was almost inaudible.* ▷ **niesłyszalny**

inaugural /ɪˈnɔːgjərᵊl/ **adjective** [always before noun] An inaugural speech, meeting, etc is the first one of a new organization or leader: *the President's inaugural address* ▷ **inauguracyjny**

inaugurate /ɪ'nɔːgjəreɪt/ **verb** [T] **1** to have a ceremony to celebrate an important person starting a new job, a new building opening, etc: *Ronald Reagan was inaugurated in 1981.* ▷ **inaugurować, oddawać (do użytku), zaprzysięgać 2** formal to start a new system or organization: *He inaugurated a programme to fight tuberculosis.* ▷ **zainicjować, zainaugurować**

• **inauguration** /ɪˌnɔːgjə'reɪʃən/ **noun** [C, U] *the inauguration of the Lord Mayor* ▷ **inauguracja**

in-box (also **inbox**) /'ɪnbɒks/ **noun** [C] **1** the place on a computer where email messages are sent ▷ **skrzynka odbiorcza 2** US (UK **in-tray**) a container where you keep letters and documents that need to be dealt with ▷ **pojemnik na korespondencję przychodzącą**

Inc. written abbreviation for incorporated: *Macmillan Inc.* ▷ **Inc., z os. prawn. (= z osobowością prawną)**

incalculable /ɪn'kælkjələbl/ **adjective** too big to measure: *The cost in human terms is incalculable.* ▷ **trudny do oszacowania**

incapable /ɪn'keɪpəbl/ **adjective incapable of sth/doing sth** not able to do something or to feel a particular emotion: *He's incapable of controlling his temper.* ▷ **niezdolny do** *czegoś*

incapacitate /ˌɪnkə'pæsɪteɪt/ **verb** [T] formal to make someone too ill or weak to work or do things normally: [often passive] *He was incapacitated by illness.* ▷ **unieruchomić**

• **incapacity** /ˌɪnkə'pæsəti/ **noun** [U] when you cannot do something because you do not have the ability or you are too weak ▷ **niezdolność, nieumiejętność**

incarcerate /ɪn'kɑːsəreɪt/ **verb** [T] formal to put and keep someone in prison: [often passive] *Marks was incarcerated for robbery.* ▷ **uwięzić**

• **incarceration** /ɪnˌkɑːsər'eɪʃən/ **noun** [U] ▷ **uwięzienie**

incarnate /ɪn'kɑːnət/ **adjective** [always after noun] in human form: *He was acting like **the devil incarnate**.* ▷ **wcielony**

incarnation /ˌɪnkɑː'neɪʃən/ **noun 1** [C] a particular form of something or someone that is changing or developing: *In their new incarnation, the band have acquired a female singer.* ▷ **wcielenie 2 the incarnation of sth** the physical form of a god or quality: *the incarnation of evil/freedom* ▷ **ucieleśnienie** *czegoś* **3** [C] a particular life, in religions which believe we have many lives ▷ **wcielenie**

incendiary /ɪn'sendiəri/ **adjective** [always before noun] designed to cause a fire: *an **incendiary bomb/device*** ▷ **zapalający, zapalny**

incense /'ɪnsens/ **noun** [U] a substance which burns with a strong, sweet smell, often used in religious ceremonies ▷ **kadzidło**

incensed /ɪn'senst/ **adjective** extremely angry ▷ **wściekły**

incentive /ɪn'sentɪv/ **noun** [C, U] something that encourages you to act in a particular way: [+ to do sth] *People had little incentive to save.* ◦ *The government should **provide incentives for** young people to stay in school.* ▷ **zachęta, bodziec**

> Wyrazy występujące razem z **incentive**
>
> have/provide an incentive • an added/powerful/strong incentive • an incentive for sb

inception /ɪn'sepʃən/ **noun** [no plural] formal the time when an organization or official activity began: *He has directed the project since its inception.* ▷ **początek, powstanie**

incessant /ɪn'sesənt/ **adjective** continuous, especially in a way that is annoying or unpleasant: *incessant rain/noise* ▷ **nieustanny**

• **incessantly adverb** *The phone rang incessantly.* ▷ **nieustannie**

incest /'ɪnsest/ **noun** [U] sex that is illegal because it is between closely related people, for example a father and daughter ▷ **kazirodztwo**

incestuous /ɪn'sestjuəs/ **adjective 1** involving sex between people who are closely related ▷ **kazirodczy 2** involving a group of people who are not interested in people or things outside the group: *Universities can be very incestuous places.* ▷ **hermetyczny, zamknięty w sobie**

inch[1] /ɪnʃ/ **noun** [C] **1** (B1) (written abbreviation **in.**) a unit for measuring length, equal to 2.54 centimetres ▷ **cal (= 2,54 cm) 2 not budge/give an inch** informal to refuse to change your opinions ▷ **nie ustąpić na krok 3 to be every inch sth** to be a particular kind of person in every way: *He is every inch a gentleman.* ▷ **być** *kimś* **w każdym calu**

inch[2] /ɪnʃ/ **verb inch closer/forward/up, etc** to move somewhere slowly or by very small amounts ▷ **przysuwać/posuwać/podnosić** *itp.* **się (powoli)**

incidence /'ɪnsɪdəns/ **noun** [C] how often something happens, especially something bad: [usually singular] *There's a high **incidence of** crime in the area.* ▷ **częstotliwość lub częstość (występowania)**

> Wyrazy występujące razem z **incidence**
>
> a **high/increased/low** incidence • the incidence of sth

> Wyrazy występujące razem z **incident**
>
> an incident **happens/occurs** • an **isolated** incident

incident /'ɪnsɪdənt/ **noun** [C] formal (B2) an event, especially one that is bad or unusual: *Police are* *investigating the incident.* ▷ **wydarzenie, incydent, zajście**

incidental /ˌɪnsɪˈdentəl/ **adjective** less important than the thing something is connected with or part of: *The lyrics here are **incidental to** the music.* ▷ **drugorzędny, uboczny**

incidentally /ɪnsɪˈdentəli/ **adverb** used when you say something that is not as important as the main subject of conversation but is connected to it: *Incidentally, talking of Stephen, have you met his girlfriend?* ▷ **nawiasem mówiąc, a propos**

ˈincident ˌray noun [C] a ray of light which hits a surface ▷ **promień padający** → Compare **reflected ray**

incinerate /ɪnˈsɪnəreɪt/ **verb** [T] to burn something completely ▷ **spalać**

• **incineration** /ɪnˌsɪnərˈeɪʃən/ **noun** [U] ▷ **spalanie**

incinerator /ɪnˈsɪnəreɪtər/ **noun** [C] a machine that is used to burn waste, especially harmful materials ▷ **piec do spalania odpadów**

incipient /ɪnˈsɪpiənt/ **adjective** [always before noun] formal just beginning: *incipient wrinkles* ▷ **zaczynający się, w stadium początkowym**

incision /ɪnˈsɪʒən/ **noun** [C] formal an opening that is made in something with a sharp tool, especially in someone's body during an operation ▷ **nacięcie, cięcie**

incisive /ɪnˈsaɪsɪv/ **adjective** showing an ability to think quickly and clearly and deal with situations effectively: *incisive questions* ▷ **przenikliwy, celny**

incisor /ɪnˈsaɪzər/ **noun** [C] one of the sharp teeth at the front of the mouth which cut food when you bite into it ▷ **siekacz** → Compare **canine**, **molar**

incite /ɪnˈsaɪt/ **verb** [T] to do or say something that encourages people to behave violently or illegally: *They denied **inciting** the crowd **to** violence.* ▷ **podżegać, wzniecać**

• **incitement noun** [C, U] when someone does or says something that incites people ▷ **podżeganie**

incl written abbreviation for including or inclusive ▷ **z, wł. (= włącznie)**

inclination /ˌɪnklɪˈneɪʃən/ **noun** [C, U] a feeling that you want to do something: [+ to do sth] *She **showed** little **inclination** to leave.* ▷ **skłonność, chęć**

incline[1] /ɪnˈklaɪn/ **verb** [T] formal If you incline your head, you bend your neck so that your face bends down. ▷ **pochylać**

PHRASAL VERB **incline to/towards sth** formal to think that a belief or opinion is probably correct: *I incline to the view that peace can be achieved.* ▷ **skłaniać się ku** *czemuś*

incline[2] /ˈɪnklaɪn/ **noun** [C] formal a slope: *a steep/gentle incline* ▷ **pochyłość, zbocze**

inclined /ɪnˈklaɪnd/ **adjective** [never before noun] **1 be inclined to think/believe/agree, etc** to have an opinion, but not a strong opinion: *I'm inclined to agree with you.* ▷ **być skłonnym myśleć/wierzyć/zgodzić się** **2 inclined to do sth a** often behaving in a particular way: *Tom is inclined to be forgetful.* ▷ **mający skłonność do** *czegoś* **b** wanting to do something: *No one seemed inclined to help.* ▷ **skłonny** *coś zrobić*, **skory do** *czegoś* **3 artistically/technically, etc inclined** having natural artistic/technical, etc ability: *She's very bright, but not academically inclined.* ▷ **mający zdolności artystyczne/techniczne** *itp.*

include /ɪnˈkluːd/ **verb** [T] **1** (A2) to have something or someone as part of something larger or more general, such as a group, price, or process: *His books include the best-selling novel 'The Foundling'.* ◦ *The price includes flights and three nights' accommodation.* ▷ **zawierać, obejmować** **2** to allow someone to take part in an activity: [often passive] *Local residents were **included in** the initial planning discussions.* ▷ **obejmować, ujmować** → Opposite **exclude**

including /ɪnˈkluːdɪŋ/ **preposition** (A2) used to show that someone or something is part of a larger group, amount, or process: *Fourteen people, including a prison warden, were killed.* ◦ *It's £24.99, including postage and packing.* ▷ **w tym, wliczając, łącznie z**

inclusion /ɪnˈkluːʒən/ **noun** [C, U] when you include someone or something, especially in a group, amount, or event: *Her self-portrait was chosen for inclusion in the exhibition.* ▷ **włączenie, ujęcie** → Opposite **exclusion**

inclusive /ɪnˈkluːsɪv/ **adjective** **1** An inclusive price or amount includes everything: *Prices are **inclusive of** flights and accommodation.* ▷ **łączny** **2** [always after noun] including the first and last date or number stated: *The course will run from October 19 to November 13, inclusive.* ▷ **włącznie** **3** Inclusive groups try to include many different types of people: *Our aim is to create a fairer, more inclusive society.* ▷ **tolerancyjny** → Opposite **exclusive**

incoherent /ˌɪnkəʊˈhɪərənt/ **adjective** not using clear words or ideas, and difficult to understand: *His statement to the police was rambling and incoherent.* ▷ **niespójny, nieskładny**

• **incoherence** /ˌɪnkəʊˈhɪərəns/ **noun** [U] ▷ **niespójność**

income /ˈɪŋkʌm/ **noun** [C, U] (B2) money that you earn by working, investing, or producing goods: *families on **low incomes*** ◦ *Tourism accounts for 25% of the country's national income.* ▷ **dochód**

> Wyrazy występujące razem z **income**
>
> an **average/good/high/low/steady** income • **earn/have/provide** an income • **be on** a (high/low, etc) income

ˈincome supˌport noun [U] in the UK, money that is paid by the government to people who have very little or no income ▷ **dodatek wyrównawczy**

ˈincome ˌtax noun [C, U] tax that you have to pay on your income ▷ **podatek dochodowy**

incoming /ˈɪnˌkʌmɪŋ/ **adjective** [always before noun] coming into a place or starting a job: ***incoming phone calls/mail*** ◦ *the incoming government* ▷ **nowy, przychodzący**

incomparable /ɪnˈkɒmpᵊrəbl/ **adjective** too good to be compared with anything or anyone else: *incomparable beauty* ▷ **niezrównany**

incompatible /ˌɪnkəmˈpætəbl/ **adjective 1** too different to exist or live together: *He regarded being a soldier as* ***incompatible with*** *his Christian faith.* ▷ **nie do pogodzenia 2** If equipment or software is incompatible with other equipment or software, it will not work with it. ▷ **niekompatybilny, niezgodny**

• **incompatibility** /ˌɪnkəmˌpætəˈbɪləti/ **noun** [U] when two people or things are incompatible ▷ **niezgodność**

incompetent /ɪnˈkɒmpɪtᵊnt/ **adjective** not able to do your job, or things that you are expected to do, successfully: *incompetent managers* ▷ **niekompetentny**

• **incompetence** /ɪnˈkɒmpɪtᵊns/ **noun** [U] ▷ **niekompetencja**

incomplete /ˌɪnkəmˈpliːt/ **adjective** not finished, or having one or more parts missing: *Decisions were made on the basis of incomplete information.* ▷ **niepełny**

• **incompleteness noun** [U] ▷ **niepełność**

incomprehensible /ɪnˌkɒmprɪˈhensəbl/ **adjective** impossible to understand: *The instructions are almost incomprehensible.* ◦ *His behaviour is quite* ***incomprehensible to*** *me.* ▷ **niezrozumiały**

incomprehension /ɪnˌkɒmprɪˈhenʃᵊn/ **noun** [U] formal when you do not understand something: *She looked at him in total incomprehension.* ▷ **niezrozumienie, brak zrozumienia**

inconceivable /ˌɪnkənˈsiːvəbl/ **adjective** impossible to imagine: [+ that] *I find it inconceivable that she could be a killer.* ▷ **niepojęty, niewyobrażalny**

inconclusive /ˌɪnkənˈkluːsɪv/ **adjective** not leading to a definite decision or result: ***inconclusive evidence/results*** ◦ *The battle was inconclusive.* ▷ **nierozstrzygający, nierozstrzygnięty**

incongruous /ɪnˈkɒŋgruəs/ **adjective** formal strange or not suitable for a particular situation: *Bill was an incongruous sight, standing on the beach in his suit.* ▷ **osobliwy, absurdalny**

inconsequential /ɪnˌkɒnsɪˈkwenʃᵊl/ **adjective** formal not important: *inconsequential remarks* ▷ **nieistotny**

inconsiderate /ˌɪnkənˈsɪdᵊrət/ **adjective** not caring about other people's situations or the way they feel: *It was very* ***inconsiderate of*** *you to keep us all waiting.* ▷ **egoistyczny, nie liczący się z innymi**

inconsistency /ˌɪnkənˈsɪstᵊnsi/ **noun** [C, U] when something is inconsistent: *The report was full of errors and inconsistencies.* ▷ **niekonsekwencja**

> Wyrazy występujące razem z **inconsistency**
>
> (an) **apparent/glaring** inconsistency • (an) inconsistency **in** sth

inconsistent /ˌɪnkənˈsɪstənt/ **adjective 1** not staying the same in quality or behaviour: *His homework is very inconsistent.* ▷ **nierówny 2** not having the same principles as something else, or not agreeing with other facts: *The story Robert told his mother is totally* ***inconsistent with*** *what he told me.* ▷ **niezgodny, sprzeczny, niekonsekwentny**

inconspicuous /ˌɪnkənˈspɪkjuəs/ **adjective** not noticeable or attracting attention: *Emma tried to make herself as inconspicuous as possible.* ▷ **niepozorny**

incontinent /ɪnˈkɒntɪnənt/ **adjective** not able to control when urine or faeces come out of your body ▷ **nietrzymający moczu lub stolca**

incontrovertible /ɪnˌkɒntrəˈvɜːtəbl/ **adjective** formal certainly true: ***incontrovertible evidence/proof*** ▷ **niezaprzeczalny, bezsporny**

inconvenience /ˌɪnkənˈviːniəns/ **noun** [C, U] when something is inconvenient, or something that is inconvenient: *The Director apologized for any* ***inconvenience caused.*** ◦ [usually singular] *Having to wait for ten minutes was a minor inconvenience.* ▷ **niedogodność**

• **inconvenience verb** [T] *There were complaints from travellers inconvenienced by delays and cancellations.* ▷ **sprawiać kłopot**

inconvenient /ˌɪnkənˈviːniənt/ **adjective** (B2) involving or causing difficulty, such as unexpected changes or effort: *I'm sorry, I seem to have called at an* ***inconvenient time.*** ▷ **niedogodny**

incorporate /ɪnˈkɔːpᵊreɪt/ **verb** [T] to include something as part of another thing: *He began to* ***incorporate*** *dance and mime* ***into*** *his plays.* ▷ **włączać**

• **incorporation** /ɪnˌkɔːpᵊrˈeɪʃᵊn/ **noun** [U] ▷ **włączenie**

Incorporated /ɪnˈkɔːpᵊreɪtɪd/ **adjective** (written abbreviation **Inc.**) used after the name of companies which have been organized in a particular legal way: *They formed their own company, Broadcast Music Incorporated.* ▷ **z osobowością prawną**

incorrect /ˌɪnkᵊrˈekt/ **adjective** (B1) not correct: *His answers were incorrect.* ▷ **błędny**

• **incorrectly adverb** *My name is spelled incorrectly on your list.* ▷ **błędnie**

incorrigible /ɪnˈkɒrɪdʒəbl/ **adjective** having particular faults and impossible to change ▷ **niepoprawny**

> **Increase** wyrazy bliskoznaczne
>
> Czasowniki **grow** i **rise** są często używane zamiast „increase":
>
> *The number of people living alone **grows** each year.*
>
> *Prices **rose** by ten percent.*
>
> Czasownika frazowego **go up** często używamy, by mówić o wzroście cen:
>
> *House prices keep **going up**.*
>
> *The price of fuel has **gone up** by 5p a litre.*
>
> Jeśli coś nagle pokaźnie wzrasta, możemy użyć czasowników **escalate**, **rocket** lub **soar**:
>
> *Crime in the city has **escalated** in recent weeks.*
>
> *Building costs have **rocketed** by seventy percent.*
>
> *House prices have **soared** this year.*
>
> Jeśli ktoś przyczynia się do wzrostu ilości lub rozmiarów czegoś, możemy użyć czasowników **expand** lub **extend**:
>
> *We're hoping to **expand/extend** our range of products.*

increase[1] /ɪnˈkriːs/ **verb** [I, T] B1 to get bigger or to make something bigger in size or amount: *Eating fatty food increases the risk of heart disease.* ◦ *Exports of computers have **increased by** 15% since January.* ◦ *increased demand/competition* ▷ **zwiększać (się), wzrastać** → Opposite **decrease**

increase[2] /ˈɪnkriːs/ **noun** **1** B2 [C, U] when the number, size, or amount of something gets bigger: *a price/tax increase* ◦ *We are seeing **an increase in** standards of living.* ▷ **wzrost** **2 on the increase** If something is on the increase, it is happening more often: *Violent crime is on the increase.* ▷ **rosnący** → Opposite **decrease**

> Wyrazy występujące razem z **increase**
>
> a **dramatic/sharp/significant/slight/substantial** increase • an increase **in** sth

increasingly /ɪnˈkriːsɪŋli/ **adverb** B2 more and more: *increasingly important* ◦ *Increasingly, education is seen as a right, not a privilege.* ▷ **coraz (bardziej lub częściej)**

incredible /ɪnˈkredɪbl/ **adjective** **1** informal B1 very good, exciting, or large: *We had an incredible time that summer.* ◦ *an incredible noise* ▷ **niewiarygodny, rewelacyjny** **2** B2 too strange to be believed: *an incredible story* ▷ **niewiarygodny**

incredibly /ɪnˈkredɪbli/ **adverb** **1** informal B2 extremely: *The team played incredibly well.* ▷ **niesamowicie** **2** in a way that is difficult to believe: *Incredibly, no one was hurt.* ▷ **trudno uwierzyć, że, niewiarygodnie**

incredulous /ɪnˈkredjələs/ **adjective** not able to believe something: *He looked incredulous when I told him the results.* ▷ **niedowierzający, powątpiewający**
• **incredulity** /ˌɪnkrəˈdjuːləti/ **noun** [U] ▷ **niedowierzanie, powątpiewanie** • **incredulously** **adverb** ▷ **powątpiewająco**

increment /ˈɪnkrəmənt/ **noun** [C] formal one of a series of increases: ***pay increments*** ▷ **przyrost, wzrost**

incremental /ˌɪnkrəˈmentᵊl/ **adjective** formal increasing by small amounts: ***incremental changes*** ▷ **stopniowy**

incriminate /ɪnˈkrɪmɪneɪt/ **verb** [T] to make someone seem guilty of a crime or to show that they are guilty: [often reflexive] *He refused to answer questions on the grounds that he might incriminate himself.* ▷ **obciążać**

incriminating /ɪnˈkrɪmɪneɪtɪŋ/ **adjective** Something that is incriminating makes someone seem guilty of a crime: ***incriminating evidence/remarks*** ▷ **obciążający**

incubate /ˈɪŋkjʊbeɪt/ **verb** [T, I] **1** If eggs are incubating, or being incubated, they are being kept warm until the baby birds come out. ▷ **wysiadywać, wylęgać się** **2** If a disease is incubating, or you are incubating a disease, the germs are inside you although you do not seem ill yet. ▷ **wylęgać się**
• **incubation** /ˌɪŋkjʊˈbeɪʃən/ **noun** [U] *a long incubation period* ▷ **inkubacja, wylęganie**

incubator /ˈɪŋkjʊbeɪtəʳ/ **noun** [C] a heated container that provides the right conditions for a baby born too early, or for very young birds, animals, or eggs ▷ **inkubator**

incumbent[1] /ɪnˈkʌmbənt/ **noun** [C] formal someone who has an official job, especially a political one: *the previous incumbent* ▷ **osoba sprawująca urząd**

incumbent[2] /ɪnˈkʌmbənt/ **adjective** **1 be incumbent on/upon sb to do sth** formal to be someone's duty or responsibility to do something ▷ **być zobowiązanym do** *czegoś* **2** [always before noun] holding an official job, especially a political one: *the incumbent president* ▷ **(obecnie) urzędujący**

incur /ɪnˈkɜːʳ/ **verb** [T] (present participle **incurring**, past tense and past participle **incurred**) formal to experience something unpleasant as a result of something you have done: *to **incur debts*** ◦ *I am sorry to have incurred his anger.* ▷ **doprowadzać do, powodować**

incurable /ɪnˈkjʊərəbl/ **adjective** impossible to cure: *an **incurable disease*** ▷ **nieuleczalny**

incursion /ɪnˈkɜːʃᵊn/ **noun** [C] formal a sudden attack or entry into an area that belongs to other people: ***incursions into** enemy territory* ▷ **wtargnięcie**

incus /ˈɪŋkəs/ **noun** [C, usually singular] (plural **incudes**) one of three very small bones that carry sound into the inner ear ▷ **kowadełko** → Compare **malleus**, **stapes**

indebted /ɪnˈdetɪd/ **adjective 1 be indebted to sb** to be very grateful to someone: *I'm indebted to my parents for all their support.* ▷ **być** *komuś* **zobowiązanym lub wdzięcznym 2** having a debt to pay: *indebted countries* ▷ **zadłużony**
• **indebtedness noun** [U] ▷ **wdzięczność, zobowiązanie**

indecent /ɪnˈdiːsᵊnt/ **adjective** showing or consisting of sexual behaviour, language, etc which is unacceptable to most people: *indecent photographs* ▷ **nieprzyzwoity**
• **indecency** /ɪnˈdiːsᵊnsi/ **noun** [U] indecent behaviour, or when something is indecent ▷ **nieprzyzwoitość** • **indecently adverb** ▷ **nieprzyzwoicie**

indecision /ˌɪndɪˈsɪʒᵊn/ **noun** [U] when you cannot make a decision: *a moment of indecision* ▷ **wahanie, niezdecydowanie**

indecisive /ˌɪndɪˈsaɪsɪv/ **adjective** not good at making decisions, or not producing a decision: *She was weak and indecisive.* ▷ **niezdecydowany**

indeed /ɪnˈdiːd/ **adverb 1** Ⓑ1 used to add emphasis after 'very' followed by an adjective or adverb: *For a four-year-old, her vocabulary is very good indeed.* ◦ *Thank you very much indeed.* ▷ **naprawdę 2** used when someone has said something that surprises, interests, or annoys you: *"She asked if you were married." "Did she, indeed?"* ▷ **doprawdy 3** Ⓑ1 used to emphasize that something is true or that you agree with it: *"He sounds a very interesting man." "He is indeed."* ▷ **istotnie 4** formal used when you say more to support or develop what has already been said: *For such creatures speed is not important, indeed it is counterproductive.* ▷ **wręcz, a nawet, co więcej**

indefatigable /ˌɪndɪˈfætɪgəbl/ **adjective** formal never becoming tired: *She was indefatigable in promoting her cause.* ▷ **niestrudzony**

indefensible /ˌɪndɪˈfensəbl/ **adjective** completely wrong, and so impossible to defend or support: *Racism is* ***morally indefensible.*** ▷ **niewybaczalny**

indefinable /ˌɪndɪˈfaɪnəbl/ **adjective** difficult to describe or explain: *an indefinable atmosphere of tension* ▷ **nieuchwytny, nieokreślony**

indefinite /ɪnˈdefɪnət/ **adjective** with no fixed time, size, end, or limit: *an* ***indefinite period*** ▷ **nieokreślony**

inˌdefinite ˈarticle noun [C] Ⓑ1 in grammar, a phrase used to mean the words 'a' or 'an' ▷ **rodzajnik lub przedimek nieokreślony** → Compare **definite article**

indefinitely /ɪnˈdefɪnətli/ **adverb** for a period of time for which no end has been fixed: *His visit has been* ***postponed indefinitely.*** ▷ **na czas nieokreślony**

indelible /ɪnˈdeləbl/ **adjective 1** impossible to forget: *an indelible impression/image* ▷ **niezapomniany 2** impossible to wash away or remove: ***indelible ink*** ▷ **trwały**

indemnity /ɪnˈdemnəti/ **noun** formal **1** [U] protection against possible damage or punishment ▷ **zabezpieczenie, ubezpieczenie 2** [C, U] money paid or promised to you if something valuable to you is lost or damaged: *indemnity insurance* ▷ **odszkodowanie**

indentation /ˌɪndenˈteɪʃᵊn/ **noun** [C] a mark, cut, or hole in the surface of something ▷ **wgłębienie**

independence /ˌɪndɪˈpendəns/ **noun** [U] **1** Ⓑ2 when someone looks after themselves and does not need money, help, or permission from other people: *My parents gave me a lot of independence.* ◦ *Many old people are afraid of* ***losing*** *their* ***independence.*** ▷ **niezależność, samodzielność 2** Ⓑ2 when a country has its own government and is not ruled by another country: *Mexico* ***gained*** *its* ***independence from*** *Spain in 1821.* ▷ **niepodległość**

> Wyrazy występujące razem z **independence**
>
> achieve/gain independence • independence from sth

Indeˈpendence ˌDay noun (also **Fourth of July**) 4 July, a national holiday in the US to celebrate the country's freedom from Great Britain in 1776 ▷ **Święto Niepodległości (Stanów Zjednoczonych)**

independent¹ /ˌɪndɪˈpendənt/ **adjective 1** Ⓑ2 not controlled or ruled by anyone else: *an independent state/company* ◦ *The group is* ***independent of*** *any political party.* ▷ **niepodległy, niezależny 2** Ⓑ1 not wanting or needing anyone else to help you or do things for you: *She's a proud, independent woman.* ▷ **niezależny, samodzielny 3** Ⓑ2 not influenced by anyone or anything else: *an independent expert/study* ▷ **niezależny**
• **independently adverb** Ⓑ2 *to operate independently* ▷ **niezależnie**

independent² /ˌɪndɪˈpendənt/ **noun** [C] a politician who does not belong to a political party ▷ **niezależny**

ˌindependent ˈvariable noun [U] a number or amount in a mathematical statement that can change and which decides the value of the dependent variable ▷ **zmienna niezależna**

in-depth /ˈɪnˌdepθ/ **adjective** [always before noun] involving or considering all the details of something: ***in-depth knowledge*** ▷ **dogłębny**

indescribable /ˌɪndɪˈskraɪbəbl/ **adjective** so good, bad, large, etc that it is impossible to describe: *an indescribable feeling* ◦ *indescribable agony* ▷ **nieopisany**

indestructible /ˌɪndɪˈstrʌktəbl/ **adjective** impossible to destroy or break ▷ **niezniszczalny**

indeterminate /ˌɪndɪˈtɜːmɪnət/ **adjective** impossible to know: *a large woman of **indeterminate age*** ▷ **nieokreślony**

index¹ /ˈɪndeks/ **noun** [C] **1** (plural **indexes**) an alphabetical list of subjects or names at the end of a book, showing on what page they are found in the text: *Look up 'heart disease' **in the index**.* ▷ **indeks, skorowidz 2** (plural **indexes**) a collection of information stored on a computer or on cards in alphabetical order ▷ **indeks 3** (plural **indices**, **indexes**) a system for comparing different values and recording changes, especially in financial markets: *the retail price index* ▷ **wskaźnik, indeks**

index² /ˈɪndeks/ **verb** [T] to make an index for text or information, or arrange it in an index ▷ **indeksować**

ˈindex ˌfinger **noun** [C] the finger next to your thumb ▷ **palec wskazujący**

ˈindex ˌform **noun** [U] a way of writing a very large number with one number before the decimal point, multiplied by a power of 10. For example, 280,000 is 2.8 x 10^5 ▷ **zapis wykładniczy**

India /ˈɪndiə/ **noun** a country in Asia ▷ **Indie**
• **Indian** /ˈɪndiən/ **adjective** coming from or relating to India ▷ **indyjski, hinduski**

Indian /ˈɪndiən/ **noun** [C] **1** someone from India ▷ **Hindus/ka 2** an American Indian ▷ **India-nin/nka** → See also **West Indian**

indicate /ˈɪndɪkeɪt/ **verb 1** [T] to show that something exists or is likely to be true: [+ (that)] *Recent evidence indicates that the skeleton is about 3 million years old.* ▷ **wskazywać 2** [T] Ⓑ2 to say something or give a signal to show what you mean or what you intend to do: *He has indicated his intention to resign.* ▷ **zasygnalizować 3** [T] to point to someone or something: *He indicated a man in a dark coat.* ▷ **wskazywać na 4** [I, T] UK to show that you intend to turn left or right when you are driving: *The driver turned right without indicating.* ▷ **sygnalizować (skręt), włączać kierunkowskaz**

indication /ˌɪndɪˈkeɪʃᵊn/ **noun** [C, U] **1** a sign showing that something exists or is likely to be true: [+ (that)] *There are **strong indications** that the case will be referred to the Court of Appeal.* ▷ **oznaka, znak 2** a sign showing what someone means or what they intend to do: *Helen's face **gave** no **indication of** what she was thinking.* ▷ **oznaka, znak**

> Wyrazy występujące razem z **indication**
> a **clear/good/strong** indication • an indication **of** sth

indicative¹ /ɪnˈdɪkətɪv/ **adjective** formal **1 be indicative of sth** to be a sign that something exists, is true, or is likely to happen: *These statistics are indicative of a widespread problem.* ▷ **wskazywać na** *coś*, **być przejawem** *czegoś* **2** An indicative form of a verb is used to express a fact or action. ▷ **oznajmujący**

indicative² /ɪnˈdɪkətɪv/ **noun** [no plural] the indicative form of a verb ▷ **tryb oznajmujący**

indicator /ˈɪndɪkeɪtəʳ/ **noun** [C] **1** a fact, measurement, or condition that shows what something is like or how it is changing: *With some goods, cost is the most reliable **indicator of** quality.* ▷ **wskaźnik 2** UK (US **turn signal**) a light that flashes on a vehicle to show that the driver intends to turn right or left ▷ **kierunkowskaz** → See **Car** on page Centre 7 **3** a substance that shows if another substance is acid or alkaline ▷ **wskaźnik pH**

> Wyrazy występujące razem z **indicator**
> a **good/reliable/useful** indicator • an indicator **of** sth

indict /ɪnˈdaɪt/ **verb** [T] formal to accuse someone officially of a crime: [often passive] *Pound was **indicted for** treason.* ▷ **oskarżyć, postawić w stan oskarżenia**

indictment /ɪnˈdaɪtmənt/ **noun 1** [C] something which shows the bad things which a person or system is responsible for: *The novel is a scathing **indictment of** the slave trade.* ▷ **krytyka 2** [C, U] when someone is legally indicted, or the official document or process for doing this ▷ **oskarżenie, akt oskarżenia**

indie /ˈɪndi/ **noun** [C, U] informal a small independent music company or film producer: ***indie music/bands*** ▷ **niezależna wytwórnia płytowa**

indifference /ɪnˈdɪfᵊrᵊns/ **noun** [U] when you do not care about something or have any particular opinions about it: *an air of indifference* ▷ **obojętność**

> Wyrazy występujące razem z **indifference**
> **callous/casual/cold** indifference • indifference **to/towards** sth

indifferent /ɪnˈdɪfᵊrᵊnt/ **adjective 1** not caring about or interested in someone or something: *They are **indifferent to** the plight of the unemployed.* ▷ **obojętny 2** neither good nor bad: *an indifferent performance* ▷ **przeciętny**

indigenous /ɪnˈdɪdʒɪnəs/ **adjective** having always lived or existed in a place: ***indigenous peoples*** ◦ *The kangaroo is **indigenous to** Australia.* ▷ **rdzenny, zamieszkujący**

indigestion /ˌɪndɪˈdʒestʃᵊn/ **noun** [U] pain which you feel when your stomach is unable to digest food correctly ▷ **niestrawność**

indignant /ɪnˈdɪgnənt/ **adjective** angry because you have been treated badly or unfairly: *Consumers are **indignant at/about** the high prices charged by car dealers.* ▷ **oburzony**
• **indignantly adverb** ▷ **z oburzeniem**

indignation /ˌɪndɪgˈneɪʃᵊn/ **noun** [U] when

someone is indignant: *His voice was trembling with indignation.* ▷ **oburzenie**

indignity /ɪnˈdɪɡnəti/ **noun** [C, U] a situation which makes you lose respect or look silly, or the feeling of shame and embarrassment it gives you: [+ of + doing sth] *They* ***suffered the indignity*** *of being searched like common criminals.* ▷ **upokorzenie**

indigo /ˈɪndɪɡəʊ/ **noun** [U] a blue-purple colour ▷ **indygo**
• **indigo adjective** ▷ **indygo**

indirect /ˌɪndɪˈrekt/ **adjective 1** not directly caused by or connected with something: ***Indirect effects*** *of the fighting include disease and food shortages.* ▷ **pośredni 2** hidden, or not taken or given in a way that is obvious: ***indirect taxes/costs*** ◦ *an indirect criticism* ▷ **ukryty 3** not going straight from one place or person to another: *an indirect route* ▷ **okrężny**
• **indirectly adverb** ▷ **pośrednio**

ˌindirect ˈobject noun [C] The indirect object of a verb with two objects is the person or thing that is affected by the result of the action of the verb. In the sentence 'Give Val some cake', 'Val' is the indirect object. ▷ **dopełnienie dalsze** → Compare **direct object**

ˌindirect ˈtax noun [C] a tax charged on goods and services rather than on the money that people earn ▷ **podatek pośredni** → Compare **direct tax**

indiscreet /ˌɪndɪˈskriːt/ **adjective** saying or doing things which let people know things that should be secret: ***indiscreet remarks*** ▷ **niedyskretny**
• **indiscretion** /ˌɪndɪˈskreʃən/ **noun** [C, U] ▷ **niedyskrecja**

indiscriminate /ˌɪndɪˈskrɪmɪnət/ **adjective** not planned or controlled in a responsible or careful way: *the indiscriminate use of pesticides* ▷ **masowy, niekontrolowany**
• **indiscriminately adverb** *The gunman* ***fired indiscriminately*** *into the crowd.* ▷ **masowo, nie licząc się z niczym**

indispensable /ˌɪndɪˈspensəbl/ **adjective** completely necessary: *an* ***indispensable tool/guide*** ◦ *She quickly became* ***indispensable to*** *him.* ▷ **niezastąpiony**

indisputable /ˌɪndɪˈspjuːtəbl/ **adjective** obviously and certainly true: *an* ***indisputable fact*** ▷ **niezaprzeczalny**

indistinct /ˌɪndɪˈstɪŋkt/ **adjective** not clear: *His words became indistinct.* ▷ **niewyraźny**

indistinguishable /ˌɪndɪˈstɪŋɡwɪʃəbl/ **adjective** impossible to see or hear as different or separate: *Many toy pistols are* ***indistinguishable from*** *real guns.* ▷ **nie do odróżnienia**

individual[1] /ˌɪndɪˈvɪdʒuəl/ **adjective 1** [always before noun] (B1) considered separately from other things in a group: *Read out the individual letters of each word.* ▷ **pojedynczy, poszczególny 2** (B1) given to or relating to one particular person or thing: *We deal with each case on an* ***individual basis.*** ▷ **indywidualny, osobisty**

individual[2] /ˌɪndɪˈvɪdʒuəl/ **noun** [C] **1** (B2) a person, especially when considered separately and not as part of a group: *We try to treat our students as individuals.* ▷ **osoba, jednostka 2** informal a person with a special characteristic, usually one you dislike: *a ruthless individual* ▷ **osobnik**

individualism /ˌɪndɪˈvɪdʒuəlɪzəm/ **noun** [U] the quality of being different from other people ▷ **indywidualizm**

individualist /ˌɪndɪˈvɪdʒuəlɪst/ **noun** [C] someone who likes to behave or do things differently from other people ▷ **indywidualist-a/ka**
• **individualistic** /ˌɪndɪˌvɪdʒuəˈlɪstɪk/ **adjective** behaving or doing things differently from other people ▷ **indywidualistyczny**

individuality /ˌɪndɪˌvɪdʒuˈæləti/ **noun** [U] the quality of being different from others: *The houses had no character and no individuality.* ▷ **indywidualność**

individually /ˌɪndɪˈvɪdʒuəli/ **adverb** separately and not as a group: *He apologized to each person individually.* ▷ **osobno, pojedynczo**

Indo-China /ˌɪndəʊˈtʃaɪnə/ **noun** [U] the area of land between India and China that includes countries like Vietnam ▷ **Półwysep Indochiński**

indoctrinate /ɪnˈdɒktrɪneɪt/ **verb** [T] to make someone accept your ideas and beliefs by repeating them so often that they do not consider any others: *They try to indoctrinate young people with their religious beliefs.* ▷ **indoktrynować**
• **indoctrination** /ɪnˌdɒktrɪˈneɪʃən/ **noun** [U] ***political indoctrination*** ▷ **indoktrynacja**

Indonesia /ˌɪndəʊˈniːʒə/ **noun** a country consisting of a group of islands in southeast Asia ▷ **Indonezja**
• **Indonesian** /ˌɪndəʊˈniːʒən/ **adjective** coming from or relating to Indonesia ▷ **indonezyjski** • **Indonesian noun** [C] someone from Indonesia ▷ **Indonezyj-czyk/ka**

indoor /ˌɪnˈdɔːr/ **adjective** [always before noun] (A2) happening, used, or existing in a building: *an indoor swimming pool* ▷ **kryty, halowy, domowy, wewnętrzny**

indoors /ˌɪnˈdɔːz/ **adverb** (B1) into or inside a building: *If you're feeling cold, we can go indoors.* ▷ **do domu, w domu**

induce /ɪnˈdjuːs/ **verb** [T] **1** formal to persuade someone do something: [+ to do sth] *Nothing would induce me to marry that man!* ▷ **nakłaniać, skłaniać 2** formal to cause a particular condition: *High doses of the drug may induce depression.* ▷ **wywoływać, powodować 3** to give a woman a drug to make her have a baby earlier than she would naturally ▷ **wywoływać poród (u)**

inducement /ɪnˈdjuːsmənt/ **noun** [C, U] formal something that someone offers you to try to persuade you to do something: *They offered me more money as an inducement to stay.* ▷ **zachęta**

induct /ɪnˈdʌkt/ **verb** [T] formal to accept someone officially as a member of an organization: *He was* ***inducted into*** *the army in 1943.* ▷ **wcielać, przyjmować**

induction /ɪnˈdʌkʃən/ **noun** [C, U] **1** when someone is officially accepted into a new job or an organization: *a two-week* ***induction course*** ▷ **wprowadzenie** **2** the process by which electrical or magnetic forces are passed from one object to another without them touching ▷ **indukcja**

indulge /ɪnˈdʌldʒ/ **verb** **1** [I, T] to let yourself do or have something that you enjoy but which may be bad for you: *They* ***indulged in*** *a bit of gossip.* ◦ [often reflexive] *Go on, indulge yourself! Have another chocolate.* ▷ **oddawać się, dogadzać sobie** **2** [T] to let someone do or have anything they want: *Their children are dreadfully indulged.* ▷ **rozpieszczać**

indulgence /ɪnˈdʌldʒəns/ **noun** **1** [U] when you eat or drink too much or do anything you want ▷ **dogadzanie sobie** **2** [C] something that you do or have because you want to, not because you need it: *Silk sheets are one of my indulgences.* ▷ **przyjemność, słabostka**

indulgent /ɪnˈdʌldʒənt/ **adjective** If you are indulgent to someone, you give them anything they want and do not mind if they behave badly: *an indulgent father* ▷ **pobłażliwy**

• **indulgently** adverb *She* ***smiled indulgently*** *at her son.* ▷ **pobłażliwie**

→ See also **self-indulgent**

industrial /ɪnˈdʌstriəl/ **adjective** **1** (B2) connected with industry: *the* ***industrial revolution*** ▷ **przemysłowy** **2** (B2) with a lot of factories: *an industrial city such as Sheffield* ▷ **przemysłowy**

in͵dustrial ˈaction noun [U] UK when workers stop working or do less work because they want better pay or conditions ▷ **akcja protestacyjna lub strajkowa**

in͵dustrial esˈtate noun [C] UK (US **industrial park**) an area where there are a lot of factories and businesses ▷ **teren lub park przemysłowy**

industrialist /ɪnˈdʌstriəlɪst/ **noun** [C] someone who owns or has an important position in a large industrial company ▷ **przemysłowiec**

industrialization /ɪn͵dʌstriəlaɪˈzeɪʃən/ **noun** [U] the process of developing industries in a country: *Japan's rapid industrialization* ▷ **uprzemysłowienie, industrializacja**

industrialized (also UK **-ised**) /ɪnˈdʌstriəlaɪzd/ **adjective** Industrialized countries have a lot of industry: *the* ***industrialized nations*** ▷ **uprzemysłowiony**

inˈdustrial ͵park noun [C] US (UK **industrial estate**) an area where there are a lot of factories and businesses ▷ **teren lub park przemysłowy**

in͵dustrial triˈbunal noun [C] in the UK, a type of law court that decides on disagreements between companies and their workers ▷ **sąd pracy**

industrious /ɪnˈdʌstriəs/ **adjective** formal Industrious people work hard. ▷ **pracowity**

• **industriously** adverb ▷ **pracowicie**

industry /ˈɪndəstri/ **noun** **1** [U] (B2) the production of goods in factories: *heavy industry* ▷ **przemysł** **2** [C] (B1) all the companies involved in a particular type of business: *the entertainment industry* ▷ **przemysł**

> **Wyrazy występujące razem z industry**
>
> an **important/major/thriving** industry • an industry **booms/grows**

inedible /ɪˈnedɪbl/ **adjective** not suitable for eating: *The meat was inedible.* ▷ **niejadalny**

ineffective /͵ɪnɪˈfektɪv/ **adjective** If something is ineffective, it does not work well. ▷ **nieskuteczny**

• **ineffectively** adverb ▷ **nieskutecznie** • **ineffectiveness** noun [U] ▷ **nieskuteczność**

ineffectual /͵ɪnɪˈfektʃuəl/ **adjective** Ineffectual people or actions do not achieve much: *a weak and ineffectual president* ▷ **nieefektywny**

• **ineffectually** adverb ▷ **nieefektywnie**

inefficient /͵ɪnɪˈfɪʃənt/ **adjective** Inefficient people or things waste time, money, or effort, and do not achieve as much as they should: *an inefficient heating system* ▷ **nieefektywny, niewydajny**

• **inefficiently** adverb ▷ **nieefektywnie** • **inefficiency** /͵ɪnɪˈfɪʃənsi/ noun [C, U] ▷ **nieefektywność**

ineligible /ɪˈnelɪdʒəbl/ **adjective** not allowed to do something or have something: [+ to do sth] *Foreign residents are ineligible to vote.* ◦ *Nongraduates are* ***ineligible for*** *this position.* ▷ **nie mający uprawnień**

• **ineligibility** /ɪ͵nelɪdʒəˈbɪləti/ noun [U] ▷ **brak uprawnień**

inept /ɪˈnept/ **adjective** unable to do something well: *socially inept* ◦ *She was totally* ***inept at*** *telling jokes.* ▷ **nieudolny, niekompetentny**

• **ineptly** adverb ▷ **nieudolnie, niekompetentnie** • **ineptitude** /ɪˈneptɪtjuːd/ noun [U] ▷ **nieudolność, niekompetencja**

inequality /͵ɪnɪˈkwɒləti/ **noun** [C, U] when some groups in a society have more advantages than others: ***inequality between*** *the sexes* ▷ **nierówność**

> **Wyrazy występujące razem z inequality**
>
> **gender/racial/social** inequality • inequality **between** sb and sb

inequity /ɪˈnekwəti/ **noun** [C, U] when something is unfair, or something that is unfair: *inequities in the health care system* ▷ **niesprawiedliwość**

inert /ɪˈnɜːt/ **adjective** formal **1** Inert substances do not produce a chemical reaction when another substance is added: *inert gases* ▷ **obojętny 2** not moving: *Vanessa **lay inert** on the sofa.* ▷ **bezwładny, nieruchomy**
• **inertly adverb** ▷ **bezwładnie, nieruchomo**

inertia /ɪˈnɜːʃə/ **noun** [U] **1** when a situation remains the same or changes very slowly: *the inertia of larger organizations* ▷ **bezwład, inercja 2** when you are too lazy to do anything: *International inertia could lead to a major disaster in the war zone.* ▷ **bezwład, inercja 3** the physical force that keeps something in the same position or moving in the same direction ▷ **bezwładność**

inescapable /ˌɪnɪˈskeɪpəbl/ **adjective** An inescapable fact cannot be ignored: *Racial discrimination is an **inescapable fact** of life for some people.* ▷ **nieodłączny, nieunikniony**
• **inescapably adverb** ▷ **nieodłącznie**

inevitable /ɪˈnevɪtəbl/ **adjective 1** If something is inevitable, you cannot avoid or prevent it: [+ (that)] *It was inevitable that his crime would be discovered.* ▷ **nieuchronny, nieunikniony 2 the inevitable** something that cannot be prevented: *Eventually the inevitable happened and he had a heart attack.* ▷ **(to) co być musi lub musiało, konieczność**
• **inevitably adverb** *Inevitably, there was a certain amount of fighting between the groups.* ▷ **nieuchronnie** • **inevitability** /ɪˌnevɪtəˈbɪləti/ **noun** [U] ▷ **nieuchronność**

inexcusable /ˌɪnɪkˈskjuːzəbl/ **adjective** Inexcusable behaviour is too bad to be forgiven: *His rudeness was inexcusable.* ▷ **niewybaczalny**
• **inexcusably adverb** ▷ **niewybaczalnie**

inexhaustible /ˌɪnɪgˈzɔːstəbl/ **adjective** existing in very large amounts that will never be finished: *The Internet is an **inexhaustible source** of information.* ▷ **niewyczerpany**

inexorable /ɪˈneksᵊrəbl/ **adjective** formal continuing without any possibility of being stopped: *the inexorable progress of civilization* ▷ **nieuchronny**
• **inexorably adverb** *These events **led inexorably** to war.* ▷ **nieuchronnie**

inexpensive /ˌɪnɪkˈspensɪv/ **adjective** B1 cheap but of good quality: *inexpensive children's clothes* ▷ **niedrogi**

inexperience /ˌɪnɪkˈspɪəriəns/ **noun** [U] when you do not know how to do something because you have not done it or experienced it much before: *The accident was probably caused by the driver's inexperience.* ▷ **brak doświadczenia**

inexperienced /ˌɪnɪkˈspɪəriənst/ **adjective** B2 without much experience or knowledge of something: *Kennedy was young and inexperienced.* ▷ **niedoświadczony**

inexplicable /ˌɪnɪkˈsplɪkəbl/ **adjective** so strange or unusual that you cannot understand or explain it: *To me his behaviour was quite inexplicable.* ▷ **niewytłumaczalny**
• **inexplicably adverb** ▷ **niewytłumaczalnie, z niewyjaśnionych przyczyn**

inextricably /ˌɪnɪkˈstrɪkəbli/ **adverb** If things are inextricably connected, they are so closely connected that you cannot separate them: *His story is **inextricably linked** with that of his brother.* ▷ **nierozerwalnie, nieodłącznie**

infallible /ɪnˈfæləbl/ **adjective** always right, true, or correct: *infallible evidence of guilt* ◦ *They're experts, but they're not infallible.* ▷ **nieomylny**
• **infallibility** /ɪnˌfæləˈbɪləti/ **noun** [U] ▷ **nieomylność**

infamous /ˈɪnfəməs/ **adjective** famous for being bad: *The area became infamous for its slums.* ▷ **niesławny**

infancy /ˈɪnfənsi/ **noun 1** [U] when you are a baby or a very young child: *Their fourth child died **in infancy**.* ▷ **dzieciństwo, niemowlęctwo 2 in its infancy** Something that is in its infancy has only just begun to develop: *In the 1950s, space travel was in its infancy.* ▷ **w powijakach**

infant /ˈɪnfənt/ **noun** [C] formal a baby or very young child ▷ **niemowlę, małe dziecko**

infantile /ˈɪnfəntaɪl/ **adjective** behaving like a young child in a way that seems silly: *Don't be so infantile.* ▷ **dziecinny**

infantry /ˈɪnfəntri/ **noun** [U, group] soldiers who fight on foot ▷ **piechota**

infatuated /ɪnˈfætjueɪtɪd/ **adjective** If you are infatuated with someone, you feel extremely strongly attracted to them: *As the weeks passed he became totally **infatuated with** her.* ▷ **zadurzony**
• **infatuation** /ɪnˌfætjuˈeɪʃᵊn/ **noun** [C, U] ▷ **zadurzenie**

infect /ɪnˈfekt/ **verb** [T] **1** to give someone a disease: [often passive] *Thousands of people were **infected with** the virus.* ▷ **zarazić 2** If a place, wound, or substance is infected, it contains bacteria or other things that can cause disease: [often passive] *The wound became infected.* ◦ *infected water/meat* ▷ **zakazić** → Compare **disinfect 3** to make other people feel the same way as you do: [often passive] *They became infected by the general excitement.* ▷ **zarazić**

infection /ɪnˈfekʃᵊn/ **noun** [C, U] B2 a disease in a part of your body that is caused by bacteria or a virus: *an ear/throat infection* ▷ **infekcja, zakażenie**

infectious /ɪnˈfekʃəs/ **adjective 1** An infectious disease can be passed from one person to another. ▷ **zakaźny 2** Infectious laughter or feelings quickly spread from one person to another: ***infectious enthusiasm*** ▷ **zaraźliwy**

infer /ɪnˈfɜːʳ/ **verb** [T] (present participle **inferring**, past tense and past participle **inferred**) formal to guess that something is true because of the information that you have: [+ (that)] *I **inferred***

from the number of cups that he was expecting visitors. ▷ **wnioskować**

inference /ˈɪnfᵊrᵊns/ **noun** [C] formal a fact that you decide is true because of the information that you have: *What **inferences** can we **draw** from this?* ▷ **wniosek**

inferior[1] /ɪnˈfɪəriəʳ/ **adjective** not good, or not so good as someone or something else: *I've never felt **inferior to** anyone.* ◦ *They're selling inferior products at inflated prices.* ▷ **gorszy, pośledni**

• **inferiority** /ɪnˌfɪəriˈɒrəti/ **noun** [U] when something is not as good as another thing, or when someone feels they are not as good as other people ▷ **niższość**

inferior[2] /ɪnˈfɪəriəʳ/ **noun** [C] someone who is considered to be less important than other people ▷ **ktoś gorszy, podwładn-y/a**

inferno /ɪnˈfɜːnəʊ/ **noun** [C] literary a very large hot fire ▷ **pożoga**

infertile /ɪnˈfɜːtaɪl/ ⓊⓈ /ɪnˈfɜːrtᵊl/ **adjective 1** An infertile person or animal cannot have babies. ▷ **bezpłodny 2** Infertile land is not good enough for plants to grow well there. ▷ **nieurodzajny**

• **infertility** /ˌɪnfəˈtɪləti/ **noun** [U] when a person or piece of land is infertile ▷ **bezpłodność, nieurodzajność**

infest /ɪnˈfest/ **verb** [T] If insects, animals, weeds, etc infest a place, they cause problems by being there in large numbers: [often passive] *The hotel was **infested with** cockroaches.* ▷ **opanować**

infidelity /ˌɪnfɪˈdeləti/ **noun** [C, U] when someone who is married or in a relationship has sex with someone who is not their wife, husband, or regular partner ▷ **niewierność, zdrada**

infighting /ˈɪnˌfaɪtɪŋ/ **noun** [U] arguments between the members of a group: ***political infighting*** ▷ **konflikty lub walki wewnętrzne**

infiltrate /ˈɪnfɪltreɪt/ **verb** [T] to secretly join a group or organization so that you can learn more about them: *A journalist managed to infiltrate the gang of drug dealers.* ▷ **infiltrować, przenikać**

• **infiltration** /ˌɪnfɪlˈtreɪʃᵊn/ **noun** [C, U] ▷ **infiltracja** • **infiltrator noun** [C] ▷ **infiltrator/ka, dywersant/ka**

infinite /ˈɪnfɪnət/ **adjective 1** extremely large or great: *She took infinite care with the painting.* ▷ **ogromny 2** without limits or without an end: *God's power is infinite.* ▷ **nieskończony**

infinitely /ˈɪnfɪnətli/ **adverb** very or very much: *Travel is infinitely more comfortable now than it used to be.* ▷ **nieskończenie**

infinitive /ɪnˈfɪnətɪv/ **noun** [C] Ⓑ① the basic form of a verb that usually follows 'to'. In the sentence 'She decided to leave', 'to leave' is an infinitive. ▷ **bezokolicznik**

infinity /ɪnˈfɪnəti/ **noun** [U] **1** time or space that has no end ▷ **nieskończoność 2** a number that is larger than all other numbers ▷ **nieskończoność**

infirm /ɪnˈfɜːm/ **adjective** formal weak or ill, especially because of being old ▷ **niedołężny**

infirmary /ɪnˈfɜːmᵊri/ **noun** [C] **1** UK formal used in the name of some hospitals: *Leicester Royal Infirmary* ▷ **szpital 2** mainly US a room in a school, prison, etc where people go when they are ill ▷ **gabinet lekarski**

infirmity /ɪnˈfɜːməti/ **noun** [C, U] formal when someone is weak and unhealthy, or the illness they have ▷ **choroba**

inflame /ɪnˈfleɪm/ **verb** [T] to cause or increase strong emotions: *These brutal attacks have **inflamed passions** in a peaceful country.* ▷ **rozpalać**

inflamed /ɪnˈfleɪmd/ **adjective** If part of your body is inflamed, it is red and often painful and swollen. ▷ **zaogniony, objęty stanem zapalnym**

inflammable /ɪnˈflæməbl/ **adjective** Inflammable liquids, gases, or materials burn very easily. ▷ **łatwo palny**

inflammation /ˌɪnfləˈmeɪʃᵊn/ **noun** [C, U] a red, painful, and often swollen area in or on a part of your body ▷ **zapalenie, stan zapalny**

inflammatory /ɪnˈflæmətᵊri/ **adjective** intended or likely to cause anger or hate: ***inflammatory statements/speeches*** ▷ **prowokacyjny**

inflatable /ɪnˈfleɪtəbl/ **adjective** An inflatable object has to be filled with air before you can use it: *an inflatable boat* ▷ **nadmuchiwany, dmuchany**

inflate /ɪnˈfleɪt/ **verb 1** [I, T] to fill something with air or gas, or to become filled with air or gas ▷ **wypełniać (się) powietrzem, napompować 2** [T] to make something such as a number, price, etc larger ▷ **zawyżać**

inflated /ɪnˈfleɪtɪd/ **adjective** Inflated prices, costs, numbers, etc are higher than they should be. ▷ **zawyżony**

inflation /ɪnˈfleɪʃᵊn/ **noun** [U] Ⓑ② the rate at which prices increase, or a continuing increase in prices: ***low/rising inflation*** ▷ **inflacja**

inflationary /ɪnˈfleɪʃᵊnᵊri/ **adjective** likely to make prices rise ▷ **inflacyjny**

inflection /ɪnˈflekʃᵊn/ **noun** [C, U] **1** the way the end of a word changes to show tense, plural forms, etc ▷ **odmiana, fleksja 2** the way that your voice goes up and down when you speak, for example to show that you are asking a question ▷ **modulacja (głosu)**

inflexible /ɪnˈfleksəbl/ **adjective 1** Inflexible rules, opinions, beliefs, etc do not change easily: *a cold and inflexible man* ▷ **nieelastyczny, mało elastyczny, nieugięty 2** Inflexible materials do not bend easily. ▷ **nieelastyczny, mało elastyczny**

• **inflexibility** /ɪnˌfleksəˈbɪləti/ **noun** [U] ▷ **brak elastyczności, sztywność**

inflict /ɪnˈflɪkt/ **verb** [T] to make someone suffer by doing something unpleasant to them: *I would never have* ***inflicted*** *such suffering* ***on*** *you.* ▷ **zadawać**

in-flight /ˈɪnˌflaɪt/ **adjective** [always before noun] happening or available during a flight: ***in-flight entertainment*** ▷ **pokładowy, w locie**

inflorescence /ˌɪnflɔːˈresᵊns/ **noun 1** [C] in a plant, a flower or group of flowers on the stem, or the way they are arranged ▷ **kwiatostan 2** [U] the formation of buds and flowers on a plant ▷ **kwitnienie**

inflow /ˈɪnfləʊ/ **noun** [C] an amount of money coming into a business ▷ **wpływ**

influence¹ /ˈɪnfluəns/ **noun 1** [C, U] B2 the power to affect how someone thinks or behaves, or how something develops: *The drug companies have a lot of* ***influence on*** *doctors.* ▷ **wpływ 2** [C] B2 someone or something that has an effect on another person or thing: *His grandfather was a strong* ***influence on*** *him.* ▷ **wpływ**

> Wyrazy występujące razem z **influence**
>
> exert/have/wield influence • bad/considerable/disruptive/good/powerful influence • influence on/over sb/sth • be under the influence of sb/sth

influence² /ˈɪnfluəns/ **verb** [T] B2 to affect or change how someone or something develops, behaves, or thinks: *Many factors influence a film's success.* ◦ [often passive] *Were you influenced by anybody when you were starting your career?* ▷ **wpływać na**

influential /ˌɪnfluˈenʃᵊl/ **adjective** having a lot of influence: *an* ***influential figure*** *in modern jazz* ▷ **wpływowy**

influenza /ˌɪnfluˈenzə/ **noun** [U] formal flu ▷ **grypa**

influx /ˈɪnflʌks/ **noun** [C] the arrival of a lot of people or things at the same time: [usually singular] *The 1990s saw an* ***influx of*** *foreign players into British football.* ▷ **napływ**

info /ˈɪnfəʊ/ **noun** [U] informal short for information ▷ **informacje, informacja**

inform /ɪnˈfɔːm/ **verb** [T] **1** B1 to tell someone about something: *If he calls me again, I shall inform the police.* ◦ [+ (that)] *He informed us that we would have to leave.* ▷ **zawiadamiać, informować 2** B1 to give someone information about something: [often passive] *Patients should be* ***informed about*** *the risks.* ◦ *He keeps his parents* ***informed of*** *his whereabouts.* ▷ **zawiadamiać, informować**

PHRASAL VERB **inform against/on sb** to tell the police about something illegal that someone has done ▷ **donosić na** *kogoś*

informal /ɪnˈfɔːmᵊl/ **adjective 1** B2 relaxed and friendly: *an* ***informal discussion/meeting*** ▷ **nieoficjalny, nieformalny 2** B2 suitable for normal situations: *informal clothes* ◦ *informal language* ▷ **swobodny, potoczny**
• **informality** /ˌɪnfɔːˈmæləti/ **noun** [U] ▷ **nieformalność, swoboda** • **informally adverb** ▷ **nieoficjalnie, nieformalnie, swobodnie**

informant /ɪnˈfɔːmənt/ **noun** [C] someone who gives information to another person: *Our survey is based on over 200 informants.* ▷ **informator/ka**

information /ˌɪnfəˈmeɪʃᵊn/ **noun** [U] A2 facts about a situation, person, event, etc: *a vital* ***piece of information*** ◦ *Police are urging anyone with* ***information about*** *the crime to contact them.* ▷ **informacje, informacja**

> Najczęściej popełniane błędy: **information**
>
> **Proszę pamiętać:** nie można utworzyć liczby mnogiej od rzeczownika **information.** Nie mówimy więc „informations", ale **information, some information** lub **pieces of information**:
>
> ~~*I hope these informations are helpful.*~~
> *I hope this information is helpful.*

> Wyrazy występujące razem z **information**
>
> accurate/confidential/detailed/further/useful information • access/exchange/gather/give/need/provide information • information about/on sth

> **Information** wyrazy bliskoznaczne
>
> Liczby mnogiej rzeczownika **details** często używa się do określenia faktów lub pojedynczych informacji zebranych razem:
> *Please send me* ***details*** *of your training courses.*
> Liczby mnogiej rzeczowników **directions** i **instructions** często używa się do określenia informacji wskazujących sposób wykonania czegoś:
> *Just follow the* ***directions/instructions*** *on the label.*
> Liczby mnogiej rzeczownika **directions** często używa się w znaczeniu „informacje wskazujące, jak znaleźć drogę":
> *We had to stop and ask for* ***directions.***
> Rzeczownika **data** często używamy do opisania informacji składającej się z faktów i cyfr:
> *Our consultants have been collecting financial* ***data.***

inforˌmation techˈnology **noun** [U] (abbreviation **IT**) the use of computers and other electronic equipment to store and send information ▷ **informatyka**

informative /ɪnˈfɔːmətɪv/ **adjective** containing a lot of useful facts: *a very informative lecture* ▷ **pouczający**

informed /ɪnˈfɔːmd/ **adjective** having a lot of

information or knowledge about something: *an **informed** choice/decision* ▷ **świadomy** → See also **well-informed**

informer /ɪnˈfɔːməʳ/ **noun** [C] someone who secretly gives information to the police about a crime ▷ **informator/ka, donosiciel/ka**

infraction /ɪnˈfrækʃᵊn/ **noun** [C, U] formal when someone breaks a rule or the law ▷ **wykroczenie**

infrared /ˌɪnfrəˈred/ **adjective** Infrared light feels warm but cannot be seen. ▷ **podczerwony**

infrastructure /ˈɪnfrəˌstrʌktʃəʳ/ **noun** [C] the basic systems, such as transport and communication, that a country or organization uses in order to work effectively: [usually singular] *The country's infrastructure is in ruins.* ▷ **infrastruktura**

infrequent /ɪnˈfriːkwənt/ **adjective** not happening very often ▷ **rzadki**

• **infrequently adverb** ▷ **rzadko**

infringe /ɪnˈfrɪndʒ/ **verb** [T] **1** formal to break a law or rule: *They infringed building regulations.* ▷ **łamać, naruszać 2** (also **infringe on**) to limit someone's rights or freedom: *This law infringes on a citizen's right to bear arms.* ▷ **łamać, naruszać**

• **infringement noun** [C, U] *an infringement of copyright* ▷ **złamanie, naruszenie**

infuriate /ɪnˈfjʊərieɪt/ **verb** [T] to make someone very angry: *What really infuriated me was the fact that he'd lied.* ▷ **irytować, rozwścieczać**

• **infuriating adjective** extremely annoying ▷ **irytujący**

infuse /ɪnˈfjuːz/ **verb 1** [T] formal to fill someone or something with a lot of a particular emotion or quality: [often passive] *His work is **infused with** a love for tradition.* ▷ **napełniać, przepełniać 2** [I, T] to put something into a liquid so that its taste goes into the liquid ▷ **zaparzać (się)**

infusion /ɪnˈfjuːʒᵊn/ **noun** [C, U] formal when one thing is added to another thing to make it stronger or better: *an infusion of cash* ▷ **zastrzyk**

ingenious /ɪnˈdʒiːniəs/ **adjective** very clever and involving new ideas, equipment, or methods: *an **ingenious idea/scheme/solution*** ▷ **pomysłowy, genialny**

• **ingeniously adverb** ▷ **pomysłowo, genialnie**

ingenuity /ˌɪndʒɪˈnjuːəti/ **noun** [U] skill at inventing things or finding new ways to solve problems ▷ **pomysłowość**

ingest /ɪnˈdʒest/ **verb** [T] formal to eat or drink something ▷ **spożywać**

• **ingestion noun** [U] ▷ **spożycie**

ingrained /ɪnˈgreɪnd/ **adjective 1** Ingrained beliefs, behaviour, problems, etc have existed for a long time and are difficult to change: *For most of us, watching television is a deeply **ingrained habit**.* ▷ **zakorzeniony 2** Ingrained dirt has got under the surface of something and is difficult to remove. ▷ **wżarty**

ingratiate /ɪnˈgreɪʃieɪt/ **verb ingratiate yourself (with sb)** to try to make people like you by doing things to please them ▷ **przypochlebiać się** (*komuś*)

• **ingratiating adjective** Ingratiating behaviour is done to try to make people like you: *an **ingratiating smile/manner*** ▷ **przymilny**

ingratitude /ɪnˈgrætɪtjuːd/ **noun** [U] when someone is not grateful for something ▷ **niewdzięczność**

ingredient /ɪnˈgriːdiənt/ **noun** [C] **1** B1 one of the different foods that a particular type of food is made from ▷ **składnik 2** B2 one of the parts of something successful: *Trust is an **essential ingredient** in a successful marriage.* ▷ **składnik**

> Wyrazy występujące razem z **ingredient**
>
> a **basic/essential/vital** ingredient • an ingredient **in/of** sth

inhabit /ɪnˈhæbɪt/ **verb** [T] formal to live in a place: [often passive] *an area inhabited by artists and writers* ▷ **zamieszkiwać**

inhabitant /ɪnˈhæbɪtᵊnt/ **noun** [C] B2 someone who lives in a particular place: *a city with 10 million inhabitants* ▷ **mieszka-niec/nka**

inhabited /ɪnˈhæbɪtɪd/ **adjective** An inhabited place or building has people living in it: *Is the island inhabited?* ▷ **zamieszkały**

inhale /ɪnˈheɪl/ **verb** [I, T] formal **1** to breathe air, smoke, or gas into your lungs ▷ **wdychać 2** US informal to eat something very quickly: *Slow down, you're inhaling that pizza!* ▷ **pochłaniać**

inherent /ɪnˈherᵊnt/ **adjective** existing as a natural and basic part of something: *The desire for freedom is **inherent in** all people.* ▷ **nieodłączny, wrodzony**

• **inherently adverb** *There's nothing inherently wrong with his ideas.* ▷ **nieodłącznie**

inherit /ɪnˈherɪt/ **verb** [T] **1** to receive possessions or money from someone who has died: *In 1842 he inherited a small estate near Liverpool.* ▷ **dziedziczyć, odziedziczyć 2** to have the same physical or mental characteristics as one of your parents or grandparents: *Miranda has inherited her father's red hair.* ▷ **odziedziczyć 3** If you inherit a problem, situation, or belief, it is passed on to you by someone who had it before: *The mayor will inherit a city hopelessly in debt.* ▷ **odziedziczyć**

inheritance /ɪnˈherɪtᵊns/ **noun** [C, U] money or possessions that someone gives you when they die: *Nick has sold off much of his inheritance.* ▷ **spadek**

inhibit /ɪnˈhɪbɪt/ **verb** [T] **1** to make the progress or growth of something slower: *a product which inhibits the growth of harmful bacteria* ▷ **hamować 2** to make it more difficult for someone to do something: *Their threats **inhibited** witnesses **from** giving evidence.* ▷ **powstrzymywać**

inhibited /ɪnˈhɪbɪtɪd/ **adjective** not confident

enough to say or do what you want ▷ **skrępowany**

inhibition /ˌɪnhɪˈbɪʃᵊn/ **noun** [C, U] a feeling of embarrassment or worry that prevents you from saying or doing what you want: *The whole point about dancing is to* ***lose*** *all* ***your inhibitions****.* ▷ **zahamowanie**

> Wyrazy występujące razem z **inhibition**
>
> **have no inhibitions about** doing sth • **lose your inhibitions**

inhospitable /ˌɪnhɒsˈpɪtəbl/ **adjective** **1** An inhospitable place is not pleasant or easy to live in because it is too hot, cold, etc: *the world's most inhospitable deserts* ▷ **niegościnny** **2** not friendly towards people who are visiting you ▷ **niegościnny**

I

in-house /ˌɪnˈhaʊs/ **adjective, adverb** done in the offices of a company or organization by employees of that company: *in-house training of staff* ▷ **wewnętrzny, w ramach zakładu lub firmy**

inhuman /ɪnˈhjuːmən/ **adjective** extremely cruel: *the inhuman treatment of prisoners* ▷ **nieludzki**

inhumane /ˌɪnhjuːˈmeɪn/ **adjective** treating people or animals in a cruel way: *inhumane experiments on monkeys* ▷ **nieludzki, niehumanitarny**
• **inhumanely** adverb ▷ **nieludzko**

inhumanity /ˌɪnhjuːˈmænəti/ **noun** [U] extremely cruel behaviour: *the inhumanity of war* ▷ **okrucieństwa, okrucieństwo**

initial[1] /ɪˈnɪʃᵊl/ **adjective** [always before noun] B2 first, or happening at the beginning: *My initial reaction was one of anger.* ▷ **początkowy**

initial[2] /ɪˈnɪʃᵊl/ **noun** [C] B1 the first letter of a name: [usually plural] *His initials are S.G.M.* ▷ **inicjał**

initial[3] /ɪˈnɪʃᵊl/ **verb** [T] (present participle UK **initialling**, past tense and past participle **initialled**, present participle US **initialing**, past tense and past participle **initialed**) to write your initials on something ▷ **podpisywać (inicjałami), parafować**

initialize /ɪˈnɪʃᵊlaɪz/ **verb** [T] to make a computer program ready to use ▷ **inicjalizować**

initially /ɪˈnɪʃᵊli/ **adverb** B2 at the beginning: *The situation was worse than they initially thought.* ▷ **początkowo**

initiate /ɪˈnɪʃieɪt/ **verb** [T] **1** to make something begin: [often passive] *The reforms were initiated by Gorbachev.* ▷ **zapoczątkować, zainicjować** **2** to make someone a member of a group or organization in a special ceremony, or to show someone how to do an activity: *At the age of 50, he was* ***initiated into*** *the priesthood.* ▷ **wprowadzać, wtajemniczać**
• **initiation** /ɪˌnɪʃiˈeɪʃᵊn/ **noun** [C, U] ▷ **zapoczątkowanie, inicjacja**

initiative /ɪˈnɪʃətɪv/ **noun** **1** [C] a plan or activity that is done to solve a problem or improve a situation: *a* ***new*** *government* ***initiative*** *to reduce crime* ▷ **inicjatywa** **2** [U] the ability to make decisions and do things without needing to be told what to do: *We need someone who can work* ***on their own initiative*** *(= without anyone telling them what to do).* ▷ **inicjatywa** **3** **take the initiative** to be the first person to do something that solves a problem or improves a situation: *Jackson had taken the initiative and prepared a report.* ▷ **podejmować inicjatywę**

inject /ɪnˈdʒekt/ **verb** [T] **1** to put a drug into someone's body using a needle: *Phil's diabetic and has to* ***inject*** *himself* ***with*** *insulin every day.* ▷ **wstrzykiwać** **2** to add a good quality to something: *The new teacher has* ***injected a bit of enthusiasm into*** *the school.* ▷ **wprowadzać** **3** to provide a large amount of money for a plan, service, organization, etc: *The government plans to* ***inject*** *£100 million* ***into*** *schools.* ▷ **zainwestować**

injection /ɪnˈdʒekʃᵊn/ **noun** **1** [C, U] when someone puts a drug into your body using a needle: *an injection of insulin* ▷ **zastrzyk** **2** [C] when a large amount of money is provided for a plan, service, organization, etc: *The university has welcomed the $5 million* ***cash injection****.* ▷ **zastrzyk (finansowy)**

inˈjection moulding UK (US **injection molding**) **noun** [U] a process used for making plastic objects, in which melted plastic is forced into metal shapes and left until it is hard ▷ **formowanie wtryskowe**

injunction /ɪnˈdʒʌŋkʃᵊn/ **noun** [C] an official order from a court that prevents someone from doing something: *The courts have* ***issued an injunction*** *to prevent the book from being published.* ▷ **nakaz lub zakaz sądowy**

injure /ˈɪndʒəʳ/ **verb** [T] B1 to hurt a person, animal, or part of your body: *She injured her ankle when she fell.* ▷ **zranić, skaleczyć**

injured /ˈɪndʒəd/ **adjective** B2 hurt: *Fortunately, no one was* ***seriously injured*** *in the accident.* ▷ **ranny**

injury /ˈɪndʒᵊri/ **noun** [C, U] B2 damage to someone's body in an accident or attack: *head injuries* ◦ *The passenger in the car escaped with* ***minor injuries****.* ▷ **obrażenia, uraz, rana** → See also **add** ***insult*** **to injury**

> Wyrazy występujące razem z **injury**
>
> **a fatal/major/minor/serious injury • cause/prevent/receive/recover from/suffer an injury • an injury to sth**

injustice /ɪnˈdʒʌstɪs/ **noun** [C, U] a situation or action in which people are treated unfairly: *the fight against racial injustice* ▷ **niesprawiedliwość**

ink /ɪŋk/ **noun** [C, U] B1 a coloured liquid that

you use for writing, printing, or drawing ▷ **atrament, tusz**

ink-jet printer /ˈɪŋkdʒetˌprɪntəʳ/ **noun** [C] an electronic printer which blows ink onto paper using very small jets ▷ **drukarka atramentowa**

inkling /ˈɪŋklɪŋ/ **noun have an inkling** to think that something might be true or might happen: *She **had** absolutely no **inkling** that we were planning the party.* ▷ **przypuszczać**

inland[1] /ˈɪnlənd/ **adjective** [always before noun] Inland areas, lakes, towns, etc are a long way from the coast. ▷ **śródlądowy**

inland[2] /ˈɪnlænd/ **adverb** towards the middle of a country and away from the coast ▷ **w głąb lądu**

in-laws /ˈɪnlɔːz/ **noun** [plural] informal the parents of your husband or wife, or other people in their family ▷ **teściowie**

inlet /ˈɪnlet/ **noun** [C] a narrow part of a sea, river, or lake where it flows into a curve in the land ▷ **zatoczka**

ˌin-line ˈskate noun [C, plural] (also **rollerblades**) a boot with a single line of wheels on the bottom, used for moving across the ground ▷ **rolka, łyżworolka** → See **Sports 1** on page Centre 14

inmate /ˈɪnmeɪt/ **noun** [C] someone who lives in a prison or in a hospital for people with mental illnesses ▷ **więzień/źniarka, pacjent/ka**

inn /ɪn/ **noun** [C] a small hotel in the countryside ▷ **gospoda, zajazd**

innate /ɪˈneɪt/ **adjective** An innate quality or ability is one that you were born with, not one you have learned: *He has an innate desire to win.* ▷ **wrodzony**

• **innately adverb** ▷ **naturalnie, od urodzenia**

inner /ˈɪnəʳ/ **adjective** [always before noun] **1** (B2) on the inside, or near the middle of something: *The monastery is built around an inner courtyard.* ▷ **wewnętrzny** → Opposite **outer 2** (B2) Inner feelings, thoughts, etc are ones that you do not show or tell other people: *a profound sense of inner peace* ▷ **wewnętrzny**

ˌinner ˈcircle noun [C] the small group of people who control an organization, political party, etc: *The statement was made by a member of the President's inner circle.* ▷ **grono zaufanych**

ˌinner ˈcity noun [C] the part of a city that is closest to the centre, often where buildings are in a bad condition and there are social problems: *a plan to tackle rising crime in inner cities* ▷ **śródmieście**

• **inner-city** /ˈɪnəˌsɪti/ **adjective** [always before noun] *inner-city schools* ▷ **śródmiejski**

innermost /ˈɪnəməʊst/ **adjective** [always before noun] **1** Your innermost feelings, thoughts, etc are the most private ones that you do not want other people to know about. ▷ **najskrytszy 2** formal closest to the middle of something ▷ **(najbardziej) wewnętrzny**

inning /ˈɪnɪŋ/ **noun** [C] one of the nine playing periods in a baseball game ▷ **rozgrywka**

innings /ˈɪnɪŋz/ **noun** [C] (plural **innings**) the period of time in a game of cricket when one player or one team hits the ball ▷ **rozgrywka**

innit /ˈɪnɪt/ **exclamation** UK very informal used to change a statement into a question: *It's wrong, innit?* ▷ **co nie?**

innocence /ˈɪnəsəns/ **noun** [U] **1** when someone is not guilty of a crime: *She fought to **prove** her son's **innocence**.* ▷ **niewinność 2** when someone does not have much experience of life and does not know about the bad things that happen: *the innocence of childhood* ▷ **niewinność**

Wyrazy występujące razem z **innocence**
proclaim/protest/prove sb's innocence

innocent /ˈɪnəsənt/ **adjective 1** (B2) not guilty of committing a crime: *He claims to be **innocent of** the crime.* ▷ **niewinny 2** (B2) not having much experience of life and not knowing about the bad things that happen: *an innocent young woman* ▷ **niewinny 3** (B2) used to emphasize that someone who was hurt had done nothing wrong: *Several innocent civilians were killed in the bombing.* ▷ **niewinny 4** not intended to harm or upset anyone: *It was an innocent mistake.* ▷ **niewinny**

• **innocently adverb** (B2) ▷ **niewinnie**

innocuous /ɪˈnɒkjuəs/ **adjective** not likely to upset or harm anyone: *The parcel looked innocuous enough.* ▷ **nieszkodliwy**

• **innocuously adverb** ▷ **nieszkodliwie**

innovation /ˌɪnəʊˈveɪʃən/ **noun** [C, U] a new idea or method that is being tried for the first time, or the use of such ideas or methods: *the latest innovations in education* ▷ **innowacja, nowość**

innovative /ˈɪnəvətɪv/ (US) /ˈɪnəveɪtɪv/ **adjective** using new methods or ideas: *an **innovative approach** to programme making* ▷ **nowatorski**

innovator /ˈɪnəveɪtəʳ/ **noun** [C] someone who uses or designs new methods or products ▷ **innowator/ka**

innuendo /ˌɪnjuˈendəʊ/ **noun** [C, U] (plural **innuendoes**, **innuendos**) a remark that intentionally suggests something about sex, or something unpleasant about someone, without saying it directly: *The advertisement was criticized for its **sexual innuendo**.* ▷ **aluzja, aluzje, sugestywność**

innumerable /ɪˈnjuːmərəbl/ **adjective** very many, or too many to count: *innumerable problems* ▷ **niezliczony**

inoffensive /ˌɪnəˈfensɪv/ **adjective** not likely to upset anyone or make them angry: *an inoffensive colour* ▷ **neutralny**

inordinate /ɪˈnɔːdɪnət/ **adjective** formal much more than is usual or suitable: *James seems to spend an **inordinate amount** of time on his computer.* ▷ **nadmierny**

• **inordinately adverb** ▷ **nadmiernie**

inorganic /ˌɪnɔːˈgænɪk/ **adjective** not being or consisting of living things: *inorganic waste* ▷ **nieorganiczny**

ˌinorganic ˈchemistry noun [U] the scientific study of chemical substances which do not contain carbon ▷ **chemia nieorganiczna**

in-patient /ˈɪnˌpeɪʃᵊnt/ **noun** [C] someone who stays in hospital for one or more nights while they are receiving treatment ▷ **pacjent/ka (szpitala)**

input[1] /ˈɪnput/ **noun 1** [C, U] B2 ideas, money, effort, etc that you put into an activity or process in order to help it succeed: *Input from students is used to develop new and exciting courses.* ▷ **wkład 2** [C, U] electrical energy that is put into a machine to make it work ▷ **pobór mocy 3** [U] B2 information that is put into a computer ▷ **wejście**

I

input[2] /ˈɪnput/ **verb** [T] (present participle **inputting**, past tense and past participle **inputted**, **input**) to put information into a computer ▷ **wprowadzać**

inquest /ˈɪŋkwest/ **noun** [C] a legal process to discover the cause of an unexpected death: *There will be an* ***inquest into*** *the deaths of the three men.* ▷ **dochodzenie**

> Wyrazy występujące razem z **inquest**
>
> hold an inquest • an inquest **into** sth

inquire (also UK **enquire**) /ɪnˈkwaɪəʳ/ **verb** [I, T] formal B2 to ask someone for information about something: *If you like languages, why don't you* ***inquire about*** *French classes in your area?* ◦ [+ question word] *Vronsky inquired whether the picture was for sale.* ▷ **dowiadywać się, pytać się**

• **inquirer** (also UK **enquirer**) noun [C] ▷ **pytający-y/a**

PHRASAL VERBS **inquire after sb** UK formal to ask someone for information about someone else's health and what they are doing, in order to be polite: *Jane inquired after your mother.* ▷ **dopytywać się lub pytać o** *kogoś* • **inquire into sth** formal to try to discover the facts about something: *a report inquiring into the causes of the region's housing problem* ▷ **badać** *coś*

inquiring (also UK **enquiring**) /ɪnˈkwaɪərɪŋ/ **adjective** [always before noun] **1** always wanting to learn new things: *an* ***inquiring mind*** ▷ **dociekliwy 2** An inquiring expression on your face shows that you want to know something. ▷ **pytający**

• **inquiringly** adverb ▷ **dociekliwie**

inquiry (also UK **enquiry**) /ɪnˈkwaɪəri/ **noun 1** [C] formal B1 a question that you ask when you want more information: *The company has received a lot of* ***inquiries about*** *its new Internet service.* ▷ **zapytanie, pytanie 2** [C] an official process to discover the facts about something bad that has happened: *There will be an official* ***inquiry into*** *the train crash.* ▷ **dochodzenie 3** [U] formal the process of asking questions in order to get information ▷ **dochodzenie**

> Wyrazy występujące razem z **inquiry**
>
> make/receive an inquiry • an inquiry **about** sth

inquisitive /ɪnˈkwɪzətɪv/ **adjective** wanting to discover as much as you can about things: *an inquisitive child* ▷ **ciekawy, dociekliwy**

• **inquisitively** adverb ▷ **ciekawie, dociekliwie**
• **inquisitiveness** noun [U] ▷ **ciekawość, dociekliwość**

inroads /ˈɪnrəudz/ **noun make inroads (into/on sth)** to start to become successful by getting sales, power, votes, etc that someone else had before: *Women have made great inroads into the male-dominated legal profession.* ▷ **zaczynać wkraczać (na arenę** *czegoś***), zaczynać liczyć się (w** *czymś***)**

the ˌins and ˈouts noun [plural] all the details and facts about something: *Tolya is someone who knows* ***the ins and outs of*** *the music industry.* ▷ **szczegóły**

insane /ɪnˈseɪn/ **adjective 1** seriously mentally ill: *a hospital for the* ***criminally insane*** ▷ **obłąkany, umysłowo chory 2** very silly or stupid: *an insane decision* ▷ **szalony**

• **insanely** adverb ▷ **obsesyjnie**

insanity /ɪnˈsænəti/ **noun** [U] **1** when someone is seriously mentally ill ▷ **obłęd, choroba umysłowa 2** when something is extremely stupid: *It would be insanity to expand the business at the moment.* ▷ **szaleństwo**

insatiable /ɪnˈseɪʃəbl/ **adjective** always wanting more of something: *There was an* ***insatiable demand*** *for pictures of Princess Diana.* ▷ **nienasycony**

• **insatiably** adverb ▷ **nienasycenie**

inscribe /ɪnˈskraɪb/ **verb** [T] formal to write words in a book or cut them on an object: [often passive] *The child's bracelet was inscribed with the name 'Amy'.* ▷ **napisać, zadedykować, wyryć**

inscription /ɪnˈskrɪpʃᵊn/ **noun** [C, U] words that are written or cut in something: *The inscription on the gravestone was almost illegible.* ▷ **napis**

insect /ˈɪnsekt/ **noun** [C] A2 a small creature with six legs, for example a bee or a fly ▷ **owad**

insecticide /ɪnˈsektɪsaɪd/ **noun** [C, U] a chemical that is used for killing insects ▷ **środek owadobójczy**

insecure /ˌɪnsɪˈkjʊəʳ/ **adjective 1** having no confidence in yourself and what you can do: *a shy, insecure teenager* ▷ **niepewny 2** not safe or protected: *Many of our staff are worried because their jobs are insecure.* ▷ **niepewny**

• **insecurely** adverb ▷ **niepewnie** • **insecurity** /ˌɪnsɪˈkjʊərəti/ noun [U] ▷ **niepewność, brak pewności siebie**

insensitive /ɪnˈsensətɪv/ **adjective 1** not noticing or not caring about other people's feelings: *an* ***insensitive remark*** ◦ *He was* *completely* ***insensitive to*** *Maria's feelings.* ▷ **nieczuły 2** not able to feel something, or not affected by it: *She was* ***insensitive to*** *the pain.* ▷ **nieczuły**

• **insensitively** adverb ▷ **nieczule** • **insensitivity** /ɪnˌsensəˈtɪvəti/ noun [U] ▷ **nieczułość**

inseparable /ɪnˈsepᵊrəbl/ **adjective 1** formal Two things that are inseparable are so closely connected that you cannot consider them separately: *Rossetti's work was* ***inseparable from*** *his life.* ▷ **nieodłączny, nierozerwalnie związany 2** People who are inseparable are always together because they are such good friends. ▷ **nierozłączny**

• **inseparably** adverb ▷ **nieodłącznie, nierozłącznie**

insert¹ /ɪnˈsɜːt/ **verb** [T] formal **1** to put something into something else: *Insert the coin in the slot.* ▷ **wkładać, wprowadzać 2** to add something to the middle of a document or piece of writing: *He inserted a new paragraph.* ▷ **wstawiać, umieszczać**

• **insertion** /ɪnˈsɜːʃᵊn/ noun [C, U] ▷ **włożenie, wprowadzenie**

insert² /ˈɪnsɜːt/ **noun** [C] something that is made to go inside or into something else: *The leaflet is designed as an insert for a magazine.* ▷ **wkładka**

inshore /ˌɪnˈʃɔːʳ/ **adjective, adverb** near or towards the coast: *inshore waters* ▷ **przybrzeżny, przy brzegu**

inside¹ /ˌɪnˈsaɪd/ **noun 1 the inside** B2 the part of something that is under its surface: *I cleaned the inside of the oven.* ▷ **wnętrze, środek 2 inside out** B2 If a piece of clothing is inside out, the part that is usually outside is on the inside: *Harry, you've got your sweater on inside out again.* ▷ **na lewą stronę**

IDIOM **know sth inside out** to know everything about something ▷ **znać** *coś* **jak własną kieszeń**

inside² /ˌɪnˈsaɪd/ **adjective 1** B2 [always before noun] in or on the part of something under its surface: *Put your wallet in the inside pocket of your jacket.* ▷ **wewnętrzny 2 inside information/knowledge, etc** information that is only known by people who are part of an organization, group, etc ▷ **informacja/wiedza** *itp.* **z pierwszej ręki**

inside³ /ˌɪnˈsaɪd/ **preposition 1** A1 in or into a room, building, container, etc: *There were some keys inside the box.* ◦ *Luckily, no one was inside the house when the fire started.* ▷ **w, wewnątrz, do (środka) 2** in less than a particular length of time: *The doctor's promised to be here inside an hour.* ▷ **w ciągu 3** in an organization, group, etc and not known or happening outside it: *rumours of disputes inside the company* ▷ **wewnątrz**

inside⁴ /ˌɪnˈsaɪd/ **adverb 1** A2 in or into a room, building, container, etc: *I'm freezing, let's go back inside.* ▷ **w środku, wewnątrz, do środka 2** B2 If you have a feeling inside, people do not know about it if you do not tell them: *She looked calm but was feeling nervous inside.* ▷ **w środku, w duchu 3** informal in prison ▷ **w pace**

insider /ɪnˈsaɪdəʳ/ **noun** [C] someone who knows about a business or organization because they are part of it: *Industry insiders say they are surprised by the company's success.* ▷ **wtajemniczon-y/a** → Compare **outsider**

insides /ˌɪnˈsaɪdz/ **noun** [plural] informal your stomach ▷ **wnętrzności**

insidious /ɪnˈsɪdiəs/ **adjective** having harmful effects that happen gradually so you do not notice them for a long time: *the* ***insidious effects*** *of pollution* ▷ **podstępny**

• **insidiously** adverb ▷ **podstępnie** • **insidiousness** noun [U] ▷ **podstępność**

insight /ˈɪnsaɪt/ **noun** [C, U] the ability to understand what something is really like, or an example of this: *The book* ***provides*** *a fascinating* ***insight into*** *the world of art.* ▷ **zrozumienie, wgląd**

> Wyrazy występujące razem z **insight**
>
> gain/give/provide an insight into sth • a fascinating/rare/unique/valuable insight

insignia /ɪnˈsɪgniə/ **noun** [C] (plural **insignia**) a piece of cloth or a symbol that shows someone's military rank or official position ▷ **insygnia**

insignificant /ˌɪnsɪgˈnɪfɪkᵊnt/ **adjective** not important or large enough to consider or worry about: *insignificant differences* ▷ **nieistotny, nieznaczny**

• **insignificance** /ˌɪnsɪgˈnɪfɪkᵊns/ noun [U] ▷ **nieistotność** • **insignificantly** adverb ▷ **nieistotnie, nieznacznie**

insincere /ˌɪnsɪnˈsɪəʳ/ **adjective** pretending to feel something that you do not really feel, or not meaning what you say: *an insincere apology* ▷ **nieszczery**

• **insincerely** adverb ▷ **nieszczerze** • **insincerity** /ˌɪnsɪnˈserəti/ noun [U] ▷ **nieszczerość**

insinuate /ɪnˈsɪnjueɪt/ **verb** [T] to suggest that something bad is true without saying it directly: [+ that] *She insinuated that Perez had lied.* ▷ **insynuować**

• **insinuation** /ɪnˌsɪnjuˈeɪʃᵊn/ noun [C, U] ▷ **insynuacja**

insipid /ɪnˈsɪpɪd/ **adjective** not interesting, exciting, or colourful: *a dull, insipid man* ◦ *The soup was rather insipid.* ▷ **bezbarwny, bez smaku**

• **insipidly** adverb ▷ **bezbarwnie, bez smaku**

insist /ɪnˈsɪst/ **verb** [I, T] **1** B1 to say firmly that something is true, especially when other people do not believe you: [+ (that)] *Mia insisted that she and Carlo were just friends.* ▷ **nalegać, upierać się 2** B1 to demand that something must be done or that you must have a particular thing: *The school* ***insists on*** *good behaviour from its students.* ◦ [+ on + doing sth] *Frank insisted on doing all the work himself.* ◦ [+ (that)] *Gerlinde* *insisted that I stay for dinner.* ▷ **wymagać, domagać się**

insistence /ɪnˈsɪstᵊns/ **noun** [U] **1** when you demand that something must be done or that you must have a particular thing: [+ that] *his insistence that his children should have a good education* ◦ *Clare's* ***insistence on*** *a vegetarian diet caused arguments with her mother.* ▷ **obstawanie, nieustępliwość 2** when you say firmly that something is true, especially when other people do not believe you: [+ that] *Jane was in trouble despite her insistence that she had done nothing wrong.* ▷ **obstawanie**

insistent /ɪnˈsɪstᵊnt/ **adjective** firmly saying that something is true or must be done: [+ that] *Pedro is absolutely insistent that Sinda should be invited too.* ▷ **stanowczy**
• **insistently adverb** ▷ **stanowczo**

insofar as /ɪnsəʊˈfɑːrˌəz/ **conjunction** formal to the degree that: *The story is based insofar as possible on notes made by Scott himself.* ▷ **na tyle, na ile**

insolation /ˌɪnsəʊˈleɪʃᵊn/ **noun** [U] the amount of sun falling on an object or a planet ▷ **nasłonecznienie**

insolent /ˈɪnsᵊlənt/ **adjective** formal rude and not showing respect: *an insolent reply* ▷ **bezczelny, zuchwały**
• **insolence** /ˈɪnsᵊləns/ **noun** [U] ▷ **bezczelność, zuchwałość** • **insolently adverb** ▷ **bezczelnie, zuchwale**

insoluble /ɪnˈsɒljəbl/ **adjective 1** An insoluble problem, mystery, etc is impossible to solve. ▷ **nierozwiązywalny, nie do rozwiązania 2** An insoluble substance does not dissolve when you put it in liquid. ▷ **nierozpuszczalny**

insomnia /ɪnˈsɒmniə/ **noun** [U] when you find it difficult to sleep ▷ **bezsenność**
• **insomniac** /ɪnˈsɒmniæk/ **noun** [C] someone who often finds it difficult to sleep ▷ **(pacjent lub osoba) cierpiąc-y/a na bezsenność**

inspect /ɪnˈspekt/ **verb** [T] **1** to officially visit a building or organization, in order to check that everything is correct and legal: *Schools will be inspected regularly to maintain standards.* ▷ **kontrolować 2** to look at something very carefully: *Clara inspected her make-up in the mirror.* ▷ **oglądać**

inspection /ɪnˈspekʃᵊn/ **noun** [C, U] **1** an official visit to a building or organization to check that everything is correct and legal: *Fire officers* ***carried out an inspection*** *of the building.* ▷ **inspekcja, kontrola 2** when you look at something carefully: ***On closer inspection*** *(= when looked at more carefully), the painting was discovered to be a fake.* ▷ **oględziny**

> Wyrazy występujące razem z **inspection**
>
> **carry out** an inspection • an inspection **of** sth

inspector /ɪnˈspektəʳ/ **noun** [C] **1** Ⓑ2 someone whose job is to check that things are being done correctly: *a factory inspector* ▷ **inspektor, kontroler 2** Ⓑ2 a police officer of middle rank ▷ **inspektor**

inspiration /ˌɪnspᵊrˈeɪʃᵊn/ **noun 1** [C, U] Ⓑ2 someone or something that gives you ideas for doing something: *Africa has long been a source of* ***inspiration for*** *his painting.* ▷ **inspiracja, natchnienie 2** [C] a sudden good idea about what you should do ▷ **inspiracja, natchnienie 3 be an inspiration to sb** to be so good that someone else admires you and is encouraged by your behaviour: *The way she has dealt with her illness is an inspiration to us all.* ▷ **być natchnieniem dla** *kogoś* **4** [U] the act of breathing in ▷ **wdech**

inspire /ɪnˈspaɪəʳ/ **verb** [T] **1** Ⓑ2 to make someone feel that they want to do something and can do it: [+ to do sth] *A drama teacher at school had inspired Sam to become an actor.* ▷ **inspirować, natchnąć 2** Ⓑ2 to make someone have a particular feeling or reaction: *Robson's first task will be to* ***inspire*** *his team* ***with*** *some confidence.* ◦ *He* ***inspires*** *great loyalty* ***in*** *his staff.* ▷ **nastrajać, wzbudzać 3** Ⓑ2 to give someone an idea for a book, play, painting, etc: [often passive] *a television drama that was inspired by a true story* ▷ **inspirować**
• **inspiring adjective** giving you new ideas and making you feel you want to do something: *an inspiring teacher* ◦ *an inspiring book* ▷ **inspirujący, porywający**

inspired /ɪnˈspaɪəd/ **adjective** showing a lot of skill and good ideas: *an inspired performance* ▷ **błyskotliwy**

instability /ˌɪnstəˈbɪləti/ **noun** [U] when a situation or someone's behaviour changes a lot and you do not know what will happen next ▷ **brak stabilizacji lub równowagi, chwiejność**

install (also UK **instal**) /ɪnˈstɔːl/ **verb 1** [T] Ⓑ1 to put a piece of equipment somewhere and make it ready to use: *The school has installed a burglar alarm.* ▷ **zamontować, zainstalować 2** [T] to give someone an important and powerful job: *She will be* ***installed as*** *Managing Director in May.* ▷ **powoływać (na stanowisko) 3** [I, T] Ⓑ1 to put software onto a computer ▷ **zainstalować**
• **installation** /ˌɪnstəˈleɪʃᵊn/ **noun** [C, U] ▷ **instalacja, powołanie**

instalment UK (US **installment**) /ɪnˈstɔːlmənt/ **noun** [C] **1** a regular payment that you make, for example each month, in order to pay for something: *You can pay for your computer* ***in*** *six monthly* ***instalments.*** ▷ **rata 2** one of the parts of a story that you can see every day or week in a magazine or on television: *Don't miss next week's exciting instalment.* ▷ **odcinek**

instance /ˈɪnstəns/ **noun 1 for instance** Ⓑ1 for example: *Many teenagers earn money, for instance by babysitting or cleaning cars.* ▷ **na**

przykład 2 [C] an example of a particular type of event, situation, or behaviour: *There have been several **instances of** violence in the school.* ▷ **przykład**

instant[1] /ˈɪnstənt/ **adjective 1** B2 happening immediately: *The book was an **instant success** in the US.* ▷ **natychmiastowy 2** Instant food or drink is dried, usually in the form of a powder, and can be made quickly by adding hot water: ***instant coffee*** ▷ **rozpuszczalny, w proszku** → See also **instant replay**

instant[2] /ˈɪnstənt/ **noun** [C] a moment: *Take a seat, I'll be with you in an instant.* ▷ **chwila**

instantaneous /ˌɪnstənˈteɪniəs/ **adjective** happening immediately: *The Internet offers almost instantaneous access to vast amounts of information.* ▷ **natychmiastowy**
• **instantaneously adverb** ▷ **natychmiast**

instantly /ˈɪnstəntli/ **adverb** B2 immediately: *A car hit them, killing them both instantly.* ▷ **natychmiast**

instant messaging /ˌɪnstənt ˈmesɪdʒɪŋ/ **noun** [U] a system on the Internet which makes it possible to send messages quickly between two people using the system ▷ **komunikatory (internetowe)**

ˌinstant ˈreplay noun [C] US (UK **action replay**) when part of a film of a sporting event is shown again, often more slowly ▷ **powtórka, replay**

instead /ɪnˈsted/ **adverb** A2 in the place of someone or something else: *If you don't want pizza, we can have pasta instead.* ◦ *I'm going swimming on Monday **instead of** Friday now.* ◦ [+ of + doing sth] *Why don't you help instead of just complaining?* ▷ **zamiast (tego), w zamian**

instigate /ˈɪnstɪgeɪt/ **verb** [T] formal to make something start to happen: *Carolyn had instigated divorce proceedings.* ▷ **wszczynać**
• **instigation** /ˌɪnstɪˈgeɪʃən/ **noun** [U] ▷ **wszczęcie** • **instigator noun** [C] ▷ **prowokator/ka, inicjator/ka**

instil (present participle **instilling**, past tense and past participle **instilled**) UK (US **instill**) /ɪnˈstɪl/ **verb** [T] to make someone have a particular feeling or idea: *He's a manager with great skill at **instilling** confidence **in/into** his players.* ▷ **wpajać, wzbudzać**

instinct /ˈɪnstɪŋkt/ **noun** [C, U] the way someone naturally reacts or behaves, without having to think or learn about it: [+ to do sth] *a mother's instinct to protect her children* ▷ **instynkt**

> Wyrazy występujące razem z **instinct**
>
> **follow/trust** your instincts • instinct **tells** sb sth • sb's **first/gut** instinct

instinctive /ɪnˈstɪŋktɪv/ **adjective** behaving or reacting naturally and without thinking: *Her **instinctive response** was to fight back.* ▷ **instynktowny**
• **instinctively adverb** ▷ **instynktownie**

institute[1] /ˈɪnstɪtjuːt/ **noun** [C] B2 an organization where people do a particular kind of scientific, educational, or social work: *the Massachusetts Institute of Technology* ▷ **instytut**

institute[2] /ˈɪnstɪtjuːt/ **verb** [T] formal to start a plan, law, system, etc: *Major reforms were instituted in the company's finance department.* ▷ **zapoczątkować, wprowadzać**

institution /ˌɪnstɪˈtjuːʃən/ **noun** [C] **1** B2 a large and important organization, such as a university or bank: *one of the country's top medical institutions* ▷ **instytucja 2** B2 a building where people are sent so they can be looked after, for example a prison or hospital ▷ **instytucja 3** a custom that has existed for a long time: *the institution of marriage* ▷ **instytucja**
• **institutional adjective** relating to an institution ▷ **instytucjonalny**

instruct /ɪnˈstrʌkt/ **verb** [T] **1** to officially tell someone to do something: [+ to do sth] *Staff are instructed not to use the telephones for personal calls.* ▷ **pouczać, poinstruować 2** formal to teach someone about something: *She is there to **instruct** people **in** the safe use of the gym equipment.* ▷ **szkolić, nauczać**

instruction /ɪnˈstrʌkʃən/ **noun 1** [C] something that you have been told to do: [+ to do sth] *I had **strict instructions** to call them as soon as I arrived home.* ▷ **instrukcja, wskazówka, polecenie 2** [U] formal the activity of teaching or training someone, or the information you are being taught: *religious instruction* ▷ **nauka, szkolenie**

instructions /ɪnˈstrʌkʃənz/ **noun** [plural] A2 information that explains how to do or use something: *Are there any **instructions on** how to load the software?* ◦ *I just **followed the instructions**.* ▷ **instrukcja**

> Wyrazy występujące razem z **instructions**
>
> **follow** the instructions • **give** instructions • **detailed/full** instructions • instructions **on** sth

inˈstruction ˌset noun [C] a list of all the instructions that a computer processor can do ▷ **lista rozkazów**

instructive /ɪnˈstrʌktɪv/ **adjective** providing useful information: *an instructive discussion* ▷ **pouczający**
• **instructively adverb** ▷ **pouczająco**

instructor /ɪnˈstrʌktər/ **noun** [C] someone who teaches a particular sport or activity: *a **driving instructor*** ▷ **instruktor/ka, nauczyciel/ka**

instrument /ˈɪnstrəmənt/ **noun** [C] **1** a tool that is used for doing something: *scientific instruments* ▷ **narzędzie 2** A2 an object that is used for playing music, for example a piano or drum ▷ **instrument 3** a piece of equipment that is used for measuring speed, light, fuel level, etc ▷ **przyrząd 4** someone or something that is used for achieving something: *The Internet is a*

I

very powerful instrument of communication. ▷ **narzędzie** → See also **wind instrument**

instrumental /ˌɪnstrəˈmentəl/ **adjective** **1** **be instrumental in sth/doing sth** to be one of the main people or things that make something happen: *Mikan was instrumental in establishing professional basketball in the US.* ▷ **mieć istotny wkład w** *coś* **2** involving only musical instruments, and no singing ▷ **instrumentalny**

insubordinate /ˌɪnsəˈbɔːdənət/ **adjective** not willing to obey rules or people in authority ▷ **niesubordynowany**
• **insubordination** /ˌɪnsəˌbɔːdɪˈneɪʃən/ **noun** [U] ▷ **niesubordynacja**

insubstantial /ˌɪnsəbˈstænʃəl/ **adjective** not very large, strong, or good: *The meal was rather insubstantial.* ▷ **skromny, słaby**

insufferable /ɪnˈsʌfərəbl/ **adjective** extremely annoying or unpleasant: *insufferable arrogance* ▷ **nieznośny**
• **insufferably adverb** ▷ **nieznośnie**

insufficient /ˌɪnsəˈfɪʃənt/ **adjective** not enough: *insufficient information* ◦ [+ to do sth] *Her income is insufficient to support a family.* ▷ **niewystarczający, niedostateczny**
• **insufficiently** **adverb** ▷ **niewystarczająco, niedostatecznie**

insular /ˈɪnsjələr/ **adjective** only interested in your own country, life, etc and not willing to accept new ideas or people ▷ **ciasny, zaściankowy**
• **insularity** /ˌɪnsjəˈlærəti/ **noun** [U] ▷ **zaściankowość**

insulate /ˈɪnsjəleɪt/ **verb** [T] **1** to cover something with a special material so that heat, electricity, or sound cannot escape through it ▷ **izolować** **2** to protect someone from unpleasant experiences or bad influences: *parents who want to insulate their children from real life* ▷ **izolować**

insulation /ˌɪnsjəˈleɪʃən/ **noun** [U] **1** a special material used for insulating something such as a wall, roof, or building ▷ **izolacja** **2** when you insulate something, or when something is insulated ▷ **izolacja**

insulator /ˈɪnsjəleɪtər/ **noun** [C] material or a device that stops heat, electricity, or sound coming through ▷ **izolator**

insulin /ˈɪnsjəlɪn/ **noun** [U] a substance produced by the body that controls the amount of sugar in your blood ▷ **insulina**

insult[1] /ɪnˈsʌlt/ **verb** [T] Ⓑ2 to say or do something to someone that is rude and offensive: *How dare you insult me in front of my friends!* ▷ **obrażać, znieważać**
• **insulting** **adjective** rude and offensive: *an insulting remark* ▷ **obraźliwy**

insult[2] /ˈɪnsʌlt/ **noun** [C] Ⓑ2 a rude and offensive remark or action: *They were shouting insults at each other.* ◦ *His comments are* ***an insult to*** *the victims of the war.* ▷ **obraza, zniewaga**

IDIOM **add insult to injury** to make someone's bad situation worse by doing something else to upset them ▷ **pogorszyć sytuację**

insupportable /ˌɪnsəˈpɔːtəbl/ **adjective** formal too bad or unpleasant to deal with or accept ▷ **nie do przyjęcia**

insurance /ɪnˈʃʊərəns/ **noun** [U] Ⓑ2 an agreement in which you pay a company money and they pay your costs if you have an accident, injury, etc: ***car/travel insurance*** ◦ *an* ***insurance policy*** ▷ **ubezpieczenie**

> Wyrazy występujące razem z **insurance**
>
> take out insurance • insurance **against** [sickness/fire, etc] • an insurance **company/policy/premium** • **car/travel** insurance

insure /ɪnˈʃʊər/ **verb** [T] to buy insurance from a company, or to provide insurance for someone: *I need to* ***get*** *my car* ***insured.*** ◦ *The policy* ***insures*** *you* ***against*** *damage and theft.* ▷ **ubezpieczać**

insurmountable /ˌɪnsəˈmaʊntəbl/ **adjective** formal impossible to deal with: *an* ***insurmountable problem/task*** ▷ **nie do przezwyciężenia lub wykonania**

insurrection /ˌɪnsərˈekʃən/ **noun** [C, U] when a group of people use force to try to get control of a government ▷ **powstanie**

intact /ɪnˈtækt/ **adjective** not damaged or destroyed: *Many of the old buildings are* ***still*** *intact.* ▷ **nienaruszony, nietknięty**

intaglio printing /ɪnˈtɑːliəʊˌprɪntɪŋ/ **noun** [U] a method of printing using a surface with lines cut into it ▷ **druk wklęsły**

intake /ˈɪnteɪk/ **noun** [C] **1** the amount of food or drink that you take into your body: [usually singular] ***Reducing*** *your salt* ***intake*** *can help to lower blood pressure.* ▷ **spożycie** **2** UK the group of people who start working or studying somewhere at the same time: *a* ***new intake*** *of students* ▷ **nabór**

intangible /ɪnˈtændʒəbl/ **adjective** An intangible feeling or quality exists but you cannot describe or prove it. ▷ **nieuchwytny, ulotny**

integer /ˈɪntɪdʒər/ **noun** [C] a whole number ▷ **liczba całkowita**

integral /ˈɪntɪgrəl/ **adjective** necessary and important as part of something: *The Internet has become an* ***integral part of*** *modern life.* ▷ **integralny, nieodłączny**

integrate /ˈɪntɪgreɪt/ **verb** **1** [I, T] to become part of a group or society, or to help someone do this: *After a few weeks of training he was fully* ***integrated into*** *the team.* ▷ **integrować** **2** [T] to combine two or more things to make something more effective: *plans to integrate the two schools* ▷ **łączyć, scalać**
• **integration** /ˌɪntɪˈgreɪʃən/ **noun** [U] ▷ **integracja**

ˌintegrated ˈcircuit noun [C] a lot of small electronic parts on one microchip, used for doing jobs where separate parts would take much more space ▷ **układ scalony**

integrity /ɪnˈtegrəti/ noun [U] **1** honesty and the ability to do or know what is morally right: *a woman of great integrity* ▷ **prawość** **2** The integrity of computer data is the state of being correct and well organized. ▷ **integralność**

intellect /ˈɪntəlekt/ noun [C, U] the ability to learn and understand something, and to form ideas, judgments, and opinions about what you have learned: *His energy and intellect are respected by many people.* ▷ **intelekt**

intellectual¹ /ˌɪntəlˈektjuəl/ adjective **1** B2 using or relating to your ability to think and understand things: *intellectual work* ◦ *intellectual and physical development* ▷ **intelektualny** **2** interested in learning and in thinking about complicated ideas: *She's very intellectual.* ▷ **inteligentny**
• **intellectually** adverb ▷ **intelektualnie**

intellectual² /ˌɪntəlˈektjuəl/ noun [C] someone who enjoys studying and thinking about complicated ideas ▷ **intelektualist-a/ka**

intelligence /ɪnˈtelɪdʒəns/ noun [U] **1** B2 the ability to learn, understand, and think about things: *a child of* ***low intelligence*** ▷ **inteligencja** **2** secret information about the governments of other countries, or the group of people who get this information: *military intelligence* ▷ **informacje, wywiad** → See also **artificial intelligence**

> Wyrazy występujące razem z **intelligence**
> **average/great/high/low** intelligence • **have/show/use** intelligence

intelligent /ɪnˈtelɪdʒənt/ adjective B1 able to learn and understand things easily: *a highly intelligent young woman* ▷ **inteligentny**
• **intelligently** adverb ▷ **inteligentnie**

intelligible /ɪnˈtelɪdʒəbl/ adjective able to be understood ▷ **zrozumiały** → Opposite **unintelligible**

intend /ɪnˈtend/ verb **1** B1 [T] to want and plan to do something: [+ to do sth] *How long are you intending to stay in Paris?* ◦ [+ doing sth] *I don't intend seeing him again.* ▷ **zamierzać** **2 be intended for sb; be intended as sth** to be made, designed, or provided for a particular person or purpose: *The book is intended for anyone who wants to learn more about the Internet.* ▷ **być przeznaczonym dla** *kogoś***/na** *coś*

intense /ɪnˈtens/ adjective **1** extreme or very strong: *intense heat/pain* ▷ **intensywny, głęboki** **2** Intense people are very serious, and usually have strong emotions or opinions. ▷ **poważny, uczuciowy**
• **intensely** adverb *Clare disliked him intensely.* ▷ **intensywnie** • **intensity** noun [U] ▷ **nasilenie, intensywność**

intensify /ɪnˈtensɪfaɪ/ verb [I, T] to become greater, more serious, or more extreme, or to make something do this: *The fighting has intensified in the past week.* ▷ **nasilać (się)**

intensive /ɪnˈtensɪv/ adjective B2 involving a lot of work in a short period of time: *ten weeks of* ***intensive training*** ▷ **intensywny**
• **intensively** adverb ▷ **intensywnie**

inˌtensive ˈcare noun [U] the part of a hospital used for treating people who are seriously ill or very badly injured ▷ **intensywna opieka, oddział intensywnej opieki medycznej**

intent¹ /ɪnˈtent/ noun [U, no plural] formal when you want and plan to do something: [+ to do sth] *It had not been his intent to hurt anyone.* ▷ **zamiar, intencja**

IDIOM **to/for all intents (and purposes)** in all the most important ways: *To all intents and purposes, the project was a disaster.* ▷ **praktycznie rzecz biorąc**

intent² /ɪnˈtent/ adjective **1 be intent on sth/doing sth** to be determined to do or achieve something: *She seems intent on winning this year's tennis tournament.* ▷ **być zdecydowanym na** *coś***/***coś zrobić* **2** giving a lot of attention to something: *She had an intent look on her face.* ▷ **skupiony**
• **intently** adverb ▷ **w skupieniu**

intention /ɪnˈtenʃən/ noun [C, U] B2 something that you want and plan to do: [+ to do sth] *She announced her intention to resign.* ◦ [+ of + doing sth] *I* ***have no intention*** *of seeing him again.* ▷ **zamiar, intencja**

> Wyrazy występujące razem z **intention**
> **announce/declare/signal** your intention • **have no intention of doing sth**

intentional /ɪnˈtenʃənəl/ adjective planned or intended: *I'm sorry if I said something that offended you. It really wasn't intentional.* ▷ **celowy, zamierzony**
• **intentionally** adverb ▷ **celowo**

inter- /ɪntər-/ prefix between or among: *international* ◦ *an interdepartmental meeting* ▷ **między-, inter-**

interact /ˌɪntərˈækt/ verb [I] **1** B2 to talk and do things with other people: *At school, teachers say he* ***interacted*** *well* ***with*** *other students.* ▷ **współżyć** **2** If two things interact, they have an effect on each other: *We are looking at how these chemicals interact.* ▷ **wzajemnie oddziaływać na siebie**

interaction /ˌɪntərˈækʃən/ noun [C, U] **1** the activity of talking and doing things with other people, or the way you do this: *Our work involves a lot of* ***interaction with*** *the customers.* ▷ **interakcja** **2** when two or more things combine and have an effect on each other ▷ **interakcja**

interactive /ˌɪntərˈæktɪv/ **adjective** **1** (B2) Interactive computer programs, games, etc involve the person using them by reacting to the way they use them. ▷ **interaktywny** **2** involving communication between people ▷ **interakcyjny**

intercept /ˌɪntəˈsept/ **verb** [T] to stop someone or something before they are able to reach a particular place: *Johnson intercepted the pass and went on to score the third goal.* ▷ **przechwycić, przejąć**
• **interception** /ˌɪntəˈsepʃən/ **noun** [C, U] ▷ **przejęcie**

interchangeable /ˌɪntəˈtʃeɪndʒəbl/ **adjective** If things are interchangeable, you can exchange them because they can be used in the same way: *interchangeable words* ▷ **wymienny**
• **interchangeably adverb** ▷ **wymiennie**

intercom /ˈɪntəkɒm/ **noun** [C] an electronic system used for communicating with people in different parts of a building, aircraft, ship, etc: *A stewardess asked* ***over the intercom*** *if there was a doctor on board.* ▷ **domofon, interkom**

intercontinental /ˌɪntəˌkɒntɪˈnentəl/ **adjective** in or between two continents: *an intercontinental flight* ▷ **międzykontynentalny**

intercostal /ˌɪntəˈkɒstəl/ **adjective** between the ribs: *intercostal muscles* ▷ **międzyżebrowy**

intercourse /ˈɪntəkɔːs/ **noun** [U] (also **sexual intercourse**) when a man puts his penis into a woman's vagina ▷ **stosunek**

interest[1] /ˈɪntrəst/ **noun** **1** [U, no plural] (B1) the feeling of wanting to give attention to something or discover more about it: *Mark* ***had an interest in*** *the media and wanted to become a journalist.* ◦ *After a while he simply* ***lost interest in*** *(= stopped being interested in) his studies.* ◦ *Bindi felt that her father didn't* ***take*** *much of* ***an interest in*** *her (= he was not very interested).* ▷ **zainteresowanie** **2** [C] (B1) something you enjoy doing, studying, or experiencing: *We* ***share*** *a lot of the same* ***interests****, particularly music and football.* ▷ **zainteresowanie** **3** [U] (B2) the extra money that you must pay to a bank, company, etc which has lent you money: *low* ***interest rates*** ▷ **odsetki** **4** [U] (B2) the money you earn from keeping your money in a bank account ▷ **odsetki** **5** [U] (B1) a quality that makes you think something is interesting: *Would this book* ***be of*** *any* ***interest to*** *you?* ▷ **zainteresowanie** **6** [C, U] something that gives someone or something an advantage: *A union looks after the interests of its members.* ▷ **interes** **7 be in sb's interest(s)** to help someone and give them an advantage: *It may not be in your interests to change jobs so soon.* ▷ **być w** *czyimś* **interesie** **8 in the interest(s) of sth** in order to achieve a particular situation or quality: *In the interest of safety, passengers are advised to wear their seat belts at all times.* ▷ **w interesie** *czegoś*, **w imię** *czegoś* **9** [C] formal the legal right to own or receive part of a building, company, profits, etc ▷ **udział** → See also **self-interest**, **vested interest**

> **Wyrazy występujące razem z interest**
>
> **develop/generate/have/show/take** an interest • a **genuine/keen/passionate/strong** interest • an interest **in** sth • be **of** interest

interest[2] /ˈɪntrəst/ **verb** [T] (B1) If someone or something interests you, you want to give them your attention and discover more about them: *History doesn't really interest me.* ▷ **interesować**

interested /ˈɪntrəstɪd/ **adjective** **1** [never before noun] (A2) wanting to give your attention to something and discover more about it: *Sarah's only* ***interested in*** *boys, CDs, and clothes.* ◦ [+ to do sth] *I'd be interested to find out more about the course.* ▷ **zainteresowany** → Opposite **uninterested** **2** [never before noun] wanting to do, get, or achieve something: [+ in + doing sth] *Mark said he's interested in buying your bike.* ▷ **zainteresowany** **3 interested parties/groups** people who will be affected by a situation ▷ **zainteresowani** → Opposite **disinterested**

> **! Najczęściej popełniane błędy: interested**
>
> Proszę pamiętać, że po **interested** zawsze następuje przyimek.
>
> Nie mówimy więc „interested something", ale **interested in something**:
>
> ~~*My company is very interested your product.*~~
>
> *My company is very interested in your product.*

> **! Najczęściej popełniane błędy: interesting czy interested?**
>
> **Uwaga!** Wybieramy właściwy przymiotnik!
>
> Jeśli pragniemy poświęcić czemuś więcej uwagi lub lepiej coś poznać, nie mówimy, że jesteśmy „interesting", ale **interested**:
>
> ~~*I am very interesting in the history of aviation.*~~
>
> *I am very interested in the history of aviation.*

> **! Najczęściej popełniane błędy: interesting**
>
> **Uwaga!** Sprawdzamy pisownię!
>
> Jest jednym z 10 wyrazów najczęściej pisanych z błędem przez uczących się angielskiego Polaków.
>
> Proszę pamiętać: według prawidłowej pisowni po pierwszym „t" następuje „e".

interesting /ˈɪntrəstɪŋ/ **adjective** (A1) Someone or something that is interesting keeps your attention because they are unusual, exciting, or have lots of ideas: *an interesting person* ◦ *The museum was really interesting.* ◦ [+ to do sth] *It'll be interesting to see what Mum thinks of John's new girlfriend.* ▷ **ciekawy, interesujący**

Interesting wyrazy bliskoznaczne

Przymiotników **absorbing** lub **gripping** możemy użyć do opisania gry, książki, filmu, itp. które są tak interesujące, że całkowicie pochłaniają naszą uwagę:

*I found the book absolutely **gripping** – I couldn't put it down.*

*It was a very **absorbing** film.*

Przymiotnika **fascinating** często używamy do opisania kogoś lub czegoś, co po zobaczeniu lub usłyszeniu wydało nam się niezwykle interesujące:

*The history of the place was absolutely **fascinating**.*

*He's **fascinating** on the subject.*

Jeśli jakaś osoba lub rzecz są interesujące, ponieważ wydają się nam tajemnicze i pragniemy się więcej o nich dowiedzieć, możemy określić je jako **intriguing**:

*It's a very **intriguing** situation.*

ˈinterest ˌrate noun [C] the per cent of an amount of money which is charged or paid by a bank or other financial company ▷ **stopa procentowa**

interface¹ /ˈɪntəfeɪs/ **noun** [C] **1** a connection between two pieces of electronic equipment, or between a person and a computer: *a simple **user interface*** ▷ **interfejs 2** a situation, way, or place where two things can come together and have an effect on each other: *the **interface between** technology and tradition* ▷ **granica, obszar wzajemnego oddziaływania**

interface² /ˈɪntəˌfeɪs/ **verb** [I, T] to communicate with people or electronic equipment, or to make people or electronic equipment communicate: *We use email to **interface with** our customers.* ▷ **kontaktować się**

interfere /ˌɪntəˈfɪəʳ/ **verb** [I] B2 to try to control or become involved in a situation, in a way that is annoying: *I know he's worried about us, but I wish he wouldn't interfere.* ◦ *You shouldn't **interfere in** other people's business.* ▷ **wtrącać się, mieszać się**

PHRASAL VERB **interfere with sth 1** to prevent something from working effectively or from developing successfully: *I try not to let my dancing classes interfere with my schoolwork.* ▷ **kolidować z** *czymś* **2** If something interferes with radio or television signals, it stops you from getting good pictures or sound. ▷ **zakłócać** *coś*

interference /ˌɪntəˈfɪərᵊns/ **noun** [U] **1** when someone tries to interfere in a situation: *There have been claims of too much political **interference in** education.* ▷ **ingerencja 2** noise or other electronic signals that stop you from getting good pictures or sound on a television or radio ▷ **zakłócenia**

Wyrazy występujące razem z **interference**

interference **in** sth • interference **from** sb

interferon /ˌɪntəˈfɪərɒn/ **noun** [U] a substance produced in the body to fight against viruses (= organisms that cause disease) ▷ **interferon**

interglacial /ˌɪntəˈgleɪsiəl/ **adjective** happening between two periods where glaciers covered the land ▷ **międzylodowcowy**

interim¹ /ˈɪntᵊrɪm/ **adjective** [always before noun] temporary and intended to be used or accepted until something permanent exists: *an interim solution* ◦ *an **interim government*** ▷ **tymczasowy**

interim² /ˈɪntᵊrɪm/ **noun in the interim** in the time between two particular periods or events ▷ **w międzyczasie, tymczasem**

interior /ɪnˈtɪəriəʳ/ **noun** [C] B2 the inside part of something: *the grand interior of the hotel* ▷ **wnętrze** → Opposite **exterior**

inˌterior deˈsign noun [U] the job of choosing colours, designs, etc for the inside of a house or room ▷ **projektowanie wnętrz**

• **interior designer** noun [C] someone whose job is to do interior design ▷ **projektant/ka wnętrz**

interjection /ˌɪntəˈdʒekʃᵊn/ **noun** [C] an exclamation or sudden expression of your feelings. For example 'Hey' in 'Hey you!' is an interjection. ▷ **wykrzyknik, okrzyk**

interlude /ˈɪntəluːd/ **noun** [C] a period of time between two events, activities, etc: *a **brief interlude** of peace* ▷ **przerywnik**

intermediary /ˌɪntəˈmiːdiəri/ **noun** [C] someone who works with two people or groups to help them agree on something important ▷ **mediator/ka, pośredni-k/czka**

intermediate /ˌɪntəˈmiːdiət/ **adjective 1** B1 between the highest and lowest levels of knowledge or skill: *intermediate students* ▷ **średnio zaawansowany 2** between two different stages in a process: ***intermediate steps** towards achieving our goal* ▷ **pośredni**

interminable /ɪnˈtɜːmɪnəbl/ **adjective** lasting a very long time, in a way that is boring: *an interminable train journey* ▷ **wieczny, niekończący się**

• **interminably adverb** ▷ **bez końca, wiecznie**

intermission /ˌɪntəˈmɪʃᵊn/ **noun** [C] a short period between the parts of a play, performance, etc ▷ **przerwa**

intermittent /ˌɪntəˈmɪtᵊnt/ **adjective** stopping and starting again for short periods of time: *intermittent rain* ▷ **okresowy, przerywany, przelotny**

• **intermittently adverb** ▷ **okresowo, z przerwami**

inter-molecular /ˌɪntəməˈlekjələʳ/ **adjective** happening among or between molecules ▷ **międzycząsteczkowy**

intern[1] /ˈɪntɜːn/ **noun** [C] US **1** a young doctor who works in a hospital to finish their medical education ▷ **stażyst-a/ka 2** a student who learns about a particular job by doing it for a short period of time ▷ **praktykant/ka, stażyst-a/ka**

• **internship noun** [C] the time when someone is an intern ▷ **staż, praktyka**

intern[2] /ɪnˈtɜːn/ **verb** [T] to put someone in prison for political reasons, especially during a war ▷ **internować**

• **internment noun** [U] when someone is interned ▷ **internowanie**

internal /ɪnˈtɜːnəl/ **adjective 1** (B2) happening or coming from inside a particular country, group, or organization: *an internal report* ◦ *internal disputes* ▷ **wewnętrzny 2** (B2) inside your body: *internal injuries* ▷ **wewnętrzny 3** (B2) inside a country, building, area, etc: *an internal flight* ◦ *internal walls* ▷ **wewnętrzny, krajowy**

→ Opposite **external**

• **internally adverb** ▷ **wewnętrznie**

I

international[1] /ˌɪntəˈnæʃənəl/ **adjective** (A2) relating to or involving two or more countries: *international politics* ◦ *an international team of scientists* ▷ **międzynarodowy**

• **internationally adverb** (B1) ▷ **na całym świecie, na cały świat, na arenie międzynarodowej**

international[2] /ˌɪntəˈnæʃənəl/ **noun** [C] UK a game of sport involving two or more countries, or a player in one of these games: *a one-day international in South Africa* ▷ **spotkanie międzypaństwowe, rozgrywki międzynarodowe, członek reprezentacji**

the interˌnational comˈmunity noun countries of the world considered or acting together as a group: *The international community expressed shock at the terrorist attacks.* ▷ **społeczność międzynarodowa**

the Internet /ˈɪntənet/ **noun** (also **the Net**) (A1) the system that connects computers all over the world and allows people who use computers to look at websites : *She found a lot of information **on the Internet**.* ◦ *a company that provides cheap **Internet access*** ▷ **Internet**

> Wyrazy występujące razem z **the Internet**
>
> **browse/surf** the Internet • **on** the Internet • **download sth from** the Internet • Internet **access** • an Internet **provider/service provider**

ˈinternet ˌcafe noun [C] a place where customers can buy food and drink and use computers to search for information on the Internet ▷ **kawiarenka lub kafejka internetowa**

ˈInternet ˌdating noun [U] a way to meet people for possible romantic relationships, in which you look at descriptions of people on a website and arrange to meet them if you like them ▷ **randki internetowe**

interpersonal /ˌɪntəˈpɜːsənəl/ **adjective** connected with relationships between people ▷ **międzyludzki**

interplay /ˈɪntəpleɪ/ **noun** [U] the effect that two or more things have on each other: *I'm interested in the **interplay between** Latin and English.* ▷ **wzajemne oddziaływanie**

interpret /ɪnˈtɜːprɪt/ **verb 1** [T] to explain or decide what you think a particular phrase, performance, action, etc means: *His comments were **interpreted as** an attack on the government.* ▷ **interpretować 2** [I, T] (B2) to change what someone has said into another language: *We had to ask the guide to interpret for us.* ▷ **tłumaczyć**

interpretation /ɪnˌtɜːprɪˈteɪʃən/ **noun 1** [C, U] an explanation or opinion of what something means: *traditional interpretations of the Bible* ▷ **interpretacja 2** [C] the way someone performs a particular play, piece of music, etc: *a beautiful interpretation of Swan Lake* ▷ **interpretacja**

interpreter /ɪnˈtɜːprɪtər/ **noun** [C] **1** someone whose job is to change what someone else is saying into another language ▷ **tłumacz/ka 2** a computer program that changes the instructions in another program into a form that can be easily understood by a computer ▷ **interpreter**

interquartile range /ɪntəˌkwɔːtaɪl ˈreɪndʒ/ **noun** [C, usually singular] in statistics, the numbers that are above the lowest 25% and below the top 25% ▷ **rozstęp ćwiartkowy**

interrogate /ɪnˈterəgeɪt/ **verb** [T] to ask someone a lot of questions, often with great force: *Police have arrested and interrogated the two suspects.* ▷ **przesłuchiwać**

• **interrogation** /ɪnˌterəˈgeɪʃən/ **noun** [C, U] *twelve hours of brutal interrogation* ▷ **przesłuchanie** • **interrogator noun** [C] ▷ **prowadząc-y/a przesłuchanie**

interrogative /ˌɪntəˈrɒgətɪv/ **noun** [C] a word or sentence used when asking a question. For example 'Who' and 'Why' are interrogatives. ▷ **forma pytająca, zaimek pytający**

• **interrogative adjective** ▷ **pytający**

interrupt /ˌɪntəˈrʌpt/ **verb 1** [I, T] (B1) to stop someone while they are talking or doing something, by saying or doing something yourself: *I was trying to work but the children were interrupting me.* ▷ **przerywać 2** [T] (B2) to stop an action or activity, usually for a short period of time: *In 1998, a leg injury interrupted his sporting career.* ▷ **przerywać**

interruption /ˌɪntəˈrʌpʃən/ **noun** [C, U] (B2) when an action or activity is interrupted, or something that interrupts someone or something ▷ **przerwa, zakłócenie, przerywanie**

> **Wyrazy występujące razem z interruption**
> a **brief/short** interruption • **without** interruption • an interruption **in/of** sth

intersect /ˌɪntəˈsekt/ **verb** [I, T] If two things such as lines or roads intersect, they go across each other at a particular point. ▷ **przecinać (się)**

intersection /ˌɪntəˈsekʃən/ **noun** [C] **1** US (UK **junction**) the place where two roads meet or cross each other ▷ **skrzyżowanie 2** the place where two lines cross each other ▷ **przecięcie (prostych) 3** the group of items that belong to two different sets ▷ **część wspólna (zbiorów)**

interspersed /ˌɪntəˈspɜːst/ **adjective interspersed with sth** having something in several places among something else: *farmland interspersed with forests and lakes* ▷ **przeplatany** *czymś*, **przerywany** *czymś*

interstate /ˈɪntəˌsteɪt/ **adjective** [always before noun] relating to, or involving two or more US states: *interstate commerce/travel* ◦ *an interstate highway* ▷ **międzystanowy**

interval /ˈɪntəvəl/ **noun 1** [C] a period of time between two actions, activities, or events: *After an interval of three days the peace talks resumed.* ▷ **odstęp, przerwa 2 at intervals** repeated after a particular period of time or particular distance: *Patients were injected with the drug at four-hour intervals (= every four hours).* ▷ **w odstępach 3** [C] UK (UK/US **intermission**) B1 a short period of time between the parts of a play, performance, etc ▷ **przerwa**

intervene /ˌɪntəˈviːn/ **verb** [I] **1** to become involved in a situation in order to try to stop a fight, argument, problem, etc: *Government officials refused to **intervene in** the recent disputes.* ◦ [+ to do sth] *Harris intervened to stop the attack.* ▷ **interweniować 2** to interrupt someone who is talking: *"Mr Lawrence," the judge intervened, "please be silent."* ▷ **wtrącać się, przerywać 3** If something intervenes, it stops something or prevents it from happening: *She was going to marry Barratt but tragedy intervened.* ▷ **przeszkadzać**

intervening /ˌɪntəˈviːnɪŋ/ **adjective the intervening months/period/years, etc** the time between two events: *In the intervening years, his illness had become a lot worse.* ▷ ≈ **w międzyczasie**

intervention /ˌɪntəˈvenʃən/ **noun** [C, U] when someone intervenes, especially to prevent something from happening: *Without **medical intervention**, the child would have died.* ▷ **interwencja**

interview¹ /ˈɪntəvjuː/ **noun** [C] **1** B1 a meeting in which someone asks you questions to see if you are suitable for a job or course: *I **had an interview** last week for a job in London.* ▷ **rozmowa kwalifikacyjna, przesłuchanie 2** B1 a meeting in which someone is asked questions for a newspaper article, television show, etc: *an **exclusive interview** with Madonna* ▷ **wywiad 3** a meeting in which the police ask someone questions to see if they have committed a crime ▷ **przesłuchanie**

> **Wyrazy występujące razem z interview**
> an **exclusive/frank/in-depth** interview • **conduct/do/give/have** an interview • an interview **with** sb

interview² /ˈɪntəvjuː/ **verb** [T] B1 to ask someone questions in an interview: *Police are interviewing a 43-year-old man in connection with the murder.* ◦ *So far we've **interviewed** five applicants **for** the Managing Director's job.* ▷ **przesłuchiwać, odbywać rozmowę lub rozmowy z**
• **interviewer noun** [C] ▷ **przeprowadzając-y/a rozmowę (kwalifikacyjną) lub wywiad**

interviewee /ˌɪntəvjuˈiː/ **noun** [C] someone who is being interviewed ▷ **kandydat/ka, przesłuchiwan-y/a**

intestine /ɪnˈtestɪn/ **noun** [C] a long tube that carries food from your stomach ▷ **jelito**
• **intestinal** /ˌɪntesˈtaɪnəl/, /ɪnˈtestɪnəl/ **adjective** relating to your intestine ▷ **jelitowy**

intimacy /ˈɪntɪməsi/ **noun** [U] when you have a very special friendship or sexual relationship with someone ▷ **bliskość, stosunki intymne**

intimate¹ /ˈɪntɪmət/ **adjective 1** private and personal: ***intimate details** of her family life* ◦ *intimate conversations* ▷ **intymny 2** having a special relationship with someone who you like or love very much: *an intimate friend* ▷ **bliski 3** If a place or event is intimate, it is small in a way that feels comfortable or private: *an intimate hotel* ▷ **kameralny 4 an intimate knowledge/understanding of sth** when you know all of the facts about something or about how it works ▷ **gruntowna znajomość** *czegoś*
• **intimately adverb** ▷ **blisko, dobrze**

intimate² /ˈɪntɪmeɪt/ **verb** [T] formal to suggest that something is true without saying it directly ▷ **dawać do zrozumienia**

intimidate /ɪnˈtɪmɪdeɪt/ **verb** [T] to intentionally frighten someone, especially so that they will do what you want ▷ **zastraszyć**
• **intimidation** /ɪnˌtɪmɪˈdeɪʃən/ **noun** [U] ▷ **zastraszenie, szantaż**

intimidated /ɪnˈtɪmɪdeɪtɪd/ **adjective** frightened or nervous because you are not confident in a situation: *Older people can feel very intimidated by computers.* ▷ **onieśmielony, zastraszony**
• **intimidating adjective** making you feel intimidated: *I find speaking in front of a crowd very intimidating.* ▷ **onieśmielający, przerażający**

into /ˈɪntə/, /ˈɪntu/ **preposition 1** A1 towards the inside or middle of something: *Stop running around and get into bed!* ◦ *He's gone into a shop* *across the road.* ▷ **do** **2** A2 used to show when a person or thing changes from one form or condition to another: *We're planning to* ***turn*** *the smallest bedroom* ***into*** *an office.* ◦ *Her last novel was translated into nineteen languages.* ▷ **na** **3** involving or about something: *an investigation into the cause of the fire* ▷ **w sprawie** **4** B1 in the direction of something or someone: *She was looking straight into his eyes.* ▷ **w, na** **5** B1 moving towards something or someone and hitting them: *I backed the car into the garden wall.* ▷ **w, na** **6** **be into sth** informal B1 to be very interested in something: *Kate's really into classical music.* ▷ **interesować się** *czymś*, **przepadać za** *czymś* **7** used when dividing one number by another: *What's 5 into 125?* ▷ **w, na**

intolerable /ɪnˈtɒlᵊrəbl/ **adjective** too bad or unpleasant to deal with or accept: *an intolerable situation* ▷ **nieznośny**
• **intolerably adverb** ▷ **nieznośnie**

intolerance /ɪnˈtɒlᵊrᵊns/ **noun** [U] when someone is intolerant: ***religious intolerance*** ▷ **nietolerancja**

intolerant /ɪnˈtɒlᵊrᵊnt/ **adjective** refusing to accept any opinions, beliefs, customs, etc that are different from your own ▷ **nietolerancyjny**

intonation /ˌɪntəʊˈneɪʃᵊn/ **noun** [C, U] the way your voice goes up and down when you speak ▷ **intonacja**

intoxicated /ɪnˈtɒksɪkeɪtɪd/ **adjective** **1** formal drunk ▷ **nietrzeźwy** **2** literary very excited or enthusiastic about someone or something ▷ **odurzony, upojony**
• **intoxicating adjective** making you intoxicated ▷ **odurzający, upojny** • **intoxication** /ɪnˌtɒksɪˈkeɪʃᵊn/ **noun** [U] ▷ **upojenie (alkoholem), odurzenie**

intra- /ɪntrə-/ **prefix** within: *an intranet* ▷ **wewnątrz-**

intra-molecular /ˌɪntrəməˈlekjələʳ/ **adjective** happening inside a molecule or molecules ▷ **wewnątrzcząsteczkowy**

intranet /ˈɪntrənet/ **noun** [C] a system that connects the computers in a company or organization so that people can share information and send messages ▷ **sieć lokalna**

intransitive /ɪnˈtrænsətɪv/ **adjective** B2 An intransitive verb does not have an object. In the sentence 'John arrived first', 'arrived' is an intransitive verb. ▷ **nieprzechodni**

intravenous /ˌɪntrəˈviːnəs/ **adjective** Intravenous medicines or drugs are put directly into your veins. ▷ **dożylny**
• **intravenously adverb** ▷ **dożylnie**

in-tray /ˈɪntreɪ/ **noun** [C] UK (US **in-box**) a container where you keep letters and documents that need to be dealt with ▷ **tacka na korespondencję przychodzącą, tacka na sprawy do załatwienia** → See **The Office** on page Centre 5

intrepid /ɪnˈtrepɪd/ **adjective** brave and willing to do dangerous things: *intrepid travellers* ▷ **nieustraszony**

intricacy /ˈɪntrɪkəsi/ **noun** **1** **the intricacies of sth** the complicated details of something: *a booklet explaining the intricacies of the game's rules* ▷ **zawiłości** *czegoś* **2** [U] the quality of being intricate: *the intricacy of the stone carvings* ▷ **kunsztowność, zawiłość**

intricate /ˈɪntrɪkət/ **adjective** having many small or complicated parts and details: *an* ***intricate pattern*** ▷ **kunsztowny, zawiły**
• **intricately adverb** ▷ **kunsztownie, zawile**

intrigue[1] /ɪnˈtriːg/ **verb** [T] (present participle **intriguing**, past tense and past participle **intrigued**) If someone or something intrigues you, they interest you very much: *Ancient Egyptian art has always intrigued me.* ▷ **intrygować**

intrigue[2] /ˈɪntriːg/ **noun** [C, U] a secret, clever plan to deceive someone or do something bad: *a tale of romance, intrigue, and betrayal* ▷ **intryga**

intriguing /ɪnˈtriːgɪŋ/ **adjective** very interesting: *an intriguing story* ▷ **intrygujący**

intrinsic /ɪnˈtrɪnsɪk/ **adjective** [always before noun] An intrinsic quality or thing forms part of the basic character of something or someone: *Drama is an* ***intrinsic part*** *of the school's curriculum.* ▷ **naturalny, nieodłączny, wrodzony**
• **intrinsically adverb** ▷ **naturalnie, nieodłącznie**

introduce /ˌɪntrəˈdjuːs/ **verb** [T] **1** B2 to make something exist, happen, or be used for the first time: *CD players were first introduced in 1983.* ◦ *We have introduced a new training schedule for employees.* ▷ **wprowadzać** **2** B1 to tell someone another person's name the first time that they meet: *He took me round the room and* ***introduced*** *me* ***to*** *everyone.* ◦ [often reflexive] *Emma introduced herself and they shook hands.* ▷ **przedstawiać** **3** to tell an audience who is going to speak to them or perform for them: *I'd like to introduce Rachel Elliott, who is our speaker this evening.* ▷ **przedstawiać, zapowiadać**

PHRASAL VERB **introduce sb to sth** to help someone experience something for the first time: *His father introduced him to the pleasures of good food.* ▷ **zaznajamiać** *kogoś* **z** *czymś*

introduction /ˌɪntrəˈdʌkʃᵊn/ **noun** **1** [U] B2 when you make something exist, happen, or be used for the first time: *the introduction of a minimum wage* ▷ **wprowadzenie** **2** [C] B2 the first part of a book or speech ▷ **wstęp** **3** [C] B2 a book or course which provides basic knowledge about a subject: *an introduction to psychology* ▷ **wstęp** **4** [no plural] the first time someone experiences something: *It was our first* ***introduction to*** *great poetry.* ▷ **kontakt** **5** [C] B2 when you tell someone another person's name the first time that they meet: [usually plural] *Can you do the introductions?* ▷ **przedstawienie, prezen-**

tacja 6 [C, U] when you tell an audience who is going to speak to them or perform for them: *My next guest* ***needs no introduction.*** ▷ **przedstawienie, zapowiedź**

introductory /ˌɪntrəˈdʌktəri/ **adjective 1 an introductory chapter/essay/message, etc** a part that comes at the beginning of a piece of writing or a speech and explains what will come later ▷ **rozdział/artykuł wstępny/zapowiedź** *itp.* **2 an introductory book/course/lesson, etc** something that provides basic information about a subject: *an introductory course in economics* ▷ **podręcznik/kurs/lekcja** *itp.* **wprowadzając-y/a 3 an introductory discount/fare/offer, etc** something that you get when you start buying something or using a service ▷ **zniżka/cena/oferta** *itp.* **promocyjna**

introspective /ˌɪntrəʊˈspektɪv/ **adjective** thinking a lot about your own thoughts and feelings, in a way that is not always good for you ▷ **koncentrujący się na sobie, introspekcyjny**

- **introspection** /ˌɪntrəʊˈspekʃən/ **noun** [U] ▷ **introspekcja**

introvert /ˈɪntrəʊvɜːt/ **noun** [C] someone who is quiet and shy and prefers to be alone ▷ **introwerty-k/czka**

- **introverted adjective** *an introverted child* ▷ **introwertyczny** → Opposite **extrovert**

intrude /ɪnˈtruːd/ **verb** [I] to become involved in a situation which people want to be private: *They should not have* ***intruded on*** *the family's grief.* ▷ **przeszkadzać, wtargnąć**

intruder /ɪnˈtruːdər/ **noun** [C] someone who enters a place where they are not allowed to be, often to commit a crime ▷ **intruz**

intrusion /ɪnˈtruːʒən/ **noun** [C, U] when someone becomes involved in a situation which people want to be private: *She could not bear the* ***intrusion into*** *her private life.* ▷ **najście, wtrącanie się**

> Wyrazy występujące razem z **intrusion**
>
> an **unwarranted/unwelcome** intrusion • an intrusion **into/on** sth

intrusive /ɪnˈtruːsɪv/ **adjective** If something or someone is intrusive, they become involved in things which should be private: *The magazine published intrusive pictures of the princess's family.* ▷ **natarczywy, wścibski, intymny**

intuition /ˌɪntjuˈɪʃən/ **noun** [C, U] the feeling that you know something without being able to explain why: *Her approach to childcare is based on intuition.* ▷ **intuicja**

intuitive /ɪnˈtjuːɪtɪv/ **adjective** using intuition: *He has an intuitive understanding of animals.* ▷ **intuicyjny**

- **intuitively adverb** ▷ **intuicyjnie**

Inuit /ˈɪnuɪt/ **noun** [C, U] (plural **Inuit, Inuits**) a group of people who live in the cold, northern areas of North America, Russia, and Greenland, or a member of this group ▷ **Eskimosi, Eskimos/ka**

inundate /ˈɪnʌndeɪt/ **verb be inundated with/by sth** to receive so much of something that you cannot deal with it: *Laura was inundated with flowers, cards, and other gifts.* ▷ **być zasypanym** *czymś*

invade /ɪnˈveɪd/ **verb 1** [I, T] B2 to enter a country by force in order to take control of it: *Portugal was invaded by the French in 1807.* ▷ **najeżdżać (na), dokonać inwazji (na) 2** [T] to enter a place in large numbers: *Every summer the town is invaded by tourists.* ▷ **opanować 3 invade sb's privacy** to become involved in someone's private life when they do not want you to ▷ **naruszać** *czyjąś* **prywatność, zakłócać** *czyjś* **spokój**

invader /ɪnˈveɪdər/ **noun** [C] someone who enters a country by force in order to take control of it ▷ **najeźdźca**

invalid[1] /ˈɪnvəlɪd/ **noun** [C] someone who is so ill that they have to be looked after by other people ▷ **inwalid-a/ka**

invalid[2] /ɪnˈvælɪd/ **adjective 1** An invalid document, ticket, law, etc is not legally or officially acceptable. ▷ **nieważny 2** An invalid argument is not correct. ▷ **błędny**

invaluable /ɪnˈvæljuəbl/ **adjective** extremely useful: *Her contacts in government* ***proved invaluable*** *to the company.* ▷ **nieoceniony**

invariably /ɪnˈveəriəbli/ **adverb** always: *The train is invariably packed.* ▷ **niezmiennie, zawsze**

invasion /ɪnˈveɪʒən/ **noun 1** B2 [C, U] when an army enters a country by force in order to take control of it ▷ **inwazja, najazd 2 an invasion of privacy** becoming involved in someone's private life when they do not want you to ▷ **naruszenie prywatności**

invent /ɪnˈvent/ **verb** [T] **1** B1 to design or create something that has never existed before: *We've invented a new game.* ▷ **wynaleźć, wymyślić 2** B2 to think of a story or explanation in order to deceive someone: *She invented an excuse to leave.* ▷ **wymyślić, zmyślać**

invention /ɪnˈvenʃən/ **noun 1** [C] B1 something that has been designed or created for the first time ▷ **wynalazek 2** [U] B1 when someone designs or creates something new: *the invention of printing* ▷ **wynalezienie**

inventive /ɪnˈventɪv/ **adjective** full of clever and interesting ideas: *inventive designs* ▷ **pomysłowy**

- **inventively adverb** ▷ **pomysłowo** • **inventiveness noun** [U] ▷ **pomysłowość**

inventor /ɪnˈventər/ **noun** [C] B2 someone who designs and makes new things ▷ **wynalaz-ca/czyni**

inventory /ˈɪnvəntri/, /ɪnˈventəri/ **noun** [C] a list of all the things that are in a place ▷ **spis, wykaz**

inverse /ɪnˈvɜːs/ **adjective** [never before noun] opposite in relation to something else: *Their standard of living was in inverse proportion to the number of children they had.* ▷ **odwrotny**

ˌ**inverse** ˈ**function** noun [C] a function that does the opposite of a particular function ▷ **funkcja odwrotna**

ˌ**inverse proˈportion** noun [U] when the proportion of different amounts changes so that when one gets bigger, the other gets smaller ▷ **odwrotna proporcjonalność**

invert /ɪnˈvɜːt/ **verb** [T] formal to turn something upside-down, or put something in the opposite order from how it usually is ▷ **odwracać**

invertase /ɪnˈvɜːteɪz/ **noun** [U] (also **sucrase**) an enzyme found in the intestines that breaks down sucrose to fructose and glucose ▷ **inwertaza**

invertebrate /ɪnˈvɜːtɪbrət/ **noun** [C] an animal with no spine ▷ **bezkręgowiec** → Compare **vertebrate**

• **invertebrate adjective** ▷ **bezkręgowy**

inverted commas /ɪnˌvɜːtɪdˈkɒməz/ **noun** [plural] UK (B2) a pair of marks (" ") or (' ') used before and after a group of words to show that they are spoken or that someone else originally wrote them ▷ **cudzysłów**

invest /ɪnˈvest/ **verb** **1** [I, T] (B2) to give money to a bank, business, etc, or buy something, because you hope to get a profit: *He's* ***invested*** *over a million pounds* ***in*** *the city's waterfront restoration project.* ▷ **inwestować** **2** [T] (B2) to use a lot of time, effort, or emotions because you want to succeed: *I think she* ***invests*** *too much time and energy* ***in*** *her career.* ▷ **inwestować, poświęcać**

PHRASAL VERB **invest in sth** to buy something because you think it will be useful: *Dad's decided to invest in a computer.* ▷ **zainwestować w** *coś*

investigate /ɪnˈvestɪgeɪt/ **verb** [I, T] (B2) to try to discover all the facts about something, especially a crime or accident: *He has been questioned by detectives investigating Jenkins' murder.* ▷ **prowadzić dochodzenie lub śledztwo (w sprawie), badać**

investigation /ɪnˌvestɪˈgeɪʃᵊn/ **noun** [C, U] (B2) when officials try to discover all the facts about something, especially a crime or an accident: *Police have begun an* ***investigation into*** *his death.* ◦ *The cause of the fire is still* ***under investigation*** (= *being investigated*). ▷ **dochodzenie, śledztwo**

> Wyrazy występujące razem z **investigation**
>
> **carry out/conduct/launch** an investigation • a **detailed/full/thorough** investigation • an investigation **into** sth • be **under** investigation

investigative /ɪnˈvestɪgətɪv/ (US) /ɪnˈvestɪgeɪtɪv/ **adjective** trying to discover all the facts about something: ***investigative journalists*** ▷ **śledczy**

investigator /ɪnˈvestɪgeɪtəʳ/ **noun** [C] (B2) someone who tries to discover all the facts about something, especially as their job ▷ **prowadząc-y/a dochodzenie**

investment /ɪnˈvestmənt/ **noun** **1** [C, U] (B2) the money that you put in a bank, business, etc in order to make a profit, or the act of doing this: *Businesses need to increase their* ***investment in*** *new technology.* ▷ **inwestycja** **2** [C] (B2) something that you do or have, in order to have more in the future: *Going to college is an* ***investment in*** *the future.* ▷ **inwestycja**

investor /ɪnˈvestəʳ/ **noun** [C] (B2) someone who puts money in a bank, business, etc in order to make a profit ▷ **inwestor**

inveterate /ɪnˈvetᵊrət/ **adjective** **an inveterate liar/gambler/reader, etc** someone who does something very often ▷ **niepoprawny kłamca/nałogowy hazardzista/zagorzały czytelnik** *itp.*

invigorating /ɪnˈvɪgəreɪtɪŋ/ **adjective** making you feel very healthy and energetic: *a long, invigorating walk* ▷ **orzeźwiający**

• **invigorate verb** [T] to make you feel very healthy and energetic ▷ **orzeźwić, pokrzepić**

invincible /ɪnˈvɪnsəbl/ **adjective** If someone or something is invincible, it is impossible to defeat or destroy them: *The French army seemed invincible.* ▷ **niezwyciężony**

invisible /ɪnˈvɪzəbl/ **adjective** (B2) Someone or something that is invisible cannot be seen: *invisible particles called electrons* ◦ *The house was invisible from the road.* ▷ **niewidzialny, niewidoczny**

• **invisibility** /ɪnˌvɪzəˈbɪləti/ **noun** [U] ▷ **niewidzialność, niewidoczność**

invitation /ˌɪnvɪˈteɪʃᵊn/ **noun** **1** [C, U] (A2) when someone invites you to do something or go somewhere: *an* ***invitation to*** *dinner* ◦ [+ to do sth] *He has* ***accepted*** *their* ***invitation*** *to visit China.* ▷ **zaproszenie** **2** [C] a piece of paper or card that invites someone to an event ▷ **zaproszenie** **3** [no plural] something that is likely to cause a particular result, especially a bad one: *It is* ***an invitation to*** *violence.* ▷ **zaproszenie, prowokacja**

> Wyrazy występujące razem z **invitation**
>
> **accept/decline/turn down** an invitation • an invitation **to** sth

invite[1] /ɪnˈvaɪt/ **verb** [T] **1** (A1) to ask someone to come to a social event: *They've* ***invited*** *us* ***to*** *the wedding.* ▷ **zapraszać** **2** to officially ask someone to do something: [+ to do sth] *I was invited to appear on television.* ▷ **zapraszać** **3** to do something that is likely to cause a particular reaction or result, especially a bad one: *Uncon-*

ventional ideas often invite attack. ▷ **prowokować**

PHRASAL VERBS **invite sb in** to ask someone to come into your house: *The neighbours **invited** us **in for** coffee.* ▷ **zaprosić** *kogoś* • **invite sb over** (also UK **invite sb round**) to invite someone to come to your house ▷ **zaprosić** *kogoś*

invite² /ˈɪnvaɪt/ **noun** [C] informal an invitation ▷ **zaproszenie**

inviting /ɪnˈvaɪtɪŋ/ **adjective** pleasant and attractive: *an inviting smile* ◦ *The room looked cosy and inviting.* ▷ **zachęcający**
• **invitingly** adverb ▷ **zachęcająco**

in vitro fertilization /ɪnˌviːtrəʊfɜːtɪlaɪˈzeɪʃən/ **noun** [U] (also **IVF**) a treatment where a woman's egg is fertilized outside her body and put back in her body for the baby to grow ▷ **zapłodnienie in vitro**

invoice¹ /ˈɪnvɔɪs/ **noun** [C] a list that shows you how much you owe someone for work they have done or for goods they have supplied ▷ **faktura**

invoice² /ˈɪnvɔɪs/ **verb** [T] to send someone an invoice ▷ **wystawiać fakturę**

invoke /ɪnˈvəʊk/ **verb** [T] formal to use a law, rule, etc to support what you are saying or doing: *The President may **invoke** federal **law** to stop the strike.* ▷ **powoływać się na**

involuntary /ɪnˈvɒləntəri/ **adjective** An involuntary movement or action is something you do but cannot control: *an involuntary shudder* ▷ **mimowolny, bezwiedny**
• **involuntarily** adverb ▷ **mimowolnie, bezwiednie**

involve /ɪnˈvɒlv/ **verb** [T] **1** (B1) If a situation or activity involves something, that thing is a necessary part of it: *The trips often involve a lot of walking.* ◦ *There are a lot of risks involved.* ▷ **wymagać, wiązać się z** **2** (B1) to affect or include someone or something in an activity: *an event involving hundreds of people* ▷ **dotyczyć** **3** (B2) to make someone be part of an activity or process: *I prefer teaching methods that actively **involve** students **in** learning.* ▷ **angażować**

involved /ɪnˈvɒlvd/ **adjective** **1 be/get involved (in/with sth)** (B2) to do things and be part of an activity or event: *How did you get involved in acting?* ▷ **być zaangażowanym/zaangażować się (w** *coś***)** **2 be/get involved with sb** to have a sexual or romantic relationship with someone: *She got involved with a boy from college.* ▷ **mieć/nawiązać romans lub związek z** *kimś* **3** complicated: *a long and involved story* ▷ **zawiły, skomplikowany**

involvement /ɪnˈvɒlvmənt/ **noun** [U] (B2) when someone or something is involved in an activity or event: *He denies any **involvement in** the attack.* ▷ **zaangażowanie, udział**

> Wyrazy występujące razem z **involvement**
>
> close/direct/personal involvement • involvement in sth

inward¹ /ˈɪnwəd/ **adjective** **1** [always before noun] towards the centre or the inside of something ▷ **wewnętrzny, do wewnątrz** **2 inward investment** UK money from foreign companies that is put into businesses in your own country ▷ **inwestycje zagraniczne (w kraju)** **3** [always before noun] inside your mind and not shown to other people: *inward feelings* ▷ **wewnętrzny, skryty** → Opposite **outward**

inward² /ˈɪnwəd/ **adverb** (also UK **inwards**) towards the inside or the centre: *The door slowly opened inward.* ▷ **do wewnątrz, do środka, ku środkowi**

inwardly /ˈɪnwədli/ **adverb** in your mind without anyone else seeing or knowing: *She smiled inwardly.* ▷ **w duchu** → Opposite **outwardly**

in-your-face (also **in-yer-face**) /ˌɪnjəˈfeɪs/ **adjective** informal describes something that is done in a forceful way that intends to shock people: *in-your-face television advertising* ▷ **drapieżny, bezpardonowy**

iodide /ˈaɪəʊdaɪd/ **noun** [C] a chemical compound of iodine with another element ▷ **jodek**

iodine /ˈaɪədiːn/ **noun** [U] a chemical element found in sea water, and used in some medicines (symbol I) ▷ **jod**

ion /ˈaɪɒn/ **noun** [C] an atom or small group of atoms which has an electrical charge because it has added or lost one or more electrons ▷ **jon**
• **ionic** /aɪˈɒnɪk/ **adjective** ▷ **jonowy**

iˌonic ˈbond **noun** [C] a chemical bond in which two ions are joined together because one has a positive charge and the other a negative charge ▷ **wiązanie jonowe**

ionize (also UK **-ise**) /ˈaɪənaɪz/ **verb** [T, I] to form an ion or to make something form an ion ▷ **jonizować**

the ionosphere /aɪˈɒnəˌsfɪəʳ/ **noun** part of the Earth's atmosphere, from about 60 kilometres to about 1000 kilometres above the surface, in which there are many ions ▷ **jonosfera**

IOU /ˌaɪəʊˈjuː/ **noun** [C] abbreviation for I owe you: a piece of paper saying that you will pay back money you owe ▷ **rewers, skrypt dłużny**

IOW Internet abbreviation for in other words: used when you want to express something in a different way in order to explain it clearly ▷ **inaczej mówiąc**

IPA /ˌaɪpiːˈeɪ/ **noun** [U] abbreviation for International Phonetic Alphabet: a system of symbols for showing how words are spoken ▷ **transkrypcja IPA lub międzynarodowa, alfabet fonetyczny IPA**

iPod /ˈaɪpɒd/ **noun** [C] trademark one of a group

of small electronic devices for storing and playing music ▷ **iPod**

IQ /ˌaɪˈkjuː/ **noun** [C, U] abbreviation for intelligence quotient: a person's intelligence when measured by a special test: *a high/low IQ* ▷ **iloraz inteligencji**

ir- /ɪr-/ **prefix** not: *irregular* ▷ **nie-**

Iran /ɪˈrɑːn/ **noun** a country in Asia ▷ **Iran**
• **Iranian** /ɪˈreɪniən/ **adjective** coming from or relating to Iran ▷ **irański** • **Iranian noun** someone from Iran ▷ **Irańczyk, Iranka**

Iraq /ɪˈrɑːk/ **noun** a country in Asia ▷ **Irak**
• **Iraqi** /ɪˈrɑːki/ **adjective** coming from or relating to Iraq ▷ **iracki** • **Iraqi noun** someone from Iraq ▷ **Irakij-czyk/ka**

irate /aɪˈreɪt/ **adjective** extremely angry: *Hundreds of irate passengers have complained to the airline.* ▷ **wzburzony, zbulwersowany**

Ireland /ˈaɪələnd/ **noun** a country in Europe ▷ **Irlandia**
• **Irish** /ˈaɪrɪʃ/ **adjective** coming from or relating to Ireland ▷ **irlandzki** • **Irishman, Irishwoman** /ˈaɪrɪʃmən/, /ˈaɪrɪʃˌwʊmən/ **noun** [C] (plural **Irishmen**, **Irishwomen**) someone from Ireland ▷ **Irlandczyk, Irlandka**

iridium /ɪˈrɪdiəm/ **noun** [U] a hard, yellow-white metal (formula Ir) ▷ **iryd**

iris /ˈaɪərɪs/ **noun** [C] **1** a tall plant with purple, yellow, or white flowers ▷ **irys** **2** the coloured part of your eye ▷ **tęczówka**

Irish[1] /ˈaɪərɪʃ/ **adjective** relating to Ireland: *Irish music/culture* ◦ *Irish whisky* ▷ **irlandzki**

Irish[2] /ˈaɪərɪʃ/ **noun** **1** [U] the language that is spoken in some parts of Ireland ▷ **(język) irlandzki** **2 the Irish** [plural] the people of Ireland ▷ **Irlandczycy**

iron[1] /aɪən/ **noun** **1** [U] B1 a dark grey metal used to make steel and found in small amounts in blood and food (formula Fe): *an iron bar/gate* ▷ **żelazo** **2** [C] B1 a piece of electrical equipment that you use for making clothes flat and smooth ▷ **żelazko** → See also **cast iron**, **wrought iron**

iron[2] /aɪən/ **verb** [I, T] B1 to make clothes flat and smooth using an iron: *I need to iron a shirt to wear tomorrow.* ▷ **prasować**

PHRASAL VERB **iron sth out** to solve a problem or difficulty: *We're still trying to* ***iron out*** *a few* ***problems*** *with the computer system.* ▷ **rozwiązywać** *coś*

iron[3] /aɪən/ **adjective** [always before noun] extremely strong and determined: *a man of* ***iron will*** ▷ **żelazny** → See also **cast-iron**

ironic /aɪəˈrɒnɪk/ **adjective** **1** saying something that you do not mean, as a joke: *ironic comments* ▷ **ironiczny** **2** An ironic situation is strange because it is the opposite of what you expected: [+ that] *It's ironic that she was hurt by the very person she's trying to help.* ▷ **paradoksalny**
• **ironically adverb** ▷ **ironicznie, jak na ironię**

ironing /ˈaɪənɪŋ/ **noun** [U] **1** B1 the activity of making clothes flat and smooth using an iron: *John was* ***doing the ironing***. ▷ **prasowanie** **2** the clothes that are waiting to be ironed, or those that have just been ironed: *a basket full of ironing* ▷ **prasowanie**

ˈironing ˌboard noun [C] a narrow table that you use for ironing ▷ **deska do prasowania**

irony /ˈaɪərᵊni/ **noun** **1** [C, U] a situation that is strange because it is the opposite of what you expected: *The irony is that now he's retired, he's busier than ever.* ▷ **ironia** **2** [U] a type of humour in which people say something they do not mean ▷ **ironia**

irradiate /ɪˈreɪdieɪt/ **verb** [T] to treat with radiation, especially food to keep it fresh ▷ **napromieniać, naświetlać**
• **irradiation noun** [U] ▷ **napromienianie, naświetlanie**

irrational /ɪˈræʃᵊnᵊl/ **adjective** Irrational feelings and actions are based on your emotions and not on good reasons: ***irrational behaviour*** ◦ *an* ***irrational fear*** *of flying* ▷ **irracjonalny**
• **irrationality** /ɪˌræʃᵊnˈæləti/ **noun** [U] ▷ **irracjonalność** • **irrationally adverb** ▷ **irracjonalnie**

iˌrrational ˈnumber noun [C] a number that cannot be expressed as the ratio of two whole numbers ▷ **liczba niewymierna**

irreconcilable /ɪˌrekᵊnˈsaɪləbl/ **adjective** formal Irreconcilable beliefs, opinions, etc are so different that no agreement is possible: ***Irreconcilable differences*** *led to their divorce.* ▷ **nie do pogodzenia**

irregular /ɪˈregjələʳ/ **adjective** **1** B2 Irregular actions or events happen with a different amount of time between each one: *an irregular heartbeat* ◦ *They met at irregular intervals.* ▷ **nieregularny** **2** B2 not smooth or straight, or having parts that are different sizes: *an irregular coastline* ▷ **nieregularny** **3** B1 not following the general rules in grammar: *irregular verbs/plurals* ▷ **nieregularny** **4** UK formal slightly illegal, or not done in the usual and acceptable way: *He led a very irregular life.* ▷ **nieprzepisowy, nietypowy**
• **irregularity** /ɪˌregjəˈlærəti/ **noun** [C, U] ▷ **nieregularność** • **irregularly adverb** ▷ **nieregularnie**

irrelevant /ɪˈreləvᵊnt/ **adjective** not important in a particular situation: *The car had faults but these were* ***irrelevant to*** *the crash.* ▷ **nieistotny, bez związku**
• **irrelevance** /ɪˈreləvᵊns/ **noun** [C, U] something that is irrelevant, or the quality of being irrelevant ▷ **nieistotność** • **irrelevantly adverb** ▷ **nieistotnie, bez związku**

irreparable /ɪˈrepᵊrəbl/ **adjective** Irreparable damage, harm, injury, etc is so bad that it can never be repaired. ▷ **nieodwracalny**
• **irreparably adverb** ▷ **nieodwracalnie**

irreplaceable /ˌɪrɪˈpleɪsəbl/ **adjective** Someone

or something that is irreplaceable is so valuable or special that you could not get another one like them. ▷ **niezastąpiony**

irrepressible /ˌɪrɪˈpresəbl/ **adjective 1** always happy and energetic ▷ **niezmordowany 2** An irrepressible feeling is impossible to control: *an irrepressible urge to travel* ▷ **niepohamowany**
• **irrepressibly adverb** ▷ **niepohamowanie**

irresistible /ˌɪrɪˈzɪstəbl/ **adjective 1** extremely attractive and impossible not to like or want: *an irresistible smile* ▷ **uroczy 2** too powerful to control or ignore: *irresistible pressure* ◦ *an irresistible desire to run away* ▷ **nieodparty**
• **irresistibly adverb** ▷ **nieodparcie**

irrespective /ˌɪrɪˈspektɪv/ **adverb irrespective of sth** used to say that something does not affect a situation: *Everyone should be treated equally, irrespective of skin colour.* ▷ **bez względu na** *coś*, **niezależnie od** *czegoś*

irresponsible /ˌɪrɪˈspɒnsəbl/ **adjective** B2 not thinking about the possible bad results of what you are doing: *an irresponsible attitude* ▷ **nieodpowiedzialny**
• **irresponsibility** /ˌɪrɪˌspɒnsəˈbɪləti/ **noun** [U] ▷ **nieodpowiedzialność, brak (poczucia) odpowiedzialności** • **irresponsibly adverb** ▷ **nieodpowiedzialnie**

irreverent /ɪˈrevərənt/ **adjective** not showing any respect for people or traditions that are usually respected: ***irreverent humour*** ▷ **lekceważący**
• **irreverence** /ɪˈrevərəns/ **noun** [U] when someone or something is irreverent ▷ **lekceważenie** • **irreverently adverb** ▷ **lekceważąco**

irreversible /ˌɪrɪˈvɜːsəbl/ **adjective** Something that is irreversible cannot be changed back to how it was before: *Smoking has caused* ***irreversible damage*** *to his lungs.* ▷ **nieodwracalny**
• **irreversibly adverb** ▷ **nieodwracalnie**

irrevocable /ɪˈrevəkəbl/ **adjective** formal impossible to change or stop: ***irrevocable decisions*** ▷ **nieodwołalny**
• **irrevocably adverb** ▷ **nieodwołalnie**

irrigate /ˈɪrɪgeɪt/ **verb** [T] to provide water for an area of land so that crops can be grown ▷ **nawadniać**
• **irrigation** /ˌɪrɪˈgeɪʃən/ **noun** [U] ▷ **nawadnianie, irygacja**

irritable /ˈɪrɪtəbl/ **adjective** becoming annoyed very easily: *Jack's been irritable all day.* ▷ **drażliwy**
• **irritability** /ˌɪrɪtəˈbɪləti/ **noun** [U] ▷ **drażliwość**
• **irritably adverb** ▷ **drażliwie**

irritant /ˈɪrɪtənt/ **noun** [C] **1** someone or something that makes you feel annoyed ▷ **irytująca rzecz lub osoba 2** a substance that makes part of your body hurt ▷ **czynnik drażniący**

irritate /ˈɪrɪteɪt/ **verb** [T] **1** to annoy someone: *His comments really irritated me.* ▷ **drażnić 2** to make a part of your body hurt: *The smoke irritated her eyes.* ▷ **drażnić**
• **irritation** /ˌɪrɪˈteɪʃən/ **noun** [C, U] ▷ **rozdrażnienie, podrażnienie**

irritated /ˈɪrɪteɪtɪd/ **adjective** B2 annoyed: *Ben began to get increasingly* ***irritated by/at*** *her questions.* ◦ [+ that] *I was irritated that he didn't thank me.* ▷ **rozdrażniony**

irritating /ˈɪrɪteɪtɪŋ/ **adjective** B2 making you feel annoyed: *an irritating habit* ▷ **denerwujący**
• **irritatingly adverb** ▷ **denerwująco**

is strong /ɪz/ weak /z/ present simple he/she/it of be ▷ **jest**

Islam /ˈɪzlɑːm/ **noun** [U] a religion based on belief in Allah, on the Koran, and on the teachings of Mohammed: *The followers of Islam are called Muslims.* ▷ **Islam**

Islamic /ɪzˈlæmɪk/ **adjective** related to Islam: *Islamic art* ◦ *an Islamic country* ▷ **islamski**

island /ˈaɪlənd/ **noun** [C] A2 an area of land that has water around it: *the Caribbean island of Grenada* ◦ *the Hawaiian Islands* ▷ **wyspa**
• **islander noun** [C] someone who lives on an island ▷ **wyspia-rz/rka, mieszka-niec/nka wyspy**
→ See also **desert island**

isle /aɪl/ **noun** [C] an island, often used in the name of a particular island: *the British Isles* ▷ **wyspa**

islets of Langerhans /ˌaɪlɪtsəvˈlæŋgəhænz/ **noun** [plural] a group of cells in the pancreas that produce the hormones insulin and glucagon ▷ **wysepki Langerhansa**

isn't /ˈɪzənt/ short for is not: *Mike isn't coming with us.*

isobar /ˈaɪsəʊbɑːr/ **noun** [C] a line drawn on a weather map joining all the places which have the same air pressure ▷ **izobara**

isohyet /ˌaɪsəʊˈhaɪɪt/ **noun** [C] a line on a map that connects places that have the same amount of rain ▷ **izohieta**

isolate /ˈaɪsəleɪt/ **verb** [T] to separate someone or something from other people or things: *Scientists have been able to isolate the gene responsible for causing the illness.* ◦ *He had been* ***isolated from*** *other prisoners.* ▷ **izolować**

isolated /ˈaɪsəleɪtɪd/ **adjective 1** a long way from other places: *an isolated village in the mountains* ▷ **odosobniony, samotny 2** alone and not having help or support from other people: *Kazuo felt very isolated at his new school.* ▷ **osamotniony, wyobcowany 3 an isolated case/example/incident, etc** an event/action, etc that happens only once ▷ **pojedynczy przypadek/przykład/incydent** *itp.*

isolation /ˌaɪsəlˈeɪʃən/ **noun 1** [U] the state of being separate from other people, places, or things: *the country's economic isolation from the rest of the world* ▷ **izolacja 2 in isolation** alone, or separately from other people, places, or things: *These poems cannot be considered in isolation.* ▷ **w odosobnieniu, w izolacji 3** [U] a feeling of being lonely: *I had this awful sense of isolation.* ▷ **samotność, wyobcowanie**

isomer /ˈaɪsəməʳ/ **noun** [C] any one of a group of chemical substances which all have the same number and type of atoms but in which the arrangement of the atoms is slightly different between each substance ▷ **izomer**

isomerism /ˈaɪsəmərɪzm/ **noun** [U] when two or more compounds have the same type of molecule but a different arrangement of atoms in the molecule ▷ **izomeria**

isometric /ˌaɪsəʊˈmetrɪk/ **adjective** isometric drawing uses a method of drawing a shape with three dimensions using two dimensions: *isometric projection* ▷ **izometryczny**

isosceles triangle /aɪˌsɒsəliːzˈtraɪæŋgl/ **noun** [C] a triangle with two sides of equal length ▷ **trójkąt równoramienny** → Compare **equilateral, scalene triangle**

isotope /ˈaɪsətəʊp/ **noun** [C] a form of an atom which has a different atomic weight from other forms of the same atom but the same chemical structure ▷ **izotop**

• **isotopic** /aɪsəˈtɒpɪk/ **adjective** ▷ **izotopowy**

ISP /ˌaɪesˈpiː/ **noun** [C] abbreviation for Internet service provider: a company that connects your computer to the Internet, and lets you use email and other services ▷ **dostawca usług internetowych, provider**

Israel /ˈɪzreɪl/ **noun** a country in the Middle East ▷ **Izrael**

• **Israeli** /ɪzˈreɪli/ **adjective** coming from or relating to Israel ▷ **izraelski** • **Israeli noun** (plural **Israelis**) someone from Israel ▷ **Izraelczyk/ka**

issue[1] /ˈɪʃuː/ **noun 1** [C] (B1) an important subject or problem that people are discussing: *the* ***issues of*** *race and social class* ◦ *political issues* ◦ *Chris has* ***raised*** *a very important* ***issue***. ▷ **kwestia 2** [C] (B2) the newspaper, magazine, etc that is produced on a particular day: *Have you seen the latest issue of Computer World?* ▷ **numer, egzemplarz, wydanie 3 at issue** most important in what is being discussed: *The point at issue is what is best for the child.* ▷ **sporny, będący przedmiotem dyskusji 4 take issue (with sb/sth)** to disagree with what someone says or writes: *I would take issue with you on that.* ▷ **nie zgodzić się (z** *kimś/czymś***)**

IDIOM **have issues with sth** to often be sad, anxious, or angry because of something: *A very high proportion of women diet frequently and have issues with their bodies.* ▷ **mieć z** *czymś* **problem**

> **Wyrazy występujące razem z issue (noun)**
>
> a **contentious/important/key/major/thorny** issue • **address/discuss/raise/resolve** an issue • **the issue of** sth

issue[2] /ˈɪʃuː/ **verb** [T] (present participle **issuing**, past tense and past participle **issued**) **1** to say something officially: *The Prime Minister will* ***issue*** *a* ***statement*** *tomorrow.* ◦ *Police* ***issued*** *a* ***warning*** *about the dangers of playing near water.* ▷ **wydawać, wystosować 2** to officially give something to someone: *to* ***issue*** *a* ***passport/ticket/invitation*** ◦ *All members will be* ***issued with*** *a membership card.* ▷ **wystawiać, wydawać**

> **Wyrazy występujące razem z issue (verb)**
>
> issue an **order/statement/warning** • issue **guidelines/instructions**

IT /ˌaɪˈtiː/ **noun** [U] (A2) abbreviation for information technology: the use of computers and other electronic equipment to store and send information ▷ **informatyka**

it /ɪt/ **pronoun 1** (A1) used to refer to the thing, situation, or idea that has already been talked about: *"Have you seen my bag?" "It's in the hall."* ▷ **to, on, ona, ono 2** (A1) used before certain adjectives, nouns, or verbs to introduce an opinion or description of a situation: *It's unlikely that she'll arrive on time.* ▷ **(= Często tłumaczy się odpowiednią formą bezosobową, np. niemożliwe, szkoda itp.) 3** (A1) used with certain verbs that need a subject or object but do not refer to a particular noun: *It costs less if you travel at the weekend.* ◦ *I liked it in Scotland.* ▷ Nie tłumaczy się **4** (A2) used with the verb 'be' in sentences giving the time, date, weather, or distances: *It rained all day.* ◦ *What time is it?* ▷ **(= Często tłumaczy się odpowiednią formą bezosobową, np. padało) 5** used as the subject of verbs such as 'seem', 'appear' and 'look': *It seemed unfair to leave her at home.* ▷ **(= Często tłumaczy się odpowiednią formą bezosobową, np. wydawało się) 6** used to emphasize one part of a sentence: *It's the children I'm concerned about, not me.* ▷ **to (właśnie) 7 it's sb/sth** used to say the name of a person or thing when the person you are speaking to does not know: *It's your Dad on the phone.* ▷ **to** *ktoś/coś*

italics /ɪˈtælɪks/ **noun** [plural] a style of writing or printing in which the letters slope to the right ▷ **kursywa**

• **italic adjective** written in italics ▷ **(drukowany) kursywą, pochyły**

Italy /ˈɪtəli/ **noun** a country in Europe ▷ **Włochy**

• **Italian** /ɪˈtæliən/ **adjective** coming from or relating to Italy ▷ **włoski** • **Italian noun** someone from Italy ▷ **Włoch, Włoszka**

itch[1] /ɪtʃ/ **verb 1** [I] If a part of your body itches, it feels uncomfortable and you want to rub it with your nails: *Woollen sweaters make my arms itch.* ▷ **swędzieć 2 be itching to do sth** informal to want to do something very much: *You could tell that they were itching to leave.* ▷ **nie móc się** *czegoś* **doczekać**

itch[2] /ɪtʃ/ **noun** [C] an uncomfortable feeling on your skin that makes you want to rub it with your nails: *I've **got an itch** in the middle of my back.* ▷ **swędzenie**

itching /ˈɪtʃɪŋ/ **noun** [U] when a part of your body itches: *a lotion to stop itching* ▷ **swędzenie**

itchy /ˈɪtʃi/ **adjective** If a part of your body is itchy, it feels uncomfortable and you want to rub it with your nails: *an itchy nose* ▷ **swędzący**
• **itchiness noun** [U] ▷ **swędzenie**

it'd /ˈɪtəd/ **1** short for it would: *It'd be great if we could meet next week.* **2** short for it had: *It'd taken us an hour to find Bruce's house.*

item /ˈaɪtəm/ **noun** [C] **1** (B1) a single thing in a set or on a list: *the last item on the list* ◦ *Various stolen items were found.* ▷ **przedmiot, rzecz, pozycja 2** (B2) a piece of news on television or radio, or in a newspaper: *a small item on the back page of the local newspaper* ▷ **wiadomość**

itemize (also UK **-ise**) /ˈaɪtəmaɪz/ **verb** [T] to list things separately, often including details about each thing: *an **itemized** phone **bill*** ▷ **wyszczególniać**

iteration /ˌɪtəʳˈeɪʃəⁿn/ **noun** [C] a new version of a piece of software ▷ **iteracja**

itinerant /aɪˈtɪnəʳrəⁿnt/ **adjective** [always before noun] formal travelling from one place to another: *an itinerant preacher* ▷ **objazdowy, wędrowny**

itinerary /aɪˈtɪnəʳrəʳri/ **noun** [C] a list of places that you plan to visit on a journey: *The President's itinerary includes visits to Boston and New York.* ▷ **trasa**

it'll /ˈɪtəˡl/ short for it will: *It'll take about twenty minutes to get there.*

> **!** Najczęściej popełniane błędy: **its or it's?**
>
> **Uwaga!** Wielu uczących się angielskiego Polaków popełnia błędy, używając tych dwóch słów.
>
> **It's** jest skróconą formą „it is" lub „it has":
> *It's a beautiful town.*
>
> **Its**, które oznacza „należący do" nie posiada apostrofu. Nie piszemy więc „it's" ale **its**:
> ~~*I love this town and it's beautiful old buildings.*~~
> *I love this town and its beautiful old buildings.*

its /ɪts/ **determiner** (A1) belonging to or relating to the thing that has already been talked about: *The house has its own swimming pool.* ▷ **swój, jego, jej, sobie**

it's /ɪts/ **1** short for it is: *"What time is it?" "It's one o'clock."* **2** short for it has: *It's been a long day and I'm tired.*

itself /ɪtˈself/ **pronoun 1** (A2) the reflexive form of the pronoun 'it': *The cat licked itself clean.* ▷ **się, sobie 2** (B1) used to emphasize the particular thing you are referring to: *The garden is enormous but the house itself is very small.* ▷ **sam 3 (all) by itself a** (B1) alone: *The dog was in the house by itself for several days.* ▷ **sam b** automatically: *The heating comes on by itself.* ▷ **sam 4 in itself** as the only thing being talked about and nothing else: *You've managed to complete the course – that in itself is an achievement.* ▷ **sam w sobie**

ITV /ˌaɪtiːˈviː/ **noun** abbreviation for Independent Television: one of the main television companies in the United Kingdom: *There's a good film on ITV tonight.* ▷ **telewizja niezależna**

IV /ˌaɪˈviː/ **noun** [C] US (UK **drip**) a piece of medical equipment used for putting liquids into your body ▷ **kroplówka**

I've /aɪv/ short for I have: *I've decided not to go.*

IVF /ˌaɪviːˈef/ **noun** [U] abbreviation for in vitro fertilization: a treatment where a woman's egg is fertilized outside her body and put back in her body for the baby to grow ▷ **zapłodnienie in vitro**

ivy

ivory /ˈaɪvəʳri/ **noun** [U] a hard, white substance from the tusks of some animals, such as elephants ▷ **kość słoniowa**

ivy /ˈaɪvi/ **noun** [U] a dark green plant that often grows up walls ▷ **bluszcz**

J

J, j /dʒeɪ/ the tenth letter of the alphabet ▷ **J, j**

jab¹ /dʒæb/ **verb** [I, T] (present participle **jabbing**, past tense and past participle **jabbed**) to push something quickly and hard into or towards another thing: *He **jabbed** a finger **into** her back.* ▷ **kłuć, dźgać**

jab² /dʒæb/ **noun** [C] **1** a quick, hard push into or towards something ▷ **ukłucie, dźgnięcie 2** UK informal an injection: *a flu jab* ▷ **zastrzyk**

jack¹ /dʒæk/ **noun** [C] **1** a piece of equipment for lifting a heavy object such as a car ▷ **podnośnik, lewarek 2** a playing card that comes between a ten and a queen: *the jack of diamonds* ▷ **walet**

jack² /dʒæk/ **verb**

PHRASAL VERBS **jack sth in** UK informal to stop doing something, especially a job: *She's **jacked in** her **job**.* ▷ **rzucić** *coś* • **jack sth up** informal to increase a price or rate suddenly and by a large amount ▷ **podnosić** *coś*, **podbijać** *coś*

Jack /dʒæk/ **noun** a male name

jackal /ˈdʒækᵊl/ **noun** [C] a wild dog that hunts in groups ▷ **szakal**

jacket /ˈdʒækɪt/ **noun** [C] (A2) a short coat: *a leather jacket* ▷ **kurtka, marynarka** → See **Clothes** on page Centre 8 → See also **dinner jacket**, **life jacket**, **strait-jacket**

ˌjacket poˈtato noun [C] (plural **jacket potatoes**) UK a potato that has been baked in the oven with its skin on ▷ **pieczony ziemniak**

jack-knife¹ /ˈdʒækˌnaɪf/ **noun** [C] (plural **jack-knives**) a knife with a blade that can be folded away into the handle ▷ **scyzoryk**

jack-knife² /ˈdʒækˌnaɪf/ **verb** [I] If a large truck jack-knifes, the front part turns round to face the back in a way that is not controlled. ▷ **składać się jak scyzoryk**

jackpot /ˈdʒækpɒt/ **noun** [C] an amount of money that is the largest prize anyone can win in a competition ▷ **główna wygrana, cała pula**

IDIOM **hit the jackpot** to be very successful, especially by winning or earning a lot of money ▷ **wygrać los na loterii, zgarniać całą pulę**

Jacuzzi /dʒəˈkuːzi/ **noun** [C] trademark a bath or pool that produces bubbles in the water ▷ **hydromasaż, wanna lub basen z hydromasażem**

jade /dʒeɪd/ **noun** [U] a green stone used in making jewellery ▷ **nefryt**

jaded /ˈdʒeɪdɪd/ **adjective** tired or bored with something, especially because you have done it too much ▷ **znużony**

jagged /ˈdʒægɪd/ **adjective** very rough and sharp: ***jagged rocks*** ▷ **ostry, postrzępiony, wyszczerbiony**

jaguar /ˈdʒægjuəʳ/ **noun** [C] a large, wild cat that lives in Central and South America ▷ **jaguar**

jail¹ (also UK **gaol**) /dʒeɪl/ **noun** [C, U] (B1) a place where criminals are kept as a punishment: *He ended up **in jail**.* ▷ **więzienie**

> **Wyrazy występujące razem z jail**
>
> **be released from/be sent to jail • in jail • a jail sentence**

jail² /dʒeɪl/ **verb** [T] to put someone in a jail: [often passive] *He was jailed for two years.* ▷ **wsadzać do więzienia**

jailer /ˈdʒeɪləʳ/ **noun** [C] someone who guards prisoners in a jail ▷ **strażni-k/czka więzien-n-y/a**

jam¹ /dʒæm/ **noun 1** [C, U] (also US **jelly**) (A2) a sweet food made from fruit that you spread on bread: *a jar of strawberry jam* ▷ **dżem** → See **Food** on page Centre 11 **2** [C] (also **traffic jam**) (B2) a line of cars, trucks, etc that are moving slowly or not moving: *We were stuck **in a jam** for hours.* ▷ **korek**

jam² /dʒæm/ **verb** (present participle **jamming**, past tense and past participle **jammed**) **1 jam sth in/into/on, etc** to push something somewhere firmly and tightly: *She jammed her hands into her pockets.* ▷ **wpychać** *coś* **2** [I, T] to get stuck or make something get stuck: *The machine keeps jamming.* ▷ **zacinać się, zablokować (się) 3** [T] to fill a place completely: [often passive] *The streets were **jammed with** cars.* ▷ **zapchać, zablokować 4** [T] to send a signal that stops a radio being able to broadcast ▷ **zagłuszać**

Jamaica /dʒəˈmeɪkə/ **noun** a country on an island in the Caribbean ▷ **Jamajka**

• **Jamaican** /dʒəˈmeɪkən/ **adjective** coming from or relating to Jamaica ▷ **jamajski** • **Jamaican** noun someone from Jamaica ▷ **Jamaj-czyk/ka**

jamboree /ˌdʒæmbᵊrˈiː/ **noun** [C] a big celebration or party ▷ **feta, zlot**

James /dʒeɪmz/ **noun** (also **Jim** /dʒɪm/) a male name

Jan written abbreviation for January ▷ **stycz. (= styczeń)**

Jane /dʒeɪn/ **noun** a female name

jangle /ˈdʒæŋgl/ **verb** [I, T] If small metal objects jangle, they hit together making a ringing noise, and if you jangle them, you make them make this noise: *He was jangling his keys.* ▷ **pobrzękiwać, podzwaniać**

• **jangle** noun [C] ▷ **pobrzękiwanie**

janitor /ˈdʒænɪtəʳ/ **noun** [C] US someone whose job is to look after a building: *the school janitor* ▷ **woźn-y/a, dozor-ca/czyni, stróż**

January /ˈdʒænjuᵊri/ **noun** [C, U] (written abbreviation **Jan**) A1 the first month of the year ▷ **styczeń**

Japan /dʒəˈpæn/ **noun** a country consisting of a group of islands near the east coast of Asia ▷ **Japonia**
• **Japanese** /ˌdʒæpəˈniːz/ **adjective** coming from or relating to Japan ▷ **japoński** • **Japanese** **noun** (plural **Japanese**) someone from Japan ▷ **Japończyk, Japonka**

jar[1] /dʒɑːʳ/ **noun** [C] B1 a glass container used for storing food: *a jar of jam* ▷ **słoik**

jar[2] /dʒɑːʳ/ **verb** [I, T] (present participle **jarring**, past tense and past participle **jarred**) to move suddenly, hitting something and causing pain or damage: *The movement jarred his injured leg.* ▷ **wstrząsnąć, drażnić**

PHRASAL VERB **jar on sb** UK to annoy someone: *Her voice jars on me.* ▷ **drażnić** *kogoś*

jargon /ˈdʒɑːgən/ **noun** [U] words and phrases used by particular groups of people that are difficult for other people to understand: *legal jargon* ▷ **żargon**

jaundice /ˈdʒɔːndɪs/ **noun** [U] a disease that makes your eyes and skin yellow ▷ **żółtaczka**

jaundiced /ˈdʒɔːndɪst/ **adjective** having a negative opinion of something because of bad things that have happened to you: *a **jaundiced view** of marriage* ▷ **pesymistyczny**

jaunt /dʒɔːnt/ **noun** [C] a short, enjoyable journey ▷ **wypad**

jaunty /ˈdʒɔːnti/ **adjective** happy and confident: *a **jaunty walk*** ▷ **raźny**

javelin /ˈdʒævᵊlɪn/ **noun** **1** [C] a long, pointed stick that you throw as a sport ▷ **oszczep** **2** **the javelin** a sport in which you throw a javelin as far as you can ▷ **rzut oszczepem** → See **Sports 1** on page Centre 14

jaw /dʒɔː/ **noun** [C] **1** B2 either of the two bones in your mouth that contain your teeth ▷ **szczęka** → See **The Body** on page Centre 13 **2** **sb's jaw drops** If someone's jaw drops, their mouth opens because they are very surprised. ▷ **szczęka** *komuś* **opada**

jazz /dʒæz/ **noun** [U] A2 music with a strong beat that is often played without written music: *a **jazz band*** ▷ **jazz**

jealous /ˈdʒeləs/ **adjective** **1** B2 unhappy and angry because you want something that someone else has: *His new bike was **making** his friends **jealous**.* ◦ *Steve has always been **jealous of** his brother's good looks.* ▷ **zazdrosny** **2** B1 upset and angry because someone you love seems too interested in another person: *a jealous husband* ▷ **zazdrosny**
• **jealously** **adverb** B2 ▷ **zazdrośnie**

> **Wyrazy występujące razem z jealous**
> make sb jealous • insanely/madly jealous • jealous of sb/sth

jealousy /ˈdʒeləsi/ **noun** [U] jealous feelings ▷ **zazdrość**

jeans /dʒiːnz/ **noun** [plural] A1 trousers made from denim: *a **pair of jeans*** ▷ **dżinsy** → See **Clothes** on page Centre 8

Jeep /dʒiːp/ **noun** [C] trademark a strongly built vehicle with big wheels that is used for driving over rough ground ▷ **jeep**

jeer /dʒɪəʳ/ **verb** [I, T] to laugh and shout insults at someone: *The crowd outside his house jeered as he left.* ▷ **szydzić (z), drwić (z)**
• **jeer** **noun** [C] ▷ **drwina**

Jell-O /ˈdʒeləʊ/ **noun** [U] US trademark jelly ▷ **galaretka**

jelly /ˈdʒeli/ **noun** [C, U] **1** UK (US **Jell-O**) a soft but solid sweet food that shakes when you move it: *jelly and ice cream* ▷ **galaretka** **2** US (UK/US **jam**) a sweet food made from fruit that you spread on bread ▷ **galaretka** **3** any substance that looks or feels like jelly: *The egg is surrounded by a layer of jelly.* ▷ **galaretka**

jellyfish

jellyfish /ˈdʒelifɪʃ/ **noun** [C] (plural **jellyfish**) a sea creature with a clear body that may sting you ▷ **meduza**

jelutong /ˈdʒeljətɒŋ/ **noun** [U] a type of soft wood often used to make models ▷ **jelutong (= drewno podobne do balsy)**

Jennifer /ˈdʒenɪfər/ **noun** (also **Jenny** /ˈdʒeni/) a female name

jeopardize (also UK **-ise**) /ˈdʒepədaɪz/ **verb** [T] to put something in a situation where there is a risk of failing or being harmed: *Bad weather could jeopardize all our plans.* ▷ **narażać (na szwank)**

jeopardy /ˈdʒepədi/ **noun** **in jeopardy** in danger of failing or being harmed: *If the factory closes, local jobs will be in jeopardy.* ▷ **zagrożony, w niebezpieczeństwie**

jerk[1] /dʒɜːk/ **verb** [I, T] to move very quickly and suddenly, or to make something move like this: *The truck jerked forward.* ▷ **szarpać**

jerk[2] /dʒɜːk/ **noun** [C] **1** a quick, sudden movement: *a sudden jerk of the head* ▷ **szarpnięcie** **2** mainly US informal a stupid or annoying person ▷ **palant**

jerky /ˈdʒɜːki/ **adjective** Jerky movements are quick and sudden. ▷ **szarpany, urywany**
• **jerkily** **adverb** ▷ **szarpiąc**

jersey /ˈdʒɜːzi/ **noun** **1** [C] a piece of clothing which covers the top of your body and is pulled on over your head ▷ **koszulka, pulower** **2** [U] soft wool or cotton cloth used for making clothes ▷ **dżersej**

jest /dʒest/ **noun** **in jest** said as a joke ▷ **żartem**

Jesus Christ /ˌdʒiːzəsˈkraɪst/ **noun** the Jewish

J

holy man believed by Christians to be the Son of God, and on whose life and teachings Christianity is based ▷ **Jezus Chrystus**

jet¹ /dʒet/ **noun** [C] **1** B1 an aircraft that flies very fast ▷ **odrzutowiec** → See also **jumbo jet 2** water or gas that is forced out of something in a thin, strong line ▷ **strumień**

jet² /dʒet/ **verb** [I] (present participle **jetting**, past tense and past participle **jetted**) **jet in/off, etc** to fly somewhere in an aircraft: *She jetted off to Athens for a week.* ▷ **lecieć**

jet-black /ˌdʒetˈblæk/ **noun** [U] a very dark black colour ▷ **głęboka czerń**
• **jet-black adjective** *jet-black hair* ▷ **kruczoczarny, czarny jak węgiel**

ˈjet ˌengine noun [C] an engine that makes an aircraft fly very fast ▷ **silnik odrzutowy**

ˈjet ˌlag noun [U] when you feel tired because you have just travelled a long distance on an aircraft ▷ **zmęczenie po podróży samolotem**

jettison /ˈdʒetɪsᵊn/ **verb** [T] **1** to get rid of something you do not want or need: *The station has jettisoned educational broadcasts.* ▷ **zaniechać, porzucać 2** If an aircraft or a ship jettisons something, it throws it off to make itself lighter. ▷ **wyrzucać, porzucać**

jetty /ˈdʒeti/ **noun** [C] a wooden structure at the edge of the sea or a lake where people can get on and off boats ▷ **pomost**

Jew /dʒuː/ **noun** [C] someone whose religion is Judaism, or who is related to the ancient people of Israel ▷ **Żyd**

jewel /ˈdʒuːəl/ **noun** [C] B2 a valuable stone that is used to make jewellery ▷ **klejnot, kamień szlachetny**

jeweller UK (US **jeweler**) /ˈdʒuːələʳ/ **noun** [C] someone whose job is to sell or make jewellery ▷ **jubiler**

jewellery UK (US **jewelry**) /ˈdʒuːəlri/ **noun** [U] A2 objects made from gold, silver, and valuable stones that you wear for decoration ▷ **jubilerstwo**

Jewish /ˈdʒuːɪʃ/ **adjective** relating or belonging to the Jews: *Jewish history/law* ▷ **żydowski**

jibe (also **gibe**) /dʒaɪb/ **noun** [C] an insulting remark: *He kept making **jibes at** me about my weight.* ▷ **kpina, przytyk**

jig /dʒɪg/ **noun** [C] **1** a traditional, quick dance, or the music it is danced to ▷ **giga 2** a piece of equipment that guides a tool for cutting and holds the object being cut ▷ **zacisk**

jiggle /ˈdʒɪgl/ **verb** [I, T] to make quick, short movements from side to side or to make something else move like this ▷ **trząść (się)**

jigsaw /ˈdʒɪgsɔː/ **noun** [C] (also **ˈjigsaw ˌpuzzle**) a picture in many small pieces that you put together as a game ▷ **układanka**

jingle¹ /ˈdʒɪŋgl/ **noun** [C] **1** a short song that is used to advertise a product on the radio or television ▷ **dżingiel 2** a sound made when small metal objects hit against each other ▷ **brzęk**

jingle² /ˈdʒɪŋgl/ **verb** [I, T] to make the sound of small metal objects hitting against each other: *a pocket full of jingling coins* ▷ **dzwonić, brzękać**

jinx /dʒɪŋks/ **noun** [C] someone or something that brings bad luck: *There seems to be **a jinx on** the school.* ▷ **pech, fatum**
• **jinx verb** [T] ▷ **zapeszyć**

JIT /ˌdʒeɪaɪˈtiː/ **adjective** [always before noun] abbreviation for just-in-time ▷ **JIT (= dokładnie na czas)**

jitters /ˈdʒɪtəz/ **noun** [plural] a nervous feeling: *Hospitals give me **the jitters**.* ▷ **trema, drżenie**

jittery /ˈdʒɪtᵊri/ **adjective** nervous: *She gets quite **jittery about** exams.* ▷ **podenerwowany**

Jnr UK (UK/US **Jr**) written abbreviation for junior ▷ **mł. (= młodszy)**

Joanne /dʒəʊˈæn/ **noun** (also **Jo** /dʒəʊ/) a female name

> **Wyrazy występujące razem z job**
>
> a **dead-end/full-time/good/part-time/temporary job** • **apply for/create/do/find/get/lose a job** • a job as sth

> **Job wyrazy bliskoznaczne**
>
> W bardziej formalnych sytuacjach częstą alternatywą jest rzeczownik **occupation**:
> *Please fill in your name, age, and **occupation**.*
> Rzeczowników **post** i **position** często używamy do opisania konkretnego stanowiska pracy w jakiejś organizacji:
> *She's applied for a part-time teaching **post/position**.*
> Rzeczownika **career** używamy czasem do opisania profesji, ktorą dana osoba wykonuje przez większą część życia:
> *She's had a very successful **career** in marketing.*

job /dʒɒb/ **noun** [C] **1** A1 the regular work that you do in order to earn money: *She **got a job** in publishing.* ◦ *Hundreds of workers could **lose** their **jobs**.* ◦ *Why don't you **apply for a** part-time **job**?* ▷ **praca 2** A2 a piece of work that you have to do: *cooking, cleaning, and other household jobs* ▷ **praca 3** B2 something that is your responsibility: *It's my job to water the plants.* ▷ **obowiązek 4 make a bad/good, etc job of sth** UK to do sth badly/well, etc ▷ **źle/dobrze** *itp.* **się spisać z** *czymś* **5 do a good/excellent, etc job** B2 to do something well/very well, etc: *She did a great job of organizing the event.* ▷ **dobrze/świetnie** *itp.* **się spisać 6 out of a job** without a job: *How long have you been out of a job?* ▷ **bez pracy**

IDIOMS **do the job** If something does the job, it is suitable for a particular purpose: *Here, this knife should do the job.* ▷ **nadawać się, zadziałać** • **it's a good job** UK informal If it is a good job that something happened, it is lucky that it happened: [+ (that)] *It's a good job that Jo was there to help you.* ▷ **dobrze (się stało)** • **just the job** UK If something is just the job, it is exactly what you want or need. ▷ **w sam raz, idealny**

ˈjob deˌscription noun [C] a list of the things you must do in your work ▷ **zakres obowiązków**

jobless /ˈdʒɒbləs/ **adjective** without a job: *young jobless people* ▷ **bezrobotny**

ˈjob proˌduction noun [U] in business, the production of single products for different customers ▷ **produkcja jednostkowa**

ˈjob satisˌfaction noun [U] the amount of pleasure and achievement your job makes you feel ▷ **zadowolenie z pracy**

ˈjob seˌcurity noun [U] If you have job security, your job is likely to be permanent. ▷ **gwarancja stałego zatrudnienia**

jobshare /ˈdʒɒbʃeəʳ/ **verb** [I] UK If two people jobshare, they do one job between them, working at different times. ▷ **dzielić się stanowiskiem pracy**
• **jobshare** noun [C] UK ▷ **jobsharing, dzielenie pracy**

jockey /ˈdʒɒki/ **noun** [C] someone who rides horses in races ▷ **dżokej** → See also **disc jockey**

jog /dʒɒg/ **verb** (present participle **jogging**, past tense and past participle **jogged**) **1** [I] B1 to run slowly for exercise: *I jog through the park every morning.* ▷ **biegać, uprawiać jogging** **2** [T] to hit something gently by mistake: *He jogged her arm.* ▷ **potrącać** **3 jog sb's memory** to cause someone to remember something: *They hoped the photographs would jog his memory.* ▷ **odświeżyć** *komuś* **pamięć, pobudzić** *czyjąś* **pamięć**
• **jog** noun [no plural] *Let's go for a jog.* ▷ **jogging** • **jogging** noun [U] B1 ▷ **jogging**

jogger /dʒɒgəʳ/ **noun** [C] someone who runs for exercise ▷ **biegacz/ka, osoba uprawiająca jogging**

John /dʒɒn/ **noun** a male name

join¹ /dʒɔɪn/ **verb** **1** [T] A2 to become a member of a group or organization: *He joined the army when he was eighteen.* ▷ **wstąpić do** **2** [T] A2 to do something or go somewhere with someone: *Would you like to join us for dinner?* ▷ **przyłączyć się do** **3** [T] B1 to fasten or connect things together: ***Join** the ends **together** with strong glue.* ▷ **połączyć** **4** [I, T] B1 to meet at a particular point: *The Mississippi River and the Missouri join near St Louis.* ▷ **łączyć (się)** **5 join a line** (also UK **join a queue**) to go and stand at the end of a row of people waiting for something ▷ **stanąć w kolejce** → See also **join *forces***

PHRASAL VERBS **join in (sth)** B1 to become involved in an activity with other people: *We're playing cards. Would you like to join in?* ▷ **przyłączyć lub dołączyć się (do** *czegoś***)** • **join up** to become a member of the army or other military group ▷ **wstąpić do wojska**

join² /dʒɔɪn/ **noun** [C] UK the place where two or more things are fastened together ▷ **połączenie**

joined-up /ˌdʒɔɪnˈdʌp/ **adjective** UK **1 joined-up writing** a style of writing where each letter in a word is connected to the next one ▷ **kursywa** **2 joined-up thinking** thinking about a complicated problem in an intelligent and original way, and considering everything that is connected with it ▷ **myślenie globalne**

joint¹ /dʒɔɪnt/ **adjective** [always before noun] B2 belonging to or done by two or more people: *a **joint statement*** ◦ *The project was a **joint effort** by all the children in the class.* ▷ **wspólny**
• **jointly** adverb ▷ **wspólnie**

joint² /dʒɔɪnt/ **noun** [C] **1** a place in your body where two bones meet: *the knee joint* ▷ **staw** **2** UK a large piece of meat, usually cooked in the oven: *a joint of beef* ▷ **sztuka (mięsa)** **3** a place where parts of a structure or machine are connected ▷ **połączenie, złącze** **4** informal a place where something is sold, especially a restaurant or bar: *a pizza joint* ▷ **knajpka**

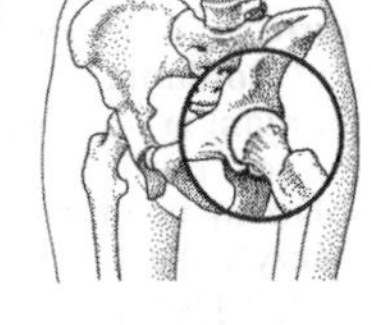
joint

joint-stock company /ˌdʒɔɪntstɒkˈkʌmpəni/ **noun** [C] a business which is owned by the group of people who have shares in the company ▷ **spółka akcyjna**

ˌjoint ˈventure noun [C] a business activity that is done by two separate companies working together ▷ **joint venture**

joke¹ /dʒəʊk/ **noun** **1** B1 [C] something which someone says to make people laugh, usually a short story with a funny ending: *to **tell/make** a **joke*** ▷ **dowcip** **2 be a joke** informal to not be serious or not deserve respect: *The investigation was a joke.* ▷ **być farsą** **3 be no joke** to be serious or difficult: *It's no joke driving on icy roads.* ▷ ≈ **to nie żart** **4 take a joke** to understand and accept a trick without becoming angry or upset ▷ **mieć poczucie humoru** → See also **practical joke**

> Wyrazy występujące razem z **joke**
>
> **crack/make/tell** a joke • a **dirty/sick** joke • a joke **about** sth

joke² /dʒəʊk/ **verb** **1** B1 [I] to say funny things, or not be serious: *She always **jokes about** her husband's cooking.* ▷ **żartować** **2 You must be joking!/You're joking!** informal B1 something you say to show that you are surprised by what someone has said, or do not believe it is true ▷ **Chyba żartujesz!**
• **jokingly** adverb ▷ **żartem**

joker /ˈdʒəʊkər/ **noun** [C] **1** someone who likes saying or doing funny things ▷ **żartowni-ś/sia, dowcipni-ś/sia 2** one of a set of playing cards which can be used instead of another card in some games ▷ **dżoker, joker**

jolly¹ /ˈdʒɒli/ **adjective** happy or enjoyable: *We had a jolly evening.* ▷ **wesoły**

jolly² /ˈdʒɒli/ **adverb** old-fashioned very: *a jolly good idea* ▷ **bardzo**

jolt¹ /dʒəʊlt/ **noun** [C] **1** a sudden, violent movement: *With a **sudden jolt** the train started moving again.* ▷ **szarpnięcie, wstrząs 2** an unpleasant shock or surprise: *The reminder that he was dead **gave** her a **jolt**.* ▷ **wstrząs**

jolt² /dʒəʊlt/ **verb** [I, T] to move suddenly and forcefully, or to make someone or something do this: *The bus stopped suddenly and the passengers were jolted forward.* ▷ **szarpać**

Jonathan /ˈdʒɒnəθən/ **noun** a male name

Jordan /ˈdʒɔːdn/ **noun** a country in the Middle East ▷ **Jordania**

• **Jordanian** /dʒɔːˈdeɪniən/ **adjective** coming from or relating to Jordan ▷ **jordański** • **Jordanian** noun someone from Jordan ▷ **Jordańczyk/nka**

Joseph /ˈdʒəʊzɪf/ **noun** (also **Joe** /dʒəʊ/) a male name

Joshua /ˈdʒɒʃjuə/ **noun** (also **Josh** /dʒɒʃ/) a male name

jostle /ˈdʒɒsl/ **verb** [I, T] to push other people in order to get somewhere in a crowd ▷ **przepychać się, rozpychać się, popychać, potrącać**

PHRASAL VERB **jostle for sth** to try hard to get something: *Thousands of companies are jostling for business on the Internet.* ▷ **walczyć o** *coś*

jot /dʒɒt/ **verb** [T] (present participle **jotting**, past tense and past participle **jotted**) to write something quickly: *She **jotted** a **note** to Sue.* ▷ **naskrobać, napisać**

PHRASAL VERB **jot sth down** to write something quickly on a piece of paper so that you remember it: *I **jotted down** some **notes** during his speech.* ▷ **zapisywać** *coś*

joule /dʒuːl/ **noun** [C] (abbreviation **J**) a unit of energy or work done ▷ **dżul**

journal /ˈdʒɜːnᵊl/ **noun** [C] **1** a magazine containing articles about a particular subject: *a medical journal* ▷ **czasopismo 2** a book in which you regularly write about what has happened to you ▷ **dziennik 3** a book in which financial records of different types are kept ▷ **rejestr**

journalism /ˈdʒɜːnᵊlɪzᵊm/ **noun** [U] (B2) the work of writing articles for newspapers, magazines, television, or radio ▷ **dziennikarstwo**

journalist /ˈdʒɜːnəlɪst/ **noun** [C] (B1) someone whose job is journalism ▷ **dziennika-rz/rka**

journalistic /ˌdʒɜːnᵊlˈɪstɪk/ **adjective** relating to journalism or typical of journalism ▷ **dziennikarski**

journey /ˈdʒɜːni/ **noun** [C] (A2) when you travel from one place to another: *a car/train journey* ◦ *We take games for the children when we **go on** long **journeys**.* ▷ **podróż**

> **!** Najczęściej popełniane błędy: **travel** czy **journey**?
>
> **Uwaga!** Jeśli mówimy o podróżowaniu w znaczeniu ogólnym, poprawnym będzie użycie rzeczownika **travel**.
>
> Jeśli mówimy o jednorazowej podróży z jednego miejsca do innego, nie używamy „travel" ale **journey**:
>
> ~~*The travel from my house to the university takes two hours.*~~
>
> *The journey from my house to the university takes two hours.*

> Wyrazy występujące razem z **journey**
>
> an **arduous/long/perilous/short** journey • **begin/complete/embark on/go on/make a** journey

jovial /ˈdʒəʊviəl/ **adjective** happy and friendly: *a jovial man* ▷ **jowialny**

joy /dʒɔɪ/ **noun 1** [U] (B2) a feeling of great happiness: *the joy of winning* ▷ **radość 2** [C] (B2) something or someone that makes you feel very happy: *She's a joy to work with.* ▷ **przyjemność 3** [U] UK informal success: *I tried ringing for a plumber, but had **no joy**.* ▷ **rezultat**

joyful /ˈdʒɔɪfᵊl/ **adjective** very happy, or making people feel very happy: *joyful news* ▷ **radosny** • **joyfully** adverb ▷ **radośnie**

joyous /ˈdʒɔɪəs/ **adjective** literary extremely happy, or making people extremely happy ▷ **radosny**

• **joyously** adverb ▷ **radośnie**

joypad /ˈdʒɔɪpæd/ **noun** [C] a gamepad ▷ **dżojpad, pad**

joyriding /ˈdʒɔɪˌraɪdɪŋ/ **noun** [U] stealing cars and driving them fast and dangerously ▷ **kradzież samochodów dla przyjemności, jazda kradzionymi samochodami**

• **joyride** /ˈdʒɔɪraɪd/ **noun** [C] *They took the car for a joyride.* ▷ **kraść samochody dla przyjemności, jeździć kradzionymi samochodami** • **joyrider** noun [C] ▷ **pirat-złodziej**

joystick /ˈdʒɔɪstɪk/ **noun** [C] a vertical handle you move to control a computer game, machine, or aircraft ▷ **joystick, manetka, dźwignia**

JP /ˌdʒeɪˈpiː/ **noun** [C] abbreviation for Justice of the Peace: a judge in a small or local court of law ▷ **sędzia pokoju**

JPEG /ˈdʒeɪpeg/ **noun 1** [U] abbreviation for joint photographics experts group: a system for making electronic pictures use less space ▷ **JPEG 2** [C] a type of computer file that contains pictures or photographs ▷ **JPEG**

Jr (also UK **Jnr**) written abbreviation for junior: *John F. Kennedy, Jr.* ▷ **mł. (= młodszy)**

jubilant /ˈdʒuːbɪlənt/ **adjective** feeling or showing great happiness, usually because of a success: *jubilant United supporters* ▷ **rozradowany**

• **jubilation** /ˌdʒuːbɪˈleɪʃᵊn/ **noun** [U] a feeling of great happiness and success ▷ **rozradowanie**

jubilee /ˈdʒuːbɪliː/ **noun** [C] a celebration of an important event in the past, usually one which happened 25 or 50 years ago: *a* ***golden jubilee*** *(= 50 years)* ◦ *a* ***silver jubilee*** *(= 25 years)* ▷ **jubileusz**

Judaism /ˈdʒuːdeɪɪzᵊm/ **noun** [U] the religion of the Jewish people, based on belief in one God and on the laws contained in the Torah ▷ **judaizm**

judge[1] /dʒʌdʒ/ **noun** [C] **1** B2 someone who controls a trial in court, decides how criminals should be punished, and makes decisions about legal things: *Judge Moylan* ◦ *The judge ruled that they had acted correctly.* ▷ **sędzia 2** B1 someone who decides which person or thing wins a competition: *the Olympic judges* ▷ **sędzia 3 a bad/good, etc judge of sth** someone who is usually wrong/usually right, etc when they judge something: *a good judge of character* ▷ **zły/dobry** *itp.* **znawca** *czegoś*

judge[2] /dʒʌdʒ/ **verb 1** [I, T] B1 to have or develop an opinion about something or someone, usually after thinking carefully: [+ question word] *I can't judge whether he's telling the truth or not.* ◦ *You shouldn't* ***judge*** *people* ***on*** *their appearances.* ◦ *He was judged guilty/insane.* ▷ **oceniać, osądzać 2 judging by/from** B2 used to express the reasons why you have a particular opinion: *She must be popular judging by the number of letters that she receives.* ▷ **sądząc z/po 3** [I, T] to decide the winner or results of a competition: *I've been asked to judge the art contest.* ▷ **sędziować 4** [I, T] to have a bad opinion of someone's behaviour, often because you think you are better than them: *What gives you the right to judge people?* ▷ **oceniać, osądzać 5** [T] to try to guess something, especially a measurement: *I find it difficult to judge distances.* ▷ **oceniać**

judgment (also **judgement**) /ˈdʒʌdʒmənt/ **noun 1** [C, U] B2 an opinion about someone or something that you decide on after thinking carefully: *The inspector needs to* ***make*** *a* ***judgment*** *about how the school is performing.* ▷ **pogląd, sąd 2** [U] the ability to make good decisions or to be right in your opinions: *to have good/bad judgment* ▷ **rozeznanie, ocena sytuacji 3** [C, U] an official legal decision, usually made by a judge ▷ **orzeczenie**

> Wyrazy występujące razem z **judgment**
>
> **make/pass/reserve** judgment • **poor/good** judgment • a **harsh/subjective** judgment • an **error/lapse** of judgment

judgmental (also UK **judgemental**) /dʒʌdʒˈmentᵊl/ **adjective** quick to criticize people ▷ **krytykancki**

judicial /dʒuːˈdɪʃᵊl/ **adjective** relating to a court of law or the legal system: *a* ***judicial inquiry*** ▷ **sądowy**

the judiciary /dʒuːˈdɪʃᵊri/ **noun** all the judges in a country ▷ **sądownictwo**

judicious /dʒuːˈdɪʃəs/ **adjective** done or decided carefully and with good judgment ▷ **rozważny**

judo /ˈdʒuːdəʊ/ **noun** [U] a sport from Japan in which two people try to throw each other to the ground ▷ **judo, dżudo**

jug /dʒʌg/ **noun** [C] B1 a container with a handle used for pouring out liquids: *a jug of water* ▷ **dzbanek**

jug

juggle /ˈdʒʌgl/ **verb 1** [T] to try to do several things at once, when it is difficult to have enough time: *Many women have to juggle work and family.* ▷ **godzić 2** [I, T] to keep two or more objects such as balls in the air by throwing them repeatedly, usually in order to entertain people ▷ **żonglować**

juggler /ˈdʒʌgləʳ/ **noun** [C] someone who juggles objects to entertain people ▷ **żongler**

juice /dʒuːs/ **noun** [C, U] A1 the liquid that comes from fruit or vegetables ▷ **sok** → See also **orange juice**

juices /ˈdʒuːsɪz/ **noun** [plural] the liquid that comes from cooked meat ▷ **sos**

juicy /ˈdʒuːsi/ **adjective 1** B1 full of juice: *juicy apples* ▷ **soczysty 2** interesting because of shocking or personal information: ***juicy gossip*** ▷ **pikantny**

jukebox /ˈdʒuːkbɒks/ **noun** [C] a machine, usually in a bar, which plays a song when you put money into it ▷ **szafa grająca**

Julie /ˈdʒuːli/ **noun** a female name

July /dʒʊˈlaɪ/ **noun** [C, U] A1 the seventh month of the year ▷ **lipiec** → See also **Fourth of July**

jumble[1] /ˈdʒʌmbl/ **noun** [no plural] a confused mixture or group of things: *Her handbag is* ***a jumble of*** *pens, make-up, and keys.* ▷ **plątanina**

jumble[2] /ˈdʒʌmbl/ **verb** [T] (also **jumble up**) to mix things together in an untidy way: [often passive] *Her clothes were all jumbled up in the suitcase.* ▷ **pomieszać, mieszać**

ˈjumble ˌsale noun [C] UK (US **rummage sale**) a sale of old items, especially clothes, usually to make money for an organization ▷ **wyprzedaż rzeczy używanych**

jumbo /ˈdʒʌmbəʊ/ **adjective** [always before noun]

extra large: *a jumbo bag of sweets* ▷ **wielki, olbrzymi**

ˌjumbo ˈjet **noun** [C] a very large aircraft for carrying passengers ▷ **jumbo jet**

jump¹ /dʒʌmp/ **verb 1** [I] (A2) to push your body up and away from the ground using your feet and legs: *The children were* ***jumping up and down*** *with excitement.* ◦ *I jumped over the log.* ◦ *They jumped into the water.* ▷ **skakać 2 jump into/up, etc** (B1) to move somewhere suddenly and quickly: *She jumped into a taxi and rushed to the station.* ▷ **wskoczyć 3** [T] (A2) to move over something by moving up into the air: *The horse jumped the last fence.* ▷ **przeskoczyć 4** [I, T] to suddenly increase by a large amount: *House prices have jumped by 20%.* ▷ **podskoczyć 5** [I] (B2) to make a sudden movement because you are frightened or surprised: *Her scream* ***made me jump.*** ▷ **podskoczyć, poderwać się** → See also **get/jump on the *bandwagon*, jump to *conclusions*, jump the *gun*, jump the *queue***

PHRASAL VERB **jump at sth** to take an opportunity to have or do something in a very willing and excited way: *He jumped at the chance to join the band.* ▷ **(skwapliwie) skorzystać z** *czegoś*

jump² /dʒʌmp/ **noun** [C] **1** (B1) when you push your body up into the air using your feet and legs: *He won with a jump of 8.5 metres.* ▷ **skok 2** a sudden increase in the amount of something: *a* ***jump in*** *profits* ▷ **skok** → See also **the high jump, the long jump**

jumper /ˈdʒʌmpəʳ/ **noun** [C] **1** UK (UK/US **sweater**) (A2) a warm piece of clothing which covers the top of your body and is pulled on over your head ▷ **sweter** → See **Clothes** on page Centre 5 **2** US (UK **pinafore**) a loose dress with no sleeves that is worn over other clothes such as a shirt ▷ **fartuch**

ˈjump ˌrope **noun** [C] US (UK **skipping rope**) a rope that you move over your head and then jump over as you move it under your feet ▷ **skakanka**

jumpy /ˈdʒʌmpi/ **adjective** nervous or anxious ▷ **podenerwowany**

junction /ˈdʒʌŋkʃən/ **noun** [C] UK the place where two roads or railway lines meet or cross each other: *The accident happened at a busy road junction.* ▷ **skrzyżowanie, rozjazd** → See also **T-junction**

> Wyrazy występujące razem z **junction**
> the junction **of** sth and sth • a **railway/road** junction • a **busy** junction

juncture /ˈdʒʌŋktʃəʳ/ **noun** [C] formal a particular point in an event or period of time ▷ **moment, punkt**

June /dʒuːn/ **noun** [C, U] (A1) the sixth month of the year ▷ **czerwiec**

jungle /ˈdʒʌŋgl/ **noun** [C, U] (B1) an area of land, usually in tropical countries, where trees and plants grow close together ▷ **dżungla**

junior¹ /ˈdʒuːniəʳ/ **adjective 1** (B2) low or lower in rank: *a junior minister/senator* ▷ **młodszy, niski lub niższy rangą 2** (B2) for or relating to young people: *a junior tennis tournament* ▷ **(dla) juniorów 3** (written abbreviation **Jr**) mainly US used at the end of a man's name to show that he is the younger of two men in the same family who have the same name: *Hello, I'd like to speak to Mr Anderson Junior, please.* ▷ **junior, młodszy**

junior² /ˈdʒuːniəʳ/ **noun 1 be 10/20, etc years sb's junior** to be 10/20, etc years younger than someone: *My wife is 8 years my junior.* ▷ **być od** *kogoś* **10/20** *itp.* **lat młodszym 2** [C] a student in their third year of study at an American college or high school ▷ **student/ka trzeciego roku, ucze-ń/nnica trzeciej klasy liceum 3** [C] UK a child who goes to a junior school ▷ **dziecko w młodszym wieku szkolnym**

ˈjunior ˌcollege **noun** [C, U] a two-year college in the US where students can learn a skill or prepare to enter a university ▷ **(dwuletnia) szkoła policealna**

ˌjunior ˈhigh school **noun** [C, U] (also **junior ˈhigh**) a school in the US or Canada for children who are 12 to 15 years old ▷ **gimnazjum**

ˈjunior ˌschool **noun** [C, U] a school in the UK for children who are 7 to 11 years old ▷ **(czteroletnia) szkoła podstawowa**

junk /dʒʌŋk/ **noun** [U] informal old things which have little value ▷ **rupiecie, graty**

ˈjunk ˌfood **noun** [U] (B2) food which is unhealthy but is quick and easy to eat ▷ **niezdrowa żywność**

junkie /ˈdʒʌŋki/ **noun** [C] informal **1** someone who cannot stop taking illegal drugs ▷ **narkoman/ka, ćpun/ka 2** someone who wants something or wants to do something very much: *a publicity junkie* ▷ **niewolnik**

ˈjunk ˌmail **noun** [U] letters sent by companies to advertise their goods and services ▷ **przesyłki reklamowe**

junta /ˈdʒʌntə/ **noun** [C] a military government that has taken power in a country by force ▷ **junta**

Jupiter /ˈdʒuːpɪtəʳ/ **noun** [no plural] the planet that is fifth from the Sun, after Mars and before Saturn ▷ **Jowisz**

Jurassic /dʒʊəˈræsɪk/ **adjective** from a period of time between around 208 and 146 million years ago, in which the first birds appeared and the single piece of land broke up into separate continents ▷ **jura**

jurisdiction /ˌdʒʊərɪsˈdɪkʃən/ **noun** [U] the legal power to make decisions and judgments: *The school is* ***under the jurisdiction of*** *the local council.* ▷ **jurysdykcja**

juror /ˈdʒʊərəʳ/ **noun** [C] a member of a jury ▷ **przysięgł-y/a**

jury /ˈdʒʊəri/ **noun** [group] **1** (B2) a group of

people in a court of law who decide if someone is guilty or not ▷ **ława lub sąd przysięgłych** **2** a group of people who decide the winner of a competition ▷ **jury**

Wyrazy występujące razem z **jury**
be on a jury

just[1] strong /dʒʌst/ weak /dʒəst/ **adverb** **1** B1 only: *I'll just have a small piece.* ◦ *He just wants to win.* ◦ *The film is not just about love.* ▷ **tylko** **2** A2 a very short time ago: *I've just been on a trip to France.* ◦ *We've only just begun.* ▷ **właśnie** **3** B1 used to emphasize something you say: *I just can't bear it!* ▷ **po prostu** **4** UK B1 almost not: *This dress **only just** fits.* ▷ **ledwo** **5** B1 exactly: *Tim looks **just like** his father.* ◦ *This carpet would be **just right** for my bedroom.* ▷ **dokładnie** **6** A2 now or very soon: *I'm just coming!* ▷ **już, właśnie** **7 just before/over/under, etc** B1 a little before/over/under, etc something else: *It costs just over $10.* ◦ *She left just before Michael.* ▷ **tuż lub odrobinę przed/ponad/poniżej** *itp.* **8 just about** B1 almost: *I think I've remembered just about everything.* ▷ **prawie** **9 be just about to do sth** B1 to be going to do something very soon: *I was just about to phone you.* ▷ **właśnie mieć** *coś zrobić* **10 just as bad/good/tall, etc (as sb/sth)** B1 equally bad/good/tall, etc: *He's just as talented as his brother.* ▷ **równie zły/dobry/wysoki** *itp.* **(jak** *ktoś/coś***)** **11 I/you/we, etc will just have to do sth** used to say that there is nothing else someone can do: *You'll just have to wait.* ▷ **nie pozostaje mi/ci/nam** *itp.* **nic innego jak** *robić coś* **12 just as** B2 at the same time as: *She woke up just as we got there.* ▷ **akurat jak** **13 it's just as well** used to say that it is lucky that something happened: *It's just as well we brought an umbrella.* ▷ **na szczęście** → See also **just the** ***job***

just[2] /dʒʌst/ **adjective** fair or morally right: *a just society* ▷ **sprawiedliwy** → Opposite **unjust**
• **justly adverb** ▷ **sprawiedliwie**

justice /ˈdʒʌstɪs/ **noun** **1** [U] B2 behaviour or treatment that is fair and morally correct: *She tried to bring about fairness and **justice for** all.* ▷ **sprawiedliwość** → Opposite **injustice** **2** [U] B2 the system of laws which judges or punishes people: *the **criminal justice system*** ▷ **wymiar sprawiedliwości** **3** [C] US someone who judges in a court of law ▷ **sędzia** **4 bring sb to justice** to catch a criminal and decide if they are guilty or not ▷ **wymierzyć** *komuś* **sprawiedliwość, uczynić zadość sprawiedliwości** **5 do sb/sth justice; do justice to sb/sth** to show the best or real qualities of something or someone: *This postcard doesn't do justice to the wonderful scenery.* ▷ **oddawać** *komuś/czemuś* **sprawiedliwość, oddawać (w pełni) urodę** *kogoś/czegoś*

Wyrazy występujące razem z **justice**
fight for/seek justice • justice for sb

ˌJustice of the ˈPeace noun [C] someone who acts as a judge in a small or local court of law ▷ **sędzia pokoju**

justifiable /ˈdʒʌstɪfaɪəbl/ **adjective** having a good reason: *justifiable anger* ▷ **uzasadniony, usprawiedliwiony**
• **justifiably adverb** ▷ **słusznie**

justification /ˌdʒʌstɪfɪˈkeɪʃən/ **noun** [C, U] a reason for something: *There's no **justification for** treating her so badly.* ▷ **uzasadnienie**

justified /ˈdʒʌstɪfaɪd/ **adjective** fair or having a good reason: *justified criticism* ◦ *He's perfectly **justified in** asking for a larger salary.* ▷ **uzasadniony, mający słuszne powody** → Opposite **unjustified**

justify /ˈdʒʌstɪfaɪ/ **verb** [T] **1** B2 to give a good enough reason to make something seem acceptable: *I don't know how they can justify those ticket prices.* ▷ **uzasadniać, usprawiedliwiać** **2** in printing, to arrange the spaces between words so that lines are the correct length, usually to form a straight line at the edges ▷ **wyjustować**

just-in-time /ˌdʒʌstɪnˈtaɪm/ **adjective** [always before noun] A just-in-time system of manufacturing is based on preventing waste by producing only the amount of goods needed at a particular time, and not paying to produce and store more goods than are needed. ▷ **system just-in-time (dokładnie na czas)**

jut /dʒʌt/ **verb** (present participle **jutting**, past tense and past participle **jutted**) **jut into/out, etc** If something juts out, it comes out further than the edge or surface around it: *The rocks jutted out into the sea.* ▷ **sterczeć, wystawać**

juvenile[1] /ˈdʒuːvənaɪl/ **adjective** **1** [always before noun] by, for, or relating to young people: ***juvenile crime*** ▷ **młodociany, nieletni** **2** behaving in a silly way as if you were a young child ▷ **dziecinny**

juvenile[2] /ˈdʒuːvənaɪl/ **noun** [C] especially in law, a young person ▷ **nieletn-i/a**

ˌjuvenile deˈlinquent noun [C] a young criminal ▷ **młodociany przestępca**

juxtapose /ˌdʒʌkstəˈpəʊz/ **verb** [T] formal to place very different things or people close to each other: *The exhibition **juxtaposes** paintings **with** black and white photographs.* ▷ **łączyć (w sobie), zestawiać**
• **juxtaposition** /ˌdʒʌkstəpəˈzɪʃən/ **noun** [C, U] ▷ **połączenie, zestawienie**

J

K

K, k /keɪ/ the eleventh letter of the alphabet ▷ **K, k**

K /keɪ/ abbreviation for kilobyte: a unit for measuring the amount of information a computer can store ▷ **kB**

kaizen /ˈkaɪzen/ **noun** [U] a Japanese way of running a company by always trying to improve the way people work and what they do ▷ **kaizen (japońska filozofia doskonalenia firmy)**

kaleidoscope /kəˈlaɪdəskəʊp/ **noun 1** [C] a tube-shaped toy you look through which contains mirrors and pieces of coloured glass that make patterns ▷ **kalejdoskop 2** [no plural] a mixture of different things: *The fashion show was a kaleidoscope of colours.* ▷ **kalejdoskop**

kangaroo /ˌkæŋgərˈuː/ **noun** [C] B1 a large Australian animal that moves by jumping on its back legs ▷ **kangur**

kangaroo

karat /ˈkærət/ **noun** [C] another US spelling of carat ▷ **karat**

karate /kəˈrɑːti/ **noun** [U] a sport from Japan in which people fight using fast, hard hits with the hands or feet ▷ **karate**

Karen /ˈkærən/ **noun** a female name

karma /ˈkɑːmə/ **noun** [U] in some religions, the actions of a person in this life or earlier lives, which influence their future ▷ **karma**

kayak /ˈkaɪæk/ **noun** [C] a light, narrow boat, usually for one person, which you move using a paddle ▷ **kajak**
• **kayaking noun** [U] the activity of travelling in a kayak ▷ **kajakarstwo**

Kazakhstan /ˌkæzækˈstɑːn/ **noun** a country in Asia ▷ **Kazachstan**
• **Kazakh** /kæˈzæk/ **adjective** coming from or relating to Kazakhstan ▷ **kazachski • Kazakh noun** someone from Kazakhstan ▷ **Kazach, Kazaszka**

kebab /kɪˈbæb/ **noun** [C] (also **shish kebab**) small pieces of meat or vegetables cooked on a long, thin stick ▷ **kebab**

keel¹ /kiːl/ **noun** [C] a long piece of wood or metal at the bottom of a boat that helps it to balance ▷ **stępka, kil**

keel² /kiːl/ verb

PHRASAL VERB **keel over** to fall over suddenly ▷ **przewrócić się**

keen /kiːn/ **adjective 1** B1 very interested or enthusiastic: *a keen golfer/photographer* ◦ *He's very* ***keen on*** *travelling.* ▷ **zapalony 2** B1 wanting to do something very much: [+ to do sth] *The shop is keen to attract new customers.* ▷ **zainteresowany 3** very good or well developed: *a keen sense of smell* ▷ **czuły**
• **keenness noun** [U] ▷ **zapał • keenly adverb** ▷ **żywo**

keep¹ /kiːp/ **verb** (past tense and past participle **kept**) **1** [T] A2 to have something permanently or for the whole of a period of time: *You can keep that dress if you like it.* ◦ *He borrowed my bike and kept it all week.* ▷ **zatrzymać, trzymać 2 keep sth in/on, etc** A2 to regularly store something in a particular place: *I think he keeps his keys in the desk drawer.* ◦ *We'll keep your application on file.* ▷ **przechowywać** *coś*, **trzymać** *coś* **3 keep doing sth** B1 to continue to do something, or to do something repeatedly: *I keep telling her not to leave her clothes on the floor.* ◦ *He keeps hitting me.* ▷ **ciągle** *coś robić*, **nie przestawać** *czegoś robić* **4 keep (sb/sth) awake/clean/safe, etc** A2 to remain in a particular state or make someone or something remain in a particular state: *He goes jogging twice a week to keep fit.* ◦ *He keeps his car spotlessly clean.* ▷ **nie dawać** *komuś* **spać/utrzymywać** *coś* **w czystości/zapewniać** *komuś/czemuś* **bezpieczeństwo** *itp.* **5 keep sb/sth in/inside, etc** to make someone or something stay in the same place: *They will keep her at home for a few more days.* ▷ **trzymać lub pozostawiać** *kogoś/coś gdzieś* **6** [T] B1 to make someone do something that stops them doing something else: [+ doing sth] *She kept me talking for ages.* ◦ *Sorry to* ***keep you waiting.*** ◦ *Don't let me* ***keep*** *you* ***from*** *your work.* ▷ **kazać, trzymać, powstrzymywać 7 keep a secret** B1 to not tell anyone a secret ▷ **dotrzymać tajemnicy 8 keep a promise/your word, etc** B2 to do what you have promised to do ▷ **dotrzymać słowa 9 keep an appointment** to meet someone when you have arranged to meet them ▷ **przyjść na (umówione) spotkanie 10** [T] to make someone arrive later than they planned: *I was expecting you at six – what kept you?* ▷ **zatrzymywać 11** [T] B2 to write down something in order to remember it: *to keep records/notes* ▷ **prowadzić 12** [I] B2 If food or drink keeps, it remains fresh. ▷ **zachowywać świeżość 13** [T] to provide enough money for someone to live: *I can't keep a family on that salary.* ▷ **utrzymywać 14** [T] B2 to have and look after animals: *Our neighbours keep pigs.* ▷ **hodować, trzymać 15 keep sb going** to provide what someone needs for a short period of time: *Dinner is at eight, but I had an apple to keep me going.* ▷ **pozwolić** *komuś* **wytrzymać lub przetrwać** → See also **keep your** ***cool***, **keep a straight** ***face***, **keep your** ***fingers*** **crossed**, **put/keep sb in the** ***picture***, **keep a low** ***profile***, **keep**

a tight *rein* on sb/sth, keep *tabs* on sb/sth, keep sb on their *toes*

Keep wyrazy bliskoznaczne

Jeśli ktoś przechowuje coś w jakimś miejscu do momentu aż będzie mu to potrzebne, możemy czasem użyć czasownika **store**:

*I've **stored** all Helen's books in the attic.*

Czasownika **save** używamy często, gdy ktoś przechowuje coś po to, by użyć tego w przyszłości:

*I have some really good chocolates that I've been **saving** for a special occasion.*

Czasowników frazowych **hang onto** i **hold onto** używamy często, gdy ktoś przechowuje coś, co może mu być przydatne w przyszłości:

*You should **hang/hold onto** that picture – it might be worth something.*

PHRASAL VERBS **keep at sth** B2 to continue working hard at something difficult: *Learning a language is hard but you've just got to keep at it.* ▷ **nie ustawać w wysiłkach** • **keep (sb/sth) away** B2 to not go somewhere or near something, or to prevent someone from going somewhere or near something: *I told them to keep away from the edge of the cliff.* ▷ **trzymać się/** *kogoś/coś* **z dala lub daleka** • **keep (sb/sth) back** B2 to not go near something, or to prevent someone or something from going past a particular place: *Barriers were built to keep back the flood water.* ▷ **powstrzymywać się/***kogoś/coś* • **keep sth back** to not tell someone everything you know about a situation or an event: *I was sure she was keeping something back.* ▷ **zataić** *coś*, **utrzymywać** *coś* **w tajemnicy** • **keep sth down 1** B2 to stop the number, level, or size of something from increasing: *I have to exercise to keep my weight down.* ▷ **ograniczać** *coś*, **kontrolować** *coś* **2** to be able to eat or drink without vomiting ▷ **utrzymać** *coś* **w żołądku** • **keep sb/sth from doing sth** C1 to prevent someone or something from doing something ▷ **nie pozwalać** *komuś/czemuś* **na** *coś* • **keep sth from sb** to not tell someone about something: *Is there something you're keeping from me?* ▷ **zataić** *coś* **przed** *kimś*, **utrzymywać** *coś* **w tajemnicy przed** *kimś* • **keep sb in** B1 to make a child stay inside as a punishment, or to make someone stay in hospital ▷ **nie pozwolić** *komuś* **wychodzić (z domu), zatrzymywać** *kogoś* **(w szpitalu)** • **keep (sb/sth) off sth** B1 to not go onto an area, or to stop someone or something going onto an area: *Keep off the grass.* ▷ **trzymać się z dala lub daleka od** *czegoś*, **nie wpuszczać** (*kogoś/czegoś*) *gdzieś* • **keep sth off (sb/sth)** B2 to stop something touching or harming someone or something: *He put a cloth over the salad to keep the flies off.* ▷ **zabezpieczać** (*kogoś/coś*) **przed** *czymś*, **odpędzać** *coś* **(od** *kogoś/czegoś*) • **keep on doing sth** B1 to continue to do something, or to do something again and again: *She kept on asking me questions the whole time.* ▷ **nie przestawać** *czegoś robić*, **cały czas** *coś robić* • **keep on** UK to continue to talk in an annoying way about something: *I wish he wouldn't **keep on about** how much he earns.* ▷ **opowiadać, nawijać, gadać** • **keep (sb/sth) out** B1 to not go into a place, or to stop someone or something from going into a place: *He locked the room and put up a sign asking people to keep out.* ▷ **trzymać się z daleka, nie wpuszczać** (*kogoś/czegoś*) • **keep to sth 1** B2 to stay in one particular area: *We kept to main roads all the way.* ▷ **trzymać się** *czegoś* **2** B2 to do what you have promised or planned to do: *I think we should keep to our original plan.* ▷ **trzymać się** *czegoś* • **keep sth to sth** If you keep something to a particular number or amount, you make sure it does not become larger than that: *I'm trying to keep costs to a minimum.* ▷ **ograniczać** *coś* **do** *jakiegoś poziomu* • **keep sth to yourself** to keep something secret and not tell anyone else about it ▷ **zachować** *coś* **dla siebie** • **keep up 1** B2 to move at the same speed as someone or something that is moving forward so that you stay level with them: *She was walking so fast I couldn't **keep up with** her.* ▷ **nadążać, dotrzymywać kroku 2** to increase or make progress at the same speed as something or someone else so that you stay at the same level as them: *Prices have been rising very fast and wages haven't kept up.* ▷ **nadążać 3** B2 to be able to understand or deal with something that is happening or changing very fast: *I feel it's important to **keep up with** current events.* ▷ **nadążać, być na bieżąco** • **keep sth up** B1 to not allow something that is at a high level to fall to a lower level: *Make sure you eat properly – you've got to keep your strength up.* ▷ **utrzymywać** *coś* • **keep (sth) up** to continue without stopping or changing or to continue something without allowing it to stop or change: *People are having difficulties keeping up the repayments on their loans.* ▷ **nadążać (z** *czymś*)

keep[2] /kiːp/ **noun** [no plural] the money needed to pay for someone to eat and live in a place: *He **earns** his **keep** working in a garage.* ▷ **utrzymanie**

keeper /ˈkiːpəʳ/ **noun** [C] **1** B1 someone who looks after a place and the things, people, or animals there: *a park keeper* ▷ **dozor-ca/czyni 2** informal B1 short for goalkeeper ▷ **bramkarz**

keeping /ˈkiːpɪŋ/ **noun 1 for safe keeping** in order to keep something safe: *She put the money into a bank for safe keeping.* ▷ **na przechowanie 2 in keeping with sth** suitable or right for a situation, style, or tradition: *The antique desk was in keeping with the rest of the furniture in the room.* ▷ **zgodnie z** *czymś*, **w stylu** *czegoś*

keg /keg/ **noun** [C] a large, round container used for storing beer ▷ **beczka**

keks /keks/ **noun** [plural] informal men's shorts or pants ▷ **gatki**

kelvin /ˈkelvɪn/ **noun** [C] (abbreviation **K**) a standard unit of temperature ▷ **kelwin**

kennel /ˈkenəl/ **noun** [C] **1** a small building for a dog to sleep in ▷ **buda 2** US (UK **kennels**) a place where dogs are cared for while their owners are away ▷ **schronisko dla psów**

kennel

Kenya /ˈkenjə/ **noun** a country in Africa ▷ **Kenia**
• **Kenyan** /ˈkenjən/ **adjective** coming from or relating to Kenya ▷ **kenijski** • **Kenyan noun** someone from Kenya ▷ **Kenij-czyk/ka**

kept /kept/ past of keep

keratin /ˈkerətɪn/ **noun** [U] the main substance that forms hair, nails, hooves, horns, feathers, etc ▷ **keratyna**

kerb UK (US **curb**) /kɜːb/ **noun** [C] the line of stones at the edge of a pavement next to the road ▷ **krawężnik**

kernel /ˈkɜːnəl/ **noun** [C] the part of a nut or seed inside the hard shell which you can usually eat ▷ **jądro, pestka**

kerning /ˈkɜːnɪŋ/ **noun** [U] in printing, the amount of space between letters and lines of words ▷ **kerning**

kerosene /ˈkerəsiːn/ **noun** [U] US (UK **paraffin**) oil used for heating and in lamps ▷ **nafta**

ketchup /ˈketʃʌp/ **noun** [U] a thick sauce made from tomatoes that is eaten cold with food ▷ **keczup, ketchup**

kettle /ˈketl/ **noun** [C] B1 a metal or plastic container with a lid, used for boiling water: *Charlotte* ***put the kettle on*** *to make some tea.* ▷ **czajnik** → See **The Kitchen** on page Centre 2

Kevin /ˈkevɪn/ **noun** a male name

key¹ /kiː/ **noun** [C] **1** A1 a piece of metal cut into a particular shape and used for locking things such as doors, or for starting an engine: *I've lost my car keys.* ▷ **klucz 2** B1 a way of explaining or achieving something: *Hard work is* ***the key to*** *success.* ▷ **klucz 3** B2 one of the parts you press with your fingers on a keyboard or musical instrument to produce letters, numbers, or to make a sound ▷ **klawisz 4** a set of musical notes based on one particular note: *the key of D major* ▷ **tonacja 5** a list which explains the symbols on a map or picture ▷ **legenda 6** A2 a list of answers to an exercise or game ▷ **klucz** → See also **under *lock* and key**

key

> **Wyrazy występujące razem z key**
> a bunch of/set of keys • the key for/to sth • a car key

key² /kiː/ **adjective** B2 very important in influencing or achieving something: *a* ***key factor*** ▷ **kluczowy**

key³ /kiː/ **verb**

PHRASAL VERB **key sth in** B2 to put information into a computer or machine using a keyboard ▷ **wprowadzać** *coś*, **wpisywać** *coś*

keyboard /ˈkiːbɔːd/ **noun** [C] **1** A2 a set of keys on a computer, which you press to make it work, or the rows of keys on a piano ▷ **klawiatura** → See **The Office** on page Centre 5 **2** A2 an electrical musical instrument similar to a piano ▷ **keyboard, klawisze**

ˈkey ˌfield noun [C] a field or fields in a computer database that identifies a particular record ▷ **klucz (bazy danych)**

keyhole /ˈkiːhəʊl/ **noun** [C] a hole in a lock where you put a key ▷ **dziurka od klucza**

keynote /ˈkiːnəʊt/ **noun** [C] the most important part of an event, idea, or speech, or something that is emphasized strongly: *the* ***keynote speech/speaker*** ▷ **główny punkt**

keypad /ˈkiːpæd/ **noun** [C] a set of buttons with numbers on them used to operate a television, telephone, etc ▷ **klawiatura**

ˈkey ˌring noun [C] a metal ring used for keeping keys together ▷ **breloczek, kółko (na klucze)**

kg written abbreviation for kilogram ▷ **kg**

khaki /ˈkɑːki/ **noun** [U] a pale green-brown colour, often worn by soldiers ▷ **khaki**
• **khaki adjective** → See **Colours** on page Centre 12 ▷ **khaki**

kibbutz /kɪˈbʊts/ **noun** [C] (plural **kibbutzim**) a place in Israel where people live and work together, often a farm or a factory ▷ **kibuc**

kick¹ /kɪk/ **verb 1** [I, T] A1 to hit or move something or someone with your foot: *The boys were* ***kicking a ball*** *back and forth.* ◦ *They tried to kick the door down.* ▷ **kopać 2** [I] to move your feet and legs forwards or backwards quickly and with force: *I kicked at them and screamed for help.* ▷ **kopać 3 kick yourself** informal to be very annoyed with yourself for doing something stupid or wrong: *I could have kicked myself for saying that.* ▷ **pluć sobie w brodę** → See also **be alive and kicking/well**

PHRASAL VERBS **be kicking about/around** informal If something is kicking about, it is in a particular place, but nobody is using it or paying attention to it: *We've probably got a copy of the document kicking around the office.* ▷ **pałętać się, walać się** • **kick in** informal to start to be effective or to happen: *The new tax rate kicks in next month.* ▷ **zaczynać działać lub obowiązywać** • **kick off 1** When a football match or other event kicks off, it starts. ▷ **zaczynać się 2** informal to start to get angry or complain ▷ **rozrabiać** • **kick (sth) off** informal When you kick off a discussion or activity, you start it. ▷ **zaczynać** (*coś*) • **kick sb out** informal to force someone to leave a place or organization: *His wife kicked him out.* ▷ **wyrzucić** *kogoś*

kick² /kɪk/ **noun** [C] **1** A2 when you kick something with your foot: *He* ***gave*** *her a* ***kick*** *in the ribs.* ▷ **kopniak, kopnięcie 2** informal a special feeling of excitement and energy: *She* ***gets a kick out of*** *performing live.* ▷ **przyjemność, frajda**

IDIOM **a kick in the teeth** used when someone treats you badly or unfairly, especially when you need or expect support: *This latest pay award amounts to a kick in the teeth.* ▷ **policzek**

→ See also **free kick**

kickback /ˈkɪkbæk/ **noun** [C] US money given to someone, especially illegally, for providing help, a job, or a piece of business ▷ **łapówka**

kickboxing /ˈkɪkˌbɒksɪŋ/ **noun** [U] a sport in which two people fight by hitting each other with their hands and kicking each other with their feet ▷ **kickboxing**

kick-off /ˈkɪkɒf/ **noun** [C, U] the time when a football match begins ▷ **początek meczu**

kid¹ /kɪd/ **noun** [C] **1** informal B1 a child or young person: *school kids* ▷ **dziecko, dzieciak 2** a young goat ▷ **koźlę**

kid² /kɪd/ **verb** [I, T] (present participle **kidding**, past tense and past participle **kidded**) **1** to make a joke, or to trick someone with a joke ▷ **żartować, nabierać 2** to deceive or trick someone into believing something: [often reflexive] *You've got to stop kidding yourself. She's not coming back.* ▷ **oszukiwać, nabierać**

kiddie /ˈkɪdi/ **noun** [C] informal a child ▷ **dzieciak**

kidnap /ˈkɪdnæp/ **verb** [T] (present participle **kidnapping**, past tense and past participle **kidnapped**) to take someone away using force, usually to obtain money in exchange for releasing them ▷ **porwać**
• **kidnap noun** [C] *a kidnap victim/attempt* ▷ **porwanie, uprowadzenie** • **kidnapper noun** [C] ▷ **porywacz/ka**

kidnapping /ˈkɪdnæpɪŋ/ **noun** [C, U] when someone is kidnapped ▷ **porwanie, uprowadzenie**

kidney /ˈkɪdni/ **noun** [C] one of the two organs in your body which remove waste from the blood and produce urine ▷ **nerka**

kill¹ /kɪl/ **verb 1** [I, T] A2 to cause someone or something to die: *Sunday's bomb killed 19 people.* ◦ *Their son was killed in a road accident.* ▷ **zabić 2 sb will kill sb** informal A2 used to say that someone will be very angry with someone else: *Dad will kill me for being late.* ▷ *ktoś kogoś* **zabije 3** [T] to stop an activity or experience completely: *His remark killed the conversation.* ▷ **zniszczyć, popsuć, zatruć 4** [T] informal to cause you a lot of pain or effort: *My feet are killing me.* ◦ *It wouldn't kill you to tidy up occasionally.* ▷ **dokuczać, zaszkodzić** → See also **kill** ***time***

PHRASAL VERB **kill sth/sb off** to stop something or someone from existing any more: *Lack of funding is killing off local theatres.* ▷ **niszczyć** *coś/kogoś*

kill² /kɪl/ **noun 1** [no plural] when an animal is killed ▷ **zdobycz 2 go/move in for the kill** to prepare to defeat someone completely or to kill them ▷ **szykować się do zadania ostatecznego ciosu**

killer /ˈkɪləʳ/ **noun** [C] B1 someone who kills, or a disease, substance, or animal that kills: *Cancer and heart disease are the UK's biggest killers.* ▷ **zabój-ca/czyni** → See also **serial killer**

killing /ˈkɪlɪŋ/ **noun 1** B1 [C] a murder, or when someone or something is killed: *the killing of civilians* ▷ **zabójstwo, śmierć 2 make a killing** informal to make a lot of money very quickly ▷ **obłowić się**

kiln /kɪln/ **noun** [C] a large oven for baking bricks and other clay objects until they are hard ▷ **piec (do wypalania)**

kilo /ˈkiːləʊ/ **noun** [C] A2 short for kilogram ▷ **kilo**

kilo- /kɪlə-/ **prefix** a thousand: *a kilometre* ◦ *a kilogram* ▷ **kilo-**

kilobyte /ˈkɪləʊbaɪt/ **noun** [C] (written abbreviation **K**) a unit for measuring the amount of information a computer can store, equal to 1024 bytes ▷ **kilobajt**

kilogram (also UK **kilogramme**) (written abbreviation **kg**) /ˈkɪləʊgræm/ **noun** [C] A2 a unit for measuring weight, equal to 1000 grams ▷ **kilogram**

kilohertz /ˈkɪləhɜːts/ **noun** [C] (plural **kilohertz**) (written abbreviation **kHz**) a unit of measurement of sound waves which is equal to 1000 hertz ▷ **kiloherc**

kilometre UK (US **kilometer**) (written abbreviation **km**) /kɪˈlɒmɪtəʳ/, /ˈkɪləˌmiːtəʳ/ **noun** [C] A2 a unit for measuring distance, equal to 1000 metres ▷ **kilometr**

kilowatt /ˈkɪləʊwɒt/ **noun** [C] (written abbreviation **kW**) a unit for measuring electrical power, equal to 1000 watts ▷ **kilowat**

kilt /kɪlt/ **noun** [C] a traditional Scottish skirt for men, made of heavy material with close vertical folds at the back ▷ **kilt, spódnica szkocka**

kin /kɪn/ **noun** [plural] formal the members of your family ▷ **rodzina** → See also **next of kin**

kind¹ /kaɪnd/ **noun 1** A1 [C] a type of thing or person: *What* ***kind of*** *music do you like?* ◦ ***All kinds of*** *people come to our church.* ◦ *Older kids like board games and that* ***kind of thing****.* ◦ *Her travel company was the first* ***of its kind*** *(= the first one like it).* ▷ **rodzaj 2 some kind of** B1 used to talk about something when you are not sure of its exact type: *She has some kind of disability.*

K

▷ **jakiś** **3 kind of** informal B2 used when you are trying to explain or describe something, but you cannot be exact: *It's kind of unusual.* ▷ **(tak) jakoś, dosyć** **4 of a kind** used to describe something that exists but is not very good: *The school had a swimming pool of a kind, but it was too small for most classes to use.* ▷ **jakiś, swego rodzaju**

kind[2] /kaɪnd/ **adjective** A2 Kind people do things to help others and show that they care about them: *Your mother was very **kind to** us.* ◦ *It was very **kind of** you to come and see me.* ▷ **życzliwy, uprzejmy** → Opposite **unkind**

> **Kind** wyrazy bliskoznaczne
>
> Przymiotników **nice** i **sweet** często używamy zamiast „kind":
>
> *It was really **nice** of you to come.*
>
> *Wasn't it **sweet** of Heidi to call?*
>
> Jeśli ktoś nam pomaga, możemy powiedzieć, że jest **good to** us:
>
> *Jay's mother has been very **good to** us.*
>
> Jeśli ktoś jest bardzo chętny do pomocy, możemy określić go jako **helpful**:
>
> *The staff here are very **helpful**.*
>
> Przymiotnikiem **caring** określamy kogoś, kto jest dobry dla innych i stara się ich uszczęśliwić:
>
> *I've always thought of Mary as a very **caring** person.*

kinda /ˈkaɪndə/ mainly US informal short for kind of: *I'm kinda busy right now.* ▷ **dosyć**

kindergarten /ˈkɪndəˌɡɑːtᵊn/ **noun** [C, U] **1** in the UK, a school for children under five ▷ **przedszkole** **2** in the US, a class in school for children aged five ▷ **zerówka, klasa zerowa**

kind-hearted /ˌkaɪndˈhɑːtɪd/ **adjective** having a kind character: *a kind-hearted family man* ▷ **życzliwy**

kindly[1] /ˈkaɪndli/ **adverb** **1** B1 in a kind or generous way: *She **kindly offered** to cook me lunch.* ▷ **życzliwie, uprzejmie** **2** formal used in instructions to mean 'please', usually when you are annoyed: *Would you kindly get out of my car?* ▷ **uprzejmie** **3 not take kindly to sth** to not like something that someone says or does: *He doesn't take kindly to criticism.* ▷ **nie umieć** *czegoś* **przyjąć**

kindly[2] /ˈkaɪndli/ **adjective** old-fashioned kind: *a kindly old gentleman* ▷ **dobrotliwy, uprzejmy**

kindness /ˈkaɪndnəs/ **noun** [C, U] B2 when someone is kind: *Thanks for all your kindness this morning.* ▷ **dobroć, życzliwość**

kinetic /kɪˈnetɪk/ **adjective** [always before noun] involving or producing movement: *kinetic energy* ▷ **kinetyczny**

king /kɪŋ/ **noun** [C] **1** A2 a male ruler in some countries: *King Richard II* ◦ *the kings and queens of England* ▷ **król** **2** the best or most important person in a particular activity: *He's the new king of pop music.* ▷ **król** **3** a playing card with a picture of a king on it: *the king of spades* ▷ **król**

kingdom /ˈkɪŋdəm/ **noun** **1** B2 [C] a country with a king or queen: *the Kingdom of Belgium* ▷ **królestwo** **2 the animal/plant kingdom** all animals or plants considered together ▷ **królestwo zwierząt/roślin**

kingfisher /ˈkɪŋˌfɪʃəʳ/ **noun** [C] a small, brightly coloured bird which catches fish from rivers and lakes ▷ **zimorodek**

king-size (also **king-sized**) /ˈkɪŋsaɪz/ **adjective** very big: *a **king-size bed*** ▷ **olbrzymi, wielki**

kink /kɪŋk/ **noun** [C] a bend in something long and thin: *There was a kink in the cassette tape.* ▷ **zagięcie**

kinky /ˈkɪŋki/ **adjective** informal involving strange or unusual sexual behaviour ▷ **perwersyjny**

kiosk /ˈkiːɒsk/ **noun** [C] a small building with a window where things like tickets or newspapers are sold ▷ **budka, kiosk**

kip /kɪp/ **noun** [C, U] UK informal a short period of sleep ▷ **drzemka**

• **kip verb** [I] (present participle **kipping**, past tense and past participle **kipped**) ▷ **zdrzemnąć się, drzemać**

kipper /ˈkɪpəʳ/ **noun** [C] UK a type of fish that has been cut open and dried over smoke ▷ **kiper, śledź wędzony**

Kiribati /ˌkɪrəˈbæs/ **noun** a country consisting of a group of islands between Asia and South America ▷ **Kiribati**

• **Kiribati** /ˌkɪrəˈbæs/ **adjective** coming from or relating to Kiribati ▷ **kiribatyjski** • **Kiribati noun** someone from Kiribati ▷ **Kiribatyjczyk/ka**

kiss[1] /kɪs/ **verb** [I, T] A2 to press your lips against another person's lips or skin to show love or affection: *He kissed her cheek.* ◦ *Len **kissed** Samantha **goodbye** at the front gate.* ▷ **całować**

kiss

kiss[2] /kɪs/ **noun** [C] A2 an act of kissing someone: *She ran up and **gave** me **a** big **kiss**.* ▷ **pocałunek**

IDIOM **give sb the kiss of life** UK to help to keep someone who has stopped breathing alive by blowing into their mouth ▷ **zrobić** *komuś* **sztuczne oddychanie**

> Wyrazy występujące razem z **kiss**
>
> give sb a kiss • **plant a kiss on** sb's [lips/cheek, etc] • a **lingering/passionate** kiss

kit /kɪt/ **noun** **1** [C] B1 a collection of things kept in a container ready for a particular use: *a **first-aid/tool kit*** ▷ **zestaw** **2** [C, U] UK A2 a set of clothes worn for sport or military service: *a* *football kit* ▷ **strój, kostium 3** [C] a set of parts which you put together to make something: *He's making a model car from a kit.* ▷ **zestaw (do składania)**

kitchen /ˈkɪtʃɪn/ **noun** [C] A1 a room used to prepare and cook food in ▷ **kuchnia** → See **The Kitchen** on page Centre 2

kite /kaɪt/ **noun** [C] A2 a toy made of paper or cloth which flies in the air on the end of a long string ▷ **latawiec**

kitsch /kɪtʃ/ **noun** [U] decorative objects or pieces of art that are ugly, silly, or have little value ▷ **kicz**

kitten /ˈkɪtᵊn/ **noun** [C] B1 a young cat ▷ **kotek**

kitty /ˈkɪti/ **noun** [C] an amount of money consisting of a share from everyone in a group, used for a special purpose: [usually singular] *We all put money into a kitty to pay for drinks.* ▷ **wspólna kasa**

kiva /ˈkiːvə/ **noun** [C] a large room built under the ground in a Native American village for religious ceremonies ▷ **kiwa (= pomieszczenie obrzędowe niektórych plemion indiańskich)**

kiwi /ˈkiːwiː/ **noun** [C] (also ˈ**kiwi** ˌ**fruit**) a small, green fruit with black seeds and brown, hairy skin ▷ **kiwi**

km written abbreviation for kilometre ▷ **km**

knack /næk/ **noun** [no plural] a special skill, or the ability to use or do something easily: *a* ***knack for*** *remembering faces* ◦ *She* ***has*** *the* ***knack*** *of making people feel comfortable.* ▷ **talent, dar**

> Wyrazy występujące razem z **knack**
>
> have/lose the knack of doing sth • an uncanny knack • a knack for doing sth

knackered /ˈnækəd/ **adjective** UK informal extremely tired ▷ **wykończony**

knead /niːd/ **verb** [T] to press and shape the mixture for making bread firmly and repeatedly with your hands ▷ **wyrabiać**

knee /niː/ **noun** [C] **1** B1 the middle part of your leg where it bends: *a knee injury* ▷ **kolano** → See **The Body** on page Centre 13 **2** the part of a pair of trousers that covers the knee ▷ **kolano**

IDIOM **bring sb/sth to their knees** to destroy or defeat someone or something: *The war brought the country to its knees.* ▷ **rzucić** *kogoś/coś* **na kolana**

kneecap /ˈniːkæp/ **noun** [C] the round bone at the front of your knee ▷ **rzepka**

knee-deep /ˌniːˈdiːp/ **adjective 1** reaching as high as someone's knees: *knee-deep in cold water* ▷ **po kolana, do kolan 2 be knee-deep in sth** to have a lot of something to deal with: *I'm knee-deep in paperwork.* ▷ **siedzieć w** *czymś* **po pachy**

knee-jerk /ˈniːdʒɜːk/ **adjective a knee-jerk reaction/response, etc** an immediate reaction that does not allow you time to consider something carefully ▷ **machinalna reakcja**

kneel /niːl/ **verb** [I] (past tense and past participle **knelt, kneeled**) B2 to go down into or stay in a position where one or both of your knees are on the ground: *She* ***knelt down*** *beside the child.* ▷ **klęczeć, uklęknąć**

knew /njuː/ past tense of know

knickers /ˈnɪkəz/ **noun** [plural] UK (US **panties**) B1 women's underwear that covers the bottom ▷ **majtki** → See **Clothes** on page Centre 9

knife[1] /naɪf/ **noun** [C] (plural **knives**) A1 a sharp tool or weapon for cutting, usually with a metal blade and a handle: *a* ***knife and fork*** ▷ **nóż**

knife[2] /naɪf/ **verb** [T] to attack someone using a knife ▷ **ranić lub pchnąć nożem** → See also **jack-knife**

knight[1] /naɪt/ **noun** [C] **1** a man of high social rank who fought as a soldier on a horse in the past ▷ **rycerz 2** a man who has been given the title 'Sir' by the King or Queen in the UK ▷ **szlachcic**

knight[2] /naɪt/ **verb be knighted** to be given a knighthood ▷ **otrzymać tytuł szlachecki**

knighthood /ˈnaɪthʊd/ **noun** [C] the title of 'Sir' given to someone by the King or Queen in the UK ▷ **szlachectwo**

knit /nɪt/ **verb** [I, T] (present participle **knitting**, past tense and past participle **knitted**) B1 to make clothes using wool and two long needles to join the wool into rows: *She was knitting him a jumper.* ▷ **robić na drutach**

knitting /ˈnɪtɪŋ/ **noun** [U] when something is being knitted or the thing that is being knitted: *She put down her knitting.* ▷ **robienie na drutach, robótka**

knitwear /ˈnɪtweəʳ/ **noun** [U] knitted clothes ▷ **wyroby z dzianiny**

knob /nɒb/ **noun 1** [C] a round handle, or a round button on a machine: *a door knob* ◦ ***Turn*** *the black* ***knob*** *to switch on the radio.* ▷ **pokrętło, gałka 2 a knob of butter** UK a small lump of butter ▷ **osełka masła**

knock[1] /nɒk/ **verb 1** [I] B1 to make a noise by hitting something, especially a door, with your closed hand in order to attract someone's attention: *There's someone* ***knocking at/on*** *the door.* ◦ *Please knock before entering.* ▷ **pukać, stukać 2** [T] B1 to hit something or someone and make them move or fall down: *He accidentally knocked the vase off the table.* ◦ *I* ***knocked over*** *the mug.* ▷ **przewracać, zrzucać 3** [T] informal to criticize someone or something, often unfairly: *She knocks every suggestion I* *make.* ▷ **czepiać się** → See also **beat/knock the (living)** ***daylights*** **out of sb**

IDIOM **Knock it off!** informal something you say when you want someone to stop doing something that is annoying you ▷ **Przestań!**

PHRASAL VERBS **knock sth back** UK informal to drink alcohol very quickly ▷ **obalić** *coś* • **knock sb down** UK B1 to hit someone with a vehicle and injure or kill them: [often passive] *She was knocked down by a bus.* ▷ **potrącić** *kogoś* • **knock sb/sth down** US to cause someone or something to fall to the ground by hitting them ▷ **przewrócić** *kogoś/coś*, **obalić** *kogoś/coś* • **knock sth down** B2 to destroy a building or part of a building ▷ **zburzyć** *coś* • **knock off** informal to stop working, usually at the end of a day: *I don't knock off until six.* ▷ **kończyć (pracę)** • **knock sth off (sth)** to take a particular amount away from something, usually a price: *The manager knocked $5 off because it was damaged.* ▷ **opuszczać** *coś* **z ceny** (*czegoś*) • **knock sb out 1** B2 to make someone become unconscious, usually by hitting them on the head: *He was knocked out halfway through the fight.* ▷ **znokautować** *kogoś* **2** B2 to defeat a person or team in a competition so they cannot take part any more: [often passive] *The French team were knocked out in the semi-final.* ▷ **wyeliminować** *kogoś*

K

knock² /nɒk/ **noun** [C] **1** a sudden short noise made when something or someone hits a surface: *a* ***knock at/on*** *the door* ▷ **pukanie, stukanie 2** when someone or something is hit, sometimes causing damage or injury: *a knock on the head* ▷ **uderzenie**

> **Wyrazy występujące razem z knock**
>
> a **sharp** knock • a knock **at/on** [the door/window, etc]

knocker /ˈnɒkəʳ/ **noun** [C] a metal object fixed to the outside of a door which visitors use to knock ▷ **kołatka**

knock-on /ˌnɒkˈɒn/ **adjective** UK **a knock-on effect** When an event or situation has a knock-on effect, it causes another event or situation: *Cutting schools' budgets will have a knock-on effect on teachers' jobs.* ▷ **efekt domina**

knockout /ˈnɒkaʊt/ **noun** [C] in boxing, when one person hits the other hard and they become unconscious ▷ **nokaut**

knot¹ /nɒt/ **noun** [C] **1** a place where pieces of string, rope, etc have been tied together ▷ **węzeł, supeł 2** a unit for measuring the speed of the wind, ships, or aircraft ▷ **węzeł**

IDIOM **tie the knot** informal to get married ▷ **stanąć na ślubnym kobiercu**

> **Wyrazy występujące razem z knot**
>
> **tie** a knot **(in sth)** • **undo/untie** a knot

knot² /nɒt/ **verb** [T] (present participle **knotting**, past tense and past participle **knotted**) to tie knots in pieces of string, rope, etc ▷ **wiązać, supłać**

know¹ /nəʊ/ **verb** (past tense **knew**, past participle **known**) **1** [I, T] A1 to have knowledge or information about something in your mind: *"How old is she?" "I don't know."* ◦ *Andrew* ***knows*** *a lot* ***about*** *computers.* ◦ [+ question word] *Do you know where the station is?* ◦ [+ (that)] *He knew that she was lying.* ▷ **wiedzieć 2** [T] B1 to be familiar with a person, place, or thing because you have met them, been there, used it, etc before: *I've known Tim since primary school.* ◦ *I grew up in Brussels so I know it well.* ◦ *Since moving to London, I've* ***got to know*** (= *become familiar with*) *some nice people.* ▷ **znać 3** [T] A2 to be able to do something: [+ question word] *Do you know how to ski?* ◦ *I only know* (= *understand and speak*) *a little Spanish.* ▷ **umieć 4 let sb know** A2 to tell someone something: *Let me know if you're going to the party.* ▷ **dać** *komuś* **znać 5** [T] to guess something correctly: *I knew she'd arrive late.* ◦ *I* ***should have known*** *he wouldn't come.* ▷ **wiedzieć 6** [I, T] to understand and agree with someone: *I know what you mean about Pete – I wouldn't trust him at all.* ▷ **rozumieć 7 be known as sth** B1 to be called something: *California is also known as the Sunshine State.* ▷ **być znanym jako** *coś* **8 have known sth** to have had experience of something: *I've never known the weather be so hot.* ▷ **pamiętać** *coś* **9 know better (than to do sth)** B2 to have the intelligence or judgment not to do something: *She should have known better than to eat so much. No wonder she feels sick now.* ▷ **mieć na tyle rozumu (żeby** *czegoś* **nie** *robić*) **10 I know a** B2 used when you agree with something someone has just said: *"It's a lovely day, isn't it?" "I know – let's hope it lasts."* ▷ **właśnie b** B1 used when you have an idea: *I know – let's go to Helen's house.* ▷ **Już wiem! 11 you know a** used to emphasize that someone does know what you are referring to: *You know, he's the one with curly hair.* ▷ **(no) wiesz b** B1 something that you say while you are thinking what to say next: *It's, you know, supposed to be a surprise.* ▷ **(no) wiesz c** B1 used to emphasize what you are saying: *I'm not an idiot, you know.* ▷ **nie myśl sobie 12 as far as I know** B2 used to say that you think something is true, but cannot be sure: *As far as I know, he's never been in prison.* ▷ **o ile wiem, o ile mi wiadomo 13 you never know** B2 used to say that something could be possible although it does not seem likely: *You never know – you might win the lottery.* ▷ **nigdy nie wiadomo 14 before you know it** very soon: *We'll be there before you know it.* ▷ **zanim się obejrzysz** → See also **know sth** ***inside out***, **learn/know the** ***ropes***, **know your** ***stuff***

PHRASAL VERB **know of sth/sb** B2 to have heard of something or someone and have a little information about them: *I know of a good restaurant* *near the station.* ▷ **znać** *coś/kogoś*, **≈ słyszałem o** *czymś/kimś*

know² /nəʊ/ **noun be in the know** to have knowledge about something which not everyone knows: *People in the know were sure the film would win an Oscar.* ▷ **być wtajemniczonym lub dobrze poinformowanym**

know-how /ˈnəʊhaʊ/ **noun** [U] practical skill and knowledge: ***technical know-how*** ▷ **wiedza (praktyczna)**

knowing /ˈnəʊɪŋ/ **adjective** A knowing smile, look, etc shows that you know what another person is really thinking: *He gave me a knowing wink.* ▷ **porozumiewawczy**

knowingly /ˈnəʊɪŋli/ **adverb 1** If you knowingly do something, you mean to do it although it is wrong. ▷ **świadomie 2** showing that you know what another person is really thinking: *He smiled knowingly.* ▷ **porozumiewawczo**

knowledge /ˈnɒlɪdʒ/ **noun 1** (B1) [U, no plural] information and understanding that you have in your mind: *He has **a** detailed **knowledge of** naval history.* ◦ *He took the car **without my knowledge** (= I did not know).* ▷ **wiedza 2 to (the best of) sb's knowledge** (B2) used to say that someone thinks that something is true, but cannot be sure: *To the best of my knowledge, she's never worked abroad.* ▷ **o ile** *komuś* **wiadomo**

> Wyrazy występujące razem z **knowledge**
>
> **common/detailed/firsthand/poor/thorough** knowledge • knowledge **about/of sth** • **have/gain/impart** knowledge

knowledgeable /ˈnɒlɪdʒəbl/ **adjective** knowing a lot: *He's very **knowledgeable about** art.* ▷ **obeznany**

known¹ /nəʊn/ **adjective** (B2) recognized or known about by most people: *He's a member of a known terrorist organization.* ▷ **znany** → Opposite **unknown** → See also **well-known**

known² /nəʊn/ past participle of know

knuckle¹ /ˈnʌkl/ **noun** [C] one of the parts of your finger where it bends ▷ **kostka, staw** → See also **a *rap* on/across/over the knuckles**

knuckle² /ˈnʌkl/ **verb**

PHRASAL VERB **knuckle down** to start to work or study hard ▷ **przysiąść fałdów**

koala /kəʊˈɑːlə/ **noun** [C] (also **koˈala ˌbear**) an Australian animal like a small bear with grey fur which lives in trees and eats leaves ▷ **(niedźwiadek) koala**

koala

the Koran /kɒrˈɑːn/ (US) /kəˈræn/ **noun** the holy book of Islam ▷ **Koran**

kosher /ˈkəʊʃəʳ/ **adjective** Kosher food is prepared according to Jewish law. ▷ **koszerny**

kph written abbreviation for kilometres per hour: a unit for measuring speed: *a car travelling at 100 kph* ▷ **km/h, km/godz. (= kilometr/y/ów na godzinę)**

krypton /ˈkrɪptɒn/ **noun** [U] a gas which is used in particular types of lights and lasers (formula Kr) ▷ **krypton**

kudos /ˈkjuːdɒs/ **noun** [U] praise and respect for what you have done ▷ **chwała**

kung fu /kʌŋˈfuː/ **noun** [U] a sport from China in which people fight using their hands and feet ▷ **kung-fu**

Kuwait /kuːˈweɪt/ **noun** a country in the Middle East ▷ **Kuwejt**

• **Kuwaiti** /kuːˈweɪti/ **adjective** coming from or relating to Kuwait ▷ **kuwejcki** • **Kuwaiti noun** someone from Kuwait ▷ **Kuwejt-czyk/ka**

kW (also **kw**) written abbreviation for kilowatt ▷ **kW (= kilowat)**

kwashiorkor /ˌkwæʃiˈɔːkɔːʳ/ **noun** [U] a serious disease caused by eating too little protein ▷ **niedożywienie białkowe**

Kyrgyzstan /ˌkɜːgɪˈstɑːn/ **noun** a country in Asia ▷ **Kirgistan**

• **Kyrgyz** /ˈkɜːgɪz/ **adjective** coming from or relating to Kyrgyzstan ▷ **kirgiski** • **Kyrgyz noun** someone from Kyrgyzstan ▷ **Kirgiz/ka**

K

L

L, l /el/ the twelfth letter of the alphabet ▷ **L, l**

l written abbreviation for litre ▷ **l (= litr)**

lab /læb/ **noun** [C] (B1) short for laboratory ▷ **laboratorium**

label[1] /ˈleɪbᵊl/ **noun** [C] **1** (B1) a small piece of paper or other material which gives information about the thing it is fixed to: *There should be washing instructions on the label.* ▷ **etykieta, metka 2** a word or phrase that is used to describe the qualities of someone or something, usually in a way that is not fair: *He seems to be stuck with the label of 'troublemaker'.* ▷ **określenie, etykietka 3** (also **record label**) (B1) a company that records and sells music: *They've just signed a deal with a major record label.* ▷ **wytwórnia płytowa**

label[2] /ˈleɪbᵊl/ **verb** [T] (present participle UK **labelling**, past tense and past participle **labelled**, present participle US **labeling**, past tense and past participle **labeled**) **1** to fix a small piece of paper or other material to something which gives information about it: *All food has to be labelled with 'best before' or 'use by' dates.* ▷ **etykietować 2** to describe the qualities of someone or something using a word or phrase, usually in a way that is not fair: [often passive] *They've been unfairly **labelled as** criminals.* ▷ **określać**

labor /ˈleɪbəʳ/ **noun, verb** US spelling of labour

laboratory /ləˈbɒrətᵊri/ (US) /ˈlæbrətɔːri/ **noun** [C] (B1) a room used for scientific work: *research laboratories* ◦ *a computer laboratory* ▷ **laboratorium, pracownia** → See also **language laboratory**

laborer /ˈleɪbᵊrəʳ/ **noun** [C] US spelling of labourer ▷ **robotni-k/ca**

laborious /ləˈbɔːriəs/ **adjective** Laborious work is very difficult and needs a lot of effort: *a **laborious task*** ▷ **żmudny**

labors /ˈleɪbəz/ **noun** [plural] US spelling of labours

ˈlabor ˌunion **noun** [C] US (UK/US **trade union**) an organization that represents people who do a particular job ▷ **związek zawodowy**

labour[1] UK (US **labor**) /ˈleɪbəʳ/ **noun 1** [U] work, especially the type of work that needs a lot of physical effort: ***manual labour*** ▷ **praca 2** [U] people who work: ***cheap/skilled labour*** ▷ **siła robocza 3** [C, U] the stage of pregnancy when a woman has pain in the lower part of her body because the baby is coming out: *to be **in labour**/go into labour* ◦ ***labour pains*** ▷ **poród 4 Labour** [group] short for the Labour Party: *I voted Labour (= for the Labour party) at the last election.* ◦ *a Labour MP* ▷ **labourzyści, Partia Pracy**

IDIOM **a labour of love** work that you do because you like it, not because you are paid for it ▷ **pasja**

labour[2] UK formal (US **labor**) /ˈleɪbəʳ/ **verb** [I] to work hard: *He laboured night and day to get the house finished on time.* ▷ **(ciężko) pracować**

labourer UK (US **laborer**) /ˈleɪbᵊrəʳ/ **noun** [C] a worker who uses a lot of physical effort in their job: *a farm labourer* ▷ **robotni-k/ca**

the ˈLabour ˌParty **noun** [group] one of the three main political parties in the UK ▷ **Partia Pracy**

labours (US **labors**) /ˈleɪbəz/ **noun** [plural] **sb's labours** work done with a lot of effort: *He earned a mere $15 for his labours.* ▷ *czyjś* **trud**

lace[1] /leɪs/ **noun 1** [U] a delicate cloth with patterns of holes: *a lace curtain* ▷ **koronka 2** [C] a string used to tie shoes: *to tie/untie your laces* ▷ **sznurowadło**

lace[2] /leɪs/ **verb**

PHRASAL VERBS **lace sth up** to fasten something with laces: *He laced up his boots.* ▷ **zawiązywać** *coś* • **be laced with sth** If food or drink is laced with alcohol or a drug, a small amount has been added to it: *coffee laced with brandy* ▷ **być z dodatkiem** *czegoś*

lacerate /ˈlæsᵊreɪt/ **verb** [T] formal to make deep cuts in someone's skin: *a lacerated arm* ▷ **poranić, pokaleczyć**

• **laceration** /ˌlæsᵊrˈeɪʃᵊn/ **noun** [C] formal a cut ▷ **rana, zranienie**

lack[1] /læk/ **noun lack of sth** (B1) not having something, or not having enough of something: *a lack of food/money* ▷ **brak** *czegoś*

> **Wyrazy występujące razem z lack**
>
> a complete/distinct/marked/total lack of sth • an apparent lack of sth

lack[2] /læk/ **verb 1** (B2) [T] to not have something, or not have enough of something: *She really lacks confidence.* ▷ **nie mieć, ≈ brakować** *komuś czegoś* **2 be lacking** If something that you need is lacking, you do not have enough of it: *Enthusiasm has been sadly lacking these past few months at work.* ▷ **≈ brakować** *czegoś* **3 be lacking in sth** to not have a quality: *He's totally lacking in charm of any sort.* ▷ **≈ brakować** *komuś czegoś*

lacklustre UK (US **lackluster**) /ˈlækˌlʌstəʳ/ **adjective** without energy or excitement: *a **lacklustre performance*** ▷ **bezbarwny, przeciętny**

laconic /ləˈkɒnɪk/ **adjective** formal using very few words to express yourself: *laconic humour/wit* ▷ **lakoniczny**

lacquer /ˈlækəʳ/ **noun** [U] a clear, hard substance which is painted on wood or metal to protect it ▷ **lakier**

lactate /lækˈteɪt/ **verb** [I] (of a woman or female mammal) to produce milk ▷ **produkować mleko**

• **lactation** /lækˈteɪʃᵊn/ **noun** [U] ▷ **laktacja**

lacteal /ˈlæktiəl/ **adjective** like or connected to milk ▷ **mleczny**

lactic /ˈlæktɪk/ **adjective** relating to milk ▷ **mlekowy**

ˌlactic ˈacid **noun** [U] an acid that exists in old milk and is produced in muscles after a lot of exercise ▷ **kwas mlekowy**

lactose /ˈlæktəʊs/ **noun** [U] a type of sugar which is found in milk ▷ **laktoza**

lad /læd/ **noun** [C] UK a boy or young man: *a nice young lad* ◦ informal *He's having a night out with* ***the lads*** *(= his male friends).* ▷ **chłopak**

ladder /ˈlædəʳ/ **noun** [C] (B1) a piece of equipment which is used to reach high places, consisting of short steps fixed between two long sides ▷ **drabina** → See also **the first/highest/next, etc *rung* of the ladder**

ladder

laddish /ˈlædɪʃ/ **adjective** UK rude, noisy and typical of the way that young men behave in groups ▷ **sztubacki**

laden /ˈleɪdᵊn/ **adjective be laden with sth** to be holding a lot of something: *She staggered home, laden with shopping.* ▷ **uginać się od** *czegoś* **lub pod ciężarem** *czegoś*

ˈladies' ˌroom **noun** [C] US a room in a public place where there are women's toilets ▷ **toaleta damska**

the ladies /ˈleɪdiz/ **noun** [group] UK a toilet in a public place for women: *Where's the ladies?* ▷ **toaleta damska**

ladle /ˈleɪdl/ **noun** [C] a large, deep spoon, used to serve soup ▷ **chochla, nabierka** → See **The Kitchen** on page Centre 2

lady /ˈleɪdi/ **noun 1** (B1) [C] a polite way of saying 'woman': *There's a young lady here to see you.* ◦ ***Ladies and gentlemen,*** *can I have your attention please?* ▷ **pani 2 Lady** a title used before the name of some women of high social rank in the UK: *Lady Alison Weir* ▷ **Lady**

ladybird /ˈleɪdibɜːd/ **noun** [C] UK (US **ladybug** /ˈleɪdibʌg/) a small flying insect which is usually red with black spots ▷ **biedronka**

lag¹ /læg/ **noun** [C] (also **time lag**) a period of time between two things happening: *You have to allow for a time* ***lag between*** *order and delivery.* ▷ **opóźnienie** → See also **jet lag**

lag² /læg/ **verb** (present participle **lagging**, past tense and past participle **lagged**)

PHRASAL VERB **lag behind (sb/sth) 1** to move more slowly than someone or something else so that you are behind them ▷ **pozostawać w tyle za** *kimś/czymś* **2** to achieve less than someone or something else: *Britain is lagging far behind the rest of Europe on this issue.* ▷ **pozostawać w tyle za** *kimś/czymś*

lager /ˈlɑːgəʳ/ **noun** [C, U] a pale yellow beer: *A pint of lager, please.* ▷ **piwo jasne**

lagoon /ləˈguːn/ **noun** [C] a lake that contains sea water ▷ **laguna**

lahar /ləˈhɑːʳ/ **noun** [C] a large stream of mud, rocks, and water from a volcano that becomes hard when it stops moving ▷ **lahar, spływ popiołowy**

laid /leɪd/ past of lay

laid-back /ˌleɪdˈbæk/ **adjective** informal very relaxed and not seeming worried about anything: *a laid-back style of teaching* ◦ *He's very laid-back.* ▷ **wyluzowany, na luzie**

lain /leɪn/ past participle of lie¹

laissez-faire /ˌleɪseɪˈfeəʳ/ **adjective** allowing things to happen and not trying to control them: *a laissez-faire attitude* ▷ **liberalny, leseferystyczny**

lake /leɪk/ **noun** [C] (A2) a large area of water which has land all around it: *Lake Windermere* ▷ **jezioro**

lamb /læm/ **noun 1** [C] (B1) a young sheep: *a newborn lamb* ◦ *a lamb's-wool sweater* ▷ **owieczka, jagnię 2** [U] (B1) meat from a young sheep: *grilled lamb chops* ◦ *roast leg of lamb* ▷ **(młoda) baranina, jagnięcina** → See also ***mutton*** **dressed as lamb**

lame /leɪm/ **adjective 1** A lame excuse or explanation is one that you cannot believe: *He said he didn't go because it was raining, which is a pretty* ***lame excuse*** *if you ask me.* ▷ **kiepski 2** A lame animal or person cannot walk because they have an injured foot or leg: *a lame horse* ▷ **kulawy**

lament /ləˈment/ **verb** [I, T] formal to say that you are disappointed about a situation: *He was lamenting the fact that so few people read fiction nowadays.* ▷ **ubolewać (nad)**

lamentable /ˈlæməntəbl/ **adjective** formal extremely bad: *a lamentable performance* ▷ **pożałowania godny, żałosny**

lamina /ˈlæmɪnə/ **noun** [C] the flat part of a leaf or petal ▷ **blaszka**

laminate /ˈlæmɪnət/ **noun** [C, U] any material which is made by sticking several layers of the same material together: *a laminate finish* ▷ **laminat**

laminated /ˈlæmɪneɪtɪd/ **adjective** **1** covered with a thin layer of plastic for protection: *They gave us sheets of laminated cardboard.* ▷ **laminowany** **2** Laminated wood, plastic, glass, etc is made of several thin layers stuck together. ▷ **laminowany**

lamp /læmp/ **noun** [C] **A2** a piece of equipment that produces light: *a table lamp ◦ an oil lamp* ▷ **lampa** → See **The Living Room** on page Centre 4

lamppost /ˈlæmppəʊst/ **noun** [C] a tall post with a light at the top, which you see on roads where there are houses ▷ **latarnia**

lampshade /ˈlæmpʃeɪd/ **noun** [C] a decorative cover for an electric light ▷ **abażur, klosz** → See **The Living Room** on page Centre 4

LAN /læn/, /ˌeleˈen/ **noun** [C] abbreviation for local area network: a system that connects the computers of people who work in the same building ▷ **LAN, sieć lokalna** → Compare **wan**

L

land[1] /lænd/ **noun** **1** [U] **B1** an area of ground: *agricultural land ◦ undeveloped land* ▷ **ziemia, grunt** **2** [U] **B2** the surface of the Earth that is not sea: *to travel over land and sea* ▷ **ląd** **3** [C] literary a country: *a land of ice and snow* ▷ **kraina, kraj** → See also **no-man's land**

land[2] /lænd/ **verb** **1** [I, T] **B1** If an aircraft lands, it arrives on the ground after a journey, and if you land it, you make it arrive on the ground: *We should **land in** Madrid at 7 a.m. ◦ He managed to **land** the helicopter **on** the cliff.* ▷ **lądować** **2** **land in/on, etc** If an object or person lands somewhere, they fall to the ground there: *She landed flat on her back.* ▷ **lądować** *gdzieś* **3** [T] to get something, usually something good: *He's just landed a new job at an agency in London.* ▷ **zdobyć, upolować**

PHRASAL VERBS **land sb in sth** to cause someone to be in a difficult situation: *His remarks have landed him in a lot of trouble with the association.* ▷ **wpakować** *kogoś* **w** *coś* • **land sb with sth** If something lands you with problems, it causes problems for you: *The project's failure has landed him with debts of over £50,000.* ▷ **zwalić** *coś komuś* **na głowę**

landfill /ˈlændfɪl/ **noun** [C] a place where waste is buried in the ground: *a **landfill site*** ▷ **wysypisko (śmieci)**

landform /ˈlændfɔːm/ **noun** [C] a natural shape on the Earth's surface, such as a mountain or a valley ▷ **forma ukształtowania terenu**

landing /ˈlændɪŋ/ **noun** [C] **1** **B2** an arrival on the ground, usually of an aircraft or boat: *They had to make an **emergency landing** in Chicago.* ▷ **lądowanie** **2** the area of floor at the top of a set of stairs ▷ **półpiętro, podest**

landlady /ˈlændˌleɪdi/ **noun** [C] **B2** a woman who you rent a room or house from ▷ **właścicielka, gospodyni**

landline /ˈlændlaɪn/ **noun** [C] a telephone that is not a mobile phone ▷ **telefon stacjonarny**

landlord /ˈlændlɔːd/ **noun** [C] **B2** a man who you rent a room or house from ▷ **właściciel, gospodarz**

landmark /ˈlændmɑːk/ **noun** [C] **1** a building that you can easily recognize, especially one that helps you to know where you are: *a historic landmark* ▷ **punkt orientacyjny** **2** an event which is famous or important in the history of something: *His speech was a **landmark in** the history of civil rights.* ▷ **kluczowe wydarzenie**

landmine /ˈlændmaɪn/ **noun** [C] a bomb which is hidden in the ground ▷ **mina**

landowner /ˈlændəʊnəʳ/ **noun** [C] someone who owns a lot of land: *a wealthy landowner* ▷ **właściciel/ka ziemsk-i/a**

landscape /ˈlændskeɪp/ **noun** [C] **B1** the appearance of an area of land, especially in the countryside: *The cathedral dominates the landscape for miles around.* ▷ **krajobraz**

landslide /ˈlændslaɪd/ **noun** [C] **1** when rocks and soil slide down a mountain or hill ▷ **osunięcie ziemi, lawina błotna** **2** an easy victory in an election: *a **landslide defeat/victory*** ▷ **miażdżące zwycięstwo**

lane /leɪn/ **noun** [C] **1** **B2** part of a road or track that is separated from the other parts, usually by a painted line: *the inside/middle/outside lane ◦ the **fast/slow lane*** ▷ **pas (ruchu)** **2** **B2** a narrow road, usually in the countryside: *We drove down a winding country lane.* ▷ **dróżka** **3** a route that is regularly used by boats or aircraft: *It's one of the world's busiest shipping lanes.* ▷ **tor, szlak**

> Wyrazy występujące razem z **lane**
>
> in the [inside/fast, etc] lane • the fast/slow lane

language /ˈlæŋgwɪdʒ/ **noun** **1** [U] **B1** communication between people, usually using words: *She has done research into how children acquire language.* ▷ **język** **2** [C] **A1** a type of communication used by the people of a particular country: *How many **languages** do you **speak**?* ▷ **język** **3** [U] words of a particular type, especially the words used by people in a particular job: *legal language ◦ the language of business* ▷ **język** **4** [C, U] a system of instructions that is used to write computer programs ▷ **język** → See also **body language**, **modern languages**, **second language**, **sign language**

> Wyrazy występujące razem z **language**
>
> learn/speak a language • foreign languages • foul/native/official/strong language

ˈlanguage laˌboratory UK (US **ˈlanguage ˌlaboratory**) **noun** [C] a room in a college or school where you can use equipment to help you practise listening to and speaking a foreign language ▷ **laboratorium językowe**

languid /ˈlæŋɡwɪd/ **adjective** literary moving or speaking slowly and with little energy, often in an attractive way: *a languid manner/voice* ▷ **leniwy, ospały**

languish /ˈlæŋɡwɪʃ/ **verb** [I] formal **languish at/in, etc sth** to stay in an unpleasant or difficult situation for a long time: *to languish in jail* ▷ **cierpieć (męki)** *gdzieś*, **gnić w** *czymś*

lanky /ˈlæŋki/ **adjective** informal A lanky person is very tall and thin. ▷ **patykowaty**

lantern /ˈlæntən/ **noun** [C] a light that can be carried, usually with a candle inside it: *a paper lantern* ▷ **lampion, latarnia**

lanthanide /ˈlænθənaɪd/ **noun** [U] any chemical element in the group that have the atomic numbers 57 to 71 in the periodic table ▷ **lantanowiec**

Laos /laʊs/ **noun** a country in Asia ▷ **Laos**
• **Laotian** /ˈlaʊʃən/ **adjective** coming from or relating to Laos ▷ **laotański** • **Laotian noun** someone from Laos ▷ **Laota-ńczyk/nka**

lap¹ /læp/ **noun** [C] **1** B2 Your lap is the top part of your legs when you are sitting down: *Sit on my lap and I'll read you a story.* ▷ **kolana 2** B2 one journey around a circular race track: *He's two laps behind the leaders.* ▷ **okrążenie**

lap² /læp/ **verb** (present participle **lapping**, past tense and past participle **lapped**) **lap against/on, etc sth** If water laps against something, it touches it gently in waves. ▷ **omywać** *coś*

PHRASAL VERB **lap sth up** informal to enjoy something very much: *He loved all the attention – he was lapping it up!* ▷ **chłonąć** *coś*

lapel /ləˈpel/ **noun** [C] the part of a collar that is folded against the front of a shirt or jacket: *wide lapels* ▷ **klapa**

lapse¹ /læps/ **noun** [C] **1** a period of time when something fails to happen as it should: *a memory lapse* ◦ *It is thought that the accident was caused by a* ***lapse of*** *concentration.* ▷ **chwilowy zanik 2** a period of time passing between two things happening: *a* ***time lapse****/a* ***lapse of time*** ◦ *He turned up again after a lapse of two years.* ▷ **upływ**

> Wyrazy występujące razem z **lapse**
>
> a **momentary** lapse • a lapse **in/of** sth

lapse² /læps/ **verb** [I] If an arrangement lapses, it stops existing because of the amount of time that has passed: *I've allowed my membership to lapse.* ▷ **upływać**

PHRASAL VERB **lapse into sth** If you lapse into something, you change to a different, and usually bad, condition: *to lapse into silence* ▷ **zapadać w** *coś*

laptop /ˈlæptɒp/ **noun** [C] A2 a computer that is small enough to be carried around and used where you are sitting ▷ **laptop**

larch /lɑːtʃ/ **noun** [C] a tall tree which grows in cold northern countries and has leaves that are shaped like needles ▷ **modrzew**

large /lɑːdʒ/ **adjective 1** A2 big in size or amount: *a large number of people* ◦ *a large amount of money* ◦ *She comes from quite a large family.* ◦ *The shirt was a bit too large.* ▷ **duży** → Opposite **small 2 be at large** If someone dangerous is at large, they are not in prison. ▷ **być na wolności 3 sb/sth at large** people or things in general: *This group is not representative of the population at large.* ▷ **ogół** *kogoś/czegoś*

IDIOM **by and large** in most situations: *By and large, people have welcomed the changes.* ▷ **na ogół, w zasadzie**

ˌlarge inˈtestine noun [C, usually singular] the lower part of the bowels in which water is removed from digested food before it is passed out of the body as solid waste ▷ **jelito grube** → Compare **small intestine**

largely /ˈlɑːdʒli/ **adverb** B2 mainly: *Their complaints have been largely ignored.* ▷ **w dużej mierze**

large-scale /ˌlɑːdʒˈskeɪl/ **adjective** involving a lot of people or happening in big numbers: *a large-scale development* ◦ *large-scale redundancies* ▷ **na dużą skalę**

lark /lɑːk/ **noun** [C] a small brown bird that is known for its beautiful singing ▷ **skowronek**

larva /ˈlɑːvə/ **noun** [C] (plural **larvae** /ˈlɑːviː/) the form of some creatures, for example insects, before they develop into a different form: *insect larvae* ▷ **larwa**

larynx /ˈlærɪŋks/ **noun** [C] (plural **larynxes** or **larynges**) (informal **voice box**) an organ between the nose and the lungs which contains the muscles that move very quickly to create the human voice and many animal sounds ▷ **krtań**

lasagne UK (US **lasagna**) /ləˈzænjə/ (US) /ləˈzɑːnjə/ **noun** [U] a type of Italian food consisting of flat pieces of pasta with layers of meat and sauce in between ▷ **lasagna, lazania**

laser /ˈleɪzəʳ/ **noun** [C] B2 a strong beam of light that has medical and technical uses: *a* ***laser beam*** ◦ ***laser surgery*** ▷ **laser**

ˈlaser ˌprinter noun [C] a printer which uses a laser to produce very clear writing or pictures ▷ **drukarka laserowa**

lash¹ /læʃ/ **verb 1** [I, T] If wind or rain lashes against something, the wind or rain is very strong and hits or blows hard against it: ***Rain lashed*** *against the window.* ▷ **smagać, zacinać**

2 lash sth down/together, etc to tie something firmly to something else ▷ **przywiązać/związać** *itp. coś*

PHRASAL VERB **lash out 1** to suddenly hit someone: *He lashed out and caught her on the side of the face.* ▷ **zaatakować 2** to criticize someone angrily: *He* ***lashed out at*** *the government for refusing to take action.* ▷ **zaatakować**

lash² /læʃ/ **noun** [C] a hit with a whip: *He was given forty lashes.* ▷ **bat**

lashes /ˈlæʃɪz/ **noun** [plural] the small hairs on the edges of your eye ▷ **rzęsy**

lass /læs/ **noun** [C] UK informal a girl or a young woman: *a young lass* ▷ **dziewczyna**

last¹ /lɑːst/ **adjective, determiner 1** [always before noun] A2 the most recent: *What was the last film you saw?* ◦ *It's rained for the last three days.* ▷ **ostatni 2** [always before noun] A2 The last book, house, job, etc is the one before the present one: *I liked his last book but I'm not so keen on this latest one.* ▷ **ostatni 3** A2 happening or coming at the end: *It's the last room on the left.* ◦ *That's the last programme of the series.* ◦ *I was the last one to arrive.* ◦ *"How did she get on in her race?" "She was last."* ▷ **ostatni 4** [always before noun] B1 only remaining: *Who wants the last piece of cake?* ▷ **ostatni 5 the last person/thing, etc** B2 the least expected or wanted person or thing: *Three extra people to feed – that's the last thing I need!* ◦ *He's the last person you'd expect to see at an aerobics class.* ▷ **ostatnia osoba/rzecz** *itp.*
→ Opposite **first** → See also **be on its last** ***legs***, **the final/last** ***straw***, **have the last** ***word***

last² /lɑːst/ **adverb 1** B2 after everything or everyone else: *I wasn't expecting to win the race but I didn't think I'd come last!* ◦ *We've still got to check the figures but we'll do that last.* ▷ **na końcu 2** B1 used to talk about the most recent time you did something: *When did you last see her?* ▷ **ostatnio**

IDIOM **last but not least** B2 something that you say to introduce the last person or thing on a list: *This is Jeremy, this is Cath and, last but not least, this is Eva.* ▷ **wreszcie**

→ Opposite **first**

last³ /lɑːst/ **noun, pronoun 1 the last** B2 a person or thing that comes after all the others: [+ to do sth] *We were the last to get there.* ▷ **ostatni 2 the last of sth** the only part of something that remains: *We've just finished the last of the wine.* ▷ **resztka** *czegoś* **3 the day/week/year before last** B2 the day, week, or year before the one that has just finished ▷ **poprzedni lub przedostatni dzień/tydzień/rok 4 at (long) last** B1 finally: *At last, I've found a pair of jeans that actually fit.* ▷ **wreszcie, w końcu 5 the last I heard** used before saying a piece of information about someone that you previously heard: *The last I heard, they were selling their house.* ▷ **ostatnio**

last⁴ /lɑːst/ **verb** [I, T] **1** B1 to continue to happen, exist, or be useful: *How long will the meeting last?* ◦ *We don't get much sun –* ***enjoy it while it lasts!*** ◦ *The batteries only last about five hours.* ▷ **trwać 2** to be enough for a period of time: *I've only got £30 to last me till the end of the month.* ◦ *We've got enough food to last another week.* ▷ **wystarczyć, przetrwać**

last-ditch /ˌlɑːstˈdɪtʃ/ **adjective a last-ditch attempt/effort** a final attempt to solve a problem that you have failed to solve several times before: *a last-ditch effort to prevent war* ▷ **ostatni-a/i szansa/próba/wysiłek**

lasting /ˈlɑːstɪŋ/ **adjective** continuing to exist for a long time: ***lasting damage*** ◦ *a lasting friendship* ▷ **trwały**

lastly /ˈlɑːstli/ **adverb** finally: *And lastly, I'd like to thank everyone who took part in the event.* ▷ **wreszcie**

last-minute /ˌlɑːstˈmɪnɪt/ **adjective** B2 done at the last possible time: *I was just doing some* ***last-minute preparations.*** ▷ **ostatni, w ostatniej chwili**

ˈlast ˌname noun [C] the name that you and other members of your family all have ▷ **nazwisko**

latch¹ /lætʃ/ **noun** [C] **1** a small piece of metal on a door that you move down so that the door will stay closed ▷ **zasuwka, rygiel 2** a type of lock for a door that you need a key to open from the outside ▷ **zatrzask**

latch² /lætʃ/ **verb**

PHRASAL VERB **latch on** informal to begin to understand something: *It took me ages to* ***latch on to*** *what she was saying.* ▷ **załapać**

late /leɪt/ **adjective, adverb 1** A1 after the usual time or the time that was arranged: *I was late for work this morning.* ◦ *We got there too late and all the tickets had been sold.* ◦ *We had a late lunch.* ▷ **późny, spóźniony, późno 2** A1 near the end of a period of time: *It was built in the late nineteenth century.* ◦ *It was late at night.* ◦ *Marsha is in her late twenties.* ▷ **późny, późno 3 it's late** something that you say when it is near the end of a day: *It's late – I really should be going.* ◦ *It's* ***getting late*** *and I'm a bit tired.* ▷ **jest późno 4** [always before noun] not now alive: *the late Mrs Walker* ▷ **świętej pamięci 5 of late** formal recently: *We've scarcely seen him of late.* ▷ **ostatnio**

lately /ˈleɪtli/ **adverb** B1 recently: *I haven't been feeling so well lately.* ◦ *Lately, I've been walking to work.* ▷ **ostatnio**

latent /ˈleɪtᵊnt/ **adjective** A feeling or quality that is latent exists now but is hidden or not yet developed: *latent hostility/racism* ▷ **ukryty, utajony**

ˌlatent ˈheat noun [U] the heat that is absorbed or released by a substance when it changes state, for example from a liquid to a gas, while the temperature of the substance remains unchanged ▷ **ciepło utajone**

later /ˈleɪtəʳ/ **adjective 1** B2 after some time: *I might arrange it for a later date.* ▷ **późniejszy 2** more recent: *I'm not so familiar with his later work.* ▷ **późniejszy**

lateral /ˈlætᵊrᵊl/ **adjective** formal relating to the sides of an object or to sideways movement: *Trim the lateral shoots of the plant.* ▷ **boczny, poprzeczny**

ˌlateral ˈmerger noun [C] when two companies that produce similar goods but who do not compete with each other join together ▷ **fuzja pozioma**

laterite /ˈlætᵊraɪt/ **noun** [U] a type of red clay soil containing iron and aluminium, often found in hot areas ▷ **lateryt**

later (on) adverb A2 after some time: *I'm off now – see you later.* ◦ *If you're busy now we could do it later on.* ▷ **później**

latest[1] /ˈleɪtɪst/ **adjective** [always before noun] A2 most recent: *the latest fashions/news/technology* ▷ **ostatni**

latest[2] /ˈleɪtɪst/ **noun 1 the latest in sth** the most recent of its type: *This is the latest in a series of terrorist attacks in the region.* ▷ **ostatni z** *czegoś*, **nowości** *czegoś* **2 at the latest** If you tell someone to do something by a particular time at the latest, you mean they must do it before that time: *She said to be there by 8 o'clock at the latest.* ▷ **najpóźniej**

lathe /leɪð/ **noun** [C] a machine for changing the shape of a piece of wood, metal, etc which works by turning the material while a sharp tool is pressed against it ▷ **tokarka**

lather /ˈlɑːðəʳ/ **noun 1** [U] small white bubbles that are produced when soap is used with water ▷ **mydliny, piana 2 get into a lather** informal to become anxious or upset about something ▷ **podekscytować się**

Latin /ˈlætɪn/ **noun** [U] the language used by ancient Romans ▷ **Łacina**
• **Latin adjective** ▷ **łaciński**

ˌLatin Aˈmerican adjective relating or belonging to the countries of South and Central America, and Mexico ▷ **latynoamerykański, latynoski**
• **Latin American noun** [C] a Latin American person ▷ **Latynos/ka**

Latino /ləˈtiːnəʊ/ **noun** [C] US someone who lives in the US whose family came from Latin America ▷ **Latynos/ka**

latitude /ˈlætɪtjuːd/ **noun 1** [C, U] the distance of a place north or south of the Equator, measured in degrees: *The latitude of Helsinki is approximately 60 degrees north.* ▷ **szerokość geograficzna 2** [U] formal freedom to do what you want: *She should be allowed the latitude to choose the people she wants.* ▷ **swoboda**

latte /ˈlæteɪ/ US /ˈlɑːteɪ/ **noun** [C, U] a drink of coffee made from espresso and milk ▷ **caffe latte, kawa latte**

latter /ˈlætəʳ/ **adjective** [always before noun] formal B2 near the end of a period: *the* ***latter half*** *of the twentieth century* ◦ *She had moved to California in the* ***latter part*** *of the year.* ◦ *She is now in the* ***latter stages*** *of the disease.* ▷ **drugi**

latterly /ˈlætəli/ **adverb** UK formal recently: *She started her career in radio, but latterly she has been working in television.* ▷ **ostatnio**

the latter /ˈlætəʳ/ **noun** the second of two people or things that have just been talked about: *She offered me more money or a car, and I chose the latter.* ▷ **to drugie, ten drugi**

Latvia /ˈlætviə/ **noun** a country in Europe ▷ **Łotwa**
• **Latvian** /ˈlætviən/ **adjective** coming from or relating to Latvia ▷ **łotewski** • **Latvian noun** someone from Latvia ▷ **Łotysz/ka**

laudable /ˈlɔːdəbl/ **adjective** formal A laudable idea or action deserves admiration, even if it is not successful: *a* ***laudable aim/ambition/goal*** ▷ **chwalebny**

laugh[1] /lɑːf/ **verb** [I] A2 to smile while making sounds with your voice that show you are happy or think something is funny: *You never* ***laugh at*** *my jokes.* ◦ *She really* ***makes*** *me* ***laugh***. ◦ *It's very rare that a book is so good you* ***laugh out loud***. ◦ *It was so funny, we* ***burst out laughing*** *(= laughed suddenly and loudly).* ▷ **śmiać się**
→ See also **be no laughing *matter***

PHRASAL VERBS **laugh at sb/sth** B1 to show that you think someone or something is stupid: *I can't go into work looking like this – everyone will laugh at me.* ▷ **śmiać się z** *kogoś/czegoś* • **laugh sth off** to laugh about something unpleasant so that it seems less important: *He was upset by the criticism though he tried to laugh it off at the time.* ▷ **obracać** *coś* **w żart**

laugh[2] /lɑːf/ **noun** [C] **1** B1 the act or sound of laughing: *a loud/nervous laugh* ◦ *At the time, I was embarrassed, but I* ***had a good laugh*** *(= laughed a lot) about it later.* ▷ **śmiech 2 be a (good) laugh** UK informal to be funny: *You'd like David – he's a good laugh.* ▷ **być (naprawdę) wesołym 3 for a laugh** informal If you do something for a laugh, you do it because you think it will be funny: *Just for a laugh, I pretended that I'd forgotten it was his birthday.* ▷ **dla żartu**

laughable /ˈlɑːfəbl/ **adjective** If something is laughable, it is stupid and you cannot believe it or respect it: *Most people thought his suggestions were laughable.* ▷ **śmieszny**

ˈlaughing ˌstock noun [no plural] someone who does something very stupid which makes other people laugh at them: *If I wear this hat, I'll be the laughing stock of the party!* ▷ **pośmiewisko**

laughter /ˈlɑːftəʳ/ **noun** [U] B2 the sound or act of laughing: *I heard the sound of laughter in the room next door.* ◦ *The crowd* ***roared with laughter*** *(= laughed very loudly).* ▷ **śmiech**

> **Wyrazy występujące razem z laughter**
>
> burst into laughter • roar with laughter • be in fits of laughter

launch¹ /lɔːnʃ/ **verb** [T] **1** to send a spacecraft or bomb into the sky, or a ship into the water: *to **launch** a **rocket/satellite*** ◦ *to **launch** a **boat/fleet*** ▷ **wystrzelić, odpalić, wodować** **2** B2 to begin an important activity: *to **launch** an **attack/inquiry/investigation*** ▷ **rozpoczynać** **3** B2 If a company launches a product or service, it makes it available for the first time: *The book was launched last February.* ◦ *The airline will launch its new transatlantic service next month.* ▷ **wprowadzać (na rynek), uruchamiać**

PHRASAL VERB **launch into sth** to start saying or criticizing something with a lot of anger or energy: *Then he launched into a verbal attack on her management of the situation.* ▷ **przypuścić** *coś*, **wdać się w** *coś*

launch² /lɔːnʃ/ **noun** [C] **1** the launching of a spacecraft, ship, or weapon: *Poor weather delayed the space shuttle's launch.* ▷ **wystrzelenie, odpalenie, wodowanie** **2** the beginning of an activity: *The campaign's launch was a well-publicized event.* ▷ **początek** **3** the time when a new product or service becomes available: *The film's launch attracted a lot of Hollywood stars.* ▷ **wprowadzenie (na rynek), uruchomienie** **4** a large boat with a motor: *a police launch* ▷ **łódź motorowa, szalupa**

launder /ˈlɔːndəʳ/ **verb** [T] to hide the fact that an amount of money has been made illegally by putting the money into legal bank accounts or businesses: *to **launder** drug **money*** ▷ **prać**
• **laundering** noun [U] ***money laundering*** ▷ **pranie**

launderette /ˌlɔːndəʳˈet/ **noun** [C] UK (US trademark **laundromat** /ˈlɔːndrəmæt/) a place where you pay to use machines that wash and dry your clothes ▷ **pralnia samoobsługowa**

laundry /ˈlɔːndri/ **noun** [U] B2 clothes, sheets, etc that need to be washed: *to **do the laundry*** ◦ *a **laundry basket*** ▷ **pranie**

ˈlaundry deˌtergent noun [C, U] US washing powder ▷ **proszek do prania**

Laura /ˈlɔːrə/ **noun** a female name

laurels /ˈlɒrəlz/ **noun** [plural]

IDIOM **rest on your laurels** to be so satisfied with what you have achieved that you make no effort to improve: *Just because you've passed your exams, that's no reason to rest on your laurels.* ▷ **spocząć na laurach**

lava /ˈlɑːvə/ **noun** [U] hot melted rock that comes out of a volcano ▷ **lawa**

lavatory /ˈlævətəri/ **noun** [C] mainly UK formal a toilet: *to go to the lavatory* ◦ *public lavatories* ▷ **toaleta**

lavender /ˈlævəndəʳ/ **noun** [U] a plant with purple flowers and a strong, pleasant smell: *lavender oil* ▷ **lawenda**

lavish¹ /ˈlævɪʃ/ **adjective** showing that a lot of money has been spent: *a lavish meal/party* ▷ **wystawny**
• **lavishly adverb** *a lavishly illustrated book* ▷ **hojnie**

lavish² /ˈlævɪʃ/ **verb**

PHRASAL VERB **lavish sth on sb/sth** to give a large amount of money, presents, attention, etc to someone or something: *They have lavished more than £6 million on the new stadium.* ▷ **nie szczędzić** *komuś/czemuś czegoś*

law /lɔː/ **noun** **1 the law** B2 the system of official rules in a country: *You're **breaking the law**.* ◦ *It's **against the law** (= illegal) not to wear seat belts.* ◦ *It's their job to **enforce** the **law**.* ▷ **prawo** **2 by law** B2 If you have to do something by law, it is illegal not to do it: *They have to provide a contract by law.* ▷ **zgodnie z prawem, w myśl prawa** **3** [C] B2 an official rule in a country: *There are **laws against** drinking in the street.* ◦ *They led the fight to impose **laws on** smoking.* ▷ **prawo** **4 law and order** the obeying of laws in society: *a breakdown in law and order* ▷ **praworządność** **5** [U] B1 the subject or job of understanding and dealing with the official laws of a country: *to study/practise law* ◦ *a law school/firm* ◦ *a specialist in civil/criminal law* ▷ **prawo** **6** [C] something that is always true in science, mathematics, etc: *the **laws of** nature/physics* ◦ *the law of averages/gravity* ▷ **prawo**

IDIOM **lay down the law** to repeatedly tell people what they should do, without caring about how they feel: *People are fed up with him laying down the law the whole time.* ▷ **narzucać swoją wolę**

→ See also **brother-in-law**, **common-law**, **daughter-in-law**, **father-in-law**, **in-laws**, **martial law**, **mother-in-law**, **sister-in-law**, **son-in-law**

> **Wyrazy występujące razem z law**
>
> break/enforce/obey/pass a law • the law forbids/prohibits/requires sth • a law against sth • be against the law

law-abiding /ˈlɔːəˌbaɪdɪŋ/ **adjective** A law-abiding person always obeys the law: *a **law-abiding citizen*** ▷ **prawomyślny, praworządny**

lawful /ˈlɔːfəl/ **adjective** allowed by the law: *He was going about his lawful business as a press photographer.* ▷ **legalny**

lawmaker /ˈlɔːˌmeɪkəʳ/ **noun** [C] US someone who makes laws: *state lawmakers* ▷ **ustawodawca**

lawn /lɔːn/ **noun** [C] an area of grass that is cut: *to mow the lawn* ▷ **trawnik**

ˈlawn ˌmower noun [C] a machine that you use to cut grass ▷ **kosiarka (do trawy)**

lawsuit /ˈlɔːsuːt/ **noun** [C] a legal complaint against someone that does not usually involve the police: *The tenants have **filed a lawsuit against** their landlord.* ▷ **proces**

lawyer /ˈlɔɪəʳ/ **noun** [C] B1 someone whose job is to understand the law and deal with legal situations: *I want to see my lawyer before I say anything else.* ▷ **prawnik**

lax /læks/ **adjective** not careful enough or not well controlled: *They seem to have a very lax attitude towards security.* ▷ **niedbały, swobodny**

lay[1] /leɪ/ **verb** (past tense and past participle **laid**) **1 lay sth down/in/on, etc** C1 to put something down somewhere carefully: *She laid the baby on the bed.* ◦ *He laid the tray down on the table.* ▷ **kłaść** *coś*, **położyć** *coś* **2** [T] to put something into its correct position: *to lay a carpet* ◦ *to lay bricks* ▷ **układać 3 lay eggs** B2 If an animal lays eggs, it produces them out of its body. ▷ **znosić jajka 4 lay the blame on sb** to blame someone, usually when this is not fair: *You always lay the blame on me!* ▷ **zwalić winę na** *kogoś*, **oskarżać** *kogoś* **5 lay the table** UK B1 to put plates, knives, forks, etc on the table to prepare for a meal ▷ **nakrywać do stołu** → See also **put/lay your *cards* on the table**, **lay the *foundation(s)* for/of sth**, **get/lay your *hands* on sth**, **lay down the *law***

PHRASAL VERBS **lay sth down 1** to officially make new rules, or to officially say how something must be done: *The committee has **laid down guidelines** for future cases.* ▷ **ustanawiać** *coś*, **wytyczać** *coś* **2** If someone lays down their weapons, they stop fighting: *It is hoped the two sides will lay down their arms and return to peace.* ▷ **składać** *coś* • **lay into sb** informal to attack or criticize someone: *They started laying into me for no reason.* ▷ **napadać na** *kogoś*, **najeżdżać na** *kogoś* • **lay sb off** to stop employing someone, usually because there is no more work for them: [often passive] *Thirty more people were laid off last week.* ▷ **zwalniać** *kogoś* **z pracy** • **lay sth on** to provide something for a group of people: *They're laying on free buses to and from the concert.* ▷ **zapewniać** *coś* • **lay sth out 1** to arrange something on a surface: *He'd laid his tools out all over the kitchen floor.* ▷ **rozkładać** *coś* **2** to explain something clearly, usually in writing: *I've just laid out some proposals.* ▷ **przedstawiać** *coś*

lay[2] /leɪ/ **adjective** [always before noun] **1** involved in religious activities, but not trained as a priest: *a **lay** preacher* ▷ **świecki 2** not having special or detailed knowledge of a subject: *a lay person/audience* ▷ **przeciętny, zwykły, laicki**

lay[3] /leɪ/ past tense of lie[1]

lay-by /ˈleɪbaɪ/ **noun** [C] UK a small area where cars can stop at the side of a road ▷ **zatoczka**

layer /leɪəʳ/ **noun** [C] B2 an amount of a substance covering a surface, or one of several amounts of substance, each on top of the other: *the **outer/top layer*** ◦ *Place alternate **layers of** pasta and meat sauce in a shallow dish.* ◦ *The shelf was covered in a thick layer of dust.* ▷ **warstwa**
• **layer verb** [T] [often passive] *The potatoes are **layered with** onion.* ▷ **układać warstwami**
→ See also **the ozone layer**

> **Wyrazy występujące razem z layer**
>
> a layer **of** sth • an **outer/top** layer • a **thick** layer of sth

layman /ˈleɪmən/ **noun** [C] (plural **laymen**) (also **layperson**) someone who does not have special knowledge of a subject: *Could you please explain that **in layman's terms** (= in a simple way)?* ▷ **laik**

layoff /ˈleɪɒf/ **noun** [C] the ending of someone's job by an employer, usually because there is no more work: [usually plural] *Several hundred more layoffs are planned next month.* ▷ **zwolnienie**

layout /ˈleɪaʊt/ **noun** [C] the way that something is arranged: *Do you like the **layout of** the kitchen?* ▷ **rozkład**

lazy /ˈleɪzi/ **adjective 1** A2 Someone who is lazy does not like working or using any effort: *You lazy thing!* ◦ *He's too lazy to make his bed in the morning.* ▷ **leniwy 2** slow and relaxed: *a lazy morning/weekend* ▷ **leniwy**
• **lazily adverb** ▷ **leniwie** • **laziness noun** [U] B2 ▷ **lenistwo**

lb written abbreviation for pound ▷ **lb (= funt (wagi))**

LCD /ˌelsiːˈdiː/ **noun** [C] abbreviation for liquid crystal display: a screen for showing words or pictures which uses a liquid and an electric current: *LCD TV* ▷ **LCD (= wyświetlacz ciekłokrystaliczny)**

LCM /ˌelsiːˈem/ **noun** [C] abbreviation for lowest common multiple: (in maths) the lowest number that can be divided exactly by a particular group of numbers ▷ **NWW (= najmniejsza wspólna wielokrotność)**

leach /liːtʃ/ **verb** [T, I] (of a substance) to come out of or to be removed from another substance, especially soil, by passing water through it ▷ **wypłukiwać**

lead[1] /liːd/ **verb** (past tense and past participle **led** /led/) **1** [I, T] B1 to show someone where to go, usually by taking them to a place or by going in front of them: *She led them down the hall.* ◦ *We followed a path that led us up the mountain.* ◦ *You lead and we'll follow.* ◦ *I'll **lead the way** (= go first to show the route).* ▷ **prowadzić 2 lead into/to/towards, etc** B2 If a path or road leads somewhere, it goes there: *That path leads to the beach.* ▷ **prowadzić** *gdzieś* **3** [I, T] B2 to be winning a game: *They were **leading by** 11 points at half-time.* ◦ *The Lions lead the Hawks 28-9.* ▷ **prowadzić (z) 4** [T] to be better than anyone else: *I still believe that we lead the world in acting talent.* ▷ **przewodzić 5** [T] to be in control of a group, country, or situation: *to lead a discussion* ◦ *Is this man really capable of leading the*

L

country? ◦ *Shearer* ***led*** *his team* ***to*** *victory.* ▷ **kierować, prowadzić** **6 lead sb to do sth** to cause someone to do or think something: *What led you to think that?* ◦ *I was* ***led to believe*** *that breakfast was included.* ▷ **skłaniać** *kogoś* **do** *czegoś*, **dawać** *komuś coś* **do zrozumienia** **7 lead a busy/normal/quiet, etc life** B2 to live in a particular way: *He was able to lead a normal life despite his illness.* ▷ **prowadzić aktywne/normalne/spokojne** *itp.* **życie** **8 lead sb to a conclusion** to cause you to think that something is probably true: *So you thought I was leaving, did you? What led you to that conclusion?* ▷ **pozwolić** *komuś wyciągnąć wniosek*

PHRASAL VERBS **lead to sth** B2 to cause something to happen or exist: *A poor diet can lead to health problems in later life.* ▷ **prowadzić do** *czegoś* • **lead up to sth** to happen before an event: *The shops are always busy in the weeks leading up to Christmas.* ▷ **poprzedzać** *coś*

lead² /liːd/ **noun 1** [no plural] B2 a winning position during a race or other situation where people are competing: *She's* ***in the lead*** *(= winning).* ◦ *France has just* ***taken the lead*** *(= started to win).* ◦ *a three-goal lead* ▷ **prowadzenie, przywództwo** **2** [C] the main person in a film or play: *She* ***plays the lead*** *in both films.* ▷ **główna rola** **3** [C] UK (US **leash**) a chain or piece of leather fixed to a dog's collar so that it can be controlled: *Dogs must be kept* ***on a lead*** *at all times.* ▷ **smycz** **4** [C] UK (US **cord**) the wire that connects a piece of electrical equipment to the electricity supply ▷ **przewód, kabel** **5** [C] information about a crime that police are trying to solve: *Police are chasing up a new lead.* ▷ **trop, wskazówka**

> Wyrazy występujące razem z **lead (noun)**
>
> take the lead • **increase/stretch** your lead • **be in the** lead

lead³ /liːd/ **adjective** [always before noun] The lead performer or lead part in a performance is the main performer or part: *the* ***lead singer*** ◦ *Who played the* ***lead role****?* ▷ **główny**

lead⁴ /led/ **noun 1** [U] a soft, heavy, grey, poisonous metal used for roofs, pipes, etc (formula Pb): *a lead pipe* ◦ *lead-free petrol/gasoline* ▷ **ołów** **2** [C, U] the black part inside a pencil ▷ **rysik**

leader /ˈliːdəʳ/ **noun** [C] **1** B1 a person in control of a group, country, or situation: *a religious leader* ◦ *Who's the* ***leader of*** *the Democratic Party in the Senate?* ▷ **lider/ka, przywód-ca/czyni** **2** someone or something that is winning during a race or other situation where people are competing: *He's fallen two laps behind the leaders.* ◦ *Microsoft is a world leader in software design.* ▷ **lider/ka**

leadership /ˈliːdəʃɪp/ **noun 1** [U] the job of being in control of a group, country, or situation: *the* ***leadership of*** *the Conservative party* ◦ ***leadership skills/qualities*** ◦ ***a leadership contest*** ▷ **przywództwo** **2** [group] the people in control of a group, country, or situation: *There is growing discontent with the leadership.* ▷ **kierownictwo**

> Wyrazy występujące razem z **leadership**
>
> leadership **of** sth • **under** sb's leadership • leadership **skills/qualities** • **a** leadership **contest**

leading /ˈliːdɪŋ/ **adjective** [always before noun] B2 very important or most important: *He's a leading Hollywood producer.* ▷ **czołowy**

leaf¹ /liːf/ **noun** [C] (plural **leaves** /liːvz/) B1 a flat, green part of a plant that grows from a stem or branch: *an oak leaf* ◦ *a lettuce leaf* ◦ *the falling leaves* ▷ **liść**

IDIOMS **take a leaf out of sb's book** mainly UK to copy something good that someone else does ▷ **brać z** *kogoś* **przykład** • **turn over a new leaf** to start to behave in a better way ▷ **zacząć (wszystko lub życie) od nowa**

leaf² /liːf/ **verb**

PHRASAL VERB **leaf through sth** to turn the pages of a book or magazine and look at them quickly: *She lay on the sofa, leafing through glossy magazines.* ▷ **przeglądać** *coś*, **wertować** *coś*

leaflet /ˈliːflət/ **noun** [C] a piece of folded paper or a small book which contains information: *I picked up a useful* ***leaflet on*** *how to fill in tax forms.* ▷ **ulotka**

leafy /ˈliːfi/ **adjective** [always before noun] A leafy place is pleasant and quiet with a lot of trees: *a leafy lane/suburb* ▷ **zielony, zadrzewiony**

league /liːg/ **noun 1** B1 [C] a group of teams which compete against each other in a sport: *top/bottom of the league* ◦ ***major/minor league baseball*** ◦ *Who won the league championship this year?* ▷ **liga** **2 be in league with sb** to be secretly working or planning something with someone, usually to do something bad ▷ **być w zmowie z** *kimś* **3 not be in the same league as sb/sth** informal to not be as good as someone or something: *It's a nice enough restaurant but it's not in the same league as Rossi's.* ▷ **nie dorównywać** *komuś/czemuś*

the ˌLeague of ˈNations **noun** an organization of several countries formed to try to keep world peace, that existed from 1920 to 1946 ▷ **Liga Narodów**

leak¹ /liːk/ **verb 1** [I, T] B2 If a liquid or gas leaks, it comes out of a hole by accident, and if a container leaks, it allows liquid or gas to come out when it should not: *Water had leaked all over the floor.* ◦ *The bottle must have leaked because the bag's all wet.* ▷ **cieknąć, przeciekać** **2** [T] If someone leaks secret information, they intentionally tell people about it: *Details of the report had been* ***leaked to*** *the press.* ▷ **ujawniać**

PHRASAL VERB **leak out** If secret information leaks out, people find out about it. ▷ **przeciekać**

leak² /liːk/ **noun** [C] **1** B2 a hole in something that a liquid or gas comes out of, or the liquid or gas that comes out: *I think we may have a leak in the roof.* ◦ *a **gas leak*** ▷ **wyciek, przeciek** **2** the act of intentionally telling people a secret ▷ **przeciek**

leakage /ˈliːkɪdʒ/ **noun** [U] the problem of a liquid or gas coming out of something when it should not ▷ **przeciekanie, wyciekanie**

leaky /ˈliːki/ **adjective** informal Something that is leaky has a hole in it and liquid or gas can get through: *a leaky boat/roof* ▷ **przeciekający, cieknący**

lean¹ /liːn/ **verb** (past tense and past participle **leaned**, also UK **leant** /lent/) **lean (sth) back/forward/out, etc** B2 to move the top part of your body in a particular direction: *She leaned forward and whispered in my ear.* ◦ *Lean your head back a bit.* ▷ **pochylać się/przechylać** *coś* **do tyłu/przodu/wychylać się** *itp.*

PHRASAL VERBS **lean (sth) against/on sth** B2 to sit or stand with part of your body touching something as a support: *He leaned against the wall.* ◦ *She leaned her head on his shoulder.* ▷ **opierać się** (*czymś*) **o** *coś* • **lean sth against/on sth** B2 to put something against a wall or other surface so that it is supported: *Lean the ladder against the wall.* ▷ **opierać** *coś* **o** *coś* • **lean on sb/sth** to use someone or something to help you, especially in a difficult situation: *Her mother had always leaned on her for support.* ▷ **polegać na** *kimś/czymś*

lean² /liːn/ **adjective** **1** thin and healthy: *lean and fit* ▷ **szczupły** **2** Lean meat has very little fat on it. ▷ **chudy**

leaning /ˈliːnɪŋ/ **noun** [C] a belief or idea: [usually plural] *I don't know what his **political leanings** are.* ▷ **skłonność**

leap¹ /liːp/ **verb** (past tense and past participle **leapt** /lept/, **leaped**) **1** **leap into/out of/up, etc** to suddenly move somewhere: *He leapt out of his car and ran towards the house.* ◦ *I leapt up to answer the phone.* ▷ **wskoczyć/wyskoczyć/zerwać się** *itp.* **2** **leap off/over/into, etc** to jump somewhere: *She leapt over the wall and disappeared down the alley.* ▷ **wyskoczyć/przeskoczyć/wskoczyć** *itp.*

PHRASAL VERB **leap at sth** to accept the chance to have or do something with enthusiasm: *I'd **leap at** the **opportunity** to work in Japan.* ▷ **(skwapliwie) skorzystać z** *czegoś*

leap² /liːp/ **noun** [C] **1** a sudden improvement or increase: *There was a big **leap in** profits last year.* ◦ *This represents a great **leap forward** in technology.* ▷ **skok** **2** a big jump: *He finished third in the long jump with a leap of 26 feet.* ▷ **skok**

IDIOM **by/in leaps and bounds** If progress or growth happens in leaps and bounds, it happens very quickly. ▷ **radykalnie, gwałtownie**

→ See also **quantum leap**

> Wyrazy występujące razem z **leap**
>
> a leap **in** sth • a leap **of** [75%/5 million, etc] • a leap **forward**

ˈleap ˌyear noun [C] a year that happens every four years, in which February has 29 days instead of 28 ▷ **rok przestępny**

learn /lɜːn/ **verb** (past tense and past participle **learned**, also UK **learnt** /lɜːnt/) **1** [I, T] A1 to get knowledge or skill in a new subject or activity: *I learned Russian at school.* ◦ *"Can you drive?" "I'm learning."* ◦ *She's **learned** a lot **about** computers in the last three months.* ◦ [+ to do sth] *I'm learning to play the piano.* ▷ **uczyć się** **2** [T] B1 to make yourself remember a piece of writing by reading or repeating it many times: *I don't know how actors learn all those lines.* ▷ **uczyć się** **3** [I, T] B2 to start to understand that you must change the way you behave: [+ (that)] *She'll have to learn that she can't have everything she wants.* ◦ *The good thing is, he's not afraid to **learn from his mistakes**.* ▷ **zrozumieć, uczyć się** → See also **learn your *lesson***, **learn/know the *ropes***

PHRASAL VERB **learn about/of sth** to hear facts or information that you did not know: *We only learned about the accident later.* ▷ **dowiedzieć się o** *czymś*

learned /ˈlɜːnɪd/ **adjective** formal Someone who is learned has a lot of knowledge from reading and studying: *He was a very learned man.* ▷ **uczony**

learner /ˈlɜːnəʳ/ **noun** [C] B2 someone who is getting knowledge or a new skill: *learners of English* ▷ **uczący się, ucze-ń/nnica**

learning /ˈlɜːnɪŋ/ **noun** [U] B2 the process of getting knowledge or a new skill: *language learning* ▷ **uczenie się, nauka, wiedza**

ˈlearning ˌcurve noun [C] how quickly or slowly someone learns a new skill: *I've been on a **steep learning curve** since I started my new job.* ▷ **tempo uczenia się**

lease¹ /liːs/ **noun** [C] a legal agreement in which you pay money in order to use a building or a piece of land for a period of time: *We **signed** a three-year **lease** when we moved into the house.* ▷ **wynajem, umowa najmu, dzierżawa**

IDIOM **give sb/sth a new lease of life** UK (also US **give sb/sth a new lease on life**) **a** to make someone feel happy or healthy after a period of illness or sadness: *The operation has given her a new lease of life.* ▷ **tchnąć w** *kogoś/coś* **nowe życie** **b** to improve something that was old so that it works much better ▷ **przywrócić** *czemuś* **dawny wygląd**

> Wyrazy występujące razem z **lease**
>
> renew/sign/take a lease • a lease **of/on** sth

lease² /liːs/ **verb** [T] to use a building or piece of land, or to allow someone to use a building or piece of land, in exchange for money: *We want to lease some office space in the centre of town.* ◦ *The council eventually* ***leased*** *the land* ***to*** *a local company.* ▷ **dzierżawić, wynajmować**

leash /li:ʃ/ **noun** [C] (also UK **lead**) a chain or piece of leather fixed to a dog's collar so that it can be controlled ▷ **smycz**

least[1] /li:st/ **adverb 1** B1 less than anyone or anything else: *Which car costs least?* ◦ *I chose the least expensive dish on the menu.* ◦ *No one,* ***least of all*** *(= especially not) James, is going to be angry with you.* ▷ **najmniej 2 at least a** A2 as much as, or more than, a number or amount: *You'll have to wait at least an hour.* ▷ **co najmniej b** B1 something that you say when you are telling someone about an advantage in a bad situation: *It's a small house but at least there's a garden.* ▷ **przynajmniej c** used to say that someone should give a small amount of help although they do not intend to give a lot: *Even if you didn't want to send a present, you could at least have sent a card.* ▷ **przynajmniej, chociaż d** something that you say in order to correct something you said that was wrong: *I've seen that film. At least, I saw the beginning then I fell asleep.* ▷ **przynajmniej 3 not least** formal especially: *The whole trip was fascinating, not least because of the people I met.* ▷ **zwłaszcza, szczególnie 4 not in the least** not at all: *I don't mind staying at home, not in the least.* ▷ **wcale, ani trochę** → See also ***last*** **but not least**

least[2] /li:st/ **quantifier 1** B2 the smallest amount: *She earns the least money of all of us.* ◦ *Jake had more experience than anyone else and I probably had the least.* ▷ **najmniej, najmniejszy 2 to say the least** used to emphasize that you could have said something in a much stronger way: *We were surprised, to say the least.* ▷ **delikatnie mówiąc**

leather /ˈleðəʳ/ **noun** [U] A2 the skin of animals that is used to make things such as shoes and bags: *a leather jacket* ▷ **skóra**

leave[1] /li:v/ **verb** (past tense and past participle **left** /left/) **1** [I, T] A1 to go away from a place or a situation, either permanently or for a temporary period: *I'm leaving work early this afternoon.* ◦ *What time does the bus leave?* ◦ *They* ***left for*** *Paris last night.* ◦ *"Does Trevor still work there?" "No, he left (= he does not work there now)."* ◦ *She left school at 16.* ▷ **wyjeżdżać, wychodzić 2** [I, T] B1 to end a relationship with a husband, wife, or partner and stop living with them: *I'll never leave you.* ◦ *She* ***left*** *him* ***for*** *a younger man.* ▷ **opuszczać, odchodzić 3** [T] A2 to not take something with you when you go away from a place, either intentionally or by accident: *Why don't you leave your jacket in the car?* ◦ *She'd left a note for him in the kitchen.* ◦ *That's the second umbrella I've left on the train!* ▷ **zostawiać 4** [T] A2 to not use all of something: *They'd drunk all the wine but they'd left some food.* ◦ *Are there any biscuits left?* ▷ **zostawiać, pozostawiać 5** [T] to make a permanent mark: *The operation may leave a scar.* ▷ **zostawiać, pozostawiać 6 leave sth open/on/off, etc** B2 to cause something to stay in a particular condition: *Who left the window open?* ▷ **zostawiać** *coś* **otwarte/włączone/wyłączone** *itp.* **7** [T] to do something later that you could do immediately: *Don't leave your packing till the night before you go.* ▷ **zostawiać 8** [T] to arrange for someone to receive something after you die: *His aunt left him a lot of money.* ◦ *He* ***left*** *the house* ***to*** *Julia.* ▷ **zapisywać, zostawiać 9 leave sb alone** to stop speaking to or annoying someone: *Leave me alone! I'm trying to work.* ▷ **zostawiać** *kogoś* **w spokoju 10 leave sth alone** to stop touching something: *Leave your hair alone!* ▷ **zostawiać** *coś* **w spokoju** → See also **leave someone to their own** ***devices***, **leave/make your** ***mark***

PHRASAL VERBS **leave sb/sth behind** A2 to leave a place without taking something or someone with you: *We were in a hurry and I think I must have left my keys behind.* ▷ **zostawiać** *kogoś/coś* • **leave behind sth; leave sth behind (sb)** to cause a situation to exist after you have left a place: *The army left a trail of destruction behind them.* ▷ **zostawiać** *coś* **(za sobą)** • **leave sth for/to sb** to give someone the responsibility for dealing with something: *I've left the paperwork for you.* ▷ **zostawiać** *coś komuś* • **leave sb/sth out** B2 to not include someone or something: *I've made a list of names – I hope I haven't left anyone out.* ▷ **pomijać** *kogoś/coś* • **be left out** If someone feels left out, they are unhappy because they have not been included in an activity: *The older children had gone upstairs to play and she felt left out.* ▷ **być pominiętym, czuć się (jak) obcy** • **be left over** If an amount of money or food is left over, it remains when the rest has been used or eaten: *There was a lot of food left over from the party.* ▷ **zostać**

leave[2] /li:v/ **noun** [U] a period of time when you do not go to work: *She's* ***on*** *maternity/sick* ***leave.*** ▷ **urlop**

> Wyrazy występujące razem z **leave**
>
> annual/maternity/paternity/sick leave • on leave • leave from [work/your job, etc]

leaves /li:vz/ plural of leaf ▷ **liście**

Lebanon /ˈlebənən/ **noun** a country in the Middle East ▷ **Liban**
• **Lebanese** /ˌlebəˈni:z/ **adjective** coming from or relating to Lebanon ▷ **libański** • **Lebanese noun** (plural **Lebanese**) someone from Lebanon ▷ **Liba-ńczyk/nka**

lecherous /ˈletʃərəs/ **adjective** A lecherous man shows too much interest in sex, in a way that is unpleasant. ▷ **obleśny, lubieżny**

lecithin /ˈlesɪθɪn/ **noun** [U] a substance found in plant and animal tissue which is often used in food products to help the different parts mix together well ▷ **lecytyna**

lecture[1] /ˈlektʃəʳ/ **noun** [C] **1** B1 a formal talk given to a group of people in order to teach them about a subject: *We went to a **lecture on** Italian art.* ◦ *Do you know who's **giving the lecture** this afternoon?* ▷ **wykład 2** an angry or serious talk given to someone in order to criticize their behaviour: *My dad **gave** me **a lecture on** smoking last night.* ▷ **kazanie, wykład**

lecture[2] /ˈlektʃəʳ/ **verb 1** [I] to give a formal talk to a group of people, often at a university: *She travelled widely throughout North America **lecturing on** women's rights.* ◦ *For ten years she **lectured in** law.* ▷ **wykładać 2** [T] to talk angrily to someone in order to criticize their behaviour: *Stop lecturing me!* ◦ *His parents used to **lecture** him **on** his table manners.* ▷ **prawić kazania**

lecturer /ˈlektʃərəʳ/ **noun** [C] mainly UK B2 someone who teaches at a university or college: *a **lecturer in** psychology* ◦ *a senior lecturer* ▷ **wykładowca**

led /led/ past of lead

ledge /ledʒ/ **noun** [C] a long, flat surface that comes out under a window or from the side of a mountain: *The birds landed on a ledge about halfway up the cliff.* ▷ **parapet, półka**

ledger /ˈledʒəʳ/ **noun** [C] a book in which things are regularly recorded, especially business activities and money received or paid ▷ **rejestr, księga**

leech /liːtʃ/ **noun** [C] a type of fat worm that drinks the blood of people and animals ▷ **pijawka**

leek /liːk/ **noun** [C, U] B2 a long white and green vegetable that smells and tastes similar to an onion ▷ **por, pory**

leer /lɪəʳ/ **verb** [I] to look at someone in an unpleasant and sexually interested way: *He was always **leering at** female members of staff.* ▷ **łypać, gapić się**

• **leer noun** [C] ▷ **łypnięcie**

leery /ˈlɪəri/ **adjective** US worried and not able to trust someone: *I've gotten more **leery of** the media.* ▷ **podejrzliwy, nieufny**

leeway /ˈliːweɪ/ **noun** [U] freedom to do what you want: *My current boss **gives** me much more **leeway**.* ▷ **swoboda**

left[1] /left/ **adjective** [always before noun], **adverb** A2 on or towards the side of your body that is to the west when you are facing north: *Step forward on your left leg.* ◦ *She had a diamond earring in her left ear.* ◦ ***Turn left** at the end of the corridor.* ▷ **lewy, w lewo, po lewej** → Opposite **right**

left[2] /left/ **noun 1** A2 [no plural] the left side: *Ned's the man sitting **on** my **left** in that photo.* ◦ *Jean's house is last **on the left**.* ▷ **lewa (strona), lewo 2 the Left/left** political groups which believe that power and money should be shared more equally among people: *The proposals were sharply criticized by the Left.* ▷ **lewica** → Opposite **right**

Wyrazy występujące razem z **left (noun)**
on the left • the left of sth • be to sb's left

left[3] /left/ past of leave

ˌleft ˈclick verb [I] to press the button on the left of a computer mouse ▷ **kliknąć lewym klawiszem (myszki)**

ˌleft ˈfield noun US informal **in/from/out of left field** strange and not expected: *His question came out of left field, and I didn't know what to say.* ▷ **jak grom z jasnego nieba**

left-hand /ˌleftˈhænd/ **adjective** [always before noun] A2 on the left: *a left-hand drive car (= car which you drive sitting on the left-hand side)* ◦ *The swimming pool is on **the left-hand side** of the road.* ▷ **lewy**

left-handed /ˌleftˈhændɪd/ **adjective** Someone who is left-handed uses their left hand to do most things: *Are you left-handed?* ▷ **leworęczny**

leftist /ˈleftɪst/ **adjective** supporting the ideas of parties on the political left: *leftist politics/ideas* ▷ **lewicowy**

leftover /ˈleftˌəʊvəʳ/ **adjective** [always before noun] Leftover food remains after a meal: *If there's any leftover food we can take it home with us.* ▷ **pozostały**

• **leftovers noun** [plural] food which remains after a meal: *We've been eating up the leftovers from the party all week.* ▷ **resztki**

left-wing /ˌleftˈwɪŋ/ **adjective** supporting the ideas of parties on the political left: *a left-wing newspaper* ▷ **lewicowy**

• **left-winger noun** [C] ▷ **lewicowiec**

leg /leg/ **noun** [C] **1** A1 one of the parts of the body of a human or animal that is used for standing and walking: *He broke his leg in the accident.* ◦ *There were cuts on her arms and legs.* ◦ *She had bare legs and wore only a light summer dress.* ▷ **noga** → See **The Body** on page Centre 13 **2** the meat of an animal's leg eaten as food: *a chicken leg* ▷ **noga, nóżka, udziec 3** one of the vertical parts of a chair, table, etc that is on the floor: *a **chair/table leg*** ▷ **noga 4** the part of a pair of trousers that covers one of your legs: *He rolled up his **trouser legs** and waded into the water.* ▷ **nogawka 5** one part of a journey or competition: *the first/second/third leg of the journey* ▷ **odcinek, etap**

IDIOMS **not have a leg to stand on** informal to have no chance of proving that something is true: *If you don't have a witness, you don't have a leg to stand on.* ▷ **nie mieć żadnych dowodów** • **be on its last legs** informal If a machine is on its last legs, it will stop working soon because it is so old: *We've had the same oven for twenty years now and it really is on its last legs.* ▷ **rozpadać** się • **stretch your legs** informal to go for a walk ▷ **rozprostować nogi**

legacy /ˈlegəsi/ **noun** [C] **1** a situation that was caused by something from an earlier time: *The war has left a **legacy of** hatred.* ▷ **spuścizna, dziedzictwo** **2** money or buildings, etc that you receive after someone dies ▷ **spadek**

legal /ˈliːgᵊl/ **adjective** **1** B2 relating to the law: *legal action/advice* ◦ *the legal profession/system* ▷ **prawny** **2** B2 allowed by law: *Is it legal to carry a handgun?* ▷ **legalny** → Opposite **illegal**
• **legally adverb** B2 *Children under sixteen are not legally allowed to buy cigarettes.* ▷ **legalnie, prawnie**

ˌ**legal** ˈ**aid noun** [U] a system that provides free advice about the law to people who are too poor to pay for it ▷ **(bezpłatna) pomoc prawna**

legality /liːˈgæləti/ **noun** [U] the legal quality of a situation or action: *Some board members have questioned the legality of the proposal.* ▷ **legalność**

legalize /ˈliːgᵊlaɪz/ **verb** [T] to make something legal: *How many Americans want to legalize drugs?* ▷ **zalegalizować**
• **legalization** /ˌliːgᵊlaɪˈzeɪʃᵊn/ **noun** [U] *the legalization of abortion* ▷ **legalizacja, zalegalizowanie**

legend /ˈledʒənd/ **noun** **1** [C, U] B2 an old story or set of stories from ancient times: *the legends of King Arthur* ◦ *She's writing a book on Greek legend.* ▷ **legenda** **2** [C] a famous person: *a living legend* ◦ *Jazz legend, Ella Fitzgerald, once sang in this bar.* ▷ **legenda**

legendary /ˈledʒəndᵊri/ **adjective** **1** from a legend: *a legendary Greek hero* ▷ **legendarny** **2** very famous: *He became editor of the legendary Irish journal, 'The Bell'.* ▷ **legendarny**

leggings /ˈlegɪŋz/ **noun** [plural] tight trousers which are made of soft material that stretches and are worn mainly by women: *a pair of leggings* ▷ **legginsy**

legible /ˈledʒəbl/ **adjective** If writing is legible, you can read it easily. ▷ **czytelny** → Opposite **illegible**

legion /ˈliːdʒən/ **noun** [C] a large group of soldiers that forms part of an army ▷ **legion, legia**

legions /ˈliːdʒənz/ **noun** [plural] **legions of sb** large numbers of people: *He failed to turn up for the concert, disappointing the legions of fans waiting outside.* ▷ **tłumy** *kogoś*

legislate /ˈledʒɪsleɪt/ **verb** [I] If a government legislates, it makes a new law: *We believe it is possible to **legislate against** racism.* ◦ *It's hard to **legislate for** (= make a law that will protect) the ownership of an idea.* ▷ **ustanawiać prawo lub prawa**

legislation /ˌledʒɪˈsleɪʃᵊn/ **noun** [U] a law or a set of laws: *Most people want tougher environmental legislation but large corporations continue to oppose it.* ▷ **legislacja, ustawodawstwo**

> Wyrazy występujące razem z **legislation**
>
> **introduce/pass** legislation • **a piece of** legislation • legislation **on** sth

legit /ləˈdʒɪt/ **adjective** informal short for legitimate ▷ **czysty**

legitimate /lɪˈdʒɪtəmət/ **adjective** **1** allowed by law: *Sales of illegal CDs now exceed those of legitimate recordings.* ▷ **legalny** → Opposite **illegitimate** **2** A legitimate complaint or fear can be understood or believed: *People have expressed **legitimate fears** about the spread of the disease.* ▷ **uzasadniony**
• **legitimately adverb** ▷ **legalnie, słusznie**

leisure /ˈleʒəʳ/ US /ˈliːʒər/ **noun** [U] **1** B1 the time when you are not working: ***leisure activities*** ◦ *Try to spend your **leisure time** doing activities you really enjoy.* ▷ **czas wolny, rekreacja** **2 at your leisure** If you do something at your leisure, you do it when you have the time: *Take it home and read it at your leisure.* ▷ **w wolnej chwili**

ˈ**leisure** ˌ**centre noun** [C] UK a building with a swimming pool and places where you can play sports ▷ **centrum rekreacyjne**

leisurely /ˈleʒəli/ US /ˈliːʒərli/ **adjective** in a relaxed way without hurrying: *a **leisurely stroll*** ▷ **spokojny**

lemon /ˈlemən/ **noun** [C, U] A2 an oval, yellow fruit that has sour juice: *a **slice of lemon*** ◦ ***lemon juice*** ▷ **cytryna** → See **Fruits and Vegetables** on page Centre 10

lemon

lemonade /ˌleməˈneɪd/ **noun** [C, U] **1** UK A2 a cold drink with a lemon flavour that is sweet and has bubbles ▷ **lemoniada** **2** mainly US a cold drink that is made from lemon juice, water, and sugar ▷ **lemoniada**

lend /lend/ **verb** (past tense and past participle **lent** /lent/) **1** [+ two objects] A2 to give something to someone for a period of time, expecting that they will then give it back to you: *She lent me her car for the weekend.* ◦ *I do have a bike but I've **lent** it **to** Sara.* ▷ **pożyczać** **2** [I, T] B2 If a bank lends money, it gives money to someone who then pays the money back in small amounts over a period: *The bank refused to lend us money for another mortgage.* ▷ **pożyczać**

PHRASAL VERBS **lend itself to sth** formal to be suitable for a particular purpose: *The old system doesn't lend itself to mass production.* ▷ **nadawać się do** *czegoś* • **lend sth to sb/sth** formal to add a quality to something or someone: *We will continue to lend support to our allies.* ▷ **udzielać** *czegoś komuś/czemuś*, **służyć** *czymś komuś/czemuś*

lender /ˈlendəʳ/ **noun** [C] a person or organization that lends money to people: *mortgage lenders* ▷ **kredytodawca, wierzyciel/ka**

length /leŋθ/ **noun 1** [C, U] B1 the measurement or distance of something from one end to the other: *The carpet is over three metres **in length**.* ◦ *The length of the bay is roughly 200 miles.* ▷ **długość 2** [C, U] B1 the amount of time something takes: *the length of a film/play/speech* ◦ *Sitting still for any length of time is quite hard for most children.* ▷ **długość 3** [C, U] the amount of writing in a book or document: *He's written books of various lengths on the subject.* ▷ **długość 4 at length** If you talk about something at length, you talk for a long time: *We discussed both topics at length.* ▷ **obszernie, szczegółowo 5** [C] a long piece of something: *a length of cloth/cord/rope* ▷ **kawałek**

IDIOMS **go to great lengths to do sth** to try very hard to achieve something: *He'll go to great lengths to get what he wants.* ▷ **nie cofnąć się przed niczym, dokładać wszelkich starań** • **the length and breadth of sth** in every part of a place: *They travelled the length and breadth of Scotland together.* ▷ **wzdłuż i wszerz** *czegoś*, **jak** *coś* **długie i szerokie**

Wyrazy występujące razem z **length**
the length **of** sth • [20m/3cm, etc] **in** length

lengthen /ˈleŋθən/ **verb** [I, T] to become longer or to make something longer: *lengthening waiting lists* ▷ **przedłużać (się), wydłużać (się)**

lengthy /ˈleŋθi/ **adjective** continuing for a long time: *a **lengthy discussion/process*** ▷ **długi, przedłużający się**

lenient /ˈliːniənt/ **adjective** A lenient punishment is not severe: *He asked the judge to pass a lenient sentence.* ▷ **łagodny**

lens /lenz/ **noun** [C] **1** a curved piece of glass in cameras, glasses, and scientific equipment used for looking at things ▷ **soczewka** → See also **contact lens**, **zoom lens 2** the part of the eye behind the pupil that helps you see well ▷ **soczewka**

lent /lent/ past of lend

Lent /lent/ **noun** [U] the religious period before Easter, in which some Christians do not allow themselves something that they usually enjoy: *She's given up chocolate for Lent.* ▷ **wielki post**

lentil /ˈlentəl/ **noun** [C] a very small dried bean which is cooked and eaten: *lentil soup* ▷ **soczewica**

Leo /ˈliːəʊ/ **noun** [C, U] the sign of the zodiac which relates to the period of 23 July – 22 August, or a person born during this period ▷ **Lew**

leopard /ˈlepəd/ **noun** [C] B2 a large, wild animal of the cat family, with yellow fur and dark spots ▷ **lampart, pantera**

leopard

leper /ˈlepəʳ/ **noun** [C] a person who has leprosy ▷ **trędowat-y/a**

leprosy /ˈleprəsi/ **noun** [U] a serious skin disease which can destroy parts of the body ▷ **trąd**

lesbian /ˈlezbiən/ **noun** [C] a woman who is sexually attracted to other women: *a lesbian affair* ▷ **lesbijka**

Lesotho /ləˈsuːtuː/ **noun** a country in Africa ▷ **Lesoto**

• **Basotho** /bəˈsuːtuː/ **adjective** coming from or relating to Lesotho ▷ **sotyjski** • **Mosotho** /məˈsuːtuː/, /bəˈsuːtuː/ **noun** [C] (plural **Basotho**) someone from Lesotho ▷ **Sotyj-czyk/ka**

less¹ /les/ **adverb 1** A2 not as much: *I'm trying to exercise more and eat less.* ◦ *Plastic bottles are less expensive to produce.* ▷ **mniej 2 less and less** If something happens less and less, it gradually becomes smaller in amount or not so frequent: *I find I'm eating less and less red meat.* ▷ **coraz mniej**

less² /les/ **quantifier** A2 a smaller amount: *She gets about £50 a week or less.* ◦ *I was driving at **less than** 20 miles per hour.* ◦ *Tuberculosis is **less of** a threat these days.* ◦ *I prefer my coffee with a little less sugar.* ▷ **mniej, mniejszy**

-less /-ləs/ **suffix** changes a noun into an adjective meaning 'without': *homeless people* ◦ *a meaningless statement* ◦ *a hopeless situation* ▷ **bez-**

lessen /ˈlesən/ **verb** [I, T] to become less or to make something less: *Exercise and a healthy diet lessen the chance of heart disease.* ▷ **zmniejszać (się)**

lesser /ˈlesəʳ/ **adjective** not as large, important, or of such good quality: *The price increase was due to labour shortages and, **to a lesser extent**, the recent earthquake.* ◦ *He faces the lesser charge of assault.* ▷ **mniejszy, pomniejszy, mniej ważny**

IDIOM **the lesser of two evils** the less bad of two bad things: *I suppose I regard the Democratic candidate as the lesser of two evils.* ▷ **mniejsze zło**

lesser-known /ˌlesəˈnəʊn/ **adjective** not as popular or famous as something else: *We stayed on one of the lesser-known Greek islands.* ▷ **mniej znany**

lesson /ˈlesən/ **noun** [C] **1** A1 a period of time when a teacher teaches people: *The best way to improve your game is to **take lessons**.* ◦ *She **gives** French **lessons**.* ◦ *Lessons start at 9 a.m.* ▷ **lekcja 2** B2 an experience which teaches you how to

L

behave better in a similar situation in the future: *My parents made me pay back all the money, and it was a lesson I never forgot.* ▷ **lekcja**

IDIOMS **learn your lesson** to decide not to do something again because it has caused you problems in the past: *I'm not going out without my umbrella again – I've learnt my lesson!* ▷ **dostać nauczkę** • **teach sb a lesson** to punish someone so that they will not behave badly again: *The next time she's late, go without her. That should teach her a lesson.* ▷ **dać** *komuś* **nauczkę**

> Wyrazy występujące razem z **lesson**
> have/take lessons • give sb a lesson

let /let/ **verb** [T] (present participle **letting**, past tense and past participle **let**) **1** B1 to allow someone to do something, or to allow something to happen: *Let them play outside.* ◦ *Don't let the camera get wet.* ◦ *We let a whole year go by before we tried again.* ▷ **pozwalać** **2 let sb/sth in/past/through, etc** B2 to allow someone or something to move to a particular place: *They won't let us past the gate.* ◦ *I won't let him near my children.* ◦ *The roof lets in a lot of rain.* ▷ **wpuszczać/przepuszczać** *itp. kogoś/coś* **3 let's** A2 something that you say when you are making a suggestion: *Let's eat out tonight.* ▷ *zróbmy coś* **4 let me/us** something that you say when you are offering to help someone: *Let me carry your cases.* ▷ **pozwól, że ...** **5** If you let a building or part of a building, you allow someone to live there and they give you money: *I **let** the top floor of my house **to** a student.* ▷ **wynajmować** **6 Let's see/Let me see** something that you say when you are trying to remember something or calculate something: *Let's see – there are five people and only three beds.* ◦ *It must have been – let me see – three years ago.* ▷ **zaraz, zaraz, zobaczmy** **7 Let's say** something that you say when you are suggesting a possible situation or action: *Let's say we'll meet back here in an hour.* ▷ **powiedzmy, że ...** **8 let sb know (sth)** A2 to tell someone something: [+ question word] *I'll let you know when we've fixed a date for the meeting.* ▷ **dać** *komuś* **znać (o** *czymś***)** **9 let (sth) go** to stop holding something: *I **let go of** the rope.* ▷ **puszczać (***coś***)** **10 let yourself go a** to allow yourself to become less attractive or healthy ▷ **zaniedbać się** **b** to relax completely and enjoy yourself: *It's a party – let yourself go!* ▷ **rozluźnić się, poszaleć sobie** **11 let's face it** something that you say when the truth is unpleasant but must be accepted: *Let's face it, we're not getting any younger.* ▷ **spójrzmy prawdzie w oczy** → See also **let the *cat* out of the bag**, **let your *hair* down**, **get/let sb off the *hook***, **let off *steam***

IDIOM **let alone** used to emphasize that something is more impossible than another thing: *You couldn't trust her to look after your dog, let alone your child.* ▷ **nie wspominając o, a co dopiero**

PHRASAL VERBS **let sb down** B2 to disappoint someone by failing to do what you agreed to do: *I promised to go to the party with Jane and I can't let her down.* ▷ **zawieść** *kogoś*, **rozczarować** *kogoś* • **let sb in** to allow someone to enter a room or building, often by opening the door: *Could you go down and let Darren in?* ▷ **wpuszczać** *kogoś* • **let yourself in for sth** to become involved in an unpleasant situation without intending to: *Do you realize how much work you're letting yourself in for?* ▷ **pakować się w** *coś*, **narażać się na** *coś* • **let sb off** B2 to not punish someone who has done something wrong, or to not punish them severely: *I'll let you off this time, but don't ever lie to me again.* ◦ *The judge **let** her **off with** (= only punished her with) a fine.* ▷ **darować** *komuś* **karę, poprzestawać na** *czymś* • **let on** to tell someone about something secret: *She **let on to** a friend that she'd lied in court.* ▷ **zdradzać, wygadać się** • **let sb/sth out** B2 to allow a person or animal to leave somewhere, especially by opening a locked or closed door ▷ **wypuszczać** *kogoś/coś* • **let up** If bad weather or an unpleasant situation lets up, it stops or improves: *I hope the rain lets up for the weekend.* ▷ **ustawać, zelżeć**

letdown /ˈletdaʊn/ **noun** [no plural] informal a disappointment: *After all I'd heard about the film it was a bit of a letdown when I finally saw it.* ▷ **rozczarowanie, zawód**

lethal /ˈliːθᵊl/ **adjective** able to cause death ▷ **śmiertelny, śmiercionośny**

lethargic /ləˈθɑːdʒɪk/ **adjective** When you feel lethargic, you have no energy and you do not want to do anything. ▷ **ospały**
• **lethargy** /ˈleθədʒi/ **noun** [U] the feeling of being tired and having no energy ▷ **ospałość, letarg**

letter /ˈletəʳ/ **noun** [C] **1** A1 a written message that you send to someone, usually by post: *I got a letter from Paul this morning.* ▷ **list** **2** A2 a symbol that is used in written language and that represents a sound in that language: *the letter K* ▷ **litera** → See also **covering letter**

> Wyrazy występujące razem z **letter**
> get/receive/send/write a letter • in a letter • a letter from/to sb

letterbox /ˈletəbɒks/ **noun** [C] UK **1** a small hole in a door that letters are put through ▷ **skrzynka (na listy)** **2** (US **mailbox**) a large, metal container in a public place where you can post letters ▷ **skrzynka (pocztowa)**

ˈ**letter** ˌ**carrier** **noun** [C] US (UK **postman**) someone who takes and brings letters and parcels as a job ▷ **doręczyciel/ka, listonosz/ka**

letterpress /ˈletəpres/ **noun** [U] a method of printing in which raised surfaces covered with ink are pressed onto paper ▷ **druk typograficzny**

lettuce /ˈletɪs/ **noun** [C] B1 a plant with green leaves, which is eaten in salads ▷ **sałata** → See **Fruits and Vegetables** on page Centre 10

leucocyte /ˈljuːkəʊsaɪt/ **noun** [C] a white blood cell ▷ **leukocyt, krwinka biała**

leukaemia UK (US **leukemia**) /luːˈkiːmiə/ **noun** [U] a serious disease in which a person's body produces too many white blood cells ▷ **białaczka**

levee /ˈlevi/ **noun** [C] a wall made of land or other materials that is built next to a river to stop the river from flooding ▷ **wał przeciwpowodziowy**

level[1] /ˈlevᵊl/ **noun** [C] **1** B2 the height of something: *the water level* ▷ **poziom 2** B2 the amount or number of something: *Chess requires a high level of concentration.* ▷ **poziom 3** A2 someone's ability compared to other people: *Students at this level need a lot of help.* ▷ **poziom 4** a floor in a building: *The store had three levels.* ▷ **kondygnacja** → See also **A level**, **a level *playing field***, **sea level**

> Wyrazy występujące razem z **level**
> the level **of** sth • **at** a (high/low, etc) level

level[2] /ˈlevᵊl/ **adjective 1** [never before noun] at the same height: *I got down till my face was **level with** his.* ▷ **równy, na tym samym poziomie 2** B2 flat or horizontal: *Make sure the camera is level before you take the picture.* ▷ **poziomy**

level[3] /ˈlevᵊl/ **verb** [T] (present participle UK **levelling**, past tense and past participle **levelled**, present participle US **leveling**, past tense and past participle **leveled**) **1** to make something flat: *He levelled the wet cement before it set.* ▷ **wyrównywać 2** to completely destroy a building: *Artillery fire levelled the town.* ▷ **zrównać z ziemią**

PHRASAL VERBS **level sth against/at sb** to say that someone has done something wrong: [often passive] *Charges of corruption have been levelled against him.* ▷ **kierować** *coś* **pod** *czyimś* **adresem** • **level sth at sb** to aim a gun at someone or something: *He levelled the gun at my head.* ▷ **wymierzyć z** *czegoś* **w/do** *kogoś* • **level off/out** to stop rising or falling and stay at the same level: *Road deaths have levelled off since the speed limit was lowered.* ▷ **ustabilizować się, pozostawać na tym samym poziomie**

ˌlevel ˈcrossing noun [C] UK (US **grade crossing**) a place where a railway crosses a road ▷ **przejazd kolejowy**

lever /ˈliːvəʳ/ US /ˈlevər/ **noun** [C] **1** a handle that you push or pull to make a machine work ▷ **dźwignia, drążek 2** a long bar that you use to lift or move something by pressing one end ▷ **dźwignia**

leverage /ˈliːvᵊrɪdʒ/ US /ˈlevərɪdʒ/ **noun** [U] the power to influence people in order to get what you want ▷ **wpływ**

levy /ˈlevi/ **verb levy a charge/fine/tax, etc** to officially demand money: [often passive] *A new tax was **levied on** consumers of luxury goods.* ▷ **nakładać opłatę/grzywnę/podatek** *itp.*

lewd /luːd/ **adjective** sexual in a way that is unpleasant: *lewd comments/gestures* ▷ **lubieżny, ordynarny**

liability /ˌlaɪəˈbɪləti/ **noun 1** [U] when you are legally responsible for something: *They have **admitted liability for** the damage caused.* ▷ **odpowiedzialność 2** [no plural] someone or something that is likely to cause you a lot of trouble: *Wherever we go she upsets someone – she's a real liability.* ▷ **kłopot 3** [usually plural] a debt of a business ▷ **zobowiązanie (pieniężne)**

liable /ˈlaɪəbl/ **adjective 1 be liable to do sth** to be likely to do something: *He's liable to make a fuss if you wake him.* ▷ **móc** *coś zrobić* **2** legally responsible: *Corporate officials are **liable for** the safety of their employees.* ▷ **odpowiedzialny**

liaise /liˈeɪz/ **verb** [I] to speak to other people at work in order to exchange information with them: *Our head office will **liaise with** the suppliers to ensure delivery.* ▷ **wymieniać informacje, współpracować**

liaison /liˈeɪzᵊn/ **noun 1** [U] communication between people or groups that work with each other ▷ **współdziałanie, współpraca 2** [C] US someone who helps groups to communicate effectively with each another: *She served as an informal liaison between employees and management.* ▷ **łączni-k/czka, koordynator/ka 3** [C] a short sexual relationship between people who are not married ▷ **romans, związek**

Liam /ˈliːəm/ **noun** a male name

liana /liˈɑːnə/ **noun** [C] a woody plant that grows in tropical forests ▷ **liana**

liar /ˈlaɪəʳ/ **noun** [C] B2 someone who tells lies ▷ **kłamca**

Lib Dem /lɪbˈdem/ **noun** [C] short for Liberal Democrat ▷ **Liberalny Demokrata**

libel /ˈlaɪbᵊl/ **noun** [U] writing which contains bad information about someone which is not true: *Tabloid magazines are often sued for libel.* ▷ **zniesławienie**

liberal /ˈlɪbᵊrᵊl/ **adjective 1** accepting beliefs and behaviour that are new or different from your own: *a **liberal attitude*** ▷ **tolerancyjny, liberalny 2** Liberal political ideas emphasize the need to make new laws as society changes and the need for government to provide social services. ▷ **liberalny**

• **liberal** noun [C] someone who is liberal ▷ **liberał**

ˌliberal ˈarts noun [plural] US (UK/US **arts**) subjects of study which are not science, such as history, languages, etc ▷ **nauki humanistyczne**

L

ˌLiberal ˈDemocrat noun [C] **1 the Liberal Democrats** one of the three main political parties in the UK: *He's the leader of the Liberal Democrats.* ▷ **Partia Liberalnych Demokratów** **2** someone who supports the Liberal Democrats ▷ **człon-ek/kini Partii Liberalnych Demokratów**

liberally /ˈlɪbərəli/ **adverb** in large amounts: *fruit liberally sprinkled with sugar* ▷ **hojnie**

liberate /ˈlɪbəreɪt/ **verb** [T] to help someone or something to be free: *Troops liberated the city.* ▷ **uwalniać, wyzwalać**
• **liberation** /ˌlɪbərˈeɪʃən/ **noun** [U] *the invasion and liberation of France* ▷ **wyzwolenie**

liberated /ˈlɪbəreɪtɪd/ **adjective** not following traditional ways of behaving or old ideas: *a liberated woman* ▷ **wyzwolony**

liberating /ˈlɪbəreɪtɪŋ/ **adjective** making you feel that you can behave in exactly the way that you want to: *Taking all your clothes off can be a very* ***liberating experience.*** ▷ **dający poczucie wolności**

Liberia /laɪˈbɪəriə/ **noun** a country in Africa ▷ **Liberia**
• **Liberian** /laɪˈbɪəriən/ **adjective** coming from or relating to Liberia ▷ **liberyjski** • **Liberian noun** someone from Liberia ▷ **Liberyj-czyk/ka**

liberty /ˈlɪbəti/ **noun** [C, U] **1** (B2) the freedom to live, work, and travel as you want to: *Many would willingly fight to preserve their liberty.* ▷ **wolność** **2 be at liberty to do sth** formal to be allowed to do something: *I'm not at liberty to discuss the matter at present.* ▷≈ *komuś* **wolno** *coś robić* **3 take the liberty of doing sth** formal to do something that will have an effect on someone else, without asking their permission: *I took the liberty of booking theatre seats for us.* ▷ **pozwolić sobie** *coś zrobić* → See also **civil liberties**

Libra /ˈliːbrə/ **noun** [C, U] the sign of the zodiac which relates to the period of 23 September – 22 October, or a person born during this period ▷ **Waga**

librarian /laɪˈbreəriən/ **noun** [C] someone who works in a library ▷ **biblioteka-rz/rka**

library /ˈlaɪbrəri/ **noun** [C] (A2) a room or building that contains a collection of books and other written material that you can read or borrow ▷ **biblioteka**

Libya /ˈlɪbiə/ **noun** a country in Africa ▷ **Libia**
• **Libyan** /ˈlɪbiən/ **adjective** coming from or relating to Libya ▷ **libijski** • **Libyan noun** someone from Libya ▷ **Libij-czyk/ka**

lice /laɪs/ plural of louse ▷ **wszy**

licence UK (US **license**) /ˈlaɪsəns/ **noun** [C] (A2) an official document that allows you to do or have something: *a hunting licence* ◦ *a marriage licence* ▷ **pozwolenie, koncesja, świadectwo** → See also **driving licence, off-licence**

> Wyrazy występujące razem z **licence**
>
> apply for/hold/issue a licence • a licence for sth

license /ˈlaɪsəns/ **verb** [T] to give someone official permission to do or have something: [often passive, + to do sth] *Undercover agents are licensed to carry guns.* ▷ **udzielać zezwolenia**

licensed /ˈlaɪsənst/ **adjective** **1** mainly US officially approved: *a licensed physician* ▷ **uprawniony, licencjonowany, zarejestrowany** **2** A licensed bar or restaurant is officially allowed to serve alcoholic drinks. ▷ **posiadający koncesję na sprzedaż alkoholu**

ˈlicense ˌplate noun [C] US (UK **number plate**) an official metal sign with numbers and letters on the front and back of a car ▷ **tablica rejestracyjna** → See **Car** on page Centre 7

lick¹ /lɪk/ **verb** [T] (B2) to move your tongue across the surface of something: *to* ***lick*** *your* ***lips*** ◦ *We licked the chocolate off our fingers.* ▷ **lizać**

lick² /lɪk/ **noun** **1** [C] when you lick something: [usually singular] *Here, have a lick of my ice cream.* ▷ **liźnięcie** **2 a lick of paint** UK informal If you give a wall or other surface a lick of paint, you paint it. ▷ **malowanie, odrobina farby**

lid /lɪd/ **noun** [C] (B2) the top part of a container that can be removed in order to put something in or take something out ▷ **pokrywka, wieczko**

lie¹ /laɪ/ **verb** [I] (present participle **lying**, past tense **lay**, past participle **lain**) **1 lie in/on, etc** (A2) to be in a horizontal or flat position on a surface: *to lie in bed* ◦ *to lie on a beach* ◦ *to lie on your side* ◦ *The pen lay on the desk.* ◦ *She had lain where she fell until morning.* ▷ **leżeć w/na** *itp.* **2 lie below/in/on/to, etc** (B1) to be in a particular place: *The river lies 30 km to the south of the city.* ▷ **leżeć** *gdzieś*

PHRASAL VERBS **lie around 1** informal to spend time lying down and doing very little: *We spent a week by the sea, lying around on the beach.* ▷ **wylegiwać się** **2** If things are lying around, they are left in an untidy way in places where they should not be: *He's always leaving money lying around.* ▷ **leżeć po kątach** • **lie back** to lower the top half of your body from a sitting position to a lying position: *Lie back and relax.* ▷ **położyć się** • **lie down** (A2) to move into a position in which your body is flat, usually in order to sleep or rest: *I'm not feeling well – I'm going to lie down.* ▷ **położyć się** → See **Phrasal Verbs** on page Centre 16 • **lie in** UK to stay in bed in the morning later than usual: *I lay in till eleven o'clock this morning.* ▷ **poleżeć (dłużej) w łóżku** • **lie in sth** to exist or be found in something: *Her strength lies in her faith.* ▷ **leżeć w** *czymś* •

lie with sb If the responsibility or blame for something lies with someone, it is their responsibility: *The final decision lies with me.* ▷ **należeć do** *kogoś*

lie[2] /laɪ/ **verb** [I] (present participle **lying**, past tense and past participle **lied**) B1 to say or write something that is not true in order to deceive someone: *Are you **lying to** me?* ◦ *He **lied about** his qualifications for the job.* ▷ **kłamać**

lie[3] /laɪ/ **noun** [C] B1 something that you say or write which you know is not true: *I **told a lie** when I said I liked her haircut.* ▷ **kłamstwo** → See also **white lie**

Liechtenstein /ˈlɪktənstaɪn/ **noun** a country in Europe ▷ **Liechtenstein**
• **Liechtenstein** /ˈlɪktənstaɪn/ **adjective** coming from or relating to Liechtenstein ▷ **z Liechtensteinu** • **Liechtensteiner** /ˈlɪktənstaɪnəʳ/ **noun** [C] someone from Liechtenstein ▷ **obywatel/ka Liechtensteinu**

lie-in /ˈlaɪˌɪn/ **noun** [no plural] UK when you stay in bed in the morning longer than usual: *I **had a** long **lie-in** this morning.* ▷ **poranne lenistwo**

lieu /luː/ **noun in lieu of sth** formal instead of something: *She took the money in lieu of the prize.* ▷ **zamiast** *czegoś*, **w miejsce** *czegoś*

lieutenant /lefˈtenənt/ US /luːˈtenənt/ **noun** [C] an officer of middle rank in the army, navy, or air force: *first/second lieutenant* ▷ **porucznik**

life /laɪf/ **noun** (plural **lives** /laɪvz/) **1** [U] B1 living things and their activities: *human/marine life* ◦ *Is there life in outer space?* ▷ **życie** **2** [C] B2 the existence of a person: *How many lives will be lost to AIDS?* ▷ **życie, istnienie** **3** [C, U] A1 the time between a person's birth and their death: *I'm not sure I want to **spend** the rest of my **life** with him.* ◦ ***Life's too short** to worry about stuff like that.* ◦ *Unfortunately, accidents are **part of life**.* ◦ *He **had** a happy **life**.* ▷ **życie** **4** [C, U] B1 a way of living: *You **lead** an exciting **life**.* ▷ **życie** **5 family/private/sex, etc life** B1 one part of someone's existence: *My private life is nobody's business but mine.* ▷ **życie rodzinne/prywatne/intymne** *itp.* **6** [U] B2 energy and activity: *She was always bubbly and **full of life**.* ◦ *I looked through the window but couldn't see any **signs of life** (= people moving).* ▷ **życie** **7** [no plural] the amount of time that a machine, system, etc exists or can be used: *Careful use will prolong the life of your machine.* ▷ **żywotność, trwałość** **8 bring sth to life/come to life** to make something more real or exciting, or to become more real or exciting ▷ **ożywić** *coś*/**się** **9 That's life** something you say which means bad things happen and you cannot prevent them: *You don't get everything you want but that's life, isn't it?* ▷ **Takie jest życie** **10 Get a life!** informal something you say to a boring person when you want them to do more exciting things: *Surely you're not cleaning the house on Saturday night? Get a life!* ▷ **Zajmij się czymś!** → See also **the *facts* of life, give sb the *kiss* of life, give sb/sth a new *lease* of life, shelf life, *walk* of life**

> Wyrazy występujące razem z **life**
>
> have/lead/live a [charmed/normal, etc] life • spend your life (doing sth) • an aspect/part of sb's life

lifeboat /ˈlaɪfbəʊt/ **noun** [C] a small boat that is used to help people who are in danger at sea ▷ **szalupa ratunkowa**

ˈlife ˌcoach noun [C] someone whose job is to teach people how to solve problems and make decisions in their daily life ▷ **life coach, doradca rozwoju osobistego**

ˈlife ˌcycle noun [C] the changes that happen in the life of an animal or plant ▷ **cykl życiowy**

ˈlife exˌpectancy noun [C, U] the number of years that someone is likely to live ▷ **średnia długość życia**

lifeguard /ˈlaɪfgɑːd/ **noun** [C] someone at a swimming pool or beach whose job is to help people who are in danger in the water ▷ **ratownik**

ˈlife inˌsurance noun [U] (also UK **ˈlife aˌssurance**) a system of payments to an insurance company that will pay money to your family when you die ▷ **ubezpieczenie na życie**

ˈlife ˌjacket noun [C] a piece of equipment that you wear on the upper part of your body to help you float if you fall into water ▷ **kamizelka ratunkowa**

life jacket

lifeless /ˈlaɪfləs/ **adjective** **1** without life: *his lifeless body* ▷ **bez życia, martwy** **2** without energy or feeling: *a lifeless performance* ▷ **bezbarwny, bez życia**

lifelike /ˈlaɪflaɪk/ **adjective** If something is lifelike, it looks real: *a lifelike portrait/sculpture* ▷ **realistyczny**

lifeline /ˈlaɪflaɪn/ **noun** [C] something that helps you when you are in a difficult or dangerous situation: *For a lot of old people who live on their own, the telephone is a lifeline.* ▷ **zbawienie, ratunek**

lifelong /ˌlaɪfˈlɒŋ/ **adjective** [always before noun] for all of your life: *a **lifelong friend/interest*** ▷ **na całe życie, życiowy**

ˌlife ˈpeer noun [C] someone who has been officially respected in the UK by being given an important title, for example 'Lord', 'Lady', or 'Baroness' ▷ **par dożywotni**

ˈlife ˌsentence noun [U] (informal **life**) the

punishment of spending a very long time, or the rest of your life, in prison ▷ **dożywocie**

lifespan /ˈlaɪfspæn/ **noun** [C] the amount of time that a person lives or a thing exists ▷ **długość życia, żywotność**

lifestyle /ˈlaɪfstaɪl/ **noun** [C] B2 the way that you live: *a* ***healthy lifestyle*** ▷ **styl życia**

life-threatening /ˈlaɪfθretᵊnɪŋ/ **adjective** likely to cause death: ***life-threatening conditions/diseases*** ▷ **groźny dla życia**

lifetime /ˈlaɪftaɪm/ **noun** [C] B2 the period of time that someone is alive: [usually singular] *We'll see such huge changes* ***in*** *our* ***lifetime***. ▷ **życie**

lift¹ /lɪft/ **verb 1** [T] B1 to put something or someone in a higher position: *Could you help me lift this table, please?* ◦ *She* ***lifted*** *the baby* ***up*** *and put him in his chair.* ▷ **podnosić, unosić 2** [I] If fog lifts, it disappears: *By noon the fog had lifted and the day turned hot.* ▷ **podnosić się, unosić się 3** [T] to stop a rule: *The government had already* ***lifted*** *the* ***ban*** *on beef imports.* ▷ **znosić 4** [T] informal to steal or copy something: *Entire paragraphs of his thesis were lifted from other sources.* ▷ **zwinąć, ściągać** → See also **not lift a finger**

lift² /lɪft/ **noun** [C] **1** UK (US **elevator**) A2 a machine that carries people up and down in tall buildings: *Shall we use the stairs or* ***take the lift***? ▷ **winda 2** A2 a free ride somewhere, usually in a car: [usually singular] *Can you* ***give*** *me* ***a lift*** *to the airport?* ▷ **podwiezienie 3** when you move someone or something up to a higher position ▷ **podniesienie**

lift-off /ˈlɪftɒf/ **noun** [C] the moment when a spacecraft leaves the ground ▷ **start**

ligament /ˈlɪgəmənt/ **noun** [C] a piece of strong tissue in the body that holds bones together: *ankle/knee ligaments* ◦ *torn ligaments* ▷ **wiązadło**

light¹ /laɪt/ **noun 1** [U] B1 the brightness that shines from the sun, from fire, or from electrical equipment, allowing you to see things: ***bright/dim light*** ◦ *fluorescent/ultraviolet light* ◦ *a* ***beam/ray*** *of light* ◦ *Light was streaming in through the open door.* ▷ **światło 2** [C] A2 a device which produces light: *car lights* ◦ *to switch/turn the light on* ◦ *They must be in bed – I can't see any* ***lights on*** *anywhere.* ▷ **światło 3 a light** a flame from a match, etc used to make a cigarette start burning: *Have you got a light, please?* ▷ **ogień 4 set light to sth** UK to make something start burning ▷ **podpalić** *coś* **5 in the light of sth** (also US **in light of sth**) If something is done or happens in the light of facts, it is done or happens because of those facts: *The drug has been withdrawn in the light of new research.* ▷ **w świetle** *czegoś*

IDIOMS **bring sth to light** If information about something bad is brought to light, it is discovered: *The trial brought to light numerous contradictions in his story.* ▷ **ujawniać** *coś* • **cast/shed light on sth** to help people understand a situation: *We were hoping you might be able to shed some light on the matter.* ▷ **rzucać światło na** *coś* • **come to light** If information about something bad comes to light, it is discovered. ▷ **wychodzić na jaw** • **light at the end of the tunnel** something which makes you believe that an unpleasant situation will soon end ▷ **światełko w tunelu**

→ See also **green light**, **street light**, **tail light**, **traffic light**

> **Wyrazy występujące razem z light**
>
> light shines • a beam/ray/shaft of light • bright light

light² /laɪt/ **adjective 1** A2 not heavy: *light clothing/machinery* ◦ *I can carry both bags – they're quite light.* ▷ **lekki 2** B1 small in amount: *light rain/snow* ◦ *I only had a light lunch.* ▷ **lekki 3** not strong or not forceful: *a light breeze* ◦ *a light embrace* ▷ **lekki 4** A1 Light colours are pale: *light brown/green* ◦ *a light blue cardigan* ▷ **jasny 5** easy to understand and not serious: ***light entertainment*** ◦ *I'm taking some* ***light reading*** *on holiday.* ▷ **lekki 6 make light of sth** to talk or behave as if you do not think a problem is serious ▷ **bagatelizować** *coś* **7 it is light** B1 it is bright from the sun: *Let's go now while it's still light.* ▷ **jest jasno**
• **lightness noun** [U] ▷ **lekkość**

light³ /laɪt/ **verb** (past tense and past participle **lit**, **lighted**) **1** [I, T] B1 to start to burn, or to make something start to burn: *to* ***light*** *a* ***candle/cigarette/fire*** ◦ *The wood was damp and wouldn't light.* ▷ **zapalać (się) 2** [T] B2 to produce light somewhere so that you can see things: [often passive] *The room was lit by a single light bulb.* ◦ *Burning buildings* ***lit up*** *the sky.* ▷ **oświetlać**

PHRASAL VERBS **light up** If your face or your eyes light up, you suddenly look happy or excited: *His* ***eyes lit up*** *when you mentioned her name.* ▷ **rozjaśnić się** • **light (sth) up** to make a cigarette, etc start burning: *He made himself a coffee and* ***lit up*** *a* ***cigarette***. ▷ **zapalać (***coś***)**

ˈlight ˌbulb noun [C] a glass object containing a wire which produces light from electricity ▷ **żarówka**

light bulb

lighten /ˈlaɪtᵊn/ **verb**
1 [I, T] If a serious situation lightens, it becomes less serious, and if something or someone lightens it, they make it less serious: *Her* ***mood lightened*** *a bit when I asked about her holiday.* ◦ *He tried to* ***lighten*** *the* ***atmosphere*** *by telling a joke.* ▷ **łagodnieć, łagodzić 2 lighten the burden/load** to reduce the amount of work or

trouble someone has to deal with ▷ **zmniejszać obciążenie/ciężar** **3** [I, T] to become less dark, or to make something less dark: *The sun had lightened her hair.* ▷ **rozjaśnić (się), pojaśnieć**

PHRASAL VERB **lighten up** informal to become more relaxed and less serious: *I wish she'd lighten up a bit.* ▷ **rozchmurzyć się**

lighter /ˈlaɪtəʳ/ **noun** [C] B1 a small object that produces a flame and is used to make cigarettes start burning ▷ **zapalniczka**

light-hearted /ˌlaɪtˈhɑːtɪd/ **adjective** not serious: *a light-hearted remark* ▷ **żartobliwy**

lighthouse /ˈlaɪthaʊs/ **noun** [C] (plural **lighthouses** /ˈlaɪthaʊzɪz/) a tall building on the coast containing a large light which warns ships that there are rocks ▷ **latarnia morska**

lighthouse

lighting /ˈlaɪtɪŋ/ **noun** [U] B2 the light created by electrical equipment, candles, etc: *soft lighting* ▷ **oświetlenie**

lightly /ˈlaɪtli/ **adverb** **1** B1 gently: *He kissed her lightly on the cheek.* ▷ **lekko** **2** not much: ***lightly cooked** vegetables* ▷ **lekko** **3 not do sth lightly** to think carefully about something before you do it, knowing that it is serious: *It's not a decision that I take lightly.* ▷ **nie** *robić czegoś* **pochopnie** **4 get off lightly** (also UK **escape lightly**) to have less trouble or punishment than you expected ▷ **wykręcić się sianem, ≈ ujść** *komuś* **na sucho**

lightning /ˈlaɪtnɪŋ/ **noun** [U] B1 a sudden flash of light in the sky during a storm: ***thunder and lightning*** ◦ *He was **struck by lightning** and killed.* ▷ **błyskawica, piorun**

> Wyrazy występujące razem z **lightning**
>
> be **struck by** lightning • a **bolt/flash** of lightning • **thunder and** lightning

ˈlight ˌpen **noun** [C] a device like a pen that is used for reading bar codes ▷ **pióro świetlne**

lights /laɪts/ **noun** [plural] (also **ˈtraffic ˌlights**) a set of red, green, and yellow lights that is used to stop and start traffic ▷ **światła**

lightweight /ˈlaɪtweɪt/ **adjective** not weighing much: *a lightweight jacket for the summer* ▷ **lekki**

• **lightweight** **noun** [C] a sportsman such as a boxer who is not in the heaviest weight group ▷ **zawodni-k/czka wagi lekkiej**

lignified /ˈlɪgnɪfaɪd/ **adjective** hard and like wood, because of containing lignin ▷ **zdrewniały**

lignin /ˈlɪgnɪn/ **noun** [U] a substance found in the edges of some plant cells that makes the plant hard like wood ▷ **lignina, drzewnik**

like¹ /laɪk/ **preposition** **1** A2 similar to or in the same way as someone or something: *They were acting like children.* ◦ *He looks like his father.* ◦ *It sounded like Harry.* ▷ **jak** **2 What is sb/sth like?** A2 something you say when you want someone to describe someone or something: *I haven't met him – what's he like?* ◦ *So what's your new dress like?* ▷ **Jaki/e** *ktoś/coś* **jest?** **3 What are you like?** UK informal used when someone has said or done something silly: *You've bought another jacket? What are you like?* ▷ **Mądre to było?** **4** B2 If behaviour is like someone, it is typical of the way that they behave: *It's **just like** Anita to miss her train.* ◦ *It's not like Tim to be late.* ▷ **podobny do, typowy dla** **5** B1 for example: *She looks best in bright colours, like red and pink.* ▷ **(taki) jak**

> **Like** wyrazy bliskoznaczne
>
> Jeśli ktoś bardzo lubi jakąś rzecz lub osobę, możemy użyć czasowników **love** i **adore**:
>
> *I **adore/love** seafood.*
> *Oliver **loves** animals.*
> *Kate **adored** her grandfather.*
>
> Wyrażenia **be fond of** używamy czasem, by powiedzieć, że coś lub ktoś się komuś podoba:
>
> *She's very **fond of** Chinese food.*
> *I think she's very **fond of** you.*
>
> Czasowników frazowych **grow on** i **take to/warm to** możemy użyć, gdy ktoś lub coś zaczyna się komuś podobać:
>
> *I wasn't sure about the colour at first, but it's **growing on** me.*
> *For some reason, I just didn't **take/warm to** him.*

like² /laɪk/ **verb** [T] **1** A1 to enjoy something or feel that someone or something is pleasant: [+ doing sth] *I just like playing with my computer.* ◦ [+ to do sth] *I like to paint in my spare time.* ◦ *He really likes her.* ◦ *What do you **like about** him?* ▷ **lubić** → Opposite **dislike** **2 not like to do sth/not like doing sth** to not usually do something because you think it is wrong: *I don't like to criticize her too much.* ▷ **nie lubić lub nie chcieć** *czegoś robić* **3 would like sth** A1 to want something: [+ to do sth] *I'd like to think about it.* ◦ *I'd like some chips with that, please.* ▷ **≈ chciałbym** *itp. coś* **4 Would you like...?** A1 used to offer someone something: *Would you like a drink?* ◦ [+ to do sth] *Would you like to eat now?* ▷ **może (chcesz) ...?** **5 if you like a** used to say 'yes' when someone suggests a plan: *"Shall I come?" "If you like."* ▷ **jeśli chcesz lub nalegasz** **b** A2 used when you offer someone something: *If you like I could drive you there.* ▷ **jeśli chcesz** **6 How do you like sb/sth?** used to ask someone for their opinion: *How do you like my new shoes?* ▷ **Jak ci się podoba** *ktoś/coś*?

Najczęściej popełniane błędy: would like

Proszę pamiętać: kiedy po **would like** następuje czasownik, to zawsze przed nim występuje **to**:
Nie mówimy więc „would like do something", ale **would like to do something**:
~~*I would like draw your attention to our website.*~~
I would like to draw your attention to our website.

like³ /laɪk/ **conjunction** informal **1** in the same way as: *Do it exactly like I told you to.* ▷ **(tak) jak 2** US **B1** as if: *He acted like he didn't hear me.* ▷ **(tak) jakby, jak gdyby**

like⁴ /laɪk/ **noun 1** [no plural] formal someone or something that is similar to someone or something else: *Economists are predicting a depression, **the like of which** the world has never seen.* ▷ **taki jak, coś podobnego 2 and the like** informal and similar things: *There's a gym that they use for dance and aerobics and the like.* ▷ **i tym podobne 3 sb's likes and dislikes B1** the things that someone thinks are pleasant and not pleasant ▷ *czyjeś* **upodobania,** *czyjeś* **sympatie i antypatie**

-like /-laɪk/ **suffix** changes a noun into an adjective meaning 'typical of or similar to': *childlike trust* ◦ *a cabbage-like vegetable* ▷ **-podobny, -kształtny**

likeable /ˈlaɪkəbl/ **adjective** If you are likeable, you are pleasant and easy to like: *a likeable character* ▷ **sympatyczny, miły**

likelihood /ˈlaɪklihʊd/ **noun** [U] the chance that something will happen: *There's not much **likelihood of** that happening.* ▷ **prawdopodobieństwo**

Wyrazy występujące razem z likelihood

increase/reduce the likelihood of sth • **a real/strong** likelihood • **the likelihood of (doing) sth**

likely¹ /ˈlaɪkli/ **adjective 1 B1** expected: [+ to do sth] *Do remind me because I'm likely to forget.* ◦ [+ (that)] *It's likely that he'll say no.* ▷ **prawdopodobny 2** probably true: *the most likely explanation* ▷ **prawdopodobny** → Opposite **unlikely**

likely² /ˈlaɪkli/ **adverb 1** probably: *She'll most likely come without him.* ▷ **prawdopodobnie 2 Not likely!** UK informal used to say that you will certainly not do something: *"So are you coming running with me?" "Not likely!"* ▷ **Na pewno nie!**

liken /ˈlaɪkᵊn/ **verb**

PHRASAL VERB **liken sth/sb to sth/sb** formal to say that two people are similar or two things are similar: *She's been likened to a young Elizabeth Taylor.* ▷ **porównywać** *coś/kogoś* **do** *czegoś/kogoś*

likeness /ˈlaɪknəs/ **noun** [C, U] being similar in appearance: *There's a definite **family likeness** around the eyes.* ▷ **podobieństwo**

likewise /ˈlaɪkwaɪz/ **adverb** formal in the same way: *Water these plants twice a week and likewise the ones in the bedroom.* ◦ *Watch what she does and then **do likewise**.* ▷ **podobnie, tak samo**

liking /ˈlaɪkɪŋ/ **noun 1** [no plural] a feeling that you like someone or something: *He has **a liking for** young women.* ▷ **upodobanie 2 take a liking to sb** to like someone immediately: *He obviously took a liking to her.* ▷ **polubić** *kogoś* **3 be too bright/sweet, etc for your liking** to be brighter/sweeter, etc than you like ▷ **być zbyt jasnym/słodkim** *itp.* **jak na** *czyjś* **gust 4 be to sb's liking** formal to be the way that someone prefers something: *Is the wine to your liking, sir?* ▷ **odpowiadać** *komuś*

lilac /ˈlaɪlək/ **noun** [C, U] a small tree that has sweet-smelling purple, pink, or white flowers ▷ **bez**

lily /ˈlɪli/ **noun** [C] a plant with large, bell-shaped flowers that are often white ▷ **lilia**

limb /lɪm/ **noun** [C] **1** a leg or an arm of a person ▷ **kończyna 2** a large branch of a tree ▷ **konar**

lime /laɪm/ **noun 1** [C, U] a small, green fruit that is sour like a lemon ▷ **limonka, limona 2** [C] (also ˈ**lime** ˌ**tree**) a large tree that has pale green leaves and yellow flowers ▷ **lipa 3** [U] a white substance that is found in water and soil and is used to improve the quality of soil ▷ **wapno 4** [U] (also ˌ**lime** ˈ**green**) a bright colour that is a mixture of yellow and green ▷ **(kolor) żółtozielony** → See **Colours** on page Centre 12
• **lime** (also **lime-green**) **adjective** ▷ **żółtozielony**

the limelight /ˈlaɪmlaɪt/ **noun** attention from the public: *She's been **in the limelight** for most of her career.* ▷ **centrum uwagi**

limerick /ˈlɪmᵊrɪk/ **noun** [C] a funny poem with five lines ▷ **limeryk**

limescale /ˈlaɪmskeɪl/ **noun** [U] a hard white layer that forms on the sides of pipes or containers that heat water ▷ **kamień, osad**

limestone /ˈlaɪmstəʊn/ **noun** [U] a white or light grey rock formed from the bones of sea animals, often used in building materials ▷ **wapień**

limewater /ˈlaɪmwɔːtə/ **noun** [U] a liquid containing calcium hydroxide that is used by scientists to test whether substances contain carbon dioxide ▷ **woda wapienna**

limit¹ /ˈlɪmɪt/ **noun** [C] **1 B1** the largest amount of something that is possible or allowed: *a time limit* ◦ *Is there a **limit on** the amount of money you can claim?* ◦ *There's a **limit to** how much time we can spend on this.* ▷ **ograniczenie, granica 2 be over the limit** UK to have more alcohol in your blood than is legally allowed while driving ▷ **mieć niedozwolony poziom alkoholu we krwi 3 within limits** avoiding behaviour that is extreme or silly: *You can wear what you want, within limits.* ▷ **w granicach**

rozsądku **4 off limits** If an area is off limits, you are not allowed to enter it. ▷ **zamknięty**
→ See also **speed limit**

> **Wyrazy występujące razem z limit**
> an age/height/speed/time limit • a legal/maximum/strict/an upper limit • exceed/impose a limit • a limit on/to sth

limit² /ˈlɪmɪt/ **verb** [T] B2 to control something so that it is less than a particular amount or number: *We'll have to limit the number of guests.* ▷ **ograniczać**

PHRASAL VERBS **be limited to sth** to only exist in a particular area: *Racial problems are certainly not limited to the south.* ▷ **ograniczać się do** *czegoś* • **limit sb to sth** to only allow someone a particular amount or number of something: [often passive] *We're limited to two pieces of luggage each.* ◦ [often reflexive] *I try to limit myself to two cups of coffee a day.* ▷ **ograniczać się do** *czegoś*

limitation /ˌlɪmɪˈteɪʃən/ **noun** [C, U] when something is controlled so that it is less than a particular amount or number: *the limitation of free speech* ◦ *You can't write everything you want to because of space limitations.* ▷ **ograniczenie**

limitations /ˌlɪmɪˈteɪʃənz/ **noun** [plural] things that someone is not good at doing: *Both films show her limitations as an actress.* ▷ **ograniczenia**

limited /ˈlɪmɪtɪd/ **adjective** B1 small in amount or number: *a* ***limited choice*** ◦ *limited resources* ▷ **ograniczony** → Opposite **unlimited**

ˌlimited ˈcompany **noun** [C] a company, especially one in the UK, whose owners only have to pay part of the money they owe if the company fails financially ▷ **spółka z ograniczoną odpowiedzialnością**

ˌlimited liaˈbility **noun** [U] A business with limited liability only has to pay part of its debts if the business fails. ▷ **spółka z o.o.**

limousine /ˌlɪməˈziːn/ **noun** [C] (also **limo** /ˈlɪməʊ/) a large, expensive car, usually for rich or important people: *a chauffeur-driven limousine* ▷ **limuzyna**

limp¹ /lɪmp/ **adjective** soft and weak: *a* ***limp handshake*** ◦ *a limp lettuce* ▷ **wiotki, bezwładny**

limp² /lɪmp/ **verb** [I] to walk with difficulty because one of your legs or feet is hurt ▷ **utykać, kuleć**
• **limp** noun [no plural] *She walks with a limp.* ▷ **utykanie**

Linda /ˈlɪndə/ **noun** a female name

line¹ /laɪn/ **noun** **1** [C] A2 a long, thin mark: *a horizontal/straight/vertical line* ◦ *Sign your name on the dotted line.* ◦ ***Draw a line*** *around your hand.* ▷ **linia, kreska** **2** [C] a row of people or things: *a line of trees* ◦ *We formed two lines, men on one side and women on the other.* ▷ **szereg, rząd, linia** **3** [C] a piece of rope or wire with a particular purpose: *a clothes/fishing line* ▷ **sznur, żyłka** **4** [C] B2 the connection between two telephones: *I've got Neil* ***on the line*** *for you (= waiting to speak to you).* ◦ *I'll be with you in a moment – could you* ***hold the line*** *(= wait), please?* ▷ **linia, połączenie** **5** [C, U] US (UK **queue**) a row of people waiting for something, one behind the other: *We were* ***standing in line*** *for hours to get tickets.* ▷ **kolejka** **6** [C] B1 a row of words on a page, for example in a song or poem: *The same line is repeated throughout the poem.* ▷ **linijka, wers** **7 lines** the words spoken by an actor in a performance: *I don't know how actors remember all their lines.* ▷ **kwestia** **8** [C] the official opinion of an organization: [usually singular] *the government's* ***line on*** *immigration* ▷ **polityka, kurs** **9 along the lines of sth** based on and similar to something: *He gave a talk along the lines of the one he gave in Oxford.* ▷ **podobny do** *czegoś*, **na wzór** *czegoś* **10 sb's line of reasoning/thinking, etc** your reasons for believing that something is true or right ▷ *czyjś* **sposób rozumowania/myślenia** *itp.* **11** [C] a type of product that a company sells: *They're advertising a new* ***line in*** *garden furniture.* ▷ **seria, linia** **12** [C] the direction that something moves in: *He can't kick the ball in a* ***straight line****.* ▷ **linia** **13 lines** the marks that older people have on their faces, when the skin is loose ▷ **zmarszczki** **14** [C] US a border between two areas: *the New York state line* ▷ **granica** **15 be on the line** If someone's job is on the line, they may lose it. ▷ **być zagrożonym, wisieć na włosku** **16 be in line for sth** to be likely to get something good, especially a job ▷ **mieć szansę na** *coś* **17 be in line with sth** to be similar to and suitable for something: *a pay increase in line with inflation* ▷ **odpowiadać** *czemuś*

IDIOMS **draw the line at sth** to never do something because you think it is wrong: *I swear a lot but even I draw the line at certain words.* ▷ **wykluczać** *coś* • **toe the (party) line** to do what someone in authority tells you to do although you may not agree with it ▷ **nie wychylać się**

→ See also **the bottom line**, **dotted line**, **front line**, **hard line**

> **Wyrazy występujące razem z line**
> draw a line • a diagonal/horizontal/straight/vertical line

line² /laɪn/ **verb** [T] **1** to form a row along the side of something: *Trees and cafes lined the street.* ▷ **stać wzdłuż** **2 be lined with sth** If a piece of clothing is lined with a material, its inside is covered with it: *a jacket lined with fur* ▷ **być wykładanym** *czymś*

PHRASAL VERBS **line (sb/sth) up** to stand in a row, or to arrange people or things in a row: *Books* *were neatly lined up on the shelves.* ▷ **ustawiać się**/*kogoś/coś* **w rzędzie lub szeregu** • **line sb/sth up** to plan for something to happen: *What future projects have you lined up?* ▷ **planować** *coś*

linear /ˈlɪniəʳ/ **adjective** **1** to do with lines ▷ **liniowy** **2** relating to length, not volume: *linear measurement* ▷ **liniowy**

ˌlinear eˈquation **noun** [C] an equation which makes a straight line if it is drawn on a graph ▷ **równanie liniowe**

ˈline ˌmanager **noun** [C] mainly UK the person who manages another person in a company or business ▷ **dyrektor odpowiedzialny**

linen /ˈlɪnɪn/ **noun** [U] **1** an expensive cloth that is like rough cotton: *a linen jacket* ▷ **płótno** **2** pieces of cloth that you use to cover tables and beds: *bed linen* ▷ **bielizna (pościelowa lub stołowa)**

liner /ˈlaɪnəʳ/ **noun** [C] a large ship like a hotel, which people travel on for pleasure: *a cruise/ocean liner* ▷ **liniowiec**

linesman /ˈlaɪnzmən/ **noun** [C] (plural **linesmen**) in a sport, someone who watches to see if a ball goes into areas where it is not allowed ▷ **sędzia liniowy**

linger /ˈlɪŋgəʳ/ **verb** [I] to stay somewhere for a long time: *The smell from the fire still lingered hours later.* ▷ **utrzymywać się**

lingerie /ˈlɒnʒəri/ Ⓤⓢ /ˌlɑːnʒəˈreɪ/ **noun** [U] women's underwear ▷ **bielizna (damska)**

lingering /ˈlɪŋgərɪŋ/ **adjective** [always before noun] lasting a long time: ***lingering doubts*** ▷ **nieprzemijający, utrzymujący się**

linguist /ˈlɪŋgwɪst/ **noun** [C] someone who is good at learning foreign languages, or someone who studies or teaches linguistics ▷ **poliglot-a/ka, językoznawca, lingwist-a/ka**

linguistic /lɪŋˈgwɪstɪk/ **adjective** [always before noun] relating to language or linguistics ▷ **językoznawczy, lingwistyczny**

linguistics /lɪŋˈgwɪstɪks/ **noun** [U] the scientific study of languages ▷ **językoznawstwo, lingwistyka**

lining /ˈlaɪnɪŋ/ **noun** [C, U] a material or substance that covers the inside of something: *a coat/jacket lining* ◦ *the lining of the stomach* ▷ **podszewka, wyściółka**

> Wyrazy występujące razem z **link**
>
> discover/establish/find a link • a close/direct/strong link • a link between sth and sth • a link with sth

link¹ /lɪŋk/ **noun** [C] **1** Ⓑ② a connection between two people, things, or ideas: *There's a direct* ***link between*** *diet and heart disease.* ◦ *Their* ***links with*** *Britain are still strong.* ▷ **związek** **2** one ring of a chain ▷ **ogniwo** **3** (also **hyperlink**) Ⓑ① a connection between documents or areas on the Internet: *Click on this link to visit our online bookstore.* ▷ **łącze, link**

link² /lɪŋk/ **verb** [T] Ⓑ② to make a connection between two or more people, things, or ideas: [often passive] *Both men have been* ***linked with*** *the robberies.* ◦ *The drug has been* ***linked to*** *the deaths of several athletes.* ▷ **łączyć**

PHRASAL VERB **link (sb/sth) up** If two or more things or people link up, or if you link them up, they form a connection so that they can operate or work together: *Each house will be linked up with the new communications network.* ▷ **podłączać się**/*kogoś/coś*

lion /laɪən/ **noun** [C] Ⓐ② a large, wild animal of the cat family, with light brown fur ▷ **lew** → See also **sea lion**

lip /lɪp/ **noun** [C] **1** Ⓑ① one of the two soft, red edges of the mouth: *He licked his lips.* ▷ **warga** → See **The Body** on page Centre 13 **2** the edge of a container that liquid is poured from ▷ **brzeg, krawędź**

lipase /ˈlaɪpeɪz/ Ⓤⓢ /ˈlɪpeɪs/ **noun** [U] an enzyme that is produced mainly in the pancreas and helps the body to digest lipids ▷ **lipaza**

lipid /ˈlɪpɪd/ **noun** [C] a substance that is an important part of living cells, mainly in the form of fat or oil ▷ **lipid**

liposome /ˈlɪpəʊsəʊm/ **noun** [C] an extremely small artificial sac made of a type of fat, used in medicine to carry a drug or other substance to particular cells in the body ▷ **liposom**

lip-read /ˈlɪpriːd/ **verb** [I, T] (past tense and past participle **lip-read**) to understand what someone is saying by looking at the way their mouth moves ▷ **czytać z (ruchu) warg** • **lip-reading** noun [U] ▷ **czytanie z ruchu warg**

lip-service /ˈlɪpsɜːvɪs/ **noun** [no plural] **give/pay lip-service to sth** informal to say that you support an idea or plan, but not do anything to help it succeed ▷ **składać gołosłowne deklaracje poparcia dla** *czegoś*

lipstick /ˈlɪpstɪk/ **noun** [C, U] a coloured substance that women put on their lips ▷ **szminka**

liqueur /lɪˈkjʊəʳ/ **noun** [C] a strong, sweet alcoholic drink which people usually drink a little of at the end of a meal ▷ **likier**

liquid¹ /ˈlɪkwɪd/ **noun** [C, U] B1 a substance, for example water, that is not solid and that can be poured easily ▷ **ciecz, płyn**

liquid² /ˈlɪkwɪd/ **adjective 1** B1 in a form that is not solid and can be poured easily ▷ **ciekły 2** in the form of money, or able to be changed into money easily: *liquid assets* ▷ **płynny**

liquidate /ˈlɪkwɪdeɪt/ **verb** [T] to close a business because it has no money left ▷ **likwidować**
• **liquidation** /ˌlɪkwɪˈdeɪʃᵊn/ **noun** [C, U] *The store* ***went into liquidation****.* ▷ **likwidacja**

liquid-crystal display /ˌlɪkwɪdˌkrɪstᵊldɪˈspleɪ/ **noun** [C] LCD ▷ **wyświetlacz ciekłokrystaliczny lub LCD**

liquidity /lɪˈkwɪdɪti/ **noun** [U] (of a business) owning enough money or things that can be sold to be able to pay its debts ▷ **płynność**

liquor /ˈlɪkəʳ/ **noun** [U] US a strong alcoholic drink ▷ **napój alkoholowy (wysokoprocentowy)**

ˈliquor ˌstore noun [C] US (UK **off-licence**) a shop that sells alcoholic drink ▷ **sklep monopolowy**

lisp /lɪsp/ **noun** [C] a way of speaking where 's' and 'z' sound like 'th' ▷ **seplenienie**
• **lisp** verb [I] ▷ **seplenić**

list¹ /lɪst/ **noun** [C] A2 a series of names, numbers, or items that are written one below the other: *a* ***shopping list*** ◦ *Is your name* ***on the list****?* ◦ ***Make a list*** *of everything you need.* ▷ **lista, spis** → See also **mailing list**, **waiting list**

> **Wyrazy występujące razem z list**
> **compile/draw up/make/write** a list • a list **of** sth • **on** a list • a **shopping** list

list² /lɪst/ **verb** [T] B2 to make a list, or to include something in a list: *All participants' names are listed alphabetically.* ▷ **wymieniać, wyliczać**

listen /ˈlɪsᵊn/ **verb** [I] **1** A1 to give attention to someone or something in order to hear them: *What kind of music do you* ***listen to****?* ◦ *She does all the talking – I just sit and listen.* ◦ *You haven't listened to a word I've said.* ◦ *Listen, if you need money, I'm happy to lend you some.* ▷ **słuchać 2** B1 to accept someone's advice: *I told you she wouldn't like it but you wouldn't listen to me!* ▷ **słuchać**

PHRASAL VERBS **listen (out) for sth** to try to hear something: *Could you listen out for the phone while I'm upstairs?* ▷ **nasłuchiwać** *czegoś* • **listen in** to secretly listen to a conversation, especially a telephone conversation ▷ **podsłuchiwać** • **Listen up!** mainly US something you say to tell people to listen to you: *Okay, everyone, listen up! I have an announcement to make.* ▷ **Słuchaj!**

listener /ˈlɪsᵊnəʳ/ **noun** [C] someone who listens: *The new radio station already has twelve million listeners.* ◦ *She's a* ***good listener*** *(= she gives you all her attention when you speak).* ▷ **słuchacz/ka**

lit /lɪt/ past of light

liter /ˈliːtəʳ/ **noun** [C] US spelling of litre ▷ **litr**

literacy /ˈlɪtᵊrəsi/ **noun** [U] the ability to read and write ▷ **umiejętność czytania i pisania**

literal /ˈlɪtᵊrᵊl/ **adjective** The literal meaning of a word or phrase is its real or original meaning: *the* ***literal meaning/sense*** ▷ **dosłowny**

literally /ˈlɪtᵊrᵊli/ **adverb 1** B2 having the real or original meaning of a word or phrase: *They were responsible for literally millions of deaths.* ▷ **dosłownie 2** informal used to emphasize what you are saying: *He missed that kick literally by miles!* ▷ **dosłownie**

literary /ˈlɪtᵊrᵊri/ **adjective** B2 relating to literature, or typical of the type of language that is used in literature: ***literary criticism*** ▷ **literacki**

literate /ˈlɪtᵊrət/ **adjective** able to read and write ▷ **piśmienny** → Opposite **illiterate**

literature /ˈlɪtrətʃəʳ/ **noun** [U] **1** B1 books, poems, etc that are considered to be art: *classical/modern literature* ▷ **literatura 2** written information about a subject: *There is very little literature on the disease.* ▷ **literatura**

lithium /ˈlɪθiəm/ **noun** [U] a soft, silver metal that is lighter than other metals (formula Li) ▷ **lit**

the lithosphere /ˈlɪθəʊˌsfɪəʳ/ **noun** the rock that forms the outer layer of the Earth ▷ **litosfera**

Lithuania /ˌlɪθjuˈeɪniə/ **noun** a country in Europe ▷ **Litwa**
• **Lithuanian** /ˌlɪθjuˈeɪniən/ **adjective** coming from or relating to Lithuania ▷ **litewski** • **Lithuanian noun** someone from Lithuania ▷ **Litwin/ka**

litmus /ˈlɪtməs/ **noun** [U] a powder which is turned red by acid and blue by alkali ▷ **lakmus**

ˈlitmus ˌpaper noun [U] a type of paper that is used for testing whether a substance is acid or alkali ▷ **papierek lakmusowy**

ˈlitmus ˌtest noun [C] a test of a chemical substance using litmus paper ▷ **próba lakmusowa**

litre UK (US **liter**) (written abbreviation **l**) /ˈliːtəʳ/ **noun** [C] A2 a unit for measuring liquid ▷ **litr**

litter¹ /ˈlɪtəʳ/ **noun 1** [U] B2 pieces of paper and other waste that are left in public places ▷ **śmieci 2** [C] a group of baby animals that are from the same mother and born at the same time: *a litter of kittens/puppies* ▷ **miot**

> **Wyrazy występujące razem z litter**
> **drop** litter • **a piece of** litter • **a litter bin**

L

litter² /ˈlɪtəʳ/ **verb** [T] If things litter an area, they cover parts of it in an untidy way: *Clothes littered the floor.* ▷ **zaśmiecać**

PHRASAL VERB **be littered with sth** to contain a lot of something: *The whole book is littered with errors.* ▷ **roić się od** *czegoś*, **być zawalonym** *czymś*

little¹ /ˈlɪtl/ **adjective 1** (A1) small in size or amount: *a little bag/box/town* ◦ *She's so little.* ◦ *It costs* ***as little as*** *one dollar.* ◦ *I might have* ***a little bit of*** *cake.* ▷ **mały 2** [always before noun] (B2) short in time or distance: *Sit down* ***for a little while.*** ◦ *Let's have a little break.* ▷ **mały 3** [always before noun] (B1) not important: *It's only a little problem.* ◦ *I'm having a little trouble with my back.* ▷ **mały, drobny 4** [always before noun] (A1) young and small: *She was my little sister and I looked after her.* ▷ **mały, młodszy**

little² /ˈlɪtl/ **quantifier 1** (B1) not much or not enough: *He has little chance of winning.* ◦ *There's so little choice.* ▷ **mały, mało 2 a little sth** (B1) a small amount of something: *It just needs a little effort.* ▷ **trochę** *czegoś*

little³ /ˈlɪtl/ **pronoun 1** (B1) not much, or not enough: *We did* ***very little*** *on Sunday.* ▷ **mało, niewiele 2 a little** (B2) a small amount: *I only know a little about my grandparents.* ◦ *"More dessert?" "Just a little, please."* ▷ **trochę**

little⁴ /ˈlɪtl/ **adverb** (B2) not much or not enough: *It matters little.* ◦ *a little-known fact* ▷ **mało, niewiele**

live¹ /lɪv/ **verb 1** [I] (B1) to be alive: *She only lived a few days after the accident.* ◦ *I hope I live to see my grandchildren.* ▷ **żyć, dożyć 2 live at/in/near, etc** (A1) to have your home somewhere: *They live in New York.* ◦ *We live near each other.* ◦ *Where do you live?* ▷ **mieszkać na/w/koło** *itp.* **3** [I, T] (B1) to spend your life in a particular way: *Many people are living in poverty.* ▷ **żyć 4 I'll never live it down!** humorous something you say about an embarrassing experience that other people will not forget ▷ **Nigdy mi tego nie zapomną!**

PHRASAL VERBS **live for sth/sb** (B2) to have something or someone as the most important thing in your life: *I love dancing – I just live for it.* ▷ **żyć dla** *czegoś/kogoś* • **live on** to continue to live: *She lived on well into her nineties.* ▷ **dożyć, ciągle żyć** • **live on sth 1** (B2) Money that you live on is the money you use to buy the things that you need: *We lived on very little when we were students.* ▷ **żyć z** *czegoś* **2** (B2) to only eat a particular type of food: *All summer we live on hamburgers and hot dogs.* ▷ **żywić się** *czymś*, **żyć na/o** *czymś* • **live together** (B2) If two people live together, they live in the same home and have a sexual relationship, but are not married. ▷ **żyć ze sobą** • **live up to sth** (B2) to be as good as someone hopes: *Did the trip* ***live up to*** *your* ***expectations?*** ▷ **spełniać** *coś* • **live with sb** (B2) to live in the same home as someone and have a sexual relationship with them although you are not married ▷ **żyć z** *kimś* • **live with sth** to accept a difficult or unpleasant situation: *It's a problem she's going to have to live with.* ▷ **żyć z** *czymś*, **pogodzić się z** *czymś*

live² /laɪv/ **adjective 1** having life: *Millions of live animals are shipped around the world each year.* ▷ **żywy 2** A live wire has electricity in it. ▷ **pod napięciem 3** (B1) A live radio or television programme is seen or heard as it happens: *live coverage* ◦ *a live broadcast* ▷ **na żywo 4** A live performance or recording of a performance is done with an audience: *a live concert* ▷ **na żywo 5** A live bomb has not yet exploded. ▷ **ostry**

live³ /laɪv/ **adverb** broadcast at the same time that something happens: *We'll be bringing the match to you live on Wednesday.* ▷ **na żywo**

livelihood /ˈlaɪvlihʊd/ **noun** [C, U] the way that you earn the money you need for living: *The farm is his livelihood.* ▷ **źródło utrzymania**

lively /ˈlaɪvli/ **adjective** (B1) full of energy and interest: *a lively conversation/debate* ◦ *a lively child* ▷ **ożywiony, żywy**
• **liveliness noun** [U] ▷ **energia**

liver /ˈlɪvəʳ/ **noun 1** [C] (B2) a large organ in your body that cleans your blood ▷ **wątroba 2** [U] the liver of an animal that is eaten by people ▷ **wątróbka**

lives /laɪvz/ plural of life

livestock /ˈlaɪvstɒk/ **noun** [U] animals that are kept on a farm ▷ **żywy inwentarz**

livid /ˈlɪvɪd/ **adjective** very angry ▷ **wściekły**

living¹ /ˈlɪvɪŋ/ **noun 1** (B2) [C] the money that you earn from your job: [usually singular] *to* ***earn/make*** *a* ***living*** ◦ *What does he* ***do for a living*** *(= how does he earn money)?* ▷ **utrzymanie 2 country/healthy, etc living** the way in which you live your life ▷ **życie na wsi/zdrowe życie** *itp.* → See also **standard of living**

living² /ˈlɪvɪŋ/ **adjective** [always before noun] **1** (B2) alive now: *He's probably the best known living photographer.* ▷ **żyjący 2** (B2) alive: *living organisms* ◦ ***living things*** ▷ **żywy** → See also **beat/knock the (living)** ***daylights*** **out of sb, scare/frighten the (living)** ***daylights*** **out of sb**

ˈliving ˌroom noun [C] (also UK **sitting room**) (A1) the room in a house where people sit to relax and, for example, watch television ▷ **salon** → See **The Living Room** on page Centre 4

lizard /ˈlɪzəd/ **noun** [C] a small animal with thick skin, a long tail, and four short legs ▷ **jaszczurka**

load¹ /ləʊd/ **noun 1** (B2) [C] something that is carried, often by a vehicle: *We were behind a truck carrying a load of coal.* ▷ **ładunek 2 a load/loads** informal (B1) a lot of something: *There were loads of people there.* ◦ *Have some more food – there's loads.* ▷ **mnóstwo 3 a load of rubbish/nonsense, etc** UK informal nonsense ▷ **stek bzdur**

load² /ləʊd/ **verb 1** [I, T] (also **load up**) B2 to put a lot of things into a vehicle or machine: *Bring the car up to the door and I'll start loading up.* ◦ *to load the dishwasher/washing machine* ▷ **ładować, załadować** → Opposite **unload 2** [T] to put film in a camera or bullets in a gun ▷ **ładować, załadować**

PHRASAL VERBS **be loaded down with sth** to have too much to carry, or too much work to do: *I was loaded down with shopping.* ▷ **być objuczonym** *czymś* • **be loaded with sth** to contain a lot of something: *Most fast foods are loaded with fat.* ▷ **być pełnym** *czegoś*

-load /ləʊd/ **suffix** used at the end of a word to describe an amount of something that is being carried: *a truckload of soldiers* ▷ Tłumaczy się tym samym rzeczownikiem, który stanowi pierwszy człon złożenia, np. **ciężarówka (pełna) żołnierzy, autobus (pełen) dzieci**

loaded /ˈləʊdɪd/ **adjective 1** A loaded gun, or similar weapon, has a bullet in it. ▷ **naładowany 2** [never before noun] informal very rich ▷ **nadziany**

ˌloaded ˈquestion noun [C] a question which makes you answer in a particular way ▷ **pytanie tendencyjne lub podchwytliwe**

loaf /ləʊf/ **noun** [C] (plural **loaves** /ləʊvz/) B2 bread that has been baked in one large piece so that it can be cut into smaller pieces: *a **loaf of bread*** ▷ **bochenek** → See picture at **bread**

loan¹ /ləʊn/ **noun 1** B1 [C] money that someone has borrowed: *a **bank loan*** ◦ *He **repaid the loan** within two years.* ▷ **kredyt, pożyczka 2 be on loan** If something is on loan, someone is borrowing it: *Both paintings are on loan from the city museum.* ▷ **być wypożyczonym**

> Wyrazy występujące razem z **loan**
>
> **apply for/repay/take out** a loan • **a bank loan**

loan² /ləʊn/ **verb** [+ two objects] to lend something to someone: *I was glad to **loan** my old books **to** her.* ◦ *My dad loaned me the money.* ▷ **pożyczać**

loath /ləʊθ/ **adjective be loath to do sth** formal to not want to do something because it will cause problems: *I'm loath to spend it all.* ▷ **niechętnie** *coś robić*

loathe /ləʊð/ **verb** [T] to hate someone or something ▷ **nie cierpieć**
• **loathing noun** [U] a feeling of hating someone or something ▷ **wstręt, odraza**

loaves /ləʊvz/ plural of loaf ▷ **bochenki**

lobby¹ /ˈlɒbi/ **noun** [C] **1** B2 a room at the main entrance of a building, often with doors and stairs that lead to other parts of the building: *a hotel lobby* ▷ **hall 2** a group of people who try to persuade the government to do something: *the anti-smoking lobby* ▷ **lobby, grupa nacisku**

lobby² /ˈlɒbi/ **verb** [I, T] to try to persuade the government to do something: *They're **lobbying for** changes to the law.* ▷ **wywierać nacisk (na)**

lobster /ˈlɒbstəʳ/ **noun** [C, U] a sea creature that has two claws and eight legs, or the meat of this animal ▷ **homar**

local¹ /ˈləʊkəl/ **adjective** B1 relating to an area near you: *the **local school/newspaper**/radio station* ▷ **miejscowy**
• **locally adverb** *locally grown vegetables* ▷ **w pobliżu, lokalnie, miejscowo**

local² /ˈləʊkəl/ **noun** [C] **1** someone who lives in the area you are talking about ▷ **miejscow-y/a 2 sb's local** UK informal a bar that is near someone's home ▷ *czyjś* **(lokalny lub pobliski) pub, pub koło** *kogoś*

ˌlocal anaesˈthetic UK (US **local anesthetic**) **noun** [C, U] a substance that is put into a part of your body so that you do not feel pain there: *The procedure is carried out **under local anaesthetic**.* ▷ **znieczulenie miejscowe**

ˌlocal auˈthority noun [group] the group of people who govern a small area of a country: *Local authorities are looking for new ways to promote investment.* ▷ **władze lokalne**

ˌlocal ˈtime noun [U] the official time in an area or country: *We will shortly be landing in London, where the local time is 3.15.* ▷ **czas miejscowy**

locate /ləʊˈkeɪt/ **verb** [T] formal **1** B2 to find the exact position of someone or something: *Police are still trying to locate the suspect.* ▷ **zlokalizować 2 be located in/near/on, etc** B1 to be in a particular place: *Both schools are located in the town.* ▷ **mieścić się** *gdzieś*

location /ləʊˈkeɪʃən/ **noun 1** B1 [C] a place or position: *They haven't yet decided on **the location of** the new store.* ▷ **położenie, lokalizacja 2 on location** If a film or television programme is made on location, it is made at a place suitable to the story. ▷ **w plenerze, na planie**

> Wyrazy występujące razem z **location**
>
> **at/in a [remote/secret, etc] location** • **the location of sth**

loch /lɒk/, /lɒx/ **noun** [C] a lake in Scotland: *Loch Lomond* ▷ **jezioro**

lock¹ /lɒk/ **verb 1** [I, T] B1 to fasten something with a key, or to be fastened with a key: *Did you lock the door?* ◦ *If you shut the door it will lock automatically.* ▷ **zamykać (się)** → Opposite **unlock 2 lock sth/sb away/in, etc** B2 to put something or someone in a place or container that is fastened with a key: *She locked herself in her bedroom.* ◦ *Most of my jewellery is locked away in a safe.* ▷ **zamykać** *coś/kogoś* **3** [I] to become fixed in one position: *I tried to move forward but the wheels had locked.* ▷ **zablokować się**

PHRASAL VERBS **lock sb in/out** B2 to prevent someone from entering/leaving a room or building by locking the door ▷ **zatrzasnąć** *kogoś* **wewnątrz/na zewnątrz** • **lock (sth) up** to lock all the doors and windows of a building when you leave it ▷ **pozamykać** (*coś*) • **lock sb up** to put someone in prison or a hospital for people who are mentally ill ▷ **umieścić** *kogoś* **w odosobnieniu**

lock² /lɒk/ **noun** [C] **1** B1 the thing that is used to close a door, window, etc, and that needs a key to open it: *I heard someone turn a key in the lock.* ◦ ***safety locks*** ▷ **zamek 2** a place on a river with gates to allow boats to move to a different water level ▷ **śluza**

IDIOM **under lock and key** kept safely in a room or container that is locked: *I tend to keep medicines under lock and key because of the kids.* ▷ **pod kluczem, dobrze zamknięty**

> Wyrazy występujące razem z **lock (noun)**
> fit a lock • a lock on sth • a safety lock

locker /ˈlɒkəʳ/ **noun** [C] a small cupboard in a public area where your personal possessions can be kept: *a gym/luggage/school locker* ▷ **szafka**

ˈlocker ˌroom noun [C] a room where you change your clothes and leave those and other personal possessions in a locker ▷ **szatnia**

locomotive /ˌləʊkəˈməʊtɪv/ **noun** [C] the part of a train that makes it move: *a steam locomotive* ▷ **lokomotywa**

locus /ˈləʊkəs/ **noun** [C] (plural **loci**) a set of points or lines whose position is decided by a particular rule or statement: *The locus of points equidistant from a given point is a circle.* ▷ **miejsce geometryczne**

lodge¹ /lɒdʒ/ **noun** [C] a small house in the country that is used especially by people on holiday: *a hunting/mountain/ski lodge* ▷ **domek, schronisko**

lodge² /lɒdʒ/ **verb 1 lodge in/on, etc** to become stuck somewhere: *The bullet had lodged near his heart.* ▷ **utkwić** *gdzieś* → Compare **dislodge 2 lodge at/with, etc** to live in someone's home and give them money for it ▷ **mieszkać u, wynajmować kwaterę lub pokój u 3 lodge a claim/complaint/protest, etc** to officially complain about something: *He lodged an official complaint against the officers responsible.* ▷ **składać żądanie/skargę/protest** *itp.*

lodger /ˈlɒdʒəʳ/ **noun** [C] UK (US **boarder**) someone who pays for a place to sleep and meals in someone else's house ▷ **lokator/ka**

lodgings /ˈlɒdʒɪŋz/ **noun** [plural] mainly UK a room in someone's home that you pay money to live in: *temporary lodgings* ▷ **kwatera**

loess /ˈləʊes/ **noun** [U] small pieces of light-brown or grey soil which is blown and left behind by the wind ▷ **less**

loft /lɒft/ **noun** [C] **1** the space under the roof of a house or other building ▷ **strych, poddasze 2** US the space where someone lives or works in a building that used to be a factory ▷ **pomieszczenie adaptowane (pofabryczne)**

log¹ /lɒg/ **noun** [C] **1** a thick piece of wood that has been cut from a tree ▷ **kłoda 2** a written record of events, often on a ship or aircraft ▷ **dziennik**

log² /lɒg/ **verb** [T] (present participle **logging**, past tense and past participle **logged**) to make a written record of events, often on a ship or aircraft ▷ **zapisywać (w dzienniku)**

PHRASAL VERBS **log in/on** B2 to connect a computer to a system of computers by typing your name and often a password, usually so that you can start working ▷ **zalogować się** • **log off/out** B2 to stop a computer being connected to a computer system, usually when you want to stop working ▷ **wylogować się**

logarithm /ˈlɒgərɪðəm/ **noun** [C] the number which shows how many times a number, called the base, has to be multiplied by itself to produce another number ▷ **logarytm**

loggerheads /ˈlɒgəhedz/ **noun**

IDIOM **be at loggerheads (with sb)** If two people or groups are at loggerheads, they disagree strongly about something: *He is at loggerheads with the Prime Minister over public spending.* ▷ **drzeć koty (z** *kimś***)**

logic /ˈlɒdʒɪk/ **noun** [U] the use of reason, or the science of using reason: *It was difficult to understand the **logic behind** his argument.* ▷ **logika**

> Wyrazy występujące razem z **logic**
> the logic behind/in/of sth

logical /ˈlɒdʒɪkəl/ **adjective** B2 using reason: *a logical choice/conclusion* ▷ **logiczny** → Opposite **illogical**
• **logically adverb** ▷ **logicznie**

ˈlogic ˌgate noun [C] an electronic switch used in computers, that reacts in one of two ways to information given to it ▷ **bramka (logiczna)**

login /ˈlɒgɪn/ **noun** [C, U] a box that appears on your computer screen when you start to use a computer which is connected to a computer system ▷ **logowanie, okienko logowania**

logistics /ləˈdʒɪstɪks/ **noun the logistics of sth/doing sth** the practical arrangements for something: *We could all use the one car but I'm not sure about the logistics of it.* ▷ **organizacja** *czegoś*

logo /ˈləʊgəʊ/ **noun** [C] B1 a design or symbol used by a company to advertise its products: ***a corporate logo*** ▷ **znak firmowy, logo**

loiter /ˈlɔɪtəʳ/ **verb** [I] to stand in a place or walk slowly around without any purpose: *A gang of youths were loitering outside the cinema.* ▷ **wałęsać się**

LOL Internet abbreviation for laughing out loud: used when you think something is very funny ▷ **LOL, śmiech na sali**

lollipop /ˈlɒlipɒp/ noun [C] (also UK **lolly** /ˈlɒli/) a large, hard sweet on a stick ▷ **lizak**

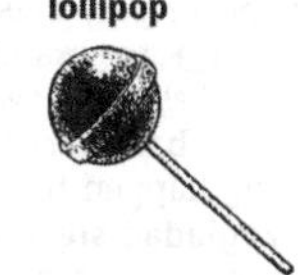

lone /ləʊn/ adjective [always before noun] alone: *lone parents* ◦ *the lone survivor* ▷ **samotny**

lonely /ˈləʊnli/ **adjective 1** B1 unhappy because you are not with other people: *She gets lonely now that the kids have all left home.* ▷ **samotny 2** B2 A lonely place is a long way from where people live. ▷ **odludny**
• **loneliness noun** [U] ▷ **samotność**

loner /ˈləʊnəʳ/ **noun** [C] someone who likes to be alone: *He was always a bit of a loner at school.* ▷ **samotnik**

lonesome /ˈləʊnsəm/ **adjective** US lonely ▷ **samotny**

long¹ /lɒŋ/ **adjective 1** A1 having a large distance from one end to the other: *long, brown hair* ◦ *a long dress* ◦ *It's a long way to travel to work.* ▷ **długi 2** A1 continuing for a large amount of time: *a long film/meeting* ◦ *Have you been waiting a long time?* ▷ **długi 3** used when asking for or giving information about the distance or time of something: *It's about three metres long.* ◦ *Most of the concerts are over three hours long.* ◦ *Do you know how long the film is?* ▷ **długi 4** A2 A long book or other piece of writing has a lot of pages or words: *a long article/letter* ▷ **długi** → See also **in the long/short *run***

long² /lɒŋ/ **adverb 1** A2 for a long time: *We didn't have to **wait long** for the train.* ◦ *The band played long into the night.* ▷ **długo 2 as long as** B1 used when you are talking about something that must happen before something else can happen: *You can play football as long as you do your homework first.* ▷ **o ile, jeśli (tylko), pod warunkiem, że 3 before long** B2 soon: *He'll be home before long.* ▷ **niedługo 4 long ago** If something happened long ago, it happened a great amount of time ago. ▷ **dawno temu 5 no longer/not any longer** B1 not now: *He no longer works here.* ▷ **już nie**

long³ /lɒŋ/ **noun** [U] a large amount of time: *She won't be away for long.* ▷ **długo**

long⁴ /lɒŋ/ **verb** formal **long for sth; long to do sth** to want something very much: *She longed to see him again.* ▷ **tęsknić do** *czegoś*, **bardzo pragnąć** *czegoś*

longboat /ˈlɒŋbəʊt/ **noun** [C] a long, narrow, open boat, moved with oars ▷ **szalupa, barkas**

long-distance /ˌlɒŋˈdɪstəns/ **adjective** B2 travelling or communicating between two places that are a long way apart: *a long-distance race* ◦ *a long-distance phone call* ▷ **długodystansowy, zamiejscowy, międzystrefowy**

ˌlong diˈvision noun [U] when you divide one large number by another large number ▷ **dzielenie liczb wielocyfrowych**

long-haul /ˈlɒŋˌhɔːl/ **adjective** [always before noun] travelling a long distance: *a **long-haul flight*** ▷ **długodystansowy**

longhouse /ˈlɒŋhaʊs/ **noun** [C] a long house where many families live together ▷ **długi dom**

longing /ˈlɒŋɪŋ/ **noun** [U, no plural] a feeling of wanting something or someone very much: *He gazed at her, his eyes full of longing.* ◦ *a **longing for** his homeland* ▷ **tęsknota, pragnienie**
• **longingly adverb** *She looked longingly at the silk dresses.* ▷ **tęsknie**

longitude /ˈlɒndʒɪtjuːd/ **noun** [U] the distance of a place east or west of an imaginary line from the top to the bottom of the Earth, measured in degrees ▷ **długość geograficzna**

longitudinal /ˌlɒndʒɪˈtjuːdɪnəl/ **adjective** relating to longitude ▷ **równoleżnikowy**

longiˌtudinal ˈwave noun [C] in physics, a wave moving in the same direction as the vibrations of the particles of the substance through which it is moving ▷ **fala podłużna** → Compare **transverse wave**

the ˈlong ˌjump noun a sports event where people try to jump as far as possible ▷ **skok w dal**

long-life /ˌlɒŋˈlaɪf/ **adjective** UK Long-life drink or food has been treated so that it will last a long time: *long-life milk* ▷ **o przedłużonej trwałości**

long-lost /ˈlɒŋˌlɒst/ **adjective long-lost friend/cousin, etc** a friend or relative that you have not seen for a long time ▷ **dawno niewidziany przyjaciel/krewny** *itp.*

long-range /ˌlɒŋˈreɪndʒ/ **adjective** [always before noun] **1** relating to a time in the future: *a **long-range** weather **forecast*** ▷ **długoterminowy 2** able to be sent long distances: *a **long-range bomber/missile*** ▷ **dalekiego zasięgu**

longshore drift /ˌlɒŋʃɔːˈdrɪft/ **noun** [U] the movement of sand and small stones, etc along the coast caused by waves travelling parallel or at an angle to the coast ▷ **osad przybrzeżny**

ˈlong ˌshot noun [C] informal something that is not likely to succeed: *It's a long shot, but you could try phoning him at home.* ▷ **znikoma szansa**

long-sighted /ˌlɒŋˈsaɪtɪd/ **adjective** UK (US **farsighted**) able to see objects which are far away but not things which are near to you ▷ **dalekowzroczny**

long-standing /ˌlɒŋˈstændɪŋ/ **adjective** having existed for a long time: *a **long-standing relationship*** ▷ **długotrwały**

long-suffering /ˌlɒŋˈsʌfərɪŋ/ **adjective** A long-suffering person has been very patient for a long time about all the trouble that someone has caused them: *Bill and his long-suffering wife* ▷ **anielsko cierpliwy**

long-term /ˌlɒŋˈtɜːm/ **adjective** B2 continuing a

long time into the future: *long-term unemployment* ▷ **długoterminowy**

ˌlong-term liaˈbility noun [C] an amount owed by a business that does not have to be paid in the next 12 months ▷ **zobowiązanie długookresowe**

long-winded /ˌlɒŋˈwɪndɪd/ **adjective** If what someone says or writes is long-winded, it is boring because it is too long: *a* ***long-winded explanation*** ▷ **rozwlekły**

loo /luː/ **noun** [C] UK informal toilet: *I'll just go to the loo.* ▷ **kibelek, ubikacja**

look¹ /lʊk/ **verb 1** [I] A1 to turn your eyes in the direction of something or someone so that you can see them: ***Look at*** *the picture on page two.* ◦ *He was looking out of the window.* ◦ *I looked around and there she was.* ▷ **patrzeć, spojrzeć 2** [I] A1 to try to find someone or something: *I'm* ***looking for*** *my keys.* ◦ *I've looked everywhere but I can't find my bag.* ▷ **szukać 3 look nice/strange, etc; look like/as if** A2 used to describe the appearance of a person or thing: *That food looks nice.* ◦ *You look tired, my love.* ◦ *Do I look silly in this hat?* ◦ *He looked like a drug addict.* ▷ **wyglądać fajnie/dziwnie** *itp.* **4 it looks like; it looks as if** B1 used to say that something is likely to happen: *It looks like there'll be three of us.* ◦ *It looks as if he isn't coming.* ▷ **wygląda na to, że 5 be looking to do sth** to plan to do something: *I'm looking to start my own business.* ▷ **chcieć** *coś zrobić* **6 Look!** something you say when you are annoyed and you want people to know that what you are saying is important: *Look, I've had enough of your complaints.* ▷ **Słuchaj (no)!** → See also **look the** ***part***

PHRASAL VERBS **look after sb/sth** A2 to take care of someone or something by keeping them healthy or in a good condition: *Could you look after the children while I'm out?* ▷ **opiekować się** *kimś/czymś*, **zajmować się** *kimś/czymś* • **look ahead** to think about something that will happen in the future and plan for it ▷ **myśleć o przyszłości** • **look at sth 1** B2 to think about a subject carefully so that you can make a decision about it: *Management is looking at ways of cutting costs.* ▷ **zastanawiać się nad** *czymś*, **rozważać** *coś* **2** B2 to read something: *Can you look at my essay sometime?* ▷ **zerknąć na** *coś* **3** B2 If an expert looks at something, they examine it: *Did you get the doctor to look at your knee?* ▷ **spojrzeć na** *coś* **4** to consider something in a particular way: *If I'd been a mother I might have looked at things differently.* ▷ **spojrzeć na** *coś* • **look back** B2 to remember something in the past: *He* ***looked back on*** *his childhood with affection.* ▷ **spoglądać wstecz, wspominać** • **look down on sb** B2 to think that someone is less important than you ▷ **patrzeć na** *kogoś* **z góry** • **look forward to sth/doing sth** B1 to feel happy and excited about something that is going to happen: *I'm really looking forward to seeing him.* ▷ **z niecierpliwością oczekiwać** *czegoś*, **cieszyć się na** *coś* • **look into sth** B2 to examine the facts about a situation: *They are looking into the causes of the accident.* ▷ **badać** *coś* • **look on** to watch something happen but not become involved in it ▷ **przyglądać się** • **look on sb/sth** to think about someone or something in a particular way: *We look on him almost as our own son.* ▷ **traktować** *kogoś/coś* • **Look out!** B1 something you say when someone is in danger: *Look out – there's a car coming!* ▷ **Uważaj!** • **look out for sb/sth** B2 to try to notice someone or something: *Look out for Anna while you're there.* ▷ **wypatrywać** *kogoś/coś* • **look over sth** to examine something quickly: *I'm just looking over what you've written.* ▷ **przejrzeć** *coś* • **look through sth** B2 to read something quickly: *I've looked through a few catalogues.* ▷ **przejrzeć** *coś* • **look up** to become better: *Our financial situation is looking up.* ▷ **poprawiać się, mieć się ku lepszemu** • **look sth up** B1 to look at a book or computer in order to find information: *I looked it up in the dictionary.* ▷ **poszukać** *czegoś*, **sprawdzać** *coś* • **look up to sb** B2 to respect and admire someone ▷ **podziwiać** *kogoś*

> **!** Najczęściej popełniane błędy: **look forward to**
>
> **Proszę pamiętać:** kiedy po **look forward to** następuje czasownik, powinien być on w formie imiesłowu z **-ing**:
>
> ~~*I'm looking forward to see you in the summer.*~~
>
> *I'm looking forward to seeing you in the summer.*

look² /lʊk/ **noun 1** [C] B1 when you look at someone or something: [usually singular] ***Take a look*** *at these pictures.* ◦ *You've got your photos back – can I* ***have a look****?* ▷ **spojrzenie, rzut oka 2 have/take a look** B1 when you try to find something: *I've had a look in the drawer but I can't find your passport.* ▷ **spojrzeć 3** [C] B2 an expression on someone's face: *She had a worried look about her.* ◦ *She* ***gave*** *me* ***a*** *questioning* ***look****.* ▷ **spojrzenie 4** [no plural] a style or fashion: *the* ***new look*** *for the summer* ▷ **styl 5 the look of sb/sth** B2 the appearance of someone or something: *I like the look of that new music programme they're advertising.* ▷ **wygląd** *kogoś/czegoś* **6 sb's looks** a person's appearance, especially how attractive they are ▷ *czyjś* **wygląd** → See also **good looks**

> Wyrazy występujące razem z **look (noun)**
>
> **have/take** a look • a **close/good** look • a look **at** sb/sth

lookalike /ˈlʊkəlaɪk/ **noun** [C] informal someone who looks very similar to a famous person: *an Elvis lookalike* ▷ **sobowtór**

look-in /ˈlʊkɪn/ **noun** UK informal **not get a look-in** to get no chance to achieve what you want or to succeed in something: *He played so well, nobody else got a look-in.* ▷ **nie mieć szansy się pokazać lub wykazać**

lookout /ˈlʊkaʊt/ **noun** **1** [C] a person who watches for danger and warns other people ▷ **obserwator/ka, czujka** **2 be on the lookout** to be continuing to search for something or someone: *I'm always on the lookout for interesting new recipes.* ▷ **mieć oczy (szeroko) otwarte, uważać**

loom[1] /luːm/ **verb** [I] **1** to appear as a large, sometimes frightening shape: *Dark storm clouds loomed on the horizon.* ▷ **wisieć (w powietrzu), wyłaniać się** **2** If an unpleasant event looms, it is likely to happen soon: *The threat of closure* ***looms over*** *the workforce.* ▷ **wisieć**

loom[2] /luːm/ **noun** [C] a machine for making cloth by weaving together threads ▷ **krosno**

loony /ˈluːni/ **noun** [C] informal someone who behaves in a crazy way: *The man's a complete loony.* ▷ **czubek, wariat/ka**

• **loony adjective** informal crazy: *loony ideas* ▷ **zwariowany**

loop[1] /luːp/ **noun** [C] a circle of something long and thin, such as a piece of string or wire ▷ **pętla**

loop[2] /luːp/ **verb loop sth around/over, etc sth** to make something into the shape of a loop: *Loop the rope around your waist.* ▷ **owijać** *coś* **wokół/dookoła** *czegoś itp.*

loophole /ˈluːphəʊl/ **noun** [C] a mistake in an agreement or law which gives someone the chance to avoid having to do something ▷ **luka (prawna)**

Wyrazy występujące razem z **loophole**
a loophole **in** sth • a **legal** loophole

loose /luːs/ **adjective** **1** (B2) not firmly fixed: *There were some loose wires hanging out of the wall.* ◦ *One of my buttons is loose.* ▷ **luźny** **2** (B1) large and not fitting tightly: *a loose dress/sweater* ▷ **luźny** **3** An animal that is loose is free to move around: *Two lions escaped and are still loose.* ▷ **wolny, na wolności** **4** not exact: *It's only a loose translation of the poem.* ▷ **nieprecyzyjny, wolny**

• **loosely adverb** *The film is* ***based*** *very* ***loosely*** *(= not exactly) on the novel.* ▷ **luźno**

→ See also **be at a loose** ***end***

loosen /ˈluːsᵊn/ **verb** [I, T] to become loose or make something loose: *He loosened his tie.* ▷ **rozluźnić (się)**

PHRASAL VERB **loosen up** to become more relaxed with other people: *After a while he loosened up.* ▷ **rozluźnić (się)**

loot[1] /luːt/ **verb** [I, T] to steal from shops and houses during a war or period of fighting: *Rioters looted the capital.* ▷ **plądrować**

loot[2] /luːt/ **noun** [U] goods which have been stolen ▷ **łup**

lop /lɒp/ **verb** (present participle **lopping**, past tense and past participle **lopped**)

PHRASAL VERB **lop sth off** to cut off something in one quick movement: *I lopped off the biggest branches.* ▷ **obcinać** *coś*

lopsided /ˌlɒpˈsaɪdɪd/ (US) /ˈlɒpsaɪdɪd/ **adjective** with one side lower than the other: *a lopsided grin* ▷ **krzywy**

loquacious /ləʊˈkweɪʃəs/ **adjective** formal talking a lot ▷ **gadatliwy**

lord /lɔːd/ **noun** **1** [C, U] (also **Lord**) a man of high social rank, or a title given to a man who has earned official respect, in the UK: *Lord Lichfield* ▷ **lord** **2 the Lord** God or Christ ▷ **Pan** **3 Good Lord!** informal something you say when you are surprised or angry: *Good Lord! Is that the time?* ▷ **Dobry Boże!** → See also **House of Lords**

the Lords /lɔːdz/ **noun** [group] (also **House of Lords**) one of the two parts of the British parliament, with members who are chosen by the government ▷ **lordowie, Izba Lordów**

lorry /ˈlɒri/ **noun** [C] UK (UK/US **truck**) (B1) a large road vehicle for carrying goods from place to place ▷ **ciężarówka**

lose /luːz/ **verb** (past tense and past participle **lost**) **1** [T] (A2) to not be able to find someone or something: *I've lost my passport.* ◦ *She's always losing her car keys.* ▷ **zgubić** **2** [T] (B1) to stop having someone or something that you had before: *She lost a leg in a car accident.* ◦ *I hope he doesn't lose his job.* ◦ *He lost his mother (= his mother died) last year.* ▷ **stracić** **3** [T] (B1) to have less of something than you had before: *She's lost a lot of weight.* ◦ *He's losing his hair.* ◦ *to lose your memory* ▷ **stracić** **4** [I, T] (B1) If you lose a game, competition, or election, the team or person that you are competing with wins: *Chelsea lost by a goal.* ◦ *They're losing 3-1.* ◦ *They hadn't lost an election in 15 years.* ▷ **przegrać** **5 lose faith/interest/patience, etc** (B2) to stop feeling something good: *I'm rapidly losing interest in the whole subject.* ◦ *He kept on crying and I lost my patience.* ▷ **stracić wiarę/zainteresowanie/cierpliwość** *itp.* **6** [T] (B2) If you lose a number of hours or days, you cannot work during this time: *Four million hours were lost last year through stress-related illnesses.* ▷ **tracić** **7** [T] If a clock loses time, it goes slower than it should. ▷ **spóźniać się** **8** [T] informal to confuse someone so that they do not understand something: *No, you've lost me there – can you explain that again?* ▷ **namieszać, zdezorientować** **9** informal to take something away, usually because it looks bad: *Lose the belt, Andrea, it looks ridiculous with that dress.* ▷ **wyrzucić** **10 lose your balance** to fall because you are leaning too much to one side ▷ **stracić równowagę** **11 lose count of sth** to forget the exact number: *I've lost count of how many times I've called her.* ▷ **stracić rachubę** **12 lose your life** (B2) to die: *Millions of young men*

L

lost their lives in the war. ▷ **stracić życie** → See also **fight a losing *battle***, **lose your *cool***, **lose/save *face***, **gain/lose *ground***, **lose *sight* of sth**, **lose *sleep* over sth**

IDIOMS **be losing it** informal to start to become crazy: *I can't even remember my own telephone number – I think I must be losing it.* ▷ **pogarszać się** *komuś* • **lose it** informal to stop being able to control your emotions and suddenly start to laugh, shout, or cry: *I was trying so hard to stay calm but in the end I just lost it.* ▷ **stracić nad sobą panowanie**

PHRASAL VERB **lose out** to not have an advantage that someone else has ▷ **być w gorszej sytuacji**

loser /ˈluːzəʳ/ **noun** [C] **1** someone who does not win a game or competition: *The losers of both games will play each other for third place.* ▷ **przegrywający-y/a, przegran-y/a** **2** informal someone who is not successful in anything they do ▷ **niedorajda (życiowa), ofiara (losu)**

loss /lɒs/ **noun 1** [C, U] B2 when you do not have someone or something that you had before, or when you have less of something than before: *loss of income/memory* ◦ *blood/hair/weight loss* ◦ *job losses* ▷ **utrata 2** [C, U] when a company spends more money than it earns: *Both companies **suffered losses** this year.* ▷ **strata 3** [no plural] a disadvantage caused by someone leaving an organization: *It would be a great **loss to** the department if you left.* ▷ **strata 4 be at a loss** to not know what to do or say: [+ to do sth] *I'm at a loss to explain his disappearance.* ▷ **nie wiedzieć, co zrobić lub powiedzieć 5 a sense of loss** sadness because someone has died or left ▷ **uczucie pustki 6** [C, U] B2 the death of a person: *They never got over the loss of their son.* ▷ **utrata, śmierć**

> Wyrazy występujące razem z **loss**
>
> **make/suffer** a loss • a loss **of** [$50,000/£3 million, etc]

lost[1] /lɒst/ **adjective 1** A2 not knowing where you are or where you should go: *I **got lost** on the way.* ▷ **zbłąkany, zgubiony, ≈ zgubić się 2** B1 If something is lost, no one knows where it is: *Things tend to **get lost** when you move house.* ◦ *Lost: black cat with white paws.* ▷ **zagubiony, zaginiony, ≈ ginąć 3** not knowing what to do in a new situation: *It was his first day in the office and he seemed a bit lost.* ▷ **zagubiony 4 be lost without sb/sth** informal to be unable to live or work without someone or something: *She's lost without her computer.* ▷ **być bez** *kogoś/czegoś* **jak bez ręki 5 be lost on sb** If a joke or remark is lost on someone, they do not understand it. ▷ **nie zostać zrozumianym przez** *kogoś*, **≈** *ktoś czegoś* **nie zrozumiał 6 Get lost!** informal an impolite way of telling someone to go away ▷ **Spadaj!** → See also **long-lost**

lost[2] /lɒst/ past of lose

ˌ**lost** ˈ**property noun** [U] UK things that people have left in public places which are kept somewhere until the owners can collect them ▷ **rzeczy zagubione, zguby**

lot /lɒt/ **noun 1 a lot; lots** A1 a large number or amount of people or things: *There were **a lot of** people outside the building.* ◦ *He earns **lots of** money.* ◦ *I've got a lot to do this morning.* ▷ **mnóstwo, pełno** → See Note **many 2 a lot better/older/quicker, etc** A1 much better/older/quicker, etc: *It's a lot better than the old system.* ◦ *It's a lot quicker by train.* ▷ **znacznie lepszy/starszy/szybszy** *itp.* **3 the lot** UK informal all of an amount or number: *I made enough curry for three people and he ate the lot.* ▷ **wszystko, wszyscy 4** [C] UK a group of people or things that you deal with together: *I've already done one lot of washing.* ▷ **partia, grupa 5** [C] US an area of land: *a parking lot* ◦ *an empty lot* ▷ **teren, działka 6** [C] something being sold at an auction: *Lot 3: a Victorian chest.* ▷ **pozycja (katalogowa) 7 sb's lot** the quality of someone's life and the type of experiences they have: *They've done much to improve the lot of working people.* ▷ *czyjś* **los**

lotion /ˈləʊʃən/ **noun** [C, U] a liquid that you put on your skin to make it soft or healthy: *suntan lotion* ◦ *body lotion* ▷ **emulsja, balsam**

lottery /ˈlɒtəri/ **noun** [C] B1 a way of making money by selling numbered tickets to people who then have a chance of winning a prize if their number is chosen: *the national lottery* ▷ **loteria**

loud[1] /laʊd/ **adjective 1** A2 making a lot of noise: *a loud noise* ◦ *a **loud voice*** ◦ *a loud explosion* ▷ **głośny 2** Loud clothes are too bright or have too many colours. ▷ **krzykliwy** • **loudly adverb** B1 *She was speaking very loudly.* ▷ **głośno**

loud[2] /laʊd/ **adverb 1** B1 loudly: *Can you speak a bit louder?* ▷ **głośno 2 out loud** B1 If you say or read something out loud, you say or read it so that other people can hear you. ▷ **głośno, na głos**

loudspeaker /ˌlaʊdˈspiːkəʳ/ (US) /ˈlaʊdˌspiːkəʳ/ **noun** [C] a piece of equipment used for making voices or sounds louder ▷ **głośnik**

lounge[1] /laʊndʒ/ **noun** [C] **1** UK the room in a home where you sit and relax ▷ **salon 2** US a room in a hotel, theatre, airport, etc where people can relax or wait ▷ **hall**

lounge[2] /laʊndʒ/ **verb**

PHRASAL VERB **lounge about/around (sth)** to spend your time in a relaxed way, doing very little: *Most days were spent lounging around the pool.* ▷ **byczyć się** (*gdzieś*)

louse /laʊs/ **noun** [C] (plural **lice** /laɪs/) a very small insect that lives on the bodies or in the hair of people or animals ▷ **wesz**

lousy /ˈlaʊzi/ **adjective** informal very bad: *lousy*

food/service ◦ *I* ***felt lousy*** *when I woke up this morning.* ▷ **podły, kiepski**

lout /laʊt/ **noun** [C] a man who behaves in a rude or violent way ▷ **cham**

lovable (also **loveable**) /ˈlʌvəbl/ **adjective** A person or animal that is lovable has qualities which make them easy to love. ▷ **miły**

love¹ /lʌv/ **verb** [T] **1** Ⓐ1 to like someone very much and have romantic or sexual feelings for them: *Last night he told me he loved me.* ◦ *I've only ever loved one woman.* ▷ **kochać 2** Ⓐ1 to like a friend or a person in your family very much: *I'm sure he loves his kids.* ▷ **kochać, bardzo lubić 3** Ⓐ1 to enjoy something very much or have a strong interest in something: *He loves his music.* ◦ *She loves animals.* ◦ [+ doing sth] *I love eating out.* ▷ **uwielbiać 4 I'd love to** Ⓐ2 used to say that you would very much like to do something that someone is offering: *"I wondered if you'd like to meet up sometime?" "I'd love to."* ▷ **z przyjemnością**

love² /lʌv/ **noun 1** [U] Ⓑ1 when you like someone very much and have romantic or sexual feelings for them: *He's madly* ***in love with*** *(= he loves) her.* ◦ *I was 20 when I first* ***fell in love*** *(= started to love someone).* ◦ *a love song/story* ▷ **miłość 2 make love** to have sex ▷ **kochać się 3** [C] Ⓑ1 someone who you like very much and have a romantic or sexual relationship with: *He was my first love.* ▷ **miłość 4** [U] Ⓑ1 when you like a friend or person in your family very much: *Nothing is as strong as the love you have for your kids.* ▷ **miłość 5** [C, U] Ⓑ2 something that interests you a lot: *his love of books* ▷ **miłość, uwielbienie 6 Love from; All my love** Ⓐ2 something you write at the end of a letter to a friend or someone in your family: *Love from Mum.* ◦ *All my love, Louise.* ▷ **uściski (od) 7** mainly UK You call someone 'love' to show affection or to be friendly: *"Margot?" "Yes, love."* ◦ *Two portions of chips please, love.* ▷ **kochanie 8** [U] in games such as tennis, a score of zero: *She's leading by two sets to love.* ▷ **zero** → See also **a** ***labour*** **of love**

> Wyrazy występujące razem z **love**
>
> **in love with** sb • **fall in love** • **madly in love** • **brotherly/unconditional** love

ˈlove afˌfair **noun** [C] a romantic or sexual relationship ▷ **romans**

loveless /ˈlʌvləs/ **adjective** without love: *She was trapped in a* ***loveless marriage.*** ▷ **pozbawiony miłości**

ˈlove ˌlife **noun** [C] the romantic relationships in a person's life: *How's your love life these days?* ▷ **życie intymne**

lovely /ˈlʌvli/ **adjective 1** Ⓐ2 pleasant or enjoyable: *We had a lovely day together.* ◦ *What lovely weather.* ▷ **śliczny 2** Ⓐ2 very attractive: *a lovely dress/house/village* ◦ *You look lovely!* ▷ **uroczy**

lover /ˈlʌvəʳ/ **noun 1** Ⓑ1 [C] If two people are lovers, they have a sexual relationship but they are not married: *She had a string of lovers before her marriage finally broke up.* ▷ **kochan-ek/ka 2 a book/cat/dog, etc lover** Ⓑ1 someone who is very interested in books/cats/dogs, etc: *She's a real cat lover.* ▷ **miłośni-k/czka książek/kotów/psów** *itp.*

loving /ˈlʌvɪŋ/ **adjective** showing a lot of affection and kindness towards someone: *a loving relationship* ◦ *a loving father* ▷ **pełen miłości, pełen czułości, kochający**
• **lovingly adverb** ▷ **czule**

low¹ /ləʊ/ **adjective 1** Ⓑ1 near the ground, not high: *low aircraft* ◦ *a low fence* ▷ **niski 2** Ⓐ2 below the usual level: *a low income* ◦ *low temperatures/prices* ◦ *a low number* ◦ *Fish is very* ***low in*** *(= has little) fat.* ▷ **niski 3** deep or quiet: *a low voice* ◦ *a low note* ▷ **niski, cichy 4** If lights are low, they are not bright: *We have very low lighting in the main room.* ▷ **ciemny 5** unhappy and without energy: *Illness of any sort can leave you feeling low.* ▷ **nieswój, przygnębiony** → See also **be at a low** ***ebb***, **keep a low** ***profile***

low² /ləʊ/ **adverb 1** Ⓑ1 in or to a low position or level: *low-paid workers* ◦ *Turn the oven on low.* ▷ **nisko 2** with deep notes: *You can sing lower than me.* ▷ **nisko**

low³ /ləʊ/ **noun a new/record/all-time, etc low** the lowest level: *Temperatures in the region hit a record low yesterday.* ▷ **rekordowo niski poziom**

low-alcohol /ˌləʊˈælkəhɒl/ **adjective** A low-alcohol drink has less alcohol in it than the normal type: *low-alcohol beer* ▷ **niskoalkoholowy**

low-calorie /ˌləʊˈkæləri/ **adjective** (abbreviation **low-cal, lo-cal**) A low-calorie food or drink will not make you fat because it has fewer calories than normal food or drink. ▷ **niskokaloryczny**

low-cut /ˌləʊˈkʌt/ **adjective** describes a piece of clothing that does not cover the top part of a woman's chest: *a low-cut dress* ▷ **z dużym dekoltem**

the lowdown /ˈləʊdaʊn/ **noun** informal the most important information about something: *Jenny will* ***give*** *you* ***the lowdown on*** *what happened at yesterday's meeting.* ▷ **podsumowanie**

lower¹ /ˈləʊəʳ/ **adjective** being the bottom part of something: *I've got a pain in my lower back.* ◦ *She bit her lower lip.* ▷ **dolny**

lower² /ˈləʊəʳ/ **verb** [T] **1** Ⓑ2 to move something to a low position: *They lowered the coffin into the grave.* ▷ **obniżać, opuszczać, spuszczać 2** Ⓑ2 to reduce the amount of something: *I'll join if they lower the entrance fee.* ▷ **obniżać**

ˌlower ˈcase **noun** [U] letters of the alphabet which are not written as capital letters, for example a, b, c ▷ **małe litery**

L

ˌlowest common deˈnominator noun [C] the smallest number that can be exactly divided by all the bottom numbers in a group of fractions ▷ **najmniejszy wspólny mianownik**

ˌlowest common ˈmultiple noun [C] (abbreviation **LCM**) the lowest number that can be divided exactly by a particular group of numbers ▷ **najmniejsza wspólna wielokrotność**

low-fat /ˌləʊˈfæt/ **adjective** Low-fat foods do not contain much fat: *low-fat cheese* ◦ *a low-fat diet* ▷ **niskotłuszczowy, o niskiej zawartości tłuszczu**

low-key /ˌləʊˈkiː/ **adjective** not attracting attention: *The reception itself was surprisingly low-key.* ▷ **skromny**

lowland /ˈləʊlənd/ **noun** [C, usually singular] flat land that is at the same level as the sea ▷ **nizina**

ˌlow-level ˈlanguage noun [C] a language for writing computer programs which is similar to machine code ▷ **język niskiego poziomu**

lowly /ˈləʊli/ **adjective** not important or respected: *He took a lowly job in an insurance firm.* ▷ **podrzędny**

low-rise /ˈləʊˌraɪz/ **adjective** describes trousers in which the top part of the trousers ends below the person's waist ▷ **z niskim pasem, ≈ biodrówki**

low-tech /ˌləʊˈtek/ **adjective** Something that is low-tech does not use the most recent technology. ▷ **tradycyjny** → Compare **high-tech**

loyal /lɔɪəl/ **adjective** B2 always liking and supporting someone or something, sometimes when other people do not: *a* ***loyal supporter*** ◦ *She's very* ***loyal to*** *her friends.* ▷ **lojalny** → Opposite **disloyal**
• **loyally adverb** ▷ **lojalnie**

loyalties /ˈlɔɪəltiz/ **noun** [plural] a feeling of support for someone: *My loyalties to my family come before work.* ▷ **lojalność**

loyalty /ˈlɔɪəlti/ **noun** [U] B2 the quality of being loyal: *Your* ***loyalty to*** *the company is impressive.* ▷ **lojalność** → Opposite **disloyalty**

lozenge /ˈlɒzɪndʒ/ **noun** [C] a sweet which you suck to make your throat feel better ▷ **pastylka lub tabletka (do ssania)**

LP /ˌelˈpiː/ **noun** [C] a record that has about 25 minutes of music on each side ▷ **longplay, płyta długogrająca**

LPG /ˌelpiːˈdʒiː/ **noun** [U] abbreviation for liquid petroleum gas: a type of fuel used for heating, cooking, and in some vehicles ▷ **gaz, LPG**

L-plate /ˈelpleɪt/ **noun** [C] UK a red and white 'L' symbol on the car of someone learning to drive ▷ **tablica nauki jazdy**

Ltd written abbreviation for limited company: *Pinewood Supplies Ltd* ▷ **z o.o.**

lubricant /ˈluːbrɪkənt/ **noun** [C, U] a liquid, such as oil, which is used to make the parts of an engine move smoothly together ▷ **smar**

lubricate /ˈluːbrɪkeɪt/ **verb** [T] to put a lubricant on something ▷ **smarować**
• **lubrication** /ˌluːbrɪˈkeɪʃən/ **noun** [U] ▷ **smarowanie**

lucid /ˈluːsɪd/ **adjective** **1** clear and easy to understand: *a lucid account* ▷ **przejrzysty** **2** able to think and speak clearly: *In a lucid moment, she spoke about her son.* ▷ **przytomny**
• **lucidly adverb** ▷ **przejrzyście, przytomnie**

luck /lʌk/ **noun** [U] **1** A2 good and bad things caused by chance and not by your own actions: *It was just luck that I asked for a job at the right time.* ◦ *Then I met this gorgeous woman and I* ***couldn't believe my luck.*** ◦ *He seems to have had a lot of* ***bad luck*** *in his life.* ▷ **szczęście** **2** B2 success: *Have you* ***had*** *any* ***luck*** *(= succeeded in) finding your bag?* ◦ *He's been trying to find work but with no luck so far.* ▷ **szczęście** **3 be in luck** informal to be able to have or do what you want: *"Do you have any tuna sandwiches?" "You're in luck – there's one left."* ▷ **mieć szczęście** **4 Good luck!** something you say to someone when you hope that they will be successful: *Good luck with your exam!* ▷ **Powodzenia!** **5 Bad/Hard luck!** used to show sympathy when someone is unsuccessful or unlucky: *"They've run out of tickets." "Oh, bad luck!"* ▷ **To pech!, Co za pech!**
IDIOM **the luck of the draw** If something is the luck of the draw, it is the result of chance and you have no control over it. ▷ **czysty przypadek, loteria**
→ See also **a** ***stroke*** **of luck**

> Wyrazy występujące razem z **luck**
> **bad/beginner's/good/rotten** luck • **bring/wish sb luck** • **curse your luck** • **a stroke of luck**

lucky /ˈlʌki/ **adjective** **1** A2 having good things happen to you: *"I'm going on holiday." "Lucky you!"* ◦ *The* ***lucky winner*** *will be able to choose from three different holidays.* ◦ [+ to do sth] *You're lucky to have such a nice office to work in.* ▷ **szczęśliwy, ≈ mieć szczęście** **2** If an object is lucky, some people believe that it gives you luck: *I chose six – it's my lucky number.* ▷ **szczęśliwy** → Opposite **unlucky**
• **luckily adverb** B1 *Luckily I had some money with me.* ▷ **szczęśliwie, na szczęście**
→ See also **happy-go-lucky**

lucrative /ˈluːkrətɪv/ **adjective** If something is lucrative, it makes a lot of money: *a lucrative contract/job/offer* ▷ **intratny**

Lucy /ˈluːsi/ **noun** a female name

ludicrous /ˈluːdɪkrəs/ **adjective** stupid: *a ludicrous idea/suggestion* ▷ **śmieszny, niedorzeczny**
• **ludicrously adverb** ▷ **niedorzecznie**

lug /lʌg/ **verb** [T] (present participle **lugging**, past tense and past participle **lugged**) informal to carry or pull a heavy object: *You don't want to lug your suitcase across London.* ▷ **tachać, taszczyć**

luggage /ˈlʌɡɪdʒ/ **noun** [U] A2 bags and cases that you carry with you when you are travelling ▷ **bagaż, bagaże** → See also **hand luggage**

lukewarm /ˌluːkˈwɔːm/ **adjective 1** A liquid which is lukewarm is only slightly warm: *Dissolve yeast and one tablespoon of sugar in lukewarm water.* ▷ **letni 2** showing little interest or enthusiasm: *She seemed rather lukewarm about the idea.* ▷ **chłodny, mało entuzjastyczny**

lull[1] /lʌl/ **verb** [T] to make someone feel calm and make them want to sleep: *Soft music* ***lulled*** *him* ***to sleep.*** ▷ **ukołysać, uśpić**

PHRASAL VERB **lull sb into sth/doing sth** to make someone feel safe so that you can then trick them ▷ **uśpić** *czyjąś* **czujność tak, że** *coś zrobi*

lull[2] /lʌl/ **noun** [C] a short period of calm in which little happens: *a* ***lull in*** *the conversation/traffic* ▷ **chwila spokoju lub ciszy**

lullaby /ˈlʌləbaɪ/ **noun** [C] a song which you sing to children to make them sleep ▷ **kołysanka**

lumber[1] /ˈlʌmbəʳ/ **verb lumber along/around/off, etc** to move slowly with heavy steps: *The bear lumbered off into the forest.* ▷ **człapać, wlec się**

PHRASAL VERB **be lumbered with sth/sb** mainly UK to have to deal with something or someone that you do not want to: *I've been lumbered with my neighbours' cat while they're away.* ▷ **mieć** *coś/kogoś* **na głowie**

lumber[2] /ˈlʌmbəʳ/ **noun** [U] US (UK **timber**) wood that is used for building ▷ **drewno, drzewo**

lumberjack /ˈlʌmbədʒæk/ **noun** [C] a person whose job is to cut down trees in a forest ▷ **drwal**

lumen /ˈluːmɪn/ **noun** [C] **1** (abbreviation **lm**) a unit for measuring the flow of light ▷ **lumen 2** a small space inside a plant cell ▷ **światło, wnętrze 3** a hollow area inside a body part, for example inside an artery (= tube that carries blood) ▷ **światło**

luminary /ˈluːmɪnᵊri/ **noun** [C] formal a famous person who is respected for their skills or knowledge ▷ **luminarz**

luminous /ˈluːmɪnəs/ **adjective** Something that is luminous shines in the dark. ▷ **świecący, fosforyzujący**

lump[1] /lʌmp/ **noun** [C] **1** a piece of a solid substance with no particular shape: *a lump of coal* ◦ *You don't want lumps in the sauce.* ▷ **grudka, bryłka** → See **Pieces and Quantities** on page Centre 1 **2** a hard piece of tissue under the skin caused by injury or illness: *She found a lump in her breast.* ▷ **guz, guzek**

lump[2] /lʌmp/ **verb**

PHRASAL VERB **lump sth/sb together** to put different groups together and think about them or deal with them in the same way: *American and Canadian authors tend to be lumped together.* ▷ **wrzucać** *coś/kogoś* **do jednego worka**

ˌlump ˈsum noun [C] a large amount of money given as a single payment: *She received a tax-free lump sum on leaving the company.* ▷ **jednorazowa wypłata**

lumpy /ˈlʌmpi/ **adjective** covered with or containing lumps: *a lumpy sauce* ▷ **grudkowaty, nierówny**

lunacy /ˈluːnəsi/ **noun** [U] stupid behaviour that will have bad results: *It was lunacy spending all that money.* ▷ **szaleństwo**

lunar /ˈluːnəʳ/ **adjective** [always before noun] relating to the moon ▷ **księżycowy**

lunatic /ˈluːnətɪk/ **noun** [C] someone who behaves in a crazy way: *He drives like a lunatic.* ▷ **wariat/ka**

lunch[1] /lʌnʃ/ **noun** [C, U] A1 a meal that you eat in the middle of the day ▷ **lunch** → See also **packed lunch**

> Wyrazy występujące razem z **lunch**
>
> eat/have lunch • have sth for lunch • a light lunch

lunch[2] /lʌnʃ/ **verb** [I] to eat lunch ▷ **jeść lunch**

luncheon /ˈlʌnʃən/ **noun** [C] formal lunch ▷ **lunch**

lunchtime /ˈlʌnʃtaɪm/ **noun** [C, U] A2 the time when lunch is eaten ▷ **pora lunchu**

lung /lʌŋ/ **noun** [C] B2 one of the two organs inside your chest that are used for breathing: *lung cancer* ▷ **płuco**

lurch /lɜːtʃ/ **verb lurch forward/towards, etc** to suddenly move in a way that is not controlled: *The car lurched forward before hitting the tree.* ▷ **polecieć, szarpnąć**

lure[1] /lʊəʳ/ **verb** [T] to persuade someone to go somewhere or do something by offering them something exciting: *It seems that he was* ***lured into*** *a trap.* ◦ *They had been* ***lured to*** *the big city by the promise of high wages.* ▷ **wabić, nęcić**

lure[2] /lʊəʳ/ **noun** [U] the power to attract people: *the lure of fame/power/money* ▷ **powab, czar**

lurid /ˈlʊərɪd/ **adjective 1** shocking in a way that involves sex or violence: *lurid details/stories* ▷ **drastyczny 2** too brightly coloured: *a lurid green miniskirt* ▷ **krzykliwy**

lurk /lɜːk/ **verb** [I] **1** to wait somewhere secretly, especially before doing something bad: *Someone was lurking in the shadows.* ▷ **czaić się 2** to enter a place on the Internet and read what other people have written without them knowing you are there ▷ **czaić się**
• **lurker noun** [C] ▷ **czajnik (na czacie internetowym)**

lush /lʌʃ/ **adjective** A lush area has a lot of healthy grass, plants, or trees. ▷ **zielony, bujny**

lust[1] /lʌst/ **noun** [U] **1** a strong feeling of sexual attraction to someone ▷ **pożądanie, żądza**

2 when you want something very much: *a lust for power* ▷ **żądza**

lust² /lʌst/ verb

PHRASAL VERBS **lust after sb** to feel strong sexual attraction for someone ▷ **pożądać** *kogoś* • **lust after sth** to want something very much: *to lust after fame/power* ▷ **pragnąć** *czegoś*

Lutheran /ˈluːθᵊrᵊn/ **adjective** belonging or relating to a Christian group based on the teachings of Martin Luther ▷ **luterański** • **Lutheran noun** [C] ▷ **Lutera-nin/nka**

Luxembourg /ˈlʌksəmbɜːg/ **noun** a country in Europe ▷ **Luksemburg** • **Luxembourg** /ˈlʌksəmbɜːg/ **adjective** coming from or relating to Luxembourg ▷ **luksemburski** • **Luxembourger** /ˈlʌksəmbɜːgəʳ/ **noun** [C] someone from Luxembourg ▷ **Luksemburczyk/ka**

luxurious /lʌgˈʒʊəriəs/ **adjective** very comfortable and expensive: *a luxurious hotel* ◦ *luxurious fabrics* ▷ **luksusowy**

luxury /ˈlʌkʃᵊri/ **noun 1** [U] **B1** great comfort or pleasure from expensive or beautiful things: *to live in luxury* ◦ *a luxury apartment/car* ▷ **luksus 2** [C] something expensive that you enjoy but do not need: *It's nice to buy people the little luxuries that they wouldn't buy themselves.* ▷ **luksus 3** [U, no plural] **B2** something which gives you a lot of pleasure but which you cannot often do: *A day off work is such a luxury.* ▷ **luksus**

lying /ˈlaɪɪŋ/ present participle of lie[1,2]

lymph /lɪmpf/ **noun** [U] a colourless liquid which takes waste matter away from body tissue in order to prevent infection ▷ **chłonka, limfa** • **lymphatic adjective** *lymphatic system* ▷ **limfatyczny**

ˈlymph ˌgland noun [C] (also **lymph node**) one of many small organs in the body which produce the white blood cells needed for the body to fight infection ▷ **węzeł chłonny**

lymphocyte /ˈlimpfəʊsaɪt/ **noun** [C] a type of blood cell that fights disease in the body ▷ **limfocyt**

ˈlymph ˌvessel noun [C] any of the thin tubes in the body through which lymph flows ▷ **naczynie limfatyczne**

lyrical /ˈlɪrɪkᵊl/ **adjective** expressing the writer's emotions in a beautiful way: *lyrical poetry/verse* ▷ **liryczny**

lyrics /ˈlɪrɪks/ **noun** [plural] **B2** the words of a song ▷ **słowa, tekst**

M

M, m /em/ the thirteenth letter of the alphabet ▷ **M, m**

m written abbreviation for metre ▷ **m (= metr)**

MA /ˌemˈeɪ/ **noun** [C] abbreviation for Master of Arts: a higher university qualification in an arts subject ▷ **mgr (= magister)**

ma'am /mæm/, /mɑːm/ US short for madam: *Can I help you, Ma'am?* ▷ **proszę pani**

mac /mæk/ **noun** [C] UK a coat that you wear in the rain ▷ **deszczowiec, płaszcz przeciwdeszczowy** → See **Clothes** on page Centre 8

macabre /məˈkɑːbrə/ **adjective** strange and frightening, and often connected with death: *a macabre story* ▷ **makabryczny**

macaroni /ˌmækᵊrˈəʊni/ **noun** [U] pasta that is shaped like small tubes ▷ **makaron rurki**

machete /məˈʃeti/ **noun** [C] a large knife with a wide blade ▷ **maczeta**

machinations /ˌmæʃɪˈneɪʃᵊnz/ **noun** [plural] complicated and secret plans and activities: *political machinations* ▷ **machinacje**

machine /məˈʃiːn/ **noun** [C] **1** A2 a piece of equipment with moving parts that uses power to do a particular job: *a fax machine* ◦ *a coffee machine* ◦ *Clothes are generally sewn* ***by machine*** *these days.* ▷ **maszyna 2** a group of people all working together to achieve the same result: *a political/war machine* ▷ **machina, system 3** a computer ▷ **system, komputer** → See also **answering machine**, **cash machine**, **sewing machine**, **slot machine**, **vending machine**, **washing machine**

> Wyrazy występujące razem z **machine**
>
> operate/use a machine • turn off/turn on a machine • do sth by machine • a machine for doing sth

maˈchine ˌcarding **noun** [U] using machines with wire brushes to separate the threads of some materials such as wool before they can be used ▷ **gręplowanie**

maˈchine ˌcode **noun** [U] a set of numbers that gives instructions to a computer ▷ **kod maszynowy**

maˈchine ˌgun **noun** [C] a gun that fires a lot of bullets very quickly ▷ **karabin maszynowy**

machine-readable /məˌʃiːnˈriːdəbl/ **adjective** able to be understood by a computer: *a machine-readable dictionary* ▷ **czytelny dla maszyny**

machinery /məˈʃiːnᵊri/ **noun** [U] **1** machines, often large machines: *industrial/farm machinery* ▷ **maszyny 2** the system that a group of people uses to achieve something: *the machinery of government* ▷ **mechanizm, machina**

maˈchine ˌtool **noun** [C] a tool that uses power for cutting and shaping wood, metal, etc ▷ **obrabiarka**

macho /ˈmætʃəʊ/ US /ˈmɑːtʃəʊ/ **adjective** informal Men who are macho emphasize their traditional male qualities, such as physical strength, and do not show emotion. ▷ **macho, przesadnie męski**

mackerel /ˈmækrᵊl/ **noun** [C, U] (plural **mackerel**, **mackerels**) a type of sea fish, or the meat from this fish ▷ **makrela**

mackintosh /ˈmækɪntɒʃ/ **noun** [C] old-fashioned a mac ▷ **płaszcz przeciwdeszczowy, deszczowiec**

macramé /məˈkrɑːmeɪ/ US /ˈmækrəmeɪ/ **noun** [U] the art of twisting pieces of string together in knots to form a decorative pattern ▷ **makrama**

macro /ˈmækrəʊ/ **noun** [C] a single instruction given to a computer which produces a set of instructions for the computer to perform a particular piece of work ▷ **makro, makropolecenie**

macro- /mækrəʊ-/ **prefix** large or on a large scale: *macroeconomics* (= *the study of financial systems at a national level*) ▷ **makro-**

macromolecule /ˈmækrəʊˌmɒlɪkjuːl/ **noun** [C] a large molecule, for example a protein ▷ **makrocząsteczka**

mad /mæd/ **adjective 1** informal B1 stupid or crazy: [+ to do sth] *You're mad to walk home alone at night.* ▷ **szalony 2** mainly US A2 angry: *Were your parents* ***mad at*** *you when you came home late?* ▷ **wściekły 3 go mad a** to become very angry: *Dad'll go mad when he finds out you took the car.* ▷ **wściec się b** to suddenly become very excited: *When the band arrived on stage, the crowd went mad.* ▷ **oszaleć 4 be mad about sb/sth** informal B1 to love something or someone: *Jo's mad about skiing.* ▷ **szaleć za** *kimś/czymś* **5** B1 mentally ill ▷ **pomylony 6** not controlled: *We made a* ***mad dash*** *for the exit.* ▷ **desperacki 7 like mad a** B2 If you run, work, etc like mad, you do it very quickly and with a lot of energy. ▷ **jak wariat/ka b** B2 If something hurts like mad, it hurts a lot. ▷ **jak diabli**

Madagascar /ˌmædəˈgæskəʳ/ **noun** a country on an island to the east of Africa ▷ **Madagaskar**
• **Malagasy** /ˌmæləˈgæsi/ **adjective** coming from or relating to Madagascar ▷ **malgaski, madagaskarski** • **Malagasy noun** someone from Madagascar ▷ **Malgasz/ka, Madagaskarczyk/ka**

madam /ˈmædəm/ **noun** formal **1** B1 (also **Madam**) You call a woman 'madam' when you are speaking to her politely: *This way, madam.* ▷ **proszę pani 2 Madam** B2 You write 'Madam' at the beginning of a formal letter to a woman

M

when you do not know her name: *Dear Madam, I am writing to…* ▷ **(Szanowna) Pani**

made /meɪd/ past of make

madhouse /ˈmædhaʊs/ **noun** [C] informal a place where there is a lot of uncontrolled noise and activity ▷ **dom wariatów**

madly /mædli/ **adverb 1** with a lot of energy and enthusiasm: *We cheered madly as the team came out onto the field.* ▷ **jak szalony, szalenie 2 be madly in love** to love someone very much ▷ **być zakochanym po uszy**

madman, madwoman /ˈmædmən/, /ˈmædˌwʊmən/ **noun** [C] (plural **madmen, madwomen**) a crazy person: *He was running around **like a madman**.* ▷ **szaleniec, wariat/ka**

madness /ˈmædnəs/ **noun** [U] **1** stupid or dangerous behaviour: *It would be madness to give up your job when you've just bought a house.* ▷ **szaleństwo 2** mental illness ▷ **obłęd**

maestro /ˈmaɪstrəʊ/ **noun** [C] someone who is very good at something, especially playing music ▷ **mistrz, maestro**

the mafia /ˈmæfiə/ Ⓤⓢ /ˈmɑːfiə/ **noun** a large group of organized criminals: *Drug-smuggling activities have been linked to the Mafia.* ▷ **mafia**

magazine /ˌmægəˈziːn/ **noun** [C] Ⓐ② a thin book published every week or month, that has shiny, colourful pages with articles and pictures: *a fashion/news magazine* ▷ **pismo, magazyn**

magazine

maggot /ˈmægət/ **noun** [C] a small insect with a soft body and no legs that often lives in decaying food ▷ **larwa (muchy)**

magic¹ /ˈmædʒɪk/ **noun** [U] **1** Ⓐ② special powers that can make things happen that seem impossible: *Do you believe in magic?* ▷ **czary, magia 2** Ⓐ② clever actions intended to entertain people, often making objects appear and disappear ▷ **magia 3** Ⓑ② a quality that makes something or someone seem special or exciting: *No one could fail to be charmed by **the magic of** this beautiful city.* ▷ **magia 4 as if by magic** in a way that is surprising and impossible to explain: *Food would appear on the table every day, as if by magic.* ▷ **jak za dotknięciem czarodziejskiej różdżki** → See also **black magic**

magic² /ˈmædʒɪk/ **adjective 1** Ⓑ① with special powers: *a **magic spell/wand*** ▷ **magiczny 2** Ⓐ② relating to magic: *a **magic trick*** ▷ **magiczny 3 magic moments** special and exciting experiences ▷ **magiczne chwile**

magical /ˈmædʒɪkᵊl/ **adjective 1** with special powers: *Diamonds were once thought to have **magical powers**.* ▷ **magiczny 2** Ⓑ② special or exciting: *It was a magical night.* ▷ **magiczny**

• **magically adverb** *I knew my problems would not just magically disappear.* ▷ **magicznie**

magician /məˈdʒɪʃᵊn/ **noun** [C] **1** someone who entertains people by performing magic tricks ▷ **magik 2** a character in old stories who has magic powers ▷ **czarodziej/ka**

magistrate /ˈmædʒɪstreɪt/ **noun** [C] a type of judge who deals with less serious crimes ▷ **sędzia (pokoju)**

maglev train /ˈmæglevˌtreɪn/ **noun** [C] a fast train that uses magnetic force to hold it just above the ground ▷ **kolej magnetyczna**

magma /ˈmægmə/ **noun** [U] hot liquid rock found just below the surface of the Earth ▷ **magma**

magnate /ˈmægneɪt/ **noun** [C] someone who is rich and successful in business: *a media magnate* ▷ **magnat**

magnesium /mægˈniːziəm/ **noun** [U] a metallic element that burns very brightly, used to make fireworks (symbol Mg) ▷ **magnez**

magnet /ˈmægnət/ **noun 1** [C] an iron object that makes pieces of iron or steel move towards it ▷ **magnes 2 be a magnet for sb** If a place or event is a magnet for people, a lot of people go there: *Airports are a magnet for thieves.* ▷ **przyciągać** *kogoś*, **stanowić magnes dla** *kogoś*

magnetic /mægˈnetɪk/ **adjective 1** with the power of a magnet: *a **magnetic field*** ▷ **magnetyczny 2 magnetic tape/disk/storage, etc** equipment used in the past for storing information from a computer ▷ **taśma/dysk/zapis** *itp.* **magnetyczn-a/y 3** having a character that attracts people to you ▷ **zniewalający**

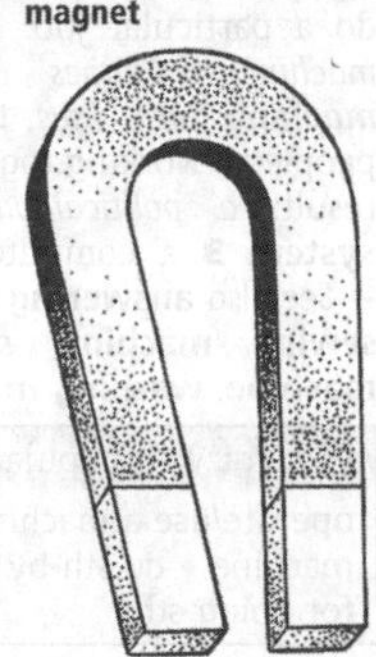
magnet

magˌnetic ˈfield noun [C] the area around a magnet that is affected by its force ▷ **pole magnetyczne**

magnetism /ˈmægnətɪzᵊm/ **noun** [U] the force produced by some metals that pulls objects towards each other or pushes them away from each other ▷ **magnetyzm**

magnificent /mægˈnɪfɪsᵊnt/ **adjective** Ⓑ① very good or very beautiful: *a magnificent view* ▷ **wspaniały**

• **magnificently adverb** ▷ **wspaniale**

magnify /ˈmægnɪfaɪ/ **verb** [T] **1** to make an object look larger than it is by looking through special equipment: *The cells are first magnified under a microscope.* ▷ **powiększać 2** to make a bad situation worse: *All your problems are magnified when you're ill.* ▷ **wyolbrzymiać**

ˈmagnifying ˌglass noun [C] a piece of curved glass which makes objects look larger than they are ▷ **lupa, szkło powiększające**

magnitude /ˈmægnɪtju:d/ noun [U] formal the large size or importance of something: *People were still unaware of* ***the magnitude of*** *the problem.* ▷ **skala, ogrom**

mahogany /məˈhɒgəni/ noun [U] a dark, red-brown wood used to make furniture ▷ **mahoń**

maid /meɪd/ noun [C] a woman who works as a servant in a hotel or in someone's home ▷ **pokojówka, służąca**

maiden¹ /ˈmeɪdən/ noun [C] literary old-fashioned a young woman who is not married ▷ **panna**

maiden² /ˈmeɪdən/ adjective **a maiden flight/voyage** the first journey of a new aircraft or ship ▷ **dziewiczy lot/rejs**

ˈmaiden ˌname noun [C] the family name that a woman has before she gets married ▷ **nazwisko panieńskie**

mail¹ /meɪl/ noun [U] **1** A2 letters and parcels that are brought by post ▷ **poczta** **2** mainly US A2 the system by which letters and parcels are taken and brought: *Send it* ***by mail.*** ◦ *The letter is* ***in the mail.*** ▷ **poczta** → See also **email**, **junk mail**, **snail mail**, **surface mail**, **voice mail**

mail² /meɪl/ verb [T] mainly US to send a letter or parcel or email something: *Could you* ***mail*** *it* ***to*** *me?* ▷ **wysyłać**

mailbox /ˈmeɪlbɒks/ noun [C] US **1** a small box outside your home where letters are delivered ▷ **skrzynka (na listy)** **2** (UK **letterbox, post box**) a large, metal container in a public place where you can post letters ▷ **skrzynka (pocztowa)**

ˈmailing ˌlist noun [C] a list of names and addresses that an organization uses in order to send information to people ▷ **lista wysyłkowa**

mailman /ˈmeɪlmæn/ noun [C] (plural **mailmen**) US (UK **postman**) a man who takes and brings letters and parcels as a job ▷ **listonosz**

ˈmail ˌmerge noun [U] using a computer to produce many copies of a letter with each copy with a different name and address stored on file, or a computer program that does this ▷ **korespondencja seryjna**

ˈmail ˌorder noun [U] a way of buying goods by ordering them from a catalogue and receiving them by post ▷ **sprzedaż wysyłkowa**

maim /meɪm/ verb [T] to injure someone permanently: *Thousands of innocent people have been killed or maimed by landmines.* ▷ **okaleczyć**

main¹ /meɪn/ adjective [always before noun] **1** B1 most important or largest: *the main problem/reason* ◦ *The main airport is 15 miles from the capital.* ▷ **główny** **2** **the main thing** B2 the most important fact in a situation: *You're happy and that's the main thing.* ▷ **najważniejsze**

main² /meɪn/ noun [C] **1** **gas/water main** a pipe that carries gas or water to a building ▷ **gazociąg/wodociąg** **2** **in the main** generally or mostly: *Her friends are teachers in the main.* ▷ **przeważnie, na ogół**

ˈmain ˌcourse noun [C] A2 the largest or most important part of a meal ▷ **danie główne**

mainframe /ˈmeɪnfreɪm/ noun [C] a large, powerful computer which many people can use at the same time ▷ **komputer dużej mocy, komputer klasy mainframe**

mainland /ˈmeɪnlənd/ noun **the mainland** the main part of a country, not including the islands around it: *A daily ferry links the islands to the mainland.* ▷ **ląd stały, kontynent**

• **mainland** adjective [always before noun] *mainland Britain* ▷ **kontynentalny**

mainly /ˈmeɪnli/ adverb B1 mostly or to a large degree: *The waitresses are mainly French.* ▷ **głównie**

ˌmain ˈroad noun [C] a large road which leads from one town to another: *Stay on the main road for about three miles and you'll be there.* ▷ **droga główna**

mainstay /ˈmeɪnsteɪ/ noun **a/the mainstay of sth** the most important thing or activity: *Cattle farming is the mainstay of the country's economy.* ▷ **podstawa** *czegoś*

the mains /meɪnz/ noun [group] UK **1** the system of pipes or wires that carries gas, water, or electricity to a building: *The house isn't connected to the mains yet.* ▷ **sieć** **2** the place inside a building where you can connect a machine to a supply of electricity: *Is the cooker turned off* ***at the mains****?* ▷ **gniazdko**

mainstream /ˈmeɪnstri:m/ noun **the mainstream** the beliefs or way of living accepted by most people: *The party is now* ***in the mainstream of*** *politics.* ▷ **główny nurt**

• **mainstream** adjective [always before noun] *mainstream culture/politics* ▷ **dominujący, główny**

maintain /meɪnˈteɪn/ verb [T] **1** B2 to make a situation or activity continue in the same way: *The army has been brought in to maintain order in the region.* ▷ **utrzymywać** **2** B2 to keep a building or area in good condition: *A large house is very expensive to maintain.* ▷ **utrzymywać** **3** formal to say that you are certain something is true: [+ (that)] *He has always maintained that he is innocent.* ▷ **utrzymywać**

maintenance /ˈmeɪntənəns/ noun [U] **1** B2 the work that is done to keep something in good condition: *car maintenance* ◦ *I want a garden that's very* ***low maintenance*** *(= easy to look after).* ▷ **konserwacja, utrzymanie** **2** UK regular amounts of money that someone must pay after they have left their family so that the family still has money to live on: ***child maintenance*** ▷ **alimenty**

> Wyrazy występujące razem z **maintenance**
>
> **carry out** maintenance • **high/low** maintenance • maintenance **of sth**

maize /meɪz/ **noun** [U] UK (US **corn**) a tall plant with yellow seeds that are eaten as food ▷ **kukurydza**

majestic /mə'dʒestɪk/ **adjective** very beautiful or powerful in a way that people admire: *majestic scenery* ▷ **majestatyczny**

majesty /'mædʒəsti/ **noun** **1** [U] the quality of being majestic: *the majesty of the pyramids* ▷ **majestatyczność, majestat** **2 His/Her/Your Majesty** used when you are speaking to or about a king or queen: *His Majesty King Edward VII* ▷ **Jego/Jej/Wasza Królewska Mość**

major[1] /'meɪdʒər/ **adjective** **1** [always before noun] (B2) more important or more serious than other things or people of a similar type: *a* ***major problem/issue*** ◦ *a major city* ◦ *America has played a major role in the peace process.* ▷ **podstawowy, ważny** **2** in music, belonging to a key which often produces a happy sound ▷ **dur, durowy** → Opposite **minor**

major[2] /'meɪdʒər/ **noun** [C] **1** US the most important subject that a college or university student studies, or the student who is studying: *What's your major?* ◦ *Diane's an English major.* ▷ **kierunek podstawowy, student/ka** **2** an officer of middle rank in the army or air force ▷ **major**

major[3] /'meɪdʒər/ **verb**

PHRASAL VERB **major in sth** If you major in a subject, it is the most important part of your course at a college or university. ▷ **studiować** *coś*, **specjalizować się w** *czymś*

majority /mə'dʒɒrəti/ **noun** **1** [no plural] (B2) more than half of a group of people or things: ***The majority of*** *people in this country own their houses.* ◦ *The* ***vast majority*** *of smokers claim they would like to give up.* ▷ **większość** **2 be in a/the majority** to be larger than other similar groups: *Women are in the majority in the publishing world.* ▷ **stanowić większość, przeważać** **3** [C] in an election, the difference between the number of votes for the winner, and the votes for the party that came second: *Labour has a* ***strong majority.*** ▷ **przewaga głosów, większość** → Opposite **minority**

> Wyrazy występujące razem z **majority**
>
> a **narrow/outright/overwhelming/tiny/vast** majority • the majority **of sth** • **in the** majority

make[1] /meɪk/ **verb** [T] (past tense and past participle **made**) **1** (A1) to produce or create something: *Shall I make some coffee?* ◦ *They've made a film about her life.* ▷ **robić, wykonywać, przygotowywać** **2 make a promise/remark/mistake, etc** to promise something, to say something, to do something wrong, etc: *We have to make a decision today.* ◦ *You're making a big mistake.* ◦ *She made some useful suggestions.* ▷ **składać obietnicę/robić uwagę/popełniać błąd** *itp.* **3 make sb do sth** (B1) to force someone to do something: *You can't make me go.* ▷ **zmuszać** *kogoś* **do** *czegoś* **4 make sb/sth happy/sad/difficult, etc** (B1) to cause someone or something to become happy, sad, difficult, etc: *You've made me very happy.* ◦ *This is the song that made her a star.* ▷ **uszczęśliwiać** *kogoś*/**martwić** *kogoś*/**utrudniać** *coś itp.* **5** (B1) to be able to go to an event: *I'm afraid I can't make the meeting this afternoon.* ▷ **(dać radę) przyjść lub przybyć, zdążyć na** **6** (B2) If you make an amount of money, you earn it: *He makes £20,000 a year.* ▷ **zarabiać** **7** If two or more numbers make a particular amount, that is the amount when they are added together: *That makes $40 altogether.* ▷ **dawać (w sumie)** **8** [T] to have the right qualities to become a father or mother or to do a particular job: *Andy would make a good teacher.* ▷ **być, nadawać się na** **9** [+ two objects] to give someone a particular job: *They made her a director of the company.* ▷ **mianować na** **10 make an appointment** to arrange to do something at a particular time: *I've made an appointment with the doctor.* ▷ **zarezerwować termin, umówić się na lub zamówić wizytę lub spotkanie** **11 make the bed** to make the sheets and covers on a bed tidy ▷ **pościelić łóżko** **12 make time** to leave enough time to do something although you are busy: [+ to do sth] *You must make time to do your homework.* ▷ **wygospodarować czas, zarezerwować sobie czas** **13 make do (with)** to accept that something is less good than you would like: *If we can't get a bigger room we'll have to make do with this.* ▷ **zadowolić się** **14 make it a** to manage to arrive at a place: *Will we make it in time for the film?* ▷ **zdążyć** **b** to be successful: *Very few actors actually make it.* ▷ **osiągać sukces**

PHRASAL VERBS **make for sth** to move towards a place: *He got up and made for the exit.* ▷ **ruszyć w kierunku** *czegoś*, **kierować się ku** *czemuś* • **make sth into sth** (B2) to change something into something else: *We're going to make the spare room into an office.* ▷ **przerobić** *coś* **na** *coś*, **zrobić z** *czegoś coś* • **make of sb/sth** If you ask someone what they make of someone or something, you want to know their opinion about that person or thing: *What do you make of this letter?* ▷ **sądzić o** *kimś/czymś* • **make off with sth** informal to steal something ▷ **ukraść** *coś* • **make sth/sb out** (B2) to be able to see, hear, or understand something or someone: *We could just make out a building through the trees.* ▷ **dostrzec** *coś/kogoś*, **odcyfrować** *coś* • **make out sth** to say something that is not true: [+ (that)] *He made out that he'd been living in Boston all year.* ▷ **udawać** *coś* • **make out** US informal **1** to deal with a situation, usually in a successful way: *How is Jake **making out in** his new school?* ▷ **radzić sobie 2** to kiss and touch someone in a sexual way ▷ **obłapiać się, obściskiwać się** • **make it up to sb** to do something good for someone because you have done something bad to them in the past: *I'm sorry I missed your birthday. I'll make it up to you, I promise.* ▷ **wynagrodzić** *komuś* **to** • **make sth up** B2 to say or write something that is not true: *I made up some story about having to go and see my sick mother.* ▷ **zmyślać** *coś* • **make up sth** to form the whole of an amount: *Women make up nearly 50% of medical school entrants.* ▷ **stanowić** *coś* • **make up** to become friendly with someone again after you have argued with them: *Have you **made up with** Daryl yet?* ▷ **pogodzić się** • **make up for sth** B2 to reduce the bad effect of something, or make something bad become something good: *I hope this money will make up for the inconvenience.* ▷ **wynagrodzić** *coś*, **zrekompensować** *coś*

make² /meɪk/ **noun** [C] the name of a company that makes a particular product: *I like your stereo. What make is it?* ▷ **marka**

make-believe /ˈmeɪkbɪˌliːv/ **noun** [U] when you pretend that something is real: *Disneyland creates a world of make-believe.* ▷ **iluzja, fantazja**

makeover /ˈmeɪkˌəʊvəʳ/ **noun** [C] when you suddenly improve your appearance by wearing better clothes, cutting your hair, etc: *to **have a makeover*** ▷ **przemiana, zmiana wyglądu**

maker /ˈmeɪkəʳ/ **noun** [C] B2 the person or company that makes a product: *makers of top quality electrical products* ▷ **producent**

makeshift /ˈmeɪkʃɪft/ **adjective** [always before noun] temporary and low quality: *makeshift shelters* ▷ **prowizoryczny**

make-up, makeup /ˈmeɪkʌp/ **noun** [U] A2 coloured substances that a woman puts on her face in order to make herself more attractive: *to **put on/take off make-up*** ◦ *She doesn't **wear** much **make-up**.* ▷ **makijaż**

making /ˈmeɪkɪŋ/ **noun** [U] **1** the process of making or producing something: *There's an article on **the making of** a television series.* ◦ *the art of film making* ▷ **realizacja, produkcja 2 be a sth/sb in the making** to be likely to develop into a particular thing or type of person: *What we're seeing is a disaster in the making.* ▷ **zapowiadać się na** *coś/kogoś*, **mieć (wszelkie) zadatki na** *coś/kogoś* **3 have the makings of sth** to seem likely to develop into something: *She has the makings of a great violinist.* ▷ **mieć (wszelkie) zadatki na** *coś/kogoś*

malaria /məˈleəriə/ **noun** [U] a serious disease that you can get in hot countries if a mosquito bites you ▷ **malaria**

Malawi /məˈlɑːwi/ **noun** a country in Africa ▷ **Malawi**

• **Malawian** /məˈlɑːwiən/ **adjective** coming from or relating to Malawi ▷ **malawijski** • **Malawian noun** someone from Malawi ▷ **Malawij-czyk/ka**

Malaysia /məˈleɪziə/ **noun** a country in Asia ▷ **Malezja**

• **Malaysian** /məˈleɪziən/ **adjective** coming from or relating to Malaysia ▷ **malezyjski** • **Malaysian noun** someone from Malaysia ▷ **Malezyjczyk/ka**

the Maldives /ˈmɔːldiːvz/ **noun** a country consisting of a group of islands in southern Asia ▷ **Malediwy**

• **Maldivian** /mɔːlˈdɪviən/ **adjective** coming from or relating to the Maldives ▷ **malediwski** • **Maldivian noun** someone from the Maldives ▷ **Malediw-czyk/ka**

male¹ /meɪl/ **adjective** B1 belonging to or relating to the sex that cannot have babies: *a male colleague* ▷ **męski, płci męskiej** → Opposite **female**

male² /meɪl/ **noun** [C] B2 a male person or animal: *In 1987, 27 percent of adult males smoked.* ▷ **mężczyzna, samiec**

ˌmale ˈchauvinist noun [C] a man who believes that men are better or more important than women ▷ **męski szowinista**

Mali /ˈmɑːli/ **noun** a country in Africa ▷ **Mali**

• **Malian** /ˈmɑːliən/ **adjective** coming from or relating to Mali ▷ **malijski** • **Malian noun** someone from Mali ▷ **Malij-czyk/ka**

malice /ˈmælɪs/ **noun** [U] when you want to harm or upset someone: *There was no malice in her comments.* ▷ **złośliwość**

malicious /məˈlɪʃəs/ **adjective** intended to harm or upset someone: *malicious gossip* ▷ **złośliwy**

malignant /məˈlɪgnənt/ **adjective** A malignant tumour is one that could cause death. ▷ **złośliwy**

mall /mɔːl/ **noun** [C] (also **shopping mall**) B1 a large, covered shopping area ▷ **centrum handlowe**

malleable /ˈmæliəbl/ **adjective 1** easy to bend or make into a different shape ▷ **plastyczny 2** formal easily influenced and controlled ▷ **podatny na wpływy**

• **malleability** /ˌmæliəˈbɪlɪti/ **noun** [U] ▷ **podatność na wpływy**

mallet /ˈmælɪt/ **noun** [C] a tool like a hammer with a large, flat end made of wood or rubber ▷ **młotek**

malleus /ˈmæliəs/ **noun** [C, usually singular] (plural **mallei**) one of three very small bones that carry sound into the inner ear ▷ **młoteczek** → Compare **incus, stapes**

malnutrition /ˌmælnjuːˈtrɪʃən/ **noun** [U] a serious illness caused by having too little food ▷ **niedożywienie**

malpractice /ˌmælˈpræktɪs/ **noun** [U] when a doctor, lawyer, etc does not do one of their duties or makes a mistake at work: *medical malpractice* ▷ **błąd w sztuce**

malt /mɔːlt/ **noun** [U] a substance made from grain that is used to make drinks, for example beer and whisky ▷ **słód**

Malta /ˈmɔːltə/ **noun** a country consisting of a group of islands in the Mediterranean ▷ **Malta** • **Maltese** /ˌmɔːlˈtiːz/ **adjective** coming from or relating to Malta ▷ **maltański** • **Maltese noun** (plural **Maltese**) someone from Malta ▷ **Malta-nka/ńczyk**

maltase /ˈmɒlteɪz/ **noun** [U] an enzyme that helps maltose change to glucose ▷ **maltaza**

maltose /ˈmɔːltəʊz/ **noun** [U] a type of sugar made in the body from starch by enzymes (= substances that cause chemical change) ▷ **maltoza**

mama /məˈmɑː/ **noun** [C] mainly US a child's word for 'mother' ▷ **mama, mamusia**

mammal /ˈmæməl/ **noun** [C] an animal that feeds its babies on milk from its body ▷ **ssak**

mammoth /ˈmæməθ/ **adjective** very large: *a mammoth task/project* ▷ **gigantyczny**

man[1] /mæn/ **noun** (plural **men**) **1** [C] A1 an adult male human: *a young/tall man* ◦ *men and women* ▷ **mężczyzna** **2** [U] B2 used to refer to both men and women: *Man is still more intelligent than the cleverest robot.* ▷ **człowiek** → See also **best man**, **garbage man**, **no-man's land**, **the man/person, etc in the *street***

man[2] /mæn/ **verb** [T] (present participle **manning**, past tense and past participle **manned**) to be present somewhere, especially in order to operate a machine: *The emergency room is manned 24 hours a day.* ▷ **obsadzać, obsługiwać**

manage /ˈmænɪdʒ/ **verb** **1** [I, T] B1 to do something or deal with something successfully: *Will you be able to manage on your own?* ◦ [+ to do sth] *Anyway, we managed to get there on time.* ▷ **radzić sobie** **2** [T] B1 to be in control of an office, shop, team, etc: *He used to manage the bookshop on King Street.* ▷ **zarządzać, kierować** **3** [T] to use or organize your time or money: *He's no good at managing his money.* ▷ **zarządzać** **4** [I] to have enough money to live: *How can anyone **manage on** such a low income?* ▷ **utrzymać się**

manageable /ˈmænɪdʒəbl/ **adjective** easy to control: *Are they going to reduce classes to a more **manageable size**?* ▷ **do opanowania**

management /ˈmænɪdʒmənt/ **noun** **1** [U] B2 being in control of an office, shop, team, etc: *management skills/training* ▷ **zarządzanie** **2** [group] the people who are in control of an office, shop, team, etc: ***middle/senior management*** ▷ **dyrekcja, zarząd**

> Wyrazy występujące razem z **management**
>
> management of sth • management **skills** • **middle/senior** management

manager /ˈmænɪdʒər/ **noun** [C] A2 someone in control of an office, shop, team, etc: *a sales manager* ◦ *She's the manager of the local sports club.* ▷ **dyrektor/ka, kierowni-k/czka**

managerial /ˌmænəˈdʒɪəriəl/ **adjective** relating to a manager or management: ***managerial skills*** ▷ **kierowniczy**

ˌmanaging diˈrector **noun** [C] mainly UK the main person in control of a company ▷ **dyrektor naczelny**

mandate /ˈmændeɪt/ **noun** [C] formal support for action given to someone by the people voting for them: *The electorate have **given** them a clear **mandate** for social reform.* ▷ **mandat**

mandatory /ˈmændətəri/ **adjective** formal If something is mandatory, it must be done. ▷ **obowiązkowy**

mandible /ˈmændɪbəl/ **noun** [C] **1** in a person or animal, the lower jaw bone ▷ **żuchwa** **2** in insects, one of the two parts of the mouth used for biting and cutting food ▷ **żuwaczka**

mane /meɪn/ **noun** [C] the long, thick hair that grows on the necks of animals such as horses or lions ▷ **grzywa**

maneuver[1] US (UK **manoeuvre**) /məˈnuːvər/ **noun** [C] **1** a movement that needs care or skill ▷ **manewr** **2** a clever action, usually done to trick someone: *a **political/tactical maneuver*** ▷ **manewr**

maneuver[2] US (UK **manoeuvre**) /məˈnuːvər/ **verb** [I, T] to move with care or skill: *I find big cars difficult to maneuver.* ▷ **manewrować**

mangled /ˈmæŋgld/ **adjective** badly crushed and damaged: *a mangled body* ▷ **zmasakrowany**

mango /ˈmæŋgəʊ/ **noun** [C] (plural **mangoes**, **mangos**) A2 a tropical fruit that has a green skin and is orange inside ▷ **mango**

manhood /ˈmænhʊd/ **noun** [U] the qualities related to being a man and not a boy ▷ **męskość, wiek męski**

mania /ˈmeɪniə/ **noun** [U] extreme enthusiasm or interest: *football mania* ▷ **mania**

maniac /ˈmeɪniæk/ **noun** [C] informal someone who behaves in an extreme or uncontrolled way: *a **sex maniac*** ◦ *He drives like a maniac.* ▷ **maniak**

manic /ˈmænɪk/ **adjective** behaving in an excited and uncontrolled way ▷ **szaleńczy**

manicure /ˈmænɪkjʊər/ **noun** [C, U] when someone makes your hands look attractive by cleaning and cutting your nails, etc ▷ **manicure**

manifest[1] /ˈmænɪfest/ **verb** [T] formal to show a quality or condition: [often reflexive] *Grief mani-*

fests itself in a number of different ways. ▷ **przejawiać**

manifest² /ˈmænɪfest/ **adjective** [always before noun] formal obvious: *her manifest lack of interest* ▷ **oczywisty**

manifestation /ˌmænɪfesˈteɪʃᵊn/ **noun** [C, U] formal something which shows that a quality or condition exists: *one of the manifestations of the disease* ▷ **przejaw, objaw**

manifesto /ˌmænɪˈfestəʊ/ **noun** [C] when a political group says publicly what it intends to do ▷ **manifest**

manipulate /məˈnɪpjəleɪt/ **verb** [T] to control someone or something in a clever way so that they do what you want them to do: *She knows how to manipulate the press.* ▷ **manipulować**
• **manipulation** /məˌnɪpjəˈleɪʃᵊn/ **noun** [U] ▷ **manipulacja, manipulacje**

manipulative /məˈnɪpjələtɪv/ **adjective** A manipulative person controls people in a clever and unpleasant way: *a devious, manipulative little boy* ▷ **podstępny, wykorzystujący innych**

mankind /mænˈkaɪnd/ **noun** [U] B2 all people, considered as a group: *the history of mankind* ▷ **ludzkość**

manly /ˈmænli/ **adjective** having the qualities and appearance that people think a man should have: *a deep, manly voice* ▷ **męski**

man-made /ˌmænˈmeɪd/ **adjective** not natural, but made by people: *man-made fibres* ◦ *a man-made lake* ▷ **sztuczny**

manned /mænd/ **adjective** A place or vehicle that is manned has people working in it: *a manned space flight* ▷ **załogowy**

manner /ˈmænəʳ/ **noun** [no plural] **1** B2 the way in which a person talks and behaves with other people: *an aggressive/friendly manner* ▷ **sposób bycia** **2** B2 the way something happens or something is done: *They dealt with the problem **in a** very efficient **manner**.* ▷ **sposób**

> Wyrazy występujące razem z **manner**
>
> **in a** [similar/traditional/professional, etc] manner • the manner **of** sth

mannerism /ˈmænᵊrɪzᵊm/ **noun** [C] something strange that someone often does with their face, hands, or voice, and that is part of their personality ▷ **maniera**

manners /ˈmænəz/ **noun** [plural] B2 polite ways of behaving with other people: ***bad/good manners*** ◦ ***table manners*** ▷ **maniery**

manoeuvre¹ UK (US **maneuver**) /məˈnuːvəʳ/ **noun** [C] **1** a movement that needs care or skill ▷ **manewr** **2** a clever action, usually done to trick someone: *a **political/tactical manoeuvre*** ▷ **manewr**

> Wyrazy występujące razem z **manoeuvre (noun)**
>
> carry out/perform a manoeuvre

manoeuvre² UK (US **maneuver**) /məˈnuːvəʳ/ **verb** [I, T] to move with care or skill: *I find big cars difficult to manoeuvre.* ▷ **manewrować**

manpower /ˈmænˌpaʊəʳ/ **noun** [U] the people needed or available to do a job: *a manpower shortage* ▷ **siła robocza**

mansion /ˈmænʃᵊn/ **noun** [C] a very large house ▷ **posiadłość, rezydencja**

manslaughter /ˈmænˌslɔːtəʳ/ **noun** [U] the crime of killing someone without intending to kill them ▷ **nieumyślne spowodowanie śmierci**

mantelpiece /ˈmæntᵊlpiːs/ **noun** [C] (also US **mantel**) the shelf above a fireplace: *There was an old family photo **on the mantelpiece**.* ▷ **półka nad kominkiem** → See **The Living Room** on page Centre 4

mantle /ˈmæntl/ **noun** [C] the part of the Earth that surrounds the part in the centre ▷ **płaszcz (Ziemi)**

mantra /ˈmæntrə/ **noun** [C] an idea or belief that people often say but do not think about: *the mantra of 'democratic reform'* ▷ **hasło, frazes**

manual¹ /ˈmænjuəl/ **adjective** B2 using your hands: *manual labour/work* ◦ *a manual control/gearbox* ▷ **fizyczny, ręczny**
• **manually adverb** ▷ **ręcznie**

manual² /ˈmænjuəl/ **noun** [C] B2 a book that tells you how to use something or do something ▷ **podręcznik**

manufacture /ˌmænjəˈfæktʃəʳ/ **verb** [T] B2 to produce something, usually in large numbers in a factory: *Local industries manufacture plastic products, boats, and clothing.* ▷ **produkować**
• **manufacture noun** [U] *the manufacture of computers/margarine* ▷ **produkcja**

manufacturer /ˌmænjəˈfæktʃᵊrəʳ/ **noun** [C] B2 a company that manufactures something: *a shoe manufacturer* ▷ **producent**

manufacturing /ˌmænjəˈfæktʃᵊrɪŋ/ **noun** [U] B2 the production of something, usually in large numbers in a factory: *car/food manufacturing* ▷ **produkcja**

manure /məˈnjʊəʳ/ **noun** [U] solid waste from animals that is used to make plants grow well: *cow/horse manure* ▷ **obornik**

manuscript /ˈmænjəskrɪpt/ **noun** [C] a piece of writing or music that has been written, but not published ▷ **rękopis**

many /ˈmeni/ **pronoun, quantifier** **1** A1 used mainly in negative sentences and questions to mean 'a large number of': *I don't have many clothes.* ◦ *Were there many cars on the road?* ◦ *I've got **so many** things to do this morning.* ◦ *You've given me **too many** potatoes (= more than I want).* ◦ *There aren't **as many** people here **as** last year.*

M

▷ **wiele, dużo 2 how many** A1 used in questions to ask about the number of something: *How many hours a week do you work?* ◦ *How many do you want?* ▷ **ile 3 as many as** used before a number or amount to show that the number or amount is large: *As many as 6000 people may have been infected with the disease.* ▷ **aż, nawet**

> **!** Najczęściej popełniane błędy: **much** czy **many**?
>
> **Proszę pamiętać: much** używamy wyłącznie z rzeczownikami niepoliczalnymi, jak np. „money/traffic/information":
>
> *There is too much traffic in the city centre.*
>
> Z rzeczownikami, które posiadają liczbę mnogą, nie używamy „much", ale **many**:
>
> ~~*How much students do you have in your class?*~~
>
> *How many students do you have in your class?*

Maori /ˈmaʊəri/ **adjective** relating or belonging to the original group of people who lived in New Zealand: *Maori culture* ▷ **maoryski**

• **Maori noun** [C] a Maori person ▷ **Maorys/ka**

map /mæp/ **noun** [C] A2 a picture that shows where countries, towns, roads, rivers, etc are: *a **road map*** ◦ *a large-scale **map of** Europe* ▷ **mapa**

> Wyrazy występujące razem z **map**
>
> **read** a map • a **detailed** map • a map **of** sth • **be (marked) on** a map • a **road** map

maple /ˈmeɪpl/ **noun** [C, U] a tree that has colourful leaves in the autumn and that produces a substance like sugar: *a **maple leaf*** ◦ ***maple syrup*** ▷ **klon**

Mar written abbreviation for March ▷ **marz. (= marzec)**

mar /mɑːʳ/ **verb** [T] (present participle **marring**, past tense and past participle **marred**) formal to spoil something: [often passive] *The evening was marred by Meg's appalling behaviour.* ▷ **zepsuć**

marathon /ˈmærəθən/ **noun** [C] **1** B2 a race in which people run for about 26 miles/42 km: *the London marathon* ◦ *a marathon runner* ▷ **maraton 2** a very long event: *a dance marathon* ▷ **maraton**

marble /ˈmɑːbl/ **noun** [U] hard, smooth stone which is often used for decoration: *green/pink marble* ◦ *a marble statue* ▷ **marmur**

marbling /ˈmɑːblɪŋ/ **noun** [U] decorating something such as paper or wood with a pattern that looks like marble ▷ **marmurkowanie**

march¹ /mɑːtʃ/ **noun** [C] **1** an organized walk by a group to show that they disagree with something: *to **go on** a **march*** ▷ **marsz protestacyjny, przemarsz 2** the special type of walking that soldiers do ▷ **marsz**

march² /mɑːtʃ/ **verb** [I] **1** to walk somewhere as a group to show that you disagree with something: *They marched to London to protest against health cuts.* ▷ **przemaszerować w proteście, brać udział w marszu protestacyjnym, organizować marsz protestacyjny 2** When soldiers march, they walk together with regular steps. ▷ **maszerować 3 march off/up/down, etc** to walk somewhere fast, often because you are angry ▷ **odwrócić się na pięcie i wyjść**

March /mɑːtʃ/ **noun** [C, U] (written abbreviation **Mar**) A1 the third month of the year ▷ **marzec**

mare /meəʳ/ **noun** [C] a female horse ▷ **klacz**

Margaret /ˈmɑːgərət/ **noun** (also **Maggie** /ˈmægi/) a female name

margarine /ˌmɑːdʒəˈriːn/ (US) /ˈmɑːrdʒərɪn/ **noun** [U] a yellow substance made from vegetable oil which you put on bread and use in cooking ▷ **margaryna**

margin /ˈmɑːdʒɪn/ **noun** [C] **1** the difference between two amounts of time, money, etc, usually between people in a competition: *to win by a **narrow/wide margin*** ◦ *He took third place **by a margin of** seven minutes.* ▷ **różnica 2** an empty space down the side of a page of writing: *You can make notes **in the margin**.* ▷ **margines 3 a margin of error** the amount by which a calculation can be wrong but still produce a good result: *a margin of error of 5 percent* ▷ **margines błędu 4** the amount of profit that is made by a business after costs have been taken off ▷ **marża**

marginal /ˈmɑːdʒɪnəl/ **adjective** small and not important: *a marginal effect/improvement* ▷ **marginalny**

ˌmarginal ˈcost noun [U] the amount by which the total cost of producing a group of goods increases if a business makes one more of that thing ▷ **koszt krańcowy**

marginalize (also UK **-ise**) /ˈmɑːdʒɪnəlaɪz/ **verb** [T] to treat someone or something as if they are not important: [often passive] *The poorest countries are increasingly marginalized from the world economy.* ▷ **marginalizować**

marginally /ˈmɑːdʒɪnəli/ **adverb** by a small amount: *marginally more expensive* ▷ **marginalnie**

marijuana /ˌmærɪˈwɑːnə/ **noun** [U] mainly US (mainly UK **cannabis**) a drug that some people smoke for pleasure and that is illegal in many countries ▷ **marihuana**

marina /məˈriːnə/ **noun** [C] an area of water where people keep their boats ▷ **przystań jachtowa, port jachtowy**

marinate /ˈmærɪneɪt/ **verb** [T] (also **marinade** /ˌmærɪˈneɪd/) to add a mixture of oil, wine, herbs, etc to food before cooking it ▷ **marynować**

• **marinade** /ˌmærɪˈneɪd/ **noun** [C, U] ▷ **marynata**

marine¹ /məˈriːn/ **adjective** [always before noun] found in the sea, or relating to the sea: *marine creatures/life* ◦ *marine biology* ▷ **morski**

marine² /məˈriːn/ **noun** [C] a soldier who has been trained to fight at sea and on land: *the Marine Corps* ▷ **żołnierz piechoty morskiej**

marital /ˈmærɪtəl/ **adjective** [always before noun] relating to marriage: *marital problems* ▷ **małżeński**

ˌmarital ˈstatus noun [U] whether or not someone is married: *The form asks for personal information such as name, date of birth, and marital status.* ▷ **stan cywilny**

maritime /ˈmærɪtaɪm/ **adjective** [always before noun] relating to ships and sea travel: *a maritime museum* ▷ **morski**

mark¹ /mɑːk/ **noun 1** [C] B2 an area of dirt, damage, etc that is left on something: *You've got a black mark on your nose.* ◦ *He's* ***left*** *dirty* ***marks*** *all over the carpet.* ▷ **ślad, plama, znak 2** [C] A2 a number or letter that is written on a piece of work, saying how good the work is: *She always gets good marks in English.* ▷ **ocena 3** [no plural] a particular level, degree, distance, etc: *They've just passed* ***the*** *5000m* ***mark****.* ◦ *Interest rates are somewhere around the seven percent mark.* ▷ **poziom 4 a mark of sth** a sign or proof that something exists: *a mark of genius* ◦ *There was a minute's silence everywhere* ***as a mark of respect****.* ▷ **oznaka** *czegoś*, **znak** *czegoś*

IDIOMS **leave/make your mark** to do something that makes you successful or makes people notice you ▷ **odznaczyć się** • **On your marks. Get set. Go!** something that you say to start a running race ▷ **Na miejsca, gotowi, start!** • **be wide of the mark** to not be correct or accurate ▷ **być całkowicie błędnym**

→ See also **punctuation mark**, **quotation marks**

> **Wyrazy występujące razem z mark**
> **leave/make** a mark • a mark **on** sth • **dirty** marks

mark² /mɑːk/ **verb 1** [T] If an event marks the beginning, end, etc of something, it causes it, or happens at the same time as it: *His death marks the end of an era in television.* ▷ **wyznaczać, oznaczać, stanowić 2** [T] If you mark an occasion, you do something to celebrate it: *They've declared Tuesday a national holiday to mark the 10th anniversary of Independence.* ▷ **upamiętniać 3** [T] B2 to show where something is by drawing or putting something somewhere: *I've marked my street on the map for you.* ▷ **oznaczać 4** [I, T] B2 to check a piece of work or an exam, showing mistakes and giving a letter or number to say how good it is: *to* ***mark essays*** ▷ **oceniać, sprawdzać 5** [T] to leave an area of dirt on something ▷ **brudzić, zostawiać ślady na**

PHRASAL VERB **mark sth out** to show the shape or position of something by drawing a line around it ▷ **zaznaczać** *coś*, **wytyczać** *coś*

Mark /mɑːk/ **noun** a male name

marked /mɑːkt/ **adjective** very noticeable: *There has been a* ***marked improvement*** *since last year.* ▷ **znaczny, wyraźny**
• **markedly adverb** ▷ **znacznie, wyraźnie**

marker /ˈmɑːkər/ **noun** [C] **1** (also **ˈmarker ˌpen**) a thick pen used especially for writing on boards: *a black felt marker* ▷ **pisak, marker** → See **The Classroom** on page Centre 6 **2** a sign that shows where something is ▷ **znak**

market¹ /ˈmɑːkɪt/ **noun** [C] **1** A2 a place where people go to buy or sell things, often outside: *a cattle/fish/flower market* ◦ *a market stall* ▷ **rynek, targ 2** US a supermarket ▷ **supermarket 3** the buying and selling of something: *the insurance/personal computer market* ▷ **rynek 4** all the people who want to buy a particular product, or the area where they live: *South America is our largest market.* ◦ *Is there* ***a market for*** (= will people buy) *second-hand jewellery?* ▷ **rynek 5 on the market** available to buy: *His house has been on the market for over a year.* ▷ **na rynku, (wystawiony) na sprzedaż** → See also **black market**, **flea market**, **free market**, **niche market**, **the stock market**

> **Wyrazy występujące razem z market**
> the market **is booming/is growing** • a market **collapses** • the market **in** sth

market² /ˈmɑːkɪt/ **verb** [T] to try to sell products using advertising or other ways of making people want to buy them: *Their products are very cleverly marketed.* ▷ **promować**

marketable /ˈmɑːkɪtəbl/ **adjective** Marketable products or skills are easy to sell because people want them. ▷ **poszukiwany**

ˌmarket ˈforces noun [plural] the way that prices and wages are influenced by how many people want to buy a particular product and how much is available ▷ **mechanizmy rynkowe**

marketing /ˈmɑːkɪtɪŋ/ **noun** [U] B2 the work of encouraging people to buy a product or service: *a career in marketing/****sales and marketing*** ▷ **marketing**

ˈmarketing ˌmix noun [C] all the things connected with selling a product, such as what the product is like, how it is advertised, and how much it costs ▷ **kompozycja marketingowa**

market-led /ˌmɑːkɪtˈled/ **adjective** Market-led businesses find out what customers want and offer it to them. ▷ **rynkowy**

ˌmarket peneˈtration noun [U] getting customers, for example by having low prices or

M

attracting customers away from other businesses ▷ **penetracja rynku**

marketplace /ˈmɑːkɪtpleɪs/ **noun 1 the marketplace** in business, the buying and selling of products: *We have to learn to compete* ***in the*** *international* ***marketplace****.* ▷ **rynek 2** [C] an area in a town where there is a market ▷ **rynek**

ˌmarket reˈsearch noun [U] the activity of finding out what people like about products and what new things they want to buy: *a market research company* ▷ **badanie rynku**

ˌmarket ˈsegment noun [U] a group of customers or possible customers that have a particular characteristic: *Our largest regional market segment is in Spain.* ▷ **segment rynku**

ˌmarket ˈshare noun [C] the number of things that a company sells compared with the number of things of the same type that other companies sell ▷ **udział w rynku**

ˌmarking ˈout ˌtool noun [C] a tool used for putting a design onto a piece of wood or metal before cutting or shaping it ▷ **narzędzie traserskie**

markings /ˈmɑːkɪŋz/ **noun** [plural] the shapes and colours on an animal or bird ▷ **plamki**

M

mark-up /ˈmɑːkʌp/ **noun** [C] the amount by which the price of something is increased before it is sold again: *The usual mark-up on clothes is around 20%.* ▷ **marża, narzut**

marmalade /ˈmɑːməleɪd/ **noun** [U] a sweet, soft food made with oranges or lemons and often eaten on toast ▷ **dżem pomarańczowy lub cytrynowy, marmolada**

maroon[1] /məˈruːn/ **noun** [U] a dark red-purple colour ▷ **(kolor) bordowy, bordo**
• **maroon adjective** → See **Colours** on page Centre 12 ▷ **bordowy**

maroon[2] /məˈruːn/ **verb be marooned** to be left somewhere where you cannot get away ▷ **nie mieć gdzie się podziać, nie móc się wydostać** *skądś*

marquee /mɑːˈkiː/ **noun** [C] UK **1** a large tent used for parties, shows, etc ▷ **namiot 2** US a large sign over a cinema or theatre that says what films or shows are playing ▷ **afisz**

marriage /ˈmærɪdʒ/ **noun 1** [C, U] Ⓑ1 the legal relationship of a man and a woman being a husband and a wife: *a* ***happy marriage*** ▷ **małżeństwo 2** [C] Ⓑ1 the ceremony where people become a husband and a wife: *a marriage ceremony/certificate* ▷ **małżeństwo, ślub**

> Wyrazy występujące razem z **marriage**
>
> sb's marriage **breaks up/fails** • sb's marriage **to** sb • a happy marriage

married /ˈmærid/ **adjective 1** Ⓐ2 A married man or woman has a wife or husband: *a* ***married couple*** ◦ *She's been* ***married to*** *David for nearly ten years.* ◦ *As far as I know, they're very* ***happily married.*** ▷ **żonaty, zamężna, małżeński** → Opposite **unmarried 2 get married** Ⓐ2 to begin a legal relationship with someone as their husband or wife: *We got married last year.* ▷ **pobierać się**

marrow /ˈmærəʊ/ **noun** UK **1** [C, U] a large vegetable which has dark green skin and is white on the inside ▷ **kabaczek 2** [U] (also **bone marrow**) the soft substance inside bones ▷ **szpik (kostny)**

marry /ˈmæri/ **verb 1** [I, T] Ⓑ1 to begin a legal relationship with someone as their husband or wife: ***Will you marry me?*** ◦ *He never married.* ▷ **pobierać się, żenić się, wychodzić za mąż 2** [T] to officially make people become a husband and a wife in a ceremony: *We were married by our local vicar.* ▷ **udzielać ślubu**

Mars /mɑːz/ **noun** [no plural] the planet that is fourth from the Sun, after the Earth and before Jupiter ▷ **Mars**

marsh /mɑːʃ/ **noun** [C, U] an area of soft, wet land ▷ **bagno, moczary**

marshal /ˈmɑːʃəl/ **noun** [C] **1** someone who helps to organize or control a large public event: *race marshals* ▷ **organizator 2** an important officer in police or fire departments in the US ▷ **komendant** → See also **field marshal**

the Marshall Islands /ˈmɑːʃəl ˈaɪləndz/ **noun** a country consisting of a group of islands to the northeast of Australia ▷ **Wyspy Marshalla**
• **Marshallese** /ˌmɑːʃəlˈiːz/ **adjective** coming from or relating to the Marshall Islands ▷ **z Wysp Marshalla** • **Marshallese noun** someone from the Marshall Islands ▷ **obywatel/ka Wysp Marshalla**

marshmallow /ˌmɑːʃˈmæləʊ/ ⓤⓢ /ˈmɑːrʃˌmæləʊ/ **noun** [C, U] a soft, white food made from sugar ▷ **pianka, marshmallow**

marsupial /mɑːˈsuːpiəl/ **noun** [C] a type of mammal from Australasia or South or Central America which is not completely developed when it is born and is carried around in a pocket on the mother's body ▷ **torbacz**

martial art /ˌmɑːʃəlˈɑːt/ **noun** [C] Ⓑ2 one of the traditional Japanese or Chinese skills of fighting, done as a sport in western countries ▷ **wschodnia sztuka walki**

martial law /ˌmɑːʃəlˈlɔː/ **noun** [U] the control of a country by its army instead of by its usual leaders: *to declare martial law* ▷ **stan wojenny**

Martian /ˈmɑːʃən/ **noun** [C] in stories, someone from the planet Mars ▷ **Marsja-nin/nka**

Martin /ˈmɑːtɪn/ **noun** a male name

martyr /ˈmɑːtər/ **noun** [C] someone who dies for their beliefs: *a Catholic martyr* ▷ **męczenni-k/ca**
• **martyrdom** noun [U] ▷ **męczeństwo**

marvel[1] /ˈmɑːvəl/ **noun** [C] something really surprising, exciting, or good: *a marvel of modern technology* ▷ **cud**

marvel[2] /ˈmɑːvəl/ **verb** [I] (present participle UK **marvelling**, past tense and past participle **marvelled**, present participle US **marveling**, past tense and past participle **marveled**) to admire something very much: *I'm just* ***marvelling at*** *your skills.* ▷ **zachwycać się, być pełnym podziwu**

marvellous UK (US **marvelous**) /ˈmɑːvᵊləs/ **adjective** B1 extremely good: *What a marvellous idea!* ▷ **cudowny**

• **marvellously** UK (US **marvelously**) **adverb** ▷ **cudownie**

Marxism /ˈmɑːksɪzᵊm/ **noun** [U] the political and economic ideas of Karl Marx ▷ **marksizm**

Marxist /ˈmɑːksɪst/ **adjective** relating to Marxism: *Marxist ideology* ▷ **marksistowski**

• **Marxist noun** [C] someone who supports Marxism ▷ **marksist-a/ka**

Mary /ˈmeəri/ **noun** a female name

mascara /mæsˈkɑːrə/ **noun** [U] a dark substance that you put on your eyelashes to make them look longer and thicker ▷ **tusz do rzęs**

mascot /ˈmæskɒt/ **noun** [C] a toy or a child that a person or a team takes with them to bring them luck: *He's our* ***lucky mascot.*** ▷ **maskotka**

masculine /ˈmæskjəlɪn/ **adjective 1** having qualities that are typical of men: *a masculine appearance/voice* ▷ **męski 2** in some languages, belonging to a group of nouns or adjectives that have the same grammatical behaviour. The other groups are 'feminine' and 'neuter'. ▷ **męski**

masculinity /ˌmæskjəˈlɪnəti/ **noun** [U] the qualities that are typical of men ▷ **męskość**

mash /mæʃ/ **verb** [T] to crush food until it is soft: UK *mashed potato*/US *mashed potatoes* ▷ **robić purée z, tłuc, gnieść**

mask¹ /mɑːsk/ **noun** [C] B2 a covering for the face that protects, hides, or decorates the person wearing it ▷ **maska** → See also **gas mask**

mask² /mɑːsk/ **verb** [T] to prevent something from being noticed: *I've had to put some flowers in there to* ***mask*** *the* ***smell.*** ▷ **zamaskować**

masked /mɑːskt/ **adjective** wearing a mask: *a* ***masked gunman*** ▷ **zamaskowany**

masochism /ˈmæsəkɪzᵊm/ **noun** [U] when people get pleasure from being hurt ▷ **masochizm**

• **masochist noun** [C] someone who gets pleasure from being hurt ▷ **masochist-a/ka**

masochistic /ˌmæsəˈkɪstɪk/ **adjective** getting pleasure from being hurt: *masochistic behaviour* ▷ **masochistyczny**

masonry /ˈmeɪsᵊnri/ **noun** [U] the parts of a building that are made of bricks or stone ▷ **mur, obmurowanie, podmurówka**

masquerade /ˌmæskᵊrˈeɪd/ **verb**

PHRASAL VERB **masquerade as sb/sth** to pretend to be someone or something: *She's just a teacher masquerading as an academic.* ▷ **podawać się za** *kogoś*

mass¹ /mæs/ **noun 1** [C] a solid lump with no clear shape: *The sauce was now a sticky mass in the bottom of the pan.* ▷ **masa 2 a mass of sth** B2 a large amount or number of something: *She had a mass of blond curls.* ▷ **masa** *czegoś*, **gąszcz** *czegoś* **3** [U] in physics, the amount of substance that something contains: *One litre of water has a mass of one kilogram.* ▷ **masa 4 masses** informal B2 a large amount or number of something: *I've got* ***masses of*** *work to do.* ▷ **całe stosy 5 the masses** the ordinary people who form the largest part of society: *He failed to win the support of the masses.* ▷ **masy**

mass² /mæs/ **adjective** [always before noun] involving a lot of people: ***mass destruction/ unemployment*** ◦ *a* ***mass murderer*** ▷ **masowy**

mass³ /mæs/ **verb** [I, T] formal to come together somewhere in large numbers, or make people or things do this: *Over 20,000 demonstrators massed in the town's main square.* ▷ **gromadzić (się)**

Mass, mass /mæs/ **noun** [C, U] a religious ceremony in some Christian churches in which people eat bread and drink wine: *to go to Mass* ▷ **msza**

massacre /ˈmæsəkəʳ/ **noun** [C] the killing of a lot of people: *He ordered the massacre of over 2,000 women and children.* ▷ **masakra**

• **massacre verb** [T] *Hundreds of civilians were massacred in the raid.* ▷ **zmasakrować**

massage /ˈmæsɑːdʒ/ US /məˈsɑːdʒ/ **noun** [C, U] the activity of rubbing or pressing parts of someone's body in order to make them relax or to stop their muscles hurting: *to* ***have*** *a* ***massage*** ◦ *She* ***gave*** *me a foot* ***massage.*** ▷ **masaż**

• **massage verb** [T] *Would you massage my shoulders?* ▷ **masować**

massive /ˈmæsɪv/ **adjective** B2 very big: *a massive building* ◦ *massive debts* ▷ **ogromny, masywny, rozległy**

mass-market /ˌmæsˈmɑːkɪt/ **adjective** describes something that is made to be sold to as many people as possible ▷ **na rynek masowego odbiorcy**

• ˌ**mass ˈmarket noun** [C] ▷ **rynek masowego odbiorcy**

the ˌmass ˈmedia noun [group] newspapers, television, and radio ▷ **mass media**

ˈmass ˌnumber noun [C] the total number of protons and neutrons in an atom ▷ **liczba masowa**

mass-produce /ˌmæsprəˈdjuːs/ **verb** [T] to produce a lot of goods cheaply using machines in a factory ▷ **produkować masowo**

• ˌ**mass proˈduction noun** [U] ▷ **produkcja masowa**

mass spectrometer /ˌmæsspekˈtrɒmɪtəʳ/ **noun** [C] (also **spectroscope**) a piece of equipment used by scientists to separate ions into groups to measure and compare their mass and charge ▷ **spektrometr masowy**

mass spectrometry /ˌmæsspekˈtrɒmətri/ **noun** [U] a method used by scientists to

M

measure and compare the mass and the charge of ions ▷ **spektrometria masowa**

mast /mɑːst/ **noun** [C] **1** a tall pole on a boat that supports its sails ▷ **maszt 2** a tall metal pole that sends out television, radio, or mobile phone signals ▷ **maszt**

master[1] /ˈmɑːstəʳ/ **noun** [C] **1** B2 In the past, a servant's master was the man that they worked for. ▷ **pan 2** old-fashioned a male teacher: *the Latin master* ▷ **nauczyciel, profesor 3** someone who does something very well: *He was a* ***master of*** *disguise.* ▷ **mistrz 4** a document or recording from which copies can be made ▷ **oryginał 5 Master of Arts/Science, etc** a higher university qualification which usually takes 1 or 2 more years of study after your first qualification, or a person who has this qualification ▷ **magister (nauk humanistycznych/ścisłych) 6 Master's (degree)** B2 a higher university qualification: *to study for a Master's degree* ▷ **stopień magistra, magisterium 7 Master** formal a title for a boy, used before his family name or full name: *Master Thomas Mills* ▷ **panicz**

master[2] /ˈmɑːstəʳ/ **verb** [T] to learn how to do something well: *to* ***master*** *a* ***technique*** ◦ *He lived for several years in Italy but never quite* ***mastered*** *the* ***language****.* ▷ **opanować**

master[3] /ˈmɑːstəʳ/ **adjective** [always before noun] having the skills for a particular job: *a* ***master chef/craftsman*** ▷ **mistrz**

masterful /ˈmɑːstəfᵊl/ **adjective** done with great skill: *a* ***masterful display*** *of golf* ▷ **mistrzowski**

mastermind /ˈmɑːstəmaɪnd/ **verb** [T] to plan every detail of a complicated event or activity and make sure that it happens: *He allegedly masterminded both bomb attacks in the region.* ▷ **zaplanować, kierować**
• **mastermind noun** [C] *It is thought he was the* ***mastermind behind*** (= *the person who planned*) *last year's bombing campaign.* ▷ **mózg**

masterpiece /ˈmɑːstəpiːs/ **noun** [C] a painting, book, or film that is generally considered to be of excellent quality: *'Mona Lisa' is widely regarded as Leonardo da Vinci's masterpiece.* ▷ **arcydzieło**

mastery /ˈmɑːstᵊri/ **noun 1 mastery of sth** great skill or understanding of something: *his mastery of the Japanese language* ▷ **biegłość w** *czymś* **2 mastery of/over sth** control over something: *The two countries battled for mastery over the region.* ▷ **panowanie lub kontrola nad** *czymś*

masturbate /ˈmæstəbeɪt/ **verb** [I] to make yourself feel sexually excited by touching your sexual organs ▷ **onanizować się**
• **masturbation** /ˌmæstəˈbeɪʃᵊn/ **noun** [U] ▷ **masturbacja**

mat /mæt/ **noun** [C] **1** a piece of thick material that you put on the floor, often in order to protect it: *There's a mat by the door for you to wipe your feet on.* ▷ **wycieraczka, dywanik 2** a small piece of plastic or other material that you put on a table so that hot plates and liquid will not damage it ▷ **podkładka**

match[1] /mætʃ/ **noun 1** [C] A2 a sports competition in which two people or teams compete against each other: *a football/tennis match* ▷ **mecz 2** [C] B2 a thin, wooden stick which produces a flame when you rub one end of it against a rough surface: *a box of matches* ▷ **zapałka 3** [no plural] If something is a good match for something else, it looks attractive next to it, usually because it is the right colour: *The curtains look nice – they're a perfect* ***match for*** *the sofa.* ▷ **komplet 4** [no plural] If two people who are having a relationship are a good match, they are very suitable for each other. ▷ **para 5 be no match for sb/sth** to not be as good as someone or something else: *Gibson ran well but was no match for the young Italian.* ▷ **nie dorównywać** *komuś/czemuś*

> Wyrazy występujące razem z **match**
>
> play/lose/win a match • a match **against** sb • **in** a match

match[2] /mætʃ/ **verb 1** [I, T] B1 If two things match, they are the same colour or type: *I can't find anything to match my green shirt.* ◦ *Your socks don't match.* ◦ *Traces of blood found on Walker's clothing matched the victim's blood type.* ▷ **pasować do (siebie) 2** [T] B1 to choose someone or something that is suitable for a particular person, activity, or purpose: *In the first exercise, you have to* ***match*** *the famous person* ***to*** *their country of origin.* ▷ **dopasować 3** [T] to be as good as someone or something else: *It would be difficult to match the service this airline gives to its customers.* ▷ **dorównać**

PHRASAL VERBS **match up** If two pieces of information match up, they are the same: *Their accounts of what happened that evening didn't match up.* ▷ **pokrywać się** • **match sb/sth up** to choose someone or something that is suitable for a particular person, activity, or purpose: *They look at your interests and try to* ***match*** *you* ***up with*** *someone suitable.* ▷ **dobierać** *kogoś/coś* • **match up to sth** to be as good as something else: *Nothing that he wrote after this point ever matched up to his early work.* ▷ **dorównywać** *czemuś*, **móc się równać z** *czymś*

matchbox /ˈmætʃbɒks/ **noun** [C] a small box containing matches ▷ **pudełko (od) zapałek**

matching /ˈmætʃɪŋ/ **adjective** [always before noun] having the same colour or pattern as something else: *She wore purple shorts and a matching T-shirt.* ▷ **dobrany, w tym samym kolorze**

ˈ**matching (ˌconcept) noun** [C] a method used in a business's accounts where the money it receives in a certain period is compared with its costs for the same period ▷ **zasada przyporządkowania kosztu do przychodu**

mate[1] /meɪt/ **noun** [C] **1** UK informal B1 a friend: *She's my* ***best mate.*** ◦ *Pete was there with a couple of mates.* ▷ **kumpel/a** **2** UK informal You call a man 'mate' when you are speaking to him informally: *Thanks, mate.* ▷ **stary** **3** an animal's sexual partner ▷ **partner/ka**

mate[2] /meɪt/ **verb** [I] When animals mate, they have sex in order to produce babies. ▷ **łączyć lub kojarzyć się w pary, parzyć się**

material[1] /məˈtɪəriəl/ **noun** **1** [C, U] B2 a solid substance from which things can be made: *building materials* ◦ *Crude oil is used as the* ***raw material*** *for making plastics.* ▷ **materiał** **2** [C, U] B1 cloth for making clothes, curtains, etc: *Her dress was made of a soft, silky material.* ▷ **materiał** **3** [U] the facts or ideas in a piece of writing: *I'm collecting material for an article that I'm writing.* ▷ **materiał**

material[2] /məˈtɪəriəl/ **adjective** relating to money and possessions and not emotions or thoughts: *the* ***material world*** ▷ **materialny**

materialism /məˈtɪəriəlɪzəm/ **noun** [U] the belief that having money and possessions is the most important thing in life ▷ **materializm**
• **materialistic** /məˌtɪəriəˈlɪstɪk/ **adjective** believing in materialism ▷ **materialistyczny**

materialize (also UK **-ise**) /məˈtɪəriəlaɪz/ **verb** [I] If something does not materialize, it does not happen: *She was promised a promotion but it never materialized.* ▷ **zmaterializować się, ziścić się**

materials /məˈtɪəriəlz/ **noun** [plural] the equipment that you need for a particular activity: *teaching/writing materials* ▷ **materiały, przybory**

maternal /məˈtɜːnəl/ **adjective** **1** like a mother: *I've never had much of a* ***maternal instinct*** *(= wish to have children).* ▷ **macierzyński, matczyny** **2** [always before noun] A maternal relation is part of your mother's family: *He's my maternal grandfather.* ▷ **ze strony matki**

maternity /məˈtɜːnəti/ **adjective** [always before noun] related to pregnancy and birth: ***maternity clothes*** ▷ **macierzyński, ciążowy, położniczy**

maternity leave /məˈtɜːnətiˌliːv/ **noun** [U] a period of weeks or months that a mother spends away from her usual job so that she can look after a new baby ▷ **urlop macierzyński**

math /mæθ/ **noun** [U] US short for mathematics ▷ **matematyka, matma**

mathematical /ˌmæθəmˈætɪkəl/ **adjective** B2 relating to mathematics: *a mathematical formula/equation* ▷ **matematyczny**
• **mathematically adverb** ▷ **matematycznie**

mathematician /ˌmæθəməˈtɪʃən/ **noun** [C] someone who studies mathematics ▷ **matematy-k/czka**

mathematics /mæθəmˈætɪks/ **noun** [U] formal the study or science of numbers and shapes ▷ **matematyka**

maths /mæθs/ **noun** [U] UK A2 short for mathematics ▷ **matematyka, matma**

matinée /ˈmætɪneɪ/ (US) /mætəˈneɪ/ **noun** [C] an afternoon performance of a play or film ▷ **popołudniówka**

matrimony /ˈmætrɪməni/ **noun** [U] formal the state of being married ▷ **małżeństwo**

matrix /ˈmeɪtrɪks/ **noun** [C] (plural **matrixes** or **matrices**) a group of numbers or other symbols arranged in a rectangle which can be used together to solve particular mathematical problems ▷ **macierz**

matron /ˈmeɪtrən/ **noun** [C] **1** UK old-fashioned a female nurse in a school, or a female nurse who is in charge of other nurses in a hospital ▷ **pielęgniarka szkolna, (siostra) przełożona** **2** US a married woman, especially one who is old or a widow ▷ **matrona** **3** US a woman who is a manager at some hospitals, schools, prisons, etc ▷ **przełożona**

matt UK (US **matte**) /mæt/ **adjective** not shiny: *a matt photograph* ◦ *matt paint* ▷ **matowy**

matter[1] /ˈmætər/ **noun** **1** [C] B2 a subject or situation that you need to think about, discuss, or deal with: *I've been thinking about this matter for a long time.* ◦ *He denied any knowledge of the matter.* ◦ ***To make matters worse,*** *our car broke down!* ▷ **sprawa** **2** [U] the physical substances that exist in the universe ▷ **materia** **3** [U] a particular type of substance or thing: *vegetable matter* ◦ *printed matter* ▷ **materiał, substancja** **4** **what's the matter** A2 used to ask or talk about the reason for a problem: *What's the matter with your leg?* ▷ **co się stało, o co chodzi** **5** **there's something/nothing the matter** A2 used to say that there is/is not a problem: ***There's something the matter with*** *the washing machine.* ▷ **coś się stało/nic się nie stało** **6** **a matter of days/weeks/feet, etc** used in expressions describing how small an amount or period of time is: *The aircraft missed each other by a matter of feet.* ▷ **kwestia dni/tygodni/kilku stóp** *itp.* **7** **a matter of confidence/luck/waiting, etc** If something is a matter of confidence/luck/waiting, etc, that is what you need for it to happen: *Learning languages is just a matter of hard work.* ▷ **kwestia wiary/szczęścia/czasu** **8** **no matter how/what/when, etc** B2 used to emphasize that something cannot be changed: *I never manage to lose any weight, no matter how hard I try.* ▷ **nieważne jak/co/kiedy** *itp.*, **jakkolwiek/cokolwiek/kiedykolwiek** *itp.* **9** **as a matter of fact** B2 used to emphasize that something is true, especially when it is surprising: *As a matter of fact, I used to live next door to him.* ▷ **właściwie (to), prawdę mówiąc** **10** **a matter of course** If something happens as a matter of course, it always happens as part of the normal process or system: *Babies were tested for the disease as a matter of course.* ▷ **rutyna** **11** **a matter of life and/or death** a serious situation where people could die: *Getting water* *to these people is a matter of life and death.* ▷ **kwestia życia lub śmierci 12 it's only a matter of time** If you say that it is only a matter of time before something happens, you are sure it will happen but you do not know when. ▷ **to tylko kwestia czasu**

IDIOM **be no laughing matter** If a subject is no laughing matter, it is serious and not something that people should joke about. ▷ **≈ to nie żarty**

→ See also **subject matter**

> Wyrazy występujące razem z **matter**
>
> consider/discuss/pursue/raise/resolve a matter • on the matter (of sth)

matter² /ˈmætəʳ/ **verb** [I] A2 to be important, or to affect what happens: *It doesn't **matter to** me whether he comes or not.* ◦ *"I've forgotten to bring your book back." "It doesn't matter – there's no hurry."* ▷ **mieć znaczenie, liczyć się**

matter-of-fact /ˌmætərəvˈfækt/ **adjective** not showing emotion when you talk about something: *a **matter-of-fact tone/manner*** ▷ **rzeczowy**
• **matter-of-factly adverb** ▷ **rzeczowo**

Matthew /ˈmæθjuː/ **noun** (also **Matt** /mæt/) a male name

matting /ˈmætɪŋ/ **noun** [U] strong, rough material for covering floors ▷ **plecionka**

mattress /ˈmætrəs/ **noun** [C] the soft, comfortable part of a bed that you lie on ▷ **materac**

mature¹ /məˈtjʊəʳ/ **adjective 1** completely grown or developed: *sexually mature* ◦ *mature trees* ▷ **dojrzały 2** B2 Mature people behave like adults in a way which shows they are well developed emotionally: *She seems very mature for thirteen.* ▷ **dojrzały** → Opposite **immature**

mature² /məˈtjʊəʳ/ **verb** [I] **1** to become completely grown or developed ▷ **dojrzewać 2** to start to behave in a more mature way: *Girls mature sooner than boys.* ▷ **dojrzewać, dorośleć 3** If an investment matures, you receive the money you have made from it. ▷ **przypadać do wypłaty**

maˌture ˈstudent noun [C] a college or university student who is older than the usual age ▷ **dorosł-y/a student/ka**

maturity /məˈtjʊərəti/ **noun** [U] **1** the quality of behaving like an adult, in a way which shows that you are well developed emotionally: *She shows remarkable maturity for a child of 13.* ▷ **dojrzałość 2** when someone or something is completely grown or developed: *Penguins **reach maturity** in late summer.* ▷ **dojrzałość**

maul /mɔːl/ **verb** [T] **1** If you are mauled by an animal, you are injured by its teeth or claws: [often passive] *He was mauled by a lion.* ▷ **pokiereszować, poturbować 2** to criticize someone or something very badly: [often passive] *His film was mauled by critics.* ▷ **zjechać, nie zostawić suchej nitki na**

Mauritania /ˌmɒrɪˈteɪniə/ **noun** a country in Africa ▷ **Mauretania**
• **Mauritanian** /ˌmɒrɪˈteɪniən/ **adjective** coming from or relating to Mauritania ▷ **mauretański** • **Mauritanian noun** someone from Mauritania ▷ **Maureta-ńczyk/nka**

Mauritius /məˈrɪʃəs/ **noun** a country consisting of a group of islands east of Africa ▷ **Mauritius**
• **Mauritian** /məˈrɪʃən/ **adjective** coming from or relating to Mauritius ▷ **maurytyjski** • **Mauritian noun** someone from Mauritius ▷ **Maurytyj-czyk/ka**

mausoleum /ˌmɔːsəˈliːəm/ **noun** [C] a building where dead people are buried ▷ **mauzoleum**

mauve /məʊv/ **noun** [U] a pale purple colour ▷ **(kolor) jasnofioletowy**
• **mauve adjective** ▷ **jasnofioletowy**

maverick /ˈmævᵊrɪk/ **noun** [C] someone who thinks and behaves in an unusual way: *a maverick cop/politician* ▷ **indywidualist-a/ka**

max¹ /mæks/ **adjective 1** informal maximum, often used after numbers: *The trip should take 30 minutes max.* ▷ **maksimum 2 to the max** informal as much as possible: *He lived life to the max.* ▷ **na maksa, do oporu**

max² verb

PHRASAL VERB **max (sth) out** informal to use all that is available of something, especially money: *We maxed out our credit cards when we bought all that new furniture.* ▷ **wykorzystać na maksa**

maxim /ˈmæksɪm/ **noun** [C] a phrase which gives advice: *Our company works on the maxim that small is beautiful.* ▷ **maksyma**

maximize (also UK **-ise**) /ˈmæksɪmaɪz/ **verb** [T] to increase something as much as you can: *to maximize profits* ▷ **maksymalizować**

maximum¹ /ˈmæksɪməm/ **adjective** [always before noun] B1 The maximum amount of something is the largest amount that is allowed or possible: *the maximum temperature/speed* ▷ **maksymalny** → Opposite **minimum**

maximum² /ˈmæksɪməm/ **noun** [no plural] B1 the largest amount that is allowed or possible: *The school has **a maximum of** 30 students per class.* ▷ **maksimum**

> Wyrazy występujące razem z **maximum**
>
> reach a maximum • a maximum of [10/50%, etc] • up to a maximum [of 10/50%, etc]

may /meɪ/ **modal verb 1** B1 used to talk about what is possibly true or will possibly happen: *There may be other problems that we don't know about.* ◦ *I think I may have a cold.* ▷ **móc 2** formal B1 used to ask or give permission: *May I be excused, please?* ◦ *You may begin.* ▷ **móc 3 may (well) … but** used to show that the first thing you say is not important when compared to another fact: *It may be cheap but it's not very good.* ▷ **to prawda, że … ale**

May /meɪ/ **noun** [C, U] A1 the fifth month of the year ▷ **maj**

maybe /ˈmeɪbi/ **adverb** **1** A2 possibly: *Maybe we're too early.* ◦ *It could take a month, or maybe more, to complete.* ▷ **(być) może** **2** A2 used to suggest something: *Maybe Ted would like to go.* ▷ **może**

mayhem /ˈmeɪhem/ **noun** [U] a situation in which there is no order or control: *With five kids running around, it was complete mayhem.* ▷ **chaos, zamęt**

mayonnaise /ˌmeɪəˈneɪz/ **noun** [U] a thick, cold, white sauce that is made from eggs and oil ▷ **majonez**

mayor /meəʳ/ **noun** [C] B2 the person who is elected to be the leader of the group that governs a town or city ▷ **burmistrz/yni**

maze /meɪz/ **noun** [C] a complicated system of paths where you can easily become lost ▷ **labirynt**

MB written abbreviation for megabyte: *This program needs 8 MB of hard-disk space.* ▷ **MB (= megabajt)**

MBA /ˌembiːˈeɪ/ **noun** [C] abbreviation for Master of Business Administration: an advanced degree in business, or a person who has this degree: *a Harvard MBA* ▷ **MBA (≈ magister zarządzania)**

McCoy /məˈkɔɪ/ **noun**

IDIOM **the real McCoy** informal the real thing, and not a copy or something similar: *Cheap sparkling wines cannot be labelled 'champagne' – it has to be the real McCoy.* ▷ **autentyk, żadna podróba**

MD /ˌemˈdi/ abbreviation for Doctor of Medicine ▷ **dr med. (= doktor medycyny)**

me /miː/ **pronoun** A1 used after a verb or preposition to refer to the person who is speaking or writing: *She gave me some money.* ◦ *She never gave it to me.* ◦ *Lydia is three years younger than me.* ◦ *It wasn't me!* ▷ **mi, mnie, mną, ja**

meadow /ˈmedəʊ/ **noun** [C] a field of grass, often with flowers ▷ **łąka**

meagre UK (US **meager**) /ˈmiːgəʳ/ **adjective** not enough in amount: *a meagre ration/salary* ▷ **skąpy, skromny**

meal /miːl/ **noun** [C] A1 when you eat, or the food that you eat at that time: *a three-course meal* ▷ **posiłek**

IDIOM **make a meal of sth** UK to spend more time and energy doing something than is necessary: *A simple apology will do. There's no need to make a meal of it!* ▷ **przesadzać z** *czymś*, **robić z** *czegoś* **ceregiele**

→ See also **a *square* meal**

> **Wyrazy występujące razem z meal**
> **cook/eat/have/prepare** a meal • a [two/three, etc] **course** meal

mealtime /ˈmiːltaɪm/ **noun** [C] when you eat: *These days I only see him at mealtimes.* ▷ **pora posiłku**

mean¹ /miːn/ **verb** [T] (past tense and past participle **meant** /ment/) **1** A2 to have a particular meaning: *What does 'perpendicular' mean?* ◦ *The red light means stop.* ▷ **znaczyć, oznaczać** **2** B1 to intend to express a fact or opinion: *I didn't **mean** that **as** a criticism.* ◦ *What exactly do you **mean by** 'old-fashioned'?* ▷ **mieć na myśli** **3** **mean to do sth** B1 to intend to do something: *I didn't mean to hurt her.* ▷ **zamierzać** *coś (zrobić)* **4** B1 to have a particular result: *These changes will mean better health care for everyone.* ◦ [+ (that)] *It doesn't mean that you can stop working.* ▷ **oznaczać, znaczyć** **5** to be serious about something that you have said: *I'll take that sandwich away if you don't eat it properly – I **mean it**!* ▷ **mówić poważnie** **6** B1 to have an important emotional effect on someone: *You don't know what it **means to** me to get this letter.* ◦ *Their support has **meant a lot** to us.* ▷ **znaczyć** **7** **have been meaning to do sth** B1 to have been wanting and planning to do something: *I've been meaning to call you for weeks.* ▷ **mieć (zamiar)** *coś zrobić* **8** **be meant to do sth** If you are meant to do something, that is what you should do in order to behave correctly: *You're meant to shake the bottle first.* ▷ **(***ktoś***) powinien** *itp. coś zrobić* **9** **mean well** to intend to behave in a kind way: *I know my parents mean well, but I wish they wouldn't interfere.* ▷ **mieć dobre intencje** **10** **I mean** **a** something that people often say before they continue their sentence: *I mean, I don't dislike her.* ▷ **to znaczy** **b** A2 something that you say in order to correct yourself: *We went there in May – I mean June.* ▷ **to znaczy, przepraszam**

mean² /miːn/ **adjective** **1** B2 unkind and unpleasant: *I thought my sister was being **mean to** me.* ▷ **podły, złośliwy** **2** mainly UK B2 A mean person does not like spending money, especially on other people: *He's too mean to buy her a ring.* ▷ **skąpy** **3** mainly US A mean person or animal is strong and violent, and makes people frightened: *He's a big, mean guy.* ▷ **groźny** **4** [always before noun] informal very good: *I make a mean spaghetti.* ▷ **zabójczy, boski** **5** [always before noun] In maths, a mean number is an average number: *Their mean age at death was 84.6.* ▷ **średni**

IDIOM **no mean** used to describe something very difficult: *Setting up a business in two days was **no mean feat** (= was a difficult thing to do).* ▷ **nie byle jaki**

mean³ /miːn/ **noun** [no plural] formal the average ▷ **średnia**

meander /miˈændəʳ/ **verb** **1** **meander along/around/through, etc** If a river, a road, or a line of something meanders, it has many curves: *The coast road meanders along the beach for miles.* ▷ **wić się wzdłuż/wokół/przez** *itp.* **2** **meander**

M

around/from/off, etc to move around with no clear purpose: *We meandered around town for a couple of hours.* ▷ **łazić po/z** *itp.*

meaning /ˈmiːnɪŋ/ **noun 1** [C, U] B1 The meaning of words, signs, or actions is what they express or represent: *The word 'squash' has several meanings.* ◦ *The meaning of her gesture was clear.* ▷ **znaczenie 2** [U, no plural] B2 purpose or emotional importance: *She felt that her life had no meaning.* ▷ **sens, znaczenie**

> Wyrazy występujące razem z **meaning**
>
> **different/hidden/precise/real/true** meaning • **convey/explain/grasp/understand** the meaning of sth

meaningful /ˈmiːnɪŋfəl/ **adjective 1** B2 useful, serious, or important: *a meaningful discussion* ▷ **poważny, znaczący 2** B2 having a clear meaning which people can understand: *a meaningful comparison/conclusion* ▷ **zrozumiały 3** intended to show a meaning, often secretly: *a **meaningful look*** ▷ **znaczący**
• **meaningfully adverb** ▷ **poważnie, zrozumiale, znacząco**

meaningless /ˈmiːnɪŋləs/ **adjective** without any meaning or purpose: *He produced yet another set of meaningless statistics.* ▷ **nic nie znaczący, bez znaczenia**

means /miːnz/ **noun 1** [C] (plural **means**) B2 a way of doing something: *We had no **means of** communication.* ◦ *It was a means of making money.* ▷ **środek, sposób 2** [plural] money: *We don't have the means to buy the house.* ▷ **środki 3 by no means; not by any means** not at all: *I'm not an expert by any means.* ▷ **absolutnie nie, bynajmniej nie 4 by all means** something that you say when you are agreeing to let someone do something: *I have a copy of the report on my desk. By all means have a look at it.* ▷ **jak najbardziej, (ależ) oczywiście**

> **!** Najczęściej popełniane błędy: **means**
>
> **Uwaga!** Rzeczownik wyłącznie w liczbie mnogiej!
> Nie posiada liczby pojedynczej. Nie piszemy więc „mean", ale **means**:
> ~~*The bicycle is a very popular mean of transport.*~~
> *The bicycle is a very popular means of transport.*

> Wyrazy występujące razem z **means**
>
> (as) a **means of** (doing) sth • the **means by which** sth happens/sb does sth

means-tested /ˈmiːnztestɪd/ **adjective** mainly UK If an amount of money for an activity such as education is means-tested, it is only given to people who are poor enough: *means-tested benefits* ▷ **uzależniony od dochodów, socjalny**

meant /ment/ past of mean

meantime /ˈmiːnˌtaɪm/ **noun in the meantime** B2 in the time between two things happening, or while something else is happening: *Your computer won't be arriving till Friday. In the meantime, you can use Julie's.* ▷ **w tym czasie, tymczasem**

meanwhile /ˈmiːnˌwaɪl/ **adverb** B1 in the time between two things happening, or while something else is happening: *The mother is ill. The child, meanwhile, is living with foster parents.* ▷ **w tym czasie, tymczasem**

measles /ˈmiːzlz/ **noun** [U] an infectious disease which covers your skin in small, red spots ▷ **odra** → See also **German measles**

measurable /ˈmeʒərəbl/ **adjective** If something is measurable, it is big enough to be measured: *Extra training has led to measurable improvements in performance.* ▷ **zauważalny, wymierny** → Opposite **immeasurable**

measure[1] /ˈmeʒər/ **verb 1** [T] to judge the quality, effect, importance, or value of something: *We will soon be able to measure the results of these policy changes.* ◦ *They measured the performance of three different engines.* ▷ **oceniać, mierzyć 2** [T] B2 to find the size, weight, amount, or speed of something: *I've measured all the windows.* ◦ *The distances were **measured in** kilometres.* ▷ **mierzyć 3** [I] B2 to be a certain size: *a whale measuring around 60 feet in length* ▷ **mierzyć**

PHRASAL VERBS **measure sth out** to weigh or measure a small amount of something and remove it from a larger amount: *Use a hot spoon to measure out honey into a bowl.* ▷ **odmierzać** *coś* • **measure up** to be good enough, or as good as something or someone else: *He did not **measure up to** the requirements of the job.* ▷ **sprostać**

measure[2] /ˈmeʒər/ **noun 1** [C] B2 a way of achieving something or dealing with a situation: *This arrangement is only a **temporary measure**.* ◦ *We must **take** preventative **measures** to stop the spread of the disease.* ◦ ***security measures*** ▷ **krok, środek 2 a measure of sth** a good way of judging something: *Ticket sales are not necessarily a measure of the show's popularity.* ▷ **miara** *czegoś*, **sprawdzian** *czegoś* **3 a/some measure of sth** formal an amount of something: *Bulletproof vests give some measure of protection.* ▷ **pewien stopień** *czegoś* **4** [U] a way of measuring something: *The basic units of measure we use are distance, time, and mass.* ▷ **miara**

IDIOM **for good measure** as well as something you have already done or given to someone: *They stole his passport and wallet, and for good measure beat him unconscious.* ▷ **na dodatek**

→ See also **tape measure**

measurement /ˈmeʒəmənt/ **noun 1** [U] the process of measuring something ▷ **pomiar 2** [C] B2 the size and shape of something: *I've taken* *measurements of all the rooms.* ▷ **wymiar** **3** [U] a way of measuring something: *SI units are the standard **units of measurement** used all over the world.* ▷ **miara**

meat /miːt/ **noun** [U] A1 muscles and other soft parts of animals, used as food: *I don't eat meat.* ◦ ***red/white meat*** ▷ **mięso** → See **Food** on page Centre 11

mecca /ˈmekə/ **noun** [no plural] a place where particular groups of people like to go because they feel happy there: *His Indiana bookstore became **a mecca for** writers and artists.* ▷ **mekka**

mechanic /mɪˈkænɪk/ **noun** [C] A2 someone whose job is to repair machines: *a car mechanic* ▷ **mechanik**

mechanical /mɪˈkænɪkᵊl/ **adjective** **1** B2 relating to or operated by machines: *a mechanical engineer* ◦ *a mechanical device* ▷ **mechaniczny** **2** If you do something in a mechanical way, you do it without emotion or without thinking about it: *a mechanical performance* ▷ **machinalny, automatyczny**

• **mechanically** adverb ▷ **mechanicznie, machinalnie**

meˌchanical diˈgestion **noun** [U] the parts of the process of digestion where food is broken up by being bitten and chewed ▷ **trawienie mechaniczne**

mechanics /mɪˈkænɪks/ **noun** [U] the study of physical forces on objects and their movement ▷ **mechanika**

mechanism /ˈmekənɪzᵊm/ **noun** [C] **1** a part of a piece of equipment that does a particular job: *The clock's winding mechanism had broken.* ▷ **mechanizm** **2** a system for achieving something, or the way that a system works: *We need a **mechanism for** resolving this sort of dispute.* ▷ **mechanizm**

mechanized (also UK **-ised**) /ˈmekənaɪzd/ **adjective** A mechanized organization or activity uses machines: *mechanized farming/production* ▷ **zmechanizowany**

medal /ˈmedᵊl/ **noun** [C] B2 a metal disc given as a prize in a competition or given to someone who has been very brave: *a bronze medal* ◦ *an **Olympic medal*** ▷ **medal** → See also **gold medal**, **silver medal**

medallist UK (US **medalist**) /ˈmedᵊlɪst/ **noun** [C] someone who has received a medal in a sports event: *an **Olympic medallist*** ▷ **medalist-a/ka**

meddle /ˈmedl/ **verb** [I] to try to influence people or change things that are not your responsibility: *He's always **meddling in** other people's business.* ▷ **wtrącać się, mieszać się**

the media /ˈmiːdiə/ **noun** [group] B2 television, newspapers, magazines, and radio considered as a group: ***media coverage/attention*** ◦ *The issue has been much discussed **in the media**.* ▷ **(mass) media, środki (masowego) przekazu** → See also **the mass media**

mediaeval /mediˈiːvᵊl/ **adjective** another spelling of medieval ▷ **średniowieczny**

median /ˈmiːdiən/ **adjective** [always before noun] relating to the middle number or amount in a series: *the median age/income* ▷ **środkowy, przeciętny**

mediate /ˈmiːdieɪt/ **verb** [I, T] to try to find a solution between two or more people who disagree about something: *Negotiators were called in to **mediate between** the two sides.* ▷ **pośredniczyć, prowadzić mediację**

• **mediation** /ˌmiːdiˈeɪʃᵊn/ noun [U] ▷ **mediacja**

mediator /ˈmiːdieɪtəʳ/ **noun** [C] someone who mediates between people who disagree about something ▷ **mediator/ka, pośredni-k/czka**

medic /ˈmedɪk/ **noun** [C] informal **1** a medical student or doctor ▷ **medyk** **2** US someone who does medical work in a military organization ▷ **sanitariusz/ka, oficer medyczny**

medical[1] /ˈmedɪkᵊl/ **adjective** B2 relating to medicine and different ways of curing illness: ***medical treatment*** ◦ *a **medical student*** ◦ *She has a **medical condition** that makes it hard for her to work.* ▷ **medyczny, lekarski, zdrowotny**

• **medically** adverb ▷ **medycznie**

medical[2] /ˈmedɪkᵊl/ **noun** [C] UK (US **physical**) an examination of your body by a doctor to find out if you are healthy ▷ **badanie lekarskie**

medicated /ˈmedɪkeɪtɪd/ **adjective** A medicated substance contains medicine: *medicated soap* ▷ **leczniczy**

medication /ˌmedɪˈkeɪʃᵊn/ **noun** [C, U] medicine that is used to treat an illness: *He's **on medication** to control his depression.* ▷ **lekarstwo, leki**

medicinal /məˈdɪsɪnᵊl/ **adjective** Medicinal substances are used to cure illnesses: *I keep some brandy for **medicinal purposes**.* ▷ **leczniczy**

medicine /ˈmedɪsᵊn/ **noun** **1** [C, U] A2 a substance used to cure an illness or injury: *cough medicine* ◦ *Have you **taken** your **medicine** today?* ▷ **lekarstwo, lek** **2** [U] B1 the science of curing and preventing illness and injury: *to study medicine* ◦ *western/Chinese medicine* ▷ **medycyna**

> Wyrazy występujące razem z **medicine**
> take medicine • a medicine for sth

medieval (also **mediaeval**) /ˌmediˈiːvᵊl/ **adjective** B2 relating to the period in Europe between about AD 500 and AD 1500: *medieval literature/art* ▷ **średniowieczny**

mediocre /ˌmiːdiˈəʊkəʳ/ **adjective** not good in quality: *The acting was mediocre.* ▷ **(co najwyżej) przeciętny, nienajlepszy**

• **mediocrity** /ˌmiːdiˈɒkrəti/ noun [U] ▷ **przeciętność, miernota**

meditate /ˈmedɪteɪt/ **verb** [I] **1** to think calm thoughts for a long period in order to relax or as a religious activity: *I meditate twice a day.* ▷ **medytować** **2** formal to think seriously about

M

something: *He* ***meditated on*** *the consequences of his decision.* ▷ **medytować, rozmyślać**

• **meditation** /ˌmedɪˈteɪʃᵊn/ **noun** [U] *Let's spend a few moments* ***in*** *quiet* ***meditation.*** ▷ **medytacje**

the Mediterranean /ˌmedɪtᵊrˈeɪniən/ **noun** the sea that has southern Europe, northern Africa, and the Middle East around it, or the countries around this sea ▷ **Morze Śródziemne, kraje śródziemnomorskie**

• **Mediterranean adjective** *a Mediterranean climate/island* ▷ **śródziemnomorski**

medium¹ /ˈmiːdiəm/ **adjective** B1 in the middle of a group of different amounts or sizes: *people of medium weight* ◦ *She bought a* ***medium-sized*** *car.* ◦ *The shirt comes in small, medium, and large.* ▷ **średni**

medium² /ˈmiːdiəm/ **noun** [C] (plural **media**, **mediums**) a way of communicating or expressing something: *the medium of television/radio* ◦ *The Internet has become yet another* ***medium for*** *marketing.* ▷ **medium, środek (przekazu)**

medium-term /ˈmiːdiəmˌtɜːm/ **adjective** continuing into the future for a time that is neither short nor long: *The medium-term outlook remains favourable.* ▷ **średniookresowy**

M

medley /ˈmedli/ **noun** [C] a mixture of different items, especially songs: *She sang* ***a medley of*** *show tunes.* ▷ **składanka, mieszanka**

medulla oblongata /meˌdʌləblɒŋˈɡɑːtə/ **noun** [C, usually singular] (plural **medulla oblongatas** or **medullae oblongatae**) the lowest part of the brain, that controls the way the heart works, breathing, etc ▷ **rdzeń przedłużony**

meek /miːk/ **adjective** Someone who is meek is quiet and does not argue with others. ▷ **potulny**

• **meekly adverb** ▷ **potulnie**

meet¹ /miːt/ **verb** (past tense and past participle **met** /met/) **1** [I, T] A1 to come to the same place as someone else by arrangement or by chance: *We met for coffee last Sunday.* ◦ *I met my old English teacher while trekking in the Alps.* ◦ *Each student* ***meets with*** *an adviser at the start of the school year.* ▷ **spotykać (się) 2** [I, T] A1 to see and speak to someone for the first time: *I've always wanted to meet a movie star.* ◦ *"This is Helen." "Pleased to meet you."* ▷ **poznać (się) 3** [I] B1 If a group of people meet, they come to a place in order to do something: *The shareholders meet once a year to discuss profits.* ▷ **zbierać się 4** [T] B1 to wait at a place for someone or something to arrive: *They met me at the airport.* ▷ **odbierać, czekać na 5** [T] to be a big enough amount or of a good enough quality for something: *This old building will never meet the new fire regulations.* ◦ *Can your product* ***meet*** *the* ***needs*** *of a wide range of consumers?* ▷ **spełniać 6** [T] to be able to achieve something: *He* ***met*** *every* ***goal*** *he set for himself.* ◦ *to* ***meet*** *a* ***deadline*** ▷ **osiągać, wywiązywać się z 7** [I, T] to join something: *There's a large crack where the ceiling meets the wall.* ▷ **łączyć się (z)** → See also **make *ends* meet**

PHRASAL VERBS **meet up 1** to meet another person in order to do something together: *I* ***met up with*** *a few friends yesterday.* ▷ **spotykać się 2** If roads or paths meet up, they join at a particular place: *This path* ***meets up with*** *the main road.* ▷ **łączyć się** • **meet with sth** to cause a particular reaction or result: *Both proposals have met with fierce opposition.* ◦ *I trust the arrangements* ***meet with your approval*** *(= I hope that you like them).* ▷ **spotykać się z** *czymś*, **zakończyć się** *czymś*

meet² /miːt/ **noun** [C] US a sports competition: *a swim/track meet* ◦ *His final jump set a new* ***meet record.*** ▷ **spotkanie**

meeting /ˈmiːtɪŋ/ **noun** [C] **1** A2 an event where people come together for a reason, usually to discuss something: *We're* ***having*** *a* ***meeting*** *on Thursday to discuss the problem.* ◦ *He's* ***in a meeting*** *– I'll ask him to call you back later.* ▷ **zebranie, spotkanie 2** UK a sporting competition: *an international meeting* ▷ **spotkanie, mityng**

> Wyrazy występujące razem z **meeting**
>
> arrange/attend/chair/convene/have/hold a meeting • an emergency/private/recent/urgent meeting • a meeting between sb • be in a meeting

mega- /meɡə-/ **prefix 1** informal extremely: *megarich (= extremely rich)* ▷ **nieprzyzwoicie 2** one million: *40 megabytes* ▷ **mega-**

megabyte /ˈmeɡəbaɪt/ **noun** [C] (written abbreviation **MB**) a unit for measuring the amount of information a computer can store, equal to 1,000,000 bytes ▷ **megabajt**

megahertz /ˈmeɡəhɜːts/ **noun** [C] (plural **megahertz**) (written abbreviation **MHz**) a unit of measurement of sound waves which is equal to a million hertz ▷ **megaherc**

megaphone /ˈmeɡəfəʊn/ **noun** [C] a thing that you hold in your hand and speak into to make your voice louder ▷ **megafon**

megapixel /ˈmeɡəˌpɪksᵊl/ **noun** [C] one million pixels, used to describe the amount of detail in images made by a digital camera, computer screen, etc ▷ **megapiksel**

megawatt /ˈmeɡəwɒt/ **noun** [C] a unit for measuring electrical power, equal to 1,000,000 watts ▷ **megawat**

meiosis /maɪˈəʊsɪs/ **noun** [U] the type of cell division in which one cell divides into four gametes, each with a different mixture of chromosomes and half the number contained in the original cell ▷ **mejoza** → Compare **mitosis**

melancholy /ˈmelənkɒli/ **adjective** formal sad: *a melancholy expression* ▷ **melancholijny**

• **melancholy noun** [U] formal a feeling of sadness ▷ **melancholia**

melanin /ˈmelənɪn/ **noun** [U] a substance in the skin and hair that makes the skin go darker in the sun ▷ **melanina**

melanoma /ˌmeləˈnəʊmə/ **noun** [C] a type of skin cancer that appears as a coloured mark on the skin ▷ **czerniak**

melatonin /meləˈtəʊnɪn/ **noun** [U] a hormone in the body which produces changes in skin colour ▷ **melatonina**

melee /ˈmeleɪ/ **noun** [C] a situation where many people are behaving in a noisy, confused, and sometimes violent way: ***In the melee** his jaw was broken.* ▷ **zamieszanie**

mellow[1] /ˈmeləʊ/ **adjective 1** pleasant and soft: *a mellow voice* ◦ *a mellow flavour/wine* ▷ **łagodny 2** calm and relaxed: *After a few drinks, he became very mellow.* ▷ **rozluźniony**

mellow[2] /ˈmeləʊ/ **verb** [I, T] to become more relaxed and gentle, or to make someone become more relaxed and gentle: *Age has mellowed him.* ▷ **łagodnieć, łagodzić**

melodic /məˈlɒdɪk/ **adjective** Melodic music has a pleasant tune, and melodic sounds are pleasant and like music. ▷ **melodyjny**

melodrama /ˈmeləʊˌdrɑːmə/ **noun** [C, U] a story in which the characters show much stronger emotions than in real life ▷ **melodramat**

melodramatic /ˌmeləʊdrəˈmætɪk/ **adjective** showing much stronger emotions than are necessary for a situation: *Don't be so melodramatic! It's only a scratch.* ▷ **melodramatyczny**

melody /ˈmelədi/ **noun** [C] a song or tune ▷ **melodia**

melon /ˈmelən/ **noun** [C, U] A2 a large, round, sweet fruit with a thick, green or yellow skin and a lot of seeds ▷ **melon, arbuz** → See **Fruits and Vegetables** on page Centre 10

melt /melt/ **verb 1** [I, T] B2 If something melts, it changes from a solid into a liquid because of heat and if you melt something, you heat it until it becomes liquid: *The sun soon melted the ice on the pond.* ◦ *The chocolate had melted in my pocket.* ◦ *melted cheese* ▷ **topić (się) 2** [I] to start to feel love or sympathy, especially after feeling angry: *When he smiles at me, I just melt.* ▷ **rozczulać się** → See also ***butter* wouldn't melt in sb's mouth**

PHRASAL VERBS **melt away** to disappear: *Then I saw her and all my fears just melted away.* ▷ **wyparować** • **melt sth down** If you melt something down, especially a metal object, you heat it until it changes to liquid. ▷ **stopić** *coś*

meltdown /ˈmeltdaʊn/ **noun** [C, U] **1** informal a situation of complete failure and no control: ***economic meltdown*** ▷ **katastrofa 2** a serious accident in which nuclear fuel melts through its container and escapes into the environment ▷ **stopienie rdzenia (reaktora)**

ˈ**melting ˌpoint** **noun** [C, usually singular] the temperature at which a substance melts ▷ **temperatura topnienia**

ˈ**melting ˌpot** **noun** [C] a place where people of many different races and from different countries live together ▷ **tygiel**

meltwater /ˈmeltwɔːtər/ **noun** [U] water made from melted snow or ice ▷ **woda z topniejącego śniegu lub lodu**

member /ˈmembər/ **noun** [C] A2 a person who belongs to a group or an organization: ***family/staff members*** ◦ *He was a member of the university rowing club.* ▷ **człon-ek/kini**

ˌ**Member of ˈParliament** **noun** [C] (plural **Members of Parliament**) a person who has been elected to represent people in their country's parliament ▷ **pos-eł/łanka**

membership /ˈmembəʃɪp/ **noun 1** [C, U] B1 the state of belonging to a group or an organization: *I've **applied for membership** of the union.* ◦ *a **membership card/fee*** ▷ **członkostwo 2** [group] the people who belong to a group or an organization: *Union membership is now over three million and rising.* ▷ **liczba członków**

> Wyrazy występujące razem z **membership**
>
> apply for membership • membership **of/in** sth • a membership **card/fee**

membrane /ˈmembreɪn/ **noun** [C] a thin sheet of tissue that covers some parts inside the body in order to protect, connect or separate them ▷ **błona**

memento /mɪˈmentəʊ/ **noun** [C] (plural **mementos, mementoes**) an object that you keep to remember a person, place, or event ▷ **pamiątka**

memo /ˈmeməʊ/ **noun** [C] a written message sent from one member of an organization to another ▷ **notatka (służbowa), okólnik**

memoirs /ˈmemwɑːz/ **noun** [plural] a written story of a person's own life and experiences ▷ **pamiętniki, wspomnienia**

memorabilia /ˌmemərəˈbɪliə/ **noun** [plural] objects relating to famous people or events that people collect: *an auction of pop memorabilia* ▷ **pamiątki**

memorable /ˈmemərəbl/ **adjective** B2 If an occasion is memorable, you will remember it for a long time because it is so good: *a memorable performance* ▷ **niezapomniany**
• **memorably adverb** ▷ **pamiętnie**

memorandum /ˌmeməˈrændəm/ **noun** (plural **memoranda**) formal a memo ▷ **notatka, okólnik**

memorial /məˈmɔːriəl/ **noun** [C] an object, often made of stone, that is built to help people remember an important person or event: *a **war memorial*** ◦ *a **memorial service*** ▷ **pomnik**

memorize (also UK **-ise**) /ˈmemᵊraɪz/ **verb** [T] to learn something so that you remember it exactly: *I've memorized all my friends' birthdays.* ▷ **nauczyć się na pamięć**

memory /ˈmemᵊri/ **noun** **1** [C, U] B1 your ability to remember: *John has an amazing **memory for** historical facts.* ◦ *She had a **photographic memory** (= was able to remember every detail).* ▷ **pamięć** **2** [C] B1 something that you remember: [usually plural] *I have fond **memories of** my childhood.* ▷ **wspomnienie** **3** [C, U] B1 the part of your mind that stores what you remember: *He recited the poem **from memory**.* ▷ **pamięć** **4 in memory of sb** If you do something in memory of a dead person, you do it to show your respect or love for them: *They built a statue in memory of those who died in the fire.* ▷ **ku** *czyjejś* **pamięci** **5** [C, U] A2 the part of a computer where information and instructions are stored, or the amount of information that can be stored there: *You need 32 megabytes of memory to run this software.* ▷ **pamięć**

> Wyrazy występujące razem z **memory**
>
> have a bad/good memory • have a [good, amazing, etc] memory for sth • a photographic memory

ˈmemory ˌcard **noun** [C] a device for storing information in computers or digital cameras ▷ **karta pamięci**

ˈMemory ˌStick **noun** [C] trademark a small electronic device designed to store information that can be put into a computer, mobile phone, etc ▷ **karta pamięci**

men /men/ plural of man

menace[1] /ˈmenɪs/ **noun** **1** [C] something that is likely to cause harm: [usually singular] *Drunk drivers are **a menace to** everyone.* ▷ **zagrożenie** **2** [U] a dangerous quality that makes you think someone is going to do something bad: *His eyes were cold and filled with menace.* ▷ **groźba**

menace[2] /ˈmenɪs/ **verb** [T] formal to cause harm to someone or something, or be likely to cause harm: *Hurricane Bonnie continues to menace the east coast.* ▷ **zagrażać**

menacing /ˈmenɪsɪŋ/ **adjective** making you think that someone is going to do something bad: *a menacing gesture/voice* ▷ **groźny**

mend[1] /mend/ **verb** [T] B1 to repair something that is broken, torn, or not working correctly: *I've mended that hole in your skirt for you.* ▷ **naprawiać, reperować**

mend[2] /mend/ **noun** **be on the mend** informal If you are on the mend, your health is improving after an illness. ▷ **wracać do zdrowia**

mendacious /menˈdeɪʃəs/ **adjective** formal not telling the truth ▷ **kłamliwy**

menial /ˈmiːniəl/ **adjective** Menial work is boring, and not well paid or respected: *a **menial job/task*** ▷ **niewykwalifikowany**

meninges /məˈnɪndʒiːz/ **noun** [plural] the three membranes that surround the brain and the spinal cord ▷ **opony mózgowe**

meningitis /ˌmenɪnˈdʒaɪtɪs/ **noun** [U] a serious infectious disease that affects a person's brain and spinal cord ▷ **zapalenie opon mózgowych**

meniscus /məˈnɪskəs/ **noun** [C] (plural **meniscuses** or **menisci**) **1** a curved piece of cartilage inside a place where two bones are connected of the body such as the knee ▷ **łąkotka** **2** on a liquid, a surface that curves either out or in as a result of surface tension ▷ **menisk**

menopause /ˈmenəʊpɔːz/ **noun** [U] the time, usually between the ages of 45 and 55, when a woman gradually stops having periods ▷ **menopauza**

Menshevik /ˈmenʃəvɪk/ **noun** [C] a supporter of a political group formed in Russia in 1903 when it broke away from Lenin and the Bolsheviks ▷ **mieńszewik**
• **Menshevik adjective** ▷ **mieńszewicki**

ˈmen's ˌroom **noun** [C] US a room in a public place where there are men's toilets ▷ **toaleta męska**

menstrual /ˈmenstruəl/ **adjective** [always before noun] formal relating to menstruating: *a **menstrual cycle*** ▷ **menstruacyjny**

menstruate /ˈmenstrueɪt/ **verb** [I] formal to have a monthly flow of blood from the uterus ▷ **miesiączkować**
• **menstruation** /ˌmenstruˈeɪʃᵊn/ **noun** [U] ▷ **miesiączka**

mensuration /ˌmenʃᵊrˈeɪʃᵊn/ **noun** [U] formal the act or process of measuring ▷ **pomiar**

mental /ˈmentᵊl/ **adjective** [always before noun] B2 relating to the mind, or involving the process of thinking: ***mental health/illness*** ▷ **umysłowy, psychiczny**
• **mentally adverb** B2 *a **mentally ill** person* ▷ **umysłowo, psychicznie**

mentality /menˈtæləti/ **noun** [C] a person's opinions or way of thinking: *I can't understand the mentality of people who hunt animals for fun.* ▷ **mentalność**

mention[1] /ˈmenʃᵊn/ **verb** [T] **1** B1 to briefly speak or write about something or someone: *I'll mention your ideas to Caroline.* ◦ *She didn't mention her daughter.* ◦ [+ (that)] *He mentioned that he liked skydiving.* ▷ **wspominać (o)** **2 not to mention** B2 used to emphasize the importance of something that you are adding to a list: *The resort has great hotels and restaurants, not to mention some of the best skiing in the region.* ▷ **nie mówiąc o**

> Wyrazy występujące razem z **mention (noun)**
>
> deserve/get/be worth a mention • make no mention of sth • a brief/passing/special mention • mention of sth

mention[2] /ˈmenʃᵊn/ **noun** [C] B2 a brief remark:

The report ***made no mention of*** *the problem.* ▷ **wzmianka**

mentor /ˈmentɔːʳ/ **noun** [C] formal an experienced person who gives help and advice to someone with less experience ▷ **mentor/ka**

menu /ˈmenjuː/ **noun** [C] **1** A2 a list of food and drinks that you can order in a restaurant: *a lunch/dinner menu* ◦ *I ordered the most expensive thing* ***on the menu*** *(= available in the restaurant).* ▷ **menu, karta 2** A2 a list that appears on a computer screen of the choices available in a computer program: *a* ***pop-up menu*** ▷ **menu**

ˈmenu ˌbar **noun** [C] a long, narrow area, usually at the top of a computer screen, that contains computer menus ▷ **pasek menu**

ˈmenu ˌoption **noun** [C] one of the choices on a computer menu ▷ **opcja menu**

meow /miːˈaʊ/ **noun** [C] US spelling of miaow ▷ **miau**

MEP /ˌemiːˈpiː/ **noun** [C] abbreviation for Member of European Parliament: a person who represents an area of a European country in the European Parliament: *the MEP for Glasgow* ▷ **europoseł**

mercenary[1] /ˈmɜːsənəri/ **noun** [C] a soldier who fights for any country or organization who pays them ▷ **najemnik**

mercenary[2] /ˈmɜːsənəri/ **adjective** interested only in getting money or an advantage from a situation ▷ **wyrachowany**

merchandise /ˈmɜːtʃəndaɪz/ **noun** [U] formal goods that are traded, or sold in shops: *We stock a broad range of merchandise.* ▷ **towar, towary**

merchandising /ˈmɜːtʃəndaɪzɪŋ/ **noun** [U] the selling of products relating to films, television programmes, and famous people ▷ **sprzedaż pamiątek**

merchant[1] /ˈmɜːtʃənt/ **noun** [C] formal someone whose job is buying and selling goods, usually in large amounts: *a wine/grain merchant* ▷ **kupiec**

merchant[2] /ˈmɜːtʃənt/ **adjective** [always before noun] relating to trading of large amounts of goods: *a merchant ship/seaman* ▷ **handlowy**

ˌmerchant ˈbank **noun** [C] a bank that organizes investments in companies or lends money to them ▷ **bank handlowy lub komercyjny**
• **merchant banker** **noun** [C] ▷ **bankier, bankowiec**

mercifully /ˈmɜːsɪfəli/ **adverb** used to show that you are pleased that something unpleasant has been avoided: *Her illness was mercifully short.* ▷ **na szczęście**

merciless /ˈmɜːsɪləs/ **adjective** cruel, or showing no kindness: *a merciless attack* ◦ *She was merciless in her criticism of his work.* ▷ **bezlitosny**
• **mercilessly** **adverb** ▷ **bezlitośnie**

Mercury /ˈmɜːkjəri/ **noun** [no plural] the planet that is closest to the Sun, before Venus ▷ **Merkury**

mercury /ˈmɜːkjəri/ **noun** [U] a heavy, silver-coloured metal that is liquid at ordinary temperatures (formula Hg) ▷ **rtęć**

mercy /ˈmɜːsi/ **noun** [U] kindness that makes you forgive someone, usually someone that you have authority over: *The judge* ***showed no mercy.*** ▷ **litość**

IDIOM **be at the mercy of sth/sb** to not be able to protect yourself from something or someone that you cannot control: *Farmers are often at the mercy of the weather.* ▷ **być zdanym na łaskę** *czegoś/kogoś*

Wyrazy występujące razem z mercy

ask for/beg for/plead for mercy • show (no) mercy

mere /mɪəʳ/ **adjective** [always before noun] **1** B2 used to emphasize that something is not large or important: *It costs a mere twenty dollars.* ◦ *The* ***mere thought of*** *(= Just thinking about) eating octopus makes me feel sick.* ▷ **sam 2 the merest** used to emphasize that something is small, often when it has an important effect: *She's upset by* ***the merest hint of*** *criticism.* ▷ **najmniejszy, najdrobniejszy**

merely /ˈmɪəli/ **adverb** **1** B2 used to emphasize that you mean exactly what you are saying and nothing more: *I'm not arguing with you – I'm merely explaining the problem.* ▷ **tylko, jedynie 2** used to emphasize that something is not large, important, or effective when compared to something else: *The medicine doesn't make you better, it merely stops the pain.* ▷ **tylko, jedynie**

merge /mɜːdʒ/ **verb** [I, T] If two or more things merge, they combine or join, and if you merge two or more things, you combine or join them: *The two companies merged, forming the largest brewery in Canada.* ◦ *The city's smaller libraries will be* ***merged into*** *a large, central one.* ▷ **łączyć (się)**

merger /ˈmɜːdʒəʳ/ **noun** [C, U] when two or more companies or organizations join together ▷ **fuzja**

meringue /məˈræŋ/ **noun** [C, U] a light, sweet food that is made by baking the white part of an egg mixed with sugar ▷ **beza**

meristem /ˈmeristem/ **noun** [C] a tissue with cells that divide, found in the parts of plants where growth happens ▷ **tkanka twórcza, merystem**

merit[1] /ˈmerɪt/ **noun** [C, U] formal good qualities which deserve praise: *His ideas* ***have merit.*** ◦ *We debated* ***the merits of*** *using television in the classroom.* ◦ *Every application has to be judged* ***on its own merits*** *(= judged by considering the qualities of each).* ▷ **wartość, zaleta**

M

merit² /ˈmerɪt/ **verb** [T] formal to be important enough to receive attention or punishment: *Her crimes were serious enough to merit a prison sentence.* ▷ **zasługiwać na**

mermaid /ˈmɜːmeɪd/ **noun** [C] an imaginary creature that lives in the sea and has the upper body of a woman and the tail of a fish ▷ **syrena**

merry /ˈmeri/ **adjective** showing enjoyment and happiness: *a merry laugh* ◦ ***Merry Christmas!*** ▷ **wesoły**

• **merrily adverb** ▷ **wesoło**

mesh¹ /meʃ/ **noun** [C, U] material that is like a net and is made of wire, plastic, or thread: *a wire mesh fence* ▷ **siatka**

mesh² /meʃ/ **verb** [I] If two or more things mesh, they are suitable for each other: *Her ideas **mesh** well **with** our plans for the future.* ▷ **pasować**

mesophyll /ˈmesəʊfɪl/ **noun** [U] the part of a leaf between the two thin surface layers, containing the cells responsible for photosynthesis ▷ **mezofil**

the mesosphere /ˈmesəʊsfɪəʳ/ **noun** [no plural] the layer of gases surrounding the Earth at a height of between 50 and 100 kilometres, above the stratosphere and below the thermosphere ▷ **mezosfera**

mess¹ /mes/ **noun** [C] **1** Ⓑ1 Someone or something that is a mess, or is in a mess, is dirty or untidy: [usually singular] *My hair's such a mess!* ◦ *The house is **in a mess**.* ◦ *Don't **make a mess** in the kitchen!* ▷ **bałagan 2** Ⓑ2 a confused or difficult situation: [usually singular] *She told me that her life was a mess.* ◦ *If he hadn't lied, he wouldn't be **in** this **mess** now.* ▷ **bałagan, kłopoty 3 make a mess of sth** to damage or spoil something: *He made a mess of his first marriage.* ▷ **zrujnować** *coś* **4** a place where members of the armed forces eat: [usually singular] *the officers' mess* ▷ **kantyna, kasyno**

> Wyrazy występujące razem z **mess**
>
> make a mess • **clean up/clear up a mess** • be in a mess

mess² /mes/ **verb**

PHRASAL VERBS **mess about/around** informal **1** to waste time, often by doing things that are not important: *Stop messing around and do your homework!* ▷ **obijać się 2** to spend time playing and doing things with no particular purpose: *I can spend hours **messing around with** my computer.* ▷ **bawić się** • **mess sb about/around** UK informal to treat someone badly, often by not doing something that you have promised ▷ **robić** *kogoś* **w konia, zawracać** *komuś* **głowę** • **mess about/around with sth** informal to use or treat something in a careless or harmful way: *Who's been messing around with my computer?* ▷ **dłubać lub grzebać przy/w** *czymś* • **mess sth up 1** to make something untidy or dirty: *I hate wearing hats – they always mess up my hair.* ▷ **zrujnować** *coś*, **zapaprać** *coś* **2** Ⓑ2 to spoil something, or to do something badly: *Don't try to cook lunch by yourself – you'll only mess it up.* ▷ **zrujnować** *coś*, **spaprać** *coś* • **mess with sb/sth** informal to become involved with someone or something dangerous: *If you mess with drugs, you're asking for trouble.* ▷ **zadawać się z** *kimś*, **zaczynać z** *kimś*, **bawić się w** *coś*

message¹ /ˈmesɪdʒ/ **noun** [C] **1** Ⓐ1 a piece of written or spoken information which one person gives to another: *Did you **get** my **message**?* ◦ *I **left** her several **messages**, but she hasn't returned my call.* ▷ **wiadomość 2** Ⓑ2 the most important idea of a film, book, etc: *The book conveys a complex message.* ▷ **przesłanie**

IDIOM **get the message** informal to understand what someone wants you to do by their actions: *Don't return any of his calls – he'll soon get the message and leave you alone.* ▷ **załapać lub zrozumieć (o co chodzi)**

> Wyrazy występujące razem z **message**
>
> get/leave/send/take a message • a message for/from sb

message² /ˈmesɪdʒ/ **verb** [T] to send someone an email or text message ▷ **wysłać wiadomość**

ˈmessage ˌboard noun [C] Ⓑ1 a place on a website where you can leave messages for other people to read ▷ **forum**

messenger /ˈmesɪndʒəʳ/ **noun** [C] someone who takes a message between two people ▷ **posłaniec**

the Messiah /məˈsaɪə/ **noun 1** Jesus Christ ▷ **Mesjasz 2** the leader that Jews believe God will send them ▷ **mesjasz**

Messrs /ˈmesəz/ **noun** formal a title used before the names of two or more men: *Messrs Davis and Dixon led the discussion on tax reform.* ▷ **Panowie**

messy /ˈmesi/ **adjective 1** Ⓑ1 untidy or dirty: *messy hair* ◦ *a messy house/car* ◦ *My son's bedroom is always messy.* ▷ **brudny, zabałaganiony 2** unpleasant and complicated: *Ian's just gone through a **messy divorce**.* ▷ **przykry, zawiły**

met /met/ past of meet

metabolism /məˈtæbəlɪzəm/ **noun** [C] all the chemical processes in your body, especially the ones that use food ▷ **metabolizm, przemiana materii**

metal /ˈmetəl/ **noun** [C, U] Ⓑ1 a usually hard, shiny material such as iron, gold, or silver which heat and electricity can travel through: *scrap metal* ◦ *Metals are used for making machinery and tools.* ◦ *a metal sheet/bar* ▷ **metal**

• **metallic** /məˈtælɪk/ **adjective** having a quality that is similar to metal: *a metallic paint/taste* ▷ **metaliczny**

→ See also **heavy metal**

metalloid /ˈmetəlɔɪd/ **noun** [C] a chemical element with some of the properties of a metal and some of a non-metal, for example silicon and arsenic ▷ **półmetal, metaloid**

metamorphic /ˌmetəˈmɔːfɪk/ **adjective** (of rock) changed into a new form and structure by very great heat and pressure ▷ **przeobrażony, metamorficzny** → Compare **igneous**, **sedimentary**

metamorphosis /ˌmetəˈmɔːfəsɪs/ **noun** (plural **metamorphoses** /ˌmetəˈmɔːfəsiːz/) **1** [C] a gradual change into something very different: *The past year has seen a complete metamorphosis of the country's economy.* ▷ **przemiana, metamorfoza** **2** [U] in biology, the process by which the young forms of some animals, such as insects, develop into very different adult forms: *Caterpillars changing into butterflies is an example of metamorphosis.* ▷ **przeobrażenie, metamorfoza**

metaphor /ˈmetəfəʳ/ **noun** [C, U] a way of describing something by comparing it with something else which has some of the same qualities: *She used a computer metaphor to explain how the human brain works.* ▷ **metafora, przenośnia**
• **metaphorical** /ˌmetəˈfɒrɪkəl/ **adjective** using a metaphor ▷ **metaforyczny, przenośny**

mete /miːt/ **verb** (present participle **meting**, past tense and past participle **meted**)

PHRASAL VERB **mete sth out** formal to punish someone: [often passive] *Long jail sentences are* ***meted out to*** *drug smugglers.* ▷ **wymierzać** *coś*

meteor /ˈmiːtiəʳ/ **noun** [C] a rock from outer space which becomes very hot and burns brightly in the sky at night as it enters Earth's atmosphere ▷ **meteor**

meteoric /ˌmiːtiˈɒrɪk/ **adjective** If the development of something is meteoric, it happens very quickly or causes great success: *a meteoric career* ◦ *The band's rise to fame was meteoric.* ▷ **błyskawiczny**

meteorite /ˈmiːtiəraɪt/ **noun** [C] a piece of rock from outer space which has fallen on Earth's surface ▷ **meteoryt**

meteorological /ˌmiːtiərəˈlɒdʒɪkəl/ **adjective** [always before noun] relating to the scientific study of weather ▷ **meteorologiczny**

meteorologist /ˌmiːtiərˈɒlədʒɪst/ **noun** [C] someone who studies weather, especially to say how it will be in the near future ▷ **meteorolog**
• **meteorology noun** [U] the scientific study of weather ▷ **meteorologia**

meter /ˈmiːtəʳ/ **noun** [C] **1** a piece of equipment for measuring the amount of something such as electricity, time, or light: *a gas/water meter* ◦ *a parking/taxi meter* ▷ **licznik, miernik, przyrząd pomiarowy** **2** US spelling of metre

methadone /ˈmeθədəʊn/ **noun** [U] a drug for treating people who want to stop using heroin ▷ **metadon**

methane /ˈmiːθeɪn/ (US) /ˈmeθeɪn/ **noun** [U] a gas that has no colour or smell, used for cooking and heating (formula CH_4) ▷ **metan**

methanol /ˈmeθənɒl/ **noun** [U] a poisonous chemical substance which is the simplest type of alcohol (formula CH_3OH) ▷ **metanol**

method /ˈmeθəd/ **noun** [C] (B1) a way of doing something, often one that involves a system or plan: *What's the best* ***method of/for*** *solving this problem?* ◦ *traditional teaching methods* ▷ **metoda**

> Wyrazy występujące razem z **method**
> an **alternative/new/reliable/simple/traditional** method • **develop/devise/use** a method

methodical /məˈθɒdɪkəl/ **adjective** careful and well organized, using a plan or system: *a methodical researcher* ▷ **metodyczny, systematyczny**
• **methodically adverb** ▷ **metodycznie, systematycznie**

Methodist /ˈmeθədɪst/ **adjective** belonging or relating to a Christian group that was started by John Wesley ▷ **metodyst-a/ka**
• **Methodist noun** [C] ▷ **metodystyczny**

methodological /ˌmeθədəlˈɒdʒɪkəl/ **adjective** relating to a methodology: *methodological problems* ▷ **metodologiczny**

methodology /ˌmeθəˈdɒlədʒi/ **noun** [C, U] the system of methods used for doing, teaching, or studying something ▷ **metodologia, metodyka**

methyl orange /ˌmeθəlˈɒrɪndʒ/ **noun** [U] a substance used by scientists to show the amount of acid in a substance ▷ **oranż metylowy**

meticulous /məˈtɪkjələs/ **adjective** very careful, and giving great attention to detail: *This book is the result of meticulous research.* ▷ **skrupulatny**
• **meticulously adverb** ▷ **skrupulatnie**

me time /ˈmiːtaɪm/ **noun** [U] informal time when you can do exactly what you want ▷ **czas (tylko) dla siebie**

metre UK (US **meter**) /ˈmiːtəʳ/ **noun** **1** [C] (written abbreviation **m**) (A2) a unit for measuring length, equal to 100 centimetres: *Our bedroom is five metres wide.* ◦ *She finished third in the women's 400 metres (= running race).* ▷ **metr** **2** [C, U] a pattern of rhythm in poetry ▷ **metrum**

metric /ˈmetrɪk/ **adjective** The metric system of measurement uses units based on the gram, metre, and litre. ▷ **metryczny**

ˌmetric ˈton noun [C] a unit for measuring weight, equal to 1000 kilograms ▷ **tona (metryczna)**

metro[1] /ˈmetrəʊ/ **noun** [C] an underground railway system in a large city: *the Paris metro* ▷ **metro**

metro[2] /ˈmetrəʊ/ **adjective** [always before noun]

M

US informal relating to a large city and the towns around it: *the New York metro area* ▷ **miejski**

metropolis /mə'trɒpəlɪs/ **noun** [C] a very large city, often the capital of a country or region ▷ **metropolia**

metropolitan /ˌmetrə'pɒlɪtən/ **adjective** [always before noun] relating to a large city: *a metropolitan area/council* ▷ **miejski**

mew /mjuː/ **verb** [I] to make the sound that a cat makes ▷ **miauczeć**

Mexico /'meksɪkəʊ/ **noun** a country in North America ▷ **Meksyk**

• **Mexican** /'meksɪkən/ **adjective** coming from or relating to Mexico ▷ **meksykański** • **Mexican noun** someone from Mexico ▷ **Meksyka-nin/nka**

mg written abbreviation for milligram ▷ **mg (= miligram)**

miaow UK (US **meow**) /ˌmiː'aʊ/ **noun** [C] the sound that a cat makes ▷ **miau**

mice /maɪs/ plural of mouse

Michael /'maɪkəl/ **noun** (also **Mick** /mɪk/) (also **Mike** /maɪk/) a male name

mickey /'mɪki/ **take the mickey (out of sb)** UK informal to laugh at someone and make them seem silly ▷ **nabijać się (z** *kogoś***)**

micro- /maɪkrəʊ-/ **prefix** very small: *a microchip* ◦ *microscopic (= very small)* ▷ **mikro-**

microbe /'maɪkrəʊb/ **noun** [C] a very small organism, often a bacterium that causes disease ▷ **drobnoustrój**

microchip /'maɪkrəʊtʃɪp/ **noun** [C] a very small part of a computer or machine which does calculations or stores information ▷ **mikroprocesor**

microclimate /'maɪkrəʊklaɪmɪt/ **noun** [C] an area in which the weather is usually different from the areas around it ▷ **mikroklimat**

microcomputer /'maɪkrəʊkəmˌpjuːtər/ **noun** [C] a small computer or personal computer containing a microprocessor ▷ **mikrokomputer**

microcosm /'maɪkrəʊˌkɒzəm/ **noun** [C] formal a place, group of people, or situation that has the same characteristics as a larger one: *The town is a microcosm of French culture.* ▷ **mikrokosmos**

microfibre UK (US **microfiber**) /'maɪkrəʊˌfaɪbər/ **noun** [C] a soft, light material made from very thin artificial threads ▷ **mikrofaza**

Micronesia /ˌmaɪkrə'niːziə/ **noun** a country consisting of a group of islands north of Australia ▷ **Mikronezja**

• **Micronesian** /ˌmaɪkrə'niːziən/ **adjective** coming from or relating to Micronesia ▷ **mikronezyjski** • **Micronesian noun** someone from Micronesia ▷ **Mikronezyj-czyk/ka**

microorganism /ˌmaɪkrəʊ'ɔːgənɪzəm/ **noun** [C] a living thing which on its own is too small to be seen without a microscope ▷ **drobnoustrój, mikroorganizm**

microphone /'maɪkrəfəʊn/ **noun** [C] B2 a piece of electrical equipment for recording or broadcasting sounds, or for making sounds louder ▷ **mikrofon**

microprocessor /ˌmaɪkrəʊ'prəʊsesər/ US /'maɪkrəʊˌprɑːsesər/ **noun** [C] the part of a computer that controls all the other parts ▷ **mikroprocesor**

micropyle /'maɪkrəʊpaɪl/ **noun** [C] a very small opening in the cover of a plant's ovule ▷ **okienko, mikropyle**

microscope

microscope /'maɪkrəskəʊp/ **noun** [C] a piece of scientific equipment which uses lenses to make very small objects look bigger ▷ **mikroskop**

> **Wyrazy występujące razem z microscope**
> under a microscope • through a microscope

microscopic /ˌmaɪkrə'skɒpɪk/ **adjective** extremely small and needing a microscope to be seen, or using a microscope to see something: *microscopic organisms/particles* ▷ **mikroskopowy**

microwave[1] /'maɪkrəʊweɪv/ **noun** [C] **1** (also **microˌwave 'oven**) an electric oven that uses waves of energy to cook or heat food ▷ **mikrofalówka, kuchenka mikrofalowa** → See **The Kitchen** on page Centre 2 **2** a very short wave similar to a radio wave that is used for sending information and cooking ▷ **mikrofala**

microwave[2] /'maɪkrəʊweɪv/ **verb** [T] to cook or heat food using a microwave oven ▷ **gotować lub podgrzewać w kuchence mikrofalowej**

mid- /mɪd-/ **prefix** among or in the middle of: *mid-March* ◦ *mid-afternoon* ▷ **śród-, połowa**

mid-air /ˌmɪd'eər/ **noun in mid-air** in the air or sky: *She jumped up and caught the ball in mid-air.* ▷ **w locie, w powietrzu**

• **mid-air adjective** [always before noun] *a* ***mid-air*** *collision* ▷ **w locie, w powietrzu**

midday /ˌmɪd'deɪ/ **noun** [U] A2 12 o'clock in the middle of the day, or the period around this time: *the heat of the midday sun* ▷ **południe**

middle[1] /'mɪdl/ **noun 1 the middle** B1 the central part, position, or point in time: *We used to live just outside Boston but now we live right (= exactly)* ***in the middle.*** ◦ *The letter should arrive by the middle of next week.* ▷ **środek 2 be in the middle of doing sth** B1 to be busy: *I can't talk now – I'm in the middle of cooking a meal.* ▷ **być w trakcie** *czegoś* **3 your middle** informal your waist, or your waist and stomach: *He wrapped the towel round his middle.* ▷ **pas, talia**

IDIOM **in the middle of nowhere** B2 a long way from places where people live: *His car broke* *down in the middle of nowhere.* ▷ **w szczerym polu, pośrodku pustki**

middle² /ˈmɪdl/ **adjective** [always before noun] **1** (B2) in a central position: *The middle layer is made of plastic.* ◦ *Our company rents the middle warehouse.* ▷ **środkowy 2** neither high nor low in importance or amount: *middle managers* ▷ **średni**

middle-aged /ˌmɪdlˈeɪdʒd/ **adjective** (B1) in the middle of your life before you are old: *a middle-aged couple/man/woman* ▷ **w średnim wieku**

the ˌMiddle ˈAges noun the period in European history between the end of the Roman Empire and the start of the Renaissance ▷ **średniowiecze**

ˌmiddle ˈclass noun [group] a social group that consists of well-educated people, such as doctors, lawyers, and teachers, who have good jobs and are neither very rich nor very poor ▷ **klasa średnia**

• **middle-class** /ˌmɪdlˈklɑːs/ **adjective** belonging or relating to the middle class: *a middle-class suburb* ▷ **z lub typowy dla klasy średniej**

the ˌMiddle ˈEast noun a group of countries in the area where Africa, Asia, and Europe meet ▷ **Bliski Wschód**

• **Middle Eastern adjective** relating to the Middle East: *Middle Eastern cuisine* ▷ **bliskowschodni**

middleman /ˈmɪdlmæn/ **noun** [C] (plural **middlemen**) someone who buys goods from one person and sells them to someone else for a higher price: *Selling direct from the factory* ***cuts out the middleman***. ▷ **pośrednik**

ˌmiddle ˈname noun [C] an extra name between someone's first and family names ▷ **drugie imię**

ˈmiddle ˌschool noun [C] a school in the US for children usually between the ages of 11 and 14 ▷ **gimnazjum**

midget /ˈmɪdʒɪt/ **noun** [C] someone who is very small ▷ **karzeł, liliput**

MIDI /ˈmɪdi/ **noun** abbreviation for Musical Instrument Digital Interface: a system for allowing electronic musical instruments to communicate with each other ▷ **MIDI**

the Midlands /ˈmɪdləndz/ **noun** the central area of England which includes several large industrial cities ▷ **środkowa Anglia, (angielskie) Midlands**

ˌmid-life ˈcrisis noun [C] (plural **mid-life crises**) a period in the middle of your life when you lose confidence in your abilities and worry about the future ▷ **kryzys wieku średniego**

midnight /ˈmɪdnaɪt/ **noun** [U] (A2) 12 o'clock at night: *He died shortly after midnight.* ▷ **północ**

midriff /ˈmɪdrɪf/ **noun** [C] the front of your body between your chest and waist ▷ **brzuch, talia**

midst /mɪdst/ **noun 1 in the midst of sth** in the middle of something, usually an event or activity: [+ of + doing sth] *Can I phone you back? I'm in the midst of cooking dinner.* ▷ **w trakcie** *czegoś* **2 in your midst** among the group of people that you belong to: *Residents are protesting about a convicted murderer living in their midst.* ▷ **pośród** *kogoś*, **wśród** *kogoś*

midsummer /ˌmɪdˈsʌməʳ/ **noun** [U] the longest day of the year, or the period around this ▷ **pełnia lata, przesilenie letnie**

midway /ˌmɪdˈweɪ/ **adverb 1 midway between sth and sth** at the middle point between two places or things: *Leeds is midway between London and Edinburgh.* ▷ **w połowie między** *czymś* **a** *czymś* **2 midway through sth** at the middle point of an activity or a period of time: *He scored the third goal midway through the second half.* ▷ **w połowie** *czegoś*

midweek /ˌmɪdˈwiːk/ **noun** [U] the middle of the week, usually from Tuesday to Thursday ▷ **środek lub połowa tygodnia**

• **midweek adjective, adverb** [always before noun] in the middle of the week: *a midweek game/match* ◦ *Flights are cheaper if you travel midweek.* ▷ **w połowie tygodnia, w tygodniu**

the Midwest /ˌmɪdˈwest/ **noun** the northern central area of the United States ▷ **Środkowy Zachód (USA), (amerykański) Midwest**

• **Midwestern adjective** [always before noun] relating to the Midwest ▷ **środkowozachodni, na Środkowym Zachodzie**

midwife /ˈmɪdwaɪf/ **noun** [C] (plural **midwives** /ˈmɪdwaɪvz/) a nurse who has had special training to help women give birth ▷ **położna**

midwifery /mɪdˈwɪfᵊri/ **noun** [U] the work of a midwife ▷ **położnictwo**

midwinter /ˌmɪdˈwɪntəʳ/ **noun** [U] the shortest day of the year, or the period around this ▷ **środek zimy, przesilenie zimowe**

might¹ /maɪt/ **modal verb 1** (A2) used to talk about what will possibly happen: *It might be finished by Thursday.* ◦ *She might not come.* ▷ **móc 2** (B1) used to talk about what is possibly true: *I think Isabel might be pregnant.* ◦ *The rain might have stopped by now.* ▷ **móc 3 you might like/want to** UK formal used to politely suggest something: *You might want to try a different approach next time.* ▷ **mógłbyś, może**

might² /maɪt/ **noun** [U] formal great strength or power: ***economic/military might*** ◦ *She pushed the door* ***with all her might*** (= with as much force as possible). ▷ **potęga, siła**

mightn't /ˈmaɪtᵊnt/ mainly UK formal short for might not: *It mightn't be true.* ▷ **nie móc**

might've /ˈmaɪtəv/ short for might have: *The children might've seen her in the park.* ▷ Wyraża przypuszczenie na temat tego, co mogło zajść w przeszłości

mighty¹ /ˈmaɪti/ **adjective** very powerful or successful: *In their next game they're playing the mighty Redskins.* ▷ **potężny, groźny**

M

mighty² /ˈmaɪti/ **adverb** mainly US informal very: *It's mighty tempting to stay in bed on a rainy morning.* ▷ **bardzo**

migraine /ˈmaɪɡreɪn/ **noun** [C, U] a very bad pain in the head, often one that makes you vomit ▷ **migrena**

migrant /ˈmaɪɡrᵊnt/ **noun** [C] someone who goes to live in a different place in order to find work: *migrant labour/workers* ▷ **pracownik lub robotnik sezonowy**

migrate /maɪˈɡreɪt/ (US) /ˈmaɪɡreɪt/ **verb** [I] **1** When birds, fish, or animals migrate, they travel from one place to another at the same time each year: *Many birds migrate from Europe to African forests for the winter.* ▷ **migrować, emigrować 2** When people migrate, they move to another place, often a different country, in order to find work and a better life: *Between 1900 and 1914, 3.1 million people* ***migrated to*** *the US from central Europe.* ▷ **migrować, emigrować**

• **migration** /maɪˈɡreɪʃᵊn/ **noun** [C, U] ▷ **migracja, emigracja**

migratory /ˈmaɪɡreɪtᵊri/ (US) /ˈmaɪɡrətɔːri/ **adjective** [always before noun] relating to birds, fish, or animals that migrate ▷ **wędrowny**

mike /maɪk/ **noun** [C] informal short for microphone ▷ **mikrofon**

mild /maɪld/ **adjective 1** (B1) When weather is mild, it is less cold than you would expect: *a* ***mild winter*** ▷ **łagodny 2** When an illness is mild, it is not as serious as it could be: *My doctor said I had a mild form of pneumonia.* ▷ **łagodny 3** (B2) not having a strong effect: *a mild taste* ◦ *a mild detergent* ▷ **łagodny, delikatny 4** calm and gentle: *He has a very mild manner.* ▷ **łagodny, spokojny**

mildly /ˈmaɪldli/ **adverb 1** slightly: *I find his films mildly amusing.* ▷ **dosyć, nieco 2 to put it mildly** something you say when an opinion is not expressed as strongly as it should be: *The building is unsafe, to put it mildly.* ▷ **delikatnie mówiąc**

mile /maɪl/ **noun** [C] **1** (B1) a unit for measuring distance, equal to 1609 metres or 1760 yards: *The nearest station is two miles from here.* ◦ *It's a five-mile walk to the next village.* ◦ *The latest high-speed trains can travel at 140* ***miles per hour.*** ▷ **mila 2 miles** a very long distance: *We drove* ***for miles*** *along dusty roads.* ◦ *Her cottage is* ***miles from*** *the nearest village.* ▷ **kawał drogi**

mileage /ˈmaɪlɪdʒ/ **noun 1** [C, U] the number of miles that a vehicle has travelled since it was new: ***low mileage*** ▷ **przebieg 2** [C, U] the number of miles a vehicle can travel using a particular amount of fuel ▷ **zużycie paliwa 3** [U] informal an advantage got from something: *There's no* ***mileage in*** *taking your employer to court.* ▷ **korzyść**

milestone /ˈmaɪlstəʊn/ **noun** [C] an important event in the history or development of something or someone: *Passing my driving test was an important milestone for me.* ▷ **wydarzenie, kamień milowy**

militant¹ /ˈmɪlɪtᵊnt/ **adjective** expressing strong support for a political or social idea, and willing to use extreme or violent methods to achieve it: *a* ***militant group/organization*** ▷ **ekstremistyczny, wojujący**

• **militancy** /ˈmɪlɪtᵊnsi/ **noun** [U] when someone is militant ▷ **ekstremizm**

militant² /ˈmɪlɪtᵊnt/ **noun** [C] a militant person ▷ **ekstremist-a/ka, bojowni-k/czka**

military¹ /ˈmɪlɪtri/ **adjective** (B2) relating to the army, navy, or air force: ***military action/service*** ▷ **wojskowy**

military² /ˈmɪlɪtri/ **noun the military** a country's army, navy, and air force ▷ **wojsko**

militia /mɪˈlɪʃə/ **noun** [C] a group of people who have been trained as soldiers but are not part of a country's official army ▷ **milicja, bojówka**

• **militiaman noun** [C] (plural **militiamen**) a member of a militia ▷ **bojówkarz, milicjant**

milk¹ /mɪlk/ **noun** [U] (A1) a white liquid produced by women and other female animals, such as cows, for feeding their babies: *a carton of milk* ◦ *breast milk* ▷ **mleko** → See also **skimmed milk**

milk² /mɪlk/ **verb** [T] **1** to get as much money or as many advantages as possible from a person or situation: *She* ***milked*** *her grandfather* ***for*** *all his savings.* ▷ **wykorzystywać, wyciągać od 2** to take milk from a cow using your hands or a machine ▷ **doić**

milkman /ˈmɪlkmən/ **noun** [C] (plural **milkmen**) a man whose job is bringing milk to people's homes early in the morning ▷ **mleczarz**

milkshake /ˈmɪlkʃeɪk/ **noun** [C, U] a sweet drink made of milk and chocolate or fruit: *a banana milkshake* ▷ **koktajl mleczny**

milky /ˈmɪlki/ **adjective 1** containing milk, often a lot of it: *milky coffee/tea* ▷ **z mlekiem 2** similar to milk: *a milky liquid* ▷ **mleczny**

the Milky Way /ˌmɪlkiˈweɪ/ **noun** the group of very many stars which includes the sun ▷ **Droga Mleczna**

mill¹ /mɪl/ **noun** [C] **1** a machine for crushing grain into flour, or a building with this machine: *a flour mill* ▷ **młyn 2** a small machine used in the kitchen for crushing things such as coffee beans into a powder: *a coffee/pepper mill* ▷ **młynek 3** a factory where one material or substance is made: *a cotton/woollen mill* ◦ *a paper/steel mill* ▷ **zakład**

mill² /mɪl/ **verb** [T] to use a machine to crush something into a powder: *freshly milled black pepper* ▷ **mielić**

PHRASAL VERB **mill about/around (sth)** When people mill around, they come together in a place, usually to wait for someone or something. ▷ **kotłować się** (*gdzieś*), **tłoczyć się** (*gdzieś*)

millennium /mɪˈleniəm/ **noun** [C] (plural **millennia**) **1** a period of 1000 years, often calculated from the date when Christ is thought to have been born ▷ **tysiąclecie, millenium** **2 the Millennium** the change from the year 1999 to 2000 in the Western calendar: *Where did you celebrate the Millennium?* ▷ **rok dwutysięczny, nowe millenium**

milli- /mɪli-/ **prefix** a thousandth: *a millisecond* ▷ **mili-**

milligram /ˈmɪlɪɡræm/ **noun** [C] (written abbreviation **mg**) a unit for measuring weight, equal to 0.001 grams ▷ **miligram**

millilitre UK (US **milliliter**) (written abbreviation **ml**) /ˈmɪlɪˌliːtəʳ/ **noun** [C] a unit for measuring liquid, equal to 0.001 litres ▷ **mililitr**

millimetre UK (US **millimeter**) (written abbreviation **mm**) /ˈmɪlɪˌmiːtəʳ/ **noun** [C] (B1) a unit for measuring length, equal to 0.001 metres ▷ **milimetr**

million /ˈmɪljən/ **1** (A2) the number 1,000,000 ▷ **milion** **2 millions** informal a lot: *I've seen that film millions of times.* ▷ **setki**

millionaire /ˌmɪljəˈneəʳ/ **noun** [C] a very rich person who has money and possessions to the value of at least one million pounds or dollars ▷ **milioner/ka**

millionth¹ /ˈmɪljənθ/ 1,000,000th written as a word ▷ **milionowy**

millionth² /ˈmɪljənθ/ **noun** [C] one of a million equal parts of something; .000001 ▷ **(jedna) milionowa, milionowa część**

mime /maɪm/ **verb** [I, T] to act or tell a story without speaking, using movements of your hands and body, and expressions on your face: *Pop stars often mime (= pretend to sing while their song is played) on TV.* ▷ **pokazywać na migi, ruszać ustami**

• **mime** noun [C, U] ***a mime artist*** ▷ **pantomima**

mimic¹ /ˈmɪmɪk/ **verb** [T] (present participle **mimicking**, past tense and past participle **mimicked**) **1** to copy the way someone talks and behaves, usually to make people laugh: *He's always getting into trouble for mimicking his teachers.* ▷ **naśladować, przedrzeźniać** **2** to have the same behaviour or qualities as something else: *The drug **mimics the effects** of a natural hormone.* ▷ **naśladować, imitować**

mimic² /ˈmɪmɪk/ **noun** [C] someone who is good at mimicking other people ▷ **parodyst-a/ka**

mince¹ /mɪns/ **noun** [U] UK (US **ground beef**) meat, usually from a cow, which has been cut into very small pieces by a machine ▷ **(mięso) mielone**

mince² /mɪns/ **verb** [T] to cut food into small pieces in a machine: *minced beef/onions* ▷ **mielić**

mincemeat /ˈmɪnsmiːt/ **noun** [U] a spicy, sweet mixture of apples, dried fruit, and nuts, which have been cut into small pieces ▷ **nadzienie bakaliowe**

IDIOM **make mincemeat of sb** informal to defeat someone very easily ▷ **zetrzeć** *kogoś* **na proch**

ˌmince ˈpie **noun** [C] UK/US a small pastry filled with mincemeat that is eaten mainly at Christmas ▷ **babeczka z nadzieniem bakaliowym**

mind¹ /maɪnd/ **noun** [C] **1** (B1) someone's memory or their ability to think, feel emotions, and be aware of things: *For some reason her words **stuck in** my **mind**.* ◦ *She has a very logical mind.* ▷ **umysł, głowa** **2 have sth on your mind** to think or worry about something: *Jim has a lot on his mind at the moment.* ▷ **mieć** *coś* **na głowie** **3 bear/keep sb/sth in mind** (B2) to remember someone or something that may be useful in the future: *I'll keep you in mind if another job comes up.* ◦ [+ (that)] *Bear in mind that there's a bank holiday next week.* ▷ **pamiętać o** *kimś/czymś* **4 make your mind up** (B1) to make a decision: [+ question word] *I haven't made up my mind whether to go yet.* ▷ **zdecydować się** **5 change your mind** (B1) to change a decision or opinion: *We've changed our minds about selling the house.* ▷ **zmienić zdanie** **6 come/spring to mind** If an idea comes to mind, it is the first thing you think of: *I was thinking about who might be suitable for this job, and your name came to mind.* ▷ **przychodzić do głowy** **7 put your mind to sth** to give your full attention to something: *You could win if you put your mind to it.* ▷ **przykładać się do** *czegoś* **8 be out of your mind** informal to be crazy or very stupid ▷ **postradać rozum lub zmysły** **9 be out of your mind with worry/grief, etc** to be very worried or upset ▷ **odchodzić od zmysłów ze zmartwienia/z żalu** *itp.*

IDIOMS **blow sb's mind** informal If something blows your mind, you are very excited or surprised by it: *There was one scene in the film that really blew my mind.* ▷ **powalić** *kogoś* **na ziemię** • **cross sb's mind** (B2) If an idea crosses your mind, you think about it for a short time: [+ (that)] *It never crossed my mind (= I never thought) that she might be married.* ▷ **przejść przez myśl** • **be in two minds** UK (US **be of two minds**) to have difficulty making a decision: *I'm in two minds about accepting his offer.* ▷ **nie móc się zdecydować** • **put/set sb's mind at rest** to say something to someone to stop them worrying: *I was really worried about the tests, but talking to the doctor put my mind at rest.* ▷ **uspokoić** *kogoś* • **read sb's mind** to know what someone is thinking ▷ **czytać** *komuś* **w myślach** • **slip sb's mind** If something slips your mind, you forget it. ▷ **wylecieć z głowy** • **speak your mind** to say exactly what you think without worrying if it will upset anyone: *She has very strong opinions and she's not afraid to speak her mind.* ▷ **wyrazić swoje zdanie, mówić prosto z mostu** • **take your mind off sth** to stop you thinking about something unpleasant:

M

Talking to him took my mind off the pain. ▷ **pozwolić** *komuś* **przestać myśleć o** *czymś*

→ See also **at/in the *back* of your mind**, ***frame* of mind**, **give sb a *piece* of your mind**, **a *weight* off your mind**

mind² /maɪnd/ **verb 1** [I, T] B1 to be annoyed or worried by something: *Do you think he'd mind if I borrowed his book?* ◦ [+ doing sth] *Tim won't mind lending you his car.* ◦ *He doesn't seem to mind doing all the driving.* ◦ *I don't mind taking her (= I am willing to take her) if you're too busy.* ▷ **mieć coś naprzeciw lub przeciwko 2** [T] to look after someone or something: *Who's minding the baby?* ▷ **pilnować, doglądać 3 do you mind/would you mind** A2 something you say when politely asking someone to do something: *Do you mind not smoking in here, please?* ◦ *Would you mind if I borrowed your phone?* ▷ **czy mógłby Pan/mogłaby Pani/mógłbym ... 4** [T] B1 something you say when telling someone to be careful with something dangerous: *Mind the iron – it's still very hot!* ▷ **uważać na 5 never mind a** A2 something that you say to tell someone that something is not important: *"I forgot to bring any money." "Never mind, you can pay me next week."* ▷ **(nic) nie szkodzi b** something you say to emphasize that something is impossible: *I can't afford to buy a bike, never mind a car!* ▷ **a co dopiero 6 mind you** something you say before saying the opposite of what you have just said: *We had a lovely holiday in France. Mind you, the weather was appalling.* ▷ **ale**

PHRASAL VERB **Mind out!** UK something you say to warn someone about a danger or to tell them to move: *Mind out – this plate's very hot!* ▷ **Uwaga!**

mind-boggling /ˈmaɪndˌbɒglɪŋ/ **adjective** informal difficult to accept, imagine, or understand: *The amount of information available on the Internet is mind-boggling.* ▷ **niewiarygodny**

minder /ˈmaɪndəʳ/ **noun** [C] UK someone who physically protects a famous, important, or very rich person ▷ **ochroniarz**

mindless /ˈmaɪndləs/ **adjective** stupid and done without a good reason: ***mindless violence*** ▷ **bezmyślny, bezsensowny**

mine¹ /maɪn/ **pronoun** A2 the things that belong or relate to the person who is speaking or writing: *I borrowed them from a friend of mine.* ◦ *"Whose book is this?" "It's mine."* ◦ *Can I use your pen? Mine's not working.* ▷ **mój**

mine² /maɪn/ **noun** [C] **1** B2 an underground system of holes and passages where people dig out coal or other minerals ▷ **kopalnia 2** a bomb hidden in the ground or water which explodes when it is touched ▷ **mina** → See also **gold mine**

mine³ /maɪn/ **verb 1** [I, T] to dig out of the ground minerals such as coal, metals, and valuable stones: *Tin was mined in this area for hundreds of years.* ◦ *He made his fortune **mining for** gold and diamonds.* ▷ **wydobywać, poszukiwać 2** [T] to put mines in the ground or water: *The southern coast was heavily mined during the war.* ▷ **zaminować**

minefield /ˈmaɪnfiːld/ **noun** [C] **1** a situation with many complicated problems: *a **legal minefield*** ▷ **labirynt 2** an area of land or sea where bombs have been hidden ▷ **pole minowe**

miner /ˈmaɪnəʳ/ **noun** [C] someone who works in a mine: *a coal miner* ▷ **górnik**

mineral /ˈmɪnᵊrᵊl/ **noun** [C] **1** a valuable or useful substance that is dug out of the ground: *The region's rich mineral deposits include oil, gold, and aluminium.* ▷ **minerał 2** a chemical that your body needs to stay healthy ▷ **minerał, składnik mineralny**

ˈmineral ˌwater noun [C, U] A2 water which is taken from the ground and contains chemicals that are good for your health ▷ **woda mineralna**

mingle /ˈmɪŋgl/ **verb 1** [I, T] to mix, or be mixed: *The smell of fresh coffee **mingled with** cigarette smoke.* ▷ **mieszać (się) 2** [I] to meet and talk to a lot of people at a party or similar event: *The party will be a good opportunity to **mingle with** the other students.* ▷ **spotykać się, porozmawiać**

mini- /mɪni-/ **prefix** small: *a miniskirt (= very short skirt)* ◦ *a minibus* ▷ **mini-**

miniature¹ /ˈmɪnətʃəʳ/ **adjective** [always before noun] extremely small: *a miniature camera* ▷ **miniaturowy**

miniature² /ˈmɪnətʃəʳ/ **noun 1** [C] a very small copy of an object: *You can buy miniatures of the statue in the museum shop.* ▷ **miniatura 2 in miniature** If something is in miniature, it is a very small copy of something else. ▷ **miniaturowy**

mini-break /ˈmɪnibreɪk/ **noun** [C] a very short holiday ▷ **krótki urlop**

minibus /ˈmɪnibʌs/ **noun** [C] a small bus with seats for about ten people ▷ **mikrobus**

minicomputer /ˈmɪnikəmˌpjuːtəʳ/ **noun** [C] a computer that is smaller than a mainframe but larger and faster than a microcomputer ▷ **minikomputer**

MiniDisk /ˈmɪnidɪsk/ **noun** [C] trademark a very small plastic disc on which high-quality sound, especially music, is recorded ▷ **MiniDisc**

minimal /ˈmɪnɪmᵊl/ **adjective** very small in amount: *Damage to the building was minimal.* ▷ **minimalny, nieznaczny**

• **minimally adverb** ▷ **minimalnie**

minimize (also UK **-ise**) /ˈmɪnɪmaɪz/ **verb** [T] to make the amount of something that is unpleasant or not wanted as small as possible: *Airport staff are trying to minimize the inconvenience caused to passengers.* ▷ **zminimalizować**

M

minimum¹ /ˈmɪnɪməm/ **adjective** [always before noun] B1 The minimum amount of something is the smallest amount that is allowed, needed, or possible: *How much is the **minimum wage**?* ◦ *There is a **minimum charge** of $5 for postage.* ▷ **minimalny** → Opposite **maximum**

minimum² /ˈmɪnɪməm/ **noun** [no plural] B1 the smallest amount that is allowed, needed, or possible: *The judge sentenced him to a minimum of five years in prison.* ◦ *Please **keep** noise **to** an absolute **minimum**.* ▷ **minimum**

> Wyrazy występujące razem z **minimum**
>
> a minimum **of** [5/2%, etc] • **keep sth to a** minimum • an **absolute/bare** minimum • **with the minimum of** sth

mining /ˈmaɪnɪŋ/ **noun** [U] the industrial process of digging coal or other minerals out of the ground ▷ **górnictwo**

miniskirt /ˈmɪniˌskɜːt/ **noun** [C] a very short skirt ▷ **(spódniczka) mini** → See **Clothes** on page Centre 8

minister /ˈmɪnɪstəʳ/ **noun** [C] **1** B2 a politician who is responsible for a government department or has an important position in it: *a finance/health minister* ▷ **minister 2** a priest in some Christian churches: *a Baptist/Methodist minister* ▷ **duchowny** → See also **prime minister**

ministerial /ˌmɪnɪˈstɪəriəl/ **adjective** relating to a government minister: *a **ministerial job/post*** ▷ **ministerialny**

ministry /ˈmɪnɪstri/ **noun** [C] **1** a government department which is responsible for a particular subject: *the Ministry of Defence* ◦ *a Foreign Ministry spokesman* ▷ **ministerstwo 2 the ministry** the job of being a priest ▷ **stan duchowny**

minivan /ˈmɪnivæn/ **noun** [C] US a people carrier ▷ **minivan**

mink /mɪŋk/ **noun** [C, U] a small animal with valuable fur which is used to make expensive coats, or the fur from this animal: *a mink coat* ▷ **norka, norki**

minor¹ /ˈmaɪnəʳ/ **adjective 1** B2 not important or serious: *a minor offence* ◦ *Most of the passengers suffered only minor injuries.* ▷ **drobny, pomniejszy 2** [always before noun] in music, belonging to a key that often produces a sad sound ▷ **moll, molowy** → Opposite **major**

minor² /ˈmaɪnəʳ/ **noun** [C] formal someone who is too young to have the legal responsibilities of an adult ▷ **nieletni/a**

minority /maɪˈnɒrəti/ **noun 1** [no plural] B2 a part of a group which is less than half of the whole group, often much less: *The violence was caused by a **small minority** of football supporters.* ◦ *I voted to accept the proposal, but I was **in the minority**.* ▷ **mniejszość** → Opposite **majority 2** [C] a group of people whose race is different from the race of most of the people where they live: ***ethnic minorities*** ▷ **mniejszość**

> Wyrazy występujące razem z **minority**
>
> be **in** a minority • a **sizeable/small/substantial/tiny** minority • a minority of sth

mint¹ /mɪnt/ **noun 1** [C] a sweet with a fresh, strong taste ▷ **miętówka 2** [U] B2 a plant whose leaves are used to add flavour to food and drinks ▷ **mięta 3** [C] a factory which produces coins for the government ▷ **mennica**

mint² /mɪnt/ **verb** [T] to produce a coin for the government ▷ **bić, tłoczyć**

minus¹ /ˈmaɪnəs/ **preposition 1** A2 used when the second of two numbers should be taken away from the first: *Five minus three is two.* ▷ **minus 2** informal without something that should be there: *She arrived at the meeting minus her briefcase.* ▷ **bez**

minus² /ˈmaɪnəs/ **adjective 1** [always before noun] A minus number is less than zero: *The temperature last night was minus ten.* ▷ **minus 2 A minus/B minus, etc** used with scores given to written work meaning 'slightly lower than': *I got an A minus for my last essay.* ▷ **szóstka minus/piątka minus** *itp.*

minus³ /ˈmaɪnəs/ **noun** [C] **1** (also ˈ**minus** ˌ**sign**) the sign which shows that the second of two numbers should be taken away from the first, or that a number is less than zero, shown by the symbol '–' ▷ **minus 2** a problem or difficulty: *It isn't easy having a child but the pluses outweigh the minuses.* ▷ **minus**

minuscule /ˈmɪnəskjuːl/ **adjective** extremely small: *The cost of vaccination is minuscule compared to the cost of treating the disease.* ▷ **mikroskopijny**

minute¹ /ˈmɪnɪt/ **noun** [C] **1** A1 a period of time equal to 60 seconds: *She was ten minutes late for her interview.* ◦ *"Did you have a good holiday?" "Yes, thanks. I enjoyed every minute of it."* ◦ *a thirty-minute journey* ▷ **minuta 2** A2 a very short period of time: *It'll only **take a minute** to call him.* ◦ *I'll be with you **in a minute**.* ◦ *She died **within minutes of** (= very soon after) the attack.* ▷ **minutka, chwila 3 (at) any minute** very soon: *Her train should be arriving any minute.* ▷ **lada moment 4 the last minute** B2 the latest time possible: *The concert was cancelled at the last minute.* ▷ **ostatnia chwila 5 the minute (that)** as soon as: *I'll tell you the minute we hear any news.* ▷ **(zaraz) jak tylko, zaraz jak 6 Wait/Just a minute; Hold on a minute. a** used when asking someone to wait for a short time: *Just a minute – I've left my coat in the restaurant.* ▷ **Moment!, Chwileczkę! b** used when you disagree with something that someone has said or done: *Hold on a minute, Pete! I never said you could borrow my car.* ▷ **Moment!, Chwileczkę!**

minute² /maɪˈnjuːt/ **adjective 1** extremely small: *a minute amount/quantity* ▷ **mikroskopijny 2** [always before noun] done in great detail: *He*

M

explained everything ***in minute detail.*** ▷ **drobiazgowy, drobny**

the minutes /ˈmɪnɪts/ **noun** [plural] an official record of what is said and decided during a meeting: *Michael has kindly agreed to* ***take the minutes*** (= *write them down*). ▷ **protokół**

miracle /ˈmɪrəkl/ **noun** [C] **1** B2 something that is very surprising or difficult to believe: *an economic miracle* ◦ [+ (that)] *It's a miracle that he's still alive.* ◦ *a* ***miracle cure*** ▷ **cud 2** an event which should be impossible and cannot be explained by science ▷ **cud**

miraculous /mɪˈrækjələs/ **adjective** very surprising or difficult to believe: *John's made a* ***miraculous recovery*** *from his illness.* ▷ **cudowny**

• **miraculously** adverb ▷ **cudownie**

mirage /ˈmɪrɑːʒ/ (US) /mɪˈrɑːʒ/ **noun** [C] when hot air produces an image of water in a desert or on a road ▷ **miraż**

mirror[1] /ˈmɪrəʳ/ **noun** [C] A2 a piece of glass with a shiny metallic material on one side which produces an image of anything that is in front of it: *a bathroom mirror* ◦ *He looked at his reflection* ***in the mirror.*** ▷ **lustro, lusterko** → See **The Living Room** on page Centre 4 → See also **rear-view mirror**, **wing mirror**

mirror[2] /ˈmɪrəʳ/ **verb** [T] to be similar to or represent something: *Our newspaper mirrors the opinions of ordinary people.* ▷ **odzwierciedlać**

mirth /mɜːθ/ **noun** [U] formal laughter or happiness ▷ **wesołość, rozbawienie**

mis- /mɪs-/ **prefix** not or badly: *mistrust* ◦ *to misbehave* ▷ **nie-, źle**

misadventure /ˌmɪsədˈventʃəʳ/ **noun 1** [U] UK formal when someone is killed by accident and no one is legally responsible for the death: *The coroner recorded a verdict of* ***death by misadventure.*** ▷ **nieszczęśliwy wypadek 2** [C] an unlucky event ▷ **nieszczęście**

misanthrope /ˈmɪsənθrəʊp/ **noun** [C] formal someone who hates people in general and avoids being with them ▷ **mizantrop**

misapprehension /ˌmɪsæprɪˈhenʃən/ **noun** [C] formal an idea or opinion about someone or something that is wrong: [+ that] *He was* ***labouring under the misapprehension*** (= *wrongly believed*) *that she loved him.* ▷ **błędne przekonanie, nieporozumienie**

misbehave /ˌmɪsbɪˈheɪv/ **verb** [I] to behave badly ▷ **źle się zachowywać**

• **misbehaviour** UK (US **misbehavior**) noun [U] bad behaviour ▷ **złe zachowanie**

misc written abbreviation for miscellaneous ▷ **in. (= inny)**

miscalculate /mɪsˈkælkjəleɪt/ **verb** [I, T] **1** to make a mistake when calculating something: *I think I've miscalculated how much wine we'll need for the party.* ▷ **pomylić się, źle policzyć 2** to make a bad decision because you do not completely understand a situation: *If she thinks Mike will support her plan, then she's seriously miscalculated.* ▷ **przeliczyć się, pomylić się w ocenie**

• **miscalculation** /ˌmɪskælkjəˈleɪʃən/ noun [C, U] ▷ **pomyłka, błędna ocena**

miscarriage /ˈmɪsˌkærɪdʒ/ **noun** [C, U] **1** when a baby is born too early and dies because it has not developed enough: *She* ***had a miscarriage*** *after her car accident.* ▷ **poronienie 2 miscarriage of justice** when a court makes a wrong or unfair decision ▷ **pomyłka sądowa**

miscarry /mɪˈskæri/ **verb** [I, T] to give birth to a baby too early so that it dies ▷ **poronić**

miscellaneous /ˌmɪsəlˈeɪniəs/ **adjective** [always before noun] consisting of a mixture of several different things: *The plumber tried to charge me fifty pounds for miscellaneous items.* ▷ **różny, inny**

mischief /ˈmɪstʃɪf/ **noun** [U] behaviour, usually of a child, which is slightly bad but not serious ▷ **figle, psoty**

mischievous /ˈmɪstʃɪvəs/ **adjective** behaving in a way that is slightly bad but not serious: *a* ***mischievous grin*** ◦ *a mischievous five-year-old* ▷ **figlarny, psotny**

• **mischievously** adverb ▷ **figlarnie, psotnie**

miscible /ˈmɪsɪbəl/ **adjective** A miscible liquid can be mixed with another liquid without separating from it. ▷ **mieszalny** → Opposite **immiscible**

misconceived /ˌmɪskənˈsiːvd/ **adjective** If a plan is misconceived, it is not suitable or has not been thought about carefully. ▷ **nieprzemyślany**

misconception /ˌmɪskənˈsepʃən/ **noun** [C] when your understanding of something is wrong: [+ that] *It's a* ***common misconception*** *that older workers cannot learn to use new technology.* ▷ **błędne przekonanie**

> Wyrazy występujące razem z **misconception**
>
> be based on a misconception • a common/popular misconception • a misconception about sth

misconduct /mɪˈskɒndʌkt/ **noun** [U] formal when someone in a position of responsibility behaves in a way that is morally wrong or breaks rules while doing their job: ***professional misconduct*** ▷ **złe zachowanie, naruszenie obyczajów**

misdemeanour UK (US **misdemeanor**) /ˌmɪsdɪˈmiːnəʳ/ **noun** [C] **1** behaviour that is bad or not moral: *political/sexual misdemeanours* ▷ **występek 2** US a crime which is not serious ▷ **wykroczenie**

misdirect /ˌmɪsdɪˈrekt/ **verb** [T] to use money or people's skills in a way that is not suitable: [often passive] *Large quantities of money and expertise have been misdirected.* ▷ **niewłaściwie wykorzystywać**

miserable /ˈmɪzᵊrəbl/ **adjective** **1** B1 unhappy: *I just woke up feeling miserable.* ▷ **nieszczęśliwy** **2** B2 very unpleasant or bad, and causing someone to feel unhappy: *Some families are living in miserable conditions.* ▷ **nędzny, podły** **3** informal A miserable amount is too small to be acceptable: *She offered me a miserable £50 for my old computer.* ▷ **nędzny**

miserably /ˈmɪzᵊrəbli/ **adverb** **1** in a way that causes disappointment or suffering: *miserably low wages* ◦ *Every job application that I've made has **failed miserably*** (= has been extremely unsuccessful). ▷ **żałośnie** **2** in a very unhappy way: *"I feel so ill," said Rachel miserably.* ▷ **żałośnie**

misery /ˈmɪzᵊri/ **noun** [C, U] B2 great suffering or unhappiness: *The war brought misery to millions of people.* ◦ *Her husband's drinking is **making her life a misery**.* ▷ **nieszczęście, cierpienie**

IDIOM **put sb out of their misery** to stop someone worrying by telling them what they want to know ▷ **nie trzymać** *kogoś* **dłużej w niepewności, skrócić** *czyjeś* **męki**

misfire /mɪsˈfaɪəʳ/ **verb** [I] When something that you do misfires, it does not have the result that you intended: *His joke misfired badly, and he was forced to make a public apology.* ▷ **zakończyć się niefortunnie, spełznąć na niczym, nie wypalić**

misfit /ˈmɪsfɪt/ **noun** [C] someone with strange or unusual behaviour who is not accepted by other people: *a **social misfit*** ▷ **odmieniec**

misfortune /mɪsˈfɔːtʃuːn/ **noun** [C, U] bad luck, or an unlucky event: [+ to do sth] *He **had the misfortune** to fall in love with a married woman.* ▷ **nieszczęście**

misgiving /mɪsˈgɪvɪŋ/ **noun** [C] a feeling of doubt or worry about a future event: [usually plural] *She **has** serious **misgivings about** giving birth at home.* ▷ **obawa**

> Wyrazy występujące razem z **misgiving**
> **express/have** misgivings • **grave/serious/strong** misgivings • misgivings **about** sth

misguided /mɪsˈgaɪdɪd/ **adjective** not likely to succeed because of a bad judgment or understanding of a situation: *The government's policy seems to me completely misguided.* ▷ **błędny, chybiony**

mishandle /mɪsˈhændl/ **verb** [T] to deal with a problem or situation badly: *The murder investigation was mishandled from the beginning.* ▷ **źle prowadzić**

mishap /ˈmɪshæp/ **noun** [C, U] an accident or unlucky event which usually is not serious: *They suffered a series of mishaps during the trip.* ▷ **niefortunny wypadek**

misinform /ˌmɪsɪnˈfɔːm/ **verb** [T] to give someone false information: [often passive] *I'm afraid you've been misinformed about your exam results.* ▷ **źle poinformować, dezinformować**

misinterpret /ˌmɪsɪnˈtɜːprɪt/ **verb** [T] to understand something in the wrong way: [often passive] *He claims his speech was deliberately misinterpreted by journalists.* ▷ **błędnie zinterpretować**

misjudge /mɪsˈdʒʌdʒ/ **verb** [T] **1** to form a wrong opinion about a person or situation: *We believe that the government has seriously misjudged the public mood.* ▷ **źle ocenić** **2** to guess an amount or distance wrongly ▷ **źle ocenić**

misjudgment (also UK **misjudgement**) /mɪsˈdʒʌdʒmənt/ **noun** [C, U] when you form a wrong opinion or make a wrong guess: *Her outspoken criticism of her boss was a serious misjudgment.* ▷ **pomyłka, błędna ocena**

mislay /mɪsˈleɪ/ **verb** [T] (past tense and past participle **mislaid** /mɪsˈleɪd/) formal to lose something for a short time by forgetting where you put it: *I seem to have mislaid my car keys.* ▷ **zawieruszyć, zapodziać**

mislead /mɪsˈliːd/ **verb** [T] (past tense and past participle **misled** /mɪsˈled/) to make someone believe something that is untrue by giving them information that is wrong or not complete: [often passive] *She claims the public was misled by the government.* ▷ **wprowadzać w błąd**

misleading /mɪsˈliːdɪŋ/ **adjective** B2 making someone believe something that is untrue: *misleading information/statements* ▷ **mylący**

mismanage /ˌmɪsˈmænɪdʒ/ **verb** [T] to control or organize something badly: *He accused the government of mismanaging the crisis.* ▷ **źle zarządzać, źle kierować**

• **mismanagement** **noun** [U] when something is badly organized or controlled ▷ **niegospodarność, zła organizacja**

misnomer /mɪsˈnəʊməʳ/ **noun** [C] a name which is not suitable for the person or thing that it refers to: [usually singular] *It's a misnomer to call young car thieves 'joyriders'.* ▷ **błędna lub myląca nazwa**

misogynist /mɪˈsɒdʒᵊnɪst/ **noun** [C] a man who dislikes women very much ▷ **mizogin**

• **misogynistic** /mɪˌsɒdʒᵊnˈɪstɪk/ **adjective** (also **misogynist**) expressing a great dislike of women: *a misogynistic attitude/writer* ▷ **mizoginiczny**

misogyny /mɪˈsɒdʒɪni/ **noun** [U] a great dislike of women ▷ **mizoginia**

misplaced /mɪˈspleɪst/ **adjective** If you have a misplaced feeling or belief, it is wrong because you have not understood the situation correctly: ***misplaced loyalty/trust*** ▷ **źle ulokowany**

misprint /ˈmɪsprɪnt/ **noun** [C] a mistake made in the printing of a newspaper or book: *The article is full of misprints.* ▷ **błąd drukarski, literówka**

misread /mɪsˈriːd/ **verb** [T] (past tense and past participle **misread** /mɪsˈred/) **1** to make a mistake when you are reading something: *He misread the cooking instructions on the packet.* ▷ **źle**

M

odczytać **2** to not understand something correctly: *She completely **misread** the **situation**.* ▷ **źle ocenić**

misrepresent /ˌmɪsreprɪ'zent/ **verb** [T] to say things that are not true about someone or something: *He claims that the article misrepresented his views.* ▷ **przeinaczać**
• **misrepresentation** /ˌmɪsreprɪzen'teɪʃᵊn/ noun [C, U] ▷ **przeinaczenie**

miss¹ /mɪs/ **verb** **1** [T] Ⓐ2 to feel sad about someone that you do not see now or something that you do not have or do now: *I'll miss you when you go.* ◦ [+ doing sth] *He misses having a room of his own.* ▷ **tęsknić za, ≈ brakować** **2** [T] Ⓐ2 to not go to something: *I missed my class this morning.* ▷ **opuszczać, tracić** **3** [T] Ⓑ1 to not see or hear something or someone: *Sorry, I missed that, could you repeat it please?* ◦ *We missed the first five minutes of the film.* ▷ **tracić, nie dosłyszeć, przeoczyć** **4** [I, T] Ⓑ2 to not hit or catch something as you intended: *It should have been such an easy goal and he missed.* ▷ **nie trafić (w/do)** **5** [T] Ⓐ2 to arrive too late to get on a bus, train, or aircraft: *If I don't leave now, I'll miss my train.* ▷ **spóźnić się na** **6** [T] Ⓑ1 to not notice someone or something: *It's the big house on the corner – you can't miss it.* ▷ **nie zauważyć, przeoczyć** **7 miss a chance/opportunity** Ⓑ1 to not use an opportunity to do something: *You can't afford to miss a chance like this.* ▷ **przepuścić okazję** **8 miss the point** to not understand something correctly ▷ **nie rozumieć, o co chodzi, nie dostrzegać istoty sprawy** → See also **miss the *boat***

PHRASAL VERBS **miss sb/sth out** UK to not include someone or something ▷ **pomijać** *kogoś/coś*, **opuszczać** *kogoś/coś* • **miss out** Ⓑ2 to not do or have something that you would enjoy or something that other people do or have: *I got there late and **missed out on** all the fun.* ▷ **być pokrzywdzonym, stracić** *coś*

miss² /mɪs/ **noun** [C] when you do not hit or catch something as you intended ▷ **chybienie**

IDIOMS **give sth a miss** UK informal to not do an activity: *I think I'll give aerobics a miss this evening.* ▷ **darować sobie** *coś* • **a near miss** something bad which does not happen but almost happens ▷ **duże szczęście**

Miss /mɪs/ **noun** Ⓐ1 a title for a girl or woman who is not married, used before her family name or full name: *Miss Olivia Allenby* ◦ *Tell Miss Russell I'm here.* ▷ **Panna**

misshapen /mɪs'ʃeɪpᵊn/ **adjective** not the correct or normal shape ▷ **zniekształcony**

missile /'mɪsaɪl/ Ⓤⓢ /'mɪsəl/ **noun** [C] **1** an explosive weapon which can travel long distances through the air: *nuclear missiles* ◦ *a missile attack* ▷ **pocisk** **2** an object which is thrown through the air to hit someone or something ▷ **pocisk**

missing /'mɪsɪŋ/ **adjective** **1** Ⓐ2 If someone or something is missing, you cannot find them because they are not in their usual place: *Have you found those missing documents?* ◦ *Her daughter **went missing** a week ago.* ▷ **zaginiony** **2** Ⓑ1 not included in something: *There are a couple of things **missing from** the list.* ▷ **brakujący**

> **Wyrazy występujące razem z missing**
> go missing • report sb missing • missing from sth

mission /'mɪʃᵊn/ **noun** [C] **1** an important job, usually travelling somewhere: *I'll be going **on a** fact-finding **mission** to Paris next week.* ▷ **misja** **2** an official group of people who are sent somewhere, usually to discover information about something: *a trade mission* ▷ **misja** **3** an important journey which a spacecraft or military aircraft goes on ▷ **misja** **4** someone's duty or purpose in life: *Her **mission in life** was to help the poor.* ▷ **misja**

missionary /'mɪʃᵊnᵊri/ **noun** [C] someone who travels to another country to teach people about the Christian religion ▷ **misjonarz**

'mission ˌstatement **noun** [C] a short written description of the aims of a business or other organization ▷ **misja (firmy, organizacji)**

missive /'mɪsɪv/ **noun** [C] literary a letter or message ▷ **pismo, list**

misspell /mɪs'spel/ **verb** [T] (past tense and past participle **misspelled**, UK **misspelt**) to spell something wrongly ▷ **napisać z błędem**

mist¹ /mɪst/ **noun** [C, U] Ⓑ2 small drops of water in the air which make it difficult to see objects which are not near: *Gradually the mist cleared and the sun began to shine.* ▷ **mgła**

mist² /mɪst/ **verb**

PHRASAL VERB **mist over/up** If a glass surface mists over, it becomes covered with very small drops of water so that you cannot see through it easily. ▷ **zaparowywać**

mistake¹ /mɪ'steɪk/ **noun** [C] **1** Ⓐ2 something that you do or think which is wrong: *a spelling mistake* ◦ *He **made** a lot of **mistakes** in his written test.* ◦ [+ to do sth] *It would be a **big mistake** to leave school.* ◦ [+ of + doing sth] *She **made the mistake of** giving him her phone number.* ▷ **błąd, pomyłka** **2 by mistake** Ⓑ1 If you do something by mistake, you do it without intending to: *I picked up someone else's book by mistake.* ▷ **przez pomyłkę**

> **Wyrazy występujące razem z mistake**
> **correct/make/repeat** a mistake • a **big/costly/fatal/serious/terrible** mistake • **by** mistake

mistake² /mɪ'steɪk/ **verb** [T] (past tense **mistook**, past participle **mistaken**) to not understand something correctly: *I think you mistook my meaning.* ▷ **źle zrozumieć**

Mistake wyrazy bliskoznaczne

Często zamiast „mistake" używa się rzeczownika **error**:

*He admitted that he'd made an **error**.*

*The letter contained a number of typing **errors**.*

Głupi błąd jest czasem określany jako **blunder**:

*The company was struggling after a series of financial **blunders**.*

Błąd wprowadzający zamieszanie jest często określany jako **mix-up**:

*There was a **mix-up** with the bags at the airport.*

Rzeczownika **oversight** używamy czasem do określenia przeoczenia, z powodu którego ktoś zapomniał coś zrobić:

*The payment was delayed because of an **oversight** in the accounts department.*

PHRASAL VERB **mistake sb/sth for sb/sth** to confuse someone or something with someone or something else: *People sometimes mistake him for a girl.* ▷ **mylić** *kogoś/coś* **z** *kimś/czymś*

mistaken /mɪˈsteɪkᵊn/ **adjective** If you are mistaken, or you have a mistaken belief, you are wrong about something: *If you think you can behave like that, you are mistaken.* ▷ **w błędzie, błędny**

• **mistakenly adverb** *I **mistakenly** (= wrongly) **thought** he had left.* ▷ **błędnie, przez pomyłkę**

Mister /ˈmɪstəʳ/ **noun** [U] US informal used when calling or talking to a man that you do not know: *Hey Mister, you forgot your suitcase!* ▷ **Proszę Pana!**

mistletoe /ˈmɪsltəʊ/ **noun** [U] a plant with white berries which is often used as a decoration at Christmas ▷ **jemioła**

mistook /mɪˈstʊk/ past tense of mistake

mistreat /mɪsˈtriːt/ **verb** [T] to treat a person or animal in a bad or cruel way: *A local farmer has been accused of mistreating horses.* ▷ **znęcać się nad**

• **mistreatment noun** [U] when people or animals are badly or cruelly treated ▷ **maltretowanie, znęcanie się**

mistress /ˈmɪstrəs/ **noun** [C] a woman who has a sexual relationship with a man who is married to someone else ▷ **kochanka**

mistrust /mɪsˈtrʌst/ **noun** [U] when you do not believe or have confidence in someone or something: *They have a deep mistrust of strangers.* ▷ **nieufność**

• **mistrust verb** [T] ▷ **nie ufać**

misty /ˈmɪsti/ **adjective** (B2) If the weather is misty, there is a cloud of small drops of water in the air, which makes it difficult to see objects which are not near: *a cold and misty morning* ▷ **mglisty, zamglony**

misunderstand /ˌmɪsʌndəˈstænd/ **verb** [T] (past tense and past participle **misunderstood**) **1** (B2) to not understand someone or something correctly: *He misunderstood the question completely.* ▷ **źle rozumieć, nie rozumieć 2 be misunderstood** If someone is misunderstood, other people do not understand that they have good qualities. ▷ **być niezrozumianym**

misunderstanding /ˌmɪsʌndəˈstændɪŋ/ **noun** **1** [C, U] (B2) when someone does not understand something correctly: *There must have been a misunderstanding.* ▷ **nieporozumienie 2** [C] a slight disagreement ▷ **nieporozumienie**

misuse /ˌmɪsˈjuːz/ **verb** [T] to use something in the wrong way or for the wrong purpose: *He misused his position to obtain money dishonestly.* ▷ **nadużywać**

• **misuse** /ˌmɪsˈjuːs/ **noun** [C, U] *the misuse of drugs/power* ▷ **nadużycie, nadużywanie**

mite /maɪt/ **noun** [C] **1** an extremely small insect with eight legs: *dust mites* ▷ **roztocze 2** informal a small child: *You're so cold, you poor little mite!* ▷ **kruszynka 3 a mite** mainly UK informal slightly: *He seemed a mite embarrassed.* ▷ **cokolwiek**

mitigate /ˈmɪtɪgeɪt/ **verb** [T] to reduce the harmful effects of something ▷ **łagodzić**

• **mitigation** /ˌmɪtɪˈgeɪʃᵊn/ **noun** [U] ▷ **złagodzenie**

mitigating /ˈmɪtɪgeɪtɪŋ/ **adjective mitigating circumstances/factors** facts that make something bad that someone has done seem less bad or less serious ▷ **okoliczności łagodzące**

mitochondrion /ˌmaɪtəʊˈkɒndriən/ **noun** [C] (plural **mitochondria**) in a cell, a long or round piece found in the cytoplasm that produces energy for the cell by breaking down food ▷ **mitochondrium**

mitosis /maɪˈtəʊsɪs/ **noun** [U] the type of cell division in which one cell divides into two identical cells, each with the same number of chromosomes as the original cell ▷ **mitoza** → Compare **meiosis**

mitral valve /ˈmaɪtrəlˌvælv/ **noun** [C] the valve in the heart which stops blood from returning into the atrium ▷ **zastawka mitralna**

mitt /mɪt/ **noun** [C] a thick leather glove used for catching a baseball ▷ **rękawica baseballowa** → See **Sports 2** on page Centre 15

mix¹ /mɪks/ **verb 1** [I, T] (A2) If two or more substances mix, they combine to make one substance, and if you mix two or more substances, you combine them to make one substance: ***Mix** the powder **with** water to form a paste.* ◦ *Put the chocolate, butter, and egg in a bowl and **mix** them all **together**.* ◦ *Oil and water don't mix.* ▷ **mieszać (się) 2** [I, T] (B1) to have or do two or more qualities, styles, activities, etc at the same time: *a feeling of anger mixed with sadness* ▷ **łączyć (się) 3** [I] (B2) to meet and talk

M

to people: *She enjoys going to parties and **mixing with** people.* ▷ **spotykać się**

PHRASAL VERBS **mix sth/sb up** B2 to confuse two people or things by thinking that one person or thing is the other person or thing: *People often mix them up because they look so similar.* ▷ **mylić** *coś/kogoś* • **mix sth up** to cause a group of things to be untidy or badly organized: *The books were all mixed up in a box.* ▷ **pomieszać** *coś*

mix² /mɪks/ **noun 1** [C] B1 a combination of things or people, often in a group: [usually singular] *There's a good **mix of** nationalities in the class.* ▷ **mieszanka 2** [C, U] a powder to which you add liquid in order to make something: *cake mix* ▷ **proszek, ≈** *coś* **w proszku**

> **Wyrazy występujące razem z mix**
> a mix of sth • an ethnic/racial/social mix

mixed /mɪkst/ **adjective 1** made of a combination of different people or things: *a racially mixed area* ◦ *a mixed salad* ▷ **mieszany 2 mixed feelings** If you have mixed feelings about something, you are pleased and not pleased at the same time. ▷ **mieszane uczucia** → See also **a mixed blessing**

ˌmixed eˈconomy noun [C] an economic system in which some industries are controlled privately and some by the government ▷ **gospodarka mieszana**

ˌmixed ˈfraction noun [C] a combination of a whole number and a fraction ▷ **ułamek mieszany**

mixed-race /mɪkstˈreɪs/ **adjective** describes a person whose parents are of different races ▷ **mieszanej rasy**

ˌmixed ˈup adjective informal **1** confused: *I got a bit mixed up and thought we were supposed to be there at eight.* ▷ **zagubiony 2 be mixed up in sth** to be involved in an activity that is bad or illegal ▷ **być zamieszanym w** *coś* **3 be mixed up with sb** to be involved with someone who has a bad influence on you: *Her son got mixed up with the wrong people.* ▷ **zadawać się z** *kimś*

mixer /ˈmɪksəʳ/ **noun** [C] a machine that mixes things: *an electric mixer* ▷ **mikser**

mixture /ˈmɪkstʃəʳ/ **noun 1** [C, U] B2 a substance made of other substances that have been combined: *Add milk to the mixture and stir until smooth.* ▷ **mieszanka 2** [no plural] B2 when there is a combination of two or more ideas, qualities, styles, etc: *Their house is decorated in a mixture of styles.* ▷ **mieszanka**

mix-up /ˈmɪksʌp/ **noun** [C] informal when there is a mistake because things are confused: [usually singular] *There was a mix-up with the bags at the airport.* ▷ **zamieszanie**

ml written abbreviation for millilitre ▷ **ml (= mililitr)**

mm written abbreviation for millimetre ▷ **mm (= milimetr)**

moan /məʊn/ **verb** [I] **1** to complain or speak in a way that shows you are unhappy: *She's always **moaning about** something.* ▷ **marudzić 2** to make a low sound, especially because you are in pain: *He lay on the floor moaning.* ▷ **jęczeć** • **moan noun** [C] ▷ **jęk**

mob¹ /mɒb/ **noun** [C] a large group of people that is often violent or not organized: *an angry mob* ▷ **tłum**

mob² /mɒb/ **verb** [T] (present participle **mobbing**, past tense and past participle **mobbed**) If a group of people mob someone, they get close to them, often to get their photograph or signature: [often passive] *She was mobbed by photographers.* ▷ **oblegać**

mobile¹ /ˈməʊbaɪl/ US /ˈməʊbəl/ **adjective** able to move or be moved easily: *a mobile home* ▷ **przenośny, ruchomy** → Opposite **immobile**

mobile² /ˈməʊbaɪl/ US /ˈməʊbiːl/ **noun** [C] **1** A1 a mobile phone ▷ **komórka 2** a decoration made of objects on threads that hang down and move in the air ▷ **mobile**

ˌmobile ˈphone noun [C] A1 a telephone that you can carry everywhere with you ▷ **telefon komórkowy**

mobile phone

mobilize (also UK **-ise**) /ˈməʊbɪlaɪz/ **verb 1** [T] to organize a group of people so that they support or oppose something or someone: *He's trying to **mobilize support** for the strike.* ▷ **organizować 2** [I, T] formal to prepare for a war: *The forces were fully mobilized for action.* ▷ **mobilizować (się)** • **mobilization** /ˌməʊbɪlaɪˈzeɪʃᵊn/ **noun** [U] ▷ **mobilizacja**

mock¹ /mɒk/ **verb** [I, T] to laugh at someone or something in an unkind way: *The older kids mocked him whenever he made a mistake.* ▷ **kpić (z)**

mock² /mɒk/ **adjective** [always before noun] not real but appearing or pretending to be exactly like something: *a **mock exam*** ◦ ***mock surprise*** ◦ *mock leather* ▷ **na niby, udawany**

mockery /ˈmɒkᵊri/ **noun** [U] **1** when someone laughs at someone or something in an unkind way ▷ **kpina 2 make a mockery of sth** to make something seem stupid: *The latest outbreak of fighting makes a mockery of the peace process.* ▷ **ośmieszać** *coś*

modal verb /ˈməʊdəlˌvɜːb/ **noun** [C] (also **modal**) B1 a verb, for example 'can', 'might', or 'must', that is used before another verb to show that something is possible, necessary, etc ▷ **czasownik modalny**

mode /məʊd/ **noun** [C] formal **1** a way of doing something: *a mode of transport* ▷ **tryb, sposób,**

forma 2 the number or value which appears most often in a particular set ▷ **dominanta**

model[1] /ˈmɒdᵊl/ **noun** [C] **1** (B1) someone whose job is to wear fashionable clothes, be in photographs, etc in order to advertise things: *a fashion model* ▷ **model/ka 2** (A2) a smaller copy of a real object, often used to show how something works or what it looks like ▷ **model 3** someone or something that is an example for others to copy: *a model of good behaviour* ▷ **wzór 4** (A2) a design of machine or car that is made by a particular company: *I think her car is a slightly older model.* ▷ **model** → See also **role model**

model[2] /ˈmɒdᵊl/ **verb** [I, T] (present participle UK **modelling**, US **modeling**, past tense and past participle **modelled**, US **modeled**) to wear clothes in fashion shows, magazines, etc as a model ▷ **pracować jako model/ka, prezentować**

PHRASAL VERBS **be modelled on sth** to be based on the design of something else: *The house is modelled on a 16th century castle.* ▷ **być wzorowanym na** *czymś* • **model yourself on sb** to try to make yourself very similar to someone else: *He models himself on Mohammed Ali.* ▷ **wzorować się na** *kimś*

modelling /ˈmɒdᵊlɪŋ/ **noun** [U] **1** the job of being a fashion model ▷ **praca model-a/ki 2** making models of objects, for example when designing them ▷ **modelowanie**

modem /ˈməʊdem/ **noun** [C] a piece of equipment that is used to send information from a computer through a telephone line, cable or other link ▷ **modem**

moderate[1] /ˈmɒdᵊrət/ **adjective 1** average in size or amount and not too much: *Eating a moderate amount of fat is healthy.* ▷ **umiarkowany 2** not extreme, especially relating to political opinions: *a moderate political group* ▷ **umiarkowany**

• **moderately adverb** ▷ **umiarkowanie**

moderate[2] /ˈmɒdᵊrət/ **noun** [C] someone who does not have extreme political opinions ▷ **osoba o umiarkowanych poglądach**

moderate[3] /ˈmɒdᵊreɪt/ **verb** [T] to make something less extreme: *He's trying to moderate his drinking.* ▷ **ograniczać, łagodzić**

moderation /ˌmɒdᵊrˈeɪʃᵊn/ **noun 1 in moderation** If you do something in moderation, you do not do it too much: *I only drink alcohol in moderation now.* ▷ **z umiarem 2** [U] when you control your feelings or actions and stop them from becoming extreme ▷ **umiar**

modern /ˈmɒdᵊn/ **adjective 1** (B1) relating to the present time and not to the past: *modern society* ◦ *the stresses of* ***modern life*** ▷ **nowoczesny 2** (A2) using the newest ideas, design, technology, etc and not traditional: *modern art/architecture* ◦ *modern medicine* ▷ **współczesny**

• **modernity** /mɒdˈɜːnəti/ **noun** [U] formal when something is modern ▷ **nowoczesność**

modern-day /ˈmɒdᵊndeɪ/ **adjective** [always before noun] relating to the present time and not to the past: *a modern-day version of Shakespeare* ▷ **współczesny**

modernize (also UK **-ise**) /ˈmɒdᵊnaɪz/ **verb** [I, T] to make something more modern or to become more modern: *We really need to modernize our image.* ▷ **unowocześniać (się), modernizować (się)**

• **modernization** /ˌmɒdᵊnaɪˈzeɪʃᵊn/ **noun** [U] ▷ **unowocześnienie, modernizacja**

ˌmodern ˈlanguages noun [plural] languages that are spoken now such as Spanish or German ▷ **języki nowożytne**

modest /ˈmɒdɪst/ **adjective 1** (B2) not large in size or amount, or not expensive: *a modest amount of money* ◦ *Their house is quite modest in size.* ▷ **skromny 2** If you are modest, you do not talk in a proud way about your skills or successes: *He's very modest about his achievements.* ▷ **skromny**

• **modestly adverb** ▷ **skromnie**

modesty /ˈmɒdɪsti/ **noun** [U] when you do not talk in a proud way about your skills or successes ▷ **skromność**

modicum /ˈmɒdɪkəm/ **noun** formal **a modicum of sth** a small amount of something: *a modicum of success* ▷ **odrobina** *czegoś*

modification /ˌmɒdɪfɪˈkeɪʃᵊn/ **noun** [C, U] a small change to something: *We've* ***made*** *a few* ***modifications to*** *the system.* ▷ **modyfikacja**

modifier /ˈmɒdɪfaɪəʳ/ **noun** [C] in grammar, a word that describes or limits the meaning of another word ▷ **określnik**

modify /ˈmɒdɪfaɪ/ **verb** [T] **1** to change something in order to improve it: [often passive] *The plans will have to be modified to reduce costs.* ◦ *genetically modified food* ▷ **modyfikować 2** In grammar, a word that modifies another word describes or limits the meaning of that word: *Adjectives modify nouns.* ▷ **określać**

module /ˈmɒdjuːl/ **noun** [C] **1** UK a part of a university or college course ▷ **blok 2** a part of an object that can operate alone, especially a part of a spacecraft ▷ **moduł**

mogul /ˈməʊgᵊl/ **noun** [C] an important, powerful person: ***media/movie moguls*** ▷ **magnat**

Mohammed /məˈhæmɪd/ **noun** the main prophet of Islam, who revealed the Koran ▷ **Mahomet**

moist /mɔɪst/ **adjective** slightly wet: *Keep the soil moist but not wet.* ◦ *It was a lovely, moist cake.* ▷ **wilgotny**

• **moisten** /ˈmɔɪsᵊn/ **verb** [I, T] to make something slightly wet, or to become slightly wet ▷ **zwilżać (się)**

moisture /ˈmɔɪstʃəʳ/ **noun** [U] very small drops of water in the air or on a surface ▷ **wilgoć**

M

moisturizer (also UK **-iser**) /ˈmɔɪstʃərаɪzəʳ/ **noun** [C, U] a substance which you put on your skin to make it less dry ▷ **emulsja nawilżająca, krem nawilżający**
• **moisturize** (also UK **-ise**) /ˈmɔɪstʃəraɪz/ **verb** [T] to put moisturizer on your skin ▷ **nawilżać**

molar¹ /ˈməʊləʳ/ **noun** [C] one of the large teeth at the back of the mouth used for crushing food ▷ **ząb trzonowy** → Compare **incisor, canine**

molar² /ˈməʊləʳ/ **adjective** contained in one mole : *molar mass/volume* ▷ **molowy**

molasses /məʊˈlæsɪz/ **noun** [U] (also UK **treacle**) a sweet, thick, dark liquid used in sweet dishes ▷ **melasa**

mold /məʊld/ **noun, verb** US spelling of mould

Moldova /mɒlˈdəʊvə/ **noun** a country in Europe ▷ **Mołdawia**
• **Moldovan** /mɒlˈdəʊvən/ **adjective** coming from or relating to Moldova ▷ **mołdawski** • **Moldovan noun** someone from Moldova ▷ **Mołdawia-nin/nka**

moldy /ˈməʊldi/ **adjective** US spelling of mouldy

mole /məʊl/ **noun** [C] **1** a small, dark mark on the skin ▷ **pieprzyk 2** a small animal with black fur that digs holes in the soil and lives under the ground ▷ **kret 3** informal someone who gives other organizations or governments secret information about the organization where they work ▷ **wtyczka 4** a unit of measurement of the amount of a substance ▷ **mol**

molecular /məˈlekjuləʳ/ **adjective** made from or relating to molecules ▷ **cząsteczkowy**

moˌlecular ˈweight noun [U] the weight of a molecule, found by adding together the atomic masses of all the atoms it contains ▷ **masa cząsteczkowa**

molecule /ˈmɒlɪkjuːl/ **noun** [C] the smallest unit of a substance, consisting of one or more atoms ▷ **cząsteczka**

molest /məʊˈlest/ **verb** [T] to hurt or attack someone in a sexual way: *He was accused of molesting children.* ▷ **molestować**
• **molestation** /ˌməʊlesˈteɪʃən/ **noun** [U] ▷ **molestowanie**

mom /mɒm/ **noun** [C] US (UK **mum**) mother: *My mom phoned last night.* ◦ *Can we go now, Mom?* ▷ **mama**

moment /ˈməʊmənt/ **noun 1** [C] (A2) a very short period of time: *I'll be back **in a moment**.* ◦ ***For a moment** I thought it was Anna.* ◦ *Could you **wait a moment**?* ▷ **chwila, moment 2** [C] (B1) a point in time: *Just **at that moment**, the phone rang.* ▷ **chwila, moment 3 at the moment** (A2) now: *I'm afraid she's not here at the moment.* ▷ **w tej chwili 4 for the moment** (B2) If you do something for the moment, you are doing it now but might do something different in the future. ▷ **na razie 5 the moment (that)** as soon as: *I'll call you the moment I hear anything.* ▷ **(zaraz) jak tylko, zaraz jak**

IDIOM **have a senior, blond etc moment** informal to behave, for a short time, in a way which shows you are old, silly, etc: *I've just had a senior moment – I couldn't remember why I'd gone into the kitchen.* ▷ **mieć chwilę zaćmienia** *itp.*

→ See also **on the *spur* of the moment**

momentarily /ˈməʊməntərəli/ **adverb** for a very short time: *I momentarily forgot his name.* ▷ **natychmiast**

momentary /ˈməʊməntəri/ **adjective** lasting for a very short time: *a **momentary lapse** of memory* ▷ **chwilowy**

momentous /məʊˈmentəs/ **adjective** A momentous decision, event, etc is very important because it has a big effect on the future. ▷ **doniosły**

momentum /məʊˈmentəm/ **noun** [U] **1** when something continues to move, increase, or develop: *to **gain/gather momentum*** ◦ *The players seemed to **lose momentum** halfway through the game.* ▷ **rozpęd, impet 2** in science, the force that makes something continue to move ▷ **pęd**

> Wyrazy występujące razem z **momentum**
> gain/gather/lose momentum • keep up/maintain the momentum • the momentum for/of sth

momma /ˈmɒmə/ **noun** [C] US another word for mommy ▷ **mama, mamusia**

mommy /ˈmɒmi/ **noun** [C] US (UK **mummy**) a word for 'mother', used especially by children: *I want my mommy!* ◦ *Can I have some candy, Mommy?* ▷ **mama, mamusia**

Mon written abbreviation for Monday ▷ **pon. (= poniedziałek)**

Monaco /ˈmɒnəkəʊ/ **noun** a country in Europe ▷ **Monako**
• **Monégasque** /mɒneɪˈgæsk/ **adjective** coming from or relating to Monaco ▷ **monakijski** • **Monégasque noun** someone from Monaco ▷ **Monakij-czyk/ka**

monarch /ˈmɒnək/ **noun** [C] a king or queen ▷ **monarch-a/ini**

monarchy /ˈmɒnəki/ **noun 1** [U, no plural] when a country is ruled by a king or queen ▷ **monarchia 2** [C] a country that is ruled by a king or queen ▷ **monarchia**

monastery /ˈmɒnəstəri/ **noun** [C] a building where men live as a religious group ▷ **klasztor**

monastic /məˈnæstɪk/ **adjective** relating to a monk or a monastery ▷ **klasztorny**

Monday /ˈmʌndeɪ/ **noun** [C, U] (written abbreviation **Mon**) (A1) the day of the week after Sunday and before Tuesday ▷ **poniedziałek**

monetary /ˈmʌnɪtəri/ **adjective** relating to money ▷ **monetarny, pieniężny**

money /ˈmʌni/ **noun** [U] A1 the coins or banknotes that are used to buy things: *How much money have you got?* ◦ *He* ***spends*** *all his* ***money*** *on clothes and CDs.* ◦ *The company's not* ***making*** (*= earning*) *any money at the moment.* ▷ **pieniądze** → See also **pocket money**

> **Wyrazy występujące razem z money**
> borrow/earn/lend/pay/raise/save/spend money

ˈmoney ˌorder noun [C] US (UK **postal order**) an official piece of paper bought at a post office that you can send instead of money ▷ **przekaz pieniężny**

ˈmoney supˌply noun [C, usually singular] all the money which is in use in a country ▷ **podaż pieniądza**

Mongolia /mɒŋˈɡəʊliə/ **noun** a country in Asia ▷ **Mongolia**
• **Mongolian** /mɒŋˈɡəʊliən/ **adjective** coming from or relating to Mongolia ▷ **mongolski** • **Mongolian noun** someone from Mongolia ▷ **Mongoł/ka**

mongrel /ˈmʌŋɡrəl/ **noun** [C] a dog that is a mix of different breeds ▷ **kundel**

monies /ˈmʌniz/ **noun** [plural] formal amounts of money ▷ **kwoty, środki pieniężne**

monitor[1] /ˈmɒnɪtəʳ/ **noun** [C] **1** B2 a screen that shows information or pictures, usually connected to a computer: *a colour monitor* ▷ **monitor** → See **The Office** on page Centre 5 **2** a machine, often in a hospital, that measures something such as the rate that your heart beats: *a* ***heart monitor*** ▷ **monitor 3** someone who watches something to make certain that it is done correctly or fairly: *a human rights monitor* ▷ **obserwator**

monitor[2] /ˈmɒnɪtəʳ/ **verb** [T] to watch something carefully and record your results: *to monitor progress* ▷ **monitorować, obserwować**

monk /mʌŋk/ **noun** [C] a member of a group of religious men living apart from other people ▷ **mnich**

monkey /ˈmʌŋki/ **noun** [C] A2 a hairy animal with a long tail that lives in hot countries and climbs trees ▷ **małpa**

mono- /mɒnəʊ-/ **prefix** one or single: *monolingual* ◦ *a monologue* ▷ **mono-, jedno-**

monochrome /ˈmɒnəkrəʊm/ **adjective** A monochrome image is only in black, white, and grey and not in colour. ▷ **czarno-biały**

monocotyledon /ˌmɒnəʊˌkɒtɪˈliːdən/ **noun** [C] a plant that produces flowers and has only one cotyledon ▷ **roślina jednoliścienna**
• **monocotyledonous** /ˌmɒnəʊˌkɒtɪˈliːdənəs/ **adjective** ▷ **jednoliścienny**

monogamy /məˈnɒɡəmi/ **noun** [U] when someone has a sexual relationship with only one person ▷ **monogamia**
• **monogamous adjective** relating to monogamy: *a* ***monogamous relationship*** ▷ **monogamiczny**

monolingual /ˌmɒnəʊˈlɪŋɡwəl/ **adjective** using only one language: *monolingual dictionaries* ▷ **jednojęzyczny, monolingwalny**

monolithic /ˌmɒnəʊˈlɪθɪk/ **adjective** large and powerful ▷ **monolityczny, skostniały**

monologue (also US **monolog**) /ˈmɒnəlɒɡ/ **noun** [C] a long speech by one person, often in a performance ▷ **monolog**

monomer /ˈmɒnəuməʳ/ **noun** [C] a chemical compound whose simple molecules can join together to form polymers ▷ **monomer**

mononucleosis /ˌmɒnəʊˌnjuːkliˈəʊsɪs/ **noun** [U] US (UK **glandular fever**) an infectious disease that makes your glands swell and makes you feel tired ▷ **mononukleoza (zakaźna)**

monopolize (also UK **-ise**) /məˈnɒpəlaɪz/ **verb** [T] to control a situation by being the only person or organization involved in it ▷ **zmonopolizować**

monopoly /məˈnɒpəli/ **noun** [C] **1** when a company or organization is the only one in an area of business or activity and has complete control of it: *They* ***have a monopoly on*** *the postal service.* ▷ **monopol 2** a company or other organization that has a monopoly in a particular industry ▷ **monopol**

monosaccharide /ˌmɒnəʊˈsækəraɪd/ **noun** [C] a simple type of carbohydrate, such as glucose and fructose, formed of molecules that cannot be broken down into any simpler form ▷ **cukier prosty, monosacharyd** → Compare **polysaccharide**

monosyllabic /ˌmɒnəʊsɪˈlæbɪk/ **adjective** using only short words such as 'yes' or 'no', usually because you do not want to talk ▷ **burkliwy**

monotonous /məˈnɒtənəs/ **adjective** If something is monotonous, it is boring because it stays the same: *a* ***monotonous voice*** ◦ ***monotonous work*** ▷ **monotonny**
• **monotonously adverb** ▷ **monotonnie**

monozygotic /ˌmɒnəʊzaɪˈɡɒtɪk/ **adjective** Monozygotic twins develop from the same egg and are often called identical twins. ▷ **jednojajowy (bliźniak)** → Compare **dizygotic**

monsoon /mɒnˈsuːn/ **noun** [C] the season when there is heavy rain in Southern Asia ▷ **monsun**

monster /ˈmɒnstəʳ/ **noun** [C] B1 an imaginary creature that is large, ugly, and frightening ▷ **potwór**

monstrous /ˈmɒnstrəs/ **adjective 1** very bad or cruel: *a* ***monstrous crime*** ▷ **potworny 2** like a monster ▷ **monstrualny**

month /mʌnθ/ **noun** [C] **1** A1 one of the twelve periods of time that a year is divided into: *last/next month* ◦ *Your birthday's this month, isn't it?* ▷ **miesiąc 2** A1 a period of approximately four weeks: *I saw him about three months ago.* ▷ **miesiąc**

M

monthly /ˈmʌnθli/ **adjective, adverb** B1 happening or produced once a month: *a monthly meeting ◦ a monthly magazine* ▷ **miesięczny, comiesięczny, miesięcznie, co miesiąc**

monument /ˈmɒnjəmənt/ **noun** [C] **1** B2 a building or other structure that is built to make people remember an event in history or a famous person: *a national monument ◦ They built the statue as **a monument to** all the soldiers who died.* ▷ **pomnik 2** B1 an old building or place that is important in history: *an ancient monument* ▷ **zabytek**

monumental /ˌmɒnjəˈmentəl/ **adjective** very large: *a **monumental task*** ▷ **monumentalny**

moo /muː/ **noun** [C] the sound that a cow makes ▷ **muu**
• **moo verb** [I] (present participle **mooing**, past tense and past participle **mooed**) ▷ **muczeć, ryczeć**

mood /muːd/ **noun 1** [C, U] B1 the way someone feels at a particular time: *to be in a **good/bad mood** ◦ The **public mood** changed dramatically after the bombing.* ▷ **nastrój 2 be in a mood** to not be friendly to other people because you are feeling angry ▷ **mieć zły humor 3 be in the mood for sth/to do sth** to want to do or have something: *I'm not really in the mood for shopping at the moment.* ▷ **być w (dobrym) nastroju na** *coś* **lub do** *czegoś* **4 be in no mood for sth/to do sth** to not want to do something with someone else, often because you are angry with them ▷ **nie być w nastroju na** *coś* **lub do** *czegoś* **5** [C] in grammar, one of the different ways a sentence is being used, for example to give an order, express a fact, etc: *the indicative/ imperative mood* ▷ **tryb**

> Wyrazy występujące razem z **mood**
>
> be in a [bad/confident/foul/good, etc] mood • mood **changes/swings** • a **bad/foul/good** mood

moody /ˈmuːdi/ **adjective** If someone is moody, they are often unfriendly because they feel angry or unhappy. ▷ **humorzasty**
• **moodily** adverb ▷ **humorzaście** • **moodiness** noun [U] ▷ **humory**

moon /muːn/ **noun 1 the moon** A2 the round object that shines in the sky at night and moves around the Earth ▷ **księżyc 2 crescent/full/new moon** the shape made by the amount of the moon that you can see at a particular time ▷ **księżyc w pierwszej lub ostatniej kwadrze/ pełni/nowiu 3** [C] a round object like the moon that moves around another planet ▷ **księżyc**

IDIOMS **once in a blue moon** rarely: *We only go out once in a blue moon.* ▷ **raz na ruski rok** • **be over the moon** UK to be very pleased about something: *"I bet she was pleased with her results." "She was over the moon."* ▷ **być w siódmym niebie**

ˈmoon ˌbuggy noun [C] a vehicle used for driving on the moon ▷ **pojazd księżycowy**

moonlight /ˈmuːnlaɪt/ **noun** [U] B2 light that comes from the moon: *In the moonlight she looked even more beautiful.* ▷ **światło księżyca**
• **moonlit adjective** [always before noun] with light from the moon ▷ **oświetlony światłem księżyca, księżycowy**

moor /mɔːʳ/ **noun** [C] an open area in the countryside that is covered with rough grass and bushes: [usually plural] *the Yorkshire Moors* ▷ **wrzosowisko**

moose /muːs/ **noun** [C] (plural **moose**) a large deer that comes from North America ▷ **łoś**

moot point /ˌmuːtˈpɔɪnt/ **noun** [C] a subject that people cannot agree about ▷ **kwestia sporna**

mop¹ /mɒp/ **noun** [C] a piece of equipment used for cleaning floors that has a long handle and thick strings at one end ▷ **mop**

mop² /mɒp/ **verb** [T] (present participle **mopping**, past tense and past participle **mopped**) to use a mop: *to **mop** the **floor*** ▷ **zmywać mopem**

PHRASAL VERB **mop sth up** to use a cloth or mop to remove liquid from a surface ▷ **ścierać** *coś*

moraine /mɒrˈeɪn/ **noun** [C] a large mass of rocks and soil that is carried along with a glacier and remains when the glacier melts ▷ **morena**

moral¹ /ˈmɒrəl/ **adjective 1** [always before noun] B2 relating to beliefs about what is right or wrong: ***moral standards/values** ◦ a **moral issue*** ▷ **moralny 2** behaving in a way that most people think is correct and honest: *He's a very moral person.* ▷ **moralny, z zasadami**
→ Opposite **immoral** → Compare **amoral**
• **morally adverb** B2 *morally wrong* ▷ **moralnie**

moral² /ˈmɒrəl/ **noun** [C] something you learn from a story or event about how to behave: *The **moral of the story** is never lie.* ▷ **morał**

morale /məˈrɑːl/ **noun** [U] the amount of confidence or hope for the future that people feel: *The pay increase should help to **improve staff morale**.* ▷ **morale**

> Wyrazy występujące razem z **morale**
>
> boost/damage/improve/raise/undermine morale • high/low morale

morality /məˈræləti/ **noun** [U] ideas and beliefs about what is right or wrong ▷ **moralność**

morals /ˈmɒrəlz/ **noun** [plural] principles of good behaviour: *He doesn't care what he does, he has no morals at all.* ▷ **moralność**

ˌmoral suˈpport noun [U] help and encouragement: *Roz has said she'll come with me for moral support.* ▷ **wsparcie moralne**

morbid /ˈmɔːbɪd/ **adjective** showing too much interest in unpleasant things such as death: *a **morbid fascination** with death* ▷ **niezdrowy, chorobliwy**

M

more[1] /mɔːʳ/ **quantifier** **1** A1 something in addition to what you already have: *Would anyone like some more food?* ◦ *I need a bit more money.* ▷ **więcej** **2** A1 a greater number or amount of people or things: *There are a lot more people here today than yesterday.* ◦ *He knows more about computers than I do.* ▷ **więcej** **3 more and more** B2 an increasing number: *More and more people are choosing not to get married.* ▷ **coraz więcej** → See also **any more**

more[2] /mɔːʳ/ **adverb** **1 more beautiful/difficult/interesting, etc** A1 used to show that someone or something has a greater amount of a quality than someone or something else: *It's* ***more*** *expensive* ***than*** *the others.* ◦ *She's far more intelligent than her sister.* ▷ **piękniejszy/trudniejszy/bardziej interesujący** *itp.* **2** B1 used to show that something happens a greater number of times than before: *We eat out a lot* ***more than*** *we used to.* ▷ **więcej** **3 more or less** B2 almost: *We've more or less finished work on the house.* ▷ **mniej więcej** **4 more and more** B2 more as time passes: *It's becoming more and more difficult to pass the exam.* ▷ **coraz bardziej** → See also **any more**

moreover /mɔːˈrəʊvəʳ/ **adverb** formal B2 also: *It is a cheap and, moreover, effective way of dealing with the problem.* ▷ **ponadto, poza tym, co więcej**

morgue /mɔːg/ **noun** [C] a building or room where dead bodies are prepared and kept before a funeral ▷ **kostnica**

Mormon /ˈmɔːmən/ **adjective** belonging or relating to a Christian group that was started in the US by Joseph Smith ▷ **mormoński**
• **Mormon noun** [C] ▷ **Mormon/ka**

morning /ˈmɔːnɪŋ/ **noun** [C, U] **1** A1 the first half of the day, from the time when the sun rises or you wake up until the middle of the day: *Friday morning* ◦ ***tomorrow morning*** ◦ *I got up late* ***this morning.*** ▷ **rano, poranek, ranek** **2 in the morning a** A1 during the early part of the day: *I listen to the radio in the morning.* ▷ **rano** **b** B1 tomorrow morning: *I'll pack my bags in the morning.* ▷ **rano** **3 3/4/, etc o'clock in the morning** B1 3/4, etc o'clock in the night: *My car alarm went off at 3 o'clock in the morning.* ▷ **3/4** *itp.* **nad ranem** **4 (Good) morning.** A1 used to say hello to someone in the morning ▷ **Dzień dobry**

Morocco /məˈrɒkəʊ/ **noun** a country in Africa ▷ **Maroko**
• **Moroccan** /məˈrɒkən/ **adjective** coming from or relating to Morocco ▷ **marokański** • **Moroccan noun** someone from Morocco ▷ **Maroka-ńczyk/nka**

moron /ˈmɔːrɒn/ **noun** [C] informal a very stupid person ▷ **kretyn/ka, debil/ka**
• **moronic** /mɔːˈrɒnɪk/ **adjective** informal stupid ▷ **kretyński**

morose /məˈrəʊs/ **adjective** If someone is morose, they are not friendly or happy and they talk very little. ▷ **posępny, markotny**

morphine /ˈmɔːfiːn/ **noun** [U] a powerful drug that is used to reduce pain ▷ **morfina**

morsel /ˈmɔːsᵊl/ **noun** [C] a small piece of something: *a morsel of food* ▷ **kąsek, kawałek**

mortal[1] /ˈmɔːtᵊl/ **adjective** **1** not living forever ▷ **śmiertelny** → Opposite **immortal** **2 mortal danger/fear/terror, etc** extreme danger/fear/terror, etc, because you could die ▷ **śmiertelne/y niebezpieczeństwo/strach/przerażenie** *itp.*
• **mortally adverb** *mortally wounded* ▷ **śmiertelnie**

mortal[2] /ˈmɔːtᵊl/ **noun** [C] literary a human being ▷ **śmiertelnik**

mortality /mɔːˈtæləti/ **noun** [U] **1** the number of deaths at a particular time or in a particular place: ***infant mortality*** ◦ *the* ***mortality rate*** ▷ **śmiertelność, umieralność** **2** the way that people do not live forever: *Her death made him more aware of his own mortality.* ▷ **śmiertelność**

mortar /ˈmɔːtəʳ/ **noun** **1** [C] a heavy gun that fires explosives high into the air: *a* ***mortar attack/bomb*** ▷ **moździerz** **2** [U] a mixture of substances, for example sand and water, that is used between bricks or stones to keep them together ▷ **zaprawa (murarska)**

M

mortgage /ˈmɔːgɪdʒ/ **noun** [C] money that you borrow to buy a home: *a monthly mortgage payment* ▷ **kredyt hipoteczny, hipoteka**

> Wyrazy występujące razem z **mortgage**
>
> **get/have/pay off/take out** a mortgage • a mortgage **payment**

mortified /ˈmɔːtɪfaɪd/ **adjective** very embarrassed ▷ **zażenowany**

mortify /ˈmɔːtɪfaɪ/ **verb** **be mortified** to feel very embarrassed or upset about something: *I told her she'd upset John and she was mortified.* ▷ **bardzo się zawstydzić**

mortuary /ˈmɔːtʃuᵊri/ **noun** [C] a building or room where dead bodies are prepared and kept before a funeral ▷ **kostnica**

mosaic

mosaic /məʊˈzeɪɪk/ **noun** [C, U] a picture or pattern that is made with small pieces of coloured stone, glass, etc ▷ **mozaika**

Moslem /ˈmɒzləm/ **noun** [C] another spelling of Muslim ▷ **Muzułma-nin/nka**

• **Moslem** adjective ▷ **muzułmański**

mosque /mɒsk/ **noun** [C] A2 a building where Muslims say their prayers ▷ **meczet**

mosquito /mɒˈskiːtəʊ/ **noun** [C] (plural **mosquitoes**) B1 a small flying insect that sucks your blood, sometimes causing malaria: ***mosquito bites*** ▷ **komar, moskit**

moss /mɒs/ **noun** [C, U] a very small, green plant that grows on the surface of rocks, trees, etc ▷ **mech**

most¹ /məʊst/ **adverb 1 the most attractive/important/popular, etc** A2 used to show that someone or something has the greatest amount of a quality: *She's the most beautiful girl I've ever seen.* ◦ *There are various reasons but this is the most important.* ▷ **najatrakcyjniejszy/najważniejszy/najbardziej popularny** *itp.* **2** A2 more than anyone or anything else: *Which subject do you like most?* ◦ *Sam enjoyed the swings* ***most of all***. ▷ **najbardziej**

most² /məʊst/ **quantifier 1** A2 almost all of a group of people or things: *Most people think he's guilty.* ◦ ***Most of*** *our students walk to school.* ▷ **większość 2** B2 a larger amount than anyone or anything else: *This one costs the most.* ◦ *Which of you earns most?* ▷ **najwięcej 3 the most** B1 the largest number or amount possible: *That's the most I can pay you.* ▷ **najwięcej 4 make the most of sth** B2 to take full advantage of something because it may not last long: *We should make the most of this good weather.* ▷ **maksymalnie** *coś* **wykorzystywać 5 at (the) most** not more than a particular amount or number: *The journey will take an hour at the most.* ▷ **(co) najwyżej**

mostly /ˈməʊstli/ **adverb** B1 mainly or most of the time: *She reads mostly romantic novels.* ▷ **głównie**

motel /məʊˈtel/ **noun** [C] a hotel for people who are travelling by car ▷ **motel**

moth /mɒθ/ **noun** [C] an insect with large wings that often flies at night and is attracted to light ▷ **ćma**

mother /ˈmʌðəʳ/ **noun** [C] **1** A1 your female parent: *a single mother* ◦ *My mother and father are divorced.* ▷ **matka, mama 2 Mother** the title of an important nun: *Mother Teresa* ▷ **Matka** → See also **surrogate mother**

motherhood /ˈmʌðəhʊd/ **noun** [U] when someone is a mother ▷ **macierzyństwo**

mother-in-law /ˈmʌðərɪnˌlɔː/ **noun** [C] (plural **mothers-in-law**) B2 the mother of your husband or wife ▷ **teściowa**

motherly /ˈmʌðəli/ **adjective** A motherly woman is like a mother, usually because she is kind and looks after people. ▷ **matczyny, macierzyński**

ˈMother's ˌDay noun [C, U] a Sunday in the spring when people give their mothers presents to show their love ▷ **Dzień Matki**

ˈmother ˌtongue noun [C] B2 the first language that you learn when you are a child ▷ **język ojczysty**

motif /məʊˈtiːf/ **noun** [C] a small design used as a decoration on something: *a floral motif* ▷ **motyw, wzór**

motion¹ /ˈməʊʃən/ **noun 1** [U] when or how something moves: *The motion of the boat made him feel sick.* ▷ **ruch 2** [C] a single action or movement: *She made a motion with her hand.* ▷ **ruch 3** [C] a suggestion that you make in a formal meeting or court of law: *to* ***propose/oppose*** *a* ***motion*** ▷ **wniosek 4 set sth in motion** to make something start to happen ▷ **nadawać** *czemuś* **bieg, wprawiać** *coś* **w ruch**

IDIOM **go through the motions** to do something that you have to do without enthusiasm ▷ **robić** *coś* **z obowiązku**

→ See also **slow motion**

motion² /ˈməʊʃən/ **verb motion (for/to) sb to do sth** to make a movement as a sign for someone to do something: *She motioned him to sit down.* ▷ **skinąć na** *kogoś*, **aby** *coś zrobił*

motionless /ˈməʊʃənləs/ **adjective** not moving: *He stood motionless in the middle of the road.* ▷ **nieruchomy, bez ruchu**

motivate /ˈməʊtɪveɪt/ **verb** [T] **1** to make someone enthusiastic about doing something: [+ to do sth] *Teaching is all about motivating people to learn.* ▷ **dawać motywację, motywować 2** to cause someone to behave in a particular way: [often passive] *Some people are motivated by greed.* ▷ **powodować**

• **motivated adjective** B2 *a racially motivated crime* ◦ *a very motivated student (= one who works hard and wants to succeed)* ▷ **powodowany**

motivation /ˌməʊtɪˈveɪʃən/ **noun 1** [U] B2 enthusiasm for doing something: *There is a lack of motivation among the staff.* ▷ **motywacja 2** [C] the need or reason for doing something: *What was the* ***motivation for*** *the attack?* ▷ **motywy, przyczyna**

> Wyrazy występujące razem z **motivation**
>
> sb's **main/primary** motivation • the motivation **behind/for** sth

motivational /ˌməʊtɪˈveɪʃənəl/ **adjective** [always before noun] giving you encouragement to do something: *a* ***motivational speaker*** ▷ **motywacyjny**

motive /ˈməʊtɪv/ **noun** [C] B2 a reason for doing something: *The police don't yet know the* ***motive for*** *the killing.* ▷ **motyw**

> Wyrazy występujące razem z **motive**
>
> **have** a motive • an **ulterior/underlying** motive • the motive **behind/for** sth

motor¹ /ˈməʊtəʳ/ **noun** [C] B2 the part of a machine or vehicle that changes electricity or fuel into movement and makes it work: *an electric motor* ▷ **silnik**

motor² /ˈməʊtəʳ/ **adjective** [always before noun] relating to cars: *motor racing* ▷ **samochodowy, motoryzacyjny**

motorbike /ˈməʊtəbaɪk/ **noun** [C] A2 a vehicle with two wheels and an engine ▷ **motor**

motorcycle /ˈməʊtəˌsaɪkl/ **noun** [C] a motorbike ▷ **motocykl**

motoring /ˈməʊtərɪŋ/ **adjective** [always before noun] UK relating to driving: *a motoring offence* ▷ **drogowy**

motorist /ˈməʊtᵊrɪst/ **noun** [C] B2 someone who drives a car ▷ **kierowca**

ˌmotor ˈneuron noun [C] a nerve cell that sends messages to muscles or glands ▷ **motoneuron, neuron ruchowy**

ˈmotor ˌracing noun [U] the sport of driving extremely fast and powerful cars around a track ▷ **wyścigi samochodowe**

motorway /ˈməʊtəweɪ/ **noun** [C] UK (US **freeway, expressway, interstate**) A2 a long, wide road, usually used by traffic travelling fast over long distances ▷ **autostrada**

mottled /ˈmɒtld/ **adjective** A mottled pattern has a mixture of dark and light areas: *mottled skin* ▷ **cętkowany**

motto /ˈmɒtəʊ/ **noun** [C] a short phrase that expresses someone's purpose or beliefs: *Her motto is, "Work hard, play hard".* ▷ **motto**

mould¹ UK (US **mold**) /məʊld/ **noun 1** [U] a green or black substance that grows in wet places or on old food ▷ **pleśń 2** [C] a container that is used to make something in a particular shape: *a chocolate mould* ▷ **forma**

IDIOM **break the mould** to do something differently after it has been done in the same way for a long time ▷ **zerwać z rutyną**

mould² UK (US **mold**) /məʊld/ **verb** [T] to make a soft substance a particular shape: *moulded plastic* ▷ **formować**

moulding /ˈməʊldɪŋ/ **noun** [U] a piece of wood, plastic, stone, etc which has been made into a particular shape to decorate the top or bottom of a wall, or a door, window or piece of furniture ▷ **profil**

mouldy UK (US **moldy**) /ˈməʊldi/ **adjective** covered with mould: *mouldy cheese* ▷ **spleśniały**

mound /maʊnd/ **noun** [C] **1** a large pile of something: *a mound of clothes waiting to be ironed* ▷ **stos 2** a higher area of soil, like a small hill: *an ancient burial mound* ▷ **kopiec**

Mount /maʊnt/ **noun** [C] used in the names of mountains: *Mount Everest* ▷ **Góra**

mount /maʊnt/ **verb 1 mount a campaign/challenge/protest, etc** to arrange a series of organized activities that will achieve a particular result ▷ **zorganizować kampanię/protest** *itp.* **2** [I] to increase in amount or level: *Tension in the room was mounting.* ▷ **narastać, rosnąć 3 mount sth on/to, etc** to fix an object onto something: *They've mounted a camera on the wall by the door.* ▷ **zamontować** *coś* **na/do** *itp.* **4** [T] to go up something: *to mount the stairs* ▷ **wspinać się po, wchodzić po 5** [T] to get on a horse or bicycle ▷ **dosiadać** → Opposite **dismount**

PHRASAL VERB **mount up** to gradually become a large amount: *My homework is really mounting up this week.* ▷ **zbierać się, narastać**

mountain /ˈmaʊntɪn/ **noun** [C] **1** A2 a very high hill: *to **climb** a mountain* ◦ *a **mountain range*** ▷ **góra 2** informal a large pile of something: *There's a **mountain of papers** on my desk.* ▷ **góra**

IDIOM **make a mountain out of a molehill** to deal with a small problem as if it were a big problem ▷ **robić z igły widły**

ˈmountain ˌbike noun [C] a bicycle with thick tyres, originally made for people to ride on hills and rough ground ▷ **rower górski**

mountainous /ˈmaʊntɪnəs/ **adjective** A mountainous area has a lot of mountains. ▷ **górzysty**

mourn /mɔːn/ **verb** [I, T] to feel very sad because someone has died: *He **mourned for** his dead son every day.* ▷ **być w żałobie, opłakiwać**

mourner /ˈmɔːnəʳ/ **noun** [C] someone at a funeral ▷ **żałobnik**

mournful /ˈmɔːnfᵊl/ **adjective** very sad: *a mournful voice* ▷ **ponury**
• **mournfully adverb** ▷ **ponuro**

mourning /ˈmɔːnɪŋ/ **noun** [U] when someone mourns the death of someone else: *a **period of mourning*** ◦ *She's **in mourning** for her husband.* ▷ **żałoba**

mouse /maʊs/ **noun** [C] (plural **mice**) **1** A2 a small piece of equipment connected to a computer that you move with your hand to control what the computer does ▷ **myszka** → See **The Office** on page Centre 5 **2** A2 a small animal with fur and a long, thin tail ▷ **mysz**

ˈmouse ˌmat noun [C] a flat piece of material on which you move the mouse of your computer ▷ **podkładka pod mysz**

mousse /muːs/ **noun** [C, U] **1** a soft, cold food that is often sweet and usually has eggs or cream in it: ***chocolate mousse*** ▷ **mus 2** a substance that you put in your hair so that it stays in a particular shape ▷ **pianka do włosów**

moustache (also US **mustache**) /məˈstɑːʃ/ (US) /ˈmʌstæʃ/ **noun** [C] B1 a line of hair that some men grow above their mouths ▷ **wąsy**

mousy (also **mousey**) /ˈmaʊsi/ **adjective 1** Mousy hair is light brown. ▷ **myszaty 2** A mousy person is shy and not very interesting. ▷ **cichy, bezbarwny**

mouth /maʊθ/ **noun** [C] **1** A1 the part of the face

M

that is used for eating and speaking ▷ **usta, buzia** → See **The Body** on page Centre 13 **2 mouth of a cave/tunnel, etc** the opening or entrance of a cave/tunnel, etc ▷ **wylot jaskini/tunelu** *itp.* **3 mouth of a river** where a river goes into the sea ▷ **ujście rzeki** → See also ***butter* wouldn't melt in sb's mouth**

> Wyrazy występujące razem z **mouth**
>
> close/open your mouth • in your mouth

mouthful /ˈmaʊθfʊl/ **noun** [C] the amount of food or drink that you can put into your mouth at one time ▷ **kęs, łyk**

mouthpiece /ˈmaʊθpiːs/ **noun** [C] a person, newspaper, etc that expresses the opinions of the government or a political group ▷ **rzecznik/czka**

mouthwash /ˈmaʊθwɒʃ/ **noun** [U] a liquid used to make your mouth clean and fresh ▷ **płyn do płukania ust**

movable /ˈmuːvəbl/ **adjective** able to be moved ▷ **ruchomy**

move[1] /muːv/ **verb 1** [I] B1 If a person or an organization moves, they go to a different place to live or work: *Eventually, he **moved to** Germany.* ◦ *She's **moving into** a new apartment.* ◦ *Our children have all **moved away**.* ▷ **przeprowadzać się, przenosić się, wyprowadzać się 2** [I, T] A2 to change place or position, or to make something change place or position: *We **moved** the chairs **to** another room.* ◦ *Someone was **moving around** upstairs.* ▷ **przenosić (się), przesuwać (się), ruszać (się) 3 move ahead/along/forward, etc** to make progress with something that you have planned to do: *The department is moving ahead with changes to its teaching programme.* ▷ **przystępować do realizacji 4** [I] to take action: [+ to do sth] *The company moved swiftly to find new products.* ▷ **podejmować kroki 5** [T] to change the time or order of something: *We need to move the meeting back a few days.* ▷ **przesuwać 6** [T] B2 to make someone have strong feelings of sadness or sympathy: [often passive] *I was deeply moved by his speech.* ◦ *Many people were **moved to tears** (= were so sad they cried).* ▷ **poruszać** → Compare **unmoved 7 move ˌhouse** UK B1 to leave your home in order to live in a new one ▷ **przeprowadzać się, wyprowadzać się**

IDIOM **get moving** informal to hurry ▷ **ruszyć się**

PHRASAL VERBS **move in** B1 to begin living in a new home: *She's just **moved in with** her boyfriend.* ◦ *They want to **move in together** before they get married.* ▷ **wprowadzać się** • **move out** B1 to stop living in a particular home ▷ **wyprowadzać się** • **move on 1** to leave the place where you are staying and go somewhere else: *After three days in Madrid we thought we'd move on.* ▷ **ruszać dalej, ruszać w dalszą drogę 2** to start doing a new activity: *I'd done the same job for ten years and felt it was time to move on.* ▷ **dokonać zmiany 3** to change from one subject to another when you are talking or writing: *Let's **move on to** the next topic.* ▷ **przechodzić** • **move over** to change the place where you are sitting or standing so that there is space for someone else to sit or stand ▷ **posunąć się**

move[2] /muːv/ **noun** [C] **1** something that you do in order to achieve something or to make progress in a situation: *"I've told her she's got to find somewhere else to live." **"Good move!"*** ◦ *The latest policies are clearly **a move towards** democracy.* ◦ *a good **career move*** ▷ **ruch, posunięcie 2** when you go to live or work in a different place: *The move will cost us a lot of money.* ▷ **przeprowadzka 3 make a move a** to change from one place or position to another: *He made a move as if to leave.* ▷ **zrobić ruch b** UK informal to leave somewhere: *I'd better make a move or I'll be late.* ▷ **zbierać się (do wyjścia)**

IDIOM **get a move on** informal to hurry: *Come on, get a move on!* ▷ **ruszyć się**

movement /ˈmuːvmənt/ **noun 1** [C] a group of people with the same beliefs who work together to achieve something: *the women's movement* ◦ *the labour movement* ▷ **ruch 2** [C] a change or development in the way people think or behave: *a movement towards democracy* ▷ **transformacja, przemiana 3** [C, U] B2 a change of position or place: *His movements were rather clumsy.* ▷ **ruch 4** [C] a part of a piece of music: *The symphony opens with a slow movement.* ▷ **część 5 sb's movements** what someone is doing during a particular period of time: *I don't know his movements this week.* ▷ *czyjeś* **ruchy,** *czyjeś* **zamiary**

movie /ˈmuːvi/ **noun** [C] **1** A1 a film ▷ **film 2 the movies** US (UK **the cinema**) a cinema, or group of cinemas: *What's playing at the movies?* ◦ *Why don't we **go to the movies** tonight?* ▷ **kino**

> Wyrazy występujące razem z **movie**
>
> make/see/watch a movie • in a movie

ˈmovie ˌstar **noun** [C] a famous movie actor or actress ▷ **gwiazda filmowa**

ˈmovie ˌtheater **noun** [C] US (UK **cinema**) a building where you go to watch films ▷ **kino**

moving /ˈmuːvɪŋ/ **adjective 1** B2 causing strong feelings of sadness or sympathy: *a **moving** tribute* ▷ **wzruszający 2** [always before noun] A moving object is one that moves: *a moving target* ▷ **ruchomy**

mow /məʊ/ **verb** [T] (past tense **mowed**, past participle **mown, mowed**) to cut grass using a machine: *to **mow the lawn*** ▷ **kosić**

mower /ˈməʊəʳ/ **noun** [C] (also **lawn mower**) a machine that you use to cut grass ▷ **kosiarka**

Mozambique /ˌməʊzæmˈbiːk/ **noun** a country in Africa ▷ **Mozambik**

• **Mozambican** /ˌməʊzæmˈbiːkən/ **adjective**

coming from or relating to Mozambique ▷ **mozambicki** • **Mozambican noun** someone from Mozambique ▷ **Mozambij-czyk/ka**

MP /ˌemˈpiː/ **noun** [C] abbreviation for Member of Parliament: someone who has been elected to the government of the United Kingdom ▷ **pos. (= pos-eł/łanka)**

MP3 /empiːˈθriː/ **noun** [C, U] a computer file which stores good-quality sound in a small amount of space, or the technology that makes this possible ▷ **mp3, empetrójka**

MPˈ3 ˌplayer noun [C] (A2) a piece of electronic equipment or a computer program for playing music that has been stored as MP3 files ▷ **odtwarzacz mp3**

mph written abbreviation for miles per hour: a unit for measuring speed: *a 30 mph speed limit* ▷ **mph (= mil na godzinę; 1mph = 1,609 km/h)**

MPV /ˌempiːˈviː/ **noun** [C] UK (US **minivan**) abbreviation for multi-purpose vehicle: a large, high car which can carry more people than a normal car ▷ **minivan**

Mr /ˈmɪstəʳ/ **noun** (A1) a title for a man, used before his family name or full name: *Good morning, Mr Smith.* ◦ *This package is addressed to Mr Gordon Harper.* ▷ **pan**

MRI /ˌemɑːrˈaɪ/ **noun** [C] abbreviation for magnetic resonance imaging: a system that produces electronic pictures of the organs inside a person's body ▷ **rezonans (magnetyczny)**

Mrs /ˈmɪsɪz/ **noun** (A1) a title for a married woman, used before her family name or full name: *Hello, Mrs. Jones.* ◦ *Please send your application to the finance director, Mrs Laura Fox.* ▷ **pani**

MRSA /ˌemɑːresˈeɪ/ **noun** abbreviation for Methicillin Resistant Staphylococcus Aureus: a type of bacteria that is often found in hospitals and can make people very ill ▷ **MRSA (gronkowiec złocisty oporny na metycylinę)**

Ms /mɪz/ **noun** (A2) a title for a woman, used before her family name or full name: *Ms Holly Fox* ▷ **pani**

MS /ˌemˈes/ **noun** [U] abbreviation for multiple sclerosis ▷ **SM (= sclerosis multiplex, stwardnienie rozsiane)**

MSc UK (US **MS**) /ˌemesˈsiː/ **noun** [C] abbreviation for Master of Science: a higher university qualification in a science subject ▷ **mgr (= magister)**

MTV® /ˌemtiːˈviː/ **noun** [U] abbreviation for Music Television: an organization that broadcasts pop music around the world ▷ **MTV®**

much¹ /mʌtʃ/ **quantifier 1** (A1) In questions, 'much' is used to ask about the amount of something: *Was there much food there?* ◦ ***How much** money will I need for the taxi?* ▷ **dużo, ≈ ile 2** (A2) In negative sentences, 'much' is used to say that there is not a large amount of something: *She doesn't earn much money.* ◦ *Pete didn't say much at dinner.* ◦ *"Is there any coffee left?" "Not much."* ▷ **dużo, wiele 3 too much/so much** (A2) a large amount of something, often more than you want: *I'd love to come, but I've got too much work.* ◦ *We were having so much fun, I didn't want to go home.* ▷ **zbyt/tak dużo 4** formal a lot of: *Much work remains to be done.* ◦ *Much of his evidence was unreliable.* ▷ **wiele, dużo 5 not much of a sth** used when you want to say that a person or thing is a bad example of something: *I'm not much of a cook.* ▷ **kiepski/e** *ktoś/coś* **6 not be up to much** UK informal to be of bad quality: *Her latest novel isn't up to much.* ▷ **być niewiele wartym**

much² /mʌtʃ/ **adverb (more, most) 1** (B1) often or a lot: *Do you go to London much?* ◦ *I don't like curry very much.* ▷ **często, bardzo 2** (B1) used before comparative adjectives to mean 'a lot': *Their old house was much bigger.* ◦ *That's a much more sensible idea.* ◦ *"Is her new car faster than her old one?" "Oh yes, much."* ▷ **znacznie, dużo, o wiele**

muck¹ /mʌk/ **noun** [U] informal dirt: *You've got muck on your shoes.* ▷ **brud, błoto**

muck² /mʌk/ **verb**

PHRASAL VERBS **muck about/around** mainly UK informal to behave stupidly and waste time: *Stop mucking around, will you!* ▷ **wygłupiać się** • **muck sth up** informal to do something badly, or to spoil something: *I mucked up the interview.* ▷ **schrzanić** *coś*

mucous membrane /ˌmjuːkəsˈmembreɪn/ **noun** [C] a thin layer of skin that produces mucus, for example inside the nose ▷ **błona śluzowa, śluzówka**

mucus /ˈmjuːkəs/ **noun** [U] a thick liquid produced inside the nose and other parts of the body ▷ **śluz**

mud /mʌd/ **noun** [U] (B2) a thick liquid mixture of soil and water, or this mixture after it has dried: *He'd been playing football and was covered in mud.* ▷ **błoto**

muddle¹ /ˈmʌdl/ **noun** [C, U] a situation of confusion or bad organization: *There was a big muddle over who was buying the tickets.* ◦ *I'm **in such a muddle** with these bills.* ▷ **zamęt, mętlik**

> Wyrazy występujące razem z **muddle**
>
> be/get in a muddle • a muddle over/with sth

muddle² /ˈmʌdl/ **verb get sb/sth muddled up** to think that a person or thing is someone or something else: *I often get Jonathan and his brother muddled up.* ▷ **mylić** *kogoś/coś*

PHRASAL VERBS **muddle through (sth)** to manage to do something although you do not know how to do it well: *None of us has any formal training but somehow we muddle through.* ▷ **poradzić sobie (z** *czymś***), przebrnąć (przez** *coś***)** • **muddle sth up** to arrange things in the wrong order: *Please don't muddle up those books – I've just sorted them out.* ▷ **pomieszać** *coś*

M

muddled /ˈmʌdld/ **adjective** **1** A person who is muddled is confused: *He became increasingly muddled as he grew older.* ▷ **roztargniony** **2** Things that are muddled are badly organized: *He left his clothes in a muddled pile in the corner.* ▷ **bezładny**

muddy /ˈmʌdi/ **adjective** B2 covered by or containing mud: *a muddy stream* ◦ *muddy boots* ▷ **błotnisty**

mudguard /ˈmʌdgɑːd/ **noun** [C] UK (US **fender**) a curved piece of metal or plastic fixed above a wheel of a bicycle or motorcycle to prevent water or dirt from hitting the person's legs ▷ **błotnik**

muesli /ˈmjuːzli/ **noun** [U] a mixture of grains, dried fruit and nuts that people eat with milk as part of the first meal of the day ▷ **muesli**

muffin /ˈmʌfɪn/ **noun** [C] **1** a small, sweet cake: *a blueberry muffin* ▷ **babeczka** **2** UK (US **English muffin**) a small, round, flat bread that is often eaten hot with butter: *toasted muffins* ▷ **bułeczka drożdżowa**

muffle /ˈmʌfl/ **verb** [T] to make a noise quieter and less clear: *The pillow muffled her screams.* ▷ **tłumić**

• **muffled** **adjective** Muffled sounds cannot be heard clearly: *a **muffled sound/voice*** ◦ *a **muffled scream/cry*** ▷ **stłumiony**

M

muffler /ˈmʌfləʳ/ **noun** [C] US (UK **silencer**) a part of a vehicle that reduces noise ▷ **tłumik**

mug¹ /mʌg/ **noun** [C] **1** A2 a large cup with straight sides usually used for hot drinks: *a coffee mug* ◦ *a steaming mug of tea* ▷ **kubek** **2** informal someone who is stupid and easily deceived: *I was such a mug to think he'd pay me back.* ▷ **frajer/ka**

mug² /mʌg/ **verb** [T] (present participle **mugging**, past tense and past participle **mugged**) to attack and rob someone in a public place: [often passive] *He was mugged as he walked across the park.* ▷ **napadać**

• **mugger** **noun** [C] someone who mugs people ▷ **(uliczny) bandzior, napastni-k/czka**

mugging /ˈmʌgɪŋ/ **noun** [C, U] when someone is attacked in a public place and money, etc stolen from them ▷ **napaść**

muggy /ˈmʌgi/ **adjective** When the weather is muggy, it is unpleasantly warm and the air contains a lot of water: *a muggy afternoon* ▷ **parny, duszny**

Muhammad /məˈhæmɪd/ **noun** another spelling of Mohammed ▷ **Mahomet**

mule /mjuːl/ **noun** [C] an animal whose mother is a horse and whose father is a donkey ▷ **muł**

mules /mjuːlz/ **noun** [plural] women's shoes that have no back ▷ **klapki** → See **Clothes** on page Centre 9

mull /mʌl/ **verb**

PHRASAL VERB **mull sth over** to think carefully about something for a long time, often before you make a decision ▷ **przemyśleć** *coś*, **przetrawić** *coś*

mullah /ˈmʌlə/ **noun** [C] a Muslim religious teacher or leader ▷ **mułła**

multi- /mʌlti-/ **prefix** many: *a multi-millionaire* ◦ *a multi-storey car park* ▷ **wielo-, multi-**

multicellular /ˌmʌltiˈseljələʳ/ **adjective** made of many cells ▷ **wielokomórkowy**

multicultural /ˌmʌltiˈkʌltʃᵊrᵊl/ **adjective** including people of different races and religions: *a **multicullturalsociety*** ▷ **wielokulturowy**

multilingual /ˌmʌltiˈlɪŋgwəl/ **adjective** using or speaking more than two languages ▷ **wielojęzyczny, multilingwalny**

multimedia /ˌmʌltiˈmiːdiə/ **adjective** [always before noun] Multimedia computers and programs use sound, pictures, film, and text: *multimedia software/technology* ▷ **multimedialny**

multinational¹ /ˌmʌltiˈnæʃᵊnᵊl/ **adjective** active in several countries, or involving people from several countries: *a **multinational company/corporation*** ▷ **międzynarodowy, wielonarodowy**

multinational² /ˌmʌltiˈnæʃᵊnᵊl/ **noun** [C] a large company that produces goods or services in several countries ▷ **koncern międzynarodowy**

multiple¹ /ˈmʌltɪpl/ **adjective** with several parts: ***multiple injuries*** ▷ **wielokrotny, liczny, wieloraki**

multiple² /ˈmʌltɪpl/ **noun** [C] a number that can be divided by another number an exact number of times: *Nine is **a multiple of** three.* ▷ **wielokrotność**

ˌmultiple ˈchoice **adjective** A multiple choice exam or question gives you different answers and you choose the correct one. ▷ **wielokrotnego wyboru**

multiple sclerosis /ˌmʌltɪplskləˈrəʊsɪs/ **noun** [U] a serious disease that gradually makes it difficult for a person to see, speak, or move ▷ **stwardnienie rozsiane**

multiplex /ˈmʌltipleks/ **noun** [C] a cinema which has separate screens and shows different films at the same time ▷ **multikino**

multiplication /ˌmʌltɪplɪˈkeɪʃᵊn/ **noun** [U] the process of multiplying a number with other numbers ▷ **mnożenie**

multiply /ˈmʌltɪplaɪ/ **verb** **1** [I, T] to increase by a large number, or to cause something to increase by a large number: *In warm weather, germs multiply rapidly.* ▷ **mnożyć (się)** **2** [T] to add one number to itself a particular number of times: *Three **multiplied by** six equals eighteen.* ▷ **mnożyć**

multi-purpose /ˌmʌltiˈpɜːpəs/ **adjective** describes something that can be used in many different ways ▷ **wieloczynnościowy**

multiracial /ˌmʌltiˈreɪʃᵊl/ **adjective** involving

people from different races: *a **multiracial society*** ▷ **wielorasowy**

multi-storey /ˌmʌltiˈstɔːri/ **adjective** UK (US **multistory**) describes a building with many floors: *UK: a multi-storey car park/US: a multistory office building* ▷ **wielopiętrowy**

multitasking /ˌmʌltiˈtɑːskɪŋ/ **noun** [U] **1** the ability of a person to do more than one thing at a time: *Women are often very good at multitasking.* ▷ **podzielna uwaga 2** when a computer does several processes at the same time ▷ **wielozadaniowość**

multitude /ˈmʌltɪtjuːd/ **noun** [C] formal a large number of people or things: *a multitude of problems/questions* ▷ **mnogość**

mum /mʌm/ **noun** [C] UK (US **mom**) (A1) mother: *I asked my mum but she said no.* ◦ *Can we go now, Mum?* ▷ **mama**

mumble /ˈmʌmbl/ **verb** [I, T] (B2) to speak too quietly and not clearly enough for someone to understand you: *He **mumbled something about** it being a waste of time.* ▷ **mamrotać**

mummy /ˈmʌmi/ **noun** [C] **1** UK informal (US **mommy**) a word for 'mother', used especially by children: *Come here, Mummy!* ◦ *My mummy and daddy came too.* ▷ **mama, mamusia 2** a dead body covered in cloth, especially from ancient Egypt ▷ **mumia**

mumps /mʌmps/ **noun** [U] an illness that children get which makes the throat and neck swell: *to have mumps* ▷ **świnka**

munch /mʌnʃ/ **verb** [I, T] to eat something in a noisy way: *She was sitting on the lawn munching an apple.* ▷ **chrupać**

mundane /mʌnˈdeɪn/ **adjective** ordinary, or not interesting: *a mundane task/life* ▷ **przyziemny, prozaiczny**

municipal /mjuːˈnɪsɪp(ə)l/ **adjective** [always before noun] relating to the government of a town or city: *a municipal council/election* ▷ **miejski, municypalny**

munitions /mjuːˈnɪʃ(ə)nz/ **noun** [plural] bombs, guns, and other military equipment: *a **munitions factory*** ▷ **sprzęt zbrojeniowy**

mural /ˈmjʊər(ə)l/ **noun** [C] a picture that is painted on a wall ▷ **malowidło ścienne**

murder[1] /ˈmɜːdə(r)/ **noun** [C, U] **1** (B1) the crime of intentionally killing someone: *to **commit murder*** ◦ *She was charged with **attempted murder**.* ◦ *a murder charge/trial* ▷ **morderstwo 2 be murder** informal to be unpleasant or cause difficulty: *Driving in Chicago at rush hour is murder.* ▷ **być katorgą, ≈ to katorga**

> Wyrazy występujące razem z **murder**
>
> **commit** (a) murder • the murder **of** sb • a murder **charge/investigation/victim/weapon**

murder[2] /ˈmɜːdə(r)/ **verb** [T] (B1) to kill someone intentionally and illegally: [often passive] *He was murdered by a former employee.* ▷ **zamordować**

murderer /ˈmɜːd(ə)rə(r)/ **noun** [C] (B1) someone who has committed murder: *a convicted murderer* ▷ **morder-ca/czyni**

murderous /ˈmɜːd(ə)rəs/ **adjective** [always before noun] likely to kill someone, or wanting to kill them: *a murderous dictator/regime* ▷ **morderczy, zbrodniczy**

murky /ˈmɜːki/ **adjective 1** secret, and involving dishonest or illegal activities: *He has a **murky past** as an arms dealer.* ◦ *the **murky world** of drug dealing* ▷ **mroczny, ponury 2** dirty and dark: *murky water* ▷ **mętny**

murmur[1] /ˈmɜːmə(r)/ **verb** [I, T] to speak quietly so that you can only be heard by someone near you: *"Go to sleep now," she murmured.* ◦ *He murmured a few words of sympathy.* ▷ **mruczeć, szeptać**

murmur[2] /ˈmɜːmə(r)/ **noun** [C] the sound of something being said quietly: *I could hear the low **murmur of voices** from behind the door.* ▷ **szmer**

muscle[1] /ˈmʌsl/ **noun 1** [C, U] (B2) one of many pieces of tissue in the body that are connected to bones and which produce movement by becoming longer or shorter: *aching joints and muscles* ◦ *stomach/thigh muscles* ◦ *I think I may have **pulled** (= injured) **a muscle**.* ▷ **mięsień 2** [U] the ability to control or influence people: *political/military muscle* ▷ **wpływy**

muscle[2] /ˈmʌsl/ **verb**

PHRASAL VERB **muscle in** informal to force yourself into an activity in which other people do not want you to be involved: *How can we stop him **muscling in on** this project?* ▷ **podłączać się, wpychać się**

muscular /ˈmʌskjələ(r)/ **adjective 1** having firm, strong muscles: *muscular legs/arms* ▷ **umięśniony, muskularny 2** relating to muscles: *muscular aches/pains* ▷ **mięśniowy**

muse /mjuːz/ **verb** [I] formal to think carefully about something for a long time: *I was just **musing about** relationships.* ▷ **dumać, rozmyślać**

museum /mjuːˈziːəm/ **noun** [C] (A1) a building where you can look at important objects connected with art, history, or science: *a museum of modern art* ▷ **muzeum**

mush /mʌʃ/ **noun** [U] informal food that is unpleasantly soft and wet, usually because it has been cooked for too long ▷ **papka**

mushroom[1] /ˈmʌʃruːm/ **noun** [C] (A2) a type of fungus with a short stem and a round top, some types of which can be eaten: *pasta with wild mushrooms* ▷ **grzyb**

mushroom

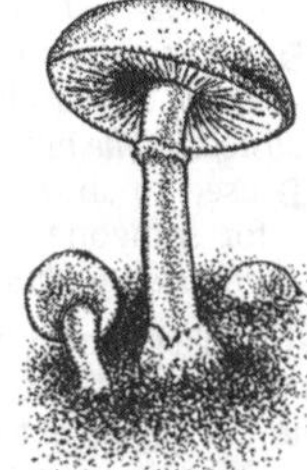

mushroom[2] /ˈmʌʃruːm/ **verb** [I] to increase or develop very quickly: *mushrooming costs* ▷ **gwałtownie wzrastać**

music /ˈmjuːzɪk/ **noun** [U] **1** Ⓐ1 a pattern of sounds that is made by playing instruments or singing, or a recording of this: ***pop/dance music*** ∘ ***classical music*** ∘ *He likes* ***listening to music.*** ∘ *Could you* ***put on*** *some* ***music****?* ∘ *a music festival* ∘ *a music lesson/teacher* ▷ **muzyka** **2** written signs which represent sounds that can be sung or played with instruments: *I never learnt to* ***read music*** *(= understand written music).* ▷ **nuty**

IDIOM **face the music** to accept punishment or criticism for something bad that you have done ▷ **ponieść konsekwencje**

→ See also **chamber music**, **country music**, **folk music**

> **Wyrazy występujące razem z music**
>
> **compose/listen to/play** music • **a piece of** music • **dance/pop/classical** music • **put on** some music

musical[1] /ˈmjuːzɪkəl/ **adjective 1** [always before noun] Ⓐ2 relating to music: *a* ***musical instrument*** ▷ **muzyczny 2** good at playing music: *She comes from a very musical family.* ▷ **muzykalny**
• **musically adverb** ▷ **muzycznie**

musical[2] /ˈmjuːzɪkəl/ **noun** [C] Ⓑ2 a play or film in which singing and dancing tell part of the story: *a Broadway/Hollywood musical* ▷ **musical**

musician /mjuːˈzɪʃən/ **noun** [C] Ⓑ1 someone who plays a musical instrument, often as a job: *a talented jazz/classical musician* ▷ **muzyk**

Muslim (also **Moslem**) /ˈmʊzlɪm/ ⓤⓢ /ˈmʌzləm/ **noun** [C] someone who believes in Islam ▷ **Muzułma-nin/nka**
• **Muslim adjective** *a Muslim family* ▷ **muzułmański**

muslin /ˈmʌzlɪn/ **noun** [U] a very thin cotton cloth ▷ **muślin**

mussel /ˈmʌsəl/ **noun** [C] a small sea creature that has a black shell in two parts and that can be eaten ▷ **małż (jadalny)**

must[1] strong /mʌst/ weak /məst/, /məs/ **modal verb 1** Ⓐ2 used to say that it is necessary that something happens or is done: *The meat must be cooked thoroughly.* ∘ *You mustn't show this letter to anyone else.* ∘ *I must get some sleep.* ▷ **musieć 2** Ⓑ2 used to show that you think something is very likely or certain to be true: *You must be exhausted.* ∘ *She must be very wealthy.* ▷ **musieć 3** Ⓑ1 used to show that you think it is a good idea for someone to do something: *You must come and stay with us some time.* ▷ **musieć**

must[2] /mʌst/ **noun be a must** informal If something is a must, it is very important to have or do it: *The restaurant has become so popular that reservations are a must.* ▷ **być koniecznym**

mustache /məˈstɑːʃ/ ⓤⓢ /ˈmʌstæʃ/ **noun** [C] another US spelling of moustache ▷ **wąsy**

mustard /ˈmʌstəd/ **noun** [U] a thick, spicy, yellow or brown sauce often eaten in small amounts with meat: *a teaspoon of mustard* ▷ **musztarda**

muster /ˈmʌstər/ **verb** [T] (also **muster up**) to get enough support, bravery, or energy to do something difficult: *I hope she* ***musters the courage*** *to invite him for dinner.* ▷ **zbierać (się na)**

mustn't /ˈmʌsənt/ short for must not: *You mustn't let her know I'm coming.* ▷ **nie wolno**

musty /ˈmʌsti/ **adjective** smelling old and slightly wet in an unpleasant way: *a musty room* ∘ *the* ***musty smell*** *of old books* ▷ **stęchły**

mutant /ˈmjuːtənt/ **noun** [C] an organism or cell that is different from others of the same type because of a change in its genes: *a mutant virus* ▷ **mutant**

mutation /mjuːˈteɪʃən/ **noun** [C, U] a permanent change in the genes of an organism, or an organism with such a change: *The disease is caused by a mutation in a single gene.* ▷ **mutacja**

mute /mjuːt/ **adjective 1** expressed in thoughts but not in speech or writing: *The president has* ***remained mute*** *about whether he will resign.* ∘ *I gazed at her in* ***mute admiration.*** ▷ **milczący 2** unable to speak for physical or mental reasons: *a school for deaf and mute children* ▷ **niemy**

muted /ˈmjuːtɪd/ **adjective 1** not strongly expressed: *a* ***muted response/reaction*** ∘ ***muted criticism*** ▷ **powściągliwy 2** A muted sound is quieter than usual: ***muted voices*** ▷ **przytłumiony 3** [always before noun] A muted colour is not bright or easily noticed. ▷ **przytłumiony**

mutilate /ˈmjuːtɪleɪt/ **verb** [T] to damage someone's body violently and severely, often by cutting off a part of it: *a* ***mutilated body/corpse*** ▷ **okaleczyć, zmasakrować**
• **mutilation** /ˌmjuːtɪˈleɪʃən/ **noun** [C, U] ▷ **okaleczenie**

mutiny /ˈmjuːtɪni/ **noun** [C, U] when a group of people, usually soldiers or sailors, refuse to obey orders, often because they want to be in control themselves ▷ **bunt**
• **mutiny verb** [I] to take part in a mutiny ▷ **buntować się**

mutt /mʌt/ **noun** [C] informal a dog that is a mixture of different breeds (= types) ▷ **kundel**

mutter /ˈmʌtər/ **verb** [I, T] Ⓑ2 to speak quietly so that your voice is difficult to hear, often when complaining about something: *She walked past me,* ***muttering to herself.*** ∘ *He muttered* ***something about*** *the restaurant being too expensive.* ▷ **mamrotać**

• **mutter** noun [C] ▷ **mamrotanie**

mutton /ˈmʌtᵊn/ **noun** [U] meat from an adult sheep: *a leg/shoulder of mutton* ▷ **baranina**

IDIOM **mutton dressed as lamb** UK informal an older woman who wears clothes that would be more suitable for a young woman ▷ **z tyłu liceum, z przodu muzeum**

mutual /ˈmjuːtʃuəl/ **adjective** **1** When two or more people have a mutual feeling, they have the same opinion about each other: ***mutual admiration/respect*** ◦ *He doesn't like her, and I suspect **the feeling's mutual**.* ▷ **wzajemny** **2** When two or more people have a mutual friend or interest, they have the same one: *Andrew and Jean were introduced to each other by a **mutual friend**.* ▷ **wspólny**

mutualism /ˈmjuːtʃuəlɪzᵊm/ **noun** [U] when two organisms live together and get advantages from each other ▷ **mutualizm**

mutually /ˈmjuːtʃuəli/ **adverb** You use mutually before an adjective when the adjective describes all sides of a situation: *a **mutually dependent** relationship* ◦ *Being attractive and intelligent are not **mutually exclusive** (= someone can be attractive and intelligent).* ▷ **wzajemnie**

muzak /ˈmjuːzæk/ **noun** [U] trademark recorded music that is played quietly and continuously in public places such as airports, hotels and shops ▷ **muzak**

muzzle¹ /ˈmʌzl/ **noun** [C] **1** the mouth and nose of a dog, or a covering put over these to prevent the dog biting ▷ **morda, kaganiec** **2** the open end of the long cylindrical part of a gun ▷ **wylot lufy**

muzzle² /ˈmʌzl/ **verb** [T] **1** to put a muzzle on a dog ▷ **zakładać kaganiec** **2** to prevent someone expressing their own opinions ▷ **zamknąć usta**

my /maɪ/ **determiner** (A1) belonging to or relating to the person who is speaking or writing: *Tom's my older son.* ◦ *It's not my fault.* ◦ *My house is near the station.* ▷ **mój, swój**

Myanmar /ˈmjænmɑːʳ/ **noun** a country in Asia ▷ **Myanmar**

• **Burmese** /bɜːˈmiːz/ **adjective** coming from or relating to Myanmar ▷ **birmański** • **Burmese noun** (plural **Burmese**) someone from Myanmar ▷ **Birma-ńczyk/nka**

mycelium /maɪˈsiːliəm/ **noun** [U] (plural **mycelia**) the main part of a fungus ▷ **grzybnia**

myelin /ˈmaɪəlɪn/ **noun** [U] a substance containing a lot of fat that covers nerves to protect them, and helps them to send signals ▷ **mielina**

• **myelination** /maɪəlɪnˈeɪʃᵊn/ **noun** [C] ▷ **otoczka mielinowa**

MYOB informal Internet abbreviation for mind your own business: used in emails and text messages to say rudely that you do not want to talk about something ▷ **nie wtrącaj się**

myriad /ˈmɪriəd/ **adjective** literary very many: ***myriad problems*** ▷ **nieprzeliczony**

• **myriad noun** [C] literary *Digital technology resulted in **a myriad of** (= many) new TV channels.* ▷ **miriady**

myself /maɪˈself/ **pronoun** **1** (A2) the reflexive form of the pronouns 'me' or 'I': *I've bought myself a new coat.* ◦ *I looked at myself in the mirror.* ▷ **się, sobie, siebie, sobą** **2** (B2) used to emphasize the pronoun 'I', especially when the speaker wants to talk about their actions and not someone else's: *I'll tell her myself.* ◦ *Jack always drinks red wine but I prefer white myself.* ▷ **sam** **3 (all) by myself** (A2) alone or without anyone else's help: *I live by myself in a small flat.* ◦ *Mummy, I got dressed all by myself.* ▷ **(całkiem) sam, samodzielnie** **4 (all) to myself** for my use only: *I'll have the flat all to myself this weekend.* ▷ **(tylko) dla siebie**

mysterious /mɪˈstɪəriəs/ **adjective** **1** (B2) strange or unknown, and not explained or understood: *a mysterious stranger* ◦ *the mysterious death of her son* ▷ **tajemniczy** **2** refusing to talk about something and behaving in a secretive way: *Nick is being very **mysterious about** where he's going on holiday.* ▷ **tajemniczy**

• **mysteriously** adverb *to **disappear/vanish mysteriously*** ▷ **tajemniczo**

M

mystery¹ /ˈmɪstᵊri/ **noun** **1** [C, U] (B1) something strange or unknown that cannot be explained or understood: *an **unsolved mystery*** ◦ *He never gave up hope that he would **solve the mystery of** his son's disappearance.* ◦ *He's out of work, so how he pays his rent is **a mystery to** me (= I cannot explain it).* ▷ **tajemnica** **2** [C] a story, often about a crime, in which the strange events that happen are explained at the end: *a **murder mystery*** ▷ **kryminał, powieść sensacyjna, film sensacyjny**

> Wyrazy występujące razem z **mystery**
>
> **explain/solve/unravel** a mystery • the mystery **surrounding** sth • an **unexplained/unsolved** mystery • the mystery **of** sth • be a mystery **to** sb

mystery² /ˈmɪstᵊri/ **adjective** [always before noun] A mystery person or thing is one who is unknown: *I saw her with a **mystery man** in a restaurant last night.* ▷ **tajemniczy**

mystic /ˈmɪstɪk/ **noun** [C] someone who attempts to be united with God through prayer ▷ **misty-k/czka**

mystical /ˈmɪstɪkᵊl/ **adjective** (also **mystic**) **1** relating to the religious beliefs and activities of mystics ▷ **mistyczny** **2** involving magical or spiritual powers that are not understood ▷ **mistyczny**

mysticism /ˈmɪstɪsɪzᵊm/ **noun** [U] the religious beliefs and activities of mystics ▷ **mistycyzm**

mystify /ˈmɪstɪfaɪ/ **verb** [T] If something mystifies someone, they cannot understand or explain it because it is confusing or complicated: [often passive] *I was mystified by the decision.* ▷ **zadziwiać, stanowić zagadkę dla**

mystique /mɪˈstiːk/ **noun** [U] a mysterious quality that makes a person or thing seem interesting or special: *the mystique of the princess* ▷ **magia, aura tajemniczości**

myth /mɪθ/ **noun** [C] **1** Ⓑ2 an ancient story about gods and brave people, often one that explains an event in history or the natural world: *a Greek myth* ▷ **mit 2** an idea that is not true but is believed by many people: *It's a myth that men are better drivers than women.* ▷ **mit**

> **Wyrazy występujące razem z myth**
>
> debunk/dispel/explode a myth (= show that an idea is not true) • a common/popular myth • the myth of sth

mythical /ˈmɪθɪkəl/ **adjective** (also **mythic**) **1** existing in a myth: *a mythical character* ▷ **mityczny, mitologiczny 2** imaginary or not true ▷ **zmyślony**

mythology /mɪˈθɒlədʒi/ **noun** [U] myths, often those relating to a single religion or culture: ***classical mythology*** ◦ *the mythology of the ancient Greeks* ▷ **mitologia**

• **mythological** /ˌmɪθəlˈɒdʒɪkəl/ **adjective** ▷ **mitologiczny**

N

N, n /en/ the fourteenth letter of the alphabet ▷ **N, n**

N/A (also US **NA**) written abbreviation for not applicable: used on official forms to show that you do not need to answer a question ▷ **nie dot. (= nie dotyczy)**

naff /næf/ **adjective** UK informal silly and not fashionable: *naff lyrics* ▷ **kiczowaty**

NAFTA /ˈnæftə/ **noun** abbreviation for North American Free Trade Agreement: an agreement between the US, Canada and Mexico about how they do business between them ▷ **NAFTA (= Północnoamerykański Układ Wolnego Handlu)**

nag /næg/ **verb** [I, T] (present participle **nagging**, past tense and past participle **nagged**) to keep criticizing or giving advice to someone in an annoying way: *They keep nagging me about going to university.* ▷ **zrzędzić, nie dawać spokoju**

PHRASAL VERB **nag (away) at sb** If doubts or worries nag at you, you think about them all the time: *The same thought has been nagging away at me since last week.* ▷ **gnębić** *kogoś*, **dręczyć** *kogoś*

nagging /ˈnægɪŋ/ **adjective** [always before noun] Nagging doubts or worries make you worried and you cannot forget them: *a* ***nagging doubt*** ▷ **dręczący, dokuczliwy**

nail[1] /neɪl/ **noun** [C] **1** B2 a thin piece of metal with a sharp end, used to join pieces of wood together: *a hammer and nails* ▷ **gwóźdź 2** B2 the hard surface at the end of your fingers and toes: *fingernails/toenails* ◦ *to* ***cut*** *your* ***nails*** ◦ ***nail clippers/scissors*** ◦ *Stop* ***biting*** *your* ***nails.*** ▷ **paznokieć**

IDIOMS **hit the nail on the head** to describe exactly what is causing a situation or problem ▷ **trafić w samo sedno** • **the final nail in the coffin** an event which causes the failure of something that had already started to fail: *This latest evidence could be the final nail in the coffin for Jackson's case.* ▷ **gwóźdź do trumny**

nail[2] /neɪl/ **verb 1 nail sth down/on/to, etc** to fasten something with nails: *There was a 'private property' sign nailed to the tree.* ▷ **przybijać/wbijać** *coś* **do/w** *itp.* **2** [T] mainly US informal to catch someone who has committed a crime: *They eventually* ***nailed*** *him* ***for*** *handling stolen goods.* ▷ **przyszpilić, nakryć**

PHRASAL VERBS **nail sb down** to make someone give you exact details or a decision about something ▷ **przycisnąć** *kogoś* • **nail sth down** US to understand something completely, or to describe something correctly: *We haven't been able to nail down the cause of the fire yet.* ▷ **ustalać** *coś*

ˈ**nail** ˌ**brush** **noun** [C] a small brush, used for cleaning your nails ▷ **szczoteczka do paznokci** → See **The Bathroom** on page Centre 3

ˈ**nail** ˌ**polish** **noun** [U] (also UK ˈ**nail** ˌ**varnish**) paint that you put on your nails ▷ **lakier do paznokci**

naive /naɪˈiːv/ **adjective** If someone is naive, they believe things too easily and do not have enough experience of the world: *I was much younger then, and very naive.* ▷ **naiwny** • **naively adverb** *I naively believed that we would be treated as equals.* ▷ **naiwnie** • **naivety** /naɪˈiːvəti/ **noun** [U] the quality of being naive ▷ **naiwność**

naked /ˈneɪkɪd/ **adjective 1** B2 not wearing clothes or not covered by anything: *a naked thigh/shoulder* ◦ *He was* ***stark naked*** *(= completely naked).* ▷ **nagi, odsłonięty 2** [always before noun] A naked feeling or quality is not hidden, although it is bad: ***naked aggression*** ▷ **nieskrywany 3 the naked eye** If something can be seen by the naked eye, it is big enough to be seen without special equipment. ▷ **gołe oko, ≈ gołym okiem**

> Wyrazy występujące razem z **naked**
>
> **buck/stark** naked • **half** naked

name[1] /neɪm/ **noun 1** A1 [C] the word or group of words that is used to refer to a person, thing, or place: *What's your name?* ◦ *My name's Alexis.* ◦ *I can't remember the name of the street he lives on.* ◦ *He didn't mention her* ***by name*** *(= he did not say her name).* ▷ **imię, nazwisko, nazwa 2 in the name of sth** If bad things are done in the name of something, they are done in order to help that thing succeed: *So much blood has been spilt in the name of religion.* ▷ **w imię** *czegoś* **3 a bad/good name** B2 If things or people have a bad/good name, people have a bad/good opinion of them: *Their behaviour gives us all a bad name.* ▷ **zła/dobra sława lub reputacja, złe/dobre imię 4 call sb names** to use impolite or unpleasant words to describe someone ▷ **przezywać** *kogoś*, **obrzucać** *kogoś* **wyzwiskami**

IDIOMS **make a name for yourself** to become famous or respected by a lot of people ▷ **zdobyć sławę** • **the name of the game** the main purpose or most important part of an activity: *Popularity is the name of the game in television.* ▷ **podstawa, istota, kluczowa sprawa**

→ See also **brand name**, **Christian name**, **family**

name, first name, last name, maiden name, middle name

name² /neɪm/ **verb** [T] **1** (B1) to give someone or something a name: [+ two objects] *We named our first son Mike.* ◦ *A young boy named Peter answered the phone.* ▷ **nazywać 2** (B1) to say what the name of someone or something is: [often passive] *The dead man has been **named as** John Kramer.* ◦ *She cannot be named for legal reasons.* ▷ **podawać nazwisko lub nazwę, identyfikować 3** (B2) to announce who has got a new job or won a prize: [+ two objects] *She has been named manager of the new Edinburgh branch.* ▷ **mianować, wyznaczać 4 you name it** something that you say which means anything you say or choose: *I've never seen such a wide selection. You name it, they've got it.* ▷ **co tylko chcesz, do wyboru do koloru**

IDIOM **name and shame** UK to publicly say that a person or business has done something wrong ▷ **publicznie napiętnować**

PHRASAL VERB **name sb after sb** to give someone the same name as someone else: *We named him after my wife's brother.* ▷ **nazwać** *kogoś* **po** *kimś*, **dać** *komuś* **imię po** *kimś*

'name ˌday noun [C] the day that is celebrated by Christians with the same name as a saint who is also celebrated on that day ▷ **imieniny**

nameless /ˈneɪmləs/ **adjective** If someone or something is nameless, they have no name or their name is not known: *a nameless soldier* ▷ **nieznany, bezimienny, nieokreślony** → Compare **unnamed**

namely /ˈneɪmli/ **adverb** (C1) a word used when you are going to give more detail about something you have just said: *She learned an important lesson from failing that exam, namely that nothing is ever certain.* ▷ **mianowicie**

namesake /ˈneɪmseɪk/ **noun** [C] **your namesake** someone who has the same name as you ▷ *czyjś/czyjaś* **imienni-k/czka**

Namibia /nəˈmɪbiə/ **noun** a country in Africa ▷ **Namibia**

• **Namibian** /nəˈmɪbiən/ **adjective** coming from or relating to Namibia ▷ **namibijski** • **Namibian noun** someone from Namibia ▷ **Namibijczyk/ka**

nan /næn/ **noun** [C] UK informal grandmother ▷ **babcia, babunia**

nanny /ˈnæni/ **noun** [C] someone whose job is to look after a family's children ▷ **opiekun/ka do dziecka, niania**

nano- /nænəʊ-/ **prefix 1** extremely small: *nanotechnology* ▷ **nano- 2** one billionth: *a nanosecond* ▷ **nano-**

nap /næp/ **noun** [C] a short sleep: *He likes to **have/take a nap** after lunch.* ▷ **drzemka**

• **nap verb** [I] (present participle **napping**, past tense and past participle **napped**) ▷ **drzemać**

nape /neɪp/ **noun** [C] the back of your neck ▷ **kark**

napkin /ˈnæpkɪn/ **noun** [C] (also UK **serviette**) a piece of cloth or paper used when you eat to keep your clothes clean and to clean your mouth and hands: *a paper napkin* ▷ **serwetka**

nappy /ˈnæpi/ **noun** [C] UK (US **diaper**) a thick piece of paper or cloth worn by a baby on its bottom: ***disposable nappies*** ◦ *to **change** a **nappy*** ▷ **pieluszka, pielucha**

narcissism /ˈnɑːsɪsɪzᵊm/ **noun** [U] formal great interest in and pleasure at your own appearance and qualities ▷ **narcyzm**

• **narcissistic** /ˌnɑːsɪˈsɪstɪk/ **adjective** If people or their actions are narcissistic, they show narcissism. ▷ **narcystyczny, zakochany w sobie**

narcotic /nɑːˈkɒtɪk/ **noun** [C] a drug that stops you feeling pain or makes you sleep, and that is addictive ▷ **narkotyk**

narrate /nəˈreɪt/ **verb** [T] formal to tell the story in a book, film, play, etc: *'Peter and the Wolf,' narrated by actress Glenn Close* ▷ **opowiadać, być narratorem**

• **narration** /nəˈreɪʃᵊn/ **noun** [U] formal ▷ **narracja, komentarz**

narrative /ˈnærətɪv/ **noun** [C] formal a story or description of a series of events ▷ **opowiadanie, relacja**

narrator /nəˈreɪtəʳ/ **noun** [C] the person who tells the story in a book, film, play, etc ▷ **narrator**

narrow¹ /ˈnærəʊ/ **adjective 1** (B1) Narrow things measure a small distance from one side to the other: *a narrow lane/street* ◦ *a narrow tie* ▷ **wąski 2** including only a small number: *He has very narrow interests.* ▷ **wąski 3 a narrow defeat/victory** If you have a narrow defeat/victory, you only just lose/win. ▷ **nieznaczn-a/e porażka/zwycięstwo 4 a narrow escape** If you have a narrow escape, you only just avoid danger. ▷ **ogromne szczęście, cud**

narrow² /ˈnærəʊ/ **verb** [I, T] **1** to become less wide or to make something less wide: *The road has been narrowed to one lane.* ▷ **zwężać (się) 2** to become less or to make something become less: *to narrow the gap between rich and poor* ▷ **zmniejszać (się)**

PHRASAL VERB **narrow sth down** to make something, for example a list or a choice, smaller and clearer by removing the things that are less important: *We've managed to narrow the list down to four.* ▷ **zawężać** *coś*, **ograniczać** *coś*

narrowly /ˈnærəʊli/ **adverb** (B2) only by a small amount: *A tile fell off the roof, **narrowly missing** my head.* ▷ **o włos, ledwo**

narrow-minded /ˌnærəʊˈmaɪndɪd/ **adjective** not willing to accept new ideas or opinions different from your own ▷ **ograniczony, pełen uprzedzeń**

nasal /ˈneɪzəl/ **adjective** relating to the nose: *the **nasal passages*** ▷ **nosowy**

nascent /ˈnæsənt/, /ˈneɪsənt/ **adjective** formal starting to develop: *a nascent democracy* ▷ **rodzący się**

nasty /ˈnɑːsti/ **adjective** **1** B1 very bad: *a nasty shock/surprise ◦ a nasty smell/taste ◦ a nasty cut/burn* ▷ **okropny, paskudny** **2** B1 unkind: *She's always being **nasty to** her little brother.* ▷ **niemiły, złośliwy** **3** B2 very angry or violent: *When I asked for the money, he turned really nasty.* ▷ **wściekły, agresywny**
• **nastiness** noun [U] ▷ **złośliwość**

nation /ˈneɪʃən/ **noun** [C] B2 a country or the people living in a country: *Asian nations ◦ industrial nations ◦ The entire nation mourned her death. ◦ a nation of dog lovers.* ▷ **naród, państwo** → See also **the United Nations**

> Wyrazy występujące razem z **nation**
>
> a civilized/industrialized/poor/powerful nation • govern/lead a nation • across the nation • a nation of sth

national[1] /ˈnæʃənəl/ **adjective** **1** A2 relating to the whole of a country: *to threaten **national security** ◦ a sense of national identity ◦ a national newspaper ◦ **national elections** ◦ His income is way above the **national average**. ◦ Gambling is a **national pastime** (= many people do it) here.* ▷ **narodowy, państwowy, krajowy, ogólnokrajowy** **2** [always before noun] A2 connected with the traditions of a particular nation: *national dress/customs* ▷ **narodowy**
• **nationally** adverb ▷ **w całym kraju**

national[2] /ˈnæʃənəl/ **noun** [C] someone who officially belongs to a particular country: *a British/Chinese national* ▷ **obywatel/ka**

ˌnational ˈanthem noun [C] the official song of a country, played at public events ▷ **hymn państwowy**

the ˌNational ˈHealth Service noun the system providing free medical services in the UK ▷ **Narodowa Służba Zdrowia**

ˌnational ˈholiday noun [C] (also US **federal holiday**) a day when most people in a country do not have to work ▷ **święto narodowe**

ˌNational Inˈsurance noun [U] the system in the UK in which people regularly pay money to the government in order to help people who are ill or have no work ▷ **Narodowy System Ubezpieczeń Społecznych**

nationalism /ˈnæʃənəlɪzəm/ **noun** [U] **1** a feeling of pride in your own country ▷ **nacjonalizm** **2** the belief that a particular area should have its own government: *Welsh nationalism* ▷ **nacjonalizm**

nationalist /ˈnæʃənəlɪst/ **noun** [C] someone who wants a particular area to have its own government ▷ **nacjonalist-a/ka**

nationalistic /ˌnæʃənəlˈɪstɪk/ **adjective** having a lot of pride, often too much pride, in your own country: *nationalistic fervour* ▷ **nacjonalistyczny**

nationality /ˌnæʃənˈæləti/ **noun** [C, U] A1 If you have American/British/Swiss, etc nationality, you are legally a member of that country: *What nationality is she? ◦ She has **dual nationality** (= nationality of two countries).* ▷ **obywatelstwo, narodowość**

nationalize /ˈnæʃənəlaɪz/ **verb** [T] If private companies are nationalized, the government takes control of them. ▷ **nacjonalizować**
• **nationalization** /ˌnæʃənəlaɪˈzeɪʃən/ noun [U] ▷ **nacjonalizacja**

ˌnational ˈpark noun [C] a large area of park for use by the public, usually an area of special beauty ▷ **park narodowy**

ˌnational ˈservice noun [U] the period of time young people in some countries have to spend in the army ▷ **(obowiązkowa) służba wojskowa**

nationwide /ˌneɪʃənˈwaɪd/ **adjective, adverb** B2 including all parts of a country: *a **nationwide campaign** ◦ Surveys have been carried out nationwide.* ▷ **ogólnokrajowy, w całym kraju**

native[1] /ˈneɪtɪv/ **adjective** **1** [always before noun] B2 Your native town or country is the place where you were born: *It was a custom in his native Algeria. ◦ She is a **native-born** Texan.* ▷ **ojczysty, rodowity** **2** [always before noun] B2 Your native language is the first language you learn. ▷ **ojczysty** **3** [always before noun] B2 relating to the people who lived in a country first, before other people took control of it: *the **native inhabitants/population*** ▷ **tubylczy, rodowity, pierwotny** **4** Native animals or plants live or grow naturally in a place, and have not been brought from somewhere else: *a large bird **native to** Europe* ▷ **rodzimy, pochodzący z**

native[2] /ˈneɪtɪv/ **noun** [C] **1** someone who was born in a particular place: *He's **a native of** Texas.* ▷ **rodowit-y/a mieszka-niec/nka** **2** an old-fashioned and often offensive word for a person who lived in a country, for example an African country, before Europeans went there ▷ **tubylec, krajowiec**

ˌNative Aˈmerican adjective relating or belonging to the original group of people who lived in North America ▷ **rodowitych mieszkańców Ameryki Północnej, indiański**
• **Native American** noun [C] ▷ **rodowity mieszkaniec Ameryki Północnej, India-nin/nka**

ˌnative ˈspeaker noun [C] B2 someone who speaks a language as their first language ▷ **rodzimy użytkownik języka**

NATO (also UK **Nato**) /ˈneɪtəʊ/ **noun** abbreviation for North Atlantic Treaty Organization: an international military organization formed in 1949 to improve the defence of Western Europe ▷ **NATO**

natter /ˈnætər/ **verb** [I] mainly UK informal to talk

N

about things that are not important ▷ **trajkotać, paplać**

• **natter** noun [no plural] UK *to* ***have*** *a* ***natter*** ▷ **pogawędka**

natural /ˈnætʃᵊrᵊl/ **adjective 1** B1 Something that is natural exists or happens because of nature, not because it was made or done by people: ***natural gas/resources*** ◦ ***natural beauty*** ◦ *to die of* ***natural causes*** *(= because you are ill or old)* ◦ *This product contains only* ***natural ingredients.*** ▷ **naturalny 2** B2 normal or expected: *a* ***natural impulse/instinct*** ◦ *It's perfectly natural to feel nervous.* ▷ **naturalny** → Opposite **unnatural 3** If you have a natural characteristic, it is something you have been born with: *a natural talent* ◦ *She's a natural athlete/blonde.* ▷ **wrodzony, urodzony, naturalny**

• **naturalness** noun [U] ▷ **naturalność**

ˌ**natural** ˈ**gas** noun [U] a gas that is found under the ground and is used for cooking and heating ▷ **gaz ziemny**

ˌ**natural** ˈ**history** noun [U] the study of animals and plants ▷ **historia naturalna, przyrodoznawstwo**

naturalist /ˈnætʃᵊrᵊlɪst/ **noun** [C] someone who studies animals and plants ▷ **przyrodni-k/czka**

naturalistic /ˌnætʃᵊrᵊlˈɪstɪk/ **adjective** Naturalistic art, writing, or acting tries to show things as they really are. ▷ **naturalistyczny**

naturalize /ˈnætʃᵊrᵊlaɪz/ **verb be naturalized** to officially become a member of another country: *a naturalized US citizen* ▷ **naturalizować się, być naturalizowanym**

• **naturalization** /ˌnætʃᵊrᵊlaɪˈzeɪʃᵊn/ **noun** [U] ▷ **naturalizacja**

naturally /ˈnætʃᵊrᵊli/ **adverb 1** B2 as you would expect: *Naturally, he was very disappointed.* ▷ **naturalnie, oczywiście 2** B2 in a normal way: *Relax and try to behave naturally.* ▷ **naturalnie, normalnie 3** having been born with a characteristic: *naturally aggressive/funny/slim* ▷ **z natury 4** Something that exists or happens naturally is part of nature and not made or done by people: *Organic tomatoes are grown naturally without chemical fertilizers.* ▷ **naturalnie, w sposób naturalny, z przyczyn naturalnych**

ˌ**natural** ˈ**sciences** noun [plural] sciences that relate to the physical world such as biology, chemistry, and physics ▷ **nauki przyrodnicze**

ˌ**natural** **seˈlection** noun [U] the way that plants and animals die when they are weak or not suitable for the place where they live, while stronger ones continue to exist ▷ **selekcja naturalna**

nature /ˈneɪtʃəʳ/ **noun 1** [U] A2 all the plants, creatures, substances, and forces that exist in the universe, which are not made by people: *the laws of nature* ◦ *I like to get out and enjoy nature.* ◦ *a nature trail* ▷ **przyroda, natura 2** [no plural] B2 someone's character: *I didn't think it was* ***in his nature*** *to behave like that.* ▷ **natura, charakter 3** [no plural] formal type: *What exactly is* ***the nature of*** *your business?* ◦ *I don't like hunting and things* ***of that nature.*** ▷ **natura, charakter, rodzaj** → See also **human nature, second nature**

> Wyrazy występujące razem z **nature**
>
> in sb's nature • [happy/optimistic, etc] by nature

ˈ**nature re**ˌ**serve** noun [C] a place where animals and plants live and are protected ▷ **rezerwat przyrody**

naught old-fashioned (also UK **nought**) /nɔːt/ **noun** [U] nothing ▷ **nic**

naughty /ˈnɔːti/ **adjective 1** B2 If a child is naughty, they behave badly: *a* ***naughty*** *little boy/girl* ▷ **niegrzeczny 2** a word used humorously to describe things that are sexual: *naughty films/magazines* ▷ **brzydki, nieprzyzwoity**

Nauru /nɑːˈuːruː/ **noun** a country on an island north of Australia ▷ **Nauru**

• **Nauruan** /nɑːuːˈruːən/ **adjective** coming from or relating to Nauru ▷ **nauruański** • **Nauruan noun** someone from Nauru ▷ **Naura-ńczyk/nka**

nausea /ˈnɔːziə/ **noun** [U] the unpleasant feeling of wanting to vomit: *She was hit by a sudden* ***wave of nausea.*** ▷ **mdłości**

nauseating /ˈnɔːsieɪtɪŋ/ **adjective** If something is nauseating, it makes you want to vomit: *a nauseating smell* ▷ **mdlący, przyprawiający o mdłości, obrzydliwy**

nauseous /ˈnɔːsiəs/ **adjective** If you feel nauseous, you feel like you might vomit, and if something is nauseous, it makes you want to vomit. ▷ **mdlący, przyprawiający o mdłości, obrzydliwy,** ≈ **mdlić** *kogoś*

nautical /ˈnɔːtɪkᵊl/ **adjective** relating to boats or sailing: *a* ***nautical mile*** ▷ **morski**

naval /ˈneɪvᵊl/ **adjective** [always before noun] relating to the navy: *a* ***naval base/officer*** ▷ **morski, marynarki**

navel /ˈneɪvᵊl/ **noun** [C] the small, round, and usually hollow place on your stomach, where you were connected to your mother before birth ▷ **pępek**

navigable /ˈnævɪgəbl/ **adjective** If an area of water is navigable, it is wide, deep, and safe enough to sail a boat on. ▷ **żeglowny, spławny**

navigate /ˈnævɪgeɪt/ **verb 1** [I, T] to find the right direction to travel by using maps or other equipment: *He navigated the ship back to Plymouth.* ◦ *We navigated using a map and compass.* ◦ *I drive and he navigates.* ▷ **nawigować, pilotować, znajdować drogę 2** [T] to successfully sail along an area of water ▷ **żeglować, pływać 3** [T] to find your way through a difficult place: *We had to navigate several flights of stairs.* ▷ **przebyć 4** [T] to successfully use a compli-

cated system: *to navigate a website* ▷ **żeglować, obsługiwać, radzić sobie z**
• **navigation** /ˌnævɪˈgeɪʃən/ noun [U] ▷ **żegluga, nawigacja, pilotowanie** • **navigator** noun [C] a person who navigates ▷ **nawigator, pilot**

navy /ˈneɪvi/ **noun 1 the Navy** Ⓑ2 ships and soldiers used for fighting wars at sea: *to be **in the navy*** ▷ **marynarka lub flota wojenna 2** Ⓑ1 [U] (also ˌ**navy** ˈ**blue**) a very dark blue colour ▷ **(kolor) granatowy, granat** → See **Colours** on page Centre 12

Nazi /ˈnɑːtsi/ **noun** [C] someone who supported the ideas of Hitler in Germany in the 1930s and 1940s: *Nazi propaganda* ▷ **nazist-a/ka**

nb, NB /ˌenˈbiː/ used to tell the reader that a particular piece of information is very important ▷ **nb. (= nota bene)**

near[1] /nɪəʳ/ **adverb, preposition 1** Ⓐ1 not far away in distance: *Could you come a bit nearer, please?* ◦ *I stood near the window.* ◦ *Are you going anywhere near the post office?* ▷ **blisko, niedaleko, koło, w pobliżu 2 be/come near to doing sth** to almost achieve or do something: *This is the nearest I've ever got to winning anything.* ◦ *He came near to punching him.* ▷ **być bliskim** *czegoś*, **prawie** *coś zrobić* **3** If something or someone is near a particular state, they are almost in that state: *She looked near exhaustion.* ◦ *She was **near to tears** (= almost crying) when I told her.* ▷ **prawie, bliski 4** Ⓑ2 not far away in time: *She shouldn't be partying so near her exams.* ◦ *We can decide **nearer the time**.* ▷ **blisko, niedaleko 5** similar: *The feelings I had were near hysteria.* ◦ *He is Russia's **nearest thing to** a rock legend.* ▷ **bliski 6 nowhere near** not close in distance, amount, time, or quality: *It wasn't me – I was nowhere near him.* ◦ *That's nowhere near enough for six people.* ◦ *It was nowhere near as difficult as I thought it would be.* ▷ **ani trochę nie, nawet w przybliżeniu nie, daleki od 7 near enough** almost: *The books were ordered near enough alphabetically.* ▷ **prawie**

near[2] /nɪəʳ/ **adjective 1** Ⓑ1 not far away in distance or time: *The school's very near.* ◦ *The nearest garage is 10 miles away.* ◦ *The baby's due date was getting nearer.* ▷ **bliski, niedaleki 2 in the near future** Ⓑ2 at a time that is not far away: *Space travel may become very common in the near future.* ▷ **w niedalekiej przyszłości** → See also **a near** ***miss***

near[3] /nɪəʳ/ **verb** [T] to get close to something in distance or time: *The building work is **nearing completion** at last.* ▷ **zbliżać się do**

nearby /ˌnɪəˈbaɪ/ **adjective, adverb** Ⓑ1 not far away: *a nearby town/village* ▷ **pobliski, w pobliżu**

nearly /ˈnɪəli/ **adverb 1** Ⓐ2 almost: *It's nearly three weeks since I last saw her.* ◦ *Nearly all the food had gone when I arrived.* ◦ *She nearly drowned when she was eight.* ◦ *I'll be with you in a minute – I've nearly finished.* ▷ **prawie, niemal 2 not nearly (as/so)** a lot less: *It's not nearly as expensive as I thought.* ▷ **nawet w przybliżeniu nie (tak lub taki)**

nearsighted /ˌnɪəˈsaɪtɪd/ **adjective** US (UK **short-sighted**) If you are nearsighted, you cannot see things very well if they are too far away. ▷ **krótkowzroczny**

neat /niːt/ **adjective 1** Ⓑ1 tidy and clean: *He always looks very **neat and tidy**.* ▷ **schludny 2** US informal good: *That's really neat.* ◦ *What a neat idea.* ▷ **świetny 3** A neat alcoholic drink is drunk on its own, and not mixed with any other liquid. ▷ **czysty**

neatly /ˈniːtli/ **adverb** in a tidy way: *neatly dressed* ◦ *a neatly folded pile of clothes* ▷ **schludnie, porządnie**

necessarily /nesəˈserəli/ **adverb not necessarily** Ⓑ2 not for certain: *That's not necessarily true.* ◦ *I know she doesn't say much, but it doesn't necessarily mean she's not interested.* ▷ **niekoniecznie**

necessary /ˈnesəsəri/ **adjective** Ⓑ1 needed in order to achieve something: [+ to do sth] *Is it really necessary to give so much detail?* ◦ *Does he have the necessary skills and experience?* ◦ *The police are prepared to use force, **if necessary**.* ▷ **konieczny, potrzebny** → Opposite **unnecessary**

> **Necessary** wyrazy bliskoznaczne
>
> Czasowników **need** i **require** oraz czasownika frazowego **must** używamy powszechnie do wyrażenia konieczności:
>
> *The meat **must** be cooked thoroughly.*
>
> *Does she have the skills **needed/required** for work of that sort?*
>
> Jeśli coś jest bardzo ważne i niezbędne, możemy użyć przymiotników **essential**, **fundamental** i **indispensable**:
>
> *Some understanding of grammar is **essential/fundamental** to learning a language.*
>
> *This book is an **indispensable** resource for teachers.*

necessitate /nəˈsesɪteɪt/ **verb** [T] formal to make something necessary ▷ **wymagać**

> Wyrazy występujące razem z **necessity**
>
> out of necessity • the necessity **for/of** sth • financial necessity

necessity /nəˈsesəti/ **noun 1** [U] the need for something: *There's no **financial necessity** for her to work.* ◦ *Sewing is something I do **out of necessity**, not for pleasure.* ▷ **konieczność, potrzeba 2** [C] something you need: *Most people seem to consider a car a necessity, not a luxury.* ▷ **artykuł pierwszej potrzeby, konieczność**

neck /nek/ **noun** [C] **1** Ⓐ2 the part of the body between your head and your shoulders: *He was wearing a gold chain **around** his **neck**.* ▷ **szyja, kark** → See **The Body** on page Centre 13 **2** the

N

part of a piece of clothing that goes around your neck: *a polo-neck/V-neck jumper* ▷ **dekolt, wycięcie**

IDIOMS **be breathing down sb's neck** to watch what someone does all the time in a way that annoys them: *The last thing I want is a boss breathing down my neck.* ▷ **stać** *komuś* **nad głową** • **neck and neck** If two people who are competing are neck and neck, they are very close and either of them could win. ▷ **łeb w łeb** • **be up to your neck (in sth)** to be very busy ▷ **mieć** (*czegoś*) **po pachy, tkwić (w** *czymś*) **po szyję**

→ See also **polo neck**, **by the *scruff* of the/your neck**

necklace /ˈnekləs/ **noun** [C] A2 a piece of jewellery that you wear around your neck: *a pearl necklace* ▷ **naszyjnik**

neckline /ˈneklaɪn/ **noun** [C] the shape made by the edge of a dress or shirt at the front of the neck: *a low neckline* ▷ **dekolt**

nectar /ˈnektər/ **noun** [U] a sweet liquid produced by plants and collected by bees ▷ **nektar**

nectarine /ˈnektəriːn/ **noun** [C] a soft, round fruit which is sweet and juicy and has a smooth red and yellow skin ▷ **nektarynka**

nectary /ˈnektəri/ **noun** [C] the part of a flower that produces nectar ▷ **nektarnik**

née /neɪ/ **adjective** [always before noun] a word used to introduce the family name that a woman had before she got married: *Margaret Hughes, née Johnson* ▷ **z domu**

need[1] /niːd/ **verb** [T] **1** A1 If you need something, you must have it, and if you need to do something, you must do it: *I need some new shoes.* ◦ *The country still desperately needs help.* ◦ [+ to do sth] *If there's anything else you need to know, just give me a call.* ◦ *We need you to look after the children for us.* ▷ **potrzebować, wymagać, musieć 2 don't need to do sth/ needn't do sth** A2 used in order to say that someone does not have to do something or should not do something: *You didn't need to come all this way.* ◦ *You don't need to be frightened.* ◦ *She needn't have taken him to the hospital.* ▷ **nie musieć** *czegoś robić* **3** B1 If something needs something to be done to it, that thing should be done in order to improve it: *Do the clothes on this chair need washing?* ◦ *The car needs to be serviced.* ▷ **wymagać 4 There needs to be sth** used to say that something is necessary: *There needs to be more funding for education in this country.* ▷ **konieczne jest** *coś*, **potrzeba** *czegoś*

need[2] /niːd/ **noun 1** B2 [no plural] something that is necessary to have or do: *There's an urgent* ***need for*** *more medical supplies.* ◦ [+ to do sth] *Is there any need to change the current system?* ◦ *There's really* ***no need for*** *that sort of behaviour.* ▷ **potrzeba 2 be in need of sth** B2 to need something: *My car's in desperate need of repair.* ▷ **wymagać** *czegoś*, **potrzebować** *czegoś*

> Wyrazy występujące razem z **need (noun)**
>
> identify a need • meet a need (= provide what is needed) • a need for sth

needle /ˈniːdl/ **noun** [C] **1** the thin, sharp, metal part of a piece of medical equipment used to take blood out of the body, or to put medicine or drugs in ▷ **igła 2** B2 a thin, pointed metal object with a small hole at one end for thread, used in sewing: *a needle and thread* ▷ **igła 3** a thin, pointed piece of metal or plastic that moves to point to numbers on equipment used for measuring things ▷ **wskazówka** → See also **pins and needles**

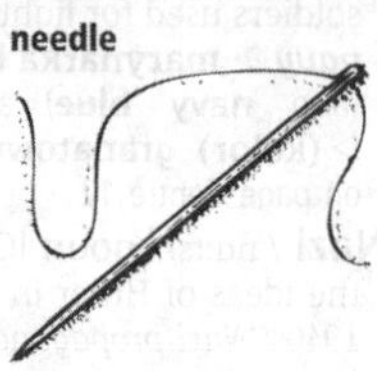

needless /ˈniːdləs/ **adjective** not necessary: *a* ***needless expense*** ◦ ***Needless to say*** *(= as you would expect), it rained the whole time we were there.* ▷ **niepotrzebny**
• **needlessly adverb** ▷ **niepotrzebnie, bez potrzeby**

needn't /ˈniːdənt/ short for need not: *You needn't have come.*

needs /niːdz/ **noun** [plural] B2 the things you need in order to have a good life: *her emotional needs* ◦ *The city is struggling to* ***meet the needs of*** *its homeless people.* ▷ **potrzeby**

needy /ˈniːdi/ **adjective** Needy people do not have enough money: *The mayor wants to establish permanent housing for* ***the needy.*** ▷ **potrzebujący, ubogi**

negate /nɪˈgeɪt/ **verb** [T] formal to make something lose its effect or value ▷ **przekreślać, negować**
• **negation** /nɪˈgeɪʃən/ **noun** [U] formal ▷ **przekreślenie, negacja**

negative[1] /ˈnegətɪv/ **adjective 1** B1 not having enthusiasm or positive opinions about something: ***negative feelings*** ◦ *Many people have a* ***negative attitude*** *towards ageing.* ▷ **negatywny 2** B2 A negative effect is bad and causes damage to something: *Terrorist threats have had a very* ***negative impact*** *on tourism.* ▷ **negatywny, ujemny 3** If the result of a test to prove if someone is pregnant or ill is negative, that person is not pregnant or ill. ▷ **negatywny, ujemny 4** A negative number is less than zero. ▷ **ujemny 5** A2 In language, a negative word or phrase expresses the meaning 'no' or 'not'. ▷ **przeczący 6** of the type of electrical charge which is carried by electrons ▷ **ujemny**

negative[2] /ˈnegətɪv/ **noun** [C] **1** a piece of film from which a photograph can be produced, where dark areas look light and light areas look dark ▷ **negatyw** **2** a word or phrase which expresses the meaning 'no' or 'not' ▷ **przeczenie, negacja**

negatively /ˈnegətɪvli/ **adverb** **1** without enthusiasm or positive opinions: *to **react/respond negatively*** ▷ **negatywnie, nieprzychylnie** **2** B2 with a bad effect: ***negatively affected*** ▷ **negatywnie, ujemnie**

negativity /ˌnegəˈtɪvəti/ **noun** [U] when you do not feel enthusiastic or positive about things ▷ **niechęć, bierność**

neglect¹ /nɪˈglekt/ **verb** [T] **1** to not give enough care or attention to something or someone: *to neglect your appearance/the garden* ◦ [often passive] *Some of these kids have been badly neglected in the past.* ◦ *neglected children* ▷ **zaniedbywać** **2 neglect to do sth** to not do something, often intentionally: *He neglected to mention the fact that we could lose money on the deal.* ▷ **nie raczyć** *czegoś zrobić*, **zapomnieć** *coś zrobić*

neglect² /nɪˈglekt/ **noun** [U] when you do not give enough care or attention to something or someone: *to suffer years of neglect* ▷ **zaniedbanie, zapomnienie**

negligence /ˈneglɪdʒəns/ **noun** [U] when you are not careful enough in something you do, especially in a job where your actions affect other people: *Her parents plan to sue the surgeon for medical negligence.* ▷ **zaniedbanie**

negligent /ˈneglɪdʒənt/ **adjective** not giving enough care or attention to a job or activity, especially where your actions affect someone else: *The report found him negligent in his duties.* ▷ **niedbały, zaniedbujący obowiązki**

negligible /ˈneglɪdʒəbl/ **adjective** small and not important: *a **negligible effect/result*** ▷ **nieistotny, nieznaczny**

negotiable /nɪˈgəʊʃiəbl/ **adjective** If something is negotiable, it is not completely fixed, and can be changed after discussion: *The January deadline is not negotiable.* ▷ **do uzgodnienia**

negotiate /nɪˈgəʊʃieɪt/ **verb** **1** [I, T] to try to make or change an agreement by discussion: *to negotiate with employers about working conditions* ▷ **negocjować** **2** [T] to successfully move around, through, or past something: *to negotiate your way around/through a city* ▷ **przebyć, pokonywać**

• **negotiator** noun [C] *a peace negotiator* ▷ **negocjator/ka**

> Wyrazy występujące razem z **negotiation**
>
> **enter into/be in** negotiations • negotiations **break down/fail** • negotiations **about/on/over** sth • negotiations **with** sb • negotiations **between** sb and sb

negotiation /nɪˌgəʊʃiˈeɪʃən/ **noun** [C] when people try to make or change an agreement by discussion: ***Peace negotiations** are due to start.* ▷ **negocjacja**

Negro /ˈniːgrəʊ/ **noun** [C] (plural **Negroes**) old-fashioned a word that means a black person, which some people think is offensive ▷ **Murzyn/ka**

neighbour UK (US **neighbor**) /ˈneɪbər/ **noun** [C] **1** A2 someone who lives very near you, especially in the next house: *Our **next-door neighbours** are always arguing.* ▷ **sąsiad/ka** **2** B2 someone or something that is near or next to someone or something else: *The French make more films than their European neighbours.* ▷ **sąsiad**

neighbourhood UK (US **neighborhood**) /ˈneɪbəhʊd/ **noun** [C] B1 an area of a town or city that people live in: *I grew up in a very poor neighbourhood.* ◦ *Are there any good restaurants **in the neighbourhood** (= in this area)?* ▷ **dzielnica, okolica, sąsiedztwo**

neighbouring UK (US **neighboring**) /ˈneɪbərɪŋ/ **adjective** [always before noun] B2 near or next to somewhere: *neighbouring countries/villages* ▷ **sąsiadujący, sąsiedni**

neither¹ /ˈnaɪðər/, /ˈniːðər/ **adverb** B2 used to say that a negative fact is also true of someone or something else: *Jerry doesn't like it, and neither do I.* ◦ *Her family wouldn't help her and neither would anyone else.* ◦ *She's not very tall and neither is her husband.* ▷ **ani, też nie**

neither² /ˈnaɪðər/, /ˈniːðər/ **pronoun, determiner** B2 not either of two people or things: *Luckily, neither child was hurt in the accident.* ◦ ***Neither of** us had ever been to London before.* ◦ *They gave us two keys, but neither worked.* ▷ **żaden, ani jeden**

neither³ /ˈnaɪðər/, /ˈniːðər/ **conjunction neither ... nor** B2 used when a negative fact is true of two people or things or when someone or something does not have either of two qualities: *Neither he nor his mother would talk to the police.* ◦ *Their performance was neither entertaining nor educational.* ▷ **ani ... ani**

nematode /ˈnemətəʊd/ **noun** [C] a thin worm that is not divided into sections ▷ **nicień**

neo- /niːəʊ-/ **prefix** new: *neo-facists* ▷ **neo-**

neologism /niˈɒlədʒɪzəm/ **noun** [C] formal a new word or phrase, or a new meaning for a word that already exists ▷ **neologizm**

neon /ˈniːɒn/ **noun** [U] a gas that produces bright, colourful light when electricity passes through it, often used in signs (formula Ne): ***neon lights/signs*** ▷ **neon**

Nepal /nəˈpɔːl/ **noun** a country in Asia ▷ **Nepal**

• **Nepalese** /ˌnepəlˈiːz/ **adjective** coming from or relating to Nepal ▷ **nepalski** • **Nepalese noun** (plural **Nepalese**) someone from Nepal ▷ **Nepalczyk/ka**

nephew /ˈnefjuː/ **noun** [C] B1 the son of your brother or sister, or the son of your husband's or wife's brother or sister ▷ **bratanek, siostrzeniec**

N

nephron /ˈnefrɒn/ **noun** [C] one of the very small tubes that form the kidney and which produce urine ▷ **nefron**

Neptune /ˈneptjuːn/ **noun** [no plural] the planet that is eighth from the Sun, after Uranus and before Pluto ▷ **Neptun**

nerd /nɜːd/ **noun** [C] informal someone, especially a man, who is not fashionable and who is interested in boring things ▷ **frajer/ka, ofiara**
• **nerdy adjective** informal boring and not fashionable ▷ **frajerski, ofiarowaty**

nerve /nɜːv/ **noun 1** [C] one of the threads in your body which carry messages between your brain and other parts of the body: *the optic nerve* ◦ ***nerve cells/endings*** ▷ **nerw 2** [no plural] the quality of being brave: [+ to do sth] *I **haven't got the nerve** to tell him I'm leaving.* ◦ *He **lost his nerve** and couldn't go through with it.* ▷ **odwaga 3** [no plural] the rudeness necessary to do something you know will upset someone: *You've **got a nerve**, coming here!* ◦ [+ to do sth] *I can't believe she **had the nerve** to talk to me after what happened.* ▷ **czelność, tupet**

IDIOM **hit/touch a (raw) nerve** to upset someone by talking about a particular subject ▷ **trafić w czułe miejsce**

ˈnerve ˌcell noun [C] a neuron ▷ **komórka nerwowa, neuron**

nerve-racking /ˈnɜːvˌrækɪŋ/ **adjective** If an experience is nerve-racking, it makes you very nervous: *a nerve-racking experience* ▷ **denerwujący, wykańczający nerwowo**

nerves /nɜːvz/ **noun** [plural] **1** (B2) the state of being nervous: *I need something to **calm my nerves**.* ◦ *I always **suffer from nerves** before a match.* ▷ **nerwy, zdenerwowanie 2 steady/strong nerves** (B2) the ability to be calm in difficult situations: *You need a cool head and steady nerves for this job.* ▷ **mocne nerwy**

IDIOM **get on sb's nerves** (B2) to annoy someone, especially by doing something again and again: *If we spend too much time together we end up getting on each other's nerves.* ▷ **grać** *komuś* **na nerwach**

> Wyrazy występujące razem z **nerves**
> suffer from nerves • calm/settle/steady your nerves

nervous /ˈnɜːvəs/ **adjective 1** (B1) worried and anxious: *a **nervous cough/laugh*** ◦ *She's very **nervous about** her driving test.* ▷ **nerwowy, zdenerwowany 2** [always before noun] relating to the nerves in the body: *a nervous disorder* ▷ **nerwowy**

ˌnervous ˈbreakdown noun [C] a short period of mental illness when people are too ill to continue with their normal lives ▷ **załamanie nerwowe**

nervously /ˈnɜːvəsli/ **adverb** in a worried and anxious way: *to **giggle/laugh nervously*** ▷ **nerwowo**
• **nervousness noun** [U] ▷ **nerwowość, zdenerwowanie**

ˈnervous ˌsystem noun [C] your brain and all the nerves in your body which control your feelings and actions: *a disease of the central nervous system* ▷ **układ nerwowy**

nest¹ /nest/ **noun** [C] a home built by birds for their eggs and by some other creatures to live in: *a **birds'/wasps' nest*** ▷ **gniazdo**

nest² /nest/ **verb** [I] to live in a nest or build a nest ▷ **gniazdować, gnieździć się, zakładać gniazdo**

nestle /ˈnesl/ **verb 1 nestle (sth) against/in/on, etc** to rest yourself or part of your body in a comfortable, protected position: *The cat was nestling in her lap.* ▷ **wtulać/przytulać/tulić** *coś/* **się 2 nestle beneath/between/in, etc** If a building, town, or object nestles somewhere, it is in a protected position, with bigger things around it: *a village nestled in the Carpathian mountains* ▷ **wtulać się, być otoczonym** *czymś*

net¹ /net/ **noun 1** [U] material made of crossed threads with holes between them ▷ **siatka 2** [C] (B1) something made with a piece of net, for example for catching fish or insects, or for sports: *a fishing net* ◦ *a tennis/basketball net* ▷ **siatka, sieć 3 the Net** (A2) short for the Internet ▷ **Internet** → See also **safety net**

net² (also UK **nett**) /net/ **adjective** A net amount of money has had costs such as tax taken away from it: *a **net income/profit** of £10,000* ▷ **netto**

net³ /net/ **verb** [T] (present participle **netting**, past tense and past participle **netted**) **1** to get an amount of money as profit: *One trader netted a bonus of £1 million.* ▷ **zarabiać (na czysto), przynosić 2** to hit, throw, or kick a ball into a net: *He netted a great penalty.* ▷ **trafić w siatkę, umieścić w bramce**

netball /ˈnetbɔːl/ **noun** [U] a game usually played by teams of women, where a ball is thrown from player to player and goals are scored by throwing the ball through a high net ▷ **siatkówka kobieca**

the Netherlands /ˈneðələndz/ **noun** a country in Europe ▷ **Holandia**
• **Dutch** /dʌtʃ/ **adjective** coming from or relating to the Netherlands ▷ **holenderski** • **Dutchman, Dutchwoman** /ˈdʌtʃmən/, /ˈdʌtʃˌwʊmən/ **noun** [C] (plural **Dutchmen, Dutchwomen**) someone from the Netherlands ▷ **Holender/ka**

ˌnet ˈprofit noun [C, U] the money that a business makes after it has paid all the money it owes ▷ **zysk netto**

netting /ˈnetɪŋ/ **noun** [U] material made of crossed threads or wires with holes between them: *wire netting* ▷ **siatka**

nettle /ˈnetl/ **noun** [C] a wild plant whose leaves hurt you if you touch them ▷ **pokrzywa**

network[1] /ˈnetwɜːk/ **noun** [C] **1** B2 a system or group of connected parts: *a* ***rail/road network*** ◦ *a* ***network of*** *cables/tunnels* ▷ **system, sieć** **2** a group of people who know each other or who work together: *a large network of friends* ▷ **sieć, siatka, grupa** **3** a large television or radio company that broadcasts programmes in many areas ▷ **sieć**

> Wyrazy występujące razem z **network**
>
> build/create/establish/form a network • a network of sth • a rail/road network

network[2] /ˈnetwɜːk/ **verb** **1** [I] to use social events to meet people who might be useful for your business ▷ **nawiązywać znajomości lub kontakty** **2** [T] B2 to connect computers together so that they can share information and programs ▷ **łączyć w sieć, usieciowić**

networking /ˈnetwɜːkɪŋ/ **noun** [U] **1** when you use social events to meet people who might be useful for your business ▷ **nawiązywanie znajomości lub kontaktów** **2** when you connect computers together so that they can share programs and information ▷ **połączenie lub łączenie w sieć**

neural /ˈnjʊərəl/ **adjective** [always before noun] relating to the nerves in your body: *neural activity* ▷ **nerwowy, neurologiczny**

neurology /njʊəˈrɒlədʒi/ **noun** [U] the study of the system of nerves in people's bodies ▷ **neurologia**
• **neurological** /ˌnjʊərəˈlɒdʒɪkəl/ **adjective** Neurological illnesses affect the nerves in people's bodies. ▷ **neurologiczny** • **neurologist** /njʊəˈrɒlədʒɪst/ **noun** [C] a doctor who deals with neurological illnesses ▷ **neurolog**

neuron /ˈnjʊərɒn/ **noun** [C] a nerve cell which carries messages between your brain and other parts of your body ▷ **neuron**

neurosis /njʊəˈrəʊsɪs/ **noun** [C] (plural **neuroses** /njʊəˈrəʊsiːz/) a mental illness, often causing you to worry too much about something ▷ **nerwica, neuroza**

neurotic /njʊəˈrɒtɪk/ **adjective** If you are neurotic, you worry about things too much. ▷ **znerwicowany, neurotyczny**

neuter /ˈnjuːtəʳ/ **adjective** in some languages, belonging to a group of nouns or adjectives that have the same grammatical behaviour. The other groups are 'masculine' and 'feminine'. ▷ **nijaki**

neutral[1] /ˈnjuːtrəl/ **adjective** **1** independent and not supporting any side in an argument, fight, or competition: ***neutral ground/territory*** ◦ *He decided to remain neutral on the issue.* ▷ **neutralny, niezaangażowany, bezstronny** **2** Neutral colours are not strong or bright. ▷ **łagodny, neutralny** **3** neither acid nor alkaline ▷ **obojętny**

neutral[2] /ˈnjuːtrəl/ **noun** [U] In driving, neutral is the position of the gears when they are not connected: *to be* ***in neutral*** ▷ **luz, bieg jałowy**

neutrality /njuːˈtræləti/ **noun** [U] the state of being independent and not supporting any side in an argument, war, etc: *political neutrality* ▷ **neutralność, bezstronność**

neutralize (also UK **-ise**) /ˈnjuːtrəlaɪz/ **verb** [T] **1** to stop something from having an effect: *This spray will help to neutralize unpleasant odours.* ▷ **zneutralizować** **2** to make something neutral ▷ **zobojętniać**
• **neutralization** /ˌnjuːtrəlaɪˈzeɪʃən/ **noun** [U] ▷ **neutralizacja, zobojętnianie**

neutron /ˈnjuːtrɒn/ **noun** [C] a part of an atom which has no electrical charge ▷ **neutron**

never /ˈnevəʳ/ **adverb** **1** A1 not ever, not one time: *"Have you ever been to Australia?" "No, never."* ◦ *I've never even thought about that before.* ◦ *She'll never be able to have children.* ◦ *He just walked out of the door one day and never came back.* ▷ **nigdy** **2** used to emphasize something negative: *I never knew you lived around here.* ▷ **wcale**

never-ending /ˌnevərˈendɪŋ/ **adjective** If something is never-ending, it continues for ever: *The housework in this place is just never-ending.* ▷ **niekończący się**

nevertheless /ˌnevəðəˈles/ **adverb** B2 despite that: *I knew a lot about the subject already, but her talk was interesting nevertheless.* ▷ **niemniej, mimo to**

new /njuː/ **adjective** **1** A1 different from before: *I need some new shoes.* ◦ *Have you met Fiona's new boyfriend?* ◦ *He's starting his new job on Monday.* ◦ *We're always looking for new ways to improve our services.* ▷ **nowy** **2** A1 recently made: *Their house is quite new – it's about five years old.* ◦ *The factory will provide hundreds of new jobs for the area.* ▷ **nowy** **3** A1 not known before: *to discover a new gene/star* ▷ **nowy** **4** **be new to sb** B1 If a situation or activity is new to you, you have not had experience of it before. ▷ **być dla** *kogoś* **nowym** **5** **be new to sth** B1 If you are new to a situation or activity, you have only recently started experiencing it: *I'm new to the job.* ▷ **być nowym w** *czymś* **lub** *gdzieś*, **dopiero zaczynać** *coś robić* → See also **a whole new *ball game***, **new *blood***, **brand new**, **break new *ground***, **new *heights***, **turn over a new *leaf***, **give sb/sth a new *lease* of life**

newborn /ˌnjuːˈbɔːn/ **adjective** [always before noun] A newborn baby has just been born. ▷ **nowo narodzony**
• **newborn noun** [C] a newborn baby ▷ **noworodek**

newcomer /ˈnjuːˌkʌməʳ/ **noun** [C] someone who has only recently arrived or started doing something: *He's a relative* ***newcomer to*** *the area.* ▷ **nowy, nowo przybyły, przybysz**

new-found /ˈnjuːˌfaʊnd/ **adjective** [always before noun] A new-found quality or ability has started recently: *This success is a reflection of their new-found confidence.* ▷ **nowy, świeżo odkryty**

newly /ˈnjuːli/ **adverb** (B2) recently: *a* ***newly married*** *couple* ◦ *newly built houses* ▷ **świeżo, niedawno, nowo**

news /njuːz/ **noun** [U] **1 the news** (B1) the announcement of important events on television, radio, and in newspapers: *the* ***local/national news*** ◦ *to* ***watch*** *the 6 o'clock* ***news*** ◦ *Did you see that report about child labour* ***on the news*** *last night?* ◦ *a* ***news bulletin/report*** ▷ **wiadomości 2** (A2) new information: *Have you* ***had*** *any* ***news*** *about your job yet?* ◦ *I've got some* ***good news*** *for you.* ◦ *Any news from John?* ▷ **wiadomości 3 be news to sb** informal to be a surprise to someone: *He's leaving? Well that's certainly news to me.* ▷ **być dla** *kogoś* **nowością**

IDIOM **be bad/good news for sb** to affect someone badly/well: *This weather is bad news for farmers.* ▷ ≈ **to zła/dobra wiadomość dla** *kogoś*

> Wyrazy występujące razem z **news**
>
> the latest news • hear/listen to/see/watch the news • in/on the news

newsagent /ˈnjuːzˌeɪdʒᵊnt/ **noun** [C] UK **1 newsagent's** a shop that sells newspapers, magazines, and things like sweets and cigarettes ▷ **kiosk lub sklepik z gazetami 2** someone who owns or works in a newsagent's ▷ **kioskarz/rka**

newscast /ˈnjuːzkɑːst/ **noun** [C] US a television or radio broadcast of the news: *the evening newscast* ▷ **wiadomości**

newscaster /ˈnjuːzkɑːstəʳ/ **noun** [C] someone who reads the news on the radio or television ▷ **prezenter/ka**

newsgroup /ˈnjuːzgruːp/ **noun** [group] a collection of messages on the Internet that people write about a particular subject: *a political newsgroup* ▷ **grupa newsowa lub dyskusyjna**

newsletter /ˈnjuːzˌletəʳ/ **noun** [C] a regular report with information for people who belong to an organization or who are interested in a particular subject: *a monthly newsletter about business and the environment* ▷ **biuletyn**

newspaper /ˈnjuːsˌpeɪpəʳ/ (US) /ˈnuːzˌpeɪpəʳ/ **noun 1** [C] (A1) large, folded sheets of paper which are printed with the news and sold every day or every week: *a* ***local/national newspaper*** ◦ *I read about his death* ***in the newspaper.*** ◦ *a* ***newspaper article/headline*** ▷ **gazeta 2** [U] (A2) paper from newspapers: *The cups were wrapped in newspaper.* ▷ **gazety**

newsprint /ˈnjuːzprɪnt/ **noun** [U] cheap, low quality paper used to print newspapers ▷ **papier gazetowy**

newsreader /ˈnjuːzˌriːdəʳ/ **noun** [C] UK someone who reads the news on the radio or television ▷ **prezenter/ka**

newsstand /ˈnjuːzstænd/ **noun** [C] US a small shop in a public area of a building or station, or part of a bigger shop, where newspapers and magazines are sold ▷ **kiosk lub stoisko z gazetami**

newsworthy /ˈnjuːzˌwɜːði/ **adjective** interesting or important enough to be included in the news ▷ **interesujący, wart podania do wiadomości publicznej**

the ˌNew ˈTestament noun the part of the Bible written after the birth of Jesus Christ ▷ **Nowy Testament**

newton /ˈnjuːtᵊn/ **noun** [C] (abbreviation **N**) a unit used to measure force. One newton is equal to the force which moves a mass of one kilogram one metre in one second ▷ **niuton**

ˈnew ˌtown noun [C] a British town which was planned by the government and built after 1946: *Milton Keynes is a new town which was founded in 1967.* ▷ **nowe miasto (zbudowane po wojnie)**

ˌnew ˈwave noun [C] people who are doing activities in a new and different way: *the new wave of wine producers* ▷ **nowa fala, młode pokolenie**

ˌnew ˈyear noun [C] (also **New Year**) the period in January when another year begins: ***Happy New Year!*** ◦ *We're going away* ***in the new year.*** ▷ **Nowy Rok**

ˌNew ˌYear's ˈDay noun [C, U] 1 January, the first day of the year and a public holiday in many countries ▷ **Nowy Rok**

ˌNew ˌYear's ˈEve noun [C, U] 31 December, the last day of the year ▷ **sylwester**

New Zealand /ˌnjuːˈziːlənd/ **noun** a country consisting of a group of islands to the southeast of Australia ▷ **Nowa Zelandia**

• **New Zealand adjective** coming from or relating to New Zealand ▷ **nowozelandzki** • **New Zealander** /ˌnjuːˈziːləndəʳ/ **noun** [C] someone from New Zealand ▷ **Nowozelandczyk/ka**

next¹ /nekst/ **adjective 1 next week/year/Monday, etc** (A1) the week/year/Monday, etc that follows the present one: *I'm planning to visit California next year.* ◦ *Are you doing anything next Wednesday?* ◦ *Next time, ask my permission before you borrow the car.* ▷ **w przyszłym tygodniu/roku/w przyszły poniedziałek** *itp.* **2** (A2) The next time, event, person, or thing is the one nearest to now or the one that follows the present one: *What time's the next train to London?* ◦ *We're going to be very busy for the next few months.* ▷ **następny, najbliższy 3** (A2) The next place is the one nearest to the present one: *She only lives in the next village.* ◦ *Turn left at the next roundabout.* ▷ **następny, najbliższy 4 the next best thing** the thing that is best, if you cannot have or do the thing you really want: *Coaching football is the next best thing to playing.* ▷ *coś* **prawie tak dobre, drugi wybór 5 the next thing I knew** used to talk about part of a story that happens in a sudden and surprising way: *A car came speeding round the corner, and the next thing I knew I was lying on the ground.* ▷ **zanim się spostrzegłem**

> **!** Najczęściej popełniane błędy: **next**
>
> **Proszę pamiętać:** kiedy używamy **next** do oznaczenia dnia, tygodnia lub roku, nie stosujemy go w połączeniu z przyimkiem.
> Nie mówimy więc „on next Monday", ale **next Monday**:
>
> ~~*I'm going on holiday to Zakopane on next month.*~~
>
> *I'm going on holiday to Zakopane next month.*

next² /nekst/ **adverb 1** (A2) immediately after: *You'll never guess what happened next.* ◦ *Where shall we go next?* ▷ **potem, później, teraz 2** The time when you next do something is the first time you do it again: *Could you get some coffee when you next go to the supermarket?* ▷ **następnym razem**

next³ /nekst/ **preposition next to sth/sb** (A2) very close to something or someone, with nothing in between: *Come and sit next to me.* ◦ *The factory is right next to a residential area.* ▷ **koło** *czegoś/kogoś*, **przy** *czymś/kimś*

next⁴ /nekst/ **pronoun 1** (B2) the person or thing that follows the present person or thing: *Who's next to see the nurse?* ◦ *Blue roses? **Whatever next**? (= What other strange things might happen?)* ▷ **następny, dalej 2 the weekend/week/Thursday, etc after next** (B2) the weekend/week/Thursday, etc that follows the next one ▷ **w weekend za dwa tygodnie/za dwa tygodnie/w czwartek za dwa tygodnie** *itp.*

ˌnext ˈdoor adjective, adverb (B1) in the next room, house, or building: *What are your **next-door neighbours** like?* ◦ *That's the old man who lives **next door to** Paul.* ▷ **najbliższy, sąsiedni, obok**

ˌnext of ˈkin noun [C] (plural **next of kin**) formal the person you are most closely related to: *The names of the dead cannot be released until their next of kin have been notified.* ▷ **najbliższa rodzina**

the NHS /ˌeneɪtʃˈes/ **noun** abbreviation for the National Health Service: the system providing free medical services in the UK: *Did she get it done privately or **on the NHS**?* ▷ **Narodowa Służba Zdrowia, NHS**

niacin /ˈnaɪəsɪn/ **noun** [U] a B vitamin which you find in foods such as wheat, meat and milk, which is important for making energy from food ▷ **niacyna**

nib /nɪb/ **noun** [C] the pointed end of a pen, where the ink comes out ▷ **stalówka, czubek**

nibble /ˈnɪbl/ **verb** [I, T] to eat something by taking very small bites or to bite something gently: *He was nibbling a biscuit.* ◦ *She **nibbled** playfully **at** his ear.* ▷ **pogryzać, skubać**

Nicaragua /ˌnɪkəˈrægjuə/ (US) /ˌnɪkəˈrɑːgwə/ **noun** a country in Central America ▷ **Nikaragua**

• **Nicaraguan** /ˌnɪkəˈrɑːgwən/ **adjective** coming from or relating to Nicaragua ▷ **nikaraguański**

• **Nicaraguan noun** someone from Nicaragua ▷ **Nikaragua-ńczyk/nka**

nice /naɪs/ **adjective 1** (A1) pleasant: *They live in a nice old house on Market Street.* ◦ *We could go to the coast tomorrow, if the weather's nice.* ◦ [+ to do sth] *It was very nice to meet you.* ◦ [+ doing sth] *Nice talking to you.* ▷ **miły, przyjemny, ładny 2** (A1) kind and friendly: *He seems like a really nice guy.* ◦ *She's always been very **nice to** me.* ▷ **miły, sympatyczny 3 nice and sth** informal used to emphasize a positive quality: *nice and clean* ◦ *This chair's nice and comfy.* ▷ **całkiem** *jakiś*, **zupełnie** *jakiś*

> **+ Nice** wyrazy bliskoznaczne
>
> Jeśli ktoś jest miły i dobry dla innych ludzi, możemy o nim powiedzieć, że jest **kind** lub **sweet**:
>
> *She's a very **kind** person.*
>
> *Thank you so much for the card – it was very **sweet** of you!*
>
> Jeśli jakieś zajęcie jest przyjemne, możemy określić je przymiotnikami **fun, enjoyable** lub **lovely**:
>
> *We had a really **lovely** day at the beach.*
>
> *You'd have liked the party – it was **fun**.*
>
> Jeśli coś ma ładny wygląd, często używamy przymiotników **attractive, beautiful, pleasant, lovely** i **pretty**:
>
> *There's some **beautiful** countryside in Yorkshire.*
>
> *That's a **pretty** dress you're wearing.*
>
> Jeśli jakaś potrawa jest smaczna, możemy powiedzieć, że jest ona **delicious** lub **tasty**:
>
> *This chicken soup is absolutely **delicious**.*

nicely /ˈnaɪsli/ **adverb 1** (B2) well: *That table would fit nicely in the bedroom.* ◦ *His business is **doing** very **nicely**.* ▷ **dobrze 2** (B2) in a pleasant way: *nicely dressed* ▷ **ładnie, miło**

niche /niːʃ/ (US) /nɪtʃ/ **noun** [C] **1** a job or activity that is very suitable for someone: *After years of job dissatisfaction, he's at last **found his niche in** financial services.* ▷ **nisza, gniazdko 2** a hollow space cut into a wall ▷ **nisza, wnęka**

ˌniche ˈmarket noun [C] a small number of people who buy a particular product or service, especially an unusual or expensive one: *They make luxury cars for a small but significant niche market.* ▷ **rynek niszowy**

Nicholas /ˈnɪkələs/ **noun** (also **Nick** /nɪk/) a male name

nick¹ /nɪk/ **verb** [T] **1** UK informal to steal something: *She got caught nicking CDs from Smith's.* ▷ **zwędzić, kraść 2** UK informal If the police nick someone, they catch that person because they

N

have committed a crime: [often passive] *He got nicked for handling stolen goods.* ▷ **przymknąć** **3** to make a small cut in something without intending to: *He nicked himself shaving.* ▷ **zadrasnąć, zaciąć**

nick² /nɪk/ **noun 1** [C] mainly UK informal a prison or police station: *They spent the night **in the nick**.* ▷ **pudło, paka 2** [C] a small cut: *He has a little nick on his cheek.* ▷ **zadraśnięcie 3 in bad/good nick** UK informal in bad/good condition ▷ **w złym/dobrym stanie**

IDIOM **in the nick of time** just before it was too late: *The ambulance arrived in the nick of time.* ▷ **w ostatniej chwili, w samą porę**

nickel /ˈnɪkl/ **noun 1** [C] a US or Canadian coin with a value of 5 cents ▷ **pięciocentówka 2** [U] a silver-white metal that is often mixed with other metals (formula Ni) ▷ **nikiel**

nickname /ˈnɪkneɪm/ **noun** [C] a name used informally instead of your real name: *His behaviour has earned him the nickname 'Mad Dog'.* ▷ **przydomek, przezwisko**
• **nickname verb** [+ two objects] *They nicknamed her 'The Iron Lady'.* ▷ **nazywać, przezywać, nadać przydomek**

nicotine /ˈnɪkətiːn/ **noun** [U] a poisonous chemical substance in tobacco ▷ **nikotyna**

niece /niːs/ **noun** [C] B1 the daughter of your brother or sister, or the daughter of your husband's or wife's brother or sister ▷ **bratanica, siostrzenica**

nifty /ˈnɪfti/ **adjective** informal well-designed and effective: *a nifty piece of software* ▷ **zmyślny, świetny**

Niger /niːˈʒeə/ (US) /ˈnaɪdʒər/ **noun** a country in Africa ▷ **Niger**
• **Nigerien** /nɪˈʒeəriən/ (US) /naɪˈdʒɪriən/ **adjective** coming from or relating to Niger ▷ **nigerski** • **Nigerien noun** someone from Niger ▷ **Niger-czyk/ka**

Nigeria /naɪˈdʒɪəriə/ **noun** a country in Africa ▷ **Nigeria**
• **Nigerian** /naɪˈdʒɪəriən/ **adjective** coming from or relating to Nigeria ▷ **nigeryjski** • **Nigerian noun** someone from Nigeria ▷ **Nigeryj-czyk/ka**

nigger /ˈnɪgəʳ/ **noun** [C] offensive a very offensive word for a black person ▷ **czarnuch**

niggle /ˈnɪgl/ **verb 1** [I, T] to worry or annoy someone slightly for a long time: *a **niggling** injury* ▷ **dokuczać, męczyć 2 niggle about/over, etc** UK to complain about things which are not very important: *She kept niggling about the extra work.* ▷ **czepiać się, marudzić o**
• **niggle noun** [C] ▷ **wątpliwość, zarzut**

nigh /naɪ/ **adverb 1** literary near: *The end of the world is nigh.* ▷ **blisko 2 well nigh/nigh on** old-fashioned almost: *Our family has lived here well nigh two hundred years.* ▷ **nieomal, prawie**

night /naɪt/ **noun** [C, U] **1** A1 the time in every 24 hours when it is dark and people usually sleep: *I didn't get any sleep **last night**.* ◦ *It's warm during the day, but it can get quite cold **at night**.* ◦ *The phone rang in the **middle of the night**.* ◦ *We stayed up almost all night talking.* ◦ *Tim's working nights this week.* ▷ **noc 2** A1 the period from the evening to the time when you go to sleep: *Did you have a good time **last night**?* ◦ *Are you doing anything **on** Friday **night**?* ▷ **wieczór 3** used to describe the hours from the evening until just after 12 midnight: *They're open from 7 in the morning until 10 o'clock at night.* ▷ **wieczór, noc 4 have an early/a late night** to go to bed early/late ▷ **wcześnie/późno się położyć 5 a night out** an evening spent away from home doing something enjoyable: *a night out at the theatre* ▷ **wyjście, wieczór poza domem 6 Good night.** You say 'Good night' to someone who is going to bed: *Good night, sleep well.* ▷ **Dobranoc!** → See also **the *dead* of night/winter**

> **Wyrazy występujące razem z night**
> spend the night • at night • in the night • the middle of the night • last night

nightclub /ˈnaɪtklʌb/ **noun** [C] B1 a place where you can dance and drink at night ▷ **klub nocny**

nightdress /ˈnaɪtdres/ **noun** [C] mainly UK a loose dress that women wear in bed ▷ **koszula nocna**

nightfall /ˈnaɪtfɔːl/ **noun** [U] the time in the evening when it gets dark ▷ **zmrok**

nightgown /ˈnaɪtgaʊn/ **noun** [C] a loose dress that women wear in bed ▷ **koszula nocna**

nightie /ˈnaɪti/ **noun** [C] a loose dress that women wear in bed ▷ **koszula nocna**

nightingale /ˈnaɪtɪŋgeɪl/ **noun** [C] a small brown bird which sings very well ▷ **słowik**

nightlife /ˈnaɪtlaɪf/ **noun** [U] B1 entertainment for the night such as bars, restaurants, and theatres: *What's the nightlife like around here?* ▷ **życie nocne**

nightly /ˈnaɪtli/ **adjective** [always before noun], **adverb** happening every night: *the nightly news* ◦ *The show, lasting ninety minutes, will be broadcast nightly from Monday to Friday.* ▷ **cowieczorny, conocny, co wieczór, co noc**

nightmare /ˈnaɪtmeəʳ/ **noun** [C] **1** B1 a very unpleasant experience: *The traffic can be a real nightmare after 4.30.* ▷ **koszmar 2** B1 a frightening dream ▷ **koszmar, koszmarny sen**

> **Wyrazy występujące razem z nightmare**
> an **absolute/complete/living/total** nightmare • be sb's **worst** nightmare • the nightmare of (doing) sth • a nightmare for sb

ˈnight ˌschool noun [U] classes for adults that are taught in the evening ▷ **szkoła wieczorowa, wieczorówka**

nightstick /ˈnaɪtstɪk/ **noun** [C] US (UK **truncheon**) a short stick that police officers carry to use as a weapon ▷ **pałka (policyjna)**

night-time /ˈnaɪttaɪm/ **noun** [U] the period of time when it is dark at night ▷ **noc**

nil /nɪl/ **noun** [U] **1** UK In sports results, nil means 'zero': *Germany beat England three nil (= 3-0).* ▷ **zero** **2** not existing: *The chances of that happening are virtually nil.* ▷ **zero, nic, ≈ zerowy, ≈ żaden**

nimble /ˈnɪmbl/ **adjective** able to move quickly and easily: ***nimble fingers*** ▷ **zgrabny, zwinny**

nimbostratus /nɪmbəʊˈstrɑːtəs/ **noun** [U] a thick grey cloud which forms at a low level, from which rain or snow often falls ▷ **chmura warstwowa deszczowa**

nine /naɪn/ A1 the number 9 ▷ **dziewięć**

nineteen /ˌnaɪnˈtiːn/ A1 the number 19 ▷ **dziewiętnaście**

• **nineteenth** 19th written as a word ▷ **dziewiętnasty**

nine-to-five /ˈnaɪntəˌfaɪv/ **adjective, adverb** describes work that begins at nine o'clock in the morning and ends at five o'clock, which are the hours that people work in many offices from Monday to Friday: *She's tired of working nine-to-five.* ▷ **od dziewiątej do piątej**

• **nine-to-five** /ˌnaɪntəˈfaɪv/ **noun** [C] ▷ **praca od dziewiątej do piątej**

ninety /ˈnaɪnti/ **1** A2 the number 90 ▷ **dziewięćdziesiąt** **2 the nineties** the years from 1990 to 1999 ▷ **lata dziewięćdziesiąte** **3 be in your nineties** to be aged between 90 and 99 ▷ **mieć po dziewięćdziesiątce**

• **ninetieth** 90th written as a word ▷ **dziewięćdziesiąty**

ninth[1] /naɪnθ/ A2 9th written as a word ▷ **dziewiąty**

ninth[2] /naɪnθ/ **noun** [C] one of nine equal parts of something; ⅑ ▷ **(jedna) dziewiąta, dziewiąta część**

nip /nɪp/ **verb** (present participle **nipping**, past tense and past participle **nipped**) **1 nip down/out/up, etc** UK informal to go somewhere quickly and for a short time: *I'm just nipping down the road to get a paper.* ▷ **skoczyć, wyskoczyć** **2** [T] If something nips you, it gives you a small, sharp bite: *His parrot nipped him on the nose.* ▷ **szczypać**
→ See also **nip sth in the *bud***

nipple /ˈnɪpl/ **noun** [C] the small, circular area of slightly darker, harder skin in the centre of each breast in women, or on each side of the chest in men ▷ **sutek, brodawka**

nirvana /nɪəˈvɑːnə/ **noun** [U] a state of perfection ▷ **nirwana**

nitrate /ˈnaɪtreɪt/ **noun** [C, U] a chemical containing nitrogen and oxygen that is used on crops to make them grow better ▷ **azotan**

nitric acid /ˌnaɪtrɪkˈæsɪd/ **noun** [U] a clear, colourless liquid which is used in making many chemicals, especially explosives and fertilizers (formula HNO_3) ▷ **kwas azotowy**

nitrify /ˈnaɪtrɪfaɪ/ **verb** [T] to add nitrogen or a nitrogen compound to something ▷ **nitryfikować**

• **nitrification** /ˌnaɪtrɪfɪˈkeɪʃᵊn/ **noun** [U] the process by which bacteria in the soil use oxygen to change dead plants into nitrates. The nitrates can then be used by plants as food. ▷ **nitryfikacja**

ˌnitrifying bacˈteria **noun** [plural] bacteria in the soil that change the nitrogen in dead plants into a form that is good for the soil and which growing plants can use for food ▷ **bakterie nitryfikujące**

nitrogen /ˈnaɪtrədʒən/ **noun** [U] a gas that has no colour or smell and is the main part of air (symbol N) ▷ **azot**

the ˈnitrogen ˌcycle **noun** [no plural] the way that nitrogen is exchanged between different living organisms on Earth and between living organisms and the environment, for instance when plants take it from the air and animals eat the plants ▷ **cykl azotowy**

ˌnitrogen diˈoxide **noun** [U] a poisonous brown gas, formed when some metals dissolve in nitric acid (formula NO_2) ▷ **dwutlenek azotu**

ˈnitrogen fixˌation **noun** [U] the process by which nitrogen from the atmosphere is changed either naturally or in industry into compounds that are used in several processes ▷ **wiązanie azotu**

nitrogenous /naɪˈtrɒdʒɪnəs/ **adjective** containing nitrogen ▷ **azotowy**

nitroglycerine (also US **nitroglycerin**) /ˌnaɪtrəʊˈglɪsᵊriːn/ **noun** [U] a very powerful liquid explosive ▷ **nitrogliceryna**

nitrous oxide /ˌnaɪtrəsˈɒksaɪd/ **noun** [U] a type of gas with a sweet smell which is used as a weak anaesthetic (formula N_2O) ▷ **tlenek azotu**

the nitty-gritty /ˌnɪtiˈgrɪti/ **noun** the important details of a subject or activity: *English teachers should concentrate on **the nitty-gritty of** teaching grammar.* ▷ **strona praktyczna, konkrety**

no[1] /nəʊ/ **determiner** **1** A1 not any: *There were no signposts anywhere.* ◦ *I had no difficulty getting work.* ◦ *There was no mention of money.* ▷ **żaden** **2** A2 a word used to say that something is forbidden: *No smoking.* ◦ *There was no talking in her classes.* ▷ **żaden, nie, ≈ zakaz** **3 There's no doing sth** something that you say when an action is impossible: *There's no pleasing some people (= nothing that you do will make them happy).* ▷ **nie można** *czegoś zrobić*, **nie da się** *czegoś zrobić*

no[2] /nəʊ/ **adverb** **no ... than** B1 not any: *The work should be done no later than Friday.* ◦ *There were no more than ten people there.* ▷ **nie ... niż**

no[3] /nəʊ/ **exclamation** **1** A1 something that you say in order to disagree, give a negative answer, or say that something is not true: *"Have you seen Louise?" "No, I haven't."* ◦ *"Have you ever been to Ireland?" "No."* ◦ *"Can I have some more cake?" "No, you'll be sick."* ◦ *"He's really ugly." "No he*

N

isn't!" ▷ **nie 2** A2 something that you say to agree with something that is negative: *"He's not very bright, is he?" "No, I'm afraid not."* ▷ **nie 3 Oh no!** A2 something that you say when you are shocked and upset: *Oh no! It's gone all over the carpet!* ▷ **No nie!**

no. written abbreviation for number ▷ **nr (= numer)**

nobility /nəʊˈbɪləti/ **noun 1 the nobility** [group] the people from the highest social group in a society ▷ **arystokracja 2** [U] the quality of being noble ▷ **szlachetność**

noble[1] /ˈnəʊbl/ **adjective 1** honest, brave, and kind: *a noble gesture* ▷ **szlachetny 2** belonging to the highest social group of a society ▷ **arystokratyczny**

noble[2] /ˈnəʊbl/ **noun** [C] a person of the highest social group in some countries ▷ **arystokrat-a/ka**

ˌnoble ˈgas noun [C] any of a group of gases, such as helium, that do not react with other chemicals ▷ **gaz szlachetny**

nobleman, noblewoman /ˈnəʊblmən/, /ˈnəʊblˌwʊmən/ **noun** [C] (plural **noblemen, noblewomen**) someone belonging to the highest social group in some countries ▷ **arystokrat-a/ka**

nobly /ˈnəʊbli/ **adverb** in a brave or generous way: *She nobly offered to sell her jewellery.* ▷ **szlachetnie**

nobody /ˈnəʊbədi/ **pronoun** A2 no person: *There was nobody I could talk to.* ◦ *Nobody's listening.* ◦ *Sally helped me, but **nobody else** bothered.* ▷ **nikt**

no-brainer /ˌnəʊˈbreɪnəʳ/ **noun** [C] informal something that is very simple to do or to understand, or a decision that is very easy to take ▷ **żadna filozofia**

nocturnal /nɒkˈtɜːnəl/ **adjective 1** Nocturnal animals and birds are active at night. ▷ **nocny 2** happening at night: *nocturnal activities/habits* ▷ **nocny**

nod /nɒd/ **verb** [I, T] (present participle **nodding**, past tense and past participle **nodded**) B2 to move your head up and down as a way of agreeing, to give someone a sign, or to point to something: *They nodded enthusiastically at the proposal.* ◦ *Barbara nodded in approval.* ▷ **kiwać (głową), skinąć (głową), przytakiwać**
• **nod noun** [C] *He **gave a nod** of approval.* ▷ **skinięcie głową**

PHRASAL VERB **nod off** informal to start sleeping ▷ **zasypiać, przysypiać**

nodule /ˈnɒdjuːl/ **noun** [C] a small lump, especially on a plant or someone's body ▷ **guzek**

no-fault /ˈnəʊfɔːlt/ **adjective** [always before noun] US No-fault laws or systems are ones where it is not important who is responsible for what has happened: *no-fault insurance* ▷ **bez orzekania winy**

ˌno-go ˈarea noun [C] mainly UK an area, usually in a city, where it is too dangerous to go because there is a lot of violent crime there ▷ **niebezpieczna okolica**

noise /nɔɪz/ **noun** [C, U] A1 a sound, often a loud, unpleasant sound: *a deafening/loud noise* ◦ *Stop **making** so much **noise**!* ◦ *The engine's making funny noises.* ◦ *There is some **background noise** on the recording.* ◦ *I had to shout above the noise of the party.* ▷ **hałas, odgłos, dźwięk**

> Wyrazy występujące razem z **noise**
> background noise • a deafening/faint/loud/strange noise • hear/make a noise

ˈnoise pollˌution noun [U] noise, often from traffic, which upsets people where they live or work ▷ **zagrożenie hałasem**

noisy /ˈnɔɪzi/ **adjective** A2 Noisy people or things make a lot of noise: *A crowd of noisy protesters gathered in the square.* ◦ *We've had problems with noisy neighbours.* ▷ **hałaśliwy**
• **noisily adverb** ▷ **hałaśliwie, głośno**

nomad /ˈnəʊmæd/ **noun** [C] a member of a group of people who move from one place to another instead of living in the same place all the time ▷ **nomada, koczownik**
• **nomadic** /nəʊˈmædɪk/ **adjective** Nomadic people move from place to place. ▷ **nomadyczny, koczowniczy**

ˈno-man's ˌland noun [U, no plural] an area of land which no one owns or controls, especially in a war ▷ **ziemia niczyja**

nomenclature /nəˈmeŋklətʃəʳ/ **noun** [U] formal a system of naming things, especially in science ▷ **nazewnictwo**

nominal /ˈnɒmɪnəl/ **adjective 1** existing officially, but not in reality: *a nominal leader* ▷ **nominalny, formalny, symboliczny 2** A nominal sum of money is a small amount of money: *a **nominal charge/fee*** ▷ **symboliczny**

ˌnominal ˈledger noun [C] (also **general ledger**) the main financial record of a company that uses double entry bookkeeping ▷ **księga główna**

nominally /ˈnɒmɪnəli/ **adverb** officially but not in reality: *nominally Catholic areas* ▷ **nominalnie, formalnie**

nominate /ˈnɒmɪneɪt/ **verb** [T] **1** to officially suggest a person for a job or a position in an organization, or to suggest a person or their work for a prize: [often passive] *Judges are nominated by the governor.* ◦ *The film was **nominated for** an Academy Award.* ◦ *He was **nominated as** best actor.* ▷ **mianować, nominować 2** to choose someone for a job or to do something: *He has **nominated** his brother **as** his heir.* ◦ [+ to do sth] *Two colleagues were nominated to attend the conference.* ▷ **wybierać, wyznaczać**

nomination /ˌnɒmɪˈneɪʃən/ **noun** [C, U] **1** the act of officially suggesting a person for a job or their work for a prize: *to* ***seek/win*** *a* ***nomination*** ◦ *He won the Democratic* ***nomination for*** *mayor of Chicago.* ◦ *She has just* ***received*** *her fourth Oscar* ***nomination****.* ▷ **nominacja** **2** the choice of someone for a job or to do something: *They did everything they could to defeat his nomination to be surgeon general.* ▷ **nominacja, kandydatura**

> Wyrazy występujące razem z **nomination**
> **make/receive/seek/win** a nomination • a nomination **as/for** sth

nominee /ˌnɒmɪˈniː/ **noun** [C] a person or a piece of work which has been nominated ▷ **kandydat/ka**

non- /nɒn-/ **prefix** not or the opposite of: *non-alcoholic drinks* ◦ *non-smokers* ▷ **nie-**

non-alcoholic /ˌnɒnælkəˈhɒlɪk/ **adjective** describes a drink that does not contain alcohol ▷ **bezalkoholowy**

nonchalant /ˈnɒnʃələnt/ (US) /ˌnɑːnʃəˈlɑːnt/ **adjective** calm and not worried: *a nonchalant shrug* ▷ **nonszalancki**
• **nonchalantly adverb** ▷ **nonszalancko**

noncommittal /ˌnɒnkəˈmɪtəl/ **adjective** not showing your opinion about something: *a noncommittal expression/response* ▷ **wymijający, dyplomatyczny**

nondescript /ˈnɒndɪskrɪpt/ **adjective** not interesting: *a nondescript building/man* ▷ **nijaki, nieokreślony**

none /nʌn/ **quantifier** **1** (B1) not any: ***None of*** *them smoke.* ◦ *In 1992, the company had 2,700 part-time workers. Today it has none.* ◦ *There were only three births here in March and* ***none at all*** *in April.* ◦ *He asked if there was any hope. I told him frankly that there was none.* ▷ **żaden** **2 none too clean/clever/pleased, etc** not at all clean/clever/pleased, etc: *His handkerchief was none too clean.* ▷ **niezbyt czysty/bystry/zadowolony** *itp.* **3 none the happier/poorer/wiser, etc** not any happier/poorer/wiser, etc than before: *She must have explained the theory three times, but I'm still none the wiser.* ▷ **ani trochę szczęśliwszy/biedniejszy/mądrzejszy** *itp.*

nonetheless /ˌnʌnðəˈles/ **adverb** despite what has just been said: *He was extremely rude in meetings. Nonetheless, his arguments found some support.* ▷ **niemniej (jednak), pomimo to**

non-event /ˌnɒnɪˈvent/ **noun** [no plural] informal an event that was not as exciting or interesting as you expected it to be: *Her party was a bit of a non-event.* ▷ **żadna atrakcja, nic specjalnego**

non-existent /ˌnɒnɪɡˈzɪstənt/ **adjective** not existing: *We knew our chances of success were non-existent.* ▷ **żaden, równy zeru, nieistniejący**

nonfiction /ˌnɒnˈfɪkʃən/ **noun** [U] writing about things which are true: *nonfiction books/titles* ▷ **literatura faktu**

non-metal /ˌnɒnˈmetəl/ **noun** a chemical element that is not a metal ▷ **niemetal**

no-no /ˈnəʊnəʊ/ **noun** [C] informal something that is forbidden or not socially acceptable: *Cardigans are a fashion no-no this season.* ▷ **(coś) nie do pomyślenia, ≈ zakazany, ≈ w niełasce**

no-nonsense /ˌnəʊˈnɒnsəns/ **adjective** [always before noun] not having or allowing others to have any silly ideas or behaviour: *a* ***no-nonsense approach*** *to child rearing* ▷ **konkretny, rzeczowy, racjonalny**

nonplussed /ˌnɒnˈplʌst/ **adjective** extremely surprised ▷ **skonsternowany**

non-profit-making /ˌnɒnˈprɒfɪtˌmeɪkɪŋ/ **adjective** UK (US **nonprofit**) A non-profit-making organization does not make money from its activities. ▷ **niedochodowy**

nonsense /ˈnɒnsəns/ **noun** [U] **1** (B2) If something someone has said or written is nonsense, it is silly and not true: *She talks such nonsense sometimes.* ◦ *That's* ***a load of nonsense****.* ◦ *It's nonsense to suggest they could have cheated.* ▷ **bzdura, nonsens, bzdury** **2** silly behaviour: *Will you stop this childish nonsense!* ▷ **fochy** **3 make a nonsense of sth** UK to spoil something or make it seem stupid: *Cuts to the text made a nonsense of the play.* ▷ **pozbawić** *coś* **sensu**

> Wyrazy występujące razem z **nonsense**
> **talk** nonsense • **absolute/complete/utter** nonsense • **a load of** nonsense

non-smoker /ˌnɒnˈsməʊkəʳ/ **noun** [C] a person who does not smoke ▷ **niepalący**

non-smoking /ˌnɒnˈsməʊkɪŋ/ **adjective** (B2) A non-smoking area is one where people are not allowed to smoke. ▷ **dla niepalących**

non-starter /ˌnɒnˈstɑːtəʳ/ **noun** [C] informal something that will not be successful: *The amount of money needed makes his project a non-starter.* ▷ **plajta, fiasko, przedsięwzięcie skazane na niepowodzenie**

non-stop /ˌnɒnˈstɒp/ **adjective, adverb** without stopping or resting: ***non-stop flights*** *from Britain to the West Indies* ◦ *We've been* ***talking non-stop*** *the whole way.* ▷ **non-stop, bez przerwy**

non-violent /ˌnɒnˈvaɪələnt/ **adjective** not using violent methods: *non-violent action/protests* ◦ *non-violent crimes/offenders* ▷ **unikający przemocy, pokojowy, spokojny**

noodles /ˈnuːdlz/ **noun** [plural] thin pieces of pasta ▷ **makaron**

nook /nʊk/ **noun**

IDIOM **every nook and cranny** every part of a place: *I know every nook and cranny of this place.* ▷ **każdy kąt, wszystkie zakamarki**

noon /nuːn/ **noun** [U] (A2) 12 o'clock in the middle

N

of the day: *He has until noon to act.* ◦ *The service will be held at 12 noon.* ▷ **południe**

ˈno ˌone **pronoun** A2 no person: *No one bothered to read the report.* ◦ *No one knows where he is now.* ◦ *There was no one there.* ◦ ***No one else*** *makes puddings like my Mum.* ▷ **nikt**

noose /nuːs/ **noun** [C] a piece of rope tied in a circle, used to catch animals or to hang people ▷ **pętla, stryczek**

nor /nɔːʳ/ **adverb, conjunction 1 neither… nor…** B2 used after 'neither' to introduce the second thing in a negative sentence: *Strangely, neither James nor Emma saw what happened.* ◦ *He neither spoke nor moved.* ▷ **ani … ani 2 nor can I/nor do you, etc** mainly UK B2 used after something negative to say that the same thing is true for someone or something else: *"I don't like cats." "Nor do I."* ◦ *"I won't get to see him tomorrow." "Nor will Tom."* ◦ *She couldn't speak a word of Italian and nor could I.* ▷ **ja/ty** *itp.* **też nie, ani ja/ty** *itp.*

Nordic /ˈnɔːdɪk/ **adjective** from or relating to the North European countries of Sweden, Denmark, Norway, Finland, and Iceland ▷ **skandynawski, nordycki**

norm /nɔːm/ **noun 1 the norm** the usual way that something happens: *Short-term job contracts are the norm nowadays.* ▷ **norma, standard 2** [C] an accepted way of behaving in a particular society: [usually plural] ***cultural/social norms*** ▷ **norma**

normal /ˈnɔːməl/ **adjective** A2 usual, ordinary, and expected: *to lead a* ***normal life*** ◦ *It's perfectly normal to feel some degree of stress at work.* ◦ *It's normal for couples to argue now and then.* ◦ *Now that trains are running again things are* ***back to normal.*** ▷ **normalny**

> Wyrazy występujące razem z **normal**
>
> be back to/return to normal • perfectly normal

normality /nɔːˈmæləti/ **noun** [U] (also US **normalcy** /ˈnɔːməlsi/) a situation in which everything is happening normally: *a* ***return to normality*** ▷ **normalność**

normally /ˈnɔːməli/ **adverb 1** B1 usually: *Normally, I start work around nine o'clock.* ▷ **normalnie, na ogół 2** B2 in the ordinary way that you would expect: *Both lungs are now functioning normally.* ▷ **normalnie**

north, North /nɔːθ/ **noun** [U] **1** A2 the direction that is on your left when you face towards the rising sun: *The stadium is to the north of the city.* ▷ **północ 2 the north** A2 the part of an area that is further towards the north than the rest: *She's from the north of England.* ▷ **północ**
• **north adjective** A2 *a north wind* ▷ **północny** • **north adverb** A2 towards the north: *I live north of the river.* ◦ *We're going to visit Paul's family* ***up north.*** ▷ **na północ, na północy**

North America /ˌnɔːθəˈmerɪkə/ **noun** a continent ▷ **Ameryka Północna**
• **North American** /ˌnɔːθ əˈmerɪkən/ **adjective** coming from or relating to North America ▷ **północnoamerykański** • **North American noun** someone from North America ▷ **mieszka-niec/nka Ameryki Północnej**

northbound /ˈnɔːθbaʊnd/ **adjective** going or leading towards the north ▷ **prowadzący lub zdążający na północ, północny, w kierunku północnym**

northeast, Northeast /ˌnɔːθˈiːst/ **noun** [U] **1** B1 the direction between north and east ▷ **północny wschód 2 the northeast** B1 the northeast part of a country ▷ **północny wschód**
• **northeast, Northeast adjective, adverb** B1 ▷ **północno-wschodni, na północny wschód**

northeastern, Northeastern /ˌnɔːθˈiːstən/ **adjective** in or from the northeast ▷ **północno-wschodni**

northerly /ˈnɔːðəli/ **adjective 1** towards or in the north: *Canada's most* ***northerly point*** ▷ **północny 2** A northerly wind comes from the north. ▷ **północny, z północy**

northern, Northern /ˈnɔːðən/ **adjective** B1 in or from the north part of an area: *Northern England* ◦ *a northern accent* ▷ **północny**

northerner, Northerner /ˈnɔːðənəʳ/ **noun** [C] someone from the north part of a country ▷ **mieszka-niec/nka północy**

northernmost /ˈnɔːðənməʊst/ **adjective** The northernmost part of an area is the part furthest to the north. ▷ **wysunięty najdalej na północ**

north-facing /ˈnɔːθˌfeɪsɪŋ/ **adjective** [always before noun] positioned towards the north: *a north-facing slope* ▷ **północny, skierowany na północ**

North Korea /ˌnɔːθkəˈriːə/ **noun** a country in Asia ▷ **Korea Północna**
• **North Korean** /ˌnɔːθkəˈriːən/ **adjective** coming from or relating to North Korea ▷ **koreański** • **North Korean noun** someone from North Korea ▷ **Korea-ńczyk/ka**

the ˌNorth ˈPole noun the point on the Earth's surface which is furthest north ▷ **biegun północny**

northward, northwards /ˈnɔːθwəd/, /ˈnɔːθwədz/ **adverb** towards the north ▷ **na północ**
• **northward adjective** *a northward direction* ▷ **północny**

northwest, Northwest /ˌnɔːθˈwest/ **noun** [U] **1** B1 the direction between north and west ▷ **północny zachód 2 the northwest** B1 the northwest part of a country ▷ **północny zachód**
• **northwest, Northwest adjective, adverb** B1 ▷ **północno-zachodni, na północny zachód**

northwestern, Northwestern /ˌnɔːθˈwestən/ **adjective** in or from the northwest ▷ **północno-zachodni**

Norway /ˈnɔːweɪ/ **noun** a country in Europe ▷ **Norwegia**

• **Norwegian** /nɔːˈwiːdʒən/ **adjective** coming from or relating to Norway ▷ **norweski** • **Norwegian noun** someone from Norway ▷ **Norwe-g/żka**

nose[1] /nəʊz/ **noun** [C] Ⓐ1 the part of your face through which you breathe and smell: *a big/ broken nose* ◦ *She paused to* ***blow her nose*** (= *breathe out hard to empty it into a piece of cloth*). ▷ **nos** → See **The Body** on page Centre 13

IDIOMS **get up sb's nose** UK informal to annoy someone ▷ **grać** *komuś* **na nerwach** • **poke/ stick your nose into sth** informal to show too much interest in a situation that does not involve you: *You shouldn't go sticking your nose into other people's business!* ▷ **wtykać nos w** *coś* • **thumb your nose at sth/sb** to show that you do not respect rules, laws, or powerful people ▷ **zagrać** *komuś* **na nosie** • **turn your nose up at sth** informal to not accept something because you do not think it is good enough for you: *He turned his nose up at my offer of soup, saying he wanted a proper meal.* ▷ **wzgardzić** *czymś*, **kręcić na** *coś* **nosem** • **under your nose** If something bad happens under your nose, it happens close to you but you do not notice it. ▷ **pod samym nosem**

nose[2] /nəʊz/ **verb**

PHRASAL VERB **nose about/around (sth)** informal to look around a place, often in order to find something: *I caught him nosing around in my office.* ▷ **węszyć** (*gdzieś*)

nosebleed /ˈnəʊzbliːd/ **noun** [C] **have a nosebleed** to have blood coming from your nose ▷ **krwawić z nosa, mieć krwotok z nosa**

nosedive /ˈnəʊzdaɪv/ **verb** [I] to fall very quickly in value: *The economy nosedived after the war.* ▷ **gwałtownie spadać**

• **nosedive noun** [C] ▷ **gwałtowny spadek**

nosey /ˈnəʊzi/ another spelling of nosy ▷ **wścibski**

nostalgia /nɒsˈtældʒə/ **noun** [U] a feeling of happiness mixed with sadness when you think about things that happened in the past: *his nostalgia for his college days* ▷ **nostalgia**

nostalgic /nɒsˈtældʒɪk/ **adjective** feeling both happy and sad when you think about things that happened in the past: *Talking about those holidays has made me feel quite nostalgic.* ▷ **nostalgiczny**

nostril /ˈnɒstrəl/ **noun** [C] one of the two holes at the end of your nose ▷ **dziurka w nosie, nozdrze** → See **The Body** on page Centre 13

nosy /ˈnəʊzi/ **adjective** always trying to find out private things about other people: ***nosy neighbours*** ◦ *Don't be so nosy!* ▷ **wścibski**

not /nɒt/ **adverb 1** Ⓐ1 used to form a negative phrase after verbs like 'be', 'can', 'have', 'will', 'must', etc, usually used in the short form 'n't' in speech: *I won't tell her.* ◦ *I can't go.* ◦ *He hasn't eaten yet.* ◦ *Don't you like her?* ◦ *It isn't difficult* (= *It is easy*). ◦ *The service isn't very good* (= *it is bad*). ◦ *You're coming, aren't you?* ◦ *I will not tolerate laziness.* ▷ **nie 2** Ⓐ1 used to give the next word or group of words a negative meaning: *I told you not to do that.* ◦ *I like most vegetables but not cabbage.* ◦ *"Come and play football, Dad." "Not now, Jamie."* ◦ *"Whose are these?" "Not mine."* ▷ **nie 3** Ⓐ2 used after verbs like 'be afraid', 'hope', 'suspect', etc in short, negative replies: *"Do you think it's going to rain?" "I hope not."* ◦ *"Have you finished?" "I'm afraid not."* ▷ **nie 4 certainly/hopefully not** used after an adverb in short, negative replies: *"She's not exactly poor, is she?" "Certainly not."* ◦ *"We won't need much money, will we?" "Hopefully not."* ▷ **na pewno nie/miejmy nadzieję, że nie 5 not at all** Ⓑ2 used instead of 'no' or 'not' to emphasize what you are saying: *"I hope this won't cause you any trouble." "No, not at all."* ◦ *I'm not at all happy about it.* ▷ **skądże, wcale 6 Not at all.** Ⓑ1 used as a polite reply after someone has thanked you: *"Thanks for all your help." "Not at all."* ▷ **Nie ma za co! 7 if not** Ⓐ2 used to say what the situation will be if something does not happen: *I hope to see you there but, if not, I'll call you.* ▷ **(a) jak lub jeśli nie 8 or not** Ⓐ2 used to express the possibility that something might not happen: *Are you coming or not?* ▷ **czy nie, albo nie 9 not a/one** used to emphasize that there is nothing of what you are talking about: *Not one person came to hear him talk.* ◦ *"You haven't heard from Nick, have you?" "Not a word."* ▷ **ani (jeden)**

notable /ˈnəʊtəbl/ **adjective** If someone or something is notable, they are important or interesting. ▷ **godny uwagi, ważny**

notably /ˈnəʊtəbli/ **adverb** used to emphasize an important example of something: *Florida is well known for many of its fruits, notably oranges and avocados.* ▷ **szczególnie, zwłaszcza**

notation /nəʊˈteɪʃən/ **noun** [U] a system of written symbols used especially in mathematics or to represent musical notes ▷ **notacja, zapis**

notch[1] /nɒtʃ/ **noun** [C] **1** a level of quality or amount: *Interest rates have moved up another notch.* ▷ **poziom 2** a cut in the shape of the letter V on the edge or surface of something ▷ **nacięcie, karb**

notch[2] /nɒtʃ/ **verb**

PHRASAL VERB **notch up sth** to achieve something: *He has notched up a total of 34 goals this season.* ▷ **zaliczyć** *coś*, **zdobyć** *coś*

note[1] /nəʊt/ **noun 1** [C] Ⓐ1 a short letter: *He* ***left*** *a* ***note*** *on her desk.* ◦ *Did you* ***get*** *my* ***note****?* ▷ **kartka, notatka 2** [C] Ⓐ2 words that you write down to help you remember something: *She studied her notes before the exam.* ◦ *Let me* ***make a note of*** (= *write*) *your phone number.* ◦ *The doctor* ***took notes*** (= *wrote information*) *while I described my symptoms.* ▷ **notatka 3** [C] a short explanation or an extra piece of information

N

that is given at the bottom of a page or at the back of a book: *See note 3, page 37.* ▷ **przypis** **4** [no plural] a particular feeling or mood: *a **sad/serious/positive note*** ◦ *His speech had just the **right note** of sympathy.* ▷ **ton, nuta** **5** [C] a single musical sound or the symbol that represents it ▷ **nuta** **6** [C] UK (US **bill**) B1 a piece of paper money: *a ten-pound note* ▷ **banknot** **7 take note (of sth)** to pay careful attention to something: *Make sure you take note of what she says.* ▷ **zwracać uwagę (na** *coś***), zapamiętać sobie (***coś***)** **8 sb/sth of note** formal someone or something famous or important: *A medieval church is the only monument of note in the town.* ▷ *coś* **znaczącego/***ktoś* **znaczący**

IDIOM **compare notes** If two people compare notes, they tell each other what they think about something that they have both done: *We compared notes about our experiences in China.* ▷ **wymieniać opinie**

> Wyrazy występujące razem z **note (noun)**
>
> leave/scribble/send/write a note • a note for/from sb • get sb's note

note² /nəʊt/ **verb** [T] **1** B1 to notice something: *She noted a distinct chill in the air.* ◦ [+ (that)] *We noted that their idea had never been tried.* ▷ **zauważać, zwracać uwagę na** **2** to say or write something: *In the article, she notes several cases of medical incompetence.* ▷ **zauważać, wymieniać, odnotować**

PHRASAL VERB **note down sth** B2 to write something so that you do not forget it: *I noted down the telephone number for the police.* ▷ **zapisywać** *coś*

notebook /ˈnəʊtbʊk/ **noun** [C] **1** A2 a book with empty pages that you can write in ▷ **notes** **2** a small computer that can be carried around and used anywhere ▷ **notebook**

noted /ˈnəʊtɪd/ **adjective** important or famous: *a noted artist* ◦ *He was **noted for** his modern approach to architecture.* ▷ **znany**

ˌnotepad (comˈputer) **noun** [C] a very small computer which you can carry easily ▷ **palmtop**

notepaper /ˈnəʊtˌpeɪpəʳ/ **noun** [U] paper that you write letters on ▷ **papier listowy**

noteworthy /ˈnəʊtˌwɜːði/ **adjective** If someone or something is noteworthy, they are important or interesting: *a **noteworthy** example* ▷ **godny uwagi, znaczący**

nothing /ˈnʌθɪŋ/ **pronoun** **1** A2 not anything: *I've had nothing to eat since breakfast.* ◦ *He claimed that he did nothing wrong.* ◦ *He had nothing in his pockets.* ◦ *There was **nothing else** (= no other thing) I could do to help.* ◦ *She did **nothing but** criticize (= criticized a lot).* ▷ **nic** **2** B1 not something important or of value: *He's a dangerous person – human life means nothing to him.* ◦ *A thousand pounds is nothing to a woman of her wealth.* ▷ **nic** **3 for nothing** without a successful result: *I've come all this way for nothing.* ▷ **na nic, na darmo** **4 be nothing to do with sb** B2 If something is or has nothing to do with you, you have no good reason to know about it or be involved with it: *I wish he wouldn't offer advice on my marriage – it's nothing to do with him.* ▷ **nie być** *czyjąś* **sprawą** **5 have nothing to do with sb/sth** B2 to have no connection or influence with someone or something: *He made his own decision – I had nothing to do with it.* ▷ **nie mieć z** *kimś/czymś* **nic wspólnego** **6 to say nothing of sth** used to emphasize other problems you have not talked about: *Most wild otters have disappeared from populated areas, to say nothing of wilderness areas.* ▷ **nie mówiąc już o** *czymś* **7 nothing of the sort** used to emphasize that something is not true: *He said that he was a legitimate businessman – in fact, he was nothing of the sort.* ▷ **nic lub nikt w tym rodzaju, nic z tych rzeczy** **8 It was nothing.** a polite reply to someone who has thanked you for doing something ▷ **Nie ma za co.**

IDIOMS **be nothing if not sth** used to emphasize a quality: *The senator was nothing if not honest (= he was very honest).* ▷ **być niezwykle** *jakimś* • **stop at nothing** to be willing to do anything in order to achieve something: *He will stop at nothing to get what he wants.* ▷ **nie zawahać się przed niczym**

nothingness /ˈnʌθɪŋnəs/ **noun** [U] a state where nothing exists ▷ **nicość**

notice¹ /ˈnəʊtɪs/ **verb** [I, T] to see something and be aware of it: *If the sign's too small, no one will notice it.* ◦ [+ (that)] *I noticed that he walked with a limp.* ▷ **zauważać**

notice² /ˈnəʊtɪs/ **noun** **1** [C] a sign giving information about something: *The notice said that the pool was closed for repairs.* ◦ *Have you seen any **notices about** the new sports club?* ▷ **ogłoszenie, notatka, zawiadomienie** **2** [U] a warning that something will happen: *I had to give my landlord a month's notice before moving.* ▷ **wymówienie, wypowiedzenie, ostrzeżenie** **3 at short notice** UK (US **on short notice**) only a short time before something happens ▷ **bez (wcześniejszego) ostrzeżenia, nagle** **4** [U] attention: *I didn't **take** any **notice of** (= give attention to) his advice.* ◦ *It has **come to** our **notice** (= we became aware) that you are being overcharged for your insurance.* ▷ **uwaga** **5 hand/give in your notice** to tell your employer that you are going to stop working for them: *I handed in my notice yesterday.* ▷ **złożyć wypowiedzenie**

> Wyrazy występujące razem z **notice (noun)**
>
> display/put up a notice • a notice says sth • a notice about sth • on a notice

noticeable /ˈnəʊtɪsəbl/ **adjective** easy to see or be aware of: *There was a noticeable difference in his behaviour after the injury.* ▷ **zauważalny, znaczący**
• **noticeably adverb** ▷ **zauważalnie, znacząco**

noticeboard /ˈnəʊtɪsbɔːd/ **noun** [C] UK (US **bulletin board**) B1 a board on a wall where you put advertisements and announcements: *I saw the ad on the noticeboard.* ▷ **tablica ogłoszeń** → See **The Classroom** on page Centre 6

notify /ˈnəʊtɪfaɪ/ **verb** [T] formal to officially tell someone about something: *You should notify the police if you are involved in a road accident.* ◦ [+ (that)] *The court notified her that her trial date had been postponed.* ▷ **zawiadamiać, powiadamiać**
• **notification** /ˌnəʊtɪfɪˈkeɪʃən/ **noun** [C, U] ▷ **zawiadomienie**

notion /ˈnəʊʃən/ **noun** [C] an idea or belief: *The notion of sharing is unknown to most two-year-olds.* ▷ **pojęcie, koncepcja, pogląd**

notoriety /ˌnəʊtərˈaɪəti/ **noun** [U] when someone is famous for something bad: *He **gained notoriety** for his racist speeches.* ▷ **zła sława, niesława**

notorious /nəʊˈtɔːriəs/ **adjective** famous for something bad: *a notorious criminal* ◦ *She was **notorious for** her bad temper.* ▷ **notoryczny, cieszący się złą sławą**
• **notoriously adverb** *Mount Everest is a notoriously difficult mountain to climb.* ▷ **notorycznie**

notwithstanding /ˌnɒtwɪθˈstændɪŋ/ **adverb, preposition** formal despite: *Injuries notwithstanding, he won the semi-final match.* ▷ **pomimo**

nought /nɔːt/ **noun** [C, U] **1** UK the number 0 ▷ **zero** **2** old-fashioned (mainly US **naught**) nothing ▷ **nic, zero**

noun /naʊn/ **noun** [C] A2 a word that refers to a person, place, object, event, substance, idea, feeling, or quality. For example the words 'teacher', 'book', 'development', and 'beauty' are nouns. ▷ **rzeczownik** → See also **countable noun, proper noun, uncountable noun**

nourish /ˈnʌrɪʃ/ **verb** [T] formal to provide living things with food in order to make them grow or stay healthy: *Mammals provide milk to nourish their young.* ▷ **żywić, odżywiać**

nourishing /ˈnʌrɪʃɪŋ/ **adjective** Nourishing food makes you healthy. ▷ **odżywczy, pożywny**

nourishment /ˈnʌrɪʃmənt/ **noun** [U] formal the food that you need to stay alive and healthy ▷ **pożywienie**

Nov written abbreviation for November ▷ **list., listop. (= listopad)**

nova /ˈnəʊvə/ **noun** [C] (plural **novas** or **novae**) a type of star that shines much more brightly for a few months as a result of a nuclear explosion ▷ **(gwiazda) nowa**

novel[1] /ˈnɒvəl/ **noun** [C] B1 a book that tells a story about imaginary people and events: *Have you **read** any good **novels** lately?* ▷ **powieść**
• **novelist noun** [C] B2 someone who writes novels ▷ **powieściopisa-rz/rka**

> **Wyrazy występujące razem z novel**
> read/write a novel • a novel by sb • a novel about sth • in a novel

novel[2] /ˈnɒvəl/ **adjective** new or different from anything else ▷ **nowatorski**

novelty /ˈnɒvəlti/ **noun** **1** [U] the quality of being new or unusual: *The fashion industry relies on novelty, and photographers are always looking for new faces.* ▷ **nowość** **2** [C] an object, event, or experience that is new or unusual: *Tourists are still a novelty on this remote island.* ▷ **nowość** **3** [C] a cheap toy or unusual object, often given as a present ▷ **nowinka**

November /nəʊˈvembər/ **noun** [C, U] (written abbreviation **Nov**) A1 the eleventh month of the year ▷ **listopad**

novice /ˈnɒvɪs/ **noun** [C] someone who is beginning to learn how to do something: *I've never used a computer before – I'm a complete novice.* ▷ **nowicjusz/ka**

now[1] /naʊ/ **adverb** **1** A1 at the present time: *She's finished her degree and now she teaches English.* ◦ *Do you know where Eva is **right now** (= at this moment)?* ▷ **teraz, obecnie** **2** A2 immediately: *Come on, Andreas, we're going home now.* ◦ *I don't want to wait – I want it now!* ▷ **teraz, w tej chwili** **3** B2 used to show the length of time that something has been happening, from the time it began until the present: *I've lived in Cambridge for two years now.* ▷ **obecnie, w tej chwili** **4** used when you start to tell someone something: *Now, I have been to Glasgow many times before.* ◦ ***Now then**, would anyone else like to ask a question?* ▷ **cóż, no (więc)** **5 just now** a very short time ago: *When I came in just now, everyone was laughing.* ◦ *Who was that woman who was speaking just now?* ▷ **przed chwilą, właśnie** **6 (every) now and then/again** B2 If something happens now and then, it happens sometimes but not very often: *I love chocolate, but I only eat it now and then.* ▷ **od czasu do czasu** **7 any day/minute/time, etc now** used to say that something will happen very soon: *We're expecting our second child any day now.* ▷ **w każdej chwili**

now[2] /naʊ/ **conjunction** (also **now that**) B2 as a result of a new situation: *Now that I've got a car I can visit her more often.* ◦ *You should help in the house more, now you're older.* ▷ **teraz (jak), jak już**

now[3] /naʊ/ **pronoun** the present time or moment: *Now isn't a good time to speak to him.* ◦ *She'd kept calm until now.* ◦ *I'll be more careful **from now on** (= from this moment and always in the future).* ▷ **teraz, chwila obecna**

nowadays /ˈnaʊədeɪz/ **adverb** B1 at the present

time, especially when compared to the past: *Everything seems more expensive nowadays.* ▷ **obecnie, dzisiaj**

nowhere /ˈnəʊweəʳ/ **adverb 1** (B1) not anywhere: *The room was very crowded – there was nowhere to sit.* ◦ *We had* ***nowhere else*** *to go.* ▷ **nigdzie 2 out of nowhere** (B2) If someone or something appears out of nowhere, it appears suddenly or unexpectedly: *The car came out of nowhere and we had to swerve to miss it.* ▷ **ni stąd, ni zowąd**

IDIOMS **get/go nowhere** informal to fail to make any progress or achieve anything: *They're getting nowhere on this project.* ▷ **stać w miejscu, nie mieć przyszłości** • **get you nowhere** If something gets you nowhere, it does not help you to succeed: *Bad manners will get you nowhere.* ▷ **daleko nie zajechać, nic nie dać**

noxious /ˈnɒkʃəs/ **adjective** [always before noun] formal poisonous or harmful: *noxious fumes/gases* ▷ **trujący, szkodliwy**

nozzle /ˈnɒzl/ **noun** [C] a narrow, hollow object which is fixed to a tube and which helps you to control the liquid or air that comes out ▷ **końcówka (wylotowa), dysza**

n't /ənt/ short for not: *She isn't (= is not) going.* ◦ *I can't (= cannot) hear you.* ◦ *They didn't (= did not) believe me.*

nuance /ˈnjuːɑːns/ **noun** [C] a very slight difference in meaning, appearance, sound, etc: *a* ***subtle nuance*** ◦ *Linguists explore the nuances of language.* ▷ **niuans, odcień**

nuclear /ˈnjuːkliəʳ/ **adjective** [always before noun] **1** (B2) relating to the energy that is released when the nucleus of an atom is divided: ***nuclear weapons/waste*** ◦ *a* ***nuclear power*** *plant* ▷ **jądrowy, nuklearny 2** relating to the nucleus of an atom: ***nuclear physics*** ▷ **jądrowy, nuklearny**

ˌnuclear ˈfission noun [U] when the nucleus of an atom is divided, creating a very large amount of energy ▷ **rozszczepienie jądrowe**

ˌnuclear ˈfusion noun [U] the process of joining two nuclei to produce energy ▷ **synteza jądrowa**

ˌnuclear reˈactor noun [C] a large machine which uses nuclear fuel to produce power ▷ **reaktor jądrowy**

nucleic acid /njuːˌkleɪɪkˈæsɪd/ **noun** [C, U] a type of acid that is found in all living cells ▷ **kwas nukleinowy**

nucleotide /ˈnjuːkliəʊtaɪd/ **noun** [C] one of a group of chemical compounds found in living cells in nucleic acids such as DNA and RNA ▷ **nukleotyd**

nucleus /ˈnjuːkliəs/ **noun** [C] (plural **nuclei** /ˈnjuːkliaɪ/) **1** the central part of an atom or cell ▷ **jądro 2** the central or most important part of a group or idea: *Senior coaches handpicked the nucleus of the team.* ▷ **trzon**

nude¹ /njuːd/ **adjective** not wearing any clothes: *Our children were running around the garden* ***in the nude*** *(= not wearing any clothes).* ▷ **nagi**

nude² /njuːd/ **noun** [C] a painting or other piece of art that shows a nude person ▷ **akt**

nudge /nʌdʒ/ **verb** [T] to gently push someone or something: *She nudged me towards the door.* ▷ **szturchać, popychać**

• **nudge** noun [C] *I gave him a nudge.* ▷ **kuksaniec, szturchnięcie**

nudism /ˈnjuːdɪzᵊm/ **noun** [U] when someone wears no clothes when they are outside with other people, etc ▷ **nudyzm**

• **nudist** noun [C] someone who practices nudism ▷ **nudyst-a/ka**

nudity /ˈnjuːdəti/ **noun** [U] when you are wearing no clothes: *Some people are offended by nudity.* ▷ **nagość**

nugget /ˈnʌgɪt/ **noun** [C] **1** a small amount of something good: ***nuggets of wisdom*** ▷ **perełka 2** a small, round piece of a solid substance: ***gold nuggets*** ▷ **bryłka**

nuisance /ˈnjuːsᵊns/ **noun** [C] **1** (B2) a person, thing, or situation that annoys you or causes problems for you: *Not being able to use my computer is a real nuisance.* ▷ **kłopot, utrapienie 2 make a nuisance of yourself** to annoy someone or cause problems for them ▷ **być utrapieniem, stroić fochy**

nullify /ˈnʌlɪfaɪ/ **verb** [T] formal **1** to make something lose its effect: *Advances in medicine have nullified the disease's effect.* ▷ **likwidować, niwelować 2** to say officially that something has no legal power: *The judge could nullify the entire trial.* ▷ **anulować, unieważniać**

numb /nʌm/ **adjective 1** If a part of your body is numb, you cannot feel it: *My fingers and toes were* ***numb with cold.*** ▷ **zdrętwiały 2** If you are numb with a bad emotion, you are so shocked that you are not able to think clearly: *I was* ***numb with*** *grief after his death.* ▷ **nieprzytomny**

number¹ /ˈnʌmbəʳ/ **noun** [C] **1** (A1) a symbol or word used in a counting system or used to show the position or order of something: *Think of a number smaller than 100.* ◦ *The Prime Minister lives at number 10, Downing Street.* ◦ *Look at item number three on your agenda.* ▷ **numer, liczba 2** (A1) a group of numbers that represents something: *What's your* ***phone number****?* ◦ *Each person receives a membership number when they join.* ▷ **numer 3** (B1) an amount: *a* ***small number*** *of (= a few)* ◦ *a* ***large number*** *of (= many)* ◦ *There were* ***a number of*** *(= several) soldiers present at the rally.* ◦ *Scientists have noticed a drop in the number of song birds in Britain.* ▷ **liczba** → See also **cardinal number**, **ordinal number**, **phone number**, **telephone number**

number² /ˈnʌmbəʳ/ **verb** [T] **1** to give something a number: [often passive] *Each volume was numbered and indexed.* ▷ **numerować 2** If people or things number a particular amount, there are that many of them: *Our company's sales force numbered over 5,000.* ▷ **liczyć**

ˈnumber ˌplate noun [C] UK (US **license plate**) an official metal sign with numbers and letters on the front and back of a car ▷ **tablica rejestracyjna** → See **Car** on page Centre 7

numeral /ˈnjuːmərəl/ **noun** [C] a symbol used to represent a number ▷ **cyfra** → See also **Roman numeral**

numerator /ˈnjuːməreɪtər/ **noun** [C] the number above the line in a fraction ▷ **licznik (ułamka)** → Compare **denominator**

numerical /njuːˈmerɪkl/ **adjective** [always before noun] relating to or expressed by numbers: *The exams were filed in numerical order.* ▷ **numeryczny**

numerous /ˈnjuːmərəs/ **adjective** formal many: *He is the author of numerous articles.* ▷ **liczny**

nun /nʌn/ **noun** [C] a member of a group of religious women living apart from other people ▷ **zakonnica**

nurse[1] /nɜːs/ **noun** [C] (A2) someone whose job is to care for ill and injured people ▷ **pielęgniarka**

nurse[2] /nɜːs/ **verb** [T] **1** to care for a person or animal that is ill: *We nursed the injured sparrow back to health.* ▷ **pielęgnować, opiekować się** **2** US to feed a baby milk from its mother's breast: *She nursed her son until he was a year old.* ▷ **karmić (piersią)** **3** to try to cure an illness or injury by resting: *He was nursing a broken nose.* ▷ **odleżeć, przeleżeć, leżeć w łóżku z** **4** to think about an idea or an emotion for a long time: *She nursed a great hatred towards her older sister.* ▷ **żywić, dusić w sobie**

nursery /ˈnɜːsəri/ **noun** [C] **1** (B2) a place where babies and young children are looked after without their parents ▷ **żłobek** **2** a place where plants are grown and sold ▷ **szkółka (leśna)**

ˈnursery ˌrhyme noun [C] a short poem or song for young children ▷ **wierszyk lub piosenka dla dzieci, rymowanka**

ˈnursery ˌschool noun [C] a school for very young children ▷ **żłobek**

nursing /ˈnɜːsɪŋ/ **noun** [U] the job of being a nurse ▷ **pielęgniarstwo**

ˈnursing ˌhome noun [C] a place where old people live to receive medical care ▷ **dom opieki**

nurture /ˈnɜːtʃər/ **verb** [T] formal **1** to encourage or support the development of someone or something: *He was an inspiring leader who **nurtured** the **talents** of his colleagues.* ▷ **pielęgnować, kultywować** **2** to look after, feed, and protect young children, animals, or plants: *The rains nurtured the newly planted crops.* ▷ **pielęgnować, wychowywać, hodować**

nut /nʌt/ **noun** [C] **1** (B2) the dry fruit of some trees which grows in a hard shell, and can often be eaten: *a brazil/cashew nut* ▷ **orzech** **2** a piece of metal with a hole in it through which you put a bolt to hold pieces of wood or metal together ▷ **nakrętka** **3** informal a person who is keen on a particular subject or hobby: *She's a real sports nut.* ▷ **entuzjast-a/ka, maniak**

IDIOM **the nuts and bolts** the basic parts of a job or an activity: *Law school can teach you theory, but it can't teach you the nuts and bolts of the profession.* ▷ **podstawy, wiedza lub strona praktyczna**

nutrient /ˈnjuːtriənt/ **noun** [C] formal any substance that animals need to eat and plants need from the soil in order to live and grow: *A healthy diet should provide all your **essential nutrients**.* ▷ **składnik pokarmowy lub odżywczy**

nutrition /njuːˈtrɪʃən/ **noun** [U] the food that you eat and the way that it affects your health: *Good nutrition is essential for growing children.* ▷ **odżywianie**
• **nutritional adjective** relating to nutrition: *Some snacks have little **nutritional value**.* ▷ **odżywczy**

nutritionist /njuːˈtrɪʃənɪst/ **noun** [C] someone who gives advice on the subject of nutrition ▷ **żywieniowiec**

nutritious /njuːˈtrɪʃəs/ **adjective** Nutritious food contains substances that your body needs to stay healthy: *a nutritious meal* ▷ **pożywny**

nuts /nʌts/ **adjective** informal **1** crazy: *They thought I was nuts to go parachuting.* ▷ **szalony** **2 go nuts** to become very excited, angry, or upset: *If I don't have a holiday soon, I'll go nuts.* ▷ **oszaleć**

nutshell /ˈnʌtʃel/ **noun**

IDIOM **in a nutshell** something that you say when you are describing something using as few words as possible: *The answer, in a nutshell, is yes.* ▷ **w (wielkim) skrócie**

nutty /ˈnʌti/ **adjective** **1** informal crazy: *nutty ideas* ▷ **szalony** **2** Something nutty tastes of nuts. ▷ **orzechowy**

nylon /ˈnaɪlɒn/ **noun** [U] a strong, artificial material used to make clothes, ropes, etc: *nylon stockings* ◦ *a nylon shirt/bag* ▷ **nylon**

nymph /nɪmf/ **noun** [C] in Greek and Roman stories, a spirit in the form of a young girl who lives in trees, rivers, mountains, etc ▷ **nimfa**

N

O, o /əʊ/ the fifteenth letter of the alphabet ▷ **O, o**

oak /əʊk/ **noun** [C, U] B2 a large tree found in northern countries, or the wood of this tree ▷ **dąb**

OAP /ˌəʊeɪˈpiː/ **noun** [C] UK abbreviation for old-age pensioner: a person who regularly receives money from the state because they are too old to work ▷ **emeryt/ka, rencist-a/ka**

oar /ɔːʳ/ **noun** [C] a long pole with a wide, flat end that you use to move a boat through water ▷ **wiosło**

IDIOM **stick/put your oar in** UK informal to involve yourself in a discussion or situation when other people do not want you to ▷ **wtrącać swoje trzy grosze**

oasis /əʊˈeɪsɪs/ **noun** [C] (plural **oases** /əʊˈeɪsiːz/) **1** a place in the desert where there is water and where plants grow ▷ **oaza 2** a place that is much calmer and more pleasant than what is around it: *The cafe was an oasis in the busy, noisy city.* ▷ **oaza**

oath /əʊθ/ **noun 1** [C] a formal promise: *an oath of allegiance* ◦ *They refused to* ***take an oath*** *of (= to promise) loyalty to the king.* ▷ **przysięga 2 under oath** If someone is under oath, they have promised to tell the truth in a law court: *He denied under oath that he was involved in the crime.* ▷ **pod przysięgą**

oats /əʊts/ **noun** [plural] grain which people eat or feed to animals ▷ **owies**

obedience /əʊˈbiːdiəns/ **noun** [U] when someone is willing to do what they are told to do: *He demanded complete obedience from his soldiers.* ▷ **posłuszeństwo** → Opposite **disobedience**

• **obedient** /əʊˈbiːdiənt/ **adjective** willing to do what you are told to do: *an obedient child/dog* ▷ **posłuszny** → Opposite **disobedient**

obese /əʊˈbiːs/ **adjective** extremely fat ▷ **otyły**
• **obesity** **noun** [U] when someone is obese ▷ **otyłość**

obey /əʊˈbeɪ/ **verb** [I, T] B2 to do what you are told to do by a person, rule, or instruction: *He gave the command, and we obeyed.* ▷ **słuchać, podporządkować się, przestrzegać** → Opposite **disobey**

obfuscate /ˈɒbfʌskeɪt/ **verb** [T] formal to make something harder to understand or less clear ▷ **komplikować, zaciemniać**

obituary /əʊˈbɪtʃʊəri/ **noun** [C] a report in a newspaper that gives details about a person who has recently died ▷ **nekrolog**

object¹ /ˈɒbdʒɪkt/ **noun 1** [C] B1 a thing that you can see or touch but that is usually not alive: *a bright, shiny object* ▷ **przedmiot, obiekt 2 the object of sth** the purpose of something: *The object of the game is to score more points than the opposing team.* ▷ **cel** *czegoś* **3 the object of sb's affection/desire, etc** the cause of someone's feelings: *He's the object of my affection.* ▷ **obiekt lub przedmiot** *czyichś* **uczuć**/*czyjegoś* **pożądania** *itp.* **4** B1 in grammar, the person or thing that is affected by the action of the verb ▷ **dopełnienie** → See also **direct object, indirect object**

object² /əbˈdʒekt/ **verb** [I] B2 to feel or say that you do not like or do not approve of something or someone: *We* ***objected to*** *his unreasonable demands.* ◦ *Would anyone object if I were to leave early?* ▷ **sprzeciwiać się, protestować** → See also **conscientious objector**

objection /əbˈdʒekʃᵊn/ **noun** [C, U] B2 when someone says that they do not like or approve of something or someone: *Our main* ***objection to*** *the new factory is that it's noisy.* ◦ *I* ***have*** *no* ***objections****, if you want to stay an extra day.* ▷ **zastrzeżenie, sprzeciw**

> Wyrazy występujące razem z **objection**
>
> lodge/make/raise/voice an objection • have no objections • a serious/strong objection • an objection to sth

objectionable /əbˈdʒekʃᵊnəbl/ **adjective** formal very unpleasant ▷ **obraźliwy, naganny**

objective¹ /əbˈdʒektɪv/ **noun** [C] B2 something that you are trying to achieve: *His main objective was to increase profits.* ▷ **cel**

objective² /əbˈdʒektɪv/ **adjective** B2 only influenced by facts and not by feelings: *I try to be objective when I criticize someone's work.* ▷ **obiektywny**

obligation /ˌɒblɪˈgeɪʃᵊn/ **noun** [C, U] B2 something that you do because it is your duty or because you feel you have to: *a* ***moral/legal obligation*** ◦ *to* ***fulfil*** *an* ***obligation*** ◦ *He was* ***under no obligation*** *to answer any questions.* ◦ [+ to do sth] *Parents have an obligation to make sure their children receive a proper education.* ▷ **obowiązek**

> Wyrazy występujące razem z **obligation**
>
> feel/have an obligation to do sth • carry out/fulfil/meet an obligation • be under an obligation

obligatory /əˈblɪgətᵊri/ **adjective** If something is obligatory, you must do it because of a rule, or because everyone else does it: *obligatory military service* ▷ **obowiązkowy**

oblige /əˈblaɪdʒ/ **verb 1 be obliged to do sth** B2 to be forced to do something: *Sellers are not*

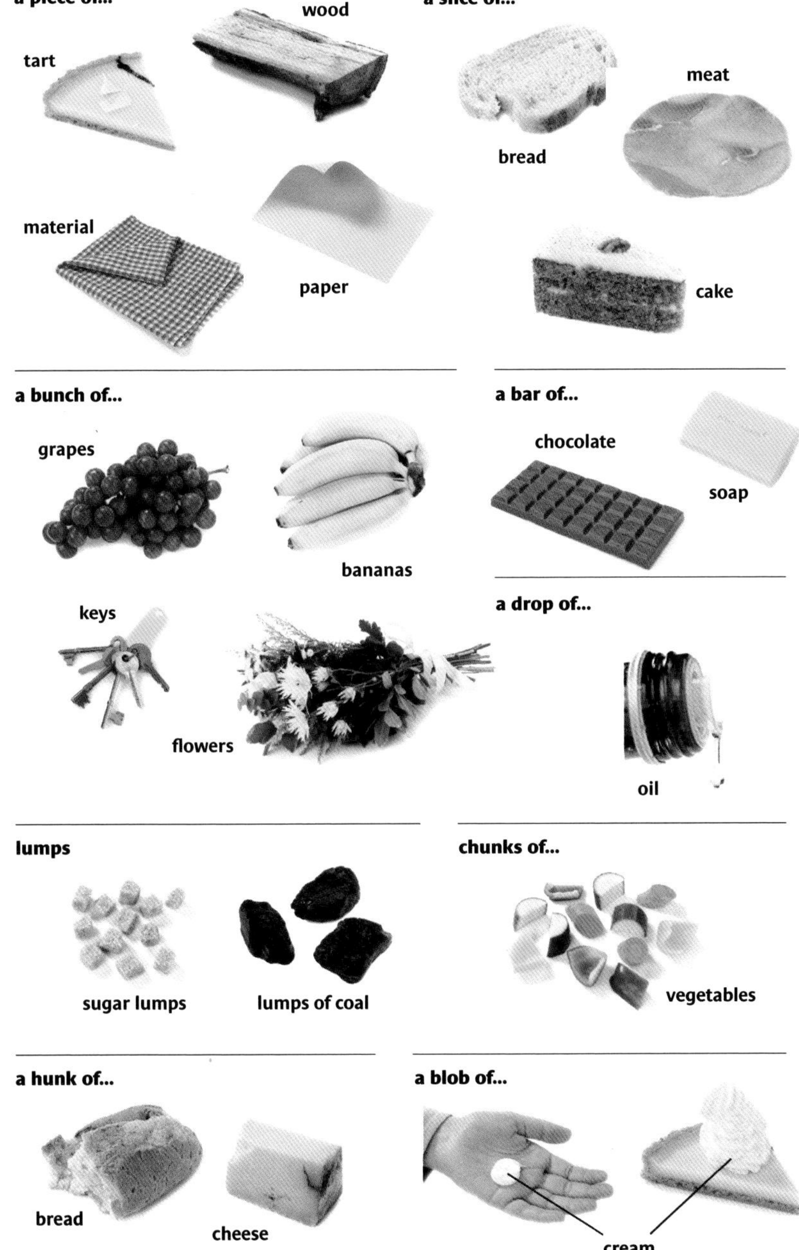
a piece of...
tart
wood
material
paper
a slice of...
bread
meat
cake
a bunch of...
grapes
bananas
keys
flowers
a bar of...
chocolate
soap
a drop of...
oil
lumps
sugar lumps
lumps of coal
chunks of...
vegetables
a hunk of...
bread
cheese
a blob of...
cream

THE KITCHEN

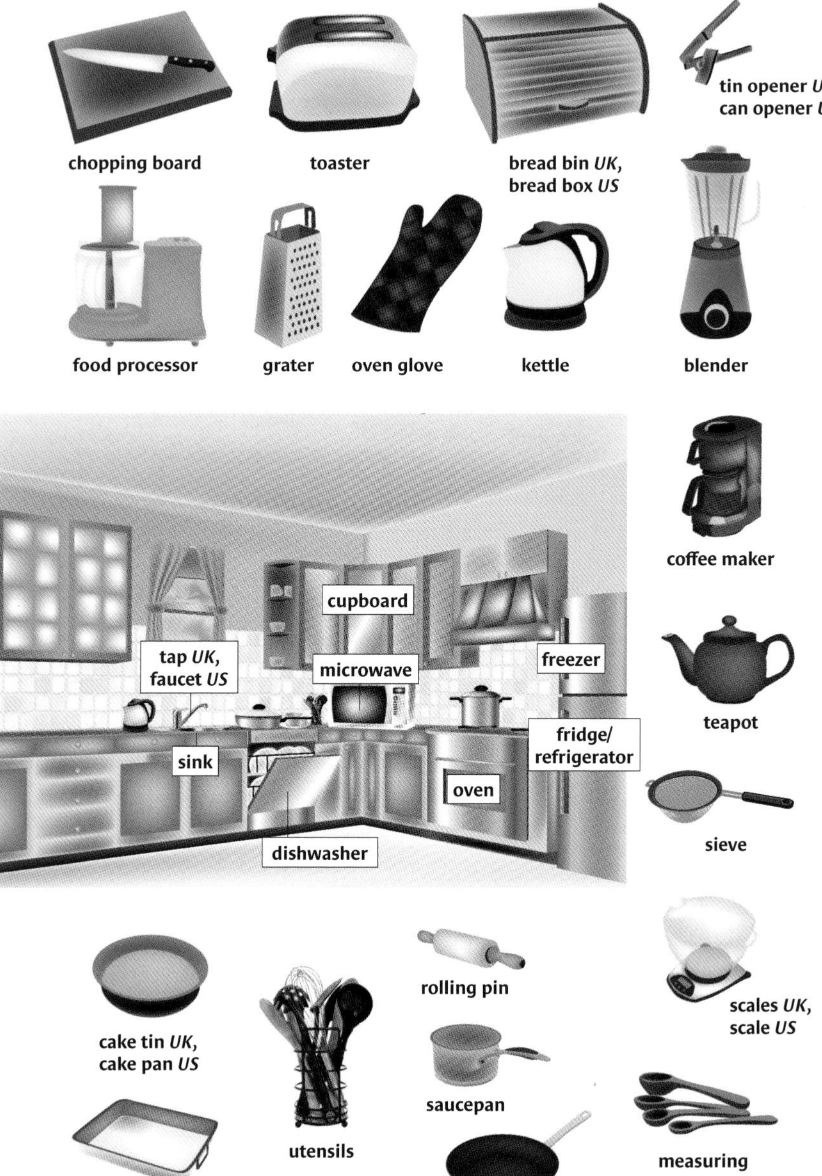
chopping board
toaster
bread bin *UK*, bread box *US*
tin opener *UK*, can opener *US*
food processor
grater
oven glove
kettle
blender
coffee maker
cupboard
tap *UK*, faucet *US*
microwave
freezer
fridge/ refrigerator
sink
oven
dishwasher
teapot
sieve
cake tin *UK*, cake pan *US*
utensils
rolling pin
saucepan
scales *UK*, scale *US*
measuring spoons
baking tray
frying pan

THE BATHROOM

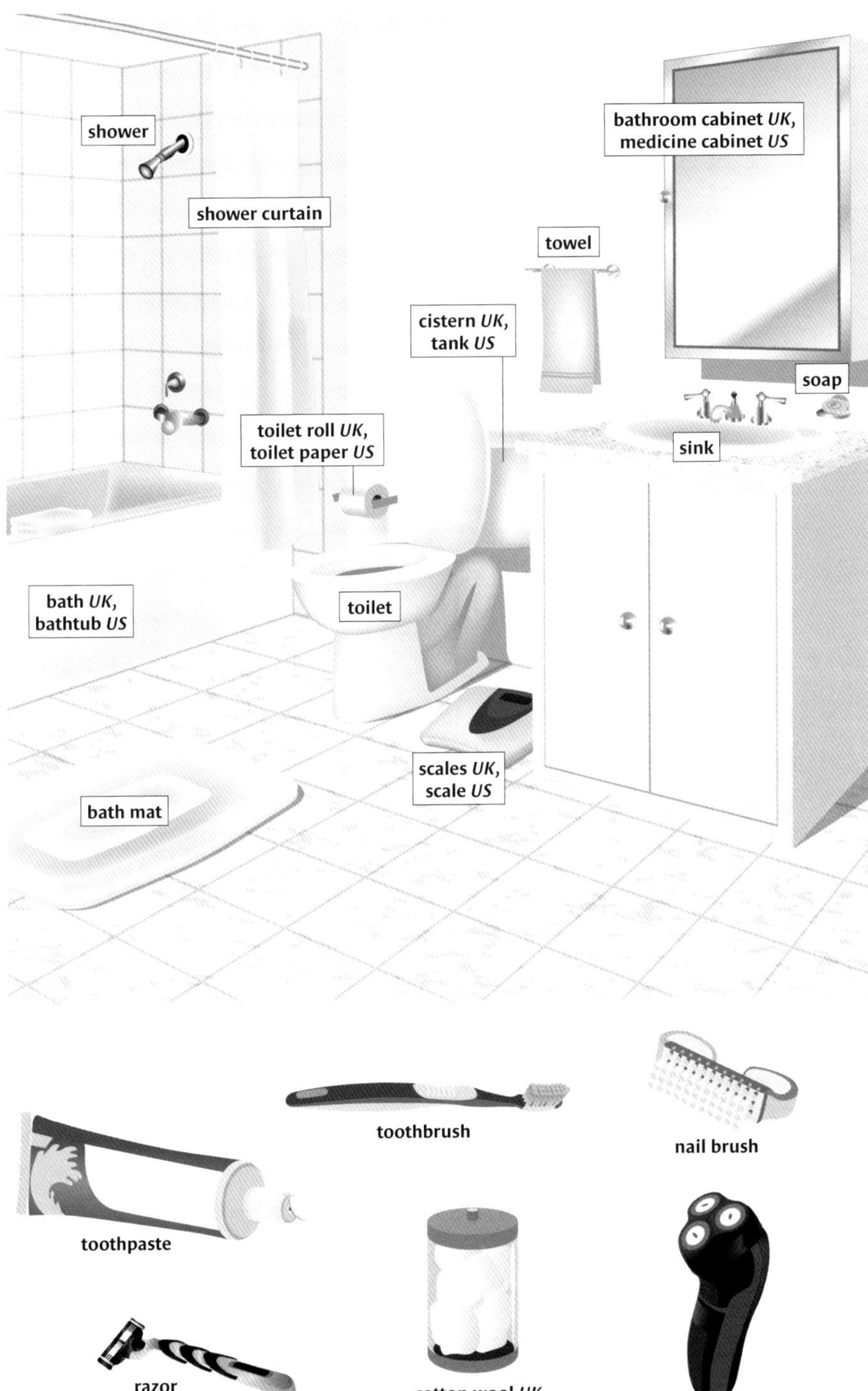

THE LIVING ROOM

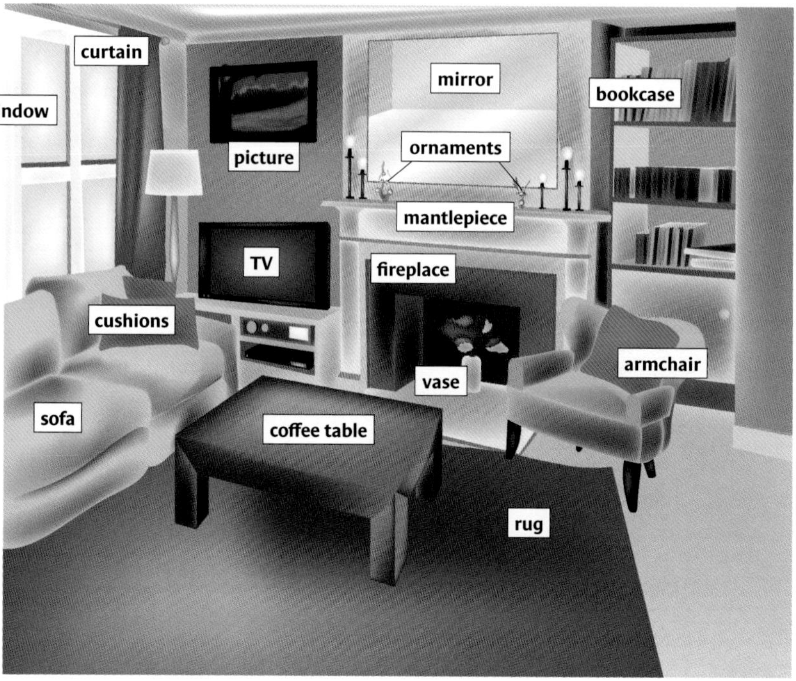

curtain
window
picture
mirror
bookcase
ornaments
mantlepiece
TV
fireplace
cushions
armchair
vase
sofa
coffee table
rug

remote control

DVD player

candles

lampshade

lamp

speaker

stereo

clock

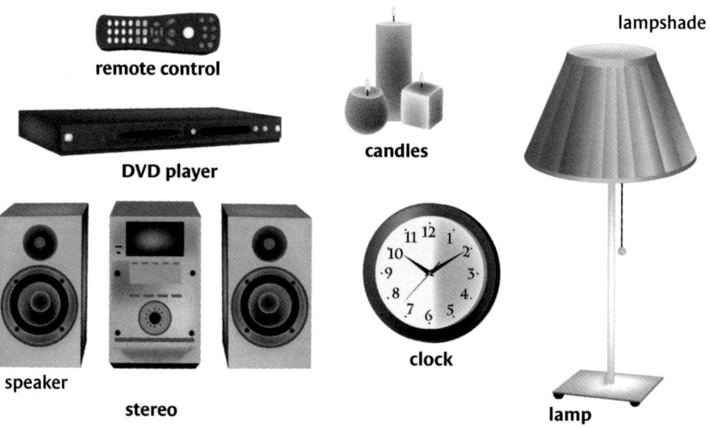

fax
photocopier
monitor
screen
desk tidy *UK*,
desk organizer *US*
in-tray
envelope
paper clips
file
CD
mouse
keyboard
desk
telephone
folder
filing cabinet
highlighter
computer
chair
files
bin *UK*,
wastepaper basket *US*

THE CLASSROOM

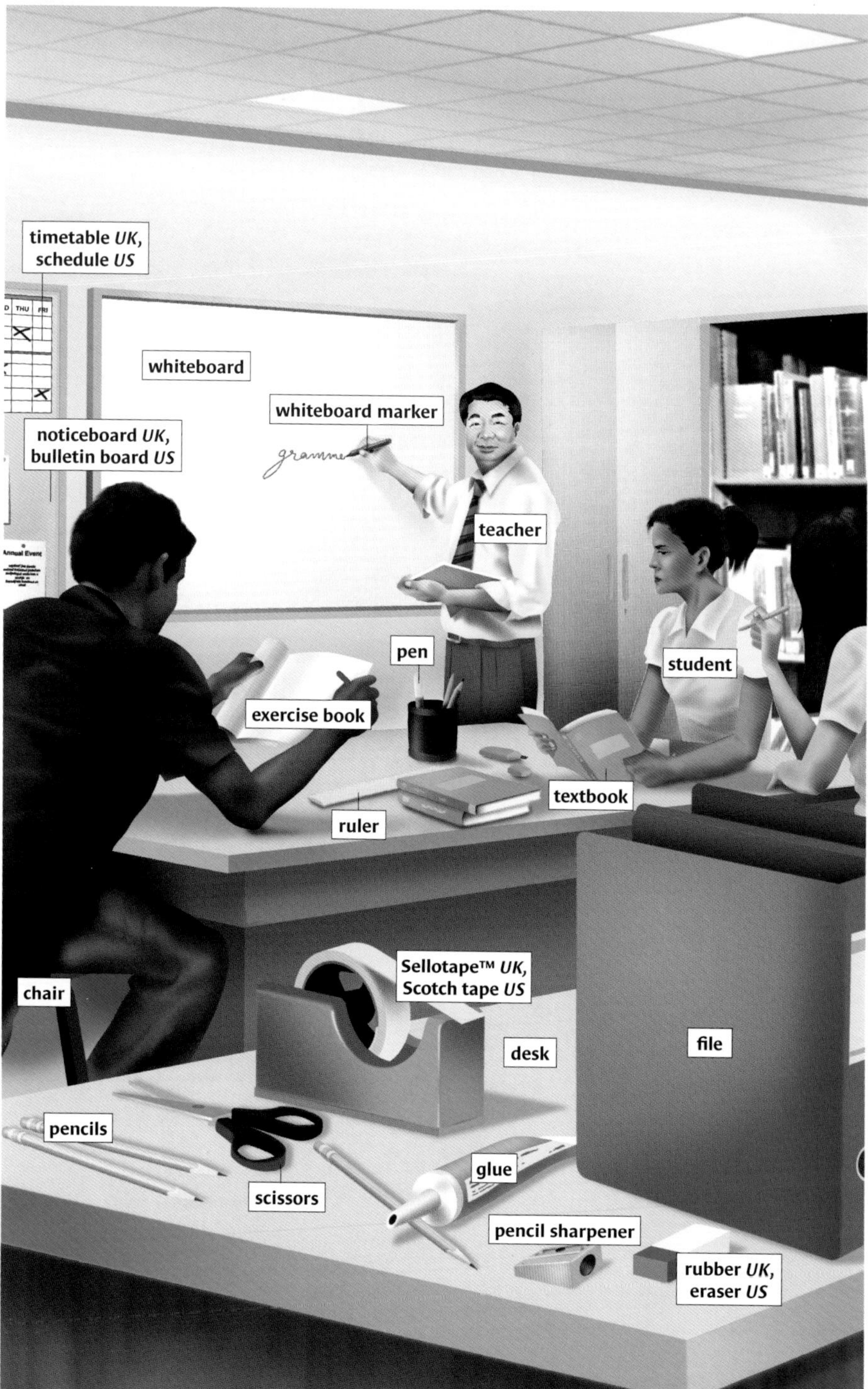

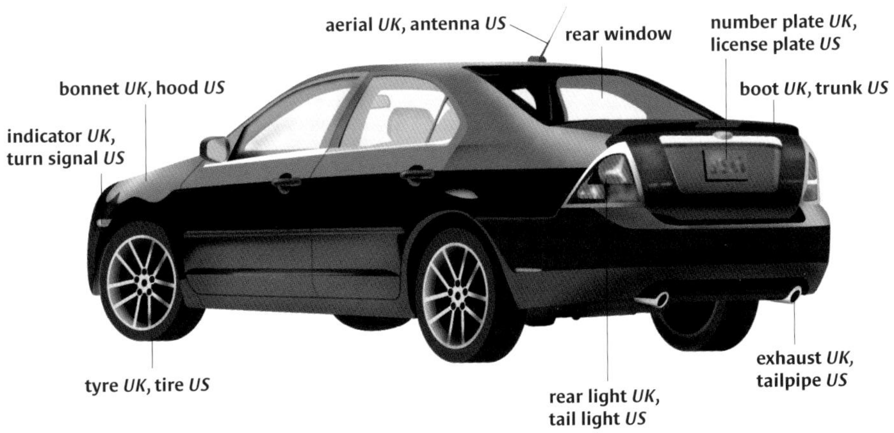

CAR

aerial *UK*, antenna *US*
rear window
number plate *UK*, license plate *US*
bonnet *UK*, hood *US*
boot *UK*, trunk *US*
indicator *UK*, turn signal *US*
tyre *UK*, tire *US*
exhaust *UK*, tailpipe *US*
rear light *UK*, tail light *US*

windscreen *UK*, windshield *US*
rear-view mirror
wing mirror *UK*, side mirror *US*
windscreen wiper *UK*, windshield wiper *US*
speedometer
dashboard
steering wheel
ignition
brake pedal
clutch
accelerator
gear lever *UK*, gearshift *US*
seat belt
handbrake *UK*, emergency brake *US*

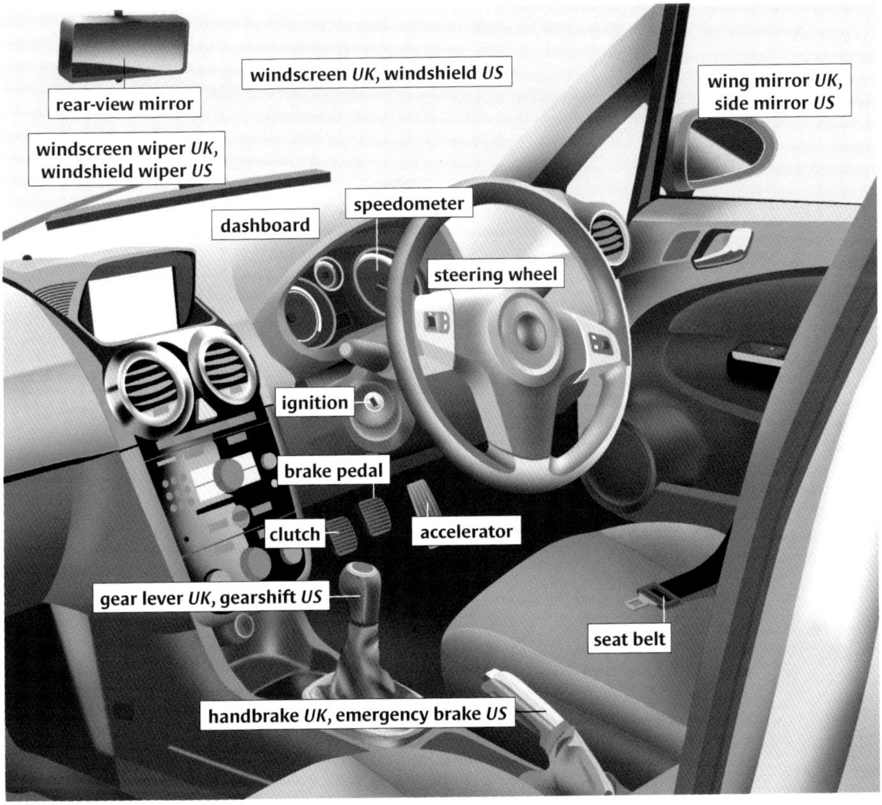

CLOTHES

jacket
trousers *UK*, pants *US*
suit
cardigan
jeans
sweater
skirt
halter top
miniskirt
t-shirt
shorts
salwar kameez
dress
pyjamas
slippers
sweatshirt
fur collar
coat
mac *UK*, raincoat *US*
boots
jacket
hood
hoodie

tie
waistcoat *UK*, vest *US*
sweatshirt
shirt
gloves
scarves (one scarf)
trousers *UK*, pants *US*
cycling shorts
bra
shoes
tracksuit *UK*, sweats *US*
boxers
briefs
bikini
swimming trunks *UK*, swimsuit *US*
trunks
French knickers
swimming costume *UK*, swimsuit *US*
pants *UK*, panties *US*
underpants
socks
briefs
cycle helmet
sunglasses
sun visor
camisole
tights *UK*
belt
flip-flops
mules
trainers *UK*, sneakers *US*
baseball cap
ankle boots
sun hat
cowboy boots
sandals
boots

FRUITS AND VEGETABLES

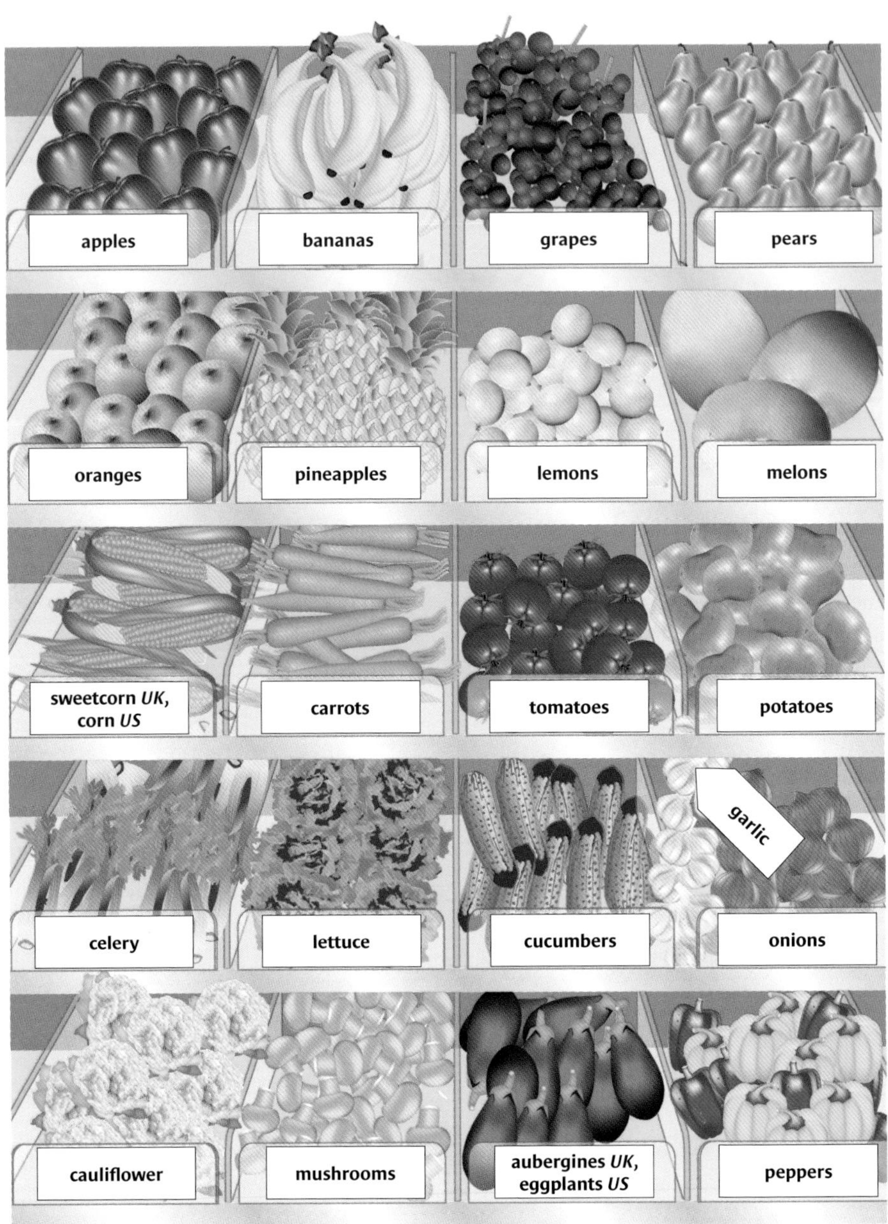

roll *UK*, sandwich *US*

sandwich *UK* & *US*

soup

biscuits *UK*, cookies *US*

cake

salad

vegetables

pizza

cereal

rice

chips *UK*, french fries *US*

pasta

peanuts

crisps *UK*, chips *US*

jam

honey

fish

butter

eggs

yoghurt

cheese

meat

COLOURS

red
blue
green
yellow
brown
black
grey *UK*,
gray *US*
white
purple
pink
orange
navy blue
lime green
beige
maroon
khaki

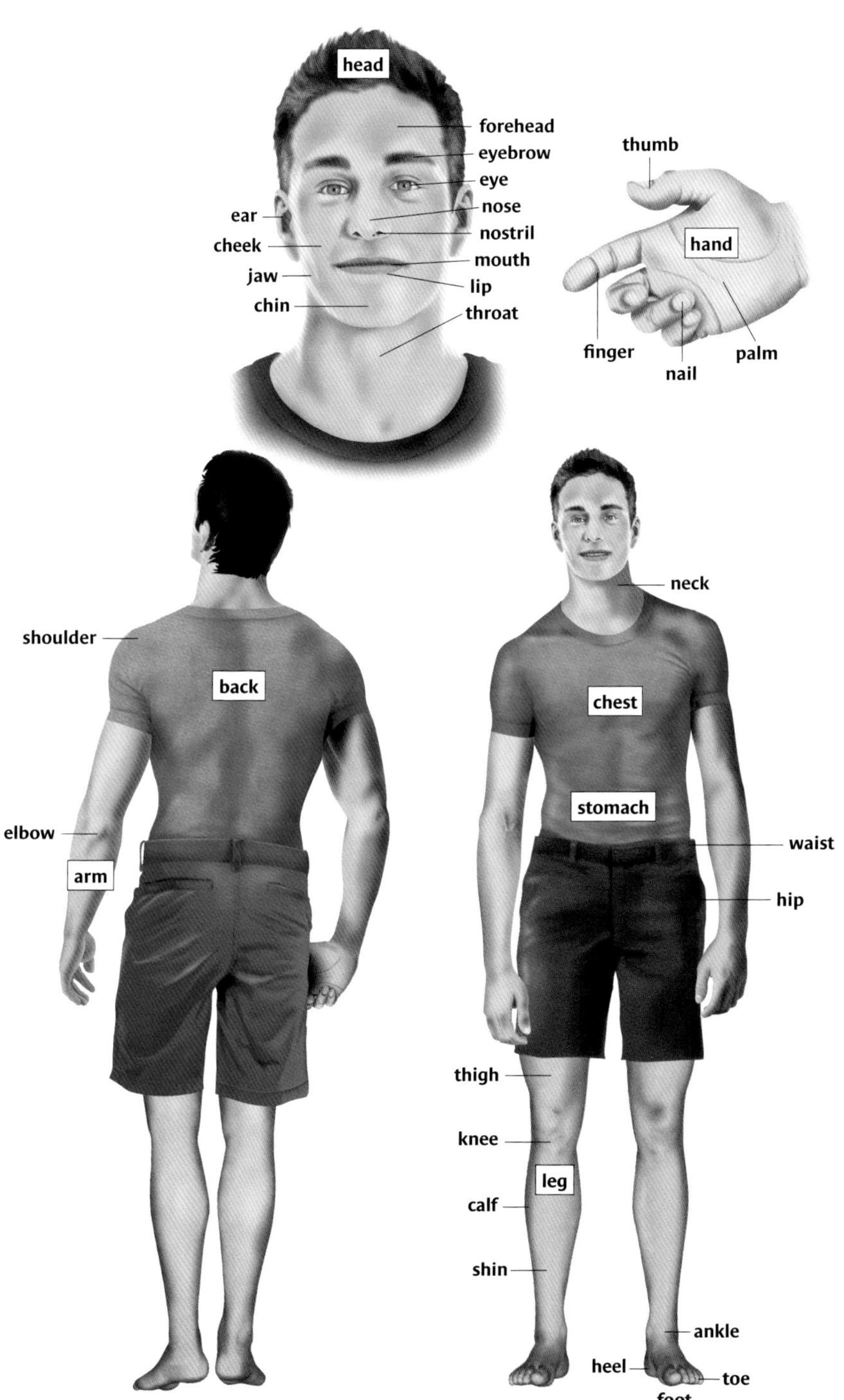
head
forehead
eyebrow
eye
nose
nostril
mouth
lip
throat
ear
cheek
jaw
chin
thumb
hand
finger
nail
palm
neck
shoulder
back
chest
stomach
elbow
arm
waist
hip
thigh
knee
leg
calf
shin
ankle
heel
toe
foot

SPORTS (1)

athletics *UK*, track and field *US*
boxing
javelin
skiing
goggles
pole
running
high jump
skis
boxing gloves
snowboarding
ice hockey
snowboard
puck
ice skating
skateboarding
skateboard
rollerblading
rollerblades/
inline skates
skate
swimming
lane
horse riding *UK*,
horseback riding *US*
rider
reins
saddle
goggles
cap

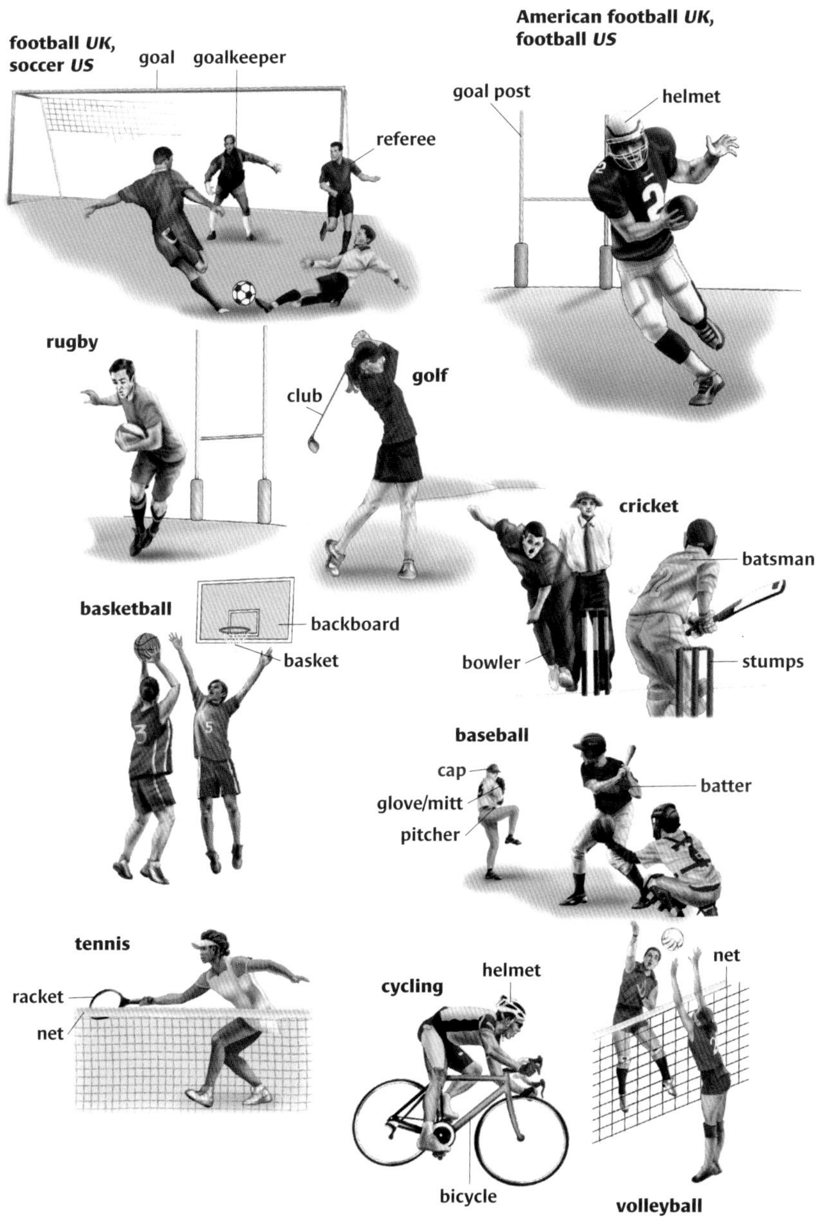
football UK,
soccer US
goal
goalkeeper
referee
American football UK,
football US
goal post
helmet
rugby
golf
club
cricket
batsman
bowler
stumps
basketball
backboard
basket
baseball
cap
glove/mitt
pitcher
batter
tennis
racket
net
cycling
helmet
bicycle
net
volleyball

PHRASAL VERBS

Study pages

Human beings (Człowiek)

External appearance

attractive atrakcyjny/a
beautiful piękna
good-looking atrakcyjny/a
handsome przystojny
have a slight stoop być lekko zgarbionym
plain nieładna, niezbyt atrakcyjna (o kobiecie)
pretty ładna (o kobiecie)
ugly nieładny/a
unattractive nieaktracyjny/a

Age

be in your twenties być po dwudziestce
be roughly twenty mieć około 20 lat
be twenty/be twenty years old mieć 20 lat
elderly man starszy człowiek
middle-aged w średnim wieku

Face

beard broda
freckles piegi
oval owalna
mole pieprzyk
moustache wąsy
round okrągła
sideburns baki, bokobrody
square kwadratowa
wrinkles zmarszczki

Eyes

narrow wąskie
slanted skośne
sleepy senne
sparkling błyszczące
tired zmęczone
wide open szeroko otwarte
wide-eyed wybałuszone

Hair

curly kręcone
dreadlocks dredy
pigtail warkoczyk, kucyk
plait warkocz
spiky na jeża
straight proste
wavy falowane

Complexion

dark ciemna
fair jasna
flawless nieskazitelna
healthy zdrowa
pale blada
pasty ziemista, blada
spotty trądzikowata

Build

athletic atletyczny
fat gruby
fit wysportowany
gangly tyczkowaty, o niezgrabnych ruchach
muscular muskularny
obese otyły
overweight z nadwagą
petite delikatnej budowy (o kobiecie)
plump pulchny
skinny wychudzony
slender smukły
slim szczupły
thin chudy
well-built dobrze zbudowany

Height

tall wysoki
short niski
medium height średniego wzrostu

Appearance: other useful words and phrases

blush rumienić się
cross your legs założyć nogę na nogę, skrzyżować nogi
fold your arms skrzyżować ręce na piersiach
frown marszczyć brwi
match pasować
put sth on back to front założyć coś tył na przód
put sth on inside out ubrać coś na lewą stronę
recline on the ?sofa położyć się wygodnie na sofie
shrug your shoulders wzruszyć ramionami
sprawl on the sofa (*pot.*) rozwalić się na sofie
stand with your feet (wide) apart stać z (szeroko) rozstawionymi nogami
suit pasować (o kolorze, fasonie)
tiptoe iść na palcach
wink puścić oko

Clothes

baggy luźny, workowaty
casual clothes ubranie nieformalne, codzienne
close-fitting dopasowany
designer clothes markowe ubrania
dress sense dobry gust
fashionable/trendy modny
long-sleeved z długim rękawem
loose luźny
old-fashioned staromodny
plain clothes strój cywilny (nie mundur)
pleated plisowany
scruffy niechlujny
short-sleeved z krótkim rękawem
sleeveless bez rękawów
smart/elegant clothes eleganckie ubrania
tight obcisły
uniform ubranie do pracy, odzież robocza
V-neck dekolt w szpic
well dressed dobrze ubrany

Patterns

checked w kratkę
flowery kwiecisty
plain gładki
striped w paski
spotty nakrapiany
tartan materiał w szkocką kratę

Fabric

cotton bawełna, bawełniany
denim materiał dżinsowy
leather skóra, skórzany
linen len, lniany
nylon nylon, nylonowy
polyester poliester, poliestrowy
silk jedwab, jedwabny
suede zamsz, zamszowy
velvet aksamit, aksamitny
wool wełna
woollen wełniany

Personality and character: useful words and phrases

brainy (*pot.*) rozgarnięty
bright/sharp bystry
chatterbox (*pot.*) gaduła (najczęściej o dziecku)
clever zdolny, inteligentny
cry-baby beksa
down-to-earth/practical przyziemny, praktyczny
easy-going opanowany, zrównoważony
envious/jealous zazdrosny
even-tempered/laid-back (*pot.*) opanowany, wyluzowany
extrovert ekstrawertyczny
frank/open szczery, otwarty
ill-mannered/rude niegrzeczny
intelligent inteligentny
introvert introwertyczny
lose your temper tracić panowanie nad sobą
moody humorzasty
obstinate/stubborn uparty
optimistic optymistyczny
overjoyed ogromnie szczęśliwy
pessimistic pesymistyczny
quarrelsome kłótliwy
relaxed odprężony, opanowany
sensible rozsądny, praktyczny
sensitive wrażliwy, czuły
silly/stupid głupi
sociable towarzyski
stressed/stressed out zestresowany

talkative rozmowny
tense spięty
unreliable nierzetelny, niesumienny
upset zmartwiony, zdenerwowany
worked up zdenerwowany, podekscytowany

Idioms for personality

be as good as gold dobre dziecko
be a cold fish obojętny, zdystansowany
have a heart of gold mieć złote serce
be as hard as nails bez serca, twardy jak skała

Personality and character: other phrases and idioms

be in the mood for sth/to do sth mieć ochotę na coś/do zrobienia czegoś
be on cloud nine być bardzo szczęśliwym
have a great sense of humour mieć duże poczucie humoru
not in sb's nature coś nie leży w czyjejś naturze
talk behind sb's back obmawiać za plecami

Housing (Dom)

Accommodation

basement flat mieszkanie w suterenie
block of flats (UK)/apartment building (US) blok mieszkalny
bungalow dom parterowy
chalet domek letniskowy
converted loft zaadaptowane poddasze, loft (mieszkanie w dawnej fabryce)
cottage domek na wsi
detached house dom wolnostojący
flat (UK)/apartment (US) mieszkanie
four-storey building budynek czteropiętrowy
penthouse luksusowy apartament na ostatnim piętrze budynku
semi-detached house dom bliźniak
skyscraper drapacz chmur
split-level flat mieszkanie dwupoziomowe
studio flat kawalerka
terraced house dom szeregowy
tower block wieżowiec

Location

at the seaside nad morzem
close to the bus stop w pobliżu przystanku autobusowego
conveniently located dogodnie położony
far from the main road z dala od głównej drogi
in the capital city w stolicy
in the city centre w centrum miasta
in the country na wsi
in the mountains w górach
in a no-go area w niebezpiecznej dzielnicy
in/on the outskirts of a town na peryferiach miasta
in a poor district w biednej dzielnicy
in the suburbs na przedmieściach
in town w mieście
on the lake nad jeziorem

Parts of a house

attic poddasze
bathroom with a bath and shower łazienka z wanną i prysznicem
cellar piwnica
dining area aneks jadalny
dressing room garderoba
guest room pokój gościnny
laundry room pralnia
lift (UK)/elevator (US) winda
living room salon
separate WC oddzielna toaleta
staircase klatka schodowa
study gabinet
upstairs/downstairs na górze/dole

Furniture and equipment

air conditioning klimatyzacja
blinds żaluzje, rolety
built-in wardrobe szafa wnękowa
carpet wykładzina dywanowa, dywan
central heating centralne ogrzewanie
cupboard szafka kuchenna
curtains zasłony
deep freeze zamrażarka
dishwasher zmywarka do naczyń
electric cooker kuchenka elektryczna
extractor fan okap
fridge lodówka
microwave mikrofalówka
oven piekarnik
radiator grzejnik
rug dywanik
shower cubicle kabina prysznicowa
sink zlew
washbasin umywalka
washing machine pralka

Housework

clean the bathroom posprzątać łazienkę
clean the windows umyć okna
decorate a room odnawiać pokój
do up a flat remontować mieszkanie
do the ironing prasować
do the laundry prać
dust the furniture ścierać kurze z mebli
load the dishwasher wstawić naczynia do zmywarki
put the rubbish out wynieść śmieci
tidy a room posprzątać pokój
wash the dishes/wash up zmywać naczynia
water the plants podlewać kwiaty
vacuum a room odkurzyć pokój

Renting a flat

bedsitter/bedsit pokój do wynajęcia
cable TV included opłata za TV kablową wliczona w czynsz
flatmate współlokator
fully fitted kitchen kuchnia w pełni wyposażona
landlord/landlady właściciel/właścicielka, zarządca domu
move into a new flat wprowadzić się do nowego mieszkania
owner właściciel
pay a deposit płacić kaucję
pay in advance płacić z góry
pay the rent płacić czynsz
property nieruchomość
rent a furnished/an unfurnished flat wynajmować umeblowane/nieumeblowane mieszkanie
share a flat with sb dzielić mieszkanie z kimś
flat to let mieszkanie do wynajęcia

Describing accommodation

comfortable wygodny
cosy przytulny
dingy obskurny
in good condition w dobrym stanie
nicely decorated ładnie urządzony
recently renovated świeżo wyremontowany
south-facing room pokój wychodzący na południe
room with a stunning view pokój ze wspaniałym widokiem
rural wiejski
spacious przestronny
sunny słoneczny

Other useful words and phrases

city dweller mieszkaniec miasta
commute dojeżdżać do pracy
feel at home czuć się jak w domu
feel homesick tęsknić za domem
for sale na sprzedaż
housewarming party (*pot.*) parapetówka
the hustle and bustle of a city zgiełk miasta
living expenses koszty utrzymania
make yourself at home rozgościć się
next-door neighbour bliski sąsiad

pay a mortgage spłacać kredyt hipoteczny
the peace and quiet of the countryside cisza i spokój wsi
put sb up przenocować kogoś

School (Szkoła)

Types of school

boarding school szkoła z internatem
college kolegium, szkoła pomaturalna
higher education szkolnictwo wyższe
middle school (UK)/junior high school (US) gimnazjum
nursery (UK)/kindergarten (US) przedszkole
primary school (UK)/elementary school (US) szkoła podstawowa
private education szkolnictwo prywatne
secondary school (UK)/high school (US) szkoła ponadgimnazjalna
state school szkoła państwowa
university uniwersytet
vocational school szkoła zawodowa

People in education

classmate kolega z klasy
examiner egzaminator
examination board komisja egzaminacyjna
graduate absolwent
headteacher (UK)/principal (US) dyrektor szkoły
tutor wychowawca, opiekun

School subjects

art zajęcia plastyczne
biology biologia
chemistry chemia
ethics etyka
foreign languages języki obce
geography geografia
history historia
IT (Information Technology) informatyka
maths (UK)/math (US)/ Mathematics matematyka
PE (Physical Education) wychowanie fizyczne
physics fizyka
religious studies religia

Places in school

basketball court boisko do koszykówki
canteen stołówka
classroom klasa
cloakroom (UK)/coatroom (US) szatnia
computer lab sala komputerowa
football pitch (UK)/soccer field (US) boisko do piłki nożnej
gym/gymnasium sala gimnastyczna
library biblioteka
playground plac zabaw
sports field boisko sportowe
staffroom pokój nauczycielski
tennis court kort tenisowy

Education: other useful words and phrases

absent from school nieobecny w szkole
apply to a university ubiegać się o przyjęcie na uniwersytet
be caught cheating być złapanym na ściąganiu
be late for school spóźnić się do szkoły
cheat in an exam ściągać na egzaminie
copy your homework przepisywać zadanie domowe
cram for a test wkuwać do sprawdzianu
do your homework odrabiać pracę domową
drop out of school rzucić szkołę
fail (UK)/flunk (US) a test oblać test
get a mark (UK)/grade (US) dostać ocenę
grade point average średnia ocen
graduate ukończyć szkołę/ absolwent
jot down zanotować
learn sth by heart uczyć się na pamięć
learning difficulties problemy z uczeniem się
make mistakes robić błędy
make progress robić postępy
mock exam egzamin próbny
pass an exam with flying colours zdać egzamin śpiewająco
pass to the next class zdać do następnej klasy
play truant wagarować
pop quiz (US) kartkówka
resit poprawka
revise for an exam powtarzać do egzaminu
school certificate świadectwo szkolne
school-leaving exam egzamin na koniec nauki szkolnej
skip classes opuszczać lekcje
study for an exam uczyć się do egzaminu
take art classes chodzić na lekcje plastyki
take/sit your final exams zdawać końcowe egzaminy
take notes robić notatki
wear a uniform nosić mundurek

Describing students and teachers

competent/imcompetent kompetentny/niekompetentny
creative twórczy, kreatywny
demanding wymagający
encouraging zachęcający, ośmielający
fair/unfair sprawiedliwy/ niesprawiedliwy
gifted uzdolniony
good at PE dobry z WF
hopeless at maths beznadziejny z matematyki
know-all wszystkowiedzący (w negatywnym znaczeniu)
lenient pobłażliwy
motivating motywujący
punctual punktualny
strict surowy
supportive oddany, wspierający
top of the class najlepszy w klasie
understanding wyrozumiały

School education: other useful words and phrases

assessment ocenianie
bullying znęcanie się nad słabszymi
compulsory education obowiązkowa nauka
crib sheet ściąga
e-learning nauka przez Internet
end of term koniec semestru
extra-curricular activities dodatkowe zajęcia
gap year roczna przerwa w nauce po zakończeniu szkoły
get a scholarship otrzymać stypendium
give sb a tough time utrudniać życie
locker szafka
optional classes zajęcia edukacyjne do wyboru
parents' evening wywiadówka
peer pressure presja ze strony rówieśników
reading list spis lektur
school trip wycieczka szkolna
strengths and weaknesses mocne i słabe strony
students with special educational needs uczniowie o specjalnych potrzebach edukacyjnych
swot kujon
take private lessons brać prywatne lekcje
teacher's pet ulubieniec nauczyciela
timetable plan lekcji
tuition fees czesne
winter/summer term semestr zimowy/letni

Jobs, work (Praca)

Jobs/work

job posada, zawód, konkretna praca
work praca zarobkowa, praca/ czynność do wykonania

Professions

accountant księgowy
administrative staff pracownicy administracyjni
babysitter opiekunka do dziecka
barrister adwokat w sądach wyższej instancji
beautician/beauty therapist kosmetyczka
blue-collar worker pracownik fizyczny
bricklayer murarz
carpenter stolarz
civil servant urzędnik państwowy
director dyrektor (zarządca firmy)
dressmaker/tailor krawiec damski/męski
dustman śmieciarz
electrician elektryk
hairdresser/barber fryzjer damski/męski
IT specialist informatyk
miner górnik
plumber hydraulik
security guard ochroniarz
scientist naukowiec
solicitor radca prawny, adwokat w sądach niższej instancji
stockbroker makler giełdowy
ticket inspector kontroler biletów
white-collar worker pracownik umysłowy/urzędnik

Departments in a company

accountancy dział księgowości
board of directors/management zarząd, dyrekcja, kierownictwo
customer service dział obsługi klienta
IT dział informatyczny
logistics and forwarding office dział logistyki i spedycji
personnel/human resources dział kadr
public relations dział kreowania wizerunku firmy (PR)
research and development dział badań i rozwoju
sales and maketing dział sprzedaży i marketingu
secretary's office sekretariat
technical support dział obsługi technicznej

Posts

administrator zarządca, administrator
assistant asystent
freelance worker osoba pracująca na własny rachunek, na zlecenie
labourer robotnik
personnel manager kierownik działu kadr
press spokesperson, press/PR officer rzecznik prasowy
safety officer specjalista ds. BHP
sales manager kierownik sprzedaży
spin doctor specjalista od kreowania wizerunku w polityce
supervisor kierownik
union representative przedstawiciel związków zawodowych

Describing jobs

badly paid źle płatna
bureaucratic biurokratyczna
challenging wymagająca, będąca wyzwaniem
creative twórcza
dead-end bez perspektyw
fulfilling/rewarding satysfakcjonująca
full-time/part-time na pełny/niepełny etat
high-powered odpowiedzialna, ważna
lucrative lukratywna, dobrze płatna
menial nie wymagająca kwalifikacji, mało ważna
office biurowa
permanent stała
temporary tymczasowa
well paid/highly paid dobrze płatna

Responsibilities in a company

be in charge of być odpowiedzilanym za
deal with customers' complaints zajmować się skargami klientów
dismiss an employee zwalniać pracownikaa
do hard physical work wykonywać ciężką pracę fizyczną
keep the books prowadzić księgowość
maintain good relations with the press utrzymywać dobre relacje z prasą
make investments inwestować
process orders realizować zamówienia
sit on the board zasiadać w zarządzie
supervise sb's work nadzorować pracę
take on an employee zatrudniać pracownika

Getting a job

apply for a job ubiegać się o pracę
covering letter list motywacyjny
enclose references dołączyć referencje
fill in an application form wypełnić formularz o przyjęcie do pracy
get a job dostać pracę
job interview rozmowa kwalifikacyjna
CV życiorys
sign a contract podpisać kontrakt/umowę

Having a job

be on sick leave być na zwolnieniu lekarskim
be on flexitime mieć nienormowany czas pracy
be promoted awansować
carry out your duties wykonywać obowiązki
climb the career ladder wspinać się po szczeblach kariery
cope radzić sobie
do shift work pracować na zmiany
get an annual bonus dostać roczną premię
get a pay rise dostać podwyżkę
get sick pay otrzymywać zasiłek chorobowy
get a salary/wage otrzymywać pensję
go on maternity leave iść na urlop macierzyński
go on strike strajkować
good working conditions dobre warunki pracy
job satisfaction satysfakcja z pracy
make a living zarabiać na życie
work overtime pracować w nadgodzinach
work nine to five pracować od… do… (mieć normowany czas pracy)

Leaving a job

be made redundant być zwolnionym z powodu likwidacji stanowiska
be on the dole być na zasiłku
be unemployed być bezrobotnym
dismiss/fire/sack sb zwolnić kogoś
give up work rzucić pracę
resign zwolnić się, zrezygnować z pracy
retire przejść na emeryturę
take early retirement przejść na wcześniejszą emeryturę

Summer jobs

distribute leaflets roznosić ulotki
do voluntary work pracować jako wolontariusz
dog sitter opiekun/ka psa
fruit-picking zbieranie owoców
get a summer job dostać pracę sezonową
look for vacancies szukać wolnych miejsc pracy
get a holiday job podjąć pracę wakacyjną
sorting mail sortowanie listów
work as an au pair pracować jako opiekunka do dziecka

Family and social life (Życie rodzinne i towarzyskie)

Family

ancestor przodek
black sheep (of the family) czarna owca (w rodzinie)
blood ties więzy krwi
cousin kuzynka, kuzyn
descendant potomek
extended family rodzina wielopokoleniowa
foster family rodzina zastępcza
generation pokolenie
immediate/distant family bliska/daleka rodzina
nephew siostrzeniec, bratanek
niece siostrzenica, bratanica
nuclear family dwupokoleniowa rodzina (rodzice i dzieci)
one-parent family rodzina niepełna
only child jedynak
relative krewny
siblings rodzeństwo

Names

family name nazwisko
first name imię
forename(s)/middle name(s) drugie, trzecie imię
maiden name nazwisko panieńskie

Stages in life

adolescence okres dorastania
adulthood dorosłość
childhood dzieciństwo
infancy okres niemowlęcy
maturity dojrzałość
middle age wiek średni
old age starość
puberty dojrzewanie
retirement age wiek emerytalny
twilight years zmierzch życia
youth młodość

Marriage

the banns zapowiedzi
best man drużba, świadek na ślubie
bride panna młoda
bridegroom pan młody
bridesmaid druhna
civil wedding ślub cywilny
divorce rozwód
engagement zaręczyny
ex-husband były mąż
ex-wife była żona
father-in-law teść
fiancé narzeczony
fiancée narzeczona
husband mąż
love affair romans
marriage małżeństwo
mother-in-law teściowa
newlyweds nowożeńcy
spouse małżonka, małżonek
white wedding tradycyjny ślub kościelny
widow wdowa
widower wdowiec
wife żona

Children

adopt a child adoptować dziecko
baby talk dziecięca mowa
be expecting a baby spodziewać się dziecka
bring up wychowywać
give birth to a child urodzić dziecko
newborn baby noworodek
toddler maluch (raczkujący)

Things children do

be on your hands and knees chodzić na czworakach
crawl raczkować
crouch kucać
do a wee-wee robić siusiu
gurgle gaworzyć
kneel klękać
play hide-and-seek bawić się w chowanego
play up zachowywać się źle
ride a scooter jeździć na hulajnodze
skip skakać (np. na skakance)
squat kucać
teethe ząbkować

Friends

acquaintances znajomi
buddy kumpel, kolega
circle of friends krąg przyjaciół
close colleague dobry kolega z pracy
colleague/workmate kolega z pracy
Face-friend przyjaciel z Facebooka
fair-weather friend fałszywy przyjaciel
a friend of a friend daleki znajomy

Celebrations

birthday party przyjęcie urodzinowe
baptism chrzest
engagement party przyjęcie zaręczynowe
family reunion zjazd rodzinny
funeral pogrzeb
First Communion Pierwsza Komunia
hen night/party wieczór panieński
housewarming party (*pot.*) parapetówka
nameday party przyjęcie imieninowe
stag night/party wieczór kawalerski
wedding anniversary rocznica ślubu
wedding reception przyjęcie weselne

Lifestyles

be on the go być w ruchu
couch potato leniuch leżący na sofie i oglądający TV
lead a hectic life prowadzić aktywny tryb życia
live wire osoba aktywna, uprawiająca sporty

Good relationships

ask sb out umówić się na randkę
be fond of sb mieć do kogoś słabość
be on the same wavelength nadawać na tej samej fali
find it easy to make friends łatwo nawiązywać znajomości, kontakty
a friend in need is a friend indeed prawdziwych przyjaciół poznaje się w biedzie
go out with sb chodzić z kimś na randki
get on well with sb dobrze się z kimś rozumieć, dogadywać się
good friends are hard to come by dobry przyjaciel to rzadkość
have an affair mieć romans
keep in touch with sb utrzymywać z kimś kontakt
love at first sight miłość od pierwszego wejrzenia
make up with sb pogodzić się z kimś
relate to sb znaleźć z kimś wspólny język
stand by sb wspierać kogoś, podtrzymywać na duchu
have a crush on sb (*pot.*) być zadurzonym w kimś

Difficult relationships

be at each other's throats skakać sobie do gardła
be on a different wavelength nadawać na różnych falach
be sick to death of sth/sb mieć kogoś/czegoś dosyć
break up with sb rozstać się, zakończyć znajomość
bury the hatchet zakopać topór wojenny
dump sb rzucić kogoś, zakończyć znajomość
get divorced rozwieść się
have an argument/a fight pokłócić się

Daily routines

abandon your routine porzucić rutynę
air a room przewietrzyć pokój
dig the garden przekopać ogród
it's all in a day's work zwyczajna, rutynowa sprawa

let's call it a day (*pot.*) na dzisiaj dosyć
mop up the floor zmyć podłogę

Leisure time

come round wpaść z niezapowiedzianą wizytą
entertain friends przyjmować znajomych u siebie
give up sport przestać uprawiać sport
have a nap zdrzemnąć się
have a rest odpocząć
put your feet up odpoczywać, relaksować się
stay up late późno chodzić spać
take a day off wziąć dzień wolny
take up a sport zająć się sportem, zacząć uprawiać sport
throw a party urządzać imprezę
visit friends odwiedzać znajomych

Food and diet (Żywienie)

Foodstuff

bakery products pieczywo
barley kasza jęczmienna
beverages napoje
buckwheat kasza gryczana
bun bułka
cereal płatki zbożowe
convenience food gotowe jedzenie
dairy products nabiał
fizzy mineral water gazowana woda mineralna
fruit and vegetables owoce i warzywa
GM food żywność modyfikowana genetycznie
herbs and spices zioła i przyprawy
home-made cake ciasto domowej roboty
maple syrup syrop klonowy
mint sauce sos miętowy
pasta makarony
poultry drób
seafood owoce morza
soft drinks napoje bezalkoholowe
still water woda niegazowana
sweets (UK)/candies (US) cukierki
tap water woda z kranu
wholemeal bread chleb pełnoziarnisty

Food packaging

bag of sugar torebka cukru
bar of chocolate tabliczka czekolady
box of chocolates pudełko czekoladek
bottle of mineral water butelka wody mineralnej
can puszka
carton of juice karton soku
cup of coffee filiżanka kawy
glass of water szklanka wody
jar of jam słoik dżemu
jug of water dzbanek wody
loaf of bread bochenek chleba
packet of crisps paczka chipsów
piece of cake kawałek ciasta/tortu
tin of tuna puszka z tuńczykiem

Cooking

allow sth to cool pozostawić do wystygnięcia
bake piec (np. ciasto)
barbecue piec na grillu
bring sth to the boil doprowadzić do wrzenia
chop posiekać
cook a meal przygotować posiłek
dish potrawa, naczynie
fry smażyć (np. frytki)
frying pan patelnia
grate cheese zetrzeć ser
heat sth up podgrzać
ingredients składniki
pour nalewać
put the kettle on włączyć czajnik
recipe przepis
roast piec (np. mięso)
saucepan rondel
season with salt and pepper doprawić solą i pieprzem
slice bread pokroić chleb
spread butter posmarować masłem
stir mieszać (np. łyżką)

Taste and quality

bitter gorzki
chocolate-flavoured o smaku czekoladowym
crunchy chrupiący
delicious pyszny
dried suszony
disgusting obrzydliwy
inedible niejadalny
juicy soczysty
mouth-watering bardzo apetyczny
raw surowy
salty słony
savoury pikantny
sour kwaśny
spicy/hot ostry
sweet słodki
tasteless bez smaku
tasty smaczny
thick gęsty
yummy (*pot.*) pyszny

Meals

breakfast śniadanie
brunch późne śniadanie z lunchem
dinner obiad/kolacja
light meal lekki posiłek
lunch lekki posiłek w środku dnia
snack przekąska
snacks and refreshments przekąski i napoje
square meal solidny posiłek
supper kolacja
tea podwieczorek

At the restaurant/café

ask for the bill (UK)/check (US) poprosić o rachunek
book a table zamówić stolik
chef szef kuchni
cook kucharz
cutlery sztućce
dessert deser
eat sth cold/hot jeść coś na zimno/ciepło
takeaway na wynos
go out for a meal jeść poza domem
international cuisine kuchnia międzynarodowa
leave a tip zostawić napiwek
main course główne danie
order złożyć zamówienie
self-service restaurants restauracja samoobsługowa
service included napiwek wliczony w cenę
split the bill każdy płaci za siebie
starter przystawka
take sugar in your tea słodzić herbatę
three-course meal posiłek trzydaniowy

Diet

balanced diet pełnowartościowa dieta
low-calorie diet dieta niskokaloryczna
carbohydrates węglowodany
fast/junk food niezdrowe jedzenie
food rich in vitamins żywność bogata w witaminy
healthy food zdrowa żywność
high-fat food żywność z dużą zawartością tłuszczu
low-fat food żywność z niską zawartością tłuszczu niskotłuszczowe jedzenie
fibre błonnik
protein białko

Selected dishes

bacon and eggs jajka na bekonie
red beet soup barszcz czerwony
cheesecake sernik
chicken salad sałatka z kurczakiem
custard budyń
doughnut pączek
dumplings knedle, pierogi
fish and chips ryba z frytkami
roast lamb/turkey pieczona jagnięcina/indyk
pork chops kotlety schabowe
pudding deser, potrawa z mięsa i warzyw
scrambled eggs jajecznica
sauerkraut kapusta kiszona
tomato soup zupa pomidorowa
white borscht żurek

Other useful words and phrases

best-before date data przydatności do spożycia
Cheers! Na zdrowie!
eat out jeść poza domem (zwykle wieczorem)
Enjoy your meal! Smacznego!
feel hungry być głodnym
foodie smakosz
full najedzony
go off psuć się (o jedzeniu)
have a sweet tooth lubić słodycze
Help yourself! Poczęstuj się.
It's on me. Na mój koszt.
Keep the change.. Proszę zatrzymać resztę.
lay the table nakryć do stołu
on the house na koszt firmy
peckish trochę głodny
second helping dokładka
starving bardzo głodny
thirsty spragniony

Shopping and services (Zakupy i usługi)

Kinds of shops

baker's piekarnia
bookshop księgarnia
butcher's sklep mięsny
confectioner's/sweet shop cukiernia
florist's kwiaciarnia
greengrocer's warzywniak
grocer's sklep spożywczy
newsagent's kiosk z gazetami
pharmacy apteka
shoe shop sklep obuwniczy
shopping centre (UK)/mall (US) centrum handlowe
stationer's sklep papierniczy

Online shopping

add to cart dodać do koszyka
account transfer
BOGOF (buy one, get one free) przy zakupie jednego produktu, drugi gratis
CBD (cash before delivery) płatność z góry
COD (cash on delivery) płatność za pobraniem
free delivery bezpłatny transport
make a transfer into an account dokonać przelewu na konto
online order zamówienie internetowe
search the Internet to find a product przeszukiwać strony internetowe w celu znalezienia towaru
method of payment forma zapłaty

In a bank

account balance stan konta
ATM/cash machine/cashpoint/ cash dispenser bankomat
bank charges prowizja bankowa
bank deposit wpłata
bank loan pożyczka, kredyt
bank statement wyciąg bankowy
cash card karta płatnicza
coin moneta
credit card karta kredytowa
credit/charge account rachunek kredytowy
current (UK)/checking (US) account rachunek bieżący
debit card karta debetowa
deposit/savings account lokata terminowa, rachunek oszczędnościowy
interest odsetki
interest rate stopa procentowa
note/banknote banknot
on credit na kredyt
standing order zlecenie stałe
stock exchange giełda

Banking and money

be in debt być zadłużonym
be in the black (*pot.*) mieć oszczędności na koncie
be in the red (*pot.*) mieć debet na koncie
be out of cash nie mieć gotówki przy sobie
foot the bill zapłacić rachunek, ponieść koszty
get a loan otrzymać pożyczkę
open an account otworzyć rachunek
pay sth into sb's account wpłacać na konto
repay a loan spłacać pożyczkę
save for a rainy day odkładać na czarną godzinę
save up for sth oszczędzać na coś
spread the payments over 12 months rozłożyć płatność na 12 miesięcy
withdraw cash wypłacać gotówkę

Buying and selling

bring down prices obniżać ceny
buy in bulk kupować hurtem
buy sth on hp (hire purchase) kupować coś na raty
cash gotówka
cash settlement rozliczenie gotówkowe
do a roaring trade zrobić wspaniały interes
dirt cheap (*pot.*) tani jak barszcz
give the wrong change (*pot.*) źle wydać resztę
gross price cena brutto
net price cena netto
income dochód
increase prices podnosić ceny
pay for sth by/in instalments płacić za coś w ratach
the price fluctuates cena jest zmienna
reduced price obniżona cena
retail sale sprzedaż detaliczna
sell like hot cakes sprzedawać się jak świeże bułeczki
shop around rozejrzeć się po sklepach
wholesale sprzedaż hurtowa

Complaints

it doesn't work nie działa
it's burnt jest przypalone
it's chipped jest wyszczerbione
it's faulty jest wadliwe
it's got a hole in it jest dziurawe
it's scratched jest zarysowane
it's shrunk in the wash skurczyło się w praniu

Customer service

deal with a complaint rozpatrzyć reklamację
be entitled to a replacement być uprawnionym do wymiany (towaru)
refund zwrócić pieniądze

Advertising

ad/advert (UK)/advertisement ogłoszenie, reklama
banner transparent
boost sales zwiększyć sprzedaż
commercial reklama radiowa lub telewizyjna
flier ulotka reklamowa
hoarding (UK)/billboard (US) billboard
insert wkładka reklamowa
leaflet ulotka, broszura
publicity stunt chwyt reklamowy
push sth (*pot.*) intensywnie coś reklamować
small/classified adverts ogłoszenia drobne

Other words and phrases

bargain okazja, targować się
be out of stock być wyprzedanym/ brak towaru
buy sth at half price kupić za pół ceny
discount rabat
duty-free shops sklepy bezcłowe
for sale na sprzedaż
on sale w sprzedaży
pay by credit card płacić kartą kredytową
pay in cash płacić gotówką
sales wyprzedaż
special offer oferta specjalna

Travelling and tourism (Podróżowanie i turystyka)

Means of transport

aeroplane/aircraft samolot
bicycle/bike rower
bus autobus
canoe/kayak kajak
car samochód
caravan przyczepa kempingowa
coach autokar
ferry prom
motorbike motocykl
sailing boat żaglówka
ship statek
taxi/cab taksówka
train pociąg
yacht jacht

Types of holidays and trips

adventure holidays wakacje indywidualnie organizowane w nietypowe miejsca
caravanning podróżowanie z przyczepą kempingową
coach tour wycieczka autokarowa
cruise rejs statkiem
cycling holiday podróżowanie rowerem
family holiday wakacje z rodziną
go backpacking podróżowanie z plecakiem
go camping wyjazd na kemping
day trip jednodniowa wycieczka
package holidays wakacje zorganizowane przez biuro podróży
staycation wakacje spędzane w domu
tour of (Scotland) wycieczka po (np. Szkocji)
weekend break wyjazd na weekend

Tourist accommodation

B&B (bed and breakfast) pokój ze śniadaniem w pensjonacie
budget accommodation tanie zakwaterowanie
campsite kemping
check in zameldować się
check out wymeldować się
confirm a reservation potwierdzić rezerwację
en-suite bedroom pokój z łazienką
full board z pełnym wyżywieniem
guesthouse pensjonat
half board z niepełnym wyżywieniem
self-catering z własnym wyżywieniem
single/double room jedno/dwuosobowy pokój
three-star hotel hotel trzygwiazdkowy
twin room pokój dwuosobowy (z odzielnymi łóżkami)
youth hostel schronisko młodzieżowe

Travelling by car

be stuck in a traffic jam utknąć w korku
breakdown service pomoc drogowa
give sb a lift podwieźć kogoś
hitchhike podróżować autostopem
motorway (UK)/freeway (US) autostrada
petrol station (UK)/gas station (US) stacja benzynowa
ring road obwodnica
run out of petrol zabraknąć benzyny
rush hour godziny szczytu
speed limit ograniczenie prędkości
radar radar
toll opłata za przejazd (np. autostradą)
vehicle pojazd

Travelling by plane

aisle seat miejsce przy przejściu
arrivals przyloty
baggage reclaim odbiór bagażu
board a plane wsiąść na pokład samolotu
boarding card karta pokładowa
book a flight zarezerwować lot
budget airlines tanie linie lotnicze
cancelled flight odwołany lot
carousel transporter taśmowy
collect your bags from the carousel odebrać bagaże z taśmy
check-in desk odprawa biletowo-bagażowa
connecting flight połączenie lotnicze
customs odprawa celna
delayed flight opóźniony lot
departure lounge hala odlotów
departures odloty
domestic flight lot krajowy
fasten your seat belt zapiąć pasy bezpieczeństwa
flight attendant stewardesa, steward
go through security przechodzić przez kontrolę bezpieczeństwa
hand luggage bagaż podręczny
leave your luggage unattended zostawić bagaż bez nadzoru
lost luggage reclaim zgłoszenie zagubienia bagażu
pay excess baggage płacić za nadbagaż
take off wystartować
turbulence turbulencje

Travelling by train

arrive at the station przybyć na dworzec
booking desk kasa przedsprzedaży
carriage wagon
catch a train (*pot.*) złapać pociąg
change trains przesiadać się
compartment przedział
depart from platform 2 odjeżdżać z peronu 2
direct train pociąg bezpośredni
first-class ticket bilet pierwszej klasy
return ticket bilet powrotny
single ticket bilet w jedną stronę
sleeping car wagon sypialny
ticket hall hala z kasami biletowymi
waiting room poczekalnia

Problems/accidents

be fined for speeding dostać mandat za przekroczanie prędkości
break down zepsuć się (np. samochód)
breathalyser alkomat
bump into sth wjechać w coś, uderzyć w coś
call an ambulance wezwać karetkę
car crash wypadek samochodowy
casualty ofiara wypadku
cause an accident spowodować wypadek
crash into sth zderzyć się
drink-driving jazda pod wpływem alkoholu
drunk driver pijany kierowca
emergency awaria
first aid kit apteczka
flat tyre (*pot.*) złapać gumę
head-on collision zderzenie czołowe
lifeboat łódź ratunkowa
life jacket kamizelka ratunkowa
rescue uratować
road rage agresja na drodze
safety vest kamizelka odblaskowa
sink zatonąć
skid wpaść w poślizg
tailback korek komunikacyjny (np. z powodu wypadku)

Other words and phrases

cycle lane ścieżka rowerowa
fare opłata za przejazd
get into a car/taxi wsiąść do samochodu/taksówki
get on a bus/train/plane wsiąść do autobusu/pociągu/samolotu
get off wysiąść
get out of sth wysiąść
go abroad wyjechać za granicę
go sightseeing zwiedzać
guidebook przewodnik (książka)
guided tour zwiedzanie z przewodnikiem
miss a bus spóźnić się na autobus
pick sb up odebrać kogoś
put up a tent rozbić namiot
see sb off odprowadzić kogoś
set off on a journey wyruszyć w podróż

tourist information office biuro informacji turystycznej
touristy place miejsce typowo turystyczne
travel agent biuro podróży
travel insurance ubezpieczenie na czas podróży
travel light podróżować z małym bagażem

Culture (Kultura)

Art and culture

art sztuka
arts nauki/przedmioty humanistyczne
the arts kultura i sztuka
applied art sztuka użytkowa
avant-garde awangardowa
contemporary art sztuka współczesna
a fake work of art sfałszowane dzieło sztuki
fine art sztuki piękne
fake fałszerstwo, podróbka
masterpiece arcydzieło
performing arts sztuki widowiskowe
still life martwa natura
work of art dzieło sztuki

Books and literature

acknowledgements podziękowania (na początku lub na końcu książki)
blurb krótki opis książki (najczęściej na tylnej okładce)
come out ukazywać się drukiem
contents spis treści
fairy tale bajka
fiction literatura piękna
flick/skim through a book pobieżnie przejrzeć książkę
footnote przypis
foreword przedmowa
genre gatunek (literacki, filmowy, muzyczny itp.)
gripping tale wciągająca opowieść
hardback książka w twardej oprawie
heading tytuł
intricate plot zawiła fabuła
leaf kartka
leaf through przekartkować, przejrzeć
Nobel Prize infor Literature Literacka Nagroda Nobla
novel powieść
page strona
paperback książka w miękkiej okładce
print run nakład
read aloud/out loud czytać na głos
read between lines czytać między wierszami
read from cover to cover (*pot.*) przeczytać „od deski do deski"
review recenzja
tale opowieść
thought-provoking zmuszający do myślenia
volume tom

Music

be tone-deaf nie mieć słuchu
charts lista przebojów
have a good ear (for music) mieć dobry słuch
hum nucić
in the charts na liście przebojów
play by ear grać ze słuchu
read music czytać z nut
sing in tune śpiewać czysto
sing out of tune fałszować

Cinema and theatre

action-packed o wartkiej akcji
advance screening pokaz przedpremierowy
audience widownia
backstage kulisy
balcony loża w teatrze
be stage-struck marzyć o zostaniu aktorem
be typecast as sth być zaszufladkowanym jako (o aktorze)
blockbuster (*pot.*) hit
box/booking office kasa biletowa
box-office hit hit kinowy/kasowy
box-office failure klapa kasowa
dress rehearsal próba generalna
extra statysta
go on stage wyjść na scenę
go on the stage zostać aktorem
hold an audition zorganizować casting
intriguing intrygujący
keep sb in suspense trzymać w napięciu
make a film on location nakręcić film w plenerze
orchestra/the stalls parter (w teatrze)
premiere premiera (teatralna, filmowa)
prop rekwizyt
spellbinding urzekający
stage fright trema
standing ovation owacja na stojąco
star in a film występować w filmie
stuntman kaskader
supporting actor aktor drugoplanowy
tearjerker (*pot.*) wyciskacz łez

The press

agony column rubryka z poradami dla czytelników
cinema listing repertuar kin
colour supplement kolorowy dodatek do gazety
column stała rubryka
columnist felietonista
daily (newspaper) gazeta codzienna
editor redaktor
front-page news wiadomość z pierwszej strony
glossy magazine ilustrowany magazyn
gossip column kronika towarzyska
headline nagłówek
hit the headlines zyskać rozgłos medialny
investigative journalism dziennikarstwo śledcze
journalist dziennikarz
monthly miesięcznik
quality newspaper poważna gazeta
sports pages strony z wydarzeniami sportowymi
tabloid (newspaper) (*pot.*) brukowiec
TV guide program telewizyjny
weekly tygodnik

TV and radio

breaking news wiadomość z ostatniej chwili
broadcast emitować program
cable TV telewizja kablowa
commercial break przerwa reklamowa
digital television telewizja cyfrowa
hear sth on the news usłyszeć o czymś w wiadomościach
listeners słuchacze
live coverage relacja na żywo
on the radio w radiu
radio broadcast audycja radiowa
remote control pilot (do telewizora)
switch channels zmieniać kanały telewizyjne
switch on włączyć
switch off wyłączyć
turn the volume down ściszyć
turn the volume up podgłośnić
What's on TV? Co jest w TV?

Types of programme

current affairs aktualności
documentary film dokumentalny
episode odcinek
sequel kontynuacja, kolejna część
serial serial (fabuła kontynuowna w kolejnym odcinku)
series serial (ci sami bohaterowie, ale w każdym odcinku inna fabuła)
sitcom serial komediowy
soap opera telenowela
world news wiadomości ze świata

Other useful phrases

achieve success osiągnąć sukces
award sb a prize przyznać nagrodę
be nominated for sth być nominowanym do

Grammy award Nagroda Grammy
Pulitzer Prize Nagroda Pulitzera
wasted talent zmarnowany talent
win fame zdobyć sławę
world-famous światowej sławy

Sport (Sport)

Sports

archery łucznictwo
billiards bilard
contact sports sporty kontaktowe
car race wyścig samochodowy
car rally rajd samochodowy
cross-country running bieg przełajowy
curling gra zespołowa na lodzie polegająca na przesuwaniu ciężkiego kamienia po lodzie
cycling kolarstwo
fencing szermierka
gliding szybownictwo
hurdles bieg przez płotki
(the) javelin rzut oszczepem
indoor sports sporty halowe
marathon maraton
outdoor sports sporty uprawiane na świeżym powietrzu
(the) pole vault skok o tyczce
relay race bieg sztafetowy
shot-put pchnięcie kulą
showjumping skoki przez przeszkody
sailing żeglarstwo
ski jumping skoki narciarskie
water polo piłka wodna

Extreme sports

mountain biking kolarstwo górskie
bouldering wspinaczka po blokach skalnych bez asekuracji
hang-gliding paralotniarstwo
parkour bieg przez miasto na czas polegający na pokonywaniu przeszkód architektonicznych
skydiving spadochroniarstwo, podniebne nurkowanie
skysurfing akrobacje powietrzne na desce
zorbing poruszanie się w kuli

Sports: useful words and phrases

beat sb at sth pokonać kogoś w czymś
be keen on sport lubić sport
be a member of a sports club być członkiem klubu sportowego
join a sports club wstąpić do klubu sportowego
lose przegrać
practise sport uprawiać sport
take part in a race/competition brać udział w wyścigu/zawodach
train trenować
win wygrać
win the championship zdobyć mistrzostwo

People in sport

amateur amator
coach trener
goalkeeper bramkarz
judge sędzia (w sportach, w których nie ma drużyn)
linesman sędzia liniowy (np. w piłce nożnej)
opponent przeciwnik
record holder rekordzista
referee sędzia (gier i sportów zespołowych oraz w boksie)
reserve zawodnik rezerwowy
umpire sędzia w tenisie, krykiecie, baseballu i pływaniu

Describing people in sport

in top condition w szczytowej formie
loser przegrany
out of condition bez formy
persistent wytrwały
supple giętki, gibki
well trained dobrze wytrenowany

People and actions in sports: words and phrases

backstroke styl grzbietowy (w pływaniu)
breaststroke styl klasyczny w pływaniu (żabka)
butterfly styl motylkowy w pływaniu (delfin)
carry/win the day odnieść spektakularne zwycięstwo
clear the bar przeskoczyć poprzeczkę
compete współzawodniczyć
crawl kraul
defeat porażka, pokonanie kogoś
defend bronić
do press-ups robić pompki
draw/tie zremisować
dribble dryblować (kiwać)
fair play zachowanie sportowe
foul/commit a foul faulować
foul play zachowanie niesportowe
freestyle styl dowolny
free throw/kick rzut wolny
gain ground uzyskać lepszą pozycję
get your wind nabrać tchu
Good shot! Dobry strzał!
knock sb out znokautować
lose ground stracić pozycję
miss chybienie, pudło
offside rzut spalony
overtake prześcignąć
pass podanie
pass the ball podać piłkę
penalty kick/throw rzut karny
put the shot pchnąć kulą
reach the finishing line osiągnąć linię mety
score zdobyć punkt
slow down zwolnić
speed up przyspieszyć
support kibicować
tackle atakować (np. w piłce nożnej)
take/gain the upper hand zdobyć przewagę
throw-in rzut autowy
Well caught! Dobry chwyt!
Well held! Dobre zagranie!
Well saved! Dobra obrona!

Sports equipment

bat kij do krykieta, baseballu
cue kij bilardowy
curling broom szczotka do curlingu
diving board trampolina do skoków do wody
dumbbells hantle
hockey stick kij do hokeja
golf club kij do golfa
oar wiosło
parallel bars poręcze gimnastyczne
puck krążek hokejowy
spikes buty sprinterskie (kolce)
sports outfit odzież sportowa
swimming cap czepek pływacki
weights ciężarki

Places

boxing ring ring bokserski
football pitch boisko piłkarskie
goal bramka
gym/gymnasium siłownia, sala gimnastyczna
ice rink lodowisko
penalty area pole karne
running track bieżnia
ski slope stok narciarski
tennis court kort tenisowy
volleyball/basketball court boisko do siatkówki/koszykówki

Sports regulations

alter the rules wprowadzać zmiany w przepisach
break a record pobić rekord
break the rules łamać przepisy
compete współzawodniczyć
follow the rules przestrzegać przepisów
hold a record posiadać rekord
keep score notować punktację
lifetime ban dożywotnia dyskwalifikacja
set a record ustanowić rekord

Problems in sport

be stripped of the gold medal być pozbawionym złotego medalu
dope ban zakaz dopingu
drug abuse nadużywanie środków dopingujących
drug tests testy antydopingowe

on drugs/on steroids pod wpływem środków dopingujących
sports injury kontuzja

Sporting events

athletics events zawody lekkoatletyczne
European/World Cup Puchar Europy/Świata
Formula One Race wyścigi formuły pierwszej
Games/Olympic Games igrzyska olimpijskie
swimming competition zawody pływackie
World Championship Mistrzostwa Świata

Health (Zdrowie)

Health-care

alternative medicine medycyna alternatywna
casualty(UK)/emergency room (US) oddział ratownictwa medycznego
doctor/physician lekarz
give first aid udzielić pierwszej pomocy
GP (general practitioner) (UK)/ primary care physician (US) lekarz rodzinny
health centre przychodnia
health insurance ubezpieczenie zdrowotne
health service usługi medyczne
home visit wizyta domowa
midwife położna
nurse pielęgniarka
paramedic ratownik medyczny
pharmacist farmaceuta
pharmacy apteka
public health care publiczna opieka medyczna
surgeon chirurg

Medical examinations

be diagnosed with sth być zdiagnozowanym
blood test badanie krwi
examine badać
listen to sb's chest osłuchiwać klatkę piersiową
measure sb's height mierzyć wzrost wzrost
medical check-up lekarskie badania kontrolne
take sb's blood pressure mierzyć ciśnienie krwi
take sb's temperature mierzyć temperaturę ciała
weigh sb ważyć
X-ray robić zdjęcie rentgenowskie

Symptoms

aching muscles bolące mięśnie
be allergic to sth mieć alergię na
be in pain cierpieć z bólu
be overweight mieć nadwagę
diarrhoea biegunka
experience side effects odczuwać skutki uboczne
faint zemdleć
feel dizzy mieć zawroty głowy
feel a sharp pain odczuwać ostry ból
feel sick mieć mdłości
feel shivery mieć dreszcze
have a nasty cough mieć brzydki kaszel
have a runny nose być zakatarzonym
headache ból głowy
high fever wysoka gorączka
hurt boleć
indigestion niestrawność
itch swędzieć
nausea nudności
rash wysypka
sneezing kichanie
sore throat ból gardła
stomach ache ból brzucha
suffer from sth cierpieć na
swollen opuchnięty
toothache ból zęba

Illnesses and injuries

chickenpox ospa wietrzna
diabetes cukrzyca
dislocate your finger zwichnąć palec
eating disorders zaburzenia łaknienia
flu grypa
food poisoning zatrucie pokarmowe
have a heart condition chorować na serce
hay fever katar sienny
insomnia bezsenność
cancer nowotwór
mumps świnka
obesity otyłość
pneumonia zapalenie płuc
stroke udar
twist your ankle skręcić kostkę

Treatment

cut down (on sugar) ograniczać spożycie (np. cukru)
dress a wound opatrzyć ranę
get vaccinated against sth zaszczepić się przeciwko
give sb an injection zrobić komuś zastrzyk
go on a crash diet przejść na ścisłą dietę
perform heart surgery wykonywać operację na sercu
prescribe painkillers przepisać środki przeciwbólowe
put sb's leg in plaster włożyć nogę w gips
relieve the pain uśmierzyć ból
rub some ointment on sth wmasować maść
stay in bed zostać w łóżku w czasie choroby
take one tablet a day przyjmować jedną tabletkę dziennie
undergo plastic surgery poddać się operacji plastycznej

Addictions

alcoholism alkoholizm
be clean nie brać narkotyków, (*pot.*) być czystym
be on drugs być pod wpływem narkotyków
drug addict narkoman
drug addiction narkomania
get addicted to sth uzależnić się od
heavy smoker nałogowy palacz
highly addictive wysoce uzależniający
rehabilitation center ośrodek leczenia uzależnień
take an overdose przedawkować
take soft drugs brać narkotyki miękkie
withdrawal symptoms zespół odstawienia narkotyków, używek

Disability

be in a wheelchair być na wózku inwalidzkim
be on crutches chodzić o kulach
blind niewidomy
deaf niesłyszący
deaf-mute głuchoniemy
disabled niepełnosprawny
hearing-impaired niedosłyszący
mute niemy
limp kuleć
visually impaired niedowidzący
mentally impaired niepełnosprawny umysłowo
mobility-limited o ograniczonej sprawności ruchowej
paralysed sparaliżowany

Other words and phrases

accessible to the disabled dostępne dla niepełnosprawnych
be in good/poor health mieć dobre/słabe zdrowie
be pregnant być w ciąży
be treated for asthma być leczonym na astmę
catch a cold złapać przeziębienie
contract an infectious disease zarazić się chorobą zakaźną

feel off colour mieć złe samopoczucie
full recovery całkowity powrót do zdrowia
make an appointment umówić się na wizytę
patient pacjent
prescription recepta
sick leave zwolnienie lekarskie
wheelchair-accessible bus autobus przystosowanyy dla niepełnosprawnych
wheelchair lift winda dla niepełnosprawnych
wheelchair ramp podjazd dla wózków inwalidzkich

Science and technology (Nauka i technika)

Branches of science

astrophysics astrofizyka
biotechnology biotechnologia
computer science informatyka
cybernetics cybernetyka
science nauki ścisłe
genetic engineering inżynieria genetyczna
information technology technologia informacyjna
molecular biology biologia molekularna
nanotechnology nanotechnologia
natural science nauki przyrodnicze
nuclear engineering inżynieria nuklearna

Scientists

astrophysicist astrofizyk
biotechnologist biotechnolog
chemist chemik
cyberneticist cybernetyk
geneticist genetyk
information technologist informatyk
physicist fizyk
zoologist zoolog

Science

altitude wysokość nad poziomem morza
bar chart wykres słupkowy
the Bronze Age epoka brązu
cell komórka
chemical element pierwiastek chemiczny
chemical formula wzór chemiczny
data analysis analiza danych
dissolve rozpuszczać
divide dzielić
the equator równik
evaporate wyparować
genes geny
genetic code kod genetyczny
GMO (genetically modified organism) organizm modyfikowany genetycznie
(northern/southern) hemisphere półkula (północna/południowa) półkula (północna/południowa)
ice age epoka lodowcowa
the law of gravity prawo ciążenia
latitude szerokość geograficzna
liquid ciecz
longitude długość geograficzna
meridian południk
multiply mnożyć
oxygen tlen
periodic table (of the elements) tablica pierwiastków Mendelejewa
parallel równoleżnik
pie chart wykres kołowy
radioactivity radioaktywność
solid ciało stałe
statistical data dane statystyczne
the Stone Age epoka kamienna
subtract odejmować
table of statistics tabela z danymi statystycznymi

Technology

artificial intelligence sztuczna inteligencja
answering machine/answerphone automatyczna sekretarka
camcorder kamera video
contact lenses szkła kontaktowe
digital camera cyfrowy aparat fotograficzny
electric appliance/device urządzenie elektryczne
escalator schody ruchome
food processor robot kuchenny
GPS (global positioning system) system nawigacji satelitarnej
MP3 player odtwarzacz MP3
nuclear energy energia jądrowa
photocopier kserokopiarka
plasma screen ekran plazmowy
plug wtyczka
portable TV przenośny TV
socket gniazdko
steam engine maszyna parowa
cordless telephone telefon bezprzewodowy

Discovery and inventions: useful words and phrases

achieve a real breakthrough in sth dokonać przełomu w czymś
analyse a problem analizować problem
be in the dark about sth zupełnie się w czymś nie orientować
be quick on the uptake (*pot.*) szybko myśleć
carry out an experiment on sb/sth przeprowadzać eksperyment na kimś/czymś
come up with an invention wynaleźć coś
experiment with sth eksperymentować z czymś
make a hypothesis stawiać hipotezę
formulate a theory sformułować teorię
have a brainwave olśnić kogoś
investigate badać
keep abreast of sth być na bieżąco
make sth up wymyślić coś
make calculations przeprowadzać obliczenia
make an important discovery dokonać ważnego odkrycia
patent your invention opatentować wynalazek
pick sb's brains podpytywać kogoś
rack your brain(s) (*pot.*) łamać sobie głowę
reject an idea odrzucić pomysł
solve a problem rozwiązać zadanie/problem

Using devices: useful words and phrases

digital immigrant osoba, która urodziła się przed erą nowoczesnych technologii
digital native osoba, która od urodzenia żyje w erze nowoczesnych technologii
e-generation pokolenie elektroniczne
eject a DVD wyjąć płytę DVD
enter your PIN wprowadzić kod PIN
insert your cash card into the slot włożyć kartę płatniczą do czytnika (w bankomacie)
out of order nie działający, zepsuty
pioneering experiment pionierski eksperyment
plug sth in podłączyć do prądu
press a button nacisnąć przycisk
read an instruction manual przeczytać instrukcję obsługi
select a language wybrać język
select an option wybrać opcję
significant discovery znaczące odkrycie
unplug wyłączyć z prądu

Space

alien/ET (extraterrestial) istota pozaziemska
asteroid asteroida
astronaut astronauta
astronomer astronom
constellation gwiazdozbiór
crew załoga
eclipse zaćmienie
(the) Earth Ziemia
flying saucer latający spodek
galaxy galaktyka
gravity przyciąganie ziemskie
launch a rocket wystrzelić rakietę
light year rok świetlny
the Milky Way Droga Mleczna

mission control kontrola lotu
orbit the Sun krążyć wokół Słońca
outer space przestrzeń kosmiczna
shooting star spadająca gwiazda

Computers, the Internet and the media (Komputery, Internet i środki masowego przekazu)

Software

anti-virus software oprogramowanie antywirusowe
database baza danych
freeware programy darmowe
operating system system operacyjny
out-of-date software nieaktualne oprogramowanie
spell-checker korektor pisowni
spreadsheet arkusz kalkulacyjny
word processor edytor tekstu

Hardware

DVD drive napęd DVD
hard drive twardy dysk
headphones słuchawki
interactive whiteboard tablica interaktywna
keyboard klawiatura
laser printer drukarka laserowa
memory card karta pamięci
sound card karta dźwiękowa
webcam kamera internetowa

Using a computer

burn data to a CD wypalić dane na CD
copy and paste kopiować i wklejać
create a shortcut on the desktop utworzyć skrót na pulpicie
delete usunąć
double-click on an icon kliknąć podwójnie ikonkę
drag an icon przeciągnąć ikonkę
hold down the left mouse button przytrzymać lewy przycisk myszy
minimize a window minimalizować okno
password hasło
position the cursor ustawić kursor
print sth out wydrukować
programme update available for download aktualizacja gotowa do zainstalowania
run a programme uruchomić program
save the file to a memory stick/ USB stick zapisać plik na USB (karcie pamięci zewnętrznej)
scroll up przewijać w górę
scroll down przewijać w dół
uninstall odinstalować

The Internet

access to sth dostęp do
add an attachment to your email dodać załącznik do maila
blogger bloger
broadband Internet connection szybki dostęp do Internetu
browser przeglądarka internetowa
chat on the Internet czatować w Internecie
check for new messages sprawdzić, czy są nowe wiadomości
cybercafé kawiarenka internetowa
download files pobrać, ściągnąć pliki
downloadable możliwe do ściągnięcia
facebook sb szukać kogoś na Facebooku
get online połączyć się z Internetem
get disconnected stracić łączność
google a word wpisać słowo w wyszukiwarkę Google
inbox skrzynka odbiorcza
Internet service provider dostawca usług internetowych
lurk obserwować z ukrycia np. forum internetowe
multiplayer game wieloosobowa gra sieciowa
netiquette kodeks zachowań w Internecie
netspeak żargon komputerowy
online dating randki internetowe
online dictionary słownik internetowy
post a clip on YouTube umieścić filmik na You Tube
post sth online opublikować coś w Internecie
search the Internet for information szukać informacji w Internecie
social networking site portal społecznościowy
surf the Net surfować po Internecie
type in the website address wpisać adres strony internetowej
upload przesłać dane z komputera
username nazwa użytkownika
webaholic uzależniony od Internetu
wireless bezprzewodowy
write a blog pisać bloga

Problems with computers

computer crash awaria systemu komputerowego
a computer freezes/stops responding komputer zawiesza się
computer virus wirus komputerowy

Mobile/cell phones

answer your mobile odebrać telefon
be out of range być poza zasięgiem
leave a message zostawić wiadomość
lose signal tracić sygnał
pay-as-you-go phones telefon na kartę
contract phones telefon na abonament
recharge your phone naładować wyczerpaną baterię
run down przestać funkcjonować, wyczerpać się (np. bateria)
run out of credit on your phone wyczerpać kredyt na karcie telefonicznej
send a text wysłać SMS
textese język SMS
top up your phone doładować konto telefonu
touch screen ekran dotykowy
use predictive text stosować zaprogramowany tekst T9

Other useful words and phrases

computer-illiterate analfabeta komputerowy
computer nerd człowiek mający obsesję na punkcie komputerów
disconnect anxiety niepokój spowodowany brakiem dostępu do Internetu, telefonu komórkowego
emoticon emotykon
MMS (multimedia messaging service) krótka wiadomość multimedialna
newbie nowicjusz, nowy gracz
no-life osoba, która większość czasu spędza przed komputerem
piggyback on sb's network korzystać bez czyjejś wiedzy z sieci internetowej
SMS (short message service) krótka wiadomość tekstowa
TMI (too much information) za dużo informacji

Nature (Świat przyrody)

Weather conditions

below/above zero poniżej/ powyżej zera
boiling hot upalnie
bright and sunny słonecznie
clear sky bezchmurne niebo
clear up przejaśnić się
continental climate klimat kontynentalny
dense fog gęsta mgła

freezing cold bardzo zimno, lodowato
frost mróz
gale wichura
hail grad
heavy rain ulewny deszcz
hurricane huragan
thunderstorms burze z piorunami
moderate climate klimat umiarkowany
polar climate klimat polarny
pour with rain mocno padać, lać
a rise/a drop in temperature wzrost/spadek temperatury
severe winter sroga zima
shower przelotny deszcz
sleet deszcz ze śniegiem
thick clouds gęste chmury
tropical climate klimat tropikalny
heavy downpours gwałtowne opady deszczu
windy wietrznie

Threats to the environment

acid rain kwaśny deszcz
become extinct wyginąć
carbon dioxide dwutlenek węgla
carbon emissions emisja dwutlenku węgla
carbon footprint miara emisji dwutlenku węgla
climate change zmiany klimatyczne
close to extinction bliskie wyginięcia
deforestation wycinanie lasów
destroy an animal's natural habitat niszczyć środowisko naturalne
ecological disaster katastrofa ekologiczna
endangered species gatunki zagrożone wyginięciem
exhaust fumes spaliny
global warming globalne ocieplenie
the greenhouse effect efekt cieplarniany
harmful to the environment szkodliwy dla środowiska
hole in the ozone layer dziura w powłoce ozonowej
oil spill wyciek ropy
(air/water) pollution zanieczyszczenie (powietrza/wody)
toxic waste odpady toksyczne

Environmental protection

biofuel biopaliwo
be green być pro-ekologicznym
bottle bank pojemnik na szkło
eco-friendly przyjazny dla środowiska
energy-saving energooszczędne
environmental sustainability zrównoważony rozwój środowiska
solar panel panel słoneczny
promote the recycling of household waste promować recykling odpadów domowych
protect chronić
renewable sources of energy odnawialne źródła energii
returnable bottle butelka zwrotna
reusable carrier bag torba na zakupy wielokrotnego użycia
sewage plant oczyszczalania ścieków
solar energy energia słoneczna
sort out your rubbish sortować śmieci
unleaded petrol benzyna bezołowiowa
water power energia wodna
wildlife conservation ochrona fauny i flory
wind farm farma wiatrowa

Animals

amphibians płazy
farm animals zwierzęta gospodarskie
fish and shellfish ryby i skorupiaki
flock of birds stado ptaków
insects owady
mammals ssaki
pets zwierzęta domowe
reptiles gady
swarm of bees rój pszczół
wild animals dzikie zwierzęta

Agriculture

apple harvest zbiór jabłek
cultivate a field uprawiać pole
fertile soil żyzna gleba
grazing land pastwisko
grow rosnąć, uprawiać
harvest żniwa
pick fruit zbierać owoce
plant roślina, sadzić
sow crops siać zboże

Natural disasters

avalanche lawina
crop failure klęska nieurodzaju
drought susza
earthquake trzęsienie ziemi
extreme weather conditions ekstremalne warunki pogodowe
famine klęska głodu
flood powódź
forest fire pożar lasu
landslide osunięcie ziemi po deszczu
a river bursts its banks rzeka wylewa z brzegów
volcanic eruption wybuch wulkanu
tsunami fala oceaniczna wywołana podwodnym trzęsieniem ziemi lub wybuchem wulkanu

Landscape

coastline wybrzeże
desert pustynia
forest las
highlands pogórze
hills wzgórza
meadow łąka
mountain range pasmo górskie
pebble beach kamienista plaża
plain równina
sandy beach piaszczysta plaża
summit szczyt
valley dolina
waterfall wodospad

Country and nation (Państwo i społeczeństwo)

Country and nation

country kraj, państwo
the country wieś
land ziemia, grunt/ląd
nation naród
national anthem hymn państwowy
national flag flaga państwowa
the people naród
population ludność
state państwo, stan w państwie federalnym

Government and politics: The legislature

approve the budget zatwierdzać budżet państwa
compulsory voting obowiązkowe głosowanie
debate a bill debatować, dyskutować nad projektem ustawy
legislative ustawodawczy, władza ustawodawcza
make amendments to a bill wprowadzać poprawki do projektu ustawy
make a law uchwalać ustawy
override the President's veto odrzucić veto prezydenta
pass a bill przyjmować projekt ustawy
ratify an international agreement ratyfikować porozumienie międzynarodowe
revise a bill nanosić poprawki do projektu ustawy
vote on a bill głosować nad projektem ustawy

Government and politics: The executive

administer the country rządzić krajem
appoint ministers mianować ministrów

assess taxes wymierzać podatki
collect taxes pobierać podatki
the executive wykonawczy, władza wykonawcza
implement legislation wdrażać ustawy
interpret/apply the law interpretować/stosować prawo
introduce legislation podejmować inicjatywę ustawodawczą
make foreign policy kierować polityką zagraniczną
manage home affairs kierować polityką wewnętrzną

Government and politics: The judiciary

act akt prawny, ustawa
amendment poprawka w dokumentach
the appeal court sąd apelacyjny
bill projekt ustawy
constitution konstytucja
civil law prawo cywilne
criminal law prawo karne
the judiciary sądownictwo, władza sądownicza
law prawo, ustawa
lower court sąd niższej instancji
regulation przepis, regulamin
resolution uchwała
resolve disputes rozstrzygać spory
sign a bill podpisać ustawę
the Supreme Court Sąd Najwyższy
veto a bill wetować ustawę

Civil rights

censorship cenzura
civil liberties swobody obywatelskie
freedom of assembly wolność zgromadzeń
freedom of association wolność zrzeszania się
freedom of conscience wolność sumienia
freedom of speech wolność słowa
human rights prawa człowieka
the rule of law praworządność
unalienable rights niezbywalne prawa

Administration and state institutions

the Cabinet rząd/rada ministrów
city/town council rada miejska
civil servant urzędnik państwowy
county hrabstwo
government rząd
government offices urzędy państwe/rządowe
head of state głowa państwa
local authorities/government władza lokalna
immigration authorities urząd imigracyjny
mayor burmistrz
Member of Parliament (MP) poseł
ministry ministerstwo
the Municipal Council urząd miasta/gminy
municipal government samorząd miejski/gminny
national assembly zgromadzenie narodowe
parliament parlament
Prime Minister (PM) premier
province województwo, prowincja
the Senate senat
the upper/lower chamber of Parliament izba wyższa/niższa parlamentu
tax office urząd skarbowy

Politics

ballot paper karta do głosowania
a right-wing/left-wing politician być politykiem prawego/lewego skrzydła
believe in social democracy mieć poglądy socjaldemokratyczne
by-election wybory uzupełniające
cast a vote oddać głos
come to power dojść do władzy
communist komunista, komunistyczny
conservative konserwatysta, konserwatywny
constituency okręg wyborczy
corruption scandal skandal korupcyjny
general election wybory powszechne
get a majority zdobyć większość głosów
have liberal beliefs mieć poglądy liberalne
hold office piastować stanowisko/urząd
internal politics polityka wewnętrzna
liberal liberał, liberalny
landslide przytłaczające zwycięstwo w wyborach
loss of public confidence in parliament utrata zaufania społeczeństwa do parlamentu
the major parties główne partie
opinion poll badanie opinii publicznej
social democrat socjaldemokrata
socialist socjalista
stand/run for election startować w wyborach
statesman mąż stanu
take up office objąć urząd
vote for głosować za
vote against głosować przeciw

Social problems (Problemy społeczne)

Welfare

be on welfare być na zasiłku
get welfare otrzymać zasiłek
public welfare programmes społecznościowe programy pomocowe
social security (UK) zasiłek socjalny, renta, ubezpieczenie społeczne
social worker pracownik opieki społecznej
unemployment benefit zasiłek dla bezrobotnych
welfare state państwo opiekuńcze

Wealth

affluent/well off/well-to-do bogaty, zamożny
filthy rich (*pot.*) nieprzyzwoicie bogaty
get-rich-quick scheme sposób na szybkie wzbogacenie się
(the) haves and have-nots bogaci i biedni
in the lap of luxury w luksusie
inheritance spadek
made of money nadziany
man/woman of means bogacz

Poverty

badly off/poorly off biedny
be hard up (*pot.*) być w trudnej sytuacji materialnej
be on/close to the bread line być na granicy ubóstwa
destitute bez środków do życia
malnutrition niedożywienie
pawn shop/pawnbroker's lombard
soup kitchen jadłodajnia dla bezdomnych
starvation głód

Wealth and poverty: useful words and phrases

be rolling in money/have money to burn (*pot.*) tarzać się w pieniądzach
be better off być lepiej sytuowanym
come into money/inherit money odziedziczyć pieniądze
donate money to charity dawać pieniądze na cele charytatywne
live beyond your means żyć ponad stan
live in abject poverty żyć w skrajnej biedzie
make a good living dobrze zarabiać
make both ends meet wiązać koniec z końcem
marry money pobrać się dla pieniędzy

Global issues: Economic issues

cheap labour tania siła robocza
child labour praca nieletnich
fair trade sprawiedliwy handel
free trade wolny handel
sweatshop economy system ekonomiczny oparty na wyzysku
Third World debt zadłużenie krajów trzeciego świata

Global issues: Political issues

arms control kontrola zbrojeń
the arms trade handel bronią
ethnic cleansing czystki etniczne
nuclear proliferation rozprzestrzenianie broni jądrowej
the war on terror wojna z terroryzmem

Global issues: International crime

arms/drug trafficking nielegalny handel bronią/narkotykami
illegal immigration nielegalna imigracja
people-smuggling przemyt ludzi
the slave trade handel żywym towarem

Solving global issues

bring an end to sth położyć czemuś kres
combat zwalczać
declare a ceasefire ogłosić zawieszenie broni
enforce the law egzekwować prawo, wprowadzać w życie prawo
humanitarian aid pomoc humanitarna
reach an agreement osiągnąć porozumienie
send humanitarian aid wysyłać pomoc humanitarną

The economy

economic crisis kryzys ekonomiczny
economical oszczędny
entrepreneur przedsiębiorca
expenditure wydatki
recession recesja

Success in business

cash flow płynność finansowa
dividend dywidenda
highly profitable ventures wysoko opłacalne przedsięwzięcia
make a profit przynosić zysk

Failure in business

be forced into liquidation zostać zmuszonym do likwidacji
be in receivership być w stanie upadłości
go bankrupt zbankrutować
make a loss ponieść stratę finansową

Crimes and criminals

arson podpalenie
assassination zamach stanu/zbrodnia
assault napad
blackmail szantaż
burglary włamanie
car break-ins włamania do samochodu
cheat/swindle sb out of sth wyłudzić coś od kogoś
commit a crime popełnić przestępstwo
counterfeit fałszerstwo
domestic violence przemoc domowa
embezzlement defraudacja
hijack a plane uprowadzić samolot
misdemeanour wykroczenie
juvenile delinquency przestępczość nieletnich
perjury krzywoprzysięstwo
pickpocket kieszonkowiec
shoplifting kradzież w sklepach
steal kraść
swindle oszukiwać, wyłudzać, oszustwo
swindler oszust

Courts and justice

abolish znieść, obalić
accuse sb of sth oskarżyć kogoś o coś
charge sb with oskarżać kogoś
deliver a verdict wydać wyrok
arrest sb for sth zatrzymać kogoś za coś
prove sb guilty udowodnić komuś winę
reveal confidential information ujawnić tajne informacje
sentence sb to sth skazać na
suspect podejrzany
suspect sb of sth podejrzewać kogoś o coś

Religion

abbey opactwo
Aatheism ateizm
be converted to sth być nawróconym na
be given absolution dostać rozgrzeszenie
be redeemed być zbawionym
Buddhism buddyzm
chapel kaplica
Christianity chrześcijaństwo
Judaism judaizm
enter a convent/monastery wstąpić do zakonu/klasztoru
Gospel ewangelia
the Greek Orthodox Church kościół greko-katolicki
Hinduism hinduizm
Islam islam
Koran koran
mosque meczet
pray modlić się
Protestant protestant
repent of your sins żałować za grzechy
the Roman Catholic Church kościół rzymsko-katolicki
shrine sanktuarium
synagogue synagoga
temple świątynia
worship czcić

legally obliged to accept the highest offer. ▷ **mieć obowiązek** *coś zrobić*, **być zobowiązanym** *coś zrobić* **2** [I, T] formal to be helpful: *The manager was only too happy to oblige.* ▷ **wyświadczyć przysługę, być uprzejmym**

obliged /əˈblaɪdʒd/ **adjective** **1** **feel obliged to do sth** to think that you must do something: *They helped us when we moved so I feel obliged to do the same.* ▷ **czuć się w obowiązku** *coś zrobić* **2** formal old-fashioned grateful or pleased: *Thank you, I'm much obliged to you.* ▷ **wdzięczny, zobowiązany**

oblique /əʊˈbliːk/ **adjective** formal **1** not expressed in a direct way: *an oblique comment* ▷ **zawoalowany, nie wprost** **2** describes an angle which is either more or less than 90° but not 90° ▷ **(kąt) niebędący wielokrotnością prostego**

• **obliquely** **adverb** formal ▷ **nie wprost, enigmatycznie**

obliterate /əˈblɪtəreɪt/ **verb** [T] to destroy something completely: [often passive] *The town was obliterated by bombs.* ▷ **zrównać z ziemią**

oblivion /əˈblɪviən/ **noun** [U] **1** when someone or something is not remembered: *to disappear into oblivion* ▷ **niepamięć, zapomnienie** **2** when you are not aware of what is happening around you: *He drank himself* ***into oblivion***. ▷ **nieprzytomność, nieświadomość**

oblivious /əˈblɪviəs/ **adjective** not aware of something: *She seemed completely* ***oblivious to*** *what was happening around her.* ▷ **nieświadomy**

obnoxious /əbˈnɒkʃəs/ **adjective** very unpleasant or rude: *He was loud and obnoxious.* ▷ **okropny, wstrętny**

obscene /əbˈsiːn/ **adjective** **1** relating to sex in a way that is unpleasant or shocking: *an* ***obscene gesture*** ◦ ***obscene language*** ▷ **nieprzyzwoity, obsceniczny** **2** An obscene amount of something is morally wrong because it is too large: ***obscene profits*** ▷ **nieprzyzwoity**

obscenity /əbˈsenəti/ **noun** **1** [U] when something is sexually shocking: *obscenity laws/trials* ▷ **nieprzyzwoitość, obsceniczność** **2** [C] a sexually shocking word or expression: [usually plural] *He was shouting obscenities at people walking by.* ▷ **wulgaryzm, świństwo**

obscure[1] /əbˈskjʊəʳ/ **adjective** **1** not known by many people: *an obscure figure/writer* ▷ **mało znany** **2** difficult to understand: *His answers were obscure and confusing.* ▷ **niejasny**

obscure[2] /əbˈskjʊəʳ/ **verb** [T] **1** to prevent something from being seen or heard: [often passive] *The moon was partially obscured by clouds.* ▷ **zasłaniać, zagłuszać** **2** to make something difficult to understand: *He deliberately obscured details of his career in the army.* ▷ **komplikować, zaciemniać**

obscurity /əbˈskjʊərəti/ **noun** [U] when something or someone is not known by many people: *to fade into obscurity* ◦ *He rose from relative obscurity to worldwide recognition.* ▷ **anonimowość, zapomnienie**

obsequious /əbˈsiːkwiəs/ **adjective** formal too willing to praise or obey someone ▷ **służalczy**

observance /əbˈzɜːvəns/ **noun** [C, U] formal when someone obeys a law or follows a religious custom: *strict observance of the law* ◦ ***religious observances*** ▷ **przestrzeganie, obrzęd**

observant /əbˈzɜːvənt/ **adjective** good or quick at noticing things: *He's very observant.* ▷ **spostrzegawczy**

observation /ˌɒbzəˈveɪʃən/ **noun** **1** [U] (B2) when someone watches someone or something carefully: *The doctor wants to keep him* ***under observation*** *for a week.* ◦ *to have good* ***powers of observation*** (= *to be good at noticing things*) ▷ **obserwacja** **2** [C] a remark about something that you have noticed: *He* ***made an*** *interesting* ***observation***. ▷ **obserwacja, uwaga**

> Wyrazy występujące razem z **observation**
>
> careful/close observation • observation of sth • under observation • powers of observation

observatory /əbˈzɜːvətri/ **noun** [C] a building that is used by scientists to look at stars and planets ▷ **obserwatorium**

observe /əbˈzɜːv/ **verb** [T] **1** (B2) to watch someone or something carefully: *Children learn by observing adults.* ▷ **obserwować, przyglądać się** **2** formal to notice something ▷ **zauważać** **3** formal to make a remark about something you have noticed: *"It's still raining," he observed.* ▷ **zauważać** **4** to obey a law, rule, or religious custom: *to observe the law* ▷ **przestrzegać**

observer /əbˈzɜːvəʳ/ **noun** [C] **1** someone who watches people and events as a job: *a UN observer* ◦ *a political observer* ▷ **obserwator** **2** someone who sees something: *a* ***casual observer*** ▷ **obserwator, świadek**

obsess /əbˈses/ **verb** [I, T] If something or someone obsesses you, or if you obsess about something or someone, you think about them all the time: *She used to obsess about her weight.* ▷ **mieć obsesję (na punkcie)**

obsessed /əbˈsest/ **adjective** **be obsessed by/with sb/sth** (B2) to think about someone or something all the time: *to be obsessed with money/sex* ▷ **mieć obsesję na punkcie** *kogoś/czegoś*

obsession /əbˈseʃən/ **noun** [C, U] (B2) someone or something that you think about all the time: *an* ***unhealthy obsession*** *with death* ◦ *a lifelong/national obsession* ▷ **obsesja**

obsessive /əbˈsesɪv/ **adjective** thinking too much about something, or doing something too much: ***obsessive behaviour*** ◦ *He's obsessive about his health.* ▷ **obsesyjny**

• **obsessively** **adverb** ▷ **obsesyjnie**

obsolete /ˈɒbsəliːt/ **adjective** not used now:

obsolete equipment ◦ *Will books become obsolete because of computers?* ▷ **przestarzały**

obstacle /ˈɒbstəkl/ **noun** [C] something that makes it difficult for you to go somewhere or to succeed at something: *to* ***overcome*** *an* ***obstacle*** ◦ *His refusal to talk is the main* ***obstacle to*** *peace.* ▷ **przeszkoda**

> Wyrazy występujące razem z **obstacle**
> face/overcome an obstacle • the biggest/the main/a major obstacle • an obstacle to sth

obstetrician /ˌɒbstəˈtrɪʃən/ **noun** [C] a doctor who looks after pregnant women and helps in the birth of children ▷ **położnik**

obstinate /ˈɒbstɪnət/ **adjective** not willing to change your ideas or behaviour although you are wrong: *He's a very rude and obstinate man.* ▷ **uparty**

obstruct /əbˈstrʌkt/ **verb** [T] **1** to be in a place that stops someone or something from moving or stops someone from seeing something: *to* ***obstruct*** *the* ***traffic*** ◦ *There was a pillar* ***obstructing*** *our* ***view.*** ▷ **blokować, zasłaniać 2** to try to stop something from happening or developing: *to obstruct a police investigation* ▷ **utrudniać**

• **obstruction** /əbˈstrʌkʃən/ **noun** [C, U] *Your car's* ***causing an obstruction.*** ◦ *the obstruction of justice* ▷ **przeszkoda, utrudnienie**

obtain /əbˈteɪn/ **verb** [T] formal (B2) to get something: *to obtain permission* ◦ *He obtained a law degree from the University of California.* ▷ **uzyskać, otrzymać**

• **obtainable adjective** If something is obtainable, you can get it: *This information is easily obtainable on the Internet.* ▷ **osiągalny**

obtuse /əbˈtjuːs/ **adjective** describes an angle which is more than 90° and less than 180° ▷ **(kąt) rozwarty**

obvious /ˈɒbviəs/ **adjective** (B1) easy to understand or see: *an obvious choice/answer* ◦ [+ (that)] ***It's obvious*** *that he doesn't really care about her.* ▷ **oczywisty**

obviously /ˈɒbviəsli/ **adverb** (B1) in a way that is easy to understand or see: *They're obviously in love.* ◦ *Obviously we want to start as soon as possible.* ▷ **najwyraźniej, oczywiście**

occasion /əˈkeɪʒən/ **noun 1** [C] (B2) a time when something happens: *a previous/separate occasion* ◦ *We met* ***on*** *several* ***occasions*** *to discuss the issue.* ▷ **okazja, raz 2** [C] (B1) an important event or ceremony: *a* ***special occasion*** ◦ *She bought a new dress for the occasion.* ▷ **okazja 3 on occasion(s)** sometimes, but not often: *I only drink alcohol on occasion.* ▷ **sporadycznie, czasami, czasem**

occasional /əˈkeɪʒənəl/ **adjective** not happening often: *He still plays the occasional game of football.* ▷ **sporadyczny**

• **occasionally adverb** (B2) *They only meet occasionally.* ▷ **sporadycznie, czasami, czasem**

occlusion /əˈkluːʒən/ **noun** [C, U] **1** (in medicine), when a tube or opening in the body is blocked by something or is closed ▷ **niedrożność 2** a situation in the weather when two masses of air meet, especially when a mass of cold air reaches warm air and pushes the warm air up off the Earth's surface ▷ **okluzja**

the occult /ˈɒkʌlt/ **noun** the study of magic or mysterious powers ▷ **okultyzm**

occupant /ˈɒkjəpənt/ **noun** [C] formal someone who lives or works in a room or building: *the occupant of No. 46* ▷ **lokator/ka, mieszka-niec/nka, użytkownik**

occupation /ˌɒkjəˈpeɪʃən/ **noun 1** [C] formal (A2) your job: *You have to give your name, age, and occupation on the application form.* ▷ **zawód 2** [U] when an army moves into a place and takes control of it: *a* ***military occupation*** ▷ **okupacja 3** [C] formal something that you do in your free time ▷ **zajęcie**

occupational /ˌɒkjəˈpeɪʃənəl/ **adjective** relating to your job: *an* ***occupational hazard*** ▷ **zawodowy**

occupied /ˈɒkjəpaɪd/ **adjective 1** being used by someone: *All of these seats are occupied.* ▷ **zajęty** → Opposite **unoccupied 2** busy doing something or thinking about something: *There was enough* ***to keep*** *us* ***occupied.*** ▷ **zajęty**

occupier /ˈɒkjəpaɪəʳ/ **noun** [C] UK someone who lives or works in a room or building ▷ **lokator/ka, mieszka-niec/nka, użytkownik**

occupy /ˈɒkjəpaɪ/ **verb** [T] **1** (B2) to fill a place or period of time: *His book collection occupies most of the room.* ◦ *The baby seems to* ***occupy*** *all our* ***time.*** ▷ **zajmować 2** to live or work in a room or building: *They occupy the second floor of the building.* ▷ **zajmować 3** to move into a place and take control of it: *The troops eventually occupied most of the island.* ▷ **okupować**

occur /əˈkɜːʳ/ **verb** [I] (present participle **occurring**, past tense and past participle **occurred**) **1** (B2) formal to happen, often without being planned: *According to the police, the shooting occurred at about 12.30 a.m.* ▷ **mieć miejsce, wydarzyć się 2 occur in/among, etc sth/sb** to exist or be present in a particular place or group of people: *Minerals occur naturally in the Earth's crust.* ◦ *The disease mainly occurs in women over 40.* ▷ **występować** *gdzieś/***u** *kogoś*

PHRASAL VERB **occur to sb** if something occurs to you, you suddenly think of it: [+ (that)] ***It*** *had never* ***occurred to*** *me that he might be lying.* ▷ **przychodzić** *komuś* **do głowy**

occurrence /əˈkʌrəns/ **noun** [C] something that happens: *a* ***common/everyday occurrence*** ▷ **wydarzenie, zdarzenie**

> Wyrazy występujące razem z **occurrence**
> a common/everyday/rare/regular occurrence

ocean /ˈəʊʃən/ **noun 1** [no plural] (B1) the sea: *to* *swim in the ocean* ▷ **ocean, morze 2** [C] one of the five main areas that the sea is divided into: *the Pacific Ocean* ▷ **ocean**

oceanic /ˌəʊʃiˈænɪk/ **adjective** formal related to the ocean ▷ **oceaniczny**

ˌoceanic ˈcrust noun [C, usually singular] the part of the outer rocky layer of the Earth that is under the oceans and is thinner than the layer under the land ▷ **skorupa oceaniczna**

o'clock /əˈklɒk/ **adverb one/two/three, etc o'clock** Ⓐ1 used after the numbers one to twelve to mean exactly that hour when you tell the time: *It was ten o'clock when we got home.* ▷ **(godzina) pierwsza/druga/trzecia** *itp.*

OCR /ˌəʊsiːˈɑːʳ/ **noun** [U] abbreviation for optical character recognition: software that allows computers to read printed or written words and store them in the computer ▷ **OCR (= optyczne rozpoznawanie pisma)**

Oct written abbreviation for October ▷ **paźdz. (= październik)**

octagon /ˈɒktəgən/ **noun** [C] a flat shape with eight equal sides ▷ **ośmiokąt**

octahedron /ˌɒktəˈhiːdrᵊn/ **noun** [C] a solid shape that has eight flat triangular surfaces of the same size ▷ **ośmiościan**

octave /ˈɒktɪv/ **noun** [C] the space between two musical notes that are eight notes apart ▷ **oktawa**

October /ɒkˈtəʊbəʳ/ **noun** [C, U] (written abbreviation **Oct**) Ⓐ1 the tenth month of the year ▷ **październik**

octopus /ˈɒktəpəs/ **noun** [C] a sea creature with eight long arms ▷ **ośmiornica**

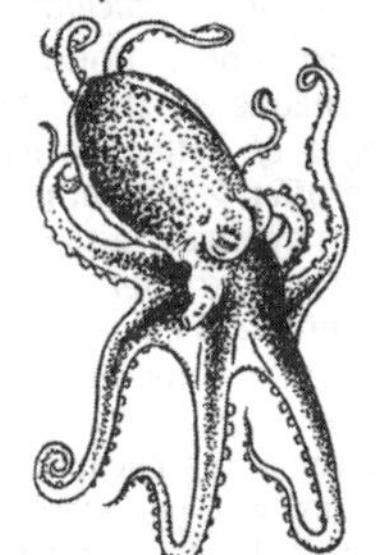
octopus

odd /ɒd/ **adjective 1** Ⓑ2 strange or unusual: *I always thought there was something odd about her.* ◦ *It's a bit odd that he didn't come.* ▷ **dziwny 2** [always before noun] not happening often: *He does **odd jobs** here and there.* ▷ **okazjonalny, różny 3** [always before noun] being one of a pair when the other item is missing: *an **odd sock*** ▷ **nie do pary 4** used after a number to mean approximately: *There are thirty odd kids in the class.* ▷ **kilka, parę 5** An odd number does not produce a whole number when it is divided by two. ▷ **nieparzysty**

oddity /ˈɒdɪti/ **noun** [C] someone or something that is strange or unusual ▷ **osobliwość**

oddly /ˈɒdli/ **adverb** in a strange way: *He's been **behaving** very **oddly** lately.* ◦ ***Oddly enough**, business was good during the bad weather months.* ▷ **dziwnie**

odds /ɒdz/ **noun** [plural] **1** the probability that something will happen: *What are the odds of winning the top prizes?* ◦ *I'm afraid the odds are against us.* ▷ **szanse, prawdopodobieństwo 2 against all (the) odds** If you do or achieve something against all the odds, you succeed although you were not likely to: *We won the game against all odds.* ▷ **wbrew lub na przekór wszystkiemu, wbrew wszelkim przewidywaniom 3 be at odds with sb/sth** to not agree with someone or something: *His remark was at odds with our report.* ▷ **nie zgadzać się z** *kimś/czymś*

IDIOM **odds and ends** informal a group of small objects of different types which are not valuable or important ▷ **różności, drobiazgi**

> Wyrazy występujące razem z **odds**
>
> the odds **of/on** sth happening • the odds are (stacked) against sb

odious /ˈəʊdiəs/ **adjective** formal very unpleasant: *an odious little man* ▷ **wstrętny, odpychający**

odour UK (US **odor**) /ˈəʊdəʳ/ **noun** [C] a smell, often one that is unpleasant: ***body odour*** ▷ **zapach, woń, odór**

odyssey /ˈɒdɪsi/ **noun** [C] literary a long, exciting journey ▷ **odyseja**

oedema UK (US **edema**) /ɪˈdiːmə/ **noun** [U] (in medicine) a condition in which there is too much liquid in the body tissues between the cells ▷ **obrzęk**

oesophagus (US **esophagus**) /ɪˈsɒfəgəs/ **noun** [C, usually singular] the tube in the body which takes food from the mouth to the stomach ▷ **przełyk**

oestrogen UK (US **estrogen**) /ˈiːstrəʊdʒᵊn/ Ⓤⓢ /ˈestrədʒən/ **noun** [U] a chemical substance in a woman's body which prepares her eggs for fertilization ▷ **estrogen**

of strong /ɒv/ weak /əv/ **preposition 1** Ⓐ1 belonging or relating to someone or something: *a friend of mine* ◦ *the colour of her hair* ◦ *part of the problem* ▷ Przyimek **of** w wielu przypadkach nie ma odrębnego tłumaczenia; najczęściej **of** plus rzeczownik tłumaczy się rzeczownikiem w dopełniaczu, np. **kolor jej włosów** *itp.* **2** Ⓐ1 used after words which show an amount: *a kilo of apples* ◦ *both of us* ◦ *a handful of raisins* **3** Ⓐ1 used with numbers, ages and dates: *a boy of six* ◦ *a decrease of 10%* ◦ *the 14th of February 2005* **4** Ⓐ1 containing: *a glass of milk* ◦ *sacks of rubbish* **5** made or consisting of: *dresses of lace and silk* ▷ **z 6** used to connect particular adjectives and verbs with nouns: *frightened of spiders* ◦ *smelling of garlic* ▷ z niektórymi czasownikami, przymiotnikami **7** Ⓐ2 showing someone or something: *a map of the city centre* **8** Ⓑ1 showing a reason or cause: *He died of a heart attack.* ▷ **na 9** Ⓐ2 showing position or direction: *the front of the queue* ◦ *a small town north of Edinburgh* ▷ **od 10** used after nouns describing actions or feelings to mean 'done to' or 'experienced by': *the destruction of the rain forest* ◦ *the suffering of*

O

millions **11** B1 written or made by: *the collected works of William Shakespeare*

of course /əv'kɔːs/ **adverb 1** A1 used to say 'yes' and emphasize your answer: *'Can you help me?' 'Of course!'* ▷ **oczywiście 2** B1 used to show that what you are saying is obvious or already known: *The rain meant, of course, that the match was cancelled.* ◦ *Of course, the Olympics are not just about money.* ▷ **oczywiście 3 of course not** A2 used to say 'no' and emphasize your answer: *'Do you mind if I borrow your pen?' 'Of course not.'* ▷ **oczywiście, że nie**

off[1] /ɒf/ **adverb, preposition 1** A2 not touching or connected to something or not on a surface: *Keep off the grass!* ◦ *A button came off my coat.* ▷ **od 2** B1 away from a place or position: *He ran off to find his friend.* ◦ *I'll **be off** (= will go) soon.* ▷ Często tłumaczy się czasownikiem z przedrostkiem **od-**, np. **odbiegł** *itp.* **3** A2 not operating or being used: *Make sure you switch your computer off.* ▷ **wyłączony 4** B2 near to a building or place: *an island off the coast of Spain* ▷ **przy, od 5** B1 If a price has a certain amount of money off, it costs that much less than the usual price: *These jeans were $10 off.* ▷ **taniej 6** far in distance or time: *My holidays seem a long way off.* ▷ **daleko 7 go off sth/sb** UK B2 to stop liking something or someone: *I've gone off meat.* ▷ **przestać w** *czymś/kimś* **gustować, przestać lubić** *coś/kogoś* **8** A2 not at work: *I had 6 months off when my son was born.* ▷ **wolny** → See also **off the *cuff*, *on* and off**

off[2] /ɒf/ **adjective** [never before noun] **1** not correct: *Our sales figures were off by ten percent.* ▷ **błędny 2** B2 If food or drink is off, it is not now fresh and good to eat or drink: *This milk smells off.* ▷ **zepsuty 3** A2 not at work: *He's off today – I think he's ill.* ▷ **nie w pracy** → See also **off-chance**

offal /'ɒfəl/ **noun** [U] organs from the inside of animals that are killed for food ▷ **podroby**

ˌoff 'balance adjective, adverb If someone or something is off balance, they are in a position where they are likely to fall or be knocked down: *to knock/throw someone off balance* ▷ **chwiejny, wytrącony z równowagi, chwiejnie**

off-chance /'ɒftʃɑːns/ **noun** UK informal **on the off-chance** hoping that something may be possible, although it is not likely: *I went to the station on the off-chance that she'd be there.* ▷ **na wypadek**

ˌoff 'duty adjective When an official such as a police officer is off duty, they are not working. ▷ **nie na służbie, po służbie**

offence UK (US **offense**) /ə'fens/ **noun 1** [U] B2 when something rude makes someone upset or angry: *to **cause/give offence*** ◦ *Many people **take offence** at swearing.* ▷ **obraza, uraza 2** [C] B2 a crime: *a **criminal offence*** ◦ *He **committed** several serious **offences**.* ▷ **przestępstwo, wykroczenie**

> Wyrazy występujące razem z **offence**
> cause/give/take offence • grave offence

offend /ə'fend/ **verb 1** [T] B2 to make someone upset or angry: [often passive] *I was deeply offended by her comments.* ▷ **obrażać 2** [I] formal to commit a crime: *If she offends again, she'll go to prison.* ▷ **popełniać przestępstwo lub wykroczenie**

offender /ə'fendər/ **noun** [C] B2 someone who has committed a crime: *a **sex offender*** ◦ *a young offender* ▷ **przestęp-ca/czyni**

offense /ə'fens/ **noun** US spelling of offence

offensive[1] /ə'fensɪv/ **adjective 1** B2 likely to make people angry or upset: *an **offensive remark*** ▷ **obraźliwy** → Opposite **inoffensive 2** used for attacking: *an **offensive weapon*** ▷ **ofensywny**

• **offensively adverb** ▷ **obraźliwie, ofensywnie**

offensive[2] /ə'fensɪv/ **noun** [C] an attack: *It's time to launch a major **offensive against** terrorism.* ▷ **ofensywa, atak**

offer[1] /'ɒfər/ **verb 1** [+ two objects] B1 to ask someone if they would like something: *They offered me a job.* ▷ **proponować, oferować 2** [I, T] A2 to say that you are willing to do something: [+ to do sth] *He offered to get me a cab.* ▷ **proponować, ofiarować się 3** [T] B2 to say that you will pay a particular amount of money: [+ two objects] *I offered him £500 for the car.* ◦ *Police have offered a $1000 reward for information.* ▷ **oferować 4** [T] B1 to give or provide something: *to offer advice* ◦ *The hotel offers a wide range of facilities.* ▷ **oferować**

offer[2] /'ɒfər/ **noun** [C] **1** A2 when you ask someone if they would like something: *an **offer** of **help*** ◦ *a job offer* ◦ *to **accept/refuse** an **offer*** ▷ **oferta, propozycja 2** an amount of money that you say you will pay for something: *The highest **offer** anyone has **made** so far is £150.* ▷ **oferta 3** B1 a cheap price or special arrangement for something you are buying: *This **special offer** ends on Friday.* ▷ **promocja, oferta 4 on offer a** at a cheaper price than usual: *Are these jeans still on offer?* ▷ **na wyprzedaży b** B2 available to do or have: *We were amazed at the range of products on offer.* ▷ **oferowany**

> Wyrazy występujące razem z **offer**
> accept/make/receive/turn down an offer • a generous/tempting offer • an offer of sth

offering /'ɒfərɪŋ/ **noun** [C] something that you give to someone: *a **peace offering*** ▷ **dar, ofiara, propozycja**

offhand[1] /ˌɒf'hænd/ **adjective** not friendly or polite: *He was a bit offhand with me.* ▷ **obcesowy, bezceremonialny**

offhand[2] /ˌɒf'hænd/ **adverb** immediately, without thinking about something: *I don't know offhand how much it will cost.* ▷ **z głowy, od ręki**

office /ˈɒfɪs/ **noun 1** [C] A2 a room or building where people work: *an **office worker*** ◦ *I never get to the office before nine.* ▷ **biuro** → See **The Office** on page Centre 5 **2** [C] A2 a room or building where you can get information, tickets, or a particular service: *a **ticket office*** ◦ *the **tourist office*** ▷ **biuro, punkt 3** [U] an important job in an organization: *Some people think he has been **in office** for too long.* ◦ *She **held** the **office** of mayor for eight years.* ▷ **stanowisko** → See also **box office, the Oval Office, post office, register office, registry office**

ˈ**office** ˌ**building noun** [C] (also UK **office block**) a large building which contains offices ▷ **biurowiec**

ˈ**office** ˌ**hours noun** [plural] the hours during the day when people who work in offices are usually at work ▷ **godziny urzędowania**

officer /ˈɒfɪsəʳ/ **noun** [C] **1** B2 someone with an important job in a military organization: *an **army/naval officer*** ▷ **oficer 2** B1 someone who works for a government department: *a customs officer* ◦ *a prison officer* ▷ **funkcjonariusz/ka, urzędni-k/czka 3** B1 a police officer: *a uniformed officer* ▷ **policjant/ka** → See also **probation officer**

official[1] /əˈfɪʃəl/ **adjective 1** B2 approved by the government or someone in authority: *the **official language** of Singapore* ◦ *an **official document*** ▷ **oficjalny 2** [always before noun] relating to the duties of someone in a position of authority: *the **official residence** of the ambassador* ◦ *an **official visit*** ▷ **oficjalny 3** known by the public: *It's official – they're getting married!* ▷ **oficjalny 4** [always before noun] An official explanation or statement is one that is given, but which may not be true: *The **official reason** for the delay is bad weather.* ▷ **oficjalny** → Opposite **unofficial**
• **officially adverb** *The new hospital was officially opened yesterday.* ▷ **oficjalnie**

official[2] /əˈfɪʃəl/ **noun** [C] B1 someone who has an important position in an organization such as the government: *a senior official* ◦ *a UN official* ▷ **(wyższy) urzędnik**

ofˌ**ficial re**ˈ**ceiver noun** [C] UK a person who deals officially with the money problems of a company that has gone bankrupt ▷ **syndyk (masy upadłościowej)**

offing /ˈɒfɪŋ/ **noun be in the offing** If something is in the offing, it will happen or be offered soon: *He thinks there might be a promotion in the offing.* ▷ **szykować się**

off-licence /ˈɒfˌlaɪsəns/ **noun** [C] UK (US **liquor store**) a shop that sells alcoholic drink ▷ **sklep monopolowy**

offline /ɒfˈlaɪn/ **adjective, adverb** (also **off-line**) A computer is offline when it is not connected to a central system, or not connected to the Internet. ▷ **bez dostępu do sieci, offline**

off-peak /ˌɒfˈpiːk/ **adjective** not at the most popular and expensive time: *an off-peak phone call* ▷ **poza godzinami szczytu lub największej oglądalności, pozaszczytowy**

offset /ˌɒfˈset/ **verb** [T] (present participle **offsetting**, past tense and past participle **offset**) If one thing offsets another thing, it has the opposite effect and so creates a more balanced situation: [often passive] *The costs have been offset by savings in other areas.* ▷ **równoważyć**

offset lithography /ˌɒfsetlɪˈθɒgrəfi/ **noun** [U] a method of printing in which an image is put on a rubber sheet before going on to the paper or object being printed ▷ **druk offsetowy**

offsetting /ɒfˈsetɪŋ/ **noun** [U] trying to stop the damage caused by activities that produce carbon by doing other things to reduce it, such as planting trees ▷ **kompensacja emisji (dwutlenku węgla)**

offshore /ˌɒfˈʃɔːʳ/ **adjective** [always before noun] **1** in the sea and away from the coast: *an offshore island* ▷ **przybrzeżny, od lądu 2** An offshore bank or bank account is based in another country and so less tax has to be paid: *an **offshore account/trust*** ▷ **zagraniczny**

offside /ˌɒfˈsaɪd/ **adjective** [always before noun] (also US **offsides**) In sports such as football, a player who is offside is in a position that is not allowed. ▷ **na spalonym**

offspring /ˈɒfsprɪŋ/ **noun** [C] (plural **offspring**) formal the child of a person or animal: *to produce offspring* ▷ **potomstwo**

off-the-cuff /ˌɒfðəˈkʌf/ **adjective** An off-the-cuff remark is one that is not planned. ▷ **bez namysłu, natychmiastowy**

off-the-job /ˈɒfðəˌdʒɒb/ **adjective** Off-the-job training happens away from the place of work. ▷ **szkolenie poza stanowiskiem pracy**

often /ˈɒfən/, /ˈɒftən/ **adverb 1** A1 many times or regularly: *I often see her there.* ◦ *He said I could visit as often as I liked.* ◦ ***How often*** *(= How many times) do you go to the gym?* ◦ *I don't see her **very often**.* ▷ **często 2** B2 If something often happens or is often true, it is normal for it to happen or it is usually true: *Headaches are often caused by stress.* ◦ *Brothers and sisters often argue.* ▷ **często**

ogre /ˈəʊgəʳ/ **noun** [C] an unpleasant, frightening person ▷ **potwór**

oh /əʊ/ **exclamation 1** A1 used before you say something, often before replying to what someone has said: *"Ian's going." "Oh, I didn't realize."* ◦ *"I'm so sorry." "Oh, don't worry."* ▷ **och, ojej 2** A1 used to show an emotion or to emphasize your opinion about something: *Oh, no! I don't believe it!* ◦ *"I don't think I can come." "Oh, that's a shame."* ◦ *Oh, how sweet of you!* ▷ **o**

ohm /əʊm/ **noun** [C] a unit used for measuring electrical resistance ▷ **om**

oil /ɔɪl/ **noun** [U] **1** B1 a thick liquid that comes from under the Earth's surface that is used as a

O

fuel and for making parts of machines move smoothly: *an oil company* ◦ *an oil well* ▷ **ropa (naftowa)** **2** A2 a thick liquid produced from plants or animals that is used in cooking: *vegetable oil* ▷ **olej** → See also **crude oil**, **olive oil**

oilfield /ˈɔɪlˌfiːld/ **noun** [C] an area under the ground where oil is found: *an offshore oilfield* ▷ **złoże ropy (naftowej)**

ˈoil ˌpainting **noun** [C] a picture made using paint which contains oil ▷ **obraz olejny**

ˈoil ˌspill **noun** [C] when oil has come out of a ship and caused pollution ▷ **wyciek ropy (naftowej)**

oily /ˈɔɪli/ **adjective** containing a lot of oil or covered with oil: ***oily fish*** ◦ *oily hands* ▷ **tłusty, oleisty**

oink /ɔɪnk/ **noun** [C] the sound that a pig makes ▷ **chrum, chrząkanie**

ointment /ˈɔɪntmənt/ **noun** [C, U] a smooth, thick substance that is used on painful or damaged skin ▷ **maść**

okapi /əʊˈkɑːpi/ **noun** [C] an African animal of the giraffe family which is brown with stripes of black and white around its legs and back part ▷ **okapi**

okay[1] (also **OK**) /əʊˈkeɪ/ **exclamation** **1** A1 used when agreeing to do something or when allowing someone to do something: *"Let's meet this afternoon." "Okay."* ◦ *"Can I use the car?" "Okay."* ▷ **zgoda, dobra, okej** **2** A2 used before you start speaking, especially to a group of people: *Okay, I'm going to start by showing you a few figures.* ▷ **(no) więc**

okay[2] (also **OK**) /əʊˈkeɪ/ **adjective, adverb** informal **1** A2 good or good enough: *Is your food okay?* ◦ *It was okay, but it wasn't as good as his last film.* ▷ **w porządku, okej** **2** A1 safe or healthy: *Is your grandmother okay now?* ▷ **zdrowy, w porządku, okej** **3** A2 allowed or acceptable: *Is it okay if I leave early today?* ◦ [+ to do sth] *Is it okay to smoke in here?* ▷ **w porządku**

old /əʊld/ **adjective** **1** A1 having lived or existed for a long time: *an old man/woman* ◦ *an old house* ◦ *We're all* ***getting older***. ◦ *Children should show some respect for* ***the old***. ▷ **stary** **2** A2 having been used or owned for a long time: *You might get dirty so wear some old clothes.* ▷ **stary** **3** A1 used to describe or ask about someone's age: ***How old*** *are you?* ◦ *She'll be 3* ***years old*** *this month.* ▷ **stary, w wieku** **4** **an old friend/enemy, etc** A2 someone who has been your friend/enemy, etc for a long time: *I met an old friend who I was at college with.* ▷ **stary przyjaciel/odwieczny wróg** *itp.* **5** [always before noun] A2 used before or in the past: *I think the old system was better in many ways.* ▷ **stary**

ˌold ˈage **noun** [U] the period of time when you are old ▷ **starość**

ˌold-age ˈpension **noun** [U] UK money that people receive regularly from the government when they are old and have stopped working ▷ **emerytura**

ˌold-age ˈpensioner **noun** [C] UK someone who gets an old-age pension ▷ **emeryt/ka**

olden /ˈəʊldᵊn/ **adjective** **in the olden days/in olden times** a long time ago ▷ **w dawnych czasach**

old-fashioned /ˌəʊldˈfæʃᵊnd/ **adjective** B1 not modern: *old-fashioned clothes/furniture* ▷ **staromodny**

oldie /ˈəʊldi/ **noun** [C] informal an old song or film, or an old person: *a* ***golden oldie*** ▷ **staroć, dinozaur**

old-style /ˈəʊldstaɪl/ **adjective** [always before noun] used or done in the past: *old-style politics* ▷ **tradycyjny, staromodny, w starym stylu**

the ˌOld ˈTestament **noun** the part of the Bible written before the birth of Jesus Christ ▷ **Stary Testament**

the ˈOld ˌWorld **noun** Asia, Africa, and Europe ▷ **Stary Świat**

olive /ˈɒlɪv/ **noun** **1** [C] B1 a small green or black fruit with a bitter taste that is eaten or used to produce oil ▷ **oliwka** **2** [U] (also ˌ**olive ˈgreen**) a colour that is a mixture of green and yellow ▷ **(kolor) oliwkowy**
• **olive** (also **olive-green**) **adjective** ▷ **oliwkowy**

ˈolive ˌoil **noun** [U] oil produced from olives, used for cooking or on salads ▷ **olej z oliwek**

-ology /-ɒlədʒi/ **suffix** makes a noun meaning 'the study of something': *psychology (= the study of the mind)* ◦ *sociology (= the study of society)* ▷ **-ologia**

the Olympic Games /əˈlɪmpɪkˌgeɪmz/ **noun** [plural] (also **the Olympics**) an international sports competition that happens every four years ▷ **olimpiada, igrzyska olimpijskie**
• **Olympic** **adjective** [always before noun] relating to the Olympic Games: *She broke the* ***Olympic record***. ▷ **olimpijski**

Oman /əʊˈmɑːn/ **noun** a country in the Middle East ▷ **Oman**
• **Omani** /əʊˈmɑːni/ **adjective** coming from or relating to Oman ▷ **omański** • **Omani** **noun** someone from Oman ▷ **Omańczyk/Omanka**

ombudsman /ˈɒmbʊdzmən/ **noun** [C] (plural **ombudsmen**) someone who deals with complaints that people make against the government or public organizations ▷ **rzecznik praw obywatelskich**

omelette /ˈɒmlət/ **noun** [C] (also US **omelet**) A2 a food made with eggs that have been mixed and fried, often with other foods added: *a cheese omelette* ▷ **omlet**

omen /ˈəʊmən/ **noun** [C] a sign of what will happen in the future: *a* ***good/bad omen*** ▷ **omen, znak**

Wyrazy występujące razem z omen

a bad/good/lucky omen • an omen of [death/disaster/good fortune, etc] • an omen for sb/sth

ominous /ˈɒmɪnəs/ **adjective** making you think that something bad is going to happen: *an **ominous sign*** ◦ *ominous clouds* ▷ **złowróżbny, złowieszczy**

omission /əʊˈmɪʃᵊn/ **noun** [C, U] when something has not been included but should have been: *There are some **serious omissions** in the book.* ▷ **przeoczenie**

Wyrazy występujące razem z omission

a glaring/serious/surprising omission • sb/sth's omission from sth • the omission of sb/sth

omit /əʊˈmɪt/ **verb** (present participle **omitting**, past tense and past participle **omitted**) **1** [T] to not include something: [often passive] *He was **omitted from** the team because of his behaviour.* ▷ **pomijać 2 omit to do sth** mainly UK formal to not do something: *She omitted to mention where she was going.* ▷ **zapomnieć** *coś zrobić*, **nie** *zrobić czegoś*

on¹ /ɒn/ **preposition 1** A1 on a surface of something: *We put all of our medicine on a high shelf.* ▷ **na 2** A2 in a particular place: *the diagram on page 22* ◦ *I met her on a ship.* ▷ **na 3** A2 used to show the way in which something is recorded or performed: *What's on television tonight?* ▷ **na, w 4** B2 used to show what happens as a result of touching something: *I cut myself on a knife.* ▷ **o, na 5** B1 about: *a book on pregnancy* ▷ **o, na temat 6** A2 used to show what money or time is used for: *I've wasted too much time on this already.* ◦ *She refuses to spend more than £20 on a pair of shoes.* ▷ **na 7** B1 next to or along the side of: *The post office is on Bateman Street.* ▷ **na, przy, nad 8** A1 used to show the date or day when something happens: *He's due to arrive on 14 February.* ◦ *I'm working on my birthday.* ▷ **w dniu, w 9** B1 using something: *I spoke to Mum on the phone.* ▷ **przez, na 10** happening after something and often because of it: *The Prince was informed on his return to the UK.* ▷ **po 11** A2 used to show some methods of travelling: *Did you go over on the ferry?* ◦ *Sam loves travelling on buses.* ▷ w połączeniu z nazwą środka lokomocji tłumaczone często narzędnikiem, np. **promem, autobusami** *itp.* **12** B2 used to show something that is used as food, fuel, or a drug: *This radio runs on batteries.* ◦ *I can't drink wine because I'm on antibiotics.* ▷ **na 13 be on a committee/panel, etc** to be a member of a group or organization: *She's on the playgroup committee.* ▷ **być członkiem rady/komisji** *itp.* **14 have/carry sth on you** to have something with you: *Do you have your driving licence on you?* ▷ **mieć/nosić** *coś* **przy sobie 15 be on me/him, etc** informal used to show who is paying for something: *This meal is on me.* ▷ **ja/on stawia/m** *itp.*

on² /ɒn/ **adverb 1** used to show that an action or event continues: *The old tradition lives on.* ◦ *It was a complicated situation that dragged on for weeks.* ▷ **nadal, ciągle 2** A2 If you have something on, you are wearing it: *She's got a black coat on.* ◦ *Why don't you **put** your new dress **on**?* ▷ **na sobie, na siebie 3** working or being used: *The heating has been on all day.* ▷ **włączony 4** B1 into a bus, train, plane, etc: *Amy got on in Stamford.* ▷ **do autobusu/pociągu/samolotu** *itp.* **5** B2 happening or planned: *I've got a lot on at the moment.* ◦ *Have you checked what's on at the cinema?* ▷ **w planie, przewidywany, odbywający się, nadawany, grany**

IDIOM **on and off** (also **off and on**) If something happens on and off during a period of time, it happens sometimes: *They've been seeing each other on and off since Christmas.* ▷ **sporadycznie, od czasu do czasu**

once¹ /wʌns/ **adverb 1** A2 one time: *It's only snowed once or twice this year.* ◦ *I go swimming **once a week** (= one time every week).* ▷ **raz 2** B1 in the past, but not now: *This house once belonged to my grandfather.* ▷ **kiedyś 3 once again** B1 again: *Once again I'm left with all the washing up.* ▷ **jeszcze raz, znowu 4 all at once** suddenly: *All at once he stood up and walked out of the room.* ▷ **nagle 5 at once a** B1 immediately: *I knew at once that I would like it here.* ▷ **od razu, natychmiast b** at the same time: *They all started talking at once.* ▷ **na raz 6 once in a while** B2 sometimes but not often: *He plays tennis once in a while.* ▷ **raz na jakiś czas, czasem, czasami 7 once and for all** If you do something once and for all, you do it now so that it does not have to be dealt with again: *Let's get to the bottom of this matter once and for all!* ▷ **raz na zawsze 8 once more** B1 one more time: *If you say that once more, I'm going to leave.* ▷ **jeszcze raz 9 for once** B2 used to mean that something is happening that does not usually happen: *For once, I think I have good news for him.* ▷ **chociaż raz, tym razem 10 once upon a time** B1 used at the beginning of a children's story to mean that something happened a long time ago ▷ **dawno (dawno) temu, pewnego razu** → See also **once in a blue *moon***

once² /wʌns/ **conjunction** B2 as soon as: *Once I've found somewhere to live, I'll send you my new address.* ◦ *We'll send your tickets once we've received your cheque.* ▷ **jak tylko, kiedy**

oncoming /ˈɒnˌkʌmɪŋ/ **adjective** [always before noun] Oncoming vehicles are coming towards you. ▷ **nadjeżdżający lub jadący z przeciwka**

one¹ /wʌn/ A1 the number 1 ▷ **jeden** → See also **back to *square* one**

one² /wʌn/ **pronoun 1** A2 used to refer to a particular person or thing in a group that has already been talked about: *I've just made some*

O

scones, do you want one? ◦ *Throw those gloves away and get some new ones.* ◦ *Chris is* ***the one*** *with glasses.* ▷ **ten,** zastępuje rzeczownik; w tym znaczeniu często nie ma osobnego tłumaczenia, np. **Wyrzuć te rękawiczki i kup nowe 2** formal any person in general: *One ought to respect one's parents.* ▷ **każdy,** często tłumaczymy formą bezosobową, np. **Powinno się/należy szanować rodziców 3 one at a time** B2 separately: *Eat them one at a time.* ▷ **pojedynczo, po jednym, po kolei 4 one by one** B2 separately, with one thing happening after another: *One by one the old buildings have been demolished.* ▷ **po kolei, kolejno 5 one another** B1 each other: *How can they reach an agreement if they won't talk to one another?* ▷ **się, siebie, sobie, sobą 6 (all) in one** combined into a single thing: *It's a vacation and art course all in one.* ▷ **w jednym, jednocześnie**

one[3] /wʌn/ **determiner 1** A2 used to refer to a particular person or thing in a group: *One drawback is the cost of housing in the area.* ◦ ***One of*** *our daughters has just got married.* ▷ **jeden 2** B2 used to refer to a time in the future which is not yet decided: *We must have a drink together one evening.* ▷ **pewien, jakiś, któryś 3** B2 at a particular time in the past: *I first met him one day in the park.* ▷ **pewien, jakiś, któryś 4** B2 only: *He's the one person you can rely on in this place.* ▷ **jedyny 5** mainly US used to emphasize an adjective: *That's one big ice cream you've got there!* ▷ **jakiś, strasznie 6 one or two** B1 a few: *I'd like to make one or two suggestions.* ▷ **kilka, parę** → See also **put sth to one *side*, be one *step* ahead (of sb)**

one-man /ˌwʌnˈmæn/ **adjective** [always before noun] with only one person doing something: *a* ***one-man show*** ▷ **jednoosobowy**

ˌone-night ˈstand noun [C] when two people have sex just after they meet but do not then have a relationship ▷ **przygoda na jedną noc**

one-off /ˌwʌnˈɒf/ **adjective** [always before noun] UK only happening once: *a* ***one-off payment*** ▷ **jednorazowy**
• **one-off noun** [C] UK something that only happens once: *His Olympic victory was not just a one-off.* ▷ **(pojedynczy) przypadek, jedyna okazja**

one-on-one /ˌwʌnɒnˈwʌn/ **adjective, adverb** mainly US only including two people ▷ **indywidualny, indywidualnie, jeden na jednego**

onerous /ˈəʊnᵊrəs/ **adjective** formal difficult and needing a lot of effort: *an* ***onerous task*** ▷ **ciężki, uciążliwy**

oneself /wʌnˈself/ **pronoun** formal the reflexive form of the pronoun 'one' when it refers to the person speaking or people in general: *How else should one protect oneself and one's family?* ▷ **się, siebie, sobie, sobą, sam**

one-sided /ˌwʌnˈsaɪdɪd/ **adjective 1** If a competition is one-sided, one team or player is much better than the other: *a one-sided contest/game* ▷ **nierówny 2** only considering one opinion in an argument in a way that is unfair: *a one-sided view* ▷ **jednostronny**

one-time /ˈwʌntaɪm/ **adjective** [always before noun] A one-time position or job is one that you had or did in the past, but not now: *a one-time friend/minister* ▷ **były, dawny**

one-to-one /ˌwʌntəˈwʌn/ **adjective, adverb** mainly UK only including two people: *She's having private lessons on a one-to-one basis.* ▷ **indywidualny, indywidualnie, jeden na jednego**

one-way /ˌwʌnˈweɪ/ **adjective** If a road is one-way, you can only drive on it in one direction: *a* ***one-way street*** ▷ **jednokierunkowy**

ˌone-way ˈticket noun [C] US (UK **single**) A one-way ticket for a journey can only be used to travel in one direction and not for returning. ▷ **bilet w jedną stronę**

ongoing /ˈɒnˌɡəʊɪŋ/ **adjective** [always before noun] still happening: *an ongoing process/investigation* ▷ **trwający, toczący się, w toku**

onion /ˈʌnjən/ **noun** [C, U] A2 a round vegetable with layers that has a strong taste and smell ▷ **cebula** → See **Fruits and Vegetables** on page Centre 10 → See also **spring onion**

online /ˌɒnˈlaɪn/ **adjective, adverb** A2 connected to a system of computers, especially the Internet: *online services* ◦ *to* ***go online*** (= *start using the Internet*) ◦ *Most newspapers are now available online.* ▷ **internetowy, w Internecie, sieciowy, w sieci**

onlooker /ˈɒnˌlʊkəʳ/ **noun** [C] someone who watches something happening without becoming involved in it: *a crowd of onlookers* ▷ **obserwator, widz, gap**

only[1] /ˈəʊnli/ **adverb 1** A1 not more than a particular size or amount: *It'll only take a few minutes.* ◦ *She's only fifteen.* ▷ **tylko, zaledwie 2** A2 not anyone or anything else: *The offer is available to UK residents only.* ▷ **tylko, jedynie 3** B1 used to mean that something happened very recently: *She's* ***only just*** *finished writing it.* ▷ **właśnie 4 not only ... (but) also** B2 used to say that one thing is true and another thing is true too, especially a surprising thing: *Not only did he turn up late, he also forgot his books.* ▷ **nie tylko ... ale (jeszcze)**

only[2] /ˈəʊnli/ **adjective** [always before noun] A1 used to mean that there are not any others: *This could be our only chance.* ◦ *You're the only person here I know.* ▷ **jedyny**

only[3] /ˈəʊnli/ **conjunction** used to introduce a statement which explains why something you have just said cannot happen or is not completely true: *I'd phone him myself only I know he's not there at the moment.* ▷ **ale, tylko że**

ˈonly ˌchild noun [C] (plural **only children**) someone who has no brothers or sisters ▷ **jedyna-k/czka**

onomatopoeia /ˌɒnəʊˌmætəˈpiːə/ **noun** [U] the use of words which have sounds in them that are like the noises that the words refer to: *'Pop!' is an example of onomatopoeia.* ▷ **onomatopeja**

on-screen /ˈɒnskriːn/ **adjective, adverb** appearing on a computer or television screen ▷ **na ekranie**

onset /ˈɒnset/ **noun the onset of sth** the beginning of something, usually something unpleasant: *the onset of cancer* ▷ **początek** *czegoś*

onslaught /ˈɒnslɔːt/ **noun** [C] when someone attacks or criticizes someone or something ▷ **atak**

> Wyrazy występujące razem z **onslaught**
> **launch/mount** an onslaught • an onslaught **against/on** sb

on-the-job /ˈɒnðəˌdʒɒb/ **adjective** on-the-job training happens while you are at work ▷ **szkolenie na stanowisku pracy**

onto (also **on to**) /ˈɒntuː/ **preposition 1** B1 used to show movement into or on a particular place: *The sheep were loaded onto trucks.* ◦ *Can you get back onto the path?* ▷ **na 2 hold/grip, etc onto sth** to hold something: *Hold onto my hand before we cross the road.* ▷ **chwytać/trzymać (za)** *coś* **3** B2 used to show that you are starting to talk about a different subject: *Can we move onto the next item on the agenda?* ▷ **do 4 be onto sb** to know that someone has done something wrong or illegal: *She knows we're onto her and she's trying to get away.* ◦ *Who **put** the police **onto** (= told the police about) her?* ▷ **przejrzeć** *kogoś*, **rozgryźć** *kogoś*, **być na** *czyimś* **tropie 5 be onto sth** to know or discover something useful or important: *Researchers think they may be onto something big.* ◦ *Can you **put** me **onto** (= tell me about) a good dentist?* ▷ **być na tropie** *czegoś*

the onus /ˈəʊnəs/ **noun** formal the responsibility for doing something: *The **onus is on** parents to make sure their children attend school.* ▷ **ciężar, brzemię, obowiązek**

onward /ˈɒnwəd/ **adverb** (also **onwards**) **1 from the 1870s/March/6.30 pm, etc onwards** beginning at a time and continuing after it ▷ **od lat siedemdziesiątych XIX w./marca/6:30 po południu** *itp.* **2** If you move onwards, you continue to go forwards. ▷ **do przodu, w przód, dalej**

oops /uːps/ **exclamation** something you say when you make a mistake or have a slight accident: *Oops! I've spilled my coffee.* ▷ **ojej**

ooze /uːz/ **verb 1** [I, T] If a liquid oozes from something or if something oozes a liquid, the liquid comes out slowly: *Blood was oozing out of the wound.* ▷ **sączyć się, ciec, wyciekać 2** [T] informal to show a lot of a quality: *to **ooze charm*** ▷ **być pełnym, tryskać, promieniować**

opal /ˈəʊpəl/ **noun** [C, U] a precious stone whose colour changes when the position of the person looking at it changes ▷ **opal**

opaque /əʊˈpeɪk/ **adjective 1** If an object or substance is opaque, you cannot see through it. ▷ **nieprzezroczysty, matowy 2** formal difficult to understand ▷ **niejasny**

op-ed /ɒpˈed/ **adjective** [always before noun] US (UK **editorial**) describes a piece of writing in a newspaper in which a writer gives an opinion about a subject: *an op-ed article/page* ▷ **komentarz dnia**

open¹ /ˈəʊpən/ **adjective 1** A2 not closed or fastened: *an **open door/window*** ◦ *Someone had left the gate **wide open**.* ◦ *Is there a bottle of wine already open?* ◦ *A magazine was lying open on her lap.* ▷ **otwarty 2** A1 A shop or business is open during the time it is available for business or serving customers: *Most shops are open on Sundays now.* ▷ **otwarty 3** If a computer document or program is open, it is ready to be read or used. ▷ **otwarty 4** [always before noun] B1 An open area of land has no buildings on it or near it: *large **open spaces*** ▷ **otwarty, wolny 5** [always before noun] without a roof or cover: *an open courtyard* ▷ **otwarty 6** If a place or event is open, everyone can go to it or become involved in it: *an **open debate*** ◦ *Are the gardens **open to** the public?* ▷ **otwarty 7** An open person is honest and does not hide their feelings. ▷ **otwarty 8** [always before noun] Open feelings, usually negative ones, are not hidden: ***open hostility/rivalry*** ▷ **nieskrywany 9** If a decision or question is open, it has not yet been decided: *We don't have to make a firm arrangement now. Let's **leave it open**.* ▷ **otwarty, nierozstrzygnięty 10 have/keep an open mind** B2 to wait until you know all the facts before you form an opinion about something or judge someone: *The cause of the fire is still unclear and we are keeping an open mind.* ▷ **nie wyciągać pochopnych wniosków 11 open to discussion/suggestions, etc** willing to consider a discussion/suggestions, etc: *This is only a proposal. I'm open to suggestions.* ▷ **gotowy do rozmowy/otwarty na propozycje 12 open to abuse/criticism, etc** likely to be abused/criticized, etc: *The system is wide open to abuse.* ▷ **dający możliwość nadużyć/narażony na krytykę**
→ See also **with your *eyes* open**

open² /ˈəʊpən/ **verb 1** [I, T] A1 If something opens, it changes to a position that is not closed, and if you open it, you make it change to a position that is not closed: *to open a door/window* ◦ *The gate won't open.* ◦ *Don't open your eyes yet.* ▷ **otwierać (się) 2** [T] A2 to remove part of a container or parcel so that you can see or use what it contains: *Karen opened the box and looked inside.* ◦ *Why don't you open the envelope?* ◦ *I can't open this bottle.* ▷ **otwierać 3** [I, T] If an object opens, the parts that are folded together move apart, and if you open it, you make the parts that are folded together move apart: *Shall I open the umbrella?* ◦ *Open your books at page 22.* ▷ **otwierać (się), rozkładać (się) 4** [I] A2 If a shop or office opens at a particular time of day, it starts to do business at that time: *What time*

O

does the bank open? ▷ **być czynnym, być otwartym** **5** [T] B1 to make a computer document or program ready to be read or used ▷ **otworzyć** **6** [I, T] B2 If a business or activity opens, it starts officially for the first time, and if you open it, you make it start officially for the first time: *That restaurant's new – it only opened last month.* ◦ *Several shops have* ***opened up*** *in the last year.* ▷ **otwierać, zostać otwartym** **7** [T] to allow people to use a road or area: *They* ***opened up*** *the roads again the day after the flooding.* ▷ **otwierać** **8** **open an account** to make an arrangement to keep your money with a bank: *Have you opened a bank account yet?* ▷ **otwierać konto lub rachunek** → See also **open the *floodgates***

PHRASAL VERBS **open (sth) up** **1** to create a new opportunity or possibility: *A teaching qualification can* ***open up*** *many more career* ***opportunities.*** ▷ **otwierać** *coś*, **stwarzać możliwość** *czegoś* **2** to open the lock on the door of a building: *The caretaker opens up the school every morning at seven.* ▷ **otwierać** *coś* • **open up** to start to talk more about yourself and your feelings: *I've tried to get him to* ***open up to*** *me, but with no success.* ▷ **otworzyć się**

open³ /ˈəʊpᵊn/ **noun** **1** **in the open** outside: *We spent the night in the open.* ▷ **na świeżym powietrzu, pod gołym niebem** **2** **bring sth out into the open** to tell people information that was secret: [often passive] *It's time this issue was brought out into the open.* ▷ **wyciągnąć** *coś* **na światło dzienne**

open-air /ˌəʊpənˈeəʳ/ **adjective** [always before noun] An open-air place does not have a roof: *an* ***open-air swimming pool*** ▷ **na świeżym powietrzu, otwarty**

ˈopen ˌday **noun** [C] UK a day when people can visit a school or organization to see what happens there ▷ **dzień otwarty**

open-ended /ˌəʊpənˈendɪd/ **adjective** An open-ended activity or situation does not have a planned ending: *We are not willing to enter into* ***open-ended discussions.*** ▷ **nieograniczony, luźny, (na czas) nieokreślony**

opener /ˈəʊpənəʳ/ **noun** [C] **1** **bottle/can/tin, etc opener** a piece of kitchen equipment used to open bottles/cans, etc ▷ **otwieracz do butelek/puszek** *itp.* **2** someone or something that begins a series of events, usually in sports ▷ **impreza lub osoba otwierająca lub inaugurująca, inauguracja** → See also **eye-opener**

opening¹ /ˈəʊpənɪŋ/ **noun** [C] **1** a hole or space that something or someone can pass through: *We found an opening in the fence and climbed through.* ▷ **otwór** **2** B2 the beginning of something: *The opening of the opera is quite dramatic.* ▷ **początek** **3** B2 a ceremony at the beginning of an event or activity: *I've been invited to the opening of the new exhibition on Tuesday.* ▷ **otwarcie** **4** a job or an opportunity to do something: *There's* ***an opening for*** *an editorial assistant in our department.* ▷ **(wolny) etat, wakat**

opening² /ˈəʊpənɪŋ/ **adjective** [always before noun] happening at the beginning of an event or activity: *the* ***opening night*** ◦ *her* ***opening remarks*** ▷ **otwierający, początkowy**

openly /ˈəʊpᵊnli/ **adverb** without hiding any of your thoughts or feelings: *He* ***talks*** *quite* ***openly*** *about his feelings.* ▷ **otwarcie**

open-minded /ˌəʊpənˈmaɪndɪd/ **adjective** willing to consider ideas and opinions that are new or different to your own ▷ **tolerancyjny, otwarty**

openness /ˈəʊpᵊnnəs/ **noun** [U] when someone is honest about their thoughts and feelings: *I appreciated his openness.* ▷ **otwartość**

open-plan /ˌəʊpᵊnˈplæn/ **adjective** describes a room or a building without many walls: *an* ***open-plan office*** ▷ **na planie otwartym**

open-source /ˌəʊpənˈsɔːs/ **adjective** Open-source software is free to use, and the original program can be changed by anyone. ▷ **otwarte (oprogramowanie)**

opera /ˈɒpᵊrə/ **noun** [C, U] A2 a musical play in which most of the words are sung: *to go to the opera* ◦ ***opera singers*** ◦ *an* ***opera house*** *(= building for opera)* ▷ **opera** • **operatic** /ˌɒpᵊrˈætɪk/ **adjective** relating to opera: *an operatic society* ▷ **operowy**

operate /ˈɒpᵊreɪt/ **verb** **1** [I, T] B2 If an organization or business operates, it is working, and if you operate it, you manage it and make it work: *Our company is operating under very difficult conditions at present.* ▷ **działać, kierować** **2** [I, T] B2 If a machine operates, it does what it is designed to do, and if you operate it, you make it do what it is designed to do: *You have to be trained to operate the machinery.* ▷ **obsługiwać** **3** [I] B1 to treat an illness or injury by cutting someone's body and removing or repairing part of it: *Did they have to* ***operate on*** *him?* ▷ **operować, przeprowadzać operację**

ˈoperating ˌroom **noun** [C] US (UK **operating theatre**) a room in a hospital where doctors do operations ▷ **sala operacyjna**

ˈoperating ˌsystem **noun** [C] computer software that controls how different parts of a computer work together ▷ **system operacyjny**

ˈoperating ˌtheatre **noun** [C] UK (US **operating room**) a room in a hospital where doctors do operations ▷ **sala operacyjna**

operation /ˌɒpᵊrˈeɪʃᵊn/ **noun** [C] **1** B1 when a doctor cuts someone's body to remove or repair part of it: *a heart/lung operation* ◦ *a* ***major/minor operation*** ◦ *My son's got to* ***have an operation.*** ▷ **operacja** **2** an organization or business: *a large commercial operation* ▷ **przedsiębiorstwo, firma, instytucja** **3** an activity that is intended to achieve a particular purpose: *a military/peacekeeping operation* ◦ *a joint oper-*

ation by French and Spanish police ▷ **przedsięwzięcie, działalność, operacja** **4 in operation** If a machine or system is in operation, it is working or being used: *The new rail link is now in operation.* ◦ *Most of the machines are now back in operation.* ▷ **w użyciu, stosowany, działający**

> Wyrazy występujące razem z **operation**
>
> **have/undergo** an operation • **do/perform** an operation • an operation **on** sb/sb's [knee/hand, etc] • a **major/minor** operation

operational /ˌɒpᵊrˈeɪʃᵊnᵊl/ **adjective** **1** If a system is operational, it is working: *The service becomes **fully operational** next June.* ▷ **sprawny, działający** **2** [always before noun] relating to a particular activity: *operational control/responsibility* ▷ **operacyjny**

operative[1] /ˈɒpᵊrətɪv/ **adjective** formal working or being used: *The agreement will not become operative until all members have signed.* ▷ **działający, obowiązujący**

operative[2] /ˈɒpᵊrətɪv/ **noun** [C] mainly US someone who does secret work for a government or other organization: *a former CIA operative* ▷ **detektyw, agent/ka**

operator /ˈɒpəreɪtəʳ/ **noun** [C] **1** someone who helps to connect people on a telephone system: *Why don't you call the operator?* ▷ **telefonist-a/ka** **2** (B2) someone whose job is to use and control a machine or vehicle: *a computer operator* ▷ **operator/ka, obsługując-y/a** **3** (B2) a company that does a particular type of business: *a tour operator* ▷ **organizator**

opinion /əˈpɪnjən/ **noun** **1** (B1) [C] a thought or belief about something or someone: *What's your **opinion about/on** the matter?* ◦ *He **has** fairly strong **opinions** on most subjects.* ◦ ***In my opinion** (= I think) he's the best football player we have in this country.* ▷ **opinia, pogląd, zdanie** **2 public opinion** (B2) the thoughts and beliefs that most people have about a subject: *Eventually, the government will have to take notice of public opinion.* ▷ **opinia publiczna** **3 have a high/low opinion of sb/sth** to think that someone or something is good/bad: *He has a low opinion of doctors.* ▷ **mieć dobre/złe zdanie na temat** *kogoś/czegoś*

> Wyrazy występujące razem z **opinion**
>
> **express/hold/voice** an opinion • a **favourable/low/personal/poor/strong** opinion • **in** sb's opinion • sb's opinion **about/on** sth

opinionated /əˈpɪnjəneɪtɪd/ **adjective** being too certain that your strong opinions are correct ▷ **pewny siebie, zadufany w sobie, przemądrzały**

oˈpinion ˌpoll **noun** [C] when people are asked questions to discover what they think about a subject: *The latest opinion poll shows that the president's popularity has improved.* ▷ **badanie opinii publicznej, ankieta**

opium /ˈəʊpiəm/ **noun** [U] a drug made from the seeds of a poppy ▷ **opium**

opponent /əˈpəʊnənt/ **noun** [C] **1** (B2) someone who you compete against in a game or competition: *He beat his opponent six games to two.* ▷ **przeciwni-k/czka** **2** (B2) someone who disagrees with an action or belief and tries to change it: *an opponent of slavery* ◦ *a **political opponent*** ▷ **przeciwni-k/czka, wróg**

opportune /ˈɒpətjuːn/ **adjective** formal **an opportune moment/time** a good time for something to happen: *His letter arrived at an opportune moment.* ▷ **dobry lub dogodny moment/okres**

opportunist /ˌɒpəˈtjuːnɪst/ **noun** [C] someone who tries to get power or an advantage in every situation ▷ **oportunist-a/ka**

• **opportunistic** /ˌɒpətjuːˈnɪstɪk/ **adjective** using a situation to get power or an advantage ▷ **oportunistyczny**

opportunity /ˌɒpəˈtjuːnəti/ **noun** **1** [C, U] (B1) a situation in which it is possible for you to do something, or a possibility of doing something: *a **unique opportunity*** ◦ *a **golden** (= very good) **opportunity*** ◦ [+ to do sth] *Everyone will **have an opportunity** to comment.* ◦ *There are plenty of **opportunities for** research.* ◦ *Don't **miss** this **opportunity** to win a million pounds.* ◦ *She talks about her boyfriend **at every opportunity**.* ▷ **okazja, możliwość** **2** [C] (B2) the chance to get a job: [usually plural] *opportunities for young graduates* ◦ ***job/employment opportunities*** ▷ **możliwość** **3 take the opportunity to do sth** (B2) to use an occasion to do or say something: *I'd like to take this opportunity to thank all of you.* ▷ **skorzystać z (tej) okazji, aby** *coś zrobić*

> Wyrazy występujące razem z **opportunity**
>
> **create/have/miss/offer/provide/seize** an opportunity • a **golden/good/great/unique/wasted** opportunity • **at every** opportunity • an opportunity **for** sth

opporˈtunity ˌcost **noun** [C, U] the cost to a business of not being able to do something, for example because available money is being used for something else ▷ **koszt alternatywny**

oppose /əˈpəʊz/ **verb** [T] (B2) to disagree with a plan or activity and to try to change or stop it: *The committee opposed a proposal to allow women to join the club.* ▷ **sprzeciwiać się, być przeciw**

opposed /əˈpəʊzd/ **adjective** **1 be opposed to sth** to disagree with a plan or activity: *We're not opposed to tax increases.* ▷ **sprzeciwiać się** *czemuś*, **być przeciw** *czemuś* **2 as opposed to** used to say that two things are very different: *I'm talking about English football, as opposed to European football.* ▷ **w przeciwieństwie do, a nie**

opposing /əˈpəʊzɪŋ/ **adjective 1 opposing teams/players, etc** Opposing teams/players, etc are competing against each other. ▷ **przeciwne drużyny** *itp.*, **przeciwnicy, rywale 2 opposing ideas/beliefs, etc** Opposing ideas/beliefs, etc are completely different: *The book presents two opposing views.* ▷ **przeciwstawne poglądy/przekonania** *itp.*

opposite[1] /ˈɒpəzɪt/ **adjective 1** (B1) in a position facing something or someone but on the other side: *on the* ***opposite page*** ◦ *in the* ***opposite corner*** ◦ *We live on* ***opposite sides*** *of the city.* ◦ *I noticed a gate at the* ***opposite end*** *of the courtyard.* ▷ **przeciwny, drugi, sąsiedni 2** (B2) completely different: *Police attempts to calm the violence had completely the* ***opposite effect.*** ▷ **przeciwny, odwrotny**

opposite[2] /ˈɒpəzɪt/ **adverb, preposition** (B1) in a position facing something or someone but on the other side: *The couple sat down opposite her.* ◦ UK *She lives opposite (= on the other side of the road).* ◦ *Is there a bakery opposite your house?* ▷ **naprzeciwko, naprzeciw**

opposite[3] /ˈɒpəzɪt/ **noun** [C] (B1) someone or something that is completely different from another person or thing: *They're* ***complete opposites.*** ◦ *He's* ***the exact opposite of*** *my father.* ▷ **przeciwieństwo**

the ˌopposite ˈsex noun someone who is male if you are female, or female if you are male: *It's not always easy to meet* ***members of the opposite sex.*** ▷ **płeć przeciwna**

O

opposition /ˌɒpəˈzɪʃᵊn/ **noun 1** [U] strong disagreement: *Is there much* ***opposition to*** *the proposed changes?* ◦ *There has been strong* ***opposition from*** *local residents.* ▷ **opozycja, sprzeciw 2 the Opposition/opposition** political parties that are not in power ▷ **opozycja**

oppress /əˈpres/ **verb** [T] **1** to treat a group of people in an unfair way, often by limiting their freedom: [often passive] *Women were oppressed by a society which considered them inferior.* ▷ **ciemiężyć, uciskać 2** to make someone feel anxious ▷ **dręczyć, gnębić**

oppressed /əˈprest/ **adjective** treated in an unfair way: ***oppressed minorities*** ▷ **uciemiężeni**

oppression /əˈpreʃᵊn/ **noun** [U] when people are treated in a way that is unfair and that limits their freedom: ***political oppression*** ◦ *the oppression of women* ▷ **ucisk**

oppressive /əˈpresɪv/ **adjective 1** cruel and unfair: *an* ***oppressive government/regime*** ▷ **oparty na ucisku, tyrański 2** If the weather or heat is oppressive, it is too hot and there is no wind: ***oppressive heat*** ▷ **przytłaczający 3** not relaxing or pleasant: *an oppressive silence* ▷ **przytłaczający**

oppressor /əˈpresəʳ/ **noun** [C] someone who treats people in an unfair way, often by limiting their freedom ▷ **gnębiciel/ka**

opt /ɒpt/ **verb opt for sth; opt to do sth** to choose something or to decide to do something: *Mike opted for early retirement.* ◦ *Most people opt to have the operation.* ▷ **decydować się na** *coś*, **optować za** *czymś*

PHRASAL VERB **opt out** to choose not to be part of an activity or to stop being involved in it: *He's decided to* ***opt out of*** *the company's pension scheme.* ▷ **rezygnować, wycofać się**

optical /ˈɒptɪkᵊl/ **adjective** relating to light or the ability to see: *optical equipment/instruments* ▷ **optyczny**

ˌoptical ˈcharacter recogˌnition noun [U] (abbreviation **OCR**) software that allows computers to read printed or written words and store them in the computer ▷ **optyczne rozpoznawanie pisma**

ˌoptical ˈfibre noun [C, U] UK (US **optical fiber**) a very thin glass or plastic thread which is used for telephones and computers to carry information in the form of light: *optical fibre transmission* ▷ **światłowód**

ˌoptical iˈllusion noun [C] something that you think you see, but which is not really there ▷ **złudzenie optyczne**

optician /ɒpˈtɪʃᵊn/ **noun** [C] **1** someone whose job is to make eye glasses ▷ **optyk 2** UK a shop where you can have your eyes tested and have your glasses made ▷ **optyk**

ˌoptic ˈnerve noun [C] the nerve that passes signals to the brain from the retina at the back of each eye ▷ **nerw wzrokowy**

optimism /ˈɒptɪmɪzᵊm/ **noun** [U] when you believe good things will happen: *a mood/spirit of optimism* ◦ *There is* ***cause/reason for*** *optimism.* ◦ *He expressed cautious* ***optimism about*** *the future.* ▷ **optymizm** → Opposite **pessimism**

> Wyrazy występujące razem z **optimism**
>
> express optimism • cautious/renewed optimism • cause for/grounds for/reason for optimism • optimism about sth

optimist /ˈɒptɪmɪst/ **noun** [C] someone who always believes that good things will happen ▷ **optymist-a/ka**

optimistic /ˌɒptɪˈmɪstɪk/ **adjective** (B2) always believing that good things will happen: *We're* ***optimistic about*** *our chances of success.* ◦ [+ (that)] *I'm not optimistic that we'll reach an agreement.* ▷ **optymistyczny** → Opposite **pessimistic**

optimum /ˈɒptɪməm/ **adjective** [always before noun] formal best or most suitable: *the optimum temperature* ▷ **optymalny**

option /ˈɒpʃᵊn/ **noun 1** (B1) [C] a choice: *That's an option you might like to consider.* ◦ *We don't have many options.* ◦ [+ of + doing sth] *You* ***always*** *have the* ***option of*** *not attending.* ▷ **opcja, możliwość 2 have no option (but to do sth)** to not have the possibility of doing something else: *We didn't want to dismiss him, but we had no option.* ▷ **nie mieć (innego) wyjścia (i musieć** *coś zrobić*) **3 keep/leave your options open** to wait and not make a decision or choice yet ▷ **zostawić sobie furtkę** → See also **soft option**

> Wyrazy występujące razem z **option**
>
> consider/examine the options • be given/ have the option of doing sth • an attractive/ viable option • an option for sb

optional /ˈɒpʃənəl/ **adjective** B2 If something is optional, it is available but you do not have to have it: *an* ***optional extra*** ▷ **dodatkowy, dobrowolny**

opulent /ˈɒpjələnt/ **adjective** Opulent things are expensive and give a feeling of luxury: *an opulent bathroom* ▷ **luksusowy, przebogaty**

or strong /ɔːr/ weak /ər/ **conjunction 1** A1 used between possibilities, or before the last in a list of possibilities: *Would you like toast or cereal?* ◦ *Is that a boy or a girl?* ◦ *You can have beer, wine, or mineral water.* ◦ *The house will take two or three years to complete.* ▷ **czy, lub, albo 2** B2 used to change or correct something you have said: *We told the truth, or most of it.* ▷ **a przynajmniej, w każdym razie 3** used to give a reason for something you have said: *She must love him or she wouldn't have stayed with him all these years.* ▷ **w przeciwnym razie, inaczej 4** A2 used after a negative verb between a list of things to mean not any of those things or people: *Tim doesn't eat meat or fish.* ▷ **ani**

oral[1] /ˈɔːrəl/ **adjective 1** B2 spoken: *an* ***oral examination*** ◦ *an* ***oral agreement*** ▷ **ustny 2** relating to or using the mouth: ***oral medication*** ▷ **doustny**

• **orally adverb** ▷ **ustnie, doustnie**

oral[2] /ˈɔːrəl/ **noun** [C] an examination that is spoken, usually in a foreign language ▷ **egzamin ustny**

orange[1] /ˈɒrɪndʒ/ **adjective** A1 being a colour that is a mixture of red and yellow: *a deep orange sunset* ▷ **pomarańczowy** → See **Colours** on page Centre 12

orange[2] /ˈɒrɪndʒ/ **noun 1** [C] A1 a round, sweet fruit with a thick skin and a centre that is divided into many equal parts: *orange juice* ▷ **pomarańcza** → See **Fruits and Vegetables** on page Centre 10 **2** [C, U] A2 a colour that is a mixture of red and yellow ▷ **(kolor) pomarańczowy** → See **Colours** on page Centre 12 **3** [U] UK a drink made with oranges: *Would you like some orange?* ▷ **napój lub sok pomarańczowy**

ˈorange ˌjuice noun [U] a drink made from the juice of oranges ▷ **sok pomarańczowy**

orang-utan /ɔːˈræŋutæŋ/ **noun** [C] a large ape with reddish brown hair and long arms which lives in the forests of Sumatra and Borneo ▷ **orangutan**

orator /ˈɒrətər/ **noun** [C] formal someone who gives good speeches: *a brilliant orator* ▷ **krasomów-ca/czyni, mów-ca/czyni, orator/ka**

oratory /ˈɒrətəri/ **noun** [U] formal when people give good speeches: *political oratory* ▷ **krasomówstwo**

orbit /ˈɔːbɪt/ **noun** [C, U] **1** the circular journey that a spacecraft or planet makes around the sun, the moon, or another planet: *the Earth's orbit* ◦ *Two satellites are already* ***in orbit.*** ◦ *It was the first spacecraft to* ***go into orbit*** *around Jupiter.* ▷ **orbita 2** the hole in the skull (= bone in the head) that contains the eye ▷ **oczodół**

• **orbit verb** [I, T] *The moon orbits the Earth.* ▷ **okrążać, krążyć**

orchard /ˈɔːtʃəd/ **noun** [C] a piece of land where fruit trees are grown: *an apple/cherry orchard* ▷ **sad**

orchestra /ˈɔːkɪstrə/ **noun** [C] **1** B1 a large group of musicians who play different instruments together: *a symphony orchestra* ◦ *a youth orchestra* ▷ **orkiestra 2** US (UK **the stalls**) the seats on the main floor near the front of a theatre or cinema ▷ **parter**

• **orchestral** /ɔːˈkestrəl/ **adjective** B2 [always before noun] Orchestral music is played by or written for an orchestra. ▷ **orkiestrowy**

orchestrate /ˈɔːkɪstreɪt/ **verb** [T] to intentionally organize something in order to achieve what you want: *a carefully orchestrated demonstration of support* ▷ **reżyserować, aranżować**

orchid /ˈɔːkɪd/ **noun** [C] a plant with flowers which are an unusual shape and beautiful colours ▷ **orchidea, storczyk**

orchid

ordain /ɔːˈdeɪn/ **verb** [T] to officially make someone a Christian priest: [often passive] *Dr Coker was ordained by the Bishop of London in 1986.* ▷ **wyświęcić**

ordeal /ɔːˈdiːl/ **noun** [C] a very unpleasant experience: *a terrible ordeal* ◦ *They feared he would not* ***survive*** *the* ***ordeal.*** ◦ *She* ***went through*** *the* ***ordeal*** *of being interviewed by a panel of ten people.* ▷ **przeprawa, gehenna**

order[1] /ˈɔːdər/ **noun 1** [C, U] B1 the arrangement of a group of people or things in a list from first to last: *in alphabetical order* ◦ *in the* ***right/wrong order*** ◦ *We ranked the tasks* ***in order of*** *importance.* ▷ **kolejność 2** [C] B2 an instruction that someone must obey: *to* ***obey orders*** ◦ *to* ***give orders*** ▷ **rozkaz, polecenie 3 under orders** If you are under orders, someone has told you to do something: [+ to do sth] *Team members are under orders to behave well.* ◦ *They claimed they were under orders from the president.* ▷ **zobowiązany, wykonujący rozkazy 4** [C] A2 a request for food or goods in return for payment: *Can I* ***take your order*** *now?*

O

▷ **zamówienie 5** [U] B2 a situation in which everything is in its correct place: *It's nice to see some order around here for a change.* ◦ *I want to put all my things* ***in order*** *before I go away.* ▷ **porządek** → Opposite **disorder 6 out of order a** B1 If a machine or system is out of order, it is not working as it should: *The coffee machine's out of order.* ▷ **niesprawny b** If someone's behaviour is out of order, it is not acceptable: *What he did was completely out of order.* ▷ **niedopuszczalny 7 in order to do/for sth to do sth** B1 with the purpose of achieving something: *She worked all summer in order to save enough money for a holiday.* ▷ **aby lub by** *coś zrobić*, **w celu** *zrobienia czegoś* **8** [U] a situation in which people obey laws and there is no trouble: *The army was brought in to* ***restore order*** *to the troubled province.* ▷ **porządek, ład** → Opposite **disorder 9 economic/political/social order** the way that the economy, politics, or society is organized: *a threat to the established social order* ▷ **ład gospodarczy/polityczny/społeczny 10** [C] a religious group who live together and have the same rules: *an order of nuns* ◦ *a* ***monastic order*** ▷ **zakon** → See also **mail order**, **postal order**, **standing order**

> Wyrazy występujące razem z **order**
>
> follow/give/ignore/issue/obey orders • clear/strict orders

order² /ˈɔːdəʳ/ **verb 1** [T] B2 to give someone an instruction that they must obey: [+ to do sth] *He ordered them to leave.* ▷ **rozkazać, polecić, kazać 2** [I, T] A2 to ask for food, goods, etc: *to order a drink/pizza* ◦ *to order tickets* ◦ *We've ordered new lights for the kitchen.* ◦ [+ two objects] *Can I order you a drink?* ▷ **zamawiać 3** [T] to arrange a group of people or things in a list from first to last: *Have you ordered the pages correctly?* ▷ **porządkować, układać (w kolejności)**

PHRASAL VERB **order sb about/around** to tell someone what they should do all the time: *You can't just come in here and start ordering people around.* ▷ **rozkazywać** *komuś*, **rozstawiać** *kogoś* **po kątach**

orderly¹ /ˈɔːdəli/ **adjective** tidy or organized: *an orderly pile* ◦ *Please form an* ***orderly queue.*** ▷ **porządny, uporządkowany, zorganizowany, zdyscyplinowany** → Opposite **disorderly**

orderly² /ˈɔːdəli/ **noun** [C] a hospital worker who has no special skills or training ▷ **salow-y/a, sanitariusz/ka**

ordinal number /ˌɔːdɪnəlˈnʌmbəʳ/ **noun** [C] (also **ordinal**) a number such as 1st, 2nd, 3rd, etc that shows the order of things in a list ▷ **liczba porządkowa**

ordinance /ˈɔːdɪnəns/ **noun** [C] mainly US a law or rule which limits or controls something: *a tax ordinance* ▷ **rozporządzenie, zarządzenie**

ordinarily /ˈɔːdənərəli/ **adverb** usually: *These are people who would not ordinarily carry guns.* ▷ **na ogół, zwykle, normalnie**

ordinary /ˈɔːdənəri/ **adjective 1** B1 not special, different, or unusual in any way: *ordinary life* ◦ *an ordinary day* ◦ *I had a very ordinary childhood.* ▷ **zwyczajny, zwykły 2** Ordinary people are not rich or famous and do not have special skills: *ordinary people/citizens* ◦ *an ordinary man/woman* ▷ **zwykły 3 out of the ordinary** unusual or different: *Their relationship was a little out of the ordinary.* ◦ *The investigation revealed* ***nothing out of the ordinary.*** ▷ **niezwykły**

ore /ɔːʳ/ **noun** [U] rock or soil from which metal can be obtained: *iron ore* ▷ **ruda**

.org /dɒtˈɔːg/ Internet abbreviation for organization: used in some Internet addresses: *You can search Cambridge dictionaries online at www.dictionary.cambridge.org.* ▷ w adresach internetowych oznacza domenę organizacji

organ /ˈɔːgən/ **noun** [C] **1** a part of an animal or plant that has a special purpose: *reproductive/sexual organs* ◦ *The liver is a* ***vital organ*** *(= you need it to stay alive).* ◦ *an* ***organ donor/transplant*** ▷ **organ 2** a large musical instrument that has keys like a piano and produces different notes when air is blown through pipes of different lengths: *a church organ* ▷ **organy**

organelle /ˌɔːgənˈel/ **noun** [C] any of the parts inside a living cell that have a particular purpose, such as a nucleus or a chloroplast ▷ **organella**

organic /ɔːˈgænɪk/ **adjective 1** B2 not using artificial chemicals when keeping animals or growing plants for food: ***organic farming/farmers*** ◦ ***organic food/vegetables*** ▷ **ekologiczny, naturalny 2** In chemistry, 'organic' describes chemicals that contain carbon: *organic compounds* ▷ **organiczny 3** from a living organism: *organic matter/material* ▷ **organiczny** → Opposite **inorganic**

• **organically adverb** ***organically grown*** *vegetables* ▷ **ekologicznie, organicznie**

organism /ˈɔːgənɪzəm/ **noun** [C] a living thing, often one that is extremely small: *Plants, animals, bacteria, and viruses are organisms.* ▷ **organizm**

organist /ˈɔːgənɪst/ **noun** [C] someone who plays the organ : *a church organist* ▷ **organista**

organization (also UK **-isation**) /ˌɔːgənaɪˈzeɪʃən/ **noun 1** [C] B1 an official group of people who work together for the same purpose: *a* ***charitable/voluntary organization*** ▷ **organizacja 2** [U] the way that parts of something are arranged: *Better organization of the office would improve efficiency.* ▷ **organizacja 3** [U] B1 the planning of an activity or event: *Who was responsible for the organization of the conference?* ▷ **organizacja**

• **organizational adjective** ***organizational skills*** ▷ **organizacyjny**

Wyrazy występujące razem z organization

a **charitable/international/voluntary** organization • **join/set up** an organization

organize (also UK **-ise**) /ˈɔːgənaɪz/ **verb** [T] B1 to plan or arrange something: *to organize a meeting/wedding* ▷ **organizować**

organized (also UK **-ised**) /ˈɔːgənaɪzd/ **adjective** **1** B2 An organized person plans things well and does not waste time or effort. ▷ **zorganizowany** → Opposite **disorganized** **2** [always before noun] involving a group of people who have planned to do something together: ***organized crime/religion*** ▷ **zorganizowany** → See also **well-organized**

organizer (also UK **-iser**) /ˈɔːgənaɪzəʳ/ **noun** [C] B2 someone who plans an event or activity: *conference/exhibition organizers* ▷ **organizator**

orgasm /ˈɔːgæzəm/ **noun** [C, U] the time of greatest pleasure and excitement during sex: *to **have an orgasm*** ▷ **orgazm**

orgy /ˈɔːdʒi/ **noun** [C] **1** a noisy party at which people have a lot of sex, alcohol, or illegal drugs ▷ **orgia** **2** **an orgy of sth** a period when there is too much of an often bad activity: *an orgy of destruction* ▷ **szał** *czegoś*

Oriental /ˌɔːriˈentəl/ **adjective** relating or belonging to the countries of east Asia: *Oriental art* ▷ **orientalny**

orientated /ˈɔːriənteɪtɪd/ **adjective** UK (UK/US **oriented**) directed towards or interested in something ▷ **nastawiony, skierowany**

orientation /ˌɔːrienˈteɪʃən/ **noun** **1** [C, U] the type of beliefs that a person has: *He's very secretive about his political orientation.* ▷ **orientacja** **2** [U] training or preparation for a new job or activity: *an orientation session* ▷ **wprowadzenie, szkolenie**

oriented /ˈɔːrientɪd/ **adjective** (also UK **orientated**) directed towards or interested in something: *His new TV series is **oriented towards** teenage viewers.* ◦ *He's very family oriented.* ▷ **nastawiony, skierowany**

the Orient /ˈɔːriənt/ **noun** old-fashioned the countries of east Asia ▷ **Orient**

origin /ˈɒrɪdʒɪn/ **noun** [C, U] **1** B2 the cause of something, or where something begins or comes from: ***the origin of** the universe* ◦ *This dish is Greek **in origin**.* ▷ **pochodzenie, początek** **2** the country, race, or social class of a person's family: ***ethnic origin*** ◦ *She's **of** Irish **origin**.* ▷ **pochodzenie**

Wyrazy występujące razem z origin

sth **has its origins in** sth • the **origin(s) of** sth • be [Chinese/French, etc] **in origin**

original¹ /əˈrɪdʒənəl/ **adjective** **1** B1 special and interesting because of not being the same as others: *Her essay was full of **original ideas**.* ◦ *He's a highly **original thinker**.* ▷ **oryginalny** **2** [always before noun] B1 existing since the beginning, or being the earliest form of something: *His original plan was to stay for a week, but he ended up staying for a month.* ◦ *Do you still have the original version of this document?* ▷ **oryginalny, pierwotny**

original² /əˈrɪdʒənəl/ **noun** [C] B2 something that is in the form in which it was first created and has not been copied or changed: *If the painting were an original, it would be very valuable.* ▷ **oryginał**

originality /əˌrɪdʒənˈæləti/ **noun** [U] the quality of being interesting and different from everyone or everything else: *The judges were impressed by the originality of his work.* ▷ **oryginalność**

originally /əˈrɪdʒənəli/ **adverb** B2 at the beginning or before any changes: *The bathroom was originally a bedroom.* ▷ **początkowo**

originate /əˈrɪdʒəneɪt/ **verb** [I] **originate from/in/with, etc** to come from a particular place or person, or to begin during a particular period: *Citrus fruits originated in China and Southeast Asia.* ▷ **pochodzić z/od**

originator /əˈrɪdʒəneɪtəʳ/ **noun** [C] formal The originator of an idea is the person who first thought of it. ▷ **autor/ka, twór-ca/czyni**

ornament /ˈɔːnəmənt/ **noun** [C] an attractive object that is used as a decoration in a home or garden ▷ **ozdoba, ornament** → See **The Living Room** on page Centre 4

ornamental /ˌɔːnəˈmentəl/ **adjective** used for decoration and having no other purpose ▷ **ozdobny**

ornate /ɔːˈneɪt/ **adjective** decorated with a lot of complicated patterns: *ornate wooden doors* ▷ **bogato zdobiony, ozdobny**

ornithology /ˌɔːnɪˈθɒlədʒi/ **noun** [U] the scientific study of birds ▷ **ornitologia**
• **ornithologist noun** [C] a scientist who studies birds ▷ **ornitolog**

orographic /ˌɒrəˈgræfɪk/ **adjective** formal relating to mountains, their shape and how they were formed, etc ▷ **orograficzny**

orography /ɒrˈɒgrəfi/ **noun** [U] the height of land and the way this is shown on maps ▷ **hipsometria**
• **orographic** /ɒrəˈgræfɪk/ **adjective** ▷ **hipsometryczny**

orphan¹ /ˈɔːfən/ **noun** [C] **1** a child whose parents are dead ▷ **sierota** **2** in printing, the first line of a paragraph, separated from the rest which is on the next page ▷ **sierota**

orphan² /ˈɔːfən/ **verb** **be orphaned** When a child is orphaned, both their parents die: *She was orphaned at the age of six.* ▷ **być lub zostać osieroconym, być lub zostać sierotą**

orphanage /ˈɔːfənɪdʒ/ **noun** [C] a home for children whose parents are dead ▷ **sierociniec**

O

orthodox /ˈɔːθədɒks/ **adjective** **1** keeping the traditional beliefs and customs of Judaism or some types of Christianity: *an orthodox Jewish family* ◦ *the Russian/Greek Orthodox Church* ▷ **ortodoksyjny** **2** If ideas or methods are orthodox, most people think they are correct, usually because they have existed for a long time: ***orthodox medicine*** ▷ **konwencjonalny, tradycyjny** → Opposite **unorthodox**

orthodoxy /ˈɔːθədɒksi/ **noun** [C, U] formal an idea of a society, religion, political party, or subject that most people believe is correct, or a set of such ideas ▷ **dominujący pogląd lub kierunek**

orthopaedic UK (US **orthopedic**) /ˌɔːθəˈpiːdɪk/ **adjective** [always before noun] relating to the treatment or study of bones that have been injured or have not grown correctly: *an orthopaedic surgeon* ▷ **ortopedyczny**

Oscar /ˈɒskəʳ/ **noun** [C] trademark one of several prizes given to actors and people who make films every year in Hollywood in the US: *Who **won** the **Oscar** for best actress this year?* ▷ **Oskar**

oscillate /ˈɒsɪleɪt/ **verb** [I] formal to move repeatedly between two positions or opinions: *an oscillating fan* ◦ *The story **oscillates between** comedy and tragedy.* ▷ **oscylować**
• **oscillation** /ˌɒsɪˈleɪʃᵊn/ **noun** [C, U] ▷ **oscylacja**

oscilloscope /əˈsɪləskəʊp/ **noun** [C] a piece of equipment that shows changes in electrical currents as waves on a screen ▷ **oscyloskop**

osmosis /ɒzˈməʊsɪs/ **noun** [U] the way that water moves from one part of a body or a plant to another part through a membrane: *Fluid flows back into the tiny blood vessels by osmosis.* ▷ **osmoza**
• **osmotic** /ɒzˈmɒtɪk/ **adjective** ▷ **osmotyczny**

ostensibly /ɒsˈtensɪbli/ **adverb** If something is ostensibly the reason for something else, people say it is the reason, although you do not believe it: *He was discharged from the army, ostensibly for medical reasons.* ▷ **rzekomo, ponoć**

ostentatious /ˌɒstenˈteɪʃəs/ **adjective** intended to attract attention or admiration, often by showing money or power: *an **ostentatious display** of wealth* ▷ **ostentacyjny**
• **ostentatiously adverb** ▷ **ostentacyjnie**

osteopath /ˈɒstiəʊpæθ/ **noun** [C] someone who treats injuries to bones and muscles by moving and rubbing them ▷ **kręgarz, osteopata**
• **osteopathy noun** [C] ▷ **kręgarstwo, osteopatia**

osteoporosis /ˌɒstiəʊpəˈrəʊsɪs/ **noun** [U] a disease which makes bones weak and makes them break easily ▷ **osteoporoza**

ostracize (also UK **-ise**) /ˈɒstrəsaɪz/ **verb** [T] When a group of people ostracizes someone, they refuse to talk to or do things with that person: [often passive] *He was ostracized by the other children at school.* ▷ **bojkotować, ignorować**

ostrich /ˈɒstrɪtʃ/ **noun** [C] a very large bird from Africa which cannot fly but can run very fast ▷ **struś**

other[1] /ˈʌðəʳ/ **adjective, determiner** **1** A1 used to refer to people or things which are similar to or in addition to those you have talked about: *I don't like custard – do you have **any other** desserts?* ◦ *I don't think he's funny, but other people do.* ▷ **inny** **2** A2 used to talk about the remaining members of a group or items in a set: *Mario and Anna sat down to watch the other dancers.* ◦ *I found one shoe – have you seen **the other one**?* ▷ **inny, pozostały, drugi** **3** B1 different from a thing or person which you have talked about: *Ask me some other time, when I'm not so busy.* ▷ **inny** **4 the other side/end (of sth)** B1 the opposite side/end of something: *Our house is on the other side of town.* ▷ **drug-a/i strona/koniec** (*czegoś*) **5 the other day/week, etc** B1 used to mean recently, without giving a particular date: *I asked Kevin about it just the other day.* ▷ **parę dni/tygodni** *itp.* **temu** **6 every other day/week, etc** happening one day/week, etc but not the next: *Alice goes to the gym every other day.* ▷ **co drugi dzień/tydzień** *itp.* **7 other than** except: *The form cannot be signed by anyone other than the child's parent.* ◦ [+ to do sth] *They had no choice other than to surrender.* ▷ **oprócz, prócz, (inny) niż** **8 other than that** informal except for the thing you have just said: *My arm was a bit sore – other than that I was fine.* ▷ **poza tym**

other[2] /ˈʌðəʳ/ **pronoun** **1** A2 used to refer to a person or thing which belongs to a group or set that you have already talked about: *Hold the racket in one hand, and the ball in the other.* ◦ *Some of the pieces were damaged, others were missing.* ▷ **inny, drugi** **2 others** B1 used to refer to people or things that are similar to people or things you have already talked about: *This is broken – do you have **any others**?* ▷ **inni** → See also **each other**

others /ˈʌðəz/ **pronoun** [plural] B1 other people: *Don't expect others to do your work for you.* ▷ **inni**

otherwise[1] /ˈʌðəwaɪz/ **adverb** **1** B2 except for what has just been referred to: *She hurt her arm in the accident, but otherwise she was fine.* ▷ **poza tym** **2** different to what has just been stated: *I'll meet you there at 6 o'clock unless I **hear otherwise**.* ◦ *I'd like to help you with any problems, financial **or otherwise**.* ▷ **inaczej, co innego**

otherwise[2] /ˈʌðəwaɪz/ **conjunction** B1 used when saying what will happen if someone does not obey an order or do what has been suggested: *You'd better phone home, otherwise* *your parents will start to worry.* ▷ **w przeciwnym razie**

otter /ˈɒtəʳ/ **noun** [C] a small animal with short, brown fur and a long body that swims well and eats fish ▷ **wydra**

ouch /aʊtʃ/ **exclamation** something you say when you experience sudden physical pain: *Ouch! This radiator's really hot.* ▷ **ała, au**

ought /ɔːt/ **modal verb 1 ought to do sth** B1 used to say or ask what is the correct or best thing to do: *You ought to see a doctor.* ◦ *He ought to have told her the truth.* ◦ *Ought I to phone her?* ▷ **powinien** *coś zrobić* **2 ought to be/do sth** B2 used to say that you expect something to be true or that you expect something to happen: *He ought to pass the exam this time.* ▷ **powinien być/***zrobić coś*

oughtn't /ˈɔːtᵊnt/ formal short for ought not: *He* ***oughtn't to*** *have shouted at us.*

ounce /aʊns/ **noun 1** [C] (written abbreviation **oz**) a unit for measuring weight, equal to 28.35 grams ▷ **uncja (= 28,35g)** → See also **fluid ounce 2 not have an ounce of sth** to not have any of a quality or emotion: *His new novel doesn't have an ounce of originality.* ▷ **nie mieć (ani) krztyny lub odrobiny** *czegoś* **3 every ounce of sth** all of a quality or emotion that is available: *He deserves every ounce of support that we can give him.* ▷ **wszelkie** *coś*

our /aʊəʳ/ **determiner** A1 belonging to or relating to the person who is speaking and one or more other people: *Janice is our youngest daughter.* ▷ **nasz, swój**

ours /aʊəz/ **pronoun** A2 the things that belong or relate to the person who is speaking and one or more other people: *Matt's a friend of ours.* ◦ *That's their problem – not ours.* ▷ **nasz**

ourselves /ˌaʊəˈselvz/ **pronoun 1** A2 the reflexive form of the pronoun 'we': *We've promised ourselves a holiday abroad this year.* ▷ **się, siebie, sobie, sobą 2** used for emphasis with the pronoun 'we' or when referring to yourself and at least one other person: *John and I arranged the wedding reception ourselves.* ▷ **sami, samemu 3 (all) by ourselves** A2 alone or without anyone else's help: *It's a big garden but we manage to look after it by ourselves.* ▷ **(całkiem) sami, samemu, samodzielnie 4 (all) to ourselves** for our use only: *We arrived early and had the swimming pool all to ourselves.* ▷ **(tylko) dla siebie**

oust /aʊst/ **verb** [T] to force someone to leave a position of power or responsibility: [often passive] *He was* ***ousted from*** *power by a military coup.* ▷ **odsuwać (od władzy), usuwać**

out[1] /aʊt/ **adjective, adverb 1** B1 used to show movement away from the inside of a place or container: *He dropped the bag and all the apples fell out.* ◦ *She opened the window and stuck her head out.* ▷ **na zewnątrz 2** outside a building or room: *Would you like to wait out here?* ◦ *It's bitterly cold out today.* ▷ **na zewnątrz, na dworze 3** A2 not in the place where you usually live or work, especially for a short time: *I came round to see you this morning but you were out.* ▷ **poza domem 4** A fire or light that is out is not burning or shining: *Bring some more wood, the fire's gone out.* ▷ **zgaszony 5** B1 available to buy or see: *When's the new Spielberg film out?* ▷ **dostępny 6** no longer fashionable or popular: *Trousers like that* ***went out*** *years ago.* ▷ **niemodny 7** not accurate: *Your figures are out by £300.* ▷ **błędny 8** no longer able to play or take part in a game or competition: *Two of the best players were out after ten minutes.* ▷ **wyeliminowany lub usunięty z gry 9** B1 able to be seen: *After a few minutes the sun came out.* ▷ **na zewnątrz, widoczny 10** not possible or not acceptable: *Next weekend is out because we're going away.* ▷ **wykluczony, niemożliwy 11 be out of sth** B2 to have no more of something left: *We're nearly out of petrol.* ▷ **nie mieć** *czegoś* **12 be out for sth; be out to do sth** to intend to do something, especially for an unpleasant reason: *He's only out to impress the boss.* ▷ **szykować się do** *czegoś*, **chcieć** *coś zrobić*, **mieć zamiar** *coś zrobić* → See also **out of**

out- /aʊt-/ **prefix** more than or better than: *to outgrow something* ◦ *to outnumber* ◦ *to outdo someone* (= *to show that you are better than someone*) ▷ **przewyższać w** *czymś*

out[2] /aʊt/ **verb** [T] to report to the public the secret that someone is homosexual: [often passive] *He was outed by a tabloid newspaper.* ▷ **ujawniać swoją orientację seksualną**

out-and-out /ˌaʊtᵊnˈaʊt/ **adjective** [always before noun] complete or in every way: *an out-and-out lie* ▷ **absolutny, totalny**

the outback /ˈaʊtbæk/ **noun** the areas of Australia where few people live, especially the central desert areas ▷ **australijski interior, outback**

outbid /ˌaʊtˈbɪd/ **verb** [T] (present participle **outbidding**, past tense and past participle **outbid**) to offer to pay more for something than someone else: *She had to outbid two rivals to buy the business.* ▷ **przelicytować**

out-box /ˈaʊtbɒks/ **noun** [C] (also **outbox**) **1** the place on a computer which keeps copies of email messages which you have sent ▷ **skrzynka nadawcza 2** US (UK **out-tray**) a container where you keep letters and documents that you want to send to someone else ▷ **pojemnik na korespondencję wychodzącą**

outbreak /ˈaʊtbreɪk/ **noun** [C] when something unpleasant and difficult to control starts, such as a war or disease: *an outbreak of flu/fighting* ▷ **wybuch, epidemia**

outburst /ˈaʊtbɜːst/ **noun** [C] a sudden, forceful expression of emotion in words or actions: *an* ***angry outburst*** ▷ **wybuch**

outcast /ˈaʊtkɑːst/ **noun** [C] someone who is not

O

accepted by society because they are different to most other people: *a* ***social outcast*** ▷ **wyrzutek**

outcome /ˈaʊtkʌm/ **noun** [C] the final result of an activity or process: ***the outcome of*** *an election* ▷ **wynik**

> Wyrazy występujące razem z **outcome**
>
> **announce/await/determine** the outcome • the **eventual/final** outcome • the outcome of sth

outcrop /ˈaʊtkrɒp/ **noun** [C] (also US **outcropping**) a rock or group of rocks that sticks out above the surface of the ground: *a rocky outcrop* ▷ **naga skała**

outcry /ˈaʊtkraɪ/ **noun** [C] a strong public expression of anger and disapproval about a recent event or decision: *There has been a public* ***outcry against*** *the new road.* ▷ **protest**

> Wyrazy występujące razem z **outcry**
>
> **cause/provoke/spark** an outcry • an **international/national/public** outcry • an outcry **against/over** sth

outdated /ˌaʊtˈdeɪtɪd/ **adjective** not modern enough: *outdated equipment* ◦ *an outdated idea* ▷ **przestarzały**

outdo /ˌaʊtˈduː/ **verb** [T] (past tense **outdid**, past participle **outdone**) to do something better than someone else: *They are always trying to outdo each other with their jokes and funny stories.* ▷ **prześcigać**

O

outdoor /ˌaʊtˈdɔːʳ/ **adjective** [always before noun] B1 happening, used, or in a place that is outside and not inside a building: ***outdoor activities*** ◦ *an* ***outdoor concert*** ◦ *an* ***outdoor swimming pool*** ◦ ***outdoor clothing*** ▷ **na dworze, na świeżym powietrzu, pod gołym niebem, odkryty, na dwór** → Opposite **indoor**

outdoors[1] /ˌaʊtˈdɔːz/ **adverb** B1 not inside a building: *If it's warm this evening, we could eat outdoors.* ▷ **na dworze, na zewnątrz, na świeżym powietrzu** → Opposite **indoors**

outdoors[2] /ˌaʊtˈdɔːz/ **noun the outdoors** countryside: *He enjoys hunting, fishing, and the outdoors.* ▷ **przyroda**

outer /ˈaʊtəʳ/ **adjective** [always before noun] B2 on the edge or surface of something: *Remove the* ***outer layers*** *of the onion.* ▷ **zewnętrzny** → Opposite **inner**

ˌouter ˈspace noun [U] the universe outside the Earth and its gases where other planets and stars are ▷ **przestrzeń kosmiczna, kosmos**

the outfield /ˈaʊtfiːld/ **noun** the outer area of the playing field in sports such as cricket and baseball ▷ **pole zewnętrzne**
• **outfielder noun** [C] a baseball player who stands in the outfield ▷ **gracz na polu zewnętrznym**

outfit[1] /ˈaʊtfɪt/ **noun** [C] **1** a set of clothes for a particular event or activity: *a cowboy outfit* ▷ **strój 2** informal an organization, company, or any group of people who work together ▷ **ekipa, firma**

outfit[2] /ˈaʊtfɪt/ **verb** [T] (present participle **outfitting**, past tense and past participle **outfitted**) US to provide equipment for something: [often passive] *My hotel room was small and outfitted with cheap wooden furniture.* ▷ **wyposażyć**

outflow /ˈaʊtfləʊ/ **noun** [C] an amount of money going out of a business ▷ **wypływ (środków pieniężnych)**

outgoing /ˌaʊtˈgəʊɪŋ/ US /ˈaʊtgəʊɪŋ/ **adjective** **1** Someone who is outgoing is friendly, talks a lot, and enjoys meeting people. ▷ **towarzyski** **2** [always before noun] leaving a position of power or responsibility: *the outgoing president* ▷ **ustępujący 3** [always before noun] going to another place: ***outgoing calls/messages*** ▷ **wychodzący**

outgoings /ˈaʊtˌgəʊɪŋz/ **noun** [plural] UK money that you have to spend on rent, food, etc ▷ **wydatki**

outgrow /ˌaʊtˈgrəʊ/ **verb** [T] (past tense **outgrew**, past participle **outgrown**) **1** to grow too big for something: *He's already outgrown these shoes.* ▷ **wyrastać z 2** to develop so that something is not now suitable: *She's outgrown her current job and needs a new challenge.* ▷ **przerastać**

outing /ˈaʊtɪŋ/ **noun** **1** [C] when a group of people go on a short journey for pleasure or education: *a* ***family/school outing*** ◦ *to* ***go on*** *an* ***outing*** ▷ **wypad, wycieczka 2** [U] when someone says publicly that someone else is homosexual ▷ **(publiczne) ujawnienie swojej orientacji seksualnej**

outlandish /ˌaʊtˈlændɪʃ/ **adjective** very strange and unusual: *an outlandish story/idea* ◦ ***outlandish behaviour/clothes*** ▷ **dziwaczny**

outlast /ˌaʊtˈlɑːst/ **verb** [T] to continue for longer than someone or something else ▷ **przetrzymać, przetrwać, przeżyć**

outlaw[1] /ˈaʊtlɔː/ **verb** [T] to make something officially illegal: *I think all handguns should be outlawed.* ▷ **zakazywać, zdelegalizować**

outlaw[2] /ˈaʊtlɔː/ **noun** [C] old-fashioned a criminal: *a dangerous outlaw* ▷ **kryminalista, wyrzutek, osoba wyjęta spod prawa**

outlay /ˈaʊtleɪ/ **noun** [C] an amount of money spent by a business or government: *The project requires an* ***initial outlay*** *of $450,000.* ▷ **nakład (finansowy), wydatek**

outlet /ˈaʊtlet/ **noun** [C] **1** In business, an outlet is a shop that sells one type of product or the products of one company. ▷ **sklep firmowy 2** US a shop that sells goods for a lower price than usual ▷ **sklep firmowy 3** a way for someone to express an emotion, idea, or ability: *She needs a job that will provide* ***an outlet for*** *her creative talent.* ▷ **ujście 4** a place where a liquid or gas can flow out of something ▷ **wylot, ujście 5** US a place where you can connect a wire on a piece of electrical equipment: *an electrical outlet* ▷ **gniazdko**

outline[1] /ˈaʊtlaɪn/ **verb** [T] Ⓑ2 to describe only the most important ideas or facts about something: *He outlined the department's plans for next year.* ▷ **naszkicować, przedstawiać w zarysie**

outline[2] /ˈaʊtlaɪn/ **noun** [C] **1** Ⓑ2 a short description of the most important ideas or facts about something: *He gave us a* ***brief outline*** *of the town's history.* ▷ **zarys, szkic 2** the shape made by the outside edge of something ▷ **kontur, zarys**

outlive /ˌaʊtˈlɪv/ **verb** [T] to continue living or existing after someone or something else has died or stopped existing: *She outlived both her children.* ▷ **przeżyć, przetrwać**

outlook /ˈaʊtlʊk/ **noun 1** [no plural] the likely future situation: *The* ***outlook for*** *the economy next year is bleak.* ▷ **perspektywy 2** [C] the way a person thinks about something: *Despite her illness, she has a very positive* ***outlook on*** *life.* ▷ **spojrzenie, podejście, pogląd**

outlying /ˈaʊtˌlaɪɪŋ/ **adjective** [always before noun] far from towns and cities, or far from the centre of a place: *outlying farms/villages* ▷ **odległy, oddalony**

outmanoeuvre UK (US **outmaneuver**) /ˌaʊtməˈnuːvəʳ/ **verb** [T] to do something clever that gives you an advantage over someone you are competing against: *She outmanoeuvred her opponents throughout the election campaign.* ▷ **wymanewrować, przechytrzyć**

outmoded /ˌaʊtˈməʊdɪd/ **adjective** not modern enough: *outmoded equipment* ▷ **przestarzały**

outnumber /ˌaʊtˈnʌmbəʳ/ **verb** [T] to be larger in number than another group: *Women now far outnumber men on language courses.* ▷ **przewyższać liczebnie**

out of /aʊtəv/ **preposition 1** Ⓑ1 used to show movement away from the inside of a place or container: *A bunch of keys fell out of her bag.* ◦ *She stepped out of the car and walked towards me.* ▷ **z 2** Ⓐ2 no longer in a place or situation: *He's out of the country until next month.* ◦ *I've been out of work for the past year.* ▷ **poza, bez 3** Ⓑ1 used to show what something is made from: *The statue was carved out of a single block of stone.* ▷ **z 4** Ⓑ2 used to show the reason why someone does something: *I only gave her the job out of pity.* ▷ **z (powodu) 5** Ⓑ1 from among an amount or number: *Nine out of ten people said they preferred it.* ▷ **z, na 6** no longer involved in something: *He missed the practice session and now he's out of the team.* ▷ **poza**

out-of-court /ˌaʊtəvˈkɔːt/ **adjective** [always before noun] agreed without involving a law court: *an* ***out-of-court settlement*** ▷ **polubowny**

out-of-date /ˌaʊtəvˈdeɪt/ **adjective** Ⓑ1 old and not useful or correct any more: *I do have a road map but I think it's out-of-date.* ▷ **przestarzały**

out-of-town /ˌaʊtəvˈtaʊn/ **adjective** [always before noun] positioned or happening in the countryside or on the edge of a town: *an out-of-town supermarket* ▷ **poza lub za miastem**

outpace /ˌaʊtˈpeɪs/ **verb** [T] to move or develop more quickly than someone or something else ▷ **wyprzedzać**

outpatient /ˈaʊtˌpeɪʃᵊnt/ **noun** [C] someone who is treated in a hospital but does not sleep there at night ▷ **pacjent/ka ambulatoryjn-y/a**

outperform /ˌaʊtpəˈfɔːm/ **verb** [T] to do something better than someone or something else: *Girls are consistently outperforming boys at school.* ▷ **prześcigać, przewyższać**

outplay /ˌaʊtˈpleɪ/ **verb** [T] to play a game or sport better than another player or team ▷ **pobić, pokonać**

outpost /ˈaʊtpəʊst/ **noun** [C] a small place that is far from large towns or cities, often where a government or company is represented ▷ **placówka**

outpouring /ˈaʊtˌpɔːrɪŋ/ **noun** [C] when an emotion is expressed a lot in public: *His death provoked a national* ***outpouring of*** *grief.* ▷ **fala, przypływ, napływ**

output /ˈaʊtpʊt/ **noun** [U] **1** the amount of something that is produced: *Over the past year the factory's output has fallen by 15%.* ▷ **produkcja 2** information produced by a computer: *You can look at the output on screen before you print it out.* ▷ **wyjście, dane wyjściowe 3** the power or energy produced by an electrical or electronic system ▷ **moc wyjściowa**

outrage[1] /ˈaʊtreɪdʒ/ **noun 1** [U] a strong feeling of anger or shock: ***moral outrage*** ◦ *The scandal caused* ***public outrage.*** ▷ **oburzenie 2** [C] something that causes great anger or shock: *a terrorist outrage* ◦ [+ (that)] *It's an outrage that these children don't have enough to eat.* ▷ **skandal, akt przemocy**

> Wyrazy występujące razem z **outrage**
>
> cause/express/provoke/spark outrage • moral/public outrage • outrage at/over sth

outrage[2] /ˈaʊtreɪdʒ/ **verb** [T] to make someone feel very angry or shocked: [often passive] *The audience was outraged by his racist comments.* ◦ *Local people were* ***outraged at*** *the bombing.* ▷ **oburzać**

outrageous /ˌaʊtˈreɪdʒəs/ **adjective** Ⓑ2 shocking or extreme: *outrageous behaviour/clothes* ◦ *The prices in that restaurant were outrageous.* ▷ **oburzający, przerażający**
• **outrageously adverb** *outrageously expensive* ▷ **oburzająco, przerażająco**

outran /ˌaʊtˈræn/ past tense of outrun

outreach /ˈaʊtriːtʃ/ **noun** [U] mainly US when an organization helps people with their social, medical, or educational problems: *an* ***outreach programme*** ◦ *an* ***outreach worker*** ▷ **pomoc**

outright /ˈaʊtraɪt/ **adjective** [always before noun]

O

total, clear, and certain: *an **outright ban** on smoking* ◦ *an **outright victory*** ▷ **całkowity, bezapelacyjny**

• **outright** /ˌaʊtˈraɪt/ **adverb** *She needs 51% of the vote to **win outright**.* ◦ *He was **killed outright** (= immediately) when the car hit him.* ▷ **całkowicie, bezapelacyjnie**

outrun /ˌaʊtˈrʌn/ **verb** [T] (present participle **outrunning**, past tense **outran**, past participle **outrun**) to move or develop faster or further than someone or something ▷ **prześcigać, wyprzedzać**

outscore /ˌaʊtˈskɔːʳ/ **verb** [T] mainly US to score more points than another player or team ▷ **wyprzedzać (w punktacji)**

outset /ˈaʊtset/ **noun at/from the outset** at or from the beginning of something: *I made my views clear at the outset.* ▷ **na/od początku**

outshine /ˌaʊtˈʃaɪn/ **verb** [T] (past tense and past participle **outshone**) to be much better than someone else: *She easily outshone the other students on the course.* ▷ **przyćmiewać**

outside¹ /ˌaʊtˈsaɪd/ **preposition** (also US **outside of**) **1** Ⓐ2 not in a particular building or room, but near it: *She waited outside his room for nearly two hours.* ▷ **przed, na zewnątrz 2** Ⓐ2 not in: *a flat just outside Blackpool* ◦ *You have to phone a different number outside office hours.* ▷ **poza, za**

outside² /ˌaʊtˈsaɪd/ **adverb 1** Ⓐ1 not inside a building: *Go and play outside for a while.* ◦ *It's cold outside today.* ▷ **na zewnątrz, na dworze 2** Ⓐ2 not in a particular building or room, but near it: *She knocked on his bedroom door and left the tray outside.* ▷ **na zewnątrz**

outside³ /ˌaʊtˈsaɪd/ **adjective** [always before noun] **1** Ⓑ2 not in a building: *an outside light* ◦ *outside activities* ▷ **zewnętrzny, na powietrzu 2** from a different organization or group of people: ***outside help*** ◦ ***outside influences*** ▷ **zewnętrzny** → See also **the outside world**

outside⁴ /ˌaʊtˈsaɪd/ **noun the outside** Ⓑ2 the outer part or surface of something: *The pie was cooked on the outside but cold in the middle.* ▷ **zewnętrze, zewnętrzna strona**

ˌoutside ˈchance noun [no plural] when something is not likely to happen: *She has an outside chance of reaching the final.* ▷ **nikła szansa**

outsider /ˌaʊtˈsaɪdəʳ/ **noun** [C] someone who does not belong to a particular group, organization, or place: *The villagers are very suspicious of outsiders.* ▷ **obc-y/a, osoba postronna** → Compare **insider**

the ˌoutside ˈworld noun other people in other places: *When he was in prison, his radio was his only contact with the outside world.* ▷ **świat zewnętrzny**

outsize /ˌaʊtˈsaɪz/ **adjective** [always before noun] (also **outsized**) larger than usual: *an outsize jumper* ▷ **wielki, ponadrozmiarowy**

the outskirts /ˈaʊtskɜːts/ **noun** Ⓑ2 the outer area of a city, town, or village: *There are plans to build a new stadium **on the outskirts of** Liverpool.* ▷ **przedmieścia, peryferie**

outspoken /ˌaʊtˈspəʊkᵊn/ **adjective** expressing an opinion forcefully and not worrying about what other people think: ***outspoken comments*** ◦ *He's an **outspoken critic** of nuclear energy.* ▷ **otwarty**

outstanding /ˌaʊtˈstændɪŋ/ **adjective 1** Ⓑ2 excellent and much better than most: *an **outstanding achievement*** ▷ **wybitny, wyróżniający się 2** waiting to be paid or dealt with: *an outstanding debt* ▷ **zaległy**

outstandingly /ˌaʊtˈstændɪŋli/ **adverb** used to emphasize how good something is: *outstandingly successful* ▷ **niezwykle, wybitnie**

outstretched /ˌaʊtˈstretʃt/ **adjective** When a part of your body is outstretched, it is reaching out as far as possible: *He ran towards me with his arms outstretched.* ▷ **wyciągnięty**

outstrip /ˌaʊtˈstrɪp/ **verb** [T] (present participle **outstripping**, past tense and past participle **outstripped**) When one amount outstrips another amount, it is much greater than it: ***Demand** for the toys far **outstrips supply**.* ▷ **przewyższać**

outta /ˈaʊtə/ informal short for out of: *Let's get outta here!* ▷ **z**

out-take /ˈaʊtteɪk/ **noun** [C] a short part of a film, television programme or music recording that was removed, usually because it contains mistakes: *They showed a video with funny outtakes from famous films.* ▷ **wycięta scena, odrzut**

outward¹ /ˈaʊtwəd/ **adjective** [always before noun] **1** showing on the outside: *He had a serious illness, but there was no **outward sign** of it.* ▷ **zewnętrzny, widoczny 2 outward flight/journey, etc** when you travel away from a place that you will return to ▷ **lot/podróż** *itp.* **w tamtą stronę** → Opposite **inward**

outward² /ˈaʊtwəd/ **adverb** (also UK **outwards**) towards the outside or away from the centre: *This door opens outward.* ▷ **na zewnątrz**

outwardly /ˈaʊtwədli/ **adverb** If someone is outwardly calm, confident, etc, they seem to be calm, confident, etc, although they may not feel that way: *She was very nervous, but she remained **outwardly calm**.* ▷ **na zewnątrz, na pozór, z pozoru, pozornie** → Opposite **inwardly**

outweigh /ˌaʊtˈweɪ/ **verb** [T] to be greater or more important than something else: *The benefits of this treatment far outweigh the risks.* ▷ **przeważać nad, przewyższać**

outwit /ˌaʊtˈwɪt/ **verb** [T] (present participle **outwitting**, past tense and past participle **outwitted**) to get an advantage over someone by doing something clever and deceiving them: *She outwitted her kidnappers and managed to escape.* ▷ **przechytrzyć**

oval /ˈəʊvᵊl/ **adjective** Ⓑ2 in the shape of an egg or a slightly flat circle: *an oval face* ◦ *an oval table* ▷ **owalny**

• **oval** noun [C] an oval shape ▷ **owal**

the ˈOval ˌOffice noun the office of the president of the United States ▷ **gabinet owalny**

ovary /ˈəʊvəri/ **noun** [C] the part of a woman or female animal that produces eggs, or the part of a plant that produces seeds ▷ **jajnik**
• **ovarian** /əʊˈveəriən/ **adjective** [always before noun] relating to the ovaries: *ovarian cancer* ▷ **jajników, jajnikowy**

ovation /əʊˈveɪʃən/ **noun** [C] when a group of people clap for a long time to show that they approve of someone or something ▷ **owacja** → See also **standing ovation**

oven /ˈʌvən/ **noun** [C] B1 a piece of kitchen equipment with a door which is used for cooking food: *an electric oven* ◦ *a microwave oven* ▷ **kuchenka, piekarnik** → See **The Kitchen** on page Centre 2

over¹ /ˈəʊvər/ **adverb, preposition 1** B1 above or higher than something: *The sign over the door said "Private, No Entry".* ◦ *A fighter plane flew over.* ▷ **nad, górą 2** B1 If you walk, jump, climb, etc over an object or place, you go from one side of it to the other side: *We had to climb over large rocks to get to the beach.* ▷ **przez, na drugą stronę 3** A2 more than a particular amount, number, or age: *Over 5,000 Internet users contact our website every year.* ◦ *Suitable for children aged 5 and over.* ▷ **ponad, powyżej, więcej 4** B1 on or to the opposite side of a road, bridge, path, etc: *The station is over the bridge.* ▷ **za, po drugiej stronie 5** A2 covering someone or something: *She placed the quilt over the bed.* ▷ **na 6** down from a higher to a lower position: *The little boy fell over and started to cry.* ◦ *She tripped over the rug.* ▷ **na, o, w dół 7** B1 to a particular place: *Could you bring the plates **over here** (= bring them to this place).* ◦ *He was sent **over there** during the war.* ▷ **tu, do mnie, tam 8** B1 during a particular period of time: *I was in Seattle over the summer.* ▷ **przez, w ciągu 9** connected with or about: *It's stupid arguing over something so trivial.* ▷ **o 10** not used: *There's some food **left over** from the party.* ▷ **pozostały 11** B2 using the radio or telephone: *I made the booking over the phone.* ▷ **przez 12 be/get over sth** to feel better after being ill or feeling unhappy about something: *It took him months to get over splitting up with his girlfriend.* ▷ **dojść do siebie po** *czymś* **13 do sth over** US to do something again from the beginning because you did not do it well the first time: *You've ruined it! Now I'll have to do it over.* ▷ **zrobić** *coś* **jeszcze raz, powtórzyć** *coś* **14 (all) over again** B2 again from the beginning: *It looks all messy. I'm going to have to do it all over again.* ▷ **od początku 15 over and over (again)** B2 repeatedly: *He was whistling the same tune over and over.* ▷ **w kółko, bez końca 16 roll/turn, etc (sth) over** B2 to move so that a different part is showing, or to make something do this: *She turned the page over.* ▷ **przewrócić/przekręcić** *itp.* **się/***coś* **17** in control of someone or something: *Her husband has a lot of influence over her.* ▷ **nad**

over- /əʊvər/ **prefix** too much: *to overeat* ◦ *overpopulated* ▷ **nad-, prze-, zbyt**

over² /ˈəʊvər/ **adjective 1** B1 [never before noun] finished: *The exams will be over next week.* ◦ *It was **all over** very quickly.* ▷ **skończony, za nami 2 get sth over (and done) with** to do something difficult or unpleasant as soon as you can so that you do not have to worry about it any more ▷ **mieć** *coś* **(już) z głowy**

overall /ˈəʊvərɔːl/ **adjective** [always before noun] B2 considering everything or everyone: *the overall cost of the holiday* ◦ *the **overall effect*** ▷ **ogólny, całkowity**
• **overall** /ˌəʊvərˈɔːl/ **adverb** B2 *How would you rate the school overall?* ▷ **w sumie, ogólnie (biorąc)**

overalls /ˈəʊvərɔːlz/ **noun** [plural] **1** UK (US **coveralls**) a piece of clothing that you wear over your clothes to keep them clean while you are working ▷ **kombinezon 2** US (UK **dungarees**) trousers with a part that covers your chest and straps that go over your shoulders ▷ **ogrodniczki**

over-anxious /ˌəʊvərˈæŋkʃəs/ **adjective** worrying too much ▷ **niepotrzebnie zaniepokojony**

overbearing /ˌəʊvəˈbeərɪŋ/ **adjective** trying to have too much control over other people: *an overbearing mother* ▷ **władczy, apodyktyczny**

overblown /ˌəʊvəˈbləʊn/ **adjective** If something is overblown, it is made to seem more important or serious than it really is. ▷ **wyolbrzymiony**

overboard /ˈəʊvəbɔːd/ **adverb** over the side of a boat and into the water: *to **fall overboard*** ▷ **za burtę**

IDIOM **go overboard** informal to do something too much, or to be too excited about something: *I think people go overboard at Christmas.* ▷ **przesadzać**

overburdened /ˌəʊvəˈbɜːdənd/ **adjective** having too much to deal with: *overburdened with work* ▷ **przeciążony, przytłoczony**

overcame /ˌəʊvəˈkeɪm/ past tense of overcome

overcast /ˈəʊvəkɑːst/ **adjective** cloudy and dark: *an overcast sky/day* ▷ **zachmurzony, pochmurny**

overcharge /ˌəʊvəˈtʃɑːdʒ/ **verb** [I, T] to charge someone too much money for something: *The shop overcharged me by £5.* ▷ **policzyć za dużo, oszukać, naciągnąć**

overcoat /ˈəʊvəkəʊt/ **noun** [C] a long, warm coat ▷ **płaszcz**

overcome /ˌəʊvəˈkʌm/ **verb** (past tense **overcame**, past participle **overcome**) **1** B2 [T] to deal with and control a problem or feeling: *He's trying to overcome his drug addiction and find a job.* ◦ *Let's hope she overcomes her shyness.*

▷ **przezwyciężać 2 be overcome by excitement/fear/sadness, etc** to suddenly have too much of a feeling: *She was overcome by emotion.* ▷ **nie móc opanować podniecenia/przerażenia/smutku** *itp.*, **nie posiadać się z podniecenia/przerażenia/ze smutku** *itp.* **3 be overcome by smoke/fumes, etc** to become ill or weak because you have been breathing smoke or poisonous gas: *One worker died when he was overcome by chemical fumes.* ▷ **zatruć się dymem/oparami** *itp.*, **nawdychać się dymu/oparów** *itp.*

overcrowded /ˌəʊvəˈkraʊdɪd/ **adjective** containing too many people or things: *an overcrowded classroom/prison* ▷ **przepełniony, zatłoczony**

• **overcrowding** noun [U] ▷ **przepełnienie, tłok**

overdo /ˌəʊvəˈduː/ **verb** [T] (past tense **overdid**, past participle **overdone**) to do or use too much of something: *I went to the gym yesterday, but I think I **overdid it** a bit.* ▷ **przesadzać**

overdone /ˌəʊvəˈdʌn/ **adjective** cooked for too long ▷ **rozgotowany**

overdose /ˈəʊvədəʊs/ **noun** [C] too much of a drug taken at one time: *Her daughter died of a **drug overdose**.* ▷ **przedawkowanie**

• **overdose** /ˌəʊvəˈdəʊs/ **verb** [I] ▷ **przedawkować**

overdraft /ˈəʊvədrɑːft/ **noun** [C] If you have an overdraft, you have taken more money out of your bank account than you had in it: *a £250 overdraft* ▷ **debet**

overdrawn /ˌəʊvəˈdrɔːn/ **adjective** If you are overdrawn, you have taken more money out of your bank account than you had in it: *We've **gone £200 overdrawn**!* ▷ **na debecie**

overdue /ˌəʊvəˈdjuː/ **adjective** happening later than expected: *This decision is **long overdue**.* ▷ **zaległy, spóźniony**

overestimate /ˌəʊvᵊrˈestɪmeɪt/ **verb** [I, T] to guess or think that something is bigger or better than it really is: *They overestimated her ability to do the job.* ▷ **przeceniać** → Opposite **underestimate**

over-fishing /ˌəʊvəˈfɪʃɪŋ/ **noun** [U] catching so many fish in a part of the sea that there are not many fish left there: *low fish stocks caused by over-fishing* ▷ **przełowienie**

overflow /ˌəʊvəˈfləʊ/ **verb** **1** [I] If a container or a place overflows, the thing that is inside it starts coming out because it is too full: *The bath overflowed, and there's water all over the floor!* ◦ *The bin was **overflowing with** rubbish.* ▷ **przelewać się, przepełniać się 2** [I, T] to come out of a container or a place because it is too full: *The river overflowed its banks after the heavy rainfall.* ▷ **wylewać (się), przelewać się (przez) 3 overflow with confidence/happiness/love, etc** to have a lot of a quality or emotion ▷ **emanować pewnością siebie/radością/miłością** *itp.*

• **overflow** /ˈəʊvəfləʊ/ **noun** [C, U] ▷ **fala, nadmiar**

overgrown /ˌəʊvəˈgrəʊn/ **adjective** covered with plants that have become too big: *an overgrown garden* ▷ **zarośnięty, zapuszczony**

overhang /ˌəʊvəˈhæŋ/ **verb** [T] (past tense and past participle **overhung**) to hang over something: ***overhanging branches*** ▷ **zwisać, wisieć**

overhaul /ˌəʊvəˈhɔːl/ **verb** [T] to examine a machine or a system carefully and improve it or repair it: *to overhaul an engine* ▷ **dokonać przeglądu, remontować, przeprowadzić remont (kapitalny)**

• **overhaul** /ˈəʊvəhɔːl/ **noun** [C] ▷ **remont (kapitalny), rewizja**

overhead /ˌəʊvəˈhed/ **adjective, adverb** above you, usually in the sky: *overhead power cables* ◦ *A police helicopter was hovering overhead.* ▷ **napowietrzny, na lub w górze**

overheads /ˈəʊvəhedz/ **noun** [plural] UK (US **overhead**) money that a company spends on its regular and necessary costs, for example rent and heating ▷ **koszty stałe**

overhear /ˌəʊvəˈhɪəʳ/ **verb** [T] (past tense and past participle **overheard**) to hear what someone is saying when they are not talking to you: [+ doing sth] *I overheard him telling her he was leaving.* ▷ **podsłuchać**

overheat /ˌəʊvəˈhiːt/ **verb** [I] to become too hot: *The engine keeps overheating.* ▷ **przegrzać się**

overhung /ˌəʊvəˈhʌŋ/ past of overhang

overjoyed /ˌəʊvəˈdʒɔɪd/ **adjective** very happy: [+ to do sth] *He was overjoyed to hear from his old friend.* ▷ **rozradowany**

overkill /ˈəʊvəkɪl/ **noun** [U] when something is done too much: *Should I add an explanation or would that be overkill?* ▷ **przesada**

overlap /ˌəʊvəˈlæp/ **verb** [I, T] (present participle **overlapping**, past tense and past participle **overlapped**) **1** If two subjects or activities overlap, they are the same in some way: *Although our job titles are different, our responsibilities overlap quite a lot.* ▷ **pokrywać się (z), nakładać się (na) 2** If two objects overlap, part of one covers part of the other. ▷ **nakładać się (na), zachodzić (na)**

• **overlap** /ˈəʊvəlæp/ **noun** [C, U] ▷ **zbieżność, pokrywanie się**

overload /ˌəʊvᵊlˈəʊd/ **verb** [T] **1** to put too many people or things into or onto a vehicle: [often passive] *The coach was overloaded with passengers.* ▷ **przeciążać 2** to give someone more work or problems than they can deal with ▷ **przeciążać**

overlook /ˌəʊvəˈlʊk/ **verb** [T] **1** (B2) to have a view of something from above: *a balcony overlooking the sea* ▷ **wychodzić na, mieć widok na 2** to not notice or consider something: *Two important facts have been overlooked in this case.* ▷ **prze-**

oczyć, pomijać **3** to forgive or ignore someone's bad behaviour ▷ **zapomnieć o, puścić płazem, puścić w zapomnienie**

overly /ˈəʊvəli/ **adverb** in a way that is extreme or too much: *overly optimistic* ◦ *It wasn't overly expensive.* ▷ **przesadnie**

overnight /ˌəʊvəˈnaɪt/ **adverb** **1** B1 for or during the night: *Sometimes we would **stay overnight** at my grandmother's house.* ▷ **na noc, przez noc, nocą** **2** very quickly or suddenly: *Change does not happen overnight.* ▷ **z dnia na dzień**

• **overnight adjective** [always before noun] *overnight rain* ◦ *an **overnight** (= sudden) **success*** ▷ **na noc, nocny**

overpass /ˈəʊvəpɑːs/ **noun** [C] US (UK **flyover**) a bridge that carries a road over another road ▷ **wiadukt**

overpower /ˌəʊvəˈpaʊəʳ/ **verb** [T] **1** to defeat someone by being stronger than they are: [often passive] *The gunman was overpowered by two security guards.* ▷ **obezwładniać** **2** If a feeling, smell, etc overpowers you, it is very strong and makes you feel weak. ▷ **obezwładniać**

overpowering /ˌəʊvəˈpaʊərɪŋ/ **adjective** unpleasantly strong or powerful: *an **overpowering smell*** ▷ **przemożny, obezwładniający**

overpriced /ˌəʊvəˈpraɪst/ **adjective** too expensive ▷ **zbyt drogi**

overran /ˌəʊvəˈræn/ past tense of overrun

overrated /ˌəʊvəˈreɪtɪd/ **adjective** If something is overrated, it is considered to be better or more important than it really is. ▷ **przereklamowany**

overreact /ˌəʊvəriˈækt/ **verb** [I] to react in a way that is more extreme than you should: *She tends to **overreact to** criticism.* ▷ **reagować zbyt mocno lub nieproporcjonalnie**

override /ˌəʊvəˈraɪd/ **verb** [T] (past tense **overrode**, past participle **overridden**) **1** If someone in authority overrides a decision or order, they officially decide that it is wrong: *I don't have the power to **override** his **decision**.* ▷ **unieważniać, uchylać** **2** to be more important than something else: *His desire for money seems to override anything else.* ▷ **przeważać nad, dominować nad**

overriding /ˌəʊvəˈraɪdɪŋ/ **adjective** [always before noun] more important than others: *an **overriding concern*** ▷ **nadrzędny**

overrule /ˌəʊvəˈruːl/ **verb** [T] If someone in authority overrules a decision or order, they officially decide that it is wrong: *Does the judge have the power to overrule the jury?* ▷ **uchylać lub unieważniać (decyzję)**

overrun /ˌəʊvəˈrʌn/ **verb** (present participle **overrunning**, past tense **overran**, past participle **overrun**) **1** [T] If something unpleasant overruns a place, it fills it in large numbers: [often passive] *The house was overrun by rats.* ◦ *Troops overran the city.* ▷ **opanować** **2** [I] UK to continue for a longer time than planned: *Sorry I'm late, but the meeting overran by 20 minutes.* ▷ **przeciągać się, przedłużać się**

overseas /ˌəʊvəˈsiːz/ **adjective** [always before noun] B2 in, to, or from another country: *an **overseas student*** ▷ **zagraniczny**

• **overseas adverb** *to live/work overseas* ▷ **za granicę, za granicą**

oversee /ˌəʊvəˈsiː/ **verb** [T] (present participle **overseeing**, past tense **oversaw**, past participle **overseen**) to watch work as it is done in order to make certain that it is done correctly: *A committee has been set up to oversee the project.* ▷ **nadzorować**

overshadow /ˌəʊvəˈʃædəʊ/ **verb** [T] **1** to cause something to be less enjoyable: [often passive] *The party was overshadowed by a family argument.* ▷ **zdominować, zepsuć** **2** to cause someone or something to seem less important or successful ▷ **przyćmiewać, usunąć w cień**

oversight /ˈəʊvəsaɪt/ **noun** [C, U] a mistake that you make by not noticing something or by forgetting to do something ▷ **przeoczenie**

oversleep /əʊvəˈsliːp/ **verb** [I] (past tense and past participle **overslept**) to sleep longer than you had intended: *Sorry I'm late, I overslept.* ▷ **zaspać**

overstate /ˌəʊvəˈsteɪt/ **verb** [T] to talk about something in a way that makes it seem more important than it really is ▷ **wyolbrzymiać, przesadzać z**

overstep /ˌəʊvəˈstep/ **verb** (present participle **overstepping**, past tense and past participle **overstepped**) **overstep the mark** to behave in a way that is not allowed or not acceptable ▷ **przekroczyć dopuszczalną granicę, przeciągać strunę**

overt /əʊˈvɜːt/ **adjective** done or shown publicly and not hidden: ***overt criticism*** ▷ **jawny, otwarty**

• **overtly adverb** *overtly racist remarks* ▷ **jawnie, otwarcie, wprost**

overtake /ˌəʊvəˈteɪk/ **verb** (past tense **overtook**, past participle **overtaken**) **1** [T] to become more successful than someone or something else: *Tobacco has overtaken coffee to become the country's leading export.* ▷ **wyprzedzać, prześcigać** **2** [I, T] B2 to go past a vehicle or person that is going in the same direction ▷ **wyprzedzać**

over-the-counter /ˌəʊvəðəˈkaʊntəʳ/ **adjective** [always before noun] Over-the-counter medicines can be bought in a shop without first visiting a doctor. ▷ **(dostępny) bez recepty**

• **over-the-counter adverb** *Most of these tablets can be **bought over-the-counter**.* ▷ **bez recepty**

overthrow /ˌəʊvəˈθrəʊ/ **verb** [T] (past tense **overthrew**, past participle **overthrown**) to remove someone from power by using force: *They were accused of plotting to **overthrow** the **government**.* ▷ **obalić**

• **overthrow** /ˈəʊvəθrəʊ/ **noun** [no plural] ▷ **obalenie**

O

overtime /ˈəʊvətaɪm/ **noun** [U] **B2** extra time that you work after your usual working hours: *unpaid overtime* ▷ **nadgodziny**
• **overtime adverb** ▷ **w nadgodzinach, po godzinach**

overtones /ˈəʊvətəʊnz/ **noun** [plural] ideas that seem to be expressed but that are not stated directly: *His speech had political overtones.* ▷ **podteksty**

overtook /ˌəʊvəˈtʊk/ past tense of overtake

overture /ˈəʊvətjʊəʳ/ **noun** [C] a piece of classical music that introduces another longer piece such as an opera ▷ **uwertura**

overturn /ˌəʊvəˈtɜːn/ **verb 1 overturn a conviction/ruling/verdict, etc** to officially change a legal decision ▷ **unieważniać wyrok skazujący/orzeczenie/werdykt** *itp.* **2** [I, T] If something overturns or if you overturn something, it turns over onto its top or onto its side: *She overturned her car in the accident.* ▷ **przewracać (się), wywracać (się)**

overview /ˈəʊvəvjuː/ **noun** [C] a short description giving the most important facts about something: *I'll just **give** you **an overview** of the job.* ▷ **przegląd**

> Wyrazy występujące razem z **overview**
>
> **give/provide** an overview • a **brief/broad/comprehensive/general** overview • an overview **of** sth

O

overweight /ˌəʊvəˈweɪt/ **adjective** too heavy or too fat: *He's still a few pounds overweight.* ▷ **za gruby, za ciężki** → Opposite **underweight**

overwhelm /ˌəʊvəˈwelm/ **verb** [T] If a feeling or situation overwhelms someone, it has an effect that is too strong or extreme: [often passive] *She was overwhelmed by the excitement of it all.* ▷ **przytłaczać**

overwhelming /ˌəʊvəˈwelmɪŋ/ **adjective** very strong in effect or large in amount: *an **overwhelming feeling** of sadness* ◦ *They won by an **overwhelming majority**.* ▷ **przytłaczający**
• **overwhelmingly adverb** ▷ **w przeważającej części, miażdżącą większością głosów**

overworked /ˌəʊvəˈwɜːkt/ **adjective** Someone who is overworked has to work too much: *We're **overworked and underpaid**.* ▷ **przepracowany**

overwrite /ˌəʊvəˈraɪt/ **verb** [T] If you overwrite a computer file, you replace it with a different one. ▷ **nadpisać**

oviduct /ˈəʊvɪdʌkt/ **noun** [C] in the female body, the tube that an egg passes through after it leaves the ovary: *In a woman's body the oviduct is either of the two fallopian tubes.* ▷ **jajowód**

ovulate /ˈɒvjəleɪt/ **verb** [I] When a woman ovulates, her body produces eggs. ▷ **jajeczkować**
• **ovulation** /ˌɒvjəˈleɪʃᵊn/ **noun** [U] ▷ **owulacja, jajeczkowanie**

ovule /ˈɒvjuːl/ **noun** [C] in plants, the part inside the ovary that contains the female sex cell and will develop into a seed ▷ **zalążek**

ovum /ˈəʊvəm/ **noun** [C] (plural **ova**) an egg in a female animal or plant that can grow into a baby or new plant ▷ **jajo**

owe /əʊ/ **verb** [T] **1 B1** to have to pay money back to someone: [+ two objects] *You still owe me money.* ◦ *He **owes** about £5000 **to** the bank.* ▷ **być winnym 2 owe sb an apology/favour/drink, etc B2** to have to give something to someone because they deserve it: *I think I owe you an apology.* ▷ **być** *komuś* **winnym przeprosiny/przysługę/drinka** *itp.* **3 owe your existence/success, etc to sb/sth** to have something or achieve something because of someone or something else: *The museum owes much of its success to the present generation of young British artists.* ▷ **zawdzięczać** *komuś/czemuś* **swoje istnienie/swój sukces** *itp.*

owing to /əʊɪŋ tuː/ **preposition B2** because of: *The concert has been cancelled owing to lack of support.* ▷ **z powodu**

owl /aʊl/ **noun** [C] **B2** a bird that has large eyes and hunts small animals at night ▷ **sowa**

owl

own[1] /əʊn/ **adjective, pronoun, determiner 1 A2** belonging to or done by a particular person or thing: *Each student has their own dictionary.* ◦ *Petra makes all her own clothes.* ◦ *"Is that your mum's car?" "No, it's my own (= it belongs to me)."* ▷ **własny 2 of your own** belonging to someone or something: *I'll have a home of my own (= home belonging only to me) someday.* ▷ **własny 3 (all) on your own a B1** alone: *Jessica lives on her own.* ▷ **sam, samotnie b B1** If you do something on your own, you do it without any help from other people: *She's raised three kids on her own.* ▷ **sam, samemu, samodzielnie**

IDIOMS **come into your/its own** to be very useful or successful: *By the 1970s, Abrams was starting to come into his own as a soloist.* ▷ **sprawdzić się, przydać się, mieć okazję lub móc się wykazać** • **get your own back (on sb)** UK to do something unpleasant to someone because they have done something unpleasant to you ▷ **odpłacić (***komuś***) pięknym za nadobne** • **hold your own** to be as successful as other people or things: *She could always hold her own in political debates.* ▷ **stawiać czoło konkurencji, nie dawać za wygraną**

own[2] /əʊn/ **verb** [T] **B1** to have something that legally belongs to you: *The University owns a lot of the land around here.* ▷ **posiadać**

PHRASAL VERB **own up** to admit that you have done something wrong: [+ to + doing sth] *No one* *has owned up to breaking that window.* ▷ **przyznać się**

owner /ˈəʊnəʳ/ **noun** [C] (B1) someone who legally owns something: *a property owner* ▷ **właściciel/ka**
• **ownership noun** [U] when you own something ▷ **posiadanie, własność**

> Wyrazy występujące razem z **owner**
> the **current/original/previous** owner • the owner **of** sth

ox /ɒks/ **noun** [C] (plural **oxen**) a large, male cow, used especially in the past to pull farm vehicles ▷ **wół**

oxbow lake /ˌɒksbəʊˈleɪk/ **noun** [C] a c-shaped lake that was in the past a bend in a river but became separated when the river stopped flowing round the bend and started flowing in a straight line ▷ **jezioro przyrzeczne**

oxide /ˈɒksaɪd/ **noun** [C, U] a chemical combination of oxygen and one other element: *iron oxide* ▷ **tlenek**

oxidize (also UK **-ise**) /ˈɒksɪdaɪz/ **verb** [T, I] If a substance oxidizes, it combines with oxygen and forms another substance, and if something oxidizes a substance, it causes it to do this. ▷ **utleniać (się)**
• **oxidation** /ˌɒksɪˈdeɪʃən/ **noun** [U] ▷ **utlenianie**

oxygen /ˈɒksɪdʒən/ **noun** [U] (B2) a gas that is in the air and that animals need to live (formula O) ▷ **tlen**

oxygenate /ˈɒksɪdʒəneɪt/ **verb** [T] to get oxygen into a substance: *oxygenated blood* ▷ **natleniać**
• **oxygenation** /ˌɒksɪdʒəˈneɪʃən/ **noun** [U] ▷ **natlenianie**

ˈoxygen ˌdebt noun [C] the extra oxygen that the body uses during exercise, which must be replaced when resting ▷ **dług tlenowy**

oxyhaemoglobin UK (US **oxyhemoglobin**) /ˌɒksiˌhiːməʊˈgləʊbɪn/ **noun** [U] the bright red form of haemoglobin that contains oxygen ▷ **oksyhemoglobina**

oxymoron /ˌɒksɪˈmɔːrɒn/ **noun** [C] two words used together, which mean two different or opposite things, such as 'bitter-sweet' or 'smart casual' ▷ **oksymoron**

oyster /ˈɔɪstəʳ/ **noun** [C] a sea creature that lives in a flat shell and is eaten as food ▷ **ostryga**

oz written abbreviation for ounce: *an 8 oz steak* ▷ **uncja**

ozone /ˈəʊzəʊn/ **noun** [U] a form of oxygen that has a powerful smell (formula O_3) ▷ **ozon**

the ˈozone ˌlayer noun the layer of ozone high above the Earth's surface that prevents the sun from harming the Earth ▷ **warstwa lub powłoka ozonowa**

O

P, p /piː/ the sixteenth letter of the alphabet ▷ **P, p**

p. **1** written abbreviation for page: *See diagram on p.135.* ▷ **s., str. (= strona)** **2** abbreviation for penny or pence: *a 20p coin* ▷ **p (= pens)**

PA /piːˈeɪ/ UK abbreviation for personal assistant: a person who organizes letters, meetings and telephone calls for someone with an important job ▷ **osobist-y/a asystent/ka**

pace[1] /peɪs/ **noun** **1** [no plural] B2 the speed at which someone or something moves or does something: *We started to walk at a much faster pace.* ◦ *the* ***pace of*** *life* ▷ **tempo** **2** [C] a step: *Every few paces I stopped to listen.* ▷ **krok** **3 keep pace with sb/sth** to move or develop at the same speed as someone or something else: *We have to keep pace with the changing times.* ▷ **nadążać za** *kimś/czymś*, **dotrzymywać** *komuś/czemuś* **kroku** → See also **at a *snail's* pace**

> Wyrazy występujące razem z **pace**
>
> **quicken/slow** your pace • **at a** [blistering/brisk/leisurely, etc] pace • **the pace of** sth

pace[2] /peɪs/ **verb** **1 pace about/up and down, etc** to walk around because you are worried or excited about something: *He kept pacing up and down, glancing at his watch.* ▷ **chodzić tam i z powrotem** **2 pace yourself** to be careful not to do something too quickly so that you do not get too tired to finish it ▷ **rozkładać siły**

pacemaker /ˈpeɪsˌmeɪkəʳ/ **noun** [C] a small piece of medical equipment in someone's heart that makes it work at the correct speed ▷ **rozrusznik (serca)**

pachyderm /ˈpækɪdɜːm/ **noun** [C] a type of large animal with thick skin and hooves, for example an elephant ▷ **gruboskórzec**

pacifier /ˈpæsɪfaɪəʳ/ **noun** [C] US (UK **dummy**) a small rubber object that you give to a baby to suck in order to make it calm ▷ **smoczek**

pacifism /ˈpæsɪfɪzᵊm/ **noun** [U] the belief that war or fighting of any type is wrong ▷ **pacyfizm** • **pacifist** /ˈpæsɪfɪst/ **noun** [C] someone who believes in pacifism ▷ **pacyfist-a/ka**

pacify /ˈpæsɪfaɪ/ **verb** [T] to do something in order to make someone less angry or upset: *She smiled at Jamie to pacify him.* ▷ **uspokajać**

pack[1] /pæk/ **verb** **1** [I, T] A2 to put your things into bags or boxes when you are going on holiday or leaving the place where you live: *I've got to go home and pack.* ◦ *to* ***pack*** *your* ***bags*** ▷ **pakować (się)** → Opposite **unpack** **2** [T] If people pack a place, there are so many of them in it that it is very crowded: *Thousands of fans packed the club.* ▷ **wypełniać**

PHRASAL VERBS **pack sth in** **1** informal to stop doing something: *If this job doesn't get any better I'm going to* ***pack it in.*** ▷ **dać sobie spokój z** *czymś*, **rzucić** *coś* **(w diabły)** **2** to manage to do a lot of things in a short period of time: *We were only there four days but we packed so much in.* ▷ **upakować** *coś*, **wcisnąć** *coś* • **pack sb off** informal to send someone away: *We were* ***packed off to*** *our grandparents' for the summer holidays.* ▷ **wyekspediować** *kogoś* • **pack (sth) up** B2 to collect all your things together when you have finished doing something: *I'm about to* ***pack*** *my* ***things up*** *and go home.* ▷ **spakować się/***coś*

pack[2] /pæk/ **noun** [C] **1** mainly US B2 a small box that contains several of the same thing: *a pack of cigarettes* ▷ **pudełko, opakowanie** **2** mainly US a bag that you carry on your back ▷ **plecak** **3** a group of animals that live together, especially those of the dog family: *a* ***pack of wolves*** ▷ **sfora, stado** **4** (also US **deck**) a set of playing cards ▷ **talia** → See also **fanny pack**

package[1] /ˈpækɪdʒ/ **noun** [C] **1** B2 an object that is covered in paper, inside a box, etc, especially so that it can be sent somewhere ▷ **paczka, pakiet** **2** B2 a group of objects, plans, or arrangements that are sold or considered together: *a computer package* ◦ *This ski package includes hotel, transport, and four days of skiing.* ▷ **pakiet** **3** US a box or container in which something is put to be sold: *a package of raisins/cookies* ▷ **opakowanie**

package[2] /ˈpækɪdʒ/ **verb** [T] **1** to put something into a box or container so that it can be sold: *It's neatly packaged in a blue and white box.* ▷ **pakować, opakować** **2** to show someone or something in an attractive way so that people will like or buy them: *What's important is the way we package the programme.* ▷ **zaprezentować, przedstawiać**

ˌpackage ˈholiday **noun** [C] UK (UK/US **ˈpackage ˌtour**) a holiday that is arranged for you by a travel company and for which you pay a fixed price before you go ▷ **wczasy zorganizowane**

packaging /ˈpækɪdʒɪŋ/ **noun** [U] the paper, box, etc that something is inside so that it can be sold or sent somewhere ▷ **opakowanie, opakowania**

packed /pækt/ **adjective** (also UK **packed out**) B2 very crowded: *The hall was packed.* ▷ **zatłoczony**

ˌpacked ˈlunch **noun** [C] UK food that you put in a bag or box and take to eat at work, school, etc ▷ **drugie śniadanie**

packet /ˈpækɪt/ **noun** [C] UK (US **pack**) B1 a small container that contains several of the same thing: *a packet of cigarettes/sweets* ▷ **opakowanie, paczka**

packing /ˈpækɪŋ/ **noun** [U] **1** when you put things into bags or boxes in order to take them somewhere: *I've got to* ***do*** *my* ***packing*** *because I'm going tomorrow.* ▷ **pakowanie 2** paper, material, etc that you put around an object in a box so that it does not get damaged ▷ **opakowanie**

pact /pækt/ **noun** [C] an agreement between two people or groups: *We* ***have*** *a* ***pact*** *never to talk about each other.* ▷ **pakt, układ**

> Wyrazy występujące razem z **pact**
>
> **have/make/sign** a pact • a pact **between** sb and sb • a pact **with** sb

pad¹ /pæd/ **noun** [C] **1** (also US **tablet**) sheets of paper that have been fastened together at one edge, used for writing or drawing: *There's a pad and pencil by the phone.* ▷ **bloczek, notes, zeszyt 2** a small piece of soft material used to protect something or to make something more comfortable: *knee/shin pads* ▷ **ochraniacz**

pad² /pæd/ **verb** (present participle **padding**, past tense and past participle **padded**) **1 pad about/around/down, etc** to walk somewhere with small, quiet steps: *He padded downstairs and out of the front door.* ▷ **(cicho) stąpać 2** [T] to protect something or make something more comfortable by filling or surrounding it with soft material ▷ **obijać, wykładać, wytapicerować**

PHRASAL VERB **pad sth out** to make a piece of writing or a speech longer by adding more information to it ▷ **wydłużać** *coś*

padding /ˈpædɪŋ/ **noun** [U] soft material that is used to fill or cover something to protect it or make it more comfortable ▷ **obicie, wyściółka**

paddle¹ /ˈpædl/ **noun 1** [C] a short pole with one flat end that you use to make a small boat move through the water ▷ **wiosło 2** [no plural] UK when you walk in water that is not deep: *to go for a paddle* ▷ **brodzenie, ≈ brodzić**

paddle² /ˈpædl/ **verb 1** [I, T] to move a small boat through water with a paddle ▷ **wiosłować, płynąć 2** [I] UK (US **wade**) to walk in water that is not deep ▷ **brodzić 3** [I] US to swim using short, quick movements with your arms and legs ▷ **płynąć pieskiem**

paddock /ˈpædək/ **noun** [C] a small field where animals are kept, especially horses ▷ **padok, wybieg**

paddy field /ˈpædiˌfi:ld/ **noun** [C] UK (UK/US **rice paddy**) a field in which rice is grown ▷ **pole ryżowe**

padlock /ˈpædlɒk/ **noun** [C] a metal lock with a U-shaped part that is used for fastening bicycles, doors, etc ▷ **kłódka**
• **padlock verb** [T] ▷ **zamykać na kłódkę**

paediatrician UK (US **pediatrician**) /ˌpi:diəˈtrɪʃən/ **noun** [C] a children's doctor ▷ **pediatra**

paedophile UK (US **pedophile**) /ˈpi:dəʊfaɪl/ **noun** [C] someone who is sexually interested in children ▷ **pedofil**

pagan /ˈpeɪgən/ **adjective** relating to religious beliefs that do not belong to any of the main religions of the world: *a pagan festival* ▷ **pogański**
• **pagan noun** [C] someone who has pagan religious beliefs ▷ **poga-nin/nka**

page¹ /peɪdʒ/ **noun** [C] **1** (A1) a piece of paper in a book, magazine, etc, or one side of a piece of paper: *The article is* ***on page*** *36.* ◦ *I've only read 50 pages so far.* ▷ **strona 2** (also **web page**) (A2) one part of a website that you can see or print separately ▷ **strona** → See also **home page, the Yellow Pages**

> Wyrazy występujące razem z **page**
>
> **turn** a page • the **back/front** page • **on** page [25/36, etc]

page² /peɪdʒ/ **verb** [T] **1** to call someone using a sound system in a public place ▷ **przywoływać, wzywać 2** to send a message to someone's pager ▷ **wysyłać wiadomość na pager**

pageant /ˈpædʒənt/ **noun** [C] a show that happens outside in which people dress and act as if they are from a time in history ▷ **(historyczne) widowisko plenerowe**

pageantry /ˈpædʒəntri/ **noun** [U] ceremonies in which there are a lot of people in special clothes ▷ **(historyczne) widowiska plenerowe**

pager /ˈpeɪdʒəʳ/ **noun** [C] a small piece of electronic equipment that you carry which makes a noise or movement when someone sends a message ▷ **pager**

pagoda /pəˈgəʊdə/ **noun** [C] a tall religious building in Asia with many levels, each of which has a curved roof ▷ **pagoda**

paid /peɪd/ past of pay

pail /peɪl/ **noun** [C] a container with an open top and a handle used for carrying liquids ▷ **wiadro**

pain¹ /peɪn/ **noun 1** [C, U] (A2) an unpleasant physical feeling caused by an illness or injury: *chest/stomach pains* ◦ *Are you* ***in pain****?* ◦ *I felt a* ***sharp pain*** *in my foot.* ▷ **ból 2** [U] (B2) sadness or mental suffering caused by an unpleasant event: *I can't describe the pain I suffered when he died.* ▷ **ból 3 be a pain (in the neck)** informal to be annoying: *My brother can be a real pain in the neck sometimes.* ▷ **być kłopotliwym 4 be at pains to do sth; take pains to do sth** to make a lot of effort to do something: *He was at great pains to explain the reasons for his decision.* ▷ **zadawać sobie trud, żeby** *coś zrobić*

> Wyrazy występujące razem z **pain**
>
> **excruciating/severe/sharp/unbearable** pain • **ease/inflict/relieve/suffer** pain • **in** pain

P

pain² /peɪn/ **verb** [T] formal If something pains you, it makes you feel sad or upset: [+ to do sth] *It pained him to see animals being treated so cruelly.* ▷ **sprawiać przykrość, boleć**

pained /peɪnd/ **adjective** appearing to be sad or upset: *a **pained expression*** ▷ **zbolały**

painful /ˈpeɪnfəl/ **adjective 1** B1 causing physical pain: *Recovery from the operation is a slow and painful process.* ▷ **bolesny 2** B2 making you feel sad or upset: *a painful memory* ▷ **bolesny**

painfully /ˈpeɪnfəli/ **adverb 1** in a painful way: *He landed painfully on his elbow.* ▷ **boleśnie 2 painfully clear/obvious, etc** If a problem is painfully clear/obvious, etc, it is embarrassing because it is so clear/obvious, etc.: *It was painfully obvious that she didn't like him.* ▷ **nad wyraz oczywisty** *itp.* **3** used to emphasize an unpleasant situation or quality: *She's **painfully** thin.* ▷ **przerażająco**

painkiller /ˈpeɪnˌkɪləʳ/ **noun** [C] a drug which reduces pain ▷ **lek lub środek przeciwbólowy**

painless /ˈpeɪnləs/ **adjective 1** causing no physical pain: *a painless death* ▷ **bezbolesny 2** causing no problems or difficulties: *There is no painless way of learning a language.* ▷ **łatwy**
• **painlessly adverb** ▷ **bezboleśnie, łatwo**

painstaking /ˈpeɪnzˌteɪkɪŋ/ **adjective** done with a lot of care: *It took months of **painstaking research** to write the book.* ▷ **staranny, skrupulatny**
• **painstakingly adverb** ▷ **starannie, skrupulatnie**

paint¹ /peɪnt/ **noun** [C, U] A1 a coloured liquid that you put on a surface to decorate it: *a gallon of blue paint* ◦ *The door needs another **coat** (= layer) **of paint**.* ▷ **farba**

paint² /peɪnt/ **verb 1** [T] A2 to cover a surface with paint in order to decorate it: *We've painted the kitchen yellow.* ▷ **malować, pomalować 2** [I, T] A1 to produce a picture of something or someone using paint: *These pictures were all painted by local artists.* ▷ **malować** → See also **paint a bleak/rosy, etc *picture* of sth**

paintbrush /ˈpeɪntbrʌʃ/ **noun** [C] a brush that is used for painting pictures or for painting surfaces such as walls and doors ▷ **pędzel**

painter /ˈpeɪntəʳ/ **noun** [C] **1** A2 someone who paints pictures ▷ **mala-rz/rka 2** someone whose job is to paint surfaces, such as walls and doors: *a painter and decorator* ▷ **malarz**

painting /ˈpeɪntɪŋ/ **noun 1** [C] A2 a picture that someone has painted ▷ **obraz 2** [U] A2 the activity of painting pictures or painting surfaces ▷ **malowanie, malarstwo** → See also **oil painting**

> Wyrazy występujące razem z **painting**
> do a painting • a painting of sth/sb • a painting by sb

pair¹ /peəʳ/ **noun** [C] **1** A2 two things that look the same and that are used together: *a pair of socks/shoes* ▷ **para 2** A2 something that is made of two parts that are joined together: *a pair of scissors* ◦ *a new pair of jeans/trousers* ▷ **para 3** A1 two people who are doing something together: *For the next exercise, you'll need to work **in pairs**.* ▷ **para**

pair² /peəʳ/ **verb**

PHRASAL VERBS **pair off** If two people pair off, they begin a romantic or sexual relationship. ▷ **łączyć się w parę lub pary** • **pair sb off with sb** to introduce one person to another because you hope they will begin a romantic relationship: *Caroline tried to pair me off with her sister.* ▷ **aranżować** *komuś* **spotkanie z** *kimś* • **pair up** to join another person for a short time in order to do something: ***I paired up with** Chris for the last dance.* ▷ **dobierać się**

pajamas /pəˈdʒɑːməz/ **noun** [plural] US spelling of pyjamas ▷ **piżama**

Pakistan /ˌpɑːkɪˈstɑːn/ **noun** a country in Asia ▷ **Pakistan**
• **Pakistani** /ˌpɑːkɪˈstɑːni/ **adjective** coming from or relating to Pakistan ▷ **pakistański** • **Pakistani noun** someone from Pakistan ▷ **Pakista-ńczyk/nka**

pal /pæl/ **noun** [C] informal a friend: *He's an old pal of mine.* ▷ **kumpel/a**

palace /ˈpælɪs/ **noun** [C] B1 a large house where a king or queen lives: *Buckingham Palace* ▷ **pałac**

palatable /ˈpælətəbl/ **adjective** formal **1** If food or drink is palatable, it has a pleasant taste: *a palatable local wine* ▷ **smaczny 2** If an idea or plan is palatable, it is acceptable: *They need to make the project more palatable to local people.* ▷ **strawny, do przyjęcia** → Opposite **unpalatable**

palate /ˈpælət/ **noun** [C] **1** the top part of the inside of your mouth ▷ **podniebienie 2** the ability to judge and enjoy good food and drink ▷ **smak**

pale /peɪl/ **adjective 1 pale blue/green/red, etc** A2 light blue/green/red, etc: *a pale yellow dress* ▷ **bladoniebieski/bladozielony/bladoczerwony** *itp.* **2** B2 If your face is pale, it has less colour than usual because you are ill or frightened. ▷ **blady**

Palestine /ˈpæləstaɪn/ **noun** a region in the Middle East ▷ **Palestyna**
• **Palestinian** /pæləˈstɪniən/ **adjective** coming from or relating to Palestine ▷ **palestyński** • **Palestinian noun** someone from Palestine ▷ **Palesty-ńczyk/nka**

palisade layer /ˌpælɪseɪdˈleɪəʳ/ **noun** [C] a layer of long cells between two thin surface layers of a leaf, that contains a lot of chloroplasts ▷ **warstwa palisadowa**

pall¹ /pɔːl/ **verb** [I] to become less interesting and enjoyable: *The pleasure of not having to work soon began to pall.* ▷ **przykrzyć się, nudzić się**

pall² /pɔːl/ **noun a pall of dust/smoke, etc** a thick cloud of dust/smoke, etc ▷ **obłok pyłu/ dymu** *itp.*

IDIOM **cast a pall over sth** If an unpleasant situation or piece of news casts a pall over an event, it spoils it: *The news of Nick's accident cast a pall over the celebrations.* ▷ **kłaść się cieniem na** *czymś*

palm¹ /pɑːm/ **noun** [C] **1** the inside surface of your hand ▷ **dłoń** → See **The Body** on page Centre 13 **2** a palm tree ▷ **palma**

palm² /pɑːm/ **verb**

PHRASAL VERBS **palm sb off** to tell someone something that is not true so that they will stop asking questions: *He* ***palmed*** *me* ***off with*** *an excuse about why he couldn't pay.* ▷ **zbywać** *kogoś* • **palm sth off as sth** to deceive people by saying that something has a particular quality or value that it does not have ▷ **reklamować** *coś* **jako** *coś* • **palm sth off on sb** to give or sell something to someone because you want to get rid of it: *He palmed his old computer off on me.* ▷ **wciskać** *komuś coś*

Palm /pɑːm/ **noun** [C] trademark a small computer that you can carry with you ▷ **palmtop**

palmate /ˈpælmeɪt/ **adjective** describes leaves which all grow from the same point at the end of a stalk, in a hand-shape ▷ **dłoniasty**

palmtop /ˌpɑːmtɒp/ **noun** [C] a type of computer which is small enough to fit in your hand ▷ **palmtop**

ˈpalm ˌtree noun [C] a tall tree with long leaves at the top which grows in hot countries ▷ **palma**

palpable /ˈpælpəbl/ **adjective** very obvious: *There was a palpable sense of tension in the crowd.* ▷ **ewidentny, wyraźnie wyczuwalny**

paltry /ˈpɔːltri/ **adjective** A paltry amount of something, especially money, is very small: *a* ***paltry sum*** *of money* ▷ **marny, nędzny**

pamper /ˈpæmpəʳ/ **verb** [T] to treat someone in a kind way and give them everything they want: *She pampered herself with a trip to the beauty salon.* ▷ **rozpieszczać, dogadzać**

pamphlet /ˈpæmflɪt/ **noun** [C] a very thin book with a paper cover that gives information about something: *The tourist office gave me a pamphlet about places to visit in the city.* ▷ **broszura**

pan¹ /pæn/ **noun** [C] (B1) a metal container with a handle that is used for cooking food in ▷ **rondel, patelnia** → See also **a** ***flash*** **in the pan**, **frying pan**

pan² /pæn/ **verb** [T] (present participle **panning**, past tense and past participle **panned**) informal to criticize something severely: [often passive] *His last novel was panned by the critics.* ▷ **zjechać**

PHRASAL VERB **pan out** to develop in a particular way: *Not all his ideas had panned out in the way he would have liked.* ▷ **wyjść, udać się**

panacea /ˌpænəˈsiːə/ **noun** [C] something that people believe can solve all their problems ▷ **panaceum**

panache /pəˈnæʃ/ **noun** [U] a confident and attractive way of doing things: *The orchestra played with great panache.* ▷ **polot**

Panama /ˈpænəmɑː/ **noun** a country in Central America ▷ **Panama**

• **Panamanian** /ˌpænəˈmeɪniən/ **adjective** coming from or relating to Panama ▷ **panamski** • **Panamanian noun** someone from Panama ▷ **Panam-czyk/ka**

pancake /ˈpænkeɪk/ **noun** [C] (B2) a thin, flat food made from flour, milk, and egg mixed together and cooked in a pan ▷ **naleśnik**

pancreas /ˈpæŋkriəs/ **noun** [C] an organ in the body that makes insulin and other substances which help to change food into a form that the body can use ▷ **trzustka**

pancreˈatic ˌduct noun [C, usually singular] in the human body, a tube in the pancreas that takes pancreatic juice into the small intestine ▷ **przewód trzustkowy**

pancreˈatic ˌjuice noun [U] a watery liquid made in the pancreas which helps to change food into a form that the body can use ▷ **sok trzustkowy**

panda /ˈpændə/ **noun** [C] a large, black and white animal that lives in forests in China ▷ **panda**

panda

pandemonium /ˌpændəˈməʊniəm/ **noun** [U] when there is a lot of noise and confusion because people are angry or excited about something that has happened: ***Pandemonium broke out*** *in the courtroom as they took him away.* ▷ **wrzawa, zamieszanie**

pander /ˈpændəʳ/ **verb**

PHRASAL VERB **pander to sb/sth** to do what someone wants although it is wrong: *He said he would not pander to public pressure.* ▷ **ugiąć się przed** *kimś/czymś*

P&P /ˌpiːənˈpiː/ **noun** [U] UK abbreviation for postage and packing ▷ **koszt wysyłki**

pane /peɪn/ **noun** [C] a flat piece of glass in a window or door ▷ **szyba**

panel /ˈpænəl/ **noun** [C] **1** a flat, rectangular piece of wood, metal, etc that forms the surface of a door, wall, etc ▷ **panel, płycina 2** a group of people who are chosen to discuss something or make a decision about something: *a panel of experts* ▷ **panel, zespół 3** the part of a car, aircraft, etc that the controls are fixed to ▷ **tablica (przyrządów)** → See also **solar panel**

panelling UK (US **paneling**) /ˈpænəlɪŋ/ **noun** [U] flat, rectangular pieces of wood that form the surface of walls, doors, etc: *carved oak panelling* ▷ **boazeria, panele**

P

panellist UK (US **panelist**) /ˈpænəlɪst/ **noun** [C] one of a group of people who are chosen to discuss something or make a decision about something ▷ **uczestni-k/czka dyskusji**

pang /pæŋ/ **noun** [C] a sudden, strong feeling of an unpleasant emotion: *Bernard felt a sharp pang of jealousy.* ▷ **przypływ**

panhandle /ˈpænˌhændl/ **verb** [I] US to ask people for money in a public place ▷ **żebrać** • **panhandler** noun [C] US ▷ **żebra-k/czka**

panic[1] /ˈpænɪk/ **noun** [C, U] B2 a sudden, strong feeling of worry or fear that makes you unable to think or behave calmly: *He was **in a panic** about his exams.* ◦ *She had a **panic attack** (= suddenly felt extreme panic) in the supermarket.* ▷ **panika**

> Wyrazy występujące razem z **panic**
>
> be **in a** panic • panic **breaks out** • **absolute/blind** panic • panic **about/over** sth • **do** sth **in panic** • a panic **attack**

panic[2] /ˈpænɪk/ **verb** [I, T] (present participle **panicking**, past tense and past participle **panicked**) B2 to suddenly feel so worried or frightened that you cannot think or behave calmly, or to make someone feel this way: *Don't panic, we've got plenty of time.* ▷ **panikować, przestraszyć (się)**

panicky /ˈpænɪki/ **adjective** feeling worried or frightened ▷ **spanikowany**

panic-stricken /ˈpænɪkˌstrɪkᵊn/ **adjective** extremely frightened ▷ **przerażony**

panorama /ˌpænᵊrˈɑːmə/ **noun** [C] a view of a wide area ▷ **panorama**

panoramic /ˌpænᵊˈræmɪk/ **adjective** A panoramic view is very wide: *a **panoramic view** of the city* ▷ **panoramiczny**

pansy /ˈpænzi/ **noun** [C] a small garden flower with round petals which can be many different colours ▷ **bratek**

pant /pænt/ **verb** [I] to breathe quickly and loudly because it is hot or because you have been running, etc ▷ **sapać**

panther /ˈpænθəʳ/ **noun** [C] a large, black, wild cat ▷ **pantera**

panties /ˈpæntiːz/ **noun** [plural] mainly US (UK **knickers**) women's underwear that covers the bottom ▷ **majtki** → See **Clothes** on page Centre 9

pantomime /ˈpæntəmaɪm/ **noun** [C, U] a funny play performed in the UK around Christmas, based on traditional children's stories ▷ **przedstawienie dla dzieci**

pantry /ˈpæntri/ **noun** [C] a small room where food is kept ▷ **spiżarnia**

pants /pænts/ **noun** [plural] **1** US (UK/US **trousers**) a piece of clothing that covers the legs and has a separate part for each leg ▷ **spodnie** → See **Clothes** on page Centre 8 **2** UK (US **underpants**) B1 underwear that covers the bottom ▷ **majtki** → See **Clothes** on page Centre 9

ˈ**pant** ˌ**suit** **noun** [C] US (UK **trouser suit**) a woman's jacket and trousers made of the same material ▷ **kostium, spodnium**

pantyhose /ˈpæntihəʊz/ **noun** [plural] US (UK **tights**) a piece of women's clothing made of very thin material that covers the legs and bottom ▷ **rajstopy**

papa /pəˈpɑː/ **noun** [C] old-fashioned another word for father ▷ **ojczulek**

the papacy /ˈpeɪpəsi/ **noun** the position or authority of the Pope ▷ **papiestwo**

papal /ˈpeɪpᵊl/ **adjective** relating to the Pope ▷ **papieski**

paparazzi /ˌpæpəˈrætsi/ **noun** [plural] photographers whose job is to follow famous people and take photographs of them for newspapers and magazines ▷ **paparazzi**

paper[1] /ˈpeɪpəʳ/ **noun** **1** [U] A1 thin, flat material used for writing on, covering things in, etc: *a piece/sheet of paper* ▷ **papier** **2** [C] B1 a newspaper ▷ **gazeta** **3** [C] UK A2 an examination: *Candidates must answer two questions from each paper.* ▷ **egzamin (pisemny)** **4** [C] a piece of writing about a particular subject written by someone who has been studying that subject: *She's just published a paper on language acquisition.* ▷ **artykuł, referat** → See also **blotting paper**, **carbon paper**, **toilet paper**, **White Paper**, **wrapping paper**

paper[2] /ˈpeɪpəʳ/ **verb** [T] to decorate the walls of a room by covering them with paper ▷ **tapetować**

paperback /ˈpeɪpəbæk/ **noun** [C] a book that has a soft paper cover ▷ **książka w miękkiej oprawie**

ˈ**paper** ˌ**clip** **noun** [C] a small piece of metal used to hold several pieces of paper together ▷ **spinacz** → See **The Office** on page Centre 5

ˈ**paper** ˌ**round** **noun** [C] When someone does a paper round, they deliver newspapers to all the houses in a particular area. ▷ **dostawa gazet**

papers /ˈpeɪpəz/ **noun** [plural] official documents: *My papers are safely locked away.* ▷ **dokumenty**

ˈ**paper** ˌ**weight** **noun** [C] a small, heavy object that you put on top of pieces of paper to stop them from moving ▷ **przycisk do papieru**

paperwork /ˈpeɪpəwɜːk/ **noun** [U] B2 the part of a job that involves writing letters, organizing information, etc ▷ **papierkowa robota, formalności**

Papua New Guinea /ˈpæpuənjuːˈgɪni/ **noun** a country consisting of a group of islands in southeast Asia ▷ **Papua-Nowa Gwinea** • **Papua New Guinean** /ˈpæpuə njuː ˈgɪniən/ **adjective** coming from or relating to Papua New Guinea ▷ **papuański** • **Papua New Guinean** **noun** someone from Papua New Guinea ▷ **Papua-ńczyk/nka**

par /pɑːʳ/ **noun** **1** **be on a par with sb/sth** to be the same as or equal to someone or something

▷ **dorównywać** *komuś/czemuś* **2 below par** not as good as usual: *I'm feeling a bit below par today.* ▷ **poniżej przeciętnej, gorzej niż zwykle**

IDIOM **be par for the course** If a type of behaviour, event, or situation is par for the course, it is not good but it is normal or as you would expect: *"Simon was late." "That's just par for the course, isn't it?"* ▷ ≈ **to normalka**

parable /ˈpærəbl/ **noun** [C] a short story, especially in the Bible, that shows you how you should behave ▷ **przypowieść**

parabola /pəˈræbᵊlə/ **noun** [C] a type of curve such as that made by an object that is thrown up in the air and falls to the ground in a different place ▷ **parabola**

paracetamol /ˌpærəˈsiːtəmɒl/ **noun** [C, U] a common drug used to reduce pain and fever ▷ **paracetamol**

parachute /ˈpærəʃuːt/ **noun** [C] B2 a large piece of cloth which is fixed to your body by strings and helps you to drop safely from an aircraft ▷ **spadochron** • **parachute verb** [I] to jump from an aircraft using a parachute ▷ **skakać (ze spadochronem)**

parachute

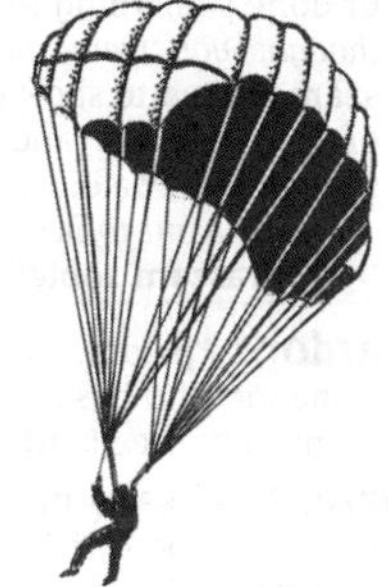

parade¹ /pəˈreɪd/ **noun** [C] B2 a line of people or vehicles that moves through a public place as a way of celebrating an occasion: *a* ***victory parade*** ▷ **parada**

parade² /pəˈreɪd/ **verb 1 parade down/past/through sth** to walk as a group, usually to show disagreement about something: *Thousands of workers paraded through the streets.* ▷ **przemaszerować** *gdzieś* **2 parade around/up and down, etc** to walk somewhere so that people will see and admire you: *The kids were parading around in their new clothes.* ▷ **paradować 3** [T] to try to make someone notice something that you are proud of, especially how rich you are or how much you know ▷ **afiszować się z, obnosić się z**

paradigm /ˈpærədaɪm/ **noun** [C] formal a typical example or model of something: *Career women are establishing a new paradigm of work and family life.* ▷ **wzorzec**

paradise /ˈpærədaɪs/ **noun 1** [no plural] in some religions, a place where good people go after they die ▷ **raj 2** [C, U] a perfect place or situation: *a tropical paradise* ◦ *a shoppers' paradise* ▷ **raj**

paradox /ˈpærədɒks/ **noun** [C] a situation that seems very strange or impossible because of two opposite qualities or facts ▷ **paradoks**

• **paradoxical** /ˌpærəˈdɒksɪkᵊl/ **adjective** involving a paradox ▷ **paradoksalny** • **paradoxically adverb** ▷ **paradoksalnie**

paraffin /ˈpærəfɪn/ **noun** [U] UK (US **kerosene**) oil used for heating and lights ▷ **nafta**

paragraph /ˈpærəgrɑːf/ **noun** [C] B1 a part of a text that contains at least one sentence and starts on a new line ▷ **akapit**

Paraguay /ˈpærəgwaɪ/ **noun** a country in South America ▷ **Paragwaj**

• **Paraguayan** /ˌpærəˈgwaɪən/ **adjective** coming from or relating to Paraguay ▷ **paragwajski** • **Paraguayan noun** someone from Paraguay ▷ **Paragwaj-czyk/ka**

parallel¹ /ˈpærəlel/ **adjective 1** If two or more lines are parallel, the distance between them is the same along all their length: *The streets are parallel.* ▷ **równoległy 2** similar and happening at the same time: *Parallel experiments are being conducted in both countries.* ▷ **analogiczny**

parallel² /ˈpærəlel/ **noun** [C] a similarity: *There are a number of* ***parallels between*** *our two situations.* ◦ *People are* ***drawing parallels*** *(= describing similarities) between the two cases.* ▷ **podobieństwo, analogia**

> Wyrazy występujące razem z **parallel** **(noun)**
>
> draw a parallel • a **clear/close/strong** parallel • a parallel **between** sth and sth • a parallel **with** sth

ˌparallel ˈcircuit noun [C] a circuit in which the electric current passes through two or more connected parts at the same time before it combines again ▷ **obwód równoległy** → Compare **series circuit**

parallelism /ˈpærəlelɪzm/ **noun** [no plural] (in language) repeating the same pattern of words in different sentences ▷ **paralelizm**

parallelogram /ˌpærəˈleləgræm/ **noun** [C] a flat shape which has four sides. The two sets of opposite sides are parallel and the same length as each other. ▷ **równoległobok**

ˈparallel ˌport noun [C] a part of a computer where wires from other pieces of equipment such as a printer can be connected to it, sending information eight bits at a time ▷ **port równoległy** → Compare **serial port**

the Paralympic Games /ˌpærəˌlɪmpɪkˈgeɪmʒ/ **noun** [plural] (also **Paralympics**) an international sports competition for people who have a disability ▷ **Igrzyska Paraolimpijskie**

• **Paralympic adjective** ▷ **paraolimpijski** • **Paralympian noun** [C] ▷ **paraolimpijczyk**

paralyse UK (US **paralyze**) /ˈpærᵊlaɪz/ **verb** [T] **1** to make someone unable to move all or part of their body: [often passive] *He was paralysed from the waist down by polio.* ▷ **paraliżować 2** to make something stop working: *Rail strikes have paralysed the city's transport system.* ▷ **paraliżować**

paralysed UK (US **paralyzed**) /ˈpærəlaɪzd/ **adjective 1** unable to move all or part of your body because of an injury or illness ▷ **sparaliżowany 2** unable to move or speak because you are so frightened: *to be paralysed with fear* ▷ **sparaliżowany, porażony**

paralysis /pəˈræləsɪs/ **noun** [U] **1** being unable to move all or part of your body because of injury or illness: *muscular paralysis* ▷ **paraliż, porażenie 2** not being able to take action: *political paralysis* ▷ **paraliż**

paralyze /ˈpærəlaɪz/ **verb** [T] US spelling of paralyse ▷ **paraliżować**

paramedic /ˌpærəˈmedɪk/ **noun** [C] someone who is trained to give medical treatment to people who are injured or very ill, but who is not a doctor or nurse ▷ **sanitariusz/ka**

parameter /pəˈræmɪtəʳ/ **noun** [C] a limit that controls the way that you can do something: [usually plural] *Before we can start the research we need to* ***set*** *some* ***parameters*** (= *decide some limits*). ▷ **parametr**

paramilitaries /ˌpærəˈmɪlɪtᵊriz/ **noun** [plural] people who belong to paramilitary organizations ▷ **bojówki, bojówkarze**

paramilitary /ˌpærəˈmɪlɪtᵊri/ **adjective** [always before noun] organized like an army, but not belonging to an official army: *a* ***paramilitary organization/group*** ▷ **paramilitarny**

paramount /ˈpærəmaʊnt/ **adjective** formal more important than anything else: *Safety, of course, is paramount.* ◦ *Communication is* ***of paramount importance.*** ▷ **pierwszorzędny**

paranoia /ˌpærəˈnɔɪə/ **noun** [U] **1** when you wrongly think that other people do not like you and are always criticizing you: *Do you think his boss really hates him or is it just paranoia?* ▷ **paranoja 2** a mental illness that makes people wrongly think that other people are trying to harm them ▷ **paranoja**
• **paranoid** /ˈpærᵊnɔɪd/ **adjective** when you have paranoia: *Stop being so paranoid – no one's talking about you.* ▷ **paranoiczny**

paraphernalia /ˌpærəfəˈneɪliə/ **noun** [U] all the objects used in a particular activity: *the painter's paraphernalia of brushes, paints, and pencils* ▷ **akcesoria, przybory**

paraphrase /ˈpærəfreɪz/ **verb** [I, T] to express something that has been said or written in a different way, usually so that it is clearer ▷ **sparafrazować, wyrazić inaczej, przeredagować**
• **paraphrase noun** [C] ▷ **parafraza**

parasite /ˈpærəsaɪt/ **noun** [C] **1** a plant or animal that lives on or inside another plant or animal in order to get food ▷ **pasożyt 2** a lazy person who expects other people to give them money and food ▷ **pasożyt**

paratrooper /ˈpærətruːpəʳ/ **noun** [C] a soldier who is trained to be dropped from an aircraft using a parachute ▷ **spadochroniarz**

parcel /ˈpɑːsᵊl/ **noun** [C] (B1) something that is covered in paper so that it can be sent by post ▷ **paczka** → See also ***part and parcel***

parched /pɑːtʃt/ **adjective 1 be parched** informal to be very thirsty: *I'm going to get a drink – I'm parched.* ▷ **umierać z pragnienia 2** very dry: *a parched desert/land* ▷ **wysuszony (na wiór), spieczony (słońcem)**

pardon¹ /ˈpɑːdᵊn/ **exclamation 1** (A2) (also US **pardon me**) a polite way of asking someone to repeat what they have just said: *"You'll need an umbrella." "Pardon?" "I said you'll need an umbrella."* ▷ **słucham? 2 Pardon me.** used to say 'sorry' after you have done something rude, for example after burping ▷ **przepraszam**

pardon² /ˈpɑːdᵊn/ **noun** [C] when someone who has committed a crime is officially forgiven and allowed to be free ▷ **ułaskawienie**

IDIOM **I beg your pardon.** formal spoken **a** used for saying 'sorry' when you have made a mistake or done something wrong: *I beg your pardon – I thought you were speaking to me.* ▷ **przepraszam b** used to show that you strongly disagree or that you are angry about something that someone has said: *I beg your pardon, young man – I don't want to hear you speak like that again!* ▷ **wypraszam sobie!**

pardon³ /ˈpɑːdᵊn/ **verb** [T] to officially forgive someone who has committed a crime and allow them to be free ▷ **ułaskawić**

parent /ˈpeərᵊnt/ **noun** [C] (A1) your mother or father: *Her parents live in Oxford.* ▷ **rodzic**
• **parental** /pəˈrentᵊl/ **adjective** relating to a parent: *parental responsibility* ▷ **rodzicielski**

ˈparent ˌcompany noun [C] a company which controls other smaller companies ▷ **spółka dominująca**

parentheses /pəˈrenθəsiːz/ **noun** [plural] (also UK **brackets**) two curved lines ( ) used around extra information or information that should be considered as separate from the main part: *The age of each student is listed* ***in parentheses.*** ▷ **nawias (okrągły), nawiasy (okrągłe)**

parenthood /ˈpeərᵊnthʊd/ **noun** [U] being a parent: *the demands of parenthood* ◦ *single parenthood* ▷ **rodzicielstwo**

parenting /ˈpeərəntɪŋ/ **noun** [U] the things that you do during the time when you take care of your baby or child ▷ **wychowanie dzieci**

parish /ˈpærɪʃ/ **noun** [C] an area that has its own church ▷ **parafia**

parishioner /pəˈrɪʃᵊnəʳ/ **noun** [C] someone who lives in a parish and often goes to church ▷ **parafia-nin/nka**

parity /ˈpærəti/ **noun** [U] formal equality, usually relating to the money people earn or their position: *The union has also asked for wage* ***parity with*** *similar public-sector workers.* ▷ **równość** → Opposite **disparity**

park[1] /pɑːk/ **noun** [C] (A1) a large area of grass, often in a town, where people can walk and enjoy themselves: *We went for a walk in the park.* ▷ **park** → See also **amusement park**, **car park**, **industrial park**, **national park**, **theme park**, **trailer park**

park[2] /pɑːk/ **verb** [I, T] (A2) to leave a vehicle in a particular place for a period of time: *I parked the car near the old bridge.* ∘ *You can park outside the school.* ▷ **parkować**

parking /ˈpɑːkɪŋ/ **noun** [U] (B1) leaving a vehicle in a particular place for a period of time: *free/underground parking* ▷ **parkowanie**

ˈparking ˌlot **noun** [C] US (UK **car park**) a place where vehicles can be parked ▷ **parking**

ˈparking ˌmeter **noun** [C] a device next to a road that you pay so that you can park your vehicle on that road ▷ **parkomat**

ˈparking ˌticket **noun** [C] a piece of paper that tells you that you must pay money because you have parked your car where you should not ▷ **mandat za nieprawidłowe parkowanie**

parliament /ˈpɑːləmənt/ **noun** [C, U] (B2) in some countries, a group of people who make the laws for the country: *the Russian parliament* ▷ **parlament**

• **parliamentary** /ˌpɑːləˈmentəri/ **adjective** [always before noun] relating to a parliament: *a parliamentary candidate/election* ▷ **parlamentarny, do parlamentu**

→ See also **Houses of Parliament**, **Member of Parliament**

> Wyrazy występujące razem z **parliament**
>
> **dissolve/elect** a parliament • **enter** parliament • **in** parliament

parlour UK (US **parlor**) /ˈpɑːləʳ/ **noun** [C] a shop that provides a particular type of goods or services: *a beauty/pizza parlour* ▷ **salon**

parody /ˈpærədi/ **noun** [C, U] a film, book, etc that copies someone else's style in a way that is funny: *It's a parody of a low-budget 1950s horror movie.* ▷ **parodia**

• **parody** verb [T] ▷ **parodiować**

parole /pəˈrəʊl/ **noun** [U] when someone is allowed to leave prison early but is only allowed to remain free if they behave well: *He's hoping to get released* ***on parole***. ▷ **zwolnienie warunkowe**

parrot /ˈpærət/ **noun** [C] (B1) a tropical bird with a curved beak and colourful feathers that can be taught to copy what people say ▷ **papuga**

parsimonious /ˌpɑːsɪˈməʊniəs/ **adjective** formal not willing to spend money or give something ▷ **skąpy, oszczędny**

parsley /ˈpɑːsli/ **noun** [U] a herb that is added to food to give it flavour ▷ **pietruszka**

parsnip /ˈpɑːsnɪp/ **noun** [C] a long, cream-coloured root that is eaten as a vegetable ▷ **pasternak**

part[1] /pɑːt/ **noun** **1** [C, U] (A1) one of the things that, with other things, makes the whole of something: ***Part of*** *this form seems to be missing.* ∘ *I did French* ***as part of*** *my degree course.* ∘ *It's* ***all part of*** *growing up.* ∘ *You're part of the family.* ▷ **część** **2** **take part (in sth)** (B1) to be involved in an activity with other people: *She doesn't usually take part in any of the class activities.* ▷ **brać udział (w** *czymś***), uczestniczyć (w** *czymś***)** **3** [C] (B1) a person in a film or play: *He* ***plays*** *the* ***part*** *of the father.* ▷ **rola** **4** **have/play a part in sth** (B2) to be one of the people or things that are involved in an event or situation: *Alcohol plays a part in 60 percent of violent crime.* ▷ **odgrywać rolę w** *czymś* **5** [C] (B2) a piece of a machine or vehicle: *aircraft parts* ∘ ***spare parts*** ▷ **część** **6** [C] US (UK **parting**) the line on your head made by brushing your hair in two different directions ▷ **przedziałek** **7** **the best/better part of sth** most of a period of time: *It took the better part of the afternoon to put those shelves up.* ▷ **większość** *czegoś* **8** **in part** formal partly: *He is in part to blame for the accident.* ▷ **częściowo** **9** **for the most part** mostly or usually: *I enjoyed it for the most part.* ▷ **zasadniczo, przeważnie**

IDIOMS **look the part** to look suitable for a particular situation: *If you're going to be a successful businesswoman, you've got to look the part.* ▷ **odpowiednio wyglądać** • **part and parcel** If something is part and parcel of an experience, it is a necessary part of that experience and cannot be avoided: *Stress is part and parcel of the job.* ▷ **nieodłączna część**

part[2] /pɑːt/ **adverb** not completely: *She's part Irish and part English.* ▷ **częściowo**

part[3] /pɑːt/ **verb** **1** [I, T] If two sides of something part, they become separated, and if you part them, you make them separate: *Slowly her lips parted and she smiled.* ▷ **rozdzielać (się), rozchylać (się)** **2** [I, T] formal If two people part, or if one person parts from another, they leave each other: *That summer, after six years of marriage, we parted.* ∘ *Even after we* ***parted company***, *we remained in contact.* ▷ **rozstać się (z)** **3** [T] to brush your hair in two directions so that there is a straight line showing on your head: *In my school days, I had long hair parted in the middle.* ▷ **czesać z przedziałkiem**

PHRASAL VERB **part with sth** to give something to someone else, often when you do not want to: *You know how hard it is to get Simon to part with his money.* ▷ **rozstać się z** *czymś*

partial /ˈpɑːʃəl/ **adjective** **1** (B2) not complete: *He made a partial recovery.* ▷ **częściowy** **2** **be partial to sth** If you are partial to something, you like it: *I'm rather partial to red wine myself.* ▷ **mieć słabość do** *czegoś*

partially /ˈpɑːʃəli/ **adverb** not completely: *partially cooked* ▷ **częściowo**

participant /pɑːˈtɪsɪpənt/ **noun** [C] someone who is involved in an activity: *All participants* *finishing the race will receive a medal.* ▷ **uczestni-k/czka**

> **Wyrazy występujące razem z participant**
>
> an active/unwilling participant • a participant in sth

participate /pɑːˈtɪsɪpeɪt/ **verb** [I] B2 to be involved with other people in an activity: *She rarely **participates in** any of the discussions.* ▷ **uczestniczyć**
• **participation** /pɑːˌtɪsɪˈpeɪʃᵊn/ **noun** [U] *Both shows encourage **audience participation**.* ▷ **uczestnictwo, udział**

participle /pɑːˈtɪsɪpl/ US /ˈpɑːtɪsɪpl/ **noun** [C] the form of a verb that usually ends with '-ed' or '-ing' and is used in some verb tenses or as an adjective ▷ **imiesłów** → See also **past participle**, **present participle**

particle /ˈpɑːtɪkl/ **noun** [C] **1** a very small piece of something: *particles of dust* ▷ **drobina, cząsteczka, cząstka 2** a very small part of an atom, for example an electron or a proton ▷ **cząstka (elementarna)**

particular /pəˈtɪkjələʳ/ **adjective 1** [always before noun] B2 used to talk about one thing or person and not others: *Is there any particular restaurant you'd like to go to?* ◦ *"Why did you ask?" "No particular reason."* ▷ **konkretny 2** [always before noun] B2 special: *"Was anything important said at the meeting?" "Nothing of particular interest."* ▷ **szczególny 3** [never before noun] choosing things carefully and not easily satisfied: *Teenagers are very particular about the clothes they'll wear.* ▷ **wybredny 4 in particular** B1 especially: *Are you looking for anything in particular?* ▷ **w szczególności**

particularly /pəˈtɪkjələli/ **adverb** B1 especially: *She didn't seem particularly interested.* ◦ *"Was the food good?" "**Not particularly**."* ▷ **szczególnie**

particulars /pəˈtɪkjələz/ **noun** [plural] formal details about something or someone: *There's a form for you to note down all your particulars.* ▷ **szczegóły**

parting[1] /ˈpɑːtɪŋ/ **noun 1** [C, U] formal when you are separated from another person, often for a long time: *The pain of parting gradually lessened over the years.* ▷ **rozstanie 2** [C] UK (US **part**) the line on your head made by brushing your hair in two different directions ▷ **przedziałek**

parting[2] /ˈpɑːtɪŋ/ **adjective parting glance/words, etc** something that you do or say as you leave ▷ **pożegnalne spojrzenie/słowa** *itp.*

partisan[1] /ˌpɑːtɪˈzæn/ US /ˈpɑːrtɪzən/ **adjective** showing support for a particular political system or leader: *partisan politics* ◦ *a partisan crowd* ▷ **partyjny, stronniczy**

partisan[2] /ˌpɑːtɪˈzæn/ US /ˈpɑːrtɪzən/ **noun** [C] **1** someone who supports a particular political system or leader ▷ **stronni-k/czka 2** a member of a group that secretly fights against soldiers who are controlling their country ▷ **partyzant/ka**

partition /pɑːˈtɪʃᵊn/ **noun 1** [C] a wall that divides a room into two parts ▷ **przepierzenie 2** [U] when a country divides into two or more countries or areas of government ▷ **podział, rozbiór**
• **partition verb** [T] ▷ **dzielić**

partly /ˈpɑːtli/ **adverb** B1 used to show that something is true to some degree but not completely: *The house is partly owned by her father.* ◦ *He was partly responsible.* ▷ **częściowo**

partner[1] /ˈpɑːtnəʳ/ **noun** [C] **1** B1 someone that you are married to or having a sexual relationship with: *sexual partners* ◦ *Are partners invited to the office dinner?* ▷ **partner/ka 2** A2 someone that you are dancing or playing a sport or game with ▷ **partner/ka 3** B2 someone who owns a business with another person: *a **junior/senior partner*** ◦ *He's a **partner in** a law firm.* ▷ **wspólni-k/czka 4** a country that has an agreement with another country: *a **trading partner*** ◦ *Britain and its European partners* ▷ **partner/ka**

partner[2] /ˈpɑːtnəʳ/ **verb** [T] to be someone's partner in a dance, sport, or game: *He looks certain to partner him again in the finals.* ▷ **partnerować**

partnership /ˈpɑːtnəʃɪp/ **noun 1** [C, U] B2 when two people or organizations work together to achieve something: *She's **gone into partnership** (= started to work together) with an ex-colleague.* ▷ **partnerstwo, spółka 2** [C] a company which is owned by two or more people ▷ **spółka**

> **Wyrazy występujące razem z partnership**
>
> enter into/go into partnership • be in partnership with sb • a partnership between sb and sb

part-time /ˌpɑːtˈtaɪm/ **adjective, adverb** B1 working or studying only for part of the day or the week: *a **part-time job*** ◦ *He **works part-time** as a waiter.* ▷ **na niepełny etat, w niepełnym wymiarze (godzin)**

party[1] /ˈpɑːti/ **noun** [C] **1** A1 an event where people enjoy themselves by talking, eating, drinking, and dancing: *a **birthday party*** ◦ *We're **having** a **party** to celebrate the occasion.* ▷ **przyjęcie 2** B1 an organization that shares the same political beliefs and tries to win elections: *a **political party*** ▷ **partia 3** a group of people who are working or travelling together: *a party of tourists* ▷ **grupa 4** one of the sides in a legal agreement or disagreement: *the guilty party* ◦ *We hope to provide a solution that is acceptable to both parties.* ▷ **strona** → See also **the Conservative Party**, **the Democratic Party**, **the Green Party**, **the Labour Party**, **toe the (party)** ***line***, **the Republican Party**, **search party**, **slumber party**, **third party**

> **Wyrazy występujące razem z party**
> go to/have/throw a party • a birthday/ Christmas party • be at a party

party[2] /ˈpɑːti/ **verb** [I] to enjoy yourself by talking, eating, drinking, and dancing with a group of people: *They were out partying till five o'clock in the morning.* ▷ **bawić się**

pass[1] /pɑːs/ **verb 1** [I, T] (also **pass by**) (B1) to go past something or someone: *She passed me this morning in the corridor.* ◦ *Cars kept passing us on the motorway.* ▷ **mijać, przechodzić, przejeżdżać 2 pass (sth) over/through, etc** (B1) to go in a particular direction, or to cause something to go in a particular direction: *Another plane passed over our heads.* ◦ *We pass through your village on the way home.* ▷ **mijać** *coś*, **przelatywać/przejeżdżać/przechodzić nad** *czymś*/**przez** *coś* **3** [T] (B1) to give something to someone: *Could you pass the salt, please?* ◦ *He **passed** a note **to** her in the meeting.* ▷ **podawać 4** [I] (B1) If a period of time passes, it happens: *Four years have passed since that day.* ▷ **mijać 5 pass (the) time** (B2) to spend time doing something: *She was eating only to pass the time.* ▷ **zabić czas 6** [I, T] (A2) to succeed at a test or an exam, or to decide that someone has been successful: *I passed my driving test the first time.* ▷ **zdać, zaliczyć, przepuścić 7** [T] to be more than a particular level: *Donations have passed the one million mark.* ▷ **przekraczać 8** [I, T] in sports, to throw or kick a ball to someone else: *Edwards **passes to** Brinkworth.* ▷ **podawać 9 pass a law/motion, etc** (B2) to officially approve of something and make it into a law or rule: *They passed a law banning the sale of alcohol.* ▷ **przyjmować lub uchwalać ustawę/wniosek** *itp.* **10** [I] If a feeling passes, it goes away: *I know he's angry now but it'll pass.* ▷ **mijać 11 pass judgment** to judge someone's behaviour ▷ **oceniać, wydawać opinię 12 pass sentence** If a judge passes sentence, they state what the criminal's punishment will be. ▷ **wydawać wyrok 13 let sth pass** to decide not to criticize someone when they say something unpleasant or they make a mistake ▷ **pomijać** *coś* **milczeniem, puścić** *coś* **mimo uszu** → See also **pass the *buck***

PHRASAL VERBS **pass sth around/round** (B2) to offer something to each person in a group of people: *Take a copy for yourself and pass the rest around.* ▷ **rozdawać** *coś*, **podawać** *coś* **(dalej)** • **pass as/for sth/sb** If someone or something passes as or for someone or something else, they appear like that person or thing: *She's fifteen but could easily pass for eighteen.* ▷ **uchodzić za** *coś/kogoś* • **pass away** (B2) to die: *She passed away peacefully in her sleep.* ▷ **odejść** • **pass sth down** to teach or give something to someone who will be alive after you have died: [often passive] *Folk tales have been passed down from generation to generation.* ▷ **przekazywać** *coś* • **pass sth/sb off as sth/sb** to pretend that something or someone is different from what they really are: *He tried to pass himself off as some sort of expert.* ▷ **przedstawiać** *coś/kogoś* **jako** *coś/kogoś*, ≈ **podawać się za** *kogoś* • **pass on** to die ▷ **odejść** • **pass sth on 1** (B1) to tell someone something that someone else has told you: *Did you pass on my message to him?* ▷ **przekazywać** *coś* **2** (B1) to give something to someone else: *Could you pass it on to Laura when you've finished reading it?* ▷ **przekazywać** *coś* **3** to give a disease to another person: *The virus can be passed on through physical contact.* ▷ **przekazywać** *coś* • **pass out** (B2) to become unconscious: *I don't remember any more because I passed out at that point.* ▷ **zemdleć** • **pass sth up** to not use an opportunity to do something interesting: *It's a great opportunity – you'd be a fool to pass it up.* ▷ **przepuścić** *coś*

pass[2] /pɑːs/ **noun** [C] **1** (B2) a successful result in a test or a course: *A pass is above 60%.* ▷ **wynik pozytywny, zdany egzamin 2** (B1) an official document that allows you to do something: *a bus/rail pass* ◦ *You need a pass to get into the building.* ▷ **bilet okresowy, sieciówka, przepustka 3** in sports, when you throw or kick a ball to someone else ▷ **podanie 4** a narrow path between two mountains: *a mountain pass* ▷ **przełęcz** → See also **boarding pass**

passage /ˈpæsɪdʒ/ **noun 1** [C] (also **passageway** /ˈpæsɪdzweɪ/) (B2) a long, narrow space that connects one place to another: *There's a passage to the side of the house, leading to the garden.* ▷ **przejście 2** [C] (B2) a short part of a book, speech, or piece of music: *She can quote whole passages from the novel.* ▷ **ustęp, fragment 3** [C] a tube in your body that allows air, liquid, etc to pass through it: *the nasal/respiratory passages* ▷ **przewód, kanał 4** [U, no plural] the movement or progress from one stage or place to another: *It's a difficult passage from boyhood to manhood.* ▷ **przejście, przejazd, przeprawa 5 the passage of time** literary the way that time passes: *Love changes with the passage of time.* ▷ **upływ czasu**

passenger /ˈpæsəndʒəʳ/ **noun** [C] (A2) someone who is travelling in a vehicle, but not controlling the vehicle: *a front-seat passenger* ▷ **pasażer/ka**

passer-by /ˌpɑːsəˈbaɪ/ **noun** [C] (plural **passers-by**) someone who is walking past something by chance: *Police were alerted by a passer-by who saw the accident.* ▷ **przechodzień**

passing[1] /ˈpɑːsɪŋ/ **adjective** [always before noun] lasting only for a short time and not important: *a **passing** interest* ▷ **przelotny**

passing[2] /ˈpɑːsɪŋ/ **noun 1 the passing of time/years** the way that time passes: *With the passing of time their love had changed.* ▷ **upływ czasu/lat 2 in passing** If you say something in passing, you talk about one thing briefly while talking mainly about something else: *She men-*

tioned in passing that she'd seen Stuart. ▷ **mimochodem**

passion /ˈpæʃən/ **noun 1** [U] B2 a strong, sexual feeling for someone: *She saw the passion in his eyes.* ▷ **namiętność 2** [C, U] B2 a strong belief in something or a strong feeling about a subject: *She spoke with passion about the injustice.* ▷ **pasja 3 a passion for sth** when you like something very much: *a passion for football* ▷ **zamiłowanie do** *czegoś*

passionate /ˈpæʃənət/ **adjective 1** B2 having a strong, sexual feeling for someone: *a passionate affair/lover* ▷ **namiętny 2** B2 showing a strong belief in something or a strong feeling about a subject: *a passionate speaker* ▷ **żarliwy**
• **passionately adverb** B2 ▷ **namiętnie, żarliwie**

passive¹ /ˈpæsɪv/ **adjective 1** B2 letting things happen to you and not taking action: *Women at that time were expected to be passive.* ▷ **bierny 2** B1 A passive verb or sentence is one in which the subject does not do or cause the action but is affected by it. For example 'He was released from prison.' is a passive sentence. ▷ **w stronie biernej**

passive² /ˈpæsɪv/ **noun** (also **the ˌpassive ˈvoice**) **the passive** B1 the passive form of a verb ▷ **strona bierna**

ˌpassive imˈmunity noun [U] when people or animals get antibodies from someone else, for example from the mother's milk ▷ **odporność bierna**

ˌpassive ˈsmoking noun [U] breathing in smoke from other people's cigarettes ▷ **bierne palenie**

Passover /ˈpɑːsˌəʊvər/ **noun** [U] the Jewish period of religious celebration held in March or April ▷ **Pascha**

passport /ˈpɑːspɔːt/ **noun 1** A2 [C] an official document, often a small book, that you need to enter or leave a country: *a British passport* ▷ **paszport 2 a passport to sth** something that allows you to achieve something else: *Education is a passport to a better life.* ▷ **klucz lub przepustka do** *czegoś*

> Wyrazy występujące razem z **passport**
>
> **apply for** a passport • **have/hold** a [British/Japanese, etc] passport • a **valid** passport

password /ˈpɑːswɜːd/ **noun** [C] B1 a secret word that allows you to do something, such as use your computer ▷ **hasło**

> Wyrazy występujące razem z **password**
>
> **enter/put in** your password • a **secret** password • **forget** a password • **change** a password

past¹ /pɑːst/ **adjective 1** [always before noun] B1 having happened or existed before now: *past relationships* ◦ *I know this from* ***past experience.*** ▷ **poprzedni, wcześniejszy 2** [always before noun] B1 used to refer to a period of time before and until the present: *It's been raining for the past three days.* ▷ **ostatni 3** [never before noun] Something that is past has now finished: *My student days are past.* ▷ **należący do przeszłości 4 past tense** A2 the form of the verb which is used to show what happened in the past ▷ **czas przeszły**

past² /pɑːst/ **noun 1 the past a** B1 the time before the present and all the things that happened then: ***In the past*** *people would bathe once a month.* ▷ **przeszłość b** A2 the form of the verb which is used to show what happened in the past ▷ **czas przeszły 2 sb's past** B1 all of the things that someone has done in their life: *I knew nothing about his past.* ▷ *czyjaś* **przeszłość**

past³ /pɑːst/ **adverb, preposition 1** A2 further than: *I live on Station Road, just past the Post Office.* ▷ **za 2** A2 up to and further than someone or something: *Three boys went past us on mountain bikes.* ◦ *I've just seen the bus* ***go past.*** ▷ **obok 3** A1 used to say 'after' the hour when you are saying what time it is: *It's five past three.* ▷ **po 4** B2 after a particular time or age limit: *This bacon is past its sell-by date.* ▷ **po 5 past it** informal too old to do something ▷ **za stary na to**

IDIOM **I wouldn't put it past sb (to do sth)** informal used to say that you would not be surprised if someone did something, especially something bad, because it is a typical thing for them to do: *I wouldn't put it past him to sell her jewellery.* ▷ **wcale bym się nie zdziwił/a (gdyby** *ktoś coś zrobił***)**

pasta /ˈpæstə/ US /ˈpɑːstə/ **noun** [U] A2 a food that is made from flour, water, and sometimes eggs and is made in many different shapes ▷ **makaron** → See **Food** on page Centre 11

paste¹ /peɪst/ **noun** [C, U] **1** a soft, wet, sticky substance that is used to stick things together: *wallpaper paste* ▷ **klej 2** a soft food that spreads easily: *tomato/almond paste* ▷ **pasta, przecier**

paste² /peɪst/ **verb 1** [T] to stick a piece of paper to another piece of paper: *The cuttings had been pasted into a scrapbook.* ▷ **naklejać, przyklejać, sklejać 2** [I, T] to move a piece of text to a particular place in a computer document ▷ **wkleić** → See also **cut and paste**

pastel /ˈpæstəl/ US /pæsˈtel/ **adjective** A pastel colour is light: ***pastel colours/shades*** ◦ *pastel pink* ▷ **pastelowy**
• **pastel noun** [C] *The bedroom is decorated in pastels (= pale colours).* ▷ **pastel**

pastime /ˈpɑːstaɪm/ **noun** [C] an activity that you enjoy doing when you are not working: *Shopping is one of her* ***favourite pastimes.*** ▷ **rozrywka**

pastor /ˈpɑːstər/ **noun** [C] a priest in some Protestant churches ▷ **pastor**

pastoral /ˈpɑːstərəl/ **adjective 1** related to giving advice and looking after people: *the teacher's* *pastoral role* ▷ **duszpasterski** **2** [always before noun] literary relating to life in the country: *a pastoral song/tradition* ▷ **sielski, sielankowy, bukoliczny**

ˌpast parˈticiple UK (US **ˌpast ˈparticiple**) **noun** [C] the form of a verb that usually ends with '-ed' and can be used in the perfect tense, the passive tense, or as an adjective. For example 'baked' is the past participle of 'bake'. ▷ **imiesłów bierny**

the ˌpast ˈperfect noun (also **the pluperfect**) the form of a verb that is used to show that an action had already finished when another action happened. In English, the past perfect is made with 'had' and a past participle. ▷ **czas zaprzeszły**

pastry /ˈpeɪstri/ **noun** **1** [U] a mixture of flour, fat, and water that is cooked, usually used to cover or contain other food ▷ **ciasto** **2** [C] a small cake that is made with pastry ▷ **ciastko**

pasture /ˈpɑːstʃəʳ/ **noun** [C] an area of land with grass where animals can feed ▷ **pastwisko**

pat¹ /pæt/ **verb** [T] (present participle **patting**, past tense and past participle **patted**) to touch a person or animal with a flat hand in a gentle, friendly way: *She stopped to pat the dog.* ▷ **poklepać**

pat² /pæt/ **noun** [C] when you pat a person or animal: *He gave her an encouraging* ***pat on*** *the shoulder.* ▷ **klepnięcie**

IDIOM **a pat on the back** praise for something good that someone has done: *I got a pat on the back for all my hard work.* ▷ **pochwała**

patch¹ /pætʃ/ **noun** [C] **1** a small area that is different from the area around it: *a* ***bald patch.*** ◦ *There are* ***icy patches*** *on the road.* ▷ **fragment, placek** **2** a piece of material that you use to cover a hole in your clothes or in other material: *He had leather patches sewn on the elbows of his jacket.* ▷ **łata** **3** a small piece of material used to cover an injured eye ▷ **przepaska** **4** a small area of land used for a particular purpose: *a cabbage/vegetable patch* ▷ **grządka** **5 a bad/rough, etc patch** a difficult time: *I think their marriage is going through a bad patch.* ▷ **trudny okres**

IDIOM **not be a patch on sb/sth** UK informal to not be as good as someone or something else: *Her cooking is okay but it's not a patch on yours.* ▷ **nie umywać się do** *kogoś/czegoś*

patch² /pætʃ/ **verb** [T] to repair a hole in a piece of clothing or other material by sewing a piece of material over it: *to patch your trousers* ▷ **łatać**

PHRASAL VERB **patch sth up** to try to improve your relationship with someone after you have had an argument: *Has he managed to patch things up with her?* ▷ **podreperować** *coś*

patchwork /ˈpætʃwɜːk/ **noun** **1** [U] a type of sewing in which a lot of small pieces of different material are sewn together: *a* ***patchwork quilt*** ▷ **zszywanka, patchwork** **2 a patchwork of sth** something that seems to be made of many different pieces: *We flew over a patchwork of fields.* ▷ **mozaika** *czegoś*

patchy /ˈpætʃi/ **adjective** **1** not complete or not good in every way: *a* ***patchy knowledge*** *of Spanish* ▷ **fragmentaryczny** **2** existing only in some areas: ***patchy clouds/fog*** ▷ **lokalny**

pâté /ˈpæteɪ/ ⓤⓢ /pætˈeɪ/ **noun** [U] a soft food, usually made of meat or fish, that you spread on bread, etc: *liver pâté* ▷ **pasztet, pasta**

patent¹ /ˈpeɪtᵊnt/, /ˈpætᵊnt/ **noun** [C] a legal right that a person or company receives to make or sell a particular product so that others cannot copy it ▷ **patent**

• **patent verb** [T] to get a patent for something ▷ **opatentować**

patent² /ˈpeɪtᵊnt/, /ˈpætᵊnt/ **adjective** formal **patent lie/nonsense** something that is obviously false: *The explanation he gave – that was patent nonsense.* ▷ **ewidentn-e/a kłamstwo/bzdura**

• **patently adverb** formal *Her claims are patently (= obviously) false.* ▷ **ewidentnie**

paternal /pəˈtɜːnᵊl/ **adjective** **1** like a father: *paternal affection* ▷ **ojcowski** **2** [always before noun] A paternal relative is part of your father's family: *He was my paternal grandfather.* ▷ **ze strony ojca**

paternity /pəˈtɜːnəti/ **noun** [U] the state of being a father ▷ **ojcostwo**

paˈternity ˌleave noun [U] a period of weeks or months that a father spends away from his usual job so that he can look after his baby or child ▷ **urlop ojcowski**

path /pɑːθ/ **noun** [C] **1** (A2) a long, narrow area of ground for people to walk along: *There's a path through the forest.* ◦ *a* ***garden path*** ▷ **ścieżka** **2** the direction that a person or vehicle moves in: *a* ***flight path*** ▷ **tor** **3** (B2) a particular way of doing something over a period of time: *a* ***career path*** ◦ *Whichever path we choose, we'll have difficulties.* ▷ **droga**

pathetic /pəˈθetɪk/ **adjective** **1** informal showing no skill, effort, or bravery: *He made a rather* ***pathetic attempt*** *to apologize.* ◦ *You're too frightened to speak to her? Come on, that's pathetic!* ◦ *It was a pathetic performance.* ▷ **żałosny** **2** sad and weak: *Four times the pathetic little creature fell to the ground.* ▷ **żałosny**

• **pathetically adverb** *a pathetically small amount of money* ▷ **żałośnie**

paˌthetic ˈfallacy noun [U, no plural] (in art and literature) when animals and things are described as if they have human emotions or qualities ▷ **antropomorfizacja**

pathogen /ˈpæθədʒən/ **noun** [C] any small living thing that can cause disease: *a dangerous pathogen* ▷ **patogen**

pathological /ˌpæθəˈlɒdʒɪkᵊl/ **adjective** **1** Pathological behaviour or feelings are extreme and cannot be controlled: *a **pathological** liar* ◦ ***pathological** hatred* ▷ **patologiczny** **2** relating to pathology ▷ **patologiczny**

pathologist /pəˈθɒlədʒɪst/ **noun** [C] a doctor who has studied pathology, especially one who tries to find out why people have died ▷ **patolog**

pathology /pəˈθɒlədʒi/ **noun** [U] the scientific study of disease and causes of death ▷ **patologia**

pathos /ˈpeɪθɒs/ **noun** [U] literary a quality in a situation that makes you feel sympathy and sadness ▷ **patos**

patience /ˈpeɪʃᵊns/ **noun** [U] **1** (B2) the quality of being able to stay calm and not get angry, especially when something takes a long time: *Finally, I **lost** my **patience** and shouted at her.* ◦ *Making small scale models **takes** a lot of **patience**.* ▷ **cierpliwość** → Opposite **impatience** **2** UK (US **solitaire**) a card game for one person ▷ **pasjans**

> **Wyrazy występujące razem z patience**
> **have/run out of** patience • **lose** (your) patience • **test/try** sb's patience • **sth takes** patience • patience **with** sb/sth

patient¹ /ˈpeɪʃᵊnt/ **adjective** (B1) having patience: *You need to be **patient with** children.* ▷ **cierpliwy**
• **patiently adverb** (B2) ▷ **cierpliwie** → Opposite **impatient**

patient² /ˈpeɪʃᵊnt/ **noun** [C] (B1) someone who is being treated by a doctor, nurse, etc: *a cancer patient* ▷ **pacjent/ka**

patio /ˈpætiəʊ/ **noun** [C] an outside area with a stone floor next to a house, where people can sit to eat and relax ▷ **taras, patio**

Patrick /ˈpætrɪk/ **noun** a male name

patriot /ˈpeɪtriət/ **noun** [C] someone who loves their country and is proud of it ▷ **patriot-a/ka**

patriotic /ˌpeɪtriˈɒtɪk/ **adjective** showing love for your country and pride in it: *patriotic duty* ◦ *a patriotic song* ▷ **patriotyczny**
• **patriotism** /ˈpeɪtriətɪzᵊm/ **noun** [U] when you love your country and are proud of it ▷ **patriotyzm**

patrol¹ /pəˈtrəʊl/ **noun** **1** [C, U] the act of looking for trouble or danger around an area or building: *We passed a group of soldiers **on patrol**.* ◦ *a patrol boat/car* ▷ **patrol** **2** [C] a group of soldiers or vehicles that patrol an area or building: *a border patrol* ◦ *an armed patrol* ▷ **patrol**

patrol² /pəˈtrəʊl/ **verb** [I, T] (present participle **patrolling**, past tense and past participle **patrolled**) to look for trouble or danger in an area or around a building: *Police patrol the streets night and day.* ▷ **patrolować**

patron /ˈpeɪtrᵊn/ **noun** [C] **1** someone who supports and gives money to artists, writers, musicians, etc: *a generous patron* ◦ *a patron of the arts* ▷ **patron/ka** **2** a customer at a bar, restaurant, or hotel ▷ **klient/ka, gość**

patronize (also UK **-ise**) /ˈpætrᵊnaɪz/ **verb** [T] **1** to speak or behave towards someone as if you were better than them: *Don't patronize me! I know what I'm doing.* ▷ **traktować protekcjonalnie** **2** formal to go to a store, business, etc, especially if you go regularly ▷ **korzystać z usług**

ˌpatron ˈsaint **noun** [C] a saint who is believed to help a particular place, person, or activity: *St. Christopher is the patron saint of travellers.* ▷ **patron/ka**

pattern /ˈpætᵊn/ **noun** [C] **1** (B2) a particular way that something is often done or repeated: *behaviour patterns* ▷ **schemat, wzór** **2** (B1) a design of lines, shapes, colours, etc ▷ **wzór** **3** (B2) a drawing or shape that helps you to make something: *a dress pattern* ▷ **wzór**

> **Wyrazy występujące razem z pattern**
> **alter/establish/fall into/follow** a pattern • a **consistent/familiar/traditional** pattern

Paul /pɔːl/ **noun** a male name

pause /pɔːz/ **verb** [I] (B1) to stop doing something for a short time: *She **paused for** a moment and looked around her.* ▷ **przerywać**
• **pause noun** [C] (B2) *There was a short pause before he spoke.* ▷ **przerwa**

pave /peɪv/ **verb** [T] to cover a path or road with flat stones, bricks, concrete, etc ▷ **brukować**

pavement /ˈpeɪvmənt/ **noun** [C] **1** UK (US **sidewalk**) (B1) a path by the side of a road that people walk on: *It's illegal to park on the pavement.* ▷ **chodnik** **2** US the hard surface of a road ▷ **nawierzchnia (drogi)**

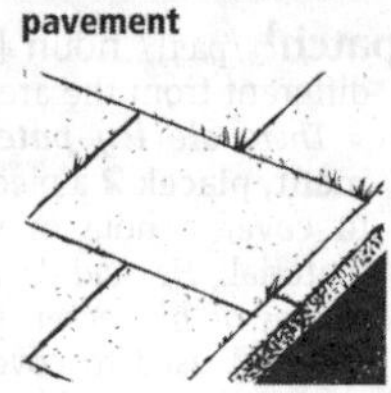

pavilion /pəˈvɪljən/ **noun** [C] **1** a large tent that is used for outside events ▷ **pawilon** **2** UK a building next to a sports field where players can change their clothes ▷ **szatnia** **3** US one of a group of related buildings, such as a hospital ▷ **pawilon**

paw /pɔː/ **noun** [C] (B2) the foot of certain animals, such as cats and dogs ▷ **łapa**
• **paw** (also **paw at**) **verb** [T] to touch something with a paw: *I could hear the dog pawing at the door.* ▷ **skrobać w**

pawn¹ /pɔːn/ **noun** [C] **1** in the game of chess, the smallest piece and the one that has the lowest value ▷ **pionek** **2** someone who does not have power and is used by other people ▷ **pionek**

pawn² /pɔːn/ **verb** [T] to leave something with a pawnbroker, who gives you money for it and will sell it if you do not pay the money back: *She* *pawned her wedding ring to pay the rent.* ▷ **zastawiać**

pawnbroker /ˈpɔːnˌbrəʊkəʳ/ **noun** [C] someone who lends you money in exchange for items that they will sell if you cannot pay the money back ▷ **lombard, właściciel/ka lombardu**

pay[1] /peɪ/ **verb** (past tense and past participle **paid**) **1** [I, T] A1 to give money to someone because you are buying something from them, or because you owe them money: *Helen* ***paid for*** *the tickets.* ◦ *Did you* ***pay*** *the telephone* ***bill****?* ◦ *You can pay by cash or credit card.* ▷ **płacić (za), zapłacić (za), opłacić** **2** [I, T] B1 to give someone money for the work that they do: *She* ***gets paid*** *twice a month.* ◦ *People work for them because they pay well.* ◦ [+ two objects] *We* ***paid*** *them £600* ***for*** *the work.* ◦ *a paid job* ▷ **płacić, zapłacić** **3** [I] to be a good thing to do because it gives you money or an advantage: *Crime doesn't pay.* ▷ **opłacać się, popłacać** **4** [I, T] to suffer because of something bad you have done: *He's certainly* ***paying for*** *his mistakes.* ▷ **płacić (za), zapłacić (za)** **5 pay attention** B1 to look at or listen to someone or something carefully: *I missed what she was saying because I wasn't paying attention.* ▷ **uważać** **6 pay sb a compliment** to tell someone that you admire something about them ▷ **powiedzieć** *komuś* **komplement** **7 pay tribute to sb/sth** to thank someone or say that you admire someone or something, especially in public: *He paid tribute to his former teacher.* ▷ **wyrażać uznanie dla** *kogoś/czegoś*, **składać** *komuś/czemuś* **hołd** **8 pay sb/sth a visit; pay a visit to sb/sth** B2 to visit a place or a person, usually for a short time ▷ **składać** *komuś/gdzieś* **wizytę**

PHRASAL VERBS **pay sb/sth back** B1 to pay someone the money that you owe them: *Only borrow money if you're sure you can pay it back.* ◦ *I lent him £10 last month and he still hasn't paid me back.* ▷ **oddać** *komuś* **pieniądze lub dług, zwrócić** *coś*, **oddać** *coś* • **pay sth off** B2 to pay all of the money that you owe: *I'm planning to pay off my bank loan in five years.* ▷ **spłacić** *coś* • **pay (sth) out** to spend a lot of money on something, or to pay a lot of money to someone: *I've just paid out £700 to get the car fixed.* ▷ **wydawać** (*coś*), **wypłacać** (*coś*) • **pay up** informal to give someone all of the money that you owe them, especially when you do not want to: *Come on, pay up!* ▷ **oddawać pieniądze**

pay[2] /peɪ/ **noun** [U] B1 the money you receive from your employer for doing your job: UK *a* ***pay rise****/*US *a* ***pay raise*** ◦ *good* ***rates of pay*** ▷ **płaca, wynagrodzenie**

> Wyrazy występujące razem z **pay**
>
> a pay **cheque/cut/raise/rise** • **rates of** pay

payable /ˈpeɪəbl/ **adjective** **1** describes something to be paid: *Rent is payable monthly.* ▷ **do zapłaty** **2** If a cheque is payable to a person, that person's name is written on the cheque and the money will be paid to them. ▷ **płatny (na rzecz** *kogoś***)**

pay-as-you-go /ˌpeɪəzjəˈgəʊ/ **adjective** [always before noun] describes a system in which you pay for a service before you use it: *a pay-as-you-go mobile phone* ▷ **prepaid, przedpłacony**
• **pay-as-you-go noun** [U] ▷ **system prepaid**

ˈpay ˌchannel noun [C] a television channel that you pay money to watch: *Most of the best football matches are on the pay channels.* ▷ **kanał płatny**

ˈpay ˌcheck noun [C] US pay cheque ▷ **pensja**

ˈpay ˌcheque noun [C] the amount of money a person earns ▷ **pensja**

payday /ˈpeɪdeɪ/ **noun** [C] the day on which a worker is paid ▷ **dzień wypłaty**

payment /ˈpeɪmənt/ **noun** **1** [U] the act of paying: *They will accept payment by credit card.* ▷ **zapłata** **2** [C] B2 the amount of money that is paid: *monthly payments* ▷ **kwota, zapłata** → See also **balance of payments**, **down payment**

> Wyrazy występujące razem z **payment**
>
> **make/receive** payment • a **form/method of** payment • payment **for/of** sth

pay-per-view /ˌpeɪpəˈvjuː/ **noun** [U] a system in which you choose particular television programmes and then pay to watch them: ***pay-per-view television/channels*** ▷ **(usługa) pay-per-view**

ˈpay ˌphone noun [C] a telephone in a public place that you pay to use ▷ **automat (telefoniczny)**

PC[1] /ˌpiːˈsiː/ **noun** [C] **1** A2 a personal computer ▷ **komputer (osobisty), pecet** **2** UK abbreviation for police constable ▷ **(szeregow-y/a) policjant/ka, posterunkowy**

PC[2] /ˌpiːˈsiː/ **adjective** abbreviation for politically correct ▷ **politycznie poprawny**

PDA /ˌpiːdiːˈeɪ/ **noun** [C] abbreviation for personal digital assistant: a small computer that you can carry with you ▷ **palmtop**

PDF /ˌpiːdiːˈef/ **1** [U] abbreviation for portable document format: a system for storing and moving documents between computers that usually only allows them to be looked at or printed ▷ **(format) PDF** **2** [C] a document using the PDF system ▷ **(plik) PDF**

PE /ˌpiːˈiː/ **noun** [U] abbreviation for physical education: classes at school where children do exercise and play sport ▷ **WF (= wychowanie fizyczne)**

pea /piː/ **noun** [C] B1 a small, round, green seed that people eat as a vegetable ▷ **groszek, groch**

peace /piːs/ **noun** [U] **1** B2 when there is no war, violence, or arguing: ***peace talks*** ◦ *a* ***peace agreement/treaty*** ◦ *There seems little hope for world peace.* ◦ *The UN sent troops to the region to* ***keep the peace****.* ▷ **pokój** **2** B1 when there is quiet and calm: *a feeling of peace* ◦ *After a busy*

P

day, all I want is ***peace and quiet***. ◦ *I wish you'd stop complaining and* ***leave me in peace!*** ▷ **spokój 3 peace of mind** a feeling that you do not need to worry about anything: *We lock our doors and windows at night for peace of mind.* ▷ **spokój (ducha)** → See also **Justice of the Peace**

> **Wyrazy występujące razem z peace**
> bring about/establish/restore peace • keep the peace • the peace process • a peace agreement/initiative/treaty

peaceful /ˈpiːsfəl/ **adjective 1** (B2) without violence: *a peaceful protest* ▷ **pokojowy 2** (B1) quiet and calm: *The churchyard was empty and peaceful.* ▷ **spokojny**
• **peacefully adverb** (B2) *He died peacefully at home.* ▷ **spokojnie**

peacekeeping /ˈpiːsˌkiːpɪŋ/ **adjective** [always before noun] relating to the activity of preventing war and violence: ***peacekeeping forces/troops*** ◦ *a* ***peacekeeping effort/operation*** ▷ **pokojowy**
• **peacekeeper** /ˈpiːsˌkiːpəʳ/ **noun** [C] someone, usually a soldier, who tries to prevent war and violence in countries where there is trouble: *UN peacekeepers* ▷ **siły pokojowe**

peacetime /ˈpiːstaɪm/ **noun** [U] a time when a country is not at war ▷ **pokój, okres pokoju**

peach /piːtʃ/ **noun** [C] (B1) a soft, sweet, round fruit with red and yellow skin ▷ **brzoskwinia**

peacock /ˈpiːkɒk/ **noun** [C] a large, male bird with long tail feathers that it can lift up to show a lot of colours ▷ **paw**

peak¹ /piːk/ **noun** [C] **1** (B2) the highest level or value of something: *Here we see an athlete* ***at the peak of*** *fitness.* ◦ *The price of gold* ***reached its peak*** *during the last recession.* ◦ ***peak travel times*** ▷ **szczyt 2** (B1) the top of a mountain, or the mountain itself: ***snow-covered/mountain peaks*** ▷ **szczyt**

peak² /piːk/ **verb** [I] to reach the highest level or value of something: *Her singing career peaked in the 1990s.* ▷ **osiągać punkt szczytowy**

peanut /ˈpiːnʌt/ **noun** [C] (B1) an oval-shaped nut with a soft, brown shell: *salted peanuts* ◦ *peanut oil* ▷ **orzeszek ziemny** → See **Food** on page Centre 11

ˌpeanut ˈbutter UK (US **ˈpeanut ˌbutter**) **noun** [U] a pale brown food made by crushing peanuts: *a peanut butter and jelly sandwich* ▷ **masło orzechowe**

pear /peəʳ/ **noun** [C] (A2) an oval-shaped, pale green or yellow fruit ▷ **gruszka** → See **Fruits and Vegetables** on page Centre 10

pear

pearl /pɜːl/ **noun** [C] a hard, white, round object that is made inside the shell of an oyster and that is used to make jewellery: *a string of pearls* ◦ *a pearl necklace* ◦ *pearl earrings* ▷ **perła**

pear-shaped /ˈpeəʃeɪpt/ **adjective go pear-shaped** UK informal If a plan goes pear-shaped, it fails. ▷ **zawalić się, lec w gruzach**

peasant /ˈpezənt/ **noun** [C] a poor person who works on the land, usually in a poor country: *a peasant farmer* ▷ **chłop/ka**

peat /piːt/ **noun** [U] a dark brown soil made from decaying plants that you can burn as fuel or that you can put around living plants to help them grow ▷ **torf**

pebble /ˈpebl/ **noun** [C] a small stone ▷ **kamyk**

pecan /ˈpiːkæn/ (US) /pɪˈkɑːn/ **noun** [C] a nut that grows on a tree, or the tree itself: *chopped pecans* ◦ *pecan pie* ▷ **orzech pekanowy, (orzesznik) pekan**

peck¹ /pek/ **verb** [T] (also **peck at**) If a bird pecks something, it lifts or hits it with its beak: *chickens pecking at corn* ▷ **dziobać**

peck² /pek/ **noun** [C] **1 give sb a peck on the cheek** to give someone a quick, gentle kiss on the face ▷ **cmoknąć** *kogoś* **w policzek 2** when a bird pecks something ▷ **dziobnięcie**

peckish /ˈpekɪʃ/ **adjective** UK slightly hungry ▷ **głodnawy**

ˌpectoral ˈfin noun [C] one of the fins on each side of a fish near the front of its body ▷ **płetwa piersiowa**

peculiar /pɪˈkjuːliəʳ/ **adjective 1** (B2) strange, often in an unpleasant way: *The wine had a peculiar, musty smell.* ▷ **osobliwy, specyficzny, dziwny 2 peculiar to sb/sth** belonging to or relating to a particular person or thing: *Her accent is peculiar to the region.* ▷ **specyficzny dla** *kogoś/czegoś*

peculiarity /pɪˌkjuːliˈærəti/ **noun** [C] **1** something that is typical of a person, place, or thing: *Each college has its own traditions and peculiarities.* ▷ **osobliwość 2** a strange or unusual characteristic: *My mother always hummed – it was one of her little peculiarities.* ▷ **osobliwość, dziwactwo**

peculiarly /pɪˈkjuːliəli/ **adverb 1** in a way that is typical of someone or something: *a peculiarly American sense of humour* ▷ **specyficznie 2** in a strange way: *The birds were peculiarly quiet just before the earthquake.* ▷ **specyficznie, dziwnie**

pedagogue /ˈpedəgɒg/ **noun** [C] formal a teacher, usually a very strict one ▷ **pedagog**

pedal /ˈpedəl/ **noun** [C] (B2) a part of a machine that you press with your foot to operate or move the machine: *bicycle pedals* ◦ *a* ***gas/brake pedal*** ▷ **pedał**

pedant /ˈpedənt/ **noun** [C] someone who thinks too much about details and rules ▷ **pedant/ka**
• **pedantic** /pɪˈdæntɪk/ **adjective** thinking too much about details and rules: *I hate to be pedantic, but Freud was actually Austrian, not German.* ▷ **pedantyczny**

peddle /ˈpedl/ **verb** [T] to sell things, especially drugs or things of bad quality: *The shops on the pier peddled cheap souvenirs to the tourists.* ◦ *He was arrested for peddling drugs.* ▷ **handlować, sprzedawać**

pedestal /ˈpedɪstᵊl/ **noun** [C] the base for a statue ▷ **cokół, piedestał**

IDIOM **put sb on a pedestal** to believe that someone is perfect ▷ **wynosić** *kogoś* **na piedestał**

pedestrian¹ /pɪˈdestriən/ **noun** [C] (B1) a person who is walking and not travelling in a vehicle: *Many streets are reserved for cyclists and pedestrians.* ◦ *a pedestrian precinct/crossing* ▷ **pieszy**

pedestrian² /pɪˈdestriən/ **adjective** formal ordinary or not interesting: *pedestrian ideas* ◦ *a pedestrian speech* ▷ **prozaiczny, przeciętny**

peˌdestrian ˈcrossing **noun** [C] UK (US **crosswalk**) a special place on a road where traffic must stop if people want to cross ▷ **przejście dla pieszych**

pediatrician /ˌpiːdiəˈtrɪʃᵊn/ **noun** [C] US spelling of paediatrician ▷ **pediatra**

pedicure /ˈpedɪkjʊəʳ/ **noun** [C, U] treatment to make your feet look attractive ▷ **pedicure** → Compare **manicure**

pedigree¹ /ˈpedɪgriː/ **noun** [C] **1** a list of the parents and other relatives of an animal ▷ **rodowód** **2** someone's family history, or their education and experience ▷ **rodowód**

pedigree² /ˈpedɪgriː/ **adjective** [always before noun] A pedigree animal has parents and other relatives all from the same breed and is thought to be of high quality: *a pedigree dog* ▷ **rasowy**

pedophile /ˈpiːdəʊfaɪl/ **noun** [C] US spelling of paedophile ▷ **pedofil**

pee /piː/ **verb** [I] (present participle **peeing**, past tense and past participle **peed**) informal to urinate ▷ **siusiać, sikać**

• **pee** **noun** [no plural] informal *Do I have time for a pee before we go?* ▷ **siusiu, siki**

peek¹ /piːk/ **verb** [I] to look at something for a short time, often when you do not want other people to see you: *I peeked out the window to see who was there.* ▷ **zerkać**

peek² /piːk/ **noun** **have/take a peek** to look at something for a short time ▷ **rzucać okiem**

peel¹ /piːl/ **verb** **1** [T] (B1) to remove the skin of fruit or vegetables: *Peel and chop the onions.* ▷ **obierać** **2** [I, T] If you peel something from a surface, you remove it and if something peels, it comes away from a surface: *The paint is starting to **peel off** where the wall is damp.* ▷ **łuszczyć się, odchodzić, zrywać, złuszczać** → See also **keep your *eyes* open/peeled (for sb/sth)**

PHRASAL VERB **peel sth off** to take off clothes, especially wet or tight clothes: *We peeled off our muddy socks and left them outside.* ▷ **ściągać** *coś*

peel² /piːl/ **noun** [U] the skin of fruit or vegetables, especially after it has been removed: *Combine nuts, sugar, and orange peel in a small bowl.* ▷ **skórka**

peep /piːp/ **verb** [I] **1** **peep at/through/out, etc** to look at something for a short time, often when you do not want other people to see you: *She peeped at them through the fence.* ▷ **zerkać na/przez** *itp.* **2** **peep through/over/out from, etc** to appear but not be seen completely: *The sun peeped out from behind the clouds.* ▷ **wyglądać przez/znad/zza** *itp.*

• **peep** **noun** [no plural] *She **took a peep** at herself in the mirror.* ▷ **spojrzenie, rzut oka**

peer¹ /pɪəʳ/ **noun** [C] **1** someone who is the same age, or who has the same social position or abilities as other members of a group: *Most teenagers want to be accepted by their peers.* ▷ **rówieśni-k/czka, równy** **2** in the UK, a person who has a title and a high social position ▷ **par**

peer² /pɪəʳ/ **verb** **peer at/into/through, etc** to look carefully or with difficulty: *She peered at me over her glasses.* ▷ **spoglądać na/w/przez** *itp.*

ˈpeer ˌgroup **noun** [C] a group of people of about the same age, social position, etc: *He was the first of his peer group to get married.* ▷ **grupa rówieśnicza**

ˈpeer ˌpressure **noun** [U] strong influence on a member of a group to behave in the same way as other members in the group, although that behaviour is not good: *Many teenagers take drugs because of boredom or peer pressure.* ▷ **nacisk grupy**

peg¹ /peg/ **noun** [C] **1** an object on a wall or door that you hang things on ▷ **wieszak** **2** (also **clothes peg**) UK a short piece of wood, plastic, etc that is used to hold clothes on a rope while they dry ▷ **klamerka** **3** a stick made of metal or wood that has a sharp end and which is used to fix something somewhere: *a tent peg* ▷ **kołek, śledź**

peg² /peg/ **verb** [T] (present participle **pegging**, past tense and past participle **pegged**) to fix the cost of borrowing money or the value of a country's money at a particular level: [often passive] *Interest rates were **pegged at** 8.2%.* ▷ **ustalać**

pellet /ˈpelɪt/ **noun** [C] a small, hard ball of metal, grain, etc: *shotgun/feed pellets* ▷ **kulka**

pelvic /ˈpelvɪk/ **adjective** [always before noun] relating to the area below your waist and above your legs ▷ **biodrowy**

pelvis /ˈpelvɪs/ **noun** [C] the group of bones that forms the area below your waist and above your legs and to which your leg bones are joined ▷ **miednica**

pen¹ /pen/ **noun** [C] **1** (A1) a long, thin object that you use to write or draw in ink ▷ **długopis** → See **The Classroom** on page Centre 6 **2** a small area with a fence around it that you keep animals in: *a pig/sheep pen* ▷ **zagroda** → See also **ballpoint pen, felt-tip pen, fountain pen**

P

pen² /pen/ **verb** [T] (present participle **penning**, past tense and past participle **penned**) literary to write something: *sonnets penned by Shakespeare* ▷ **napisać**

PHRASAL VERB **pen sb/sth in/up** to keep people or animals in a small area: [often passive] *The soldiers were penned up in their barracks.* ▷ **zamykać** *kogoś/coś*, **trzymać** *kogoś/coś*

penal /ˈpiːnᵊl/ **adjective** [always before noun] relating to the punishment of criminals: *a **penal code/system*** ▷ **karny**

penalize (also UK **-ise**) /ˈpiːnᵊlaɪz/ **verb** [T] **1** to cause someone a disadvantage: *The present tax system penalizes poor people.* ▷ **dyskryminować** **2** to punish someone for breaking a law or a rule: *He was penalized early in the match for dangerous play.* ▷ **karać**

penalty /ˈpenᵊlti/ **noun** [C] **1** (B2) a punishment for doing something which is against a law or rule: *There's a £50 **penalty for** late cancellation of tickets.* ▷ **kara** **2** (B2) in sports, an advantage given to a team when the opposing team has broken a rule: *They won a penalty in the first five minutes of the game.* ∘ *a **penalty goal/kick*** ▷ **rzut karny** → See also **death penalty**

> Wyrazy występujące razem z **penalty**
>
> face a penalty • a heavy/severe/stiff penalty • a penalty for (doing) sth

penance /ˈpenəns/ **noun** [C, U] an act that shows you are sorry for something that you have done ▷ **pokuta**

pence /pens/ **noun** (A2) plural of British penny; p ▷ **pensy**

penchant /ˈpɒnʃɒŋ/ (US) /ˈpentʃənt/ **noun have a penchant for sth** formal to like something very much: *Miguel has a penchant for fast cars.* ▷ **mieć skłonność do** *czegoś*

pencil /ˈpensᵊl/ **noun** [C, U] (A1) a long, thin wooden object with a black or coloured point that you write or draw with ▷ **ołówek** → See **The Classroom** on page Centre 6

ˈpencil ˌsharpener **noun** [C] a tool that you use to make pencils sharp ▷ **temperówka** → See **The Classroom** on page Centre 6

pendant /ˈpendənt/ **noun** [C] a piece of jewellery on a chain that you wear around your neck ▷ **wisiorek**

pending¹ /ˈpendɪŋ/ **preposition** formal used to say that one thing must wait until another thing happens: *Several employees have been suspended pending an investigation.* ▷ **do czasu, do momentu**

pending² /ˈpendɪŋ/ **adjective** formal not decided or finished: *Their court case is still pending.* ▷ **nierozstrzygnięty, w toku**

pendulum /ˈpendjᵊləm/ **noun** [C] a heavy object on a chain or stick that moves from side to side, especially inside a large clock ▷ **wahadło**

penetrate /ˈpenɪtreɪt/ **verb** **1** [I, T] If something penetrates an object, it moves into that object: *The bullet penetrated his skull.* ▷ **przenikać, penetrować** **2** [T] If someone penetrates a place or a group, they succeed in moving into or joining it: *No one in our industry has successfully penetrated the Asian market.* ▷ **penetrować, wchodzić do lub na**

• **penetration** /ˌpenɪˈtreɪʃᵊn/ **noun** [U] ▷ **penetracja, przenikanie**

penetrating /ˈpenɪtreɪtɪŋ/ **adjective** **1** intelligent and full of careful thought: *a penetrating discussion/mind* ∘ *She wrote a penetrating analysis of Shakespeare's Hamlet.* ▷ **przenikliwy** **2** **a penetrating gaze/look/stare, etc** If someone gives you a penetrating look, you feel as if they know what you are thinking. ▷ **przenikliw-y/e wzrok/spojrzenie** *itp.* **3** If a sound is penetrating, it is very strong and unpleasant: *a penetrating voice/scream* ▷ **przenikliwy**

peneˈtration ˌpricing **noun** [U] when a business gives a low price to its product so that people start to buy it, often increasing it later ▷ **strategia penetracji rynku**

penguin /ˈpeŋgwɪn/ **noun** [C] (B1) a large, black and white sea bird that swims and cannot fly ▷ **pingwin**

penicillin /ˌpenɪˈsɪlɪn/ **noun** [U] a type of medicine that kills bacteria and is used to treat illness ▷ **penicylina**

peninsula /pəˈnɪnsjələ/ **noun** [C] a long, thin piece of land which has water around most of it: *the Korean peninsula* ▷ **półwysep**

penis /ˈpiːnɪs/ **noun** [C] the part of a man's or male animal's body that is used for urinating and having sex ▷ **członek, penis**

penitentiary /ˌpenɪˈtenʃᵊri/ **noun** [C] a prison in the US ▷ **więzienie, zakład karny**

pennant /ˈpenənt/ **noun** [C] a long, pointed flag ▷ **proporczyk, proporzec**

penniless /ˈpeniləs/ **adjective** having no money ▷ **bez grosza (przy duszy)**

penny /ˈpeni/ **noun** [C] (plural **pence**, **p**, **pennies**) **1** (B1) a coin or unit of money with a value of 1/100 of a pound; p: *There are 100 pence in a pound.* ∘ *fifty pence/50p* ▷ **pens** **2** a coin with a value of one cent (= 1/100 of a dollar): *My dad always let us have his pennies to buy candy.* ▷ **cent** **3** **every penny** all of an amount of money: *He seemed intent on spending every penny of his salary.* ▷ **co do grosza**

pension¹ /ˈpenʃᵊn/ **noun** [C] (B2) money that is paid regularly by the government or a private company to a person who has stopped working because they are old or ill: *a **state/private pension*** ∘ *a **pension plan/scheme*** ▷ **emerytura, renta**

• **pensioner** **noun** [C] mainly UK someone who receives a pension ▷ **emeryt/ka, rencist-a/ka** → See also **old-age pension**, **old-age pensioner**

> **Wyrazy występujące razem z pension**
>
> get/be on/receive a pension • a pension fund/plan/scheme • a state/private pension

pension² /ˈpenʃᵊn/ verb

PHRASAL VERB **pension sb off** mainly UK If an organization pensions someone off, it forces that person to leave their job but pays them a pension. ▷ **wysyłać lub przenosić** *kogoś* **na emeryturę**

pentagon /ˈpentəgᵊn/ noun [C] a shape with five sides and five angles ▷ **pięciokąt**

the Pentagon /ˈpentəgɒn/ noun the department of the US government that controls the army, navy, etc, or the building where it is: *The Pentagon refused to comment on potential military targets.* ▷ **Pentagon**

penthouse /ˈpenthaʊs/ noun [C] (plural **penthouses** /ˈpenthaʊzɪz/) an expensive apartment at the top of a building ▷ **apartament na najwyższym piętrze**

pent-up /ˌpentˈʌp/ adjective [always before noun] Pent-up feelings are feelings that you have not expressed for a long time: *pent-up anger* ▷ **stłumiony**

penultimate /pəˈnʌltɪmət/ adjective [always before noun] formal next to the last: *Y is the penultimate letter of the alphabet.* ▷ **przedostatni**

people¹ /ˈpiːpl/ noun **1** [plural] A1 more than one person: *Our company employs over 400 people.* ◦ *People live much longer than they used to.* ▷ **ludzie 2 the people** all the ordinary people in a country: *The rebels have gained the support of the people.* ▷ **naród, lud 3** [C] formal all the people of a race: *Europe is made up of many different peoples.* ▷ **naród, lud**

people² /ˈpiːpl/ verb

PHRASAL VERB **be peopled by/with sb** literary to be filled with a particular kind of person: *His novels are peopled with angry young men.* ▷ **być wypełnionym lub zaludnionym przez** *kogoś*

ˈpeople ˌcarrier noun [C] UK (US **minivan**) a large, high car which can carry more people than a normal car ▷ **minivan**

pepper¹ /ˈpepəʳ/ noun **1** [U] A2 a black, grey, or red powder that is made from crushed seeds, used to give food a slightly spicy flavour: *salt and pepper* ▷ **pieprz 2** [C] B1 a hollow green, red, or yellow vegetable: *green/red pepper* ▷ **papryka** → See **Fruits and Vegetables** on page Centre 10

pepper² /ˈpepəʳ/ verb

PHRASAL VERB **pepper sth with sth** to include a lot of something: [often passive] *His speech was peppered with quotations.* ▷ **przepełniać** *coś czymś*, **upstrzyć** *coś czymś*

peppermint /ˈpepəmɪnt/ noun **1** [U] oil from a plant that is added to food to give it a strong, fresh taste, or the taste itself: *peppermint tea* ▷ **olejek miętowy 2** [C] a small, hard sweet that tastes like peppermint ▷ **mięta pieprzowa**

pepsin /ˈpepsɪn/ noun [U] an enzyme in the stomach that helps to change protein to a form that the body can use ▷ **pepsyna**

peptide /ˈpeptaɪd/ noun [C] a chemical that is made of two or more amino acids ▷ **peptyd**

per strong /pɜːʳ/ weak /pəʳ/ preposition A2 for each: *Our hotel room costs $60 per night.* ◦ *The speed limit is 100 kilometres per hour.* ◦ *The wedding dinner will cost £30* ***per head*** *(= for each person).* ▷ **na, za**

per annum /pɜːrˈænʌm/ adverb formal every year: *a salary of $19,000 per annum* ▷ **rocznie**

per capita /pɜːˈkæpɪtə/ adjective, adverb formal for each person: *This county has the lowest per capita income in the country.* ◦ *Belgians eat more chocolate per capita than any other nation in Europe.* ▷ **na głowę lub mieszkańca**

perceive /pəˈsiːv/ verb [T] formal **1** to think of something or someone in a particular way: [often passive] *The British are often perceived as being very formal.* ▷ **postrzegać 2** to notice something that is not easy to notice: *We perceived a faint light in the distance.* ▷ **dostrzegać, zauważać**

percent (also **per cent**) /pəˈsent/ adjective, adverb B1 for or out of every 100, shown by the symbol %: *a 40 percent increase in prices* ▷ **procent**

• **percent** (also **per cent**) noun [C] *Nearly 70 percent of all cars in the UK are less than five years old.* ▷ **procent**

percentage /pəˈsentɪdʒ/ noun [C] B2 an amount of something, expressed as a number out of 100: *The* ***percentage of*** *women who work has risen steadily.* ◦ *The* ***percentage of*** *people who are left-handed is small – only about 10%.* ▷ **odsetek, procent**

> **Wyrazy występujące razem z percentage**
>
> a **high/large/small** percentage • the percentage of sth

perceptible /pəˈseptəbl/ adjective formal just able to be noticed: *a* ***perceptible difference*** *in colour* ◦ *His pulse was barely perceptible.* ▷ **zauważalny, dostrzegalny**

perception /pəˈsepʃᵊn/ noun **1** [C] what you think or believe about someone or something: *The* ***public perception*** *of him as a hero is surprising.* ▷ **postrzeganie, percepcja 2** [U] the ability to notice something: *Alcohol reduces your perception of pain.* ▷ **postrzeganie**

perceptive /pəˈseptɪv/ adjective quick to notice or understand things: *a perceptive writer* ▷ **spostrzegawczy, wnikliwy**

perch¹ /pɜːtʃ/ verb **1 perch (sth) on/in/above, etc** to be in a high position or in a position near the edge of something, or to put something in this position: [often passive] *The village was*

P

perched on the side of a mountain. ◦ *She wore glasses perched on the end of her nose.* ▷ **umieścić się/***coś* **lub usadowić (się) na/w/nad** *itp.* **2 perch on/in, etc** to sit near the edge of something: *The children perched on the edges of their seats.* ▷ **przysiąść na/w** *itp.*

perch² /pɜːtʃ/ **noun** [C] a place where a bird sits, especially a stick inside a cage ▷ **żerdka**

percolate /ˈpɜːkəleɪt/ **verb** [I] If a liquid percolates, it moves slowly through a substance that has very small holes: *Sea water percolates down through the rocks.* ▷ **przesączać się**

percussion /pəˈkʌʃən/ **noun** [U] musical instruments that make a sound when you hit them with a stick or your hand: *Drums, tambourines, and cymbals are percussion instruments.* ▷ **perkusja**

perennial¹ /pərˈeniəl/ **adjective** happening again and again, or continuing for a long time: *the perennial problem of unemployment* ▷ **odwieczny, wieczny**

perennial² /pərˈeniəl/ **noun** [C] a plant that lives for several years ▷ **wieloletni**

perestroika /ˌperəˈstrɔɪkə/ **noun** [U] the political, social and economic changes which happened in the USSR during the late 1980s ▷ **pieriestrojka**

> **Perfect** wyrazy bliskoznaczne
>
> Jeśli coś jest doskonałe, ponieważ nie zawiera żadnych błędów czy niedoskonałości, możemy użyć przymiotników **delicious** lub **tasty**:
>
> *They gave a **faultless/immaculate** performance.*
> *His English is **impeccable**.*
> *She has a **flawless** complexion.*
>
> Przymiotników **ideal** i **tailor-made** używamy czasem do opisania czegoś, co jest doskonale dostosowane do konkretnego celu:
>
> *The book is **ideal** for children aged between four and six.*
> *It sounds as if she's **tailor-made** for the job.*
>
> W sytuacjach nieformalnych, gdy chcemy opisać stanowisko pracy, dom, itp., które uważamy za doskonałe dla siebie, możemy użyć określeń **dream job**, **dream home**, itp.:
>
> *A pretty cottage in the Suffolk countryside – that would be my **dream home**.*

perfect¹ /ˈpɜːfɪkt/ **adjective 1** (A2) without fault, or as good as possible: *James is a perfect husband and father.* ◦ *Her performance was perfect.* ▷ **doskonały, perfekcyjny 2** exactly right for someone or something: *You'd be **perfect for** the job.* ◦ *The weather's just perfect for a picnic.* ▷ **idealny 3** [always before noun] used to emphasize a noun: *His suggestion makes perfect sense.* ▷ **zupełny**

perfect² /pəˈfekt/ **verb** [T] to make something as good as it can be: *I've spent hours perfecting my speech.* ▷ **doskonalić**

perfection /pəˈfekʃən/ **noun** [U] when someone or something is perfect: *She strives for perfection in everything she does.* ◦ *chicken legs cooked to perfection* ▷ **perfekcja**

perfectionist /pəˈfekʃənɪst/ **noun** [C] someone who wants everything to be perfect ▷ **perfekcjonist-a/ka**

perfectly /ˈpɜːfɪktli/ **adverb 1** (B2) used to emphasize the word that follows it: *To be perfectly honest, I don't care any more.* ◦ *I made it perfectly clear to him what I meant.* ▷ **całkowicie, zupełnie 2** (B1) in a perfect way: *The jacket fits perfectly, the skirt not so well.* ▷ **idealnie**

the perfect /ˈpɜːfɪkt/ **noun** (also **the ˌperfect ˈtense**) (B2) the form of the verb that is used to show an action that has happened in the past or before another time or event. In English, the perfect is made with 'have' and a past participle. ▷ **czas dokonany** → See also **the future perfect**, **the past perfect**, **the present perfect**

perforated /ˈpɜːfəreɪtɪd/ **adjective 1** Perforated materials such as paper have small holes in them so that they can be torn or liquid can pass through them. ▷ **perforowany, dziurkowany 2** If an organ of your body is perforated, it has a hole in it: *a perforated eardrum* ▷ **przebity, z perforacją**

• **perforate verb** [T] ▷ **przedziurawić, przebić**

perform /pəˈfɔːm/ **verb 1** [I, T] (B1) to entertain people by acting, singing, dancing, etc: *She has performed all over the world.* ◦ *The orchestra will perform music by Mozart.* ▷ **występować, wykonywać 2** [T] formal (B2) to do a job or a piece of work: *In the future, many **tasks** will be **performed** by robots.* ◦ *Surgeons **performed** the **operation** in less than two hours.* ▷ **wykonywać, przeprowadzać 3 perform well/badly, etc** If something performs well, badly, etc, it works that way: *These cars perform poorly at high speeds.* ▷ **dobrze/źle** *itp.* **działać lub funkcjonować**

performance /pəˈfɔːməns/ **noun 1** [C] (B1) acting, singing, dancing, or playing music to entertain people: *a performance of Shakespeare's Hamlet* ▷ **występ, przedstawienie 2** [U] (B2) how successful someone or something is: *The company's performance was poor for the first two years.* ◦ *Some athletes take drugs to improve their performance.* ▷ **wyniki**

> Wyrazy występujące razem z **performance**
>
> give/put on a performance • a brilliant/virtuoso/wonderful performance

performer /pəˈfɔːməʳ/ **noun** [C] (B1) someone who entertains people ▷ **artyst-a/ka, wykonaw-ca/czyni**

the perˌforming ˈarts noun [plural] types of entertainment that are performed in front of

P

people, such as dancing, singing, and acting ▷ **sztuki sceniczne lub rozrywkowe lub widowiskowe**

perfume /ˈpɜːfjuːm/ **noun** [C, U] A2 a liquid with a pleasant smell that women put on their skin ▷ **perfumy**
• **perfumed adjective** containing perfume ▷ **perfumowany**

perhaps /pəˈhæps/ **adverb 1** A2 possibly: *Perhaps I'll go to the gym after work.* ◦ *Ben won't be coming but perhaps it's better that way.* ▷ **(być) może 2** used when you want to suggest or ask someone something: *Perhaps you should leave now.* ▷ **może**

pericarp /ˈperɪkɑːp/ **noun** [C, usually singular] the layer which grows around the seed of a plant and forms the skin and flesh of the fruit ▷ **owocnia**

peril /ˈperᵊl/ **noun** [C, U] formal extreme danger: *A shortage of firefighters is putting lives* ***in peril****.* ◦ *His book describes* ***the perils of*** *war.* ▷ **niebezpieczeństwo**

perilous /ˈperᵊləs/ **adjective** formal very dangerous: *a perilous journey* ▷ **niebezpieczny**
• **perilously adverb** ▷ **niebezpiecznie**

perimeter /pəˈrɪmɪtəʳ/ **noun** [C] the outer edge of an area: *the perimeter of the airport* ▷ **obwód**

period /ˈpɪəriəd/ **noun** [C] **1** B1 a length of time: *a 24-hour period* ◦ *a period of four months* ▷ **okres 2** B1 one of the equal parts of time that a school day or sports game is divided into ▷ **godzina (lekcyjna), część 3** when blood comes out of a woman's uterus each month ▷ **okres, miesiączka 4** US (UK **full stop**) a mark (.) used at the end of a sentence, or to show that the letters before it are an abbreviation ▷ **kropka**

periodic /ˌpɪəriˈɒdɪk/ **adjective** happening regularly: *Our sales team makes periodic trips to Asia.* ▷ **okresowy**
• **periodically adverb** ▷ **okresowo**

periodical /ˌpɪəriˈɒdɪkᵊl/ **noun** [C] a magazine about a particular subject ▷ **czasopismo, periodyk**

the ˌPeriodic ˈTable noun [no plural] a list of the symbols of all the chemical elements arranged in rows and columns down a page ▷ **układ okresowy pierwiastków**

peripheral¹ /pəˈrɪfᵊrᵊl/ **adjective** not as important as someone or something else ▷ **marginalny**

peripheral² /pəˈrɪfᵊrᵊl/ **noun** [C] a piece of equipment, such as a printer, that can be connected to a computer ▷ **urządzenie zewnętrzne**

periphery /pəˈrɪfᵊri/ **noun** [C] the outer edge of an area: *The soldiers were camped* ***on the periphery*** *of the village.* ▷ **skraj**

perish /ˈperɪʃ/ **verb** [I] literary to die: *Hundreds of people perished in the flood.* ▷ **czeznąć, ginąć**

perishable /ˈperɪʃəbl/ **adjective** Food that is perishable goes bad very quickly. ▷ **nietrwały, (łatwo) psujący się**

peristalsis /ˌperɪˈstælsɪs/ **noun** [U] the repeated movements made in the tube that carries food away from the stomach, which push food and waste through the body ▷ **perystaltyka, ruch robaczkowy**

perjury /ˈpɜːdʒᵊri/ **noun** [U] the crime of telling a lie in a court of law: *The witness was accused of* ***committing perjury****.* ▷ **krzywoprzysięstwo**

perk¹ /pɜːk/ **noun** [C] an advantage, such as money or a car, that you are given because of your job: [usually plural] *A mobile phone is one of the perks of the job.* ▷ **korzyść (uboczna), świadczenie (dodatkowe)**

perk² /pɜːk/ **verb**

PHRASAL VERB **perk (sb) up** informal to start to feel happier, or to make someone feel happier: *A cup of coffee always perks me up in the morning.* ▷ **ożywić** *kogoś***/się**

perm /pɜːm/ **noun** [C] the use of chemicals on someone's hair to make it have curls for several months, or the hairstyle that is made in this way: *I'm thinking of* ***having a perm****.* ▷ **trwała**
• **perm verb** [T] ▷ **zrobić trwałą**

permanence /ˈpɜːmᵊnəns/ **noun** [U] when something continues forever or for a long time ▷ **trwałość**

permanent /ˈpɜːmᵊnənt/ **adjective** B1 continuing forever or for a long time: *permanent damage* ◦ *a permanent job* ▷ **trwały**
• **permanently adverb** B2 *He moved here permanently in 1992.* ▷ **trwale**

permeable /ˈpɜːmiəbl/ **adjective** If a substance is permeable, it allows liquids or gases to go through it. ▷ **przepuszczalny** → Opposite **impermeable**

permeate /ˈpɜːmieɪt/ **verb** [T] formal to move gradually into every part of something: *The pungent smell of vinegar permeated the air.* ◦ *Drug dealers have permeated every level of society.* ▷ **przenikać (w)**

permissible /pəˈmɪsəbl/ **adjective** formal allowed by the rules: [+ to do sth] *It is not permissible to smoke inside the building.* ▷ **dopuszczalny, dozwolony**

permission /pəˈmɪʃᵊn/ **noun** [U] B1 when you allow someone to do something: *She* ***gave*** *him* ***permission*** *without asking any questions.* ◦ [+ to do sth] *He has permission to stay in the country for one more year.* ◦ *They even have to* ***ask for permission*** *before they go to the toilet.* ◦ *He took the car* ***without permission****.* ▷ **pozwolenie**

> Wyrazy występujące razem z **permission**
>
> ask for/give/grant/obtain/receive/refuse/seek permission • permission for sth

permissive /pəˈmɪsɪv/ **adjective** allowing people to behave in ways which other people

P

may not approve of: *permissive attitudes* ▷ **liberalny, przyzwalający, pobłażliwy**

permit[1] /pəˈmɪt/ **verb** (present participle **permitting**, past tense and past participle **permitted**) **1** [T] formal B1 to allow something: [often passive] *Photography is not permitted inside the museum.* ◦ [+ to do sth] *He permitted them to leave.* ▷ **zezwalać na, pozwalać na 2** [I] to make something possible: *The match starts at 3 p.m., **weather permitting**.* ▷ **pozwalać**

permit[2] /ˈpɜːmɪt/ **noun** [C] an official document that allows you to do something: *a **work permit*** ◦ *You need a permit to park your car here.* ▷ **pozwolenie, zezwolenie**

pernicious /pəˈnɪʃəs/ **adjective** formal very harmful ▷ **zgubny**

perpendicular /ˌpɜːpənˈdɪkjʊləʳ/ **adjective** at an angle of 90 degrees to something ▷ **prostopadły**

perpetrate /ˈpɜːpɪtreɪt/ **verb** [T] formal to do something very bad: [often passive] *They heard of torture perpetrated by the army.* ▷ **popełniać**

perpetrator /ˈpɜːpɪtreɪtəʳ/ **noun** [C] formal someone who has done something very bad: *There is great public pressure to bring the **perpetrators of** these crimes to justice.* ▷ **spraw-ca/czyni**

perpetual /pəˈpetʃuəl/ **adjective** never ending: *He seems to be in a **perpetual state** of confusion.* ▷ **wieczny**

• **perpetually adverb** ▷ **wiecznie**

perpetuate /pəˈpetʃueɪt/ **verb** [T] formal to make something continue, especially something bad: *People think of him as a cruel man, an image perpetuated by the media.* ▷ **utrwalać**

perplexed /pəˈplekst/ **adjective** confused: *He seemed a little perplexed by the question.* ▷ **zakłopotany**

• **perplex verb** [T] ▷ **wprawiać w zakłopotanie**

perplexing /pəˈpleksɪŋ/ **adjective** confusing: *a perplexing problem* ▷ **kłopotliwy, trudny**

persecute /ˈpɜːsɪkjuːt/ **verb** [T] to treat someone unfairly or cruelly because of their race, religion, or beliefs: [often passive] *He was persecuted for his religious beliefs.* ▷ **prześladować**

• **persecution** /ˌpɜːsɪˈkjuːʃən/ **noun** [U] ***political/religious persecution*** ▷ **prześladowania**

persecutor /ˈpɜːsɪkjuːtəʳ/ **noun** [C] someone who persecutes people ▷ **prześladow-ca/czyni**

perseverance /ˌpɜːsɪˈvɪərəns/ **noun** [U] when you persevere: *Hard work and perseverance do pay off in the end.* ▷ **wytrwałość**

persevere /ˌpɜːsɪˈvɪəʳ/ **verb** [I] to continue to try to do something although it is difficult: *Despite the difficulties, I decided to **persevere with** the project.* ▷ **wytrwać, nie ustawać**

persist /pəˈsɪst/ **verb** [I] **1** If an unpleasant feeling or situation persists, it continues to exist: *If symptoms persist, consult a doctor.* ▷ **nie ustępować, utrzymywać się 2** to continue to do something although it is annoying other people: *He **persists in** calling me Jane, even though I've corrected him twice.* ▷ **nie przestawać, upierać się**

persistence /pəˈsɪstəns/ **noun** [U] when someone or something persists ▷ **uporczywość, upór**

persistent /pəˈsɪstənt/ **adjective 1** Something unpleasant that is persistent continues for a long time or is difficult to get rid of: *a persistent cough* ▷ **uporczywy, utrzymujący się 2** A persistent person continues to do something although other people do not want them to: *He can be very persistent sometimes.* ▷ **uparty**

• **persistently adverb** *He has persistently lied to us.* ▷ **uporczywie, uparcie**

person /ˈpɜːsən/ **noun** (plural **people**) **1** A1 [C] a human being: *You're the only person I know here.* ◦ *He is a very dangerous person.* ▷ **osoba 2 in person** B2 If you do something in person, you go somewhere to do it yourself: *If you can't be there in person the next best thing is watching it on TV.* ▷ **osobiście** → See also **the first person, the second person, the third person**

persona /pəˈsəʊnə/ **noun** [C] (plural **personae, personas**) the way your character seems to other people: *He's trying to improve his **public persona**.* ▷ **osobowość**

personal /ˈpɜːsənəl/ **adjective 1** [always before noun] B1 relating to or belonging to a particular person: *I can only speak from my own **personal experience**.* ◦ *Please ensure you take all **personal belongings** with you when you leave the train.* ◦ *This is a personal view and not that of the government.* ▷ **osobisty 2** B1 relating to the private parts of someone's life, including their relationships and feelings: *He's got a few **personal problems** at the moment.* ◦ *She prefers to keep her personal and professional lives separate.* ▷ **prywatny, osobisty 3** [always before noun] B1 designed for or used by one person: *a personal computer/stereo* ◦ *a personal loan/pension* ▷ **osobisty, indywidualny 4** rude about or offensive towards someone: *I know you're upset, but there's no need to **get personal** (= start making offensive remarks).* ▷ **napastliwy 5** [always before noun] relating to your body: ***personal hygiene*** ▷ **osobisty**

ˌpersonal comˈputer **noun** [C] (abbreviation **PC**) a computer designed for one person to use ▷ **komputer osobisty**

ˌpersonal ˌdigital aˈssistant **noun** [C] (abbreviation **PDA**) a small computer that you can carry with you ▷ **palmtop**

personality /ˌpɜːsənˈæləti/ **noun 1** [C] B2 the way you are as a person: *She's got a lovely, **bubbly personality**.* ▷ **osobowość 2** [C] B2 a famous person: *a well-known TV personality* ▷ **osobistość 3** [U] B2 the quality of having a very strong or interesting character: *Sales people need a lot of personality.* ▷ **osobowość**

> **Wyrazy występujące razem z personality**
>
> a **bubbly/forceful/outgoing/warm** personality

personalized (also UK **-ised**) /ˈpɜːsənəlaɪzd/ **adjective** A personalized object has someone's name on it, or has been made for a particular person: *a personalized fitness plan* ▷ **z monogramem, indywidualny, dopasowany** • **personalize** (also UK **-ise**) **verb** [T] ▷ **oznaczać monogramem, dopasowywać, dobierać indywidualnie**

personally /ˈpɜːsənəli/ **adverb 1** B2 done by you and not someone else: *I'd like to personally apologize for the delay.* ▷ **osobiście 2** B1 used when you are going to give your opinion: *Personally, I'd rather stay at home and watch TV.* ▷ **jeśli o mnie chodzi 3 take sth personally** to think that someone is criticizing you when they are not: *You mustn't take everything so personally.* ▷ **brać** *coś* **do siebie**

ˌpersonal ˈorganizer noun [C] a small book or computer containing a calendar, address book, etc ▷ **terminarz** → See **PDA**

ˌpersonal ˈpronoun noun [C] a word that is used to refer to a person in speech or in writing. For example the words 'I', 'you', and 'they' are personal pronouns. ▷ **zaimek osobowy**

ˌpersonal ˈstereo noun [C] a small machine that plays music and which has headphones so that you can listen to music while you are walking ▷ **odtwarzacz (przenośny)**

ˌpersonal ˈtrainer noun [C] a person whose job is to help you improve the shape of your body by showing you what exercises to do ▷ **osobisty trener**

personify /pəˈsɒnɪfaɪ/ **verb** [T] If someone personifies a particular quality, they are a perfect example of that quality: *She seems to personify honesty and goodness.* ▷ **uosabiać** • **personified adjective** [always after noun] *Tom has always been laziness personified.* ▷ ≈ **uosobienie** (*czegoś*) • **personification** /pəˌsɒnɪfɪˈkeɪʃən/ **noun** [U] ▷ **uosobienie**

personnel /ˌpɜːsənˈel/ **noun 1** [plural] the people who work for an organization: *military personnel* ▷ **personel 2** [U] the department of an organization that deals with finding people to work there, keeping records about them, etc: *I need to speak to someone in Personnel.* ◦ *the personnel manager* ▷ **kadry, dział kadr, dział osobowy**

perspective /pəˈspektɪv/ **noun 1** [C] the way you think about something: *Being unemployed has made me see things **from a** different **perspective**.* ▷ **perspektywa, punkt widzenia 2** [U] when things are drawn so that they appear to be a realistic size and in a realistic position ▷ **perspektywa 3 put sth in/into perspective** If something puts a problem into perspective, it makes you understand how unimportant that problem is. ▷ **spojrzeć na** *coś* **w szerszym kontekście**

> **Wyrazy występujące razem z perspective**
>
> **from** sb's perspective • **from a** [historical/political, etc] perspective • perspective **on** sth

perspicacious /ˌpɜːspɪˈkeɪʃəs/ **adjective** formal quick in noticing, understanding, or judging things accurately ▷ **przenikliwy, bystry**

perspiration /ˌpɜːspəˈreɪʃən/ **noun** [U] formal the liquid that comes out of your skin when you get hot ▷ **pot**

perspire /pəˈspaɪər/ **verb** [I] formal to produce liquid through your skin because you are hot or nervous ▷ **pocić się**

persuade /pəˈsweɪd/ **verb** [T] B1 to make someone agree to do something by talking to them a lot about it: [+ to do sth] *We managed to persuade him to come with us.* ◦ [+ (that)] *I persuaded her that it was the right thing to do.* ▷ **przekonywać** → Opposite **dissuade**

persuasion /pəˈsweɪʒən/ **noun 1** [U] when you persuade someone: *I'm sure she'll agree, she just needs a little **gentle persuasion**.* ▷ **perswazja, namowa 2** [C] formal a political, religious, or moral belief: *There were people of all persuasions there.* ▷ **przekonania, poglądy**

persuasive /pəˈsweɪsɪv/ **adjective** able to make people agree to do something: *It's a very **persuasive argument**.* ▷ **przekonujący** • **persuasively adverb** ▷ **przekonująco**

pertain /pəˈteɪn/ **verb**

PHRASAL VERB **pertain to sth** formal to relate to something: *Some important evidence pertaining to the case has been overlooked.* ▷ **odnosić się do** *czegoś*, **wiązać się z** *czymś*

pertinent /ˈpɜːtɪnənt/ **adjective** formal relating directly to a subject: *a **pertinent question*** ▷ **stosowny, na temat**

perturbed /pəˈtɜːbd/ **adjective** worried or upset: *He seemed slightly perturbed by the news.* ▷ **zaniepokojony, poruszony** • **perturb verb** [T] ▷ **niepokoić, poruszać**

Peru /pəˈruː/ **noun** a country in South America ▷ **Peru** • **Peruvian** /pəˈruːviən/ **adjective** coming from or relating to Peru ▷ **peruwiański** • **Peruvian noun** someone from Peru ▷ **Peruwia-nin/nka**

peruse /pəˈruːz/ **verb** [T] formal to look at or read something in order to find what interests you ▷ **studiować**

pervade /pəˈveɪd/ **verb** [T] formal to move gradually through every part of something: *Cheap perfume and tobacco pervaded the room.* ▷ **owładnąć**

pervasive /pəˈveɪsɪv/ **adjective** formal moving into or through everywhere or everything: *a pervasive smell* ◦ *the **pervasive influence** of television* ▷ **wszechobecny**

perverse /pəˈvɜːs/ **adjective** strange and not what most people would expect or enjoy: *In a*

P

perverse way, I enjoy going to the dentist. ▷ **przewrotny, perwersyjny**
• **perversely** adverb ▷ **przewrotnie, perwersyjnie**

perversion /pəˈvɜːʃᵊn/ **noun** [C, U] **1** getting sexual pleasure in a way that seems strange or unpleasant ▷ **zboczenie, dewiacja 2** when something that is right is changed into something that is wrong: *the perversion of justice* ▷ **wypaczenie**

pervert¹ /ˈpɜːvɜːt/ **noun** [C] someone who gets sexual pleasure in a strange or unpleasant way ▷ **zboczeniec**

pervert² /pəˈvɜːt/ **verb** [T] to change something that is right into something that is wrong: *They were charged with conspiracy to* ***pervert the course of justice.*** ▷ **wypaczać**

perverted /pəˈvɜːtɪd/ **adjective** relating to getting sexual pleasure in a strange or unpleasant way ▷ **perwersyjny**

pessimism /ˈpesɪmɪzᵊm/ **noun** [U] when you believe bad things will happen ▷ **pesymizm** → Opposite **optimism**

pessimist /ˈpesɪmɪst/ **noun** [C] someone who always believes that bad things will happen: *Don't be such a pessimist!* ▷ **pesymist-a/ka**

pessimistic /ˌpesɪˈmɪstɪk/ **adjective** B2 always believing that bad things will happen: *He was feeling* ***pessimistic about*** *the future.* ▷ **pesymistyczny** → Opposite **optimistic**

P

pest /pest/ **noun** [C] **1** an animal that causes damage to plants, food, etc: *Most farmers think foxes are pests.* ▷ **szkodnik 2** informal an annoying person ▷ **utrapienie**

PEST analysis /ˈpestəˌnæləsɪs/ **noun** [C] a document that shows how the political, economic, social and technological situation will affect a business ▷ **analiza metodą PEST**

pester /ˈpestəʳ/ **verb** [T] to annoy someone by asking them something again and again: [+ to do sth] *He's been pestering me to go out with him all week.* ▷ **męczyć, gnębić**

pesticide /ˈpestɪsaɪd/ **noun** [C, U] a chemical that is used to kill insects which damage plants ▷ **pestycyd**

pet¹ /pet/ **noun** [C] A1 an animal that someone keeps in their home: *my pet rabbit* ▷ **zwierzątko lub zwierzę (w domu lub domowe)**

pet² /pet/ **verb** [T] (present participle **petting**, past tense and past participle **petted**) **1** to touch an animal because you feel affection for it ▷ **głaskać 2** to touch someone in a sexual way ▷ **pieścić**

petal /ˈpetᵊl/ **noun** [C] one of the thin, flat, coloured parts on the outside of a flower: *rose petals* ▷ **płatek**

Peter /ˈpiːtər/ **noun** (also **Pete** /piːt/) a male name

peter /ˈpiːtəʳ/ **verb**

PHRASAL VERB **peter out** to gradually stop or disappear: *The track petered out after a mile or so.* ▷ **kończyć się, zanikać, urywać się**

ˌ**pet** ˈ**hate** **noun** [C] UK (US ˌ**pet** ˈ**peeve**) something that annoys you a lot: *That's one of my pet hates – people who smoke while other people are eating.* ▷ **coś, co mnie/go/ją** *itp.* **wkurza**

petite /pəˈtiːt/ **adjective** A petite woman is small and thin in an attractive way. ▷ **drobny, filigranowy**

petition¹ /pəˈtɪʃᵊn/ **verb** [I, T] to officially ask someone in authority to do something: [+ to do sth] *They are petitioning the government to increase funding for the project.* ▷ **domagać się, protestować**

petition² /pəˈtɪʃᵊn/ **noun** [C] a document that has been signed by a lot of people officially asking someone in authority to do something: *Will you sign this* ***petition against*** *experiments on animals?* ▷ **petycja**

> Wyrazy występujące razem z **petition**
>
> launch/organize/sign a petition • a petition against/(calling) for sth

Petri dish /ˈpetriˌdɪʃ/ US /ˈpiːtriːdɪʃ/ **noun** [C] a small clear round dish with a cover, which is used in scientific tests, especially for growing bacteria ▷ **płytka Petriego**

petrified /ˈpetrɪfaɪd/ **adjective** extremely frightened: *I'm* ***petrified of*** *spiders.* ▷ **przerażony, skamieniały ze strachu**

petrol /ˈpetrᵊl/ **noun** [U] UK (US **gas**) A2 a liquid fuel used in cars: *unleaded petrol* ▷ **benzyna, paliwo**

petroleum /pəˈtrəʊliəm/ **noun** [U] thick oil found under the Earth's surface which is used to produce petrol and other substances ▷ **ropa (naftowa)**

ˈ**petrol** ˌ**station** **noun** [C] UK (US **gas station**) A2 a place where you can buy petrol ▷ **stacja benzynowa**

petticoat /ˈpetɪkəʊt/ **noun** [C] a thin piece of women's clothing worn under a dress or skirt ▷ **halka**

petty /ˈpeti/ **adjective** **1** [always before noun] unimportant or not serious: *petty crime* ▷ **mało znaczący, drobny 2** [never before noun] complaining too much about unimportant things: *You can be so petty sometimes!* ▷ **małostkowy**

ˌ**petty** ˈ**cash** **noun** [U] a small amount of money that you keep in an office and use for buying small things for the company: *Take the money for stamps out of petty cash.* ▷ **kasa podręczna**

petty ˈ**cash** ˌ**voucher** **noun** [C] a piece of paper on which an employee writes what they have bought and how much it cost so that the employee can take that amount of money from petty cash ▷ **kwit kasy podręcznej**

petulant /ˈpetʃələnt/ **adjective** behaving in an angry, silly way like a child ▷ **kapryśny**

pew /pjuː/ **noun** [C] a long seat in a church ▷ **ławka**

pewter /ˈpjuːtəʳ/ **noun** [U] a blue-grey metal ▷ **cyna, stop cynowo-ołowiowy**

pH /ˌpiːˈeɪtʃ/ **noun** [C, usually singular] a number which shows how strongly acid or alkaline a substance is, in a range from 0 to 14: *Below pH 6.5 is acid, above pH 7.5 is alkaline.* ▷ **(odczyn) pH**

phage /feɪdʒ/ **noun** [C] (also **bacteriophage**) a virus that grows and divides inside a bacterium ▷ **bakteriofag**

phagocyte /ˈfæɡəʊsaɪt/ **noun** [C] a cell that gets rid of bacteria and other cells that cause harm by absorbing them ▷ **fagocyt**

phantom[1] /ˈfæntəm/ **noun** [C] the spirit of a dead person ▷ **zjawa, widmo, fantom**

phantom[2] /ˈfæntəm/ **adjective** [always before noun] imagined, not real: *phantom pains* ▷ **złudny, zmyślony, fantomowy**

pharaoh /ˈfeərəʊ/ **noun** [C] a king of ancient Egypt ▷ **faraon**

pharmaceutical /ˌfɑːməˈsjuːtɪkəl/ **adjective** relating to the production of medicines: *a **pharmaceutical company*** ◦ *the **pharmaceutical industry*** ▷ **farmaceutyczny**
• **pharmaceuticals noun** [plural] medicines ▷ **farmaceutyki, środki farmaceutyczne**

pharmacist /ˈfɑːməsɪst/ **noun** [C] (B2) someone who is trained to prepare or sell medicines ▷ **farmaceut-a/ka, apteka-rz/rka**

pharmacy /ˈfɑːməsi/ **noun 1** [C] (B1) a shop or part of a shop that prepares and sells medicines ▷ **apteka 2** [U] the study of the preparation of medicines ▷ **farmacja**

pharynx /ˈfærɪŋks/ **noun** [C] the soft part at the top of the throat which connects the mouth and nose to the throat ▷ **gardło**

phase[1] /feɪz/ **noun** [C] (B2) a stage or period which is part of a longer period: *The first phase of the project is scheduled for completion next year.* ◦ *My younger daughter is **going through** a **phase** of only wearing black.* ▷ **faza**

> Wyrazy występujące razem z **phase**
>
> enter/go through a phase • a passing phase • a phase of sth

phase[2] /feɪz/ **verb**

PHRASAL VERBS **phase sth in** to gradually start using a new system, process, or law: *The new tax will be phased in over five years.* ▷ **wprowadzać** *coś* **(stopniowo)** • **phase sth out** to gradually stop using something ▷ **wycofać** *coś* **(stopniowo)**

PhD /ˌpiːeɪtʃˈdiː/ **noun** [C] an advanced university qualification, or a person who has this qualification: *a PhD course/programme* ◦ *Maria has **a PhD in** mathematics.* ▷ **doktorat, stopień doktorski, doktor**

pheasant /ˈfezənt/ **noun** [C] (plural **pheasants**, **pheasant**) a bird with a long tail that is shot for food ▷ **bażant**

phenomenal /fɪˈnɒmɪnəl/ **adjective** extremely successful or showing great qualities or abilities: *The film has been a phenomenal success.* ▷ **fenomenalny**
• **phenomenally adverb** ▷ **fenomenalnie**

phenomenon /fɪˈnɒmɪnən/ **noun** [C] (plural **phenomena**) something that exists or happens, usually something unusual: *storms, lightning, and other **natural phenomena*** ◦ *Road rage seems to be a fairly recent phenomenon.* ▷ **zjawisko**

phenotype /ˈfiːnəʊtaɪp/ **noun** [C] all the qualities of a living thing, especially the qualities that you can see, for example the colour of the hair and eyes, the weight, etc ▷ **fenotyp** → Compare **genotype**

pheromone /ˈferəməʊn/ **noun** [C] a chemical that an animal sends into the air or water, whose purpose is to make other animals of the same type do a particular thing, for example to be attracted to them sexually ▷ **feromon**

phew (also **whew**) /fjuː/ **exclamation** used when you are happy that something is not going to happen, or when you are tired or hot ▷ **uff!**

philanthropist /fɪˈlænθrəpɪst/ **noun** [C] someone who gives money to people who need help ▷ **filantrop/ka**

-phile /-faɪl/ **suffix** makes a noun meaning 'enjoying or liking something': *a Francophile (= someone who loves France)* ◦ *a bibliophile (= someone who loves books)* ▷ **-fil**

Philip /ˈfɪlɪp/ **noun** (also **Phil** /fɪl/) a male name

the Philippines /ˈfɪlɪpiːnz/ **noun** a country consisting of a group of islands in southeast Asia ▷ **Filipiny**
• **Philippine** /ˈfɪlɪpiːn/ **adjective** coming from or relating to the Philippines ▷ **filipiński** • **Filipino** /ˌfɪlɪˈpiːnəʊ/ **noun** [C] someone from the Philippines ▷ **Filipi-ńczyk/nka**

philosopher /fɪˈlɒsəfəʳ/ **noun** [C] (B2) someone who studies or writes about the meaning of life ▷ **filozof**

philosophical /ˌfɪləˈsɒfɪkəl/ **adjective 1** relating to the study or writing of philosophy: *a philosophical problem/question* ▷ **filozoficzny 2** accepting unpleasant situations in a calm and wise way: *She seems fairly **philosophical about** the failure of her marriage.* ▷ **spokojny**
• **philosophically adverb** ▷ **filozoficznie**

philosophy /fɪˈlɒsəfi/ **noun 1** [C, U] (B2) the study or writing of ideas about the meaning of life, or a particular set of ideas about the meaning of life: *Descartes is considered by many to be the father of modern philosophy.* ▷ **filozofia 2** [C] a way of thinking about what you should do in

P

life: *My philosophy has always been to give those with ability the chance to progress.* ▷ **filozofia**

phishing /ˈfɪʃɪŋ/ **noun** [U] the practice of sending emails to people to trick them into giving information that would let someone take money from their Internet bank account ▷ **phishing (wyłudzanie haseł)**

phlegm /flem/ **noun** [U] a thick liquid produced in your lungs, throat, and nose when you have a cold ▷ **flegma**

phlegmatic /flegˈmætɪk/ **adjective** formal Someone who is phlegmatic is calm and does not get excited easily. ▷ **flegmatyczny**

phloem /ˈfləʊem/ **noun** [U] the part of a plant that carries food from the leaves to other parts where the food is needed ▷ **łyko** → Compare **xylem**

-phobe /-fəʊb/ **suffix** someone who hates something: *a commitment-phobe (= a person who hates commitment)* ▷ **-fob**

phobia /ˈfəʊbiə/ **noun** [C] an extreme fear of something: *My mum's got a* ***phobia about*** *birds.* ▷ **fobia, chorobliwy lęk**

phone[1] /fəʊn/ **noun** (also **telephone**) **1** [U] a communication system that is used to talk to someone who is in another place: *We'll contact you* ***by phone*** *when we get the results.* ▷ **telefon** **2** [C] **A1** a piece of equipment that is used to talk to someone who is in another place: *Would someone please* ***answer the phone****?* ◦ *I could hear the* ***phone ringing****.* ▷ **telefon** **3 on the phone a** using the phone: *She's been on the phone all night.* ▷ **przez telefon, zajęty rozmową (telefoniczną)** **b** UK when you have a phone ▷ **pod telefonem** → See also **cellular phone**, **mobile phone**, **pay phone**

> **Wyrazy występujące razem z phone**
>
> **answer/pick up** the phone • **put the phone down** • a phone **rings** • **by/over** the phone • a phone **bill/company/conversation**

phone[2] /fəʊn/ **verb** [I, T] (also **phone up**) **A1** to communicate with someone by telephone: *I tried to phone her last night, but she was out.* ◦ *I'm going to phone for a taxi.* ▷ **dzwonić (do), telefonować (do)**

ˈphone ˌbook **noun** [C] a book that contains the telephone numbers of people who live in a particular area ▷ **książka telefoniczna**

ˈphone ˌbox **noun** [C] UK (US **ˈphone ˌbooth**) a small structure containing a public telephone ▷ **budka (telefoniczna)**

ˈphone ˌcall **noun** [C] when you use the telephone: *Will you excuse me, I've got to* ***make a phone call****.* ▷ **telefon, rozmowa telefoniczna**

ˈphone ˌcard **noun** [C] a small piece of plastic used to pay for the use of some telephones ▷ **karta telefoniczna**

phone-in /ˈfəʊnɪn/ **noun** [C] UK (US **call-in**) a television or radio programme in which the public can ask questions or give opinions over the telephone ▷ **program z (telefonicznym) udziałem widzów lub słuchaczy**

ˈphone ˌnumber **noun** [C] the number of a particular telephone ▷ **numer telefoniczny lub telefonu**

phonetic /fəʊˈnetɪk/ **adjective** relating to the sounds you make when you speak: *the international phonetic alphabet* ▷ **fonetyczny**
• **phonetically adverb** ▷ **fonetycznie**

phonetics /fəˈnetɪks/ **noun** [U] the study of the sounds made by the human voice in speech ▷ **fonetyka**

phoney[1] UK informal (US **phony**) /ˈfəʊni/ **adjective** not real: *He gave the police a phoney number.* ▷ **fałszywy**

phoney[2] UK informal (US **phony**) /ˈfəʊni/ **noun** [C] someone who is not sincere ▷ **oszust/ka, udawacz/ka**
• **phoney** UK (US **phony**) **adjective** informal *a phoney smile* ▷ **sztuczny, udawany**

ˌphoney ˈwar **noun** [C, usually singular] a period during a war when there is no fighting and the situation appears calm ▷ **dziwna wojna**

phosphate /ˈfɒsfeɪt/ **noun** [C, U] a chemical that is used in cleaning products and to help plants grow ▷ **fosforan, fosfat**

phosphorescent /ˌfɒsfərˈesənt/ **adjective** giving off light after radiation has hit it ▷ **fosforyzujący**

phosphorus /ˈfɒsfərəs/ **noun** [U] a chemical element, especially a poisonous yellow-white element that shines in the dark and burns when it is in the air (symbol P) ▷ **fosfor**

photo /ˈfəʊtəʊ/ **noun** [C] **A1** a picture produced with a camera: *a* ***black-and-white/colour photo*** ◦ *I* ***took*** *a* ***photo*** *of Jack lying on the beach.* ▷ **zdjęcie**

photochemical /ˌfəʊtəʊˈkemɪkəl/ **adjective** relating to the effect of light on some chemicals ▷ **fotochemiczny**

photochemical smog **noun** [U] a fog caused by light from the sun shining on chemicals in the air that have been produced by cars and factories ▷ **smog fotochemiczny**

photocopier /ˈfəʊtəʊˌkɒpiər/ **noun** [C] a machine which produces copies of documents by photographing them ▷ **kserokopiarka, kserograf** → See **The Office** on page Centre 5

photocopy /ˈfəʊtəʊˌkɒpi/ **noun** [C] **B1** a copy of a document made with a photocopier: *I* ***made*** *a* ***photocopy*** *of my letter before sending it.* ▷ **kserokopia**
• **photocopy verb** [T] ▷ **kserować**

photoelectric cell /ˌfəʊtəʊɪˌlektrɪkˈsel/ **noun** [C] a piece of equipment that reacts if a beam of light is broken, used for example in devices to catch thieves entering buildings ▷ **fotokomórka**

photogenic /ˌfəʊtəʊˈdʒenɪk/ **adjective** Someone who is photogenic has the type of face that looks attractive in a photograph. ▷ **fotogeniczny**

photograph¹ /ˈfəʊtəgrɑːf/ **noun** [C] A2 a picture produced with a camera: *a **black-and-white/colour photograph** ◦ He **took** a lovely **photograph of** the children in the garden.* ▷ **zdjęcie, fotografia**

photograph² /ˈfəʊtəgrɑːf/ **verb** [T] B2 to take a photograph of someone or something: *They were photographed leaving a nightclub together.* ▷ **robić zdjęcie, fotografować**

photographer /fəˈtɒgrəfəʳ/ **noun** [C] A2 someone whose job is to take photographs ▷ **fotograf**

photographic /ˌfəʊtəˈgræfɪk/ **adjective** [always before noun] relating to photographs: *photographic equipment/film ◦ **photographic evidence*** ▷ **fotograficzny, zdjęciowy**

photography /fəˈtɒgrəfi/ **noun** [U] A2 the activity or job of taking photographs ▷ **fotografia**

photometer /fəʊˈtɒmɪtəʳ/ **noun** [C] a piece of equipment used by scientists to measure the strength of light ▷ **fotometr**

photometry /fəʊˈtɒmətri/ **noun** [U] the measurement of the strength of light ▷ **fotometria**

photosynthesis /ˌfəʊtəʊˈsɪntθəsɪs/ **noun** [U] the process by which a plant uses the energy from the light of the sun to make its own food ▷ **fotosynteza**

phototropism /fəʊˈtɒtrəpɪzᵊm/ **noun** [U] the way that plants grow or move towards light or away from light ▷ **fototropizm**

photovoltaic cell /ˌfəʊtəʊvɒlteɪɪkˈsel/ **noun** [C] a device that changes light from the sun into electricity ▷ **ogniwo fotoelektryczne**

phrasal verb /ˌfreɪzᵊlˈvɜːb/ **noun** [C] B1 a verb together with an adverb or preposition which has a different meaning to the meaning of its separate parts. For example 'look up' and 'carry on' are phrasal verbs. ▷ **czasownik z przysłówkiem lub przyimkiem**

phrase¹ /freɪz/ **noun** [C] B1 a group of words which are often used together and have a particular meaning ▷ **zwrot, wyrażenie**

phrase² /freɪz/ **verb** [T] to express something by choosing to use particular words: *It might have been better if he had phrased it differently.* ▷ **wyrażać, formułować**

phylum /ˈfailəm/ **noun** [C] one of the groups into which animals are divided, based generally on the shape of the animal's body and the way that the body is arranged ▷ **typ**

physical¹ /ˈfɪzɪkᵊl/ **adjective** **1** B2 relating to the body: ***physical fitness/strength** ◦ People put too much emphasis on **physical appearance** (= what you look like).* ▷ **fizyczny** **2** [always before noun] relating to real things that you can see and touch: *There was no physical evidence linking Jones to Shaw's murder.* ▷ **materialny**

physical² /ˈfɪzɪkᵊl/ **noun** [C] US (UK **medical**) an examination of your body by a doctor to find out if you are healthy ▷ **badanie lekarskie**

physically /ˈfɪzɪkᵊli/ **adverb** B2 in a way that relates to the body: ***physically attractive/fit*** ▷ **fizycznie**

ˌphysical ˈtherapist **noun** [C] US (UK/US **physiotherapist**) someone whose job is to give people physical therapy ▷ **rehabilitant/ka, fizykoterapeut-a/ka**

ˌphysical ˈtherapy **noun** [U] US (UK/US **physiotherapy**) treatment for illness or injury in which you practise moving parts of your body ▷ **rehabilitacja lub terapia ruchowa, fizykoterapia**

physician /fɪˈzɪʃᵊn/ **noun** [C] formal a doctor ▷ **leka-rz/rka**

physicist /ˈfɪzɪsɪst/ **noun** [C] someone who studies physics ▷ **fizy-k/czka**

physics /ˈfɪzɪks/ **noun** [U] A2 the scientific study of natural forces, such as energy, heat, light, etc ▷ **fizyka**

physio /ˈfɪziəʊ/ **noun** [C, U] UK informal short for physiotherapy or physiotherapist

physiological /ˌfɪziəˈlɒdʒɪkᵊl/ **adjective** relating to how the bodies of living things work ▷ **fizjologiczny**

physiology /ˌfɪziˈɒlədʒi/ **noun** [U] the scientific study of how the bodies of living things work ▷ **fizjologia**

physiotherapist /ˌfɪziəʊˈθerəpɪst/ **noun** [C] (also US **physical therapist**) someone whose job is to give people physiotherapy ▷ **rehabilitant/ka, fizykoterapeut-a/ka**

physiotherapy /ˌfɪziəʊˈθerəpi/ **noun** [U] (also US **physical therapy**) treatment for illness or injury in which you practise moving parts of your body ▷ **rehabilitacja lub terapia ruchowa, fizykoterapia**

physique /fɪˈziːk/ **noun** [C] the shape and size of your body: *He has a very muscular physique.* ▷ **sylwetka, budowa**

pianist /ˈpiːənɪst/ **noun** [C] someone who plays the piano ▷ **pianist-a/ka**

piano /piˈænəʊ/ **noun** [C] A2 a large wooden musical instrument with strings inside and black and white bars that produce sounds when you press them ▷ **fortepian, pianino** → See also **grand piano**

pick¹ /pɪk/ **verb** [T] **1** B1 to choose something or someone: *Do you want to help me pick some numbers for my lottery ticket? ◦ I was never picked for the school football team.* ▷ **wybierać** **2** B1 If you pick flowers, fruit, etc, you take them off a tree or out of the ground: *I picked some apples this morning.* ▷ **zbierać** **3** to remove small pieces

P

from something with your fingers: *You'll have to let the glue dry and then you can pick it off.* ▷ **zdejmować** **4 pick a fight/argument** to start a fight or argument with someone ▷ **wywoływać kłótnię/sprzeczkę** **5 pick sb's pocket** to steal something from someone's pocket ▷ **okradać** *kogoś* → See also **have a *bone* to pick with sb**

PHRASAL VERBS **pick at sth 1** to only eat a small amount of your food because you are worried or ill: *He picked at his food but had no appetite.* ▷ **skubać** *coś* **2** to remove small pieces from something with your fingers: *If you keep picking at that scab it'll never heal.* ▷ **skubać** *coś* • **pick on sb** (B2) to choose a person and criticize or treat them unfairly: *He just started picking on me for no reason.* ▷ **czepiać się** *kogoś* • **pick sth/sb out** to choose someone or something from a group of people or things: *She picked out a red shirt for me to try on.* ▷ **wybierać** *coś/kogoś* • **pick sth/sb up 1** (A2) to lift something or someone by using your hands: *He picked his coat up off the floor.* ◦ *Just pick up the phone and call him.* ▷ **podnosić** *coś/kogoś* → See **Phrasal Verbs** on page Centre 16 **2** (A2) to collect someone who is waiting for you, or to collect something that you have left somewhere: *Can you pick me up from the airport?* ▷ **odbierać** *coś/kogoś* • **pick sth up 1** to get something: *She picked up some real bargains in the sale.* ▷ **brać** *coś*, **znaleźć** *coś* **2** (B2) to learn a new skill or language by practising it and not by being taught it: *He hadn't done any skiing before the holiday, but he picked it up really quickly.* ▷ **podchwycić** *coś*, **nauczyć się** *czegoś* **3** to get an illness from someone or something: *She picked up a nasty stomach bug while she was on holiday.* ▷ **złapać** *coś*, **zarazić się** *czymś* **4** If a piece of equipment picks up a signal, it receives it: *Antennas around the top of the ship picked up the radar signals.* ▷ **odbierać** *coś* **5** to notice something: *Police dogs picked up the scent of the two men from clothes they had left behind.* ▷ **dojrzeć** *coś*, **dosłyszeć** *coś*, **wyczuć** *coś* • **pick sb up 1** to start talking to someone in order to try to begin a romantic relationship with them ▷ **podrywać** *kogoś* **2** If the police pick someone up, they take that person to the police station. ▷ **zatrzymać** *kogoś* • **pick up 1** If a business or social situation picks up, it improves: *Business is really starting to pick up now.* ▷ **poprawiać się** **2** If the wind picks up, it becomes stronger. ▷ **wzmagać się** • **pick up sth** If a vehicle picks up speed, it starts to go faster. ▷ **nabierać** *czegoś*

pick² /pɪk/ **noun 1** [C] a sharp metal stick used to break hard ground or rocks ▷ **kilof** **2 the pick of sth** the best of a group of things or people ▷ **najlepsze spośród** *czegoś* **3 have/take your pick** to choose what you want: *We've got tea, coffee, or hot chocolate – take your pick.* ▷ **wybierać**

picket /ˈpɪkɪt/ **noun** [C] (also ˈ**picket** ˌ**line**) a group of people who stand outside a building in order to show their anger about something and to try to stop people going inside ▷ **pikieta**
• **picket verb** [I, T] *Protesters picketed cinemas across the whole country.* ▷ **pikietować**

ˌ**picket** ˈ**fence noun** [C] US a low fence made from a row of flat sticks that are pointed at the top ▷ **parkan**

pickle /ˈpɪkl/ **noun 1** [C, U] UK food which has been put into vinegar or salt water for a long time and has a sour taste: *cold meat and pickles* ▷ **marynaty, pikle** **2** [C] US a small cucumber that has been put in vinegar or in a liquid containing salt and spices ▷ **ogórek kiszony, korniszon**
• **pickled adjective** *pickled onions* ▷ **marynowany, kiszony**

pickpocket /ˈpɪkˌpɒkɪt/ **noun** [C] someone who steals things from people's pockets ▷ **kieszonkowiec**

pickup /ˈpɪkʌp/ **noun** [C] (also ˈ**pickup** ˌ**truck**) US a small, open truck ▷ **furgonetka, pikap**

picky /ˈpɪki/ **adjective** informal Someone who is picky does not like many things: *a **picky eater*** ▷ **wybredny**

picnic /ˈpɪknɪk/ **noun** [C] (A1) a meal that you make and take with you somewhere to eat outside: *We're going to **have a picnic** down by the lake.* ▷ **piknik**
• **picnic verb** [I] (present participle **picnicking**, past tense and past participle **picnicked**) ▷ **urządzać piknik, jechać na piknik**

pictogram /ˈpɪktəgræm/ **noun** [C] a graph that uses simple pictures to show amounts ▷ **piktogram**

pictorial /pɪkˈtɔːriəl/ **adjective** relating to pictures or shown using pictures ▷ **obrazkowy, ilustrowany**

picture¹ /ˈpɪktʃəʳ/ **noun** [C] **1** (A1) a drawing, painting, or photograph of something or someone: *to **draw/paint** a **picture*** ◦ *She's got pictures of pop stars all over her bedroom wall.* ◦ *Did you **take** many **pictures** (= photograph many things) while you were in Sydney?* ▷ **ilustracja, obraz, zdjęcie** → See **The Living Room** on page Centre 4 **2** (B2) an idea of what something is like: [usually singular] *I've got a much clearer picture of what's happening now.* ▷ **obraz** **3** (B2) the image on a television screen: *I'm afraid it's not a very good picture.* ▷ **obraz** **4** (B1) a film: *Could this be the first animated film to win a best picture award?* ▷ **film** **5 the pictures** old-fashioned the cinema: *I really fancy going to the pictures tonight.* ▷ **kino**

IDIOMS **get the picture** informal used to say that someone understands a situation: *Oh right, I get the picture.* ▷ **rozumieć** • **paint a bleak/rosy, etc picture of sth** to describe something in a particular way: *She paints a rosy (= happy) picture of family life.* ▷ **dawać pesymistyczny/optymistyczny** *itp.* **obraz** *czegoś* • **put/keep sb in the picture** informal to explain to someone what

P

is happening: *Jim had no idea what was going on till I put him in the picture.* ▷ **zorientować** *kogoś*, **wprowadzać** *kogoś*, **informować** *kogoś* **(na bieżąco)**

> Wyrazy występujące razem z **picture**
>
> **draw/paint** a picture • **take** a picture • a picture **of** sb/sth • **in** a picture

picture² /ˈpɪktʃəʳ/ **verb** [T] **1** to imagine something in a particular way: *The house isn't at all how I had pictured it.* ▷ **wyobrażać sobie** **2** to show someone or something in a picture: [often passive] *They were pictured holding hands on the beach.* ▷ **przedstawiać**

ˈpicture ˌmessaging **noun** [C] sending and receiving pictures on a mobile phone ▷ **wiadomości graficzne, MMS-y**

picturesque /ˌpɪktʃərˈesk/ **adjective** B2 A picturesque place is attractive to look at: *a picturesque cottage on the edge of the Yorkshire Moors* ▷ **malowniczy**

pie /paɪ/ **noun** [C, U] B1 a type of food made with meat, vegetables, or fruit which is covered in pastry and baked: *apple/meat pie* ▷ **placek, zapiekanka** → See also **mince pie**

pie

piece¹ /piːs/ **noun** [C] **1** A2 an amount of something, or a part of something: *a* ***piece of*** *paper/wood* ◦ *She cut the flan into eight pieces.* ◦ *Some of the pieces seem to be missing.* ◦ *These shoes are* ***falling to pieces*** *(= breaking into pieces).* ▷ **kawałek** → See **Pieces and Quantities** on page Centre 1 **2** A2 one of a particular type of thing: *a useful* ***piece of equipment*** ▷ **egzemplarz** **3** B1 some of a particular type of thing: ***a piece of news/information*** ◦ *Can I give you a* ***piece of advice****?* ▷ **odrobina, nieco, jeden** **4** B2 an example of artistic, musical, or written work: *There was an interesting piece on alternative medicine in the paper yesterday.* ▷ **utwór, dzieło, artykuł** **5** **ten-/twenty-, etc pence piece** a coin with a value of ten/twenty, etc pence ▷ **moneta dziesięcio-/dwudziesto-** *itp.* **pensowa**

IDIOMS **be a piece of cake** informal B2 to be very easy: *The test was a piece of cake.* ▷ **być łatwizną, ≈ to łatwizna** • **give sb a piece of your mind** informal to speak angrily to someone because they have done something wrong ▷ **powiedzieć** *komuś* **(parę słów) do słuchu** • **go/fall to pieces** If someone goes to pieces, they become so upset that they cannot control their feelings or think clearly: *He went to pieces when his mother died.* ▷ **stracić panowanie nad sobą, załamać się**

→ See also **set-piece**

piece² /piːs/ **verb**

PHRASAL VERB **piece sth together** to try to understand something or discover the truth about something by collecting different pieces of information: *Police are trying to piece together a profile of the murderer.* ▷ **rekonstruować** *coś*, **składać** *coś*

piecemeal /ˈpiːsmiːl/ **adjective, adverb** happening very gradually: *The land is being sold in a* ***piecemeal fashion*** *over a number of years.* ▷ **porcjami, stopniowo, na raty**

piecework /ˈpiːswɜːk/ **noun** [U] work for which the amount of money you are paid depends on the number of things you have finished and not the time you have spent working ▷ **praca na akord**

pier /pɪəʳ/ **noun** [C] a long structure that is built from the land out over the sea and sometimes has entertainments, restaurants, etc on it ▷ **molo, pomost**

pierce /pɪəs/ **verb** [T] **1** to make a hole in something using a sharp point: *I'd like to have my* ***ears pierced****.* ▷ **przebijać, przekłuwać** **2** literary If a light or a sound pierces something, it is suddenly seen or heard: *A few rays of sunlight pierced the bedroom shutters.* ▷ **przenikać (przez), przeszywać**

piercing /ˈpɪəsɪŋ/ **adjective** **1** A piercing noise, light, etc is very strong and unpleasant: *I heard a loud,* ***piercing scream****.* ▷ **przenikliwy** **2** Piercing eyes seem to look at you very closely. ▷ **przenikliwy, przeszywający**

piety /ˈpaɪəti/ **noun** [U] a strong belief in religious morals ▷ **pobożność**

pig¹ /pɪg/ **noun** [C] **1** A1 a large pink, brown, or black farm animal that is kept for its meat ▷ **prosiak, świnia** **2** informal someone who is very unpleasant, or someone who eats a lot: *He's an ignorant pig.* ▷ **świnia** → See also **guinea pig**

pig² /pɪg/ **verb** (present participle **pigging**, past tense and past participle **pigged**)

PHRASAL VERB **pig out** informal to eat too much: *We* ***pigged out on*** *the cakes and pastries.* ▷ **obżerać się, opychać się**

pigeon /ˈpɪdʒən/ **noun** [C] a grey bird which often lives on buildings in towns ▷ **gołąb**

pigeonhole¹ /ˈpɪdʒənhəʊl/ **noun** [C] one of a set of small open boxes in which letters or messages are left, especially in an office or hotel ▷ **przegródka**

pigeonhole² /ˈpɪdʒənhəʊl/ **verb** [T] If you pigeonhole someone, you unfairly decide what type of person they are. ▷ **zaszufladkować**

piggyback /ˈpɪgibæk/ **noun** [C] (also **ˈpiggyback ˌride**) a way of carrying someone on your back in which they put their arms and legs around you ▷ **jazda na barana**

piggy bank /ˈpɪgiˌbæŋk/ **noun** [C] a small

container, often in the shape of a pig, used by children to keep money in ▷ **skarbonka**

pigheaded /ˌpɪɡˈhedɪd/ **adjective** refusing to change your opinion or the way you are doing something although it would be better if you did ▷ **(głupio) uparty**

piglet /ˈpɪɡlət/ **noun** [C] a baby pig ▷ **świnka, prosiak**

pigment /ˈpɪɡmənt/ **noun** [C, U] a substance that gives something colour ▷ **barwnik, pigment**

• **pigmentation** /ˌpɪɡmənˈteɪʃən/ **noun** [U] the natural colour of a living thing ▷ **ubarwienie, pigmentacja**

pigsty /ˈpɪɡstaɪ/ **noun** [C] (also US **pigpen** /ˈpɪɡpen/) a place where pigs are kept ▷ **chlew**

pigtail /ˈpɪɡteɪl/ **noun** [C] a hairstyle in which the hair is twisted together and tied: [usually plural] *A little girl in pigtails presented the flowers.* ▷ **warkoczyk, kucyk**

pike /paɪk/ **noun** [C, U] (plural **pike**) a large river fish with sharp teeth, or the meat of this fish ▷ **szczupak**

Pilates /pɪˈlɑːtiːz/ **noun** [U] a system of physical exercise involving controlled movements, stretching and breathing ▷ **ćwiczenia pilates**

pile[1] /paɪl/ **noun** **1** (B1) [C] an amount of a substance in the shape of a small hill or a number of objects on top of each other: *a **pile of** books/bricks* ◦ *a **pile of** sand/rubbish* ◦ *The clothes were arranged **in piles** on the floor.* ▷ **stos** **2** **a pile of sth/piles of sth** informal (B2) a lot of something: *It's all right for him, he's got piles of money.* ▷ **kupa** *czegoś*

> Wyrazy występujące razem z **pile**
>
> a pile of sth • be in/put sth into a pile

pile[2] /paɪl/ **verb**

PHRASAL VERBS **pile in/out** informal to enter/leave a place quickly and not in an organized way: *She opened the door and we all piled in.* ▷ **wtłoczyć/wysypać się** • **pile sth up** to make a lot of things into a pile by putting them on top of each other: *Just pile those books up over there.* ▷ **układać** *coś* **w stos** • **pile up** (B2) If something unpleasant piles up, you get more of it: *My work's really starting to pile up.* ▷ **zbierać się, narastać**

pile-up /ˈpaɪlʌp/ **noun** [C] an accident involving several cars ▷ **karambol**

pilfer /ˈpɪlfəʳ/ **verb** [I, T] to steal things that do not have much value ▷ **kraść, zwędzić**

pilgrim /ˈpɪlɡrɪm/ **noun** [C] someone who travels to a place which is important in their religion ▷ **pielgrzym**

pilgrimage /ˈpɪlɡrɪmɪdʒ/ **noun** [C, U] a journey to a place which has religious importance: *to **go on a pilgrimage** to Mecca* ▷ **pielgrzymka**

pill /pɪl/ **noun** **1** (B1) [C] a small, hard piece of medicine that you swallow: *a vitamin pill* ◦ *I've **taken** a couple of **pills**, but my headache still hasn't gone.* ▷ **tabletka, pigułka** **2** **the pill** a pill which prevents a woman from becoming pregnant ▷ **pigułka antykoncepcyjna** → See also **sleeping pill**

pillar /ˈpɪləʳ/ **noun** **1** [C] a tall structure made of stone, wood, etc which supports something above it: *The new bridge will be supported by 100 concrete pillars.* ▷ **filar, słup** **2** **a pillar of sth** someone or something who is very important to a place, organization, etc: *He was a pillar of the local community.* ▷ **filar** *czegoś*

pillow /ˈpɪləʊ/ **noun** [C] (A2) a soft object which you rest your head on in bed ▷ **poduszka**

pillowcase /ˈpɪləʊkeɪs/ **noun** [C] a cloth cover for a pillow ▷ **powłoczka (na poduszkę)**

pilot /ˈpaɪlət/ **noun** [C] (A2) someone who flies an aircraft ▷ **pilot**

• **pilot** **verb** [T] ▷ **pilotować**

pimp /pɪmp/ **noun** [C] someone who controls the work and money of a prostitute ▷ **alfons, sutener**

pimple /ˈpɪmpl/ **noun** [C] a small spot on your skin ▷ **pryszcz**

• **pimply** **adjective** ▷ **pryszczaty**

→ See also **goose pimples**

pin[1] /pɪn/ **noun** [C] **1** (B1) a thin piece of metal with a sharp point used to fasten pieces of cloth, etc together: *She pricked her finger on a pin.* ▷ **szpilka, pinezka, agrafka** **2** a thin piece of metal, wood, plastic, etc that holds or fastens things together: *He's had a metal pin put in his leg so that the bones heal properly.* ▷ **klamra, kołek, bolec** → See also **drawing pin**, **pins and needles**, **rolling pin**, **safety pin**

pin[2] /pɪn/ **verb** [T] (present participle **pinning**, past tense and past participle **pinned**) **1** (B1) to fasten something with a pin: *We're not allowed to **pin** anything **on** these walls.* ◦ *She had a red ribbon **pinned to** her collar.* ▷ **przypinać** **2** **pin sb to/against/under, etc** to force someone to stay in a position by holding them: *They pinned him to the ground.* ▷ **przypierać lub przyciskać lub przygniatać** *kogoś gdzieś* → See also **pin your *hopes* on sb/sth**

PHRASAL VERBS **pin sb down** **1** to make someone give you details or a decision about something: *I've been trying to get a decision from Jim, but he's very difficult to pin down.* ▷ **przypierać** *kogoś* **do muru** **2** to force someone to stay in a horizontal position by holding them: *They pinned him down on the floor.* ▷ **przyciskać lub przygniatać** *kogoś* • **pin sth down** to discover exact details about something: *Investigators are trying to pin down the cause of the fire.* ▷ **ustalać** *coś*, **określać** *coś* • **pin sth on sb** informal to blame someone for something they did not do: *They tried to pin the murder on the dead woman's husband.* ▷ **obarczać** *kogoś* **winą za** *coś* • **pin sth up** to fasten something to a wall using a pin:

The exam results have been pinned up on the noticeboard. ▷ **wywieszać** *coś*

PIN /pɪn/ **noun** [C] (also ˈ**PIN** ˌ**number**) abbreviation for Personal Identification Number: the secret number that allows you to use a bank card in a machine ▷ **(numer) PIN**

pinafore /ˈpɪnəfɔːʳ/ **noun** [C] UK (US **jumper**) a loose dress with no sleeves that is worn over other clothes such as a shirt ▷ **bezrękawnik, fartuszek**

pincer /ˈpɪnsəʳ/ **noun** [C] one of a pair of curved hand-like parts of an animal such as a crab ▷ **szczypce, kleszcze**

pinch[1] /pɪnʃ/ **verb** [T] **1** to press someone's skin tightly between your thumb and first finger, sometimes causing pain: *One of the kids had been pinching her and she was crying.* ▷ **szczypać 2** mainly UK informal to steal something that does not have much value: *Who's pinched my ruler?* ▷ **podprowadzić, zwinąć**

pinch[2] /pɪnʃ/ **noun** [C] **1** a small amount of a substance that you pick up between your thumb and your first finger: *a* ***pinch of salt*** ▷ **szczypta 2** when you press part of the body or an area of skin tightly between your thumb and first finger ▷ **uszczypnięcie 3 at a pinch** UK (US **in a pinch**) If something can be done at a pinch, it is possible but it is difficult: *We can fit ten round the table, at a pinch.* ▷ **z trudem, na siłę**

IDIOM **feel the pinch** to have problems because you do not have enough money ▷ **cienko prząść**

→ See also **take sth with a pinch of** ***salt***

pinched /pɪnʃt/ **adjective** A pinched face looks thin and ill. ▷ **wychudły, ściągnięty**

pine[1] /paɪn/ **noun 1** [C, U] (also ˈ**pine** ˌ**tree**) B2 a tall tree with long, thin leaves shaped like needles ▷ **sosna 2** [U] the pale coloured wood from this tree ▷ **sosna**

pine[2] /paɪn/ **verb** [I] (also **pine away**) to be sad because you want someone or something that has gone away: *He's* ***pining for*** *his exgirlfriend.* ▷ **tęsknić, usychać z tęsknoty**

pineapple /ˈpaɪnæpl/ **noun** [C, U] B1 a large fruit with thick skin and sharp leaves sticking out of the top which is sweet and yellow inside ▷ **ananas**

pineapple

pinecone /ˈpaɪnˌkəʊn/ **noun** [C] a hard, brown, oval object that grows on pine and fir trees ▷ **szyszka**

ping /pɪŋ/ **verb** [I] to make a short, high noise like a bell: *They could hear the microwave pinging in the kitchen.* ▷ **dzwonić, piszczeć, brzęczeć**
• **ping noun** [C] ▷ **pisk, brzęk**

pink /pɪŋk/ **adjective** A2 being a pale red colour: *pretty, pink flowers* ▷ **różowy**
• **pink noun** [C, U] A2 ▷ **róż** → See **Colours** on page Centre 12

pinnacle /ˈpɪnəkl/ **noun** [no plural] the highest or best part of something: *At 35, she is at* ***the pinnacle of*** *her career.* ▷ **szczyt**

pinnate /ˈpɪneɪt/ **adjective** describes a type of leaf which has a central stem with small leaves arranged on both sides of it ▷ **pierzasty**

pinpoint /ˈpɪnpɔɪnt/ **verb** [T] to say exactly what or where something is: *It is difficult to pinpoint the exact time of death.* ▷ **określać, wyznaczać**

ˌ**pins and** ˈ**needles noun have pins and needles** to feel slight sharp pains in a part of your body when you move it after keeping it still for a period of time ▷ **czuć mrówki lub mrowienie, ścierpnąć, zdrętwieć**

pint /paɪnt/ **noun** [C] **1** (written abbreviation **pt**) B2 a unit for measuring liquid, equal to 0.568 litres in the UK and 0.473 litres in the US ▷ **pint, pół kwarty (= ok. pół litra) 2** UK informal a pint of beer ▷ **(duże) piwo**

pin-up /ˈpɪnʌp/ **noun** [C] an attractive, famous person who is often in big photographs which people stick to their walls, or the photograph of that person ▷ **idol/ka, plakat z idol-em/ką**

pioneer /ˌpaɪəˈnɪəʳ/ **noun** [C] someone who is one of the first people to do something: *one of the pioneers of modern science* ▷ **pionier/ka**
• **pioneer verb** [T] *He pioneered the use of lasers in surgery.* ▷ **zapoczątkować, być pionierem**

pioneering /ˌpaɪəˈnɪərɪŋ/ **adjective** [always before noun] starting the development of something important: ***pioneering work/research*** *on atomic energy* ▷ **pionierski**

pious /ˈpaɪəs/ **adjective** having strong religious beliefs, and living or behaving in a way which shows these beliefs ▷ **pobożny**

pip[1] /pɪp/ **noun** [C] UK a small seed inside fruit such as apples and oranges ▷ **pestka**

pip[2] /pɪp/ **verb** [T] (present participle **pipping**, past tense and past participle **pipped**) UK informal to beat someone by a very small amount ▷ **pokonać o włos**

pipe[1] /paɪp/ **noun** [C] **1** B1 a long tube which liquid or gas can move through: *A water* ***pipe*** *had* ***burst****, flooding the basement.* ▷ **rura 2** a tube with a bowl-shaped part at one end, used to smoke tobacco: *to smoke a pipe* ▷ **fajka** → See also **exhaust pipe**

> Wyrazy występujące razem z **pipe**
>
> a pipe **leads/runs** [from/to, etc] sth • a pipe **bursts/leaks** • **through** a pipe

pipe[2] /paɪp/ **verb** [T] to send something through a pipe: *Water is piped from a spring to houses in*

P

the local area. ▷ **doprowadzać (rurami lub rurociągiem)**

PHRASAL VERBS **pipe down** informal to stop making noise and become quieter ▷ **uciszyć się, uspokoić się** • **pipe up** informal to suddenly say something: *Then Lydia piped up with her view of things.* ▷ **wtrącać się**

pipeline /ˈpaɪplaɪn/ **noun** [C] a series of pipes that carry liquid or gas over a long distance ▷ **rurociąg**

IDIOM **be in the pipeline** If a plan is in the pipeline, it is being developed and will happen in the future: *We have several projects in the pipeline.* ▷ **być w przygotowaniu**

pipette /pɪˈpet/ **noun** [C] a thin glass tube used especially in science for measuring or moving a small amount of liquid ▷ **pipeta**

piping /ˈpaɪpɪŋ/ **noun** [U] a piece of pipe: *copper piping* ▷ **rury**

ˌpiping ˈhot **adjective** Piping hot food is very hot. ▷ **wrzący, dymiący**

piquant /ˈpiːkənt/ **adjective** formal having a pleasant, spicy taste ▷ **pikantny**

pique¹ /piːk/ **noun** [U] formal when someone is annoyed ▷ **urażona duma**

pique² /piːk/ **verb** (present participle **piquing**, past tense and past participle **piqued**) **pique sb's curiosity/interest, etc** to make someone interested in something ▷ **wzbudzać** *czyjąś* **ciekawość**/*czyjeś* **zainteresowanie** *itp.*

piqued /piːkt/ **adjective** annoyed ▷ **dotknięty, urażony**

piracy /ˈpaɪərəsi/ **noun** [U] **1** attacking and stealing from ships ▷ **piractwo 2** the illegal activity of copying and selling music, films, etc: *software/video piracy* ▷ **piractwo**

pirate¹ /ˈpaɪrət/ **noun** [C] **1** (B1) someone who attacks ships and steals from them ▷ **pirat 2** someone who illegally copies and sells music, films, etc ▷ **pirat**

pirate² /ˈpaɪrət/ **verb** [T] to illegally copy and sell music, films, etc ▷ **kopiować nielegalnie, piratować**

pirate³ /ˈpaɪrət/ **adjective** [always before noun] illegally copied: *a pirate CD/DVD* ▷ **piracki**

Pisces /ˈpaɪsiːz/ **noun** [C, U] the sign of the zodiac which relates to the period of 20 February – 20 March, or a person born during this period ▷ **Ryby**

piss¹ /pɪs/ **verb** [I] very informal a very impolite word meaning to pass urine from the body ▷ **szczać, lać**

PHRASAL VERB **piss sb off** very informal to annoy someone ▷ **wpieprzać** *kogoś*

piss² /pɪs/ **noun**

IDIOM **take the piss** UK very informal an impolite phrase meaning to make jokes about someone ▷ **robić sobie jaja**

pissed /pɪst/ **adjective** very informal **1** mainly UK an impolite way of describing someone who has drunk too much alcohol ▷ **nawalony 2** US an impolite way of describing someone who is angry ▷ **wpieprzony**

ˌpissed ˈoff **adjective** very informal an impolite way of describing someone who is angry ▷ **wpieprzony**

pistil /ˈpɪstɪl/ **noun** [C] the female part of a flower, consisting of one or more carpels ▷ **słupek**

pistol /ˈpɪstᵊl/ **noun** [C] a small gun ▷ **pistolet**

piston /ˈpɪstᵊn/ **noun** [C] a part of an engine that moves up and down and makes other parts of the engine move ▷ **tłok**

pit¹ /pɪt/ **noun** [C] **1** a large hole which has been dug in the ground ▷ **dół 2** US (UK **stone**) a large, hard seed that grows inside some types of fruit and vegetables ▷ **pestka 3** (also US **ˈpit ˌmine**) a place where coal is dug out from under the ground ▷ **kopalnia 4 the pits** UK (US **the pit**) the place where racing cars stop to be repaired or filled with fuel during a race ▷ **punkt serwisowy 5 be the pits** informal to be very bad: *Our hotel was the absolute pits.* ▷ **być poniżej wszelkiej krytyki**

pit² /pɪt/ **verb** (present participle **pitting**, past tense and past participle **pitted**)

PHRASAL VERB **pit sb/sth against sb/sth** to make someone or something compete against someone or something else: *Chelsea will be pitted against Manchester United in the fourth round of the tournament.* ▷ **wystawiać** *kogoś/coś* **przeciwko** *komuś/czemuś*

pitch¹ /pɪtʃ/ **verb 1** [T] to make something suitable for a particular level or group of people: [often passive] *His talk was* ***pitched at*** *slightly too high a level for the audience.* ▷ **dostosować, dopasować, ustawiać 2** [I, T] mainly US to try to persuade someone to do something: *They are* ***pitching for*** *new business at the moment.* ▷ **zachwalać, reklamować 3 pitch (sb/sth) forward/into, etc** to suddenly move in a particular direction, or to make someone or something suddenly move in a particular direction: *He braked too hard and the car pitched forward.* ▷ **rzucać** *kimś/czymś*/**się** *gdzieś*, **runąć 4 pitch a tent** to choose a place for a tent and put it there ▷ **rozbijać namiot 5** [I, T] in baseball, to throw the ball towards the person who is going to hit it: *He used to pitch for the Chicago White Sox.* ▷ **miotać, rzucać, grać na pozycji miotacza 6** [T] to make sound at a particular level: *The tune was pitched much too high for me.* ▷ **stroić, dobierać wysokość dźwięku**

PHRASAL VERB **pitch in** informal to help a group of people to do some work that needs to be done: *If we all pitch in, we'll get this kitchen cleaned up in no time.* ▷ **włączać się, przyłączyć się**

pitch² /pɪtʃ/ **noun 1** [C] UK (B2) an area of ground

where a sport is played: *a cricket/football pitch* ▷ **boisko** **2** [C] in baseball, a throw towards the person who is going to hit the ball: *He struck out two batters with six pitches.* ▷ **rzut** **3** [U] how high or low a sound is ▷ **strój, tonacja** **4** [C, U] the things someone says in order to persuade you to do something: *I wasn't very impressed by his **sales pitch**.* ▷ **sposób reklamy** → See also **fever pitch**

pitch-black /ˌpɪtʃˈblæk/ **adjective** (also **pitch-dark**) very dark: *Outside it was pitch-black.* ▷ **czarny jak noc lub smoła**

pitcher /ˈpɪtʃəʳ/ **noun** [C] **1** in baseball, someone who throws the ball at the person who is going to hit it ▷ **miotacz** → See **Sports 2** on page Centre 15 **2** US a container for holding and pouring out liquids: *a pitcher of water* ▷ **dzban**

pitfall /ˈpɪtfɔːl/ **noun** [C] a likely mistake or problem in a situation: *the pitfalls of buying a house* ▷ **pułapka**

pithy /ˈpɪθi/ **adjective** A pithy remark expresses something in a very clear and direct way. ▷ **trafny, konkretny**

pitiful /ˈpɪtifəl/ **adjective** **1** making you feel pity: *I didn't recognize him, he looked so pitiful.* ▷ **żałosny** **2** very bad: *a pitiful excuse* ▷ **żałosny**
• **pitifully** adverb ▷ **żałośnie**

pittance /ˈpɪtəns/ **noun** [no plural] a very small amount of money: *She works very long hours and yet she **earns a pittance**.* ▷ **marny grosz, grosze**

pituitary gland /pɪˈtjuːɪtəriˌglænd/ **noun** [C, usually singular] a small organ at the bottom of the brain which controls how the body grows and develops by producing hormones ▷ **przysadka**

pity[1] /ˈpɪti/ **noun** **1** **It's a pity...** (A2) used to say that something is disappointing: *It's a pity you're not staying longer.* ▷ **Szkoda, że...** **2** (B2) [U] a feeling of sympathy for someone: *I was hoping someone would **take pity on** me (= help me in a difficult situation) and give me a lift home.* ▷ **litość, współczucie** → See also **self-pity**

> Wyrazy występujące razem z **pity**
> feel pity • take pity on sb • pity for sb

pity[2] /ˈpɪti/ **verb** [T] to feel sorry for someone: *She doesn't want people to pity her.* ▷ **współczuć, żałować**

pivot /ˈpɪvət/ **noun** [C] **1** a fixed point on which something balances or turns ▷ **oś** **2** the most important part of something ▷ **kluczowy element**
• **pivot** verb [I, T] ▷ **obracać się (wokół), zależeć od**

pivotal /ˈpɪvətəl/ **adjective** having a very important influence on something: *He has played a **pivotal role** in the negotiations.* ▷ **kluczowy**

pixel /ˈpɪksəl/ **noun** [C] a small point that forms part of the image on a computer screen ▷ **piksel**

pixie /ˈpɪksi/ **noun** [C] a small imaginary person who can do magic things ▷ **chochlik**

pizza /ˈpiːtsə/ **noun** [C, U] (A1) a food made from a flat, round piece of bread covered with cheese, vegetables, etc and cooked in an oven ▷ **pizza** → See **Food** on page Centre 11

placard /ˈplækɑːd/ **noun** [C] a large sign with writing that someone carries, often to show that they disagree with something ▷ **transparent**

placate /pləˈkeɪt/ (US) /ˈpleɪkeɪt/ **verb** [T] formal to make someone less angry about something ▷ **uspokajać, udobruchać**

place[1] /pleɪs/ **noun** **1** [C] (A1) a position, building, town, area, etc: *His leg's broken in two places.* ◦ *Edinburgh would be a nice place to live.* ◦ *What a stupid place to park.* ▷ **miejsce** **2 take place** (B1) to happen: *The meeting will take place next week.* ▷ **mieć miejsce, zdarzyć się, odbywać się** **3 in place a** in the correct position: *The chairs are all in place.* ▷ **na miejscu** **b** If a rule, system, etc is in place, it has started to exist: *There are now laws in place to prevent this from happening.* ▷ **istniejący** **4 out of place a** not in the correct position: *Why are my files all out of place?* ▷ **nie na miejscu** **b** not right or suitable for a particular situation: *Everyone else was wearing jeans and I felt completely out of place in my office clothes.* ▷ **nie na miejscu** **5 all over the place** (B2) in or to many different places: *There was blood all over the place.* ▷ **wszędzie** **6 in place of sth** (B2) instead of something: *Try adding fruit to your breakfast cereal in place of sugar.* ▷ **zamiast** *czegoś* **7** [C] informal (A2) someone's home: *They've just bought a place in Spain.* ▷ **dom, mieszkanie** **8** [C] (B1) an opportunity to take part in something: *She's got a place at Liverpool University to do Spanish.* ▷ **miejsce** **9 in first/second/third, etc place** (B1) If you are in first/second, etc place in a race or competition, that is your position: *He finished in fifth place.* ▷ **na pierwszym/drugim/trzecim** *itp.* **miejscu, na pierwszej/drugiej/trzeciej** *itp.* **pozycji**

IDIOMS **fall into place** When events or details that you did not understand before fall into place, they become easy to understand. ▷ **składać się w (jedną lub logiczną) całość** • **in the first place** (B2) used to refer to the time when something started: *How did this error happen in the first place?* ▷ **przede wszystkim, po pierwsze, w ogóle** • **put sb in their place** to let someone know that they are not as important as they think they are ▷ **przytrzeć** *komuś* **nosa**

→ See also **decimal place**, **have/take *pride* of place**

place[2] /pleɪs/ **verb** **1 place sth in/on, etc** (B2) to put something somewhere carefully: *She placed a large dish in front of me.* ▷ **umieścić** *coś* **w/na** *itp.* **2** [T] to cause someone to be in a situation: *One stupid action has placed us all at risk.* ▷ **wystawiać, narażać** **3 can't place sb** to not be able to remember who someone is or where

P

you have met them: *I recognize her face, but I can't quite place her.* ▷ **nie móc (z niczym) sobie** *kogoś* **skojarzyć 4 place an advertisement/bet/order, etc** to arrange to have an advertisement/bet/order, etc ▷ **dawać ogłoszenie/stawiać (zakład)/składać zamówienie** *itp.* **5 place emphasis/importance, etc on sth** to give something emphasis/importance, etc: *They place a lot of importance on qualifications.* ▷ **kłaść nacisk na** *coś***/przykładać znaczenie do** *czegoś*

placebo /plə'si:bəʊ/ **noun** [C] a substance that is not a medicine but which a patient takes, thinking it is a medicine. The purpose of a placebo is either to make a patient feel better because they think they have been treated, or to compare the effect of no medicine with the effect of medicine when it is given to other patients. ▷ **placebo**

placement /'pleɪsmənt/ **noun 1** [C] UK a position that someone has with an organization for a short time in order to learn about the work that is done there: *He got a month's placement on a national newspaper.* ▷ **praktyka 2** [U, no plural] when you put something or someone somewhere: *the placement of additional police on the streets* ▷ **umieszczenie**

placenta /plə'sentə/ **noun** [U, C] the organ that feeds a baby as it is developing inside its mother, or the part that provides food for a seed in a plant ▷ **łożysko**

'place ˌvalue noun [U] the value of a number decided by its position, for instance whether it is a one, a ten, a hundred, etc ▷ **(liczbowy) system pozycyjny**

placid /'plæsɪd/ **adjective** A placid person is calm and does not often get angry or excited. ▷ **opanowany**

• **placidly adverb** ▷ **spokojnie**

plagiarism /'pleɪdʒərɪzəm/ **noun** [U] when someone copies someone else's work or ideas: *He was accused of plagiarism.* ▷ **plagiat**

plagiarize (also UK **-ise**) /'pleɪdʒəraɪz/ **verb** [I, T] to copy someone else's work or ideas ▷ **popełniać plagiat**

• **plagiarist** /'pleɪdʒərɪst/ **noun** [C] someone who plagiarizes ▷ **plagiator/ka**

plague¹ /pleɪg/ **noun** [C] **1** a serious disease that spreads quickly and kills a lot of people ▷ **dżuma, plaga 2 a plague of sth** a large number of something unpleasant that causes a lot of damage: *a plague of rats* ▷ **plaga** *czegoś*

plague² /pleɪg/ **verb** [T] (present participle **plaguing**, past tense and past participle **plagued**) to make someone suffer for a long time: [often passive] *He's been plagued by bad luck ever since he bought that house.* ▷ **nękać, prześladować**

plaice /pleɪs/ **noun** [C, U] a sea fish with a flat circular body, or this fish eaten as food ▷ **płastuga**

plaid /plæd/ **noun** [C, U] US cloth with a pattern of different coloured squares and crossing lines: *a plaid dress* ▷ **materiał w kratę**

plain¹ /pleɪn/ **adjective 1** B1 simple and not complicated: *plain food* ▷ **prosty, zwyczajny 2** B1 not mixed with other colours, substances, etc: *a plain blue carpet* ◦ *plain yoghurt* ▷ **gładki, naturalny, czysty 3** A plain person is not attractive to look at. ▷ **mało urodziwy 4** obvious and clear: [+ (that)] *It's quite plain that she doesn't want to talk to me about it.* ▷ **jasny** → See also **be plain** *sailing*

plain² /pleɪn/ **adverb** informal **plain stupid/wrong, etc** completely stupid/wrong, etc: *That's just plain stupid!* ▷ **po prostu głupi/błędny** *itp.*

plain³ /pleɪn/ **noun** [C] a large area of flat land ▷ **równina**

plainclothes /'pleɪnˌkləʊθz/ **adjective** [always before noun] Plainclothes police wear normal clothes and not a uniform. ▷ **w cywilu**

plainly /'pleɪnli/ **adverb 1** in a simple way that is not complicated: *plainly dressed* ▷ **prosto 2** in a clear and obvious way: *This is plainly wrong.* ▷ **jasno**

plaintiff /'pleɪntɪf/ **noun** [C] someone who takes legal action against someone else in a court of law ▷ **powód/ka**

plaintive /'pleɪntɪv/ **adjective** sounding sad: *a* ***plaintive cry*** ▷ **żałosny**

plait /plæt/ **verb** [T] UK (US **braid**) to twist three pieces of hair, rope, etc together so that they form one long piece ▷ **splatać, zaplatać**

• **plait** UK (US **braid**) **noun** [C] *She wore her hair in plaits.* ▷ **warkocz**

plan¹ /plæn/ **noun** [C] **1** A2 an arrangement for what you intend to do or how you intend to do something: *the country's economic plan* ◦ *Do you have any* ***plans for*** *the weekend?* ◦ *The plan is that we'll buy a car once we're there.* ◦ *There's been a* ***change of plan*** *and we're going on Wednesday instead.* ◦ *Luckily, everything went* ***according to plan*** (= *happened the way it was planned*). ▷ **plan 2** B2 a drawing that shows how something appears from above or will appear from above when it is built: *a street plan.* ◦ *We had a designer draw up a plan for the yard.* ▷ **plan**

> Wyrazy występujące razem z **plan**
>
> announce/approve/implement/oppose/outline/unveil a plan • an ambitious/controversial/strategic plan

plan² /plæn/ **verb** (present participle **planning**, past tense and past participle **planned**) **1** B1 to think about and decide what you are going to do or how you are going to do something: *We're just planning our holidays.* ◦ *As a manager, you've got to* ***plan ahead***. ◦ *I'd* ***planned*** *the meeting* ***for*** *Friday.* ▷ **planować 2 plan to do sth** A2 to intend to do something: *He plans to go to college next year.* ▷ **planować lub zamierzać** *coś* (*zrobić*) **3** [T] to decide how something will be built: *We got an architect to help us plan our new kitchen.* ▷ **zaprojektować**

PHRASAL VERBS **plan on doing sth** to intend to do something: *We're planning on catching the early train.* ▷ **planować lub zamierzać** *coś* (*zrobić*) • **plan sth out** to think about and decide what you are going to do or how you are going to do something: *Have you planned out your journey?* ◦ *I'm just planning out my day.* ▷ **zaplanować** *coś*

plane[1] /pleɪn/ **noun** [C] **1** (A1) a vehicle that flies and has an engine and wings: *What time does her* ***plane get in*** (= *arrive*)? ◦ *He likes to watch the* ***planes taking off*** *and* ***landing***. ◦ *a plane crash* ▷ **samolot 2** a tool that you use to make wood smooth ▷ **hebel, strug 3** in mathematics, a flat surface ▷ **płaszczyzna**

> Wyrazy występujące razem z **plane**
> **board/catch/get on/get off** a plane • a plane **gets in/lands/takes off** • **on** a plane • **by** plane

plane[2] /pleɪn/ **verb** [T] to make a piece of wood smooth using a tool called a plane ▷ **wyrównywać, heblować**

planet /ˈplænɪt/ **noun** [C] (B1) a large, round object in space that moves around the sun or another star: *Jupiter is the largest planet of our solar system.* ▷ **planeta**
• **planetary adjective** relating to planets ▷ **planetarny**

planetarium /ˌplænɪˈteəriəm/ **noun** [C] (plural **planetariums, planetaria**) a building that has a machine for showing the positions and movements of the stars and planets ▷ **planetarium**

planimeter /plænˈɪmɪtəʳ/ **noun** [C] a piece of equipment for measuring the area of a flat shape by moving a point around its edge ▷ **planimetr**
• **planimetric** /ˌplænɪˈmetrɪk/ **adjective** ▷ **planimetryczny**

plank /plæŋk/ **noun** [C] a long, flat piece of wood: *wooden planks* ▷ **deska**

plankton /ˈplæŋktən/ **noun** [U] very small plants and animals in the sea that are eaten by fish and other sea creatures ▷ **plankton**

ˌ**planned eˈconomy noun** [C] an economic system in which industry is controlled by the government and government makes all decisions about what to do with the money made ▷ **gospodarka planowa**

planner /ˈplænəʳ/ **noun** [C] someone whose job is to plan things, especially which buildings are built in towns: *urban planners* ▷ **planista**

planning /ˈplænɪŋ/ **noun** [U] **1** (B2) the activity of thinking about and deciding what you are going to do or how you are going to do something: *Events like these take months of careful planning.* ▷ **planowanie, plany 2** control over which buildings are built in an area: *town planning* ▷ **planowanie przestrzenne, urbanistyka** → See also **family planning**

plant[1] /plɑːnt/ **noun** [C] **1** (A1) a living thing that grows in the soil or water and has leaves and roots, especially one that is smaller than a tree: *Have you* ***watered the plants***? ◦ *tomato plants* ▷ **roślina 2** a large factory where an industrial process happens: *a nuclear power plant* ▷ **zakład** → See also **potted plant**

plant[2] /plɑːnt/ **verb** [T] **1** (B1) to put seeds or plants in the ground so that they will grow: ***to plant bulbs/seeds/trees*** ▷ **sadzić, siać 2** to secretly put something in a place that will make someone seem guilty: *She insisted that the drugs had been* ***planted on*** *her without her knowledge.* ▷ **podrzucić 3 plant a bomb** (B2) to put a bomb somewhere so that it will explode there ▷ **podkładać bombę 4 plant sth in/next/on, etc** to put something firmly in a particular place: *He planted himself next to me on the sofa.* ▷ **umieszczać** *coś gdzieś* **5** to make someone start thinking something: *I was confident till you* ***planted doubts*** *in my mind.* ▷ **zasiać**

plantation /plænˈteɪʃᵊn/ **noun** [C] **1** an area of land in a hot country where a crop is grown: *a banana/cotton/sugar plantation* ▷ **plantacja 2** an area of land where trees are grown to produce wood ▷ **plantacja**

plaque /plɑːk/ **noun 1** [C] a flat piece of metal or stone with writing on it which is fixed to a wall, often in order to make people remember a dead person ▷ **tablica lub tabliczka (pamiątkowa) 2** [U] a harmful substance that forms on your teeth ▷ **płytka nazębna**

plasma /ˈplæzmə/ **noun** [U] the clear liquid part of blood which contains the blood cells ▷ **plazma**

ˈ**plasma** ˌ**screen noun** [C] a screen for showing very clear words or pictures which uses special gases pressed between two flat pieces of glass ▷ **ekran plazmowy**

plasmolysis /plæzˈmɒləsɪs/ **noun** [U] when protoplasm shrinks back from cell walls because of lack of water ▷ **plazmoliza**

plaster[1] /ˈplɑːstəʳ/ **noun 1** [U] a substance that is spread on walls in order to make them smooth ▷ **gips 2** [C] UK (US trademark **Band-Aid**) a small piece of sticky material that you put on cuts on your body ▷ **plaster 3 be in plaster** UK (US **be in a cast**) If your arm or leg is in plaster, it is covered in a hard, white substance to protect a broken bone. ▷ **być w gipsie,** ≈ **mieć** *coś* **w gipsie**

plaster[2] /ˈplɑːstəʳ/ **verb** [T] **1** to cover most of a surface with something: *My boots were* ***plastered with*** *mud.* ▷ **oblepiać 2** to cover a wall with a substance in order to make it smooth ▷ **tynkować**

plastered /ˈplɑːstəd/ **adjective** informal very drunk ▷ **zaprawiony**

plastic /ˈplæstɪk/ **noun** [C, U] (A2) a light, artificial

P

substance that can be made into different shapes when it is soft and is used in a lot of different ways: *Most children's toys are made of plastic.* ▷ **plastik**
• **plastic** adjective A2 *a* ***plastic bag*** ▷ **plastikowy**

plasticity /plæsˈtɪsəti/ **noun** [U] formal the quality of being soft enough to make into many different shapes ▷ **plastyczność**

ˌplastic ˈsurgery noun [U] operations on someone's face or body to make them more attractive: *to have plastic surgery* ▷ **operacja lub chirurgia plastyczna**

ˈplastic ˌwrap noun [U] US (UK **clingfilm**) thin, transparent plastic used for wrapping or covering food ▷ **folia do żywności**

plate /pleɪt/ **noun** **1** [C] A1 a flat, round object which is used for putting food on: *a* ***dinner plate*** ◦ *a plate of biscuits* ▷ **talerz** **2** [C] a flat piece of metal or glass: *I had a metal plate put in my knee after the accident.* ▷ **płyta, proteza** **3 gold/silver plate** metal with a thin layer of gold or silver on top ▷ **pozłacany/posrebrzany metal** **4** [C] a picture in a book ▷ **rycina** → See also **L-plate**, **license plate**, **number plate** **5** one of the large pieces of rock that form the surface of the Earth ▷ **płyta**

plateau /ˈplætəʊ/ (US) /plæˈtəʊ/ **noun** [C] (plural UK **plateaux**, also US **plateaus**) **1** a large area of high, flat land ▷ **płaskowyż** **2** a period when the level of something stays the same: [usually singular] *Sales are still good but they've* ***reached*** *a* ***plateau.*** ▷ **zastój**

platelet /ˈpleɪtlət/ **noun** [C] a very small part of a cell in the blood that makes the blood thicker and stops it from flowing when you cut yourself ▷ **płytka krwi**

plate tectonics /ˌpleɪttekˈtɒnɪks/ **noun** [U] a theory which explains how the Earth's surface formed by the movement of large areas of rock ▷ **tektonika płyt**

platform /ˈplætfɔːm/ **noun** [C] **1** B2 a raised surface for people to stand on, especially when they are speaking to a lot of people: *The speakers all stood on a platform.* ▷ **podium, trybuna** **2** A2 the area in a railway station where you get on and off the train: *The train for London, Paddington, will depart from platform 12.* ▷ **peron** **3** all the things that a political party promises to do if they are elected: *They campaigned on a platform of low taxation.* ▷ **platforma (wyborcza), program (wyborczy)** **4** a way of telling the public about your opinions: *Basically, he uses the newspaper as a* ***platform for*** *airing his political views.* ▷ **trybuna**

platinum /ˈplætɪnəm/ (US) /ˈplætnəm/ **noun** [U] a silver-coloured metal that is very valuable (symbol Pt) ▷ **platyna**

platitude /ˈplætɪtjuːd/ **noun** [C] something that is boring because it has been said many times before ▷ **frazes**

platonic /pləˈtɒnɪk/ **adjective** A platonic relationship is friendly and not sexual. ▷ **platoniczny**

platoon /pləˈtuːn/ **noun** [C] a small group of soldiers ▷ **pluton**

platter /ˈplætər/ **noun** [C] a large plate used for serving food ▷ **półmisek, patera**

plaudit /ˈplɔːdɪt/ **noun** [C] formal praise: [usually plural] *He has* ***earned/won*** *plaudits (= been praised) for his latest novel.* ▷ **poklask, uznanie**

plausible /ˈplɔːzɪbl/ **adjective** If something that someone says or writes is plausible, it could be true: *a* ***plausible excuse/explanation*** ▷ **prawdopodobny** → Opposite **implausible**
• **plausibility** /ˌplɔːzɪˈbɪləti/ **noun** [U] when something is plausible ▷ **prawdopodobieństwo**

play¹ /pleɪ/ **verb** **1** [I, T] A1 When you play a sport or game, you take part in it: *You play tennis, don't you Sam?* ◦ *We often used to play cards.* ◦ *I used to* ***play*** *netball* ***for*** *my school.* ◦ *I'm playing Tony (= playing against Tony) at squash tonight.* ◦ *Newcastle are* ***playing against*** *Arsenal tonight.* ▷ **grać (w/z)** **2** [I, T] A1 When children play, they enjoy themselves with toys and games: *She likes* ***playing with*** *her dolls.* ▷ **bawić się (w)** **3** [I, T] A2 to make music with a musical instrument: *Tim was playing the piano.* ▷ **grać (na)** **4** [I, T] A2 If a radio, record, etc plays, it produces sounds, or if you play a radio, record, etc you make it produce sounds: *A radio was playing in the background.* ◦ *He plays his records late into the night.* ▷ **grać, nadawać, odtwarzać** **5** [T] B1 to be a character in a film or play: *Morgan played the father in the film version.* ▷ **grać** **6 play a joke/trick on sb** B2 to deceive someone as a joke: *I played a trick on her and pretended we'd eaten all the food.* ▷ **zrobić** *komuś* **dowcip/kawał** → See also **play it by *ear***, **play *games***, **play (it) *safe***, **play for *time***, **play *truant***

PHRASAL VERBS **play about/around** to behave in a silly way: *Stop playing around and get on with your homework!* ▷ **wygłupiać się** • **be playing at sth** UK If you ask what someone is playing at, you are angry because they are doing something silly: *What do you think you're playing at!* ▷ **wyprawiać** *coś* • **play sth back** to listen to sounds or watch pictures that you have just recorded: *When I played back our conversation, I realized I hadn't made myself clear.* ▷ **odtwarzać** *coś*, **obejrzeć** *coś*, **odsłuchać** *czegoś* • **play sth down** to try to make people think that something is less important or bad than it really is: *The government have tried to play down the seriousness of the incident.* ▷ **bagatelizować** *coś* • **play on sth** to use someone's fears in order to make that person do or believe what you want: *A lot of marketing strategies just* ***play on*** *your* ***fears*** *and insecurities.* ▷ **grać na** *czymś*, **wykorzystywać** *coś* • **play up** UK **1** If a child plays up, he or she behaves badly. ▷ **rozrabiać** **2** If a machine plays up, it does not work as it should. ▷ **szwankować, nawalać** • **play (about/**

P

around) with sth 1 to think about or try different ways of doing something: *We've been playing around with ideas for a new TV show.* ▷ **myśleć o** *czymś*, **wypróbować** *coś* **2** to keep touching or moving something, often when you are bored or nervous: *Stop playing with your hair!* ▷ **bawić się** *czymś*

play² /pleɪ/ **noun 1** [C] A2 a story that is written for actors to perform, usually in a theatre: *We saw a play at the National Theatre.* ◦ *Most schools usually* ***put on a play*** *(= perform a play) at Christmas.* ▷ **sztuka 2** [U] the activity of taking part in a sport or a game: *Rain stopped play in the Hingis-Davenport match.* ▷ **gra 3** [U] B2 when children enjoy themselves with toys and games: *a* ***play area*** ▷ **zabawa**

IDIOMS **fair play** behaviour that is fair, honest, and does not take advantage of people ▷ **uczciwość, gra fair, fair play** • **a play on words** a joke using a word or phrase that has two meanings ▷ **gra słów**

→ See also **foul play**, **role-play**

> Wyrazy występujące razem z **play (noun)**
>
> **perform/put on/write** a play • **in** a play • a play **about** sth

playboy /ˈpleɪbɔɪ/ **noun** [C] a rich man who spends his time enjoying himself and has relationships with a lot of beautiful women ▷ **playboy**

player /ˈpleɪəʳ/ **noun** [C] **1** A1 someone who plays a sport or game: *football/tennis players* ▷ **zawodni-k/czka, gracz 2** A2 someone who plays a musical instrument: *a piano player* ▷ **muzyk** → See also **cassette player**, **CD player**, **record player**

playful /ˈpleɪfᵊl/ **adjective** funny and not serious: *a* ***playful mood/remark*** ▷ **żartobliwy** • **playfulness noun** [U] ▷ **żartobliwość** • **playfully** adverb ▷ **żartobliwie**

playground /ˈpleɪgraʊnd/ **noun** [C] A2 an area of land where children can play, especially at school ▷ **plac zabaw, boisko (szkolne)**

playgroup /ˈpleɪgruːp/ **noun** [C] a place where small children go during the day when they are too young to go to school ▷ **przedszkole**

ˈplaying ˌcard noun [C] one of a set of 52 small pieces of stiff paper with numbers and pictures on, used for playing games ▷ **karta do gry**

ˈplaying ˌfield noun [C] an area of land used for sports such as football ▷ **boisko**

IDIOM **a level playing field** a situation in which everyone has the same chance of succeeding ▷ **równe szanse**

playoff /ˈpleɪɒf/ **noun** [C] a game between two teams that have equal points in order to decide which is the winner ▷ **baraż, dogrywka, playoff**

playpen /ˈpleɪpen/ **noun** [C] a small structure with net or bars around the sides that young children are put into so that they can play safely ▷ **kojec**

playroom /ˈpleɪruːm/ **noun** [C] a room in a house for children to play in ▷ **pokój do zabawy**

PlayStation /ˈpleɪˌsteɪʃᵊn/ **noun** [C] trademark a machine that you use to play games on your television ▷ **(konsola) PlayStation**

plaything /ˈpleɪθɪŋ/ **noun** [C] someone who is treated without respect and is forced to do things for someone else's enjoyment ▷ **zabawka**

playtime /ˈpleɪtaɪm/ **noun** [C, U] UK a period of time when children at school can play outside ▷ **(duża) przerwa**

playwright /ˈpleɪraɪt/ **noun** [C] someone who writes plays ▷ **dramaturg, dramatopisa-rz/rka**

plaza /ˈplɑːzə/ **noun** [C] US **1** an open, public area in a city or town: *Mexico City's main plaza is called the Zocalo.* ▷ **plac 2** a group of buildings with shops, often including an open, public area: *a shopping plaza* ▷ **centrum handlowe**

PLC /ˌpiːelˈsiː/ **noun** [C] abbreviation for product life cycle: in business, all the stages that a product goes through from being made to being sold ▷ **cykl życia produktu**

plc, PLC /ˌpiːelˈsiː/ **noun** [C] abbreviation for Public Limited Company: used after the name of a large company in Britain whose shares can be bought and sold by the public ▷ **SA (= spółka akcyjna)**

plea /pliː/ **noun** [C] **1** when someone says in a court of law if they are guilty or not guilty of the crime they have been accused of: *a plea of guilty/not guilty* ▷ **oświadczenie o winie/niewinności, przyznanie/nieprzyznanie się do winy 2** a strong request: *an emotional* ***plea for*** *forgiveness* ▷ **błaganie, apel**

> Wyrazy występujące razem z **plea**
>
> **issue/make/reject** a plea • a **desperate/emotional/impassioned** plea • a plea **for** sth • a plea **from** sb

plead /pliːd/ **verb** (past tense and past participle **pleaded**, also US **pled**) **1** [T] to say in a court of law if you are guilty or not guilty of the crime you have been accused of: *He* ***pleaded*** *not guilty* ***to*** *five felony charges.* ▷ **(nie) przyznawać się (do winy) 2** [I] to ask for something in a strong and emotional way: *He* ***pleaded with*** *her to come back.* ◦ *She* ***pleaded for*** *mercy.* ▷ **błagać 3** [T] to say something as an excuse: *You'll just have to* ***plead ignorance*** *(= say you did not know).* ▷ **tłumaczyć się, powoływać się na 4 plead sb's case/cause** to say something to try to help someone get what they want or avoid punishment ▷ **wypowiadać się w** *czyjejś* **obronie, bronić** *kogoś*

pleasant /ˈplezᵊnt/ **adjective 1** A2 enjoyable or

P

attractive: *pleasant weather/surroundings* ◦ *We had a very pleasant evening.* ▷ **przyjemny** **2** A2 A pleasant person has a friendly character. ▷ **sympatyczny** → Opposite **unpleasant**
• **pleasantly** adverb B1 *I was* ***pleasantly surprised.*** ▷ **przyjemnie**

pleasantry /ˈplezᵊntri/ **noun** [C] a polite thing that you say when you meet someone: [usually plural] *They* ***exchanged pleasantries*** *about the weather.* ▷ **uprzejmość**

please¹ /pliːz/ **exclamation** **1** A1 something that you say to be polite when you are asking for something or asking someone to do something: *Could you fill in the form, please?* ◦ *Please may I use your telephone?* ▷ **proszę, przepaszam (czy)** **2 Yes, please.** A1 used to accept something politely: *"Would you like a lift home?" "Oh yes, please."* ▷ **Dziękuję, chętnie!**

please² /pliːz/ **verb** **1** B1 [I, T] to make someone happy: *the desire to please* ◦ *I only got married to please my parents.* ▷ **zadowalać, sprawiać przyjemność** → Opposite **displease** **2 anything/as/what/whatever, etc you please** used to say that someone can have or do anything they want: *Feel free to talk about anything you please.* ◦ *He can come and go as he pleases.* ▷ **co/jak/cokolwiek** *itp.* **(tylko) chcesz** **3 Please yourself.** a slightly rude way of telling someone that you do not care what they choose to do: *"I don't want anything to eat." "Please yourself."* ▷ **Jak (sobie) chcesz!**

pleased /pliːzd/ **adjective** **1** A2 happy or satisfied: *I wasn't very* ***pleased about*** *having to pay.* ◦ [+ to do sth] *I'm pleased to be back in England.* ◦ [+ (that)] *He was pleased that she had come back.* ◦ *I'm really* ***pleased with*** *the quality of his work.* ▷ **zadowolony** **2 Pleased to meet you.** A2 a polite way of greeting someone you are meeting for the first time ▷ **Bardzo mi miło.**

pleasing /ˈpliːzɪŋ/ **adjective** Something that is pleasing gives pleasure: *the most pleasing aspect of her work* ◦ *These buildings are very pleasing to the eye.* ▷ **przyjemny**

pleasurable /ˈpleʒᵊrəbl/ **adjective** enjoyable: *a* ***pleasurable experience*** ▷ **przyjemny**

pleasure /ˈpleʒəʳ/ **noun** **1** [U] B1 a feeling of happiness or enjoyment: *His visits used to* ***give*** *us such* ***pleasure.*** ◦ *She seemed to* ***take pleasure in*** *(= enjoy) humiliating people.* ◦ ***It gives me great pleasure*** *to introduce our next guest.* ▷ **przyjemność** → Opposite **displeasure** **2** [C, U] B1 an enjoyable activity or experience: *Food is one of* ***life's great pleasures.*** ◦ *I once* ***had the pleasure of*** *sharing a taxi with her.* ▷ **przyjemność** **3** [U] If you do something for pleasure, you do it because you enjoy it and not because it is your job: *reading* ***for pleasure*** ▷ **przyjemność** **4 It's a pleasure.; My pleasure.** a polite way of replying to someone who has thanked you: *"Thank you for a wonderful evening." "My pleasure."* ▷ **Cała przyjemność po mojej stronie!**

> Wyrazy występujące razem z **pleasure**
>
> **derive/express/give** pleasure • **take pleasure in sth** • **enormous/great/perverse/pure/sheer** pleasure

pleated /ˈpliːtɪd/ **adjective** A pleated piece of clothing or piece of cloth has regular, vertical folds in it: *a pleated skirt* ▷ **plisowany**

plebiscite /ˈplebɪsɪt/ **noun** [C] formal a referendum ▷ **plebiscyt**

pled /pled/ US past of plead

pledge¹ /pledʒ/ **noun** [C] a serious promise: [+ to do sth] *a pledge to create jobs* ◦ *He* ***made a*** *solemn* ***pledge*** *to the American people.* ▷ **przyrzeczenie, zobowiązanie**

> Wyrazy występujące razem z **pledge (noun)**
>
> **break/fulfil/make** a pledge • a pledge **on** sth

pledge² /pledʒ/ **verb** [T] to promise seriously to do something or give something: *Foreign donors have pledged $550 million.* ◦ *He* ***pledged*** *his* ***support*** *to Mandela.* ◦ [+ to do sth] *He pledged to cut government salaries.* ▷ **zadeklarować**

Pleistocene /ˈplaɪstəʊsiːn/ **adjective** from the period of time between about 1.6 million and 10,000 years ago, in which modern humans first appeared and the northern part of Earth had an ice age: *the Pleistocene era* ▷ **plejstocen**

plentiful /ˈplentɪfᵊl/ **adjective** If something is plentiful, there is a lot of it available: *a* ***plentiful supply*** *of meat* ▷ **obfity**

plenty /ˈplenti/ **quantifier** **1** B1 easily as much or as many as you need: *Don't bring any food – we've got plenty.* ◦ *There is* ***plenty of*** *evidence to support her claims.* ◦ *There's plenty of room.* ◦ *Help yourself to food – there's plenty more.* ▷ **mnóstwo, pod dostatkiem, (bardzo lub wystarczająco) dużo** **2 plenty big/large/wide, etc enough** easily as big/large/wide, etc as you need something to be: *This house is plenty big enough for two families.* ▷ **wystarczająco duży/szeroki** *itp.* **3** B1 a lot: *I know* ***plenty of*** *unemployed musicians.* ◦ *There's plenty for you to do.* ▷ **mnóstwo**

plethora /ˈpleθᵊrə/ **noun** **a plethora of sth** formal a large number of something: *There is a confusing plethora of pension plans.* ▷ **mnóstwo** *czegoś*

pleura /ˈplʊərə/ **noun** [C] (plural **plurae**) the membrane that surrounds each lung ▷ **opłucna**
• **pleural** /ˈplʊərᵊl/ **adjective** *pleural membranes* ▷ **opłucnowy**

pliers /ˈplaɪəz/ **noun** [plural] a tool for holding or pulling small things like nails or for cutting wire: *a pair of pliers* ▷ **cążki**

plight /plaɪt/ **noun** [no plural] formal an unpleasant or difficult situation: *the plight of the sick and the poor* ▷ **niedola, (ciężki) los**

Pliocene /ˈplaɪəʊsiːn/ **adjective** from the period

of time between about 5.2 million and 1.6 million years ago, in which the primates first appeared which would later become humans: *the Pliocene era* ▷ **pliocen**

plod /plɒd/ **verb** (present participle **plodding**, past tense and past participle **plodded**) **plod along/on/through, etc** to walk with slow, heavy steps: *We plodded through the mud.* ▷ **wlec się lub brnąć przez/do** *itp.*

plonk[1] /plɒŋk/ **verb** UK informal **plonk sth down/in/on, etc** to put something somewhere quickly and without care: *She plonked her bag on the floor.* ▷ **rzucać** *coś*

PHRASAL VERB **plonk yourself down** to sit down quickly and without care ▷ **walnąć się**

plonk[2] /plɒŋk/ **noun** [U] UK informal cheap wine ▷ **sikacz**

plop[1] /plɒp/ **noun** [C] the sound made by an object when it falls into water ▷ **plusk**

plop[2] /plɒp/ **verb** (present participle **plopping**, past tense and past participle **plopped**) US informal **plop (sth) down/onto, etc** to put something somewhere quickly and without care: *She plopped down next to me.* ▷ **rzucać** *coś*, **wylądować** *gdzieś*

plot[1] /plɒt/ **noun** [C] **1** B2 the things that happen in a story: *I don't like movies with* ***complicated plots.*** ▷ **fabuła 2** a plan to do something bad: [+ to do sth] *a plot to blow up the embassy* ▷ **spisek 3** a piece of land, often for growing food or for building on: *a building plot* ▷ **działka**

plot[2] /plɒt/ **verb** (present participle **plotting**, past tense and past participle **plotted**) **1** [I, T] to plan to do something bad: [+ to do sth] *They plotted to bring down the government.* ◦ *He fired all those accused of* ***plotting against*** *him.* ▷ **knuć, spiskować 2** [T] to make marks on a map, picture, etc to show the position or development of something: *This chart* ***plots*** *the* ***position*** *of all aircraft.* ▷ **wykreślać, nanosić**

plotter /ˈplɒtəʳ/ **noun 1** someone who makes a plan to do something bad ▷ **spiskowiec 2** a printing device that is connected to a computer and uses computer information to make graphs ▷ **ploter**

plough[1] UK (US **plow**) /plaʊ/ **noun** [C] a large tool used by farmers to turn over the soil before planting crops ▷ **pług**

plough[2] UK (US **plow**) /plaʊ/ **verb** [I, T] to turn over soil with a plough ▷ **orać**

PHRASAL VERBS **plough sth back** to spend the money that a business has earned on improving that business: *All profits are* ***ploughed back into*** *the company.* ▷ **reinwestować** *coś* • **plough into sth** to hit something with great force: *My car ploughed straight into the car in front.* ▷ **wbić się lub wjechać w** *coś* • **plough on** to continue doing something, although it is difficult or boring ▷ **brnąć dalej, wytrwać** • **plough through sth** to finish what you are reading, eating, or working on, although there is a lot of it: *I had to plough through the whole report.* ▷ **przebrnąć przez** *coś*

plover /ˈplʌvəʳ/ **noun** [C] a bird with a short tail and long legs, which is found mainly by the sea or in areas covered with grass ▷ **siewka**

plow /plaʊ/ **noun, verb** US spelling of plough

ploy /plɔɪ/ **noun** [C] a slightly dishonest method used to try to achieve something: [+ to do sth] *The phone call was just a ploy to get rid of her.* ▷ **chwyt, sztuczka**

> Wyrazy występujące razem z **ploy**
>
> use a ploy • a ploy **backfires/works** • a **clever/cunning/cynical/deliberate** ploy • a ploy **by** sb

PLS informal written abbeviation for please: used in emails and text messages ▷ **proszę**

pluck /plʌk/ **verb 1 pluck sth/sb from/out, etc** to quickly pull something or someone from the place where they are: *A helicopter plucked him from the sea.* ▷ **wyciągać lub wyrywać** *coś/kogoś skądś* **2** [T] to pull all the feathers out of a bird before cooking it ▷ **oskubać 3** [T] If you pluck the strings of a musical instrument, you pull them with your fingers to make a sound. ▷ **uderzać lub szarpać w (struny) 4** [T] literary to pick a flower or part of a plant ▷ **zrywać 5 pluck your eyebrows** to pull hairs out of your eyebrows to make them look tidy ▷ **wyskubywać brwi** → See also **pluck up the** ***courage*** **(to do sth)**

plug[1] /plʌg/ **noun** [C] **1** B1 a plastic or rubber object with metal pins, used to connect electrical equipment to an electricity supply: *I need to change the plug on my hairdryer.* ▷ **wtyczka 2** B1 something you put in a hole to block it: *a* ***bath plug*** ▷ **korek, zatyczka 3** when someone talks about a new book, film, etc in public to advertise it: *She managed to get in a plug for her new book.* ▷ **wzmianka (dla reklamy), reklama**

IDIOM **pull the plug** to prevent an activity from continuing: *They have pulled the plug on jazz broadcasts.* ▷ **położyć kres**

→ See also **spark plug**

plug[2] /plʌg/ **verb** [T] (present participle **plugging**, past tense and past participle **plugged**) **1 plug a gap/hole** mainly UK to solve a problem by supplying something that is needed: *The new computer system will help to plug the gap in the county's ability to collect taxes.* ▷ **wypełniać lukę 2** to talk about a new book, film, etc in public in order to advertise it: *He was on TV, plugging his new book.* ▷ **reklamować 3** to block a hole ▷ **zatkać, zatamować**

PHRASAL VERBS **plug away** informal to work hard at something for a long time: *I'm still* ***plugging away at*** *my article.* ▷ **męczyć się** • **plug sth in** B2 to connect a piece of electrical equipment to an electricity supply: *Could you plug the iron in*

P

for me? ▷ **wetknąć** *coś* **(do gniazdka)** → Opposite **unplug** • **plug sth into sth** to connect one piece of electrical equipment to another: *You need to plug the speakers into the stereo.* ▷ **podłączać** *coś* **do** *czegoś*

plughole /ˈplʌghəʊl/ **noun** [C] (also US **drain**) the hole in a bath or sink where the water flows away ▷ **odpływ**

plug-in (also **plugin**) /ˈplʌgɪn/ **noun** [C] a small computer program that makes a larger one work faster or be able to do more things ▷ **wtyczka**

plum /plʌm/ **noun** [C] a soft, round fruit with red, yellow, or purple skin and a stone in the middle ▷ **śliwka**

plumage /ˈpluːmɪdʒ/ **noun** [U] a bird's feathers ▷ **upierzenie**

plumber /ˈplʌməʳ/ **noun** [C] (B2) someone whose job is to repair or connect water pipes and things like toilets and baths ▷ **hydraulik**

plumbing /ˈplʌmɪŋ/ **noun** [U] the water pipes in a building ▷ **rury, instalacja wodno-kanalizacyjna**

plume /pluːm/ **noun 1 a plume of dust/smoke, etc** a tall, thin amount of dust/smoke, etc rising into the air. ▷ **pióropusz lub smuga pyłu/dymu** *itp.* **2** [C] a large feather, often worn for decoration ▷ **pióro**

plummet /ˈplʌmɪt/ **verb** [I] to fall very quickly in amount or value: *Temperatures plummeted to minus 20.* ▷ **(gwałtownie) spadać**

plump¹ /plʌmp/ **adjective 1** quite fat: *a plump child* ▷ **pulchny 2** pleasantly round or full: *nice plump cloves of garlic* ▷ **pełny, okrąglutki, krągły**

plump² /plʌmp/ **verb**

PHRASAL VERB **plump for sth** UK to choose something, especially after thinking about it for a time: *I plumped for the salmon.* ▷ **zdecydować się na** *coś*

plumule /ˈpluːmjuːl/ **noun** [C] the first shoot that grows from the seed of a plant ▷ **plumula, pąk szczytowy**

plunder /ˈplʌndəʳ/ **verb** [I, T] to steal, especially during a war: *Many of the region's churches had been plundered.* ▷ **plądrować**
• **plunder noun** [U] ▷ **grabież**

plunge¹ /plʌndʒ/ **verb 1 plunge down/into, etc** to fall or move down very quickly and with force: *The car came off the road and plunged down the hillside.* ▷ **runąć, rzucić się 2** [I] to become lower in temperature, value, etc very suddenly and quickly: *Temperatures plunged below zero.* ▷ **(gwałtownie) spadać**

PHRASAL VERBS **plunge sth into sth** to push something very hard into something else: *He plunged the knife into the man's stomach.* ▷ **wbijać** *coś* **w** *coś* • **plunge sb/sth into sth** to make someone or something suddenly be unhappy or in an unpleasant situation: [often passive] *The country had been plunged into chaos.* ▷ **pogrążyć** *kogoś/coś* **w** *czymś* • **plunge into sth** to start doing something with a lot of energy: *Trying to forget about her, he plunged into his work.* ▷ **rzucić się w wir** *czegoś*

plunge² /plʌndʒ/ **noun** [C] a sudden and quick decrease in the value, amount, or level of something: *Prices have* ***taken a plunge*** *(= suddenly become less).* ▷ **(gwałtowny) spadek**

IDIOM **take the plunge** to do something important or difficult, especially after thinking about it for a long time: *We're finally going to take the plunge and buy a house.* ▷ **zdecydować się**

> Wyrazy występujące razem z **plunge**
>
> take a plunge • a plunge in sth • a stock market plunge

the pluperfect /ˌpluːˈpɜːfɪkt/ **noun** (also **the past perfect**) the form of the verb that is used to show that an action had already finished when another action happened. In English, the pluperfect is made with 'had' and a past participle. ▷ **czas zaprzeszły**

plural /ˈplʊərᵊl/ **noun** [C] (A2) a word or part of a word which shows that you are talking about more than one person or thing. For example 'babies' is the plural of 'baby'. ▷ **liczba mnoga**
• **plural adjective** *'Cattle' and 'trousers' are plural nouns.* ▷ **mnogi**

pluralism /ˈplʊərᵊlɪzᵊm/ **noun** [U] the existence in a society of many different types of people with many different beliefs and opinions: *political pluralism* ▷ **pluralizm**
• **pluralist adjective** (also **pluralistic** /ˌplʊərᵊlˈɪstɪk/) relating to pluralism: *a pluralist society* ▷ **pluralistyczny**

plus¹ /plʌs/ **preposition 1** (A2) added to: *Five plus three is eight.* ▷ **plus 2** (B1) and also: *You've won their latest CD plus two tickets for their concert.* ▷ **plus, oraz**

plus² /plʌs/ **adjective 40 plus, 150 plus, etc** more than the amount stated: *temperatures of 40 plus* ▷ **ponad 40/150** *itp.*, **przeszło 40/150** *itp.*

plus³ /plʌs/ **conjunction** informal (B1) and also: *Don't go there in August. It'll be too hot, plus it'll be really expensive.* ▷ **w dodatku, na dodatek**

plus⁴ /plʌs/ **noun** [C] **1** informal (B2) an advantage: *Well, the apartment has a garden so that's a plus.* ▷ **plus 2** (also **ˈplus ˌsign**) the symbol +, used between two numbers to show that they are being added together ▷ **plus**

plush /plʌʃ/ **adjective** Plush furniture, buildings, rooms, etc are very expensive and comfortable: *a plush red carpet* ▷ **luksusowy**

Pluto /ˈpluːtəʊ/ **noun** [no plural] a dwarf planet that comes after Neptune in distance from the sun. Pluto was considered to be a proper planet until 2006, when it was officially decided that it was a dwarf planet. ▷ **Pluton**

plutonium /pluːˈtəʊniəm/ **noun** [U] a chemical element that is used in the production of nuclear power and nuclear weapons (symbol Pu) ▷ **pluton**

ply /plaɪ/ **verb 1 ply across/between, etc** old-fashioned to often make a particular journey: *fishing boats plying across the harbour* ▷ **kursować 2 ply your trade** to work at your job, especially selling things ▷ **robić swoje, pracować (sobie)**

PHRASAL VERB **ply sb with sth 1** to give someone a lot of something again and again: *They plied me with food and drink.* ▷ **faszerować** *kogoś czymś* **2** to ask someone a lot of questions: *They* ***plied*** *him* ***with questions*** *about where he had been.* ▷ **męczyć lub nękać** *kogoś czymś*

plywood /ˈplaɪwʊd/ **noun** [U] wood that is made by sticking several thin layers of wood together ▷ **sklejka**

PM /ˌpiːˈem/ **noun** [C] abbreviation for prime minister: the leader of an elected government in some countries ▷ **premier**

p.m. (also **pm**) /ˌpiːˈem/ Ⓐ1 used when you are referring to a time after 12 o'clock in the middle of the day, but before 12 o'clock in the middle of the night: *Opening hours: 9 a.m. – 6 p.m.* ▷ **po południu,** zwykle tłumaczy się podając godzinę w zapisie 24-godzinnym, np. od 9 do 18

pneumatic /njuːˈmætɪk/ **adjective** filled with air, or operated using air: *pneumatic tyres* ▷ **pneumatyczny**

pneumatics /njuːˈmætɪks/ **noun** [U] the study of the uses of gases, especially air ▷ **pneumatyka**

pneumonia /njuːˈməʊniə/ **noun** [U] a serious illness in which your lungs fill with liquid and it is difficult to breathe ▷ **zapalenie płuc**

poach /pəʊtʃ/ **verb 1** [T] to cook something, especially an egg without its shell, by putting it into liquid that is gently boiling ▷ **gotować 2** [I, T] to illegally catch or kill animals, especially by going onto land without the permission of the person who owns it ▷ **kłusować (na) 3** [I, T] to persuade someone to leave a company or team in order to work or play for yours: *They can poach experienced people easily because they offer higher salaries.* ▷ **podbierać, skaperować**

poacher /ˈpəʊtʃəʳ/ **noun** [C] someone who illegally catches or kills animals ▷ **kłusowni-k/czka**

pocket¹ /ˈpɒkɪt/ **noun** [C] **1** Ⓐ2 a small bag that is sewn or fixed onto or into a piece of clothing, a bag, the back of a seat, etc: *a coat/shirt/trouser pocket* ◦ *He was asked to* ***empty*** *his* ***pockets.*** ◦ *Safety instructions are in the pocket on the seat in front of you.* ▷ **kieszeń 2** a small area or small amount of something that is different from what is around it: *There was real poverty in some* ***pockets of*** *the country.* ◦ *small pockets of air trapped inside the glass* ▷ **zakątek, obszar 3** the amount of money that you have for spending: *I shouldn't have to pay for travel* ***out of my own pocket*** *(= with my own money).* ▷ **kieszeń 4 be out of pocket** to have less money than you should have because you have paid for something: *The holiday company cancelled our trip and we were left hundreds of pounds out of pocket.* ▷ **być do tyłu**

pocket

pocket² /ˈpɒkɪt/ **verb** [T] **1** to take something, especially money, which does not belong to you: *His plan was to* ***pocket*** *the* ***money*** *from the sale of the business and leave the country.* ▷ **przywłaszczyć sobie 2** to put something in your pocket: *Juan pocketed the knife and walked away.* ▷ **schować do kieszeni**

pocket³ /ˈpɒkɪt/ **adjective** [always before noun] small enough to fit in your pocket: *a pocket dictionary* ▷ **kieszonkowy**

pocketbook /ˈpɒkɪtbʊk/ **noun** [C] US **1** a woman's bag ▷ **torebka 2** Someone's pocketbook is their ability to pay for something: *The sales tax hits consumers in the pocketbook.* ▷ **kieszeń**

pocketful /ˈpɒkɪtfʊl/ **noun** [C] the amount you can fit in a pocket: *a pocketful of coins* ▷ **(pełna) kieszeń**

pocketknife /ˈpɒkɪtnaɪf/ **noun** [C] (plural **pocketknives**) a small knife that folds into a case ▷ **scyzoryk**

ˈpocket ˌmoney **noun** [U] Ⓑ1 an amount of money given regularly to a child by its parents ▷ **kieszonkowe**

pod /pɒd/ **noun** [C] the long, flat part of some plants that has seeds in it: *a pea pod* ▷ **strąk, strączek**

podcast /ˈpɒdkɑːst/ **noun** [C] a recording that you can listen to on your computer or MP3 player from a website. You can also sign up to a podcast which is then updated through the Internet when you plug your MP3 player into a computer. ▷ **podkast**

podiatrist /pəʊˈdaɪətrɪst/ **noun** [C] US (UK **chiropodist**) someone whose job is to treat problems with people's feet ▷ **pedikurzyst-a/ka, specjalista chorób stóp**

podium /ˈpəʊdiəm/ **noun** [C] a small, raised area, sometimes with a tall table on it, that someone stands on when they are performing or speaking ▷ **podium, mównica**

poem /ˈpəʊɪm/ **noun** [C] Ⓑ1 a piece of writing, especially one that has short lines and uses words that sound the same: *love/war poems* ▷ **wiersz**

> Wyrazy występujące razem z **poem**
>
> read/recite/write a poem • in a poem • a poem about sth • a poem by sb • a love poem

poet /ˈpəʊɪt/ **noun** [C] Ⓑ1 someone who writes poems ▷ **poet-a/ka**

P

poetic /pəʊˈetɪk/ **adjective** **1** Something that is poetic makes you feel strong emotions because it is so beautiful: *To him, life seemed poetic.* ▷ **poetycki** **2** relating to poetry: *poetic language* ▷ **poetycki**

poetry /ˈpəʊɪtri/ **noun** [U] B1 poems in general, or the writing of poetry: *I enjoy all kinds of poetry, especially love poetry.* ▷ **poezja**

poignant /ˈpɔɪnjənt/ **adjective** making you feel sad: *It's a poignant story about a poor family's struggle to survive.* ▷ **wzruszający**
• **poignancy** /ˈpɔɪnjənsi/ **noun** [U] when something is poignant ▷ **wzruszający charakter** • **poignantly adverb** ▷ **wzruszająco**

poikilothermic /ˌpɔɪkɪləʊˈθɜːmɪk/ **adjective** Animals that are poikilothermic have a body temperature that changes with the temperature around them. ▷ **zmiennocieplny**

point[1] /pɔɪnt/ **noun** **1** [C] B1 an opinion, idea, or fact which someone says or writes: *Could I* ***make a point*** *about noise levels?* ◦ *I* ***take your point*** *(= I agree with you) about cycling, but I still prefer to walk.* ▷ **argument, racja, kwestia** **2** [no plural] B2 an opinion or fact that deserves to be considered seriously, or which other people agree is true: *"She's always complaining that the office is cold." "Well, she's* ***got a point.****"* ◦ *"How are we going to get there if there are no trains?" "****Good point.****"* ▷ **racja** **3 the point** B2 the most important part of what has been said or written: *I thought he was never going to* ***get to the point.*** ◦ ***The point is,*** *if you don't claim the money now you might never get it.* ◦ *To say his art is simplistic is* ***missing the point*** *(= not understanding the most important thing about it).* ▷ **istota rzeczy, sedno sprawy** **4** [C] B2 the thin, sharp end of something: *the point of a needle* ▷ **czubek** **5** [C] a particular place: *a* ***stopping****/fuelling* ***point*** ◦ *the point where the pipes enter the building* ▷ **punkt** **6** [C] B2 a particular time in an event or process: ***At this point****, people started to leave.* ◦ *It has* ***got to the point*** *where I can hardly bear to speak to him.* ▷ **moment** **7 be at/on the point of doing sth** B2 to be going to do something very soon: *Amy was on the point of crying.* ▷ **właśnie mieć** *coś zrobić*, **być na krawędzi** *czegoś* **8** [no plural] B2 the reason for or purpose of something: ***What's the point*** *of studying if you can't get a job afterwards?* ◦ *There's* ***no point*** *inviting her – she never comes to parties.* ▷ **sens** **9 beside the point** not important or not connected with what you are talking about: *The fact that he doesn't want to come is beside the point – he should have been invited.* ▷ **bez znaczenia** **10 make a point of doing sth** to be certain that you always do a particular thing: *He made a point of learning all the names of his staff.* ▷ **zadbać o** *coś* **11 to the point** If something someone says or writes is to the point, it expresses the most important things without extra details: *His report was short and to the point.* ▷ **na temat** **12 up to a point** B2 partly: *What he says is true up to a point.* ▷ **do pewnego stopnia** **13** [C] B1 a unit used for showing who is winning in a game or competition: *With 3 games still to play, Manchester United are 5 points ahead.* ▷ **punkt** **14** [C] a unit used in some systems of measuring and comparing things: *The stock exchange fell by five points.* ▷ **punkt** **15 boiling/freezing/melting point** the temperature at which a substance boils, freezes, or melts ▷ **temperatura lub punkt wrzenia/krzepnięcia/topnienia** **16** [C] B2 a quality which someone has: *I know she's bossy, but she has lots of* ***good points*** *too.* ◦ *Chemistry never was* ***my strong point*** *(= I was never good at it).* ▷ **punkt, cecha** **17** [C] (also **decimal point**) B2 the mark (.) that is used to separate the two parts of a decimal: *One mile equals one point six (= 1.6) kilometres.* ▷ **kropka (dziesiętna)** **18** [C] B2 one of the marks on a compass ▷ **rumb** **19** [C] a unit of measurement of the size of letters, used in printing and on computers ▷ **punkt** → See also **breaking point**, **a *case* in point**, **decimal point**, **focal point**, **moot point**, **point of view**, **starting-point**, **turning point**, **vantage point**

> Wyrazy występujące razem z **point**
> **illustrate/make/prove/raise** a point • **take** sb's point • a point **about** sth

point[2] /pɔɪnt/ **verb** **1** [I] A2 to show where someone or something is by holding your finger or a thin object towards it: *She* ***pointed at/to*** *a bird flying overhead.* ▷ **wskazywać** **2** [T] B1 to hold something so that it faces towards something else: *She* ***pointed*** *her camera* ***at*** *them.* ▷ **skierować, wycelować** **3** [I] B1 to face towards a particular direction: *The solar panels were pointing away from the sun.* ▷ **być zwróconym**

PHRASAL VERBS **point sb/sth out** to make a person notice someone or something: *I didn't think about the disadvantages until you pointed them out to me.* ▷ **wskazywać** *kogoś/coś*, **zwracać uwagę na** *kogoś/coś* • **point sth out** B2 to tell someone a fact: *If he makes a mistake I always think it's best to point it out immediately.* ▷ **(głośno) powiedzieć** *coś*, **wskazywać na** *coś* • **point to/towards sth** to show that something probably exists, is happening, or is true: *All the evidence points to suicide.* ▷ **wskazywać na** *coś*

point-blank /ˌpɔɪntˈblæŋk/ **adjective, adverb** **1** If you refuse point-blank, you refuse completely and will not change your decision. ▷ **bez ogródek** **2 at point-blank range** If someone is shot at point-blank range, they are shot from a very short distance away. ▷ **z bliska**

pointed /ˈpɔɪntɪd/ **adjective** **1** If someone says something in a pointed way, they intend to criticize someone: *He made some* ***pointed references*** *to her history of drug problems.* ▷ **dobitny, nie pozostawiający wątpliwości** **2** A pointed object has a thin, sharp end: *a pointed chin/beard* ▷ **ostry, spiczasty**

pointer /ˈpɔɪntəʳ/ **noun** [C] **1** a piece of information which can help you understand a situation or do something better: *I asked for some pointers on applying for jobs.* ▷ **wskazówka 2** an object that you use to point at something ▷ **wskaźnik, strzałka**

pointless /ˈpɔɪntləs/ **adjective** Something that is pointless has no purpose: *pointless arguments/conflict* ◦ [+ to do sth] *It would be pointless to argue with him.* ▷ **bezsensowny, bezcelowy**
• **pointlessly** adverb ▷ **bez sensu, bez celu**

ˌpoint of ˈsale **noun** [C, usually singular] (abbreviation **PoS**) the place where a product is sold ▷ **punkt sprzedaży**

ˌpoint of ˈview **noun** [C] (plural **points of view**) **1** B2 a way of thinking about a situation: ***From*** *a medical* ***point of view****, there was no need for the operation.* ▷ **punkt widzenia 2** B2 an opinion: *You have to be willing to see other people's points of view.* ▷ **punkt widzenia**

> Wyrazy występujące razem z **point of view**
>
> from sb's point of view • from a [political/financial, etc] point of view

poise /pɔɪz/ **noun** [U] **1** when you behave in a calm and confident way: *Recovering his poise, he congratulated his opponent.* ▷ **pewność siebie, opanowanie 2** when you move or stand in a careful, pleasant way ▷ **gracja**

poised /pɔɪzd/ **adjective 1** [never before noun] ready to do something: [+ to do sth] *They have three hundred ships, all poised to attack.* ▷ **gotowy 2** [never before noun] in a particular position or situation, ready to move or change: *a helicopter poised above the crowd* ▷ **gotowy (do działania) 3** calm and confident: *a* ***poised performance*** ▷ **pewny siebie**

poison¹ /ˈpɔɪzᵊn/ **noun** [C, U] B2 a substance that can make you ill or kill you if you eat or drink it: *Someone had put poison in her drink.* ▷ **trucizna**

poison² /ˈpɔɪzᵊn/ **verb** [T] **1** B2 to try to kill someone by giving them a dangerous substance to drink or eat: *He tried to poison his wife.* ▷ **otruć 2** B2 to put poison or a dangerous substance in something: *They poisoned the city's water supply.* ▷ **zatruć 3** to make something very unpleasant: *These arguments were poisoning his life.* ▷ **zatruwać 4 poison sb's mind** to make someone think bad things about someone or something: *Her father had* ***poisoned her mind against*** *me.* ▷ **podjudzać** *kogoś*
• **poisoned** adjective ▷ **zatruty, otruty**

poisoning /ˈpɔɪzᵊnɪŋ/ **noun** [U] an illness caused by eating, drinking, or breathing a dangerous substance: ***alcohol/lead poisoning*** ▷ **zatrucie**
→ See also **food poisoning**

poisonous /ˈpɔɪzᵊnəs/ **adjective 1** B2 containing poison: *poisonous gas* ▷ **trujący 2** B2 A poisonous animal uses poison in order to defend itself: *a poisonous snake* ▷ **jadowity**

poke¹ /pəʊk/ **verb 1** [T] to quickly push your finger or other pointed object into someone or something: *Nell kept poking me in the arm.* ◦ *He poked the fire with his stick.* ▷ **trącać 2 poke (sth) round/out/through, etc** to appear through or from behind something, or to make something do this: *Grace poked her head round the door.* ▷ **wystawiać** *coś*, **wyglądać, wychynąć**
→ See also **poke/stick your** ***nose*** **into sth**

PHRASAL VERB **poke about/around** informal to look for something by moving other things: *I was poking around in the garage, looking for a paintbrush.* ▷ **grzebać**

poke² /pəʊk/ **noun** [C] when you quickly push your finger or other pointed object into someone or something: *I gave him a poke in the back.* ▷ **kuksaniec**

poker /ˈpəʊkəʳ/ **noun 1** [U] a game played with cards in which people try to win money from each other ▷ **poker 2** [C] a long, metal stick used for moving the coal or wood in a fire so that it burns better ▷ **pogrzebacz**

poker-faced /ˈpəʊkəˌfeɪst/ **adjective** not showing on your face what you are really thinking or feeling ▷ **z kamienną twarzą**

poky (also **pokey**) /ˈpəʊki/ **adjective** informal **1** A room or house that is poky is unpleasant because it is too small. ▷ **ciasny 2** US too slow ▷ **ślamazarny**

Poland /ˈpəʊlənd/ **noun** a country in Europe ▷ **Polska**
• **Polish** /ˈpəʊlɪʃ/ **adjective** coming from or relating to Poland ▷ **polski** • **Pole** /pəʊl/ **noun** [C] someone from Poland ▷ **Polak, Polka**

polar /ˈpəʊləʳ/ **adjective** relating to the North or South Pole ▷ **polarny**

ˈpolar ˌbear **noun** [C] B2 a large, white bear that lives in the Arctic ▷ **niedźwiedź polarny**

Polaroid /ˈpəʊlᵊrɔɪd/ **noun** [C] trademark a camera that prints a photograph immediately after you have taken it, or a picture taken with this type of camera ▷ **polaroid**

pole /pəʊl/ **noun 1** [C] a long, thin stick made of wood or metal, often used to hold something up: *tent poles* ▷ **słup, słupek, maszt 2 the North/South Pole** the part of the Earth that is furthest North/South ▷ **biegun północny/południowy**

IDIOM **be poles apart** to be complete opposites ▷ **różnić się diametralnie**

polemic /pəˈlemɪk/ **noun** [C, U] formal writing or speech that strongly criticizes or defends an idea, a belief, etc ▷ **polemika**

ˈpole ˌvault **noun** [no plural] a sport in which you use a very long stick to jump over a high bar ▷ **skok o tyczce**

P

police¹ /pəˈliːs/ **noun** [plural] A2 the official organization that makes people obey the law and that protects people and places against crime, or the people who work for this organization: *I heard a gun shot and decided to* ***call the police****.* ◦ *A 30-year-old taxi driver is being interviewed by police.* ◦ *a police investigation* ▷ **policja, Police** ma tylko liczbę mnogą!

> **Wyrazy występujące razem z police**
> call the police • **report sb/sth to** the police • police arrest/question sb

police² /pəˈliːs/ **verb** [T] to make sure that people obey the law in a particular place or when they are doing a particular activity: *Clubs have to pay for the cost of policing matches.* ▷ **pilnować, nadzorować**

poˌlice ˈconstable noun [C] in the UK, a police officer of the lowest rank ▷ **(szeregow-y/a) policjant/ka, posterunkowy**

poˈlice deˌpartment noun [C] in the US, the police force in an area or city ▷ **policja, komenda policji**

poˈlice ˌforce noun [C] the police in a country or area ▷ **policja**

policeman, policewoman /pəˈliːsmən/, /pəˈliːsˌwʊmən/ **noun** [C] (plural **policemen, policewomen**) A2 a man/woman who is a member of the police ▷ **policjant/ka**

poˈlice ˌofficer noun [C] A2 someone who is a member of the police ▷ **policjant/ka**

poˈlice ˌstate noun [C] a country in which the people are not free to do what they want because the government controls them ▷ **państwo policyjne**

poˈlice ˌstation noun [C] A2 the office of the police in a town or part of a city ▷ **posterunek lub komisariat policji**

> **Wyrazy występujące razem z policy**
> adopt/formulate/implement/pursue a policy • a policy on sth • a policy of (doing) sth • company policy • foreign policy

policy /ˈpɒləsi/ **noun 1** [C, U] B2 a set of ideas or a plan of what to do in particular situations that has been agreed by a government, business, etc: ***foreign policy*** ◦ *It is* ***company policy*** *to help staff progress in their careers.* ▷ **polityka 2** [C] an agreement that you have with an insurance company ▷ **polisa**

polio /ˈpəʊliəʊ/ **noun** [U] a serious disease that sometimes makes it impossible for you to move your muscles ▷ **polio, choroba Heinego-Medina**

polish¹ /ˈpɒlɪʃ/ **noun 1** [C, U] a substance that you rub on something in order to make it clean and shiny ▷ **pasta (do polerowania) 2** [no plural] when you rub something in order to make it clean and shiny: *Just give the table a polish.* ▷ **polerowanie** → See also **nail polish**

polish² /ˈpɒlɪʃ/ **verb** [T] to rub something with a cloth in order to make it clean or to make it shine: *to polish your shoes* ▷ **polerować**

PHRASAL VERB **polish sth off** informal to finish something quickly: *I gave him a bowl of ice cream which he soon polished off.* ▷ **uporać się z czymś**

polished /ˈpɒlɪʃt/ **adjective 1** clean and shiny after polishing: *a polished floor* ▷ **wypolerowany 2** done with skill and style: *He gave a highly* ***polished performance****.* ▷ **nienaganny, wytworny**

polite /pəˈlaɪt/ **adjective** A2 behaving in a way that is not rude and shows that you do not only think about yourself: *She was too polite to point out my mistake.* ▷ **uprzejmy, grzeczny**
• **politely** adverb B1 *He thanked them politely.* ▷ **uprzejmie** • **politeness** noun [U] B2 ▷ **uprzejmość**

> **Polite wyrazy bliskoznaczne**
> Przymiotników **courteous**, **respectful** i **well-mannered** używamy czasem, gdy mówimy o kimś uprzejmym, okazującym szacunek innym:
> *Although she often disagreed with me, she was always* ***courteous****.*
> *They were quiet,* ***well-mannered*** *children.*
> Wyrażenia **politically correct** i jego skrótu, **PC** używamy w sytuacjach, gdy chcemy zaznaczyć, że ktoś jest uprzejmy i mówi w sposób nie obrażający kobiet, ludzi innych ras lub ludzi posiadających wady fizyczne lub problemy psychiczne:
> *'Fireman' has been replaced by the* ***politically correct*** *term 'firefighter'.*
> *Calling them 'ladies' – that's not very* ***PC*** *of you!*
> Uprzejma i spokojna rozmowa jest czasem określana jako **civilized**:
> *Let's discuss this in a* ***civilized*** *manner.*

political /pəˈlɪtɪkəl/ **adjective** B1 relating to or involved in politics: *There are two main* ***political parties*** *in my country.* ◦ *The church has a strong political influence.* ▷ **polityczny**
• **politically** adverb ▷ **politycznie**

poˌlitical aˈsylum noun [U] protection given by a government to someone whose political activities have made it too dangerous for them to live in their own country ▷ **azyl polityczny**

poˌlitically coˈrrect adjective careful to speak or behave in a way which is not offensive to women, people of a particular race, or people who have physical or mental problems: *It's not politically correct to call women 'girls'.* ▷ **politycznie poprawny**
• **political correctness** noun [U] ▷ **polityczna poprawność**

poˌlitical ˈprisoner noun [C] someone who is

in prison because their political activities or opinions oppose the government ▷ **więzień polityczny**

politician /ˌpɒlɪˈtɪʃən/ **noun** [C] B1 someone who works in politics, especially a member of the government ▷ **polityk**

politicize (also UK **-ise**) /pəˈlɪtɪsaɪz/ **verb** [T] to make something or someone become more involved with politics: [often passive] *The whole issue has been politicized.* ◦ *a highly **politicized** debate* ▷ **upolityczniać**

politics /ˈpɒlətɪks/ **noun** **1** [U] B1 ideas and activities relating to how a country or area is governed: *He has little interest in **local politics**.* ▷ **polityka** **2** [U] B1 a job in politics: *She's planning to retire from politics next year.* ▷ **polityka** **3** **sb's politics** someone's opinions about how a country or area should be governed: *I don't know what his politics are, but he strongly disagreed with the decision.* ▷ *czyjeś* **poglądy polityczne** **4** [plural] the relationships in a group which allow particular people to have power over others: *I try not to get involved in **office politics**.* ▷ **rozgrywki**

> Wyrazy występujące razem z **politics**
>
> enter/go into/be involved in politics • domestic/international/local politics

polka /ˈpɒlkə/ **noun** [C] a type of dance, or a piece of music used for this type of dance ▷ **polka**

polka-dot /ˈpɒlkəˌdɒt/ **adjective** [always before noun] having a regular pattern of small, round spots: *a polka-dot bikini* ▷ **w kropeczki**

poll[1] /pəʊl/ **noun** [C] (also **opinion poll**) when people are asked questions to discover what they think about a subject: *A recent **poll indicated** that 77 percent of Americans supported the president.* ▷ **ankieta, badanie opinii publicznej**

> Wyrazy występujące razem z **poll**
>
> carry out/conduct a poll • a poll indicates/reveals/shows/suggests sth • a poll of sb

poll[2] /pəʊl/ **verb** [T] **1** to ask someone's opinion as part of a study on what people think about a subject: [often passive] *Most students polled said they preferred the new system.* ▷ **ankietować, zapytywać** **2** to receive a particular number of votes in an election: *Labour polled only 45 percent of the Scottish vote.* ▷ **uzyskać**

pollen /ˈpɒlən/ **noun** [U] a powder produced by flowers, which is carried by insects or the wind and makes other flowers produce seeds ▷ **pyłek (kwiatowy)**

ˈpollen ˌcount **noun** [C] the measurement of the amount of pollen in the air ▷ **stężenie lub poziom stężenia pyłków (w powietrzu)**

pollinate /ˈpɒləneɪt/ **verb** [T] to carry pollen from one plant to another so that they can be fertilized ▷ **zapylać**

• **pollination** /ˌpɒləˈneɪʃən/ ▷ **zapylanie**

ˈpolling ˌday **noun** [C] UK (US **election day**) the day when people vote in an election ▷ **dzień wyborów**

ˈpolling ˌstation **noun** [C] UK (US **ˈpolling ˌplace**) a building where people go to vote in an election ▷ **lokal wyborczy**

the polls /pəʊlz/ **noun** [plural] voting in an election: *The country will **go to the polls** (= vote) on 13 September.* ▷ **wybory**

pollster /ˈpəʊlstəʳ/ **noun** [C] someone who tries to discover what most people think about a subject by asking questions ▷ **ośrodek badań opinii publicznej, ankieter/ka**

pollute /pəˈluːt/ **verb** [T] B2 to make water, air, soil, etc dirty or harmful: *We need a fuel that won't pollute the environment.* ▷ **zanieczyszczać**
• **pollutant** **noun** [C] a substance that pollutes water, air, etc ▷ **zanieczyszczenie, substancja zanieczyszczająca**

pollution /pəˈluːʃən/ **noun** [U] B1 damage caused to water, air, etc by harmful substances or waste: *The book shows simple things you can do to reduce pollution from your car.* ▷ **zanieczyszczenie**

polo /ˈpəʊləʊ/ **noun** [U] a game played between two teams who ride horses and hit a ball with long, wooden hammers ▷ **polo**

ˈpolo ˌneck **noun** [C] UK (US **turtleneck**) a piece of clothing that covers the top part of the body and has a tube-like part covering the neck: *a black polo neck sweater* ▷ **golf**

polo neck

polo neck *UK*, turtleneck *US*

ˈpolo ˌshirt **noun** [C] a cotton shirt with short sleeves, a collar, and buttons at the front ▷ **koszulka polo**

poly- /pɒli-/ **prefix** many: *polygamy (= having more than one husband or wife at the same time)* ◦ *a polygon (= a shape with many sides)* ▷ **wielo-, poli-**

polyatomic /ˌpɒliəˈtɒmɪk/ **adjective** containing more than two atoms ▷ **wieloatomowy**

polyester /ˌpɒliˈestəʳ/ **noun** [U] a type of artificial cloth used for making clothes: *a polyester shirt/skirt* ▷ **poliester**

polygon /ˈpɒlɪgɒn/ **noun** [C] a flat shape with three or more straight sides ▷ **wielokąt**

polymer /ˈpɒlɪməʳ/ **noun** [C] a chemical substance consisting of large molecules made from many smaller and simpler molecules ▷ **polimer**

polymerize /ˈpɒlɪməraɪz/ **adjective** [I, T] (also UK **-ise**) to form a polymer or to make something form a polymer ▷ **polimeryzować**

P

• **polymerization** /ˌpɒlɪməraɪˈzeɪʃən/ **noun** [U] ▷ **polimeryzacja**

polyp /ˈpɒlɪp/ **noun** [C] **1** a small simple water animal shaped like a tube ▷ **polip 2** a small mass of cells that grows in the body, and is usually not harmful ▷ **polip**

polypeptide /ˌpɒlɪˈpeptaɪd/ **noun** [C] one of a group of polymers made from a chain of amino acids ▷ **polipeptyd**

polypropylene /ˌpɒlɪˈprəʊpəliːn/ **noun** [U] a type of plastic used for many purposes, such as food packaging, making ropes, and making artificial fabrics ▷ **polipropylen**

polysaccharide /ˌpɒlɪˈsækəraɪd/ **noun** [C] a type of carbohydrate, such as starch and cellulose, whose molecules are groups of sugar molecules joined together ▷ **wielocukier, polisacharyd** → Compare **monosaccharide**

polystyrene /ˌpɒlɪˈstaɪriːn/ **noun** [U] UK (US **Styrofoam**®) a light plastic material that is wrapped around delicate objects to protect them, and around hot things to keep them hot: *polystyrene packaging/polystyrene cups* ▷ **polistyren**

polytechnic /ˌpɒlɪˈteknɪk/ **noun** [C] a college where students study scientific and technical subjects ▷ **politechnika**

polythene /ˈpɒlɪθiːn/ **noun** [U] UK (US **polyethylene** /ˌpɒliˈeθəliːn/) a thin, soft plastic, often used for making bags ▷ **polietylen**

polyunsaturated /ˌpɒliʌnˈsætʃəreɪtɪd/ **adjective** describes a fat or oil which is thought to be healthy because it does not seem to cause heart disease: *polyunsaturated margarine/vegetable oil* ▷ **wielonienasycony** → Compare **saturated fat**

polyvinyl chloride /ˌpɒlɪvaɪnəlˈklɔːraɪd/ **noun** [U] (abbreviation **PVC**) a type of plastic which is used especially for making clothes, floor coverings and bags ▷ **polichlorek winylu**

pomp /pɒmp/ **noun** [U] formal special clothes, decorations, and music at an official ceremony ▷ **pompa**

pompous /ˈpɒmpəs/ **adjective** Someone who is pompous is too serious and thinks they are more important than they really are. ▷ **pompatyczny**

• **pompously adverb** ▷ **pompatycznie** • **pomposity** /pɒmˈpɒsəti/ **noun** [U] when someone is pompous ▷ **pompatyczność**

pond /pɒnd/ **noun** [C] B2 a small area of water, especially one that has been made artificially in a park or garden ▷ **staw**

ponder /ˈpɒndər/ **verb** [I, T] literary to think carefully about something: [+ question word] *He pondered what might have happened if he hadn't gone home.* ▷ **rozmyślać (nad), rozważać**

ponderous /ˈpɒndərəs/ **adjective 1** Ponderous speech or writing is boring or too serious. ▷ **niezgrabny, ciężki 2** slow because of being very heavy or large ▷ **niezgrabny**

• **ponderously adverb** ▷ **niezgrabnie**

pony /ˈpəʊni/ **noun** [C] a small horse ▷ **kucyk**

ponytail /ˈpəʊniteɪl/ **noun** [C] hair tied at the back of your head so that it hangs down like a horse's tail ▷ **koński ogon, kucyk**

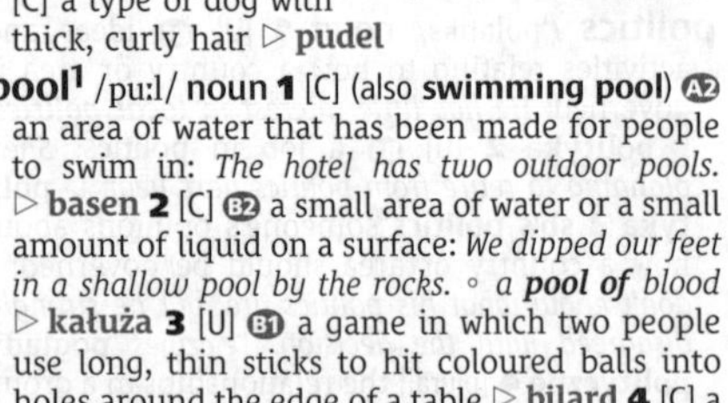

poodle /ˈpuːdl/ **noun** [C] a type of dog with thick, curly hair ▷ **pudel**

pool¹ /puːl/ **noun 1** [C] (also **swimming pool**) A2 an area of water that has been made for people to swim in: *The hotel has two outdoor pools.* ▷ **basen 2** [C] B2 a small area of water or a small amount of liquid on a surface: *We dipped our feet in a shallow pool by the rocks.* ◦ *a* ***pool of*** *blood* ▷ **kałuża 3** [U] B1 a game in which two people use long, thin sticks to hit coloured balls into holes around the edge of a table ▷ **bilard 4** [C] a collection of money, people, or equipment which is shared by a group of people: *a* ***car pool*** *for company business* ▷ **pula**

pool² /puːl/ **verb** [T] If a group of people pool their money, knowledge, or equipment, they collect it together so that it can be shared or used for a particular purpose: *Several villages pooled their resources to set up a building project.* ▷ **dzielić (się), współużytkować**

the pools /puːlz/ **noun** [plural] in Britain, a game in which people try to win a lot of money by guessing the results of football matches ▷ **totalizator piłkarski**

poor /pɔːr/ (US) /pʊr/ **adjective 1** A1 having very little money or few possessions: *Most of these people are desperately poor.* ◦ *Modern fertilizers are too expensive for poorer countries to afford.* ◦ *housing for the poor* ▷ **biedny, ubogi 2** B2 of very low quality: *poor health* ◦ *Last year's exam results were poor.* ◦ *a poor harvest* ◦ *The meeting went smoothly but attendance was poor (= not many people came).* ▷ **słaby 3** B2 not having much skill at a particular activity: *She's always been* ***poor at*** *spelling.* ▷ **słaby 4** [always before noun] A2 used to show sympathy for someone: *That cold sounds terrible, you* ***poor thing****.* ▷ **biedny 5 be poor in sth** B2 If something is poor in a particular substance, it has very little of the substance: *Avoid foods which are high in calories but poor in nutrients.* ▷ **być ubogim w** *coś*

poorly¹ /ˈpɔːli/ **adverb** badly: *poorly educated* ▷ **słabo**

poorly² /ˈpɔːli/ **adjective** UK informal ill: *Rosie was feeling poorly so I put her to bed.* ▷ **słabo**

pop¹ /pɒp/ **verb** (present participle **popping**, past tense and past participle **popped**) **1** [I, T] to make a short sound like a small explosion, or to make something do this by breaking it: *The music played and champagne corks popped.* ▷ **strzelać,**

pękać **2 pop in/out/over, etc** informal (B2) to go to a particular place: *Doug's just popped out for a few minutes.* ◦ *I'll pop into the supermarket on my way home.* ▷ **wskoczyć/wyskoczyć/wpaść** *itp.* **3 pop sth in/into/on, etc** informal to quickly put something in a particular place: *Can you pop the pizza in the oven?* ▷ **wrzucić/rzucić** *coś gdzieś* **4 pop out/up** to move quickly and suddenly, especially out of something ▷ **wyskoczyć**

PHRASAL VERB **pop up** informal to suddenly appear or happen, often unexpectedly: *A message just popped up on my screen.* ▷ **wyskoczyć, pojawić się**

pop² /pɒp/ **noun 1** [U] (also ˈ**pop** ˌ**music**) (A2) modern music with a strong beat which is popular with young people ▷ **(muzyka) pop 2** [C] a short sound like a small explosion ▷ **huk 3** [U] informal (also US **soda**) a sweet drink with bubbles ▷ **napój gazowany 4** [no plural] US informal father ▷ **tata**

popcorn /ˈpɒpkɔːn/ **noun** [U] yellow seeds of grain that break open when heated and are eaten with salt, sugar, or butter ▷ **popcorn, prażona kukurydza**

Pope /pəʊp/ **noun** [C] the leader of the Roman Catholic Church: *Pope John Paul II* ◦ *The Pope was due to visit Paraguay in May.* ▷ **papież**

poplar /ˈpɒpləʳ/ **noun** [C, U] a tall tree with branches that grow up to form a thin, pointed shape ▷ **topola**

popper /ˈpɒpəʳ/ **noun** [C] UK (US **snap**) a metal or plastic object used to fasten clothing, made of two parts which fit together with a short, loud sound ▷ **zatrzask**

poppy /ˈpɒpi/ **noun** [C] a red flower with small, black seeds ▷ **mak**

populace /ˈpɒpjələs/ **noun** [group] formal all the people who live in a particular country or place ▷ **społeczeństwo, społeczność**

popular /ˈpɒpjələʳ/ **adjective 1** (A2) liked by many people: *'Jack' was the most popular boy's name.* ◦ *The North African coast is becoming increasingly* ***popular with*** *British tourists.* ▷ **popularny** → Opposite **unpopular 2** [always before noun] (B2) for or involving ordinary people and not specialists or people who are very educated: *The issue was given full coverage in the popular press.* ▷ **popularny 3** [always before noun] A popular belief, opinion, etc is one that many people have: *The allegations are false, contrary to* ***popular belief.*** ▷ **powszechny**

popularity /ˌpɒpjəˈlærəti/ **noun** [U] (B2) the quality of being liked by many people: *the increasing popularity of organic produce* ▷ **popularność** → Opposite **unpopularity**

> Wyrazy występujące razem z **popularity**
>
> gain popularity • be **growing in/increasing in** popularity • sb's/sth's popularity **increases/soars/wanes** • the popularity **of** sth • sb/sth's popularity **with** sb

popularize (also UK **-ise**) /ˈpɒpjələraɪz/ **verb** [T] to make something become known or liked by many people: *It was the World Cup which popularized professional soccer in the United States.* ▷ **popularyzować**

• **popularization** (also UK **-isation**) /ˌpɒpjələraɪˈzeɪʃən/ **noun** [U] ▷ **popularyzacja**

popularly /ˈpɒpjələli/ **adverb popularly believed/called/known, etc** believed, called, etc by most people: *Los Angeles is popularly known as 'LA'.* ▷ **powszechnie uważany/zwany/znany** *itp.*

populate /ˈpɒpjəleɪt/ **verb be populated** If an area is populated by people or animals, they live in that area: *The countryside is* ***densely/sparsely populated*** *(= there are many/few people).* ◦ *The forest was populated by rare and colourful birds.* ▷ **być zamieszkanym, być zasiedlonym, być zaludnionym**

population /ˌpɒpjəˈleɪʃən/ **noun 1** [C, U] (B1) the number of people living in a particular area: *What's the* ***population of*** *Brazil?* ▷ **liczba mieszkańców 2** [group] (B2) all the people living in a particular area, or all the people or animals of a particular type: *a 9% rise in the prison population* ▷ **populacja 3** all the organisms that belong to a particular species (= group of plants or animals with similar characteristics) ▷ **populacja**

> Wyrazy występujące razem z **population**
>
> have a population of [50 million, etc] • population **growth**

populous /ˈpɒpjələs/ **adjective** formal A populous area has a lot of people living in it: *It's one of the world's most populous cities.* ▷ **gęsto zaludniony, ludny**

pop-up /ˈpɒpʌp/ **adjective** [always before noun] **1** A pop-up book is a book which has pictures that stand up from the pages when the book is opened. ▷ **rozkładany 2** A pop-up menu is a list of choices on a computer screen which is hidden until you choose to look at it: *Select the option you want from the* ***pop-up menu.*** ▷ **wysuwany, pojawiający się**

porcelain /ˈpɔːsəlɪn/ **noun** [U] a hard, shiny, white substance used to make cups, plates, etc, or the cups and plates themselves: *a porcelain dish* ◦ *a fine collection of porcelain* ▷ **porcelana**

porch /pɔːtʃ/ **noun** [C] a covered area built onto the entrance to a house ▷ **ganek, weranda**

pore¹ /pɔːʳ/ **noun** [C] a very small hole in your skin that sweat can pass through ▷ **por**

pore² /pɔːʳ/ **verb**

PHRASAL VERB **pore over sth** to study or look carefully at something, especially a book or document: *Jeremy spent the afternoon poring over his exam notes.* ▷ **studiować** *coś*

pork /pɔːk/ **noun** [U] (B1) meat from a pig: *pork chops* ▷ **wieprzowina**

P

pornography /pɔːˈnɒgrəfi/ **noun** [U] (informal **porn**) magazines and films showing naked people or sexual acts that are intended to make people feel sexually excited ▷ **pornografia**

• **pornographic** /ˌpɔːnəˈgræfɪk/ **adjective** relating to pornography: *pornographic images/videos* ▷ **pornograficzny**

porous /ˈpɔːrəs/ **adjective** allowing liquid or air to pass through: *porous rock* ▷ **porowaty**

porridge /ˈpɒrɪdʒ/ **noun** [U] a soft, white food made of oats and water or milk ▷ **owsianka**

port /pɔːt/ **noun** **1** [C] B1 a town or an area of a town next to water where ships arrive and leave from: *a fishing port* ◦ *the Belgian port of Zeebrugge* ▷ **port** **2** [U] a sweet, strong, red wine which is made in Portugal ▷ **porto** **3** [U] the left side of a ship or aircraft: *the port side* ▷ **lewa burta**

portable /ˈpɔːtəbl/ **adjective** able to be carried: *a portable computer* ▷ **przenośny**

portal /ˈpɔːtəl/ **noun** [C] a page on the Internet with links to many other pages or websites that people use to start searching the World Wide Web ▷ **portal**

ˈportal ˌvein **noun** [C, usually singular] (also **hepatic portal vein**) a vein which carries blood to the liver from the stomach and other organs ▷ **żyła wrotna**

porter /ˈpɔːtər/ **noun** [C] someone whose job is to carry other people's bags in hotels, stations, etc ▷ **bagażowy**

portfolio /ˌpɔːtˈfəʊliəʊ/ **noun** [C] **1** a collection of designs, pictures, documents, etc that represents a person's work, or the large, flat container that it is carried in ▷ **teczka** **2** a collection of accounts, money, etc that is owned by a person or organization: *a stock portfolio* ▷ **portfel**

porthole /ˈpɔːthəʊl/ **noun** [C] a small, round window in the side of a ship or aircraft ▷ **bulaj, okienko**

portion /ˈpɔːʃən/ **noun** [C] **1** a part of something: *A large portion of their profits go straight back into new projects.* ▷ **część** **2** B2 the amount of food served to one person, especially in a restaurant ▷ **porcja**

portly /ˈpɔːtli/ **adjective** humorous quite fat: *a portly gentleman* ▷ **korpulentny**

portrait /ˈpɔːtrɪt/ **noun** **1** B2 [C] a painting, drawing, or photograph of someone: *a* ***portrait of*** *the princess* ◦ *a portrait gallery/painter* ▷ **portret** **2** **a portrait of sb/sth** a film or book which describes someone or something in detail: *His latest film is a portrait of life in the 1920s.* ▷ **portret** *kogoś/czegoś* → See also **self-portrait**

portray /pɔːˈtreɪ/ **verb** [T] **1** If a book or film portrays someone or something, it describes or shows them: *Both novels portray the lives of professional athletes.* ◦ *In the film he's* ***portrayed as*** *a hero.* ▷ **przedstawiać** **2** to act the part of a character in a film or play ▷ **grać, odtwarzać rolę**

• **portrayal** **noun** [C, U] when you portray someone or something: *He won several awards for his portrayal of the dictator.* ▷ **przedstawienie, rola**

Portugal /ˈpɔːtʃəgəl/ **noun** a country in Europe ▷ **Portugalia**

• **Portuguese** /ˌpɔːtʃəˈgiːz/ **adjective** coming from or relating to Portugal ▷ **portugalski** • **Portuguese** **noun** (plural **Portuguese**) someone from Portugal ▷ **Portugal-czyk/ka**

pose¹ /pəʊz/ **verb** **1** **pose a danger/problem/threat, etc** to cause a problem: *A lot of these chemicals pose very real threats to our health.* ▷ **stanowić niebezpieczeństwo/problem/zagrożenie** *itp.* **2** [I] to stay in a particular position so that someone can paint or photograph you: *The two leaders* ***posed for*** *photographs outside the White House.* ▷ **pozować** **3** [I] mainly UK to try to make people notice and admire you, especially by looking fashionable: *Pascal was posing in his new sunglasses.* ▷ **prezentować się** **4** **pose a question** formal to ask a question ▷ **zadawać pytanie**

PHRASAL VERB **pose as sb** to pretend that you are someone else: *He got into her house by posing as an electrician.* ▷ **podawać się za** *kogoś*

pose² /pəʊz/ **noun** **1** [C] the position that you stay in while someone photographs or paints you: *an elegant pose* ▷ **poza** **2** [no plural] when someone pretends to be more clever or interesting than they really are: *She's not really interested in art, it's just a pose.* ▷ **poza**

posh /pɒʃ/ **adjective** **1** B2 expensive and used or owned by rich people: *a posh hotel/restaurant* ▷ **elegancki** **2** UK from a high social class: *a posh voice* ▷ **dystyngowany, arystokratyczny**

position¹ /pəˈzɪʃən/ **noun** **1** [C, U] B1 the way someone is sitting, standing, or lying, or if something is pointing up or down, etc: *a kneeling position* ◦ *I go to sleep on my back but I always wake up* ***in*** *a different* ***position***. ◦ *Make sure your chair is* ***in*** *the upright* ***position***. ▷ **pozycja** **2** [C] B1 the situation that someone is in: [usually singular] *She's* ***in*** *a very difficult* ***position***. ▷ **położenie** **3** **be in a position to do sth** to be able to do something because of your situation: *I'm not in a position to talk about this at the moment.* ▷ **być w stanie** *coś zrobić*, **móc** *coś zrobić* **4** [C] B1 the place where someone or something is: *I'm trying to find our position on the map.* ◦ *You're* ***in*** *a good* ***position*** *next to the window.* ▷ **pozycja** **5** **be in position** If someone or something is in position, they are in the place that they should be in. ▷ **być na swoim miejscu** **6** **in first/second/third, etc position** in first/second/third, etc place in a race or other competition: *She finished the race in third position.* ▷ **na pierwszym/drugim/trzecim** *itp.* **miejscu, na pierwszej/drugiej/trzeciej** *itp.*

pozycji **7** [C] formal B2 a job: *to apply for a position in a company* ▷ **stanowisko, posada** **8** [C] formal a way of thinking about a subject: *What's the company's **position on** recycling?* ▷ **stanowisko** **9** [C] B1 the part that someone plays in a game such as football: *What **position** does he **play**?* ▷ **pozycja** **10** [C] B2 your level of importance in society: *the position of women in society* ▷ **położenie**

position² /pəˈzɪʃən/ **verb** [T] to put someone or something in a place for a reason: [often reflexive] *I positioned myself as far away from her as possible.* ▷ **umieszczać**

positive /ˈpɒzətɪv/ **adjective** **1** B1 feeling happy about your life and your future: *a **positive attitude*** ◦ *I'm feeling much more positive about things now.* ▷ **pozytywny** **2** B2 Something that is positive makes you feel better about a situation: *We've shown people samples of the product and had a very **positive response**.* ▷ **pozytywny** **3** [never before noun] B2 certain that something is true: *"Are you sure you saw him?" "Absolutely positive."* ◦ [+ (that)] *I'm positive that I switched it off.* ▷ **pewny** **4** [always before noun] showing without any doubt that something is true: ***positive proof*** ▷ **pewny** **5** If a medical test is positive, it shows that the person being tested has a disease or condition: *She did a pregnancy test and it was positive.* ▷ **dodatni, pozytywny** **6** In mathematics, a positive number is greater than zero. ▷ **dodatni** **7** being the type of electrical charge which is carried by protons ▷ **dodatni** **8 positive charge** the electrical charge that is carried by protons ▷ **ładunek dodatni**

positively /ˈpɒzətɪvli/ **adverb** **1** B2 in a good way that makes you feel happier: *Most children **respond positively** to praise and encouragement.* ▷ **pozytywnie** **2** used to emphasize something that you say, especially when it is surprising: *Our waiter was positively rude.* ▷ **wręcz, wprost, po prostu**

positron /ˈpɒzɪtrɒn/ **noun** [C] a very small piece of physical substance with a positive electrical charge, and with the same mass as an electron ▷ **pozyton**

possess /pəˈzes/ **verb** **1** [T] formal to have or own something: *He was found guilty of possessing an illegal weapon.* ▷ **posiadać** **2 what possessed her/him/you, etc?** something that you say when someone has done something stupid: [+ to do sth] *What possessed you to tell him?* ▷ **co w nią/niego/ciebie** *itp.* **wstąpiło?**

possessed /pəˈzest/ **adjective** controlled by evil spirits ▷ **opętany**

possession /pəˈzeʃən/ **noun** **1** [C] B2 a thing that you own: [usually plural] ***personal possessions*** ◦ *He woke up to discover that all his possessions had been stolen.* ▷ **dobytek** **2** [U] formal when you have or own something: *I have **in my possession** a photograph which may be of interest to you.* ◦ *He was caught **in possession of** explosives.* ▷ **posiadanie**

> **Wyrazy występujące razem z possession**
>
> sb's **prized/most treasured** possessions • **material/personal** possessions

possessive /pəˈzesɪv/ **adjective** **1** wanting someone to love and spend time with you and no one else ▷ **zaborczy** **2** B1 In grammar, a possessive word or form of a word shows who or what something belongs to. For example the words 'mine' and 'yours' are possessive pronouns. ▷ **dzierżawczy**

possibility /ˌpɒsəˈbɪləti/ **noun** **1** [C, U] B1 a chance that something may happen or be true: *Is there any **possibility of** changing this ticket?* ◦ [+ (that)] *There is a **strong possibility** that she was lying.* ▷ **możliwość** **2** [C] B2 something that you can choose to do: *Have you considered the **possibility of** flying?* ▷ **ewentualność, możliwość** → Opposite **impossibility**

> **Wyrazy występujące razem z possibility**
>
> **consider/discuss/raise/rule out** a possibility • a **distinct/real/strong** possibility • possibility **of doing sth**

possible /ˈpɒsəbl/ **adjective** **1** A1 If something is possible, it can happen or be done: [+ to do sth] *Is it possible to speak to the manager please?* ◦ *The operation will **make it possible** for her to walk without crutches.* ◦ *I'll send it today, **if possible**.* ▷ **możliwy** → Opposite **impossible** **2** B1 If something is possible, it might or might not exist or be true: *possible safety problems* ◦ [+ (that)] *It's possible that the tapes were stolen.* ▷ **możliwy** **3 as much/quickly/soon, etc as possible** A2 as much/quickly/soon, etc as something can happen or be done: *I'll go as soon as possible.* ▷ **jak najwięcej/najszybciej/najwcześniej** *itp.* **4 the best/cheapest/worst, etc possible** the best/cheapest/worst, etc that can happen or exist: *the shortest possible time* ▷ **najlepszy/najtańszy/najgorszy** *itp.* **z możliwych**

possibly /ˈpɒsəbli/ **adverb** **1** A2 used when something is not certain: *Someone, possibly Tom, had left the window open.* ▷ **(być) może** **2** B2 used with 'can' or 'could' for emphasis: *We'll do everything we possibly can to help.* ◦ *I couldn't possibly ask you to do that.* ▷ **tylko, absolutnie** **3** B1 used in polite questions: *Could I possibly borrow your bike?* ▷ **może, ewentualnie**

post¹ /pəʊst/ **noun** **1** [no plural] UK (US **mail**) A2 the system for sending letters, parcels, etc: *Your letter is **in the post**.* ◦ *I'm sending the documents **by post**.* ▷ **poczta** **2** [U] UK (US **mail**) A2 letters, parcels, etc that you send or receive: *Has the **post arrived/come** yet?* ▷ **poczta** **3** [C] formal B2 a job: *a part-time post* ◦ *a teaching post* ▷ **stanowisko, posada** **4** [C] a long, vertical piece of wood or metal fixed into the ground at one end:

P

I found the dog tied to a post. ▷ **słup** **5** [C] a place where someone stands to guard something ▷ **posterunek**

post² /pəʊst/ **verb** [T] **1** (A2) UK (US **mail**) to send a letter or parcel by post: *Did you post my letter?* ▷ **wysyłać** **2** (B1) to leave a message on a website: *I posted a query about arthritis treatment.* ▷ **umieścić** **3 be posted to France/London/Singapore, etc** to be sent to France/London/Singapore, etc to work, usually for the government or army ▷ **zostać oddelegowanym do Francji/Londynu/Singapuru** **4 post a notice/sign, etc** to put a notice/sign, etc somewhere: *He posted the message on the noticeboard.* ▷ **wywieszać ogłoszenie/napis** *itp.* **5 keep sb posted** to make certain that someone always knows what is happening: *Keep me posted on anything that happens while I'm away.* ▷ **informować** *kogoś* **(na bieżąco)**

postage /ˈpəʊstɪdʒ/ **noun** [U] money that you pay to send a letter or parcel: *first-class postage* ◦ *postage and packing* ▷ **opłata pocztowa**

ˌpostage and ˈpacking noun [U] (US **ˌshipping and ˈhandling**) money that you pay so that a company will send you something through the post ▷ **koszt wysyłki**

ˈpostage ˌstamp noun [C] formal a small, official piece of paper that you buy and stick onto a letter or parcel before you post it ▷ **znaczek pocztowy**

postal /ˈpəʊstəl/ **adjective** [always before noun] relating to the system of sending letters and parcels: *the **postal service**/system* ▷ **pocztowy**

ˈpostal ˌorder noun [C] UK (US **money order**) an official piece of paper bought at a post office that you can send instead of money ▷ **przekaz pocztowy**

ˈpost ˌbox noun [C] UK (US **mailbox**) a large, metal container in a public place where you can post letters ▷ **skrzynka (pocztowa)**

postcard /ˈpəʊstkɑːd/ **noun** [C] (A2) a card with a picture on one side that you send without an envelope: *Send me a postcard.* ▷ **pocztówka**

postcode /ˈpəʊstkəʊd/ **noun** [C] a group of letters and numbers that comes at the end of someone's address in the UK ▷ **kod pocztowy**
→ Compare **zip code**

poster /ˈpəʊstəʳ/ **noun** [C] (A2) a large, printed picture or notice that you put on a wall, in order to decorate a place or to advertise something ▷ **plakat**

posterity /pɒsˈterəti/ **noun** [U] the people who will be alive in the future: *These works of art should be preserved **for posterity**.* ▷ **potomność**

postgraduate /ˌpəʊstˈɡrædʒuət/ **noun** [C] (US **graduate**) (also **postgrad**) a student who has one degree and now studies at a university for a more advanced degree ▷ **magistrant/ka, doktorant/ka**
• **postgraduate adjective** *a postgraduate degree in mathematics* ▷ **podyplomowy (policencjacki lub pomagisterski)**

posthumous /ˈpɒstjəməs/ **adjective** happening after someone's death: *the posthumous publication of her letters* ▷ **pośmiertny**
• **posthumously adverb** ▷ **pośmiertnie**

posting /ˈpəʊstɪŋ/ **noun** [C] mainly UK when you are sent to work in another place: *a posting to Madrid* ▷ **wyjazd na placówkę, delegacja**

Post-it (note) /ˈpəʊstɪtˌnəʊt/ **noun** [C] trademark a small piece of paper that you can write on and then stick to other papers or surfaces ▷ **karteczka samoprzylepna**

postman /ˈpəʊstmən/ **noun** [C] (plural **postmen**) UK (US **mailman, letter carrier**) (B1) a man who takes and brings letters and parcels as a job ▷ **listonosz**

postmark /ˈpəʊstmɑːk/ **noun** [C] an official mark on a letter or parcel, showing the place and time it was sent ▷ **stempel pocztowy**

post-mortem /ˌpəʊstˈmɔːtəm/ **noun** [C] a medical examination of a dead body to find out why the person died ▷ **sekcja zwłok**

ˈpost ˌoffice noun [C] (A2) a place where you can buy stamps and send letters and parcels ▷ **poczta, urząd pocztowy**

postpone /pəʊstˈpəʊn/ **verb** [T] (B1) to arrange for something to happen at a later time: *The trip to the museum has been **postponed until** next week.* ▷ **odkładać**

postscript /ˈpəʊstskrɪpt/ **noun** [C] extra information at the end of a letter or email, usually added after writing the letters 'PS' ▷ **postscriptum**

posture /ˈpɒstʃəʳ/ **noun** [U] the position of your back, shoulders, etc when you are standing or sitting: *She has very **good posture**.* ▷ **postawa**

postwar /ˈpəʊstwɔːr/ **adjective** happening or existing in the period after a war: *postwar Europe* ▷ **powojenny**

pot¹ /pɒt/ **noun** [C] (B1) a round container, usually used for storing things or cooking: *a flower pot* ◦ *a pot of coffee/tea* ◦ *pots and pans* ▷ **garnek, dzbanek, doniczka**

IDIOM **go to pot** to be damaged or spoilt because no effort has been made: *My diet's gone to pot since the holidays.* ▷ **schodzić na psy**

→ See also **melting pot**

pot² /pɒt/ **verb** [T] (present participle **potting**, past tense and past participle **potted**) to put a plant into a pot filled with soil ▷ **sadzić (w doniczce)**

potassium /pəˈtæsiəm/ **noun** [U] a chemical element that combines easily with other elements, often used to help plants grow well (symbol K) ▷ **potas**

poˌtassium ˈiodide noun [U] a white chemical compound similar to salt, which is used in photography and in some medical treatments (formula KI) ▷ **jodek potasu**

potassium permanganate /pəˌtæsiəmpɜː ˈmæŋɡəneɪt/ **noun** [U] a dark purple chemical, used in industry, for example to kill germs (formula $KMnO_4$) ▷ **nadmanganian potasu**

potato /pəˈteɪtəʊ/ **noun** [C, U] (plural **potatoes**) A1 a round vegetable with a brown, yellow, or red skin that grows in the ground: *boiled/fried potatoes* ◦ *mashed potato* ▷ **ziemniak, kartofel**
→ See **Fruits and Vegetables** on page Centre 10
→ See also **couch potato**, **jacket potato**, **sweet potato**

poˈtato ˌchip **noun** [C] US (UK **crisp**) a very thin, dry, fried slice of potato ▷ **chips**

potent /ˈpəʊtᵊnt/ **adjective** very powerful or very effective: *a potent drug/weapon* ▷ **mocny, silny, potężny**
• **potency** /ˈpəʊtᵊnsi/ **noun** [U] when something is potent ▷ **moc, siła, potęga**

potential[1] /pəˈtenʃᵊl/ **adjective** [always before noun] B2 A potential problem, employer, partner, etc may become one in the future, although they are not one now: *a **potential danger/threat*** ◦ *a **potential customer*** ◦ *A number of **potential buyers** have expressed interest in the building.* ▷ **potencjalny**
• **potentially** **adverb** B2 *a **potentially fatal** condition* ▷ **potencjalnie**

potential[2] /pəˈtenʃᵊl/ **noun** **1** [U] B2 qualities or abilities that may develop and allow someone or something to succeed: *to **achieve** your full **potential*** ▷ **potencjał** **2** **potential for sth/doing sth** **a** the possibility that something may happen: *There is the potential for some really interesting research.* ▷ **szansa na** *coś* **b** the difference in voltage between two points ▷ **potencjał**

> Wyrazy występujące razem z **potential**
>
> have [enormous/great, etc] potential • achieve/fulfil/reach/realize your (full) potential • see/spot sb's/sth's potential • sb's/sth's potential as sth

poˈtential ˌenergy **noun** [U] the energy stored by something because of its position compared with other objects, its condition, or its electrical charge ▷ **energia potencjalna**

potentiometer /pəʊˌtentʃiˈɒmɪtəʳ/ **noun** [C] **1** a device for measuring electrical potential ▷ **woltomierz** **2** a device for changing the resistance, used especially to control volume ▷ **potencjometr**

pothole /ˈpɒthəʊl/ **noun** [C] a hole in the surface of a road ▷ **wybój, dziura**

potometer /pəˈtɒmɪtəʳ/ **noun** [C] a device for measuring how much water is taken up into a plant ▷ **potometr**

potted /ˈpɒtɪd/ **adjective** **1** planted in a container: ***potted plants**/flowers* ◦ *a potted palm* ▷ **doniczkowy** **2** **potted history/version, etc of sth** UK a story or report that has been changed to make it shorter and more simple: *a potted version of Shakespeare* ▷ **krótka historia/skrócona wersja** *czegoś*

ˌpotted ˈplant **noun** [C] (also UK **ˈpot ˌplant**) a plant that is grown in a container, and usually kept inside ▷ **roślina doniczkowa**

potter[1] /ˈpɒtəʳ/ **noun** [C] a person who makes plates, bowls, etc from clay ▷ **garnca-rz/rka**

potter[2] /ˈpɒtəʳ/ **verb**

PHRASAL VERB **potter about/around (sth)** mainly UK to spend time in a pleasant, relaxed way, often doing small jobs in your house ▷ **krzątać się (po** *czymś***)**

pottery /ˈpɒtᵊri/ **noun** **1** [U] B2 plates, bowls, etc that are made from clay ▷ **wyroby garncarskie** **2** [U] B2 the activity of making plates, bowls, etc from clay ▷ **garncarstwo** **3** [C] a place where plates, bowls, etc made from clay are made or sold ▷ **pracownia garncarska**

potty[1] /ˈpɒti/ **noun** [C] a small toilet that young children use ▷ **nocnik, nocniczek**

potty[2] /ˈpɒti/ **adjective** UK informal crazy or stupid ▷ **zwariowany, stuknięty**

pouch /paʊtʃ/ **noun** [C] **1** a small, soft bag made of leather or cloth ▷ **sakiewka** **2** a pocket of skin in which some female animals carry their babies ▷ **torba**

poultry /ˈpəʊltri/ **noun** **1** [plural] chickens and other birds that people breed for meat and eggs ▷ **drób** **2** [U] the meat of chickens and other birds eaten as food ▷ **drób**

pounce /paʊns/ **verb** [I] to suddenly move towards a person or animal that you want to catch: *The police were waiting to pounce when he arrived at the airport.* ▷ **rzucać się**

PHRASAL VERB **pounce on sth/sb** to immediately criticize a mistake ▷ **rzucać się na** *coś/kogoś*, **bezlitośnie wykorzystywać** *coś*

pound[1] /paʊnd/ **noun** [C] **1** A2 the unit of money used in the UK: *a hundred pounds/£100* ◦ *a **pound coin*** ▷ **funt (szterling)** **2** (written abbreviation **lb**) B2 a unit for measuring weight, equal to 453.6 grams or 16 ounces: *a pound of potatoes* ◦ *The baby weighed just four pounds when she was born* ▷ **funt (wagi) (= 0,4536 kg)**

pound[2] /paʊnd/ **verb** **1** [I, T] B2 to hit something many times using a lot of force: *Someone was **pounding on** the door.* ▷ **walić (w)** **2** [I] B2 If your heart pounds, it beats very quickly: *My **heart** was **pounding** as I walked out onto the stage.* ▷ **walić** **3** **pound along/down/up, etc** to run somewhere with quick, loud steps: *He pounded up the stairs.* ▷ **pędzić**

pour /pɔːʳ/ **verb** **1** [T] B1 to make a liquid flow from or into a container: *I **poured** the milk **into** a jug.* ◦ [+ two objects] *Can I **pour** you a **drink**?* ▷ **nalewać, nasypać** **2** [I] (also UK **pour down**) B1 to rain, producing a lot of water: *We can't go out in this weather – it's pouring!* ▷ **lać** **3** **pour into/out/from, etc** **a** B2 to flow quickly and in large amounts: *Blood was pouring from my leg.*

▷ **wlewać się/wylewać się/tryskać** **b** to enter or leave a place in large numbers: *The crowd poured out into the street.* ▷ **walić/wysypywać się**

PHRASAL VERB **pour sth out** B2 If you pour out your feelings or thoughts, you talk very honestly about what is making you sad: *She listened quietly while he **poured out** his **troubles**.* ▷ **wylewać** *coś* **z siebie**

pout /paʊt/ **verb** [I] to push your lips forward because you are annoyed or because you want to look sexually attractive ▷ **wydymać usta**
• **pout** noun [C] ▷ **wydęcie ust**

poverty /ˈpɒvəti/ **noun** [U] B2 when you are very poor: *to **live in poverty*** ▷ **bieda, nędza, ubóstwo**

> Wyrazy występujące razem z **poverty**
> die in/live in poverty • alleviate/fight/tackle poverty • abject/extreme poverty

poverty-stricken /ˈpɒvətiˌstrɪkən/ **adjective** A poverty-stricken area or person is very poor. ▷ **dotknięty biedą**

POW /ˌpiːəʊˈdʌbljuː/ **noun** [C] abbreviation for prisoner of war: a soldier who is caught by enemy soldiers during a war ▷ **jeniec wojenny**

powder /ˈpaʊdəʳ/ **noun** [C, U] B1 a dry substance made of many small, loose grains: *curry powder* ◦ *face powder* ▷ **proszek, puder**
• **powdered** adjective in the form of a powder: *powdered milk/sugar* ▷ **w proszku, sproszkowany**
→ See also **talcum powder**

power¹ /paʊəʳ/ **noun** **1** [U] B2 control or influence over people and events: *He likes to have **power over** people.* ▷ **władza** **2** [U] B2 political control in a country: *They have been **in power** too long.* ◦ *When did this government **come to power** (= start to control the country)?* ▷ **władza** **3** [U] B1 energy, usually electricity, that is used to provide light, heat, etc: *nuclear power* ◦ *Turn off the power at the main switch.* ▷ **energia, moc** **4** [C] a country that has a lot of influence over others: *a major world power* ▷ **mocarstwo, potęga** **5** [C, U] an official or legal right to do something: [+ to do sth] *It's not **in my power** to stop him publishing this book.* ▷ **uprawnienie, moc, władza** **6** [U] strength or force: ***economic/military power*** ▷ **siła, potęga** **7** [U] a natural ability: *to lose the power of speech* ▷ **zdolność, umiejętność** **8** the number of times that a number has to be multiplied by itself: *2 to the fourth power is 2 times 2 times 2 times 2, which equals 16.* ▷ **potęga** **9 do everything in your power to do sth** to do everything that you are able and allowed to do: *I've done everything in my power to help him.* ▷ **zrobić lub uczynić wszystko, co w** *czyjejś* **mocy** **10 the powers that be** important people who have authority over others ▷ **władze** → See also **balance of power**

> Wyrazy występujące razem z **power**
> come to/devolve/seize/take/wield power • considerable/enormous power

power² /paʊəʳ/ **verb** [T] to supply energy to a machine and make it work: [often passive] *The clock is powered by two small batteries.* ▷ **zasilać**

ˈ**power** ˌ**cut** **noun** [C] (also US **power outage**) when the supply of electricity suddenly stops ▷ **wyłączenie energii, awaria zasilania**

powerful /ˈpaʊəfəl/ **adjective** **1** B1 A powerful person is able to control and influence people and events: *a powerful man/woman* ▷ **wpływowy, potężny** **2** B1 having a lot of strength or force: *a powerful engine/weapon* ▷ **potężny, mocny** **3** B2 having a strong effect on people: *a **powerful effect/influence*** ▷ **silny**
• **powerfully** adverb B2 ▷ **mocno, silnie, potężnie**

powerless /ˈpaʊələs/ **adjective** not able to control events: [+ to do sth] *The police were powerless to stop the fighting.* ▷ **bezsilny**

power outage /ˈpaʊərˌaʊtɪdʒ/ **noun** [C] US (UK/ US **power cut**) when the supply of electricity suddenly stops ▷ **wyłączenie energii, awaria zasilania**

ˈ**power** ˌ**station** **noun** [C] (also US ˈ**power plant**) a place where electricity is produced ▷ **elektrownia**

ˈ**power** ˌ**tool** **noun** [C] a tool that uses electricity ▷ **elektronarzędzie**

pp written abbreviation for pages: *See pp 10 – 12 for more information.* ▷ **str., ss. (= strony)**

PR /ˌpiːˈɑːʳ/ **noun** [U] abbreviation for public relations: writing and activities that are intended to make a person, company, or product more popular: ***good/bad PR*** ◦ *a **PR campaign*** ▷ **public relations, wizerunek firmy lub instytucji**

practicable /ˈpræktɪkəbl/ **adjective** formal able to be done successfully: *It's just not practicable to travel in this weather.* ▷ **wykonalny, praktycznie możliwy**

practical¹ /ˈpræktɪkəl/ **adjective** **1** B2 relating to real situations or actions and not to thoughts or ideas: ***practical experience*** ◦ *They can offer **practical help**.* ▷ **praktyczny** **2** suitable or useful for a situation which may involve some difficulty: *practical clothes/shoes* ◦ *Pale carpets just aren't practical if you have kids.* ▷ **praktyczny** **3** able to be done successfully: *a **practical solution*** ◦ *The plan is simply not practical.* ▷ **praktyczny, wykonalny** **4** Someone who is practical is good at planning things and dealing with problems: *She has a lot of interesting ideas but she's not very practical.* ▷ **praktyczny** **5** good at repairing and making things ▷ **uzdolniony manualnie**

practical² /ˈpræktɪkəl/ **noun** [C] a lesson or examination in which you do or make some-

P

thing instead of only writing ▷ **praktyka, szkolenie praktyczne, egzamin praktyczny**

practicalities /ˌpræktɪˈkælətiz/ **noun** [plural] real situations or facts: *the* ***practicalities of*** *running your own business* ▷ **realia, strona praktyczna**

practicality /ˌpræktɪˈkæləti/ **noun** [U] **1** the possibility that something can be done successfully: *I like the idea but I'm not sure about the practicality of it.* ▷ **wykonalność 2** how suitable or useful something is for a situation which may involve some difficulty ▷ **praktyczność**

ˌpractical ˈjoke noun [C] a trick using actions and not words to make people laugh: *to* ***play*** *a* ***practical joke*** *on someone* ▷ **psikus, kawał**

practically /ˈpræktɪkəli/ **adverb 1** B2 almost: *It's* ***practically impossible*** *to get there.* ◦ *We see her practically every day.* ▷ **praktycznie 2** in a suitable or useful way: *We need to think practically.* ▷ **praktycznie**

practice /ˈpræktɪs/ **noun 1** [U] A2 when you repeat an activity to improve your ability: *We need a bit more practice before the concert.* ◦ *I've got basketball practice tonight.* ▷ **praktyka, wprawa, trening 2** [C, U] what people do or how they do it: ***business/working practices*** ◦ [+ of + doing sth] *the* ***illegal practice*** *of copying CDs* ◦ [+ to do sth] ***It*** *is* ***common practice*** *to bury waste in landfills.* ▷ **praktyka 3** [C] a business in which several doctors or lawyers work together, or the work that they do: *a* ***legal/medical practice*** ▷ **praktyka 4 in practice** B2 If something is true in practice, this is the real situation: *In practice, the new laws have had little effect.* ▷ **w praktyce 5 be out of practice** B2 to not do something well because you have not done it recently ▷ **wyjść z wprawy 6 put something into practice** to try a plan or idea: *Next month we will have a chance to put these ideas into practice.* ▷ **wprowadzać** *coś* **w życie, zastosować** *coś* **w praktyce**

practise UK (US **practice**) /ˈpræktɪs/ **verb 1** [I, T] A1 to repeat something regularly in order to improve your ability: *You need to practise your pronunciation.* ◦ *They're* ***practising for*** *tomorrow's concert.* ▷ **ćwiczyć, trenować 2** [I, T] to work as a doctor or a lawyer: *to* ***practise medicine/law*** ▷ **praktykować 3** [T] to do something regularly according to a custom, religion, or a set of rules: *to* ***practise a religion*** ▷ **praktykować**

IDIOM **practise what you preach** to behave as well as you often tell other people they should behave: *I'd have more respect for him if he practised what he preached.* ▷ **dawać przykład**

practised UK (US **practiced**) /ˈpræktɪst/ **adjective** very good at doing something because you have done it so often: *She answered the questions with* ***practised ease.*** ▷ **wprawny**

practising UK (US **practicing**) /ˈpræktɪsɪŋ/ **adjective a practising Catholic/Jew/Muslim, etc** someone who follows the rules of a religion ▷ **praktykujący katolik/żyd/muzułmanin** *itp.*

practitioner /prækˈtɪʃənəʳ/ **noun** [C] formal someone who works as a doctor or a lawyer: *a medical practitioner* ▷ **(praktykujący) lekarz lub prawnik** → See also **general practitioner**

pragmatic /prægˈmætɪk/ **adjective** doing things in a practical and realistic way and not using only ideas: *a* ***pragmatic approach*** *to a problem* ▷ **pragmatyczny, rzeczowy**

pragmatism /ˈprægmətɪzəm/ **noun** [U] when someone is pragmatic ▷ **pragmatyzm**
• **pragmatist noun** [C] someone who is pragmatic ▷ **pragmatyk**

prairie /ˈpreəri/ **noun** [C] a large, flat area of land in North America that is usually covered in grass ▷ **preria**

praise[1] /preɪz/ **verb** [T] **1** B2 to say that you admire someone or something, or that they are very good: *He praised the team's performance.* ◦ *Residents* ***praised*** *the firemen* ***for*** *their swift action.* ▷ **chwalić 2** to give respect and thanks to a god: ***Praise God****, no one was hurt.* ▷ **chwalić**

praise[2] /preɪz/ **noun** [U] words you say to show that you admire someone or something: *They deserve* ***praise for*** *their achievements.* ◦ *Her first novel* ***won*** *a lot of* ***praise*** *from the critics.* ▷ **pochwała, pochwały**

> Wyrazy występujące razem z **praise**
>
> **deserve/earn/be singled out for/win** praise • **be full of** praise **for/have nothing but** praise **for sb/sth** • **glowing/high** praise • praise **for sb/sth** • **in** praise **of sth**

praiseworthy /ˈpreɪzˌwɜːði/ **adjective** formal deserving praise ▷ **godny pochwały, chwalebny**

pram /præm/ **noun** [C] mainly UK a small vehicle with four wheels for carrying a baby ▷ **wózek**

prance /prɑːns/ **verb** [I] to walk or dance in a proud way, often because you want people to look at you: *She was* ***prancing around*** *in a bikini.* ▷ **paradować**

prank /præŋk/ **noun** [C] a trick that is intended to be funny ▷ **psikus**

prat /præt/ **noun** [C] UK very informal a stupid person ▷ **cymbał, głupek**

prawn /prɔːn/ **noun** [C] B2 a small sea animal which you can eat, and which has a shell and ten legs ▷ **krewetka**

pray /preɪ/ **verb** [I, T] **1** A2 to speak to a god in order to show your feelings or to ask for something: *Let us* ***pray for*** *all the sick children.* ◦ [+ that] *She prayed that God would forgive her.* ▷ **modlić się 2** B2 to hope very much that something will happen: *We're just* ***praying for*** *rain.* ▷ **modlić się, błagać**

prayer /preəʳ/ **noun 1** [C] B1 the words you say to a god: *Shall we* ***say a prayer for*** *him?*

P

▷ **modlitwa** **2** [U] when you say words to a god: *They knelt* ***in prayer.*** ▷ **modlitwa**

praying mantis /ˈpreɪɪŋˌmæntɪs/ **noun** [C] a large green insect that holds its front legs together when it is waiting to catch another insect ▷ **modliszka**

preach /priːtʃ/ **verb** **1** [I, T] to talk to a group of people about a religious subject, usually as a priest in a church: *to preach the gospel* ▷ **wygłosić kazanie** **2** [I] to try to persuade people to believe or support something, often in an annoying way ▷ **agitować** → See also ***practise* what you preach**

preacher /ˈpriːtʃəʳ/ **noun** [C] someone who speaks in public about a religious subject, especially someone whose job is to do this ▷ **kaznodzieja**

preamble /ˈpriːæmbl/ **noun** [C] formal an introduction to a speech or piece of writing ▷ **preambuła, wstęp**

Precambrian /ˌpriːˈkæmbriən/ **adjective** from the earliest period of time, between about 4,600 and 570 million years ago, from when the Earth was formed until the first simple forms of life appeared: *the Precambrian era* ◦ *Precambrian rocks* ▷ **prekambryjski**

precarious /prɪˈkeəriəs/ **adjective** **1** A precarious situation is likely to become worse: *Many illegal immigrants are in a* ***precarious position.*** ▷ **niepewny, niebezpieczny** **2** not fixed and likely to fall: *That shelf looks a bit precarious.* ▷ **niepewny**

• **precariously adverb** *Her cup was* ***balanced precariously*** *on the arm of the chair.* ▷ **niepewnie, niebezpiecznie**

> Wyrazy występujące razem z **precaution**
>
> take [adequate/extra/necessary, etc] precautions • as a precaution • a **sensible/wise** precaution • a **safety** precaution • a precaution against sth

precaution /prɪˈkɔːʃən/ **noun** [C] something that you do to prevent bad things happening in the future: *Driving alone at night can be dangerous, so always* ***take precautions.*** ◦ *They called the doctor* ***as a precaution.*** ◦ [+ of + doing sth] *He took the precaution of locking the door.* ▷ **zabezpieczenie, środek zapobiegawczy**

• **precautionary adjective a precautionary measure/step** something that you do in order to prevent something bad from happening ▷ **środek/krok zapobiegawczy** ▷ **zapobiegawczy**

precede /priːˈsiːd/ **verb** [T] formal to happen or exist before something else: [often passive] *The formal ceremony was* ***preceded by*** *a parade.* ▷ **poprzedzać**

• **preceding adjective** [always before noun] happening or coming before: *the preceding months* ▷ **poprzedni**

precedence /ˈpresɪdəns/ **noun** [U] when someone or something is considered more important than another person or thing: *to* ***give precedence to*** *something* ◦ *Quality should* ***take precedence*** *over cost.* ▷ **pierwszeństwo**

precedent /ˈpresɪdənt/ **noun** [C, U] an action or decision that is used as an example when someone wants to do a similar thing in the future: *This decision has* ***set an*** *important legal* ***precedent*** *for other countries.* ▷ **precedens**

precinct /ˈpriːsɪŋkt/ **noun** **1 a pedestrian/shopping precinct** UK an area in a town where there are shops and no cars are allowed ▷ **strefa ruchu pieszego/dzielnica handlowa** **2** [C] US an area in a city that a particular group of police are responsible for, or the building in which they work: *the 45th precinct* ▷ **rejon, komisariat, posterunek**

precincts /ˈpriːsɪŋkts/ **noun** [plural] the area of land around a building, especially a large church: *the cathedral precincts* ▷ **przyległy teren**

precious¹ /ˈpreʃəs/ **adjective** **1** (B2) very important to you: *His books are his most precious possessions.* ▷ **cenny** **2** (B2) rare and very valuable: *a precious vase* ◦ *a precious metal/stone* ▷ **drogocenny**

precious² /ˈpreʃəs/ **adverb** **precious few/little** very little or very few of something: *We have precious little money at present.* ▷ **bardzo mało lub niewiele**

ˌprecious ˈmetal noun [C] a valuable metal such as gold ▷ **metal szlachetny**

precipice /ˈpresɪpɪs/ **noun** [C] **1** a dangerous situation that could lead to failure or harm: *The two countries stood* ***on the precipice*** *of war.* ▷ **krawędź, skraj** **2** a steep side of a mountain or high area of land ▷ **urwisko, przepaść**

precipitate¹ /prɪˈsɪpɪteɪt/ **verb** [T] formal to make something happen: [often passive] *The war was precipitated by an invasion.* ▷ **powodować, wywoływać**

precipitate² /prɪˈsɪpɪteɪt/ **noun** [C] a solid substance found in a liquid during a chemical reaction ▷ **osad**

precipitation /prɪˌsɪpɪˈteɪʃən/ **noun** [U] **1** water which falls from the clouds towards the ground, especially as rain or snow: *Hail and sleet are types of precipitation.* ▷ **opad (atmosferyczny)** **2** In science, precipitation is rain or snow that falls to the ground. ▷ **opad (atmosferyczny)** **3** when a solid substance is formed in a liquid during a chemical reaction ▷ **strącanie się**

precis /ˈpreɪsiː/ **noun** [C, U] formal a report giving the main ideas of a piece of writing or speech ▷ **streszczenie**

precise /prɪˈsaɪs/ **adjective** **1** (B2) exact and accurate: *precise details/instructions* ▷ **dokładny, precyzyjny** → Opposite **imprecise** **2 to be precise** (B2) used to give exact details about something: *We met in 1994 – October first to be precise.* ▷ **dokładnie (mówiąc), ściśle mówiąc**

3 [always before noun] used to emphasize something that you are referring to: *At that* ***precise moment****, the door opened.* ▷ **akurat**

precisely /prɪˈsaɪsli/ **adverb 1** B2 exactly: *at 6 o'clock precisely* ▷ **dokładnie 2** B2 used to emphasize something: *This is precisely the kind of thing I was hoping to avoid.* ▷ **dokładnie 3** used to agree with what someone else says: *"It's not the shape I dislike, it's the colour." "Precisely!"* ▷ **właśnie, dokładnie**

precision /prɪˈsɪʒən/ **noun** [U] when something is very exact and accurate: *She parked the car with great precision.* ▷ **precyzja, dokładność**

preclude /prɪˈkluːd/ **verb** [T] formal to prevent something from happening: [+ from + doing sth] *His illness precludes him from taking part in any sports.* ▷ **uniemożliwiać, wykluczać**

precocious /prɪˈkəʊʃəs/ **adjective** Children who are precocious have the confidence or skill of an adult: *A precocious child, she went to university at the age of 15.* ▷ **przedwcześnie rozwinięty, rozwinięty nad wiek**

preconceived /ˌpriːkənˈsiːvd/ **adjective** Preconceived ideas are decided before the facts of a situation are known: ***preconceived ideas*** ▷ **z góry przyjęty**

preconception /ˌpriːkənˈsepʃən/ **noun** [C] what you believe before you know the facts of a situation: *People* ***have*** *so many* ***preconceptions about*** *unmarried mothers.* ▷ **uprzedzenie**

precondition /ˌpriːkənˈdɪʃən/ **noun** [C] formal what must happen before something else can happen: *The ceasefire is a* ***precondition for*** *peace talks.* ▷ **warunek wstępny**

precursor /ˌpriːˈkɜːsəʳ/ **noun** [C] formal something which happens or exists before something else and influences its development: *Infection with HIV is a* ***precursor to*** *AIDS.* ▷ **prekursor/ka**

predate /ˌpriːˈdeɪt/ **verb** [T] to exist or happen before something else: *The drinking of alcohol predates the Greeks and Romans.* ▷ **wyprzedzać, poprzedzać**

predator /ˈpredətəʳ/ **noun** [C] an animal that kills and eats other animals ▷ **drapieżnik**

predatory /ˈpredətəri/ **adjective 1** A predatory person tries to get things from other people in a way that is unfair. ▷ **drapieżny 2** A predatory animal kills and eats other animals. ▷ **drapieżny**

predecessor /ˈpriːdɪˌsesəʳ/ US /ˈpredəsesər/ **noun** [C] **1** the person who was in a job or position before: *He seems a lot better than his predecessor.* ▷ **poprzedni-k/czka 2** something that existed before another, similar thing: *The predecessors to these computers were much larger and heavier.* ▷ **poprzedni-k/czka**

predetermined /ˌpriːdɪˈtɜːmɪnd/ **adjective** formal decided before: *They met at a predetermined time and place.* ▷ **z góry ustalony**

predeterminer /ˌpriːdɪˈtɜːmɪnəʳ/ **noun** [C] a word that is used before a determiner to give more information about a noun. For example 'all' in 'all these children' is a predeterminer. ▷ **określnik, słowo określające**

predicament /prɪˈdɪkəmənt/ **noun** [C] a problem or a difficult situation: *I sympathize with your predicament.* ▷ **kłopot, trudna sytuacja**

> Wyrazy występujące razem z **predicament**
>
> face a predicament • **explain** your predicament • be **in** a predicament

predicate /ˈpredɪkət/ **noun** [C] the part of a sentence which gives information about the subject. In the sentence 'We went to the airport', 'went to the airport' is the predicate. ▷ **orzeczenie**

predicative /prɪˈdɪkətɪv/ **adjective** A predicative adjective comes after a verb. In the sentence 'She is happy', 'happy' is a predicative adjective. ▷ **predykatywny, w pozycji orzecznika** → Compare **attributive**

predict /prɪˈdɪkt/ **verb** [T] B1 to say what you think will happen in the future: *Companies are predicting massive profits.* ○ [+ (that)] *They predicted that the temperature would reach 80 degrees today.* ▷ **przewidywać**

predictable /prɪˈdɪktəbl/ **adjective** B2 happening or behaving in a way that you expect and not unusual or interesting: *a predictable result* ○ *She's so predictable.* ▷ **do przewidzenia, przewidywalny** → Opposite **unpredictable**
• **predictably adverb** ▷ **jak było do przewidzenia**

prediction /prɪˈdɪkʃən/ **noun** [C, U] B2 when you say what you think will happen in the future: *I wouldn't like to* ***make*** *any* ***predictions about*** *the result of this match.* ▷ **przewidywanie, prognoza**

> Wyrazy występujące razem z **prediction**
>
> make a prediction • an **accurate/gloomy** prediction • a prediction **about** sth • a prediction **of** [disaster/an improvement, etc]

preˌdictive ˈtexting noun [U] when your mobile phone suggests words automatically while you use it to write a text message ▷ **metoda słownikowa**

predilection /ˌpriːdɪˈlekʃən/ **noun** [C] formal when you like something very much: *She* ***has a predilection for*** *chocolate.* ▷ **zamiłowanie, upodobanie**

predisposed /ˌpriːdɪˈspəʊzd/ **adjective be predisposed to sth** to be more likely than other people to have a medical problem or to behave in a particular way: *Some people are predisposed to addiction.* ▷ **mieć predyspozycje do** *czegoś*
• **predisposition** /ˌpriːdɪspəˈzɪʃən/ **noun** [C] when you are likely to have a medical problem or to behave in a particular way: *people with a*

P

predisposition to heart disease ▷ **predyspozycja**

predominant /prɪˈdɒmɪnənt/ **adjective** more important or noticeable than others: *He has played a **predominant role** in these talks.* ▷ **dominujący, czołowy**

• **predominance** /prɪˈdɒmɪnəns/ **noun** [U] when something is more important or noticeable than others: *the predominance of English on the Internet* ▷ **dominacja, przewaga**

predominantly /prɪˈdɒmɪnəntli/ **adverb** mostly or mainly: *a predominantly Asian community* ▷ **przeważnie, w przeważającej części**

predominate /prɪˈdɒmɪneɪt/ **verb** [I] to be the largest in number or the most important: *Olive trees predominate in this area.* ▷ **dominować**

pre-eminent /ˌpriːˈemɪnənt/ **adjective** more important or better than others: *a pre-eminent artist/scholar* ▷ **czołowy, znamienity**

• **pre-eminence** /ˌpriːˈemɪnəns/ **noun** [U] when someone or something is much more important or better than others ▷ **prymat**

pre-empt /ˌpriːˈempt/ **verb** [T] to do something before something else happens in order to prevent it or reduce its effect ▷ **uprzedzać**

• **pre-emptive adjective** preventing something else from happening: *to take **pre-emptive action*** ▷ **zapobiegawczy, wyprzedzający**

preen /priːn/ **verb** [I, T] **1** If a bird preens or preens itself, it makes its feathers clean and tidy. ▷ **czyścić (piórka) 2** to try to look attractive: [often reflexive] *The actors preened themselves in the dressing room.* ▷ **stroić (się)**

pre-existing /ˌpriːɪgˈzɪstɪŋ/ **adjective** existing before something else: *a pre-existing medical condition* ▷ **wcześniejszy, uprzedni, zastany**

prefabricated /ˌpriːˈfæbrɪkeɪtɪd/ **adjective a prefabricated building/home/house, etc** a building that has already been partly built when it is put together ▷ **budynek/dom** *itp.* **z wielkiej płyty lub elementów prefabrykowanych**

preface /ˈprefɪs/ **noun** [C] a piece of writing at the beginning of a book that explains why it was written ▷ **przedmowa**

prefect /ˈpriːfekt/ **noun** [C] in the UK, an older student in a school who has special duties and some authority ▷ **gospodarz, starosta**

prefer /prɪˈfɜːʳ/ **verb** [T] (present participle **preferring**, past tense and past participle **preferred**) **1** (A2) to like someone or something more than another person or thing: *I **prefer** dogs **to** cats.* ◦ [+ doing sth] *She prefers watching tennis to playing.* ▷ **woleć 2 would prefer** (A2) used to say what you want or ask someone what they want: [+ to do sth] *I'd prefer to go alone.* ◦ *Would you prefer red or white wine?* ▷ **woleć**

preferable /ˈprefᵊrəbl/ **adjective** (B2) better or more suitable: *Staying at home is **preferable to** going out with someone you don't like.* ▷ **lepszy**

preferably /ˈprefᵊrəbli/ **adverb** (B2) if possible: *Serve the pudding with ice cream, preferably vanilla.* ▷ **najlepiej**

preference /ˈprefᵊrᵊns/ **noun 1** (B2) [C, U] when you like something or someone more than another person or thing: ***personal preferences*** ◦ *We have white and brown bread. Do you **have a preference**?* ◦ *I have a **preference for** dark-haired men.* ▷ **upodobanie, preferencja, upodobania, preferencje 2 give preference to sb** to give special treatment to someone: *Hospitals must give preference to urgent cases.* ▷ **traktować** *kogoś* **preferencyjnie, dawać** *komuś* **przywileje lub preferencje**

> Wyrazy występujące razem z **preference**
>
> **express/have** a preference • a **clear/marked** preference • a **personal** preference • a preference **for** sth

preferential /ˌprefᵊrˈenʃᵊl/ **adjective preferential treatment** If you are given preferential treatment, you are treated in a better way than other people: *There were complaints that some guests had been given preferential treatment.* ▷ **preferencyjne traktowanie**

prefix /ˈpriːfɪks/ **noun** [C] (B2) a group of letters that you add to the beginning of a word to make another word. In the word 'unimportant', 'un-' is a prefix. ▷ **przedrostek** → Compare **suffix**

pregnancy /ˈpregnənsi/ **noun** [C, U] when a woman is pregnant: *a teenage pregnancy* ▷ **ciąża**

pregnant /ˈpregnənt/ **adjective 1** (B1) A pregnant woman has a baby developing inside her uterus: *to **get pregnant*** ◦ *She's five months pregnant.* ▷ **w ciąży, ciężarna 2 a pregnant pause/silence** a pause or silence full of meaning that is not said in words ▷ **znacząca cisza**

preheat /priːˈhiːt/ **verb** [T] to heat an oven to a particular temperature before putting food in it: *Preheat the oven to 180 degrees.* ▷ **podgrzewać (wstępnie)**

prehistoric /ˌpriːhɪˈstɒrɪk/ **adjective** relating to a time in the past before there were written records of events: *prehistoric remains* ▷ **prehistoryczny**

prejudice[1] /ˈpredʒədɪs/ **noun** [C, U] (B2) when someone dislikes a group of people or treats them unfairly because they are a different race, sex, religion, etc: *racial prejudice* ◦ ***prejudice against*** *women* ▷ **uprzedzenia, uprzedzenie**

> Wyrazy występujące razem z **prejudice**
>
> **encounter/experience/face** prejudice • prejudice **against** sb

prejudice[2] /ˈpredʒədɪs/ **verb** [T] **1** to influence someone in an unfair way so that they have a bad opinion of someone or something: *Her comments may have **prejudiced** the voters **against** him.* ▷ **uprzedzać 2** to have a harmful effect on a situation: *Newspaper reports have prejudiced the trial.* ▷ **zaszkodzić**

prejudiced /ˈpredʒədɪst/ **adjective** feeling dislike for a group of people or treating them unfairly because they are a different race, sex, religion, etc: *Are the police* ***prejudiced against*** *black people?* ▷ **uprzedzony**

preliminary /prɪˈlɪmɪnəri/ **adjective** [always before noun] done or happening in order to prepare for the main event or activity: *a preliminary discussion/meeting* ▷ **wstępny**
• **preliminary noun** [C] something that you do at the start of an event or activity ▷ **wstęp, wprowadzenie**

prelude /ˈprelju:d/ **noun 1 a prelude to sth** something that happens before another event or activity, usually as an introduction to it: *There are hopes that the talks are a prelude to an agreement.* ▷ **wstęp do** *czegoś* **2** [C] a short piece of music that introduces the main piece ▷ **preludium**

premature /ˈpremətʃəʳ/ (US) /ˌpri:məˈtʊr/ **adjective** happening too soon or before the usual time: ***premature ageing/death*** ◦ *a* ***premature baby*** ◦ [+ to do sth] *It seems a bit premature to start talking about it already.* ▷ **przedwczesny**
• **prematurely adverb** *He died prematurely of cancer.* ▷ **przedwcześnie**

premeditated /ˌpri:ˈmedɪteɪtɪd/ **adjective** If a crime is premeditated, it is planned: ***premeditated murder*** ◦ *a* ***premeditated attack*** ▷ **zaplanowany, z premedytacją**

premenstrual /ˌpri:ˈmenstruəl/ **adjective** related to the time just before a woman's period: ***premenstrual syndrome/tension*** ▷ **przedmiesiączkowy**

premier¹ /ˈpremiəʳ/ (US) /prɪˈmɪr/ **noun** [C] the leader of a government: *the Chinese premier* ▷ **premier**
• **premiership noun** [U] the period in which someone is premier ▷ **rządy, kadencja**

premier² /ˈpremiəʳ/ (US) /prɪˈmɪr/ **adjective** [always before noun] best or most important: *the city's premier hotel* ▷ **najlepszy, czołowy, główny**

premiere /ˈpremieəʳ/ (US) /prɪˈmɪr/ **noun** [C] the first public performance of a film, play, etc: *a* ***film premiere*** ◦ *the world premiere* ▷ **premiera**
• **premiere verb** [I, T] [often passive] *The opera was premiered in Paris.* ▷ **debiutować, wprowadzać na ekrany lub scenę**

the Premiership /ˈpremiəˌʃɪp/ **noun** the group of the best English football teams who compete against each other ▷ **ekstraklasa**

premise /ˈpremɪs/ **noun** [C] formal an idea that you use to support another theory ▷ **przesłanka**

premises /ˈpremɪsɪz/ **noun** [plural] the land or buildings used by an organization: *We're moving to new premises.* ◦ *Smoking is not allowed anywhere* ***on the premises.*** ▷ **teren, siedziba**

premium¹ /ˈpri:miəm/ **noun 1** [C] an amount of money you pay for insurance : *How much is the monthly premium?* ▷ **składka 2** [C] an amount or rate that is higher than average: *You* ***pay a premium*** *for apartments in the city centre.* ▷ **wyższa cena 3 be at a premium** If something useful is at a premium, there is not enough of it: *Time is at a premium just before the start of exams.* ▷ **być cennym 4 place/put a premium on sth** to consider a quality or achievement as very important: *She puts a premium on honesty.* ▷ **wysoko** *coś* **cenić**

premium² /ˈpri:miəm/ **adjective** [always before noun] A premium product is of a higher quality or value than others: *premium beer/cigars* ▷ **luksusowy, ekstra, super**

premolar /ˌpri:ˈməʊləʳ/ **noun** [C] one of the two teeth in front of the molars in the mouths of humans and some other animals, used for chewing food ▷ **ząb przedtrzonowy**

premonition /ˌpreməˈnɪʃən/ **noun** [C] a feeling that something, especially something unpleasant, is going to happen: *to* ***have a premonition*** ◦ *a* ***premonition of*** *disaster* ▷ **przeczucie**

prenatal /ˌpri:ˈneɪtəl/ **adjective** US (UK **antenatal**) relating to pregnant women before their babies are born: ***prenatal care*** ▷ **przedporodowy, prenatalny**

preoccupation /pri:ˌɒkjəˈpeɪʃən/ **noun 1** [C, U] when you think or worry about something so much that you do not think about other things: *a* ***preoccupation with*** *death/food* ▷ **obsesja 2** [C] something that you think or worry about a lot: *His main preoccupations are football and women.* ▷ **zainteresowanie**

preoccupied /ˌpri:ˈɒkjəpaɪd/ **adjective** thinking or worrying about something a lot: *She's been very preoccupied recently.* ◦ *He's far too* ***preoccupied with*** *his own problems to notice mine.* ▷ **zaabsorbowany**
• **preoccupy** /ˌpri:ˈɒkjəpaɪ/ **verb** [T] If something preoccupies you, you think or worry about it a lot. ▷ **absorbować**

prepaid /pri:ˈpeɪd/ **adjective** If something is prepaid, you pay for it before a particular time: *Susan just got prepaid tickets for the show next weekend.* ▷ **przedpłacony, prepaid**

preparation /ˌprepərˈeɪʃən/ **noun** [U] (B1) the things that you do or the time that you spend preparing for something: *Did you* ***do*** *much* ***preparation for*** *your interview?* ◦ *He's been painting the outside of the house* ***in preparation for*** *winter.* ◦ *the preparation of the document* ▷ **przygotowanie**

preparations /ˌprepərˈeɪʃənz/ **noun** [plural] (B2) things that you do to get ready for something: *wedding preparations* ◦ *We've been* ***making preparations for*** *the journey.* ◦ *I've been busy with* ***last-minute preparations*** *for our trip.* ▷ **przygotowania**

P

Wyrazy występujące razem z preparations

begin/finalize/make preparations • final/last-minute preparations • preparations are underway • preparations for sth

preparatory /prɪˈpærətᵊri/ **adjective** done in order to get ready for something: *preparatory work* ▷ **przygotowawczy**

preˈparatory ˌschool **noun** [C] formal a prep school

prepare /prɪˈpeəʳ/ **verb 1** [I, T] Ⓐ2 to get someone or something ready for something that will happen in the future: *They're* ***preparing for*** *the big match.* ◦ *We're preparing the students for their end-of-year exam.* ◦ [+ to do sth] *I was busy preparing to go on holiday.* ▷ **przygotowywać (się) 2 prepare yourself** Ⓑ1 to make yourself ready to deal with a difficult situation: *Prepare yourself for a shock.* ▷ **przygotowywać się 3** [T] Ⓐ2 to make food ready to be eaten: *to prepare lunch* ▷ **przygotowywać**

prepared /prɪˈpeəd/ **adjective 1** Ⓑ1 ready to deal with a situation: *I wasn't* ***prepared for*** *the cold.* ▷ **przygotowany, gotowy 2 be prepared to do sth** Ⓑ2 to be willing to do something: *You must be prepared to work hard.* ▷ **być chętnym lub gotowym do** *czegoś* **lub na** *coś*

prepayment /ˌpriːˈpeɪmənt/ **noun** [U] payment for goods before they are received ▷ **przedpłata**

preponderance /prɪˈpɒndᵊrᵊns/ **noun** formal **a preponderance of sth** when there is a larger amount of one thing than of others: *There is a preponderance of older people in this area.* ▷ **przewaga** *czegoś*

preposition /ˌprepəˈzɪʃᵊn/ **noun** [C] Ⓑ1 a word or group of words that is used before a noun or pronoun to show place, direction, time, etc. For example 'on' in 'Your keys are on the table' is a preposition. ▷ **przyimek**

preposterous /prɪˈpɒstᵊrəs/ **adjective** extremely stupid: *That's a preposterous idea!* ▷ **niedorzeczny, absurdalny**

prep school /ˈprepskuːl/ **noun** [C] **1** in the UK, a private school for children aged between 8 and 13 ▷ **prywatna szkoła podstawowa 2** in the US, a private school which prepares students for college ▷ **prywatna szkoła średnia**

prerequisite /ˌpriːˈrekwɪzɪt/ **noun** [C] formal something that is necessary in order for something else to happen or exist: *Trust is a* ***prerequisite for*** *any sort of relationship.* ▷ **warunek (wstępny)**

prerogative /prɪˈrɒgətɪv/ **noun** [C] formal something that you have the right to do because of who you are: *Alex makes the decisions – that's his prerogative as company director.* ▷ **przywilej, prerogatywa**

Presbyterian /ˌprezbɪˈtɪəriən/ **adjective** belonging or relating to a type of Christian church with elected groups of local members involved in the official organization of local churches ▷ **prezbiteriański**
• **Presbyterian noun** [C] ▷ **prezbiteria-nin/nka**

pre-school /ˈpriːskuːl/ **adjective** [always before noun] relating to children who are too young to go to school: ***pre-school children/education*** ▷ **przedszkolny, w wieku przedszkolnym**
• **pre-school noun** [C] a school for children younger than five years old ▷ **przedszkole**

prescribe /prɪˈskraɪb/ **verb** [T] **1** to say what medical treatment someone needs: [often passive] *Painkillers are the most common drugs prescribed by doctors in Britain.* ▷ **zapisywać 2** formal to say officially what people must do: *rules prescribed by law* ▷ **nakazywać**

prescription /prɪˈskrɪpʃᵊn/ **noun 1** Ⓑ1 [C] a piece of paper saying what medicine someone needs or the medicine itself: *a* ***doctor's prescription*** ▷ **recepta 2 on prescription** UK (US **by prescription**) If you get a medicine on prescription, you only get it if you have a written instruction from your doctor. ▷ **(dostępny) na receptę**

prescriptive /prɪˈskrɪptɪv/ **adjective** formal saying exactly what must happen: *The government's homework guidelines are too prescriptive.* ▷ **autorytarny, restrykcyjny**

presence /ˈprezᵊns/ **noun 1** [U] Ⓑ2 when someone or something is in a place: *She signed the document* ***in the presence of*** *two witnesses.* ▷ **obecność 2** [no plural] a group of police or soldiers who are watching or controlling a situation: *a strong* ***police presence*** ▷ **obecność 3** [U] a quality that makes people notice and admire you ▷ **osobowość, prezencja 4 presence of mind** the ability to deal with a difficult situation quickly and effectively: *She had the presence of mind to press the alarm.* ▷ **przytomność umysłu 5 make your presence felt** to have a strong effect on other people: *The new police chief has really made his presence felt.* ▷ **zaznaczyć swoją obecność**

Wyrazy występujące razem z presence

the presence **of** sb/sth • **in the presence of** sb/sth

present¹ /ˈprezᵊnt/ **adjective 1 be present** Ⓑ1 to be in a particular place: *The whole family was present.* ▷ **być obecnym 2** [always before noun] happening or existing now: *the present situation* ◦ *What is your present occupation?* ▷ **obecny, aktualny, bieżący 3 present tense** Ⓐ1 the form of the verb which is used to show what happens or exists now ▷ **czas teraźniejszy**

present

present² /ˈprezᵊnt/ **noun 1 the present a** Ⓑ1 the period of time that is happening now: *The play is set* ***in the***

present. ▷ **teraźniejszość** **b** A1 the form of the verb which is used to show what happens or exists now ▷ **czas teraźniejszy** **2** A2 [C] something that you give to someone, usually for a particular occasion: *a* ***birthday/wedding present*** ◦ *to* ***give*** *someone a* ***present*** ▷ **prezent, upominek** **3 at present** B1 now: *At present she's working abroad.* ▷ **obecnie, teraz**

> **Wyrazy występujące razem z present**
>
> buy/get/give sb a present • wrap (up) a present • a present for/from sb • a birthday/wedding present

present³ /prɪˈzent/ **verb** [T] **1** B2 to give something to someone, often at a formal ceremony: *to* ***present a prize*** ◦ *They* ***presented*** *her* ***with*** *a bouquet.* ▷ **wręczać, ofiarować** **2** B2 to give people information in a formal way: *He* ***presented*** *the report* ***to*** *his colleagues.* ▷ **składać** **3 present a danger/threat/problem, etc** to cause a danger/threat/problem, etc: *The final exam may present some problems.* ▷ **stanowić lub stwarzać zagrożenie/problem** *itp.* **4** UK (US **host**) B2 to introduce a television or radio programme: *He presents a weekly sports quiz.* ▷ **prowadzić** **5** to show a new play or film: *The school is presenting 'West Side Story' this term.* ▷ **przedstawiać, pokazywać, wystawiać** **6** to introduce someone formally: *May I present my daughters?* ▷ **przedstawiać** **7** If an opportunity presents itself, it becomes possible: *I'd be happy to go to New York, if the* ***opportunity presented itself.*** ▷ **pojawiać się**

presentable /prɪˈzentəbl/ **adjective** looking clean and tidy enough: *He was looking quite presentable in his jacket and tie.* ▷ **porządny, przyzwoity**

presentation /ˌprezᵊnˈteɪʃᵊn/ **noun** **1** [U] the way something is arranged or shown to people: *Presentation is important if you want people to buy your products.* ▷ **sposób przedstawienia** **2** [C] B1 a talk giving information about something: *a* ***sales presentation*** ◦ *She* ***gave*** *an excellent* ***presentation.*** ▷ **wystąpienie, referat** **3** [C] B2 a formal ceremony at which you give someone something: *a* ***presentation ceremony*** ▷ **wręczenie**

present-day /ˌprezəntˈdeɪ/ **adjective** existing now: *present-day attitudes* ▷ **dzisiejszy, obecny**

presenter /prɪˈzentəʳ/ **noun** [C] UK (US **host**) B2 someone who introduces a radio or television programme ▷ **prezenter/ka**

presently /ˈprezəntli/ **adverb** **1** formal now: *He's presently living with his parents.* ▷ **obecnie** **2** old-fashioned soon or after a short time: *I'll be back presently.* ▷ **niebawem, wkrótce**

ˌpresent parˈticiple UK (US **ˌpresent ˈparticiple**) **noun** [C] the form of a verb that ends with '-ing' ▷ **imiesłów czynny**

the ˌpresent ˈperfect **noun** the form of the verb that is used to show actions or events that have happened in a period of time up to now. The sentence 'I have never been to Australia.' is in the present perfect. ▷ **czas teraźniejszy dokonany**

preservation /ˌprezəˈveɪʃᵊn/ **noun** [U] when you keep something the same or prevent it from being damaged or destroyed: *the preservation of peace* ◦ *the preservation of wildlife* ▷ **ochrona, zachowanie**

preservative /prɪˈzɜːvətɪv/ **noun** [C, U] a substance used to prevent decay in food or in wood ▷ **konserwant, środek konserwujący**

preserve¹ /prɪˈzɜːv/ **verb** [T] **1** B2 to keep something the same or prevent it from being damaged or destroyed: *to preserve peace* ◦ *to preserve the environment* ▷ **zachowywać, chronić** **2** to add substances to something so that it stays in good condition for a long time: *to preserve food/wood* ▷ **konserwować**

preserve² /prɪˈzɜːv/ **noun** **1** [C, U] UK (US **preserves**) a sweet food made from fruit, sugar, and water: *apricot/strawberry preserve* ▷ **konfitury, konfitura** **2** [no plural] an activity which only a particular group of people can do: *Sport used to be a male preserve.* ◦ *Owning racehorses is* ***the preserve of*** *the rich.* ▷ **domena** **3** [C] mainly US an area where wild animals and plants are protected ▷ **rezerwat**

preside /prɪˈzaɪd/ **verb** [I] to be officially responsible for a formal meeting or ceremony: *An elderly priest* ***presided at*** *the marriage ceremony.* ▷ **przewodniczyć**

PHRASAL VERB **preside over sth** to be in charge of a situation, especially a formal meeting or legal trial: *The case was* ***presided over by*** *a senior judge.* ▷ **przewodniczyć** *czemuś*

presidency /ˈprezɪdᵊnsi/ **noun** **1** B2 [C] the period when someone is president: *Her presidency lasted seven years.* ▷ **przewodnictwo, prezydentura, prezesura** **2 the presidency** B2 the job of being president: *He* ***won*** *the* ***presidency*** *by a wide margin.* ▷ **prezydentura, urząd prezydencki, prezesura**

president /ˈprezɪdᵊnt/ **noun** [C] **1** B1 the highest political position in some countries, usually the leader of the government: *President Obama* ▷ **prezydent** **2** the person in charge of a company or organization ▷ **prezes** → See also **vice president**

presidential /ˌprezɪˈdenʃᵊl/ **adjective** B2 relating to the president of a country: *a* ***presidential campaign*** ▷ **prezydencki**

press¹ /pres/ **verb** **1** [I, T] B1 to push something firmly: *Press the button to start the machine.* ◦ *He pressed his face against the window.* ▷ **przyciskać, naciskać (na)** **2** [T] to try hard to persuade someone to do something: [+ to do sth] *The committee pressed him to reveal more information.* ◦ *We* ***pressed*** *him* ***for*** *an answer but he refused.* ▷ **naciskać na** **3 press charges** to complain officially about someone in a court of law: *The* *family decided not to* **press charges against** *him.* ▷ **wnosić oskarżenie 4** [T] to make clothes smooth by ironing them: *I need to press these trousers.* ▷ **prasować 5** [T] to make something flat by putting something heavy on it for a long time: *to press fruit/flowers* ▷ **prasować, suszyć 6 press a case/claim** to try to make people accept your demands ▷ **forsować kwestię**

PHRASAL VERB **press ahead/forward/on** to continue to do something in a determined way: *They're determined to press ahead with their plans despite opposition.* ▷ **nie zaprzestawać, (konsekwentnie) kontynuować**

press² /pres/ **noun 1 the press** (B2) newspapers and magazines, or the people who write them: *the* ***local/national press*** ◦ *press reports* ▷ **prasa 2 good/bad press** praise or criticism from newspapers, magazines, television, etc: *She's had a lot of bad press recently.* ▷ **przychylność/nieprzychylność mediów, dobra/zła prasa 3** [C] a business that prints and sells books: *Cambridge University Press* ▷ **wydawnictwo 4** [C] (also **printing press**) a machine used to print books, newspapers, and magazines ▷ **prasa lub maszyna drukarska 5** [no plural] when you make cloth flat and smooth with a piece of equipment: *Can you* ***give*** *these trousers* ***a press?*** ▷ **prasowanie**

ˈpress ˌconference noun [C] a meeting at which someone officially gives information to the newspapers, television, etc: *to* ***call/hold*** *a* ***press conference*** ▷ **konferencja prasowa**

pressed /prest/ **adjective be pressed for time/money** to not have much time/money ▷ **mieć mało czasu/pieniędzy**

pressing /ˈpresɪŋ/ **adjective** A pressing problem or situation needs to be dealt with immediately: *a* ***pressing need*** *for housing* ▷ **pilny, naglący**

ˈpress reˌlease noun [C] an official piece of information that is given to newspapers, television, etc ▷ **oświadczenie prasowe**

ˈpress ˌstud noun [C] a metal or plastic object used to fasten clothes, made of two small round parts which are pressed together ▷ **zatrzask**

press-up /ˈpresʌp/ **noun** [C] UK (US **push-up**) a physical exercise in which you lie facing the floor and use your hands to push your body up ▷ **pompka**

pressure¹ /ˈpreʃər/ **noun 1** [U] (B2) when someone tries to make someone else do something by arguing, persuading, etc: ***public/political pressure*** ◦ [+ to do sth] *Teachers are* ***under*** *increasing* ***pressure*** *to work longer hours.* ◦ *The government is facing* ***pressure from*** *environmental campaigners.* ▷ **presja, naciski 2** [C, U] (B2) difficult situations that make you feel worried or unhappy: *the pressures of work* ◦ *He's been* ***under*** *a lot of* ***pressure*** *recently.* ▷ **stres 3** [C, U] the force that a liquid or gas produces when it presses against an area: ***water pressure*** ▷ **ciśnienie 4** [U] (B2) the force that you produce when you push something ▷ **nacisk, ucisk 5 put pressure on sb** (B2) to try to force someone to do something: [+ to do sth] *They're putting pressure on me to make a decision.* ▷ **wywierać na** *kogoś* **presję lub nacisk** → See also **blood pressure**, **peer pressure**

> Wyrazy występujące razem z **pressure**
>
> face/feel pressure • be under/come under pressure • pressure on sb • pressure from sb • pressure for sth

pressure² /ˈpreʃər/ **verb** [T] (also UK **pressurize, -ise** /ˈpreʃəraɪz/) to try to force someone to do something: [often passive, + into + doing sth] *We will not be pressured into making a decision.* ▷ **naciskać na, wywierać presję lub nacisk na**

ˈpressure ˌcooker noun [C] a pan with a lid which you use to cook food quickly in steam ▷ **szybkowar**

ˈpressure ˌgroup noun [C] a group of people who try to influence what the public or the government think about something ▷ **grupa nacisku**

pressurize (also **-ise**) /ˈpreʃəraɪz/ **verb** [T] UK to try to force someone to do something: [often passive, + into + doing sth] *He was pressurized into signing the agreement.* ▷ **naciskać na, wywierać presję lub nacisk na**

pressurized (also UK **-ised**) /ˈpreʃəraɪzd/ **adjective** containing air or gas that is kept at a controlled pressure: *a pressurized container* ▷ **pod ciśnieniem, ciśnieniowy**

prestige /presˈtiːʒ/ **noun** [U] when people feel respect and admiration for you, often because you are successful: *His company has gained international prestige.* ▷ **prestiż**
• **prestigious** /presˈtɪdʒəs/ **adjective** respected and admired, usually because of being important: *a* ***prestigious award*** ◦ *a prestigious university* ▷ **prestiżowy**

presumably /prɪˈzjuːməbli/ **adverb** (B2) used to say what you think is the likely situation: *Presumably he just forgot to send the letter.* ▷ **zapewne, przypuszczalnie**

presume /prɪˈzjuːm/ **verb 1** [T] to think that something is likely to be true, although you are not certain: [+ (that)] *I presume that you've done your homework.* ▷ **przypuszczać, zakładać 2 be presumed dead/innocent, etc** If someone is presumed dead/innocent, etc, it seems very likely that they are dead/innocent, etc. ▷ **być uznawanym za zmarłego/uważanym za niewinnego** *itp.* **3 presume to do sth** formal to do something that you do not have the right or the skills to do: *I certainly wouldn't presume to tell you how to do your job.* ▷ **ośmielać się** *coś zrobić*, **pozwalać sobie** *coś zrobić*

presumption /prɪˈzʌmpʃən/ **noun 1** [C] when you believe that something is true without any proof: [+ (that)] *I object to the presumption that young people are only interested in pop music.*

▷ **założenie, przypuszczenie 2** [U] behaviour that is rude and does not show respect ▷ **arogancja**

presumptuous /prɪˈzʌmptʃuəs/ **adjective** Someone who is presumptuous confidently does things that they have no right to do: *It was a bit presumptuous of her to take the car without asking.* ▷ **arogancki, zbyt pewny siebie**

presuppose /ˌpriːsəˈpəʊz/ **verb** [T] formal If an idea or situation presupposes something, that thing must be true for the idea or situation to work. ▷ **wymagać**

pre-teen /priːˈtiːn/ **noun** [C] a boy or girl between the ages of 9 and 12: *a magazine for pre-teens* ▷ **dziecko w wieku przednastoletnim**
• **pre-teen adjective** *pre-teen fashions* ▷ **w wieku przednastoletnim**

pretence UK (US **pretense**) /prɪˈtens/ **noun 1** [U] when you make someone believe something that is not true: *I can't* ***keep up the pretence*** *(= continue pretending) any longer.* ◦ *They* ***made*** *absolutely* ***no pretence of*** *being interested.* ▷ **pozory, pretekst 2 under false pretences** If you do something under false pretences, you do it when you have lied about who you are or what you are doing: *The police charged him with obtaining money under false pretences.* ▷ **pod fałszywym pretekstem**

pretend /prɪˈtend/ **verb** [I, T] B2 to behave as if something is true when it is not: [+ (that)] *I can't pretend that I like him.* ◦ [+ to do sth] *Were you just pretending to be interested?* ▷ **udawać**

pretense /prɪˈtens/ **noun** US spelling of pretence

pretension /prɪˈtenʃən/ **noun** [C, U] when you try to seem better or more important than you really are: [usually plural] *He seems to be without pretensions of any sort.* ▷ **pretensjonalność**

pretentious /prɪˈtenʃəs/ **adjective** trying to seem more important or clever than you really are: *a pretentious film* ▷ **pretensjonalny**

pretext /ˈpriːtekst/ **noun** [C] a false reason that you use to explain why you are doing something: *I called her* ***on the pretext of*** *needing some information.* ▷ **pretekst**

pretty[1] /ˈprɪti/ **adverb** informal **1** B1 quite, but not extremely: *The traffic was pretty bad.* ◦ *I'm pretty sure they'll accept.* ▷ **dosyć, raczej 2 pretty much/well** B2 almost: *We've pretty much finished here.* ▷ **prawie (całkiem)**

pretty[2] /ˈprɪti/ **adjective 1** A2 If a woman or girl is pretty, she is attractive: *Your daughter is very pretty.* ▷ **ładny 2** B1 If a place or an object is pretty, it is pleasant to look at: *a pretty little village* ▷ **ładny**

prevail /prɪˈveɪl/ **verb** [I] formal **1** to get control or influence: *We can only hope that* ***common sense*** *will* ***prevail.*** ▷ **zwyciężać 2** to be common among a group of people: *The use of guns prevails among the gangs in this area.* ▷ **być powszechnym**

PHRASAL VERB **prevail on/upon sb to do sth** formal to persuade someone to do something that they do not want to do: *He was eventually prevailed upon to accept the appointment.* ▷ **przekonać** *kogoś* **do (***zrobienia***)** *czegoś*

prevailing /prɪˈveɪlɪŋ/ **adjective** [always before noun] **1** existing a lot in a particular group, area, or at a particular time: *a* ***prevailing attitude/mood*** ▷ **przeważający, powszechny 2 a prevailing wind** a wind that usually blows in a particular place ▷ **przeważający wiatr lub kierunek wiatru**

prevalent /ˈprevələnt/ **adjective** existing a lot in a particular group, area, or at a particular time: *These diseases are more prevalent among young children.* ▷ **rozpowszechniony**
• **prevalence** /ˈprevələns/ **noun** [U] when something exists a lot in a particular group, area, or at a particular time: *the prevalence of smoking among teenagers* ▷ **rozpowszechnienie, powszechność**

prevent /prɪˈvent/ **verb** [T] B1 to stop something happening or to stop someone doing something: *to prevent accidents/crime* ◦ [+ from + doing sth] *Members of the public were prevented from entering the building.* ▷ **zapobiegać, uniemożliwiać**
• **preventable adjective** If something is preventable, it can be prevented. ▷ **do uniknięcia**

preventative /prɪˈventətɪv/ **adjective** another word for preventive

prevention /prɪˈvenʃən/ **noun** [U] B2 when you stop something happening or stop someone doing something: ***crime prevention*** ◦ *the* ***prevention of*** *diseases* ▷ **profilaktyka, zapobieganie, prewencja**

preventive /prɪˈventɪv/ **adjective** (also **preventative**) Preventive action is intended to stop something before it happens: ***preventive measures*** ◦ ***preventive medicine*** ▷ **profilaktyczny, zapobiegawczy, prewencyjny**

preview /ˈpriːvjuː/ **noun** [C] **1** an opportunity to see a film, play, etc before it is shown to the public ▷ **pokaz przedpremierowy lub zamknięty 2** a short film that advertises a film or television programme ▷ **reklama, zapowiedź**
• **preview verb** [T] ▷ **oglądać lub pokazywać na pokazie zamkniętym, reklamować**

previous /ˈpriːviəs/ **adjective** B1 existing or happening before something or someone else: *the previous day/year* ◦ *a previous attempt* ◦ *his previous marriage* ▷ **poprzedni, wcześniejszy**
• **previously adverb** B1 *He previously worked as a teacher.* ▷ **poprzednio, wcześniej**

prey[1] /preɪ/ **noun** [U] an animal that is hunted and killed by another animal ▷ **zdobycz, ofiara**

P

IDIOM **fall prey to sth** to be hurt or deceived by something or someone bad ▷ **paść ofiarą lub łupem** *czegoś/kogoś*

→ See also **bird of prey**

prey² /preɪ/ **verb**

PHRASAL VERBS **prey on sth** If an animal preys on another animal, it catches it and eats it: *Spiders prey on flies and other small insects.* ▷ **polować na** *coś/kogoś* • **prey on/upon sb** to hurt or deceive people who are weak and easy to deceive: *These young thieves prey on the elderly.* ▷ **żerować na** *kimś*

price¹ /praɪs/ **noun 1** [C] A2 the amount of money that you pay to buy something: ***high/low prices*** ◦ *House prices are falling/rising.* ◦ *The price of fuel has gone up again.* ▷ **cena 2** [no plural] the unpleasant results that you must accept or experience for getting or doing something: *Suspension from the club was **a high/small price to pay** (= very bad/not very bad thing to experience) for his mistake.* ▷ **cena 3 at a price** If you can get something at a price, you have to pay a lot of money for it: *False passports are available, at a price.* ▷ **za odpowiednią cenę 4 at any price** If you want something at any price, you will do anything to get it: *She wanted the job at any price.* ▷ **za wszelką cenę**

> Wyrazy występujące razem z **price**
>
> charge/increase/pay/put up prices • prices fall • an average/exorbitant/high/low/reasonable price

price² /praɪs/ **verb** [T] to say what the price of something is: [often passive] *The book **is priced at** $40.* ▷ **wycenić, ≈ kosztować**

ˈprice ˌfixing noun [U] an agreement that is usually not legal, where companies all sell goods at a particular price in order to keep prices high ▷ **zmowa cenowa**

priceless /ˈpraɪsləs/ **adjective 1** very valuable: *a **priceless antique/painting*** ▷ **bezcenny 2** very important or useful: *A trip round the world is a priceless opportunity.* ▷ **nieoceniony**

ˈprice ˌskimming noun [U] the practice of selling a new product at a high price ▷ **strategia wysokiej ceny początkowej**

ˈprice ˌtag noun [C] (also **ˈprice ˌticket**) a piece of paper attached to a product that shows the amount a product costs ▷ **cena, metka**

pricey (also **pricy**) /ˈpraɪsi/ **adjective** informal expensive: *That jacket's a bit pricey!* ▷ **przydrogi**

prick /prɪk/ **verb** [T] to make a very small hole in something with a sharp object: *Prick the potatoes all over before baking.* ◦ *I pricked my finger on a pin.* ▷ **przekłuwać, przedziurawić, ukłuć (się w)**

• **prick noun** [C] *The injection won't hurt – you'll just feel a slight prick.* ▷ **ukłucie**

prickle¹ /ˈprɪkl/ **noun** [C] a sharp point on the surface of some plants or the skin of some animals ▷ **kolec**

prickle² /ˈprɪkl/ **verb** [I] If part of your body prickles, it feels as if a lot of sharp points are touching it because you are frightened or excited: *a prickling sensation* ▷ **mrowić**

prickly /ˈprɪkli/ **adjective 1** covered with prickles: *a prickly bush* ▷ **kolczasty 2** informal A prickly person or relationship is unfriendly or difficult to deal with. ▷ **drażliwy, trudny**

pricy /ˈpraɪsi/ **adjective** another spelling of pricey ▷ **przydrogi**

pride¹ /praɪd/ **noun** [U] **1** B2 a feeling of satisfaction at your achievements or the achievements of your family or friends: *She felt **a great sense of pride** as she watched him accept the award.* ◦ *The whole community **takes pride in** (= feels proud about) the school.* ▷ **duma 2** B2 the respect that you feel for yourself: *Defeat in the World Cup has badly damaged **national pride**.* ▷ **duma 3** the belief that you are better or more important than other people: *His pride prevented him from asking for help.* ▷ **pycha, duma 4 sb's pride and joy** something or someone that is very important to you: *He spends hours cleaning that motorcycle – it's his pride and joy.* ▷ *czyjaś* **duma, (***czyjś***) powód do dumy**

IDIOMS **have/take pride of place** If something takes pride of place, you put it in the best position so that it can be seen easily: *A photo of her grandchildren took pride of place on the wall.* ▷ **zajmować honorowe miejsce** • **swallow your pride** to decide to do something although it will embarrass you: *He swallowed his pride and asked if he could have his old job back.* ▷ **przemóc w sobie dumę**

> Wyrazy występujące razem z **pride**
>
> take pride in sth • a sense/source of pride • great pride • sb's pride at/in sth

pride² /praɪd/ **verb**

PHRASAL VERB **pride yourself on sth/doing sth** to feel satisfaction at a quality or skill that you have: *The company prides itself on having the latest technology.* ▷ **szczycić się** *czymś*, **być z** *czegoś* **dumnym**

priest /priːst/ **noun** [C] B1 someone who performs religious duties and ceremonies ▷ **kapłan, ksiądz**

the priesthood /ˈpriːsthʊd/ **noun** the job of being a priest ▷ **kapłaństwo**

prim /prɪm/ **adjective** Someone who is prim behaves in a very formal way and is easily shocked by anything rude: *Sarah wouldn't find that funny – she's far too **prim and proper** (= shocked by anything rude).* ▷ **sztywny, pruderyjny**

• **primly adverb** ▷ **sztywno, pruderyjnie**

prima donna /ˌpriːməˈdɒnə/ **noun** [C] someone who behaves badly and expects to get everything they want because they think that they are very important ▷ **księżniczka, książę**

primal /ˈpraɪməl/ **adjective** formal very basic, or relating to the time when human life on Earth began: ***primal instincts*** ▷ **pierwotny**

primarily /praɪˈmerəli/ **adverb** B2 mainly: *She's known primarily as a novelist but she also writes poetry.* ▷ **przede wszystkim, głównie**

primary[1] /ˈpraɪməri/ **adjective** [always before noun] B2 most important: *Her primary responsibility is to train new employees.* ▷ **podstawowy**

primary[2] /ˈpraɪməri/ **noun** [C] a vote in which people in a political party in the US choose the person who will represent them in an election ▷ **prawybory**

ˌprimary ˈcolour UK (US **ˈprimary ˌcolor**) **noun** [C] one of the three colours, which in paint, etc are red, blue, and yellow, that can be mixed together to make any other colour ▷ **barwa podstawowa**

ˌprimary conˈsumer noun [C] an animal that eats plants and therefore changes the energy from the sun that is stored in plants into meat that can be eaten by other animals ▷ **konsument pierwszego rzędu**

ˌprimary proˈducer noun [C] in the food chain, a plant that produces food from the sun and is then eaten ▷ **producent**

ˈprimary ˌschool noun [C] (also US **elementary school**) B1 a school for children aged 5 to 11 ▷ **szkoła podstawowa**

the ˈprimary ˌsector noun industry which involves collecting and selling natural things, for example crops, rock and wood, often in order for them to be made into something else ▷ **sektor pierwotny** → Compare **the secondary sector**

primate /ˈpraɪmeɪt/ **noun** [C] a member of the group of animals which includes monkeys and people, which have large brains and hands and feet developed for climbing ▷ **(ssak) naczelny**

prime[1] /praɪm/ **adjective** [always before noun] **1** main, or most important: *the **prime suspect** in a murder investigation* ▷ **główny 2** of the best quality: *The hotel is in a **prime location** in the city centre.* ▷ **pierwszorzędny 3 a prime example** a very good example of something ▷ **klasyczny przykład**

prime[2] /praɪm/ **noun** [no plural] the period in your life when you are most active or successful: *At 35, she's **in her prime**.* ◦ ***the prime of life*** ▷ **najlepsze lata (życia), ≈ w kwiecie wieku**

prime[3] /praɪm/ **verb** [T] to prepare someone for an event or situation, often by giving them the information that they need: *The president had been well primed before the debate.* ▷ **przygotowywać**

ˌprime ˈcost noun [U] the cost to a business of all the employees' pay, materials and other things that are directly linked to the goods they produce ▷ **koszty własne**

the ˈprime merˌidian noun [no plural] the imaginary line from the North Pole to the South Pole that passes through Greenwich in England and marks 0° longitude ▷ **południk zerowy**

ˌprime ˈminister noun [C] B2 the leader of an elected government in some countries ▷ **premier**

ˌprime ˈnumber noun [C] a number that cannot be divided by any other number except itself and the number 1: *2, 3 and 7 are prime numbers.* ▷ **liczba pierwsza**

ˈprime ˌtime noun [U] the time in the evening when the largest number of people watch television: ***prime-time television*** ▷ **okres najwyższej oglądalności**

primeval /praɪˈmiːvəl/ **adjective** belonging to a very early period in the history of the world: *primeval forest* ▷ **pierwotny, pradawny**

primitive /ˈprɪmɪtɪv/ **adjective 1** relating to human society at a very early stage of development, with people living in a simple way without machines or a writing system: *primitive man* ◦ *primitive societies* ▷ **prymitywny, pierwotny 2** very basic or old-fashioned: *The conditions at the campsite were rather primitive.* ▷ **prymitywny**

primrose /ˈprɪmrəʊz/ **noun** [C] a wild plant with pale yellow flowers ▷ **pierwiosnek, prymulka**

prince /prɪns/ **noun** [C] **1** B1 the son of a king or queen, or one of their close male relatives: *Prince Edward* ▷ **książę, królewicz 2** the male ruler of a small country ▷ **książę**

princely /ˈprɪnsli/ **adjective a princely sum** a large amount of money: *It cost the princely sum of £2 million.* ▷ **okrągła sumka**

princess /prɪnˈses/ ⓤⓢ /ˈprɪnsəs/ **noun** [C] **1** B1 the daughter of a king or queen, or one of their close female relatives ▷ **księżniczka, królewna, księżna 2** B1 the wife of a prince ▷ **księżniczka**

principal[1] /ˈprɪnsəpəl/ **adjective** [always before noun] B1 main, or most important: *Her principal reason for moving is to be nearer her mother.* ▷ **główny**

principal[2] /ˈprɪnsəpəl/ **noun** [C] B2 the person in charge of a school or college ▷ **dyrektor/ka**

principality /ˌprɪnsɪˈpæləti/ **noun** [C] a country ruled by a prince ▷ **księstwo**

principally /ˈprɪnsəpəli/ **adverb** mainly: *The advertising campaign is aimed principally at women.* ▷ **głównie**

principle /ˈprɪnsəpl/ **noun 1** [C, U] a rule or belief which influences your behaviour and which is based on what you think is right: *He must be punished – it's a **matter of principle**.* ▷ **zasada, zasady 2** [C] B2 a basic idea or rule which explains how something happens or works: *The organization works **on the principle that** all members have the same rights.* ▷ **zasada 3 in principle** If you agree with something in principle, you agree with the idea or plan although you do not know the details or you

P

do not know if it will be possible: *They have approved the changes in principle.* ▷ **w zasadzie, zasadniczo 4 on principle** If you refuse to do something on principle, you refuse to do it because you think it is morally wrong: *She doesn't wear fur on principle.* ▷ **dla zasady**

> Wyrazy występujące razem z **principle**
>
> stick to your principles • a **guiding** principle • be **against** sb's principles • be a **matter of** principle

principled /ˈprɪnsəpld/ **adjective** showing strong beliefs about what is right and wrong ▷ **pryncypialny**

print¹ /prɪnt/ **verb 1** [T] A2 to produce writing or images on paper or other material with a machine: *The instructions are printed on the side of the box.* ▷ **drukować 2** [T] B2 to produce books, newspapers, magazines, etc, usually in large quantities, using machines: *Fifty thousand booklets have been printed for the exhibition.* ▷ **drukować 3** [T] B2 to include a piece of writing in a newspaper or magazine: *They printed his letter in Tuesday's paper.* ▷ **opublikować 4** [I, T] to write words without joining the letters together: *Please print your name and address clearly using capitals.* ▷ **pisać drukowanymi literami 5** [T] to produce a pattern on material or paper ▷ **nadrukować, drukować**

PHRASAL VERB **print sth out** to produce a printed copy of a document that has been written on a computer: *Can you print out a copy of that letter for me?* ▷ **wydrukować** *coś*

print² /prɪnt/ **noun 1** [U] words, letters, or numbers that are produced on paper by a machine ▷ **druk 2 in/out of print** If a book is in print, it is possible to buy a new copy of it, and if it is out of print, it is not now possible. ▷ **dostępny/wyczerpany 3** [C] a copy of a picture made using photography or by pressing paper onto a design covered in ink: *a print of Van Gogh's 'Sunflowers'* ▷ **kopia, rycina 4** [C] a photograph that is produced on paper ▷ **odbitka 5** [C] a pattern that is produced on material or paper: *a floral print* ▷ **nadruk, wzór 6** [C] (also **fingerprint**) a mark that is left on a surface where someone has touched it: *His prints were found all over the house and he was arrested the next day.* ▷ **odcisk lub ślad (palca) 7** [C] a mark that is left on a surface where someone has walked: *The dog left prints all over the kitchen floor.* ▷ **odcisk lub ślad (stopy)** → See also **small print**

printer /ˈprɪntəʳ/ **noun** [C] **1** A2 a machine which is connected to a computer and which produces writing or images on paper: *a laser printer* ▷ **drukarka 2** a person or company that prints books, newspapers, magazines, etc ▷ **drukarnia, drukarz**

printing /ˈprɪntɪŋ/ **noun** [U] when writing or images are produced on paper or other material using a machine ▷ **druk, wydruk**

ˈprinting ˌpress noun [C] a machine that prints books, newspapers, magazines, etc ▷ **prasa lub maszyna drukarska**

printout /ˈprɪntaʊt/ **noun** [C] information or a document that is printed from a computer: *He asked for a printout of the year's sales figures.* ▷ **wydruk**

prior /praɪəʳ/ **adjective** formal **1** [always before noun] existing or happening before something else: *The course requires no **prior knowledge** of Spanish.* ▷ **uprzedni, wcześniejszy 2 prior to sth** before a particular time or event: *the weeks prior to her death* ▷ **przed** *czymś*, **poprzedzający** *coś*

prioritize (also UK **-ise**) /praɪˈɒrɪtaɪz/ **verb** [I, T] to decide which of a group of things are the most important so that you can deal with them first: *You must learn to **prioritize your work**.* ▷ **ustalać lub nadawać priorytet**

priority /praɪˈɒrəti/ **noun 1** B2 [C] something that is very important and that must be dealt with before other things: *My **first/top priority** is to find somewhere to live.* ▷ **priorytet 2 give priority to sth** to consider that something is more important than other things and deal with it first ▷ **dawać priorytet lub pierwszeństwo** *czemuś* **3 have/take priority (over sth)** to be more important than other things and to be dealt with first: *His job seems to take priority over everything else.* ▷ **mieć priorytet lub pierwszeństwo (nad** *czymś***), być nadrzędnym (w stosunku do** *czegoś***)**

prise /praɪz/ **verb** UK **prise sth apart/off/open, etc** to use force to move, remove, or open something: *I prised the lid off with a spoon.* ▷ **rozdzielać/podważać** *coś*

prism /ˈprɪzᵊm/ **noun** [C] an object made of clear glass which separates the light that passes through it into different colours ▷ **pryzmat**

prison /ˈprɪzᵊn/ **noun** [C, U] B1 a place where criminals are kept as a punishment: *He's spent most of his life **in prison**.* ◦ *She was **sent to prison** for two years.* ▷ **więzienie**

> Wyrazy występujące razem z **prison**
>
> **go to/be sent to** prison • **be released from** prison • **in/out of** prison • a prison **sentence**

prisoner /ˈprɪzᵊnəʳ/ **noun 1** B1 [C] someone who is being kept in prison as a punishment, or because they have been caught by an enemy ▷ **więzień, więźniarka 2 hold/keep/take sb prisoner** to catch someone and guard them so that they cannot escape ▷ **więzić/uwięzić** *kogoś* → See also **political prisoner**

ˌprisoner of ˈwar noun [C] (plural **prisoners of war**) a soldier who is caught by enemy soldiers during a war: *a prisoner of war camp* ▷ **jeniec wojenny**

pristine /ˈprɪstiːn/ **adjective** in very good condition, as if new: *Her car is in **pristine condition**.* ▷ **idealny, nienaruszony, nieskazitelny**

privacy /ˈprɪvəsi/ (US) /ˈpraɪvəsi/ **noun** [U] B2 when you are alone and people cannot see or hear what you are doing: *I hate sharing a bedroom – I never get any privacy.* ▷ **prywatność, intymność**

private¹ /ˈpraɪvɪt/ **adjective 1** B1 only for one person or group and not for everyone: *Each room has a balcony and a private bathroom.* ◦ *You can't park here – this is **private property**.* ▷ **prywatny, własny, osobisty 2** B2 controlled by or paid for by a person or company and not by the government: *Charles went to a **private school**.* ▷ **prywatny 3** B1 If information or an emotion is private, you do not want other people to know about it: *This is a **private matter** – it doesn't concern you.* ▷ **prywatny, osobisty 4 in private** B2 If you do something in private, you do it where other people cannot see or hear you: *I need to talk to you in private.* ▷ **prywatnie, na osobności 5 sb's private life** someone's personal relationships and activities and not their work ▷ *czyjeś* **prywatne życie 6** A place which is private is quiet and there are no other people there to see or hear what you are doing: *Is there somewhere private where we can talk?* ▷ **ustronny**

• **privately adverb** B2 ▷ **prywatnie**

private² /ˈpraɪvɪt/ **noun** [C] a soldier of the lowest rank in the army ▷ **szeregowy**

ˌprivate ˈenterprise noun [U] industry and businesses owned by ordinary people, not by the government ▷ **prywatna przedsiębiorczość**

ˌprivate limited ˈcompany noun [C] a company whose shares cannot be sold to the public ▷ **spółka kapitałowa**

the ˈprivate ˌsector noun businesses and industries that are not owned or controlled by the government ▷ **sektor prywatny**

privatize (also UK **-ise**) /ˈpraɪvɪtaɪz/ **verb** [T] If an industry or organization owned by the government is privatized, it is sold to private companies. ▷ **prywatyzować**

• **privatization** /ˌpraɪvɪtaɪˈzeɪʃən/ **noun** [U] ▷ **prywatyzacja**

privilege /ˈprɪvəlɪdʒ/ **noun 1** [C, U] an advantage that only one person or group has, usually because of their position or because they are rich ▷ **przywilej 2** [no plural] an opportunity to do something special or enjoyable: [+ of + doing sth] *I had the privilege of meeting the Queen.* ▷ **zaszczyt**

• **privileged adjective** having a privilege: *to be in a **privileged position*** ▷ **uprzywilejowany**

privy /ˈprɪvi/ **adjective** formal **privy to sth** knowing information that is not known by many people ▷ **wtajemniczony w** *coś*

prize¹ /praɪz/ **noun** [C] A2 something valuable that is given to someone who wins a competition or who has done good work: *to **win** a **prize*** ◦ ***first/second prize*** ▷ **nagroda, wygrana** → See also **booby prize**

> **Wyrazy występujące razem z prize**
>
> be awarded/win a prize • first/second/the runner's-up/the top prize • a prize for sth • a prize of [£500/a car, etc] • prize money/winner

prize² /praɪz/ **adjective** [always before noun] A prize animal or vegetable is good enough to win a competition. ▷ **rekordowy, pokazowy**

prize³ /praɪz/ **verb** [T] to think that something is very valuable or important: *His car is his **prized possession**.* ▷ **cenić (sobie)**

prize-winning /ˈpraɪzˌwɪnɪŋ/ **adjective** [always before noun] having won a prize: *a prize-winning author* ▷ **nagrodzony, nagradzany**

pro /prəʊ/ **noun** [C] **1** informal someone who earns money for playing a sport: *a golf/tennis pro* ▷ **zawodowiec, profesjonalist-a/ka 2 the pros and cons** B2 the advantages and disadvantages of something: [+ of + doing sth] *We discussed the pros and cons of buying a bigger house.* ▷ **(argumenty) za i przeciw**

pro- /prəʊ-/ **prefix** supporting or approving of something: *pro-European* ◦ *pro-democracy demonstrations* ▷ **pro-** → Compare **anti-**

proactive /ˌprəʊˈæktɪv/ **adjective** taking action by causing change and not only reacting to change when it happens ▷ **aktywny**

probability /ˌprɒbəˈbɪləti/ **noun 1** [C, U] how likely it is that something will happen: [+ of + doing sth] *What's the probability of winning?* ◦ [+ (that)] *There's a **high probability** that he'll get the job.* ▷ **prawdopodobieństwo 2 in all probability** used to mean that something is very likely: *She will, in all probability, have left before we arrive.* ▷ **najprawdopodobniej**

probable /ˈprɒbəbl/ **adjective** B2 likely to be true or to happen: *The **probable cause** of death was heart failure.* ◦ [+ (that)] *It's **highly probable** that he'll lose his job.* ▷ **prawdopodobny**

probably /ˈprɒbəbli/ **adverb** A2 used to mean that something is very likely: *I'll probably be home by midnight.* ▷ **prawdopodobnie**

probation /prəʊˈbeɪʃən/ **noun** [U] **1** a period of time when a criminal must behave well and not commit any more crimes in order to avoid being sent to prison: *to be **on probation*** ▷ **nadzór sądowy 2** a period of time at the start of a new job when you are watched and tested to see if you are suitable for the job ▷ **okres próbny, staż**

• **probationary adjective** relating to probation: *a **probationary period*** ▷ **próbny**

proˈbation ˌofficer noun [C] someone whose job is to watch and help criminals who have been put on probation ▷ **kurator (sądowy)**

probe¹ /prəʊb/ **verb** [I, T] to ask a lot of questions in order to discover information about something or someone: *The interviewer **probed** deep **into** her private life.* ◦ ***probing questions*** ▷ **wnikać, badać, zagłębiać się w**

probe² /prəʊb/ **noun** [C] **1** when you try to discover information about something by asking a lot of questions: *an FBI **probe into** corruption* ▷ **dochodzenie 2** a long, thin, metal tool used by doctors to examine parts of the body ▷ **sonda**

> **Problem** wyrazy bliskoznaczne
>
> Rzeczownik **difficulty** jest często używa się zamiast rzeczownika „problem”:
>
> *The company is having some financial **difficulties** at the moment.*
>
> Niewielki, tymczasowy problem możemy w języku nieformalnym określić jako **hitch** lub **hiccup**:
>
> *The ceremony went without a **hitch**.*
>
> *I'm afraid there's been a slight **hiccup** with the arrangements.*
>
> Rzeczowników **hurdle** lub **obstacle** używamy do określenia problemu, z którym musimy sobie poradzić, aby poczynić dalszy postęp:
>
> *Getting a work permit is the first **hurdle/obstacle**.*
>
> Rzeczownika **pitfall** używamy do określenia problemu, którego prawdopodobieństwo zaistnienia w określonej sytuacji jest raczej duże:
>
> *It's just one of the **pitfalls** of buying a house.*
>
> Rzeczownik **setback** określa problem, który sprawia, że coś przebiega wolniej niż powinno:
>
> *The project has suffered a series of **setbacks** this year.*

problem /ˈprɒbləm/ **noun 1** [C] Ⓐ1 a situation that causes difficulties and that needs to be dealt with: *health problems* ◦ *I'm **having problems with** my computer.* ◦ *Drugs have become a serious problem in the area.* ▷ **problem, kłopot 2** [C] a question that you use mathematics to solve ▷ **zadanie 3 have a problem with sth/sb** to find something or someone annoying or offensive: *Yes, she can smoke in the house – I don't have a problem with that.* ▷ **mieć zastrzeżenia do** *czegoś/kogoś* **4 No problem. a** Ⓐ2 something that you say to mean you can or will do what someone has asked you to do: *"Can you get me to the airport by 11.30?" "No problem."* ▷ **Nie ma sprawy! b** Ⓐ2 something that you say when someone has thanked you for something: *"Thanks for taking me home." "No problem."* ▷ **Nie ma sprawy!**

> Wyrazy występujące razem z **problem**
>
> cause/face/have/tackle/pose a problem • a problem **arises** • a big/major/real/serious problem

problematic /ˌprɒbləˈmætɪk/ **adjective** full of problems or difficulties: *He has a very problematic relationship with his father.* ▷ **problematyczny**

procedure /prəʊˈsiːdʒəʳ/ **noun** [C, U] Ⓑ2 the official or usual way of doing something: *The company has new **procedures for** dealing with complaints.* ▷ **procedura**

> Wyrazy występujące razem z **procedure**
>
> follow a procedure • correct/proper/standard procedure • a procedure for (doing) sth

proceed /prəʊˈsiːd/ **verb** [I] formal **1** to continue as planned: *His lawyers have decided not to **proceed with** the case.* ▷ **kontynuować, postępować 2 proceed to do sth** to do something after you have done something else: *She sat down and proceeded to tell me about her skiing trip.* ▷ **przechodzić lub przystępować do** *czegoś* **3 proceed along/down/to, etc** formal to move or travel in a particular direction: *Passengers for Sydney should proceed to gate 21.* ▷ **przejść** *gdzieś*

proceedings /prəˈsiːdɪŋz/ **noun** [plural] **1** legal action against someone: *The bank is threatening to start **legal proceedings** against him.* ▷ **postępowanie, kroki 2** a series of organized events or actions: *The chairman opened the proceedings with a short speech.* ▷ **obrady, przebieg obrad**

proceeds /ˈprəʊsiːdz/ **noun** [plural] the money that is earned from an event or activity: *All proceeds from the concert will go to charity.* ▷ **dochód**

process¹ /ˈprəʊses/ Ⓤⓢ /ˈprɑːses/ **noun** [C] **1** Ⓑ2 a series of actions that you take in order to achieve a result: *Buying a house can be a long and complicated process.* ▷ **proces 2** [C] Ⓑ2 a series of changes that happen naturally: *the **ageing process*** ▷ **proces 3 in the process** If you are doing something, and you do something else in the process, the second thing happens as a result of doing the first thing: *She stood up to say hello and spilled her drink in the process.* ▷ **przy okazji, przy tym, w dodatku 4 be in the process of doing sth** to have started doing something: *We're in the process of painting our apartment.* ▷ **być w trakcie** *czegoś*

process² /ˈprəʊses/ Ⓤⓢ /ˈprɑːses/ **verb** [T] **1** to add chemicals to a substance, especially food, in order to change it or make it last longer: ***processed food*** ▷ **przetwarzać 2** Ⓑ2 to deal with information or documents in an official way: *Visa applications take 28 days to process.* ▷ **przetwarzać 3** When a computer processes data, it does things to it so that it can be used and understood ▷ **przetwarzać**
• **processing noun** [U] *data processing* ▷ **przetwarzanie**

procession /prəˈseʃᵊn/ **noun** [C] a line of people or vehicles that moves forward slowly as part of a ceremony or public event: *a funeral procession* ▷ **pochód, defilada, procesja**

processor /ˈprəʊsesəʳ/ **noun** [C] the main part of a computer that controls all the other parts ▷ **procesor** → See also **food processor**, **word processor**

proclaim /prəʊˈkleɪm/ **verb** [T] formal to announce something officially or in public ▷ **proklamować, deklarować**
• **proclamation** /ˌprɒkləˈmeɪʃᵊn/ **noun** [C] an official announcement about something important ▷ **proklamacja**

procrastinate /prəʊˈkræstɪneɪt/ **verb** [I] formal to wait a long time before doing something that you must do: *I know I've got to deal with the problem at some point – I'm just procrastinating.* ▷ **zwlekać, ociągać się**

procure /prəˈkjʊəʳ/ **verb** [T] formal to obtain something that is difficult to get ▷ **pozyskać**

prod /prɒd/ **verb** (present participle **prodding**, past tense and past participle **prodded**) **1** [I, T] to push someone or something with your finger or with a pointed object: *He prodded me in the back and told me to hurry up.* ▷ **dźgać, szturchać** **2** [T] to encourage someone to do something: [+ into + doing sth] *We need to prod him into making a decision.* ▷ **dopingować, popychać**
• **prod** **noun** [C] [usually singular] *to **give** someone a **prod*** ▷ **bodziec, kuksaniec, dźgnięcie**

prodigious /prəˈdɪdʒəs/ **adjective** formal extremely great in size or ability: *a prodigious talent* ◦ *a prodigious appetite* ▷ **niebywały, wielki**

prodigy /ˈprɒdɪdʒi/ **noun** [C] a young person who is very good at something: *A **child prodigy**, she entered university at the age of eleven.* ▷ **geniusz**

produce[1] /prəˈdjuːs/ **verb** [T] **1** (B1) to make or grow something: *The factory produces about 900 cars a year.* ◦ *This plant will produce small yellow flowers in the spring.* ▷ **wytwarzać, produkować** **2** (B2) to cause a particular reaction or result: *Nuts produce an allergic reaction in some people.* ▷ **powodować, wywoływać** **3** to take an object from somewhere so that people can see it: *One of the men suddenly produced a gun from his pocket.* ▷ **wyjmować** **4** to control how a film, play, programme, or musical recording is made: *He's produced some of the top Broadway shows.* ▷ **być producentem, reżyserować** → See also **mass-produce**

produce[2] /ˈprɒdjuːs/ **noun** [U] food that is grown or made in large quantities to be sold: *dairy produce* ▷ **produkty**

producer /prəˈdjuːsəʳ/ **noun** [C] **1** a company, country, or person that makes goods or grows food: *Australia is one of the world's main producers of wool.* ▷ **producent** **2** (B2) someone who controls how a film, play, programme, or musical recording is made: *a **film/record producer*** ▷ **producent/ka** **3** in the food chain, a plant that can make food from the sun and is then eaten itself ▷ **producent**

product /ˈprɒdʌkt/ **noun** [C] **1** (B1) something that is made or grown to be sold: *They have a new range of skin-care products.* ◦ *Does she eat **dairy products** (= things made from milk)?* ▷ **produkt, wyrób** **2** **product of sth** someone or something that is the result of a particular experience or process: *His lack of confidence is the product of an unhappy childhood.* ▷ **wytwór** *czegoś*, **rezultat** *czegoś* → See also **by-product**, **end-product** **3** a substance formed by a chemical reaction ▷ **produkt (reakcji)** **4** the number you get when you multiply one number by another ▷ **iloczyn**

production /prəˈdʌkʃᵊn/ **noun** **1** [U] (B2) when you make or grow something: *Sand is used in the **production of** glass.* ◦ *The new model **goes into production** (= starts being made) next year.* ▷ **produkcja, wyrób** **2** [U] (B2) the amount of something that is made or grown: *We need to increase production by 20%.* ▷ **produkcja** **3** [C] a performance or series of performances of a play or show: *a school production of 'Romeo and Juliet'* ▷ **przedstawienie, inscenizacja** **4** [U] (B2) when someone controls how a film, play, programme, or musical recording is made: *She wants a career in TV production.* ▷ **produkcja**

> Wyrazy występujące razem z **production**
> sth **goes into** production • production **of** sth

productive /prəˈdʌktɪv/ **adjective** **1** (B2) producing a good or useful result: *We had a very productive meeting and sorted out a lot of problems.* ▷ **owocny, produktywny** **2** (B2) producing a large amount of goods, food, work, etc: *productive land* ◦ *a productive worker* ▷ **produktywny**

productivity /ˌprɒdʌkˈtɪvəti/ **noun** [U] the rate at which goods are produced: *We need to increase productivity by 50%.* ▷ **produktywność**

ˌproduct ˈlife ˌcycle **noun** [C] (abbreviation **PLC**) in business, all the stages that a product goes through from being made to being sold ▷ **cykl życia produktu**

ˈproduct ˌlining **noun** [U] when a business sells several similar or connected products ▷ **oferta produktów powiązanych**

ˈproduct ˌmix **noun** [C, usually singular] the number of different products sold by a business ▷ **asortyment**

Prof /prɒf/ **noun** [C] short for professor: *Prof Susan Nishio* ▷ **Prof. (= Profesor)**

profane /prəˈfeɪn/ **adjective** formal showing no respect for God or for religious or moral rules: ***profane language*** ▷ **wulgarny, bluźnierczy**
• **profanity** /prəˈfænəti/ **noun** [U] formal ▷ **wulgaryzm, wulgaryzmy, bluźnierstwo**

profess /prəˈfes/ **verb** [T] formal to express a quality or belief, often when it is not true: [+ to do sth] *She professes to hate shopping, but she's always buying new things.* ▷ **utrzymywać, twierdzić**

profession /prəˈfeʃᵊn/ **noun** **1** [C] (B1) a type of work that needs special training or education: *He's working in a restaurant, but he's a teacher* ***by profession*** *(= he trained to be a teacher).* ▷ **zawód** **2** [group] B2 the people who do a type of work considered as a group: *The medical profession has expressed concern about the new drug.* ▷ **środowisko**

professional[1] /prəˈfeʃənəl/ **adjective** **1** [always before noun] B2 relating to a job that needs special training or education: *You should get some* ***professional advice*** *about your finances.* ▷ **profesjonalny, zawodowy, fachowy** **2** B1 Someone is professional if they earn money for a sport or activity which most people do as a hobby: *a professional athlete/musician* ▷ **profesjonalny, zawodowy** → Opposite **amateur** **3** B1 showing skill and careful attention: *a professional attitude* ◦ *He looks very professional in that suit.* ▷ **profesjonalny** → Opposite **unprofessional**

professional[2] /prəˈfeʃənəl/ **noun** [C] **1** someone who does a job that needs special training or education ▷ **profesjonalist-a/ka, specjalist-a/ka** **2** someone who has done a job for a long time and who does it with a lot of skill: *She dealt with the problem like a true professional.* ▷ **zawodowiec** **3** B2 someone who earns money for doing a sport or activity which most other people do as a hobby: *a rugby professional* ▷ **profesjonalist-a/ka, zawodowiec** → Opposite **amateur**

professionalism /prəˈfeʃənəlɪzəm/ **noun** [U] the skill and careful attention which trained people are expected to have: *He complained about the lack of professionalism in the company.* ▷ **profesjonalizm**

professionally /prəˈfeʃənəli/ **adverb** **1** in a way that relates to your work: *I know him professionally, but he's not a close friend.* ▷ **z pracy** **2** Work that is done professionally is done by someone who has had special training: *Their house has been professionally decorated.* ▷ **profesjonalnie, fachowo** **3** in a way that shows high standards or skill: *He dealt with the situation very professionally.* ▷ **profesjonalnie** **4** If someone does an activity or sport professionally, they earn money for doing it: *He's good enough at football to* ***play professionally.*** ▷ **profesjonalnie, zawodowo**

professor /prəˈfesər/ **noun** [C] B1 the highest rank of teacher in a British university, or a teacher in an American university or college: *a professor of history at Oxford* ◦ *Professor Blackman* ▷ **profesor**

proffer /ˈprɒfər/ **verb** [T] formal to offer something to someone: *to* ***proffer advice*** ▷ **oferować**

proficiency /prəˈfɪʃənsi/ **noun** [U] when you can do something very well: *The job requires* ***proficiency in*** *written and spoken English.* ▷ **biegłość**

proficient /prəˈfɪʃənt/ **adjective** very good at something: *She's* ***proficient in*** *two languages.* ◦ *I've become quite* ***proficient at*** *repairing bicycles.* ▷ **biegły**

profile[1] /ˈprəʊfaɪl/ **noun** [C] **1** B2 a short description of someone's life, character, work, etc ▷ **charakterystyka, notka biograficzna** **2** a side view of someone's face or head: *The picture shows him* ***in profile.*** ▷ **profil** **3** the amount of attention that something receives: *We need to increase our company's profile in Asia.* ▷ **obecność** **4** **high profile** important and noticeable: *a high-profile job* ▷ **głośny, eksponowany** **5** a description of yourself and your interests on a website ▷ **profil**

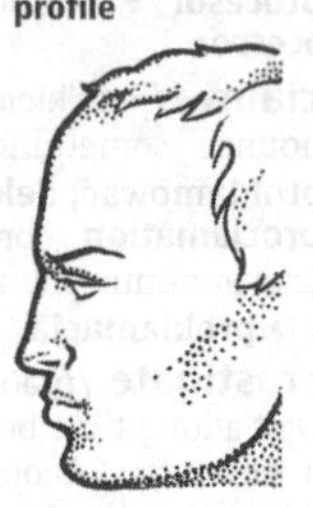

IDIOM **keep a low profile** to try not to be noticed ▷ **nie wychylać się**

> Wyrazy występujące razem z **profile**
> build up/create a profile • a profile of sb/sth

profile[2] /ˈprəʊfaɪl/ **verb** [T] to describe someone's life, character, work, etc ▷ **nakreślać lub przedstawiać sylwetkę**

profit[1] /ˈprɒfɪt/ **noun** [C, U] B2 money that you get from selling goods or services for more than they cost to produce or provide: *a profit of $4.5 million* ◦ *It's very hard for a new business to* ***make a profit*** *in its first year.* ▷ **zysk**

> Wyrazy występujące razem z **profit**
> boost/increase profits • make a profit • profits fall/rise • an annual/big/gross/healthy/large/small profit

profit[2] /ˈprɒfɪt/ **verb**

PHRASAL VERB **profit from sth** to earn a profit or get an advantage from something: *Investors have profited from a rise in interest rates.* ▷ **osiągać zysk lub korzyść z** *czegoś*

profitable /ˈprɒfɪtəbl/ **adjective** **1** B2 making or likely to make a profit: *a profitable business* ▷ **dochodowy, opłacalny** **2** B2 useful or likely to give you an advantage: *a profitable discussion* ▷ **pożyteczny**
• **profitability** /ˌprɒfɪtəˈbɪlɪti/ **noun** [U] ▷ **opłacalność** • **profitably adverb** ▷ **opłacalnie, pożytecznie**

ˌprofit and ˈloss account **noun** [C] a record of the money a business or organization has spent and received ▷ **rachunek zysków i strat**

ˈprofit ˌmargin **noun** [C] the amount of money that you get when you sell a thing or a service, not including the money that it costs to make or provide that thing or service: *Many small companies operate on very narrow profit margins.* ▷ **marża**

ˈprofit ˌsharing noun [U] the system of sharing the money that a company makes between all the people who work for it ▷ **podział zysku**

profound /prəˈfaʊnd/ **adjective 1** If an effect is profound, it is extreme: *The war had a **profound impact** on people's lives.* ▷ **głęboki, ogromny 2** If a feeling is profound, you feel it very strongly: *a **profound sense of** sadness* ▷ **głęboki 3** If an idea or piece of work is profound, it shows intelligence or a great ability to understand: *a profound question* ◦ *His theories were simple, but profound.* ▷ **głęboki**
• **profoundly adverb** ▷ **głęboko**

profusely /prəˈfjuːsli/ **adverb** a lot: *He **apologized profusely** for being late.* ▷ **obficie, hojnie**

profusion /prəˈfjuːʒən/ **noun** [U, no plural] formal an extremely large amount of something: *a profusion of wild flowers* ◦ *Bacteria grow **in profusion** in the warm, wet soil.* ▷ **obfitość**

progesterone /prəˈdʒestərəʊn/ **noun** [U] a female hormone which causes the womb to prepare for pregnancy ▷ **progesteron**

prognosis /prɒgˈnəʊsɪs/ **noun** [C] (plural **prognoses** /prɒgˈnəʊsiːz/) formal **1** a judgment that a doctor makes about an ill person's chance of becoming healthy ▷ **rokowanie 2** an opinion about the future of someone or something: *The prognosis for economic growth is good.* ▷ **prognoza**

program¹ /ˈprəʊgræm/ **noun** [C] **1** (A2) a set of instructions that you put into a computer to make it do something: *to write a **computer program*** ▷ **program 2** US spelling of programme ▷ **program**

program² /ˈprəʊgræm/ **verb** [T] (present participle **programming**, past tense and past participle **programmed**) **1** If you program a computer, you give it a set of instructions to do something. ▷ **programować 2** US spelling of programme ▷ **programować**

programme¹ UK (US **program**) /ˈprəʊgræm/ **noun** [C] **1** (A2) a show on television or radio: *a **TV programme*** ◦ *Did you see that programme about spiders last night?* ▷ **program 2** (B2) a plan of events or activities with a particular purpose: *a health education programme* ▷ **program 3** a thin book that you buy at a theatre, sports event, etc which tells you who or what you are going to see ▷ **program**

programme² UK (US **program**) /ˈprəʊgræm/ **verb** [T] If you programme a machine, you give it a set of instructions to do something: [+ to do sth] *I've programmed the video to start recording at 10 o'clock.* ▷ **programować**

programmer /ˈprəʊgræməʳ/ **noun** [C] someone who writes computer programs as a job ▷ **programist-a/ka**
• **programming noun** [U] (B2) when someone writes computer programs ▷ **programowanie**

progress¹ /ˈprəʊgres/ (US) /ˈprɒgres/ **noun** [U] **1** (B1) development and improvement of skills, knowledge, etc: ***slow/rapid progress*** ◦ *technological progress* ◦ *He has **made** good **progress** in French this year.* ▷ **postęp, postępy 2 in progress** formal (B2) happening or being done now: *Quiet please – Exams in progress.* ▷ **w toku 3** movement towards a place ▷ **postęp**

> Wyrazy występujące razem z **progress**
>
> **halt/impede/make/monitor** progress • **rapid/real/significant/slow/steady** progress • progress **on/toward** sth

progress² /prəʊˈgres/ **verb** [I] **1** (B2) to improve or develop in skills, knowledge, etc: *Technology has progressed rapidly in the last 100 years.* ▷ **rozwijać się 2** to continue gradually: *I began to feel more relaxed as the evening progressed.* ▷ **postępować**

progression /prəʊˈgreʃən/ **noun** [C, U] when something or someone changes to the next stage of development: *a **logical/natural progression*** ◦ *Drugs can stop the progression of the disease.* ▷ **postęp, progresja**

progressive¹ /prəʊˈgresɪv/ **adjective 1** (B2) thinking or behaving in a new or modern way: ***progressive ideas/attitudes*** ▷ **postępowy 2** developing or happening gradually: *a progressive disease* ▷ **postępujący**
• **progressively adverb** gradually: *My headaches are getting **progressively worse**.* ▷ **stopniowo**

progressive² /prəʊˈgresɪv/ **noun the progressive** the form of the verb that is used to show that an action is continuing. In English, the progressive is made with 'be' and the present participle. ▷ **forma ciągła**

prohibit /prəʊˈhɪbɪt/ **verb** [T] formal (B2) to officially forbid something: [often passive] *Smoking is prohibited on most international flights.* ◦ [+ from + doing sth] *The new law prohibits people from drinking alcohol in the street.* ◦ *a **prohibited substance*** ▷ **zabraniać, zakazywać**
• **prohibition** /ˌprəʊhɪˈbɪʃən/ **noun** [U] when something is prohibited ▷ **zakaz**

prohibitive /prəʊˈhɪbətɪv/ **adjective** If the cost of something is prohibitive, it is too expensive for many people: *The cost of flying first class is prohibitive for most people.* ▷ **nie do przyjęcia, wygórowany**
• **prohibitively adverb** ***prohibitively expensive*** ▷ **nie do przyjęcia**

project¹ /ˈprɒdʒekt/ **noun** [C] **1** (B2) a carefully planned piece of work that has a particular purpose: *a research project* ◦ *The new building project will cost $45 million.* ▷ **projekt, przedsięwzięcie, zamierzenie, inwestycja 2** (A2) a piece of school work that involves detailed study of a subject: *We're **doing** a class **project on** the environment.* ▷ **referat, zadanie**

project² /prəʊˈdʒekt/ **verb 1** [T] to calculate an amount or make a guess about the future based on information that you have: [often passive,

P

+ to do sth] *As people live longer, the demand for health care is projected to increase dramatically.* ◦ ***projected costs/growth*** ▷ **prognozować, przewidywać** **2** [T] to show a film or other image on a screen or a wall: *Laser images were **projected onto** a screen.* ▷ **wyświetlać** **3** [T] If you project a particular quality, that quality is what most people notice about you: *She **projected an image** of strong leadership.* ▷ **stwarzać wrażenie** **4 project from/into/out, etc** formal to stick out ▷ **wystawać**

projection /prəʊˈdʒekʃən/ **noun** **1** [C] a calculation or guess about the future based on information that you have: *government projections of population growth* ▷ **prognoza** **2** [U] when a film or an image is projected onto a screen or wall ▷ **projekcja**

projector /prəʊˈdʒektər/ **noun** [C] a machine that projects films, pictures or words onto a screen or a wall ▷ **projektor**

proletariat /ˌprəʊlɪˈteəriət/ **noun** [no plural] the social class of people who have little money and who usually do physical work ▷ **proletariat**

proliferate /prəʊˈlɪfəreɪt/ **verb** [I] formal to increase in number very quickly ▷ **szerzyć się, mnożyć się**

proliferation /prəʊˌlɪfərˈeɪʃən/ **noun** [U] when something increases in number very quickly: *the proliferation of new TV channels* ▷ **(niekontrolowany) rozwój**

prolific /prəʊˈlɪfɪk/ **adjective** producing a lot of something: *a **prolific writer**/composer* ▷ **płodny**

prologue /ˈprəʊlɒg/ **noun** [C] an introduction to a book, film, or play ▷ **prolog**

prolong /prəʊˈlɒŋ/ **verb** [T] to make something last longer: *Eating a good diet can prolong your life.* ▷ **przedłużać**

prolonged /prəʊˈlɒŋd/ **adjective** continuing for a long time: *a prolonged illness* ▷ **długotrwały**

prom /prɒm/ **noun** [C] in the US, a formal dance party for older students held at the end of the school year: *a school prom* ▷ **bal szkolny lub maturalny**

promenade /ˌprɒməˈnɑːd/ **noun** [C] a wide path by the sea ▷ **promenada**

prominence /ˈprɒmɪnəns/ **noun** [U] when someone or something is important or famous: *He first **came to prominence** as a singer in the 1980s.* ▷ **sława, znaczenie**

prominent /ˈprɒmɪnənt/ **adjective** **1** important or famous: *a **prominent figure*** ▷ **sławny, wybitny, znaczący** **2** very easy to see or notice: *a **prominent feature*** ▷ **widoczny, wydatny**
• **prominently adverb** ▷ **wybitnie, znacząco, wydatnie**

promiscuous /prəˈmɪskjuəs/ **adjective** Someone who is promiscuous has sex with a lot of people. ▷ **mający wielu partnerów, rozwiązły**
• **promiscuity** /ˌprɒmɪˈskjuːəti/ **noun** [U] when someone is promiscuous ▷ **promiskuityzm, rozwiązłość**

promise¹ /ˈprɒmɪs/ **verb** **1** [I, T] (B1) to say that you will certainly do something or that something will certainly happen: [+ to do sth] *She promised to write to me every week.* ◦ [+ (that)] *Paul promised me that he'd cook dinner tonight.* ▷ **obiecywać, przyrzekać** **2** [+ two objects] (B1) to say that you will certainly give something to someone: *They promised us a reward.* ▷ **obiecywać, przyrzekać** **3 promise to be sth** (B2) If something promises to be good, exciting, etc, people expect that it will be good, exciting, etc. ▷ **zapowiadać się na** *coś*

promise² /ˈprɒmɪs/ **noun** **1** (B1) [C] when you say that you will certainly do something: *I'm not sure I can do it so I won't **make** any **promises**.* ▷ **obietnica, przyrzeczenie** **2 keep/break a promise** (B2) to do/not do what you said that you would do ▷ **dotrzymać/nie dotrzymać słowa lub obietnicy** **3 show promise** If someone or something shows promise, they are likely to be successful: *As a child, he showed great promise as an athlete.* ▷ **dobrze się zapowiadać**

> Wyrazy występujące razem z **promise**
> break/keep/make/renege on a promise • a broken/rash/solemn/vague promise

promising /ˈprɒmɪsɪŋ/ **adjective** likely to be very good or successful in the future: *a promising student* ◦ *a **promising start** to the game* ▷ **obiecujący**

promo /ˈprəʊməʊ/ **noun** [C] informal an advertisement, especially a short film ▷ **reklamówka, reklama**

promote /prəˈməʊt/ **verb** [T] **1** to encourage something to happen or develop: *to **promote** good **health/peace*** ▷ **wspierać, promować** **2** (B2) to advertise something: *The band is promoting their new album.* ▷ **promować** **3** (B1) to give someone a more important job in the same organization: [often passive] *She's just been **promoted to** manager.* ▷ **awansować**

promoter /prəˈməʊtər/ **noun** [C] **1** someone who organizes a large event: *a concert promoter* ▷ **organizator, patron** **2** someone who tries to encourage something to happen or develop: *a promoter of sexual equality* ▷ **propagator/ka**

promotion /prəˈməʊʃən/ **noun** **1** [C, U] (B2) activities to advertise something: *a **sales promotion*** ◦ *They're giving away free T-shirts as a special promotion.* ▷ **promocja, promocje** **2** [C, U] (B2) when someone is given a more important job in the same organization: *She was **given a promotion** in her first month with the company.* ▷ **awans** **3** [U, no plural] when you encourage something to happen or develop: *the promotion of a healthy lifestyle* ▷ **promocja, wspieranie**

> **Wyrazy występujące razem z promotion**
> **gain/get/be given** a promotion • promotion **to sth**

promotional /prəˈməʊʃənəl/ **adjective** Promotional items or activities are used to advertise something: *a* ***promotional campaign*** ▷ **promocyjny, reklamowy**

prompt¹ /prɒmpt/ **verb** [T] **1** to cause something: *His remarks prompted a lot of discussion.* ▷ **wywoływać 2 prompt sb to do sth** to cause someone to do sth: *What prompted him to leave?* ▷ **pobudzać lub dopingować lub popychać** *kogoś* **do** (*zrobienia*) *czegoś* **3** to help someone, often an actor, remember what they were going to say or do ▷ **podpowiadać, suflerować**

prompt² /prɒmpt/ **adjective** B2 done or acting quickly and without waiting, or arriving at the correct time: *a* ***prompt reply*** ◦ ***prompt payment*** ▷ **natychmiastowy, niezwłoczny, punktualny**
• **promptly adverb** B2 ▷ **niezwłocznie, natychmiast, punktualnie**

prone /prəʊn/ **adjective 1 be prone to sth/ doing sth** to often do something or suffer from something, especially something bad: *I'm prone to headaches.* ▷ **mieć skłonność do** *czegoś* **lub ku** *czemuś* **2 accident-/injury-, etc prone** often having accidents/injuries, etc ▷ **podatny na wypadki/urazy** *itp.* → See also **accident-prone**

pronoun /ˈprəʊnaʊn/ **noun** [C] B1 a word that is used instead of a noun which has usually already been talked about. For example the words 'she', 'it', and 'mine' are pronouns. ▷ **zaimek** → See also **personal pronoun, relative pronoun**

pronounce /prəˈnaʊns/ **verb** [T] **1** B1 to make the sound of a letter or word: *How do you pronounce his name?* ▷ **wymawiać 2 pronounce sb/sth dead/a success, etc** formal to state that something is true in an official or formal way: *Doctors pronounced him dead at 12.23 a.m.* ▷ **uznawać** *kogoś/coś* **za martwego/sukces** *itp.*

pronounced /prəˈnaʊnst/ **adjective** very easy to notice: *She spoke with a pronounced American accent.* ▷ **wyraźny**

pronouncement /prəʊˈnaʊnsmənt/ **noun** [C] formal an official announcement: *to* ***make*** *a* ***pronouncement*** ▷ **oświadczenie**

pronunciation /prəˌnʌnsiˈeɪʃən/ **noun** [C, U] B1 how words are pronounced: *There are two different pronunciations of this word.* ▷ **wymowa**

proof /pruːf/ **noun** [U] B2 a fact or a piece of information that shows something exists or is true: *She showed us her passport as* ***proof of*** *her identity.* ◦ [+ (that)] *My landlord has asked for proof that I'm employed.* ▷ **dowód**

> **Wyrazy występujące razem z proof**
> **have/provide** proof • **conclusive/positive/ scientific** proof • proof **of sth**

-proof /pruːf/ **suffix** used at the end of words to mean 'protecting against' or 'not damaged by': *a bulletproof vest* ◦ *a waterproof jacket* ▷ **-odporny**

prop¹ /prɒp/ **verb** (present participle **propping**, past tense and past participle **propped**) **prop sth against/on, etc** to put something somewhere so that it is supported on or against something: *He propped the ladder against the wall.* ▷ **opierać** *coś* **o/na**

PHRASAL VERB **prop sth up 1** to lift and give support to something by putting something under it: *We had to prop up the bed with some bricks.* ▷ **podpierać** *coś* **2** to help something to continue: *For years the industry was propped up by the government.* ▷ **wspomagać** *coś*

prop² /prɒp/ **noun** [C] an object used in a film or play: *a* ***stage prop*** ▷ **rekwizyt**

propaganda /ˌprɒpəˈgændə/ **noun** [U] information or ideas, which are often false, that an organization prints or broadcasts to make people agree with what it is saying: ***political propaganda*** ▷ **propaganda**
• **propagandist noun** [C] someone who creates, prints, or broadcasts propaganda ▷ **propagandzist-a/ka**

propagate /ˈprɒpəgeɪt/ **verb** formal **1** [I, T] If you propagate plants, you help them to produce new plants, and if plants propagate, they produce new plants. ▷ **rozmnażać (się) 2** [T] to tell your ideas or opinions to a lot of people in order to make them agree with what you are saying: *to* ***propagate lies/rumours*** ▷ **szerzyć, propagować**
• **propagation** /ˌprɒpəˈgeɪʃən/ **noun** [U] formal ▷ **rozmnażanie, propagowanie**

propane /ˈprəʊpeɪn/ **noun** [U] a colourless gas used as fuel, especially in cooking and heating (formula C_3H_8) ▷ **propan**

propel /prəˈpel/ **verb** [T] (present participle **propelling**, past tense and past participle **propelled**) **1 propel sb into/to sth** to cause someone to do an activity or be in a situation: *The film propelled him to international stardom.* ▷ **popychać** *kogoś* **do** *czegoś* **lub ku** *czemuś* **2** to push or move something somewhere, often with a lot of force: *a rocket propelled through space* ▷ **napędzać, wprawiać w ruch**

propeller /prəˈpelər/ **noun** [C] a piece of equipment made of two or more flat metal pieces that turn around and cause a ship or aircraft to move ▷ **śmigło**

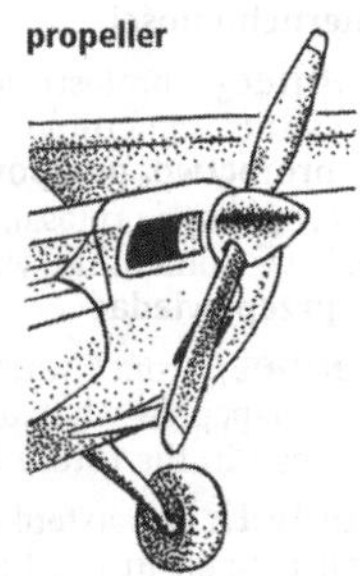

propensity /prəʊˈpensəti/ **noun** [C] formal If someone has a propensity for something or to do something, they often do it: *to have a **propensity for** violence* ◦ *a propensity to talk too much* ▷ **skłonność**

proper /ˈprɒpəʳ/ **adjective 1** [always before noun] Ⓑ1 correct or suitable: *the **proper way** to do something* ◦ *Please put those books back in the **proper place**.* ▷ **właściwy, odpowiedni 2** [always before noun] mainly UK Ⓑ1 real and satisfactory: *his first **proper job*** ◦ *You should eat some proper food instead of just sweets.* ▷ **porządny, prawdziwy 3** socially acceptable: *It's not proper to interrupt someone when they're speaking.* ▷ **stosowny 4** [always after noun] referring to the main or most important part of something: *I live outside Cambridge – I don't live in the city proper.* ▷ **sam**

ˌproper ˈfraction noun [C] a fraction in which the number under the line is larger than the number above it: *3/4 and 5/8 are proper fractions.* ▷ **ułamek właściwy** → Compare **improper fraction**

properly /ˈprɒpəli/ **adverb** Ⓑ1 correctly, or in a satisfactory way: *She doesn't eat properly.* ▷ **prawidłowo, odpowiednio**

ˌproper ˈnoun noun [C] Ⓑ2 a word or group of words that is the name of a person or place and always begins with a capital letter. For example 'Tony' and 'London' are proper nouns. ▷ **nazwa własna**

property /ˈprɒpəti/ **noun 1** [C, U] Ⓑ2 a building or area of land: *There are several properties for sale in this area.* ◦ ***Private property*** *– no parking.* ◦ *a **property developer*** ▷ **nieruchomość, nieruchomości 2** [U] Ⓑ1 objects that belong to someone: *The police recovered a large amount of **stolen property**.* ▷ **własność, majątek 3** [C] a quality of something: *the **medicinal properties** of wild plants* ▷ **cecha, własność** → See also **lost property**

> Wyrazy występujące razem z **property**
>
> private property • property **prices** • a property **developer**

the ˈproperty ˌladder noun a process in which you buy a small house and then sell it to buy a bigger house when you have more money: *When house prices are high, it is hard for buyers to **move up the property ladder**.* ▷ **drabina nieruchomości**

prophecy /ˈprɒfəsi/ **noun** [C, U] when someone says that something will happen in the future ▷ **proroctwo, przepowiednia**

• **prophesy** /ˈprɒfəsaɪ/ **verb** [I, T] to say that you believe something will happen in the future ▷ **przepowiadać**

prophet /ˈprɒfɪt/ **noun** [C] someone sent by God to tell people what to do, or to say what will happen in the future ▷ **prorok/ini**

prophetic /prəʊˈfetɪk/ **adjective** saying what will happen in the future: *a **prophetic dream**/vision* ◦ *Her warnings **proved prophetic**.* ▷ **proroczy**

proponent /prəʊˈpəʊnənt/ **noun** [C] formal someone who supports a particular idea or plan of action: *a proponent of nuclear energy* ▷ **zwolenni-k/czka**

proportion /prəˈpɔːʃən/ **noun 1** [C] a part of a total number or amount: *Children make up a large **proportion of** the world's population.* ◦ *The class consists of both men and women **in** roughly **equal proportions**.* ▷ **proporcja 2 out of proportion** If something is out of proportion, it is much bigger or smaller than it should be, when compared to other things: *The punishment is completely out of proportion to the crime.* ▷ **niewspółmierny, nieproporcjonalny 3 in proportion** If something is in proportion, it is the right size or shape when compared to other things. ▷ **proporcjonalny 4 in proportion to** If something changes in proportion to another thing, it changes to the same degree as that thing: *Your tax payment increases in proportion to your salary.* ▷ **proporcjonalnie do**

IDIOM **blow/get sth out of proportion** to behave as if something that has happened is much worse than it really is ▷ **wyolbrzymiać** *coś*, **demonizować** *coś*

proportional /prəˈpɔːʃənəl/ **adjective** If two amounts are proportional, they change at the same rate so that the relationship between them does not change: *Weight is **proportional to** size.* ▷ **proporcjonalny**

proˌportional ˌrepresenˈtation noun [U] a system of voting in which the number of a political party's elected representatives is related to the number of votes the party gets ▷ **reprezentacja proporcjonalna**

proportionate /prəˈpɔːʃənət/ **adjective** If two amounts are proportionate, they change at the same rate so that the relationship between them does not change: *His success was **proportionate to** his efforts.* ▷ **proporcjonalny** → Opposite **disproportionate**

• **proportionately adverb** ▷ **proporcjonalnie**

proportions /prəˈpɔːʃənz/ **noun** [plural] the size, shape, or level of something: *Crime has increased to **alarming proportions**.* ▷ **rozmiary, proporcje**

proposal /prəˈpəʊzəl/ **noun** [C] **1** Ⓑ2 a suggestion for a plan: [+ to do sth] *a proposal to raise taxes* ◦ *The **proposal for** a new sports hall has been rejected.* ▷ **propozycja 2** Ⓑ2 when someone asks someone to marry them ▷ **oświadczyny**

propose /prəˈpəʊz/ **verb 1** [T] Ⓑ2 to suggest a plan or action: [+ (that)] *I propose that we delay our decision until we have more information.* ◦ ***proposed changes*** ▷ **proponować 2 propose to do sth** Ⓑ2 to intend to do something: *They propose to cycle across Europe.* ▷ **zamierzać** *coś* **(***zrobić***) 3** [I] Ⓑ2 to ask someone to marry you: *He* ***proposed to*** *me on my birthday.* ▷ **oświadczać się**

proposition /ˌprɒpəˈzɪʃən/ **noun** [C] **1** an offer or suggestion, usually in business: *an* ***attractive/ interesting proposition*** ▷ **propozycja 2** an idea or opinion: [+ that] *the proposition that all people are created equal* ▷ **twierdzenie 3** in the US, a formal plan that people accept or refuse by voting ▷ **propozycja (uchwały)**

proprietary /prəˈpraɪətəri/ **adjective** [always before noun] formal owned or controlled by a company ▷ **firmowy**

proprietor /prəˈpraɪətəʳ/ **noun** [C] formal the owner of a business such as a hotel, shop, newspaper, etc ▷ **właściciel/ka**

propriety /prəˈpraɪəti/ **noun** [U] formal socially acceptable behaviour ▷ **przyzwoitość, stosowność**

propulsion /prəˈpʌlʃən/ **noun** [U] a force that pushes something forward: *jet propulsion* ▷ **napęd**

prosaic /prəʊˈzeɪɪk/ **adjective** formal ordinary and not interesting ▷ **prozaiczny**

prose /prəʊz/ **noun** [U] ordinary written language that is not poetry: *He's a wonderful writer – readers love his clear and lively prose.* ▷ **proza**

prosecute /ˈprɒsɪkjuːt/ **verb** [I, T] to accuse someone of a crime in a law court: *No one has been* ***prosecuted for*** *the murders.* ▷ **zaskarżyć, oskarżyć**

prosecution /ˌprɒsɪˈkjuːʃən/ **noun 1 the prosecution** [group] the lawyers who are prosecuting someone in a court of law: *The prosecution will begin presenting evidence today.* ▷ **oskarżenie 2** [C, U] when someone is prosecuted ▷ **oskarżenie**

prosecutor /ˈprɒsɪkjuːtəʳ/ **noun** [C] a lawyer who prosecutes people ▷ **prokurator, oskarżyciel/ka**

> Wyrazy występujące razem z **prospect**
>
> face the prospect of sth • with the prospect of sth • at the prospect of sth

prospect /ˈprɒspekt/ **noun 1** [C, U] (B2) the possibility that something good might happen in the future: *Is there any* ***prospect of*** *the weather improving?* ▷ **perspektywa 2** [no plural] the idea of something that will happen in the future: [+ of + doing sth] *We* ***face the prospect of*** *having to start all over again.* ◦ *I'm very excited* ***at the prospect*** *of seeing her again.* ▷ **perspektywa 3 sb's prospects** (B2) the possibility of being successful at work: *He's hoping the course will improve his* ***career prospects.*** ▷ *czyjeś* **perspektywy**

prospective /prəˈspektɪv/ **adjective prospective buyers/employers/parents, etc** Prospective buyers, employers, parents, etc are not yet buyers, employers, parents, etc but are expected to be in the future. ▷ **potencjalni nabywcy/ pracodawcy/rodzice** *itp.*

prospectus /prəˈspektəs/ **noun** [C] a book or magazine which gives information about a school, college, or business for future students or customers ▷ **informator**

prosper /ˈprɒspəʳ/ **verb** [I] to be successful, usually by earning a lot of money ▷ **prosperować**

prosperity /prɒsˈperəti/ **noun** [U] when someone is successful, usually by earning a lot of money ▷ **dobrobyt**

prosperous /ˈprɒspərəs/ **adjective** successful, usually by earning a lot of money ▷ **prosperujący, zamożny**

prostate gland /ˈprɒsteɪtˌglænd/ **noun** [C] a small organ in a man's body near to the penis, which produces a liquid that carries the sperm ▷ **prostata**

prostitute /ˈprɒstɪtjuːt/ **noun** [C] someone whose job is having sex with people ▷ **prostytutka**

• **prostitution** /ˌprɒstɪˈtjuːʃən/ **noun** [U] ▷ **prostytucja**

prostrate /ˈprɒstreɪt/ **adjective** lying flat on the ground with your face pointing down ▷ **leżący twarzą w dół**

protagonist /prəʊˈtægənɪst/ **noun** [C] formal the main character in a play, film, or story ▷ **protagonist-a/ka**

protease /ˈprəʊtiːeɪz/ **noun** [U] an enzyme which causes proteins to break into smaller pieces ▷ **proteaza**

protect /prəˈtekt/ **verb** [I, T] (B1) to keep someone or something safe from something dangerous or bad: *It's important to* ***protect*** *your skin* ***from*** *the harmful effects of the sun.* ◦ *Vitamin C may help* ***protect against*** *cancer.* ▷ **chronić**

• **protection** /prəˈtekʃən/ **noun** [U] (B2) *This coat doesn't provide any* ***protection against*** *the rain.* ▷ **zabezpieczenie, ochrona**

protectionism /prəˈtekʃənɪzəm/ **noun** [U] when a government tries to help its country's trade or industry by making things that are from other countries more expensive to buy ▷ **protekcjonizm**

protective /prəˈtektɪv/ **adjective 1** (B2) giving protection: ***protective clothing*** ◦ *a protective mask* ▷ **ochronny 2** wanting to protect someone from criticism, hurt, danger, etc because you like them: *She's fiercely* ***protective of*** *her children.* ▷ **opiekuńczy**

protector /prəˈtektəʳ/ **noun** [C] someone or something that protects ▷ **obroń-ca/czyni**

protein /ˈprəʊtiːn/ **noun** [U] food such as meat, cheese, fish, or eggs that is necessary for the body to grow and be strong ▷ **białko, proteina**

protest[1] /ˈprəʊtest/ **noun** [C, U] (B2) when people show that they disagree with something by standing somewhere, shouting, carrying signs, etc: *a* ***protest against*** *the war* ◦ *a* ***peaceful/ violent protest*** ▷ **protest**

Wyrazy występujące razem z protest

hold/stage a protest • do sth as a protest • in protest at sth • a protest against/over sth • a protest by/from sb

protest² /prəʊˈtest/ **verb** **1 protest (about/against/at sth)** B2 to show that you disagree with something by standing somewhere, shouting, carrying signs, etc: *Students were protesting about cuts to the education budget.* ▷ **protestować (przeciw/przeciwko** *czemuś***)** **2 protest sth** US B2 to show that you disagree with something by standing somewhere, shouting, carrying signs, etc: *Thousands gathered to protest the plan.* ▷ **protestować przeciw lub przeciwko** *czemuś* **3** B2 [I, T] to say something forcefully or complain about something: [+ that] *The girl was crying, protesting that she didn't want to leave her mother.* ▷ **zapewniać, protestować**

Protestant /ˈprɒtɪstᵊnt/ **adjective** belonging or relating to the part of the Christian religion that separated from the Roman Catholic Church in the 1500s ▷ **protestancki**
• **Protestant** noun [C] ▷ **protestant/ka** • **Protestantism** noun [U] the beliefs of the Protestant Churches ▷ **protestantyzm, religia protestancka**

protestation /ˌprɒtesˈteɪʃᵊn/ **noun** [C] formal when someone says something forcefully or complains about something: *He was arrested despite his protestations of innocence.* ▷ **zapewnienie, protest**

protester (also **protestor**) /prəˈtestəʳ/ **noun** [C] someone who shows that they disagree with something by standing somewhere, shouting, carrying signs, etc ▷ **protestując-y/a, demonstrant/ka**

protégé /ˈprɒtəʒeɪ/ **noun** [C] a young person who is helped and taught by an older and usually famous person ▷ **protegowan-y/a**

protium /ˈprəʊtiəm/ **noun** [U] the most common isotope of hydrogen ▷ **prot, wodór lekki**

protocol /ˈprəʊtəkɒl/ **noun** [C, U] the rules about what you must do and how you must behave in official or very formal situations: *royal protocol* ▷ **protokół**

proton /ˈprəʊtɒn/ **noun** [C] a part of an atom with a positive electrical charge ▷ **proton**

protoplasm /ˈprəʊtəplæzᵊm/ **noun** [U] the clear liquid which is inside all living cells ▷ **protoplazma**

prototype /ˈprəʊtəʊtaɪp/ **noun** [C] the first model or example of something new that can be developed or copied in the future: *a **prototype for** a new car* ▷ **prototyp**

protozoan /ˌprəʊtəʊˈzəʊən/ **noun** [C] (plural **protozoans** or **protozoa**) a very small animal with only one cell ▷ **pierwotniak**

protracted /prəˈtræktɪd/ **adjective** If an unpleasant situation is protracted, it lasts a long time: *a **protracted dispute/struggle*** ▷ **przedłużający się**

protractor /prəˈtræktəʳ/ **noun** [C] a device used for measuring and drawing angles, usually a half circle made from clear plastic with degrees (°) on it ▷ **kątomierz**

protrude /prəʊˈtruːd/ **verb** [I] If something such as a part of the body protrudes, it comes out from the surface more than usual: *protruding ears/teeth* ▷ **wystawać, sterczeć**

proud /praʊd/ **adjective** **1** B1 feeling very pleased about something you have done, something you own, or someone you know: *She was so **proud of** her son.* ◦ [+ to do sth] *I'm very proud to be involved in this project.* ▷ **dumny** **2 be too proud to do sth** B2 to not be able to do something, especially ask for help, because you are too embarrassed: *He's too proud to ask you for any money.* ▷ **być zbyt dumnym aby** *coś zrobić* **3** feeling that you are more important than you really are ▷ **dumny, wyniosły**

Wyrazy występujące razem z proud

fiercely/immensely/rightly proud • proud of sth/sb

proudly /ˈpraʊdli/ **adverb** B2 in a way that shows you are pleased about something you have done, something you own, or someone you know: *He proudly showed us a photo of his grandchildren.* ▷ **dumnie, z dumą**

prove /pruːv/ **verb** [T] (past tense **proved**, past participle mainly US **proven**) **1** B1 to show that something is true: *They knew who had stolen the money, but they couldn't prove it.* ◦ [+ (that)] *Can you prove that you weren't there?* ▷ **udowodnić** → Opposite **disprove** **2 prove sth/to be sth** B2 to show a particular quality after a period of time: *The new treatment has proved to be very effective.* ▷ **okazywać się** *jakimś* **3 prove yourself** to show that you are good at something: *I wish he'd stop trying to prove himself all the time.* ▷ **sprawdzić się**

proven /ˈpruːvᵊn/ **adjective** If something is proven, it has been shown to be true: ***proven ability/skills*** ▷ **dowiedziony, udowodniony, sprawdzony**

proverb /ˈprɒvɜːb/ **noun** [C] a famous phrase or sentence which gives you advice: *an ancient Chinese proverb* ▷ **przysłowie**
• **proverbial** /prəʊˈvɜːbiəl/ **adjective** relating to a proverb ▷ **przysłowiowy**

provide /prəʊˈvaɪd/ **verb** [T] B1 to supply something to someone: *This booklet provides useful information about local services.* ◦ *It's a new scheme to **provide** schools **with** free computers.* ▷ **dostarczać, zaopatrywać**
• **provider** noun [C] someone who provides something: *an Internet service provider* ▷ **dostawca, dostarczyciel/ka**

PHRASAL VERB **provide for sb** to give someone the things they need such as money, food, or clothes: *He has a wife and two young children to provide for.* ▷ **utrzymywać** *kogoś*

provided (that) /prəˈvaɪdɪd/ **conjunction** (also **providing (that)**) B2 only if: *He's welcome to come along, provided that he behaves himself.* ▷ **pod warunkiem, że, o ile**

province /ˈprɒvɪns/ **noun** **1** [C] one of the large areas which some countries are divided into because of the type of government they have: *the Canadian province of Alberta* ▷ **prowincja** **2 the provinces** the areas of a country that are not the capital city and so are not considered exciting or fashionable ▷ **prowincja**

provincial /prəˈvɪnʃəl/ **adjective** **1** relating to a province ▷ **prowincjonalny, prowincji** **2** relating to or typical of the provinces: *a provincial town* ◦ *provincial attitudes* ▷ **prowincjonalny**

provision /prəˈvɪʒən/ **noun** **1** [U, no plural] when something is provided for someone: *We need to increase **the provision of** health care for the elderly.* ▷ **zapewnienie** **2 make provision for sth** to make arrangements to deal with something: *He hasn't made any provision for his retirement yet.* ▷ **zabezpieczać się na wypadek** *czegoś*, **przygotowywać się na** *coś* **3** [C] a rule that is part of a law or an agreement ▷ **klauzula, warunek**

provisional /prəˈvɪʒənəl/ **adjective** If a situation or arrangement is provisional, it is not certain and might change in the future: *These dates are only provisional at the moment.* ▷ **tymczasowy, prowizoryczny**
• **provisionally adverb** ▷ **tymczasowo, prowizorycznie**

provisions /prəˈvɪʒənz/ **noun** [plural] supplies of food and other necessary items ▷ **prowiant**

proviso /prəˈvaɪzəʊ/ **noun** [C] formal something that must happen as part of an agreement: *He was released from prison **with the proviso that** he doesn't leave the country.* ▷ **warunek**

provocation /ˌprɒvəˈkeɪʃən/ **noun** [C, U] when someone makes you angry: *He'll start a fight **at the slightest provocation**.* ▷ **prowokacja**

provocative /prəˈvɒkətɪv/ **adjective** **1** causing an angry reaction, usually intentionally: *a provocative question/remark* ▷ **prowokacyjny, prowokujący** **2** Provocative clothes, images, etc are sexually exciting. ▷ **wyzywający**
• **provocatively adverb** *She dresses very provocatively.* ▷ **prowokacyjnie, prowokująco, wyzywająco**

provoke /prəˈvəʊk/ **verb** [T] **1** to cause a strong and usually angry reaction: *to **provoke** an **argument*** ◦ *Her statement has **provoked** a public **outcry**.* ▷ **prowokować, wywoływać** **2** to intentionally make someone angry so that they react in an angry or violent way: *He claimed he was provoked by the victim.* ▷ **prowokować**

prowess /ˈpraʊɪs/ **noun** [U] formal when you are good at doing something: ***athletic/sporting prowess*** ▷ **sprawność**

prowl[1] /praʊl/ **verb** [I, T] to walk around somewhere slowly as if hunting someone or something: *to prowl the streets* ▷ **grasować (po)**

prowl[2] /praʊl/ **noun** **be on the prowl** to be hunting for someone or something ▷ **grasować, czaić się**

proximity /prɒkˈsɪməti/ **noun** [U] formal when something is near to something else: *What's good about this hotel is its **proximity to** the airport.* ▷ **bliskość**

proxy /ˈprɒksi/ **noun** **by proxy** using another person to do something instead of doing something yourself: *to vote by proxy* ▷ **przez pełnomocnika**

Prozac /ˈprəʊzæk/ **noun** [U] trademark a drug that is used to make people feel happier and less worried: *She's **on Prozac** because of her depression.* ▷ **Prozac**

prude /pruːd/ **noun** [C] someone who does not like to hear or see things relating to sex: *Don't be such a prude.* ▷ **świętosz-ek/ka**
• **prudish adjective** *a prudish woman* ▷ **pruderyjny**

prudent /ˈpruːdənt/ **adjective** formal wise and careful: [+ to do sth] *I think it would be prudent to leave now before it starts raining.* ▷ **roztropny**
• **prudence** /ˈpruːdəns/ **noun** [U] formal ▷ **roztropność** • **prudently adverb** ▷ **roztropnie**

prune[1] /pruːn/ **verb** [T] If you prune a tree or bush, you cut off some of the branches or flowers to help it grow better. ▷ **przycinać**

prune[2] /pruːn/ **noun** [C] a dried plum ▷ **suszona śliwka**

pry /praɪ/ **verb** **1** [I] to try to discover private things about people: *to **pry into** someone's personal life.* ◦ *She wanted a private holiday away from **prying eyes**.* ▷ **wtrącać się, węszyć** **2 pry sth apart/loose/open, etc** to open something with difficulty: *She managed to pry open a window and escape.* ▷ **rozdzielać/podważać/wyważać** *coś*

PS /ˌpiːˈes/ used when you want to add extra information at the end of a letter or email: *PS Give my love to Emma.* ▷ **PS (= postscriptum)**

psalm /sɑːm/ **noun** [C] a song or poem from the Bible ▷ **psalm**

pseudo- /sjuːdəʊ-/ **prefix** false: *a pseudonym (= a false name, especially by a writer)* ◦ *pseudo-academic* ▷ **pseudo-**

pseudonym /ˈsjuːdənɪm/ **noun** [C] a name used by a writer instead of their own name: *He writes **under** a **pseudonym**.* ▷ **pseudonim**

PSNCR /ˌpiːesensiːˈɑːr/ **noun** [C, usually singular] public sector net cash requirement: the difference between how much money the UK government spends and how much it receives ▷ **deficyt sektora finansów publicznych**

psych /saɪk/ **verb**

PHRASAL VERB **psych yourself up** informal to try to make yourself feel confident and ready to do

P

something difficult ▷ **przygotowywać się (psychicznie), nastawiać się**

psyche /ˈsaɪki/ **noun** [C] the human mind and feelings: *the male psyche* ▷ **psychika**

psychedelic /ˌsaɪkəˈdelɪk/ **adjective** **1** Psychedelic drugs make you see things that are not really there. ▷ **halucynogenny** **2** Psychedelic colours or patterns are very strong, bright, and strange. ▷ **psychodeliczny**

psychiatrist /saɪˈkaɪətrɪst/ **noun** [C] a doctor who is trained in psychiatry ▷ **psychiatra**

psychiatry /saɪˈkaɪətri/ **noun** [U] the study and treatment of mental illness ▷ **psychiatria**

• **psychiatric** /ˌsaɪkiˈætrɪk/ **adjective** relating to psychiatry: *a psychiatric disorder* ◦ *a psychiatric nurse* ▷ **psychiatryczny**

psychic /ˈsaɪkɪk/ **adjective** having a special mental ability, for example so that you are able to know what will happen in the future or know what people are thinking: ***psychic powers*** ▷ **parapsychologiczny, jasnowidzący**

psycho /ˈsaɪkəʊ/ **noun** [C] informal someone who is crazy and frightening ▷ **psychol, pomyleniec**

psychoanalysis /ˌsaɪkəʊəˈnæləsɪs/ **noun** [U] the treatment of mental problems by studying and talking about people's dreams, fears, and experiences ▷ **psychoanaliza**

• **psychoanalytic** /ˌsaɪkəʊˌænəlˈɪtɪk/ **adjective** relating to psychoanalysis ▷ **psychoanalityczny**

psychoanalyst /ˌsaɪkəʊˈænəlɪst/ **noun** [C] someone who treats people using psychoanalysis ▷ **psychoanality-k/czka**

psychological /ˌsaɪkəlˈlɒdʒɪkəl/ **adjective** B2 relating to the human mind and feelings: *psychological problems* ▷ **psychiczny, psychologiczny**

• **psychologically** **adverb** B2 ▷ **psychicznie, psychologicznie**

psychologist /saɪˈkɒlədʒɪst/ **noun** [C] B2 someone who has studied the human mind and feelings ▷ **psycholog**

psychology /saɪˈkɒlədʒi/ **noun** [U] **1** B2 the study of the human mind and feelings: ***child psychology*** ◦ *He's studying psychology and philosophy.* ▷ **psychologia** **2** B2 the way someone thinks and behaves: *the psychology of serial killers* ▷ **psychika, psychologia**

psychopath /ˈsaɪkəʊpæθ/ **noun** [C] someone who is very mentally ill and usually dangerous ▷ **psychopat-a/ka**

• **psychopathic** /ˌsaɪkəʊˈpæθɪk/ **adjective** *a psychopathic killer* ▷ **psychopatyczny**

psychosis /saɪˈkəʊsɪs/ **noun** [C] (plural **psychoses** /saɪˈkəʊsiːz/) a mental illness that makes you believe things that are not real ▷ **psychoza**

psychotherapy /ˌsaɪkəʊˈθerəpi/ **noun** [U] the treatment of mental problems by talking about your feelings instead of taking medicine ▷ **psychoterapia**

• **psychotherapist** **noun** [C] someone who gives people psychotherapy ▷ **psychoterapeut-a/ka**

psychotic /saɪˈkɒtɪk/ **adjective** suffering from a mental illness that makes you believe things that are not true ▷ **psychotyczny**

pt **noun** [C] **1** written abbreviation for point (=a unit used for showing who is winning in a game or competition): *Hill 81 pts, Villeneuve 68 pts* ▷ **pkt (= punkt)** **2** written abbreviation for pint

PTO /ˌpiːtiːˈəʊ/ UK abbreviation for please turn over: used at the bottom of a page of writing to show that there is more information on the other side ▷ **verte**

pub /pʌb/ **noun** [C] A2 a place where you can get drinks such as beer and usually food: *We're all going to the pub after work.* ▷ **pub**

puberty /ˈpjuːbəti/ **noun** [U] the time when children's bodies change and become like adults' bodies: *to reach puberty* ▷ **dojrzałość (płciowa)**

pubic hair /ˌpjuːbɪkˈheər/ **noun** [U] the hair that grows around the sexual organs ▷ **owłosienie łonowe**

public¹ /ˈpʌblɪk/ **adjective** **1** **public awareness/health/support, etc** B2 the awareness/health/support, etc of all ordinary people: ***Public opinion*** *has turned against him.* ◦ *Is it really* ***in the public interest*** *(= useful for people) to publish this information?* ▷ **świadomość społeczna/stan zdrowia społeczeństwa/poparcie społeczne** *itp.* **2** **public parks/toilets/transport, etc** B2 parks/toilets/transport, etc that are for everyone to use and are not private: *Smoking should be banned in public places.* ▷ **parki/toalety/komunikacja** *itp.* **publiczn-e/a** **3** **a public announcement/appearance/statement, etc** B2 an announcement/appearance/statement, etc that can be seen or heard or known by everyone: *The Prime Minister is due to make a public statement later today.* ▷ **publiczne ogłoszenie/wystąpienie/oświadczenie** *itp.* **4** **make sth public** to allow everyone to know about something: *The government does not plan to make its findings public.* ▷ **ujawniać** *coś* **5** **public funds/services/spending, etc** B1 funds/services/spending, etc controlled or supplied by the government and not by a private company ▷ **fundusze/świadczenia/wydatki** *itp.* **państwowe**

public² /ˈpʌblɪk/ **noun** [group] **1** **the (general) public** B1 all ordinary people: *a member of the public* ◦ *The public has a right to know about this.* ◦ *The house is only open to the general public on Sundays.* ▷ **społeczeństwo, publiczność** **2** **in public** B2 where everyone can see you: *He shouldn't behave like that in public.* ▷ **publicznie**

ˌpublic adˈdress system **noun** [C] (also UK **tannoy**) a system of equipment used in public places that someone speaks into in order to

P

make their voice loud enough to hear ▷ **system nagłaśniający**

publication /ˌpʌblɪˈkeɪʃᵊn/ **noun 1** [U] B2 when a book, newspaper, etc is printed and sold ▷ **wydanie, publikacja 2** [C] B2 a book, newspaper, or magazine: *a monthly/weekly publication* ▷ **publikacja**

publicist /ˈpʌblɪsɪst/ **noun** [C] someone whose job is to make people know about someone or something by advertising or giving information in the newspaper, on television, etc ▷ **rzeczni-k/czka prasow-y/a**

publicity /pʌbˈlɪsəti/ **noun** [U] B2 advertising or information about someone or something in the newspaper, on television, etc: *a publicity campaign* ◦ *to get **bad/good publicity*** ▷ **reklama, rozgłos**

> Wyrazy występujące razem z **publicity**
>
> **attract/get/receive/seek** publicity • **adverse/bad/good/negative** publicity • publicity **about/for** sth • publicity **surrounding** sth • a publicity **campaign/stunt**

publicize (also UK **-ise**) /ˈpʌblɪsaɪz/ **verb** [T] to make people know about something by advertising or giving information in newspapers, on television, etc: *a highly/widely publicized event* ▷ **reklamować**

ˌpublic limited ˈcompany noun [C] a company whose shares can be sold to the public ▷ **spółka akcyjna**

publicly /ˈpʌblɪkli/ **adverb** If you do something publicly, everyone can see it, hear it, or know about it. ▷ **publicznie**

ˌpublic reˈlations noun [U] formal PR (=writing and activities that are intended to make a person, company, or product more popular) ▷ **public relations, wizerunek firmy lub instytucji**

ˌpublic ˈschool (US **ˈpublic ˌschool**) **noun** [C] **1** in the UK, a school that you pay to go to ▷ **szkoła prywatna 2** (UK **state school**) in the US, a school that is free to go to because the government provides the money for it ▷ **szkoła publiczna lub państwowa**

the ˌpublic ˈsector noun [usually singular] businesses and industries that are owned or controlled by the government: *public sector workers* ▷ **sektor publiczny**

ˌpublic ˈtransport noun [U] B1 a system of vehicles such as buses and trains which operate at regular times and that the public use ▷ **komunikacja zbiorowa**

ˌpublic uˈtility noun [C] an organization that supplies the public with water, gas, or electricity ▷ **przedsiębiorstwo usług komunalnych**

publish /ˈpʌblɪʃ/ **verb** [T] **1** B1 to prepare and print a book, newspaper, magazine, article, etc so that people can buy it: [often passive] *This book is published by Cambridge University Press.* ▷ **wydawać, publikować 2** to write something that is then printed in a book, newspaper, magazine, etc: *He's published several short stories in national magazines.* ▷ **publikować 3** B1 to make information available to the public ▷ **ogłaszać, opublikować**

publisher /ˈpʌblɪʃəʳ/ **noun** [C] B2 a company or person who prepares and prints books, newspapers, magazines, etc ▷ **wydawca**

publishing /ˈpʌblɪʃɪŋ/ **noun** [U] the business of preparing and printing books, newspapers, magazines, etc: *a career in publishing* ▷ **działalność wydawnicza**

puck /pʌk/ **noun** [C] in ice hockey, a small, hard disc that players hit with a stick ▷ **krążek (hokejowy)** → See **Sports 1** on page Centre 14

pudding /ˈpʊdɪŋ/ **noun 1** [C, U] B2 in the UK, a sweet dish that is usually eaten as the last part of a meal: *We've got apple pie for pudding.* ▷ **deser 2** [U] in the US, a soft, sweet food made from milk, sugar, eggs, and sometimes flour: *chocolate/vanilla pudding* ▷ **pudding, budyń**

puddle /ˈpʌdl/ **noun** [C] a pool of liquid on the ground, usually from rain ▷ **kałuża**

puerile /ˈpjʊəraɪl/ US /ˈpju:ərɪl/ **adjective** formal behaving in a silly way like a child ▷ **infantylny**

puff¹ /pʌf/ **verb 1** [I] to breathe fast and with difficulty, usually because you have been doing exercise ▷ **sapać, dyszeć 2** [I, T] to smoke something: *to puff on a cigarette* ▷ **kurzyć, zaciągać się**

PHRASAL VERBS **puff sth out** to make your chest or your face become bigger by filling them with air ▷ **wydymać** *coś*, **wypinać** *coś* • **puff up** If part of your body puffs up, it becomes larger because it is infected or injured. ▷ **puchnąć**

puff² /pʌf/ **noun** [C] **1** a small amount of smoke, gas, powder, etc: *a puff of smoke/air* ▷ **kłąb 2** when someone breathes in smoke from a cigarette: *to take a puff on a cigarette* ▷ **sztach**

puffin /ˈpʌfɪn/ **noun** [C] a black and white sea bird with a large head and brightly coloured beak ▷ **maskonur**

puffy /ˈpʌfi/ **adjective** If the skin around your eyes is puffy, it is slightly swollen: *His **eyes** were still **puffy** with sleep.* ▷ **opuchnięty**

puke /pju:k/ **verb** [I, T] (also **puke up**) to vomit ▷ **rzygać**

pull¹ /pʊl/ **verb 1** A2 [I, T] to take hold of something and move it somewhere: *If you keep pulling his tail, he'll bite you.* ◦ *No wonder it's not working, someone's **pulled** the plug **out**.* ◦ *He **pulled off** his boots.* ◦ *She bent down and **pulled up** her socks.* ▷ **ciągnąć (za), pociągać (za) 2 pull a muscle** to injure a muscle by stretching it too much ▷ **naciągnąć sobie mięsień 3 pull a gun/knife, etc on sb** to suddenly take out a weapon: *He pulled a gun on us and demanded money.* ▷ **grozić** *komuś* **pistoletem/nożem** *itp.* → See also **pull/tear your *hair* out**, **pull the *plug*,**

P

not pull any *punches*, pull out all the *stops*, pull *strings*, pull your *weight*

PHRASAL VERBS **pull sth apart 1** to destroy something by tearing it into pieces ▷ **podrzeć** *coś* **2** to say that something, usually a piece of work, is very bad ▷ **nie zostawić suchej nitki na** *czymś* • **pull sb/sth apart** to separate two things or people ▷ **rozdzielać** *kogoś/coś* • **pull at sth** to pull something several times, usually with quick, light movements: *Stop pulling at my sleeve.* ▷ **szarpać za** *coś* • **pull away 1** If a vehicle pulls away, it starts moving: *I just managed to get on the bus before it pulled away.* ▷ **ruszać 2** If you pull away from someone who is holding you, you suddenly move your body backwards, away from them. ▷ **wyrwać się** • **pull sth down** B2 to destroy a building because it is not wanted any more: *They've started pulling down the old cinema.* ▷ **rozbierać** *coś*, **zburzyć** *coś* • **pull in/into sth** B2 If a vehicle pulls in or pulls into somewhere, it moves in that direction and stops there: *They pulled in at the side of the road.* ▷ **podjeżdżać** *gdzieś*, **zjeżdżać** *gdzieś*, **zajeżdżać** *gdzieś* • **pull sth off** to succeed in doing or achieving something difficult: *He is about to pull off his biggest deal yet.* ▷ **dokonywać** *czegoś*, **osiągać** *coś* • **pull off** UK If a vehicle pulls off, it starts moving: *The car pulled off and sped up the road.* ▷ **ruszać** • **pull on sth** to put on clothes quickly: *I pulled on my jeans and ran downstairs.* ▷ **wciągać** *coś*, **wkładać** *coś* • **pull out** B2 If a vehicle pulls out, it starts moving onto a road or onto a different part of the road: *That car pulled out right in front of me.* ▷ **ruszać, skręcać** • **pull over** B2 If a vehicle pulls over, it moves to the side of the road and stops. ▷ **zjeżdżać na bok** • **pull through** to continue to live after you have been badly injured or very ill ▷ **przeżyć** • **pull yourself together** informal to become calm and behave normally again after being angry or upset ▷ **brać się w garść** • **pull up 1** B2 If a vehicle pulls up, it stops, often for a short time: *A car pulled up outside the bank and two men got out.* ▷ **zatrzymać się 2 pull up a chair** to move a chair nearer to something or someone: *Why don't you pull up a chair and join us?* ▷ **przysuwać lub przystawiać (sobie) krzesło**

pull² /pʊl/ **noun** [no plural] a strong force that causes something to move somewhere or be attracted to something ▷ **przyciąganie**

pull-down /ˈpʊldaʊn/ **adjective** [always before noun] A pull-down menu is a list of choices on a computer screen which is hidden until you choose to look at it. ▷ **(menu) rozwijane**

pulley /ˈpʊli/ **noun** [C] a wheel with a rope going round it which is used to lift things ▷ **blok, wyciąg**

pullover /ˈpʊləʊvəʳ/ **noun** [C] B1 a warm piece of clothing which covers the top of your body and is pulled on over your head: *a black woolly pullover* ▷ **pulower**

pulmonary /ˈpʊlmənəri/ **adjective** relating to the lungs ▷ **płucny**

pulley

pulp /pʌlp/ **noun** [U] **1** a soft, wet substance made from wood, which is used to make paper ▷ **masa (drzewna lub celulozowa) 2** the soft part inside a fruit or vegetable ▷ **miąższ**

ˌpulp ˈcavity noun [C] the soft part inside a tooth that contains nerves and blood vessels ▷ **miazga**

pulpit /ˈpʊlpɪt/ **noun** [C] the raised structure in a church where the priest stands when he or she speaks to everyone ▷ **ambona**

pulsate /pʌlˈseɪt/ US /ˈpʌlseɪt/ **verb** [I] to beat or move with a strong, regular rhythm: *The whole room was pulsating with music.* ▷ **pulsować**

pulse /pʌls/ **noun** [C] the regular movement of blood through your body when your heart is beating: *She put her fingers on my wrist to* ***take my pulse*** *(= count the number of beats per minute).* ◦ *My* ***pulse rate*** *is 70.* ▷ **puls, tętno**

pulses /pʌlsɪz/ **noun** [plural] UK seeds such as beans or peas which are cooked and eaten as food ▷ **nasiona lub rośliny strączkowe**

pump¹ /pʌmp/ **noun** [C] B1 a piece of equipment which forces liquid or gas to move somewhere: *a* ***gas/petrol pump*** ◦ *a* ***water pump*** ▷ **pompa, pompka**

pump² /pʌmp/ **verb** [T] to force liquid or gas to move somewhere: *Your heart pumps blood around your body.* ◦ *Firemen used powerful hoses to* ***pump*** *water* ***into*** *the building.* ▷ **pompować**

PHRASAL VERBS **pump sth into sth** to give a lot of money to a plan or organization: *They've pumped millions of pounds into the economy.* ▷ **ładować** *coś* **w** *coś* • **pump sth out** informal to continuously produce a lot of something: *a radio pumping out music* ▷ **wypuszczać** *coś* • **pump sth up** to fill something with air using a pump: *You should pump your tyres up.* ▷ **napompować** *coś*

pumpkin /ˈpʌmpkɪn/ **noun** [C, U] a large, round vegetable with thick, orange skin ▷ **dynia**

pun /pʌn/ **noun** [C] a joke that you make by using a word that has two meanings ▷ **gra słów**

punch¹ /pʌnʃ/ **verb** [T] **1** B2 to hit someone or something with your fist: *He punched me twice in the stomach.* ▷ **uderzyć (pięścią) 2 punch a hole in sth** to make a hole in something with a special piece of equipment ▷ **przedziurkować** *coś*

punch² /pʌnʃ/ **noun 1** [C] B2 when you hit someone or something with your fist: *a punch on the nose* ▷ **cios (pięścią) 2** [U] a sweet, mixed drink made from fruit juice, spices, and usually alcohol ▷ **poncz** **3** [C] a piece of equipment that makes a hole in something ▷ **dziurkacz**

IDIOM **not pull any punches** to speak in an honest way without trying to be kind ▷ **walić prosto z mostu**

> Wyrazy występujące razem z **punch**
>
> **aim** a punch **at** sb • **deliver/land/swing/throw** a punch

punchline /ˈpʌntʃlaɪn/ **noun** [C] the last part of a joke that makes it funny ▷ **puenta**

punch-up /ˈpʌntʃʌp/ **noun** [C] UK informal a fight in which people hit each other with their fists ▷ **bijatyka**

punctual /ˈpʌŋktʃuəl/ **adjective** arriving at the right time and not too late ▷ **punktualny** • **punctuality** /ˌpʌnktʃuˈæləti/ **noun** [U] when you are punctual ▷ **punktualność** • **punctually** **adverb** ▷ **punktualnie**

punctuate /ˈpʌŋktʃueɪt/ **verb** [T] to add punctuation marks to written words so that people can see when a sentence begins and finishes, that something is a question, etc ▷ **stosować interpunkcję**

punctuation /ˌpʌŋktʃuˈeɪʃᵊn/ **noun** [U] (B1) the use of punctuation marks in writing so that people can see when a sentence begins and finishes, that something is a question, etc ▷ **interpunkcja**

punctuˈation ˌmark **noun** [C] a symbol such as a full stop (.) or a question mark (?) used in writing to show where a sentence begins and finishes, etc ▷ **znak przestankowy**

puncture[1] /ˈpʌŋktʃəʳ/ **noun** [C] **1** a small hole made by a sharp object ▷ **dziurka** **2** UK a hole in a tyre that makes the air come out: *to have a puncture* ▷ **guma**

puncture[2] /ˈpʌŋktʃəʳ/ **verb** [T] to make a hole in something: *The knife went through his ribs and punctured his lung.* ▷ **przebić**

pundit /ˈpʌndɪt/ **noun** [C] someone who is an expert in a subject and often gives their opinions on television, radio, etc: *a* ***political pundit*** ▷ **ekspert**

pungent /ˈpʌndʒᵊnt/ **adjective** A pungent smell is very strong: *the* ***pungent smell*** *of vinegar* ▷ **aromatyczny, przenikliwy**

punish /ˈpʌnɪʃ/ **verb** [T] (B1) to make someone suffer because they have done something bad: [often passive] *They must be severely* ***punished for*** *these crimes.* ▷ **karać**

punishable /ˈpʌnɪʃəbl/ **adjective** A crime that is punishable is one that you can be punished for: *Drug dealing is* ***punishable by death*** *in some countries.* ▷ **karalny, karany**

punishing /ˈpʌnɪʃɪŋ/ **adjective** very difficult and making you tired: *a* ***punishing schedule*** ▷ **morderczy**

punishment /ˈpʌnɪʃmənt/ **noun** [C, U] (B2) when someone is punished: *He had to stay in his bedroom as a punishment for fighting.* ▷ **kara** → See also **capital punishment**, **corporal punishment**, **be a *glutton* for punishment**

> Wyrazy występujące razem z **punishment**
>
> **capital/corporal** punishment • an **appropriate/cruel/harsh/severe** punishment • **deserve/escape/impose/inflict/receive** punishment

punitive /ˈpjuːnətɪv/ **adjective** formal given as a punishment or seeming like a punishment: *punitive action* ▷ **karny, karzący**

punk /pʌŋk/ **noun** **1** [U] (also ˌ**punk** ˈ**rock**) a style of music and fashion in the 1970s which was wild, loud, and violent ▷ **punk-rock, (muzyka) punk** **2** [C] someone who wears punk clothes and likes punk music ▷ **punk** **3** [C] US informal a bad young man ▷ **gówniarz, gnojek**

punt[1] /pʌnt/ **noun** [C] **1** a long boat with a flat bottom that you push along the river with a long pole ▷ **łódź płaskodenna** **2** in some sports, a powerful kick which causes the ball to go very far ▷ **wykop z ręki**

punt[2] /pʌnt/ **verb** **1** [I, T] to go or take someone along a river in a punt ▷ **pływać lub przewozić (łodzią płaskodenną)** **2** [T] in some sports, to kick a ball after you have dropped it from your hands and before it touches the ground ▷ **kopnąć (w powietrzu)**

punter /ˈpʌntəʳ/ **noun** [C] UK informal someone who is buying something or making a bet ▷ **gracz (hazardowy)**

puny /ˈpjuːni/ **adjective** very small and weak ▷ **mizerny**

pup /pʌp/ **noun** [C] a young dog or other particular type of baby mammal: *a seal pup* ▷ **szczeniak, młode**

pupa /ˈpjuːpə/ **noun** [C] (plural **pupas** or **pupae**) an insect in the stage of development which happens before it is completely developed, during which it is inside a cocoon and does not move ▷ **poczwarka** → Compare **chrysalis**

pupil /ˈpjuːpᵊl/ **noun** [C] **1** (A2) a student at school: *The school has 1,100 pupils aged 11 to 18.* ▷ **ucze-ń/nnica** → See **The Classroom** on page Centre 6 **2** the black, round part in the centre of your eye ▷ **źrenica**

puppet /ˈpʌpɪt/ **noun** [C] **1** a toy in the shape of a person or animal that you can move with strings or by putting your hand inside: *a* ***glove puppet*** ▷ **kukiełka** **2** someone who is controlled by someone else: *a political puppet* ▷ **marionetka**

puppy /ˈpʌpi/ **noun** [C] (B1) a young dog: *a litter of puppies* ▷ **szczeniak**

purchase[1] /ˈpɜːtʃəs/ **verb** [T] formal (B2) to buy something: *Tickets must be purchased two weeks in advance.* ▷ **nabywać, kupować**

P

purchase² /ˈpɜːtʃəs/ **noun** formal **1** [C, U] B2 when you buy something: *the illegal purchase of guns* ▷ **zakup, kupno 2** [C] B2 something that you buy: *a major purchase* ▷ **zakup**

ˈpurchases acˌcount noun [C] a record that a business keeps of the goods it has bought in order to sell ▷ **rachunek zakupów**

ˈpurchases ˌjournal noun [C] (also **purchases book**) (also **purchases day book**) a document that a business keeps of the dates on which it bought things, the names of the companies it bought them from and how much they cost ▷ **dziennik zakupów**

ˈpurchases ˌledger noun [C] (also **creditors ledger**) a record that a business keeps of how much it owes to each business that has supplied goods or services to it ▷ **księga zakupów**

ˈpurchases reˌturns noun [plural] (also **returns outward**) goods that are returned to the company that supplied them, for example because they are damaged or not needed ▷ **zwroty**

pure /pjʊəʳ/ **adjective 1** B1 A pure substance is not mixed with anything else: *pure gold* ◦ *pure wool* ▷ **czysty 2** [always before noun] B2 used to emphasize that a feeling, quality, or state is completely and only that thing: ***pure coincidence*** ◦ *Her face had a look of pure delight.* ▷ **czysty 3** B1 clean and healthy: ***pure air/water*** ▷ **czysty 4 pure mathematics/physics, etc** the study of mathematics/physics, etc based only on ideas and not on practical use ▷ **matematyka/fizyka** *itp.* **czysta 5** completely good and not having any bad qualities or bad morals ▷ **czysty**

puree /ˈpjʊəreɪ/ US /pjʊəˈreɪ/ **noun** [U] a thick, smooth, liquid food made by crushing and mixing fruit or vegetables: *tomato puree* ▷ **przecier, mus**

purely /ˈpjʊəli/ **adverb** only: *She married him **purely for** his money.* ▷ **wyłącznie, jedynie**

purgatory /ˈpɜːɡətəri/ **noun** [U] **1** in the Catholic religion, a very unpleasant place where you have to go and suffer before you go to heaven ▷ **czyściec 2** a very unpleasant situation: *This diet is purgatory.* ▷ **piekło**

purge /pɜːdʒ/ **verb** [T] **1** to get rid of bad feelings that you do not want: [often reflexive] *She wanted to **purge** herself **of** guilt.* ▷ **oczyszczać 2** to get rid of people from an organization because you do not agree with them ▷ **usuwać, wyeliminować**

• **purge** noun [C] ▷ **czystka, oczyszczenie**

purify /ˈpjʊərɪfaɪ/ **verb** [T] to remove bad substances from something to make it pure: *Plants help to purify the air.* ◦ *purified water* ▷ **oczyszczać**

• **purification** /ˌpjʊərɪfɪˈkeɪʃᵊn/ **noun** [U] ▷ **oczyszczanie**

purist /ˈpjʊərɪst/ **noun** [C] someone who believes in and follows very traditional rules or ideas in a subject ▷ **puryst-a/ka**

puritanical /ˌpjʊərɪˈtænɪkᵊl/ **adjective** having severe religious morals and not wanting people to enjoy themselves ▷ **purytański**

• **puritan** /ˈpjʊərɪtᵊn/ **noun** [C] a puritanical person ▷ **puryta-nin/nka**

purity /ˈpjʊərəti/ **noun** [U] the quality of being pure: *air purity* ▷ **czystość**

purple /ˈpɜːpl/ **adjective** A2 being a colour that is a mixture of red and blue: *purple pansies* ▷ **fioletowy**

• **purple** noun [C, U] A2 ▷ **fiolet** → See **Colours** on page Centre 12

purport /pəˈpɔːt/ **verb**

PHRASAL VERB **purport to be/do sth** formal to pretend to be or do something: *a man purporting to be a police officer* ▷ **utrzymywać, że się** *kimś* **jest/***coś robi*, **podawać się za** *kogoś*

purpose /ˈpɜːpəs/ **noun 1** [C] B1 why you do something or why something exists: *The main **purpose of** the meeting is to discuss the future of the company.* ◦ *The drug may be legalized for medical purposes.* ▷ **cel 2** [U] the feeling of knowing what you want to do: *He seems to have lost all **sense of purpose**.* ▷ **determinacja, zdecydowanie 3 on purpose** B1 intentionally: *I didn't do it on purpose, it was an accident.* ▷ **celowo 4 serve a purpose** to have a use: *These small village shops serve a very useful purpose.* ▷ **spełniać rolę** → See also **cross purposes, to/for all** ***intents*** **(and purposes)**

> Wyrazy występujące razem z **purpose**
>
> **defeat/have/fulfil/serve** a purpose • **a clear/good/primary/practical/useful** purpose • **the** purpose **of sth**

purpose-built /ˌpɜːpəsˈbɪlt/ **adjective** mainly UK A purpose-built building has been specially designed for the way it will be used. ▷ **specjalnie zaprojektowany**

purposeful /ˈpɜːpəsfᵊl/ **adjective** showing that you know what you want to do: *He has a quiet, purposeful air.* ▷ **zdecydowany, stanowczy**

• **purposefully** adverb ▷ **zdecydowanie, stanowczo**

purposely /ˈpɜːpəsli/ **adverb** intentionally: *I wasn't purposely trying to hurt you.* ▷ **celowo**

purr /pɜːʳ/ **verb** [I] **1** If a cat purrs, it makes a soft sound in its throat to show pleasure. ▷ **mruczeć 2** to talk in a soft, low voice ▷ **zamruczeć 3** If a car purrs, its engine is very smooth and makes a soft sound. ▷ **szumieć**

purse¹ /pɜːs/ **noun** [C] **1** UK A2 a small container for money, usually used by a woman: *a leather purse* ▷ **portmonetka 2** mainly US (mainly UK **handbag**) a bag, usually carried by a woman: *I always carry aspirin in my purse.* ▷ **torebka**

purse² /pɜːs/ **verb purse your lips** to press your lips tightly together, often to show that you are angry ▷ **zaciskać wargi**

pursue /pəˈsjuː/ US /pərˈsuː/ **verb** [T] (present

participle **pursuing**, past tense and past participle **pursued**) **1** If you pursue a plan, activity, or situation, you try to do it or achieve it, usually over a long period of time: *She decided to pursue a career in television.* ▷ **realizować, dążyć do** **2** to follow someone or something, usually to try to catch them: *The car was pursued by helicopters.* ▷ **ścigać** **3 pursue a matter** to try to discover information about something: *We will not be pursuing this matter any further.* ▷ **zajmować się sprawą**

pursuit /pəˈsjuːt/ ⓤⓢ /pərˈsuːt/ **noun** [U] **1** when you try to achieve a plan, activity, or situation, usually over a long period of time: *the pursuit of pleasure* ◦ *He left his native country **in pursuit of** freedom.* ▷ **dążenie** **2** when you follow someone or something to try to catch them: *The police are **in pursuit of** a 25-year-old murder suspect.* ▷ **pościg, pogoń**

pursuits /pəˈsjuːts/ ⓤⓢ /pərˈsuːts/ **noun** [plural] formal activities or hobbies: *He enjoys climbing and other **outdoor pursuits**.* ▷ **zajęcia**

purveyor /pəˈveɪəʳ/ **noun** [C] formal someone who sells or provides something: *a purveyor of antiques* ▷ **dostawca**

pus /pʌs/ **noun** [U] a yellow substance that is produced when part of your body is infected ▷ **ropa**

push[1] /pʊʃ/ **verb** **1** [I, T] Ⓐ2 to move someone or something by pressing them with your hands or body: *She **pushed** the books **aside** and sat down on my desk.* ◦ *We **pushed** the children **down** the slide.* ◦ *He **pushed** me violently **out** of the door.* ◦ *Someone **pushed** him **into** the river.* ▷ **pchać, popychać** **2** [I, T] Ⓑ1 to move somewhere by moving someone or something away from you: *He pushed past me.* ◦ *He **pushed his way** to the front of the crowd.* ▷ **pchać się, przepychać się** **3** [T] Ⓑ1 to press something: *If you push this button, your seat goes back.* ▷ **naciskać** **4 push (sb) for sth/to do sth** Ⓑ2 to try hard to achieve something or to make someone else do something: *Local residents are pushing for the road to be made safer.* ▷ **domagać się** *czegoś* **(od** *kogoś***), apelować (do** *kogoś***) o** *coś* **5** [T] to try to make someone do something that they do not want to do: [+ into + doing sth] *My mother pushed me into having ballet lessons.* ▷ **zmuszać, naciskać na** **6 push yourself** Ⓑ2 to make yourself work very hard to achieve something ▷ **zarzynać się, zmuszać się (do ciężkiej pracy)** → See also **push the *boat* out**

PHRASAL VERBS **push sb about/around** to tell someone what to do in a rude way: *I'm fed up with being pushed around.* ▷ **pomiatać** *kimś* • **push ahead/forward** to continue doing something, especially when this is difficult: *They have decided to **push ahead with** legal action.* ▷ **nie rezygnować** • **push sth/sb aside** to decide to forget about or ignore something or someone: *We can't just push these problems aside – we have to deal with them.* ▷ **zignorować** *coś/kogoś* • **push in** UK informal to rudely join a line of people who are waiting for something by moving in front of some of the people who are already there ▷ **wpychać się** • **push on** to continue doing something, especially when this is difficult ▷ **nie rezygnować** • **push sb/sth over** to push someone or something so that they fall to the ground ▷ **przewrócić** *kogoś/coś* • **push sth through** to make a plan or suggestion be officially accepted: *We're trying to push this deal through as quickly as possible.* ▷ **przepchnąć** *coś*, **przeforsować** *coś* • **push sth up** to increase the amount, number, or value of something: *If you want to travel on Saturday, it will push the price up a bit.* ▷ **podwyższać** *coś*

push[2] /pʊʃ/ **noun** **1 a push for sth/to do sth** a big effort to achieve something or make someone do something: *a push for higher standards in education* ▷ **akcja lub kampania na rzecz** *czegoś* **2** [C] Ⓑ1 when you move someone or something by pressing them with your hands or body: [usually singular] *She **gave** him a little **push** towards the door.* ▷ **pchnięcie, popchnięcie** **3 give sb the push** UK informal to get rid of someone from a job or relationship ▷ **pozbyć się** *kogoś*, **wylać** *kogoś*, **zerwać z** *kimś* **4** [C] encouragement to make someone do something: [usually singular] *I'm sure he'll go, he just needs a little push that's all.* ▷ **impuls, motywacja** **5 at a push** UK If you can do something at a push, you can do it but it will be difficult. ▷ **z trudem**

IDIOM **if/when push comes to shove** informal If you say that something can be done if push comes to shove, you mean that it can be done if the situation becomes so bad that you have to do it: *If push comes to shove, we'll just have to sell the car.* ▷ **w ostateczności**

pushchair /ˈpʊʃtʃeəʳ/ **noun** [C] UK (US **stroller**) a chair on wheels which is used to move small children ▷ **spacerówka, wózek (spacerowy)**

pushed /pʊʃt/ **adjective** UK informal **be pushed for sth** to not have much of something: *I can't stop, I'm a bit pushed for time.* ▷ **mieć mało** *czegoś*

pusher /ˈpʊʃəʳ/ **noun** [C] someone who sells illegal drugs ▷ **dealer/ka (narkotyków)**

push-up /ˈpʊʃʌp/ **noun** [C] US (UK **press-up**) a physical exercise in which you lie facing the floor and use your hands to push your body up: *I did forty push-ups yesterday.* ▷ **pompka**

pushy /ˈpʊʃi/ **adjective** behaving in an unpleasant way by trying too much to get something or to make someone do something: *a pushy salesman* ▷ **natrętny, nachalny**

put /pʊt/ **verb** [T] (present participle **putting**, past tense and past participle **put**) **1 put sth down/in/on, etc** Ⓐ1 to move something to a place or position: *Where have you put the keys?* ◦ *She put her bag on the floor.* ◦ *You can put your coat in the car.* ◦ *He put his arm around her.* ▷ **kłaść** *coś*

P

gdzieś, **umieszczać** *coś gdzieś*, **wkładać** *coś gdzieś* **2 put sb in a mood/position, etc** B2 to cause someone or something to be in a particular situation: *They'd had an argument and it had put her in a bad mood.* ◦ *This puts me in a very difficult position.* ▷ **wprawiać** *kogoś* **w nastrój/stawiać** *kogoś* **w położeniu** *itp.* **3** to say something using particular words: *I don't know quite* ***how to put this****, but I'm leaving.* ▷ **ujmować, wyrażać 4** A2 to write something: *Please put your name on the list by Monday evening.* ▷ **umieszczać**

PHRASAL VERBS **put sth across** to explain or express something clearly so that people understand it easily ▷ **przekazywać** *coś*, **wyrażać** *coś* • **put sth aside** B2 to save something so that you can use it later: *I've been putting a bit of money aside every month.* ▷ **odkładać** *coś* • **put sth away** B1 to put something in the place where you usually keep it: *She folded the towels and put them away in the cupboard.* ▷ **schować** *coś* → See **Phrasal Verbs** on page Centre 16 • **put sth back** B1 to put something where it was before it was moved: *I put the book back on the shelf.* ▷ **odkładać** *coś* • **put sth down 1** B1 to put something that you are holding onto the floor or onto another surface: *I'll just put my bag down for a minute, it's rather heavy.* ▷ **postawić** *coś* → See **Phrasal Verbs** on page Centre 16 **2** UK B1 If you put the phone down, you put the part of the telephone that you speak into back to its usual position. ▷ **odkładać** *coś* **3** to kill an animal, usually because it is suffering ▷ **(dać) uśpić** *coś/kogoś*, **dobić** *coś/kogoś* • **put sb down 1** to make someone feel stupid or unimportant by criticizing them: *I'm tired of him putting me down all the time.* ▷ **poniżać** *kogoś*, **krytykować** *kogoś* **2** B1 to write someone's name on a list or document, usually in order to arrange for them to do something: *I've* ***put*** *you* ***down for*** *the trip to Rome next week.* ▷ **zapisywać** *kogoś* • **put sth down to sth** UK to think that a problem or situation is caused by a particular thing ▷ **przypisywać** *coś czemuś*, **wyjaśniać** *coś czymś* • **put sth forward** to state an idea or opinion, or to suggest a plan, so that it can be considered or discussed ▷ **przedstawiać** *coś*, **proponować** *coś* • **put sb/sth in sth** B2 to arrange for someone or something to go somewhere: *to put someone in prison* ◦ *to put some money in the bank* ◦ *I'd never put my mother in an old people's home.* ▷ **umieszczać** *kogoś/coś gdzieś* • **put sth in** to fix something into a room or building: *I've just had a new kitchen put in.* ▷ **instalować** *coś*, **zakładać** *coś*, **montować** *coś* • **put sth into sth/doing sth** If you put time, work, or effort into something, you spend a lot of time or effort doing it: *We've put a lot of effort into this project and we want it to succeed.* ▷ **wkładać** *coś* **w** *coś*, **poświęcać** *coś czemuś* • **put sth off** B1 to decide or arrange to do something at a later time: *I must talk to her about this, I can't put it off any longer.* ▷ **odkładać** *coś* • **put sb off (sth)** B2 to make someone not like someone or something, or not want to do something: *Jan was talking about her operation and it put me off my food.* ▷ **zniechęcać** *kogoś* **(do** *czegoś***)**, **obrzydzać** *komuś* (*coś*) • **put sth on 1** A2 to put clothes or shoes onto your body: *You'd better put your coat on, it's cold outside.* ▷ **wkładać** *coś* → See **Phrasal Verbs** on page Centre 16 **2** mainly UK B1 to make a piece of equipment work by pressing a switch: *Can you put the light on please?* ▷ **włączać** *coś* **3** to pretend to have a particular feeling, or to behave in a way which is not real or natural for you: *He's not really upset, he's just putting it on.* ▷ **udawać** *coś* **4** A2 to put a CD or other recording into a machine so that you can see or hear it: *Why don't you put on some music?* ▷ **włączać** *coś*, **nastawiać** *coś* **5 put on weight** UK B1 to become fatter and heavier ▷ **przytyć, przybierać na wadze** • **put sth out 1** mainly UK to make a light stop shining by pressing a switch: *Please put the lights out when you leave.* ▷ **wyłączać** *coś*, **zgasić** *coś* **2** B1 to make something that is burning stop burning: *to put out a fire* ▷ **ugasić** *coś*, **zgasić** *coś* **3** to put something outside the house: *to put out the rubbish/trash* ▷ **wynosić** *coś* • **put sb out** to cause trouble or extra work for someone: *It would be great if you could help, but I don't want to put you out.* ▷ **fatygować** *kogoś*, **robić lub sprawiać** *komuś* **kłopot** • **be put out** to be annoyed, often because of something that someone has done or said to you: *He seemed a bit* ***put out at*** *not having been invited.* ▷ **czuć się urażonym lub dotkniętym** • **put sb through sth** to make someone experience or do something unpleasant or difficult: *Why did they put themselves through this ordeal?* ▷ **zmuszać** *kogoś* **do przejścia przez** *coś*, **kazać** *komuś* **przechodzić przez** *coś* • **put sb through** B1 to connect someone using a telephone to the person they want to speak to: *Can you put me through to customer services, please?* ▷ **łączyć** *kogoś* • **put sth to sb 1** to suggest an idea or plan to someone so that they can consider it or discuss it ▷ **przedstawiać** *coś komuś* **2** to ask someone a question: *to put a question to someone* ▷ **zadawać** *coś komuś* • **put sth together 1** B2 to put the parts of something in the correct place and join them to each other: *You buy it in a kit and then put it together yourself.* ▷ **składać** *coś* **2** to prepare a piece of work by collecting several ideas and suggestions and organizing them: *to put together a plan/proposal* ▷ **przygotować** *coś* • **put sth up 1** B2 to build something: *to put up a tent* ◦ *We spent the weekend putting up a fence in the backyard.* ▷ **stawiać** *coś* **2** B1 to fasten something to a wall or ceiling: *to put up shelves* ◦ *I need to put up some curtains in the back bedroom.* ▷ **zakładać** *coś* **3** mainly UK B1 to increase the price or value of something: *They're going to* ***put up*** *the* ***price*** *of fuel.* ▷ **podnosić** *coś*, **podwyższać** *coś* • **put sb up** B2 to let someone stay in your home for a short period: *If you need somewhere to stay, we can put you up for the night.* ▷ **przenocować** *kogoś*, **ugościć** *kogoś* • **put up with sb/sth** B2 to accept unpleasant behaviour or an unpleasant situation, although you do not like it: *He's so rude, I don't know how you put up with him.* ▷ **znosić** *kogoś/coś*

putrid /ˈpjuːtrɪd/ **adjective** decaying and smelling bad: *a putrid smell* ▷ **zgniły, cuchnący**

putt /pʌt/ **verb** [I, T] in golf, to hit the ball gently when you are near the hole ▷ **uderzać, zakańczać**
• **putt** noun [C] ▷ **uderzenie kończące**

putty /ˈpʌti/ **noun** [U] a soft, grey substance that becomes hard when it is dry and is used to fasten glass into windows or to fill small holes in wood ▷ **kit**

puzzle[1] /ˈpʌzl/ **noun** [C] **1** A2 a game or activity in which you have to put pieces together or answer questions using skill: *to do/solve a puzzle* ◦ *a crossword puzzle* ◦ *a jigsaw puzzle* ▷ **układanka, łamigłówka 2** a situation which is very difficult to understand: *Scientists have been trying to* ***solve*** *this* ***puzzle*** *for years.* ▷ **zagadka**

Wyrazy występujące razem z **puzzle**
resolve/solve a puzzle • the puzzle of sth

puzzle[2] /ˈpʌzl/ **verb** [T] to make someone confused because they do not understand something: [often passive] *I was puzzled by what he said.* ▷ **stanowić zagadkę dla**

PHRASAL VERB **puzzle over sth** to try to solve a problem or understand a situation by thinking carefully about it ▷ **głowić się nad** *czymś*

puzzled /ˈpʌzld/ **adjective** B2 confused because you do not understand something: *He had a puzzled look on his face.* ▷ **zdziwiony**

puzzling /ˈpʌzlɪŋ/ **adjective** If something is puzzling, it confuses you because you do not understand it. ▷ **zagadkowy**

PVC /ˌpiːviːˈsiː/ **noun** [U] a strong material similar to thick plastic ▷ **PCW**

pyjamas UK (US **pajamas**) /pɪˈdʒɑːməz/ **noun** [plural] B2 shirt and trousers that you wear in bed: *a pair of blue pyjamas* ▷ **piżama** → See **Clothes** on page Centre 8

pyjamas

pylon /ˈpaɪlɒn/ **noun** [C] a tall structure which supports electrical wires above the ground ▷ **słup**

pyramid /ˈpɪrəmɪd/ **noun** [C] a shape with a square base and four triangular sides that meet to form a point at the top ▷ **piramida**

pyre /paɪəʳ/ **noun** [C] a pile of wood on which a dead person is burned in some countries ▷ **stos**

pyrites /paɪˈraɪtiːz/ **noun** [U] a shiny yellow mineral that contains sulphur and a metal, usually iron ▷ **piryt**

Pythagoras' theorem /paɪˌθægəræsˈθɪərəm/ **noun** [C] a rule for working out the length of the sides of a right angled triangle ▷ **twierdzenie Pitagorasa**

python /ˈpaɪθən/ **noun** [C] a large snake that kills other animals by putting itself tightly around them ▷ **pyton**

P

Q

Q, q /kjuː/ the seventeenth letter of the alphabet ▷ **Q, q**

Qatar /ˈkʌtɑːʳ/ **noun** a country in the Middle East ▷ **Katar**

• **Qatari** /kʌˈtɑːri/ **adjective** coming from or relating to Qatar ▷ **katarski** • **Qatari noun** someone from Qatar ▷ **Katar-czyk/ka**

QC /ˌkjuːˈsiː/ **noun** [C] abbreviation for Queen's Counsel: a lawyer of high rank in the UK: *Horace Rumpole QC* ▷ **radca królewski**

qt written abbreviation for quart ▷ **kwarta**

quack /kwæk/ **noun** [C] the sound made by a duck ▷ **kwaknięcie**

• **quack verb** [I] ▷ **kwakać**

quadratic equation /kwɒdˌrætɪkɪˈkweɪʒən/ **noun** [C] an equation (= mathematical statement) which includes an unknown value that is multiplied by itself only once, and which does not include an unknown value multiplied by itself more than once ▷ **równanie kwadratowe**

quadrilateral /ˌkwɒdrɪˈlætᵊrᵊl/ **noun** [C] a flat shape with four straight sides ▷ **czworokąt**

quadruple /kwɒdˈruːpl/ **verb** [I, T] If an amount quadruples, it becomes multiplied by four, or if you quadruple it, you multiply it by four. ▷ **zwiększać (się) czterokrotnie**

quagmire /ˈkwɒgmaɪəʳ/ **noun** [C] **1** a difficult and unpleasant situation: *a* ***legal quagmire*** ▷ **bagno, piekło 2** an area of wet ground that you can sink into ▷ **trzęsawisko**

quail /kweɪl/ **noun** [C] (plural **quail**, **quails**) a small bird which is shot for food ▷ **przepiórka**

quaint /kweɪnt/ **adjective** attractive or unusual in an old-fashioned way: *a quaint little village* ▷ **osobliwy**

quake[1] /kweɪk/ **noun** [C] US short for earthquake ▷ **trzęsienie ziemi**

quake[2] /kweɪk/ **verb** [I] to shake because you are frightened ▷ **drżeć**

> Wyrazy występujące razem z **qualification**
>
> an **academic/basic/formal/recognized** qualification • **gain/get/have/need** a qualification • a qualification **in** sth

qualification /ˌkwɒlɪfɪˈkeɪʃᵊn/ **noun 1** [C] mainly UK (B1) what you get when you pass an exam or a course: [usually plural] *legal/medical qualifications* ◦ *What qualifications do you need to be a nanny?* ▷ **kwalifikacja 2** [C] the skills, qualities, or experience that you need in order to do something: *The only qualification needed for this job is an eye for detail.* ▷ **wymóg, kwalifikacja 3** [U] success in getting into a competition: *England's qualification for the World Cup* ▷ **awans 4** [C, U] an addition to something that is said that makes its meaning less certain ▷ **zastrzeżenie**

qualified /ˈkwɒlɪfaɪd/ **adjective 1** (B1) having passed exams or courses: *a* ***newly qualified*** *teacher* ▷ **wykwalifikowany 2 qualified to do sth** (B2) having the skills, qualities, or experience that you need in order to do something: *I think John is the best qualified to make that decision.* ▷ **kompetentny** *coś zrobić* **3** If something someone says is qualified, they have added something to it to make it less certain: *The answer was a qualified yes.* ▷ **częściowy, połowiczny** → Opposite **unqualified**

qualifier /ˈkwɒlɪfaɪəʳ/ **noun** [C] **1** a game or competition which decides whether you can enter another competition ▷ **eliminacja, spotkanie eliminacyjne 2** someone who has succeeded in getting into a competition ▷ **uczestni-k/czka, finalist-a/ka**

qualify /ˈkwɒlɪfaɪ/ **verb 1** [I, T] (B2) If you qualify for something, you are allowed to do it or have it, and if something qualifies you for something, it allows you to do it or have it: *Foreign students no longer* ***qualify for*** *grants in the UK.* ◦ *To qualify for the competition, you must be over 18.* ▷ **mieć lub dawać prawo, kwalifikować (się), ≈ przysługiwać** → Opposite **disqualify 2** [I] mainly UK (B2) to pass exams so that you are able to do a job: *He's recently* ***qualified as*** *a doctor.* ▷ **zdobyć dyplom lub kwalifikacje 3** [I] (B2) to succeed in getting into a competition: *Nigeria were the first team to* ***qualify for*** *the World Cup.* ▷ **zakwalifikować się, awansować 4** [T] to add something to what you say to make its meaning less certain ▷ **uściślać**

qualitative /ˈkwɒlɪtətɪv/ (US) /ˈkwɑːlɪteɪtɪv/ **adjective** formal relating to how good something is and not how much of it there is ▷ **jakościowy**

• **qualitatively adverb** ▷ **jakościowo**

quality[1] /ˈkwɒləti/ **noun 1** [U] (B1) how good or bad something is: ***good/high quality*** ◦ ***poor/low quality*** ◦ *The air quality in this area is terrible.* ◦ *All we are asking for is a decent* ***quality of life.*** ◦ *The spokeswoman says a* ***quality control*** *system is being developed for next year.* ▷ **jakość 2** [U] (B1) when something is very good or well made: *A designer label isn't necessarily a guarantee of quality.* ▷ **jakość 3** [C] (B2) part of the character or personality of someone or something: *leadership qualities* ▷ **cecha**

> Wyrazy występujące razem z **quality**
>
> **affect/enhance/improve/maintain** quality • **good/high/inferior/low/poor** quality

quality[2] /ˈkwɒləti/ **adjective** [always before noun] (B1) very good: *We only sell quality products in this store.* ▷ **wysokiej jakości, wartościowy**

ˈquality asˌsurance noun [U] the things a company does to make sure that its products and services are as good as they should be ▷ **zapewnienie jakości**

ˈquality conˌtrol noun [U] the process of looking at goods when they are being produced to make certain that they are of the intended standard ▷ **kontrola jakości**

ˈquality ˌtime noun [U] time that you spend with someone when you can give them all of your attention: *We've been too busy to give the children much quality time this week.* ▷ **czas na wyłączność (dla rodziny, osoby bliskiej)**

qualm /kwɑːm/ **noun** [C] a worry or doubt about something: *I would* ***have no qualms about*** *reporting her to the police.* ▷ **skrupuły, opory**

quandary /ˈkwɒndəri/ **noun** [no plural] a situation in which you are trying to make a difficult choice: *We're* ***in a quandary over*** *which school to send her to.* ▷ **rozterka, dylemat**

quantifier /ˈkwɒntɪfaɪəʳ/ **noun** [C] a word or group of words that is used before a noun to show an amount of that noun. For example the words 'many', 'some', and 'a lot of' are quantifiers. ▷ **kwantyfikator**

quantify /ˈkwɒntɪfaɪ/ **verb** [T] to measure or state the amount of something: *It is difficult to quantify the damage that this storm has caused.* ▷ **określać, zmierzyć**

quantitative /ˈkwɒntɪtətɪv/ (US) /ˈkwɑːntəteɪtɪv/ **adjective** relating to quantity ▷ **ilościowy**

quantity /ˈkwɒntəti/ **noun** [C, U] (B1) the amount or number of something: *A* ***vast quantity*** *of information is available on the Internet.* ◦ *They are now developing ways to produce the vaccine* ***in large quantities*** *and cheaply.* ▷ **ilość** → See **Pieces and Quantities** on page Centre 1

IDIOM **an unknown quantity** someone or something that you do not know and so you cannot be certain about ▷ **niewiadoma**

> **Wyrazy występujące razem z quantity**
> a **huge/large/small/sufficient/vast** quantity • **in** [big/large, etc] quantities

quantum leap /ˌkwɒntʌmˈliːp/ **noun** [C] a sudden, large increase or improvement in something: [usually singular] *a quantum leap in information technology* ▷ **milowy krok, rewolucja**

quarantine /ˈkwɒrəntiːn/ **noun** [U] If an animal or person is put into quarantine, they are kept away from other animals or people because they have or might have a disease. ▷ **kwarantanna**

quark /kwɑːk/ **noun** [C] one of the most basic forms of matter that make up the particles of an atom ▷ **kwark**

quarrel¹ /ˈkwɒrəl/ **noun 1** (B2) [C] an argument: *She walked out after* ***having a quarrel with*** *her boss.* ▷ **kłótnia, sprzeczka 2 have no quarrel with sb/sth** to not disagree with someone or something: *We have no quarrel with either of those ideas.* ▷ **nie mieć** *komuś/czemuś* **nic do zarzucenia**

> **Wyrazy występujące razem z quarrel**
> have a quarrel • a quarrel **about/over** sth • a quarrel **with** sb • a quarrel **between** sb and sb

quarrel² /ˈkwɒrəl/ **verb** [I] (present participle UK **quarrelling**, past tense and past participle **quarrelled**, present participle US **quarreling**, past tense and past participle **quarreled**) (B2) to have an argument with someone: *She'd been* ***quarrelling with*** *her mother all morning.* ▷ **kłócić się, sprzeczać się**

quarry /ˈkwɒri/ **noun** [C] a place where stone is dug out of a large hole in the ground: *a marble quarry* ▷ **kamieniołom**

• **quarry verb** [T] to dig stone out of a quarry ▷ **wydobywać**

quart /kwɔːt/ **noun** [C] (written abbreviation **qt**) a unit for measuring liquid, equal to 1.14 litres in the UK and 0.95 litres in the US ▷ **kwarta (= 1,137 litra w Wielkiej Brytanii i 0,946 litra w USA)**

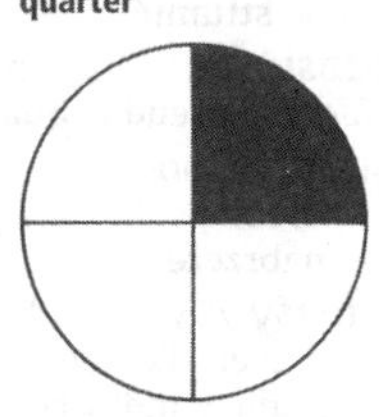

quarter /ˈkwɔːtəʳ/ **noun 1** [C] (also US **fourth**) (A2) one of four equal parts of something; ¼: *Three quarters of the island's residents speak English.* ◦ *My house is one and three-quarter miles/ a mile and three-quarters from here.* ◦ *I waited a quarter of an hour for her.* ▷ **(jedna) czwarta, czwarta część, ćwierć, ćwiartka 2** [no plural] (A1) a period of 15 minutes before or after the hour: *It's (a)* ***quarter to*** *three (= 2.45).* ◦ also US *It's* ***a quarter of*** *three (= 2.45).* ◦ *We're leaving at (a)* ***quarter past*** *six (= 6.15).* ◦ also US *We're leaving at (a)* ***quarter after*** *six (= 6.15).* ▷ **kwadrans 3** [C] one of four periods of time into which a year is divided for financial calculations such as profits or bills: *I get an electricity bill every quarter.* ▷ **kwartał 4** [C] US one of four periods of time into which a year at college or university is divided ▷ **kwartał, okres (nauczania) 5** [C] US one of four periods of time into which some sports games are divided ▷ **ćwiartka, część 6** [C] a part of a town, often where people from a particular country or religion live: *the Jewish quarter* ▷ **dzielnica, kwartał 7** [C] a US or Canadian coin with a value of 25 cents, which is a quarter of a dollar ▷ **ćwierćdolarówka, 25 centów**

quarterback /ˈkwɔːtəbæk/ **noun** [C] a player in American football who controls the attack ▷ **rozgrywający**

quarter-final /ˌkwɔːtəˈfaɪnəl/ **noun** [C] the part of a competition when eight people or teams are left and there are four games to decide who will reach the semi-final: *She was knocked out of the competition **in the quarter-finals**.* ▷ **ćwierćfinał**

quarterly /ˈkwɔːtəli/ **adjective, adverb** produced or happening every three months: *Water and electricity bills are paid quarterly.* ◦ *a quarterly magazine/report* ▷ **kwartalny, co kwartał**

quarters /ˈkwɔːtəz/ **noun** [plural] rooms to live in or sleep in, usually for people in a military organization ▷ **kwatera**

quartet /kwɔːˈtet/ **noun** [C] four people singing or playing music in a group ▷ **kwartet**

quartile /ˈkwɔːtaɪl/ **noun** [C] one of four equal measurements that a set of things can be divided into: *He is in the top quartile for weight.* ▷ **kwartyl**

quartz /ˈkwɔːts/ **noun** [U] a mineral used to make watches and clocks accurate ▷ **kwarc**

quash /kwɒʃ/ **verb** [T] **1** formal to officially change a legal decision so that it stops existing: *His **conviction** was **quashed** last month.* ▷ **anulować, unieważniać 2** to stop something that you do not want to happen: *He appeared on television to **quash rumours** that he was seriously ill.* ▷ **stłumić**

quasi- /kweɪzaɪ-/ **prefix** partly: *quasi-religious ideas* ▷ **pseudo-, quasi-**

quay /kiː/ **noun** [C] a structure built next to water where ships stop and goods are taken on and off ▷ **nabrzeże**

queasy /ˈkwiːzi/ **adjective** If you feel queasy, you feel slightly ill as if you might vomit. ▷ **mający mdłości, ≈ mdlić** *kogoś*

Q

queen /kwiːn/ **noun** [C] **1** (A2) a female ruler in some countries: *Queen Elizabeth II* ◦ *God save the Queen!* ▷ **królowa 2** (A2) the wife of a king when he is the main ruler in a country ▷ **królowa 3** a playing card with a picture of a queen on it: *the queen of diamonds* ▷ **dama 4** a large female insect which is the most important in a group and which produces all the eggs: *queen bee* ▷ **królowa**

queer /kwɪəʳ/ **adjective 1** informal an offensive word meaning homosexual ▷ **homo 2** strange ▷ **dziwaczny**

quell /kwel/ **verb** [T] formal to stop something that you do not want to happen: *to **quell** a **riot*** ◦ *to **quell rumours*** ▷ **stłumić**

quench /kwenʃ/ **verb quench your thirst** to drink liquid so that you stop being thirsty ▷ **ugasić pragnienie**

query¹ /ˈkwɪəri/ **noun** [C] (B2) a question: *His job is to answer telephone **queries about** airline schedules.* ▷ **zapytanie**

query² /ˈkwɪəri/ **verb** [T] to ask questions in order to check that something is true or correct: [+ question word] *A few students have queried whether exam marks were added up correctly.* ▷ **kwestionować**

quest /kwest/ **noun** [C] formal an attempt to get something or do something difficult: *the **quest for** truth* ◦ [+ to do sth] *He has begun his quest to become the Conservative Party's first Asian MP.* ▷ **poszukiwanie, zmaganie, walka**

question¹ /ˈkwestʃən/ **noun 1** [C] (A1) a sentence or phrase that asks you for information: *Is it OK if I **ask** you a few **questions**?* ◦ *He refused to **answer** my **question**.* ◦ *If you have any **questions about** the scheme, do ask me.* ◦ *"So where's the money coming from?" **"That's a good question"** (= I do not know).* ▷ **pytanie 2** [C] (B2) a situation or problem that needs to be considered: *This documentary **raises** important **questions** about the American legal system.* ◦ *Two important **questions arise** from this debate.* ▷ **kwestia 3** [U] (B2) doubt: [+ that] *There is **no question** that this was an accidental fire.* ◦ *His ability as a chef has never been **in question**.* ◦ *"So you agree she's the right person for the job." "Yes, absolutely, **without question**."* ◦ *The report **brings/calls into question** (= causes doubts about) the safety of this drug.* ▷ **wątpliwość 4 sb/sth in question** the person or thing that is being discussed: *He claims that he was in the pub with his girlfriend on the night in question.* ▷ **ktoś/ coś, o którym mowa, ten** *ktoś/***to** *coś* **5 be out of the question** If something is out of the question, it is not possible or not allowed. ▷ **nie wchodzić w rachubę, być wykluczonym**
→ See also **loaded question**, **rhetorical question**

> **Wyrazy występujące razem z question**
> ask/answer/pose/raise/reply to a question • a question **arises** • an **awkward/fundamental/important/interesting/hypothetical** question • a question **about** sth

question² /ˈkwestʃən/ **verb** [T] **1** (B2) to ask someone questions: *Detectives were **questioning** a boy **about** the murder.* ◦ [often passive] *Two out of three people questioned in the survey were nonsmokers.* ▷ **pytać, przesłuchiwać 2** (B2) to show or feel doubt about something: *I'm not for a moment questioning your decision.* ◦ [+ question word] *I'm just **questioning whether** we need the extra staff.* ▷ **kwestionować**

questionable /ˈkwestʃənəbl/ **adjective 1** possibly not true or correct: [+ question word] *It is highly **questionable whether** this drug has any benefits at all.* ▷ **wątpliwy 2** not honest or not legal: *He's being investigated for questionable business practices.* ▷ **podejrzany, wątpliwy**

questioning /ˈkwestʃənɪŋ/ **noun** [U] when the police ask someone questions about a crime: *She was taken in **for questioning** by police yesterday morning.* ▷ **przesłuchanie**

ˈquestion ˌmark noun [C] (B1) a mark (?) used at the end of a question ▷ **znak zapytania**

questionnaire /ˌkwestʃəˈneəʳ/ **noun** [C] (B1) a set of questions asked of a large number of people to discover information about a subject: *Residents have been sent **questionnaires about** their* *homes and energy use.* ▷ **ankieta, kwestionariusz**

> Wyrazy występujące razem z **questionnaire**
>
> **complete/fill in** a questionnaire • **draw up** a questionnaire • a questionnaire **asks** sth • a questionnaire **about/on** sth

ˈquestion ˌtag noun [C] a short phrase such as 'isn't it' or 'don't you' that is added to the end of a sentence to check information or to ask if someone agrees with you. In the sentence, 'It's hot, isn't it?', 'isn't it' is a question tag. ▷ **pytanie rozłączne**

queue /kjuː/ noun [C] UK (US **line**) B1 a row of people waiting for something, one behind the other: *to **join** the **queue*** ◦ *Are you **in the queue**?* ▷ **kolejka**

queue

IDIOM **jump the queue** to move in front of people who have been waiting longer for something than you ▷ **wpychać się bez kolejki**

• **queue (up)** UK (US **line up**) verb [I] B2 to stand in a row in order to wait for something: [+ to do sth] *They're queueing up to get tickets.* ▷ **stać w kolejce**

> Wyrazy występujące razem z **queue**
>
> **form/be in/join** a queue • a queue **stretches** [for miles/around sth, etc] • a **big/long/short/small** queue • a queue **of** [cars/people, etc] • a queue **for** sth

quibble /ˈkwɪbl/ verb **quibble about/over/with sth** to argue about something that is not important: *They spend far too much time quibbling over details.* ▷ **sprzeczać lub spierać się o** *coś*

• **quibble** noun [C] ▷ **sprzeczka**

quiche /kiːʃ/ noun [C, U] a dish made of a pastry base filled with a mixture of egg and milk and usually cheese, vegetables, or meat ▷ **zapiekanka w cieście**

quick¹ /kwɪk/ adjective **1** A1 doing something fast or taking only a short time: *I tried to catch him but he was too quick for me.* ◦ [+ to do sth] *Publishers were quick to realize that a profit could be made.* ▷ **szybki 2** A2 lasting a short time: *Can I ask you a quick question?* ▷ **szybki**

quick² /kwɪk/ adverb informal fast: *Come here, quick!* ▷ **szybko**

quicken /ˈkwɪkᵊn/ verb [I, T] to become faster or to cause something to become faster: *His breathing quickened.* ▷ **przyspieszać**

quickly /ˈkwɪkli/ adverb A2 fast or in a short time: *I quickly shut the door.* ◦ *These people need to be treated as quickly as possible.* ▷ **szybko**

ˈquick ˌratio noun [C, usually singular] (also **acid test ratio**) a calculation that compares the assets of a business that are in the form of money or can be quickly changed into money with payments that need to be made soon ▷ **wskaźnik QR, wskaźnik płynności szybkiej**

quid /kwɪd/ noun [C] (plural **quid**) UK informal a pound: *This bike's not bad for twenty quid.* ▷ **funciak, funt**

quiet¹ /kwaɪət/ adjective **1** A2 making little or no noise: *Can you **be quiet**, please?* ◦ *The children are very quiet.* ▷ **cichy 2** A2 without much noise or activity: *I fancy a **quiet night in** tonight.* ◦ *They found a table in a quiet corner of the restaurant.* ▷ **spokojny 3** B1 If someone is quiet, they do not talk very much: *He was a shy, quiet man.* ▷ **milczący, cichy 4 keep (sth) quiet** to not talk about something that is secret: *It might be wise to keep this quiet for a while.* ▷ **siedzieć cicho, trzymać** *coś* **w tajemnicy**

quiet² /kwaɪət/ noun [U] B2 when there is little or no noise: *She needs a bit of **peace and quiet**.* ▷ **spokój, cisza**

quieten /ˈkwaɪətᵊn/ verb [T] UK (US **quiet**) to make someone or something quiet ▷ **uspokajać, uciszać**

PHRASAL VERB **quieten (sb/sth) down** UK (US **quiet (sb/sth) down**) to become quieter or calmer, or to make a person or animal become quieter or calmer ▷ **uspokoić się/***kogoś/coś*, **uciszyć się/** *kogoś/coś*

quietly /ˈkwaɪətli/ adverb **1** B1 making little or no noise: *"Don't worry," she said quietly.* ▷ **cicho, po cichu 2** B1 doing something without much noise or activity: *He sat quietly on the sofa, waiting for her to come home.* ▷ **spokojnie, w spokoju**

Q

quilt /kwɪlt/ noun [C] a cover for a bed which is filled with feathers or other warm material ▷ **kołdra**

quilting /ˈkwɪltɪŋ/ noun [U] the activity of making quilts or the material used for making quilts ▷ **(artystyczny) wyrób kołder, surowiec na kołdry**

quinine /ˈkwɪniːn/ noun [U] a drug used to treat fevers such as malaria ▷ **chinina**

quip /kwɪp/ verb [I, T] (present participle **quipping**, past tense and past participle **quipped**) to say something in a funny and clever way ▷ **żartować**

• **quip** noun [C] ▷ **żart**

quirk /kwɜːk/ noun [C] a strange habit: *My aunt has a few odd quirks.* ▷ **dziwactwo**

IDIOM **quirk of fate** a strange and unexpected event: ***By some quirk of fate**, we came to live in the same town.* ▷ **kaprys lub zrządzenie losu**

• **quirky** adjective strange: *a quirky sense of humour* ▷ **dziwaczny**

quit /kwɪt/ verb (present participle **quitting**, past tense and past participle **quit**) **1** [I, T] B1 to leave your job or school permanently: *She recently **quit** her **job** to spend more time with her family.* ▷ **rzucić, rezygnować 2** [T] Ⓑ1 to stop doing something: *I quit smoking and put on weight.* ▷ **rzucić**

quite /kwaɪt/ **adverb 1** UK Ⓐ2 a little or a lot but not completely: *I'm quite tired, but I'm happy to walk a little further.* ◦ *He's quite attractive but not what I'd call gorgeous.* ▷ **dosyć 2** US very: *My sister and I are quite different.* ▷ **całkiem 3** Ⓑ1 completely: *The two situations are quite different.* ◦ *Are you quite sure you want to go?* ▷ **zupełnie 4 not quite** Ⓑ2 almost but not completely: *I'm not quite sure that I understand this.* ◦ *He didn't get quite enough votes to win.* ▷ **nie całkiem, niezupełnie 5 quite a bit/a few/a lot, etc** Ⓐ2 a large amount or number: *There are quite a few letters for you here.* ◦ *He's changed quite a bit.* ▷ **sporo**

quiver /ˈkwɪvər/ **verb** [I] to shake slightly ▷ **drżeć**
• **quiver noun** [C] ▷ **drżenie, dreszcz**

quiz[1] /kwɪz/ **noun** [C] (plural **quizzes**) **1** Ⓐ2 a game in which you answer questions: *a television quiz show* ▷ **kwiz, quiz, teleturniej 2** US a short test on a subject in school ▷ **sprawdzian, kartkówka, test**

quiz[2] /kwɪz/ **verb** [T] (present participle **quizzing**, past tense and past participle **quizzed**) to ask someone questions about something: *A group of journalists **quizzed** them **about/on** the day's events.* ▷ **przepytywać**

quizzical /ˈkwɪzɪkəl/ **adjective** A quizzical expression or look seems to ask a question without words. ▷ **niepewny, pytający**

Q

quota /ˈkwəʊtə/ **noun** [C] a limited amount of something that is officially allowed: *an import quota* ▷ **kontyngent, limit**

quotation /kwəʊˈteɪʃən/ **noun** [C] **1** a sentence or phrase that is taken out of a book, poem, or play: *a **quotation from** Shakespeare/the Bible* ▷ **cytat 2** the amount that a piece of work will probably cost: *Make sure you **get a quotation** for all the work before they start.* ▷ **wycena**

quoˈtation ˌmarks noun [plural] a pair of marks (" ") or (' ') used before and after a group of words to show that they are spoken or that someone else originally wrote them ▷ **cudzysłów**

quote[1] /kwəʊt/ **verb 1** [I, T] to repeat what someone has said or written: *I was **quoting from** Marx.* ◦ *Witnesses were **quoted as saying** there were two gunmen.* ▷ **cytować 2** [T] to give a fact or example in order to support what you are saying: *The minister quoted recent unemployment figures.* ▷ **podawać 3** [T] to say how much a piece of work will cost before you do it ▷ **wyceniać**

quote[2] /kwəʊt/ **noun** [C] short for quotation ▷ **cytat**

quotes /kwəʊts/ **noun** [plural] short for quotation marks ▷ **cudzysłów**

the Qur'an /kɒrˈɑːn/ **noun** another spelling of the Koran ▷ **Koran**

qwerty /ˈkwɜːti/ **adjective** using or referring to a keyboard on which the letters are arranged so that the top line begins with q,w,e,r,t, and y ▷ **(klawiatura) qwerty**

R

R, r /ɑːʳ/ the eighteenth letter of the alphabet ▷ **R, r**

R informal written abbeviation for are: used in emails and text messages

rabbi /ˈræbaɪ/ **noun** [C] a leader and teacher in the Jewish religion: *Rabbi Hugo Gryn* ▷ **rabin**

rabbit /ˈræbɪt/ **noun** [C] (A2) a small animal with fur and long ears that lives in a hole in the ground ▷ **królik**

rabble /ˈræbl/ **noun** [no plural] a group of noisy, uncontrolled people ▷ **tłuszcza, motłoch**

rabies /ˈreɪbiːz/ **noun** [U] a serious disease that people can get if they are bitten by an infected animal ▷ **wścieklizna**

race¹ /reɪs/ **noun 1** [C] (A2) a competition in which people run, ride, drive, etc against each other in order to see who is the fastest: *a horse race* ▷ **wyścig 2** [C, U] one of the groups that people are divided into according to their physical characteristics: *people of many different races* ▷ **rasa 3** [C] a situation in which people compete against each other for power or control: *the **race for** governor* ▷ **walka 4 the races** an event when horses race against each other ▷ **wyścigi**

IDIOM **a race against time/the clock** a situation in which something has to be done very quickly ▷ **wyścig z czasem**

→ See also **the human race**, **the rat race**

> **Wyrazy występujące razem z race**
> **drop out of/lose/win** a race • **in** a race

race² /reɪs/ **verb 1** [I, T] (B1) to compete in a race: *I'll race you to the end of the road.* ◦ *I used to **race against** him at school.* ▷ **ścigać się 2 race along/down/over, etc** to move somewhere very quickly: *I raced over to see what was the matter.* ▷ **pędzić, gnać 3 race sb to/back, etc** to take someone somewhere very quickly: *Ambulances raced the injured to a nearby hospital.* ▷ **szybko** *kogoś* **przewozić 4** [T] to put a horse, dog, etc in a race ▷ **wystawiać**

racecourse /ˈreɪskɔːs/ **noun** [C] UK the place where horses, cars, etc race ▷ **tor wyścigowy**

racehorse /ˈreɪshɔːs/ **noun** [C] a horse that has been trained to run in races ▷ **koń wyścigowy**

ˌrace reˈlations noun [plural] the relationship between people from different races who live together in the same place ▷ **stosunki rasowe**

racetrack /ˈreɪstræk/ **noun** [C] the place where horses, cars, etc race ▷ **tor wyścigowy**

Rachel /ˈreitʃəl/ **noun** a female name

racial /ˈreɪʃəl/ **adjective** (B2) relating to people's race: *a racial minority* ◦ ***racial discrimination/tension*** ▷ **rasowy**

• **racially adverb** *a **racially motivated** crime* ▷ **rasowo**

racing /ˈreɪsɪŋ/ **noun** [U] the activity or sport in which people, animals, or vehicles race against each other: *motor racing* ▷ **wyścigi** → See also **horse racing**

racism /ˈreɪsɪzəm/ **noun** [U] (B2) the belief that other races of people are not as good as your own, or the unfair treatment of people because they belong to a particular race ▷ **rasizm**

> **Wyrazy występujące razem z racism**
> **combat/encounter/face/tackle** racism • a **form of** racism • racism **against** sb

racist /ˈreɪsɪst/ **noun** [C] someone who believes that other races of people are not as good as their own ▷ **rasist-a/ka**

• **racist adjective** *a **racist attack*** ▷ **rasistowski**

rack¹ /ræk/ **noun** [C] a type of shelf that you can put things on or hang things from: *a **magazine/luggage rack*** ▷ **półka**

rack² /ræk/ **verb 1 be racked with pain/guilt, etc** If someone is racked with pain or an emotion, they suffer a lot because of it. ▷ **cierpieć z powodu bólu/poczucia winy** *itp.* **2 rack your brain/brains** informal to think very hard, usually to try to remember something or solve a problem ▷ **zachodzić w głowę**

PHRASAL VERB **rack up sth** informal to get or achieve a lot of something: *He's racked up debts of over thirty thousand pounds.* ▷ **osiągać** *coś*, **zgromadzić** *coś*, **zgarniać** *coś*

rack and pinion /ˌrækəndˈpɪnjən/ **adjective** [always before noun] using a system where a cog turns against a long bar that also has small pieces sticking up, and makes it move: *rack and pinion gears* ▷ **mechanizm zębatkowy**

racket /ˈrækɪt/ **noun 1** [C] (also **racquet**) (A2) a piece of equipment that you use to hit a ball in sports such as tennis ▷ **rakieta, rakietka** → See **Sports 2** on page Centre 15 **2** [C] informal an illegal activity that is used to make money: *a drugs smuggling racket* ▷ **(nielegalny) biznes 3** [no plural] informal a loud noise: *The neighbours were **making** such **a racket**.* ▷ **hałas**

radar /ˈreɪdɑːʳ/ **noun** [U] a system that uses radio waves to find out the position of something you cannot see ▷ **radar**

radiant /ˈreɪdiənt/ **adjective 1** showing that you are very happy: *a radiant smile* ▷ **promienny, rozpromieniony 2** very bright ▷ **promienny**

• **radiance** /ˈreɪdiəns/ **noun** [U] ▷ **blask**

radiate /ˈreɪdieɪt/ **verb 1 radiate from/out, etc** to spread out in all directions from a particular point: *A number of roads radiate out from the*

R

centre. ▷ **rozchodzić się z** **2** [T] to show an emotion or quality in your face or behaviour: *His face just radiates happiness.* ▷ **promienieć** **3** [T] to send out heat or light ▷ **promieniować**

radiation /ˌreɪdiˈeɪʃᵊn/ **noun** [U] **1** a form of energy that comes from a nuclear reaction and that in large amounts can be very dangerous: *dangerously high* ***levels of radiation*** ◦ *radiation sickness* ▷ **promieniowanie** **2** energy from heat or light that you cannot see: *solar/microwave radiation* ▷ **promieniowanie**

radiator /ˈreɪdieɪtəʳ/ **noun** [C] **1** a metal piece of equipment that is filled with hot water and is used to heat a room ▷ **kaloryfer** → See **The Living Room** on page Centre 4 **2** a part of a vehicle engine that is used to make the engine cool ▷ **chłodnica**

radical¹ /ˈrædɪkᵊl/ **adjective** **1** A radical change is very big and important: *a* ***radical reform*** ▷ **radykalny** **2** believing that there should be big social and political changes: *a radical group/movement* ◦ *a* ***radical proposal*** ▷ **radykalny**
• **radically** **adverb** *The company has* ***changed radically*** *in recent years.* ▷ **radykalnie**

radical² /ˈrædɪkᵊl/ **noun** [C] someone who supports the idea that there should be big social and political changes ▷ **radykał**

radicle /ˈrædɪkl/ **noun** [C] the first part that comes out of a plant's seed, and later forms the root ▷ **korzonek zarodkowy**

radio¹ /ˈreɪdiəʊ/ **noun** **1** [C] A1 a piece of equipment used for listening to radio broadcasts: *a car radio* ▷ **radio** **2** **the radio** A1 the programmes that you hear when you listen to the radio: *We heard him speaking* ***on the radio*** *this morning.* ▷ **radio** **3** [U] B1 a system of sending and receiving sound through the air: ***local radio*** ◦ *a* ***radio station*** ▷ **radio** **4** [C] a piece of equipment for sending and receiving messages by sound ▷ **radio**

radio² /ˈreɪdiəʊ/ **verb** [I, T] (present participle **radioing**, past tense and past participle **radioed**) to send a message to someone by radio: *They radioed for help.* ▷ **łączyć się lub nadawać drogą radiową**

radioactive /ˌreɪdiəʊˈæktɪv/ **adjective** containing harmful radiation: ***radioactive waste*** ▷ **promieniotwórczy, radioaktywny**

radioactivity /ˌreɪdiəʊækˈtɪvəti/ **noun** [U] when something is radioactive ▷ **promieniotwórczość, radioaktywność**

radiocarbon dating /ˌreɪdiəʊkɑːbənˈdeɪtɪŋ/ **noun** [U] a method of calculating the age of extremely old objects by measuring the amount of a particular type of carbon in them ▷ **datowanie radiowęglowe**

radioisotope /ˌreɪdiəʊˈaɪsətəʊp/ **noun** [C] an isotope that gives off radiation ▷ **izotop promieniotwórczy**

radiotherapy /ˌreɪdiəʊˈθerəpi/ **noun** [U] the use of controlled amounts of radiation to treat disease ▷ **radioterapia**

ˈ**radio** ˌ**wave** **noun** [C] an electromagnetic wave that is used to send radio signals ▷ **fala radiowa**

radish /ˈrædɪʃ/ **noun** [C] a small, round, white or red vegetable with a slightly hot taste that you eat in salad ▷ **rzodkiewka**

radius /ˈreɪdiəs/ **noun** [C] (plural **radii**) **1** a certain distance from a particular point in any direction: *Most facilities lie* ***within*** *a two-mile* ***radius*** *of the house.* ▷ **promień** **2** the distance from the centre of a circle to its edge ▷ **promień** **3** the shorter of the two long thin bones in the lower half of the arm, between the wrist and the elbow ▷ **kość promieniowa**

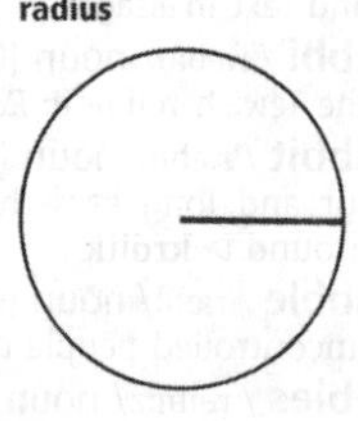

radon /ˈreɪdɒn/ **noun** [U] a colourless radioactive gas that is formed when radium and some other substances decay (symbol Rn) ▷ **radon**

raffle /ˈræfl/ **noun** [C] a competition in which people buy tickets with numbers on them and win a prize if any of their numbers are chosen: ***raffle tickets*** ▷ **loteria fantowa**
• **raffle** **verb** [T] to offer something as a prize in a raffle ▷ **oddać (jako fant) na loterię**

raft /rɑːft/ **noun** **1** [C] a small, flat boat made by tying pieces of wood together ▷ **tratwa** **2** **a raft of sth/sb** a lot of things or people: *a raft of data* ▷ **mnóstwo** *czegoś/kogoś*

rafter /ˈrɑːftəʳ/ **noun** [C] one of the long pieces of wood that supports a roof ▷ **krokiew**

rag /ræg/ **noun** [C] a piece of old cloth that you use to clean things ▷ **szmata, ścierka**

IDIOM **be like a red rag to a bull** UK If a particular subject is like a red rag to a bull, it always makes someone angry. ▷ **działać jak płachta na byka**

rage¹ /reɪdʒ/ **noun** [C, U] B2 strong anger that you cannot control: *a jealous rage* ◦ *He* ***flew into a rage*** *(= suddenly became angry) over the smallest mistake.* ▷ **wściekłość**

IDIOM **be all the rage** informal old-fashioned to be very popular ▷ **robić furorę**

→ See also **road rage**

rage² /reɪdʒ/ **verb** [I] **1** to continue with great force or violence: *The battle raged well into the night.* ▷ **szaleć, wrzeć** **2** to speak or behave in a very angry way ▷ **wściekać się**

ragged /ˈrægɪd/ **adjective** **1** old and torn: *ragged jeans* ▷ **podarty, wyświechtany** **2** wearing clothes that are old and torn: *a ragged child* ▷ **obdarty** **3** rough and not smooth: *a* ***ragged edge*** ▷ **poszarpany**

R

rags /ræɡz/ **noun** [plural] clothes that are old and torn: *an old man dressed **in rags*** ▷ **łachmany**

IDIOM **go from rags to riches** to start your life very poor and then later in life become very rich ▷ **robić zawrotną karierę**

raid[1] /reɪd/ **noun** [C] **1** a sudden attack on a place by soldiers: *an **air raid*** ◦ *a **dawn raid*** ▷ **nalot, atak** **2** a sudden visit to a place by police in order to find someone or something: *a **police raid** to recover illegal weapons* ▷ **nalot** **3** when people enter a place by force in order to steal from it: *a **bank raid*** ▷ **napad** → See also **air raid**

> Wyrazy występujące razem z **raid**
>
> carry out a raid • a raid on sth • an air raid • a dawn raid

raid[2] /reɪd/ **verb** [T] **1** If soldiers raid a place, they suddenly attack it. ▷ **atakować** **2** If the police raid a place, they suddenly visit it in order to find someone or something: *Police raided nine properties in search of the documents.* ▷ **robić nalot na** **3** to steal many things from somewhere: *to **raid** the **fridge*** ▷ **opustoszyć, wyczyścić**

rail /reɪl/ **noun** **1** [C] UK a horizontal bar on the wall that you hang things on: *a curtain rail* ▷ **drążek** **2** [C] a bar around or along something which you can hold to stop you from falling: *a hand rail* ▷ **balustrada, poręcz** **3** [U] B1 trains as a method of transport: ***rail travel*** ◦ *a **rail link*** ◦ *They sent the shipment **by rail**.* ▷ **kolej** **4** [C] the metal tracks that trains run on ▷ **szyna** → See also **towel rail**

railing /ˈreɪlɪŋ/ **noun** [C] a fence made from posts and bars: *an iron railing* ▷ **ogrodzenie**

ˈrailroad ˌtie **noun** [C] US (UK **sleeper**) a piece of wood that is used to support a railway track ▷ **podkład (kolejowy)**

railway /ˈreɪlweɪ/ **noun** **1** A2 [C] (also US **railroad** /ˈreɪlrəʊd/) the metal tracks that trains travel on: *Repairs are being carried out on the railway.* ▷ **linia kolejowa, tor, szyny** **2** **the railway(s)** (also US **the railroad(s)**) A2 the organizations connected with trains: *He worked on the railways all his life.* ▷ **kolej**

rain[1] /reɪn/ **noun** **1** A1 [U] water that falls from the sky in small drops: ***heavy rain*** ◦ *It looks like rain (= as if it will rain).* ▷ **deszcz** **2** **the rains** in tropical countries, the time of year when there is a lot of rain: *They were waiting for the rains to come.* ▷ **pora deszczowa, deszcze** → See also **acid rain**

> Wyrazy występujące razem z **rain**
>
> rain falls • heavy/light/pouring/torrential rain • be pouring with rain • a drop of/spot of rain • in the rain

rain[2] /reɪn/ **verb** **it rains** A1 If it rains, water falls from the sky in small drops: *It was raining all weekend.* ▷ **pada (deszcz)**

PHRASAL VERB **be rained off** UK (US **be rained out**) If a sport or outside activity is rained off, it cannot start or continue because it is raining. ▷ **być odwołanym z powodu deszczu**

rainbow /ˈreɪnbəʊ/ **noun** [C] B2 a half circle with seven colours that sometimes appears in the sky when the sun shines through rain ▷ **tęcza**

ˈrain ˌcheck **noun** [C] **1** US a piece of paper which allows you to buy something at a low price although that thing is now being sold at a higher price ▷ **gwarancja utrzymania niższej ceny** **2** US a ticket that allows you to see an event at a later time if bad weather stops that event from happening ▷ **bilet z gwarancją na wypadek deszczu** **3** **take a rain check on sth** something you say when you cannot accept someone's invitation, but would like to do it at a later time ▷ **chętnie skorzystać z** *czegoś* **kiedy indziej**

raincoat /ˈreɪnkəʊt/ **noun** [C] A2 a coat that you wear when it is raining ▷ **płaszcz przeciwdeszczowy** → See **Clothes** on page Centre 8

raindrop /ˈreɪndrɒp/ **noun** [C] a single drop of rain ▷ **kropla deszczu**

rainfall /ˈreɪnfɔːl/ **noun** [U] the amount of rain that falls in a particular place at a particular time: ***monthly rainfall*** ◦ ***heavy rainfall*** ▷ **opad (deszczu), opady (deszczu)**

rainforest /ˈreɪnˌfɒrɪst/ **noun** [C] B1 a forest with a lot of tall trees where it rains a lot: *a **tropical rainforest*** ▷ **las deszczowy**

ˈrain ˌgauge **noun** [C] a device for measuring how much rain falls ▷ **deszczomierz**

rainy /ˈreɪni/ **adjective** B1 raining a lot: *a rainy afternoon* ▷ **deszczowy**

raise[1] /reɪz/ **verb** [T] **1** B1 to lift something to a higher position: *to raise your hand* ▷ **podnosić** **2** B1 to increase an amount or level: *to **raise prices/taxes*** ▷ **podnosić** **3** to improve something: *to **raise standards*** ▷ **podnosić, podwyższać** **4** B2 to collect money from other people: *They're **raising money** for charity.* ▷ **zbierać** **5** **raise your voice** to speak loudly and angrily to someone ▷ **podnosić głos** **6** **raise hopes/fears/doubts, etc** to cause emotions or thoughts: *Her answers raised doubts in my mind.* ▷ **budzić nadzieje/obawy/wątpliwości** *itp.* **7** **raise a question/subject, etc** B2 to start talking about a subject that you want other people to consider ▷ **poruszyć kwestię/temat** *itp.* **8** B2 to look after and educate a child until they have become an adult: *Their ideas on how to **raise children** didn't always agree.* ▷ **wychowywać** **9** to make an animal or crop grow: *to raise chickens/sheep* ▷ **hodować, uprawiać** → See also **raise the *alarm***

raise[2] /reɪz/ **noun** [C] US (UK **rise**) an increase in the amount of money that you earn: *We usually get a raise at the start of a year.* ▷ **podwyżka**

R

raisin /ˈreɪzᵊn/ **noun** [C] a dried grape ▷ **rodzynek**

rake¹ /reɪk/ **noun** [C] a garden tool with a long handle that is used for moving dead leaves, grass, etc ▷ **grabie**

rake² /reɪk/ **verb** [I, T] to use a rake to move dead leaves, grass, etc ▷ **grabić**

PHRASAL VERB **rake sth in** informal to earn a large amount of money: *He's **raking it in**.* ▷ **zgarniać** *coś*

rally¹ /ˈræli/ **noun** [C] **1** a large public meeting in support of something: *an **election/campaign rally*** ▷ **wiec 2** a car or motorcycle race: *a rally driver* ▷ **rajd**

> Wyrazy występujące razem z **rally**
>
> hold/organize/stage a rally • a mass rally • at a rally

rally² /ˈræli/ **verb 1** [I, T] to come together or bring people together to support something: *Her fans **rallied behind** her from the start.* ▷ **jednoczyć (się) w obronie 2** [I] to get stronger or better after being weak: *The stock market rallied late in the day.* ▷ **odrabiać straty**

PHRASAL VERB **rally around/round (sb)** to help or give support to someone: *If one of the family has a crisis we rally round them.* ▷ **spieszyć z pomocą** (*komuś*)

ram¹ /ræm/ **verb** [T] (present participle **ramming**, past tense and past participle **rammed**) to hit something or push something into something with great force: *He had to stop suddenly and a car **rammed into** him.* ▷ **huknąć, staranować, wepchnąć**

ram² /ræm/ **noun** [C] a male sheep ▷ **baran**

RAM /ræm/ **noun** [U] abbreviation for random access memory: a computer's ability to immediately store information ▷ **(pamięć) RAM** → Compare **ROM**

Ramadan /ˈræmədæn/ **noun** [U] the Muslim religious period in which Muslims do not eat or drink during the part of the day when it is light ▷ **ramadan**

ramble¹ /ˈræmbl/ **verb 1 ramble along/through, etc** to walk for a long time, especially in the countryside ▷ **wędrować po/przez** *itp.* **2** (also **ramble on**) to talk for a long time in a boring and often confused way: *He rambled on for hours about his time in the army.* ▷ **ględzić**

ramble² /ˈræmbl/ **noun** [C] a long walk in the countryside ▷ **wędrówka**

rambler /ˈræmbləʳ/ **noun** [C] someone who walks in the countryside ▷ **turyst-a/ka (piesz-y/a), piechur/ka**

rambling /ˈræmblɪŋ/ **adjective 1** A rambling speech, letter, etc is very long and confused. ▷ **bezładny, chaotyczny 2** A rambling building is big and without a regular shape. ▷ **nieregularny**

ramifications /ˌræmɪfɪˈkeɪʃᵊnz/ **noun** [plural] the possible results of an action ▷ **konsekwencje**

ramp /ræmp/ **noun** [C] **1** a sloping surface that joins two places that are at different heights: *a wheelchair ramp* ▷ **podjazd, rampa 2** US (UK **slip road**) a short road that is used to drive onto or off a large, fast road ▷ **zjazd**

rampage¹ /ræmˈpeɪdʒ/ **verb** [I] to run around or through an area, making a lot of noise and causing damage: *Angry citizens **rampaged through** the city.* ▷ **siać zniszczenie, wszczynać burdy**

rampage² /ˈræmpeɪdʒ/ **noun** [no plural] when a group of people rampage: *Rioters **went on a rampage** through the city.* ▷ **awantury, burdy**

rampant /ˈræmpənt/ **adjective** growing or spreading quickly, in a way that cannot be controlled: ***rampant corruption/inflation*** ▷ **niekontrolowany, szerzący się**

ramshackle /ˈræmˌʃækl/ **adjective** A ramshackle building is in very bad condition. ▷ **walący się**

ran /ræn/ past tense of run

ranch /rɑːnʃ/ **noun** [C] a large farm where animals are kept: *a cattle/sheep ranch* ▷ **rancho, ranczo**

rancher /rɑːnʃəʳ/ **noun** [C] someone who owns or works on a ranch ▷ **ranchero, ranczer**

rancid /ˈrænsɪd/ **adjective** Rancid fat, such as oil or butter, smells and tastes bad because it is not fresh. ▷ **zepsuty, zjełczały**

ˌR and ˈD noun [U] abbreviation for research and development: the part of a business that tries to find ways to improve existing products, and to develop new ones ▷ **prace badawczo-rozwojowe**

random /ˈrændəm/ **adjective 1** (B2) done or chosen without any plan or system: ***random testing*** ◦ *a **random selection*** ▷ **przypadkowy, losowy 2 at random** chosen by chance: *Winners will be chosen at random.* ▷ **na chybił trafił, w drodze losowania**
• **randomly adverb** ▷ **przypadkowo, losowo**

ˌrandom ˈsampling noun [U] choosing items to test without using any pattern to how they are chosen ▷ **próbkowanie losowe**

rang /ræŋ/ past tense of ring²

range¹ /reɪndʒ/ **noun 1** [C] (B1) a group of different things of the same general type: *a **range of** colours/patterns* ◦ *We discussed a **wide range** of subjects.* ▷ **zakres, wachlarz, asortyment 2** [C] (B2) the amount or number between a particular set of limits: [usually singular] *The **price range** is from $100 to $200.* ◦ *The product is aimed at young people in the 18–25 **age range**.* ▷ **przedział 3** [U] the distance from which things can be seen, heard, or reached: *The soldiers came **within** firing **range**.* ◦ *He was shot **at close range** (= from very near).* ▷ **zasięg, odległość 4** [C] a line of hills or mountains ▷ **łańcuch 5** [C] a place where you can practise shooting a gun: a ***rifle/shooting range*** ▷ **strzelnica**

> **Wyrazy występujące razem z range**
> a full/wide range • a range of sth

range² /reɪndʒ/ **verb 1 range from sth to sth** B2 to have several different amounts or types: *Tickets range from $12 to $35.* ◦ *Choose from 13 colours, ranging from classic white to antique blue.* ▷ **wahać się lub być dostępnym (począwszy) od** *czegoś* **do** *czegoś* **lub po** *coś* **2** [I] to deal with a large number of subjects: *The discussion* ***ranged over*** *many topics.* ▷ **obejmować**

ranger /ˈreɪndʒəʳ/ **noun** [C] someone whose job is to look after a forest or a park: *a forest ranger* ▷ **strażnik**

rank¹ /ræŋk/ **noun 1** [C, U] a position in society or in an organization, for example the army: *He holds the rank of colonel.* ▷ **ranga, stopień 2 the ranks** the ordinary members of an organization, especially the army ▷ **szeregowi żołnierze lub członkowie**

IDIOMS **break ranks** to publicly show that you disagree with a group that you belong to ▷ **wyłamać się z szeregu** • **the rank and file** the ordinary members of an organization and not its leaders ▷ **szeregowi członkowie**

→ See also **taxi rank**

rank² /ræŋk/ **verb** [I, T] to have a position in a list which shows things or people in order of importance, or to give someone or something a position on such a list: *He ranked number one in the world at the start of the competition.* ◦ *The city's canals now* ***rank among*** *the world's dirtiest.* ▷ **zajmować** *jakąś* **pozycję, być sklasyfikowanym (na), zaliczać (się)**

ransom /ˈrænsəm/ **noun** [C, U] the money that is demanded for the return of someone who is being kept as a prisoner: *a* ***ransom note/letter*** ▷ **okup**

rant /rænt/ **verb** [I] to talk a lot about something in an excited or angry way: *He was* ***ranting and raving*** *about the injustice of the situation.* ▷ **psioczyć**

rap¹ /ræp/ **noun 1** [U] A2 a type of music in which the words are spoken and there is a strong beat: *a* ***rap artist*** ▷ **rap 2** [C] a sudden, short sound made when someone or something hits a hard surface: *There was a* ***rap on*** *the window.* ▷ **stukanie**

IDIOM **a rap on/across/over the knuckles** a punishment that is not severe ▷ **prztyczek (w nos)**

rap² /ræp/ **verb** (present participle **rapping**, past tense and past participle **rapped**) **1** [I, T] to hit a hard surface to make a sudden, short noise: *He* ***rapped on*** *the door.* ▷ **stukać 2** [I] to perform rap music ▷ **rapować**

rape /reɪp/ **verb** [T] B2 to force someone to have sex when they do not want to ▷ **zgwałcić** • **rape noun** [C, U] B2 ▷ **gwałt**

rapid /ˈræpɪd/ **adjective** B2 happening or moving very quickly: ***rapid change/growth*** ▷ **gwałtowny, błyskawiczny** • **rapidity** /rəˈpɪdəti/ **noun** [U] ▷ **gwałtowność, szybkość** • **rapidly adverb** B2 ▷ **gwałtownie, błyskawicznie**

rapids /ˈræpɪdz/ **noun** [plural] a part of a river where the water moves very fast ▷ **bystrza, bystrzyca**

rapist /ˈreɪpɪst/ **noun** [C] someone who forces another person to have sex when they do not want to ▷ **gwałciciel/ka**

rapper /ˈræpəʳ/ **noun** [C] someone who performs rap music ▷ **raper/ka**

rapport /ræpˈɔːʳ/ **noun** [U, no plural] a good understanding of someone and ability to communicate with them: *She has a good* ***rapport with*** *her staff.* ▷ **dobre stosunki, wzajemne zrozumienie**

rapture /ˈræptʃəʳ/ **noun** [U] a feeling of extreme pleasure and excitement ▷ **zachwyt**

rare /reəʳ/ **adjective 1** B1 very unusual: *a* ***rare disease/species*** ◦ [+ to do sth] *It's very rare to see these birds in England.* ▷ **rzadki 2** If meat is rare, it is still red because it has only been cooked for a short time: *a rare steak* ▷ **krwisty**

rarely /ˈreəli/ **adverb** B1 not often: *I rarely see her these days.* ▷ **rzadko**

raring /ˈreərɪŋ/ **adjective be raring to do sth** informal to be very enthusiastic about starting something ▷ **palić się do** *czegoś*

rarity /ˈreərəti/ **noun 1 be a rarity** to be unusual: *Genuine enthusiasm is a rarity.* ▷ **być rzadkością 2** [U] the fact that something is not common: *Precious stones are valued for their rarity.* ▷ **rzadkość**

rascal /ˈrɑːskəl/ **noun** [C] **1** humorous a person who behaves badly, but who you still like ▷ **łobuz 2** old-fashioned a dishonest man ▷ **łajdak**

rash¹ /ræʃ/ **noun 1** [C] a group of small, red spots on the skin: *an* ***itchy rash*** ◦ *Certain foods give him a rash.* ▷ **wysypka 2 a rash of sth** a group of unpleasant events of the same type, happening at the same time: *There has been a rash of burglaries in the area.* ▷ **(czarna) seria** *czegoś*

rash² /ræʃ/ **adjective** done suddenly and without thinking carefully: *a* ***rash decision/promise*** ▷ **pochopny**

rasher /ˈræʃəʳ/ **noun** [C] UK a slice of bacon ▷ **plasterek (bekonu)**

raspberry /ˈrɑːzbəri/ **noun** [C] a small, soft, red fruit that grows on bushes ▷ **malina**

rat

rat /ræt/ **noun** [C] **1** A2 an animal that looks like a large mouse and has a long tail: *Rats carry disease.* ▷ **szczur 2** informal an unpleasant, dishonest person ▷ **kanalia**

R

rate¹ /reɪt/ **noun** [C] **1** B2 how often something happens, or how many people something happens to: *the* ***birth rate*** ◦ *the* ***rate of*** *unemployment* ▷ **współczynnik 2** B2 a fixed amount of money given for something: *the* ***interest/exchange rate*** ◦ *rates of pay* ▷ **stopa, stawka, kurs 3** B2 the speed at which something happens: *the rate of progress* ▷ **tempo 4 at this rate** used before saying what will happen if a situation continues in the same way: *At this rate we're not going to be there till midnight.* ▷ **w tym tempie, jak tak dalej pójdzie 5 at any rate** used before saying one fact that is certain in a situation that you are generally not certain about: *Well, at any rate we need her to be there.* ▷ **w każdym razie, tak czy siak 6 first-/second-/third-rate** very good, bad, or very bad: *a first-rate hotel* ▷ **pierwszorzędny/drugorzędny/trzeciorzędny** → See also **birth rate, exchange rate**

> Wyrazy występujące razem z **rate**
>
> a **cut in/drop in/increase in/rise in** the rate • **at** a rate (of) • the rate **for/of**

rate² /reɪt/ **verb** [T] **1** to judge the quality or ability of someone or something: *How do you* ***rate*** *her* ***as*** *a singer?* ▷ **oceniać 2** to deserve something: *The incident didn't even* ***rate a mention*** *(= was not written about) in the local newspaper.* ▷ **zasługiwać na**

rather /ˈrɑːðəʳ/ **adverb 1** B1 slightly or to a degree: *I rather like it.* ◦ *I find her books rather dull.* ▷ **dosyć, dość, raczej 2 rather than** B1 instead of: *He saw his music as a hobby rather than a career.* ▷ **zamiast, raczej niż 3 would rather** B1 If you would rather do something, you would prefer to do that thing: *I'd much rather go out for a meal than stay in and watch TV.* ▷ **woleć 4** B2 used to change something you have just said and make it more correct: *I tried writing some drama, or rather comedy-drama, but it wasn't very good.* ▷ **raczej**

ratify /ˈrætɪfaɪ/ **verb** [T] to make an agreement official: *Sixty-five nations need to* ***ratify*** *the* ***treaty.*** ▷ **ratyfikować**

rating /ˈreɪtɪŋ/ **noun 1** [C] a measurement of how good or popular something or someone is: *A high percentage of Americans gave the President a positive rating.* ▷ **ocena, notowanie 2 the ratings** a list of television and radio programmes showing how popular they are ▷ **ranking oglądalności**

> Wyrazy występujące razem z **rating**
>
> give sb/sth a rating • have a rating • sb's/sth's rating **drops/falls/improves/increases** • a **high/low** rating • a rating **of** [5/28%, etc]

ratio /ˈreɪʃiəʊ/ **noun** [C] the relationship between two things expressed in numbers to show how much bigger one is than the other: *The female to male ratio at the college is 2 to 1.* ▷ **stosunek, proporcja**

ration¹ /ˈræʃᵊn/ **noun** [C] the amount of something that you are allowed to have when there is little of it available: *a* ***food/petrol ration*** ▷ **przydział, racja**

ration² /ˈræʃᵊn/ **verb** [T] to give people only a small amount of something because there is little of it available: *They might have to start rationing water.* ▷ **racjonować, reglamentować**

rational /ˈræʃᵊnᵊl/ **adjective 1** based on facts and not affected by someone's emotions or imagination: *a* ***rational argument/debate/explanation*** ▷ **racjonalny 2** able to make decisions based on facts and not be influenced by your emotions or imagination: *Look, we've got to try to be rational about this.* ▷ **racjonalny** → Opposite **irrational**
• **rationally adverb** ▷ **racjonalnie**

rationale /ˌræʃəˈnɑːl/ **noun** [C] a group of reasons for a decision or belief: *I don't understand* ***the rationale behind*** *the policy.* ▷ **logika**

rationalize (also UK **-ise**) /ˈræʃᵊnᵊlaɪz/ **verb 1** [I, T] to try to find reasons to explain your behaviour or emotions: *I can't rationalize the way I feel towards him.* ▷ **racjonalizować 2** [T] mainly UK to improve the way a business is organized, usually by getting rid of people ▷ **racjonalizować**
• **rationalization** (also UK **-isation**) /ˌræʃᵊnᵊlaɪˈzeɪʃᵊn/ **noun** [C, U] ▷ **racjonalizacja**

ˌrational ˈnumber noun [C] a number that can be expressed as the ratio of two whole numbers ▷ **liczba wymierna**

the ˈrat ˌrace noun informal the unpleasant way that people compete against each other at work in order to succeed ▷ **wyścig szczurów**

rattle¹ /ˈrætl/ **verb 1** [I, T] to make a noise like something knocking repeatedly, or to cause something to make this noise: *The wind blew hard, rattling the doors and windows.* ▷ **stukać, postukiwać 2** [T] to make someone nervous: [often passive] *He was clearly rattled by their angry reaction.* ▷ **wytrącać z równowagi**

PHRASAL VERB **rattle sth off** to quickly say a list or something that you have learned: *She can rattle off the names of all the players.* ▷ **wyrecytować** *coś*

rattle² /ˈrætl/ **noun** [C] a toy that a baby shakes to make a noise ▷ **grzechotka**

rattlesnake /ˈrætḷsneɪk/ **noun** [C] a poisonous snake found in southern parts of the US which makes a loud noise by shaking its tail ▷ **grzechotnik**

raucous /ˈrɔːkəs/ **adjective** loud and unpleasant: ***raucous laughter*** ▷ **hałaśliwy**

ravage /ˈrævɪdʒ/ **verb** [T] to damage or destroy something: [often passive] *The whole area has been ravaged by war.* ▷ **spustoszyć**

ravages /ˈrævɪdʒɪz/ **noun** [plural] **the ravages of disease/time/war, etc** the damaging effects of disease/time/war, etc ▷ **spustoszenia dokonane przez chorobę/czas/wojnę** *itp.*

rave[1] /reɪv/ **verb** [I] **1** to talk about something that you think is very good in an excited way: *He went there last year and he's been* ***raving about*** *it ever since.* ▷ **zachwycać się 2** to talk in an angry, uncontrolled way ▷ **pieklić się, powrzaskiwać**

rave[2] /reɪv/ **noun** [C] an event where people dance to modern, electronic music ▷ **rave party**

raven /ˈreɪvᵊn/ **noun** [C] a large, black bird ▷ **kruk**

ravenous /ˈrævᵊnəs/ **adjective** very hungry ▷ **wygłodniały**
• **ravenously adverb** ▷ **wygłodniale**

ravine /rəˈviːn/ **noun** [C] a narrow, deep valley with very steep sides ▷ **wąwóz**

raving /ˈreɪvɪŋ/ **adjective** informal completely uncontrolled: *He was acting like a* ***raving lunatic.*** ▷ **pomylony**

ravings /ˈreɪvɪŋz/ **noun** [plural] the strange things that a crazy person says: *the ravings of a madman* ▷ **brednie**

ravishing /ˈrævɪʃɪŋ/ **adjective** very beautiful ▷ **olśniewający**

raw /rɔː/ **adjective 1** B1 not cooked: ***raw meat/*** *vegetables* ▷ **surowy 2** B2 in the natural state: *raw materials ◦ raw sugar* ▷ **surowy 3** If a part of the body is raw, the skin has come off and it is red and painful. ▷ **otarty**
• **rawness noun** [U]
→ See also **hit/touch a (raw) nerve** ▷ **otarcie, bolesność**

ray /reɪ/ **noun 1** B2 [C] a narrow beam of light, heat, or energy: *an ultraviolet ray ◦ the rays of the sun* ▷ **promień 2 a ray of hope/comfort, etc** a small amount of hope, etc ▷ **promyk nadziei/pociecha** *itp.* → See also **X-ray**

razor /ˈreɪzəʳ/ **noun** [C] B2 a piece of equipment with a sharp blade used for removing hair from the face, legs, etc ▷ **golarka, maszynka do golenia**
→ See **The Bathroom** on page Centre 3

ˈ**razor** ˌ**blade noun** [C] a very thin, sharp blade that you put in a razor ▷ **żyletka**

Rd written abbreviation for road: *17, Lynton Rd* ▷ **ul. (= ulica)**

re- /riː-/ **prefix** again: *to remarry ◦ a reusable container* ▷ **re-**

reach[1] /riːtʃ/ **verb 1** [T] B1 to arrive somewhere: *We won't reach Miami till five or six o'clock.* ▷ **docierać do 2** [I, T] B2 to stretch your arm and hand to touch or take something: *She* ***reached for*** *a cigarette. ◦ She* ***reached down*** *to stroke the dog's head. ◦ He* ***reached out*** *and grabbed her arm.* ▷ **sięgać (po lub do), dosięgnąć 3 can reach (sth)** B2 to be able to touch or take something with your hand: *Could you get that book down for me – I can't reach.* ▷ **móc dosięgnąć ((do)** *czegoś***) 4** [I, T] If something reaches, or reaches something, it is long enough to touch something: *The rope won't be long enough to reach the ground.* ▷ **sięgać (do) 5** [T] B2 to get to a particular level, situation, etc: *We hope to reach our goal by May next year. ◦ I've* ***reached the point*** *where I'm about to give up.* ▷ **osiągać 6 reach a decision/agreement/conclusion, etc** B2 to make a decision, agreement, etc about something ▷ **podejmować decyzję/osiągać porozumienie/wyciągać wniosek** *itp.* **7** [T] B2 to speak to someone on the telephone: *You can reach him at home.* ▷ **skontaktować się z, złapać**

reach[2] /riːtʃ/ **noun 1 out of/beyond (sb's) reach** B2 too far away for someone to take hold of: *I keep the medicines up here, out of the kids' reach.* ▷ **poza** *czyimś* **zasięgiem 2 beyond (sb's) reach** not possible for someone to have: *With all this money we can buy things previously beyond our reach.* ▷ **poza** *czyimś* **zasięgiem 3 be within reach (of sth)** B2 to be close enough to travel to: *You'll be within easy reach of London.* ▷ **być w pobliżu (***czegoś***) 4 be within (sb's) reach a** B2 to be close enough for someone to take hold of: *The gun lay within reach.* ▷ **być w zasięgu (***czyjejś***) ręki b** possible for someone to achieve: *Winning the championship suddenly seemed within their reach.* ▷ **być w zasięgu (***czyjejś***) ręki**

react /riˈækt/ **verb** [I] **1** B2 to say, do, or feel something because of something else that has been said or done: *He* ***reacted*** *angrily* ***to*** *her comments.* ▷ **zareagować 2** to become ill because something that you have eaten or used on your body has had a bad effect on you: *My skin* ***reacts to*** *most perfumes.* ▷ **reagować 3** In science, if a substance reacts with another substance, it changes: *Carbon* ***reacts with*** *oxygen to produce carbon dioxide.* ▷ **reagować**

PHRASAL VERB **react against sth** to do the opposite of what someone wants you to do because you do not like their rules or ideas ▷ **buntować się przeciwko** *czemuś*

reactant /riˈæktənt/ **noun** [C] a chemical substance that reacts with another ▷ **substrat (reakcji)**

reaction /riˈækʃᵊn/ **noun 1** [C, U] B2 something you say, feel, or do because of something that has happened: *What was his* ***reaction to*** *the news?* ▷ **reakcja 2 reactions** mainly UK the

R

ability to move quickly when something suddenly happens: *Drivers need to have quick reactions.* ▷ **refleks 3** [no plural] a change in the way people behave or think because they do not agree with the way people behaved or thought in the past: *In art, there was a **reaction against** Realism.* ▷ **odwrót, bunt 4** [C] B2 an unpleasant feeling or illness caused by something you have eaten or used on your body: *A number of people have **had a** bad **reaction to** this drug.* ▷ **reakcja 5** [C] a change which happens when two substances are put together: *a **chemical reaction*** ▷ **reakcja** → See also **chain reaction**

> **Wyrazy występujące razem z reaction**
>
> an **adverse/angry/immediate/initial/instinctive/negative/rapid** reaction • **gauge/produce/provoke** a reaction • a reaction **to/towards** sth

reactionary /riˈækʃənəri/ **adjective** being against political or social progress ▷ **reakcyjny** • **reactionary noun** [C] someone who is against political or social progress ▷ **reakcjonist-a/ka**

reactive /riˈæktɪv/ **adjective** reactive substances have a strong chemical change when they are mixed with other substances ▷ **reaktywny**

reactivity /ˌriækˈtɪvəti/ **noun** [U] a measure of how much a substance reacts when it is mixed with another substance ▷ **reaktywność**

reactor /riˈæktər/ **noun** [C] (also **nuclear reactor**) a large machine which uses nuclear fuel to produce power ▷ **reaktor**

read[1] /riːd/ **verb** (past tense and past participle **read** /red/) **1** [I, T] A1 to look at words and understand what they mean: *What was the last **book** you read?* ◦ *I've been **reading about** John F Kennedy.* ◦ [+ that] *I've read that the economy is going to improve by the end of the year.* ▷ **czytać, przeczytać 2** [I, T] A2 to look at words that are written and say them aloud for other people to listen to: *Do you want me to **read** it **to** you?* ◦ [+ two objects] *I **read** him a **story** at bedtime.* ▷ **czytać, przeczytać 3** [T] to look at signs and be able to understand them: *Can you **read music**?* ▷ **czytać 4** [T] to show the temperature, time, etc on a piece of measuring equipment: *The thermometer read 20 degrees this morning.* ▷ **pokazywać** → See also **lip-read**

PHRASAL VERBS **read sth into sth** to believe that an action, remark, etc has a particular meaning when it has not: *Don't read too much into anything he says.* ▷ **doszukiwać się** *czegoś* **w** *czymś* • **read sth out** B2 to read something and say the words aloud so that other people can hear: *He read out the names of all the winners.* ▷ **odczytać** *coś* • **read sth over/through** B2 to read something from the beginning to the end, especially to find mistakes: *I read over my essay to check for errors.* ▷ **przeczytać** *coś*

read[2] /riːd/ **noun** [no plural] **1** the act of reading something: *It's not brilliant but it's worth a read.* ▷ **przeczytanie 2 a good/easy, etc read** something that is enjoyable, easy, etc to read ▷ **dobra/łatwa** *itp.* **lektura**

readable /ˈriːdəbl/ **adjective** enjoyable and easy to read ▷ **przyjemny (w czytaniu)**

reader /ˈriːdər/ **noun** [C] B1 someone who reads: *She's a slow reader.* ▷ **czytelni-k/czka**

readership /ˈriːdəʃɪp/ **noun** [no plural] the number and type of people who read a particular newspaper, magazine, etc: *These magazines have a very young readership.* ▷ **czytelnicy**

readily /ˈredɪli/ **adverb 1** B2 quickly and easily: *Information is **readily available** on the Internet.* ▷ **łatwo 2** B2 willingly and without stopping to think: *He **readily admits** to having problems himself.* ▷ **chętnie, otwarcie**

readiness /ˈredɪnəs/ **noun** [U] **1** when someone is willing to do something: [+ to do sth] *They expressed a readiness to accept our demands.* ▷ **gotowość, chęć 2** when someone is prepared for something: *It was time to repair their shelters **in readiness for** the winter.* ▷ **gotowość, przygotowanie**

reading /ˈriːdɪŋ/ **noun 1** [U] A1 the activity or skill of reading books: *I **did** a lot of **reading** on holiday.* ▷ **czytanie, lektura 2** [C] an event at which someone reads something to an audience: *a **poetry reading*** ▷ **odczyt 3** [C] the measurement that is shown on a piece of measuring equipment: *It's best to **take** a meter **reading** as soon as you move in.* ▷ **odczyt**

readjust /ˌriːəˈdʒʌst/ **verb 1** [I] to change in order to deal with a new situation, such as a new job or home: *The children will have to **readjust to** a new school.* ▷ **adaptować się, przystosowywać się 2** [T] to move something slightly or make a small change to something: *He readjusted his tie.* ▷ **poprawiać**

ready /ˈredi/ **adjective 1** [never before noun] A1 prepared for doing something: *Give me a call when you're ready.* ◦ [+ to do sth] *Are you ready to go yet?* ◦ *We're going at eight, so you've got an hour to **get ready**.* ◦ *The army was **ready for** action.* ▷ **gotowy 2** [never before noun] A2 prepared and available to be eaten, drunk, used, etc: *Is dinner ready?* ◦ *When will the book be **ready for** publication?* ▷ **gotowy 3 be ready to do sth** to be willing to do something: *We are ready to die for our country.* ▷ **być gotowym** *coś zrobić* → See also ***rough* and ready**

ready-made /ˌrediˈmeɪd/ **adjective** made and ready to use: ***ready-made meals*** ▷ **gotowy**

ˈready ˌmeal noun [C] a meal that has already been cooked, that is bought at a shop but taken home to be heated and eaten ▷ **danie gotowe**

reagent /ˌriːˈeɪdʒənt/ **noun** [C] a substance which acts on another in a chemical reaction ▷ **odczynnik**

real[1] /rɪəl/ **adjective 1** A2 existing and not

imagined: *Romance is never like that* ***in real life.*** ▷ **prawdziwy 2** B1 true and not pretended: *What was the* ***real reason*** *she didn't come?* ◦ *Is that your* ***real name?*** ▷ **prawdziwy 3** A2 not artificial or false: *real fur/leather* ◦ *It's not a toy gun, it's* ***the real thing.*** ▷ **prawdziwy 4** [always before noun] B2 used to emphasize a noun: *She was a real help.* ▷ **prawdziwy**

IDIOM **Get real!** informal used to tell someone that they are hoping for something that will never happen, or that they believe something that is not true ▷ **Obudź się!, Zejdź na ziemię!**

→ See also **the real *McCoy***

real² /rɪəl/ **adverb** US informal very: *It's real easy to get there from here.* ▷ **bardzo**

ˈreal esˌtate noun [U] US buildings and land ▷ **nieruchomości**

ˈreal estate ˌagent noun [C] US (UK **estate agent**) someone who sells buildings and land as their job ▷ **pośredni-k/czka, (nieruchomości)**

realism /ˈrɪəlɪzᵊm/ **noun** [U] **1** when things and people in art, literature, etc are shown as they are in real life ▷ **realizm 2** when you accept and deal with the true facts of a situation and do not hope for things that will not happen ▷ **realizm**

realist /ˈrɪəlɪst/ **noun** [C] **1** someone who accepts the true facts of a situation and does not hope for things that will not happen ▷ **realist-a/ka 2** an artist or writer who shows people and things in their work as they are in real life ▷ **realist-a/ka**

realistic /ˌrɪəˈlɪstɪk/ **adjective 1** B2 accepting the true facts of a situation and not basing decisions on things that will not happen: *Let's be realistic – we're not going to finish this by Friday.* ▷ **realistyczny 2** B1 showing things and people as they really are, or making them seem to be real: *realistic special effects in a film* ▷ **realistyczny**
→ Opposite **unrealistic**
• **realistically adverb** ▷ **realistycznie**

reality /riˈæləti/ **noun 1** B2 [U] the way things or situations really are and not the way you would like them to be: *Sooner or later you have to* ***face up to reality.*** ◦ *He may seem charming but* ***in reality*** *he's actually quite unpleasant.* ▷ **rzeczywistość 2 the reality/realities of sth** B2 the truth about an unpleasant situation: *the harsh realities of life* ▷ **prawda o** *czymś* **3 become a reality** to start to happen or exist: *New jobs could become a reality by next month.* ▷ **stać się rzeczywistością** → See also **virtual reality**

> **Wyrazy występujące razem z reality**
>
> face up to reality • turn [an idea/dream, etc] into reality • lose touch with reality • in reality

reˌality TˈV noun [U] television programmes about ordinary people who are filmed in real situations ▷ **reality show**

realizable (also UK **-isable**) /ˈrɪəlaɪzəbᵊl/ **adjective 1** possible to do or make happen ▷ **realny 2** able to be sold for money ▷ **zbywalny**

ˌrealizable ˈvalue (also UK **-isable**) **noun** [U] in a business, the amount that something is worth if it was sold ▷ **wartość sprzedaży**

realization (also UK **-isation**) /ˌrɪəlaɪˈzeɪʃᵊn/ **noun 1** [U, no plural] when you notice or understand something that you did not notice or understand before: [+ that] *There is a growing realization that education has benefits at many levels.* ▷ **świadomość 2** [U] when you achieve something that you wanted: *the* ***realization of*** *an* ***ambition*** ▷ **spełnienie, realizacja**

realize (also UK **-ise**) /ˈrɪəlaɪz/ **verb** [T] **1** B1 to notice or understand something that you did not notice or understand before: [+ question word] *I didn't realize how unhappy she was.* ◦ *I suddenly realized I'd met him before.* ◦ [+ (that)] *Some people just don't seem to realize that the world has changed.* ▷ **uświadamiać sobie, zdawać sobie sprawę 2 realize an ambition/dream/goal, etc** to achieve something that you have wanted for a long time: *He had realized all his ambitions by the age of 30.* ▷ **zrealizować ambicję/marzenie/cel** *itp.* **3** to sell things that you own: *to realize your assets* ▷ **zbywać 4** to be sold for a particular amount of money: *The shares realized £1.4 million.* ▷ **przynosić**

really /ˈrɪəli/ **adverb 1** A1 very or very much: *She's really nice.* ◦ *I really don't want to go.* ◦ *"Did you like it then?" "Er,* ***not really****" (= no).* ▷ **naprawdę, bardzo 2** B1 used when you are saying what is the truth of a situation: *She tried to hide what she was really thinking.* ▷ **naprawdę, rzeczywiście 3 Really?** A2 used when you are surprised at what someone has just said: *"Apparently, he's leaving." "Really?"* ▷ **Czyżby?, Naprawdę?**

> **!** Najczęściej popełniane błędy: **really**
>
> **Uwaga!** Częsty błąd słowotwórczy!
> Jeśli przymiotnik jest zakończony na „l", to w celu utworzenia przysłówka dodajemy końcówkę „-ly".
> Nie piszemy więc „realy", ale **really.**

realm /relm/ **noun** [C] **1** formal an area of knowledge or activity: *successes in the realm of foreign policy* ▷ **dziedzina 2** literary a country that has a king or queen ▷ **królestwo**

ˌreal ˈnumber noun [C] any number that is not an imaginary number ▷ **liczba rzeczywista** → Compare **complex number**, **imaginary number**

real-time /ˈrɪəltaɪm/ **adjective** describes computing systems that are able to deal with and use new information immediately ▷ **czasu rzeczywistego**

realtor /ˈriːltəʳ/ **noun** [C] US (UK **estate agent**) someone who sells buildings or land as their job ▷ **pośredni-k/czka, (nieruchomości)**

R

reap /riːp/ **verb 1 reap the benefits/profits/rewards** to get something good by working hard for it: *Sometimes, this approach can reap tremendous rewards.* ▷ **czerpać lub przynosić korzyści 2** [I, T] to cut and collect a crop of grain ▷ **zbierać (plony)**

reappear /ˌriːəˈpɪəʳ/ **verb** [I] to appear again or return after a period of time: *He reappeared later that day.* ▷ **powracać, pojawiać się ponownie**
• **reappearance** /ˌriːəˈpɪərᵊns/ **noun** [C, U] ▷ **powrót, ponowne pojawienie się**

rear¹ /rɪəʳ/ **noun 1 the rear** the back part of something: *First class accommodation is towards the rear of the train.* ▷ **tył 2 bring up the rear** to be at the back of a group of people who are walking or running ▷ **zamykać pochód lub stawkę**
• **rear adjective** [always before noun] B2 *a rear window/wheel* ▷ **tylny**

rear² /rɪəʳ/ **verb 1** [T] If you rear children or young animals, you care for them until they are adults: *In these waters they breed and rear their young.* ▷ **wychowywać 2** [I] (also **rear up**) If a horse rears, it stands on its back legs. ▷ **stawać dęba** → See also **raise/rear its ugly head**

rearm /ˌriːˈɑːm/ **verb** [I, T] to supply yourself or others with new weapons ▷ **przezbrajać (się)**
• **rearmament** /riˈɑːməmənt/ **noun** [U] ▷ **przezbrojenie**

rearrange /ˌriːəˈreɪndʒ/ **verb** [T] **1** B2 to change the order or position of things: *I've **rearranged** the **furniture**.* ▷ **przestawiać, przekładać 2** to change the time of an event or meeting: *I've **rearranged** the **meeting** for Monday.* ▷ **przekładać**

ˌrear-view ˈmirror noun [C] a small mirror inside a car which the driver looks in to see what is happening behind the car ▷ **lusterko wsteczne** → See **Car** on page Centre 7

reason¹ /ˈriːzᵊn/ **noun 1** [C] A2 the facts about why something happens or why someone does something: *Is there any particular **reason why** he doesn't want to come?* ◦ *He left without **giving a reason**.* ◦ *That was the **reason for** telling her.* ▷ **powód, przyczyna 2** [C, U] B2 something that makes it right for you to do something: [+ to do sth] *There is **every reason** to believe the project will be finished on time.* ▷ **powód 3** [U] the ability to think and make good decisions: *By this time he'd lost his powers of reason.* ▷ **rozsądek, rozum 4 within reason** If something is within reason, it is acceptable and possible: *You can have as much as you like, within reason.* ▷ **w granicach rozsądku**

IDIOM **it stands to reason** If it stands to reason that something happens or is true, it is what you would expect: *It stands to reason that a child who is constantly criticized will have little self-confidence.* ▷ **jest zrozumiałe**

> **!** Najczęściej popełniane błędy: **reason**
>
> **Proszę pamiętać:** przyimkiem, którego należy użyć w połączeniu z rzeczownikiem **reason** jest **for**.
>
> Nie mówimy więc „the reason of something", ale **the reason for something**:
>
> ~~*We must find out the reasons of the delay.*~~
> *We must find out the reasons for the delay.*

> Wyrazy występujące razem z **reason**
>
> a **compelling/good/obvious/simple** reason • **have/give/understand** a reason • the reason **for** sth • the reason **why** sth happens

reason² /ˈriːzᵊn/ **verb** [T] to decide that something is true after considering the facts: [+ that] *We reasoned that it was unlikely he would be a serious threat to the public.* ▷ **rozumować**

PHRASAL VERB **reason with sb** to persuade someone not to do something stupid by giving them good reasons not to ▷ **przemawiać** *komuś* **do rozumu**

reasonable /ˈriːzᵊnəbl/ **adjective 1** B2 fair and showing good judgment: [+ to do sth] *It's not reasonable to expect people to work those hours.* ▷ **rozsądny, sensowny** → Opposite **unreasonable 2** B1 big enough or large enough in number, although not big or not many: *There were a reasonable number of people there.* ▷ **umiarkowany 3** B1 good enough but not the best: *I'd say her work is of a reasonable standard.* ▷ **niezły 4** B1 not expensive: *reasonable prices* ▷ **umiarkowany, rozsądny**

reasonably /ˈriːzᵊnəbli/ **adverb 1** B2 in a fair way, showing good judgment: *Why can't we discuss this reasonably, like adults?* ▷ **rozsądnie 2 reasonably good/successful/well, etc** B2 good/successful/well, etc enough but not very good or very well: *I did reasonably well at school but not as well as my sister.* ▷ **dość dobry/pomyślny/dobrze** *itp.* **3 reasonably priced** B1 not expensive ▷ **po rozsądnej cenie**

reasoning /ˈriːzᵊnɪŋ/ **noun** [U] the process of thinking about something in order to make a decision: *I don't understand the **reasoning behind** this decision.* ▷ **rozumowanie, logika**

reassure /ˌriːəˈʃʊəʳ/ **verb** [T] to say something to stop someone from worrying: [+ that] *He reassured me that I would be paid soon.* ▷ **zapewniać, podtrzymywać na duchu**
• **reassurance** /ˌriːəˈʃʊərᵊns/ **noun** [C, U] something that you say to make someone stop worrying: *Despite my repeated reassurances that she was welcome, she wouldn't come.* ▷ **zapewnienie, wsparcie duchowe**

reassuring /ˌriːəˈʃʊərɪŋ/ **adjective** making you feel less worried: *a reassuring smile/voice* ▷ **pocieszający, podtrzymujący na duchu**
• **reassuringly adverb** ▷ **pocieszająco**

rebate /ˈriːbeɪt/ **noun** [C] an amount of money that is given back to you because you have paid too much: *a **tax/rent rebate*** ▷ **zwrot (nadpłaty)**

Rebecca /rɪˈbekə/ **noun** (also **Becky** /ˈbeki/) a female name

rebel[1] /ˈrebəl/ **noun** [C] **1** B2 someone who fights against the government in their country, especially a soldier: *Rebels seized control of the airport.* ▷ **rebeliant/ka, buntowni-k/czka 2** someone who does not like authority and refuses to obey rules ▷ **buntowni-k/czka**

rebel[2] /rɪˈbel/ **verb** [I] (present participle **rebelling**, past tense and past participle **rebelled**) **1** to fight against the government ▷ **buntować się 2** B2 to refuse to obey rules because you do not like authority: *She **rebelled against** her family.* ▷ **buntować się**

rebellion /rɪˈbeliən/ **noun** [C, U] when people fight against the government in their country ▷ **rebelia, bunt**

> Wyrazy występujące razem z **rebellion**
>
> **launch/lead/quash/stage** a rebellion • a rebellion **against** sb/sth • a rebellion **by** sb

rebellious /rɪˈbeliəs/ **adjective** refusing to obey rules because you do not like authority: *a rebellious teenager* ▷ **buntowniczy, zbuntowany**

rebirth /ˈriːbɜːθ/ **noun** [no plural] when something becomes popular or active for the second time: *the rebirth of the women's movement* ▷ **odrodzenie (się)**

reboot /ˌriːˈbuːt/ **verb** [T, I] When a computer reboots, it switches off and then starts again immediately, and when you reboot a computer, you make it do this ▷ **restartować**

rebound[1] /rɪˈbaʊnd/ **verb** [I] to move back through the air after hitting something: *The ball **rebounded off** the post.* ▷ **odbijać się**

rebound[2] /ˈriːbaʊnd/ **noun be on the rebound** to be unhappy because your romantic relationship has ended: *She was on the rebound when she met her second husband.* ▷ **być w rozterce emocjonalnej (po rozpadzie związku)**

rebuff /rɪˈbʌf/ **verb** [T] formal to refuse someone's suggestion or offer, especially in an unfriendly way: *The company has rebuffed several buyout offers.* ▷ **odrzucać, odtrącać**
• **rebuff noun** [C] ▷ **odrzucenie, odtrącenie**

rebuild /ˌriːˈbɪld/ **verb** [T] (past tense and past participle **rebuilt**) **1** B1 to build something again after it has been damaged: *The cathedral was rebuilt after being destroyed by fire.* ▷ **odbudować 2** B2 to make a situation succeed again after something bad caused it to fail: *The country is still struggling to rebuild its economy.* ▷ **odbudować**

rebuke /rɪˈbjuːk/ **verb** [T] formal to speak angrily to someone because they have done something wrong ▷ **upominać, ganić**
• **rebuke noun** [C] formal ▷ **upomnienie, nagana**

recalcitrant /rɪˈkælsɪtrənt/ **adjective** formal not willing to obey or help someone: *recalcitrant schoolchildren* ▷ **krnąbrny**

recall /rɪˈkɔːl/ **verb** [T] **1** B2 to remember something: *I don't recall arranging a time to meet.* ▷ **przypominać sobie 2** to order the return of someone or something: [often passive] *The ambassador was recalled to London.* ▷ **odwołać, wycofać**
• **recall** /ˈriːkɔːl/ **noun** [U] ▷ **przypomnienie (sobie), odwołanie, wycofanie**

recap /ˈriːkæp/ **verb** [I] (present participle **recapping**, past tense and past participle **recapped**) to repeat the most important parts of what you have just said ▷ **podsumować**
• **recap** /ˈriːkæp/ **noun** [C] ▷ **podsumowanie**

recapture /ˌriːˈkæptʃər/ **verb** [T] **1** to catch a person or animal that has escaped ▷ **(ponownie) ująć 2** to experience or feel something from the past again: *Some men try to **recapture** their **youth** by going out with younger women.* ▷ **przeżywać na nowo**

recede /rɪˈsiːd/ **verb** [I] **1** to become further and further away: *The coastline receded into the distance.* ▷ **oddalać się, cofać się 2** If a memory or feeling recedes, it becomes less clear or strong. ▷ **zacierać się, słabnąć 3** If a man's hair recedes, it stops growing at the front of his head: *a **receding hairline*** ▷ **rzednąć**

receipt /rɪˈsiːt/ **noun 1** [C] A2 a piece of paper that proves that you have received goods or money: *Could I have a receipt? ◦ Remember to keep **receipts for** any work done.* ▷ **paragon, pokwitowanie 2** [U] formal the act of receiving something: *Items must be returned within fourteen days of receipt.* ▷ **odbiór**

receipts /rɪˈsiːts/ **noun** [plural] US (UK **takings**) the amount of money that a business gets from selling things: *box-office receipts* ▷ **wpływy**

receive /rɪˈsiːv/ **verb** [T] **1** A2 to get something that someone has given or sent to you: *Occasionally, he **receives** letters **from** fans.* ▷ **otrzymywać 2** to react to a suggestion or piece of work in a particular way: [often passive] *His first book was not **well received** (= people did not like it).* ▷ **przyjmować, odbierać 3** to formally welcome guests ▷ **przyjmować** → See also **be on/at the receiving *end* of sth**

receiver /rɪˈsiːvər/ **noun** [C] **1** the part of a telephone that you hold in your hand and use for listening and speaking ▷ **słuchawka 2** the part of a radio or television that receives signals from the air ▷ **odbiornik 3** someone who officially deals with a company when it has to stop business because it cannot pay the money it owes ▷ **syndyk (masy upadłościowej)**

recent /ˈriːsənt/ **adjective** B1 happening or starting from a short time ago: *a recent photo*

R

◦ *In recent years, sales have decreased quite markedly.* ▷ **niedawny, ostatni**

recently /'riːsəntli/ **adverb** B1 not long ago: *Have you seen any good films recently?* ◦ *Until recently he worked as a teacher.* ▷ **niedawno, ostatnio**

receptacle /rɪ'septəkəl/ **noun** [C] **1** formal a container: *Please put any waste in the receptacle provided.* ▷ **zbiornik 2** the part of a flower's stalk that the petals are attached to ▷ **dno kwiatowe**

reception /rɪ'sepʃən/ **noun 1** [no plural] B1 the place in a hotel or office building where people go when they arrive: *Ask for me **at reception**.* ◦ *a reception area/desk* ▷ **recepcja 2** [C] B2 a formal party that is given to celebrate a special event or to welcome someone: *a **wedding reception*** ▷ **przyjęcie 3** [no plural] the way people react to something or someone: *We were given a very **warm reception**.* ▷ **przyjęcie, reakcja 4** [U] the quality of a radio or television signal ▷ **odbiór**

> Wyrazy występujące razem z **reception**
>
> **get/be given/receive** a [cool/good, etc] reception • a **cool/chilly/frosty/hostile** reception • a **good/great/rapturous/warm** reception • a **lukewarm/mixed** reception • reception **from** sb

receptionist /rɪ'sepʃənɪst/ **noun** [C] A2 someone who works in a hotel or office building, answering the telephone and dealing with guests: *a **hotel receptionist*** ▷ **recepcjonist-a/ka**

receptive /rɪ'septɪv/ **adjective** willing to think about and accept new ideas: *She's generally very **receptive to** ideas and suggestions.* ▷ **otwarty**

receptor /rɪ'septər/ **noun** [C] a nerve ending that reacts to a change, such as heat or cold, in the body by sending a message to the central nervous system ▷ **receptor**

recess /rɪ'ses/ **noun 1** [C, U] a time in the day or in the year when a parliament or law court is not working: *a parliamentary/congressional recess* ◦ *The court is **in recess** for thirty minutes.* ▷ **przerwa 2** [C, U] US (UK **break**) a period of free time between classes at school: *At recess the boys would fight.* ▷ **przerwa 3** [C] a part of a wall in a room that is further back than the rest of the wall ▷ **wnęka**

recession /rɪ'seʃən/ **noun** [C, U] B2 a time when the economy of a country is not successful: *The latest report confirms that the economy is **in recession**.* ▷ **recesja**

recessive /rɪ'sesɪv/ **adjective** A recessive gene causes a particular characteristic only when it is passed on by both parents. ▷ **recesywny** → Compare **dominant**

recharge /ˌriː'tʃɑːdʒ/ **verb** [T] to fill a battery with electricity so that it can work again ▷ **naładować, ładować**

recipe /'resɪpi/ **noun 1** B1 [C] a list of foods and a set of instructions telling you how to cook something: *a **recipe for** carrot cake* ▷ **przepis 2 be a recipe for disaster/trouble/success, etc** to be likely to become a disaster, a success, etc ▷ **gwarantować katastrofę/kłopoty/sukces, stanowić receptę na katastrofę/kłopoty/sukces** *itp.*

recipient /rɪ'sɪpiənt/ **noun** [C] someone who receives something: *a recipient of an award* ▷ **odbior-ca/czyni, laureat/ka**

reciprocal[1] /rɪ'sɪprəkəl/ **adjective** involving two people or groups that agree to help each other in a similar way: *a **reciprocal arrangement*** ▷ **wzajemny, obopólny**

reciprocal[2] /rɪ'sɪprəkəl/ **noun** [C] a number that when multiplied with another particular number gives the answer 1: *The reciprocal of 2 is 0.5.* ▷ **odwrotność**

reciprocate /rɪ'sɪprəkeɪt/ **verb** [I, T] to do something for someone because they have done something similar for you ▷ **odwzajemniać (się)**

recital /rɪ'saɪtəl/ **noun** [C] a performance of music or poetry: *a piano recital* ▷ **recital**

recite /rɪ'saɪt/ **verb** [I, T] to say something aloud from memory: *She can recite the whole poem.* ▷ **recytować**

reckless /'rekləs/ **adjective** doing something dangerous and not caring about what might happen: ***reckless driving*** ▷ **lekkomyślny, brawurowy**

• **recklessly adverb** ▷ **lekkomyślnie, brawurowo**

reckon /'rekən/ **verb** [T] **1** B2 to think that something is probably true: *I reckon he likes her.* ◦ [+ (that)] *He reckons that he earns more in a week than I do in a month.* ▷ **sądzić, myśleć 2** to guess that a particular number is correct: *His fortune is **reckoned at** $5 million.* ▷ **szacować** → See also **a *force* to be reckoned with**

PHRASAL VERBS **reckon on sth/doing sth** to think that something is going to happen and make it part of your plans ▷ **liczyć na** *coś* • **reckon with sb/sth** to deal with someone or something difficult ▷ **liczyć się z** *kimś/czymś*

reclaim /rɪ'kleɪm/ **verb** [T] **1** to get something back from someone: *You can reclaim the tax at the airport.* ▷ **odzyskać 2** to make land good enough to be used for growing crops ▷ **rekultywować**

recline /rɪ'klaɪn/ **verb 1** [I] to lie back with the upper part of your body in a horizontal position: *I found him **reclining on** the sofa.* ▷ **półleżeć, rozkładać się wygodnie 2** [I, T] If a chair reclines, you can lower the back part so that you can lie in it, and if you recline a chair, you put it in this position: *a **reclining chair/seat*** ▷ **rozkładać się**

recluse /rɪ'kluːs/ **noun** [C] someone who lives alone and does not like being with other people ▷ **odludek, samotni-k/czka**

R

• **reclusive adjective** living alone and avoiding other people ▷ **samotniczy**

recognition /ˌrekəgˈnɪʃən/ **noun 1** [U, no plural] when you accept that something is true or real: *There is a growing* ***recognition of*** *the scale of the problem.* ◦ [+ that] *There is a general recognition that she's the best person for the job.* ▷ **świadomość 2** [U] when someone is publicly thanked for something good that they have done: *Ellen* ***gained recognition for*** *her outstanding work.* ◦ *He was given a medal* ***in recognition of*** *his bravery.* ▷ **uznanie 3** [U] when you know something or someone because you have seen or experienced them before: *I waved at her, but she showed no sign of recognition.* ▷ **rozpoznanie**

> Wyrazy występujące razem z **recognition**
>
> achieve/deserve/gain recognition • in recognition of sth • recognition for sth

recognizable (also UK **-isable**) /ˈrekəgnaɪzəbl/ **adjective** able to be recognized: *Megan's voice is instantly recognizable.* ▷ **charakterystyczny, rozpoznawalny**

• **recognizably adverb** ▷ **charakterystycznie**

recognize (also UK **-ise**) /ˈrekəgnaɪz/ **verb** [T] **1** (B1) to know someone or something because you have seen or experienced them before: *I recognized her from her picture.* ◦ *Doctors are trained to recognize the symptoms of disease.* ▷ **rozpoznawać, poznawać 2** (B2) to accept that something is true or real: [+ (that)] *She recognized that she had been partly to blame.* ◦ *Smoking is* ***recognized as*** *a leading cause of lung cancer.* ▷ **uznawać 3** to officially show respect for someone for an achievement: *He was recognized by the governor for his work with teenagers.* ▷ **wyróżniać, wyrażać uznanie dla**

recoil /rɪˈkɔɪl/ **verb** [I] to react to something with fear or hate: *She* ***recoiled in*** *horror at the thought of touching a snake.* ▷ **wzdrygnąć się**

recollect /ˌrekəlˈekt/ **verb** [T] to remember something: *I didn't recollect having seen him.* ▷ **przypominać sobie, pamiętać**

recollection /ˌrekəlˈekʃən/ **noun** [C, U] when you remember something: *He* ***had*** *no* ***recollection*** *of the incident.* ▷ **wspomnienie**

recommend /ˌrekəˈmend/ **verb** [T] **1** (B1) to say that someone or something is good or suitable for a particular purpose: *Can you recommend a good wine to go with this dish?* ◦ *She has been* ***recommended for*** *promotion.* ▷ **polecać, rekomendować 2** (B2) to advise someone that something should be done: *The judge is likely to recommend a long jail sentence.* ◦ [+ that] *The report recommended that tourists avoid the region.* ▷ **zalecać**

recommendation /ˌrekəmenˈdeɪʃən/ **noun 1** [C] (B2) a piece of advice about what to do in a particular situation: *The marketing department* ***made*** *several* ***recommendations*** *to improve sales.* ◦ [+ that] *It's my recommendation that this factory be closed immediately.* ▷ **zalecenie, rekomendacja 2** [C, U] a suggestion that someone or something is good or suitable for a particular purpose: *I bought this book* ***on*** *Andy's* ***recommendation.*** ▷ **polecenie, rekomendacja**

> Wyrazy występujące razem z **recommendation**
>
> accept/follow/implement/make a recommendation • a recommendation for/on sth

recompense /ˈrekəmpens/ **noun** [U] formal payment that you give to someone when you have caused them difficulty or an injury: *Angry soccer fans sought* ***recompense for*** *the cancelled match.* ▷ **rekompensata**

• **recompense verb** [T] formal *He was* ***recompensed for*** *loss of earnings.* ▷ **rekompensować**

reconcile /ˈrekənsaɪl/ **verb** [T] **1** to make two different ideas, beliefs, or situations agree or able to exist together: *It is sometimes difficult to reconcile science and religion.* ◦ *How can you* ***reconcile*** *your love of animals* ***with*** *your habit of eating them?* ▷ **pogodzić 2 be reconciled (with sb)** to become friendly with someone after you have argued with them ▷ **pogodzić się (z** *kimś***)**

PHRASAL VERB **reconcile yourself to sth** to accept a situation although you do not like it: *Eventually he reconciled himself to living without her.* ▷ **pogodzić się z** *czymś*

reconciliation /ˌrekənˌsɪliˈeɪʃən/ **noun 1** [C, U] when two people or groups become friendly again after they have argued: *to* ***seek*** *a* ***reconciliation*** ▷ **zgoda, pojednanie 2** [U, no plural] the process of making two opposite ideas, beliefs, or situations agree: *the reconciliation of facts with theory* ▷ **pogodzenie**

reconnaissance /rɪˈkɒnɪsəns/ **noun** [U] the process of getting information about a place or an area for military use ▷ **rekonesans, zwiad**

reconsider /ˌriːkənˈsɪdər/ **verb** [I, T] to think again about a decision or opinion and decide if you want to change it: *We've been asked to reconsider the proposal.* ▷ **ponownie rozważyć, namyślić się**

• **reconsideration** /ˌriːkənˌsɪdərˈeɪʃən/ **noun** [U] ▷ **namysł, powtórne rozważenie**

reconstruct /ˌriːkənˈstrʌkt/ **verb** [T] **1** to create a description of a past event using all the information that you have: *The police tried to reconstruct the crime using evidence found at the scene.* ▷ **rekonstruować, odtwarzać 2** to build something again after it has been damaged or destroyed ▷ **odbudować**

reconstruction /ˌriːkənˈstrʌkʃən/ **noun** [C, U] **1** when you create a description of a past event using all the information that you have: *A reconstruction of the crime was shown on TV.* ▷ **rekonstrukcja 2** when you build something again after it has been damaged or destroyed ▷ **odbudowa**

R

record¹ /ˈrekɔːd/ **noun 1** [C, U] (B2) information that is written on paper or stored on computer so that it can be used in the future: ***medical/ dental records*** ◦ *My teacher* ***keeps*** *a* ***record of*** *my absences.* ◦ *This has been the hottest summer* ***on record*** *(= the hottest summer known about).* ▷ **zapis 2** [C] A person's or company's record is their behaviour or achievements: [usually singular] *She has an outstanding academic record (= has done very well in school).* ◦ *Of all airlines they have the best* ***safety record****.* ▷ **wyniki, notowania, statystyki 3** [C] (B1) the best, biggest, longest, tallest, etc: *to* ***set/break*** *a* ***record*** ◦ *He* ***holds the*** *world* ***record*** *for 100 metres.* ▷ **rekord 4** [C] (B1) a flat, round, plastic disc that music is stored on, used especially in the past: *to play a record* ▷ **płyta 5 off the record** If you say something off the record, you do not want the public to know about it. ▷ **nieoficjalnie 6 put/ set the record straight** to tell people the true facts about a situation ▷ **wyjaśniać nieporozumienia 7** a collection of pieces of information in a computer database that is treated as one unit: *You can sort the records on any field.* ▷ **rekord** → See also **track record**

> **Wyrazy występujące razem z record**
>
> have/keep a record • records **indicate/reveal/ show** sth • a record **of** sth • [the hottest/the lowest, etc] **on** record

record² /rɪˈkɔːd/ **verb 1** [T] (B2) to write down information or store it on a computer so that it can be used in the future: *He* ***recorded details*** *of their conversation in his diary.* ▷ **zapisywać 2** [I, T] (A2) to store sounds or pictures using electronic equipment, a camera, etc so that you can listen to them or see them again: *to record a new album* ◦ *a* ***recorded message*** ▷ **nagrywać**

R

record-breaking /ˈrekɔːdˌbreɪkɪŋ/ **adjective** [always before noun] better, bigger, longer, etc than anything else before: *record-breaking sales of the new video* ▷ **rekordowy**

recorder /rɪˈkɔːdəʳ/ **noun** [C] **1** a machine for storing sounds or pictures: *a video recorder* ▷ **urządzenie zapisujące, nagrywarka 2** a long, thin, hollow instrument that you play by blowing into it ▷ **flet prosty** → See also **cassette recorder**, **tape recorder**

recording /rɪˈkɔːdɪŋ/ **noun** [C, U] (B1) sounds or moving pictures that have been recorded, or the process of recording: *a recording of classical music* ◦ *a new system of digital recording* ▷ **nagranie, zapis**

ˈrecord ˌlabel noun [C] a company that records and sells music ▷ **firma fonograficzna**

ˈrecord ˌplayer noun [C] a machine that makes it possible to hear the music on a record ▷ **gramofon**

recount¹ /rɪˈkaʊnt/ **verb** [T] formal to tell a story or describe an event: *He was* ***recounting*** *a* ***story*** *about a woman he'd met on a train.* ▷ **relacjonować, opisywać**

recount² /ˌriːˈkaʊnt/ **verb** [T] to count something again ▷ **ponownie obliczać lub przeliczać**

recount³ /ˈriːkaʊnt/ **noun** [C] a second count of votes in an election: *They* ***demanded*** *a* ***recount****.* ▷ **ponowne obliczenie lub przeliczenie**

recoup /rɪˈkuːp/ **verb** [T] to get back money that you have lost or spent: *to* ***recoup*** *your* ***losses*** ▷ **odzyskać, wynagrodzić sobie**

recourse /rɪˈkɔːs/ **noun** [U] formal someone or something that can help you in a difficult situation: *For many cancer patients, surgery is the* ***only recourse****.* ◦ *They solved their problem* ***without recourse to*** *(= without using) violence.* ▷ **droga, rozwiązanie, uciekanie się**

recover /rɪˈkʌvəʳ/ **verb 1** [I] (B1) to become healthy or happy again after an illness, injury, or period of sadness: *It takes a long time to* ***recover from*** *surgery.* ◦ *She never* ***recovered from*** *the death of her husband.* ▷ **dojść do siebie, wyzdrowieć 2** [I] (B2) If a system or situation recovers, it returns to the way it was before something bad happened: *The economy was quick to recover after the election.* ▷ **wracać do normy, poprawiać się 3** [T] to be able to use or feel again part of your body which has been damaged: *He never fully recovered the use of his legs.* ▷ **odzyskać 4** [T] to get something back that has been lost or stolen: *Police recovered the stolen money.* ▷ **odzyskać**

recovery /rɪˈkʌvəri/ **noun 1** [U, no plural] (B2) when you feel better or happier again after an illness, injury, or period of sadness: *She only had the operation last month but she's* ***made a*** *good* ***recovery****.* ▷ **wyzdrowienie, poprawa samopoczucia 2** [U, no plural] when a system or situation returns to the way it was before something bad happened: ***economic recovery*** ◦ *The housing industry has* ***made a*** *remarkable* ***recovery****.* ▷ **poprawa 3** [U] when you get back something that was lost or stolen: *the recovery of stolen jewels* ▷ **odzyskanie, zwrot**

> **Wyrazy występujące razem z recovery**
>
> make a recovery • a **full/miraculous/slow/ speedy** recovery • recovery **from** sth

recreate /ˌriːkriˈeɪt/ **verb** [T] to make something exist or happen again: *They plan to recreate a typical English village in Japan.* ▷ **odtwarzać**

recreation /ˌrekriˈeɪʃən/ **noun** [C, U] (B2) activities that you do for enjoyment when you are not working: *Shopping seems to be her only form of recreation.* ▷ **rozrywka, rekreacja**
• **recreational adjective** ▷ **rozrywkowy, rekreacyjny**

recrimination /rɪˌkrɪmɪˈneɪʃən/ **noun** [C, U] formal the things you say when you blame someone for something, or the act of blaming someone for something ▷ **oskarżenia, pretensje, oskarżenie**

recruit[1] /rɪˈkruːt/ **verb** [I, T] to try to persuade someone to work for a company or to join an organization ▷ **werbować, rekrutować**

• **recruitment** noun [U] when you recruit people: *graduate recruitment* ▷ **rekrutacja, zatrudnianie**

recruit[2] /rɪˈkruːt/ **noun** [C] someone who has recently joined an organization: *a* ***new recruit*** ▷ **rekrut/ka, nowicjusz/ka**

Wyrazy występujące razem z **recruit**
a new recruit • a recruit to sth

rectangle /ˈrektæŋgl/ **noun** [C] a shape with four 90° angles and four sides, with opposite sides of equal length and two sides longer than the other two ▷ **prostokąt**

• **rectangular** /rekˈtæŋgjələʳ/ **adjective** B2 shaped like a rectangle: *a rectangular room* ▷ **prostokątny**

rectify /ˈrektɪfaɪ/ **verb** [T] formal to correct something or change it so that it is acceptable: *The government has promised to* ***rectify*** *the* ***situation***. ▷ **naprawiać**

rector /ˈrektəʳ/ **noun** [C] a priest in some Christian churches ▷ **proboszcz**

rectum /ˈrektəm/ **noun** [C] the last part of the body that solid waste travels through before coming out of the bottom ▷ **odbytnica**

recuperate /rɪˈkuːpəreɪt/ **verb** [I] to become healthy again after an illness or injury: *She's still* ***recuperating from*** *her injuries*. ▷ **wracać do zdrowia**

• **recuperation** /rɪˌkjuːpərˈeɪʃən/ **noun** [U] ▷ **powrót do zdrowia, rekonwalescencja**

recur /rɪˈkɜːʳ/ **verb** [I] (present participle **recurring**, past tense and past participle **recurred**) to happen again or many times: *The same ideas recur throughout her books*. ▷ **powtarzać się, nawracać**

• **recurrence** /rɪˈkʌrəns/ **noun** [C, U] when something recurs: *a recurrence of the disease* ▷ **nawrót, nawroty**

recurring /rɪˈkɜːrɪŋ/ **adjective** (also **recurrent**) happening again or many times: *a* ***recurring dream*** ▷ **powracający, nawracający, powtarzający się**

reˌcurring ˈnumber **noun** [C] a number that repeats itself forever following a decimal point, such as 7.143333... ▷ **liczba okresowa**

recycle /ˌriːˈsaɪkl/ **verb** [I, T] B1 to put used paper, glass, plastic, etc through a process so that it can be used again: *We recycle all our newspapers and bottles*. ▷ **odzyskiwać, utylizować**

• **recyclable** /ˌriːˈsaɪkləbl/ **adjective** able to be recycled: *Glass is recyclable*. ▷ **nadający się do utylizacji, odzyskiwalny**

recycled /ˌriːˈsaɪkld/ **adjective** B1 Recycled paper, glass, plastic, etc has been used before and put through a process so that it can be used again. ▷ **z odzysku**

recycling /ˌriːˈsaɪklɪŋ/ **noun** [U] B1 when paper, glass, plastic, etc is put through a process so that it can be used again: *ways to encourage recycling* ◦ *a recycling centre* ▷ **utylizacja, recycling**

red[1] /red/ **adjective** (**redder**, **reddest**) **1** A1 being the same colour as blood: *a red shirt* ▷ **czerwony** → See **Colours** on page Centre 12 **2** A2 Red hair is an orange-brown colour. ▷ **rudy** **3 go red** UK (US **turn red**) B2 If someone goes red, their face becomes red because they are embarrassed or angry. ▷ **zarumienić się** **4** A2 Red wine is made from black grapes. ▷ **czerwony** → See also **be like a red** ***rag*** **to a bull**

red[2] /red/ **noun** **1** A2 [C, U] the colour of blood ▷ **czerwień** → See **Colours** on page Centre 12 **2 in the red** If your bank account is in the red, you have spent more money than there was in it. ▷ **z ujemnym saldem, na debecie**

IDIOM **see red** to become very angry ▷ **wściekać się**

ˌred ˈblood ˌcell **noun** [C] any of the cells that carry oxygen around the body ▷ **erytrocyt, krwinka czerwona** → Compare **white blood cell**

ˌred ˈcard **noun** [C] in football, a small red card which the referee shows to a player to make him stop playing because he has broken a rule ▷ **czerwona kartka**

the ˌred ˈcarpet **noun** special treatment that is given to an important person when they go somewhere: *She's given* ***the red carpet treatment*** *wherever she goes*. ▷ **specjalne honory**

redden /ˈredən/ **verb** [I, T] to become red or to make something become red: *His face reddened with anger*. ▷ **zaczerwienić (się), poczerwienieć, poczerwienić**

redeem /rɪˈdiːm/ **verb** [T] **1** to make something seem less bad: *He tried to* ***redeem*** *his* ***reputation*** *by working extra hard*. ◦ *a* ***redeeming feature*** ▷ **zrehabilitować, uratować** **2 redeem yourself** to do something that makes people have a better opinion of you after you have done something bad: *He was two hours late, but he redeemed himself by bringing presents*. ▷ **zrehabilitować się** **3** to exchange something for something else ▷ **zrealizować** **4** to save someone from evil, especially according to the Christian religion ▷ **odkupić, zbawić**

redemption /rɪˈdemʃən/ **noun** **1** [U] when someone is saved from evil, especially according to the Christian religion ▷ **odkupienie, zbawienie** **2 be beyond redemption** to be too bad to be improved or saved ▷ **być nie do uratowania**

redeploy /ˌriːdɪˈplɔɪ/ **verb** [T] to move employees, soldiers, equipment, etc to a different place or use them in a more effective way ▷ **przegrupować**

• **redeployment** **noun** [C, U] when you redeploy someone or something ▷ **przegrupowanie**

R

redevelop /ˌriːdɪˈveləp/ **verb** [T] to make a place more modern by improving old buildings or building new ones: *There are plans to redevelop the city's waterfront area.* ▷ **przebudować**
• **redevelopment** noun [C, U] when a place is redeveloped ▷ **przebudowa**

ˌred ˈgiant noun [C] a large star with a low surface temperature ▷ **czerwony olbrzym**

red-handed /ˌredˈhændɪd/ **adverb catch sb red-handed** informal to discover someone doing something wrong: *He was caught red-handed trying to steal a car.* ▷ **złapać** *kogoś* **na gorącym uczynku**

redhead /ˈredhed/ **noun** [C] someone who has red hair ▷ **rud-y/a, rudzielec**

ˌred ˈherring noun [C] a fact or idea that takes your attention away from something that is important ▷ **temat zastępczy, zmyłka**

red-hot /ˌredˈhɒt/ **adjective** extremely hot ▷ **rozgrzany do czerwoności, (bardzo) gorący**

redirect /ˌriːdɪˈrekt/ **verb** [T] **1** to send something in a different direction: *Traffic should be redirected away from the city centre.* ▷ **kierować objazdem, przeadresować, przekazywać 2** to use money, energy, etc for a different purpose: *Money spent on weapons could be* ***redirected to*** *hospitals and schools.* ▷ **przekazywać**

redistribute /ˌriːdɪˈstrɪbjuːt/ **verb** [T] to share money, land, power, etc between people in a different way from before: *to* ***redistribute wealth*** ▷ **dokonywać redystrybucji, dzielić**
• **redistribution** /ˌriːdɪstrɪˈbjuːʃən/ noun [U] the process of redistributing something ▷ **redystrybucja, podział**

ˌred ˈmeat noun [U] meat from animals and not birds or fish ▷ **czerwone mięso**

redo /ˌriːˈduː/ **verb** [T] to do something again: *I'm going to have to redo that report.* ▷ **przerabiać**

redox /ˈriːdɒks/ **noun** [U] a chemical process where an atom, molecule, etc either gains or loses electrons: *a redox reaction* ▷ **reakcja redoks**

redress[1] /rɪˈdres/ **verb** [T] formal to correct something that is wrong, unfair, or not equal: *laws aimed at redressing racial inequality* ▷ **wynagrodzić, zrekompensować**

redress[2] /rɪˈdres/ (US) /ˈriːdres/ **noun** [U] formal payment for an action or situation that is wrong or unfair ▷ **rekompensata**

ˌred ˈtape noun [U] official rules that do not seem necessary and make things happen very slowly ▷ **biurokracja**

reduce /rɪˈdjuːs/ **verb** [T] **1** (B1) to make something less: *to reduce air pollution* ◦ *The number of employees was* ***reduced from*** *500* ***to*** *300.* ▷ **zmniejszać, obniżać, redukować 2** to add one or more electrons to a substance or to remove oxygen from a substance ▷ **redukować**

PHRASAL VERBS **reduce sb to sth/doing sth** to make someone unhappy or cause them to be in a bad situation: *She was* ***reduced to tears*** *by his comments.* ▷ **doprowadzać lub zmuszać** *kogoś* **do** *czegoś* • **reduce sth to sth** to destroy something, especially something that has been built: *The earthquake reduced the city to rubble.* ▷ **obracać** *coś* **w** *coś*

reˈducing ˌagent noun [C] a substance that reduces another substance ▷ **reduktor**

reduction /rɪˈdʌkʃən/ **noun** [C, U] **1** (B2) when something is reduced: *She refused to accept a* ***reduction in*** *wages.* ◦ *price reductions* ▷ **obniżka 2** the process of adding one or more electrons to a substance or removing oxygen from a substance ▷ **redukcja**

> Wyrazy występujące razem z **reduction**
> a **dramatic/drastic/sharp/significant** reduction • a reduction **in** sth

redundancy /rɪˈdʌndənsi/ **noun 1** [C, U] UK when your employer makes you stop working because there is not enough work: *There have been a lot of redundancies in the mining industry.* ▷ **zwolnienie, redukcja zatrudnienia, zwolnienia 2** [U] when something is not needed or used because there are other similar or more modern things ▷ **zbędność**

redundant /rɪˈdʌndənt/ **adjective 1** UK (B2) not working because your employer has told you there is not enough work: *Eight thousand people have been* ***made redundant*** *in Britain this year.* ▷ **zwolniony 2** UK not needed or used any more because there are other similar or more modern things: *redundant weapons* ▷ **zbędny 3** more than is needed, especially extra words that mean the same thing ▷ **zbędny**

redwood /ˈredwʊd/ **noun** [C, U] a very tall tree that grows on the west coast of the US, or the wood of this tree ▷ **sekwoja**

reed /riːd/ **noun** [C] a tall, stiff plant like grass that grows near water ▷ **trzcina**

reef /riːf/ **noun** [C] a line of rocks or sand near the surface of the sea: *a* ***coral reef*** ▷ **rafa**

reek /riːk/ **verb** [I] to have a very unpleasant smell: *The whole room* ***reeked of*** *sweat.* ▷ **śmierdzieć, cuchnąć**
• **reek** noun [no plural] ▷ **smród, odór**

reel[1] /riːl/ **verb** [I] **1** to feel very shocked: *She was still* ***reeling from*** *the news of his death.* ▷ **nie móc się otrząsnąć 2** to walk in a way that looks as if you are going to fall over: *He came reeling down the street like a drunk.* ▷ **zataczać się**

PHRASAL VERB **reel sth off** to say a long list of things quickly and without stopping: *She* ***reeled off*** *a* ***list*** *of all the countries she'd been to.* ▷ **wyrecytować** *coś*

reel[2] /riːl/ **noun** [C] an object shaped like a wheel that you can roll film, thread, etc around ▷ **szpulka, rolka**

re-elect /ˌriːɪˈlekt/ **verb** [T] to elect someone

again to a particular position ▷ **wybrać ponownie**

re-election /ˌriːɪˈlekʃᵊn/ **noun** [C, U] when someone is elected again to the same position: *She's* UK ***standing for***/US ***running for*** *re-election (= she wants to be re-elected).* ▷ **ponowny wybór**

ref /ref/ **noun** [C] informal short for referee ▷ **sędzia**

refer /rɪˈfɜːʳ/ **verb** (present participle **referring**, past tense and past participle **referred**)

PHRASAL VERBS **refer to sb/sth 1** B2 to talk or write about someone or something, especially briefly: *She didn't once refer to her son.* ◦ *He always* ***referred to*** *his father* ***as*** *'the old man'.* ▷ **wspominać o** *kimś/czymś*, **mówić o** *kimś/czymś* **2** If writing or information refers to someone or something, it relates to that person or thing: *The sales figures refer to UK sales only.* ▷ **odnosić się do** *kogoś/czegoś* • **refer to sth** to read something in order to get information: *Please refer to your owner's manual for more information.* ▷ **sięgać** *gdzieś*, **sprawdzać** *gdzieś* • **refer sb/sth to sb/sth** to send someone or something to a different place or person for information or help: *My doctor referred me to a specialist.* ▷ **kierować lub odsyłać** *kogoś/coś* **do** *kogoś/czegoś*

referee¹ /ˌrefᵊrˈiː/ **noun** [C] B2 someone who makes sure that players follow the rules during a sports game ▷ **sędzia** → See **Sports 2** on page Centre 15

referee² /ˌrefᵊrˈiː/ **verb** [I, T] (present participle **refereeing**, past tense and past participle **refereed**) to be the referee in a sports game ▷ **sędziować**

reference /ˈrefᵊrᵊns/ **noun 1** [C, U] when you briefly talk or write about someone or something: *In his book, he* ***makes*** *several* ***references to*** *his time in France.* ▷ **wzmianka 2 with/in reference to sth** formal B2 relating to something: *I am writing to you with reference to the job advertised in yesterday's newspaper.* ▷ **w związku z** *czymś* **3** [C, U] when you look at information, or the thing that you look at for information: *Please keep this handout for* ***future reference*** *(= to look at in the future).* ▷ **źródło, informacja 4** [C] B2 a letter that is written by someone who knows you, to say if you are suitable for a job or course ▷ **referencje, list polecający** → See also **cross reference**

ˈreference ˌbook noun [C] a book that you look at in order to find information ▷ **wydawnictwo lub źródło encyklopedyczne**

referendum /ˌrefᵊrˈendəm/ **noun** [C] an occasion when all the people in a country can vote in order to show their opinion about a political question ▷ **referendum**

referral /rɪˈfɜːrᵊl/ **noun** [C, U] when someone or something is sent to a different place or person for information or help ▷ **skierowanie, konsultacja**

refill /ˌriːˈfɪl/ **verb** [T] to fill something again: *He got up and* ***refilled*** *their* ***glasses***. ▷ **napełniać ponownie lub powtórnie, dopełniać**
• **refill** /ˈriːfɪl/ **noun** [C] ▷ **ponowne lub powtórne napełnienie, dolewka**

refine /rɪˈfaɪn/ **verb** [T] **1** to make a substance pure by removing other substances from it ▷ **oczyszczać, rafinować 2** to improve an idea, method, system, etc by making small changes: *The engineers spent months refining the software.* ▷ **udoskonalać**

refined /rɪˈfaɪnd/ **adjective 1** A refined substance has been made more pure by removing other substances from it: *refined sugar* ▷ **oczyszczony, rafinowany 2** very polite and showing knowledge of social rules ▷ **wytworny 3** improved by many small changes: *a refined method* ▷ **udoskonalony**

refinement /rɪˈfaɪnmənt/ **noun 1** [C, U] a small change that improves something: *Several* ***refinements*** *have been* ***made*** *to improve the car's performance.* ▷ **udoskonalenie 2** [U] polite behaviour and knowledge of social rules: *a woman of refinement* ▷ **wytworność 3** [U] the process of making a substance pure ▷ **rafinacja, oczyszczanie**

refinery /rɪˈfaɪnᵊri/ **noun** [C] a factory where substances, such as sugar, oil, etc are made pure ▷ **rafineria**

reflect /rɪˈflekt/ **verb 1** [T] B2 to show or be a sign of something: *The statistics reflect a change in people's spending habits.* ▷ **odzwierciedlać 2** [T] If a surface reflects heat, light, sound, etc, it sends the light, etc back and does not absorb it. ▷ **odbijać 3** [I, T] B2 If a surface such as a mirror or water reflects something, you can see the image of that thing in the mirror, water, etc.: *He saw himself* ***reflected in*** *the shop window.* ▷ **odbijać (się) 4** [I] formal B2 to think in a serious and careful way: *In prison, he had plenty of time to* ***reflect on*** *the crimes he had committed.* ▷ **zastanawiać się rozmyślać**

PHRASAL VERB **reflect on sb/sth** If something reflects on someone or something, it affects other people's opinion of them, especially in a bad way: *The whole affair* ***reflects badly*** *on the government.* ▷ **stawiać** *kogoś/coś* **w złym świetle, źle świadczyć o** *kimś/czymś*

reˈflected ˌray noun [C] a ray of light that is reflected from a surface ▷ **promień odbity** → Compare **incident ray**

reflection /rɪˈflekʃᵊn/ **noun 1** [C] B2 the image of something in a mirror, on a shiny surface, etc: *I saw my reflection in the window.* ▷ **odbicie 2** [C, U] formal when you think in a serious and careful way: *He paused for reflection before answering my question.* ◦ ***On reflection*** *(= after thinking again), I think I was wrong.* ▷ **namysł 3 a reflection of sth** something that is a sign or result of a particular situation: *His poor job performance is a reflection of his lack of training.* ▷ **odbicie** *czegoś* **4 a reflection on sb/sth** something that makes

R

reflection

people have a particular opinion about someone or something, especially a bad opinion: *Low test scores are a sad reflection on our school system.* ▷ **odzwierciedlenie** *czegoś*, **odbicie** *czegoś*, **ujma dla** *kogoś/czegoś*, **≈ źle świadczyć o** *kimś/czymś*

reflective /rɪˈflektɪv/ **adjective 1** thinking carefully and quietly: *a reflective mood* ▷ **refleksyjny 2** A reflective surface is one that you can see easily when a light shines on it: *a jacket made of reflective material* ▷ **odblaskowy**

reflex /ˈriːfleks/ **noun** [C] a physical reaction that you cannot control: *Shivering and blushing are reflexes.* ▷ **odruch**

ˈreflex ˌaction noun [C] **1** something that you do without thinking about it because of something that happens to you or near you: *I don't know what made me protect my face – it was just a reflex action.* ▷ **odruch 2** an action of the muscles that is caused by something outside the body, and for which the nerve signals do not go through the brain but to a point in the back ▷ **odruch**

ˈreflex ˌangle noun [C] an angle that is more than 180° and less than 360° ▷ **kąt wklęsły**

ˈreflex ˌarc noun [C] the way nerve signals move to a point in a person's back in order to produce a reflex action ▷ **łuk odruchowy**

reflexes /ˈriːfleksɪz/ **noun** [plural] your ability to react quickly: *A boxer needs to have* ***good*** *reflexes.* ▷ **refleks**

reflexive /rɪˈfleksɪv/ **adjective** A reflexive verb or pronoun is used to show that the person who does the action is also the person who is affected by it. In the sentence 'I looked at myself in the mirror', 'myself' is a reflexive pronoun. ▷ **zwrotny**

reflexology /ˌriːflekˈsɒlədʒi/ **noun** [U] the treatment of your feet by rubbing and pressing them in a special way in order to make the blood flow and help you relax ▷ **refleksoterapia**

reform¹ /rɪˈfɔːm/ **noun** [C, U] when changes are made to improve a system, organization, or law, or a change that is made: ***economic/political reform*** ▷ **reforma**

> Wyrazy występujące razem z **reform**
>
> introduce/propose a reform • a major/radical/sweeping reform • reform in/of sth • economic/political reform

reform² /rɪˈfɔːm/ **verb 1** [T] to change a system, organization, or law in order to improve it: *efforts to reform the education system* ▷ **reformować 2** [I, T] to change your behaviour and stop doing bad things, or to make someone else do this: *a programme to reform criminals* ◦ *a reformed drug addict* ▷ **resocjalizować (się), poprawiać (się)**

reformer /rɪˈfɔːməʳ/ **noun** [C] someone who tries to improve a system or law by changing it: *a* ***social reformer*** ▷ **reformator/ka**

refract /rɪˈfrækt/ **verb** [T] When water or glass, etc refracts light or sound, etc, it causes it to change direction or to separate when it travels through it. ▷ **załamywać**

refraction /rɪˈfrækʃən/ **noun** [U] **1** when the direction of light, sound, etc is changed by moving through water, glass, etc ▷ **załamanie 2** when the lens of the eye bends light so that the retina gets the correct image ▷ **refrakcja**

refrain¹ /rɪˈfreɪn/ **verb** [I] formal to stop yourself from doing something: [+ from + doing sth] *Please* ***refrain from*** *talking during the performance.* ▷ **powstrzymywać się**

refrain² /rɪˈfreɪn/ **noun** [C] **1** formal a phrase or idea that you repeat often: *'Every vote counts' is a familiar refrain in politics.* ▷ **slogan 2** a part of a song that you repeat ▷ **refren**

refresh /rɪˈfreʃ/ **verb 1** [T] to make you feel less hot or tired: *A cool drink should refresh you.* ▷ **orzeźwić, pokrzepić 2** [I, T] to make the most recent information on an Internet page appear on your computer ▷ **odświeżyć 3 refresh sb's memory** to help someone remember something ▷ **odświeżyć** *komuś* **pamięć**

refreshing /rɪˈfreʃɪŋ/ **adjective 1** different and interesting: *a* ***refreshing change*** ◦ [+ to do sth] *It's refreshing to see a film that's so original.* ▷ **ożywczy, budujący 2** making you feel less hot or tired: *a refreshing shower/swim* ▷ **orzeźwiający**

• **refreshingly adverb** ▷ **ożywczo, orzeźwiająco**

refreshments /rɪˈfreʃmənts/ **noun** [plural] B1 food and drinks that are available at a meeting, event, on a journey, etc: *Refreshments are available in the lobby.* ▷ **poczęstunek, przekąski**

refrigerate /rɪˈfrɪdʒəreɪt/ **verb** [T] to make or keep food cold so that it stays fresh: *You should refrigerate any leftover food immediately.* ▷ **przechowywać w lodówce, chłodzić**

• **refrigeration** /rɪˌfrɪdʒəˈreɪʃən/ **noun** [U] ▷ **przechowywanie w lodówce, chłodzenie**

refrigerated /rɪˈfrɪdʒəreɪtɪd/ **adjective 1** A refrigerated container or vehicle keeps the things inside it cold. ▷ **chłodzony** **2** Refrigerated food or drink is cold because it has been kept in a refrigerator. ▷ **z lodówki, schłodzony**

refrigerator /rɪˈfrɪdʒəreɪtəʳ/ **noun** [C] a large container that uses electricity to keep food cold ▷ **lodówka** → See **The Kitchen** on page Centre 2

refuel /ˌriːˈfjuːəl/ **verb** [I, T] to put more fuel into an aircraft, ship, etc so that it can continue its journey ▷ **tankować, uzupełniać zapas paliwa**

refuge /ˈrefjuːdʒ/ **noun** **1** [U] protection from danger or unpleasant conditions: *We **took refuge from** the storm in an old barn.* ▷ **schronienie** **2** [C] a place where you are protected from danger: *a refuge for homeless people* ▷ **schronisko**

refugee /ˌrefjʊˈdʒiː/ **noun** [C] B2 someone who has been forced to leave their country, especially because of a war: *a refugee camp* ▷ **uchodźca**

refund¹ /ˈriːfʌnd/ **noun** [C] B1 an amount of money that is given back to you, especially because you are not happy with something you have bought: *The holiday company apologized and gave us a **full refund**.* ▷ **zwrot (pieniędzy)**

> **Wyrazy występujące razem z refund**
>
> **claim/give sb/get** a refund • a **full** refund • a refund **of** sth

refund² /ˌriːˈfʌnd/ **verb** [T] to give back money that someone has paid to you ▷ **zwracać pieniądze**

refurbish /ˌriːˈfɜːbɪʃ/ **verb** [T] formal to repair or improve a building ▷ **odnawiać, remontować**
• **refurbishment** **noun** [C, U] the process of refurbishing a building: *The library was **closed for refurbishment**.* ▷ **remont**

refusal /rɪˈfjuːzəl/ **noun** [C, U] when someone refuses to do or accept something: [+ to do sth] *his refusal to admit his mistake* ▷ **odmowa**

refuse¹ /rɪˈfjuːz/ **verb** [I, T] B1 to say that you will not do or accept something: *I asked him to leave but he refused.* ◦ [+ to do sth] *Cathy refuses to admit that she was wrong.* ▷ **odmawiać**

refuse² /ˈrefjuːs/ **noun** [U] formal waste: *a pile of refuse* ▷ **odpadki, odpady**

refute /rɪˈfjuːt/ **verb** [T] formal to say or prove that something is not true or correct: *attempts to **refute** his **theory*** ◦ *She angrily **refuted** their **claims**.* ▷ **obalać, odpierać**

regain /rɪˈgeɪn/ **verb** [T] B2 to get something back again: *Armed troops have **regained control** of the capital.* ◦ *It was several hours before he **regained consciousness**.* ▷ **odzyskać**

regal /ˈriːgəl/ **adjective** very special and suitable for a king or queen: *a regal dress* ▷ **królewski**

regard¹ /rɪˈgɑːd/ **verb** [T] **1** B2 to think of someone or something in a particular way: *She is generally **regarded as** one of the greatest singers this century.* ◦ *The plans were **regarded with** suspicion.* ▷ **uważać za** **2** formal to look carefully at someone or something ▷ **przyglądać się**

regard² /rɪˈgɑːd/ **noun** **1** [U] respect or admiration for someone or something: *I **have** the greatest **regard for** her.* ▷ **szacunek, uznanie** → Opposite **disregard** **2 in/with regard to sth** formal B2 relating to something: *I am writing in regard to your letter of 24 June.* ▷ **w związku** *z czymś*

regarding /rɪˈgɑːdɪŋ/ **preposition** formal B1 about or relating to: *I am writing to you regarding your application dated 29 April.* ▷ **w związku z**

regardless /rɪˈgɑːdləs/ **adverb** **1 regardless of sth** despite something: *She'll make a decision regardless of what we think.* ▷ **bez względu na** *coś* **2** without thinking about problems or difficulties: *Mr Redwood claimed he would carry on with his campaign regardless.* ▷ **mimo wszystko, i tak**

regards /rɪˈgɑːdz/ **noun** [plural] B1 friendly greetings: ***Give/send my regards** to your mother when you see her.* ▷ **pozdrowienia**

regeneration /rɪˌdʒenəˈreɪʃən/ **noun** [U] the process of improving a place or system, especially to make it more active or successful: *a programme of **urban regeneration*** ▷ **regeneracja, odrodzenie, odnowa**
• **regenerate** /rɪˈdʒenəreɪt/ **verb** [T] to improve a place or system ▷ **regenerować, odtwarzać, ożywić**

reggae /ˈregeɪ/ **noun** [U] a type of popular music from Jamaica with a strong beat ▷ **reggae**

regime /reɪˈʒiːm/ **noun** [C] a system of government or other control, especially one that people do not approve of: *the former Communist regime* ▷ **reżim**

regiment /ˈredʒɪmənt/ **noun** [group] a large group of soldiers ▷ **pułk**
• **regimental** /ˌredʒɪˈmentəl/ **adjective** relating to a regiment ▷ **pułkowy**

regimented /ˈredʒɪmentɪd/ **adjective** too controlled or organized: *a regimented lifestyle* ▷ **surowy, rygorystyczny**

region /ˈriːdʒən/ **noun** **1** [C] B1 a particular area in a country or the world: *China's coastal region* ▷ **rejon, okolica, region** **2** [C] an area of the body: *pain in the lower abdominal region* ▷ **okolica** **3 in the region of sth** approximately: *It probably cost somewhere in the region of £900.* ▷ **około** *czegoś*

regional /ˈriːdʒənəl/ **adjective** B2 relating to a region: *a regional dialect/newspaper* ▷ **regionalny**

register¹ /ˈredʒɪstəʳ/ **noun** **1** [C] an official list of names: *a **register of** approved builders* ◦ *the **electoral register*** ▷ **rejestr, spis** **2** [C, U] the style of language, grammar, and words used in particular situations: *a formal/informal register* ▷ **rejestr** → See also **cash register**

R

> **Wyrazy występujące razem z register**
>
> compile a register • on a register • a register of sth

register² /ˈredʒɪstəʳ/ **verb 1** [I, T] B1 to put information about someone or something, especially a name, on an official list: *Is he* ***registered with*** *the authorities to sell alcohol?* ◦ *Students need to* ***register for*** *the course by the end of April.* ◦ *a registered nurse* ▷ **zarejestrować (się), zapisywać (się) 2** [T] to show an opinion or feeling: *People gathered to* ***register*** *their* ***opposition*** *to the plans.* ▷ **wyrazić, zamanifestować 3** [I, T] to show an amount on an instrument that measures something: *The earthquake registered 7.3 on the Richter scale.* ▷ **wskazywać**

registered /ˈredʒɪstəd/ **adjective registered mail/post** a special service that records when a letter or parcel is sent and received ▷ **przesyłka lub poczta polecona**

ˈregister ˌoffice noun [C] in Britain, a place where births, deaths, and marriages are officially recorded and where you can get married ▷ **urząd stanu cywilnego**

registrar /ˌredʒɪˈstrɑːʳ/ **noun** [C] **1** someone whose job is to keep official records, especially of births, deaths, and marriages, or of students at a university ▷ **rejestrator/ka, urzędni-k/czka stanu cywilnego, sekreta-rz/rka, archiwist-a/ka 2** UK a type of hospital doctor ▷ **lekarz**

registration /ˌredʒɪˈstreɪʃᵊn/ **noun 1** [U] B1 when a name or information is recorded on an official list ▷ **rejestracja, zapisy 2** [C] (also **regisˈtration ˌnumber**) mainly UK the official set of numbers and letters on the front and back of a vehicle ▷ **rejestracja, numer rejestracyjny**

registry /ˈredʒɪstri/ **noun** [C] a place where official records are kept: *the land registry* ▷ **archiwum**

ˈregistry ˌoffice noun [C] in Britain, a place where births, deaths, and marriages are officially recorded and where you can get married ▷ **urząd stanu cywilnego**

regress /rɪˈgres/ **verb** [I] formal to go back to an earlier, less advanced state ▷ **uwsteczniać się, cofać się, ulegać regresji**
• **regression** /rɪˈgreʃᵊn/ **noun** [U] formal when someone or something regresses ▷ **regresja**

regret¹ /rɪˈgret/ **verb** [T] (present participle **regretting**, past tense and past participle **regretted**) **1** B1 to feel sorry about a situation, especially something that you wish you had not done: [+ doing sth] *I really regret leaving school so young.* ◦ [+ (that)] *He began to regret that he hadn't paid more attention in class.* ▷ **żałować 2** formal B2 used to say that you are sorry that you have to tell someone about a situation: [+ to do sth] *We regret to inform you that the application has been refused.* ▷ **ubolewać, żałować, ≈ z przykrością**

regret² /rɪˈgret/ **noun** [C, U] B2 a feeling of sadness about a situation, especially something that you wish you had not done: *We married very young but we've been really happy and I've* ***no regrets.*** ◦ *It is* ***with*** *great* ***regret*** *that I announce Steve Adam's resignation.* ▷ **żal**
• **regretful adjective** expressing regret ▷ **pełen żalu** • **regretfully adverb** ▷ **niestety, z żalem**

> **Wyrazy występujące razem z regret**
>
> express regret • have (no) regrets • sb's biggest/only regret • with regret • regret about/at/over sth

regrettable /rɪˈgretəbl/ **adjective** If something is regrettable, you wish it had not happened and you feel sorry about it: *a deeply regrettable incident* ▷ **godny ubolewania**
• **regrettably adverb** ▷ **niestety**

regular¹ /ˈregjələʳ/ **adjective 1** B2 repeated with the same amount of time or space between one thing and the next: *a regular pulse* ◦ *Plant the seedlings at regular intervals.* ▷ **regularny, równy 2** B1 happening or doing something often, especially at the same time every week, year, etc: *a* ***regular occurrence*** ◦ *We arranged to meet* ***on a regular basis.*** ▷ **regularny 3** US usual or normal: *I couldn't see my regular dentist.* ▷ **stały 4** informal B1 being a standard size: *a burger and regular fries* ▷ **średni, normalny 5** Something that has a regular shape is the same on both or all sides: *She's got lovely, regular teeth.* ▷ **równy 6** B1 following the usual rules or patterns in grammar: *'Talk' is a regular verb but 'go' is not.* ▷ **regularny** → Opposite **irregular**
• **regularity** /ˌregjəˈlærəti/ **noun** [U] when something is regular ▷ **regularność**

regular² /ˈregjələʳ/ **noun** [C] informal someone who often goes to a particular shop, restaurant, etc: *Mick was one of the regulars at the local pub.* ▷ **stały bywalec, stał-y/a klient/ka**

regularly /ˈregjələli/ **adverb 1** B1 often: *Accidents occur regularly on this stretch of the road.* ▷ **regularnie 2** B1 at the same time each day, week, month, etc: *They meet regularly – usually once a week.* ▷ **regularnie**

regulate /ˈregjəleɪt/ **verb** [T] **1** to control an activity or process, especially by using rules: *laws regulating advertising* ▷ **regulować, kontrolować 2** to control the speed, temperature, etc of something: *Babies find it difficult to regulate their body temperature.* ▷ **regulować**

> **Wyrazy występujące razem z regulation**
>
> breach/comply with/enforce/introduce regulations • regulations governing sth • strict/stringent/tough regulations • under a regulation

regulation /ˌregjəˈleɪʃᵊn/ **noun 1** [C] B2 an official rule that controls how something is done: [usually plural] *building regulations* ▷ **przepis 2** [U] when a process or activity is controlled: *government regulation of interest rates* ▷ **regulacja, kontrola**

regulator /ˈregjəleɪtəʳ/ **noun** [C] **1** someone whose job is to make sure that a system works in a fair way: *the water industry regulator* ▷ **organ nadzorczy, urząd kontroli** **2** a piece of equipment that is used to control the temperature, speed, etc of something ▷ **regulator**

regulatory /ˈregjələtəri/ **adjective** controlling an activity or process, especially by using rules ▷ **regulacyjny, kontrolny**

rehab /ˈriːhæb/ **noun** [U] informal treatment to help someone stop drinking too much alcohol or taking drugs: *He spent six months* ***in rehab****.* ▷ **leczenie odwykowe, odwyk**

rehabilitate /ˌriːhəˈbɪlɪteɪt/ **verb** [T] to help someone live a normal life again after they have had a serious illness or been in prison: *a programme to rehabilitate young offenders* ▷ **resocjalizować**

• **rehabilitation** /ˌriːhəˌbɪlɪˈteɪʃən/ **noun** [U] ▷ **resocjalizacja**

rehearsal /rɪˈhɜːsəl/ **noun** [C, U] a time when all the people involved in a play, dance, etc practise in order to prepare for a performance ▷ **próba**

rehearse /rɪˈhɜːs/ **verb** [I, T] to practise a play, dance, etc in order to prepare for a performance ▷ **odbywać próbę, próbować**

reign[1] /reɪn/ **noun** **1** [C] a period of time when a king or queen rules a country: *the reign of Henry VIII* ▷ **panowanie** **2** [no plural] a period of time when someone controls a sports team, an organization, etc: *Christie's reign as captain of the British athletics team* ▷ **rządy**

IDIOM **reign of terror** a period of time when someone uses violence to control people ▷ **rządy terroru**

reign[2] /reɪn/ **verb** [I] **1** to be the king or queen of a country: *Queen Victoria reigned for 64 years.* ▷ **panować** **2** formal to be the main feeling or quality in a situation: ***Chaos reigned*** *as angry protesters hammered on the doors.* ▷ **zapanować**

ˌreigning ˈchampion **noun** [C] the most recent winner of a competition ▷ **aktualn-y/a mistrz/yni, obroń-ca/czyni tytułu**

reimburse /ˌriːɪmˈbɜːs/ **verb** [T] formal to pay money back to someone, especially money that they have spent because of their work: *Employees will no longer be* ***reimbursed for*** *taxi fares.* ▷ **zwracać, refundować**

• **reimbursement** **noun** [U] formal when you reimburse someone ▷ **zwrot, refundacja**

rein /reɪn/ **noun** [C] a long, thin piece of leather that helps you to control a horse: [usually plural] *Hold the reins in your left hand.* ▷ **lejce, cugle** → See **Sports 1** on page Centre 14

IDIOMS **free rein** the freedom to do or say what you want: [+ to do sth] *The school gives teachers free rein to try out new teaching methods.* ▷ **wolna ręka** • **keep a tight rein on sb/sth** to have a lot of control over someone or something: *We've been told to keep a tight rein on spending.* ▷ **ograniczać** *kogoś/coś*, **trzymać** *kogoś/coś* **w ryzach**

reincarnation /ˌriːɪnkɑːˈneɪʃən/ **noun** [U] the belief that a dead person's spirit returns to life in another body ▷ **reinkarnacja**

reindeer /ˈreɪndɪəʳ/ **noun** [C] (plural **reindeer**) a type of deer with large horns that lives in northern parts of Europe, Asia, and America ▷ **renifer**

reinforce /ˌriːɪnˈfɔːs/ **verb** [T] **1** to make an existing opinion or idea stronger: *to reinforce a view/feeling* ▷ **wzmacniać** **2** to make something stronger: *a security door reinforced by steel bars* ◦ *reinforced concrete* ▷ **wzmacniać**

• **reinforcement** **noun** [C, U] when you reinforce something ▷ **wzmocnienie**

reinforcements /ˌriːɪnˈfɔːsmənts/ **noun** [plural] soldiers who are sent to make an army stronger ▷ **posiłki**

reinstate /ˌriːɪnˈsteɪt/ **verb** [T] **1** to give someone the job or position that they had before ▷ **przywrócić** **2** to cause a rule, law, etc to exist again ▷ **przywrócić**

• **reinstatement** **noun** [C, U] when you reinstate someone or something ▷ **przywrócenie**

reinvent /ˌriːɪnˈvent/ **verb** **1** [T] to produce something new that is based on something that already exists: *The story of Romeo and Juliet was* ***reinvented as*** *a Los Angeles gangster movie.* ▷ **odkryć na nowo, przerobić** **2** **reinvent yourself** to change the way you look and behave so that you seem very different ▷ **zmienić wcielenie** → See also **reinvent the wheel**

reiterate /riˈɪtəreɪt/ **verb** [T] formal to say something again so that people take notice of it: [+ that] *I must reiterate that we have no intention of signing this contract.* ▷ **powtarzać**

• **reiteration** /riˌɪtərˈeɪʃən/ **noun** [C, U] ▷ **powtórzenie, powtarzanie**

reject[1] /rɪˈdʒekt/ **verb** [T] **1** (B2) to refuse to accept or agree with something: *The United States government* ***rejected*** *the* ***proposal****.* ▷ **odrzucać** **2** (B2) to refuse to accept someone for a job, course, etc: *I applied to Cambridge University but I was rejected.* ▷ **nie przyjąć** **3** (B2) to not give someone the love or attention they were expecting: *She felt rejected by her husband.* ▷ **odtrącać**

reject[2] /ˈriːdʒekt/ **noun** [C] a product that is damaged or not perfect in some way ▷ **brak**

rejection /rɪˈdʒekʃən/ **noun** **1** [C, U] when you refuse to accept or agree with something: *Their* ***rejection of*** *the peace plan is very disappointing for the government.* ▷ **odrzucenie, odmowa** **2** [C] a letter that says you have not been successful in getting a job, a place at college, etc ▷ **odpowiedź odmowna** **3** [U] when someone

R

does not give someone else the love or attention they were expecting: *a feeling of rejection* ▷ **odtrącenie**

rejoice /rɪˈdʒɔɪs/ **verb** [I] literary to feel very happy because something good has happened ▷ **radować się**

rejoicing /rɪˈdʒɔɪsɪŋ/ **noun** [U] when people show that they are very happy because something good has happened ▷ **radość**

rejoin /rɪˈdʒɔɪn/ **verb** [T] to return to a person or place: *I was feeling better, so I rejoined the party.* ▷ **wracać do lub na, dołączyć do**

rejuvenate /rɪˈdʒuːvᵊneɪt/ **verb** [T] to make someone look or feel young and energetic again: *You're supposed to come back from a holiday feeling rejuvenated.* ▷ **odmładzać**
• **rejuvenation** /rɪˌdʒuːvᵊnˈeɪʃᵊn/ **noun** [U] ▷ **odmłodzenie**

rekindle /ˌriːˈkɪndl/ **verb** [T] to make someone have a feeling that they had in the past: *The trip seemed to rekindle their love for each other.* ▷ **odnawiać**

relapse /rɪˈlæps/, /ˈriːlæps/ **noun** [C, U] **1** when someone becomes ill again after a period of feeling better: *I **had** a **relapse** last year and was off work for a month.* ▷ **nawrót (choroby)** **2** when something or someone gets worse again after being better: *The company's share prices have **suffered a relapse** this week.* ▷ **pogorszenie**
• **relapse** /rɪˈlæps/ **verb** [I] ▷ **mieć nawrót (choroby), pogorszyć się**

relate /rɪˈleɪt/ **verb 1** [I, T] to be connected, or to find or show the connection between two or more things: *How do the two proposals relate?* ▷ **łączyć (się), wiązać (się)** **2** [T] formal to tell a story or describe a series of events ▷ **relacjonować, opowiadać**

PHRASAL VERBS **relate to sb/sth** to be connected to, or to be about someone or something: *Please provide all information relating to the claim.* ▷ **wiązać się z** *kimś/czymś*, **mieć związek z** *kimś/czymś* • **relate to sb** to understand how someone feels: *Most teenagers find it hard to relate to their parents.* ▷ **(dobrze) rozumieć** *kogoś*

related /rɪˈleɪtɪd/ **adjective 1** (B2) connected: *There's been an increase in criminal activity **related to** drugs.* ▷ **powiązany, związany** **2** (B2) If two or more people are related, they belong to the same family: *Did you know that I'm **related to** Jackie?* ▷ **spokrewniony** → Opposite **unrelated**

relation /rɪˈleɪʃᵊn/ **noun 1** [C, U] (B2) a connection between two or more things: *the **relation between** smoking and lung cancer* ▷ **związek** **2** [C] (B1) someone who belongs to the same family as you: *He's called Ken Russell, **no relation to** (= he is not from the same family as) the film director.* ▷ **krewn-y/a** **3 in relation to sth a** (B2) when compared with something: *Salaries are low in relation to the cost of living.* ▷ **w porównaniu z** *czymś* **lub do** *czegoś* **b** (B2) about or relating to something: *I'd like to ask you something in relation to what you said earlier.* ▷ **w związku z** *czymś*

relational database /rɪˌleɪʃᵊnᵊlˈdeɪtəbeɪs/ **noun** [C] a database in which many connections are made between the tables in the database ▷ **relacyjna baza danych**

relations /rɪˈleɪʃᵊnz/ **noun** [plural] (B2) the way two people or groups feel and behave towards each other: *It was an attempt to restore diplomatic **relations between** the two countries.* ▷ **stosunki**
→ See also **public relations**, **race relations**

relationship /rɪˈleɪʃᵊnʃɪp/ **noun 1** [C] (B1) the way two people or groups feel and behave towards each other: *He has a very good **relationship with** his older sister.* ▷ **związek, stosunek** **2** [C] (B1) a sexual or romantic friendship: *I don't feel ready for a relationship at the moment.* ▷ **związek** **3** [C, U] (B2) a connection between two or more things: *the **relationship between** sunburn and skin cancer* ▷ **związek**

> Wyrazy występujące razem z **relationship**
> a **close/intimate/personal/loving/stormy** relationship • **end/forge/form/have** a relationship • a relationship **between** sb and sb

relative¹ /ˈrelətɪv/ **noun** [C] (B1) a member of your family: *a party for friends and relatives* ▷ **krewn-y/a**

relative² /ˈrelətɪv/ **adjective 1** [always before noun] compared to other similar things or people: *the relative prosperity of the West* ▷ **względny** **2 relative to sth** when compared to something else: *The economy has been declining relative to other countries.* ▷ **w porównaniu z** *czymś* **lub do** *czegoś*

ˌrelative aˌtomic ˈmass noun [U] the mass of an atom of a particular chemical element, usually expressed in atomic mass units ▷ **masa atomowa względna**

ˌrelative ˈclause noun [C] a part of a sentence that is used to describe the noun which comes just before it. In the sentence, 'The woman who I saw yesterday wasn't his wife', 'who I saw yesterday' is a relative clause. ▷ **zdanie (podrzędne) względne**

relatively /ˈrelətɪvli/ **adverb** (B2) quite, when compared to other things or people: *Eating out is relatively cheap.* ▷ **stosunkowo**

ˌrelative moˌlecular ˈmass noun [U] the total of the relative atomic masses of the atoms in a particular molecule ▷ **masa cząsteczkowa względna**

ˌrelative ˈpronoun noun [C] a word such as 'that', 'which', or 'who' that is used to begin a relative clause ▷ **zaimek względny**

relax /rɪˈlæks/ **verb 1** [I, T] (B1) to become happy and comfortable because nothing is worrying you, or to make someone do this: *I find it difficult*

to relax. ◦ *The wine had relaxed him and he began to talk.* ▷ **odprężać (się), rozluźnić (się)** **2** [I, T] If a part of your body relaxes, it becomes less stiff, and if you relax it, you make it become less stiff: *Try these exercises to relax your neck muscles.* ▷ **rozluźnić (się)** **3** [T] to make laws or rules less severe: *The government has recently **relaxed laws** on bringing animals into Britain.* ▷ **łagodzić**
• **relaxation** /ˌriːlækˈseɪʃən/ noun [U] B1 ▷ **odprężenie**

> **Relax** wyrazy bliskoznaczne
>
> Czasownika **chill** i czasownika frazowego **chill out** używamy często w sytuacjach nieformalnych w znaczeniu „relax":
>
> *We spent the whole week **chilling out** on the beach.*
>
> Czasownik frazowy **wind down** i czasownik **unwind** oznaczają „powoli odprężać się po pracy lub zrobieniu czegoś trudnego":
>
> *It takes me a while to **wind down** when I get back from work.*
>
> *Music helps me to **unwind**.*
>
> Jeśli jakaś osoba odpręża się i unika wysiłku, często używamy wyrażenia **take it easy/take things easy**:
>
> *You'll need to spend a few days **taking it easy/taking things easy** after the operation.*
>
> Związku frazeologicznego **put your feet up** używamy często w znaczeniu „usiąść i zrelaksować się":
>
> *I'm going to make myself a cup of coffee and **put my feet up** for half an hour.*

relaxed /rɪˈlækst/ adjective **1** B1 feeling happy and comfortable because nothing is worrying you: *She seemed relaxed and in control of the situation.* ▷ **opanowany, odprężony** **2** B2 A relaxed situation is comfortable and informal: *There was a very relaxed atmosphere at the party.* ▷ **luźny**

relaxing /rɪˈlæksɪŋ/ adjective B1 making you feel relaxed: *a relaxing bath* ▷ **odprężający**

relay[1] /ˌriːˈleɪ/ verb [T] **1** to send a message from one person to another: *Cory had an idea which he relayed to his friend immediately.* ▷ **przekazywać** **2** to broadcast radio or television signals ▷ **transmitować, nadawać**

relay[2] /ˈriːleɪ/ noun [C] (also ˈ**relay** ˌ**race**) a race in which each member of a team runs or swims part of the race ▷ **sztafeta, bieg sztafetowy**

release[1] /rɪˈliːs/ verb [T] **1** B2 to allow a prisoner to be free: *Six hostages were released shortly before midday.* ▷ **zwalniać, uwalniać** **2** to stop holding someone or something: *Release the handle.* ▷ **puszczać** **3** to let the public have news or information about something: *Police have not released the dead woman's name.* ▷ **ujawniać** **4** B2 to make a record or film available for people to buy or see: *The album is due to be released in time for Christmas.* ▷ **wypuszczać** **5** to let a substance flow out from somewhere: *Dangerous chemicals were accidentally **released into** the river.* ▷ **uwalniać**

release[2] /rɪˈliːs/ noun **1** [C] when someone is allowed to leave prison: *After his release from jail, Jackson found it difficult to find work.* ▷ **zwolnienie** **2** [C] B2 a new film or record that you can buy: *Have you heard the group's latest release?* ▷ **film, album** **3** [C, U] when a substance is allowed to flow out of somewhere: *a release of toxic gas from the factory* ▷ **wyciek** → See also **press release**

> Wyrazy występujące razem z **release**
>
> demand/secure sb's release • release from sth

relegate /ˈrelɪgeɪt/ verb [T] to put someone or something in a less important position: [often passive] *He'd been **relegated to** the B team.* ▷ **przesuwać, degradować**
• **relegation** /ˌrelɪˈgeɪʃən/ noun [U] ▷ **przesunięcie, degradacja**

relent /rɪˈlent/ verb [I] to allow something that you refused to allow before: *The security guard relented and let them through.* ▷ **ustąpić**

relentless /rɪˈlentləs/ adjective never stopping or getting any less extreme: *relentless criticism* ▷ **nieustępliwy, niesłabnący**
• **relentlessly** adverb ▷ **nieustępliwie**

relevance /ˈreləvəns/ noun [U] (also US **relevancy** /ˈreləvəntsi/) the degree to which something is related or useful to what is happening or being talked about: *This point has no **relevance to** the discussion.* ▷ **znaczenie, istotność**

relevant /ˈreləvənt/ adjective B2 related or useful to what is happening or being talked about: ***relevant information*** ◦ *Education should be **relevant to** children's needs.* ▷ **istotny, znaczący** → Opposite **irrelevant**

reliable /rɪˈlaɪəbl/ adjective B1 able to be trusted or believed: *a reliable car* ◦ *reliable information* ◦ *Andy's very reliable – if he says he'll do something, he'll do it.* ▷ **solidny, godny zaufania** → Opposite **unreliable**
• **reliability** /rɪˌlaɪəˈbɪləti/ noun [U] how reliable someone or something is ▷ **rzetelność, pewność** • **reliably** adverb *I am **reliably informed** that the concert has been cancelled.* ▷ **solidnie, pewnie**

reliance /rɪˈlaɪəns/ noun **reliance on sb/sth** when someone or something depends on someone or something else: *our increasing reliance on computers* ▷ **zależność od** *kogoś/czegoś*, **poleganie na** *kimś/czymś*

reliant /rɪˈlaɪənt/ adjective **be reliant on sb/sth** to depend on someone or something: *I don't want to be reliant on anybody.* ▷ **być zależnym lub uzależnionym od** *kogoś/czegoś* → See also **self-reliant**

relic /ˈrelɪk/ noun [C] a very old thing from the past: *an Egyptian relic* ▷ **relikt**

R

relief /rɪˈliːf/ **noun** **1** [U, no plural] B2 the good feeling that you have when something unpleasant stops or does not happen: *It'll be such a relief when these exams are over.* ◦ *"James can't come tonight." "Well, that's a relief!"* ▷ **ulga** **2** [U] money, food, or clothes that are given to people because they need help: *an international **relief operation*** ▷ **pomoc** **3** [U] when something stops hurting you: *I'd been trying to sleep to find **relief from** the pain.* ▷ **ulga**

> Wyrazy występujące razem z **relief**
>
> a **big/great/tremendous** relief • a **sense of** relief • **to sb's** relief

reˈlief ˌmap **noun** [C] a map that shows the hills, valleys and mountains of a particular area or country ▷ **mapa plastyczna**

relieve /rɪˈliːv/ **verb** [T] **1** to make pain or a bad feeling less severe: *Breathing exercises can help to relieve stress.* ▷ **ulżyć** **2** to allow someone to stop working by taking their place: *The 7 a.m. team arrived to relieve the night workers.* ▷ **zmieniać, zluzować**

PHRASAL VERB **relieve sb of sth** formal to take something away from someone: *Let me relieve you of your luggage.* ▷ **uwalniać** *kogoś* **z lub od** *czegoś*, **przejmować od** *kogoś coś*

relieved /rɪˈliːvd/ **adjective** B2 feeling happy because something unpleasant did not happen or you are not worried about something any more: [+ (that)] *I'm just relieved that she's safe and well.* ◦ [+ to do sth] *I heard a noise and was relieved to find that it was only a cat.* ▷ **spokojny, uspokojony**

religion /rɪˈlɪdʒən/ **noun** [C, U] B1 the belief in a god or gods, or a particular system of belief in a god or gods: *the Christian religion* ▷ **religia**

> Wyrazy występujące razem z **religion**
>
> **believe in/practise** a religion • a **major** religion • be **against** sb's religion

religious /rɪˈlɪdʒəs/ **adjective** **1** B2 relating to religion: *religious paintings* ▷ **religijny** **2** B2 having a strong belief in a religion: *He's a very religious man.* ▷ **religijny**

religiously /rɪˈlɪdʒəsli/ **adverb** **1** regularly: *He visited the old woman religiously every weekend.* ▷ **regularnie, pieczołowicie** **2** in a religious way ▷ **religijnie**

relinquish /rɪˈlɪŋkwɪʃ/ **verb** [T] formal to allow something to be taken away from you: *At 80 he still refuses to relinquish control of the company.* ▷ **zrzekać się**

relish[1] /ˈrelɪʃ/ **verb** [T] to enjoy something: *I don't **relish the thought** of a twelve-hour flight.* ▷ **znajdować przyjemność w, rozkoszować się**

relish[2] /ˈrelɪʃ/ **noun** **1** [U] enjoyment: *He had baked a cake which the children now ate **with relish**.* ▷ **rozkosz, przyjemność** **2** [C] a sauce that you put on food to give it more taste ▷ **sos (przyprawowy)**

relive /ˌriːˈlɪv/ **verb** [T] to remember something so clearly that you feel as if it is happening now ▷ **przeżywać na nowo**

relocate /ˌriːləʊˈkeɪt/ US /riːˈləʊˌkeɪt/ **verb** [I, T] to move to another place: *The company **relocated to** Tokyo.* ▷ **przenosić (się)**
• **relocation** /ˌriːləʊˈkeɪʃən/ **noun** [U] ***relocation costs*** ▷ **przeniesienie**

reluctant /rɪˈlʌktənt/ **adjective** not wanting to do something: [+ to do sth] *Many victims of crime are reluctant to go to the police.* ▷ **niechętny**
• **reluctance** /rɪˈlʌktəns/ **noun** [U] when someone does not want to do something: [+ to do sth] *a reluctance to accept changes* ▷ **niechęć** • **reluctantly adverb** ▷ **niechętnie**

rely /rɪˈlaɪ/ **verb**

PHRASAL VERB **rely on sb/sth** **1** B2 to need someone or something in order to be successful, work correctly, etc: *Families rely more on wives' earnings than before.* ▷ **być uzależnionym od** *kogoś/czegoś* **2** B2 to trust someone or something: [+ to do sth] *I know I **can rely on** you to help me.* ▷ **polegać na** *kimś/czymś*

remain /rɪˈmeɪn/ **verb** **1** B2 [I] to continue to exist when everything or everyone else has gone: *Only a few hundred of these animals remain today.* ▷ **przetrwać, zachować się, pozostawać** **2 remain calm/open, etc; remain a secret/mystery/prisoner, etc** B1 to continue to be in the same state: *The exact date of the wedding remains a secret.* ▷ **zachować spokój/być otwartym** *itp.*, **pozostawać tajemnicą/więźniem** *itp.* **3 remain at/in/with, etc** formal B2 to stay in the same place: *She will remain at her mother's until I return.* ▷ **pozostawać na/w/z** *itp.*

remainder /rɪˈmeɪndər/ **noun** **1** [no plural] the things or people that are left when everything or everyone else has gone or been dealt with: *He drank **the remainder of** his coffee and got up to leave.* ▷ **reszta, pozostałość** **2** [U] the amount that is left when one number cannot be exactly divided by another ▷ **reszta**

remaining /rɪˈmeɪnɪŋ/ **adjective** [always before noun] B2 continuing to exist when everything or everyone else has gone or been dealt with: *Mix in half the butter and keep the remaining 50g for later.* ▷ **pozostały**

remains /rɪˈmeɪnz/ **noun** [plural] **1** B2 the parts of something, especially a building, that continue to exist when the rest of it has been destroyed: *the remains of a Buddhist temple* ▷ **szczątki** **2** formal someone's body after they have died ▷ **szczątki**

remake /ˈriːmeɪk/ **noun** [C] a film that is the same as one that has been made before: *a remake of 'King Kong'* ▷ **przeróbka, remake**
• **remake** /ˌriːˈmeɪk/ **verb** [T] (past tense and past participle **remade**) ▷ **przerabiać**

remand[1] /rɪˈmɑːnd/ **noun** **on remand** UK in

prison before your trial : *He spent two weeks on remand in Bullingdon prison.* ▷ **w areszcie**

remand² /rɪˈmɑːnd/ **verb be remanded in custody** UK to be kept in prison on remand: *He was charged with murder and remanded in custody.* ▷ **przebywać w areszcie**

remark¹ /rɪˈmɑːk/ **noun** [C] B2 something that you say: *He **made a remark** about her clothes.* ▷ **uwaga**

> **Wyrazy występujące razem z remark**
> make a remark • a remark about/on sth

remark² /rɪˈmɑːk/ **verb** [I] B2 to say something: [+ that] *He remarked that she was looking thin.* ▷ **zauważać, wspomnieć**

PHRASAL VERB **remark on/upon sth** B2 to say something about something that you have just noticed: *He remarked on how well you were looking.* ▷ **wspomnieć** *coś*, **zrobić uwagę na temat** *czegoś*

remarkable /rɪˈmɑːkəbl/ **adjective** B2 very unusual or noticeable in a way that you admire: *a remarkable woman* ◦ *He has a remarkable memory.* ▷ **niezwykły** → Opposite **unremarkable**

remarkably /rɪˈmɑːkəbli/ **adverb** in a way that makes you feel surprised: *She has remarkably good skin for her age.* ▷ **niezwykle**

remarry /ˌriːˈmæri/ **verb** [I] to get married again: *His wife died in 1970 and he never remarried.* ▷ **ponownie się ożenić, ponownie wychodzić za mąż**

remedial /rɪˈmiːdiəl/ **adjective** [always before noun] **1** intended to help people who are having difficulty learning something: *remedial English classes* ▷ **wyrównawczy 2** formal intended to improve something: ***Remedial action** is needed.* ▷ **zaradczy, zapobiegawczy**

remedy¹ /ˈremədi/ **noun** [C] **1** B2 something that makes you better when you are ill: *a flu remedy* ▷ **lekarstwo 2** B2 something that solves a problem: *The **remedy for** the traffic problem is to encourage people to use public transport.* ▷ **rozwiązanie**

remedy² /ˈremədi/ **verb** [T] to solve a problem, or to improve a bad situation: *They were able to **remedy** the **problem** very easily.* ▷ **rozwiązywać, zaradzić**

remember /rɪˈmembəʳ/ **verb** [I, T] **1** A1 If you remember a fact or something from the past, you keep it in your mind, or bring it back into your mind: *I can't remember his name.* ◦ [+ doing sth] *I don't remember signing a contract.* ◦ [+ (that)] *Just as the door closed he remembered that his keys were inside the room.* ▷ **pamiętać 2** A2 to not forget to do something: [+ to do sth] *I must remember to send Carol a birthday card.* ▷ **pamiętać**

> **Remember** wyrazy bliskoznaczne
> W sytuacjach bardziej formalnych często używamy jako alternatywy dla **remember** czasowników **recall** i (*w brytyjskim angielskim*) **recollect**:
> *I don't **recall** arranging a time to meet.*
> *I didn't **recollect** having seen him.*
> Czasownik **remind** oznacza „przypominać komuś coś":
> *Every time we meet he **reminds** me about the money he lent me.*
> *Will you **remind** me to buy some eggs?*
> Czasowników frazowych **come back to** i **come to** często używamy, gdy ktoś nagle sobie o czymś przypomina:
> *I'd forgotten his name but it's just **come (back) to** me.*
> Czasownika **reminisce** używamy, gdy chcemy powiedzieć, że ktoś oddaje się przyjemnym wspomnieniom:
> *We were just **reminiscing** about our school days.*

remembrance /rɪˈmembrᵊns/ **noun** [U] when you remember and show respect for someone who has died: *They erected a statue **in remembrance of** him.* ▷ **pamięć**

remind /rɪˈmaɪnd/ **verb** [T] B1 to make someone remember something, or remember to do something: *Every time we meet he **reminds** me **about** the money he lent me.* ◦ [+ to do sth] *Will you remind me to buy some eggs?* ▷ **przypominać**

PHRASAL VERB **remind sb of sth/sb** B1 to make someone think of something or someone else: *Harry reminds me of my father.* ◦ *This song reminds me of our trip to Spain.* ▷ **przypominać** *komuś coś/kogoś*

reminder /rɪˈmaɪndəʳ/ **noun** [C] something that makes you remember something else: *For me, ice cream is **a reminder of** happy childhood holidays at the seaside.* ▷ **przypomnienie**

> **Wyrazy występujące razem z reminder**
> need/serve as a reminder • a constant/gentle/timely reminder • a grim/poignant/sharp/stark reminder • a reminder of sth

reminisce /ˌremɪˈnɪs/ **verb** [I] to talk about pleasant things that happened in the past: *We were just **reminiscing about** our school days.* ▷ **wspominać**
• **reminiscence noun** [C, U] when you reminisce ▷ **wspomnienie, wspomnienia**

reminiscent /ˌremɪˈnɪsᵊnt/ **adjective reminiscent of sth/sb** making you think of someone or something that is similar: *a smell reminiscent of an old church* ▷ **przypominający** *coś/kogoś*

remission /rɪˈmɪʃᵊn/ **noun be in remission** to be in a period of time when a serious illness is

R

better: *He is in remission at the moment.* ▷ **być w fazie lub stadium remisji**

remit[1] /ˈriːmɪt/ **noun** [no plural] UK the things that you are responsible for in your job ▷ **zakres uprawnień lub kompetencji**

remit[2] /rɪˈmɪt/ **verb** [T] (present participle **remitting**, past tense and past participle **remitted**) formal to send money to someone ▷ **przekazywać, przesyłać**

remix[1] /ˌriːˈmɪks/ **verb** [T] to use a machine or computer to change or improve the different parts of an existing music recording to make a new recording ▷ **remiksować**

remix[2] /ˈriː.mɪks/ **noun** [C] a piece of music that has been remixed ▷ **remiks**

remnant /ˈremnənt/ **noun** [C] a piece of something that continues to exist when the rest of that thing has gone: *the remnants of last night's meal* ▷ **pozostałość, resztka**

remora /ˈremərə/ **noun** [C] a fish that attaches itself to other fish or objects by sucking on them ▷ **podnawka**

remorse /rɪˈmɔːs/ **noun** [U] the feeling that you are sorry for something bad that you have done: *He has **shown** no **remorse for** his actions.* ▷ **skrucha, wyrzuty sumienia**
• **remorseful adjective** feeling remorse ▷ **skruszony**

remorseless /rɪˈmɔːsləs/ **adjective** **1** UK never stopping: *remorseless pressure to succeed* ▷ **bezustanny** **2** cruel ▷ **bezlitosny**
• **remorselessly adverb** ▷ **bezlitośnie**

remote /rɪˈməʊt/ **adjective** **1** (B2) far away: *It was a remote mountain village with no electricity supply.* ▷ **odległy, oddalony, daleki** **2** far in time: *in the remote past* ▷ **odległy, zamierzchły** **3** slight: *There is a **remote possibility** that it could be cancer.* ▷ **znikomy**
• **remoteness noun** [U] ▷ **oddalenie**

reˌmote conˈtrol noun **1** [C] (also **remote**) (B1) a piece of equipment that is used to control something such as a television from a distance ▷ **pilot** → See **The Living Room** on page Centre 4 **2** [U] the use of radio waves to control something such as a television from a distance ▷ **zdalne sterowanie**

remotely /rɪˈməʊtli/ **adverb** **not remotely interested/surprised/possible, etc** not at all interested, surprised, etc: *I'm not remotely interested in football.* ▷ **w najmniejszym stopniu lub zupełnie nie zainteresowany/zaskoczony/możliwy** *itp.*

removal /rɪˈmuːvəl/ **noun** **1** [U] when you remove something: *stain removal* ▷ **usuwanie** **2** [C, U] UK when you remove everything from one house to take to another: *a removals firm* ▷ **przeprowadzka**

remove /rɪˈmuːv/ **verb** [T] **1** (B1) to take something away: *An operation was needed to **remove** the bullets **from** his chest.* ▷ **usuwać** **2** (B2) to take something off: *Carefully remove the lid, then stir the paint.* ▷ **zdejmować** **3** formal to make someone stop doing their job: [often passive] *He had been **removed from** his job on medical grounds.* ▷ **usuwać** **4 be far removed from sth** to be very different from something: *The princess's world was far removed from reality.* ▷ **być dalekim od** *czegoś*

remuneration /rɪˌmjuːnərˈeɪʃən/ **noun** [U] formal when someone is paid for work they have done ▷ **wynagrodzenie**

renaissance /rəˈneɪsəns/ (US) /ˌrenəˈsɑːns/ **noun** [no plural] a time when something becomes popular or fashionable again: *The British film industry is **enjoying a renaissance**.* ▷ **renesans**

the Renaissance /rəˈneɪsəns/ (US) /ˌrenəˈsɑːns/ **noun** the period during the 14th, 15th, and 16th centuries in Europe when there was a lot of interest and activity in art, literature, ideas, etc ▷ **Renesans, Odrodzenie**

rename /ˌriːˈneɪm/ **verb** [T] to give something a new name: [+ two objects] *Siam was renamed Thailand in 1939.* ▷ **zmienić nazwę**

render /ˈrendər/ **verb** [T] formal **1** to cause something or someone to be in a particular state or condition: *She was rendered speechless upon hearing the news.* ▷ **czynić** **2** to give someone a decision, opinion, help, etc: *payment for **services rendered*** ▷ **przedstawiać, udzielać, świadczyć** **3** to put a first layer of plaster or cement on a wall ▷ **obrzucać (tynkiem)**

rendering /ˈrendərɪŋ/ **noun** [C] the way that something is performed, written, drawn, etc: *a child's rendering of a house* ▷ **wykonanie, interpretacja, wizja**

rendezvous /ˈrɒndɪvuː/ **noun** [C] (plural **rendezvous**) an arrangement to meet someone, or the place you have arranged to meet them ▷ **spotkanie, rendezvous**
• **rendezvous verb** [I] ▷ **spotykać się**

rendition /renˈdɪʃən/ **noun** [C] the way in which a song, piece of music, etc is performed ▷ **wykonanie, interpretacja**

renegade /ˈrenɪgeɪd/ **noun** [C] someone who changes and joins a group that is against their own group: *a group of renegade soldiers* ▷ **renegat, zdraj-ca/czyni**

renege /rəˈneɪg/ (US) /rəˈnɪg/ **verb**

PHRASAL VERB **renege on sth** formal to not do what you said you were going to do: *to renege on a promise* ▷ **nie dotrzymać** *czegoś*

renew /rɪˈnjuː/ **verb** [T] **1** (B2) to arrange to continue an official agreement that was going to end soon: *I've decided not to **renew** my golf club **membership** this year.* ▷ **przedłużać, odnawiać** **2** UK to get a new one of something that is old: *A car isn't the sort of thing you renew every year.* ▷ **wymieniać (na nowy)** **3** to start to do something again: *The next morning enemy* *war planes renewed their bombing.* ▷ **podejmować**

• **renewal** noun [C, U] when you renew something ▷ **przedłużenie, odnowienie**

renewable /rɪˈnjuːəbl/ **adjective** **1** A renewable form of energy can be produced as quickly as it is used: *a **renewable energy** source such as wind power* ▷ **odnawialny** **2** A renewable official agreement is one that you can arrange to continue when the time limit is reached: *a 6-month **renewable contract*** ▷ **podlegający przedłużeniu**

renewables /rɪˈnjuːəblz/ **noun** [plural] types of energy such as wind power and power from the sun that can be replaced as quickly as they are used ▷ **źródła odnawialne**

renewed /rɪˈnjuːd/ **adjective** starting again in a stronger way than before: *He sang now with renewed confidence.* ▷ **nowy**

renounce /rɪˈnaʊns/ **verb** [T] to officially say that you do not have the right to something any more, or that you do not want to be involved in something any more: *They had renounced all rights to ownership of the land.* ▷ **zrzekać się, wyrzekać się**

renovate /ˈrenəveɪt/ **verb** [T] to repair and decorate a building that is old and in bad condition ▷ **odnawiać, remontować**

• **renovation** /ˌrenəˈveɪʃᵊn/ **noun** [C, U] ▷ **renowacja, remont**

renowned /rɪˈnaʊnd/ **adjective** famous: *The Lake District is **renowned for** its beauty.* ▷ **sławny**

rent[1] /rent/ **verb** **1** [I, T] (A2) to pay money to live in a building that someone else owns: *He'll be renting an apartment until he can find a house to buy.* ▷ **wynajmować** **2** [T] US (UK **hire**) (A2) to pay money to use something for a short time: *We could rent a car for the weekend.* ▷ **wypożyczać, wynajmować** **3** [T] (also **rent out**) (B1) to allow someone to pay you money to live in your building: *I rented out my house and went travelling for a year.* ▷ **wynajmować**

rent[2] /rent/ **noun** [C, U] (A2) the amount of money that you pay to live in a building that someone else owns: *They couldn't afford the rent.* ▷ **czynsz**

> Wyrazy występujące razem z **rent**
>
> pay the rent • the rent on sth

rental /ˈrentᵊl/ **noun** [C, U] an arrangement to rent something, or the amount of money that you pay to rent something: *The price includes flights and car rental.* ▷ **wynajem, wypożyczenie**

rented /ˈrentɪd/ **adjective** describes something that you rent: ***rented accommodation*** ▷ **wynajmowany, wypożyczony**

renter /ˈrentəʳ/ **noun** [C] US someone who pays money to live in a house or an apartment that someone else owns ▷ **wynajmujący, najemca, lokator/ka**

renunciation /rɪˌnʌnsiˈeɪʃᵊn/ **noun** [U, no plural] when you say that you do not want something or believe in something any more: *a renunciation of violence* ▷ **zrzeczenie się, wyrzeczenie się**

reorganize (also UK **-ise**) /ˌriːˈɔːgənaɪz/ **verb** [I, T] to organize something again in order to improve it: *He's completely reorganized his schedule for the week.* ▷ **przeorganizować, reorganizować (się)**

• **reorganization** /riːˌɔːgᵊnaɪˈzeɪʃᵊn/ **noun** [C, U] ▷ **reorganizacja**

rep /rep/ **noun** [C] informal someone whose job is to sell things for a company: *the UK **sales rep*** ▷ **przedstawiciel/ka**

repaid /ˌriːˈpeɪd/ past of repay

repair[1] /rɪˈpeəʳ/ **verb** [T] **1** (A2) to fix something that is broken or damaged: *I must **get** my bike **repaired**.* ▷ **naprawiać** **2** to improve a bad situation: *It will take a long time to repair relations between the two countries.* ▷ **naprawiać**

> **Repair** wyrazy bliskoznaczne
>
> Czasowników **fix** i **mend** często używa się zamiast „repair":
>
> *I must get my bike **fixed**.*
>
> *Can you **mend** that hole in my trousers?*
>
> Czasowników frazowych **do up** (*w brytyjskim angielskim*) i **fix up** często używamy, gdy ktoś coś naprawia lub ulepsza:
>
> *Nick loves **fixing up** old cars.*
>
> *They're planning to buy an old cottage and **do** it **up**.*
>
> Czasownika **service** (*w brytyjskim angielskim*) często używamy w kontekście robienia przeglądu lub naprawy samochodów i innych urządzeń:
>
> *I'm taking the car to the garage to have it **serviced** this afternoon.*

repair[2] /rɪˈpeəʳ/ **noun** **1** (B1) [C, U] something that you do to fix something that is broken or damaged: [usually plural] *The repairs cost me £150.* ▷ **naprawa** **2 be in good/bad repair** to be in good/bad condition ▷ **być w dobrym/złym stanie**

> Wyrazy występujące razem z **repair (noun)**
>
> carry out/do repairs • be **in need of** repair • extensive/major/minor repairs • the repair **of** sth

reparations /ˌrepəˈreɪʃᵊn/ **noun** [plural] payment for harm or damage: *The country was forced to pay reparations after the war.* ▷ **odszkodowanie**

repatriate /riːˈpætrieɪt/ (US) /riːˈpeɪtrieɪt/ **verb** [T] to send someone back to their own country ▷ **repatriować**

• **repatriation** /ˌriːpætriˈeɪʃᵊn/ (US) /rɪˌpeɪtriˈeɪʃᵊn/ **noun** [U] ▷ **repatriacja**

R

repay /ˌriːˈpeɪ/ **verb** [T] (past tense and past participle **repaid**) **1** B2 to pay back money that you have borrowed: *to* ***repay*** *a* ***loan*** ▷ **spłacać, oddawać 2** B2 to do something kind for someone who has done something to help you: *What can I do to repay you for your kindness?* ▷ **odwdzięczać się, odpłacić**

• **repayment** /rɪˈpeɪmənt/ **noun** [C, U] when you repay someone or the money that you pay back ▷ **spłata**

repeal /rɪˈpiːl/ **verb** [T] to officially make a law end ▷ **uchylać, znosić**

repeat[1] /rɪˈpiːt/ **verb** [T] **1** A2 to say or do something more than once: *He repeated the number.* ◦ *The test must be repeated several times.* ▷ **powtarzać 2** to tell someone something that someone else has told you: *I've got some news for you but you mustn't* ***repeat*** *it* ***to*** *anyone.* ▷ **powtarzać**

repeat[2] /rɪˈpiːt/ **noun 1** [no plural] when something happens or is done more than once: *Everything is being done to avoid* ***a repeat of*** *the tragedy.* ▷ **powtórka, powtórzenie 2** [C] UK (US **rerun**) a television or radio programme that is broadcast again ▷ **powtórka, powtórzenie**

repeated /rɪˈpiːtɪd/ **adjective** [always before noun] done or happening more than once: *He has refused repeated requests to be interviewed.* ▷ **wielokrotny, powtarzający się**

• **repeatedly adverb** *The victim was stabbed repeatedly.* ▷ **wielokrotnie**

repel /rɪˈpel/ **verb** [T] (present participle **repelling**, past tense and past participle **repelled**) **1** to make someone or something move away or stop attacking you: *a smell that repels insects* ▷ **odstraszać 2** If someone or something repels you, you think they are extremely unpleasant. ▷ **odpychać, odstręczać**

repellent[1] /rɪˈpelənt/ **adjective** extremely unpleasant: *I find his views utterly repellent.* ▷ **odrażający**

repellent[2] /rɪˈpelənt/ **noun** [C, U] **insect/mosquito repellent** a substance that you use to keep insects away ▷ **repelent lub środek na komary**

repent /rɪˈpent/ **verb** [I, T] formal to say that you are sorry for doing something bad ▷ **żałować**

• **repentance noun** [U] formal when someone repents ▷ **skrucha**

repentant /rɪˈpentənt/ **adjective** formal feeling sorry about something bad that you have done ▷ **skruszony** → Opposite **unrepentant**

repercussions /ˌriːpəˈkʌʃənz/ **noun** [plural] the effects that an action or event has on something, especially bad effects: *Any decrease in tourism could have serious* ***repercussions for*** *the local economy.* ▷ **reperkusje**

repertoire /ˈrepətwɑːʳ/ **noun** [C] all the songs, plays, etc that someone can perform ▷ **repertuar**

repertory /ˈrepətəri/ **noun 1** [C, U] when a group of actors performs several different plays during a period of time: *They have four plays* ***in repertory*** *this season.* ◦ *a* ***repertory company/theatre*** ▷ **repertuar 2** [C] all the songs, plays, etc that someone can perform ▷ **repertuar**

repetition /ˌrepɪˈtɪʃən/ **noun** [C, U] when something is repeated: *We don't want a repetition of last year's disaster.* ▷ **powtórka, powtórzenie**

repetitive /rɪˈpetətɪv/ **adjective** (also **repetitious** /ˌrepɪˈtɪʃəs/) doing or saying the same thing several times, especially in a way that is boring: *a repetitive job* ▷ **powtarzający się, monotonny**

• **repetitively adverb** ▷ **monotonnie**

replace /rɪˈpleɪs/ **verb** [T] **1** B1 to start using another thing or person instead of the one that you are using now: *We're thinking of* ***replacing*** *our old TV* ***with*** *a fancy new one.* ▷ **zastępować, wymieniać 2** B2 to start to be used instead of the thing or person that is being used now: *This system will replace the old one.* ▷ **zastępować 3** B1 to get something new because the one you had before has been lost or damaged: *We'll have to replace this carpet soon.* ▷ **wymieniać, zastępować, odkupować 4** formal to put something back in the place where it usually is: *She picked up the books and carefully replaced them on the shelf.* ▷ **odkładać**

replacement /rɪˈpleɪsmənt/ **noun 1** [C] B2 the thing or person that replaces something or someone: *It's not going to be easy to* ***find*** *a* ***replacement*** *for you.* ▷ **zastęp-ca/czyni, następ-ca/czyni 2** [U] when something or someone is replaced ▷ **wymiana, zastępstwo**

replay /ˈriːpleɪ/ **noun** [C] **1** an important part of a sports game or other event on television that is shown again immediately after it has happened ▷ **powtórka 2** UK a game of sport that is played again ▷ **rewanż**

• **replay** /ˌriːˈpleɪ/ **verb** [T] ▷ **powtarzać**

→ See also **action replay** UK, **instant replay**

replenish /rɪˈplenɪʃ/ **verb** [T] formal to fill something or make it complete again: *to replenish supplies* ▷ **uzupełniać**

• **replenishment noun** [U] formal when you fill something or make it complete again ▷ **uzupełnienie**

replica /ˈreplɪkə/ **noun** [C] something that is made to look almost exactly the same as something else: *a replica of the White House* ▷ **kopia, replika**

replicate /ˈreplɪkeɪt/ **verb** [T] formal to make or do something again in exactly the same way ▷ **powtarzać**

• **replication** /ˌreplɪˈkeɪʃən/ **noun** [C, U] ▷ **powtórzenie**

reply[1] /rɪˈplaɪ/ **verb** [I, T] B1 to answer: *"I don't understand," she replied.* ◦ *He didn't* ***reply to*** *my email.* ◦ [+ that] *Henry replied that he had no idea what I was talking about.* ▷ **odpowiadać**

reply[2] /rɪˈplaɪ/ **noun** [C, U] B1 an answer: *Her reply was short and unfriendly.* ◦ *Have you had a* ***reply to*** *your letter?* ◦ *She sent me an email* ***in reply*** (= *as an answer*). ▷ **odpowiedź**

> Wyrazy występujące razem z **reply** (noun)
>
> give/make/send a reply • get/have/receive a reply • a reply to sth • in reply

report[1] /rɪˈpɔːt/ **noun** [C] **1** B1 a description of an event or situation: *a police report* ◦ *an annual report on the economy* ▷ **raport, sprawozdanie** **2** UK (US **reˈport ˌcard**) when teachers write about a child's progress at school for their parents ▷ **wykaz ocen, świadectwo**

report[2] /rɪˈpɔːt/ **verb** **1** [I, T] B1 to describe a recent event or situation, especially on television, radio, or in a newspaper: *Jo Smith* ***reports on*** *recent developments.* ◦ [+ that] *She reported that the situation had changed dramatically.* ◦ [+ doing sth] *A woman outside the shop reported seeing the gun.* ▷ **donosić, relacjonować** **2** [T] B1 to tell someone in authority that something has happened, especially an accident or crime: *He should have* ***reported*** *the* ***accident*** *immediately.* ◦ *Have you* ***reported*** *the fault* ***to*** *a technician?* ▷ **zgłaszać** **3** [T] to complain about someone's behaviour to someone in authority: *I'm going to* ***report*** *him* ***to*** *the police.* ◦ *Duncan's been* ***reported for*** *smoking.* ▷ **donosić, zgłaszać**

PHRASAL VERB **report to sb/sth** to go to someone or a place and say that you have arrived: *All visitors please report to reception.* ▷ **zgłaszać się u** *kogoś/gdzieś*

reportedly /rɪˈpɔːtɪdli/ **adverb** If something has reportedly happened or is reportedly a fact, people say it has happened or is true: *Two students were reportedly killed and several wounded.* ▷ **podobno, rzekomo**

reˌported ˈspeech **noun** [U] speech or writing that is used to report what someone has said, but not using exactly the same words ▷ **mowa zależna**

reporter /rɪˈpɔːtəʳ/ **noun** [C] B1 someone whose job is to discover information about news events and describe them on television, radio, or in a newspaper ▷ **reporter/ka**

repossess /ˌriːpəˈzes/ **verb** [T] to take back someone's house, car, furniture, etc because they cannot finish paying for them ▷ **zajmować**
• **repossession** /ˌriːpəˈzeʃən/ **noun** [C, U] when someone repossesses something, or the thing that is repossessed ▷ **zajęcie**

reprehensible /ˌreprɪˈhensəbl/ **adjective** formal Reprehensible behaviour is extremely bad. ▷ **naganny**

represent /ˌreprɪˈzent/ **verb** [T] **1** B2 to be equal to something: *In practice the figure represents a 10% pay cut.* ◦ *The cancellation of the new road project represents a victory for protesters.* ▷ **stanowić** **2** to officially speak or do something for someone else because they have asked you to: *The union represents over 200 employees.* ▷ **reprezentować** **3** B2 to be the person from a country, school, etc that is in a competition ▷ **reprezentować** **4** B2 to be a sign or symbol of something: *The crosses on the map represent churches.* ▷ **przedstawiać, symbolizować, oznaczać** **5** to show someone or something in a particular way ▷ **przedstawiać**

representation /ˌreprɪzenˈteɪʃən/ **noun** **1** [U] speaking or doing something officially for another person: *Can he afford* ***legal representation?*** ▷ **reprezentacja, przedstawicielstwo** **2** [C, U] the way someone or something is shown: *an accurate representation of country life* ▷ **przedstawienie** → See also **proportional representation**

representative[1] /ˌreprɪˈzentətɪv/ **noun** [C] B2 someone who speaks or does something officially for another person ▷ **przedstawiciel/ka** → See also **House of Representatives**

representative[2] /ˌreprɪˈzentətɪv/ **adjective** the same as other people or things in a particular group: *Are his views* ***representative of*** *the rest of the department?* ▷ **typowy, reprezentatywny**

repress /rɪˈpres/ **verb** [T] **1** to stop yourself from showing your true feelings: *Brigitta repressed a sudden desire to cry.* ▷ **tłumić** **2** to control what people do, especially by using force ▷ **represjonować**
• **repression** /rɪˈpreʃən/ **noun** [U] when you repress someone or something ▷ **tłumienie, represje**

repressed /rɪˈprest/ **adjective** **1** unable to show your true feelings and emotions: *a lonely, repressed man* ▷ **z zahamowaniami** **2** A repressed feeling or emotion is one that you do not show: *repressed anger* ▷ **stłumiony**

repressive /rɪˈpresɪv/ **adjective** cruel and not allowing people to have freedom: *a* ***repressive*** *military* ***regime*** ▷ **represyjny**

reprieve /rɪˈpriːv/ **noun** [C] **1** an official order that stops a prisoner from being killed as a punishment ▷ **zawieszenie lub zaniechanie wykonania wyroku** **2** when something happens to stop a bad situation ▷ **(chwilowa) ulga**
• **reprieve** **verb** [T] ▷ **zawieszać wykonanie wyroku, przynosić ulgę**

reprimand /ˈreprɪmɑːnd/ **verb** [T] to tell someone in an official way that they have done something wrong: [+ for + doing sth] *Watts has already been reprimanded for disclosing confidential information.* ▷ **udzielać nagany**
• **reprimand** **noun** [C] ▷ **nagana, reprymenda**

reprint /riːˈprɪnt/ **verb** [T, I] to print a book again ▷ **wznawiać**

reprisal /rɪˈpraɪzəl/ **noun** [C, U] something violent or unpleasant that is done to punish an enemy for something they have done: *The attack was* ***in reprisal for*** *police raids.* ◦ *He did*

R

not wish to be filmed because he ***feared reprisals.*** ▷ **odwet, represje**

> Wyrazy występujące razem z **reprisal**
>
> fear reprisals • **in reprisal for** sth • a reprisal **against/from** sb

reproach¹ /rɪˈprəʊtʃ/ **noun** [C, U] criticism of someone, especially for not being successful or not doing what is expected: *There was a hint of reproach in his voice.* ◦ *The article gave the impression that the teachers were* ***above/beyond reproach*** *(= could not be criticized).* ▷ **wyrzut, zarzut**
• **reproachful adjective** showing criticism: *a* ***reproachful look*** ▷ **pełen wyrzutu** • **reproachfully adverb** ▷ **z wyrzutem**

reproach² /rɪˈprəʊtʃ/ **verb** [T] to criticize someone for not being successful or not doing what is expected: [often reflexive] *You've no reason to reproach yourself.* ▷ **czynić wyrzuty, zarzucać**

reproduce /ˌriːprəˈdjuːs/ **verb 1** [T] to make a copy of something: *The diagram is reproduced by permission of the original author.* ▷ **powielać, kopiować, publikować 2** [I] formal If people, animals, or plants reproduce, they produce babies or young animals or plants. ▷ **rozmnażać się**

reproduction /ˌriːprəˈdʌkʃən/ **noun 1** [U] the process of producing babies or young animals and plants ▷ **rozmnażanie 2** [C] a copy of something, especially a painting ▷ **reprodukcja, kopia**

reproductive /ˌriːprəˈdʌktɪv/ **adjective** [always before noun] relating to the process of producing babies or young animals and plants: *the* ***reproductive organs*** ▷ **rozrodczy**

reptile /ˈreptaɪl/ **noun** [C] an animal whose body is covered with scales, and whose blood changes temperature, for example a snake ▷ **gad**
• **reptilian** /repˈtɪliən/ **adjective** like a reptile, or relating to reptiles ▷ **gadzi**

republic /rɪˈpʌblɪk/ **noun** [C] a country with no king or queen but with an elected government ▷ **republika**

republican /rɪˈpʌblɪkən/ **noun** [C] **1** someone who supports the principles of a republic ▷ **republika-nin/nka 2 Republican** someone who supports the Republican Party in the US: *the Republican candidate* ▷ **Republika-nin/nka**
• **republican adjective** relating to a republic ▷ **republikański**

the Reˈpublican ˌParty noun [group] one of the two main political parties in the US ▷ **Partia Republikańska**

The Republic of Congo /rɪˈpʌblɪkəvˈkɒŋgeʊ/ **noun** a country in Africa ▷ **Kongo**
• **Congolese** /ˌkɒŋgəˈliːz/ **adjective** coming from or relating to the Republic of Congo ▷ **kongijski** • **Congolese noun** (plural **Congolese**) someone from the Republic of Congo ▷ **Kongij-czyk/ka**

repudiate /rɪˈpjuːdieɪt/ **verb** [T] formal to refuse to accept or agree with something: *Cousteau* ***repudiated*** *the* ***criticism/claims.*** ▷ **zaprzeczać, odrzucać**
• **repudiation** /rɪˌpjuːdiˈeɪʃən/ **noun** [U] formal ▷ **zaprzeczenie, odrzucenie**

repugnant /rɪˈpʌgnənt/ **adjective** formal extremely unpleasant: *She thought the idea* ***morally repugnant.*** ▷ **odrażający**
• **repugnance** /rɪˈpʌgnəns/ **noun** [U] formal when something or someone is repugnant ▷ **wstręt**

repulse /rɪˈpʌls/ **verb** [T] **1** If someone or something repulses you, you think they are extremely unpleasant: *The smell of him repulsed her.* ▷ **napawać obrzydzeniem 2** to successfully stop a military attack: [often passive] *The enemy attack was quickly repulsed.* ▷ **odpierać 3** If something repulses a substance or object, it causes it to move away from it ▷ **odpychać**

repulsion /rɪˈpʌlʃən/ **noun** [U, no plural] **1** a strong feeling that someone or something is extremely unpleasant ▷ **odraza 2** when something causes an object or substance to move away from it ▷ **odpychanie**

repulsive /rɪˈpʌlsɪv/ **adjective** extremely unpleasant, especially to look at: *a repulsive man with long, greasy hair* ▷ **odrażający**

reputable /ˈrepjətəbl/ **adjective** known to be good and honest: *a reputable organization* ▷ **renomowany** → Opposite **disreputable**

reputation /ˌrepjəˈteɪʃən/ **noun** [C] (B2) the opinion that people have about someone or something based on their behaviour or character in the past: *Both hotels* ***have a good reputation.*** ◦ *He has a* ***reputation for*** *efficiency.* ▷ **reputacja**

> Wyrazy występujące razem z **reputation**
>
> **have** a reputation • a reputation **for** sth • a **bad/good** reputation • **acquire/establish/get** a reputation • **damage/destroy/ruin** sb's reputation

reputed /rɪˈpjuːtɪd/ **adjective** formal believed by most people to be true: [+ to do sth] *The ghost of a young woman is reputed to haunt the building.* ▷ **rzekomy**
• **reputedly adverb** ▷ **rzekomo**

request¹ /rɪˈkwest/ **noun** [C, U] (B1) when you politely or officially ask for something: *His doctor* ***made*** *an urgent* ***request for*** *a copy of the report.* ◦ *An application form is available* ***on request*** *(= if you ask for it).* ◦ *A clause was added to the contract* ***at his request*** *(= because he asked).* ▷ **prośba, wniosek**

request² /rɪˈkwest/ **verb** [T] (B1) to politely or officially ask for something: *We've requested a further two computers.* ◦ [+ that] *They requested that no photographs be taken in the church.* ▷ **prosić, poprosić**

requiem /ˈrekwiəm/ **noun** [C] a Christian ceremony where people pray for someone who has died, or a piece of music written for this ceremony ▷ **msza żałobna, requiem**

require /rɪˈkwaɪəʳ/ **verb** [T] **1** (B1) to need or demand something: *Training to be a doctor requires a lot of hard work.* ◦ [+ that] *A recent law requires that all programmes are censored.* ▷ **wymagać** **2 require sb to do sth** (B2) to officially demand that someone does something: [often passive] *You are required by law to produce a valid passport.* ▷ **żądać żeby** *ktoś coś zrobił*, **wymagać** *czegoś* **od** *kogoś*

requirement /rɪˈkwaɪəmənt/ **noun** [C] (B2) something that is needed or demanded: *college* ***entrance requirements*** ◦ *Valid insurance is a* ***legal requirement.*** ▷ **wymaganie**

requisite /ˈrekwɪzɪt/ **adjective** [always before noun] formal needed for a particular purpose: *I felt that he lacked the* ***requisite skills*** *for the job.* ▷ **wymagany, odpowiedni**

re-release /ˌriːrɪˈliːs/ **verb** [T] to make a record or film available for people to buy or see for a second time ▷ **wznawiać**

rerun /ˈriːrʌn/ **noun** [C] US (UK **repeat**) a television or radio programme or film that is broadcast again ▷ **powtórka**

reschedule /riːˈʃedjuːl/ (US) /riːˈskedʒuːl/ **verb** [T] to agree a new and later date for something to happen ▷ **przekładać**

rescue[1] /ˈreskjuː/ **verb** [T] (present participle **rescuing**, past tense and past participle **rescued**) (B1) to save someone from a dangerous or unpleasant situation: *Fifty passengers had to be rescued from a sinking ship.* ▷ **ratować, ocalić**
• **rescuer** **noun** [C] ▷ **wybaw-ca/czyni, wybawiciel/ka**

rescue[2] /ˈreskjuː/ **noun** **1** (B1) [C, U] when someone is saved from a dangerous or unpleasant situation: *an unsuccessful* ***rescue attempt*** ▷ **ratunek, wybawienie** **2 come to the/sb's rescue** to help someone who is in a difficult situation: *I forgot my purse but Anna came to the rescue and lent me some money.* ▷ **przyjść** *komuś* **z pomocą, pospieszyć** *komuś* **na ratunek**

research[1] /rɪˈsɜːtʃ/ **noun** [U] (B1) when someone studies a subject in detail in order to discover new information: ***research into*** *language development* ◦ *They are* ***doing research*** *into the effects of passive smoking.* ◦ *a* ***research project*** ▷ **badania (naukowe)** → See also **market research**

> **Wyrazy występujące razem z research**
>
> carry out/conduct/do research • research indicates/proves/reveals/suggests sth • research **into** sth • a research **assistant/institute/programme/project**

research[2] /rɪˈsɜːtʃ/ **verb** [I, T] (B2) to study a subject in detail in order to discover new information about it: *He spent several years researching a rare African dialect.* ▷ **prowadzić badania (nad), badać**
• **researcher** **noun** [C] (B2) ▷ **naukowiec, badacz/ka**

resemblance /rɪˈzembləns/ **noun** [C, U] a similarity between two people or things, especially in their appearance: *There's a striking* ***resemblance between*** *Diane and her mother.* ◦ *He* ***bears a resemblance to*** *(= looks like) someone I used to know.* ▷ **podobieństwo**

resemble /rɪˈzembl/ **verb** [T] to look like or be like someone or something: *She resembles her father.* ▷ **przypominać, być podobnym do**

resent /rɪˈzent/ **verb** [T] to feel angry and upset about a situation or about something that someone has done: [+ doing sth] *I resent having to work late.* ◦ *He* ***resents*** *the* ***fact*** *that she gets more money than he does.* ▷ **nie cierpieć, odczuwać zawiść lub żal do/o, oburzać się na**

resentful /rɪˈzentfəl/ **adjective** angry and upset about a situation that you think is unfair: *He was bitterly* ***resentful of*** *his brother's success.* ▷ **rozżalony, oburzony**
• **resentfully** **adverb** ▷ **z rozżaleniem, z oburzeniem** • **resentfulness** **noun** [U] ▷ **rozżalenie, oburzenie**

resentment /rɪˈzentmənt/ **noun** [U] a feeling of anger about a situation that you think is unfair ▷ **rozżalenie, oburzenie**

reservation /ˌrezəˈveɪʃən/ **noun** **1** [C] (B1) an arrangement that you make to have a seat on an aircraft, a room in a hotel, etc: *I'd like to* ***make a reservation*** *for Friday evening.* ▷ **rezerwacja** **2** [C, U] a doubt or a feeling that you do not agree with something completely: *I still* ***have reservations*** *about her ability to do the job.* ▷ **zastrzeżenie, wątpliwość**

reserve[1] /rɪˈzɜːv/ **verb** [T] **1** (B1) to arrange to have a seat on an aircraft, a room in a hotel, etc: *I'd like to reserve two seats on the 9:15 to Birmingham.* ▷ **zarezerwować** **2** (B1) to not allow people to use something because it is only for a particular person or for a particular purpose: *This seat is* ***reserved for*** *elderly or disabled passengers.* ▷ **zarezerwować**

reserve[2] /rɪˈzɜːv/ **noun** **1** [C] a supply of something that you keep until it is needed: *emergency cash reserves* ▷ **rezerwa, zapas** **2 in reserve** ready to be used if you need it: *I always keep a little money in reserve.* ▷ **w zapasie, w rezerwie** **3** [U] when someone does not show what they are thinking or feeling ▷ **powściągliwość, rezerwa** **4** [C] in sport, an extra player who is ready to play if one of the other players has an injury ▷ **zawodni-k/czka rezerwow-y/a** **5** [C] (B2) an area of land where animals and plants are protected ▷ **rezerwat** → See also **nature reserve**

reserved /rɪˈzɜːvd/ **adjective** not wanting to show what you are thinking or feeling: *a quiet, reserved woman* ▷ **powściągliwy**

reservoir /ˈrezəvwɑːʳ/ **noun** [C] an artificial lake

R

where water is stored before it goes to people's houses ▷ **zbiornik**

ˈreset ˌ(button) noun [C] a button or switch on a computer that allows the user to turn the computer off and then on again when a program does not work correctly ▷ **(klawisz) reset**

reshuffle /ˌriːˈʃʌfl/ noun [C] when people in an organization, especially a government, are given different jobs to do: *a **government reshuffle*** ▷ **przetasowanie**
• **reshuffle** verb [T] ▷ **dokonywać przetasowania**

reside /rɪˈzaɪd/ verb formal **reside in/with, etc** to live somewhere: *My sister currently resides in Seattle.* ▷ **zamieszkiwać w/z** *itp.*

residence /ˈrezɪdəns/ noun formal **1** [C] a building where someone lives: *the Queen's **official residence*** ▷ **rezydencja, siedziba 2** [U] when someone lives somewhere: *He **took up residence** (= started to live) in St. Louis.* ▷ **pobyt, miejsce zamieszkania 3 in residence** living or working somewhere: *He was writer in residence with a professional theatre company.* ▷ **etatowy** → See also **hall of residence**

resident¹ /ˈrezɪdənt/ noun [C] **1** B2 someone who lives in a particular place: *complaints from **local residents*** ▷ **mieszka-niec/nka 2** US a doctor who is working in a hospital to get extra training in a particular area of medicine ▷ **(lekarz) stażysta, stażystka**

resident² /ˈrezɪdənt/ adjective living in a place: *She has been resident in Britain for most of her life.* ▷ **zamieszkały**

residential /ˌrezɪˈdenʃəl/ adjective **1** B2 A residential area has only houses and not offices or factories. ▷ **mieszkalny 2** UK A residential job or course is one where you live at the same place as you work or study. ▷ **z zakwaterowaniem, z internatem**

residual /rɪˈzɪdjuəl/ adjective remaining: ***residual value*** ▷ **szczątkowy, pozostały**

residue /ˈrezɪdjuː/ noun [C] something that remains after most of a substance has gone or been removed ▷ **osad, pozostałość**

resign /rɪˈzaɪn/ verb [I, T] B2 to officially tell your employer that you are leaving your job: *She **resigned as** headteacher.* ◦ *Mr Aitken has **resigned from** the company.* ▷ **rezygnować, ustępować, zwalniać się**

PHRASAL VERB **resign yourself to sth** to make yourself accept something that you do not like because you cannot easily change it: *He resigned himself to living alone.* ▷ **pogodzić się z** *czymś*

resignation /ˌrezɪgˈneɪʃən/ noun **1** [C, U] when someone tells their employer that they are leaving their job: *a **letter of resignation*** ◦ *I **handed in** my **resignation** yesterday.* ▷ **rezygnacja, ustąpienie 2** [U] when you accept something that you do not like because you cannot easily change it ▷ **rezygnacja**

> Wyrazy występujące razem z **resignation**
>
> **accept/call for** sb's resignation • **announce/hand in/tender** your resignation • the resignation **of** sb • sb's resignation **as** [manager/chairman, etc] • **a letter of** resignation

resilient /rɪˈzɪliənt/ adjective strong enough to get better quickly after damage, illness, shock, etc: *Growth figures show that the economy is still fairly resilient.* ▷ **odporny, prężny**
• **resilience** /rɪˈzɪliəns/ noun [U] ▷ **odporność, prężność**

resin /ˈrezɪn/ noun [C, U] **1** a thick, sticky substance that is produced by some trees ▷ **żywica 2** a substance that is used for making plastics ▷ **żywica**

resist /rɪˈzɪst/ verb [I, T] **1** B2 to stop yourself from doing something that you want to do: *I can't resist chocolate.* ◦ [+ doing sth] *I just can't resist reading other people's mail.* ▷ **opierać się 2** to refuse to accept something and try to stop it from happening: *The President is resisting calls for him to resign.* ▷ **opierać się 3** to fight against someone or something that is attacking you: *British troops resisted the attack for two days.* ▷ **stawiać opór**

resistance /rɪˈzɪstəns/ noun [U, no plural] **1** when people disagree with a change, idea, etc and refuse to accept it: ***resistance to** political change* ▷ **opór 2** when someone fights against someone who is attacking them: *She didn't **put up** much **resistance** (= fight).* ▷ **opór 3** the ability of your body to not be affected by illnesses: *Cold weather may lower the body's **resistance to** infection.* ▷ **odporność 4** the degree to which a substance prevents the flow of an electric current through it ▷ **oporność 5** a force that makes something move slowly or stop ▷ **opór**

resistant /rɪˈzɪstənt/ adjective **1** not wanting to accept something, especially changes or new ideas: *They're **resistant to** change.* ▷ **oporny 2** not harmed or affected by something: *a water-resistant cover* ◦ *Bacteria can become **resistant to** antibiotics.* ▷ **odporny, oporny**

resistor /rɪˈzɪstəʳ/ noun [C] a device, often a piece of wire, that controls how much electricity goes through a piece of electronic equipment ▷ **opornik**

resolute /ˈrezəluːt/ adjective formal determined not to change what you do or believe because you think that you are right: *a resolute opponent of the war* ▷ **zdecydowany**
• **resolutely** adverb ▷ **zdecydowanie**

resolution /ˌrezəˈluːʃən/ noun **1** [C] an official decision that is made after a group or organization have voted: *Congress **passed a resolution** in support of the plan (= voted to support it).* ▷ **rezolucja 2** [C] a promise to yourself to do

R

something: *My **New Year's resolution** is to do more exercise.* ▷ **postanowienie** **3** [U, no plural] formal the solution to a problem: *a successful **resolution to** the crisis* ▷ **rozwiązanie** **4** [U] formal the quality of being determined ▷ **stanowczość, determinacja** **5** [no plural] the ability of a microscope, or a television or computer screen, to show things clearly and with a lot of detail: *a **high/low** resolution image* ▷ **rozdzielczość**

resolve[1] /rɪ'zɒlv/ **verb** **1** [T] to solve or end a problem or difficulty: *an attempt to resolve the dispute* ▷ **rozwiązywać** **2** [I, T] formal to decide that you will do something and be determined to do it: [+ to do sth] *I have resolved to keep my bedroom tidy.* ▷ **postanowić**

resolve[2] /rɪ'zɒlv/ **noun** [U] formal when you are very determined to do something ▷ **determinacja, zdecydowanie**

resonant /'rezᵊnənt/ **adjective** A resonant sound is loud and clear: *a deep, resonant voice* ▷ **donośny**
• **resonance** /'rezᵊnəns/ **noun** [U] ▷ **donośność**

resonate /'rezᵊneɪt/ **verb** [I] to make a loud, clear sound ▷ **rozbrzmiewać**

resort[1] /rɪ'zɔːt/ **noun** **1** (B1) [C] a place where many people go for a holiday: *a ski resort* ▷ **kurort** **2** **a last resort** something that you do because everything else has failed: *Soldiers were given the authority to shoot, but only as a last resort.* ▷ **ostateczność**

resort[2] /rɪ'zɔːt/ **verb**

PHRASAL VERB **resort to sth/doing sth** to do something that you do not want to do because you cannot find any other way of achieving something: *They should be able to control the riots without resorting to violence.* ▷ **uciekać się do** *czegoś*

resound /rɪ'zaʊnd/ **verb** [I] to make a loud sound, or to be filled with a loud sound: *The whole hall **resounded with** applause.* ▷ **rozbrzmiewać**

resounding /rɪ'zaʊndɪŋ/ **adjective** [always before noun] **1** very loud: *resounding applause* ▷ **rozbrzmiewający** **2** **a resounding success/victory/failure, etc** a very great success, victory, etc ▷ **spektakularn-y/e/a sukces/zwycięstwo/porażka** *itp.*

resource /rɪ'zɔːs/, /'riːsɔːrs/ **noun** [C] (B2) something that a country, person, or organization has which they can use: [usually plural] ***natural resources*** ▷ **zasób, środki** → See also **human resources**

resourceful /rɪ'zɔːsfᵊl/ **adjective** good at finding ways to solve problems ▷ **przedsiębiorczy, zaradny**
• **resourcefulness** **noun** [U] ▷ **przedsiębiorczość, zaradność**

respect[1] /rɪ'spekt/ **noun** **1** [U] (B1) when you are polite to someone, especially because they are older or more important than you: *You should show more **respect for** your parents.* ▷ **szacunek** **2** [U] (B1) when you admire someone because of their knowledge, skill, or achievements: *She's an excellent teacher and I have the greatest **respect for** her.* ▷ **szacunek** **3** [U] when you show by your behaviour that you think something is important or needs to be dealt with carefully: *Electricity can be dangerous and should always be **treated with respect**.* ▷ **respekt** **4** **in this respect/many respects** (B2) in a particular way, or in many ways: *The school has changed in many respects.* ▷ **pod tym względem/pod wieloma względami** **5** **with respect to sth; in respect of sth** formal (B2) relating to a particular thing: *I am writing with respect to your letter of 24 June.* ▷ **w związku z** *czymś*, **odnośnie** *czegoś* **6** **pay your respects** **a** formal to visit someone or go to talk to them ▷ **składać wizytę** **b** (also **pay your last respects**) to go to someone's funeral ▷ **oddać ostatnią posługę, uczcić pamięć (zmarłe-go/j)** → See also **self-respect**

> Wyrazy występujące razem z **respect**
> command respect • have/show [great/no, etc] respect for sb • treat sb/sth with respect

respect[2] /rɪ'spekt/ **verb** [T] **1** (B1) to admire someone because of their knowledge, achievements, etc: *I **respect** him **for** his honesty.* ▷ **szanować** **2** (B2) If you respect someone's rights, customs, wishes, etc you accept their importance and are careful not to do anything they would not want. ▷ **respektować, szanować**

respectable /rɪ'spektəbl/ **adjective** **1** (B2) behaving in a socially acceptable way or looking socially acceptable: *a respectable family* ◦ *a respectable hotel* ▷ **porządny, przyzwoity, poważny** **2** large enough or good enough: *a respectable income* ▷ **przyzwoity**
• **respectably** **adverb** ▷ **poważnie, z szacunkiem** • **respectability** /rɪˌspektə'bɪləti/ **noun** [U] ▷ **dobre imię**

respected /rɪ'spektɪd/ **adjective** (B2) admired by people because of your knowledge, achievements, etc: *a highly respected doctor* ▷ **szanowany**

respectful /rɪ'spektfᵊl/ **adjective** showing respect for someone or something ▷ **pełen szacunku**
• **respectfully** **adverb** ▷ **z szacunkiem**

respective /rɪ'spektɪv/ **adjective** [always before noun] relating to each of the people or things that you have just talked about: *members of staff and their respective partners* ▷ **odpowiedni, poszczególny**

respectively /rɪ'spektɪvli/ **adverb** in the same order as the people or things you have just talked about: *Mr Ewing and Mr Campbell gave £2000 and £250 respectively.* ▷ **odpowiednio**

respiration /ˌrespᵊr'eɪʃᵊn/ **noun** [U] **1** the

R

process of breathing ▷ **oddychanie** **2** the process by which living things produce energy from food ▷ **oddychanie**

respiratory /rɪˈspɪrətəri/ Ⓤⓢ /ˈrespərətɔːri/ **adjective** [always before noun] relating to the process of breathing: *respiratory illnesses* ▷ **oddechowy**

respite /ˈrespaɪt/ Ⓤⓢ /ˈrespɪt/ **noun** [U, no plural] a short period of rest from something difficult or unpleasant: *The weekend was a brief* ***respite from*** *the pressures of work.* ▷ **wytchnienie**

respond /rɪˈspɒnd/ **verb** [I] **1** B2 to say or do something as an answer or reaction to something that has been said or done: [+ by + doing sth] *The government has responded by sending food and medical supplies to the region.* ◦ *How quickly did the police* ***respond to*** *the call?* ▷ **reagować, odpowiadać** **2** to improve as the result of a particular medical treatment: *She's* ***responding*** *well* ***to*** *drug treatment.* ▷ **reagować**

respondent /rɪˈspɒndənt/ **noun** [C] someone who has answered a request for information: [usually plural] *More than half the respondents were opposed to the new tax.* ▷ **respondent/ka, ankietowan-y/a**

response /rɪˈspɒns/ **noun** [C, U] B2 an answer or reaction to something that has been said or done: *The President's comments provoked an* ***angry response*** *from students.* ◦ *I'm writing* ***in response to*** *your letter of 14 February.* ▷ **reakcja, odpowiedź**

> Wyrazy występujące razem z **response**
>
> **in** response **to sth** • **sb's** response **to sth** • **draw/elicit/provoke** a response • **sb's immediate/initial/instinctive** response

responsibility /rɪˌspɒnsəˈbɪləti/ **noun** **1** B2 [C, U] something that it is your job or duty to deal with: *The head of the department has various additional responsibilities.* ◦ [+ to do sth] *It is your responsibility to make sure that your homework is done on time.* ▷ **odpowiedzialność** **2 take/accept/claim responsibility for sth** B2 to say that you have done something or caused something to happen, especially something bad: *No one has yet claimed responsibility for yesterday's bomb attack.* ▷ **przyjmować odpowiedzialność za** *coś*

> Wyrazy występujące razem z **responsibility**
>
> **abdicate/accept/assume/claim/take/shirk** responsibility • **collective/heavy/huge/total** responsibility • responsibility **for sth**

responsible /rɪˈspɒnsəbl/ **adjective** **1 be responsible for sb/sth/doing sth** B1 to be the person whose duty is to deal with someone or something: *I'm responsible for looking after the children in the evenings.* ▷ **odpowiadać za** *kogoś/coś*, **być odpowiedzialnym za** *kogoś/coś* **2 be responsible for sth/doing sth** B2 to be the person who caused something to happen, especially something bad: *Who was responsible for the accident?* ▷ **ponosić odpowiedzialność za** *coś* **3** B2 showing good judgment and able to be trusted: *a responsible attitude* ▷ **odpowiedzialny** → Opposite **irresponsible** **4** B2 A responsible job is important because you have to make decisions that affect other people. ▷ **odpowiedzialny** **5 be responsible to sb** If you are responsible to someone at work, they are in a higher position than you and you have to tell them what you have done. ▷ **podlegać** *komuś*

responsibly /rɪˈspɒnsəbli/ **adverb** in a way that shows you have good judgment and can be trusted: *to* ***behave/act responsibly*** ▷ **odpowiedzialnie**

responsive /rɪˈspɒnsɪv/ **adjective** listening to someone or something and having a positive and quick reaction to them: *a wonderfully responsive audience* ◦ *They have not been very* ***responsive to*** *the needs of disabled customers.* ▷ **wrażliwy, czuły**

• **responsiveness** noun [U] ▷ **wrażliwość**

rest¹ /rest/ **noun** **1 the rest** A2 the part of something that remains, or the others that remain: *I'm not sure I want to spend* ***the rest of*** *my life with him.* ◦ *She was slightly older than the rest of us.* ▷ **reszta** **2** A2 [C, U] a period of time when you relax or sleep: *Why don't you* ***have a rest****?* ◦ *I must* ***get*** *some* ***rest****.* ▷ **odpoczynek** **3 come to rest** to stop moving ▷ **zatrzymać się** → See also **put/set sb's** ***mind*** **at rest**

rest² /rest/ **verb** **1** B1 [I] to relax or sleep because you are tired after doing an activity or because you are ill: *Pete's resting after his long drive.* ▷ **odpoczywać** **2 rest your eyes/feet/legs, etc** B2 to stop using your eyes/feet, etc for a while because they are tired ▷ **dać odpocząć oczom/stopom/nogom** **3 rest (sth) on/against, etc** If something rests somewhere, or if you rest it somewhere, it is supported by something else: *She rested her elbows on the table.* ▷ **opierać się/** *coś* **o/na** → See also **rest on your** ***laurels***

PHRASAL VERB **rest on/upon sth** formal to depend on something: *The whole future of the team rests on his decision.* ▷ **zależeć od** *czegoś*

restart /ˌriːˈstɑːt/ **verb** [T] **1** to start something again that had stopped: *They want to restart the talks.* ▷ **wznawiać, uruchamiać ponownie** **2** If you restart a computer, you turn it off and then on again. ▷ **restartować**

restaurant /ˈrestərɒnt/ **noun** [C] A1 a place where you can buy and eat a meal: *an Italian/vegetarian restaurant* ◦ *We had lunch* ***at/in a restaurant*** *near the station.* ▷ **restauracja**

> Wyrazy występujące razem z **restaurant**
>
> **go to** a restaurant • **manage/own/run** a restaurant • a restaurant **offers/serves/specializes in sth** • **at/in** a restaurant

restaurateur /ˌrestɒrəˈtɜːʳ/ **noun** [C] someone

who owns a restaurant ▷ **restaurator/ka, właściciel/ka restauracji**

restive /ˈrestɪv/ **adjective** formal unable to be quiet and calm ▷ **niespokojny**

restless /ˈrestləs/ **adjective 1** unable to be still or relax because you are bored or nervous: *The audience was getting restless.* ▷ **niespokojny, nerwowy 2** not satisfied with what you are doing now and wanting something new: *After a while in the same relationship I start to get restless.* ▷ **znudzony**
• **restlessly adverb** ▷ **niespokojnie** • **restlessness noun** [U] ▷ **niepokój**

restore /rɪˈstɔːʳ/ **verb** [T] **1** to make something good exist again: *Three wins in a row helped* ***restore*** *the team's* ***confidence***. ◦ ***Peace*** *has now been* ***restored*** *in the region.* ▷ **przywracać 2** B2 to repair something old: *to* ***restore antiques*** ▷ **odnawiać, restaurować 3** formal to give something back to the person it was stolen from or who lost it: *The painting was* ***restored to*** *its rightful owner.* ▷ **zwracać**
• **restoration** /ˌrestəʳˈeɪʃən/ **noun** [C, U] *The building is now closed for restoration (= repair work).* ◦ *the restoration (= return) of the former government* ▷ **przywrócenie, zwrot, odnowienie**

restrain /rɪˈstreɪn/ **verb** [T] **1** to stop someone doing something, sometimes by using force: *He became violent and had to be* ***physically restrained***. ◦ [+ from + doing sth] *I had to restrain myself from shouting at him.* ▷ **powstrzymywać, obezwładniać 2** to limit something: *to restrain arms sales* ▷ **ograniczać**

restrained /rɪˈstreɪnd/ **adjective** calm and not showing emotions: *I was expecting him to be furious but he was very restrained.* ▷ **powściągliwy** → Opposite **unrestrained**

restraint /rɪˈstreɪnt/ **noun 1** [U] showing control over your feelings ▷ **powściągliwość, umiar 2** [C] control over something: *wage restraints* ▷ **ograniczenie**

restrict /rɪˈstrɪkt/ **verb** [T] to limit something: *They've brought in new laws to restrict the sale of cigarettes.* ◦ *I* ***restrict*** *myself* ***to*** *one cup of coffee a day.* ▷ **ograniczać**

restricted /rɪˈstrɪktɪd/ **adjective** controlled or limited: *They do good food but the choice is fairly restricted.* ▷ **ograniczony**

restriction /rɪˈstrɪkʃən/ **noun** [C, U] a rule or law that limits what people can do: *There are* ***restrictions on*** *how many goods you can bring into the country.* ◦ *parking restrictions* ▷ **ograniczenie**

restrictive /rɪˈstrɪktɪv/ **adjective** limiting activities too much: *restrictive practices* ▷ **ograniczający, restrykcyjny**

restroom /ˈrestruːm/ **noun** [C] US a room with toilets that is in a public place, for example in a restaurant ▷ **toaleta**

restructure /ˌriːˈstrʌktʃəʳ/ **verb** [I, T] to organize a system or organization in a new way ▷ **restrukturyzować**
• **restructuring noun** [U] ▷ **restrukturyzacja**

result¹ /rɪˈzʌlt/ **noun 1** [C, U] B1 something that happens or exists because something else has happened: *Unemployment has risen* ***as a*** *direct* ***result of*** *new economic policies.* ◦ *Most accidents are* ***the result of*** *human error.* ▷ **skutek, wynik, rezultat 2** [C] B1 the score or number of votes at the end of a competition or election: *The election results will be known by Sunday.* ▷ **wynik 3** [C] B1 information that you get from something such as an exam, a scientific experiment, or a medical test: *She's waiting for the results of a blood test.* ▷ **wynik**

> **Wyrazy występujące razem z result**
>
> the result **of** sth • **as a result of** sth • **with the result** that • **with** catastrophic/disastrous, etc results • **excellent/good/disappointing/disastrous** results

result² /rɪˈzʌlt/ **verb** [I] to happen or exist because something else has happened: *There was a food shortage* ***resulting from*** *the lack of rainfall.* ▷ **wynikać**

PHRASAL VERB **result in sth** B2 to be the reason something happens: *The improvements in training resulted in increased wins.* ▷ **doprowadzić do czegoś**

resultant /rɪˈzʌltənt/ **adjective** formal happening as a result of something else ▷ **wynikający, powstały**

resume /rɪˈzjuːm/ **verb** [I, T] formal If an activity resumes, or if you resume it, it starts again: *The talks are due to resume today.* ▷ **podejmować (na nowo), wznawiać**
• **resumption** /rɪˈzʌmʃən/ **noun** [no plural] ▷ **wznowienie**

résumé /ˈrezəmeɪ/ **noun** [C] US (UK **CV**) a document which describes your qualifications and the jobs that you have done, which you send to an employer that you want to work for ▷ **życiorys, CV**

resurface /ˌriːˈsɜːfɪs/ **verb** [I] to appear again after having been lost or forgotten: *The story resurfaced in the news again last week.* ▷ **powracać**

resurgence /rɪˈsɜːdʒəns/ **noun** [no plural] when something starts to happen again or people become interested in something again: *There has been a resurgence of interest in the game.* ▷ **powrót**
• **resurgent** /rɪˈsɜːdʒənt/ **adjective** happening again ▷ **powracający**

resurrect /ˌrezəʳˈekt/ **verb** [T] to make something exist again which has not existed for a long time: *With this film Dykes hopes to resurrect his career.* ▷ **wskrzeszać, odradzać**

resurrection /ˌrezəʳˈekʃən/ **noun** [U] **1** when something starts to exist again which has not

R

existed for a long period: *the resurrection of a fashion* ▷ **wskrzeszenie, odrodzenie 2** in the Christian religion, Jesus Christ's return to life after he was killed ▷ **zmartwychwstanie**

resuscitate /rɪˈsʌsɪteɪt/ **verb** [T] to make someone breathe again when they have stopped breathing ▷ **reanimować**
• **resuscitation** /rɪˌsʌsɪˈteɪʃən/ **noun** [U] ▷ **reanimacja**

retail¹ /ˈriːteɪl/ **noun** [U] when products are sold to customers from shops: *jobs in retail* ▷ **handel detaliczny**

retail² /ˈriːteɪl/ **verb retail at/for £50/$100, etc** to be sold to the public for a particular price: *This computer retails at $2,000.* ▷ **być dostępnym lub sprzedawanym po/za 50 funtów/100 dolarów** *itp.*

retailer /ˈriːteɪlər/ **noun** [C] someone who sells products to the public ▷ **sprzedawca**

retailing /ˈriːteɪlɪŋ/ **noun** [U] the business of selling products to customers in shops ▷ **handel detaliczny**

ˌretail ˈprice ˌindex noun [C, usually singular] (abbreviation **RPI**) a measurement of the changes in the cost of basic goods and services ▷ **wskaźnik cen detalicznych**

retain /rɪˈteɪn/ **verb** [T] to continue to keep something: *The council will **retain control** of the school.* ▷ **zatrzymywać, zachowywać**

retaliate /rɪˈtælieɪt/ **verb** [I] to do something bad to someone because they have done something bad to you: *They have threatened to **retaliate against** any troops that attack.* ▷ **brać odwet, odpowiadać**
• **retaliation** /rɪˌtæliˈeɪʃən/ **noun** [U] *They bombed the hotel **in retaliation for** the arrests.* ▷ **odwet** • **retaliatory** /rɪˈtæliətəri/ **adjective** *retaliatory measures* ▷ **odwetowy**

retention /rɪˈtenʃən/ **noun** [U] when something continues to be kept ▷ **utrzymanie, zachowanie**

rethink /ˌriːˈθɪŋk/ **verb** [I, T] (past tense and past participle **rethought**) to change what you think about something or what you plan to do: *We've had to **rethink** our **strategy**.* ▷ **zrewidować, zastanowić się (nad)**
• **rethink** /ˈriːθɪŋk/ **noun** [no plural] *The whole issue needs a fundamental rethink.* ▷ **rewizja**

reticent /ˈretɪsənt/ **adjective** saying little about what you think or feel: *He was reticent about his private life.* ▷ **małomówny**
• **reticence** /ˈretɪsəns/ **noun** [U] ▷ **małomówność**

retina /ˈretɪnə/ **noun** [C] a part at the back of the eye, which is affected by light and sends messages to the brain ▷ **siatkówka**

retire /rɪˈtaɪər/ **verb** [I] **1** (B1) to leave your job and stop working, usually because you are old: *She **retired from** the company in 1990.* ▷ **przechodzić na emeryturę 2** formal to go to another place where you can be alone or more private: *After dinner, he **retired to** his bedroom.* ▷ **udawać się**

retired /rɪˈtaɪəd/ **adjective** (B2) having stopped working, often because you are old: *a retired farmer/teacher* ▷ **emerytowany**

retiree /rɪˈtaɪriː/ **noun** [C] US someone who has stopped working, usually because they are old ▷ **emeryt/ka**

retirement /rɪˈtaɪəmənt/ **noun** [C, U] **1** (B2) when you leave your job and stop working, usually because you are old: *He's **taking early retirement**.* ▷ **emerytura, przejście na emeryturę 2** (B2) the period of your life after you have stopped working: *We wish you a long and happy retirement.* ▷ **emerytura**

> **Wyrazy występujące razem z retirement**
> take early retirement • in retirement • retirement from sth • retirement age

retiring /rɪˈtaɪərɪŋ/ **adjective** shy and quiet ▷ **nieśmiały**

retort /rɪˈtɔːt/ **verb** [T] formal to answer someone quickly in an angry or funny way: *"That doesn't concern you," she retorted sharply.* ▷ **odpierać, odparować**
• **retort noun** [C] formal ▷ **riposta**

retrace /rɪˈtreɪs/ **verb retrace your steps** to go back somewhere the same way that you came: *I was lost so I retraced my steps.* ▷ **wracać tą samą drogą**

retract /rɪˈtrækt/ **verb** [I, T] formal to admit that something you said before was not true: *Several key witnesses have **retracted** their **statements/claims/allegations**.* ▷ **odwołać, wycofać**

retrain /riːˈtreɪn/ **verb** [T] to learn a new skill so you can do a different job: *Owen used to be an actor but now he's **retraining as** a teacher.* ▷ **przekwalifikować się**

retraining /ˌriːˈtreɪnɪŋ/ **noun** [U] when someone learns new skills so they can do a different job ▷ **przekwalifikowanie**

retreat¹ /rɪˈtriːt/ **verb** [I] **1** When soldiers retreat, they move away from the enemy, especially to avoid fighting: *The army was forced to retreat.* ▷ **wycofać się 2 retreat to/into, etc** to go away to a place or situation which is safer or quieter: *She retreated into the bathroom for some peace and quiet.* ▷ **znajdować schronienie** *gdzieś*, **udawać się** *gdzieś*

retreat² /rɪˈtriːt/ **noun 1** [U, no plural] a move away, especially to a place or situation which is safer or quieter: *He saw the dog coming towards him and **beat a** hasty **retreat** (= moved quickly away).* ▷ **ucieczka 2** [C, U] a move back by soldiers or an army, especially to avoid fighting: *a strategic retreat* ▷ **odwrót 3** [C] a quiet place where you can go to rest or be alone: *a mountain retreat* ▷ **zacisze, zaciszne miejsce, schronienie**

retrial /ˌriːˈtraɪəl/ **noun** [C] a new trial for a crime that has already been judged in a law court: *The* *judge* ***ordered*** *a* ***retrial****.* ▷ **rewizja procesu, powtórny proces**

retribution /ˌretrɪˈbjuːʃᵊn/ **noun** [U] formal punishment for something morally wrong that was done: *They're seeking* ***retribution for*** *the killings.* ▷ **kara**

retrieve /rɪˈtriːv/ **verb** [T] to get something after first finding it: *I've just* ***retrieved*** *the ball* ***from*** *the bottom of the pond.* ◦ *computer tools for* ***retrieving information*** ▷ **wydobywać, wyszukiwać**

• **retrieval noun** [U] when something is retrieved ▷ **wyszukiwanie, odzyskanie**

retriever /rɪˈtriːvəʳ/ **noun** [C] a large dog with thick black or light brown hair ▷ **retriever**

retro /ˈretrəʊ/ **adjective** looking or sounding like something from the past: *His clothes had a retro look.* ▷ **retro**

retrospect /ˈretrəʊspekt/ **noun in retrospect** thinking now about something in the past: *In retrospect, I should probably have told her.* ▷ **(patrząc) z perspektywy czasu**

retrospective[1] /ˌretrəʊˈspektɪv/ **noun** [C] a show of work done by an artist over many years ▷ **wystawa retrospektywna**

retrospective[2] /ˌretrəʊˈspektɪv/ **adjective** If a law or decision is retrospective, it affects situations in the past as well as in the future. ▷ **z mocą wsteczną, działający wstecz**

• **retrospectively** adverb ▷ **z mocą wsteczną**

return[1] /rɪˈtɜːn/ **verb 1** [I] A2 to go or come back to a place where you were before: *She* ***returned to*** *America in 1954.* ◦ *I won't* ***return from*** *my holiday till May.* ▷ **wracać 2** [T] A2 to give, send, or put something back where it came from: *He immediately* ***returned*** *the records* ***to*** *the files.* ▷ **zwracać, oddawać 3 return to sth a** B2 to start doing an activity again or talking about something again: *I returned to work three months after Susie was born.* ▷ **powracać lub wracać do** *czegoś* **b** to go back to a previous condition: *Life has begun to* ***return to normal*** *now that the war is over.* ▷ **powracać lub wracać do** *czegoś* **4** [I] B2 If something returns, it happens again: *If the pains return phone the doctor.* ▷ **powracać 5** [T] B2 to react to something that someone does or says by doing or saying the same: *I must* ***return*** *Michael's* ***call*** *(= telephone him because he telephoned me earlier).* ▷ **odwzajemniać, odpowiadać na 6 return a verdict/sentence** to announce if someone is guilty or not guilty or what punishment the person will be given in a law court: *The jury returned a verdict of guilty.* ▷ **ogłaszać werdykt/wyrok 7** [T] to hit or throw a ball back to someone when playing a sport ▷ **odbijać**

return[2] /rɪˈtɜːn/ **noun 1** [no plural] B1 when someone goes or comes back to a place where they were before: ***On*** *his* ***return*** *to Sydney, he started up a business.* ▷ **powrót 2** [no plural] when something is given back, put back, or sent back: *the return of the stolen goods* ▷ **zwrot 3** [no plural] when someone starts an activity again: *This film marks his* ***return to*** *acting.* ▷ **powrót 4** [no plural] when something starts to happen or be present again: *What we are seeing here is* ***a return to*** *traditional values.* ▷ **powrót 5** [C] UK (US **round-trip ticket**) B1 a ticket that lets you travel to a place and back again, for example on a train ▷ **bilet tam i z powrotem, bilet w obie strony 6** [C, U] the profit that you get from an investment: *This fund has shown* ***high returns*** *for the last five years.* ▷ **zwrot, zysk 7 in return** B2 in exchange for something or as a reaction to something: *I'd like to give them something* ***in return for*** *everything they've done for us.* ▷ **w zamian 8** [C] when a ball is thrown or hit back to another player in a sports match: *She hit an excellent return.* ▷ **odbiór, return 9** [U] B1 a key on a computer keyboard that is used to make the computer accept information or to start a new line in a document: *Type in the password and* ***press return****.* ▷ **(klawisz) Enter**

→ See also **day return**

returnable /rɪˈtɜːnəbl/ **adjective** If something is returnable, it can be taken or given back: *a* ***returnable deposit*** ▷ **zwrotny**

reˌturns ˈinward noun [plural] (also **sales returns**) goods that are returned to the company that supplied them, for example because they are damaged or not needed ▷ **zwroty (ze sprzedaży)**

reˌturns ˈoutward noun [plural] (also **purchases returns**) goods that are returned to the company that supplied them, for example because they are damaged or not needed ▷ **zwroty (z kupna)**

reunification /ˌriːjuːnɪfɪˈkeɪʃᵊn/ **noun** [U] when a country that was divided into smaller countries is joined together again as one country: *the reunification of Germany* ▷ **zjednoczenie**

reunion /ˌriːˈjuːniən/ **noun** [C] an occasion when people who have not met each other for a long time meet again: *a* ***family/school reunion*** ▷ **zjazd**

> Wyrazy występujące razem z **reunion**
>
> **have/go to** a reunion • an **emotional** reunion • a reunion **of** sb • sb's reunion **with** sb • a **family/school** reunion

reunite /ˌriːjuːˈnaɪt/ **verb** [I, T] to meet again after being apart for a long time, or to bring people together who have been apart for a long time: [often passive] *Years later, he was* ***reunited with*** *his brother.* ▷ **łączyć (się)**

reuse /ˌriːˈjuːz/ **verb** [T] to find a new use for something so that it does not have to be thrown away: *Businesses are finding new ways to reuse materials.* ▷ **wykorzystywać ponownie lub wielokrotnie**

• **reusable adjective** ▷ **wielokrotnego użytku**

Rev written abbreviation for Reverend: *Rev Jo Harding* ▷ **Wiel. (= Wielebny)**

R

rev /rev/ **verb** [I, T] (present participle **revving**, past tense and past participle **revved**) (also **rev up**) to increase the engine speed of a vehicle: *He revved the engine and drove off.* ▷ **dodawać gazu, przygazować, przyspieszać**

revalue /riːˈvæljuː/ **verb** [T] **1** to decide the value of something again because the value has changed ▷ **ponownie wycenić 2** If a government revalues its currency, it makes it worth more ▷ **rewaloryzować**

• **revaluation** /riːˌvæljuːˈeɪʃᵊn/ **noun** [U] ▷ **rewaloryzacja**

revamp /ˌriːˈvæmp/ **verb** [T] to change something in order to make it better: *They're revamping the restaurant.* ▷ **unowocześniać**

Revd written abbreviation for Reverend: *the Revd Laurie Clow* ▷ **Wiel. (= Wielebny)**

reveal /rɪˈviːl/ **verb** [T] **1** (B2) to give someone a piece of information that is surprising or that was previously secret: [+ that] *It was revealed in this morning's papers that the couple intend to marry.* ▷ **ujawniać 2** to allow something to be seen that, until then, had been hidden: *His shirt came up at the back, revealing an expanse of white skin.* ▷ **odsłaniać**

revealing /rɪˈviːlɪŋ/ **adjective 1** showing someone's true character or the true facts about someone or something: *a revealing biography/remark* ▷ **odkrywczy, sensacyjny 2** If clothes are revealing, they show a lot of your body. ▷ **skąpy, śmiały**

revel /ˈrevᵊl/ **verb** (present participle UK **revelling**, past tense and past participle **revelled**, present participle US **reveling**, past tense and past participle **reveled**)

PHRASAL VERB **revel in sth** to enjoy a situation or activity very much: *He revelled in his role as team manager.* ▷ **upajać się** *czymś*, **rozkoszować się** *czymś*

revelation /ˌrevᵊlˈeɪʃᵊn/ **noun 1** [C] a piece of information that is discovered although it was intended to be kept secret: *He resigned following* ***revelations about*** *his private life.* ▷ **rewelacja 2 be a revelation** to be an extremely pleasant surprise: *Anna's boyfriend was a revelation.* ▷ **być rewelacją lub objawieniem**

revenge /rɪˈvendʒ/ **noun** [U] (B2) something that you do to punish someone who has done something bad to you: *He's made life very difficult for me but I'll* ***get/take*** *my* ***revenge****.* ◦ *He was shot* ***in revenge*** *for the murder.* ▷ **zemsta**

> Wyrazy występujące razem z **revenge**
>
> get/plot/seek/take revenge • in revenge for sth • revenge against/on sb • an act of revenge

revenue /ˈrevᵊnjuː/ **noun** [U] (also **revenues**) large amounts of money received by a government as tax, or by a company ▷ **dochód, dochody**

reverberate /rɪˈvɜːbᵊreɪt/ **verb** [I] If a sound reverberates, it is heard for a long time as it is sent back from different surfaces: *The sound of the shots reverberated around the building.* ▷ **rozbrzmiewać**

revere /rɪˈvɪəʳ/ **verb** [T] formal to respect and admire someone very much: *a revered religious leader* ▷ **czcić**

reverence /ˈrevᵊrᵊns/ **noun** [U] formal a strong feeling of respect and admiration ▷ **cześć**

Reverend /ˈrevᵊrᵊnd/ **adjective** used as a title before the name of some Christian officials: *the Reverend Alan Pringle* ▷ **wielebny**

reverie /ˈrevᵊri/ **noun** [C] formal a pleasant state in which you are thinking of something else, not what is happening around you ▷ **zamyślenie**

reversal /rɪˈvɜːsᵊl/ **noun** [C] when something changes to its opposite: *In a reversal of traditional roles, Paul stayed at home to look after the baby and Clare went out to work.* ▷ **odwrócenie**

reverse[1] /rɪˈvɜːs/ **verb 1** [I, T] (B2) to drive a vehicle backwards: *I hate reversing into parking spaces.* ▷ **cofać (się) 2** [T] to change a situation or change the order of things so that it becomes the opposite: *It is unlikely that the judge will* ***reverse*** *his* ***decision****.* ▷ **odwracać, zmieniać**

reverse[2] /rɪˈvɜːs/ **noun 1 the reverse** the opposite of what has been suggested: *"So, is he happier?" "Quite the reverse – I've never seen him look so miserable."* ▷ **wręcz przeciwnie 2** (B2) [U] (also **reˌverse ˈgear**) the method of controlling a vehicle that makes it go backwards: *Put the car* ***into reverse****.* ▷ **(bieg) wsteczny 3 in reverse** in the opposite order or way: *Do the same steps but this time in reverse.* ▷ **w odwrotnej kolejności, od końca**

reverse[3] /rɪˈvɜːs/ **adjective** [always before noun] opposite to the usual way or to the way you have just described: *I'm going to read out the names of the winners in reverse order.* ▷ **odwrotny**

reversible /rɪˈvɜːsəbl/ **adjective 1** If something is reversible, it can be changed back to what it was before: *Most of the damage done to the cells is reversible.* ▷ **odwracalny** → Opposite **irreversible 2** Reversible clothes can be worn so that the inside is the outside: *a reversible jacket* ▷ **dwustronny**

revert /rɪˈvɜːt/ **verb**

PHRASAL VERB **revert to sth/doing sth** to go back to how something was before: *For a while I ate low-fat food but then I reverted to my old eating habits.* ▷ **wracać do** *czegoś*

• **reversion** /rɪˈvɜːʃᵊn/ **noun** [U, no plural] ▷ **powrót**

> Wyrazy występujące razem z **review**
>
> carry out a review • a review of sth • be under review

review[1] /rɪˈvjuː/ **noun 1** [C, U] the process of considering something again in order to make changes to it: *a* ***review of*** *teachers' pay* ◦ *The policy is now* ***under review*** *(= being considered).* ▷ **kontrola, przegląd 2** [C] B1 a report in a newspaper, magazine, or programme that gives an opinion about a new book, film, etc: *a book review* ◦ *The film has had* ***mixed reviews*** *(= some good, some bad).* ▷ **recenzja**

review[2] /rɪˈvjuː/ **verb 1** [T] to consider something again in order to decide if changes should be made: *The courts will review her case.* ▷ **rozpatrzyć ponownie, poddawać rewizji 2** [T] B2 to give your opinion in a report about a film, book, television programme, etc: *He reviews films for the Times.* ▷ **recenzować 3** [I, T] US (UK **revise**) to study a subject before you take a test ▷ **powtarzać**

reviewer /rɪˈvjuːəʳ/ **noun** [C] someone who writes reviews of a book, film, etc ▷ **recenzent/ka, krytyk**

reviled /rɪˈvaɪld/ **adjective** hated: *He is possibly the most reviled man in Britain.* ▷ **znienawidzony**

revise /rɪˈvaɪz/ **verb 1** [T] B2 to change something so that it is more accurate: *a revised edition of the book* ▷ **poprawiać 2** [I, T] UK (US **review**) B1 to study a subject before you take a test ▷ **powtarzać**

revision /rɪˈvɪʒən/ **noun 1** [C, U] when you change something so that it is more accurate: *a downward revision of prices* ▷ **korekta, poprawka, wersja poprawiona 2** [U] UK B1 when you study a subject before taking a test ▷ **powtórka**

revitalize (also UK **-ise**) /ˌriːˈvaɪtəlaɪz/ **verb** [T] to make something more active or exciting: *attempts to revitalize the city* ▷ **ożywić**

revival /rɪˈvaɪvəl/ **noun 1** [C, U] when something becomes more active or popular again: *a* ***revival in*** *folk music* ◦ *Yoga is* ***enjoying a revival.*** ▷ **renesans 2** [C] a performance of a play, opera, etc that has not been performed for a long time ▷ **wznowienie**

revive /rɪˈvaɪv/ **verb 1** [T] to make something from the past exist again: *to revive memories* ◦ *A lot of traditional skills are currently being revived.* ▷ **ożywić 2** [I, T] to become conscious again or make someone conscious again: *A police officer tried unsuccessfully to revive her.* ▷ **odzyskać lub przywrócić przytomność 3** [I, T] to start to feel healthier and more active again, or to make someone feel this way: *A cup of tea and something to eat might revive you.* ▷ **ożywić**

revoke /rɪˈvəʊk/ **verb** [T] formal to stop someone having official permission to do something, or to change an official decision: *His work permit was revoked after six months.* ▷ **unieważniać, odbierać, uchylać**

revolt[1] /rɪˈvəʊlt/ **noun** [C, U] when people try to change a government, often using violence, or when they refuse to accept someone's authority: *a slave/peasant revolt* ▷ **bunt**

revolt[2] /rɪˈvəʊlt/ **verb 1** [I] to try to change a government, often using violence, or to refuse to accept someone's authority: *Many were killed when nationalists* ***revolted against*** *the new government.* ▷ **buntować się 2 be revolted by sth** to think that something is extremely unpleasant ▷ **odczuwać odrazę do** *czegoś*

revolting /rɪˈvəʊltɪŋ/ **adjective** extremely unpleasant ▷ **odrażający**

revolution /ˌrevəlˈuːʃən/ **noun 1** [C, U] B2 a change in the way a country is governed, usually to a different political system and often using violence or war: *the French Revolution* ▷ **rewolucja 2** [C] B2 a very important change in the way people think or do things: *the technological revolution* ◦ *This discovery caused a* ***revolution in*** *medicine.* ▷ **rewolucja 3** [C, U] one whole circular movement around a central point, for example one whole movement of a wheel ▷ **obrót**

revolutionary[1] /ˌrevəlˈuːʃənəri/ **adjective 1** B2 completely different from what was done before: *The twentieth century has brought about* ***revolutionary changes*** *in our lifestyles.* ▷ **rewolucyjny 2** B2 relating to a political revolution: *a* ***revolutionary movement*** ▷ **rewolucyjny**

revolutionary[2] /ˌrevəlˈuːʃənəri/ **noun** [C] someone who tries to cause or take part in a political revolution ▷ **rewolucjonist-a/ka**

revolutionize (also UK **-ise**) /ˌrevəlˈuːʃənaɪz/ **verb** [T] to change something in every way so that it is much better: *This will revolutionize the way we do business.* ▷ **zrewolucjonizować**

revolve /rɪˈvɒlv/ **verb** [I] to move in a circle around a central point: *A fan was revolving slowly.* ▷ **obracać się**
• **revolving adjective** [always before noun] *a* ***revolving door*** ▷ **obrotowy**

PHRASAL VERB **revolve around/round sth/sb** to have as the only interest or subject: *Her whole life revolves around her children.* ▷ **kręcić się wokół** *czegoś/kogoś*, **koncentrować się na** *czymś/kimś*

revolver /rɪˈvɒlvəʳ/ **noun** [C] a small gun ▷ **rewolwer**

revue /rɪˈvjuː/ **noun** [C] a show in a theatre with jokes, songs, and dancing ▷ **rewia**

revulsion /rɪˈvʌlʃən/ **noun** [U] a strong feeling that something is very unpleasant ▷ **wstręt, obrzydzenie**

reward[1] /rɪˈwɔːd/ **noun 1** [C, U] B1 something good that you get or experience because you have worked hard, behaved well, etc: *There'll be a* ***reward for*** *whoever finishes first.* ▷ **nagroda, satysfakcja 2** [C] B1 money that the police give to someone who gives them information about a crime ▷ **nagroda**

R

Wyrazy występujące razem z reward

get/receive a reward • a big/handsome/substantial reward • a reward for sb/sth • a reward of [$500/$300, etc]

reward² /rɪˈwɔːd/ **verb** [T] B2 to give a reward to someone: *She was **rewarded for** her bravery.* ▷ **nagradzać, wynagrodzić**

rewarding /rɪˈwɔːdɪŋ/ **adjective** making you feel satisfied that you have done something well: *Teaching is hard work but it's very rewarding.* ▷ **satysfakcjonujący**

rewind /ˈriːwaɪnd/ **verb** [I, T] (past tense and past participle **rewound**) to make a sound or television recording go back to the beginning ▷ **przewijać**

rework /ˌriːˈwɜːk/ **verb** [T] to change a piece of music or writing in order to improve it or make it more suitable: *Elton John reworked his 1974 hit, 'Candle in the Wind', for Princess Diana's funeral.* ▷ **przerobić**

rewrite /ˌriːˈraɪt/ **verb** [T] (past tense **rewrote**, past participle **rewritten**) B2 to write something again in order to improve it: *I had to rewrite my essay.* ▷ **przerobić, przeredagować**

rhapsody /ˈræpsədi/ **noun** [C] a piece of music for instruments ▷ **rapsodia**

rhetoric /ˈretərɪk/ **noun** [U] language that is intended to make people believe things, often language that is not sincere: *It was the usual political speech, full of **empty rhetoric**.* ▷ **retoryka**
• **rhetorical** /rɪˈtɒrɪkəl/ **adjective** ▷ **retoryczny**
• **rhetorically adverb** ▷ **retorycznie**

rheˌtorical ˈquestion /rɪˌtɒrɪkəlˈkwestʃən/ **noun** [C] a question that is not intended as a real question because you do not expect anyone to answer it ▷ **pytanie retoryczne**

rheumatism /ˈruːmətɪzəm/ **noun** [U] a disease in which there is swelling and pain in the joints ▷ **reumatyzm**

rhino /ˈraɪnəʊ/ **noun** [C] short for rhinoceros ▷ **nosorożec**

rhinoceros /raɪˈnɒsərəs/ **noun** [C] a large animal from Africa or Asia that has thick skin and one or two horns on its nose ▷ **nosorożec**

rhizome /ˈraɪzəʊm/ **noun** [C] a stem of some plants which grows horizontally along or under the ground and which produces roots and leaves ▷ **kłącze**

rhomboid /ˈrɒmbɔɪd/ **noun** [C] a flat shape with four sides and opposite sides of equal length, in which the sides next to each other are not of equal length ▷ **równoległobok**

rhombus /ˈrɒmbəs/ **noun** [C] (plural **rhombuses** or **rhombi**) a flat shape which has four sides that are all of equal length ▷ **romb**

rhubarb /ˈruːbɑːb/ **noun** [U] a plant that has long, red stems that can be cooked and eaten as a fruit ▷ **rabarbar**

rhyme¹ /raɪm/ **verb** [I] If a word rhymes with another word, the end part of the words sound the same: *'Moon' rhymes with 'June'.* ▷ **rymować się**

rhyme² /raɪm/ **noun** **1** [C] a short poem that has words that rhyme at the end of each line ▷ **wierszyk, rymowanka** **2** [U] a style of writing or speaking that uses words which rhyme: *The story was written entirely in rhyme.* ▷ **rym, wiersz** **3** [C] a word that rhymes with another word ▷ **rym** → See also **nursery rhyme**

rhythm /ˈrɪðəm/ **noun** [C, U] B2 a regular, repeating pattern of sound: *You need a **sense of rhythm** to be a good dancer.* ▷ **rytm**
• **rhythmic** /ˈrɪðmɪk/ **adjective** with rhythm ▷ **rytmiczny** • **rhythmically adverb** ▷ **rytmicznie**

rib /rɪb/ **noun** [C] B2 one of the curved bones in the chest ▷ **żebro**

ribbon /ˈrɪbən/ **noun** [C] a long, narrow piece of cloth that is used for tying things or used for decoration ▷ **wstążka**

ˈribbon ˌlake noun [C] a long, narrow lake ▷ **jezioro rynnowe**

ˈrib ˌcage noun [C] the structure of ribs in the chest ▷ **klatka piersiowa**

ribonucleic acid /ˌraɪbəʊnjuːkliːɪkˈæsɪd/ **noun** [U] (abbreviation **RNA**) an important chemical present in all living cells ▷ **kwas rybonukleinowy, RNA**

rice /raɪs/ **noun** [U] A1 small grains from a plant that are cooked and eaten ▷ **ryż** → See **Food** on page Centre 11

ˈrice ˌpaddy noun [C] (also UK **paddy field**) a field in which rice is grown ▷ **pole ryżowe**

Rich wyrazy bliskoznaczne

Przymiotników **wealthy** i **well off** często używamy zamiast „rich":

*Oliver's parents are very **wealthy/well off**.*

Jeśli ktoś stał się bogatszy niż był uprzednio, używamy często do jego określenia przymiotnika **better off**:

*We're a lot **better off** now that Jane's working again.*

Przymiotników **affluent** i **prosperous** używamy czasem do opisania miejsc zamieszkanych przez zamożnych ludzi:

*It's a very **affluent** neighbourhood.*

*In a **prosperous** country like this, no one should go hungry.*

rich /rɪtʃ/ **adjective** **1** A2 having much more money than most people, or owning things that could be sold for a lot of money: *She's the third richest woman in Britain.* ◦ *These cars are only for **the rich**.* ▷ **bogaty** **2** B2 containing a lot of something that is important or valuable: *rich soil* ◦ *Both foods are **rich in** Vitamin C.* ▷ **bogaty** **3** B2 Rich food has a lot of butter, cream, or eggs in it: *a rich sauce* ▷ **tłusty, tuczący** **4** A rich

sound is low and strong, and a rich colour is bright and strong. ▷ **bogaty**
• **richness** noun [U] ▷ **bogactwo**

Richard /ˈrɪtʃəd/ **noun** (also **Ricky** /ˈrɪki/) (also **Dick** /dɪk/) a male name

riches /ˈrɪtʃɪz/ **noun** [plural] literary a lot of money or valuable objects ▷ **bogactwa, bogactwo** → See also **go from *rags* to riches**

richly /ˈrɪtʃli/ **adverb 1 be richly decorated/furnished, etc** to have a lot of beautiful or expensive decoration, furniture, etc: *a richly decorated church* ▷ **być bogato zdobionym/umeblowanym** *itp.* **2 be richly rewarded** to be paid a lot of money ▷ **otrzymać sute wynagrodzenie 3 richly deserve** to very much deserve something: *Later that year he received the award he so richly deserved.* ▷ **w pełni zasługiwać**

the Richter scale /ˈrɪktəskeɪl/ **noun** a system used to measure the strength of an earthquake ▷ **skala Richtera**

rickets /ˈrɪkɪts/ **noun** [U] a disease in which the bones become soft and not shaped correctly, caused by not having enough vitamin D ▷ **krzywica**

rickety /ˈrɪkəti/ **adjective** likely to break soon: *a rickety wooden chair* ▷ **koślawy, chwiejący się, rozpadający się**

ricochet /ˈrɪkəʃeɪ/ **verb** [I] to hit a surface and then be sent back through the air: *The bullet **ricocheted off** the wall.* ▷ **odbijać się (rykoszetem)**

rid¹ /rɪd/ **adjective 1 get rid of sth a** (B1) to throw something away or give something to someone because you do not want it now: *We must get rid of some of those old books.* ▷ **pozbywać się** *czegoś* **b** (B2) to end something unpleasant: *I can't seem to get rid of this headache.* ▷ **pozbywać się** *czegoś* **2 get rid of sb** to make someone leave: *She was useless at her job so we had to get rid of her.* ▷ **pozbywać się** *kogoś* **3 be rid of sb/sth** to be without someone or something that you do not like or want: *I'd do anything to be rid of him.* ▷ **pozbywać się** *kogoś/czegoś*

rid² /rɪd/ **verb** (present participle **ridding**, past tense and past participle **rid**)

PHRASAL VERBS **rid sth of sth** to remove something unpleasant from somewhere: *to rid the world of nuclear weapons* ▷ **uwalniać** *coś* **od** *czegoś* • **rid yourself of sth** to remove something that you do not want: *to rid yourself of a reputation* ▷ **pozbywać się** *czegoś*, **uwalniać się od** *czegoś*

riddance /ˈrɪdᵊns/ **noun Good riddance!** used to express pleasure when you have got rid of something or someone that you do not want ▷ **Krzyżyk na drogę!**

ridden /ˈrɪdᵊn/ past participle of ride

riddle /ˈrɪdl/ **noun** [C] **1** a strange and difficult question that has a clever and often funny answer ▷ **zagadka 2** a situation or event that you cannot understand: *Scientists may have **solved** the **riddle** of Saturn's rings.* ▷ **zagadka**

riddled /ˈrɪdld/ **adjective be riddled with sth** to contain a large number of something bad: *The wall was riddled with bullets.* ▷ **jeżyć się od** *czegoś*

ride¹ /raɪd/ **verb** (past tense **rode**, past participle **ridden**) **1** [I, T] (A1) to travel by sitting on a horse, bicycle, or motorcycle and controlling it: *I ride my bike to work.* ◦ *She taught me to ride (= to ride a horse).* ▷ **jeździć (na) 2** [T] US to travel in a vehicle as a passenger: *I've told her not to ride the subway at night.* ▷ **jechać**

PHRASAL VERBS **ride on sth** If something important rides on a situation, it will succeed or fail depending on the situation: *There was $600,000 riding on the outcome of the deal.* ▷ **zależeć od** *czegoś* • **ride out sth** to continue to exist during a bad situation: *to ride out a recession* ▷ **przetrzymać** *coś*

ride² /raɪd/ **noun** [C] **1** (B1) a journey in a vehicle or train: *Can I **give** you a **ride** to the station?* ▷ **jazda, podwiezienie 2** (B1) a journey riding a bicycle, motorcycle, or horse: *He's gone out for a ride on his bike.* ▷ **przejażdżka 3** (B1) a machine at a fair which moves people up and down, round in circles, etc as they sit in it ▷ **karuzela**

> Wyrazy występujące razem z **ride (noun)**
>
> go for/hitch a ride • a ride **in/on** sth • **give** sb a ride

rider /ˈraɪdəʳ/ **noun** [C] (B1) someone who rides a horse, bicycle, or motorcycle ▷ **jeździec, rowerzyst-a/ka, motocyklist-a/ka** → See **Sports 1** on page Centre 14

ridge /rɪdʒ/ **noun** [C] **1** a long, narrow piece of high land, especially along the top of a mountain: *a mountain ridge* ▷ **grzbiet 2** a narrow, raised line on a flat surface ▷ **występ, krawędź**

ridicule¹ /ˈrɪdɪkjuːl/ **verb** [T] to make people laugh at someone in an unkind way: *I was **ridiculed for** saying they might win.* ▷ **kpić sobie z, wyśmiewać**

ridicule² /ˈrɪdɪkjuːl/ **noun** [U] when people laugh at someone in an unkind way ▷ **kpiny**

ridiculous /rɪˈdɪkjələs/ **adjective** (B2) very silly: *I've never heard anything so ridiculous.* ▷ **absurdalny**
• **ridiculously adverb** *ridiculously expensive* ▷ **absurdalnie**

riding /ˈraɪdɪŋ/ **noun** [U] the sport or activity of riding horses ▷ **jeździectwo**

rife /raɪf/ **adjective** [never before noun] Something unpleasant that is rife is very common: *Rumours were rife that the band would split up.* ▷ **rozpowszechniony**

rifle¹ /ˈraɪfl/ **noun** [C] a long gun that you hold against your shoulder when you shoot ▷ **karabin, strzelba**

R

rifle[2] /ˈraɪfl/ **verb** [T] (also **rifle through**) to quickly search through things, often in order to steal something: *I caught him rifling through my drawers.* ▷ **przetrząsać, przeszukiwać**

rift /rɪft/ **noun** [C] **1** a serious disagreement: *the deepening **rift between** the government and the unions* ▷ **przepaść, rozdźwięk, rozłam 2** a very large hole that separates parts of the Earth's surface ▷ **rozpadlina**

> Wyrazy występujące razem z **rift**
>
> create/heal a rift • a deep/growing/huge/ serious rift • a rift **with** sb • a rift **between** sb and sb • a rift **over** sth

rig[1] /rɪg/ **verb** [T] (present participle **rigging**, past tense and past participle **rigged**) to arrange an election, competition, etc so that the results are not fair or true: *He accused the government of rigging the elections.* ▷ **fałszować, manipulować**

PHRASAL VERB **rig sth up** to quickly make a piece of equipment from any materials you can find ▷ **sklecić** *coś*

rig[2] /rɪg/ **noun** [C] a large structure for removing gas or oil from the ground or the sea: *an **oil rig*** ▷ **platforma (wiertnicza)**

rigging /ˈrɪgɪŋ/ **noun** [U] a system of ropes and chains used to support a ship's masts ▷ **olinowanie, takielunek**

right[1] /raɪt/ **adjective 1** A1 correct or true: *He only got half the answers right.* ◦ *You're **right about** Alison – she's incredible!* ◦ *"You came here in 1979, didn't you?" "**That's right**."* ▷ **dobry, poprawny, słuszny 2** [always before noun] A2 on or towards the side of your body that is to the east when you are facing north: *your right hand* ◦ *There's a tree on the **right side** of the house.* ▷ **prawy 3** B1 suitable or best in a particular situation: *I'm not sure she's the right person for the job.* ◦ *Are we going in the right direction?* ▷ **odpowiedni, właściwy 4** B2 fair or morally acceptable: ***It's not right** to criticize him behind his back.* ▷ **słuszny 5 put sth right** to solve a problem ▷ **naprawiać** *coś* **6** [always before noun] UK informal used for emphasizing when something is bad: *His house is a right mess.* ▷ **prawdziwy, zupełny** → See also **all right**

right[2] /raɪt/ **adverb 1** B1 exactly in a place or time: *He's right here with me.* ◦ *I fell asleep right in the middle of her speech.* ▷ **akurat, dokładnie 2** B2 correctly: *He guessed right most of the time.* ▷ **dobrze, poprawnie 3** A2 to the right side: ***Turn right** after the bridge.* ▷ **w prawo 4 right away/now/after** B1 immediately: *Do you want to start right away?* ▷ **natychmiast/zaraz/zaraz potem 5** all the way: *Did you read it right through to the end?* ▷ **aż 6** UK A2 used at the beginning of a sentence to get someone's attention or to show you have understood someone: *Right, who's turn is it to tidy up?* ◦ *Right, so Helen's coming tomorrow and Trevor on Thursday.* ▷ **dobra, dobrze 7 Right** used in the UK as part of the title of some politicians and Christian officials: *Right Honourable/Reverend* ▷ **wielce, prze-**

IDIOM **It serves her/him/you right!** informal something you say about a bad thing which has happened to a person and which they deserve: *So she left him, did she? Serves him right!* ▷ **Dobrze mu/jej/ci tak!, Należało mu/jej/ci się!**

• **rightness noun** [U] ▷ **słuszność, poprawność**
→ See also **be right up sb's** ***alley***, **be right up sb's** ***street***

right[3] /raɪt/ **noun 1** [C] B2 something that the law allows you to do: ***the right to** free speech* ◦ [+ to do sth] *the right to vote* ▷ **prawo 2** [U] A2 the right side of your body, or the direction towards this side: *You'll find her in the second room **on the right**.* ▷ **prawa strona 3** [U] B2 morally correct behaviour: *I've tried to teach them the difference between **right and wrong**.* ▷ **dobro 4 have a/no right to do sth** to have, or not have, a good reason for something: *He has a right to be angry.* ◦ *She had no right to speak to me like that.* ▷ **mieć prawo/nie mieć prawa do** *czegoś* **lub** *robić coś/czegoś* **5 the Right/right** political groups which support capitalism: *The right campaigned against the president.* ▷ **prawica**

right[4] /raɪt/ **verb** [T] **1** to put something back in a vertical position, or to return to a vertical position: [often reflexive] *The boat righted itself and I rowed us back to the shore.* ▷ **wyprostować 2 right a wrong** to do something good to make an unfair situation seem better: *How can we right the wrongs of the past?* ▷ **naprawiać zło**

ˈright ˌangle noun [C] a 90 degree angle of the type that is in a square ▷ **kąt prosty**

right-angled triangle /ˌraɪtæŋgldˈtraɪæŋgl/ **noun** [C] UK (US **right triangle**) a triangle which has one angle of 90° ▷ **trójkąt prostokątny**

ˌright ˈclick verb [I] to press the button on the right of a computer mouse ▷ **kliknąć prawym klawiszem (myszki)**

righteous /ˈraɪtʃəs/ **adjective** morally right and for good moral reasons: ***righteous anger/indignation*** ▷ **sprawiedliwy, słuszny**
• **righteousness noun** [U] ▷ **sprawiedliwość, słuszność**
→ See also **self-righteous**

rightful /ˈraɪtfəl/ **adjective** [always before noun] legally or morally correct: *The wallet was returned to its **rightful owner**.* ▷ **prawowity, legalny**

right-hand /ˌraɪtˈhænd/ **adjective** [always before noun] **1** A2 on the right of something: *On **the right-hand side** you'll see a sign.* ▷ **prawy 2 sb's right-hand man/woman** the person that you most trust and depend on, especially at work ▷ *czyjaś* **prawa ręka**

R

right-handed /ˌraɪtˈhændɪd/ **adjective** Someone who is right-handed uses their right hand to do most things. ▷ **praworęczny**

rightly /ˈraɪtli/ **adverb** B2 in a correct way: *He is* ***rightly concerned*** *about the situation.* ▷ **słusznie, dobrze**

rights /raɪts/ **noun** [plural] freedom to do and say things without fear of punishment ▷ **prawa** → See also **civil rights**, **human rights**

right-wing /ˌraɪtˈwɪŋ/ **adjective** supporting the ideas of parties on the political right: *a right-wing newspaper* ▷ **prawicowy**
• **right-winger noun** [C] ▷ **prawicowiec**

rigid /ˈrɪdʒɪd/ **adjective** **1** not able to change or be changed easily: *I found the rules a little too rigid.* ▷ **sztywny** **2** not able to bend or move easily: *a rigid structure* ▷ **sztywny**
• **rigidly adverb** ▷ **sztywno** • **rigidity** /rɪˈdʒɪdəti/ **noun** [U] being unable to bend or change easily ▷ **sztywność**

rigorous /ˈrɪgᵊrəs/ **adjective** careful to look at or consider every part of something to make sure it is correct or safe: *rigorous testing* ∘ *a rigorous medical examination* ▷ **szczegółowy, rygorystyczny**
• **rigorously adverb** ▷ **szczegółowo, rygorystycznie**

rigour UK (US **rigor**) /ˈrɪgəʳ/ **noun** [U] when you look at or consider every part of something to make sure it is correct or safe: *His arguments lack* ***intellectual rigour.*** ▷ **dokładność, precyzja, rygor**

rigours UK (US **rigors**) /ˈrɪgəz/ **noun the rigours of sth** the difficult conditions of a particular situation: *the rigours of a harsh winter* ▷ **trudy** *czegoś*

rim /rɪm/ **noun** [C] the edge of something round: *the rim of a wheel* ▷ **brzeg, krawędź**

rind /raɪnd/ **noun** [C, U] the thick skin of fruits such as oranges and lemons and other foods, for example cheese ▷ **skórka**

ring¹ /rɪŋ/ **noun** [C] **1** A2 a round piece of jewellery that you wear on your finger: *a* ***wedding ring*** ∘ *a gold ring* ▷ **pierścionek, pierścień, obrączka** **2** B2 something that is the shape of a circle: *The children sat in a ring around the teacher.* ▷ **krąg** **3** the sound a bell makes: *The ring of the doorbell woke him up.* ▷ **dzwonek, dzwonienie** **4 a crime/drug/spy, etc ring** a group of people who are involved in an illegal activity together ▷ **siatka przestępcza/narkotykowa/szpiegowska** *itp.* **5 a boxing/circus ring** an area with seats around it where boxers or people in a circus perform ▷ **ring/arena** **6 give sb a ring** UK A2 to telephone someone: *If you want anything, just give me a ring.* ▷ **przedzwonić lub zadzwonić do** *kogoś* → See also **key ring**

ring² /rɪŋ/ **verb** (past tense **rang**, past participle **rung**) **1** [I, T] B1 If something rings, it makes the sound of a bell, and if you ring a bell, you cause it to make a sound: *The* ***phone's ringing.*** ∘ *I* ***rang*** *the* ***doorbell.*** ▷ **dzwonić** **2** [I, T] UK (UK/US **call**) A2 to telephone someone: *Have you rung your mother?* ∘ *I've* ***rung for*** *a taxi.* ▷ **dzwonić (do)** **3** [I] If your ears are ringing, you can hear a loud sound after the sound has stopped. ▷ **szumieć, dzwonić** → See also **ring a *bell*, ring *true***

PHRASAL VERBS **ring (sb) back** UK (UK/US **call (sb) back**) B1 to telephone someone a second time, or to telephone someone who rang you earlier: *I'm a bit busy – can I ring you back later?* ▷ **oddzwonić (do** *kogoś***)** • **ring off** UK (UK/US **hang up**) to end a telephone conversation and put down the part of the telephone that you speak into: *She'd rung off before I could say goodbye.* ▷ **odkładać słuchawkę, rozłączać się**

ring³ /rɪŋ/ **verb** [T] to make a circle around something: *Dozens of armed police ringed the building.* ▷ **otaczać, okrążać**

ringleader /ˈrɪŋˌliːdəʳ/ **noun** [C] the leader of a group who are doing something harmful or illegal: *the ringleader of a gang of drug smugglers* ▷ **prowodyr**

ˈring ˌroad noun [C] UK a road built to take traffic around the outside of a city ▷ **obwodnica**

ringtone /ˈrɪŋtəʊn/ **noun** [C] the sound that a telephone makes, especially a mobile phone, when someone is calling it ▷ **dzwonek (telefonu)**

rink /rɪŋk/ **noun** [C] a large, flat surface made of ice or wood where you can skate: *a roller skating rink* ▷ **lodowisko, tor** → See also **ice rink**

rinse¹ /rɪns/ **verb** [T] to wash something in clean water in order to remove dirt or soap: *Rinse the beans with cold water.* ▷ **płukać**

PHRASAL VERB **rinse sth out** to quickly wash the inside of something with clean water: *I'll just rinse these glasses out and leave them to dry.* ▷ **wypłukać** *coś*, **przepłukać** *coś*

rinse² /rɪns/ **noun** [C] **1** when you wash something in clean water to remove dirt or soap: ***Give*** *it* ***a*** *quick* ***rinse****, then squeeze it dry.* ▷ **płukanie** **2** a liquid that is used for changing the colour of someone's hair: *a dark brown rinse* ▷ **płukanka (koloryzująca do włosów)**

riot¹ /raɪət/ **noun** [C] angry, violent behaviour by a crowd of people: *a race riot* ∘ *Riots started in several cities.* ▷ **zamieszki, rozruchy**

IDIOM **run riot** to behave in a noisy, violent, or wild way without being controlled: *They allow their kids to run riot.* ▷ **wymykać się spod kontroli**

Wyrazy występujące razem z **riot**
quell/spark a riot • a riot breaks out

riot² /raɪət/ **verb** [I] to take part in a riot: *People were rioting in the streets.* ▷ **brać udział w rozruchach lub zamieszkach**

R

• **rioter** noun [C] ▷ **uczestni-k/czka rozruchów lub zamieszek, demonstrant/ka**

rioting /ˈraɪətɪŋ/ noun [U] when a crowd of people riots: *There was **widespread rioting**.* ▷ **zamieszki, rozruchy**

riotous /ˈraɪətəs/ adjective **1** wild and not controlled by anyone: *a riotous party* ▷ **dziki** **2** formal violent and not controlled: *He was charged with riotous behaviour and jailed for six months.* ▷ **awanturniczy**

rip¹ /rɪp/ verb (present participle **ripping**, past tense and past participle **ripped**) **1** B2 [I, T] to tear quickly and suddenly, or to tear something quickly and suddenly: *She ripped her dress getting off her bike.* ◦ *He **ripped open** the parcel.* ▷ **drzeć, rozrywać** **2 rip sth out/off/ from, etc** to remove something by pulling it away quickly: *Hedges had been ripped out to make larger fields.* ▷ **wyrywać/zrywać/odrywać** *coś* **3** [T] to copy information from a CD onto an MP3 player ▷ **zgrywać**

PHRASAL VERBS **rip sb off** informal to cheat someone by making them pay too much money for something: *We were ripped off by the first taxi driver.* ▷ **orżnąć** *kogoś* • **rip sth off** to remove a piece of clothing very quickly and carelessly: *I ripped off my clothes and jumped in the shower.* ▷ **zdzierać** *coś*, **zrzucać** *coś* • **rip through sth** to move through a place or building, destroying it quickly: *The bomb ripped through the building, killing six people.* ▷ **wstrząsać** *czymś* • **rip sth up** to tear something into small pieces: *He ripped up all her letters.* ▷ **podrzeć** *coś*

rip² /rɪp/ noun [C] a hole in the shape of a line when cloth or paper has been torn ▷ **rozdarcie, rozprucie**

R

ripe /raɪp/ adjective **1** B2 developed enough and ready to be eaten: *ripe bananas* ▷ **dojrzały** **2 ripe for sth** developed enough to be ready for something: *The country is ripe for change.* ◦ ***The time is ripe for*** (= *It is the right time for*) *investing in new technology.* ▷ **gotowy na** *coś* **lub do** *czegoś*

ripen /ˈraɪpᵊn/ verb [I, T] to become ripe, or to make something become ripe: *The peaches had ripened in the sun.* ▷ **dojrzewać**

rip-off /ˈrɪpɒf/ noun [C] informal something that costs far too much money: *The drinks here are a complete rip-off.* ▷ **zdzierstwo**

ripple¹ /ˈrɪpl/ verb [I, T] to move in small waves, or to make something move in small waves: *A field of wheat rippled in the breeze.* ▷ **marszczyć (się), falować**

ripple² /ˈrɪpl/ noun [C] **1** a small wave or series of small waves on the surface of water: *She dived in, sending ripples across the pool.* ▷ **zmarszczka, fale, fala** **2** something that spreads through a place in a gentle way: *a **ripple of** applause/ laughter* ▷ **szmer**

rise¹ /raɪz/ verb [I] (past tense **rose**, past participle **risen**) **1** B2 to increase in level: *rising temperatures* ◦ *Prices **rose by** 10 percent.* ▷ **rosnąć, wzrastać** **2** B1 to move up: *The balloon rose slowly into the air.* ▷ **podnosić się, wznosić się** **3** to stand, especially after sitting: *He rose from his seat.* ▷ **wstawać** **4 rise to/through, etc** to become important, successful, or rich: *He quickly rose to stardom.* ▷ **awansować do, osiągać** **5** to become stronger or louder: *The wind is rising.* ▷ **wzmagać się, nasilać się** **6** to be high above something: *The bridge rose almost 600 feet above the water.* ▷ **wznosić się** **7** B1 When the sun or moon rises, it appears in the sky: *The sun rises in the East.* ▷ **wschodzić** **8 rise to the occasion/challenge, etc** to deal with a difficult job or opportunity successfully ▷ **stanąć na wysokości zadania**

PHRASAL VERBS **rise above sth** to succeed in not allowing something harmful or bad to affect or hurt you ▷ **stawiać czoło** *czemuś*, **nie poddawać się w obliczu** *czegoś* • **rise up** to try to defeat and change a government ▷ **buntować się**

rise² /raɪz/ noun **1** [C] B2 an increase in the level of something: *a tax rise* ◦ *a **rise in** interest rates* ▷ **podwyżka, wzrost** **2 sb's rise to fame/power, etc** when someone becomes very famous or powerful ▷ *czyjaś* **droga do sławy/władzy** *itp.* **3 give rise to sth** to cause something: *The bacteria live in the human body but do not give rise to any symptoms.* ▷ **wywoływać** *coś* **4** [C] UK (US **raise**) an increase in the amount of money that you earn: *a **pay rise*** ▷ **podwyżka**

> Wyrazy występujące razem z **rise**
>
> a **big/dramatic/massive/sudden** rise • a rise **in** sth • **be on the** rise • the rise **and fall of** sb/sth • a **pay/price** rise

risk¹ /rɪsk/ noun **1** [C, U] B2 the possibility of something bad happening: *the **risk of** heart disease* ◦ *People in the Northeast face the **highest risk** of being burgled.* ◦ [+ (that)] *There is a slight risk that the blood could have become infected.* ▷ **ryzyko** **2** [C] something bad that might happen: *There are more **health risks** when older women get pregnant.* ▷ **zagrożenie** **3 at risk** B2 being in a situation where something bad is likely to happen: *Releasing these prisoners into the community **puts** the public **at risk**.* ▷ **zagrożony** **4 at your own risk** If you do something at your own risk, you are completely responsible for anything bad that might happen because of it. ▷ **na własne ryzyko** **5 run the risk of sth** to do something although something bad might happen because of it: *I think I'll run the risk of hurting her feelings, and tell her the truth.* ▷ **ryzykować** *coś*, **narażać się na** *coś* **6 take a risk** B2 to do something although something bad might happen because of it: *This time I'm not taking any risks – I'm going to get insured.* ▷ **ryzykować**

> Wyrazy występujące razem z **risk**
> **carry/increase/pose/minimize/reduce/take** a risk • **run the risk of** sth • a **great/high/serious/slight/small** risk • **the risk of** sth • **at risk**

risk² /rɪsk/ **verb** [T] **1** B2 If you risk something bad, you do something although that bad thing might happen: [+ doing sth] *I'd like to help you, but I can't risk losing my job.* ▷ **ryzykować 2** B2 If you risk something important, you cause it to be in a dangerous situation where you might lose it: *He risked his life to save me.* ▷ **ryzykować**

risky /ˈrɪski/ **adjective** B2 dangerous because something bad might happen: *Investing in shares is always a* ***risky business.*** ▷ **ryzykowny**

rite /raɪt/ **noun** [C] a traditional ceremony in a particular religion or culture: ***initiation/funeral rites*** ▷ **obrządek, rytuał**

ritual /ˈrɪtʃuəl/ **noun** [C] an activity or a set of actions that are always done in the same way or at the same time, sometimes as part of a religion: *Coffee and the paper are part of my morning ritual.* ▷ **rytuał, obrządek**
• **ritualistic** /ˌrɪtjuəlˈɪstɪk/ **adjective** done as a ritual ▷ **rytualny**

rival¹ /ˈraɪvəl/ **noun** [C] someone or something that is competing with another person or thing: *business/political rivals* ▷ **rywal/ka**
• **rival adjective** [always before noun] *a rival company/gang* ▷ **konkurencyjny, przeciwny** • **rivalry noun** [C, U] when two people or things are rivals: *There is intense* ***rivalry between*** *the two teams.* ▷ **rywalizacja, współzawodnictwo**

rival² /ˈraɪvəl/ **verb** [T] (present participle UK **rivalling**, past tense and past participle **rivalled**, present participle US **rivaling**, past tense and past participle **rivaled**) to be good enough to compete with someone or something else: *Australian wine can now rival the best from France.* ▷ **konkurować z, dorównywać**

river /ˈrɪvəʳ/ **noun** [C] A1 a long, natural area of water that flows across the land and into a sea, lake, or another river: *the River Thames* ▷ **rzeka**

riverside /ˈrɪvəsaɪd/ **noun** [no plural] the area of land at the side of a river: *a riverside path* ▷ **brzeg rzeki**

rivet¹ /ˈrɪvɪt/ **verb be riveted** to give something all of your attention because it is so interesting or important: *Her eyes were* ***riveted on/to*** *his face.* ▷ **być przykutym**

rivet² /ˈrɪvɪt/ **noun** [C] a metal pin used to fasten pieces of metal together ▷ **nit**

riveting /ˈrɪvɪtɪŋ/ **adjective** extremely interesting or exciting: *I found the film absolutely riveting.* ▷ **fascynujący**

RNA /ˌɑːrenˈeɪ/ **noun** [U] abbreviation for ribonucleic acid; an important chemical present in all living cells ▷ **RNA**

roach /rəʊtʃ/ **noun** [C] (plural **roach**, **roaches**) US a cockroach ▷ **karaluch**

road /rəʊd/ **noun 1** A1 [C, U] a long, hard surface built for vehicles to drive on: *Be careful when you* ***cross*** *the* ***road.*** ◦ *The journey takes about three hours* ***by road*** *(= in a car, bus, etc).* ◦ *Follow the* ***main road*** *(= large road) till you come to a church.* ▷ **droga, szosa 2 Road** (written abbreviation **Rd**) A1 used in the name of a road as part of an address: *142 Park Road* ▷ **ulica 3 along/down/up the road** a distance away on the same road: *There's a supermarket just down the road.* ▷ **trochę dalej, niedaleko 4 over the road** UK (UK/US **across the road**) on the other side of the road: *Who lives in that big house over the road?* ▷ **po drugiej stronie (drogi) 5 on the road** driving or travelling, usually over a long distance: *We'd been on the road for 48 hours.* ▷ **w drodze, w podróży**

IDIOMS **down the road** If an event is a particular period of time down the road, it will not happen until that period has passed: *Why worry about something that's 10 years down the road?* ▷ **za, od dzisiaj, w ciągu** • **go down that road** to decide to do something in a particular way: *I don't think we want to go down that road.* ▷ **robić to, posuwać się do tego, mówić o tym**

→ See also **ring road**, **slip road**, **trunk road**

roadblock /ˈrəʊdblɒk/ **noun** [C] something that is put across a road to stop people who are driving down it: *The police had* ***set up*** *a* ***roadblock*** *and were checking identity papers.* ▷ **blokada (drogi)**

ˈroad ˌmap noun [C] a plan for achieving something: *the road map for peace in the Middle East* ▷ **(dokładny) plan**

ˈroad ˌrage noun [U] anger and violence between drivers: *a* ***road rage incident*** ▷ **agresja wśród kierowców, lub na drodze**

roadshow /ˈrəʊdʃəʊ/ **noun** [C] a radio or television programme broadcast from a public place ▷ **relacja z terenu**

roadside /ˈrəʊdsaɪd/ **noun** [C] the area next to a road: [usually singular] *They found an injured cat lying* ***by the roadside.*** ▷ **pobocze**

roadway /ˈrəʊdweɪ/ **noun** [C] the part of the road that the traffic drives on ▷ **jezdnia**

roadworks /ˈrəʊdwɜːks/ **noun** [plural] UK repairs being done to the road ▷ **roboty drogowe**

roadworthy /ˈrəʊdˌwɜːði/ **adjective** If a car is roadworthy, it is in good enough condition to be safe to drive. ▷ **dopuszczony do ruchu, zdatny do jazdy**

roam /rəʊm/ **verb** [I, T] to move around a place without any purpose: *gangs of youths* ***roaming the street*** *at night* ▷ **włóczyć się (po), wałęsać się (po)**

roar¹ /rɔːʳ/ **verb 1** [I] to make a loud, deep sound: *We could hear a* ***lion roaring*** *from the other side of the zoo.* ◦ *She* ***roared with laughter.*** ▷ **ryczeć 2 roar past/down, etc** If a vehicle roars somewhere, it moves fast making a loud noise: *A huge motorcycle roared past.* ▷ **przejechać z hałasem**

R

3 [I, T] to say something in a very loud voice: *"Stop that!" he roared.* ▷ **ryczeć**

roar² /rɔːʳ/ **noun** [C] a loud, deep sound: *a lion's roar* ◦ *the roar of a jet engine* ▷ **ryk**

roaring /ˈrɔːrɪŋ/ **adjective** [always before noun] **1** A roaring fire or wind is very powerful. ▷ **szalejący 2** informal used to emphasize a situation or state: *The party was a* ***roaring success.*** ▷ **oszałamiający**

roast¹ /rəʊst/ **verb** [I, T] (A2) If you roast food, you cook it in an oven or over a fire, and if food roasts, it is cooked in an oven or over a fire: *Roast the lamb in a hot oven for 35 minutes.* ▷ **piec (się), opiekać (się)**

• **roast adjective** [always before noun] (A2) *roast beef/pork* ▷ **pieczony**

roast² /rəʊst/ **noun** [C] a piece of roasted meat ▷ **pieczeń**

rob /rɒb/ **verb** [T] (present participle **robbing**, past tense and past participle **robbed**) **1** (B1) to steal from someone or somewhere, often using violence: *to* ***rob a bank*** ◦ *Two tourists were robbed at gunpoint in the city centre last night.* ▷ **okradać, obrabować 2 rob sb of sth** to take something important away from someone: *The war had robbed them of their innocence.* ▷ **pozbawiać** *kogoś czegoś*

robber /ˈrɒbəʳ/ **noun** [C] someone who steals: *a* ***bank robber*** ◦ *a gang of* ***armed robbers*** ▷ **złodziej/ka, rabuś**

robbery /ˈrɒbəri/ **noun** [C] (B2) the crime of stealing from someone or somewhere: *a* ***bank robbery*** ◦ *an* ***armed robbery*** ◦ *to* ***commit*** *a* ***robbery*** ▷ **napad**

> Wyrazy występujące razem z **robbery**
> commit/take part in a robbery • an armed/attempted robbery • a bank robbery

robe /rəʊb/ **noun** [C] a long, loose piece of clothing, often something that is worn for ceremonies or special occasions ▷ **toga, szata, sutanna, szlafrok**

Robert /ˈrɒbət/ **noun** (also **Bob** /bɒb/) (also **Rob** /rɒb/) a male name

robin /ˈrɒbɪn/ **noun** [C] a small, brown bird with a red chest ▷ **drozd**

robot /ˈrəʊbɒt/ **noun** [C] a machine controlled by a computer, which can move and do other things that people can do ▷ **robot**

• **robotic** /rəʊˈbɒtɪk/ **adjective** relating to or like a robot ▷ **cybernetyczny, robota**

robust /rəʊˈbʌst/ **adjective** strong and healthy: *He looks robust enough.* ◦ *a robust economy* ▷ **zdrowy, silny, krzepki**

rock¹ /rɒk/ **noun 1** [U] (B1) the hard, natural substance which forms part of the Earth's surface: *a layer of volcanic rock* ▷ **skała 2** [C] (B1) a large piece of rock or stone: *Huge waves were crashing against the rocks.* ▷ **głaz, kamień, skała 3** [U] (A2) loud, modern music with a strong beat, often played with electric guitars and drums: ***hard/soft rock*** ◦ ***rock music*** ◦ ***a rock band/singer*** ▷ **rock, muzyka rockowa**

IDIOM **on the rocks a** If a relationship is on the rocks, it has problems and is likely to end soon. ▷ **w tarapatach b** If a drink is on the rocks, it is served with ice in it. ▷ **z lodem**

rock² /rɒk/ **verb 1** [I, T] to move backwards and forwards or from side to side, or to make someone or something do this: *She* ***rocked back and forth*** *on her chair.* ◦ *He gently* ***rocked*** *the* ***baby*** *to sleep.* ▷ **kołysać (się), huśtać (się) 2** [T] to shock a large number of people: [often passive] *The country has been rocked by a series of drug scandals.* ▷ **wstrząsnąć** → See also **rock the** ***boat***

ˌrock ˈbottom noun informal **hit/reach rock bottom** to reach the lowest level possible: *The president's popularity has hit rock bottom.* ▷ **osiągać najniższy poziom, stoczyć się na (samo) dno**

the ˈrock ˌcycle noun the way that rock is broken down by erosion, then the pieces are carried by wind and water until they are pressed together to form rock again ▷ **obieg skał w przyrodzie**

rocket¹ /ˈrɒkɪt/ **noun** [C] **1** (B2) a tube-shaped vehicle for travelling in space ▷ **rakieta 2** a tube-shaped weapon that carries a bomb ▷ **rakieta**

rocket² /ˈrɒkɪt/ **verb** [I] **1** to quickly increase in value or amount: *House prices have rocketed this year.* ▷ **skoczyć w górę 2** to make quick progress: *She* ***rocketed to*** *stardom after modelling for Vogue last year.* ▷ **wybić się**

rock 'n' roll /ˌrɒkənˈrəʊl/ **noun** [U] (also **ˌrock and ˈroll**) a type of dance music that was especially popular in the 1950s ▷ **rock and roll**

IDIOM **be the new rock 'n' roll** to now be the most fashionable and popular activity ▷ **być na topie**

ˈrock ˌstar noun [C] a famous rock musician ▷ **gwiazda rocka**

rocky /ˈrɒki/ **adjective** with lots of rocks: *a rocky beach* ▷ **kamienisty, skalisty**

rod /rɒd/ **noun** [C] a thin, straight pole: *a* ***fishing rod*** ◦ *The concrete is strengthened with steel rods.* ▷ **pręt, kij**

rode /rəʊd/ past tense of ride

rodent /ˈrəʊdənt/ **noun** [C] an animal with long, sharp teeth, such as a mouse or rabbit ▷ **gryzoń**

rodeo /ˈrəʊdiəʊ/ **noun** [C] a competition in which people show their skill at riding wild horses and catching cows ▷ **rodeo**

roe /rəʊ/ **noun** [U] fish eggs ▷ **ikra**

rogue /rəʊg/ **adjective** [always before noun] not behaving in the way that is expected or wanted: *a* ***rogue state*** ◦ ***rogue cells*** ▷ **nieprzewidywalny, awanturniczy, niekontrolowany**

role /rəʊl/ **noun** [C] **1** (B2) the job someone or

something has in a particular situation: *This part of the brain **plays an** important **role in** learning.* ▷ **rola 2** B1 a part in a play or film: *In his latest film, he **plays the role of** a violent gangster.* ▷ **rola** → See also **title role**

> **Wyrazy występujące razem z role**
>
> play a role • an **active/central/key/leading/ major** role • **in** a role • sb's role **as** sth • sb/ sth's role **in (doing)** sth

ˈrole ˌmodel noun [C] someone you try to behave like because you admire them: *Jane is such a good role model for her younger sister.* ▷ **wzór do naśladowania, wzorzec osobowy**

role-play /ˈrəʊlˌpleɪ/ noun [C, U] pretending to be someone else, especially as part of learning a new skill ▷ **scenka, scenki**

roll[1] /rəʊl/ verb **1 roll (sth) across/around/over, etc** B2 to move somewhere by turning in a circular direction, or to make something move this way: *The ball rolled through the goalkeeper's legs.* ◦ *She rolled over onto her side.* ▷ **toczyć się/ *coś*, obracać się/*coś*** **2 roll down/in/off, etc** B2 to move somewhere smoothly: *Tears rolled down her face.* ▷ **toczyć/wtaczać/staczać się, płynąć** **3** B2 [T] to turn something around itself to make the shape of a ball or tube: *to roll a cigarette* ▷ **zwijać** **4 roll your eyes** to move your eyes so that they are looking up, usually to show surprise or disapproval ▷ **przewracać lub wywracać oczami** → See also **set/start the *ball* rolling**

IDIOM **be rolling in it** informal to be very rich ▷ **mieć forsy jak lodu, spać na forsie**

PHRASAL VERBS **roll in** to arrive in large numbers: *She only set up the business last year and already the money's rolling in.* ▷ **napływać** • **roll sth up** to fold something around itself to make the shape of a ball or tube, or to make a piece of clothing shorter: *to **roll up** your **sleeves**/trouser legs* ◦ *to roll up a carpet* ▷ **zwijać *coś*, podwijać *coś*** → Opposite **unroll** • **roll up** informal to arrive somewhere, usually late: *By the time Jim rolled up, the party had almost finished.* ▷ **pojawiać się**

roll[2] /rəʊl/ noun [C] **1** B2 something that has been turned around itself into a round shape like a tube: *a roll of film* ◦ *a roll of toilet paper* ▷ **rolka** **2** B1 a small loaf of bread for one person: *Would you like a roll and butter with your soup?* ▷ **bułka** **3** a list of names: *the **electoral roll*** ▷ **lista** **4** a long, deep sound: *a **roll of thunder*** ◦ *a **drum roll*** ▷ **łoskot, huk, werbel** **5 be on a roll** informal to be having a successful period: *We were on a roll, winning our fourth game in a row.* ▷ **być na fali** → See also **rock 'n' roll**, **toilet roll**

roller /ˈrəʊləʳ/ noun [C] a piece of equipment in the shape of a tube which is rolled around or over something: *She uses rollers to curl her hair.* ▷ **wałek, rolka, lokówka, walec**

Rollerblades /ˈrəʊləbleɪdz/ noun [plural] (also **in-line skates**) trademark boots with a single line of wheels on the bottom, used for moving across the ground ▷ **łyżworolki, rolki**
• **rollerblading** noun [U] *Lots of people **go rollerblading** in Central Park.* ▷ **jazda na rolkach** → See **Sports 1** on page Centre 14

roller coaster /ˌrəʊləˈkəʊstəʳ/ noun [C] an exciting entertainment which is like a fast train that goes up and down very steep slopes ▷ **kolejka górska**

ˈroller ˌskate noun [C] a boot with wheels on the bottom, used for moving across the ground ▷ **wrotka**
• **roller skating** noun [U] ▷ **jazda na wrotkach**

ˈrolling ˌpin noun [C] a kitchen tool shaped like a tube that you roll over pastry to make it thinner before cooking ▷ **wałek do ciasta** → See **The Kitchen** on page Centre 2

ROM /rɒm/ noun [U] abbreviation for read only memory: a type of computer memory which holds information that can be used but not changed or added to ▷ **pamięć ROM** → Compare **RAM**

roman /ˈrəʊmən/ adjective describes the ordinary style of printed writing in which the letters are vertical ▷ **prosty (kształt czcionki)**

Roman[1] /ˈrəʊmən/ adjective relating to ancient Rome or its empire: *Roman remains* ▷ **rzymski**

Roman[2] /ˈrəʊmən/ noun [C] someone who lived in ancient Rome or its empire ▷ **Rzy-mia-nin/nka**

ˌRoman ˈCatholic adjective related to the part of the Christian religion that has the Pope as its leader ▷ **rzymskokatolicki**
• **Roman Catholic** noun [C] ▷ **(rzymsk-i/a) katoli-k/czka** • **Roman Catholicism** noun [U] the beliefs of the Roman Catholic religion ▷ **katolicyzm, wyznanie rzymskokatolickie**

romance /rəʊˈmæns/ noun **1** [C, U] B1 an exciting relationship of love between two people, often a short one: *They got married last September after a **whirlwind romance**.* ▷ **ro-mans** **2** [C] a story about love ▷ **romans** **3** [U] a feeling of excitement or exciting danger: *the romance of the sea* ▷ **urok**

> **Wyrazy występujące razem z romance**
>
> **find/look for** romance • a romance **blossoms** • a **whirlwind** romance • a **holiday** romance • the romance **between** sb and sb • sb's romance **with** sb

Romania /rʊˈmeɪniə/ noun a country in Europe ▷ **Rumunia**
• **Romanian** /rʊˈmeɪniən/ adjective coming from or relating to Romania ▷ **rumuński** • **Romanian** noun someone from Romania ▷ **Rumu-ńczyk/nka**

ˌRoman ˈnumeral noun [C] a letter that represents a number in the Roman system in

R

which I is 1, II is 2, V is 5, etc: *My watch has Roman numerals.* ▷ **cyfra rzymska**

romantic¹ /rəʊˈmæntɪk/ **adjective 1** Ⓑ① relating to exciting feelings of love: *a romantic dinner for two* ▷ **romantyczny 2** Ⓑ① relating to a story about love: ***romantic fiction*** ◦ *a* ***romantic comedy*** ▷ **romantyczny 3** thinking that things are better than they really are, and that things are possible which are not: *a romantic view of the world* ▷ **romantyczny**
• **romantically adverb** ▷ **romantycznie**

romantic² /rəʊˈmæntɪk/ **noun** [C] someone who thinks that things are better than they really are, and that things are possible which are not ▷ **romanty-k/czka**

romanticize (also UK **-ise**) /rəʊˈmæntɪsaɪz/ **verb** [T] to make something seem much better or more exciting than it really is: *a romanticized image of married life* ▷ **idealizować**

romp /rɒmp/ **verb romp around/in/through, etc** to run around in a happy, energetic way: *The children were romping around in the garden.* ▷ **baraszkować, hasać**
• **romp noun** [C] ▷ **figle, igraszki**

roof /ruːf/ **noun 1** Ⓐ② [C] the surface that covers the top of a building or vehicle: *a flat/sloping roof* ◦ *He climbed onto the roof.* ▷ **dach 2 the roof of your mouth** the top part of the inside of your mouth ▷ **podniebienie**

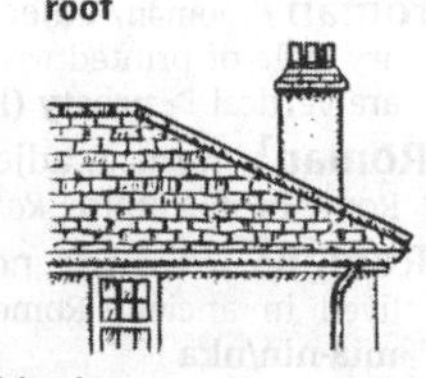

IDIOMS **a roof over your head** somewhere to live ▷ **dach nad głową** • **go through the roof** If the level of something, especially a price, goes through the roof, it increases very quickly. ▷ **gwałtownie wzrosnąć, sięgać zenitu** • **hit the roof** informal to become very angry and start shouting: *If I'm late again he'll hit the roof.* ▷ **wściec się**

roofing /ˈruːfɪŋ/ **noun** [U] material used to make a roof ▷ **pokrycie dachowe**

rooftop /ˈruːftɒp/ **noun** [C] the top of a roof: *a view across the city rooftops* ▷ **dach**

rook /rʊk/ **noun** [C] a large, black bird that lives in Europe ▷ **gawron**

rookie /ˈrʊki/ **noun** [C] mainly US someone who has only recently started doing a job or activity and so has no experience: *a rookie cop* ▷ **nowicjusz/ka**

room¹ /ruːm/, /rʊm/ **noun 1** [C] Ⓐ① a part of the inside of a building, which is separated from other parts by walls, floors, and ceilings: *a hotel room* ▷ **pokój 2** [U] Ⓑ① space for things to fit into: *Is there enough* ***room for*** *all of us in your car?* ◦ *Can everyone move up a bit to* ***make room for*** *these people?* ◦ [+ to do sth] *There's hardly enough room to move in here.* ▷ **miejsce 3 room for sth** a possibility for something to happen: *His work isn't bad but there's still some* ***room for improvement.*** ▷ **miejsce na** *coś*, **możliwość** *czegoś* → See also **changing room, chat room, dining room, drawing room, dressing room, elbow room, emergency room, living room, locker room, men's room, operating room, sitting room, waiting room**

> **Wyrazy występujące razem z room**
>
> leave/make room • take up room • room for sb/sth

room² /ruːm/, /rʊm/ **verb room with sb** US to share a bedroom with someone, usually at college ▷ **dzielić z** *kimś* **pokój**

roommate /ˈruːmmeɪt/ **noun** [C] **1** Ⓑ② someone who you share a room with ▷ **współlokator/ka, kole-ga/żanka z pokoju 2** US (UK **housemate/flatmate**) Ⓑ② someone who you share your home with ▷ **współmieszka-niec/nka**

ˈroom ˌservice noun [U] in a hotel, room service is when someone serves you food and drink in your room ▷ **obsługa hotelowa**

roomy /ˈruːmi/ **adjective** having a lot of space: *It looks small, but it's really quite roomy inside.* ▷ **przestronny**

roost /ruːst/ **noun** [C] a place where birds go to rest or sleep ▷ **grzęda**

IDIOM **rule the roost** to be the person who makes all the decisions in a group ▷ **rządzić**

rooster /ˈruːstəʳ/ **noun** [C] a male chicken ▷ **kogut**

root¹ /ruːt/ **noun** [C] **1** Ⓑ② the part of a plant that grows under the ground and gets water and food from the soil ▷ **korzeń 2** the part of a hair or tooth that is under the skin ▷ **cebulka, korzeń 3 the root of sth** the cause of something, usually something bad: *the root of all evil* ▷ **źródło** *czegoś* → See also **grass roots 4** The root of a particular number is another number which, when multiplied by itself one or more times, equals the first number. ▷ **pierwiastek** → See **square root, cube root**

root² /ruːt/ **verb**

PHRASAL VERBS **root about/around (sth)** to search for something, especially by looking through other things: *She was rooting around in her drawer for a pencil.* ▷ **szperać** (*gdzieś*), **węszyć** (*gdzieś*) • **root for sb** informal to show support for someone who is in a competition or who is doing something difficult: *Good luck! We're all rooting for you.* ▷ **kibicować** *komuś*, **dopingować** *kogoś* • **be rooted in sth** to be based on something or caused by something: *Most prejudices are rooted in ignorance.* ▷ **mieć źródło w** *czymś*, **wynikać z** *czegoś* • **root sth/sb out** to find and get rid of the thing or person that is causing a problem: *It is our aim to root out corruption.* ▷ **wykorzenić lub wyplenić** *coś*, **wyeliminować** *coś/kogoś*

ˈroot ˌhair noun [C] a thin part like a hair that

grows from the roots of plants and takes in water and food ▷ **włośnik**

roots /ruːts/ **noun** [plural] B2 where someone or something originally comes from: *the roots of modern jazz* ▷ **korzenie**

rope[1] /rəʊp/ **noun** [C, U] B2 very thick string made from twisted thread ▷ **lina**

IDIOMS **be on the ropes** mainly US to be doing badly and likely to fail: *His career is on the ropes.* ▷ **być w tarapatach** • **learn/know the ropes** to learn/know how to do a job or activity ▷ **uczyć się/znać się na rzeczy**

→ See also **at the *end* of your rope**, **jump rope**, **skipping rope**

rope[2] /rəʊp/ **verb** [T] to tie things together with rope ▷ **przywiązywać (liną)**

PHRASAL VERB **rope sb in** informal to persuade someone to help you with something, especially when they do not want to ▷ **wrabiać** *kogoś*, **zwerbować** *kogoś*

rosary /ˈrəʊzəri/ **noun** [C] a string of beads that is used to count prayers in the Catholic religion ▷ **różaniec**

rose[1] /rəʊz/ **noun** [C] B1 a flower with a pleasant smell and thorns, that grows on a bush ▷ **róża**

rose[2] /rəʊz/ past tense of rise

rosé /ˈrəʊzeɪ/ US /rəʊˈzeɪ/ **noun** [U] pink wine ▷ **wino różowe lub rosé**

rosemary /ˈrəʊzməri/ **noun** [U] a herb that grows as a bush with thin, pointed leaves ▷ **rozmaryn**

rosette /rəʊˈzet/ **noun** [C] UK **1** (US **ribbon**) a decoration made of coloured cloth, which is given as a prize ▷ **kotylion, rozetka 2** a decoration made of coloured cloth in the shape of a rose, worn to show political support for someone ▷ **rozetka**

roster /ˈrɒstəʳ/ **noun** [C] **1** a plan which shows who must do which jobs and when they must do them: *a staff roster* ▷ **grafik, harmonogram 2** a list of names of people who belong to a team or organization ▷ **lista**

Wyrazy występujące razem z **roster**

draw up/organize a roster • a roster **of** sth • **on** a roster

rostrum /ˈrɒstrəm/ **noun** [C] a raised surface which someone stands on to make a speech or receive a prize ▷ **mównica, podium**

rosy /ˈrəʊzi/ **adjective 1** Rosy faces are a healthy pink colour: *rosy cheeks* ▷ **różowy 2** very positive and happy: *The future looks rosy.* ▷ **różowy, optymistyczny**

rot[1] /rɒt/ **verb** [I, T] (present participle **rotting**, past tense and past participle **rotted**) If vegetable or animal substances rot, they decay, and if something rots them, it makes them decay: *Sugar rots your teeth.* ◦ *the smell of rotting fish* ▷ **psuć (się), gnić**

rot[2] /rɒt/ **noun** [U] decay: *There was rot in the woodwork.* ▷ **zgnilizna**

IDIOMS **the rot sets in** UK If the rot sets in, a situation starts to get worse. ▷ **sprawy zaczynają się psuć** • **stop the rot** UK to do something to prevent a situation from continuing to get worse ▷ **powstrzymać upadek**

rota /ˈrəʊtə/ **noun** [C] UK (UK/US **roster**) a plan which shows who must do which jobs and when they must do them ▷ **grafik, harmonogram**

rotary /ˈrəʊtəri/ **adjective** [always before noun] moving in a circular direction ▷ **obrotowy**

rotate /rəʊˈteɪt/ **verb** [I, T] **1** to turn in a circular direction, or to make something turn in a circular direction: *The television rotates for viewing at any angle.* ▷ **obracać (się) 2** to change from one person or thing to another in a regular order: *Farmers usually rotate their crops to improve the soil.* ▷ **zmieniać (się) (kolejno)**

• **rotation** /rəʊˈteɪʃən/ **noun** [C, U] *the rotation of the Earth* ◦ *crop rotation* ▷ **obrót, rotacja, wymiana**

rotten /ˈrɒtən/ **adjective 1** B2 Rotten vegetable or animal substances are decaying: *rotten eggs* ▷ **zgniły, zepsuty 2** informal very bad: *rotten weather* ▷ **paskudny**

rottweiler /ˈrɒtwaɪləʳ/ **noun** [C] a type of large, powerful dog ▷ **rottweiler**

rough[1] /rʌf/ **adjective 1** B1 A rough surface is not smooth: *rough hands* ◦ *rough ground* ▷ **szorstki, nierówny 2** B1 approximate: *a* ***rough estimate*** ◦ *Can you give me a* ***rough idea*** *of the cost?* ▷ **przybliżony, orientacyjny 3** B2 If the sea or weather is rough, there is a lot of strong wind and sometimes rain: *The boat sank in* ***rough seas*** *off the Swedish coast.* ▷ **wzburzony, gwałtowny 4** [never before noun] UK ill: *I* ***feel*** *a bit* ***rough*** *after last night.* ▷ **kiepski, podły 5** B2 difficult or unpleasant: *She's having a* ***rough time*** *at work.* ▷ **trudny 6** dangerous or violent: *a rough part of town* ◦ *Hockey can be quite a* ***rough game****.* ▷ **niebezpieczny, brutalny 7** quickly done and not perfect: *These are just* ***rough sketches****.* ▷ **pobieżny, schematyczny**

IDIOM **rough and ready a** produced quickly without preparation ▷ **prowizoryczny b** not very polite or well-educated ▷ **prosty**

• **roughness** noun [U] ▷ **szorstkość, nierówność, brutalność**

rough[2] /rʌf/ noun

IDIOM **take the rough with the smooth** UK to accept the unpleasant parts of a situation as well as the pleasant parts ▷ **brać, co życie przynosi**

rough[3] /rʌf/ **adverb live/sleep rough** UK to live and sleep outside because you have nowhere else to live ▷ **mieszkać/spać gdzie popadnie lub pod mostem**

R

rough⁴ /rʌf/ **verb rough it** to live in a way that is simple and not comfortable ▷ **żyć po spartańsku, żyć w prymitywnych warunkach**

roughage /ˈrʌfɪdʒ/ **noun** [U] a substance in fruit and vegetables that helps you to get rid of waste from the body ▷ **błonnik**

roughen /ˈrʌfᵊn/ **verb** [I, T] to become rough or to make something become rough: *Years of housework had roughened her hands.* ▷ **stracić gładkość, zniszczyć**

roughly /ˈrʌfli/ **adverb 1** (B2) approximately: *There's been an increase of roughly 30% since last year.* ▷ **około, mniej więcej 2** forcefully or violently: *He pushed us roughly out of the door.* ▷ **brutalnie**

roulette /ruːˈlet/ **noun** [U] a game in which a small ball moves around a dish with numbers on it, and people try to win money by guessing where the ball will stop ▷ **ruletka**

round¹ /raʊnd/ **adjective 1** (A2) in the shape of a circle or ball: *a round table/window* ◦ *round eyes* ◦ *a round face* ▷ **okrągły 2 round figures/numbers** numbers given to the nearest 10, 100, 1000, etc and not as the exact amounts ▷ **zaokrąglone lub okrągłe liczby**

round² /raʊnd/ **adverb, preposition** UK (UK/US **around**) **1** (A2) on all sides of something: *We sat round the table.* ◦ *She had a scarf round her neck.* ▷ **dookoła, wokół 2** (B1) to the opposite direction: *She looked round.* ◦ ***Turn** the car **round** and let's go home.* ▷ **za siebie, do tyłu, z powrotem, o 180 stopni 3** (B1) to or in different parts of a place: *He showed me round the flat.* ▷ **po 4** (B1) from one place or person to another: *Could you pass these forms round, please?* ▷ **po, dookoła 5** (A2) to someone's home: *Wendy's coming round this afternoon.* ▷ **tu 6** near an area: *Do you live round here?* ▷ **blisko 7 round about** at approximately a time or approximately an amount: *We'll be there round about 10 o'clock.* ▷ **około 8 round and round** (B2) moving in a circle without stopping: *We drove round and round trying to find the hotel.* ▷ **w kółko**

round³ /raʊnd/ **noun** [C] **1 first/second/third/etc, round** (B2) a part of a competition: *He was beaten in the first round.* ▷ **pierwsza/druga/trzecia** *itp.* **runda 2** a group of events that is part of a series: *a **round of interviews*** ◦ *a new **round of talks** between the two countries* ▷ **runda, seria 3** UK regular visits to a group of people or houses to give them something or to see them: *a milk/newspaper round* ▷ **obchód, trasa 4** drinks that you buy for a group of people: *It's your turn to buy the next round.* ▷ **kolejka 5 round of applause** when people clap: *The crowd gave him a huge round of applause.* ▷ **owacja 6** a bullet or a set of bullets to be fired at one time from a gun ▷ **nabój, seria 7 round of golf** a game of golf ▷ **runda golfa**

round⁴ /raʊnd/ **verb** [T] to go around something: *They **rounded** the **corner** at high speed.* ▷ **okrążać, skręcić za, brać**

PHRASAL VERBS **round sth down** to reduce a number to the nearest whole or simple number ▷ **zaokrąglić** *coś* **(w dół)** • **round sth off** to end an activity in a pleasant way: *We rounded off the lesson with a quiz.* ▷ **zakończyć** *coś* • **round sb/sth up** to find and bring together a group of people or animals: *The police are rounding up the usual suspects.* ▷ **aresztować** *kogoś*, **zaganiać** *kogoś/coś* • **round sth up** to increase a number to the nearest whole or simple number ▷ **zaokrąglić** *coś* **(w górę)**

roundabout¹ /ˈraʊndəˌbaʊt/ **noun** [C] UK **1** (US **traffic circle**) (A2) a circular place where roads meet and where cars drive around until they arrive at the road that they want to turn into: *to go round a roundabout* ▷ **rondo 2** an entertainment which goes round and round while children sit on it ▷ **karuzela**

roundabout² /ˈraʊndəˌbaʊt/ **adjective** [always before noun] A roundabout way of doing something or going somewhere is not the direct way. ▷ **okrężny**

rounded /ˈraʊndɪd/ **adjective** smooth and curved: *a table with rounded corners* ▷ **zaokrąglony**

rounders /ˈraʊndəz/ **noun** [U] a British game in which you try to hit a small ball and then run round all four sides of a large square ▷ **(gra w) rounders**

rounding /ˈraʊndɪŋ/ **noun** [U] when a number is put up or down to the nearest whole number or the nearest hundred, thousand, etc ▷ **zaokrąglenie**

roundly /ˈraʊndli/ **adverb** If you criticize someone or something roundly, you do it very strongly: *The action was **roundly condemned** by French and German leaders.* ▷ **ostro**

round-the-clock /ˌraʊndðəˈklɒk/ **adjective** all day and all night: *round-the-clock nursing care* ▷ **całą dobę**

ˌround ˈtrip noun [C] a journey from one place to another and back to where you started ▷ **podróż w obie strony, podróż tam i z powrotem**

ˌround-trip ˈticket noun [C] US (UK **return**) a ticket that lets you travel to a place and back again, for example on a train ▷ **bilet tam i z powrotem, bilet w obie strony**

round-up /ˈraʊndʌp/ **noun** [C] **1** when a group of people or animals are found and brought together: *a police round-up* ▷ **obława, spęd 2** a short report of all the facts or events relating to a subject: *a **news round-up*** ▷ **podsumowanie, przegląd**

rouse /raʊz/ **verb** [T] **1** to cause a feeling or emotion in someone: *This issue is rousing a lot of public interest.* ▷ **budzić, wzbudzać 2** formal to

R

wake someone up: *He was roused from a deep sleep.* ▷ **budzić**

rousing /ˈraʊzɪŋ/ **adjective** making people feel excited and proud or ready to take action: *a* ***rousing speech*** ▷ **porywający**

rout /raʊt/ **verb** [T] to defeat someone completely ▷ **rozgromić**
• **rout noun** [C] *an election rout* ▷ **pogrom**

route /ruːt/ (US) /ruːt/, /raʊt/ **noun** [C] **1** (B1) the roads or paths you follow to get from one place to another place: *an escape route* ◦ *Crowds gathered all* ***along the route*** *to watch the race.* ▷ **droga, trasa 2** a method of achieving something: *A university education is seen by many as the best route to a good job.* ▷ **droga** → See also **en route**

> **Wyrazy występujące razem z route**
> follow/take a route • plan/work out a route • along/on a route • a route between/from/to

routine[1] /ruːˈtiːn/ **noun 1** [C, U] (B1) the things you regularly do and how and when you do them: *a* ***daily routine*** ◦ *He longed to escape the routine of an office job.* ▷ **rutyna 2** [C] a regular series of movements, jokes, etc used in a performance: *a dance routine* ▷ **układ, program, numer**

> **Wyrazy występujące razem z routine**
> get into/have/settle into a routine • sb's daily/normal routine • a routine of doing sth

routine[2] /ruːˈtiːn/ **adjective 1** done regularly and not unusual: *a* ***routine procedure*** ◦ ***routine checks*** ▷ **rutynowy 2** done regularly and very boring: *His job is very routine.* ▷ **rutynowy**

routinely /ruːˈtiːnli/ **adverb** regularly or often ▷ **zwykle, na ogół**

roving /ˈrəʊvɪŋ/ **adjective** [always before noun] moving around from one place to another place: *a* ***roving reporter*** ▷ **wędrowny, latający, lotny**

row[1] /rəʊ/ **noun 1** [C] (B1) a straight line of people or things: *a row of chairs/houses* ◦ *My students sit at desks* ***in rows*** *for most of the time.* ▷ **rząd 2** [C] (B1) a line of seats: *to sit on the* ***back/front row*** ◦ *Isn't that Sophie sitting in the row behind us?* ▷ **rząd 3 in a row** (B2) one after another without a break: *He's just won the tournament for the fifth year in a row.* ▷ **z rzędu** → See also **death row**

row[2] /rəʊ/ **verb** [I, T] (B2) to move a boat or move someone in a boat through the water using oars ▷ **wiosłować, przewozić łodzią**
• **rowing noun** [U] ▷ **wiosłowanie, wioślarstwo**

row[3] /raʊ/ **noun** UK **1** [C] (B2) a loud, angry argument: *a* ***blazing row*** ◦ *The couple next door are always* ***having rows.*** ▷ **awantura, kłótnia 2** [C] a disagreement about a political or public situation: *A* ***row*** *has erupted* ***over*** *defence policy.* ▷ **konflikt, kontrowersja 3** [no plural] very loud noise: *The kids were* ***making*** *a terrible* ***row*** *upstairs.* ▷ **hałas**

> **Wyrazy występujące razem z row (=argument)**
> have a row • an almighty/blazing/heated row • a row about/over sth • a row with sb • a row between sb and sb

rowdy /ˈraʊdi/ **adjective** loud and uncontrolled: ***rowdy behaviour*** ◦ *rowdy football fans* ▷ **awanturniczy, rozwydrzony**

ˈrow ˌhouse noun [C] US (UK **terraced house**) one of a row of houses that are joined together ▷ **szeregowiec**

ˈrowing ˌboat noun [C] UK (US **rowboat** /ˈrəʊbəʊt/) a small boat moved by oars ▷ **łódź (wiosłowa)**

royal[1] /ˈrɔɪəl/ **adjective 1** (B2) relating to a queen or king and their family: *the British* ***royal family*** ◦ *a royal visit* ▷ **królewski 2 Royal** used in the UK as part of the title of a royal person: *His Royal Highness, the Duke of York* ▷ **Królewski**

royal[2] /ˈrɔɪəl/ **noun** [C] informal a member of a royal family: *a book about the royals* ▷ **człon-ek/kini rodziny królewskiej**

royalist /ˈrɔɪəlɪst/ **noun** [C] someone who supports the principle of having a King or Queen ▷ **rojalist-a/ka**
• **royalist adjective** ▷ **rojalistyczny**

royalties /ˈrɔɪəltiz/ **noun** [plural] money that is paid to a writer, actor, etc each time their work is sold or performed: *He could receive as much as $1 million* ***in royalties*** *over the next six years.* ▷ **tantiemy**

royalty /ˈrɔɪəlti/ **noun** [U] the members of the royal family ▷ **rodzina królewska**

RPI /ˌɑːpiːˈaɪ/ **noun** [C, usually singular] abbreviation for retail price index ▷ **wskaźnik cen detalicznych**

RSI /ˌɑːresˈaɪ/ **noun** [C] abbreviation for repetitive strain injury: a painful medical condition which can damage the hands, arms and backs of people, especially people who use computers ▷ **RSI (uraz z chronicznego przeciążenia)**

RSVP /ˌɑːresviːˈpiː/ used at the end of a written invitation to mean 'please answer': *RSVP by October 9th* ▷ **uprasza się o odpowiedź**

rub[1] /rʌb/ **verb** (present participle **rubbing**, past tense and past participle **rubbed**) **1** [T] (B2) to press your hand or a cloth on a surface and move it backwards and forwards: *She rubbed her hands together to warm them.* ◦ *Rub the stain with a damp cloth.* ▷ **pocierać, trzeć 2 rub sth into/on, etc** (B2) to move a substance backwards and forwards over a surface so that it covers it and goes into it: *I rubbed some suntan oil on her back.* ◦ *Rub the butter into the flour.* ▷ **wcierać** *coś* **3** [I, T] to touch and move against something, often causing pain or damage: *My new boots are rubbing against my toes.* ▷ **ocierać (o)** → See

R

also **rub *shoulders* with sb**, **rub sb up the wrong *way***

IDIOM **rub it in** informal to upset someone by talking to them about something which you know they want to forget ▷ **powtarzać do upadłego**

PHRASAL VERBS **rub off** If a quality or characteristic of a particular person rubs off, other people begin to have it because they have been with that person: *His enthusiasm is starting to **rub off on** the rest of us.* ▷ **udzielać się** • **rub sth out** UK B2 to remove writing from something by rubbing it with a piece of rubber or a cloth ▷ **wycierać** *coś*, **wymazać** *coś*

rub² /rʌb/ **noun** [C] when you rub something: [usually singular] *Give it a rub and it'll feel better.* ▷ **masaż**

rubber /ˈrʌbəʳ/ **noun 1** [U] B2 a strong material that bends easily, originally produced from the juice of a tropical tree, and used to make tyres, boots, etc ▷ **guma 2** [C] UK (US **eraser**) A2 a small object which is used to remove pencil marks from paper ▷ **gumka** → See **The Classroom** on page Centre 6

ˌrubber ˈband noun [C] (also UK **elastic band**) a thin circle of rubber used to hold things together ▷ **gumka**

ˌrubber ˈboot noun [C, plural] US (UK **wellies**) a large shoe made of rubber that covers your foot and part of your leg ▷ **kalosz**

rubber-stamp /ˌrʌbəˈstæmp/ **verb** [T] to officially approve a decision or plan without thinking very much about it ▷ **zatwierdzać mechanicznie lub automatycznie**

rubbery /ˈrʌbəri/ **adjective** feeling or bending like rubber: *a rubbery piece of meat* ▷ **jak z gumy, gumowy**

rubbish¹ /ˈrʌbɪʃ/ **noun** [U] mainly UK **1** B1 things that you throw away because you do not want them: *Our rubbish gets collected on Thursdays.* ◦ *a rubbish dump/bin* ▷ **śmieci 2** something that is nonsense or wrong: *Ignore him, he's talking rubbish.* ▷ **bzdury, bzdura 3** informal B2 something that is of bad quality: *There's so much rubbish on TV.* ▷ **dziadostwo, szmira**

rubbish² /ˈrʌbɪʃ/ **verb** [T] to criticize someone or something: *I wish you wouldn't rubbish everything about the concert – I really enjoyed it!* ▷ **zjechać**

rubbish³ /ˈrʌbɪʃ/ **adjective** informal disappointing or of very bad quality: *I got a rubbish mark for chemistry.* ▷ **denny**

rubble /ˈrʌbl/ **noun** [U] pieces of broken bricks from a building that has been destroyed: *a pile of rubble* ▷ **gruz**

rubella /ruːˈbelə/ **noun** [U] (also **German measles**) a disease which causes red spots on your skin ▷ **różyczka**

rubric /ˈruːbrɪk/ **noun** [C] a set of instructions or an explanation, especially in an examination paper or book ▷ **instrukcja**

ruby /ˈruːbi/ **noun** [C] a valuable red stone which is used in jewellery ▷ **rubin**

rucksack /ˈrʌksæk/ **noun** [C] UK a bag that you carry on your back ▷ **plecak**

rudder /ˈrʌdəʳ/ **noun** [C] a piece of equipment that changes the direction of a boat or aircraft ▷ **ster**

ruddy /ˈrʌdi/ **adjective** A ruddy face is red: *ruddy cheeks* ▷ **rumiany**

rude /ruːd/ **adjective 1** B1 behaving in a way which is not polite and upsets other people: *a rude remark* ◦ *He complained that a member of staff had been **rude to** him.* ◦ [+ to do sth] *It would be rude to leave without saying goodbye.* ▷ **niegrzeczny 2** Rude words or jokes relate to sex or going to the toilet. ▷ **nieprzyzwoity**
• **rudely adverb** ▷ **niegrzecznie** • **rudeness noun** [U] ▷ **nieuprzejmość**
→ See also **a rude awakening**

Rude wyrazy bliskoznaczne

Jeśli ktoś zachowuje się trochę nieuprzejmie lub nie okazuje szacunku innym w sposób, który można uznać za zabawny, możemy określić go przymiotnikiem **cheeky** (*w brytyjskim angielskim*):

*You asked your teacher how old she was? That was a bit **cheeky**!*

W sytuacjach bardziej formalnych, zamiast „rude" używamy przymiotnika **impolite**:

*She asks direct questions without being in any way **impolite**.*

Jeśli ktoś jest nieuprzejmy lub nie okazuje szacunku autorytetom, możemy określić go jako **impertinent** lub **insolent**:

*It was clear that they found his questions **impertinent**.*

Wulgarny język, nazywający w nieprzyzwoity sposób części ciała, możemy określić przymiotnikami **vulgar** lub **crude**:

*He told a rather **vulgar** joke over dinner.*

rudiments /ˈruːdɪmənts/ **noun** formal **the rudiments of sth** the most basic parts or principles of something ▷ **podstawy** *czegoś*
• **rudimentary** /ˌruːdɪˈmentəri/ **adjective** formal very basic ▷ **elementarny, podstawowy**

rueful /ˈruːfəl/ **adjective** showing slight sadness about something but not in a serious way: *a **rueful smile*** ▷ **żałosny**
• **ruefully adverb** ▷ **żałośnie**

ruffle /ˈrʌfl/ **verb** [T] If someone ruffles your hair, they rub it gently: *He **ruffled** my **hair** and kissed me.* ▷ **zmierzwić**

rug

rug /rʌg/ **noun** [C] **1** B1 a soft piece of material used to cover the floor: *The dog was lying on the rug in front of the fire.* ▷ **dywan, dywanik** → See **The Living Room** on page Centre 4 **2** UK a soft cover that keeps you warm or comfortable ▷ **pled, kocyk**

rugby /ˈrʌgbi/ **noun** [U] A2 a sport played by two teams with an oval ball and H-shaped goals: *a rugby player* ▷ **rugby** → See **Sports 2** on page Centre 15

rugged /ˈrʌgɪd/ **adjective 1** If an area of land is rugged, it looks rough and has lots of rocks: *a **rugged coastline*** ▷ **nieregularny, surowy, skalisty 2** If a man looks rugged, his face looks strong and attractive: *a rugged face* ▷ **twardy, szorstki, mocny**

ruin[1] /ˈruːɪn/ **verb** [T] **1** B2 to spoil or destroy something: [often passive] *They were late and the dinner was ruined.* ▷ **rujnować 2** to cause someone to lose all their money or their job: *If the newspapers get hold of this story they'll ruin him.* ▷ **doprowadzać do ruiny, niszczyć**

ruin[2] /ˈruːɪn/ **noun 1** [U] the destruction of something: *Fonthill Abbey **fell into ruin** ten years after it was built.* ▷ **ruina 2** [C] B1 the broken parts that are left from an old building or town: *Thousands of tourists wander around these **ancient ruins** every year.* ▷ **ruina 3** [U] when someone loses everything such as all their money or their job: *The collapse of the bank has left many people **in** financial **ruin**.* ▷ **ruina 4 be/lie in ruins** to be in a very bad state: *The war left one million people dead and the country in ruins.* ▷ **leżeć/lec w gruzach**

rule[1] /ruːl/ **noun 1** [C] B1 an official instruction about what you must or must not do: *to **break** (= not obey) the **rules**.* ◦ *to **obey/follow** the **rules*** ◦ *You can't smoke at school, it's **against the rules** (= not allowed).* ▷ **reguła, przepis, zasada 2** [U] when someone is in control of a country: *military rule* ◦ *There have been reports of immense human suffering **under his rule**.* ▷ **rządy, władza 3** [no plural] B2 the usual way something is: *an exception to the rule* ◦ *Workers in the North are, **as a rule**, paid less than those in the South.* ▷ **reguła, zasada 4** [C] B1 a principle of a system, such as a language or science: *the rules of grammar* ▷ **reguła, zasada**

IDIOMS **a rule of thumb** a way of calculating something, which is not exact but which will help you to be correct enough ▷ **praktyczna zasada** • **bend/stretch the rules** to allow someone to do something which is not usually allowed: *We don't usually let students take books home, but I'll bend the rules on this occasion.* ▷ **naginać zasady lub przepisy**

→ See also **ground rules**

> Wyrazy występujące razem z **rule**
>
> **apply/break/enforce/establish** a rule • a rule **forbids/prohibits** sth • a **strict/unwritten** rule • a rule **against** sth

rule[2] /ruːl/ **verb** [I, T] **1** to make an official legal decision: [+ (that)] *The judge ruled that it was wrong for a 16-year-old girl to be held in an adult prison.* ▷ **orzekać, wydawać orzeczenie 2** B2 to be in control of somewhere, usually a country: [often passive] *They were ruled for many years by a dictator.* ◦ *the ruling party* ▷ **rządzić** → See also **rule the *roost***

PHRASAL VERB **rule sb/sth out** to decide that something or someone is not suitable for a particular purpose, or to decide that something is impossible: *The police have not ruled him out as a suspect.* ▷ **wykluczać** *kogoś/coś*

ruler /ˈruːləʳ/ **noun** [C] **1** the leader of a country ▷ **wład-ca/czyni 2** A2 a flat, straight stick which is used to measure things ▷ **linijka** → See **The Classroom** on page Centre 6

ruling /ˈruːlɪŋ/ **noun** [C] an official legal decision, usually made by a judge ▷ **orzeczenie, decyzja**

rum /rʌm/ **noun** [C, U] a strong, alcoholic drink made from sugar ▷ **rum**

rumble /ˈrʌmbl/ **verb** [I] to make a deep, long sound: *The smell of cooking made his **stomach rumble**.* ▷ **grzmieć, dudnić, burczeć**

• **rumble noun** [no plural] *the distant **rumble of thunder*** ▷ **grzmot, dudnienie**

rumbling /ˈrʌmblɪŋ/ **noun** [C] a deep, long sound: *the rumbling of a train passing by* ▷ **dudnienie**

rumblings /ˈrʌmblɪŋz/ **noun** [plural] signs that people are angry about something: *rumblings of discontent* ▷ **odgłosy niezadowolenia, pomruki (niezadowolenia)**

rummage /ˈrʌmɪdʒ/ **verb rummage around/in/through, etc** to search inside something and move things around: *I found him rummaging through my drawers.* ▷ **szperać, przetrząsać**

ˈrummage ˌsale noun [C] US (UK **jumble sale**) a sale of old items, especially clothes, usually to make money for an organization ▷ **wyprzedaż rzeczy używanych (na cele dobroczynne)**

rumour[1] UK (US **rumor**) /ˈruːməʳ/ **noun** [C] B2 a fact that a lot of people are talking about although they do not know if it is true: *to **spread rumours*** ◦ *to **deny rumours*** ◦ [+ (that)] *I **heard a rumour** that you were leaving.* ▷ **pogłoska, plotka**

> Wyrazy występujące razem z **rumour**
>
> **fuel/spark/spread/start** rumours • **deny/dismiss/hear** rumours • a rumour **circulates/goes around** • a **persistent/strong/unconfirmed** rumour • a rumour **about/of** sth

rumour[2] UK (US **rumor**) /ˈruːməʳ/ **verb be rumoured** If a fact is rumoured, people are talking about it although they do not know if it is true: [+ (that)] *It's rumoured that the company director is about to resign.* ◦ [+ to do sth] *The company is rumoured to be in financial difficulty.* ▷ **≈ krążą pogłoski, ≈ chodzą słuchy**

R

rump /rʌmp/ **noun** [C] the area above an animal's back legs ▷ **zad, krzyżowa**

rumpled /ˈrʌmpld/ **adjective** Rumpled clothes or sheets are untidy because they have folds in them. ▷ **pomięty, wymięty**

run[1] /rʌn/ **verb** (present participle **running**, past tense **ran**, past participle **run**) **1** [I, T] (A1) to move on your feet at a faster speed than walking: *He* ***ran away*** *when I tried to pick him up.* ◦ [+ to do sth] *We had to run to catch up with him.* ◦ *I run about three miles every morning.* ▷ **biegać, biec** **2** [T] (B1) to organize or control something: *She ran her own restaurant for five years.* ▷ **prowadzić** **3 run sb/sth to/down, etc** to take someone or something somewhere, usually by car: *Could you run me to the station this afternoon?* ▷ **podrzucić** *kogoś/coś* **4** [I, T] If a piece of equipment is running, it is switched on and working, and if you run it, you switch it on and make it work: *The engine is running more smoothly now.* ▷ **chodzić, pracować, działać** **5** [T] (B2) If you run a computer program, you use it on your computer: *Did you run a virus check this morning?* ▷ **uruchamiać, zapuszczać** **6** [I] (B2) If trains or buses are running, they are available to travel on: *The buses only run until 11 p.m.* ▷ **kursować** **7** [I] (B2) If liquid runs somewhere, it flows: *Tears ran down her face.* ▷ **ciec, płynąć** **8** [T] to publish something in a newspaper or magazine: *All the papers are* ***running*** *this* ***story*** *on the front page.* ▷ **publikować, drukować** **9 run a bath** UK to fill a bath with water so that it is ready to use ▷ **napuścić wody do wanny, przygotować kąpiel** **10 run sth along/over/through, etc sth** to move something along, over, or through something else: *She ran her fingers through her hair.* ▷ **przesuwać** *coś* **przez** *coś*/**po** *czymś itp.* **11 run through/down/along, etc** If something long and narrow runs somewhere, it is in that position: *There are wires running across the floor.* ▷ **ciągnąć się lub prowadzić przez/do/wzdłuż** *itp.* **12** [I] If a play, film, etc runs for a period of time, it continues that long. ▷ **nie schodzić z ekranów lub afisza, trwać** **13 run in sb's/the family** If a quality, ability, disease, etc runs in the family, many members of the family have it: *A love of animals runs in our family.* ▷ **być cechą rodzinną** **14** [I] If a colour runs, it comes out of some material when it is washed. ▷ **puszczać, farbować** **15 be running at sth** to be at a particular level: *Inflation is now running at 5.8%.* ▷ **kształtować się na poziomie** *czegoś*, **wynosić** *ileś* → See also **cast/run your/an** ***eye*** **over sth**, **run the** ***gauntlet***, **run** ***riot***, **run out of** ***steam***, **run** ***wild***

PHRASAL VERBS **run across sb** to meet someone you know when you are not expecting to: *I ran across Jim in town the other day.* ▷ **natknąć się na** *kogoś* • **run after sb/sth** to chase someone or something that is moving away from you ▷ **biec za** *kimś/czymś* • **run around** to be very busy doing a lot of different things: *I'm exhausted, I've been running around all morning.* ▷ **biegać (w kółko)** • **run away** (B2) to secretly leave a place because you are unhappy there: *to* ***run away from home*** ▷ **uciekać** • **run sth by sb** to tell someone about something so that they can give their opinion about it: *Can I run something by you, Sam?* ▷ **dać** *komuś* **spojrzeć lub zerknąć na** *coś*, **spytać** *kogoś* **o** *coś* • **run sb/sth down** informal to criticize someone or something, often unfairly ▷ **najeżdżać na** *kogoś/coś* • **run for sth** to compete in an election: *He's running for mayor again this year.* ▷ **kandydować do** *czegoś* **lub na** *coś* • **run into sb** (B2) to meet someone you know when you are not expecting to: *I ran into Emma on my way home.* ▷ **wpaść na** *kogoś* • **run into sth 1** (B2) to hit something while you are driving a vehicle: *He skidded and ran into a tree.* ▷ **wjechać w** *coś*, **najechać na** *coś* **2** If an amount runs into thousands, millions, etc, it reaches that level. ▷ **sięgać** *czegoś* **3** If you run into difficulties, you begin to experience them: *to run into trouble* ▷ **wpaść w** *coś* • **run off** informal to leave somewhere unexpectedly: *He* ***ran off with*** *all my money.* ▷ **uciekać** • **run on sth** If a machine runs on a supply of power, it uses that power to work: *The scanner runs on mains electricity and batteries.* ▷ **działać na** *coś* • **run out 1** (B1) to use all of something so that there is none left: *I've nearly* ***run out of*** *money.* ▷ ≈ **skończyć się, wyczerpać się, zabraknąć** **2** (B2) If a supply of something runs out, there is none left because it has all been used: *Come on, time is running out.* ▷ **kończyć się, upływać** • **run sb/sth over** (B2) to hit someone or something with a vehicle and drive over them, injuring or killing them: *He was run over by a bus as he crossed the road.* ▷ **przejechać** *kogoś/coś*, **potrącić** *kogoś/coś* • **run through sth** to repeat something in order to practise it or to make sure that it is correct: *I just need to run through my speech one more time.* ▷ **przećwiczyć** *coś*, **powtórzyć** *coś* • **run sth up** If you run up a debt, you do things which cause you to owe a large amount of money. ▷ **nagromadzić** *coś*, **narobić sobie** *czegoś* • **run up against sth** If you run up against problems or difficulties, you begin to experience them. ▷ **napotkać** *coś*

run[2] /rʌn/ **noun** **1** [C] (B1) when you move on your feet at a speed faster than walking as a sport: [usually singular] *to* ***go for a run*** ▷ **bieg** **2** [C] (B2) in cricket or baseball, a single point: *to score a run* ▷ **punkt** **3 a dummy/practice/trial run** when you do something to practise it before the real time ▷ **próba, symulacja** **4 a run of sth** when something happens several times without something different happening during that period: *a run of 10 games without a win* ◦ *a* ***run of good/bad luck*** ▷ **seria** *czegoś*, **ciąg** *czegoś* **5** [C] a period of performances of a play, film, etc ▷ **okres wystawiania lub grania** **6 be on the run** to be trying to avoid being caught, especially by the police ▷ **być na wolności** **7 make a run for it** informal to suddenly run fast in order to escape from somewhere ▷ **rzucić się do ucieczki**

IDIOM **in the long/short run** B2 at a time that is far away or near in the future ▷ **na dłuższą/krótką metę**

runaway[1] /ˈrʌnəˌweɪ/ **adjective** [always before noun] **1 a runaway success/victory/winner, etc** something good that happens very quickly or easily ▷ **łatw-y/e sukces/zwycięstwo/zwycięzca** *itp.* **2** A runaway vehicle is moving away from somewhere without anyone controlling it: *a runaway car/train* ▷ **pędzący, niekontrolowany**

runaway[2] /ˈrʌnəˌweɪ/ **noun** [C] someone who has secretly left a place because they are unhappy there: *teenage runaways* ▷ **uciekinier/ka**

run-down /ˌrʌnˈdaʊn/ **adjective** Run-down buildings or areas are in very bad condition: *a run-down housing estate* ▷ **zaniedbany**

rundown /ˈrʌndaʊn/ **noun** [no plural] a report of the main facts relating to a subject: *He **gave** us **a rundown on** what happened at the meeting.* ▷ **raport, sprawozdanie**

rung[1] /rʌŋ/ **noun** [C] one of the horizontal parts across a ladder ▷ **szczebel**

IDIOM **the first/highest/next, etc rung of the ladder** the first, highest, next, etc position, especially in society or in a job: *She's on the bottom rung of the management ladder.* ▷ **pierwszy/najwyższy/następny** *itp.* **szczebel drabiny**

rung[2] /rʌŋ/ past participle of ring[2]

run-in /ˈrʌnɪn/ **noun** [C] informal an argument: *to have a run-in with someone* ▷ **scysja, starcie**

runner /ˈrʌnəʳ/ **noun 1** A2 [C] someone who runs, usually in competitions: *a long-distance runner* ▷ **biegacz/ka 2 drug/gun runner** someone who takes drugs or guns illegally from one place to another ▷ **przemytni-k/czka narkotyków/broni** → See also **front-runner**

ˌ**runner** ˈ**bean** UK (US ˈ**runner** ˌ**bean**) **noun** [C] a long, flat, green bean ▷ **fasolka szparagowa**

runner-up /ˌrʌnərˈʌp/ **noun** [C] (plural **runners-up**) someone who finishes in second position in a competition ▷ **zdobyw-ca/czyni drugiego miejsca**

running[1] /ˈrʌnɪŋ/ **noun** [U] **1** A2 the sport of moving on your feet at a speed faster than walking: *I **go running** three times a week.* ◦ *running shoes* ▷ **biegi, bieganie** → See **Sports 1** on page Centre 14 **2** the activity of controlling or looking after something: *He has recently handed over the **day-to-day running** of the museum to his daughter.* ◦ ***running costs*** ▷ **prowadzenie, zarządzanie, eksploatacja**

running[2] /ˈrʌnɪŋ/ **adjective 1** [always before noun] continuing for a long time: *a **running** battle* ◦ *a **running** joke* ▷ **nieustający** **2 second/third, etc day/week, etc running** B2 If something happens for the second/third, etc day/week, etc running, it happens on that number of regular occasions without changing: *He's won the Championship for the fifth year running.* ▷ **drugi/trzeci** *itp.* **dzień/tydzień** *itp.* **z rzędu 3 running water** If a place has running water, it has a working water system. ▷ **bieżąca woda**

runny /ˈrʌni/ **adjective 1** A runny substance is more liquid than usual: *runny egg* ▷ **rzadki 2 runny nose** If you have a runny nose, your nose is producing liquid all the time. ▷ **katar**

run-of-the-mill /ˌrʌnəvðəˈmɪl/ **adjective** ordinary and not special or exciting in any way: *He gave a fairly run-of-the-mill speech.* ▷ **przeciętny, zwyczajny**

run-up /ˈrʌnʌp/ **noun the run-up to sth** UK the period of time before an event: *Sales increased by 15% in the run-up to Christmas.* ▷ **okres poprzedzający** *coś*

runway /ˈrʌnweɪ/ **noun** [C] a large road that aircraft use to land on or to start flying from ▷ **pas startowy**

rupture /ˈrʌptʃəʳ/ **verb** [I, T] If you rupture something, you break or tear it, and if something ruptures, it breaks or tears: *He fell and ruptured a ligament in his knee.* ▷ **zerwać (się), pękać**
• **rupture** noun [C] ▷ **zerwanie, pęknięcie**

rural /ˈrʊərəl/ **adjective** B2 relating to the countryside and not to towns: *a rural area* ▷ **wiejski**

ruse /ruːz/ **noun** [C] a way of deceiving someone so that they do something that you want them to do: [+ to do sth] *The story was just a ruse to get her out of the house.* ▷ **podstęp**

rush[1] /rʌʃ/ **verb 1** [I, T] B2 to hurry or move quickly somewhere, or to make someone or something hurry or move quickly somewhere: *We **rushed out** into the street to see what all the noise was.* ◦ *The UN has **rushed** medical supplies **to** the war zone.* ◦ [+ to do sth] *We had to rush to catch the bus.* ▷ **pędzić, śpieszyć się, natychmiast wysyłać lub przewozić 2 rush to do sth** to do something quickly and enthusiastically: *His friends rushed to congratulate him after the ceremony.* ▷ **nie zwlekać z** *czymś*, **czym prędzej** *coś zrobić* **3** [T] to make someone do something more quickly than they want to do it: [+ into + doing sth] *I refuse to be rushed into making a decision.* ▷ **poganiać, popędzać**

rush[2] /rʌʃ/ **noun** [no plural] **1** when something suddenly moves somewhere quickly: *a rush of air* ▷ **napływ, przypływ 2** a lot of things happening or a lot of people trying to do something: [+ to do sth] *There was a **mad rush** to get tickets for the concert.* ▷ **gonitwa, pogoń 3** B2 when you have to hurry or move somewhere quickly: *I'm sorry I can't talk now, I'm **in a rush**.* ▷ **pośpiech**

R

Wyrazy występujące razem z rush

a frantic/headlong/last-minute/mad rush • a rush for sth

rushes /ˈrʌʃɪz/ **noun** [plural] tall plants that grow near water ▷ **sitowie**

ˈrush hour **noun** [C, U] B2 the time when a lot of people are travelling to or from work and so roads and trains are very busy: *the **morning/ evening rush hour*** ▷ **godzina lub godziny szczytu**

Russia /ˈrʌʃə/ **noun** a country in Europe ▷ **Rosja**
• **Russian** /ˈrʌʃən/ **adjective** coming from or relating to Russia ▷ **rosyjski** • **Russian noun** someone from Russia ▷ **Rosja-nin/nka**

rust /rʌst/ **noun** [U] a dark orange substance that you get on metal when it has been damaged by air and water ▷ **rdza**
• **rust verb** [I, T] ▷ **rdzewieć, powodować rdzewienie**

rustic /ˈrʌstɪk/ **adjective** simple and old-fashioned in style in a way that is typical of the countryside ▷ **prosty, wiejski**

rustle /ˈrʌsl/ **verb** [I, T] If things such as paper or leaves rustle, or if you rustle them, they move about and make a soft, dry sound: *Outside, the trees rustled in the wind.* ▷ **szeleścić**

PHRASAL VERB **rustle up sth** to produce something very quickly: *I managed to rustle up a meal from the bits and pieces I found in his fridge.* ▷ **upichcić** *coś*

rusty /ˈrʌsti/ **adjective** **1** B2 Rusty metal has rust on its surface: *rusty nails* ▷ **zardzewiały** **2** B2 If a skill you had is now rusty, it is not now good because you have forgotten it: *My French is a bit rusty.* ▷ **zaniedbany, zardzewiały**

rut /rʌt/ **noun** **1 in a rut** in a bad situation where you do the same things all the time, or where it is impossible to make progress: *He seems to be **stuck in a rut** at the moment.* ▷ **w rutynie, ≈ popaść w rutynę** **2** [C] a deep, narrow mark in the ground made by a wheel ▷ **koleina**

Ruth /ruːθ/ **noun** a female name

ruthless /ˈruːθləs/ **adjective** not caring if you hurt or upset other people when you try to get what you want: *ruthless ambition* ◦ *a ruthless dictator* ▷ **bezwzględny**
• **ruthlessly adverb** ▷ **bezwzględnie** • **ruthlessness noun** [U] ▷ **bezwzględność**

Rwanda /ruˈændə/ **noun** a country in Africa ▷ **Rwanda**
• **Rwandan** /ruˈændən/ **adjective** coming from or relating to Rwanda ▷ **rwandyjski** • **Rwandan noun** someone from Rwanda ▷ **Rwandyj-czyk/ka**

rye /raɪ/ **noun** [U] a plant that has grains which are used to make things such as bread and whisky: *rye bread* ▷ **żyto**

R

S

S, s /es/ the nineteenth letter of the alphabet ▷ **S, s**

the Sabbath /ˈsæbəθ/ **noun** a day of the week that many religious groups use for prayer and rest ▷ **sabat, szabas**

sabbatical /səˈbætɪkəl/ **noun** [C, U] a period when a university teacher does not do their usual work and instead travels or studies: *He was **on sabbatical** last year.* ▷ **urlop naukowy**

sabotage /ˈsæbətɑːʒ/ **verb** [T] **1** to damage or destroy something in order to prevent an enemy from using it: *Rebels sabotaged the roads and bridges.* ▷ **celowo zniszczyć, sabotować 2** to spoil someone's plans or efforts in order to prevent them from being successful: *She tried to sabotage my chances of getting the job.* ▷ **sabotować, zaszkodzić**
• **sabotage noun** [U] *an act of sabotage* ▷ **sabotaż**

sac /sæk/ **noun** [C] a part in an animal or plant that is like a small bag ▷ **woreczek, pęcherzyk**

saccharin /ˈsækərɪn/ **noun** [U] a sweet, chemical substance that is used in food instead of sugar ▷ **sacharyna**

sachet /ˈsæʃeɪ/ (US) /sæˈʃeɪ/ **noun** [C] a small bag containing a small amount of something: *sachets of sugar and coffee powder* ▷ **torebeczka, saszetka**

sack¹ /sæk/ **noun 1** [C] a large bag made of paper, plastic, or cloth and used to carry or store things ▷ **worek 2 the sack** UK (B2) When someone gets the sack or is given the sack, they are told to leave their job: *He got the sack from his last job.* ▷ **zwolnienie (z pracy)**

sack

sack² /sæk/ **verb** [T] UK (B2) to tell someone to leave their job, usually because they have done something wrong: *He was sacked for being late.* ▷ **zwalniać (z pracy)**

sacrament /ˈsækrəmənt/ **noun** [C] an important religious ceremony in the Christian Church: *the sacrament of marriage* ▷ **sakrament**

sacred /ˈseɪkrɪd/ **adjective 1** relating to a religion or considered to be holy: *sacred music* ◦ *a sacred object* ▷ **święty 2** too important to be changed or destroyed: *I don't work at weekends – my private time is sacred.* ▷ **święty**

sacrifice¹ /ˈsækrɪfaɪs/ **noun** [C, U] **1** something valuable that you give up in order to achieve something, or the act of giving it up: *Sometimes you have to **make sacrifices** to succeed.* ▷ **poświęcenie 2** something offered to a god in a religious ceremony, especially an animal that is killed, or the act of offering it ▷ **ofiara** → See also **self-sacrifice**

> **Wyrazy występujące razem z sacrifice**
> make (great/huge) sacrifices • sacrifices for sb/sth • the sacrifice of sth

sacrifice² /ˈsækrɪfaɪs/ **verb** [T] **1** to give up something that is valuable to you in order to achieve something: *There are thousands of men ready to **sacrifice** their lives **for** their country.* ▷ **poświęcać 2** to kill an animal and offer it to a god in a religious ceremony ▷ **składać ofiarę z**

sacrilege /ˈsækrɪlɪdʒ/ **noun** [U, no plural] when you treat something that is holy or important without respect ▷ **świętokradztwo**

sacrosanct /ˈsækrəʊsæŋkt/ **adjective** formal too important to be changed or destroyed: *Human life is sacrosanct.* ▷ **święty**

sad /sæd/ **adjective** (**sadder, saddest**) **1** (A1) unhappy or making you feel unhappy: *I was very sad when our cat died.* ◦ *a sad book/movie* ◦ [+ that] *It's a bit sad that you'll miss our wedding.* ◦ [+ to do sth] *I was sad to see him go.* ▷ **smutny 2** [always before noun] not pleasant or satisfactory: *The sad truth is that we've failed.* ▷ **smutny 3** UK informal boring or not fashionable: *You enjoy reading timetables? You sad man!* ▷ **żałosny**
• **sadness noun** [U] (B2) ▷ **smutek**

> **Sad wyrazy bliskoznaczne**
> Przymiotniki **unhappy** i **miserable** znaczą to samo co „sad":
> *She'd had a very **unhappy** childhood.*
> *I just woke up feeling **miserable**.*
> Wyrażenie **be upset** oznacza, że ktoś jest nieszczęśliwy z powodu jakiegoś niepomyślnego wydarzenia:
> *They'd had an argument and she was still **upset** about it.*
> *Mike got very **upset** when I told him the news.*
> Jeśli ktoś jest zrozpaczony, możemy określić go przymiotnikami **devastated** lub **distraught**:
> *She was **devastated** when he died.*
> *The missing child's **distraught** parents made an emotional appeal for information on TV.*

sadden /ˈsædən/ **verb** [T] formal to make someone feel sad or disappointed: [often passive] *We were saddened by his death.* ▷ **zasmucać**

saddle¹ /ˈsædl/ **noun** [C] **1** a leather seat that you put on a horse so that you can ride it ▷ **siodło** → See **Sports 1** on page Centre 14 **2** a seat on a bicycle or motorcycle ▷ **siodełko**

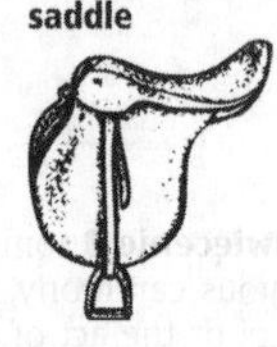

saddle² /ˈsædl/ **verb** [I, T] (also **saddle up**) to put a saddle on a horse ▷ **siodłać, zakładać siodło**

PHRASAL VERB **saddle sb with sth** to give someone a job or problem which will cause them a lot of work or difficulty ▷ **obarczać** *kogoś czymś*

saddo /ˈsædəʊ/ **noun** [C] UK informal someone, especially a man, who is boring and not fashionable and has no friends ▷ **smutas**

sadistic /səˈdɪstɪk/ **adjective** getting pleasure from being cruel or violent: *sadistic behaviour* ◦ *a sadistic murderer* ▷ **sadystyczny**
• **sadist** /ˈseɪdɪst/ **noun** [C] someone who gets pleasure from being cruel or violent ▷ **sadyst-a/ka** • **sadism** /ˈseɪdɪzᵊm/ **noun** [U] ▷ **sadyzm**

sadly /ˈsædli/ **adverb 1** Ⓑ2 in a sad way: *She shook her head sadly.* ▷ **smutno, ze smutkiem 2** Ⓑ2 in a way that is not satisfactory: *Enthusiasm has been* ***sadly lacking*** *these past few months at work.* ▷ **niestety 3** used to say that you are sorry something is true: *Sadly, the marriage did not last.* ▷ **niestety**

sae, SAE /ˌeseɪˈiː/ **noun** [C] UK abbreviation for stamped addressed envelope or self-addressed envelope: an envelope that you put a stamp and your own address on and send to someone so that they can send you something back ▷ **zaadresowana koperta ze znaczkiem**

safari /səˈfɑːri/ **noun** [C, U] a journey, usually to Africa, to see or hunt wild animals: *She is* ***on safari*** *in Kenya.* ▷ **safari**

safe¹ /seɪf/ **adjective 1** Ⓐ2 not dangerous or likely to cause harm: *a safe driver* ◦ *Air travel is generally quite safe.* ◦ *We live in a safe neighbourhood.* ◦ [+ to do sth] *Is it safe to drink the water here?* ▷ **bezpieczny** → Opposite **unsafe 2** Ⓑ1 not harmed or damaged: *She returned* ***safe and sound*** (= *not harmed in any way*). ▷ **bezpieczny 3** Ⓐ1 not in danger or likely to be harmed: *During the daylight hours we're* ***safe from*** *attack.* ▷ **bezpieczny 4 safe to say** If it is safe to say something, you are sure it is correct: *I think it's safe to say that he'll be the next president.* ▷ **można śmiało powiedzieć 5 a safe place; somewhere safe** a place where something will not be lost or stolen: *It's very valuable so put it somewhere safe.* ▷ **bezpieczne miejsce**

IDIOM **play (it) safe** informal to be careful and not take risks ▷ **(woleć) nie ryzykować**

• **safely adverb** Ⓑ1 *Make sure you drive safely.* ◦ *I can safely say (= I am certain) I have never met anyone as rude as him.* ▷ **bezpiecznie** → See also **a safe** ***bet***

safe² /seɪf/ **noun** [C] a strong metal box or cupboard with locks where you keep money, jewellery, and other valuable things ▷ **sejf**

safeguard¹ /ˈseɪfɡɑːd/ **verb** [T] to protect something from harm: *a plan to safeguard public health* ▷ **chronić**

PHRASAL VERB **safeguard against sth** to do things that you hope will stop something unpleasant from happening: *A good diet will safeguard against disease.* ▷ **chronić przed** *czymś*

safeguard² /ˈseɪfɡɑːd/ **noun** [C] a law, rule, or system that protects people or things from being harmed or lost ▷ **zabezpieczenie**

ˌsafe ˈhaven noun [C] a place where someone is safe from danger ▷ **bezpieczne schronienie, cicha przystań**

ˌsafe ˈsex noun [U] when people have sex using a condom so that they do not catch a disease ▷ **bezpieczny seks**

safety /ˈseɪfti/ **noun** [U] **1** Ⓑ2 when you are safe: *food/road safety* ◦ *The hostages were led to safety (= to a safe place).* ◦ *a safety valve* ▷ **bezpieczeństwo 2** how safe something is: *Safety at the factory has been improved.* ▷ **bezpieczeństwo**

> Wyrazy występujące razem z **safety**
>
> ensure/guarantee sb's safety • safety is paramount

ˈsafety ˌbelt noun [C] a piece of equipment that keeps you fastened to your seat when you are travelling in a vehicle: *Please* ***fasten*** *your* ***safety belt*** *for take-off.* ▷ **pas (bezpieczeństwa)**

ˈsafety ˌnet noun [C] **1** a plan or system that will help you if you get into a difficult situation: *Legal aid provides a safety net for people who can't afford a lawyer.* ▷ **zabezpieczenie 2** a net that will catch someone if they fall from a high place ▷ **siatka asekuracyjna**

ˈsafety ˌpin noun [C] a pin with a round cover that fits over the sharp end ▷ **agrafka**

saffron /ˈsæfrən/ **noun** [U] a yellow powder that is used as a spice ▷ **szafran**

sag /sæɡ/ **verb** [I] (present participle **sagging**, past tense and past participle **sagged**) **1** to sink or bend down: *Our mattress sags in the middle.* ▷ **zapadać się, uginać się, obwisać 2** informal to become weaker or less successful: *a sagging economy* ▷ **przechodzić kryzys, kuleć**

saga /ˈsɑːɡə/ **noun** [C] a long story about a lot of people or events ▷ **saga**

sagacious /səˈɡeɪʃəs/ **adjective** literary having or showing understanding and the ability to make good decisions and judgments ▷ **roztropny**

sage /seɪdʒ/ **noun 1** [U] a herb whose leaves are used to give flavour to food ▷ **szałwia 2** [C] literary a wise person ▷ **mędrzec**

Sagittarius /ˌsædʒɪˈteəriəs/ **noun** [C, U] the sign of the zodiac which relates to the period of 22 November – 22 December, or a person born during this period ▷ **Strzelec**

said /sed/ past of say

sail[1] /seɪl/ **verb 1** [I] B1 to travel in a boat or a ship: *We sailed to Malta.* ▷ **płynąć 2** [I, T] B1 to control a boat that has no engine and is pushed by the wind: *She sailed the small boat through the storm.* ▷ **żeglować 3** [I] When a ship sails, it starts its journey, and if people sail from a particular place or at a particular time, they start their journey: *This ship sails weekly from Florida to the Bahamas.* ▷ **wypływać 4 sail over/past/through, etc** to move quickly through the air: *The ball sailed past me.* ▷ **szybować nad/koło/przez** *itp.*

PHRASAL VERB **sail through (sth)** to succeed very easily, especially in a test or competition: *She sailed through her exams.* ▷ **zdać (***coś***) śpiewająco**

sail[2] /seɪl/ **noun 1** [C] a large piece of material that is fixed to a pole on a boat to catch the wind and make the boat move ▷ **żagiel 2 set sail** to start a journey by boat or ship ▷ **wypływać**

sailboat /ˈseɪlbəʊt/ **noun** [C] US a small boat with sails ▷ **żaglówka**

sailing /ˈseɪlɪŋ/ **noun** [U] A2 a sport using boats with sails: UK *a sailing boat* ▷ **żeglarstwo**

IDIOM **be plain sailing** to be very easy ▷ **być łatwizną, ≈ to łatwizna**

sailor /ˈseɪləʳ/ **noun** [C] B1 someone who sails ships or boats as their job or as a sport ▷ **marynarz, żegla-rz/rka**

saint /seɪnt/ **noun** [C] **1** a dead person who has been officially respected by the Christian church for living their life in a holy way: *Catherine of Siena was* ***made a saint*** *in 1461.* ▷ **święt-y/a 2** a very kind or helpful person ▷ **anioł** → See also **patron saint**

Saint Kitts and Nevis /seɪntˌkɪtsənˈnevɪs/ **noun** a country consisting of a group of islands in the Caribbean ▷ **Saint Kitts i Nevis**
• **Kittsian** /ˈkɪtsiən/ **adjective** coming from or relating to Saint Kitts and Nevis ▷ **z Saint Kitts i Nevis** • **Kittsian noun** someone from Saint Kitts and Nevis ▷ **obywatel/ka Saint Kitts i Nevis**

Saint Lucia /seɪntˈluːʃə/ **noun** a country on an island in the Caribbean ▷ **Saint Lucia**
• **Saint Lucian** /seɪntˈluːʃən/ **adjective** coming from or relating to Saint Lucia ▷ **z Saint Lucia** • **Saint Lucian noun** someone from Saint Lucia ▷ **obywatel/ka Saint Lucia**

saintly /ˈseɪntli/ **adjective** very good and kind ▷ **świątobliwy**

Saint Vincent and the Grenadines /seɪnt ˌvɪnsəntˌənðəˈgrenədiːnz/ **noun** a country consisting of a group of islands in the Caribbean ▷ **Saint Vincent i Grenadyny**
• **Vincentian** /vɪnˈsɪntiən/ **adjective** coming from or relating to Saint Vincent and the Grenadines ▷ **z Saint Vincent i Grenadyn** • **Vincentian noun** someone from Saint Vincent and the Grenadines ▷ **obywatel/ka Saint Vincent i Grenadyn**

sake /seɪk/ **noun 1 for the sake of sth** B2 for this reason or purpose: *For the sake of convenience, they combined the two departments.* ▷ **dla** *czegoś*, **ze względu na** *coś*, **przez wzgląd na** *coś* **2 for the sake of sb** B2 in order to help or please someone: *He begged her to stay for the sake of the children.* ▷ **przez wzgląd na** *kogoś*, **ze względu na** *kogoś* **3 for God's/goodness/heaven's, etc sake** something you say when you are angry about something: *For heaven's sake, stop moaning!* ▷ **na miłość/litość boską**

salad /ˈsæləd/ **noun** [C, U] A2 a cold mixture of vegetables that have not been cooked, usually eaten with meat, cheese, etc: *I made a big salad for lunch.* ▷ **sałatka**
→ See **Food** on page Centre 11

salad

salami /səˈlɑːmi/ **noun** [C, U] a spicy sausage that is usually eaten cold in slices ▷ **salami**

salaried /ˈsælərid/ **adjective** receiving a fixed amount of money from your employer, usually every month ▷ **pobierający pensję, opłacany miesięcznie**

salary /ˈsæləri/ **noun** [C, U] B1 a fixed amount of money that you receive from your employer, usually every month ▷ **pensja**

> Wyrazy występujące razem z **salary**
> earn a salary • a **good/high/top** salary • an annual salary • a salary **cut/increase/rise**

S

sale /seɪl/ **noun 1** [U, no plural] B2 the act of selling something, or the time when something is sold: *The sale of alcohol is now banned.* ◦ *to* ***make a sale*** ▷ **sprzedaż 2 (up) for sale** A2 available to buy: *For sale: ladies' bicycle – good condition.* ◦ *The house next to mine is up for sale.* ▷ **na sprzedaż 3 on sale a** A2 UK available to buy in a shop: *The video and book are now on sale.* ▷ **w sprzedaży, w handlu b** available for a lower price than usual: *This album was on sale for half price.* ▷ **na wyprzedaży 4** [C] an event where things are sold: *a sale of used books* ▷ **aukcja, wyprzedaż 5** [C] A2 a time when a shop sells goods at a lower price than usual: UK *I bought this dress* ***in the sale****.* ▷ **wyprzedaż** → See also **car boot sale**, **jumble sale**

saleable /ˈseɪləbl/ **adjective** Something that is saleable can be sold easily: *He's painted some very saleable landscapes.* ▷ **chodliwy, pokupny, atrakcyjny**

sales /seɪlz/ **noun** [plural] **1** B2 the number of items sold: *Our sales have doubled this year.* ▷ **sprzedaż 2** the part of a company that deals with selling things: *I used to work **in sales**.* ∘ *a **sales department*** ▷ **zbyt, dział sprzedaży lub zbytu**

ˈsales acˌcount **noun** [C] a record that a business keeps of the goods it has sold ▷ **rachunek sprzedaży**

ˈsales asˌsistant **noun** [C] (also US **salesclerk** /seɪlzklɑːk/) someone whose job is selling things in a shop ▷ **sprzedaw-ca/czyni, ekspedient/ka**

ˈsales ˌjournal **noun** [C] (also **sales book**) (also **sales day book**) a record that a business keeps of the dates on which sales were made, the names of the customers and the amounts of the sales ▷ **dziennik sprzedaży**

ˈsales ˌledger **noun** [C] (also **debtors ledger**) a record that a business keeps of how much each customer owes ▷ **księga sprzedaży**

salesman, saleswoman /ˈseɪlzmən/, /ˈseɪlzˌwʊmən/ **noun** [C] (plural **salesmen, saleswomen**) B1 someone whose job is selling things ▷ **sprzedaw-ca/czyni, akwizytor/ka**

salesperson /ˈseɪlzˌpɜːsən/ **noun** [C] (plural **salespeople**) A2 someone whose job is selling things ▷ **sprzedaw-ca/czyni, akwizytor/ka**

ˈsales ˌrep **noun** [C] (formal **sales representative**) someone who travels to different places trying to persuade people to buy their company's products or services ▷ **przedstawiciel handlowy**

ˈsales reˌturns **noun** [plural] (also **returns inward**) when a customer returns goods to your company, for example because they are damaged or not needed ▷ **zwroty**

salient /ˈseɪliənt/ **adjective** formal The salient facts about something or qualities of something are the most important things about them. ▷ **najistotniejszy**

saline /ˈseɪlaɪn/ US /ˈseɪliːn/ **adjective** formal containing salt: *saline solution* ▷ **solny**

saliva /səˈlaɪvə/ **noun** [U] the liquid that is made in your mouth ▷ **ślina**

salivary duct /səˈlaɪvəriˌdʌkt/ **noun** [C] a small tube that takes saliva into the mouth ▷ **przewód ślinowy**

salivary gland /səˈlaɪvəriˌglænd/ **noun** [C] one of the body parts that produce saliva ▷ **ślinianka**

sallow /ˈsæləʊ/ **adjective** Sallow skin is slightly yellow and does not look healthy. ▷ **ziemisty**

salmon /ˈsæmən/ **noun** [C, U] (plural **salmon**) B1 a large, silver fish, or the pink meat of this fish: *fresh/smoked salmon* ▷ **łosoś**

salmonella /ˌsælməˈnelə/ **noun** [U] a type of bacteria which can make you very ill, sometimes found in food that is not cooked enough ▷ **salmonella**

salon /ˈsælɒn/ **noun** [C] a shop where you can have your hair cut or have your appearance improved: *a **hair salon*** ▷ **salon** → See also **beauty salon**

saloon /səˈluːn/ **noun** [C] **1** UK (US **sedan**) a large car with a separate, closed area for bags ▷ **sedan 2** US old-fashioned a public bar ▷ **bar**

salsa /ˈsælsə/ **noun** [U] **1** a cold, spicy sauce ▷ **(sos) salsa 2** a type of dance and music from Latin America: *a salsa club* ▷ **salsa**

salt¹ /sɔːlt/, /sɒlt/ **noun** [U] A1 a white substance used to add flavour to food: *salt and pepper* ▷ **sól**

IDIOM **take sth with a pinch of salt** UK (US **take sth with a grain of salt**) to not completely believe something that someone tells you ▷ **traktować** *coś* **z przymrużeniem oka, podchodzić do** *czegoś* **z rezerwą**

salt² /sɔːlt/, /sɒlt/ **verb** [T] to add salt to food ▷ **solić**

ˈsalt ˌcellar **noun** [C] UK (US **ˈsalt ˌshaker**) a small container with holes in for shaking salt on food ▷ **solniczka**

saltwater /ˈsɔːltˌwɔːtəʳ/ **adjective** [always before noun] living in or containing water that has salt in it: *a saltwater fish* ▷ **morski**

salty /ˈsɔːlti/ **adjective** tasting of or containing salt: *Is the soup too salty?* ▷ **słony**

salute¹ /səˈluːt/ **noun** [C] a sign of respect to someone of a higher rank in a military organization, often made by raising the right hand to the side of the head: *to **give** a **salute*** ▷ **salut, honory**

salute² /səˈluːt/ **verb** [I, T] to give a salute to someone of a higher rank in a military organization ▷ **salutować**

salvage¹ /ˈsælvɪdʒ/ **verb** [T] **1** to save things from a place where other things have been damaged or lost: *gold coins salvaged from a shipwreck* ▷ **ocalić 2** to try to make a bad situation better: *an attempt to salvage her reputation* ▷ **ocalić**

salvage² /ˈsælvɪdʒ/ **noun** [U] when things are saved from being damaged, or the things that are saved: *a salvage company* ▷ **odzyskanie, odzysk, ratunek**

salvation /sælˈveɪʃən/ **noun** [U] **1** in the Christian religion, when God saves someone from the bad effects of evil ▷ **zbawienie 2** something or someone that saves you from harm or a very unpleasant situation: *Getting a dog was Dad's salvation after Mum died.* ▷ **ratunek, wybawienie**

salwar kameez (also **shalwar kameez**) /ˌsalwɑːkəˈmiːz/ **noun** [C] a type of suit, worn especially by women in India, with loose trousers and a long shirt ▷ **szarawary z tuniką** → See **Clothes** on page Centre 8

same¹ /seɪm/ **adjective, pronoun 1 the same a** A1 exactly alike: *He's **the same** age **as** me.* ∘ *We work at the same speed.* ∘ *Cars cost **the same** here*

S

as they do in Europe. ▷ **taki sam b** (A1) not another different thing or situation: *They met at the same place every week.* ◦ *You meet the same people at all these events.* ▷ **ten sam c** (B2) not changed: *She's the same lively person she's always been.* ◦ *He looks exactly **the same as** he did ten years ago.* ▷ **ten sam 2 all/just the same** despite what has just been said: *He doesn't earn much. All the same, he ought to pay for some of his own drinks.* ▷ **mimo wszystko, mimo to 3 Same here.** informal something that you say when something another person has said is also true for you: *"I think she's awful." "Same here."* ▷ **ja też, (to) tak jak ja 4 the same old arguments/faces/story, etc** informal something or someone you have seen or heard many times before ▷ **wciąż te/ta sam-e/a kłótnie/twarze/śpiewka** *itp.*

IDIOM **same old same old** informal used to say that a situation or someone's behaviour remains the same, especially when it it boring or annoying: *Most people just keep on doing the same old same old every day.* ▷ **po staremu**

→ See also **be in the same *boat*, in the same *vein*, be on the same *wavelength***

same² /seɪm/ **adverb the same** (B2) in the same way: *We treat all our children the same.* ▷ **tak samo, jednakowo**

same-sex /ˌseɪmˈseks/ **adjective** A same-sex relationship, marriage, etc is a romantic relationship between two men or two women. ▷ **homoseksualny**

Samoa /səˈməʊə/ **noun** a country consisting of a group of islands to the east of Australia ▷ **Samoa**

• **Samoan** /səˈməʊən/ **adjective** coming from or relating to Samoa ▷ **samoański** • **Samoan noun** someone from Samoa ▷ **Samoa-ńczyk/nka**

sample¹ /ˈsɑːmpl/ **noun** [C] **1** (B2) a small amount of something that shows you what it is like: *a **free sample** of chocolate* ◦ *She brought in some **samples of** her work.* ▷ **próbka 2** a small amount of a substance that a doctor or scientist collects in order to examine it: *a **blood/urine sample*** ▷ **próbka 3** (B2) a small number of people from a larger group that is being tested: *a sample of 500 male drivers* ▷ **próba**

> Wyrazy występujące razem z **sample**
>
> **analyse/collect/take/test** a sample • a sample of sth

sample² /ˈsɑːmpl/ **verb** [T] **1** to taste a small amount of food or drink to decide if you like it: *We sampled eight different cheeses.* ▷ **próbować 2** to experience a place or an activity, often for the first time: *an opportunity to sample the local night life* ▷ **zakosztować**

Samuel /ˈsæmjʊəl/ **noun** (also **Sam** /sæm/) a male name

sanatorium (plural **sanatoriums**, **sanatoria**) (also US **sanitarium**) /ˌsænəˈtɔːriəm/ **noun** [C] a hospital where people go to rest and get well after a long illness ▷ **sanatorium**

sanction¹ /ˈsæŋkʃən/ **noun 1** [C] a punishment for not obeying a rule or a law: ***economic/trade sanctions** against a country* ▷ **sankcja 2** [U] official approval or permission ▷ **zgoda, poparcie**

> Wyrazy występujące razem z **sanction**
>
> **impose/lift** sanctions • **tough** sanctions • sanctions **against/on** sb • **economic/trade** sanctions

sanction² /ˈsæŋkʃən/ **verb** [T] to formally approve of something: *He refused to sanction the publication of his private letters.* ▷ **udzielać zgody na, udzielać poparcia**

sanctity /ˈsæŋktəti/ **noun** formal **the sanctity of life/marriage, etc** when something is very important and deserves respect ▷ **świętość życia/małżeństwa** *itp.*

sanctuary /ˈsæŋktʃʊəri/ **noun 1** [C, U] a quiet and peaceful place: *After a busy day, I like to escape to the sanctuary of my garden.* ▷ **zacisze 2** [C, U] a place that provides protection: *to **seek sanctuary*** ▷ **schronienie 3** [C] a place where animals are protected and cannot be hunted: *a **bird/wildlife sanctuary*** ▷ **rezerwat**

sand¹ /sænd/ **noun** [U] (B1) a substance that is found on beaches and in deserts, which is made from very small grains of rock: *a grain of sand* ▷ **piasek**

sand² /sænd/ **verb** [T] to make wood smooth by rubbing it with sandpaper ▷ **wygładzać lub szlifować (papierem ściernym)**

sandal /ˈsændəl/ **noun** [C] (B1) a light shoe with straps that you wear in warm weather ▷ **sandał** → See **Clothes** on page Centre 9

sand-cast /ˈsændkɑːst/ **verb** [T] to make something by pouring liquid metal, plastic, etc into a mould made of sand ▷ **odlewać (w formie piaskowej)**

• **sand-cast adjective** ▷ **odlewany (w formie piaskowej)**

sandcastle /ˈsændˌkɑːsl/ **noun** [C] a model of a castle made of wet sand, usually built by children on a beach ▷ **zamek z piasku**

ˈsand ˌdune noun [C] a hill of sand in the desert or on the coast ▷ **wydma**

sandpaper /ˈsændˌpeɪpər/ **noun** [U] strong paper with a rough surface that is rubbed against wood to make it smooth ▷ **papier ścierny**

sands /sændz/ **noun** [plural] a large area of sand ▷ **piaski**

sandstone /ˈsændstəʊn/ **noun** [U] rock made of sand ▷ **piaskowiec**

sandstorm /ˈsændstɔːm/ **noun** [C] a strong wind in a desert carrying a large amount of sand ▷ **burza piaskowa**

S

sandwich¹ /ˈsænwɪdʒ/ noun [C] A1 two slices of bread with meat, cheese, etc between them: *a cheese/tuna sandwich* ▷ **kanapka** → See **Food** on page Centre 11

sandwich

sandwich² /ˈsænwɪdʒ/ verb

PHRASAL VERB **be sandwiched between sth/sb** informal to be in a small space between two people or things: *Andorra is a small country sandwiched between Spain and France.* ▷ **być wciśniętym między** *coś/kogoś*

sandy /ˈsændi/ adjective B1 covered with or containing sand: *a* ***sandy beach*** ▷ **piaszczysty**

sane /seɪn/ adjective **1** not suffering from mental illness ▷ **zdrowy na umyśle, zdrowy psychicznie 2** [always before noun] showing good judgment: *a sane attitude/decision* ▷ **rozsądny** → Opposite **insane**

sang /sæŋ/ past tense of sing

sanguine /ˈsæŋgwɪn/ adjective formal positive and full of hope: *The director is sanguine about the company's prospects.* ▷ **pełen optymizmu**

sanitarium /ˌsænɪˈteəriəm/ noun [C] (plural **sanitariums**, **sanitaria**) another US spelling of sanatorium ▷ **sanatorium**

sanitary /ˈsænɪtəri/ adjective relating to preventing disease by removing dirt and waste: *sanitary conditions* ▷ **sanitarny, higieniczny**

ˈsanitary ˌtowel noun [C] UK (US **ˌsanitary ˈnapkin**) a thick piece of soft paper that a woman wears to absorb blood from her period ▷ **podpaska**

sanitation /ˌsænɪˈteɪʃən/ noun [U] a system for protecting people's health by removing dirt and waste ▷ **urządzenia sanitarne, infrastruktura sanitarna**

S

sanity /ˈsænəti/ noun [U] **1** the quality of behaving calmly and showing good judgment: *Jogging helps me* ***keep*** *my* ***sanity***. ▷ **zdrowy rozsądek 2** when you have a healthy mind and are not mentally ill ▷ **zdrowie psychiczne** → Opposite **insanity**

sank /sæŋk/ past tense of sink

San Marino /ˌsænməˈriːnəʊ/ noun a country in Europe ▷ **San Marino**
• **Sanmarinese** /ˌsænmærɪˈniːz/ adjective coming from or relating to San Marino ▷ **sanmaryński** • **Sanmarinese** noun (plural **Sanmarinese**) someone from San Marino ▷ **Sanmary-ńczyk/nka**

sans serif /ˌsænˈserɪf/ adjective Sans serif letters have no serifs. ▷ **bezszeryfowy (krój czcionki)** → Compare **serif**

Santa /ˈsæntə/ noun [no plural] (also **Santa Claus** /ˈsæntəklɔːz/) a kind, fat, old man in red clothes who people say brings presents to children at Christmas ▷ **(Święty) Mikołaj**

São Tomé and Príncipe /ˌsaʊtəˈmeɪən ˈprɪnsɪpeɪ/ noun a country consisting of a group of islands to the west of Africa ▷ **Wyspy Świętego Tomasza i Książęca**
• **São Tomean** /ˌsaʊtəˈmeɪən/ adjective coming from or relating to São Tomé and Príncipe ▷ **z Wysp Świętego Tomasza i Książęcej** • **Sao Tomean** noun someone from São Tomé and Príncipe ▷ **obywatel/ka Wysp Świętego Tomasza i Książęcej**

sap¹ /sæp/ verb [T] (present participle **sapping**, past tense and past participle **sapped**) to gradually make something weak: *Ten years of war had* ***sapped*** *the country's* ***strength***. ▷ **nadwątlić**

sap² /sæp/ noun [U] the liquid inside plants and trees ▷ **sok, soki**

sapling /ˈsæplɪŋ/ noun [C] a young tree ▷ **sadzonka, młode drzewko**

sapphire /ˈsæfaɪəʳ/ noun [C] a bright blue, transparent stone ▷ **szafir**

saprophyte /ˈsæprəʊfaɪt/ noun [C] an organism that lives and feeds on dead and decaying plant and animal matter ▷ **saprofit**

Sarah /ˈseərə/ noun a female name

sarcasm /ˈsɑːkæzəm/ noun [U] when you say the opposite of what you mean to insult someone or show them that you are annoyed: *"Oh, I am sorry," she said, her voice heavy with sarcasm.* ▷ **sarkazm**

sarcastic /sɑːˈkæstɪk/ adjective using sarcasm: *a sarcastic comment/remark* ◦ *Are you being sarcastic?* ▷ **sarkastyczny**
• **sarcastically** adverb ▷ **sarkastycznie**

sardine /sɑːˈdiːn/ noun [C] a small sea fish that you can eat ▷ **sardynka**

sari (also **saree**) /ˈsɑːri/ noun [C] a dress, worn especially by women from India and Pakistan, made from a very long piece of thin cloth ▷ **sari**

SARS /sɑːz/ noun [U] abbreviation for Severe Acute Respiratory Syndrome: a serious disease that makes it difficult to breathe ▷ **SARS (zespół ostrej ciężkiej niewydolności oddechowej)**

SASE /ˌeseɪesˈiː/ noun [C] US abbreviation for self-addressed stamped envelope: an envelope that you put a stamp and your own address on and send to someone so that they can send you something back ▷ **zaadresowana koperta ze znaczkiem**

sash /sæʃ/ noun [C] a long, narrow piece of cloth that is worn around the waist or over the shoulder, often as part of a uniform ▷ **szarfa**

sassy /ˈsæsi/ adjective US informal **1** very energetic and confident: *a smart, sassy young woman* ▷ **pewny siebie 2** slightly rude, but not offensive: *a sassy remark* ▷ **odważny**

sat /sæt/ past of sit

Sat written abbreviation for Saturday ▷ **sob., so. (= sobota)**

Satan /ˈseɪtᵊn/ **noun** [no plural] the Devil ▷ **szatan**

satanic /səˈtænɪk/ **adjective** relating to the Devil: *a satanic cult/ritual* ▷ **sataniczny, szatański**

satchel /ˈsætʃᵊl/ **noun** [C] a large bag with a strap that goes over your shoulder, often used for carrying school books ▷ **(szkolna) teczka lub torba** → See **The Classroom** on page Centre 6

satellite /ˈsætᵊlaɪt/ **noun** [C] **1** B2 a piece of equipment that is sent into space around the Earth to receive and send signals or to collect information: *a spy/weather satellite* ▷ **satelita** **2** a natural object that moves around a planet in space: *The moon is the Earth's satellite.* ▷ **satelita**

ˈsatellite ˌdish **noun** [C] a round piece of equipment that receives television and radio signals broadcast from satellites ▷ **antena satelitarna**

ˌsatellite ˈtelevision **noun** [U] (also **ˌsatellite TˈV**) television programmes that are broadcast using a satellite ▷ **telewizja satelitarna**

satin /ˈsætɪn/ **noun** [U] a smooth, shiny cloth ▷ **atłas, satyna**

satire /ˈsætaɪəʳ/ **noun** **1** [U] when you use jokes and humour to criticize people or ideas: ***political satire*** ▷ **satyra** **2** [C] a story, film, etc that uses satire ▷ **satyra**
• **satirist** /ˈsætᵊrɪst/ **noun** [C] someone who uses satire ▷ **satyryk**

satirical /səˈtɪrɪkᵊl/ **adjective** using satire: *a satirical magazine/novel* ▷ **satyryczny**

satisfaction /ˌsætɪsˈfækʃᵊn/ **noun** [U] **1** B2 the pleasant feeling you have when you get something that you wanted or do something that you wanted to do: ***job satisfaction*** ◦ *She smiled **with satisfaction**.* ◦ [+ of + doing sth] *I had the satisfaction of knowing that I'd done everything I could.* ▷ **zadowolenie, satysfakcja** **2** **to sb's satisfaction** as well as someone wants: *He won't get paid until he completes the job to my satisfaction.* ▷ **zgodnie z** *czyimś* **życzeniem** → Opposite **dissatisfaction**

> Wyrazy występujące razem z **satisfaction**
>
> **derive/get** satisfaction **from** sth • sth **gives** sb satisfaction • **deep/immense** satisfaction • **a sense of** satisfaction • **job** satisfaction

satisfactory /ˌsætɪsˈfæktᵊri/ **adjective** B2 good enough: *We hope very much to find a **satisfactory solution** to the problem.* ▷ **zadowalający** → Opposite **unsatisfactory**
• **satisfactorily** **adverb** ▷ **zadowalająco**

satisfied /ˈsætɪsfaɪd/ **adjective** **1** B1 pleased because you have got what you wanted, or because something has happened in the way that you wanted: *Are you **satisfied with** the new arrangement?* ▷ **zadowolony** → Opposite **dissatisfied** **2** **be satisfied that** If you are satisfied that something is true, you believe it: *The judge was satisfied that she was telling the truth.* ▷ **mieć pewność, że** → See also **self-satisfied**

satisfy /ˈsætɪsfaɪ/ **verb** **1** B2 [T] to please someone by giving them what they want or need: *They sell 31 flavours of ice cream – enough to satisfy everyone!* ▷ **zaspokajać** **2** **satisfy conditions/needs/requirements, etc** to have or provide something that is needed or wanted: *She satisfies all the requirements for the job.* ▷ **spełniać warunki/potrzeby/wymagania** *itp.* **3** **satisfy sb that** to make someone believe that something is true: *I satisfied myself that I had locked the door.* ▷ **przekonać lub upewnić** *kogoś*, **że**

satisfying /ˈsætɪsfaɪɪŋ/ **adjective** making you feel pleased by providing what you need or want: *a satisfying meal* ◦ *My work is very satisfying.* ▷ **przyjemny, satysfakcjonujący**

SATNAV /ˈsætnæv/ **noun** [U] abbreviation for satellite navigation: a system of computers and satellites, used in cars and other places to tell a user where they are or where something is ▷ **nawigacja satelitarna**

saturate /ˈsætʃᵊreɪt/ **verb** [T] **1** **be saturated with sth** to be filled with a lot or too much of something: *The city is saturated with cheap restaurants.* ▷ **roić się od** *czegoś* **2** to make something completely wet: *Heavy rain had saturated the playing field.* ▷ **przemoczyć, rozmoczyć, nasycać** **3** to put as much of a substance that dissolves into a solution as is possible ▷ **nasycać**
• **saturation** /ˌsætʃᵊrˈeɪʃᵊn/ **noun** [U] ▷ **nasycenie**

ˌsaturated ˈfat **noun** [C, U] a fat found in meat, milk, and eggs, which is thought to be bad for your health ▷ **tłuszcz nasycony, tłuszcze nasycone** → Compare **unsaturated fat**

Saturday /ˈsætədeɪ/ **noun** [C, U] (written abbreviation **Sat**) A1 the day of the week after Friday and before Sunday ▷ **sobota**

Saturn /ˈsætən/ **noun** [no plural] the planet that is sixth from the Sun, after Jupiter and before Uranus ▷ **Saturn**

sauce /sɔːs/ **noun** [C, U] A2 a hot or cold liquid that you put on food to add flavour: *pasta with tomato sauce* ▷ **sos** → See also **soy sauce**

saucepan /ˈsɔːspən/ **noun** [C] B1 a deep, metal pan, usually with a long handle and a lid, that is used to cook food in ▷ **rondel** → See **The Kitchen** on page Centre 2

saucer /ˈsɔːsəʳ/ **noun** [C] B1 a small plate that you put under a cup: *a cup and saucer* ▷ **spodek, spodeczek**

saucy /ˈsɔːsi/ **adjective** slightly rude, or referring to sex in a funny way: *a saucy postcard/joke* ▷ **pyskaty, rubaszny**

Saudi Arabia /ˌsaʊdiəˈreɪbiə/ **noun** a country in the Middle East ▷ **Arabia Saudyjska**
• **Saudi** /ˈsaʊdi/ **adjective** coming from or relating to Saudi Arabia ▷ **saudyjski** • **Saudi**

S

noun someone from Saudi Arabia ▷ **Saudyjczyk/ka**

sauna /ˈsɔːnə/ **noun** [C] **1** a room that is hot and filled with steam where people sit to relax or feel healthy: *a gym with a pool and a sauna* ▷ **sauna** **2 have a sauna** to spend time inside a sauna ▷ **iść do sauny**

saunter /ˈsɔːntəʳ/ **verb saunter into/over/through, etc** to walk in a slow and relaxed way: *He sauntered through the door two hours late.* ▷ **wchodzić/iść/przechodzić** *itp.* **niespiesznie**

sausage /ˈsɒsɪdʒ/ **noun** [C, U] A2 a mixture of meat and spices pressed into a long tube ▷ **kiełbasa**

sauté /ˈsəʊteɪ/, /səʊˈteɪ/ **verb** [T] to fry food quickly in a small amount of hot oil ▷ **podsmażać, smażyć**

savage[1] /ˈsævɪdʒ/ **adjective 1** extremely violent: *a savage attack* ▷ **brutalny 2** severe: *savage criticism* ▷ **ostry**
• **savagely** adverb ▷ **brutalnie, ostro**

savage[2] /ˈsævɪdʒ/ **verb** [T] **1** to attack violently: [often passive] *A sheep had been savaged by a dog.* ▷ **pokiereszować, poturbować 2** to severely criticize someone or something: [often passive] *Her performance was savaged by the critics.* ▷ **(doszczętnie) zjechać, nie zostawić suchej nitki na**

savage[3] /ˈsævɪdʒ/ **noun** [C] old-fashioned an offensive word for a person from a country at an early stage of development ▷ **dzikus/ka**

savannah (also **savanna**) /səˈvænə/ **noun** [C, U] a large flat area of land covered with grass, usually with few trees, which is found in hot countries, especially in Africa ▷ **sawanna**

save[1] /seɪv/ **verb 1** [T] B1 to stop someone or something from being killed or destroyed: *He was badly injured, but the doctors **saved** his **life**.* ◦ *She **saved** the children **from** drowning.* ◦ *He had to borrow money to save his business.* ▷ **uratować, ocalić 2** [I, T] (also **save up**) A2 to keep money so that you can buy something with it in the future: *We've **saved** almost $900 **for** our wedding.* ◦ *Michael's **saving up for** a new computer.* ▷ **oszczędzać, zaoszczędzić 3** [T] A2 to keep something to use in the future: *I've **saved** some food **for** you.* ▷ **zostawiać, trzymać 4 save money/space/time, etc** B1 to reduce the amount of money/space/time, etc that you have to use ▷ **zaoszczędzić pieniądze/miejsce/czas** *itp.* **5 save sb (from) doing sth** B1 to help someone avoid having to do something: *We'll eat in a restaurant – it'll save you having to cook.* ▷ **oszczędzić** *komuś czegoś* **6 save files/work, etc** A2 to store work or information electronically on or from a computer ▷ **zapisywać lub zachowywać pliki/dokument** *itp.* **7 save a goal** to prevent a player from scoring a goal: *He saved two goals in the last minute of the game.* ▷ **uratować drużynę od utraty bramki** → See also **save the** ***day***, **lose/save** ***face***

PHRASAL VERB **save on sth** to avoid using something so that you do not have to pay for it: *She walks to work to save on bus fares.* ▷ **oszczędzać na** *czymś*

save[2] /seɪv/ **noun** [C] when someone prevents a goal from being scored in a sport: *The goalkeeper **made** a great **save**.* ▷ **obrona**

saver /ˈseɪvəʳ/ **noun** [C] someone who saves money in a bank ▷ **oszczędzający-y/a**

saving /ˈseɪvɪŋ/ **noun** [C] UK (US **savings**) when you pay less money than you would usually have to: [usually singular] *a saving of £20.* ▷ **oszczędność**

savings /ˈseɪvɪŋz/ **noun** [plural] B2 money that you have saved, usually in a bank: *I spent all my savings on a new kitchen.* ◦ *a **savings account*** ▷ **oszczędności**

ˈsavings acˌcount noun [C] US a bank account where you keep money that you want to save ▷ **rachunek oszczędnościowy**

savings and ˈloan associˌation noun [C] US (UK **building society**) a bank that is owned by the people who keep their money in it and that lets them borrow money to buy a house ▷ **spółdzielcza kasa oszczędnościowo-kredytowa**

saviour UK (US **savior**) /ˈseɪvjəʳ/ **noun 1** [C] someone who saves someone or something from harm or difficulty ▷ **wybaw-ca/czyni, wybawiciel/ka 2 the Saviour** in Christianity, Jesus Christ ▷ **zbawiciel**

savour UK (US **savor**) /ˈseɪvəʳ/ **verb** [T] to enjoy food or a pleasant experience as much and as slowly as possible: *to savour a meal* ◦ *We savoured our moment of victory.* ▷ **delektować się**

savoury UK (US **savory**) /ˈseɪvᵊri/ **adjective** Savoury food is not sweet: *savoury biscuits* ▷ **pikantny**

savvy /ˈsævi/ **noun** [U] informal practical knowledge and ability: ***business/political savvy*** ▷ **zmysł**
• **savvy adjective** informal having knowledge and ability: *a savvy consumer* ▷ **sprytny, świadomy**

saw[1] /sɔː/ **noun** [C] a tool with a sharp edge that you use to cut wood or other hard material ▷ **piła**
• **saw** verb [I, T] (past tense **sawed**, past participle **sawn**, mainly US **sawed**) to use a saw: *They sawed the door in half.* ▷ **piłować, ciąć**

saw[2] /sɔː/ past tense of see

sawdust /ˈsɔːdʌst/ **noun** [U] very small pieces of wood and powder that are produced when you cut wood with a saw ▷ **trociny**

saxophone /ˈsæksəfəʊn/ **noun** [C] (informal **sax**) a metal musical instrument that you play by blowing into it and pressing keys to produce different notes ▷ **saksofon**

• **saxophonist** /sæk'sɒfənɪst/ (US) /'sæksəfəʊnɪst/ **noun** [C] someone who plays the saxophone ▷ **saksofonist-a/ka**

say[1] /seɪ/ **verb** [T] (**says**, past tense and past participle **said**) **1** (A1) to speak words: *"I'd like to go home," she said.* ◦ *I couldn't hear what they were saying.* ◦ *How do you say this word?* ▷ **mówić, powiedzieć 2** (B1) to tell someone about a fact, thought, or opinion: [+ question word] *Did she say where she was going?* ◦ [+ (that)] *The jury said that he was guilty.* ▷ **powiedzieć 3** (B1) to give information in writing, numbers, or signs: *My watch says one o'clock.* ◦ *What do the papers say about the election?* ▷ **mówić, pisać, wskazywać 4 say sth to yourself** to think something but not speak: *"I hope she likes me," he said to himself.* ▷ **powiedzieć do siebie** *coś* **5** to show what you think without using words: *His smile seemed to say that I was forgiven.* ▷ **wyrażać, mówić 6 (let's) say...** used to introduce a suggestion or possible example of something: *Say you were offered a better job in another city – would you take it?* ▷ **powiedzmy, że... 7 You can say that again!** informal used to show that you completely agree with something that someone has just said: *"That was a very bad movie!" "You can say that again!"* ▷ **Zgadza się!**

IDIOM **it goes without saying** (B2) If something goes without saying, it is generally accepted or understood: *It goes without saying that smoking is harmful to your health.* ▷ **to oczywiste**

→ See also **Say *cheese*!**, ***easier* said than done**

say[2] /seɪ/ **noun** [U] **1** when you are involved in making a decision about something: *We **had some say in** how our jobs would develop.* ▷ **wpływ 2 have your say** to give your opinion about something: *We can't vote yet – Christina hasn't had her say.* ▷ **wypowiedzieć się**

> Wyrazy występujące razem z **say (noun)**
>
> **be given/have** [a/no/some, etc] **say** • **the final say** • **say in/on sth**

saying /'seɪɪŋ/ **noun** [C] a famous phrase that people use to give advice about life: *Have you heard the saying, "misery loves company"?* ▷ **powiedzenie**

sb written abbreviation for somebody

• **sb's** written abbreviation for somebody's

scab /skæb/ **noun** [C] a layer of dried blood that forms to cover a cut in the skin ▷ **strup**

scaffolding /'skæfəldɪŋ/ **noun** [U] a temporary structure made of flat boards and metal poles used to work on a tall building ▷ **rusztowanie**

scalar /'skeɪlər/ **noun** [C] something that has size but no direction, such as a quantity, distance, speed or temperature ▷ **skalar** → Compare **vector**

• **scalar adjective** ▷ **skalarny**

scald /skɔːld/ **verb** [T] to burn something or someone with very hot liquid or steam: *She scalded her mouth on the hot soup.* ▷ **poparzyć**

scale[1] /skeɪl/ **noun 1** [no plural] (B2) the size or level of something: *We don't yet know the scale of the problem.* ◦ *Nuclear weapons cause destruction **on** a massive **scale** (= cause a lot of destruction).* ▷ **skala 2 large-/small-scale** A large-/small-scale event or activity is large/small in size: *a large-scale investigation* ▷ **na dużą/małą skalę 3** [C] (B2) the set of numbers, amounts, etc used to measure or compare the level of something: *How would you rate her work **on a scale of** 1–10?* ▷ **skala 4** [C] US (UK **scales** [plural]) a piece of equipment for measuring weight: *a bathroom/kitchen scale* ▷ **waga** → See **The Kitchen** on page Centre 2 → See **The Bathroom** on page Centre 3 **5** [C, U] (B2) how the size of things on a map, model, etc relates to the same things in real life: *a map with a scale of one centimetre per ten kilometres* ▷ **skala 6** [C] a series of musical notes that is always played in order and that rises gradually from the first note ▷ **gama 7** [C] one of the flat pieces of hard material that covers the skin of fish and snakes ▷ **łuska 8** (also **limescale**) a hard, white layer that forms on the sides of pipes or containers that heat water ▷ **kamień, osad**

> Wyrazy występujące razem z **scale**
>
> **on a** [grand/large/massive/small, etc] **scale** • **the scale of sth**

scale[2] /skeɪl/ **verb** [T] to climb something that is high or steep: *to scale a wall* ▷ **wspinać się na lub po**

PHRASAL VERB **scale sth back** mainly US (UK/US **scale sth down**) to make something smaller than it was or smaller than it was planned to be ▷ **ograniczać** *coś*

scalene triangle /ˌskeɪliːn'traɪæŋgl/ **noun** [C] a triangle with three sides all of different lengths ▷ **trójkąt równoboczny** → Compare **equilateral**, **isosceles triangle**

scales /skeɪlz/ **noun** [plural, C] UK (US **scale**) (B2) a piece of equipment for measuring weight: *bathroom/kitchen scales* ▷ **waga** → See **The Kitchen** on page Centre 2 → See **The Bathroom** on page Centre 3

scallion /'skæliən/ **noun** [C] US (UK **spring onion**) a small onion with a white part at the bottom and long, green leaves which is eaten in salads ▷ **cebulka, szalotka**

scallop /'skæləp/ **noun** [C] a small sea creature that lives in a shell and is eaten as food ▷ **małż (przegrzebek)**

scalp /skælp/ **noun** [C] the skin on the top of your head under your hair ▷ **(owłosiona) skóra głowy**

scalpel /'skælpəl/ **noun** [C] a small, sharp knife that doctors use to cut through skin during an operation ▷ **skalpel**

S

scalper /ˈskælpəʳ/ **noun** [C] US (UK **tout**) someone who unofficially sells tickets outside theatres, sports grounds, etc ▷ **konik**

scaly /ˈskeɪli/ **adjective** If your skin is scaly, it is rough and falls off in small, dry pieces. ▷ **łuszczący się**

scam /skæm/ **noun** [C] informal an illegal plan for making money ▷ **przekręt**

scamper /ˈskæmpəʳ/ **verb scamper away/down/off, etc** to run quickly and with small steps, like a child or a small animal ▷ **czmychnąć, zmykać**

scampi /ˈskæmpi/ **noun** [U] prawns that have been fried ▷ **krewetki (panierowane)**

scan¹ /skæn/ **verb** [T] (present participle **scanning**, past tense and past participle **scanned**) **1** to examine something with a machine that can see inside an object or body: *Airports use X-ray machines to scan luggage for weapons.* ▷ **prześwietlać** **2** to use a piece of equipment that copies words or pictures from paper into a computer: *to scan photos into a computer* ▷ **skanować** **3** to look around an area quickly to try to find a person or thing: *She* ***scanned*** *the crowd* ***for*** *a familiar face.* ▷ **rozglądać się po** **4** (also **scan through**) to quickly read a piece of writing to understand the main meaning or to find a particular piece of information: *I scanned the travel brochures looking for a cheap holiday.* ▷ **przeglądać**

scan² /skæn/ **noun** [C] a medical examination in which an image of the inside of the body is made using a special machine: *a brain scan* ▷ **prześwietlenie**

scandal /ˈskændəl/ **noun** [C, U] (B2) something that shocks people because they think it is morally wrong: *a* ***sex scandal*** ▷ **skandal**

> Wyrazy występujące razem z **scandal**
>
> a scandal **breaks/erupts** • be at the centre of/involved in a scandal • a scandal surrounding sth • a sex scandal

scandalous /ˈskændələs/ **adjective** shocking or morally wrong: *a* ***scandalous waste*** *of money* ▷ **skandaliczny**

Scandinavia /ˌskændɪˈneɪviə/ **noun** a region including the countries of Sweden, Denmark, Norway, and sometimes Finland and Iceland ▷ **Skandynawia**

Scandinavian /ˌskændɪˈneɪviən/ **adjective** from or relating to the countries of Sweden, Denmark, Norway, and sometimes Finland and Iceland ▷ **skandynawski**

• **Scandinavian** noun [C] ▷ **Skandynaw/ka**

scanner /ˈskænəʳ/ **noun** [C] **1** a piece of equipment that copies words or pictures from paper into a computer ▷ **skaner** **2** a piece of medical equipment used to examine images of the inside of someone's body ▷ **aparat do prześwietleń, skaner**

scansion /ˈʃkænʃən/ **noun** [U] the rhythm of a line of poetry ▷ **struktura rytmiczna**

scant /skænt/ **adjective** [always before noun] very little and not enough: *His work has received only scant attention outside this country.* ▷ **skąpy**

scantily /ˈskæntɪli/ **adverb scantily clad/dressed** not wearing many clothes and showing a lot of the body ▷ **skąpo odziany/ubrany**

scanty /ˈskænti/ **adjective** very small in size or quantity: *scanty clothing* ▷ **skąpy**

scapegoat /ˈskeɪpgəʊt/ **noun** [C] someone who is blamed for a bad situation, although they have not caused it: *He was* ***made*** *a* ***scapegoat*** *for the disaster.* ▷ **kozioł ofiarny**

scapula /ˈskæpjələ/ **noun** [C] one of the two bones shaped like triangles in a person's shoulders ▷ **łopatka**

scar /skɑːʳ/ **noun** [C] **1** (B2) a permanent mark left on the body from a cut or other injury ▷ **blizna** **2** damage done to a person's mind by a very unpleasant event or situation: *a* ***psychological scar*** ▷ **uraz, piętno**

• **scar verb** [T] (present participle **scarring**, past tense and past participle **scarred**) to cause a scar: [often passive] *He was* ***scarred for life*** *by the accident.* ▷ **oszpecić, okaleczyć, pozostawiać uraz (psychiczny) u**

scarce /skeəs/ **adjective** rare or not available in large amounts: ***scarce resources*** ▷ **skąpy, niewystarczający**

scarcely /ˈskeəsli/ **adverb** **1** only just: *They had scarcely finished eating when the doorbell rang.* ▷ **zaledwie** **2 can scarcely do sth** If you say you can scarcely do something, you mean it would be wrong to do it: *He's only two – you can scarcely blame him for behaving badly.* ▷ **nie można** *czegoś zrobić*

scarcity /ˈskeəsəti/ **noun** [C, U] when there is not enough of something: *a scarcity of food/affordable housing* ▷ **niedostatek**

scare¹ /skeəʳ/ **verb** [T] **1** to frighten a person or animal: *Sudden, loud noises scare me.* ▷ **przestraszyć, wystraszyć** **2 scare the hell/life/living daylights, etc out of sb** informal to make someone feel very frightened ▷ **śmiertelnie** *kogoś* **przestraszyć** → See also **scare/frighten sb out of their** ***wits***

PHRASAL VERBS **scare sb/sth away/off** to make a person or an animal so frightened that they go away: *She scared off her attacker by screaming.* ▷ **odstraszać** *kogoś/coś*, **płoszyć** *kogoś/coś* • **scare sb away/off** to make someone worried about doing something so that they decide not to do it: *The recent bomb attacks have scared away the tourists.* ▷ **odstraszać** *kogoś/coś*, **zniechęcać** *kogoś/coś*

scare² /skeəʳ/ **noun** [C] **1** a sudden feeling of fear or worry: *The earthquake* ***gave*** *us a* ***scare.***

▷ **strach, obawa** **2** a situation that worries or frightens people: *a **food/health scare*** ▷ **panika**

> **Wyrazy występujące razem z scare**
>
> give sb/have/suffer a scare • a food/health scare

scarecrow /ˈskeəkrəʊ/ **noun** [C] a model of a person that is put in a field to frighten birds and stop them from eating the plants ▷ **strach na wróble**

scared /skeəd/ **adjective** B1 frightened or worried: *Robert's **scared of** heights.* ◦ *I was **scared to death*** (= *very frightened*). ◦ [+ (that)] *We were scared that we'd be killed.* ▷ **przestraszony, wystraszony, ≈ bać się**

> **Scared** wyrazy bliskoznaczne
>
> Przymiotniki **afraid** i **frightened** są często używane zamiast przymiotnika „scared":
>
> *Don't be **frightened**. The dog won't hurt you.*
> *Gerry has always been **afraid** of heights.*
>
> Jeśli ktoś jest bardzo przerażony, możemy w stosunku do niego użyć przymiotników **petrified, terrified, panic-stricken** lub bardziej potocznego wyrażenia **scared to death**:
>
> *I'm **petrified/terrified** of spiders.*
> *She was **panic-stricken** when her little boy disappeared.*
> *He's **scared to death** of having the operation.*
>
> Jeśli obawa jest wywołana niepokojem o coś, możemy użyć przymiotników **afraid** lub **worried**:
>
> *I'm **afraid/worried** that something will go wrong.*

scarf¹ /skɑːf/ **noun** [C] (plural **scarves** /skɑːvz/, **scarfs**) A2 a piece of cloth that you wear around your neck, head, or shoulders to keep warm or for decoration ▷ **szalik, szal, chusta** → See **Clothes** on page Centre 9

scarf² /skɑːf/ **verb** [T] US informal (also **scarf down**) (UK **scoff**) to eat a lot of something quickly: *Who scarfed all the cookies?* ▷ **pożerać, żerać**

scarlet /ˈskɑːlət/ **noun** [U] a bright red colour ▷ **(kolor) jasnoczerwony**
• **scarlet adjective** ▷ **jasnoczerwony**

scarp /skɑːp/ **noun** [C] a steep slope or cliff formed by folded or eroded layers of rock ▷ **skarpa**

scary /ˈskeəri/ **adjective** informal B1 frightening: *a scary place/woman* ▷ **straszny, przerażający**

scathing /ˈskeɪðɪŋ/ **adjective** criticizing very strongly: *He was **scathing about** the report.* ▷ **krytyczny, zjadliwy**

scatter /ˈskætəʳ/ **verb** **1** [T] to throw objects over an area so that they land apart from each other: *He scattered some flower seeds in the garden.* ▷ **rozrzucać** **2** [I] to suddenly move apart in different directions: *The crowd scattered at the sound of gunshots.* ▷ **rozpierzchnąć się, rozbiec się**

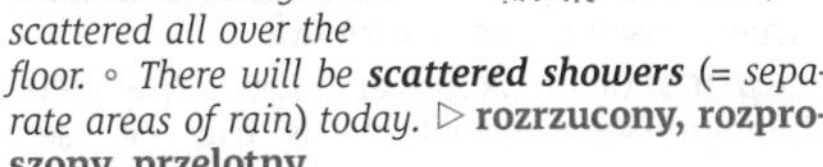

ˈscatter ˌdiagram **noun** [C] a graph with points representing amounts of numbers on it, often with a line drawn through the points to show the pattern of the data ▷ **wykres rozrzutu**

scattered /ˈskætəd/ **adjective** covering a wide area: *His toys were scattered all over the floor.* ◦ *There will be **scattered showers*** (= *separate areas of rain*) *today.* ▷ **rozrzucony, rozproszony, przelotny**

scattering /ˈskætərɪŋ/ **noun** [no plural] a small number of separate things, especially in a large area: *a scattering of houses* ▷ **niewielka liczba**

scatty /ˈskæti/ **adjective** informal silly and often forgetting things ▷ **roztrzepany**

scavenge /ˈskævɪndʒ/ **verb** [I, T] to search for food or for useful things that have been thrown away ▷ **grzebać po śmietnikach, żywić się padliną lub odpadkami**
• **scavenger noun** [C] a person or animal who scavenges ▷ **śmieciarz, padlinożerca**

scenario /sɪˈnɑːriəʊ/ **noun** **1** [C] a description of a situation, or of a situation that may develop in the future ▷ **scenariusz** **2** **worst-case scenario** the worst situation that you can imagine ▷ **najczarniejszy scenariusz**

scene /siːn/ **noun** **1** [C] B1 a short part of a film, play, or book in which the events happen in one place: *a **love scene*** ◦ *the final scene* ▷ **scena, scenka** **2** [C] B2 a view or picture of a place, event, or activity: *scenes of everyday life* ▷ **scena, obraz** **3** [C] B2 a place where an unpleasant event has happened: *the scene of the crime* ▷ **miejsce** **4** **the club/gay/music, etc scene** B2 all the things connected with a particular way of life or activity ▷ **życie klubowe/środowisko gejów/scena muzyczna** *itp.* **5** [C] when people have a loud argument or show strong emotions in a public place: [usually singular] *She **made a scene** when I told her she couldn't come with us.* ▷ **scena**

IDIOMS **behind the scenes** If something happens behind the scenes, it happens secretly. ▷ **za kulisami** • **set the scene for sth** to make an event or situation possible or likely to happen ▷ **stworzyć warunki ku** *czemuś* **lub do** *czegoś*

scenery /ˈsiːnəri/ **noun** [U] **1** B1 the attractive, natural things that you see in the countryside: *The Grand Canyon is famous for its spectacular scenery.* ▷ **krajobraz, sceneria** **2** the large pictures of buildings, countryside, etc used on a theatre stage ▷ **dekoracje**

S

scenic /ˈsiːnɪk/ **adjective** having views of the attractive, natural things in the countryside: *a **scenic route*** ◦ *an area of great **scenic beauty*** ▷ **widokowy**

scent /sent/ **noun 1** [C] B2 a pleasant smell: *the sweet scent of orange blossom* ▷ **zapach, woń 2** [C, U] a pleasant smelling liquid that people put on their skin ▷ **perfumy 3** [C, U] the smell of an animal or a person that is left somewhere ▷ **trop**

scented /ˈsentɪd/ **adjective** having a pleasant smell: *a scented candle* ▷ **zapachowy, perfumowany**

sceptic UK (US **skeptic**) /ˈskeptɪk/ **noun** [C] someone who doubts that a belief or an idea is true or useful ▷ **scepty-k/czka**

sceptical UK (US **skeptical**) /ˈskeptɪkəl/ **adjective** doubting that something is true or useful: *Scientists remain **sceptical about** astrology.* ◦ *She was **sceptical of** the new arrangement.* ▷ **sceptyczny**

scepticism UK (US **skepticism**) /ˈskeptɪsɪzəm/ **noun** [U] when you doubt that something is true or useful: *There was some **scepticism about** her ability to do the job.* ▷ **sceptycyzm**

schedule[1] /ˈʃedjuːl/ ⓤⓢ /ˈskedʒuːl/ **noun 1** [C, U] B2 a plan that gives events or activities and the times that they will happen or be done: *I have a very **busy schedule** today.* ◦ *Will the work be completed **on schedule** (= at the expected time)?* ◦ *The project was finished **ahead of schedule** (= earlier than planned).* ▷ **harmonogram, plan 2** [C] mainly US a list of times when buses, trains, etc arrive and leave ▷ **rozkład (jazdy lub lotów lub rejsów)**

schedule[2] /ˈʃedjuːl/ ⓤⓢ /ˈskedʒuːl/ **verb** [T] B2 to arrange that an event or an activity will happen at a particular time: [often passive] *Your appointment has been **scheduled for** next Tuesday.* ◦ *a scheduled flight* ▷ **zaplanować**

scheme[1] /skiːm/ **noun** [C] **1** mainly UK B2 an official plan or system: *an insurance/savings scheme* ◦ *a training scheme for teenagers* ▷ **program, system 2** a plan for making money, especially in a dishonest way: *a scheme to steal money from investors* ▷ **plan**

> Wyrazy występujące razem z **scheme**
>
> **come up with/devise** a scheme • **implement/introduce/launch/unveil** a scheme • a scheme **for doing sth**

scheme[2] /skiːm/ **verb** [I] to make a secret plan in order to get an advantage, usually by deceiving people ▷ **knuć**

schist /ʃɪst/ **noun** [U] a type of rock that breaks easily into thin layers ▷ **łupek**

schizophrenia /ˌskɪtsəʊˈfriːniə/ **noun** [U] a serious mental illness in which someone cannot understand what is real and what is imaginary ▷ **schizofrenia**

• **schizophrenic** /ˌskɪtsəʊˈfrenɪk/ **noun** [C] someone who suffers from schizophrenia ▷ **schizofreni-k/czka**

schizophrenic /ˌskɪtsəʊˈfrenɪk/ **adjective** relating to schizophrenia: *schizophrenic patients/symptoms* ▷ **schizofreniczny**

schmooze /ʃmuːz/ **verb** [I, T] informal to talk to someone in a friendly, informal way so that they will like you or do something for you: *politicians **schmoozing with** journalists* ▷ **zagadywać**

scholar /ˈskɒləʳ/ **noun** [C] someone who has studied a subject and knows a lot about it: *a legal scholar* ▷ **uczon-y/a, naukowiec**

scholarly /ˈskɒləli/ **adjective 1** A scholarly article or book is a formal piece of writing by a scholar about a particular subject. ▷ **naukowy 2** If someone is scholarly, they study a lot and know a lot about what they study. ▷ **uczony**

scholarship /ˈskɒləʃɪp/ **noun 1** [C] an amount of money given to a person by an organization to pay for their education, usually at a college or university ▷ **stypendium 2** [U] when you study a subject for a long time ▷ **nauka**

scholastic /skəˈlæstɪk/ **adjective** [always before noun] relating to school and education: *scholastic achievements* ▷ **szkolny, nauczania, w nauce**

school /skuːl/ **noun 1** [C] A1 a place where children go to be educated: *Which **school do you go to** ?* ◦ *I ride my bike to school.* ▷ **szkoła 2** [U] A2 the time that you spend at school: *I like school.* ◦ *We're going shopping after school.* ▷ **szkoła 3** [no plural] all the students and teachers at a school: *The whole school took part in the project.* ▷ **szkoła 4 a dance/language/riding, etc school** A2 a place where you can study a particular subject ▷ **szkoła tańca/języków (obcych)/szkółka jeździecka** *itp.* **5** [C] a part of a college or university: *the University of Cambridge Medical School* ▷ **wydział, instytut 6** [C, U] US informal in the US, any college or university, or the time you spend there: *Which schools did you apply for?* ▷ **uczelnia, studia 7** [C] a group of fish or other sea animals ▷ **ławica**

IDIOM **school of thought** the ideas and beliefs shared by a group of people ▷ **teoria, szkoła (naukowa)**

→ See also **boarding school**, **elementary school**, **grade school**, **grammar school**, **high school**, **junior high school**, **junior school**, **middle school**, **night school**, **nursery school**, **prep school**, **preparatory school**, **primary school**, **public school**, **secondary school**, **state school**

> Wyrazy występujące razem z **school**
>
> **go to** school • **at** school • a school **holiday** • a school **year** • school **children/kids**

schoolboy /ˈskuːlbɔɪ/ **noun** [C] a boy who goes to school ▷ **uczeń**

schoolchild /ˈskuːltʃaɪld/ **noun** [C] (plural

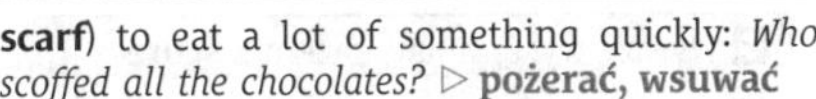

schoolchildren) (A2) a child who goes to school ▷ **ucze-ń/nica**

schooldays /ˈskuːldeɪz/ **noun** [plural] UK the period in your life when you go to school ▷ **szkolne lata**

schoolgirl /ˈskuːlɡɜːl/ **noun** [C] a girl who goes to school ▷ **uczennica**

schooling /ˈskuːlɪŋ/ **noun** [U] education at school ▷ **nauka**

schoolteacher /ˈskuːlˌtiːtʃəʳ/ **noun** [C] someone who teaches children in a school ▷ **nauczyciel/ka**

science /saɪəns/ **noun** **1** [U] (A2) the study and knowledge of the structure and behaviour of natural things in an organized way ▷ **nauka** **2** [C, U] (B1) a particular type of science: *computer science* ◦ *Chemistry, physics, and biology are all sciences.* ▷ **nauka, dziedzina nauki** → See also **natural sciences**, **social science**

ˌ**science ˈfiction** **noun** [U] (B1) stories about life in the future or in other parts of the universe ▷ **fantastyka naukowa, science fiction**

scientific /ˌsaɪənˈtɪfɪk/ **adjective** (B1) relating to science, or using the organized methods of science: ***scientific experiments/research*** ▷ **naukowy**
• **scientifically** **adverb** (B2) *a scientifically proven fact* ▷ **naukowo**

scienˌtific noˈtation **noun** [U] a way of writing very large or very small numbers by putting one number before the decimal point, then multiplying by a power of 10, e.g. 3.6 x 103 ▷ **zapis wykładniczy**

scientist /ˈsaɪəntɪst/ **noun** [C] (B1) someone who studies science or works in science ▷ **naukowiec, badacz/ka**

sci-fi /ˈsaɪˌfaɪ/ **noun** [U] informal short for science fiction ▷ **SF**

scintillating /ˈsɪntɪleɪtɪŋ/ **adjective** very interesting or exciting: *a scintillating performance* ▷ **błyskotliwy**

scissors /ˈsɪzəz/ **noun** [plural] (A2) a tool for cutting paper, hair, cloth, etc that you hold in your hand and that has two blades that move against each other: *a pair of scissors* ▷ **nożyczki**

scissors

sclera /ˈsklɪərə/ **noun** [C, usually singular] the strong white layer that covers the outside of the eye ▷ **twardówka**

scoff /skɒf/ **verb** **1** [I] to laugh at someone or something, or criticize them in a way that shows you do not respect them: *The critics* ***scoffed at*** *his work.* ▷ **pokpiwać sobie, naśmiewać się** **2** [I, T] UK informal (US **scarf**) to eat a lot of something quickly: *Who scoffed all the chocolates?* ▷ **pożerać, wsuwać**

scold /skəʊld/ **verb** [T] old-fashioned to speak angrily to someone because they have done something wrong ▷ **karcić, krzyczeć na**

scone /skɒn/, /skəʊn/ **noun** [C] a small, round cake: *tea and buttered scones* ▷ **babeczka**

scoop[1] /skuːp/ **verb** [T] to remove something from a container using a spoon, your curved hands, etc: *She scooped the ice cream into the dishes.* ▷ **nabierać**

PHRASAL VERB **scoop sth/sb up** to lift something or someone with your hands ▷ **podnosić** *coś/kogoś*

scoop[2] /skuːp/ **noun** [C] **1** a large, deep spoon for lifting and moving an amount of something, or the amount that can be held in it: *an* ***ice cream scoop*** ◦ *a scoop of ice cream* ▷ **łyżka, nabierka, kulka, gałka** **2** a piece of news discovered and printed by one newspaper before it appears anywhere else ▷ **sensacyjny materiał**

scoot /skuːt/ **verb** informal **scoot along/down/over, etc** to go somewhere quickly ▷ **przemykać**

scooter /ˈskuːtəʳ/ **noun** [C] **1** (A2) a small motorcycle ▷ **skuter** **2** a child's vehicle that has two wheels fixed to the ends of a long board and a long handle ▷ **hulajnoga**

scope /skəʊp/ **noun** **1** [no plural] how much a subject or situation relates to: *Do we know the full* ***scope of*** *the problem yet?* ▷ **zakres, zasięg** **2** [U] the opportunity to do something: *There is plenty of* ***scope for*** *improvement.* ▷ **miejsce, możliwość**

> Wyrazy występujące razem z **scope**
>
> expand/extend/limit/widen the scope of sth • be beyond/outside/within the scope of sth

scorch /skɔːtʃ/ **verb** [T] to damage something with fire or heat ▷ **przypalać, przypiekać**

scorched /skɔːtʃt/ **adjective** slightly burnt, or damaged by fire or heat: *scorched earth/fields* ▷ **przypalony, spalony**

ˌ**scorched ˈearth ˌpolicy** **noun** [no plural] when an army destroys everything in an area such as food, buildings or equipment which could be useful to an enemy ▷ **taktyka spalonej ziemi**

scorching /ˈskɔːtʃɪŋ/ **adjective** very hot: *a* ***scorching hot*** *day* ▷ **upalny, skwarny**

score[1] /skɔːʳ/ **noun** **1** [C] (B1) the number of points someone gets in a game or test: *a* ***high/low score*** ◦ *What's the score?* ▷ **wynik** **2** **scores of sth** a large number of people or things: *Scores of teenage girls were waiting to get his autograph.* ▷ **dziesiątki** *czegoś/kogoś* **3** [C] a printed piece of music ▷ **partytura** **4** **on that/this score** about the thing or subject which you have just discussed: *The company will pay your travel expenses, so don't worry on that score.* ▷ **z tego powodu**

S

Wyrazy występujące razem z score

keep score • even/level the score • the final/latest score • a score of sth • a high/low score

score² /skɔːʳ/ **verb** [I, T] B1 to get points in a game or test: *He scored just before half-time to put Liverpool 2-1 ahead.* ▷ **zdobyć punkt lub bramkę**

scoreboard /ˈskɔːbɔːd/ **noun** [C] a large board which shows the score of a game ▷ **tablica wyników**

scorer /ˈskɔːrəʳ/ **noun** [C] a player who scores points in a game: *Domingo was Italy's **top scorer**.* ▷ **strzelec**

scorn /skɔːn/ **noun** [U] formal the feeling that something is stupid and does not deserve your respect ▷ **pogarda**

• **scorn verb** [T] formal to show scorn for someone or something: *You scorned all my suggestions.* ▷ **gardzić**

scornful /ˈskɔːnfəl/ **adjective** formal showing that you think something is stupid and does not deserve your respect: *I'm very **scornful of** any findings that lack proper scientific data.* ▷ **pogardliwy**

• **scornfully adverb** ▷ **pogardliwie**

Scorpio /ˈskɔːpiəʊ/ **noun** [C, U] the sign of the zodiac which relates to the period of 23 October – 21 November, or a person born during this period ▷ **Skorpion**

scorpion /ˈskɔːpiən/ **noun** [C] a small, insect-like creature with a curved, poisonous tail ▷ **skorpion**

Scotch /skɒtʃ/ **noun** [C, U] (also ˌ**Scotch ˈwhisky**) a type of whisky ▷ **szkocka (whisky)**

ˌ**Scotch ˈtape noun** [U] US trademark (UK trademark **Sellotape**) clear, thin tape used for sticking things, especially paper, together ▷ **taśma klejąca** → See **The Classroom** on page Centre 6

the Scots /skɒts/ **noun** [plural] the people of Scotland ▷ **Szkoci**

Scottish /ˈskɒtɪʃ/ **adjective** relating to Scotland: *Scottish history* ▷ **szkocki**

scour /skaʊəʳ/ **verb** [T] **1** to search for something very carefully, often over a large area: *The police **scoured** the surrounding countryside **for** possible clues.* ▷ **przetrząsać, przeszukiwać 2** to clean something by rubbing it with something rough ▷ **szorować**

scourge /skɜːdʒ/ **noun** formal **the scourge of sth** something which causes a lot of suffering or trouble: *Drug-related crime is the scourge of modern society.* ▷ **plaga** *czegoś*, **zmora** *czegoś*

scout¹ /skaʊt/ **noun 1** [C] (also **Boy Scout**) a member of an organization for young people which teaches them practical skills and encourages them to be good members of society ▷ **skaut, harce-rz/rka 2 the Scouts** an organization for young people which teaches them practical skills and encourages them to be good members of society ▷ **skauting, harcerstwo 3** [C] someone whose job is to find good musicians, sports people, etc to join an organization: *a **talent scout*** ▷ **poszukiwacz/ka, łowca**

scout² /skaʊt/ **verb** [I] (also **scout around**) to try to find something by looking in different places: *I'm **scouting around for** somewhere to park.* ▷ **rozglądać się**

scowl /skaʊl/ **verb** [I] to look at someone angrily: *He **scowled at** me from behind his paper.* ▷ **krzywić się, patrzeć wilkiem**

• **scowl noun** [C] ▷ **krzywe spojrzenie**

scrabble /ˈskræbl/ **verb**

PHRASAL VERB **scrabble about/around** to use your fingers to quickly find something that you cannot see: *She scrabbled around in her bag, trying to find her keys.* ▷ **macać, szukać po omacku**

scramble /ˈskræmbl/ **verb 1 scramble down/out/up, etc** to move or climb quickly but with difficulty, often using your hands: *We scrambled up the hill.* ▷ **przedzierać się/wdrapywać się 2** [I] to compete with other people for something which there is very little of: [+ to do sth] *New teachers scramble to get jobs in the best schools.* ▷ **bić się**

• **scramble noun** [no plural] *There was a **mad scramble** for places near the front.* ▷ **przepychanka, walka**

ˌ**scrambled ˈeggs noun** [plural] eggs which are mixed together and then cooked ▷ **jajecznica**

scrap¹ /skræp/ **noun 1** [C] a small piece or amount of something: *He wrote his phone number on **a scrap of** paper.* ◦ *I've read every **scrap of information** I can find on the subject.* ▷ **skrawek, kawałek, odrobina 2** [U] old cars and machines that are not now needed but have parts which can be used to make other things: ***scrap metal*** ◦ *The car was so badly damaged we could only sell it as scrap.* ▷ **złom 3** [C] informal a fight or an argument, usually not very serious: *He was always **getting into scraps** at school.* ▷ **utarczka, bójka**

scrap² /skræp/ **verb** [T] (present participle **scrapping**, past tense and past participle **scrapped**) **1** informal to not continue with a plan or idea: *That project has now been scrapped.* ▷ **zarzucać 2** to get rid of something which you do not now want ▷ **pozbywać się**

scrapbook /ˈskræpbʊk/ **noun** [C] a book with empty pages where you can stick newspaper articles, pictures, etc, that you have collected and want to keep ▷ **album**

scrape¹ /skreɪp/ **verb** [T] **1** to damage the surface of something by rubbing it against something rough: *Jamie fell over and **scraped** his **knee**.* ▷ **otrzeć 2** to remove something from a surface using a sharp edge: *The next morning I had to scrape the ice off the car.* ▷ **skrobać, zeskrobywać 3 scrape a win/draw/pass** UK to succeed in a test or competition but with difficulty: *France scraped a 3-2 win over Norway.* ▷ **wywalczyć zwycięstwo/remis/zaliczenie**

PHRASAL VERBS **scrape by** to manage to live when you do not have enough money ▷ **jakoś sobie radzić** • **scrape through (sth)** to succeed in something but with a lot of difficulty: *I scraped through my exams (= just passed).* ▷ **prześlizgnąć się (przez** *coś***)** • **scrape sth together** to manage with a lot of difficulty to get enough of something, often money: *I finally* ***scraped together*** *enough* ***money*** *for a flight home.* ▷ **uzbierać** *coś*, **uciułać** *coś*

scrape² /skreɪp/ **noun** [C] **1** the slight damage caused when you rub a surface with something rough: *He suffered a few cuts and scrapes but nothing serious.* ▷ **otarcie, zadrapanie** **2** informal a difficult or dangerous situation which you cause yourself: *She's always* ***getting into scrapes.*** ▷ **tarapaty**

scrappy /ˈskræpi/ **adjective** **1** UK untidy or organized badly: *They won but it was a scrappy match.* ▷ **bezładny, chaotyczny** **2** US determined to win or achieve something: *a scrappy competitor* ▷ **zaczepny, zacięty**

scratch¹ /skrætʃ/ **verb** **1** [I, T] B2 to rub your skin with your nails, often to stop it itching: *He scratched his head.* ▷ **drapać, podrapać (się)** **2** [T] B2 to make a slight cut or long, thin mark with a sharp object: *The surface was all scratched.* ◦ *I scratched myself on the roses.* ▷ **podrapać, zadrapać** **3** [I, T] B2 to rub a hard surface with a sharp object, often making a noise: *I could hear the cat scratching at the door.* ▷ **drapać, skrobać**

scratch² /skrætʃ/ **noun** **1** [C] B2 a slight cut or a long, thin mark made with a sharp object: *I've got all these scratches on my arm from the cat.* ▷ **zadrapanie** **2** [no plural] when you rub your skin with your nails, often to stop it itching: *Could you give my back a scratch?* ▷ **drapanie** **3 from scratch** If you do something from scratch, you do it from the beginning. ▷ **od zera, od początku**

IDIOM **not be/come up to scratch** informal to not be good enough: *She told me my work wasn't up to scratch.* ▷ **być za słabym**

scrawl /skrɔːl/ **verb** [T] to write something quickly so that it is untidy: *She scrawled a note, but I couldn't read it.* ▷ **bazgrać**
• **scrawl noun** [C, U] ▷ **gryzmoły**

scrawny /ˈskrɔːni/ **adjective** too thin: *a scrawny neck* ▷ **kościsty**

scream¹ /skriːm/ **verb** [I, T] B1 to make a loud, high noise with your voice, or to shout something in a loud, high voice because you are afraid, hurt, or angry: *She screamed for help.* ◦ *I could hear a woman screaming, "Get me out of here!"* ▷ **wrzeszczeć, krzyczeć**

scream² /skriːm/ **noun** **1** B1 [C] when someone screams: *We heard screams coming from their apartment.* ◦ *We heard a* ***blood curdling*** *scream.* ▷ **krzyk, wrzask** **2 be a scream** informal to be very funny: *You'd love Amanda – she's a scream.* ▷ **być zabawnym**

> Wyrazy występujące razem z **scream**
>
> **let out** a scream • a **blood-curdling/piercing/shrill** scream • a scream **of** [horror/pain/shock, etc]

scree /skriː/ **noun** [U] an area on the side of a mountain covered with large loose broken stones ▷ **piarg**

screech /skriːtʃ/ **verb** **1** [I, T] to make an unpleasant, high, loud sound: *A car came screeching around the corner.* ◦ *She was screeching at him at the top of her voice.* ▷ **piszczeć, skrzeczeć** **2 screech to a halt/stop** If a vehicle screeches to a halt, it suddenly stops, making an unpleasant, high sound. ▷ **zatrzymać się z piskiem opon**
• **screech noun** [C] *We could hear the* ***screech of brakes.*** ▷ **pisk, skrzeczenie**

screen¹ /skriːn/ **noun** **1** [C] A2 the part of a television or computer which shows images or writing: *I spend most of my day working in front of a* ***computer screen.*** ▷ **ekran** **2 on screen** A2 using a computer: *Do you work on screen?* ▷ **na lub przy komputerze** **3** [C] A2 a large, flat surface where a film or an image is shown ▷ **ekran** **4** [U, no plural] cinema films: *an actor of* ***stage and screen*** *(= theatre and films)* ◦ *She first* ***appeared on screen*** *in 1965.* ▷ **ekran** **5** [C] a wire net which covers a window or door and is used to stop insects coming in ▷ **siatka** **6** [C] a vertical structure which is used to separate one area from another ▷ **zasłona, parawan**

screen² /skriːn/ **verb** [T] **1** to find out if people have an illness by doing medical tests on them: *Babies are routinely* ***screened for*** *the condition.* ▷ **badać, monitorować** **2** to find out information about someone in order to decide if they are suitable for a particular job: *Applicants are screened to ensure that none of them is a security risk.* ▷ **sprawdzać** **3** to show something on television or at a cinema: [often passive] *The first episode will be screened tonight.* ▷ **nadawać, wyświetlać**

PHRASAL VERB **screen sth off** to separate one area from another using a vertical structure: *Part of the room is screened off and used as an office.* ▷ **oddzielać** *coś*

screenplay /ˈskriːnpleɪ/ **noun** [C] a story that is written for television or for a film ▷ **scenariusz**

ˈscreen ˌprinting **noun** [U] a method of printing by forcing ink through a pattern cut into a piece of cloth stretched across a frame ▷ **sitodruk**

ˈscreen ˌsaver **noun** [C] (also **screensaver**) a program to protect a computer screen that automatically shows a moving image if the

S

computer is not used for a few minutes ▷ **wygaszacz ekranu**

screw¹ /skru:/ **noun** [C] a small, pointed piece of metal that you turn round and round to fix things together, especially pieces of wood ▷ **śruba, wkręt**

screw² /skru:/ **verb 1 screw sth down/to/onto, etc** to fasten something with a screw: *You need to screw the cabinet to the wall.* ▷ **przykręcać/wkręcać** *coś* **(w/do** *itp.***) 2 screw sth on/down/together, etc** to fasten something by turning it round until it is tight, or to be fastened this way: *The lid is* ***screwed on*** *so tight I can't get it off.* ▷ **przykręcać/dokręcać/skręcać** *itp. coś* → Opposite **unscrew 3 screw up your eyes/face** to move the muscles of your face so that your eyes become narrow: *He screwed up his eyes in the bright sunlight.* ▷ **mrużyć oczy**

PHRASAL VERBS **screw (sth) up** informal to make a mistake, or to spoil something: *I screwed up my exams last year.* ▷ **zawalić (***coś***)** • **screw sth up** to twist and crush a piece of paper with your hands: *She screwed the letter up and threw it in the bin.* ▷ **pomiąć** *coś*

screwdriver /ˈskru:ˌdraɪvəʳ/ **noun** [C] a tool for turning screws ▷ **śrubokręt, wkrętak**

screwed-up /ˌskru:dˈʌp/ **adjective** informal If someone is screwed-up, they are unhappy and anxious because they have had a lot of bad experiences. ▷ **w dołku, załamany**

scribble /ˈskrɪbl/ **verb** [I, T] to write or draw something quickly and carelessly: *She* ***scribbled*** *some* ***notes*** *in her book.* ▷ **bazgrać**
• **scribble noun** [C, U] something that has been scribbled ▷ **bazgroły**

script /skrɪpt/ **noun 1** [C] B2 the words in a film, play, etc: *He wrote a number of* ***film scripts****.* ▷ **scenariusz 2** [C, U] a set of letters used for writing a particular language: *Arabic/Roman script* ▷ **pismo**

scripted /ˈskrɪptɪd/ **adjective** A scripted speech or broadcast has been written before it is read or performed. ▷ **wcześniej przygotowany**

scripture /ˈskrɪptʃəʳ/ **noun** [U] (also **the scriptures**) the holy books of a religion ▷ **pismo święte**

scriptwriter /ˈskrɪptˌraɪtəʳ/ **noun** [C] someone who writes the words for films or radio or television programmes ▷ **scenarzyst-a/ka**

scroll¹ /skrəʊl/ **noun** [C] a long roll of paper with writing on it, used especially in the past ▷ **zwój**

scroll² /skrəʊl/ **verb scroll up/down/through, etc** to move text or an image on a computer screen so that you can look at the part that you want ▷ **przewijać (w górę/dół** *itp.***)**

scrollbar /ˈskrəʊlbɑ:ʳ/ **noun** [C] on a computer screen, a thin rectangle on the side or bottom that you use to move text or an image ▷ **pasek przewijania**

scrooge /skru:dʒ/ **noun** [C] informal someone who spends very little money ▷ **sknera, skąpiradło**

scrotum /ˈskrəʊtəm/ **noun** [C] (plural **scrotums** or **scrota**) in most male mammals, a bag of skin near the penis which contains the testicles ▷ **moszna**

scrounge /skraʊndʒ/ **verb** [I, T] informal to get something from someone else instead of paying for it yourself: *He's always* ***scrounging*** *money* ***off*** *you.* ▷ **sępić**

scrub¹ /skrʌb/ **verb** [I, T] (present participle **scrubbing**, past tense and past participle **scrubbed**) to clean something by rubbing it hard with a brush: *to scrub the floor* ▷ **szorować**

scrub² /skrʌb/ **noun 1** [U] bushes and small trees that grow in a dry area ▷ **zarośla 2** [no plural] when you clean something by rubbing it with a brush: *I* ***gave*** *my hands* ***a scrub****.* ▷ **szorowanie**

scruff /skrʌf/ **noun**

IDIOM **by the scruff of the/your neck** by the back of the neck: *She picked the cat up by the scruff of its neck.* ▷ **za kark**

scruffy /ˈskrʌfi/ **adjective** dirty and untidy: *scruffy jeans* ◦ *I don't like to look scruffy.* ▷ **niechlujny, wyświechtany**

scruple /ˈskru:pl/ **noun** [C] a belief that something is wrong which stops you from doing that thing: [usually plural] *She* ***has no scruples*** *about accepting bribes.* ▷ **skrupuły**

scrupulous /ˈskru:pjələs/ **adjective 1** very careful and giving great attention to details: *He's very scrupulous about making sure that all the facts are checked.* ▷ **skrupulatny, sumienny 2** always honest and fair ▷ **uczciwy** → Opposite **unscrupulous**

scrutinize (also UK **-ise**) /ˈskru:tɪnaɪz/ **verb** [T] to examine something very carefully: *The evidence was carefully scrutinized.* ▷ **analizować, przyglądać się**

scrutiny /ˈskru:tɪni/ **noun** [U] when you examine something carefully: *Every aspect of her life* ***came under*** *public* ***scrutiny****.* ▷ **analiza, obserwacja**

> Wyrazy występujące razem z **scrutiny**
>
> be under/come under scrutiny • careful/close/rigorous scrutiny • public scrutiny

scuba diving /ˈsku:bəˌdaɪvɪŋ/ **noun** [U] a sport in which you swim under water using special equipment for breathing ▷ **nurkowanie (z aparatem)**

scuff /skʌf/ **verb** [T] to make a mark on your shoes by rubbing them against something rough ▷ **zdzierać, zarysować, porysować**

scuffle /ˈskʌfl/ **noun** [C] a short fight in which people push each other: *A* ***scuffle broke out*** *(= started) behind the courtroom.* ▷ **przepychanka**

sculptor /ˈskʌlptəʳ/ **noun** [C] someone who makes sculpture ▷ **rzeźbia-rz/rka**

sculpture /ˈskʌlptʃəʳ/ **noun 1** [C, U] B1 a piece of art that is made from stone, wood, clay, etc: *a wooden sculpture* ◦ *modern sculpture* ▷ **rzeźba 2** [U] B1 the art of making objects from stone, wood, clay, etc: *She teaches sculpture at an art school.* ▷ **rzeźbiarstwo, rzeźba**

scum /skʌm/ **noun 1** [U, no plural] an unpleasant, thick substance on the surface of a liquid ▷ **szumowiny, piana, kożuch 2** [U] informal an offensive way of referring to a very bad person ▷ **pętak**

scurry /ˈskʌri/ **verb scurry along/around/away, etc** to walk quickly or run because you are in a hurry ▷ **pędzić/krzątać się/biegać/uciekać** *itp.*

scuttle /ˈskʌtl/ **verb scuttle across/along/away, etc** to run quickly using short steps: *A beetle scuttled across the floor.* ▷ **pędzić/mknąć/czmychnąć**

scythe /saɪð/ **noun** [C] a tool with a long handle and a curved blade that is used to cut tall grass and crops ▷ **kosa**

sea /siː/ **noun 1** A1 [C, U] a large area of salt water: *I'd like to live by* ***the sea.*** ◦ *It was our third day* ***at sea*** *(= travelling on the sea).* ◦ *It's cheaper to send parcels* ***by sea*** *(= on a ship).* ▷ **morze, ocean 2 Sea** A1 a particular area of salt water: *the North Sea* ◦ *the Black Sea* ▷ **Morze 3 a sea of sth** a large number of something: *He looked across the room and saw a sea of faces.* ▷ **morze** *czegoś*

seabed /ˈsiːbed/ **noun** [no plural] the floor of the sea ▷ **dno morskie lub oceaniczne**

ˈsea deˌfence noun [U, C] ways of protecting land from being flooded or worn away by the sea ▷ **ochrona wybrzeża (przez zalaniem lub zniszczeniem)**

seafood /ˈsiːfuːd/ **noun** [U] animals from the sea that are eaten as food, especially animals that live in shells ▷ **owoce morza**

seafront /ˈsiːfrʌnt/ **noun** [C] UK a part of a town that is next to the sea: [usually singular] *We walked* ***along*** *the* ***seafront.*** ▷ **bulwar nadmorski, przymorze**

seagull /ˈsiːgʌl/ **noun** [C] a grey and white bird that lives near the sea ▷ **mewa**

seagull

seahorse /ˈsiːhɔːs/ **noun** [C] a small fish that has a head and neck the same shape as a horse's ▷ **konik morski**

seal¹ /siːl/ **noun** [C] **1** B2 an animal with smooth fur that eats fish and lives near the sea ▷ **foka 2** a piece of paper or plastic on a container that you break in order to open it ▷ **zamknięcie, plomba, folia zabezpieczająca 3** an official mark made of wax, paper, or metal that is put on important documents ▷ **pieczęć 4** an object or substance that stops liquid or air from leaving or entering a container ▷ **uszczelka, uszczelnienie**

seal² /siːl/ **verb** [T] **1** (also **seal up**) to close an entrance or container so that air or liquid cannot enter or leave it: *She quickly sealed up the bottle.* ▷ **zamykać (szczelnie), uszczelniać 2** to close a letter or parcel by sticking the edges together: *to seal an envelope* ▷ **zaklejać**

PHRASAL VERB **seal sth off** to prevent people from entering an area or building, often because it is dangerous: *Police immediately sealed off the streets.* ▷ **odgradzać** *coś*

ˈsea ˌlevel noun [U] the level of the sea's surface, used to measure the height of an area of land ▷ **poziom morza**

ˈsea ˌlion noun [C] a large seal ▷ **lew morski**

seam /siːm/ **noun** [C] **1** a line of sewing where two pieces of cloth have been joined together ▷ **szew 2** a long, thin layer of coal under the ground ▷ **pokład**

seaman /ˈsiːmən/ **noun** [C] (plural **seamen**) a sailor ▷ **marynarz**

seance /ˈseɪɒns/ **noun** [C] a meeting at which people try to communicate with spirits of dead people ▷ **seans (spirytystyczny)**

search¹ /sɜːtʃ/ **verb 1** [I, T] B1 to try to find someone or something: *I've searched my bedroom but I can't find my watch.* ◦ *Police are still* ***searching*** *the woods* ***for*** *the missing girl.* ▷ **przeszukiwać, szukać (w) 2** [T] B2 If the police search someone, they look in their clothes and bags to see if they are hiding anything illegal, such as drugs: *They were searched at the airport.* ▷ **przeszukiwać, rewidować 3** [I] B2 to try to find an answer to a problem: *Doctors are still* ***searching for*** *a cure.* ▷ **szukać, poszukiwać**

search² /sɜːtʃ/ **noun 1** [C] B1 when you try to find someone or something: [usually singular] *Police are continuing their* ***search for*** *the missing girl.* ◦ *They went off* ***in search of*** *(= to find) a bar.* ▷ **poszukiwanie, poszukiwania 2** [no plural] B2 when you try to find an answer to a problem: *the search for happiness* ▷ **poszukiwanie**

> Wyrazy występujące razem z **search (noun)**
>
> **carry out/conduct/make/mount** a search • **abandon/call off** a search • a **desperate/frantic/painstaking/thorough** search • a search **for** sb/sth • **in search of** sb/sth

ˈsearch ˌengine noun [C] a computer program which finds information on the Internet by looking for words which you have typed in ▷ **przeszukiwarka**

searching /ˈsɜːtʃɪŋ/ **adjective** A searching question or look is intended to discover the truth about something. ▷ **dociekliwy**

ˈsearch ˌparty noun [C] a group of people who look for someone who is lost ▷ **ekipa poszukiwawcza**

S

ˈsearch ˌwarrant noun [C] an official document that allows the police to search a building ▷ **nakaz rewizji**

searing /ˈsɪərɪŋ/ adjective [always before noun] extreme and unpleasant: ***searing pain/heat*** ▷ **piekący**

ˈsea ˌshell noun [C] the empty shell of some types of sea animals ▷ **muszla, muszelka**

the seashore /ˈsiːʃɔːʳ/ noun the area of land along the edge of the sea ▷ **brzeg morza**

seasick /ˈsiːsɪk/ adjective feeling ill because of the way a boat is moving ▷ **cierpiący na chorobę morską**

the seaside /ˈsiːsaɪd/ noun B1 an area or town next to the sea: *We had a picnic **at the seaside**.* ◦ *a seaside resort/community* ▷ **wybrzeże, ≈ nad morzem**

season[1] /ˈsiːzᵊn/ noun [C] **1** B1 one of the four periods of the year; winter, spring, summer, or autumn ▷ **pora roku 2** B1 a period of the year when a particular thing happens: [usually singular] *the holiday season* ◦ *the rainy/dry season* ◦ *the football season* ▷ **sezon 3 in season a** B2 If vegetables or fruit are in season, they are available and ready to eat. ▷ **≈ jest sezon na** *coś* **b** If a female animal is in season, she is ready to mate. ▷ **w okresie godowym 4 out of season a** If vegetables or fruit are out of season, they are not usually available at that time. ▷ **≈ nie jest sezon na** *coś* **b** If you go somewhere out of season, you go during a period of the year when few people are there. ▷ **poza sezonem**

season[2] /ˈsiːzᵊn/ verb [T] to add salt or spices to food that you are cooking ▷ **przyprawiać**

seasonal /ˈsiːzᵊnᵊl/ adjective B2 happening or existing only at a particular time of the year: *a seasonal worker* ◦ *the seasonal migration of birds* ▷ **sezonowy**

seasoned /ˈsiːzᵊnd/ adjective [always before noun] having a lot of experience of doing something: *a **seasoned** traveller* ▷ **wytrawny, doświadczony**

seasoning /ˈsiːzᵊnɪŋ/ noun [C, U] salt or spices that you add to food ▷ **przyprawy, przyprawa**

ˈseason ˌticket UK (US **ˌseason ˈticket**) noun [C] a ticket that you can use many times without having to pay each time ▷ **bilet okresowy, sieciówka**

seat[1] /siːt/ noun [C] **1** A2 something that you sit on: *Please, **have/take a seat** (= sit down).* ◦ *I've booked three seats for the cinema tonight.* ◦ *the **back/front seat** of a car* ▷ **miejsce, siedzenie 2** the flat part of a chair, bicycle, etc that you sit on ▷ **siedzenie, siodełko 3** a position in a parliament or other group that makes official decisions: *a seat in parliament* ◦ *a congressional seat* ▷ **mandat, fotel, miejsce**

> Wyrazy występujące razem z **seat**
> have/take a seat • in/on a seat • the back/driver's/front/passenger seat

seat[2] /siːt/ verb **1 seat yourself in/on/next to, etc** to sit somewhere: *I seated myself next to the fire.* ▷ **usadowić się** *gdzieś* **2 be seated a** B2 to be sitting down: *The director was seated on his right.* ▷ **siedzieć b** used to politely ask a group of people to sit down: *Would the people at the back please be seated.* ▷ **usiąść 3 seat 4/12/200, etc** If a building, room, or vehicle seats a particular number of people, that many people can sit in it. ▷ **posiadać lub mieć 4/12/200** *itp.* **miejsc/a, mieścić 4/12/200** *itp.* **osoby/osób**

ˈseat ˌbelt noun [C] a strap that you fasten across your body when travelling in a vehicle: *to **fasten** your **seat belt*** ▷ **pas (bezpieczeństwa)** → See **Car** on page Centre 7

seating /ˈsiːtɪŋ/ noun [U] the seats in a public place, or the way that they are arranged ▷ **miejsca siedzące, układ miejsc siedzących**

ˌsea ˈwall noun [C] a wall that protects land from being covered or damaged by the sea ▷ **falochron**

seaweed /ˈsiːwiːd/ noun [U] a plant that you find on the beach and that grows in the sea ▷ **wodorosty**

sebaceous gland /sɪˈbeɪʃəsˌglænd/ noun [C] one of the many small glands that produce an oily substance on the hair and skin ▷ **gruczoł łojowy**

sebum /ˈsiːbəm/ noun [U] an oily substance that makes hair shiny and prevents skin from becoming dry ▷ **łój**

sec /sek/ noun [C] informal a very short time: *Just a sec – I'm nearly ready.* ▷ **chwila, sekunda**

secluded /sɪˈkluːdɪd/ adjective If a place is secluded, it is quiet and not near people or noise: *a secluded beach/garden* ▷ **odosobniony, ustronny**

seclusion /sɪˈkluːʒᵊn/ noun [U] when someone lives alone, away from other people: *He lived **in seclusion** for the rest of his life.* ▷ **odosobnienie**

second[1] /ˈsekᵊnd/ adjective, pronoun **1** A1 referring to the person, thing, or event that comes immediately after the first: *You're second on the list.* ◦ *This is my second piece of chocolate cake.* ◦ *She didn't win but she did **come second** (= was the one after the winner) in one race.* ▷ **drugi 2** A1 2nd written as a word ▷ **drugi** → See also **second best**, **second-hand**, **second language**, **second nature**, **the second person**, **second-rate**, **second thought**, **second wind**

second[2] /ˈsekᵊnd/ noun [C] **1** A2 one of the 60 parts a minute is divided into ▷ **sekunda 2** informal B1 a very short period of time: *I'll be back in just a second.* ▷ **chwila, sekunda 3** something that is sold cheaply because it is damaged or not in perfect condition: [usually plural] *Some of those towels are seconds.* ▷ **towar wybrakowany lub drugiego gatunku**

second[3] /ˈsekᵊnd/ verb [T] to formally support an idea at a meeting: [often passive] *The chairper-*

son's proposal was seconded by Ms Jones. ▷ **popierać**

second[4] /sɪˈkɒnd/ **verb** [T] UK to send someone to another job for a fixed period of time: [often passive] *He was seconded from the police to the Department of Transport.* ▷ **oddelegować**

secondary /ˈsekəndəri/ **adjective** **1** B1 relating to the education of students aged between 11 and 18: *secondary education* ▷ **ponadpodstawowy** **2** less important than something else: *What matters is the size of the office. The location is of secondary importance.* ▷ **drugorzędny**

ˌsecondary conˈsumer **noun** [C] an animal that eats other animals ▷ **konsument drugiego rzędu**

ˈsecondary ˌschool **noun** [C] mainly UK a school for students aged between 11 and 18 ▷ **szkoła ponadpodstawowa**

the ˈsecondary ˌsector **noun** industry where finished items are made ▷ **sektor wtórny**
→ Compare **the primary sector**

ˌsecond ˈbest **adjective** not the best but the next best: *the second best candidate* ▷ **drugi z kolei, rezerwowy**
• **second best** **noun** [U] ▷ **namiastka**

second-class /ˌsekəndˈklɑːs/ **adjective** **1** relating to the less expensive way of travelling in a train, aircraft, etc, that most people use: *a second-class carriage/ticket* ▷ **drugiej klasy** **2** less important than other people: *Women are still treated as* ***second-class citizens.*** ▷ **drugiej kategorii** **3** A second-class university degree is a good degree but not the best possible. ▷ **drugiej klasy**
• **second class** **adverb** *We always travel second class.* ▷ **drugą klasą**

second-guess /ˌsekəndˈges/ **verb** [T] to guess what someone will do in the future ▷ **przejrzeć**

second-hand /ˌsekəndˈhænd/ **adjective, adverb** B1 If something is second-hand, someone else owned or used it before you: ***second-hand books/clothes*** ◦ *She buys a lot of clothes second-hand.* ▷ **używany, z drugiej ręki**

ˌsecond ˈlanguage **noun** [C] a language that you speak that is not the first language you learned as a child ▷ **drugi język**

secondly /ˈsekəndli/ **adverb** B2 used for introducing the second reason, idea, etc: *I want two things: firstly, more money, and secondly, better working hours.* ▷ **po drugie**

ˌsecond ˈnature **noun** [U] something that you can do easily because you have done it many times before: *After a few years, teaching became second nature to me.* ▷ **druga natura**

the ˌsecond ˈperson **noun** B2 the form of a verb or pronoun that is used when referring to the person being spoken or written to. For example 'you' is a second person pronoun ▷ **druga osoba**

second-rate /ˌsekəndˈreɪt/ **adjective** of bad quality: *a second-rate writer* ▷ **podrzędny**

ˌsecond ˈthought **noun** **1 on second thoughts** UK used when you want to change a decision you have made: *I'll have tea, please – on second thoughts, make that coffee.* ▷ **jednak, po namyśle** **2 without a second thought** If you do something without a second thought, you do it without first considering if you should do it or not: *She'll spend a hundred pounds on a dress without a second thought.* ▷ **bez namysłu, bez wahania** **3 have second thoughts** to change your opinion about something or start to doubt it: [+ about + doing sth] *I've been having second thoughts about doing the course.* ▷ **mieć wątpliwości**

ˌsecond ˈwind **noun** [no plural] a return of energy that makes it possible to continue an activity: *I was feeling tired, but I* ***got my second wind*** *after lunch.* ▷ **drugi oddech**

secrecy /ˈsiːkrəsi/ **noun** [U] when something is kept secret: *Politicians criticized* ***the secrecy surrounding*** *the air attack.* ▷ **tajemnica**

> Wyrazy występujące razem z **secrecy**
>
> be **shrouded in** secrecy • do sth **in** secrecy • **absolute/strict** secrecy • the secrecy **of/surrounding** sth

secret[1] /ˈsiːkrət/ **adjective** **1** B1 If something is secret, other people are not allowed to know about it: *a secret affair/meeting* ◦ *I'll tell you but you must* ***keep it secret.*** ▷ **tajny, w tajemnicy** **2 secret admirer/drinker, etc** someone who does something or feels something without telling other people about it ▷ **cich-y/a wielbiciel/ka/pijący w tajemnicy**
• **secretly** **adverb** B1 *He secretly taped their conversation.* ▷ **potajemnie, w tajemnicy**
→ See also **top-secret**

secret[2] /ˈsiːkrət/ **noun** [C] **1** B1 something that you tell no one about or only a few people: *I'm having a party for him but it's a secret.* ◦ *Can you* ***keep a secret?*** ▷ **tajemnica, sekret** **2 the secret** B2 the best way of achieving something: *So what's the secret of your success?* ▷ **tajemnica, sekret** **3 in secret** B2 without telling other people: *For years they met in secret.* ▷ **w tajemnicy, potajemnie**

> Wyrazy występujące razem z **secret**
>
> **keep** a secret • **let sb in on/reveal/tell sb** a secret • a **big/closely-guarded/well-kept** secret

ˌsecret ˈagent **noun** [C] someone who tries to find out secret information, especially about another country ▷ **tajny agent**

secretarial /ˌsekrəˈteəriəl/ **adjective** relating to the work of a secretary: ***secretarial skills*** ▷ **sekretarski**

secretary /ˈsekrətəri/ **noun** [C] **1** A2 someone who works in an office, typing letters, answering the telephone, and arranging meetings, etc ▷ **sekretarka** **2** (also **Secretary**) an official who

S

is in charge of a large department of the government: *the Secretary of State* ▷ **sekretarz**

secrete /sɪˈkriːt/ **verb** [T] to produce a substance: *A mixture of substances are secreted by cells within the stomach.* ▷ **wydzielać**

• **secretion** /sɪˈkriːʃᵊn/ **noun** [C, U] ▷ **wydzielina**

secretive /ˈsiːkrətɪv/ **adjective** not willing to tell people what you know or what you are doing: *He's very* ***secretive about*** *his relationships.* ▷ **tajemniczy**

• **secretively adverb** ▷ **tajemniczo**

ˌSecret ˈService noun [no plural] **1** in the UK, a department of the government that tries to find out secret information about foreign countries ▷ **tajne służby, służby wywiadowcze 2** in the US, a government organization that protects the president ▷ **obstawa lub ochrona prezydenta, secret service**

sect /sekt/ **noun** [C] a group of people with a set of religious or political beliefs, often extreme beliefs ▷ **sekta**

sectarian /sekˈteəriən/ **adjective** relating to the differences between religious groups: ***sectarian violence*** ▷ **na tle religijnym**

section /ˈsekʃᵊn/ **noun** [C] **1** B1 one of the parts that something is divided into: *a non-smoking section in a restaurant* ◦ *the business section of a newspaper* ◦ *the tail section of an aircraft* ▷ **część, sekcja 2** a model or drawing of something that shows how it would look if it were cut from top to bottom and seen from the side ▷ **przekrój** → See also **cross-section**

sector /ˈsektəʳ/ **noun** [C] **1** one part of a country's economy: *the* ***private/public sector*** ◦ *the financial/manufacturing sector* ▷ **sektor 2** one of the parts that an area is divided into: *the British sector of the North Sea* ▷ **sektor, strefa**

secular /ˈsekjələʳ/ **adjective** not religious or not controlled by a religious group: *secular education* ◦ *a* ***secular state*** ▷ **świecki**

secure¹ /sɪˈkjʊəʳ/ **adjective 1** B2 not likely to fail or be lost: *a secure investment/job* ▷ **bezpieczny, pewny 2** B2 safe from danger: *I don't feel that the house is secure.* ▷ **bezpieczny 3** B2 confident about yourself and the situation that you are in: *I need to feel secure in a relationship.* ▷ **bezpieczny 4** firmly fastened and not likely to fall or break: *Check that all windows and doors are secure.* ▷ **zabezpieczony** → Opposite **insecure**

secure² /sɪˈkjʊəʳ/ **verb** [T] **1** to achieve something, after a lot of effort: *to secure the release of hostages* ▷ **uzyskać, osiągać 2** to fasten something firmly: *He* ***secured*** *the bike* ***to*** *the gate.* ▷ **zabezpieczać, przymocować 3** to make something safe ▷ **zabezpieczać**

securely /sɪˈkjʊəli/ **adverb** If something is securely fastened, it will not fall or become loose. ▷ **bezpiecznie, pewnie**

security /sɪˈkjʊərəti/ **noun** [U] **1** B1 the things that are done to keep someone or something safe: *airport/****national security*** ◦ *a security alarm* ▷ **środki bezpieczeństwa, bezpieczeństwo 2** when something is not likely to fail or be lost: ***financial security*** ◦ ***job security*** ▷ **bezpieczeństwo, pewność 3** confidence about yourself and the situation that you are in: *the security of a long-term relationship* ▷ **poczucie bezpieczeństwa** → Opposite **insecurity 4** something valuable that you offer to give someone when you borrow money if you cannot pay the money back ▷ **zabezpieczenie** → See also **social security**

> Wyrazy występujące razem z **security**
>
> lax/tight security • security **arrangements/checks** • a security **breach/guard/lapse/operation/risk** • **national** security

sedan /sɪˈdæn/ **noun** [C] US (UK **saloon**) a large car with a separate, closed area for bags ▷ **sedan**

sedate¹ /sɪˈdeɪt/ **adjective** calm and slow: *walking at a* ***sedate pace*** ▷ **stateczny**

sedate² /sɪˈdeɪt/ **verb** [T] to give a person or animal a drug to make them feel calm ▷ **podawać środek uspokajający**

• **sedation** /sɪˈdeɪʃᵊn/ **noun** [U] *She had to be put* ***under sedation.*** ▷ **działanie lub podanie lub wpływ środka uspokajającego**

sedative /ˈsedətɪv/ **noun** [C] a drug used to sedate a person or an animal ▷ **środek uspokajający**

sedentary /ˈsedᵊntᵊri/ **adjective** spending a lot of time sitting down or not being active: *a* ***sedentary job/lifestyle*** ▷ **siedzący**

sediment /ˈsedɪmənt/ **noun** [C, U] a solid substance that forms a layer at the bottom of a liquid ▷ **osad**

sedimentary /ˌsedɪˈmentᵊri/ **adjective** (of rock) made from sediment left by the action of water, ice or wind ▷ **osadowy** → Compare **igneous, metamorphic**

sedimentation tank /ˌsedɪmenˈteɪʃᵊnˌtæŋk/ **noun** [C] a large container in which dirty or waste water is stored until all the solid material in it is lying on the bottom ▷ **osadnik**

seduce /sɪˈdjuːs/ **verb** [T] **1** to persuade someone to have sex with you, especially someone young ▷ **uwodzić 2** to persuade someone to do something they would not normally do: *I wouldn't have bought it but I was seduced by the low prices.* ▷ **skusić**

seductive /sɪˈdʌktɪv/ **adjective 1** sexually attractive: *a seductive smile/voice* ▷ **uwodzicielski 2** making you want to have or do something: *the seductive power of money* ▷ **kuszący**

see /siː/ **verb** (present participle **seeing**, past tense **saw**, past participle **seen**) **1** [I, T] A1 to notice people and things with your eyes: *Have you seen Jo?* ◦ *Turn the light on so I can see.* ▷ **widzieć, zobaczyć 2** [I, T] B1 to understand something: *I see what you mean.* ◦ *I don't see why I should go.* ▷ **rozumieć 3** [T] A1 to meet or visit someone:

S

I'm seeing Peter tonight. ◦ *You should see a doctor.* ▷ **spotykać się z, iść do** **4** [T] (A2) to watch a film, television programme, etc: *Did you see that film last night?* ▷ **oglądać, widzieć** **5** [T] (B1) to find out information: [+ question word] *I'll just see what the train gets in.* ▷ **spojrzeć, sprawdzić** **6** [T] (B2) to imagine or think about something or someone in a particular way: *I just can't **see** him **as** a father.* ▷ **widzieć** **7** [T] to believe that something will happen: *I can't see us finishing on time.* ▷ **widzieć** **8** [T] to be the time or place where something happens: *This decade has seen huge technological advances.* ▷ **przynosić, być świadkiem** **9 see that** If you ask someone to see that something happens, you want them to make sure it happens: *Could you see that everyone gets a copy of this letter?* ▷ **dopilnować żeby** **10 see sb home/to the station, etc** to go somewhere with someone, especially to make sure they are safe: *Let me see you home.* ▷ **odprowadzać** *kogoś* **do domu/na dworzec** **11 I'll/we'll see** used to say that you will make a decision about something later: *"Dad, can I have a guitar?" "We'll see."* ▷ **zastano-wię/wimy się, zobaczy się** **12 see you** informal (A1) used for saying goodbye ▷ **na razie** → See also **be glad/happy, etc to see the *back* of sb/sth**, **see *eye* to eye (with sb)**, **see *red***

PHRASAL VERBS **see about sth/doing sth** to deal with something, or arrange for something to be done: *You should see about getting your hair cut.* ▷ **dopilnować** *czegoś*, **zająć się** *czymś* • **see sth in sb/sth** to believe that someone or something has a particular quality: *I can't understand what you see in her (= why you like her).* ▷ **widzieć** *coś* **w** *kimś/czymś* • **see sb off** (B2) to go to the place that someone is leaving from in order to say goodbye to them: *My parents came to the airport to see me off.* ▷ **odprowadzać** *kogoś* • **see sb out** to take someone to the door of a room or building when they are leaving: *Don't worry, I'll see myself out (= leave the room/building by myself).* ▷ **odprowadzać** *kogoś* **(do drzwi)** • **see through sb/sth** (B2) to understand that someone is trying to deceive you: *I saw through him at once.* ▷ **przejrzeć** *kogoś/coś* **(na wylot)** • **see to sth** (B2) to deal with something: *Don't worry, I'll see to everything while you're away.* ▷ **zająć się** *czymś*, **zadbać o** *coś*, **dopilnować** *czegoś*

seed¹ /siːd/ **noun** **1** (B2) [C, U] a small round or oval object produced by a plant that a new plant can grow from: ***Sow** the **seeds** (= plant them) near the surface.* ▷ **nasienie, ziarno** **2 (the) seeds of sth** the beginning of something: *the seeds of hope/change* ▷ **ziarnko** *czegoś*, **początki** *czegoś* → See also **sesame seed**

seed² /siːd/ **verb** **1** [T] to plant seeds in the ground ▷ **siać, obsiewać** **2 be seeded first/second, etc** in tennis, to be the first/second, etc on a list of players expected to succeed in a competition ▷ **być rozstawionym z numerem jeden/dwa** *itp.*

seedless /ˈsiːdləs/ **adjective** without seeds: *seedless grapes* ▷ **bezpestkowy**

seedling /ˈsiːdlɪŋ/ **noun** [C] a young plant that has been grown from a seed ▷ **sadzonka**

seedy /ˈsiːdi/ **adjective** informal looking dirty or in bad condition and likely to be involved in immoral activities: *a seedy bar/hotel* ▷ **podły**

ˌseeing ˈeye dog **noun** [C] US (UK/US **guide dog**) a dog that is trained to help blind people ▷ **pies przewodnik**

seek /siːk/ **verb** [T] (past tense and past participle **sought**) **1** (B2) to try to find or get something: *to **seek advice**/a solution* ▷ **poszukiwać, szukać** **2** to try to do something: [+ to do sth] *They are seeking to change the rules.* ◦ *to seek re-election* ▷ **zabiegać o, ubiegać się o** → See also **hide-and-seek**

seem /siːm/ **verb** **seem happy/a nice person, etc; seem like/as if, etc** (B1) to appear to be a particular thing or to have a particular quality: *She seemed happy enough.* ◦ *It seemed like a good idea at the time.* ◦ *There doesn't **seem to be** any real solution.* ◦ [+ (that)] *It seems that the bars close early here.* ◦ ***It seems to me** (= I think) that she's in the wrong job.* ▷ **wydawać się wesołą/miłą osobą** *itp.*, **wydawać się** *jakimś*

seemingly /ˈsiːmɪŋli/ **adverb** appearing to be something without really being that thing: *a seemingly harmless comment* ▷ **pozornie, z pozoru**

seen /siːn/ past participle of see

seep /siːp/ **verb** **seep from/into/through, etc** to flow very slowly through something: *Water was seeping through the walls.* ▷ **przeciekać, przesączać się, przedostawać się**

seesaw

seesaw /ˈsiːsɔː/ **noun** [C] (also US **teeter-totter**) a long board that children play on by sitting at each end and using their feet on the ground to push the board up and down ▷ **huśtawka**

seethe /siːð/ **verb** [I] to be very angry, often without showing it: *I left him **seething with** anger.* ▷ **kipieć**

segment /ˈsegmənt/ **noun** [C] one of the parts that something can be divided into: *a segment of the population/market* ◦ *an orange segment* ▷ **część, odcinek**

S

segregate /ˈsegrɪgeɪt/ **verb** [T] to separate one group of people from another, especially one sex or race from another: *At school the girls were **segregated from** the boys.* ▷ **rozdzielać, oddzielać**
• **segregation** /ˌsegrɪˈgeɪʃən/ **noun** [U] *racial segregation* ▷ **segregacja, podział**

seismic /ˈsaɪzmɪk/ **adjective** relating to or caused by an earthquake: ***seismic activity*** ▷ **sejsmiczny**

seismograph /ˈsaɪzməgrɑːf/ **noun** [C] a piece of equipment which measures and records the strength of an earthquake ▷ **sejsmograf**

seize /siːz/ **verb** [T] **1** B2 to take hold of something quickly and firmly: *She seized my arm and pulled me towards her.* ▷ **chwytać (za)** **2** B2 to do something quickly when you have the opportunity: *You need to **seize** every **opportunity**.* ▷ **łapać** **3** to take control of a place suddenly by using military force: *Troops **seized control** in the early hours of the morning.* ▷ **zająć, przejąć** **4** to take away something that is illegal, for example drugs: *Officials seized 2.7 tons of cocaine from the ship.* ▷ **przechwycić**

PHRASAL VERBS **seize on/upon sth** to quickly use something that will give you an advantage: *Her story was seized upon by the press.* ▷ **podchwycić** *coś*, **wykorzystywać** *coś* • **seize up** If part of your body or a machine seizes up, it stops moving or working in the normal way: *His right leg suddenly seized up during the race.* ▷ **odmówić posłuszeństwa, zaciąć się, zablokować się**

seizure /ˈsiːʒər/ **noun** **1** [U] when someone takes control of a country, government, etc: *a seizure of power* ▷ **przejęcie** **2** [C] when someone in authority takes away something that is illegal, for example drugs: *a seizure of heroin* ▷ **konfiskata, przechwycenie** **3** [C] a sudden attack of an illness: *an epileptic seizure* ▷ **napad**

S

seldom /ˈseldəm/ **adverb** B2 not often: *We seldom go out in the evenings.* ▷ **rzadko**

select[1] /sɪˈlekt/ **verb** [T] B1 to choose someone or something: *We've selected three candidates.* ▷ **wybierać**

select[2] /sɪˈlekt/ **adjective** consisting of only a small group of people who have been specially chosen: *a **select group*** ▷ **ekskluzywny, wybrany**

selection /sɪˈlekʃən/ **noun** **1** [U] B2 when someone or something is chosen: *the **selection process*** ▷ **wybór, selekcja** **2** [C] B2 a group of people or things that has been chosen: *We have a **wide selection of** imported furniture.* ▷ **wybór**
→ See also **natural selection**

> Wyrazy występujące razem z **selection**
> a **good/wide** selection • a selection **of** sth

selective /sɪˈlektɪv/ **adjective** **1** careful about what you choose: *He's very selective about the people he spends time with.* ▷ **wymagający** **2** involving only people or things that have been specially chosen: *selective breeding* ▷ **wybiórczy, selektywny**

selenium /səˈliːniəm/ **noun** [U] a chemical element used in photography and also necessary in small amounts in the body (symbol Se) ▷ **selen**

self /self/ **noun** [C, U] (plural **selves** /selvz/) your characteristics, including your personality, your abilities, etc: *his true self* ▷ **(swoje) ja**

self-assured /ˌselfəˈʃʊəd/ **adjective** confident about yourself ▷ **pewny siebie**

self-catering /ˌselfˈkeɪtərɪŋ/ **adjective** UK describes a holiday in which you have a kitchen so that you can cook meals for yourself: *We decided to stay in self-catering accommodation rather than in a hotel.* ▷ **z własnym wyżywieniem**

self-centred UK (US **self-centered**) /ˌselfˈsentəd/ **adjective** interested only in yourself ▷ **samolubny**

self-confident /ˌselfˈkɒnfɪdənt/ **adjective** B2 feeling sure about yourself and your abilities ▷ **pewny siebie**
• **self-confidence** **noun** [U] B2 being self-confident ▷ **pewność siebie**

self-conscious /ˌselfˈkɒnʃəs/ **adjective** too aware of what other people are thinking about you and your appearance ▷ **skrępowany**
• **self-consciously** **adverb** ▷ **ze skrępowaniem**
• **self-consciousness** **noun** [U] ▷ **skrępowanie**

self-contained /ˌselfkənˈteɪnd/ **adjective** UK If a flat is self-contained, it has its own kitchen, bathroom, and entrance. ▷ **samodzielny**

self-control /ˌselfkənˈtrəʊl/ **noun** [U] the ability to control your emotions and actions although you are very angry, upset, etc ▷ **samokontrola**

self-defence UK (US **self-defense**) /ˌselfdɪˈfens/ **noun** [U] when you protect yourself from someone who is attacking you by fighting: *He claimed he had acted **in self-defence**.* ▷ **obrona własna, samoobrona**

self-destructive /ˌselfdɪˈstrʌktɪv/ **adjective** A self-destructive action harms the person who is doing it. ▷ **samobójczy**

self-discipline /ˌselfˈdɪsɪplɪn/ **noun** [U] the ability to make yourself do things that you do not want to do ▷ **dyscyplina wewnętrzna, samodyscyplina**

self-employed /ˌselfɪmˈplɔɪd/ **adjective** working for yourself and not for a company or other organization ▷ **niezależny, pracujący na własny rozrachunek**
• **self-employment** /ˌselfɪmˈplɔɪmənt/ **noun** [U] ▷ **samozatrudnienie**

self-esteem /ˌselfɪˈstiːm/ **noun** [U] confidence in yourself and a belief in your qualities and abilities: *She suffers from **low self-esteem**.* ▷ **poczucie własnej wartości**

Wyrazy występujące razem z self-esteem
boost/build/damage/raise self-esteem • **high/low** self-esteem

self-evident /ˌselfˈevɪdᵊnt/ **adjective** obviously true and not needing to be explained ▷ **oczywisty**

self-explanatory /ˌselfɪkˈsplænətᵊri/ **adjective** easy to understand and not needing to be explained ▷ **oczywisty**

self-help /ˌselfˈhelp/ **adjective** A self-help book, activity, organization, etc is designed to help you deal with your problems on your own: *a self-help group for alcoholics* ▷ **poradnikowy, wzajemnej pomocy lub samopomocy**

self-indulgent /ˌselfɪnˈdʌldʒᵊnt/ **adjective** doing or having things that you like although they are not necessary or are bad for you ▷ **ulegający pokusom lub słabościom**
• **self-indulgence** /ˌselfɪnˈdʌldʒᵊns/ **noun** [C, U] ▷ **brak umiaru, słabość**

self-inflicted /ˌselfɪnˈflɪktɪd/ **adjective** If an injury or a problem is self-inflicted, you have caused it yourself. ▷ **zadany własną ręką, na własne życzenie**

self-interest /ˌselfˈɪntrəst/ **noun** [U] interest in what will help you and not what will help other people ▷ **własna korzyść**

selfish /ˈselfɪʃ/ **adjective** B1 caring only about yourself and not other people: *It's very selfish of him.* ▷ **samolubny, egoistyczny**
• **selfishly adverb** ▷ **samolubnie, egoistycznie**
• **selfishness noun** [U] ▷ **egoizm**

selfless /ˈselfləs/ **adjective** caring about other people and not about yourself ▷ **bezinteresowny**

self-made /ˌselfˈmeɪd/ **adjective** rich because you have earned a lot of money yourself: *a self-made millionaire* ▷ **zawdzięczający wszystko sobie**

self-pity /ˌselfˈpɪti/ **noun** [U] sadness for yourself because you think you have suffered so much, especially when this is not true ▷ **rozczulanie się nad sobą**

self-portrait /ˌselfˈpɔːtreɪt/ **noun** [C] a picture that you draw or paint of yourself ▷ **autoportret**

self-reliant /ˌselfrɪˈlaɪənt/ **adjective** able to do things yourself without depending on other people ▷ **samodzielny**

self-respect /ˌselfrɪˈspekt/ **noun** [U] the feeling of pride in yourself and your character ▷ **poczucie własnej wartości**
• **self-respecting adjective** ▷ **szanujący się**

self-righteous /ˌselfˈraɪtʃəs/ **adjective** believing that you are morally better than other people ▷ **zadufany w sobie**

self-sacrifice /ˌselfˈsækrɪfaɪs/ **noun** [U] when you do not have or do something so that you can help other people ▷ **poświęcenie**

self-satisfied /ˌselfˈsætɪsfaɪd/ **adjective** too pleased with yourself and what you have achieved ▷ **(zbytnio) zadowolony z siebie**

self-service /ˌselfˈsɜːvɪs/ **adjective** B1 A self-service restaurant or shop is one in which you serve yourself and are not served by the people who work there. ▷ **samoobsługowy**

self-sufficient /ˌselfsəˈfɪʃᵊnt/ **adjective** having everything that you need yourself and not needing help from others ▷ **samowystarczalny**

sell /sel/ **verb** (past tense and past participle **sold**) **1** [I, T] A2 to give something to someone who gives you money for it: *He **sold** his guitar **for** £50.* ◦ *I **sold** my bike **to** Claire.* ◦ [+ two objects] *I'm hoping she'll sell me her car.* ▷ **sprzedawać** **2** [T] A2 to offer something for people to buy: *Excuse me, do you sell newspapers?* ▷ **sprzedawać, prowadzić** **3 sell for/at sth** to be available for sale at a particular price: *The shirts are selling for £30 each.* ▷ **kosztować** *ileś* **4** [I, T] to be bought in large numbers: *His last book sold eight million copies.* ▷ **sprzedawać się (w liczbie)** **5** [T] to make someone want to buy something: *Scandal sells newspapers.* ▷ **napędzać sprzedaż** **6** [T] to persuade someone that an idea or plan is good: *I'm currently trying to sell the idea to my boss.* ▷ **sprzedać, poddać**

PHRASAL VERBS **sell sth off** to sell all or part of a business ▷ **wyprzedawać** *coś* • **sell out** B2 If a shop sells out of something, it sells all of that thing: *They'd **sold out of** bread by the time I got there.* ▷ **wyprzedawać** • **sell up** UK to sell your house or company in order to go somewhere else or do something else ▷ **sprzedać wszystko**

ˈsell-by ˌdate noun [C] UK the date printed on a food or drink container after which it should not be sold ▷ **data ważności**

seller /ˈseləʳ/ **noun** [C] **1** B1 someone who sells something: *a flower seller* ▷ **sprzedawca** **2** a product that a company sells: *Our **biggest sellers** are the calendars.* ▷ **(chodliwy) produkt**

Sellotape /ˈseləʊteɪp/ **noun** [U] UK trademark (US trademark **Scotch tape**) clear, thin material with glue on it, used to stick things together, especially paper ▷ **taśma klejąca** → See **The Classroom** on page Centre 6

sellout /ˈselaʊt/ **noun** [no plural] **1** a performance or event where all of the tickets have been sold ▷ **brak wolnych miejsc** **2** informal when someone does something that is against their beliefs in order to get money or power ▷ **zaprzedanie się**

selves /selvz/ plural of self

semantic /sɪˈmæntɪk/ **adjective** connected with the meaning of language ▷ **semantyczny**

semblance /ˈsembləns/ **noun semblance of normality/order, etc** a small amount of a quality, but not as much as you would like: *Our lives have now returned to some semblance of normality.* ▷ **pozory normalności/porządku itp.**

S

semen /ˈsiːmən/ **noun** [U] the liquid that is produced by the male sex organs, that contains sperm ▷ **sperma, nasienie**

semester /sɪˈmestəʳ/ **noun** [C] mainly US one of the two time periods that a school or college year is divided into ▷ **semestr**

semi- /semi-/ **prefix** half or partly: *a semicircle* ◦ *semifrozen* ▷ **pół-**

semi-arid /ˌsemiˈærɪd/ **adjective** describes an area or climate with little rain but not completely dry ▷ **stepowy**

semicircle /ˈsemiˌsɜːkl/ **noun** [C] half a circle ▷ **półkole**

semicolon /ˌsemiˈkəʊlən/ (US) /ˈsemɪˌkəʊlən/ **noun** [C] (B2) a mark (;) used to separate parts of a sentence, or items in a list which already has commas ▷ **średnik**

semiconductor /ˌsemikənˈdʌktəʳ/ **noun** [C] a material, such as silicon, which allows electricity to move through it more easily when its temperature increases, or an electronic device made from this material ▷ **półprzewodnik**

semi-detached /ˌsemidɪˈtætʃt/ **adjective** UK A semi-detached house has one wall that is joined to another house. ▷ **bliźniaczy, ≈ bliźniak**

semifinal /ˌsemiˈfaɪnəl/ **noun** [C] (B2) one of the two games in a sports competition that are played to decide who will play in the final game ▷ **półfinał**

semilunar valve /ˌsemiluːnəˈvælv/ **noun** [C] one of the valves which stop blood from returning into the ventricles (= lower spaces) of the heart from the aorta or the pulmonary artery ▷ **zastawka półksiężycowa**

semi-metal /ˈsemiːˌmetəl/ **noun** [C] (also **metalloid**) a chemical element with some of the properties of a metal and some of a non-metal, for example silicon and arsenic ▷ **półmetal**

seminar /ˈsemɪnɑːʳ/ **noun** [C] (B2) a meeting of a group of people with a teacher or expert for training, discussion, or study of a subject ▷ **seminarium**

semipermeable /ˌsemiˈpɜːmiəbl/ **adjective** describes something that allows some liquids and gases to pass through it, but not others ▷ **półprzepuszczalny**

Semitic /sɪˈmɪtɪk/ **adjective** relating to the Jewish or Arab races, or their languages ▷ **semicki**

the Senate /ˈsenɪt/ **noun** [group] a part of a government in some countries ▷ **senat**

senator /ˈsenətəʳ/ **noun** [C] someone who has been elected to the Senate: *Senator Moynihan* ▷ **senator**

send /send/ **verb** [T] (past tense and past participle **sent**) **1** (A1) to arrange for something to go or be taken somewhere, especially by post: [+ two objects] *I sent him a letter last week.* ◦ *Do you think we should send flowers?* ▷ **wysyłać, przesyłać 2** (B2) to make someone go somewhere: *I sent him into the house to fetch some glasses.* ▷ **wysyłać 3 send sb to sleep** to cause someone to start sleeping ▷ **usypiać** *kogoś*
→ See also **drive/send sb round the** ***bend***

PHRASAL VERBS **send sth back** (B1) to return something to the person who sent it to you, especially because it is damaged or not suitable: *I had to send the shirt back because it didn't fit me.* ▷ **odsyłać** *coś* • **send for sb** to send someone a message asking them to come to see you: *Do you think we should send for a doctor?* ▷ **wzywać** *kogoś* • **send (off/away) for sth** to write to an organization to ask them to send you something: *I've sent off for a catalogue.* ▷ **zamawiać** *coś* • **send sth in** to send something to an organization: *Viewers were asked to send in photographs of their pets.* ▷ **nadsyłać** *coś* • **send sb in** to send soldiers, police, etc to a place in order to deal with a dangerous situation ▷ **wysyłać** *kogoś* • **send sth off** (B2) to send a letter, document, or parcel by post ▷ **wysyłać** *coś* • **send sb off** UK to order a sports player to leave the playing area because they have done something wrong ▷ **usuwać** *kogoś* **z gry** • **send sth out 1** to send something to a lot of different people: *to send out invitations* ▷ **rozsyłać** *coś* **2** to produce light, sound, etc ▷ **wysyłać** *coś* • **send sb/sth up** UK to make someone or something seem stupid by copying them in a funny way ▷ **parodiować** *kogoś/coś*

send-off /ˈsendɒf/ **noun** [C] when a group of people say goodbye to someone at the same time: *I* ***got*** *a good* ***send-off*** *at the station.* ▷ **pożegnanie**

Senegal /ˌsenɪˈgɔːl/ **noun** a country in Africa ▷ **Senegal**
• **Senegalese** /ˌsenɪgəˈliːz/ **adjective** coming from or relating to Senegal ▷ **senegalski** • **Senegalese noun** (plural **Senegalese**) someone from Senegal ▷ **Senegal-czyk/ka**

senile /ˈsiːnaɪl/ **adjective** confused and unable to remember things because of old age ▷ **zdziecinniały, zniedołężniały**
• **senility** /sɪˈnɪləti/ **noun** [U] the state of being senile ▷ **zdziecinnienie, zniedołężnienie**

senior¹ /ˈsiːniəʳ/ **adjective 1** (B2) having a more important job or position than someone else: *a* ***senior executive*** ◦ *We work in the same team but she's* ***senior to*** *me.* ▷ **wysoki lub wyższy rangą, wyższego szczebla 2** older: *senior students* ▷ **starszy 3** (written abbreviation **Sr**) mainly US used at the end of a man's name to show that he is the older of two men in the same family who have the same name: *Hello, may I speak to Ken Griffey Senior, please?* ▷ **senior**

senior² /ˈsiːniəʳ/ **noun 1 be 20/30, etc years sb's senior** to be 20/30, etc years older than someone: *She married a man 20 years her senior.* ▷ **być od** *kogoś* **starszym o 20/30** *itp.* **lat 2** [C] US a student who is in the last year of high school or college ▷ **student/ka ostatniego roku**

ˌsenior ˈcitizen noun [C] an old person ▷ **emeryt/ka**

seniority /ˌsiːniˈɒrəti/ noun [U] the state of being older or of having a more important position in an organization ▷ **starszeństwo**

sensation /senˈseɪʃᵊn/ noun **1** [C, U] B2 a physical feeling, or the ability to physically feel things: *a burning sensation* ◦ *Three months after the accident she still has no sensation in her right foot.* ▷ **uczucie, czucie 2** [C] B2 a strange feeling or idea that you cannot explain: *I had the strangest sensation that I had met him before.* ▷ **wrażenie, uczucie 3** [no plural] B2 a lot of excitement, surprise, or interest, or the person or event that causes these feelings: *Their affair* ***caused a sensation.*** ▷ **sensacja**

sensational /senˈseɪʃᵊnᵊl/ adjective **1** done in a way that is intended to shock people: *sensational journalism* ▷ **sensacyjny 2** very exciting or extremely good: *a sensational performance* ▷ **rewelacyjny**

sensationalism /senˈseɪʃᵊnᵊlɪzᵊm/ noun [U] when a story is told in a way that is intended to shock people ▷ **pogoń za sensacją**

sense¹ /sens/ noun **1** [U] B2 good judgment, especially about practical things: *He had the* ***good sense*** *to book a seat in advance.* ▷ **rozsądek, przytomność umysłu 2** [no plural] B2 the ability to do something: *a* ***sense of*** *direction* ◦ *good* ***business sense*** ▷ **wyczucie, zmysł 3** [C] B2 one of the five natural abilities of sight, hearing, touch, smell, and taste: *I have a very poor sense of smell.* ▷ **zmysł 4 a sense of humour** UK (US **sense of humor**) B1 the ability to understand funny things and to be funny yourself ▷ **poczucie humoru 5 a sense of loyalty/responsibility/security, etc** the quality or feeling of being loyal, responsible, safe, etc: *He has absolutely no sense of loyalty.* ▷ **poczucie lojalności/odpowiedzialności/bezpieczeństwa** *itp.* **6** [C] B2 the meaning of a word, phrase, or sentence ▷ **znaczenie, sens 7 in a sense/in some senses** thinking about something in a particular way: *In a sense, he's right.* ▷ **w pewnym sensie 8 make sense a** B2 to have a meaning or reason that you can understand: *He's written me this note but it doesn't make any sense.* ▷ **mieć sens b** B2 to be a good thing to do: [+ to do sth] *It makes sense to buy now while prices are low.* ▷ **mieć sens 9 make sense of sth** to understand something that is difficult to understand: *I'm trying to make sense of this document.* ▷ **zrozumieć** *coś*

IDIOM **come to your senses** to start to understand that you have been behaving stupidly ▷ **opamiętać się, zreflektować się**

→ See also **common sense**

> Wyrazy występujące razem z **sense**
>
> have the sense to do sth • **good** sense

sense² /sens/ verb [T] to understand what someone is thinking or feeling without being told about it: [+ (that)] *I sensed that you weren't happy about this.* ▷ **wyczuć**

senseless /ˈsensləs/ adjective **1** happening or done without a good reason: ***senseless violence*** ▷ **bezsensowny 2** not conscious: *He was beaten senseless.* ▷ **nieprzytomny**

sensibility /ˌsensɪˈbɪləti/ noun [C, U] formal someone's feelings, or the ability to understand what other people feel ▷ **wrażliwość**

sensible /ˈsensɪbl/ adjective **1** B1 showing good judgment: *a sensible decision* ◦ [+ to do sth] *Wouldn't it be more sensible to leave before the traffic gets bad?* ▷ **rozsądny 2** having a practical purpose: *sensible shoes/clothes* ▷ **praktyczny**

• **sensibly** adverb *to eat/behave sensibly* ▷ **rozsądnie**

sensitive /ˈsensɪtɪv/ adjective **1** B2 able to understand what people are feeling and deal with them in a way that does not upset them: *I want a man who's kind and sensitive.* ▷ **wrażliwy 2** B2 easily upset by the things people say or do: *He was always* ***sensitive to*** *criticism.* ◦ *She's very* ***sensitive about*** *her weight.* ▷ **drażliwy, wrażliwy, czuły 3** B2 A sensitive subject or situation needs to be dealt with carefully in order to avoid upsetting people: *Gender is a very sensitive subject.* ▷ **drażliwy, delikatny 4** B2 easily damaged or hurt: *sensitive eyes/skin* ▷ **wrażliwy 5** B2 Sensitive equipment is able to measure very small changes. ▷ **czuły** → Opposite **insensitive**

• **sensitively** adverb *I think she dealt with the problem very sensitively.* ▷ **wrażliwie, delikatnie** • **sensitivity** /ˌsensɪˈtɪvəti/ noun [U] when someone or something is sensitive ▷ **wrażliwość**

sensor /ˈsensəʳ/ noun [C] a piece of equipment that can find heat, light, etc: *Sensors detect movement in the room.* ▷ **czujnik**

sensual /ˈsensjuəl/ adjective relating to physical pleasure, often sexual pleasure: *a sensual experience* ◦ *a sensual mouth* ▷ **zmysłowy**

• **sensuality** /ˌsensjuˈæləti/ noun [U] being sensual ▷ **zmysłowość**

sensuous /ˈsensjuəs/ adjective giving physical pleasure: *the sensuous feel of silk sheets* ▷ **zmysłowy**

sent /sent/ past of send

sentence¹ /ˈsentəns/ noun **1** [C] A1 a group of words, usually containing a verb, that expresses a complete idea ▷ **zdanie 2** [C, U] B2 a punishment that a judge gives to someone who has committed a crime: *a 30-year sentence* ▷ **wyrok**

> Wyrazy występujące razem z **sentence**
>
> impose/receive/serve a sentence • a **jail/prison** sentence • a sentence **for** sth

sentence² /ˈsentəns/ verb [T] B2 to give a punishment to someone who has committed a

S

crime: [often passive] *She was **sentenced to** six months in prison.* ▷ **skazywać**

sentiment /ˈsentɪmənt/ **noun 1** [C, U] an opinion that you have because of the way you feel about something: *nationalist/religious sentiments* ▷ **pogląd, odczucie 2** [U] emotional feelings such as sympathy, love, etc, especially when they are not considered to be suitable for a situation: *I find her writing full of sentiment.* ▷ **sentyment**

sentimental /ˌsentɪˈmentəl/ **adjective 1** showing kind feelings such as sympathy, love, etc, especially in a silly way: *a sentimental song* ◦ *The British are very sentimental about animals.* ▷ **sentymentalny 2** related to feelings and memories and not related to how much money something costs: *It wasn't an expensive ring but it had great **sentimental value**.* ▷ **pamiątkowy**
• **sentimentality** /ˌsentɪmenˈtæləti/ **noun** [U] ▷ **sentymentalność**

sentry /ˈsentri/ **noun** [C] a soldier who stands outside a building in order to guard it ▷ **wartownik**

sepal /ˈsepəl/ **noun** [C] one of the parts that form the outer part of a flower which surrounds the petals and which are usually small and green ▷ **działka kielicha**

separable /ˈsepərəbl/ **adjective** able to be separated ▷ **dający się oddzielić** → Opposite **inseparable**

separate¹ /ˈsepərət/ **adjective 1** (B1) not joined or touching anything else: *a separate compartment* ◦ *I try to keep meat **separate from** other food.* ▷ **osobny 2** (B2) not affecting or related to each other: *I've asked him to turn his music down on three **separate occasions**.* ◦ *I have my professional life and my private life and I try to **keep** them **separate**.* ▷ **różny, oddzielny 3** (B1) different: *Use a separate sheet of paper.* ▷ **osobny**
• **separately adverb** (B2) ▷ **osobno, oddzielnie**

separate² /ˈsepəreɪt/ **verb 1** [I, T] (B2) to divide into parts, or to make something divide into parts: *I **separated** the class **into** three groups.* ▷ **dzielić (się), rozdzielać (się) 2** [I, T] (B2) to move apart, or to make people move apart: *I shall separate you two if you don't stop talking.* ▷ **rozdzielać (się), oddzielać (się) 3** [I] (B2) to start to live in a different place from your husband or wife because the relationship has ended: *My parents separated when I was four.* ▷ **rozstać się, rozejść się**

separation /ˌsepərˈeɪʃən/ **noun 1** [C, U] (B2) when people or things are separate or become separate from other people or things: *the separation of church and state* ◦ *Their working in different countries meant long periods of separation.* ▷ **rozdział, rozłąka 2** [C] a legal agreement when two people stay married but stop living together ▷ **separacja**

September /sepˈtembər/ **noun** [C, U] (written abbreviation **Sept**) (A1) the ninth month of the year ▷ **wrzesień**

septic /ˈseptɪk/ **adjective** infected by poisonous bacteria ▷ **zakażony**

septum /ˈseptəm/ **noun** [C] a part of the body that divides two hollow parts, for example in the heart ▷ **przegroda**

sequel /ˈsiːkwəl/ **noun** [C] a film, book, etc that continues the story from an earlier one ▷ **kontynuacja, dalszy ciąg**

sequence /ˈsiːkwəns/ **noun 1** [C] a series of related events or things that have a particular order: *the **sequence of events** that led to his death* ▷ **ciąg, łańcuch 2** [U] the order that events or things should happen or be arranged in: *I got my slides mixed up and they appeared **out of sequence**.* ▷ **kolejność, porządek**

> Wyrazy występujące razem z **sequence**
> in a sequence • a sequence of sth • be out of sequence • a **logical** sequence

sequential /sɪˈkwenʃəl/ **adjective** following a particular order ▷ **kolejny**
• **sequentially** /sɪˈkwenʃəli/ **adverb** ▷ **kolejno**

sequin /ˈsiːkwɪn/ **noun** [C] a small, flat, shiny circle that is sewn onto clothes for decoration ▷ **cekin**

serenade /ˌserəˈneɪd/ **noun** [C] a song, usually about love ▷ **serenada**

serendipity /ˌserənˈdɪpəti/ **noun** [U] literary when you are lucky and find something interesting or valuable by chance ▷ **przypadkowe odkrycie**

serene /sɪˈriːn/ **adjective** calm and quiet: *a serene face/smile* ▷ **spokojny**
• **serenely adverb** ▷ **spokojnie**

serf /sɜːf/ **noun** [C] in the past, a member of a low social class who worked on the land and was the property of the person who owned that land ▷ **chłop pańszczyźniany**

serfdom /ˈsɜːfdəm/ **noun** [U] the state of being a serf ▷ **pańszczyzna**

sergeant /ˈsɑːdʒənt/ **noun** [C] **1** an officer of low rank in the police ▷ **sierżant 2** a soldier of middle rank in the army or air force ▷ **sierżant**

serial /ˈsɪəriəl/ **noun** [C] a story in a magazine or on television or radio that is told in separate parts over a period of time ▷ **serial**

ˈserial ˌkiller noun [C] someone who has murdered several people over a period of time ▷ **seryjny morderca**

ˈserial ˌnumber noun [C] one of a set of numbers that is put on an item that is made in large quantities, such as computers, televisions, paper money, etc, so that you can tell one item from another ▷ **numer serii**

ˈserial ˌport noun [C] a part of a computer where wires from other pieces of equipment can be connected to it, sending through information one bit at a time ▷ **port szeregowy** → Compare **parallel port**

series /ˈsɪəriːz/ **noun** [C] (plural **series**) **1** (B2) several things or events of the same type that come one after the other: *a series of lectures* ▷ **seria 2** B1 a group of television or radio programmes that have the same main characters or deal with the same subject: *a four-part drama series* ▷ **serial**

ˈseries ˌcircuit noun [C] a circuit (= closed system of wires) in which the electric current passes through one part after another ▷ **obwód szeregowy** → Compare **parallel circuit**

serif /ˈserɪf/ **noun** the very small lines at the ends of the letters in some styles of printing: *a serif font* ▷ **szeryf (czcionki)** → Compare **sans serif**

serious /ˈsɪəriəs/ **adjective 1** B1 A serious problem or situation is bad and makes people worry: *a serious accident/illness* ◦ *This is a serious matter.* ▷ **poważny 2** B1 thinking or speaking sincerely about something and not joking: *I'm being serious now – this is a very real problem.* ◦ *Are you* ***serious about*** *changing your job?* ▷ **poważny 3** B1 A serious person is quiet and does not laugh often: *a serious child* ▷ **poważny**
• **seriousness noun** [U] ▷ **powaga**

seriously /ˈsɪəriəsli/ **adverb 1** B1 in a serious way: *seriously injured* ◦ *Smoking can* ***seriously damage*** *your health.* ▷ **poważnie 2** B2 used to show that what you are going to say is not a joke: *Seriously though, you mustn't say that.* ▷ **poważnie 3 take sb/sth seriously** B2 to believe that someone or something is important and that you should pay attention to them: *The police have to take any terrorist threat seriously.* ▷ **traktować** *kogoś/coś* **poważnie**

sermon /ˈsɜːmən/ **noun** [C] a religious speech given by a priest in church: *to* ***deliver/give*** *a* ***sermon*** ▷ **kazanie**

serotonin /ˌserəˈtəʊnɪn/ **noun** [U] a chemical in your brain which controls your moods ▷ **serotonina**

serpent /ˈsɜːpᵊnt/ **noun** [C] literary a snake ▷ **wąż**

serrated /sɪˈreɪtɪd/ **adjective** A serrated edge, usually of a knife, has sharp triangular points along it. ▷ **ząbkowany**

serum /ˈsɪərəm/ **noun** [U] a clear liquid in blood that contains substances that stop infection ▷ **surowica**

servant /ˈsɜːvᵊnt/ **noun** [C] B2 someone who works and lives in someone else's house doing their cooking and cleaning, especially in the past ▷ **służąc-y/a** → See also **civil servant**

serve¹ /sɜːv/ **verb 1** [I, T] A2 to give someone food or drink, especially guests or customers in a restaurant or bar: *We're not allowed to serve alcohol to anyone under 18.* ▷ **obsługiwać, podawać 2** [I, T] B1 to help customers and sell things to them in a shop: *Are you being served?* ▷ **obsługiwać 3** [I, T] to do work that helps society, for example in an organization such as the army or the government: *to serve in the army* ◦ *to serve on a committee/jury* ◦ *He* ***served as*** *mayor for 5 years.* ▷ **służyć, zasiadać 4** [I, T] to be useful as something: *It's a very entertaining film but it also* ***serves*** *an educational* ***purpose.*** ◦ *The spare bedroom also* ***serves as*** *a study.* ◦ [+ to do sth] *He hopes his son's death will serve to warn others about the dangers of owning a gun.* ▷ **służyć 5** [T] to be in prison for a period of time: *Williams, 42, is serving a four-year jail sentence.* ▷ **odbywać 6** [I] in a sport such as tennis, to throw the ball up into the air and then hit it towards the other player ▷ **serwować 7 serves one/two/four, etc** If an amount of food serves a particular number, it is enough for that number of people. ▷ **porcja dla jednej/dwóch/czterech** *itp.* **osób** → See also **It serves her/him/you** ***right!***

serve² /sɜːv/ **noun** [C] in sports such as tennis, when you throw the ball up into the air and hit it towards the other player ▷ **serw, serwis**

server /ˈsɜːvəʳ/ **noun** [C] B1 a computer that is used only for storing and managing programs and information used by other computers: *an email/Internet server* ▷ **serwer**

service¹ /ˈsɜːvɪs/ **noun 1** [U] B1 when people help you and bring you things in a place such as a shop, restaurant, or hotel: *The food was nice, but the service wasn't very good.* ▷ **obsługa 2** [C] B1 a system that supplies something that people need: *financial/medical services* ◦ *electricity/water services* ◦ *They* ***provide*** *a free bus* ***service*** *from the station.* ▷ **usługa 3** [U] the time you spend working for an organization: *He retired last week after 25 years' service.* ▷ **służba, praca 4** [C] a religious ceremony: *They* ***held a*** *memorial* ***service*** *for the victims of the bombing.* ▷ **nabożeństwo 5** [C] when a car or machine is examined for faults and repaired ▷ **przegląd, serwis 6** [C] when you throw a ball up into the air and hit it towards the other player in sports such as tennis ▷ **serw, serwis** → See also **the Civil Service**, **community service**, **lip-service**, **the National Health Service**, **national service**, **secret service**

> **Wyrazy występujące razem z service**
> offer/provide/use a service

service² /ˈsɜːvɪs/ **verb** [T] to examine and repair a car or machine ▷ **naprawiać, robić przegląd**

serviceable /ˈsɜːvɪsəbl/ **adjective** able to be used, but not very good or attractive: *I have some old but serviceable chairs.* ▷ **nadający się do użytku**

ˈservice ˌcharge noun [C] an amount of money that is added to what you pay in a restaurant for being helped and brought things: *a 10% service charge* ▷ **dodatek za obsługę**

serviceman /ˈsɜːvɪsmən/ **noun** [C] (plural **servicemen**) a man who is in the army or navy ▷ **żołnierz**

ˈservice proˌvider noun [C] a company that connects your computer to the Internet, and

S

lets you use email and other services ▷ **dostawca internetu**

the services /ˈsɜːvɪsɪz/ **noun** [plural] the military forces such as the army or navy ▷ **siły zbrojne**

ˈservice ˌstation **noun** [C] a place at the side of a road where you can buy fuel for cars, and food ▷ **stacja benzynowa**

serviette /ˌsɜːviˈet/ **noun** [C] UK (UK/US **napkin**) a piece of cloth or paper used when you eat, to keep your clothes clean and to clean your mouth and hands ▷ **serwetka**

servile /ˈsɜːvaɪl/ (US) /ˈsɜːrvᵊl/ **adjective** too willing to do things for other people ▷ **służalczy**

serving /ˈsɜːvɪŋ/ **noun** [C] an amount of food for one person to eat: *a large serving of rice* ▷ **porcja**

sesame seed /ˈsesəmiˌsiːd/ **noun** [C] a small seed that is used to add a taste to food ▷ **nasienie sezamu**

session /ˈseʃᵊn/ **noun** **1** [C] B1 a period during which you do one activity: *a weekly aerobics session* ◦ *We're having a training session this afternoon.* ▷ **zajęcia** **2** [C, U] a meeting of an official group of people such as in a court or in the government: *The court is now* ***in session****.* ▷ **posiedzenie, sesja**

set[1] /set/ **verb** (present participle **setting**, past tense and past participle **set**) **1** [T] B1 to arrange a time when something will happen: [often passive] *The next meeting is* ***set for*** *6 February.* ▷ **wyznaczać** **2** [T] to decide the level of something: *The interest rate has been* ***set at*** *5%.* ▷ **ustalać** **3** [T] B1 to press switches on a machine so that it will start when you want it to: *I've* ***set*** *the alarm* ***for*** *6.30.* ◦ [+ to do sth] *Can you set the video to record 'Neighbours' please?* ▷ **nastawiać** **4** **set an example/a record/a standard, etc** B2 to do something in a way that people will copy or try to improve on: *She's set a new world record with that jump.* ▷ **dawać przykład/ustanawiać rekord/określać standard** **5** **set fire to sth; set sth on fire** B2 to make something start burning ▷ **podpalić** *coś* **6** **set sb free** B2 to allow someone to leave prison, or to allow a person or animal to escape ▷ **uwolnić** *kogoś* **7** **set sth alight** to make something start burning ▷ **podpalić** *coś* **8** **set the table** to put plates, knives, forks, etc on the table before you have a meal ▷ **nakrywać do stołu** **9** [I] B1 When the sun sets, it moves down in the sky so that it cannot be seen: *The sun rises in the East and sets in the West.* ▷ **zachodzić** **10** [I] If a liquid substance sets, it becomes solid. ▷ **tężeć, wiązać** **11** [T] UK B2 If you set work or an exam at a school or college, you ask the students to do it: [+ two objects] *Mr Harley forgot to set us any maths homework.* ▷ **zadawać, układać** **12** **set sth down/on, etc** to put something somewhere: *She set the vase down on the table.* ▷ **postawić** *coś* (*gdzieś*) **13** [T] B1 If a book, play, or film is set in a place or period of time, the story happens there or at that time: [often passive] *It's a historical adventure set in India in the 1940s.* ▷ **osadzać** **14** **set to work** to start working ▷ **brać się do pracy**

PHRASAL VERBS **set about sth/doing sth** to start doing something, especially something that uses a lot of time or energy: *I got home and immediately set about cleaning the house.* ▷ **zabierać się za** *coś*/**do** (*robienia*) *czegoś* • **be set against sth/doing sth** to not want to do or have something: *He is* ***dead set against*** *the move.* ▷ **być przeciwnym** *czemuś/robieniu czegoś* • **set sb/sth apart** If a quality sets someone or something apart, it makes them different from and usually better than others of the same type: *It's their intelligence which* ***sets them apart from*** *other rock bands.* ▷ **wyróżniać,** *kogoś/coś*, **odróżniać** *kogoś/coś* • **set sth aside** to save something, usually time or money, for a special purpose ▷ **odkładać** *coś* • **set sb/sth back** to make something happen more slowly or later than it should: *The heavy traffic set us back about half an hour.* ▷ **opóźniać** *kogoś/coś* • **set sb back (sth)** informal to cost someone a large amount of money: *A car like that will probably set you back about £12,000.* ▷ **kosztować** *kogoś* (*ileś*) • **set in** If something unpleasant sets in, it begins and seems likely to continue: *This rain looks as if it has set in for the rest of the day.* ▷ **wdawać się, zaczynać się, (na dobre)** • **set off** B1 to start a journey: *What time are you setting off tomorrow morning?* ▷ **wyruszać** • **set sth off** to cause something to begin or happen, especially a loud noise or a lot of activity: *He's always burning the toast and setting off the smoke alarm.* ▷ **wywoływać** *coś* • **set sb/sth on/upon sb** to make a person or animal attack someone: *If you come any closer, I'll set the dog on you.* ▷ **szczuć** *kogoś kimś/czymś*, **napuszczać** *kogoś* **na** *kogoś* • **set out 1** to start doing something when you have already decided what you want to achieve: [+ to do sth] *I'd done what I set out to do.* ▷ **przystępować, zabierać się** **2** B1 to start a journey ▷ **wyruszać** • **set sth out** B2 to give all the details of something, or to explain something clearly, especially in writing: *Your contract will set out the terms of your employment.* ▷ **określać** *coś*, **precyzować** *coś* • **set sth up 1** B1 to start a company or organization: *A committee has been set up to investigate the problem.* ▷ **zakładać** *coś* **2** B2 to arrange for something to happen: *I've set up a meeting with him for next week.* ▷ **zaplanować** *coś*, **ustalać** *coś* • **set sb up** to trick someone in order to make them do something, or in order to make them seem guilty of something that they have not done ▷ **wrabiać** *kogoś* • **set (sth) up** to get all the necessary equipment ready for an activity: *I need one or two people to help me set up the display.* ▷ **przygotowywać się**/*coś*, **ustawiać sprzęt**/*coś*

set[2] /set/ **noun** [C] **1** A2 a group of things which belong together: *a set of instructions/rules* ◦ *a **set of** keys/tools* ▷ **zestaw, komplet, lista** **2** B2 the place where a film or play is performed or recorded, and the pictures, furniture, etc that are used: *They first met **on the set of** 'Star Wars'.* ▷ **plan** **3** B2 one part of a tennis match: *Agassi is leading by four games to one in the third set.* ▷ **set** **4** B1 a television or radio: *a TV set* ▷ **odbiornik** **5** a group of songs or tunes that go together to make a musical performance ▷ **program** **6** a group of numbers or things ▷ **zbiór**

set[3] /set/ **adjective** **1** fixed and never changing: *Most people work for a **set number of hours** each week.* ◦ *I have no **set routine**.* ▷ **stały, ustalony** **2 be all set** to be ready: [+ to do sth] *We were all set to go when the phone rang.* ▷ **być gotowym** → See also **On your *marks*. Get set. Go!**

setback /ˈsetbæk/ **noun** [C] a problem that makes something happen later or more slowly than it should: *The project has **suffered** a series of **setbacks** this year.* ▷ **komplikacja, niepowodzenie**

> **Wyrazy występujące razem z setback**
>
> suffer a setback • a **major/serious** setback • a setback **for** sb • a setback **in/to** sth

set-piece /ˌsetˈpiːs/ **noun** [C] a speech or set of actions that has been carefully planned and practised ▷ **pokazowy numer**

settee /setˈiː/ **noun** [C] UK (UK/US **sofa**) a large, comfortable seat for more than one person ▷ **sofa**

setting /ˈsetɪŋ/ **noun** [C] **1** B2 the place where something is or where something happens, often in a book, play, or film: *The house provided the **setting for** the TV series 'Pride and Prejudice'.* ▷ **tło, sceneria** **2** a position on the controls of a piece of equipment: *Set the oven at the lowest setting.* ▷ **ustawienie**

settle /ˈsetl/ **verb** **1** [T] B2 If you settle an argument, you solve the problem and stop arguing: *to **settle** a **dispute*** ▷ **rozstrzygać** **2** [I] B2 to start living somewhere that you are going to live for a long time: *He travelled around Europe for years before finally settling in Vienna.* ▷ **osiąść, osiedlić się, zamieszkać** **3** [T] B2 to decide or arrange something: [often passive] *Right, that's settled. We're going to Spain.* ▷ **ustalać, postanowić** **4** [I, T] to relax into a comfortable position: [often reflexive] *She settled herself into the chair opposite.* ▷ **usadowić (się) (wygodnie)** **5** [T] If you settle a bill or a debt, you pay the money that you owe. ▷ **uregulować** **6** [I] to move down towards the ground or the bottom of something and then stay there: *Do you think the snow will settle?* ▷ **osadzać się, osiadać** → See also **the *dust* settles**

PHRASAL VERBS **settle down** **1** to start living in a place where you intend to stay for a long time, usually with a partner: *Do you think he'll ever settle down and have a family?* ▷ **ustatkować się** **2** B2 to start to feel happy and confident with a new situation: *Has she settled down in her new job?* ▷ **przywyknąć, przyzwyczaić się** • **settle (sb) down** to become quiet and calm, or to make someone become quiet and calm: *Come on children, stop chatting and settle down please!* ▷ **uspokoić się/*kogoś*** • **settle for sth** to accept something, especially something that is not exactly what you want: *He wants a full refund and he won't settle for anything less.* ▷ **przystać na *coś*, zadowolić się *czymś*** • **settle in** to begin to feel relaxed and happy in a new home or job: *Are you settling in OK?* ▷ **zadomowić się, przyzwyczaić się** • **settle on/upon sth** to agree on a decision: *We still haven't settled on a place to meet.* ▷ **ustalać *coś*, zdecydować się na *coś*** • **settle up** to pay someone the money that you owe them: *I need to **settle up with** you for the tickets.* ▷ **rozliczać się**

settled /ˈsetld/ **adjective** **1 be settled** to feel happy and relaxed in a place or situation: *He seems quite settled now.* ▷ **przywyknąć, dobrze się czuć** **2** regular and not often changing: *The weather's a lot more settled at this time of year.* ▷ **stabilny** → Opposite **unsettled**

settlement /ˈsetlmənt/ **noun** [C] **1** an official agreement that finishes an argument: *a **peace settlement*** ▷ **rozstrzygnięcie** **2** a town or village which people built to live in after arriving from somewhere else: *a Jewish settlement* ▷ **osiedle, osada**

> **Wyrazy występujące razem z settlement**
>
> **agree/negotiate/reach** a settlement • a settlement **between** sb and sb • a settlement **over** sth • a **peace** settlement

settler /ˈsetləʳ/ **noun** [C] someone who moves to a new place where there were not many people before: *The first European settlers arrived in Virginia in 1607.* ▷ **osadni-k/czka**

set-top box /ˈsettɒpˌbɒks/ **noun** [C] a piece of electronic equipment that allows you to watch digital broadcasts on an ordinary television ▷ **dekoder**

set-up /ˈsetʌp/ **noun** [C] informal **1** the way that something is arranged or organized: *It took me a while to get used to the set-up in my new job.* ▷ **organizacja, układ** **2** a plan that is dishonest and is intended to trick someone ▷ **pułapka**

seven /ˈsevᵊn/ A1 the number 7 ▷ **siedem**

seventeen /ˌsevᵊnˈtiːn/ A1 the number 17 ▷ **siedemnaście**
• **seventeenth** 17th written as a word ▷ **siedemnasty**

seventh[1] /ˈsevᵊnθ/ A2 7th written as a word ▷ **siódmy**

seventh[2] /ˈsevᵊnθ/ **noun** [C] one of seven equal parts of something; ⅐ ▷ **(jedna) siódma, siódma część**

seventy /ˈsevᵊnti/ **1** A2 the number 70 ▷ **siedemdziesiąt** **2 the seventies** the years from

S

1970 to 1979 ▷ **lata siedemdziesiąte 3 be in your seventies** to be aged between 70 and 79 ▷ **być po siedemdziesiątce**
• **seventieth** 70th written as a word ▷ **siedemdziesiąty**

sever /ˈsevəʳ/ **verb** [T] **1** to cut through something, especially a part of the body: *to sever an artery* ◦ [often passive] *Two of her fingers were severed in the accident.* ▷ **odciąć, przerwać 2 sever links/ties, etc with sb** to end a relationship with someone ▷ **zerwać kontakty/stosunki** *itp.* **z** *kimś*

several /ˈsevᵊrᵊl/ **pronoun, determiner** A2 some, but not a lot: *Several people have complained about the scheme.* ◦ ***Several of*** *my friends studied in Manchester.* ▷ **kilka, kilku**

severance /ˈsevᵊrᵊns/ **noun** [U] when an employer forces an employee to leave a job: ***severance pay*** ▷ **zwolnienie (z pracy)**

severe /sɪˈvɪəʳ/ **adjective 1** B2 extremely bad: *a severe headache* ◦ *severe weather conditions* ▷ **ostry, poważny, trudny 2** not kind or gentle: *a severe punishment* ▷ **surowy 3** B2 A severe person looks unfriendly or very strict. ▷ **surowy**
• **severely adverb** B2 *to be severely injured* ◦ *She has been severely criticized for the speech.* ▷ **surowo, poważnie**

severity /sɪˈverəti/ **noun** [U] how severe something is ▷ **surowość**

sew /səʊ/ **verb** [I, T] (past tense **sewed**, past participle **sewn, sewed**) B1 to join things together with a needle and thread: *I need to sew a button on my shirt.* ▷ **szyć**

PHRASAL VERB **sew sth up 1** to close or repair something by sewing the edges together ▷ **zaszyć** *coś* **2 have sth sewn up** informal to be certain to win or succeed at something ▷ **mieć** *coś* **w kieszeni**

S

sewage /ˈsuːɪdʒ/ **noun** [U] waste water and waste from toilets: *a sewage treatment plant* ▷ **ścieki**

sewer /sʊəʳ/ **noun** [C] a large underground system of pipes that carries away sewage ▷ **ściek, kanał (ściekowy), kanalizacja**

sewing /ˈsəʊɪŋ/ **noun** [U] **1** the activity of joining pieces of cloth together or repairing them with a needle and thread ▷ **szycie, krawiectwo 2** the pieces of cloth that you are joining together or repairing with a needle and thread ▷ **szycie**

ˈ**sewing maˌchine noun** [C] a machine that joins pieces of cloth together with a needle and thread ▷ **maszyna do szycia**

sewn /səʊn/ past participle of sew

sex[1] /seks/ **noun 1** [U] B1 sexual activity between people: *to* ***have sex*** *with someone* ◦ ***sex education*** ▷ **seks 2** [U] B1 the fact of being male or female: *Do you know what sex the baby is?* ◦ ***sex discrimination*** ▷ **płeć 3 the female/male/opposite, etc sex** people who are female/male/the other sex from you, etc ▷ **płeć żeńska/męska/przeciwna** *itp.*

sex[2] /seks/ **verb**

PHRASAL VERB **sex sth up** UK informal to make something seem more exciting than it really is: *It was said that the government had sexed up the report.* ▷ **podrasować** *coś*

ˈ**sex ˌchromosome noun** [C] a chromosome that controls what sex an organism will be ▷ **chromosom**

sexism /ˈseksɪzᵊm/ **noun** [U] when someone is treated unfairly because they are a woman or because they are a man ▷ **seksizm, dyskryminacja ze względu na płeć**
• **sexist adjective** *sexist attitudes/jokes* ▷ **seksistowski, dyskryminujący ze względu na płeć**

ˈ**sex ˌlife noun** [C] a person's sexual activities and relationships ▷ **życie intymne**

sexual /ˈsekʃuəl/ **adjective 1** B2 relating to the activity of sex: *sexual experiences* ◦ *sexual organs* ▷ **seksualny, płciowy 2** relating to being male or female: ***sexual discrimination*** ◦ ***sexual equality*** ▷ **płci, płciowy**

ˌ**sexual ˈintercourse noun** [U] formal when a man puts his penis into a woman's vagina ▷ **stosunek płciowy**

sexuality /ˌsekʃuˈæləti/ **noun** [U] the way you feel about sexual activity and the type of sex you prefer ▷ **seksualność, orientacja seksualna**

sexually /ˈsekʃuəli/ **adverb** in a way that relates to the activity of sex: *sexually attractive* ◦ *a* ***sexually transmitted disease*** ▷ **seksualnie, płciowo**

ˌ**sexual reproˈduction noun** [U] a method of producing babies where a male seed and a female egg join together ▷ **rozmnażanie płciowe**

sexy /ˈseksi/ **adjective** attractive or exciting in a sexual way: *sexy underwear* ◦ *He's very sexy.* ▷ **seksowny, sexy**

the Seychelles /seɪˈʃelz/ **noun** a country consisting of a group of islands to the east of Africa ▷ **Seszele**
• **Seychelles** /seɪˈʃelz/ **adjective** coming from or relating to the Seychelles ▷ **seszelski** • **Seychellois** /seɪʃelˈwɑː/ **noun** [C] (plural **Seychellois**) someone from the Seychelles ▷ **Seszel-czyk/ka**

SGML /esdʒiːemˈel/ **noun** [U] abbreviation for standard generalized markup language: a system for organizing information on computers ▷ **SGML**

sh (also **shh**) /ʃ/ **exclamation** used to tell someone to be quiet ▷ **ćśś!, sza!, cii!**

shabby /ˈʃæbi/ **adjective 1** looking untidy and in bad condition: *shabby clothes/furniture* ▷ **wytarty, odrapany 2** Shabby behaviour or treatment is bad and unfair. ▷ **podły**
• **shabbily adverb** *shabbily dressed* ◦ *shabbily treated* ▷ **nędznie, podle**

shack[1] /ʃæk/ **noun** [C] a small simple building that has been badly built ▷ **chałupa**

shack[2] /ʃæk/ **verb**

PHRASAL VERB **shack up with sb** very informal to start living in the same house as someone you are having a romantic relationship with ▷ **zamieszkać z** *kimś*, **żyć z** *kimś* **(na kocią łapę)**

shackle /ˈʃækl/ **verb** [T] **1** to fasten a prisoner's arms or legs together with chains ▷ **zakuć (w kajdany) 2 be shackled by sth** to be prevented from doing what you want to do by something ▷ **mieć związane ręce** *czymś* **lub przez** *coś*

shackles /ˈʃæklz/ **noun** [plural] chains used to fasten together prisoners' arms or legs ▷ **kajdany**

shade[1] /ʃeɪd/ **noun 1** [U] B1 an area where there is no light from the sun and so it is darker and not as hot: *I'd prefer to sit **in the shade**.* ▷ **cień 2** [C] B2 a colour, especially when referring to how dark or light it is: *a pale/dark shade of grey* ◦ *pastel shades* ▷ **odcień 3** [C] a cover that stops too much light coming from the sun or from an electric light: *a lamp shade* ▷ **roleta, abażur, klosz 4 a shade** a small amount: *He's perhaps a shade taller.* ▷ **odrobinę 5 a shade of meaning/opinion, etc** a slight difference in the meaning of something ▷ **odcień znaczeniowy/(nieco) odmienny pogląd**

shade[2] /ʃeɪd/ **verb** [T] to cover something in order to protect it from the sun: *He shaded his eyes with his hand.* ▷ **zasłaniać**

shades /ʃeɪdz/ **noun** [plural] informal sunglasses ▷ **okulary słoneczne**

shadow[1] /ˈʃædəʊ/ **noun** [C, U] B1 a dark area made by something that is stopping the light: *The tree had **cast** (= made) a long **shadow**.* ▷ **cień**

IDIOMS **beyond/without a shadow of a doubt** If something is true beyond a shadow of a doubt, it is certainly true. ▷ **bez cienia wątpliwości, ponad wszelką wątpliwość** • **cast a shadow over sth** to spoil a good situation with something unpleasant: *The bombing has cast a shadow over the Queen's visit.* ▷ **kłaść się cieniem na** *coś*, **rzucać cień na** *coś*

> Wyrazy występujące razem z **shadow**
>
> sth casts a shadow • a shadow crosses/falls across sth • sth is in shadow • the shadow of sth

shadow[2] /ˈʃædəʊ/ **verb** [T] to follow someone secretly in order to see where they go and what they do: [often passive] *He was being shadowed by a private detective.* ▷ **śledzić**

shadowy /ˈʃædəʊi/ **adjective 1** dark and full of shadows: *in a shadowy corner* ▷ **cienisty, zacieniony 2** secret and mysterious: *the **shadowy world** of espionage* ▷ **tajemniczy**

shady /ˈʃeɪdi/ **adjective 1** A shady place is protected from the sun and so it is darker and cooler: *We found a **shady spot** to sit in.* ▷ **cienisty, zacieniony 2** informal dishonest and illegal: ***shady deals*** ▷ **podejrzany**

shaft /ʃɑːft/ **noun** [C] **1** a long, vertical hole that people or things can move through, either inside a building or in the ground: *a mine shaft* ◦ *a ventilation shaft* ▷ **szyb 2** the handle of a tool or weapon ▷ **rękojeść, trzonek 3 a shaft of light** a beam of light ▷ **snop światła**

shake[1] /ʃeɪk/ **verb** (past tense **shook**, past participle **shaken**) **1** [I, T] B1 to make quick, short movements from side to side or up and down, or to make something or someone do this: *He was shaking with nerves.* ◦ *Shake the bottle.* ▷ **trząść (się), potrząsać 2 shake hands** B1 to hold someone's hand and move it up and down when you meet them for the first time, or when you make an agreement with them: *The two leaders smiled and shook hands for the photographers.* ◦ *I **shook hands with** him.* ▷ **uścisnąć dłoń lub dłonie 3 shake your head** B2 to move your head from side to side to mean 'no' ▷ **kręcić głową 4** [T] to shock or upset someone: [often passive] *No one was injured in the crash, but the driver was badly shaken.* ▷ **wstrząsnąć 5** [I] If your voice shakes, you sound very nervous or frightened. ▷ **drżeć**

PHRASAL VERBS **shake sth off** to get rid of an illness or something that is causing you problems: *I hope I can shake off this cold before the weekend.* ▷ **pozbyć się** *czegoś* • **shake sb off** to succeed in escaping from someone who is following you ▷ **zgubić** *kogoś* • **shake sth out** to hold something that is made of cloth at one end and move it up and down in order to get rid of dirt ▷ **wytrzepać** *coś* • **shake sb up** If an unpleasant experience shakes someone up, it makes them feel shocked and upset: *The accident really shook him up.* ▷ **wstrząsnąć** *kimś*

S

shake[2] /ʃeɪk/ **noun** [C] **1** when you shake something: ***Give it a** good **shake** before you open it.* ▷ **potrząśnięcie 2** (also **milkshake**) a sweet drink made of milk and chocolate or fruit ▷ **koktajl (mleczny lub owocowy)**

shake-up /ˈʃeɪkʌp/ **noun** [C] when big changes are made to a system or an organization: *This is the biggest shake-up in the legal system for fifty years.* ▷ **reorganizacja**

shaky /ˈʃeɪki/ **adjective 1** making quick, short movements from side to side or up and down: *shaky hands* ▷ **drżący, trzęsący się 2** not physically strong because you are nervous, old, or ill: *I felt a bit shaky when I stood up.* ▷ **niepewny, słaby 3** not working well and likely to fail: *They managed to win the game, despite a very **shaky start**.* ▷ **słaby, niewyraźny**

shall strong /ʃæl/ weak /ʃəl/ **modal verb 1 shall I/we...? a** A2 used to make an offer or suggestion: *Shall I cook dinner tonight?* ◦ *We'll ask him later, shall we?* ▷ **może...?, (czy) mam/mamy...?,**

dobrze? **b** (A2) used to ask someone what to do: *What restaurant shall we go to?* ◦ *Who shall I ask?* ▷ **najlepiej 2 I/we shall...** formal (B1) used to say what you are going to do in the future: *I shall be talking to her tomorrow.* ◦ *I shan't forget to tell them.* ▷ wyraża przyszłość

shallot /ʃəˈlɒt/ **noun** [C] a vegetable like a small onion ▷ **szalotka**

shallow /ˈʃæləʊ/ **adjective 1** (B2) not deep: *shallow water* ◦ *a shallow dish* ▷ **płytki 2** not showing any interest in serious ideas ▷ **płytki**

the shallows /ˈʃæləʊz/ **noun** [plural] areas of shallow water ▷ **płycizna**

sham /ʃæm/ **noun** [no plural] something that is not what it seems to be and is intended to deceive people: *Newspapers have described their marriage as a sham.* ▷ **fikcja, oszustwo**

shambles /ˈʃæmblz/ **noun be a shambles** informal to be very badly organized: *The performance was a complete shambles.* ▷ **nie trzymać się kupy, być katastrofą**

shame¹ /ʃeɪm/ **noun 1 a shame** (A2) If you describe something as a shame, you are disappointed that it has happened: [+ to do sth] ***It's a*** *real* ***shame*** *to waste all this food.* ◦ [+ (that)] ***What a shame*** *that they had to destroy such a beautiful building.* ▷ **szkoda 2** [U] when you feel embarrassed and guilty about something bad that you have done: *to be filled with shame* ▷ **wstyd 3 have no shame** to not feel embarrassed or guilty about doing bad or embarrassing things ▷ **nie mieć wstydu**

IDIOM **put sb/sth to shame** to be much better than someone or something else: *Your cooking puts mine to shame.* ▷ **przyćmiewać** *kogoś/coś*, **zdeklasować** *kogoś/coś*, **zawstydzić** *kogoś*

> Wyrazy występujące razem z **shame**
>
> bring shame on sb/sth • a sense of shame • the shame of (doing) sth

shame² /ʃeɪm/ **verb** [T] to make someone feel embarrassed and guilty about something: [+ into + doing sth] *His children are trying to shame him into giving up smoking.* ▷ **zawstydzić**

shameful /ˈʃeɪmfᵊl/ **adjective** Something shameful is bad and should make you feel embarrassed and guilty: *shameful scenes* ▷ **wstydliwy** • **shamefully adverb** ▷ **wstydliwie**

shameless /ˈʃeɪmləs/ **adjective** without feeling embarrassed or guilty although you should: *shameless behaviour/lies* ▷ **bezwstydny** • **shamelessly adverb** ▷ **bezwstydnie**

shampoo /ʃæmˈpuː/ **noun** [C, U] (A2) a liquid substance that you use to wash your hair: *a bottle of shampoo* ▷ **szampon** • **shampoo verb** [T] (present participle **shampooing**, past tense and past participle **shampooed**) ▷ **myć (szamponem)**

shan't /ʃɑːnt/ mainly UK short for shall not: *I was invited to the party, but I shan't be going.*

shanty town /ˈʃænti,taʊn/ **noun** [C] an area on the edge of a town where poor people live in very simply built houses ▷ **dzielnica slumsów**

shape¹ /ʃeɪp/ **noun 1** (B1) [C, U] the physical form of something made by the line around its outer edge: *a circular/rectangular shape* ◦ *You can recognize trees by the shape of their leaves.* ▷ **kształt 2 in good/bad/great, etc shape** (B2) in good/bad, etc health or condition: *She runs every day so she's in pretty good shape.* ▷ **w dobrej/złej/świetnej** *itp.* **formie 3 out of shape** not healthy or physically strong ▷ **nie w formie 4 keep in shape** to stay healthy and physically strong ▷ **trzymać formę 5 take shape** to start to develop and become more clear or certain: *The project is slowly beginning to take shape.* ▷ **nabierać kształtów**

IDIOM **all shapes and sizes** many different types of people or things: *We saw people there of all shapes and sizes.* ▷ **wszelkiego pokroju lub rodzaju**

> Wyrazy występujące razem z **shape**
>
> an irregular/pleasing/strange/unusual shape • change shape • in the shape of sth

shape² /ʃeɪp/ **verb** [T] **1** to influence the way that something develops: [often passive] *Their attitudes were shaped during the war.* ▷ **kształtować 2** to make something become a particular shape: *Combine the meat and egg and shape the mixture into small balls.* ▷ **formować**

PHRASAL VERB **shape up** informal to develop or improve: *Things at work seem to be shaping up quite nicely.* ▷ **dobrze się układać lub rozwijać**

-shaped /ʃeɪpt/ **suffix** used after nouns to mean 'having a particular shape': *a heart-shaped cake* ▷ **w kształcie** → See also **pear-shaped**

shapeless /ˈʃeɪpləs/ **adjective** not having a clear or well designed shape: *a shapeless dress* ▷ **bezkształtny**

shapely /ˈʃeɪpli/ **adjective** having an attractive shape: *shapely legs* ▷ **kształtny, zgrabny**

share¹ /ʃeəʳ/ **verb 1** [I, T] (A2) to have or use something at the same time as someone else: *She* ***shares*** *a house* ***with*** *Paul.* ▷ **dzielić (się) 2** [I, T] (A2) to divide something between two or more people: *We shared a pizza and a bottle of wine.* ◦ *We* ***shared*** *the cost of the wedding* ***between*** *us.* ▷ **dzielić (się) 3 share an interest/opinion, etc** (B1) to have the same interest/opinion, etc as someone else: *They share a love of gardening.* ▷ **podzielać zainteresowanie/zdanie** *itp.* **4 share your problems/thoughts/ideas, etc** to tell someone your problems/thoughts, etc ▷ **dzielić się problemami/myślami/pomysłami** *itp.*

PHRASAL VERB **share sth out** to divide something into smaller amounts and give one amount to each person in a group: *Profits are* ***shared out***

S

equally ***among*** *members of the group.* ▷ **rozdzielać** *coś*

share² /ʃeəʳ/ **noun** [C] **1** one of the equal parts that the value of a company is divided into when it is owned by a group of people: *to* ***buy/sell shares*** ◦ *We own shares in a number of companies.* ◦ ***Share prices*** *have fallen for the third day running.* ▷ **akcja 2** B2 a part of something that has been divided: [usually singular] *When am I going to get my share of the money?* ▷ **część, udział**

IDIOM **have your (fair) share of sth** to have a lot of something and enough of it, usually something bad: *We've had our fair share of rain already this summer.* ▷ **mieć sporo** *czegoś*

Wyrazy występujące razem z **share (noun)**

buy/have/sell shares • shares in sth • share prices

shareholder /ˈʃeəˌhəʊldəʳ/ **noun** [C] someone who owns shares in a company: *a shareholders' meeting* ▷ **akcjonariusz/ka, udziałowiec**

shareware /ˈʃeəweəʳ/ **noun** [U] software that you get from the Internet that you can use free for a short time without paying for it ▷ **(oprogramowanie) shareware**

Sharia /ʃəˈriːə/ **noun** [U] the holy law of Islam ▷ **szariat**

shark /ʃɑːk/ **noun** [C] B1 a large fish with very sharp teeth ▷ **rekin**

shark

Sharon /ˈʃærən/ **noun** a female name

sharp¹ /ʃɑːp/ **adjective** **1** B1 having a very thin or pointed edge that can cut things: *a sharp knife* ◦ *sharp claws/teeth* ▷ **ostry 2 a sharp rise/increase/drop, etc** B2 a sudden and very large increase or reduction in something ▷ **ostry wzrost/spadek** *itp.* **3 a sharp contrast/difference/distinction, etc** a very big and noticeable difference between two things ▷ **ostry kontrast/wyraźna różnica/ostre rozróżnienie** *itp.* **4** B2 quick to notice and understand things: *a sharp mind* ▷ **bystry 5 a sharp pain** a sudden, short, strong pain ▷ **ostry ból 6** severe and not gentle: *sharp criticism* ◦ *She can be a bit sharp with people sometimes.* ▷ **ostry 7 a sharp bend/turn, etc** a sudden large change in the direction you are travelling ▷ **ostry zakręt** *itp.* **8** A sharp taste is slightly sour. ▷ **ostry, kwaskowaty 9** A sharp image is very clear: *a photograph in sharp focus* ▷ **ostry 10 a sharp wit** the ability to say things that are funny and clever ▷ **cięty dowcip 11 a sharp tongue** If you have a sharp tongue, you often upset people by saying unkind things to them. ▷ **cięty język 12** If a piece of clothing or a style is sharp, it is fashionable and tidy: *young men in sharp suits* ▷ **szykowny 13 C sharp/F sharp, etc** the musical note that is between the note C, F, etc and the note above it ▷ **cis/fis** *itp.* **14** A sharp musical note sounds unpleasant because it is slightly higher than it should be. ▷ **za wysoki**
• **sharply adverb** B2 ▷ **ostro** • **sharpness noun** [U] ▷ **ostrość**

sharp² /ʃɑːp/ **adverb 3 o'clock/8.30 p.m., etc sharp** at exactly 3 o'clock, 8.30 p.m., etc ▷ **punktualnie o trzeciej/20:30** *itp.*

sharp³ /ʃɑːp/ **noun** [C] a musical note that is between one note and the note above it ▷ **nuta z krzyżykiem**

sharpen /ˈʃɑːpᵊn/ **verb** [T] to make something sharper: *to sharpen a knife/pencil* ▷ **ostrzyć**

shatter /ˈʃætəʳ/ **verb** **1** [I, T] to break into very small pieces, or to make something break into very small pieces: *Someone threw a stone at the car, shattering the windscreen.* ▷ **roztrzaskać (się) 2** [T] to destroy something good, such as your confidence, hopes, or belief in something: *The accident completely shattered her confidence.* ▷ **zrujnować, zniweczyć**

shattered /ˈʃætəd/ **adjective** **1** very upset ▷ **zdruzgotany 2** UK informal very tired ▷ **wykończony**

shave¹ /ʃeɪv/ **verb** [I, T] B1 to cut hair off your face or body: *to shave your head/legs* ◦ *shaving cream/foam* ▷ **golić (się)**

PHRASAL VERB **shave sth off** to cut a very thin piece off a surface ▷ **ścinać** *coś*

shave² /ʃeɪv/ **noun** [C] when a man shaves the hair growing on his face ▷ **golenie**

IDIOM **a close shave** a situation when something unpleasant or dangerous almost happens ▷ **ogromne szczęście**

shaven /ˈʃeɪvᵊn/ **adjective** A shaven part of the body has had the hair cut off it: *a gang of youths with* ***shaven heads*** ▷ **ogolony, wygolony**

shaver /ˈʃeɪvəʳ/ **noun** [C] a piece of electrical equipment used to cut hair off the head or body ▷ **golarka, maszynka do golenia**

shavings /ˈʃeɪvɪŋz/ **noun** [plural] very thin pieces that have been cut off something: ***wood shavings*** ▷ **wióry**

shawl /ʃɔːl/ **noun** [C] a piece of cloth that is worn by a woman around her shoulders or used to cover a baby ▷ **chusta, szal**

she strong /ʃiː/ weak /ʃi/ **pronoun** A1 used as the subject of the verb when referring to someone female who has already been talked about: *"When is Ruth coming?" "She'll be here soon."* ▷ **ona**

sheaf /ʃiːf/ **noun** [C] (plural **sheaves** /ʃiːvz/) **1** several pieces of paper held together: *a sheaf of papers* ▷ **plik 2** several pieces of wheat or corn tied together ▷ **snopek**

shear /ʃɪəʳ/ **verb** [T] (past tense **sheared**, past

S

participle **sheared**, **shorn**) to cut the wool off a sheep ▷ **strzyc**

shears /ʃɪəz/ **noun** [plural] a cutting tool with two large blades, like a large pair of scissors: *a pair of garden shears* ▷ **nożyce**

sheath /ʃi:θ/ **noun** [C] a cover for the sharp blade of a knife ▷ **pochwa**

shed¹ /ʃed/ **noun** [C] B2 a small building used to store things such as tools: *a garden shed* ▷ **szopa**

shed² /ʃed/ **verb** [T] (present participle **shedding**, past tense and past participle **shed**) **1 shed leaves/skin/hair, etc** to lose something because it falls off: *A lot of trees shed their leaves in the autumn.* ▷ **zrzucać liście/skórę/sierść** *itp.* **2** to get rid of something that you do not want or need: *A lot of companies are shedding jobs.* ▷ **pozbywać się 3 shed tears** to cry ▷ **ronić łzy 4 shed blood** to kill or injure someone ▷ **przelewać krew** → See also **cast/shed *light* on sth**

she'd /ʃi:d/ **1** short for she had: *By the time I got there, she'd fallen asleep.* **2** short for she would: *She knew that she'd be late.*

shedload /ˈʃedləʊd/ **noun** [C] informal a large amount: *They spent shedloads of money on that car.* ▷ **kupa**

sheen /ʃi:n/ **noun** [no plural] a smooth shine on a surface ▷ **połysk**

sheep /ʃi:p/ **noun** [C] (plural **sheep**) A1 a farm animal whose skin is covered with wool: *a **flock** of sheep* ▷ **owca**

sheepish /ˈʃi:pɪʃ/ **adjective** slightly embarrassed, usually because you have done something stupid: *a **sheepish grin**/look* ▷ **zakłopotany**

• **sheepishly adverb** ▷ **z zakłopotaniem**

sheer /ʃɪəʳ/ **adjective 1** [always before noun] used to emphasize how strong a feeling or quality is: *a look of sheer delight/joy* ◦ *sheer determination/hard work* ▷ **czysty, najzwyklejszy 2** [always before noun] used to emphasize the large size or amount of something: *The delays are due to the sheer volume of traffic.* ▷ **sam 3** very steep: *a sheer cliff face* ▷ **urwisty 4** Sheer cloth is very thin and you can see through it: *sheer tights/nylons* ▷ **przezroczysty**

sheet /ʃi:t/ **noun** [C] **1** B1 a large piece of cloth put on a bed to lie on or under: *a double fitted sheet* ◦ *to change the sheets* ▷ **prześcieradło, pościel 2 a sheet of paper/glass/metal, etc** A2 a flat piece of paper/glass, etc: *a sheet of yellow paper* ▷ **kartka papieru/szyba/arkusz blachy** *itp.* → See also **balance sheet**

sheeting /ˈʃi:tɪŋ/ **noun** [U] a large, flat piece of material, usually used as a cover: *plastic sheeting* ▷ **pokrycie**

Sheikh (also **Sheik**) /ʃeɪk/ **noun** [C] an Arab leader ▷ **szejk**

shelf /ʃelf/ **noun** [C] (plural **shelves** /ʃelvz/) A2 a flat, horizontal board used to put things on, often fixed to a wall or inside a cupboard: *a book shelf* ◦ *on the top/bottom shelf* ▷ **półka**

ˈshelf ˌlife noun [C] (plural **shelf lives**) A product's shelf life is the length of time it stays in good condition and can be used: [usually singular] *Fresh fruit has a very short shelf life.* ▷ **trwałość**

shell¹ /ʃel/ **noun** [C] **1** B2 the hard outer covering of some creatures and of eggs, nuts, or seeds: *a snail's shell* ◦ *an egg shell* ▷ **skorupa, skorupka, łupina, muszla 2** a bomb fired from a large gun ▷ **pocisk** → See also **sea shell**

shell² /ʃel/ **verb** [T] to attack a place with bombs ▷ **ostrzeliwać**

PHRASAL VERB **shell out (sth)** informal to pay or give money for something, especially when you do not want to ▷ **bulić (*ileś*), wysupłać** *ileś*

---

she'll /ʃi:l/ short for she will: *She'll be away until Tuesday.*

shellfish /ˈʃelfɪʃ/ **noun** [U] sea creatures that live in shells and are eaten as food ▷ **skorupiaki, owoce morza**

shelter¹ /ˈʃeltəʳ/ **noun 1** [C] B2 a place that protects you from bad weather or danger: *a bomb shelter* ▷ **schron, schronisko, wiata 2** [U] B2 protection from bad weather or danger: *We **took shelter** from the rain in a doorway.* ▷ **schronienie**

> Wyrazy występujące razem z **shelter**
>
> find/provide/seek/take shelter • shelter from sth • under the shelter of sth

shelter² /ˈʃeltəʳ/ **verb 1 shelter from/in/under, etc** to go under a cover or inside a building to be protected from bad weather or danger: *They went under a tree to shelter from the rain.* ▷ **schronić się przed/w/pod** *itp.* **2** [T] to provide cover or protection for someone: *Many households are already sheltering refugees.* ▷ **udzielać schronienia**

sheltered /ˈʃeltəd/ **adjective 1** covered or protected from bad weather or danger: *a sheltered spot by the wall* ▷ **osłonięty 2 a sheltered existence/life/upbringing, etc** If you have a sheltered life, you are protected too much and experience very little danger or excitement. ▷ **życie pod kloszem 3 sheltered accommodation/housing** UK houses for old and ill people in a place where help can be given if it is needed ▷ **dom opieki**

shelve /ʃelv/ **verb** [T] to decide not to continue with a plan: [often passive] *The project had to be shelved when they ran out of money.* ▷ **odkładać (na półkę)**

shelves /ʃelvz/ plural of shelf

shenanigans /ʃɪˈnænɪgənz/ **noun** [plural] informal secret or dishonest behaviour: ***political/sexual shenanigans*** ▷ **machinacje**

shepherd¹ /ˈʃepəd/ **noun** [C] someone whose job is to look after sheep ▷ **pasterz**

shepherd[2] /ˈʃepəd/ **verb** [T] to go somewhere with someone in order to guide them or protect them: *children shepherded to school by their parents* ▷ **prowadzić, towarzyszyć**

sheriff /ˈʃerɪf/ **noun** [C] an elected law officer in the US ▷ **szeryf**

sherry /ˈʃeri/ **noun** [C, U] a strong Spanish wine that is drunk before a meal ▷ **sherry**

she's /ʃiːz/ **1** short for she is: *She's a very good student.* **2** short for she has: *She's been working very hard.*

shh /ʃ/ **exclamation** used to tell someone to be quiet ▷ **ćśś!, sza!, cii!**

Shia /ˈʃiːə/ **noun** [C] a Shiite ▷ **Szyit-a/ka**

shield[1] /ʃiːld/ **noun** [C] **1** a large, flat object that police officers and soldiers hold in front of their bodies to protect themselves ▷ **tarcza** **2** a person or thing used as protection: *The hostages are being used as* ***human shields****.* ▷ **tarcza, osłona**

shield[2] /ʃiːld/ **verb** [T] to protect someone or something from something dangerous or unpleasant: *to* ***shield*** *your* ***eyes*** *from the sun* ▷ **osłaniać**

shift[1] /ʃɪft/ **noun** [C] **1** a change in something: *There has been a dramatic* ***shift in*** *public opinion on this matter.* ▷ **zmiana, zwrot** **2** (B2) a period of work in a place such as a factory or hospital: *afternoon/****night shift*** ◦ *He works an eight-hour shift.* ▷ **zmiana**

> Wyrazy występujące razem z **shift**
>
> a dramatic/fundamental/gradual/major shift • a shift (away) from/towards sth • a shift in sth

shift[2] /ʃɪft/ **verb** **1** [I, T] to change something: *We are trying to* ***shift*** *the emphasis* ***from*** *curing illness* ***to*** *preventing it.* ▷ **przesuwać** **2** [T] to move something to another place: *We need to shift all these boxes into the other room.* ▷ **przenosić** **3** [I, T] to move into a different position: *He shifted uncomfortably in his seat.* ▷ **przemieszczać, kręcić się** **4** [T] (also **shift into**) US to change the position of the gears in a vehicle: *to* ***shift gears*** ▷ **zmieniać, wrzucać**

ˈ**shift** ˌ**key** **noun** [C] the key on a computer keyboard which allows you to create a capital letter ▷ **(klawisz) Shift**

shifty /ˈʃɪfti/ **adjective** informal Someone who looks shifty looks dishonest. ▷ **przebiegły**

Shiite (also **Shi'ite**) /ˈʃiːaɪt/ **noun** [C] a member of a large group within the Islamic religion ▷ **Szyit-a/ka**
• **Shiite adjective** (also **Shi'ite**) describing the Shiites or their type of Islam ▷ **szyicki**

shilling /ˈʃɪlɪŋ/ **noun** [C] a unit of money used in the past in the UK ▷ **szyling**

shimmer /ˈʃɪmə^r/ **verb** [I] to shine gently and seem to be moving slightly: *The trees shimmered in the moonlight.* ▷ **migotać, skrzyć się**

shin /ʃɪn/ **noun** [C] the front part of a leg between the knee and the foot ▷ **goleń** → See **The Body** on page Centre 13

shine[1] /ʃaɪn/ **verb** (past tense and past participle **shone**, **shined**) **1** [I] (B1) to produce bright light: *The* ***sun*** *was* ***shining*** *brightly through the window.* ▷ **świecić** **2** [I, T] to point a light somewhere: *The car's headlights shone right into my eyes.* ▷ **świecić** **3** [I, T] If a surface shines, it reflects light, and if you shine it, you make it reflect light: *She polished her shoes until they shone.* ▷ **świecić się, lśnić, polerować** **4** [I] If your eyes or face shine, you look happy, healthy, or excited: *His* ***eyes*** *were* ***shining*** *with excitement.* ▷ **świecić się, błyszczeć** **5** [I] to do something very well, usually better than other people. ▷ **błyszczeć, zabłysnąć**

shine[2] /ʃaɪn/ **noun** [no plural] when something is bright from reflected light on its surface: *hair with body and shine* ▷ **połysk**

IDIOMS **take a shine to sb** informal to like someone immediately: *I think he's taken a bit of a shine to you.* ▷ **polubić** *kogoś* • **take the shine off sth** to spoil something pleasant ▷ **odbierać** *czemuś* **urok**

shingle /ˈʃɪŋgl/ **noun** [U] UK a lot of very small pieces of stone on a beach ▷ **kamyki**

shiny /ˈʃaɪni/ **adjective** (B1) A shiny surface is bright because it reflects light: *shiny hair* ▷ **błyszczący, lśniący**

ship[1] /ʃɪp/ **noun** [C] (A2) a large boat that carries people or goods by sea: *a cargo ship* ▷ **statek**

ship[2] /ʃɪp/ **verb** [T] (present participle **shipping**, past tense and past participle **shipped**) to send something from one place to another: [often passive] *These vegetables have been shipped halfway around the world.* ▷ **wysyłać, przewozić**

shipbuilder /ˈʃɪpˌbɪldə^r/ **noun** [C] a person or company that builds ships ▷ **stocznia, stoczniowiec**
• **shipbuilding** /ˈʃɪpˌbɪldɪŋ/ **noun** [U] ▷ **budowa okrętów**

shipment /ˈʃɪpmənt/ **noun** **1** [C] an amount of goods sent from one place to another: *The first shipments of food arrived this month.* ▷ **transport, dostawa** **2** [U] when something is sent from one place to another: *the shipment of nuclear waste* ▷ **przewóz, transport**

ˌ**shipping and** ˈ**handling** **noun** [U] US postage and packing ▷ **koszt wysyłki**

shipwreck[1] /ˈʃɪprek/ **noun** [C] an accident in which a ship is destroyed at sea ▷ **katastrofa (morska)**

shipwreck[2] /ˈʃɪprek/ **verb** **be shipwrecked** If someone is shipwrecked, the ship they are in is destroyed in an accident. ▷ **przeżyć katastrofę (morską)**

shipyard /ˈʃɪpjɑːd/ **noun** [C] a place where ships are built or repaired ▷ **stocznia**

S

shirk /ʃɜːk/ **verb** [I, T] to avoid doing something because it is difficult or unpleasant: *to **shirk** your **duties/responsibilities*** ▷ **wymigiwać się (od)**

shirt /ʃɜːt/ **noun** [C] A1 a piece of clothing worn on the top part of the body, often made of thin material like cotton and fastened with buttons down the front ▷ **koszula** → See **Clothes** on page Centre 9 → See also **polo shirt**, **T-shirt**

shish kebab /ˈʃɪʃkəˌbæb/ **noun** [C] small pieces of meat or vegetables cooked on a long, thin stick ▷ **szaszłyk**

shit[1] /ʃɪt/ **exclamation** very informal a very impolite word used to show surprise, anger, disappointment, etc ▷ **cholera**

shit[2] /ʃɪt/ **noun** [U] very informal a very impolite word for waste from the body of a person or animal that comes out of their bottom ▷ **gówno**

shiver /ˈʃɪvəʳ/ **verb** [I] B2 to shake because you are cold or frightened: *She **shivered with** cold.* ▷ **drżeć, trząść się**

• **shiver noun** [C] *He felt a shiver run down his spine (= He felt afraid).* ▷ **dreszcz**

shoal /ʃəʊl/ **noun** [C] a large group of fish swimming together ▷ **ławica**

shock[1] /ʃɒk/ **noun 1** [C, U] B1 a big, unpleasant surprise: *We **got a** nasty **shock** when he gave us the bill. ◦ Her death **came as a** terrible **shock** to him. ◦ They are still **in shock** (= feeling the effect of a shock) from the accident.* ▷ **wstrząs, szok 2** [U] a medical condition when someone is extremely weak because of damage to their body: *He **went into shock** and nearly died.* ▷ **wstrząs 3** [C] (also **electric shock**) a sudden, painful feeling that you get when electricity flows through your body ▷ **porażenie (prądem) 4** [C] a sudden movement caused by an explosion, accident, etc ▷ **wstrząs** → See also **culture shock**

> Wyrazy występujące razem z **shock**
>
> come as a shock • get/have a shock • a big/nasty/real shock • a shock to sb • be in shock

shock[2] /ʃɒk/ **verb** [I, T] B2 to surprise and upset someone: [often passive] *Many people were shocked by the violent scenes in the film.* ▷ **szokować, wstrząsnąć**

• **shocked adjective** B1 [+ to do sth] *We were shocked to find rat poison in our hotel room.* ▷ **wstrząśnięty**

shocking /ˈʃɒkɪŋ/ **adjective 1** B1 very surprising and upsetting or immoral: *shocking news ◦ This report contains scenes that some people may find shocking.* ▷ **wstrząsający, szokujący 2** UK very bad: *My memory is shocking.* ▷ **beznadziejny**

• **shockingly adverb** ▷ **wstrząsająco, szokująco**

shoddy /ˈʃɒdi/ **adjective** very bad quality: *shoddy goods ◦ **shoddy work/workmanship/treatment*** ▷ **byle jaki**

shoe /ʃuː/ **noun** [C] A1 a strong covering for the foot, often made of leather: *a pair of shoes ◦ to put your shoes on/take your shoes off* ▷ **but**

IDIOM **be in sb's shoes** informal to be in the same situation as someone else, especially an unpleasant situation: *What would you do if you were in my shoes?* ▷ **być na** *czyimś* **miejscu, być w** *czyjejś* **skórze**

shoelace /ˈʃuːleɪs/ **noun** [C] a long, thin piece of material used to fasten shoes ▷ **sznurowadło**

shoeshine boy /ˈʃuːʃaɪnˌbɔɪ/ **noun** [C] a boy or man who is paid to clean people's shoes ▷ **czyścibut**

shoestring /ˈʃuːstrɪŋ/ **noun**

IDIOM **on a shoestring** If you do something on a shoestring, you do it using very little money. ▷ **tanio, tanim kosztem**

shone /ʃɒn/ US /ʃəʊn/ past of shine

shoo /ʃuː/ **verb** (present participle **shooing**, past tense and past participle **shooed**) **shoo sb away/off/out, etc** to make a person or animal leave a place by chasing them or shouting 'shoo' at them ▷ **odpędzać** *kogoś/coś*, **przeganiać** *kogoś/coś*

• **shoo exclamation** ▷ **sio!, a kysz!**

shook /ʃʊk/ past tense of shake

shoot[1] /ʃuːt/ **verb** (past tense and past participle **shot**) **1** [T] B1 to injure or kill a person or animal by firing a bullet from a gun at them: [often passive] *He was robbed and then **shot in** the stomach. ◦ An innocent bystander was **shot dead** in the incident.* ▷ **postrzelić, zastrzelić 2** [I, T] B1 to fire a bullet from a gun: *Don't shoot!* ▷ **strzelać 3** [I] B1 to try to score points in sports such as football by hitting, kicking, or throwing the ball towards the goal ▷ **strzelać, rzucać 4 shoot across/out/up, etc** to move somewhere very quickly: *She shot across the road without looking.* ▷ **pędzić/wyskoczyć** *itp.* **5** [T] to use a camera to record a film or take a photograph: [often passive] *Most of the film was shot in Italy.* ▷ **filmować, kręcić**

PHRASAL VERBS **shoot sb/sth down** to destroy an aircraft or make it fall to the ground by firing bullets or weapons at it ▷ **zestrzelić** *kogoś/coś* • **shoot up** If a number or amount shoots up, it increases very quickly: *Prices have shot up by 25%.* ▷ **skoczyć**

shoot[2] /ʃuːt/ **noun** [C] **1** a new branch or stem growing on a plant: *bamboo shoots* ▷ **pęd, kiełek 2** when someone takes photographs or makes a film: *a **fashion shoot*** ▷ **sesja zdjęciowa**

shooting /ˈʃuːtɪŋ/ **noun 1** [C] B2 when someone is injured or killed by a bullet from a gun: *a fatal shooting* ▷ **strzał, strzelanina 2** [U] the sport of firing bullets from guns, sometimes to kill animals ▷ **myślistwo**

shop[1] /ʃɒp/ **noun** [C] (also US **store**) A1 a building or part of a building where you can buy things: *a* book shop ◦ a shoe shop ◦ to go to the shops ◦ a shop window ▷ **sklep** → See also **charity shop**

shop[2] /ʃɒp/ **verb** [I] (present participle **shopping**, past tense and past participle **shopped**) B1 to buy things in shops: *I'm* ***shopping for*** *baby clothes.* ◦ *I usually* ***go shopping*** *on Saturday.* ▷ **kupować, robić zakupy**

PHRASAL VERB **shop around** to compare the price and quality of the same thing from different places before deciding which one to buy: *to shop around for a computer* ▷ **rozglądać się, porównywać ceny**

ˈshop asˌsistant noun [C] UK (US **sales clerk**) A2 someone whose job is selling things in a shop ▷ **sprzedaw-ca/czyni**

ˌshop ˈfloor noun [no plural] the part of a factory where things are made and not the part where the managers' offices are ▷ **hala produkcyjna**

shopkeeper /ˈʃɒpˌkiːpəʳ/ **noun** [C] B2 someone who owns or manages a small shop ▷ **sklepi-ka-rz/rka**

shoplifting /ˈʃɒplɪftɪŋ/ **noun** [U] stealing things from a shop ▷ **kradzież sklepowa**
• **shoplifter** noun [C] ▷ **złodziej/ka sklepow-y/a** • **shoplift** verb [I] ▷ **kraść w sklepach**

shopper /ˈʃɒpəʳ/ **noun** [C] someone who is buying things from shops ▷ **kupując-y/a, klient/ka**

shopping /ˈʃɒpɪŋ/ **noun** [U] **1** A1 when you buy things from shops: *I love shopping.* ◦ *a shopping basket/trolley* ▷ **zakupy 2** A2 the things that you buy from a shop or shops: *Can you help me unpack the shopping?* ◦ *a shopping bag* ▷ **zakupy** → See also **window shopping**

> Wyrazy występujące razem z **shopping**
> a shopping **spree/trip** • **to go** shopping

ˈshopping ˌbasket noun [C] a place on a website where you collect things that you plan to buy from the website ▷ **koszyk** → See **basket**

ˈshopping ˌcentre noun [C] UK (US **shopping center**) a place where a lot of shops have been built close together ▷ **centrum handlowe**

ˈshopping ˌmall noun [C] a large, covered shopping area ▷ **centrum handlowe**

ˌshop ˈsteward noun [C] a worker chosen by workers in a factory or business to represent them in discussions with the management, usually a member of a trade union ▷ **przedstawiciel pracowników**

shore[1] /ʃɔːʳ/ **noun** [C, U] B1 the area of land along the edge of the sea or a lake: *They had to abandon the boat and swim back to shore.* ▷ **brzeg, wybrzeże**

shore[2] /ʃɔːʳ/ **verb**

PHRASAL VERB **shore sth up** to help or improve something that is likely to fail ▷ **podreperować** *coś*

shorn /ʃɔːn/ past participle of shear

short[1] /ʃɔːt/ **adjective 1** A1 having a small distance from one end to the other: *short, brown hair* ◦ *short legs* ◦ *a short skirt* ▷ **krótki 2** A1 continuing for a small amount of time: *a short visit* ◦ *There's a short break for coffee between classes.* ▷ **krótki 3** A2 A short book or other piece of writing has few pages or words: *a short article/story* ▷ **krótki 4** A1 A short person is not as tall as most people: *She's short and slim with dark hair.* ▷ **niski 5** B1 not having enough of something: *I'm a bit* ***short of*** *money at the moment.* ◦ *Would you like to play? We're a couple of people short.* ◦ *He seemed a bit* ***short of breath*** *(= having difficulty breathing).* ▷ ≈ **brakować 6 be short for sth** B2 to be a shorter way of saying the same thing: *'Mick' is short for 'Michael'.* ▷ **być skrótem od** *czegoś* **7 be short with sb** to talk to someone quickly in an angry or rude way ▷ **szorstko** *kogoś* **traktować**
• **shortness** noun [U] ▷ **krótkość, niski wzrost**
→ See also **in the long/short** ***run***

short[2] /ʃɔːt/ **adverb 1 short of doing sth** without doing something: *He did everything he could to get the money, short of robbing a bank.* ▷ **oprócz** *czegoś*, **z wyjątkiem** *czegoś* **2 stop short of sth/doing sth** to almost do something but decide not to do it: *She stopped short of accusing him of lying.* ▷ **nie posunąć się do** *czegoś*, **powstrzymać się od** *czegoś* **3 fall short of sth** to not reach a particular level, but only by a small amount: *Sales for the first half of this year fell just short of the target.* ▷ **nie osiągać** *czegoś*, **być nieco mniejszym niż** *coś* **4 cut sth short** to have to stop doing something before it is finished: *They had to cut the holiday short when her mother was taken ill.* ▷ **skrócić** *coś*

short[3] /ʃɔːt/ **noun 1 in short** in a few words: *In short, we need more staff.* ▷ **krótko mówiąc, jednym słowem 2** [C] a short film ▷ **krótkometrażówka, film krótkometrażowy 3** [C] UK a small amount of a strong alcoholic drink like whisky ▷ **kieliszek**

shortage /ˈʃɔːtɪdʒ/ **noun** [C] B2 when there is not enough of something: *a* ***shortage of*** *nurses* ◦ *food shortages* ▷ **niedobór, brak**

> Wyrazy występujące razem z **shortage**
> an **acute/chronic/desperate/serious** shortage • **a** shortage **of** sth

shortbread /ˈʃɔːtbred/ **noun** [U] a hard, sweet cake ▷ **herbatnik maślany**

short-circuit /ˌʃɔːtˈsɜːkɪt/ **noun** [C] a fault in an electrical connection ▷ **zwarcie**
• **short-circuit** verb [I, T] ▷ **powodować zwarcie (w)**

shortcoming /ˈʃɔːtˌkʌmɪŋ/ **noun** [C] a fault: [usually plural] *I like him despite his shortcomings.* ▷ **wada**

shortcut /ˈʃɔːtkʌt/ (also UK **ˌshort ˈcut**) **noun** [C] **1** a quicker and more direct way of getting

S

somewhere or doing something: *I **took a short-cut** through the car park.* ▷ **skrót 2** In computing, a shortcut is a quick way to start or use a computer program: *a shortcut key* ▷ **skrót**

shorten /ˈʃɔːtᵊn/ **verb** [I, T] to become shorter or to make something shorter: *Smoking shortens your life.* ▷ **skracać**

shortfall /ˈʃɔːtfɔːl/ **noun** [C] the difference between the amount that is needed and the smaller amount that is available: *a shortfall in government spending* ▷ **luka, niedobór**

shorthand /ˈʃɔːthænd/ **noun** [U] a fast way of writing using abbreviations and symbols ▷ **stenografia**

short-haul /ˈʃɔːthɔːl/ **adjective** travelling a short distance: *a **short-haul flight*** ▷ **krótkodystansowy**

shortlist /ˈʃɔːtlɪst/ **noun** [C] UK a list of people who are competing for a prize, job, etc, who have already been chosen from a larger list: *to be **on the shortlist*** ▷ **lista finalistów, krótka lista**

• **shortlist verb** [T] UK *shortlisted candidates* ▷ **zakwalifikować**

short-lived /ˌʃɔːtˈlɪvd/ **adjective** only lasting for a short time ▷ **krótkotrwały**

shortly /ˈʃɔːtli/ **adverb 1** (B2) If something is going to happen shortly, it will happen soon: *Our plans for the next year will be announced shortly.* ▷ **wkrótce 2 shortly after/before sth** (B1) a short time after or before something: *He left here shortly after midnight.* ▷ **tuż przed/po** *czymś*

short-range /ˌʃɔːtˈreɪndʒ/ **adjective** intended to go a short distance: *a short-range missile* ▷ **bliskiego zasięgu**

shorts /ʃɔːts/ **noun** [plural] **1** (A2) a very short pair of trousers that stop above the knees: *T-shirt and shorts ◦ cycling shorts* ▷ **szorty, krótkie spodenki 2** US men's underwear to wear under trousers ▷ **slipy** → See also **boxers**

short-sighted /ˌʃɔːtˈsaɪtɪd/ **adjective 1** not able to see far without wearing glasses ▷ **krótkowzroczny 2** not thinking enough about how an action will affect the future: *a short-sighted policy* ▷ **krótkowzroczny**

short-term /ˌʃɔːtˈtɜːm/ **adjective** (B2) lasting a short time: ***short-term memory*** ▷ **krótkoterminowy, krótkotrwały**

short-wave /ˈʃɔːtweɪv/ **noun** [U] a system used to broadcast radio signals around the world: *short-wave radio* ▷ **krótkofalowy**

shot¹ /ʃɒt/ **noun** [C] **1** (B2) when a bullet is fired from a gun: *Three **shots** were **fired**.* ▷ **wystrzał, strzał 2** (B2) when someone tries to score points in sports such as football by hitting or throwing the ball: *Good shot!* ▷ **strzał, rzut 3** (B2) a photograph: *I got a good shot of them leaving the hotel together.* ▷ **zdjęcie 4 give sth a shot; have/take a shot at sth** informal to try to do something, often for the first time: *I've never played football, but I'll give it a shot.* ▷ **spróbować (swoich) sił w** *czymś*, **spróbować** *czegoś* **5** an amount of medicine put into the body with a special needle ▷ **zastrzyk 6** a small amount of a strong alcoholic drink: *a shot of whisky* ▷ **kropelka, kieliszek**

IDIOMS **like a shot** If someone does something like a shot, they do it quickly and enthusiastically. ▷ **piorunem** • **a shot in the dark** an attempt to guess something when you have no information or knowledge about it ▷ **strzał w ciemno** → See also **long shot**

shot² /ʃɒt/ past of shoot

shotgun /ˈʃɒtɡʌn/ **noun** [C] a long gun that fires small, metal balls ▷ **strzelba**

should strong /ʃʊd/ weak /ʃəd/ **modal verb 1** (B1) used to say or ask what is the correct or best thing to do: *He should have gone to the doctor. ◦ Should I apologize to her? ◦ You shouldn't be so angry with him.* ▷ **powinien 2** (B1) used to say that you expect something to be true or that you expect something to happen: *She should be feeling better by now. ◦ The letter should arrive by Friday.* ▷ **powinien 3** formal used to refer to a possible event in the future: *Should you have any further queries, please do not hesitate to contact me.* ▷ **jeśli, gdyby 4 why should/shouldn't...?** (B2) used to ask or give the reason for something, especially when you are surprised or angry about it: *He told me to forgive her, but why should I?* ▷ **niby dlaczego (nie)?**

shoulder¹ /ˈʃəʊldəʳ/ **noun** [C] **1** (B1) where your arm joins your body next to your neck: *He put his arm around my shoulder.* ▷ **ramię, bark** → See **The Body** on page Centre 13 **2** US (UK **hard shoulder**) the area on the edge of a main road, where a car can stop in an emergency ▷ **pobocze**

IDIOMS **rub shoulders with sb** to spend time with famous people ▷ **przebywać wśród** *kogoś*, **ocierać się o** *kogoś* • **a shoulder to cry on** someone who gives you sympathy when you are upset ▷ **ktoś przed kim się można wypłakać**

→ See also **have a *chip* on your shoulder**

shoulder² /ˈʃəʊldəʳ/ **verb shoulder the blame/burden/responsibility, etc** to accept that you are responsible for something difficult or bad ▷ **brać na siebie winę/ciężar/odpowiedzialność** *itp.*

ˈshoulder ˌbag noun [C] a bag with a long strap that you hang from your shoulder ▷ **torba na ramię**

ˈshoulder ˌblade noun [C] a large, flat bone on each side of your back below your shoulder ▷ **łopatka**

shoulder-length /ˈʃəʊldəleŋθ/ **adjective** If your hair is shoulder-length, it goes down as far as your shoulders. ▷ **do ramion**

shouldn't /ˈʃʊdᵊnt/ short for should not: *I shouldn't have said that.*

S

should've /ˈʃʊdəv/ short for should have: *She should've finished by now.*

shout¹ /ʃaʊt/ **verb** [I, T] A2 to say something very loudly: *"Look out!" she shouted.* ◦ *I was angry and I* ***shouted at*** *him.* ◦ *I* ***shouted out*** *her name but she didn't hear me.* ▷ **krzyczeć**

shout² /ʃaʊt/ **noun** [C] B1 when you say something very loudly or make a very loud sound with your voice: *He was woken by a loud shout.* ▷ **krzyk**

> Wyrazy występujące razem z **shout (noun)**
>
> give a shout • a shout of [anger, etc] • an angry shout

shouty /ˈʃaʊti/ **adjective** informal Someone who is shouty shouts a lot because they get angry very easily. ▷ **krzykliwy**

shove /ʃʌv/ **verb** [I, T] **1** to push someone or something in a rough way: *He wouldn't move, so I shoved him out of the way.* ▷ **pchać, popychać 2 shove sth into/in/under, etc** to put something somewhere in a quick, careless way: *She shoved the suitcase under the bed.* ▷ **wpychać** *coś* **do/w/pod** *itp.*

• **shove noun** [C] *to give someone a shove* ▷ **pchnięcie** → See also **if/when *push* comes to shove**

shovel /ˈʃʌvəl/ **noun** [C] a tool with a long handle, used for digging or moving things such as soil or snow ▷ **łopata, szufla**

• **shovel verb** [I, T] (present participle UK **shovelling**, past tense and past participle **shovelled**, present participle US **shoveling**, past tense and past participle **shoveled**) ▷ **przerzucać**

show¹ /ʃəʊ/ **verb** (past tense **showed**, past participle **shown**) **1** [T] B2 If numbers, results, facts, etc show something, they prove that it is true: [+ (that)] *Research shows that 40% of the programme's viewers are aged over 55.* ◦ *Sales figures showed a significant increase last month.* ▷ **wykazywać 2** [T] A1 to let someone look at something: [+ two objects] *Show me your photos.* ◦ *Show your passport to the officer.* ▷ **pokazywać 3 show sb what to do/how to do sth** B1 to teach someone how to do something by explaining it or by doing it yourself while they watch: *She showed me how to use the new computer system.* ◦ *Have you shown him what to do?* ▷ **pokazywać** *komuś,* **co** *robić***/jak** *coś robić* **4** [T] B2 to express a feeling so that other people are able to notice it: *He hasn't shown any interest so far.* ◦ *If she was upset, she certainly didn't show it.* ▷ **okazywać 5** [I, T] to be easy to see, or to make something easy to see: *The sadness really shows on her face.* ◦ *Light-coloured carpets show the dirt.* ▷ **odznaczać się, być widocznym, podkreślać 6 show sb into/around/round, etc** B1 to take someone to or round a place: *She showed me round the factory.* ▷ **wprowadzać/oprowadzać** *itp. kogoś* **7** [T] B1 If a picture, film, map, etc shows something, that thing can be seen in the picture, film, etc.: *A diagram shows the levels of rainfall in different parts of the country.* ▷ **przedstawiać 8** [I, T] If a cinema shows a film or a film is showing somewhere, you can go and see it there. ▷ **grać, być wyświetlanym**

PHRASAL VERBS **show off** B2 to try to make people admire your abilities or achievements in a way which other people find annoying: *He was the kind of kid who was always showing off to his classmates.* ▷ **popisywać się** • **show sb/sth off** to show something or someone you are proud of to other people: *I couldn't wait to show off my new ring.* ▷ **chwalić się** *kimś/czymś* • **show up** informal B1 to arrive somewhere: *I waited for nearly half an hour, but he didn't show up.* ▷ **pojawić się, pokazać się** • **show sb up** to behave in a way that makes someone you are with feel embarrassed: *I didn't want my parents there, showing me up in front of all my friends.* ▷ **robić** *komuś* **wstyd**

show² /ʃəʊ/ **noun 1** [C] A2 a television or radio programme or a theatre performance: *He's got his own show on Channel 5.* ▷ **program, przedstawienie 2** [C] B2 an event at which a group of similar things are brought together for the public to see: *a fashion show* ▷ **pokaz, wystawa 3 a show of sth** an expression of a feeling which can be clearly seen by other people: *Crowds gathered in the central square in a show of support for the government.* ▷ **demonstracja** *czegoś* **4 for show** for looking at only, and not for using: *The cakes are just for show – you can't eat them.* ▷ **na pokaz 5 on show** being shown to the public: *Her designs are currently on show at the Museum of Modern Art.* ▷ **dostępny dla zwiedzających, wystawiany** → See also **chat show, game show, talk show**

> Wyrazy występujące razem z **show (noun)**
>
> host/present a show • a show is broadcast/screened • be on a show

ˈshow ˌbusiness noun [U] (informal **show biz**) the entertainment industry, including films, television, theatre, etc ▷ **przemysł rozrywkowy, show-biznes**

showcase /ˈʃəʊkeɪs/ **noun** [C] an event which is intended to show the best qualities of something: *The exhibition acts as* ***a showcase for*** *British design.* ▷ **wizytówka**

showdown /ˈʃəʊdaʊn/ **noun** [C] an argument or fight that is intended to end a period of disagreement: *Opponents of the changes are heading for* ***a showdown with*** *party leaders.* ▷ **ostateczna rozgrywka**

> Wyrazy występujące razem z **showdown**
>
> face/be heading for a showdown • a showdown between sb and sb • a showdown with sb

shower[1] /ʃaʊəʳ/ **noun** [C] **1** (A1) If you have or take a shower, you wash your whole body while standing under a flow of water: *I got up,* ***had a shower*** *and got dressed.* ▷ **prysznic 2** (A1) a piece of bathroom equipment that you stand under to wash your whole body: *He likes to sing* ***in the shower.*** ▷ **prysznic** → See **The Bathroom** on page Centre 3 **3** (B1) a short period of rain ▷ **przelotny deszcz 4 a shower of sth** a lot of small things in the air, especially falling through the air: *a shower of glass* ▷ **grad** *czegoś*

shower[2] /ʃaʊəʳ/ **verb** [I] to wash standing under a shower ▷ **brać prysznic**

PHRASAL VERB **shower sb with sth** to give a lot of something to someone: *I was showered with gifts.* ▷ **zasypywać** *kogoś czymś*

showing /ˈʃəʊɪŋ/ **noun 1** [C] a broadcast of a television programme at a particular time or of a film at a cinema: *There's a repeat showing of Wednesday's episode on Saturday morning.* ▷ **projekcja, transmisja 2 a good/poor/strong, etc showing** how successful someone is in a competition, election, etc: *She* ***made*** *a good* ***showing*** *in the world championships.* ▷ **dobry/słaby/imponujący** *itp.* **występ**

showman /ˈʃəʊmən/ **noun** [C] (plural **showmen**) someone who is very good at entertaining people ▷ **showman**

shown /ʃəʊn/ past participle of show

show-off /ˈʃəʊɒf/ **noun** [C] someone who tries to make other people admire their abilities or achievements in a way which is annoying ▷ **szpaner**

showroom /ˈʃəʊruːm/ **noun** [C] a large room where you can look at large items for sale, such as cars or furniture ▷ **salon**

ˈshow ˌtrial noun [C] a trial organized by a government for political reasons, not for real justice ▷ **proces pokazowy**

shrank /ʃræŋk/ past tense of shrink

shrapnel /ˈʃræpnəl/ **noun** [U] small, sharp pieces of metal which fly through the air when a bomb explodes ▷ **szrapnel**

shred[1] /ʃred/ **noun** [C] **1** a very small piece that has been torn from something: [usually plural] *She tore the letter* ***to shreds.*** ▷ **strzęp 2 not a shred of sth** not the smallest amount of something: *There is not a shred of evidence to support his story.* ▷ **ani cienia lub krzty** *czegoś*

shred[2] /ʃred/ **verb** [T] (present participle **shredding**, past tense and past participle **shredded**) to tear or cut something into small, thin pieces: *shredded cabbage* ▷ **drzeć lub ciąć (na strzępy), siekać**

shrewd /ʃruːd/ **adjective** good at judging situations and making decisions which give you an advantage: *a shrewd businessman* ◦ *a shrewd investment* ▷ **błyskotliwy, sprytny**
• **shrewdly adverb** ▷ **błyskotliwie, sprytnie**

shriek /ʃriːk/ **verb** [I, T] to make a sudden, loud, high noise because you are afraid, surprised, excited, etc: *to shriek with laughter* ◦ *"It's about to explode!" she shrieked.* ▷ **piszczeć, wrzeszczeć**
• **shriek noun** [C] ▷ **pisk, wrzask**

shrill /ʃrɪl/ **adjective** A shrill sound is very high, loud, and often unpleasant: *a shrill voice* ▷ **piskliwy**

shrimp /ʃrɪmp/ **noun** [C] a small, pink sea animal that you can eat, with a curved body and a shell ▷ **krewetka**

shrine /ʃraɪn/ **noun** [C] a place where people go to pray because it is connected with a holy person or event ▷ **sanktuarium**

shrink[1] /ʃrɪŋk/ **verb** [I, T] (past tense **shrank**, past participle **shrunk**) (B2) to become smaller, or to make something smaller: *My shirt shrank in the wash.* ◦ *Its forests have shrunk to almost half the size they were 10 years ago.* ▷ **kurczyć (się)**

PHRASAL VERB **shrink from sth/doing sth** to avoid doing something that is difficult or unpleasant: *We will not shrink from using force.* ▷ **wzbraniać się przed** *czymś*, **cofnąć się przed** *czymś*

shrink[2] /ʃrɪŋk/ **noun** [C] informal a doctor trained to help people with mental or emotional problems ▷ **psychiatra**

shrivel /ˈʃrɪvəl/ **verb** [I] (present participle UK **shrivelling**, past tense and past participle **shrivelled**, present participle US **shriveling**, past tense and past participle **shriveled**) If something shrivels, it becomes smaller, dryer, and covered in lines, often because it is old. ▷ **marszczyć się, wysychać**
• **shrivelled adjective** *There were a few shrivelled apples at the bottom of the bowl.* ▷ **pomarszczony**

shroud[1] /ʃraʊd/ **noun** [C] a cloth used to cover the body of a dead person ▷ **całun**

shroud[2] /ʃraʊd/ **verb 1 be shrouded in darkness/fog/mist** to be hidden or covered by the dark/fog, etc: *The island was shrouded in sea mist.* ▷ **być spowitym ciemnością/mgłą 2 be shrouded in mystery/secrecy** to be difficult to find out about or to know the truth about: *Details of the president's trip remain shrouded in secrecy.* ▷ **być otoczonym tajemnicą**

shrub /ʃrʌb/ **noun** [C] a large plant, smaller than a tree, that has several main stems ▷ **krzew, krzak**

shrubbery /ˈʃrʌbəri/ **noun 1** [C, U] an area of a garden with shrubs in it ▷ **kolekcja krzewów 2** [U] US shrubs considered as a group ▷ **krzewy**

shrug /ʃrʌg/ **verb** [I, T] (present participle **shrugging**, past tense and past participle **shrugged**) to move your shoulders up and down to show that you do not care about something or that you do not know something: *I told him we weren't happy with it but he just* ***shrugged*** *his* ***shoulders.*** ▷ **wzruszać (ramionami)**

S

• **shrug** noun [C] ▷ **wzruszenie (ramion)**

PHRASAL VERB **shrug sth off** to not worry about something and treat it as not important: *The team manager shrugged off criticism.* ▷ **bagatelizować** *coś*

shrunk /ʃrʌŋk/ past participle of shrink

shrunken /ˈʃrʌŋkən/ **adjective** having become smaller or having been made smaller: *a shrunken old man* ▷ **skurczony**

shudder /ˈʃʌdəʳ/ **verb** [I] to shake, usually because you are thinking of something unpleasant: *I still **shudder at** the thought of the risks we took.* ◦ *She **shuddered with** horror.* ▷ **drżeć, dygotać**

• **shudder** noun [C] ▷ **dreszcz**

shuffle /ˈʃʌfl/ **verb** **1** [I] to walk slowly without lifting your feet off the floor: *I heard him shuffling around downstairs.* ▷ **powłóczyć nogami** **2** [I, T] If you shuffle papers or cards, you mix them or arrange them in a different order. ▷ **przekładać, tasować** **3** [I, T] to move your body or feet a little because you feel nervous or uncomfortable: *People started **shuffling their feet** and looking at their watches.* ▷ **przestępować z nogi na nogę**

shun /ʃʌn/ **verb** [T] (present participle **shunning**, past tense and past participle **shunned**) to avoid or ignore someone or something: *He was shunned by colleagues and family alike.* ◦ *She has always **shunned publicity**.* ▷ **unikać, stronić od**

shunt /ʃʌnt/ **verb** [T] to move someone or something from one place to another, usually because they are not wanted: *As a teenager he was shunted between different children's homes.* ▷ **przerzucać**

shut¹ /ʃʌt/ **verb** [I, T] (present participle **shutting**, past tense and past participle **shut**) **1** (A2) to close something, or to become closed: *Shut the door.* ◦ *He lay back and shut his eyes.* ◦ *The lid shut with a bang.* ▷ **zamykać (się)** **2** UK (UK/US **close**) (A2) When a shop, restaurant, etc shuts, it stops serving customers and does not allow people to enter: *The museum shuts at 4 o'clock on a Friday.* ◦ *Several schools were shut because of the bad weather.* ▷ **zamykać (się)**

PHRASAL VERBS **shut sb/sth away** to put someone or something in a place from which they cannot leave or be taken away ▷ **zamykać** *kogoś/coś* • **shut (sth) down** (B2) If a business or a large piece of equipment shuts down or someone shuts it down, it stops operating: *Many factories have been forced to shut down.* ▷ **zamykać** *coś*/**się** • **shut sb/sth in (sth)** to prevent someone or something from leaving a place by shutting a door or gate: *We normally shut the dog in the kitchen when we go out.* ▷ **zamykać** *kogoś/coś gdzieś* • **shut sth off** to stop a machine working, or to stop the supply of something: *Shut the engine off.* ◦ *Oil supplies have been shut off.* ▷ **wyłączać** *coś*, **odcinać** *coś* • **shut sth/sb out** to stop someone or something from entering a place or from being included in something: *The curtains shut out most of the light from the street.* ▷ **nie wpuszczać lub dopuszczać** *czegoś/kogoś* • **shut (sb) up** informal (B2) to stop talking or making a noise, or to make someone do this: *Just shut up and get on with your work!* ▷ **uciszyć się**/*kogoś*, **zamknąć się** • **shut sb/sth up** to keep a person or animal somewhere and prevent them from leaving: *You can't keep it shut up in a cage all day.* ▷ **zamykać** *kogoś/coś*

shut² /ʃʌt/ **adjective** [never before noun] **1** (B1) closed: *Her eyes were shut and I thought she was asleep.* ▷ **zamknięty** **2** UK (UK/US **closed**) (B1) When a shop, restaurant, etc is shut, it has stopped serving customers and does not allow people to enter it. ▷ **zamknięty**

shutdown /ˈʃʌtdaʊn/ **noun** [C] when a business or a large piece of equipment stops operating, usually for a temporary period ▷ **przerwa w pracy, wyłączenie**

shutter /ˈʃʌtəʳ/ **noun** [C] **1** a wooden or metal cover on the outside of a window ▷ **okiennica** **2** the part at the front of a camera which opens quickly to let in light when you take a photograph ▷ **migawka**

shuttle¹ /ˈʃʌtl/ **noun** [C] **1** a bus, train, plane etc which travels regularly between two places, usually a short distance: *the London-Glasgow shuttle* ◦ *There's a **shuttle service** between the airport and the city centre.* ▷ **regularne połączenie** **2** (also ˈ**space** ˌ**shuttle**) a spacecraft which can go into space and return to Earth more than once ▷ **prom kosmiczny**

shuttle² /ˈʃʌtl/ **verb** [I, T] to travel or take people regularly between the same two places: *He **shuttles between** Ireland and England.* ▷ **kursować, przewozić, dowozić**

shuttlecock /ˈʃʌtlkɒk/ **noun** [C] (also US **birdie**) a small object with feathers that is used like a ball in badminton ▷ **lotka**

S

shy¹ /ʃaɪ/ **adjective** (**shyer**, **shyest**) (B1) not confident, especially about meeting or talking to new people: *He was too shy to say anything to her.* ▷ **nieśmiały**

• **shyly** adverb *She smiled shyly.* ▷ **nieśmiało** • **shyness** noun [U] ▷ **nieśmiałość**

shy² /ʃaɪ/ **verb** [I] If a horse shies, it moves backwards suddenly because it has been frightened by something. ▷ **spłoszyć się**

PHRASAL VERB **shy away from sth** to avoid doing something, usually because you are not confident enough to do it: *He tends to shy away from public speaking.* ▷ **unikać** *czegoś*

SI /ˌesˈaɪ/ **noun** [U] abbreviation for Système International: the international system of units used for scientific measurements ▷ **(układ) SI**

sibling /ˈsɪblɪŋ/ **noun** [C] formal a sister or brother ▷ **brat, siostra, rodzeństwo**

sic /sɪk/ **adverb (sic)** used in writing after a word

that you have copied to show that you know it has been spelt or used wrongly ▷ **(sic!)**

sick[1] /sɪk/ **adjective 1** A2 ill: *He was off work sick for most of last week.* ◦ *They provide care for* ***the sick.*** ▷ **chory 2 be sick** B1 If you are sick, food and drink comes up from your stomach and out of your mouth: *The baby was sick all down his shirt.* ▷ **wymiotować 3 feel sick** A2 to feel that the food or drink in your stomach might soon come up through your mouth: *I was so nervous I felt quite sick.* ▷ **mieć mdłości 4 be sick of sth** informal B2 to be bored with or annoyed about something that has been happening for a long time: *I'm sick of people telling me how to run my life.* ▷ **mieć** *czegoś* **(serdecznie) dosyć 5 It makes me sick.** informal something you say when you are jealous of someone: *She looks fantastic whatever she wears – it makes me sick.* ▷ **wkurza mnie to 6** cruel and unpleasant: *He's got a sick mind.* ◦ *a* ***sick joke*** ▷ **chory, niesmaczny**

sick[2] /sɪk/ **noun** [U] UK informal food or liquid that has come up from someone's stomach and out of their mouth ▷ **wymiociny**

sicken /ˈsɪkᵊn/ **verb** [T] to shock someone and make them very angry: *Sickened by the violence, she left.* ▷ **napawać obrzydzeniem**

sickening /ˈsɪkᵊnɪŋ/ **adjective** causing shock and anger: *a sickening act of violence* ▷ **obrzydliwy**

sickle /ˈsɪkl/ **noun** [C] a tool with a round blade used to cut long grass or grain crops ▷ **sierp**

ˈsick ˌleave noun [U] when you are away from your work because you are ill ▷ **zwolnienie**

sickly /ˈsɪkli/ **adjective 1** weak and often ill: *a sickly child* ▷ **chorowity 2** unpleasant and making you feel slightly ill: *a sickly smell* ▷ **mdły**

sickness /ˈsɪknəs/ **noun 1** [U] B2 when you are ill: *She's had three weeks off for sickness this year.* ▷ **choroba 2** [U] when the food or drink in your stomach come up through your mouth, or a feeling that this might happen: ***morning/travel sickness*** ▷ **wymioty, mdłości 3** [C, U] a particular illness: *radiation sickness* ▷ **choroba**

side[1] /saɪd/ **noun** [C] **1** A2 one of the two parts that something would divide into if you drew a line down the middle: *In most countries people drive* ***on the right side*** *of the road.* ◦ *Which* ***side of*** *the bed do you sleep on?* ▷ **strona 2** A2 a flat, outer surface of an object, especially one that is not its top, bottom, front, or back: *The ingredients are listed on the side of the box.* ◦ *The side of the car was badly scratched.* ▷ **bok 3** A2 one edge of something: *A square has four sides.* ◦ *There were chairs round the sides of the room.* ▷ **bok 4** B1 the area next to something: *trees growing by the side of the road* ▷ **bok, strona 5** A2 either of the two surfaces of a thin, flat object such as a piece of paper or a coin: *Write on both sides of the paper.* ▷ **strona 6** B2 one of the people or groups who are arguing, fighting, or competing: *Whose* ***side is he on?*** ◦ *Whenever we argue he always* ***takes Alice's side*** (= *gives support to Alice*). ▷ **strona 7** UK the players in a sports team: *He's been selected for the national side.* ▷ **drużyna 8** B2 part of a situation that can be considered or dealt with separately: *She looks after the financial* ***side of things.*** ▷ **strona 9** B2 a part of someone's character: *She has a very practical side.* ▷ **strona, cecha 10** the two areas of your body from under your arms to the tops of your legs: *Stand with your arms by your sides.* ◦ *She lay on her side.* ▷ **bok 11** B2 Someone's side of a story is the way in which they explain how something happened: *I thought I'd better listen to Clare's* ***side of the story.*** ◦ *So far they'd only heard the story from the wife's side.* ▷ **wersja 12** UK a number on a television or radio that you can choose in order to receive a broadcast: *Which side is the film on?* ▷ **kanał 13 from side to side** B2 If something moves from side to side, it moves from left to right and back again repeatedly: *swinging from side to side* ▷ **na boki, z boku na bok 14 side by side** B2 If two things or people are side by side, they are next to each other: *sitting side by side on the sofa* ▷ **obok siebie 15** the part of your family who are either your mother's relatives or your father's relatives: *They tend to be tall on my mother's side of the family.* ▷ **strona**

IDIOMS **err on the side of caution** to be very careful instead of taking a risk or making a mistake ▷ **być przezornym lub ostrożnym** • **on the side** in addition to your main job: *She does a bit of bar work on the side.* ▷ **na boku** • **put sth to one side** to not use or deal with something now, but keep it for a later time ▷ **odkładać** *coś* **na później**

→ See also **the flip side**

Wyrazy występujące razem z **side**
on the [right/left] side • the side of sth

side[2] /saɪd/ **verb**

PHRASAL VERB **side with sb** to support one person or group in an argument: *If ever there was any sort of argument, she'd always side with my father.* ▷ **być lub stanąć po** *czyjejś* **stronie**

sideboard /ˈsaɪdbɔːd/ **noun** [C] a piece of furniture with a flat top and low cupboards and drawers, used for storing dishes and glasses, etc in the room you eat in ▷ **kredens**

sideburns /ˈsaɪdbɜːnz/ **noun** [plural] hair that grows on the sides of a man's face in front of the ear ▷ **baczki, bokobrody**

side effect /ˈsaɪdɪfekt/ **noun** [C] **1** another effect that a drug has on your body in addition to the main effect for which the doctor has given you the drug: *Headaches are one side effect of this drug.* ▷ **działanie uboczne 2** an unexpected result of a situation ▷ **skutek lub efekt uboczny**

sidekick /ˈsaɪdkɪk/ **noun** [C] someone who helps,

or is friends with, a more powerful and important person ▷ **pomagier**

sideline¹ /ˈsaɪdlaɪn/ **noun** [C] a job or business in addition to your main job or business: *He works in a bank but teaches English* ***as a sideline.*** ▷ **dodatkowe zajęcie**

sideline² /ˈsaɪdlaɪn/ **verb** [T] to stop someone from being included in an activity that they usually do, especially a sport: [often passive] *He's broken his ankle and could be sidelined for weeks.* ▷ **wyeliminować**

sidelines /ˈsaɪdlaɪnz/ **noun** [plural] the outside edge of the playing area of a sport such as football: *The coach was shouting instructions* ***from the sidelines.*** ▷ **bok boiska, pole autowe, aut**

IDIOM **on the sidelines** not really involved in something ▷ **z boku**

sidelong /ˈsaɪdlɒŋ/ **adjective a sidelong glance/look** a very short look at someone, moving your eyes to the side, and not looking at them directly ▷ **ukradkowe spojrzenie**

ˈside ˌmirror noun [C] US (UK **wing mirror**) a small mirror on the side of a car or truck ▷ **lusterko boczne** → See **Car** on page Centre 7

sideshow /ˈsaɪdʃəʊ/ **noun** [C] an event or activity that is considered less important than another event or activity ▷ **impreza towarzysząca**

sidestep /ˈsaɪdstep/ **verb** [T] (present participle **sidestepping**, past tense and past participle **sidestepped**) to avoid talking about a subject, especially by starting to talk about something else: *She neatly* ***sidestepped questions*** *about her recent divorce.* ▷ **omijać**

sidetrack /ˈsaɪdtræk/ **verb** [T] to make someone forget what they were doing or speaking about and start doing or speaking about something different: [often passive] *Sorry, I was talking about staffing and I got sidetracked.* ▷ **zbić z tropu, odwracać uwagę**

sidewalk /ˈsaɪdwɔːk/ **noun** [C] US (UK **pavement**) a path with a hard surface by the side of a road that people walk on ▷ **chodnik**

sideways /ˈsaɪdweɪz/ **adverb** in a direction to the left or right, not forwards or backwards: *He glanced sideways.* ▷ **w bok, na bok, bokiem**

siding /ˈsaɪdɪŋ/ **noun 1** [C] a short railway track, connected to a main track, where trains are kept when they are not being used ▷ **bocznica 2** [U] US material which covers the outside walls of a building, usually in layers ▷ **siding, panele (elewacyjne lub zewnętrzne)**

sidle /ˈsaɪdl/ **verb sidle along/over/up, etc** to walk towards someone, trying not to be noticed: *He sidled up to her and whispered something in her ear.* ▷ **podkradać się, podchodzić chyłkiem**

SIDS /sɪdz/ **noun** [U] US abbreviation for sudden infant death syndrome: the sudden death of a sleeping baby for no obvious reason ▷ **(nagła) śmierć łóżeczkowa** → See **cot death**

siege /siːdʒ/ **noun** [C, U] when an army or the police stand around a building or city to stop supplies from entering it, in order to force the people inside to stop fighting: *The city is* ***under siege*** *from rebel forces.* ▷ **oblężenie**

Sierra Leone /siˌerə liˈəʊn/ **noun** a country in Africa ▷ **Sierra Leone**

• **Sierra Leonean** /siˈerə liˈəʊniən/ **adjective** coming from or relating to Sierra Leone ▷ **sierraleoński** • **Sierra Leonean noun** someone from Sierra Leone ▷ **Sierraleo-ńczyk/nka**

siesta /siˈestə/ **noun** [C] a short period of rest or sleep in the afternoon ▷ **sjesta**

sieve /sɪv/ **noun** [C] a piece of kitchen equipment with a wire or plastic net which separates large pieces of food from liquids or powders: *Pass the sauce through a sieve to remove any lumps.* ▷ **sitko, sito** → See **The Kitchen** on page Centre 2

• **sieve verb** [T] ▷ **przesiewać, przecedzać**

sift /sɪft/ **verb** [T] **1** to put flour, sugar, etc through a sieve to break up large pieces: *Sift the flour into a large bowl.* ▷ **przesiewać 2** (also **sift through**) to carefully look at every part of something in order to find something: *to* ***sift through evidence*** ▷ **analizować, szperać**

sigh /saɪ/ **verb** [I, T] B2 to breathe out slowly and noisily, often because you are annoyed or unhappy: *He sighed deeply and sat down.* ▷ **wzdychać**

• **sigh noun** [C] B2 *a* ***sigh of relief*** ▷ **westchnienie**

sight¹ /saɪt/ **noun 1** [U] B1 the ability to use your eyes to see: *Doctors managed to save his sight.* ▷ **wzrok 2 the sight of sb/sth** B2 when you see someone or something: *The sight of so much blood had shocked him.* ◦ informal *I* ***can't stand the sight of*** *her (= I hate her).* ▷ **widok** *kogoś/czegoś* **3** [U] B2 the area that it is possible for you to see: *I looked for her but she was nowhere* ***in sight.*** ◦ *I was able to park* ***within sight of*** *the house.* ◦ *Security guards were waiting* ***out of sight*** *(= where they could not be seen).* ▷ **pole widzenia, zasięg wzroku 4** [C] something which you see, especially something interesting: *the* ***sights and sounds*** *of the market* ▷ **widok 5 at first sight** B2 when you first see or hear about something or someone: *It may, at first sight, seem a surprising choice.* ▷ **na pierwszy rzut oka 6 the sights** B1 the beautiful or interesting places in a city or country, that a lot of people visit: *He took me around New York and showed me the sights.* ▷ **atrakcje turystyczne**

IDIOMS **lose sight of sth** to forget about an important idea or fact because you are thinking too much about other, less important things: *We mustn't lose sight of the original aims of this project.* ▷ **zapominać o** *czymś*, **tracić** *coś* **z oczu** • **set your sights on sth** to decide to achieve something: *She's set her sights on becoming an actress.* ▷ **postawić sobie** *coś* **za cel**

sight² /saɪt/ **verb** [T] to see something that it is difficult to see or that you have been looking for: [often passive] *The ship was last sighted off the French coast at 8 o'clock yesterday evening.* ▷ **dostrzec, widzieć**

-sighted /ˈsaɪtɪd/ used after a word describing a person's ability to see: ***long-/short-sighted*** ◦ ***partially-sighted*** ▷ **-wzroczny, -widzący**

sighted /ˈsaɪtɪd/ **adjective** A sighted person is able to see. ▷ **widzący**

sighting /ˈsaɪtɪŋ/ **noun** [C] when you see something that is rare or unusual: *UFO sightings* ▷ **pojawienie się, przypadek dostrzeżenia**

sightseeing /ˈsaɪtsiːɪŋ/ **noun** [U] A2 the activity of visiting places which are interesting because they are historical, famous, etc: *a* ***sightseeing tour*** *of London* ▷ **zwiedzanie**
• **sightseer** /ˈsaɪtˌsiːəʳ/ **noun** [C] a person who goes sightseeing ▷ **turyst-a/ka**

> Wyrazy występujące razem z **sightseeing**
> do some/go sightseeing • a sightseeing tour/trip

sign¹ /saɪn/ **noun** [C] **1** B1 something which shows that something is happening: *Flowers are the first* ***sign of*** *Spring.* ◦ [+ (that)] *It's a sign that things are improving.* ◦ *Staff are* ***showing signs of*** *strain.* ▷ **oznaka, znak 2** A2 a symbol or message in a public place which gives information or instructions: *a* ***road sign*** ◦ *a 'no-smoking' sign* ▷ **znak 3** B2 a symbol which has a particular meaning: *a dollar/pound sign* ◦ *the sign of the cross* ▷ **znak, symbol 4** B1 a movement you make to give someone information or tell them what to do ▷ **znak** → See also **star sign**

> Wyrazy występujące razem z **sign**
> see/take sth as a sign • show (no) signs of sth • a clear/sure sign • a sign of sth

sign² /saɪn/ **verb** [I, T] B1 to write your name on something to show that you wrote/painted, etc it or to show that you agree to it: *He signs his letters 'Prof. James D. Nelson'.* ◦ *to* ***sign*** *a* ***contract/treaty*** ▷ **podpisywać (się)**

PHRASAL VERBS **sign for sth** UK If a player signs for a football team, he signs a formal agreement saying that he will play for that team. ▷ **podpisywać kontrakt z** *kimś* • **sign (sb) in** to write your name or someone else's name in a book when you arrive at a building such as an office or hotel ▷ **wpisywać lub podpisywać się (za** *kogoś***) (przy wejściu)** • **sign on 1** to sign a document saying that you will work for someone: *She's* ***signed on with*** *a temp agency.* ▷ **podpisywać kontrakt 2** UK to sign a form at a government office to say that you do not have a job and that you want to receive money from the government ▷ **zarejestrować się jako bezrobotny** • **sign (sb) out** to write your name or someone else's name in a book when leaving a building such as an office or factory ▷ **wpisywać lub podpisywać się (za** *kogoś***) (przy wyjściu)** • **sign up** B1 to arrange to do an organized activity: *I've* ***signed up for*** *evening classes at the local college.* ▷ **zapisywać się**

signal¹ /ˈsɪgnəl/ **noun** [C] **1** B2 a movement, light, or sound which gives information, or tells people what to do: *Don't move until I* ***give*** *the* ***signal****.* ▷ **sygnał, znak 2** B2 a series of electrical waves which are sent to a radio, television, or mobile phone ▷ **sygnał 3** something which shows that something else exists or is likely to happen: *The changing colour of the leaves on the trees is a signal that it will soon be autumn.* ▷ **oznaka 4** a piece of equipment which tells trains to stop or to continue ▷ **semafor 5** US a piece of equipment that shows people or vehicles when to stop, go, or move carefully: *a* ***traffic signal*** ▷ **światła**

signal² /ˈsɪgnəl/ **verb** [I, T] (present participle UK **signalling**, past tense and past participle **signalled**, present participle US **signaling**, past tense and past participle **signaled**) **1** to make a movement which gives information or tells people what to do: *He* ***signalled for*** *them to be quiet.* ◦ [+ to do sth] *He signalled the driver to stop.* ▷ **dawać znak 2** to show that you intend or are ready to do something: [+ (that)] *The US signalled that they were ready to enter talks.* ▷ **zasygnalizować**

signatory /ˈsɪgnətəri/ **noun** [C] formal a person or country that signs an official document ▷ **sygnatariusz**

signature /ˈsɪgnətʃəʳ/ **noun** [C] B1 your name written in your own way which is difficult for someone else to copy ▷ **podpis**

significance /sɪgˈnɪfɪkəns/ **noun** [U] the importance or meaning of something: *I still don't understand* ***the significance of*** *his remark.* ▷ **znaczenie**

> Wyrazy występujące razem z **significance**
> play down/realize/understand the significance of sth • have significance for sb • be of [great/little/major/no] significance

significant /sɪgˈnɪfɪkənt/ **adjective** B2 important or noticeable: *These measures will save a significant amount of money.* ◦ *It is significant that Falkner did not attend the meeting himself.* ▷ **znaczny, znaczący** → Opposite **insignificant**
• **significantly** adverb B2 ▷ **znacznie, znacząco**

sigˌnificant ˈfigures **noun** [plural] UK (US **sigˌnificant ˈdigits**) the numbers used to write a number to be as exact as is needed: *2.3945 to two significant figures is 2.4.* ▷ **cyfry znaczące**

signify /ˈsɪgnɪfaɪ/ **verb** [T] to be a sign of something: *Red signifies danger.* ▷ **oznaczać**

signing /ˈsaɪnɪŋ/ **noun** [C] **1** UK a player who has joined a sports team or a musician who has joined a record company ▷ **nowy nabytek** **2** the act of signing something: [usually singular] *the signing of the declaration* ▷ **podpisanie**

ˈsign ˌlanguage noun [C, U] a system of communication using hand movements, used by people who are deaf ▷ **język migowy**

signpost /ˈsaɪnpəʊst/ **noun** [C] B1 a sign by the side of the road that gives information about routes and distances ▷ **drogowskaz**

Sikh /siːk/ **noun** [C] someone who believes in an Indian religion based on belief in a single god and on the teachings of Guru Nanak ▷ **sikh**
• **Sikh adjective** *a Sikh temple* ▷ **sikhijski** • **Sikhism noun** [U] ▷ **religia sikhijska, sikhizm**

silence¹ /ˈsaɪləns/ **noun** **1** [U] B1 when there is no sound: *The three men ate **in silence**.* ◦ *No sound **broke the silence** of the wintry landscape.* ▷ **cisza** **2** [U] when someone says nothing about a particular subject: *She **ended** her **silence** yesterday and spoke to a TV reporter about the affair.* ▷ **milczenie** **3** [C] B2 a period of time when there is no sound or no talking: *an awkward/embarrassed silence* ▷ **cisza**

> Wyrazy występujące razem z **silence**
>
> in silence • **deafening/stunned** silence • **break** the silence • **lapse into** silence • silence **falls/descends/ensues**

silence² /ˈsaɪləns/ **verb** [T] **1** to stop something making a sound or stop someone from talking, often about a particular subject: *He silenced the alarm.* ◦ *Opponents of the government would be silenced or thrown into prison.* ▷ **uciszać, zamknąć usta** **2** to stop people from criticizing you by giving a good argument to support your opinion: *He seems to have **silenced** his **critics**.* ▷ **uciszać, zamknąć usta**

silencer /ˈsaɪlənsəʳ/ **noun** [C] **1** UK (US **muffler**) a part of a vehicle that reduces noise ▷ **tłumik** **2** a piece of equipment that you use on a gun to reduce the sound of it firing ▷ **tłumik**

silent /ˈsaɪlənt/ **adjective** **1** B1 without any sound: *The building was dark and silent.* ◦ *At last the guns **fell silent**.* ▷ **cichy, bezgłośny** **2** B2 without talking: *He remains silent about his plans.* ▷ **małomówny** **3** If a letter in a word is silent, it is not pronounced: *The 'p' in 'receipt' is silent.* ▷ **niemy**
• **silently adverb** B2 ▷ **cicho**

silhouette /ˌsɪluˈet/ **noun** [C, U] the shape of something when the light is behind it so that you cannot see any details: *He saw a woman **in silhouette**.* ▷ **zarys, sylwetka**
• **silhouetted adjective** *the roofs **silhouetted against** the night sky* ▷ **rysujący się**

silica /ˈsɪlɪkə/ **noun** [U] a mineral which exists in various forms, including sand, quartz, and flint, and which is used to make glass and cement ▷ **krzemionka**

silicon /ˈsɪlɪkən/ **noun** [U] a chemical element used in making electronic equipment such as computers, and materials such as glass and concrete (symbol Si): *a **silicon chip*** ▷ **silikon**

silk /sɪlk/ **noun** [U] B1 a type of cloth which is light and smooth: *a silk dress/shirt* ▷ **jedwab**

silken /ˈsɪlkᵊn/ **adjective** literary soft and smooth, like silk: *her silken skin* ▷ **jedwabisty**

silky /ˈsɪlki/ **adjective** soft and smooth, like silk: *a large, silky, grey cat* ▷ **jedwabisty**

silly /ˈsɪli/ **adjective** **1** B1 stupid: *silly games/hats* ◦ *I feel silly in this hat.* ◦ *It's a bit silly spending all that money on something we don't need.* ▷ **głupi** **2** B1 small and not important: *She gets upset over such silly things.* ▷ **głupi**
• **silliness noun** [U] ▷ **głupoty, głupota**

silt /sɪlt/ **noun** [U] sand and clay that has been carried along by a river and is left on land ▷ **muł**

silver¹ /ˈsɪlvəʳ/ **noun** **1** [U] A2 a valuable, shiny, grey-white metal used to make coins and jewellery (symbol Ag): *silver and gold* ◦ *a solid silver ring* ▷ **srebro** **2** [U] objects made of silver ▷ **srebra** **3** [C] a silver medal ▷ **srebro**

silver² /ˈsɪlvəʳ/ **adjective** **1** A2 made of silver: *a silver coin* ◦ *a silver necklace* ▷ **srebrny** **2** A2 being the colour of silver: *a silver sports car* ▷ **srebrny, srebrzysty**

ˌsilver ˈmedal noun [C] a small, round disc given to someone for finishing second in a race or competition ▷ **srebrny medal**

silverware /ˈsɪlvəweəʳ/ **noun** [U] US (UK **cutlery**) knives, forks, spoons, etc that are used for eating ▷ **sztućce**

ˌsilver ˈwedding anniversary noun [C] the date that is 25 years after the day that two people married ▷ **srebrne wesele**

silvery /ˈsɪlvᵊri/ **adjective** shiny and pale like silver: *a silvery light* ▷ **srebrzysty**

sim card /ˈsɪm kɑːd/ **noun** [C] a plastic card in a mobile phone that contains information about you and makes you able to use the phone ▷ **karta SIM**

similar /ˈsɪmɪləʳ/ **adjective** B1 Something which is similar to something else has many things the same, although it is not exactly the same: *The two houses are remarkably similar.* ◦ *The style of cooking is **similar to** that of Northern India.* ▷ **podobny** → Opposite **dissimilar**

similarity /ˌsɪmɪˈlærəti/ **noun** [C, U] B2 when two things or people are similar, or a way in which they are similar: *There are a number of **similarities between** the two systems.* ◦ *He bears a striking **similarity to** his grandfather.* ▷ **podobieństwo**

similarly /ˈsɪmɪləli/ **adverb** in a similar way ▷ **podobnie**

simile /ˈsɪmɪli/ **noun** [C] a phrase which compares one thing to something else, using the

S

words 'like' or 'as', for example 'as white as snow' ▷ **porównanie**

simmer /ˈsɪməʳ/ **verb** [I, T] to gently cook a liquid or something with liquid in it so that it is very hot, but does not boil ▷ **gotować (się) na wolnym ogniu**

Simon /ˈsaɪmən/ **noun** a male name

simple /ˈsɪmpl/ **adjective 1** (A2) not difficult to do or to understand: [+ to do sth] *It's very simple to use.* ◦ *Just mix all the ingredients together – it's as simple as that.* ▷ **prosty 2** (B1) not complicated or containing details which are not necessary: *a simple life* ◦ *a simple black dress (= dress without decoration)* ▷ **prosty 3** (B2) used to describe the one important fact, truth, etc: *We chose her for the simple reason that she's the best person for the job.* ▷ **prosty**

ˌsimple ˈeye noun [C] a basic type of eye with only one lens, found in some insects ▷ **oko proste** → Compare **compound eye**

ˌsimple ˈleaf noun [C] a type of leaf which is formed of one leaf on a leaf stalk ▷ **liść pojedynczy** → Compare **compound leaf**

ˌsimple ˈsugar noun [C] a monosaccharide ▷ **cukier prosty**

simplicity /sɪmˈplɪsəti/ **noun** [U] **1** when something is not complicated and has few details or little decoration: *I admire the simplicity of his designs.* ▷ **prostota 2** when something is easy to understand ▷ **prostota**

simplify /ˈsɪmplɪfaɪ/ **verb** [T] to make something less complicated or easier to do or to understand: *We need to simplify the instructions.* ▷ **upraszczać**

• **simplification** /ˌsɪmplɪfɪˈkeɪʃən/ **noun** [C, U] ▷ **uproszczenie**

simplistic /sɪmˈplɪstɪk/ **adjective** making something complicated seem simple by ignoring many of the details: *a simplistic explanation* ▷ **(nadmiernie) uproszczony**

simply /ˈsɪmpli/ **adverb 1** (B2) used to emphasize what you are saying: *We simply don't have the time.* ▷ **po prostu 2** (B2) only: *A lot of people miss out on this opportunity simply because they don't know about it.* ▷ **tylko 3** (B2) in a way which is not complicated or difficult to understand: *simply prepared food* ▷ **skromnie, prosto**

simulate /ˈsɪmjəleɪt/ **verb** [T] to do or make something which behaves or looks like something real but which is not real: *The company uses a computer to simulate crash tests of its new cars.* ▷ **symulować**

• **simulation** /ˌsɪmjəˈleɪʃən/ **noun** [C, U] ▷ **symulacja**

simulator /ˈsɪmjəleɪtəʳ/ **noun** [C] a machine on which people can practise operating a vehicle or an aircraft without having to drive or fly: *a* ***flight simulator*** ▷ **symulator**

simultaneous /ˌsɪmələˈteɪniəs/ **adjective** If two or more things are simultaneous, they happen or exist at the same time: *simultaneous translation* ▷ **jednoczesny, równoczesny**

• **simultaneously adverb** (B2) *It was broadcast simultaneously in Britain and France.* ▷ **jednocześnie, równocześnie**

sin¹ /sɪn/ **noun 1** [C, U] something which is against the rules of a religion: ***the sin of*** *pride* ▷ **grzech 2** [no plural] informal something that you should not do because it is morally wrong: *You've only got one life and it's a sin to waste it.* ▷ **grzech**

> Wyrazy występujące razem z **sin**
>
> commit a sin • the sin of [pride/greed, etc]

sin² /sɪn/ **verb** [I] (present participle **sinning**, past tense and past participle **sinned**) to do something that is against the rules of a religion ▷ **grzeszyć**

• **sinner noun** [C] someone who does something against the rules of a religion ▷ **grzeszni-k/ca**

since¹ /sɪns/ **adverb, preposition** (A2) from a time in the past until a later time or until now: *They've been waiting since March.* ◦ *The factory had been closed since the explosion.* ◦ *I've felt fine ever since.* ▷ **od (czasu), od tego czasu**

since² /sɪns/ **conjunction 1** (B1) from a time in the past until a later time or until now: *He's been much happier since he started his new job.* ◦ *I've known Tim since he was seven.* ▷ **od kiedy, odkąd 2** (B1) because: *He drove quite slowly since we had plenty of time.* ▷ **ponieważ**

sincere /sɪnˈsɪəʳ/ **adjective 1** honest and saying or showing what you really feel or believe: *He seems to be sincere.* ▷ **szczery** → Opposite **insincere 2 sincere apologies/thanks, etc** formal used to add emphasis when you are expressing a feeling: *The family wishes to express their sincere thanks to all the staff at the hospital.* ▷ **szczere przeprosiny/podziękowania** *itp.*

• **sincerity** /sɪnˈserəti/ **noun** [U] *No one doubted his sincerity.* ▷ **szczerość**

sincerely /sɪnˈsɪəli/ **adverb 1** in a sincere way: *I* ***sincerely hope*** *that this never happens again.* ▷ **szczerze 2 Yours sincerely** formal (B1) used at the end of formal letters where you know the name of the person you are writing to ▷ **Z poważaniem**

> **Najczęściej popełniane błędy: sincerely**
>
> **Uwaga!** Sprawdzamy pisownię!
>
> Jest jednym z 10 wyrazów najczęściej pisanych z błędem przez uczących się angielskiego Polaków.
>
> Proszę pamiętać: według prawidłowej pisowni po „s" następuje „i".

sine /saɪn/ **noun** [C] in a triangle that has one angle of 90°, the ratio of the length of the side opposite an angle less than 90° divided by the length of the hypotenuse ▷ **sinus** → Compare **cosine**

sinful /ˈsɪnfəl/ **adjective** against the rules of a

religion or morally wrong: *sinful thoughts* ▷ **grzeszny, karygodny**

sing /sɪŋ/ **verb** [I, T] (past tense **sang**, past participle **sung**) A1 to make musical sounds with your voice: *They all sang 'Happy Birthday' to him.* ◦ *She sings in the church choir.* ▷ **śpiewać**

Singapore /ˌsɪŋəˈpɔːʳ/ US /ˈsiŋəpɔːr/ **noun** a country consisting of a group of islands in southeast Asia ▷ **Singapur**
• **Singaporean** /ˌsɪŋəˈpɔːriːən/ **adjective** coming from or relating to Singapore ▷ **singapurski** • **Singaporean noun** someone from Singapore ▷ **Singapur-czyk/ka**

singer /ˈsɪŋəʳ/ **noun** [C] A2 someone who sings: *a jazz singer* ▷ **śpiewa-k/czka, piosenka-rz/rka**

singing /ˈsɪŋɪŋ/ **noun** [U] A2 the activity of singing ▷ **śpiew**

single¹ /ˈsɪŋgl/ **adjective** **1** [always before noun] B2 only one: *There was a single light in the corner of the room.* ▷ **pojedynczy, jedyny** **2 every single** B1 used to emphasize that you are talking about each one of a group or series: *I call him every single day.* ▷ **każdy** **3** A2 not married: *He's young and single.* ▷ **samotny, nieżonaty, niezamężna** **4** [always before noun] B1 looking after your children alone without a partner or the children's other parent: *a **single mother*** ◦ *a **single-parent family*** ▷ **samotny** **5** [always before noun] A2 for only one person: *a **single bed*** ▷ **jednoosobowy**

single² /ˈsɪŋgl/ **noun** [C] **1** a record or CD which includes only one main song ▷ **singiel** **2** UK (US **one-way ticket**) B1 a ticket for a journey that is from one place to another but not back again: *Could I have a single to London, please?* ▷ **bilet w jedną stronę**

single³ /ˈsɪŋgl/ **verb**

PHRASAL VERB **single sb/sth out** to choose one person or thing from a group to criticize or praise them: *The report **singled** him **out for** special criticism.* ▷ **wyróżniać** *kogoś/coś*, **wybierać** *kogoś/coś*

single-handedly /ˌsɪŋglˈhændɪdli/ **adverb** (also **single-handed**) on your own, without anyone's help: *After his partner left, he kept the business going single-handedly.* ▷ **samodzielnie**
• **single-handed** /ˌsɪŋglˈhændɪd/ **adjective** [always before noun] *a single-handed round-the-world yacht race* ▷ **samodzielny**

single-minded /ˌsɪŋglˈmaɪndɪd/ **adjective** very determined to achieve something: *She had a single-minded determination to succeed in her career.* ▷ **zdeterminowany**

ˌsingle ˈparent noun [C] (UK **lone parent**) someone who has a child or children but no husband, wife, or partner that lives with them ▷ **rodzic samotnie wychowujący dzieci**

singles /ˈsɪŋglz/ **noun** [U] a game in sports such as tennis, in which one person plays against another: *He won the men's singles title two years running.* ▷ **singiel, gra pojedyncza**

singly /ˈsɪŋgli/ **adverb** separately or one at a time: *We don't sell them singly, only in packs of four or ten.* ▷ **pojedynczo**

singular¹ /ˈsɪŋgjələʳ/ **adjective** **1** A2 The singular form of a word is used to talk about one person or thing. For example 'woman' is the singular form of 'women'. ▷ **pojedynczy** **2** formal very special, or found only in one person or situation: *a landscape of singular beauty* ▷ **wyjątkowy**

singular² /ˈsɪŋgjələʳ/ **noun the singular** A2 the singular form of a word ▷ **liczba pojedyncza**

singularly /ˈsɪŋgjələli/ **adverb** formal very: *Fulbright was singularly uninterested in his comments.* ▷ **wyjątkowo**

sinister /ˈsɪnɪstəʳ/ **adjective** making you feel that something bad or evil might happen: *a sinister figure dressed in black* ▷ **złowrogi, złowieszczy**

sink¹ /sɪŋk/ **verb** (past tense and past participle **sank**, also US **sunk**, past participle **sunk**) **1** [I, T] B1 to go down or make something go down below the surface of water and not come back up: *The Titanic sank after hitting an iceberg.* ▷ **zatonąć, zatapiać** **2** [I, T] B1 to go down, or make something go down, into something soft: *My feet keep sinking into the sand.* ▷ **zatapiać (się), zagłębiać (się)** **3** [I] B2 to move down slowly: *The sun sank below the horizon.* ▷ **obniżać się**

PHRASAL VERBS **sink in** If an unpleasant or surprising fact sinks in, you gradually start to believe it and understand what effect it will have on you: *It still hasn't sunk in that I'll never see her again.* ▷ **docierać do** *kogoś* • **sink sth into sth** to spend a large amount of money in a business or other piece of work: *Millisat has already sunk $25 million into the Hong Kong project.* ▷ **topić** *coś* **w** *czymś* • **sink into sth** to slowly move into a sitting or lying position, in a relaxed or tired way: *I just want to go home and sink into a hot bath.* ▷ **zagłębiać się w** *czymś*

sink² /sɪŋk/ **noun** [C] A2 a bowl that is fixed to the wall in a kitchen or bathroom that you wash dishes or your hands, etc in ▷ **zlew, umywalka** → See **The Kitchen** on page Centre 2 → See **The Bathroom** on page Centre 3

sinus /ˈsaɪnəs/ **noun** [C] one of the spaces inside the head that are connected to the back of the nose ▷ **zatoka**

sip /sɪp/ **verb** [I, T] (present participle **sipping**, past tense and past participle **sipped**) to drink, taking only a small amount at a time: *She sipped her champagne.* ▷ **sączyć, popijać**
• **sip noun** [C] *He **took a sip of** his coffee and then continued.* ▷ **łyk, łyczek**

siphon¹ /ˈsaɪfᵊn/ **noun** [C] a piece of equipment for moving liquid from one place to another ▷ **rurka, syfon**

S

siphon² /ˈsaɪfᵊn/ **verb** [T] **1** to remove liquid from a container using a siphon ▷ **przelewać** **2** (also **siphon off**) to dishonestly take money from an organization or other supply over a period of time ▷ **defraudować**

sir /sɜːʳ/ **noun 1** (also **Sir**) (B1) You call a man 'sir' when you are speaking to him politely: *Excuse me, sir, is this seat taken?* ▷ **proszę Pana 2** (B2) You write 'Sir' at the beginning of a formal letter to a man when you do not know his name: *Dear Sir, I am writing to...* ▷ **(Szanowny) Panie 3 Sir** a title used in the UK before the name of a man who has been officially respected or who has a high social rank: *Sir Cliff Richard* ▷ **Sir**

siren /ˈsaɪərən/ **noun** [C] a piece of equipment that makes a loud sound as a warning: *a police siren* ▷ **syrena**

Wyrazy występujące razem z **siren**

a siren **goes off/sounds** • a siren **blares/wails** • a police siren

sister /ˈsɪstəʳ/ **noun** [C] **1** (A1) a girl or woman who has the same parents as you: *an older/younger sister* ◦ *my big/little sister* ▷ **siostra 2** (also **Sister**) a nun : *Sister Bridget* ▷ **siostra 3** (also **Sister**) a female nurse in the UK who is responsible for a hospital ward ▷ **(siostra) oddziałowa 4** a woman who is a member of the same race, religious group, organization, etc ▷ **siostra**

sister-in-law /ˈsɪstᵊrɪnlɔː/ **noun** [C] (plural **sisters-in-law**) (B2) the woman married to your brother, or the sister of your husband or wife ▷ **bratowa, szwagierka**

sisterly /ˈsɪstəli/ **adjective** experienced by or for a sister: *sisterly love* ▷ **siostrzany**

sit /sɪt/ **verb** (present participle **sitting**, past tense and past participle **sat**) **1** [I] (A1) to be in a position with the weight of your body on your bottom and the top part of your body up, for example, on a chair: *Emma was* ***sitting on*** *a stool.* ◦ *The children* ***sat at*** *the table by the window.* ◦ *We* ***sat by*** *the river and had a picnic.* ▷ **siedzieć 2** [I] (also **sit down**) (A2) to move your body into a sitting position after you have been standing: *She came over and* ***sat beside*** *him.* ◦ *She* ***sat down on*** *the grass.* ▷ **siadać** → See **Phrasal Verbs** on page Centre 16 **3 sit sb down/at/in, etc** to make someone sit somewhere: *She sat me down and told me the bad news.* ◦ *I thought we'd sit the children at the end of the table.* ▷ **posadzić** *kogoś gdzieś* **4** [I] to stay in one place for a long time and not be used: *He hardly ever drives the car. It just sits in the garage.* ▷ **stać 5** [I] If a court, parliament, etc sits, it has a meeting to do its work: *The board will be sitting next week.* ▷ **obradować 6** [T] UK to take a test or exam: *The changes will affect many students sitting their exams this summer.* ▷ **zdawać** → See also **sit on the** *fence*

PHRASAL VERBS **sit about/around** to spend time sitting down and doing very little: [+ doing sth] *He just sits around all day watching television.* ▷ **przesiadywać, siedzieć sobie** • **sit back 1** to relax in a chair so that your back is against the back of the chair: *Just sit back and enjoy the show.* ▷ **rozsiąść się (wygodnie), usiąść wygodnie 2** to wait for something to happen without making any effort to do anything yourself: *You can't just sit back and expect someone else to deal with the problem.* ▷ **siedzieć z założonymi rękami** • **sit in** to go to a meeting or class to watch: *I* ***sat in on*** *a couple of classes before choosing a course.* ▷ **odwiedzać, wizytować** • **sit sth out 1** to not do an activity such as a game or dance because you are tired or have an injury: *I think I'll sit out the next dance.* ▷ **darować sobie** *coś*, **przesiedzieć** *coś* **2** to wait for something unpleasant to finish before you do anything: *The government is prepared to sit out the strike rather than agree to union demands.* ▷ **przeczekać** *coś* • **sit through sth** to stay until the end of a meeting, performance, etc that is very long or boring: *We had to sit through two hours of speeches.* ▷ **wytrzymać** *coś* • **sit up 1** to move your body to a sitting position after you have been lying down: *I sat up and opened my eyes.* ▷ **podnosić się, usiąść 2** to stay awake and not go to bed although it is late: [+ doing sth] *We sat up talking all night.* ▷ **przesiadywać do późna**

sitar /ˈsɪtɑːʳ/ **noun** [C] a South Asian musical instrument with a round body, a long neck and two sets of strings ▷ **sitar**

sitcom /ˈsɪtkɒm/ **noun** [C, U] a funny television programme that is about the same group of people every week in different situations ▷ **serial komediowy**

site¹ /saɪt/ **noun 1** [C] (B1) the place where something important happened in the past: *a* ***historic site*** ◦ *the site of a battle* ▷ **miejsce 2** [C] (B1) an area that is used for something or where something happens: *a* ***building site*** ▷ **teren 3 on site** inside a factory, office building, etc: *There are two restaurants on site.* ◦ *They provide on-site childcare facilities for employees.* ▷ **na miejscu 4** [C] (A2) short for website ▷ **strona**

site² /saɪt/ **verb** formal **site sth in/on, etc** to build something in a particular place: [often passive] *The company's head office is sited in Geneva.* ▷ **zlokalizować** *coś gdzieś*

sitter /ˈsɪtəʳ/ **noun** [C] mainly US a babysitter ▷ **opiekun/ka do dziecka**

sitting /ˈsɪtɪŋ/ **noun** [C] **1** a meeting of a parliament, court, etc: *a late-night sitting of parliament* ▷ **posiedzenie 2** one of the times when a meal is served to a large group of people who cannot all eat at the same time ▷ **tura, zmiana**

ˈsitting ˌroom noun [C] UK A2 the room in a house where people sit to relax and, for example, watch television ▷ **salon**

situated /ˈsɪtjueɪtɪd/ **adjective** formal **be situated in/on/by, etc** B1 to be in a particular place: *a hotel situated by Lake Garda* ▷ **być położonym w/na/nad** *itp.*

situation /ˌsɪtjuˈeɪʃən/ **noun** [C] **1** B1 the set of things that are happening and the conditions that exist at a particular time and place: *the economic/political situation* ◦ *He's* ***in a*** *difficult* ***situation***. ▷ **sytuacja, położenie 2** formal the position of a town, building, etc: *The park's situation was perfect.* ▷ **położenie**

> **Wyrazy występujące razem z situation**
>
> bring about/rectify/improve a situation • a situation arises/deteriorates/worsens • a complicated/dangerous/difficult/stressful situation • in a situation

six /sɪks/ A1 the number 6 ▷ **sześć**

sixteen /ˌsɪkˈstiːn/ A1 the number 16 ▷ **szesnaście**
• **sixteenth** 16th written as a word ▷ **szesnasty**

sixth¹ /sɪksθ/ A2 6th written as a word ▷ **szósty**

sixth² /sɪksθ/ **noun** [C] one of six equal parts of something; ⅙ ▷ **(jedna) szósta, szósta część**

ˈsixth ˌform noun [C] in Britain, the part of a school for students between the ages of 16 and 18 ▷ **klasy przedmaturalne, klasa maturalna**

sixty /ˈsɪksti/ **1** A2 the number 60 ▷ **sześćdziesiąt 2 the sixties** the years from 1960 to 1969 ▷ **lata sześćdziesiąte 3 be in your sixties** to be aged between 60 and 69 ▷ **być po sześćdziesiątce**
• **sixtieth** 60th written as a word ▷ **sześćdziesiąty**

sizable /ˈsaɪzəbl/ **adjective** another spelling of sizeable

size¹ /saɪz/ **noun 1** [C, U] A2 how big or small something is: *It's an area about the size of Oxford.* ◦ *The size of some of those trees is incredible (= they are very large).* ▷ **wielkość, rozmiary 2** [C] A2 one of the different measurements in which things, for example clothes, food containers, etc are made: *a size 10 skirt* ◦ *What* ***size*** *shoes do you* ***take***? ◦ *I usually buy the 1.5 litre size.* ▷ **rozmiar** → See also **all *shapes* and sizes**

> **Wyrazy występujące razem z size**
>
> take/wear a size [10/39, etc] • come in [all/different/various, etc] sizes

size² /saɪz/ **verb**

PHRASAL VERB **size sb/sth up** to look at someone or think about something carefully before making a judgment: *I could see her trying to size me up.* ▷ **oceniać** *kogoś/coś*

sizeable (also **sizable**) /ˈsaɪzəbl/ **adjective** quite large: *a sizeable crowd* ▷ **pokaźny, spory**

-sized /saɪzd/ **suffix** used at the end of a word to mean 'of a particular size': *a medium-sized pizza* ◦ *a good-sized bedroom* ▷ **wielkości**

sizzle /ˈsɪzl/ **verb** [I] to make the sound of food cooking in hot oil ▷ **skwierczeć**

skanky /ˈskæŋki/ **adjective** informal very unpleasant or dirty ▷ **paskudny**

skate¹ /skeɪt/ **noun** [C] **1** (also **roller skate**) A2 a boot with wheels on the bottom, used for moving across the ground: *a pair of skates* ▷ **wrotka 2** (also **ice skate**) A2 a boot with a metal part on the bottom, used for moving across ice ▷ **łyżwa** → See **Sports 1** on page Centre 14

IDIOM **get/put your skates on** UK informal used to tell someone to hurry ▷ **rusz się**

skate² /skeɪt/ **verb** [I] B1 to move using skates ▷ **jeździć na łyżwach lub wrotkach**
• **skater noun** [C] ▷ **łyżwia-rz/rka, wrotka-rz/rka** • **skating noun** [U] A2 ▷ **jazda na łyżwach lub wrotkach**

skateboard /ˈskeɪtbɔːd/ **noun** [C] A2 a board with wheels on the bottom, that you stand on and move forward by pushing one foot on the ground ▷ **deskorolka, deska** → See **Sports 1** on page Centre 14

skateboarding /ˈskeɪtbɔːdɪŋ/ **noun** [U] A2 the activity of moving using a skateboard ▷ **jazda na desce** → See **Sports 1** on page Centre 14

skeletal /ˈskelɪtəl/ **adjective** like a skeleton, or relating to skeletons ▷ **szkieletowy**

skeleton /ˈskelɪtən/ **noun 1** B2 [C] the structure made of all the bones in the body of a person or animal ▷ **szkielet 2 a skeleton crew/staff/service** the smallest number of people that you need to keep an organization working ▷ **podstawow-y/a personel/obsługa**

IDIOM **have a skeleton in the cupboard** UK (US **have a skeleton in the closet**) to have an embarrassing or unpleasant secret about something that happened in the past ▷ **mieć wstydliwie ukrywaną tajemnicę**

skeptic /ˈskeptɪk/ **noun** [C] US spelling of sceptic

skeptical /ˈskeptɪkəl/ **adjective** US spelling of sceptical

skepticism /ˈskeptɪsɪzəm/ **noun** [U] US spelling of scepticism

sketch¹ /sketʃ/ **noun** [C] **1** a picture that you draw quickly and with few details: *He* ***did*** *a quick* ***sketch*** *of the cat.* ▷ **szkic 2** a short piece of acting about a funny situation ▷ **skecz, scenka 3** a short description of something without many details ▷ **szkic**

sketch² /sketʃ/ **verb** [T] to draw a sketch: *I sketched a map for him on a scrap of paper.* ▷ **naszkicować**

PHRASAL VERB **sketch sth out** to give a short description with few details, especially of an idea

S

or plan: *I've sketched out some ideas for my new book.* ▷ **nakreślać** *coś*

sketchy /ˈsketʃi/ **adjective** with few details: *Reports about the accident are still sketchy.* ▷ **niepełny, pobieżny**

ski¹ /skiː/ **noun** [C] (plural **skis**) B1 one of a pair of long, thin pieces of wood or plastic that you wear on the bottom of boots to move over snow ▷ **narta** → See **Sports 1** on page Centre 14

ski² /skiː/ **verb** [I] (present participle **skiing**, past tense and past participle **skied**) B1 to move over snow wearing skis ▷ **jeździć na nartach**
• **skier noun** [C] ▷ **narcia-rz/rka** • **skiing noun** [U] A2 *I'd like to **go skiing** in Switzerland.* ▷ **narciarstwo**
→ See also **water-skiing** → See **Sports 1** on page Centre 14

skid /skɪd/ **verb** [I] (present participle **skidding**, past tense and past participle **skidded**) If a vehicle skids, it slides along a surface and you cannot control it: *The car skidded on ice and hit a tree.* ▷ **wpaść w poślizg**
• **skid noun** [C] ▷ **poślizg**

skies /skaɪz/ **noun** [plural] the sky in a particular place or in a particular state: *beautiful, clear, blue skies* ▷ **niebo**

skilful UK (US **skillful**) /ˈskɪlfᵊl/ **adjective** **1** B2 good at doing something: *a skilful artist* ▷ **zdolny, zręczny** **2** done or made very well: *skilful use of language* ▷ **zręczny**
• **skilfully adverb** UK ▷ **zręcznie**

skill /skɪl/ **noun** [C, U] B1 the ability to do an activity or job well, especially because you have practised it: *You need good communication skills to be a teacher.* ▷ **umiejętność**

> Wyrazy występujące razem z **skill**
> acquire/develop/learn/master/require a skill • consummate/great skill • a basic/necessary/useful skill • skill at/in sth

skilled /skɪld/ **adjective** **1** B2 having the abilities needed to do an activity or job well: *a **highly skilled** (= very skilled) photographer* ◦ *He has become **skilled in** dealing with the media.* ▷ **wykwalifikowany, uzdolniony, wprawny** **2** Skilled work needs someone who has had special training to do it. ▷ **wykwalifikowany**
→ Opposite **unskilled**

skillet /ˈskɪlɪt/ **noun** [C] mainly US a large, heavy pan with a long handle, used for frying food ▷ **patelnia**

skillful /ˈskɪlfʊl/ **adjective** US spelling of skilful

skim /skɪm/ **verb** (present participle **skimming**, past tense and past participle **skimmed**) **1** [I, T] to move quickly, and almost or just touch the surface of something: *Birds skimmed the surface of the pond.* ▷ **prześlizgnąć się (po), muskać** **2** [T] (also **skim off**) to remove something from the surface of a liquid: *Skim off any excess fat before serving.* ▷ **zbierać** **3** [T] (also **skim through**) to read or look at something quickly without looking at the details: *She began skimming through the reports on her desk.* ▷ **przeglądać**

ˌskimmed ˈmilk noun [U] (also US **ˈskim ˌmilk**) milk that has had the fat removed from it ▷ **mleko odtłuszczone**

skimp /skɪmp/ **verb**

PHRASAL VERB **skimp on sth** to not spend enough time or money on something, or not use enough of something: *We've got plenty of cheese so don't skimp on it.* ▷ **żałować (sobie)** *czegoś* **lub na** *coś*, **oszczędzać na** *czymś*

skimpy /ˈskɪmpi/ **adjective** Skimpy clothes show a lot of your body: *a skimpy bikini/dress* ▷ **skąpy, kusy**

skin¹ /skɪn/ **noun** [C, U] **1** B1 the outer layer of a person or animal's body: ***dark/fair skin*** ▷ **skóra** **2** the outer layer of a dead animal used as leather, fur, etc: *a leopard skin rug* ▷ **skóra** **3** B2 the outer layer of a fruit or vegetable: *a banana/potato skin* ▷ **skórka** **4** a thin, solid layer that forms on the top of a liquid: *A skin had formed on the top of the milk.* ▷ **kożuch** **5** the particular way that information is arranged and shown on a computer screen ▷ **skórka (programu)**

IDIOMS **do sth by the skin of your teeth** informal to only just succeed in doing something: *They held on by the skin of their teeth to win 1-0.* ▷ **z ledwością lub z trudem** *coś zrobić* • **have (a) thick skin** to not care if someone criticizes you ▷ **nie przejmować się**

> Wyrazy występujące razem z **skin**
> dark/fair/olive skin • dry/oily/sensitive skin

skin² /skɪn/ **verb** [T] (present participle **skinning**, past tense and past participle **skinned**) **1** to remove the skin from something ▷ **obierać (ze skórki)** **2** (also UK **graze**) to injure your skin by rubbing it against something rough: *Mary fell and skinned her knees.* ▷ **obetrzeć (sobie)**

skinhead /ˈskɪnhed/ **noun** [C] a man who has extremely short hair, especially one who behaves in a violent way ▷ **skin, skinhead**

skinny /ˈskɪni/ **adjective** Someone who is skinny is too thin. ▷ **chudy**

skip¹ /skɪp/ **verb** (present participle **skipping**, past tense and past participle **skipped**) **1** [I] to move forward, jumping quickly from one foot to the other: *She watched her daughter skipping down the street.* ▷ **skakać, podskakiwać** **2** [I] (US **ˌskip ˈrope**) to jump over a rope while you or two other people move it over and then under your body again and again: *I skip for ten minutes every day to keep fit.* ▷ **skakać na skakance** **3** [T] B2 to not do something that you usually do or that you should do: *I think I'll skip lunch today – I'm not very hungry.* ▷ **darować sobie** **4** [T] (also **skip over**) to avoid reading or talking about something by starting to read or talk about the

S

next thing instead: *I usually skip the boring bits.* ▷ **pomijać**

skip² /skɪp/ **noun** [C] **1** UK (US trademark **Dumpster**) a very large, metal container for big pieces of rubbish ▷ **kontener (na śmieci) 2** when you jump quickly from one foot to the other ▷ **skok, podskok**

skipper /ˈskɪpəʳ/ **noun** [C] informal the leader of a team, an aircraft, a ship, etc ▷ **kapitan**

ˈskipping ˌrope **noun** [C] UK (US **jump rope**) a rope that you move over your head and then jump over as you move it under your feet ▷ **skakanka**

skirmish /ˈskɜːmɪʃ/ **noun** [C] a small fight ▷ **potyczka, utarczka**

skirt¹ /skɜːt/ **noun** [C] A1 a piece of women's clothing that hangs from the waist and has no legs ▷ **spódnica** → See **Clothes** on page Centre 8

skirt² /skɜːt/ **verb** [T] (also **skirt around**) **1** to avoid talking about something: *I deliberately skirted the question of money.* ▷ **unikać 2** to move around the edge of something: *We skirted around the edge of the field.* ▷ **omijać**

skittle /ˈskɪtl/ **noun 1** [C] one of a set of bottle-shaped objects that you try to knock down with a ball as a game ▷ **kręgiel 2 skittles** [U] a game in which you try to knock down bottle-shaped objects with a ball ▷ **kręgle**

skive /skaɪv/ **verb** [I, T] (also **skive off**) UK informal to not go to school or work when you should, or to leave school or work earlier than you should ▷ **wagarować, bumelować**

• **skiver** **noun** [C] UK informal someone who skives ▷ **wagarowicz/ka, bumelant/ka**

skulk /skʌlk/ **verb skulk about/behind/in, etc** to hide somewhere or move around quietly in a way that makes people think you are going to do something bad: *I saw a man skulking behind the shed.* ▷ **czaić/przyczaić się** *gdzieś*

skull /skʌl/ **noun** [C] the part of your head that is made of bone and which protects your brain ▷ **czaszka**

ˈskull ˌcap **noun** [C] a small, round hat worn especially by some religious men ▷ **mycka**

skunk /skʌŋk/ **noun** [C] a black and white animal that produces a very unpleasant smell in order to defend itself ▷ **skunks**

sky /skaɪ/ **noun** [U, no plural] A2 the area above the Earth where you can see clouds, the sun, the moon, etc: *a beautiful, blue sky* ◦ *The sky suddenly went dark.* ▷ **niebo** → See also **skies**

> Wyrazy występujące razem z **sky**
>
> the sky **darkens/lightens** • **in the** sky • a **clear/cloudy/overcast** sky

skydiving /ˈskaɪˌdaɪvɪŋ/ **noun** [U] the sport of jumping out of an aircraft with a parachute ▷ **spadochroniarstwo**

skylight /ˈskaɪlaɪt/ **noun** [C] a window in the roof of a building ▷ **świetlik, okno połaciowe lub dachowe**

skyline /ˈskaɪlaɪn/ **noun** [C] the pattern that is made against the sky by tall buildings: *the New York skyline* ▷ **panorama**

skyline

ˈsky ˌmarshal **noun** [C] a person whose job is to carry a gun and protect the passengers on an aircraft ▷ **ochroniarz (pokładowy)**

skyscraper /ˈskaɪˌskreɪpəʳ/ **noun** [C] a very tall building ▷ **drapacz chmur**

ˈsky ˌsurfing **noun** [U] the imaginary activity of surfing in the air ▷ **surfowanie w powietrzu**

slab /slæb/ **noun** [C] a thick, flat piece of something, especially stone: *a slab of concrete* ▷ **płyta**

slack¹ /slæk/ **adjective 1** loose or not tight: *Suddenly the rope became slack.* ▷ **luźny 2** If business is slack, there are not many customers. ▷ **słaby 3** not trying hard enough in your work: *slack management* ▷ **niedbały**

slack² /slæk/ **verb** [I] informal (also US **slack off**) to work less hard than usual: *I'm afraid I haven't been to the gym recently – I've been slacking.* ▷ **zaniedbywać się, opuszczać się**

slacken /ˈslækᵊn/ **verb** [I, T] **1** to become slower or less active, or to make something become slower or less active: *Economic growth is slackening.* ▷ **spowalniać, zwalniać 2** to become loose, or to make something become loose: *As you get older your muscles slacken.* ▷ **rozluźnić (się), poluzować, flaczeć**

slacks /slæks/ **noun** [plural] mainly US trousers ▷ **spodnie**

slag /slæg/ **verb** (present participle **slagging**, past tense and past participle **slagged**)

PHRASAL VERB **slag sb/sth off** UK informal to criticize someone or something in an unpleasant way ▷ **zjechać** *kogoś/coś*

slain /sleɪn/ past participle of slay

slalom /ˈslɑːləm/ **noun** [C] a race in which you go forward by moving from side to side between poles ▷ **slalom**

slam /slæm/ **verb** (present participle **slamming**, past tense and past participle **slammed**) **1** B2 [I, T] to close with great force, or to make something close with great force: *Kate heard the front door slam.* ▷ **trzaskać 2 slam sth down/onto/into, etc** B2 to put something somewhere with great force: *She* ***slammed the phone down.*** ▷ **rzucać** *coś* **lub** *czymś gdzieś*

• **slam** **noun** [C] [usually singular] *the slam of a car door* ▷ **trzaśnięcie**

S

slander /ˈslɑːndər/ **noun** [C, U] the crime of saying bad things about someone that are not true ▷ **zniesławienie, pomówienie**
• **slander** verb [T] ▷ **zniesławić** • **slanderous** /ˈslɑːndərəs/ **adjective** saying bad things about someone that are not true ▷ **oszczerczy**

slang /slæŋ/ **noun** [U] informal language, often language that is only used by people who belong to a particular group: *prison slang* ▷ **gwara, slang**

slant¹ /slɑːnt/ **verb** [I, T] to slope in a particular direction, or to make something slope in a particular direction: *Pale sunlight* ***slanted through*** *the curtain.* ▷ **nachylać (się), być nachylonym**

slant² /slɑːnt/ **noun** [no plural] **1** a position that is sloping: *The road is* ***on/at a slant****.* ▷ **nachylenie 2** a way of writing about something that shows who or what you support: *a political slant* ◦ *It's certainly a new* ***slant on*** *the subject.* ▷ **punkt widzenia**

slap¹ /slæp/ **verb** [T] (present participle **slapping**, past tense and past participle **slapped**) (B2) to hit someone with the flat, inside part of your hand: *She slapped him across the face.* ▷ **uderzyć**

PHRASAL VERB **slap sth on** to quickly put or spread something on a surface: *I'll just slap some make-up on.* ▷ **położyć** *coś*

slap² /slæp/ **noun** [C] a hit with the flat, inside part of your hand ▷ **uderzenie, klaps**

IDIOM **a slap in the face** something someone does that insults or upsets you: *After all that hard work, losing my job was a real slap in the face.* ▷ **policzek**

slapdash /ˈslæpdæʃ/ **adjective** done quickly and without being careful: *Her work has been a bit slapdash recently.* ▷ **niedbały**

slapstick /ˈslæpstɪk/ **noun** [U] when actors do funny things like falling down, hitting each other, etc to make people laugh ▷ **komedia slapstickowa**

slap-up /ˈslæpˌʌp/ **adjective** **slap-up meal/dinner, etc** UK informal a large and very good meal ▷ **wystawn-y/a posiłek/kolacja** *itp.*

slash¹ /slæʃ/ **verb** [T] **1** to cut something by making a quick, long cut with something very sharp: *His throat had been slashed.* ▷ **podcinać, ciąć 2** to reduce the amount of something by a lot: *to* ***slash prices*** ▷ **obcinać, (drastycznie) obniżać**

slash² /slæʃ/ **noun** [C] **1** a long, deep cut ▷ **nacięcie, przecięcie 2** (B2) a mark (/) used in writing to separate words or numbers, often to show a choice or connection ▷ **ukośnik**

slate¹ /sleɪt/ **noun** [C, U] a dark grey rock that can easily be cut into thin pieces, or a small, flat piece of this used to cover a roof ▷ **łupek, płytka łupkowa**

slate² /sleɪt/ **verb 1** [T] UK to criticize someone or something severely: [often passive] *The film had been slated by critics.* ▷ **zjechać 2 be slated** US to be expected to happen in the future, or to be expected to be or do something in the future: [+ to do sth] *Filming is slated to begin next spring.* ▷ **być zaplanowanym lub planowanym**

slaughter¹ /ˈslɔːtər/ **verb** [T] **1** to kill an animal for meat ▷ **ubić, zarzynać 2** to kill a lot of people in a very cruel way ▷ **wymordować 3** informal to defeat someone very easily ▷ **rozgromić**

slaughter² /ˈslɔːtər/ **noun** [U] when a lot of people or animals are killed in a cruel way ▷ **rzeź**

slaughterhouse /ˈslɔːtəhaʊs/ **noun** [C] (plural **slaughterhouses** /ˈslɔːtəhaʊzɪz/) a place where animals are killed for meat ▷ **rzeźnia**

slave¹ /sleɪv/ **noun 1** (B2) [C] someone who is owned by someone else and has to work for them: *He treats his mother like a slave.* ▷ **niewolni-k/ca 2 be a slave to sth** to be completely controlled or influenced by something: *You're a slave to fashion.* ▷ **być niewolnikiem** *czegoś*

slave² /sleɪv/ **verb** [I] (also **slave away**) to work very hard: *Giorgio was* ***slaving away at*** *his homework.* ▷ **harować**

slavery /ˈsleɪvəri/ **noun** [U] the system of owning slaves, or the condition of being a slave ▷ **niewolnictwo**

slay /sleɪ/ **verb** [T] (past tense **slew**, past participle **slain**) literary to kill someone in a very violent way ▷ **zgładzić**

sleaze /sliːz/ **noun** [U] political or business activities that are morally wrong ▷ **korupcja**

sleazy /ˈsliːzi/ **adjective** unpleasant and morally wrong, often in a way that relates to sex: *He spent the night drinking in a sleazy bar.* ▷ **obskurny, plugawy**

sledge¹ /sledʒ/ **noun** [C] UK (US **sled** /sled/) a vehicle that is used for travelling on snow ▷ **sanki, sanie**

sledge² /sledʒ/ **verb** [I] UK (US **sled** /sled/) to travel on snow using a sledge ▷ **zjeżdżać na sankach, jechać saniami**

sleek /sliːk/ **adjective 1** Sleek hair is smooth and very shiny. ▷ **lśniący 2** A sleek car is attractive and looks expensive. ▷ **elegancki**

sleep¹ /sliːp/ **verb** (past tense and past participle **slept**) **1** (A1) [I] to be in the state of rest when your eyes are closed, your body is not active, and your mind is unconscious: *Did you sleep well?* ▷ **spać 2 sleep four/six, etc** If a place sleeps four, six, etc, it is big enough for that number of people to sleep in. ▷ **mieścić cztery osoby/sześć osób** *itp.* → See also **not sleep a** ***wink***

IDIOM **sleep on it** to wait until the next day before making a decision about something important so that you can think about it carefully ▷ **poczekać z decyzją do rana**

PHRASAL VERBS **sleep in** to sleep longer in the morning than you usually do ▷ **pospać (sobie) dłużej** • **sleep sth off** to sleep until you feel better, especially after drinking too much alcohol ▷ **odsypiać** *coś* • **sleep over** to sleep in someone else's home for a night: *After the party, I slept over at Tom's house.* ▷ **zostać na noc** • **sleep through sth** to continue to sleep although there is noise: *I don't know how you slept through the storm.* ▷ **przespać** *coś* • **sleep with sb** informal to have sex with someone ▷ **spać z** *kimś*, **przespać się z** *kimś*

sleep² /sli:p/ **noun 1** B1 [U, no plural] the state you are in when you are sleeping, or a period of time when you are sleeping: *I haven't had* ***a good night's sleep*** *(= a long sleep at night) for weeks.* ◦ *You need to go home and* ***get some sleep****.* ◦ *It took me ages to* ***get to sleep*** *(= to succeed in sleeping).* ◦ *He died peacefully* ***in his sleep****.* ▷ **sen 2 go to sleep a** B1 to begin to sleep: *Babies often go to sleep after a feed.* ▷ **zasypiać b** informal If part of your body goes to sleep, you cannot feel it: *I'd been sitting on my feet and they'd gone to sleep.* ▷ **zdrętwieć 3 put sth to sleep** to kill an animal that is very old or ill ▷ **(dać) uśpić** *coś/kogoś* **4 could do sth in your sleep** to be able to do something very easily ▷ **móc** *coś zrobić* **z zamkniętymi oczami**

IDIOM **lose sleep over sth** to worry about something ▷ **martwić się** *czymś*

> Wyrazy występujące razem z **sleep (noun)**
> get [no/some, etc] sleep • get to/go to sleep • have a sleep • a good night's sleep • in your sleep

sleeper /ˈsli:pəʳ/ **noun 1 a light/heavy sleeper** someone who wakes up easily/does not wake up easily ▷ **≈ mieć lekki/mocny sen 2** [C] a train or a part of a train that has beds in it ▷ **pociąg hotelowy lub sypialny, wagon sypialny 3** [C] UK (US **railroad tie**) a piece of wood that is used to support a railway track ▷ **podkład (kolejowy) 4** [C] UK a small gold or silver ring worn in the ear ▷ **(kolczyk) kółko**

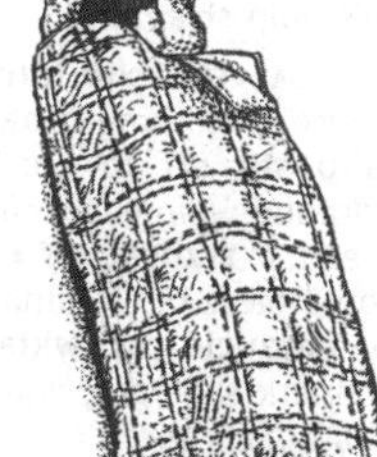
sleeping bag

ˈsleeping ˌbag noun [C] a long bag made of thick material that you sleep inside ▷ **śpiwór**

ˈsleeping ˌpill noun [C] a medicine that you take to help you sleep ▷ **tabletka nasenna**

sleepless /ˈsli:pləs/ **adjective sleepless night** a night when you are not able to sleep: *He'd spent a sleepless night worrying about his exam.* ▷ **bezsenna noc**
• **sleeplessness noun** [U] ▷ **bezsenność**

sleep-over /ˈsli:pəʊvəʳ/ **noun** [C] a party when a group of young people stay at a friend's house for the night ▷ **prywatka z noclegiem**

sleepwalk /ˈsli:pˌwɔ:k/ **verb** [I] to get out of bed and walk around while you are sleeping ▷ **lunatykować**
• **sleepwalker noun** [C] ▷ **lunaty-k/czka**

sleepy /ˈsli:pi/ **adjective 1** B1 feeling tired and wanting to go to sleep: *The heat had made me sleepy.* ▷ **śpiący, senny 2** quiet and with little activity: *a sleepy little town* ▷ **spokojny, senny**
• **sleepily adverb** ▷ **sennie** • **sleepiness noun** [U] ▷ **senność**

sleet /sli:t/ **noun** [U] a mixture of snow and rain ▷ **deszcz ze śniegiem**
• **sleet verb** [I] ***It was sleeting*** *when I looked outside.* ▷ **padać, ≈ pada deszcz ze śniegiem**

sleeve /sli:v/ **noun** [C] B1 the part of a jacket, shirt, etc that covers your arm: *He* ***rolled up*** *his* ***sleeves*** *to do the dishes.* ▷ **rękaw**

IDIOM **have sth up your sleeve** informal to have a secret plan: *They were worried he might have another nasty surprise up his sleeve.* ▷ **mieć** *coś* **w zanadrzu, chować** *coś* **w rękawie**

> Wyrazy występujące razem z **sleeve**
> long/short sleeves • roll up your sleeves

-sleeved /sli:vd/ **suffix short-sleeved/long-sleeved** having short/long sleeves: *a short-sleeved shirt* ▷ **z krótkim/długim rękawem**

sleeveless /ˈsli:vləs/ **adjective** describes a piece of clothing with no sleeves: *a sleeveless dress* ▷ **bez rękawów**

sleigh /sleɪ/ **noun** [C] a large vehicle that is pulled by animals and used for travelling on snow ▷ **sanie**

slender /ˈslendəʳ/ **adjective** thin in an attractive way: *a slender woman with long, red hair* ▷ **szczupły, smukły**

slept /slept/ past of sleep

sleuth /slu:θ/ **noun** [C] old-fashioned a police officer whose job is to discover who has committed a crime ▷ **detektyw**

slew /slu:/ past tense of slay

slice¹ /slaɪs/ **noun 1** A2 [C] a flat piece of food that has been cut from a larger piece: *a slice of bread/cake/meat* ▷ **kawałek, plasterek** → See **Pieces and Quantities** on page Centre 1 **2 a slice of sth** a part of something that is being divided: *a large slice of the profits* ▷ **część** *czegoś* → See also **fish slice**

slice² /slaɪs/ **verb 1** [T] (also **slice up**) B2 to cut food into thin, flat pieces: *Could you slice the tomatoes?* ▷ **kroić (w plasterki) 2 slice into/off/through, etc** [I, T] to cut into or through something with a knife or something sharp: *I*

S

almost sliced my finger off. ▷ **kroić, przekroić, przeciąć** → See also **the best/greatest *thing* since sliced bread**

slick /slɪk/ **adjective** **1** done with a lot of skill: *a slick presentation* ▷ **zgrabny** **2** attractive but in a way that is not sincere or honest: *He was a bit slick – I didn't trust him.* ▷ **ugładzony**

slide¹ /slaɪd/ **verb** (past tense and past participle **slid**) **1 slide (sth) across/down/along, etc** B2 to move smoothly over a surface, or to make something move smoothly over a surface: *He slid the letter into his pocket.* ▷ **przesuwać się/***coś*, **wsuwać się/***coś*, **ślizgać się** **2 slide (sth) into/out of/through, etc** to move somewhere quietly, or to make something move quietly: *She slid out of the room, being careful not to wake Alan.* ▷ **wślizgnąć/wyślizgnąć/prześlizgnąć** *itp.* **się/coś**

slide² /slaɪd/ **noun** **1** [C] a small piece of film that you shine light through in order to see a photograph ▷ **slajd, przezrocze** **2** [C] a large object that children climb and slide down as a game ▷ **zjeżdżalnia** **3** [C] a small piece of glass that you put something on when you want to look at it under a microscope ▷ **preparat, szkiełko (podstawowe)** **4** [no plural] when the level or quality of something gets less or worse: *a price slide* ▷ **spadek**

slight¹ /slaɪt/ **adjective** **1** B2 small and not important: *slight differences in colour* ◦ *We're having a slight problem with our computer system.* ▷ **nieznaczny, drobny** **2** Someone who is slight is thin. ▷ **drobny**

slight² /slaɪt/ **noun** [C] an action or remark that insults someone ▷ **obelga, afront**

slighted /ˈslaɪtɪd/ **adjective** **be/feel slighted** to feel insulted because someone has done or said something which shows that they think you are not important: *Annie felt slighted because she hadn't been invited to the meeting.* ▷ **czuć się urażonym**

slightest /ˈslaɪtɪst/ **adjective** **1 the slightest** [always before noun] the smallest: *The slightest movement will disturb these shy animals.* ▷ **najmniejszy** **2 not in the slightest** not at all: *"Do you mind if I open the window?" "Not in the slightest."* ▷ **ani trochę**

slightly /ˈslaɪtli/ **adverb** B2 a little: *I think I did slightly better in my exams this time.* ◦ *I find it slightly worrying.* ▷ **odrobinę, trochę**

slim¹ /slɪm/ **adjective** (**slimmer, slimmest**) **1** A1 Someone who is slim is thin in an attractive way. ▷ **szczupły** **2** small and not as much as you would like: *There's a **slim chance** he'll succeed.* ▷ **nikły, znikomy**

slim² /slɪm/ **verb** [I] (present participle **slimming**, past tense and past participle **slimmed**) UK to eat less in order to become thinner ▷ **odchudzać się**

PHRASAL VERBS **slim down** to become thinner ▷ **wyszczupleć** • **slim sth down** to reduce the size of something: *It is not our intention to slim down the workforce.* ▷ **odchudzać** *coś*, **redukować** *coś*

slime /slaɪm/ **noun** [U] a thick, sticky liquid that is unpleasant to touch ▷ **muł, szlam**

slimy /ˈslaɪmi/ **adjective** **1** covered in slime ▷ **oślizgły** **2** informal too friendly in a way that is not sincere ▷ **lizusowaty**

sling¹ /slɪŋ/ **noun** [C] **1** a piece of cloth that you wear around your neck and put your arm into to support it when it is injured ▷ **temblak** **2** a piece of cloth or a strap that you tie around your body to carry things in: *She had her baby in a sling.* ▷ **nosidełko**

sling² /slɪŋ/ **verb** (past tense and past participle **slung**) **1 sling sth over/around/on, etc** to put something in a position where it hangs loosely: *He slung his bag over his shoulder.* ▷ **przerzucać/zarzucać/narzucać** *itp. coś* **2 sling sth into/onto/under, etc** to throw something somewhere in a careless way: *She slung her coat onto the bed.* ▷ **wrzucać/rzucać** *itp. coś*

slingshot /ˈslɪŋʃɒt/ **noun** [C] US (UK **catapult**) a Y-shaped object with a piece of elastic across it used by children to shoot small stones ▷ **proca**

slink /slɪŋk/ **verb** (past tense and past participle **slunk**) **slink away/off/out, etc** to move somewhere quietly so that no one will notice you: *I caught him slinking out of the meeting.* ▷ **wymykać się**

slip¹ /slɪp/ **verb** (present participle **slipping**, past tense and past participle **slipped**) **1** [I] B1 to slide by accident and fall or almost fall: *She slipped on the ice and broke her ankle.* ▷ **poślizgnąć się** **2** [I] B1 to slide out of the correct position: *The photo had slipped from the frame.* ▷ **wysunąć się** **3 slip away/out/through, etc** to go somewhere quietly or quickly: *I'll slip out of the room if I get bored.* ▷ **wyślizgnąć/prześlizgnąć** *itp.* **się, wymykać się/przemknąć** *itp.* **4 slip sth into/through, etc** to put something somewhere quickly or secretly: *She slipped the letter into an envelope and sealed it.* ▷ **wsuwać** *coś* **5** [+ two objects] informal to give something to someone secretly: *I slipped her a five pound note.* ▷ **wsuwać** **6** [I] to get less or worse in level or quality: *His school grades have slipped recently.* ▷ **pogarszać się, obniżać się** **7 let sth slip** to forget that something is a secret and tell someone about it ▷ **wygadać** *coś* → See also **slip sb's *mind***

PHRASAL VERBS **slip into sth** to quickly put on a piece of clothing ▷ **narzucić** *coś*, **wkładać** *coś* • **slip sth off** to quickly take off a piece of clothing: *Slip your shirt off and I'll listen to your heart.* ▷ **zrzucać** *coś* • **slip sth on** to quickly put on a piece of clothing: *I'll just slip my shoes on.* ▷ **narzucić** *coś*, **wkładać** *coś* • **slip out** If a remark slips out, you say it without intending to: *I didn't mean to tell anyone you were getting married – it just slipped out.* ▷ **wypsnąć się, wymykać się** • **slip out of sth** to quickly take

S

off a piece of clothing ▷ **zrzucać** *coś* • **slip up** to make a mistake ▷ **pomylić się**

slip² /slɪp/ **noun** [C] **1** a small piece of paper: *He wrote the number on a* ***slip of paper.*** ▷ **karteczka, świstek 2** when you slide by accident and fall or almost fall ▷ **poślizgnięcie 3** a piece of clothing that a woman wears under a dress or skirt ▷ **halka 4** a small mistake ▷ **pomyłka, potknięcie**

IDIOMS **give sb the slip** informal to escape from someone you do not want to be with ▷ **wymykać się** *komuś*, **zgubić** *kogoś* • **a slip of the tongue** a mistake made by using the wrong word ▷ **przejęzyczenie**

slipper /ˈslɪpəʳ/ **noun** [C] a soft, comfortable shoe that you wear in the house ▷ **kapeć** → See **Clothes** on page Centre 8

slippery /ˈslɪpəri/ **adjective** smooth and wet and difficult to hold or walk on: *Be careful – the floor's slippery.* ▷ **śliski**

IDIOM **a slippery slope** a bad situation that is likely to get worse ▷ **równia pochyła**

ˈslip ˌroad noun [C] UK (US **ramp**) a short road that is used to drive onto or off a motorway ▷ **zjazd**

slit¹ /slɪt/ **noun** [C] a long, narrow cut or hole in something: *Make a slit in the pastry to allow the steam to escape.* ▷ **rozcięcie, szpara**

slit² /slɪt/ **verb** [T] (present participle **slitting**, past tense and past participle **slit**) to make a long, narrow cut in something: *She* ***slit*** *her* ***wrists.*** ▷ **podcinać, przecinać, rozcinać**

slither /ˈslɪðəʳ/ **verb** [I] to move smoothly by twisting and sliding ▷ **wić się, pełzać**

sliver /ˈslɪvəʳ/ **noun** [C] a thin piece of something that has come off a larger piece: ***slivers of glass*** ▷ **drzazga, odłamek, odprysk**

slob /slɒb/ **noun** [C] informal a lazy or dirty person ▷ **niechluj**

slog¹ /slɒg/ **verb** (present participle **slogging**, past tense and past participle **slogged**) informal **slog up/down/through, etc** to move forward with difficulty: *We slogged up the hill in silence.* ▷ **brnąć**

PHRASAL VERB **slog away** informal to work very hard for a long time: *I've been* ***slogging away at*** *this for hours and I'm exhausted.* ▷ **harować**

slog² /slɒg/ **noun** [U, no plural] UK informal a period of hard work: *Studying for all the exams was a* ***hard slog.*** ▷ **harówka**

slogan /ˈsləʊgən/ **noun** [C] a short phrase that is easy to remember and is used to make people notice something: *an* ***advertising slogan*** ▷ **hasło, slogan**

> Wyrazy występujące razem z **slogan**
>
> sth **bears/carries** a slogan • a slogan **of** sth • an **advertising** slogan

slop /slɒp/ **verb** (present participle **slopping**, past tense and past participle **slopped**) **slop (sth) about/around/into, etc** If liquid slops about, it moves around or over the edge of its container, and if you slop it about, you make it move around or over the edge of its container: *Her hand shook, making her tea slop into the saucer.* ▷ **rozlewać się/***coś*

slope¹ /sləʊp/ **noun** [C] B2 a surface or piece of land that is high at one end and low at the other: *There's a* ***steep slope*** *to climb before we're at the top.* ▷ **wzniesienie, zbocze, stok** → See also **a** ***slippery*** **slope**

slope² /sləʊp/ **verb** [I] to be high at one end and low at the other: *The field* ***slopes down*** *to the river.* ▷ **wznosić się, opadać**

sloppy /ˈslɒpi/ **adjective 1** not done carefully: *His work was sloppy and full of spelling mistakes.* ▷ **niedbały 2** Sloppy clothes are loose and untidy: *a girl wearing a sloppy sweater and torn jeans* ▷ **niechlujny 3** A sloppy substance has too much liquid in it. ▷ **wodnisty**
• **sloppily** adverb ▷ **niedbale, niechlujnie** • **sloppiness** noun [U] ▷ **niedbalstwo, niechlujność**

slosh /slɒʃ/ **verb slosh against/over/around, etc** If liquid sloshes, it moves against or over the edge of its container: *Water sloshed over the edge of the pool as the swimmers dived in.* ▷ **przelewać się, chlupotać**

sloshed /slɒʃt/ **adjective** informal drunk ▷ **zalany**

slot¹ /slɒt/ **noun** [C] **1** a long, narrow hole that you put something into, especially money ▷ **otwór 2** a period of time that you allow for something in a plan: *The programme is being moved to a later slot.* ▷ **pora, przedział czasu, okienko**

slot² /slɒt/ **verb** [I, T] (present participle **slotting**, past tense and past participle **slotted**) to fit into a slot, or to make something fit into a slot ▷ **dopasowywać, pasować**

PHRASAL VERB **slot sb/sth in** to find time for someone or something in a period of time that has already been planned: *Dr O'Neil can slot you in around 9.30.* ▷ **zapisywać** *kogoś*, **zaplanować** *coś*

sloth /sləʊθ/ **noun 1** [C] an animal that moves very slowly and lives in Central and South America ▷ **leniwiec 2** [U] literary when someone is lazy ▷ **leniuch**

ˈslot maˌchine noun [C] a machine that you put money into in order to try to win money ▷ **automat (do gry)**

S

slouch¹ /slaʊtʃ/ **verb** [I] to stand, sit, or walk with your shoulders forward so that your body is not straight: *Stop slouching and stand up straight.* ▷ **garbić się**

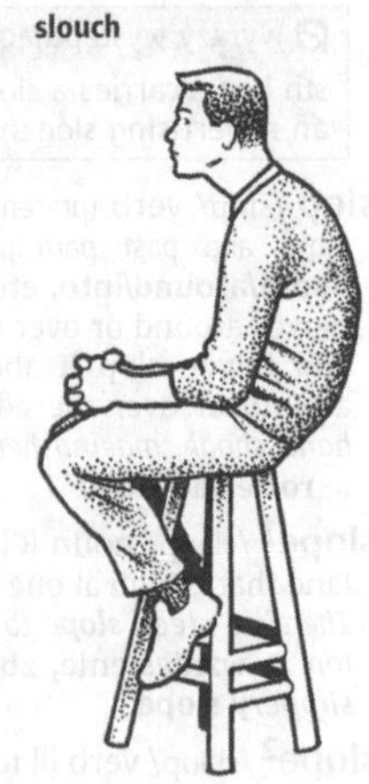

slouch² /slaʊtʃ/ **noun** **1** [no plural] the position your body is in when you slouch ▷ **garb, zgarbienie** **2 be no slouch** informal to work very hard and be good at something: *He's no slouch when it comes to cooking.* ▷ **dobrze sobie radzić, nie obijać się**

Slovakia /sləʊˈvækiə/ **noun** a country in Europe ▷ **Słowacja**
• **Slovak** /ˈsləʊvæk/ **adjective** coming from or relating to Slovakia ▷ **słowacki** • **Slovak noun** someone from Slovakia ▷ **Słowa-k/czka**

Slovenia /sləʊˈviːniə/ **noun** a country in Europe ▷ **Słowenia**
• **Slovenian** /sləʊˈviːniən/ **adjective** coming from or relating to Slovenia ▷ **słoweński** • **Slovene** /ˈsləʊviːn/ **noun** someone from Slovenia ▷ **Słowe-niec/nka**

slovenly /ˈslʌvᵊnli/ **adjective** lazy, untidy, and dirty: *slovenly habits* ▷ **niechlujny**
• **slovenliness noun** [U] ▷ **niechlujstwo**

slow¹ /sləʊ/ **adjective** **1** Ⓐ1 moving, happening, or doing something without much speed: *I'm making slow progress with the painting.* ◦ *He's a very slow reader.* ▷ **wolny, powolny** **2 be slow to do sth; be slow in doing sth** to take a long time to do something: *The government has been slow to react to the problem.* ◦ *The ambulance was very slow in coming.* ▷ **ociągać się z** *czymś* **3** If a clock is slow, it shows a time that is earlier than the correct time. ▷ **≈ spóźniać się** **4** If business is slow, there are few customers. ▷ **słaby, niemrawy** **5** not quick at learning and understanding things ▷ **tępy** **6** not exciting: *I find his films very slow.* ▷ **nudnawy**

slow² /sləʊ/ **verb** [I, T] to become slower or to make something become slower: *The car* ***slowed to a halt*** *(= moved more and more slowly until it stopped).* ▷ **zwalniać, spowalniać**

PHRASAL VERBS **slow (sth) down** Ⓑ2 to become slower or to make something become slower: *Slow down, Claire, you're walking too fast!* ▷ **zwalniać, spowalniać** *coś* • **slow down** Ⓑ2 If someone slows down, they become less active: *The doctor told me I should slow down and not work so hard.* ▷ **oszczędzać się**

slowdown /ˈsləʊdaʊn/ **noun** [C] when business activity becomes slower: *an* ***economic slowdown*** ◦ *The figures show a* ***slowdown in*** *retail sales.* ▷ **zastój**

slowly /ˈsləʊli/ **adverb** Ⓐ2 at a slow speed: *Could you speak more slowly, please?* ▷ **powoli, wolno**

ˌslow ˈmotion noun [U] a way of showing pictures from a film or television programme at a slower speed than normal: *They showed a replay of the goal* ***in slow motion.*** ▷ **zwolnione tempo**

sludge /slʌdʒ/ **noun** [U] soft, wet soil, or a substance that looks like this ▷ **błoto, muł**

slug¹ /slʌg/ **noun** [C] **1** a small, soft creature with no legs that moves slowly and eats plants ▷ **ślimak (nagi)** **2** a small amount of a drink, especially an alcoholic drink: *He* ***took*** *a* ***slug*** *of whisky from the bottle.* ▷ **łyk**

slug² /slʌg/ **verb** [T] (present participle **slugging**, past tense and past participle **slugged**) informal to hit someone with your fist ▷ **przysunąć, przyłożyć**

PHRASAL VERB **slug it out** informal to fight, argue, or compete with someone until one person wins: *Federer and Hewitt slugged it out for a place in the final.* ▷ **walczyć**

sluggish /ˈslʌgɪʃ/ **adjective** moving or working more slowly than usual: *a sluggish economy* ◦ *I felt really sluggish after lunch.* ▷ **leniwy, ospały, w zastoju**

slum /slʌm/ **noun** [C] a poor and crowded area of a city where the buildings are in a very bad condition: *He grew up in the slums of Mexico City.* ◦ *slum areas* ▷ **slumsy**

slumber /ˈslʌmbəʳ/ **noun** [C, U] literary sleep: *She lay down on the bed and fell into a deep slumber.* ▷ **sen**
• **slumber verb** [I] literary ▷ **spać**

ˈslumber ˌparty noun [C] US a party when a group of children spend the night at one child's house ▷ **przyjęcie z noclegiem**

slump¹ /slʌmp/ **verb** **1** [I] If a price, value, or amount slumps, it goes down suddenly: *Sales have slumped by 50%.* ▷ **(gwałtownie) spadać, załamywać się** **2 slump back/down/over, etc** to fall or sit down suddenly because you feel tired or weak: *She slumped back in her chair, exhausted.* ▷ **opadać**

slump² /slʌmp/ **noun** [C] **1** a sudden fall in prices or sales: *a* ***slump in*** *world oil prices* ▷ **załamanie, (gwałtowny) spadek** **2** a period when there is very little business activity and not many jobs: *It's been the worst* ***economic slump*** *for 25 years.* ▷ **recesja, zastój**

> Wyrazy występujące razem z **slump** (noun)
>
> a dramatic/severe slump • a slump in sth

slung /slʌŋ/ past of sling

slunk /slʌŋk/ past of slink

slur[1] /slɜːʳ/ **verb** [I, T] (present participle **slurring**, past tense and past participle **slurred**) to speak without separating your words clearly, often because you are tired or drunk: *He'd drunk too much and was slurring his words.* ▷ **bełkotać**

slur[2] /slɜːʳ/ **noun** [C] a criticism that will make people have a bad opinion of someone or something: *a racial slur* ◦ *She regarded it as a* ***slur on*** *her character.* ▷ **obelga**

> Wyrazy występujące razem z **slur**
>
> cast slurs • a slur **against/on** sb/sth

slurp /slɜːp/ **verb** [I, T] informal to drink in a noisy way: *He slurped his tea.* ▷ **siorbać**
• **slurp** noun [C] informal ▷ **siorbanie**

slush /slʌʃ/ **noun** [U] snow that has started to melt ▷ **rozmokły lub topniejący śnieg, (śnieżna) breja**

sly /slaɪ/ **adjective** (**slyer**, **slyest**) **1** deceiving people in a clever way to get what you want ▷ **przebiegły, chytry 2 sly smile** a smile that shows you know something that other people do not: *"I know why Chris didn't come home yesterday," she said with a sly smile.* ▷ **przebiegły uśmieszek**
• **slyly** adverb ▷ **chytrze**

smack[1] /smæk/ **verb 1** [T] to hit someone with the flat, inside part of your hand: *Do you think it's right to smack children when they're naughty?* ▷ **bić, uderzyć, dać klapsa 2 smack sth against/onto/down, etc** to hit something hard against something else: *Ray smacked the ball into the net.* ▷ **uderzyć lub walnąć** *czymś* **o/w** *itp.*

PHRASAL VERB **smack of sth** If something smacks of an unpleasant quality, it seems to have that quality: *a policy that smacks of racism* ▷ **trącić** *czymś*

smack[2] /smæk/ **noun** [C] a hit with the flat, inside part of your hand: *Stop shouting or I'll* ***give*** *you* ***a smack!*** ▷ **klaps**

smack[3] /smæk/ **adverb** informal (also UK ˈ**smack** ˌ**bang**) (also US ˌ**smack** ˈ**dab**) **1** exactly in a particular place: *She lives smack in the middle of Edinburgh.* ▷ **dokładnie 2** suddenly and with a lot of force: *He braked too late and ran smack into the car in front.* ▷ **prosto**

small[1] /smɔːl/ **adjective 1** (A1) little in size or amount: *They live in a small apartment near Times Square.* ◦ *We teach the children in small groups.* ▷ **mały 2** (A1) A small child is very young: *a woman with three small children* ▷ **mały 3** (A2) not important or serious: *a small mistake* ▷ **drobny, mały 4 feel small** to feel stupid or unimportant: *Simon was always trying to make me feel small.* ▷ **czuć się gorszym**

small[2] /smɔːl/ **adverb** in a small size: *Emma knitted the sweater far too small.* ▷ **mały**

ˈ**small** ˌ**ad noun** [C] UK a small advertisement that you put in a newspaper if you want to buy or sell something ▷ **ogłoszenie drobne**

> **Small** wyrazy bliskoznaczne
>
> Przymiotnika **little** często używamy zamiast „small" do opisania zarówno rzeczy jak ludzi:
>
> *I'll just have a* ***little*** *piece of cake.*
>
> *She's so* ***little****.*
>
> Jeśli ktoś jest bardzo mały, możemy powiedzieć, że jest on **tiny** lub **minute**, natomiast rzeczy niewielkich rozmiarów możemy określić przymiotnikami **minute**, **tiny**, lub w kontekście bardziej formalnym **microscopic** lub **minuscule**:
>
> *Inside the pram was a* ***tiny*** *baby.*
>
> *The phone he pulled out of his pocket was* ***minute****.*
>
> *The cost of vaccination is* ***minuscule*** *compared to the cost of treatment.*
>
> Przymiotnika **slight** używamy czasem z rzeczownikami oznaczającymi pojęcia abstrakcyjne, aby zaznaczyć, że coś jest nieznaczne lub nieważne:
>
> *There was a* ***slight*** *difference in colour.*

ˌ**small** ˈ**business noun** [C] a business with a small number of employees ▷ **małe przedsiębiorstwo**

ˌ**small** ˈ**change noun** [U] coins that have little value ▷ **drobne**

ˈ**small** ˌ**fry noun** [U] informal people or activities that are not considered important: *Compared to companies that size we're just small fry.* ▷ **płotki**

ˌ**small in**ˈ**testine noun** [C] the upper part of the bowels between the stomach and the large intestine ▷ **jelito cienkie** → Compare **large intestine**

ˌ**small** ˈ**print noun** [U] the part of a written agreement that is printed smaller than the rest and that contains important information: *Make sure you read the small print before you sign.* ▷ **szczegóły umowy**

small-scale /ˌsmɔːlˈskeɪl/ **adjective** A small-scale activity or organization is not big and involves few people. ▷ **na małą skalę**

ˈ**small** ˌ**talk noun** [U] polite conversation between people at social events: *He's not very good at* ***making small talk****.* ▷ **rozmowa o niczym**

small-time /ˈsmɔːlˌtaɪm/ **adjective** [always before noun] informal not important or successful: *a small-time criminal* ▷ **drobny**

smart[1] /smɑːt/ **adjective 1** (B1) intelligent: *Rachel's one of the smartest kids in the class.* ▷ **bystry 2** (B1) If you look smart or your clothes are smart, you look clean and tidy: *a smart, blue suit* ◦ *I need to look a bit smarter for my interview.* ▷ **elegancki 3** fashionable and expensive: *a smart, new restaurant* ▷ **elegancki 4** A smart machine, weapon, etc uses computers to make it work: *smart bombs* ▷ **inteligentny**
• **smartly** adverb ▷ **mądrze**

smart² /smɑːt/ **verb** [I] **1** to feel upset because someone has said or done something unpleasant to you: *The team are still* ***smarting from*** *last week's defeat.* ▷ **przeżywać 2** If part of your body smarts, it hurts with a sharp, burning pain: *The smoke from the fire made her* ***eyes smart****.* ▷ **piec**

ˈsmart ˌcard **noun** [C] a small, plastic card that contains a very small computer and can be used to pay for things or to store personal information ▷ **karta chipowa**

smarten /ˈsmɑːtᵊn/ **verb**

PHRASAL VERB **smarten (sb/sth) up** to make a person or place look more clean and tidy: *plans to smarten up the city centre* ▷ **ogarnąć się, odnawiać** *coś*, **wyszykować** *kogoś/coś*

ˈsmart ˌfibre UK (US **smart fiber**) **noun** [C] a type of material that can react, for example to temperature or light ▷ **inteligentna tkanina**

smash¹ /smæʃ/ **verb 1** [I, T] B2 to break into a lot of pieces with a loud noise, or to make something break into a lot of pieces with a loud noise: *Thieves smashed the shop window and stole $50,000 worth of computer equipment.* ▷ **rozbić (się) 2 smash (sth) against/into/through, etc** to hit a hard object or surface with a lot of force, or to make something do this: *The car skidded and smashed into a tree.* ◦ *He smashed the glass against the wall.* ▷ **walnąć (***czymś***) o/w** *itp.* **3** [T] to destroy a political or criminal organization: *attempts to smash a drug smuggling ring* ▷ **zlikwidować**

PHRASAL VERB **smash sth up** to damage or destroy something: *They were arrested for smashing up a hotel bar.* ▷ **zdemolować** *coś*

smash² /smæʃ/ **noun** [C] (also ˌ**smash** ˈ**hit**) a very successful film, song, play, etc: *the smash hit movie 'Titanic'* ▷ **przebój, hit**

smashing /ˈsmæʃɪŋ/ **adjective** UK old-fashioned extremely good or attractive: *We had a smashing time at Bob and Vera's party.* ▷ **kapitalny**

smear¹ /smɪəʳ/ **verb** [T] **1** to spread a thick liquid or sticky substance over something: *His shirt was* ***smeared with*** *paint.* ◦ *He* ***smeared*** *sun cream* ***over*** *his face and neck.* ▷ **smarować 2** to say unpleasant and untrue things about someone in order to harm them, especially in politics ▷ **oczerniać**

smear² /smɪəʳ/ **noun** [C] **1** a dirty mark: *There was a smear of oil on his cheek.* ▷ **maz, plama, smuga 2** an unpleasant and untrue story about someone that is meant to harm them, especially in politics: *a* ***smear campaign*** ▷ **oszczerstwo**

smell¹ /smel/ **verb** (past tense and past participle **smelled**, also UK **smelt**) **1 smell of/like; smell delicious/horrible, etc** B1 to have a particular quality that people notice by using their nose: *I've been cooking, so my hands smell of garlic.* ◦ *That soup smells delicious – what's in it?* ▷ **pachnieć** *czymś***/apetycznie/okropnie** *itp.* **2** [T] B1 to notice something by using your nose: *I think I can smell something burning.* ▷ **czuć 3** [I] B1 to have an unpleasant smell: *Your running shoes really smell!* ▷ **śmierdzieć 4** [T] B1 to put your nose near something and breathe in so that you can notice its smell: *Come and smell these flowers.* ▷ **wąchać 5** [I] B2 to have the ability to notice smells: *Dogs can smell much better than humans.* ▷ **mieć węch, odczuwać zapachy**

smell² /smel/ **noun 1** [C] B1 the quality that something has which you notice by using your nose: *The* ***smell of*** *roses filled the room.* ◦ *There was a delicious smell coming from the kitchen.* ▷ **zapach 2** [C] an unpleasant smell: *I wish I could get rid of that smell in the bathroom.* ▷ **smród 3** [U] B2 the ability to notice smells: *Smoking can affect your* ***sense of smell****.* ▷ **węch**

smelly /ˈsmeli/ **adjective** having an unpleasant smell: *smelly feet* ▷ **śmierdzący**

smelt /smelt/ UK past of smell

smile¹ /smaɪl/ **verb** [I] B1 to make a happy or friendly expression in which the corners of your mouth curve up: *She* ***smiled at*** *me.* ▷ **uśmiechać się**

smile² /smaɪl/ **noun** [C] B1 a happy or friendly expression in which the corners of your mouth curve up: *"I passed my driving test," she said with a smile.* ▷ **uśmiech**

> Wyrazy występujące razem z **smile (noun)**
>
> a beaming/faint/radiant/rueful/wry smile • break into/force/give/wear a smile • a smile broadens/flickers across sb's face/fades

smiley /ˈsmaɪli/ **noun** [C] an image such as :-) which looks like a face when you look at it from the side, made using keyboard symbols and used in emails to express emotions ▷ **buźka**

smirk /smɜːk/ **verb** [I] to smile in an annoying or unkind way: *What are you smirking at?* ▷ **szczerzyć zęby**
• **smirk noun** [C] ▷ **uśmieszek**

smitten /ˈsmɪtᵊn/ **adjective** [never before noun] loving someone or liking something very much: *He's absolutely* ***smitten with*** *this Carla woman.* ▷ **oczarowany**

smog /smɒg/ **noun** [U] air pollution in a city that is a mixture of smoke, gases, and chemicals ▷ **smog**

smoke¹ /sməʊk/ **noun 1** [U] B1 the grey or black gas that is produced when something burns ▷ **dym 2** [no plural] when someone smokes a cigarette: *I'm just going outside for a smoke.* ▷ **papieros, dymek**

smoke² /sməʊk/ **verb 1** [I, T] A1 to breathe smoke into your mouth from a cigarette: *Do you mind if I smoke?* ◦ *She smokes thirty cigarettes a day.* ▷ **palić 2** [T] to give meat or fish a special taste by hanging it over burning wood: *smoked ham/salmon* ▷ **wędzić 3** [I] to produce or send out smoke: *smoking chimneys* ▷ **dymić** → See also **chain-smoke**

smoker /ˈsməʊkəʳ/ **noun** [C] B2 someone who smokes cigarettes regularly: *He used to be a **heavy smoker** (= someone who smokes a lot).* ▷ **palacz/ka** → Opposite **non-smoker**

smoking /ˈsməʊkɪŋ/ **noun** [U] A1 when someone smokes a cigarette or regularly smokes cigarettes: *The new law will restrict smoking in public places.* ▷ **palenie** → See also **passive smoking**

> Wyrazy występujące razem z **smoking**
>
> **give up/stop/quit** smoking • **ban** smoking • **heavy** smoking • the **dangers/effects** of smoking

smoky /ˈsməʊki/ **adjective 1** filled with smoke: *a smoky bar/room* ▷ **zadymiony 2** having the smell, taste, or appearance of smoke: *That ham has a delicious, smoky flavour.* ▷ **wędzony**

smolder /ˈsməʊldəʳ/ **verb** [I] US spelling of smoulder

smooth¹ /smuːð/ **adjective 1** B1 having a regular surface that has no holes or lumps in it: *soft, smooth skin* ◦ *a smooth wooden table* ▷ **gładki, równy 2** B1 A substance that is smooth has no lumps in it: *Mix the butter and sugar together until smooth.* ▷ **jednolity, gładki 3** happening without any sudden movements or changes: *The plane made a smooth landing.* ▷ **łagodny, płynny 4** happening without problems or difficulties: *Her job is to help students make a smooth transition from high school to college.* ▷ **płynny, spokojny, gładki 5** too polite and confident in a way that people do not trust: *a smooth salesman* ▷ **ugrzeczniony**
• **smoothness noun** [U] ▷ **gładkość**
→ See also **take the *rough* with the smooth**

smooth² /smuːð/ **verb** [T] (also **smooth down/out, etc**) to move your hands across something in order to make it flat: *He straightened his tie and smoothed down his hair.* ▷ **wygładzać**

PHRASAL VERB **smooth sth over** to make a disagreement or problem seem less serious, especially by talking to the people involved in it: *Would you like me to smooth things over between you and Nick?* ▷ **załagodzić** *coś*

smoothie /ˈsmuːði/ **noun** [C, U] a thick, cold drink made mainly from fruit, sometimes with milk, cream, or ice cream ▷ **(koktajl) smoothie**

smoothly /ˈsmuːðli/ **adverb 1 go smoothly** B2 to happen without any problems or difficulties: *Everything was going smoothly until Darren arrived.* ▷ **iść gładko 2** without any sudden movements or changes: *The car accelerated smoothly.* ▷ **płynnie, gładko**

smother /ˈsmʌðəʳ/ **verb** [T] **1** to kill someone by covering their face with something so that they cannot breathe ▷ **udusić 2** to give someone too much love and attention so that they feel they have lost their freedom: *I try not to smother him.* ▷ **ograniczać 3** to prevent something from happening: *I tried to smother my cough.* ▷ **stłumić 4** to make a fire stop burning by covering it with something ▷ **zdławić, zdusić**

PHRASAL VERB **smother sth in/with sth** to cover something completely with a substance: *She took a slice of chocolate cake and smothered it in cream.* ▷ **zalewać** *coś czymś*

smoulder UK (US **smolder**) /ˈsməʊldəʳ/ **verb** [I] **1** to burn slowly, producing smoke but no flames: *a smouldering bonfire* ▷ **tlić się 2** to have a strong feeling, especially anger, but not express it: *I could see he was **smouldering with** anger.* ▷ **gotować się, wrzeć**

SMS /esemˈes/ **noun** [U] abbreviation for short message service: a system for sending written messages from one mobile phone to another ▷ **SMS**
• **SMS** verb [T, I] ▷ **wysyłać SMS(-y), SMS-ować**

smudge¹ /smʌdʒ/ **noun** [C] a dirty mark: *a smudge of ink* ▷ **maz, smuga**

smudge² /smʌdʒ/ **verb** [I, T] If ink, paint, etc smudges, or if it is smudged, it becomes dirty or not clear because someone has touched it: *Be careful you don't smudge the drawing.* ▷ **rozmazywać (się)**

smug /smʌg/ **adjective** too pleased with your skill or success in a way that annoys other people: *a smug smile* ▷ **zadowolony z siebie**
• **smugly adverb** *"I've never lost a match yet," she said smugly.* ▷ **z samozadowoleniem**

smuggle /ˈsmʌgl/ **verb** [T] to take something into or out of a place in an illegal or secret way: *He was arrested for smuggling cocaine into Britain.* ▷ **przemycać**
• **smuggler** noun [C] ***drug smugglers*** ▷ **przemytni-k/czka** • **smuggling** noun [U] ▷ **przemyt**

snack¹ /snæk/ **noun** [C] A2 a small amount of food that you eat between meals: *Do you want a quick snack before you go out?* ◦ ***snack food*** ▷ **przekąska**

> Wyrazy występujące razem z **snack**
>
> **have** a snack • a **light** snack

snack² /snæk/ **verb** [I] informal to eat a snack: *I've been **snacking on** chocolate and biscuits all afternoon.* ▷ **przekąsić**

snag¹ /snæg/ **noun** [C] informal a problem or difficulty: *I'd love to come – **the only snag is** I have to be home by 3 o'clock.* ▷ **problem**

> Wyrazy występujące razem z **snag**
>
> **hit** a snag • **the (only)** snag **is** • a snag **in/with** sth

snag² /snæg/ **verb** [T] (present participle **snagging**, past tense and past participle **snagged**) **1** If you snag something, it becomes stuck on a sharp object and tears: *I **snagged** my coat **on** the wire.*

S

▷ **zaczepiać, zahaczać** **2** US informal to get, catch, or win something: *She managed to snag a seat in the front row.* ▷ **zdobyć**

snail /sneɪl/ **noun** [C] a small creature with a long, soft body and a round shell ▷ **ślimak**

IDIOM **at a snail's pace** very slowly: *There was so much traffic that we were travelling at a snail's pace.* ▷ **w ślimaczym tempie**

ˈsnail ˌmail noun [U] humorous informal letters or messages that are not sent by email but by post ▷ **poczta tradycyjna**

snake¹ /sneɪk/ **noun** [C] A2 a long, thin creature with no legs that slides along the ground ▷ **wąż**

snake² /sneɪk/ **verb** **snake across/around/through, etc** to follow a route that has a lot of bends: *The river snakes through some of the most spectacular countryside in France.* ▷ **wić się przez/wokół** *itp.*

snap¹ /snæp/ **verb** (present participle **snapping**, past tense and past participle **snapped**) **1** [I, T] If something long and thin snaps, it breaks making a short, loud sound, and if you snap it, you break it, making a short, loud sound: *The twigs snapped as we walked on them.* ▷ **złamać (się), pękać, zerwać** **2** **snap (sth) open/shut/together, etc** to suddenly move to a particular position, making a short, loud noise, or to make something do this: *The suitcase snapped open and everything fell out.* ▷ **otwierać/zamykać się/***coś* **z trzaskiem** **3** [I, T] to say something suddenly in an angry way: *I was* ***snapping at*** *the children because I was tired.* ▷ **warczeć** **4** [I] to suddenly be unable to control a strong feeling, especially anger: *She asked me to do the work again and I just snapped.* ▷ **stracić panowanie nad sobą** **5** [T] informal to take a photograph of someone or something: *Photographers snapped the Princess everywhere she went.* ▷ **fotografować** **6** [I] If an animal snaps, it tries to bite someone: *The dog was barking and* ***snapping at*** *my ankles.* ▷ **kłapać (zębami)** → See also **snap your *fingers***

PHRASAL VERBS **snap out of sth** informal to force yourself to stop feeling sad, angry, upset etc: *He's in a bad mood now but he'll soon snap out of it.* ▷ **wyrwać się z** *czegoś* • **snap sth up** informal to buy or get something quickly because it is cheap or exactly what you want: *The dress was perfect, so I snapped it up.* ▷ **rzucić się na** *coś* • **snap sb up** informal to immediately accept someone's offer to join your company or team because you want them very much: *She was snapped up by a large law firm.* ▷ **przyjąć** *kogoś* **z otwartymi ramionami**

snap² /snæp/ **noun** **1** [no plural] a sudden, short, loud sound like something breaking or closing: *I heard a snap as I sat on the pencil.* ▷ **trzask** **2** [C] UK informal (UK/US **snapshot**) a photograph: ***holiday snaps*** ▷ **zdjęcie, fotka** **3** [C] US (UK **popper**) a metal or plastic object made of two parts which fit together with a short, loud sound, used to fasten clothing ▷ **zatrzask** **4** [U] a card game in which you say "snap" when you see two cards that are the same ▷ **gra w snap** **5** **be a snap** US informal to be very easy: *The French test was a snap.* ▷ **być łatwizną, ≈ to łatwizna, ≈ to pryszcz**

snap³ /snæp/ **adjective** **snap decision/judgment** A snap decision or judgment is made very quickly and without careful thought. ▷ **pochopna decyzja/ocena**

snappy /ˈsnæpi/ **adjective** **1** written or spoken in a short and interesting way: *a snappy title* ▷ **chwytliwy, celny** **2** Snappy clothes are fashionable: *a snappy new suit* ▷ **wystrzałowy**

IDIOM **make it snappy** informal used to tell someone to hurry ▷ **pospiesz się**

snapshot /ˈsnæpʃɒt/ **noun** [C] a photograph that you take quickly without thinking ▷ **zdjęcie**

snare¹ /sneəʳ/ **noun** [C] a piece of equipment used to catch animals ▷ **sidła, wnyki**

snare² /sneəʳ/ **verb** [T] **1** to catch an animal using a snare ▷ **łapać (w sidła)** **2** to trick someone so that they cannot escape from a situation: *She's trying to snare a rich husband.* ▷ **złapać**

snarl /snɑːl/ **verb** **1** [I, T] to speak angrily: *"Go away!" he snarled.* ◦ *She* ***snarled at*** *me.* ▷ **warczeć** **2** [I] If an animal snarls, it shows its teeth and makes an angry sound. ▷ **warczeć**
• **snarl noun** [C] ▷ **warknięcie**

snatch¹ /snætʃ/ **verb** [T] **1** to take something or someone quickly and suddenly: *Bill snatched the telephone from my hand.* ◦ *The child was snatched from his bed.* ▷ **porwać** **2** to do or get something quickly because you only have a short amount of time: *I managed to snatch some lunch.* ▷ **złapać (w locie)**

snatch² /snætʃ/ **noun** [C] a short part of a conversation, song, etc that you hear: *I keep hearing* ***snatches of*** *that song on the radio.* ▷ **urywek**

sneak¹ /sniːk/ **verb** (past tense and past participle **sneaked**, also US **snuck**) **1** **sneak into/out/around, etc** to go somewhere quietly because you do not want anyone to hear you: *I sneaked into his bedroom while he was asleep.* ▷ **zakradać się, wymykać się** **2** **sneak sth into/out of/through, etc** to take something somewhere without anyone seeing you: *We tried to sneak the dog into the hotel.* ▷ **przemycać** *coś gdzieś* **3** **sneak a look/glance at sb/sth** to look at someone or something quickly and secretly: *I sneaked a look at the answers.* ▷ **zerknąć ukradkiem na** *kogoś/coś*

PHRASAL VERB **sneak up** to move close to someone without them seeing or hearing you: *Don't* ***sneak up on*** *me like that – you scared me!* ▷ **zakradać się**

sneak² /sniːk/ **noun** [C] UK informal someone who you do not like because they tell people when someone else has done something bad ▷ **skarżypyta**

sneaker /ˈsniːkəʳ/ **noun** [C] US (UK **trainer**) a soft sports shoe ▷ **tenisówka** → See **Clothes** on page Centre 9

sneaking /ˈsniːkɪŋ/ **adjective** **1 have a sneaking feeling/suspicion** to think that something is true but not be sure: [+ (that)] *I have a sneaking feeling that the English test is going to be very difficult.* ▷ **przeczuwać/podejrzewać** **2 have a sneaking admiration/fondness for sb** UK to like someone secretly, especially when you do not want to ▷ **podziwiać/lubić** *kogoś* **w głębi duszy**

sneaky /ˈsniːki/ **adjective** doing things in a secret and unfair way ▷ **podstępny**

sneer /snɪəʳ/ **verb** [I] to talk about, or look at someone or something in a way that shows you do not approve of them: *Carlos **sneered at** my attempts to put the tent up.* ▷ **drwić**
• **sneer noun** [C] ▷ **drwina**

sneeze /sniːz/ **verb** [I] B2 When you sneeze, air suddenly comes out through your nose and mouth: *He had a cold and was sneezing a lot.* ▷ **kichać**
• **sneeze noun** [C] ▷ **kichnięcie**

snicker /ˈsnɪkəʳ/ **verb** [I] US (UK **snigger**) to laugh quietly in a rude way ▷ **chichotać**
• **snicker noun** [C] ▷ **chichot**

snide /snaɪd/ **adjective** A snide remark criticizes someone in an unpleasant way. ▷ **złośliwy**

sniff /snɪf/ **verb** **1** [I] to breathe air in through your nose in a way that makes a noise: *Sam had a cold and she kept sniffing.* ▷ **pociągać nosem** **2** [I, T] to breathe air in through your nose in order to smell something: *She sniffed the flowers.* ▷ **wąchać**
• **sniff noun** [C] ▷ **wąchanie**

snigger /ˈsnɪgəʳ/ **verb** [I] UK (US **snicker**) to laugh quietly in a rude way: *The boys were **sniggering at** the teacher.* ▷ **chichotać**
• **snigger noun** [C] ▷ **chichot**

snip[1] /snɪp/ **verb** [I, T] (present participle **snipping**, past tense and past participle **snipped**) to cut something using scissors with quick, small cuts: *She snipped the article out of the magazine.* ▷ **przecinać, wycinać**

snip[2] /snɪp/ **noun** **1** [C] a small, quick cut with scissors ▷ **cięcie** **2 be a snip** UK informal to be very cheap ▷ **być tanim jak barszcz**

snipe /snaɪp/ **verb** [I] **1** to criticize someone in an unpleasant way: *I hate the way politicians **snipe at** each other.* ▷ **najeżdżać, krytykować** **2** to shoot people from a place that they cannot see: *Rebels were indiscriminately **sniping at** civilians.* ▷ **strzelać**
• **sniping noun** [U] ▷ **krytyka**

sniper /ˈsnaɪpəʳ/ **noun** [C] **1** someone who shoots at people from a place they cannot see ▷ **snajper** **2** on a website, someone who makes an offer for an item just before the end of an auction ▷ **snajper (licytujący w ostatniej chwili)**

snippet /ˈsnɪpɪt/ **noun** [C] a small piece of information, news, conversation, etc: *I kept hearing **snippets of** conversation.* ▷ **strzęp**

snob /snɒb/ **noun** [C] someone who thinks they are better than other people because they are in a higher social position ▷ **snob**
• **snobbery** /ˈsnɒbəri/ **noun** [U] behaviour and opinions that are typical of a snob ▷ **snobizm**

snobbish /ˈsnɒbɪʃ/ **adjective** (also **snobby**) like a snob: *a snobbish attitude* ▷ **snobistyczny**

snog /snɒg/ **verb** [I, T] (present participle **snogging**, past tense and past participle **snogged**) UK informal If two people snog, they kiss each other for a long time. ▷ **lizać się**
• **snog noun** [C] UK informal ▷ **pocałunek**

snooker /ˈsnuːkəʳ/ **noun** [U] a game in which two people use long sticks to hit coloured balls into holes at the edge of a table ▷ **snooker, bilard**

snoop /snuːp/ **verb** [I] to look around a place secretly in order to find out information about someone: *I found her **snooping around** in my bedroom.* ▷ **węszyć, myszkować**
• **snoop noun** [no plural] ▷ **węszenie**

snooty /ˈsnuːti/ **adjective** Someone who is snooty behaves in an unfriendly way because they think they are better than other people. ▷ **przemądrzały, zadufany w sobie**

snooze /snuːz/ **verb** [I] informal to sleep for a short time, especially during the day: *Grandpa was snoozing in his chair.* ▷ **drzemać**
• **snooze noun** [C] informal *Why don't you **have a** snooze?* ▷ **drzemka**

snore /snɔːʳ/ **verb** [I] B2 to breathe in a very noisy way while you are sleeping: *I couldn't sleep because my brother was snoring.* ▷ **chrapać**
• **snore noun** [C] ▷ **chrapanie**

snorkel[1] /ˈsnɔːkəl/ **noun** [C] a tube that you use to help you breathe if you are swimming with your face under water ▷ **fajka (do nurkowania)**

snorkel[2] /ˈsnɔːkəl/ **verb** [I] (present participle UK **snorkelling**, past tense and past participle **snorkelled**, present participle US **snorkeling**, past tense and past participle **snorkeled**) to swim using a snorkel ▷ **nurkować (z fajką)**

snort /snɔːt/ **verb** [I, T] to breathe out noisily through your nose, especially to show that you are annoyed or think something is funny: *"Stupid man!" he snorted.* ◦ *Rosie started **snorting with** laughter.* ▷ **parskać**
• **snort noun** [C] ▷ **parsknięcie**

snot /snɒt/ **noun** [U] informal the thick liquid that is produced in your nose ▷ **smarki**

snout /snaʊt/ **noun** [C] the long nose of some animals, such as pigs ▷ **ryj, pysk, morda**

snow[1] /snəʊ/ **noun** [U] A1 soft, white pieces of frozen water that fall from the sky when the weather is cold: *children playing in the snow* ▷ **śnieg**

S

> **Wyrazy występujące razem z snow (noun)**
>
> snow **falls/melts** • a snow **flurry/shower** • **deep/heavy** snow • [**walk/tramp**, etc] **through** the snow

snow² /snəʊ/ **verb 1 it snows** A2 If it snows, snow falls from the sky: *It snowed all day yesterday.* ▷ **pada śnieg 2 be snowed in** to be unable to leave a place because there is too much snow: *We were snowed in for two days.* ▷ **być zasypanym śniegiem**

IDIOM **be snowed under** to have too much work: *I'm snowed under with homework.* ▷ **być zawalonym**

snowball¹ /ˈsnəʊbɔːl/ **noun** [C] a ball made from snow that children throw at each other ▷ **śnieżka**

snowball² /ˈsnəʊbɔːl/ **verb** [I] If a problem, idea, or situation snowballs, it quickly grows bigger or more important: *The whole business idea snowballed from one phone call.* ▷ **rozrastać się, narastać**

snowboard /ˈsnəʊbɔːd/ **noun** [C] B1 a large board that you stand on to move over snow ▷ **deska (snowboardowa), snowboard** → See **Sports 1** on page Centre 14

snowboarding /ˈsnəʊbɔːdɪŋ/ **noun** [U] A2 a sport in which you stand on a large board and move over snow ▷ **snowboard**
• **snowboarder noun** [C] ▷ **snowboardzist-a/ka** → See **Sports 1** on page Centre 14

snowdrift /ˈsnəʊdrɪft/ **noun** [C] a deep pile of snow that the wind has blown ▷ **zaspa (śnieżna)**

snowdrop /ˈsnəʊdrɒp/ **noun** [C] a small, white flower that you can see at the end of winter ▷ **przebiśnieg**

snowfall /ˈsnəʊfɔːl/ **noun** [C, U] the snow that falls at one time, or the amount of snow that falls: *a heavy snowfall (= a lot of snow)* ▷ **śnieg, opady lub opad śniegu**

snowflake /ˈsnəʊfleɪk/ **noun** [C] a small piece of snow that falls from the sky ▷ **płatek śniegu, śnieżynka**

snowman /ˈsnəʊmæn/ **noun** [C] (plural **snowmen**) something that looks like a person and is made from snow: *The kids made a snowman in the garden.* ▷ **bałwan**

snowplough UK (US **snowplow**) /ˈsnəʊplaʊ/ **noun** [C] a vehicle used for moving snow off roads and railways ▷ **pług (śnieżny lub drogowy)**

snowstorm /ˈsnəʊstɔːm/ **noun** [C] a storm when a lot of snow falls ▷ **śnieżyca, zamieć**

snowy /ˈsnəʊi/ **adjective** snowing or covered with snow: *a cold, snowy day* ▷ **śnieżny, ośnieżony**

Snr UK (UK/US **Sr**) written abbreviation for senior: *Thomas Smith, Snr* ▷ **senior**

snub /snʌb/ **verb** [T] (present participle **snubbing**, past tense and past participle **snubbed**) to be rude to someone, especially by not speaking to them ▷ **ignorować, lekceważyć**
• **snub noun** [C] ▷ **nietakt**

snuck /snʌk/ US past of sneak

snuff¹ /snʌf/ **noun** [U] tobacco powder that people breathe in through their noses, especially in the past ▷ **tabaka**

snuff² /snʌf/ **verb**

PHRASAL VERB **snuff sth out 1** informal to suddenly end something: *England's chances were snuffed out by three brilliant goals from the Italians.* ▷ **zniweczyć** *coś*, **zgasić** *coś* **2** to stop a candle flame from burning by covering it or pressing it with your fingers ▷ **zgasić** *coś*

snug /snʌg/ **adjective 1** warm and comfortable: *a snug little house* ▷ **przytulny 2** Snug clothes fit tightly: *a pair of snug brown shoes* ▷ **obcisły, ciasny**
• **snugly adverb** ▷ **przytulnie**

snuggle /ˈsnʌgl/ **verb snuggle up/down/into, etc** to move into a warm, comfortable position: *I **snuggled up to** him on the sofa.* ▷ **tulić się, przytulać się, wtulać się**

so¹ /səʊ/ **adverb 1** A2 used before an adjective or adverb to emphasize what you are saying, especially when there is a particular result: *I was so tired when I got home.* ◦ [+ (that)] *I was so upset that I couldn't speak.* ▷ **tak, taki 2** A2 used to give a short answer to a question to avoid repeating a phrase: *"Is Ben coming to the party?" "I hope so."* ▷ **że tak 3 so did we/so have I/so is mine, etc** B1 used to say that someone else also does something or that the same thing is true about someone or something else: *"We saw the new Star Trek movie last night." "Oh, so did we."* ▷ **my/ja/mój** *itp.* **też 4** used to get someone's attention when you are going to ask them a question or when you are going to start talking: *So, when are you two going to get married?* ▷ **to co, więc 5** used with a movement of your hand to show someone how to do something or show them the size of something: *The box was so big.* ◦ *For this exercise, you have to put your hands **like so**.* ▷ **tak, taki 6 so it is/so they are, etc** used to agree with something that you had not noticed before: *"The cat's hiding under the chair." "So it is."* ▷ **rzeczywiście 7 or so** B1 used after a number or amount to show that it is not exact: *"How many people were at the party?" "Fifty or so, I guess."* ▷ **plus minus, jakieś 8 I told you so** used to say that you were right and that someone should have believed you ▷ **A nie mówił-em/am? 9 So (what)?** used to say that you do not think something is important, especially in a rude way: *"She might tell Emily." "So what?"* ▷ **Co z tego?, No to co? 10 and so on/forth** A2 used after a list of things to show that you could have added other similar things: *She plays a lot of tennis and squash and so on.*

▷ **i tak dalej** **11 so as (not) to do sth** B2 used to give the reason for doing something: *He went in very quietly so as not to wake the baby.* ▷ **żeby (nie)** **12 only so much/many** used to say that there are limits to something: *There's only so much help you can give someone.* ▷ **tylko tyle** **13 so much for...** informal used to say that something has not been useful or successful: *"The computer's crashed again." "So much for modern technology."* ▷ **oto co nam przyszło z ..., tyle jest wart ...**

so[2] /səʊ/ **conjunction** **1** A2 used to say that something is the reason why something else happens: *I was tired so I went to bed.* ◦ *Greg had some money so he bought a bike.* ▷ **więc** **2 so (that)** B1 in order to make something happen or be possible: *He put his glasses on so that he could see the television better.* ▷ **żeby** **3** A2 used at the beginning of a sentence to connect it with something that was said or happened previously: *So we're not going away this weekend after all?* ▷ **to, więc**

so[3] /səʊ/ **adjective** **be so** to be correct or true: *"Apparently, she's moving to Canada." "Is that so?"* ▷ **to prawda**

soak /səʊk/ **verb** [I, T] **1** B2 If you soak something, or let it soak, you put it in a liquid for a period of time: *He left the pan in the sink to soak.* ◦ *Soak the bread in the milk.* ▷ **moczyć, namaczać** **2** If liquid soaks somewhere or soaks something, it makes something very wet: *The rain soaked my clothes.* ◦ *The ink **soaked through** the paper onto the table.* ▷ **przesiąkać, przeciekać, zmoczyć**

PHRASAL VERB **soak sth up** B2 If a dry substance soaks up a liquid, the liquid goes into the substance: *Fry the potatoes until they soak up all the oil.* ▷ **wchłaniać** (*coś*)

soaked /səʊkt/ **adjective** B2 completely wet: *My shirt was soaked.* ▷ **przemoczony**

soaking /ˈsəʊkɪŋ/ **adjective** B2 completely wet: *You're soaking – why didn't you take an umbrella?* ◦ *The dog was **soaking wet**.* ▷ **przemoczony**

so-and-so /ˈsəʊəndsəʊ/ **noun** [C] **1** used to talk about someone or something without saying a particular name: *It was the usual village news – so-and-so got married to so-and-so, and so-and-so's having a baby.* ▷ **taki a taki** **2** informal someone who you do not like: *He's a lazy so-and-so.* ▷ **taki owaki**

soap /səʊp/ **noun** **1** [U] A2 a substance that you use for washing: *a **bar of soap*** ◦ *soap powder* ▷ **mydło** → See **The Bathroom** on page Centre 3 **2** [C] (also ˈ**soap** ˌ**opera**) B1 a television programme about the lives of a group of people that is broadcast several times every week ▷ **telenowela**

ˈ**soap** ˌ**opera** **noun** [C] (informal **soap**) B1 a series of television or radio programmes that continues over a long period and is about the lives of a group of characters ▷ **opera mydlana**

soapy /ˈsəʊpi/ **adjective** containing soap, or covered with soap: *soapy hands* ▷ **mydlany, namydlony**

soar /sɔːʳ/ **verb** [I] **1** to increase to a high level very quickly: *House prices have soared.* ▷ **rosnąć (gwałtownie)** **2** to move quickly and smoothly in the sky, or to move quickly up into the sky: *The birds were soaring high above.* ▷ **szybować**
• **soaring adjective** ▷ **gwałtownie rosnący**

sob /sɒb/ **verb** [I] (present participle **sobbing**, past tense and past participle **sobbed**) B2 to cry in a noisy way ▷ **szlochać**
• **sob noun** [C] ▷ **szloch**

sober[1] /ˈsəʊbəʳ/ **adjective** **1** Someone who is sober is not drunk. ▷ **trzeźwy** **2** Someone who is sober is serious and thinks a lot: *He was in a sober mood.* ▷ **trzeźwy, rozsądny** **3** UK Clothes or colours that are sober are plain and not bright: *a sober, grey dress* ▷ **spokojny**
• **soberly adverb** ▷ **trzeźwo**

sober[2] /ˈsəʊbəʳ/ **verb**

PHRASAL VERB **sober (sb) up** to become less drunk or to make someone become less drunk: *You'd better sober up before you go home.* ▷ **wytrzeźwieć, otrzeźwić** *kogoś*

sobering /ˈsəʊbərɪŋ/ **adjective** making you feel serious: *a **sobering thought*** ▷ **otrzeźwiający**

so-called /ˌsəʊˈkɔːld/ **adjective** [always before noun] B2 used to show that you think a word that is used to describe someone or something is wrong: *My so-called friend has stolen my girlfriend.* ▷ **tak zwany**

soccer /ˈsɒkəʳ/ **noun** [U] (also UK **football**) a game in which two teams of eleven people kick a ball and try to score goals ▷ **piłka nożna** → See **Sports 2** on page Centre 15

sociable /ˈsəʊʃəbl/ **adjective** B1 Someone who is sociable enjoys being with people and meeting new people. ▷ **towarzyski**

social /ˈsəʊʃəl/ **adjective** **1** B2 relating to society and the way people live: *social problems* ◦ *social and political changes* ▷ **społeczny** **2** B1 relating to the things you do with other people for enjoyment when you are not working: *I have a very good **social life**.* ▷ **towarzyski** → Compare **anti-social**
• **socially adverb** ▷ **społecznie, towarzysko**

socialism /ˈsəʊʃəlɪzəm/ **noun** [U] a political system in which the government owns important businesses and industries, and which allows the people to share the money and opportunities equally ▷ **socjalizm**

socialist /ˈsəʊʃəlɪst/ **noun** [C] someone who supports socialism ▷ **socjalist-a/ka**
• **socialist adjective** *socialist principles* ▷ **socjalistyczny**

socialize (also UK **-ise**) /ˈsəʊʃəlaɪz/ **verb** [I] B2 to spend time enjoying yourself with other people: *The cafe is a place where students can **socialize***

S

with teachers. ▷ **udzielać się towarzysko, spotykać się**

ˌsocial ˈnetworking noun [U] B1 using a website to communicate with friends and to meet other people ▷ **serwisy społecznościowe**

ˌsocial ˈscience noun [C, U] the study of society and the way people live ▷ **nauki społeczne, nauka społeczna**

ˌsocial seˈcurity noun [U] money that the government gives to people who are old, ill, or not working ▷ **zasiłek, renta, ubezpieczenia społeczne**

ˈsocial ˌworker noun [C] someone whose job is to help people who have problems because they are poor, old, have difficulties with their family, etc ▷ **pracowni-k/ca opieki społecznej**
• **social work** noun [U] ▷ **praca socjalna, opieka społeczna**

society /səˈsaɪəti/ noun **1** [C, U] B1 a large group of people who live in the same country or area and have the same laws, traditions, etc: *The US is a multicultural society.* ▷ **społeczeństwo 2** [C] B2 an organization for people who have the same interest or aim: *the London Zoological Society* ▷ **towarzystwo** → See also **building society**

Wyrazy występujące razem z **society**
a democratic/free/modern/multicultural/ secular society

socio- /səʊʃiəʊ-/ prefix relating to society: *socio-economic* ▷ **socjo-**

sociology /ˌsəʊʃiˈɒlədʒi/ noun [U] the study of society and the relationship between people in society ▷ **socjologia**
• **sociologist** /ˌsəʊʃiˈɒlədʒɪst/ noun [C] someone who studies sociology ▷ **socjolog**

sociopath /ˈsəʊʃiəʊpæθ/ noun [C] someone who is completely unable to behave in a way that is acceptable to society ▷ **socjopat-a/ka**

sock /sɒk/ noun [C] (plural **socks**, also US **sox**) A2 something that you wear on your foot inside your shoe: [usually plural] *a pair of black socks* ▷ **skarpetka** → See **Clothes** on page Centre 9

socket /ˈsɒkɪt/ noun [C] **1** the place on a wall where you connect electrical equipment to the electricity supply ▷ **gniazdko 2** a hollow place where one thing fits inside another thing: *Your eyeball is in your eye socket.* ▷ **gniazdo, oprawa**

soda /ˈsəʊdə/ noun **1** [U] (also ˈ**soda** ˌ**water**) water with bubbles in it that you mix with other drinks ▷ **woda sodowa 2** [C, U] (also ˈ**soda** ˌ**pop**) US a sweet drink with bubbles: *a can of soda* ▷ **napój gazowany**

sodden /ˈsɒdᵊn/ adjective extremely wet: *Your shoes are sodden!* ▷ **przemoczony**

sodium /ˈsəʊdiəm/ noun [U] a chemical element that is found in salt and food (symbol Na): *a low-sodium diet* ▷ **sód**

sodium carbonate /ˌsəʊdiəmˈkɑːbᵊneɪt/ noun [U] a chemical compound used to make water soft, and in foods and producing goods, in the form of white powder or crystals (formula Na_2CO_3) ▷ **węglan sodu**

ˌsodium ˈchloride noun [U] salt (formula NaCl) ▷ **chlorek sodu**

sodium hydroxide /ˌsəʊdiəmhaɪˈdrɒksaɪd/ noun [U] a chemical compound used in soap and paper production and in powerful cleaning substances; caustic soda (formula NaOH) ▷ **wodorotlenek sodu**

ˌsodium ˈnitrate noun [U] a chemical compound used to make explosives, fireworks, and fertilizers, and to keep meat in good condition (formula $NaNO_3$) ▷ **azotan sodu**

sofa /ˈsəʊfə/ noun [C] A2 a large, comfortable seat for more than one person ▷ **kanapa, sofa** → See **The Living Room** on page Centre 4

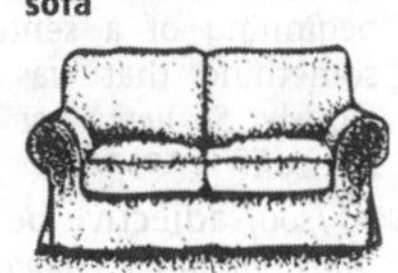
sofa

soft /sɒft/ adjective
1 A2 not hard, and easy to press: *a soft cushion* ◦ *Cook the onion until it's soft.* ▷ **miękki 2** A2 smooth and pleasant to touch: *soft hair/skin* ▷ **delikatny, miękki 3** B1 A soft sound is very quiet: *He spoke in a soft voice.* ▷ **cichy 4** B1 A soft colour or light is not bright: *soft lilac paint* ▷ **delikatny, łagodny 5** too kind and not angry enough when someone does something wrong: *The kids are naughty because she's too* ***soft on*** *them.* ▷ **pobłażliwy, łagodny 6** Soft drugs are illegal drugs that some people think are not dangerous. ▷ **miękki**
• **softness** noun [U] B2 ▷ **miękkość**
→ See also **have a soft *spot* for sb**

softball /ˈsɒftbɔːl/ noun [U] a game that is like baseball but played with a larger and softer ball ▷ **softball**

ˌsoft ˈdrink UK (US ˈ**soft** ˌ**drink**) noun [C] A2 a cold, sweet drink that does not have alcohol in it ▷ **napój bezalkoholowy**

soften /ˈsɒfᵊn/ verb [I, T] **1** to become softer or to make something become softer: *Heat the butter until it softens.* ▷ **mięknąć, zmiękczać 2** to become more gentle or to make someone or something become more gentle: *Her voice softened.* ▷ **łagodnieć, łagodzić**

softly /ˈsɒftli/ adverb B1 in a quiet or gentle way: *"Are you OK?" she said softly.* ▷ **łagodnie**

ˌsoft ˈoption noun [C] UK a choice that is easier than other choices: *The cookery course is not a soft option.* ▷ **pójście na łatwiznę, łatwa opcja**

ˌsoft ˈpalate noun [C] the soft part that forms the top of the mouth at the back, separating the nose from the throat ▷ **podniebienie miękkie** → Compare **hard palate**

soft-spoken /ˌsɒftˈspəʊkən/ **adjective** having a quiet, gentle voice: *a small, soft-spoken man* ▷ **o łagodnym głosie**

software /ˈsɒftweəʳ/ **noun** [U] Ⓐ2 programs that you use to make a computer do different things: *educational software* ▷ **oprogramowanie, programy, software**

softwood /ˈsɒftwʊd/ **noun** [U] wood from evergreen trees which grow quickly ▷ **drewno miękkie**

soggy /ˈsɒgi/ **adjective** very wet and soft: *soggy ground* ▷ **rozmokły**

soil¹ /sɔɪl/ **noun** [C, U] Ⓑ2 the top layer of earth that plants grow in: *clay/sandy soil* ▷ **gleba, ziemia**

soil² /sɔɪl/ **verb** [T] formal to make something dirty ▷ **brudzić**

• **soiled adjective** dirty: *soiled clothes* ▷ **brudny**

solace /ˈsɒləs/ **noun** [U, no plural] formal comfort when you are feeling sad: *Music was a great solace to me.* ▷ **pocieszenie, ukojenie**

solar /ˈsəʊləʳ/ **adjective** Ⓑ2 relating to, or involving the sun: ***solar panels*** ▷ **słoneczny**

ˌsolar ˈenergy noun [U] energy that uses the power of the sun ▷ **energia słoneczna**

ˌsolar ˈpanel noun [C] a piece of equipment that changes light from the sun into electricity ▷ **bateria słoneczna**

the ˈsolar ˌsystem noun the sun and planets that move around it ▷ **układ słoneczny**

sold /səʊld/ past of sell

solder /ˈsəʊl.dəʳ/ **verb** [T] to join pieces of metal together using melted metal to stick them ▷ **lutować**

• **solder noun** [U] *I used a small amount of solder to join the pieces.* ▷ **lut**

soldier /ˈsəʊldʒəʳ/ **noun** [C] Ⓑ1 a member of an army ▷ **żołnierz**

sole¹ /səʊl/ **adjective** [always before noun] **1** only: *the sole survivor* ▷ **jedyny 2** not shared with anyone else: *She has **sole responsibility** for the project.* ▷ **wyłączny**

sole² /səʊl/ **noun 1** [C] the bottom part of your foot that you walk on ▷ **podeszwa 2** [C] the part of a shoe that is under your foot ▷ **podeszwa 3** [C, U] a small, flat fish that you can eat ▷ **sola**

solely /ˈsəʊlli/ **adverb** only, and not involving anyone or anything else: *I bought it solely for that purpose.* ▷ **wyłącznie**

solemn /ˈsɒləm/ **adjective 1** serious or sad: *solemn music* ▷ **uroczysty, poważny 2** A solemn promise, warning, etc is serious and sincere. ▷ **uroczysty**

• **solemnly adverb** ▷ **uroczyście** • **solemnity** /səˈlemnəti/ **noun** [U] ▷ **powaga, uroczysty charakter**

ˌsole ˈtrader noun [C] a person who has a business on their own, with no business partners ▷ **firma jednoosobowa**

solicit /səˈlɪsɪt/ **verb 1** [T] formal to ask someone for money, information, or help: *to solicit donations for a charity* ▷ **zabiegać o 2** [I] to offer sex for money, usually in a public place ▷ **oferować usługi seksualne**

soliciting /səˈlɪsɪtɪŋ/ **noun** [U] when someone offers to have sex for money ▷ **prostytucja**

solicitor /səˈlɪsɪtəʳ/ **noun** [C] in Britain, a lawyer who gives legal advice and help, and who works in the lower courts of law ▷ **adwokat**

solid¹ /ˈsɒlɪd/ **adjective 1** Ⓑ2 hard and firm without holes or spaces, and not liquid or gas: *solid ground* ◦ *solid food* ▷ **stały 2** Ⓑ2 strong and not easily broken or damaged: *solid furniture* ▷ **solidny 3 solid gold/silver/wood, etc** gold/silver/wood, etc with nothing added: *a solid silver bracelet* ▷ **lite złoto/srebro/drzewo** *itp.* **4** continuing for a period of time without stopping: *The noise continued for two solid hours/two hours solid.* ▷ **bity 5** [always before noun] Solid information, proof, etc is based on facts and you are certain that it is correct: *This provides **solid evidence** that he committed the crime.* ▷ **jednoznaczny, solidny 6** honest and able to be trusted ▷ **rzetelny, solidny**

• **solidity** /səˈlɪdəti/ **noun** [U] ▷ **stałość, solidność** • **solidly adverb** ▷ **solidnie, pewnie**

solid² /ˈsɒlɪd/ **noun** [C] **1** a substance or object that is not a liquid or a gas ▷ **ciało stałe 2** a shape that has length, width, and height, and is not flat ▷ **bryła**

solidarity /ˌsɒlɪˈdærəti/ **noun** [U] agreement and support between people in a group who have similar aims or beliefs ▷ **solidarność**

solidify /səˈlɪdɪfaɪ/ **verb** [I] If a liquid solidifies, it becomes solid. ▷ **krzepnąć**

solids /ˈsɒlɪdz/ **noun** [plural] food that is not liquid: *Three weeks after the operation he still couldn't eat solids.* ▷ **pokarm stały**

solipsism /ˈsɒlɪpsɪzəm/ **noun** [U] the belief that in life you can only really know yourself and your own experiences ▷ **solipsyzm**

solitaire /ˌsɒlɪˈteəʳ/ Ⓤⓢ /ˈsɒləteər/ **noun** [U] US (UK **patience**) a card game for one person ▷ **pasjans**

solitary /ˈsɒlɪtəri/ **adjective 1** A solitary person or thing is the only person or thing in a place: *a solitary figure/walker* ▷ **samotny 2** A solitary activity is done alone: *solitary walks* ▷ **samotny**

ˌsolitary conˈfinement noun [U] when a prisoner is kept in a room alone as a punishment: *He was kept in solitary confinement for ten days.* ▷ **odosobnienie, izolatka**

solitude /ˈsɒlɪtjuːd/ **noun** [U] being alone: *He went upstairs to read the letter **in solitude**.* ▷ **samotność**

solo¹ /ˈsəʊləʊ/ **adjective, adverb** Ⓑ2 done alone by one person only: *a **solo performance*** ◦ *to **perform solo*** ▷ **w pojedynkę, solowy**

solo² /ˈsəʊləʊ/ **noun** [C] Ⓑ2 a piece of music for one person or one instrument ▷ **solo**

S

soloist /ˈsəʊləʊɪst/ **noun** [C] a musician who performs a solo ▷ **solist-a/ka**

the Solomon Islands /ˈsɒləmənˈaɪləndz/ **noun** a country consisting of a group of islands to the northeast of Australia ▷ **Wyspy Salomona**

• **Solomon Islander** /ˈsɒləmənˈaɪləndəʳ/ **adjective** coming from or relating to the Solomon Islands ▷ **z Wysp Salomona** • **Solomon Islander noun** someone from the Solomon Islands ▷ **obywatel/ka Wysp Salomona**

solstice /ˈsɒlstɪs/ **noun** [C] the longest day or the longest night of the year: *the **summer/winter solstice*** ▷ **przesilenie**

soluble /ˈsɒljəbl/ **adjective** If a substance is soluble, it will dissolve in water: *soluble vitamins* ◦ *These tablets are soluble in water.* ▷ **rozpuszczalny**

solute /ˈsɒljuːt/ **noun** [C, U] a substance that has been dissolved in another substance ▷ **solut**

solution /səˈluːʃən/ **noun** [C] **1** (B1) the answer to a problem: *There's no easy **solution to** this problem.* ▷ **rozwiązanie** **2** a liquid which a substance has been dissolved into ▷ **roztwór**

> Wyrazy występujące razem z **solution**
>
> **find/offer/provide/seek** a solution • a **diplomatic/good/long-term/peaceful/simple/workable** solution • a solution **to** sth

the Solvay process /ˈsɒlveɪˌprəʊses/ **noun** a method used in industry to produce sodium carbonate ▷ **metoda Solvaya**

solve /sɒlv/ **verb** [T] (B1) to find the answer to something: *to **solve** a **problem*** ◦ *to **solve** a **mystery/puzzle*** ◦ *Police are still no nearer to **solving** the **crime**.* ▷ **rozwiązywać**

solvent[1] /ˈsɒlvənt/ **noun** [C] a liquid which is used to dissolve other substances ▷ **rozpuszczalnik**

solvent[2] /ˈsɒlvənt/ **adjective** having enough money to pay your debts ▷ **wypłacalny**

Somalia /səˈmɑːliə/ **noun** a country in Africa ▷ **Somalia**

• **Somali** /səˈmɑːli/ **adjective** coming from or relating to Somalia ▷ **somalijski** • **Somali noun** someone from Somalia ▷ **Somalijczyk/ka**

sombre UK (US **somber**) /ˈsɒmbəʳ/ **adjective** **1** sad and serious: *a **sombre expression/mood*** ▷ **ponury, posępny** **2** dark and without bright colours: *a **sombre colour*** ▷ **ciemny, ponury**

some[1] strong /sʌm/ weak /səm/ **pronoun, quantifier** **1** (A1) used to refer to an amount of something without saying exactly how much or how many: *You'll need a pair of scissors and some glue.* ◦ *I can't eat all this chocolate, would you like some?* ◦ *Could I have **some more** (= an extra amount of) paper, please?* ▷ **trochę, kilka, parę** **2** (A1) used to refer to part of a larger amount or number of something and not all of it: *In some cases it's possible to fix the problem right away.* ◦ ***Some of** the children were frightened.* ▷ **niektórzy, niektóre** **3** used to refer to someone or something when you do not know the name of it or exact details about it: *Some girl phoned for you, but she didn't leave a message.* ▷ **jakiś** **4 some time/distance, etc** (B2) a large amount of time, distance, etc: *I'm afraid it'll be some time before it's ready.* ▷ **jakiś czas/pewna odległość** *itp.*

some[2] strong /sʌm/ weak /səm/ **adverb** used before a number to show that it is not the exact amount: *He died some ten years ago.* ▷ **jakieś**

somebody /ˈsʌmbədi/ **pronoun** (A2) another word for someone ▷ **ktoś**

someday /ˈsʌmdeɪ/ **adverb** US at an unknown time in the future: *We plan to get married someday.* ▷ **kiedyś, pewnego dnia**

somehow /ˈsʌmhaʊ/ **adverb** (B1) in a way which you do not know or do not understand: *Don't worry, we'll fix it somehow.* ◦ ***Somehow or other** (= I do not know how) they managed to get in.* ▷ **jakoś**

someone /ˈsʌmwʌn/ **pronoun** (also **somebody**) **1** (A2) used to refer to a person when you do not know who they are or when it is not important who they are: *There's someone at the door.* ◦ *Will someone please answer the phone?* ▷ **ktoś** **2 someone else** (A2) a different person: *Sorry, I thought you were talking to someone else.* ▷ **ktoś inny**

someplace /ˈsʌmpleɪs/ **adverb** US used to refer to a place when you do not know where it is or when it is not important where it is: *They live someplace in the South.* ◦ *If they don't like it here, they can go **someplace else** (= to a different place).* ▷ **gdzieś**

somersault /ˈsʌməsɔːlt/ **noun** [C] when you roll your body forwards or backwards so that your feet go over your head and come back down to the ground again ▷ **fikołek, koziołek, przewrót, salto**

• **somersault verb** [I] ▷ **fikać koziołki**

something /ˈsʌmθɪŋ/ **pronoun** **1** (A1) used to refer to a thing when you do not know what it is or when it is not important what it is: *As soon as I walked in, I noticed that something was missing.* ◦ *We know about the problem and we're trying to do something about it.* ◦ *It's not something that will be easy to change.* ◦ *There's **something else** (= another thing) I wanted to tell you.* ▷ **coś** **2 or something (like that)** (A2) used to show that what you have just said is only an example or you are not certain about it: *Why don't you go to a movie or something?* ▷ **czy coś w tym stylu** **3 something like** similar to or approximately: *He paid something like $2000 for his car.* ▷ **coś jak, jakieś** **4 be something** informal to be a thing which is important, special, or useful: *The President visiting our hotel – that would really be something.* ▷ **≈ to jest coś, ≈ to zawsze coś** **5 something of a sth** used to describe a person or thing in a way which is partly true but not

S

completely or exactly: *It came as something of a surprise.* ▷ **coś w rodzaju** *czegoś* **6 be/have something to do with sth/sb** to be related to something or a cause of something but not in a way which you know about or understand exactly: *It might have something to do with the way it's made.* ▷ **być związanym z** *czymś/kimś*, **wiązać się z** *czymś/kimś*

sometime /ˈsʌmtaɪm/ **adverb** used to refer to a time when you do not know exactly what it is or when it is not important what it is: *sometime before June* ◦ *You must come over and visit sometime.* ▷ **kiedyś**

sometimes /ˈsʌmtaɪmz/ **adverb** (A1) on some occasions but not always or often: *He does cook sometimes, but not very often.* ◦ *Sometimes I feel like no one understands me.* ▷ **czasem, czasami**

somewhat /ˈsʌmwɒt/ **adverb** formal slightly: *We were somewhat disappointed with the food.* ▷ **trochę, odrobinę, nieco**

somewhere /ˈsʌmweəʳ/ **adverb 1** (A2) used to refer to a place when you do not know exactly where it is or when it is not important exactly where it is: *They had difficulties finding somewhere to live.* ◦ *He comes from somewhere near London.* ◦ *Can you think of **somewhere else** (= a different place) we could go?* ▷ **gdzieś 2 somewhere around/between, etc** (B2) approximately: *He earns somewhere around £50,000 a year.* ▷ **gdzieś około/między** *itp.*

IDIOM **get somewhere** to achieve something or to make progress: *Right, that's the printer working. Now we're getting somewhere!* ▷ **robić postępy**

son /sʌn/ **noun** [C] (A1) your male child ▷ **syn**

sonar /ˈsəʊnɑːʳ/ **noun** [U] a system, used especially on ships, which uses sound waves to find the position of things in the water ▷ **sonar, hydrolokator**

sonata /səˈnɑːtə/ **noun** [C] a piece of music written to be played on a piano or on another instrument and the piano together ▷ **sonata**

song /sɒŋ/ **noun** [C] (A2) words that go with a short piece of music: ***a folk/love song*** ◦ *to **sing a song*** ▷ **piosenka**

> Wyrazy występujące razem z **song**
>
> sing/write a song • a song about sth • a love song

songwriter /ˈsɒŋˌraɪtəʳ/ **noun** [C] someone who writes songs ▷ **autor/ka piosenek**

sonic /ˈsɒnɪk/ **adjective** relating to sound ▷ **dźwiękowy, akustyczny**

son-in-law /ˈsʌnɪnlɔː/ **noun** [C] (plural **sons-in-law**) (B2) your daughter's husband ▷ **zięć**

sonnet /ˈsɒnɪt/ **noun** [C] a poem with 14 lines, written in a particular pattern: *Shakespeare's sonnets* ▷ **sonet**

soon /suːn/ **adverb 1** (A2) after a short period of time: *I've got to leave quite soon.* ◦ *It's too soon to make a decision.* ◦ *He joined the company soon after leaving college.* ▷ **wkrótce, niedługo 2 as soon as** (B1) at the same time or a very short time after: *As soon as I saw her, I knew there was something wrong.* ◦ *They want it as soon as possible.* ▷ **jak tylko, gdy tylko 3 sooner or later** (B2) used to say that you do not know exactly when something will happen, but you are sure that it will happen: *Sooner or later they'll realize that it's not going to work.* ▷ **prędzej czy później 4 would sooner** would prefer: *I'd sooner spend a bit more money than take chances with safety.* ▷ **woleć (raczej) 5 no sooner ... than** used to show that something happens immediately after something else: *No sooner had we got home than the phone rang.* ▷ **jak tylko, gdy tylko**

soot /sʊt/ **noun** [U] a black powder produced when coal, wood, etc is burnt ▷ **sadza**

soothe /suːð/ **verb** [T] **1** to make something feel less painful: *I had a long, hot bath to soothe my aching muscles.* ▷ **łagodzić, koić 2** to make someone feel calm or less worried: *to soothe a crying baby* ▷ **uspokajać**

• **soothing adjective** making you feel calm or in less pain: ***soothing music*** ◦ *a **soothing effect/voice*** ▷ **kojący**

Sophie /ˈsəʊfi/ **noun** a female name

sophisticated /səˈfɪstɪkeɪtɪd/ **adjective 1** (B2) well-educated and having experience of the world or knowledge of culture ▷ **wyrobiony 2** (B2) A sophisticated machine or system is very advanced and works in a clever way: *a sophisticated computer system* ▷ **skomplikowany**

• **sophistication** /səˌfɪstɪˈkeɪʃən/ **noun** [U] ▷ **wyrobienie, złożoność**

sophomore /ˈsɒfəmɔːʳ/ **noun** [C] US a student studying in the second year of a course at a US university or high school ▷ **student/ka drugiego roku, drugoklasist-a/ka**

soprano /səˈprɑːnəʊ/ **noun** [C] a female singer who sings the highest notes ▷ **sopran**

sordid /ˈsɔːdɪd/ **adjective** unpleasant, dirty, or immoral: *a sordid affair* ▷ **brudny, plugawy**

sore[1] /sɔːʳ/ **adjective 1** (B1) painful, especially when touched: *a **sore throat**/knee* ◦ *Her eyes were red and sore.* ▷ **bolesny, obolały 2 sore point/spot/subject** a subject which causes disagreement or makes people angry when it is discussed: *Money is a bit of a sore point with him at the moment.* ▷ **czuły punkt/temat** → See also **stick/stand out like a sore *thumb***

sore[2] /sɔːʳ/ **noun** [C] an area of skin which is red and painful because of an infection ▷ **owrzodzenie, rana**

sorely /ˈsɔːli/ **adverb** formal very much: *to be **sorely disappointed/tempted*** ◦ *He will be **sorely missed** by everyone.* ▷ **bardzo**

sorrow /ˈsɒrəʊ/ **noun** [C, U] formal when someone feels very sad ▷ **smutek, żal**

S

• **sorrowful** adjective formal ▷ **smutny, zgnębiony**

sorry /ˈsɒri/ **adjective 1 (I'm) sorry** B2 something that you say to be polite when you have done something wrong, or when you cannot agree with someone or accept something: *Sorry I'm late.* ◦ *Oh, I'm sorry. I didn't see you there.* ◦ *Tom, I'm so **sorry about** last night – it was all my fault.* ◦ *I'm sorry, but I just don't think it's a good idea.* ▷ **przepraszam, przykro mi 2** A2 used to show sympathy or sadness for a person or situation: *I **feel sorry for** the children – it must be very hard for them.* ◦ *I was **sorry to hear** about your brother's accident.* ◦ [+ (that)] *I'm sorry that things didn't work out for you.* ▷ **przykro 3 Sorry?** mainly UK used as a polite way to say that you did not hear what someone has just said: *Sorry? What was that?* ▷ **Słucham? 4** used to say that you wish something in the past had not happened or had been different: [+ (that)] *I'm sorry that I ever met him.* ▷ ≈ **żałować 5 a sorry sight/state/tale** a bad condition or situation: *Her car was in a sorry state after the accident.* ▷ **opłakany widok/stan, przykra sprawa**

sort¹ /sɔːt/ **noun 1** A2 [C] a type of something: *We both like the same **sort of** music.* ◦ *What sort of shoes does she wear?* ◦ *I'm going to have a salad **of some sort**.* ▷ **rodzaj, gatunek 2 all sorts of sth** A2 many different types of something ▷ **rożne** *coś*, *coś* **wszelkiego rodzaju 3 sort of** informal B2 used to describe a situation approximately: *It's a sort of pale orange colour.* ▷ **coś jak, coś jakby, coś w rodzaju 4 (and) that sort of thing** informal B1 used to show that what you have just said is only an example from a larger group of things: *They sell souvenirs, postcards, that sort of thing.* ▷ **i tak dalej, i tym podobne 5 of sorts** informal used to describe something which is not a typical example: *He managed to make a curtain of sorts out of an old sheet.* ▷ **coś w rodzaju, swego rodzaju**

sort² /sɔːt/ **verb 1** B2 [T] to arrange things into different groups or types or into an order: *They **sort** the paper **into** white and coloured for recycling.* ◦ *The names are sorted alphabetically.* ▷ **segregować, sortować 2 be sorted/get sth sorted** UK informal If something is sorted or you get something sorted, you successfully deal with it and find a solution or agreement: *Did you manage to get everything sorted?* ▷ **być załatwionym/załatwić** *coś*

PHRASAL VERBS **sort sth out** B2 to successfully deal with something, such as a problem or difficult situation: *Have you sorted out your schedule yet?* ▷ **załatwić** *coś* • **sort through sth** to look at a number of things to organize them or to find something: *I had the sad task of sorting through her papers after she died.* ▷ **przejrzeć** *coś*

so-so /ˈsəʊsəʊ/ **adjective** informal not very good, but not bad: *"Are you feeling better today?" "So-so."* ▷ **taki sobie, tak sobie**

soufflé /ˈsuːfleɪ/ US /suːˈfleɪ/ **noun** [C, U] a light food made by baking the white part of eggs: *chocolate/cheese soufflé* ▷ **suflet**

sought /sɔːt/ past of seek

sought-after /ˈsɔːtˌɑːftəʳ/ **adjective** wanted by lots of people, but difficult to get: *a house in a sought-after location* ▷ **poszukiwany, ceniony**

soul /səʊl/ **noun 1** [C] B2 the part of a person which is not their body, which some people believe continues to exist after they die ▷ **dusza 2** [U] (also **ˈsoul ˌmusic**) A2 popular music which expresses deep feelings, originally performed by Black Americans ▷ **(muzyka) soul 3** [C] informal B2 a person: *I didn't see a soul when I went out.* ▷ **żywa dusza** → See also ***heart* and soul**

soulful /ˈsəʊlfᵊl/ **adjective** expressing deep feelings, often sadness: ***soulful eyes*** ▷ **uduchowiony**

soulless /ˈsəʊlləs/ **adjective** without any interesting or attractive characteristics: *a soulless housing estate* ▷ **bezduszny**

soul-searching /ˈsəʊlˌsɜːtʃɪŋ/ **noun** [U] when you think very carefully about something to decide if it is the right thing to do: *After much soul-searching, he decided to leave his job.* ▷ **rachunek sumienia**

sound¹ /saʊnd/ **noun 1** A2 [C, U] something that you hear or that can be heard: *I could **hear** the **sounds** of the city through the open window.* ◦ *She stood completely still, not **making a sound**.* ◦ *Can you turn the sound up (= make a radio, television, etc louder)?* ▷ **dźwięk, odgłos, głos 2 the sound of sth** informal how something seems to be, from what you have been told or heard: *I like the sound of the beef in red wine sauce.* ◦ *He's really enjoying college, **by the sound of it**.* ▷ **brzmienie** *czegoś*

> Wyrazy występujące razem z **sound**
>
> emit/make/produce a sound • hear/listen to a sound • the sound of sth

sound² /saʊnd/ **verb 1 sound good/interesting/strange, etc** A2 to seem good/interesting/strange, etc, from what you have heard or read: *Your job sounds really interesting.* ▷ **brzmieć dobrze/ciekawie/dziwnie** *itp.* **2 sound like/as if/as though** B1 to seem like something, from what you have heard or read: *That sounds like a really good idea.* ▷ **wydawać się, wyglądać na to, że 3 sound angry/happy/rude, etc** B2 to seem angry/happy/rude, etc when you speak: *You don't sound too sure about it.* ▷ **wydawać się złym/szczęśliwym/brzmieć niegrzecznie** *itp.* **4** [I, T] to make a noise: *It looks and **sounds like** a real bird.* ◦ *If the alarm sounds, you must leave the building immediately.* ▷ **brzmieć**

sound³ /saʊnd/ **adjective** good or safe and able to be trusted: ***sound advice/judgment*** ◦ *The building is quite old, but still **structurally sound**.* ▷ **solidny, rozsądny** → Opposite **unsound**

sound[4] /saʊnd/ **adverb sound asleep** in a deep sleep ▷ **w głębokim śnie, mocno śpiący**

soundbite /ˈsaʊndbaɪt/ **noun** [C] a short statement which is easy to remember, usually used by a politician to get attention on television, in newspapers, etc ▷ **hasło**

ˈ**sound ˌcard noun** [C] a small piece of electronic equipment inside a computer that makes it able to record and play sound ▷ **karta dźwiękowa**

soundly /ˈsaʊndli/ **adverb 1 sleep soundly** to sleep well ▷ **spać mocno 2 soundly beaten/defeated** beaten/defeated easily and by a large amount ▷ **zdecydowanie pokonany**

soundtrack /ˈsaʊndtræk/ **noun** [C] B2 the music used in a film ▷ **ścieżka dźwiękowa**

soup /suːp/ **noun** [U] A1 a hot, liquid food, made from vegetables, meat, or fish: *chicken/tomato soup* ▷ **zupa** → See **Food** on page Centre 11

sour[1] /saʊəʳ/ **adjective 1** B1 having a sharp, sometimes unpleasant taste or smell, like a lemon, and not sweet: *These plums are a bit sour.* ▷ **kwaśny 2** very unfriendly or unpleasant: *Their relationship suddenly **turned sour**.* ▷ **wrogi**

sour[2] /saʊəʳ/ **verb** [T] to make something unpleasant or unfriendly: *This affair has **soured relations** between the two countries.* ▷ **psuć, pogarszać**

source /sɔːs/ **noun** [C] **1** B2 where something comes from: *a source of income/information* ◦ *Oranges are a good **source of** vitamin C.* ▷ **źródło 2** someone who gives information to the police, newspapers, etc ▷ **źródło**

> Wyrazy występujące razem z **source**
>
> a [good/important/major, etc] source of sth

ˈ**source ˌcode noun** [U] computer instructions written in a form that humans can understand, that must be changed into machine code ▷ **kod źródłowy**

south, South /saʊθ/ **noun** [U] **1** A2 the direction that is on your right when you face towards the rising sun ▷ **południe 2 the south** A2 the part of an area that is further towards the south than the rest ▷ **południe**
• **south adjective** A2 *the south side of the house* ▷ **południowy** • **south adverb** A2 towards the south: *Birds fly south in winter.* ▷ **na południe, na południu**

South Africa /ˌsaʊθ ˈæfrɪkə/ **noun** a country in Africa ▷ **Republika Południowej Afryki, RPA**
• **South African** /ˌsaʊθ ˈæfrɪkən/ **adjective** coming from or relating to South Africa ▷ **południowoafrykański** • **South African noun** someone from South Africa ▷ **Południowoafryka-ńczyk/nka**

South America /ˌsaʊθ əˈmerɪkə/ **noun** a continent ▷ **Ameryka Południowa**
• **South American** /ˌsaʊθ əˈmerɪkən/ **adjective** coming from or relating to South America ▷ **południowoamerykański** • **South American noun** someone from South America ▷ **mieszka-niec/nka Ameryki Południowej**

southbound /ˈsaʊθbaʊnd/ **adjective** going or leading towards the south ▷ **prowadzący lub zdążający na południe, południowy, w kierunku południowym**

southeast, Southeast /ˌsaʊθˈiːst/ **noun** [U] **1** B1 the direction between south and east ▷ **południowy wschód 2 the southeast** B1 the southeast part of a country ▷ **południowy wschód**
• **southeast, Southeast adjective, adverb** B1 ▷ **południowo-wschodni, na południowy wschód**

southeastern, Southeastern /ˌsaʊθˈiːstən/ **adjective** in or from the southeast ▷ **południowo-wschodni**

southerly /ˈsʌðəli/ **adjective 1** towards or in the south: *We continued in a southerly direction.* ▷ **południowy 2** A southerly wind comes from the south. ▷ **południowy, z południa**

southern, Southern /ˈsʌðən/ **adjective** B1 in or from the south part of an area: *the southern half of the country* ▷ **południowy**

southerner, Southerner /ˈsʌðənəʳ/ **noun** [C] someone from the south part of a country ▷ **południowiec**

southernmost /ˈsʌðənməʊst/ **adjective** The southernmost part of an area is the part furthest to the south. ▷ **wysunięty najdalej na południe**

south-facing /ˈsaʊθˌfeɪsɪŋ/ **adjective** [always before noun] positioned towards the south: *a south-facing garden/window* ▷ **wychodzący na południe**

South Korea /ˌsaʊθ kəˈriːə/ **noun** a country in Asia ▷ **Korea Południowa**
• **South Korean** /ˌsaʊθ kəˈriːən/ **adjective** coming from or relating to South Korea ▷ **południowokoreański** • **South Korean noun** someone from South Korea ▷ **Korea-ńczyk/nka**

the ˌSouth ˈPole noun a point on the Earth's surface which is furthest south ▷ **biegun południowy**

southward, southwards /ˈsaʊθwəd/, /ˈsaʊθwədz/ **adverb** B1 towards the south ▷ **na południe**
• **southward adjective** *a southward direction* ▷ **południowy**

southwest, Southwest /ˌsaʊθˈwest/ **noun** [U] **1** B1 the direction between south and west ▷ **południowy zachód 2 the southwest** B1 the southwest part of the country ▷ **południowy zachód**
• **southwest, Southwest adjective, adverb** B1 ▷ **południowo-zachodni, na południowy zachód**

southwestern, Southwestern /ˌsaʊθˈwestən/ **adjective** in or from the southwest ▷ **południowo-zachodni**

S

souvenir /ˌsuːvᵊnˈɪəʳ/ **noun** [C] B1 something which you buy or keep to remember a special event or holiday: *a* ***souvenir shop*** ◦ *I kept the ticket as a* ***souvenir of*** *my trip.* ▷ **pamiątka**

sovereign /ˈsɒvᵊrɪn/ **adjective** A sovereign country or state is completely independent. ▷ **suwerenny**

• **sovereignty** /ˈsɒvrᵊnti/ **noun** [U] the power of a country to control its own government ▷ **suwerenność**

sovereign, Sovereign /ˈsɒvᵊrɪn/ **noun** [C] formal a king or queen ▷ **monarch-a/ini, suweren**

sow¹ /səʊ/ **verb** [T] (past tense **sowed**, past participle **sown**, **sowed**) to put seeds into the ground: *to* ***sow seeds/crops*** ▷ **siać**

sow² /saʊ/ **noun** [C] a female pig ▷ **maciora**

soya bean /ˈsɔɪəˌbiːn/ **noun** [C] UK (US **soybean** /ˈsɔɪbiːn/) a bean used to produce oil, and which is used in many foods ▷ **soja**

soy sauce /ˌsɔɪˈsɔːs/ **noun** [U] a dark brown sauce made from soya beans, used in Chinese and Japanese cooking ▷ **sos sojowy**

spa /spɑː/ **noun** [C] a place where people go to improve their health by exercising or by having baths in special water: *a* ***health spa*** ◦ *a* ***spa town*** ▷ **uzdrowisko**

space¹ /speɪs/ **noun 1** [C, U] A2 an empty area which is available to be used: *a* ***parking space*** ◦ *We need more* ***open spaces*** *for children to play in.* ◦ *There wasn't enough* ***space for*** *everyone.* ◦ [+ to do sth] *We don't have the space to store it all.* ▷ **miejsce 2** [U] B1 the area outside the Earth: *They plan to send another satellite into space.* ◦ *space travel* ▷ **przestrzeń (kosmiczna), kosmos 3 in the space of six weeks/three hours, etc** during a period of six weeks/three hours, etc: *It all happened in the space of 10 minutes.* ▷ **w ciągu sześciu tygodni/trzech godzin** *itp.* → See also **breathing space**, **outer space**

> Wyrazy występujące razem z **space**
>
> create/make space • fill a/occupy a/take up space • space for sb/sth • an open space

space² /speɪs/ **verb** [T] to arrange things so that there is some distance or time between them: [often passive] *They will have to be spaced at least two metres apart.* ▷ **rozmieszczać**

spacecraft /ˈspeɪskrɑːft/ **noun** [C] (plural **spacecraft**) a vehicle which can travel outside the Earth and into space ▷ **statek lub pojazd kosmiczny**

spaceship /ˈspeɪsʃɪp/ **noun** [C] a vehicle which can travel outside the Earth and into space, especially one which is carrying people ▷ **statek kosmiczny**

ˈspace ˌshuttle noun [C] a vehicle in which people travel into space and back again ▷ **prom kosmiczny**

spacesuit /ˈspeɪssjuːt/ **noun** [C] a piece of clothing worn by a person who travels in space to protect the body when outside a spacecraft ▷ **skafander kosmiczny**

spacious /ˈspeɪʃəs/ **adjective** large and with a lot of space: *a spacious apartment/office* ▷ **przestronny**

spade /speɪd/ **noun** [C] **1** a tool with a long handle and a flat, metal part at one end used for digging ▷ **łopata 2 spades** playing cards with black leaf shapes on them: *the ace of spades* ▷ **piki, pik**

spaghetti /spəˈgeti/ **noun** [U] long, thin pieces of pasta ▷ **spaghetti**

Spain /speɪn/ **noun** a country in Europe ▷ **Hiszpania**

• **Spanish** /ˈspænɪʃ/ **adjective** coming from or relating to Spain ▷ **hiszpański** • **Spaniard** /ˈspænjəd/ **noun** [C] someone from Spain ▷ **Hiszpan/ka**

spam /spæm/ **noun** [U] emails that you do not want, usually advertisements ▷ **spam**

• **spam verb** [T] ▷ **spamować** • **spammer noun** [C] a person who sends spam ▷ **spamer**

span /spæn/ **noun** [C] **1** the period of time that something exists or happens: *a short* ***attention span*** ◦ *an average* ***life span*** *of seventy years* ▷ **okres, przedział, czas 2** the length of something from one end to the other: *a* ***wing span*** *of five metres* ▷ **rozpiętość**

• **span verb** [T] (present participle **spanning**, past tense and past participle **spanned**) to exist or continue for a particular distance or length of time: *Her acting* ***career spanned*** *almost forty years.* ▷ **obejmować**

spaniel /ˈspænjəl/ **noun** [C] a dog with long hair and long ears ▷ **spaniel**

spank /spæŋk/ **verb** [T] to hit someone, usually a child, on their bottom ▷ **dać klapsa**

spanner /ˈspænəʳ/ **noun** [C] UK (US **wrench**) a tool with a round end that is used to turn nuts and bolts ▷ **klucz (do nakrętek)**

spar /spɑːʳ/ **verb** [I] (present participle **sparring**, past tense and past participle **sparred**) to fight or argue with someone in a friendly way ▷ **odbywać sparing, polemizować**

spare¹ /speəʳ/ **adjective 1** B1 If something is spare, it is available to use, because it is extra and not being used: *a spare bedroom* ◦ *spare cash* ◦ ***spare parts*** ▷ **wolny, zapasowy 2 spare time** A2 time when you are not working: *I enjoy gardening* ***in my spare time.*** ▷ **czas wolny**

spare² /speəʳ/ **noun** [C] an extra thing which is not being used and which can be used instead of a part which is broken, lost, etc ▷ **część zapasowa**

spare³ /speəʳ/ **verb 1** [T] to give time or money

to someone: *I have to go soon, but I can spare a few minutes.* ◦ [+ two objects] *Can you spare me some change?* ▷ **poświęcać, dawać** **2** [+ two objects] to prevent someone from having to experience something unpleasant: [often passive] *I was spared the embarrassment of having to sing in front of everybody.* ▷ **oszczędzić** **3 to spare** If you have time, money, etc to spare, you have more than you need: *I arrived at the station with more than an hour to spare.* ▷ **w zapasie, w nadmiarze** **4 spare no effort/expense, etc** to use a lot of effort/expense, etc to do something: [+ to do sth] *We will spare no effort to find out who did this.* ▷ **nie szczędzić wysiłków/wydatków** *itp.* **5 spare sb's life** to not kill someone ▷ **darować** *komuś* **życie** → See also **spare a** ***thought*** **for sb**

sparingly /ˈspeərɪŋli/ **adverb** carefully using only a very small amount of something: *to eat/drink sparingly* ▷ **oszczędnie**
• **sparing adjective** ▷ **oszczędny**

spark¹ /spɑːk/ **noun** [C] **1** a very small, bright piece of burning material: *The fire was caused by a spark from a cigarette.* ▷ **iskra** **2** a small flash of light caused by electricity ▷ **iskra** **3** a small idea or event which causes something bigger to start: *a spark of hope/inspiration* ▷ **iskra**

spark² /spɑːk/ **verb** [T] (also **spark off**) to cause an argument, fight, etc to start happening: *to* ***spark*** *a* ***debate/protest*** ◦ *to* ***spark criticism/fears*** ▷ **wywoływać**

sparkle¹ /ˈspɑːkl/ **verb** [I] **1** to shine brightly because of reflected light: *water sparkling in the sun* ◦ *Her* ***eyes sparkled*** *with excitement.* ▷ **iskrzyć się, mienić się, błysnąć** **2** to do something in a special or exciting way: *The concert gave her an opportunity to sparkle.* ▷ **zabłysnąć**

sparkle² /ˈspɑːkl/ **noun** **1** [C, U] the light from something reflecting on a shiny surface ▷ **połysk, odblask** **2** [U] the quality of being special or exciting: *The performance lacked a bit of sparkle.* ▷ **werwa**

sparkling /ˈspɑːklɪŋ/ **adjective** **1** B2 shining brightly because of reflected light ▷ **iskrzący się, mieniący się** **2** special or exciting: *a* ***sparkling performance*** ◦ ***sparkling conversation*** ▷ **pełen werwy** **3 sparkling water/wine** B1 water/wine with bubbles in it ▷ **woda gazowana/wino musujące**

ˈ**spark** ˌ**plug** **noun** [C] a part in an engine that makes the fuel burn ▷ **świeca zapłonowa**

sparrow /ˈspærəʊ/ **noun** [C] a small, brown bird which is common in towns and cities ▷ **wróbel**

sparse /spɑːs/ **adjective** **1** existing only in small amounts over a large area: ***sparse population/vegetation*** ▷ **rzadki, skąpy** **2** A room that is sparse contains little furniture and does not seem very comfortable. ▷ **surowy**
• **sparsely adverb** ***sparsely populated/furnished*** ▷ **rzadko**

spartan /ˈspɑːtən/ **adjective** very simple and not comfortable or luxurious: *The rooms were clean but spartan.* ▷ **spartański**

spasm /ˈspæzəm/ **noun** [C, U] when a muscle suddenly gets tight in a way that you cannot control: *a back/muscle spasm* ◦ *to* ***go into spasm*** ▷ **skurcz**

spasmodic /spæzˈmɒdɪk/ **adjective** happening suddenly for short periods of time and not in a regular way ▷ **sporadyczny**

spat /spæt/ past of spit

spate /speɪt/ **noun a spate of accidents/crimes/thefts, etc** a large number of bad things which happen at about the same time ▷ **fala wypadków/przestępczości/kradzieży** *itp.*

spatial /ˈspeɪʃəl/ **adjective** relating to the position, area, and size of things ▷ **przestrzenny**
• **spatially adverb** ▷ **przestrzennie**

spatter /ˈspætəʳ/ **verb** [T] to cover someone or something with small drops of liquid without intending to: [often passive] *His shirt was* ***spattered with*** *blood.* ▷ **popryskać, pochlapać, poplamić**

spatula /ˈspætjələ/ **noun** [C] a tool with a wide flat blade, used in cooking for mixing, spreading, or lifting food ▷ **łopatka** → See **The Kitchen** on page Centre 2

spawn /spɔːn/ **verb** [T] to cause a lot of other things to be produced or to exist: *Her death spawned several films and books.* ▷ **doprowadzać do powstania**

speak /spiːk/ **verb** (past tense **spoke**, past participle **spoken**) **1** [I] A1 to say something using your voice: *to speak loudly/quietly* ◦ *There was complete silence – nobody spoke.* ▷ **rozmawiać, mówić** **2 speak to sb** A1 mainly UK (mainly US **speak with sb**) to talk to someone: *Could I speak to Mr Davis, please?* ◦ *Have you spoken with your new neighbors yet?* ▷ **rozmawiać z** *kimś* **3 speak about/of sth** to talk about something: *He refused to speak about the matter in public.* ▷ **rozmawiać lub mówić o** *czymś* **4 speak English/French/German, etc** A1 to be able to communicate in English/French/German, etc: *Do you speak English?* ▷ **mówić po angielsku/francusku/niemiecku** *itp.* **5** [I] to make a speech to a large group of people: *She was invited to speak at a conference in Madrid.* ▷ **przemawiać** **6 speak for/on behalf of sb** to express the feelings, opinions, etc of another person or of a group of people: *I've been chosen to speak on behalf of the whole class.* ▷ **występować w** *czyimś* **imieniu, reprezentować** *kogoś* **7 generally/personally, etc speaking** B2 used to explain that you are talking about something in a general/personal, etc way: *Personally speaking, I don't like cats.* ▷ **ogólnie rzecz biorąc/jeśli o mnie chodzi** *itp.* **8 so to speak** used to explain that the words you are using do not have their usual meaning ▷ **że tak powiem** → See also **speak/talk of the** ***devil***, **speak your** ***mind***

S

PHRASAL VERBS **speak out** to give your opinion about something in public, especially on a subject which you have strong feelings about: *He decided to speak out against the bombing.* ▷ **wypowiadać się (publicznie)** • **speak up 1** B2 to say something in a louder voice so that people can hear you: *Could you speak up a bit? I can't hear you.* ▷ **mówić głośniej 2** to give your opinion about something, especially about a problem or to support someone else: *It's getting bad – it's time someone spoke up about it.* ▷ **przemówić, wypowiadać się (otwarcie)**

speaker /ˈspiːkəʳ/ **noun** [C] **1** A2 the part of a radio, CD player, etc which the sound comes out of ▷ **głośnik** → See **The Living Room** on page Centre 4 **2 an English/French/German, etc speaker** B1 someone who can speak English/ French, etc ▷ **osoba mówiąca po angielsku/ francusku/niemiecku** *itp.* **3** B1 someone who makes a speech to a group of people: *a **guest speaker*** ▷ **prelegent/ka**

spear /spɪəʳ/ **noun** [C] a long weapon with a sharp point at one end used for hunting ▷ **oszczep, dzida**

spearhead /ˈspɪəhed/ **verb** [T] to lead an attack or series of actions: *to spearhead a campaign* ▷ **przewodzić, prowadzić**

spearmint /ˈspɪəmɪnt/ **noun** [U] a type of mint: *spearmint chewing gum* ▷ **mięta ogrodowa**

> **Special** wyrazy bliskoznaczne
>
> Jeśli jakaś osoba lub rzecz są ponadprzeciętne, możemy określić je jako **exceptional** lub **outstanding**:
>
> *Their standard of acting was very high but there was one **exceptional/outstanding** performance.*
>
> Przymiotnika **extraordinary** używamy czasem do opisania kogoś lub czegoś, co jest zdumiewające w swej inności:
>
> *Her capacity to remember things is **extraordinary**.*
>
> *She has an **extraordinary** talent.*
>
> Przymiotników **rare** i **unique** używamy czasem zamiast „special" w znaczeniu „niezwykły":
>
> *This is a **rare/unique** opportunity to see inside the building.*

special[1] /ˈspeʃəl/ **adjective 1** A2 better or more important than usual things: *a special friend* ◦ *I'm cooking **something special** for her birthday.* ▷ **wyjątkowy, specjalny 2 special attention/care/treatment** B2 treatment that is better than usual ▷ **szczególn-a/e uwaga/opieka/traktowanie 3 special offer** UK B1 a price which is lower than usual: *I bought them because they were **on special offer**.* ▷ **oferta specjalna 4** B1 different from normal things, or used for a particular purpose: *You need to use a special kind of paint.* ▷ **specjalny**

special[2] /ˈspeʃəl/ **noun** [C] **1** a television programme made for a particular reason or occasion and not part of a series: *The Christmas special had 24.3 million viewers.* ▷ **specjalny program 2** a dish in a restaurant which is not usually available: ***Today's specials** are written on the board.* ▷ **oferta specjalna, danie dnia**

ˌspecial efˈfects noun an unusual type of action in a film, or an entertainment on stage, created by using special equipment: *The new Harry Potter film includes some very frightening special effects.* ▷ **efekty specjalne**

specialist /ˈspeʃəlɪst/ **noun** [C] B2 someone who has a lot of experience, knowledge, or skill in a particular subject: *a cancer/software specialist* ◦ *He's **a specialist in** childhood illnesses.* ▷ **specjalist-a/ka**

> Wyrazy występujące razem z **specialist**
>
> a **leading** specialist • a specialist **in** sth • specialist **knowledge**

speciality /ˌspeʃiˈæləti/ **noun** [C] UK (US **specialty** /ˈspeʃəlti/) a product, skill, etc that a person or place is especially known for: *We tasted a local speciality made from goat's cheese.* ▷ **specjalność**

specialize (also UK **-ise**) /ˈspeʃəlaɪz/ **verb** [I] B2 to spend most of your time studying one particular subject or doing one type of business: *She works for a company **specializing in** business law.* ▷ **specjalizować się**
• **specialization** /ˌspeʃəlaɪˈzeɪʃən/ **noun** [U] ▷ **specjalizacja**

specialized (also UK **-ised**) /ˈspeʃəlaɪzd/ **adjective** relating to a particular subject or activity and not general: *specialized equipment/language* ▷ **wyspecjalizowany**

specially /ˈspeʃəli/ **adverb** B1 for a particular purpose: *They searched the building with specially trained dogs.* ◦ *I made this **specially for** you.* ▷ **specjalnie**

ˌspecial-ˈneeds adjective describes something that is intended for people who have an illness or condition that makes it difficult for them to do the things that other people do: *a special-needs school* ▷ **o specjalnych potrzebach**

species /ˈspiːʃiːz/ **noun** [C] (plural **species**) B2 a group of plants or animals which share similar characteristics: *a rare species of bird* ▷ **gatunek**

specific /spəˈsɪfɪk/ **adjective 1** B2 used to refer to a particular thing and not something general: *a **specific purpose/reason*** ◦ *Could we arrange a specific time to meet?* ▷ **konkretny 2** exact or containing details: *Could you **be** more **specific about** the problem?* ▷ **szczegółowy, konkretny**

specifically /spəˈsɪfɪkəli/ **adverb 1** for a particular reason, purpose, etc: *They're designed **specifically for** children.* ◦ [+ to do sth] *She bought it specifically to wear at the wedding.* ▷ **specjalnie 2** exactly or in detail: *I specifically*

S

told them that she doesn't eat meat. ▷ **wyraźnie, dokładnie**

specification /ˌspesɪfɪˈkeɪʃən/ **noun** [C] formal a detailed description of how something should be done, made, etc: *They are made exactly **to** the customer's **specifications**.* ▷ **specyfikacja**

speˌcific ˈheat (caˌpacity) **noun** [U] the amount of energy from heat that is needed to raise the temperature of a particular substance by a particular amount ▷ **ciepło właściwe**

specifics /spəˈsɪfɪks/ **noun** [plural] exact details about something: *I can't comment on the specifics of the case.* ▷ **szczegóły**

specify /ˈspesɪfaɪ/ **verb** [T] B2 to say or describe something in a detailed way: [+ question word] *They didn't specify what colour they wanted.* ▷ **określać, precyzować**

specimen /ˈspesəmɪn/ **noun** [C] **1** an animal, plant, etc used as an example of its type, especially for scientific study: *This is one of the museum's finest specimens.* ▷ **okaz** **2** a small amount of a substance, such as blood, that is used for a test ▷ **próbka**

speck /spek/ **noun** [C] a very small spot or a very small amount of something: ***a speck of dirt/dust*** ◦ *I watched the car until it was just a tiny speck in the distance.* ▷ **pyłek, punkcik**

speckled /ˈspekld/ **adjective** covered in a pattern of very small spots: *a speckled egg* ▷ **nakrapiany**

specs /speks/ **noun** [plural] informal short for spectacles ▷ **okulary**

spectacle /ˈspektəkl/ **noun** [C] **1** an event that is exciting or unusual to watch ▷ **widowisko** **2 make a spectacle of yourself** to do something that makes you look stupid and that makes other people look at you: *He got drunk and made a real spectacle of himself.* ▷ **robić z siebie widowisko**

spectacles /ˈspektəklz/ **noun** [plural] old-fashioned glasses: *a pair of spectacles* ▷ **okulary**

spectacular /spekˈtækjələr/ **adjective** B1 extremely good, exciting, or surprising: *a **spectacular success*** ◦ *a **spectacular view*** ◦ ***spectacular scenery*** ▷ **nadzwyczajny, spektakularny**

• **spectacularly** **adverb** *a spectacularly beautiful country* ▷ **nadzwyczajnie**

spectator /spekˈteɪtər/ **noun** [C] B2 someone who watches an event, sport, etc: *They won 4-0 in front of over 40,000 cheering spectators.* ▷ **widz**

• **spectate** /spekˈteɪt/ **verb** [I] to watch an event, sport, etc ▷ **oglądać**

spectre UK (US **specter**) /ˈspektər/ **noun** **1 the spectre of sth** the idea of something unpleasant that might happen in the future: *This attack **raises the spectre of** a return to racial violence.* ▷ **widmo** *czegoś* **2** [C] literary a ghost ▷ **upiór, widmo**

spectroscope /ˈspektrəskəʊp/ **noun** [C] (also **mass spectrometer**) a piece of equipment used by scientists to separate ions into groups to measure and compare their mass and charge ▷ **spektroskop**

spectrum /ˈspektrəm/ **noun** [C] (plural **spectra**) **1** all the different ideas, opinions, possibilities, etc that exist: *He has support from **across the** whole political **spectrum**.* ▷ **spektrum** **2** the set of colours into which light can be separated ▷ **widmo**

speculate /ˈspekjəleɪt/ **verb** [I, T] to guess possible answers to a question when you do not have enough information to be certain: *The police refused to **speculate about** the cause of the accident.* ◦ [+ that] *The newspapers have speculated that they will get married next year.* ▷ **spekulować**

speculation /ˌspekjəˈleɪʃən/ **noun** [U] when people guess about something without having enough information to be certain: [+ that] *She has dismissed the claims as **pure speculation**.* ▷ **spekulacje, domysły**

speculative /ˈspekjələtɪv/ **adjective** based on a guess and not on information: *The article was dismissed as **highly/purely speculative**.* ▷ **oparty na domysłach**

• **speculatively** **adverb** ▷ **spekulatywnie**

sped /sped/ past of speed

speech /spiːtʃ/ **noun** **1** [U] B1 someone's ability to talk, or an example of someone talking: *His speech was very slow and difficult to understand.* ◦ *These changes can be seen in both speech and writing.* ▷ **mowa** **2** [C] B2 a formal talk that someone gives to a group of people: *I had to **make a speech** at my brother's wedding.* ▷ **przemówienie, mowa** **3 free speech/freedom of speech** the right to say or write what you want ▷ **wolność słowa** → See also **figure of speech**, **reported speech**

> Wyrazy występujące razem z **speech**
>
> **careful/continuous/human/normal** speech • **slur** your speech

speechless /ˈspiːtʃləs/ **adjective** unable to speak because you are so angry, shocked, surprised, etc: *I couldn't believe what he was telling me – I was speechless.* ▷ **oniemiały**

ˌspeech recogˈnition **noun** [U] (also **voice recognition**) the process of changing the sound of people speaking into instructions that a computer can understand ▷ **rozpoznawanie mowy**

speed[1] /spiːd/ **noun** **1** [C, U] B1 how fast something moves or happens: ***high/low speed*** ◦ *He was travelling **at a speed of** 90 mph.* ▷ **szybkość, prędkość** **2** [U] B2 very fast movement: *He put on a sudden burst of speed.* ▷ **szybkość, pęd**

IDIOM **up to speed** having all the most recent information about a subject or activity: *The*

S

course should bring you up to speed with the latest techniques. ▷ **zorientowany**

> **Wyrazy występujące razem z speed**
>
> gain/gather/pick up speed • lower/reduce sb's/sth's speed • reach a speed of [100 kph/70 mph, etc] • at a speed of [100 kph/70 mph, etc]

speed² /spiːd/ **verb** (past tense and past participle **sped**, **speeded**) **1 speed along/down/past, etc** to move somewhere or happen very fast: *The three men jumped into a car and sped away.* ▷ **pędzić/przemknąć** *itp.* **2 be speeding** to be driving faster than you are allowed to ▷ **jechać z nadmierną prędkością, przekraczać ograniczenie szybkości**

PHRASAL VERB **speed (sth) up** to move or happen faster, or to make something move or happen faster: *Can you try to speed up a bit, please?* ▷ **przyspieszać (***coś***)**

speedboat /ˈspiːdbəʊt/ **noun** [C] a small, fast boat with an engine ▷ **ślizgacz**

ˈspeed ˌdating noun [U] a way to meet people for possible romantic relationships, in which you talk with lots of people for a short amount of time to see if you like them ▷ **błyskawiczne randki**

ˈspeed ˌdial noun [U] a feature on a telephone that makes it possible for you to call a number by pressing only one button ▷ **szybkie wybieranie**
• **speed-dial** verb [I, T] ▷ **wybierać jednym klawiszem (numer)**

speeding /ˈspiːdɪŋ/ **noun** [U] driving faster than you are allowed to: *They were stopped by the police for speeding.* ▷ **przekroczenie (dozwolonej) szybkości, jazda z nadmierną prędkością**

S

ˈspeed ˌlimit noun [C] the fastest speed that a vehicle is allowed to travel on a particular road: *to* ***break*** *the* ***speed limit*** ▷ **ograniczenie prędkości**

speedometer /spiːˈdɒmɪtəʳ/ **noun** [C] a piece of equipment in a vehicle that shows how fast it is moving ▷ **szybkościomierz, licznik** → See **Car** on page Centre 7

speedy /ˈspiːdi/ **adjective** done quickly: *a* ***speedy recovery*** ▷ **szybki**
• **speedily adverb** ▷ **szybko**

spell¹ /spel/ **verb** (past tense and past participle **spelled**, also UK **spelt**) **1** [T] Ⓐ2 to write down or tell someone the letters which are used to make a word: *How do you spell that?* ◦ *Her name's spelt S-I-A-N.* ▷ **przeliterować 2** [I] If you can spell, you know how to write the words of a language correctly: *My grammar's all right, but I can't spell.* ▷ **pisać (bez błędów) 3 spell disaster/trouble, etc** If something spells disaster, trouble, etc, you think it will cause something bad to happen in the future: *The new regulations could spell disaster for small businesses.* ▷ **oznaczać katastrofę/kłopoty** *itp.*

PHRASAL VERB **spell sth out** to explain something in a very clear way with details: *They sent me a letter,* ***spelling out the details*** *of the agreement.* ▷ **wyjaśniać** *coś*

spell² /spel/ **noun** [C] **1** a period of time: *a short spell in Australia* ◦ *a spell of dry weather* ▷ **okres 2** a magic instruction: *The witch* ***cast a spell*** *over him and he turned into a frog.* ▷ **zaklęcie**

spell-check (also **spellcheck**) /ˈspeltʃek/ **verb** [T] to use a computer program to make certain that the words in a document have the correct letters in the correct order ▷ **sprawdzać pisownię**
• **spell-check noun** [C] *to run a spell-check* ▷ **sprawdzanie pisowni**

spelling /ˈspelɪŋ/ **noun 1** [C] Ⓐ2 how a particular word is spelt: *There are two possible spellings of this word.* ◦ ***spelling mistakes*** ▷ **pisownia 2** [U] Ⓐ2 someone's ability to spell words: *My spelling is terrible.* ▷ **ortografia**

spelt /spelt/ UK past of spell

> **Spend wyrazy bliskoznaczne**
>
> Najczęściej używanym czasownikiem jest czasownik **pay**:
>
> *When you booked the tickets, how much did you* ***pay****?*
>
> *I* ***paid*** *an extra £30 to get a double room.*
>
> Jeśli ktoś wydaje na coś dużo pieniędzy, możemy czasem użyć czasownika **pay out**:
>
> *I've just* ***paid out*** *£700 to get the car fixed.*
>
> Jeśli ktoś wydaje dużo pieniędzy na coś, czego pragnie, ale co nie jest mu niezbędne, możemy użyć czasownika **splash out**:
>
> *We've just* ***splashed out*** *£12,000 on a new kitchen.*
>
> Jeśli ktoś wydaje na coś pieniądze wbrew swej woli, używamy często czasowników frazowych **fork out** i **shell out**:
>
> *We had to* ***shell out*** *two thousand pounds to get the roof fixed.*
>
> *I'm not going to* ***fork out*** *another five hundred quid for their tickets.*

spend /spend/ **verb** [T] (past tense and past participle **spent**) **1** Ⓐ2 to use money to buy or pay for something: *The company has* ***spent*** *£1.9 million* ***on*** *improving its computer network.* ◦ *She* ***spends*** *too much* ***money*** *on clothes.* ◦ *How much did you spend?* ▷ **wydawać 2** Ⓐ2 to use time doing something or being somewhere: *He spent 18 months working on the project.* ◦ *He's planning to* ***spend*** *some* ***time*** *at home with his family.* ◦ *How long did you spend in Edinburgh?* ▷ **spędzać**

spending /ˈspendɪŋ/ **noun** [U] the money which is used for a particular purpose, especially by a government or organization: *government spending on health* ◦ ***spending cuts*** ▷ **wydatki**

spent¹ /spent/ **adjective** already used, so not useful or effective any more: *spent bullets* ▷ **zużyty**

spent² /spent/ past of spend

sperm /spɜːm/ **noun** [C] (plural **sperm**) a small cell produced by a male animal which joins an egg from a female animal to create a baby ▷ **plemnik**

spermatozoon /ˌspɜːmətəˈzəʊɒn/ **noun** [C] (plural **spermatozoa**) a sperm ▷ **plemnik**

spew /spjuː/ **verb** [I, T] (also **spew out**) If something spews liquid or gas, or liquid or gas spews from something, it flows out in large amounts: *The factory spews out clouds of black smoke.* ▷ **wyrzucać (z siebie)**

SPF /ˌespiːˈef/ **noun** [C] abbreviation for sun protection factor: the letters and numbers on a bottle of sunscreen which shows how effective the sunscreen is ▷ **współczynnik SPF (ochrony przeciwsłonecznej)**

sphere /sfɪəʳ/ **noun** [C] **1** a subject or area of knowledge, work, etc: *the political sphere* ▷ **sfera** **2** a round object shaped like a ball ▷ **kula**

> Wyrazy występujące razem z **sphere**
>
> in a sphere • a sphere of **activity/influence/life**

spherical /ˈsferɪkᵊl/ **adjective** round, like a ball ▷ **kulisty, sferyczny**

sphincter /ˈsfɪŋktəʳ/ **noun** [C] a muscle that surrounds an opening in the body and can tighten to close it: *a sphincter muscle* ▷ **zwieracz**

spice¹ /spaɪs/ **noun** **1** [C, U] B1 a substance made from a plant, which is used to give a special taste to food: ***herbs and spices*** ▷ **przyprawa** **2** [U] something that makes something else more exciting: *A scandal or two* ***adds*** *a little* ***spice to*** *office life.* ▷ **urozmaicenie**

spice² /spaɪs/ **verb** [T] to add spice to something: [often passive] *The apples were* ***spiced with*** *nutmeg and cinnamon.* ▷ **przyprawiać**

PHRASAL VERB **spice sth up** to make something more interesting or exciting: *You can always spice up a talk with a few pictures.* ▷ **urozmaicać** *coś*, **ubarwiać** *coś*

spicy /ˈspaɪsi/ **adjective** B1 containing strong flavours from spice: ***spicy food*** ◦ *a spicy sauce* ▷ **pikantny**

spider /ˈspaɪdəʳ/ **noun** [C] B1 a small creature with eight long legs which catches insects in a web ▷ **pająk**

spidery /ˈspaɪdəri/ **adjective** thin and often untidy, looking like a spider: ***spidery handwriting*** ▷ **koślawy**

spike /spaɪk/ **noun** [C] a long, thin piece of metal, wood, etc with a sharp point at one end ▷ **kolec, szpikulec**
• **spiky adjective** covered with spikes or having that appearance: ***spiky hair*** ▷ **kolczasty**

spill /spɪl/ **verb** [T] (past tense and past participle **spilled**, also UK **spilt**) B1 to pour liquid somewhere without intending to: *Someone at the party spilled red wine on the carpet.* ▷ **rozlewać**
• **spill noun** [C] *an oil spill* ▷ **rozlanie**

PHRASAL VERBS **spill out** **1** to flow or fall out of a container: *The contents of the truck spilled out across the road.* ▷ **wysypywać się, wylewać się** **2** If people spill out of a place, large numbers of them move out of it: *The crowd spilled out onto the street.* ▷ **wysypywać się** • **spill over** If a bad situation spills over, it begins to have an unpleasant effect on another situation or group of people: *There are fears that the war could spill over into neighbouring countries.* ▷ **rozszerzać się**

spin¹ /spɪn/ **verb** [I, T] (present participle **spinning**, past tense and past participle **spun**) **1** If something spins or you spin something, it turns around and around quickly: *The car* ***spun across*** *the road.* ▷ **obracać (się)** **2** to make thread by twisting together cotton, wool, etc ▷ **prząść**

PHRASAL VERBS **spin (sb) around/round** If you spin around, or someone spins you around, your body turns quickly to face the opposite direction. ▷ **odwracać się/***kogoś* • **spin sth out** to make something such as a story or an activity last as long as possible ▷ **przeciągać** *coś*

spin² /spɪn/ **noun** **1** [C, U] the movement of something turning round very quickly: *The skater did a series of amazing spins and jumps.* ▷ **obrót, wirowanie** **2** [no plural] when an idea is expressed in a clever way that makes it seem better than it really is, especially in politics: *This report* ***puts*** *a different* ***spin on*** *the issue.* ▷ **propaganda, interpretacja** **3** [no plural] informal a short journey by car ▷ **przejażdżka**

spinach /ˈspɪnɪtʃ/ **noun** [U] B1 a vegetable with large, dark green leaves and a strong taste ▷ **szpinak**

spinal /ˈspaɪnᵊl/ **adjective** relating to the spine: *a spinal injury* ▷ **kręgosłupa, kręgowy**

ˌspinal ˈcord **noun** the set of nerves inside the spine that connect the brain to other nerves in the body ▷ **rdzeń kręgowy**

ˈspin ˌdoctor **noun** [C] informal someone whose job is to make ideas, events, etc seem better than they really are, especially in politics ▷ **spec od propagandy**

spine /spaɪn/ **noun** [C] **1** the long structure of bones down the centre of your back, which supports your body ▷ **kręgosłup** **2** the narrow part of a book cover where the pages are joined together and which you can see when it is on a shelf ▷ **grzbiet**

spine-chilling /ˈspaɪnˌtʃɪlɪŋ/ **adjective** very frightening ▷ **mrożący krew w żyłach**

spineless /ˈspaɪnləs/ **adjective** A spineless person has a weak personality and is frightened easily. ▷ **tchórzliwy, słaby**

spinneret /spɪnəˈret/ **noun** [C] the part of a spider or caterpillar that makes thin, sticky thread ▷ **kądziołek**

spin-off /ˈspɪnɒf/ **noun** [C] a product that develops from another more important product ▷ **produkt uboczny**

spinster /ˈspɪnstəʳ/ **noun** [C] old-fashioned a woman who has never married ▷ **stara panna**

spiracle /ˈspaɪrəkəl/ **noun** [C] **1** in an insect or spider, one of the small holes that allow air in and out through the surface of the body ▷ **przetchlinka 2** in some fish, a small hole behind each eye used for breathing ▷ **szczelina oddechowa**

spiral /ˈspaɪərəl/ **noun** [C] a shape made by a curve turning around and around a central point: *a spiral staircase* ▷ **spirala**

IDIOM **a downward spiral** a situation which is getting worse very quickly, and which is difficult to control ▷ **niekontrolowany spadek**

spire /spaɪəʳ/ **noun** [C] a tall, pointed tower on the top of a building such as a church ▷ **wieżyczka, iglica**

spirit[1] /ˈspɪrɪt/ **noun 1** [no plural] B2 the way people think and feel about something: *a spirit of optimism* ◦ *Everyone soon* ***got into the spirit of*** *(= started to enjoy) the carnival – singing, dancing, and having fun.* ▷ **nastrój, duch 2 community/team, etc spirit** when you feel enthusiasm about being part of a group ▷ **solidarność grupowa, poczucie jedności 3 in good/high/low spirits** B2 feeling good/excited/unhappy ▷ **w dobrym/świetnym/złym nastroju 4** [C] B2 the part of a person which is not their body, which some people believe continues to exist after they die ▷ **dusza 5** [C] B2 something which people believe exists but does not have a physical body, such as a ghost: *evil spirits* ▷ **duch 6 the spirit of the law/an agreement, etc** the intended meaning of the law/an agreement, etc and not just the written details ▷ **duch prawa/umowy 7** [C] a strong alcoholic drink, such as whisky or vodka: [usually plural] *I don't often drink spirits.* ▷ **napój alkoholowy**

spirit[2] /ˈspɪrɪt/ **verb be spirited away/out/to, etc** to be moved somewhere secretly: *He was spirited away to a secret hide-out in Mexico.* ▷ **zostać wywiezionym**

spirited /ˈspɪrɪtɪd/ **adjective** enthusiastic and determined, often in a difficult situation: *a spirited performance* ▷ **nieustępliwy, porywający**

spiritual /ˈspɪrɪtʃuəl/ **adjective** B2 relating to deep feelings and beliefs, especially religious beliefs: *a spiritual leader* ▷ **duchowy**

spiritualism /ˈspɪrɪtʃuəlɪzəm/ **noun** [U] the belief that living people can communicate with people who are dead ▷ **spirytyzm**
• **spiritualist noun** [C] someone who is involved with spiritualism ▷ **spirytyst-a/ka**

spirogyra /ˌspaɪərəʊˈdʒaɪərə/ **noun** [U] a type of algae (= very simple plant found in water) formed of cells that contain a green spiral of chloroplast ▷ **skrętnica**

spit[1] /spɪt/ **verb** [I, T] (present participle **spitting**, past tense and past participle **spat**, also US **spit**) **1** to force out the liquid in your mouth: *I don't like to see people spitting in public.* ◦ *He took a mouthful of coffee and then* ***spat*** *it* ***out.*** ▷ **pluć 2 Spit it out!** informal used to tell someone to say more quickly what it is they want to say: *Come on, spit it out!* ▷ **Wykrztuś to z siebie!**

spit[2] /spɪt/ **noun 1** [U] informal the liquid that is made in your mouth ▷ **ślina 2** [C] a long, thin stick used for cooking meat over a fire ▷ **rożen 3** a long, thin beach that goes out into the sea ▷ **cypel**

spite /spaɪt/ **noun 1 in spite of sth** B1 although something exists or happens: *He still smokes, in spite of all the health warnings.* ▷ **mimo lub pomimo** *czegoś* **2** [U] a feeling of anger towards someone which makes you want to hurt or upset them: *He hid my new jacket* ***out of spite.*** ▷ **złośliwość, złość**

spiteful /ˈspaɪtfəl/ **adjective** intentionally hurting or upsetting someone: *That was a very spiteful thing to do.* ▷ **złośliwy**
• **spitefully adverb** ▷ **złośliwie**

splash[1] /splæʃ/ **verb** [I, T] **1** B2 If a liquid splashes or you splash a liquid, drops of it hit or fall on something: *The paint splashed onto his new shirt.* ◦ *She splashed some cold water on her face.* ▷ **chlapać 2 splash about/around/through, etc** B2 to move in water so that drops of it go in all directions: *The children splashed about in the puddles.* ▷ **chlapać (się), pluskać (się) 3 be splashed across/all over sth** to be the main story in a newspaper, usually on the front page, which many people will see: *His picture was splashed across the front pages of all the newspapers the next morning.* ▷ **widnieć na** *czymś*, **zdobić** *coś*

PHRASAL VERB **splash out (sth)** UK to spend a lot of money on something which you want but do not need: *He* ***splashed out on*** *the best champagne for the party.* ▷ **szarpnąć się, wykosztować się, wybulić** (*ileś*)

splash[2] /splæʃ/ **noun** [C] **1** a drop of liquid which has fallen on something, or the mark made by it: *There were several small splashes of paint on the carpet.* ▷ **kropla, plama 2** B2 the sound of something falling into or moving in water: *They sat listening to the splash of raindrops on the lake.* ▷ **plusk 3 a splash of colour** a small area of colour which makes something look brighter:

The flowers added a splash of colour to the room. ▷ **odrobina koloru**

IDIOM **make a splash** informal to get a lot of public attention: *The film made quite a splash in the US.* ▷ **zrobić furorę, odbijać się szerokim echem**

splatter /ˈsplætəʳ/ **verb** [I, T] If a liquid splatters or you splatter it, it falls onto a surface, often in many small drops: [often passive] *His clothes were* ***splattered with*** *blood.* ▷ **chlapać**

splendid /ˈsplendɪd/ **adjective** very good or very beautiful, special, etc: *a splendid idea* ◦ *a splendid view* ▷ **wspaniały**
• **splendidly adverb** ▷ **wspaniale**

splendour UK (US **splendor**) /ˈsplendəʳ/ **noun** [C, U] when something is extremely beautiful or luxurious: *Tourists marvelled at the splendour of the medieval cathedral.* ▷ **wspaniałość, splendor**

splinter /ˈsplɪntəʳ/ **noun** [C] **1** a small, sharp piece of wood, glass, etc which has broken from a large piece: *I've got a splinter in my finger.* ▷ **drzazga, odłamek 2 a splinter group** a small group of people that forms after leaving a larger organization, such as a political party ▷ **odłam**
• **splinter verb** [I] to break into small, sharp pieces ▷ **rozłupywać się, rozszczepiać się**

split¹ /splɪt/ **verb** (present participle **splitting**, past tense and past participle **split**) **1** [I, T] (B2) If something splits or if you split it, it tears so that there is a long, thin hole in it: *He split his trousers when he bent over.* ◦ *Her shoes were* ***splitting apart*** *at the sides.* ▷ **pękać, rozdzierać (się) 2** [I, T] (also **split up**) (B2) to divide into smaller parts or groups, or to divide something into smaller parts or groups: *The children* ***split up into*** *three groups.* ▷ **dzielić (się) 3** [T] to share something by dividing it into smaller parts: *The cost of the wedding will be* ***split between*** *the two families.* ▷ **dzielić 4** [I, T] If a group of people splits, or something splits them, they disagree and form smaller groups: [often passive] *The government is* ***split on*** *the issue of hunting.* ▷ **dzielić (się)** → See also **split** ***hairs***

PHRASAL VERB **split up** (B1) If two people split up, they end their relationship: *She* ***split up with*** *her boyfriend.* ▷ **zerwać**

> **Wyrazy występujące razem z split (noun)**
> cause/create a split • a split **develops** • a split **between** sb and sb • a split **in** sth • a split **on/over** sth

split² /splɪt/ **noun** [C] **1** a long, thin hole in something where it has broken apart: *There's a* ***split in*** *my trousers.* ▷ **pęknięcie 2** when a group of people divides into smaller groups because they disagree about something: *This issue is likely to cause a major* ***split in*** *the party.* ▷ **rozłam 3** when a marriage or relationship ends: *Very few of their friends were surprised when they announced their split last week.* ▷ **rozstanie**

split³ /splɪt/ **adjective a split second** a very short period of time: *It was all over in a split second.* ◦ *a* ***split second decision*** ▷ **ułamek sekundy**

ˌ**splitting** ˈ**headache noun** [C] a very bad pain in your head: *I've got a splitting headache.* ▷ **silny ból głowy**

splurge /splɜːdʒ/ **verb** [I, T] to spend a lot of money on something which you want but do not need: *We could either save the money or* ***splurge on*** *a new car.* ▷ **szarpnąć się, wykosztować się, wybulić**
• **splurge noun** [C] ▷ **szaleństwo**

spoil /spɔɪl/ **verb** (past tense and past participle **spoiled**, **spoilt**) **1** [T] (B1) to stop something from being enjoyable or successful: *The picnic was spoiled by the bad weather.* ▷ **zepsuć 2** [T] If you spoil a child, you let them have anything they want or do anything they want, usually making them badly behaved. ▷ **zepsuć, rozpieszczać 3** [T] to treat someone very well, buying them things or doing things for them: *He's always sending flowers – he absolutely spoils me!* ▷ **rozpieszczać 4** [I] formal If food spoils, it starts to decay and you cannot eat it. ▷ **psuć się**

> **Spoil** wyrazy bliskoznaczne
> Zamiast „spoil" bardzo często używamy czasownika **ruin**:
> *I put too much salt in the sauce and* ***ruined*** *it.*
> Czasownika **disfigure** używamy, jeśli jakaś osoba została oszpecona:
> *Her face was* ***disfigured*** *by the scar.*
> Jeśli coś niszczy przyjaźń lub inny rodzaj relacji międzyludzkich, możemy użyć czasowników **sour** lub **poison**:
> *The long dispute has* ***poisoned/soured*** *relations between the two countries.*
> W sytuacjach nieformalnych, jeśli chcemy powiedzieć, że coś zostało zaprzepaszczone, możemy użyć czasowników frazowych **mess up** i **screw up**:
> *Laurie's illness has completely* ***messed up*** *all our holiday plans.*
> *That new software has really* ***screwed up*** *my computer.*

spoils /spɔɪlz/ **noun** [plural] formal things which are taken by the winners of a war: ***the spoils of war*** ▷ **łupy**

spoilt /spɔɪlt/ **adjective** UK (US **spoiled** /spɔɪld/) badly behaved because you are always given what you want or allowed to do what you want: *He was behaving like a* ***spoilt child.*** ▷ **zepsuty, rozpieszczony**

spoke¹ /spəʊk/ **noun** [C] one of the thin pieces of metal which connects the middle of a wheel to the outside edge, for example, on a bicycle ▷ **szprycha**

S

spoke² /spəʊk/ past tense of speak

spoken /ˈspəʊkᵊn/ past participle of speak

spokesman, spokeswoman /ˈspəʊksmən/, /ˈspəʊksˌwʊmən/ **noun** [C] (plural **spokesmen, spokeswomen**) a man/woman who is chosen to speak officially for a group or organization: *A spokesman for the company refused to comment on the reports.* ▷ **rzeczni-k/czka**

spokesperson /ˈspəʊksˌpɜːsᵊn/ **noun** [C] (plural **spokespeople**) someone who is chosen to speak officially for a group or organization ▷ **rzeczni-k/czka**

spondee /ˈspɒndiː/ noun [C] in poetry, a rhythm of two long or strong syllables ▷ **spondej**

sponge /spʌndʒ/ **noun** [C, U] **1** a soft substance full of small holes, which absorbs liquid very easily and is used for washing things ▷ **gąbka 2** (also **sponge ˌcake**) a soft, light cake ▷ **biszkopt, ciasto biszkoptowe**

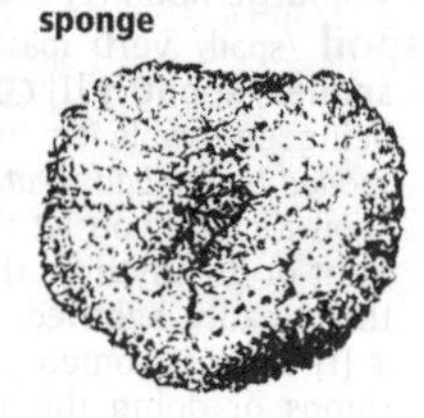
sponge

spongy /ˈspʌndʒi/ **adjective** soft and full of small holes ▷ **gąbczasty**

sponsor¹ /ˈspɒnsəʳ/ **verb** [T] B2 to give money to someone to support an activity, event, or organization, sometimes as a way to advertise your company or product: *The event is sponsored by First National Bank.* ◦ UK *a sponsored walk* (= *a walk for charity*) ▷ **sponsorować**
• **sponsorship noun** [U] when someone gives money to support something ▷ **sponsorowanie**

sponsor² /ˈspɒnsəʳ/ **noun** [C] B2 a person or organization that gives money to support an activity, event, etc ▷ **sponsor/ka**

spontaneous /spɒnˈteɪniəs/ **adjective** happening naturally and suddenly and without being planned: *a spontaneous reaction* ◦ *The crowd broke into spontaneous applause.* ▷ **spontaniczny**
• **spontaneity** /ˌspɒntəˈneɪəti/ **noun** [U] when something is spontaneous ▷ **spontaniczność** • **spontaneously adverb** ▷ **spontanicznie**

spoof /spuːf/ **noun** [C] a funny television programme, film, article, etc that copies the style of a real programme, film, article, etc: *They did a* ***spoof of*** *the Oscars, giving awards for the worst films of the year.* ▷ **parodia**

spooky /ˈspuːki/ **adjective** informal strange and frightening: *There's something spooky about that place.* ▷ **straszny, niesamowity**

spoon /spuːn/ **noun** [C] A2 an object with a handle and a round, curved part at one end, used for eating and serving food: *knives, forks, and spoons* ▷ **łyżka, łyżeczka**
• **spoon** verb [T] to move or serve food using a spoon: *Spoon the sauce over the fish.* ▷ **nabierać, nalewać**

spoonful /ˈspuːnfʊl/ **noun** [C] the amount of something which can be held on a spoon: *Then add a spoonful of yoghurt.* ▷ **łyżka, łyżeczka**

sporadic /spəˈrædɪk/ **adjective** not happening regularly or happening in different places: *sporadic violence* ▷ **sporadyczny**
• **sporadically adverb** ▷ **sporadycznie**

sporangium /spəˈrændʒiəm/ **noun** [C] the part of a plant, especially a fungus, that produces spores ▷ **zarodnia**

spore /spɔːʳ/ **noun** [C] a single cell produced by some plants and simple organisms, for example fungus or ferns, from which new plants and organisms grow ▷ **zarodnik**

sport¹ /spɔːt/ **noun 1** [C] A1 a game or activity which people do to keep healthy or for enjoyment, often competing against each other: *winter sports* ◦ ***team sports*** ▷ **sport** → See **Sports 1 & 2** on page on pages Centre 14, 15 **2** [U] UK A1 all types of physical activity which people do to keep healthy or for enjoyment ▷ **sport** → See also **blood sport**

> Wyrazy występujące razem z **sport**
>
> do/play a sport • spectator/team sports

sport² /spɔːt/ **verb** [T] humorous to wear something, especially something which people notice: *He turned up sporting a bright red baseball cap and sunglasses.* ▷ **paradować w lub z**

sporting /ˈspɔːtɪŋ/ **adjective** relating to sports: *a* ***sporting hero*** ▷ **sportowy, sportu**

ˈsports ˌcar noun [C] a car designed to go very fast, often with only two seats and an open roof ▷ **samochód sportowy**

ˈsports ˌcentre noun [C] UK (US **sports center**) A2 a building with places where you can play different sports ▷ **centrum rekreacyjne**

sportsman, sportswoman /ˈspɔːtsmən/, /ˈspɔːtsˌwʊmən/ **noun** [C] (plural **sportsmen, sportswomen**) a man/woman who is good at sport ▷ **sportowiec, sportsmenka**

sportsmanship /ˈspɔːtsmənʃɪp/ **noun** [U] behaviour in sport which is fair and shows respect for other players: *We hope to teach children* ***good sportsmanship***. ▷ **fair play, sportowe zachowanie**

sportswear /ˈspɔːtsweəʳ/ **noun** [U] clothes, shoes, etc for people to wear when they play sports: *a sportswear shop* ▷ **odzież sportowa**

sporty /ˈspɔːti/ **adjective 1** Sporty cars, clothes, etc are attractive, comfortable, and stylish. ▷ **sportowy 2** Sporty people are good at sports. ▷ **wysportowany**

spot¹ /spɒt/ **noun** [C] **1** B1 a small, round mark which is a different colour to the surface it is on: *a blue shirt with white spots* ◦ *I noticed a small spot of oil on my jacket.* ▷ **plamka, kropka 2** UK (US **pimple**) an unpleasant, small, red mark on your skin: *He suffered badly with spots as a teenager.* ▷ **pryszcz 3** B2 a place: *We found a good spot to sit and have our picnic.* ▷ **miejsce**

S

4 a spot of sth UK old-fashioned a small amount of something: *a spot of lunch/shopping* ▷ **odrobina** *czegoś* **5 on the spot a** immediately: *I accepted the job on the spot.* ▷ **z miejsca b** in the place where something happens: *The police were called and they were on the spot within three minutes.* ▷ **na miejscu**

IDIOMS **have a soft spot for sb** to like someone a lot: *I've always had a soft spot for her.* ▷ **mieć słabość do** *kogoś* • **put sb on the spot** to ask someone a question which is difficult or embarrassing to answer at that time ▷ **zapędzić** *kogoś* **w kozi róg, przypierać** *kogoś* **do muru**

→ See also **beauty spot**, **blind spot**

spot² /spɒt/ **verb** [T] (present participle **spotting**, past tense and past participle **spotted**) B2 to see or notice something or someone: *They were spotted together in London last week.* ◦ *She soon* ***spotted the mistake.*** ▷ **zauważać, spostrzegać**

spotless /ˈspɒtləs/ **adjective** completely clean: *By the time I'd finished, the whole room was spotless.* ▷ **nieskazitelny**

• **spotlessly adverb** ***spotlessly clean*** ▷ **nieskazitelnie**

spotlight /ˈspɒtlaɪt/ **noun 1** [C] a strong light which can be pointed in different directions ▷ **jupiter, reflektor 2 the spotlight** when someone gets public attention by being on television, in the newspapers, etc: *to be* ***in the spotlight*** ◦ *She's rarely* ***out of the*** *media* ***spotlight*** *these days.* ▷ **centrum uwagi**

• **spotlight verb** [T] (past tense and past participle **spotlighted**, **spotlit**) ▷ **zwracać uwagę na, oświetlać**

> Wyrazy występujące razem z **spotlight**
>
> **be under/come under** the spotlight • the spotlight **falls on/is on** sb/sth • **put/turn the spotlight on** sb/sth • **in/out of** the spotlight • the **media/public** spotlight

ˌspot ˈon adjective [never before noun] UK exactly correct: *Her imitation of Ann was spot on.* ▷ **bezbłędny**

spotty /ˈspɒti/ **adjective 1** UK having a lot of unpleasant, small, red marks on your skin: *a spotty young man with greasy hair* ▷ **pryszczaty 2** UK with a pattern of round marks: *a spotty dress* ▷ **nakrapiany 3** US (UK **patchy**) If an action, quality, supply, etc is spotty, it is not all good or regular: *Sales of tickets for the concert have been spotty.* ▷ **kiepski, nieregularny**

spouse /spaʊs/ **noun** [C] formal your husband or wife ▷ **małżon-ek/ka**

spout¹ /spaʊt/ **noun** [C] an opening of a container, in the shape of a tube which liquid flows out through: *the spout of a teapot* ▷ **dzióbek**

spout² /spaʊt/ **verb** [I, T] **1** If a liquid spouts or if something makes it spout, it flows out of something with force. ▷ **tryskać 2** informal to talk a lot about something, often when other people are not interested: *He was spouting his usual rubbish about politics.* ▷ **nawijać (o)**

sprain /spreɪn/ **verb** [T] to injure part of your body by twisting it, but not so badly that it breaks: *I slipped on the ice and sprained my ankle.* ▷ **skręcić**

• **sprain noun** [C] ▷ **skręcenie**

sprang /spræŋ/ past tense of spring

sprawl /sprɔːl/ **verb** [I] **1** (also **sprawl out**) to sit or lie in a relaxed, untidy position with your arms and legs stretched out: *He sprawled out on the sofa.* ▷ **rozwalać się 2** to cover a large area, often in a way which is not tidy or not planned: ***sprawling suburbs*** ▷ **rozciągać się**

• **sprawl noun** [U] *urban sprawl* ▷ **niedbała poza, rozrastanie się**

spray¹ /spreɪ/ **noun 1** [C, U] B2 liquid in a container which forces it out in small drops: *hair spray* ◦ *spray paint* ▷ **spray, aerozol 2** [U] many small drops of liquid blown through the air: *sea spray* ▷ **mgiełka, kropelki wody**

spray² /spreɪ/ **verb 1** [T] B2 to force liquid out of a container in many small drops: *The fields are* ***sprayed with*** *pesticides.* ◦ *She sprayed a little perfume on her wrists.* ▷ **spryskiwać, opryskiwać, pryskać 2** [I, T] If small pieces of something spray somewhere or if something sprays them, they are sent through the air in all directions: *A brick shattered the window,* ***spraying*** *the room* ***with*** *pieces of broken glass.* ▷ **fruwać, zasypywać**

spread¹ /spred/ **verb** (past tense and past participle **spread**) **1 spread sth across/over/through, etc** B2 to arrange something so that it covers a large area: *He* ***spread*** *the cards* ***out*** *on the table.* ▷ **rozkładać** *coś gdzieś* **2** [T] (also **spread out**) B2 to arrange for something to happen over a period of time and not at once: *The* ***payments*** *will be* ***spread*** *over two years.* ▷ **rozkładać 3** [I] B2 to increase, or move to cover a larger area or affect a larger number of people: *The virus is spread by rats.* ▷ **rozprzestrzeniać się, rozszerzać się 4** [T] to move a soft substance across a surface so that it covers it: *What I really like is hot buttered toast* ***spread with*** *strawberry jam.* ◦ *He* ***spread*** *a thin layer of glue* ***on*** *the paper.* ▷ **smarować, rozsmarowywać 5** [I, T] B2 If information spreads or if someone spreads it, it is communicated from one person to another: ***News*** *of his death* ***spread*** *quickly.* ▷ **rozchodzić się, rozpowszechniać**

PHRASAL VERB **spread out** B2 If people spread out, they move from being close together in a group to being in different places across a larger area: *They spread out to search the whole area.* ▷ **rozdzielać się**

spread² /spred/ **noun 1** [U] B2 when something moves to cover a larger area or affect a larger number of people: *They are looking for ways to slow down* ***the spread of*** *the disease.* ▷ **rozprzestrzenianie się 2** [C, U] a soft food which

S

you put on bread: *cheese spread* ▷ **pasta 3** [C] an article which covers one or more pages of a newspaper or magazine: *a double-page spread* ▷ **rozkładówka**

> Wyrazy występujące razem z **spread** (**noun**)
>
> the spread of sth • **control/halt/limit/prevent** the spread of sth

spreadsheet /ˈspredʃiːt/ **noun** [C] B2 a computer program which helps you to do business calculations and planning ▷ **arkusz kalkulacyjny**

spree /spriː/ **noun a shopping/spending, etc spree** a short period when someone does a lot of shopping/spending, etc ▷ **szaleństwo zakupów/wydatków** *itp.*

sprig /sprɪg/ **noun** [C] a small piece of a plant with leaves: *a sprig of parsley* ▷ **gałązka**

sprightly /ˈspraɪtli/ **adjective** A sprightly person is able to move about easily and quickly although they are old. ▷ **żwawy**

spring[1] /sprɪŋ/ **noun 1** [C, U] A2 the season of the year between winter and summer, when the weather becomes warmer and plants start to grow again: *I'm starting a new course **in the spring**.* ◦ *spring flowers/weather* ▷ **wiosna 2** [C] a piece of metal which curves round and round and which returns to its original shape after being pushed or pulled: *bed springs* ▷ **sprężyna 3** [C] a place where water comes out of the ground: *hot springs* ▷ **źródło 4** [C, U] when someone or something suddenly moves or jumps somewhere ▷ **skok**

> Wyrazy występujące razem z **spring**
>
> **in** (the) spring • **early/late** spring • **last/next** spring

spring[2] /sprɪŋ/ **verb** (past tense and past participle **sprang**, also US **sprung**, past participle **sprung**) **1 spring back/forward/out, etc** to jump or move somewhere suddenly: *The cat sprang onto the sofa.* ◦ *I tried to shut the door, but it kept springing open.* ▷ **odskoczyć/skoczyć/wyskoczyć** *itp.* **2 spring to life** to suddenly become very active: *After about 8 o'clock, the city springs to life.* ▷ **ożywać, budzić się do życia 3 spring to mind** If a word or idea springs to mind, you suddenly think of it: *He asked if I knew any good places to go, but nothing sprang to mind.* ▷ **przychodzić do głowy**

PHRASAL VERBS **spring from sth** to come from or be the result of something: *Many of his problems spring from his strict religious upbringing.* ▷ **wynikać z** *czegoś* • **spring sth on sb** to suddenly tell or ask someone something when they do not expect it: *I'm sorry to spring this on you, but could you give a talk at tomorrow's meeting?* ▷ **zaskoczyć** *kogoś czymś* • **spring up** to appear suddenly: *A lot of new hotels have sprung up along the coast recently.* ▷ **pojawiać się lub wyrastać (jak grzyby po deszczu)**

ˌspring ˈclean noun [no plural] UK (UK/US **ˌspring ˈcleaning**) when you clean a place more carefully and using more effort than usual: *I gave the kitchen a spring clean at the weekend.* ▷ **wiosenne porządki**
• **spring-clean verb** [I, T] UK ▷ **robić wiosenne porządki, wysprzątać (porządnie)**

ˌspring ˈonion noun [C, U] UK (US **scallion**) a small onion with a white part at the bottom and long, green leaves, which is eaten in salads ▷ **szczypiorek, zielona cebulka**

sprinkle /ˈsprɪŋkl/ **verb** [T] to gently drop small pieces of something over a surface: *Sprinkle the cake with sugar before serving.* ▷ **posypywać**
• **sprinkling noun** [no plural] a small amount of a powder or liquid that has been sprinkled on a surface: *a sprinkling of pepper/snow* ▷ **szczypta**

sprinkle

sprinkler /ˈsprɪŋkləʳ/ **noun** [C] a piece of garden equipment which automatically spreads drops of water over grass and plants ▷ **zraszacz**

sprint /sprɪnt/ **verb** [I] to run very fast for a short distance: *She sprinted along the road to the bus stop.* ▷ **biec (sprintem)**
• **sprinter noun** [C] someone who runs short distances in competitions ▷ **sprinter/ka** • **sprint noun** [C] *a 100m sprint* ▷ **sprint**

sprocket /ˈsprɒkɪt/ **noun** [C] a device like a wheel with small parts sticking out which keeps a chain moving on a bicycle or pulls film, paper, etc through a machine ▷ **kółko zębate**

sprout[1] /spraʊt/ **verb** [I, T] If a plant sprouts, or if it sprouts something, it begins to produce leaves, flowers, etc: *The seeds I planted are just beginning to sprout.* ▷ **kiełkować, wypuszczać**

PHRASAL VERB **sprout up** If a large number of things sprout up, they suddenly appear or begin to exist: *New buildings are sprouting up all over the city.* ▷ **pojawiać się lub wyrastać (jak grzyby po deszczu)**

sprout[2] /spraʊt/ **noun** [C] **1** (also **brussel sprout**) a small, green vegetable which is round and made of leaves ▷ **brukselka 2** a part of a plant that is just beginning to grow ▷ **kiełek**

spruce /spruːs/ **verb**

PHRASAL VERB **spruce sb/sth up** to make someone or something cleaner or more tidy: [often reflexive] *I'd like to spruce myself up a bit before we go out.* ▷ **wyszykować** *kogoś/coś*

sprung /sprʌŋ/ **1** past participle of spring **2** US past tense of spring

spun /spʌn/ past tense of spin

spur[1] /spɜːʳ/ **verb** [T] (present participle **spurring**,

S

past tense and past participle **spurred**) (also **spur on**) to encourage someone to do something or something to happen: *Spurred on by his fans, he won the next three games easily.* ▷ **zachęcać**

spur[2] /spɜːʳ/ **noun** [C] a sharp, pointed piece of metal fixed to the boot of someone riding a horse ▷ **ostroga**

IDIOM **on the spur of the moment** If you do something on the spur of the moment, you do it suddenly, without planning it. ▷ **pod wpływem impulsu**

spurious /ˈspjʊəriəs/ **adjective** formal false and not based on the truth ▷ **fałszywy, błędny**

spurn /spɜːn/ **verb** [T] formal to not accept someone or something: *He* ***spurned*** *my* ***offer/suggestion.*** ◦ *a* ***spurned*** ***lover*** ▷ **odtrącać, odrzucać**

spurt[1] /spɜːt/ **verb 1** [I, T] (also **spurt out**) If something spurts liquid or fire, or if liquid or fire spurts from somewhere, it flows out suddenly with force: *Blood was spurting out of his stomach.* ▷ **tryskać 2 spurt ahead/into/past, etc** to increase your speed, effort, or activity: *She spurted ahead in the final lap.* ▷ **przyspieszać**

spurt[2] /spɜːt/ **noun** [C] **1** a sudden, short increase in speed, effort, or activity: *He works in short spurts.* ▷ **zryw 2** a sudden, powerful flow of liquid: *The water came out of the tap* ***in spurts.*** ▷ **struga**

sputter /ˈspʌtəʳ/ **verb** [I] to make several quick, explosive sounds: *The car sputtered to a halt.* ▷ **prychać**

spy[1] /spaɪ/ **noun** [C] B1 someone who secretly tries to discover information about a person, country, etc ▷ **szpieg**

spy[2] /spaɪ/ **verb 1** [I] to secretly try to discover information about a person, country, etc ▷ **szpiegować 2** [T] literary to see someone or something, often from a distance: *I spied him on the dance floor.* ▷ **dojrzeć**

PHRASAL VERB **spy on sb** to secretly watch someone: *He spied on her through the keyhole.* ▷ **podglądać** *kogoś*, **szpiegować** *kogoś*

sq written abbreviation for square in measurements: *an area of 70 sq km (= square kilometres)* ▷ **², kw. (= kwadratowy)**

squabble /ˈskwɒbl/ **verb** [I] to argue about something that is not important: *They're always* ***squabbling over*** *money.* ▷ **sprzeczać się** • **squabble noun** [C] ▷ **sprzeczka**

squad /skwɒd/ **noun** [C] **1 bomb/drug/fraud, etc squad** a group of police officers who have special skills to deal with particular problems ▷ **brygada saperów/wydział do spraw narkotyków/oszustw lub przestępstw gospodarczych** *itp.* **2 death/firing/hit, etc squad** a group of people who are trained to kill, usually with guns ▷ **pluton egzekucyjny/szwadron śmierci** *itp.* **3** a sports team: *the England rugby squad* ▷ **drużyna**

squadron /ˈskwɒdrən/ **noun** [C] a group of soldiers, ships, aircraft, etc in a military organization: *a squadron of fighter jets* ▷ **szwadron, eskadra, dywizjon**

squalid /ˈskwɒlɪd/ **adjective 1** very dirty and unpleasant: *squalid conditions* ▷ **nędzny, podły 2** morally bad: *a squalid affair* ▷ **plugawy**

squall /skwɔːl/ **noun** [C] a sudden storm with strong winds ▷ **szkwał**

squalor /ˈskwɒləʳ/ **noun** [U] extremely dirty and unpleasant conditions: *They were found living in absolute squalor.* ▷ **nędza**

squander /ˈskwɒndəʳ/ **verb** [T] to waste time, money, etc: *He* ***squandered*** *all his money* ***on*** *alcohol and drugs.* ▷ **trwonić**

square[1] /skweəʳ/ **noun** [C] **1** A2 a shape with four equal sides and four 90° angles ▷ **kwadrat 2** A2 an open area with buildings around it, often in the centre of a town: *Trafalgar Square* ▷ **plac 3** a number that results from multiplying a number by itself: *The square of 3 is 9.* ▷ **kwadrat, druga potęga**

IDIOM **back to square one** back to the beginning of a long process or piece of work: *None of the applicants was suitable, so we had to go back to square one and advertise the job again.* ▷ **w punkcie wyjścia, do punktu wyjścia**

→ See also *fair* **and square**

square[2] /skweəʳ/ **adjective 1** A2 having the shape of a square: *a square room* ◦ *He has broad shoulders and a square jaw.* ▷ **kwadratowy, kanciasty 2 square centimetre/metre/mile, etc** the area of a square with sides that are a centimetre/metre/mile, etc long: *3000 square feet of office space* ▷ **centymetr/metr/mila** *itp.* **kwadratow-y/a**

IDIOM **a square meal** a big, healthy meal: *You need three square meals a day.* ▷ **solidny posiłek**

square[3] /skweəʳ/ **verb 2/3/4, etc squared** 2/3/4, etc multiplied by itself: *Four squared is sixteen.* ▷ **2/3/4** *itp.* **do kwadratu**

PHRASAL VERBS **square off** US to prepare to fight, compete, or argue with someone: *The two teams will square off in the finals next Saturday.* ▷ **zmierzyć się** • **square up** UK **1** to prepare to fight, compete, or argue with someone: *The players squared up to each other and started shouting.* ▷ **zmierzyć się 2** informal to pay someone the money that you owe them: *If you pay for it now, I'll* ***square up with*** *you later.* ▷ **wyrównywać rachunki** • **square with sth** to match or to agree with something: *Her story doesn't quite square with the evidence.* ▷ **zgadzać lub pokrywać się z** *czymś*

squarely /ˈskweəli/ **adverb** directly: *I looked him squarely in the eye.* ◦ *The report put the blame squarely on the police.* ▷ **prosto, wprost, jednoznacznie**

S

ˌsquare ˈroot noun **the square root of 16/64/144, etc** the number you multiply by itself to get 16/64/144, etc: *The square root of 144 is 12.* ▷ **pierwiastek kwadratowy z 16/64/144** *itp.*

squash¹ /skwɒʃ/ noun **1** [U] B1 a sport in which two people hit a small rubber ball against the four walls of a room: *a game of squash* ◦ *a squash court/racket* ▷ **squash 2 it's a squash** UK used to say that there are too many people or things in a small space: *We managed to get in but it was a squash.* ▷ **jest ciasno 3** [U] UK a sweet drink that tastes like fruit ▷ **sok (owocowy) 4** [C, U] a fruit with hard skin, a soft inside, and large seeds, that you cook and eat as a vegetable ▷ **kabaczek**

squash² /skwɒʃ/ verb **1** [T] B2 to crush something into a flat shape: *I stepped on a spider and squashed it.* ▷ **zgniatać 2** [I, T] B2 to push someone or something into a small space: [often passive] *The kids were all **squashed into** the back seat.* ▷ **ściskać (się), stłoczyć (się), wtłaczać**

squat¹ /skwɒt/ verb [I] (present participle **squatting**, past tense and past participle **squatted**) **1** (also **squat down**) to bend your legs so that you are sitting with your bottom very close to the ground: *He squatted down beside me.* ▷ **kucać 2** to live in an empty building without the owner's permission ▷ **mieszkać na dziko**

squat² /skwɒt/ adjective short and wide: *a squat little man* ▷ **przysadzisty**

squat³ /skwɒt/ noun [C] a building that people are living in without the owner's permission ▷ **lokal zasiedlony na dziko**

squatter /ˈskwɒtəʳ/ noun [C] someone who lives in a building without the owner's permission ▷ **dzik-i/a lokator/ka**

squawk /skwɔːk/ verb [I] If a bird squawks, it makes a loud, unpleasant noise. ▷ **skrzeczeć**
• **squawk** noun [C] ▷ **skrzek, skrzeczenie**

squeak /skwiːk/ verb [I] to make a short, high sound: *His shoes squeaked loudly as he walked.* ▷ **piszczeć, skrzypieć**
• **squeak** noun [C] ▷ **pisk, skrzypienie**

squeaky /ˈskwiːki/ adjective **1** making short, high sounds: *a **squeaky voice*** ▷ **piskliwy 2 squeaky clean** very clean ▷ **czysty jak łza**

squeal /skwiːl/ verb [I] to make a loud, high sound, often because of fear or excitement: *She **squealed with** delight.* ▷ **piszczeć**
• **squeal** noun [C] *squeals of laughter* ▷ **pisk**

squeamish /ˈskwiːmɪʃ/ adjective If you are squeamish about something such as blood, you find it very unpleasant and it makes you feel ill. ▷ **wrażliwy**

squeeze¹ /skwiːz/ verb **1** B2 [T] to press something firmly: *She squeezed his hand and said goodbye.* ▷ **ściskać 2 squeeze into/through/past, etc** B2 to move somewhere where there is very little space: *She squeezed through a narrow gap in the wall.* ▷ **wciskać się/przeciskać się** *itp.* **3 squeeze a lemon/orange, etc** to press a lemon/orange, etc to get juice from it: ***freshly squeezed** orange juice* ▷ **wyciskać cytrynę/pomarańczę** *itp.*

PHRASAL VERB **squeeze sth/sb in** to manage to do something or see someone when you are very busy: *The doctor will try to squeeze you in this afternoon.* ▷ **wcisnąć** *coś/kogoś*

squeeze² /skwiːz/ noun **1** [C] when you press something firmly: *He **gave** her hand a little **squeeze**.* ▷ **uścisk 2 it's a squeeze** used to say that there are too many people or things in a small space: *We all got in, but it was a **tight squeeze**.* ▷ **jest ciasno 3 a squeeze of lemon/orange, etc** a small amount of juice from a lemon/orange, etc ▷ **odrobina soku z cytryny/pomarańczy** *itp.*

squid /skwɪd/ noun [C] (plural **squid**) a sea creature with a long body and ten long arms ▷ **kałamarnica, mątwa**

squiggle /ˈskwɪgl/ noun [C] informal a short, curly line: *Her signature just looks like a squiggle.* ▷ **zawijas**

squint /skwɪnt/ verb [I] to look at something with your eyes partly closed: *She was **squinting at** her computer screen.* ▷ **mrużyć oczy**

squirm /skwɜːm/ verb [I] to twist your body because you are embarrassed, nervous, etc ▷ **wiercić się**

squirrel /ˈskwɪrəl/ US /ˈskwɜːrəl/ noun [C] a small animal with a big fur tail that climbs trees and eats nuts ▷ **wiewiórka**

squirt /skwɜːt/ verb
1 [I, T] If liquid squirts, it comes out suddenly and with force, and if you squirt liquid, you make it come out suddenly and with force: *Water **squirted out** all over the floor.* ▷ **tryskać 2 squirt sb with sth** to hit someone with a liquid ▷ **opryskać** *kogoś czymś*

Sr (also UK **Snr**) written abbreviation for senior: *Joseph Kennedy, Sr.* ▷ **senior**

Sri Lanka /ˌsriː ˈlænkə/ noun a country in Asia ▷ **Sri Lanka**
• **Sri Lankan** /ˌsriː ˈlænkən/ adjective coming from or relating to Sri Lanka ▷ **lankijski** • **Sri Lankan** noun someone from Sri Lanka ▷ **Lankij-czyk/ka**

St 1 written abbreviation for street: *42 Oxford St* ▷ **ul. (= ulica) 2** written abbreviation for saint: *St Patrick* ▷ **św. (= święty)**

stab¹ /stæb/ verb [T] (present participle **stabbing**, past tense and past participle **stabbed**) B2 to push a knife into someone: *He was stabbed several times in the chest.* ▷ **ugodzić (nożem), zadawać cios (nożem)**

stab² /stæb/ noun [C] **1** the act of pushing a knife into someone: *He had a deep **stab wound** in his neck.* ▷ **cios lub dźgnięcie lub pchnięcie**

S

(nożem) 2 a stab of guilt/jealousy/regret, etc a sudden, unpleasant emotion: *She felt a stab of guilt.* ▷ **ukłucie winy/zazdrości/żalu** *itp.* **3 have a stab at sth/doing sth** informal to try to do something, or to try an activity that you have not done before: *She had a stab at solving the problem.* ▷ **spróbować** *czegoś/zrobić coś*

stabbing /ˈstæbɪŋ/ **noun** [C] when someone stabs someone: *Where were you on the night of the stabbing?* ◦ US *a stabbing death* ▷ **napaść z nożem (w ręku)**

ˈstabbing ˌpain **noun** [C] a sudden, strong pain ▷ **ostry lub kłujący ból**

stability /stəˈbɪləti/ **noun** [U] when something is not likely to change or move: ***political/financial stability*** ▷ **stabilność** → Opposite **instability**

stabilize (also UK **-ise**) /ˈsteɪbəlaɪz/ **verb** [I, T] If you stabilize something, or if something stabilizes, it stops changing or moving: *The economy has finally stabilized.* ▷ **stabilizować (się)**
• **stabilization** /ˌsteɪbəlaɪˈzeɪʃən/ **noun** [U] ▷ **stabilizacja**

stable¹ /ˈsteɪbl/ **adjective 1** not likely to change or end suddenly: *a stable relationship* ◦ *The doctor said his **condition** was **stable**.* ▷ **stabilny, trwały 2** fixed or safe and not likely to move: *Be careful! That chair isn't very stable.* ▷ **pewny, stabilny 3** mentally calm and not easily upset ▷ **zrównoważony** → Opposite **unstable**

stable² /ˈsteɪbl/ **noun** [C] a building where horses are kept ▷ **stajnia**

stack¹ /stæk/ **noun** [C] **1** a tidy pile of things: *a stack of books/CDs* ▷ **sterta, stos 2 stacks of sth** informal a lot of something: *There are stacks of studies linking salt to high blood pressure.* ▷ **mnóstwo** *czegoś*, **kupa** *czegoś*

stack² /stæk/ **verb** [T] (also **stack up**) to arrange things in a tidy pile: *Can you help me **stack** these **chairs**?* ▷ **układać**

stadium /ˈsteɪdiəm/ **noun** [C] (A2) a large, open area with seats around it, used for playing and watching sports: *a football/baseball stadium* ▷ **stadion**

staff¹ /stɑːf/ **noun** [group] (A2) the people who work for an organization: *The company has a staff of over 500 employees.* ◦ *Please talk to a **member of staff**.* ▷ **personel, pracownicy**

> Wyrazy występujące razem z **staff**
>
> administrative/experienced/extra/full-time/senior staff • employ/lay off/train staff • join the staff • on the staff

staff² /stɑːf/ **verb** [T] to provide workers for an organization: [often passive] *The charity was staffed by volunteers.* ▷ **obsadzać**

stag /stæg/ **noun** [C] a male deer ▷ **jeleń**

stage¹ /steɪdʒ/ **noun 1** [C] (B2) a period of development, or a particular time in a process: *an **early stage** in his career* ◦ *Our project is in its **final stages**.* ◦ *I'm not prepared to comment **at this stage**.* ▷ **etap, faza 2** [C] (A2) the raised area in a theatre where actors perform: *He's **on stage** for most of the play.* ▷ **scena 3 the stage** performances in theatres: *He's written plays for television and the stage.* ▷ **teatr, scena**

IDIOM **set the stage for sth** to make something possible or likely to happen: *The meeting set the stage for future cooperation between the companies.* ▷ **przygotować grunt pod** *coś*

> Wyrazy występujące razem z **stage**
>
> reach a stage • **at** [one/some/this/that] stage • the **closing/early/final** stages • a stage **in/of** sth

stage² /steɪdʒ/ **verb 1 stage a demonstration/protest, etc** to organize and take part in a public meeting to complain about something ▷ **organizować demonstrację/protest** *itp.* **2 stage a concert/show, etc** to organize and produce a performance of music or a play, etc: *They staged a free concert in Central Park.* ▷ **organizować koncert/imprezę** *itp.*

stagger /ˈstægəʳ/ **verb 1** [I] to walk as if you might fall: *He staggered drunkenly towards the door.* ▷ **zataczać się 2** [T] to arrange events so that they do not happen at the same time: *We stagger our lunch breaks at work.* ▷ **planować na zmianę lub na przemian**

staggered /ˈstægəd/ **adjective** [never before noun] very shocked or surprised: *I was staggered at the prices.* ▷ **zszokowany**

staggering /ˈstægərɪŋ/ **adjective** very shocking and surprising: *He earns a staggering amount of money.* ▷ **niewiarygodny**

stagnant /ˈstægnənt/ **adjective 1** Stagnant water or air does not flow and becomes dirty and smells unpleasant: *a stagnant pond* ▷ **stojący 2** A stagnant economy, society, or organization does not develop or grow. ▷ **w zastoju**

stagnate /stægˈneɪt/ (US) /ˈstægneɪt/ **verb** [I] to stay the same and not grow or develop: *He expects the economy to stagnate and unemployment to rise.* ▷ **ulegać zastojowi, stanąć (w miejscu)**
• **stagnation** /stægˈneɪʃən/ **noun** [U] ▷ **zastój, stagnacja**

ˈstag ˌnight **noun** [C] a night when a group of men go out just before one of them gets married ▷ **wieczór kawalerski** → Compare **hen night**

staid /steɪd/ **adjective** serious and old-fashioned: *a staid, middle-aged man* ▷ **stateczny**

stain¹ /steɪn/ **noun 1** [C] (B2) a dirty mark on something that is difficult to remove: *a blood/grass stain* ◦ *a stain on the carpet* ▷ **plama 2** [C, U] a thin, clear paint that you put on wood to make it darker: *wood stain* ▷ **bejca, barwnik**

stain² /steɪn/ **verb 1** [I, T] to leave a dirty mark on something which is difficult to remove, or to become dirty in this way: *That wine I spilt has stained my shirt.* ▷ **plamić** **2** [T] to paint a wooden surface with a thin paint in order to change its colour: *She stained the bookcase to match the desk.* ▷ **bejcować, barwić**

ˌstained ˈglass noun [U] coloured glass that is used to make pictures in windows: *a stained-glass window* ▷ **witraż**

stainless steel /ˌsteɪnləsˈstiːl/ noun [U] a type of steel that is not damaged by water ▷ **stal nierdzewna**

stair /steəʳ/ noun [C] one of the steps in a set of steps ▷ **stopień, schodek**

staircase /ˈsteəkeɪs/ noun [C] a set of stairs and the structure around them: *a spiral staircase* ▷ **schody, klatka (schodowa)**

stairs /steəz/ noun [plural] Ⓐ2 a set of steps from one level in a building to another: *to **climb** the **stairs*** ◦ *a **flight** (= set) **of** stairs* ▷ **schody**

> Wyrazy występujące razem z **stairs**
>
> climb/fall down/go down/go up the stairs • the bottom of/foot of the stairs • the head of/top of the stairs • on the stairs • a flight of stairs

stairway /ˈsteəweɪ/ noun [C] a set of stairs and the structure around them ▷ **schody, klatka (schodowa)**

stake¹ /steɪk/ noun **1 be at stake** If something is at stake, it is in a situation where it might be lost or damaged: *We have to act quickly – people's lives are at stake.* ▷ **ważyć się, być stawką** **2** [C] a part of a business that you own, or an amount of money that you have invested in a business: *He has a 30 percent **stake in** the company.* ▷ **udział** **3** [C] a strong stick with a pointed end that you push into the ground: *a wooden stake* ▷ **słup**

stake² /steɪk/ verb **stake a/your claim** to say that you want something and that you should have it ▷ **zgłaszać roszczenie**

PHRASAL VERBS **stake sth on sth** to risk something on the result of a competition or situation: *He has staked his reputation on the film's success.* ▷ **stawiać** *coś* **na** *coś* • **stake sth out** to watch a place in order to catch criminals or to see a famous person: *The police are staking out the house where the terrorists are hiding.* ▷ **obserwować** *coś*

stakeholder /ˈsteɪkˌhəʊldəʳ/ noun [C] a person or group of people who own a share in a business ▷ **udziałowiec**

stakes /steɪks/ noun [plural] money or other advantages that you may get or lose in a competition or situation: *People get very competitive because the **stakes** are so **high**.* ▷ **stawka**

stalactite /ˈstæləktaɪt/ noun [C] a column of rock that hangs from the roof of a cave ▷ **stalaktyt**

stalagmite /ˈstæləgmaɪt/ noun [C] a column of rock which rises from the floor of a cave ▷ **stalagmit**

stale /steɪl/ adjective **1** old and not fresh: *stale bread* ◦ *Cake **goes stale** quickly if it's not covered.* ▷ **nieświeży, czerstwy** **2** boring or bored, and not producing or feeling excitement or enthusiasm like before: *I'd been too long in the same job and was getting stale.* ▷ **spowszedniały**

stalemate /ˈsteɪlmeɪt/ noun [C, U] a situation in which neither side in an argument can win: *The talks **ended in** a **stalemate**.* ▷ **martwy punkt, sytuacja patowa**

stalk¹ /stɔːk/ verb **1** [T] to follow a person or animal closely and secretly, often to try to catch or attack them: *She claimed that the man had been stalking her for a month.* ▷ **prześladować, śledzić** **2 stalk out/off, etc** to walk in an angry or proud way: *She stalked out of the restaurant.* ▷ **wyjść z obrażoną miną**

stalk² /stɔːk/ noun [C] the main stem of a plant ▷ **łodyga**

stalker /ˈstɔːkəʳ/ noun [C] someone who follows a person or animal closely and secretly, often to try to catch or attack them ▷ **prześladow-ca/czyni**

stall¹ /stɔːl/ noun [C] **1** mainly UK Ⓑ1 a small shop with an open front or a table from which goods are sold: *a **market stall*** ▷ **budka, kiosk, stoisko** **2** US a small area in a room for washing or using the toilet: *a shower stall* ▷ **kabina**

stall² /stɔːl/ verb **1** [I, T] If an engine stalls, or if you stall it, it stops working suddenly: *The car stalled when I stopped at the traffic lights.* ▷ **zgasnąć, zadławić (się), zgasić** **2** [I] to stop making progress: *The peace talks have stalled over the issue of nuclear weapons.* ▷ **stanąć w martwym punkcie** **3** [T] to intentionally make someone wait or make something happen later so that you have more time: *She wanted an answer immediately, but I managed to stall her.* ▷ **opóźniać, zatrzymywać**

stallion /ˈstæljən/ noun [C] an adult male horse ▷ **ogier**

the stalls /stɔːlz/ noun [plural] UK (US **orchestra**) the seats on the main floor near the front of a theatre or cinema: *a seat in the stalls* ▷ **parter, miejsca na parterze**

stalwart /ˈstɔːlwət/ noun [C] someone who supports an organization, team, etc in a very loyal way ▷ **lojaln-y/a zwolenni-k/czka** • **stalwart** adjective ▷ **lojalny, oddany**

stamen /ˈsteɪmən/ noun [C] the male part of a flower that produces pollen ▷ **pręcik**

stamina /ˈstæmɪnə/ noun [U] the physical or mental energy that allows you to do something for a long time: *Marathon runners need a lot of stamina.* ▷ **wytrzymałość, wytrwałość**

> **Wyrazy występujące razem z stamina**
>
> have stamina • build up/improve/increase stamina • mental/physical stamina • stamina for sth • a test of stamina

stammer /ˈstæməʳ/ **verb** [I] to pause a lot and repeat sounds because of a speech problem or because you are nervous: *He blushed and began to stammer.* ▷ **jąkać się**
• **stammer noun** [C] *He has a stammer.* ▷ **jąkanie się**

stamp¹ /stæmp/ **noun** [C] **1** (also **postage stamp**) A2 a small, official piece of paper that you buy and stick onto a letter or parcel before you post it ▷ **znaczek (pocztowy) 2** a tool for putting a special ink mark on something, or the mark made by it: *a stamp in a passport* ▷ **pieczątka, pieczęć 3 stamp of approval** official, public approval: *The president has put his stamp of approval on the proposal.* ▷ **aprobata**

stamp² /stæmp/ **verb 1** [T] B2 to make a mark on something with a tool that you put ink on and press down: *She stamped the date on the invoice.* ▷ **pieczętować 2** [I, T] to put your foot down on the ground hard and quickly, often to show anger: *"No!" she shouted, stamping her foot.* ▷ **tupać** → See also **rubber-stamp**

PHRASAL VERB **stamp sth out** to get rid of something that is wrong or harmful: *a campaign to stamp out racism* ▷ **wyplenić** *coś*

stampede /stæmˈpiːd/ **noun** [C] when a large group of animals or people suddenly move in an uncontrolled way, often in the same direction: *Gunfire caused a stampede in the marketplace.* ▷ **panika**
• **stampede verb** [I] ▷ **wpadać w popłoch**

stance /stæns/ **noun** [C] **1** an opinion or belief about something, especially if you say it in public: [usually singular] *What's their* ***stance on*** *nuclear energy?* ◦ *They are* ***taking*** *a very tough* ***stance against*** *drugs.* ▷ **stanowisko 2** formal the way that someone stands: [usually singular] *an awkward stance* ▷ **postawa**

> **Wyrazy występujące razem z stance**
>
> take a stance • change your stance • a hard-line/tough stance • a stance against sb/sth • sb's stance on sth

stand¹ /stænd/ **verb** (past tense and past participle **stood**) **1** [I] A2 to be in a vertical position on your feet: *We'd been standing for hours.* ▷ **stać 2** [I] (also **stand up**) A2 to rise to a vertical position on your feet from sitting or lying down: *I get dizzy if I stand up too quickly.* ◦ *Please stand when the bride arrives.* ▷ **wstawać 3 stand in line** US (UK **queue**) to wait for something as part of a line of people: *We stood in line all afternoon.* ▷ **stać w kolejce 4 stand (sth) in/against/by, etc sth** B2 to be in or to put something in a particular place or position: *His walking stick stood by the door.* ◦ *You'll have to stand the sofa on its end to get it through the door.* ▷ **stawiać** *coś gdzieś*, **stać** *gdzieś* **5 can't stand sb/sth** informal B1 to hate someone or something: *I can't stand him.* ◦ [+ doing sth] *She can't stand doing housework.* ▷ **nie móc znieść** *kogoś/czegoś* **6** [T] to be able to accept or deal with a difficult situation: *She couldn't stand the pressures of the job.* ▷ **znosić 7 stand at sth** to be at a particular level, amount, height, etc: *Inflation currently stands at 3 percent.* ▷ **wynosić** *ileś* **8 where you stand on sth** what your opinion is about something: *We asked the senator where she stood on gun control.* ▷ **jaka jest** *czyjaś* **opinia w sprawie** *czegoś* **9 where you stand (with sb)** what someone thinks about you, how they expect you to behave, and how they are likely to behave: *She said she would never leave her husband, so now at least I know where I stand.* ▷ **czego się można (po** *kimś***) spodziewać 10** [I] If an offer still stands, it still exists: *You're welcome to visit any time – my invitation still stands.* ▷ **być aktualnym 11 as it stands** as something is now, without changes in it: *The law as it stands is very unclear.* ▷ **w obecnej formie 12 stand trial** If someone stands trial, they appear in a law court where people decide if they are guilty of a crime: *to stand trial for murder* ▷ **stawać przed sądem, być sądzonym 13 stand to gain/lose sth** to be in a situation where you can get/lose money or an advantage: *He stands to gain a fortune if the company is sold.* ▷ **móc zyskać/stracić** *coś* **14** [I] UK (US **run**) to compete in an election for an official position: *to stand for office* ▷ **kandydować** → See also **stand your *ground*, not have a *leg* to stand on, it stands to *reason*, stand on your own two *feet*, stand sb in good *stead***

PHRASAL VERBS **stand about/around** to spend time standing somewhere and doing very little: *They stood around waiting for the store to open.* ▷ **sterczeć, wystawać** • **stand aside** to leave a job or position so that someone else can do it instead ▷ **ustępować, wycofać się** • **stand back** B2 to move a short distance away from something or someone: *Stand back while I light the fire.* ▷ **odsuwać się** • **stand by 1** to be ready to do something or to help: *Doctors were standing by to treat the injured passengers.* ▷ **być w pogotowiu lub gotowości 2** to do nothing to prevent something unpleasant from happening: *We can't stand by while millions of people starve.* ▷ **przyglądać się (biernie), stać (bezczynnie)** • **stand by sb** B2 to continue to support someone when they are in a difficult situation: *She stood by him throughout his troubled career.* ▷ **nie opuszczać** *kogoś*, **wspierać** *kogoś* • **stand by sth** If you stand by an agreement, decision, etc, you do not change it: *The government stood by its promise to improve education.* ▷ **podtrzymywać** *coś* • **stand down** UK to leave a job or position so that someone else can do it instead: *He stood down as party leader.* ▷ **ustępować, wycofać się** • **stand for**

S

sth 1 (B2) If a letter stands for a word, it is used to represent it: *UFO stands for 'unidentified flying object'.* ▷ **oznaczać** *coś*, **znaczyć** *coś* **2** (B2) If a group of people stand for a set of ideas, they support those ideas: *The party stands for low taxes and individual freedom.* ▷ **popierać** *coś* **3 not stand for sth** (B2) If you will not stand for something, you will not accept a situation or someone's behaviour: *He can't speak to me like that – I won't stand for it!* ▷ **nie pozwalać na** *coś* • **stand in** to do something that someone else was going to do because they cannot be there: *She **stood in for** me when I was sick.* ▷ **zastępować** • **stand out 1** (B2) to be very easy to see or notice: *The bright blue letters really stand out on the page.* ▷ **wyróżniać się, odznaczać się 2** (B2) to be better than other similar things or people: *His application **stood out from** all the rest.* ▷ **wyróżniać się** → See also **stick/stand out like a sore *thumb*** • **stand up** If an idea or some information stands up, it is proved to be correct. ▷ **potwierdzać się** • **stand sb up** (B2) to fail to meet someone when you said you would: *He's stood me up twice now.* ▷ **wystawiać** *kogoś* **do wiatru** • **stand up for sth/sb** (B2) to support an idea or a person who is being criticized: [often reflexive] *Never be afraid to stand up for yourself.* ▷ **ujmować się za** *czymś/kimś*, **stawać w obronie** *czegoś/kogoś*

stand² /stænd/ **noun 1** [C] a small shop with an open front or a table from which goods are sold: *a hot dog stand* ◦ *Visit our stand at the trade fair.* ▷ **stoisko, budka 2** [C] UK (US **stands**) a structure in a sports ground where people can stand or sit to watch an event ▷ **trybuna 3** [C] a piece of furniture for holding things: *a music/hat stand* ▷ **stojak, wieszak 4 the (witness) stand** (UK also **the dock**) the place in a law court where people sit or stand when they are being asked questions: *The judge asked her to **take the stand*** (= *go into the witness stand*). ▷ **miejsce dla świadka 5** [C] an opinion or belief about something, especially if you say it in public: [usually singular] *What's the President's **stand on** gun control?* ▷ **stanowisko 6 take a stand** to express your opinion about something publicly: *He refuses to take a stand on this issue.* ▷ **zajmować stanowisko 7 make a stand** to publicly defend something or stop something from happening ▷ **przeciwstawiać się**

standalone /ˈstændəˌləʊn/ **adjective** [always before noun] a standalone computer can operate without any other equipment or programs ▷ **niezależny**

standard¹ /ˈstændəd/ **noun** [C] **1** (B2) a level of quality, especially a level that is acceptable: *a **high standard** of service* ◦ *low **safety standards*** ◦ *His work was **below standard*** (= *not acceptable*). ◦ *She **sets** very high **standards** for herself.* ▷ **poziom, wymaganie, standard 2** a level of behaviour, especially a level that is acceptable: [usually plural] *high moral standards* ▷ **norma, standard** → See also **double standard**

> **Wyrazy występujące razem z standard**
>
> come up to standard • below/(not) up to standard • set standards • comply with/conform to/meet standards • exacting/high/low/rigorous standards • standards of sth

standard² /ˈstændəd/ **adjective** (B2) usual and not special: ***standard procedure/practice*** ▷ **standardowy, rutynowy**

ˌ**standard ˈform noun** [U] (also **standard index form**) a way of writing a very large number with one number before the decimal point, multiplied by a power of 10. For example, 280,000 is 2.8×10^5 ▷ **zapis wykładniczy**

standardize (also UK **-ise**) /ˈstændədaɪz/ **verb** [T] to change things so that they are all the same: *I wish someone would standardize clothing sizes.* ▷ **ujednolicać**

• **standardization** /ˌstændədaɪˈzeɪʃən/ **noun** [U] *the standardization of computer terms* ▷ **ujednolicenie**

ˌ**standard of ˈliving noun** [C] (plural **standards of living**) (B2) how much money and comfort someone has: *a high standard of living* ▷ **poziom życia, stopa życiowa**

standby /ˈstændbaɪ/ **noun** [C] (plural **standbys**) **1** someone or something extra that is ready to be used if needed: *We kept our old TV as a standby in case the new one broke.* ▷ **rezerwa 2 be on standby** to be ready to do something or to be used if needed: *Police were on standby in case there was any trouble after the game.* ▷ **być w pogotowiu lub gotowości**

stand-in /ˈstændɪn/ **noun** [C] someone who does what another person was going to do because the other person cannot be there ▷ **zastęp-ca/czyni**

standing¹ /ˈstændɪŋ/ **noun** [U] Your standing is the opinion that other people have of you: *Last week's speech has improved the Prime Minister's standing in the polls.* ▷ **pozycja**

standing² /ˈstændɪŋ/ **adjective** [always before noun] **1** permanent and not only created when necessary: *a standing committee* ◦ *He has a **standing invitation** to stay at our house.* ▷ **stały 2 a standing joke** a situation that a group of people often make jokes about: *The poor quality of his work has become a standing joke in the office.* ▷ **pośmiewisko** → See also **long-standing**

ˌ**standing ˈorder noun** [C] UK an instruction to a bank to pay someone a fixed amount of money at regular times from your account ▷ **stałe zlecenie**

ˌ**standing oˈvation noun** [C] when people stand while clapping to show that they have enjoyed a performance very much: *She **got a standing ovation** for her speech.* ▷ **owacja na stojąco, huczne oklaski**

stand-off UK (US **standoff**) /ˈstændɒf/ **noun** [C] when an argument or fight stops for a period of time because no one can win or get an advantage ▷ **kryzys, sytuacja patowa**

standpoint /ˈstændpɔɪnt/ **noun** [C] a particular way of thinking about a situation or problem: *to look at something **from** a political/religious **standpoint*** ▷ **punkt widzenia**

standstill /ˈstændstɪl/ **noun** [no plural] a situation in which all movement or activity has stopped: *The traffic **came to a standstill** in the thick fog.* ▷ **zastój**

stand-up /ˈstændʌp/ **adjective** [always before noun] A stand-up comedian is someone who stands in front of a group of people and tells jokes as a performance: ***stand-up comedy*** ▷ **satyryczny, estradowy**

stank /stæŋk/ past tense of stink

stanza /ˈstænzə/ **noun** [C] a group of lines of poetry ▷ **zwrotka**

stapes /ˈsteɪpiːz/ **noun** [C, usually singular] (plural **stapes**) one of three very small bones that carry sound into the inner ear ▷ **strzemiączko** → Compare **incus**, **malleus**

staple[1] /ˈsteɪpl/ **adjective** [always before noun] A staple food, product, etc is basic and very important: *a **staple diet** of rice and fish* ▷ **podstawowy**

staple[2] /ˈsteɪpl/ **noun** [C] a small piece of wire that you put through pieces of paper to join them together ▷ **zszywka**

• **staple verb** [T] to join pieces of paper together with staples ▷ **zszywać**

stapler /ˈsteɪpləʳ/ **noun** [C] a piece of equipment used for putting staples through paper ▷ **zszywacz**

star[1] /stɑːʳ/ **noun** [C] **1** (A2) a ball of burning gases that you see as a small point of light in the sky at night ▷ **gwiazda 2** (A2) a famous singer, actor, sports person, etc: *a **pop star*** ▷ **gwiazda 3** someone in a group of people who is the best at doing something: *Baggio is one of our **star players**.* ▷ **gwiazda 4** (A2) a shape that has five or more points ▷ **gwiazda, gwiazdka 5 two-star/three-star, etc** used to show how good a restaurant or hotel is: *a five-star hotel* ▷ **dwugwiazdkowy/trzygwiazdkowy** *itp.*, **z dwiema/trzema** *itp.* **gwiazdkami 6 sb's stars/the stars** UK informal something you read that tells you what will happen to you based on the position of the stars in the sky: *My stars said it would be a good month for romance.* ▷ **horoskop** → See also **co-star**, **film star**, **rock star**

> **Wyrazy występujące razem z star**
>
> become/make sb a star • a **big** star • a **pop** star

star[2] /stɑːʳ/ **verb** [I, T] (present participle **starring**, past tense and past participle **starred**) (B1) If a film, play, etc stars someone, or if someone stars in a film, play, etc, they are the main person in it: *a film starring Meg Ryan* ◦ *Tom Hanks **starred in** 'Sleepless in Seattle'.* ▷ **występować w, grać (główną rolę) w** → See also **co-star**

starboard /ˈstɑːbəd/ **noun** [U] the right side of a ship or aircraft ▷ **prawa burta, sterburta**

starch /stɑːtʃ/ **noun 1** [C, U] a substance in foods such as rice, bread, and potatoes ▷ **skrobia 2** [U] a substance used to make cloth stiff ▷ **krochmal**

• **starchy adjective** containing a lot of starch ▷ **bogaty w skrobię**

stardom /ˈstɑːdəm/ **noun** [U] when someone is very famous for acting, singing, etc ▷ **sława**

stare /steəʳ/ **verb** [I] (B2) to look at someone or something for a long time and not move your eyes: *Sean was **staring at** me.* ▷ **przyglądać się, patrzeć**

• **stare noun** [C] ▷ **wzrok, spojrzenie**

stark[1] /stɑːk/ **adjective 1** unpleasantly clear and obvious: *His death is a **stark warning** to other people about the dangers of drugs.* ▷ **dobitny, wyraźny 2 stark difference/contrast** a total difference: *Jerry is very lazy, in stark contrast to his sister who works very hard.* ▷ **wyraźna różnica/zupełne przeciwieństwo 3** with a very plain and simple appearance and not very attractive: *a stark, snowy landscape* ▷ **surowy**

• **starkly adverb** ▷ **surowo**

stark[2] /stɑːk/ **adverb stark naked** wearing no clothes ▷ **nagusieńki, zupełnie nagi**

starry /ˈstɑːri/ **adjective** A starry sky or night is one in which you can see a lot of stars. ▷ **rozgwieżdżony**

ˈstar ˌsign **noun** [C] UK (US **sign**) one of the twelve signs that are based on star positions when you are born, which some people believe shows what type of person you are: *"What star sign are you?" "I'm Capricorn."* ▷ **znak zodiaku**

start[1] /stɑːt/ **verb 1** [I, T] (A1) to begin doing something: [+ doing sth] *He started smoking when he was eighteen.* ◦ [+ to do sth] *Maria started to laugh.* ◦ *We start work at nine o'clock.* ▷ **zaczynać 2** [I, T] (B1) to begin to happen or to make something begin to happen: *The programme starts at seven o'clock.* ◦ *Police believe the fire started in the kitchen.* ▷ **zaczynać (się) 3** [I, T] (also **start up**) (B2) If a business, organization, etc starts, it begins to exist, and if you start it, you make it begin to exist: *She started her own computer business.* ◦ *A lot of new restaurants have started up in the area.* ▷ **powstawać, zakładać 4** [I, T] (also **start up**) (B2) If a car or engine starts, it begins to work, and if you start it, you make it begin to work: *The car won't start.* ◦ *Start up the engine.* ▷ **włączać (się), uruchamiać (się) 5 to start with a** used to talk about what a situation was like at the beginning before it changed: *I was happy at school to start with, but later I hated it.* ▷ **z lub na początku b** used before saying the first thing in a list of things: *To start with, we need better computers. Then we*

S

need more training. ▷ **po pierwsze 6** [I] to move suddenly because you are frightened or surprised ▷ **zrywać się, podskoczyć** → See also **set/start the *ball* rolling, get/start off on the wrong *foot***

> **!** Najczęściej popełniane błędy: **start**
>
> **Proszę pamiętać:** gdy po czasowniku **start** występuje inny czasownik, nie może on być użyty w bezokoliczniku z „to":
> Nie mówimy więc „start do something", ale **start to do something** lub **start doing something**:
> ~~*My niece was upset and started cry.*~~
> *My niece was upset and started to cry.*

PHRASAL VERBS **start (sth) off** (B1) to begin by doing something, or to make something begin by doing something: *She started off the meeting with the monthly sales report.* ▷ **zaczynać** *(coś)* • **start on sth** to begin doing something: *Have you started on your homework yet?* ▷ **zabierać się za** *coś* • **start out** to begin your life or the part of your life when you work, in a particular way: *My dad started out as a sales assistant in a shop.* ▷ **zaczynać** • **start over** US to begin something again: *If you make a mistake, you'll have to start over.* ▷ **zaczynać od początku**

start² /stɑːt/ **noun 1** [C] (B1) the beginning of something: [usually singular] *Our teacher checks who is in class **at the start of** each day.* ◦ *Ivan has been involved in the project **from the start**.* ◦ *The meeting **got off to a bad start** (= began badly).* ▷ **początek 2 make a start** mainly UK to begin doing something: *I'll **make a start on** the washing-up.* ▷ **zaczynać 3 for a start** UK used when you are giving the first in a list of reasons or things: *I won't be going – I've got too much homework for a start.* ▷ **przede wszystkim, po pierwsze 4** [C] an advantage that you have over someone else when you begin something: [usually singular] *I'm grateful for the start I had in life.* ▷ **start (życiowy) 5 the start** the place where a race begins ▷ **start 6** [no plural] a sudden movement that you make because you are frightened or surprised: *Kate sat up **with a start**.* ▷ **poderwanie się, przestrach** → See also **false start**

> Wyrazy występujące razem z **start**
>
> at the start • from the start • the start of sth

starter /ˈstɑːtəʳ/ **noun 1** [C] UK (US **appetizer**) something that you eat as the first part of a meal ▷ **przystawka 2** [C] US in sports, a member of a team who is involved in a competition from the beginning: *At only 20, he's the team's youngest starter.* ▷ **uczestni-k/czka 3 for starters** informal used to say that something is the first in a list of things: *Try this exercise for starters.* ▷ **na początek** → See also **non-starter**

starting-point /ˈstɑːtɪŋˌpɔɪnt/ **noun** [C] an idea, subject, etc that you use to begin a discussion or process ▷ **punkt wyjścia**

startle /ˈstɑːtl/ **verb** [T] to suddenly surprise or frighten someone: *The sound startled me.* ▷ **przestraszyć, zaskoczyć**
• **startled adjective** *a **startled** expression* ▷ **przestraszony, zaskoczony**

startling /ˈstɑːtlɪŋ/ **adjective** making you feel very surprised: *startling news* ▷ **zaskakujący, niepokojący**

start-up /ˈstɑːtʌp/ **adjective** [always before noun] relating to starting a business: ***start-up costs*** ▷ **początkowy**

starve /stɑːv/ **verb** [I, T] to become ill or die because you do not have enough food, or to make someone ill or die because they do not have enough food: *Many people have **starved to death** in parts of Africa.* ▷ **głodować, głodzić**
• **starvation** /stɑːˈveɪʃᵊn/ **noun** [U] *Children were dying of starvation.* ▷ **głód**

starved /stɑːvd/ **adjective 1 be starved of sth** UK (US **be starved for sth**) to not have enough of something that you need very much: *a child starved of love* ▷ **być pozbawionym** *czegoś*, ≈ *komuś czegoś* **brakuje 2** mainly US informal very hungry ▷ **głodny jak wilk**

starving /ˈstɑːvɪŋ/ **adjective 1** (B2) dying because there is not enough food: *starving people* ▷ **umierający z głodu 2** informal (B2) very hungry: *I'm absolutely starving.* ▷ **głodny jak wilk**

stash¹ /stæʃ/ **verb** [T] (also **stash away**) to keep a lot of something in a safe, secret place: *His money was stashed away in a cupboard.* ▷ **ukrywać**

stash² /stæʃ/ **noun** [C] informal a lot of something that you keep in a safe, secret place: *He had a stash of whisky under the bed.* ▷ **zapasik, skrytka**

state¹ /steɪt/ **noun 1** [C] (B2) the condition that something or someone is in: *the state of the economy* ◦ *The building is in a terrible state.* ▷ **stan 2 in/into a state** informal very upset or nervous: *Ben was in a real state before the exam.* ▷ **zdenerwowany 3** [C] (also **State**) one of the parts that some countries such as the US are divided into: *Washington State* ◦ *Alaska is the largest state in the US.* ▷ **stan 4** [C] a country: *a union of European states* ▷ **państwo 5 the state** the government of a country: *financial help from the state* ▷ **państwo 6 state visit/occasion, etc** an important visit/occasion, etc involving the leader of a government ▷ **wizyta/uroczystość** *itp.* **państwowa 7 the States** the United States of America ▷ **Stany, USA** → See also **police state, welfare state**

state² /steɪt/ **verb** [T] (B2) to officially say or write something: [+ (that)] *Two medical reports stated that he was mentally ill.* ▷ **stwierdzać**

stately /ˈsteɪtli/ **adjective** formal and slow: *a*

stately procession through the streets ▷ **majestatyczny**

ˌstately ˈhome **noun** [C] a big, old house in the countryside that people pay to visit in Britain ▷ **zabytkowa rezydencja**

statement /ˈsteɪtmənt/ **noun** [C] **1** B2 something that someone says or writes officially: *The pop star is expected to* ***make a statement*** *about his involvement with drugs.* ▷ **oświadczenie** **2** (also **bank statement**) a piece of paper that shows how much money you have put into your bank account and how much you have taken out ▷ **wyciąg (z konta)**

> Wyrazy występujące razem z **statement**
>
> issue/make/prepare/release a statement • a false/joint/public/sworn statement • a statement about/on sth

ˌstatement of acˈcount **noun** [C] a document that a business sends to regular customers that is a record of what they have bought and how much they owe ▷ **wykaz operacji**

ˌstate of aˈffairs **noun** [no plural] a situation: *a sad state of affairs* ▷ **stan rzeczy**

ˌstate of ˈmind **noun** [C] (plural **states of mind**) how you are feeling at a particular time: *to be in a positive state of mind* ▷ **stan ducha, nastrój**

state-of-the-art /ˌsteɪtəvðiˈɑːt/ **adjective** using the newest ideas, designs, and materials: *a computer system that uses* ***state-of-the-art technology*** ▷ **najnowocześniejszy**

ˌstate ˈschool **noun** [C] UK (US **public school**) a school that is free to go to because the government provides the money for it ▷ **szkoła publiczna lub państwowa**

statesman /ˈsteɪtsmən/ **noun** [C] (plural **statesmen**) an important politician, especially one who people respect ▷ **mąż stanu**

static¹ /ˈstætɪk/ **adjective** not moving or changing: *The number of students on the course has remained static.* ▷ **nieruchomy, bez zmian**

static² /ˈstætɪk/ **noun** [U] **1** (also ˌ**static elecˈtricity**) electricity that you get when two surfaces rub together ▷ **naelektryzowanie, ładunek elektrostatyczny** **2** noise on a radio or television that is caused by electricity in the air ▷ **zakłócenia**

station¹ /ˈsteɪʃᵊn/ **noun** [C] **1** A1 a building where trains stop so that you can get on or off them: *Dad met me at the station.* ▷ **stacja, dworzec** **2** **bus station** (also UK **coach station**) A2 a building where a bus starts or ends its journey ▷ **dworzec autobusowy** **3** a building where a particular service is based: UK *a petrol station*/US *a gas station* ▷ **stacja** **4** B1 a company that broadcasts television or radio programmes: *a classical music station* ▷ **stacja** → See also **filling station**, **fire station**, **police station**, **polling station**, **power station**, **service station**

station² /ˈsteɪʃᵊn/ **verb** **be stationed at/in, etc** If someone such as a soldier is stationed somewhere, they are sent there to work for a period of time: *US soldiers stationed in Germany* ▷ **stacjonować** *gdzieś*

stationary /ˈsteɪʃᵊnᵊri/ **adjective** not moving: *stationary cars* ▷ **nieruchomy**

stationer's /ˈsteɪʃənəz/ **noun** [C] UK a shop where you can buy pens, paper, and other things for writing ▷ **sklep papierniczy**

stationery /ˈsteɪʃᵊnᵊri/ **noun** [U] things that you use for writing, such as pens and paper ▷ **artykuły papiernicze lub piśmienne, papeteria**

ˈstation ˌwagon **noun** [C] US (UK **estate car**) a big car with a large space for bags behind the back seat ▷ **kombi**

statistic /stəˈtɪstɪk/ **noun** [C] a fact in the form of a number that shows information about something: [usually plural] ***Statistics show*** *that skin cancer is becoming more common.* ▷ **dana statystyczna**
• **statistical** **adjective** relating to statistics: ***statistical evidence*** ▷ **statystyczny** • **statistically** **adverb** ▷ **statystycznie**

> Wyrazy występujące razem z **statistic**
>
> collect/gather statistics • statistics confirm/indicate/reveal/show sth • according to statistics • statistics on sth

statistics /stəˈtɪstɪks/ **noun** [U] B2 the subject that involves collecting and studying numbers to show information about something ▷ **statystyka**

statue /ˈstætʃuː/ **noun** [C] B1 a model that looks like a person or animal, usually made from stone or metal ▷ **posąg**

stature /ˈstætʃəʳ/ **noun** [U] formal **1** the importance that someone has because of their work: *a scientist of international stature* ▷ **pozycja, renoma** **2** your height: *a man of small stature* ▷ **postura**

status /ˈsteɪtəs/ **noun** [U] **1** the position that you have in relation to other people because of your job or social position: *The pay and status of nurses has improved.* ▷ **status, sytuacja** **2** the legal position of someone or something: *What's your* ***marital status*** *(= are you married or not)?* ▷ **stan, status**

the status quo /ˌsteɪtəsˈkwəʊ/ **noun** formal the situation that exists now, without any changes: *They only want to* ***maintain*** *the* ***status quo****.* ▷ **status quo, (istniejący) stan rzeczy**

ˈstatus ˌsymbol **noun** [C] something that someone owns that shows they have a high position in society ▷ **symbol statusu (społecznego)**

statute /ˈstætʃuːt/ **noun** [C] formal a law or rule ▷ **ustawa, prawo**

statutory /ˈstætjətᵊri/ **adjective** formal decided or controlled by law: *a statutory minimum wage* ▷ **ustawowy**

S

staunch /stɔːnʃ/ **adjective** [always before noun] very loyal in your support for someone or your belief in something: *a **staunch supporter** of the Communist party* ▷ **zagorzały, oddany**

stave /steɪv/ **verb**

PHRASAL VERB **stave sth off** to stop something bad from happening now although it may happen later: *He had a bar of chocolate to **stave off** his hunger.* ▷ **powstrzymywać** *coś*, **oddalać** *coś*

stay¹ /steɪ/ **verb 1** [I] Ⓐ1 to continue to be in a place, job, etc and not leave: *The weather was bad so we stayed at home.* ◦ *Do you want to stay in teaching?* ▷ **zostawać, pozostawać 2** [T] Ⓑ1 to continue to be in a particular state: *The supermarket stays open late.* ◦ *I was tired and couldn't stay awake.* ▷ **pozostawać, być 3** [I, T] Ⓐ2 to spend a short period of time in a place: *We **stayed in** a hotel.* ◦ *We're going to **stay with** my grandmother.* ▷ **zatrzymywać się, mieszkać 4 stay put** informal to continue to be in the same place: *He told me to stay put while he fetched the car.* ▷ **nie ruszać się (z miejsca)**

PHRASAL VERBS **stay behind** Ⓑ1 to not leave a place when other people leave: *I stayed behind after class to speak to the teacher.* ▷ **zostawać • stay in** Ⓑ1 to stay in your home: *Let's stay in tonight and watch a video.* ▷ **zostawać w domu • stay on** to continue to be in a place, job, or school after other people have left: *I stayed on an extra two years at school.* ▷ **zostawać • stay out** Ⓑ2 to not go home at night, or to go home late: *He stayed out all night.* ▷ **nie wracać (na noc), długo zabawić • stay out of sth** to not become involved in an argument or discussion: *It's better to stay out of their arguments.* ▷ **nie mieszać się do** *czegoś* **• stay up** Ⓑ2 to go to bed later than usual: [+ to do sth] *She stayed up to watch a film.* ▷ **nie kłaść się (do łóżka), nie spać**

stay² /steɪ/ **noun** [C] Ⓑ1 a period of time that you spend in a place: *Did you enjoy your stay in Tokyo?* ▷ **pobyt**

stead /sted/ **noun**

IDIOM **stand sb in good stead** to be useful to someone in the future: *The course will stand you in good stead.* ▷ **przydać się** *komuś*

steadfast /ˈstedfɑːst/ **adjective** formal refusing to change your beliefs or what you are doing: *He is **steadfast in** his support for political change.* ▷ **niewzruszony, niezachwiany**
• steadfastly adverb ▷ **niewzruszenie**

steady¹ /ˈstedi/ **adjective 1** Ⓑ2 happening at a gradual, regular rate: ***steady** economic **growth*** ◦ *He has had a **steady flow/stream** of visitors.* ▷ **stały, systematyczny 2** Ⓑ2 still and not shaking: *You need steady hands to be a dentist.* ▷ **pewny** → Opposite **unsteady 3** not changing: *She drove at a **steady speed.*** ▷ **stały, jednostajny 4 steady job/work** a job that is likely to continue for a long time and pay you regular money ▷ **stała posada/praca**
• steadily adverb Ⓑ2 ▷ **pewnie, stale, systematycznie • steadiness noun** [U] ▷ **pewność, stałość**

steady² /ˈstedi/ **verb 1** [T] to make something stop shaking or moving: *He managed to steady the plane.* ▷ **ustabilizować, przytrzymać 2 steady yourself** to stop yourself from falling: *She grabbed hold of the rail to steady herself.* ▷ **złapać równowagę**

steak /steɪk/ **noun** [C, U] Ⓐ2 a thick, flat piece of meat or fish: *steak and chips* ▷ **stek, befsztyk**

steal /stiːl/ **verb** (past tense **stole**, past participle **stolen**) **1** Ⓐ2 [I, T] to secretly take something that does not belong to you, without intending to return it: *Burglars broke into the house and stole a computer.* ◦ *stolen cars* ▷ **kraść, ukraść 2 steal away/in/out, etc** to move somewhere quietly and secretly ▷ **wykradać/wkradać się**

steam

stealth /stelθ/ **noun** [U] secret, quiet behaviour ▷ **podstęp**
• stealthy adjective behaving in a secret, quiet way ▷ **ukradkowy • stealthily adverb** ▷ **ukradkiem**

steam¹ /stiːm/ **noun** [U] Ⓑ2 the gas that water produces when you heat it ▷ **para**

IDIOMS **let off steam** to get rid of your anger, excitement, etc by being noisy or using a lot of energy ▷ **użyć sobie • run out of steam** to not have enough energy to finish doing something ▷ **tracić energię lub siły**

steam² /stiːm/ **verb 1** [T] to cook something using steam: *steamed rice* ▷ **gotować na parze 2** [I] to produce steam: *a steaming bowl of soup* ▷ **parować, dymić**

PHRASAL VERB **steam (sth) up** If glass steams up, or if you steam it up, it becomes covered in steam. ▷ **zaparować się**/*coś*

steamer /stiːməʳ/ **noun** [C] **1** a pan used for cooking food using steam ▷ **garnek do gotowania na parze 2** a ship that uses steam power ▷ **parowiec**

steamy /ˈstiːmi/ **adjective 1** hot and full of steam: *a steamy kitchen* ▷ **zaparowany, pełen pary 2** sexually exciting: *a steamy love story* ▷ **pikantny**

stearic acid /stiˌærɪkˈæsɪd/ **noun** [U] a substance like wax that is used for making candles and for some medicines ▷ **kwas stearynowy**

steel¹ /stiːl/ **noun** [U] Ⓑ2 a very strong metal

S

made from iron, used for making knives, machines, etc ▷ **stal** → See also **stainless steel**

steel[2] /stiːl/ **verb steel yourself** to prepare yourself to do something difficult or unpleasant: *He was steeling himself for an argument.* ▷ **przygotować się, zebrać się w sobie**

ˌsteel ˈband noun [C] a group of musicians who play steel drums ▷ **zespół steelband**

ˌsteel ˈdrum noun [C] large oil container which has been made into a musical instrument and is played like a drum ▷ **steeldrum**

steely /ˈstiːli/ **adjective** [always before noun] very strong and determined: *a* ***steely determination*** *to succeed* ▷ **żelazny**

steep[1] /stiːp/ **adjective 1** Ⓑ1 A steep slope, hill, etc goes up or down very quickly: *The* ***hill*** *was too* ***steep*** *to cycle up.* ▷ **stromy 2** A steep increase or fall in something is very big and quick: *a* ***steep rise*** *in prices* ▷ **gwałtowny 3** informal very expensive: *Hotel prices are steep at $300 for a room.* ▷ **wygórowany**
• **steeply adverb** *Food prices have* ***risen steeply.*** ▷ **stromo, gwałtownie** • **steepness noun** [U] ▷ **stromość**

steep[2] /stiːp/ **verb be steeped in sth** to have a lot of something around or to be strongly influenced by something: *The town is steeped in history.* ▷ **być przepełnionym** *czymś*

steeple /ˈstiːpl/ **noun** [C] a church tower that has a point at the top ▷ **wieża, wieżyczka**

steer /stɪəʳ/ **verb 1** [I, T] Ⓑ2 to control the direction of a vehicle: *I tried to steer the boat away from the bank.* ▷ **sterować, kierować 2** [T] to influence the way a situation develops: *I managed to* ***steer the conversation*** *away from my exam results.* ▷ **sterować, kierować 3 steer sb into/out of/towards, etc** to guide someone somewhere, especially by putting your hand on their back: *He steered me towards the door.* ▷ **wprowadzać/wyprowadzać/prowadzić** *itp. kogoś* → See also **steer** ***clear*** **of sb/sth**

steering /ˈstɪərɪŋ/ **noun** [U] the parts of a vehicle that control its direction ▷ **układ kierowniczy**

ˈsteering ˌwheel noun [C] Ⓑ2 a wheel that you turn to control the direction of a vehicle ▷ **kierownica** → See **Car** on page Centre 7

stem[1] /stem/ **noun** [C] the long, thin part of a plant that the leaves and flowers grow on ▷ **łodyga, pień**

stem[2] /stem/ **verb** [T] (present participle **stemming**, past tense and past participle **stemmed**) to stop something from continuing or increasing: *The new procedures are intended to* ***stem the flow*** *of drugs into the country.* ▷ **powstrzymywać**

PHRASAL VERB **stem from sth** to develop as the result of something: *Her problems stem from childhood.* ▷ **mieć źródło lub przyczynę w** *czymś*

ˈstem ˌcell noun [C] a cell, especially one taken from a person or animal in a very early stage of development, that can develop into any other type of cell ▷ **komórka macierzysta**

stench /stentʃ/ **noun** [C] a very unpleasant smell: *the stench of rotten fruit* ▷ **smród**

stencil /ˈstensəl/ **noun** [C] a piece of paper or plastic with patterns cut into it, that you use to paint patterns onto a surface ▷ **szablon**
• **stencil verb** [I, T] (present participle UK **stencilling**, US **stenciling**, past tense and past participle **stencilled**, US **stenciled**) to use a stencil to paint patterns onto a surface ▷ **używać szablonu, nanosić szablonem**

step[1] /step/ **noun** [C] **1** Ⓑ1 one of the movements you make with your feet when you walk: *She* ***took*** *a few* ***steps*** *forward and then started to speak.* ▷ **krok 2** Ⓑ2 one of the things that you do to achieve something: *This meeting is the* ***first step*** *towards a peace agreement.* ◦ *The company has* ***taken steps*** *to improve its customer service.* ▷ **krok 3** Ⓑ1 one of the surfaces that you walk on when you go up or down stairs ▷ **stopień, schodek 4 in step (with sb/sth)** having the same ideas, opinions, etc as other people: *This time, Britain is in step with the rest of Europe.* ▷ **w zgodzie (z** *kimś/czymś***) 5 out of step (with sb/sth)** having different ideas, opinions, etc from other people: *Her views are out of step with government policy.* ▷ **niezgodny (z** *kimś/czymś***)**

IDIOMS **be one step ahead (of sb)** to have done something before someone else ▷ **wyprzedzać** *kogoś* **o krok** • **watch your step a** used to tell someone to be careful about where they are walking ▷ **Uwaga! b** to be careful about what you say and do ▷ **uważać**

> Wyrazy występujące razem z **step (noun)**
>
> take steps to do sth • a big/important/major step • the first/next step • a step towards sth • a step in (doing) sth

step[2] /step/ **verb** (present participle **stepping**, past tense and past participle **stepped**) **1 step back/forward/over, etc** Ⓑ1 to move somewhere by lifting your foot and putting it down in a different place: *She stepped carefully over the dog.* ▷ **cofnąć się/ruszyć do przodu/przekroczyć** *itp.* **2 step on/in sth** Ⓑ1 to put your foot on or in something: *I accidentally stepped on her foot.* ▷ **nadepnąć na** *coś*, **wdepnąć w** *coś*

PHRASAL VERBS **step down** to leave an important job: *He stepped down as manager of the Italian team.* ▷ **ustępować (ze stanowiska)** • **step in** to become involved in a difficult situation in order to help: [+ to do sth] *A Japanese bank stepped in to provide financial help.* ▷ **wkraczać, włączać się** • **step sth up** to increase what you are doing to try to achieve something: *Police have stepped up their efforts to find the man.* ▷ **wzmagać** *coś*, **zwiększać** *coś*

stepbrother /ˈstepˌbrʌðəʳ/ **noun** [C] not your

S

parent's son but the son of the person your parent has married ▷ **brat przyrodni**

step-by-step /ˌstepbaɪˈstep/ **adjective** [always before noun] A step-by-step method, plan, etc deals with one thing and then another thing in a fixed order: *a **step-by-step guide** to buying a house* ▷ **krok po kroku**

ˈ**step** ˌ**change** **noun** [C] when a very big change happens: *There is a step change taking place in communications technology.* ▷ **rewolucja**

stepchild /ˈsteptʃaɪld/ **noun** [C] (plural **stepchildren**) the child of your husband or wife from an earlier marriage ▷ **pasierb/ica**

stepdaughter /ˈstepˌdɔːtəʳ/ **noun** [C] the daughter of your husband or wife from an earlier marriage ▷ **pasierbica**

stepfather /ˈstepˌfɑːðəʳ/ **noun** [C] B2 the man who has married your mother but is not your father ▷ **ojczym**

stepmother /ˈstepˌmʌðəʳ/ **noun** [C] B2 the woman who has married your father but is not your mother ▷ **macocha**

ˈ**stepping** ˌ**stone** **noun** [C] **1** an event or experience that helps you achieve something else: *Education is a **stepping stone to** a good job.* ▷ **odskocznia** **2** one of several stones that you walk on to cross a stream ▷ **kamień**

stepsister /ˈstepˌsɪstəʳ/ **noun** [C] not your parent's daughter but the daughter of the person your parent has married ▷ **siostra przyrodnia**

stepson /ˈstepsʌn/ **noun** [C] the son of your husband or wife from an earlier marriage ▷ **pasierb**

stereo /ˈsteriəʊ/ **noun** **1** [C] a piece of equipment for playing CDs, listening to the radio, etc that has two speakers: *a car stereo* ▷ **wieża** → See **The Living Room** on page Centre 4 **2** [U] a system for hearing music, speech, etc through two speakers: *The concert was broadcast **in stereo**.* ◦ *stereo sound* ▷ **stereo, stereofonia**

stereotype[1] /ˈsteriəʊtaɪp/ **noun** [C] a fixed idea that people have about what a particular type of person is like, especially an idea that is wrong: ***racial stereotypes*** ▷ **stereotyp**
• **stereotypical** /ˌsteriəʊˈtɪpɪkəl/ **adjective** having the qualities that you expect a particular type of person to have: *a stereotypical student* ▷ **stereotypowy**

> Wyrazy występujące razem z **stereotype**
>
> challenge/fit a stereotype • a negative stereotype • a stereotype of sth • a racial stereotype

stereotype[2] /ˈsteriəʊtaɪp/ **verb** [T] to have a fixed idea about what a particular type of person is like, especially an idea that is wrong: [often passive] *Young people are often **stereotyped as** being lazy.* ▷ **postrzegać lub przedstawiać w sposób stereotypowy**

sterile /ˈsteraɪl/ **adjective** **1** completely clean and without any bacteria: *a sterile needle* ▷ **sterylny** **2** unable to produce children ▷ **niepłodny** **3** not having enough new ideas: *a sterile discussion* ▷ **jałowy**
• **sterility** /stəˈrɪləti/ **noun** [U] ▷ **niepłodność, sterylność, jałowość**

sterilize (also UK **-ise**) /ˈsterəlaɪz/ **verb** [T] **1** to make something clean and without bacteria: *a sterilized needle* ▷ **sterylizować** **2** to perform a medical operation on someone to make them unable to have children ▷ **sterylizować**
• **sterilization** /ˌsterəlaɪˈzeɪʃən/ **noun** [U] ▷ **sterylizacja**

sterling /ˈstɜːlɪŋ/ **noun** [U] British money ▷ **funt szterling lub brytyjski**

stern[1] /stɜːn/ **adjective** very serious and without any humour: *a **stern expression/face*** ◦ *stern criticism* ▷ **surowy**
• **sternly** adverb ▷ **surowo**

stern[2] /stɜːn/ **noun** [C] the back part of a ship ▷ **rufa**

sternum /ˈstɜːnəm/ **noun** [C] (plural **sternums** or **sterna**) the long, flat vertical bone in the centre of your chest; breastbone ▷ **mostek**

steroid /ˈsterɔɪd/ **noun** [C] a drug for treating injuries that some people use illegally in sport to make their muscles stronger ▷ **steryd, steroid**

stethoscope /ˈsteθəskəʊp/ **noun** [C] a piece of equipment that a doctor uses to listen to your heart and breathing ▷ **stetoskop, słuchawka**

stew /stjuː/ **noun** [C, U] a dish made of vegetables and meat cooked together slowly in liquid: *beef/lamb stew* ▷ **gulasz, potrawa duszona**
• **stew** **verb** [T] to cook food slowly in liquid: *stewed fruit* ▷ **dusić, gotować**

steward /ˈstjuːəd/ **noun** [C] **1** a man who looks after people on an aircraft, boat, or train: *an air steward* ▷ **steward** **2** someone who helps to organize a race or big event ▷ **organizator/ka**

stewardess /ˈstjuːədes/ **noun** [C] a woman who looks after people on an aircraft, boat, or train: *an air stewardess* ▷ **stewardesa**

sth written abbreviation for something
• **sth's** written abbreviation for something's

stick[1] /stɪk/ **verb** (past tense and past participle **stuck**) **1** [I, T] B1 to become joined to something else or to make something become joined to something else, usually with a substance like glue: *Anne stuck a picture of her boyfriend on the wall.* ◦ *The stamp wouldn't **stick to** the envelope.* ▷ **przyklejać (się)** **2** **stick sth in/on/under, etc** informal to put something somewhere: *Just stick your bag under the table.* ▷ **wkładać** *coś* **do/kłaść** *coś* **na/pod** *itp.* **3** **stick (sth) in/into/through, etc** B2 If something sharp sticks into something, it goes into it, and if you stick something sharp somewhere, you push it into something: *She stuck the needle into his arm.* ▷ **wkładać/wbijać/przebijać się/***coś itp.* **4** [I] to become fixed in one position and not be able to move: *This drawer has stuck – I can't open it.* ▷ **zacinać się** **5 can't stick sb/sth** UK informal to not like someone or something: *I can't stick her.* ▷ **nie cierpieć** *kogoś/czegoś* → See also **stick to your *guns***, **poke/stick your *nose* into sth**, **stick/put your *oar* in**

PHRASAL VERBS **stick around** informal to stay somewhere for a period of time: *Stick around after the concert and you might meet the band.* ▷ **zostawać** • **stick at sth** to continue trying hard to do something difficult: *I know it's hard learning to drive but stick at it.* ▷ **wytrwać w lub przy** *czymś* • **stick by sb** to continue to support someone when they are having problems ▷ **nie opuszczać** *kogoś*, **trwać przy** *kimś* • **stick out 1** B2 If part of something sticks out, it comes out further than the edge or surface: *His ears stick out a bit.* ▷ **wystawać, odstawać** **2** to be very easy to notice: *She certainly sticks out in a crowd.* ▷ **rzucać się w oczy** → See also **stick/stand out like a sore *thumb*** • **stick sth out** to make part of your body come forward from the rest of your body: *The little boy stuck his tongue out.* ▷ **wystawiać** *coś* • **stick it out** informal to continue doing something that is boring, difficult, or unpleasant ▷ **wytrwać lub wytrzymać (do końca)** • **stick to sth** B2 to continue doing or using something and not change to anything else: *I'll stick to lemonade – I'm driving.* ▷ **poprzestawać na** *czymś* • **stick together** B2 If people stick together, they support and help each other. ▷ **trzymać się razem** • **stick up** to point up above a surface and not lie flat: *I can't go out with my hair sticking up like this.* ▷ **sterczeć, odstawać** • **stick up for sb/sth** informal to support someone or something when they are being criticized ▷ **stawać w obronie** *kogoś/czegoś* • **stick with sb/sth** B2 to continue using someone or doing something and not change to anyone or anything else: *He's a good builder – I think we should stick with him.* ▷ **trzymać się** *kogoś*/**pozostać przy** *czymś*

stick² /stɪk/ **noun** [C] **1** B1 a long, thin piece of wood, usually broken or fallen from a tree ▷ **patyk, kij** **2 walking/hockey, etc stick** B1 a long, thin piece of wood that you use when you are walking/playing hockey, etc ▷ **laska/kij hokejowy** *itp.* **3** a long, thin piece of something: *a stick of candy/celery* ▷ **kawałek, pasek, patyczek** → See also ***carrot* and stick**, **get (hold of) the wrong *end* of the stick**

sticker /ˈstɪkəʳ/ **noun** [C] a piece of paper or plastic with writing or a picture on it that you stick onto a surface: *a car sticker* ▷ **naklejka, nalepka** → See also **bumper sticker**

sticky /ˈstɪki/ **adjective 1** B1 made of or covered with a substance that can stick to other things: ***sticky fingers*** ◦ ***sticky tape*** ▷ **klejący, lepki** **2** Sticky weather is unpleasantly hot. ▷ **parny, duszny** **3 a sticky moment/problem/situation, etc** informal a moment/problem/situation, etc that is difficult or embarrasses you ▷ **trudn-a/y chwila/problem/sytuacja** *itp.*

stiff¹ /stɪf/ **adjective 1** B2 hard and difficult to bend: *stiff material* ▷ **sztywny** **2** B2 A door, drawer, etc that is stiff does not move as easily as it should. ▷ **zacinający się** **3** If a part of your body is stiff, it hurts and is difficult to move: *I've got a **stiff neck**.* ▷ **sztywny, zesztywniały, zdrętwiały** **4** very severe or difficult: ***stiff competition/opposition*** ◦ *We need **stiffer penalties** for drink driving.* ▷ **surowy, zacięty** **5** behaving in a way that is formal and not relaxed ▷ **sztywny** **6** A stiff substance is thick and does not move around easily: *Whip the cream until it is stiff.* ▷ **sztywny, gęsty** **7 stiff drink/whisky/vodka, etc** a strong alcoholic drink: *I need a stiff brandy.* ▷ **mocn-y/a lub czyst-y/a drink/whisky/wódka** *itp.* **8 stiff wind/breeze** a wind that is quite strong ▷ **silny wiatr/powiew**
• **stiffly adverb** ▷ **sztywno** • **stiffness noun** [U] ▷ **sztywność**

stiff² /stɪf/ **adverb bored/scared/worried, etc stiff** B2 extremely bored, worried, etc: *The lecture was awful – I was bored stiff.* ▷ **śmiertelnie znudzony/przerażony/zmartwiony** *itp.*

stiffen /ˈstɪfᵊn/ **verb 1** [I, T] to become stiff or to make something become stiff ▷ **sztywnieć, usztywniać** **2** [I] to suddenly stop moving because you are frightened or angry: *She stiffened at the sound of the doorbell.* ▷ **zesztywnieć, zamierać**

stifle /ˈstaɪfl/ **verb** [T] to stop something from happening or continuing: *to **stifle** a **sneeze/yawn*** ◦ *Large supermarkets **stifle competition**.* ▷ **zdusić, dławić**

stifling /ˈstaɪflɪŋ/ **adjective** extremely hot: *a stifling summer in Rome* ▷ **skwarny**

stigma /ˈstɪɡmə/ **noun 1** [C, U] when people disapprove of something, especially when this is unfair: *There is still **a stigma attached** to being mentally ill.* ▷ **piętno** **2** [C] the top of the central female part of a flower, where pollen is received ▷ **znamię słupka**
• **stigmatize** (also UK **-ise**) **verb** [T] to treat someone or something unfairly by disapproving of them: [often passive] *Unmarried mothers are stigmatized by society.* ▷ **napiętnować**

> **Wyrazy występujące razem z stigma**
>
> sth **carries** a stigma • the stigma **attached to/surrounding** sth • sth **loses** its stigma • a **social** stigma • the stigma **of (doing)** sth

stiletto /stɪˈletəʊ/ **noun** [C] a shoe with a very high, pointed heel: *a pair of stilettos* ▷ **szpilka**

still¹ /stɪl/ **adverb 1** A2 used to say that something is continuing to happen now or that someone is continuing to do something now: *He's still here if you want to speak to him.* ◦ *Do you still play basketball?* ▷ **ciągle, wciąż, nadal** **2** used to say that something continues to be possible: *We could still catch the train if we leave*

S

now. ▷ **wciąż, jeszcze, ciągle 3** Ⓑ1 used to emphasize that you did not expect something to happen because something else makes it surprising: *He didn't do much work but still came top of the class.* ◦ *The weather was terrible. Still, we had a good holiday.* ▷ **mimo to 4 better/harder/worse, etc still** Ⓑ2 better/harder/worse, etc than something else ▷ **jeszcze lepszy/trudniejszy/gorszy** *itp.*

still[2] /stɪl/ **adjective 1 stand/stay/sit, etc still** Ⓑ1 to stand, stay, sit, etc without moving: *Sit still so I can brush your hair.* ▷ **stać/siedzieć** *itp.* **spokojnie, nie wiercić się, nie ruszać się 2** A still place is calm and quiet: *It was night and the whole village was still.* ▷ **cichy, spokojny 3** UK Ⓑ1 A still drink does not have any bubbles in it. ▷ **niegazowany**

• **stillness noun** [U] ▷ **cisza, spokój**

still[3] /stɪl/ **noun** [C] a photograph from one moment in a film ▷ **klatka, scena**

stillborn /ˌstɪlˈbɔːn/ Ⓤⓢ /ˈstɪlˌbɔːn/ **adjective** born dead: *a **stillborn baby*** ▷ **martwo urodzony**

stilt /stɪlt/ **noun** [C] **1** one of two long poles that you can stand on and use to walk above the ground: [usually plural] *a clown on stilts* ▷ **szczudło 2** one of several poles that support a building above the ground: [usually plural] *a house on stilts* ▷ **pal**

stilted /ˈstɪltɪd/ **adjective** talking or writing in a formal way that does not sound natural: *a **stilted conversation*** ▷ **sztywny, niezgrabny**

stimulant /ˈstɪmjələnt/ **noun** [C] a drug that makes you feel more active and awake: *Coffee contains caffeine, which is a stimulant.* ▷ **środek pobudzający**

stimulate /ˈstɪmjəleɪt/ **verb** [T] **1** Ⓑ2 to make something happen or develop more: *It stimulates the production of red blood cells.* ▷ **pobudzać, stymulować 2** Ⓑ2 to make someone feel interested and excited: *Colourful pictures can stimulate a child.* ▷ **zainteresować, inspirować**

• **stimulation** /ˌstɪmjəˈleɪʃᵊn/ **noun** [U] ▷ **stymulacja, pobudzenie**

stimulating /ˈstɪmjəleɪtɪŋ/ **adjective** interesting and making you think: *a **stimulating** discussion* ▷ **pobudzający (do myślenia), inspirujący**

stimulus /ˈstɪmjələs/ **noun** [C, U] (plural **stimuli** /ˈstɪmjəlaɪ/) something that makes something else happen, grow, or develop more: *The report **provided** the **stimulus** for more studies.* ▷ **bodziec**

> Wyrazy występujące razem z **stimulus**
> act as/provide a stimulus • a stimulus **for/to** sth

sting[1] /stɪŋ/ **verb** (past tense and past participle **stung**) **1** [T] If an insect, plant, etc stings you, it causes pain by putting poison into your skin: *He was stung by a wasp.* ▷ **użądlić, ukłuć, uciąć, ukąsić 2** [I, T] If your eyes, skin, etc sting, or if something makes them sting, you feel a sudden, burning pain: *That shampoo really made my **eyes sting**.* ▷ **piec, szczypać 3** [T] to upset someone: [often passive] *She was clearly stung by his criticism.* ▷ **urazić**

sting[2] /stɪŋ/ **noun 1** [C] a painful wound that you get when an insect, plant, etc puts poison into your skin: *a **wasp/bee sting*** ▷ **użądlenie, ukłucie, ukąszenie 2** [no plural] a sudden, burning pain in your eyes, skin, etc ▷ **pieczenie, szczypanie 3** [no plural] the feeling of being upset by something: *the sting of defeat* ▷ **ból**

stingy /ˈstɪndʒi/ **adjective** informal not generous: *He's too stingy to buy any drinks.* ▷ **skąpy**

stink[1] /stɪŋk/ **verb** [I] (past tense and past participle **stank**, also US **stunk**, past participle **stunk**) **1** to smell very bad: *The kitchen **stinks of** fish.* ▷ **śmierdzieć 2** informal to be very bad and dishonest: *If you ask me, the whole affair stinks.* ▷ **śmierdzieć**

stink[2] /stɪŋk/ **noun 1 make/cause/create, etc a stink** informal to complain about something in a forceful way ▷ **zrobić aferę 2** [no plural] a very bad smell ▷ **smród**

stint /stɪnt/ **noun** [C] a period of time spent doing something: *He had a two-year stint as a teacher in Spain.* ▷ **okres**

stipulate /ˈstɪpjəleɪt/ **verb** [T] formal to say exactly what must be done: [+ (that)] *The rules stipulate that smoking is not allowed.* ▷ **zastrzegać (sobie)**

• **stipulation** /ˌstɪpjəˈleɪʃᵊn/ **noun** [C] ▷ **klauzula, warunek, zastrzeżenie**

stir[1] /stɜːʳ/ **verb** (present participle **stirring**, past tense and past participle **stirred**) **1** [T] Ⓑ1 to mix food or liquid by moving a spoon round and round in it: ***Stir** the **mixture** until it is smooth.* ▷ **mieszać 2** [I, T] to move slightly or make someone move slightly: *The baby stirred in its sleep.* ▷ **poruszyć (się) 3** [T] to make someone feel a strong emotion: *The case has **stirred** great **anger** among the public.* ▷ **wywoływać, poruszać**

PHRASAL VERB **stir sth up 1** to cause arguments or bad feelings between people, often intentionally: *I think she just likes to **stir up trouble**.* ▷ **wywoływać** *coś* **2** If something stirs up memories, it makes you remember events in the past: *The photographs **stirred up** some painful **memories**.* ▷ **ożywić** *coś*

stir[2] /stɜːʳ/ **noun 1 cause/create a stir** to make people excited or surprised: *Her new book has caused quite a stir.* ▷ **wywoływać poruszenie 2** [no plural] when you mix food or liquid with a spoon: *Could you give the soup a stir?* ▷ **mieszanie, ≈ zamieszać**

stir-fry /ˈstɜːˌfraɪ/ **verb** [T] to fry small pieces of vegetable, meat, etc very quickly while mixing them around ▷ **(krótko) smażyć mieszając**

• **stir-fry noun** [C] ▷ **(smażone) danie chińskie**

stirring /ˈstɜːrɪŋ/ **adjective** making people feel

excitement or other strong emotions: *a stirring performance/speech* ▷ **poruszający**

stirrup /'stɪrəp/ **noun** [C] one of the two metal parts that support your feet when you are riding a horse ▷ **strzemię**

stitch[1] /stɪtʃ/ **noun 1** [C] a short line of thread that is sewn through a piece of material ▷ **szew, ścieg 2** [C] one of the small pieces of thread that is used to sew together a cut: *She needed 50 stitches in her head.* ▷ **szew 3** [C] one of the small circles of wool that you make when you are knitting ▷ **oczko 4** [no plural] a sudden pain that you get in the side of your body when you exercise too much: *to get a stitch* ▷ **kolka, kłucie w boku 5 in stitches** laughing a lot: *He had the whole audience in stitches.* ▷ **pokładający się ze śmiechu, śmiejący się do łez**

stitch[2] /stɪtʃ/ **verb** [I, T] to sew two things together or to repair something by sewing: *I need to get my shoes stitched.* ▷ **szyć, zszywać**

PHRASAL VERB **stitch sth up** to sew together the two parts of something that have come apart: *The nurse stitched up my finger.* ▷ **zszywać** *coś*

stock[1] /stɒk/ **noun 1** [U] B2 all the goods that are available in a shop: *We're expecting some new stock in this afternoon.* ▷ **zapas towaru, skład, towar, dostawa 2 be in stock/out of stock** B2 to be available/not available in a shop ▷ **być/nie być na stanie lub składzie 3** [C] a supply of something that is ready to be used: [usually plural] *stocks of food/weapons* ▷ **zasób, zapas 4** [C, U] the value of a company, or a share in its value: *to buy/sell stock* ◦ *falling/rising* ***stock prices*** ▷ **akcje, akcja 5** [U] a liquid made by boiling meat, bones, or vegetables, and used to make soups, sauces, etc: *chicken/vegetable stock* ▷ **wywar, bulion 6 take stock (of sth)** to think carefully about a situation before making a decision ▷ **dobrze się zastanowić (nad** *czymś***)** → See also **laughing stock**

stock[2] /stɒk/ **verb** [T] to have something available for people to buy: *They stock a wide range of books and magazines.* ▷ **oferować, mieć na składzie**

PHRASAL VERB **stock up** to buy a lot of something: *We'd better* ***stock up on*** *food for the holiday.* ▷ **zaopatrywać się, robić zapasy**

stock[3] /stɒk/ **adjective stock answer/phrase, etc** an answer/phrase, etc that is always used and so is not really useful ▷ **sztampowa odpowiedź/utarty zwrot** *itp.*

'stock ac,count noun [C] a record that a business makes, usually at the end of each year, of the value of its stock ▷ **inwentaryzacja**

stockbroker /'stɒk,brəʊkər/ **noun** [C] someone whose job is to buy and sell stocks and shares in companies for other people ▷ **makler (giełdowy)**

'stock con,trol noun [U] the system of making certain that new supplies are ordered for a business and that goods have not been stolen ▷ **kontrola zapasów**

the 'stock ex,change noun (also **the 'stock ,market**) **1** the place where stocks and shares in companies are bought and sold ▷ **giełda (papierów wartościowych) 2** the value of stocks and shares being bought and sold ▷ **giełda, akcje**

stocking /'stɒkɪŋ/ **noun** [C] a very thin piece of clothing that covers a woman's foot and leg: *a pair of stockings* ▷ **pończocha**

stockpile /'stɒkpaɪl/ **verb** [T] to collect a lot of something, usually so that it can be used in the future: *to stockpile food* ▷ **gromadzić**
• **stockpile** noun [C] *a* ***stockpile of weapons*** ▷ **skład, zapas**

stockturn /'stɒktɜːn/ **noun** [U] a measurement of how fast a business is selling its goods ▷ **rotacja zapasów**

stocky /'stɒki/ **adjective** having a wide, strong, body: *a short, stocky man* ▷ **krępy**

stoic /'stəʊɪk/ **adjective** formal dealing with pain, problems, etc, but never complaining ▷ **stoicki**
• **stoically adverb** ▷ **ze stoicyzmem** • **stoicism** /'stəʊɪsɪzəm/ **noun** [U] ▷ **stoicyzm**

stole /stəʊl/ past tense of steal

stolen /'stəʊlən/ past participle of steal

stolid /'stɒlɪd/ **adjective** calm and not showing emotion or excitement ▷ **beznamiętny**

stoma /'stəʊmə/ **noun** [C] (plural **stomata**) one of the many very small holes in the surface of a leaf or stem of a plant through which gases pass in and out ▷ **szparka**

stomach[1] /'stʌmək/ **noun** [C] (plural **stomachs**) **1** A2 the organ inside your body where food goes after it has been eaten and where it starts to be digested ▷ **żołądek 2** A2 the front part of your body just below your chest: *He punched me in the stomach.* ▷ **brzuch** → See **The Body** on page Centre 13 **3 have no stomach for sth** to not feel brave enough to do something unpleasant ▷ **nie mieć odwagi na** *coś* → See also **have** ***butterflies*** **(in your stomach)**

stomach[2] /'stʌmək/ **verb** informal **can't stomach sth** to be unable to deal with, watch, etc something unpleasant: *I can't stomach horror movies.* ▷ **mieć za słabe nerwy na** *coś*

'stomach ,ache noun [C, U] A2 pain in your stomach: *I've got terrible stomach ache.* ▷ **ból brzucha lub żołądka**

stomp /stɒmp/ **verb** [I] to put your foot down on the ground hard and quickly, or to walk with heavy steps, usually because you are angry: *He stomped off to his room.* ▷ **tupać**

stone[1] /stəʊn/ **noun 1** [U] B1 a hard, natural substance that is found in the ground: *a stone wall* ▷ **kamień 2** [C] B1 a small rock or piece of rock ▷ **kamień, kamyk 3** [C] B1 a hard, valuable substance that is often used in jewellery: *precious stones* ▷ **kamień 4** [C] (plural **stone**) UK a unit for measuring weight, equal to

S

6.35 kilograms or 14 pounds: *I gained two stone when I was pregnant.* ▷ **kamień (= 6,35 kg) 5** [C] the hard seed that is at the centre of some fruits: *a cherry stone* ▷ **pestka** → See also **stepping stone**

stone² /stəʊn/ **verb** [T] to kill or hurt someone by throwing stones at them, usually as a punishment: [often passive] *Two men were* ***stoned to death*** *by the crowd.* ▷ **ukamienować, obrzucać kamieniami**

stoned /stəʊnd/ **adjective** informal **1** relaxed or excited because of the effect of drugs ▷ **naćpany 2** drunk ▷ **urżnięty**

stonemason /ˈstəʊnˌmeɪsᵊn/ **noun** [C] someone who makes things from stone ▷ **kamieniarz**

stony /ˈstəʊni/ **adjective 1** covered with or containing stones: *a stony path/road* ▷ **kamienisty 2** not friendly, usually because you are angry: *a* ***stony silence*** ▷ **martwy, głuchy**

stood /stʊd/ past of stand

stool /stuːl/ **noun** [C] B2 a seat that does not have a back or arms: *a piano/bar stool* ▷ **stołek, taboret**

stoop¹ /stuːp/ **verb** [I] to bend the top half of your body forward and down: *He stooped to pick up the letter.* ▷ **schylać się, pochylać się**

PHRASAL VERB **stoop to sth/doing sth** to do something bad that will give you an advantage: *I can't believe he would stoop to blackmail.* ▷ **posunąć lub zniżyć się do** *czegoś*

stoop² /stuːp/ **noun 1** [no plural] when the upper part of your body is bent forwards: *He has a slight stoop.* ▷ **zgarbienie 2** [C] US a raised area in front of the door of a house, with steps leading up to it ▷ **taras**

stop¹ /stɒp/ **verb** (present participle **stopping**, past tense and past participle **stopped**) **1** [I, T] A1 to finish doing something that you were doing: [+ doing sth] *Stop laughing – it's not funny.* ◦ *He started to say something and then stopped.* ◦ *I'm trying to work but I keep having to stop to answer the phone (= stop so that I can answer the telephone).* ▷ **przestawać 2** [I] A2 to stop a journey or an activity for a short time: *He stopped at a pub for lunch.* ▷ **zatrzymywać się 3** [I, T] B1 to not continue to operate, or to make something not continue to operate: *My watch has stopped.* ◦ *Can you stop the video for a minute?* ▷ **zatrzymywać (się) 4** [I, T] B1 to not move any more, or make someone or something not move any more: *A car stopped outside the house.* ◦ *I stopped someone in the street to ask for directions.* ▷ **zatrzymywać (się) 5** [I] A2 If a bus, train, etc stops at a particular place, it pauses at that place so that people can get on and off: *Does this train* ***stop at*** *Cambridge?* ▷ **zatrzymywać się, stawać 6** [T] B1 to make something end: *We must find a way to stop the war.* ▷ **położyć kres 7** [T] B1 to prevent something from happening or someone from doing something: [+ from + doing sth] *Health workers are trying to stop the disease from spreading.* ▷ **powstrzymywać, zapobiegać 8 Stop it/that!** A1 used to tell someone to finish doing something, usually something annoying: *Stop it! I can't concentrate if you keep making a noise.* ▷ **Przestań! 9 stop a cheque** UK (US **stop a check**) to prevent money from being paid from a cheque ▷ **zablokować czek** → See also **stop at** ***nothing***, **stop the** ***rot***

PHRASAL VERBS **stop by (sth)** to visit a person or place for a short time: *If you're passing our house, why don't you stop by sometime?* ▷ **wstąpić** (*gdzieś*) • **stop off** to visit a place for a short time when you are going somewhere else: *We stopped off in Paris for a couple of days before heading south.* ▷ **zatrzymać się**

stop² /stɒp/ **noun** [C] **1** A1 a place where a bus or train stops so that people can get on or off: *We need to get off at the next stop.* ▷ **przystanek 2 put a stop to sth** to end something unpleasant: *We must put a stop to the violence.* ▷ **położyć** *czemuś* **kres 3** a place where you stop on a journey, or the time that you spend there: *We had an overnight stop in Singapore.* ▷ **przerwa, przystanek 4 come to a stop** B1 to stop moving: *The car came to a stop in front of an old cottage.* ▷ **zatrzymywać się**

IDIOM **pull out all the stops** to do everything you can to make something succeed ▷ **dwoić się i troić, dokładać wszelkich starań**

→ See also **bus stop**, **full stop**

stoplight /ˈstɒplaɪt/ **noun** [C] US a set of red, green, and yellow lights that is used to stop and start traffic ▷ **światła**

stopover /ˈstɒpˌəʊvəʳ/ **noun** [C] B2 a short stop between parts of a journey, especially a plane journey ▷ **przerwa w podróży, międzylądowanie**

stoppage /ˈstɒpɪdʒ/ **noun** [C] when people stop working because they are angry about something their employers have done ▷ **przerwa w pracy, strajk**

stopwatch /ˈstɒpwɒtʃ/ **noun** [C] a watch that can measure exactly how long it takes to do something and is often used in sports activities ▷ **stoper**

storage /ˈstɔːrɪdʒ/ **noun** [U] **1** B2 when you put things in a safe place until they are needed: *We had to put our furniture into storage.* ▷ **przechowanie 2** the amount of space a computer has for keeping information ▷ **pamięć**

store¹ /stɔːʳ/ **noun** [C] **1** mainly US B1 a shop: *a book store* ◦ *She works at a men's clothing store.* ▷ **sklep 2** a supply of something that you are keeping to use later: *a store of grain* ▷ **zapas,**

S

skład **3 be in store (for sb)** If something is in store for you, it will happen to you in the future: *There's a surprise in store for you!* ▷ **czekać** *kogoś*

IDIOM **set great store by sth** UK to believe that something is very important: *Martina sets great store by physical strength and fitness.* ▷ **przywiązywać duże znaczenie do** *czegoś*

→ See also **chain store**, **convenience store**, **department store**, **liquor store**

store² /stɔːʳ/ **verb** [T] **1** (also **store away**) Ⓑ2 to put something somewhere and not use it until you need it: *We have a lot of old clothes stored in the attic.* ▷ **odkładać, przechowywać 2** Ⓑ2 to keep information on a computer: *All the data is stored on computer.* ▷ **przechowywać**

ˌstored ˈenergy noun [U] in physics, the energy stored by something; potential energy ▷ **energia potencjalna**

storeroom /ˈstɔːruːm/ **noun** [C] a room where goods are kept until they are needed ▷ **magazynek, składzik**

storey UK (US **story**) /ˈstɔːri/ **noun** [C] Ⓑ2 a level of a building: *a three-storey house* ▷ **kondygnacja, piętro**

stork /stɔːk/ **noun** [C] a large, white bird with very long legs which walks around in water to find its food ▷ **bocian**

storm¹ /stɔːm/ **noun** [C] **1** Ⓐ2 very bad weather with a lot of rain, snow, wind, etc: *a snow/thunder storm* ▷ **burza, nawałnica 2 a storm of controversy/protest, etc** a strong, negative reaction to something that has been said or done ▷ **fala kontrowersji/protestów** *itp.*

> **Wyrazy występujące razem z storm**
>
> an approaching/gathering storm • a fierce/severe/violent storm • a storm breaks • a storm abates/passes

storm² /stɔːm/ **verb 1** [T] to attack a building, town, etc, using violence: *Armed police stormed the embassy and arrested hundreds of protesters.* ▷ **szturmować 2 storm into/out of, etc** to enter or leave a place in a very noisy way because you are angry: *He stormed out of the meeting.* ▷ **wpadać/wypadać (jak burza)**

ˈstorm ˌsurge noun [C] when a lot of water is pushed from the sea onto the land, usually caused by a hurricane ▷ **przypływ sztormowy**

stormy /ˈstɔːmi/ **adjective 1** If it is stormy, the weather is bad with a lot of wind and rain: *a* ***stormy night*** ◦ ***stormy seas*** ▷ **burzowy 2** A stormy relationship or situation involves a lot of anger and arguments: *a* ***stormy relationship*** ◦ *a stormy meeting/debate* ▷ **burzliwy**

story /ˈstɔːri/ **noun** [C] **1** Ⓐ2 a description of a series of real or imaginary events which is intended to entertain people: *a horror/detective story* ◦ *the story of the revolution* ◦ ***Tell us a story****, Mum.* ◦ *She* ***reads stories*** *to the children every night.* ▷ **historia, opowieść, opowiadanie 2** a report in a newspaper, magazine, or news programme: *Today's main story is the hurricane in Texas.* ▷ **temat 3** an explanation of why something happened, which may not be true: *Did he tell you the same story about why he was late?* ▷ **wyjaśnienie, historia 4** US spelling of storey

> **Wyrazy występujące razem z story**
>
> read/listen to a story • tell sb a story • a story about/of sth

stout¹ /staʊt/ **adjective 1** quite fat: *a short, stout man* ▷ **tęgi, korpulentny 2** If shoes or other objects are stout, they are strong and thick. ▷ **solidny**

stout² /staʊt/ **noun** [C, U] a very dark beer ▷ **porter**

stove /stəʊv/ **noun** [C] **1** a piece of equipment that you cook on: *I've left some soup* ***on the stove*** *for you.* ▷ **kuchenka** → See **The Kitchen** on page Centre 2 **2** a piece of equipment that burns coal, gas, wood, etc and is used for heating a room ▷ **piec**

stow /stəʊ/ **verb** [T] (also **stow away**) to put something in a particular place until it is needed: *Our camping equipment is stowed away in the loft.* ▷ **przechowywać, odkładać**

stowaway /ˈstəʊəˌweɪ/ **noun** [C] someone who hides on a ship or aircraft so that they can travel without paying ▷ **pasażer/ka na gapę**

straddle /ˈstrædl/ **verb** [T] **1** to sit or stand with one leg on either side of something: *He straddled the chair.* ▷ **siedzieć okrakiem na, stać okrakiem nad 2** to be on both sides of a place: *Niagara Falls straddles the Canadian border.* ▷ **leżeć po obu stronach**

straggle /ˈstrægl/ **verb** [I] **1** to move more slowly than other members of a group: *Some runners are straggling a long way behind.* ▷ **zostawać (z tyłu), wlec się 2** to grow or spread out in an untidy way: *I could see a line of straggling bushes.* ▷ **rozrastać się, rozłazić się**

straggly /ˈstrægli/ **adjective** growing or spreading out in an untidy way: *a* ***straggly beard*** ▷ **niesforny**

straight¹ /streɪt/ **adjective 1** Ⓐ2 not curved or bent: *a straight road* ◦ *straight hair* ▷ **prosty 2** Ⓑ2 in a position that is level or vertical: *That shelf's not straight.* ▷ **równy 3** [always before noun] one after another: *They've won five straight games so far.* ▷ **kolejny 4** Ⓑ2 honest: *a* ***straight answer*** ▷ **szczery 5** An alcoholic drink that is straight is not mixed with water, ice, etc. ▷ **czysty 6 get sth straight** to make sure that you completely understand a situation: *Let me get this straight – am I paying for this?* ▷ **wyjaśnić** *coś* **(do końca), (dobrze)** *coś* **zrozumieć 7** informal not homosexual ▷ **hetero** → See also **keep a straight** ***face***

straight² /streɪt/ **adverb 1** Ⓐ2 in a straight line: *It's* ***straight ahead****.* ◦ *He was looking straight at me.* ▷ **prosto, wprost 2** Ⓑ1 immediately: *I went*

S

straight back to sleep. ▷ **od razu, zaraz** **3 sit up/stand up straight** B2 to sit or stand with your body vertical ▷ **siedzieć/stać prosto** **4 not think straight** If you cannot think straight, you are not thinking clearly about something: *I was so tired, I couldn't think straight.* ▷ **nie móc zebrać myśli** **5 tell sb straight (out)** to tell someone the truth in a clear way: *I told him straight that he wasn't getting a pay increase.* ▷ **powiedzieć** *komuś* **prosto z mostu** **6 straight away** B1 immediately: *Go there straight away.* ▷ **natychmiast, od razu**

ˌstraight ˈangle noun [C] an angle of 180 degrees ▷ **kąt półpełny**

straighten /ˈstreɪtᵊn/ **verb** [I, T] to become straight or to make something straight ▷ **wyprostować (się)**

PHRASAL VERBS **straighten sth out** to successfully deal with a problem or a confusing situation: *We need to straighten a few things out.* ▷ **wyjaśniać** *coś*, **uporządkować** *coś* • **straighten sth up** to make a place tidy: *Could you straighten up your room?* ▷ **posprzątać** *coś* • **straighten up** to stand so that your back is straight ▷ **wyprostować się**

straightforward /ˌstreɪtˈfɔːwəd/ **adjective** **1** B2 easy to do or understand: *The task looked fairly straightforward.* ▷ **prosty** **2** saying clearly and honestly what you think: *She's very straightforward.* ▷ **szczery**

strain¹ /streɪn/ **noun** **1** [C, U] B2 when you feel worried and nervous about something: *The strain of the last few months had exhausted her.* ▷ **napięcie, stres** **2 put a strain on sb/sth** to cause problems for someone or to make a situation difficult: *Children put tremendous strains on a marriage.* ▷ **wystawiać** *kogoś/coś* **na próbę** **3** [C, U] an injury to part of your body that is caused by using it too much: *back strain* ▷ **nadwerężenie, przemęczenie** **4** [U] B2 when something is pulled or stretched too tightly: *The rope broke* ***under the strain.*** ▷ **naprężenie** **5** [C] a type of disease or plant: *a new strain of virus* ▷ **odmiana, szczep**

Wyrazy występujące razem z strain

feel the strain • be under strain • the strain of doing sth

strain² /streɪn/ **verb** **1** [I, T] to try hard to do something, usually to see or hear something: [+ to do sth] *I had to strain to hear the music.* ▷ **wysilać (się)** **2** [T] B2 to injure part of your body by using it too much: *I think I've strained a muscle.* ▷ **nadwerężyć** **3** [T] to cause problems for a situation or relationship: *The incident has strained relations between the two countries.* ▷ **nadszarpnąć, zwiększać napięcie w** **4** [T] to cause too much of something to be used, especially money: *The war is straining the defence budget.* ▷ **nadwerężać, uszczuplać** **5** [T] to separate solids from a liquid by pouring the mixture into a container with small holes in it: *Strain the sauce to remove the seeds and skins.* ▷ **odcedzać**

strained /streɪnd/ **adjective** **1** showing that someone is nervous or anxious: *We had a rather* ***strained conversation.*** ▷ **wymuszony** **2** If a relationship is strained, problems are spoiling that relationship: ***Relations*** *are still* ***strained*** *between the two countries.* ◦ *They have a rather* ***strained relationship.*** ▷ **napięty**

strait /streɪt/ **noun** [C] a narrow area of sea that connects two large areas of sea: [usually plural] *the straits of Florida* ▷ **cieśnina**

strait-jacket /ˈstreɪtˌdʒækɪt/ **noun** [C] a special jacket used for mentally ill people that prevents them from moving their arms ▷ **kaftan bezpieczeństwa**

strand /strænd/ **noun** [C] **1** a thin piece of hair, thread, rope, etc: *She tucked a* ***strand of hair*** *behind her ear.* ▷ **kosmyk, włókno** **2** one part of a story, situation, idea, etc: *There are a number of different strands to the plot.* ▷ **wątek**

stranded /ˈstrændɪd/ **adjective** unable to leave a place: *We were stranded at the airport for ten hours.* ▷ **uwięziony, pozostawiony samemu sobie**

Strange wyrazy bliskoznaczne

Sens przymiotnika „strange" możemy również wyrazić za pomocą **odd**, **bizarre** i **weird**:

I always thought there was something a bit ***odd*** *about her.*

I had a really ***bizarre/weird*** *dream last night.*

Jeśli coś jest dziwne, bo jest niezgodne z tym, czego należałoby oczekiwać, możemy użyć przymiotników **curious**, **funny** lub **peculiar**:

This lemonade tastes ***funny.***

The chicken had a ***peculiar*** *smell.*

A ***curious*** *thing happened to me yesterday.*

Jeśli jakaś osoba zawsze dziwnie się zachowuje, możemy opisać ją przymiotnikiem **eccentric**:

The whole family are ***eccentric.***

strange /streɪndʒ/ **adjective** **1** A2 If something is strange, it is surprising because it is unusual or unexpected: [+ (that)] *It's strange that she hasn't called.* ◦ *It's midnight and he's still at work – that's strange.* ◦ *What a strange-looking man.* ▷ **dziwny** **2** B1 A strange person or place is one that you are not familiar with: *I was stuck in a strange town with no money.* ▷ **obcy**
• **strangely** adverb B2 *She's been behaving very strangely (= in an unusual way) recently.* ▷ **dziwnie**

stranger /ˈstreɪndʒəʳ/ **noun** [C] **1** B1 someone you have never met before: *I can't just walk up to a complete stranger and start speaking to them.* ▷ **obc-y/a, nieznajom-y/a** **2 be no stranger to**

sth to have a lot of experience of something: *He's no stranger to hard work himself.* ▷ *coś* **to nie pierwszyzna,** ≈ *komuś coś* **jest nieobce**

strangle /ˈstræŋɡl/ **verb** [T] **1** to kill someone by pressing their throat with your hands, a rope, wire, etc: [often passive] *Police believe the victim was strangled.* ▷ **udusić 2** to prevent something from developing: *High-level corruption is strangling the economy.* ▷ **dławić, tłamsić**

stranglehold /ˈstræŋɡlhəʊld/ **noun** [no plural] a position of complete control that prevents something from developing: *Two major companies have a* ***stranglehold on*** *the market.* ▷ **pełna kontrola**

strap /stræp/ **noun** [C] a narrow piece of material used to fasten two things together or to carry something: *a watch strap* ◦ *a bra strap* ◦ *I want a bag with a shoulder strap.* ▷ **pasek, ramiączko**
• **strap verb** [T] (present participle **strapping**, past tense and past participle **strapped**) to fasten something using a strap ▷ **przypinać (paskiem)**

strategic /strəˈtiːdʒɪk/ **adjective 1** helping to achieve a plan, usually in business or politics: ***strategic planning*** ▷ **strategiczny 2** related to fighting a war: ***strategic weapons*** ▷ **strategiczny 3** If something is in a strategic position, it is in a useful place for achieving something. ▷ **strategiczny**
• **strategically adverb** ▷ **strategicznie**

strategy /ˈstrætədʒi/ **noun 1** [C] B2 a plan that you use to achieve something: *an* ***economic strategy*** ◦ *a* ***long-term strategy*** ▷ **strategia 2** [U] the act of planning how to achieve something: *a* ***military strategy*** ▷ **strategia**

> **Wyrazy występujące razem z strategy**
> adopt/develop/have a strategy • a strategy for doing sth • the strategy of doing sth • an economic strategy • a long-term/short-term strategy • a sales strategy

the stratosphere /ˈstrætəsfɪər/ **noun** [no plural] the layer of gases surrounding the Earth at a height of between 15 and 50 kilometres, above the troposphere and below the mesosphere ▷ **stratosfera**

stratus /ˈstreɪtəs/ **noun** a type of flat grey cloud found at the lowest level ▷ **chmura niska warstwowa**

straw /strɔː/ **noun 1** [U] the long, dried stems of plants such as wheat, often given to animals for sleeping on and eating: *a straw hat* ▷ **słoma 2** [C] a thin plastic or paper tube that you use for drinking through ▷ **słomka**

IDIOM **the final/last straw** the last in a series of unpleasant events which finally makes you stop accepting a bad situation: *Last week he came home drunk at five in the morning, and that was the last straw.* ▷ **ostatnia kropla (goryczy)**

strawberry /ˈstrɔːbəri/ **noun** [C] B1 a small, red fruit with a green leaf at the top and small, brown seeds on its surface ▷ **truskawka**

stray[1] /streɪ/ **verb** [I] **1** to move away from the place where you should be, without intending to: *I suddenly realized that I had* ***strayed*** *far* ***from*** *the village.* ▷ **zbaczać, zabłądzić 2** to start thinking or talking about a different subject from the one you should be giving attention to: *We seem to have* ***strayed from*** *the original* ***subject.*** ▷ **zbaczać**

stray[2] /streɪ/ **adjective** [always before noun] **1** A stray animal is lost or has no home: *a* ***stray dog*** ▷ **bezpański, zabłąkany 2** A stray piece of something has become separated from the main part: *a stray hair* ▷ **niesforny, zbłąkany**

stray[3] /streɪ/ **noun** [C] an animal that is lost or has no home ▷ **bezpańskie lub zbłąkane zwierzę**

streak[1] /striːk/ **noun** [C] **1** a thin line or mark: *She has a streak of white hair.* ▷ **smuga, pasemko 2** a quality in someone's character, especially a bad one: *Tom has a* ***mean/ruthless streak.*** ▷ **skłonność, cecha 3 a winning/losing streak** a period of always winning/losing a game: *I'm* ***on a winning streak.*** ▷ **pasmo zwycięstw/porażek, dobra/zła passa**

streak[2] /striːk/ **verb 1 streak across/down/through, etc** to move quickly: *The plane streaked across the sky.* ▷ **mknąć przez, śmigać przez 2 be streaked with sth** to have thin lines of a different colour: *His dark hair was lightly streaked with grey.* ▷ **być przeplatanym** *czymś*

stream[1] /striːm/ **noun** [C] **1** B1 a small river ▷ **strumień, potok, rzeczka 2 a stream of sth a** B2 a line of people or vehicles moving in the same direction: *a constant stream of traffic* ▷ **rzeka** *czegoś,* **potok** *czegoś* **b** a large number of similar things that happen or appear one after another: *He has produced a steady stream of books.* ▷ **seria** *czegoś* **c** B2 a moving line of liquid, gas, smoke, etc: *A stream of smoke was coming from the chimney.* ▷ **strumień** *czegoś*

stream[2] /striːm/ **verb 1 stream down/in/through, etc** to move or flow continuously in one direction: *Tears were streaming down her face.* ▷ **spływać/napływać/przepływać** *itp.* **2** [T] to listen to or watch something on a computer directly from the Internet ▷ **odbierać (media strumieniowe)**

streamer /ˈstriːməʳ/ **noun** [C] a long, narrow piece of coloured paper that you use to decorate a room or place for a party ▷ **serpentyna**

streamline /ˈstriːmlaɪn/ **verb** [T] **1** to make an organization or process simpler and more effective: *We need to streamline our production procedures.* ▷ **usprawniać 2** to give a vehicle a smooth shape so that it moves easily through air or water ▷ **nadawać opływowy kształt**

street /striːt/ **noun** [C] A1 a road in a town or city

S

that has houses or other buildings: *We live on the same street.* ◦ *a street map* ▷ **ulica**

IDIOMS **the man/person, etc in the street** a typical, ordinary person ▷ **zwykły lub normalny człowiek** • **be right up sb's street** UK informal (US **be right up sb's alley**) to be exactly the type of thing that someone knows about or likes to do: *I've got a little job here which should be right up your street.* ▷ **(idealnie)** *komuś* **pasować lub podpasować** • **be streets ahead (of sb/sth)** UK to be much better or more advanced than someone or something else: *American film companies are streets ahead of their European rivals.* ▷ **wyprzedzać** *kogoś/coś* **zdecydowanie**

→ See also **high street**, **Wall Street**

streetcar /ˈstriːtkɑːʳ/ **noun** [C] US (UK/US **tram**) an electric vehicle for carrying passengers, mostly in cities, which runs along metal tracks in the road ▷ **tramwaj**

ˈstreet ˌlight noun [C] (also **ˈstreet ˌlamp**) a light on a tall post next to a street ▷ **latarnia uliczna**

streetwise /ˈstriːtwaɪz/ **adjective** (US also **streetsmart**) Someone who is streetwise knows how to manage dangerous or difficult situations in big towns or cities. ▷ **sprytny**

strength /streŋθ/ **noun 1** [U] B2 when someone or something is strong: *upper-body strength* ◦ *A good boxer needs skill as well as strength.* ▷ **siła 2** [U] the power or influence that an organization, country, etc has: *economic strength* ▷ **potęga, siła 3** [U] when you are brave or determined in difficult situations: *I think she showed great* ***strength of character.*** ▷ **siła 4** [C] a good quality or ability that makes someone or something effective: *We all have our* ***strengths and weaknesses.*** ◦ *The great strength of this arrangement is its simplicity.* ▷ **mocna strona 5** [U] how strong a feeling or opinion is: *There is great* ***strength of feeling*** *against tax increases.* ▷ **siła 6** [U] the value of a country's money: *The strength of the dollar has traders worried.* ▷ **siła 7 at full strength** with the necessary number of people: *Our team is now at full strength.* ▷ **w pełnym składzie 8 on the strength of sth** If you do something on the strength of facts or advice, you do it because of them: *On the strength of this year's sales figures, we've decided to expand the business.* ▷ **opierając się na** *czymś*

IDIOM **go from strength to strength** UK to continue to become more successful ▷ **przeżywać sukces za sukcesem**

→ See also **a *tower* of strength**

> **Wyrazy występujące razem z strength**
>
> full/great/superhuman strength • draw/have/muster/regain/sap strength

strengthen /ˈstreŋθᵊn/ **verb** [I, T] B2 to become stronger or make something become stronger: *exercises to strengthen the leg muscles* ▷ **wzmacniać (się)**

strenuous /ˈstrenjuəs/ **adjective** using or needing a lot of effort: ***strenuous exercise*** ▷ **forsowny, intensywny**

stress¹ /stres/ **noun 1** [C, U] B1 feelings of worry caused by difficult situations such as problems at work: *work-related stress* ◦ *She's been* ***under*** *a lot of* ***stress*** *recently.* ▷ **stres, napięcie (emocjonalne) 2** [U] special importance that you give to something: *At school, they* ***laid*** *great* ***stress*** *on academic achievement.* ▷ **nacisk 3** [C, U] physical force on something: *Jogging* ***puts*** *a lot of* ***stress on*** *your knee joints.* ▷ **obciążenie 4** [U] B2 when you say one part of a word more strongly: *In the word 'blanket', the* ***stress*** *is* ***on*** *the first syllable.* ▷ **akcent**

> **Wyrazy występujące razem z stress**
>
> be under stress • cope with/deal with/handle stress • alleviate/combat/reduce/relieve stress • stress levels

stress² /stres/ **verb 1** [T] B2 to emphasize something in order to show that it is important: [+ (that)] *I stressed that this was our policy.* ▷ **podkreślać 2** [I] US informal to be worried: *Stop stressing about tonight – it'll be fine.* ▷ **stresować się**

stressed /strest/ **adjective** (also **stressed out**) B1 worried and not able to relax: *Tanya's really stressed out about her exams.* ▷ **zestresowany**

stressful /ˈstresfᵊl/ **adjective** B1 making you stressed: *a* ***stressful job*** ▷ **stresujący**

stretch¹ /stretʃ/ **verb 1** [I, T] B2 to become longer or wider, or to pull something so that it becomes longer or wider: *Don't pull my sweater – you'll stretch it.* ▷ **rozciągać (się) 2** [I, T] B2 to make your body or part of your body straighter and longer: *Stretch your arms above your head.* ▷ **wyciągać (się) 3 stretch away/into, etc** to cover a large area: *The fields stretched away into the distance.* ▷ **rozciągać się** *gdzieś* **4 stretch into/over, etc** to continue for a long period of time: *The discussions will probably stretch into next month.* ▷ **przeciągać się na/do** *itp.* → See also **stretch your *legs***, **bend/stretch the *rules***

PHRASAL VERB **stretch out** to lie with your legs and arms spread out in a relaxed way ▷ **wyciągać się**

stretch² /stretʃ/ **noun** [C] **1** C1 an area of land or water: *a stretch of coastline* ▷ **obszar, odcinek 2** a continuous period of time: *He often worked ten hours* ***at a stretch.*** ▷ **okres 3** when you stretch part of your body: *I always* ***do*** *a few* ***stretches*** *before I go jogging.* ▷ **ćwiczenie rozciągające**

IDIOM **not by any stretch of the imagination** used to say that something, often a description, is certainly not true: *She was never a great* *player, not by any stretch of the imagination.* ▷ **w żadnym wypadku**

stretcher /ˈstretʃəʳ/ **noun** [C] a flat structure covered with cloth which is used to carry someone who is ill or injured ▷ **nosze**

stricken /ˈstrɪkᵊn/ **adjective** suffering from the effects of something bad, such as illness, sadness, etc: *a child stricken by fear* ▷ **dotknięty, cierpiący** → See also **panic-stricken**, **poverty-stricken**

strict /strɪkt/ **adjective** **1** (B1) A strict person makes sure that children or people working for them behave well and does not allow them to break any rules: *a strict teacher* ◦ *My parents were very **strict with** us.* ▷ **surowy** **2** (B2) If a rule, law, etc is strict, it must be obeyed: *She gave me **strict instructions** to be there by ten.* ▷ **ścisły** **3** [always before noun] (B2) always behaving in a particular way because of your beliefs: *a strict Muslim* ▷ **ortodoksyjny** **4** exactly correct: *a strict translation of a text* ▷ **precyzyjny**

strictly /ˈstrɪktli/ **adverb** **1** (B2) exactly or correctly: *That's not **strictly** true.* ◦ ***Strictly speaking** (= The rules say), we're not allowed to give you any advice.* ▷ **dokładnie, ściśle** **2** done or existing for a particular person or purpose: *Her visit is strictly business.* ▷ **wyłącznie** **3 strictly forbidden/prohibited** (B2) used to emphasize that something is not allowed ▷ **surowo wzbroniony**

stride¹ /straɪd/ **verb** (past tense and past participle **strode**) **stride across/down/into, etc** to walk somewhere with long steps: *She strode across the stage.* ▷ **przemaszerować/kroczyć/wkroczyć** *itp.*

stride² /straɪd/ **noun** [C] a long step when walking or running ▷ **krok**

IDIOMS **get into your stride** UK (US **hit your stride**) to start to do something well and with confidence because you have been doing it for a period: *Once I get into my stride, I'm sure I'll work much faster.* ▷ **złapać (właściwy) rytm, nabierać wprawy** • **take sth in your stride** UK (US **take sth in stride**) to calmly deal with something that is unpleasant and not let it affect what you are doing: *There are often problems at work but she seems to take it all in her stride.* ▷ **przechodzić nad** *czymś* **do porządku dziennego, nie zrażać się** *czymś*

strident /ˈstraɪdᵊnt/ **adjective** **1** expressed in a strong way: ***strident criticism*** ▷ **ostry** **2** loud and unpleasant: *a **strident voice*** ▷ **ostry**

strife /straɪf/ **noun** [U] formal trouble or disagreement between people ▷ **niesnaski, spory**

strike¹ /straɪk/ **verb** (past tense and past participle **struck**) **1** [T] (B1) to hit someone or something: *His car went out of control and struck a tree.* ◦ *I've never heard of anyone being **struck by lightning**.* ▷ **uderzać** **2** [T] (B2) If a thought or idea strikes you, you suddenly think of it: [+ (that)] ***It struck me** that I'd forgotten to order the champagne.* ▷ **uderzać, przychodzić do głowy** **3 strike sb as sth** If someone strikes you as having a particular quality, they seem to have that quality: *He didn't strike me as a passionate man.* ▷ **uderzać** *kogoś* **jako** *coś*, **robić na** *kimś jakieś* **wrażenie** **4** [I] (B2) to stop working for a period of time because you want more money, etc: *Bus drivers are threatening to strike.* ▷ **strajkować** **5** [T] If something bad strikes something or someone, it affects them strongly and quickly: *The hurricane struck the coast at about eight in the morning.* ▷ **uderzać** **6** [I] to attack suddenly: *The marines will strike at dawn.* ▷ **atakować** **7** [I, T] If a clock strikes, a bell rings to show what the time is. ▷ **wybijać (godzinę), bić** **8 strike gold, oil, etc** to find a supply of gold, oil, etc in the ground ▷ **znajdować złoto/ropę** *itp.* **9 strike a match** to light a match in order to produce fire ▷ **zapalać zapałkę** **10 strike a balance** to give two things the same amount of attention: *It's important to **strike a balance between** spending and saving.* ▷ **zachowywać równowagę lub proporcje** **11 strike a deal** If two people strike a deal, they promise to do something for each other which will give them both an advantage: *The book's author has struck a deal with a major film company.* ▷ **dobijać targu, ubijać interes** → See also **strike a *chord* (with sb)**, **be struck *dumb***

PHRASAL VERBS **strike back** to attack someone who has attacked you ▷ **kontratakować, rewanżować się** • **strike out** **1** to start moving towards somewhere in a determined way: *She **struck out for** the opposite bank.* ▷ **ruszyć** **2** US informal to fail at something: *I really struck out with her – she wouldn't even let me kiss her goodbye.* ▷ **skopać sprawę** • **strike sth out** to draw a line through something wrong that you have written ▷ **przekreślać** *coś*, **wykreślać** *coś* • **strike up sth** to start a conversation or relationship with someone: *I **struck up** a **conversation** with a guy who worked behind the bar.* ▷ **nawiązywać** *coś*

> Wyrazy występujące razem z **strike** (noun)
>
> be on/go on strike • a strike over sth • strike action

strike² /straɪk/ **noun** **1** [C, U] (B1) a period of time when people are not working because they want more money, etc: *Teachers are planning to **go on strike** next month.* ▷ **strajk** **2** [C] a sudden military attack: *an air strike* ▷ **atak, uderzenie** → See also **hunger strike**

striker /ˈstraɪkəʳ/ **noun** [C] **1** someone who is on strike ▷ **strajkujący-y/a** **2** a football player

S

whose job is to try to score goals ▷ **napastni-k/czka**

striking /ˈstraɪkɪŋ/ **adjective** **1** (B2) easily noticed: *There's a* ***striking resemblance*** *between them.* ▷ **uderzający** **2** very attractive: *She's very striking.* ▷ **uderzająco piękny**

string[1] /strɪŋ/ **noun** **1** [C, U] (B2) very thin rope used for tying things: *a ball of string* ▷ **sznurek** **2** [C] (B2) a piece of wire that is part of a musical instrument: *guitar strings* ▷ **struna** **3** **a string of beads/pearls** a set of decorative things joined together on a thread, worn as jewellery ▷ **sznur korali/pereł** **4** **a string of sth** a number of similar things: *a string of questions* ◦ *As a writer, she's enjoyed a string of successes.* ▷ **seria** *czegoś*, **szereg** *czegoś*

IDIOMS **no strings (attached)** If there are no strings attached to an offer or arrangement, there is nothing that is unpleasant that you have to accept: *I'll drive you home – no strings attached.* ▷ **bez żadnych zobowiązań lub (dodatkowych) warunków** • **pull strings** to secretly use the influence that you have over important people to get something or to help someone ▷ **porozmawiać z kim trzeba**

string[2] /strɪŋ/ **verb** [T] (past tense and past participle **strung**) to hang something somewhere with string: *They had strung flags across the entrance to welcome us home.* ▷ **rozwieszać**

PHRASAL VERBS **string sb along** to deceive someone for a long time about what you are intending to do ▷ **zwodzić** *kogoś*, **wodzić** *kogoś* **za nos** • **be strung out** If a group of things or people are strung out somewhere, they are in a line with spaces between them: *There were chairs strung out across the room.* ▷ **stać (w odstępach)**

stringent /ˈstrɪndʒənt/ **adjective** Stringent controls, rules, etc are very strict or extreme. ▷ **surowy**

strings /strɪŋz/ **noun** [plural] the people in a musical group who play instruments with strings on them such as the violin ▷ **smyczki**

strip[1] /strɪp/ **verb** (present participle **stripping**, past tense and past participle **stripped**) **1** [I, T] (also UK **strip off**) to remove all your clothes, or to remove all someone else's clothes: *She was stripped and searched by the guards.* ◦ *He stripped off his clothes and ran into the sea.* ▷ **rozbierać (się)** **2** [T] (also **strip off**) to remove a covering from the surface of something: *to strip paint/wallpaper off the wall* ▷ **usuwać, zdzierać**

PHRASAL VERB **strip sb of sth** to take something important away from someone as a punishment: *He was* ***stripped of*** *his gold* ***medal***. ▷ **pozbawiać** *kogoś czegoś*

strip[2] /strɪp/ **noun** [C] **1** a long, narrow piece of something: *a strip of paper/plastic* ▷ **pasek, skrawek** **2** a long, narrow area of land or water ▷ **pas** **3** entertainment in which someone takes off their clothes in a sexually exciting way: *a strip club/show* ▷ **striptiz** → See also **comic strip**

stripe /straɪp/ **noun** [C] (B1) a long, straight area of colour: *white with blue stripes* ▷ **pasek**

striped /straɪpt/ **adjective** with a pattern of stripes: *a striped shirt* ▷ **w paski**

stripey /ˈstraɪpi/ **adjective** another spelling of stripy

stripper /ˈstrɪpəʳ/ **noun** [C] someone who takes off their clothes in a sexually exciting way to entertain people ▷ **striptizer/ka**

striptease /ˈstrɪpti:z/ **noun** [C, U] entertainment in which someone takes off their clothes in a sexually exciting way ▷ **striptiz**

stripy (also **stripey**) /ˈstraɪpi/ **adjective** with a pattern of stripes: *stripy trousers* ▷ **pasiasty, w paski**

strive /straɪv/ **verb** [I] (past tense and past participle **strove**, **strived**, past participle **striven**, **strived**) formal to try very hard to do or achieve something: *to* ***strive for*** *happiness/peace* ◦ [+ to do sth] *We are constantly striving to improve our service.* ▷ **walczyć, usiłować**

strode /strəʊd/ past of stride

stroke[1] /strəʊk/ **noun** [C] **1** (B2) a sudden problem in your brain that changes the flow of blood and makes you unable to move part of your body: *to* ***have/suffer*** *a* ***stroke*** ▷ **udar** **2** a movement that you make against something with your hand, a pen, brush, etc: *a* ***brush stroke*** ▷ **ruch, pociągnięcie** **3** a style of swimming ▷ **styl (pływacki)** **4** when you move your arm and hit the ball in sports such as tennis, golf, etc ▷ **uderzenie**

IDIOM **a stroke of luck** something good that happens to you by chance: *He had exactly the part that I needed so that was a stroke of luck.* ▷ **szczęśliwy zbieg okoliczności**

stroke[2] /strəʊk/ **verb** [T] (B2) to gently move your hand over a surface: *to stroke a cat/dog* ◦ *He stroked her hair.* ▷ **głaskać**

stroll /strəʊl/ **verb** **stroll along/down/through, etc** to walk somewhere in a slow and relaxed way: *They strolled along the beach.* ▷ **spacerować wzdłuż/przez** *itp.*
• **stroll noun** [C] *Shall we* ***go for a stroll*** *around the garden?* ▷ **spacer**

stroller /ˈstrəʊləʳ/ **noun** [C] US (UK **pushchair**) a chair on wheels which is used to move small children ▷ **wózek (spacerowy), spacerówka**

strong /strɒŋ/ **adjective** **1** (A2) A strong person or animal is physically powerful: *Are you strong enough to lift this table on your own?* ▷ **silny** **2** (B1) A strong object does not break easily or can support heavy things: *a strong box/chair* ▷ **mocny** **3** (B2) of a good quality or level and likely to be successful: *a strong competitor/team* ◦ *a strong economy* ▷ **silny** **4** (B2) A strong feeling, belief, or opinion is felt in a very deep and serious way: *a strong sense of pride* ▷ **mocny** **5** (B1) If a taste, smell, etc is strong, it is very noticeable: *There's a strong smell of burning.* ▷ **ostry** **6** B2 If a person or their personality is strong, they are confident and able to deal with problems well. ▷ **silny** **7** containing a lot of alcohol: *a strong drink* ▷ **mocny** **8** B1 If a friendship, relationship, etc is strong, it is likely to last for a long time. ▷ **trwały** **9** **strong chance/possibility, etc** something that is very likely to happen: *There's a strong possibility of rain this afternoon.* ▷ **duż-a/e szansa/prawdopodobieństwo** *itp.* **10** **strong opposition/support, etc** a lot of opposition/support, etc ▷ **siln-a/e opozycja/poparcie** *itp.* **11** **strong language** words that some people might consider to be offensive ▷ **dosadny język** **12** **sb's strong point** something that someone is very good at: *Cooking is not my strong point.* ▷ *czyjś* **mocny punkt** **13** **be still going strong** continuing to be successful after a long time ▷ **(wciąż) świetnie się trzymać**

ˌstrong ˈacid noun [C] an acid with a pH of between 1 and 3, whose ionic compounds separate or divide into smaller molecules completely in a solution containing water ▷ **mocny kwas**

strongly /ˈstrɒŋli/ **adverb** B2 very much or in a very serious way: *He is **strongly opposed** to violence of any sort.* ◦ *I **strongly believe** that we should take action.* ▷ **mocno, silnie, zdecydowanie**

strong-willed /ˌstrɒŋˈwɪld/ **adjective** very determined to do what you want to do ▷ **zdecydowany, zdeterminowany**

strontium /ˈstrɒntiəm/ **noun** [U] a soft metallic silver-white chemical element that burns easily with a bright red flame, used in fireworks and some colour televisions (symbol Sr) ▷ **stront**

stroppy /ˈstrɒpi/ **adjective** UK informal angry or arguing a lot: *a stroppy teenager* ▷ **kłótliwy**

strove /strəʊv/ past tense of strive

struck /strʌk/ past of strike

structural /ˈstrʌktʃərəl/ **adjective** relating to the structure of something: ***structural damage*** ◦ *The last five years have seen big **structural changes** in the company.* ▷ **strukturalny, konstrukcyjny**
• **structurally** adverb ▷ **strukturalnie, konstrukcyjnie**

structure¹ /ˈstrʌktʃəʳ/ **noun** **1** [C, U] B2 the way that parts of something are arranged or put together: *cell structure* ◦ *grammatical structure* ▷ **struktura, budowa** **2** [C] a building or something that has been built ▷ **budowla, budynek**

structure² /ˈstrʌktʃəʳ/ **verb** [T] to arrange something in an organized way: *How is the course structured?* ▷ **organizować, konstruować**

struggle¹ /ˈstrʌgl/ **verb** [I] **1** B2 to try very hard to do something difficult: [+ to do sth] *He's struggling to pay off his debts.* ▷ **starać się, zmagać się** **2** B2 to fight someone when they are holding you: *She struggled but couldn't break free.* ▷ **szamotać się**

PHRASAL VERB **struggle on** to continue doing something that is difficult ▷ **nie ustawać w wysiłkach**

struggle² /ˈstrʌgl/ **noun** [C] **1** B2 when you try very hard to do something difficult: *It was a real struggle to stay awake during the film.* ▷ **walka** **2** B2 a fight between people ▷ **szamotanina**

> Wyrazy występujące razem z **struggle (noun)**
>
> a **constant/ongoing/uphill** struggle • a struggle **for** [justice/survival, etc]

strum /strʌm/ **verb** [I, T] (present participle **strumming**, past tense and past participle **strummed**) to move your fingers across the strings of a guitar ▷ **brzdąkać (na)**

strung /strʌŋ/ past of string

strut /strʌt/ **verb** (present participle **strutting**, past tense and past participle **strutted**) **strut along/around/down, etc** to walk somewhere with big steps in a proud way ▷ **kroczyć** → See also **strut your *stuff***

stub¹ /stʌb/ **noun** [C] the short end piece of something such as a cigarette or pencil that is left after it has been used: *There were **cigarette stubs** all over the floor.* ▷ **resztka**

stub² /stʌb/ **verb** (present participle **stubbing**, past tense and past participle **stubbed**) **stub your toe** to hit your toe against a hard surface by accident ▷ **uderzyć się w palec (u nogi)**

PHRASAL VERB **stub sth out** to stop a cigarette from burning by pressing the burning end against a hard surface ▷ **zgasić** *coś*

stubble /ˈstʌbl/ **noun** [U] **1** very short, stiff hairs, usually on a man's face ▷ **(lekki) zarost, szczecina** **2** the short bits of dried plant stems left in a field after it has been cut ▷ **rżysko, ściernisko**

stubborn /ˈstʌbən/ **adjective** B2 determined not to change your ideas, plans, etc, although other people want you to ▷ **uparty**
• **stubbornly** adverb ▷ **uparcie** • **stubbornness** noun [U] ▷ **upór**

stubby /ˈstʌbi/ **adjective** short and thick: ***stubby legs/fingers*** ▷ **pękaty, krótki i gruby**

stuck¹ /stʌk/ **adjective** [never before noun] **1** B2 not able to move anywhere: *My car **got stuck in** a ditch.* ◦ *We were stuck at the airport for twelve hours.* ▷ **zablokowany, utknięty,** ≈ **utknąć** **2** not able to continue reading, answering questions, etc because something is too difficult: *I keep **getting stuck** on difficult words.* ▷ ≈ **zacinać się** **3** **be stuck with sb/sth** to have to deal with someone or something unpleasant because no one else wants to: *Whenever we eat out, I always get stuck with the bill.* ▷ **mieć** *kogoś/coś* **na głowie, być skazanym na** *kogoś/coś*

S

stuck² /stʌk/ past of stick

stud /stʌd/ **noun** [C] **1** a small, metal piece of jewellery that is put through a part of your body such as your ear or nose ▷ **kolczyk, wkrętka 2** a small piece of metal that is fixed to the surface of something, usually for decoration ▷ **ćwiek, zatrzask 3** (also ˈ**stud** ˌ**farm**) a place where horses are kept for breeding ▷ **stadnina**

student /ˈstju:dᵊnt/ **noun** [C] Ⓐ1 someone who is studying at a school or university: *a law student* ◦ *a foreign student* ▷ **ucze-ń/nnica, student/ka** → See also **mature student**

studio /ˈstju:diəʊ/ **noun** [C] **1** Ⓑ2 a room where an artist or photographer works ▷ **pracownia, atelier 2** Ⓑ1 a room where television/radio programmes or musical recordings are made ▷ **studio 3** Ⓑ1 a film company or a place where films are made ▷ **wytwórnia filmowa, studio**

studious /ˈstju:diəs/ **adjective** spending a lot of time studying ▷ **pilny**
• **studiously adverb** ▷ **pilnie**

study¹ /ˈstʌdi/ **verb 1** [I, T] Ⓐ1 to learn about a subject, usually at school or university: *I studied biology before going into medicine.* ▷ **uczyć się, studiować 2** [T] Ⓑ2 to look at something very carefully: *He studied his face in the mirror.* ▷ **studiować**

study² /ˈstʌdi/ **noun 1** [C] Ⓑ2 when someone studies a subject in detail in order to discover new information: *For years,* ***studies have shown*** *the link between smoking and cancer.* ▷ **badanie, analiza 2** [U] Ⓑ2 when you learn about a subject, usually at school or university: *the study of English literature* ▷ **nauka, studia 3** [C] Ⓑ1 a room in a house where you can read, write, etc ▷ **gabinet, pokój do pracy lub nauki** → See also **case study**

> Wyrazy występujące razem z **study** (noun)
>
> **carry out/conduct/undertake** a study • a study **examines/focuses on** sth • a study **concludes/finds/shows/suggests** sth • a study **into** sth

stuff¹ /stʌf/ **noun** [U] informal Ⓑ1 used to refer to a substance or a group of things or ideas, etc without saying exactly what they are: *There's some sticky stuff on the carpet.* ◦ *They sell bread and cakes and stuff like that.* ◦ *Can I leave my stuff at your house?* ▷ **rzeczy, rzecz, coś**

IDIOMS **know your stuff** informal to know a lot about a subject, or to be very good at doing something: *She's an excellent teacher – she really knows her stuff.* ▷ **znać się na rzeczy** • **strut your stuff** humorous informal to dance ▷ **tańczyć (na pokaz)**

stuff² /stʌf/ **verb** [T] **1 stuff sth in/into/behind, etc** to push something into a small space, often quickly or in a careless way: *He stuffed the papers into his briefcase and left.* ▷ **wpychać** *coś gdzieś* **2** to completely fill a container with something: *an envelope stuffed with money* ▷ **wypełniać, napychać 3** to fill meat, vegetables, etc with a mixture of food before you cook them: *stuffed peppers* ▷ **faszerować, nadziewać 4** to fill the body of a dead animal with special material so that it looks as if it is still alive ▷ **wypychać**

stuffing /ˈstʌfɪŋ/ **noun** [U] **1** a mixture of food which is put into meat, vegetables, etc before they are cooked ▷ **farsz, nadzienie 2** material which is used to fill the inside of things such as soft chairs, beds, toys, etc ▷ **wypełnienie**

stuffy /ˈstʌfi/ **adjective 1** If a room or a building is stuffy, it is hot and unpleasant and the air is not fresh. ▷ **duszny 2** old-fashioned, formal and boring: *a stuffy club for wealthy old men* ▷ **staroświecki, nudny**

stumble /ˈstʌmbl/ **verb** [I] **1** to step badly and almost fall over: *Mary stumbled on the loose rocks.* ▷ **potknąć się 2** to make a mistake, such as pausing or repeating a word, while speaking or performing: *He kept* ***stumbling over*** *the same word.* ▷ **utknąć, zacinać się**

PHRASAL VERB **stumble across/on/upon sth/sb** to discover something by chance, or to meet someone by chance: *I stumbled across these photographs while I was cleaning out my desk.* ▷ **natknąć się na** *coś/kogoś*

ˈ**stumbling** ˌ**block noun** [C] a problem which makes it very difficult to do something: *Lack of money has been the main stumbling block.* ▷ **przeszkoda**

stump¹ /stʌmp/ **noun** [C] **1** the short part of something that is left after most of it has been removed: *a* ***tree stump*** ▷ **pień, kikut 2** one of the three vertical wooden sticks that you throw a ball at in the game of cricket ▷ **palik** → See **Sports 2** on page Centre 15

stump² /stʌmp/ **verb 1 be stumped by sth** informal to not be able to answer a question or solve a problem because it is too difficult: *Scientists are completely stumped by this virus.* ▷ **nie znać odpowiedzi na** *coś* **lub rozwiązania** *czegoś* **2** [I] US to travel to different places to get political support ▷ **prowadzić kampanię (wyborczą)**

PHRASAL VERB **stump (sth) up** UK informal to provide money for something, especially when you do not want to ▷ **bulić** *(ileś)*

stun /stʌn/ **verb** [T] (present participle **stunning**, past tense and past participle **stunned**) **1** to shock or surprise someone very much: [often passive] *Friends and family were stunned by her sudden death.* ▷ **wstrząsać, oszałamiać, wprawiać w osłupienie 2** to make a person or animal unconscious, usually by hitting them on the head ▷ **ogłuszać**

stung /stʌŋ/ past of sting

stunk /stʌŋk/ **1** past participle of stink **2** US past tense of stink

stunning /ˈstʌnɪŋ/ **adjective** Ⓑ2 very beautiful:

stunning views over the city ◦ *She's stunning.* ▷ **oszałamiający, zapierający dech (w piersiach)**

• **stunningly** adverb *a* ***stunningly beautiful*** *woman* ▷ **oszałamiająco**

stunt[1] /stʌnt/ **noun** [C] **1** when someone does something dangerous that needs great skill, usually in a film: *He always* ***does*** *his own* ***stunts.*** ▷ **wyczyn (kaskaderski) 2** something that is done to get people's attention: *Their marriage was just a cheap* ***publicity stunt.*** ▷ **popis, chwyt**

stunt[2] /stʌnt/ **verb** [T] to stop the normal growth or development of something: *They say that smoking* ***stunts*** *your* ***growth.*** ▷ **hamować, upośledzać**

stupefied /ˈstjuːpɪfaɪd/ **adjective** so shocked, tired, etc that you cannot think ▷ **ogłupiały, otępiały**

• **stupefying adjective** making you stupefied ▷ **ogłupiający** • **stupefy** verb [T] ▷ **wprawiać w otępienie**

stupendous /stjuːˈpendəs/ **adjective** extremely good or large: *a stupendous performance* ▷ **niezwykły, zdumiewający**

• **stupendously adverb** *stupendously successful* ▷ **niezwykle, zdumiewająco**

stupid /ˈstjuːpɪd/ **adjective 1** B1 silly or not intelligent: *That was a really stupid thing to do.* ◦ *How could you be so stupid?* ▷ **głupi 2** [always before noun] informal used to show that you are annoyed about something which is causing a problem: *I can never get this stupid machine to work!* ▷ **głupi**

• **stupidity** /stjuːˈpɪdəti/ **noun** [U] ▷ **głupota** • **stupidly** adverb ▷ **głupio**

stupor /ˈstjuːpəʳ/ **noun** [no plural] when someone is almost unconscious and cannot think clearly, especially because they have drunk too much alcohol: *He staggered into the room in a* ***drunken stupor.*** ▷ **zamroczenie**

sturdy /ˈstɜːdi/ **adjective** very strong and solid: *sturdy walking boots* ▷ **solidny**

stutter /ˈstʌtəʳ/ **verb** [I, T] to repeat the first sound of a word several times when you talk, usually because you have a speech problem: *"C-c-can we g-go now?" she stuttered.* ▷ **jąkać się, wyjąkać**

• **stutter noun** [no plural] *He has a really bad stutter.* ▷ **jąkanie się**

style[1] /staɪl/ **noun 1** [C, U] B1 a way of doing something that is typical of a particular person, group, place, or period: *a* ***style of*** *painting/writing* ▷ **styl 2** [C, U] B1 a way of designing hair, clothes, furniture, etc: *She's had her hair cut in a really nice style.* ▷ **styl 3** [U] the quality of being attractive and fashionable or behaving in a way which makes people admire you: *She's got style.* ▷ **styl 4** [C] the middle section of the female part of a flower ▷ **szyjka słupka 5 do sth in style** to do something in a way that people admire, usually because it involves spending a lot of money: *If we ever get married we'll do it in style.* ▷ *zrobić coś* **z fasonem**

IDIOM **cramp sb's style** to prevent someone from enjoying themselves, especially by going somewhere with them ▷ **ograniczać** *kogoś*, **krępować** *kogoś*

Wyrazy występujące razem z style

a **distinctive** style • **in a** style • a style **of doing sth**

style[2] /staɪl/ **verb** [T] to shape or design hair, clothes, furniture, etc in a particular way: *He spends hours in the bathroom styling his hair.* ▷ **układać, projektować**

-style /staɪl/ **suffix** used at the end of words to mean 'looking or behaving like something or someone': *antique-style furniture* ◦ *Japanese-style management* ▷ **w stylu** → See also **old-style**

stylish /ˈstaɪlɪʃ/ **adjective** B1 fashionable and attractive: *a stylish, black suit* ▷ **elegancki, stylowy**

• **stylishly adverb** *stylishly dressed* ▷ **elegancko, stylowo**

stylus /ˈstaɪləs/ **noun** [C] **1** a small point that touches a record in order to play it ▷ **igła (gramofonu) 2** a device shaped like a pen that is used for getting information or images into a computer ▷ **pióro świetlne**

Styrofoam /ˈstaɪrəfəʊm/ **noun** [U] trademark polystyrene ▷ **styropian**

suave /swɑːv/ **adjective** If someone, especially a man, is suave, they are polite and confident in a way that is attractive but may be false: *suave and sophisticated* ▷ **uprzedzająco grzeczny**

sub- /sʌb-/ **prefix 1** under or below: *substandard workmanship* ▷ **pod-, sub- 2** less important or a smaller part of a larger whole: *a subsection* ▷ **pod-, sub-**

subarctic /sʌbˈɑːktɪk/ **adjective** relating to the regions of the world just south of the Arctic Circle ▷ **subarktyczny**

subatomic /ˌsʌbəˈtɒmɪk/ **adjective** smaller than or within an atom: *a subatomic particle* ▷ **subatomowy**

subconscious[1] /sʌbˈkɒnʃəs/ **adjective** Subconscious thoughts and feelings influence your behaviour without you being aware of them: *a subconscious fear* ▷ **podświadomy**

• **subconsciously adverb** ▷ **podświadomie**

subconscious[2] /sʌbˈkɒnʃəs/ **noun** [no plural] the part of your mind which contains thoughts and feelings that you are not aware of but which influence your behaviour: *The memory was buried deep within my subconscious.* ▷ **podświadomość**

subcontract /ˌsʌbkənˈtrækt/ **verb** [T] to pay someone else to do part of a job that you have agreed to do ▷ **podzlecać**

subculture /ˈsʌbˌkʌltʃəʳ/ **noun** [C] a group of

S

people with beliefs, interests, etc that are different from the rest of society ▷ **subkultura**

subdirectory /ˈsʌbdɪˌrektəri/ **noun** [C] a directory that is inside another directory ▷ **podkatalog**

subdivide /ˌsʌbdɪˈvaɪd/ **verb** [T] to divide something into smaller parts: [often passive] *Each chapter is* ***subdivided into*** *smaller sections.* ▷ **dzielić (dalej)**

• **subdivision** /ˈsʌbdɪˌvɪʒən/ **noun** [C, U] ▷ **podział, oddział, część**

subduction zone /sʌbˈdʌkʃənˌzəʊn/ **noun** [C] an area where two continental plates meet and where there are often earthquakes ▷ **strefa subdukcji**

subdue /səbˈdjuː/ **verb** [T] (present participle **subduing**, past tense and past participle **subdued**) to start to control someone or something, especially by using force ▷ **ujarzmiać**

subdued /səbˈdjuːd/ **adjective** **1** quiet because you are feeling sad or worried: *She seemed a bit subdued.* ▷ **przygaszony** **2** Subdued lights or colours are not bright: ***subdued lighting*** ▷ **stonowany, przytłumiony**

subject[1] /ˈsʌbdʒɪkt/ **noun** [C] **1** (B1) what someone is writing or talking about: *a series of programmes* ***on the subject of*** *homelessness* ▷ **temat** **2** (A1) an area of knowledge studied in school or university: *Chemistry is my favourite subject.* ▷ **przedmiot** **3** (B1) the person or thing which performs the action described by the verb. In the sentence 'Bob phoned me yesterday', 'Bob' is the subject. ▷ **podmiot** **4** someone who is from a particular country, especially a country with a king or queen: *a British subject* ▷ **obywatel/ka, poddan-y/a**

> Wyrazy występujące razem z **subject**
>
> **bring up/broach/raise** a subject • **get onto** a subject • **change/drop/get off** a subject • **on the subject** (of sth)

subject[2] /ˈsʌbdʒɪkt/ **adjective** **subject to sth** **a** often affected by something, especially something unpleasant: *Departure times are subject to alteration.* ▷ **narażony lub podatny na** *coś*, **podlegający** *czemuś* **b** only able to happen if something else happens: *The pay rise is subject to approval by management.* ▷ **uzależniony od** *czegoś*

subject[3] /səbˈdʒekt/ **verb**

PHRASAL VERB **subject sb/sth to sth** to make someone or something experience something unpleasant: *In prison, he was subjected to beatings and interrogations.* ▷ **narażać** *kogoś/coś* **na** *coś*, **poddawać** *kogoś/coś czemuś*

subjective /səbˈdʒektɪv/ **adjective** influenced by someone's beliefs or feelings, instead of facts: *a subjective judgment* ▷ **subiektywny**

• **subjectively adverb** ▷ **subiektywnie** • **subjectivity** /ˌsʌbdʒekˈtɪvəti/ **noun** [U] when someone or something is influenced by beliefs or feelings instead of facts ▷ **subiektywizm, subiektywność**

ˈ**subject** ˌ**matter** **noun** [U] what is being talked or written about: *I'm not sure whether the subject matter is suitable for children.* ▷ **treść, tematyka**

subjunctive /səbˈdʒʌŋktɪv/ **noun** [no plural] the form of the verb which is used to express doubt, possibility, or wish. In the sentence 'I wish I were rich', 'were' is in the subjunctive. ▷ **tryb łączący**

• **subjunctive adjective** ▷ **łączący, w trybie łączącym**

sublime[1] /səˈblaɪm/ **adjective** extremely good, beautiful, or enjoyable: *sublime scenery* ▷ **wspaniały**

• **sublimely adverb** ▷ **wspaniale**

sublime[2] /səˈblaɪm/ **verb** [T, I] to change a substance directly from a solid to a gas, or to change in this way ▷ **sublimować**

• **sublimation** /ˌsʌblɪˈmeɪʃən/ **noun** [U] ▷ **sublimacja**

submarine /ˌsʌbmərˈiːn/ **noun** [C] a boat that travels under water ▷ **okręt podwodny, łódź podwodna**

submerge /səbˈmɜːdʒ/ **verb** [I, T] to cause something to be under the surface of water, or to move below the surface of water: *The floods destroyed farmland and submerged whole villages.* ▷ **zanurzać (się), zalewać**

• **submerged adjective** ▷ **zatopiony, zanurzony**

submission /səbˈmɪʃən/ **noun** **1** [U] when you accept that someone has complete control over you: *They tried to starve her* ***into submission.*** ▷ **uległość, posłuszeństwo** **2** [C, U] when you send a document, plan, etc to someone so that they can consider it, or the document, plan, etc that you send: *The deadline for submissions is 29 April.* ▷ **składanie wniosków lub prac, wniosek, praca (konkursowa)**

submissive /səbˈmɪsɪv/ **adjective** always doing what other people tell you to do: *a quiet, submissive wife* ▷ **uległy, posłuszny**

submit /səbˈmɪt/ **verb** (present participle **submitting**, past tense and past participle **submitted**) **1** [T] (B2) to send a document, plan, etc to someone so that they can consider it: *Applications must be submitted before 31 January.* ▷ **składać** **2** [I] to accept that someone has control over you and do what they tell you to do: *He was forced to* ***submit to*** *a full body search.* ▷ **poddać się**

submultiple /ˌsʌbˈmʌltɪpəl/ **noun** [C] a number that divides into another number an exact number of times ▷ **podwielokrotność**

subordinate[1] /səˈbɔːdənət/ **adjective** less important or lower in rank: *a* ***subordinate position/role*** ◦ *An individual's needs are* ***subordinate to*** *those of the group.* ▷ **podrzędny, podporządkowany**

subordinate[2] /səˈbɔːdənət/ **noun** [C] someone

who has a less important position than someone else in an organization ▷ **podwładn-y/a**

subordinate³ /sə'bɔ:dɪnert/ **verb** [T] formal to put someone or something into a less important position ▷ **podporządkować**

• **subordination** /səˌbɔ:dɪ'neɪʃən/ **noun** [U] ▷ **podporządkowanie**

subˌordinate 'clause noun [C] in grammar, a clause which cannot form a separate sentence but adds information to the main clause ▷ **zdanie podrzędne**

subpoena /səb'pi:nə/ **noun** [C] a legal document ordering someone to go to court ▷ **wezwanie (do sądu)**

• **subpoena verb** [T] to give someone a subpoena ▷ **wzywać**

subscribe /səb'skraɪb/ **verb** [I] to pay money to an organization so that you regularly receive a service or product, such as a magazine or newspaper: *to **subscribe to** a magazine/an Internet service* ▷ **prenumerować, zapisywać się, zarejestrować się, być zapisanym**

• **subscriber noun** [C] ▷ **prenumerator/ka, subskrybent/ka, zarejestrowany użytkownik**

PHRASAL VERB **subscribe to sth** formal to agree with an opinion, belief, etc: *I certainly don't subscribe to the view that women are morally superior to men.* ▷ **wyznawać** *coś*, **podzielać** *coś*

subscript /'sʌbskrɪpt/ **adjective** subscript numbers or letters are written just below the rest of the words or numbers, often in a smaller size ▷ **w indeksie dolnym**

• **subscript noun** [U] ▷ **indeks dolny** → Compare **superscript**

subscription /səb'skrɪpʃən/ **noun** [C] an amount of money that you pay regularly to receive a product or service or to be a member of an organization: *an **annual subscription*** ▷ **prenumerata, opłata, składka**

> Wyrazy występujące razem z **subscription**
>
> **cancel/pay/take out** a subscription • a subscription **to** sth • an **annual** subscription

subsequent /'sʌbsɪkwənt/ **adjective** [always before noun] happening after something else: *The mistakes were corrected in a subsequent edition of the book.* ▷ **następny**

• **subsequently adverb** ▷ **następnie**

subservient /səb'sɜ:viənt/ **adjective** always doing what other people want you to do ▷ **służalczy**

subset /'sʌbset/ **noun** [C] a set that is part of another, larger set ▷ **podzbiór**

subside /səb'saɪd/ **verb** [I] **1** to become less strong or extreme: *The violence seems to be subsiding at last.* ▷ **opadać, słabnąć 2** If a building subsides, it sinks down to a lower level. ▷ **osiadać**

subsidence /səb'saɪdəns/ **noun** [U] when buildings subside or land sinks down to a lower level ▷ **osiadanie**

subsidiary /səb'sɪdiəri/ **noun** [C] a company which is owned by another larger company ▷ **filia**

subsidize (also UK **-ise**) /'sʌbsɪdaɪz/ **verb** [T] If a government or other organization subsidizes something, it pays part of the cost of it, so that prices are reduced: *We have a subsidized restaurant at work.* ▷ **dotować**

subsidy /'sʌbsɪdi/ **noun** [C] money given by a government or other organization to pay part of the cost of something: *housing subsidies for the poor* ▷ **dotacja**

subsist /səb'sɪst/ **verb** [I] to manage to live when you only have a very small amount of food or money ▷ **utrzymywać się przy życiu, przetrwać**

• **subsistence noun** [U] ▷ **egzystencja**

substance /'sʌbstəns/ **noun 1** [C] (B2) a solid, liquid, or gas: *a **dangerous substance** ◦ illegal substances (= illegal drugs)* ▷ **substancja 2** [U] truth or importance: *There's no **substance to** the allegations.* ▷ **prawda, znaczenie 3 the substance of sth** the most important part of what someone has said or written ▷ **istota** *czegoś*

> Wyrazy występujące razem z **substance**
>
> **a dangerous/hazardous/toxic** substance • a **powdery/sticky/waxy** substance

substandard /sʌb'stændəd/ **adjective** Something that is substandard is not as good as it should be: *substandard conditions/housing* ▷ **niespełniający norm**

substantial /səb'stænʃəl/ **adjective 1** (B2) large in amount: *a substantial change/increase ◦ a substantial amount of money/time* ▷ **znaczący, znaczny 2** large and strong: *a substantial building* ▷ **solidny** → Opposite **insubstantial**

substantially /səb'stænʃəli/ **adverb** by a large amount: *House prices are substantially higher in the south.* ▷ **znacznie**

substantiate /səb'stænʃieɪt/ **verb** [T] formal to provide facts which prove that something is true: *His **claims** have never been **substantiated**.* ▷ **potwierdzać**

substantive /'sʌbstəntɪv/ **adjective** formal important or serious: *a **substantive issue*** ▷ **poważny**

substitute¹ /'sʌbstɪtju:t/ **noun** [C] (B2) someone or something that is used instead of another person or thing: *Margarine can be used as **a substitute for** butter. ◦ a substitute teacher* ▷ **zastęp-ca/czyni, zamiennik**

substitute² /'sʌbstɪtju:t/ **verb 1** (B2) [T] to use someone or something instead of another person or thing: *You can **substitute** pasta **for** the rice, if you prefer.* ▷ **zastępować 2 substitute for sb** to do someone's job because they are not there: *I'm substituting for her while she's on holiday.* ▷ **zastępować** *kogoś*

S

• **substitution** /ˌsʌbstɪˈtju:ʃən/ **noun** [C, U] ▷ **zastępstwo, zastąpienie**

substrate /ˈsʌbstreɪt/ **noun** [C] **1** a substance or surface which an organism grows and lives on and uses as food ▷ **podłoże 2** a substance which an enzyme acts on to produce a chemical reaction ▷ **substrat**

subsume /səbˈsju:m/ **verb** [T] formal to include someone or something as part of a larger group: [often passive] *The company has been subsumed by a large US bank.* ▷ **obejmować, wchłaniać**

subterfuge /ˈsʌbtəfju:dʒ/ **noun** [C, U] formal a trick or a dishonest way of achieving something: *They obtained the information by subterfuge.* ▷ **podstęp**

subterranean /ˌsʌbtərˈreɪniən/ **adjective** under the ground: *subterranean passages* ▷ **podziemny**

subtitles /ˈsʌbˌtaɪtlz/ **noun** [plural] words shown at the bottom of a cinema or television screen to explain what is being said: *It's a French film with English subtitles.* ▷ **podpisy, napisy**

subtle /ˈsʌtl/ **adjective 1** not obvious or easy to notice: *a subtle change/difference* ◦ *a **subtle hint*** ▷ **subtelny 2** A subtle flavour, colour, etc is delicate and not strong or bright. ▷ **subtelny 3** clever in a way that does not attract attention: *a subtle way of solving the problem* ▷ **subtelny**
• **subtly** adverb ▷ **subtelnie**

subtlety /ˈsʌtlti/ **noun 1** [U] the quality of being subtle ▷ **subtelność 2** [C] something that is subtle ▷ **subtelność, odcień**

subtract /səbˈtrækt/ **verb** [T] to take a number or amount away from another number or amount: *You need to **subtract** 25% **from** the final figure.* ▷ **odejmować**
• **subtraction** /səbˈtrækʃən/ **noun** [C, U] ▷ **odejmowanie**

subtropical /ˌsʌbˈtrɒpɪkəl/ **adjective** relating to parts of the world that are immediately south or north of the tropics: *a subtropical climate* ▷ **podzwrotnikowy**
• **the subtropics** /ˌsʌbˈtrɒpɪks/ **noun** [plural] ▷ **strefa podzwrotnikowa**

suburb /ˈsʌbɜ:b/ **noun** [C] (B2) an area where people live outside the centre of a city: *a suburb of New York* ▷ **przedmieście**
• **suburban** /səˈbɜ:bən/ **adjective** relating to a suburb: *a suburban area/home* ▷ **podmiejski**

suburbia /səˈbɜ:biə/ **noun** [U] the suburbs of towns and cities generally ▷ **przedmieścia**

subversive /səbˈvɜ:sɪv/ **adjective** trying to destroy the authority of a government, religion, etc: *subversive literature* ▷ **wywrotowy**
• **subversive noun** [C] someone who is subversive ▷ **wywrotowiec**

subvert /sʌbˈvɜ:t/ **verb** [T] formal to try to destroy the authority of a government, religion, etc: *a plot to subvert the government* ▷ **obalać**
• **subversion** /səbˈvɜ:ʃən/ **noun** [U] formal ▷ **działalność wywrotowa**

subway /ˈsʌbweɪ/ **noun** [C] **1** UK (UK/US **underpass**) (B2) a passage under a road or railway for people to walk through ▷ **przejście podziemne 2** US (UK **underground**) a system of trains that travel underground: *We can **take the subway** to Grand Central Station.* ▷ **metro**

sub-zero /ˈsʌbˌzɪərəʊ/ **adjective** Sub-zero temperatures are temperatures below zero degrees. ▷ **ujemny**

succeed /səkˈsi:d/ **verb 1** [I] (B1) to achieve what you are trying to achieve: *She has the skill and determination to succeed.* ◦ [+ in + doing sth] *He has finally succeeded in passing his exams.* ▷ **osiągać sukces lub powodzenie, ≈ udać się 2** [T] to take an official job or position after someone else: *The Queen was succeeded by her eldest son when she died.* ▷ **zastępować, obejmować urząd po**

success /səkˈses/ **noun 1** [U] (B1) when you achieve what you want to achieve: *Her success is due to hard work and determination.* ▷ **powodzenie 2** [C] (B1) something that has a good result or that is very popular: *His first film was a great success.* ▷ **sukces**

> Wyrazy występujące razem z **success**
>
> achieve/have success • the key to/secret of success • success in (doing) sth • without success

successful /səkˈsesfəl/ **adjective 1** (B1) achieving what you want to achieve: *If the operation is successful, she should be walking within a few months.* ▷ **udany, pomyślny 2** (B2) having achieved a lot or made a lot of money through your work: *a successful businessman* ▷ **odnoszący sukcesy 3** (B2) very popular: *a successful book/film* ▷ **cieszący się powodzeniem** → Opposite **unsuccessful**
• **successfully** adverb (B2) ▷ **pomyślnie**

succession /səkˈseʃən/ **noun 1** [no plural] a number of similar events or people that happen, exist, etc after each other: *to suffer a **succession of** injuries* ◦ *a succession of boyfriends* ▷ **seria, następstwo 2 in quick/rapid succession** If several things happen in quick/rapid succession, they happen very quickly after each other: *She had her first three children in quick succession.* ▷ **raz za razem, jeden po drugim 3** [U] when someone takes an official position or job after someone else ▷ **przejęcie obowiązków**

successive /səkˈsesɪv/ **adjective** happening after each other: *He has just won the World Championship for the third **successive year**.* ▷ **kolejny, z rzędu**

successor /səkˈsesər/ **noun** [C] **1** someone who has a position or job after someone else: *He is her most likely successor.* ▷ **następ-ca/czyni 2** an organization, product, etc that follows and takes the place of an earlier one ▷ **sukcesor/ka, następ-ca/czyni**

> **Wyrazy występujące razem z successor**
> appoint/choose/find a successor • a natural/worthy successor • a successor to sb

succinct /səkˈsɪŋkt/ **adjective** said in a very clear way using only a few words: *a succinct explanation* ▷ **zwięzły**
• **succinctly adverb** ▷ **zwięźle**

succulent /ˈsʌkjələnt/ **adjective** If food is succulent, it is good to eat because it has a lot of juice: *a succulent piece of meat* ▷ **soczysty**

succumb /səˈkʌm/ **verb** [I] formal **1** to not be able to stop yourself doing something: *I* ***succumbed to*** *temptation and had some cheesecake.* ▷ **ulegać** **2** to die or suffer badly from an illness ▷ **ulegać**

such /sʌtʃ/ **pronoun, determiner 1** B2 used to refer to something or someone that you were just talking about, or something or someone of that type: *It's difficult to know how to treat such cases.* ▷ **taki 2** A2 used to emphasize a quality of someone or something: *She's such a nice person.* ◦ *It's such a shame that he's leaving.* ▷ **taki 3 such as** A2 for example: *She can't eat dairy products, such as milk and cheese.* ▷ **taki jak 4 as such** used after a word or phrase in negative statements to mean in the exact meaning of that word or phrase: *There are no rules as such, just a few guidelines.* ▷ **jako taki 5 such... that** used to talk about the result of something: *The whole thing was such a worry that I began to lose sleep over it.* ▷ **taki ... że (aż) 6 there's no such thing/person (as)...** B2 used to say that something or someone does not exist: *There's no such thing as ghosts.* ▷ **nie ma ..., ... nie istnieje**

such-and-such /ˈsʌtʃənsʌtʃ/ **determiner** informal used instead of referring to a particular or exact thing: *If they tell you to arrive at such-and-such a time, get there a couple of minutes before.* ▷ **taki a taki**

suck /sʌk/ **verb 1** [I, T] to have something in your mouth and use your tongue, lips, etc to pull on it or to get liquid, air, etc out of it: *to suck a sweet/lollipop* ◦ *to suck your thumb* ▷ **ssać 2 suck sth in/under/up, etc** to pull something somewhere using the force of moving air, water, etc: *He was sucked under the boat and drowned.* ▷ **wciągać/wyciągać** *coś itp.* **3 be sucked into sth** to become involved in something bad when you do not want to ▷ **dać się w** *coś* **wciągnąć 4 he/it/this, etc sucks!** US very informal If someone or something sucks, they are bad or unpleasant. ▷ **on/to** *itp.* **jest do niczego!**

PHRASAL VERB **suck up to sb** very informal to try to make someone who is in authority like you by doing and saying things that will please them ▷ **podlizywać się** *komuś*

sucker /ˈsʌkəʳ/ **noun** [C] **1** informal someone who believes everything that you tell them and is easy to deceive ▷ **frajer/ka 2** something that helps an animal or object stick to a surface ▷ **przyssawka**

sucrase /ˈsuːkreɪz/ **noun** [U] (also **invertase**) an enzyme found in the intestines that breaks down sucrose to fructose and glucose ▷ **sacharaza**

sucrose /ˈsuːkrəʊz/ **noun** [U] a type of sugar that exists naturally in many plants ▷ **sacharoza**

suction /ˈsʌkʃən/ **noun** [U] when something is forced into a container or space by removing air ▷ **ssanie**

Sudan /suːˈdɑːn/ **noun** a country in Africa ▷ **Sudan**
• **Sudanese** /ˌsuːdənˈiːz/ **adjective** coming from or relating to Sudan ▷ **sudański** • **Sudanese noun** (plural **Sudanese**) someone from Sudan ▷ **Suda-ńczyk/nka**

sudden /ˈsʌdən/ **adjective 1** B2 done or happening quickly and unexpectedly: *a sudden change/increase* ◦ *His sudden death was a great shock to us all.* ▷ **nagły, gwałtowny 2 all of a sudden** B2 unexpectedly: *All of a sudden she got up and walked out.* ▷ **nagle, z nienacka**
• **suddenness noun** [U] ▷ **nagłość**

ˌsudden ˌinfant ˈdeath ˌsyndrome noun [U] SIDS ▷ **(nagła) śmierć łóżeczkowa**

suddenly /ˈsʌdənli/ **adverb** B1 quickly and unexpectedly: *I suddenly realized who she was.* ◦ *It all happened so suddenly that I can't remember much about it.* ▷ **nagle**

Sudoku (also **Su Doku**) /ˌsuːˈdɒkuː/ **noun** [C, U] a number game in which you have to write a number between 1 and 9 in each small box of a 9x9 square ▷ **Sudoku (łamigłówka liczbowa)**

suds /sʌdz/ **noun** [plural] small bubbles made from soap and water ▷ **mydliny**

sue /suː/ **verb** [I, T] (present participle **suing**, past tense and past participle **sued**) to take legal action against someone and try to get money from them because they have harmed you: *He's threatening to* ***sue*** *the newspaper* ***for*** *slander.* ▷ **pozwać, zaskarżyć**

suede /sweɪd/ **noun** [U] leather that has a slightly rough surface ▷ **zamsz**

suffer /ˈsʌfəʳ/ **verb 1** [I, T] B2 to experience pain or unpleasant emotions: *I can't bear to see animals suffering.* ▷ **cierpieć 2 suffer from sth** B1 to have an illness or other health problem: *She suffers from severe depression.* ▷ **cierpieć na** *coś* **3 suffer a broken leg/a heart attack, etc** B2 to experience an injury or other sudden health problem: *He suffered a serious neck injury in the accident.* ▷ **doznać złamania nogi/zawału (serca)** *itp.* **4 suffer damage/defeat/loss, etc** B2 to experience something bad such as damage/defeat/loss, etc ▷ **doznać zniszczeń/porażki/strat 5** [I] to become worse in quality: *If you're tired all the time your work tends to suffer.* ▷ **cierpieć**

sufferer /ˈsʌfərəʳ/ **noun** [C] someone who suffers from an illness or other health problem: *AIDS/cancer sufferers* ▷ **cierpiąc-y/a (na), chor-y/a (na)**

S

suffering /ˈsʌfərɪŋ/ **noun** [U] B2 when someone experiences pain or unpleasant emotions: *human suffering* ▷ **cierpienie**

> Wyrazy występujące razem z **suffering**
>
> **create/endure/relieve** suffering • **human** suffering • **unnecessary/unspeakable** suffering • the suffering **of** sb

suffice /səˈfaɪs/ **verb** [I] formal to be enough: *You don't need to give a long speech – a few sentences will suffice.* ▷ **wystarczać**

sufficient /səˈfɪʃᵊnt/ **adjective** B2 as much as is necessary: *She didn't have sufficient time to answer all the questions.* ▷ **wystarczający, dostateczny** → Opposite **insufficient**
• **sufficiently adverb** *I was sufficiently close to hear what they were saying.* ▷ **wystarczająco, dostatecznie**
→ See also **self-sufficient**

suffix /ˈsʌfɪks/ **noun** [C] B2 a group of letters that you add to the end of a word to make another word. In the word 'slowly', '-ly' is a suffix. ▷ **przyrostek** → Compare **prefix**

suffocate /ˈsʌfəkeɪt/ **verb** [I, T] to die because you cannot breathe or to kill someone by stopping them from breathing: *He suffocated her with a pillow.* ▷ **udusić (się)**
• **suffocation** /ˌsʌfəˈkeɪʃᵊn/ **noun** [U] ▷ **uduszenie**

suffrage /ˈsʌfrɪdʒ/ **noun** [U] the right to vote in an election: *universal suffrage (= the right of all adults to vote)* ▷ **(czynne) prawo wyborcze**

suffragette /ˌsʌfrəˈdʒet/ **noun** [C] a woman in Britain, Australia, and the US in the early 20th century who was a member of a group that fought for the right of women to vote ▷ **sufrażystka**

suffragist /ˈsʌfrədʒɪst/ **noun** [C] someone who supports the right of people to vote in elections, especially a supporter of the right of women to vote in the early 20th century ▷ **sufrażyst-a/ka**

sugar /ˈʃʊgəʳ/ **noun 1** [U] A1 a very sweet substance used to give flavour to food and drinks: *coffee with milk and sugar* ▷ **cukier 2** [C] a spoon of sugar in a cup of tea or coffee: *He likes two sugars in his tea.* ▷ **łyżeczka cukru**

> Najczęściej popełniane błędy: **suggest**
>
> **Proszę pamiętać:** jeśli po **suggest** występuje inny czasownik, nigdy nie jest on używany w bezokoliczniku z „to":
>
> Nie mówimy więc „suggest to do something", ale **suggest doing something**:
>
> ~~*I suggest to hire a guide to show you around the town.*~~
>
> *I suggest hiring a guide to show you around the town.*
>
> Możemy również powiedzieć **suggest someone does something**:
>
> *I suggest you hire a guide to show you around the town.*

suggest /səˈdʒest/ **verb** [T] **1** B1 to express an idea or plan for someone to consider: [+ (that)] *I suggest that we park the car here and walk into town.* ◦ [+ doing sth] *He suggested having the meeting at his house.* ▷ **proponować, sugerować 2** B1 to say that someone or something is suitable for something: *to suggest someone for a job* ◦ *Can you suggest a good hotel?* ▷ **polecać 3** B2 to make something seem likely to be true: *All the evidence suggests that she did it.* ▷ **sugerować, wskazywać**

suggestion /səˈdʒestʃᵊn/ **noun 1** B1 [C] an idea or plan that someone suggests: *to **make** a **suggestion*** ◦ *Have you got any suggestions for improvements?* ▷ **propozycja, sugestia 2 a suggestion of/that sth** something that makes something seem likely to be true: *There's no suggestion of any connection between the two men.* ▷ **oznaka** *czegoś*, **podejrzenie** *czegoś* **3 at sb's suggestion** following the advice that someone has given you: *We went to that restaurant at Paul's suggestion.* ▷ **za** *czyjąś* **radą lub namową**

> Wyrazy występujące razem z **suggestion**
>
> **bristle at/deny/make/reject/welcome** a suggestion • an **alternative/constructive/helpful/ridiculous/sensible** suggestion • **at** sb's suggestion

> **Suggestion** wyrazy bliskoznaczne
>
> Sugestia na temat sposobu wykonania czegoś jest często określana jako **thought** lub **idea**:
>
> *I've had a **thought** about what we might do this summer.*
>
> Jeśli ktoś proponuje plan lub działania, zwłaszcza w dziedzinie interesów, możemy użyć rzeczowników **proposal** lub **proposition**:
>
> *The **proposal** for a new sports hall has been rejected.*
>
> *He wrote to me with a very interesting business **proposition**.*

suggestive /səˈdʒestɪv/ **adjective 1** making you think about sex: *suggestive comments/remarks* ▷ **niedwuznaczny 2 suggestive of sth** formal similar to something and making you think about it: *The shapes are suggestive of human forms.* ▷ **przypominający** *coś*
• **suggestively adverb** ▷ **niedwuznacznie**

suicidal /ˌsuːɪˈsaɪdᵊl/ **adjective 1** so unhappy that you want to kill yourself: *to feel suicidal* ▷ **samobójczy 2** likely to have an extremely bad result: *a suicidal decision* ▷ **samobójczy**

suicide /ˈsuːɪsaɪd/ **noun 1** [C, U] B2 when you intentionally kill yourself: *He **committed suicide** after a long period of depression.* ▷ **samobójstwo 2** [U] when you do something that will have an extremely bad result for you: ***political suicide*** ▷ **samobójstwo**

ˈsuicide ˌbomber noun [C] a person who has a

bomb hidden on their body and who kills themselves in the attempt to kill others ▷ **zamachowiec samobójca**

suit[1] /suːt/ **noun** [C] **1** (A2) a jacket and trousers or a jacket and skirt that are made from the same material: *She wore a dark blue suit.* ▷ **garnitur, kostium** → See **Clothes** on page Centre 8 **2** one of the four types of cards with different shapes on them in a set of playing cards ▷ **kolor**

IDIOM **follow suit** to do the same as someone else has just done: *If other shops lower their prices, we will have to follow suit.* ▷ **iść za** *czyimś* **przykładem, zrobić to samo**

→ See also **bathing suit**, **pant suit**, **trouser suit**, **wet suit**

suit[2] /suːt/ **verb** [T] **1** (B2) to make someone look more attractive: *Green really suits you.* ▷ **pasować 2** (B2) to be acceptable or right for someone: *It would suit me better if we left a bit earlier.* ▷ **odpowiadać, pasować 3 be suited to/for sth** to be right for someone or something: *These plants are better suited to a warm climate.* ▷ **nadawać się do** *czegoś* → See also **suit sb down to the *ground***

Suitable wyrazy bliskoznaczne

Przymiotnikiem często występującym zamiast **suitable** jest **appropriate**:

*Is this film **appropriate** for young children?*

*You should bring **appropriate** footwear.*

Jeśli jakieś działanie jest odpowiednie w danej sytuacji, możemy użyć przymiotników **apt** lub **fitting**:

*'Unusual', yes, that's a very **apt** description.*

*The promotion was a **fitting** reward for all his hard work.*

Przymiotnika **right** możemy użyć, gdy chcemy powiedzieć, że osoba lub rzecz jest odpowiednia dla danej sytuacji:

*I'm not sure that she's the **right** person for the job.*

*Is this the **right** way to do it?*

Jeśli ktoś lub coś bardzo nam odpowiada, możemy użyć przymiotnika **perfect**:

*It's a **perfect** day for a picnic.*

*She'd be **perfect** for the job.*

suitable /ˈsuːtəbl/ **adjective** (B1) acceptable or right for someone or something: *a suitable time to call* ◦ *This film is **suitable for** children.* ▷ **odpowiedni** → Opposite **unsuitable**
• **suitably adverb** (B2) *suitably dressed* ▷ **odpowiednio**

suitcase /ˈsuːtkeɪs/ **noun** [C] (A2) a rectangular case with a handle that you use for carrying clothes when you are travelling: *to **pack** your **suitcase*** ▷ **walizka**

suite /swiːt/ **noun** [C] **1** several pieces of furniture which go together: *a bedroom suite* ▷ **komplet (mebli), zestaw (mebli) 2** a set of hotel rooms which are used together ▷ **apartament** → See also **en suite**

suitor /ˈsuːtəʳ/ **noun** [C] old-fashioned a man who wants to marry a particular woman ▷ **konkurent**

sulfur /ˈsʌlfəʳ/ **noun** [U] US spelling of sulphur ▷ **siarka**

sulk /sʌlk/ **verb** [I] to look unhappy and not speak to anyone because you are angry about something: *He's upstairs sulking in his bedroom.* ▷ **dąsać się**
• **sulky adjective** *a sulky teenager* ▷ **nadąsany**

sullen /ˈsʌlən/ **adjective** in an unpleasant mood and not smiling or speaking to anyone ▷ **nadąsany, urażony**

sulphate UK (US **sulfate**) /ˈsʌlfeɪt/ **noun** [C, U] a chemical formed from sulphur, oxygen, and another element ▷ **siarczan**

sulphide (US **sulfide**) /ˈsʌlfaɪd/ **noun** [C, U] a chemical formed from sulphur and another element ▷ **siarczek**

sulphur UK (US **sulfur**) /ˈsʌlfəʳ/ **noun** [U] a yellow chemical element that has an unpleasant smell (symbol S) ▷ **siarka**

ˌsulphur diˈoxide (US **sulfur dioxide**) **noun** [U] a gas with no colour which has a strong unpleasant smell and dissolves in water. It is used in various industrial processes and for keeping food fresh, and causes serious air pollution (formula SO_2). ▷ **dwutlenek siarki**

sulphuric acid (US **sulfuric acid**) /sʌlˌfjʊərɪk ˈæsɪd/ **noun** [U] a strong acid with no colour (formula H_2SO_4) ▷ **kwas siarkowy**

sultan /ˈsʌltᵊn/ **noun** [C] a ruler in some Muslim countries ▷ **sułtan**

sultana /sʌlˈtɑːnə/ **noun** [C] UK a dried grape often used in cakes ▷ **rodzynek (sułtański), sułtanka**

sultry /ˈsʌltri/ **adjective 1** If a woman is sultry, she behaves in a sexually attractive way: *a sultry voice* ▷ **ponętny, uwodzicielski 2** If the weather is sultry, it is hot and wet: *a sultry summer night* ▷ **parny**

sum[1] /sʌm/ **noun** [C] **1** (B1) an amount of money: *a large/small sum of money* ▷ **kwota, suma 2** UK a simple mathematical calculation such as adding two numbers together: *Kids these days can't **do sums** without a calculator.* ▷ **obliczenie, rachunek, słupek 3** the total amount that you get when you add two or more numbers together: *The sum of six and seven is thirteen.* ▷ **suma** → See also **lump sum**

sum[2] /sʌm/ **verb** (present participle **summing**, past tense and past participle **summed**)

PHRASAL VERBS **sum (sth/sb) up** (B2) to describe briefly the important facts or characteristics of something or someone: *The purpose of a conclusion is to sum up the main points of an essay.* ▷ **podsumować (***coś/kogoś***)** • **sum sth/sb up** to quickly decide what you think about something

S

or someone: *I think she summed up the situation very quickly.* ▷ **podsumować** *coś/kogoś*, **ocenić** *coś/kogoś*

summarize (also UK **-ise**) /ˈsʌməraɪz/ **verb** [I, T] B2 to describe briefly the main facts or ideas of something ▷ **podsumować**

summary[1] /ˈsʌməri/ **noun** [C] B2 a short description that gives the main facts or ideas about something: *He **gave a brief summary of** what happened.* ▷ **skrót, streszczenie**

> Wyrazy występujące razem z **summary** (**noun**)
>
> give/produce/provide a summary • a brief/quick/short summary • a summary of sth

summary[2] /ˈsʌməri/ **adjective** [always before noun] formal decided or done quickly, without the usual discussions or legal arrangements: *a **summary arrest/execution*** ▷ **przyspieszony, bez sądu**

summer /ˈsʌməʳ/ **noun** [C, U] A1 the season of the year between spring and autumn, when the weather is warmest: *We usually go away **in the summer**.* ◦ *a long, hot summer* ▷ **lato**

• **summery adjective** typical of or suitable for summer ▷ **letni**

> Wyrazy występujące razem z **summer**
>
> in (the) summer • last/next summer • early/late summer • the summer months

ˌ**summer** ˈ**holiday noun** [C] (US **summer vacation**) the time during the summer when you do not have to go to school ▷ **wakacje letnie**

ˈ**summer** ˌ**school noun** [C] an educational course that happens during the summer when other courses have finished ▷ **szkoła letnia**

summertime /ˈsʌmətaɪm/ **noun** [U] when it is summer: ***In the summertime**, we often eat outside.* ▷ **lato**

summit /ˈsʌmɪt/ **noun** [C] **1** an important meeting between the leaders of two or more governments: *a two-day summit* ◦ *a summit meeting* ▷ **szczyt 2** the top of a mountain: *The climbers hope to **reach the summit** before nightfall.* ▷ **szczyt**

summon /ˈsʌmən/ **verb** [T] **1** formal to officially order someone to come to a place: *He was summoned to a meeting.* ▷ **wzywać, zwołać 2 summon (up) the courage/strength, etc** to make a great effort to do something: [+ to do sth] *He tried to summon up the courage to speak to her.* ▷ **zbierać odwagę/siły** *itp.*

summons /ˈsʌmənz/ **noun** [C] an official order saying that you must go to a court of law ▷ **wezwanie**

Sun written abbreviation for Sunday ▷ **niedz. (= niedziela)**

sun[1] /sʌn/ **verb** (present participle **sunning**, past tense and past participle **sunned**) **sun yourself** to sit or lie in the sun: *She was sitting on the deck sunning herself.* ▷ **opalać się, wygrzewać się na słońcu**

sun[2] /sʌn/ **noun 1 the sun** A1 the large, bright star that shines in the sky during the day and provides light and heat for the Earth ▷ **słońce 2** A1 [U, no plural] the light and heat that comes from the sun: *I can't sit **in the sun** for too long.* ▷ **słońce**

sunbathe /ˈsʌnbeɪð/ **verb** [I] B1 to sit or lie in the sun so that your skin becomes brown ▷ **opalać się**

• **sunbathing noun** [U] ▷ **opalanie**

sunbed /ˈsʌnbed/ **noun** [C] (US **tanning bed**) a piece of equipment with a flat area like a bed and a strong light, which you lie on in order to make your skin go darker ▷ **łóżko do opalania**

sunblock /ˈsʌnblɒk/ **noun** [C, U] sunscreen ▷ **krem lub emulsja z filtrem UV**

sunburn /ˈsʌnbɜːn/ **noun** [U] when your skin becomes painful and red from being in the sun too long ▷ **przypalenie, oparzenie słoneczne**

• **sunburnt** (also **sunburned**) **adjective** ▷ **spalony**

sundae /ˈsʌndeɪ/ **noun** [C] a sweet dish made of ice cream with fruit and nuts ▷ **deser lodowy**

Sunday /ˈsʌndeɪ/ **noun** [C, U] (written abbreviation **Sun**) A1 the day of the week after Saturday and before Monday ▷ **niedziela**

sundial /ˈsʌndaɪl/ **noun** [C] a device for telling the time by a shadow made by the sun ▷ **zegar słoneczny**

sundry /ˈsʌndri/ **adjective 1** [always before noun] of different types: ***sundry items*** ▷ **różny 2 all and sundry** UK informal (US **various and sundry**) everyone: *I don't want all and sundry knowing about my problems.* ▷ **wszyscy (bez wyjątku)**

sunflower /ˈsʌnflaʊəʳ/ **noun** [C] a tall, yellow flower with a large, black centre full of seeds ▷ **słonecznik**

sung /sʌŋ/ past participle of sing

sunglasses /ˈsʌnˌglɑːsɪz/ **noun** [plural] A2 dark glasses that you wear to protect your eyes from the sun ▷ **okulary przeciwsłoneczne lub słoneczne** → See **Clothes** on page Centre 9

sunk /sʌŋk/ **1** past participle of sink **2** US past tense of sink

sunken /ˈsʌŋkən/ **adjective** [always before noun] **1** at a lower level than the surrounding area: *a sunken bath* ▷ **wpuszczony, obniżony 2** having fallen down to the bottom of the sea: *a sunken ship* ▷ **zatopiony 3 sunken eyes/cheeks** eyes or cheeks that make you look ill because they go too far into your face ▷ **zapadnięte oczy/policzki**

sunlight /ˈsʌnlaɪt/ **noun** [U] B2 the light from the sun ▷ **światło słoneczne, słońce**

sunlit /ˈsʌnlɪt/ **adjective** [always before noun] A sunlit place is bright because of light from the sun: *a sunlit room* ▷ **nasłoneczniony**

ˈsun ˌlotion noun [C, U] sunscreen ▷ **emulsja do opalania**

Sunni /ˈsʊni/ **noun** [C] a member of a large group within the Islamic religion ▷ **sunnit-a/ka**
• **Sunni adjective** describing the Sunni or their type of Islam ▷ **sunnicki**

sunny /ˈsʌni/ **adjective 1** (A2) bright because of light from the sun: *a lovely **sunny day*** ▷ **słoneczny 2** behaving in a happy way: *a sunny smile/personality* ▷ **pogodny**

sunrise /ˈsʌnraɪz/ **noun** [C, U] (B1) when the sun appears in the morning and the sky becomes light ▷ **wschód słońca**

sunroof /ˈsʌnru:f/ **noun** [C] part of a roof of a car which you open to allow air and light from the sun to come in ▷ **szyberdach**

sunscreen /ˈsʌnskri:n/ **noun** [C, U] a substance that protects your skin in the sun ▷ **krem lub emulsja z filtrem UV**

sunset /ˈsʌnset/ **noun** [C, U] (B1) when the sun disappears in the evening and the sky becomes dark ▷ **zachód słońca**

sunshine /ˈsʌnʃaɪn/ **noun** [U] (B1) the light from the sun: *Let's sit over there in the sunshine.* ▷ **słońce**

sunstroke /ˈsʌnstrəʊk/ **noun** [U] an illness caused by spending too much time in the sun ▷ **udar słoneczny**

suntan /ˈsʌntæn/ **noun** [C] (also **tan**) when your skin is brown from being in the sun: *suntan oil* ▷ **opalenizna**
• **suntanned** (also **tanned**) adjective ▷ **opalony**

super /ˈsu:pər/ **adjective, adverb** informal old-fashioned very good: *We had a super time.* ▷ **super, świetny, świetnie**

super- /su:pər-/ **prefix** extremely or more than usual: *a supermodel* ◦ *super-rich* ▷ **super-**

superb /su:ˈpɜ:b/ **adjective** (B2) excellent: *a superb performance/restaurant* ▷ **pierwszorzędny, znakomity**
• **superbly** adverb ▷ **pierwszorzędnie, znakomicie**

superbug /ˈsu:pəbʌg/ **noun** [C] a type of bacteria that is very difficult to destroy ▷ **bakteria-mutant**

supercomputer /ˈsu:pəkəmˌpju:tər/ **noun** [C] a very powerful computer ▷ **superkomputer**

super-cooled /ˌsu:pəˈku:ld/ **adjective** Super-cooled liquids have been made colder than the temperature at which they would normally freeze without freezing them. ▷ **przechłodzony**

superficial /ˌsu:pəˈfɪʃəl/ **adjective 1** If someone is superficial, they never think about things that are serious or important. ▷ **płytki 2** not complete and involving only the most obvious things: ***superficial knowledge*** ◦ *a **superficial resemblance*** ▷ **powierzchowny 3** only on the surface of something: ***superficial damage/injuries*** ▷ **powierzchowny**
• **superficially** adverb ▷ **powierzchownie**

superfluous /su:ˈpɜ:fluəs/ **adjective** not needed, or more than is needed: ***superfluous details/information*** ▷ **zbyteczny**

supergroup /ˈsu:pəˌgru:p/ **noun** [C] a very successful pop group ▷ **supergrupa**

superhuman /ˌsu:pəˈhju:mən/ **adjective superhuman effort/strength, etc** more effort/strength, etc than a normal human being ▷ **nadludzk-i/a wysiłek/siła** *itp.*

superimpose /ˌsu:pərɪmˈpəʊz/ **verb** [T] to put an image, text, etc over something so that the thing under it can still be seen ▷ **nakładać**

superintendent /ˌsu:pərɪnˈtendənt/ **noun** [C] **1** in Britain, a police officer of high rank ▷ **inspektor 2** in the US, an official responsible for a place, event, etc ▷ **kierownik**

superior¹ /su:ˈpɪəriər/ **adjective 1** better than other things: *superior quality* ◦ *This car is far **superior to** the others.* ▷ **lepszy 2** thinking that you are better than other people: *She has a very superior manner.* ▷ **wyniosły**

superior² /su:ˈpɪəriər/ **noun** [C] someone in a higher position than you at work: *I will have to report this to my superiors.* ▷ **przełożon-y/a, zwierzchni-k/czka**

superiority /su:ˌpɪəriˈɒrəti/ **noun** [U] **1** when something is better than other things: *the superiority of modern design* ▷ **wyższość, przewaga 2** when you think that you are better than other people: *She has an **air of superiority**.* ▷ **wyższość**

superlative /su:ˈpɜ:lətɪv/ **noun** [C] (A2) the form of an adjective or adverb that is used to show that someone or something has more of a particular quality than anyone or anything else. For example 'best' is the superlative of 'good' and 'slowest' is the superlative of 'slow'. ▷ **stopień najwyższy** → Compare **comparative**

supermarket /ˈsu:pəˌmɑ:kɪt/ **noun** [C] (A1) a large shop that sells food, drink, products for the home, etc ▷ **supermarket**

supermodel /ˈsu:pəˌmɒdəl/ **noun** [C] a very famous model ▷ **supermodel/ka**

the supernatural /ˌsu:pəˈnætʃərəl/ **noun** (B2) things that cannot be explained by our knowledge of science or nature ▷ **zjawiska lub siły nadprzyrodzone**
• **supernatural** adjective (B2) ***supernatural forces/powers*** ▷ **nadprzyrodzony**

supernova /ˌsu:pəˈnəʊvə/ **noun** [C] (plural **supernovas** or **supernovae**) a star that becomes very bright for a few days because it is exploding ▷ **supernowa**

superpower /ˈsu:pəˌpaʊər/ **noun** [C] a country that has great military and political power in the world ▷ **mocarstwo**

superscript /ˈsu:pəskrɪpt/ **adjective** Superscript numbers or letters are written just above the rest of the words or numbers, often in a smaller size. ▷ **w indeksie górnym**

S

• **superscript** noun [U] ▷ **indeks górny** → Compare **subscript**

supersede /ˌsuːpəˈsiːd/ **verb** [T] to take the place of someone or something that went before: [often passive] *Records were superseded by CDs.* ▷ **wypierać, zastępować**

supersonic /ˌsuːpəˈsɒnɪk/ **adjective** faster than the speed of sound: *supersonic aircraft* ▷ **naddźwiękowy**

superstar /ˈsuːpəstɑːʳ/ **noun** [C] a very famous singer, performer, etc ▷ **supergwiazda**

superstition /ˌsuːpəˈstɪʃən/ **noun** [C, U] when someone believes that particular actions or objects are lucky or unlucky ▷ **przesąd**

superstitious /ˌsuːpəˈstɪʃəs/ **adjective** believing that particular objects or events are lucky or unlucky: *Are you superstitious about the number 13?* ▷ **przesądny**

superstore /ˈsuːpəstɔːʳ/ **noun** [C] a very large shop that sells many different things, often outside a town ▷ **hipermarket**

supervise /ˈsuːpəvaɪz/ **verb** [I, T] B2 to watch a person or activity and make certain that everything is done correctly, safely, etc: *Students must be supervised by a teacher at all times.* ▷ **nadzorować**

• **supervisor** noun [C] someone who supervises ▷ **kierownik, inspektor**

supervision /ˌsuːpəˈvɪʒən/ **noun** [U] when you supervise someone or something: *He needs **constant supervision**.* ▷ **nadzór**

> Wyrazy występujące razem z **supervision**
>
> be under supervision • close/constant supervision • the supervision of sb/sth

supper /ˈsʌpəʳ/ **noun** [C] A2 a meal that you eat in the evening: *What are we having for supper?* ▷ **kolacja**

S

supplant /səˈplɑːnt/ **verb** [T] formal to take the place of someone or something ▷ **wypierać**

supple /ˈsʌpl/ **adjective** able to bend or move easily: *a supple body* ▷ **giętki, gibki**

supplement /ˈsʌplɪmənt/ **noun** [C] an extra amount or part added to something: *to take a **vitamin supplement*** ◦ *a newspaper with a **colour supplement*** ▷ **dodatek, suplement**

• **supplement** /ˈsʌplɪment/ **verb** [T] *She works part-time to supplement her pension.* ▷ **uzupełniać**

supplementary /ˌsʌplɪˈmentəri/ **adjective** (also US **supplemental**) added to something: ***supplementary materials*** ▷ **uzupełniający**

ˌsupplementary ˈangle noun [C] one of two angles which together add up to 180° ▷ **kąt dopełniający** → Compare **complementary angle**

supplier /səˈplaɪəʳ/ **noun** [C] B2 someone who provides things that people want or need, often over a long period of time ▷ **dostawca**

supplies /səˈplaɪz/ **noun** [plural] B2 the food, equipment, etc that is needed for a particular activity, holiday, etc ▷ **zaopatrzenie, zapasy, artykuły**

supply¹ /səˈplaɪ/ **verb** [T] B2 to provide things that people want or need, often over a long period of time: *to supply food/drugs to people* ◦ *This lake **supplies** the whole town **with** water.* ▷ **dostarczać, zaopatrywać**

supply² /səˈplaɪ/ **noun** **1** [C] B2 an amount of something that is ready to be used: *a **supply of** water* ◦ *food supplies* ▷ **zapas** **2** **in short supply** If something is in short supply, there is little of it available. ▷ **brakujący** **3** [C] the system of supplying something to people: *Someone has turned off the electricity supply.* ▷ **zaopatrzenie, zasilanie**

> Wyrazy występujące razem z **supply (noun)**
>
> a supply of sth • a constant/endless/plentiful supply

support¹ /səˈpɔːt/ **verb** [T] **1** B2 to agree with an idea, group, or person: *Do you **support** their **views** on nuclear weapons?* ▷ **popierać** **2** to help to show that something is true: *There's no evidence to **support** his **story**.* ▷ **potwierdzać** **3** B2 to hold the weight of someone or something: *Is this ladder strong enough to support me?* ▷ **utrzymywać** **4** B1 to look after someone by paying for their food, clothes, etc: *She has three children to support.* ▷ **utrzymywać** **5** mainly UK B1 to like a particular sports team and want them to win: *Who do you support?* ▷ **kibicować, dopingować**

support² /səˈpɔːt/ **noun** **1** [U] B2 agreement with an idea, group, or person: *Is there much public **support for** the death penalty?* ▷ **poparcie** **2** **in support of sb/sth** agreeing with someone or something: *The minister spoke in support of military action.* ▷ **za** *kimś/czymś*, **na znak poparcia dla** *kogoś/czegoś* **3** [U] B1 help or encouragement: ***emotional/financial support*** ▷ **wsparcie** **4** [C] an object that can hold the weight of something ▷ **podpora** → See also **child support**, **income support**, **moral support**

> Wyrazy występujące razem z **support (noun)**
>
> enlist/express/give/lose/rally support • overwhelming/public/strong/tacit/widespread support • support for sb/sth

supporter /səˈpɔːtəʳ/ **noun** [C] **1** B2 someone who supports a particular idea, group, or person: *a **strong supporter of** the government* ▷ **zwolenni-k/czka** **2** mainly UK B1 someone who likes a particular sports team and wants them to win: *English football supporters* ▷ **kibic**

> Wyrazy występujące razem z **supporter**
>
> a keen/loyal/staunch/strong supporter • a supporter of sth

supportive /səˈpɔːtɪv/ **adjective** giving help or

encouragement: *a very supportive friend* ▷ **pomocny**

suppose /sə'pəʊz/ verb **1 be supposed to do sth a** B1 to be expected or intended to do something, especially when this does not happen: *These drugs are supposed to reduce the pain.* ◦ *He was supposed to be here by nine.* ▷ **mieć** *coś zrobić* **b** B2 If you are supposed to do something, the rules say that you should do it: *You're supposed to pay by the end of the month.* ◦ *You're not supposed to (= you should not) smoke in here.* ▷ **powinno się** *coś zrobić*, **mieć** *coś zrobić* **2 be supposed to be sth** B2 to be considered by many people to be something: *The scenery is supposed to be fantastic.* ▷ **podobno być** *jakimś* **3** [T] B1 to think that something is likely to be true: [+ (that)] *I suppose that you've already heard the news?* ▷ **sądzić, przypuszczać** **4 suppose/supposing (that)** used to introduce an idea for someone to consider: *Suppose he phones tonight. What should I say?* ▷ **załóżmy, że, przypuśćmy, że, a co, jeśli** **5 I suppose** A2 used to show that you are not certain or not completely happy about something: *It was quite interesting, I suppose.* ▷ **chyba, myślę, że** **6 I suppose so** B1 used to show agreement to something when you do not really want to: *"Can I come with you?" "I suppose so."* ▷ **właściwie tak, no dobrze**

supposed /sə'pəʊzɪd/ adjective [always before noun] used to show that you do not believe that someone or something really is what many people consider them to be: *a supposed genius* ▷ **rzekomy**

• **supposedly** /sə'pəʊzɪdli/ adverb *The building is supposedly in good condition.* ▷ **rzekomo**

supposition /ˌsʌpə'zɪʃən/ noun [C, U] formal when someone believes that something is true although there is no proof ▷ **przypuszczenie**

suppress /sə'pres/ verb [T] **1** to control feelings so that they do not show: *I could barely suppress my anger.* ▷ **tłumić, powstrzymywać** **2** to prevent information from being known: *to suppress evidence/news* ▷ **zablokować, zataić** **3** to stop someone or something by using force: [often passive] *The rebellion was suppressed by government forces.* ▷ **tłumić**

• **suppression** /sə'preʃən/ noun [U] ▷ **tłumienie**

supremacy /suː'preməsi/ noun [U] when a country or group of people is more powerful, successful, etc than anyone else: *a battle/struggle for supremacy* ▷ **dominacja, supremacja**

supreme /suː'priːm/ adjective **1** of the highest rank or greatest importance: *the* ***supreme ruler*** ▷ **naczelny** **2** very great: ***supreme confidence/effort*** ▷ **najwyższy**

• **supremely** adverb very: *supremely confident* ▷ **nadzwyczaj, niezwykle**

the suˌpreme 'court noun the court of law that has the most authority in a state or country ▷ **sąd najwyższy**

surcharge /'sɜːtʃɑːdʒ/ noun [C] an extra amount of money that you have to pay for something: *There is a surcharge for single rooms.* ▷ **dopłata, opłata dodatkowa**

sure /ʃɔːr/ adjective **1** A2 [never before noun] certain: [+ (that)] *I'm sure that he won't mind.* ◦ [+ question word] *She's* ***not sure*** *what she's going to do next.* ◦ *I'm quite* ***sure about*** *the second answer.* ▷ **pewny** → Opposite **unsure** **2 make sure (that)** A2 to take action so that you are certain that something happens, is true, etc: *Make sure that you close all the windows before you leave.* ▷ **upewnić się, sprawdzić** **3 be sure of sth** B2 to be confident that something is true: *He'll win, I'm sure of it.* ▷ **być pewnym** *czegoś*, **być przekonanym o** *czymś* **4 for sure** B1 without any doubts: *I think he's from Korea but don't know for sure.* ▷ **na pewno** **5 be sure of yourself** B2 to be confident of your own abilities, qualities, etc: *She's always been very sure of herself.* ▷ **być pewnym siebie** **6 be sure to do sth a** If you are sure to do something, it is certain that you will do it: *He's sure to go back there again.* ▷ **na pewno** *coś zrobić* **b** used to tell someone what they must remember to do: *Be sure to tell her I called.* ▷ **nie zapomnieć** *coś zrobić* **7 a sure sign of/that sth** something that makes something seem certain to be true ▷ **pewna oznaka** *czegoś* **8 a sure thing** something that is certain to happen: *Death is the one sure thing about life.* ▷ **pewnik, pewna rzecz** **9 sure** (also US **sure thing**) A2 used to show agreement: *"Can I borrow your pen please?" "Sure."* ▷ **jasne, pewnie** **10 sure enough** B2 as expected: *He said the book was on his desk, and sure enough, there it was.* ▷ **oczywiście, rzeczywiście**

surely /'ʃɔːli/ adverb B2 used to express surprise that something has happened or is going to happen: *You surely didn't tell him, did you?* ◦ *Surely you're not going to go out dressed like that?* ▷ **chyba**

surf[1] /sɜːf/ verb **1** B1 [I] to ride on a wave in the sea using a special board ▷ **pływać na desce (surfingowej), surfować** **2 surf the Internet/Net/Web** A2 to look at information on the Internet by moving from one page to another using electronic links ▷ **surfować lub buszować w lub po Internecie/sieci**

• **surfer** noun [C] someone who surfs ▷ **osoba uprawiająca surfing** • **surfing** noun [U] ▷ **surfing, pływanie na desce**

surf[2] /sɜːf/ noun [U] the top of the waves in the sea as it moves onto the coast ▷ **grzywacze, grzbiet fal**

surface[1] /'sɜːfɪs/ noun **1** [C] B2 the top or outside part of something: *the Earth's surface* ◦ *The sun was reflected on the surface of the water.* ▷ **powierzchnia** **2** [no plural] B2 what someone or something seems to be like when you do not know much about them: ***On the surface*** *he seemed very pleasant.* ▷ **pozory** → See also **work surface**

S

> **Wyrazy występujące razem z surface**
>
> a flat/hard/level/smooth/uneven surface • cover the surface • above/below/beneath/on the surface

surface² /ˈsɜːfɪs/ **verb 1** [I] to appear or become public, often after being hidden: *This problem* ***first surfaced*** *about two weeks ago.* ◦ *So when did these* ***allegations surface****?* ▷ **pojawiać się, wychodzić na jaw 2** [I] to rise to the surface of water: *The submarine surfaced a few miles off the coast.* ▷ **wynurzać się 3** [T] to cover a road with a hard substance ▷ **pokrywać nawierzchnią**

ˌsurface ˈarea noun [C, usually singular] the area of a surface or of all of the outer surfaces of something ▷ **pole powierzchni**

ˈsurface ˌmail noun [U] letters, parcels, etc that are sent by road, sea, or train and not by aircraft ▷ **poczta zwykła**

surfboard /ˈsɜːfbɔːd/ **noun** [C] a long piece of wood or plastic that you use to ride on waves in the sea ▷ **deska surfingowa**

surfeit /ˈsɜːfɪt/ **noun** [no plural] formal too much of something: *We've had* ***a surfeit of*** *applications from women for this job.* ▷ **nadmiar**

surfing /ˈsɜːfɪŋ/ **noun** [U] **1** A2 the sport of riding on a wave on a special board ▷ **surfing 2** the activity of looking at a lot of different things on the Internet ▷ **surfowanie (w sieci)**

surge¹ /sɜːdʒ/ **verb 1 surge forward/into/through, etc** to move somewhere with great strength: *The crowd surged against the barriers.* ▷ **rzucać się lub ruszać do przodu/do/przez** *itp.* **2** [I] to increase very quickly: ***Prices surged*** *on the stock exchange.* ▷ **skoczyć**

surge² /sɜːdʒ/ **noun** [C] **1** a large increase in something: *a* ***surge in*** *spending* ▷ **skok, nagły wzrost 2** a sudden movement forward ▷ **szarpnięcie**

surgeon /ˈsɜːdʒən/ **noun** [C] a doctor who does medical operations ▷ **chirurg** → See also **veterinary surgeon**

surgeon

surgery /ˈsɜːdʒəri/ **noun 1** [U] B2 when a doctor cuts your body open and repairs or removes something: *to* ***have surgery*** ◦ *heart/knee surgery* ▷ **operacja 2** [C] UK B2 a place where doctors or other medical workers treat people ▷ **gabinet** → See also **plastic surgery**

surgical /ˈsɜːdʒɪkəl/ **adjective** relating to medical operations: *surgical instruments/gloves* ▷ **chirurgiczny, operacyjny**
• **surgically adverb** ▷ **operacyjnie, chirurgicznie**

Suriname /ˌsʊərɪˈnæm/ **noun** a country in South America ▷ **Surinam**
• **Surinamese** /ˌsʊərɪnæmˈiːz/ **adjective** coming from or relating to Suriname ▷ **surinamski** • **Surinamese noun** (plural **Surinamese**) someone from Suriname ▷ **Surinam-czyk/ka**

surly /ˈsɜːli/ **adjective** unfriendly and rude: *a surly teenager* ▷ **opryskliwy**

surmount /səˈmaʊnt/ **verb** [T] formal to deal successfully with a problem ▷ **przezwyciężać, pokonywać**

surname /ˈsɜːneɪm/ **noun** [C] A2 the name that you and other members of your family all have: *His surname is Walker.* ▷ **nazwisko**

surpass /səˈpɑːs/ **verb** [T] formal to be or do better than someone or something else: *The book's success* ***surpassed*** *everyone's* ***expectations****.* ▷ **przewyższać, przekraczać**

surplus /ˈsɜːpləs/ **noun** [C, U] **1** an amount of something that is more than you need: *Every year we produce a huge* ***surplus of*** *meat.* ▷ **nadmiar, nadwyżka 2** the amount of money you have left when you sell more than you buy, or spend less than you have ▷ **nadwyżka**
• **surplus adjective** *surplus wheat* ▷ **dodatkowy**

surprise¹ /səˈpraɪz/ **noun 1** [C] A2 an event that you did not expect to happen: *I didn't know that my parents were coming – it was a lovely surprise.* ◦ *Her resignation* ***came as a*** *complete* ***surprise*** *(= was very surprising).* ◦ *a* ***surprise party*** ▷ **niespodzianka, zaskoczenie 2** [U] B2 the feeling that you get when something happens that you did not expect: *He agreed to everything, much* ***to my surprise****.* ▷ **zaskoczenie, zdziwienie 3 take/catch sb by surprise** to be unexpected and make someone feel surprise: *I wasn't expecting her to be so angry – it took me by surprise.* ▷ **zaskoczyć** *kogoś*

> **Wyrazy występujące razem z surprise**
>
> come as a surprise • a big/nice/unpleasant surprise • a surprise to sb • a surprise party

> **Surprise wyrazy bliskoznaczne**
>
> Niemiła niespodzianka jest często określana rzeczownikiem **shock**:
>
> *We got a nasty* ***shock*** *when he gave us the bill.*
>
> *His death came as a terrible* ***shock****.*
>
> Rzeczownikiem **blow** określamy niespodziewane wydarzenie, które wywołuje smutek i rozczarowanie:
>
> *Losing his job was a terrible* ***blow*** *to him.*
>
> Coś, co jest tak zadziwiające, że aż trudno w uwierzyć, określamy to czasem jako **miracle**:
>
> *It's a* ***miracle*** *that she survived the accident.*
>
> *If I pass this exam it'll be a* ***miracle****.*

surprise² /səˈpraɪz/ **verb** [T] **1** B1 to make someone feel surprise: *I didn't tell her I was coming home early – I thought I'd surprise her.* ▷ **zrobić niespodziankę, zaskoczyć 2** to find or attack someone when they are not expecting it ▷ **zaskoczyć**

surprised /sə'praɪzd/ **adjective** A2 feeling surprise because something has happened that you did not expect: [+ to do sth] *I'm surprised to see you here.* ◦ *She wasn't* ***surprised at*** *his decision.* ◦ [+ (that)] *I'm surprised that you've decided to leave.* ▷ **zaskoczony, zdziwiony**

surprising /sə'praɪzɪŋ/ **adjective** B1 not expected and making someone feel surprised: *It's not surprising you're putting on weight, the amount you're eating!* ▷ **zaskakujący, nieoczekiwany, dziwny**

• **surprisingly adverb** B1 *surprisingly good* ▷ **nieoczekiwanie**

surreal /sə'rɪəl/ **adjective** (also **surrealistic** /səˌrɪə'lɪstɪk/) strange and not real, like something in a dream: *His paintings have a surreal quality.* ▷ **surrealistyczny**

surrender /sᵊr'endəʳ/ **verb 1** [I] to stop fighting and admit that you have been beaten: *Rebel troops are refusing to surrender.* ▷ **poddać się 2** [T] formal to give something to someone else because you have been forced or officially asked to give it to them: *He was released on the condition that he surrendered his passport.* ▷ **oddawać**

• **surrender noun** [C, U] ▷ **kapitulacja**

surreptitious /ˌsʌrəp'tɪʃəs/ **adjective** done secretly so that other people do not see: ***surreptitious glances*** *at the clock* ▷ **potajemny, ukradkowy**

• **surreptitiously adverb** ▷ **potajemnie, ukradkiem**

surrogate /'sʌrəgɪt/ **adjective** [always before noun] used instead of someone or something else: *Twenty years older than her, he effectively became a surrogate father.* ▷ **zastępczy**

• **surrogate noun** [C] someone or something that is used instead of someone or something else: *He seemed to regard her as a* ***surrogate for*** *his dead mother.* ▷ **namiastka, surogat**

ˌsurrogate 'mother noun [C] a woman who has a baby for a woman who is not able to have a baby herself ▷ **matka zastępcza**

surround /sə'raʊnd/ **verb** [T] **1** B1 to be or go everywhere around something or someone: *The house is surrounded by a large garden.* ◦ *The police have surrounded the building.* ◦ *the surrounding countryside* ▷ **otaczać 2 be surrounded by sb/sth** to have a lot of people or things near you: *She's surrounded by the people she loves.* ▷ **być otoczonym** *kimś/czymś* **3** If a feeling or situation surrounds an event, it is closely connected with it: ***Mystery*** *still* ***surrounds*** *the exact circumstances of his death.* ▷ **otaczać, spowijać**

surroundings /sə'raʊndɪŋz/ **noun** [plural] B2 the place where someone or something is and the things that are in it: *Have you got used to your new surroundings?* ▷ **otoczenie, środowisko**

surveillance /sɜː'veɪləns/ **noun** [U] when someone is watched carefully, especially by the police or army, because they are expected to do something wrong: *The police have* ***kept*** *the man* ***under*** *strict* ***surveillance***. ▷ **obserwacja**

survey¹ /'sɜːveɪ/ **noun** [C] **1** B2 an examination of people's opinions or behaviour made by asking people questions: *Holidays in the UK are becoming more popular, according to a* ***recent survey***. ▷ **ankieta 2** UK an examination of the structure of a building in order to find out if there is anything wrong with it: *The bank have refused a loan until we've had a survey done on the property.* ▷ **ekspertyza (budowlana) 3** when an area of land is looked at, and its measurements and details recorded, especially in order to make a map ▷ **pomiar**

> **Wyrazy występujące razem z survey**
>
> **carry out/conduct/take part in** a survey • a survey **finds/reveals/shows/suggests** sth • a survey **of** sth • **in** a survey • **according to** a survey • a **recent** survey

survey² /sə'veɪ/ **verb** [T] **1** to look at or examine something carefully: *I got out of the car to* ***survey*** *the* ***damage***. ▷ **oglądać, oceniać 2** to ask people questions in order to find out about their opinions or behaviour: *75% of midwives surveyed were in favour of home births.* ▷ **ankietować 3** to measure and record the details of an area of land ▷ **dokonywać pomiarów 4** UK to examine the structure of a building in order to find out if there is anything wrong with it ▷ **przeprowadzać ekspertyzę (budowlaną)**

surveyor /sə'veɪəʳ/ **noun** [C] **1** UK someone whose job is to examine the structure of buildings ▷ **rzeczoznawca budowlany 2** someone whose job is to measure and record the details of an area of land ▷ **geodeta, mierniczy**

survival /sə'vaɪvᵊl/ **noun** [U] B2 when someone or something continues to live or exist, especially after a difficult or dangerous situation: *Flood victims had to fight for survival.* ▷ **przetrwanie, przeżycie**

survive /sə'vaɪv/ **verb 1** [I, T] B2 to continue to live after almost dying because of an accident, illness, etc: *He was born with a heart problem and only survived ten days.* ◦ *No one survived the plane crash.* ▷ **przeżyć, przetrwać 2** [I, T] to continue to exist after being in a difficult or dangerous situation: *Only two buildings survived the earthquake.* ▷ **przetrwać 3** [T] If you survive someone, you continue to live after they have died. ▷ **przeżyć**

survivor /sə'vaɪvəʳ/ **noun** [C] B2 someone who continues to live after almost dying because of an accident, illness, etc: *Rescuers have given up hope of finding any more survivors.* ▷ **pozostały przy życiu, ocalały**

Susan /'suːzən/ **noun** (also **Sue** /suː/) a female name

S

susceptible /səˈseptəbl/ **adjective** easily influenced or harmed by something: *Older people are more **susceptible to** the virus.* ◦ *a susceptible young teenager* ▷ **podatny, wrażliwy**
• **susceptibility** /səˌseptəˈbɪləti/ **noun** [U] when someone is susceptible ▷ **podatność, wrażliwość**

sushi /ˈsuːʃi/ **noun** [U] Japanese food made of cold rice and fish which has not been cooked: *a sushi bar* ▷ **sushi**

suspect¹ /ˈsʌspekt/ **noun** [C] B2 someone who may have committed a crime: *He's the **prime suspect** (= the most likely suspect) in the murder case.* ▷ **podejrzan-y/a**

IDIOM **the usual suspects** the people you would expect to be present somewhere or doing a particular thing: *"Who was at the party?" "Oh, Adrian, John, Dave – the usual suspects."* ▷ **stałe towarzystwo**

> Wyrazy występujące razem z **suspect**
> the **chief/main/prime** suspect • a suspect **for/in** sth

suspect² /ˈsʌspekt/ **adjective** difficult to trust or believe: *His explanation was highly suspect.* ▷ **podejrzany**

suspect³ /səˈspekt/ **verb** [T] **1** B2 to think that someone may have committed a crime or done something bad: *He was **suspected of** drug dealing.* ◦ *suspected terrorists* ▷ **podejrzewać 2** B2 to think that something is probably true, or is likely to happen: [+ (that)] *They suspected that he was lying.* ▷ **podejrzewać 3** to not trust someone or something: *She **suspected** his **motives** for offering to help.* ▷ **nie ufać, wątpić w**

suspend /səˈspend/ **verb** [T] **1** to stop something happening for a short time: *The semi-final was suspended because of bad weather.* ▷ **odkładać, odraczać, zawieszać 2 suspend sth from/between, etc** to hang something from somewhere: [often passive] *A light bulb was suspended from the ceiling.* ▷ **wieszać/rozwieszać** *coś gdzieś* **3** B2 to not allow someone to go to work or school for a period of time because they have done something wrong: [often passive] *She was **suspended from** school for fighting.* ▷ **zawieszać**

suspenders /səˈspendəz/ **noun** [plural] **1** UK (US **garters**) pieces of elastic fixed to a belt that hold up a woman's stockings ▷ **podwiązki 2** US (UK **braces**) two straps fixed to a pair of trousers that go over your shoulders and stop the trousers from falling down ▷ **szelki**

suspense /səˈspens/ **noun** [U] the feeling of excitement that you have when you are waiting for something to happen: *What's your answer then? Don't **keep** me **in suspense**.* ▷ **niepewność, zawieszenie**

susˈpense acˌcount **noun** [C] an account where amounts of money are recorded temporarily until it is decided how to record them properly ▷ **rachunek przejściowy**

suspension /səˈspenʃən/ **noun 1** [U] when someone stops something happening for a period of time: *an immediate suspension of all imports and exports* ▷ **wstrzymanie, zawieszenie 2** [C, U] when someone is not allowed to go to work or school for a period of time ▷ **zawieszenie 3** [C, U] equipment which is fixed to the wheels of a vehicle in order to make it move more smoothly ▷ **zawieszenie 4** a liquid in which small pieces of solid are contained, but not dissolved ▷ **zawiesina**

susˈpension ˌbridge **noun** [C] a bridge which is supported by strong steel ropes hung from a tower at each end of the bridge ▷ **most wiszący**

suspensory ligament /səˌspentsəriˈlɪgəmənt/ **noun** [C] one of the strong strips of tissue in the body that hold the lens of the eye in position or that another part or organ hangs from ▷ **więzadełko**

suspicion /səˈspɪʃən/ **noun 1** [C, U] B2 a feeling or belief that someone has done something wrong: *They were arrested **on suspicion of** drug dealing.* ◦ *Several members of staff are **under suspicion** of stealing money.* ▷ **podejrzenie 2** [C] B2 an idea that something may be true: [+ (that)] *I had a **sneaking suspicion** that the two events might be connected.* ▷ **przeczucie**

> Wyrazy występujące razem z **suspicion**
> **have** a suspicion • **confirm** sb's suspicion • a **deep/sneaking/strong** suspicion

suspicious /səˈspɪʃəs/ **adjective 1** B2 making you feel that something is wrong or that something bad or illegal is happening: ***suspicious behaviour/circumstances*** ◦ *I called airport security after noticing a **suspicious package**.* ▷ **podejrzany 2** B2 not trusting someone: *Many of them remain **suspicious of** journalists.* ▷ **nieufny, podejrzliwy**
• **suspiciously** **adverb** B2 *She's been acting very suspiciously lately.* ▷ **podejrzliwie, podejrzanie**

sustain /səˈsteɪn/ **verb** [T] **1** to cause or allow something to continue for a period of time: *The team may not be able to sustain this level of performance.* ▷ **podtrzymywać, utrzymywać 2** to support someone or something so that they can live or exist: *The money he received was hardly enough to sustain a wife and five children.* ▷ **utrzymywać (przy życiu) 3 sustain damage/injuries/losses** formal If someone or something sustains injuries/damage/losses, etc, they are injured/damaged, etc. ▷ **doznać zniszczeń/odnosić rany/ponosić straty**

sustainable /səˈsteɪnəbl/ **adjective 1** able to continue over a period of time: *sustainable development/growth* ▷ **długofalowy 2** causing little or no damage to the environment and therefore able to continue for a long time ▷ **zrównoważony**

sustained /səˈsteɪnd/ **adjective** continuing for a period of time without getting weaker: *a*

S

sustained attack ◦ *sustained pressure* ▷ **nieprzerwany**

SUV /ˌesjuːˈviː/ **noun** [C] abbreviation for sports utility vehicle: a large vehicle with an engine that supplies power to all four wheels, so that the vehicle can travel easily over rough ground ▷ **SUV (= samochód sportowo-użytkowy)**

svelte /svelt/ **adjective** thin in an attractive way ▷ **smukły**

swab /swɒb/ **noun** [C] a small piece of material used for cleaning an injury or for taking a small amount of a substance from someone's body so that it can be tested ▷ **wacik, gazik**

swagger /ˈswæɡəʳ/ **verb** [I] to walk in a way that shows that you are confident and think that you are important: *A group of young men swaggered around in leather jackets.* ▷ **paradować, kroczyć zawadiacko**

• **swagger noun** [no plural] ▷ **zawadiacki krok, (zbytnia) pewność siebie**

swallow¹ /ˈswɒləʊ/ **verb 1** [T] B2 to move your throat in order to make food or drink go down: *The snake swallowed the bird whole.* ▷ **połykać, łykać 2** [I] to make a movement with your throat as if you are eating, sometimes because you are nervous: *Claire swallowed hard, opened the door and stepped inside.* ▷ **przełykać 3** [T] to accept something unpleasant: *They found the final decision* ***hard to swallow.*** ▷ **przełknąć 4** [T] informal to believe something, usually something which is not true: *I told him we were journalists and he seemed to swallow it.* ▷ **łyknąć** → See also **swallow your *pride***

PHRASAL VERB **swallow sth up** to make something disappear: *Many small businesses are being swallowed up by large international companies.* ▷ **pochłaniać** *coś*

swallow² /ˈswɒləʊ/ **noun** [C] **1** a small bird with long, pointed wings and a tail with two points ▷ **jaskółka 2** the movement of swallowing ▷ **łyk**

swam /swæm/ past tense of swim

swamp¹ /swɒmp/ **noun** [C, U] an area of very wet, soft land ▷ **bagno, moczary**

swamp² /swɒmp/ **verb** [T] **1** to give someone more of something than they can deal with: [often passive] *The company was* ***swamped with*** *calls about its new service.* ◦ *The market has been* ***swamped by*** *cheap imports.* ▷ **zalewać 2** If an area is swamped, it becomes covered with water: *Heavy rain has swamped many villages in the region.* ▷ **zalewać, podtapiać**

swan /swɒn/ **noun** [C] B2 a large, white bird with a long neck which lives on lakes and rivers ▷ **łabędź**

swap /swɒp/ **verb** [I, T] (present participle **swapping**, past tense and past participle **swapped**) to give something to someone and get something from them in return: *Would you mind if Dave* ***swapped*** *places* ***with*** *you for a bit?* ▷ **zamieniać (się), wymieniać (się)**

• **swap noun** [C] *We'll* ***do a swap.*** ▷ **zamiana, wymiana**

swarm¹ /swɔːm/ **noun** [C] a large group of things, usually insects, moving together: *a swarm of bees* ▷ **rój**

swarm² /swɔːm/ **verb** [I] to move in a large group: *TV reporters swarmed outside the pop star's home.* ▷ **roić się, tłoczyć się**

PHRASAL VERB **swarm with sb/sth** If a place is swarming with people, insects, etc, there are a lot of them moving around it: *The house was swarming with police.* ▷ **roić się od** *kogoś/czegoś*

swarthy /ˈswɔːði/ **adjective** having dark skin ▷ **ogorzały, śniady, smagły**

swat /swɒt/ **verb** [T] (present participle **swatting**, past tense and past participle **swatted**) to hit something, especially an insect, with a flat object: *He swatted a fly with his newspaper.* ▷ **trzepnąć, pacnąć**

sway /sweɪ/ **verb 1** [I] to move slowly from one side to the other: *The trees swayed gently in the wind.* ▷ **kołysać się 2** [T] to persuade someone to change their opinion or decision: *I think I was swayed by what James said.* ▷ **przekonać**

Swaziland /ˈswɑːzilænd/ **noun** a country in Africa ▷ **Suazi**

• **Swazi** /ˈswɑːzi/ **adjective** coming from or relating to Swaziland ▷ **suazyjski** • **Swazi noun** someone from Swaziland ▷ **Suazyj-czyk/ka**

swear /sweəʳ/ **verb** (past tense **swore**, past participle **sworn**) **1** [I] B2 to use language which people think is rude or offensive: *He was sent home because he* ***swore at*** *the teacher.* ▷ **przeklinać, kląć 2** [I, T] B2 to make a serious promise: [+ to do sth] *I swear to tell the truth.* ◦ [+ (that)] *She swore that she was at home at the time of the accident.* ▷ **przysięgać 3** [T] used to say that you are sure something is true: [+ (that)] *I* ***could have sworn*** *that she said she lived in Canterbury (= I was sure she lived in Canterbury, but now I have found that it is not true).* ▷ **przysięgać**

PHRASAL VERBS **swear by sth** to believe strongly that something is useful or effective: *Have you tried using vinegar to clean windows? My Mum swears by it.* ▷ **wierzyć (święcie) w** *coś* • **swear sb in** to make someone such as a president, judge, etc officially promise to be honest and responsible when they start their job: [often passive] *Mr Stein was sworn in as City Council president yesterday.* ▷ **zaprzysięgać** *kogoś*

swearing /ˈsweərɪŋ/ **noun** [U] using rude or offensive language: *He was always getting into trouble for swearing.* ▷ **przeklinanie**

ˈswear ˌword noun [C] a word which people think is rude or offensive ▷ **przekleństwo**

sweat /swet/ **verb** [I] B2 to produce liquid through your skin because you are hot or

S

nervous: *I'd been running and I was sweating.* ▷ **pocić się**

• **sweat** noun [U] B2 *The sweat was running down his face.* ▷ **pot**

PHRASAL VERBS **sweat it out** informal to wait nervously for an unpleasant situation to improve or end: *I don't get my exam results till the end of June so I'll just have to sweat it out till then.* ▷ **wytrzymać (jakoś)** • **sweat over sth** to work hard at something: *She's been sweating over the preparations for the party all weekend.* ▷ **pocić się nad** *czymś*

sweater /ˈswetəʳ/ **noun** [C] (also UK **jumper**) A2 a warm piece of clothing which covers the top of your body and is pulled on over your head ▷ **sweter** → See **Clothes** on page Centre 8

ˈsweat ˌgland **noun** [C] a gland in the skin that produces sweat ▷ **gruczoł potowy**

sweats /swets/ **noun** [plural] US a sweatshirt and sweatpants, often worn for exercising ▷ **(bawełniany) dres, dresy** → See **Clothes** on page Centre 9

sweatshirt /ˈswetʃɜːt/ **noun** [C] B1 a piece of clothing made of soft cotton which covers the top of your body and is pulled on over your head ▷ **bluza (bawełniana lub od dresu)** → See **Clothes** on page Centre 9

sweatshop /ˈswetʃɒp/ **noun** [C] a small factory where workers are paid very little and work many hours in very bad conditions ▷ **zakład wyzyskujący robotników**

sweaty /ˈsweti/ **adjective** covered in sweat: *He was hot and sweaty from working in the garden.* ▷ **spocony, przepocony**

swede /swiːd/ **noun** [C, U] UK a round, yellow vegetable which grows in the ground ▷ **brukiew**

Sweden /ˈswiːdən/ **noun** a country in Europe ▷ **Szwecja**

• **Swedish** /ˈswiːdɪʃ/ **adjective** coming from or relating to Sweden ▷ **szwedzki** • **Swede** /swiːd/ **noun** [C] someone from Sweden ▷ **Szwed/ka**

sweep¹ /swiːp/ **verb** (past tense and past participle **swept**) **1** [I, T] (also **sweep up**) B2 to clean the floor using a brush: *She's just swept the floor.* ◦ *He swept up the pieces of broken glass (= removed them from the floor with a brush).* ▷ **zamiatać, zmiatać 2 be swept along/away, etc** B2 to be pushed or carried along, often by something strong which you cannot control: *Many trees were swept away in the flood.* ▷ **zostać porwanym lub uniesionym 3** [I, T] to quickly affect a large area: *The disease is* ***sweeping the country****.* ◦ *Panic* ***swept through*** *the crowd.* ▷ **ogarniać, szerzyć się 4 sweep along/into/past, etc** to move quickly, especially in a way that shows you think you are important: *She swept past me in the corridor.* ▷ **wkroczyć/paradować** *itp.*

sweep² /swiːp/ **noun** [C] **1** a long movement: [usually singular] *With a sweep of his arm, he gestured towards the garden.* ▷ **zamach 2** something shaped in a long curve: *a long sweep of sandy beach* ▷ **łuk** → See also **chimney sweep**

sweeping /ˈswiːpɪŋ/ **adjective 1** [always before noun] affecting many things or people: *sweeping changes/reforms* ▷ **gruntowny, radykalny 2 sweeping statement/generalization** when someone says something that is very general and has not been carefully thought about ▷ **zbyt daleko idące stwierdzenie/uogólnienie**

sweepstake /ˈswiːpsteɪk/ **noun** [C] UK (US **sweepstakes**) a type of betting in which the winner receives all the money ▷ **zakłady**

sweet¹ /swiːt/ **adjective 1** A1 with a taste like sugar: *It was covered in a very sweet chocolate sauce.* ▷ **słodki 2** A2 attractive, often because of being small: *Look at that kitten – isn't she sweet?* ▷ **słodki 3** B1 kind and friendly: *It was really sweet of you to come.* ▷ **miły, kochany 4** A sweet smell or sound is pleasant. ▷ **słodki**

• **sweetness** **noun** [U] ▷ **słodycz**

sweet² /swiːt/ **noun** [C] UK (US **candy**) A2 a small piece of sweet food, often made of sugar or chocolate: *You shouldn't eat so many sweets – they're bad for your teeth.* ▷ **cukierek, ≈ słodycze**

sweetcorn /ˈswiːtkɔːn/ **noun** [U] UK (US **corn**) the sweet, yellow seeds of maize which are eaten as a vegetable ▷ **kukurydza (cukrowa)** → See **Fruits and Vegetables** on page Centre 10

sweeten /ˈswiːtᵊn/ **verb** [T] to make something sweeter, for example by adding more sugar: *She gave me a hot lemon drink, sweetened with honey.* ▷ **słodzić, osłodzić**

sweetener /ˈswiːtᵊnəʳ/ **noun** [C] **1** something which is used to make something taste sweeter: *an* ***artificial sweetener*** ▷ **słodzik 2** something that is used to persuade someone to do something ▷ **zachęta**

sweetheart /ˈswiːthɑːt/ **noun** [C] You call someone 'sweetheart' to show affection or to be friendly: *Come here, sweetheart.* ▷ **kochanie**

sweetly /ˈswiːtli/ **adverb** in an attractive or kind way: *She smiled sweetly.* ▷ **słodko**

ˌsweet poˈtato (plural **sweet potatoes**) UK (US **ˈsweet poˌtato**) **noun** [C, U] a long, red vegetable like a potato but tasting slightly sweet ▷ **batat, patat**

swell¹ /swel/ **verb** (past tense **swelled**, past participle **swollen, swelled**) **1** [I] (also **swell up**) to increase in size: *One side of his face had swollen up where he'd been stung.* ▷ **puchnąć 2** [I, T] to increase in amount because more things are added: *The population of the region was swollen by refugees from across the border.* ▷ **powiększać (się)**

swell² /swel/ **noun 1** [C, U] the movement of waves in the sea, or the waves themselves: *ocean swells* ▷ **fala, falowanie 2** [C] an increase ▷ **wzrost**

swell³ /swel/ **adjective** US old-fashioned good or

pleasant: *Everyone's having a swell time.* ▷ **byczy, wdechowy**

swelling /ˈswelɪŋ/ **noun** [C, U] a part of your body which has become bigger because of illness or injury: *The doctor gave me drugs to reduce the swelling in my ankle.* ▷ **obrzęk, opuchlizna**

sweltering /ˈsweltərɪŋ/ **adjective** so hot that you feel uncomfortable: *It was a sweltering afternoon in August.* ▷ **parny, skwarny**

swept /swept/ past of sweep

swerve /swɜːv/ **verb** [I] to change direction suddenly, especially when you are driving a vehicle: *He swerved to avoid a cyclist and hit another car.* ▷ **(gwałtownie) skręcać**

swift /swɪft/ **adjective** happening or moving quickly: *a swift response* ▷ **szybki**

• **swiftly adverb** ▷ **szybko**

swig /swɪg/ **verb** [T] (present participle **swigging**, past tense and past participle **swigged**) informal to drink something, taking a lot of liquid into your mouth at a time ▷ **żłopać**

• **swig noun** [C] *He **took a swig of** his beer and carried on with the story.* ▷ **haust, łyk**

swill[1] /swɪl/ **verb** [T] **1** (also **swill out**) to clean something by making liquid move around it: *The dentist handed me a glass of water to swill my mouth out.* ▷ **przepłukać, wypłukać 2** to quickly drink a large amount of something, especially alcohol ▷ **żłopać**

swill[2] /swɪl/ **noun** [U] waste food that is fed to pigs ▷ **pomyje**

swim[1] /swɪm/ **verb** (present participle **swimming**, past tense **swam**, past participle **swum**) **1** [I, T] Ⓐ1 to move through water by moving your body: *I learnt to swim when I was about 5 years old.* ◦ *I swim thirty lengths of the pool most mornings.* ▷ **pływać, płynąć** → See **Sports 1** on page Centre 14 **2** [I] If your head swims, you feel confused and are unable to see or think clearly. ▷ **kręcić się, wirować 3** [I] to seem to move about: *I got up suddenly and the room started swimming.* ▷ **wirować**

• **swimming noun** [U] Ⓐ2 *I usually **go swimming** about twice a week.* ▷ **pływanie** • **swimmer noun** [C] Ⓑ1 *I'm not a very **strong swimmer**.* ▷ **pływa-k/czka**

swim[2] /swɪm/ **noun** [C] Ⓐ2 a time when you swim: *I **went for a swim** before breakfast.* ▷ **kąpiel**

ˈswim ˌbladder noun [C] an organ like a bag of air inside a fish that keeps the fish in the correct position ▷ **pęcherz pławny**

ˈswimming ˌcostume noun [C] UK (US **bathing suit**) Ⓐ2 a piece of clothing that you wear to go swimming ▷ **kostium kąpielowy** → See **Clothes** on page Centre 9

ˈswimming ˌpool noun [C] Ⓐ1 an area of water that has been made for people to swim in ▷ **basen, pływalnia**

ˈswimming ˌtrunks noun [plural] a piece of clothing that boys and men wear when they swim ▷ **kąpielówki** → See **Clothes** on page Centre 9

swimsuit /ˈswɪmsuːt/ **noun** [C] a piece of clothing that girls and women wear to go swimming ▷ **kostium kąpielowy** → See **Clothes** on page Centre 9

swindle /ˈswɪndl/ **verb** [T] to get money from someone by cheating or deceiving them: [often passive] *She was **swindled out of** thousands of dollars.* ▷ **oszukiwać, wyłudzać**

• **swindle noun** [C] *a multi-million-pound swindle* ▷ **oszustwo** • **swindler noun** [C] ▷ **oszust/ka**

swine /swaɪn/ **noun 1** [plural] formal pigs ▷ **trzoda (chlewna) 2** [C] informal an unpleasant person ▷ **świnia**

swing[1] /swɪŋ/ **verb** (past tense and past participle **swung**) **1** [I, T] Ⓑ2 to move smoothly backwards and forwards, or to make something do this: *She really swings her arms when she walks.* ▷ **kołysać (się), huśtać (się) 2** [I, T] to move smoothly in a curve, or to make something do this: *The door swung shut.* ◦ *Watch the ball as you swing the bat.* ▷ **zataczać łuk, machać 3** [I] If someone's opinion or their feelings swing, they suddenly change: *Her moods swing with absolutely no warning.* ▷ **zmieniać się**

PHRASAL VERBS **swing around/round** to turn around quickly ▷ **odwracać się, obracać się** • **swing at sb** informal to try to hit someone ▷ **zamierzać się na** *kogoś*

swing[2] /swɪŋ/ **noun** [C] **1** Ⓑ2 a chair hanging on two ropes that children sit on and swing backwards and forwards ▷ **huśtawka 2** an attempt to hit someone: *Isn't that the boy Mark **took a swing at** (= tried to hit)?* ▷ **zamach, cios 3** a sudden change: *He suffered terrible **mood swings**.* ▷ **(gwałtowna) zmiana, huśtawka**

IDIOM **be in full swing** If an event is in full swing, everything has started and there is a lot of activity: *By ten o'clock, the party was in full swing.* ▷ **iść w najlepsze, iść pełną parą**

swipe[1] /swaɪp/ **verb** [T] **1** (also **swipe at**) to move your arm in order to try to hit someone or something ▷ **zamachnąć się na 2** informal to steal something ▷ **zwinąć**

swipe[2] /swaɪp/ **noun** [C] an attempt to hit someone ▷ **zamach, cios**

ˈswipe ˌcard noun [C] UK a small piece of plastic that contains electronic information, used to open doors, etc ▷ **karta magnetyczna**

swirl /swɜːl/ **verb** [I, T] to move around and around quickly, or to make something do this: *The mist swirled round the castle.* ▷ **wirować, obracać (się)**

• **swirl noun** [C] ▷ **wirowanie**

swish /swɪʃ/ **verb** [I, T] to move quickly through the air making a soft sound, or to make something do this ▷ **świsnąć, szeleścić**

S

• **swish** noun [C] *the swish of curtains closing* ▷ **świst, szelest**

switch¹ /swɪtʃ/ **verb** [I, T] **1** B2 to change from one thing to another: *We're trying to encourage people to* ***switch from*** *cars* ***to*** *bicycles.* ◦ *He's just switched jobs.* ▷ **przestawiać (się), zmieniać (się) 2** to exchange something with someone else: *After a couple of months we switched roles.* ▷ **zamieniać (się)**

PHRASAL VERBS **switch (sth) off** B1 to turn off a light, television, etc by using a switch: *Have you switched the computer off?* ▷ **wyłączać** *coś***/się** • **switch off** UK to stop giving your attention to someone or something: *I'm afraid I just switch off when she starts telling me about her problems.* ▷ **wyłączać się** • **switch (sth) on** B1 to turn on a light, television, etc by using a switch ▷ **włączać** *coś***/się** • **switch over 1** UK to change from one television or radio station to another ▷ **przełączać 2** to change from doing one thing to another: *We've decided to* ***switch over to*** *low-fat milk.* ▷ **przestawiać (się)**

switch² /swɪtʃ/ **noun** [C] **1** B1 a small object that you push up or down with your finger to turn something electrical on or off ▷ **wyłącznik, przełącznik 2** a change: *There has been a switch in policy.* ▷ **zmiana, zwrot**

> Wyrazy występujące razem z **switch**
> flick/press a switch • the on/off switch

switchboard /ˈswɪtʃbɔːd/ **noun** [C] a piece of equipment that is used to direct all the telephone calls made from and to a building ▷ **centrala**

Switzerland /ˈswɪtsələnd/ **noun** a country in Europe ▷ **Szwajcaria**
• **Swiss** /swɪs/ **adjective** coming from or relating to Switzerland ▷ **szwajcarski** • **Swiss** noun (plural **Swiss**) someone from Switzerland ▷ **Szwajcar/ka**

swivel /ˈswɪvᵊl/ **verb** [I, T] (present participle UK **swivelling**, US **swiveling**, past tense and past participle **swivelled**, US **swiveled**) (also **swivel around**) to turn round, or to make something turn round ▷ **obracać (się)**

swollen¹ /ˈswəʊlən/ **adjective** B2 bigger than usual: *a swollen wrist/ankle* ◦ *swollen rivers* ▷ **spuchnięty, wezbrany**

swollen² /ˈswəʊlən/ past participle of swell

swoop /swuːp/ **verb** [I] **1** to suddenly move very quickly down through the air: *Huge birds* ***swoop down*** *from the sky.* ▷ **nurkować 2** to suddenly attack: *The day before police had* ***swooped on*** *his home.* ▷ **przeprowadzać nalot**
• **swoop** noun [C] ▷ **nalot**

swop /swɒp/ **verb** [I, T] (present participle **swopping**, past tense and past participle **swopped**) another UK spelling of swap

sword /sɔːd/ **noun** [C] B2 a weapon with a long, metal blade and a handle, used especially in the past ▷ **szpada, miecz**

swordfish /ˈsɔːdfɪʃ/ **noun** [C, U] (plural **swordfish**) a large fish with a long, pointed part at the front of its head, that can be eaten as food ▷ **miecznik**

swore /swɔːʳ/ past tense of swear

sworn¹ /swɔːn/ **adjective 1 sworn statement/testimony, etc** something that you have officially said is true ▷ **oświadczenie/zeznanie** *itp.* **pod przysięgą 2 sworn enemies** two people, or two groups of people who are completely against each other ▷ **zaprzysięgli wrogowie**

sworn² /swɔːn/ past participle of swear

swot¹ /swɒt/ **noun** [C] UK informal someone who studies too much ▷ **kujon**

SWOT /swɒt/ **noun** [U] abbreviation for strength, weaknesses, opportunities, threats; a way of looking at the good and bad parts of a business in order to plan for its future: *a SWOT analysis* ▷ **analiza SWOT**

swot² /swɒt/ **verb** [I] (present participle **swotting**, past tense and past participle **swotted**) UK informal (US **cram**) to study a lot: *I'm swotting for tomorrow's exam.* ▷ **wkuwać**

PHRASAL VERB **swot up (on sth)** to learn as much as you can about a subject, especially before an examination ▷ **wkuwać (***coś***)**

swum /swʌm/ past participle of swim

swung /swʌŋ/ past of swing

sycamore /ˈsɪkəmɔːʳ/ **noun** [C, U] a tree with leaves that are divided into five parts and with seeds that turn around as they fall ▷ **jawor, platan**

sycophantic /ˌsɪkəʊˈfæntɪk/ **adjective** formal Someone who is sycophantic praises people in authority in a way that is not sincere, especially in order to get an advantage for themselves. ▷ **służalczy, lizusowski**
• **sycophant** /ˈsɪkəfænt/ noun [C] ▷ **pochlebca**

syllable /ˈsɪləbl/ **noun** [C] B2 a word or part of a word that has one vowel sound: *'But' has one syllable and 'apple' has two syllables.* ▷ **sylaba, zgłoska**

syllabus /ˈsɪləbəs/ **noun** [C] (plural **syllabuses, syllabi**) a list of the subjects that are included in a course of study ▷ **program zajęć, program (nauczania), sylabus**

symbiosis /ˌsɪmbaɪˈəʊsɪs/ **noun** [U] when two organisms live together and get advantages from each other ▷ **symbioza**

symbol /ˈsɪmbᵊl/ **noun** [C] **1** B2 a sign or object that is used to represent something: *A heart shape is the symbol of love.* ▷ **symbol 2** a number, letter, or sign that is used instead of the name of a chemical substance, another number, etc: *The symbol for oxygen is O.* ▷ **symbol** → See also **status symbol**

symbolic /sɪmˈbɒlɪk/ **adjective** representing something else: *The blue, white, and red of the*

S

French flag are symbolic of liberty, equality, and fraternity. ▷ **symboliczny**
• **symbolically** adverb ▷ **symbolicznie**

symbolism /ˈsɪmbəlɪzəm/ **noun** [U] the use of signs and objects in art, films, etc to represent ideas ▷ **symbolizm**

symbolize (also UK **-ise**) /ˈsɪmbəlaɪz/ **verb** [T] to represent something: *The lighting of the Olympic torch symbolizes peace and friendship among the nations of the world.* ▷ **symbolizować**

symmetrical /sɪˈmetrɪkəl/ **adjective** (also **symmetric**) having the same shape or size on both halves: *Faces are roughly symmetrical.* ▷ **symetryczny**

symmetry /ˈsɪmətri/ **noun** [U] when something is symmetrical ▷ **symetria**

sympathetic /ˌsɪmpəˈθetɪk/ **adjective** **1** B2 showing that you understand and care about someone's problems: *My boss is very* ***sympathetic about*** *my situation.* ▷ **współczujący** **2** agreeing with or supporting someone's ideas or actions: *He was* ***sympathetic to*** *their views.* ▷ **życzliwy** → Opposite **unsympathetic**
• **sympathetically** adverb ▷ **współczująco, życzliwie**

sympathize (also UK **-ise**) /ˈsɪmpəθaɪz/ **verb** [I] **1** to understand and care about someone's problems: *It's a really bad situation – I do* ***sympathize with*** *her.* ▷ **współczuć** **2** to agree with or support someone's ideas or actions: *I* ***sympathize with*** *the general aims of the party.* ▷ **sympatyzować, solidaryzować się**

sympathizer (also UK **-iser**) /ˈsɪmpəθaɪzər/ **noun** [C] someone who supports a particular political organization, or believes in a particular set of ideas: *a communist sympathizer* ▷ **sympaty-k/czka**

sympathy /ˈsɪmpəθi/ **noun** [U] **1** B2 when you show that you understand and care about someone's problems: *I* ***have no sympathy for*** *people who say they can't find work but are really just too lazy to look.* ▷ **współczucie, litość** **2** agreement with or support for someone's ideas or actions: *Scott was* ***in sympathy with*** *this view.* ▷ **solidarność**

> Wyrazy występujące razem z **sympathy**
>
> **have/express/feel [every/little/no, etc] sympathy for sb** • **look for** sympathy • **deep/great/heartfelt** sympathy • **words of** sympathy

symphony /ˈsɪmfəni/ **noun** [C] a long piece of music for an orchestra ▷ **symfonia**

symptom /ˈsɪmptəm/ **noun** [C] **1** B2 a physical feeling or problem which shows that you have a particular illness: *The inability to sleep is often a* ***symptom of*** *some other illness.* ▷ **objaw, symptom** **2** a problem that is caused by and shows a more serious problem: *The drinking was just a* ***symptom of*** *his general unhappiness.* ▷ **symptom, przejaw**
• **symptomatic** /ˌsɪmptəˈmætɪk/ **adjective** relating to a symptom ▷ **objawowy, symptomatyczny**

synagogue /ˈsɪnəgɒg/ **noun** [C] a building in which Jewish people pray ▷ **synagoga**

synapse /ˈsaɪnæps/ **noun** [C] the point at which electrical signals move from one nerve cell to another ▷ **synapsa**
• **synaptic** /saɪˈnæptɪk/ **adjective** ▷ **synaptyczny**

sync /sɪŋk/ **noun** informal **1 be in sync** to be happening at the same time ▷ **pokrywać się** **2 be out of sync** to not be happening at the same time ▷ **nie pokrywać się**

synchronize (also UK **-ise**) /ˈsɪŋkrənaɪz/ **verb** [T] **1** to make something happen at the same time as something else: *We had a problem synchronizing the music and the images.* ▷ **synchronizować** **2 synchronize watches** to make two or more watches show exactly the same time ▷ **zsynchronizować zegarki**
• **synchronization** /ˌsɪŋkrənaɪˈzeɪʃən/ **noun** [U] ▷ **synchronizacja**

syncline /ˈsɪŋklaɪn/ **noun** [C] a downward, U-shaped fold in the layers of rock in the Earth's surface ▷ **synklina** → Compare **anticline**

syndicate /ˈsɪndɪkət/ **noun** [C] a group of people or companies who join together in order to achieve something: *a bank syndicate* ◦ *a crime syndicate* ▷ **konsorcjum, syndykat**

syndrome /ˈsɪndrəʊm/ **noun** [C] a combination of physical problems that often go together in a particular illness ▷ **syndrom**

synergy /ˈsɪnədʒi/ **noun** [C, U] when two companies or groups work together and achieve more success than they would separately: *a synergy between the two software companies* ▷ **współdziałanie**

synonym /ˈsɪnənɪm/ **noun** [C] a word or phrase that means the same as another word or phrase ▷ **synonim**

synonymous /sɪˈnɒnɪməs/ **adjective** **1** If one thing is synonymous with another, they are very closely connected with each other in people's minds: *It is a country where wealth is* ***synonymous with*** *corruption.* ▷ **równoznaczny** **2** If one word is synonymous with another, they have the same meaning. ▷ **synonimiczny, bliskoznaczny**

synopsis /sɪˈnɒpsɪs/ **noun** [C] (plural **synopses**) a short description of a book, film, etc ▷ **streszczenie**

synovial fluid /saɪˌnəʊviəlˈfluː.ɪd/ **noun** [U] a transparent liquid in our joints that helps them to move easily ▷ **maź stawowa**

syntax /ˈsɪntæks/ **noun** [U] the grammatical arrangement of words in a sentence ▷ **składnia**

synthesis /ˈsɪnθəsɪs/ **noun** [C, U] (plural **syntheses** /ˈsɪnθəsiːz/) formal the mixing of several things to make another whole new thing ▷ **synteza**

S

synthesize (also UK **-ise**) /ˈsɪnθəsaɪz/ **verb** [T] to mix several things in order to make something else ▷ **syntetyzować**

synthesizer (also UK **-iser**) /ˈsɪnθəsaɪzəʳ/ **noun** [C] an electronic musical instrument that can copy the sounds made by other musical instruments ▷ **syntezator**

synthetic /sɪnˈθetɪk/ **adjective** not made from natural substances: *synthetic rubber* ▷ **syntetyczny, sztuczny**
• **synthetically** adverb ▷ **syntetycznie**

syphilis /ˈsɪfɪlɪs/ **noun** [U] a serious disease caught during sex that spreads slowly from the sex organs to all parts of the body ▷ **kiła**

Syria /ˈsɪriə/ **noun** a country in the Middle East ▷ **Syria**
• **Syrian** /ˈsɪriən/ **adjective** coming from or relating to Syria ▷ **syryjski** • **Syrian** noun someone from Syria ▷ **Syryj-czyk/ka**

syringe /sɪˈrɪndʒ/ **noun** [C] **1** a piece of medical equipment used to push liquid into or take liquid out of someone's body ▷ **strzykawka** **2** a similar piece of equipment used by scientists for adding or taking small amounts of liquid ▷ **strzykawka**

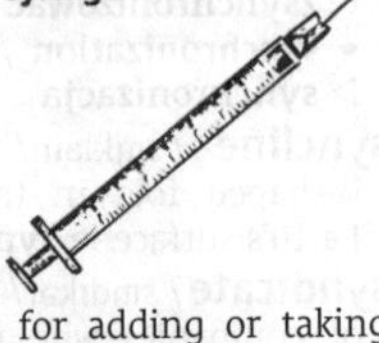

syrup /ˈsɪrəp/ **noun** [U] a very sweet liquid made from sugar and water ▷ **syrop**

system /ˈsɪstəm/ **noun** [C] **1** B2 a way or method of doing things: *the American* ***legal system*** ◦ *the public transport system* ▷ **system** **2** B1 a set of connected pieces of equipment that operate together: *They've had an alarm system installed at their home.* ▷ **system** **3** parts of the body that work together in order to make something happen: *the body's* ***immune system*** ▷ **układ** **4 the system** the laws and rules of a society ▷ **system, machina (biurokratyczna)**

IDIOM **get sth out of your system** to get rid of a strong feeling or a need to do something, especially by expressing that feeling or doing the thing you want to do: *It's not a bad idea to travel before getting a job – that way you get it out of your system.* ▷ **pozbyć się** *czegoś*, **wyszaleć się**

→ See also **immune system**, **nervous system**, **operating system**, **public address system**, **the solar system**

systematic /ˌsɪstəˈmætɪk/ **adjective** done using a fixed and organized plan: *the systematic collection and analysis of information* ▷ **systematyczny**
• **systematically** adverb ▷ **systematycznie**

systemic /sɪˈstemɪk/ **adjective** A systemic drug, disease, or poison reaches and has an effect on the whole of a body or a plant. ▷ **ogólnoustrojowy**

ˈsystems ˌanalyst **noun** [C] someone who examines businesses and industry in order to find ways of improving the way they work, especially by using computer programs and equipment ▷ **analityk systemowy**
• **ˈsystems anˌalysis** noun [U] ▷ **analiza systemów**

ˈsystem ˌsoftware **noun** [U] software that controls computer hardware ▷ **system operacyjny** → Compare **application software**

systole /ˈsɪstəli/ **noun** [C] the part of a heart's action where it pushes blood out ▷ **skurcz** → Compare **diastole**
• **systolic** /sɪˈstɒlɪk/ adjective ▷ **skurczowy**

T

T, t /tiː/ the twentieth letter of the alphabet ▷ **T, t**

ta /tɑː/ **exclamation** UK informal thank you ▷ **dzięki**

tab /tæb/ **noun** [C] **1** a small piece of paper, metal, etc that is fixed to something and that you use to open it or find out information about it: *Pull tab to open.* ▷ **zawleczka, języczek, naklejka, naszywka, metka 2** an amount of money that you owe for something you have bought or for a service you have used: *Officials said the tab for the new bridge would be $8 million.* ▷ **rachunek 3 pick up the tab** to pay for something, especially a meal in a restaurant ▷ **płacić**

IDIOM **keep tabs on sb/sth** informal to watch someone or something carefully to check they do nothing wrong ▷ **mieć** *kogoś/coś* **na oku**

tabby /ˈtæbi/ **noun** [C] a cat that has stripes in its fur ▷ **pręgowany kot**

ˈtab ˌkey noun [C] the key on a computer keyboard which allows you to move the cursor forward a few spaces ▷ **tabulator**

tabla /ˈtæblə/ **noun** [C] two small drums that are played with the hands, used especially in Indian music ▷ **tabla (instrument indyjski)**

table¹ /ˈteɪbl/ **noun** [C] **1** (A1) a piece of furniture with four legs, used for eating off, putting things on, etc: *the kitchen table* ▷ **stół 2 lay the table** UK (UK/ US **set the table**) (B1) to put plates, knives, forks, etc on the table to prepare for a meal ▷ **nakrywać do stołu 3** (B1) a set of numbers or words written in rows that go across and down the page: *The table below shows the results of the experiment.* ▷ **tabela, tablica 4** a collection of a particular kind of information in a database ▷ **tabela, tablica**

IDIOM **turn the tables on sb** to change a situation so that you have an advantage over someone who before had an advantage over you ▷ **zdobyć przewagę nad** *kimś*

→ See also **put/lay your *cards* on the table, coffee table, dressing table**

table² /ˈteɪbl/ **verb** [T] **1** UK to formally suggest that a particular subject is discussed ▷ **zgłaszać 2** US to decide to discuss something later ▷ **odroczyć**

tablecloth /ˈteɪblklɒθ/ **noun** [C] a piece of material that covers a table, especially during a meal ▷ **obrus**

tablespoon /ˈteɪblspuːn/ **noun** [C] a large spoon used for measuring or serving food, or the amount this spoon can hold ▷ **łyżka**

tablet /ˈtæblət/ **noun** [C] **1** (B1) a small, round object containing medicine that you swallow ▷ **tabletka 2** a square piece of stone that has words cut into it ▷ **tabliczka, tablica 3** US (UK/ US **pad**) sheets of paper that have been fastened together at one edge, used for writing or drawing ▷ **blok, notes 4** a graphics tablet ▷ **tablet (graficzny)**

> Wyrazy występujące razem z **tablet**
>
> take a tablet • a tablet **for** sth • sleeping tablets • headache tablets

ˈtable ˌtennis noun [U] (A2) a game in which two or four people hit a small ball over a low net on a large table ▷ **tenis stołowy**

tabloid /ˈtæblɔɪd/ **noun** [C] (B2) a small newspaper with a lot of pictures and short, simple news stories ▷ **brukowiec**

taboo /təˈbuː/ **noun** [C, U] something that you should not say or do because people generally think it is morally wrong, unpleasant, or embarrassing: *Sex is a taboo in this country.* ▷ **tabu**

• **taboo adjective** *Suicide is a taboo subject.* ▷ **tabu, zakazany**

tabulate /ˈtæbjʊleɪt/ **verb** [T] to show information in the form of a table ▷ **przedstawić w tabeli, tabelaryzować**

ˈT acˌcount noun [C] a method of keeping financial records with debits on one side, credits on the other side, and a line down the middle ▷ **konto teowe**

tacit /ˈtæsɪt/ **adjective** formal understood without being said: *a **tacit agreement*** ▷ **milczący, cichy**

taciturn /ˈtæsɪtɜːn/ **adjective** formal saying very little and not seeming friendly ▷ **małomówny**

tack¹ /tæk/ **noun 1 take/try a different tack** to try to deal with a problem in a different way: *I've tried being nice to her and it doesn't work so I might take a different tack.* ▷ **podejść/spróbować inaczej 2** [C] a small, sharp nail with a flat top: *carpet tacks* ▷ **gwóźdź (tapicerski) 3** [C] US (UK **drawing pin**) a short pin with a flat, round top, used for fastening pieces of paper to the wall ▷ **pinezka**

tack² /tæk/ **verb** [T] **1** to fasten something to a wall with a tack ▷ **przypinać (pinezką) 2** to sew something loosely ▷ **fastrygować**

PHRASAL VERB **tack sth on** to add something that you had not planned to add ▷ **doczepiać** *coś*, **dołączać** *coś*

tackle¹ /ˈtækl/ **verb** [T] **1** (B2) to try to deal with a problem: *new ways to **tackle crime*** ▷ **walczyć z, stawiać czoło** **2** UK to speak to someone about something bad that they have done: *I decided to tackle him about his absences.* ▷ **rozmówić się z** **3** B2 to try to get the ball from someone in a game such as football ▷ **atakować**

tackle2 /ˈtækl/ **noun 1** [C] an attempt to get the ball from someone in a game such as football ▷ **atak** **2** [U] all the things you need for a particular activity: ***fishing tackle*** ▷ **sprzęt, oprzyrządowanie**

tacky /ˈtæki/ **adjective 1** informal cheap and of bad quality: *tacky holiday souvenirs* ▷ **tandetny** **2** slightly sticky ▷ **lepki**

tact /tækt/ **noun** [U] the ability to talk to people about difficult subjects without upsetting them ▷ **takt**

tactful /ˈtæktfəl/ **adjective** careful not to say or do anything that could upset someone ▷ **taktowny**
• **tactfully adverb** ▷ **taktownie**

tactic /ˈtæktɪk/ **noun** [C] a way of doing something that you plan in order to achieve what you want: [usually plural] *These bomb attacks represent a **change of tactics** by the terrorists.* ▷ **taktyka**

> Wyrazy występujące razem z **tactic**
> **adopt/employ/use tactics • a change of tactics • bullying/underhand tactics**

tactical /ˈtæktɪkəl/ **adjective** relating to tactics, or done in order to achieve something: ***tactical voting*** ◦ *a **tactical error*** ▷ **taktyczny**
• **tactically adverb** ▷ **taktycznie**

tactless /ˈtæktləs/ **adjective** not being careful about saying or doing something that could upset someone ▷ **nietaktowny**

tad /tæd/ **noun** informal **a tad** a little: *It was a tad expensive, I thought.* ▷ **odrobinę, odrobina**

tadpole /ˈtædpəʊl/ **noun** [C] a small, black animal that lives in water and will become a frog ▷ **kijanka**

taffeta /ˈtæfɪtə/ **noun** [U] a stiff, shiny cloth used in women's formal dresses ▷ **tafta**

TAFN Internet abbreviation for that's all for now: used at the end of an email or message ▷ **no to tyle**

tag1 /tæg/ **noun** [C] a small piece of paper or plastic with information on it that is fixed to something: *a **price tag*** ▷ **metka, przywieszka, identyfikator**

tag2 /tæg/ **verb** [T] (present participle **tagging**, past tense and past participle **tagged**) to put a tag on something ▷ **metkować, przyczepiać metkę lub przywieszkę lub identyfikator do**

PHRASAL VERB **tag along** informal to go somewhere with someone, especially when they have not asked you to ▷ **doczepić się**

t'ai chi /taɪˈtʃiː/ **noun** [U] a form of Chinese exercise that involves a series of slow movements ▷ **tai-chi**

tail1 /teɪl/ **noun** [C] **1** B2 the long, narrow part that sticks out at the back of an animal's body: *The dog's pleased to see you – he's **wagging** his **tail**.* ▷ **ogon** **2** the back part of something long, such as a plane ▷ **ogon**

IDIOM **the tail end of sth** the last part of something: *the tail end of the eighties* ▷ **końcówka** *czegoś*, **koniec** *czegoś*

tail2 /teɪl/ **verb** [T] to secretly follow someone, especially because you think they have done something wrong ▷ **śledzić**

PHRASAL VERB **tail off** to gradually become quieter, smaller, less frequent, etc: *His voice tailed off.* ▷ **słabnąć, zmniejszać się, zamierać**

tailback /ˈteɪlbæk/ **noun** [C] UK a line of cars that have stopped or are moving very slowly because of an accident or other problem on the road in front of them ▷ **korek**

tailcoat /ˈteɪlˌkəʊt/ **noun** [C] a formal coat that has a short front part and a long back part that is divided in two ▷ **frak**

tailgate /ˈteɪlgeɪt/ **verb** [I, T] to drive too closely to the car in front of you ▷ **siedzieć na zderzaku**
• **tailgating noun** [U] ▷ **jazda na zderzaku**

ˈtail ˌlight noun [C] US one of the two red lights on the back of a car ▷ **tylne światło** → See **Car** on page Centre 7

tailor1 /ˈteɪləʳ/ **noun** [C] someone whose job is to make or repair clothes, especially men's clothes ▷ **kraw-iec/cowa**

tailor2 /ˈteɪləʳ/ **verb** [T] to make or change something so that it is suitable: *The kitchen can then be **tailored** exactly **to** the customer's needs.* ▷ **dostosować, dopasować**

tailor-made /ˌteɪləˈmeɪd/ **adjective 1** perfect for a particular person or purpose: *It sounds as if you're **tailor-made for** the job.* ▷ **idealny, wymarzony** **2** Tailor-made clothes are made by a tailor. ▷ **(szyty) na miarę**

tailpipe /ˈteɪlpaɪp/ **noun** [C] US (UK **exhaust pipe**) the pipe that waste gas from a vehicle's engine flows through ▷ **rura wydechowa** → See **Car** on page Centre 7

tails /teɪlz/ **noun** [plural] **1** the side of a coin that does not have someone's head on it: *Let's toss a coin – **heads or tails?*** ▷ **orzeł, rewers** **2** a formal coat that has a short front part and a long back part that is divided in two ▷ **frak**

taint /teɪnt/ **verb** [T] **1** to spoil people's opinion of someone: [often passive] *a government tainted by scandal* ▷ **skompromitować, splamić, nadszarpnąć** **2** to spoil something, especially food or blood, by adding a harmful substance ▷ **zepsuć, zatruć, zanieczyszczać**

Taiwan /ˌtaɪˈwɑːn/ **noun** an island in eastern Asia ▷ **Tajwan**

• **Taiwanese** /ˌtaɪwəˈniːz/ **adjective** coming from or relating to Taiwan ▷ **tajwański** • **Taiwanese noun** (plural **Taiwanese**) someone from Taiwan ▷ **Tajwa-ńczyk/ka**

Tajikistan /tɑːˈdʒiːkɪˌstɑːn/ **noun** a country in Asia ▷ **Tadżykistan**

• **Tajik** /tɑːˈdʒiːk/ **adjective** coming from or relating to Tajikistan ▷ **tadżycki** • **Tajik noun** someone from Tajikistan ▷ **Tadży-k/jka**

take /teɪk/ **verb** [T] (past tense **took**, past participle **taken**) **1** (A1) to get and carry something with you when you go somewhere: *I always **take** my mobile phone **with** me.* ▷ **brać, zabierać 2** (A1) to go somewhere with someone, often paying for them or being responsible for them: *I **took** the kids **to** the park.* ▷ **brać, zabierać 3** (B1) to remove something without permission: *Someone's taken my coat.* ▷ **brać, zabierać 4** (B1) to get hold of something and move it: *He reached across and took the glass from her.* ▷ **brać, zabierać 5** (B1) to accept something: *So, are you going to take the job?* ◦ *Do you take credit cards?* ▷ **przyjmować 6** (A2) If something takes a particular amount of time, or a particular quality, you need that amount of time or that quality in order to be able to do it: [+ to do sth] *It's taken me three days to get here.* ◦ *It takes a lot of courage to stand up and talk in front of so many people.* ▷ **zajmować, zabierać, wymagać 7** (A2) to swallow or use medicine: *Take two tablets, three times a day.* ▷ **brać 8** to measure something: *Have you taken her temperature?* ▷ **mierzyć 9** (B1) to wear a particular size of clothes: *I take a size 12 in trousers.* ▷ **nosić 10** to have enough space for a particular number of people or things: *There's six of us and the car only takes five.* ▷ **mieścić 11** (A2) to travel somewhere by using a bus, train, car, etc, or by using a particular road: *Are you taking the train to Edinburgh?* ▷ **jechać 12 take a break/rest, etc** (B1) to stop working for a period ▷ **robić przerwę/odpoczynek** *itp.* **13 take pleasure/pride/an interest, etc** (B2) to have a particular, good feeling about something that you do: *I take great pleasure in cooking.* ◦ *These women take their jobs very seriously (= think their jobs are very important).* ▷ **znajdować przyjemność/być dumnym/interesować się** *itp.* **14 take a look** (B1) to look at something: *Take a look at these photos.* ▷ **spoglądać 15** to understand something in a particular way: *Whatever I say she'll take it the wrong way.* ▷ **przyjmować, rozumieć 16 I take it (that)** used when you think that what you say is probably true: *I take it you're not coming with us.* ▷ **rozumiem, że 17 can't take sth** (B2) to not be able to deal with an unpleasant situation: *We argue all the time – I really can't take it any more.* ▷ **nie móc** *czegoś* **znieść, mieć** *czegoś* **dosyć 18 take it from me** accept that what I say is true, because I know or have experienced it: *You could be doing a much less interesting job, take it from me.* ▷ **możesz mi wierzyć 19 take sth as it comes** to deal with something as it happens, without planning for it ▷ **radzić sobie z** *czymś* **na bieżąco 20** to get control of something by force: *By morning they had taken the city.* ▷ **zajmować**

PHRASAL VERBS **take after sb** (B2) to be similar to an older member of your family: *Peter's very tall – he takes after his father.* ▷ **być podobnym do** *kogoś*, **wrodzić się w** *kogoś* • **take sth apart** to separate something into its different parts: *He spent the whole afternoon taking his bike apart.* ▷ **rozbierać** *coś* • **take sth away 1** (B2) to remove something: *The waitress took our plates away.* ◦ *Supermarkets are **taking** business **away from** small local shops.* ▷ **zabierać** *coś*, **odbierać** *coś* **2** (B1) to subtract a number: ***Take** 3 **away from** 20.* ▷ **odejmować** *ileś* • **take sb away** to make someone leave a place and go with you ▷ **zabierać** *kogoś* • **take sth back 1** (B1) to return something to the place you borrowed or bought it from ▷ **oddawać** *coś* **2** to admit that your opinion was wrong: *You're right, he's nice – I take back everything I said about him.* ▷ **odwołać** *coś*, **cofać** *coś* • **take sth down 1** to write something: *Did you take down the telephone number?* ▷ **zapisywać** *coś* **2** (B2) to remove something that is on a wall or something that is temporary: *I've taken the pictures down.* ▷ **zdejmować** *coś*, **składać** *coś* • **take sth in 1** to understand something: *It was an interesting lecture but there was just too much to take in.* ▷ **pojmować** *coś*, **przyswajać sobie** *coś* **2** to go to see a film, visit an interesting building, etc for enjoyment: *I thought we might get something to eat and then take in a movie.* ▷ **iść** *coś* **zobaczyć 3** to make a piece of clothing narrower ▷ **zwężać** *coś* • **take sb in 1** If the police take someone in, they take that person to the police station. ▷ **zatrzymać** *kogoś*, **brać** *kogoś* **na komisariat 2** to let someone stay in your house: *You could earn some extra cash by taking in foreign students.* ▷ **przyjmować** *kogoś* **3 be taken in** (B2) to be deceived by someone ▷ **dać się nabrać, zostać oszukanym** • **take sth off 1** (A2) to remove something: *If you're hot, take your jacket off.* ▷ **zdejmować** *coś* **2** (B2) to spend time away from your work: *I'm taking Friday off to get some things done around the house.* ▷ **brać** *coś* **wolne** • **take off 1** (A2) If an aircraft takes off, it begins to fly. ▷ **startować 2** (B2) to suddenly become successful: *Her career had just taken off.* ▷ **nabierać rozpędu 3** to suddenly leave without telling anyone where you are going: *He took off in the middle of the night.* ▷ **znikać** • **take sth on** (B2) to accept a responsibility: *I don't want to take on too much work.* ▷ **brać** *coś* **na siebie, podejmować się** *czegoś* • **take sb on 1** (B2) to begin to employ someone: *We'll be taking on two new members of staff.* ▷ **zatrudnić** *kogoś*, **najmować** *kogoś* **2** to compete against someone: *I might **take** you **on at** tennis sometime.* ▷ **zmierzyć się z** *kimś* • **take on sth** to

T

begin to have a particular quality: *Her voice took on a tone of authority.* ▷ **przybierać** *coś* • **take sth out** B1 to remove something from somewhere: *He reached into his bag and took out a book.* ▷ **wyjmować** *coś*, **wyciągać** *coś* • **take sb out** B1 to go somewhere with someone and pay for them: *Are you taking her out for her birthday?* ▷ **zaprosić** *kogoś*, **zabierać** *kogoś* • **take sth out on sb** to unfairly treat someone badly because you are upset: *Don't take it out on me!* ▷ **wyładowywać lub wyżywać się na** *kimś* **za** *coś* • **take (sth) over** B2 to get control of or responsibility for something: *They've recently been taken over by a larger company.* ◦ *Who'll be* ***taking over from*** *Cynthia when she retires?* ▷ **przejmować** *coś*/**kontrolę, zastąpić** • **take sb through sth** to explain something to someone ▷ **wyjaśniać lub pokazywać** *coś komuś* • **take to sb/sth** to start to like someone or something: *For some reason, I just didn't take to him.* ▷ **polubić** *kogoś/coś* • **take to sth/doing sth** to start doing something: *Dad's taken to swimming every morning.* ▷ **zacząć** *coś robić* • **take sth up 1** B1 to start doing a particular job or activity: *I thought I might take up cycling.* ▷ **zająć się** *czymś* **2** B2 to use an amount of time or space: *This desk takes up too much space.* ▷ **zajmować** *coś* • **take sb up on sth** to accept an offer: *Could I take you up on your offer of a ride home?* ▷ **skorzystać z** *czegoś* • **take sth up with sb** to discuss something with someone: *You'll have to take the matter up with your manager.* ▷ **poruszyć lub omówić** *coś* **z** *kimś*

---

takeaway /ˈteɪkəweɪ/ **noun** [C] UK (US **takeout** /ˈteɪkaʊt/) B1 a meal that you buy in a restaurant but eat at home, or a shop that sells this type of meal ▷ **danie na wynos**

take-off /ˈteɪkɒf/ **noun 1** [C, U] when an aircraft leaves the ground and begins to fly ▷ **start 2** [C] a film, book, etc that copies someone else's style in a way that is funny ▷ **pastisz, parodia**

takeover /ˈteɪkˌəʊvəʳ/ **noun** [C] when a company gets control of another company ▷ **przejęcie**

takings /ˈteɪkɪŋz/ **noun** [plural] UK (US **receipts**) all the money that a business gets from selling things ▷ **wpływy, dochód**

talcum powder /ˈtælkəmˌpaʊdəʳ/ **noun** [U] (also **talc**) white powder that you put on your skin after a bath ▷ **talk**

tale /teɪl/ **noun** [C] B2 a story, especially one which is not true or is difficult to believe: *My grandfather used to* ***tell*** *us* ***tales*** *of his time as a pilot during the war.* ▷ **historia, opowieść, bajka** → See also **fairy tale**

talent /ˈtælənt/ **noun** [C, U] B1 a natural ability to do something: *She showed an early* ***talent for*** *drawing.* ▷ **talent, zdolności**

• **talented adjective** B1 showing natural ability in a particular area: *a talented young musician* ▷ **utalentowany**

> Wyrazy występujące razem z **talent**
>
> have/show a talent for sth • a natural talent • sb's talent as sth

talisman /ˈtælɪzmən/ **noun** [C] (plural **talismans**) an object that people think will make them lucky ▷ **talizman**

talk¹ /tɔːk/ **verb 1** [I] A1 to say things to someone: *We were just* ***talking about*** *Simon's new girlfriend.* ◦ *It was nice* ***talking to*** *you.* ◦ US *It was nice* ***talking with*** *you.* ▷ **rozmawiać 2** [I] B2 to discuss something with someone, often to try to find a solution to a disagreement: *The two sides have agreed to talk.* ▷ **prowadzić rozmowy, negocjować 3 talk about sth/doing sth** to think about or make plans to do something in the future: *They're talking about building a new fire station just up the road.* ▷ **planować** *coś* **4 talk business/politics, etc** to discuss a particular subject: *I don't like to talk business over lunch.* ▷ **rozmawiać o interesach/polityce** *itp.* **5 talking of sth** UK (US **speaking of sth**) used when you are going to start talking about something that is related to what has just been said: *Talking of holidays, did you hear about Lesley's skiing trip?* ▷ **à propos** *czegoś*, **jak już jesteśmy przy** *czymś* → See also **speak/talk of the** ***devil***

> **Talk** wyrazy bliskoznaczne
>
> Częstą alternatywą dla „talk" są czasowniki **speak** i **say**:
>
> *Could you* ***speak*** *more quietly, please?*
>
> *I couldn't hear what they were* ***saying.***
>
> Czasownika **chat** lub wyrażenia **have a chat** używamy czasem, gdy ktoś prowadzi z kimś rozmowę w sympatyczny, nieformalny sposób:
>
> *We were just* ***chatting*** *about the party on Saturday.*
>
> *Give me a call and we'll* ***have a chat.***
>
> Jeśli ktoś mówi o czymś zbyt wiele, często w denerwujący sposób, możemy użyć czasownika **go on** (*w brytyjskim angielskim*):
>
> *He's always* ***going on*** *about how much he hates his work.*

PHRASAL VERBS **talk at sb** to talk to someone without letting them say anything or without listening to them ▷ **zagadać** *kogoś*, **gadać do** *kogoś* **jak najęty** • **talk back** If a child talks back to an adult, they answer them rudely. ▷ **pyskować** • **talk down to sb** to talk to someone in a way that shows you think they are not intelligent or not important ▷ **traktować** *kogoś* **z góry** • **talk sb into/out of (doing) sth** B2 to persuade someone to do or not do something: *We managed to talk Lisa into doing the cooking.* ▷ **namówić** *kogoś* **do/odwieść** *kogoś* **od** *czegoś* • **talk sth over** B2 to discuss something with someone, often to find out their opinion or to get advice before making a decision ▷ **przedyskutować** *coś*

talk² /tɔːk/ **noun 1** [C] B1 a conversation between two people, often about a particular subject: *I **had a long talk with** Chris at the weekend about going to university.* ▷ **rozmowa 2** [U] when people talk about what might happen or be true: *There's been some **talk of** possible job losses.* ▷ **mowa 3** [C] B2 when someone speaks to a group of people about a particular subject: *Someone's coming to the school to **give a talk about** road safety.* ▷ **pogadanka, wykład**

IDIOM **be all talk (and no action)** If someone is all talk, they never do the brave or exciting things they often say they will do. ▷ **dużo gadać (mało robić)**

→ See also **small talk**

> Wyrazy występujące razem z **talk (noun)**
>
> have a talk • a talk with sb • a talk about sth • a long/serious talk

talkative /ˈtɔːkətɪv/ **adjective** A talkative person talks a lot. ▷ **rozmowny, gadatliwy**

talks /tɔːks/ **noun** [plural] formal meetings, especially between political leaders, to discuss a problem and to try to reach an agreement: *peace talks* ◦ *US officials are **holding talks with** EU leaders over trade.* ▷ **rozmowy**

> Wyrazy występujące razem z **talks**
>
> attend/have/hold/resume talks • talks break down/take place • lengthy/secret/urgent talks • talks about/on sth

ˈtalk ˌshow noun [C] US (UK **chat show**) an informal television or radio programme where people are asked questions about themselves and their lives ▷ **talk-show**

tall /tɔːl/ **adjective 1** A1 having a greater than average height: *He's tall and thin.* ◦ *It's one of the tallest buildings in the city.* ▷ **wysoki 2** A2 used to describe or ask about the height of someone or something: *How tall is she?* ◦ *He's almost 2 metres tall.* ▷ **wysoki, ≈ mieć** *ileś* **wzrostu**

tally¹ /ˈtæli/ **noun** [C] the number of things you have achieved, used, won, etc until now: *This adds to his **tally of** 12 race wins so far this year.* ▷ **wynik, rezultat**

tally² /ˈtæli/ **verb 1** [I] If two numbers or stories tally, they are the same. ▷ **zgadzać się, pokrywać się 2** [T] (also **tally up**) to find out the total number ▷ **podliczać**

the Talmud /ˈtælmʊd/ **noun** the ancient Jewish written laws and traditions ▷ **Talmud**

talon /ˈtælən/ **noun** [C] a sharp nail on the foot of a bird that it uses to catch animals ▷ **szpon, pazur**

Tamagotchi /ˌtæməˈgɒtʃi/ **noun** [C] trademark a small electronic toy which you pretend to look after by feeding it, playing with it, etc ▷ **tamagotchi**

tambourine /ˌtæmbᵊrˈiːn/ **noun** [C] a musical instrument with a wooden ring and small metal discs loosely fixed to it which you play by shaking or hitting ▷ **tamburyn**

tame¹ /teɪm/ **adjective 1** If an animal is tame, it is not wild and not frightened of people. ▷ **oswojony, łagodny 2** too controlled and not exciting: *His TV show is very tame in comparison with his live performances.* ▷ **ugłaskany, nienadzwyczajny**

tame² /teɪm/ **verb** [T] to make a wild animal tame ▷ **oswajać**

tamper /ˈtæmpəʳ/ **verb**

PHRASAL VERB **tamper with sth** to touch or make changes to something which you should not, often in order to damage it ▷ **majstrować przy** *czymś*, **grzebać przy/w** *czymś*

tampon /ˈtæmpɒn/ **noun** [C] a small roll of cotton which a woman puts in her vagina to absorb her monthly flow of blood ▷ **tampon**

tan¹ /tæn/ **noun** [C] (also **suntan**) B2 when your skin is brown from being in the sun ▷ **opalenizna**

tan² /tæn/ **verb** [I, T] (present participle **tanning**, past tense and past participle **tanned**) **1** to become brown from the sun, or to make a person or body part become brown: *I tan quite easily.* ▷ **opalać (się) 2** to make the skin of animals into leather (= material for shoes, etc) ▷ **garbować**

tan³ /tæn/ **adjective 1** being a pale yellow-brown colour: *a tan jacket* ▷ **jasnobrązowy 2** US (UK/US **tanned**) having darker skin because you have been in the sun ▷ **opalony**

tandem /ˈtændəm/ **noun 1 in tandem (with sb)** If someone does something in tandem with someone else, they do it together or at the same time. ▷ **wspólnie (z** *kimś***), we współpracy (z** *kimś***) 2** [C] a bicycle for two people ▷ **tandem**

tangent /ˈtændʒᵊnt/ **noun** [C] **1** a straight line which touches but does not cross a curve ▷ **styczna 2** in a triangle that has one angle of 90°, the ratio of the length of the side opposite an angle less than 90° divided by the length of the shorter of the two sides that are next to the angle ▷ **tangens** → Compare **cosine**, **sine**

IDIOM **go off at/on a tangent** to suddenly start talking about a different subject ▷ **zbaczać z tematu**

tangerine /ˌtændʒᵊrˈiːn/ **noun** [C] a fruit like a small orange ▷ **mandarynka**

tangible /ˈtændʒəbl/ **adjective** Something which is tangible is real and can be seen, touched, or measured: ***tangible benefits/evidence*** ▷ **namacalny** → Opposite **intangible**

tangle¹ /ˈtæŋgl/ **noun** [C] several things which

T

have become twisted together in an untidy way: *a tangle of hair/wires* ▷ **gąszcz, plątanina**

tangle² /ˈtæŋgl/ **verb** [I, T] to become twisted together, or to make things become twisted together ▷ **plątać (się), zaplątać (się)** → Opposite **disentangle**, **untangle**

tangled /ˈtæŋgld/ **adjective 1** (also **tangled up**) twisted together in an untidy way: *The wires are all tangled.* ▷ **zaplątany 2** confused and difficult to understand: *tangled finances* ▷ **zawikłany 3 be tangled up in/with sth** to be involved in something unpleasant or complicated that is difficult to escape from ▷ **być wmieszanym w** *coś*

tango /ˈtæŋgəʊ/ **noun** [C] a South American dance ▷ **tango**

tangy /ˈtæŋi/ **adjective** having a strong, sharp but pleasant taste or smell: *a tangy lemon drink* ▷ **kwaskowaty**
• **tang noun** [no plural] ▷ **kwaskowaty smak lub zapach, posmak**

tank /tæŋk/ **noun** [C] **1** a large container for storing liquid or gas: UK *a **petrol tank**/*US *a **gas tank*** ◦ *a hot-water tank* ▷ **zbiornik 2** a large, strong military vehicle with a gun on it which moves on wheels inside large metal belts ▷ **czołg** → See also **think tank**

tanker /ˈtæŋkəʳ/ **noun** [C] a ship or truck used to carry large amounts of liquid or gas: *an **oil tanker*** ▷ **tankowiec, (samochód) cysterna**

tanned /tænd/ **adjective** (also US **tan**) having darker skin because you have been in the sun ▷ **opalony**

ˈtanning ˌbed noun [C] US a sun bed ▷ **łóżko do opalania**

tannoy /ˈtænɔɪ/ **noun** [no plural] UK trademark (UK/US **public address system**) a system of equipment used in public places that someone speaks into in order to make their voice loud enough to hear ▷ **system nagłaśniający**

tantalizing (also UK **-ising**) /ˈtæntəlaɪzɪŋ/ **adjective** Something that is tantalizing is very attractive and makes you want it, although often you cannot have it: *a tantalizing glimpse of blue sea* ▷ **kuszący, dręczący**

tantamount /ˈtæntəmaʊnt/ **adjective be tantamount to sth** to be almost as bad as something else: *Resignation would be tantamount to admitting he was guilty.* ▷ **oznaczać** *coś*, **być równoznacznym z** *czymś*

tantrum /ˈtæntrəm/ **noun** [C] when someone, especially a child, suddenly shows that they are very angry, usually because they cannot have something: *Tom **threw a tantrum** in the middle of the supermarket.* ▷ **napad złości**

Tanzania /ˌtænzəˈniːə/ **noun** a country in Africa ▷ **Tanzania**
• **Tanzanian** /ˌtænzəˈniːən/ **adjective** coming from or relating to Tanzania ▷ **tanzański** • **Tanzanian noun** someone from Tanzania ▷ **Tanza-ńczyk/nka**

T

tap¹ /tæp/ **noun** [C] **1** mainly UK (also US **faucet**) (B1) the part at the end of a pipe which controls the flow of water: *the **cold/hot tap*** ◦ *to **turn** a **tap on/off*** ◦ *She rinsed the cup **under the tap**.* ▷ **kran 2** (B2) a gentle knock or touch, or the noise made by knocking something gently: *I felt a tap on my shoulder.* ◦ *There was a tap at the door.* ▷ **stuknięcie, klepnięcie, stuk 3** a small piece of equipment that can be fixed to someone's telephone in order to listen to their telephone calls ▷ **podsłuch 4 on tap** easily available: *They have all that sort of information on tap.* ▷ **dostępny, pod ręką**

tap *UK*, faucet *US*

> Wyrazy występujące razem z **tap**
>
> turn on/turn off a tap • a tap is **dripping/running** • the **cold/hot** tap • under the tap • tap water

tap² /tæp/ **verb** (present participle **tapping**, past tense and past participle **tapped**) **1** [I, T] (B2) to knock or touch something gently: *I **tapped on** the window to try and get her attention.* ▷ **stukać, klepać 2** [T] If you tap a supply of something, you use what is available: *There are immense natural resources here waiting to be tapped.* ▷ **eksploatować, wykorzystywać 3** [T] to use a special piece of equipment to listen to someone's telephone calls: [often passive] *I think the phone's been tapped.* ▷ **podsłuchiwać, zakładać podsłuch w lub na**

PHRASAL VERB **tap into sth** to use part of a large supply of something for your own advantage ▷ **wykorzystywać** *coś*, **czerpać z** *czegoś*

ˈtap ˌdancing noun [U] a type of dancing where the dancer wears special shoes with pieces of metal on the bottom which make a noise ▷ **stepowanie**
• **tap-dance verb** [I] ▷ **stepować • tap dancer noun** [C] ▷ **tance-rz/rka stepując-y/a**

tape¹ /teɪp/ **noun 1** [C, U] a long, thin piece of plastic which is used to store sound, pictures, or information, or a plastic box containing it: *I've got the match **on tape**.* ▷ **taśma, kaseta 2** [U] a thin piece of plastic which has glue on one side and is used for sticking things together: ***adhesive/sticky tape*** ▷ **taśma klejąca 3** [C, U] a long, thin piece of material used, for example, in sewing or to tie things together ▷ **tasiemka** → See also **red tape**, **Scotch tape**

tape² /teɪp/ **verb 1** [T] to record something onto tape: *I often tape programmes and watch them later.* ▷ **nagrywać 2 tape sth to/onto, etc** to stick something somewhere using tape ▷ **przyklejać** *coś* **do/na** *itp.*

ˈtape ˌmeasure noun [C] a long, thin piece of cloth, metal, or plastic used to measure lengths ▷ **centymetr, miarka**

taper /ˈteɪpəʳ/ **verb** [I, T] to become gradually narrower at one end ▷ **zwężać się**

• **tapered adjective** ▷ **zwężający się, zwężany**

PHRASAL VERB **taper off** to become gradually smaller or less frequent: *Sales have gradually tapered off.* ▷ **zmniejszać się, słabnąć**

ˈtape reˌcorder noun [C] a machine used to record sound onto tape ▷ **magnetofon**

• **tape recording noun** [C] something which has been recorded on tape ▷ **nagranie**

tapestry /ˈtæpɪstri/ **noun** [C] a picture or pattern created by sewing different coloured threads onto heavy cloth ▷ **gobelin, arras**

taproot /ˈtæpruːt/ **noun** [C] the main, thick root found in some plants, such as the carrot, which stores food and grows straight down ▷ **korzeń palowy**

ˈtap ˌwater noun [U] water which comes out of a tap ▷ **woda z kranu**

tar /tɑːʳ/ **noun** [U] **1** a thick, black substance that is sticky when hot and is used to cover roads ▷ **smoła 2** a black, sticky substance that is produced when tobacco burns ▷ **substancje smoliste**

• **tar verb** [T] (present participle **tarring**, past tense and past participle **tarred**) to cover something with tar ▷ **smołować**

tarantula /təˈræntjələ/ **noun** [C] a large, hairy spider that is often poisonous ▷ **tarantula**

target¹ /ˈtɑːgɪt/ **noun** [C] **1** (B2) something or someone that you attack, shoot at, try to hit, etc: *It's very difficult to* ***hit*** *a moving* ***target.*** ◦ *Foreign businesses in the region have become a* ***target for*** *terrorist attacks.* ▷ **cel 2** (B2) something that you intend to achieve: *I'm hoping to save £3000 by June – that's my target.* ◦ *If you want to lose weight, you have to* ***set*** *yourself (= decide) a* ***target.*** ▷ **cel 3** the person or thing that people are criticizing or blaming for something: *Such extreme views have recently made him the target of criticism.* ▷ **cel 4 be on target** to have made enough progress in order to achieve something that you intended to achieve: [+ to do sth] *We're on target to finish the project in June.* ▷ **być na dobrej drodze 5 target audience/market, etc** the group of people that a programme, product, etc is aimed at ▷ **odbiorcy/rynek** *itp.* **docelow-i/y**

> Wyrazy występujące razem z **target**
>
> attack/hit/miss/strike a target • an obvious/prime target • a target for sth

target² /ˈtɑːgɪt/ **verb** [T] **1** to aim an attack at a particular person or place: *They mostly targeted military bases.* ▷ **atakować 2** to aim advertising, criticism, or a product at someone: [often passive] *The products are* ***targeted at*** *people in their late twenties.* ▷ **adresować**

tariff /ˈtærɪf/ **noun** [C] **1** an amount of money that has to be paid for goods that are brought into a country: *import tariffs* ▷ **taryfa celna, cło 2** a list of prices ▷ **taryfa**

tarmac /ˈtɑːmæk/ **noun** trademark **1** [U] UK (US **asphalt**) a thick, black substance that is sticky when hot and is used to cover roads ▷ **asfalt 2 the tarmac** the area at an airport where aircraft land and take off ▷ **płyta lotniska**

tarnish /ˈtɑːnɪʃ/ **verb 1** [T] to spoil the way in which people think of someone so that they do not respect them: *to* ***tarnish*** *someone's* ***image/reputation*** ▷ **plamić, brukać 2** [I, T] If a metal tarnishes or something tarnishes it, it becomes less bright and shiny. ▷ **matowieć, matowić**

tarpaulin /tɑːˈpɔːlɪn/ **noun** [C, U] (also US **tarp**) a large piece of plastic or cloth that water cannot go through which is used to cover and protect things ▷ **plandeka, brezent**

tart¹ /tɑːt/ **noun** [C] **1** an open pastry case with a sweet filling, often of fruit: *an apple tart* ▷ **babeczka, tarta 2** UK very informal a woman who dresses or behaves in a way to attract a lot of attention from men ▷ **dziwka**

tart

tart² /tɑːt/ **adjective** having a sour, bitter taste ▷ **cierpki**

tartan /ˈtɑːtᵊn/ **noun** [C, U] cloth with a pattern of different-coloured squares and crossing lines: *a tartan kilt* ▷ **materiał w szkocką kratę**

task /tɑːsk/ **noun** [C] (B2) a piece of work, especially something unpleasant or difficult: [+ of + doing sth] *I was given the task of sorting out all the stuff in the garage.* ▷ **zadanie**

taskbar /ˈtɑːskbɑːʳ/ **noun** [C] on a computer screen, a set of symbols that shows the programs you are using and allows you to change them ▷ **pasek zadań**

ˈtask ˌforce noun [C] a group of people, often a military group, who are brought together in order to do a particular job ▷ **oddział specjalny, grupa robocza**

tassel /ˈtæsᵊl/ **noun** [C] a decoration made of a group of short threads tied together which is hung on curtains, furniture, etc ▷ **frędzel**

taste¹ /teɪst/ **noun 1** [C, U] (B1) the flavour of a particular food in your mouth: *a* ***sweet/bitter taste*** ◦ *It's got quite a* ***strong taste.*** ▷ **smak 2** [U] (B2) the ability to feel different flavours in your mouth: *When you've got a cold you often lose your* ***sense of taste.*** ▷ **smak 3 a taste** a small amount of food that you have in order to

T

try it: *Could I **have** just **a taste** of the sauce?* ▷ **odrobina na spróbowanie** **4** [C, U] (B2) the particular things you like, such as styles of music, clothes, decoration, etc: *I don't like his **taste in** music.* ◦ *It's okay, but it's not really **to** my **taste**.* ▷ **gust, upodobanie** **5** [U] the ability to judge what is attractive or suitable, especially in things related to art, style, beauty, etc: *Everything in his house is beautiful – he's got very **good taste**.* ▷ **gust** **6 be in good taste** to be acceptable in a way that will not upset or anger people ▷ **być w dobrym guście lub tonie** **7 be in bad/poor taste** to be unacceptable in a way that will upset or anger people: *He told a joke about a plane crash which I thought was in rather poor taste.* ▷ **być w złym guście lub tonie** **8 a taste for sth** when you like or enjoy something: *I've developed a bit of a taste for opera.* ▷ **upodobanie do** *czegoś* **9 taste of sth** (B2) when you do or experience something new for a short time: *That was my first taste of Mexican culture.* ▷ **zetknięcie z** *czymś*, **smak** *czegoś*

> **Wyrazy występujące razem z taste**
>
> **disguise/improve/like/spoil** a taste • a **bitter/pleasant/strong/unpleasant/unusual** taste

taste² /teɪst/ **verb** **1 taste funny/nice/sweet, etc** (B1) If food tastes a particular way, it has that flavour: *This sauce tastes strange.* ◦ *It **tastes of** chocolate.* ▷ **mieć dziwny/przyjemny/słodki** *itp.* **smak** **2 can taste sth** to be able to experience a particular flavour in a food: *You can really taste the garlic in it.* ▷ **można wyczuć** *coś* **3** (B1) [T] to put food or drink in your mouth to find out what its flavour is like: *I always taste food while I'm cooking it.* ▷ **próbować, kosztować**

ˈtaste ˌbuds **noun** [plural] the cells on your tongue that allow you to taste different foods ▷ **kubki smakowe**

tasteful /ˈteɪstfᵊl/ **adjective** attractive and chosen for style and quality: *a tasteful beige suit* ▷ **gustowny**
• **tastefully adverb** *tastefully dressed/decorated* ▷ **gustownie**

tasteless /ˈteɪstləs/ **adjective** **1** ugly or without style ▷ **niegustowny** **2** likely to upset or anger people: *a **tasteless joke*** ▷ **niesmaczny** **3** having no flavour: *The meat was dry and tasteless.* ▷ **bez smaku**

tasty /ˈteɪsti/ **adjective** (B1) Food which is tasty has a good flavour and is nice to eat. ▷ **smaczny**

tattered /ˈtætəd/ **adjective** old and badly torn: ***tattered clothes*** ▷ **wystrzępiony, podarty**

tatters /ˈtætəz/ **noun** **in tatters** badly torn, damaged, or spoilt: *The yacht finally made it to the harbour, its sails in tatters.* ◦ *His reputation is in tatters.* ▷ **w strzępach**

tattoo /tætˈuː/ **noun** [C] a design on someone's skin that is put on using ink and a needle ▷ **tatuaż**
• **tattoo verb** [T] (past tense and past participle **tattooed**) ▷ **tatuować**

tatty /ˈtæti/ **adjective** UK informal untidy and in bad condition: *He turned up wearing a pair of tatty old jeans.* ▷ **wyświechtany, sfatygowany**

taught /tɔːt/ past of teach

taunt /tɔːnt/ **verb** [T] to repeatedly say unkind things to someone in order to upset them or make them angry: *He was taunted by his classmates because of his size.* ▷ **drwić z, szydzić z**
• **taunt noun** [C] ▷ **drwina**

Taurus /ˈtɔːrəs/ **noun** [C, U] the sign of the zodiac which relates to the period of 21 April – 22 May, or a person born during this period ▷ **Byk**

taut /tɔːt/ **adjective** stretched very tight: *My skin feels taut.* ▷ **napięty**

tavern /ˈtævᵊn/ **noun** [C] mainly US a place where people go to drink alcohol ▷ **bar, tawerna**

tawdry /ˈtɔːdri/ **adjective** **1** unpleasant and immoral ▷ **podejrzany** **2** cheap and of bad quality ▷ **tandetny**

tawny /ˈtɔːni/ **adjective** being a light yellow-brown colour ▷ **żółtobrązowy**

tax¹ /tæks/ **noun** [C, U] (B1) money that you have to pay to the government from what you earn or when you buy things: *They're putting up the **tax on** cigarettes.* ◦ *Do you have to **pay tax** on that?* ▷ **podatek** → See also **income tax**

> **Wyrazy występujące razem z tax**
>
> **deduct/increase/pay** tax • **high/low** taxes • a tax **on** sth • **after/before** tax

tax² /tæks/ **verb** [T] **1** to make someone pay a tax: *Goods such as clothes are taxed at 15%.* ▷ **opodatkować, obłożyć podatkiem** **2** to need a lot of effort: *It's only a short report – it shouldn't tax me too much.* ▷ **męczyć, kosztować dużo wysiłku**

taxable /ˈtæksəbl/ **adjective** If something is taxable, you have to pay tax on it: ***taxable income*** ▷ **podlegający opodatkowaniu**

taxation /tækˈseɪʃᵊn/ **noun** [U] the system of making people pay taxes ▷ **opodatkowanie**

tax-free /ˌtæksˈfriː/ **adjective** If something is tax-free, you do not pay tax on it. ▷ **zwolniony lub wolny od podatku, nieopodatkowany**

taxi /ˈtæksi/ **noun** [C] (A1) a car with a driver who you pay to take you somewhere: *a **taxi driver*** ◦ *I'll **take** a **taxi** to the airport.* ▷ **taksówka**

T

> **Wyrazy występujące razem z taxi**
> call/get/hail/order/take a taxi • a taxi **driver/fare/firm**

taxing /ˈtæksɪŋ/ **adjective** difficult and needing a lot of thought or effort to do or understand ▷ **męczący**

ˈtaxi ˌrank **noun** [C] UK (US **ˈtaxi ˌstand**) a place where you can go to get a taxi ▷ **postój taksówek**

taxonomy /tækˈsɒnəmi/ **noun 1** [U] the process of organizing groups of things which are similar, especially plants and animals, and giving names to those groups ▷ **systematyka 2** [C] one particular system for organizing groups of similar things ▷ **taksonomia**

taxpayer /ˈtæksˌpeɪəʳ/ **noun** [C] a person who pays tax ▷ **podatnik**

TB /ˌtiːˈbiː/ **noun** [U] abbreviation for tuberculosis ▷ **gruźlica**

tbsp written abbreviation for tablespoonful: the amount that can be held by a large spoon used for measuring food ▷ **łyżka (stołowa) (= 15 ml)**

T-cell /ˈtiːsel/ **noun** [C] a type of white blood cell that helps to protect the body against diseases ▷ **limfocyt T**

tea /tiː/ **noun** [C, U] **1** (A1) a hot drink that you make by pouring water onto dried leaves, or the leaves that you use to make this drink: ***herbal teas*** ◦ *Would you like **a cup of tea** or coffee?* ▷ **herbata 2** UK (B1) a small afternoon meal of cakes, biscuits, etc and tea to drink: *They invited us for **afternoon tea**.* ▷ **podwieczorek 3** UK a word used by some people for the meal that is eaten in the evening ▷ **kolacja**

teabag /ˈtiːbæg/ **noun** [C] a small paper bag with dried leaves inside, used for making tea ▷ **torebka herbaty**

teach /tiːtʃ/ **verb** (past tense and past participle **taught**) **1** [I, T] (A1) to give lessons in a particular subject at a school, university, etc: *She taught at Harvard University for several years.* ◦ *He teaches history.* ▷ **uczyć, nauczać, wykładać 2** [T] (A2) to show or explain to someone how to do something: [+ to do sth] *My dad taught me to drive.* ◦ *Can you **teach** me **how to** knit?* ▷ **uczyć 3** [T] (B1) If a situation teaches you something, it gives you new knowledge or helps you to understand something: [+ to do sth] *The whole experience taught him to be more careful with money.* ▷ **uczyć** → See also **teach sb a *lesson***

teacher /ˈtiːtʃəʳ/ **noun** [C] (A1) someone whose job is to teach in a school, college, etc: *a history/science teacher* ▷ **nauczyciel/ka** → See **The Classroom** on page Centre 6

teaching /ˈtiːtʃɪŋ/ **noun** [U] (B1) the job of being a teacher: *He decided to **go into teaching** (= become a teacher).* ▷ **nauczanie, uczenie**

teachings /ˈtiːtʃɪŋz/ **noun** [plural] the ideas or beliefs of someone, such as a political or religious leader: *the teachings of Martin Luther King* ▷ **nauki**

teacup /ˈtiːkʌp/ **noun** [C] a cup that you drink tea from ▷ **filiżanka do herbaty**

team¹ /tiːm/ **noun** [group] **1** (A2) a group of people who play a sport or game together against another group of players: *a basketball/football team* ▷ **drużyna 2** (B1) a group of people who work together to do something: *a management team* ◦ *a team of advisers* ▷ **zespół, grupa**

> **Wyrazy występujące razem z team**
> be **in/on** a team • **join/play for** a team • team **captain/coach/member**

team² /tiːm/ **verb**

PHRASAL VERB **team up** to join someone else and work together with them to do something: *I **teamed up with** Brendan for the doubles tournament.* ▷ **przyłączyć się, połączyć siły**

teammate /ˈtiːmmeɪt/ **noun** [C] a member of your team ▷ **kole-ga/żanka z drużyny lub zespołu**

teamwork /ˈtiːmwɜːk/ **noun** [U] when a group of people work well together ▷ **praca zespołowa lub grupowa lub w grupie**

teapot /ˈtiːpɒt/ **noun** [C] a container used for making and serving tea, which has a lid, a handle, and a spout ▷ **czajniczek lub dzbanek do herbaty** → See **The Kitchen** on page Centre 2

teapot

tear¹ /teəʳ/ **verb** (past tense **tore**, past participle **torn**) **1** [T] (B1) to pull paper, cloth, etc into pieces, or to make a hole in it by accident: *The nail had **torn a hole in** my skirt.* ▷ **drzeć 2** [I] (B1) If paper, cloth, etc tears, it becomes damaged because it has been pulled. ▷ **drzeć się 3 tear sth out of/off/down, etc** to remove something by pulling it quickly and violently: *She tore his picture down from the wall.* ▷ **wydzierać/zdzierać** *coś* **z 4 tear along/about/past, etc** informal to move somewhere very quickly: *The kids were tearing around the house.* ▷ **biegać po/przemykać koło** *itp.* **5 be torn between sth and sth** to be unable to decide between two choices: *I'm torn between the apple pie and the chocolate mousse.* ▷ **być rozdartym między** *czymś* **a** *czymś* → See also **pull/tear your *hair* out**

PHRASAL VERBS **tear sth apart 1** to make a group of people argue or fight with each other: *The country was torn apart by 12 years of civil war.* ▷ **rozdzierać** *coś*, **podzielić** *coś* **2** to destroy something: *The building was torn apart by the bomb blast.* ▷ **niszczyć** *coś* • **tear sb apart** to make someone very unhappy ▷ **ranić** *czyjeś* **serce, smucić** *kogoś* • **tear sb away** to make someone stop doing something that they enjoy, in order to do something else: *I'll bring Ian, if I*

T

can **tear** him **away from** his computer games. ▷ **odrywać** *kogoś* • **tear sth down** to intentionally destroy a building or structure: *They tore down the old hospital and built some offices.* ▷ **burzyć** *coś*, **wyburzyć** *coś* • **tear sth off** to quickly remove your clothes: *He tore off his shirt and jumped into the stream.* ▷ **zrywać** *coś* **z siebie** • **tear sth up** B2 to tear paper into a lot of small pieces: *He tore up her photograph.* ▷ **podrzeć** *coś* **(na drobne kawałki)**

tear² /teəʳ/ **noun** [C] a hole in a piece of cloth, paper, etc where it has been torn ▷ **dziura, rozdarcie**

tear³ /tɪəʳ/ **noun** [C] B1 a drop of water that comes from your eye when you cry: *Suddenly he* ***burst into tears*** *(= started crying).* ◦ *I* ***was in tears*** *(= crying) by the end of the film.* ▷ **łza**
• **tearful** adjective crying: *a tearful goodbye* ▷ **płaczliwy, zapłakany** • **tearfully** adverb
→ See also **in *floods* of tears** ▷ **płaczliwie, ze łzami w oczach**

ˈtear ˌgas noun [U] a gas that makes people's eyes hurt, used by the police or army to control violent crowds ▷ **gaz łzawiący**

tease /tiːz/ **verb** [I, T] B2 to laugh at someone or say unkind things to them, either because you are joking or because you want to upset them: *They were* ***teasing*** *Dara* ***about*** *her new haircut.* ◦ *Don't get upset, I'm only teasing.* ▷ **drażnić (się), dokuczać, żartować (z)**

teaspoon /ˈtiːspuːn/ **noun** [C] B2 a small spoon that is used for mixing drinks and measuring small amounts of food, or the amount this spoon can hold ▷ **łyżeczka (do herbaty)**

teatime /ˈtiːtaɪm/ **noun** [C, U] UK the time in the evening when people have a meal ▷ **pora podwieczorku lub kolacji, podwieczorek, kolacja**

ˈtea ˌtowel noun [C] UK (US **dishtowel**) a cloth that is used for drying plates, dishes, etc ▷ **ścierka do naczyń, ręcznik kuchenny**

T

tech¹ /tek/ **adjective** mainly US short for technical¹: *online tech support* ▷ **techniczny**

tech² /tek/ **noun** mainly US **1** [U] short for technology: *high/low tech* ◦ *tech stocks* ▷ **technika, technologia 2** [C] informal short for technician: *Bill was a lab tech at NYU.* ▷ **technik**

techie /ˈteki/ **noun** [C] informal someone who has a strong interest in technology, usually computers ▷ **spec od komputerów**

technical /ˈteknɪkəl/ **adjective 1** B2 relating to the knowledge, machines, or methods used in science and industry: *We're having a few* ***technical problems.*** ▷ **techniczny 2** relating to the knowledge and methods of a particular subject or job: *There are a few* ***technical terms*** *here that I don't understand.* ▷ **techniczny, fachowy, specjalistyczny 3** B2 relating to practical skills and methods that are used in a particular activity: *As a dancer she had great technical skill.* ▷ **techniczny**

technicalities /ˌteknɪˈkælətiz/ **noun** [plural] the exact details of a system or process: *the technicalities of photography* ▷ **szczegóły techniczne**

technicality /ˌteknɪˈkæləti/ **noun** [C] a small detail of a law or rule ▷ **szczegół (techniczny lub prawny), kruczek prawny**

technically /ˈteknɪkəli/ **adverb 1** relating to the knowledge, machines, or methods used in science and industry: *technically advanced weapons* ▷ **technologicznie 2** according to the exact details of a rule, law, or fact: *Irvine is technically British but lives in Dublin and races for the Irish team.* ▷ **formalnie (rzecz biorąc), z formalnego punktu widzenia**

technician /tekˈnɪʃən/ **noun** [C] someone whose job involves practical work with scientific or electrical equipment: *a* ***lab technician*** ▷ **technik**

technique /tekˈniːk/ **noun** [C, U] B1 a particular or special way of doing something: [+ for + doing sth] *Scientists have developed a new technique for taking blood samples.* ▷ **technika, metoda**

techno /ˈteknəʊ/ **noun** [U] UK a type of electronic dance music ▷ **techno**

techno- /teknəʊ-/ **prefix** relating to technology: *a technophile (= a person who loves technology)* ▷ **techno-**

technology /tekˈnɒlədʒi/ **noun** [C, U] B1 knowledge, equipment, and methods that are used in science and industry: *computer technology* ▷ **technika, technologia**
• **technological** /ˌteknəˈlɒdʒɪkəl/ **adjective** B2 relating to, or involving technology: *technological developments* ▷ **techniczny, technologiczny**
• **technologically** adverb ▷ **technicznie, technologicznie**
→ See also **information technology**

> Wyrazy występujące razem z **technology**
>
> advanced/cutting-edge/modern technology • develop/harness technology

tectonic /tekˈtɒnɪk/ **adjective** relating to the structure of the Earth's surface and the way that it moves ▷ **tektoniczny**
• **tectonics** /tekˈtɒnɪks/ **noun** [no plural] the processes which change the structure of the Earth's surface ▷ **tektonika**

teddy bear /ˈtediˌbeəʳ/ **noun** [C] (also UK **teddy**) a soft, toy bear ▷ **pluszowy miś**

tedious /ˈtiːdiəs/ **adjective** boring: *a tedious job* ▷ **nużący**
• **tediously** adverb ▷ **nudno**

tee /tiː/ **noun** [C] a small stick that is used for holding a golf ball ▷ **podstawka**

teem /tiːm/ **verb**

PHRASAL VERB **be teeming with sb/sth** to contain large numbers of people or animals ▷ **roić się od** *kogoś/czegoś*

teeming /ˈtiːmɪŋ/ **adjective** full of people: *the teeming city* ▷ **zatłoczony, gwarny**

teen¹ /tiːn/ **noun** [C] mainly US short for teenager ▷ **nastolat-ek/ka**

teen² /tiːn/ **adjective** [always before noun] informal relating to, or popular with people who are between 13 and 19 years old: *a* ***teen idol*** ▷ **(dla) nastolat-ków/ek, nastoletni**

teenage /ˈtiːneɪdʒ/ **adjective** [always before noun] B1 aged between 13 and 19 or suitable for people of that age: *a teenage daughter* ◦ *a teenage disco* ▷ **nastoletni, (dla) nastolat-ków/ek**

teenager /ˈtiːnˌeɪdʒəʳ/ **noun** [C] A2 someone who is between 13 and 19 years old ▷ **nastolat-ek/ka**

teens /tiːnz/ **noun** [plural] the part of your life between the age of 13 and 19: *Her youngest daughter is still* ***in her teens.*** ▷ **wiek nastoletni**

ˈtee ˌshirt **noun** [C] another spelling of T-shirt ▷ **t-shirt, koszulka z krótkim rękawem**

teeter /ˈtiːtəʳ/ **verb** **1 be teetering on the brink/edge of sth** to be in a situation where something bad might happen very soon: *The economy is teetering on the brink of collapse.* ▷ **być na skraju** *czegoś* **2 teeter about/across/around, etc** to look as if you are going to fall: *She teetered around the room in six-inch heels.* ▷ **iść na trzęsących nogach, niepewnie stąpać**

teeter-totter /ˌtiːtəˈtɒtəʳ/ **noun** [C] US (UK/US **seesaw**) a long board that children play on by sitting at each end and using their feet on the ground to push the board up and down ▷ **huśtawka**

teeth /tiːθ/ plural of tooth ▷ **zęby**

teethe /tiːð/ **verb** **1 be teething** If a baby is teething, it is getting its first teeth. ▷ **ząbkować** **2 teething problems/troubles** problems that happen because something is new and has not been done before ▷ **początkowe trudności**

teetotal /ˌtiːˈtəʊtəl/ **adjective** never drinking any alcohol ▷ **abstynencki**

• **teetotaller** UK (US **teetotaler**) **noun** [C] someone who never drinks alcohol ▷ **abstynent**

TEFL /ˈtefl/ **noun** [U] abbreviation for Teaching English as a Foreign Language ▷ nauczanie języka angielskiego jako obcego

tel written abbreviation for telephone number: *Tel 0113 246369* ▷ **tel. (= telefon)**

tele- /telɪ-/ **prefix** **1** done using a telephone: *telesales* ▷ **tele-** **2** connected with television: *telecast (= something that is broadcast on television)* ▷ **tele-** **3** over a long distance: *telephoto lens (= a camera lens that makes distant objects look nearer)* ▷ **tele-**

telecommunications /ˌtelɪkəˌmjuːnɪˈkeɪʃənz/ **noun** [U, group] B2 the process or business of sending information or messages by telephone, radio, etc ▷ **telekomunikacja**

telecommuting /ˌtelɪkəˈmjuːtɪŋ/ US /ˈtelɪkəˌmjuːtɪŋ/ **noun** [U] US (UK **teleworking**) working at home, while communicating with your office by computer and telephone ▷ **telepraca, praca z domu**

• **telecommuter** noun [C] US ▷ **osoba pracująca z domu, telepracownik**

telecoms /ˈtelɪkɒmz/ **noun** [U] short for telecommunications ▷ **telekomunikacja**

teleconference /ˌtelɪˈkɒnfərəns/ **noun** [C] when people in different places have a meeting using computers, telephones, televisions, etc to allow them to talk to each other and see each other ▷ **telekonferencja**

telegram /ˈtelɪɡræm/ **noun** [C] a message that is sent by telegraph and printed on paper ▷ **telegram**

telegraph /ˈtelɪɡrɑːf/ **noun** [U] an old-fashioned system of sending messages using radio or electrical signals ▷ **telegraf**

telemarketing /ˈtelɪˌmɑːkɪtɪŋ/ **noun** [U] (also UK **telesales**) the selling of goods or services by telephone ▷ **sprzedaż telefoniczna, telemarketing**

telepathy /tɪˈlepəθi/ **noun** [U] the ability to know what someone is thinking or to communicate thoughts without speaking or writing ▷ **telepatia**

• **telepathic** /ˌtelɪˈpæθɪk/ **adjective** having or involving telepathy ▷ **telepatyczny**

telephone¹ /ˈtelɪfəʊn/ **noun** (also **phone**) **1** [U] A2 a communication system that is used to talk to someone who is in another place: *a* ***telephone call*** ◦ *I'm sorry, he's* ***on the telephone*** *(= using the telephone) at the moment.* ▷ **telefon** **2** [C] A2 a piece of equipment that is used to talk to someone who is in another place: *The* ***telephone rang*** *and she hurried to pick it up.* ◦ *Could you* ***answer*** *the* ***telephone****?* ▷ **telefon**

> Wyrazy występujące razem z **telephone**
>
> **answer/pick up/put down** the telephone • the telephone **rings** • **on** the telephone • a telephone **call**

telephone² /ˈtelɪfəʊn/ **verb** [I, T] (also **phone**) A2 to communicate with someone by telephone ▷ **telefonować (do), dzwonić (do)**

ˈtelephone diˌrectory **noun** [C] a book that contains the telephone numbers of people who live in a particular area ▷ **książka telefoniczna**

ˈtelephone ˌnumber **noun** [C] (also **phone number**) the number of a particular telephone ▷ **numer telefoniczny lub telefonu**

telesales /ˈtelɪseɪlz/ **noun** [U] UK (UK/US **telemarketing**) the selling of goods or services by telephone ▷ **sprzedaż telefoniczna, telemarketing**

telescope

telescope /ˈtelɪskəʊp/ **noun** [C] B2 a piece of

T

equipment, in the shape of a tube, that makes things which are far away look bigger or nearer ▷ **teleskop**

Teletext /ˈtelɪˌtekst/ **noun** trademark a system that gives written information on many subjects, such as news, on a television screen ▷ **telegazeta**

televise /ˈtelɪvaɪz/ **verb** [T] to show something on television: *The concert will be* ***televised live*** *around the world.* ▷ **transmitować (w telewizji)**

television /ˈtelɪvɪʒən/ **noun 1** [C] Ⓐ1 a piece of equipment in the shape of a box, with a screen on the front, used for watching programmes ▷ **telewizor 2** [U] Ⓐ1 the programmes that are shown on a television: *I mostly* ***watch television*** *in the evening.* ◦ *I* ***saw it on television.*** ◦ *a* ***television programme*** ▷ **telewizja 3** [U] Ⓑ1 the system or business of making and broadcasting programmes for television ▷ **telewizja** → See also **closed-circuit television**, **satellite television**

> **Wyrazy występujące razem z television**
>
> watch television • see/watch sth on television • on television • a television channel/presenter/programme/series

teleworking /ˈtelɪˌwɜːkɪŋ/ **noun** [U] UK (US **telecommuting**) working at home, while communicating with your office by computer and telephone ▷ **telepraca, praca z domu**
• **teleworker** noun [C] UK ▷ **osoba pracująca z domu, telepracownik**

tell /tel/ **verb** (past tense and past participle **told**) **1** [T] Ⓐ1 to say something to someone, usually giving them information: *He* ***told*** *me* ***about*** *his new school.* ◦ [+ (that)] *Sally told me that the play didn't start until 9 o'clock.* ◦ [+ question word] *Can you tell me what time the next bus leaves?* ▷ **powiedzieć 2 tell sb to do sth** Ⓐ2 to order someone to do something: *I told you to stay here.* ▷ **kazać** *komuś coś zrobić* **3 can tell** Ⓑ2 to know or recognize something from what you hear, see, etc: [+ (that)] *You could tell that he was tired.* ◦ [+ question word] *You can never tell whether Hajime's being serious or not.* ◦ *I can't* ***tell the difference between*** *them.* ▷ **móc poznać lub zorientować się 4** [T] Ⓑ2 If something tells you something, it gives you information: *What does the survey tell us about the lives of teenagers?* ▷ **mówić 5 (I'll) tell you what** used to suggest a plan: *Tell you what, let's go swimming and then get a pizza.* ▷ **Wiesz co? 6** [I] to have a bad effect on someone: *The worry of the last few months was starting to* ***tell on*** *him.* ▷ **odbijać się 7 (I) told you so!** informal used when someone has caused problems for themselves by doing something that you told them not to ▷ **A nie mówił-em/am!** → See also **tell sb's *fortune***

PHRASAL VERBS **tell sb/sth apart** to be able to see the difference between two things or people that are very similar: *It's impossible to tell the twins apart.* ▷ **rozróżniać** *kogoś/coś*, **odróżniać** *kogoś/coś* • **tell sb off** Ⓑ2 to tell someone that they have done something wrong and that you are angry about it: [+ for + doing sth] *Darren* ***got told off*** *for talking in class.* ▷ **zwracać** *komuś* **uwagę, zbesztać** *kogoś*

teller /ˈteləʳ/ **noun** [C] US someone who works in a bank and gives out or takes in money ▷ **kasjer/ka** → See also **fortune-teller**

telling /ˈtelɪŋ/ **adjective** showing the truth about a situation, or showing what someone really thinks: *a telling comment* ▷ **wymowny, znaczący**

telltale /ˈtelteɪl/ **adjective** [always before noun] showing something that someone is trying to keep secret: *She was showing all the* ***telltale signs*** *of pregnancy.* ▷ **charakterystyczny, nieomylny**

telly /ˈteli/ **noun** [C, U] UK informal short for television ▷ **telewizor**

temp /temp/ **noun** [C] someone who works in an office for a short time while someone else is away, ill, etc ▷ **tymczasowa pomoc biurowa, zastępstwo**
• **temp** verb [I] to work as a temp in an office ▷ **pracować jako tymczasowa pomoc biurowa**

temper¹ /ˈtempəʳ/ **noun 1** Ⓑ2 [C, U] when someone becomes angry very easily: *He's got a really* ***bad temper.*** ▷ **(zły) humor, (wybuchowy) charakter 2 be in a bad/foul, etc temper** to be feeling angry: *I'd avoid her if I were you – she's in a foul temper.* ▷ **być w złym/podłym** *itp.* **nastroju 3 lose your temper (with sb)** Ⓑ2 to suddenly become very angry: *I lost my temper with the children this morning.* ▷ **stracić panowanie nad sobą (z powodu** *kogoś***) 4 keep your temper** to succeed in staying calm and not becoming angry ▷ **zachować spokój**

temper² /ˈtempəʳ/ **verb** [T] formal to make something less strong, extreme, etc: *I learnt to temper my criticism.* ▷ **łagodzić**

temperament /ˈtempərəmənt/ **noun** [C, U] the part of your character that affects your moods and the way you behave: *I don't think he's got the right temperament to be a teacher.* ▷ **temperament**

temperamental /ˌtempərəˈmentəl/ **adjective 1** becoming angry or upset very often and suddenly ▷ **nerwowy, drażliwy 2** A machine, vehicle, etc that is temperamental does not always work correctly. ▷ **kapryśny, nieprzewidywalny**

temperate /ˈtempərət/ **adjective** formal having weather that is not very hot and not very cold: *a* ***temperate climate*** ▷ **umiarkowany**

temperature /ˈtemprətʃəʳ/ **noun 1** Ⓐ2 [C, U] how hot or cold something is: *The room's kept at* ***a temperature of*** *around 20°C.* ▷ **temperatura 2 sb's temperature** Ⓐ2 how hot or cold someone's body is: *The doctor examined him and* ***took***

his ***temperature*** *(= measured his temperature).* ▷ *czyjaś* **temperatura 3 have a temperature** to be hotter than usual because you are ill ▷ **mieć temperaturę lub gorączkę**

> Wyrazy występujące razem z **temperature**
>
> **average/extreme/high/low** temperatures • temperatures **drop/fall/rise/soar**

template /ˈtempleɪt/ **noun** [C] **1** a metal, plastic, etc pattern that is used for making many copies of a shape ▷ **szablon 2** a system that helps you arrange information on a computer screen ▷ **szablon**

temple /ˈtempl/ **noun** [C] **1** (B1) a building where people in some religions go to pray or worship: *a Buddhist temple* ▷ **świątynia 2** the area on each side of your head in front of the top of your ear ▷ **skroń**

tempo /ˈtempəʊ/ **noun 1** [U, no plural] the speed at which an activity happens: *The tempo of the game increased in the second half.* ▷ **tempo 2** [C, U] formal the speed of a piece of music ▷ **tempo**

temporary /ˈtempᵊrᵊri/ **adjective** (B1) existing or happening for only a short or limited time: *a temporary job* ◦ *temporary accommodation/housing* ▷ **tymczasowy**
• **temporarily adverb** (B2) ▷ **tymczasowo**

> **Temporary** wyrazy bliskoznaczne
>
> Wyrażenie **for now** stosuje się, gdy coś powinno się wydarzyć lub zostać zrobione natychmiast, lecz co później można zmienić:
> *Just put everything on the table* ***for now*** *– I'll sort it all out later.*
> Jeśli coś jest tymczasowe i niskiej jakości, możemy określić to jako **makeshift**:
> *We built a* ***makeshift*** *shelter under the trees.*
> Przymiotnika **short-lived** używamy zamiast przymiotnika „temporary" w znaczeniu „krótkotrwały":
> *I had a few relationships at college, most of which were fairly* ***short-lived.***
> Wyrażenia **acting manager/chairman**, itp. często używamy do opisania osoby, która zajmuje stanowisko okresowo w zastępstwie kogoś, kto jest nieobecny:
> *He'll be the* ***acting*** *director until they appoint a permanent one.*

tempt /tempt/ **verb** [T] (B2) to make someone want to have or do something, especially something that they do not need or something that is wrong: [+ to do sth] *She's trying to tempt me to go shopping with her.* ▷ **kusić, wabić**

temptation /tempˈteɪʃᵊn/ **noun 1** [C, U] (B2) a feeling that you want to do or have something, although you know you should not: [+ to do sth] *I* ***resisted the temptation*** *to (= I did not) have another piece of chocolate cake.* ▷ **pokusa 2** [C] something that makes you want to do or have something although you know you should not: *He knew crime was wrong but the money was too great a temptation.* ▷ **pokusa**

> Wyrazy występujące razem z **temptation**
>
> **avoid/resist** (the) temptation • **give in to/ succumb to** temptation • **a strong** temptation • the temptation **of doing sth**

tempting /ˈtemptɪŋ/ **adjective** Something that is tempting makes you want to have or do it: *a* ***tempting invitation/offer*** ▷ **kuszący**

ten /ten/ (A1) the number 10 ▷ **dziesięć**

tenacious /tɪˈneɪʃəs/ **adjective** very determined to do something and not wanting to stop ▷ **nieustępliwy**
• **tenaciously adverb** ▷ **nieustępliwie** • **tenacity** /tɪˈnæsəti/ **noun** [U] ▷ **nieustępliwość**

tenancy /ˈtenənsi/ **noun** [C, U] the period of time when someone rents a room, house, etc ▷ **najem, dzierżawa**

tenant /ˈtenənt/ **noun** [C] someone who pays rent to live in a room, house, etc ▷ **najemca, lokator/ka**

tend /tend/ **verb 1 tend to do sth** (B2) to often do a particular thing or be likely to do a particular thing: *I tend to wear dark colours.* ◦ *July and August tend to be our busiest months.* ▷ **zwykle lub zazwyczaj** *coś robić* **lub być** *jakimś* **2** [T] (also **tend to**) to look after someone or something: *He spends most afternoons tending his vegetable garden.* ▷ **opiekować się, zajmować się**

tendency /ˈtendənsi/ **noun** [C] something that someone often does, or something that often happens: [+ to do sth] *She* ***has a tendency*** *to talk for too long.* ◦ *There is a growing* ***tendency for*** *companies to employ people on short contracts.* ▷ **tendencja**

tender¹ /ˈtendəʳ/ **adjective 1** kind and gentle: *a tender kiss/look* ▷ **czuły 2** Tender meat or vegetables are soft and easy to cut. ▷ **kruchy, miękki 3** If part of your body is tender, it is painful when you touch it. ▷ **obolały 4 at the tender age of 8/17/25, etc** literary at the young age of 8/17/25, etc ▷ **już w wieku lat 8/17/25** *itp.*
• **tenderness noun** [U] ▷ **czułość**

tender² /ˈtendəʳ/ **verb** formal **1** [I] to make a formal offer to do a job or to provide a service ▷ **składać ofertę 2** [T] formal to formally offer a suggestion, idea, money, etc: *He* ***tendered his resignation*** *(= offered to leave his job).* ▷ **składać, oferować**

tender³ /ˈtendəʳ/ **noun** [C, U] a formal offer to do some work: *The work has been* ***put out to tender*** *(= people have been asked to make offers to do the work).* ▷ **przetarg, oferta przetargowa**

tenderly /ˈtendəli/ **adverb** in a kind and gentle way: *He looked at her tenderly.* ▷ **czule**

tendon /ˈtendən/ **noun** [C] a strong piece of tissue in your body that connects a muscle to a bone ▷ **ścięgno**

T

tenement /ˈtenəmənt/ **noun** [C] a large building that is divided into apartments, usually in a poor area of a city ▷ **budynek mieszkalny, kamienica czynszowa**

tenet /ˈtenɪt/ **noun** [C] a principle or belief of a theory or religion: *one of the basic tenets of Islam* ▷ **zasada**

tenner /ˈtenəʳ/ **noun** [C] UK informal a piece of paper money that has a value of £10 ▷ **dycha, dziesiątak**

tennis /ˈtenɪs/ **noun** [U] Ⓐ1 a sport in which two or four people hit a small ball to each other over a net ▷ **tenis** → See **Sports 2** on page Centre 15 → See also **table tennis**

tenor /ˈtenəʳ/ **noun** [C] a male singer with a high voice ▷ **tenor**

tense¹ /tens/ **adjective 1** Ⓑ2 nervous, worried, and not able to relax: *The students looked tense as they waited for their exam results.* ▷ **spięty 2** Ⓑ2 A tense situation makes you feel nervous and worried: *There were some tense moments in the second half of the game.* ▷ **nerwowy, napięty 3** A tense muscle feels tight and stiff. ▷ **sztywny, napięty**

tense² /tens/ **verb** [I, T] (also **tense up**) If your muscles tense, they become tight and stiff, and if you tense them, you make them do this. ▷ **napinać (się)**

tense³ /tens/ **noun** [C, U] Ⓑ1 the form of a verb which shows the time at which an action happened. For example 'I sing' is in the present tense and 'I will sing' is in the future tense. ▷ **czas**

tension /ˈtenʃən/ **noun 1** [C, U] Ⓑ2 a feeling of fear or anger between two groups of people who do not trust each other: ***ethnic/racial tension*** ◦ *There are growing* ***tensions between*** *the two countries.* ▷ **napięcie 2** [U] Ⓑ2 a feeling that you are nervous, worried, and not relaxed: *You could feel the tension in the room as we waited for her to arrive.* ▷ **napięcie 3** [U] when a muscle, rope, etc, is tight or stiff ▷ **naprężenie, napięcie**

> Wyrazy występujące razem z **tension**
>
> create/defuse/ease tension • tension **mounts** • **growing/increased/mounting** tension • tension **between** sb and sb • **ethnic/racial** tensions

tent /tent/ **noun** [C] Ⓑ1 a structure made of metal poles and cloth which is fixed to the ground with ropes and used as a cover or to sleep under: *It only took twenty minutes to* **put** *the* **tent up** (= *make it ready to use*). ▷ **namiot**

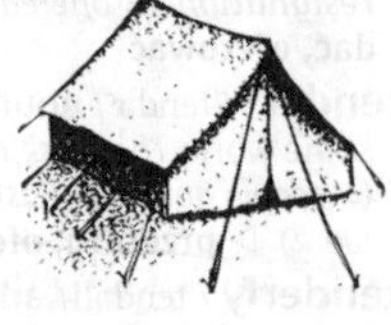

tentacle /ˈtentəkl/ **noun** [C] one of the long, arm-like parts of some sea creatures ▷ **macka**

tentative /ˈtentətɪv/ **adjective 1** A tentative idea, plan, agreement, etc is not certain: *The two companies have announced a tentative deal.* ▷ **wstępny 2** doing something in a way that shows you are not confident: *a child's tentative first steps* ▷ **niepewny**
• **tentatively adverb** ▷ **wstępnie, niepewnie**

tenth¹ /tenθ/ 10th written as a word ▷ **dziesiąty**

tenth² /tenθ/ **noun** [C] one of ten equal parts of something; 1⁄10; 0.1 ▷ **(jedna) dziesiąta, dziesiąta część**

tenuous /ˈtenjuəs/ **adjective** A tenuous connection, idea, or situation is weak and possibly does not exist: *The court is unlikely to accept such tenuous evidence.* ▷ **niepewny, słaby**
• **tenuously adverb** ▷ **niepewnie, słabo**

tenure /ˈtenjəʳ/ **noun** [U] **1** the legal right to live in a building or use a piece of land for a period ▷ **tytuł własności 2** the period of time when someone has an important job: *his tenure as president* ▷ **kadencja, urzędowanie 3** If you have tenure in your job, your job is permanent. ▷ **dożywotnia posada**

tepee /ˈtiːpiː/ **noun** [C] a type of tent in the shape of a cone made from animal skins or cloth, used by some Native Americans ▷ **tipi**

tepid /ˈtepɪd/ **adjective** A tepid liquid is slightly warm. ▷ **letni**

terabyte /ˈterəbaɪt/ **noun** (written abbreviation **Tb**) a unit for measuring the amount of information a computer can store, equal to 1,000,000,000,000 bytes ▷ **terabajt**

term¹ /tɜːm/ **noun 1** [C] Ⓑ2 a word or phrase that is used to refer to a particular thing, especially in a technical or scientific subject: *a* ***legal/technical term*** ▷ **termin 2** [C] the fixed period of time when someone does an important job or is in a particular place: *a prison term* ◦ *The government has been elected for another four-year term.* ▷ **okres, kadencja 3** [C] Ⓐ2 one of the periods of time that the school or university year is divided into: *We've got a test at the* ***end of term.*** ▷ **semestr, okres 4 in the long/short, etc term** Ⓑ2 a long/short, etc period of time from now ▷ **na dłuższą/krótką metę, w dłuższej/krótszej perspektywie** → See also **half-term**

term² /tɜːm/ **verb** [T] formal to use a particular word or phrase to describe something: *Critics termed the movie a 'disaster'.* ▷ **określać, nazywać**

terminal¹ /ˈtɜːmɪnəl/ **noun** [C] **1** Ⓑ2 a building where you can get onto an aircraft, bus, or ship: *a terminal building* ▷ **terminal 2** a screen and keyboard with which you can use a computer ▷ **terminal**

terminal² /ˈtɜːmɪnəl/ **adjective** A terminal illness will cause death: *terminal cancer* ▷ **nieuleczalny**
• **terminally adverb** *terminally ill* ▷ **nieuleczalnie**

terminate /ˈtɜːmɪneɪt/ **verb** [I, T] formal If something terminates, it ends, and if you terminate something, you make it end: *His contract has been terminated.* ▷ **zakończyć (się), rozwiązywać**
• **termination** /ˌtɜːmɪˈneɪʃᵊn/ **noun** [C, U] ▷ **zakończenie, rozwiązanie, wygaśnięcie**

terminology /ˌtɜːmɪˈnɒlədʒi/ **noun** [C, U] the special words and phrases that are used in a particular subject: *medical/scientific terminology* ▷ **terminologia**

terminus /ˈtɜːmɪnəs/ **noun** [C] the place where a train or bus finishes its journey ▷ **przystanek końcowy, stacja końcowa**

terms /tɜːmz/ **noun** [plural] **1** B2 the rules of an agreement: ***Under the terms of*** *their contract, employees must give 3 months notice if they want to leave.* ▷ **warunki 2 be on good/bad/friendly, etc terms** to have a good/bad, etc relationship with someone ▷ **być w dobrych/złych/przyjacielskich** *itp.* **stosunkach 3 not be on speaking terms** to not speak to someone because you have argued with them ▷ **nie odzywać się (do siebie) 4 in ... terms** (also **in terms of sth**) B2 used to explain which part of a problem or situation you are referring to: *In financial terms, the project was not a success.* ▷ **z punktu widzenia ..., w kwestii ... 5 in no uncertain terms** in a direct and often angry way: *I told him to go away in no uncertain terms.* ▷ **bez ogródek, wprost 6 come to terms with sth** to accept a sad situation: *He still hasn't come to terms with his brother's death.* ▷ **pogodzić się z** *czymś* → See also **a *contradiction* in terms**

> Wyrazy występujące razem z **terms**
>
> agree terms • break/meet the terms of sth • under the terms of sth

terrace /ˈterɪs/ **noun** [C] **1** B2 a flat area outside a house, restaurant, etc where you can sit ▷ **taras 2** UK a row of houses that are joined together ▷ **szeregowiec**

ˌ**terraced** ˈ**house** **noun** [C] UK (US **row house**) one of a row of houses that are joined together ▷ **segment (w szeregowcu), szeregowiec**

the terraces /ˈterɪsɪz/ **noun** [plural] in the UK, wide, concrete steps where people stand to watch a football game ▷ **trybuny lub miejsca stojące**

terracotta /ˌterəˈkɒtə/ **noun** [U] a hard, red-brown clay that is used for making containers for plants, tiles for house roofs, etc: *terracotta pots* ▷ **terakota**

terrain /təˈreɪn/ **noun** [C, U] a particular type of land: *rough terrain* ▷ **teren**

terrestrial /təˈrestriəl/ **adjective** formal relating to the Earth, not space ▷ **ziemski**

terrible /ˈterəbl/ **adjective** A2 very bad, of low quality, or unpleasant: *a terrible accident* ◦ *The weather was terrible.* ▷ **okropny, straszny**

terribly /ˈterəbli/ **adverb 1** B1 very: *She seemed terribly upset.* ▷ **okropnie 2** B2 very badly: *I slept terribly last night.* ▷ **okropnie, fatalnie**

terrier /ˈteriəʳ/ **noun** [C] a type of small dog ▷ **terier**

terrific /təˈrɪfɪk/ **adjective 1** B1 excellent: *a terrific opportunity* ◦ *I thought she looked terrific.* ▷ **fantastyczny 2** [always before noun] very large, great, or serious: *a terrific increase in prices* ◦ *a terrific storm* ▷ **ogromny, niesamowity**
• **terrifically** **adverb** ▷ **niesamowicie, fantastycznie**

terrified /ˈterəfaɪd/ **adjective** B1 very frightened: *I'm* ***terrified of*** *flying.* ◦ [+ (that)] *Maggie was terrified that her parents would discover the truth.* ▷ **przerażony**

terrify /ˈterəfaɪ/ **verb** [T] B2 to make someone feel very frightened: *The idea of parachuting out of an aircraft terrifies me.* ▷ **przerażać**
• **terrifying** **adjective** B2 *a terrifying experience* ▷ **przerażający**

territorial /ˌterɪˈtɔːriəl/ **adjective** relating to the land that is owned or controlled by a particular country: *a territorial dispute* ▷ **terytorialny**

territory /ˈterɪtᵊri/ **noun 1** [C, U] B2 land that is owned or controlled by a particular country: *Spanish territory* ▷ **terytorium 2** [C, U] B2 an area that an animal or person thinks belongs to them: *Cats like to protect their territory.* ▷ **terytorium 3** [U] an area of knowledge or experience: *With this project we'll be moving into unknown territory.* ▷ **obszar**

terror /ˈterəʳ/ **noun** [U] B2 a feeling of being very frightened: *There was a look of terror on his face.* ▷ **przerażenie** → See also ***reign* of terror**

terrorism /ˈterᵊrɪzᵊm/ **noun** [U] B2 the use of violence for political purposes, for example putting bombs in public places: *an* ***act of terrorism*** ▷ **terroryzm**

terrorist /ˈterərɪst/ **noun** [C] B2 someone who is involved in terrorism: *a* ***terrorist attack*** ▷ **terroryst-a/ka**

terrorize (also UK **-ise**) /ˈterᵊraɪz/ **verb** [T] to make someone feel very frightened by saying that you will hurt or kill them: *A gang of young men with knives have been terrorizing local people.* ▷ **terroryzować**

terse /tɜːs/ **adjective** said or written in a few words, often showing that you are annoyed ▷ **zdawkowy**
• **tersely** **adverb** ▷ **zdawkowo**

tertiary /ˈtɜːʃᵊri/ **adjective** UK formal Tertiary education is education at university or college level: *a tertiary institution* ▷ **wyższy**

the ˈ**tertiary** ˌ**sector** **noun** businesses that provide services but do not make anything, for example banks and shops ▷ **trzeci sektor**

TESOL /ˈtiːsɒl/ **noun** [U] abbreviation for Teaching English to Speakers of Other Languages ▷ nauczanie języka angielskiego jako drugiego

T

tessellate /ˈtesəleɪt/ **verb** [I] If shapes tessellate, they fit together completely, with no spaces between them. ▷ **(ściśle) przylegać**
• **tessellation** /ˌtesəlˈeɪʃən/ **noun** [U] ▷ **(ścisłe) przyleganie**

test¹ /test/ **noun** [C] **1** Ⓐ1 a set of questions to measure someone's knowledge or ability: *a driving test* ◦ *You have to* ***take a test.*** ◦ *Only two students in the class* ***failed the test.*** ◦ *Did you* ***pass the*** *biology* ***test****?* ▷ **sprawdzian, egzamin, test 2** Ⓑ1 a short medical examination of part of your body: *an eye test* ◦ *a pregnancy test* ▷ **badanie, test 3** something that you do to discover if something is safe, works correctly, etc: *a safety test* ▷ **próba, test 4** Ⓑ2 a situation that shows how good something is: *This will be a real* ***test of*** *his ability.* ▷ **sprawdzian**

> **Wyrazy występujące razem z test**
> do/sit/take a test • fail/pass a test • a test on sth

test² /test/ **verb** [T] **1** Ⓑ2 to do something in order to discover if something is safe, works correctly, etc: *None of our products are* ***tested on*** *animals.* ▷ **testować 2** to do a medical examination of part of someone's body: *I'm going to get my hearing tested.* ▷ **badać, testować 3** Ⓑ1 to give someone a set of questions, in order to measure their knowledge or ability: *You'll be* ***tested on*** *all the things we've studied this term.* ▷ **sprawdzać, testować, egzaminować 4** Ⓑ2 If a situation tests someone, it proves how good, strong, etc they are. ▷ **wystawiać na próbę**

testa /ˈtestə/ **noun** [C] in plants with flowers, a hard layer that covers and protects the surface of a seed ▷ **łupina nasienna**

testament /ˈtestəmənt/ **noun a testament to sth** formal proof of something good: *It's a testament to Jane's popularity that so many people are celebrating with her today.* ▷ **dowód** *czegoś* → See also **the New Testament**, **the Old Testament**

testicle /ˈtestɪkl/ **noun** [C] one of the two round male sex organs that produce sperm ▷ **jądro**

testify /ˈtestɪfaɪ/ **verb** [I] to say what you know or believe is true in a law court: [+ that] *Elliott testified that he had met the men in a bar.* ▷ **zeznawać**

testimony /ˈtestɪməni/ **noun 1** [C, U] a formal statement about what someone knows or believes is true, especially in a law court: *the testimony of a witness* ▷ **zeznanie 2 testimony to sth** formal proof of something good: *The book's continued popularity is testimony to the power of clever marketing.* ▷ **dowód** *czegoś*

testis /ˈtestɪs/ **noun** (plural **testes** /ˈtesti:z/) a testicle ▷ **jądro**

testosterone /ˌtesˈtɒstərəʊn/ **noun** [U] a male hormone that makes boys develop into men and causes changes in the male sexual organs ▷ **testosteron**

ˈtest ˌplan noun [C] a document that explains the way that new computer software and systems will be tested ▷ **harmonogram testów**

ˈtest ˌtube noun [C] a glass tube that is open at one end and used in scientific experiments ▷ **probówka**

tetanus /ˈtetənəs/ **noun** [U] a serious disease that makes your muscles stiff and is caused by an infection that gets into the body through a cut ▷ **tężec**

tether /ˈteðər/ **verb** [T] to tie an animal to something so that it cannot move away ▷ **przywiązywać, uwiązywać**
• **tether noun** [C] → See also **at the *end* of your tether** ▷ **sznur, łańcuch, postronek**

tetrahedron /ˌtetrəˈhi:drən/ **noun** [C] (plural **tetrahedra** or **tetrahedrons**) a solid shape that has four flat triangular surfaces ▷ **czworościan**

text¹ /tekst/ **noun 1** [C, U] Ⓑ1 the written words in a book, magazine, etc, not the pictures: *a page of text* ▷ **tekst 2** [C] Ⓑ2 a book or piece of writing that you study as part of a course ▷ **lektura 3** Ⓐ2 a written message, usually containing words with letters left out, sent from one mobile phone to another ▷ **SMS**

text² /tekst/ **verb** [I, T] Ⓐ2 to send a text message ▷ **wysyłać SMS(-y), SMS-ować**

textbook /ˈtekstbʊk/ **noun** [C] Ⓐ2 a book about a particular subject, written for students: *a chemistry/French textbook* ▷ **podręcznik** → See **The Classroom** on page Centre 6

textile /ˈtekstaɪl/ **noun** [C] any type of cloth that is made by weaving ▷ **tkanina**

ˈtext ˌmessage noun [C] Ⓐ2 a written message, usually containing words with letters left out, sent from one mobile phone to another ▷ **wiadomość tekstowa, SMS**
• **text messaging noun** [U] ▷ **wiadomości tekstowe, SMS-y**

> **Wyrazy występujące razem z text message**
> get/send a text message • a text message saying sth • a text message from/to sb

texture /ˈtekstʃər/ **noun** [C, U] the way that something feels when you touch it: *wood with a rough texture* ▷ **faktura**

Thailand /ˈtaɪlænd/ **noun** a country in Asia ▷ **Tajlandia**
• **Thai** /taɪ/ **adjective** coming from or relating to Thailand ▷ **tajlandzki** • **Thai noun** someone from Thailand ▷ **Tajland-czyk/ka**

than strong /ðæn/ weak /ðən/ **preposition, conjunction** Ⓐ1 used to compare two different things or amounts: *Susannah's car is bigger than mine.* ◦ *Tom's a bit taller than Sam.* ◦ *It cost less than I expected.* ▷ **niż, od**

> **!** Najczęściej popełniane błędy: **then** czy **than**?
>
> **Uwaga!** Te dwa słowa wyglądają podobnie, ale mają odmienną pisownię i zupełnie różne znaczenia.
>
> Jeśli chcemy porównać dwie rzeczy lub ilości, nie mówimy „then", ale **than**:
>
> ~~*Cycling is much healthier then travelling by car.*~~
>
> *Cycling is much healthier than travelling by car.*

thank /θæŋk/ **verb** [T] **1** A2 to tell someone that you are grateful for something they have done or given you: *I haven't* ***thanked*** *her* ***for*** *her present yet.* ◦ [+ for + doing sth] *Yu Yin thanked the boys for helping her.* ▷ **dziękować 2 thank God/goodness/Heavens, etc** B1 something that you say when you are happy because something bad did not happen: *Thank goodness you're okay – I was really worried.* ▷ **dzięki Bogu**

thankful /ˈθæŋkfᵊl/ **adjective** pleased or grateful about something: [+ (that)] *We were thankful that none of the children saw the accident.* ▷ **wdzięczny**

thankfully /ˈθæŋkfᵊli/ **adverb** used at the beginning of a sentence to show that you are pleased or grateful about something: *Thankfully, nobody was hurt.* ▷ **na szczęście**

thankless /ˈθæŋkləs/ **adjective** A thankless job is difficult or unpleasant and no one thanks you for doing it: *Nursing can be a* ***thankless job.*** ▷ **niewdzięczny**

thanks[1] /θæŋks/ **exclamation** informal **1** A1 used to tell someone that you are grateful because they have given you something or done something for you: *Can you pass me the book? Thanks very much.* ◦ ***Thanks for*** *all your help.* ▷ **dzięki, dziękuję 2 thanks/no, thanks** A2 used to accept or refuse someone's offer: *"Would you like a cup of coffee?" "No, thanks."* ▷ **tak/nie, dziękuję**

thanks[2] /θæŋks/ **noun** [plural] **1** B2 words that show you are grateful for something someone has given to you or done for you: *He sent a message of thanks.* ▷ **podziękowania 2 thanks to sb/sth** B2 because of someone or something: *I passed my driving test, thanks to the extra help my Dad gave me.* ▷ **dzięki** *komuś/czemuś*

Thanksgiving /ˌθæŋksˈgɪvɪŋ/ **noun** [C, U] a holiday in the autumn in the US and Canada, when families have a big meal together ▷ **Święto Dziękczynienia**

ˈthank ˌyou **exclamation** **1** A1 used to tell someone that you are grateful because they have given you something or done something for you: ***Thank you*** *very much* ***for*** *the birthday card.* ◦ *"Here's the money I promised you." "Thank you."* ▷ **dziękuję 2 thank you/no, thank you** A2 used to accept or refuse someone's offer: *"Would you like something to eat?" "No, thank you."* ▷ **tak/nie, dziękuję**

thank-you /ˈθæŋkju/ **noun** [C] B1 something that you say or do to thank someone for doing something: [+ for + doing sth] *I bought Emma some chocolates as a thank-you for looking after the dog.* ◦ *a* ***thank-you present*** ▷ **podziękowanie**

that[1] /ðæt/ **determiner** (plural **those**) **1** A1 used to refer to something or someone that has already been talked about or seen: *Did you know that woman in the post office?* ◦ *How much are those shoes?* ▷ **ten 2** A1 used to refer to something or someone that is not near you: *He went through that door.* ◦ *Have you seen that man over there?* ▷ **tamten**

that[2] /ðæt/ **pronoun** (plural **those**) **1** A1 used to refer to something that has already been talked about or seen: *That looks heavy.* ◦ *You can't possibly wear those!* ▷ **to, ten 2** A1 used to refer to something that is not near you: *What's that in the corner?* ▷ **tamten 3 that's it a** B2 used to say that something is correct: *You need to push the two pieces together. That's it.* ▷ **dobrze, właśnie tak b** B1 used to say that something has ended: *Well that's it then, we've finished.* ▷ **to wszystko 4 that's that** used to say that something has happened or a decision has been made and there is nothing more to say or do: *I won't agree to it and that's that.* ▷ **i koniec, to jest moje ostatnie słowo 5 that is (to say)** used to correct something you have said or give more information about something: *Everybody was at the meeting, well everyone except Jeanne, that is.* ▷ **to znaczy**

that[3] /ðæt/ **adverb** **1** B2 used when describing the size, amount, or state of something or someone: *I've never seen a fish that big before.* ▷ **tak 2 not (all) that big/good/warm, etc** B2 not very big/good/warm, etc: *It hasn't been all that cold this winter.* ▷ **wcale nie taki duży/dobry/ciepły** *itp.*, **wcale nie tak ciepło** *itp.*

that[4] strong /ðæt/ weak /ðət/ **conjunction** **1** A2 used after some verbs, nouns, and adjectives to introduce a new part of a sentence: *He said that he'd collect it later.* ◦ *Is it true that she's pregnant?* ▷ **że 2** B1 used instead of 'who' or 'which' at the beginning of a relative clause: *Have you eaten all the cake that I made yesterday?* ▷ **który**

thatched /θætʃt/ **adjective** A thatched building has a roof that is made of straw: *a* ***thatched cottage*** ▷ **kryty strzechą**

thaw /θɔː/ **verb** **1** [I, T] (also **thaw out**) If something that is frozen thaws, it becomes warmer and softer or changes to liquid, and if you thaw something that is frozen, you make it do this: *Allow the meat to thaw before cooking it.* ▷ **rozmrażać (się), topić (się), rozmarzać, topnieć 2** [I] If a relationship between people thaws, it becomes more friendly after being bad. ▷ **ocieplać się**
• **thaw noun** [C] ▷ **odwilż**

the strong /ðiː/ weak /ði/, /ðə/ **determiner** **1** A1 used before nouns to refer to particular things

T

or people that have already been talked about or are already known: *Can you pass the salt?* ◦ *I'll pick you up at the station.* ◦ *That's the new restaurant I told you about.* ▷ **ten, (= najczęściej nie tłumaczy się)** **2** (A1) used before nouns when only one of something exists: *Have you seen the Eiffel Tower?* ◦ *I'd love to travel round the world.* ▷ nie tłumaczy się **3** used before a singular noun to refer to all the things or people described by that noun: *The tiger has become extinct in many countries.* ▷ nie tłumaczy się; można też oddać l.mn.: **tygrysy ...** **4** used before some adjectives to make them into nouns: *a home for the elderly* ◦ *relatives of the deceased* ▷ tworzy rzeczownik z przymiotnika: **starsi**, **zmarły** **5** (B2) used before each of two adjectives or adverbs to show how one thing changes depending on another: *The longer we live here, the more we like it.* ▷ **im ... tym ...** **6** used with units or measurements to mean each or every: *How many Swiss francs to the pound?* ▷ nie tłumaczy się **7** (B1) used when referring to a part of the body: *He held her tightly by the arm.* ▷ nie tłumaczy się **8** (B2) used before numbers which refer to dates or periods of time: *the sixties* ◦ *Thursday the 29th of April* ▷ zwykle nie tłumaczy się, ale: **lata sześćdziesiąte** **9** used with the names of musical instruments or dances to mean the type of instrument or dance in general: *Can you play the violin?* ▷ nie tłumaczy się

theatre UK (US **theater**) /ˈθɪətəʳ/ **noun** **1** [C] (A2) a building with a stage where people go to watch plays: *the Arts Theatre* ▷ **teatr** **2** [C] US a building where people go to watch films: *a movie theater* ▷ **kino** **3** [U] the work of writing, acting in, and producing plays ▷ **teatr** **4** [C, U] UK a room in a hospital where doctors do operations ▷ **sala operacyjna**

> Wyrazy występujące razem z **theatre**
>
> go to the theatre • at the theatre • **musical** theatre • **street** theatre • a theatre **company/director**

theatrical /θiˈætrɪkəl/ **adjective** **1** [always before noun] relating to the theatre: *theatrical make-up* ▷ **teatralny** **2** doing and saying things in a very obvious way that is intended to make people notice you ▷ **teatralny**

theft /θeft/ **noun** [C, U] (B2) the action or crime of stealing something: *car theft* ▷ **kradzież**

their /ðeəʳ/ **determiner** **1** (A1) belonging to or relating to a group of people, animals, or things that have already been talked about: *It was their problem, not mine.* ▷ **ich** **2** (B1) used to refer to what belongs to or relates to a person when you want to avoid saying 'his' or 'her' or when you do not know if the person is male or female: *Did this person give their name?* ▷ **swój, jego, jej**

theirs /ðeəz/ **pronoun** (A2) the things that belong or relate to a group of people, animals, or things that have already been talked about: *I think she's a relation of theirs.* ▷ **ich**

them strong /ðem/ weak /ðəm/ **pronoun** **1** (A1) used after a verb or preposition to refer to a group of people, animals, or things that have already been talked about: *I'm looking for my keys – have you seen them?* ▷ **je, ich** **2** (B1) used after a verb or preposition to refer to a person when you want to avoid saying 'him' or 'her' or when you do not know if the person is male or female: *When each passenger arrives we ask them to fill in a form.* ▷ **go**

theme /θiːm/ **noun** **1** (B2) [C] the subject of a book, film, speech, etc: *The* ***theme of*** *loss runs through most of his novels.* ▷ **temat** **2** **theme music/song/tune** the music that is played at the beginning and end of a particular television or radio programme ▷ **temat muzyczny, muzyka/piosenka/melodia przewodnia**

> Wyrazy występujące razem z **theme**
>
> a theme **runs through** sth • **the central/ main** theme • **a recurring** theme • the theme of sth • **on the theme of** sth

ˈtheme ˌpark **noun** [C] a park with entertainments, such as games, machines to ride on, restaurants, etc, that are all based on one idea ▷ **park rozrywki**

themselves /ðəmˈselvz/ **pronoun** **1** (A2) the reflexive form of the pronoun 'they': *They're both 16 – they're old enough to look after themselves.* ▷ **się, sobie, siebie, sobą** **2** (B2) used to emphasize the pronoun 'they' or the particular group of people you are referring to: *They've decided to run the club themselves.* ▷ **sami** **3** **(all) by themselves** (A2) alone or without anyone else's help: *The kids arranged the party all by themselves.* ▷ **(całkiem) sami** **4** **(all) to themselves** for their use only: *They had the whole campsite to themselves.* ▷ **(tylko) dla siebie**

> **!** Najczęściej popełniane błędy: **than** czy **then**?
>
> **Uwaga!** Te dwa słowa wyglądają podobnie, ale mają odmienną pisownię i zupełnie różne znaczenia.
> Jeśli mówimy o konkretnym czasie lub o następstwie czasowym, nie mówimy „than", ale **then**:
>
> *~~I stayed in Paris for six days and than I went to Rome.~~*
>
> *I stayed in Paris for six days and then I went to Rome.*

then[1] /ðen/ **adverb** **1** (A1) at that time: *Call me tomorrow – I'll have time to speak then.* ◦ *Tim and I were at school together, but I haven't seen him* ***since then.*** ▷ **wtedy** **2** (A1) next, or after something has happened: *She trained as a teacher and then became a lawyer.* ◦ *Let me finish my drink, then we'll go.* ▷ **potem, następnie** **3** (A2) so or because of that: *Have a rest now, then you won't be tired this evening.* ◦ *"My interview's at 9 o'clock." "You'll be catching an early train, then?"* ▷ **to, więc 4** B2 used in order to add something to what you have just said: *I've got two essays to write and then my science project to finish.* ▷ **jeszcze 5 now then/right then/okay then** used to introduce a question or a suggestion: *Right then, what do you want to drink?* ▷ **no więc**

then² /ðen/ **adjective** [always before noun] used to refer to something which was true in the past but which is not true now: *the then Prime Minister Margaret Thatcher* ▷ **ówczesny**

thence /ðens/ **adverb** formal from there: *The oil is shipped to Panama and thence to Texan refineries.* ▷ **stamtąd**

theology /θiˈɒlədʒi/ **noun** [U] the study of religion and religious belief ▷ **teologia**
• **theological** /ˌθiːəˈlɒdʒɪkəl/ **adjective** *theological college* ▷ **teologiczny**

theorem /ˈθɪərəm/ **noun** [C] (especially in maths) a formal statement that you can show to be true: *a mathematical theorem* ▷ **twierdzenie**

theoretical /θɪəˈretɪkəl/ **adjective 1** based on the ideas that relate to a subject, not the practical uses of that subject: *theoretical physics* ▷ **teoretyczny 2** related to an explanation that has not been proved ▷ **teoretyczny, hipotetyczny**

theoretically /θɪəˈretɪkəli/ **adverb** in a way that obeys some rules but is not likely: *It is **theoretically possible**.* ▷ **teoretycznie**

theorist /ˈθɪərɪst/ **noun** [C] someone who develops ideas about the explanation for events: *a political theorist* ▷ **teoretyk**

theorize (also UK **-ise**) /ˈθɪəraɪz/ **verb** [I, T] to develop a set of ideas about something: [+ that] *Investigators theorized that the crash was caused by engine failure.* ▷ **teoretyzować**

theory /ˈθɪəri/ **noun 1** [C] B2 an idea or set of ideas that is intended to explain something: *Darwin's theory of evolution* ▷ **teoria 2** [U] the set of principles on which a subject is based: *economic theory* ▷ **teoria 3 in theory** B2 If something is possible in theory, it should be possible but often it does not happen this way. ▷ **teoretycznie**

> Wyrazy występujące razem z **theory**
>
> **challenge/formulate/prove/test** a theory • a **popular/plausible/new** theory • a theory **about** sth

therapeutic /ˌθerəˈpjuːtɪk/ **adjective 1** helping to cure a disease or improve your health: *the **therapeutic benefits** of massage* ▷ **terapeutyczny, leczniczy 2** helping you to feel happier and more relaxed: *I find gardening very therapeutic.* ▷ **kojący**

therapist /ˈθerəpɪst/ **noun** [C] someone whose job is to treat a particular type of mental or physical illness: *a speech therapist* ▷ **terapeut-a/ka**

therapy /ˈθerəpi/ **noun** [C, U] B2 the work of treating mental or physical illness without using an operation: *cancer therapy* ◦ *She's now **in therapy** to help her deal with her alcohol problem.* ▷ **terapia** → See also **physical therapy**

there¹ strong /ðeər/ weak /ðər/ **pronoun There is/are/was, etc** A1 used to show that something exists or happens: *There are three pubs in the village.* ◦ *There's not much room in the back of the car.* ◦ *There have been a lot of accidents on this road.* ◦ *Is there any milk?* ▷ **jest/są/były** *itp.*

there² /ðeər/ **adverb 1** A1 in or at a particular place: *We live in York because my wife works there.* ◦ *I went to the party but I didn't know anyone there.* ◦ *We'll never **get there** (= arrive) in time!* ▷ **tam 2** A1 used when you are pointing or looking at something in order to make someone look in the same direction: *Put them in that box there.* ◦ *Your bag's **over there** by the door.* ▷ **tam 3** present or available: *They were all there – Mark, Jill, and the three kids.* ◦ *That money is there for you if you need it.* ▷ **tam 4** B2 at a particular point in a process or activity: *Do you want to play another game or do you want to stop there?* ◦ *Keep on trying – you'll **get there** (= succeed) in the end.* ▷ **w tym lub tamtym miejscu lub momencie, teraz 5 there and then** If you do something there and then, you do it immediately: *I showed James the ring I liked and he bought it there and then.* ▷ **z miejsca, natychmiast 6 There you are/go. a** A2 used when you are giving something to someone: *Do you want a tissue? There you are.* ▷ **proszę (bardzo) b** used to emphasize that you were right: *There you go – I told you you'd win!* ▷ **A widzisz?**

thereabouts /ˈðeərəbaʊts/ **adverb** mainly UK near the number, amount, or time that has just been given: *For this recipe you'll need 1kg of tomatoes, **or thereabouts**.* ▷ **mniej więcej**

thereafter /ˌðeəˈrɑːftər/ **adverb** formal after a particular amount, time, or event: *Faxes cost $1.20 for the first page, and 60 cents for each page thereafter.* ▷ **później, następnie, następny, od tego czasu**

thereby /ˌðeəˈbaɪ/ **adverb** formal as a result of a particular action or event: *The new dam will improve the water supply and thereby reduce hunger and disease.* ▷ **w ten sposób**

therefore /ˈðeəfɔːr/ **adverb** B1 for that reason: *The region has suffered severe flooding and tourists are therefore advised not to travel there.* ▷ **z tego powodu, dlatego (też)**

therein /ˌðeəˈrɪn/ **adverb** formal **1** in a particular document or place: *We recommend that you study the report and the proposals contained therein.* ▷ **tam 2 therein lies sth** because of the reason that has just been given: *But the medicines are expensive, and therein lies the problem.* ▷ **w tym jest lub leży** *coś*

T

thereof /ˌðeəˈrɒv/ **adverb** formal relating to what has just been said: *It's gospel music, traditional country, jazz, and some strange combinations thereof.* ▷ **tego, jego**

thermal /ˈθɜːməl/ **adjective** [always before noun] **1** relating to heat: *thermal energy* ▷ **termiczny** **2** Thermal clothes are made to keep you warm: ***thermal underwear*** ▷ **ciepły**

thermistor /θɜːˈmɪstər/ **noun** [C] a device in which resistance gets less as the temperature gets higher ▷ **termistor**

thermo- /ˈθɜːməʊ-/ **prefix** relating to heat or temperature: *a thermostat (= a piece of equipment that controls temperature)* ◦ *a thermometer* ▷ **termo-**

thermodynamics /ˌθɜːməʊdaɪˈnæmɪks/ **noun** [U] the part of physics that deals with the relationship between heat and other types of energy ▷ **termodynamika**

thermometer /θəˈmɒmɪtər/ **noun** [C] B2 a piece of equipment that measures the temperature of the air or of your body ▷ **termometr**

thermoplastic /ˌθɜːməʊˈplæstɪk/ **adjective** Thermoplastic substances can be melted and formed into shapes which become hard, and then can be melted again. ▷ **termoplastyczny**

Thermos /ˈθɜːmɒs/ **noun** [C] trademark a container that keeps hot liquids hot or cold liquids cold: UK *a Thermos flask*/US *a Thermos bottle* ▷ **termos**

thermosetting /ˌθɜːməʊˈsetɪŋ/ **adjective** Thermosetting substances can be melted and formed into shapes which become hard and cannot be melted again. ▷ **termoutwardzalny**

thermostat /ˈθɜːməstæt/ **noun** [C] a piece of equipment that controls the temperature of something or of a place ▷ **termostat**

thesaurus /θɪˈsɔːrəs/ **noun** [C] a book in which words with similar meanings are put together in groups ▷ **tezaurus, słownik wyrazów bliskoznacznych**

these /ðiːz/ **pronoun, determiner** A1 plural of this ▷ **te**

thesis /ˈθiːsɪs/ **noun** [C] (plural **theses** /ˈθiːsiːz/) **1** B2 a long piece of writing that you do as part of an advanced university course: *a master's/PhD thesis* ▷ **praca, rozprawa** **2** formal a theory that is suggested and can then be argued with or agreed with: *That is the central thesis of the book.* ▷ **teza**

they /ðeɪ/ **pronoun** **1** A1 used as the subject of the verb when referring to a group of people, animals, or things that have already been talked about: *I saw Kate and Nigel yesterday – they came over for dinner.* ◦ *"Have you seen my car keys?" "They're on the kitchen table."* ▷ **oni, one** **2** B1 used to refer to a person when you want to avoid saying 'he' or 'she' or when you do not know if the person is male or female: *Someone I met at a party said they knew you.* ▷ **on, ona** **3** B2 people in general: *They say that breaking a mirror brings you seven years' bad luck.* ▷ **ludzie**, wyraża stwierdzenia ogólne, bezosobowe, tłumaczone w różny sposób, np. **mówi się, podobno** *itp.*

> **!** Najczęściej popełniane błędy: **this** czy **these**?
>
> Wielu Polaków uczących się angielskiego popełnia błędy, używając **this**.
> Proszę pamiętać: **this** używa się wyłącznie z rzeczownikami w liczbie pojedynczej. Jeśli chcemy odnieść się do więcej niż jednej rzeczy, nie mówimy „this", ale **these**:
>
> ~~*After all this problems, I was glad to get home.*~~
>
> *After all these problems, I was glad to get home.*

they'd /ðeɪd/ **1** short for they had: *They'd just moved in when I saw them.* **2** short for they would: *They'd like to take us out to dinner.*

they'll /ðeɪl/ short for they will: *They'll be in Scotland next week.*

they're /ðeər/ short for they are: *They're both from Washington.*

they've /ðeɪv/ short for they have: *They've got three children – two girls and a boy.*

thick[1] /θɪk/ **adjective** **1** B1 Something that is thick is larger than usual between its opposite sides: *a thick slice of meat* ◦ *a thick layer of snow* ▷ **gruby** **2** **10cm/2m, etc thick** B1 being 10cm/2m, etc between its opposite sides: *a piece of wood 2cm thick* ▷ **(o) grubości 10cm/2m** **3** B1 growing very close together and in large amounts: *thick, dark hair* ▷ **gęsty** **4** B2 Thick smoke, cloud, or fog is difficult to see through: *Thick, black smoke was pouring out of the chimney.* ▷ **gęsty** **5** A thick substance or liquid has very little water in it and does not flow easily: *Stir the sauce over a low heat until thick.* ▷ **gęsty** **6** UK informal not intelligent ▷ **tępy** **7** **be thick with sth** If something is thick with a particular substance, it is covered in or full of that substance: *The air was thick with petrol fumes.* ▷ **być gęstym od** *czegoś*

IDIOM **thick and fast** quickly and in large numbers: *Calls were coming in thick and fast by the end of the programme.* ▷ **masowo**

→ See also **have (a) thick** ***skin***

thick[2] /θɪk/ **noun** **be in the thick of sth** to be involved in a situation at the point where there is most activity: *He loves being in the thick of the action.* ▷ **być w centrum** *czegoś*

IDIOM **through thick and thin** If you support or stay with someone through thick and thin, you always support or stay with them in easy and difficult situations: *She'd stuck by (= stayed with) Neil through thick and thin.* ▷ **na dobre i na złe**

thicken /ˈθɪkᵊn/ **verb** [I, T] to become thicker, or to make something thicker: *Boil the sauce until it thickens.* ▷ **gęstnieć, zagęszczać**

thickly /ˈθɪkli/ **adverb** in thick pieces, or in a thick layer: *toast* ***thickly spread*** *with butter* ▷ **grubo**

thickness /ˈθɪknəs/ **noun** [C, U] the distance between the opposite sides of something ▷ **grubość**

thick-skinned /ˌθɪkˈskɪnd/ **adjective** If someone is thick-skinned, they do not get upset when other people criticize them. ▷ **gruboskórny**

thief /θiːf/ **noun** [C] (plural **thieves** /θiːvz/) B1 someone who steals things: *a car thief* ◦ *Thieves stole $500,000 worth of computer equipment.* ▷ **złodziej/ka**

thigh /θaɪ/ **noun** [C] B2 the top part of your leg above your knee ▷ **udo** → See **The Body** on page Centre 13

thimble /ˈθɪmbl/ **noun** [C] a small metal or plastic object that you use to protect your finger when you are sewing ▷ **naparstek**

thin[1] /θɪn/ **adjective** (**thinner**, **thinnest**) **1** A2 Something that is thin is smaller than usual between its opposite sides: *a thin slice of ham* ◦ *The walls are very thin.* ▷ **cienki** **2** A2 A thin person or animal has very little fat on their body. ▷ **chudy, szczupły** **3** A thin substance or liquid has a lot of water in it and flows easily: *thin soup* ▷ **rzadki** **4** having only a small number of people or a small amount of something: *His hair is going thin on top.* ▷ **rzadki, nieliczny** **5** Thin air does not have enough oxygen in it. ▷ **rozrzedzony**

IDIOM **wear thin a** If your patience wears thin, you become less and less patient with someone who is annoying you. ▷ **wyczerpywać się** **b** If a joke or explanation wears thin, it becomes less effective because it has been used too much. ▷ **stawać się nudnym**

→ See also **disappear/vanish into thin *air***, **be thin on the *ground***, **through *thick* and thin**

thin[2] /θɪn/ **verb** [T] (present participle **thinning**, past tense and past participle **thinned**) to make a substance less thick, often by adding a liquid to it ▷ **rozcieńczać, rozrzedzać**

PHRASAL VERB **thin out** If a large number of people or things thin out, they become fewer in number. ▷ **przerzedzać się**

thing /θɪŋ/ **noun** **1** [C] A1 used to refer to an object without saying its name: *How do I switch this thing off?* ◦ *I need to get a few things in town.* ▷ **rzecz** **2** [C] B2 used to refer to a person or animal when you are expressing your feelings towards them: *You look tired, you poor thing.* ▷ **maleństwo, facet/ka,** wraz z poprzedzającym przymiotnikiem często tłumaczymy jednym rzeczownikiem, np. **biedactwo, szczęścia-rz/ra** *itp.* **3** [C] A2 used to refer to an idea, event, or activity: *I can't believe Nick would say such a thing!* ◦ *Meeting Nina was the best thing that's ever happened to me.* ▷ **rzecz, coś** **4 for one thing** used to give a reason for something: *You can't give Amy that shirt – for one thing it's too small for her.* ▷ **choćby lub na przykład dlatego, że** **5 the thing is** informal B2 used to introduce a problem which relates to something that you have just said: *I'd love to go out tonight, but the thing is, I've got to finish my report.* ▷ **tylko że, ale niestety** **6 a thing** B1 used instead of 'anything' in order to emphasize what you are saying: *I haven't got a thing to wear!* ▷ **(zupełnie) nic, (z przeczeniem), coś** **7 have a thing about sth/sb** informal to like or dislike something or someone very much: *He's got a thing about blonde women.* ▷ **mieć kota na punkcie** *czegoś/kogoś* **8 it's a good thing** informal B2 If it is a good thing that something happened, it is lucky that it happened: [+ (that)] *It's a good thing that Jo was there to help you.* ▷ **to dobrze, dobrze się składa** **9 first/last thing** informal at the beginning/end of the day: *I'll phone him first thing and tell him I can't come.* ◦ *She likes a glass of milk last thing at night.* ▷ **z samego rana/tuż przed snem** **10 be sb's thing** informal If an activity or subject is someone's thing, they are very interested in it and like doing it: *Jogging's just not my thing – I prefer team sports.* ▷ **być** *czyimś* **ulubionym zajęciem, być** *czymś*, **co** *ktoś* **lubi**

IDIOM **the best/greatest thing since sliced bread** humorous extremely good: *When I first got this computer I thought it was the best thing since sliced bread.* ▷ **super sprawa**

things /θɪŋz/ **noun** [plural] **1** B1 what is happening in your life: *Don't worry – things will get better soon.* ▷ **wszystko, sprawy, rzeczy** **2** A1 the objects that you own: *I'll just gather my things and then I'll be ready.* ▷ **rzeczy** **3 be hearing/seeing things** to imagine that you can hear or see things that do not exist ▷ **słyszeć głosy/mieć przywidzenia**

thingy /ˈθɪŋi/ **noun** [C] UK informal used to refer to something or someone when you cannot remember their name: *We ate that beef thingy for lunch.* ▷ **interes, gość, facet/ka**

think[1] /θɪŋk/ **verb** (past tense and past participle **thought**) **1** [I, T] A1 to have an opinion about something or someone: *Do you think it's going to rain?* ◦ [+ (that)] *I don't think that Emma will get the job (= I believe she will not get it).* ◦ *What did you* ***think of*** *the film?* ◦ *What do you* ***think about*** *modern art?* ▷ **myśleć, uważać** **2** [I] B1 to consider an idea or a problem: *He thought for a few seconds before answering.* ◦ *You should* ***think about*** *where you want to live.* ▷ **myśleć, zastanawiać się** **3** [I, T] A1 to believe that something is true, or to expect that something will happen, although you are not sure: *I think*

T

she's called Joanna. ◦ *"Does this train stop at Oxford?" "Yes, I* **think** *so."* ◦ [+ (that)] *I never thought that I would see Steven again.* ▷ **myśleć 4 think about/of doing sth** Ⓐ② to consider doing something: *I'm thinking of moving to Sydney.* ◦ *We thought about getting married, but decided not to.* ▷ **myśleć o** *czymś* **5 think about/ of sb/sth** Ⓑ① to use your mind to imagine a situation: *I'm sorry I can't be at the wedding, but I'll be thinking of you.* ▷ **myśleć o** *kimś/czymś* **6 think of sth** Ⓑ① to use your imagination and intelligence to produce an idea, a solution to a problem, or an answer to a question: *When did you first think of the idea?* ▷ **wymyślić** *coś* **7 think a lot of sb/sth** Ⓐ① to admire someone, or to believe that something is good quality: *Simon thinks a lot of you, you know.* ▷ **mieć o** *kimś/czymś* **dobre zdanie 8 not think much of sb/sth** Ⓐ① to not like someone, or to believe that something is not good quality: *I don't think much of the food here.* ▷ **nie lubić** *kogoś/czegoś*, **nie mieć o** *kimś/czymś* **najlepszego zdania 9 I think** used to introduce a suggestion or explanation in order to be polite: [+ (that)] *It's getting late – I think that we should go.* ▷ **myślę, że, wydaje mi się, że 10 Who would have thought...?** used to express how surprising something is: [+ (that)] *Who would have thought that buying a house could take so long!* ▷ **(i) kto by pomyślał, że ...?** → See also **think the** ***world*** **of sb**

IDIOM **think outside the box** to use new ideas instead of traditional ideas when you think about something ▷ **myśleć kreatywnie**

PHRASAL VERBS **think back** to remember something that happened in the past: *I* ***thought back to*** *the time when I was living in Toronto.* ▷ **wspominać, przypominać sobie** • **think sth out** to consider all the possible details of something: *The scheme was well thought out.* ▷ **przemyśleć** *coś* • **think sth over** Ⓑ② to consider an idea or plan carefully before making a decision ▷ **przemyśleć** *coś*, **rozważyć** *coś* • **think sth through** Ⓑ② to carefully consider the possible results of doing something ▷ **przemyśleć** *coś*, **rozważyć** *coś* • **think sth up** to produce a new idea or plan: *I don't want to go tonight and I'm trying to think up an excuse.* ▷ **wymyślić** *coś*

think² /θɪŋk/ **noun** UK **have a think** to consider something carefully: *Have a think about it and then tell me what you've decided.* ▷ **zastanawiać się**

thinker /ˈθɪŋkəʳ/ **noun** [C] someone who considers important subjects or produces new ideas: *a political/religious thinker* ▷ **myśliciel/ka**

thinking /ˈθɪŋkɪŋ/ **noun** [U] **1** when you use your mind to consider something: *This problem requires careful thinking.* ▷ **myślenie, przemyślenie 2** someone's ideas or opinions: *The book discusses the impact of Christian thinking on western society.* ▷ **myśl** → See also **wishful thinking**

> Wyrazy występujące razem z **thinking**
>
> the thinking **behind/on** sth • the **current** thinking

ˈthink ˌtank **noun** [C] a group of people who advise the government or an organization about particular subjects and who suggest new ideas ▷ **sztab ekspertów**

thinly /ˈθɪnli/ **adverb 1** in thin pieces, or in a thin layer: *She sliced the bread thinly.* ▷ **cienko 2** with only a small number of people or things: *thinly populated areas* ▷ **rzadko, słabo**

third¹ /θɜːd/ Ⓐ② 3rd written as a word ▷ **trzeci**

third² /θɜːd/ **noun** [C] **1** Ⓑ② one of three equal parts of something; ⅓ ▷ **(jedna) trzecia, trzecia część 2 a third** in the UK, one of the lowest exam results you can achieve at the end of a university course ▷ **dyplom ukończenia studiów z oceną dostateczną**

thirdly /ˈθɜːdli/ **adverb** used in order to introduce the third thing in a list ▷ **po trzecie**

ˌthird ˈparty **noun** [C] someone who is not one of the two main people or groups that are involved in a situation ▷ **osoba trzecia lub postronna**

the ˌthird ˈperson **noun** Ⓑ② the form of a verb or pronoun that is used when referring to the person or thing being spoken about or described. For example 'she' and 'they' are third person pronouns. ▷ **trzecia osoba**

the ˌThird ˈWorld **noun** the countries in Africa, Asia, and South America, which do not have well-developed economies ▷ **Trzeci Świat**

thirst /θɜːst/ **noun 1** Ⓑ② [U, no plural] the feeling that you want to drink something: *I had a long, cold drink to* ***quench*** *my* ***thirst*** (= stop me feeling thirsty). ▷ **pragnienie 2 a thirst for sth** a strong wish for something: *a thirst for adventure* ▷ **głód** *czegoś*

thirsty /ˈθɜːsti/ **adjective** Ⓐ② wanting or needing a drink: *I felt really hot and thirsty after my run.* ▷ **spragniony**
• **thirstily adverb** ▷ **łapczywie**

thirteen /θɜːˈtiːn/ Ⓐ① the number 13 ▷ **trzynaście**
• **thirteenth** 13th written as a word ▷ **trzynasty**

thirty /ˈθɜːti/ **1** Ⓐ② the number 30 ▷ **trzydzieści 2 the thirties** the years from 1930 to 1939 ▷ **lata trzydzieste 3 be in your thirties** to be between the ages of 30 and 39 ▷ **mieć po trzydziestce**
• **thirtieth** 30th written as a word ▷ **trzydziesty**

this¹ /ðɪs/ **determiner** (plural **these**) **1** Ⓐ① used to refer to something that you have already talked about: *Most people don't agree with this decision.* ◦ *How did you hear about this course?* ▷ **ten 2** Ⓐ① used to refer to something or someone that is near you or that you are pointing to: *How much does this CD cost?* ◦ *David gave me these earrings* *for my birthday.* ▷ **ten 3** Ⓐ1 used to refer to the present week, month, year, etc or the one that comes next: *I'll see you this evening.* ◦ *Kate and Nigel are getting married this June.* ▷ **ten, najbliższy, następny 4** informal used to refer to a particular person or thing that you are going to talk about: *We went to this really great club last night.* ▷ **ten** → See also **be out of this *world***

this² /ðɪs/ **pronoun** (plural **these**) **1** Ⓐ2 used to refer to something that you have already talked about: *When did this happen?* ◦ *This is the best news I've heard all week!* ▷ **to 2** Ⓐ2 used to refer to something or someone that is near you or that you are pointing to: *Try some of this – it's delicious.* ◦ *Are these your keys?* ◦ *This is my girlfriend, Beth.* ▷ **to 3** used to say or ask who someone is when speaking on the telephone, radio, etc: *"Hello, is this Julie Hawkins?" "Yes, who's this?"* ▷ **to**

IDIOM **this and that** different things which are not very important: *"What are you doing today?" "Oh, just this and that."* ▷ **to i owo**

this³ /ðɪs/ **adverb** used when describing the size, amount, or state of something or someone: *I need a piece of wood this big.* ◦ *I've never seen her this angry.* ▷ **taki, tak**

thistle /ˈθɪsl/ **noun** [C] a wild plant with purple flowers and sharp points ▷ **oset**

THNQ informal written abbreviation for thank you: used in emails and text messages ▷ **thx, dzięki**

Thomas /ˈtɒməs/ **noun** (also **Tom** /tɒm/) a male name

thong /θɒŋ/ **noun** [C] **1** a piece of underwear or the bottom part of a bikini which does not cover the bottom ▷ **stringi 2** US a flip-flop ▷ **japonka**

thorax /ˈθɔːræks/ **noun** [C] **1** in humans and animals, the middle part of the body below the neck and above the waist ▷ **klatka piersiowa 2** in insects, the middle part of the body, to which its legs and wings are attached ▷ **tułów**
• **thoracic** /θɔːˈræsɪk/ **adjective** ▷ **piersiowy**

thorn /θɔːn/ **noun** [C] a small, sharp point on the stem of a plant ▷ **kolec, cierń**

thorny /ˈθɔːni/ **adjective 1** covered in thorns ▷ **kolczasty, ciernisty 2** A thorny problem, question, subject, etc is difficult to deal with. ▷ **trudny**

thorough /ˈθʌrə/ (US) /ˈθɜːrəʊ/ **adjective** Ⓑ2 careful and covering every detail: *The government has promised a thorough investigation of the matter.* ▷ **gruntowny, skrupulatny**
• **thoroughness** noun [U] ▷ **dokładność, skrupulatność**

thoroughbred /ˈθʌrəbred/ **noun** [C] a horse especially bred for racing ▷ **koń czystej krwi**

thoroughly /ˈθʌrəli/ **adverb 1** Ⓑ2 very carefully: *Wash the spinach thoroughly before cooking.* ▷ **dokładnie, skrupulatnie 2** Ⓑ2 very, or very much: *We thoroughly enjoyed ourselves.* ▷ **wspaniale, świetnie**

those /ðəʊz/ **pronoun, determiner** Ⓐ1 plural of that ▷ **tamte, tamci**

though¹ /ðəʊ/ **conjunction 1** Ⓑ1 used to introduce a fact or opinion that makes the other part of the sentence seem surprising: *And though she's quite small, she's very strong.* ◦ *Nina didn't phone, **even though** she said she would.* ▷ **chociaż 2** Ⓑ2 but: *They're coming next week, though I don't know when.* ◦ *The restaurant serves good, though extremely expensive, food.* ▷ **ale**

though² /ðəʊ/ **adverb** Ⓑ2 used to add a new fact or opinion which changes what you have just said: *Okay, I'll come to the party – I'm not staying late, though.* ▷ **ale**

thought¹ /θɔːt/ **noun 1** [C] Ⓑ1 an idea or opinion: *Do you have any **thoughts about/on** where you want to spend Christmas?* ◦ [+ of + doing sth] *The thought of seeing her again filled him with happiness.* ◦ informal *"Why don't we invite Ben?" "**That's a thought** (= That's a good idea)."* ▷ **myśl, pomysł 2** [U] Ⓑ2 the activity of thinking, or when you think about something carefully: *She sat staring at the picture, **deep in thought**.* ◦ *You'll need to **give the matter some thought**.* ▷ **myśl, namysł 3** [no plural] when you do something that shows you care about someone: *Thanks for the card – it was a really kind thought.* ▷ **pamięć 4** [U] a set of ideas about a particular subject: *The book examines his influence on recent political thought.* ▷ **myśl**

IDIOM **spare a thought for sb** to think about someone who is in a bad situation: *Spare a thought for all the people who have lost their homes.* ▷ **pomyśleć o** *kimś*

→ See also ***school* of thought**, **second thought**

> **Wyrazy występujące razem z thought**
> give sth some thought • have a thought • a secret/sobering/terrible thought

thought² /θɔːt/ past of think

thoughtful /ˈθɔːtfəl/ **adjective 1** quiet because you are thinking about something: *You look thoughtful.* ▷ **zamyślony 2** Ⓑ2 kind and always thinking about how you can help other people: *Thank you for the card – it was very **thoughtful of** you.* ▷ **miły, troskliwy**
• **thoughtfully** adverb *She gazed thoughtfully into the distance.* ▷ **w zamyśleniu, miło, troskliwie** • **thoughtfulness** noun [U] ▷ **zamyślenie, dbałość, troskliwość**

thoughtless /ˈθɔːtləs/ **adjective** not considering how your actions and words might upset someone else: *I should have called her to say we'd be late – it was a bit thoughtless of me.* ▷ **bezmyślny**
• **thoughtlessly** adverb ▷ **bezmyślnie**

thought-provoking /ˈθɔːtprəˌvəʊkɪŋ/ **adjective** making you think a lot about a subject: *a*

T

thought-provoking book/film ▷ **inspirujący, pobudzający do refleksji**

thousand /ˈθaʊzᵊnd/ **1** Ⓐ2 the number 1000 ▷ **tysiąc** **2 thousands** informal Ⓑ2 a lot: *She tried on **thousands of** dresses but didn't like any of them.* ▷ **tysiące, mnóstwo**

thousandth¹ /ˈθaʊzᵊndθ/ 1000th written as a word ▷ **tysięczny**

thousandth² /ˈθaʊzᵊndθ/ **noun** [C] one of a thousand equal parts of something; 1/1000; .001: *a thousandth of a second* ▷ **(jedna) tysięczna, tysięczna część**

thrash /θræʃ/ **verb** **1** [T] to hit a person or animal several times as a punishment ▷ **sprać, zlać** **2** [I] to move from side to side in a violent way: *He was screaming in pain and **thrashing around** on the floor.* ▷ **rzucać się** **3** [T] informal to win against someone very easily ▷ **rozgromić**

PHRASAL VERB **thrash sth out** to discuss a plan or problem in detail until you reach an agreement or find a solution ▷ **roztrząsać** *coś*, **dochodzić do** *czegoś*

thrashing /ˈθræʃɪŋ/ **noun** [C] **1** informal when you win against someone very easily ▷ **porażka** **2** old-fashioned when someone hits a person or animal several times as a punishment ▷ **lanie, bicie**

thread¹ /θred/ **noun** **1** [C, U] a long, thin piece of cotton, wool, etc that is used for sewing: *a needle and thread* ▷ **nić, nitka** **2** [C] the connection between different events or different parts of a story or discussion: *By that point I'd **lost the thread** of the conversation.* ▷ **wątek** **3** a group of pieces of writing on the Internet in which people discuss one subject ▷ **wątek**

thread² /θred/ **verb** [T] **1 thread a needle** to push thread through the hole in a needle ▷ **nawlekać igłę** **2 thread your way through/between, etc** to move carefully through a crowded place, changing direction in order to avoid people or things ▷ **lawirować przez/między** *itp.*

threadbare /ˈθredbeəʳ/ **adjective** Threadbare material or clothes are very thin because they have been used too much: *a threadbare carpet* ▷ **wytarty, przetarty**

> Wyrazy występujące razem z **threat**
>
> a threat to sb/sth • pose a threat • a potential threat • a growing/serious threat • a security/terrorist threat

threat /θret/ **noun** **1** [C] Ⓑ2 when someone says they will kill or hurt you, or cause problems for you if you do not do what they want: *a **death threat*** ◦ *I was scared he would **carry out** his **threat** (= do what he said he would do).* ▷ **pogróżka** **2** [C] Ⓑ2 someone or something that is likely to cause harm or damage: [usually singular] *a **threat to** the environment* ◦ *Smoking **poses** (= is) a serious **threat** to your health.* ▷ **zagrożenie** **3** [no plural] the possibility that something bad will happen: *the threat of invasion* ▷ **groźba, zagrożenie**

threaten /ˈθretᵊn/ **verb** **1** [T] Ⓑ2 to tell someone that you will kill or hurt them, or cause problems for them if they do not do what you want: *He **threatened** the staff **with** a gun and demanded money.* ◦ [+ to do sth] *He threatened to report her to the police.* ▷ **grozić** **2** [T] to be likely to cause harm or damage to something or someone: *His knee problem is threatening his cycling career.* ▷ **zagrażać** **3** [I] If something bad threatens to happen, it is likely to happen: [+ to do sth] *The conflict threatened to spread to neighbouring countries.* ▷ **grozić**
• **threatening adjective** ***threatening behaviour*** ▷ **groźny, zagrażający** • **threateningly adverb** ▷ **groźnie**

three /θriː/ Ⓐ1 the number 3 ▷ **trzy**

three-dimensional /ˌθriːdɪˈmenʃᵊnᵊl/ **adjective** (also **3-D** /θriːˈdiː/) having length, depth, and height: *three-dimensional computer graphics* ▷ **trójwymiarowy**

threshold /ˈθreʃhəʊld/ **noun** **1** [C] the level at which something starts to happen: *He had a low **boredom threshold**.* ▷ **próg** **2 on the threshold of sth** at the start of a new and important time or development: *We're on the threshold of a new era in European relations.* ▷ **u progu** *czegoś* **3** [C] the floor of an entrance ▷ **próg**

threw /θruː/ past tense of throw

thrift /θrɪft/ **noun** [U] careful use of money so that you do not spend too much ▷ **oszczędność**
• **thrifty adjective** ▷ **oszczędny**

ˈthrift ˌshop noun [C] US (UK **charity shop**) a shop which sells goods given by the public, especially clothes, to make money for a particular charity ▷ **sklep organizacji charytatywnej**

thrill¹ /θrɪl/ **noun** [C] a strong feeling of excitement and pleasure: *It was a **big thrill** meeting the stars of the show.* ◦ [+ of + doing sth] *the **thrill of** winning a competition* ▷ **dreszczyk emocji, emocje**

> Wyrazy występujące razem z **thrill**
>
> feel a thrill • get a thrill from/out of doing sth • a big/great thrill • the thrill of (doing) sth • a thrill seeker

thrill² /θrɪl/ **verb** [T] to make someone feel excited and happy: *Ballesteros thrilled the golf world with his performance.* ▷ **zachwycać**

thrilled /θrɪld/ **adjective** very excited and pleased: *She was thrilled with your present.* ▷ **zachwycony**

thriller /ˈθrɪləʳ/ **noun** [C] Ⓑ1 a book or film with an exciting story, often about crime ▷ **thriller, dreszczowiec**

thrilling /ˈθrɪlɪŋ/ **adjective** very exciting: *a thrilling game* ▷ **ekscytujący**

thrive /θraɪv/ **verb** [I] to grow very well, or to become very healthy or successful: *The business is thriving.* ◦ *He seems to* ***thrive on*** *hard work.* ▷ **kwitnąć, dobrze się rozwijać**
• **thriving** adjective *a* ***thriving*** *economy* ▷ **kwitnący, dobrze się rozwijający**

throat /θrəʊt/ **noun** [C] **1** B1 the back part of your mouth and the passages inside your neck: *a* ***sore throat*** ▷ **gardło 2** B1 the front of your neck: *He grabbed her round the throat.* ▷ **gardło** → See **The Body** on page Centre 13 **3 clear your throat** to cough once so that you can speak more clearly ▷ **odchrząknąć**

throb /θrɒb/ **verb** [I] (present participle **throbbing**, past tense and past participle **throbbed**) **1** If a part of your body throbs, you feel pain in it in a series of regular beats: *My head was throbbing.* ▷ **pulsować 2** to make a strong, regular sound or movement: *The whole house* ***throbbed with*** *the music.* ▷ **walić, trząść się**
• **throb** noun [C] *the throb of the engine* ▷ **pulsowanie, bicie**

throes /θrəʊz/ **noun in the throes of sth** in a difficult or unpleasant situation: *a country in the throes of war* ▷ **w wirze** *czegoś*

thrombosis /θrɒm'bəʊsɪs/ **noun** [C] (plural **thromboses**) when the flow of blood in the body is stopped by a clot of blood ▷ **zakrzepica**

throne /θrəʊn/ **noun 1** [C] the special chair that a king or queen sits on ▷ **tron 2 the throne** the position of being king or queen: *He* ***came to the throne*** *in 1936.* ▷ **tron**

throng¹ /θrɒŋ/ **noun** [C] literary a large group of people ▷ **tłum**

throng² /θrɒŋ/ **verb** [I, T] to be or go somewhere in very large numbers: *drunken people thronging the streets* ◦ *The street was* ***thronged with*** *shoppers and tourists.* ▷ **tłoczyć się, wypełniać**

throttle¹ /'θrɒtl/ **verb** [T] to press someone's throat tightly so they cannot breathe ▷ **dusić**

throttle² /'θrɒtl/ **noun** [C] the part of a vehicle that controls how much fuel or power goes to the engine ▷ **przepustnica, gaz**

through¹ /θruː/ **preposition 1** A2 from one end or side of something to the other: *The River Seine flows through Paris.* ◦ *The sun was shining through the window.* ◦ *She cut through the wire.* ▷ **przez 2** B1 from the start to the end of something: *He worked through the night.* ◦ *The phone rang halfway through the programme.* ▷ **przez (cały) 3** B1 because of someone or something, or with someone's help: *I got the job through my mum's friend.* ◦ *He became ill through eating undercooked meat.* ▷ **przez, dzięki, od, z powodu 4** US (UK **to**) from a particular time until and including another time: *The store is open Monday through Friday.* ▷ **do (końca)**

through² /θruː/ **adverb 1** B1 from one end or side to another: *He opened the door and walked through.* ▷ **na drugą stronę 2 read/think/talk, etc sth through** to read/think/talk to someone, etc very carefully about something from the start to the end: *I've thought it through and decided not to take the job.* ▷ **przeczytać/przemyśleć/przedyskutować** *itp. coś* **3** connected to someone by telephone: *I tried to phone David but I couldn't* ***get through****.* ◦ *Can you* ***put*** *me* ***through*** *to the manager, please?* ▷ **≈ połączyć (się), ≈ uzyskać połączenie**

through³ /θruː/ **adjective 1 be through with sth** informal to have finished using something or doing something: *Let me know when you're through with the iron.* ▷ **skończyć** *coś* **lub z** *czymś* **2 be through (with sb)** informal to not have a relationship with someone any more ▷ **zerwać (z** *kimś***), rozstać się (z** *kimś***) 3** [always before noun] UK A through train goes all the way from one place to another place without the passenger having to change trains. ▷ **bezpośredni, bez przesiadki**

throughout /θru'aʊt/ **adverb, preposition 1** in every part of a place: *The same laws apply throughout much of Europe.* ◦ *The house was painted pink throughout.* ▷ **wszędzie, w lub na całym, cały 2** B2 during the whole of a period of time: *He yawned throughout the performance.* ▷ **(przez) cały (czas)**

throw¹ /θrəʊ/ **verb** [T] (past tense **threw**, past participle **thrown**) **1** A2 to make something move through the air by pushing it out of your hand: *Amy* ***threw*** *the ball* ***to*** *the dog.* ◦ *He* ***threw*** *the book* ***at*** *the wall.* ◦ [+ two objects] *Throw me a chocolate.* ◦ *How far can you throw?* ▷ **rzucać 2 throw sth in/on, etc** to put something somewhere quickly and without thinking about it: *He threw his clothes on the floor and got into bed.* ▷ **rzucać** *coś*, **ciskać** *coś* **3 throw sth around/down/on, etc** to suddenly and quickly move your body or a part of your body: *She threw her arms around the child.* ◦ *Gabriela threw herself onto the bed and started to cry.* ▷ **zarzucać/zrzucać/rzucać** *itp. coś* **4 throw sb from/forward, etc** to make someone move somewhere suddenly or fall down: [often passive] *The bus suddenly stopped and we were thrown forward.* ▷ **zrzucać** *kogoś***/rzucać** *kimś* **do przodu** *itp.* **5** to make someone feel shocked or confused: *It threw me completely when he asked me to marry him.* ▷ **zbić z tropu 6** to make light or shadows appear on something: *The trees threw shadows across the road.* ▷ **rzucać** → See also **throw** ***caution*** **to the wind**, **throw sb in at the deep** ***end***, **throw down the** ***gauntlet***, **throw in the** ***towel***, **throw your** ***weight*** **around**

PHRASAL VERBS **throw sth away 1** B1 to get rid of something that you do not want any more: *He read the magazine and then threw it away.* ▷ **wyrzucać** *coś* **2** to waste a skill or opportunity: *You've spent three years studying – don't throw it all away.* ▷ **marnować** *coś* • **throw sth in** to add something extra when you sell something and not increase the price: *They're selling*

T

computers with a free printer thrown in. ▷ **dorzucać** *coś* • **throw sth out** B1 to get rid of something that you do not want any more: *I must throw some of my old clothes out.* ▷ **wyrzucać** *coś* • **throw sb out** B2 to force someone to leave: *He was thrown out of school for taking drugs.* ▷ **wyrzucać** *kogoś* • **throw (sth) up** informal B2 to vomit ▷ **zwymiotować** (*coś*), **zwrócić** (*coś*) • **throw sth up** to produce new problems or ideas: *The meeting threw up some interesting ideas.* ▷ **poddawać** *coś*, **ujawniać** *coś*

throw² /θrəʊ/ **noun** [C] when you throw something: *a throw of the dice* ▷ **rzut**

throwback /ˈθrəʊbæk/ **noun** [C] something that is like something of the same type in the past: *Her style of playing is **a throwback to** the early days of jazz.* ▷ **powrót**

thru /θruː/ **adjective, adverb, preposition** mainly US informal another spelling of through, used in signs and advertisements

thrust¹ /θrʌst/ **verb** (past tense and past participle **thrust**) **thrust sth behind/into/through, etc** to push something somewhere suddenly and with force: *She thrust a letter into my hand and told me to read it.* ▷ **wciskać lub wpychać** *coś* **za/do/w** *itp.*

PHRASAL VERB **thrust sth on/upon sb** to force someone to accept or deal with something: [often passive] *Fatherhood had been thrust on him.* ▷ **narzucać** *coś komuś*

thrust² /θrʌst/ **noun 1** [C, U] a strong push or the power used to push something forward ▷ **pchnięcie, ciąg, siła ciągu 2 the thrust of sth** the main part or ideas of what someone says or does: *The main thrust of our work involves helping victims of crime.* ▷ **cel** *czegoś*, **kierunek** *czegoś*

thud /θʌd/ **noun** [C] the sound that is made when something heavy falls or hits something else: *There was a thud as he fell on the floor.* ▷ **łomot, łoskot**
• **thud verb** [I] (present participle **thudding**, past tense and past participle **thudded**) ▷ **walić, łomotać**

thug /θʌg/ **noun** [C] an unpleasant person who behaves violently ▷ **bandzior, opryszek, zbir**

thumb¹ /θʌm/ **noun** [C] B1 the short, thick finger on the side of your hand that can touch the top of all your other fingers ▷ **kciuk** → See **The Body** on page Centre 13

IDIOMS **have a green thumb** US (UK **have green fingers**) to be good at gardening and making plants grow well ▷ **mieć dobrą rękę do roślin** • **be under sb's thumb** If you are under someone's thumb, they control you completely. ▷ **być pod** *czyimś* **wpływem lub pantoflem** • **stick/stand out like a sore thumb** to be very different from all the other people or things around: *I was the only one in uniform and I stuck out like a sore thumb.* ▷ **rzucać się w oczy, wyglądać jak głupi**

→ See also **a *rule* of thumb**

thumb² /θʌm/ **verb** → See **thumb your nose at sth/sb**

PHRASAL VERB **thumb through sth** to quickly turn the pages of a book or magazine ▷ **przeglądać** *coś*, **kartkować** *coś*

thumbtack /ˈθʌmtæk/ **noun** [C] US (UK **drawing pin**) a pin with a wide, flat top, used for fastening pieces of paper to a wall ▷ **pinezka**

thump /θʌmp/ **verb 1** [T] UK to hit someone with your fist ▷ **walić, uderzać 2** [I, T] to hit something and make a noise: *She thumped the tambourine.* ▷ **walić (w) 3** [I] If your heart thumps, it beats very quickly because you are excited or frightened. ▷ **walić**
• **thump noun** [C] ▷ **cios, uderzenie, łomot**

thunder¹ /ˈθʌndəʳ/ **noun** [U] B1 the loud noise in the sky that you hear during a storm: ***thunder and lightning*** ▷ **grzmot**

> Wyrazy występujące razem z **thunder**
>
> a **clap/crack/crash/roll/rumble** of thunder • thunder **rumbles/rolls** • thunder **and lightning**

thunder² /ˈθʌndəʳ/ **verb 1 it thunders** When it thunders during a storm, a loud noise comes from the sky. ▷ **grzmi 2 thunder along/down/through, etc** to move in a way that makes a deep, loud, continuous sound: *Traffic thunders through the village all day.* ▷ **pędzić z hukiem**

thunderous /ˈθʌndᵊrəs/ **adjective** extremely loud: *the **thunderous roar** of the aircraft's engine* ▷ **ogłuszający**

thunderstorm /ˈθʌndəstɔːm/ **noun** [C] A2 a storm that has thunder and lightning ▷ **burza (z piorunami)**

Thursday /ˈθɜːzdeɪ/ **noun** [C, U] (written abbreviation **Thur, Thurs**) A1 the day of the week after Wednesday and before Friday ▷ **czwartek**

thus /ðʌs/ **adverb** formal **1** B2 used after saying a fact to introduce what then happened as a result: *The guard fell asleep, thus allowing Bates to escape.* ▷ **tym samym, w ten sposób 2** in this way: *They limit the number of people allowed into the forest, thus preventing damage to the trails.* ▷ **w ten sposób**

thwart /θwɔːt/ **verb** [T] to prevent someone from doing what they have planned to do ▷ **pokrzyżować, zniweczyć**

thyme /taɪm/ **noun** [U] a herb used in cooking ▷ **tymianek**

thyristor /θaɪˈrɪstəʳ/ **noun** [C] a device, usually a semiconductor, that is used as a switch to control the amount of electricity passing through a particular point ▷ **tyrystor**

thyroid /ˈθaɪrɔɪd/ **noun** [C] an organ in the neck that produces a substance that helps your body to grow and develop ▷ **tarczyca**

thyroxine /θaɪˈrɒksɪn/ **noun** [U] the main hormone produced by the thyroid gland. It increases metabolism and in this way makes the body grow and develop. ▷ **tyroksyna**

TIA Internet abbreviation for thanks in advance: used in an email when you have asked someone for something ▷ **z góry dzięki**

Tibet /tɪˈbet/ **noun** a region in Asia ▷ **Tybet** • **Tibetan** /tɪˈbetn/ **adjective** coming from or relating to Tibet ▷ **tybetański** • **Tibetan noun** someone from Tibet ▷ **Tybeta-ńczyk/nka**

tibia /ˈtɪbiə/ **noun** [C] the thick inside bone in a person's leg, between the knee and the foot ▷ **piszczel**

tick[1] /tɪk/ **noun** [C] **1** the sound that some clocks or watches make every second ▷ **tykanie 2** UK (US **check**) (B1) a mark (✓) that shows something is correct or has been done ▷ **ptaszek 3** a small insect that sucks the blood of animals ▷ **kleszcz 4** UK informal a short time: *Wait a tick!* ▷ **momencik**

tick[2] /tɪk/ **verb 1** [I] If a clock or watch ticks, it makes a sound every second. ▷ **tykać 2** [T] UK (B1) to mark something with a tick ▷ **zaznaczać, odhaczać**

IDIOM **what makes sb tick** informal the reasons for someone's behaviour ▷ **co** *kimś* **powoduje**

PHRASAL VERBS **tick away/by** If seconds or minutes tick away or by, they pass: *With the final seconds ticking away, Milan scored a goal.* ▷ **mijać, upływać** • **tick sth off** UK (US **check sth off**) to put a small mark next to something on a list to show that you have dealt with it ▷ **odhaczyć** *coś* • **tick sb off** informal **1** UK to tell someone that they have done something wrong and that you are angry about it: *I got ticked off for not going to the meeting.* ▷ **ochrzanić** *kogoś* **2** US to annoy someone ▷ **wkurzać** *kogoś* • **tick over/along** UK If a business or system ticks over, it continues to work but makes little progress: *Carlton managed to **keep** the business **ticking over**.* ▷ **działać (na zwolnionych obrotach), jakoś się kręcić**

ticket /ˈtɪkɪt/ **noun** [C] **1** (A1) a small piece of paper that shows you have paid to do something, for example travel on a bus, watch a film, etc: *a lottery ticket* ◦ *plane tickets* ▷ **bilet 2** a piece of paper that orders you to pay money because you have put your car in an illegal place, driven too fast, etc: *a parking ticket* ▷ **mandat** → See also **round-trip ticket**, **season ticket**

tickets

> Wyrazy występujące razem z **ticket**
>
> **book/buy/get/purchase** a ticket • a ticket **for** sth

tickle /ˈtɪkl/ **verb 1** [T] to touch someone lightly with your fingers, in order to make them laugh ▷ **łaskotać 2** [I, T] If a part of your body tickles, or if something tickles it, it feels uncomfortable and you want to rub it: *My nose is tickling.* ▷ **swędzieć 3** [T] to make someone smile or laugh: *I was very tickled by his comments.* ▷ **rozbawić**
• **tickle noun** [C] ▷ **łaskotanie, swędzenie**

tidal /ˈtaɪdəl/ **adjective** relating to the regular rising and falling of the sea ▷ **pływowy**

ˈtidal ˌwave noun [C] a very large wave that destroys things, often caused by an earthquake ▷ **fala pływowa**

tidbit US (UK **titbit**) /ˈtɪdbɪt/ **noun** [C] a small piece of nice food, or an interesting piece of information ▷ **(smaczny lub łakomy) kąsek**

tide[1] /taɪd/ **noun 1** [C] (B2) the regular rise and fall in the level of the sea: ***high/low tide*** ▷ **pływ 2** [no plural] an increase in something that is developing: *the **rising tide** of drug-related deaths* ▷ **fala**

> Wyrazy występujące razem z **tide**
>
> the tide **comes in/goes out** • the tide **is in/out** • **at high/at low** tide

tide[2] /taɪd/ **verb**

PHRASAL VERB **tide sb over (sth)** to help someone through a difficult time, especially by giving them money ▷ **pomóc** *komuś* **przeżyć lub przetrwać** (*coś*)

tidy[1] /ˈtaɪdi/ **adjective 1** (A2) having everything in the right place and arranged in a good order: *Her room was clean and tidy.* ▷ **schludny, uporządkowany 2** (A2) liking to keep things in the correct place and arranged in a good order: *I'm afraid I'm not very tidy.* ▷ **porządny, schludny** → Opposite **untidy**
• **tidily adverb** ▷ **schludnie, porządnie** • **tidiness noun** [U] ▷ **schludność, porządek**

tidy[2] /ˈtaɪdi/ **verb** [I, T] (also **tidy up**) UK (A2) to make a place tidy: *I'm tidying up before our guests arrive.* ▷ **sprzątać, porządkować**

PHRASAL VERB **tidy sth away** UK to put things back in drawers, cupboards, etc after you have used them ▷ **posprzątać** *coś*, **pochować** *coś*

tie[1] /taɪ/ **verb** (present participle **tying**, past tense and past participle **tied**) **1 tie sth to/together/around, etc** (B1) to fasten something with string, rope, etc: *The dog was tied to a tree.* ▷ **przywiązać/związać/obwiązać** *itp. coś* **2** [T] (B1) to make a knot in a piece of string, rope, etc: *She tied the scarf.* ▷ **wiązać, zawiązywać** → Opposite **untie 3** [I] to have the same score as someone else at the end of a competition or game: *Sweden **tied with** France in the winter sports*

T

competition. ▷ **remisować** → See also **tie the *knot***

PHRASAL VERBS **tie sb down** to limit someone's freedom: *I don't want to be tied down by having children.* ▷ **ograniczać** *kogoś*, **uwiązywać** *kogoś* • **tie in** If one idea or statement ties in with another one, they have some of the same information in them: *His story **ties in with** what Gemma told me.* ▷ **zgadzać się, pokrywać się** • **tie sb/sth up** B2 to tie a part of someone's body with a rope or something similar so they cannot move ▷ **związać** *kogoś/coś* → Opposite **untie** • **tie sth up** to fasten something together using string, rope, etc ▷ **związać** *coś* • **be tied up** to be very busy and unable to speak to anyone, go anywhere, etc ▷ **być zajętym**

tie² /taɪ/ **noun** [C] **1** A2 a long, thin piece of cloth that a man wears around his neck with a shirt ▷ **krawat** → See **Clothes** on page Centre 9 **2** a relationship that connects you with a place, person, etc: [usually plural] *The two countries have **close ties with** each other.* ▷ **więź, związek** **3** when a game or competition ends with two people or teams having the same score ▷ **remis** → See also **bow tie**

> Wyrazy występujące razem z **tie**
>
> create/forge ties • cut/sever (all) ties • have ties with sb/sth • close/strong ties • ties between sb and sb • ties to/with sb/sth

tie-break /ˈtaɪbreɪk/ **noun** [C] an extra part that is played when a game or competition ends in a tie, to decide who is the winner ▷ **tie-break, dogrywka**

tie-dye /ˈtaɪdaɪ/ **verb** [T] (present participle **tie-dyeing**, past tense and past participle **tie-dyed**) to give cloth a pattern of circles by tying it in knots before putting it in a dye: *There are pictures of us in the sixties wearing flares and tie-dyed T-shirts.* ▷ **barwić w koła (tkaninę, koszulkę)**

tier /tɪəʳ/ **noun** [C] one of several rows or layers: *the upper tier of seats in a stadium* ▷ **rząd, poziom, warstwa**

tiger /ˈtaɪgəʳ/ **noun** [C] B1 a large wild cat that has yellow fur with black lines on it ▷ **tygrys**

tight¹ /taɪt/ **adjective** **1** B2 firm and difficult to move: *Make sure the knot is tight.* ▷ **ciasny, pewny, szczelny, dokręcony** **2** B1 fitting your body very closely: *a tight skirt* ▷ **ciasny, obcisły** **3** B2 controlled and obeying all rules completely: *tight security* ◦ *They kept tight control of the school budget.* ▷ **ścisły, ostry** **4** If cloth, wire, skin, etc is tight, it has been pulled so that it is straight or smooth. ▷ **napięty, naprężony** **5** If money, time, or space is tight, there is only just enough of it: *We should get six people into the car but it will be tight.* ▷ **ledwie wystarczający,** ≈ **krucho (z)**
• **tightly adverb** B2 ▷ **mocno, ciasno, szczelnie**
• **tightness noun** [U] ▷ **naprężenie, ciasnota**
→ See also **keep a tight *rein* on sb/sth**

tight² /taɪt/ **adverb** B2 very firmly or closely: *He held her tight.* ▷ **mocno, ciasno, szczelnie**

tighten /ˈtaɪtᵊn/ **verb** [I, T] B2 to become tighter or to make something become tighter: *His hand tightened around her arm.* ▷ **zaciskać (się), zacieśniać (się), napinać (się)** → See also **tighten your *belt***

PHRASAL VERBS **tighten sth up** to make something become firmer and less easy to move: *Tighten up the screws.* ▷ **dokręcać** *coś*, **napinać** *coś* • **tighten (sth) up** to make a rule, system, or law more difficult to avoid: *I think they should **tighten up** the laws **on** gun ownership.* ▷ **zaostrzyć** (*coś*)

tightrope /ˈtaɪtrəʊp/ **noun** [C] a rope high above the ground that a performer walks along at a circus ▷ **lina**

tights /taɪts/ **noun** [plural] UK (US **pantyhose**) A2 a piece of women's clothing made of very thin material that covers the legs and bottom: *a pair of black tights* ▷ **rajstopy** → See **Clothes** on page Centre 9

tile /taɪl/ **noun** [C] one of the flat, square pieces that are used for covering roofs, floors, or walls ▷ **kafelek, dachówka, płytka**
• **tile verb** [T] *a tiled kitchen* ▷ **kafelkować, kryć dachówką**

till¹ /tɪl/ **preposition, conjunction** A2 until: *The supermarket is open till midnight.* ◦ *I lived with my parents till I was twenty.* ▷ **(aż) do, dopóki nie**

till² /tɪl/ **noun** [C] **1** UK a machine that holds the money in a shop and shows how much you have to pay ▷ **kasa** **2** US a drawer where money is kept in a store ▷ **kasa**

tilt /tɪlt/ **verb** [I, T] to move into a position where one end or side is higher than the other, or to make something move into this position: *He tilted backwards on his chair.* ▷ **przechylać (się)**
• **tilt noun** [no plural] ▷ **przechył, przekrzywienie**

timber /ˈtɪmbəʳ/ **noun** **1** [U] UK (US **lumber**) wood that is used for building ▷ **drewno, drzewo** **2** [U] US trees that are grown to provide wood for building ▷ **drzewo (użytkowe)** **3** [C] UK a large piece of wood: *The roof was supported by timbers.* ▷ **belka**

time¹ /taɪm/ **noun** **1** [U] A2 Time is what we measure in minutes, hours, days, etc: *He wants to **spend** more **time** with his family.* ◦ ***Time** seems to **pass** so slowly when you're unhappy.* ▷ **czas** **2** [C, U] A1 a particular point in the day or night: ***What time** is it?* ◦ ***What time** do you leave for school in the mornings?* ◦ *Can you tell me the times of the trains to London, please?* ▷ **godzina** **3 it's time (for/to do sth)** used to say that something should happen or be done now: *It's time to get up.* ▷ **(najwyższy) czas (na** *coś/coś* **zrobić)** **4 in (good) time** B1 early or at the right time: *We arrived in time to catch the train.* ▷ **na czas, w porę** **5 on time** B1 not early or late: *I got* *to school on time.* ▷ **punktualnie 6 can tell the time** to be able to know what time it is by looking at a clock or watch ▷ **wiedzieć, która godzina 7** [no plural] A2 a period of minutes, hours, years, etc: *I lived in Switzerland for a* ***long time.*** ◦ ***It takes time*** *(= takes a long time) to make friends at a new school.* ▷ **czas, okres 8 have time** B1 to have enough time to do something: *Do you have time for a cup of coffee?* ◦ [+ to do sth] *I never have time to eat breakfast.* ▷ **mieć czas 9 in no time** very soon: *We'll be home in no time.* ▷ **zaraz, wkrótce 10** [C] A2 an occasion when something happens: *Give me a call the* ***next time*** *you're in Seattle.* ◦ *I can't remember the* ***last time*** *we went away.* ◦ ***How many times*** *have you been to Germany?* ▷ **raz 11 at the same time** B1 If two things happen at the same time, they happen together: *We arrived at the same time.* ▷ **w tym samym czasie, jednocześnie 12 one/two/six, etc at a time** one/two/six, etc on one occasion: *He carried the chairs, three at a time.* ▷ **po jednym, dwa, sześć** *itp.* **(na raz) 13 time after time** again and again on repeated occasions ▷ **za każdym razem, wciąż, ciągle 14 all the time a** A2 very often: *"She's been late twice this week." "It happens all the time."* ▷ **cały czas, wciąż, ciągle b** A2 during the whole of a period of time: *He was ill all the time we were in Spain.* ▷ **(przez) cały czas 15 three/eight/nine, etc times** B1 used to say how much bigger/better/worse, etc one thing is than another thing: *Ben earns three times more than me.* ▷ **trzy/osiem/dziewięć** *itp.* **razy 16 in a day's/two months', etc time** B1 a day/two months, etc from now: *I have to go to the doctor again in a month's time.* ▷ **za dzień/dwa miesiące** *itp.* **17 at times** sometimes: *At times, I wish I didn't have to go to school.* ▷ **czasem, czasami 18 for the time being** for now but not permanently: *I'm living with my parents for the time being.* ▷ **na razie 19** [C] B2 a period of time in the past: *Did you enjoy your time in Japan?* ▷ **czas 20 at one time** at a time in the past: *At one time, you could drive without taking a driving test.* ▷ **kiedyś 21 before sb's time** before someone was born ▷ **jak jeszcze** *kogoś* **nie było na świecie, zanim się** *ktoś* **urodził 22 from time to time** B2 sometimes, but not often: *I still see my ex-boyfriend from time to time.* ▷ **od czasu do czasu 23** [C] the amount of time that someone takes in a race: *a winning time of three minutes* ▷ **czas 24** [U] the time in a particular place: *The plane arrives at 20.50, New York time.* ▷ **czas**

IDIOMS **be ahead of your time** to have new ideas a long time before other people think that way ▷ **wyprzedzać epokę • behind the times** not fashionable or modern: *Dad's a bit behind the times.* ▷ **niedzisiejszy, nie na czasie • bide your time** to wait for an opportunity to do something: *She was biding her time until she could get her revenge.* ▷ **spokojnie czekać • give sb a hard time** to criticize someone and make them feel guilty about something they have done: *Ever since I missed the goal, the other players have been giving me a hard time.* ▷ **dokuczać** *komuś*, **nie dawać** *komuś* **spokoju • have no time for sb/sth** to have no respect for someone or something: *I have no time for people who are racist.* ▷ **nie chcieć mieć nic do czynienia z** *kimś/czymś* **• kill time** to do something while you are waiting for something else: *I went shopping to kill some time before my job interview.* ▷ **zabić czas • play for time** UK to try to make something happen more slowly because you want more time or because you do not want it to happen ▷ **grać na czas • take your time** to do something without hurrying ▷ **nie spieszyć się**

→ See also **half-time**, **local time**, **in the** ***nick*** **of time**, **night-time**, **prime time**, **a** ***race*** **against time/the clock**

time² /taɪm/ **verb** [T] **1** to decide that something will happen at a particular time: *They timed production of the CD so it was in the shops just before Christmas.* ◦ *Her comment was* ***well timed.*** ▷ **wybrać (odpowiedni) moment na, zaplanować 2** B2 to measure how long it takes for something to happen or for someone to do something: *It's a good idea to time yourself while you do the exercises.* ▷ **mierzyć czas** → See also **two-time**

time-consuming /ˈtaɪmkənˌsjuːmɪŋ/ **adjective** needing a lot of time: *The legal process was time-consuming and expensive.* ▷ **czasochłonny**

time-honoured UK (US **time-honored**) /ˈtaɪm ˌɒnəd/ **adjective** [always before noun] A time-honoured tradition or way of doing things is one that has been used for a long time. ▷ **uświęcony tradycją**

ˈtime ˌlag noun [C] a period of time between two things happening ▷ **odstęp czasu, zwłoka, opóźnienie**

timeless /ˈtaɪmləs/ **adjective** not changing because of time or fashion: *Her clothes have a* ***timeless quality.*** ◦ *a* ***timeless classic*** ▷ **ponadczasowy**

timely /ˈtaɪmli/ **adjective** happening or done at exactly the right time ▷ **na czasie, w (samą) porę** → Opposite **untimely**

time-out /ˌtaɪmˈaʊt/ **noun** [C] a short period during a sports game in which players can rest ▷ **czas, przerwa**

timer /ˈtaɪməʳ/ **noun** [C] a piece of equipment that measures time ▷ **zegar, regulator lub wyłącznik czasowy**

times /taɪmz/ **preposition** B2 used to say that one number is multiplied by another number: *Two times three is six.* ▷ **razy**

timescale /ˈtaɪmskeɪl/ **noun** [C] (also **time frame**) the amount of time that something takes or during which something happens ▷ **okres (czasu), skala czasowa, scenariusz**

timetable /ˈtaɪmˌteɪbl/ **noun** [C] **1** (also US

T

schedule) (B1) a list of times when buses, trains, etc arrive and leave ▷ **rozkład (jazdy lub lotów lub rejsów) 2** (B2) a list of dates and times that shows when things will happen ▷ **plan (zajęć), program** → See **The Classroom** on page Centre 6

> **Wyrazy występujące razem z timetable**
>
> **draw up/give/keep to/set** a timetable • a timetable **for (doing)** sth

ˈtime ˌtraveller noun [C] UK (US **time traveler**) someone who can move between different times in the past or the future ▷ **podróżujący w czasie**

ˈtime ˌzone noun [C] one of the areas of the world that has a different time from all the other areas: *London and New York are five time zones apart.* ▷ **strefa czasowa**

timid /ˈtɪmɪd/ **adjective** shy and easily frightened: *a timid little boy* ▷ **nieśmiały, bojaźliwy** • **timidly** adverb ▷ **nieśmiało, bojaźliwie** • **timidity** /tɪˈmɪdəti/ noun [U] ▷ **nieśmiałość, bojaźliwość**

timing /ˈtaɪmɪŋ/ **noun** [U] **1** (B2) the time when something happens: *the timing of the announcement* ▷ **wybrany termin lub moment 2** the ability to do something at exactly the right time: *You need great timing to be a good football player.* ▷ **wyczucie czasu**

Timothy /ˈtɪməθi/ noun (also **Tim** /tɪm/) a male name

tin /tɪn/ **noun 1** [C] UK (UK/US **can**) (B1) a metal container in which food is sold: *a tin of beans/soup* ▷ **puszka 2** [C] UK (B2) a metal container with a lid that you keep food or other substances in: *a biscuit tin* ◦ *a paint tin* ▷ **puszka 3** [C] (US **pan**) a flat pan that you cook food in: *a roasting tin* ▷ **blacha 4** [U] a soft, silver metal that is often combined with other metals or used to cover them (symbol Sn) ▷ **cyna**

tinfoil /ˈtɪnfɔɪl/ **noun** [U] metal made into very thin sheets like paper and used mainly for covering food ▷ **folia aluminiowa**

tinge /tɪndʒ/ **noun** [C] a small amount of a sad feeling or colour: *"Goodbye," he said, with a tinge of sadness.* ▷ **odcień, nuta**
• **tinged adjective** *Her dark hair is now* **tinged with** *grey.* ▷ **zabarwiony**

tingle /ˈtɪŋgl/ **verb** [I] If a part of your body tingles, the skin feels slightly uncomfortable: *My hands are starting to tingle with the cold.* ▷ **cierpnąć**
• **tingle** noun [C] ▷ **mrowienie**

tinker /ˈtɪŋkəʳ/ **verb** [I] to make small changes to something in order to improve or repair it: *Tim loves* **tinkering with** *car engines.* ▷ **majstrować**

tinkle /ˈtɪŋkl/ **verb** [I] to make a soft, high, ringing sound ▷ **brzęczeć**
• **tinkle** noun [C] ▷ **brzęczenie, brzęk**

tinned /tɪnd/ **adjective** UK (UK/US **canned**) Tinned food is sold in metal containers. ▷ **w puszce, z puszki, konserwowy**

ˈtin ˌopener noun [C] UK (UK/US **can opener**) a piece of kitchen equipment for opening metal food containers ▷ **otwieracz do puszek** → See **The Kitchen** on page Centre 2

tinsel /ˈtɪnsəl/ **noun** [U] long, shiny, coloured string, used as a decoration at Christmas ▷ **lameta**

tint¹ /tɪnt/ **noun** [C] a particular colour: *the yellow and red tints of autumn* ▷ **barwa, zabarwienie**

tint² /tɪnt/ **verb** [T] to add a small amount of a colour to something: *Do you think he tints his hair?* ▷ **barwić, farbować**

tinted /ˈtɪntɪd/ **adjective** Tinted glass has colour added to it: *tinted sunglasses* ▷ **barwiony, farbowany**

tiny /ˈtaɪni/ **adjective** (B1) extremely small: *a tiny baby* ◦ *a tiny little room* ▷ **malutki, maleńki**

tip¹ /tɪp/ **noun** [C] **1** the end of something long and narrow: *the tips of your fingers* ▷ **koniuszek, czubek, koniec 2** (B1) a piece of useful advice: *gardening tips* ◦ *Emma was giving me some* **tips on** *how to grow tomatoes.* ▷ **rada, wskazówka 3** (B1) an extra amount of money that you give to a driver, someone working in a restaurant, etc to thank them: *We* **left** *a* **tip** *because the waiter was so friendly.* ▷ **napiwek 4** UK (UK/US **dump**) a place where people take things that they want to get rid of: *We took our old fridge to the tip.* ▷ **wysypisko (śmieci) 5** UK informal (UK/US **dump**) a place that is dirty and untidy: *His bedroom is an absolute tip.* ▷ **chlew**

IDIOMS **be on the tip of sb's tongue** If a word is on the tip of your tongue, you want to say it but cannot remember it. ▷ ≈ **mieć na końcu języka** • **be the tip of the iceberg** to be a small part of a very big problem ▷ **być wierzchołkiem góry lodowej**

> **Wyrazy występujące razem z tip**
>
> **give/pass on/pick up** tips • **a handy/helpful/hot/useful** tip • tips **for/on** sth

tip² /tɪp/ **verb** (present participle **tipping**, past tense and past participle **tipped**) **1** [I, T] to move so that one side is higher than the other side, or to make something move in this way: *The table tipped and all the drinks fell on the floor.* ▷ **przechylać (się) 2 tip sth into/onto/out of sth** to make the contents of a container fall out by holding the container in a position where this happens: *She tipped the contents of her purse onto the table.* ▷ **wrzucić** *coś* **do** *czegoś***/wysypać** *coś* **na** *coś***/z** *czegoś* **3** [I, T] to give an extra amount of money to a driver, someone working in a restaurant, etc to thank them ▷ **dać napiwek 4 be tipped as/to do/for sth** UK If someone is tipped to achieve something, most people say it will happen: *Christie was tipped to* *win the race.* ▷ **być typowanym jako** *ktoś*/**do** *czegoś*

PHRASAL VERBS **tip sb off** to warn someone secretly about something so that they can take action or prevent it happening ▷ **ostrzec** *kogoś*, **dać** *komuś* **cynk**

• **tip-off** /ˈtɪpɒf/ **noun** [C] a piece of information that you give someone secretly, so that they can take action or prevent something happening ▷ **cynk, poufna informacja** • **tip (sth) over** If something tips over, or if you tip it over, it falls onto its side. ▷ **przewracać się**/*coś*

tiptoe[1] /ˈtɪptəʊ/ **noun on tiptoe** standing on your toes with the rest of your feet off the ground ▷ **na palcach**

tiptoe[2] /ˈtɪptəʊ/ **verb tiptoe across/down/through, etc** to walk quietly on your toes ▷ **iść na palcach**

tire[1] /taɪəʳ/ **noun** [C] US spelling of tyre ▷ **opona** → See **Car** on page Centre 7

tire[2] /taɪəʳ/ **verb** [I, T] to become tired or to make someone become tired: *He tires easily.* ▷ **męczyć (się)**

PHRASAL VERBS **tire of sth/doing sth** to become bored with something: *He never tires of playing games on his computer.* ▷ **znudzić się** *czymś* • **tire sb out** to make someone very tired ▷ **zamęczyć** *kogoś*, **zmęczyć** *kogoś*

tired /taɪəd/ **adjective 1** (A1) feeling that you want to rest or sleep: *He was **tired out** (= very tired) by the end of the day.* ◦ *She never seems to **get tired**.* ▷ **zmęczony 2 tired of doing sth** (B1) bored or annoyed by something that has happened too often: *I'm tired of listening to her problems.* ▷ **zmęczony** *czymś*

• **tiredness noun** [U] (B2) ▷ **zmęczenie**

> **Tired** wyrazy bliskoznaczne
>
> Jeśli ktoś jest szczególnie zmęczony, możemy określić go przymiotnikami **exhausted, worn out** lub, w sytuacjach nieformalnych w Wielkiej Brytanii, **shattered**:
>
> *I'm too **exhausted** to take the dog for a walk tonight.*
>
> *By the time I got home, I was absolutely **shattered**.*
>
> Przymiotników **burnt out** i **drained** używamy do opisania kogoś, kto jest zmęczony z powodu bardzo ciężkiej pracy:
>
> *He was completely **burnt out** after a full week of performances.*
>
> *I'd worked a twelve-hour day and was absolutely **drained**.*
>
> Jeśli ktoś jest zmęczony i chce mu się spać, możemy określić go przymiotnikami **drowsy** lub **sleepy**:
>
> *The heat had made me **drowsy/sleepy**.*

tireless /ˈtaɪələs/ **adjective** working very hard at something and not stopping: *He was a **tireless campaigner/worker** for children's organizations.* ◦ *I want to thank James for his **tireless efforts** on behalf of the company.* ▷ **niezmordowany**

tiresome /ˈtaɪəsəm/ **adjective** formal making you feel annoyed or bored: *a tiresome little boy* ▷ **męczący**

tiring /ˈtaɪərɪŋ/ **adjective** (B1) making you feel tired: *a long and tiring day* ▷ **męczący**

tissue /ˈtɪʃuː/ **noun 1** [C, U] the material that animals and plants are made of: *human brain tissue* ▷ **tkanka 2** [C] (B1) a soft piece of paper that you use for cleaning your nose ▷ **chusteczka (jednorazowa lub higieniczna) 3** [U] (also ˈ**tissue** ˌ**paper**) soft, thin paper that you cover things with in order to protect them ▷ **bibułka**

ˈ**tissue** ˌ**culture noun 1** [U] the scientific process of growing tissue taken from a living thing in a special substance ▷ **kultura tkankowa 2** [C] an amount of tissue that has been grown in this way ▷ **kultura tkankowa**

tit /tɪt/ **noun** [C] very informal a woman's breast ▷ **cycek**

IDIOM **tit for tat** informal when you do something bad to someone because they have done something bad to you ▷ **oko za oko**

titbit UK (US **tidbit**) /ˈtɪtbɪt/ **noun** [C] a small piece of nice food, or an interesting piece of information ▷ **(smaczny lub łakomy) kąsek**

title /ˈtaɪtl/ **noun** [C] **1** (B1) the name of a book, film, etc ▷ **tytuł 2** what you get if you win an important sports competition: *He **won** the 1999 world motor racing **title**.* ▷ **tytuł 3** a word such as 'Lord', 'Dr', etc that is used before someone's name ▷ **tytuł**

> **Wyrazy występujące razem z title**
>
> defend/lose/retain/take/win the title • the world title

ˈ**title** ˌ**bar noun** [C] the long, thin part along the top of a computer screen that shows the name of the document or program that is open ▷ **pasek tytułu**

titled /ˈtaɪtld/ **adjective** having a title such as 'Lord', 'Lady', or 'Duke', that shows you have a high social position ▷ **utytułowany**

title-holder /ˈtaɪtlˌhəʊldəʳ/ **noun** [C] someone who has won a sports competition: *the World Grand Prix title-holder* ▷ **posiadacz/ka lub obroń-ca/czyni tytułu**

ˈ**title** ˌ**role noun** [C] the person in a play or film who has the same name as the play's or film's title ▷ **rola tytułowa**

titration /taɪˈtreɪʃᵊn/ **noun** [U] a way of finding out how much of a substance there is in a liquid by adding to it measured amounts of another substance which reacts to it, for example by making it change colour ▷ **miareczkowanie**

titter /ˈtɪtəʳ/ **verb** [I] to laugh in a nervous way ▷ **chichotać**

• **titter noun** [C] ▷ **chichot**

tjanting tool /ˈtjæntɪŋˌtuːl/ **noun** [C] a tool for putting wax onto cloth before it is dyed so that that area will not be coloured ▷ **wzornik tjanting**

T-junction /ˈtiːˌdʒʌnkʃᵊn/ **noun** [C] UK (US **intersection**) a place where two roads join and make the shape of the letter 'T' ▷ **skrzyżowanie (w kształcie litery T lub z drogą poprzeczną), rozwidlenie (dróg)**

TNT /ˌtiːenˈtiː/ **noun** [U] trinitrotoluene: a powerful explosive substance ▷ **trotyl**

to¹ /tə/ **1** Ⓐ1 used with a verb to make the infinitive: *I want to learn Spanish.* ◦ *He forgot to feed the cat.* ▷ znacznik bezokolicznika **2** Ⓐ2 used to give the reason for doing something: *I'm just going out to get some milk.* ▷ **żeby, aby**

> **!** Najczęściej popełniane błędy: **to** czy **too**?
>
> **Uwaga!** Te dwa słowa wyglądają podobnie, ale mają odmienną pisownię i zupełnie różne znaczenia.
> Jeśli chcemy powiedzieć „również" lub „więcej niż dozwolone, potrzebne, możliwe, itd.", piszemy **too**:
>
> ~~*You are to young to travel by bus on your own.*~~
>
> *You are too young to travel by bus on your own.*

to² strong /tuː/ weak /tʊ/, /tə/ **preposition 1** Ⓐ1 in the direction of somewhere: *Dimitri is going to Germany next week.* ◦ *I ran to the door.* ▷ **do 2** Ⓐ2 used to show who receives something or experiences an action: *Could you give these keys to Pete?* ◦ *Anna was speaking to her mother on the phone.* ◦ *I lent my bike to Tom.* ▷ **do,** w połączeniu z rzeczownikiem często tłumaczy się celownikiem **3** Ⓑ1 almost touching or facing something: *She stood with her back to the window.* ▷ **do 4 from ... to ... a** Ⓐ2 used to give information about periods of time and distances: *The museum is open from Monday to Saturday.* ◦ *The bus goes from London to Cambridge.* ▷ **od ... do ..., z ... do ... b** Ⓑ2 including: *The book deals with everything from childhood to old age.* ▷ **od ... po ..., począwszy od ... skończywszy na ... 5** Ⓐ1 used to say 'before' the hour when you are saying what time it is: *It's five to three.* ▷ **za, to** stawiamy przed godziną, **za** przed minutami, np. **za pięć trzecia 6** Ⓑ1 used to compare two things: *I prefer football to cricket.* ▷ **od 7** Ⓑ1 until a particular time or state: *It's only two weeks to my birthday.* ◦ *She nursed him back to health.* ▷ **do 8** used to say what someone's opinion is: *Fifty pounds is nothing to Matthew (= he would not think it was a lot of money).* ▷ **dla 9 to sb's disappointment/relief/surprise, etc** used to say that someone feels disappointed/relieved/surprised, etc by something: *To Pierre's disappointment, Monique wasn't at the party.* ▷ **ku rozczarowaniu/uldze/zaskoczeniu** *itp. kogoś* **10** used to say how many parts make up a whole unit of measurement or money: *There are 100 pence to the British pound.* ▷ **w, na 11** Ⓑ1 belonging to or connected with: *Can you give me the keys to the car?* ▷ **do, od**

to³ /tuː/ **adverb** UK If you push or pull a door to, you close it. ▷ **do końca**

IDIOM **to and fro** backwards and forwards: *The sign was swinging to and fro in the wind.* ▷ **do przodu i do tyłu, tam i z powrotem**

toad /təʊd/ **noun** [C] a small, brown animal with long back legs for swimming and jumping ▷ **ropucha**

toadstool /ˈtəʊdstuːl/ **noun** [C] a poisonous fungus with a short stem and a round top ▷ **muchomór**

toast¹ /təʊst/ **noun 1** [U] Ⓐ2 bread that has been heated to make it brown: *a slice of toast* ▷ **tost, grzanka, tosty, grzanki 2** [C] a time when people lift their glasses and drink because they want someone to be successful, happy, etc: *At the wedding, there was a* ***toast to*** *the happy couple.* ▷ **toast**

toast² /təʊst/ **verb** [T] **1** to lift your glass and drink with other people because you want someone to be successful, happy, etc ▷ **wznosić toast do/za 2** to heat bread so that it becomes brown ▷ **tostować**

toaster /ˈtəʊstəʳ/ **noun** [C] a machine that heats bread so that it becomes brown ▷ **toster, opiekacz** → See **The Kitchen** on page Centre 2

toasty /ˈtəʊsti/ **adjective** warm and comfortable: *It's nice and toasty near the fire.* ▷ **przytulny**

tobacco /təˈbækəʊ/ **noun** [U] dried leaves that are inside cigarettes ▷ **tytoń**

toboggan /təˈbɒgᵊn/ **noun** [C] a board that you sit or lie on, used for going down a hill on a surface of snow ▷ **sanki, tobogan**

today /təˈdeɪ/ **noun** [U], **adverb 1** Ⓐ1 this day, or on this day: *It's Johann's birthday today.* ◦ *Today is Friday.* ▷ **dzisiaj, dziś 2** Ⓑ2 the period of time that is happening now or in this period of time: *More young people smoke today than in the past.* ▷ **dzisiaj, obecnie, w dzisiejszych czasach**

toddle /ˈtɒdl/ **verb toddle down/off/to, etc** informal to walk somewhere: *Sophie said goodbye and toddled off towards the station.* ▷ **podreptać (do** *itp.***)**

toddler /ˈtɒdləʳ/ **noun** [C] a child who has just learned to walk ▷ **małe dziecko, maluch**

toe /təʊ/ **noun** [C] **1** Ⓐ2 one of the five separate parts at the end of your foot: *your* ***big toe*** *(= largest toe)* ◦ *your* ***little toe*** *(= smallest toe)* ▷ **palec (u nogi)** → See **The Body** on page Centre 13 **2** the part of a shoe or sock that covers your toes ▷ **palce**

IDIOM **keep sb on their toes** to make sure that someone gives all their attention to what they are doing and is ready for anything that might happen ▷ **brać** *kogoś* **do galopu**

toenail /ˈtəʊneɪl/ **noun** [C] B2 one of the hard, flat parts on top of the end of your toes ▷ **paznokieć (u nogi)** → See **The Body** on page Centre 13

toffee /ˈtɒfi/ **noun** [C, U] a sticky sweet, made by boiling sugar and butter together ▷ **toffi**

tofu /ˈtəʊfuː/ **noun** [U] (also **bean curd**) a soft, pale food made from the soya bean plant ▷ **tofu**

together[1] /təˈgeðəʳ/ **adverb 1** A1 with each other: *We went shopping together.* ◦ *They live together.* ▷ **razem, ze sobą 2** B2 used to say that two or more things are joined to each other, mixed with each other, etc: *She tied the two pieces of rope together.* ▷ **ze sobą 3** B2 in the same place or close to each other: *We all sat together.* ▷ **razem 4** B1 at the same time: *We'll deal with the next two items on the list together.* ▷ **jednocześnie 5 together with sth** in addition to something: *She sent some flowers together with a card.* ▷ **(razem) z** *czymś* → See also **get your *act* together**, **get-together**

together[2] /təˈgeðəʳ/ **adjective** informal Someone who is together thinks clearly and organizes their life well. ▷ **zorganizowany**

togetherness /təˈgeðənəs/ **noun** [U] a feeling of friendship ▷ **poczucie wspólnoty**

Togo /ˈtəʊgəʊ/ **noun** a country in Africa ▷ **Togo**
• **Togolese** /ˌtəʊgəʊˈliːz/ **adjective** coming from or relating to Togo ▷ **togijski** • **Togolese noun** (plural **Togolese**) someone from Togo ▷ **Togijczyk/ka**

toil /tɔɪl/ **verb** [I] literary to do difficult work for a long time ▷ **harować, trudzić się**
• **toil noun** [U] literary ▷ **harówka, trud**

toilet /ˈtɔɪlɪt/ **noun** [C] **1** A1 a bowl that you sit on or stand near when you get rid of waste substances from your body ▷ **toaleta, muszla klozetowa** → See **The Bathroom** on page Centre 3 **2** UK (US **bathroom**) a room with a toilet in it ▷ **toaleta, ubikacja**

> **Wyrazy występujące razem z toilet**
> be on/go to/flush/need the toilet • toilet facilities • a toilet seat

ˈ**toilet** ˌ**paper noun** [U] paper used for cleaning your body after you have used the toilet ▷ **papier toaletowy** → See **The Bathroom** on page Centre 3

toiletries /ˈtɔɪlɪtriz/ **noun** [plural] things such as soap, toothpaste, etc that you use for making yourself clean ▷ **przybory toaletowe**

ˈ**toilet** ˌ**roll noun** [C] UK paper for cleaning your body after using the toilet that is folded around a tube ▷ **rolka papieru toaletowego** → See **The Bathroom** on page Centre 3

token[1] /ˈtəʊkən/ **noun** [C] **1** something that you give to someone in order to show them love, to thank them, etc: *I gave Helen some chocolates as **a token of** thanks for all her help.* ▷ **dowód, znak 2** a round piece of metal or plastic that you put in some machines instead of money: *You need a token to get out of the car park.* ▷ **żeton 3** UK (US **gift certificate**) a piece of paper that you give someone, which they can exchange for a book, CD, etc: *a **book/record/gift token*** ▷ **talon, bon**

token[2] /ˈtəʊkən/ **adjective** [always before noun] **1** A token person is chosen so that an organization can pretend that they care about that type of person: *a token woman* ▷ **symboliczny 2** A token action is small or unimportant and may show your future intentions or may only pretend to: *He made a **token effort** to find a job.* ▷ **symboliczny**

told /təʊld/ past of tell

tolerable /ˈtɒlərəbl/ **adjective** acceptable but not excellent: *The food was just about tolerable but the service was terrible.* ▷ **znośny** → Opposite **intolerable**
• **tolerably adverb** ▷ **znośnie, dość**

tolerance /ˈtɒlərəns/ **noun** [U] the quality of allowing people to do or believe what they want although you do not agree with it: ***religious/racial tolerance*** ▷ **tolerancja** → See also **zero tolerance**

> **Wyrazy występujące razem z tolerance**
> show tolerance • tolerance **of/towards** sb/sth • sb's tolerance **level** • **racial/religious** tolerance

tolerant /ˈtɒlərənt/ **adjective** allowing people to do what they want especially when you do not agree with it: *a tolerant attitude* ◦ *I think we're becoming more **tolerant of** children in public places.* ▷ **tolerancyjny** → Opposite **intolerant**

tolerate /ˈtɒləreɪt/ **verb** [T] **1** B2 to accept or allow something although you do not like it: *We will not tolerate racism of any sort.* ▷ **tolerować 2** to be able to deal with something unpleasant and not be harmed by it: *These plants can tolerate very low temperatures.* ▷ **znosić**
• **toleration** /ˌtɒlərˈeɪʃən/ **noun** [U] ▷ **tolerancja, wytrzymałość**

toll[1] /təʊl/ **noun 1** [C] money that you pay to use a bridge, road, etc ▷ **opłata za przejazd 2** [no plural] the number of people who are killed or injured ▷ **liczba ofiar**

IDIOM **take its toll** to have a bad effect on someone or something, especially over a long period of time: *The stress was starting to **take its toll on** him.* ▷ **odbijać się, dawać się we znaki**

→ See also **death toll**

toll[2] /təʊl/ **verb** [I] When a bell tolls, it rings slowly, especially because someone has died. ▷ **bić**

toll-free /ˌtəʊlˈfriː/ **adjective** US (UK **freephone**) A toll-free number is a telephone number that you can connect to without paying. ▷ **bezpłatny, darmowy**

tomato /təˈmɑːtəʊ/ US /təˈmeɪtəʊ/ **noun** [C, U] (plural **tomatoes**) A1 a soft, round, red fruit

T

eaten in salad or as a vegetable ▷ **pomidor** → See **Fruits and Vegetables** on page Centre 10

tomb /tu:m/ **noun** [C] B2 a place where a dead person is buried, usually with a monument ▷ **grób, grobowiec**

tomboy /ˈtɒmbɔɪ/ **noun** [C] a young girl who behaves and dresses like a boy ▷ **chłopczyca, rozrabiara**

tombstone /ˈtu:mstəʊn/ **noun** [C] a stone that shows the name of a dead person who is buried under it ▷ **nagrobek, tablica nagrobna**

tomcat /ˈtɒmkæt/ **noun** [C] a male cat ▷ **kocur**

tomorrow /təˈmɒrəʊ/ **noun** [U], **adverb 1** A1 the day after today or on the day after today: *It's my birthday tomorrow.* ◦ *Tomorrow is Friday.* ▷ **jutro 2** the future, or in the future: *the children of tomorrow* ▷ **jutro, przyszłość**

ton /tʌn/ **noun** [C] (plural **tons, ton**) **1** B2 a unit for measuring weight, equal to 1016 kilograms in the UK and 907 kilograms in the US ▷ **tona (brytyjska lub amerykańska), (brytyjska = 1016,15 kg, amerykańska = 907,185 kg)** → Compare **tonne 2 tons of sth** informal B2 a lot of something: *We've got tons of cheese left.* ▷ **masa** *czegoś* **3 weigh a ton** informal to be very heavy ▷ **ważyć tonę**

tone¹ /təʊn/ **noun 1** [C, U] B2 the quality of a sound, especially of someone's voice: *I knew by her **tone of voice** that she was serious.* ▷ **ton, brzmienie 2** [U, no plural] the general feeling or style that something has: *Then the director arrived and the whole tone of the meeting changed.* ▷ **ton, atmosfera 3** [C] B2 an electronic sound made by a telephone: *a dialling tone/an engaged tone* ▷ **sygnał 4** [C] one of the many types of a particular colour ▷ **odcień**

tone² /təʊn/ **verb** [T] (also **tone up**) to make your muscles or skin firmer and stronger: *Try these exercises to tone up your stomach muscles.* ▷ **ujędrniać**

PHRASAL VERB **tone sth down** to make a piece of writing, a speech, etc less offensive or rude: *The show was toned down for television.* ▷ **złagodzić** *coś*, **złagodzić ton** *czegoś*

tone-deaf /ˌtəʊnˈdef/ US /ˈtəʊndef/ **adjective** unable to sing the correct musical notes or hear the difference between musical notes ▷ **pozbawiony słuchu (muzycznego)**

toner /ˈtəʊnər/ **noun** [U] a type of ink used for computer printers and photocopiers ▷ **toner**

Tonga /ˈtɒŋgə/ **noun** a country consisting of a group of islands to the east of Australia ▷ **Tonga** • **Tongan** /ˈtɒŋən/ **adjective** coming from or relating to Tonga ▷ **tongijski** • **Tongan noun** someone from Tonga ▷ **Tongij-czyk/ka**

tongs /tɒŋz/ **noun** [plural] a tool used for picking things up, that has two pieces joined together at one end ▷ **szczypce**

tongue /tʌŋ/ **noun 1** [C] B1 the soft thing inside your mouth that you move and use for tasting and speaking ▷ **język 2** [C, U] the tongue of some animals that you can eat as meat ▷ **ozór, ozorek 3** [C] formal a language: *Japanese is her **native tongue** (= the language she learnt to speak as a child).* ▷ **język** → See also **mother tongue**, **a slip of the tongue, be on the *tip* of sb's tongue**

tongue-in-cheek /ˌtʌŋɪnˈtʃi:k/ **adjective, adverb** said or done as a joke ▷ **żartobliwy, żartem**

tongue-tied /ˈtʌŋtaɪd/ **adjective** unable to say anything because you are nervous ▷ **onieśmiały, ≈ zatkało** *kogoś*

ˈtongue ˌtwister noun [C] a phrase or sentence that is difficult to say quickly because it has many similar sounds in it ▷ **łamaniec językowy**

tonic /ˈtɒnɪk/ **noun 1** [C, U] (also **ˈtonic ˌwater**) a drink with bubbles in it that has a bitter taste and is often added to alcoholic drinks ▷ **tonik 2** [no plural] something that makes you feel better: *Spending time with Leo is always a tonic.* ▷ **balsam**

tonight /təˈnaɪt/ **noun, adverb** [U] A1 the night of this day, or during the night of this day: *What are you doing tonight?* ◦ *I'm looking forward to tonight.* ▷ **(dziś) wieczorem**

tonne /tʌn/ **noun** [C] (plural **tonnes, tonne**) UK a metric ton ▷ **tona (metryczna)** → Compare **ton**

tonsil /ˈtɒnsəl/ **noun** [C] one of the two small, soft parts at the back of your mouth ▷ **migdałek**

tonsillitis /ˌtɒnsəlˈaɪtɪs/ **noun** [U] an illness that makes your tonsils very painful ▷ **angina, zapalenie migdałków**

too /tu:/ **adverb 1 too small/heavy/much, etc** A1 used before adjectives and adverbs to mean 'more than is allowed, necessary, possible, etc': *The film is also far too long.* ◦ *There are too many cars on the roads these days.* ◦ [+ to do sth] *I decided it was too early to get up and went back to sleep.* ▷ **za lub zbyt mały/ciężki/dużo** *itp.* **2** A1 also: *Do you know Jason too?* ◦ *I'll probably go there next year too.* ▷ **też, także 3 not too** A2 used before adjectives and adverbs to mean 'not very': *"How was your exam?" "Not too bad, I suppose."* ◦ *I didn't play too well today.* ▷ **niezbyt, nie za**

took /tʊk/ past tense of take

tool /tu:l/ **noun** [C] **1** B2 a piece of equipment that you use with your hands in order to help you do something ▷ **narzędzie 2** something that helps you to do a particular activity: *Computers are an essential tool for modern scientists.* ▷ **narzędzie** → See also **power tool**

toolbar /ˈtu:lbɑ:r/ **noun** [C] on a computer screen, a row of icons ▷ **pasek narzędzi**

ˈtool ˌbox noun [C] a container in which you keep and carry small tools ▷ **skrzynka na narzędzia**

toot /tu:t/ **verb** UK (UK/US **honk**) **toot your horn**

If a driver toots their horn, they make a short sound with the horn. ▷ **trąbić**
• **toot** noun [C] ▷ **klakson, trąbienie**

tooth /tuːθ/ **noun** [C] (plural **teeth**) **1** (A1) one of the hard, white objects in your mouth that you use for biting and crushing food: *You should **brush** your **teeth** twice a day.* ▷ **ząb 2** one of the row of metal or plastic points that stick out from a tool such as a comb or saw ▷ **ząb**

IDIOM **grit your teeth** to accept a difficult situation and deal with it in a determined way ▷ **zacisnąć zęby**

→ See also **a *kick* in the teeth**, **do sth by the *skin* of your teeth**, **wisdom tooth**

> **Wyrazy występujące razem z tooth**
> brush/clean your teeth • your back/front teeth • have a tooth removed/taken out • a set of teeth

toothache /ˈtuːθeɪk/ **noun** [U] (A2) a pain in one of your teeth ▷ **ból zęba**

toothbrush /ˈtuːθbrʌʃ/ **noun** [C] (A2) a small brush that you use to clean your teeth ▷ **szczoteczka do zębów**

toothpaste /ˈtuːθpeɪst/ **noun** [U] (B1) a substance that you use to clean your teeth ▷ **pasta do zębów** → See **The Bathroom** on page Centre 3

toothpick /ˈtuːθpɪk/ **noun** [C] a small, thin stick that you use to remove pieces of food from between your teeth ▷ **wykałaczka**

top[1] /tɒp/ **noun 1** [C] (A2) the highest part of something: *They were waiting for him **at the top of** the stairs.* ◦ *I want a cake with cherries **on top**.* ▷ **góra, szczyt 2** [C] the flat, upper surface of something: *the table top* ▷ **wierzch, blat 3** [C] the lid or cover of a container, pen, etc: *Put the top back on the bottle.* ▷ **pokrywka, wieczko, nakrętka 4** [C] (B1) a piece of clothing worn on the upper part of the body ▷ **góra, bluzka 5** [C] a toy that turns round and round when you move its handle up and down ▷ **bąk 6 the top** the most important position in a company, team, etc: *At forty he was already **at the top of** his profession.* ▷ **czołówka 7 at the top of your voice** UK (US **at the top of your lungs**) shouting very loudly ▷ **na cały głos**

IDIOMS **from top to bottom** completely: *I've searched the house from top to bottom and still can't find it.* ▷ **od góry do dołu** • **get on top of sb** UK If a difficult situation gets on top of someone, it upsets them. ▷ **przytłaczać** *kogoś* • **off the top of your head** informal If you say a fact off the top of your head, you say it immediately, from memory: *"What date is their wedding?" "I couldn't tell you off the top of my head."* ▷ **bez zastanowienia** • **on top of sth a** (B2) in addition to something else that is bad: *And then, on top of everything else, her car was stolen.* ▷ **na dodatek, na domiar złego b** able to deal with or in control of something: *I'm not at all sure that he's on top of the situation.* ▷ **w stanie panować nad** *czymś* • **be on top of the world** informal to be very happy ▷ **być w siódmym niebie** • **over the top** mainly UK informal too extreme and not suitable: *I thought her performance was way over the top.* ▷ **przesadzony**

> **Wyrazy występujące razem z top**
> reach the top • at the top • on top • the top of sth

top[2] /tɒp/ **adjective** [always before noun] **1** (B1) the best, most important, or most successful: *He's one of the country's top athletes.* ▷ **czołowy, najlepszy 2** (B1) at the highest part of something: *I can't reach the top shelf.* ▷ **górny, najwyższy**

top[3] /tɒp/ **verb** [T] (present participle **topping**, past tense and past participle **topped**) **1** to be better or more than something: *I don't think film makers will ever top 'Gone With The Wind'.* ▷ **przebić, przewyższyć 2 be topped with sth** to be covered with something: *lemon tart topped with cream* ▷ **być z dodatkiem** *czegoś*

PHRASAL VERBS **top sth off** informal to finish something in an enjoyable or successful way ▷ **podsumować** *coś*, **zakończyć** *coś* • **top sth up** UK (US **top sth off**) **1** to add more liquid to a container in order to make it full ▷ **dopełniać** *coś*, **dolewać do** *czegoś* **2** to add more of something, especially money, to an existing amount to create the total you need: *Can I top up my mobile phone here?* ▷ **doładować** *coś*

ˌtop ˈhat UK (US ˈ**top ˌhat**) **noun** [C] a tall, black or grey hat worn by men on some formal occasions ▷ **cylinder**

topic /ˈtɒpɪk/ **noun** [C] (B1) a subject that you talk or write about ▷ **temat**

> **Wyrazy występujące razem z topic**
> cover/discuss/raise a topic • a controversial/hot topic • the (main) topic of sth • a topic of conversation/discussion

topical /ˈtɒpɪkəl/ **adjective** relating to things that are happening now ▷ **aktualny, na czasie**

topless /ˈtɒpləs/ **adjective** without clothes on the upper part of your body ▷ **(w stroju) topless**

topmost /ˈtɒpməʊst/ **adjective** [always before noun] highest: *the topmost branches of a tree* ▷ **najwyższy**

topography /təˈpɒgrəfi/ **noun** [U] the shape and other physical characteristics of a piece of land ▷ **topografia**

topping /ˈtɒpɪŋ/ **noun** [C, U] food that is put on top of other food in order to give it more flavour, or to make it look attractive ▷ **dodatek, polewa, przybranie**

topple /ˈtɒpl/ **verb 1** [I, T] to fall, or to make something or someone fall ▷ **przewrócić (się)**

T

2 [T] to make a leader lose their position of power ▷ **obalić**

top-secret /ˌtɒpˈsiːkrət/ **adjective** Top-secret information is very important and must not be told to anyone. ▷ **ściśle tajny**

topsy-turvy /ˌtɒpsiˈtɜːvi/ **adjective** informal confused or badly organized ▷ **pogmatwany, postawiony na głowie**

ˈtop-up ˌcard noun [C] a card you can buy which gives you a special number so that you can use your mobile phone for longer ▷ **doładowanie**

the Torah /ˈtɔːrə/ **noun** the holy books of the Jewish religion, especially the first five books of the Bible ▷ **Tora, Pięcioksiąg**

torch¹ /tɔːtʃ/ **noun** [C] **1** UK (US **flashlight**) B2 a small electric light that you hold in your hand ▷ **latarka 2** a long stick with material that burns tied to the top of it ▷ **pochodnia**

torch² /tɔːtʃ/ **verb** [T] informal to destroy something by burning it: *A number of houses were torched.* ▷ **spalić, puścić z dymem**

tore /tɔːʳ/ past tense of tear

torment¹ /tɔːˈment/ **verb** [T] to make someone suffer or worry a lot: *All evening the question tormented her.* ▷ **dręczyć**
• **tormentor** noun [C] ▷ **dręczyciel/ka, oprawca**

torment² /ˈtɔːment/ **noun** [C, U] extreme unhappiness or pain ▷ **udręka, męczarnie**

torn /tɔːn/ past participle of tear

tornado /tɔːˈneɪdəʊ/ **noun** [C] (plural **tornados**, **tornadoes**) (also US **twister**) B2 an extremely strong and dangerous wind that blows in a circle and destroys buildings as it moves along ▷ **tornado, trąba powietrzna**

torpedo /tɔːˈpiːdəʊ/ **noun** [C] (plural **torpedoes**) a long, thin bomb that is fired from a ship and moves under water to destroy another ship ▷ **torpeda**

torrent /ˈtɒrᵊnt/ **noun** [C] **1 a torrent of sth** a lot of something unpleasant: *a* ***torrent of abuse*** ▷ **potok** *czegoś* **2** a large amount of water that is moving very fast ▷ **rwący strumień, potok**

torrential /təˈrenʃᵊl/ **adjective** Torrential rain is very heavy rain. ▷ **ulewny, rzęsisty**

torso /ˈtɔːsəʊ/ **noun** [C] the main part of a human body without its arms, legs, or head ▷ **tors**

tortilla /tɔːˈtiːə/ **noun** [C] a type of thin round Mexican bread ▷ **tortilla**

tortoise /ˈtɔːtəs/ **noun** [C] an animal with a thick, hard shell that it can move its head and legs into for protection ▷ **żółw (lądowy)**

tortoise

tortuous /ˈtɔːtʃuəs/ **adjective** formal **1** very complicated or difficult: *Gaining permission to build was a long and* ***tortuous process.*** ▷ **skomplikowany, zawiły 2** A tortuous road has many turns in it: *a* ***tortuous path/route*** ▷ **kręty**

torture¹ /ˈtɔːtʃəʳ/ **verb** [T] to cause someone severe pain, often in order to make them tell you something ▷ **torturować**
• **torturer** noun [C] ▷ **oprawca**

torture² /ˈtɔːtʃəʳ/ **noun** [C, U] **1** when someone is tortured ▷ **tortura, tortury 2** a very unpleasant experience: *I had to sit there listening to her for two whole hours – it was torture!* ▷ **tortura, tortury, męka**

Tory /ˈtɔːri/ **noun** [C] someone who supports the Conservative Party in the UK: *a Tory voter* ▷ **torys**

toss¹ /tɒs/ **verb 1 toss sth away/into/on, etc** to throw something somewhere carelessly: *He read the letter quickly, then tossed it into the bin.* ▷ **wyrzucić/wrzucić/rzucić** *coś gdzieś* **2** [I, T] (also **toss up**) to throw a coin in the air and guess which side will land facing upwards as a way of deciding something ▷ **rzucać (monetą)**

toss² /tɒs/ **noun 1 a toss of a coin** when you throw a coin in the air and guess which side will land facing upwards as a way of deciding something ▷ **rzut monetą 2 a toss of your head/hair** when you move your head quickly backwards ▷ **potrząśnięcie głową/włosami**

tot /tɒt/ **noun** [C] informal **1** a small child ▷ **brzdąc, szkrab 2** UK a small amount of strong alcohol ▷ **kropelka, kapka**

total¹ /ˈtəʊtᵊl/ **adjective** [always before noun] **1** B1 including everything: *The total cost of the work was $800.* ▷ **całkowity 2** B2 extreme or complete: *The whole evening was a total disaster.* ▷ **całkowity, zupełny**

total² /ˈtəʊtᵊl/ **noun** [C] B1 the amount you get when you add several smaller amounts together: ***In total*** *we made over £3000.* ▷ **suma**

> Wyrazy występujące razem z **total (noun)**
>
> sth **brings/takes the total to** [500/4000, etc] • **reach a total of** [500/4000, etc] • **the final/overall/sum total** • [500/4000, etc] **in total**

total³ /ˈtəʊtᵊl/ **verb** [T] (present participle UK **totalling**, US **totaling**, past tense and past participle **totalled**, US **totaled**) to add up to a particular amount ▷ **sumować**

totalitarian /təʊˌtælɪˈteəriən/ **adjective** belonging to a political system in which the people in power have complete control and do not allow anyone to oppose them ▷ **totalitarny**
• **totalitarianism** noun [U] ▷ **totalitaryzm**

totally /ˈtəʊtᵊli/ **adverb** B1 completely: *They look totally different.* ◦ *I totally disagree.* ▷ **zupełnie, całkowicie**

tote bag /ˈtəʊtˌbæg/ **noun** [C] US a large bag with handles and an open top ▷ **torba (na zakupy)**

totter /ˈtɒtəʳ/ **verb** [I] to walk in a way that looks as if you are going to fall: *She tottered around the* *dance floor.* ▷ **chwiać się (na nogach), zataczać się**

toucan /ˈtuːkən/ **noun** [C] a South American bird that has a brightly coloured beak ▷ **tukan**

touch¹ /tʌtʃ/ **verb 1** [T] B1 to put your hand on something: *You can look at them but please don't touch them.* ▷ **dotykać 2** [I, T] B2 If two things touch, they are so close to each other that there is no space between them: *These two wires must not touch.* ▷ **dotykać (się), stykać się (z) 3** [T] B2 If something kind that someone says or does touches you, it makes you feel pleased or a little sad: [often passive] *I was deeply touched by her letter.* ▷ **wzruszać, poruszać 4 not touch sth** to not eat or drink something ▷ **(nawet) nie tknąć** *czegoś* **5 not touch sb/sth** to not harm someone or not damage something ▷ **nie tknąć** *kogoś/czegoś* **palcem** → See also **touch/cover all the *bases***, **hit/touch a (raw) *nerve***

PHRASAL VERBS **touch down** When a plane touches down, it lands. ▷ **lądować** • **touch on sth** to briefly talk about something: *We only touched on the subject.* ▷ **poruszyć** *coś*, **wspomnieć o** *czymś* • **touch sth up** to improve something by making small changes ▷ **poprawiać** *coś*, **skorygować** *coś*, **podretuszować** *coś*

touch² /tʌtʃ/ **noun 1** [no plural] B2 when you put your hand on something: *I felt the touch of his hand on my face.* ▷ **dotknięcie, dotyk 2** [U] B2 the ability to feel things by putting your hand on them: *It was cold **to the touch** (= when I touched it).* ▷ **dotyk 3** [C] a small detail that makes something better: *Having flowers on the tables was a **nice touch**.* ▷ **akcent 4 a touch** a little: *Add a little olive oil and **a touch of** vinegar.* ▷ **odrobina 5 be/get/keep, etc in touch** B1 to communicate or continue to communicate with someone by telephoning, or writing to them ▷ **utrzymywać/nawiązywać** *itp.* *kontakt*, **być/pozostawać** *itp.* **w kontakcie 6 lose touch** B2 to stop communicating with someone, usually because they do not live near you now ▷ **tracić kontakt 7 be out of touch** to know little about what has recently happened ▷ **nie orientować się**

touchdown /ˈtʌtʃdaʊn/ **noun 1** [C, U] when an aircraft lands ▷ **lądowanie 2** [C] when the ball is carried or thrown over a line in order to score points in rugby or American football ▷ **przyłożenie**

touched /tʌtʃt/ **adjective** pleased or a little sad because someone has done something kind: *She was touched that he had remembered her birthday.* ▷ **wzruszony**

touching /ˈtʌtʃɪŋ/ **adjective** making you feel sadness or sympathy: *a touching performance* ▷ **wzruszający**

touchpad /ˈtʌtʃpæd/ **noun** [C] (also **trackpad**) a flat device, often part of a laptop computer, that you touch with your fingers to move the cursor ▷ **touchpad, panel dotykowy**

ˈtouch ˌscreen noun [C] a screen that works when you touch it ▷ **ekran dotykowy**

touchstone /ˈtʌtʃstəʊn/ **noun** [no plural] something that other things can be judged against ▷ **sprawdzian, probierz**

touchy /ˈtʌtʃi/ **adjective 1** easily upset: *Why are you so touchy today?* ▷ **drażliwy, przewrażliwiony 2 touchy subject/issue, etc** a subject that you have to talk about carefully because it is likely to upset someone ▷ **drażliw-y/a temat/kwestia** *itp.*

tough /tʌf/ **adjective 1** B2 difficult: *He's had a **tough time** at work recently.* ◦ *We've had to make some **tough decisions**.* ▷ **trudny 2** Tough rules are severe: ***tough new laws** on noise pollution* ▷ **restrykcyjny, twardy 3** B2 not easily damaged, cut, etc: *Children's shoes have to be tough.* ◦ *This meat's very tough.* ▷ **twardy, mocny 4** B2 physically strong and not afraid of violence: *a **tough guy*** ▷ **twardy 5** determined and not easily upset: *You have to be tough to survive in politics.* ▷ **twardy 6** unfair or unlucky: *It can **be tough on** kids when parents get divorced.* ▷ **trudny, ciężki**

toughen /ˈtʌfᵊn/ **verb** [I, T] (also **toughen up**) to become stronger, or to make something or someone stronger: *School tends to toughen kids up.* ▷ **uodparniać (się), hartować (się), utwardzać, twardnieć**

toupee /ˈtuːpeɪ/, /tuːpˈeɪ/ **noun** [C] a piece of artificial hair worn by a man to cover part of his head where there is no hair ▷ **tupecik, peruczka**

tour¹ /tʊəʳ/ **noun** [C, U] A2 a visit to and around a place, area, or country: *a **tour of Europe*** ◦ *We went on a **guided tour** of the cathedral.* ◦ *The band are **on tour** (= travelling and performing in different places).* ▷ **wycieczka, podróż, objazd, tournée**

> Wyrazy występujące razem z **tour**
>
> be on/go on a tour • a guided/sightseeing/world tour • a tour of sth

tour² /tʊəʳ/ **verb** [I, T] B1 to travel around a place for pleasure: *to tour the States* ▷ **podróżować (po), objeżdżać**

tourism /ˈtʊərɪzᵊm/ **noun** [U] B1 the business of providing services for tourists, including organizing their travel, hotels, entertainment, etc ▷ **turystyka**

tourist /ˈtʊərɪst/ **noun** [C] A2 someone who visits a place for pleasure and does not live there ▷ **turyst-a/ka**

> Wyrazy występujące razem z **tournament**
>
> host/play in/pull out of/take part in/win a tournament • in a tournament • a major tournament • a round/stage of a tournament

tournament /ˈtʊənəmənt/ **noun** [C] B1 a competition with a series of games between

T

many teams or players, with one winner at the end: *a golf/tennis tournament* ▷ **turniej**

tourniquet /ˈtʊənɪkeɪ/ (US) /ˈtɜːrnɪkɪt/ **noun** [C] a long piece of cloth that you tie tightly around an injured arm or leg to stop the blood coming out ▷ **opaska uciskowa**

tousled /ˈtaʊzld/ **adjective** Tousled hair is untidy. ▷ **zmierzwiony, rozczochrany**

tout[1] /taʊt/ **verb 1** [T] to praise someone or something in order to make people think that they are important: [often passive] *He is being* ***touted as*** *the next big star.* ▷ **kreować, promować 2** [I, T] mainly UK to try to persuade people to buy something: *Drug dealers were seen* ***touting for business*** *outside schools.* ▷ **nagabywać, wpychać**

tout[2] /taʊt/ **noun** [C] UK (US **scalper**) someone who unofficially sells tickets outside theatres, sporting events, etc ▷ **konik**

tow[1] /təʊ/ **verb** [T] to pull a car, boat, etc, using a rope or chain connected to another vehicle: *His car was* ***towed away*** *by the police.* ▷ **holować**

tow[2] /təʊ/ **noun** informal **in tow** If you have someone in tow, you have them with you: *Shopping can be very stressful with young children in tow.* ▷ **ze sobą, na głowie**

towards /təˈwɔːdz/ **preposition** mainly UK (mainly US **toward**) **1** B1 in the direction of someone or something: *She stood up and walked towards him.* ▷ **do, ku, na, w kierunku 2** near to a time or place: *Your seats are towards the back of the theatre.* ◦ *He only became successful towards the end of his life.* ▷ **niedaleko, przy, około, pod 3** B2 used when talking about feelings about something or someone: *His attitude towards work needs to improve.* ▷ **(w stosunku) do, dla 4** for the purpose of buying or achieving something: *We're asking people for a contribution towards the cost.* ◦ *This piece of work counts towards your final mark.* ▷ **na, do, dla**

towel /taʊəl/ **noun** [C] A2 a soft piece of cloth or paper that you use for drying yourself or for drying something: *a* ***bath/beach towel*** ◦ *a paper towel* ▷ **ręcznik** → See **The Bathroom** on page Centre 3

IDIOM **throw in the towel** to stop trying to do something because you do not think you can succeed ▷ **dać za wygraną, poddać się**

→ See also **sanitary towel**, **tea towel**

ˈtowel ˌrail noun [C] UK (US **ˈtowel ˌrack**) a horizontal bar on the wall that you hang towels on ▷ **wieszak na ręczniki**

tower[1] /taʊər/ **noun** [C] B1 a very tall, narrow building, or part of a building: *a church tower* ◦ *the Eiffel Tower* ▷ **wieża**

IDIOM **a tower of strength** someone who helps you a lot during a difficult time ▷ **oparcie, opoka**

tower[2] /taʊər/ **verb tower over/above sb/sth** to be much taller or higher than someone or something else: *David towers over his mother.* ▷ **górować nad** *kimś/czymś*, **wznosić się nad** *kimś/czymś*

ˈtower ˌblock noun [C] UK a very tall building divided into apartments or offices ▷ **wieżowiec**

towering /ˈtaʊərɪŋ/ **adjective** [always before noun] very tall: *towering mountains/trees* ▷ **gigantyczny**

town /taʊn/ **noun 1** [C] A1 a place where people live and work, usually larger than a village but smaller than a city: *It's a small town in the north of England.* ▷ **miasto, miasteczko 2** [U] A2 the central area of a town where the shops are: *I usually* ***go into town*** *on a Saturday.* ◦ *Shall I meet you* ***in town****?* ▷ **miasto, centrum (miasta)**

IDIOMS **go to town (on sth)** to spend a lot of money or time doing something in order to make it special: *They've really gone to town on the decorations.* ▷ **zaszaleć (z** *czymś***), postarać się (z** *czymś***)** • **out on the town** informal enjoying yourself in bars, restaurants, etc in the evening ▷ **na mieście**

→ See also **ghost town**, **shanty town**

> Wyrazy występujące razem z **town**
>
> go into town • in town • a part of/side of town • the town centre

ˌtown ˈhall noun [C] a large building where local government is based ▷ **ratusz**

township /ˈtaʊnʃɪp/ **noun** [C] in South Africa, an area where only black people lived in the past ▷ **osiedle murzyńskie lub Czarnych**

townspeople /ˈtaʊnzˌpiːpl/ **noun** [group] the people who live in a particular town, considered as a group ▷ **mieszkańcy miasta**

toxic /ˈtɒksɪk/ **adjective** B2 poisonous: ***toxic chemicals/fumes*** ◦ ***toxic waste*** (= *poisonous waste materials produced by industry*) ▷ **toksyczny, trujący**

• **toxicity** /tɒkˈsɪsəti/ **noun** [U] formal how poisonous a substance is ▷ **toksyczność**

toxin /ˈtɒksɪn/ **noun** [C] formal a poisonous substance ▷ **toksyna, substancja trująca**

toy[1] /tɔɪ/ **noun** [C] A2 an object for children to play with: *a toy car/train* ◦ *He was happily playing with his toys.* ▷ **zabawka**

toy[2] /tɔɪ/ **verb**

PHRASAL VERB **toy with sth 1** to briefly think about doing something, but not really intend to do it: *I've toyed with the idea of going to work abroad.* ▷ **rozważać** *coś* **lub myśleć o** *czymś* **(przez chwilę) 2** to move something around in your hands without any clear purpose: *He sat toying with his empty glass.* ▷ **bawić się** *czymś*

TQM /ˌtiːkjuːˈem/ **noun** [U] abbreviation for total quality management: a system used in businesses and other organizations to make sure that every part of the organization is of high quality ▷ **zarządzanie przez jakość**

trace¹ /treɪs/ **verb** [T] **1** to find someone or something that was lost: *Police have so far failed to trace the missing woman.* ▷ **wytropić, odszukać 2** to find the origin of something: *She's **traced** her family **back** to the sixteenth century.* ◦ *They were able to **trace** the **call** (= find out the number of the telephone used).* ▷ **odnaleźć, wyśledzić 3** to describe the way something has developed over time: *The book traces the development of women's art since the start of the century.* ▷ **prześledzić, opisywać 4** to copy a picture by putting transparent paper on top and following the outer line of the picture with a pen: *tracing paper* ▷ **odkalkować**

trace² /treɪs/ **noun 1** [C, U] B2 proof that someone or something was in a place: *There was **no trace** of her anywhere.* ◦ *Ships have **disappeared without trace** (= completely).* ▷ **ślad 2** [C] a small amount of something: *They found traces of blood on his clothing.* ▷ **ślad**

> Wyrazy występujące razem z **trace**
>
> find no/leave no trace (of sth) • disappear without/vanish without trace

traceable /ˈtreɪsəbl/ **adjective** If something is traceable, it is possible to find out where it came from. ▷ **możliwy do ustalenia**

ˈtrace ˌelement noun [C] one of many types of simple chemical substance that are in animals and plants in small amounts and are necessary for the animal or plant to grow and develop ▷ **pierwiastek śladowy**

trachea /trəˈkiːə/ **noun** [C] (plural **tracheae** or **tracheas**) the tube that carries air from your throat to your lungs ▷ **tchawica**

track¹ /træk/ **noun 1** [C] B1 a narrow path or road: *We followed a dirt track off the main road.* ▷ **ścieżka, droga (gruntowa) 2** [C] the long metal lines which a train travels along: UK *a railway track*/US *a railroad track* ▷ **tor 3** [C] B1 a path, often circular, used for races: *a race track* ◦ *track events* ▷ **bieżnia, tor 4** [U] US B2 the sport of running in races around a wide circular path made for this sport ▷ **biegi 5** [C] B2 one song or piece of music on a CD, record, etc ▷ **ścieżka (dźwiękowa), utwór 6 keep track** to continue to know what is happening to someone or something: *He changes jobs so often – I find it hard to keep track of what he's doing.* ▷ **nadążać, śledzić 7 lose track** B2 to not know what is happening to someone or something any more: *I've lost track of how much we've spent.* ▷ **stracić rachubę 8 on track** making progress and likely to succeed: [+ to do sth] *A fighter from Edinburgh is on track to become world heavyweight boxing champion.* ▷ **na dobrej drodze**

IDIOMS **a fast track (to sth)** a very quick way of achieving or dealing with something: *These intensive courses claim to offer a fast track to wealth and success.* ▷ **szybka droga (do** *czegoś***)** • **off the beaten track** in a place where few people go ▷ **na bezdrożach, na odludziu**

track² /træk/ **verb** [T] **1** to follow a person or animal by looking for proof that they have been somewhere, or by using electronic equipment: *The wolves are tracked by using radio collars.* ▷ **śledzić, tropić 2** to record the progress or development of something over a period: *The project tracks the effects of population growth on the area.* ▷ **prześledzić**

PHRASAL VERB **track sth/sb down** to find something or someone after looking for them in a lot of different places: *The man was finally tracked down by French police.* ▷ **odnaleźć** *coś/kogoś*, **wyśledzić** *coś/kogoś*

ˌtrack and ˈfield noun [U] US (UK **athletics**) the sports which include running, jumping, and throwing ▷ **lekkoatletyka** → See **Sports 1** on page Centre 14

trackball /ˈtrækbɔːl/ **noun** [C] a ball on the keyboard of a computer that you roll with your finger in order to move the cursor on the screen ▷ **trackball, manipulator kulkowy**

trackpad /ˈtrækpæd/ **noun** [C] (also **touchpad**) a flat device, often part of a laptop computer, that you touch with your fingers to move the cursor ▷ **touchpad, panel dotykowy**

ˌtrack ˈrecord UK (US **ˈtrack ˌrecord**) **noun** [C] how well or badly you have done in the past: *This company has an impressive track record in completing projects on time.* ▷ **dokonania, osiągnięcia**

tracks /træks/ **noun** [plural] B2 the marks left on the ground by a person, animal, or vehicle: *We followed their tracks in the snow.* ▷ **trop, ślad**

tracksuit /ˈtræksuːt/ **noun** [C] UK B1 loose, comfortable clothes, usually trousers and a top, especially worn for exercising ▷ **dres** → See **Clothes** on page Centre 9

tract /trækt/ **noun** [C] **1** a system of connected tubes in someone's body which has a particular purpose: *the **digestive/respiratory tract*** ▷ **przewód, drogi 2** a large area of land ▷ **obszar**

tractor /ˈtræktəʳ/ **noun** [C] a strong vehicle with large back wheels used on farms for pulling things ▷ **traktor**

Tracy /ˈtreɪsi/ **noun** a female name

trade¹ /treɪd/ **noun 1** [U] B1 the buying and selling of large numbers of goods or services, especially between countries: *a **trade agreement/dispute*** ◦ *They rely heavily on **trade with** Europe.* ◦ *The laws ban the international **trade in** ivory.* ▷ **handel 2** [C] a particular area of business or industry: *the building/tourist trade* ▷ **branża 3** [C] B2 someone's job, especially one which needs skill in using their hands: *He's a builder **by trade**.* ▷ **zawód, fach**

T

Wyrazy występujące razem z trade (noun)

trade **agreement/deal/policy** • trade **between** [two countries/regions] • trade **with** [a country] • trade **in** sth • a trade **dispute**

trade² /treɪd/ **verb 1** [I] B2 to buy and sell goods or services, especially between countries: *This will increase costs for companies* ***trading with*** *Asia.* ▷ **handlować 2** [T] mainly US to give something to someone and receive something else in exchange: *He* ***traded*** *his guitar* ***for*** *a leather jacket.* ▷ **wymieniać, zamieniać**
• **trading noun** [U] ▷ **handel**

PHRASAL VERB **trade sth in** to give something as part of your payment for something else: *He traded his old car in for a new model.* ▷ **oddawać** *coś* **w rozliczeniu, wymieniać** *coś* **(na nowy) (za dopłatą)**

ˈtrade ˌbarrier noun [C] anything that makes international trade more difficult, such as taxes ▷ **bariera dla handlu**

ˌtrade ˈcreditor noun [C] a company that supplies goods to a business that have not yet been paid for ▷ **wierzyciel handlowy**

ˌtrade ˈdebtor noun [C] a business that owes money to a company for goods that company has supplied ▷ **dłużnik handlowy**

ˌtrade ˈdeficit noun [C] a situation in which the value of goods that a country sells to other countries is lower than the value of goods it buys from other countries, or the size of this difference ▷ **deficyt handlowy**

the ˌTrade Desˈcriptions ˌAct noun a law in the UK to make sure that people selling things describe them fairly and accurately ▷ **(brytyjska) ustawa o informacji handlowej**

ˌtrade ˈdiscount noun [C, U] a lower price that is sometimes given to people who work in the same area of business ▷ **rabat towarowy**

ˈtrade ˌfair noun [C] (also **trade show**) a large event at which companies show their new products to people who might buy them ▷ **targi**

trademark /ˈtreɪdmɑːk/ **noun** [C] the name of a particular company or product which cannot be used by anyone else ▷ **znak towarowy lub handlowy**

trade-off /ˈtreɪdɒf/ **noun** [C] a situation where you accept something bad in order to have something good: *There's always* ***a trade-off between*** *speed and quality.* ▷ **kompromis**

trader /ˈtreɪdəʳ/ **noun** [C] **1** a person who buys and sells things: *His father was a market trader.* ▷ **przedsiębiorca, handlowiec 2** a person who buys and sells company shares or money: *a currency/futures trader* ▷ **gracz (giełdowy)**

tradesman /ˈtreɪdzmən/ **noun** [C] (plural **tradesmen**) UK someone who works in trade or in a trade which needs skill in using their hands, usually in the building industry ▷ **handlowiec, pracownik wykwalifikowany**

ˌtrade ˈsurplus noun [C] a situation in which the value of goods that a country sells to other countries is bigger than the value of goods it buys from other countries, or the size of this difference ▷ **nadwyżka w handlu**

ˌtrade ˈunion noun [C] (also US **labor union**) an organization that represents people who do a particular job ▷ **związek zawodowy**

tradition /trəˈdɪʃən/ **noun** [C, U] B2 a custom or way of behaving that has continued for a long time in a group of people or a society: *There is a* ***strong tradition*** *of dance in St Petersburg.* ◦ *We decided to* ***break with tradition*** *(= not behave as usual) this year and go away for Christmas.* ▷ **tradycja**

Wyrazy występujące razem z tradition

break with/follow/revive/uphold a tradition • an **ancient/old/proud/rich/strong** tradition

traditional /trəˈdɪʃənəl/ **adjective** B1 following the customs or ways of behaving that have continued in a group of people or society for a long time: *traditional Hungarian dress* ◦ *traditional farming methods* ▷ **tradycyjny**
• **traditionally adverb** B2 ▷ **tradycyjnie**

traditionalist /trəˈdɪʃənəlɪst/ **noun** [C] someone who believes in traditional ideas and ways of doing things ▷ **tradycjonalista**

traffic /ˈtræfɪk/ **noun** [U] **1** A2 the cars, trucks, etc using a road: ***Traffic*** *is* ***heavy*** *(= there are a lot of cars, etc) in both directions.* ◦ *a* ***traffic accident*** ◦ *Sorry we're late – we got* ***stuck in traffic****.* ▷ **ruch 2** the planes or ships moving around an area: *air traffic control* ▷ **ruch 3** the illegal buying and selling of goods, such as drugs, weapons, etc: *the* ***traffic in*** *illegal drugs* ▷ **(nielegalny) handel**

Wyrazy występujące razem z traffic

reduce/ease/divert/slow down traffic • **bad/heavy** traffic • **be stuck in** traffic • a traffic **accident**

ˈtraffic ˌcircle noun [C] US (UK **roundabout**) a circular place where roads meet and where cars drive around until they arrive at the road that they want to turn into ▷ **rondo**

ˈtraffic ˌjam noun [C] B1 a line of cars, trucks, etc that are moving slowly or not moving at all: *They got stuck in a traffic jam.* ▷ **korek (uliczny)**

trafficking /ˈtræfɪkɪŋ/ **noun** [U] the activity of illegally buying and selling goods, such as drugs or weapons: ***arms/drug trafficking*** ▷ **(nielegalny) handel**
• **trafficker noun** [C] ▷ **handla-rz/rka**

ˈtraffic ˌlight noun [plural] (also **lights**) A2 a set of red, green, and yellow lights that is used to stop and start traffic: [usually plural] *Turn left at the traffic lights.* ▷ **światło, sygnalizacja świetlna**

T

ˈtraffic ˌwarden noun [C] UK someone whose job is to make sure that people do not leave their cars in illegal places ▷ **pracownik (miejskiej) służby parkingowej**

tragedy /ˈtrædʒədi/ **noun 1** [C, U] B2 an event or situation which is very sad, often involving death: *the tragedy of their daughter's death* ▷ **tragedia, nieszczęście 2** [C] a play with a sad end: *a Greek tragedy* ▷ **tragedia**

tragic /ˈtrædʒɪk/ **adjective** B2 very sad, often relating to death and suffering: *a* ***tragic accident/death*** ▷ **tragiczny**
• **tragically adverb** *He was tragically killed in a flying accident at the age of 25.* ▷ **tragicznie**

trail[1] /treɪl/ **noun** [C] **1** a line of marks that someone or something leaves behind as they move: *He left a trail of muddy footprints across the kitchen floor.* ▷ **ślady 2** B2 a path through the countryside, often where people walk: *a* ***nature trail*** ▷ **szlak, ścieżka**

trail[2] /treɪl/ **verb 1** [T] to follow someone, especially without them knowing, in order to watch or catch them: *He suspected he was being trailed by undercover police.* ▷ **śledzić 2** [I, T] UK to hang down and touch the ground, or to make something do this: *Your coat's trailing in the mud.* ▷ **wlec (się), ciągnąć (się) 3** [I, T] to have a lower score than someone else, especially in a sporting event: *City were trailing United 2-1 at half time.* ▷ **przegrywać (z)**

PHRASAL VERB **trail away/off** If someone's voice trails away or off, it gradually becomes quieter until it stops. ▷ **zanikać, słabnąć, zamierać**

trailer /ˈtreɪləʳ/ **noun** [C] **1** a container with wheels that can be pulled by a car or a truck ▷ **przyczepa 2** mainly US a house on wheels which can be pulled by a car ▷ **przyczepa kempingowa 3** short parts of a film or television programme which are shown in order to advertise it ▷ **zapowiedź, zwiastun**

ˈtrailer ˌpark noun [C] US a place where trailers can park ▷ **pole kempingowe, osiedle domków na kółkach**

train[1] /treɪn/ **noun 1** A1 [C] a long, thin vehicle which travels along metal tracks and carries people or goods: *a train journey* ◦ *We could go* ***by train***. ◦ *You'll have to* ***catch/get*** *the next* ***train***. ▷ **pociąg 2 train of thought/events** a series of connected thoughts, ideas, or events which come or happen one after the other: *I was interrupted and lost my train of thought.* ▷ **tok myśli/bieg wypadków**

train[2] /treɪn/ **verb 1** [T] B2 to teach someone how to do something, usually a skill that is needed for a job: *We are* ***training*** *all our staff* ***in*** *how to use the new computer system.* ◦ [+ to do sth] *The aid workers trained local people to give the injections.* ▷ **szkolić, ćwiczyć 2** [I] B2 to learn the skills you need to do a job: *He* ***trained as*** *a lawyer in Vienna.* ◦ *I'm* ***trained in*** *basic first aid.* ▷ **szkolić się 3** [I, T] B1 to practise a sport or exercise, often in order to prepare for a sporting event, or to help someone to do this: *He's been training hard for the race for several weeks now.* ▷ **trenować**

trainee /ˌtreɪˈniː/ **noun** [C] someone who is learning how to do something, especially a job: *a trainee accountant/teacher* ▷ **praktykant/ka, stażyst-a/ka**

trainer /ˈtreɪnəʳ/ **noun** [C] **1** B1 someone who trains people: *a fitness trainer* ▷ **trener/ka 2** B1 a person who trains animals: *a racehorse trainer* ▷ **treser/ka 3** UK (US **sneaker**) A2 a soft sports shoe: *a pair of trainers* ▷ **trampek, (lekki) adidas** → See **Clothes** on page Centre 9

training /ˈtreɪnɪŋ/ **noun** [U] **1** B1 the process of learning the skills you need to do a particular job or activity: *a* ***training course*** ◦ *computer/management training* ▷ **szkolenie 2** B1 preparation for a sport or competition: *weight training* ◦ *He's* ***in training*** *for the big match next month.* ▷ **trening**

> Wyrazy występujące razem z **training**
> **have/receive/undergo** training • **give sb/provide** training • training **in/on** sth • a training **course/day/programme/session**

trait /treɪt/ **noun** [C] a quality, good or bad, in someone's character: *a family trait* ▷ **cecha**

traitor /ˈtreɪtəʳ/ **noun** [C] someone who is not loyal to their country or to a group which they are a member of ▷ **zdraj-ca/czyni**

trajectory /trəˈdʒektəri/ **noun** [C] formal the curved line that something follows as it moves through the air ▷ **tor**

tram /træm/ **noun** [C] A2 an electric vehicle for carrying passengers, mostly in cities, which moves along metal lines in the road ▷ **tramwaj**

tramp[1] /træmp/ **noun** [C] someone who has no home, job, or money and who lives outside ▷ **włóczęga, tramp**

tramp[2] /træmp/ **verb** [I, T] to walk a long way, or to walk with heavy steps because you are tired: *We spent all day tramping around the city looking for somewhere cheap to stay.* ▷ **włóczyć się, przemierzać, brnąć**

trample /ˈtræmpl/ **verb** [T] (also **trample on**) to walk on something, usually damaging or hurting it: *She shouted at the boys for trampling on her flowers.* ◦ *Two people were* ***trampled to death*** *in the panic.* ▷ **deptać**

trampoline /ˈtræmpəliːn/ **noun** [C] a piece of sports equipment that you jump up and down on, made of a metal structure with a piece of strong material fixed to it ▷ **trampolina**

trance /trɑːns/ **noun** [C] a condition in which you are not completely conscious of what is happening around you or able to control what you are doing: *He sat staring out of the window as if* ***in a trance***. ▷ **trans**

tranquil /ˈtræŋkwɪl/ **adjective** calm and quiet: *a tranquil garden* ▷ **spokojny**

T

• **tranquility** (also **tranquillity**) /træŋˈkwɪləti/ **noun** [U] *I love the tranquility of the woods.* ▷ **spokój**

tranquilizer (also UK **-iser**) /ˈtræŋkwɪˌlaɪzəʳ/ **noun** [C] a drug which is used to make people or animals sleep or to make them calm ▷ **środek uspokajający**

trans- /træns-/, /trænz-/ **prefix** **1** across: *trans-atlantic flights* ▷ **trans-** **2** showing a change: *to transform* ◦ *to translate* ▷ **trans-**

transaction /trænˈzækʃᵊn/ **noun** [C] formal when someone buys or sells something, or when money is exchanged: *a **business/financial transaction*** ▷ **transakcja**

transatlantic /ˌtrænzətˈlæntɪk/ **adjective** crossing the Atlantic: *a **transatlantic flight**/phone call* ▷ **transatlantycki**

transcend /trænˈsend/ **verb** [T] formal to be better or more important than something else: *Somehow her appeal transcends class barriers.* ▷ **przekraczać**

transcribe /trænˈskraɪb/ **verb** [T] to make a written record of something you hear, such as speech or music: *I later transcribed the tapes of the interviews.* ▷ **transkrybować**

• **transcription** /trænˈskrɪpʃᵊn/ **noun** [C, U] a written record of speech, music, etc, or the process of making it ▷ **transkrypcja**

transcript /ˈtrænskrɪpt/ **noun** [C] an exact written record of speech, music, etc ▷ **zapis**

transducer /trænzˈdjuːsəʳ/ **noun** [C] an electronic device that changes one form of energy into another, such as a microphone, which changes sound waves into electrical signals ▷ **przetwornik**

transfer /trænsˈfɜːʳ/ **verb** (present participle **transferring**, past tense and past participle **transferred**) **1** [T] B1 to move someone or something from one place to another: *She was later **transferred to** a different hospital.* ◦ *I'll **transfer** some money **into** my other account.* ▷ **przenosić, przelewać** **2** [I, T] B2 to change to a different job, team, place of work, etc, or to make someone do this: *After a year he **transferred to** University College, Dublin.* ▷ **przenosić (się)** **3** [T] to change who owns or controls something: *We had all the documents transferred to my name.* ▷ **przenosić, przepisywać**

• **transfer** /ˈtrænsfɜːʳ/ **noun** [C, U] B2 *I'm hoping for a transfer to the Brussels office.* ▷ **przeniesienie, przelew, przekazanie**

transfixed /trænsˈfɪkst/ **adjective** unable to move or stop looking at something because you are so interested, surprised, or frightened: *We all sat in silence, transfixed by what we saw on the screen.* ▷ **nieruchomy, skamieniały**

transform /trænsˈfɔːm/ **verb** [T] B2 to change something completely, usually to improve it: *Within weeks they had **transformed** the area **into** a beautiful garden.* ▷ **przeobrażać, zmieniać**

• **transformation** /ˌtrænsfəˈmeɪʃᵊn/ **noun** [C, U] a complete change: *The company has **undergone** a dramatic **transformation** in the past five years.* ▷ **przeobrażenie, transformacja**

transformer /trænsˈfɔːməʳ/ **noun** [C] a piece of equipment that changes the strength of an electrical current ▷ **transformator**

transfusion /trænsˈfjuːʒᵊn/ **noun** [C] (also **blood transfusion**) when blood is put into someone's body ▷ **transfuzja**

transgress /trænzˈgres/ **verb** [I, T] formal to do something which is against a law or rule ▷ **łamać (zasady lub prawo)**

• **transgression** /trænzˈgreʃᵊn/ **noun** [C] ▷ **występek, złamanie, przekroczenie**

transient[1] /ˈtrænziənt/ **adjective** formal **1** lasting only for a short time: *transient pleasures* ▷ **ulotny, przelotny** **2** staying in one place only for a short time ▷ **sezonowy**

transient[2] /ˈtrænziənt/ **noun** [C] US someone who has no home and stays in a place for only a short time ▷ **włóczęga**

transistor /trænˈzɪstəʳ/ **noun** [C] a small piece of electrical equipment used in radios, televisions, etc ▷ **tranzystor**

transit /ˈtrænsɪt/ **noun** [U] formal the movement of goods or people from one place to another: *Some things got damaged **in transit** (= while they were being moved).* ▷ **transport, komunikacja, podróż**

transition /trænˈzɪʃᵊn/ **noun** [C, U] formal when something changes from one system or method to another, often gradually: *The country is in the process of **making the transition from** military rule **to** democracy.* ▷ **przejście, przemiana**

• **transitional** **adjective** *a **transitional period/phase*** ◦ *a **transitional government/leader*** ▷ **przejściowy**

tranˈsition ˌmetal **noun** [C] (also **tranˈsition ˌelement**) any of a group of metals, including iron and gold, which are heavy, melt at high temperatures, and show more than one valency ▷ **metal przejściowy**

transitive /ˈtrænsətɪv/ **adjective** B2 A transitive verb always has an object. In the sentence 'I'll make a drink', 'make' is a transitive verb. ▷ **przechodni** → Compare **intransitive**

transitory /ˈtrænsɪtᵊri/ **adjective** formal lasting only for a short time: *the transitory nature of life* ▷ **przemijający, krótkotrwały, przejściowy**

translate /trænzˈleɪt/ **verb** [I, T] **1** B1 to change written or spoken words from one language to another: *The book has now been **translated from** Spanish **into** more than ten languages.* ▷ **tłumaczyć, przekładać** **2** formal If an idea or plan translates into an action, it makes it happen: *So how does this theory **translate into** practical policy?* ▷ **przekładać (się)**

translation /trænzˈleɪʃᵊn/ **noun** [C, U] B1 something which has been translated from one language to another, or the process of translating ▷ **tłumaczenie, przekład**

translator /trænzˈleɪtəʳ/ **noun** [C] someone whose job is to change written or spoken words from one language to another ▷ **tłumacz/ka**

translocation /ˌtrænzləʊˈkeɪʃən/ **noun** [U] **1** when one part of a chromosome moves to another part of the same chromosome or to a different chromosome ▷ **translokacja 2** the way the substances a plant needs to live and grow are carried through it in a liquid ▷ **przenoszenie**

translucent /trænzˈluːsənt/ **adjective** If something is translucent, light can pass through it and you can almost see through it: *translucent fabric* ▷ **półprzezroczysty, prześwitujący, przejrzysty**

transmission /trænzˈmɪʃən/ **noun 1** [C, U] the process of broadcasting something by radio, television, etc, or something which is broadcast: *radio/satellite transmission* ▷ **transmisja, przesył 2** [U] formal the process of passing something from one person or place to another: *There is still a risk of transmission of the virus through infected water.* ▷ **przeniesienie, przekazanie 3** [U] the system in a car that moves power from its engine to its wheels: *automatic/manual transmission* ▷ **przekładnia, napęd**

transmit /trænzˈmɪt/ **verb** [T] (present participle **transmitting**, past tense and past participle **transmitted**) **1** to broadcast something, or to send out signals using radio, television, etc: [often passive] *The information is transmitted electronically to the central computer.* ▷ **przesyłać 2** formal to pass something from one person or place to another: *The* ***disease is transmitted*** *by mosquitoes.* ▷ **przenosić, przekazywać**
• **transmitter noun** [C] *a radio/television transmitter* ▷ **przekaźnik**

transparency /trænˈspærənsi/ **noun** [C] a photograph or picture printed on plastic which you can see on a screen by shining a light through it ▷ **przezrocze**

transparent /trænˈspærənt/ **adjective** B2 If a substance or material is transparent, you can see through it: *transparent plastic* ▷ **przezroczysty**

transpiration /ˌtrænspɪˈreɪʃən/ **noun** [U] the process by which water is lost through the surface of a plant ▷ **transpiracja**

transpire /trænˈspaɪəʳ/ **verb** formal **1 It transpires that** If it transpires that something has happened, this fact becomes known: *It later transpired that he had known about the plan from the beginning.* ▷ **okazuje się 2** [I] to happen ▷ **zdarzyć się, wydarzyć się 3** When a plant transpires, it loses water through its surfaces. ▷ **transpirować**

transplant /ˈtrænsplɑːnt/ **noun** [C] an operation in which a new organ is put into someone's body: *a heart/kidney transplant* ▷ **przeszczep, transplantacja**
• **transplant** /trænˈsplɑːnt/ **verb** [T] to remove an organ or other body part from one person and put it into someone else's body ▷ **przeszczepiać, transplantować**

> Wyrazy występujące razem z **transplant**
> **have/perform/undergo** a transplant • a transplant **donor/operation/patient/surgeon**

transport¹ /ˈtrænspɔːt/ **noun** [U] **1** B1 a vehicle or system of vehicles, such as buses, trains, aircraft, etc for getting from one place to another: *He can't drive so he has to rely on* ***public transport***. ◦ *the city's* ***transport system*** ▷ **transport, komunikacja 2** B2 when people or goods are moved from one place to another: *the transport of live animals* ▷ **transport, komunikacja, przewóz**

> Wyrazy występujące razem z **transport**
> **provide/arrange/improve** transport • **free/cheap** transport • **public** transport • the transport **system**

transport² /trænˈspɔːt/ **verb** [T] B2 to move people or goods from one place to another ▷ **transportować, przewozić**

transportation /ˌtrænspɔːˈteɪʃən/ **noun** [U] **1** US (UK **transport**) a vehicle or system of vehicles, such as buses, trains, etc for getting from one place to another ▷ **transport, komunikacja, przewóz 2** when people or goods are moved from one place to another: *transportation costs* ▷ **przewóz, transport**

transverse /trænzˈvɜːs/ **adjective** in a position or direction that is at an angle of 90° to something else ▷ **poprzeczny**

ˌtransverse ˈwave noun [C] in physics, a wave moving at a 90° angle to the vibrations of the particles of the substance through which it is moving ▷ **fala poprzeczna** → Compare **longitudinal wave**

transvestite /trænzˈvestaɪt/ **noun** [C] someone, especially a man, who likes to wear the clothes of someone of the opposite sex ▷ **transwestyt-a/ka**

trap¹ /træp/ **noun** [C] **1** B2 a piece of equipment for catching animals: *a mouse trap* ▷ **pułapka 2** B2 a dangerous or unpleasant situation which is difficult to escape from: [usually singular] *Such families* ***get caught in*** *the poverty* ***trap***. ▷ **pułapka** → See also **booby trap**

trap² /træp/ **verb** [T] (present participle **trapping**, past tense and past participle **trapped**) **1** B2 If someone or something is trapped, they cannot move or escape from a place or situation: *The car turned over, trapping the driver underneath.* ▷ **uwięzić 2** to catch an animal using a trap ▷ **złapać w pułapkę lub sidła 3** to trick someone into doing or saying something that they do not want to ▷ **zapędzić w kozi róg**

ˌtrap ˈdoor noun [C] a small door that you cannot see in a floor or ceiling ▷ **klapa**

trapezium /trəˈpiːziəm/ **noun** [C] **1** UK a flat

T

shape with four sides, where two of the sides are parallel ▷ **trapez 2** US a trapezoid ▷ **czworobok**

trapezoid /ˈtræpɪzɔɪd/ **noun** [C] **1** UK a shape with four sides of different lengths, none of which are parallel ▷ **czworobok 2** US a trapezium ▷ **trapez**

trappings /ˈtræpɪŋz/ **noun** [plural] things that you usually get when you are rich and successful, such as a big house and car: *the trappings of success/power* ▷ **przywileje, atrybuty**

trash[1] /træʃ/ **noun** [U] **1** US (UK **rubbish**) things that you throw away because you do not want them ▷ **śmieci 2** informal something that is of bad quality: *It's better than the trash she usually reads.* ▷ **chłam**

trash[2] /træʃ/ **verb** [T] informal to destroy something: *Vandals broke in and trashed the place.* ▷ **rozwalać, demolować**

ˈtrash ˌcan **noun** [C] US a container for waste, often one that is kept outdoors ▷ **kosz na śmieci** → See **The Office** on page Centre 5

trashy /ˈtræʃi/ **adjective** informal of very bad quality: *a trashy novel/movie* ▷ **szmatławy**

trauma /ˈtrɔːmə/ **noun** [C, U] severe shock caused by an unpleasant experience, or the experience which causes this feeling: *the trauma of marriage breakdown* ▷ **bolesne przeżycie, uraz**

traumatic /trɔːˈmætɪk/ **adjective** If an experience is traumatic, it makes you feel very shocked and upset: *His parents split up when he was eight, which he found very traumatic.* ▷ **traumatyczny**

traumatized (also UK **-ised**) /ˈtrɔːmətaɪzd/ **adjective** very shocked and upset for a long time: *The violence that he witnessed left him traumatized.* ▷ **w szoku**

travel[1] /ˈtrævəl/ **verb** (present participle UK **travelling**, US **traveling**, past tense and past participle **travelled**, US **traveled**) **1** [I, T] (A1) to make a journey: *I spent a year travelling around Asia.* ◦ *He has to travel abroad a lot on business.* ▷ **podróżować, jeździć 2** [I] (B1) If light, sound, or news travels, it moves from one place to another: *News of the accident travelled fast.* ▷ **rozchodzić się**

travel[2] /ˈtrævəl/ **noun 1** (B1) [U] the activity of travelling: ***air/rail travel*** ◦ ***travel expenses/insurance*** ▷ **podróżowanie, podróż 2 sb's travels** someone's journey: *I meet all kinds of interesting people **on my travels**.* ▷ *czyjeś* **podróże lub wędrówki**

ˈtravel ˌagency **noun** [C] (also **ˈtravel ˌagent's**) a company or shop that makes travel arrangements for people ▷ **biuro podróży**

ˈtravel ˌagent **noun** [C] (B1) someone whose job is making travel arrangements for people ▷ **pracowni-k/ca biura podróży, biuro podróży**

ˈtravel ˌcard **noun** [C] a ticket that can be used for several journeys or for a particular length of time in an area ▷ **bilet okresowy lub wieloprzejazdowy**

traveller /ˈtrævələr/ **noun** [C] **1** (also US **traveler**) (B1) someone who is travelling or who often travels: *We're doing a survey of business travellers.* ▷ **turyst-a/ka, podróżni-k/czka, podróżujący 2** UK another word for gypsy ▷ **Rom/ka**

ˈtraveller's ˌcheque UK (US **traveler's check**) **noun** [C] a special piece of paper which you buy at a bank and exchange for local money when you are in another country ▷ **czek podróżny**

traverse /trəˈvɜːs/ **verb** [T] formal to move across something ▷ **przemierzać**

travesty /ˈtrævəsti/ **noun** [C] formal If something is a travesty, it is very badly done or unfair and does not represent how that thing should be: *She described the trial as **a travesty of justice**.* ▷ **parodia**

trawl /trɔːl/ **verb**

PHRASAL VERB **trawl through sth** mainly UK to look through a lot of things in order to find something: *to trawl through data* ▷ **przeszukiwać** *coś*, **przetrząsać** *coś*

trawler /ˈtrɔːlər/ **noun** [C] a large ship which is used for catching fish by pulling a large net through the sea behind it ▷ **trawler**

tray /treɪ/ **noun** [C] (B2) a flat object with higher edges, used for carrying food and drinks: *She came back carrying a tray of drinks.* ▷ **taca**

treacherous /ˈtretʃərəs/ **adjective 1** very dangerous, especially because of bad weather conditions: *Ice had made the roads treacherous.* ▷ **zdradliwy, niebezpieczny 2** formal If someone is treacherous, they deceive people who trust them. ▷ **zdradziecki**

treachery /ˈtretʃəri/ **noun** [U] formal when a person deceives someone who trusts them ▷ **zdrada**

treacle /ˈtriːkl/ **noun** [U] UK (UK/US **molasses**) a sweet, thick, dark liquid used in sweet dishes ▷ **melasa**

tread[1] /tred/ **verb** (past tense **trod**, past participle **trodden**) **1** [I, T] mainly UK to put your foot on something or to press something down with your foot: *I **trod on** a piece of broken glass.* ◦ *David **trod in** some paint.* ◦ *The kids were **treading** cake crumbs **into** the carpet.* ▷ **stąpać, deptać, nadepnąć, wnosić 2 tread carefully/gently/lightly, etc** to be careful what you say so that you do not upset someone ▷ **ważyć słowa 3 tread water** to float vertically in the water by moving your arms and legs up and down ▷ **stać w wodzie**

tread[2] /tred/ **noun 1** [C, U] the pattern of lines on the surface of a tyre ▷ **bieżnik 2** [no plural] the sound of someone putting their feet down when walking ▷ **kroki**

treadmill /ˈtredmɪl/ **noun** [C] **1** a machine with a moving part which you walk or run on for exercise ▷ **bieżnia 2** a job which is boring because you have to repeat the same thing again and again ▷ **kierat**

treason /ˈtriːzᵊn/ **noun** [U] the crime of doing something that harms your country or government, especially by helping its enemies ▷ **zdrada**

treasure¹ /ˈtreʒəʳ/ **noun 1** [U] B2 a collection of gold, silver, jewellery and valuable objects, especially in children's stories: *buried treasure* ▷ **bogactwo, skarb 2** [C] a very valuable object: [usually plural] *art treasures* ▷ **skarb**

treasure² /ˈtreʒəʳ/ **verb** [T] If you treasure something, it is very important to you and gives you a lot of pleasure: *I shall treasure those memories of her.* ▷ **pielęgnować**

treasurer /ˈtreʒᵊrəʳ/ **noun** [C] someone who is responsible for the money of an organization ▷ **skarbnik**

treasury /ˈtreʒᵊri/ **noun** [C] the government department which controls a country's money supply and economy ▷ **ministerstwo skarbu lub finansów**

treat¹ /triːt/ **verb** [T] **1** B2 to behave towards or deal with someone in a particular way: *He* ***treats*** *her really* ***badly***. ◦ *She felt she'd been* ***unfairly treated*** *by her employer.* ◦ *They* ***treat*** *her* ***like*** *one of their own children.* ▷ **traktować 2** B2 to consider something in a particular way: *He* ***treated*** *my suggestion* ***as*** *a joke.* ▷ **traktować 3** B2 to give medical care to someone for an illness or injury: *He's being* ***treated for*** *cancer at a hospital in Manchester.* ▷ **leczyć 4** B2 to do or buy something special for someone: *I'm going to* ***treat*** *her* ***to*** *dinner at that nice Italian restaurant.* ▷ **zapraszać, zafundować 5** to put a substance on something in order to protect it: *The wood is then* ***treated with*** *a special chemical to protect it from the rain.* ▷ **zabezpieczać, impregnować**

treat² /triːt/ **noun** [C] something special which you buy or do for someone else: *a* ***birthday treat*** ◦ *As a* ***special treat*** *I'm taking him out for dinner.* ◦ *Annie, put your money away, this is* ***my treat*** *(= I am paying).* ▷ **prezent, niespodzianka, poczęstunek** → See also **Trick or treat!**

treatise /ˈtriːtɪz/ **noun** [C] a formal piece of writing that examines a particular subject ▷ **rozprawa**

treatment /ˈtriːtmənt/ **noun 1** [C, U] B2 something which you do to try to cure an illness or injury, especially something suggested or done by a doctor: *She's* ***receiving treatment*** *for a lung infection.* ▷ **leczenie 2** [U] B2 the way you deal with or behave towards someone or something: *There have been complaints about the treatment of prisoners.* ▷ **traktowanie**

> Wyrazy występujące razem z **treatment**
>
> **get/have/receive/undergo** treatment • **give/provide** treatment • **respond to** treatment • treatment **for** sth

treaty /ˈtriːti/ **noun** [C] a written agreement between two or more countries: *a* ***peace treaty*** ◦ *an* ***international treaty*** ▷ **traktat**

> Wyrazy występujące razem z **treaty**
>
> **draw up/ratify/sign** a treaty • the **terms of** a treaty • **under** a treaty • a treaty **between** sb and sb • a treaty **on** sth • a **peace** treaty • an **international** treaty

treble /ˈtrebl/ **verb** [I, T] to increase three times in size or amount, or to make something do this ▷ **potroić (się), zwiększać (się) trzykrotnie**

tree /triː/ **noun** [C] A1 a tall plant with a thick stem which has branches coming from it and leaves ▷ **drzewo** → See also **Christmas tree**, **family tree**, **palm tree**

trek /trek/ **noun** [C] a long, difficult journey that you make by walking: *They started out on the long trek across the mountains.* ▷ **wyprawa, wędrówka**

• **trek verb** [I] (present participle **trekking**, past tense and past participle **trekked**) ▷ **wędrować**

trellis /ˈtrelɪs/ **noun** [C] a wooden structure fixed to a wall for plants to grow up ▷ **kratka, altana, treliaż**

tremble /ˈtrembl/ **verb** [I] B2 to shake slightly, especially because you are nervous, frightened, or cold: *My hands were trembling so much I could hardly hold the pen.* ▷ **drżeć, trząść się**

tremendous /trɪˈmendəs/ **adjective 1** B2 extremely good: *I think she's doing a tremendous job.* ▷ **niesamowity, wspaniały 2** B2 very large, great, strong, etc: *a tremendous amount of money* ▷ **ogromny**

• **tremendously adverb** B2 very much ▷ **ogromnie**

tremor /ˈtreməʳ/ **noun** [C] **1** a slight earthquake ▷ **wstrząs 2** a slight shaking of part of your body which you cannot control ▷ **drżenie**

trench /trentʃ/ **noun** [C] a long, narrow hole dug into the ground ▷ **rów**

trenchant /ˈtrentʃənt/ **adjective** formal expressing strong criticism: ***trenchant criticism/views*** ▷ **ostry, zdecydowany**

trenchcoat /ˈtrentʃˌkəʊt/ **noun** [C] a long coat that does not let water through, similar in style to a military coat ▷ **trencz**

trend /trend/ **noun** [C] B1 a general development or change in a situation: *There's a* ***trend towards*** *more locally produced television programmes.* ◦ *I'm not familiar with the latest* ***trends in*** *teaching methodology.* ▷ **tendencja, trend, kierunek**

trendy /ˈtrendi/ **adjective** informal fashionable at the moment ▷ **modny**

trepidation /ˌtrepɪˈdeɪʃᵊn/ **noun** [U] formal fear or worry about something you are going to do: *It was* ***with trepidation*** *that I accepted Klein's invitation.* ▷ **trwoga**

trespass /ˈtrespəs/ **verb** [I] to go on someone's

T

land without their permission ▷ **wkroczyć (na teren prywatny)**
• **trespasser** noun [C] ▷ **intruz**

tri- /traɪ-/ **prefix** three: *a triangle* ◦ *a tripod* ▷ **trój-**

trial /traɪəl/ **noun** [C, U] **1** B2 a legal process to decide if someone is guilty of a crime: *The two men are now **on trial for** attempted murder.* ◦ *He will be taken to the US to **stand trial**.* ▷ **proces (sądowy), rozprawa (sądowa) 2** a test of something new to find out if it is safe, works correctly, etc: *The drug is currently undergoing **clinical trials**.* ▷ **próba, test 3 trial and error** a way of learning the best way to do something by trying different methods: *There aren't any instructions with it – it's just a matter of trial and error.* ▷ **metoda prób i błędów**

> Wyrazy występujące razem z **trial**
> be on/stand trial (for sth) • be awaiting/be facing trial • a trial court/date/judge

ˈtrial ˌbalance noun a list of how much a business has in its accounts that is produced on a particular date to check that the business's double entry bookkeeping accounts do not have mistakes ▷ **bilans próbny**

trials /traɪəlz/ **noun** [plural] a sports competition to find out how good a player is ▷ **eliminacje**

IDIOM **trials and tribulations** problems and suffering: *the trials and tribulations of growing up* ▷ **męki, przejścia**

triangle /ˈtraɪæŋgl/ **noun** [C] **1** B2 a flat shape with three sides ▷ **trójkąt 2** a small musical instrument made of a piece of metal with three sides which you hit with a metal bar ▷ **trójkąt**
• **triangular** /traɪˈæŋgjələʳ/ **adjective** shaped like a triangle ▷ **trójkątny**

Triassic /traɪˈæsɪk/ **adjective** from the period of time between around 245 and 208 million years ago, in which dinosaurs first appeared: *the Triassic period* ▷ **trias**

triathlon /traɪˈæθlɒn/ **noun** [C] a competition in which you must swim, ride a bicycle and run a particular distance without stopping between these activities ▷ **triathlon, trójbój**

tribe /traɪb/ **noun** [C] B2 a group of people who live together, usually in areas far away from cities, and who share the same culture and language and still have a traditional way of life: *Native American tribes* ▷ **plemię**
• **tribal adjective** relating to a tribe: *a tribal dance* ▷ **plemienny**

tribunal /traɪˈbjuːnəl/ **noun** [C] an official court or group of people whose job is to deal with a particular problem or disagreement ▷ **trybunał**
→ See also **industrial tribunal**

tributary /ˈtrɪbjətəri/ **noun** [C] a river or stream which flows into a larger river ▷ **dopływ**

tribute /ˈtrɪbjuːt/ **noun** [C, U] **1** something which you do or say to show that you respect and admire someone, especially in a formal situation: *The concert was organized as **a tribute to** the singer who died last year.* ◦ *The President **paid tribute to** (= expressed his admiration for) the brave soldiers who had defended the country.* ▷ **hołd, wyrazy uznania 2 be a tribute to sb/sth** to show how good someone or something is: *It's a tribute to Mark's hard work that the project is finished.* ▷ **wystawiać znakomite świadectwo** *komuś/czemuś*

ˈtribute ˌband noun [C] a group of musicians who play the music of a famous pop group and pretend to be that group: *a Rolling Stones tribute band* ▷ **tribute band, zespół trybutowy**

triceps /ˈtraɪseps/ **noun** [C] (plural **triceps**) the large muscle at the back of the upper arm ▷ **triceps**

trick¹ /trɪk/ **noun** [C] **1** B1 something you do to deceive or cheat someone, or to make someone look stupid as a joke: *a **trick question*** ◦ *I wasn't really ill – it was just a trick.* ◦ *My little brother liked to **play tricks on** me (= do things to deceive me as a joke).* ▷ **podstęp, kawał, dowcip 2** B2 an effective way of doing something: *What's the **trick to** pulling out this sofa bed?* ▷ **sposób 3** B1 something that is done to entertain people and that seems to be magic: *a card trick* ▷ **sztuczka**

IDIOM **do the trick** If something does the trick, it solves a problem or has the result you want: *If I've got a headache, a couple of aspirins usually do the trick.* ▷ **poskutkować, załatwić sprawę**

→ See also **hat trick**

> Wyrazy występujące razem z **trick**
> play a trick (on sb) • a cheap/cruel/dirty/sneaky trick • a trick question

trick² /trɪk/ **verb** [T] B2 to deceive someone: [+ into + doing sth] *They tricked him into signing the papers.* ▷ **oszukać, naciągnąć**

trickery /ˈtrɪkəri/ **noun** [U] the use of tricks to deceive or cheat people ▷ **oszustwo**

trickle /ˈtrɪkl/ **verb 1 trickle down/from/out of, etc** If liquid trickles somewhere, it flows slowly and in a thin line: *She could feel the sweat trickling down her back.* ▷ **spływać/wypływać** *itp.*, **sączyć się 2 trickle in/into/out, etc** to go somewhere slowly in small numbers: *People began to trickle into the classroom.* ▷ **(powoli) napływać do/odpływać** *itp.*
• **trickle noun** [C] *a trickle of blood* ▷ **strużka**

ˌTrick or ˈtreat! 1 something that children say on Halloween, when they dress to look frightening and visit people's houses to ask for sweets ▷ **cukierek albo figielek! 2 go trick or treating** If children go trick or treating, they visit people's houses on Halloween to ask for sweets. ▷ **chodzić po domach**

tricky /ˈtrɪki/ **adjective** B2 difficult to deal with or do: *a **tricky question/situation*** ▷ **trudny, skomplikowany**

tricuspid valve /traɪˈkʌspɪdˌvælv/ **noun** [C, usually singular] the valve in the heart which stops blood from returning into the right atrium from the right ventricle ▷ **zastawka trójdzielna** → Compare **mitral valve**

tricycle /ˈtraɪsɪkl/ **noun** [C] a bicycle with one wheel at the front and two at the back ▷ **rower trójkołowy**

trifle /ˈtraɪfl/ **noun 1 a trifle** formal slightly: *It does seem a trifle odd.* ▷ **odrobinę, nieco 2** [C, U] UK a cold, sweet dish that has layers of cake, fruit, custard, and cream ▷ **deser owocowy (na biszkopcie z bitą śmietaną) 3** [C] formal something silly or unimportant ▷ **drobnostka, drobiazg**

trigger¹ /ˈtrɪgəʳ/ **verb** [T] (also **trigger off**) to make something begin to happen: *His arrest triggered mass protests.* ▷ **wywoływać**

trigger² /ˈtrɪgəʳ/ **noun** [C] **1** the part of a gun that you pull when you shoot ▷ **spust, cyngiel 2** an event or situation that makes something else happen: *Stress can be a* ***trigger for*** *many illnesses.* ▷ **przyczyna**

trigonometry /ˌtrɪgəˈnɒmətri/ **noun** [U] the type of mathematics that deals with the relationship between the angles and sides of triangles, used in measuring the height of buildings, mountains, etc ▷ **trygonometria**

trillion /ˈtrɪljən/ the number 1,000,000,000,000 ▷ **bilion, tysiąc miliardów**

trilogy /ˈtrɪlədʒi/ **noun** [C] a series of three books, plays, etc with the same characters or subject ▷ **trylogia**

trim¹ /trɪm/ **verb** [T] (present participle **trimming**, past tense and past participle **trimmed**) **1** (also **trim off**) to cut a small amount from something to make it tidy or to remove parts that you do not need: *I've had my hair trimmed.* ◦ *Trim the fat off the meat.* ▷ **przycinać, odkrawać 2** to reduce something: *to trim costs* ▷ **redukować 3 be trimmed with sth** to be decorated with something around the edges: *a silk dress trimmed with lace* ▷ **być ozdobionym** *czymś*

trim² /trɪm/ **noun 1** [no plural] when you cut something to make it tidy: *The hedge needs a trim.* ▷ **przycięcie, przystrzyżenie 2** [U, no plural] decoration that is added to something such as clothes or a car: *The car has a stereo, sunroof, and leather trim.* ▷ **wykończenie**

trim³ /trɪm/ **adjective** looking thin and healthy ▷ **szczupły**

trimaran /ˈtraɪməræn/ **noun** [C] a small, fast sailing boat with three hulls ▷ **trimaran**

trimester /trɪˈmestəʳ/ (US) /traɪˈmestər/ **noun** [C] mainly US one of the periods of time that the school or university year is divided into ▷ **trymestr**

trimming /ˈtrɪmɪŋ/ **noun** [C, U] decoration on the edge of something such as a piece of clothing ▷ **lamówka, wykończenie**

trimmings /ˈtrɪmɪŋz/ **noun** [plural] extra dishes that are often eaten with a main dish: *a roast dinner* ***with all the trimmings*** ▷ **dodatki**

Trinidad and Tobago /ˈtrɪnɪdæd ən təˈbeɪgəʊ/ **noun** a country consisting of a group of islands in the Caribbean ▷ **Trynidad i Tobago**
• **Trinidadian** /ˌtrɪnɪˈdædiən/ **adjective** coming from or relating to Trinidad and Tobago ▷ **trynidadzko-tobagijski** • **Trinidadian noun** someone from Trinidad and Tobago ▷ **obywatel/ka Trynidadu i Tobago**

trinitrotoluene /ˌtraɪnaɪtrəʊˈtɒljuiːn/ **noun** [C] (abbreviation **TNT**) a powerful explosive substance ▷ **trotyl**

the Trinity /ˈtrɪnəti/ **noun** the existence of God in three forms, Father, Son, and Holy Spirit, in the Christian religion ▷ **Trójca Święta**

trio /ˈtriːəʊ/ **noun** [C] a group of three things or people, especially three musicians who play together ▷ **trio, tercet**

trip¹ /trɪp/ **noun** [C] (A2) a journey in which you visit a place for a short time and come back again: *a* ***business trip*** ◦ *a* ***day trip*** *to Paris* ◦ *We might* ***take a trip to*** *Spain later in the summer.* ▷ **podróż, wycieczka** → See also **round trip**

> Wyrazy występujące razem z **trip**
>
> **go on/take** a trip • a **day/two-day/weekend** trip • **on** a trip • a trip **around/to** sth • a **business** trip

trip² /trɪp/ **verb** (present participle **tripping**, past tense and past participle **tripped**) **1** [I] (B2) to fall or almost fall because you hit your foot on something when you are walking or running: *Careful you don't* ***trip over*** *the cat!* ◦ *He* ***tripped on*** *a stone and hurt his ankle.* ▷ **potknąć się 2** [T] to make someone fall by putting your foot in front of their foot ▷ **podstawić nogę**

PHRASAL VERB **trip (sb) up 1** UK to fall because you hit your foot on something, or to make someone fall by putting your foot in front of their foot ▷ **potknąć się, podstawić** *komuś* **nogę 2** to make a mistake, or to cause someone to make a mistake: *I tripped up on the last question.* ▷ **pomylić się, zagiąć** *kogoś*

triple¹ /ˈtrɪpl/ **adjective** having three parts of the same type, or happening three times: *a triple world champion* ▷ **potrójny**

triple² /ˈtrɪpl/ **verb** [I, T] to increase three times in size or amount, or to make something do this: *Sales have tripled in the past five years.* ▷ **potroić (się), zwiększać (się) trzykrotnie**

the ˌTriple Alˈliance noun the agreement of Germany, Austria-Hungary, and Italy to support each other, that lasted from 1882-1914 ▷ **Trójprzymierze**

the Triple Entente /ˌtrɪplɒnˈtɒnt/ **noun** an agreement in 1907 between the UK, France, and Russia to support each other ▷ **Trójporozumienie, Ententa**

triplet /ˈtrɪplət/ **noun** [C] one of three children

T

who are born to the same mother at the same time ▷ **trojaczek**

tripod /ˈtraɪpɒd/ **noun** [C] a piece of equipment with three legs, used for supporting a camera or a container in a science laboratory ▷ **statyw, trójnóg**

trite /traɪt/ **adjective** A trite remark, idea, etc does not seem sincere or true because it has been used so much before or is too simple. ▷ **wyświechtany, oklepany**

tritik /trɪˈtiːk/ **noun** [U] a method of dyeing cloth in which the cloth is folded and sewn so that the dye does not get onto some areas ▷ **tritik (technika artystycznego barwienia tkanin)**

tritium /ˈtrɪtiəm/ **noun** [U] a radioactive isotope of hydrogen ▷ **tryt**

triumph[1] /ˈtraɪəmf/ **noun 1** [C] an important success, achievement, or victory: *Barcelona's 2-0 triumph over Manchester United* ▷ **triumf, zwycięstwo 2** [U] the feeling of happiness that you have when you win something or succeed ▷ **triumf**

triumph[2] /ˈtraɪəmf/ **verb** [I] to win or succeed: *The Democrats once again triumphed in recent elections.* ▷ **triumfować, zwyciężać**

triumphant /traɪˈʌmfənt/ **adjective** feeling very pleased because you have won something or succeeded: *the President's triumphant return to the White House* ▷ **triumfalny, zwycięski**
• **triumphantly adverb** ▷ **triumfalnie, zwycięsko**

trivia /ˈtrɪviə/ **noun** [U] small facts or details that are not important ▷ **błahostki, drobiazgi**

trivial /ˈtrɪviəl/ **adjective** (B2) small and not important: *a trivial matter/offence* ▷ **trywialny**

trivialize (also UK **-ise**) /ˈtrɪviəlaɪz/ **verb** [T] to make something seem less important or serious than it really is: *I don't mean to trivialize the problem.* ▷ **bagatelizować, trywializować**

trochee /ˈtrəʊkiː/ **noun** [C] a rhythm in poetry with one long or strong syllable and one short or weak syllable ▷ **trochej**

trod /trɒd/ past tense of tread

trodden /ˈtrɒdən/ past participle of tread

Trojan (horse) /ˌtrəʊdʒənˈhɔːs/ **noun** [C] a computer program that looks useful but does harm, often by allowing other people to get into a computer system ▷ **trojan**

trolley /ˈtrɒli/ **noun** [C] **1** UK (US **cart**) (B2) a metal structure on wheels that is used for carrying things: *a supermarket trolley ◦ a luggage trolley* ▷ **wózek 2** US (UK/US **tram**) an electric vehicle for carrying passengers, mostly in cities, which runs along metal tracks in the road ▷ **trolejbus**

IDIOM **off your trolley** informal mad ▷ **stuknięty**

trombone /trɒmˈbəʊn/ **noun** [C] a metal musical instrument that you play by blowing into it and sliding a tube up and down ▷ **puzon**

troop[1] /truːp/ **noun** [C] a group of people or animals ▷ **gromada, stado**

troop[2] /truːp/ **verb** informal **troop into/through/out of, etc** to walk somewhere in a large group: *We all trooped into the hall in silence.* ▷ **wchodzić/przejść/wychodzić** *itp.* **razem lub masowo lub gromadnie**

trooper /ˈtruːpər/ **noun** [C] a police officer in the US state police force ▷ **policjant/ka**

troops /truːps/ **noun** [plural] soldiers: *UN troops have been sent to help in the rescue effort.* ▷ **wojsko, wojska, żołnierze**

trophic level /ˌtrɒfɪkˈlevəl/ **noun** [C] any of the layers of an ecosystem with the same position in the food chain ▷ **poziom troficzny**

trophy /ˈtrəʊfi/ **noun** [C] (B2) a prize, such as a silver cup, that you get for winning a race or competition ▷ **trofeum**

trophy

tropical /ˈtrɒpɪkəl/ **adjective** (B2) from or in the hottest parts of the world: *a tropical climate* ▷ **tropikalny**

ˌtropical ˈrain ˌforest noun [C, U] thick forest that grows in hot parts of the world ▷ **las deszczowy**

the tropics /ˈtrɒpɪks/ **noun** [plural] the hottest parts of the world, near to the Equator ▷ **tropiki, tropik**

tropism /ˈtrəʊpɪzəm/ **noun** [U] when living things turn towards or away from something, for example light ▷ **tropizm**

the troposphere /ˈtrɒpəsfɪər/ **noun** [no plural] the layer of gases surrounding the Earth from the surface up to about 10 kilometres ▷ **troposfera**

trot[1] /trɒt/ **verb** (present participle **trotting**, past tense and past participle **trotted**) **1** [I] If a horse trots, it runs slowly with short steps. ▷ **kłusować 2 trot down/up/along, etc** to walk with quick, short steps: *The little boy trotted along behind his father.* ▷ **truchtać, biec truchtem**

PHRASAL VERB **trot sth out** informal to say something that has been said many times before and does not seem sincere: *They always trot out the same old statistics.* ▷ **wywlekać** *coś*, **powtarzać** *coś*

trot[2] /trɒt/ **noun 1** [no plural] the speed that a horse moves when it trots ▷ **kłus 2 on the trot** If you do several things on the trot, you do them one after the other: *They won three games on the trot.* ▷ **z rzędu**

trouble[1] /ˈtrʌbl/ **noun 1** [C, U] (B1) problems, difficulties, or worries: [+ doing sth] *We* ***had trouble*** *finding somewhere to park. ◦ She's been having a lot of* ***trouble with*** *her boss recently. ◦ I'd like to go to the party, but* ***the trouble is*** *my parents won't let me.* ▷ **problem, kłopot, problemy, kłopoty 2 the trouble with sb/sth** (B2) used to say what is wrong with someone or something: *The trouble with a white floor is that it gets dirty so quickly.* ▷ **kłopot z** *kimś/czymś* **3** [U] a problem that you have with a machine or part of your body: *back trouble* ◦ ***car trouble*** ▷ **kłopoty, problemy 4** [U] B2 a situation in which people are fighting or arguing: *The trouble started after a group of drunken football fans started to throw bottles.* ▷ **awantura 5** [U] B2 a difficult or dangerous situation: *The company was **in trouble** and had huge debts.* ▷ **kłopoty, trudności 6** [U] B1 when you have done something wrong and are likely to be punished: *Her children are always **in trouble**.* ◦ *They **got into trouble** with the police.* ▷ **tarapaty, problemy 7** [U] B2 when you use extra time or energy to do something: [+ to do sth] *He **took the trouble** to write to each of them personally.* ▷ **kłopot, wysiłek**

> Wyrazy występujące razem z **trouble**
>
> **have trouble with** sth • **get into/run into** trouble • the trouble **is** • **without** any trouble

trouble² /ˈtrʌbl/ **verb** [T] **1** If something troubles you, you think about it a lot and it makes you worry: *The situation has been troubling me for a while.* ▷ **martwić 2** formal used to ask someone politely to help you: *I'm sorry to trouble you, but could you tell me how to get to the station?* ▷ **niepokoić**

troubled /ˈtrʌbəld/ **adjective** worried or having a lot of problems: *You look troubled.* ▷ **stroskany**

troublemaker /ˈtrʌblˌmeɪkəʳ/ **noun** [C] someone who intentionally causes problems ▷ **awanturni-k/ca, wichrzyciel/ka**

troublesome /ˈtrʌblsəm/ **adjective** causing a lot of problems, especially over a long period of time: *a troublesome knee injury* ▷ **dokuczliwy**

trough /trɒf/ **noun** [C] **1** a long, narrow container that animals eat or drink from ▷ **koryto 2** formal a low point in a series of high and low points: ***peaks and troughs*** ▷ **dołek**

troupe /tru:p/ **noun** [C] a group of singers, dancers, etc who perform together ▷ **trupa**

trousers /ˈtraʊzəz/ **noun** [plural] (also US **pants**) A1 a piece of clothing that covers the legs and has a separate part for each leg: *a **pair of trousers*** ▷ **spodnie** → See **Clothes** on page on pages Centre 8, 9

ˈtrouser ˌsuit **noun** [C] UK (US **pant suit**) a woman's jacket and trousers made of the same material ▷ **spodnium**

trout /traʊt/ **noun** [C, U] (plural **trout**) a type of river fish, or the meat from this fish ▷ **pstrąg**

truant /ˈtru:ənt/ **noun** [C] a child who stays away from school without permission ▷ **wagarowicz/ka**

IDIOM **play truant** UK to stay away from school without permission ▷ **wagarować, chodzić na wagary**

• **truancy** /ˈtru:ənsi/ **noun** [U] when children are truants ▷ **wagary, wagarowanie**

truce /tru:s/ **noun** [C] an agreement between two enemies to stop fighting for a period of time ▷ **rozejm**

> Wyrazy występujące razem z **truce**
>
> **agree/call/offer** a truce • a **fragile/uneasy** truce • a truce **between** sb and sb • a truce **with** sb

truck /trʌk/ **noun** [C] (also UK **lorry**) B1 a large road vehicle for carrying goods from place to place ▷ **ciężarówka**

trucker /ˈtrʌkəʳ/ **noun** [C] mainly US someone whose job is driving trucks ▷ **kierowca ciężarówki**

trudge /trʌdʒ/ **verb trudge along/through/up, etc** to walk slowly with heavy steps, especially because you are tired: *We trudged back up the hill.* ▷ **wlec się wzdłuż/przez/w górę** *itp.*

true /tru:/ **adjective 1** A2 based on facts and not imagined: *a true story* ◦ [+ (that)] *Is it true that Martin and Sue are getting married?* ▷ **prawdziwy** → Opposite **untrue 2** [always before noun] B1 real: *a true friend* ◦ ***true love*** ▷ **prawdziwy 3 come true** B1 If a dream or hope comes true, it really happens. ▷ **spełniać się 4 be true to sb/sth** to be loyal and sincere even in a difficult situation: *It's important to be true to your principles.* ▷ **być wiernym** *komuś/czemuś*

IDIOM **ring true** to seem to be the truth: *Something about the story didn't ring true.* ▷ **brzmieć prawdopodobnie**

truffle /ˈtrʌfl/ **noun** [C] **1** a soft sweet that is made with chocolate ▷ **trufla 2** a fungus that you can eat, which grows under the ground ▷ **trufla**

truly /ˈtru:li/ **adverb 1** used to emphasize that something is true in every way: *The project was truly a team effort.* ▷ **prawdziwie 2** B2 used to emphasize a description of something: *It's truly amazing to watch a baby being born.* ▷ **prawdziwie, naprawdę 3** used to emphasize that something is sincere or honest: *I truly believe that he is innocent.* ▷ **szczerze**

trump /trʌmp/ **noun** [C] a card that has a higher value than other cards in some card games ▷ **karta atutowa**

IDIOM **come/turn up trumps** UK to be successful, or provide something that is needed, especially when people do not expect you to: *He's really come up trumps with this latest book.* ▷ **spełniać oczekiwania lub nadzieje, sprawdzić się**

ˈtrump ˌcard **noun** [C] an advantage that will

T

help you succeed, especially one that other people do not know about ▷ **as w rękawie**

trumpet /ˈtrʌmpɪt/ noun [C] B1 a metal musical instrument that you play by blowing into it and pressing buttons to make different notes ▷ **trąbka**
• **trumpeter** noun [C] ▷ **trębacz/ka**

trumpet

truncheon /ˈtrʌnʃᵊn/ noun [C] UK (US **night-stick**) a short stick that police officers carry to use as a weapon ▷ **pałka**

truncheon

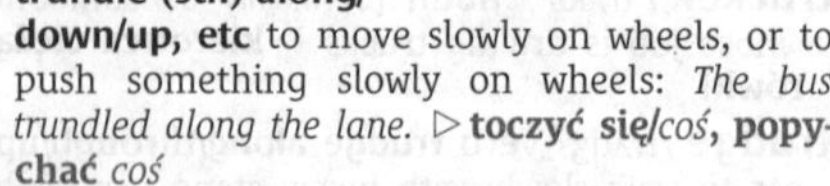

trundle /ˈtrʌndl/ verb **trundle (sth) along/down/up, etc** to move slowly on wheels, or to push something slowly on wheels: *The bus trundled along the lane.* ▷ **toczyć się/***coś*, **popychać** *coś*

trunk /trʌŋk/ noun [C] **1** B2 the thick stem of a tree that the branches grow from ▷ **pień** **2** US (UK **boot**) a closed space at the back of a car for storing things in ▷ **bagażnik** → See **Car** on page Centre 7 **3** the long nose of an elephant ▷ **trąba** **4** a large box with a lid that you store things in ▷ **kufer, skrzynia** **5** the main part of your body, not your head, legs, or arms ▷ **korpus, tułów**

ˈtrunk ˌroad noun [C] UK a main road across a country or area ▷ **droga główna, magistrala**

trunks /trʌŋks/ noun [plural] **1** (also **swimming trunks**) a piece of clothing that boys and men wear when they swim ▷ **kąpielówki** **2** underwear worn by men ▷ **kąpielówki** → See **Clothes** on page Centre 9

trust[1] /trʌst/ verb **1** B1 [T] to believe that someone is good and honest and will not harm you: *My sister warned me not to trust him.* ▷ **ufać** → Opposite **distrust**, **mistrust** **2 trust sb to do sth** to be sure that someone will do the right thing or what they should do: *I trust them to make the right decision.* ▷ **ufać lub wierzyć, że** *ktoś coś zrobi* **3 trust sb with sb/sth** to allow someone to look after someone or something because you believe they will be careful: *I wouldn't trust him with my car.* ▷ **powierzyć** *komuś kogoś/coś* **4 Trust sb (to do sth)!** mainly UK informal used to say that it is typical of someone to do something stupid: *Trust Chris to leave the tickets at home!* ▷ **Można się było (***czegoś* **po** *kimś***) spodziewać!** **5 I trust (that)** formal used to say that you hope something is true: *I trust that you had an enjoyable stay.* ▷ **mam nadzieję, że**

trust[2] /trʌst/ noun **1** [U] B2 the belief that you can trust someone or something: *a marriage based on love and trust* ◦ *They **showed** a lot of **trust in** me right from the beginning.* ▷ **zaufanie** → Opposite **distrust**, **mistrust** **2** [C, U] a legal arrangement that allows a person or organization to control someone else's money ▷ **zarząd powierniczy**

> Wyrazy występujące razem z **trust (noun)**
> have/show trust in sb • earn/gain/win sb's trust • betray sb's trust • trust between [two people]

trustee /trʌsˈtiː/ noun [C] someone who has legal control over someone else's money or possessions ▷ **powiernik**

trusting /ˈtrʌstɪŋ/ adjective always believing that other people are good or honest and will not harm or deceive you ▷ **ufny**

trustworthy /ˈtrʌstˌwɜːði/ adjective Someone who is trustworthy can be trusted. ▷ **godny zaufania**

truth /truːθ/ noun (plural **truths** /truːðz/) **1 the truth** B1 the real facts about a situation: *Do you think he was **telling the truth**?* ◦ *I don't think we'll ever know **the truth about** what really happened.* ▷ **prawda** **2** [U] B2 the quality of being true: *There may be some truth in their claim.* ▷ **prawda** **3** [C] a fact or idea that people accept is true: *moral/religious truths* ▷ **prawda** → Opposite **untruth**

> Wyrazy występujące razem z **truth**
> tell the truth • discover/find out/learn/uncover the truth • the truth comes out/emerges • the awful/honest/simple truth • the truth about sb/sth

truthful /ˈtruːθfᵊl/ adjective honest and not containing or telling any lies: *a truthful answer* ▷ **prawdomówny, zgodny z prawdą**
• **truthfully** adverb ▷ **zgodnie z prawdą** • **truthfulness** noun [U] ▷ **prawdomówność**

try[1] /traɪ/ verb **1** [I] A2 to attempt to do something: [+ to do sth] *I tried to open the window but couldn't.* ◦ *Try not to drop anything this time.* ▷ **próbować** **2** [T] B1 to do, test, taste, etc something to discover if it works or if you like it: *I tried that recipe you gave me last night.* ◦ [+ doing sth] *Why don't you try using a different shampoo?* ▷ **próbować** **3** [T] to examine facts in a court of law to decide if someone is guilty of a crime: [often passive] *He was **tried for** attempted murder.* ▷ **sądzić, osądzać**

PHRASAL VERBS **try sth on** A2 to put on a piece of clothing to discover if it fits you or if you like it: *Could I try this dress on, please?* ▷ **przymierzać** *coś* • **try sth out** B2 to use something to discover if it works or if you like it: *We're going to try out that new restaurant tonight.* ▷ **wypróbować** *coś*

try[2] /traɪ/ noun **1** [C] B2 an attempt to do something: *She suggested I should **have a try**.* ▷ **próba** **2 give sth a try** to do something in order to find out if it works or if you like it ▷ **spróbować** *czegoś* **3** [C] when a team scores points in rugby by putting the ball on the ground behind the other team's goal line ▷ **przyłożenie (piłki)**

trying /ˈtraɪɪŋ/ **adjective** annoying and difficult: *I've had a very* ***trying day/time.*** ▷ **ciężki, męczący**

trypsin /ˈtrɪpsɪn/ **noun** [U] an enzyme that breaks down proteins ▷ **trypsyna**

tsar UK (UK/US **czar**) /zɑːʳ/ **noun** [C] **1** a male Russian ruler before 1917 ▷ **car 2** a powerful official who makes important decisions for the government about a particular activity ▷ **decydent**

T-shirt (also **tee shirt**) /ˈtiːʃɜːt/ **noun** [C] (A1) a piece of cotton clothing for the top part of the body with short sleeves and no collar ▷ **t-shirt, koszulka z krótkim rękawem** → See **Clothes** on page Centre 8

tsp written abbreviation for teaspoonful: the amount that can be held by a small spoon used for measuring food ▷ **łyż., (= łyżeczka)**

tsunami /tsuːˈnɑːmi/ **noun** [C] an extremely large wave from the sea which causes a lot of damage to buildings, etc on land and is often caused by an earthquake under the sea ▷ **tsunami**

tub /tʌb/ **noun** [C] **1** a large, round container with a flat base and an open top: *Outside was a stone patio with tubs of flowering plants.* ▷ **donica 2** a small, plastic container with a lid, used for storing food: *a tub of ice cream/margarine* ▷ **pudełko 3** US (UK **bath**) a large container that you fill with water and sit in to wash ▷ **wanna** → See **The Bathroom** on page Centre 3

tuba /ˈtjuːbə/ **noun** [C] a large, metal musical instrument that produces low notes, and is played by blowing into it ▷ **tuba**

tube /tjuːb/ **noun 1** [C] (B2) a pipe made of glass, plastic, metal, etc, especially for liquids or gases to flow through ▷ **rura, rurka 2** [C] (B1) a long, thin container for a soft substance, that you press to get the substance out: *a tube of toothpaste* ▷ **tubka 3 the Tube** (B1) the system of railways under the ground in London: *I got the Tube to Oxford Circus.* ▷ **metro** → See also **test tube**

tuber /ˈtjuːbəʳ/ **noun** [C] the round part of a plant such as a potato that grows underground and from which new plants can grow ▷ **bulwa**

tuberculosis /tjuːˌbɜːkjəˈləʊsɪs/ **noun** [U] (abbreviation **TB**) a serious infectious disease of the lungs ▷ **gruźlica**

tubing /ˈtjuːbɪŋ/ **noun** [U] a long piece of metal, plastic, etc in the shape of a tube: *steel tubing* ▷ **rurki, przewody (rurowe), instalacja (rurowa)**

tubular /ˈtjuːbjələʳ/ **adjective** in the shape of a tube ▷ **cylindryczny, okrągły**

tuck /tʌk/ **verb 1 tuck sth into/behind/under, etc** to push a loose piece of clothing or material somewhere to make it tidy: *Tuck your shirt in.* ▷ **wkładać lub wciskać** *coś* **do/za/pod** *itp.* **2 tuck sth behind/under/in, etc** to put something in a small place so that it is safe and cannot move: *I found an old letter tucked in the back of the book.* ▷ **wpychać** *coś* **za/pod/do** *itp.*

PHRASAL VERBS **tuck sth away** to put something in a safe place: *Helen tucked the money away in her purse.* ▷ **chować** *coś* • **be tucked away** to be in a place that is hidden, or in a place that few people go to: *He lives in a cottage tucked away in the Suffolk countryside.* ▷ **być ukrytym** • **tuck in/tuck into sth** UK informal to start eating something, especially with enthusiasm: *I was just about to tuck into a huge bowl of pasta.* ▷ **zabierać się za** *coś* • **tuck sb in/up** to make someone, especially a child, comfortable in bed by putting the covers around them ▷ **utulić** *kogoś* **do snu**

Tuesday /ˈtjuːzdeɪ/ **noun** [C, U] (written abbreviation **Tue, Tues**) (A1) the day of the week after Monday and before Wednesday ▷ **wtorek**

tuft /tʌft/ **noun** [C] a small group of hairs, grass, etc ▷ **kępka**

tug[1] /tʌg/ **verb** [T] (present participle **tugging**, past tense and past participle **tugged**) to pull something suddenly and strongly: *Tom* ***tugged at*** *his mother's arm.* ▷ **ciągnąć, szarpać**

tug[2] /tʌg/ **noun** [C] **1** a sudden, strong pull on something ▷ **pociągnięcie, szarpnięcie 2** (also **tugboat** /ˈtʌgbəʊt/) a boat used for pulling larger ships ▷ **holownik**

tuition /tjuˈɪʃən/ **noun** [U] **1** the teaching of one person or of a small group of people: *French tuition* ▷ **lekcje, korepetycje 2** mainly US money that you pay for being taught, especially at college or university ▷ **czesne**

> **Wyrazy występujące razem z tuition**
>
> get/be given/offer/receive tuition • expert tuition • individual/one-to-one/private tuition • tuition in sth

tulip /ˈtjuːlɪp/ **noun** [C] a brightly coloured spring flower in the shape of a cup ▷ **tulipan**

tumble /ˈtʌmbl/ **verb** [I] **1** to suddenly fall: *He* ***tumbled down*** *the stairs.* ▷ **spadać, staczać się 2** If the price or value of something tumbles, it suddenly becomes lower: *Share prices tumbled by 20%.* ▷ **spadać**
• **tumble** noun [C] ▷ **upadek**

ˌtumble ˈdryer **noun** [C] UK (US **dryer**) a machine that dries clothes ▷ **suszarka (bębnowa)**

tumbler /ˈtʌmbləʳ/ **noun** [C] a glass that you drink out of, that has straight sides and no handle ▷ **szklanka**

tummy /ˈtʌmi/ **noun** [C] informal stomach ▷ **brzuch**

tumour UK (US **tumor**) /ˈtjuːməʳ/ **noun** [C] a group of cells in someone's body which are not growing normally ▷ **guz**

T

tumultuous /tjuːˈmʌltjuəs/ **adjective** full of noise and excitement: ***tumultuous applause*** ◦ *a* ***tumultuous reception/welcome*** ▷ **gromki, burzliwy**

tuna /ˈtjuːnə/ **noun** [C, U] (plural **tuna**) B1 a large sea fish, or the meat from this fish ▷ **tuńczyk**

tune¹ /tjuːn/ **noun 1** B1 [C] a series of musical notes that are pleasant to listen to: *He was* ***humming a tune*** *as he dried the dishes.* ▷ **melodia 2 in tune** singing or playing the right notes ▷ **czysty, nastrojony 3 out of tune** singing or playing the wrong notes: *The piano is out of tune.* ▷ **fałszujący, rozstrojony**

IDIOMS **change your tune** to suddenly change your opinion about something ▷ **zmienić śpiewkę** • **be in tune with sb** to be able to understand what someone wants or needs: *The government is not in tune with the voters.* ▷ **dobrze** *kogoś* **rozumieć**

> Wyrazy występujące razem z **tune**
>
> **hum/play/sing/whistle** a tune • **a catchy** tune

tune² /tjuːn/ **verb** [T] **1** to make slight changes to a musical instrument so that it plays the right notes ▷ **stroić 2** to make changes to a television or radio so that it receives programmes from a particular company: ***Stay tuned for*** (= *continue watching or listening for*) *more details.* ◦ *The radio is* ***tuned to*** *Radio 5.* ▷ **stroić, nastawiać**

PHRASAL VERBS **tune in** to watch or listen to a particular television or radio programme: *Be sure to* ***tune in to*** *next week's show.* ▷ **nastawiać odbiornik** • **tune (sth) up** to make slight changes to a musical instrument before you play it so that it produces the right notes: *The orchestra were tuning up.* ▷ **stroić się/***coś*

tunic /ˈtjuːnɪk/ **noun** [C] a loose piece of clothing that covers the top part of your body ▷ **tunika**

T

Tunisia /tjuːˈnɪziə/ **noun** a country in Africa ▷ **Tunezja**
• **Tunisian** /tjuːˈnɪziən/ **adjective** coming from or relating to Tunisia ▷ **tunezyjski** • **Tunisian noun** someone from Tunisia ▷ **Tunezyjczyk/ka**

tunnel¹ /ˈtʌnəl/ **noun** [C] B1 a long passage under the ground or through a mountain: *The train went into the tunnel.* ▷ **tunel** → See also ***light* at the end of the tunnel**

tunnel

tunnel² /ˈtʌnəl/ **verb** [I, T] (present participle UK **tunnelling**, US **tunneling**, past tense and past participle **tunnelled**, US **tunneled**) to dig a tunnel ▷ **przekopywać lub kopać (tunel)**

turban /ˈtɜːbən/ **noun** [C] a long piece of cloth that men from some religions fold around their heads ▷ **turban**

turbine /ˈtɜːbaɪn/ **noun** [C] a large machine that produces power by using gas, steam, etc to turn a wheel ▷ **turbina**

turbulent /ˈtɜːbjələnt/ **adjective 1** A turbulent situation, time, etc is one in which there are a lot of sudden changes, arguments, or violence: *a* ***turbulent relationship*** ▷ **burzliwy 2** Turbulent air or water moves very strongly and suddenly. ▷ **rwący, porywisty**
• **turbulence** /ˈtɜːbjələns/ **noun** [U] ▷ **turbulencje, niepokoje**

turf¹ /tɜːf/ **noun** [U] short, thick grass and the soil it is growing in ▷ **darń, trawa**

turf² /tɜːf/ **verb**

PHRASAL VERB **turf sb out** UK informal to make someone leave ▷ **wykopać** *kogoś*

turgor /ˈtɜːgəʳ/ **noun** [U] the normal state of how hard a cell is, caused by its contents pressing against the cell wall ▷ **turgor (jędrność uwodnionych komórek)**

Turkey /ˈtɜːki/ **noun** a country in Asia ▷ **Turcja**
• **Turkish** /ˈtɜːkɪʃ/ **adjective** coming from or relating to Turkey ▷ **turecki** • **Turk** /tɜːk/ **noun** someone from Turkey ▷ **Turek, Turczynka**

turkey /ˈtɜːki/ **noun** [C, U] B1 a bird that looks like a large chicken, or the meat of this bird ▷ **indyk**

Turkmenistan /tɜːkˌmenɪˈstɑːn/ **noun** a country in Asia ▷ **Turkmenistan**
• **Turkmen** /tɜːkmen/ **adjective** coming from or relating to Turkmenistan ▷ **turkmeński** • **Turkmen noun** someone from Turkmenistan ▷ **Turkmen/ka**

turmoil /ˈtɜːmɔɪl/ **noun** [U, no plural] a situation in which there is a lot of trouble, confusion, or noise: *The whole region is* ***in turmoil.*** ▷ **chaos, zamieszanie**

> Wyrazy występujące razem z **turmoil**
>
> **be in/be thrown into** turmoil • **a state of** turmoil • **emotional/political** turmoil • **the** turmoil **of (doing) sth**

turn¹ /tɜːn/ **verb 1** [I] B1 to move your body so that you are facing a different direction: *Ricky turned and saw Sue standing in the doorway.* ▷ **odwracać się 2** [I, T] A2 to change direction when you are moving, or to make a car do this: *Turn left at the traffic lights.* ▷ **skręcać 3** [T] to move something round so that it faces a different direction: *Ella turned the cup to hide the crack in it.* ▷ **odwracać 4** [I, T] B2 to move around a central point in a circle, or to make something do this: *Turn the steering wheel as quickly as you can.* ▷ **obracać (się) 5 turn blue/cold/sour, etc** B2 to become blue, cold, etc: *The sky turned black and it started to rain.* ▷ **sinieć/stygnąć/kwaśnieć** *itp.* **6 turn 16/21, etc** to become a particular age: *He turned 18 last May.*

▷ **skończyć 16/21** *itp.* **lat 7 turn a page** B1 to move a page in a book or magazine in order to see the next one ▷ **przewracać kartkę lub stronę** → See also **turn your** ***back*** **on sb/sth**, **turn/put the** ***clock*** **back**, **turn a blind** ***eye*** **(to sth)**, **turn over a new** ***leaf***, **turn your** ***nose*** **up at sth**, **turn the** ***tables*** **on sb**, **come/turn up** ***trumps***, **turn sth** ***upside down***

PHRASAL VERBS **turn sb away** to not allow someone to enter a place: *By 10 o'clock the club was already full and they were turning people away.* ▷ **odprawiać** *kogoś* **z kwitkiem** • **turn (sb) back** B2 to return in the direction you have come from, or to make someone do this: *They had to turn back because of the bad weather.* ▷ **zawrócić** (*kogoś*) • **turn sb/sth down** B2 to refuse an offer or request: *They did offer me the job, but I turned it down.* ▷ **odrzucać** *coś*, **odmówić** *komuś* • **turn sth down** B1 to reduce the level of sound or heat that a machine produces: *Could you turn the radio down, please?* ▷ **ściszać** *coś*, **zmniejszać** *coś*, **skręcać** *coś* • **turn (sb/sth) into sb/sth** B1 to change and become someone or something different, or to make someone or something do this: *There are plans to turn his latest book into a film.* ▷ **przerabiać** (*kogoś/coś*) **na** *kogoś/coś* • **turn off (sth)** to leave the road you are driving along and drive on a different road ▷ **skręcać, zjeżdżać z** *czegoś* • **turn sth off** A2 to move the switch on a machine, light, etc so that it stops working, or to stop the supply of water, electricity, etc: *How do you turn the computer off?* ▷ **wyłączać** *coś*, **zakręcać** *coś* • **turn sth on** A2 to move the switch on a machine, light, etc so that it starts working, or to start the supply of water, electricity, etc: *Ben turned the TV on.* ▷ **włączać** *coś*, **odkręcać** *coś* • **turn out 1** B2 to happen in a particular way, or to have a particular result: *The bomb warning* ***turned out to be*** *a false alarm.* ◦ [+ (that)] *I got talking to her and* ***it turned out*** *that we'd been to the same school.* ▷ **okazywać się 2** B2 If people turn out for an event, they go to be there or watch: *Over 800 people* ***turned out for*** *the protest.* ▷ **stawiać się, przybywać** • **turn sth out 1** to produce something: *The factory turns out more than 600 vehicles a month.* ▷ **produkować** *coś*, **wypuszczać** *coś* **2** to move the switch on a light so that it stops working ▷ **wyłączać** *coś* • **turn (sth) over** UK to change to a different television station: *Are you watching this or can I turn over?* ▷ **przełączać** (*coś*) • **turn to sb** B2 to ask someone for help or advice: *Eventually she* ***turned to*** *her aunt* ***for*** *help.* ▷ **zwracać się do** *kogoś* • **turn to sth 1** to find a page in a book: *Turn to page 105.* ▷ **otworzyć książkę na** *jakiejś* **stronie 2** to start to do something bad, especially because you are unhappy: *She turned to drugs after the break-up of her marriage.* ▷ **szukać zapomnienia w** *czymś* • **turn up 1** informal B2 to arrive: *Fred turned up late again.* ▷ **pojawić się 2** If something that you have been looking for turns up, you find it. ▷ **znaleźć się** • **turn sth up** B1 to increase the level of sound or heat that a machine produces: *I'm cold, could you turn the heating up please?* ▷ **podkręcać** *coś*

turn[2] /tɜːn/ **noun 1** [C] B1 the time when you can or must do something, usually before or after someone else: [+ to do sth] *It's your turn to feed the rabbit – I did it yesterday.* ◦ *You'll have to be patient and* ***wait*** *your* ***turn***. ▷ **kolej 2 take turns** (also UK **take it in turns**) B2 If two or more people take turns, one person does something, then another person does something, etc: [+ doing sth] *They all took turns carrying the suitcase.* ◦ [+ to do sth] *The children took it in turns to hold the baby.* ▷ **zmieniać się 3 in turn** one after another: *He spoke to the three boys in turn.* ▷ **kolejno, po kolei 4** [C] B2 a change in the direction in which you are moving or facing: *a* ***right/left turn*** ▷ **skręt 5** [C] a bend or corner in a road, river, etc: *Take the next turn on the right.* ▷ **zakręt 6 turn of events** the way in which a situation develops, especially a sudden or unexpected change ▷ **rozwój wydarzeń 7 take a turn for the better/worse** to become better or worse suddenly ▷ **zmieniać się na lepsze/gorsze 8 do sb a good turn** to do something to help someone ▷ **zrobić** *komuś* **przysługę 9 the turn of the century** the start of a new century ▷ **przełom wieku** → See also **U- turn**

turnaround /ˈtɜːnəraʊnd/ **noun** [C] when a bad situation changes into a good one ▷ **przełom, zwrot**

turning /ˈtɜːnɪŋ/ **noun** [C] UK B1 a corner where one road meets another: ***Take the second turning*** *on the left.* ▷ **zakręt**

> Wyrazy występujące razem z **turning point**
>
> **mark/prove/reach** a turning point • the turning point **came** • **be at** a turning point • the turning point **in/of** sth • the turning point **for** sb • a **crucial/important/major/real** turning point

ˈ**turning** ˌ**point noun** [C] a time when an important change begins to happen: *This event* ***marked*** *a* ***turning point*** *in the country's history.* ▷ **punkt zwrotny**

turnip /ˈtɜːnɪp/ **noun** [C, U] a large, round, pale yellow vegetable that grows under the ground ▷ **rzepa**

turn-off /ˈtɜːnɒf/ **noun 1** [C] a place where you can leave a main road to go onto another road ▷ **zjazd 2** [no plural] informal something which you dislike or which makes you feel less interested, especially sexually: *Greasy hair is a real turn-off.* ▷ **nic przyjemnego**

turnout /ˈtɜːnaʊt/ **noun** [C] the number of people at an event, such as a meeting or election: [usually singular] *They blamed the* ***low turnout*** *on the bad weather.* ▷ **frekwencja**

T

turnover /ˈtɜːnˌəʊvəʳ/ **noun** **1** [no plural] how much money a business earns in a period of time ▷ **obroty** **2** [U, no plural] the rate at which workers leave an organization and new workers join it: *a* ***high turnover*** *of staff* ▷ **fluktuacja kadrowa**

ˈ**turn ˌsignal** **noun** [C] US (UK **indicator**) a light that flashes on a vehicle to show that the driver intends to turn right or left ▷ **migacz** → See **Car** on page Centre 7

turnstile /ˈtɜːnstaɪl/ **noun** [C] a gate that only allows one person to go through it at a time ▷ **bramka (obrotowa)**

turpentine /ˈtɜːpəntaɪn/ **noun** [U] (also UK **turps** /tɜːps/) a clear liquid that has a strong smell and is used for removing paint ▷ **terpentyna**

turquoise /ˈtɜːkwɔɪz/ **noun** [U] a blue-green colour ▷ **(kolor) turkusowy**
• **turquoise adjective** ▷ **turkusowy**

turret /ˈtʌrɪt/ **noun** [C] a small tower that is part of a building ▷ **wieżyczka**

turtle /ˈtɜːtl/ **noun** [C] an animal with four legs and a hard shell that lives mainly in water ▷ **żółw (wodny lub morski)**

turtleneck /ˈtɜːtlnek/ **noun** [C] US (UK **polo neck**) a piece of clothing that covers the top part of the body and has a tube-like part covering the neck: *a turtleneck sweater* ▷ **golf** → See picture at **polo neck**

tusk /tʌsk/ **noun** [C] one of the two long, pointed teeth that come out of the mouth of some animals ▷ **kieł**

tussle /ˈtʌsl/ **noun** [C] a fight or argument, especially between two people who want the same thing ▷ **sprzeczka, przepychanka**

tut /tʌt/ **exclamation** (also **tut-tut**) a sound you make when you do not approve of something ▷ **no-no**

tutor /ˈtjuːtəʳ/ **noun** [C] **1** B2 someone who teaches one person or a very small group of people: *a private tutor* ▷ **(prywatn-y/a) nauczyciel/ka, korepetytor/ka** **2** UK a university teacher who is responsible for a small group of students ▷ **opiekun, asystent/ka**
• **tutor verb** [T] ▷ **uczyć, dawać lekcje lub korepetycje**

tutorial /tjuːˈtɔːriəl/ **noun** [C] **1** a class in which a small group of students talks about a subject with their tutor, especially at a British university ▷ **konsultacje, zajęcia (indywidualne lub w małej grupie)** **2** a set of instructions and exercises that teaches you how to use a computer program ▷ **(interaktywny) samouczek**

Tuvalu /tuːˈvɑːluː/ **noun** a country consisting of a group of islands to the east of Australia ▷ **Tuwalu**
• **Tuvaluan** /ˌtuːvɑːˈluːən/ **adjective** coming from or relating to Tuvalu ▷ **tuwalski** • **Tuvaluan noun** someone from Tuvalu ▷ **Tuwal-czyk/ka**

tux /tʌks/ **noun** [C] US short for tuxedo ▷ **smoking**

tuxedo /tʌkˈsiːdəʊ/ **noun** [C] US (UK **dinner jacket**) a black or white jacket that a man wears on a very formal occasion ▷ **smoking** → See picture at **dinner jacket**

TV (also **tv**) /ˌtiːˈviː/ **noun** [C, U] A1 abbreviation for television: *What's* ***on TV*** *tonight?* ◦ *We could stay in and* ***watch TV***. ▷ **telewizja** → See **The Living Room** on page Centre 4

twang /twæŋ/ **noun** [C] the sound that is made by pulling a tight string or wire ▷ **brzdęk, brzdąknięcie**
• **twang verb** [I, T] ▷ **brzdąkać**

tweak /twiːk/ **verb** [T] **1** to change something slightly to try to improve it ▷ **podkręcać, podregulować, poprawiać** **2** to pull or twist something quickly and suddenly: *Dad sat there tweaking his beard.* ▷ **szarpać za, ciągnąć za**
• **tweak noun** [C] ▷ **szarpnięcie, pociągnięcie, regulacja, ulepszenie**

tweed /twiːd/ **noun** [U] a thick, rough cloth made of wool ▷ **tweed**

tweezers /ˈtwiːzəz/ **noun** [plural] a small tool with two narrow pieces of metal joined at one end, used for picking up or pulling out very small things ▷ **pinceta, pęseta**

tweezers

twelfth[1] /twelfθ/ 12th written as a word ▷ **dwunasty**

twelfth[2] /twelfθ/ **noun** [C] one of twelve equal parts of something; $\frac{1}{12}$ ▷ **(jedna) dwunasta, dwunasta część**

twelve /twelv/ A1 the number 12 ▷ **dwanaście**

twenty /ˈtwenti/ **1** A1 the number 20 ▷ **dwadzieścia** **2 the twenties** the years from 1920 to 1929 ▷ **lata dwudzieste** **3 be in your twenties** to be aged between 20 and 29 ▷ **być po dwudziestce**
• **twentieth** 20th written as a word ▷ **dwudziesty**

twice /twaɪs/ **adverb** A2 two times: *I've been there twice.* ◦ *I have to take the tablets twice a day.* ▷ **dwa razy, dwukrotnie**

twiddle /ˈtwɪdl/ **verb** [I, T] to move your fingers around, or turn something around many times, especially because you are bored: *Karen just sat there* ***twiddling with*** *her hair.* ▷ **bawić się, kręcić**

twig /twɪg/ **noun** [C] a small, thin branch on a tree ▷ **gałązka**

twilight /ˈtwaɪlaɪt/ **noun** [U] the time just before it becomes completely dark in the evening ▷ **zmierzch**

ˈ**twilight ˌzone** **noun** [C] a state where things are strange and not clear: *He is hovering in a twilight zone between life and death.* ▷ **szara strefa**

twin[1] /twɪn/ **noun** [C] B1 one of two children who are born to the same mother at the same time ▷ **bliźniak** → See also **identical twin**

> Wyrazy występujące razem z **twin**
> a set of twins • sb's twin **brother/sister** • **identical** twins

twin[2] /twɪn/ **adjective** [always before noun] used to describe two similar things that are a pair: *twin beds* ▷ **bliźniaczy, do pary**

twin[3] /twɪn/ **verb** UK **be twinned with sth** If a town in one country is twinned with a town in another country, the two towns have a special relationship: *Leeds in England is twinned with Dortmund in Germany.* ▷ **współpracować** *z czymś*

twinge /twɪndʒ/ **noun** [C] **1** a sudden, slight emotion: *a **twinge of** guilt* ▷ **ukłucie 2** a sudden, slight pain ▷ **ukłucie bólu, nagły ból**

twinkle /ˈtwɪŋkl/ **verb** [I] **1** If light twinkles, it shines and seems to be quickly flashing on and off: *The lights of the town twinkled in the distance.* ▷ **migotać, mrugać 2** If someone's eyes twinkle, they look bright and happy. ▷ **błyszczeć**
• **twinkle noun** [C] ▷ **błysk, iskra**

twirl /twɜːl/ **verb** [I, T] to turn around and around quickly, or to make something do this ▷ **obracać (się), kręcić (się), wirować**
• **twirl noun** [C] ▷ **obrót**

twist[1] /twɪst/ **verb 1** [T] to turn something using your hand: *She sat there nervously twisting the ring around on her finger.* ▷ **obracać 2** [T] to bend and turn something many times and change its shape: *The wheels of the bike had been twisted in the accident.* ▷ **wykrzywiać, skręcać 3** [I, T] to turn part of your body to face a different direction: *She twisted her head so she could see what was happening.* ▷ **odwracać (się) 4** [I] If a road, river, etc twists, it has a lot of bends in it: *The path **twisted and turned** up the side of the mountain.* ▷ **wić się 5** [T] If you twist a part of your body, such as your knee, you injure it by turning it suddenly. ▷ **skręcić 6** [T] to unfairly change the meaning of something that someone has said: *Journalists had twisted his remarks.* ▷ **przekręcać, wypaczać** → See also **twist sb's *arm***

twist

twist[2] /twɪst/ **noun** [C] **1** a sudden change in a story or situation that you do not expect: *The story has an unusual twist at the end.* ▷ **zwrot 2** when you twist something ▷ **skręcenie, skręt 3** a part of something that is twisted: *There's a twist in the wire.* ▷ **wygięcie, skręcenie 4** a shape that is made by twisting something: *Finally, add a twist of lemon for decoration.* ▷ **spirala 5** a bend in a river, road, etc ▷ **zakręt**

twisted /ˈtwɪstɪd/ **adjective 1** B2 Something that is twisted is bent a lot of times and does not have its usual shape. ▷ **powykręcany, poskręcany, pogięty 2** strange and slightly unpleasant or cruel: *He'd become **bitter and twisted**.* ▷ **skrzywiony, chory**

twister /ˈtwɪstəʳ/ **noun** [C] US another word for tornado ▷ **tornado, trąba powietrzna** → See also **tongue twister**

twit /twɪt/ **noun** [C] informal a silly person ▷ **przygłup**

twitch /twɪtʃ/ **verb** [I] If a part of your body twitches, it suddenly makes a slight movement in a way that you cannot control: *His face twitched nervously.* ▷ **drgać**
• **twitch noun** [C] ▷ **tik, drgnięcie**

twitter /ˈtwɪtəʳ/ **verb** [I] If a bird twitters, it makes a series of short, high sounds. ▷ **ćwierkać, świergotać**

two /tuː/ **1** A1 the number 2 ▷ **dwa 2 in two** B2 into two pieces: *She broke the chocolate in two.* ▷ **na pół, na dwie części**

IDIOM **put two and two together** to guess the truth from details that you notice about a situation: *She didn't tell me she was pregnant – I just put two and two together.* ▷ **skojarzyć fakty**

→ See also **the *lesser* of two evils**, **be in two *minds***, **stand on your own two *feet***

two-dimensional /ˌtuːdaɪˈmenʃənəl/ **adjective** describes a shape which is flat ▷ **dwuwymiarowy**

two-time /ˌtuːˈtaɪm/ **verb** [T] informal If someone two-times their partner, they secretly have a romantic relationship with someone else. ▷ **zdradzać**

two-way /ˈtuːˌweɪ/ **adjective** moving, or allowing something to move or work in two directions: *a two-way street* ▷ **dwukierunkowy**

tycoon /taɪˈkuːn/ **noun** [C] someone who is very successful and powerful in business and has a lot of money: *a **media tycoon** ◦ a **property/shipping tycoon*** ▷ **magnat, potentat**

tying /ˈtaɪɪŋ/ present participle of tie

Tylenol /ˈtaɪlənɒl/ **noun** [C, U] trademark a common drug used to reduce pain and fever ▷ **paracetamol (nazwa handlowa popularnego preparatu)**

type[1] /taɪp/ **noun** [C] **1** A2 a person or thing that is part of a group of people or things that have similar qualities, or a group of people or things that have similar qualities: *They sell over 20 **different types** of cheese.* ◦ *Illnesses **of this type** are very common in children.* ▷ **rodzaj 2** someone who has particular qualities or

T

interests: *He's the outdoor type (= enjoys being outside).* ▷ **typ, osobowość 3 not be sb's type** informal to not be the type of person that someone thinks is attractive: *I like Bertrand but he's not really my type.* ▷ **nie być w** *czyimś* **typie** → See also **blood type**

> **Wyrazy występujące razem z type**
> of this type • all types of sth • different/ various types

type² /taɪp/ **verb** [I, T] B1 to write something using a keyboard ▷ **pisać na komputerze lub maszynie**

• **typing** noun [U] ▷ **pisanie na komputerze lub maszynie**

typeface /ˈtaɪpfeɪs/ **noun** [C] a set of letters and symbols that are printed in a particular design ▷ **krój pisma**

typewriter /ˈtaɪpˌraɪtəʳ/ **noun** [C] a machine with keys that you press to produce letters and numbers on paper ▷ **maszyna do pisania**

• **typewritten** /ˈtaɪpˌrɪtᵊn/ **adjective** printed using a typewriter: *a typewritten letter* ▷ **napisany na maszynie, w maszynopisie**

typhoid /ˈtaɪfɔɪd/ **noun** [U] a serious infectious disease that is caused by dirty water or food ▷ **dur brzuszny**

typhoon /taɪˈfuːn/ **noun** [C] a violent storm with very strong winds ▷ **tajfun**

typical /ˈtɪpɪkᵊl/ **adjective** B1 having all the qualities you expect a particular person, object, place, etc to have: *typical German food* ∘ *This style of painting is* ***typical of*** *Monet.* ▷ **typowy, charakterystyczny**

typically /ˈtɪpɪkᵊli/ **adverb 1** B2 used for saying that something is typical of a person, thing, place, etc: *behaviour that is typically English* ▷ **typowo 2** B1 used for saying what usually happens: *Schools in the area typically start at 8.30.* ▷ **zwykle, zazwyczaj, na ogół**

typify /ˈtɪpɪfaɪ/ **verb** [T] to be a typical example or quality of something: *Emma's opinions typify the attitude of many young people.* ▷ **być typowym dla**

typist /ˈtaɪpɪst/ **noun** [C] old-fashioned someone who types ▷ **maszynistka**

typography /taɪˈpɒgrəfi/ **noun** [U] the style and size of the letters in a piece of printing ▷ **układ typograficzny**

tyranny /ˈtɪrᵊni/ **noun** [U] when a leader or government has too much power and uses that power in a cruel and unfair way ▷ **tyrania**

• **tyrannical** /tɪˈrænɪkᵊl/ **adjective** using or involving tyranny ▷ **tyrański**

tyrant /ˈtaɪərᵊnt/ **noun** [C] someone who has total power and uses it in a cruel and unfair way ▷ **tyran**

tyre UK (US **tire**) /taɪəʳ/ **noun** [C] A2 a thick, round piece of rubber filled with air, that fits around a wheel: *It's got a* ***flat tyre*** *(= tyre with no air in it).* ▷ **opona** → See **Car** on page Centre 7

T

U

U, u /juː/ the twenty-first letter of the alphabet ▷ **U, u**

uber- /uːbəʳ-/ **prefix** humorous used before nouns to mean 'extreme' or 'extremely good or successful': *uber-billionaire* ▷ **super-**

ubiquitous /juːˈbɪkwɪtəs/ **adjective** formal seeming to be in all places: *the ubiquitous security cameras* ▷ **wszechobecny**

U-boat /ˈjuːbəʊt/ **noun** [C] a German submarine, used especially in World Wars I and II ▷ **U-Boot (= niemiecki okręt podwodny)**

udder /ˈʌdəʳ/ **noun** [C] the part of a female cow, goat, etc that hangs under its body and produces milk ▷ **wymię**

UFO /ˌjuːefˈəʊ/ **noun** [C] abbreviation for unidentified flying object: something strange that you see in the sky that could be from another part of the universe ▷ **UFO**

Uganda /juːˈgændə/ **noun** a country in Africa ▷ **Uganda**
• **Ugandan** /juːˈgændən/ **adjective** coming from or relating to Uganda ▷ **ugandyjski** • **Ugandan noun** someone from Uganda ▷ **Ugandyjczyk/ka**

ugh /ʌg/ **exclamation** used to show that you think something is very unpleasant: *Ugh! What a smell!* ▷ **fu, fuj**

ugly /ˈʌgli/ **adjective** **1** Ⓑ1 unpleasant to look at: *an ugly city* ▷ **brzydki** **2** An ugly situation is very unpleasant, usually because it involves violence: *There were* ***ugly scenes*** *outside the stadium.* ▷ **nieprzyjemny, krwawy**
• **ugliness** noun [U] ▷ **brzydota**
→ See also **raise/rear its ugly** ***head***

uh US (UK **er**) /ə/ **exclamation** something that you say when you are thinking what to say next: *It's not too far – it's about, uh, five miles from here.* ▷ **hm**

UK /ˌjuːˈkeɪ/ **noun** abbreviation for United Kingdom ▷ **UK, Wlk. Bryt. (= Wielka Brytania)**

Ukraine /juːˈkreɪn/ **noun** a country in Europe ▷ **Ukraina**
• **Ukrainian** /juːˈkreɪniən/ **adjective** coming from or relating to Ukraine ▷ **ukraiński** • **Ukrainian noun** someone from Ukraine ▷ **Ukrai-niec/nka**

ulcer /ˈʌlsəʳ/ **noun** [C] a painful, infected area on your skin or inside your body: *a* ***mouth/stomach ulcer*** ▷ **wrzód**

ulna /ˈʌlnə/ **noun** [C] the longer of the two long thin bones in the lower half of the arm, between the wrist and the elbow ▷ **kość łokciowa**
→ Compare **radius**

ulterior /ʌlˈtɪəriəʳ/ **adjective ulterior motive/ purpose, etc** a secret purpose or reason for doing something ▷ **ukryty motyw/cel** *itp.*

ultimate¹ /ˈʌltɪmət/ **adjective** [always before noun] **1** Ⓑ2 better, worse, or greater than all similar things: *Climbing Mount Everest is the ultimate challenge.* ◦ *the ultimate insult* ▷ **największy** **2** final or most important: *the ultimate aim/solution* ▷ **ostateczny**

ultimate² /ˈʌltɪmət/ **noun the ultimate in sth** the best or greatest example of something: *It describes the hotel as 'the ultimate in luxury'.* ▷ **szczyt** *czegoś*

ultimately /ˈʌltɪmətli/ **adverb** **1** finally, after a series of things have happened: *a disease that ultimately killed him* ▷ **ostatecznie, w końcu** **2** used to emphasize the most important fact in a situation: *Ultimately, he'll have to decide.* ▷ **tak czy siak**

ultimatum /ˌʌltɪˈmeɪtəm/ **noun** [C] when someone says they will do something that will affect you badly if you do not do what they want: *The children were* ***given an ultimatum*** *– finish their work quietly or stay behind after class.* ▷ **ultimatum**

> **Wyrazy występujące razem z ultimatum**
>
> **deliver/give sb /issue** an ultimatum • an ultimatum **demands** sth • an ultimatum **from/to** sb

ultra- /ʌltrə/ **prefix** extremely: *ultra-modern architecture* ◦ *ultra-careful* ▷ **ultra-**

ultrasonic /ˌʌltrəˈsɒnɪk/ **adjective** involving ultrasound ▷ **naddźwiękowy, ponaddźwiękowy, ultradźwiękowy**

ultrasound /ˈʌltrəsaʊnd/ **noun** **1** [U] very high sound waves, especially those that are used in medical examinations to produce an image of something inside your body: *an* ***ultrasound scan*** ▷ **ultradźwięki** **2** [C] a medical examination which produces an image of something that is inside the body, especially a baby, using sound waves: *An ultrasound revealed a perfectly healthy baby.* ▷ **USG**

ultraviolet /ˌʌltrəˈvaɪələt/ **adjective** Ultraviolet light makes your skin become darker. ▷ **ultrafioletowy**

umbilical cord /ʌmˈbɪlɪklˌkɔːd/ **noun** [C] the tube that connects a baby to its mother before it is born ▷ **pępowina**

umbrella

umbrella /ʌmˈbrelə/ **noun** [C] **1** Ⓐ2 a thing that you hold above your head to keep yourself dry when it is

U

raining ▷ **parasol, parasolka 2 umbrella group/organization, etc** a large organization that is made of many smaller organizations ▷ **grupa/organizacja** *itp.* **patronacka**

umpire /ˈʌmpaɪəʳ/ **noun** [C] someone whose job is to watch a sports game and make sure that the players obey the rules: *a tennis/cricket umpire* ▷ **sędzia**

• **umpire verb** [I, T] ▷ **sędziować**

umpteen /ʌmˈtiːn/ **quantifier** informal very many: *I've been there* ***umpteen times*** *and I still can't remember the way.* ▷ **ileś tam, en**

• **umpteenth** *I drank my umpteenth cup of coffee.* ▷ **enty**

un- /ʌn/ **prefix** not or the opposite of: *unhappy ◦ unfair ◦ to unfasten* ▷ **nie-**

the UN /juːˈen/ **noun** abbreviation for the United Nations: an international organization that tries to solve world problems in a peaceful way ▷ **ONZ (= Organizacja Narodów Zjednoczonych)**

unable /ʌnˈeɪbl/ **adjective be unable to do sth** B1 to not be able to do something: *Some days he is unable to get out of bed.* ▷ **nie być w stanie lub nie móc** *czegoś zrobić*

unabridged /ˌʌnəˈbrɪdʒd/ **adjective** An unabridged book, play, etc is in its original form and has not been made shorter. ▷ **pełny, kompletny**

unacceptable /ˌʌnəkˈseptəbl/ **adjective** B2 too bad to be allowed to continue: *The water contains unacceptable levels of pollution. ◦ I find that sort of behaviour* ***completely unacceptable.*** ▷ **nie do przyjęcia, niedopuszczalny**

• **unacceptably adverb** ▷ **niedopuszczalnie**

> Wyrazy występujące razem z **unacceptable**
>
> find sth unacceptable • completely/totally/wholly unacceptable • unacceptable to sb

unaccompanied /ˌʌnəˈkʌmpənid/ **adjective** not having anyone with you when you go somewhere: *Unaccompanied children are not allowed in the museum.* ▷ **bez opieki, samotny**

unaccountable /ˌʌnəˈkaʊntəbl/ **adjective 1** impossible to explain: *For some* ***unaccountable reason,*** *I've got three copies of the same book.* ▷ **niezrozumiały, niewytłumaczalny 2** not having to give reasons for your actions or decisions ▷ **nieponoszący odpowiedzialności**

• **unaccountably adverb** ▷ **niezrozumiale, niewytłumaczalnie**

unadulterated /ˌʌnəˈdʌltəreɪtɪd/ **adjective 1** complete: *I've never heard such unadulterated nonsense in all my life!* ▷ **kompletny 2** pure and with nothing extra added: *People using drugs can never be sure that they're using unadulterated substances.* ▷ **nieskażony**

unadventurous /ˌʌnədˈventʃərəs/ **adjective** not willing to take risks or try something new ▷ **konserwatywny**

unaffected /ˌʌnəˈfektɪd/ **adjective** not changed by something: *Smaller colleges will be* ***unaffected by*** *the new regulations.* ▷ **nietknięty, bez żadnych następstw**

unaided /ʌnˈeɪdɪd/ **adjective, adverb** without help: *He's now well enough to* ***walk unaided.*** ▷ **samodzielny, samodzielnie, bez (niczyjej) pomocy**

unanimous /juːˈnænɪməs/ **adjective** agreed by everyone: *The jury was unanimous in finding him guilty.* ▷ **jednomyślny**

• **unanimity** /ˌjuːnəˈnɪməti/ **noun** [U] when everyone agrees about something ▷ **jednomyślność** • **unanimously adverb** *The members* ***unanimously agreed*** *to the proposal.* ▷ **jednomyślnie**

unannounced /ˌʌnəˈnaʊnst/ **adjective, adverb** without telling anyone first: *an* ***unannounced visit*** ▷ **niezapowiedziany**

unappealing /ˌʌnəˈpiːlɪŋ/ **adjective** not attractive or enjoyable: *Five hours on a train with Mike is a fairly* ***unappealing prospect.*** *◦ an* ***unappealing character*** ▷ **niezachęcający**

unarmed /ʌnˈɑːmd/ **adjective** not carrying a weapon ▷ **nieuzbrojony**

unashamedly /ˌʌnəˈʃeɪmɪdli/ **adverb** in a way that shows you are not embarrassed or worried about what other people think of you: *Galliano is unashamedly romantic.* ▷ **bezwstydnie**

unassuming /ˌʌnəˈsjuːmɪŋ/ **adjective** not wanting to be noticed: *a shy, unassuming man* ▷ **skromny, bezpretensjonalny**

unattached /ˌʌnəˈtætʃt/ **adjective** not married or having a romantic relationship ▷ **niezwiązany (z nikim), samotny**

unattended /ˌʌnəˈtendɪd/ **adjective** not being watched or looked after: *Passengers should not* ***leave*** *bags* ***unattended.*** ▷ **(pozostawiony) bez opieki**

unattractive /ˌʌnəˈtræktɪv/ **adjective 1** not beautiful or nice to look at: *I felt old and unattractive.* ▷ **mało atrakcyjny, nieatrakcyjny 2** not interesting or useful: *an unattractive proposition* ▷ **mało atrakcyjny, nieciekawy**

unauthorized (also UK **-ised**) /ʌnˈɔːθəraɪzd/ **adjective** done without official permission: *an unauthorized use of company money* ▷ **bezprawny, bez pozwolenia lub zgody**

unavailable /ˌʌnəˈveɪləbl/ **adjective 1** not able to talk to someone or meet them, especially because you are doing other things: *The manager was* ***unavailable for comment.*** ▷ **nieosiągalny 2** B2 impossible to buy or get: *The book is unavailable in Britain.* ▷ **niedostępny**

unavoidable /ˌʌnəˈvɔɪdəbl/ **adjective** impossible to avoid or prevent: *an unavoidable delay* ▷ **nieunikniony**

unaware /ˌʌnəˈweəʳ/ **adjective** [never before noun] B2 not knowing about something: *He seems* ***totally unaware of*** *the problem.* ▷ **nieświadomy**

Wyrazy występujące razem z unaware
blissfully/completely/seemingly/totally unaware • unaware **of sth**

unawares /ˌʌnəˈweəz/ **adverb catch/take sb unawares** If something catches or takes you unawares, it happens when you do not expect it to: *The rain caught me unawares and I didn't have my umbrella.* ▷ **zaskoczyć** *kogoś*

unbalanced /ʌnˈbælənst/ **adjective 1** slightly mentally ill ▷ **niezrównoważony psychicznie 2** false and not fair: *He gave an unbalanced view of the situation.* ▷ **niewyważony, jednostronny, nieobiektywny**

unbearable /ʌnˈbeərəbl/ **adjective** B2 too painful or unpleasant for you to continue to experience: *The heat was almost unbearable.* ▷ **nie do zniesienia, nieznośny**
• **unbearably adverb** ▷ **nieznośnie**

unbeatable /ʌnˈbiːtəbl/ **adjective** much better than everyone or everything else: *We aim to sell the best products at unbeatable prices.* ▷ **bezkonkurencyjny**

unbeaten /ʌnˈbiːtᵊn/ **adjective** in sports, having won every game: *Manchester United* ***remain unbeaten*** *this season.* ▷ **niepokonany, niezwyciężony**

unbelievable /ˌʌnbɪˈliːvəbl/ **adjective 1** B1 extremely bad or good and making you feel surprised: *It's unbelievable how lucky she's been.* ▷ **niewiarygodny, niesamowity 2** B2 not probable and difficult to believe ▷ **niewiarygodny, nie do uwierzenia**
• **unbelievably adverb** ▷ **niewiarygodnie**

unborn /ʌnˈbɔːn/ **adjective** not yet born: *the* ***unborn child*** ▷ **nienarodzony**

unbreakable /ˌʌnˈbreɪkəbl/ **adjective** impossible to break: *unbreakable glass/plastic* ▷ **niezniszczalny, niebłukący**

unbridled /ʌnˈbraɪdld/ **adjective** An unbridled feeling is one that you do not try to hide or control: ***unbridled enthusiasm/passion*** ▷ **nieposkromiony, nieokiełznany**

unbroken /ʌnˈbrəʊkᵊn/ **adjective** continuous and with no pauses: *unbroken sunshine* ▷ **nieprzerwany**

unbutton /ʌnˈbʌtᵊn/ **verb** [T] to open the buttons on a piece of clothing: *He unbuttoned his jacket.* ▷ **rozpinać**

uncalled for /ʌnˈkɔːldfɔːʳ/ **adjective** If an action or remark is uncalled for, it is unfair or unkind: *That was uncalled for, Tess – apologize to your brother.* ▷ **niestosowny, nie na miejscu**

uncanny /ʌnˈkæni/ **adjective** strange and impossible to explain: *an* ***uncanny resemblance*** ▷ **niesamowity, nieprawdopodobny**
• **uncannily adverb** ▷ **niesamowicie, nieprawdopodobnie**

uncaring /ʌnˈkeərɪŋ/ **adjective** without sympathy for people with problems: *victims of an uncaring society* ▷ **obojętny**

uncertain /ʌnˈsɜːtᵊn/ **adjective 1** B2 not sure or not able to decide about something: *Bridie was* ***uncertain about*** *meeting him.* ▷ **niepewny, niezdecydowany 2** B2 not known, or not completely certain: *The museum faces an* ***uncertain future.*** ▷ **niepewny**
• **uncertainly adverb** ▷ **niepewnie, niezdecydowanie** • **uncertainty noun** [C, U] ▷ **niepewność**

uncertainty /ʌnˈsɜːtᵊnti/ **noun** [C, U] when something is uncertain: *Life is full of uncertainties.* ▷ **niepewność**

Wyrazy występujące razem z uncertainty
face uncertainty • the uncertainty **surrounding sth** • uncertainty **about/as to/over sth** • **continuing/great/growing** uncertainty • the uncertainty **of sth**

unchanged /ʌnˈtʃeɪndʒd/ **adjective** B2 staying the same: *The area has* ***remained*** *virtually* ***unchanged*** *in fifty years.* ▷ **niezmieniony**

uncharacteristic /ˌʌnkærəktərˈɪstɪk/ **adjective** not typical ▷ **nietypowy, dziwny**
• **uncharacteristically adverb** ▷ **nietypowo, dziwnie**

unchecked /ʌnˈtʃekt/ **adjective** If something bad continues unchecked, it is not stopped. ▷ **niekontrolowany, nieposkromiony**

uncle /ˈʌŋkl/ **noun** [C] A2 the brother of your mother or father, or the husband of your aunt ▷ **wujek, wuj**

unclean /ʌnˈkliːn/ **adjective** morally bad, as described by the rules of a religion ▷ **nieczysty**

unclear /ʌnˈklɪəʳ/ **adjective 1** B2 not easy to understand: *The situation at the moment is unclear.* ◦ [+ question word] *It's unclear what actually happened that night.* ▷ **niejasny 2** B2 If you are unclear about something, you do not understand it exactly: *I'm* ***unclear about*** *exactly who's doing what.* ▷ **niepewny**

uncomfortable /ʌnˈkʌmftəbl/ **adjective 1** B1 not feeling comfortable and pleasant, or not making you feel comfortable and pleasant: *These shoes are really uncomfortable.* ▷ **niewygodny 2** slightly embarrassed, or making you feel slightly embarrassed: *an uncomfortable silence* ▷ **niezręczny, nieswój**
• **uncomfortably adverb** ▷ **niewygodnie, nieswojo, niezręcznie**

uncommon /ʌnˈkɒmən/ **adjective** unusual: [+ for + to do sth] *It's not uncommon for people to become ill (= they often become ill) when they travel.* ▷ **rzadki, niezwykły**
• **uncommonly adverb** ▷ **niezwykle**

uncompromising /ʌnˈkɒmprəmaɪzɪŋ/ **adjective** determined not to change your ideas or decisions: *an* ***uncompromising attitude*** ▷ **bezkompromisowy**

unconcerned /ˌʌnkənˈsɜːnd/ **adjective** not worried by something: *The baby seemed* ***unconcerned by*** *all the noise.* ▷ **niewzruszony**

U

unconditional /ˌʌnkənˈdɪʃᵊnᵊl/ **adjective** done or given without any limits and without asking for anything for yourself: ***unconditional love*** ▷ **bezwarunkowy**
• **unconditionally adverb** ▷ **bezwarunkowo**

unconfirmed /ˌʌnkənˈfɜːmd/ **adjective** An unconfirmed report or story may not be true because there is no proof yet. ▷ **niepotwierdzony**

unconnected /ˌʌnkəˈnektɪd/ **adjective** If two or more things are unconnected, there is no connection between them: *The stomach ailment was* ***unconnected with*** *his cancer.* ▷ **niepowiązany**

unconscious¹ /ʌnˈkɒnʃəs/ **adjective 1** (B2) in a state as though you are sleeping, for example because you have been hit on the head: *She was* ***knocked unconscious.*** ▷ **nieprzytomny 2** An unconscious thought or feeling is one that you do not know you have: *an unconscious fear* ▷ **nieświadomy, nieuświadomiony**
• **unconsciousness noun** [U] ▷ **nieprzytomność, nieświadomość**

unconscious² /ʌnˈkɒnʃəs/ **noun** [no plural] the part of your mind that contains feelings and thoughts that you do not know about, and that influences the way you behave ▷ **podświadomość**

unconsciously /ʌnˈkɒnʃəsli/ **adverb** If you do something unconsciously, you do it without knowing that you are doing it. ▷ **nieświadomie**

unconstitutional /ʌnˌkɒnstɪˈtjuːʃᵊnᵊl/ **adjective** not allowed by the rules of an organization or political system ▷ **niekonstytucyjny, niezgodny z konstytucją**

uncontrollable /ˌʌnkənˈtrəʊləbl/ **adjective** unable to be controlled: *uncontrollable anger* ◦ *an uncontrollable desire to cry* ▷ **niepohamowany, nieposkromiony**
• **uncontrollably adverb** ▷ **niepohamowanie**

unconventional /ˌʌnkənˈvenʃᵊnᵊl/ **adjective** doing things in a way that is different from most people: *an unconventional lifestyle* ▷ **niekonwencjonalny**

unconvincing /ˌʌnkənˈvɪnsɪŋ/ **adjective** not seeming true or real: *an unconvincing explanation* ▷ **nieprzekonujący**

uncool /ʌnˈkuːl/ **adjective** embarrassing and not stylish or fashionable ▷ **obciachowy**

uncountable noun /ʌnˌkaʊntəbᵊlˈnaʊn/ **noun** [C] (also **uncount noun**) (B1) a noun which does not have a plural form and cannot be used with 'a' or 'one'. For example, 'music' and 'furniture' are uncountable nouns. ▷ **rzeczownik niepoliczalny**

uncouth /ʌnˈkuːθ/ **adjective** behaving in a rude, unpleasant way ▷ **nieokrzesany**

uncover /ʌnˈkʌvəʳ/ **verb** [T] **1** to discover something that has been secret or hidden: *The inspectors* ***uncovered evidence*** *of corruption.* ▷ **wykryć, ujawniać 2** to remove a cover from something ▷ **odkryć, odsłaniać**

> **Wyrazy występujące razem z uncover**
>
> uncover **evidence/ a plot/ a secret/the truth**
> • **an investigation** uncovers sth

undaunted /ʌnˈdɔːntɪd/ **adjective** not frightened to do something that is difficult or dangerous: *Keiko spoke,* ***undaunted by*** *the crowd.* ▷ **niezrażony, niespeszony**

undecided /ˌʌndɪˈsaɪdɪd/ **adjective** If you are undecided about something, you have not made a decision yet: *I'm still undecided about whether to apply for the job.* ▷ **niezdecydowany**

undefeated /ˌʌndɪˈfiːtɪd/ **adjective** in sports, having won every game: *Both teams* ***remain undefeated*** *in the final weeks of the season.* ▷ **niepokonany**

undelete /ʌndɪˈliːt/ **verb** [T] to make something that has been deleted able to be seen again ▷ **przywracać (skasowany plik)**

undeniable /ˌʌndɪˈnaɪəbl/ **adjective** certainly true: *an undeniable fact* ▷ **niezaprzeczalny**
• **undeniably adverb** ▷ **niezaprzeczalnie**

under¹ /ˈʌndəʳ/ **preposition 1** (A1) below something: *She pushed her bag under the table.* ◦ *The children were sitting under a tree.* ▷ **pod 2** (A1) below the surface of something: *He could only keep his head under the water for a few seconds.* ▷ **pod 3** (A2) less than a number, amount, or age: *You can buy the whole system for just under $2000.* ◦ *We don't serve alcohol to anyone under 18.* ▷ **poniżej 4** controlled or governed by a particular person, organization, etc: *a country under military rule* ◦ *The restaurant is under new management.* ▷ **pod 5** according to a rule, law, etc: *Under the new law, all new buildings must be approved by the local government.* ▷ **w myśl, zgodnie z 6** (B2) in a particular state or condition: *The President is under pressure to resign.* ◦ *Students are allowed to miss school under certain circumstances.* ▷ **pod (wpływem), w 7** (B2) used to say that something is happening at the moment but is not finished: *A new 16-screen cinema is* ***under construction.*** ◦ *Several different plans are* ***under discussion.*** ▷ **w trakcie 8** using a particular name, especially one that is not your usual name: *He also wrote several detective novels under the name Edgar Sandys.* ▷ **pod 9** used to say which part of a list, book, library, etc you should look in to find something: *Books about health problems are under 'Medicine'.* ▷ **pod**

under- /ʌndəʳ/ **prefix 1** not enough: *undercooked potatoes* ▷ **nie-, niedo- 2** below: *underwear* ◦ *an underpass* ▷ **pod-**

under² /ˈʌndəʳ/ **adverb 1** below the surface of something: *The child was swimming and suddenly started to go under.* ▷ **pod powierzchnię lub powierzchnią 2** less than a particular number, amount, or age: *I want a computer that is £2000 or under.* ▷ **poniżej, mniej**

under-age /ˌʌndərˈeɪdʒ/ **adjective** younger than the legal age when you are allowed to do something: ***under-age drinking/sex*** ▷ **niepełnoletni, nieletni**

undercover /ˌʌndəˈkʌvəʳ/ **adjective, adverb** working secretly in order to get information for the police or government: *an **undercover police officer*** ▷ **tajny**

undercut /ˌʌndəˈkʌt/ **verb** [T] (present participle **undercutting**, past tense and past participle **undercut**) to sell something at a lower price than someone else ▷ **przebijać**

the underdog /ˈʌndədɒg/ **noun** the person or team that is expected to lose a race or competition ▷ **słabeusz**

underestimate /ˌʌndəʳrˈestɪmeɪt/ **verb** [T] **1** B2 to not understand how large, strong, or important something is: *Many people underestimate the cost of owning a car.* ▷ **nie doceniać 2** to not understand how powerful or clever someone is: *I thought it would be an easy game but I had underestimated my opponent.* ▷ **nie doceniać, lekceważyć** → Opposite **overestimate**

underfoot /ˌʌndəˈfʊt/ **adverb** under your feet as you walk: *Several people were **trampled underfoot** in the rush to escape.* ▷ **pod stopami lub nogami**

undergo /ˌʌndəˈgəʊ/ **verb** [T] (present participle **undergoing**, past tense **underwent**, past participle **undergone**) to experience something, especially a change or medical treatment: *The country is currently **undergoing major political change**.* ◦ *He is **undergoing surgery** for a heart problem.* ▷ **przechodzić, przeżywać, zostać poddanym**

undergraduate /ˌʌndəˈgrædʒuət/ **noun** [C] (informal **undergrad** /ˈʌndəgræd/) a student who is studying for their first university degree ▷ **student/ka (studiów licencjackich)**

underground¹ /ˈʌndəgraʊnd/ **adjective, adverb 1** B2 under the surface of the ground: *underground caves* ◦ *an animal that lives underground* ▷ **podziemny, pod ziemią 2** Underground political activities are secret and illegal: *an underground political organization* ▷ **podziemny, w podziemiu**

underground² /ˈʌndəgraʊnd/ **noun** [no plural] UK (US **subway**) A2 a system of trains that is built under a city: *the London Underground* ▷ **metro**

> Wyrazy występujące razem z **underground (noun)**
>
> take the underground • **on the underground** • an underground **station/train**

undergrowth /ˈʌndəgrəʊθ/ **noun** [U] short plants and bushes that grow around trees ▷ **podszycie (leśne)**

underhand /ˌʌndəˈhænd/ **adjective** (also **underhanded**) secret and not honest: ***underhand business deals*** ▷ **nieuczciwy, podstępny**

underline /ˌʌndəˈlaɪn/ **verb** [T] **1** B1 to draw a line under a word or sentence ▷ **podkreślać 2** B2 to emphasize the importance or truth of something: *The report **underlines the need** for more teachers in schools.* ▷ **podkreślać**

underlying /ˌʌndəˈlaɪɪŋ/ **adjective** [always before noun] An underlying reason or problem is the real reason or problem, although it is not obvious: *We need to look at the **underlying reasons** for ill health.* ▷ **pierwotny, właściwy, prawdziwy**

undermine /ˌʌndəˈmaɪn/ **verb** [T] to make someone less confident or make something weaker: *A series of scandals have **undermined people's confidence** in the government.* ▷ **podkopywać**

underneath¹ /ˌʌndəˈniːθ/ **adverb, preposition** B1 under something: *Florian was wearing a jacket with a red shirt underneath.* ◦ *Deborah pushed her shoes underneath the bed.* ▷ **pod, pod spodem, poniżej**

underneath² /ˌʌndəˈniːθ/ **noun the underneath** the bottom part of something ▷ **spód, dolna lub spodnia powierzchnia**

underpaid /ˌʌndəˈpeɪd/ **adjective** not earning enough for your work ▷ **źle opłacany**

underpants /ˈʌndəpænts/ **noun** [plural] B1 a piece of underwear that covers the area between your waist and the top of your legs ▷ **majtki** → See **Clothes** on page Centre 9

underpass /ˈʌndəpɑːs/ **noun** [C] a road or path that goes under another road ▷ **tunel, przejazd podziemny, przejście podziemne**

underprivileged /ˌʌndəˈprɪvəlɪdʒd/ **adjective** poor and having fewer opportunities than most people: *underprivileged families* ▷ **upośledzony społecznie, ubogi**

underrate /ˌʌndəˈreɪt/ **verb** [T] to think that someone or something is not as good as they really are: *Critics have continued to underrate Sampras.* ▷ **nie doceniać**

• **underrated adjective** *I think he's really underrated as an actor.* ▷ **niedoceniany** → Opposite **overrated**

underscore /ˌʌndəˈskɔːʳ/ **verb** [T] mainly US to emphasize the importance of something ▷ **podkreślać**

undersea /ˌʌndəˈsiː/ **adjective** below the surface of the sea ▷ **podmorski**

undershirt /ˈʌndəʃɜːt/ **noun** [C] US (UK **vest**) a piece of underwear that you wear under a shirt ▷ **podkoszulek**

the underside /ˈʌndəsaɪd/ **noun** the bottom surface of something: *There was some damage to the underside of the car.* ▷ **spód, dolna lub spodnia powierzchnia**

understand /ˌʌndəˈstænd/ **verb** [I, T] (past tense and past participle **understood**) **1** A1 to know the meaning of something that someone says: *I don't understand half of what he says.* ◦ *She didn't understand so I explained it again.* ▷ **rozumieć**

U

2 A2 to know why or how something happens or works: [+ question word] *We still don't fully understand how the brain works.* ▷ **wiedzieć, rozumieć 3** B1 to know how someone feels or why they behave in a particular way: *I don't understand James sometimes.* ◦ [+ question word] *I understand why she's so angry.* ▷ **rozumieć 4 I/we understand (that)...** formal used to say that you believe something is true because someone has told you it is: *I understand that the school is due to close next year.* ▷ **o ile mi/nam wiadomo, to ..., rozumiem/y, że ... 5 make yourself understood** to say something to someone in a way that they understand: *I had a little difficulty making myself understood.* ▷ **porozumieć się, dogadać się**

understandable /ˌʌndəˈstændəbl/ **adjective** B2 An understandable feeling or action is one that you would expect in that particular situation: *It's understandable that he's angry.* ▷ **zrozumiały**

• **understandably** adverb *She's understandably upset.* ▷ **zrozumiale, trudno się dziwić, nic dziwnego**

understanding[1] /ˌʌndəˈstændɪŋ/ **noun 1** [U, no plural] B2 knowledge about a subject, situation, etc or about how something works: *We now **have a better understanding of** this disease.* ▷ **wiedza, znajomość 2** [C] an informal agreement between two people: [usually singular, + that] *We **have an understanding** that we don't discuss the subject in front of his mother.* ▷ **umowa, porozumienie 3** [U] B2 sympathy: *Thank you for your understanding.* ▷ **zrozumienie, wyrozumiałość 4 my/her/his, etc understanding** what you thought to be true: *It was my understanding that she was coming alone.* ▷ **jak rozumie/m** *itp.*, **o ile wie/m** *itp.* **5** [U] the ability to learn or think about something ▷ **możliwości intelektualne**

> Wyrazy występujące razem z **understanding**
>
> develop/gain/have an understanding (of sth) • a better/clear understanding • an understanding of sth

understanding[2] /ˌʌndəˈstændɪŋ/ **adjective** B2 showing sympathy for someone's problems: *Fortunately, my girlfriend is very understanding.* ▷ **wyrozumiały**

understated /ˌʌndəˈsteɪtɪd/ **adjective** simple and attractive in style: *an understated black dress* ▷ **subtelny**

understatement /ˌʌndəˈsteɪtmənt/ **noun** [C, U] when you say that something is less extreme than it really is: *'Quite big', did you say? That's an understatement – he's enormous!* ▷ **niedopowiedzenie, niedomówienie, ≈ to za mało powiedziane**

understood /ˌʌndəˈstʊd/ past of understand

understudy /ˈʌndəˌstʌdi/ **noun** [C] an actor in the theatre who learns the words and actions of another character so that they can perform if the usual actor is ill ▷ **dubler/ka**

undertake /ˌʌndəˈteɪk/ **verb** (past tense **undertook**, past participle **undertaken**) formal **1** [T] to start work on something that will take a long time or be difficult: *Max has undertaken the task of restoring an old houseboat.* ▷ **podejmować się 2 undertake to do sth** to promise to do something ▷ **podejmować się** *zrobienia czegoś*

undertaker /ˈʌndəˌteɪkəʳ/ **noun** [C] someone whose job is to organize funerals and prepare dead bodies to be buried or burned ▷ **przedsiębiorca pogrzebowy**

undertaking /ˈʌndəˌteɪkɪŋ/ **noun** [C] **1** a difficult or important piece of work, especially one that takes a long time: [usually singular] *Building your own house is a **major undertaking**.* ▷ **przedsięwzięcie 2** UK a legal or official promise to do something: [usually singular] *The newspaper has **given an undertaking** not to print the story.* ▷ **zobowiązanie**

> Wyrazy występujące razem z **undertaking**
>
> give/sign an undertaking • a written undertaking • an undertaking by/from sb

undertone /ˈʌndətəʊn/ **noun** [C] a feeling or quality that exists but is not obvious: *an article with worrying political undertones* ▷ **nuta, podtekst**

undertook /ˌʌndəˈtʊk/ past tense of undertake

undervalued /ˌʌndəˈvæljuːd/ **adjective** If someone or something is undervalued, they are more important or useful than people think they are. ▷ **niedoceniany**

underwater /ˌʌndəˈwɔːtəʳ/ **adjective, adverb** under the surface of water: *an underwater camera* ◦ *Seals can hear very well underwater.* ▷ **podwodny, pod wodą**

underwear /ˈʌndəweəʳ/ **noun** [U] B1 the clothes that you wear next to your skin, under your other clothes ▷ **bielizna**

underweight /ˌʌndəˈweɪt/ **adjective** too light ▷ **z niedowagą**

underwent /ˌʌndəˈwent/ past tense of undergo

underworld /ˈʌndəwɜːld/ **noun** [no plural] criminals and their activities: *the **criminal underworld*** ◦ *the London underworld* ▷ **świat przestępczy, półświatek**

undesirable /ˌʌndɪˈzaɪərəbl/ **adjective** formal Something that is undesirable is not wanted because it is bad or unpleasant: *an undesirable influence* ▷ **niepożądany**

undeveloped /ˌʌndɪˈveləpt/ **adjective** Undeveloped land has no buildings on it and is not used for anything. ▷ **niezagospodarowany**

undid /ʌnˈdɪd/ past tense of undo

undisclosed /ˌʌndɪsˈkləʊzd/ **adjective** If official information is undisclosed, it is secret: *The*

U

meeting is taking place at an undisclosed location. ▷ **nieujawniony**

undisputed /ˌʌndɪ'spjuːtɪd/ **adjective** If something is undisputed, everyone agrees about it: *an **undisputed fact** ◦ the **undisputed champion/master*** ▷ **bezsporny, bezdyskusyjny**

undisturbed /ˌʌndɪ'stɜːbd/ **adjective** not interrupted or changed in any way: *undisturbed sleep* ▷ **niezmącony**

undivided /ˌʌndɪ'vaɪdɪd/ **adjective undivided attention/loyalty/support, etc** complete attention/support, etc: *There, now you can have my undivided attention.* ▷ **niepodzielna uwaga/ pełn-a/e lojalność/poparcie** *itp.*

undo /ʌn'duː/ **verb** [T] (present participle **undoing**, past tense **undid**, past participle **undone**) **1** B2 to open something that is tied or fastened: *I took off my hat and undid my coat.* ▷ **rozpinać, rozwiązywać 2** B2 to get rid of the effects of something that has been done before: *Some of the **damage** caused by pollution cannot be **undone**.* ▷ **naprawiać, odwracać**

undoing /ʌn'duːɪŋ/ **noun be sb's undoing** to be the thing that makes someone fail: *It was a policy that proved to be the President's undoing.* ▷ **zgubić** *kogoś*

undone /ʌn'dʌn/ **adjective 1** not fastened or tied: *Her coat was undone.* ▷ **rozpięty, rozwiązany 2** not done: *I don't think I've **left** anything **undone**.* ▷ **niedokończony, niezrobiony**

undoubted /ʌn'daʊtɪd/ **adjective** [always before noun] used to emphasize that something is true: *The project was an **undoubted success**. ◦ her **undoubted ability/talent*** ▷ **niewątpliwy**

undoubtedly /ʌn'daʊtɪdli/ **adverb** B2 used to emphasize that something is true: *Stress has undoubtedly contributed to her illness.* ▷ **niewątpliwie**

undress /ʌn'dres/ **verb** [I, T] B1 to remove your clothes or someone else's clothes ▷ **rozbierać (się)**
• **undressed adjective** B2 *I **got undressed** and went to bed.* ▷ **rozebrany**

undue /ʌn'djuː/ **adjective** [always before noun] formal more than is necessary: *I don't want to cause **undue alarm**.* ▷ **nadmierny, zbytni**

undulating /'ʌndjəleɪtɪŋ/ **adjective** formal having slight slopes or curves, or moving slightly up and down: *undulating roads* ▷ **pofałdowany, falujący**

unduly /ʌn'djuːli/ **adverb** formal more than necessary: *She didn't seem **unduly concerned/ worried**.* ▷ **nadmiernie, zbytnio**

unearth /ʌn'ɜːθ/ **verb** [T] **1** to find something in the ground: [often passive] *Thousands of dinosaur bones have been unearthed in China.* ▷ **wykopać, odkopać 2** to find something that has been secret or hidden: *Reporters **unearthed evidence** of criminal activity.* ▷ **wydobyć na światło dzienne**

unearthly /ʌn'ɜːθli/ **adjective** strange and frightening: *an **unearthly light/beauty*** ▷ **nieziemski**

unease /ʌn'iːz/ **noun** [U] when you feel worried because you think something bad might happen ▷ **niepokój**

uneasy /ʌn'iːzi/ **adjective** B2 worried because you think something bad might happen: *I feel a bit **uneasy about** her travelling alone.* ▷ **zaniepokojony, niespokojny**

uneconomic /ʌnˌiːkə'nɒmɪk/ **adjective** (also **uneconomical**) **1** using too much money, fuel, time, etc: *a car that is uneconomic to run* ▷ **nieekonomiczny 2** not making enough profit: *plans to close uneconomic factories* ▷ **nierentowny, nieopłacalny**

unemployed /ˌʌnɪm'plɔɪd/ **adjective** B1 not having a job: *I've been unemployed for six months. ◦ The government is helping to create jobs for **the unemployed**.* ▷ **bezrobotny**

unemployment /ˌʌnɪm'plɔɪmənt/ **noun** [U] **1** B1 the number of people who are unemployed: *a **rise/fall in unemployment** ◦ The **unemployment rate** has increased to 20 percent.* ▷ **bezrobocie 2** when you do not have a job ▷ **bezrobocie**

> Wyrazy występujące razem z **unemployment**
>
> unemployment **drops/falls/increases/rises** • **high/low/rising/soaring** unemployment • the unemployment rate • a **drop/fall/increase/ rise** in unemployment

unending /ʌn'endɪŋ/ **adjective** seeming to continue forever: *an **unending series** of problems* ▷ **niekończący się**

unequal /ʌn'iːkwəl/ **adjective 1** different in size, level, amount, etc ▷ **nierówny 2** unfair: *the unequal distribution of wealth* ▷ **niesprawiedliwy**
• **unequally adverb** ▷ **nierówno, niesprawiedliwie**

unequivocal /ˌʌnɪ'kwɪvəkəl/ **adjective** formal clear and certain: *an unequivocal answer* ▷ **jednoznaczny**
• **unequivocally adverb** ▷ **jednoznacznie**

unethical /ʌn'eθɪkəl/ **adjective** morally bad: *unethical business methods* ▷ **nieetyczny**

uneven /ʌn'iːvən/ **adjective** not level or smooth: *an uneven floor* ▷ **nierówny**
• **unevenly adverb** ▷ **nierówno**

uneventful /ˌʌnɪ'ventfəl/ **adjective** without problems and without anything exciting happening: *The journey itself was fairly uneventful.* ▷ **bez niespodzianek**

unexpected /ˌʌnɪk'spektɪd/ **adjective** B1 Something that is unexpected surprises you because you did not know it was going to happen: *His death was completely unexpected.* ▷ **niespodziewany**
• **unexpectedly adverb** B2 ▷ **niespodziewanie**

U

unfailing /ʌnˈfeɪlɪŋ/ **adjective** An unfailing quality or ability is one that someone always has: ***unfailing support/courtesy*** ▷ **niezawodny** • **unfailingly adverb** ▷ **niezawodnie**

unfair /ʌnˈfeəʳ/ **adjective 1** Ⓑ1 not treating people in an equal way: *an unfair system* ◦ *The test was unfair because some people had seen it before.* ▷ **niesprawiedliwy 2** Ⓑ2 not true and morally wrong: [+ to do sth] *It's unfair to blame Frank for everything.* ▷ **niesprawiedliwy** • **unfairly adverb** Ⓑ2 ▷ **niesprawiedliwie** • **unfairness noun** [U] ▷ **niesprawiedliwość**

ˌ**unfair disˈmissal noun** [U] when someone is forced to leave their job for a reason that is not fair or legal ▷ **niezgodne z prawem zwolnienie z pracy**

unfaithful /ʌnˈfeɪθfəl/ **adjective** having sex with someone who is not your wife, husband, or usual sexual partner: *She was* ***unfaithful to*** *me.* ▷ **niewierny**

unfamiliar /ˌʌnfəˈmɪljəʳ/ **adjective 1** Ⓑ2 not known to you: *an unfamiliar face* ◦ *His name was* ***unfamiliar to*** *me.* ▷ **nieznany, nieznajomy 2 be unfamiliar with sth** Ⓑ2 to not have any knowledge or experience of something: *Many older people are unfamiliar with computers.* ▷ **nie znać się na** *czymś*, **nie wiedzieć o** *czymś*

unfashionable /ʌnˈfæʃənəbl/ **adjective** not fashionable or popular at a particular time ▷ **niemodny**

unfasten /ʌnˈfɑːsən/ **verb** [T] to open something that is closed or fixed together: *to unfasten a seat belt* ▷ **rozpinać**

unfavourable UK (US **unfavorable**) /ʌnˈfeɪvərəbl/ **adjective 1** negative and showing that you do not like something: ***unfavourable publicity*** ▷ **nieprzychylny, niekorzystny 2** not good and likely to cause problems: ***unfavourable*** *weather* ***conditions*** ▷ **nieprzyjający** • **unfavourably adverb** ▷ **nieprzychylnie, niekorzystnie**

unfeeling /ʌnˈfiːlɪŋ/ **adjective** not having sympathy for other people ▷ **bezduszny, nieczuły**

unfettered /ʌnˈfetəd/ **adjective** formal not limited by rules: *The UN inspectors were given* ***unfettered access*** *to all nuclear sites.* ▷ **nieskrępowany, nieograniczony**

unfinished /ʌnˈfɪnɪʃt/ **adjective** not completed: *an unfinished novel/portrait* ▷ **niedokończony**

unfit /ʌnˈfɪt/ **adjective 1** Ⓑ2 not suitable or good enough: *The food was judged* ***unfit for*** *human consumption.* ▷ **niezdatny, nienadający się, niezdolny 2** UK Ⓑ1 not healthy because you do too little exercise ▷ **w słabej formie lub kondycji, niesprawny (fizycznie)**

unflattering /ʌnˈflætərɪŋ/ **adjective** making someone look less attractive or seem worse than usual: *an unflattering photo/dress/colour* ▷ **niekorzystny**

unfold /ʌnˈfəʊld/ **verb 1** [I] If a situation or story unfolds, it develops or becomes known: *The nation watched on TV as the tragic events unfolded.* ▷ **rozwijać się 2** [I, T] to become open and flat, or to make something become open and flat: *I unfolded the map.* ▷ **rozkładać (się)**

unforeseen /ˌʌnfɔːˈsiːn/ **adjective** not expected: *The concert was cancelled due to* ***unforeseen circumstances.*** ▷ **nieprzewidziany**

unforgettable /ˌʌnfəˈgetəbl/ **adjective** Ⓑ1 Something that is unforgettable is so good, interesting, etc that you remember it for a long time: *Seeing Niagara Falls was an* ***unforgettable experience.*** ▷ **niezapomniany**

unfortunate /ʌnˈfɔːtʃənət/ **adjective 1** Ⓑ2 used to show that you wish something was not true or had not happened: *an unfortunate mistake* ◦ [+ (that)] *It was unfortunate that she lost her job just as her husband became ill.* ▷ **nieszczęśliwy, pechowy 2** Ⓑ2 unlucky: *One unfortunate person failed to see the hole and fell straight into it.* ▷ **pechowy**

unfortunately /ʌnˈfɔːtʃənətli/ **adverb** Ⓐ2 used to say that you wish something was not true or that something had not happened: *I'd love to come, but unfortunately I have to work.* ▷ **niestety**

unfounded /ʌnˈfaʊndɪd/ **adjective** not based on facts: ***unfounded allegations/rumours*** ▷ **bezpodstawny**

unfriendly /ʌnˈfrendli/ **adjective** Ⓑ1 not friendly ▷ **nieprzyjazny**

unfulfilled /ˌʌnfʊlˈfɪld/ **adjective 1** An unfulfilled wish, hope, promise, etc is one that has not happened or not been achieved: *an* ***unfulfilled ambition/dream*** ◦ ***unfulfilled potential*** ▷ **niespełniony 2** unhappy because you think you should be achieving more in your life ▷ **niespełniony**

ungainly /ʌnˈgeɪnli/ **adjective** moving in a way that is not attractive: *an ungainly walk* ▷ **niezgrabny**

ungrateful /ʌnˈgreɪtfəl/ **adjective** not thanking or showing that you are pleased with someone who has done something for you ▷ **niewdzięczny**

unhappy /ʌnˈhæpi/ **adjective 1** Ⓐ2 sad: *an unhappy childhood* ▷ **nieszczęśliwy 2** Ⓑ1 not satisfied: *Giorgio was* ***unhappy with*** *his test results.* ◦ *I'm* ***unhappy about*** *the situation.* ▷ **niezadowolony** • **unhappily adverb** ▷ **nieszczęśliwie** • **unhappiness noun** [U] Ⓑ2 ▷ **nieszczęście, niezadowolenie**

unharmed /ʌnˈhɑːmd/ **adjective** [never before noun] not harmed or damaged: *Both children* ***escaped unharmed*** *from the burning building.* ▷ **bez szwanku, cały i zdrowy**

unhealthy /ʌnˈhelθi/ **adjective 1** Ⓑ1 likely to damage your health: *Eating too much is unhealthy.* ▷ **niezdrowy 2** Ⓑ1 not strong, and

U

Unhappy wyrazy bliskoznaczne

Przymiotniki **sad** i **miserable** znaczą to samo co „unhappy":

*I felt so **sad** after he left.*

*I just woke up feeling **miserable**.*

Wyrażenie **be upset** lub **get upset** oznacza, że ktoś jest nieszczęśliwy z powodu jakiegoś niepomyślnego wydarzenia:

*They'd had an argument and she was still **upset** about it.*

*Mike got very **upset** when I told him the news.*

Jeśli ktoś jest zrozpaczony, możemy określić go przymiotnikami **devastated** lub **distraught**:

*She was **devastated** when he died.*

*The missing child's **distraught** parents made an emotional appeal for information on TV.*

likely to become ill: *She looks pale and unhealthy.* ▷ **niezdrowy** **3** not normal and slightly unpleasant: *an **unhealthy interest** in weapons* ▷ **niezdrowy**

unheard /ʌnˈhɜːd/ **adjective** not listened to or considered: *Her cries **went unheard**.* ▷ **bez echa**

unˈheard ˌof adjective [never before noun] never having happened before: *Thirty years ago the disease was unheard of.* ▷ **niespotykany, niesłychany, nieznany**

unhelpful /ʌnˈhelpfᵊl/ **adjective** **1** not improving a situation: *an unhelpful remark* ▷ **nieprzydatny, niepotrzebny** **2** (B2) not wanting to help someone, in a way that seems unfriendly: *The taxi driver was rude and unhelpful.* ▷ **nieżyczliwy, nieuprzejmy**

unhurt /ʌnˈhɜːt/ **adjective** not harmed ▷ **cały i zdrowy, bez szwanku**

unicellular /ˌjuːniˈseljələʳ/ **adjective** describes a living thing that is made of only one cell: *Most algae are unicellular.* ▷ **jednokomórkowy**

unicorn /ˈjuːnɪkɔːn/ **noun** [C] an imaginary white horse with a horn growing from the front of its head ▷ **jednorożec**

unidentified /ˌʌnaɪˈdentɪfaɪd/ **adjective** not recognized: *The body of an unidentified woman was found in a field last night.* ▷ **niezidentyfikowany**

unification /ˌjuːnɪfɪˈkeɪʃᵊn/ **noun** [U] when two or more countries join together and become one country: *the unification of East and West Germany* ▷ **zjednoczenie**

uniform¹ /ˈjuːnɪfɔːm/ **noun** [C, U] (A2) a special set of clothes that are worn by people who do a particular job or people who go to a particular school: *a **school uniform*** ◦ *a nurse's uniform* ◦ *Tom looks completely different **in uniform** (= wearing a uniform).* ▷ **mundur, mundurek, uniform**

• **uniformed adjective** *uniformed police officers* ▷ **umundurowany**

uniform² /ˈjuːnɪfɔːm/ **adjective** being the same size, shape, amount, etc: *a row of houses of uniform height* ▷ **jednakowy, jednolity**

• **uniformity** /ˌjuːnɪˈfɔːməti/ **noun** [U] ▷ **jednakowość, jednolitość** • **uniformly adverb** ▷ **jednakowo, jednolicie**

unify /ˈjuːnɪfaɪ/ **verb** [T] to join together two or more countries or groups to make a single one: *We need a leader who can unify the party.* ▷ **jednoczyć**

• **unified adjective** *Many people want a more unified Europe.* ▷ **zjednoczony**

unilateral /ˌjuːnɪˈlætᵊrᵊl/ **adjective** A unilateral action or decision is done or made by one country, group, etc without waiting for others to agree: *unilateral nuclear disarmament* ▷ **jednostronny**

• **unilaterally adverb** ▷ **jednostronnie**

unimaginable /ˌʌnɪˈmædʒɪnəbl/ **adjective** Something that is unimaginable is difficult to imagine because it is so bad, good, big, etc.: *unimaginable pain/wealth* ▷ **niewyobrażalny**

• **unimaginably adverb** ▷ **niewyobrażalnie**

unimportant /ˌʌnɪmˈpɔːtᵊnt/ **adjective** (B1) not important ▷ **nieważny**

unincorporated /ˌʌnɪnˈkɔːpəreɪtɪd/ **adjective** An unincorporated business is not incorporated. ▷ **bez osobowości prawnej**

uninhabitable /ˌʌnɪnˈhæbɪtəbl/ **adjective** too cold, dangerous, etc to live in ▷ **nienadający się do zamieszkania**

uninhabited /ˌʌnɪnˈhæbɪtɪd/ **adjective** If a place is uninhabited, no one lives there: *an uninhabited island* ▷ **niezamieszkały, bezludny**

uninhibited /ˌʌnɪnˈhɪbɪtɪd/ **adjective** feeling free to behave in any way that you want without worrying about other people's opinions ▷ **bez zahamowań, swobodny**

uninstall /ˌʌnɪnˈstɔːl/ **verb** [T] to remove a computer program from a computer ▷ **odinstalować**

unintelligible /ˌʌnɪnˈtelɪdʒəbl/ **adjective** impossible to understand ▷ **niezrozumiały**

unintentional /ˌʌnɪnˈtenʃᵊnᵊl/ **adjective** not planned or intended: *If I did offend her it was entirely unintentional.* ▷ **niezamierzony**

uninterested /ʌnˈɪntrəstɪd/ **adjective** (B1) not interested: *He's completely **uninterested in** politics.* ▷ **niezainteresowany**

uninterrupted /ʌnˌɪntᵊrˈʌptɪd/ **adjective** continuous: *I want a radio station that offers uninterrupted music.* ▷ **nieprzerwany**

union /ˈjuːnjən/ **noun** **1** [C] (also **trade union**) (also US **labor union**) (B1) an organization that represents people who do a particular job: *a teachers'/firefighters' union* ▷ **związek zawodowy** **2** [U, no plural] (B2) when two or more countries, groups, etc join together to make one country, group, etc: *a move towards full economic union of EU countries* ▷ **unia, zjednoczenie** → See also **the European Union**

U

Wyrazy występujące razem z union

join a union • a union member/official/leader/representative

ˌUnion ˈJack noun [C] (also **Union flag**) the red, white, and blue flag of the United Kingdom ▷ **flaga brytyjska**

unique /juːˈniːk/ **adjective 1** B2 different from everyone and everything else: *Everyone's fingerprints are unique.* ▷ **niepowtarzalny, jednoznaczny 2** B2 unusual and special: ***a unique opportunity*** ▷ **wyjątkowy, niepowtarzalny, jedyny w swoim rodzaju 3 be unique to sb/sth** to exist in only one place, or be connected with only one person or thing: *It's a method of education that is unique to this school.* ▷ **być charakterystycznym wyłącznie dla** *kogoś/czegoś*

• **uniquely adverb** ▷ **wyjątkowo** • **uniqueness noun** [U] ▷ **wyjątkowość**

unisex /ˈjuːnɪseks/ **adjective** for both men and women: *unisex clothes* ◦ *a unisex hairdresser* ▷ **uniseks, damsko-męski, dla obu płci**

unison /ˈjuːnɪsᵊn/ **noun in unison** If people do something in unison, they all do it at the same time. ▷ **jednocześnie, zgodnie**

unit /ˈjuːnɪt/ **noun** [C] **1** a group of people who are responsible for a particular part of an organization: *an anti-terrorist unit* ▷ **jednostka 2** a measure used to express an amount or quantity: *The kilogram is a **unit of** weight.* ▷ **jednostka 3** B1 a single, complete thing that may be part of a larger thing: *a French coursebook with ten units* ▷ **rozdział, część 4** a piece of furniture that fits together with other pieces: ***kitchen units*** ▷ **szafka, segment 5** a small machine, or part of a machine, that has a particular purpose: *a computer's central pro cessing unit* ▷ **jednostka 6** a single apartment, office, etc in a larger building ▷ **lokal, pomieszczenie, mieszkanie**

unite /juːˈnaɪt/ **verb** [I, T] to join together as a group, or to make people join together as a group: *We need a leader who can unite the party.* ▷ **jednoczyć (się)**

united /juːˈnaɪtɪd/ **adjective 1** B2 If people are united, they all agree about something: *On the issue of education the party is united.* ▷ **zgodny 2** B2 joined together: *a united Germany* ▷ **zjednoczony**

the United Arab Emirates /juːˈnaɪtɪdˈærəb ˈemɪrəts/ **noun** a country in the Middle East ▷ **Zjednoczone Emiraty Arabskie**

• **Emirian** /eˈmɪriən/ **adjective** coming from or relating to the United Arab Emirates ▷ **emiracki** • **Emirian noun** someone from the United Arab Emirates ▷ **obywatel/ka Zjednoczonych Emiratów Arabskich**

the United Kingdom /juːˌnaɪtɪdˈkɪŋdəm/ **noun** a country in Europe ▷ **Wielka Brytania**

• **British** /ˈbrɪtɪʃ/ **adjective** coming from or relating to the United Kingdom ▷ **brytyjski** • **Briton** /ˈbrɪtən/ **noun** [C] someone from the United Kingdom ▷ **Brytyj-czyk/ka**

the Unˌited ˈNations noun [group] an international organization that tries to solve world problems in a peaceful way ▷ **Narody Zjednoczone, Organizacja Narodów Zjednoczonych**

the United States of America /juːˌnaɪtɪd ˌsteɪtsəvəˈmerɪkə/ **noun** a country in North America ▷ **Stany Zjednoczone**

• **American** /əˈmerɪkən/ **adjective** coming from or relating to the United States of America ▷ **amerykański** • **American noun** someone from the United States of America ▷ **Amerykanin/nka**

unity /ˈjuːnəti/ **noun** [U] when everyone agrees with each other or wants to stay together: *national unity* ◦ *family unity* ▷ **jedność**

Wyrazy występujące razem z unity

achieve/maintain/restore unity • unity among/between sb • a show of unity

universal /ˌjuːnɪˈvɜːsᵊl/ **adjective** B2 relating to everyone in the world, or to everyone in a particular group: *Kittens and puppies have an almost **universal appeal**.* ▷ **powszechny, uniwersalny**

• **universally adverb** *It's a style of music that is universally popular.* ▷ **powszechnie, uniwersalnie**

ˌuniversal ˈindicator noun [C] a substance which changes colour with different pH levels, used to discover how acid or alkaline something is ▷ **wskaźnik uniwersalny**

ˌuniversal ˈset noun [C] a set that contains all the things being considered ▷ **zbiór uniwersalny**

the universe /ˈjuːnɪvɜːs/ **noun** B1 everything that exists, including stars, space, etc: *Many people believe that there is life elsewhere in the universe.* ▷ **wszechświat**

university /ˌjuːnɪˈvɜːsəti/ **noun** [C, U] A1 a place where students study at a high level to get a degree: *the University of Cambridge* ◦ *I applied to three universities.* ◦ mainly UK *Sarah studied chemistry **at university**.* ◦ mainly UK *I want to **go to university** when I finish school.* ▷ **uniwersytet**

Wyrazy występujące razem z university

go to university • at university • a university course

unjust /ʌnˈdʒʌst/ **adjective** not fair: ***unjust treatment/laws/sanctions*** ▷ **niesprawiedliwy**

• **unjustly adverb** ▷ **niesprawiedliwie**

unjustified /ʌnˈdʒʌstɪfaɪd/ **adjective** done without a reason and not deserved: ***unjustified criticism*** ▷ **nieusprawiedliwiony, nieuzasadniony**

unkempt /ʌnˈkempt/ **adjective** untidy: *Her hair*

U

was long and unkempt. ▷ **zaniedbany, rozczochrany**

unkind /ʌnˈkaɪnd/ **adjective** B1 slightly cruel: *I didn't tell her the truth because I thought it would be unkind.* ▷ **nieżyczliwy, niegrzeczny**
• **unkindly adverb** ▷ **nieżyczliwie, niegrzecznie** • **unkindness noun** [U] ▷ **brak życzliwości lub uprzejmości**

unknown[1] /ʌnˈnəʊn/ **adjective 1** B1 not known: *The cause of his death is still unknown.* ▷ **nieznany 2** not famous: *an unknown actor* ▷ **nieznany** → See also **an unknown *quantity***

unknown[2] /ʌnˈnəʊn/ **noun 1 the unknown** things that you have not experienced and know nothing about: *It's normal to fear the unknown.* ▷ **nieznane 2** [C] someone who is not famous: *The game was won by a complete unknown.* ▷ **ktoś nieznany**

unlawful /ʌnˈlɔːfəl/ **adjective** formal illegal: ***unlawful possession of** guns* ▷ **nielegalny, bezprawny**
• **unlawfully adverb** ▷ **nielegalnie, bezprawnie**

unleaded /ʌnˈledɪd/ **adjective** Unleaded fuel does not contain lead. ▷ **bezołowiowy**

unleash /ʌnˈliːʃ/ **verb** [T] to suddenly cause a strong reaction: *The newspaper report unleashed a storm of protest from readers.* ▷ **rozpętać**

unless /ənˈles/ **conjunction** B1 except if: *I won't call you unless there are any problems.* ▷ **jeżeli nie, chyba że**

unlike /ʌnˈlaɪk/ **preposition 1** B2 different from someone or something: *Jackie's really clever, unlike her sister.* ◦ *The furniture was unlike anything she had ever seen.* ▷ **w przeciwieństwie do, niepodobny do 2** not typical of someone or something: *It's unlike her to be quiet – was there something wrong?* ▷ **niepodobny do**

unlikely /ʌnˈlaɪkli/ **adjective 1** B1 not expected to happen: [+ (that)] *It's unlikely that I'll be able to come to the party.* ◦ [+ to do sth] *He's unlikely to arrive before midday.* ▷ **mało prawdopodobny 2** probably not true: *an unlikely explanation* ▷ **nieprawdopodobny**

unlimited /ʌnˈlɪmɪtɪd/ **adjective** B2 without any limits: *a service that offers unlimited Internet access* ▷ **nieograniczony**

unˌlimited liaˈbility noun [U] when the owner or owners of a business are responsible for all its debts ▷ **nieograniczona odpowiedzialność**

unload /ʌnˈləʊd/ **verb 1** [I, T] to remove things from a vehicle: *Can you help me unload the car?* ▷ **rozładowywać (się) 2** [I] If a ship, aircraft, etc unloads, goods are taken off it. ▷ **wyładowywać towar**

unlock /ʌnˈlɒk/ **verb** [T] B2 to open something which is locked using a key ▷ **otwierać**

unlucky /ʌnˈlʌki/ **adjective** B1 having or causing bad luck: [+ to do sth] *The team played well and was unlucky to lose.* ◦ *Some people think it's unlucky to walk under ladders.* ▷ **pechowy**
• **unluckily adverb** ▷ **pechowo**

unmarked /ʌnˈmɑːkt/ **adjective** having no signs or words that show what something is: *an **unmarked grave*** ▷ **nieoznaczony, nieoznakowany**

unmarried /ʌnˈmærid/ **adjective** not married ▷ **niezamężna, nieżonaty**

unmatched /ʌnˈmætʃt/ **adjective** better than anyone or anything else: *Horses have an athletic beauty **unmatched by** any other animal.* ▷ **niezrównany**

unmistakable /ˌʌnmɪˈsteɪkəbl/ **adjective** Something that is unmistakable is very obvious and cannot be confused with anything else: *an unmistakable look of disappointment* ▷ **wyraźny, niewątpliwy**
• **unmistakably adverb** ▷ **wyraźnie, niewątpliwie**

unmoved /ʌnˈmuːvd/ **adjective** not feeling any emotion: *It's impossible to **remain unmoved** by pictures of starving children.* ▷ **niewzruszony**

unnamed /ʌnˈneɪmd/ **adjective** An unnamed person or thing is talked about but their name is not said: *The money was given by an unnamed businessman.* ▷ **anonimowy, niewymieniony z nazwiska lub nazwy**

unnatural /ʌnˈnætʃərəl/ **adjective** B2 not normal or right: *an unnatural interest in death* ▷ **nienaturalny**
• **unnaturally adverb** *unnaturally thin* ▷ **nienaturalnie**

unnecessary /ʌnˈnesəsəri/ **adjective 1** B1 not needed: *You don't want to make any unnecessary car journeys in this weather.* ▷ **niepotrzebny 2** unkind: *Why did she say that? That was unnecessary.* ▷ **niepotrzebnie**
• **unnecessarily** /ʌnˈnesəsərəli/ **adverb** ▷ **niepotrzebnie**

unnerve /ʌnˈnɜːv/ **verb** [T] to make someone feel nervous or frightened ▷ **wytrącać z równowagi, denerwować**

unnerving /ʌnˈnɜːvɪŋ/ **adjective** making you feel nervous or frightened: *He kept looking at me which I found unnerving.* ▷ **denerwujący**

unnoticed /ʌnˈnəʊtɪst/ **adjective** without being seen or noticed: *We managed to slip away unnoticed.* ▷ **niezauważony**

unobtrusive /ˌʌnəbˈtruːsɪv/ **adjective** not attracting attention: *He was quiet and unobtrusive.* ▷ **nierzucający się w oczy, dyskretny**
• **unobtrusively adverb** ▷ **nie rzucając się w oczy, dyskretnie, niepostrzeżenie**

unoccupied /ʌnˈɒkjəpaɪd/ **adjective** An unoccupied building, room, seat, etc has no one in it. ▷ **niezamieszkały, wolny**

unofficial /ˌʌnəˈfɪʃəl/ **adjective** not said or done by the government or someone in authority: ***Unofficial reports** suggest the death toll from the earthquake is around 600.* ▷ **nieoficjalny**

U

• **unofficially** adverb ▷ **nieoficjalnie**

unorthodox /ʌnˈɔːθədɒks/ **adjective** unusual and different from most people's opinions, methods, etc: ***unorthodox ideas/views*** ◦ *an* ***unorthodox style*** *of teaching* ▷ **niekonwencjonalny, oryginalny**

unpack /ʌnˈpæk/ **verb** [I, T] (B1) to take things out of a bag, box, etc: *Bella* ***unpacked*** *her* ***suitcase.*** ◦ *I haven't had time to unpack yet.* ▷ **rozpakować (się)**

unpack

unpaid /ʌnˈpeɪd/ **adjective 1** An unpaid debt, tax, etc has not been paid. ▷ **niezapłacony 2** working without getting any money: ***unpaid work*** ▷ **bez wynagrodzenia, nieopłacany**

unpalatable /ʌnˈpælətəbl/ **adjective** formal shocking and difficult to accept: *an* ***unpalatable fact*** ▷ **gorzki, trudny do przełknięcia**

unparalleled /ʌnˈpærəleld/ **adjective** formal better, greater, worse, etc than anything else: *an act of unparalleled cruelty* ▷ **niezrównany, niedościgniony**

unplanned /ʌnˈplænd/ **adjective** not planned or expected: *an* ***unplanned pregnancy*** ▷ **nieplanowany**

unpleasant /ʌnˈplezənt/ **adjective 1** (B1) not enjoyable or pleasant: *an unpleasant experience/smell* ▷ **nieprzyjemny 2** rude and angry: *The waiter got quite unpleasant with us.* ▷ **nieprzyjemny, niegrzeczny**

• **unpleasantly** adverb ▷ **nieprzyjemnie, niegrzecznie**

unplug /ʌnˈplʌg/ **verb** [T] to stop a piece of electrical equipment being connected to an electricity supply by pulling its plug out of the wall ▷ **wyłączać z sieci lub gniazdka**

unpopular /ʌnˈpɒpjələr/ **adjective** (B2) disliked by most people: *an unpopular idea* ◦ *an unpopular teacher* ▷ **niepopularny**

• **unpopularity** /ʌnˌpɒpjəˈlærəti/ noun [U] ▷ **niepopularność**

unprecedented /ʌnˈpresɪdəntɪd/ **adjective** never having happened before: *The Internet has given people unprecedented access to information.* ▷ **bezprecedensowy, niespotykany**

unpredictable /ˌʌnprɪˈdɪktəbl/ **adjective** (B2) changing so much that you do not know what will happen next: *unpredictable weather conditions* ▷ **nieprzewidywalny**

• **unpredictability** /ˌʌnprɪˌdɪktəˈbɪləti/ noun [U] ▷ **nieprzewidywalność**

unprofessional /ˌʌnprəˈfeʃənəl/ **adjective** behaving badly at work: *an unprofessional attitude* ▷ **nieprofesjonalny**

unprovoked /ˌʌnprəˈvəʊkt/ **adjective** An unprovoked attack is one in which the person who is attacked has done nothing to cause it. ▷ **niczym niesprowokowany, nieuzasadniony**

unqualified /ʌnˈkwɒlɪfaɪd/ **adjective 1** without the qualifications or knowledge to do something: [+ to do sth] *She was totally unqualified to look after children.* ▷ **niewykwalifikowany, pozbawiony kwalifikacji 2** [always before noun] formal total and not limited in any way: *an* ***unqualified success*** ▷ **całkowity**

unquestionably /ʌnˈkwestʃənəbli/ **adverb** in a way that is obvious and causes no doubt: *She is unquestionably the best person for the job.* ▷ **niewątpliwie**

unravel /ʌnˈrævəl/ **verb** [I, T] (present participle UK **unravelling**, past tense and past participle **unravelled**, present participle US **unraveling**, past tense and past participle **unraveled**) **1** If you unravel a difficult situation or story, or if it unravels, it becomes clear and easier to understand: *No one has yet unravelled the mystery of his death.* ▷ **rozwiązywać (się), rozwikłać 2** to stop being twisted together, or to move pieces of string, etc so that they are not twisted together ▷ **pruć (się), rozwiązywać (się)**

unreal /ʌnˈrɪəl/ **adjective** Something that is unreal seems so strange that it is difficult to believe: *For a while I couldn't believe she was dead – it all seemed unreal.* ▷ **nierealny, nierzeczywisty**

• **unreality** /ˌʌnriˈæləti/ noun [U] ▷ **nierealność, nierzeczywistość**

unrealistic /ˌʌnrɪəˈlɪstɪk/ **adjective** (B2) not thinking about what is likely to happen or what you can really do: *She has a totally unrealistic view of life.* ◦ [+ to do sth] *It's unrealistic to expect their decision before Tuesday.* ▷ **nierealistyczny**

unreasonable /ʌnˈriːzənəbl/ **adjective** (B2) not fair: ***unreasonable demands/behaviour*** ◦ [+ to do sth] *It seems unreasonable to expect one person to do both jobs.* ▷ **nieuzasadniony, nierozsądny**

• **unreasonably** adverb ▷ **nierozsądnie, nadmiernie, bez uzasadnienia**

unrelated /ˌʌnrɪˈleɪtɪd/ **adjective** having no connection: *Police said his death was* ***unrelated to*** *the attack.* ▷ **niepowiązany, niezwiązany**

unrelenting /ˌʌnrɪˈlentɪŋ/ **adjective** formal never stopping or getting any less extreme: *unrelenting pressure* ◦ *The heat was unrelenting.* ▷ **uporczywy, bezlitosny**

unreliable /ˌʌnrɪˈlaɪəbl/ **adjective** (B2) not able to be trusted or depended on: *an* ***unreliable witness*** ◦ *The trains were noisy, dirty, and unreliable.* ▷ **zawodny**

unremarkable /ʌnrɪˈmɑːkəbl/ **adjective** ordinary and not interesting: *an unremarkable town* ▷ **bezbarwny, nieciekawy**

unremitting /ˌʌnrɪˈmɪtɪŋ/ **adjective** formal never stopping or getting any less extreme: ***unremitting hostility/pressure*** ◦ *unremitting efforts* ▷ **uporczywy**

unrepentant /ˌʌnrɪˈpentənt/ **adjective** not feeling sorry about something bad that you have done ▷ **nieskruszony**

unreservedly /ˌʌnrɪˈzɜːvɪdli/ **adverb** completely: *The minister has **apologized unreservedly**.* ▷ **całkowicie, w pełni**

unresolved /ˌʌnrɪˈzɒlvd/ **adjective** formal If a problem or question is unresolved, there is still no solution or answer: *The question of who owns the land **remains unresolved**.* ▷ **nierozstrzygnięty, nierozwiązany**

unrest /ʌnˈrest/ **noun** [U] when a lot of people are angry about something and are likely to become violent: ***political/social unrest*** ▷ **niepokój, zamieszki**

> Wyrazy występujące razem z **unrest**
>
> cause unrest • continuing/growing unrest • unrest among sb • unrest over sth • a wave of unrest • political/social unrest

unrestrained /ˌʌnrɪˈstreɪnd/ **adjective** not limited or controlled: *unrestrained anger* ▷ **niepohamowany, gwałtowny**

unrivalled UK (US **unrivaled**) /ʌnˈraɪvəld/ **adjective** better than any other of the same type: *The museum has an **unrivalled collection** of modern American paintings.* ◦ *an **unrivalled reputation*** ▷ **niezrównany**

unroll /ʌnˈrəʊl/ **verb** [T] to open something that was rolled into a tube shape and make it flat: *He unrolled the carpet.* ▷ **rozwijać**

unruly /ʌnˈruːli/ **adjective 1** behaving badly and difficult to control: ***unruly children*** ▷ **niesforny 2** Unruly hair is difficult to keep tidy. ▷ **niesforny**

unsafe /ʌnˈseɪf/ **adjective 1** dangerous: *The building is unsafe.* ◦ [+ to do sth] *The water was dirty and unsafe to drink.* ▷ **niebezpieczny 2** If you feel unsafe, you feel that you are in danger: *Many women feel unsafe on the streets at night.* ▷ **zagrożony**

unsatisfactory /ʌnˌsætɪsˈfæktəri/ **adjective** B2 not good enough to be acceptable: *Many school buildings are in an unsatisfactory condition.* ▷ **niezadowalający**

unsaturated fat /ˌʌnsætʃəreɪtɪdˈfæt/ a fat or oil that is found in plants, vegetable oil and fish and thought to be better for your health than saturated fat ▷ **nienasycony kwas tłuszczowy** → Compare **saturated fat**

unsavoury UK (US **unsavory**) /ʌnˈseɪvəri/ **adjective** unpleasant and morally offensive: *an **unsavoury reputation/incident/character*** ▷ **podejrzany, kompromitujący, żenujący**

unscathed /ʌnˈskeɪðd/ **adjective** [never before noun] not harmed: *The driver of the car was killed but both passengers **escaped unscathed**.* ▷ **bez szwanku, cały i zdrowy**

unscrew /ʌnˈskruː/ **verb** [T] **1** to remove something by twisting it: *I can't unscrew the lid.* ▷ **odkręcać 2** to remove something by taking the screws out of it ▷ **odkręcać**

unscrupulous /ʌnˈskruːpjələs/ **adjective** behaving in a way that is dishonest or unfair in order to get what you want: *an unscrupulous financial adviser* ▷ **pozbawiony skrupułów**

unseat /ʌnˈsiːt/ **verb** [T] to remove someone from a powerful position: *Kennedy has a good chance of unseating the President at the next election.* ▷ **wysadzić z siodła, pokonać**

unseen /ʌnˈsiːn/ **adjective, adverb** not seen or noticed: *an exhibition of previously unseen photographs* ▷ **niewidziany, niezauważony, niezauważenie**

unsettled /ʌnˈsetld/ **adjective 1** changing often: *The **weather** continues to be **unsettled**.* ▷ **zmienny, niepewny 2** anxious and not able to relax or feel happy in a situation: *Children tend to get unsettled if you keep changing their routine.* ▷ **niespokojny**

unsettling /ʌnˈsetlɪŋ/ **adjective** making you feel anxious: *an **unsettling experience/feeling*** ▷ **niepokojący**

unsightly /ʌnˈsaɪtli/ **adjective** unpleasant to look at: *unsightly piles of litter* ▷ **szpetny, brzydki**

unskilled /ʌnˈskɪld/ **adjective 1** without special skills or qualifications: *an **unskilled labourer/worker*** ▷ **niewykwalifikowany 2** Unskilled work does not need people with special skills or qualifications. ▷ **niewykwalifikowany**

unsociable /ʌnˈsəʊʃəbl/ **adjective** not wanting to be with other people ▷ **nietowarzyski**

unsolicited /ˌʌnsəˈlɪsɪtɪd/ **adjective** not asked for and often not wanted: ***unsolicited advice/offer*** ▷ **niepożądany, nieproszony**

unsolved /ʌnˈsɒlvd/ **adjective** having no answer or solution: *an **unsolved mystery/murder/crime*** ▷ **nierozwiązany, nierozwikłany**

unsound /ʌnˈsaʊnd/ **adjective 1** based on ideas, facts, and reasons that are wrong: *an **unsound practice*** ▷ **błędny, nielogiczny, wątpliwy 2** in a bad condition: *The bridge was **structurally unsound**.* ▷ **słaby, osłabiony**

unspeakable /ʌnˈspiːkəbl/ **adjective** extremely bad or shocking: *unspeakable crimes/suffering* ▷ **niewypowiedziany**

• **unspeakably adverb** ▷ **niewypowiedzianie, niewymownie**

unspecified /ʌnˈspesɪfaɪd/ **adjective** If something is unspecified, you are not told what it is: *The court awarded her an unspecified amount of money.* ▷ **(bliżej) nieokreślony**

unspoiled (also UK **unspoilt**) /ʌnˈspɔɪlt/ **adjective** An unspoiled place is beautiful because it

U

has not been changed or damaged by people: *an island with clean, unspoiled beaches* ▷ **dziewiczy**

unspoken /ʌnˈspəʊkᵊn/ **adjective** not said, but thought or felt: *unspoken doubts* ▷ **niewypowiedziany, milczący, cichy**

unstable /ʌnˈsteɪbl/ **adjective 1** likely to change or end suddenly: *an* ***unstable situation*** ◦ *an unstable economy* ▷ **niestabilny, chwiejny 2** If someone is unstable, their moods and behaviour change suddenly, especially because they are mentally ill. ▷ **niezrównoważony 3** not fixed or safe and likely to move: *That chair looks a bit unstable.* ▷ **chwiejny**

unsteady /ʌnˈstedi/ **adjective** moving slightly from side to side, as if you might fall: *The alcohol had made her unsteady on her feet.* ▷ **chwiejny, niepewny**

unstuck /ʌnˈstʌk/ **adjective come unstuck a** If something comes unstuck, it stops being fixed to something: *One of the photos has come unstuck.* ▷ **odkleić się, odpaść b** UK informal to experience difficulties and fail: *The negotiations came unstuck at a crucial stage.* ▷ **zakończyć się niepowodzeniem**

unsubscribe /ˌʌnsəbˈskraɪb/ **verb** [I, T] to remove your name from an Internet mailing list ▷ **zrezygnować, wypisać się**

unsuccessful /ˌʌnsəkˈsesfᵊl/ **adjective** B2 not achieving what was wanted or intended: *an unsuccessful attempt/effort* ▷ **nieudany**
• **unsuccessfully adverb** ▷ **bez powodzenia**

unsuitable /ʌnˈsuːtəbl/ **adjective** B2 not acceptable or right for someone or something: *My parents considered the programme unsuitable for children.* ▷ **nieodpowiedni**

unsung /ʌnˈsʌŋ/ **adjective** not famous or praised although you have done something very well: *He was the* ***unsung hero*** *of the match.* ▷ **niedoceniony, niezauważony**

unsure /ʌnˈʃʊəʳ/ **adjective 1** B2 not certain or having doubts: *I'm a bit* ***unsure about*** *what to do.* ▷ **niepewny 2 unsure of yourself** without confidence ▷ **pozbawiony pewności siebie**

unsuspecting /ˌʌnsəˈspektɪŋ/ **adjective** [always before noun] not aware that something bad is happening: *In each case the* ***unsuspecting victim*** *had been invited into Cooper's home.* ▷ **niczego niepodejrzewający**

unsustainable /ˌʌnsəˈsteɪnəbᵊl/ **adjective 1** Something that is unsustainable cannot continue at the same rate ▷ **nie do utrzymania 2** causing damage to the environment by using more of something than can be replaced naturally: *unsustainable fishing methods* ▷ **niezrównoważony**

unsympathetic /ˌʌnsɪmpəˈθetɪk/ **adjective 1** showing that you do not understand or care about someone's problems: *I told him I'd got a cold but he was completely unsympathetic.* ▷ **obojętny 2** not agreeing with or supporting someone's ideas or actions ▷ **nieżyczliwy, nieprzychylny**

untangle /ʌnˈtæŋgl/ **verb** [T] **1** to separate pieces of string, hair, wire, etc that have become twisted together: *I'm trying to untangle these wires.* ▷ **rozplątać 2** to understand the different parts of a situation that has become confused or very complicated: *Historians have tried to untangle the complex issues behind the events.* ▷ **rozwikłać**

untapped /ʌnˈtæpt/ **adjective** not yet used: ***untapped potential*** ▷ **niewykorzystany**

untenable /ʌnˈtenəbl/ **adjective** formal If an argument, action, or situation is untenable, it cannot be supported or defended from criticism: *an* ***untenable position*** ▷ **nie do obrony lub utrzymania**

unthinkable /ʌnˈθɪŋkəbl/ **adjective** If something is unthinkable, it is so strange that you cannot imagine it will ever happen: *Thirty years ago a no-smoking restaurant would have been unthinkable.* ▷ **nie do pomyślenia**

untidy /ʌnˈtaɪdi/ **adjective** B1 not tidy: *an untidy room* ◦ *She's really untidy at home.* ▷ **nieposprzątany, nieporządny**

untie /ʌnˈtaɪ/ **verb** [T] (present participle **untying**, past tense and past participle **untied**) B2 to open a knot or something that has been tied with a knot: *I untied my shoelaces and kicked off my shoes.* ▷ **rozwiązywać**

until /ᵊnˈtɪl/ **preposition, conjunction** (also **till**) **1** A1 continuing to happen before a particular time or event and then stopping: *The show will be on until the end of the month.* ◦ *Whisk the egg whites until they look white and fluffy.* ▷ **(aż) do, aż, dopóki nie 2** A2 as far as: *Carry on until you reach the traffic lights and turn right.* ▷ **aż, dopóki nie 3 not until** B1 not before a particular time or event: *It doesn't open until 7.* ◦ *We won't start until Jeanne arrives.* ▷ **nie przed, dopiero**

untimely /ʌnˈtaɪmli/ **adjective** happening too soon: *her* ***untimely death*** *from cancer* ▷ **przedwczesny**

untold /ʌnˈtəʊld/ **adjective** [always before noun] too much to be measured or counted: ***untold riches*** ◦ ***untold damage*** ▷ **niewypowiedziany**

untouched /ʌnˈtʌtʃt/ **adjective 1** not changed or damaged in any way: *Most of the island remains* ***untouched by*** *tourism.* ▷ **nietknięty, nieskażony 2** If food is untouched, it has not been eaten. ▷ **nietknięty**

untoward /ˌʌntəˈwɔːd/ **adjective** formal unexpected and causing problems: *If nothing unto-*

ward happens *we should be there by midday.* ▷ **nieprzewidziany, nieoczekiwany**

untrained /ʌn'treɪnd/ **adjective 1** never having been taught the skills for a particular job: *untrained staff* ▷ **niewykwalifikowany, bez kwalifikacji 2 the untrained eye** someone without the skill or knowledge to judge what they see: ***To the untrained eye,*** *most fake diamonds look real.* ▷ **laik**

untried /ʌn'traɪd/ **adjective** not yet used or tested: *new and untried technology* ▷ **niewypróbowany**

untrue /ʌn'tru:/ **adjective** false ▷ **nieprawdziwy**

untruth /ʌn'tru:θ/ **noun** [C] formal a lie, or something that is not true ▷ **nieprawda, kłamstwo**

unused[1] /ʌn'ju:zd/ **adjective** not used now or not used before now: *an unused room* ▷ **nieużywany**

unused[2] /ʌn'ju:st/ **adjective be unused to sth** to not have experience of something: *I was unused to city life.* ▷ **nie być do** *czegoś* **przyzwyczajonym**

unusual /ʌn'ju:ʒuəl/ **adjective** (A2) different and not ordinary, often in a way that is interesting or exciting: *an unusual name* ◦ [+ to do sth] *It's fairly unusual to keep insects as pets.* ▷ **niezwykły**

unusually /ʌn'ju:ʒuəli/ **adverb 1 unusually big/strong/good, etc** (B2) bigger/stronger/better, etc than is normal: *unusually warm weather* ▷ **niezwykle duży/silny/dobry** *itp.* **2 unusually for sb** in a way that is not usual for someone: *Unusually for me, I actually couldn't finish my meal.* ▷ **chociaż to do** *kogoś* **niepodobne**

unveil /ʌn'veɪl/ **verb** [T] **1** to tell the public about an idea or plan that was secret before: *The new policy is due to be unveiled later this month.* ▷ **ujawniać 2** to remove the cover from an object as part of an official ceremony ▷ **odsłaniać**

unwanted /ʌn'wɒntɪd/ **adjective** not wanted: *an* ***unwanted gift*** ▷ **niechciany**

unwarranted /ʌn'wɒrəntɪd/ **adjective** formal without a good reason: ***unwarranted intrusion*** ▷ **nieuzasadniony**

unwary /ʌn'weəri/ **adjective** not aware of possible dangers: ***Unwary travellers*** *can easily get lost in these parts.* ▷ **nieświadomy**

unwelcome /ʌn'welkəm/ **adjective** not wanted: *unwelcome publicity* ◦ *an unwelcome visitor* ▷ **niepożądany**

unwell /ʌn'wel/ **adjective** [never before noun] formal ill: *to feel/look unwell* ▷ **chory, niezdrowy**

unwieldy /ʌn'wi:ldi/ **adjective** An unwieldy object is difficult to carry because it is heavy, large, or a strange shape. ▷ **nieporęczny**

unwilling /ʌn'wɪlɪŋ/ **adjective** (B2) not wanting to do something: [+ to do sth] *A lot of people are unwilling to accept change.* ▷ **niechętny**

• **unwillingly adverb** ▷ **niechętnie** • **unwillingness noun** [U] ▷ **niechęć**

unwind /ʌn'waɪnd/ **verb** (past tense and past participle **unwound**) **1** [I] informal to relax, especially after working: *Music helps me to unwind.* ▷ **odprężać się, rozluźnić się 2** [I, T] If you unwind something, or if something unwinds, it stops being curled round or twisted round something else and is made straight: *He unwound the bandage.* ▷ **odwijać (się), rozwijać (się)**

unwise /ʌn'waɪz/ **adjective** stupid and likely to cause problems: *an unwise decision* ▷ **nierozsądny, niemądry**

• **unwisely adverb** ▷ **nierozsądnie, niemądrze**

unwittingly /ʌn'wɪtɪŋli/ **adverb** without intending to do something: *I apologized for the chaos I had unwittingly caused.* ▷ **nieumyślnie, niechcący**

unworkable /ʌn'wɜ:kəbl/ **adjective** A plan that is unworkable is impossible: *The policy has been described as unworkable.* ▷ **niewykonalny, niemożliwy do zrealizowania**

unwrap /ʌn'ræp/ **verb** [T] (present participle **unwrapping**, past tense and past participle **unwrapped**) to remove the paper, cloth, etc that is covering something: *She carefully unwrapped the present.* ▷ **rozwijać, odpakowywać**

unwritten /ʌn'rɪtən/ **adjective an unwritten agreement/law/rule** an agreement/law, etc that is accepted and obeyed by most people but is not formally written ▷ **niepisan-a/e zgoda/prawo/zasada**

unzip /ʌn'zɪp/ **verb** [T] (present participle **unzipping**, past tense and past participle **unzipped**) **1** to open something by using its zip: *He unzipped his trousers.* ▷ **rozpinać 2** to make a file bigger again after it has been zipped so that it can easily be used ▷ **rozpakować**

up[1] /ʌp/ **adverb, preposition 1** (A2) towards or in a higher place: *He ran up the stairs.* ◦ *Pick up your clothes and put them away.* ◦ *She looked up and smiled at me.* ▷ **w górę, do góry, na/w górze,** najczęściej nie ma samodzielnego tłumaczenia; określa kierunek ku górze, np. **run up** to **wbiec, pick up** to **podnieść, pozbierać** *itp.* **2** (A1) vertical or as straight as possible: *He stood up.* ◦ *She opened her eyes and sat up.* ▷ **w górę do góry na/w górze,** najczęściej nie ma samodzielnego tłumaczenia; określa kierunek ku górze, np. **stand up** to **wstać, sit up** to **usiąść** (z pozycji leżącej) *itp.* **3** (B2) to a greater degree, amount, volume, etc: *Inflation keeps pushing prices up.* ◦ *Can you turn up the heat? I'm freezing!* ◦ *Please speak up (= speak louder), I can't hear you.* ▷ **w górę,** najczęściej nie ma samodzielnego tłumaczenia; wskazuje na wzrost stopnia, intensywności *itp.* czegoś, np. **speak up** to **mówić głośniej** *itp.* **4** (B2) used to emphasize that someone completes an action or uses all of something: *I used up all my money.* ◦ *Eat up the*

U

rest of your dinner. ▷ **do końca,** najczęściej nie ma samodzielnego tłumaczenia i jest wyrażane za pomocą formy dokonanej czy przyrostków, np. **use up** to **zużyć, eat up** to **dojeść** *itp.* **5 up the road/street, etc** A2 along or further along the street/road, etc: *My best friend lives up the street from me.* ◦ *He ran up the path and hugged her.* ▷ **kawałek dalej (wzdłuż ulicy** *itp.*) **6 go/walk, etc up to sb/sth** B1 to walk directly towards someone or something until you are next to them: *He walked straight up to me and introduced himself.* ▷ **podchodzić** *itp.* **do** *kogoś/czegoś* **7** in or towards a particular direction, usually north: *We moved from London* ***up to*** *Scotland.* ◦ *Chris lives up north.* ▷ **na, do 8 up and down** B2 If something or someone moves up and down, they move repeatedly in one direction and then in the opposite direction: *The children were constantly running up and down the stairs.* ▷ **tam i z powrotem 9 up to 10/20, etc** B1 any amount under 10/20, etc: *We can invite up to 65 people.* ▷ **do 10/20** *itp.*, **maksymalnie 10/20** *itp.*, **najwyżej 10/20** *itp.* **10 up to** B1 until a particular time: *You can call me up to midnight.* ▷ **(aż) do 11 up to sth** equal in quality or achievement: *His work wasn't up to his usual standard.* ▷ **na poziomie** *czegoś* **12 up to sth/doing sth** able to do something: *It'll be a while before I feel up to walking again.* ▷ **zdolny do** *czegoś*, **w stanie** *coś zrobić* **13 be up to sth** informal B1 to be doing or planning something, often something secret and bad: *Joe, what are you up to?* ▷ **knuć** (*coś*) **14 be up to sb** B1 If an action or decision is up to someone, they are responsible for doing or making it: *I can't decide for you Jack,* ***it's up to you.*** ◦ [+ to do sth] *It's up to her to decide whether she wants to enter the competition.* ▷ **zależeć od** *kogoś*, **należeć do** *kogoś* **15 be up against sb/sth** If you are up against a situation or a person, they make it very difficult for you to achieve what you want to achieve: *We were up against some of the best players in the world.* ▷ **zmierzyć się z** *kimś/czymś*

up² /ʌp/ **adjective** [never before noun] **1** B1 not in bed: *I was up all night with the baby.* ◦ *Is she up yet?* ▷ **na nogach 2 be up and around/about** to be well enough after an illness to get out of bed and move around ▷ **stanąć na nogi 3** If a period of time is up, it has ended: *My health club membership is up.* ▷ **skończony, zakończony, ≈ minąć, ≈ upłynąć 4** If a level or amount is up, it has increased: *Profits are up by 26%.* ▷ **wyższy, ≈ wzrastać 5** UK If a road is up, it is being repaired. ▷ **w remoncie 6** If a computer system is up, it is operating. ▷ **działający 7** US In baseball and similar sports, if a player is up, they are taking a turn to play. ▷ **zagrywający 8 be up and running** If a system, organization, or machine is up and running, it is operating. ▷ **działać, funkcjonować**

IDIOM **be up for sth** informal to want to do something: *We're going clubbing tonight if you're up for it.* ▷ **mieć na** *coś* **ochotę**

up³ /ʌp/ **verb** [T] (present participle **upping**, past tense and past participle **upped**) to increase something: *Dad's upped my allowance by fifty cents a week.* ▷ **podwyższać, zwiększać**

up-and-coming /ˌʌpᵊnˈkʌmɪŋ/ **adjective** [always before noun] becoming popular and likely to achieve success: *He's a young, up-and-coming DJ.* ▷ **obiecujący, dobrze się zapowiadający**

upbeat /ˈʌpˌbiːt/ **adjective** informal positive and expecting a situation to be good or successful: *He remains upbeat about the future.* ▷ **optymistyczny**

upbringing /ˈʌpˌbrɪŋɪŋ/ **noun** [no plural] B2 the way your parents treat you when you are growing up: *a middle-class/religious upbringing* ▷ **wychowanie**

upcoming /ˈʌpˌkʌmɪŋ/ **adjective** [always before noun] An upcoming event will happen soon: *the upcoming elections* ▷ **zbliżający się, nadchodzący**

update¹ /ʌpˈdeɪt/ **verb** [T] **1** B1 to add new information: *We've just updated our website.* ◦ *I'll* ***update*** *you* ***on*** (= tell you about) *any developments.* ▷ **aktualizować, uaktualniać, informować 2** B2 to make something more modern: *They need to update their image.* ▷ **modernizować, unowocześniać**

update² /ˈʌpdeɪt/ **noun** [C] **1** B2 new information: *I'll need regular* ***updates on*** *your progress.* ▷ **informacja, uaktualnienie 2** B2 a new form of something which existed at an earlier time: *It's an* ***update of*** *an old 60s movie.* ▷ **nowa wersja**

> Wyrazy występujące razem z **update (noun)**
>
> get/give an update • an update on sth • an update from sb

upfront¹ /ˌʌpˈfrʌnt/ **adjective 1** paid or obtained before work starts: *an* ***upfront payment/fee*** ▷ **(płatny) z góry 2** behaving in a way that makes your beliefs and intentions obvious to other people: *She's very* ***upfront about*** *her dislike of men.* ▷ **otwarty, szczery**

upfront² /ˌʌpˈfrʌnt/ **adverb** If you pay someone upfront, you pay them before they work for you. ▷ **z góry**

upgrade /ʌpˈɡreɪd/ **verb** [T] B2 to improve something so that it is of a higher quality or a newer model: *to upgrade a computer* ▷ **wymieniać (na nowy), unowocześniać**

• **upgrade** /ˈʌpɡreɪd/ **noun** [C] B2 ▷ **unowocześnienie**

upheaval /ʌpˈhiːvᵊl/ **noun** [C, U] a very big change that causes difficulty or confusion: ***political/social upheaval*** ▷ **niepokoje, wstrząs**

uphill¹ /ʌpˈhɪl/ **adjective an uphill battle/struggle/task** something that is difficult to do and needs a lot of effort: *I can lose weight but it's a real uphill struggle.* ▷ **ciężk-a/ie bitwa/walka/zadanie**

uphill² /ʌpˈhɪl/ **adverb** towards the top of a hill: *We'd walked half a mile uphill.* ▷ **pod lub w górę**

uphold /ʌpˈhəʊld/ **verb** [T] (past tense and past participle **upheld**) **1** to agree with a decision, especially a legal one, and say it was correct: *The court* ***upheld*** *the* ***ruling****.* ▷ **podtrzymywać 2** to support a decision, principle, or law: *Police officers are expected to* ***uphold the law****.* ▷ **przestrzegać**

upholstery /ʌpˈhəʊlstᵊri/ **noun** [U] the material that covers chairs and other types of seats ▷ **obicie, tapicerka**

upkeep /ˈʌpkiːp/ **noun** [U] the process of keeping something in good condition, or of keeping a person or animal healthy ▷ **utrzymanie**

upland /ˈʌplənd/ **adjective** [always before noun] existing on a hill or mountain: *upland areas* ▷ **wyżynny, górski**

uplands /ˈʌpləndz/ **noun** [plural] high areas of land: *the uplands of Nepal* ▷ **wyżyny**

uplifting /ʌpˈlɪftɪŋ/ **adjective** making you feel happy and full of good feelings: *an uplifting film* ▷ **pocieszający, podnoszący na duchu**

upload /ʌpˈləʊd/ **verb** [T] (B1) to copy computer programs or information electronically, usually from a small computer to a larger one or to the Internet ▷ **wysłać, załadować** → Compare **download**

upmarket /ˌʌpˈmɑːkɪt/ **adjective** UK (US **upscale**) expensive and used by people who are rich and from a high social class: *an upmarket hotel/restaurant* ▷ **ekskluzywny**

upon /əˈpɒn/ **preposition** formal (B2) on ▷ **na**

upper /ˈʌpəʳ/ **adjective** [always before noun] **1** (B1) at a higher position: *an upper floor* ◦ *the upper lip* ◦ *the upper body* ▷ **wyższy, górny 2** of a higher social class ▷ **arystokratyczny 3 the upper limit** the highest amount or level, or the longest time that something is allowed ▷ **górna granica** → See also **get/gain the upper** ***hand***

ˌupper ˈcase **noun** [U] letters written as capitals ▷ **duże litery**

ˌupper ˈclass **noun** [C] the highest social class of people: *members of the upper classes* ▷ **klasa lub warstwa wyższa**
• **upper-class adjective** *an upper-class accent* ▷ **arystokratyczny, ekskluzywny**

uppermost /ˈʌpəməʊst/ **adjective 1** highest: *the building's uppermost floors* ▷ **najwyższy 2 be uppermost in sb's mind** to be the most important thing someone is thinking about: *The safety of her children was uppermost in her mind.* ▷ **być dla** *kogoś* **na pierwszym miejscu lub najważniejszym**

upright¹ /ˈʌpraɪt/ **adverb** (B2) vertical and as straight as possible: *to sit/stand upright* ▷ **prosto, pionowo** → See also **bolt upright**

upright² /ˈʌpraɪt/ **adjective 1** (B2) straight up or vertical: *Please return your seat to an upright position and fasten your seat belt.* ▷ **pionowy, wyprostowany 2** honest and morally good: *an upright citizen* ▷ **uczciwy, prawy**

uprising /ˈʌpˌraɪzɪŋ/ **noun** [C] when a large group of people try to make political changes or change the government by fighting: [usually singular] *a* ***general/popular uprising*** ▷ **powstanie**

uproar /ˈʌprɔːʳ/ **noun** [U, no plural] when many people complain about something angrily: *The book* ***caused*** *an* ***uproar*** *in the United States.* ◦ *Local residents are* UK ***in uproar***/US ***in an uproar*** *over plans for the new road.* ▷ **wzburzenie, poruszenie**

> **Wyrazy występujące razem z uproar**
> cause/provoke (an) uproar • be **in/in an** uproar • uproar **among** sb • uproar **at/over** sth

uproot /ʌpˈruːt/ **verb** [T] **1** to pull a tree or plant out of the ground: *Hundreds of trees were uprooted in the storm.* ▷ **wyrywać (z korzeniami) 2** to make someone leave a place where they have been living for a long time: *The war has uprooted nearly half the country's population.* ▷ **wysiedlać, wykorzenić**

ˌups and ˈdowns **noun** [plural] the mixture of good and bad things that happen to people: *Like most married couples, we've* ***had our ups and downs****.* ▷ **wzloty i upadki**

upscale /ˈʌpˌskeɪl/ **adjective** US (UK **upmarket**) expensive and used by people who are rich and from a high social class: *an upscale restaurant/neighborhood* ▷ **ekskluzywny**

upset¹ /ʌpˈset/ **adjective 1** (A2) unhappy or worried because something unpleasant has happened: *They'd had an argument and she was still* ***upset about*** *it.* ◦ *Mike* ***got*** *very* ***upset*** *when I told him the news.* ▷ **zmartwiony, zdenerwowany 2 upset stomach/tummy** an illness in the stomach ▷ **rozstrój żołądka, sensacje żołądkowe**

upset² /ʌpˈset/ **verb** [T] (present participle **upsetting**, past tense and past participle **upset**) **1** (B2) to make someone feel unhappy or worried: *The phone call had clearly upset her.* ▷ **martwić, denerwować 2** to cause problems for something: *If I arrived later would that upset your plans?* ▷ **psuć, zakłócać 3 upset sb's stomach** to make someone feel ill in the stomach ▷ **zaszkodzić** *komuś* **(na żołądek)**

upset³ /ˈʌpset/ **noun** [C] **1** when someone beats the player or team that was expected to win: *After Harding won the second set, a major upset seemed likely.* ▷ **nieoczekiwana porażka lub przegrana 2 a stomach/tummy upset** UK an illness in the stomach ▷ **rozstrój żołądka, sensacje żołądkowe 3** a difficulty or problem: *We had the usual upsets but overall the day went well.* ▷ **problem, (niespodziewana) przeszkoda**

U

upsetting /ʌpˈsetɪŋ/ **adjective** making you feel unhappy or worried: *I found the programme very upsetting.* ▷ **przykry, denerwujący**

the upshot /ˈʌpʃɒt/ **noun** the final result of a discussion or series of events: *The upshot is that we've decided to move to Sydney.* ▷ **(ostateczny) rezultat, konkluzja**

ˌupside ˈdown[1] **adverb** B2 turned so that the part that is usually at the top is now at the bottom: *One of the pictures had been hung upside down.* ◦ ***Turn** the jar **upside down** and shake it.* ▷ **do góry nogami**

IDIOM **turn sth upside down a** to make a place very untidy while looking for something ▷ **przewrócić** *coś* **do góry nogami b** to change someone's life or a system completely: *Their lives were turned upside down when their son was arrested.* ▷ **postawić** *coś* **na głowie, przewrócić** *coś* **do góry nogami**

ˌupside ˈdown[2] **adjective** B2 turned so that the part that is usually at the top is now at the bottom: *Why is this box upside down?* ▷ **do góry nogami**

upstage /ʌpˈsteɪdʒ/ **verb** [T] to do something that takes people's attention away from someone or something and gives it to you instead: *You mustn't upstage the bride.* ▷ **przyćmiewać, odwracać uwagę od**

upstairs /ʌpˈsteəz/ **adverb** A2 on or to a higher level of a building: *He ran upstairs to answer the phone.* ▷ **na górze, na piętrze, na górę, do góry**
• **upstairs adjective** B1 *an upstairs bedroom* ▷ **na piętrze**

upstart /ˈʌpstɑːt/ **noun** [C] someone who has just started a job but already thinks they are very important ▷ **ważniak**

upstate /ˌʌpˈsteɪt/ **adjective** US in the northern part of a US state: *upstate New York* ▷ **północny**
• **upstate adverb** *She's taken a trip upstate with some friends.* ▷ **na północy, na północ**

upstream /ʌpˈstriːm/ **adverb** along a river in the opposite direction to the way that the water is moving ▷ **w górę rzeki, pod prąd**

upsurge /ˈʌpsɜːdʒ/ **noun** [C] a sudden increase: *an **upsurge in** violent crime* ▷ **gwałtowny wzrost, eksplozja**

uptake /ˈʌpteɪk/ **noun** informal **be slow/quick on the uptake** to be slow/quick to understand something ▷ **ciężko/szybko kapować**

uptight /ʌpˈtaɪt/ **adjective** informal worried or nervous and not able to relax ▷ **spięty**

up-to-date /ˌʌptəˈdeɪt/ **adjective 1** B1 modern, and using the most recent technology or knowledge ▷ **nowoczesny 2** B1 having the most recent information: *The Internet **keeps** us **up-to-date**.* ▷ **bieżący, aktualny**

up-to-the-minute /ˌʌptəðəˈmɪnɪt/ **adjective** most recent: *up-to-the-minute news* ▷ **najnowszy, z ostatniej chwili**

uptown /ʌpˈtaʊn/ **adjective, adverb** US in or to the northern part of a city: *She lives uptown.* ▷ **na północ, na północy**

upturn /ˈʌptɜːn/ **noun** [C] an improvement, especially in economic conditions or a business: *There's been a sharp **upturn in** sales.* ▷ **poprawa, tendencja zwyżkowa**

upturned /ʌpˈtɜːnd/ **adjective** pointing up, or turned so the under side faces up: *an upturned boat* ▷ **podniesiony, wywrócony, przewrócony**

upward /ˈʌpwəd/ **adjective** [always before noun] moving towards a higher place or level: *an upward glance* ◦ *an upward trend in sales* ▷ **w górę, do góry, wzrostowy**

upwards /ˈʌpwədz/ **adverb** mainly UK (mainly US **upward**) **1** towards a higher place or level: *House prices have started moving upwards again.* ▷ **w górę, do góry 2 upwards of sth** more than a particular amount: *Double rooms cost upwards of £70 a night.* ▷ **powyżej** *czegoś*

uranium /jʊəˈreɪniəm/ **noun** [U] a heavy, grey metal that is used in the production of nuclear power (symbol U) ▷ **uran**

Uranus /ˈjʊərᵊnəs/ **noun** [no plural] the planet that is seventh from the Sun, after Saturn and before Neptune ▷ **Uran**

urban /ˈɜːbᵊn/ **adjective** B2 belonging or relating to a town or city: *urban areas* ◦ *urban development* ▷ **miejski**

urbane /ɜːˈbeɪn/ **adjective** confident, relaxed, and polite: *With his good looks and urbane manner, he was very popular.* ▷ **uprzejmy, dobrze wychowany**

urbanization (also UK **-isation**) /ˌɜːbᵊnaɪˈzeɪʃᵊn/ **noun** [U] the way in which cities get bigger and more and more people leave the countryside to live in them ▷ **urbanizacja**

urea /jʊəˈriːə/ **noun** [U] a colourless substance found in urine ▷ **mocznik**

ureter /jʊəˈriː.təʳ/ **noun** [C] a tube on each side of the body that takes urine from the kidney to the bladder ▷ **moczowód**

urethra /jʊəˈriːθrə/ **noun** [C] the tube which carries urine out of the body. In men and male animals it also carries sperm. ▷ **cewka moczowa**

urge[1] /ɜːdʒ/ **verb** [T] **1 urge sb to do sth** to try to persuade someone to do something: *His parents urged him to go to university.* ▷ **nakłaniać lub zachęcać** *kogoś* **do** *czegoś* **2** formal to strongly advise an action: *Financial experts are **urging caution**.* ▷ **nawoływać do, zalecać**

PHRASAL VERB **urge sb on** to encourage someone to do or achieve something: *The crowd was cheering and urging her on.* ▷ **zachęcać** *kogoś*

urge[2] /ɜːdʒ/ **noun** [C] a strong wish or need: [+ to do sth] *I **resisted a powerful urge** to slap him.* ▷ **ochota, pragnienie**

U

Wyrazy występujące razem z urge (noun)

feel/have/resist/satisfy an urge • an irresistible/overwhelming/strong/sudden/uncontrollable urge

urgency /ˈɜːdʒᵊnsi/ **noun** [U] when something is very important and needs you to take action immediately: *a **matter of great urgency*** ▷ **nagłość, pilna konieczność**

Wyrazy występujące razem z urgency

a matter of urgency • a sense of urgency • the urgency of sth

urgent /ˈɜːdʒᵊnt/ **adjective** (B1) very important and needing you to take action immediately: *an urgent message* ◦ *The refugees were **in urgent need of** food and water.* ▷ **pilny**
• **urgently adverb** (B1) *I need to **speak to** you **urgently**.* ▷ **pilnie**

urinate /ˈjʊərɪneɪt/ **verb** [I] to get rid of urine from your body ▷ **oddawać mocz**

urine /ˈjʊərɪn/ **noun** [U] the liquid that comes out of your body when you go to the toilet ▷ **mocz**

URL /juːɑːrˈel/ abbreviation for uniform resource locator: a website address ▷ **URL, adres internetowy**

urn /ɜːn/ **noun** [C] **1** a round container that is used for plants or to store someone's ashes ▷ **wazon, urna 2** a metal container that is used to make a large amount of coffee or tea and to keep it hot ▷ **termos (bufetowy)**

urogenital /ˌjʊərəʊˈdʒenɪtᵊl/ **adjective** relating to the parts of the body which make and carry urine, and also the genitals ▷ **moczowo-płciowy**

Uruguay /ˈjʊərəgwaɪ/ **noun** a country in South America ▷ **Urugwaj**
• **Uruguayan** /ˌjʊərəˈgwaɪən/ **adjective** coming from or relating to Uruguay ▷ **urugwajski** • **Uruguayan noun** someone from Uruguay ▷ **Urugwaj-czyk/ka**

us strong /ʌs/ weak /əs/, /s/ **pronoun** (A1) used after a verb or preposition to refer to the person who is speaking or writing and one or more other people: *She gave us all a present.* ◦ *Would you like to have dinner with us next Saturday?* ▷ **nas, nam, nami**

USA /ˌjuːesˈeɪ/ **noun** abbreviation for United States of America ▷ **USA**

usage /ˈjuːsɪdʒ/ **noun 1** [C, U] the way that words are used: *a guide to English grammar and usage* ▷ **użycie 2** [U] the amount of something that is used, or the way that something is used: *restrictions on water usage* ▷ **zużycie**

USB /ˌjuːesˈbiː/ **noun** [C] abbreviation for Universal Serial Bus: a part of a computer which allows you to connect extra devices, such as printers and cameras, without stopping and starting the computer again ▷ **(port) USB**

use[1] /juːz/ **verb** [T] (past tense and past participle **used**) **1** (A1) If you use something, you do something with it for a particular purpose: *Can I use your pen?* ◦ *She **uses** her car **for** work.* ◦ [+ to do sth] *Nick used the money to buy a CD player.* ▷ **używać 2** (B1) to take an amount from a supply of something: *A shower uses less water than a bath.* ▷ **zużywać 3** to treat someone badly in order to get what you want: *He was just using me to make his girlfriend jealous.* ▷ **wykorzystywać 4** to say or write a particular word or phrase: *'Autumn' is used in British English and 'fall' in American English.* ▷ **używać 5 could use sth** mainly US informal something that you say when you want or need something: *I could use some help with these packages, please.* ▷ **przydałoby się** *coś*

PHRASAL VERB **use sth up** (B2) to finish a supply of something: *Someone's used up all the milk.* ▷ **zużyć** *coś*

use[2] /juːs/ **noun 1** [U] (A2) when you use something, or when something is being used: *an increase in the use of mobile phones* ◦ *Guests have free use of the hotel swimming pool.* ◦ *Turn the machine off when it's not **in use** (= being used).* ▷ **użytkowanie, użycie 2** [C] (B1) a purpose for which something is used: *A food processor has a variety of uses in the kitchen.* ◦ *Can you **find a use for** this box?* ▷ **użytek, zastosowanie 3 be (of) any/some use** (B2) to be useful: *Is this book of any use to you?* ▷ **przydać się 4 be (of) no use** (B2) to not be useful: *His advice was no use at all.* ▷ **nie przydać się, być bezużytecznym 5 be no use; be no use doing sth** (B2) used to say that trying to do something has no effect: *It was no use talking to him – he wouldn't listen.* ▷ **być bez sensu, nie mieć sensu 6** [C] (B1) one of the meanings of a word, or the way that a particular word is used: *Can you list all the uses of the verb 'go'?* ▷ **znaczenie, kontekst użycia 7 the use of sth** permission to use something, or the ability to use something: *Martin has offered me the use of his car.* ▷ **użytkowanie** *czegoś*, **korzystanie z** *czegoś*, **władza w** *czymś* **8 make use of sth** to use something that is available: *We were encouraged to make use of all the facilities.* ▷ **korzystać z** *czegoś*

used[1] /juːst/ **adjective used to sth/doing sth** (B1) If you are used to something, you have done it or experienced it many times before: *He's used to working long hours.* ◦ *We've been living here for two years and we've* UK ***got used to***/US ***gotten used to** the heat.* ▷ **przyzwyczajony do** *czegoś*
→ Opposite **unused**

used[2] /juːzd/ **adjective** Something that is used is not new and has been owned by someone else: *a **used car*** ▷ **używany** → Opposite **unused**

used to /ˈjuːsttuː/ **modal verb used to do/be sth** (B1) If something used to happen or a situation used to exist, it happened regularly or existed in the past but it does not happen or exist now: *I used to go out every night when I was a student.*

U

∘ *He used to be a lot fatter.* ▷ **kiedyś lub dawniej** *coś robić*

useful /ˈjuːsfəl/ **adjective 1** Ⓐ2 helping you to do or achieve something: *useful information* ▷ **użyteczny, przydatny 2 come in useful** UK to be useful and help someone do or achieve something, especially when there is nothing else to help them: *You should keep that paint – it might come in useful.* ▷ **przydawać się**
• **usefully adverb** ▷ **użytecznie, przydatnie** • **usefulness noun** [U] ▷ **użyteczność, przydatność**

> **!** Najczęściej popełniane błędy: **useful**
>
> **Uwaga!** Częsty błąd słowotwórczy!
> Przymiotniki z przyrostkiem **-ful** zawierają tylko jedno „l".
> Nie piszemy „usefull", ale **useful**.

> **+** **Useful** wyrazy bliskoznaczne
>
> Jeśli coś jest użyteczne, gdyż pomaga w zrobieniu lub osiągnięciu czegoś, możemy opisać to przymiotnikami **helpful** lub **valuable**:
> *They gave us some really **helpful** advice.*
> *He was able to provide the police with some **valuable** information.*
> Przymiotnik **invaluable** ma znaczenie „wyjątkowo użyteczny":
> *The Internet is an **invaluable** resource for teachers.*
> Jeśli jakieś zajęcie jest warte zachodu, ale wymaga wiele wysiłku, możemy je czasem określić przymiotnikiem **worthwhile**:
> *It's a difficult course but it's very **worthwhile**.*
> Coś, co jest użyteczne, gdyż jest łatwe w użyciu, możemy często opisać jako **handy**:
> *That's a **handy** little gadget.*
> Wyrażenia **come in handy** często używamy, gdy myślimy, że coś przyda nam się w przyszłości:
> *Don't throw that away – it'll **come in handy** for the party.*

useless /ˈjuːsləs/ **adjective 1** Ⓑ1 If something is useless, it does not work well or it has no effect: *This umbrella's useless – there's a big hole in it.* ∘ [+ doing sth] *It's useless arguing with her.* ▷ **bezużyteczny, bezsensowny 2** UK informal having no skill in an activity: *Dave's **useless at** football.* ▷ **beznadziejny**

user /ˈjuːzər/ **noun** [C] Ⓑ1 someone who uses a product, machine, or service: *drug users* ∘ *a new service for Internet users* ▷ **użytkownik**

user-friendly /ˌjuːzəˈfrendli/ **adjective** A machine or system that is user-friendly is easy to use or understand: *user-friendly software* ▷ **łatwy w obsłudze**

ˈ**user** ˌ**group noun** [C] a group of people who use the Internet to share information about a particular area of computing or a particular product ▷ **grupa użytkowników**

ˌ**user IˈD noun** [U] information that proves who a person using a computer system is ▷ **identyfikator (użytkownika)**

ˈ**user** ˌ**name noun** [C] (also **username**) a name or other word that you sometimes need to use together with a password before you can use a computer on the Internet ▷ **nazwa użytkownika**

usher[1] /ˈʌʃər/ **verb usher sb into/to/across, etc** to show someone where to go or sit: *She ushered me into her office.* ▷ **wprowadzać/zaprowadzić** *kogoś gdzieś*

PHRASAL VERB **usher sth in** formal to be at the start of a period when important changes happen, or to cause important changes to start happening: *His presidency ushered in a new era of democracy.* ▷ **zapoczątkować** *coś*

usher[2] /ˈʌʃər/ **noun** [C] someone who shows people where to sit in a theatre or at a formal event ▷ **bileter/ka**

usual /ˈjuːʒuəl/ **adjective 1** Ⓑ1 normal and happening most often: *I went to bed at my usual time.* ∘ *This winter has been much colder than usual.* ▷ **zwykły, zwyczajny** → Opposite **unusual 2 as usual** Ⓐ2 in the way that happens most of the time: *As usual, Ben was the last to arrive.* ▷ **jak zwykle**

usually /ˈjuːʒəli/ **adverb** Ⓐ2 in the way that most often happens: *I usually get home at about six o'clock.* ∘ *Usually I just have a sandwich.* ▷ **zwykle, zazwyczaj, na ogół**

usurp /juːˈzɜːp/ **verb** [T] formal to take someone else's job or power when you should not ▷ **uzurpować sobie**

utensil /juːˈtensəl/ **noun** [C] a tool that you use for doing jobs in the house, especially cooking: *wooden cooking utensils* ▷ **urządzenie, ≈ przybory** → See **The Kitchen** on page Centre 2

uterus /ˈjuːtərəs/ **noun** [C] the organ inside a woman's body where a baby grows ▷ **macica**

utilitarian /ˌjuːtɪlɪˈteəriən/ **adjective** designed to be useful and not beautiful: *utilitarian furniture* ▷ **funkcjonalny, praktyczny**

utility /juːˈtɪləti/ **noun** [C] (also **public utility**) an organization that supplies the public with water, gas, or electricity ▷ **przedsiębiorstwo usług komunalnych**

utilize formal (also UK **-ise**) /ˈjuːtɪlaɪz/ **verb** [T] to use something in an effective way: *The vitamins come in a form that is easily utilized by the body.* ▷ **wykorzystywać**

utmost[1] /ˈʌtməʊst/ **adjective** [always before noun] formal used to emphasize how important or serious something is: *a matter of the **utmost** importance* ∘ *The situation needs to be handled **with** the **utmost** care.* ▷ **najwyższy, największy**

utmost[2] /ˈʌtməʊst/ **noun do your utmost** to try as hard as you can to do something: [+ to do sth]

U

We did our utmost to finish the project on time. ▷ **zrobić wszystko, co w** *czyjejś* **mocy**

utopia /juːˈtəʊpiə/ **noun** [C, U] an imaginary place where everything is perfect ▷ **utopia**

utopian /juːˈtəʊpiən/ **adjective** A utopian idea or plan is based on the belief that things can be made perfect: *a **utopian vision** of society* ▷ **utopijny**

utter[1] /ˈʌtəʳ/ **adjective** [always before noun] used to emphasize something: *She dismissed the article as utter nonsense.* ▷ **absolutny, zupełny, kompletny**

utter[2] /ˈʌtəʳ/ **verb** [T] formal to say something: *She left without **uttering a word**.* ▷ **wypowiadać, wydawać**

utterance /ˈʌtᵊrᵊns/ **noun** [C] formal something that you say ▷ **wypowiedź**

utterly /ˈʌtəli/ **adverb** completely: *It's **utterly** ridiculous.* ▷ **całkowicie, zupełnie**

U-turn /ˈjuːtɜːn/ **noun** [C] **1** a change of direction that you make when driving in order to travel in the opposite direction ▷ **zawracanie, manewr zawracania** **2** a complete change from one opinion or plan to an opposite one: *the government's **U-turn on** economic policy* ▷ **zwrot o 180 stopni, całkowity zwrot**

UV /juːˈviː/ **adjective** abbreviation for ultraviolet: *UV light* ▷ **UV, ultrafioletowy**

Uzbekistan /ʊzˌbekɪˈstɑːn/ **noun** a country in Asia ▷ **Uzbekistan**

• **Uzbek** /ˈʊzbek/ **adjective** coming from or relating to Uzbekistan ▷ **uzbecki** • **Uzbek** noun someone from Uzbekistan ▷ **Uzbe-k/czka**

U

V

V, v /viː/ the twenty-second letter of the alphabet ▷ **V, v**

V written abbreviation for volt : *a 9V battery* ▷ **V (= wolt)**

v UK (UK/US **vs**) /viː/ **preposition** abbreviation for versus: *Germany v France* ▷ **contra**

vacancy /ˈveɪkənsi/ **noun** [C] **1** a room that is not being used in a hotel: *Do you have any vacancies?* ▷ **wolny pokój, (wolne) miejsce 2** a job that is available for someone to do: *Tell me if you hear of any vacancies for secretaries.* ▷ **(wolny) etat, wakat**

vacant /ˈveɪkənt/ **adjective 1** (B2) Somewhere that is vacant is available because it is not being used: *a vacant building* ▷ **pusty, wolny 2** (B2) A vacant job is available for someone to do. ▷ **wolny, nieobsadzony 3** A vacant expression on someone's face shows they are not thinking about anything. ▷ **tępy, bezmyślny**
• **vacantly adverb** ▷ **tępo, bezmyślnie**

vacate /vəˈkeɪt/ (US) /ˈveɪkeɪt/ **verb** [T] formal to leave a room, building, chair, etc so that someone else can use it ▷ **zwalniać**

vacation[1] /vəˈkeɪʃən/ (US) /veɪˈkeɪʃən/ **noun** [C, U] **1** US (UK **holiday**) a period of time when you are not at home but are staying somewhere else for enjoyment: *We're **taking a vacation** in Florida.* ◦ *We met Bob and Wendi **on vacation**.* ▷ **urlop 2** mainly US a period of the year when schools or colleges are closed: *the summer vacation* ◦ *He's **on vacation** for three months.* ▷ **wakacje**

vacation[2] /vəˈkeɪʃən/ (US) /veɪˈkeɪʃən/ **verb** US (UK **holiday**) **vacation in/on/by, etc** to go on vacation: *Sam was vacationing in Guatemala.* ▷ **spędzać** *gdzieś* **urlop**

vaccinate /ˈvæksɪneɪt/ **verb** [T] to give someone a vaccine to stop them from getting a disease: *Have you been **vaccinated against** polio?* ▷ **szczepić**
• **vaccination** /ˌvæksɪˈneɪʃən/ **noun** [C, U] ▷ **szczepienie**

vaccine /ˈvæksiːn/ **noun** [C, U] a substance that is given to people to stop them from getting a particular disease ▷ **szczepionka**

vacuole /ˈvækjuəʊl/ **noun** [C] a space inside a living cell, often containing a liquid ▷ **wodniczka, wakuola**

vacuum[1] /ˈvækjuːm/ **noun 1** [C] a space that has no air or other gas in it ▷ **próżnia 2** [no plural] when someone or something important is not now in your life and you are unhappy: *When her husband died, it left a big vacuum in her life.* ▷ **pustka**

vacuum[2] /ˈvækjuːm/ **verb** [I, T] to clean somewhere using a vacuum cleaner ▷ **odkurzać**

ˈvacuum ˌcleaner noun [C] (also UK **Hoover**) an electric machine that cleans floors by sucking up dirt ▷ **odkurzacz**

ˌvacuum ˈpacked adjective packed in a plastic covering with no air inside it ▷ **pakowany próżniowo**

vagaries /ˈveɪgəriz/ **noun** [plural] sudden changes that are not expected or known about before they happen: ***the vagaries of** the English weather* ▷ **kaprysy**

vagina /vəˈdʒaɪnə/ **noun** [C] the part of a woman's body that connects her outer sex organs to the place where a baby grows ▷ **pochwa**

vagrant /ˈveɪgrənt/ **noun** [C] formal someone who has no job and no home and who lives outside ▷ **włóczęga**

vague /veɪg/ **adjective 1** not clear or certain: *I have a **vague idea** of where the hotel is.* ◦ *He was a bit vague about directions.* ▷ **niejasny 2** showing that someone is not thinking clearly or does not understand: *a vague expression* ▷ **niewyraźny**
• **vaguely** adverb *I **vaguely** **remember** (= slightly remember) meeting her.* ▷ **nieco, niejasno** • **vagueness** noun [U] ▷ **niejasność**

> Wyrazy występujące razem z **vague**
>
> a vague **feeling/idea/impression/memory/promise**

vain /veɪn/ **adjective 1 in vain** without any success: *I tried in vain to start a conversation.* ▷ **na próżno, nadaremnie 2 vain attempt/effort/hope** A vain attempt/effort, etc does not have the result you want. ▷ **daremn-a/y próba/wysiłek/nadzieja 3** too interested in your own appearance and thinking you are very attractive ▷ **próżny**
• **vainly adverb** ▷ **na próżno, nadaremnie**

valency /ˈveɪlənsi/ **noun** [C] a measurement of the ability of an atom of a particular chemical element to combine with other hydrogen atoms: *Zinc has a valency of 2.* ▷ **wartościowość**

Valentine /ˈvæləntaɪn/ **noun** [C] (also ˈ**Valentine ˌcard**) a card that you give someone on Valentine's Day ▷ **walentynka**

Valentine's Day /ˈvæləntaɪnzˌdeɪ/ **noun** [C, U] 14 February, a day when you give a Valentine to someone you have a romantic relationship with or want a romantic relationship with ▷ **walentynki**

Valerie /ˈvæləri/ **noun** a female name

valet /ˈvæleɪ/ **noun** [C] **1** someone who parks your car when you arrive at a restaurant, hotel, or airport ▷ **parkowacz (samochodu) 2** a male servant who looks after a man's clothes and helps him to dress ▷ **kamerdyner**

valiant /ˈvæliənt/ **adjective** formal very brave: *a valiant effort* ▷ **mężny**
• **valiantly adverb** ▷ **mężnie**

valid /ˈvælɪd/ **adjective 1** B2 based on good reasons or facts that are true: *a **valid argument*** ▷ **słuszny 2** B2 A valid ticket or document is legally acceptable: *The ticket is valid for three months.* ▷ **ważny** → Opposite **invalid**
• **validity** /vəˈlɪdəti/ **noun** [U] ▷ **ważność**

validate /ˈvælɪdeɪt/ **verb** [T] formal to prove that something is true ▷ **potwierdzać**
• **validation** /ˌvælɪˈdeɪʃᵊn/ **noun** [C, U] ▷ **potwierdzenie**

valley /ˈvæli/ **noun** [C] B1 an area of low land between hills or mountains ▷ **dolina**

valley

valour UK literary (US **valor**) /ˈvæləʳ/ **noun** [U] when someone is very brave, especially during a war ▷ **męstwo**

valuable /ˈvæljuəbl/ **adjective 1** B1 Valuable objects could be sold for a lot of money: *valuable paintings and antiques* ▷ **cenny, wartościowy 2** B2 Valuable information, help, advice, etc is very helpful. ▷ **cenny**

> **Valuable** wyrazy bliskoznaczne
>
> Jeśli coś jest cenne, gdyż pomaga coś zrobić lub osiągnąć, możemy opisać to przymiotnikami **helpful** lub **useful**:
>
> *They gave us some really **helpful** advice.*
>
> *She made a really **useful** contribution to the project.*
>
> Coś co jest cenne, gdyż przynosi korzystne rezultaty, możemy opisać przymiotnikami **constructive** lub **productive**:
>
> *It was a very **constructive** discussion.*
>
> *We had a very **productive** meeting and sorted out a lot of problems.*
>
> Jeśli jakieś zajęcie jest warte zachodu, ale wymaga wiele wysiłku, możemy je czasem określić przymiotnikiem **worthwhile**:
>
> *It's a difficult course but it's very **worthwhile**.*

valuables /ˈvæljuəblz/ **noun** [plural] small things that you own which could be sold for a lot of money: *valuables such as jewellery and watches* ▷ **przedmioty wartościowe, kosztowności**

valuation /ˌvæljuˈeɪʃᵊn/ **noun** [C, U] when someone judges how much money something could be sold for ▷ **wycena**

value¹ /ˈvælju:/ **noun 1** [C, U] B1 how much money something could be sold for: *The new road has affected the **value of** these houses.* ◦ *Cars quickly **go down in value**.* ▷ **wartość 2** [U] B1 how useful or important something is: *a document of great historical value* ▷ **wartość 3 good value (for money)** B1 If something is good value, it is of good quality or there is a lot of it so you think the amount of money you spent on it was right: *The meal was very good value.* ▷ **dobry interes** → See also **face value**

> Wyrazy występujące razem z **value**
>
> the value **of** sth • **of** [any/great/real] value • values **go up/increase** • values **decrease/go down** • a **drop/fall/increase/rise in** value

value² /ˈvælju:/ **verb** [T] (present participle **valuing**, past tense and past participle **valued**) **1** B2 If you value something or someone, they are very important to you: *I always value his opinion.* ▷ **cenić (sobie) 2** to judge how much money something could be sold for: *The ring was **valued at** $1000.* ▷ **wyceniać**

values /ˈvælju:z/ **noun** [plural] B2 your beliefs about what is morally right and wrong and what is most important in life ▷ **wartości**

valve /vælv/ **noun** [C] something that opens and closes to control the flow of liquid or gas ▷ **zawór**

vampire /ˈvæmpaɪəʳ/ **noun** [C] in stories, a dead person who bites people's necks and drinks their blood ▷ **wampi-r/rzyca**

van /væn/ **noun** [C] B1 a vehicle that is used for carrying things but which is smaller than a truck ▷ **furgonetka, mikrobus**

vanadium /vəˈneɪdiəm/ **noun** [U] a silver-grey metal used to make steel alloys (symbol V) ▷ **wanad**

vandal /ˈvændᵊl/ **noun** [C] someone who intentionally damages things in public places: *Vandals had smashed the shop window.* ▷ **wandal**

vandalism /ˈvændᵊlɪzᵊm/ **noun** [U] the crime of intentionally damaging things in public places ▷ **wandalizm**

vandalize (also UK **-ise**) /ˈvændᵊlaɪz/ **verb** [T] to intentionally damage things in public places ▷ **demolować**

vanguard /ˈvæŋgɑ:d/ **noun in the vanguard of sth** involved in the most recent changes in technology and understanding: *Libraries are in the vanguard of the electronic revolution.* ▷ **na czele**

vanilla /vəˈnɪlə/ **noun** [U] a substance that is used to give flavour to some sweet foods: *vanilla ice cream* ▷ **wanilia**

vanish /ˈvænɪʃ/ **verb** [I] B2 to disappear suddenly: *The sun vanished behind the trees.* ◦ *The report mysteriously vanished from the files.* ▷ **znikać** → See also **disappear/vanish into thin *air***

V

ˈvanishing ˌpoint noun [C, usually singular] in a picture, the point in the distance at which two parallel lines look as though they join ▷ **punkt zbiegu**

vanity /ˈvænəti/ **noun** [U] when someone thinks they are very attractive and is too interested in their own appearance ▷ **próżność**

vantage point /ˈvɑːntɪdʒˌpɔɪnt/ **noun** [C] **1** the way you think about a subject when you are in a particular situation: *From my vantage point, it is difficult to see how things can improve.* ▷ **punkt widzenia, perspektywa 2** a place from which you can see something very well ▷ **punkt obserwacyjny**

Vanuatu /ˌvænuˈɑːtuː/ **noun** a country consisting of a group of islands to the east of Australia ▷ **Vanuatu**

• **Vanuatuan** /ˌvænuɑːˈtuːən/ **adjective** coming from or relating to Vanuatu ▷ **wanuacki** • **Vanuatuan** noun someone from Vanuatu ▷ **obywatel/ka Vanuatu**

vapour UK (US **vapor**) /ˈveɪpəʳ/ **noun** [U] **1** many small drops of liquid in the air which look like a cloud ▷ **para, mgiełka 2** the form of a liquid when it has become a gas ▷ **para**

variable¹ /ˈveəriəbl/ **adjective** changing often: *The sound quality on the recording is variable.* ▷ **zmienny**

• **variability** /ˌveəriəˈbɪləti/ **noun** [U] ▷ **zmienność**

variable² /ˈveəriəbl/ **noun** [C] a number, amount, or situation which can change: *A patient's recovery time depends on so many variables, such as age, weight, and general health.* ▷ **zmienna, czynnik**

ˌvariable ˈcosts noun [plural] the things that a business must pay for, the amount of which changes according to things such as how much work it is doing ▷ **koszty zmienne** → Compare **fixed costs**

variance /ˈveəriəns/ **noun** formal **at variance with sb/sth** If two things or people are at variance with each other, they do not agree or are very different: *The statement seems to be at variance with government policy.* ▷ **mający odmienne zdanie niż** *ktoś/coś*, **sprzeczny z** *czymś*

variant /ˈveəriənt/ **noun** [C] something that is a slightly different form from the usual one: *There are several* ***variants of*** *the virus.* ◦ *spelling variants* ▷ **odmiana, wariant**

variation /ˌveəriˈeɪʃən/ **noun 1** [C, U] Ⓑ2 a difference in amount or quality: ***variations in*** *price* ▷ **zmienność, zmiana 2** [C] something that is slightly different from the usual form: *It's a* ***variation on*** *the standard apple pie.* ▷ **odmiana**

varied /ˈveərid/ **adjective** Ⓑ2 consisting of many different types of things: *a long and varied career* ▷ **urozmaicony, zróżnicowany**

variety /vəˈraɪəti/ **noun 1 a variety of sth/sb** Ⓐ2 many different types of things or people: *Ben has done a variety of jobs.* ▷ **różny** *coś/ktoś* **2** [C] a different type of something: *a new variety of potato* ▷ **odmiana 3** [U] Ⓑ1 a lot of different activities, situations, people, etc: *I need more variety in my life.* ▷ **urozmaicenie**

> **Wyrazy występujące razem z variety**
>
> a bewildering/great/infinite/wide variety • offer/provide variety

various /ˈveəriəs/ **adjective** Ⓐ2 many different: *They have offices in various parts of the country.* ◦ *I started learning Spanish for various reasons.* ▷ **różny, rozmaity**

variously /ˈveəriəsli/ **adverb** in many different ways: *The event was variously described as "terrible", "shocking", and "unbelievable".* ▷ **rozmaicie**

varnish¹ /ˈvɑːnɪʃ/ **noun** [C, U] a clear liquid that you paint onto wood to protect it and make it shine ▷ **lakier** → See also **nail varnish**

varnish² /ˈvɑːnɪʃ/ **verb** [T] to put varnish on a surface ▷ **lakierować**

vary /ˈveəri/ **verb 1** [I] Ⓑ2 If things of the same type vary, they are different from each other: *Car prices vary greatly across Europe.* ◦ *Roses vary widely in size and shape.* ▷ **różnić się 2** [I] Ⓑ2 to change: *Temperatures vary depending on the time of year.* ▷ **zmieniać się 3** [T] Ⓑ2 to often change something that you do: *I try to vary what I eat.* ▷ **urozmaicać**

vascular /ˈvæskjələʳ/ **adjective** containing veins ▷ **naczyniowy**

ˌvascular ˈbundle noun [C] the part of a plant's stem or leaves that has veins ▷ **wiązka naczyniowa**

vas deferens /ˌvæsˈdefərenz/ **noun** [C] (plural **vasa deferentia** /ˌveɪsədefəˈrenʃiə/) the tube through which a male's sperm pass on the way out of the body ▷ **nasieniowód**

vase /vɑːz/ Ⓤⓢ /veɪs/ **noun** [C] Ⓑ1 a container that you put flowers in ▷ **wazon**

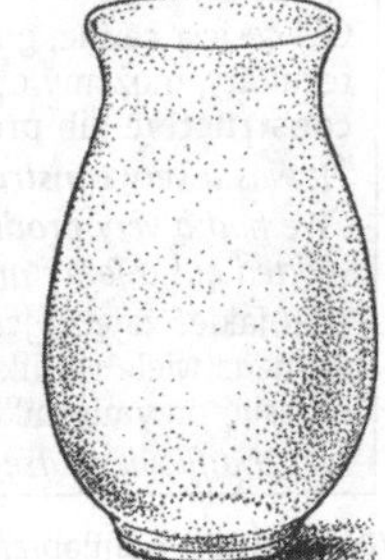
vase

vasectomy /vəˈsektəmi/ **noun** [C] a medical operation that is done to stop a man having children ▷ **wycięcie lub przecięcie nasieniowodu, wazektomia**

vasoconstriction /ˌveɪzəʊkənˈstrɪkʃən/ **noun** [U] when blood vessels become more narrow ▷ **zwężenie naczyń krwionośnych**

vasodilation /ˌveɪzəʊdaɪˈleɪʃən/ **noun** [U] when blood vessels become wider ▷ **rozszerzenie naczyń krwionośnych**

vast /vɑːst/ **adjective** B2 extremely big: *a vast amount of money* ◦ *vast forest areas* ▷ **olbrzymi**

vastly /ˈvɑːstli/ **adverb** very much: *Life now is vastly different from 100 years ago.* ▷ **znacznie**

VAT /ˌviːeɪˈtiː/ **noun** [U] abbreviation for value added tax: a tax on goods and services in the UK ▷ **(podatek) VAT**

Vatican City /ˈvætɪkənsɪti/ **noun** an independent state in Italy ▷ **Watykan**
• **Vatican** /ˈvætɪkən/ **adjective** coming from or relating to Vatican City ▷ **watykański** • **Vatican noun** someone from Vatican City ▷ **Watyka-ńczyk/nka**

vault¹ /vɔːlt/ **noun** [C] **1** a special room in a bank where money, jewellery, and other valuable objects are kept ▷ **skarbiec 2** a room under a church where people are buried ▷ **krypta, grobowiec**

vault² /vɔːlt/ **verb** [I, T] to jump over something by first putting your hands on it: *Rick vaulted the gate and ran off.* ▷ **przeskoczyć** → See also **pole vault**

VCR /ˌviːsiːˈɑːʳ/ **noun** [C] mainly US (UK **video**) abbreviation for video cassette recorder: a machine that you use for recording television programmes and playing videos ▷ **wideo, magnetowid**

VDU /ˌviːdiːˈjuː/ **noun** [C] UK abbreviation for visual display unit: a machine with a screen that shows information from a computer ▷ **monitor**

've /v/ short for have: *I've already eaten.*

veal /viːl/ **noun** [U] meat from a very young cow ▷ **cielęcina**

vector /ˈvektəʳ/ **noun** [C] **1** something physical such as a force which has size and direction ▷ **wektor** → Compare **scalar 2** an insect or animal which carries a disease from one animal or plant to another ▷ **wektor, nosiciel**

vee belt /ˈviːˌbelt/ **noun** [C] a strip of material that is used to connect two turning parts in a machine ▷ **pasek klinowy**

veer /vɪəʳ/ **verb veer across/off/towards, etc** to suddenly change direction: *The car veered off the road and hit a tree.* ▷ **skręcać/zakręcać/zbaczać** *itp.*

veg /vedʒ/ **noun** [C, U] (plural **veg**) UK informal short for vegetables: ***fruit and veg*** ▷ **warzywa, jarzynka**

vegan /ˈviːgən/ **noun** [C] someone who does not eat meat, fish, eggs, milk, or cheese ▷ **wega-nin/nka**
• **vegan adjective** ▷ **wegański**

vegetable /ˈvedʒtəbl/ **noun** [C] A1 a plant that you eat, for example potatoes, onions, beans, etc ▷ **warzywo** → See **Fruits and Vegetables** on page Centre 10

vegetarian¹ /ˌvedʒɪˈteəriən/ **noun** [C] B1 someone who does not eat meat or fish ▷ **wegetaria-nin/nka**

vegetarian² /ˌvedʒɪˈteəriən/ **adjective** B1 not eating, containing, or using meat or fish: *All her children are vegetarian.* ◦ *a vegetarian restaurant/pizza* ▷ **wegetariański**

vegetation /ˌvedʒɪˈteɪʃən/ **noun** [U] the plants and trees that grow in a particular area ▷ **roślinność**

veggie /ˈvedʒi/ **noun** [C] UK informal a vegetarian ▷ **wegetaria-nin/nka, królik**
• **veggie adjective** ▷ **wegetariański**

veggie burger /ˈvedʒiˌbɜːgəʳ/ **noun** [C] a flat round piece of food, made of vegetables, nuts, etc and no meat, usually eaten inside two pieces of bread ▷ **hamburger wegetariański**

vehement /ˈviːəmənt/ **adjective** formal showing strong, often negative, feelings about something: *vehement criticism/opposition* ▷ **gwałtowny**
• **vehemently adverb** ▷ **gwałtownie**

vehicle /ˈviːɪkl/ **noun 1** B1 [C] formal something such as a car or bus that takes people from one place to another, especially using roads ▷ **pojazd 2 a vehicle for sth/doing sth** something that you use as a way of telling people your ideas or opinions: *The paper was merely a vehicle for his political beliefs.* ▷ **narzędzie (do lub dla)** *czegoś*, **nośnik** *czegoś*

veil /veɪl/ **noun** [C] a thin piece of material that covers a woman's face ▷ **welon, woalka**

IDIOM **draw a veil over sth** UK to not talk any more about a subject because it could cause trouble or embarrassment ▷ **pomijać** *coś* **milczeniem**

veiled /veɪld/ **adjective** said so that the true meaning or purpose is not clear: ***veiled criticism*** ▷ **zawoalowany**

vein /veɪn/ **noun** [C] **1** one of the tubes in your body that carries blood to your heart ▷ **żyła 2** one of the thin lines on a leaf ▷ **żyłka, nerw**

IDIOM **in the same vein** in the same style of speaking or writing ▷ **w podobnym tonie**

Velcro /ˈvelkrəʊ/ **noun** [U] trademark material that consists of two pieces of cloth that stick together, used to fasten clothes ▷ **rzep, przylepiec**

velocity /vɪˈlɒsəti/ **noun** [C, U] the speed at which something moves ▷ **prędkość**

velvet /ˈvelvɪt/ **noun** [U] cloth that has a thick, soft surface on one side: *a black velvet jacket* ▷ **aksamit**

vena cava /ˌviːnəˈkeɪvə/ **noun** [C] (plural **venae cavae** /ˌviːniːˈkeɪviː/) one of the two very large veins which take blood without oxygen to the heart ▷ **żyła główna**

vendetta /venˈdetə/ **noun** [C] when someone tries to do something bad to someone over a period of time because they have been treated badly by them: *He had a **vendetta against** the company after he lost his job.* ▷ **wendeta**

vending machine /ˈvendɪŋməˌʃiːn/ **noun** [C] a machine that sells drinks, cigarettes, etc ▷ **automat (do sprzedaży)**

vendor /ˈvendɔːʳ/ **noun** [C] **1** someone who sells

V

something outside: *an ice cream vendor* ▷ **handla-rz/rka, sprzedaw-ca/czyni 2** formal a company that sells goods or services ▷ **sprzedawca**

veneer /vəˈnɪəʳ/ **noun 1** [C, U] a thin layer of wood that covers a piece of furniture that is made of a cheaper material ▷ **okleina 2 a veneer of sth** formal a way of behaving that is not sincere and hides someone's real character or emotions: *a thin veneer of calm/respectability* ▷ **fasada** *czegoś*

venerable /ˈvenᵊrəbl/ **adjective** old and very much respected: *a* ***venerable institution****/tradition* ▷ **szacowny, czcigodny**

venetian blind /vəˌniːʃᵊnˈblaɪnd/ **noun** [C] a covering for a window that is made from long, flat, horizontal pieces of metal or wood which you can move to let in light ▷ **żaluzja (pozioma)**

Venezuela /ˌvenɪˈzweɪlə/ **noun** a country in South America ▷ **Wenezuela**

• **Venezuelan** /ˌvenɪˈzweɪlən/ **adjective** coming from or relating to Venezuela ▷ **wenezuelski • Venezuelan noun** someone from Venezuela ▷ **Wenezuel-czyk/ka**

vengeance /ˈvendʒᵊns/ **noun 1** [U] when you do something bad to someone who has done something bad to you, or the feeling of wanting to do this: *an act of vengeance* ▷ **zemsta 2 with a vengeance** If something happens with a vengeance, it happens a lot or in a very strong way: *The disease swept across the country with a vengeance.* ▷ **zawzięcie, zapamiętale**

vengeful /ˈvendʒfᵊl/ **adjective** formal wanting vengeance ▷ **mściwy**

venison /ˈvenɪsᵊn/ **noun** [U] meat from a deer ▷ **sarnina**

Venn diagram /ˌvenˈdaɪəgræm/ **noun** [C] a drawing in which mathematical sets are shown inside a group of circles, parts of which cover each other. Numbers which belong to more than one set are shown in these parts of the circles. ▷ **diagram Venna przedstawiający zbiory**

venom /ˈvenəm/ **noun** [U] **1** poison that some snakes and insects produce ▷ **jad 2** a feeling of extreme anger or hate: *Much of his venom was directed at his boss.* ▷ **nienawiść**

• **venomous adjective** containing or involving venom ▷ **jadowity**

vent¹ /vent/ **noun** [C] a hole in a wall or machine that lets air in and allows smoke or smells to go out ▷ **otwór lub kanał wentylacyjny**

vent² /vent/ **verb vent your anger/frustration, etc** to do or say something to show your anger or another strong, bad feeling ▷ **wyładowywać złość/frustrację** *itp.*, **dawać upust złości/frustracji** *itp.*

ventilate /ˈventɪleɪt/ **verb** [T] to let air come into and go out of a room or building ▷ **wietrzyć, wentylować**

• **ventilation** /ˌventɪˈleɪʃᵊn/ **noun** [U] *a ventilation system* ▷ **wentylacja**

ventricle /ˈventrɪkl/ **noun** [C] each of the two main spaces in the heart, left and right ▷ **komora (serca)**

venture¹ /ˈventʃəʳ/ **noun** [C] a new activity that may not be successful: *a* ***business venture*** ▷ **przedsięwzięcie** → See also **joint venture**

venture² /ˈventʃəʳ/ **verb** formal **1 venture into/out/outside, etc** to leave a safe place and go somewhere that may involve risks: *If the snow stops I might venture out.* ▷ **odważyć się wejść/wyjść** *itp.* **2** [T] to be brave enough to say something that might be criticized: *I didn't dare* ***venture an opinion****.* ▷ **zaryzykować, odważyć się, ośmielić się**

ˈventure ˌcapital noun [U] money that is spent on a new activity or company, especially when there is a chance that the activity or company will not be successful ▷ **kapitał inwestycyjny (obarczony wysokim ryzykiem)**

venue /ˈvenjuː/ **noun** [C] (B2) a place where a sports game, musical performance, or special event happens ▷ **miejsce, lokalizacja**

venule /ˈviːnjʊːl/ **noun** [C] a very small vein ▷ **żyłka**

Venus /ˈviːnəs/ **noun** [no plural] the planet that is second from the Sun, after Mercury and before the Earth ▷ **Wenus**

veranda (also **verandah**) /vəˈrændə/ **noun** [C] a room that is joined to the outside of a house and has a roof and floor but no outside wall ▷ **weranda**

verb /vɜːb/ **noun** [C] (A2) a word that is used to say that someone does something or that something happens. For example, the words 'arrive', 'make', 'be', and 'feel' are verbs. ▷ **czasownik** → See also **auxiliary verb**, **modal verb**, **phrasal verb**

verbal /ˈvɜːbᵊl/ **adjective 1** spoken and not written: *a verbal promise* ▷ **ustny, słowny 2** relating to words or the use of words: *verbal ability/skills* ▷ **werbalny**

• **verbally adverb** ▷ **ustnie**

verbatim /vɜːˈbeɪtɪm/ **adjective, adverb** using the exact words that were originally used ▷ **słowo w słowo**

verdict /ˈvɜːdɪkt/ **noun** [C] **1** a decision in a court of law saying if someone is guilty or not: *a* ***guilty verdict*** ◦ *The jury took nine hours to* ***reach a verdict****.* ▷ **orzeczenie, werdykt 2** someone's opinion about something after experiencing it, often for the first time: *You tried out that Italian restaurant? What was the verdict?* ▷ **zdanie, opinia**

> Wyrazy występujące razem z **verdict**
>
> **deliver/reach/return** a verdict • a **guilty/not guilty** verdict

verge¹ /vɜːdʒ/ **noun** [C] **1** UK the edge of a road

or path that is usually covered in grass ▷ **pobocze, krawędź drogi** **2 be on the verge of sth/doing sth** to be going to happen or to do something very soon: *a company on the verge of financial disaster* ▷ **być bliskim** *czegoś*, **być na krawędzi** *czegoś*, **właśnie mieć** *coś zrobić*

verge² /vɜːdʒ/ **verb**

PHRASAL VERB **verge on sth** to almost be a particular state or quality: *His constant questions verged on rudeness.* ▷ **graniczyć z** *czymś*

verify /ˈverɪfaɪ/ **verb** [T] to prove that something is true, or do something to discover if it is true: *It was impossible to verify her statement.* ▷ **potwierdzać, weryfikować**
• **verification** /ˌverɪfɪˈkeɪʃən/ **noun** [U] ▷ **potwierdzenie, weryfikacja**

veritable /ˈverɪtəbl/ **adjective** [always before noun] formal used to emphasize how extreme something is: *Their house was a veritable palace* (= *was very large*). ▷ **prawdziwy**

vermin /ˈvɜːmɪn/ **noun** [plural] small animals that damage crops and can give people diseases ▷ **szkodniki, pasożyty**

versatile /ˈvɜːsətaɪl/ (US) /ˈvɜːrsətəl/ **adjective** **1** having many different skills: *a versatile player/performer* ▷ **wszechstronny** **2** useful for doing a lot of different things: *a versatile tool* ▷ **uniwersalny**
• **versatility** /ˌvɜːsəˈtɪləti/ **noun** [U] ▷ **wszechstronność, uniwersalność**

verse /vɜːs/ **noun** **1** [C] (B2) one of the parts that a song or poem is divided into: *I only know the first verse.* ▷ **zwrotka, strofa** **2** [U] words that are in the form of poetry: *The story was told in verse.* ▷ **wiersz**

version /ˈvɜːʃən/ **noun** [C] **1** (B2) one form of something that is slightly different from other forms of the same thing: *I saw the original version of the film.* ▷ **wersja** **2** someone's description of what has happened: *Bates gave his version of events to the police.* ▷ **wersja**

> Wyrazy występujące razem z **version**
>
> a new/the latest version • a version of sth • in a version

versus /ˈvɜːsəs/ **preposition** **1** used to say that one team or person is competing against another: *Tomorrow's game is Newcastle versus Arsenal.* ▷ **przeciw, contra** **2** used to compare two things or ideas, especially when you have to choose between them: *private education versus state education* ▷ **w porównaniu z**

vertebra /ˈvɜːtɪbrə/ **noun** [C] (plural **vertebrae** /ˈvɜːtɪbriː/) any of the small bones that form the spine ▷ **kręg**
• **vertebral** /ˈvɜːtɪbrəl/ **adjective** ▷ **kręgowy**

vertebrate /ˈvɜːtɪbrət/ **noun** [C] an animal that has a spine: *Birds, fish, mammals, amphibians, and reptiles are all vertebrates.* ▷ **kręgowiec**
• **vertebrate** **adjective** ▷ **kręgowy** → Compare **invertebrate**

vertical /ˈvɜːtɪkəl/ **adjective** pointing straight up from a surface: *a vertical line* ▷ **pionowy**
• **vertically** **adverb** ▷ **pionowo**

ˈvertical ˌaxis **noun** [no plural] the line of figures or letters along the side of a graph or map; the y-axis ▷ **oś pionowa** → Compare **horizontal axis**

ˌvertical ˈmerger **noun** [C] when two companies that work on different stages in the production of the same product join together ▷ **fuzja pionowa**

vertigo /ˈvɜːtɪgəʊ/ **noun** [U] when you feel slightly ill because you are in a high place and feel as if you might fall ▷ **zawroty głowy**

verve /vɜːv/ **noun** [U] formal energy and enthusiasm ▷ **werwa**

very¹ /ˈveri/ **adverb** **1** (A1) used to emphasize an adjective or adverb: *She was very pleased.* ◦ *Marie speaks very slowly.* ◦ *Thank you very much.* ▷ **bardzo** **2 not very good/tall/happy, etc** (A1) not good/happy, etc: *The film wasn't very good.* ▷ **niezbyt dobry/wysoki/szczęśliwy** *itp.*

very² /ˈveri/ **adjective** [always before noun] used to emphasize a noun: *This is the very house where we stayed.* ▷ **(ten) sam, właśnie ten**

vesicle /ˈvesɪkəl/ **noun** [C] a small hollow part in the body of a plant or animal ▷ **pęcherzyk**

vessel /ˈvesəl/ **noun** [C] **1** formal a ship or large boat ▷ **jednostka (pływająca), statek** **2** old-fashioned a container for liquids ▷ **naczynie** → See also **blood vessel**

vest /vest/ **noun** [C] **1** UK (US **undershirt**) a piece of underwear that you wear under a shirt ▷ **podkoszulek** **2** US (UK **waistcoat**) a piece of clothing with buttons at the front and no sleeves, that you wear over a shirt ▷ **kamizelka** → See **Clothes** on page Centre 9

vested interest /ˌvestɪdˈɪntrest/ **noun** [C] If you have a vested interest in something, you want it to happen because it will give you advantages. ▷ **(żywotny lub osobisty) interes**

vestige /ˈvestɪdʒ/ **noun** [C] a very small amount of something that still exists after most of it has gone: *There is still a vestige of hope that she might be found alive.* ▷ **ślad**

vet¹ /vet/ **noun** [C] (B1) someone whose job is to give medical care to animals that are ill or hurt ▷ **weterynarz**

vet² /vet/ **verb** [T] (present participle **vetting**, past tense and past participle **vetted**) to look at details of someone's life, in order to make sure that they are suitable for a particular job: [often passive] *Applicants for the job are carefully vetted.* ▷ **weryfikować**

veteran /ˈvetərən/ **noun** [C] **1** someone who has been in an army or navy during a war: *a veteran of World War Two* ▷ **weteran** **2** someone who has done a job or activity for a long time: *a 20-year veteran of BBC news* ▷ **weteran/ka**

V

veterinarian /ˌvetᵊrɪˈneəriən/ **noun** [C] US a vet ▷ **weterynarz**

veterinary /ˈvetᵊrɪnᵊri/ **adjective** formal relating to medical care given to animals that are ill or hurt ▷ **weterynaryjny**

ˈveterinary ˌsurgeon **noun** [C] UK formal a vet ▷ **lekarz weterynarii**

veto[1] /ˈviːtəʊ/ **verb** [T] (present participle **vetoing**, past tense and past participle **vetoed**) If someone in authority vetoes something, they do not allow it to happen, although other people have agreed to it: *The plan was vetoed by the President.* ▷ **zawetować**

veto[2] /ˈviːtəʊ/ **noun** [C, U] (plural **vetoes**) when someone in authority does not allow something to happen ▷ **weto**

vexed /vekst/ **adjective** **vexed question/issue, etc** a situation that causes problems and is difficult to deal with: *the vexed issue of unemployment* ▷ **trudna kwestia**

via /vaɪə/ **preposition** **1** (B1) going through or stopping at a place on the way to another place: *The train to Utrecht goes via Amsterdam.* ▷ **przez** **2** (B1) using a particular machine, system, or person to send or receive something: *I receive all my work via email.* ▷ **przez, za pośrednictwem**

viable /ˈvaɪəbl/ **adjective** effective and able to be successful: *a **viable alternative** to nuclear power* ◦ *an economically viable plan* ▷ **realny, wykonalny, opłacalny**
• **viability** /ˌvaɪəˈbɪləti/ **noun** [U] ▷ **realność, wykonalność, opłacalność**

viaduct /ˈvaɪədʌkt/ **noun** [C] a long, high bridge across a valley ▷ **wiadukt**

vibes /vaɪbz/ **noun** [plural] informal the way a person or place makes you feel: *I get **bad/good vibes** from her.* ▷ **klimaty, nastrój, sygnały**

vibrant /ˈvaɪbrənt/ **adjective** **1** full of excitement and energy: *a vibrant city* ◦ *a vibrant, young performer* ▷ **tętniący życiem, energiczny** **2** A vibrant colour is very bright. ▷ **żywy**

vibrate /vaɪˈbreɪt/ (US) /ˈvaɪbreɪt/ **verb** [I, T] to shake with small, quick movements or to make something shake this way: *The music was so loud that the floor was vibrating.* ▷ **drgać**
• **vibration** /vaɪˈbreɪʃᵊn/ **noun** [C, U] ▷ **drgania, drganie**

vicar /ˈvɪkəʳ/ **noun** [C] a priest in some Christian churches ▷ **pastor**

vicarage /ˈvɪkᵊrɪdʒ/ **noun** [C] the house where a vicar lives ▷ **plebania**

vicarious /vɪˈkeəriəs/ **adjective** [always before noun] A vicarious feeling is one you get from seeing or hearing about another person's experiences: *It gives me **vicarious pleasure** to watch him eat.* ▷ **pośredni, pośrednio doznawany**

vice /vaɪs/ **noun** **1** [C] something bad that someone often does: *Smoking is his only vice.* ▷ **wada** **2** [U] crime that involves sex or drugs ▷ **prostytucja i narkotyki** **3** [C] UK (US **vise**) a tool used for holding something tightly while you cut it, make it smooth, etc ▷ **imadło**

ˌvice ˈpresident **noun** [C] **1** the person who is a rank lower than the president of a country ▷ **wiceprezydent** **2** US someone who is responsible for part of a company: *She's vice president of sales and marketing.* ▷ **wiceprezes**

vice versa /ˌvaɪsˈvɜːsə/ **adverb** used for referring to the opposite of what you have just said: *Never use indoor lights outside and vice versa.* ▷ **na odwrót, vice versa**

vicinity /vɪˈsɪnəti/ **noun** **in the vicinity (of sth)** formal in the area near a place: *A number of buildings in the vicinity of the fire were damaged.* ▷ **w okolicy** (*czegoś*)

vicious /ˈvɪʃəs/ **adjective** **1** violent and dangerous: *a vicious attack on a child* ◦ *a vicious dog* ▷ **agresywny, brutalny** **2** intended to upset someone: *a **vicious rumour*** ▷ **złośliwy**
• **viciously** adverb ▷ **brutalnie, złośliwie**

ˌvicious ˈcircle **noun** [no plural] (also **ˌvicious ˈcycle**) when one problem causes another problem which then makes the first problem worse ▷ **błędne koło**

victim /ˈvɪktɪm/ **noun** [C] (B2) someone who has suffered the effects of violence, illness, or bad luck: *victims of crime* ◦ *hurricane/flood victims* ▷ **ofiara**

victimize (also UK **-ise**) /ˈvɪktɪmaɪz/ **verb** [T] to treat someone unfairly because you do not like or approve of them: *Ben feels he has been victimized by his teacher.* ▷ **dyskryminować, prześladować**

victor /ˈvɪktəʳ/ **noun** [C] formal the person who wins a fight or competition ▷ **zwycię-zca/żczyni**

Victorian /vɪkˈtɔːriən/ **adjective** from or relating to the period between 1837 and 1901 in Britain: *a Victorian house* ▷ **wiktoriański, w stylu wiktoriańskim**

victorious /vɪkˈtɔːriəs/ **adjective** having won a fight or competition: *a victorious army* ▷ **zwycięski**

victory /ˈvɪktᵊri/ **noun** [C, U] (B2) when you win a fight or competition: *Phoenix managed a 135-114 **victory over** Denver.* ▷ **zwycięstwo**

> Wyrazy występujące razem z **victory**
> claim/secure victory • a comfortable/easy/impressive victory • a victory for/over sb

video[1] /ˈvɪdiəʊ/ **noun** **1** [U] (A2) a film or television programme recorded on videotape: *'Pride and Prejudice' has just come out **on video**.* ▷ **kaseta (wideo)** **2** [C] (A2) something that you have recorded on videotape using a video camera: *Caroline and Yann showed us their wedding video last night.* ▷ **film** **3** [C] (also **VCR**) (also **video recorder**) a machine that you use for recording a television programme or watching a video ▷ **wideo, magnetowid** → See **The Living Room** on page Centre 4

video² /ˈvɪdiəʊ/ **verb** [T] (present participle **videoing**, past tense and past participle **videoed**) **1** to record a television programme using a video recorder ▷ **nagrywać (na wideo) 2** to film something using a video camera ▷ **filmować**

ˈvideo ˌcamera noun [C] a piece of equipment used to record something onto videotape ▷ **kamera wideo**

ˈvideo ˌclip noun [C] B1 a short video recording ▷ **(wideo)klip, filmik**

video conferencing /ˈvɪdiəʊˌkɒnfᵊrᵊnsɪŋ/ **noun** [U] when two or more people who are in different parts of the world talk to each other and see each other on television screens ▷ **wideokonferencje**

ˈvideo ˌgame noun [C] A2 a game in which you make pictures move on a screen ▷ **gra wideo lub telewizyjna**

videophone /ˈvɪdiəʊfəʊn/ **noun** [C] a telephone with a small screen so that you can see the person you are talking to ▷ **wideofon**

ˈvideo recˌorder noun [C] a video machine ▷ **magnetowid**

videotape /ˈvɪdiəʊteɪp/ **noun** [C, U] a thin strip of material inside a plastic box that is used for recording television programmes and films ▷ **kaseta wideo, wideokaseta**

vie /vaɪ/ **verb** [I] (present participle **vying**, past tense and past participle **vied**) to try hard to do something more successfully than someone else: *The children were **vying for** attention.* ◦ [+ to do sth] *Film crews were **vying with** each other to get the best pictures.* ▷ **rywalizować**

Vietnam /ˌvietˈnæm/ **noun** a country in Asia ▷ **Wietnam**

• **Vietnamese** /ˌvietnəˈmiːz/ **adjective** coming from or relating to Vietnam ▷ **wietnamski** • **Vietnamese noun** (plural **Vietnamese**) someone from Vietnam ▷ **Wietnam-czyk/ka**

view¹ /vjuː/ **noun 1** [C] B1 your opinion: *We have different **views about/on** education.* ◦ ***In** her **view** this is wrong.* ▷ **pogląd, zdanie 2** [C] A2 the things that you can see from a place: *There was a lovely view of the lake from the bedroom window.* ▷ **widok 3** [no plural] B2 how well you can see something from a particular place: *We had a great view of the procession.* ▷ **widok 4** [U] a position from which something can be seen: *The house was hidden from view behind a wall.* ◦ *He turned the corner and the harbour **came into view**.* ▷ **wzrok 5 in full view of sb** happening where someone can easily see: *All this happened in full view of the cameras.* ▷ **na oczach** *kogoś* **6 in view of sth** formal B2 because of: *In view of recent events, we have decided to cancel the meeting.* ▷ **zważywszy na** *coś*, **w związku z** *czymś* **7 with a view to doing sth** formal so that you can do something: *He's doing some improvements on the house with a view to selling it.* ▷ **z zamiarem** *zrobienia czegoś*, **w celu** *zrobienia czegoś* → See also **point of view**

> Wyrazy występujące razem z **view**
>
> express/have/hold a view • strong views • in sb's view • sb's views about/on sth • an exchange of views

view² /vjuː/ **verb** [T] formal **1** to have a particular opinion about someone or something: *In all three countries he is **viewed as** a terrorist.* ▷ **postrzegać, uważać 2** to watch something: *They were able to view the city from a helicopter.* ▷ **oglądać**

viewer /ˈvjuːəʳ/ **noun** [C] B2 someone who watches a television programme ▷ **widz, telewidz**

viewpoint /ˈvjuːpɔɪnt/ **noun** [C] a way of thinking about a situation: ***From his viewpoint** the action seemed entirely justified.* ▷ **punkt widzenia, perspektywa**

vigil /ˈvɪdʒɪl/ **noun** [C, U] when people stay somewhere quietly in order to show that they support someone, disagree with someone, etc: *an all-night vigil for peace* ▷ **czuwanie**

vigilant /ˈvɪdʒɪlənt/ **adjective** watching carefully and always ready to notice anything dangerous or illegal: *Police have asked people to be vigilant after yesterday's bomb attack.* ▷ **czujny**

• **vigilance** /ˈvɪdʒɪləns/ **noun** [U] ▷ **czujność**

vigilante /ˌvɪdʒɪˈlænti/ **noun** [C] a member of a group of people who try to catch criminals and punish them without having any legal authority ▷ **samozwańczy obrońca lub stróż prawa**

vigor /ˈvɪgəʳ/ **noun** [U] US spelling of vigour

vigorous /ˈvɪgᵊrəs/ **adjective 1** showing or needing a lot of physical energy: ***vigorous exercise*** ▷ **energiczny 2** showing strong, often negative, feelings about something: *a vigorous debate* ◦ *He was a **vigorous opponent** of the government.* ▷ **stanowczy, ostry**

• **vigorously adverb** *Bates **vigorously denies** (= strongly denies) murdering his wife.* ▷ **energicznie**

vigour UK (US **vigor**) /ˈvɪgəʳ/ **noun** [U] strength and energy: *She set about her work **with** great **vigour**.* ▷ **zapał, energia, wigor**

vile /vaɪl/ **adjective** extremely unpleasant: *a vile attack* ◦ *The bathroom was vile.* ▷ **wstrętny, podły**

vilify /ˈvɪlɪfaɪ/ **verb** [T] formal to say bad things about someone so that other people will not like or approve of them ▷ **oczerniać**

villa /ˈvɪlə/ **noun** [C] a large house, especially one used for holidays in a warm country ▷ **willa**

village /ˈvɪlɪdʒ/ **noun** [C] A1 a place where people live in the countryside that includes buildings such as shops and a school but which is smaller than a town: *She lives in a small village outside Oxford.* ◦ *a village shop* ▷ **wieś, wioska**

villager /ˈvɪlɪdʒəʳ/ **noun** [C] someone who lives in a village ▷ **mieszka-niec/nka wsi, wieśnia-k/czka**

V

villain /ˈvɪlən/ **noun** [C] a bad person in a film, book, etc ▷ **czarny charakter**

villus /ˈvɪləs/ **noun** [C, usually plural] (plural **villi** /ˈvɪlaɪ/) one of many small finger-like parts on the inside surface of the small intestine, through which the food is absorbed ▷ **kosmek jelitowy**

vindicate /ˈvɪndɪkeɪt/ **verb** [T] formal to prove that what someone said or did was right after people generally thought it was wrong ▷ **rehabilitować**

• **vindication** /ˌvɪndɪˈkeɪʃən/ **noun** [C, U] formal ▷ **rehabilitacja**

vindictive /vɪnˈdɪktɪv/ **adjective** intending to harm or upset someone who has harmed or upset you ▷ **mściwy**

vine /vaɪn/ **noun** [C] a plant that grapes grow on ▷ **winorośl, wino**

vinegar /ˈvɪnɪgər/ **noun** [U] B2 a sour liquid that is used in cooking, often made from wine ▷ **ocet**

vineyard /ˈvɪnjəd/ **noun** [C] an area of land where someone grows grapes for making wine ▷ **winnica**

vintage[1] /ˈvɪntɪdʒ/ **adjective 1** Vintage wine is wine of a good quality that was made in a particular year. ▷ **gatunkowy, szlachetny 2** having all the best or most typical qualities of something, especially from the past: *a vintage Hollywood movie* ▷ **klasyczny 3** A vintage car was made between 1919 and 1930. ▷ **zabytkowy, ≈ weteran szos**

vintage[2] /ˈvɪntɪdʒ/ **noun** [C] the wine that was made in a particular year: *The 1993 vintage is one of the best.* ▷ **rocznik**

vinyl /ˈvaɪnəl/ **noun** [U] a type of very strong plastic ▷ **winyl**

viola /viˈəʊlə/ **noun** [C] a wooden instrument, larger than a violin, that you hold against your neck and play by moving a special stick across strings ▷ **altówka**

violate /ˈvaɪəleɪt/ **verb** [T] formal **1** to not obey a law, rule, or agreement: *Countries that violate international law will be dealt with severely.* ▷ **łamać, naruszać, gwałcić 2** to not allow someone something that they should morally be allowed to have: *They were accused of violating human rights.* ▷ **łamać**

• **violation** /ˌvaɪəˈleɪʃən/ **noun** [C, U] *a violation of privacy* ▷ **naruszenie, pogwałcenie, złamanie**

> Wyrazy występujące razem z **violence**
>
> erupt into/renounce/use violence • escalating/extreme/gratuitous violence • violence against/towards sb

violence /ˈvaɪələns/ **noun** [U] **1** B2 when someone tries to hurt or kill someone else: *an act of violence* ◦ *A number of people were killed in the violence.* ◦ ***Violence against** women has increased in recent years.* ▷ **przemoc 2** extreme force and energy, especially of something causing damage: *Such was the violence of the explosion that three buildings collapsed.* ▷ **gwałtowność**

violent /ˈvaɪələnt/ **adjective 1** B2 involving violence: *a victim of **violent crime*** ◦ *a violent protest* ◦ *I don't like violent films (= films that show violence).* ▷ **brutalny, gwałtowny 2** B2 likely to hurt or kill someone else: *a violent criminal* ▷ **brutalny 3** sudden and causing damage: *a violent explosion/storm* ▷ **gwałtowny 4** showing very strong feelings, especially anger: *violent emotions* ▷ **gwałtowny**

• **violently adverb** B2 ▷ **gwałtownie**

→ See also **non-violent**

violet /ˈvaɪələt/ **noun 1** [C] a small plant with a small, purple flower ▷ **fiołek 2** [U] a pale purple colour ▷ **fiolet**

violin /ˌvaɪəˈlɪn/ **noun** [C] A2 a wooden musical instrument that you hold against your neck and play by moving a bow across strings ▷ **skrzypce**

violin

• **violinist** /ˌvaɪəˈlɪnɪst/ **noun** [C] someone who plays a violin ▷ **skrzyp-ek/aczka**

VIP /ˌviːaɪˈpiː/ **noun** [C] abbreviation for very important person: someone who is famous or powerful and is treated in a special way: *The airport has a separate lounge for VIPs.* ▷ **VIP**

viper /ˈvaɪpər/ **noun** [C] a small, poisonous snake ▷ **żmija**

viral /ˈvaɪrəl/ **adjective** caused by or relating to a virus: *a viral infection* ▷ **wirusowy**

virgin[1] /ˈvɜːdʒɪn/ **noun** [C] someone who has never had sex ▷ **dziewica**

virgin[2] /ˈvɜːdʒɪn/ **adjective** Virgin land, forest, etc has not been used or damaged by people. ▷ **dziewiczy**

virginity /vəˈdʒɪnəti/ **noun** [U] when someone has never had sex: *Emma **lost her virginity** (= had sex for the first time) at sixteen.* ▷ **dziewictwo**

Virgo /ˈvɜːgəʊ/ **noun** [C, U] the sign of the zodiac which relates to the period of 23 August – 22 September, or a person born during this period ▷ **Panna**

virile /ˈvɪraɪl/ (US) /ˈvɪrəl/ **adjective** A virile man is strong and has sexual energy. ▷ **męski**

• **virility** /vɪˈrɪləti/ **noun** [U] ▷ **męskość**

virtual /ˈvɜːtʃuəl/ **adjective** [always before noun] **1** almost a particular thing or quality: *They played the game in virtual silence.* ▷ **prawie zupełny lub całkowity 2** B2 using computer images and sounds that make you think an imagined situation is real: *a virtual art gallery* ▷ **wirtualny**

virtually /ˈvɜːtʃuəli/ **adverb** B2 almost: *They're virtually the same.* ◦ *I've virtually finished.* ▷ **prawie (zupełnie), praktycznie**

ˌvirtual ˈmemory noun [U] on a computer,

space that software can use to store information for a short time ▷ **pamięć wirtualna**

ˌvirtual reˈality **noun** [U] B2 when a computer produces images and sounds that make you feel an imagined situation is real ▷ **rzeczywistość wirtualna**

virtue /ˈvɜːtjuː/ **noun** **1** [C, U] an advantage or useful quality: *The great **virtue of** having a small car is that you can park it easily.* ▷ **zaleta** **2** [C] a good quality that someone has: *Patience is not among his virtues.* ▷ **zaleta, cnota** **3** [U] behaviour that is morally good ▷ **cnotliwość, cnota** **4 by virtue of sth** formal because of something: *She succeeded by virtue of hard work rather than talent.* ▷ **dzięki** *czemuś*

virtuoso /ˌvɜːtjuˈəʊsəʊ/ **noun** [C] someone who is extremely good at doing something, especially playing a musical instrument ▷ **wirtuoz**

virtuous /ˈvɜːtʃuəs/ **adjective** behaving in a good and moral way ▷ **cnotliwy**

• **virtuously adverb** ▷ **cnotliwie**

virulent /ˈvɪrʊlᵊnt/ **adjective** **1** A virulent disease or poison causes severe illness very quickly. ▷ **groźny** **2** formal criticizing or hating someone or something very much: *a virulent attack on the government* ▷ **zajadły**

virus /ˈvaɪərəs/ **noun** [C] **1** B2 an infectious organism too small to be seen that causes disease, or an illness that it causes: *The doctor says I've got a virus.* ▷ **wirus** **2** B1 a program that is secretly put onto a computer in order to destroy the information that is stored on it ▷ **wirus**

> Wyrazy występujące razem z **virus**
>
> carry/contract/have/transmit a virus • a deadly/rare virus

visa /ˈviːzə/ **noun** [C] B1 an official mark in your passport that allows you to enter or leave a particular country: *She went to Miami **on** a tourist **visa**.* ▷ **wiza**

vis-à-vis /ˌviːzəˈviː/ **preposition** relating to something, or in comparison with something: *I have to speak to James vis-à-vis the conference arrangements.* ▷ **w związku z, w porównaniu z**

viscous /ˈvɪskəs/ **adjective** describes a liquid that is thick and sticky and does not flow easily ▷ **lepki**

• **viscosity** /vɪˈskɒsɪti/ **noun** [U] ▷ **lepkość**

vise /vaɪs/ **noun** [C] US spelling of vice ▷ **imadło**

visibility /ˌvɪzəˈbɪləti/ **noun** [U] how far or how well you can see because of weather conditions: *good/poor visibility* ◦ *It was foggy and visibility was down to 50 metres.* ▷ **widoczność, widzialność**

visible /ˈvɪzəbl/ **adjective** B2 able to be seen: *The fire was **visible from** five kilometres away.* ▷ **widoczny** → Opposite **invisible**

• **visibly adverb** *She was visibly upset.* ▷ **wyraźnie**

vision /ˈvɪʒᵊn/ **noun** **1** [C] B2 an idea or image in your mind of what something could be like in the future: *a vision of a better society* ▷ **wizja** **2** [U] B2 the ability to see: *He has poor vision in his left eye.* ▷ **wzrok** **3** [U] the ability to make plans for the future that are imaginative and wise: *As a leader, he lacked vision.* ▷ **dar przewidywania** **4** [C] when you see someone or something that no one else can see as part of a religious experience ▷ **wizja**

visionary /ˈvɪʒᵊnᵊri/ **adjective** able to make plans for the future that are imaginative and wise: *a visionary leader* ▷ **wizjonerski**

• **visionary noun** [C] ▷ **wizjoner/ka**

visit[1] /ˈvɪzɪt/ **verb** [I, T] **1** A1 to go to someone's home and spend time with them: *We have friends coming to visit this weekend.* ▷ **odwiedzać, składać wizytę** **2** A1 to go to a place and spend a short amount of time there: *Did you visit St Petersburg while you were in Russia?* ▷ **odwiedzać** **3** B2 to look at a website ▷ **odwiedziny**

PHRASAL VERB **visit with sb** US to spend time talking with someone who you know: *Mom was visiting with our neighbor.* ▷ **odwiedzać** *kogoś*

visit[2] /ˈvɪzɪt/ **noun** [C] B1 when you visit a place or a person: *the President's **visit to** Hong Kong* ◦ *Why don't you **pay** him **a visit** (= visit him)?* ▷ **wizyta**

> **!** Najczęściej popełniane błędy: **visit**
>
> **Proszę pamiętać:** przyimkiem, którego należy użyć w połączeniu z rzeczownikiem **visit** jest **to**.
>
> Nie mówimy więc „a visit in somewhere", ale **a visit to somewhere**:
>
> ~~*This is my first visit in England.*~~
>
> *This is my first visit to England.*

> Wyrazy występujące razem z **visit**
>
> a visit **to** sth • a visit **from** sb • **on** a visit • **pay** sb a visit • **have** a visit **from** sb • a **brief/flying** visit

visitor /ˈvɪzɪtəʳ/ **noun** [C] A2 someone who visits a person or place: *The museum attracts large numbers of visitors.* ▷ **gość, odwiedzający**

visor /ˈvaɪzəʳ/ **noun** [C] **1** the part of a helmet that you can pull down to cover your face ▷ **szybka** **2** (also ˈ**sun** ˌ**visor**) a hat that has a curved part above your eyes to protect them from the sun ▷ **daszek** → See **Clothes** on page Centre 9 **3** the parts in the front window of a car that you pull down to protect your eyes from the sun ▷ **osłona (przeciwsłoneczna)**

vista /ˈvɪstə/ **noun** [C] a view, especially a beautiful view that you look at from a high place ▷ **perspektywa, panorama**

visual /ˈvɪʒuəl/ **adjective** B2 relating to seeing: *The film has some powerful **visual effects**.* ▷ **wzrokowy, wizualny**

• **visually adverb** *visually appealing* ▷ **wzrokowo, wizualnie**

V

ˌvisual ˈaid noun [C] something that helps you understand or remember information, such as a picture or film ▷ **pomoc dydaktyczna, multimedia**

visualize (also UK **-ise**) /ˈvɪʒuəlaɪz/ **verb** [T] to create a picture in your mind of someone or something: *I was very surprised when I met Geoff – I'd visualized someone much older.* ▷ **wyobrażać sobie**

• **visualization** /ˌvɪʒuəlaɪˈzeɪʃən/ **noun** [U] ▷ **wyobrażenie**

vital /ˈvaɪtəl/ **adjective** **1** B2 necessary: *Tourism is **vital to** the country's economy.* ◦ [+ (that)] *It's vital that you send off this form today.* ▷ **(bardzo) istotny** **2** formal full of energy ▷ **pełen życia**

vitality /vaɪˈtæləti/ **noun** [U] energy and strength: *At 48, he still projects an image of youth and vitality.* ▷ **witalność**

vitally /ˈvaɪtəli/ **adverb** in a very important way: *Safety at work is **vitally important**.* ▷ **niezwykle**

vitamin /ˈvɪtəmɪn/ US /ˈvaɪtəmɪn/ **noun** [C] B2 one of a group of natural substances in food that you need to be healthy: *Oranges are full of vitamin C.* ▷ **witamina**

ˌvitreous ˈhumour noun [U] the thick clear substance inside the eye behind the lens ▷ **ciało szkliste** → Compare **aqueous humour**

vitriolic /ˌvɪtriˈɒlɪk/ **adjective** formal criticizing someone in a very severe and unpleasant way ▷ **zjadliwy**

viva /ˈvaɪvə/ **noun** [C] UK a spoken examination at university ▷ **egzamin ustny**

vivacious /vɪˈveɪʃəs/ **adjective** A vivacious person, especially a woman, is full of energy and enthusiasm. ▷ **energiczny, pełen życia**

vivid /ˈvɪvɪd/ **adjective** **1** B2 Vivid descriptions or memories produce strong, clear images in your mind: *He gave a very **vivid description** of life in Caracas.* ▷ **realistyczny, wyrazisty** **2** B2 A vivid colour is very bright. ▷ **żywy**

• **vividly adverb** B2 *I remember my first day at school very vividly.* ▷ **wyraźnie**

vivisection /ˌvɪvɪˈsekʃən/ **noun** [U] when living animals are used in scientific experiments, especially in order to discover the effects of new drugs ▷ **wiwisekcja**

vixen /ˈvɪksən/ **noun** [C] a female fox ▷ **lisica**

V-neck /ˈviːnek/ **noun** [C] a V-shaped opening for your neck on a piece of clothing, or a sweater, dress, etc with this opening: *a V-neck jumper* ▷ **wycięcie w szpic**

• **V-necked** /viːˈnekt/ **adjective** *a V-necked dress* ▷ **w szpic**

vocabulary /vəʊˈkæbjələri/ **noun** **1** [C, U] A2 all the words you know in a particular language: *Reading helps to widen your vocabulary.* ▷ **słownictwo, zasób słów** **2** [no plural] all the words that exist in a language, or that are used when discussing a particular subject: *Computing has its own specialist vocabulary.* ▷ **słownictwo** **3** [no plural] a list of words and their meanings ▷ **słowniczek, słownik**

> Wyrazy występujące razem z **vocabulary**
>
> a **limited/wide** vocabulary • be **in** sb's vocabulary • **widen** your vocabulary

vocal /ˈvəʊkəl/ **adjective** **1** expressing your opinions in a strong way: *She is a **vocal supporter** of women's rights.* ▷ **aktywny** **2** involving or relating to the voice, especially singing: *vocal music* ▷ **wokalny**

ˈvocal ˌcords noun [plural] folds of skin at the top of your throat that make sounds when air from your lungs moves over them ▷ **struny głosowe**

vocalist /ˈvəʊkəlɪst/ **noun** [C] the person who sings in a group of people who play popular music ▷ **wokalist-a/ka**

vocals /ˈvəʊkəlz/ **noun** [plural] the part of a piece of music that is sung ▷ **śpiew, wokal, partia wokalna**

vocation /vəʊˈkeɪʃən/ **noun** [C, U] a strong feeling that you are right for a particular type of work, or a job that gives you this feeling: *He knew that teaching was his true vocation.* ▷ **powołanie**

vocational /vəʊˈkeɪʃənəl/ **adjective** Vocational education and skills prepare you for a particular type of work: *The college offers both vocational and academic courses.* ▷ **zawodowy**

vociferous /vəʊˈsɪfərəs/ **adjective** formal expressing your opinions in a loud and strong way: *She has become increasingly **vociferous in** her opposition to the scheme.* ▷ **głośny**

vodka /ˈvɒdkə/ **noun** [C, U] a strong alcoholic drink that is popular in Russia and Poland ▷ **wódka**

vogue /vəʊg/ **noun** [U, no plural] If there is a vogue for something, it is very fashionable: *This period saw a **vogue for** Japanese painting.* ◦ *Flat shoes are **in vogue** (= fashionable) this spring.* ▷ **moda**

voice[1] /vɔɪs/ **noun** **1** [C] B1 the sounds that you make when you speak or sing: *I could hear voices in the next room.* ◦ *Jessie has a beautiful singing voice.* ◦ *Could you please **keep your voices down** (= speak more quietly)?* ◦ *He **raised his voice** (= spoke more loudly) so that everyone could hear.* ▷ **głos** **2 lose your voice** B2 to become unable to speak, often because of an illness: *She had a bad cold and was losing her voice.* ▷ **tracić głos** **3** [C] someone's opinion about a particular subject: *The programme gives people the opportunity to make their voices heard.* ▷ **głos** **4** [no plural] someone who expresses the opinions or wishes of a group of people: *It's important that students have a voice on the committee.* ▷ **głos, rzeczni-k/czka** → See also **the passive voice**

> Wyrazy występujące razem z **voice**
>
> a **deep/husky/low** voice • **lose** your voice • **lower/raise** your voice • **in a [bored/stern, etc]** voice • your **tone of** voice

voice² /vɔɪs/ **verb** [T] to say what you think about a particular subject: *He has voiced concern about the new proposals.* ▷ **wyrażać**

voice-activated /ˌvɔɪsˈæktɪveɪtɪd/ **adjective** A machine that is voice-activated can recognize and follow spoken instructions. ▷ **sterowany głosem**

ˈvoice ˌbox **noun** [C] informal the larynx ▷ **krtań**

ˈvoice ˌmail **noun** [U] an electronic telephone answering system ▷ **poczta głosowa**

ˈvoice recogˌnition **noun** [U] (also **ˈspeech recogˌnition**) the process of changing the sound of people speaking into instructions that a computer can understand ▷ **rozpoznawanie mowy**

void¹ /vɔɪd/ **adjective 1** [never before noun] not legally or officially acceptable: *The contracts were* ***declared void.*** ▷ **nieważny 2 be void of sth** formal to be without something: *His last statement was entirely void of meaning.* ▷ **być pozbawionym** *czegoś*

void² /vɔɪd/ **noun** [no plural] **1** when someone or something important is not now in your life and you are unhappy: *Her husband's death* ***left a void*** *in her life.* ▷ **pustka 2** a large hole or empty space ▷ **luka**

vol written abbreviation for volume ▷ **t. = tom**

volatile /ˈvɒlətaɪl/ ⓤⓢ /ˈvɑːlətəl/ **adjective 1** A volatile person can suddenly become angry or violent. ▷ **wybuchowy 2** A volatile situation might suddenly change: *a volatile political situation* ▷ **niestabilny**
• **volatility** /ˌvɒləˈtɪləti/ **noun** [U] ▷ **wybuchowość, niestabilność**

volcano

volcano /vɒlˈkeɪnəʊ/ **noun** [C] (plural **volcanoes, volcanos**) B2 a mountain with a large hole at the top which sometimes explodes and produces hot, melted rock and smoke ▷ **wulkan**
• **volcanic** /vɒlˈkænɪk/ **adjective** relating to a volcano: *volcanic ash* ▷ **wulkaniczny**

vole /vəʊl/ **noun** [C] a small animal like a mouse ▷ **nornik, nornica**

volition /vəʊˈlɪʃən/ **noun** [U] formal the power to make your own decisions: *He left the firm* ***of his own volition*** *(= because he decided to).* ▷ **wola**

volley¹ /ˈvɒli/ **noun 1** [C] in sports, a kick or hit in which a player returns a ball before it touches the ground ▷ **wolej 2 a volley of shots/gunfire, etc** when a lot of bullets are shot at the same time: *A volley of bullets ripped through the floorboards.* ▷ **salwa kul/wystrzałów** *itp.* **3 a volley of abuse/complaints, etc** a lot of insults/complaints, etc said at the same time ▷ **potok lub grad wyzwisk/narzekań** *itp.*

volley² /ˈvɒli/ **verb** [I, T] in sports, to return a ball by kicking or hitting it before it touches the ground ▷ **uderzyć z woleja**

volleyball /ˈvɒlibɔːl/ **noun** [U] A2 a game in which two teams use their hands to hit a ball over a net without allowing it to touch the ground ▷ **siatkówka** → See **Sports 2** on page Centre 15

volleyball

volt /vɒlt/ **noun** [C] (written abbreviation **V**) a unit for measuring the force of an electric current ▷ **wolt**

voltage /ˈvəʊltɪdʒ/ **noun** [C, U] the force of an electric current, measured in volts ▷ **napięcie**

voltmeter /ˈvəʊltˌmiːtəʳ/ **noun** [C] a device used for measuring voltage ▷ **woltomierz**

volume /ˈvɒljuːm/ **noun 1** [U] B1 the level of sound produced by a television, radio, etc: *to turn the volume up/down* ▷ **głośność 2** [U] B2 the number or amount of something, especially when it is large: *the volume of work involved* ▷ **wielkość, rozmiar 3** [U] the amount of space inside an object: *Which of the bottles has the larger volume?* ▷ **pojemność, objętość 4** [C] a book, especially one of a set: *a new dictionary in two volumes* ▷ **tom**

voluminous /vəˈluːmɪnəs/ **adjective** formal very large: *voluminous trousers* ▷ **obszerny**

voluntary /ˈvɒləntəri/ **adjective 1** Voluntary work is done without being paid and usually involves helping people: *She does* ***voluntary work*** *for the Red Cross.* ◦ ***voluntary organizations*** ▷ **społeczny 2** done or given because you want to and not because you have been forced to: ***voluntary contributions*** ▷ **dobrowolny** → Opposite **involuntary**
• **voluntarily** /ˌvɒlənˈteərəli/ **adverb** *She left voluntarily.* ▷ **dobrowolnie**

volunteer¹ /ˌvɒlənˈtɪəʳ/ **verb 1** [I, T] to offer to do something without being asked or told to do it: [+ to do sth] *Rob volunteered to look after the kids.* ▷ **zgłaszać się na ochotnika 2** [I] to join the army, navy, etc without being officially told to join: *In 1939 he* ***volunteered for*** *active service.* ▷ **zgłaszać się na ochotnika 3** [T] to give information without being asked: *No one volunteered the truth.* ▷ **powiedzieć (bez pytania)**

volunteer² /ˌvɒlənˈtɪəʳ/ **noun** [C] **1** B2 someone who does work without being paid, especially work that involves helping people: *a Red Cross volunteer* ▷ **wolontariusz/ka 2** someone who does or gives something because they want to and not because they have been forced to: *Any volunteers to help me to move these books?* ▷ **ochotni-k/czka**

voluptuous /vəˈlʌptʃuəs/ **adjective** A voluptuous woman has a sexually attractive body, often with large breasts. ▷ **zmysłowy**

vomit¹ /ˈvɒmɪt/ **verb** [I, T] If someone vomits, the food or liquid that was in their stomach comes up and out of their mouth: *She was vomiting blood.* ▷ **wymiotować**

vomit² /ˈvɒmɪt/ **noun** [U] the food or liquid that comes from your mouth when you vomit ▷ **wymiociny**

voodoo /ˈvu:du:/ **noun** [U] a religion involving magic and praying to spirits ▷ **(kult) voodoo**

voracious /vəˈreɪʃəs/ **adjective** wanting to do something a lot, especially wanting to eat a lot of food: *She has a* ***voracious appetite.*** ◦ *a voracious reader of historical novels* ▷ **żarłoczny, zachłanny**
• **voraciously adverb** ▷ **żarłocznie, zachłannie**
• **voracity** /vəˈræsəti/ **noun** [U] ▷ **żarłoczność, zachłanność**

vote¹ /vəʊt/ **verb** [I, T] (B1) to show your choice or opinion in an election or meeting by writing a cross on an official piece of paper or putting your hand up: *Who did you* ***vote for?*** ◦ *The unions* ***voted against*** *strike action.* ◦ [+ to do sth] *Staff have voted to accept the pay offer.* ▷ **głosować**

vote² /vəʊt/ **noun** [C] **1** (B1) when someone shows their choice or opinion in an election or meeting by writing a cross on an official piece of paper or putting their hand up: *He lost the election by twenty votes.* ▷ **głos 2** (B2) a way of making a decision by asking a group of people to vote: *We called a meeting in order to* ***take a vote on*** *the proposal.* ▷ **głosowanie 3 the vote a** the total number of votes given or received in an election: *The Green party got 10% of the vote.* ▷ **głosy b** when someone is officially allowed to vote: *In some countries women still don't have the vote.* ▷ **prawo wyborcze**

> Wyrazy występujące razem z **vote**
>
> cast your vote • a vote against/for sb/sth • a vote on sth

voter /ˈvəʊtəʳ/ **noun** [C] someone who votes or who is officially allowed to vote ▷ **wyborca**

vouch /vaʊtʃ/ **verb**

PHRASAL VERB **vouch for sb/sth** to say that you know from experience that something is true or good, or that someone has a good character ▷ **ręczyć za** *kogoś/coś*

voucher /ˈvaʊtʃəʳ/ **noun** [C] a piece of paper that can be used instead of money to pay for goods or services: *a discount voucher* ▷ **bon, talon, kupon**

vow¹ /vaʊ/ **verb** [T] to make a serious promise or decision: [+ (that)] *She vowed that she would never leave the children again.* ◦ [+ to do sth] *I've vowed never to go there again.* ▷ **przyrzekać, przysięgać**

vow² /vaʊ/ **noun** [C] a serious promise or decision: *marriage vows* ◦ *I* ***made a vow*** *that I would write to him once a week.* ▷ **przyrzeczenie, przysięga**

vowel /vaʊəl/ **noun** [C] (B1) a speech sound that you make with your lips and teeth open, shown in English by the letters 'a', 'e', 'i', 'o', or 'u' ▷ **samogłoska**

voyage /ˈvɔɪɪdʒ/ **noun** [C] (B2) a long journey, especially by ship, or in space: *The ship sank on its* ***maiden voyage*** *(= first journey).* ▷ **podróż, rejs**

vs (also UK **v**) **preposition** written abbreviation for versus ▷ **contra**

vulgar /ˈvʌlgəʳ/ **adjective 1** rude and likely to upset or anger people, especially by referring to sex and the body in an unpleasant way: *vulgar jokes/language* ▷ **wulgarny, ordynarny 2** not showing good judgment about what is suitable or pleasant to look at: *a vulgar shade of yellow* ▷ **pospolity**
• **vulgarity** /vʌlˈgærəti/ **noun** [U] ▷ **wulgarność**

ˌvulgar ˈfraction noun [C] a fraction written with one number above and one number below the line, not written as a number with a decimal point in it ▷ **ułamek zwykły**

vulnerable /ˈvʌlnᵊrəbl/ **adjective** easy to hurt or attack physically or emotionally: *She was a vulnerable sixteen-year-old.* ◦ *The troops are in a vulnerable position.* ◦ *He's more* ***vulnerable to*** *infection because of his injuries.* ▷ **wrażliwy, podatny**
• **vulnerability** /ˌvʌlnᵊrəˈbɪləti/ **noun** [U] ▷ **wrażliwość, podatność**

vulture /ˈvʌltʃəʳ/ **noun** [C] a large bird with no feathers on its head or neck that eats dead animals ▷ **sęp**

vulva /ˈvʌlvə/ **noun** [C] (plural **vulvas** or **vulvae**) the parts of the female sex organs which are outside the body, between the legs ▷ **srom**

vying /ˈvaɪɪŋ/ present participle of vie

W

W, w /ˈdʌbljuː/ the twenty-third letter of the alphabet ▷ **W, w**

W written abbreviation for watt: *a 40W light bulb* ▷ **W**

wacky /ˈwæki/ **adjective** informal unusual in a funny or surprising way: *a wacky sense of humour* ▷ **zwariowany**

wad /wɒd/ **noun** [C] **1** a thick pile of pieces of paper, especially paper money: *a wad of cash* ▷ **plik 2** a piece of soft material in the shape of a ball: *a wad of* UK *cotton wool*/US *cotton* ▷ **wacik**

waddle /ˈwɒdl/ **verb** [I] A duck or fat person that waddles walks with short steps, moving from side to side. ▷ **człapać**

wade /weɪd/ **verb wade across/through, etc** to walk through water: *He waded across the river.* ▷ **brodzić przez, przechodzić w bród**

PHRASAL VERB **wade through sth** to read a lot of boring or difficult information ▷ **przebrnąć przez** *coś*

wafer /ˈweɪfəʳ/ **noun** [C] a light, thin biscuit ▷ **wafel, wafelek**

waffle¹ /ˈwɒfl/ **noun 1** [U] informal speech or writing that says nothing important ▷ **lanie wody 2** [C] a square, flat cake with a pattern of holes in it, eaten especially in the US ▷ **gofr**

waffle² /ˈwɒfl/ **verb** [I] (also **waffle on**) to talk or write a lot and say nothing important ▷ **lać wodę, ględzić**

waft /wɒft/ **verb waft from/through, etc** to gradually move through the air: *The smell of coffee wafted through the room.* ▷ **unosić się od/ nieść się przez** *itp.*

wag /wæg/ **verb** [I, T] (present participle **wagging**, past tense and past participle **wagged**) **1** If a dog wags its tail, it moves it from side to side. ▷ **merdać 2** If you wag your finger, you move it from side to side, often to tell someone not to do something. ▷ **machać, grozić**

wage¹ /weɪdʒ/ **noun** [no plural, plural] (also **wages**) (B1) the amount of money a person regularly receives for their job: *weekly wages* ◦ *the* ***minimum wage*** ▷ **płaca**

> Wyrazy występujące razem z **wage**
>
> earn a wage • a **decent** wage • a wage **increase/rise** • the **minimum** wage

wage² /weɪdʒ/ **verb wage a battle/campaign/ war, etc** to fight or organize a series of activities in order to achieve something: *They're currently waging a campaign to change the law.* ▷ **prowadzić walkę/kampanię/wojnę** *itp.*

wager /ˈweɪdʒəʳ/ **verb** [T] to risk money on the result of a game, race, competition, etc ▷ **stawiać**

• **wager noun** [C] ▷ **zakład**

wagon /ˈwægən/ **noun** [C] a large vehicle with four large wheels pulled by horses ▷ **wóz**

wail /weɪl/ **verb** [I, T] **1** to cry loudly because you are very unhappy: *"I've lost my mummy," she wailed.* ▷ **szlochać 2** If a siren wails, it makes a noise: *Somewhere in the distance a police siren was wailing.* ▷ **wyć**

• **wail noun** [C] ▷ **szloch, wycie**

waist /weɪst/ **noun** [C] **1** (B2) the part around the middle of your body where you wear a belt: *She had a 26 inch waist.* ▷ **talia, pas** → See **The Body** on page Centre 13 **2** the part of a piece of clothing that fits round the waist ▷ **pas**

waistband /ˈweɪstbænd/ **noun** [C] the strip of material at the top of a pair of trousers or a skirt that goes around the waist ▷ **pas, pasek**

waistcoat /ˈweɪstkəʊt/ **noun** [C] UK (US **vest**) a piece of clothing with buttons at the front and no sleeves, that you wear over a shirt ▷ **kamizelka** → See **Clothes** on page Centre 9

waistline /ˈweɪstlaɪn/ **noun** [C] how big or small your waist is, or the part of a piece of clothing that goes around the waist ▷ **talia, pas**

wait¹ /weɪt/ **verb** [I] **1** (A1) to stay in a place until someone or something arrives or someone or something is ready for you: *I'm* ***waiting for*** *Clive.* ◦ *How long did you wait for a taxi?* ◦ [+ to do sth] *I'm still waiting to use the phone.* ▷ **czekać 2** to not do something until something else happens: *We'll wait till Jane gets here before we start eating.* ▷ **czekać 3 can't wait** informal (A2) used to say how excited you are about something that you are going to do: [+ to do sth] *I can't wait to see him.* ▷ **nie móc się doczekać 4 keep sb waiting** (B1) to be late so that someone has to wait for you: *I'm sorry to have kept you waiting.* ▷ **kazać** *komuś* **czekać 5 wait and see** to wait to discover what will happen: *We'll wait and see what she says.* ▷ **zaczekać i zobaczyć** → See also **be waiting in the wings**

PHRASAL VERBS **wait about/around** to stay in a place and do nothing while you wait for someone to arrive or something to happen ▷ **wyczekiwać, czekać** • **wait in** UK to stay at home because you are expecting someone to visit or telephone you ▷ **czekać lub siedzieć w domu** • **wait on sb** to bring a meal to someone, especially in a restaurant ▷ **obsługiwać** *kogoś* • **wait up** to not go to bed at night

W

until someone has come home: *I'll be quite late, so don't **wait up for** me.* ▷ **czekać, nie kłaść się**

wait² /weɪt/ **noun** [no plural] B2 when you stay in a place until someone or something arrives or someone or something is ready for you: *We **had a long wait** at the airport.* ▷ **oczekiwanie**

> Wyrazy występujące razem z **wait**
>
> face/have a wait • an agonizing/anxious/ long wait • the wait for sth • sth is (well) worth the wait

waiter /ˈweɪtəʳ/ **noun** [C] A1 a man who works in a restaurant, bringing food to customers ▷ **kelner**

ˈwaiting ˌlist noun [C] a list of people who are waiting until it is their time to have or do something: *a hospital waiting list* ▷ **lista oczekujących**

ˈwaiting ˌroom noun [C] a room in which people wait for something, for example to see a doctor or take a train ▷ **poczekalnia**

waitress /ˈweɪtrəs/ **noun** [C] A1 a woman who works in a restaurant, bringing food to customers ▷ **kelnerka**

waive /weɪv/ **verb** [T] **1** to allow someone not to obey the usual rule or not to pay the usual amount of money: *He agreed to waive his fee to help us.* ▷ **odstępować od, zrzekać się** **2** to decide not to have something that you are allowed by law to have: *She **waived** her **right** to have a lawyer representing her.* ▷ **zrzekać się**

wake¹ /weɪk/ **verb** [I, T] (past tense **woke**, past participle **woken**) (also **wake up**) A1 to stop sleeping or to make someone else stop sleeping: *I've only just woken up.* ◦ *Could you wake me up before you go?* ◦ *You woke me up making so much noise.* ▷ **budzić (się)**

PHRASAL VERB **wake up to sth** to start to understand something that is important: *We need to wake up to the fact that the Earth's resources are limited.* ▷ **otworzyć oczy na** *coś*, **uświadomić sobie** *coś*

wake² /weɪk/ **noun** **1 in the wake of sth** after something has happened, and often because it has happened: *Airport security was extra tight in the wake of last week's bomb attacks.* ▷ **w następstwie** *czegoś* **2** [C] the waves behind a moving ship ▷ **kilwater** **3** [C] when people come together to remember someone who has recently died ▷ **stypa**

ˈwake-up ˌcall noun [C] **1** a telephone call to wake you in the morning, especially when you are staying in a hotel ▷ **budzenie** **2** something bad that happens and shows you that you need to take action to change a situation ▷ **(poważne) ostrzeżenie**

walk¹ /wɔːk/ **verb** **1** A1 [I, T] to move forward by putting one foot in front of the other and then repeating the action: *She walks to school.* ◦ *We walked twenty miles in all.* ▷ **chodzić** **2 walk sb home/to sth** to walk with someone in order to guide them or keep them safe: *He walked me to my house.* ▷ **odprowadzać** *kogoś* **do domu/** *gdzieś* **3 walk the dog** to walk with a dog to give the dog exercise ▷ **wyprowadzać psa**

IDIOM **walk all over sb** informal to treat someone badly ▷ **skakać** *komuś* **po głowie, pomiatać** *kimś*

PHRASAL VERBS **walk into sth** to get a job easily ▷ **od razu dostać** *coś* • **walk off with sth** to win something easily: *She walked off with the top prize.* ▷ **zgarniać** *coś* • **walk out** to leave a job, meeting, or performance because you are angry or do not approve of something: *He was so disgusted by the film he walked out.* ▷ **wychodzić, zastrajkować** • **walk out on sb** to suddenly leave your husband, wife, or partner and end your relationship with them: *He walked out on his wife and kids.* ▷ **rzucić** *kogoś*, **zostawić** *kogoś*

walk² /wɔːk/ **noun** **1** [C] A2 a journey that you make by walking, often for enjoyment: *We usually **go for a walk** on Sunday afternoons.* ◦ *He took the dog for a walk.* ▷ **spacer** **2 a short/ten-minute, etc walk** a journey that takes a short time/ten minutes, etc when you walk: *The station is just a five-minute walk from the house.* ▷ **krótki/dziesięciominutowy** *itp.* **spacerek** **3** [C] a path or route where people can walk for enjoyment: *There are some lovely walks in the forest.* ▷ **szlak, ścieżka, trasa piesza**

IDIOM **walk of life** People from different walks of life have different jobs and different experiences in life. ▷ **zawód, środowisko**

> Wyrazy występujące razem z **walk**
>
> go for/take a walk • a brisk walk • a long/ short walk

walker /ˈwɔːkəʳ/ **noun** [C] someone who walks for exercise or enjoyment ▷ **spacerowicz/ka, piechur/ka**

walkie talkie /ˌwɔːkiˈtɔːki/ **noun** [C] a radio that you carry with you and that lets you talk to someone else with a similar radio ▷ **walkie-talkie, krótkofalówka**

Walkman /ˈwɔːkmən/ **noun** [C] trademark a small piece of equipment with parts that you put in your ears which allows you to listen to music that no one else can hear ▷ **walkman**

wall /wɔːl/ **noun** [C] **1** A1 one of the vertical sides of a room or building: *There were several large paintings on the wall.* ▷ **ściana** **2** A1 a vertical structure made of brick or stone that divides areas that are owned by different people: *a garden wall* ▷ **mur**

IDIOM **drive sb up the wall** informal to make someone very angry: *She drives me up the wall.* ▷ **doprowadzać** *kogoś* **do szału**

→ See also *fly* **on the wall**, **be banging your** ***head*** **against a brick wall**

wallaby /ˈwɒləbi/ **noun** [C] an animal like a small kangaroo, with strong back legs for jumping with and a long tail ▷ **kangur**

walled /wɔːld/ **adjective walled garden/city** a garden/city with walls around it ▷ **ogród/miasto otoczon-y/e murem**

wallet /ˈwɒlɪt/ **noun** [C] (also US **billfold**) A2 a small, flat container for paper money and credit cards, usually used by a man ▷ **portfel**

wallop /ˈwɒləp/ **verb** [T] informal to hit someone or something hard ▷ **walnąć, sprać**
• **wallop noun** [no plural] informal ▷ **lanie, cios**

wallow /ˈwɒləʊ/ **verb** [I] **1** to allow yourself to feel too much sadness in a way that stops people respecting you: *There's no use* ***wallowing in*** *self-pity.* ▷ **pogrążać się 2** to lie or move around in soil or water, especially for pleasure ▷ **tarzać się**

wallpaper /ˈwɔːlˌpeɪpəʳ/ **noun** [C, U] **1** paper, usually with a pattern, that you decorate walls with ▷ **tapeta 2** a design or image that you choose to appear on the screen of your computer ▷ **tapeta**
• **wallpaper verb** [T] ▷ **tapetować**

ˈWall ˌStreet noun the financial area of New York where shares are bought and sold: *The company's shares rose* ***on Wall Street*** *yesterday.* ▷ **Wall Street**

wally /ˈwɒli/ **noun** [C] UK informal a silly person ▷ **tuman**

walnut /ˈwɔːlnʌt/ **noun 1** [C] a nut that is in two halves inside a brown shell, and whose surface has curves and folds in it ▷ **orzech (włoski) 2** [U] the hard wood of the tree that produces walnuts, used to make furniture ▷ **orzech**

walrus /ˈwɔːlrəs/ **noun** [C] a large sea animal that has two tusks ▷ **mors**

waltz[1] /wɒls/ **noun** [C] a dance for two partners performed to music that has a rhythm of three beats, or the music for the dance ▷ **walc**

waltz[2] /wɒls/ **verb** [I] **1** to dance a waltz ▷ **tańczyć walca 2 waltz in/off, etc** to walk somewhere quickly and confidently, often in a way that annoys other people: *You can't just waltz into my bedroom – it's private!* ▷ **wparo-wać/ulotnić się** *itp.*

wan /wɒn/ **adjective** pale and looking ill or tired ▷ **blady, mizerny**

WAN /wæn/ **noun** [C] abbreviation for wide area network: a computer network that connects separate machines over a wide area, for example in different countries ▷ **WAN (= sieć rozległa)** → Compare **LAN**

wand /wɒnd/ **noun** [C] a thin stick that someone who performs magic tricks holds in their hand ▷ **różdżka**

wander /ˈwɒndəʳ/ **verb 1** [I, T] B2 to walk slowly about a place without any purpose: *They wandered aimlessly around the town.* ▷ **snuć się (po), wałęsać się (po) 2** [I] (also **wander off**) to walk away from the place where you should be: *He was here a moment ago – he must have wandered off.* ▷ **odchodzić, oddalać się 3 sb's attention/mind/thoughts, etc wander** If someone's attention/mind, etc wanders, they start thinking about one subject when they should be thinking about a different subject: *I was bored and my thoughts started to wander.* ▷ *ktoś* **się zamyśla,** *czyjeś* **myśli błądzą**

wane /weɪn/ **verb** [I] to become less powerful, important, or popular: *Interest in the product is starting to wane.* ▷ **słabnąć, zmniejszać się**

wangle /ˈwæŋgl/ **verb** [T] informal to succeed in getting something that a lot of people want, by being clever or tricking someone: *He managed to wangle an invitation to the party.* ▷ **załatwić (sobie), skombinować**

want[1] /wɒnt/ **verb** [T] **1** A1 to hope to have or do something, or to wish for something: *He wants a new car.* ◦ [+ to do sth] *I don't want to talk about it.* ◦ *You can't always do what you want.* ◦ *We can go later if you want.* ◦ *I want him to explain why.* ▷ **chcieć 2** to need something: *This soup wants more salt.* ▷ **wymagać, potrzebować 3 want to do sth** UK informal used to give advice to someone: *You want to go to bed earlier and then you won't be so tired.* ▷ ≈ *ktoś* **powinien** *coś zrobić* **4 be wanted** to be needed for a particular activity or in a particular place: *You're wanted on the phone.* ▷ **być wzywanym lub potrzebnym**

> **!** Najczęściej popełniane błędy: **want**
>
> **Proszę pamiętać:** kiedy po **want** następuje inny czasownik, musi być on użyty z „to". Nie mówimy więc „want do something", ale **want to do something**:
>
> ~~*I want thank you for your letter.*~~
> *I want to thank you for your letter.*

want[2] /wɒnt/ **noun want of sth** when there is not enough of something: *If we fail, it won't be* ***for want of*** *effort (= it is not because we have not tried).* ▷ **brak** *czegoś*

wanted /ˈwɒntɪd/ **adjective** If someone is wanted, the police think they have committed a serious crime and are trying to find them: *He is* ***wanted for*** *murder.* ▷ **poszukiwany**

wanton /ˈwɒntən/ **adjective** formal done in order to cause suffering or destruction but with no other reason: *wanton cruelty/violence* ▷ **nieusprawiedliwiony, bezmyślny**

wants /wɒnts/ **noun** [plural] the things you want or need ▷ **potrzeby**

war /wɔːʳ/ **noun 1** [C, U] A2 fighting, using soldiers and weapons, between two or more countries, or two or more groups inside a country: *They've been* ***at war*** *for the past five years.* ◦ *He was only a child when the* ***war broke out*** *(= started).* ◦ *If this country* ***goes to war*** *(= starts to fight in a war), thousands of people will die.* ▷ **wojna 2** [C, U] when two or more groups

W

are trying to be more successful than each other: *a **price war** between supermarkets* ▷ **wojna 3** [no plural] an attempt to stop something bad or illegal: *the **war against** crime/drugs* ▷ **walka** → See also **civil war**, **prisoner of war**, **world war**

> **Wyrazy występujące razem z war**
>
> all-out/full-scale war • declare/go to war • wage war on sb • war breaks out • war against sb

ˈwar ˌcrime noun [C] a crime during a war that breaks the international rules of war ▷ **zbrodnia wojenna**
• **war criminal** noun [C] someone guilty of a war crime ▷ **zbrodniarz wojenny**

ward[1] /wɔːd/ noun [C] (B2) a room in a hospital where people receiving treatment stay, often for the same type of illness: *the maternity ward* ▷ **oddział**

ward[2] /wɔːd/ verb

PHRASAL VERB **ward sth off** to prevent something unpleasant happening: *I take vitamin C to ward off colds.* ▷ **zapobiegać** *czemuś*

-ward, -wards /-wəd/, /-wədz/ **suffix** makes an adverb meaning 'towards a direction or place': *inward* ◦ *forward* ◦ *homeward* ▷ **w stronę, w kierunku**

warden /ˈwɔːdᵊn/ noun [C] **1** US (UK **governor**) someone who is responsible for controlling a prison ▷ **naczelnik więzienia 2** UK someone who is responsible for looking after a particular building or the people in it ▷ **kierownik administracyjny** → See also **traffic warden**

warder /ˈwɔːdəʳ/ noun [C] UK a prison guard ▷ **strażni-k/czka więzienn-y/a**

wardrobe /ˈwɔːdrəʊb/ noun **1** [C] UK (US **closet**) (B1) a large cupboard for keeping clothes in ▷ **szafa 2** [no plural] all the clothes that you own ▷ **garderoba**

warehouse /ˈweəhaʊs/ noun [C] (plural **warehouses** /ˈweəhaʊzɪz/) a large building for storing goods that are going to be sold ▷ **magazyn**

wares /weəz/ noun [plural] literary goods that are for sale, especially not in a shop: *People were selling their wares at the side of the road.* ▷ **towary**

warfare /ˈwɔːfeəʳ/ noun [U] fighting in a war, especially using a particular type of weapon: ***chemical/modern warfare*** ▷ **wojna, działania wojenne**

warhead /ˈwɔːhed/ noun [C] the part of a missile that explodes when it reaches the place it is aimed at: *a **nuclear warhead*** ▷ **głowica (bojowa)**

warlord /ˈwɔːlɔːd/ noun [C] a military leader who controls a particular area of a country ▷ **dyktator (wojskowy)**

warm[1] /wɔːm/ adjective **1** (A1) having a temperature between cool and hot: *It's nice and warm in here.* ◦ *Are you warm enough?* ◦ *Make sure you **keep warm**.* ▷ **ciepły 2** (A2) Warm clothes or covers keep your body warm: *a warm sweater* ▷ **ciepły 3** (B1) friendly and showing affection: *a warm smile/welcome* ▷ **ciepły, gorący, serdeczny**

warm[2] /wɔːm/ verb [I, T] (B2) to become warm or to make something become warm: *She warmed her feet against his.* ◦ *I'll warm the soup.* ▷ **ogrzać (się), zagrzać (się)**

PHRASAL VERBS **warm to sb/sth** to start to like a person or idea ▷ **przekonać się do** *kogoś/czegoś* • **warm up** to do gentle exercises in order to prepare yourself for more energetic exercise: *They were warming up before the match.* ▷ **rozgrzewać (się)**
• **warm-up** /ˈwɔːmʌp/ noun [C] ▷ **rozgrzewka** • **warm (sb/sth) up** to become warmer or to make someone or something warmer: *The house soon warms up with the heating on.* ▷ **rozgrzewać się/** *kogoś/coś*, **nagrzewać się**

warmly /ˈwɔːmli/ adverb (B2) in a friendly way ▷ **ciepło, serdecznie**

warmth /wɔːmθ/ noun [U] **1** (B2) the heat that is produced by something: *the warmth of the fire* ▷ **ciepło 2** (B2) when someone is friendly and shows affection: *There was no warmth in his eyes.* ▷ **serdeczność**

warn /wɔːn/ verb [T] **1** (B1) to tell someone that something bad may happen in the future, so that they can prevent it: [+ that] *I warned you that it would be cold but you still wouldn't wear a coat.* ◦ *I've been warning him for months.* ▷ **ostrzegać, przestrzegać 2** to advise someone not to do something that could cause danger or trouble: [+ to do sth] *I **warned** you **not** to tell her.* ▷ **ostrzegać**

warning /ˈwɔːnɪŋ/ noun [C, U] (B1) something that tells or shows you that something bad may happen: *All cigarette packets carry a warning.* ◦ *The bombs fell completely **without warning**.* ▷ **ostrzeżenie**

> **Wyrazy występujące razem z warning**
>
> deliver/give/heed/ignore/issue a warning • a blunt/final/stern warning • without warning

warp[1] /wɔːp/ verb **1** [I, T] to become bent into the wrong shape or to make something do this: *The window frames had warped.* ▷ **wypaczać (się), wykrzywiać (się) 2** [T] If something warps your mind, it makes you strange and cruel. ▷ **wypaczać, skrzywić**

warp[2] /wɔːp/ noun **the warp** the threads that go from one end to the other in a piece of cloth and which the other threads are twisted over and under ▷ **osnowa**

warpath /ˈwɔːpɑːθ/ noun

IDIOM **be on the warpath** informal to be trying to find someone in order to be angry with them

▷ **być złym na cały świat, wyżywać się na byle kim**

warped /wɔːpt/ **adjective** strange and cruel: *You've got a warped mind!* ▷ **skrzywiony, chory**

warplane /ˈwɔːˌpleɪn/ **noun** [C] an aircraft for carrying bombs ▷ **samolot bojowy lub wojskowy**

warrant[1] /ˈwɒrᵊnt/ **noun** [C] an official document that allows someone to do something, for example that allows a police officer to search a building: *The police have a* ***warrant for*** *his arrest.* ▷ **nakaz** → See also **search warrant**

warrant[2] /ˈwɒrᵊnt/ **verb** [T] to make something necessary: *None of her crimes is serious enough to warrant punishment.* ▷ **dawać podstawy do, zasługiwać na**

warranty /ˈwɒrᵊnti/ **noun** [C, U] a written promise made by a company to change or repair one of its products if it has a fault: *a five-year warranty* ▷ **gwarancja**

warren /ˈwɒrᵊn/ **noun** [C] (also ˈ**rabbit** ˌ**warren**) a group of connected underground holes where rabbits live ▷ **królicza nora**

warring /ˈwɔːrɪŋ/ **adjective** **warring factions/parties/sides, etc** groups that are fighting against each other ▷ **walczące frakcje/partie/strony** *itp.*

warrior /ˈwɒriəʳ/ **noun** [C] a person who has experience and skill in fighting in a war, especially in the past ▷ **wojownik**

warship /ˈwɔːʃɪp/ **noun** [C] a ship with weapons, used in war ▷ **okręt wojenny**

wart /wɔːt/ **noun** [C] a small, hard lump that grows on the skin ▷ **brodawka**

wartime /ˈwɔːtaɪm/ **noun** [U] a period when a country is fighting a war ▷ **wojna, okres wojny**

war-torn /ˈwɔːˌtɔːn/ **adjective** damaged by war: *a war-torn country* ▷ **wyniszczony wojną**

wary /ˈweəri/ **adjective** If you are wary of someone or something, you do not trust them completely: *She's still* ***wary of*** *strangers.* ▷ **nieufny**
• **warily adverb** ▷ **nieufnie** • **wariness noun** [U] ▷ **nieufność**

was /wɒz/ past simple I/he/she/it of be ▷ forma przeszła od **be**

wash[1] /wɒʃ/ **verb** **1** [T] Ⓐ1 to make something clean using water, or water and soap: *Dad was washing the dishes.* ▷ **zmywać, myć, prać** **2** [I, T] Ⓐ1 to clean part of your body with water and soap: *Have you washed your hands?* ◦ *I* ***got washed*** *and dressed.* ▷ **myć (się)** **3 be washed away/out/up, etc** If something is washed away/out, etc, it is moved there by water: *A lot of the waste is washed out to sea.* ▷ **zostać zmytym/wymytym/wyrzuconym na brzeg** **4 wash against/on, etc** If water washes somewhere, it flows there: *Waves washed against the base of the cliff.* ▷ **omywać**

PHRASAL VERBS **wash sth away** If water washes something away, it removes that thing: *Floods washed away much of the soil.* ▷ **wymywać** *coś* • **wash sth down** to drink something with food or medicine to make it easier to swallow: *I had a plate of sandwiches, washed down with a glass of cool beer.* ▷ **popijać** *coś* • **wash out** If a colour or dirty mark washes out, it disappears when you wash something: *Most hair dye washes out after a few weeks.* ▷ **zmywać się, spierać się** • **wash (sth) up** UK Ⓐ2 to wash the dishes, pans, and other things you have used for cooking and eating a meal ▷ **zmywać** *coś***/naczynia** → See **Phrasal Verbs** on page Centre 16 • **wash up** US to wash your hands, especially before a meal: *Go and wash up – your dinner's ready.* ▷ **myć ręce**

wash[2] /wɒʃ/ **noun** **1 a wash a** Ⓐ2 when you wash a part of your body: *Have you* ***had a wash****?* ▷ **mycie, kąpiel** **b** mainly UK Ⓐ2 when you wash something: *Could you* ***give*** *the car* ***a wash****?* ▷ **mycie** **2** [C, U] clothes, sheets, etc that are being washed together: *Your jeans are* ***in the wash****.* ▷ **pranie**

washable /ˈwɒʃəbl/ **adjective** Something that is washable will not be damaged by being washed. ▷ **(nadający się) do prania, zmywalny**

washbasin /ˈwɒʃˌbeɪsᵊn/ **noun** [C] UK (UK/US **sink**) a bowl in a bathroom that water can flow into, used for washing your face or hands ▷ **umywalka**

washcloth /ˈwɒʃklɒθ/ **noun** [C] US (UK **flannel**) a small cloth that you use to wash your face and body ▷ **myjka** → See **The Bathroom** on page Centre 3

washed-out /ˌwɒʃtˈaʊt/ **adjective** looking pale and tired ▷ **wymęczony**

washer /ˈwɒʃəʳ/ **noun** [C] **1** a thin, flat ring that is put between a nut and a bolt ▷ **podkładka** **2** a machine that washes clothes ▷ **pralka**

washing /ˈwɒʃɪŋ/ **noun** [U] clothes, sheets, and similar things that are being washed or have been washed, or when you wash these: *I'm* ***doing the washing*** *this morning.* ◦ *He does his own washing and ironing.* ▷ **pranie**

ˈ**washing maˌchine** **noun** [C] Ⓐ2 a machine that washes clothes ▷ **pralka**

ˈ**washing ˌpowder** **noun** [C] UK (US **laundry detergent**) a soap in the form of a powder that is used to wash clothes ▷ **proszek do prania**

washing-up /ˌwɒʃɪŋˈʌp/ **noun** [U] UK Ⓐ2 when you wash the dishes, pans, and other things you have used for cooking and eating a meal: *He was* ***doing the washing-up****.* ▷ **zmywanie (naczyń)**

ˌ**washing-ˈup ˌliquid** **noun** [C, U] UK (US **dish soap**) a thick liquid soap used to wash pans, plates, knives and forks, etc ▷ **płyn do naczyń**

washout /ˈwɒʃaʊt/ **noun** [no plural] informal an

W

event that fails badly: *No one came to the fete – it was a complete washout.* ▷ **klapa**

washroom /ˈwɒʃruːm/ **noun** [C] US a room where you can go to the toilet or wash your hands and face ▷ **toaleta**

wasn't /ˈwɒzᵊnt/ short for was not: *I wasn't hungry this morning.*

wasp /wɒsp/ **noun** [C] B2 a flying insect with a thin, black and yellow body: *a wasp sting* ▷ **osa**

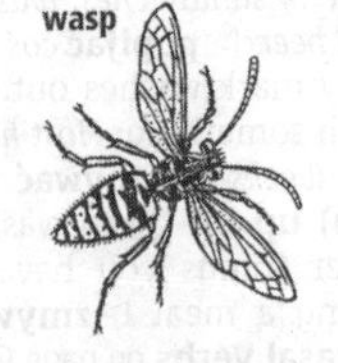

wastage /ˈweɪstɪdʒ/ **noun** [U] when you waste something: *fuel wastage* ▷ **straty**

waste¹ /weɪst/ **noun 1** [U, no plural] B1 a bad use of something useful, such as time or money, when there is a limited amount of it: *Meetings are a* ***waste of time****.* ◦ *They throw away loads of food – it's such a waste.* ◦ *a waste of energy/resources* ▷ **strata, marnotrawstwo 2** [U] B2 things that are not wanted, especially what remains after you have used something: ***household/nuclear waste*** ▷ **odpady 3 go to waste** to not be used: *I hate to see good food go to waste.* ▷ **marnować się**

> Wyrazy występujące razem z **waste**
>
> a waste **of** sth • a waste of **effort/money/time** • **household/nuclear/toxic** waste • waste **disposal** • **go to** waste

waste² /weɪst/ **verb** [T] **1** B1 to use too much of something or use something badly when there is a limited amount of it: *I don't want to waste any more time so let's start.* ◦ *Why waste your money on things you don't need?* ▷ **marnować, trwonić 2 be wasted on sb** to be clever or of high quality in a way that someone will not understand or enjoy: *Good coffee is wasted on Joe – he prefers instant.* ▷ **marnować się u** *kogoś*, ≈ **szkoda** *czegoś* **dla** *kogoś*

PHRASAL VERB **waste away** to become thinner and weaker ▷ **marnieć**

waste³ /weɪst/ **adjective** [always before noun] B1 Waste material is not now needed and can be got rid of: ***waste paper*** ▷ **zużyty, odpadowy**

wasteful /ˈweɪstfᵊl/ **adjective** using too much of something, or using something badly when there is a limited amount of it ▷ **rozrzutny, nieekonomiczny**

wasteland /ˈweɪstlænd/ **noun** [C, U] an area of land that cannot be used in any way ▷ **nieużytek, nieużytki, teren niezagospodarowany**

ˌwastepaper ˈbasket noun [C] UK (US **wastebasket**) a container that is used inside buildings for putting rubbish such as paper into ▷ **kosz na śmieci**

watch¹ /wɒtʃ/ **verb 1** [I, T] A1 to look at something for a period of time: *I watched him as he arrived.* ◦ *The kids are watching TV.* ◦ *I want to watch the news (= programme on television).* ▷ **obserwować, oglądać 2** [T] B2 to be careful about something: *She has to watch what she eats.* ◦ *Watch how you cross the road!* ▷ **być ostrożnym, uważać (na) 3** [T] to give attention to a situation which is changing: *We'll be watching the case with interest.* ▷ **obserwować, śledzić** → See also **bird-watching**, **watch your *step***

PHRASAL VERBS **watch out** B2 used to tell someone to be careful because they are in danger: *Watch out! There's a car coming!* ◦ *Drivers were told to* ***watch out for*** *black ice on the road.* ▷ **uważać, uwaga!** • **watch over sb** to look after someone and protect them if it is necessary ▷ **opiekować się** *kimś*

watch² /wɒtʃ/ **noun 1** [C] A1 a small clock on a strap that you fasten round your wrist: *I don't* ***wear a watch****.* ▷ **zegarek 2** [U, no plural] when you watch or give attention to something or someone, especially to make sure nothing bad happens: *We're* ***keeping a*** *close* ***watch*** *on the situation.* ▷ **uwaga**

> Wyrazy występujące razem z **watch (noun)**
>
> **wear** a watch • **glance at/look at** your watch

watchdog /ˈwɒtʃdɒg/ **noun** [C] an organization whose job is to make sure that companies behave legally and provide good services ▷ **urząd regulacji lub nadzoru**

watchful /ˈwɒtʃfᵊl/ **adjective** careful to notice things and ready to deal with problems: *They were playing outside under the* ***watchful eye*** *of a teacher.* ▷ **uważny, czujny**

watchword /ˈwɒtʃwɜːd/ **noun** [no plural] a word or phrase that describes the main ideas or most important part of something: *As regards fashion, the watchword this season is simplicity.* ▷ **hasło (wywoławcze)**

water¹ /ˈwɔːtəʳ/ **noun** [U] **1** A1 the clear liquid that falls from the sky as rain and that is in seas, lakes, and rivers: ***hot/cold water*** ◦ *a drink of water* ▷ **woda 2** (also **waters**) A2 an area in the sea or in a river or lake: *coastal waters* ▷ **woda**

IDIOMS **be in deep water** to be in a difficult situation which is hard to deal with: *They tried to adopt a baby illegally and ended up in very deep water.* ▷ **być w opałach** • **be (like) water off a duck's back** If criticisms, insults, etc are like water off a duck's back to you, they do not affect you at all: *She calls him lazy and useless, but it's like water off a duck's back.* ▷ **spływać po** *kimś* **(jak woda po gęsi lub kaczce)**

→ See also **drinking water**, **mineral water**, **tap water**

W

water[2] /ˈwɔːtəʳ/ **verb 1** [T] B2 to pour water over plants ▷ **podlewać 2** [I] If food makes your mouth water, it makes you want to eat it, sometimes making your mouth produce liquid: *The smells from the kitchen are making my mouth water.* ▷ **ślinić się 3** [I] If your eyes water, they produce liquid because something is hurting them: *The smoke was making my eyes water.* ▷ **łzawić**

PHRASAL VERB **water sth down 1** to add water to a drink, especially an alcoholic drink ▷ **rozwadniać** *coś*, **rozcieńczać** *coś* **2** to make a plan or idea less extreme, usually so that people will accept it ▷ **złagodzić** *coś*

watercolour UK (US **watercolor**) /ˈwɔːtəˌkʌləʳ/ **noun** [C] a type of paint that is mixed with water, or a picture made with this paint ▷ **akwarela**

ˈwater ˌcooler noun [C] a machine for providing cool drinking water, usually in an office or other public place ▷ **dystrybutor (wody)**

watercress /ˈwɔːtəkres/ **noun** [U] a small, strong-tasting plant that is eaten in salads ▷ **rzeżucha**

the ˈwater ˌcycle noun the way that water is taken up from the sea, rivers, soil, etc and then comes back down as rain or snow ▷ **obieg wody w przyrodzie**

waterfall /ˈwɔːtəfɔːl/ **noun** [C] B1 a stream of water that flows from a high place, often to a pool below ▷ **wodospad**

waterfront /ˈwɔːtəfrʌnt/ **noun** [C] a part of a town which is next to the sea, a lake, or a river: *waterfront restaurants* ▷ **wybrzeże, nabrzeże**

waterhole /ˈwɔːtəhəʊl/ **noun** [C] a small pool of water in a dry area where animals go to drink ▷ **wodopój**

ˈwatering ˌcan noun [C] a container used for watering plants in the garden ▷ **konewka**

waterlogged /ˈwɔːtəlɒgd/ **adjective** Waterlogged land is too wet. ▷ **podmokły, zalany**

watermark /ˈwɔːtəmɑːk/ **noun** [C] a pattern or picture on paper, especially paper money, which you can only see when a strong light is behind it ▷ **znak wodny**

watermelon /ˈwɔːtəˌmelən/ **noun** [C, U] a large, round, green fruit that is pink inside with a lot of black seeds ▷ **arbuz**

waterproof /ˈwɔːtəpruːf/ **adjective** B2 Waterproof material or clothing does not let water through: *a waterproof sleeping bag* ▷ **nieprzemakalny**

waters /ˈwɔːtəz/ **noun** [plural] the part of a sea around the coast of a country that legally belongs to that country ▷ **wody**

watershed /ˈwɔːtəʃed/ **noun** [no plural] an important event after which a situation completely changes: *The discovery marked* ***a watershed in*** *the history of medicine.* ▷ **przełom**

water-skiing /ˈwɔːtəskiːɪŋ/ **noun** [U] a sport in which someone is pulled behind a boat while standing on skis ▷ **narciarstwo wodne**

ˈwater ˌtable noun [C] the layer below the Earth's surface where water is found ▷ **poziom wód gruntowych**

watertight /ˈwɔːtətaɪt/ **adjective 1** Something that is watertight prevents any water from entering it. ▷ **wodoszczelny 2** A watertight reason or excuse is one that no one can prove is false: *a watertight alibi* ▷ **niepodważalny**

waterway /ˈwɔːtəweɪ/ **noun** [C] a river or canal which people can use to travel along ▷ **droga wodna, szlak wodny**

watery /ˈwɔːtᵊri/ **adjective 1** made with too much water: *watery soup* ▷ **wodnisty, rozwodniony 2** Watery eyes are wet with tears. ▷ **załzawiony**

watt /wɒt/ **noun** [C] (written abbreviation **W**) a unit for measuring electrical power: *a 60 watt light bulb* ▷ **wat**

wave[1] /weɪv/ **verb 1** [I] B1 to raise your hand and move it from side to side in order to attract someone's attention or to say goodbye: ***Wave goodbye*** *to Grandma.* ◦ *She* ***waved at*** *him.* ▷ **machać 2 wave sb in/on/through, etc** to show which way you want someone to go by moving your hand in that direction: *The police waved him on.* ▷ **machnąć na** *kogoś*, **dać** *komuś* **znak ręką 3** [I, T] (also **wave about/around**) to move from side to side in the air or make something move this way: *The long grass waved in the breeze.* ◦ *He started waving his arms about wildly.* ▷ **falować, machać**

PHRASAL VERBS **wave sth aside** to refuse to consider what someone says: *She waved aside all my objections.* ▷ **zignorować** *coś* • **wave sb off** to wave your hand to someone as they are leaving in order to say goodbye: *We went to the station to wave him off.* ▷ **pomachać** *komuś* **na pożegnanie**

wave[2] /weɪv/ **noun** [C] **1** B1 a line of higher water that moves across the surface of the sea or a lake: *I could hear the waves crashing against the rocks.* ▷ **fala 2** a group of people or things that arrive or happen together or in a short period of time: *There has been a* ***wave of*** *kidnappings in the region.* ◦ *Another* ***wave of*** *refugees is arriving at the border.* ▷ **fala 3 a wave of hatred/enthusiasm/sadness, etc** when you suddenly feel an emotion: *She felt a sudden wave of sadness.* ▷ **fala nienawiści/przypływ entuzjazmu/smutku** *itp.* **4** when you raise your hand and move it from side to side in order to attract someone's attention or say goodbye: *She* ***gave a*** *little* ***wave*** *as the train left.* ▷ **machnięcie ręką lub ręki 5** B2 a piece of sound, light, or other energy that travels up and down in a curved pattern: *a radio wave* ▷ **fala** → See also **new wave, tidal wave**

wavelength /ˈweɪvleŋθ/ **noun** [C] **1** the length of radio wave used by a radio company for

W

broadcasting its programmes ▷ **długość fali** **2** the distance between one sound or light wave, etc and the next ▷ **długość fali**

IDIOM **be on the same wavelength** If two people are on the same wavelength, they have the same way of thinking and it is easy for them to understand each other. ▷ **nadawać na tych samych falach, świetnie się rozumieć**

waver /ˈweɪvər/ **verb** [I] **1** to start to be uncertain about a belief or decision: *Her support for him never wavered.* ◦ *I'm **wavering between** the blue shirt and the red.* ▷ **wahać się** **2** to shake slightly or lose strength: *His voice wavered and I thought he was going to cry.* ▷ **drżeć**

wavy /ˈweɪvi/ **adjective** with slight curves: *wavy hair* ▷ **falisty, pofalowany**

wax[1] /wæks/ **noun** [U] a solid substance that becomes soft when warm and melts easily, often used to make candles ▷ **wosk**

wax[2] /wæks/ **verb** [T] **1** to put wax on something, especially to make it shiny: *They cleaned and waxed my car.* ▷ **woskować** **2** If you wax your legs, you remove the hair from them by using wax. ▷ **depilować woskiem**

way[1] /weɪ/ **noun** **1** [C] (A2) how you do something: [+ to do sth] *I must **find a way** to help him.* ◦ [+ of + doing sth] *We looked at various ways of solving the problem.* ◦ [+ (that)] *It was the way that she told me that I didn't like.* ▷ **sposób** **2** [C] (A2) the route you take to get from one place to another: [usually singular] *Is there another way out of here?* ◦ *I must buy a paper **on the way** home.* ◦ *Can you **find your way** back to my house?* ◦ *I took the wrong road and **lost my way** (= got lost).* ▷ **droga** **3 make your way to/through/towards, etc** (B2) to move somewhere, often with difficulty: *We made our way through the shop to the main entrance.* ▷ **kierować się do/przez/ku** *itp.* **4 be on her/my/its, etc way** to be arriving soon: *Apparently she's on her way.* ▷ **być w drodze** **5 in/out of the/sb's way** (B2) in/not in the area in front of someone that they need to pass or see through: *I couldn't see because Bill was in the way.* ◦ *Sorry, am I in your way?* ◦ *Could you move out of the way, please?* ▷ *komuś* **(nie) na drodze lub widoku** **6 a third of the way/most of the way, etc** used to say how much of something is completed: *A third of the way through the film she dies.* ▷ **w jednej trzeciej/pod koniec** *itp.* **7 get in the way of sth/sb** to prevent someone from doing or continuing with something: *Don't let your new friends get in the way of your studies.* ▷ **przeszkadzać w** *czymś/komuś* **8 be under way** to be already happening: *Building work is already under way.* ▷ **być w toku** **9 give way (to sb/sth) a** to allow someone to get what they want, or to allow something to happen after trying to prevent it: *The boss finally gave way when they threatened to stop work.* ▷ **ulegać (***komuś/czemuś***)** **b** UK (US **yield**) to allow other vehicles to go past before you move onto a road ▷ **ustępować (***komuś/czemuś***) pierwszeństwa przejazdu** **10 give way to sth** to change into something else: *Her excitement quickly gave way to horror.* ▷ **przerażać się w** *coś*, **ustępować miejsca** *czemuś* **11 give way** If something gives way, it falls because it is not strong enough to support the weight on top of it: *Suddenly the ground gave way under me.* ▷ **zapadać się, poddać się** **12 get sth out of the way** to finish something: *I'll go shopping when I've got this essay out of the way.* ▷ **mieć** *coś* **(już) z głowy, skończyć** *coś* **13** [C] (B1) a direction something faces or travels: *This bus is going the **wrong way**.* ◦ *Which **way up** does this picture go (= which side should be at the top)?* ◦ UK *He always wears his baseball cap **the wrong way round** (= backwards).* ▷ **kierunek, strona** **14** [no plural] (B1) an amount of space or time: *We're **a long way** from home.* ◦ *The exams are still **a long way away/off**.* ▷ **droga, czas** **15 make way** to move away so that someone or something can pass ▷ **posunąć się** **16 make way for sth** If you move or get rid of something to make way for something new, you do so in order to make a space for the new thing: *They knocked down the old houses to make way for a new hotel.* ▷ **zrobić miejsce na** *coś* **17 in a way/in many ways** (B2) used to say that you think something is partly true: *In a way his behaviour is understandable.* ▷ **w pewnym sensie** **18 in no way** not at all: *This is in no way your fault.* ▷ **w żadnym wypadku** **19 there's no way** informal (B1) If there is no way that something will happen, it is certainly not allowed or not possible: *There's no way that dog's coming in the house.* ▷ **nie ma mowy** **20 No way!** informal (B1) certainly not: *"Would you invite him to a party?" "No way!"* ▷ **Nie ma mowy!** **21 get/have your (own) way** to get what you want, although it might upset other people: *She always gets her own way in the end.* ▷ **postawić na swoim** **22 in a big/small way** informal used to describe how much or little you do a particular thing: *They celebrate birthdays in a big way.* ▷ **na dużą/małą skalę** **23 a/sb's way of life** (B1) the way someone lives: *Violence has become a way of life there.* ▷ **(***czyjś***) sposób na życie, (***czyjś***) chleb powszedni**

IDIOMS **by the way** (A2) used when you say something that does not relate to what is being discussed: *Oh, by the way, my name's Julie.* ▷ **przy okazji, nawiasem mówiąc, swoją drogą** • **go out of your way to do sth** to try very hard to do something pleasant for someone: *He went out of his way to make us feel welcome.* ▷ **robić wszystko, aby …** • **rub sb up the wrong way** UK (US **rub sb the wrong way**) to annoy someone without intending to ▷ **działać** *komuś* **na nerwy**

→ See also **the Milky Way**

way[2] /weɪ/ **adverb** informal used to emphasize how extreme something is: *The room was **way***

W

***too** hot.* ◦ *He's in second place but he's **way behind/off**.* ▷ **o wiele, bardzo**

ˌway ˈout noun [C] **1** UK (UK/US **exit**) a door that takes you out of a building ▷ **wyjście 2** a way of avoiding doing something unpleasant: *I'm supposed to be going to this meeting at 2.00 and I'm looking for a way out.* ▷ **wyjście, wykręt**

wayside /ˈweɪsaɪd/ **noun**

IDIOM **fall by the wayside** to fail to complete something or be completed: *Many students fall by the wayside during their first year at college.* ▷ **wykruszać się**

wayward /ˈweɪwəd/ **adjective** literary behaving badly in a way that causes trouble for other people ▷ **krnąbrny**

WC /ˌdʌbljuːˈsiː/ **noun** [C] UK abbreviation for water closet: a toilet, especially in a public place ▷ **WC**

we strong /wiː/ weak /wi/ **pronoun 1** A1 used as the subject of the verb when the person speaking or writing is referring to themselves and one or more other people: *My wife and I both play golf and we love it.* ▷ **my 2** B1 people generally: *The world in which we live is very different.* ▷ **my (wszyscy)**

weak /wiːk/ **adjective 1** B1 not physically strong: *He felt too weak to sit up.* ◦ *The children were **weak with/from** hunger.* ▷ **słaby 2** B2 not powerful, or not having a strong character: *a weak government/leader* ▷ **słaby 3** likely to fail: *a weak economy* ◦ *a weak team* ▷ **słaby 4** B2 likely to break and not able to support heavy things: *a weak bridge* ▷ **słaby 5** B2 A weak drink has little taste or contains little alcohol: *weak coffee/beer* ▷ **słaby 6** B2 A weak reason or excuse is one that you cannot believe because there is not enough proof to support it. ▷ **słaby 7** B1 not good at something: *She reads well but her spelling is weak.* ▷ **słaby 8** B2 difficult to see or hear: *He spoke in a weak voice.* ◦ *a weak light* ▷ **słaby**

ˌweak ˈacid noun [C] an acid with a pH of 5 or 6 whose ionic compounds do not completely separate or divide into smaller molecules in a solution containing water ▷ **słaby kwas**

weaken /ˈwiːkᵊn/ **verb** [I, T] **1** to become less strong or powerful, or to make someone or something less strong or powerful: *A number of factors have weakened the economy.* ▷ **osłabiać, słabnąć 2** to become less certain or determined about a decision, or to make someone less determined: *I told him he wasn't having any more money but then I weakened.* ▷ **uginać się, osłabiać**

weakling /ˈwiːklɪŋ/ **noun** [C] someone who is physically weak ▷ **słabeusz**

weakness /ˈwiːknəs/ **noun 1** [U] B2 when someone or something is not strong or powerful: *Asking for help is not a **sign of weakness**.* ▷ **słabość 2** [C] B2 a particular part or quality of something or someone that is not good: *What do you think are your weaknesses as a manager?* ◦ *There are a number of weaknesses in this proposal.* ▷ **słaby punkt, niedociągnięcie 3 have a weakness for sth/sb** to like a particular thing or person very much: *She has a real weakness for ice cream.* ▷ **mieć słabość do** *czegoś/kogoś*

wealth /welθ/ **noun 1** B2 [U] when someone has a lot of money or valuable possessions: *He enjoyed his new wealth and status.* ▷ **majątek, bogactwo 2 a wealth of sth** a large amount of something good: *a wealth of experience/information* ▷ **mnóstwo** *czegoś*

wealthy /ˈwelθi/ **adjective** B2 rich: *a wealthy businessman/nation* ◦ *Only **the very wealthy** can afford to live here.* ▷ **bogaty, zamożny**

wean /wiːn/ **verb** [T] to start to give a baby food to eat instead of its mother's milk ▷ **odstawiać od piersi**

PHRASAL VERB **wean sb off sth** to make someone gradually stop using something that is bad for them: *I'm trying to wean myself off fatty food generally.* ▷ **odzwyczajać** *kogoś* **od** *czegoś*

weapon /ˈwepən/ **noun** [C] B2 a gun, knife, or other object used to kill or hurt someone: ***nuclear weapons*** ◦ *Police have found the murder weapon.* ▷ **broń**

• **weaponry** noun [U] weapons ▷ **broń**

> Wyrazy występujące razem z **weapon**
>
> biological/chemical/nuclear weapons • deadly/lethal/offensive weapons • carry/possess a weapon

wear[1] /weəʳ/ **verb** (past tense **wore**, past participle **worn**) **1** [T] A1 to have a piece of clothing, jewellery, etc on your body: *I wear jeans a lot of the time.* ◦ *She wears glasses.* ◦ *I don't usually wear make-up for work.* ▷ **nosić, mieć na sobie 2** [T] to show a particular emotion on your face: *He was wearing a smile/frown.* ▷ **mieć na twarzy 3** [T] to arrange or grow your hair in a particular way: *She usually wears her hair in a ponytail.* ▷ **czesać, nosić 4** [I, T] to become thin and damaged after being used a lot, or to make this happen: *The carpet is already starting to wear in places.* ◦ *He keeps **wearing holes in** his socks.* ▷ **przecierać (się), zużywać (się)** → See also **wear *thin***

PHRASAL VERBS **wear (sth) away** to disappear after a lot of time or use, or to make something disappear in this way: *The words on the gravestone had worn away completely.* ▷ **zacierać się/** *coś* • **wear sb down** to make someone feel tired and less able to argue: *Their continual nagging just wears me down.* ▷ **pokonywać** *czyjś* **opór, wyczerpać** *kogoś* • **wear off** B2 If a feeling or the effect of something wears off, it gradually disappears: *The anaesthetic is starting to wear off.* ▷ **przestawać działać, mijać** • **wear on** If a period of time wears on, it passes, especially slowly: *As time wore on she became more and more unhappy.* ▷ **upływać, mijać, wlec się** •

W

wear sb out B2 to make someone extremely tired: *All this walking is wearing me out.* ▷ **wyczerpać** *kogoś* • **wear (sth) out** B1 to use something so much that it is damaged and cannot be used any more, or to become damaged in this way: *He's already worn out two pairs of shoes this year.* ▷ **zużyć** *coś*

wear² /weəʳ/ **noun** [U] **1** (also **wear and tear**) damage that happens to something when it is used a lot: *The furniture is already showing signs of wear.* ▷ **zużycie 2** how much you wear a piece of clothing: *These clothes are not for everyday wear.* ▷ **użytek 3 be the worse for wear** to be in a bad state or condition: *He looked a little the worse for wear this morning.* ▷ **być w kiepskim stanie**

-wear /weəʳ/ **suffix** used at the end of words that describe a particular type of clothes: *menswear/swimwear* ▷ **odzież**

wearing /ˈweərɪŋ/ **adjective** making you tired or annoyed ▷ **nużący**

weary /ˈwɪəri/ **adjective 1** tired: *You look weary, my love.* ▷ **zmęczony, znużony 2 weary of sth/sb** bored with something or someone: *She **grew weary of** the children and their games.* ▷ **znużony lub zmęczony lub znudzony** *czymś/kimś*

• **wearily adverb** ▷ **ze znużeniem** • **weariness noun** [U] ▷ **znużenie**

weasel /ˈwiːzᵊl/ **noun** [C] a small animal with a long body that kills and eats other small animals ▷ **łasica**

weather¹ /ˈweðəʳ/ **noun** [U] A1 the temperature or conditions outside, for example if it is hot, cold, sunny, etc: *The flight was delayed because of **bad weather**.* ▷ **pogoda**

IDIOM **be/feel under the weather** to feel ill ▷ **czuć się podle**

> **Wyrazy występujące razem z weather**
>
> bad/cold/good/hot/stormy/warm/wet weather • weather **brightens up/improves/worsens**

weather² /ˈweðəʳ/ **verb** [T] to deal with a difficult situation or difficult conditions: *to weather criticism/a recession* ▷ **stawiać czoło, przetrwać**

weathered /ˈweðəd/ **adjective** looking rough and old: *a weathered face* ▷ **zniszczony**

ˈ**weather** ˌ**forecast noun** [C] B1 a description of what the weather will be like ▷ **prognoza pogody**

weathering /ˈweðərɪŋ/ **noun** [U] when rocks are broken into small pieces by the action of the weather ▷ **wietrzenie**

weave /wiːv/ **verb 1 weave in and out; weave through** (past tense and past participle **weaved**) to go somewhere by moving around a lot of things: *to weave in and out of the traffic* ◦ *to weave through the crowd* ▷ **lawirować 2** [I, T] (past tense **wove**, past participle **woven**) to make cloth on a machine by crossing threads under and over each other ▷ **tkać**

web /web/ **noun** [C] **1** B1 a type of net made by a spider to catch other insects: *a spider's web* ▷ **pajęczyna 2 the Web** A2 (also **the World Wide Web**) part of the Internet that consists of all the connected websites ▷ **Internet**

ˈ**web** ˌ**address noun** [C] (US ˈ**web** ˌ**address**) an email or website address ▷ **adres internetowy**

ˈ**web** ˌ**browser noun** [C] a computer program which allows you to look at pages on the Internet ▷ **przeglądarka**

webcam /ˈwebkæm/ **noun** [C] B1 a camera which records moving pictures and sound and allows these to be shown on the Internet as they happen ▷ **kamera internetowa**

webcast /ˈwebkɑːst/ **noun** [C] a broadcast made on the Internet ▷ **webcast (transmisja na żywo w internecie)**

ˈ**web** ˌ**page noun** [C] A2 a part of a website that can be read on a computer screen ▷ **strona internetowa**

ˈ**web** ˌ**server noun** [C] a computer system or program that finds and sends web pages when Internet users ask for them ▷ **serwer WWW**

website /ˈwebsaɪt/ **noun** [C] A1 an area on the Web where information about a particular subject, organization, etc can be found ▷ **strony (internetowe), strona internetowa**

Wed (also **Weds**) written abbreviation for Wednesday ▷ **śr. (= środa)**

we'd /wiːd/ **1** short for we had: *By the time she arrived we'd eaten.* **2** short for we would: *We'd like two tickets for the three o'clock show, please.*

wedding /ˈwedɪŋ/ **noun** [C] B1 an official ceremony at which a man and woman get married: *We're **going to a wedding** on Saturday.* ◦ ***a wedding dress/ring*** ▷ **ślub** → See also **golden wedding**

> **Wyrazy występujące razem z wedding**
>
> **go to/be invited to/plan** a wedding • **at** a wedding • sb's wedding **to** sb • sb's wedding **day** • a wedding **dress/guest/present/reception/ring**

wedge¹ /wedʒ/ **noun** [C] a piece of something that is thin at one end and thicker at the other: *a big wedge of cheese* ▷ **klin, kawałek**

wedge² /wedʒ/ **verb** [T] **1 wedge sth open/shut** to use a wedge or similar-shaped object to keep a door or window firmly open or closed: *The room was hot so I wedged the door open.* ▷ **zaklinować** *coś*, **zablokować** *coś* **2** to push something into a narrow space: *I was wedged between Andy and Pete in the back of the car.* ▷ **wciskać**

Wednesday /ˈwenzdeɪ/ **noun** [C, U] (written abbreviation **Wed, Weds**) A1 the day of the week after Tuesday and before Thursday ▷ **środa**

wee[1] /wiː/ **noun** [no plural] mainly UK informal when you urinate: *to have a wee* ◦ *I need a wee.* ▷ **siusiu**

• **wee verb** [I] (present participle **weeing**, past tense and past participle **weed**) ▷ **siusiać**

wee[2] /wiː/ **adjective** small, usually used by Scottish speakers: *a wee girl* ▷ **malutki**

weed[1] /wiːd/ **noun** [C] a wild plant that you do not want to grow in your garden: *Dandelions are common weeds.* ▷ **chwast**

weed[2] /wiːd/ **verb** [I, T] to remove wild plants from a garden where they are not wanted ▷ **odchwaszczać, plewić**

PHRASAL VERB **weed sb/sth out** to get rid of people or things that you do not want from a group: *The government plans to weed out bad teachers.* ▷ **wyplenić** *kogoś/coś*

weedy /ˈwiːdi/ **adjective** UK informal thin and weak: *He looks too weedy to be an athlete.* ▷ **cherlawy**

week /wiːk/ **noun** **1** Ⓐ1 [C] a period of seven days: *last week/next week* ◦ *I've got three exams this week.* ◦ *We get paid every week.* ▷ **tydzień** **2 the week** Ⓐ1 the five days from Monday to Friday when people usually go to work or school: *I don't go out much during the week.* ▷ **tydzień (roboczy), dni powszednie**

weekday /ˈwiːkdeɪ/ **noun** [C] Ⓐ2 one of the five days from Monday to Friday, when people usually go to work or school: *This road is very busy on weekdays.* ▷ **dzień powszedni**

weekend /ˌwiːkˈend/ Ⓤⓢ /ˈwiːkend/ **noun** [C] **1** Ⓐ1 Saturday and Sunday, the two days in the week when many people do not work: *Are you doing anything this weekend?* ◦ *I'm going home for the weekend.* ▷ **weekend** **2 at the weekend** UK (US **on the weekend**) on Saturday or Sunday: *He's going to a football match at the weekend.* ▷ **w weekend**

weekly /ˈwiːkli/ **adjective, adverb** Ⓐ2 happening once a week or every week: *a weekly newspaper* ◦ *We're paid weekly.* ▷ **cotygodniowy, co tydzień**

weep /wiːp/ **verb** [I, T] (past tense and past participle **wept**) literary to cry, usually because you are sad ▷ **płakać**

the weft /weft/ **noun** the threads in a piece of cloth that go from side to side and are twisted over and under threads going from end to end ▷ **wątek**

weigh /weɪ/ **verb** **1 weigh 200g/75 kg/10 stone, etc** Ⓑ1 to have a weight of 200g/75 kg/10 stone, etc: *How much do you weigh?* ▷ **ważyć 200 g/75 kg/63,5 kg** *itp.* **2** [T] Ⓑ1 to measure how heavy someone or something is: *Can you weigh that piece of cheese for me?* ◦ *She weighs herself every day.* ▷ **ważyć** **3** [T] (also UK **weigh up**) Ⓑ2 to consider something carefully, especially in order to make a decision: *The jury must weigh the evidence.* ◦ *He needs to weigh up the pros and cons of going to college.* ▷ **rozważać**

PHRASAL VERBS **weigh sth against sth** to judge which of two things is more important before making a decision: *The advantages have to be weighed against the possible disadvantages.* ▷ **rozważyć** *coś* **i** *coś*, **porównać** *coś* **z** *czymś* • **be weighed down by/with sth** **1** to be carrying or holding too much: *She was weighed down with shopping bags.* ▷ **uginać się pod ciężarem** *czegoś* **2** to be very worried about something: *be weighed down by problems/debts* ▷ **być przytłoczonym** *czymś* • **weigh on/upon sb/sth** If a problem or responsibility weighs on you, it makes you worried or unhappy: *Problems at work are weighing on me.* ▷ **przytłaczać** *kogoś/coś* • **weigh sth out** to measure an amount of something: *Weigh out 8 ounces of flour.* ▷ **odważać** *coś*

Wyrazy występujące razem z weight

gain/lose/put on weight • carry/lift/support a weight • average/excess/heavy/ideal/light weight

weight /weɪt/ **noun** **1** [U] Ⓑ1 how heavy someone or something is: *He's about* ***average height and weight.*** ▷ **waga** **2 lose weight** If someone loses weight, they become lighter and thinner: *I need to* ***lose a bit of weight.*** ▷ **tracić na wadze** **3 put on/gain weight** If someone puts on weight or gains weight, they become heavier and fatter. ▷ **przybierać na wadze** **4** [U, no plural] Ⓑ2 the quality of being heavy: *The shelf collapsed under the weight of the books.* ▷ **ciężar** **5** [C] Ⓑ2 something that is heavy: *You're not supposed to lift heavy weights after an operation.* ▷ **ciężar**

IDIOMS **carry weight** to be considered important and effective in influencing someone: *His opinions carry a lot of weight with the scientific community.* ▷ **liczyć się** • **pull your weight** to work as hard as other people in a group: *The rest of the team complained that Sarah wasn't pulling her weight.* ▷ **robić swoją robotę lub działkę** • **throw your weight around** to behave as if you are more important or powerful than other people ▷ **rządzić się, panoszyć się** • **a weight off your mind** when a problem which has been worrying you stops or is dealt with: *Finally selling that house was a weight off my mind.* ▷ **kamień z serca**

→ See also **paper weight**

weighted /ˈweɪtɪd/ **adjective** **be weighted in favour of/towards/against sth** to give one group an advantage or disadvantage over other people: *The system is weighted in favour of families with young children.* ▷ **działać na korzyść/na niekorzyść** *czegoś/kogoś*, **preferować/krzywdzić** *coś/kogoś*

weights /weɪts/ **noun** [plural] heavy pieces of

W

metal that you lift up and down to make your muscles stronger ▷ **ciężary**

weighty /ˈweɪti/ **adjective** very serious and important: *The film deals with the **weighty issues** of religion and morality.* ▷ **ważki, poważny**

weir /wɪəʳ/ **noun** [C] UK a low wall built across a river to control the flow of water ▷ **jaz**

weird /wɪəd/ **adjective** B2 very strange: *I had a really weird dream last night.* ▷ **dziwaczny, dziwny**

weirdo /ˈwɪədəʊ/ **noun** [C] informal a person who behaves strangely ▷ **dziwa-k/czka**

welcome¹ /ˈwelkəm/ **exclamation** A2 used to greet someone who has just arrived somewhere: *Welcome home!* ◦ *Welcome to the UK.* ▷ **witam/y**

welcome² /ˈwelkəm/ **verb** [T] **1** B1 to greet someone who has arrived in a place: *Both families were there to welcome us.* ▷ **witać, powitać 2** B2 to be pleased about something and want it to happen: *The decision was welcomed by everybody.* ◦ *I would welcome your advice.* ▷ **przyjmować lub witać z zadowoleniem**

welcome³ /ˈwelkəm/ **adjective 1** B2 If something is welcome, people are pleased about it and want it to happen: *a **welcome change*** ◦ *Your comments are very welcome.* ▷ **mile widziany** → Opposite **unwelcome 2 You're welcome.** A2 used to be polite to someone who has thanked you: *"Thank you." "You're welcome."* ▷ **Nie ma za co 3 make sb (feel) welcome** B1 to make a visitor feel happy and comfortable in a place by being kind and friendly to them: *They made me very welcome in their home.* ▷ **życzliwie** *kogoś* **przyjmować 4 be welcome to do sth** B1 used to tell someone that they can certainly do something, if they want to: *Anyone who is interested is welcome to come along.* ▷ **móc** *coś zrobić* **5 be welcome to sth** used to tell someone that they can certainly have something, if they want it, because you do not ▷ **móc sobie** *coś* **wziąć**

welcome⁴ /ˈwelkəm/ **noun** [no plural] B1 when someone is greeted when they arrive somewhere: *He was **given a warm** (= friendly) **welcome** by his fans.* ▷ **powitanie**

IDIOM **outstay/overstay your welcome** to stay somewhere too long so that people want you to leave ▷ **nadużywać** *czyjejś* **gościnności**

> Wyrazy występujące razem z **welcome (noun)**
>
> **get/be given** a [big/friendly/warm, etc] welcome

weld /weld/ **verb** [T] to join pieces of metal together by heating them until they almost melt and then pressing them together ▷ **spawać**

welfare /ˈwelfeəʳ/ **noun** [U] **1** B2 Someone's welfare is their health and happiness: *He is concerned about the welfare of young men in prison.* ▷ **dobro 2** US (UK **social security**) money paid by a government to people who are poor, ill, or who do not have jobs: *to be **on welfare*** (= *getting welfare*) ▷ **zasiłek**

ˌwelfare ˈstate UK (US **ˈwelfare ˌstate**) **noun** [no plural] a system in which the government looks after and pays for people who are ill, old, or who cannot get a job ▷ **państwo opiekuńcze**

well¹ /wel/ **adjective** [never before noun] (**better, best**) **1** A1 healthy: *to feel/look well* ◦ *I'm not very well.* ◦ *Are you feeling better now?* ▷ **zdrowy** → Opposite **unwell 2 all is well** B1 everything is in a good or acceptable state: *I hope all is well with Jack.* ▷ **wszystko dobrze lub w porządku 3 be all very well** used to show that you do not agree with something or that you are annoyed about something: *It's all very well for her to say everything's fine, she doesn't have to live here.* ▷ **łatwo, dobrze 4 be (just) as well** used to say that something might be a good thing to do or happen: [+ (that)] *It was just as well that you left when you did.* ▷ **(to) nawet lepiej** → See also **be *alive* and kicking/well**

well² /wel/ **adverb** (**better, best**) **1** A1 in a successful or satisfactory way: *I thought they played well.* ◦ *He's **doing well** at school/work.* ▷ **dobrze 2** A2 in a complete way or as much as possible: *I know him quite well.* ◦ *Stir the mixture well.* ▷ **dobrze 3 as well** A1 also: *Are you going to invite Steve as well?* ▷ **też, także 4 as well as sth** A1 in addition to something: *They have lived in the United States as well as Britain.* ▷ **oraz** *coś* **5 may/might as well do sth** B2 If you may/might as well do something, it will not spoil the situation if you do that thing: *If we're not waiting for Karen, we might as well go now.* ▷ **móc równie dobrze** *coś zrobić* **6 may/might/could well** B2 used to say that something is likely to be true: *He could well be at Michelle's house.* ▷ **prawdopodobnie, możliwe, że 7 well above/ahead/below, etc** B2 above/ahead/below, etc by a large amount: *It was well after seven o'clock when we got home.* ▷ **dobrze ponad/przed/poniżej** *itp.* **8 can't/couldn't very well do sth** used to say that something is not a suitable or practical thing to do: *I couldn't very well tell her while he was there.* ▷ **nie móc raczej lub przecież** *czegoś zrobić* **9 Well done!** A1 used to tell someone how pleased you are about their success: *"I passed my exams." "Well done!"* ▷ **Dobra robota!, Świetnie!**

well³ /wel/ **exclamation 1** A1 used at the beginning of a sentence to pause slightly or to express doubt or disagreement: *"You'll go, won't you?" "Well, I'm not sure."* ◦ *"You said the food was bad." "Well, I didn't exactly say that."* ▷ **(no) cóż, no 2** (also **well, well**) used to express surprise: *Well, well, I never expected that to happen.* ▷ **no 3 oh well** B1 used to say that a situation cannot be changed although it might be disappointing: *Oh well, it doesn't matter, I can always buy another one.* ▷ **no cóż, trudno**

well⁴ /wel/ **noun** [C] a deep hole in the ground from which you can get water, oil, or gas ▷ **studnia, szyb**

we'll /wi:l/ short for we shall or we will: *We'll be home on Friday.*

well-balanced /ˌwelˈbælənst/ **adjective 1 a well-balanced diet/meal** B2 food which includes all the different types of food that the body needs to be healthy ▷ **pełnowartościow-a/y lub urozmaicon-y/a dieta/posiłek 2** Well-balanced people are calm and have good judgment. ▷ **stateczny, zrównoważony**

well-behaved /ˌwelbɪˈheɪvd/ **adjective** behaving in a polite and quiet way: *a well-behaved child* ▷ **grzeczny, dobrze wychowany**

well-being /ˈwelˌbi:ɪŋ/ **noun** [U] when someone is healthy, happy, and comfortable ▷ **pomyślność**

well-built /ˌwelˈbɪlt/ **adjective** B2 having a large, strong body ▷ **dobrze zbudowany**

well-connected /ˌwelkəˈnektɪd/ **adjective** having important or powerful friends ▷ **ustosunkowany**

well-done /ˌwelˈdʌn/ **adjective** Meat that is well-done has been cooked completely and is not pink inside. ▷ **wypieczony**

well-dressed /ˌwelˈdrest/ **adjective** B1 wearing attractive, good quality clothes ▷ **dobrze ubrany**

well-earned /ˌwelˈɜ:nd/ **adjective well-earned break/holiday/rest, etc** a rest that you deserve because you have been working hard ▷ **zasłużon-a/y przerwa/urlop/wypoczynek** *itp.*

well-educated /ˌwelˈedʒʊkeɪtɪd/ **adjective** having had a good education ▷ **dobrze wykształcony**

well-established /ˌwelɪˈstæblɪʃt/ **adjective** having existed for a long time: *a well-established tradition* ▷ **zakorzeniony, z tradycjami**

well-fed /ˌwelˈfed/ **adjective** having eaten enough good food: *a well-fed cat* ▷ **dobrze odżywiony**

well-heeled /ˌwelˈhi:ld/ **adjective** having a lot of money, expensive clothes, etc ▷ **nadziany**

wellies /ˈweliz/ **noun** [plural] UK informal (US **rubber boots**) large rubber boots that you wear outside when the ground is wet and dirty: *a pair of wellies* ▷ **kalosze**

well-informed /ˌwelɪnˈfɔ:md/ **adjective** knowing a lot of useful information ▷ **dobrze poinformowany**

wellingtons /ˈwelɪŋtənz/ **noun** [plural] UK wellies ▷ **kalosze**

well-intentioned /ˌwelɪnˈtenʃənd/ **adjective** trying to be helpful and kind but not improving a situation ▷ **powodowany dobrymi intencjami, w dobrej wierze**

well-kept /ˌwelˈkept/ **adjective 1 a well-kept secret** something that has been carefully and successfully kept secret: *The recipe is a well-kept secret.* ▷ **skrzętnie skrywana tajemnica 2** tidy and organized: *a well-kept kitchen* ▷ **zadbany, dobrze utrzymany**

well-known /ˌwelˈnəʊn/ **adjective** A2 famous: *a well-known actor* ▷ **sławny, znany**

well-meaning /ˌwelˈmi:nɪŋ/ **adjective** trying to be helpful and kind but not improving a situation: *well-meaning friends* ▷ **powodowany dobrymi intencjami, w dobrej wierze**

well-off /ˌwelˈɒf/ **adjective** having a lot of money: *His parents are very well-off.* ▷ **zamożny, dobrze sytuowany**

well-organized (also UK **-ised**) /ˌwelˈɔ:gənaɪzd/ **adjective** B2 working in an effective and successful way because of good organization ▷ **dobrze zorganizowany**

well-paid /ˌwelˈpeɪd/ **adjective** B2 earning a lot of money ▷ **dobrze płatny lub opłacany**

well-placed /ˌwelˈpleɪst/ **adjective** in a very convenient position or in a position that gives someone an advantage: [+ to do sth] *She's very well-placed to find out what's going on.* ▷ **w sprzyjającej sytuacji**

well-read /ˌwelˈred/ **adjective** having read a lot of books on different subjects ▷ **oczytany**

well-to-do /ˌweltəˈdu:/ **adjective** old-fashioned having a lot of money: *a well-to-do family* ▷ **zamożny**

well-wisher /ˈwelˌwɪʃəʳ/ **noun** [C] someone who wants another person to be happy, successful, or healthy: *A crowd of well-wishers gathered outside the hospital.* ▷ **sympaty-k/czka**

Welsh /welʃ/ **noun** [U] **1** a language that is spoken in some parts of Wales ▷ **(język) walijski 2 the Welsh** the people of Wales ▷ **Walijczycy**

went /went/ past tense of go

wept /wept/ past of weep

were /wɜ:ʳ/ past simple you/we/they of be ▷ forma przeszła od **be**

we're /wɪəʳ/ short for we are: *Hurry! We're late!*

weren't /wɜ:nt/ short for were not: *They weren't there.*

west, West /west/ **noun** [U] **1** A2 the direction that you face to see the sun go down ▷ **zachód 2 the west** A2 the part of an area that is further towards the west than the rest ▷ **zachód 3 the West** B2 the countries of North America and western Europe ▷ **Zachód**
• **west adjective** A2 *the west coast of Ireland* ▷ **zachodni** • **west adverb** A2 towards the west: *They lived in a village four miles west of Oxford.* ▷ **na zachód, na zachodzie**

the ˌWest ˈEnd noun a part of central London that has a lot of shops, theatres, restaurants, etc ▷ **West End**

westerly /ˈwestəli/ **adjective 1** towards or in the west: *Senegal is the most westerly country in Africa.* ▷ **zachodni 2** A westerly wind comes

W

from the west: *westerly breezes* ▷ **zachodni, z zachodu**

western, Western /ˈwestən/ **adjective** [always before noun] **1** B1 in or from the west part of an area: *western France* ▷ **zachodni 2** B1 related to the countries of North America and western Europe: *a Western diplomat* ▷ **zachodni**

western /ˈwestən/ **noun** [C] a film or story that happens in the west of the US at the time when Europeans started living there ▷ **western**

westerner, Westerner /ˈwestənəʳ/ **noun** [C] someone who is from a country in North America or western Europe ▷ **mieszka-niec/nka zachodu**

westernized (also UK **-ised**) /ˈwestənaɪzd/ **adjective** having a culture like North America and western Europe: *Some Asian countries are becoming increasingly westernized.* ▷ **zeuropeizowany, zamerykanizowany**

Western Sahara /ˌwestən səˈhɑːrə/ **noun** a country in Africa ▷ **Sahara Zachodnia**
• **Sahrawian** /sɑːˈrɑːwiən/ **adjective** coming from or relating to Western Sahara ▷ **z Sahary Zachodniej** • **Sahrawian noun** someone from Western Sahara ▷ **obywatel/ka Sahary Zachodniej**

ˌWest ˈIndian adjective belonging or relating to the West Indies: *a West Indian island* ▷ **karaibski, z Indii Zachodnich**
• **West Indian noun** [C] someone from the West Indies ▷ **mieszka-niec/nka Indii Zachodnich**

the ˌWest ˈIndies noun [plural] a group of islands in the Caribbean Sea ▷ **Indie Zachodnie**

westward, westwards /ˈwestwəd/, /ˈwestwədz/ **adverb** towards the west: *They were travelling westward.* ▷ **na zachód**
• **westward adjective** ▷ **zachodni**

wet¹ /wet/ **adjective** (**wetter**, **wettest**) **1** A2 covered in water or another liquid: *a wet towel* ◦ *We **got** soaking **wet** in the rain.* ◦ UK *Look at you – you're **wet through** (= very wet)!* ▷ **mokry 2** A2 raining: *a wet and windy day* ▷ **mokry, deszczowy 3** B1 not dry yet: *wet paint* ▷ **mokry 4** UK informal Someone who is wet has a weak personality. ▷ **cieniarski, ofiarowaty**

wet² /wet/ **verb** [T] (present participle **wetting**, past tense and past participle **wet**, **wetted**) **1 wet the bed/your pants/yourself, etc** to urinate in your bed or in your underwear without intending to ▷ **zmoczyć się 2** to make something wet ▷ **zmoczyć**

W

ˈwet ˌsuit noun [C] a piece of clothing covering the whole body that keeps you warm and dry when you are under water ▷ **kombinezon piankowy, pianka**

we've /wiːv/ short for we have: *We've bought a house.*

whack /wæk/ **verb** [T] informal to hit someone or something in a quick, strong way: *She whacked him on the head with her book.* ▷ **walnąć**
• **whack noun** [C] informal ▷ **walnięcie**

whale /weɪl/ **noun** [C] B1 a very large animal that looks like a large fish, lives in the sea and breathes air through a hole at the top of its head ▷ **wieloryb**

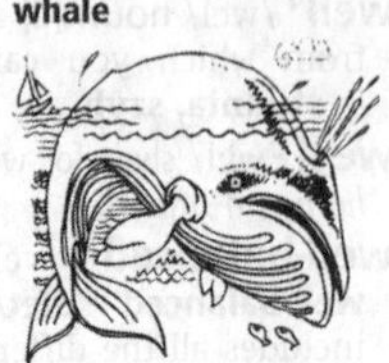
whale

whaling /ˈweɪlɪŋ/ **noun** [U] hunting whales ▷ **wielorybnictwo**

wharf /wɔːf/ **noun** [C] (plural **wharves** /wɔːvz/) an area next to the sea or a river where goods can be put on or taken off ships ▷ **nabrzeże**

what /wɒt/ **pronoun, determiner 1** A1 used to ask for information about something: *What's this?* ◦ *What time is it?* ◦ *What happened?* ▷ **co 2** B1 used to refer to something without naming it: *I heard what he said.* ◦ *Do you know what I mean?* ◦ *What I like most about her is her honesty.* ▷ **co 3** informal used when you have not heard what someone has said and you want them to repeat it. Some people think this use is not very polite: *"Do you want a drink, Tom?" "What?"* ▷ **co 4** informal used to ask what someone wants when they call you: *"Hey Jenny?" "Yes, what?"* ▷ **co 5 what a/an ...** B1 used to give your opinion, especially when you have strong feelings about something: *What a mess!* ◦ *What an awful day!* ▷ **co za ... 6 what about...?** A2 used to suggest something: *What about asking Martin to help?* ▷ **a może ...?, co sądzisz o ...? 7 what ... for?** B2 used to ask about the reason for something: *What are you doing that for?* ◦ *"We really need a bigger car." "What for?"* ▷ **po co ...? 8 what if...?** B1 used to ask about something that could happen in the future, especially something bad: *What if I don't pass my exams?* ▷ **a (co będzie) jak lub jeśli ...? 9 what's up (with sb)** informal used to ask why someone is unhappy or angry: *What's up, Angie? You look troubled.* ▷ **co (***komuś***) jest?, co się (***komuś***) stało? 10 what with** informal used to talk about the reasons for a particular situation, especially a bad or difficult situation: *I'm tired, what with travelling all day yesterday and sleeping badly.* ▷ **wszystko przez, zważywszy na 11 what's more** B2 used to add something surprising or interesting to what you have just said ▷ **co więcej**

whatever /wɒtˈevəʳ/ **adverb, pronoun, determiner 1** B1 anything or everything: *Do whatever you want.* ◦ *He eats whatever I put in front of him.* ▷ **(wszystko) co, cokolwiek 2** B2 used to say that what happens is not important because it does not change a situation: *Whatever happens I'll still love you.* ◦ *We'll support you, whatever you decide.* ▷ **cokolwiek, obojętnie co 3** used to ask for information when you are surprised or angry about something: *Whatever do you mean?* ▷ **co (też) 4** informal something that you say when you are angry with someone who is asking you something: *"Isabel, will you just listen when I'm talking to you?" "Whatever."* ▷ **wszystko**

jedno **5 or whatever** B2 or something similar: *The children are usually outside playing football or whatever.* ▷ **albo coś w tym stylu**

whatnot /ˈwɒtnɒt/ **and whatnot** informal and other things of a similar type: *They sell cards and wrapping paper and whatnot.* ▷ **i inne takie**

whatsoever /ˌwɒtsəʊˈevəʳ/ **adverb** (also **whatever**) **no... whatsoever** none at all: *There's no evidence whatsoever that she was involved.* ▷ **absolutnie żaden**

wheat /wiːt/ **noun** [U] B2 a plant whose grain is used for making flour, or the grain itself ▷ **pszenica**

wheel[1] /wiːl/ **noun 1** A2 [C] a circular object fixed under a vehicle so that it moves smoothly over the ground: *My bike needs a new front wheel.* ▷ **koło 2 the wheel** B2 a steering wheel: *You should drive with both hands on the wheel.* ◦ *He fell asleep* ***at the wheel*** (= *while driving*). ▷ **kierownica**

IDIOM **reinvent the wheel** to waste time trying to create something that has been done before ▷ **odkrywać Amerykę, wyważać otwarte drzwi**

→ See also **Ferris wheel**

wheel[2] /wiːl/ **verb wheel sth around/into/to, etc** to push something that has wheels somewhere: *He wheeled his bicycle into the garden.* ▷ **pchać/prowadzić/wprowadzać** *coś*

PHRASAL VERB **wheel around/round** to quickly turn around: *She wheeled around to face him.* ▷ **odwracać się**

wheelbarrow /ˈwiːlˌbærəʊ/ **noun** [C] a big, open container with a wheel at the front and handles that is used to move things, especially around in a garden ▷ **taczka**

wheelchair /ˈwiːltʃeəʳ/ **noun** [C] B1 a chair with wheels used by someone who cannot walk ▷ **wózek inwalidzki**

wheeze /wiːz/ **verb** [I] to make a noisy sound when breathing because of a problem in your lungs ▷ **rzęzić**

when[1] /wen/ **adverb** A1 used to ask at what time something happened or will happen: *When's your birthday?* ◦ *When did he leave?* ◦ *When are you going away?* ▷ **kiedy**

when[2] /wen/ **conjunction 1** A2 used to say at what time something happened or will happen: *I found it when I was cleaning out the cupboards.* ◦ *We'll go when you're ready.* ▷ **kiedy, jak 2** B2 although: *Why are you doing this when I've asked you not to?* ▷ **kiedy, skoro**

whenever /wenˈevəʳ/ **conjunction** B1 every time or at any time: *You can go whenever you want.* ◦ *I try to help them out whenever possible.* ▷ **kiedy tylko, jak tylko, kiedykolwiek**

where[1] /weəʳ/ **adverb** A1 used to ask about the place or position of someone or something: *Where does she live?* ◦ *Where are my car keys?* ▷ **gdzie**

where[2] /weəʳ/ **conjunction 1** A2 at, in, or to a place or position: *He's not sure where they are.* ◦ *I know where to go.* ▷ **gdzie 2** B2 relating to a particular part of a process or situation: *We've now reached the point where we can make a decision.* ▷ **gdzie, który**

whereabouts[1] /ˌweərəˈbaʊts/ **adverb** used to ask in what place or area someone or something is: *Whereabouts does he live?* ▷ **gdzie**

whereabouts[2] /ˈweərəbaʊts/ **noun sb's whereabouts** the place where someone is: *His whereabouts are unknown.* ▷ *czyjeś* **miejsce pobytu**

whereas /weəˈræz/ **conjunction** B2 compared with the fact that: *His parents were rich, whereas mine had to struggle.* ▷ **podczas gdy, natomiast**

whereby /weəˈbaɪ/ **adverb** formal by which: *They've introduced a system whereby people can share cars.* ▷ **dzięki któremu, zgodnie z którym**

wherein /weəˈrɪn/ **adverb** formal in which ▷ **gdzie, w którym**

whereupon /ˈweərəpɒn/ **conjunction** formal after which: *We decided to have a picnic, whereupon it started to rain.* ▷ **po czym**

wherever[1] /weəˈrevəʳ/ **conjunction 1** B1 in or to any place or every place: *You can sit wherever you like.* ▷ **gdziekolwiek, gdzie tylko 2 wherever possible** B2 every time it is possible: *We try to use natural fabrics wherever possible.* ▷ **w miarę możliwości, gdy tylko (jest to) możliwe**

wherever[2] /weəˈrevəʳ/ **adverb** used to ask in what situation or place something happened, especially when the person asking feels surprised: *Wherever did you get that idea?* ▷ **gdzie (do diabła)**

wherewithal /ˈweəwɪðɔːl/ **noun the wherewithal to do sth** the money, skills, or other things that are needed to do something ▷ **środki na** *coś*

whether /ˈweðəʳ/ **conjunction 1** B1 used to talk about a choice between two or more possibilities: *Someone's got to tell her,* ***whether*** *it's you* ***or*** *me.* ◦ *I didn't know* ***whether or not*** *to go.* ▷ **czy 2** B1 if: *I wasn't sure whether you'd like it.* ▷ **czy**

whew /fjuː/ **exclamation** used when you are happy that something is not going to happen, or when you are tired or hot ▷ **uff!**

which /wɪtʃ/ **pronoun, determiner 1** A2 used to ask or talk about a choice between two or more things: *Which of these do you like best?* ◦ *Which way is it to the station?* ◦ *I just don't know which one to choose.* ▷ **który, jaki 2** A2 used at the beginning of a relative clause to show what thing is being referred to: *These are principles which we all believe in.* ▷ **który 3** B1 used to give more information about something: *The book, which includes a map, gives you all the information you need about Venice.* ▷ **który 4** B2 used when you give an opinion about what you

W

have just said: *He took us both out for lunch, which I thought was very kind of him.* ▷ **co**

whichever /wɪtʃˈevəʳ/ **pronoun, determiner** **1** Ⓑ2 used to say that what happens is not important because it does not change a situation: *Whichever option we choose there'll be disadvantages.* ◦ *It's a sad situation whichever way you look at it.* ▷ **którykolwiek, jakikolwiek** **2** Ⓑ2 any of a group of similar things: *Choose whichever bedroom you want.* ▷ **którykolwiek, jakikolwiek**

whiff /wɪf/ **noun** [no plural] a smell which you only smell for a short time: *I just caught **a whiff of** garlic from the kitchen.* ▷ **zapach, woń**

while[1] /waɪl/ **conjunction** (also UK **whilst** /waɪlst/) **1** Ⓐ2 during the time that: *I read a magazine while I was waiting.* ◦ *I can't talk to anyone while I'm driving.* ◦ *While you're away, I might decorate the bathroom.* ▷ **podczas gdy, jak, kiedy** **2** Ⓑ2 although: *And while I like my job, I wouldn't want to do it forever.* ▷ **chociaż** **3** Ⓑ1 used to compare two different facts or situations: *Tom is very confident while Katy is shy and quiet.* ▷ **podczas gdy, a, zaś**

while[2] /waɪl/ **noun a while** Ⓑ1 a period of time: *a long/**short while*** ◦ *I'm going out **for a while**.* ▷ **chwila**

> Wyrazy występujące razem z **while** (noun)
>
> take/wait a while • after/for/in a while • quite a while • a short while • a while ago

while[3] /waɪl/ **verb**

PHRASAL VERB **while sth away** to spend time in a relaxed way because you are waiting for something or because you have nothing to do: *We played a few games to while away the time.* ▷ **uprzyjemniać sobie** *coś*, **zagospodarować** *coś*

whim /wɪm/ **noun** [C] when you suddenly want to do something without having a reason: *We booked the holiday **on a whim**.* ▷ **zachcianka**

whimper /ˈwɪmpəʳ/ **verb** [I] to make quiet crying sounds because of fear or pain: *The dog was whimpering with pain.* ▷ **skomleć, kwilić**

whimsical /ˈwɪmzɪkəl/ **adjective** unusual in a way that is slightly funny: *a whimsical tale* ▷ **dziwaczny**

whine /waɪn/ **verb** [I] **1** to complain in an annoying way: *She's always whining about something.* ▷ **jęczeć, marudzić** **2** to make a long, high, sad sound: *The dog whined and scratched at the door.* ▷ **skomleć, jęczeć**
• **whine noun** [C] ▷ **skomlenie, jęk**

whinge /wɪndʒ/ **verb** [I] (present participle **whingeing** or **whinging**) UK informal to complain in an annoying way: *Oh, stop whingeing!* ▷ **jęczeć, marudzić**
• **whinge noun** [C] UK *He was just **having a whinge**.* ▷ **marudzenie, narzekanie**

whip[1] /wɪp/ **noun** [C] a long piece of leather fixed to a handle and used to hit an animal or person ▷ **bicz, bat**

whip[2] /wɪp/ **verb** (present participle **whipping**, past tense and past participle **whipped**) **1** [T] to hit a person or animal with a whip ▷ **smagać, chłostać** **2** [T] to make a food such as cream more solid by mixing it hard with a kitchen tool ▷ **ubijać** **3 whip (sth) away/off/out, etc** informal to move or make something move in a fast, sudden way: *She opened the bag and whipped out her camera.* ▷ **(błyskawicznie) sprzątnąć/wyjąć** *(coś)*

PHRASAL VERB **whip up sth 1** to try to make people have strong feelings about something: *to whip up enthusiasm/hatred* ▷ **rozbudzać** *coś*, **podsycać** *coś* **2** to prepare food very quickly: *I could whip up a plate of spaghetti if you like.* ▷ **upichcić** *coś*

whir /wɜːʳ/ **noun, verb** (present participle **whirring**, past tense and past participle **whirred**) US spelling of whirr

whirl[1] /wɜːl/ **verb** [I, T] to move or make something move quickly round and round ▷ **wirować, kręcić (się)**

whirl[2] /wɜːl/ **noun** [no plural] **1** when a lot of exciting or confusing things happen at the same time: *a whirl of activity* ▷ **wir** **2** a sudden turning movement ▷ **wir** **3 give sth a whirl** informal to try to do something, often for the first time: *I've never danced salsa before but I'll give it a whirl.* ▷ **spróbować** *czegoś*

whirlpool /ˈwɜːlpuːl/ **noun** [C] an area of water that moves round and round very quickly ▷ **wir**

whirlwind[1] /ˈwɜːlwɪnd/ **adjective a whirlwind romance/visit/tour, etc** a relationship/visit, etc that only lasts a short time ▷ **krótk-i/a romans/wizyta/podróż** *itp.*

whirlwind[2] /ˈwɜːlwɪnd/ **noun** **1 a whirlwind of sth** a lot of sudden activity, emotion, etc: *a whirlwind of activity* ▷ **wir** *czegoś* **2** [C] a strong wind that moves round and round very quickly ▷ **trąba powietrzna**

whirr UK (US **whir**) /wɜːʳ/ **noun** [no plural] a low, continuous sound: *the whirr of machinery* ▷ **warkot**
• **whirr** UK (US **whir**) **verb** [I] ▷ **warkotać**

whisk[1] /wɪsk/ **verb** [T] **1 whisk sb away/off/into, etc** informal to take someone somewhere quickly: *They whisked him off to the police station.* ▷ **(błyskawicznie) zabrać/wywieźć/przewieźć** *kogoś* **2** to mix food such as eggs, cream, etc very quickly using a fork or whisk: *Whisk the mixture until smooth.* ▷ **ubijać**

whisk[2] /wɪsk/ **noun** [C] a kitchen tool made of wire that is used to mix eggs, cream, etc, or to make such food thicker ▷ **trzepaczka (do piany)** → See **The Kitchen** on page Centre 2

whisker /ˈwɪskəʳ/ **noun** [C] one of the long, stiff

W

hairs that grow around the mouths of animals such as cats ▷ **wąs**

whiskers /ˈwɪskəz/ **noun** [plural] old-fashioned hairs growing on a man's face ▷ **baczki, bokobrody**

whiskey /ˈwɪski/ **noun** [C, U] whisky in Ireland or the United States ▷ **whisky**

whisky /ˈwɪski/ **noun** [C, U] B2 a strong, alcoholic drink made from grain ▷ **whisky**

whisper /ˈwɪspəʳ/ **verb** [I, T] B2 to speak extremely quietly so that other people cannot hear: *She whispered something to the girl sitting next to her.* ▷ **szeptać**

• **whisper noun** [C] ▷ **szept**

whistle¹ /ˈwɪsl/ **verb 1** [I, T] B2 to make a sound by breathing air out through a small hole made with your lips or through a whistle: *Someone whistled at her as she walked past.* ▷ **gwizdać 2** [I] to produce a sound when air passes through a narrow space: *He could hear the wind whistling through the trees.* ▷ **gwizdać, świstać**

whistle² /ˈwɪsl/ **noun** [C] **1** B2 a small, simple instrument that makes a high sound when you blow through it: *The referee* ***blew*** *the* ***whistle*** *to end the game.* ▷ **gwizdek 2** the sound made by someone or something whistling ▷ **gwizd, świst**

white¹ /waɪt/ **adjective 1** A1 being the colour of snow or milk: *a white T-shirt* ◦ *white walls* ▷ **biały** → See **Colours** on page Centre 12 **2** B1 Someone who is white has skin that is pale in colour: *He's described as a white man in his early thirties.* ▷ **biały 3** relating to white people: *the white community* ▷ **biały 4** having a pale face because you are ill or you are feeling shocked: *He was white with shock.* ▷ **blady (jak ściana) 5** UK A2 White coffee has milk or cream added to it: *Two coffees please, one black and one white.* ▷ **biały 6** A2 White wine is a pale yellow colour. ▷ **biały**

• **whiteness noun** [U] ▷ **biel**

→ See also ***black*** **and white**

white² /waɪt/ **noun 1** [C, U] A2 the colour of snow or milk ▷ **(kolor) biały, biel** → See **Colours** on page Centre 12 **2** [C] a white person: *For a long time, whites controlled the economy here.* ▷ **biały 3** [C] the part of an egg that is white when it is cooked: *Mix the egg whites with the sugar.* ▷ **białko** → See also **in *black* and white**

ˌwhite ˈblood ˌcell noun [C] a cell in the blood that has no red colour and is involved in the fight against infection ▷ **leukocyt, krwinka biała** → Compare **red blood cell**

whiteboard /ˈwaɪtbɔːd/ **noun** [C] **1** (also **interactive whiteboard**) a white screen on which you can write with a special pen and which allows other people with computers to see what you have written ▷ **tablica interaktywna 2** a large board with a white surface that teachers write on ▷ **tablica** → See **The Classroom** on page Centre 6

white-collar /ˌwaɪtˈkɒləʳ/ **adjective** relating to work in an office or in a job that needs special knowledge and education: *white-collar jobs/workers* ▷ **umysłowy, biurowy**

ˌwhite ˈdwarf noun [C] a small star that is not very bright, but is very dense ▷ **biały karzeł**

the ˈWhite ˌHouse noun 1 the US president and government ▷ **Biały Dom 2** the building that is the official home and offices of the US president ▷ **Biały Dom**

• **White House adjective** *a White House spokesman* ▷ **Białego Domu**

ˌwhite ˈlie noun [C] a lie which is not important and is usually said to avoid upsetting someone ▷ **niewinne kłamstewko**

ˈwhite ˌmatter noun [U] the part of the brain and spinal cord which is light in colour ▷ **istota biała**

ˌwhite ˈmeat noun [U] a meat that is pale in colour, such as chicken ▷ **białe mięso**

whiten /ˈwaɪtᵊn/ **verb** [I, T] to become white or to make something become white ▷ **(wy)bielić, zabielić**

ˌWhite ˈPaper noun [C] a government report in the UK giving information or suggestions on a subject: *a White Paper on employment* ▷ **raport rządowy**

whitewash /ˈwaɪtwɒʃ/ **noun** [no plural] when the truth about a serious mistake, crime, etc is hidden from the public: *The newspaper accused the government of a whitewash.* ▷ **ukrywanie prawdy**

• **whitewash verb** [T] ▷ **ukrywać prawdę o, zatuszować**

whizz (also **whiz**) /wɪz/ **verb whizz by/past/through, etc** informal to move somewhere very quickly: *She whizzed down the street in her new sports car.* ▷ **mknąć koło/obok/przez** *itp.*

whizzkid (also **whizkid**) /ˈwɪzˌkɪd/ **noun** [C] a young person who is very successful or good at doing something: *a computer whizzkid* ▷ **cudowne dziecko, geniusz**

who /huː/ **pronoun 1** A1 used to ask about someone's name or which person or group someone is talking about: *Who told you?* ◦ *Who's that?* ▷ **kto 2** A2 used at the beginning of a relative clause to show which person or group of people you are talking about: *That's the man who I saw in the bank.* ▷ **który 3** B1 used to give more information about someone: *My brother, who's only just seventeen, has already passed his driving test.* ▷ **który**

who'd /huːd/ **1** short for who had: *I was reading about a man who'd sailed around the world.* **2** short for who would: *Who'd have thought we'd still be friends?*

W

whoever /huːˈevəʳ/ **pronoun** **1** (B2) the person who: *Whoever broke the window will have to pay for it.* ◦ *Could I speak to whoever is in charge please?* ▷ **ktokolwiek, ten kto** **2** (B2) used to say that it is not important which person or group does something: *Can whoever leaves last lock up, please?* ▷ **ktokolwiek, ten kto** **3** used to ask who a person is when expressing surprise: *Whoever could that be phoning at this time?* ◦ *Whoever would believe such a ridiculous story?* ▷ **któż, kto (do diabła)**

whole[1] /həʊl/ **adjective** **1** [always before noun] (A2) complete, including every part: *She spent the whole afternoon studying.* ◦ *The whole family went to the show.* ▷ **cały** **2** [never before noun] as a single object and not in pieces: *The chick swallowed the worm whole.* ▷ **cały, w całości**
→ See also **a whole new *ball game*, the whole *world***

whole[2] /həʊl/ **noun** **1 the whole of sth** (B1) all of something: *His behaviour affects the whole of the class.* ▷ **całe coś** **2 as a whole** (B2) when considered as a group and not in parts: *The population as a whole is getting healthier.* ▷ **jako całość** **3 on the whole** (B1) generally: *We've had a few problems, but on the whole we're very happy.* ▷ **ogólnie (rzecz) biorąc**

wholefood /ˈhəʊlfuːd/ **noun** [U] UK food that is as natural as possible, without artificial things added to it: *a wholefood shop* ▷ **zdrowa żywność**

wholehearted /ˌhəʊlˈhɑːtɪd/ **adjective** **wholehearted agreement/approval/support, etc** complete agreement/approval/support, etc without any doubts ▷ **pełn-a/e zgoda/poparcie/wsparcie** *itp.*
• **wholeheartedly** adverb *I* ***agree wholeheartedly.*** ▷ **całkowicie, w pełni, całym sercem**

wholemeal /ˈhəʊlmiːl/ **adjective** UK (UK/US **whole wheat**) made using whole grains, or made from flour that contains whole grains: ***wholemeal bread/flour*** ▷ **razowy**

wholesale /ˈhəʊlseɪl/ **adjective** **1** relating to products which are sold in large amounts, usually at a cheaper price: ***wholesale prices*** ▷ **hurtowy** **2** [always before noun] complete or affecting a lot of things, people, places, etc: ***wholesale changes*** ▷ **totalny, masowy, daleko idący**
• **wholesale** adverb ▷ **hurtowo, masowo**

wholesaler /ˈhəʊlˌseɪləʳ/ **noun** [C] a company that sells products in large amounts to shops which then sell them to customers ▷ **hurtownik, hurtownia**

wholesome /ˈhəʊlsəm/ **adjective** **1** Wholesome food is good for your health. ▷ **pożywny** **2** morally good: *wholesome family entertainment* ▷ **przyzwoity**

ˈwhole ˌwheat **adjective** (also UK **wholemeal**) made using whole grains, or made from flour that contains whole grains: ***whole wheat bread/flour*** ▷ **razowy**

who'll /huːl/ short for who will: *Who'll be at your party?*

wholly /ˈhəʊlli/ **adverb** completely: *His behaviour is wholly unacceptable.* ▷ **całkowicie**

whom /huːm/ **pronoun** formal (B2) used instead of 'who' as the object of a verb or preposition: *I met a man with whom I used to work.* ▷ **kogo, którego, których**

whoop /wuːp/ **noun** [C] a loud, excited shout: *He gave a loud whoop of delight.* ▷ **okrzyk**

whooping cough /ˈhuːpɪŋˌkɒf/ **noun** [U] a serious children's disease in which a cough is followed by a 'whoop' noise ▷ **koklusz**

whoops /wʊps/ **exclamation** used when you make a mistake or have a small accident ▷ **ojej!, o rany!**

whopping /ˈwɒpɪŋ/ **adjective** [always before noun] informal extremely large: *a whopping fifty percent increase* ▷ **ogromny**

whore /hɔːʳ/ **noun** [C] an offensive word for someone whose job is having sex with people ▷ **dziwka**

who're /ˈhuːəʳ/ short for who are: *Who're the people we're going to see?*

who's /huːz/ **1** short for who is: *Who's your new friend?* **2** short for who has: *Who's been using my computer?*

whose /huːz/ **pronoun, determiner** **1** (B1) used to ask who something belongs to or who someone or something is connected with: *Whose gloves are these?* ◦ *Whose car shall we use?* ▷ **czyj** **2** (B1) used to say that something or someone is connected with or belongs to a person: *She has a brother whose name I can't remember.* ▷ **którego, których**

who've /huːv/ short for who have: *I know people who've bought their homes on the Internet.*

why /waɪ/ **adverb** **1** (A1) used to ask or talk about the reasons for something: *Why didn't you call me?* ◦ *I wonder why he didn't come.* ◦ *So that's* ***the reason why*** *he asked her!* ▷ **dlaczego, czemu** **2 Why don't you?/Why not do sth?** (A2) used to make a suggestion: *Why don't you come with us?* ◦ *Why not give it a try?* ▷ **A może byś/by (tak) ...?** **3 why not?** informal (B1) used to agree with something that someone has suggested: *"Let's have an ice cream." "Yes, why not?"* ▷ **czemu nie?**

wicked /ˈwɪkɪd/ **adjective** **1** extremely bad and morally wrong: *a wicked man* ▷ **niegodziwy, podły** **2** funny or enjoyable in a way that is slightly bad or unkind: *a wicked sense of humour* ▷ **szelmowski** **3** very informal extremely good: *They sell some wicked clothes.* ▷ **zabójczy, niesamowity**

wicker /ˈwɪkəʳ/ **adjective** made from thin branches crossed over and under each other: *a wicker basket* ▷ **wiklinowy**

wicket /ˈwɪkɪt/ **noun** [C] in cricket, an arrangement of three long, vertical poles with two short poles across the top ▷ **bramka**

W

wide¹ /waɪd/ **adjective** **1** (A2) measuring a long distance or longer than usual from one side to the other: *a wide river/road* ◦ *I have very wide feet.* ▷ **szeroki** **2** **5 miles/3 inches/6 metres, etc wide** (B1) having a distance of 5 miles/3 inches/6 metres, etc from one side to the other: *The swimming pool is five metres wide.* ▷ **o szerokości 5 mil/3 cali/6 metrów** *itp.* **3** **a wide range/selection/variety, etc** (B1) a lot of different types of thing: *The library is a good source of a wide range of information.* ▷ **szeroki zakres/wybór/asortyment** *itp.* **4** If your eyes are wide, they are completely open: *Her eyes were wide with fear.* ▷ **szeroko otwarty** **5** If a ball, shot, etc is wide, it does not go near enough to where it was intended to go. ▷ **niecelny, chybiony** → See also **be wide of the** ***mark***

wide² /waɪd/ **adverb** **1** **wide apart/open** (B2) as far apart/open as possible: *The window was wide open.* ▷ **szeroko otwarty** **2** **wide awake** completely awake ▷ **rozbudzony**

wide-eyed /ˌwaɪdˈaɪd/ **adjective** with your eyes completely open because of surprise, fear, happiness, etc: *The children looked on, wide-eyed with wonder.* ▷ **z szeroko otwartymi oczyma**

widely /ˈwaɪdli/ **adverb** **1** (B2) including a lot of different places, people, subjects, etc: *widely known* ◦ *He has travelled widely in Europe.* ▷ **powszechnie, dużo** **2** **differ/vary widely** (B2) to be very different: *Prices vary widely from shop to shop.* ▷ **znacznie się różnić**

widen /ˈwaɪdᵊn/ **verb** [I, T] **1** (B2) to become wider or make something become wider: *The road is being widened to two lanes.* ▷ **poszerzać (się), rozszerzać (się)** **2** (B2) to increase or make something increase in number or degree: *to widen choice* ▷ **poszerzać (się), rozszerzać (się)**

wide-ranging /ˌwaɪdˈreɪndʒɪŋ/ **adjective** including a lot of subjects: *a* ***wide-ranging discussion/interview*** ▷ **wielowątkowy, szeroko zakrojony, wszechstronny**

widescreen /ˈwaɪdskriːn/ **adjective** describes a very wide cinema or television screen which shows very clear pictures: ***widescreen TV*** ▷ **szerokoekranowy**

widespread /ˈwaɪdspred/ **adjective** affecting or including a lot of places, people, etc: *a* ***widespread problem*** ◦ *widespread support* ▷ **rozpowszechniony, powszechny**

widow /ˈwɪdəʊ/ **noun** [C] **1** (B2) a woman whose husband has died ▷ **wdowa** **2** in printing, the last line of a paragraph, separated from the rest which is on the page before ▷ **bękart**

widowed /ˈwɪdəʊd/ **adjective** If someone is widowed, their husband or wife has died. ▷ **owdowiały**

widower /ˈwɪdəʊəʳ/ **noun** [C] a man whose wife has died ▷ **wdowiec**

width /wɪtθ/ **noun** **1** [C, U] (B2) the distance from one side of something to the other side: *a* ***width of*** *2 metres* ◦ *height, length, and width* ▷ **szerokość** **2** [C] the distance across the shorter side of a swimming pool when you swim across it ▷ **szerokość (basenu)**

> **Wyrazy występujące razem z width**
>
> the width of sth • [1 metre/5 feet, etc] in width • the full width of sth

wield /wiːld/ **verb** [T] **1** to hold a weapon or tool and look as if you are going to use it: *They were confronted by a man wielding a knife.* ▷ **dzierżyć, trzymać (w ręku)** **2** **wield influence/power, etc** to have a lot of influence or power over other people ▷ **mieć wpływy/władzę** *itp.*

wiener /ˈwiːnəʳ/ **noun** [C] US a long, thin sausage that is usually eaten in bread ▷ **(cienka) parówka**

wife /waɪf/ **noun** [C] (plural **wives** /waɪvz/) (A1) the woman that a man is married to: *I've never met William's wife.* ▷ **żona**

wi-fi /ˈwaɪfaɪ/ **noun** [U] a system for connecting electronic equipment such as computers and electronic organizers to the Internet without using wires ▷ **Wi-Fi, dostęp bezprzewodowy**

wig /wɪg/ **noun** [C] a covering of real or artificial hair that you wear on your head: *She was* ***wearing*** *a blonde* ***wig***. ▷ **peruka**

wiggle /ˈwɪgl/ **verb** [I, T] to make small movements from side to side or to make something else move from side to side: *He was wiggling his hips to the music.* ▷ **poruszać (się)**
• **wiggle noun** [no plural] ▷ **ruch**

wild¹ /waɪld/ **adjective** **1** (A2) A wild animal or plant lives or grows in its natural environment and not where people live: *a wild dog* ◦ ***wild flowers*** ▷ **dziki** **2** (B2) Wild land is in a completely natural state: *a wild garden* ▷ **dziki** **3** (B2) very energetic and not controlled: *a wild party* ◦ *wild dancing* ▷ **dziki, szalony** **4** with a lot of wind, rain, etc: *a wild and stormy night* ▷ **burzliwy** **5** **a wild accusation/guess/rumour, etc** something that you say which is not based on facts and is probably wrong ▷ **bezpodstawn-e/a oskarżenie/przypuszczenie/plotka** **6** **be wild about sth** informal to be very enthusiastic about something: *He's wild about jazz.* ▷ **przepadać za** *czymś*

IDIOM **run wild** If someone, especially a child, runs wild, they behave as they want to and no one controls them: *Their nine-year-old son is left to run wild.* ▷ **chodzić samopas**

• **wildness noun** [U] ▷ **dzikość**
→ See also **beyond your wildest** ***dreams***

wild² /waɪld/ **noun** **1** **in the wild** in a natural environment: *Animals are better off in the wild than in a zoo.* ▷ **na wolności** **2** **the wilds** an area which is far from where people usually live: *the wilds of Alaska* ▷ **pustkowie**

ˌwild ˈboar noun [C] a wild pig ▷ **dzik**

ˈwild ˌcard noun [C] someone or something that

W

you know nothing about: *a* ***wild-card candidate*** *in the election* ▷ **wielka niewiadoma**

wildcard /ˈwaɪldˌkɑːd/ **noun** [C] a sign that is used to represent any letters, numbers, or symbols: *a* ***wildcard*** ***search*** ▷ **(globalny) znak zastępczy**

wilderness /ˈwɪldənəs/ **noun** [C] a place that is in a completely natural state without houses, industry, roads, etc: [usually singular] *a beautiful mountain wilderness* ▷ **dzicz**

wildlife /ˈwaɪldlaɪf/ **noun** [U] B1 animals, birds, and plants living in their natural environment: *a wildlife park* ▷ **przyroda**

wildly /ˈwaɪldli/ **adverb 1** B2 in a very energetic way and without control: *They cheered wildly.* ▷ **burzliwie 2** extremely: *It hasn't been wildly successful.* ▷ **niesamowicie**

wiles /waɪlz/ **noun** [plural] tricks or clever ways of making other people do what you want: *I'll use my* ***womanly wiles.*** ▷ **sztuczki**

wilful UK (US **willful**) /ˈwɪlfəl/ **adjective** doing what you want to do, although you are not allowed to or other people tell you not to: *wilful disobedience* ▷ **uparty, umyślny**

• **wilfully adverb** ▷ **umyślnie**

will[1] strong /wɪl/ weak /wəl/, /əl/ **modal verb 1** A2 used to talk about what is going to happen in the future, especially things that you are certain about: *Claire will be five next month.* ◦ *I'll see him on Saturday.* ◦ *She'll have a great time.* ▷ wyraża przyszłość **2** A1 used to talk about what someone or something is willing or able to do: *Ask Susie if she'll take them.* ◦ *I've asked her but she won't come.* ◦ *The car won't start.* ▷ **chcieć, zechcieć 3** A2 used to ask someone to do something or to politely offer something to someone: *Will you give me her address?* ◦ *Will you have a drink with us, Phil?* ▷ **zechcesz ...?, możesz ...? 4** A2 used in conditional sentences that start with 'if' and use the present tense: *If he's late again I'll be very angry.* ▷ tłumaczymy czasem przyszłym **5** used to talk about something that often happens, especially something annoying: *Accidents will happen.* ◦ *He will keep talking when I'm trying to concentrate.* ▷ **zawsze 6 it/that will be** mainly UK used to talk about what is probably true: *That will be Helen at the front door.* ◦ *That will be his mother with him.* ▷ **to musi być, to na pewno**

W

will[2] /wɪl/ **noun 1** [C, U] B2 the mental power to control your thoughts and actions or to succeed in doing something difficult: *She has a very strong will.* ◦ [+ to do sth] *He lacks the will to win.* ▷ **wola 2** [no plural] what someone wants: *She was forced to marry him* ***against*** *her* ***will.*** ▷ **wola 3** [C] a legal document that gives instructions about what should happen to your money and possessions after you die: *She left me some money* ***in*** *her* ***will.*** ▷ **testament** → See also **free will, ill will**

> Wyrazy występujące razem z **will**
>
> make/write a will • in sb's will • leave sb sth in your will

willful /ˈwɪlfəl/ **adjective** US spelling of wilful

William /ˈwɪljəm/ **noun** (also **Billy** /ˈbɪli/) (also **Will** /wɪl/) a male name

willing /ˈwɪlɪŋ/ **adjective 1 be willing to do sth** B1 to be happy to do something, if you need to: *He's willing to pay a lot of money for that house.* ▷ **być gotowym lub skłonnym do** *czegoś* **2** wanting to do something: *He is a very willing assistant.* ▷ **chętny, ochoczy** → Opposite **unwilling**

• **willingly adverb** B2 *He would willingly risk his life for her.* ▷ **chętnie, ochoczo** • **willingness noun** [U] B2 ▷ **chęć, ochota**

willow /ˈwɪləʊ/ **noun** [C] a tree with long, thin leaves that grows near water ▷ **wierzba**

willowy /ˈwɪləʊi/ **adjective** tall and attractively thin: *a willowy blonde* ▷ **smukły**

willpower /ˈwɪlpaʊər/ **noun** [U] the ability to make yourself do difficult things or to stop yourself from doing enjoyable things that are bad for you: *It takes great willpower to lose weight.* ▷ **siła woli**

wilt /wɪlt/ **verb** [I] If a plant wilts, it starts to bend because it is dying or needs water. ▷ **więdnąć**

wily /ˈwaɪli/ **adjective** good at getting what you want, especially by deceiving people ▷ **sprytny, przebiegły**

wimp /wɪmp/ **noun** [C] informal someone who is not brave and tries to avoid dangerous or difficult situations: *I'm too much of a wimp to go rock climbing.* ▷ **mięczak**

• **wimpy adjective** informal ▷ **tchórzliwy**

win[1] /wɪn/ **verb** (present participle **winning**, past tense and past participle **won**) **1** [I, T] A2 to get the most points in a competition or game, or the most votes in an election: *Barcelona won the game 6-0.* ◦ *Who do you think will win the election?* ▷ **wygrać 2** [I, T] B2 to be successful in a war, fight, or argument: *Protesters have won their battle to stop the road being built.* ▷ **wygrać 3** [T] A2 to get a prize in a game or competition: *He won $500.* ◦ *She won a gold medal at the Olympics.* ▷ **wygrać 4 win approval/respect/support, etc** to get approval/respect/support, etc because of your skill and hard work: *Her plans have won the support of many local people.* ▷ **zdobyć (sobie) poparcie/szacunek/wsparcie** *itp.* **5 sb can't win** informal used to say that nothing someone does in a situation will succeed or please people: *Whatever I do seems to annoy her – I just can't win.* ▷ **ktoś jest bez szans**

PHRASAL VERB **win sb over** to persuade someone to support you or agree with you ▷ **przekonać** *kogoś*, **zdobyć** *czyjeś* **poparcie**

win[2] /wɪn/ **noun** [C] when someone wins a game

or competition: *The Jets have only had three wins this season.* ▷ **wygrana, zwycięstwo**

> Wyrazy występujące razem z **win** (noun)
>
> a **comfortable/convincing/emphatic** win • a win **against/over** sb • a win **for** sb

wince /wɪns/ **verb** [I] to suddenly look as if you are suffering because you feel pain or because you see or think about something unpleasant: *It makes me wince just to think about eye operations.* ▷ **wzdrygnąć się**

winch /wɪntʃ/ **noun** [C] a machine with a thick chain, used for lifting heavy things ▷ **wyciągarka**
• **winch verb** [T] to lift someone or something with a winch: *The injured climber was **winched to safety** by a helicopter.* ▷ **wyciągać**

wind[1] /wɪnd/ **noun** **1** [C, U] A1 a natural, fast movement of air: *The weather forecast said there would be **strong winds** and rain.* ▷ **wiatr** **2** [U] UK (US **gas**) gas or air in your stomach that makes you feel uncomfortable and sometimes makes noises ▷ **wiatry** **3 get wind of sth** to discover something that is intended to be a secret: *Dad got wind of our plans for a party.* ▷ **zwietrzyć** *coś*, **dowiedzieć się o** *czymś* **4 get your wind (back)** to breathe easily again, for example after you have been running ▷ **złapać oddech** → See also **throw *caution* to the wind**, **second wind**

> Wyrazy występujące razem z **wind**
>
> the wind **blows** • a **gust of** wind • a **biting/light/strong** wind • **high** winds • **in the** wind

wind[2] /wɪnd/ **verb** [T] to make someone have difficulty breathing, often by hitting them in the stomach ▷ **pozbawiać tchu**

wind[3] /waɪnd/ **verb** (past tense and past participle **wound**) **1 wind sth around/round, etc sth** B2 to turn or twist something long and thin around something else several times: *She wound the rope around the tree.* ▷ **owijać** *coś* **wokół/dookoła** *itp.* → Opposite **unwind** **2 wind (up) a clock/toy/watch, etc** to make a clock/toy/watch, etc work by turning a small handle or button several times: *Did you remember to wind the alarm clock?* ▷ **nakręcać zegar/zabawkę/zegarek** *itp.* **3 wind along/down/through, etc** B2 If a river, road, etc winds somewhere, it bends a lot and is not straight: *The path winds along the edge of the bay.* ▷ **wić się wzdłuż/po/przez** *itp.*

PHRASAL VERBS **wind (sth) down** to gradually end, or to make something gradually end: *to wind down a business* ▷ **kończyć się/***coś*, **zamykać się/***coś* • **wind down** (also **unwind**) to gradually relax after doing something that has made you tired or worried ▷ **odprężać się** • **wind up** to finally be somewhere or do something, especially without having planned it: *If he carries on like this, he'll wind up in prison.* ◦ [+ doing sth] *I wound up having to start the course from the beginning again.* ▷ **wylądować, skończyć** • **wind (sth) up** to end, or to make something end: *It's time to wind up the game now.* ▷ **kończyć się/***coś* • **wind sb up** UK informal **1** to tell someone something that is not true, as a joke: *Have I really won or are you winding me up?* ▷ **podpuszczać** *kogoś*, **nabierać** *kogoś* **2** to annoy someone: *He keeps complaining and it really winds me up.* ▷ **wkurzać** *kogoś*

windfall /ˈwɪndfɔːl/ **noun** [C] an amount of money that you get that you did not expect: *Investors each received a windfall of £1000.* ▷ **nieoczekiwany przypływ gotówki**

winding /ˈwaɪndɪŋ/ **adjective a winding path/road/street, etc** B2 a path/road, etc that bends a lot and is not straight ▷ **kręta ścieżka/droga/ulica** *itp.*

ˈ**wind** ˌ**instrument** **noun** [C] a musical instrument that you play by blowing into it: *A flute is a wind instrument.* ▷ **instrument dęty**

windmill /ˈwɪndmɪl/ **noun** [C] a building with long parts at the top that turn in the wind, used for producing power or crushing grain ▷ **wiatrak, młyn**

windmill

window /ˈwɪndəʊ/ **noun** [C] **1** A1 a space in the wall of a building or vehicle that has glass in it, used for letting light and air inside and for looking through: ***Open the window** if you're too hot.* ◦ *I could see the children's faces **at the window**.* ◦ *a **window frame/ledge*** ▷ **okno** → See **The Living Room** on page Centre 4 **2** B1 a separate area on a computer screen showing information and which you can move around: *to minimize/maximize a window* ▷ **okno** → See also **French windows**

windowpane /ˈwɪndəʊpeɪn/ **noun** [C] a piece of glass in a window ▷ **szyba**

ˈ**window** ˌ**shopping** **noun** [U] when you look at things in shops but do not buy anything ▷ **oglądanie wystaw sklepowych**

windowsill /ˈwɪndəʊsɪl/ **noun** [C] a shelf at the bottom of a window ▷ **parapet** → See **The Living Room** on page Centre 4

windpipe /ˈwɪndpaɪp/ **noun** [C] the tube that carries air from your throat to your lungs ▷ **tchawica**

windscreen /ˈwɪndskriːn/ **noun** [C] UK (US **windshield** /ˈwɪndʃiːld/) B1 the window at the front end of a car, bus, etc ▷ **przednia szyba** → See **Car** on page Centre 7

ˈ**windscreen** ˌ**wiper** **noun** [C] UK (US ˈ**windshield** ˌ**wiper**) one of two long, metal and

W

• rubber parts that move against a windscreen to remove rain ▷ **wycieraczka** → See **Car** on page Centre 7

windsurfing /ˈwɪndsɜːfɪŋ/ **noun** [U] B1 a sport in which you sail across water by standing on a board and holding onto a large sail ▷ **windsurfing**

• **windsurfer** noun [C] ▷ **windsurfist-a/ka, amator/ka windsurfingu**

windswept /ˈwɪndswept/ **adjective 1** A windswept place often has strong winds: *a remote, windswept hill* ▷ **odsłonięty, smagany wiatrem 2** looking untidy because you have been in the wind: *windswept hair* ▷ **potargany (przez wiatr)**

ˈwind ˌturbine noun [C] a machine with long parts at the top that are turned by the wind, used to make electricity ▷ **turbina wiatrowa**

windy /ˈwɪndi/ **adjective** A2 with a lot of wind: *a windy day* ◦ *Outside it was cold and windy.* ▷ **wietrzny**

wine /waɪn/ **noun** [C, U] A1 an alcoholic drink that is made from the juice of grapes, or sometimes other fruit: *a **glass of wine*** ◦ ***red/white wine*** ▷ **wino**

> Wyrazy występujące razem z **wine**
>
> a bottle of/glass of wine • **dry/red/sparkling/sweet/white** wine

wing /wɪŋ/ **noun** [C] **1** B1 one of the two parts that a bird or insect uses to fly ▷ **skrzydło 2** B2 one of the two long, flat parts at the sides of an aircraft that make it stay in the sky ▷ **skrzydło 3** UK (US **fender**) one of the parts at each corner of a car above the wheels ▷ **błotnik 4** a part of a large building that is joined to the side of the main part: *Their offices are in the West wing.* ▷ **skrzydło 5** a group of people in an organization or political party who have the same beliefs: *the nationalist wing of the party* ▷ **skrzydło**

IDIOM **take sb under your wing** to help and protect someone who is younger than you or who has less experience than you ▷ **wziąć** *kogoś* **pod swoje skrzydła**

winged /wɪŋd/ **adjective** with wings: *a winged insect* ▷ **skrzydlaty**

ˈwing ˌmirror noun [C] UK (US **side mirror**) a small mirror on the side of a car or truck ▷ **lusterko boczne** → See **Car** on page Centre 7

the wings /wɪŋz/ **noun** [plural] the area behind the sides of a stage where actors wait just before they perform ▷ **kulisy**

IDIOM **be waiting in the wings** to be ready to do something or be used at any time ▷ **być w gotowości lub pod ręką**

wink¹ /wɪŋk/ **verb** [I] to quickly close and then open one eye, in order to be friendly or to show that something is a joke: *She smiled and **winked at** me.* ▷ **mrugać**

wink

wink² /wɪŋk/ **noun** [C] when you wink at someone: *He gave me a friendly wink.* ▷ **mrugnięcie, oczko**

IDIOM **not sleep a wink** to not have any sleep: *I was so excited last night – I didn't sleep a wink.* ▷ **nie zmrużyć oka**

winner /ˈwɪnəʳ/ **noun** [C] A2 someone who wins a game, competition, or election: *the winners of the World Cup* ▷ **zwycię-zca/żczyni**

winnings /ˈwɪnɪŋz/ **noun** [plural] money that you win in a competition ▷ **wygrana**

winter /ˈwɪntəʳ/ **noun** [C, U] A1 the coldest season of the year, between autumn and spring: *We went skiing **last winter**.* ◦ *a **mild winter*** ▷ **zima**

• **wintry** /ˈwɪntri/ **adjective** cold and typical of winter: ***wintry showers*** *(= snow mixed with rain)* ▷ **zimowy**

→ See also **the dead of night/winter**

> Wyrazy występujące razem z **winter**
>
> in (the) winter • a **cold/severe** winter • a **mild** winter • **last/next** winter • the winter months

win-win /ˈwɪnwɪn/ **adjective** A win-win situation is one in which something good happens to everyone. ▷ **korzystny dla obu stron**

wipe¹ /waɪp/ **verb** [T] **1** B2 to clean or dry something by moving a cloth across it: *I had a job wiping tables in a cafe.* ◦ *She wiped her hands on the towel.* ▷ **wycierać 2 wipe sth from/away/off, etc** B2 to remove dirt, water, a mark, etc from something with a cloth or your hand: *He wiped a tear from his eye.* ▷ **ocierać/wycierać/ścierać** *coś*

PHRASAL VERBS **wipe sth out** to destroy something completely: *The earthquake wiped out many villages.* ▷ **znieść** *coś* **z powierzchni ziemi** • **wipe sth up** to remove a substance, usually liquid, with a cloth: *Have you got something I could wipe this mess up with?* ▷ **ścierać** *coś*

wipe² /waɪp/ **noun** [C] **1** when you clean or dry

something with a cloth: *I'll **give** the table **a wipe**.* ▷ **przetarcie** **2** a thin cloth or piece of paper used for cleaning: ***baby wipes*** ▷ **chusteczka**

wiper /ˈwaɪpəʳ/ **noun** [C] (also **windscreen wiper**) a long, metal and rubber part that removes rain from the front window of a vehicle ▷ **wycieraczka**

wire¹ /waɪəʳ/ **noun** **1** [C, U] B2 thin, metal thread, used to fasten things or to make fences, cages, etc ▷ **drut** **2** [C] B2 a long, thin piece of metal thread, usually covered in plastic, that carries electricity: *electrical wires* ▷ **przewód, kabel** → See also **barbed wire**

wire² /waɪəʳ/ **verb** [T] **1** (also **wire up**) to connect wires so that a piece of electrical equipment will work: *Do you know how to wire a burglar alarm?* ▷ **podłączać** **2** to join two things together using wire ▷ **zdrutować** **3** US to send a message or money using an electrical communication system ▷ **wysyłać (telegramem)**

wireless /ˈwaɪələs/ **adjective** without a cable ▷ **bezprzewodowy**

wiring /ˈwaɪərɪŋ/ **noun** [U] the system of wires that carry electricity around a building: *The fire was caused by **faulty wiring**.* ▷ **instalacja elektryczna**

wiry /ˈwaɪəri/ **adjective** **1** Someone who is wiry is strong but quite thin. ▷ **żylasty, muskularny** **2** Wiry hair is thick and stiff, like wire: *a wiry beard* ▷ **szorstki, sztywny**

wisdom /ˈwɪzdəm/ **noun** **1** B2 [U] the ability to use your knowledge and experience to make good decisions and judgments ▷ **mądrość** **2 the wisdom of sth/doing sth** If you doubt the wisdom of something, you think it is probably not a good plan: *Many people have questioned the wisdom of spending so much money on weapons.* ▷ **słuszność** *czegoś*

ˈwisdom ˌtooth **noun** [C] (plural **wisdom teeth**) one of the four teeth at the back of your mouth that are the last to grow ▷ **ząb mądrości**

wise¹ /waɪz/ **adjective** **1** B1 A wise decision or action shows good judgment and is the right thing to do: *I think we've made a wise choice.* ◦ [+ to do sth] *It's always wise to see a doctor if you're worried about your health.* ▷ **mądry, rozsądny** → Opposite **unwise** **2** B1 A wise person is able to use their knowledge and experience to make good decisions and give good advice. ▷ **mądry** **3 be none the wiser** informal to still not understand something after someone has tried to explain it to you ▷ **dalej nic nie rozumieć lub wiedzieć**
• **wisely** **adverb** ▷ **mądrze, rozsądnie**

wise² /waɪz/ **verb**

PHRASAL VERB **wise up** informal to start to understand the truth about a situation: *Employers are starting to **wise up to** the fact that people want flexible working hours.* ▷ **uświadamiać sobie**

-wise /waɪz/ **suffix** changes a noun into an adverb meaning 'relating to this subject': *Weather-wise, the holiday was great.* ◦ *How are we doing time-wise?* ▷ **w kwestii** *czegoś*

wish¹ /wɪʃ/ **verb** **1 wish (that)** B1 to want a situation that is different from the one that exists: *I wish that I didn't have to go to work.* ◦ *I **wish** he **would** leave.* ◦ *I **wish** I **had** been there.* ▷ **żałować, że nie ..., szkoda, że nie ..., woleć, żeby ...** **2 wish to do sth** formal B2 to want to do something: *I wish to speak to the manager.* ▷ **życzyć sobie lub chcieć** *coś zrobić* **3 wish sb luck/success, etc** B1 to say that you hope someone will be lucky/successful, etc: *I wished him luck for his test.* ▷ **życzyć** *komuś* **szczęścia/sukcesów** *itp.* **4 I/you wish!** informal used to say that you would like something to be true although you know it is not true: *"Have your exams finished yet?" "I wish!"* ▷ **niestety nie!, ba!**

wish² /wɪʃ/ **noun** [C] **1** B2 what you want to do or what you want to happen: *The hospital always tries to **respect the wishes** of its patients.* ◦ *I **have no wish** to travel the world.* ▷ **życzenie** **2** something that you say secretly to yourself about what you want to have or happen: *She closed her eyes and **made a wish**.* ▷ **życzenie** **3 best wishes** A2 something you say or write at the end of a letter, to show that you hope someone is happy and has good luck: *Please give her my best wishes when you see her.* ▷ **pozdrowienia**

> Wyrazy występujące razem z **wish (noun)**
>
> ignore/respect sb's wishes • get your wish • have no wish to do sth • according to/against sb's wishes

wishful thinking /ˌwɪʃfəlˈθɪŋkɪŋ/ **noun** [U] when you want something to happen or be true but it is impossible ▷ **pobożne życzenia**

wisp /wɪsp/ **noun** [C] **1 a wisp of cloud/smoke/steam** a small, thin line of cloud/smoke/steam ▷ **smuga chmur/dymu/pary** **2 a wisp of hair/grass, etc** a thin piece of hair/grass, etc ▷ **kosmyk włosów/wiązka trawy** *itp.*
• **wispy** **adjective** in the form of wisps: ***wispy hair*** ◦ *a **wispy cloud*** ▷ **postrzępiony**

wistful /ˈwɪstfəl/ **adjective** slightly sad because you are thinking about something you cannot have: *a **wistful look/smile*** ▷ **tęskny**
• **wistfully** **adverb** ▷ **tęsknie**

wit /wɪt/ **noun** [U] the ability to say things that are funny and clever: *a woman of great intelligence and wit* ▷ **dowcip, inteligencja**

witch /wɪtʃ/ **noun** [C] in stories, a woman who has magical powers that she uses to do bad or strange things ▷ **czarownica**

witch

witchcraft /ˈwɪtʃkrɑːft/ **noun** [U] the use of magic to

W

make bad or strange things happen ▷ **czary**

witch-hunt /ˈwɪtʃhʌnt/ **noun** [C] when a group of people try to blame someone and punish them for something, in a way that is unfair ▷ **polowanie na czarownice**

with /wɪð/ **preposition 1** A1 used to say that people or things are in a place together or are doing something together: *Emma lives with her boyfriend.* ◦ *Hang your coat with the others.* ▷ **z 2** A1 having or including something: *a house with a swimming pool* ◦ *a woman with brown eyes* ▷ **z, o 3** A2 using something: *She hit him over the head with a tennis racket.* ▷ często odpowiada rzeczownikowi w narzędniku, np. **rakietą tenisową**, *itp.* **4** B1 used to describe the way someone does something: *He plays with great enthusiasm.* ◦ *She shut the drawer with a bang.* ▷ **z 5** B1 used to say what fills, covers, etc something: *a bucket filled with water* ◦ *shoes covered with mud* ▷ często odpowiada rzeczownikowi w narzędniku, np. **wodą, błotem**, *itp.* **6** B2 because of something: *She was trembling with fear.* ▷ **z, z powodu 7** B2 relating to something or someone: *There's something wrong with the car.* ◦ *The doctors are very pleased with his progress.* ▷ **z 8** used to describe the position of someone's body: *She sat with her legs crossed.* ▷ **z 9 be with me/you** informal to understand what someone is saying: *Sorry, I'm not with you – can you say that again?* ▷ **nadążać za** *kimś*

withdraw /wɪðˈdrɔː/ **verb** (past tense **withdrew**, past participle **withdrawn**) **1** [T] to take money out of a bank account: *She withdrew $50.* ▷ **wypłacać, pobierać 2** [T] to remove something, especially because of an official decision: *This product has been **withdrawn from** sale.* ◦ *He has threatened to withdraw his support.* ▷ **wycofać 3** [I, T] If a military force withdraws, or if someone withdraws it, it leaves the place where it is fighting: *The President has ordered troops to be **withdrawn from** the area.* ▷ **wycofać (się) 4** [I] to decide that you will not now be in a race, competition, etc: *Christie was forced to **withdraw from** the race because of injury.* ▷ **wycofać się 5** [T] formal to say that you want people to ignore something you said before because it was not true: *He admitted taking the money, but later **withdrew his confession**.* ▷ **odwołać, wycofać**

withdrawal /wɪðˈdrɔːəl/ **noun 1** [C] when you take money out of a bank account: *This account allows you to **make withdrawals** whenever you want to.* ▷ **wypłata 2** [C, U] when someone stops doing something, for example helping someone or giving money: [usually singular] *the withdrawal of financial support* ▷ **wycofanie, cofnięcie 3** [C, U] when a military force moves out of an area: [usually singular] *the withdrawal of troops* ▷ **wycofanie (się) 4** [U] the unpleasant feelings that someone gets when they stop taking a drug that they have taken for a long time: ***withdrawal symptoms*** ▷ **głód (narkotykowy) 5** [U] when someone prefers to be alone and does not want to talk to other people: *Withdrawal can be a symptom of depression.* ▷ **zamknięcie się w sobie, rezygnacja**

withdrawn /wɪðˈdrɔːn/ **adjective** [never before noun] quiet and not talking to other people ▷ **zamknięty w sobie**

wither /ˈwɪðər/ **verb** [I] (also **wither away**) If a plant withers, it becomes dry and starts to die. ▷ **więdnąć**

withering /ˈwɪðərɪŋ/ **adjective withering attack/contempt/look** criticism or an expression that shows that someone strongly disapproves of someone or something: *He published a withering attack on the government's policies.* ▷ **miażdżąc-a/e krytyka/pogarda/spojrzenie**

withhold /wɪðˈhəʊld/ **verb** [T] (past tense and past participle **withheld**) to not give someone the information, money, etc that they want: *The company has decided to **withhold payment** until the job has been finished.* ▷ **wstrzymywać**

within¹ /wɪˈðɪn/ **preposition 1** B1 before a particular period of time has finished: *The ambulance arrived within 10 minutes.* ◦ *Consume within two days of purchase.* ▷ **w ciągu 2** B1 less than a particular distance from something: *She was born within 20 miles of New York.* ◦ *The hotel is **within easy reach of** (= near) the airport.* ▷ **w odległości, w promieniu 3** inside an area, group, or system: *a dispute within the department* ◦ *There's a pharmacy within the hospital building.* ▷ **w, wewnątrz 4** B2 not outside the limits of something: *The project was completed well within budget.* ▷ **w ramach 5 within the law/the rules/your rights, etc** allowed according to the law/the rules/your rights, etc: *You're perfectly within your rights to complain.* ▷ **w ramach prawa/przepisów/swoich praw** *itp.*

within² /wɪˈðɪn/ **adverb** inside someone or something: *The organization needs to change from within.* ▷ **wewnętrznie, w środku, od środka**

without /wɪˈðaʊt/ **preposition 1** A2 not having, using, or doing something: *I did the test without any problems.* ◦ *I can't see without my glasses.* ◦ *He went to school without eating any breakfast.* ▷ **bez 2** A2 when someone is not with someone else: *You can start the meeting without me.* ▷ **bez 3 go/do without (sth)** to not have something important: *They went without sleep for three days.* ▷ **obywać się (bez** *czegoś***)**

withstand /wɪðˈstænd/ **verb** [T] (past tense and past participle **withstood**) to not be damaged or broken by something: *a bridge designed to withstand earthquakes* ▷ **wytrzymać, przetrwać**

witness¹ /ˈwɪtnəs/ **noun** [C] **1** someone in a court of law who says what they have seen and what they know about a crime: *The witness was called to the stand.* ▷ **świadek 2** B2 someone who sees an accident or crime: *Police are*

W

appealing for ***witnesses to*** *the shooting.* ▷ **świadek 3** someone who signs their name on an official document to say that they were present when someone else signed it ▷ **świadek**

> Wyrazy występujące razem z **witness**
>
> appeal for a witness • a witness to sth • a character/key witness • a witness account/ testimony

witness[2] /ˈwɪtnəs/ **verb** [T] **1** B2 to see something happen, especially an accident or crime: *Did anyone witness the attack?* ▷ **być świadkiem 2** to sign your name on an official document to say that you were present when someone else signed it ▷ **poświadczać**

ˈwitness ˌbox noun [C] UK (UK/US **ˈwitness ˌstand**) the place in a court of law where a witness stands or sits when they are answering questions ▷ **miejsce dla świadka**

wits /wɪts/ **noun** [plural] **1** intelligence and the ability to think quickly ▷ **rozum 2 keep/have your wits about you** to be ready to think quickly in a situation and react to things that you are not expecting: *You have to keep your wits about you when you're cycling.* ▷ **mieć oczy (szeroko) otwarte, być przytomnym**

IDIOMS **be at your wits' end** to be very worried about something and not know what you should do next ▷ **nie wiedzieć, co począć • scare/ frighten sb out of their wits** to make someone very frightened ▷ **napędzić** *komuś* **strachu**

witty /ˈwɪti/ **adjective** B2 using words in a funny and clever way: *a witty comment* ◦ *He was witty and charming.* ▷ **dowcipny**

wives /waɪvz/ plural of wife

wizard /ˈwɪzəd/ **noun** [C] **1** in stories, a man who has magical powers ▷ **czarodziej 2** informal someone who is very good at something or knows a lot about something: *a computer wizard* ▷ **geniusz 3** a computer program that gives the user a series of questions or instructions to help them use a particular system ▷ **kreator**

WMD /ˌdʌbəljuːemˈdiː/ **noun** [plural] abbreviation for weapons of mass destruction: weapons, such as nuclear bombs, which cause a lot of damage and death when used ▷ **BMR (= broń masowego rażenia)**

wobble /ˈwɒbl/ **verb** [I, T] If something wobbles or you make something wobble, it moves from side to side, often because it is not on a flat surface: *The ladder started to wobble.* ◦ *Stop wobbling the table.* ▷ **chwiać (się), trząść (się)**
• **wobbly adjective** likely to wobble: *a* ***wobbly chair*** ▷ **chybotliwy, chwiejący się**

woe /wəʊ/ **noun** [U] literary sadness: *full of woe* ▷ **żałość**

woeful /ˈwəʊfəl/ **adjective** very bad and showing no skill: *a woeful attempt/performance* ▷ **żałosny**
• **woefully adverb** ▷ **żałośnie**

woes /wəʊz/ **noun** [plural] formal **your woes** your problems and worries ▷ **smutki, żale**

wok /wɒk/ **noun** [C] a large, bowl-shaped pan that is used for frying Chinese food ▷ **wok**

woke /wəʊk/ past tense of wake

woken /ˈwəʊkən/ past participle of wake

wolf[1] /wʊlf/ **noun** [C] (plural **wolves** /wʊlvz/) B2 a wild animal like a large dog ▷ **wilk**

wolf[2] /wʊlf/ **verb** [T] (also **wolf down**) to eat something very quickly: *I gave her a plate of pasta and she wolfed it down.* ▷ **pożerać**

woman /ˈwʊmən/ **noun** [C] (plural **women** /ˈwɪmɪn/) A1 an adult female person: *a 30-year-old woman* ◦ *There were two women at the bus stop.* ▷ **kobieta**
• **womanhood noun** [U] the state of being a woman ▷ **kobiecość**

womanly /ˈwʊmənli/ **adjective** having the qualities and appearance that people think a woman should have: *womanly charms* ▷ **kobiecy**

womb /wuːm/ **noun** [C] the organ inside a woman's body where a baby grows ▷ **macica**

women /ˈwɪmɪn/ plural of woman

won /wʌn/ past of win

wonder[1] /ˈwʌndəʳ/ **verb 1** B1 [I, T] to want to know something or to try to understand the reason for something: [+ question word] *I wonder what he's making for dinner.* ◦ *I wonder why she left so suddenly.* ▷ **zastanawiać się 2 I/we wonder if/whether ...** B1 used to politely ask someone for something or to suggest something: *I wonder if you could help me?* ◦ *We were wondering if you'd like to come over for a meal sometime.* ▷ **czy zechciałbyś ...?, może ...?**

wonder[2] /ˈwʌndəʳ/ **noun 1** [U] surprise and admiration: *The boys gazed* ***in wonder*** *at the shiny, red Ferrari.* ▷ **podziw, zdumienie 2** [C] something that makes you feel surprise or admiration: [usually plural] ***the wonders of*** *modern medicine* ▷ **cud 3 no wonder** B2 used to say that you are not surprised about something: *No wonder she failed the test if she didn't do any work.* ▷ **nic dziwnego (że ...) 4 it's a wonder (that)** used to say that you are surprised about something: *It's a wonder he's still alive.* ▷ **to cud, że ...**

wonderful /ˈwʌndəfəl/ **adjective** A2 very good: *a wonderful idea* ◦ *We had a wonderful time in Spain.* ▷ **wspaniały, cudowny**
• **wonderfully adverb** ▷ **wspaniale, cudownie**

won't /wəʊnt/ short for will not: *I won't be home before midnight.*

woo /wuː/ **verb** [T] (present participle **wooing**, past tense and past participle **wooed**) to try to persuade someone to support you or to use your business: *a political party trying to woo young voters* ▷ **zabiegać o względy lub poparcie**

wood /wʊd/ **noun 1** [C, U] A2 the hard material that trees are made of: *a piece of wood*

W

▷ **drewno, drzewo** **2** [C] (also **woods**) A2 a large area of trees growing near each other: *We went for a walk in the woods.* ▷ **las**

wooded /ˈwʊdɪd/ **adjective** covered with trees: *a wooded area* ▷ **zalesiony, leśny**

wooden /ˈwʊdᵊn/ **adjective** A2 made of wood: *a wooden chair* ▷ **drewniany**

woodland /ˈwʊdlənd/ **noun** [C, U] an area of land with a lot of trees ▷ **obszar leśny, obszary leśne**

woodwind /ˈwʊdwɪnd/ **noun** [U] a group of musical instruments that you play by blowing into them: ***woodwind instruments*** ▷ **drewniane instrumenty dęte**

woodwork /ˈwʊdwɜːk/ **noun** [U] **1** the parts of a building that are made from wood ▷ **stolarka** **2** the activity of making things from wood ▷ **stolarstwo**

woof /wʊf/ **noun** [C] the sound made by a dog ▷ **szczeknięcie**

wool /wʊl/ **noun** [U] **1** the soft, thick hair on a sheep ▷ **wełna, runo** **2** A2 thick thread or material that is made from the hair of a sheep: *a wool suit* ◦ *a ball of wool* ▷ **wełna** → See also **cotton wool**

woollen UK (US **woolen**) /ˈwʊlən/ **adjective** made of wool: *woollen gloves* ▷ **wełniany**

woolly UK (US **wooly**) /ˈwʊli/ **adjective** made of wool, or made of something that looks like wool: *a green woolly hat* ▷ **wełniany**

word[1] /wɜːd/ **noun** **1** A1 [C] a group of letters or sounds that mean something, or a single letter or sound that means something: *'Hund' is the German word for 'dog'.* ◦ *He has difficulty spelling long words.* ▷ **słowo** **2 not believe/understand/hear, etc a word** B1 to not believe/understand/hear, etc anything: *I don't believe a word he says.* ▷ **nic nie wierzyć/nie rozumieć/słyszeć** *itp.* **ani słowa** **3 a word of warning/advice/thanks, etc** something that you say to warn someone/give them advice/thank them, etc: *Just a word of warning – he doesn't like people being late.* ▷ **ostrzeżenie/rada/podziękowanie** *itp.* **4 have a word with sb** B2 to talk to someone for a short time: *I'll have a word with Ted and see if he wants to come.* ▷ **porozmawiać z** *kimś* **5 put in a good word for sb** to praise someone, often to someone who might be able to employ them ▷ **wstawić się za** *kimś* **6 give sb your word** to promise someone something: *He gave me his word that he wouldn't tell anyone.* ▷ **dać** *komuś* **słowo** **7 take sb's word for it** B2 to believe what someone says without any proof ▷ **wierzyć** *komuś* **na słowo** **8 in other words** B2 used to explain what something means in a different way: *He said he's too busy, in other words, he isn't interested.* ▷ **innymi słowy** **9 in sb's words** used when you repeat what someone said: *In the manager's words, the game was 'a total disaster'.* ▷ **jak** *ktoś* **powiedział lub mówi** **10 word for word** using the exact words that were originally used: *She repeated word for word what he had told her.* ▷ **słowo w słowo**

IDIOMS **have the last word** to say the last thing in a discussion or argument or make the final decision about something ▷ **mieć ostatnie słowo** • **not breathe a word** to not tell people a secret: *Don't breathe a word about this to anyone.* ▷ **(nie pisnąć) ani słowa** • **not get a word in edgeways** UK (US **not get a word in edgewise**) to be unable to say anything because someone else is talking so much ▷ **nie móc dojść do słowa**

→ See also **a *play* on words**, **swear word**

word[2] /wɜːd/ **verb** [T] to choose the words you use when you are saying or writing something: *How should I word this letter?* ▷ **formułować**

wording /ˈwɜːdɪŋ/ **noun** [U] the words that are used when someone says or writes something ▷ **sposób sformułowania**

> Wyrazy występujące razem z **wording**
> change the wording • the exact wording • the wording of sth • a form of wording

word ˈprocessor **noun** [C] a computer or computer program that you use for writing letters, reports, etc ▷ **edytor tekstu** • **word processing** noun [U] ▷ **(komputerowa) edycja tekstów, pisanie na komputerze**

wore /wɔːr/ past tense of wear

work[1] /wɜːk/ **verb** **1** [I, T] A1 to do a job, especially the job you do to earn money: *Helen **works for** a computer company.* ◦ *He **works as** a waiter in an Italian restaurant.* ◦ *My dad works very long hours (= he works a lot of hours).* ▷ **pracować** **2** [I] A2 If a machine or piece of equipment works, it is not broken: *Does this radio work?* ◦ *The washing machine isn't working.* ▷ **działać** **3** [I] B1 If something works, it is effective and successful: *Her plan to get rid of me didn't work.* ▷ **udać się** **4 can work sth; know how to work sth** to know how to use a machine or piece of equipment: *Do you know how to work the video recorder?* ▷ **umieć** *coś* **obsługiwać** **5** [I, T] to do something that needs a lot of time or effort, or to make someone do this: [+ to do sth] *He's been working to improve his speed.* ◦ *Our teacher works us very hard.* ▷ **pracować, zmuszać do pracy** **6 work your way around/through/up, etc sth** to achieve something gradually: *I have a pile of homework to work my way through.* ▷ **brnąć/posuwać się** *itp.* **przez** *coś*

PHRASAL VERBS **work against sb** to make it more difficult for someone to achieve something: *Age can work against you when you are looking for a job.* ▷ **działać na** *czyjąś* **niekorzyść** • **work at sth** to try hard to achieve something: [+ doing sth] *You need to work at improving your writing.* ▷ **pracować nad** *czymś* • **work on sth** to spend time repairing or improving something: *Tim loves working on old cars.* ▷ **pracować przy** *czymś* • **work sth out 1** B2 to calculate an amount: *I'm trying to work out the total cost.* ▷ **obliczać** *coś* **2** to understand something or decide something after thinking very carefully: [+ question word] *I haven't worked out what to do yet.* ▷ **dochodzić do** *czegoś*, **zdecydować** *coś* • **work out 1** B2 If a problem or difficult situation works out, it gradually becomes better: *Don't worry – everything will work out in the end.* ▷ **wyjaśniać się, rozwiązywać się 2** B1 to do exercises to make your body stronger ▷ **ćwiczyć** → See **Phrasal Verbs** on page Centre 16 **3 work out badly/well, etc** to happen or develop in a particular way: *Changing schools worked out really well for me.* ▷ **dobrze/źle** *itp.* **się skończyć, udać/nie udać się 4 work out at sth** to be the result when you calculate something: *If we share the costs, it works out at $10 per person.* ▷ **wychodzić** *ileś*, **wynosić** *ileś* • **work sb out** UK to understand the reasons for someone's behaviour: *I can't work him out at all.* ▷ **zrozumieć** *kogoś* • **work up to sth** to gradually prepare yourself for something difficult ▷ **przygotowywać się lub dojrzewać do** *czegoś*

work[2] /wɜːk/ **noun 1** [U] B1 when you use physical or mental effort to do something: *Decorating that room was **hard work**.* ▷ **praca 2** [U] A1 the place where you go to do your job: *He had an accident **at work**.* ▷ **praca 3** [U] A1 something you do as a job to earn money: *Has she got any work yet?* ◦ *Many young people are **out of work** (= they do not have a job).* ▷ **praca 4** [U] A2 the activities that you have to do at school, for your job, etc: *Have you got a lot of work to do?* ◦ *The teacher said she was pleased with my work.* ▷ **praca 5 get/set to work (on sth)** to start doing something ▷ **zabierać się do pracy lub do** *czegoś* **6** [C, U] B2 a painting, book, piece of music, etc: *The exhibition includes works by Picasso and Klee.* ◦ *the **complete works** of Shakespeare* ▷ **dzieło**

IDIOMS **do sb's dirty work** to do something unpleasant or difficult for someone else because they do not want to do it themselves ▷ **robić za** *kogoś* **czarną robotę** • **have your work cut out** to have something very difficult to do: *It's a demanding job – she's going to have her work cut out for her.* ▷ **mieć trudne zadanie, mieć ręce pełne roboty**

→ See also **donkey work**, **work of art**

> **Wyrazy występujące razem z work**
> do/find/finish/have work • clerical/dirty/hard/part-time/pioneering work • at work

workable /ˈwɜːkəbl/ **adjective** A workable plan or system can be used or done easily and is effective. ▷ **realny, wykonalny** → Opposite **unworkable**

workaholic /ˌwɜːkəˈhɒlɪk/ **noun** [C] informal someone who works too much and does not have time to do anything else ▷ **pracoholik**

workbook /ˈwɜːkbʊk/ **noun** [C] a book with questions and exercises in it that you use when you are learning something ▷ **zeszyt ćwiczeń**

ˌworked ˈup adjective very nervous, angry, or excited ▷ **zdenerwowany, podekscytowany**

worker /ˈwɜːkər/ **noun 1** A2 [C] someone who works for a company or organization but does not have a powerful position: *an office worker* ▷ **pracowni-k/ca 2 a quick/slow/good, etc worker** B1 someone who works quickly/slowly/well, etc ▷ **sprawny/powolny/dobry** *itp.* **pracownik** → See also **social worker**

workforce /ˈwɜːkfɔːs/ **noun** [group] **1** all the people who work for a company or organization ▷ **załoga, personel 2** all the people in a country who are able to do a job: *10% of the workforce are unemployed.* ▷ **siła robocza**

working /ˈwɜːkɪŋ/ **adjective** [always before noun] **1** B1 relating to your job: *good working conditions* ▷ **pracy 2 a working man/woman, etc** someone who has a job: *a working mother* ▷ **mężczyzna/kobieta** *itp.* **pracując-y/a lub czynn-y/a zawodowo 3 a working knowledge of sth** B2 knowledge about something which is good enough to be useful: *She has a working knowledge of German and Russian.* ▷ **praktyczna znajomość** *czegoś* → See also **hard-working**

ˌworking ˈcapital noun [U] the amount of money that a company has available to run its business ▷ **kapitał obrotowy**

ˌworking ˈcapital ˌratio noun [C, usually singular] a calculation that compares the assets of a business that will be changed into money within 12 months with the payments that have to be made in that time ▷ **wskaźnik kapitału obrotowego**

ˌworking ˈclass noun [C] the social class of people who have little money and who usually do physical work ▷ **klasa robotnicza**
• **working-class** /ˌwɜːkɪŋˈklɑːs/ **adjective** *a working-class family* ▷ **robotniczy**

workings /ˈwɜːkɪŋz/ **noun the workings of sth** how something works: *the workings of the mind* ▷ **funkcjonowanie** *czegoś*, **działanie** *czegoś*

workload /ˈwɜːkləʊd/ **noun** [C] the amount of work that you have to do: *Nurses have a very **heavy workload** (= they work hard).* ▷ **obciążenie (pracą)**

workman /ˈwɜːkmən/ **noun** [C] (plural **workmen**) someone who does a physical job such as building ▷ **robotnik**

workmanship /ˈwɜːkmənʃɪp/ **noun** [U] the skill that is used in making something ▷ **fachowość**

ˌwork of ˈart noun [C] (plural **works of art**) **1** a very beautiful and important painting, drawing, etc: *They stole several valuable works of art.* ▷ **dzieło sztuki 2 be a work of art** to be something which is beautiful or needed a lot of skill to create: *Have you seen the wedding cake?*

W

It's a work of art. ▷ **być prawdziwym dziełem sztuki**

workout /ˈwɜːkaʊt/ **noun** [C] **B1** when you do a series of exercises to make your body strong and healthy: *a daily workout at the gym* ▷ **trening, ćwiczenia**

workplace /ˈwɜːkpleɪs/ **noun** [C] the place where you work: *We are trying to get rid of bullying* ***in the workplace.*** ▷ **miejsce pracy**

worksheet /ˈwɜːkʃiːt/ **noun** [C] a piece of paper with questions and exercises for students ▷ **arkusz ćwiczeń**

workshop /ˈwɜːkʃɒp/ **noun** [C] **1** when a group of people meet to learn more about something by discussing it and doing practical exercises: *a workshop on crime prevention* ▷ **warsztaty, szkolenie 2** a place where people use tools and machines to make or repair things ▷ **warsztat**

workstation /ˈwɜːkˌsteɪʃən/ **noun** [C] a computer and the area around it where you work in an office ▷ **stanowisko (komputerowe lub pracy)**

ˈ**work** ˌ**surface** **noun** [C] (also **worktop** /ˈwɜːktɒp/) a flat surface for preparing food in a kitchen ▷ **blat (kuchenny)** → See **The Kitchen** on page Centre 2

work-to-rule /ˌwɜːktəˈruːl/ **noun** [C, usually singular] a situation at work in which people do only the work that they agreed to do and nothing extra in order to show that they disagree with something, such as the amount of money they are paid or the hours that they work ▷ **strajk włoski**

world¹ /wɜːld/ **noun 1 the world** **A1** the Earth and all the people, places, and things on it: *Everest is the highest mountain* ***in the world.*** ◦ *She's travelled all over the world.* ▷ **świat 2** **B1** [C] the people and things that are involved in a particular activity or subject: [usually singular] *the entertainment world* ◦ *the world of politics* ▷ **świat 3 the developing/industrialized/ Western, etc world** a particular area of the Earth ▷ **kraje rozwijające się/uprzemysłowione/zachodnie** *itp.* **4 the plant/animal, etc world** plants/animals, etc as a group ▷ **świat roślin/zwierząt** *itp.* **5 your world** **A2** your life and experiences: *His whole world fell apart when she left.* ▷ *czyjś* **świat**

IDIOMS **do sb a/the world of good** informal to make someone feel much happier or healthier: *That swim has done me a world of good.* ▷ **bardzo dobrze** *komuś* **zrobić lub służyć** • **be out of this world** informal to be of extremely good quality: *Their chocolate cake is just out of this world!* ▷ **być odlotowym, być niesamowitym** • **think the world of sb** to like and admire someone very much ▷ **uwielbiać** *kogoś*, **świata poza** *kimś* **nie widzieć** • **the whole world** informal everyone: *The whole world knew she was getting married before I did.* ▷ **cały świat**

→ See also **have the** ***best*** **of both worlds**, **not be the** ***end*** **of the world**, **the Old World**, **the outside world**, **the Third World**, **be on** ***top*** **of the world**

> Wyrazy występujące razem z **world**
>
> travel the world • in the world • across/all over the world

world² /wɜːld/ **adjective** [always before noun] relating to the whole world: *world peace* ◦ *the world championships* ▷ **światowy**

the ˌ**World** ˈ**Bank** **noun** an international organization that lends money to countries that need it ▷ **Bank Światowy**

world-class /ˌwɜːldˈklɑːs/ **adjective** one of the best in the world: *a world-class swimmer* ▷ **światowej klasy**

world-famous /ˌwɜːldˈfeɪməs/ **adjective** known by people everywhere in the world: *The Eiffel Tower is a world-famous landmark.* ▷ **światowej sławy**

worldly /ˈwɜːldli/ **adjective 1 sb's worldly goods/possessions** everything that someone owns: *She lost all her worldly possessions in a fire.* ▷ **(***czyjś***) cały majątek 2** having had a lot of experience of life: *a worldly woman* ▷ **światowy**

the ˌ**World** ˈ**Trade Organi**ˌ**zation** **noun** (abbreviation **WTO**) an organization that tries to control international trade and make it easier ▷ **Światowa Organizacja Handlu**

ˌ**world** ˈ**war** **noun** [C] a war in which several large or important countries fight ▷ **wojna światowa**

worldwide /ˌwɜːldˈwaɪd/ **adjective, adverb** **B2** in all parts of the world: *10 million copies have been sold worldwide.* ▷ **światowy, ogólnoświatowy, na całym świecie, na cały świat**

the ˌ**World Wide** ˈ**Web** **noun** all the websites on the Internet ▷ **Internet**

worm¹ /wɜːm/ **noun** [C] **B2** a small creature with a long, thin, soft body and no legs ▷ **robak** → See also **a** ***can*** **of worms**

worm² /wɜːm/ **verb worm your way into sth** to gradually get into a situation by making people like you and trust you, especially by deceiving them: *He wormed his way into the family.* ▷ **wkręcić się** *gdzieś*

worn¹ /wɔːn/ **adjective** Worn clothing or objects have been used a lot and show damage: *a worn leather chair* ▷ **wytarty, znoszony**

worn² /wɔːn/ past participle of wear

ˌ**worn** ˈ**out** **adjective 1** extremely tired: *I was absolutely worn out after all that dancing.* ▷ **wykończony, wyczerpany 2** Something that is worn out is so old or has been used so much that it is damaged too much to repair: *a worn-out carpet* ▷ **zużyty**

worried /ˈwʌrid/ **adjective** **A2** anxious because you are thinking about problems or unpleasant things that might happen: *She's really* ***worried***

about her son. ◦ [+ (that)] *I'm worried that she'll tell Maria.* ▷ **zmartwiony**

worry[1] /ˈwʌri/ **verb 1** [I] Ⓐ2 to think about problems or unpleasant things that might happen in a way that makes you feel anxious: ***Don't worry*** *– she'll be all right.* ◦ *She's always* ***worrying about*** *something.* ◦ [+ (that)] *I worry that he might run away.* ▷ **martwić się 2** [T] Ⓑ2 to make someone feel anxious because of problems or unpleasant things that might happen: *It worries me that he hasn't phoned yet.* ▷ **martwić**

worry[2] /ˈwʌri/ **noun 1** [C] Ⓑ1 a problem that makes you feel anxious: *health worries* ▷ **zmartwienie, problem 2** [U] Ⓑ2 when you are anxious about something: *She's been sick with worry.* ▷ **zmartwienie**

> Wyrazy występujące razem z **worry** (**noun**)
>
> allay/ease/express a worry • a constant/lingering/nagging/real worry • a worry about/over sth

worrying /ˈwʌriɪŋ/ **adjective** Ⓑ2 making you feel anxious: *a worrying situation* ▷ **niepokojący**
• **worryingly adverb** *She's worryingly thin.* ▷ **niepokojąco**

worse[1] /wɜːs/ **adjective 1** Ⓐ2 comparative of **bad**: more unpleasant or difficult than something else that is also bad: *The exam was* ***worse than*** *I expected.* ◦ *We'll have to stop the game if the rain* ***gets*** *any* ***worse.*** ▷ **gorszy 2** Ⓑ1 more ill: *The drugs aren't working, he just seems to be* ***getting worse.*** ▷ **bardziej chory 3 be none the worse for sth** to not be harmed or damaged by something: *He seemed none the worse for the experience.* ▷ **wcale nie ucierpieć z powodu** *czegoś*, ≈ *coś komuś* **nie zaszkodziło 4 worse luck** UK informal used to show that you are annoyed or unhappy about something: *I've got to work on Saturday, worse luck!* ▷ **niech to (szlak)!**

worse[2] /wɜːs/ **noun** [U] **1** something that is more unpleasant or difficult: *It was a nasty accident, although I've seen worse.* ▷ **gorsze rzeczy 2 for the worse** If a situation changes for the worse, it becomes worse. ▷ **na gorsze**

worse[3] /wɜːs/ **adverb** Ⓑ1 comparative of **badly**: less well: *He was treated much worse than I was.* ▷ **gorzej**

worsen /ˈwɜːsᵊn/ **verb** [I, T] to become worse or to make something become worse: *His condition suddenly worsened last week.* ▷ **pogarszać (się)**

ˌworse ˈoff adjective [never before noun] poorer or in a more difficult situation: *If Rick loses his job we'll be even worse off.* ▷ **w gorszej sytuacji**

worship /ˈwɜːʃɪp/ **verb** (present participle **worshipping**, past tense and past participle **worshipped**, present participle also US **worshiping**, past tense and past participle **worshiped**) **1** [I, T] to show respect for a god by saying prayers or performing religious ceremonies ▷ **oddawać cześć 2** [T] to love and respect someone very much: *She worshipped her mother.* ▷ **wielbić**
• **worship noun** [U] *a* ***place of worship*** (= a religious building) ▷ **kult, uwielbienie** • **worshipper noun** [C] ▷ **wiern-y/a**

worst[1] /wɜːst/ **adjective** Ⓐ2 superlative of **bad**: the most unpleasant or difficult: *What's the worst job you've ever had?* ▷ **najgorszy** zobacz **bad**

worst[2] /wɜːst/ **noun 1 the worst** Ⓑ1 the most unpleasant or difficult thing, person, or situation: *I've made some mistakes in the past, but this is definitely the worst.* ▷ **najgorszy 2 at worst** used to say what the most unpleasant or difficult situation could possibly be: *At worst, we might lose our money.* ▷ **w najgorszym razie 3 if the worst comes to the worst** UK (US **if worse/worst comes to worst**) if a situation develops in the most unpleasant or difficult way ▷ **w ostateczności**

worst[3] /wɜːst/ **adverb** Ⓑ2 superlative of **badly**: the most badly: *the* ***worst affected*** *area* ▷ **najbardziej, najgorzej**

worth[1] /wɜːθ/ **adjective 1 be worth sth** Ⓑ1 to have a particular value, especially in money: *Our house is worth about £600,000.* ▷ **być wartym** *ileś* **2 be worth doing/seeing/trying, etc** Ⓑ1 to be useful or enjoyable to do/see/try, etc: *It's not as good as his last book but it's definitely worth reading.* ▷ **być wartym zrobienia/zobaczenia/spróbowania** *itp.* **3 be worth it** Ⓑ1 to be useful or enjoyable despite needing a lot of effort: *It was a long climb up the mountain but the view was worth it.* ◦ *Don't bother complaining – it's really not worth it.* ▷ **być tego wartym 4 be worth your while** If it is worth your while doing something, it is useful or enjoyable despite needing a lot of effort: *It isn't worth my while going all that way just for one day.* ▷ **być wartym wysiłku, mieć sens**

worth[2] /wɜːθ/ **noun 1 £20/$100, etc worth of sth** the amount of something that you can buy for £20/$100, etc: *I've put £2 worth of stamps on the letter.* ▷ *coś* **wartości 20£/100$ 2 a month's/year's, etc worth of sth** the amount of something that can be done or used in a month/year, etc: *an hour's worth of free phone calls* ▷ **miesiąc/rok** *czegoś* **3** [U] how important or useful someone or something is: *She's finally proved her worth.* ▷ **wartość**

worthless /ˈwɜːθləs/ **adjective 1** not important or useful: *He made me feel stupid and worthless.* ▷ **bezwartościowy 2** having no value in money: *The painting's a fake – it's completely worthless.* ▷ **bezwartościowy**

worthwhile /ˌwɜːθˈwaɪl/ **adjective** Ⓑ2 useful and enjoyable, despite needing a lot of effort: *It's a difficult course but it's very worthwhile.* ▷ **wart zachodu**

worthy /ˈwɜːði/ **adjective 1** deserving respect, admiration, or support: *a worthy cause* ◦ *a worthy champion* ▷ **godny, szlachetny 2 be worthy of attention/respect, etc** to deserve

W

attention/respect, etc ▷ **zasługiwać na uwagę/ szacunek** *itp.*

would strong /wʊd/ weak /wəd/ **modal verb 1** B1 used to say what might happen if something else happens: *What would you do if you lost your job?* ▷ **by 2** B1 used as the past form of 'will' to talk about what someone has said or thought: *Sue promised that she would help.* ◦ *They thought that she would never recover.* ▷ często tłumaczymy polskim czasem przyszłym **3** B1 used as the past form of 'will' to talk about what someone was willing to do or what something was able to do: *I asked her to talk to him, but she wouldn't.* ◦ *The car wouldn't start this morning.* ▷ **chcieć 4 would like/love sth** A1 used to say politely that you want something: *I'd (= I would) like a cup of coffee, please.* ▷ **chciałbym** *itp.* *coś*, **poproszę** *itp.* *coś* **5 would you** A1 used to politely ask someone something: *Would you like a drink?* ◦ *Would you come with me, please?* ▷ **może ...?, zechcesz ...? 6** B1 used to talk about a situation that you can imagine happening: *It would be lovely to go to New York.* ▷ **by 7 I would imagine/think, etc** used to give an opinion in a polite way: *I would imagine she'll discuss it with her husband first.* ▷ **sądzę, że ..., wyobrażam sobie, że ... 8** B2 used to talk about things that happened often in the past: *He would always turn and wave at the end of the street.* ▷ **zawsze 9 She/he/you would!** mainly UK used to show that you are not surprised by someone's annoying behaviour: *Margot spent £200 on a dress for the occasion but she would, wouldn't she?* ▷ **To do niej/niego/ciebie podobne!, Tego się należało po niej/nim/tobie spodziewać!**

wouldn't /ˈwʊdᵊnt/ short for would not: *She wouldn't let us watch TV.*

wound¹ /wuːnd/ **noun** [C] B2 an injury, especially one that is made by a knife or bullet ▷ **rana**

> Wyrazy występujące razem z **wound (noun)**
>
> **inflict/sustain** a wound • a wound **heals (up)** • **bullet/gunshot/stab** wounds • a wound **on/to** [sb's arm/back, etc] • an **open** wound

wound² /wuːnd/ **verb** [T] **1** B2 to injure someone, especially with a knife or gun: [often passive] *He was badly wounded in the attack.* ◦ *wounded soldiers* ▷ **ranić 2** to upset someone: [often passive] *She was deeply wounded by his rejection.* ▷ **urazić, zranić**

wound³ /waʊnd/ past of wind³

ˌwound ˈup adjective very nervous, worried, or angry: *He gets very wound up before an important match.* ▷ **zdenerwowany, podekscytowany**

wove /wəʊv/ past tense of weave²

woven /ˈwəʊvᵊn/ past participle of weave²

wow /waʊ/ **exclamation** informal A2 something that you say to show surprise, excitement, admiration, etc: *Wow! Look at that car!* ▷ **kurczę!, ja cię!**

wrangle¹ /ˈræŋgl/ **noun** [C] a long and complicated argument: *a **legal wrangle*** ▷ **spór**

> Wyrazy występujące razem z **wrangle**
>
> **be involved in/get into** a wrangle • a **bitter/ legal** wrangle • a wrangle **over** sth • a wrangle **between** sb and sb • a wrangle **with** sb

wrangle² /ˈræŋgl/ **verb** [I] to argue with someone for a long time: *They're still **wrangling over** money.* ▷ **spierać się, sprzeczać się**

wrap /ræp/ **verb** [T] (present participle **wrapping**, past tense and past participle **wrapped**) **1** B1 (also **wrap up**) to cover something or someone with paper, cloth, etc: *to wrap a present* ◦ *They wrapped him in a blanket.* ▷ **pakować, owijać, zawijać** → Opposite **unwrap 2 wrap sth around sb/sth** B1 to fold paper, cloth, etc around something to cover it: *He wrapped a towel around his waist.* ▷ **owijać** *coś* **wokół** *kogoś/ czegoś* **3 wrap your arms/fingers, etc around sb/sth** to put your arms/fingers around someone or something: *She wrapped her arms around my neck.* ▷ **obejmować/chwytać** *kogoś/ coś*

PHRASAL VERBS **wrap sth up 1** to fold paper, cloth, etc around something to cover it: *Have you wrapped up Jenny's present?* ▷ **zapakować** *coś* **2** to finish an activity successfully: *We hope to have this deal wrapped up by Monday.* ▷ **zakończyć** *coś*, **sfinalizować** *coś* • **wrap up** B2 to dress in warm clothes: *Wrap up well – it's cold outside.* ▷ **opatulać się, ubierać się** • **be wrapped up in sth** to give so much of your attention to something that you do not have time for other things or people: *She's so wrapped up in her work that she hardly sees her kids.* ▷ **być pochłoniętym** *czymś*

wrapper /ˈræpəʳ/ **noun** [C] a piece of paper or plastic that covers something that you buy, especially food: UK *sweet wrappers*/US *candy wrappers* ▷ **papierek, folia**

wrapping /ˈræpɪŋ/ **noun** [C, U] paper or plastic that is used to cover and protect something ▷ **opakowanie**

ˈwrapping ˌpaper noun [U] decorated paper that is used to cover presents ▷ **ozdobny papier**

wrath /rɒθ/ **noun** [U] literary extreme anger ▷ **gniew**

wreak /riːk/ **verb** (past tense and past participle **wrought**, **wreaked**) **wreak havoc** to cause a lot of damage or harm: *Floods have wreaked havoc in central Europe.* ▷ **siać zniszczenie**

wreath /riːθ/ **noun** [C] (plural **wreaths** /riːðz/) a large ring of leaves and flowers used as a decoration or to show respect for someone who has died ▷ **wieniec**

wreck¹ /rek/ **verb** [T] to destroy something completely: *The explosion wrecked several cars and damaged nearby buildings.* ▷ **zniszczyć**

W

wreck² /rek/ **noun** [C] **1** a car, ship, or aircraft that has been very badly damaged ▷ **wrak** **2** informal someone who is in a bad physical or mental condition: [usually singular] *I was a complete wreck by the end of my exams.* ▷ **wrak człowieka** **3** mainly US a bad accident involving a car or train: *a car/train wreck* ▷ **kraksa**

wreckage /ˈrekɪdʒ/ **noun** [U] the parts that remain of a car, ship, or aircraft that has been destroyed: *Two survivors were **pulled from the wreckage**.* ▷ **szczątki, wrak**

> Wyrazy występujące razem z **wreckage**
>
> be **cut (free) from/pulled from/recovered from** the wreckage • be **trapped in** the wreckage • a **piece of** wreckage • the **tangled** wreckage **of** sth

wren /ren/ **noun** [C] a very small, brown bird ▷ **strzyżyk**

wrench¹ /rentʃ/ **verb** [T] **1 wrench sth from/off, etc sb/sth** to pull something violently away from a fixed position: *The phone had been wrenched off the wall.* ▷ **wyrywać** *coś* **z** *czegoś/komuś* **2** to injure part of your body by turning it suddenly: *I wrenched my right shoulder playing tennis.* ▷ **nadwerężyć, skręcić**

wrench² /rentʃ/ **noun** **1** [no plural] when you are very sad because you have to leave someone or something: *She found leaving home a real wrench.* ▷ **bolesne przeżycie** **2** [C] US (UK **spanner**) a tool with a round end that is used to turn nuts and bolts ▷ **klucz francuski, francuz**

wrestle /ˈresl/ **verb** [I] to fight with someone by holding them and trying to push them to the ground ▷ **mocować się, szamotać się**

PHRASAL VERB **wrestle with sth** to try very hard to deal with a difficult problem or decision: *He's still wrestling with his conscience.* ▷ **walczyć z** *czymś*

wrestling /ˈreslɪŋ/ **noun** [U] a sport in which two people fight and try to push each other to the ground ▷ **zapasy**
• **wrestler noun** [C] ▷ **zapaśni-k/czka**

wretched /ˈretʃɪd/ **adjective** **1** very unhappy or ill: *I'd been feeling wretched all day so I went to bed early.* ▷ **nieszczęsny** **2** very bad or of poor quality: *The refugees were living in **wretched conditions**.* ▷ **podły, beznadziejny** **3** [always before noun] used to show that something or someone makes you angry: *This wretched phone won't work!* ▷ **przeklęty**

wriggle /ˈrɪgl/ **verb** [I, T] **1** to twist your body or move part of your body with short, quick movements: *She wriggled her toes in the warm sand.* ▷ **ruszać (się), kręcić (się)** **2 wriggle out of sth/doing sth** to avoid doing something that you have agreed to do: *Are you trying to wriggle out of going to the meeting?* ▷ **wykręcać lub wymigać się od** *czegoś*

wring /rɪŋ/ **verb** [T] (past tense and past participle **wrung**) (also **wring out**) to twist a cloth or piece of clothing with your hands to remove water from it: *He wrung out his socks and hung them up to dry.* ▷ **wykręcać** → See also **wring your *hands***

wrinkle /ˈrɪŋkl/ **noun** [C] **1** a small line on your face that you get when you grow old ▷ **zmarszczka** **2** a small fold in a piece of cloth ▷ **fałdka, zagniecenie**
• **wrinkle verb** [I, T] *a wrinkled face* ▷ **marszczyć (się), miąć (się)**

wrinkles

wrist /rɪst/ **noun** [C] B2 the part of your body between your hand and your arm ▷ **nadgarstek**

wristband /ˈrɪstbænd/ **noun** [C] **1** a piece of material which goes around the wrist, for example to hold a watch ▷ **bransoletka, pasek** **2** a piece of material in a particular colour which goes around the wrist and shows that the person wearing it supports a certain charity ▷ **opaska**

wristwatch /ˈrɪstwɒtʃ/ **noun** [C] a watch which you wear on your wrist ▷ **zegarek (na rękę)**

writ /rɪt/ **noun** [C] a legal document that orders someone to do something ▷ **nakaz (sądowy lub urzędowy)**

write /raɪt/ **verb** (past tense **wrote**, past participle **written**) **1** [I, T] A1 to produce words, letters, or numbers on a surface using a pen or pencil: *Write your name at the top of the page.* ◦ *She can't read or write.* ▷ **pisać** **2** [I, T] B1 to create a book, story, article, etc or a piece of music: *He's writing a book on Russian literature.* ◦ *She writes for Time magazine.* ▷ **pisać** **3** [I, T] A2 to send someone a letter: [+ two objects] *I wrote her a letter last week.* ◦ *Has Bill **written to** you recently?* ▷ **pisać** **4** [T] (also **write out**) to put all the information that is needed on a document: *He wrote out a cheque for £250.* ▷ **wypisać**

> Najczęściej popełniane błędy: **write**
>
> **Uwaga:** Sprawdzamy końcówki czasowników!
> Wielu Polaków uczących się angielskiego popełnia błędy, używając **write** w formie **-ing** i czasie przeszłym.
> Forma **-ing** to **writing**, pisana z jednym „t".
> Forma imiesłowu biernego czasu przeszłego zawera „tt". Nie piszemy więc „writen", ale **written**.

PHRASAL VERBS **write back** to reply to someone's letter ▷ **odpisywać** • **write sth down** B1 to write something on a piece of paper so that you do not forget it: *Did you write Jo's phone number down?* ▷ **zapisywać** *coś* • **write in** to write a letter to a newspaper, television company, etc:

W

Lots of people have written in to complain about the show. ▷ **pisać, przysyłać listy • write off** to write a letter to an organization asking them to send you something: *I've **written off for** an information pack.* ▷ **pisać • write sth off 1** to accept that an amount of money has been lost or will never be paid to you: *to write off debts* ▷ **umarzać** *coś*, **spisywać** *coś* **na straty 2** UK to damage a vehicle so badly that it cannot be repaired ▷ **skasować** *coś* **• write sb/sth off** to decide that someone or something is not useful or important: *They had written him off before they even met him.* ▷ **położyć na** *kimś/czymś* **kreskę • write sth up** B2 to write something in a complete form, usually using notes that you made earlier: *Have you written up that report yet?* ▷ **napisać** *coś*

write-off /ˈraɪtɒf/ **noun** [C] UK a vehicle that is damaged so badly in an accident that it cannot be repaired: *I wasn't hurt, but the car was a complete write-off.* ▷ **wrak, złom**

writer /ˈraɪtəʳ/ **noun** [C] B1 someone whose job is writing books, stories, articles, etc ▷ **pisa-rz/rka**

write-up /ˈraɪtʌp/ **noun** [C] an article in a newspaper or magazine in which someone gives their opinion about a performance, product, etc: *The film **got** a very good **write-up** in yesterday's paper.* ▷ **recenzja**

writhe /raɪð/ **verb** [I] to twist your body in a violent way, often because you are in pain: *She lay on her bed, writhing in agony.* ▷ **wić się, skręcać się**

writing /ˈraɪtɪŋ/ **noun** [U] **1** A1 the skill or activity of producing words on a surface: *Teachers focus on reading and writing in the first year.* ▷ **pisanie 2** A2 words that have been written or printed: *The writing was too small to read.* ▷ **pismo 3** B1 the way that someone writes: *You've got very neat writing.* ▷ **pismo, charakter pisma 4** B2 the books, stories, articles, etc written by a particular person or group of people: *She's studying women's writing of the 1930s.* ▷ **pisarstwo 5** B2 the activity or job of creating books, stories, or articles ▷ **pisarstwo 6 in writing** B2 An agreement that is in writing is official because it has been written and not only spoken: *Please confirm your reservation in writing.* ▷ **na piśmie**

written¹ /ˈrɪtən/ **adjective** [always before noun] B1 presented as a document on paper: *a **written statement warning*** ▷ **pisemny, na piśmie**

written² /ˈrɪtən/ past participle of write

wrong¹ /rɒŋ/ **adjective 1** A1 not correct: *the **wrong answer*** ◦ *We're going the **wrong way**.* ▷ **zły, błędny 2 be wrong** A2 to think or say something that is not correct: *You were **wrong about** the party – it's today, not tomorrow.* ▷ **mylić się 3 get sth wrong** B1 to produce an answer or result that is not correct: *I got most of the answers wrong.* ▷ **pomylić się w** *czymś* **4** [never before noun] B1 If something is wrong, there is a problem: *There's something **wrong with** my computer.* ◦ ***What's wrong?*** ▷ **zły 5** [never before noun] B2 morally bad: [+ to do sth] *It's wrong to tell lies.* ▷ **zły 6** not suitable: *I think she's **wrong for** this job.* ▷ **nieodpowiedni** → See also **get (hold of) the wrong *end* of the stick, get/start off on the *wrong* foot, not put a *foot* wrong, rub sb up the wrong *way***

wrong² /rɒŋ/ **adverb 1** A2 in a way that is not correct: *He always says my name wrong.* ▷ **źle, błędnie 2 go wrong** B1 to develop problems: *Something's gone wrong with my computer.* ▷ **psuć się, popełniać błąd 3 Don't get me wrong.** informal used when you do not want someone to think that you do not like someone or something: *Don't get me wrong, I like her, but she can be very annoying.* ▷ **Nie zrozum mnie źle**

wrong³ /rɒŋ/ **noun 1** [C, U] when something is not morally right: *She's old enough to know the difference between **right and wrong**.* ▷ **zło 2 be in the wrong** to be responsible for a mistake or something bad that has happened ▷ **mylić się, ponosić winę, zawinić**

wrong⁴ /rɒŋ/ **verb** [T] formal to treat someone unfairly: *a wronged man* ▷ **skrzywdzić, wyrządzić krzywdę**

wrongdoing /ˈrɒŋˌduːɪŋ/ **noun** [C, U] formal when someone does something that is illegal or not honest ▷ **bezprawie, krzywda**

wrongful /ˈrɒŋfəl/ **adjective wrongful arrest/conviction/imprisonment, etc** when someone is accused of something or punished for something unfairly or illegally ▷ **bezprawne aresztowanie/skazanie/uwięzienie**
• **wrongfully adverb** ***wrongfully arrested*** ▷ **bezprawnie**

wrongly /ˈrɒŋli/ **adverb 1** B2 in a way that is not correct: *The letter was wrongly addressed.* ▷ **źle, błędnie 2 wrongly accused/convicted/imprisoned, etc** accused or punished unfairly or illegally: *She was wrongly convicted of drug smuggling.* ▷ **bezpodstawnie oskarżony/skazany/bezprawnie uwięziony**

wrote /rəʊt/ past tense of write

wrought /rɔːt/ past of wreak

ˌwrought ˈiron noun [U] iron that can be bent into shapes and used to make gates, furniture, etc ▷ **kute żelazo**

wrung /rʌŋ/ past of wring

wry /raɪ/ **adjective** A wry expression or remark shows your humour despite being in a difficult or disappointing situation: *a **wry smile*** ▷ **gorzki**
• **wryly adverb** ▷ **gorzko**

WTO /ˌdʌbljuːtiːˈəʊ/ **noun** abbreviation for World Trade Organisation: an organization that tries to control international trade and make it easier ▷ **Światowa Organizacja Handlu**

www /ˌdʌbljuːˌdʌbljuːˈdʌbljuː/ **noun** abbreviation for World Wide Web ▷ **www**

X, x /eks/ **1** the twenty-fourth letter of the alphabet ▷ **X, x** **2** used to show that an answer is wrong ▷ **(= brak punktu na teście)** **3** used to represent a kiss at the end of a letter ▷ **całuski** **4** used to represent an unknown person or thing ▷ **x, Iks, Iksińsk-i/a**

x-axis /ˈeksˌæksɪs/ **noun** [no plural] the line of figures or letters along the bottom of a graph or map; the horizontal axis ▷ **oś odciętych** → Compare **y-axis**

X-chromosome /ˈeksˌkrəʊməsəʊm/ a sex chromosome. In the cells of female humans and most mammals there are two of these and in the cells of males there is one X-chromosome and there is also a Y-chromosome. ▷ **chromosom X** → Compare **Y-chromosome**

xenon /ˈzenɒn/ **noun** [U] a gas that is found in the air and used in some electric lights (symbol Xe) ▷ **ksenon**

xenophobia /ˌzenəʊˈfəʊbiə/ **noun** [U] extreme dislike or fear of people from other countries ▷ **ksenofobia**

• **xenophobic** /ˌzenəʊˈfəʊbɪk/ **adjective** ▷ **ksenofobiczny**

XL /ˌeksˈel/ abbreviation for extra large: the largest size of clothes ▷ **XL**

Xmas /ˈkrɪsməs/ **noun** [U] informal used as a short way of writing 'Christmas', mainly on signs or cards: *Happy Xmas!* ▷ **Święta**

XML /eksemˈel/ **noun** trademark abbreviation for extensible mark up language: a system of organizing information on computers ▷ **XML**

X-ray /ˈeksreɪ/ **noun** [C] **1** (B2) a photograph that shows the inside of your body: *They* ***took an X-ray of*** *his leg.* ▷ **rentgen, prześwietlenie** **2** a wave of energy that can pass through solid materials ▷ **promieniowanie X lub rentgenowskie**

• **X-ray verb** [T] to take a photograph that shows the inside of something ▷ **prześwietlać**

xylem /ˈzaɪləm/ **noun** [U] the part of a plant that carries water from the roots to the leaves and gives support to the stem or trunk ▷ **drewno, ksylem** → Compare **phloem**

xylophone /ˈzaɪləfəʊn/ **noun** [C] a musical instrument consisting of a row of flat bars made of wood that you hit with sticks ▷ **ksylofon**

Y, y /waɪ/ the twenty-fifth letter of the alphabet ▷ **Y, y**

ya /jə/ **pronoun** informal you: *See ya later.*

yacht /jɒt/ **noun** [C] B2 a large boat with sails used for pleasure or in races: *a luxury yacht* ▷ **jacht**

Yank /jæŋk/ **noun** [C] informal someone from the US, sometimes considered an offensive word ▷ **Jankes**

yank /jæŋk/ **verb** [T] informal to pull something with a strong, sudden movement: *She yanked the drawer open.* ◦ *He* ***yanked at*** *the rope.* ▷ **szarpać**

yap /jæp/ **verb** [I] (present participle **yapping**, past tense and past participle **yapped**) If a small dog yaps, it makes a lot of short, high sounds. ▷ **ujadać**

yard /jɑːd/ **noun** [C] **1** (written abbreviation **yd**) B1 a unit for measuring length, equal to 0.9144 metres or 3 feet: *There's a bus stop a few hundred yards up the road.* ▷ **jard (= 0,9144 metra) 2** US (UK **garden**) an area of land in front of or behind a house ▷ **podwórko, ogródek, ogród 3** a small area of ground next to a building, often with a fence or wall around it: *a school yard* ▷ **podwórko**

yardstick /ˈjɑːdstɪk/ **noun** [C] something that you use to judge how good or successful something else is: *If popularity is the yardstick of success, he's done very well.* ▷ **miara**

yarn /jɑːn/ **noun 1** [U] thread used for making cloth ▷ **przędza 2** [C] informal a long story that is probably not true ▷ **(zmyślona) historia lub opowieść**

yawn /jɔːn/ **verb** [I] B2 to take a deep breath with your mouth wide open, because you are tired or bored: *She yawned and looked at her watch.* ▷ **ziewać**

• **yawn noun** [C] ▷ **ziewnięcie**

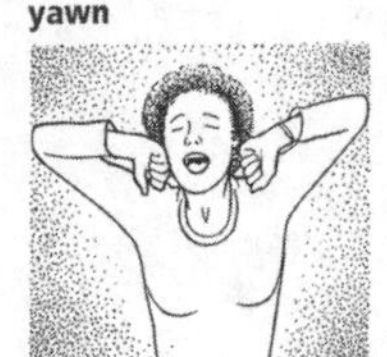

yawning /ˈjɔːnɪŋ/ **adjective a yawning gap** a very big gap ▷ **przepaść**

y-axis /ˈwaɪˌæksɪs/ **noun** [no plural] the line of figures or letters along the side of a graph or map; the vertical axis ▷ **oś rzędnych** → Compare **x-axis**

Y-chromosome /ˈwaɪˌkrəʊməsəʊm/ **noun** [C] a sex chromosome that exists only in male cells of humans and most mammals ▷ **chromosom Y** → Compare **X-chromosome**

yd written abbreviation for yard ▷ **jard**

yeah /jeə/ **exclamation** informal spoken A2 yes: *Yeah, I agree.* ▷ **taa, aha**

year /jɪəʳ/ **noun** [C] **1** A1 a period of 12 months, or 365 or 366 days, especially from 1 January to 31 December: ***last year/next year*** ◦ *He joined the company a year ago.* ▷ **rok 2 the academic/financial, etc year** A2 the period of a year that is used by universities/businesses, etc to organize their activities ▷ **rok akademicki/finansowy** *itp.* **3 be two/twelve/37, etc years old** A1 to be a particular age: *Her son is six years old.* ▷ **mieć dwa lata/dwanaście/37 lat** *itp.* **4 a two-/twelve-/37-, etc year-old** someone who is a particular age ▷ **dwulatek/dwunastolatek/osoba trzydziestosiedmioletnia** *itp.* **5** UK a group of students who start college or a course together: *He was* ***in*** *my* ***year*** *at school.* ▷ **rocznik 6 years** B1 a long time: *I haven't seen Linda* ***for years.*** ▷ **całe wieki** → See also **for donkey's years, leap year, new year**

> **Wyrazy występujące razem z year**
>
> each/every/last/next year • the **past** year • [2/5, etc] years **ago**

yearbook /ˈjɪəbʊk/ **noun** [C] a book produced every year by a school or organization, containing information about its activities, members, etc ▷ **rocznik, album**

yearly /jɪəli/ **adjective, adverb** happening once a year or every year: *a yearly fee* ◦ *Interest is paid yearly.* ▷ **roczny, doroczny, rocznie**

yearn /jɜːn/ **verb yearn for sth; yearn to do sth** to want something very much with a feeling of sadness: *They yearned for peace.* ◦ *She yearned to get away.* ▷ **bardzo pragnąć** *czegoś*

• **yearning noun** [C, U] ▷ **pragnienie, tęsknota**

yeast /jiːst/ **noun** [U] a substance used to make bread rise and to make beer and wine ▷ **drożdże**

yell /jel/ **verb** [I, T] B2 to shout something very loudly: *The policeman* ***yelled at*** *them to stop.* ▷ **wrzeszczeć**

• **yell noun** [C] B2 ▷ **wrzask**

yellow /ˈjeləʊ/ **adjective** A1 being the same colour as a lemon or the sun: *a bright yellow tablecloth* ▷ **żółty**

• **yellow noun** [C, U] A2 the colour yellow ▷ **(kolor) żółty** → See **Colours** on page Centre 12

ˌyellow ˈcard noun [C] in football, a small card shown to a player as a warning that the player has not obeyed a rule ▷ **żółta kartka** → Compare **red card**

the ˌYellow ˈPages UK trademark (US **the**

Y

ˈ**Yellow ˌPages**) **noun** [plural] a big, yellow book containing telephone numbers of shops and businesses ▷ **Panorama Firm**

yelp /jelp/ **verb** [I] If a dog yelps, it gives a sudden cry because of pain or shock. ▷ **skowyczeć**

Yemen /ˈjemən/ **noun** a country in the Middle East ▷ **Jemen**
• **Yemeni** /ˈjeməni/ **adjective** coming from or relating to Yemen ▷ **jemeński** • **Yemeni noun** someone from Yemen ▷ **Jeme-ńczyk/nka**

yep /jep/ **exclamation** informal spoken yes ▷ **tak, aha**

yes¹ /jes/ **exclamation 1** (A1) used to agree with something, or to give a positive answer to something: *"Can I borrow your pencil?" "Yes, of course."* ◦ *"Are you feeling better?" "Yes, thanks."* ◦ *"Coffee?" " Yes, please."* ▷ **tak 2** (A1) used as an answer when someone calls you: *"Jack!" "Yes?"* ▷ **tak 3** (A2) used to disagree with a negative announcement: *"He's not here yet." "Yes he is, I've just seen him."* ▷ **właśnie że**

yes² /jes/ **noun** [C] a positive reaction or agreement with something: *Was that a yes or a no?* ▷ **tak**

yesterday /ˈjestədeɪ/ **noun** [U], **adverb** (A1) the day before today: *I went to see the doctor yesterday.* ◦ *yesterday morning/afternoon* ▷ **wczoraj**

yet¹ /jet/ **adverb 1** (A2) before now or before that time: *Have you read his book yet?* ◦ *"Has he called?" "No, not yet."* ▷ **już, jeszcze 2** (A2) now or as early as this time: *I don't want to go home yet.* ▷ **jeszcze 3 the best/worst, etc yet** (B2) the best/worst, etc until now: *That was my worst exam yet.* ▷ **najlepszy/najgorszy** *itp.* **jak do tej pory 4 be/have yet to do sth** to not have done something that was expected before this time: *They have yet to make a decision.* ▷ **jeszcze musieć** *coś zrobić*, **jeszcze** *czegoś* **nie** *zrobić* **5 yet again/another/more, etc** (B2) used to show that you are surprised or annoyed that something is being repeated or increased: *He's given us yet more work to do.* ▷ **jeszcze raz/jeden/więcej** *itp.* **6 could/may/might, etc yet** used to say there is still a possibility that something will happen: *He may win yet.* ▷ **jeszcze może/mógłby** *itp.*

yet² /jet/ **conjunction** (B1) used to add something that seems surprising because of what you have just said: *simple yet effective* ▷ **ale, lecz**

yew /juː/ **noun** [C, U] a tree with dark, needle-shaped leaves, or the wood of this tree ▷ **cis**

yield¹ /jiːld/ **verb 1** [T] to produce or provide something: *to* ***yield a profit*** ◦ *The investigation* ***yielded*** *some unexpected* ***results****.* ▷ **przynosić 2 yield to demands/pressure, etc** to be forced to do something ▷ **ulegać żądaniom/naciskom** *itp.* **3** [I] US (UK **give way**) to stop in order to allow other vehicles to go past before you drive onto a bigger road ▷ **udzielać lub ustępować pierwszeństwa (przejazdu)**

> Wyrazy występujące razem z **yield**
> yield **clues/information/ a profit/ a result**

yield² /jiːld/ **noun** [C] the amount of something that is produced ▷ **wydajność**

yo /jəʊ/ **exclamation** mainly US informal used as a greeting ▷ **hej**

yob /jɒb/ **noun** [C] UK informal a rude or violent young man ▷ **chuligan**

yoga /ˈjəʊgə/ **noun** [U] (B1) a set of exercises for the mind and body, based on the Hindu religion: *She does yoga three times a week.* ▷ **joga**

yoghurt (also **yogurt**) /ˈjɒgət/ (US) /ˈjəʊgərt/ **noun** [C, U] (A2) a thick, liquid food with a slightly sour taste which is made from milk: *a low-fat strawberry yoghurt* ▷ **jogurt** → See **Food** on page Centre 11

yolk /jəʊk/ **noun** [C] **1** the round, yellow part in the middle of an egg ▷ **żółtko 2** the substance in the eggs of all animals and birds, that provides food for the growing baby ▷ **żółtko**

Yom Kippur /ˌjɒmkɪˈpʊəʳ/ **noun** [U] a Jewish holy day in September or October ▷ **Jom Kippur**

yonder /ˈjɒndəʳ/ **adverb, determiner** literary in that place or direction ▷ **tam**

you strong /juː/ weak /ju/, /jə/ **pronoun 1** (A1) used to refer to the person or people you are talking to: *I love you.* ◦ *You said I could go with you.* ▷ **ty, wy, cię, ciebie, was, ci, tobie, wam, tobą, wami 2** (A2) people generally: *You learn to accept these things as you get older.* ▷ **człowiek**

> **!** Najczęściej popełniane błędy: **you** czy **your**?
>
> **Uwaga!** Te dwa słowa wyglądają podobnie, ale mają odmienną pisownię i zupełnie różne znaczenia.
> Jeśli chcemy powiedzieć, że coś jest czyjąś własnością lub jest związane z osobą lub osobami, z którymi rozmawiamy, nie używamy „you", ale **your**:
> ~~*I'm sorry I broke you beautiful vase.*~~
> *I'm sorry I broke your beautiful vase.*

you'd /juːd/ **1** short for you had: *You'd better go home now.* **2** short for you would: *I expect you'd like some lunch.*

you'll /juːl/ short for you will: *I hope you'll come again.*

young¹ /jʌŋ/ **adjective** (A1) having lived or existed for only a short time and not old: *young children/people* ◦ *We were very young when we met.* ▷ **młody**

young² /jʌŋ/ **noun** [plural] **1 the young** (B2) young people generally: *It's the sort of music that appeals mainly to the young.* ▷ **młodzież 2 sth's young** an animal's babies ▷ *czyjeś* **młode**

youngster /ˈjʌŋstəʳ/ **noun** [C] a young person,

Y

especially an older child: *He talked to the youngsters about the dangers of drugs.* ▷ **chłopak, dziewczyna**

your strong /jɔːʳ/ weak /jəʳ/ **determiner 1** Ⓐ1 belonging or relating to the person or people you are talking to: *Can I borrow your pen?* ◦ *It's not your fault.* ▷ **twój, wasz, swój 2** Ⓑ1 belonging or relating to people in general: *You never stop loving your children.* ▷ **swój**

you're /jɔːʳ/ short for you are: *You're my best friend.*

yours /jɔːz/ **pronoun 1** Ⓐ2 the things that belong or relate to the person or people you are talking to: *Is this pen yours?* ◦ *Our tent's smaller than yours.* ▷ **twój, wasz 2 Yours faithfully/sincerely, etc** Ⓑ1 used just before your name at the end of a polite or formal letter ▷ **z poważaniem 3 yours truly** humorous I or me ▷ **mówiący te słowa**

yourself /jɔːˈself/ **pronoun** (plural **yourselves**) **1** Ⓐ2 the reflexive form of the pronoun 'you': *Don't cut yourself with that sharp knife.* ▷ **się, sobie, siebie, sobą 2** Ⓑ2 used to emphasize the pronoun 'you' when talking about the actions of the person you are speaking to: *Did you make the dress yourself?* ▷ **sam 3 (all) by yourself/ yourselves** Ⓐ2 alone or without anyone else's help: *I'm amazed you managed to move those boxes all by yourself.* ▷ **(całkiem) sam/sami 4 (all) to yourself** for your use only: *So you've got the whole house to yourself this weekend?* ▷ **(tylko) dla siebie**

youth /juːθ/ **noun 1** [C] a young man: *gangs of youths* ▷ **młodzieniec 2** [group] Ⓑ1 young people generally: *the youth of today* ◦ *a youth club* ▷ **młodzież 3 sb's youth** Ⓑ2 the period of time when someone is young: *I was very shy in my **youth**.* ▷ *czyjaś* **młodość 4** [U] the quality of being young ▷ **młodość**

> Wyrazy występujące razem z **youth**
>
> recapture/relive your youth • **in** sb's youth

youthful /ˈjuːθfəl/ **adjective** typical of a young person: *youthful energy/good looks* ▷ **młodzieńczy**

ˈyouth ˌhostel noun [C] a cheap, simple hotel, especially for young people who are travelling around ▷ **schronisko młodzieżowe**

you've /juːv/ short for you have: *If you've finished your work, you can go.*

yo-yo /ˈjəʊjəʊ/ **noun** [C] a small, round toy that you make go up and down on a string that you hang from your finger ▷ **jojo**

yuck /jʌk/ **exclamation** informal used to say that something looks or tastes very unpleasant ▷ **fuj, fu**

Yugoslavia /ˌjuːgəʊˈslɑːviə/ **noun** a former country in Europe ▷ **Jugosławia**

• **Yugoslav** /ˈjuːgəʊslɑːv/ **adjective** coming from or relating to Yugoslavia ▷ **jugosłowiański** • **Yugoslav noun** someone from Yugoslavia ▷ **Jugosłowia-nin/nka**

yum /jʌm/ **exclamation** (also **ˌyum ˈyum**) used to say that something tastes very good ▷ **mniam-mniam, pycha**

yummy /ˈjʌmi/ **adjective** informal If food or drink is yummy, it tastes very good. ▷ **pyszny**

yuppie /ˈjʌpi/ **noun** [C] a young person who earns a lot of money and likes expensive things ▷ **yuppie**

Y

Z

Z, z /zed/ the twenty-sixth and last letter of the alphabet ▷ **Z, z**

Zambia /ˈzæmbiə/ **noun** a country in Africa ▷ **Zambia**
• **Zambian** /ˈzæmbiən/ **adjective** coming from or relating to Zambia ▷ **zambijski** • **Zambian noun** someone from Zambia ▷ **Zambij-czyk/ka**

zany /ˈzeɪni/ **adjective** funny in a strange way: *zany humour* ▷ **zwariowany**

zap /zæp/ **verb** [T] (present participle **zapping**, past tense and past participle **zapped**) informal to attack or destroy something in a fast and powerful way ▷ **załatwić**

zeal /ziːl/ **noun** [U] extreme enthusiasm: *religious zeal* ▷ **zapał**

zealous /ˈzeləs/ **adjective** extremely enthusiastic ▷ **żarliwy**
• **zealously adverb** ▷ **żarliwie**

zebra /ˈzebrə/ ⓤⓢ /ˈziːbrə/ **noun** [C] B2 an animal like a horse with black and white lines ▷ **zebra**

ˌ**zebra** ˈ**crossing noun** [C] UK a part of the road painted with black and white lines where people can cross over safely ▷ **pasy, zebra**

Zen /zen/ **noun** [U] a religion that developed from Buddhism ▷ **Zen**

zenith /ˈzenɪθ/ ⓤⓢ /ˈziːnɪθ/ **noun** [no plural] literary the highest or most successful point of something: *The city* ***reached its zenith*** *in the 1980s.* ▷ **zenit, szczyt**

zero /ˈzɪərəʊ/ A2 the number 0 ▷ **zero**

Wyrazy występujące razem z **zero**
sth **drops to/falls to** zero • **above/below** zero

ˌ**zero** ˈ**tolerance noun** [U] when you do not accept any bad behaviour, often by using laws to prevent it: *zero tolerance of crime* ▷ **zerowa tolerancja**

zest /zest/ **noun** [U] **1** excitement and enthusiasm: *a zest for life* ▷ **entuzjazm, radość 2** the outer skin of a lemon or orange used to give flavour to food ▷ **skórka**

zigzag /ˈzɪgzæg/ **noun** [C] a line that changes direction from left to right and back again at sharp angles ▷ **zygzak**
• **zigzag verb** [I] (present participle **zigzagging**, past tense and past participle **zigzagged**) to make a movement or pattern like a zigzag ▷ **iść lub jechać zygzakiem, wić się**

zillion /ˈzɪljən/ **quantifier** informal a very large number: *a zillion times* ▷ **milion**

Zimbabwe /zɪmˈbɑːbweɪ/ **noun** a country in Africa ▷ **Zimbabwe**
• **Zimbabwean** /zɪmˈbɑːbwiən/ **adjective** coming from or relating to Zimbabwe ▷ **z Zimbabwe** • **Zimbabwean noun** someone from Zimbabwe ▷ **obywatel/ka Zimbabwe**

zinc /zɪŋk/ **noun** [U] a blue-white metal that is used to make or cover other metals (symbol Zn) ▷ **cynk**

zip[1] /zɪp/ **noun** [C] UK (US **zipper**) B2 a thing for fastening clothes, bags, etc consisting of two rows of very small parts that connect together: *Your zip's undone.* ▷ **zamek (błyskawiczny)**

zip[2] /zɪp/ **verb** (present participle **zipping**, past tense and past participle **zipped**) **1** [T] (also **zip up**) to fasten something with a zip: *He zipped up his jacket.* ▷ **zapinać (na zamek) 2** (also **zip up**) to reduce the size of a computer file so that it uses less space and can be sent or stored more easily ▷ **spakować 3 zip along/around/past, etc** informal to move somewhere very quickly ▷ **śmigać**

ˈ**zip** ˌ**code noun** [C] a set of numbers that go after someone's address in the US ▷ **kod pocztowy** → Compare **postcode**

ˈ**zip** ˌ**drive noun** [C] a device used for copying large documents onto special disks ▷ **napęd Zip** → See **Memory Stick**

ˈ**zip** ˌ**file noun** [C] a computer file that has been made smaller so that it uses less space ▷ **archiwum (zip)**

zipper /ˈzɪpəʳ/ **noun** [C] US a zip¹ ▷ **zamek (błyskawiczny)**

the zodiac /ˈzəʊdiæk/ **noun** the twelve signs representing groups of stars which are thought by some people to influence your life and personality: *What* ***sign of the zodiac*** *are you?* ▷ **zodiak**

zombie /ˈzɒmbi/ **noun** [C] **1** a dead body that walks around because of magic ▷ **żywy trup 2 like a zombie** informal in a very tired, slow way: *The day after the party I was walking around like a zombie.* ▷ **jak nieżywy**

zone /zəʊn/ **noun** [C] B1 an area where a particular thing happens: *a* ***war zone*** ◦ *a nuclear-free zone* ▷ **strefa** → See also **buffer zone**

zoo /zuː/ **noun** [C] A1 a place where wild animals are kept and people come to look at them ▷ **zoo**

zoological /ˌzəʊəˈlɒdʒɪkəl/ **adjective** relating to the scientific study of animals ▷ **zoologiczny**

zoology /zuˈɒlədʒi/ ⓤⓢ /zəʊˈɒlədʒi/ **noun** [U] the scientific study of animals and how they behave ▷ **zoologia**
• **zoologist noun** [C] someone who studies zoology ▷ **zoolog**

zoom /zuːm/ **verb** informal **zoom along/down/**

Z

past, etc to travel somewhere very fast, especially with a loud noise ▷ **przemknąć**

PHRASAL VERB **zoom in** to make something appear much closer and larger when using a camera or computer: *The TV cameras zoomed in on her face.* ▷ **robić zbliżenie**

ˈzoom ˌlens noun [C] a lens that can make something appear much closer and larger ▷ **obiektyw z zoomem, obiektyw o zmiennej ogniskowej**

zorbing /ˈzɔːbɪŋ/ noun [U] the sport of rolling down a hill inside a plastic ball ▷ **zorbing (= toczenie się w piłce)**

zucchini /zʊˈkiːni/ noun [C, U] (plural **zucchini, zucchinis**) US (UK **courgette**) a long, green vegetable which is white inside ▷ **cukinia**

zygote /ˈzaɪgəʊt/ noun [C] the cell which will develop into a baby person or animal and which is made by the combining of a male and female gamete ▷ **zygota**

A

a and
a- a-
abażur lampshade, shade[1]
abdykacja abdication
abdykować abdicate
ablacja ablation
abonent dzwonić na koszt abonenta reverse the **charge**[1]s; na koszt abonenta collect[2]
aborcja abortion
Aborygen/ka Aborigine
aborygeński Aboriginal
absencja absenteeism
absolutnie absolutely, possibly; ~ nie of **course** not, by no **means**, not by any **means**
absolutny absolute, utter[1], out-and-out
absolwent/ka graduate[1]
absorbować preoccupy
absorbujący engrossing
abstrakcyjny abstract
abstynencja abstinence
abstynencki teetotal
abstynent teetotaller
absurd absurdity
absurdalnie absurdly, ridiculously
absurdalność absurdity
absurdalny absurd, farcical, preposterous, ridiculous, incongruous
aby to[1]; ~ *coś zrobić* in **order**[1] to do/ for sth to do sth
aceton acetone
acetylen acetylene
ach ah
aczkolwiek albeit
adagio adagio
Adam jabłko Adama Adam's apple
adaptacja adaptation; ~ sceniczna dramatization
adaptować adapt; ~ (dla potrzeb sceny) dramatize; ~ się readjust
addycja addition reaction
adekwatny fitting
ad hoc ad hoc
adidas (lekki) ~ trainer
adiustować edit
administracja administration, admin, directorate
administracyjny administrative; kierownik ~ warden
administrator/ka administrator; administrator (strony internetowej) webmaster
administrować administer
admirał admiral
adopcja adoption
adoptować adopt
adoptowany adopted
adrenalina adrenalin
adres address[1]; *czyjś* ~ domowy sb's **home**[3] address; ~ internetowy web address, URL; być skierowanym pod *czyimś* adresem be **aim**[2]ed at sb; kierować *coś* pod *czyimś* adresem level sth against/at sb; na ~ c/o; nowy ~ forwarding address
adresować target[2], address[2]
adsorbent adsorbent
adsorbować adsorb
adsorpcja adsorption
adwent Advent
adwokat/ka advocate[2]
adwokat counsel[1], barrister, solicitor
adwokatura the **bar**[1]
aerobik aerobics
aerobowy aerobic
aerodynamiczny aerodynamic
aerodynamika aerodynamics
aerozol spray[1], aerosol
afektowany affected, genteel
afera zrobić aferę make/cause/create, etc a **stink**[2]
afisz marquee
afiszować ~ się z flaunt, parade[2]
afro (*fryzura*) Afro
Afroameryka-nin/nka African-American
afroamerykański African-American
afrokaraibski Afro-Caribbean
afront slight[2], affront
Afryka-ńczyk/nka African
afrykański African
agar agar
agencja agency
agent/ka agent, operative[2]; agent ubezpieczeniowy insurance **broker**[1]; tajny agent secret agent
agitacja agitation
agitator/ka agitator
agitować agitate, preach, canvass
agnostyczny agnostic
agnosty-k/czka agnostic
agonia agony
agrafka pin[1], safety pin
agresja aggression
agresor/ka aggressor
agrest gooseberry
agresywnie aggressively
agresywny aggressive, nasty, vicious
agroturystyka agritourism
aha ah, aha
aha yeah, yep
AIDS AIDS, aids
ajent franchisee
akademia academy
akademicki academic[1], collegiate; rok ~ the academic **year**; środowisko akademickie academia; świat ~ academia
akademicko academically
akademik dormitory, hall of residence
akapit paragraph
akcent stress[1], accent, emphasis; (*gest*) touch[2]
akceptacja acceptance, authorization
akceptować accept, condone, embrace[1]; akceptować *coś* agree with sth; nie ~ *czegoś* frown on/ upon sth
akceptowany acceptable
akcesoria accessories, paraphernalia, fittings
akcja (*działanie*) action, crackdown; (*giełdowa*) stock[1], share[2]; ~ na rzecz *czegoś* a **push**[2] for sth/to do sth; ~ protestacyjna *l.* strajkowa industrial action; (szybka) ~ blitz[1]; posiadać akcje **hold**[1] shares
akcjonariusz/ka shareholder
akcyza excise
aklimatyzacja acclimatization
aklimatyzować ~ (się) acclimatize
akomodacja accommodation
akompaniament accompaniment
akompaniować accompany
akord chord; praca na ~ piecework
akordeon accordion
akr acre
akredytacja accreditation
akredytowany accredited
akrobacje acrobatics
akrobat-a/ka acrobat
akrobatyczny acrobatic
akronim acronym
akryl acrylic
akrylowy acrylic
aksamit velvet
akson axon
akt act[2]; (*nagi*) nude[2]; ~ notarialny deed; ~ okrucieństwa atrocity; ~ oskarżenia indictment; ~ prawny act[2]; ~ przemocy outrage[1]
akta dossier, file[1]; w aktach on **file**[1]
aktor actor
aktorka actress
aktorstwo acting[2]
aktówka briefcase
aktualizować update[1]
aktualnie currently
aktualności current affairs
aktualny up-to-date, topical, current[1], present[1]; aktualn-y/a mistrz/yni reigning champion; aktualna cena/stawka *itd.* the **going**[2] price/ rate, etc; być aktualnym stand[1]
aktywa assets
aktywist-a/ka activist
aktywizm activism
aktywnie actively
aktywność ~ fizyczna exercise[1]
aktywny active, vocal, proactive
aktywować activate
akumulator battery
akupunktura acupuncture
akurat right[2]; ~ jak **just**[1] as
akustyczny acoustic, sonic
akustyka acoustics
akwarela watercolour
akwarium aquarium
akwizytor/ka salesperson; akwizytor salesman; akwizytorka saleswoman
al. (*aleja*) Ave
alarm alarm[1], alert[3]; ~ pożarowy fire alarm; ~ (przeciwwłamaniowy) burglar alarm; ~ próbny *l.* ćwiczebny emergency **drill**[1]; fałszywy ~ false alarm; podnieść ~ raise the **alarm**[1]
albinos/ka albino
albo or, or **else**; ~ ... albo **either**[1]... or; ~ coś w tym stylu or **whatever**; ~ nie or **not**
album album, scrapbook; (*płytowy*) release[2]; (*klasowy*) yearbook
ale but[1], yet[2], only[3], though, **mind**[2]

you; nie tylko ... ~ (jeszcze) not **only**[1] ... (but) also
alegoria allegory
alegoryczny allegorical
aleja avenue
alergen allergen
alergia allergy
alergiczny allergic
alfabet alphabet; ~ Braille'a braille; ~ fonetyczny IPA IPA
alfabetycznie alphabetically
alfabetyczny alphabetical
alfanumeryczny alphanumeric
alfons pimp
algebra algebra
algorytm algorithm
alias aka, alias[2]
alibi alibi
alienacja alienation
aligator alligator
alimenty alimony, child support, maintenance
aliteracja alliteration
alkaloid alkaloid
alkan alkane
alken alkene
alkohol alcohol; (*pijaństwo*) drinking; ~ etylowy ethanol; mieć niedozwolony poziom alkoholu we krwi be over the **limit**[1]
alkoholi-k/czka alcoholic[1]
alkoholizm alcoholism
alkoholowy alcoholic[2]; napój ~ spirit[1]; napój ~ (wysokoprocentowy) liquor
alkomat breathalyser; poddać testowi alkomatem breathalyse
Allach Allah
allel allele
alotropia allotropy
alotropowy allotropic
alpejski alpine
alpinist-a/ka climber
alt alto
altana trellis
alternatywa alternative[1]
alternatywny alternative[2], alternate[1]
altówka viola
aluminiowy folia aluminiowa tinfoil
aluminium aluminium
aluwialny alluvial
aluzja hint[1], allusion, innuendo; aluzje innuendo; czynić aluzje hint[2]; robić aluzję do *kogoś/czegoś* allude to sb/sth
Alzheimer Alzheimer's (disease)
ała ouch
ałun alum
amalgamat ~ (rtęci) amalgam
amator/ka amateur[1], amateur[2]; ~ kawy/herbaty/wina *itp.* a coffee/tea/wine, etc **drinker**; ~ przygód adventurer
amatorski amateurish
amazonka horsewoman
ambasada embassy
ambasador ambassador
ambicja ambition; realizować ambicję **fulfil** an ambition
ambitny ambitious, grandiose, competitive; (*głęboki*) cerebral
ambona pulpit
ambulatoryjny pacjent/ka ambulatoryjn-y/a outpatient
ameba amoeba
amen amen
Ameryka odkrywać Amerykę reinvent the **wheel**[1]
Ameryka-nin/nka American
amerykański American; borówka amerykańska blueberry; futbol ~ American football
amfoteryczny amphoteric
aminokwas amino acid
amitoza binary fission
amnestia amnesty
amnezja amnesia
amok w amoku delirious
amoniak ammonia
amonit ammonite
amoralny amoral
amortyzacja amortization
amortyzować amortize
amper amp
amperomierz ammeter
ampersand (*symbol &*) ampersand
amplituda amplitude
amputacja amputation
amputować amputate
amulet charm[1]
amunicja ammunition
amylaza amylase
anagram anagram
analfabet-a/ka illiterate
analityczny analytical
analityk analyst, forecaster; ~ systemowy systems analyst
analiza analysis, examination, scrutiny, study[2]; ~ (przypadku) case study; ~ kosztów i korzyści cost-benefit analysis; ~ krytyczna critique; ~ systemów systems analysis
analizować analyse, examine, scrutinize, sift
analogia analogy, parallel[2]
analogiczny analogous, corresponding, parallel[1]
analogowy analogue
ananas pineapple
anapest anapaest
anarchia anarchy
anarchist-a/ka anarchist
anarchistyczny anarchic
anatomia anatomy
anatomiczny anatomical
androgen androgen
androgynia androgyny
androgyniczny androgynous
anegdota anecdote
anegdotyczny anecdotal
aneks annex[2]
aneksja annexation
anektować annex[1]
anemia anaemia, anemia
anemiczny anaemic, anemic
anestezjolog anaesthetist, anesthetist
angażować involve, engage; ~ się **concern**[1] yourself
angielski English[2]; (*miara*) imperial; (język) ~ English[1]; (język) ~ dla obcokrajowców EFL; (język) ~ jako drugi język ESL; (język) ~ jako język obcy EFL; mówić po angielsku **speak** English; nauczanie języka angielskiego ELT; osoba mówiąca a po angielsku an English **speaker**
angina tonsillitis
Anglicy the **English**[1]
anglika-nin/nka Anglican
anglikański Anglican
anglo-, Anglo- Anglo-
ani either[3], neither[1], or; ~ ... ani **neither**[3] ... nor; ~ cienia /. krzty *czegoś* not a **shred**[1] of sth; ~ jeden neither[2], **not** a/one; ~ trochę any[2], not in the **slightest**, not in the **least**[1], **far**[1] from it, **anywhere** near sth; ~ trochę jak **anything** like; ~ trochę nie nowhere **near**[1]; ~ trochę szczęśliwszy/biedniejszy/mądrzejszy *itp.* **none** the happier/poorer/wiser, etc; (nie pisnąć) ~ słowa not breathe a **word**[1]
anielski angelic
anielsko ~ cierpliwy long-suffering
animacja animation
animowany animated
animozja animosity, bad/ill **feeling**; animozje bad **blood**
anioł saint, angel
anion anion
ankieta survey[1], poll[1], questionnaire, opinion poll
ankieter/ka pollster
ankietować poll[2], survey[2]
ankietowan-y/a respondent
anoda anode
anomalia anomaly
anonimowo anonymously
anonimowość obscurity, anonymity
anonimowy anonymous, unnamed
anoreksja anorexia
anorektyczka anorexic
anorektyczny anorexic
antagonista antagonist
antagonistyczny antagonistic
antarktyczny antarctic
Antarktyka the Antarctic
antena aerial[1], antenna; ~ satelitarna satellite dish; być na antenie be on **air**[1]
antidotum antidote
antologia anthology
antonim antonym
antropogeografia human geography
antropolog anthropologist
antropologia anthropology
antropologiczny anthropological
antropomorfizacja pathetic fallacy
anty- anti-
antybiotyk antibiotic
antycząstka antiparticle
antygen antigen
antyk antiquity, antique
antyklina anticline
antykoncepcja birth control, contraception
antykoncepcyjny pigułka

antykoncepcyjna the **pill**; środek ~ contraceptive
antykonkurencyjny anti-competitive
antylopa antelope
antymateria antimatter
antypatia antipathy; *czyjeś* sympatie i antypatie sb's **like**[4]s and dislikes
antyperspirant antiperspirant
antysemicki anti-Semitic
antysemityzm anti-Semitism
antyspamowy anti-spam
antyterrorystyczny anti-terrorist
antyteza antithesis
antytoksyna antitoxin
antywirusowy anti-virus
anulować cancel, nullify, quash
aorta aorta
aparat apparatus; ~ (fotograficzny) camera; ~ (ortodontyczny) brace[2]; ~ (ortopedyczny) brace[2]; ~ cyfrowy digital camera; ~ do prześwietleń scanner
aparatura apparatus
apartament suite; ~ na najwyższym piętrze penthouse
apartheid apartheid
aparycja demeanour
apatia apathy
apatyczny apathetic
apel appeal[1], plea; (*w szkole*) assembly; ~ o *coś* a **call**[2] for sth
apelacja appeal[1]; wnosić apelację appeal[2]
apelować appeal[2]; ~ (do *kogoś*) o *coś* **push**[1] (sb) for sth/to do sth
aperitif aperitif
apetyczny appetizing
apetyt appetite; ~ na *coś* an **appetite** for sth
aplet applet
aplikacja application; (*ozdobna naszywka*) appliqué
apodyktyczność bossiness
apodyktyczny domineering, bossy, overbearing, authoritarian
apokalipsa the apocalypse
apokaliptyczny apocalyptic
apostoł apostle
apostrof apostrophe
aprilis prima ~ April Fool's Day
aprobata approval, blessing, **stamp**[1] of approval; pełen aprobaty approving; z aprobatą approvingly
aprobować countenance[2]; nie ~ disapprove
aprowizacja catering
aprowizator/ka caterer
apteczny punkt ~ dispensary
apteka chemist's, dispensary, drugstore, pharmacy; drogeria z apteką drugstore
apteka-rz/rka chemist, pharmacist
Arab/ka Arab
arabski Arab; (język) ~ Arabic; guma arabska gum[1]
aranżować orchestrate, broker[2], engineer[2]; ~ *komuś* spotkanie z *kimś* pair sb off with sb
arbiter arbiter, adjudicator, arbitrator; ~ dobrego smaku **arbiter** of taste
arbitralnie arbitrarily
arbitralny arbitrary
arbitraż arbitration
arbuz watermelon, melon
archaiczny archaic
archeolog archaeologist, archeologist
archeologia archaeology, archeology
archeologiczny archaeological
architekt architect
architektoniczny architectural
architektura architecture
archiwist-a/ka registrar
archiwizować archive
archiwum archive, registry; ~ (zip) zip file
arcybiskup archbishop
arcydzieło masterpiece
arena arena, circus **ring**[1]; na arenie międzynarodowej internationally; na arenie politycznej/publicznej *itp.* in the political/public, etc **arena**
areometr hydrometer
areszt custody; przebywać w areszcie be **remand**[2]ed in custody; w areszcie on **remand**[1]; w areszcie domowym under house arrest
aresztować arrest[1]; ~ *kogoś* round sb up
aresztowanie arrest[2]
argon argon
argument point[1], argument
argumentować argue
argumenty case
aria aria
arktyczny arctic
Arktyka the Arctic
arkusz ~ blachy a **sheet** of metal; ~ ćwiczeń worksheet; ~ kalkulacyjny spreadsheet
armata cannon
armatura fittings
armia army
arogancja presumption, arrogance
arogancki arrogant, ignorant, presumptuous
arogancko arrogantly
aromat aroma
aromaterapia aromatherapy
aromatyczny aromatic, pungent
arras tapestry
arsenał arsenal
arszenik arsenic
arteria artery
artretyczny arthritic
artretyzm arthritis
artykuł article, feature[1], paper[1], piece[1]; ~ pierwszej potrzeby necessity; ~ redakcyjny *l.* wstępny editorial[2]; ~ wstępny an **introductory** essay; ~ z pierwszych stron (gazet) **front-page** story; ~ żywnościowy foodstuff; artykuły goods, supplies; artykuły papiernicze *l.* piśmienne stationery; artykuły spożywcze groceries
artyleria artillery
artylerzysta gunner
artyst-a/ka artist, performer; ~ estradow-y/a entertainer
artystycznie artistically
artystyczny artistic
artyzm artistry
arystokracja aristocracy, the **nobility**
arystokrat-a/ka aristocrat, noble[2], nobleman, noblewoman
arystokratyczny aristocratic, noble[1], upper-class, upper, posh
arytmetyka arithmetic
as ace[1]; ~ serwisowy ace[1]; ~ w rękawie trump card
asekuracja cushion[1]
asekuracyjny siatka asekuracyjna safety net
asembler assembler
asertywnie assertively
asertywność assertiveness
asertywny assertive
asfalt asphalt, tarmac, bitumen
asonans assonance
asortyment range[1], product mix; szeroki ~ a **wide**[1] variety
aspekt aspect, dimension, facet
aspiracja aspiration
aspirować ~ do *czegoś* **aspire** to sth; aspire to do sth
aspiryna aspirin
aspołeczny anti-social
astenosfera the asthenosphere
asteroida asteroid
astma asthma
astmatyczny asthmatic
astro- astro-
astrolog astrologer
astrologia astrology
astrologiczny astrological
astronaut-a/ka astronaut
astronom astronomer
astronomia astronomy
astronomicznie astronomically
astronomiczny astronomical
asymetria asymmetry
asymetryczny asymmetrical
asymilacja assimilation
asystent/ka assistant; (*na uniwersytecie*) tutor; osobist-y/a ~ PA
atak tackle[2], fit[3], bout, attack[1], offensive[2], onslaught, raid[1], strike[2]; ~ (obżarstwa) binge[1]; ~ serca heart attack; frontalny ~ a **frontal** attack/assault; odpierać ~ *kogoś/czegoś* beat sb/sth off
atakować tackle[1], attack[2], raid[2], strike[1], target[2], assault; ~ z ukrycia ambush
ateist-a/ka atheist
ateizm atheism
atelier studio
atlas atlas
atłas satin
atmosfera atmosphere, feel[2], tone[1]; oczyścić atmosferę clear the **air**[1]
atmosferyczny atmospheric
atom atom
atomowy atomic; bomba atomowa atomic bomb; energia atomowa atomic energy
-aton -athon

ATP ATP
atrakcja attraction, feature[1], amenity; (główna) ~ highlight[2]; atrakcje turystyczne the **sight**[1]s; żadna ~ non-event
atrakcyjnie attractively, appealingly
atrakcyjność attractiveness
atrakcyjny attractive, appealing, desirable, dashing, eye-catching, good-looking, hot[1], saleable; ~ wygląd good looks; mało ~ unattractive
atrament ink
atrium atrium
atrybuty trappings
atrybutywny attributive
atutowy karta atutowa trump
au ouch
audiencja audience
audio audio
audio- audio-
audyt audit
audytorium hall
aukcja auction, sale
auksyna auxin
au pair au pair
aura aura; ~ tajemniczości mystique
aureola halo
auspicje pod auspicjami *kogoś/czegoś* under the **auspices** of sb/sth
australijski ~ interior the outback
aut sidelines
autentycznie authentically
autentyczność authenticity
autentyczny authentic
autentyk the real **McCoy**
auto- auto-
autobiografia autobiography
autobiograficzny autobiographical
autobus bus; ~ piętrowy double-decker; złapać ~ **get**[1] a bus
autobusowy dworzec ~ bus station, coach station; przystanek ~ bus stop
autograf autograph
autokar coach[1]
automat dispenser; ~ (do gry) slot machine; ~ (do sprzedaży) vending machine; ~ (telefoniczny) pay phone
automatycznie automatically, as a **matter**[1] of course
automatyczny automatic[1], automated, mechanical; automatyczna sekretarka answerphone; samochód z automatyczną skrzynią biegów automatic[2]
automatyzacja automation
automatyzować automate
autonomia autonomy
autonomiczny autonomous
autoportret self-portrait
autor/ka author, originator; ~ artykułu /. rozdziału contributor; ~ biografii biographer; ~ piosenek songwriter
autorski prawo autorskie copyright
autorytarny authoritarian, prescriptive
autorytet authority, clout; (*osoba*) guru; ~ w dziedzinie *czegoś* an **authority** on sth; demonstrować swój ~ **assert** your authority
autostop podróżować /. jechać autostopem hitchhike
autostopowicz/ka hitchhiker
autostrada highway, expressway, freeway, motorway
autowy pole autowe sidelines
autystyczny autistic
autyzm autism
awangardowy avant-garde, fringe[3]
awans promotion, elevation, qualification, ascent; otrzymać ~ na *jakieś* stanowisko be **elevate**d to sth
awansować promote, qualify; ~ do **rise**[1] to/through, etc; ~ do *czegoś* /. na *coś* **graduate**[2] to sth; ~ na *jakieś* stanowisko be **elevate**d to sth
awantura trouble[1], bust-up, brawl, fracas, row[3], hassle[1], rampage[2]; robić awanturę kick up/make a **fuss**[1]
awanturniczy riotous, rowdy, rogue
awanturni-k/ca troublemaker
awanturować ~ się brawl
awaria breakdown, crash[1], failure; ~ elektryczności blackout; ~ zasilania power cut, power outage; ulec awarii fail[1], go down, crash[2]
awaryjny sytuacja awaryjna emergency
awatar avatar
awers **head**[1]s
awersja ~ do *czegoś* an **aversion** to sth
awokado avocado
azbest asbestos
Azjat-a/ka Asian
azjatycki Asian
azot nitrogen; dwutlenek azotu nitrogen dioxide; tlenek azotu nitrous oxide
azotan nitrate
azotowy nitrogenous
azyl asylum; (*bezpieczna strefa*) comfort zone; ~ polityczny political asylum
aż as **many** as; (*do*) until, right[2]; ~ nadto ample

B

ba I/you **wish**[1]!
babcia gran, grandma, grandmother, granny, nan
babeczka scone, tart[1], muffin
babka grandmother; ~ cioteczna /. stryjeczna **great**-aunt
babunia nan
bachor brat
baczki sideburns, whiskers
baczność mieć się na baczności be on (your) **guard**[1]
bać ~ się be **afraid**, be **scared**, dread[1]; ~ się o *coś/kogoś* fear for sth/sb
badacz/ka explorer, scientist, researcher
badać examine, test[2], probe[1], screen[2], research[2], investigate, explore, canvass; ~ *coś* follow sth up, look into sth, inquire into sth, enquire into sth
badanie examination, exam, test[1], study[2], exploration; ~ kontrolne check-up; ~ lekarskie physical[2], medical[2]; ~ opinii publicznej poll[1], opinion poll; ~ rynku market research; badania (naukowe) research[1]; ośrodek badań opinii publicznej pollster; prowadzić badania (nad) research[2]
badawczy exploratory
badminton badminton
bagatelizować downplay, trivialize; ~ *coś* shrug sth off, make **light**[2] of sth, play sth down
bagaż baggage, luggage; ~ podręczny hand luggage
bagaże luggage
bagażnik boot[1], trunk
bagażowy porter
bagietka baguette
bagnet bayonet
bagno bog[1], marsh, swamp[1], quagmire; (*zepsucie*) a **can**[2] of worms
bajeczny dreamy
bajgiel bagel
bajka fable, fairy tale, tale; (*kłamstwo*) fib; jak z bajki charmed, fairytale
bajt byte
bakaliowy nadzienie bakaliowe mincemeat
bakcyl połknąć bakcyla be bitten by the **bug**[1]/get the bug
bakłażan aubergine, eggplant
bakteria bacterium; bakterie bacteria; bakterie nitryfikujące nitrifying bacteria
bakteriofag phage; bacteriophage
bakteryjny bacterial
bal ball; ~ (taneczny) dance[2]; ~ szkolny /. maturalny prom
balansować balance[2]
baldachim canopy
balet ballet, chorus[1]
baletnica ballerina
balkon the **circle**[1], gallery, balcony
ballada ballad
balon balloon[1]; ~ (powietrzny) hot-air balloon
balonik balloon[1]
balonowy guma balonowa bubble gum
balowy sala balowa ballroom
balsam tonic, lotion
balsamować embalm
balustrada banister, rail
bałagan mess[1], disorder, clutter[2]
bałałajka balalaika
bałwan (*śnieżny*) snowman; (*głupek*) dope[1]
bambus bamboo
banalny banal, corny
banan banana
bandaż bandage[1]
bandażować bandage[2]
bandyta bandit; uzbrojony ~ gunman
bandzior thug; (uliczny) ~ mugger
bandżo banjo
baner banner ad
bank bank[1]; ~ handlowy /. komercyjny

merchant bank; B~ Światowy the World Bank
bankier banker, merchant banker
bankiet banquet
banknot banknote, note[1], bill[1]
bankomat ATM, cash machine, cashpoint
bankomatowy karta bankomatowa cash card
bankowiec banker, merchant banker
bankowość banking; ~ elektroniczna electronic banking
bankowy konto bankowe bank account; rachunek ~ bank account
bankructwo bankruptcy; doprowadzać do bankructwa bankrupt[2]
bańka bubble[1]; (*na mleko*) churn[2]
baptyst-a/ka Baptist
bar (*lokal*) bar[1], saloon, tavern; (*pierwiastek*) barium
Baran Aries
baran ram[2]; jazda na barana piggyback
baranina mutton; (młoda) ~ lamb
baraszkować **romp** around/in/ through, etc
baraż playoff
barbarzyńca barbarian
barbarzyński barbaric; po barbarzyńsku barbarically
bardziej coraz ~ **more**[2] and more
bardzo very[1], much[2], really, real[2], greatly, highly, dearly, heavily, jolly[2], mighty[2], sorely, way[2]; ~ mało /. niewiele **precious**[2] few/little; ~ wielki/długi *itp.* **great** big/long, etc; proszę ~ go **ahead**, Be my **guest**.
bariera barrier, hurdle[1]; ~ dla handlu trade barrier
barierka barrier; ~ (ochronna) crash barrier
bark shoulder[1]
barka barge[1]; ~ mieszkalna houseboat
barkas longboat
barman/ka bartender
barman barman
barmanka barmaid
barokowy baroque
barometr barometer
baron baron
baronowa baroness
barowy wagon ~ buffet car
barszcz być tanim jak ~ be a **snip**[2]; tani jak ~ **dirt**[2] cheap
barwa colour[1], hue, tint[1]; ~ podstawowa primary colour
barwić dye[2], stain[2], tint[2]
barwiony tinted
barwnik pigment, stain[1], colouring
barwny colourful
barykada barricade[1]
baryłka barrel
baryton baritone
bas bass
baseball baseball; boisko do baseballa diamond; piłka do baseballa baseball
baseballowy rękawica baseballowa mitt; stadion ~ ballpark

basen pool[1], swimming pool; (*rzeki*) basin; ~ z hydromasażem Jacuzzi
basowy gitara basowa bass
bastion bastion
bat whip[1], lash[2]
batalion battalion
batat sweet potato
bateria battery; ~ słoneczna solar panel
batuta baton
bawełna cotton[1]; owijać w bawełnę beat about the **bush**
bawić amuse; ~ się (*wesoło*) party[2]; (*igrać*) mess about/around, twiddle, dabble, play **game**[1]s; ~ się *czymś* play (about/around) with sth, fiddle (about/around) with sth, toy with sth; ~ się (w) play[1]; ~ się w *coś* mess with sb/sth; dobrze się ~ **enjoy** yourself; świetnie się ~ have a **ball**
bawół buffalo
baza base[1], base camp; (*w telefonie*) cradle; ~ danych database; ~ lotnicza airbase; relacyjna ~ danych relational database; mieć siedzibę /. bazę w/na *itp.* be **base**[2]d at/in, etc
bazalt basalt
bazar bazaar
bazgrać scrawl, scribble, doodle
bazgroły scribble, doodle
bazowy obóz ~ base camp
bazylia basil
bażant pheasant
bąbel blister[1]
bąbelki fizz
bączek (*łódź*) dinghy
bąk (*zabawka*) top[1]
BBS bulletin board
beczeć bleat
beczenie baa, bleat
beczka keg, barrel, drum[1]
beczkowy piwo beczkowe **draught**[2] beer/lager
beczułka cask
befsztyk steak
behawioralny behavioural
bejca stain[1]
bejcować stain[2]
bejsbolówka baseball cap
bek baa, bleat
bekać belch[1], burp
bekerel becquerel
bekhend backhand
beknięcie belch[2], burp
bekon bacon
bela bale
beletrystyka fiction
belka beam[1], timber
bełkot babble, gibberish, gobbledygook
bełkotać slur[1], babble
beneficjent/ka beneficiary
benzen benzene
benzyna petrol, gas[1], gasoline
benzynowy stacja benzynowa filling station, petrol station, gas station, service station, garage
beret beret
beryl beryllium
bestia beast

bestseller bestseller
beton concrete[1]
betonować concrete[3]
bez- (*pozbawiony*) without, out of, minus, -free, -less; (*roślina*) lilac; ~ *czegoś* exclusive of sth
beza meringue
bezalkoholowy non-alcoholic; napój ~ soft drink
bezapelacyjnie outright
bezapelacyjny outright[1]
bezbarwnie insipidly
bezbarwny colourless, unremarkable, lacklustre, lifeless, insipid, mousy
bezbłędny faultless, immaculate, spot on
bezbolesny painless
bezboleśnie painlessly
bezbronny defenceless
bezcelowy aimless, pointless
bezcenny priceless
bezceremonialność bluntness
bezceremonialny blunt[1], offhand[1], bald
bezchmurny cloudless
bezcielesny disembodied
bezczelnie brazenly, cheekily, insolently
bezczelność cheek, insolence
bezczelny cheeky, impertinent, insolent, brazen
bezcześcić deface, defile
bezczynnie idly
bezczynność inactivity, inaction, idleness
bezczynny idle[1], inactive
bezdeszczowy dry[1]
bezdomność homelessness
bezdomny homeless
bezdroże na bezdrożach off the beaten **track**[1]
bezdusznie callously
bezduszny callous, unfeeling, soulless
bezdyskusyjny undisputed
bezdzietny childless
bezgłośny silent
bezgranicznie immeasurably
bezgraniczny boundless, immeasurable, implicit
bezimienny nameless
bezinteresowny selfless, disinterested
bezkarnie with **impunity**; *robić coś* ~ get away with sth
bezkofeinowy decaffeinated
bezkompromisowy uncompromising, hard-hitting
bezkonkurencyjny unbeatable, ace[2]
bezkręgowiec invertebrate
bezkręgowy invertebrate
bezkrwawy bloodless
bezkształtny shapeless
bezlitosny unrelenting, merciless, remorseless
bezlitośnie mercilessly, remorselessly
bezludny uninhabited; bezludna wyspa desert island

bezładny disconnected, disjointed, muddled, rambling, scrappy
bezmyślnie absently, thoughtlessly, vacantly
bezmyślny mindless, thoughtless, vacant, wanton
beznadzieja futility, hopelessness
beznadziejnie hopelessly, abysmally
beznadziejność hopelessness
beznadziejny hopeless, futile, useless, abysmal, wretched, impossible[1], shocking; toczyć beznadziejną walkę fight a losing **battle**[1]
beznamiętnie flatly, impassively
beznamiętny flat[2], impassive, stolid
bezokolicznik infinitive; ~ bez *to* bare infinitive
bezołowiowy unleaded
bezosobowy impersonal
bezowocny fruitless
bezpański stray[2]; bezpańskie zwierzę stray[3]
bezpardonowy in-your-face
bezpestkowy seedless
bezpieczeństwo safety, security; kaftan bezpieczeństwa strait-jacket; pas bezpieczeństwa safety belt; poczucie bezpieczeństwa security, a **sense**[1] of security; środki bezpieczeństwa security
bezpiecznie securely, safely
bezpiecznik fuse[1]; przepalić /. spalić ~ w fuse[2]; wywalić ~ fuse[2]
bezpieczny safe[1], secure[1], out of **harm**[1]'s way; ~ dla -friendly; bezpieczne miejsce a **safe**[1] place; somewhere safe; bezpieczne schronienie safe haven; ~ seks safe sex
bezpłatnie free[2]
bezpłatny free[1], complimentary; (*telefon*) freephone, toll-free
bezpłodność infertility
bezpłodny infertile, barren
bezpodstawnie ~ oskarżony/skazany **wrongly** accused/convicted
bezpodstawny groundless, unfounded; bezpodstawn-e/a oskarżenie/przypuszczenie/plotka *itp.* a **wild**[1] accusation/guess/rumour, etc; być bezpodstawnym be without **foundation**; have no foundation
bezpośredni direct[1], immediate, through[3], forthright, explicit; (*sprzedaż*) door-to-door; podatek ~ direct tax
bezpośrednio directly, direct[2], immediately[1], explicitly; (*sprzedawać*) door-to-door; ~ po/za *itp.* **directly** after/behind etc
bezpośredniość directness
bezprawie wrongdoing
bezprawnie unlawfully, wrongfully; ~ uwięziony **wrongly** imprisoned
bezprawność illegitimacy
bezprawny unauthorized, unlawful, illegitimate; bezprawne aresztowanie/skazanie/uwięzienie *itp.* **wrongful** arrest/conviction/imprisonment, etc
bezprecedensowy unprecedented
bezpretensjonalny unassuming
bezprzewodowy cordless; dostęp ~ wi-fi
bezradnie helplessly
bezradny helpless, hopeless
bezrękawnik pinafore
bezrobocie unemployment; dotknięty bezrobociem depressed
bezrobotny jobless, unemployed; zarejestrować się jako ~ sign on
bezruch halt[1]
bezsenność insomnia, sleeplessness; (pacjent /. osoba) cierpiąc-y/a na ~ insomniac
bezsenny bezsenna noc **sleepless** night
bezsensowny mindless, senseless, pointless, useless
bezsilność impotence
bezsilny impotent, powerless
bezsporny undisputed, incontrovertible
bezstronność impartiality, neutrality
bezstronny disinterested, impartial, neutral[1]
bezszeryfowy (*krój czcionki*) sans serif
beztlenowy anaerobic
beztroski carefree, happy-go-lucky
beztrosko blithely
bezustanny remorseless
bezużyteczny useless; być bezużytecznym be (of) no **use**[2]
bezwartościowy worthless
bezwarunkowo unconditionally
bezwarunkowy unconditional
bezwiednie involuntarily
bezwiedny involuntary
bezwietrzny calm[1]
bezwład inertia
bezwładnie inertly
bezwładność inertia
bezwładny limp[1], inert
bezwodny anhydrous
bezwstydnie unashamedly, shamelessly
bezwstydny shameless
bezwzględnie ruthlessly
bezwzględność ruthlessness
bezwzględny ruthless, hard-hearted, cold-blooded, cut-throat; zero bezwzględne absolute zero
bezzwłocznie forthwith
beż beige
beżowy beige
bęben drum[1]
bębenek eardrum
bębenkowy błona bębenkowa eardrum
bębnić drum[2]
bębnienie beat[2]
bękart bastard
BHP health and safety
biadolić gripe
białaczka leukaemia
białko protein; (*jajka*) white[2], albumen
biały white; (*rasa*) Caucasian; (kolor) ~ white[2]; ~ karzeł white dwarf; czarno na białym (in) **black**[1] and white; w ~ dzień in **broad** daylight, in broad **daylight**; Biały Dom the White House
bibeloty bric-a-brac
Biblia the Bible, bible
biblijny biblical
bibliografia bibliography
biblioteka library
biblioteka-rz/rka librarian
bibuła blotting paper; ~ filtracyjna filter paper
bibułka tissue
biceps biceps
bicie thrashing, beat[2], chime, throb; ~ serca heartbeat
bicz whip[1]
bić beat[1], strike[1], batter[2]; (*dziecko*) smack[1]; (*dzwonić*) chime, toll[2]; (*monety*) mint[2]; ~ brawo applaud; ~ się fight[1], scramble; ~ się z myślami agonize
bidet bidet
biec run[1]; ~ (sprintem) sprint; ~ truchtem **trot**[1] down/up/along, etc; ~ w podskokach **bounce**[1] along/around/into, etc; ~ wzdłuż hug[1]; ~ za *kimś/czymś* run after sb/sth
bieda poverty; dotknięty biedą poverty-stricken
biedak ~ poor **devil**
biedny poor; ~ jak mysz kościelna **dirt**[2] poor
biedronka ladybird
bieg run[2], dash[2]; (*przebieg*) course; (*samochodu*) gear[1]; ~ jałowy neutral[2]; ~ sztafetowy relay[2]; ~ wypadków **train**[1] of events; nadawać *czemuś* ~ set sth in **motion**[1]; pierwszy/drugi/trzeci *itp.* ~ first/second/third, etc **gear**[1]; pracować na biegu jałowym idle[2]
biegacz/ka runner, jogger
biegać run[1], jog, **charge**[2] around/into/through, etc, **scurry** along/around/away, etc; ~ (w kółko) run around; ~ po *itp.* **tear**[1] along/about, etc; ~ przez płotki hurdle[2]
bieganie running[1]
biegi running[1], track[1]
biegle fluently
biegłość fluency, proficiency; ~ w *czymś* **mastery** of sth
biegły adept, proficient, fluent
biegowy (*narty*) cross-country
biegun ~ północny/południowy the North/South Pole
biegunka diarrhoea
biel white[2], whiteness
bielić whiten
bielizna underwear; ~ (damska) lingerie; ~ (pościelowa /. stołowa) linen
bielmo (*w nasieniu*) endosperm
biernik accusative
bierność negativity
bierny passive; bierne palenie passive smoking; imiesłów ~ past participle; strona bierna the passive; w stronie biernej passive

bierzmowanie confirmation; mieć ~ be **confirm**ed
bieżąco być na ~ keep up; być w *czymś* na ~ keep **abreast** of sth; informować *kogoś* na ~ o *czymś* keep sb **abreast** of sth
bieżący up-to-date, current[1], present[1], in **hand**[1]; bieżąca woda **running**[2] water; rachunek ~ current account; radzić sobie z *czymś* na bieżąco **take** sth as it comes
bieżnia track[1], treadmill
bieżnik tread[2]
bigot/ka bigot
bigoteria bigotry
bigoteryjny bigoted
bijatyka punch-up
bikini bikini
bilans balance[1]; ~ handlowy balance of trade; ~ płatniczy balance of payments; ~ próbny trial balance
bilansowy zestawienie bilansowe balance sheet
bilard billiards, pool[1], snooker
bilardowy kij ~ cue
bilateralny bilateral
bilet ticket; ~ elektroniczny e-ticket; ~ okresowy pass[2], season ticket; ~ okresowy *l.* wieloprzejazdowy travel card; ~ tam i z powrotem return[2], round-trip ticket; ~ w jedną stronę one-way ticket, single[2]; ~ w obie strony return[2], round-trip ticket; ~ wycieczkowy day return; ~ z gwarancją na wypadek deszczu rain check; cena biletu fare[1]; cena biletu lotniczego airfare; (opłata za) ~ lotniczy airfare; jednodniowy ~ powrotny day return
bileter/ka usher[2]
bilion trillion
billboard billboard, hoarding
billing billing
bimetal bimetallic strip
binarny binary
bingo bingo
bio- bio-
biocenoza community
biochemia biochemistry
biochemiczny biochemical
biochemik biochemist
biodegradacja ulegający biodegradacji biodegradable
biodiesel biodiesel
biodro hip[1]
biodrowy pelvic
bioetanol bioethanol
biogaz biogas
biograf biographer
biografia biography; autor/ka biografii biographer
biograficzny biographical; notka biograficzna profile[1]
biolog biologist
biologia biology
biologicznie biologically
biologiczny biological
biom biome
biomasa biomass
biometryczny biometric
biopaliwo biofuel
biopsja biopsy
bioróżnorodność biodiversity
biosfera biosphere
biotechnologia biotechnology
bioterroryst-a/ka bioterrorist
bioterroryzm bioterrorism
biotyczny biotic
bis encore
biseksualny bisexual
biskup bishop
bistro bistro
biszkopt sponge
biszkoptowy ciasto biszkoptowe sponge
bit bit[1]
bitwa battle[1]
bity solid[1]
biuletyn newsletter, bulletin
biureta burette
biurko bureau, desk
biuro office, agency, bureau; ~ podróży travel agent, travel agency
biurokracja red tape, bureaucracy
biurokrat-a/ka bureaucrat
biurokratyczny bureaucratic; ~ moloch bureaucracy
biurowiec office building
biurowy clerical, white-collar; tymczasowa pomoc biurowa temp
biust bosom, bust[2]
biustonosz bra
biwak camping
biwakować camp[2]
biwakowanie camping
biznes business; (nielegalny) ~ racket; wielki ~ big business
biznesmen businessman
biznesplan business plan
bizneswoman businesswoman
bizon bison, buffalo
blacha tin
bladoczerwony **pale** red
bladoniebieski **pale** blue
bladozielony **pale** green
blady pale, wan; ~ (jak ściana) white[1]; ~ świt the **crack**[2] of dawn
blanszować blanch
blask gleam[2], glow[1], glamour, glitter[2], radiance; ~ chwały/sławy a **blaze**[2] of glory/publicity; ~ sławy *itp.* the **glare**[1] of publicity etc
blaszany blaszane instrumenty dęte brass
blaszka lamina
blat counter[1], top[1]; ~ (kuchenny) work surface
blef bluff[2]
blefować bluff[1]
blezer blazer
blichtr glitz
bliski near, close[2], intimate[1], dear[1], imminent; bliskiego zasięgu short-range; być bliskim *czegoś* be **close**[2] to sth, be/come **close**[2] to doing sth, be/come **near**[1] to doing sth, be on the **verge**[1] of sth/doing sth; Bliski Wschód the Middle East
blisko near[1], close[3], closely, nigh, round[2], intimately; z bliska (*strzelić*) at **point-blank** range
bliskość proximity, intimacy, closeness
bliskowschodni Middle Eastern
bliskoznaczny synonymous; słownik wyrazów bliskoznacznych thesaurus
blizna scar
bliźniaczy twin[2]; (*dom*) semi-detached
bliźniak twin[1]; (*dom*) semi-detached; ~ jednojajowy identical twin
Bliźnięta Gemini
bliższy dopełnienie bliższe direct object
bloczek pad[1]; ~ znaczków/biletów *itp.* a **book**[1] of stamps/tickets, etc
blog blog
bloger/ka blogger
blogować blog
blok block[1]; (*moduł*) module; (*polityczny*) bloc; (*wyciąg*) pulley; (*rysunkowy*) tablet; ~ mieszkalny apartment building
blokada blockade; ~ (drogi) roadblock; ~ (informacyjna) blackout; ~ (kół) clamp[1]; założyć blokadę clamp[2]
blokować block[2], obstruct, hog[2], blockade
blond blonde[1]
blondyn/ka blonde[2]
blues blues; mieć bluesa have/get the **blues**
bluszcz ivy
bluza ~ (bawełniana *l.* od dresu) sweatshirt
bluzka blouse, top[1]
bluźnierczy blasphemous, profane
bluźnierstwo blasphemy, profanity
błagać beg, entreat, implore, plead, pray
błaganie plea
błahostki trivia
błazen clown[1]
błazenada frivolity
błaznować act/play the **fool**[1], clown[2]
błąd error, mistake[1], flaw, bug[1]; ~ drukarski misprint; ~ w sztuce malpractice; margines błędu a **margin** of error; metoda prób i błędów **trial** and error; napisać z błędem misspell; nie popełnić najmniejszego błędu not put a **foot**[1] wrong; popełniać ~ blunder[2], go **wrong**[2]; uczyć się na błędach do/learn sth the **hard**[1] way; w błędzie mistaken; wprowadzać w ~ mislead
błądzić err; *czyjeś* myśli błądzą sb's attention/mind/thoughts, etc **wander**
błędnie incorrectly, mistakenly, wrongly, wrong[2]; ~ zinterpretować misinterpret
błędny incorrect, mistaken, erroneous, invalid[2], wrong[1], misguided, ill-informed, off[2], out[1], spurious, unsound; błędna ocena misjudgment, miscalculation; błędne koło vicious circle, Catch-22; błędne przekonanie misapprehension, misconception;

być całkowicie błędnym be wide of the **mark**[1]
błękit blue[2]
błękitny blue[1]
błogi blissful, blessed
błogo blissfully
błogosławić bless
błogosławieństwo godsend, blessing
błogosławiony blessed; błogosławione w skutkach nieszczęście a **blessing** in disguise
błona membrane; ~ bębenkowa eardrum; ~ śluzowa mucous membrane
błonia common[2]; ~ (wiejskie) green[2]
błonica diphtheria
błonnik fibre, roughage
błotnik mudguard, fender, wing
błotnisty muddy
błotny lawina błotna landslide
błoto mud, sludge, muck[1]; zmieszać z błotem crucify
błysk flash[2], gleam[2], blink, flare[2], glint, twinkle
błyskać blink, flash[1], glint; → **błysnąć**
błyskawica lightning
błyskawicznie rapidly
błyskawiczny rapid, meteoric, blistering
błyskotliwie astutely, shrewdly
błyskotliwość brilliance
błyskotliwy brilliant, astute, shrewd, inspired, glittering, scintillating
błyskowy lampa błyskowa flash[2]
błysnąć sparkle[1]; → **błyskać**
błyszczący glossy, shiny, crisp[1]
błyszczeć gleam[1], glisten, shine[1], twinkle
BMR (*= broń masowego rażenia*) WMD
bo because; ~ inaczej or **else**
boa ~ dusiciel boa constrictor
boazeria panelling
bochenek loaf; bochenki loaves
bocian stork
boczek bacon
bocznica siding
boczny lateral; boczna droga/ulica **back**[4] road/street; lusterko boczne wing mirror, side mirror
bod (*bit/s*) baud
bodziec stimulus, incentive, prod, impetus
bogactwo richness, wealth, treasure[1], riches
bogato ~ zdobiony ornate; być ~ zdobionym/umeblowanym *itp.* be **richly** decorated/furnished, etc
bogaty rich, wealthy; bogata wyobraźnia a **fertile** imagination
bogini goddess
bohater hero; zgrywanie bohatera heroics
bohaterka heroine, hero
bohaterski heroic
bohatersko heroically
bohaterstwo heroism
boisko playing field, field[1], pitch[2], court[1]; ~ (szkolne) playground; ~ do baseballa diamond; bok boiska sidelines
boja buoy[1]
bojaźliwie fearfully, timidly
bojaźliwość timidity
bojaźliwy timid
bojkot boycott
bojkotować boycott, ostracize
bojler boiler
bojowni-k/czka militant[2], fighter
bojowy samolot ~ warplane
bojówka militia; bojówki paramilitaries
bojówkarz militiaman; bojówkarze paramilitaries
bok side[1], flank[2]; ~ boiska sidelines; bokiem sideways, edgeways; kłucie w boku stitch[1]; na ~ aside[1], sideways; na boki from **side**[1] to side; na boku on the **side**[1]; pod bokiem on your **doorstep**; u boku alongside; w ~ aside[1], sideways; z boku on the **sidelines**, aloof; z boku na ~ from **side**[1] to side
bokobrody sideburns, whiskers
boks boxing
bokser boxer
bokserki (*bielizna męska*) boxer shorts; (*krój majtek damskich*) French knickers
boksować box[2]
boksyt bauxite
bolączka ill[2], grouse[1], gripe, grumble
bolec pin[1]
boleć hurt[1], ache[2], pain[2]
bolesność rawness
bolesny (*bolący*) painful, sore[1]; (*smutny*) hurtful, heartbreaking; bolesne przeżycie trauma, wrench[2]
boleśnie painfully
bolszewicki Bolshevik
bolszewik Bolshevik
bolszewizm Bolshevism
bomba bomb[1]; ~ (zegarowa) dynamite; ~ atomowa atomic bomb; podkładać bombę **plant**[2] a bomb; podkładać bombę w booby-trap
bomba-pułapka booby trap
bombardować bomb[2], bombard
bombardowanie bombardment
bombowiec bomber
bon token[1], voucher; ~ towarowy gift certificate, credit note; ~ towarowy /. upominkowy gift token/voucher
bonang bonang
bor boron
bordo maroon[1]; (wino typu) ~ claret
bordowy maroon; (kolor) ~ maroon[1]
borówka cranberry; ~ amerykańska blueberry
borsuk badger
borykać ~ się z trudnościami flounder
borykający ~ się z problemami beleaguered
bosaka na ~ barefoot
boski divine, godlike, heavenly; (*super*) mean[2]
boso barefoot
bosy bare[1]
botaniczny botanical
botanik botanist
botanika botany
botulina Botox
boysband boy band
Boże → **Bóg**
Boży Boże Narodzenie Christmas; dzień Bożego Narodzenia Christmas Day
bóbr beaver
bóg god
Bóg God; Boże drogi! Good/Goodness **gracious**!, Good God/grief!, etc; Broń Boże! God/Heaven **forbid**!; chwała Bogu thank **goodness**; daj jej/mu/im *itp.* ~ zdrowie **bless** her/him/them, etc; Dobry Boże! Good Lord!; dzięki Bogu **thank** God/goodness/Heavens, etc; (O) (Mój) Boże! (Oh) (my) God!
bójka fight[2], scrap[1]
ból pain[1], ache[1], hurt[3], sting[2]; (lekki) ~ discomfort; ~ brzucha /. żołądka stomach ache; ~ głowy headache; ~ kręgosłupa /. pleców backache; ~ ucha earache; ~ zęba toothache; nagły ~ twinge; ostry /. kłujący ~ stabbing pain; ostry ~ a **sharp**[1] pain; przyprawiać *kogoś* o ~ głowy muddle sb (up); silny ~ głowy splitting headache; sprawiać ~ hurt[1]; ukłucie bólu twinge
bóstwo deity
bracia brethren
bractwo brotherhood; ~ studenckie fraternity
brać take, get; (*zakręt*) round; ~ *coś* pick sth up; ~ *coś* do siebie take sth personally; ~ *coś* na siebie take sth on; ~ na siebie take charge; ~ pod uwagę entertain, consider; ~ *coś* pod uwagę take sth into **account**[1]; take account of sth, take sth into **consideration**; ~ się (ostro) buckle down; ~ się do pracy **set**[1] to work; ~ udział (w *czymś*) take **part**[1] (in sth); ~ udział w enter; ~ *coś* za dobrą monetę take sth at face value
Braille'a alfabet ~ braille
brajl braille
brak absence, shortage, deficiency, deprivation; (*wybrakowany wyrób*) reject[2]; ~ *czegoś* **want**[2] of sth, **lack**[1] of sth; ~ doświadczenia inexperience; ~ elastyczności inflexibility; ~ pewności siebie insecurity; ~ (poczucia) odpowiedzialności irresponsibility; ~ równowagi imbalance; ~ ruchu immobility; ~ stabilizacji /. równowagi instability; ~ szacunku disrespect; ~ umiaru self-indulgence; ~ uprawnień ineligibility; ~ wolnych miejsc sellout; ~ zrozumienia incomprehension; ~ życzliwości /. uprzejmości unkindness; dotkliwy ~ *czegoś* a **crying** need for sth
brakować lack[2], be **lack**[2]ing, be short[1], miss[1]; *komuś czegoś* brakuje be **starved** of sth, be **lack**[2]ing in sth

brakujący missing, in short **supply**[2]
brama gate, gateway
bramka goal, wicket; ~ (logiczna) logic gate; ~ (obrotowa) turnstile; umieścić w bramce net[3]; zdobywać bramkę score[2]
bramkarz goalkeeper, keeper, goalie; (*ochroniarz*) bouncer
brandy brandy
bransoletka (*ozdobna*) bracelet, bangle; (*opaska na rękę*) wristband
branża trade[1]
brat brother; ~ przyrodni half-brother, stepbrother; najstarszy ~ *itp.* **eldest** brother; starszy ~ **elder**[1] brother, your **big** brother
bratanek nephew
bratanica niece
bratek pansy
braterski brotherly, fraternal
braterstwo brotherhood, fellowship, fraternity
bratni brotherly
bratowa sister-in-law
brawo bravo, applause; brawa dla *kogoś* give it up for sb; bić ~ applaud
brawura bravado, heroics
brawurowo recklessly
brawurowy reckless
brąz (*kolor*) brown; (*metal*) bronze[1]; z brązu bronze[2]
brązowy (*kolor*) brown; (*z brązu*) bronze[2]; ~ medal bronze medal
brednie ravings, drivel
breja (śnieżna) ~ slush
breloczek key ring
brew eyebrow; marszczyć brwi frown[1], **furrow**[2] your brow; zmarszczenie brwi frown[2]; wyskubywać brwi **pluck** your eyebrows
brezent canvas, tarpaulin
brnąć tramp[2], **slog**[1] up/down/ through, etc; ~ dalej plough on; ~ przez *coś* **work**[1] your way through sth; ~ przez/do *itp.* **plod** along/ through, etc
broda beard; pluć sobie w brodę **kick**[1] yourself
brodaty bearded
brodawka (*sutek*) nipple; (*narośl*) wart
brodzenie paddle[1]
brodzić paddle; ~ przez **wade** across/ through, etc
brokat glitter[2]
brokuły broccoli
brom bromine
bromować brominate
bromowanie bromination
bronić defend, champion[2]; ~ *kogoś* **plead** sb's case/cause; ~ się fight back, hold out; ~ się przed *kimś/ czymś* fend sb/sth off; ~ tytułu (mistrzowskiego) *itp.* **defend** a championship/title, etc
broń arms, weapon, armaments, weaponry, ammunition; ~ konwencjonalna **conventional** arms; ~ palna gun[1], firearm; z bronią (w ręku) armed; zawieszenie broni armistice, ceasefire
broszka brooch
broszura booklet, brochure, pamphlet
browar brewery, brewer; (*piwo*) brew[2]
bród przechodzić w ~ **wade** across/ through, etc; w ~ (*pełno*) galore
brud dirt[1], filth, grime, muck[1]
brudny dirty[1], filthy, grimy, grubby, messy, soiled, sordid, bedraggled
brudzić soil[2], dirty[2], mark[2]
brukać tarnish, defile
brukiew swede
brukować pave
brukowany cobbled
brukowiec tabloid
brukowy kamień ~ cobble[2], cobblestone
brukselka brussel sprout, sprout[2]
brunetka brunette
brutal brute[1]
brutalnie roughly, brutally, savagely, viciously
brutalność brutality, roughness
brutalny brutal, brutish, rough[1], savage[1], vicious, violent, heavy-handed; brutalna siła **brute**[2] force/ strength
brutto gross[1]
bruzda furrow[1]
brydż bridge[1]
brygada brigade; ~ saperów bomb **squad**
brygadier brigadier
brygadzista foreman
brykać frisk
brylant diamond
bryła solid[2]; ~ ścięta frustum
bryłka lump[1], nugget
Brytyj-czyk/ka Brit, Briton; Brytyjczycy the British
brytyjski British; flaga brytyjska Union Jack; funt ~ sterling
brzdąc tot
brzdąkać twang; ~ (na) strum
brzdąknięcie twang
brzdęk twang
brzeg edge[1], brim[2], border[1], rim, lip; (*rzeki*) bank[1]; (*morza*) shore[1]; ~ morza the seashore; ~ rzeki riverside; do brzegu ashore; na ~ ashore; przy brzegu inshore
brzegowy linia brzegowa coastline
brzemienny ~ w skutki fateful
brzemię the onus
brzęczeć buzz[2], ping, tinkle
brzęczenie buzz[1], tinkle
brzęczyk buzzer
brzęk chink, clash[2], jingle[1], clank, clink, ping, tinkle
brzękać clash[1], jingle[2]
brzmieć sound[2]; ~ dobrze/ciekawie/ dziwnie *itp.* **sound**[2] good/ interesting/strange, etc; ~ prawdopodobnie ring **true**
brzmienie tone[1]; ~ *czegoś* the **sound**[1] of sth
brzoskwinia peach
brzoza birch
brzuch belly, abdomen, midriff, stomach[1], tummy; ból brzucha stomach ache
brzuchonóg gastropod
brzuszny abdominal; dur ~ typhoid
brzydki ugly, unsightly; (*niegrzeczny*) naughty
brzydota ugliness
brzydzić ~ się abhor
BSE BSE
bubel dud
buchać belch[1]
buczeć hum[1]
buda doghouse, kennel
Budda Buddha
buddyjski Buddhist
Buddyst-a/ka Buddhist
Buddyzm Buddhism
budka stall[1], kiosk, booth, stand[2]; ~ (telefoniczna) phone box
budowa construction, building, structure[1]; (*sylwetka*) build[2], physique; ~ okrętów shipbuilding
budować build[1], construct; ~ na *czymś* build on sth
budowla structure[1], construction, erection
budowlaniec builder
budowlany rzeczoznawca ~ surveyor
budownictwo ~ (lądowe) civil engineering
budowniczy builder
budujący refreshing
budynek building, structure[1], house[1]; ~ komunalny a council house; ~ mieszkalny tenement, apartment building; ~ mieszkalny (własnościowy) condominium
budyniowy krem ~ custard
budyń pudding
budzenie wake-up call
budzić awaken, wake[1], rouse; ~ *czyjąś* zazdrość be the **envy**[1] of sb; ~ *kogoś* get (sb) up; ~ nadzieje/ obawy/wątpliwości *itp.* **raise**[1] hopes/ fears/doubts, etc; ~ się awake[2], awaken, wake[1]; ~ się do życia **spring**[2] to life
budzik alarm[1], alarm clock
budżet budget[1]; (*ustawa*) the Budget; zrównoważyć ~ **balance**[2] the books/budget
budżetowy budgetary
bufet buffet[1], cafeteria, canteen
bufon buffoon
bufor buffer
buforowy strefa buforowa buffer zone
bujać (*kłamać*) fib
bujny lush
buk beech
bukiet bunch[1], bouquet
bukmacher/ka bookie, bookmaker
bukoliczny pastoral
bulaj porthole
buldog bulldog
bulgot gurgle
bulgotać bubble[2], gurgle
bulić ~ (*ileś*) shell out (sth), stump (sth) up

bulimia bulimia; chor-y/a na bulimię bulimic
bulion stock[1]
bulwa tuber
bulwar boulevard; ~ nadmorski seafront
bulwersować appal, exasperate
bułeczka bun; ~ drożdżowa English muffin, muffin
bułka bun, roll[2]; ~ tarta breadcrumbs
bumelant/ka skiver
bumelować skive
bumerang boomerang
bunkier bunker
bunt rebellion, revolt[1], mutiny, defiance, reaction
buntować ~ się rebel[2], revolt[2], rise up, mutiny; ~ się przeciwko *czemuś* react against sth
buntowniczy defiant, rebellious
buntowni-k/czka rebel[1]
burak beet, beetroot
burbon bourbon
burczeć rumble
burda rampage[2]; wszczynać burdy rampage[1]
burkliwy monosyllabic
burmistrz/yni mayor
bursztyn amber
bursztynowy (kolor) ~ amber
burta lewa ~ port; prawa ~ starboard; za burtę overboard
burza storm[1]; ~ (z piorunami) thunderstorm; ~ mózgów brainstorming; ~ piaskowa sandstorm
burzliwie wildly
burzliwy turbulent, wild[1], tumultuous, stormy
burzowy stormy
burzyć demolish; ~ *coś* tear sth down
burżuazja the bourgeoisie
busz the **bush**
buszować ~ w *l.* po Internecie/sieci **surf**[1] the Internet/Net/Web
but shoe, boot[1]; ~y kowbojskie cowboy boots
butan butane
butelka bottle[1]; pojemnik na (zużyte) butelki bottle bank
butik boutique
butny cocky
buzia mouth
buźka (*w emailu*) emoticon, smiley
by would; ~ *coś zrobić* in **order**[1] to do/for sth to do sth; *ktoś* ~ muchy nie tknął **butter**[1] wouldn't melt in sb's mouth; kto ~ pomyślał! **fancy**[1] (that)!
bycie sposób bycia manner
byczek bullock
byczy (*super*) swell[3]
byczyć ~ się (*gdzieś*) lounge about/ around (sth)
być be; (*nadawać się*) make; ~ po/ pierwszym/ostatnim *itp.* **come** after/ first/last, etc
bydlęcy bovine
bydło cattle
byk bull; (*błąd*) boob; działać jak płachta na byka be like a red **rag** to a bull
Byk Taurus
byle ~ jaki crummy, shoddy, dowdy; ~ tak dalej so **far**[1] so good; nie ~ jaki no **mean**[2]
były former, one-time, deposed; ~ (mąż) ex; była (żona) ex
bynajmniej far[1] from it; ~ nie by no **means**; not by any means
bypass bypass[1]
bystry bright, smart[1], perspicacious, sharp[1]
bystrza rapids
bystrzyca rapids
bywać ~ w frequent[2]
bywalec stały ~ regular[2]
bzdety crap[1]
bzdura nonsense, rubbish, garbage; bzdury nonsense, rubbish, garbage; stek bzdur a **load**[1] of rubbish/ nonsense
bzyczeć buzz[2], hum[1]
bzyczenie buzz[1]

C

cal inch[1]; (*skrót*) in[5]; być *kimś* w każdym calu to be every **inch**[1] sth
calowy (*miara*) imperial
całkiem quite[1], completely, enough[2]; ~ *jakiś* **nice** and sth; nie ~ not **quite**[1]
całkowicie entirely, fully, totally, unreservedly, wholly, absolutely, perfectly, utterly, to the **hilt**, dead[2], outright, wholeheartedly
całkowity total[1], absolute, blanket[2], outright[1], unqualified, overall; ~ zwrot U-turn; prawie ~ virtual
całonocny all-night
całość entity; jako ~ as a **whole**[2]; składać się w (jedną *l.* logiczną) ~ fall into **place**[1]; w całości in its **entirety**, in **full**[2], whole[1]
całować kiss[1]
całun shroud[1]
cały full[1], entire, all, whole[1], throughout; ~ czas all the **time**[1]; ~ i zdrowy unscathed, unharmed, unhurt; (*czyjś*) ~ majątek sb's **worldly** goods/possessions; ~ świat the whole **world**[1]; Cała przyjemność po mojej stronie! It's a **pleasure**.; My pleasure.; całe *coś* the **whole**[2] of sth; całe wieki **years**, for **donkey**'s years, ages; całym sercem with all your **heart**; całymi godzinami/dniami *itp.* for hours/days, etc on **end**[1]; na ~ głos at the **top**[1] of your voice; na ~ świat worldwide, internationally; na całe życie lifelong; na całym świecie worldwide, globally, internationally; świętować na całego push the **boat** out; w całym kraju nationwide, nationally
cappuccino cappuccino
car czar, tsar
cążki pliers, cutters
CD nagrywarka ~ CD writer
CD-ROM CD-ROM
cebula onion
cebulka bulb, scallion; (*włosa*) root[1]; zielona ~ spring onion
cech guild
cecha quality[1], attribute[2], feature[1], point[1], property, side[1], streak[1], trait; ~ (charakterystyczna) characteristic[1]; ~ charakterystyczna hallmark; szczególna ~ distinction
cedować cede
cedr cedar
cedzak colander
cegła brick
cekin sequin
cel aim[1], goal, objective[1], target[1], direction, end[1], purpose; ~ *czegoś* the **thrust**[2] of sth, the **object**[1] of sth; ~ (podróży) destination; bez celu aimlessly, pointlessly; mieć *coś* na celu be **design**[2]ed to do sth, be **aim**[2]ed at doing sth; postawić sobie *coś* za ~ set your **sight**[1]s on sth; w celu *zrobienia czegoś* in **order**[1] to do/for sth to do sth, with a **view**[1] to doing sth
cela cell; w celi śmierci on death row
celebryt-a/ka celeb
celibat celibacy
cellulit cellulite
cellulitis cellulite
celność sb's **aim**[1]
celny (*trafny*) snappy, incisive; odprawa celna customs; punkt odprawy celnej customs; taryfa celna tariff
celofan Cellophane
celować aim[2]
celowo deliberately, on **purpose**, purposely, intentionally; ~ zniszczyć sabotage
celowy deliberate[1], intentional; (*uzasadniony*) expedient[1]
Celsjusz skala Celsjusza Celsius, centigrade; stopień Celsjusza Celsius, centigrade
celtycki Gaelic, Celtic; (język) ~ Gaelic
celuloid celluloid
celuloza cellulose
cement cement[1]; ~ (dentystyczny) cement
cementować cement[2]
cena price[1], cost[1], price tag; ~ własna cost price; aktualna ~ the **going**[2] price/rate, etc; niska ~ a **budget** price; obniżać cenę discount[2]; po rozsądnej cenie **reasonably** priced; porównywać ceny shop around; utargować z *kimś* cenę beat sb down; wyższa ~ premium[1]; za odpowiednią cenę at a **price**[1]; za wszelką cenę at any **price**[1], at all **cost**[1]s
cenić ~ (sobie) value[2], prize[3]; wysoko *coś* ~ place/put a **premium**[1] on sth
ceniony (*poszukiwany*) sought-after; (*znany*) distinguished, acclaimed, esteemed

cenny valuable, precious[1]; być cennym be at a **premium**[1]
cent cent, penny; 25 centów quarter
centr. HQ
centrala headquarters, head office; (*telefoniczna*) switchboard
centralizacja centralization
centralizować centralize
centralnie centrally
centralny central; (*w mieście*) downtown; ~ punkt focal point; centralne ogrzewanie central heating
centrum centre[1], core, heartland, hub; ~ *czegoś* the **focus**[2] of sth; ~ (miasta) town; ~ (uwagi) focal point; ~ handlowe mall, shopping centre, shopping mall, plaza; ~ obsługi telefonicznej call centre; ~ ogrodnicze garden centre; ~ rekreacyjne sports centre, leisure centre; ~ uwagi the **spotlight**, the limelight; blisko ~ central; być w ~ *czegoś* be in the **thick**[2] of sth; być w ~ uwagi be the **centre**[1] of attention; w ~ downtown
centy- centi-, cent-
centygram centigram
centylitr centilitre
centymetr/cal/metr ~ sześcienny **cubic** centimetre
centymetr centimetre; (*miarka*) tape measure; ~ kwadratowy **square**[2] centimetre
cenzor censor
cenzura censorship
cenzurować censor
ceramiczny ceramic
ceramika ceramics
ceregiele robić z *czegoś* ~ make a **meal** of sth
ceremonia ceremony
ceremonialnie ceremonially
ceremonialny ceremonial
ceremoniał ceremony
cerować darn[2]
certyfikat certificate
cesarka caesarean
cesarski imperial; cesarskie cięcie caesarean
cesarz emperor
cesarzowa empress
cetnar hundredweight; (*skrót*) cwt
cewka ~ moczowa urethra
cez caesium
cętkowany mottled
chałupa shack[1]
cham lout
chandra mieć chandrę be down in the **dumps**, have/get the **blues**
Chanuka Hanukkah, Chanukah
chaos chaos, havoc, mayhem, turmoil
chaotyczny chaotic, disorganized, disconnected, rambling, scrappy
charakter character, disposition, nature, feel[2], flavour[1]; (wybuchowy) ~ temper[1]; ~ pisma handwriting, writing; czarny ~ baddie, villain; oficjalny ~ formality; uroczysty ~ solemnity; wzruszający ~ poignancy; z charakterem gritty
charakterystycznie characteristically, recognizably
charakterystyczny characteristic[2], typical, distinctive, recognizable, telltale, habitual; cecha charakterystyczna hallmark
charakterystyka characterization, profile[1]
charakteryzować characterize
chart ~ (angielski) greyhound
charytatywny charitable; organizacja charytatywna charity; sklep organizacji charytatywnej charity shop, thrift shop
charyzma charisma
charyzmatyczny charismatic
chata cabin, hut
chcący anxious
chcieć want[1], ask, will[1], would; ~ *coś zrobić* be **look**[1]ing to do sth, be **out**[1] for sth; be out to do sth, **wish**[1] to do sth; chciałbym *itp. coś* **would** like/love sth; co tylko chcesz you **name**[2] it; co/jak/cokolwiek *itp.* (tylko) chcesz anything/as/what/ whatever, etc you **please**[2]; Jak (sobie) chcesz! Please yourself.; jeśli chcesz if you **like**[2]; nie ~ hate[1]; nie ~ *czegoś robić* not **like**[2] to do sth/ not like doing sth; nie ~ mieć nic do czynienia z *kimś/czymś* have no **time**[1] for sb/sth; nie ~ o *czymś* słyszeć will not **hear** of sth; nie chce się *komuś* can't be **bother**[1]ed
chciwie greedily, hungrily
chciwość greed, greediness
chciwy greedy
cheddar cheddar
cheerliderka cheerleader
chełpić ~ się gloat
chemia chemistry; ~ nieorganiczna inorganic chemistry
chemicznie chemically; czyścić *l.* prać ~ dry clean
chemiczny chemical[1]; czyszczenie *l.* pranie chemiczne dry cleaning; pralnia chemiczna the **cleaner**'s, dry cleaner's; substancja chemiczna chemical[2]
chemi-k/czka chemist
chemioterapia chemotherapy
cherlawy weedy
cherubin cherub
chęć readiness, inclination, willingness
chętka ~ na *coś* an **appetite** for sth
chętnie readily, gladly, eagerly, happily, willingly; ~ *coś zrobić* **happy** to do sth
chętny willing, eager, game[2], glad; być chętnym do *czegoś l.* na *coś* be **prepared** to do sth
chichot chuckle, giggle, snicker, snigger, titter
chichotać chuckle, giggle, snicker, snigger, titter
chili ~ (con carne) chilli; (papryka) ~ chilli
chinina quinine
chiński (smażone) danie chińskie stir-fry
chip chip[1]
chipowy karta chipowa smart card
chips chip[1], crisp[2], potato chip
chirurg surgeon
chirurgia ~ plastyczna plastic surgery
chirurgicznie surgically
chirurgiczny surgical
chityna chitin
chlapać splash[1], splatter; ~ (się) **splash**[1] about/around/through, etc
chleb bread; (*czyjś*) ~ powszedni a/sb's **way**[1] of life
chlew pigsty; (*bałagan*) tip[1]
chlor chlorine
chlorek chloride
chlorofil chlorophyll
chloroplast chloroplast
chluba być chlubą *kogoś/czegoś* be a **credit**[1] to sb/sth
chlupotać **slosh** against/over/ around, etc
chłam trash[1]
chłodek the **cool**[3]
chłodnica radiator
chłodno coolly, coldly; (*beznamiętnie*) clinically
chłodny chilly, cold[1], frigid, lukewarm; (*beznamiętny*) clinical
chłodzenie refrigeration
chłodzić refrigerate; ~ (się) chill[1]
chłodzony refrigerated
chłonąć ~ *coś* lap sth up
chłonka lymph
chłonność absorbency
chłonny absorbent
chłop ~ pańszczyźniany serf
chłop/ka peasant
chłop fellow[1]; kawał chłopa hunk
chłopak (*młodzieniec*) youngster, lad; (*sympatia*) boyfriend, date[1]
chłopczyca tomboy
chłopiec boy[1]
chłopięcy boyish
chłosta flogging
chłostać whip[2], cane[2], flog
chłód chill[2], the **cool**[3], coldness, coolness
chmiel hops
chmura cloud[1]; ~ kłębiasta deszczowa cumulonimbus; ~ kłębiasta cumulus; ~ niska warstwowa stratus; ~ warstwowa altostratus; ~ kłębiasta altocumulus; ~ warstwowa deszczowa nimbostratus; ~ pierzasta cirrus; ~ warstwowo-pierzasta cirrostratus; drapacz chmur skyscraper
chmurzyć ~ się cloud over
chochla ladle
chochlik goblin, pixie
chociaż although, though[1], **even**[2] though; (*przynajmniej*) at **least**[1]; (*ale*) but[3], while[1]; ~ raz for **once**[1]; → **choć**
choć ~ trochę **anywhere** near sth; ~ trochę jak **anything** like; ~ trudno w to uwierzyć **believe** it or not; → **chociaż**
chodliwy saleable
chodnik pavement, sidewalk
chodzić walk[1], hike[2], go out; (*działać*)

run[1]; ~ do szkoły/kościoła *itp.* **attend** a church/school, etc; ~ i *robić coś* **go**[1] around doing sth, **go**[1] round doing sth; ~ na czworakach grovel; ~ na wagary play **truant**; ~ po domach go trick or treating; ~ samopas run **wild**[1]; ~ tam i z powrotem **pace**[2] about/up and down, etc; ~ za follow; chodzą słuchy be **rumour**[2]ed; jeśli chodzi o **as** for, **as** to; jeśli chodzi o *coś* when it **come**s to sth/doing sth, as **far**[1] as sth is concerned; jeśli chodzi o *kogoś* as **far**[1] as sb is concerned; jeśli o mnie chodzi personally, personally **speak**ing; nie rozumieć, o co chodzi **miss**[1] the point; o co chodzi what's the **matter**[1]; zrozumieć o co *komuś* chodzi catch/get sb's **drift**[2]; **→ iść→ pójść**

choinka Christmas tree

cholera (*przekleństwo*) damn[2], shit[1]; (*choroba*) cholera

cholernie bloody[2], darn[1], damn[3]

cholerny damn[1], bloody[2], flaming, flipping, darn[1]

cholesterol cholesterol

chomik hamster

choreograf choreographer

choreografia choreography; przygotowywać choreografię do choreograph

choroba disease, illness, sickness, condition[1], infirmity; ~ Alzheimera Alzheimer's (disease); ~ Heinego-Medina polio; ~ niedoborowa deficiency disease; ~ umysłowa insanity; cierpiący na chorobę morską seasick; historia choroby case history

chorobliwy morbid; ~ lęk phobia

chorowity sickly

chory ill[1], sick[1], unwell; (*organ*) diseased, bad; (*umysł*) twisted, warped; ~ (na) sufferer; ~ na bulimię bulimic; ~ na cukrzycę diabetic; umysłowo ~ insane

chować hide[1]; ~ *coś* tuck sth away; ~ *coś* w rękawie have sth up your **sleeve**; ~ się hide[1], duck[2]

chowanego (zabawa w) ~ hide-and-seek

chód gait

chór choir, chorus[1]; ~ pochwał/żądań/protestów *itp.* a **chorus**[1] of approval/demands/protest, etc

chóralny choral

chórek chorus[1]

chrapać snore

chrapanie snore

chrom chrome

chromatografia chromatography

chromatyda chromatid

chromosom chromosome, sex chromosome; ~ X X-chromosome; ~ Y Y-chromosome

chromosomalny chromosomal

chromosomowy chromosomal

chronicznie chronically

chroniczny chronic

chronić conserve, preserve[1], protect, safeguard[1]; ~ przed *czymś* safeguard against sth

chroniony ~ (immunitetem) immune

chronologicznie chronologically

chronologiczny chronological

chrum oink

chrupać crunch[2], munch

chrupiący crisp[1], crispy, crunchy, crusty

chrupka crisp[2]

chrypieć croak

Chrystus (Jezus) ~ (Jesus) Christ

chrząkać grunt

chrząkanie oink

chrząknięcie grunt

chrząstka cartilage

chrząszcz beetle

chrzcić baptize, christen

chrzcielnica font

chrzciny christening

chrzest baptism

chrzestny (rodzic) ~ godparent; matka chrzestna godmother; ojciec ~ godfather

chrześcija-nin/nka Christian

chrześcijanin nawrócon-y/a chrześcija-nin/nka a **born-again** Christian

chrześcijański Christian

chrześcijaństwo Christianity

chrześnia-k/czka godchild

chrzęst crunch[1]

chrzęścić clash[1], crunch[2]

chudy thin[1], skinny; (*mięso*) lean[2]

chuligan hooligan, yob

chuligaństwo hooliganism

chusta scarf[1], shawl

chusteczka hankie, wipe[2]; ~ (do nosa) handkerchief; ~ (jednorazowa /. higieniczna) tissue

chwalebny praiseworthy, laudable

chwalić praise[1], commend, compliment[2]; ~ się boast[1], brag; ~ się *kimś/czymś* show sb/sth off

chwała glory[1], kudos; ~ Bogu thank **goodness**; blask chwały a **blaze**[2] of glory

chwast weed[1]

chwiać ~ (się) wobble; ~ się (na nogach) totter

chwiejący ~ się wobbly, rickety

chwiejnie off balance

chwiejność instability

chwiejny unsteady, unstable, off balance

chwila a **while**[2], moment, instant[2], minute[1], second[2], sec, a **bit**[1]; ~ obecna now[3]; ~ spokoju /. ciszy lull[2]; ~ wytchnienia breathing space; chwilę awhile; do chwili obecnej to **date**[1]; magiczne chwile **magic**[2] moments; ostatnia ~ the last **minute**[1]; przed chwilą just **now**[1]; trudna ~ a **sticky** moment; w każdej chwili any **given**[1] time, any minute/time **now**[1]; w ostatniej chwili in the **nick**[2] of time, last-minute; w tej chwili at the **moment**, now[1]; w wolnej chwili at your **leisure**; z ostatniej chwili up-to-the-minute

chwileczkę Wait/Just a **minute**[1]; Hold on a minute.

chwilowy momentary; ~ zanik lapse[1]

chwycić ~ *coś/kogoś* catch/grab/take, etc **hold**[2] of sth/sb

chwyt hold[2], grasp[2], grip[1], catch[2]; (*wybieg*) gimmick, stunt[1], ploy

chwytać grab[1], grasp[1], grip[2]; ~ *kogoś/coś* **wrap** your arms/fingers, etc around sb/sth; ~ (za) seize; ~ (za) *coś* grasp at sth, hold/grip, etc **onto** sth

chwytliwy catchy, snappy

chyba surely, I **suppose**; ~ żartujesz! You must be joking!/You're joking!; ~ że unless

chybienie miss[2]

chybił na ~ trafił at **random**

chybiony (*rzut*) wide[1]; (*pomysł*) misguided

chybotliwy wobbly

chyłkiem podchodzić ~ **sidle** along/over/up, etc

chymus chyme

chytry sly

chytrze slyly

ci you

CIA the CIA

ciałko corpuscle; ~ żółte corpus luteum

ciało body, flesh, anatomy; ~ stałe solid[2]; ~ szkliste vitreous humour; język ciała body language

ciarki przyprawiać *kogoś* o ~ give sb the **creeps**

ciasno tight[2], tightly; jest ~ it's a **squash**[1], it's a **squeeze**[2]

ciasnota tightness

ciasny tight[1], snug; (*pomieszczenie*) cramped, poky; (*ograniczony*) insular

ciasteczko biscuit, cookie; (*plik cookie*) cookie

ciastko cake, pastry

ciasto dough, pastry, cake; ~ biszkoptowe sponge

ciąć cut[1], slash[1]; (*piłą*) saw; ~ (na strzępy) shred[2]

ciąg (*następstwo*) sequence, chain[1]; (*silnika*) thrust[2]; ~ *czegoś* a **run**[2] of sth; dalszy ~ sequel; siła ciągu thrust[2]; w ciągu during, over[1], within[1], inside[3], down the **road**

ciągle constantly, continuously, continually, all the **time**[1], **time**[1] after time, still[1], on[2]; ~ *coś robić* **keep**[1] doing sth; ~ obecny at/in the **back**[2] of your mind; ~ zmieniający się/rosnący *itp.* **ever**-changing/growing/increasing, etc; ~ żyć live on

ciągliwy chewy

ciągłość continuity

ciągły continuous[1], continued, continual, constant; forma ciągła the continuous, the progressive

ciągnąć haul[1], tug[1]; ~ (się) trail[2]; ~ (za) pull[1]; ~ *coś/kogoś* **draw**[1] sth/sb across/back/over, etc, **drag**[1] sth/sb across/along/over, etc; ~ się go on;

~ się przez/do/wzdłuż *itp.* **run**[1] through/down/along, etc; ~ za tweak; w ciągu sześciu tygodni/trzech godzin *itp.* in the **space**[1] of six weeks/three hours, etc
ciąża pregnancy, gestation; przerywanie ciąży abortion; w ciąży pregnant; zajść w ciążę conceive
ciążenie gravity; ciążenia gravitational
ciążowy maternity
ciążyć ~ ku *czemuś/komuś* gravitate to/towards sth/sb
cichnąć fade, die down, die away
cicho hush[1], quietly, silently; po cichu quietly; siedzieć ~ keep (sth) **quiet**[1]
cichy quiet[1], silent, soft, still[2], low[1], mousy; (*niepisany*) tacit, unspoken; cicha przystań safe haven; cich-y/a wielbiciel/ka **secret**[1] admirer
ciebie you; To do ~ podobne! You **would**!
ciec drip[1], ooze, run[1]
ciecz liquid; ~ wodnista aqueous humour
ciekawie curiously, inquisitively; brzmieć ~ **sound**[2] interesting
ciekawostka curiosity
ciekawość curiosity, inquisitiveness; wzbudzać *czyjąś* ~ **pique**[2] sb's curiosity
ciekawy interesting, curious, inquisitive; co ciekawe funnily/oddly/strangely **enough**[2]
ciekły liquid
cieknący leaky
cieknąć leak[1]
cielak calf
cielesny bodily[1]; kara cielesna corporal punishment
cielę calf
cielęcina veal
ciemiężyć oppress
ciemnieć darken
ciemno dark[1]; randka w ~ blind date; strzał w ~ a **shot**[1] in the dark
ciemnoskóry dark[1]
ciemność the **dark**[2], darkness
ciemnowłosy dark[1]
ciemny dark[1], dim[1], sombre; (*światła*) low[1]; (*kolor*) deep[1]; ~ typek baddie
cieniarski wet[1]
cienisty shadowy, shady
cienki thin[1], flimsy; (*głos*) high-pitched; cienka parówka wiener
cienko thinly; ~ prząść feel the **pinch**[2]
cień shade[1], shadow[1], flicker[2]; ~ do powiek eyeshadow; ani cienia *czegoś* not a **shred**[1] of sth; bez cienia wątpliwości beyond/without a **shadow**[1] of a doubt; kłaść się cieniem na blight; kłaść się cieniem na *czymś* cast a **pall**[2] over sth, cast a **shadow**[1] over sth, put a **damper** on sth; rzucać ~ na *coś* cast a **shadow**[1] over sth; usunąć w ~ overshadow
cieplarniany efekt ~ the greenhouse effect; gaz ~ greenhouse gas
ciepło (*noun*) heat[1], warmth; ~ utajone latent heat; ~ właściwe specific heat (capacity); (*adv*) warmly
ciepły warm[1]; (*bielizna*) thermal; (*wspomnienia*) fond; (*posadka*) cushy
ciernisty thorny
cierń thorn
cierpiący stricken; ~ (na) sufferer
cierpieć suffer; ~ (męki) *gdzieś* **languish** at/in, etc sth; ~ na *coś* **suffer** from sth; ~ z powodu bólu/poczucia winy *itp.* be **rack**[2]ed with pain/guilt, etc; nie ~ resent, detest, loathe; nie ~ *kogoś* hate sb's **guts**; nie ~ *kogoś/czegoś* can't **stick**[1] sb/sth
cierpienie suffering, misery
cierpki tart[2]
cierpliwie patiently
cierpliwość patience; okazywać *komuś* ~ bear with sb
cierpliwy patient[1]; anielsko ~ long-suffering
cierpnąć tingle
cieszyć ~ się (z) enjoy; ~ się z *czegoś* be **glad** of sth; ~ się *czymś* be **endow**ed with sth; ~ się na *coś* look forward to sth/doing sth; ~ się tym, co jest make the **best**[3] of sth; ~ się/nie cieszyć się popularnością be in **favour**[1]/out of favour; jeszcze się nie ciesz don't hold your **breath**
cieśnina strait
cię you; ja cię! wow
cięcie cut[2], incision, snip[2]; (*redukcja*) cutback; cesarskie ~ caesarean; głębokie ~ gash
cięciwa chord
cięty cutting[2]; ~ dowcip a **sharp**[1] wit; ~ język a **sharp**[1] tongue; rana cięta gash
ciężar weight, burden, the onus; ~ dla *czegoś* a **drain**[2] on sth; brać na siebie ~ **shoulder**[2] the burden; uginać się pod ~ *czegoś* be **laden** with sth, be weighed down by/with sth; zmniejszać ~ **lighten** the burden/load; → **ciężary**
ciężarna pregnant
ciężarówka lorry, truck; kierowca ciężarówki trucker
ciężary weights
ciężki heavy, hard[1], tough, chunky; (*zadanie*) onerous; (*obrażenia*) grievous; (*lektura*) **heavy** going; (*mowa*) ponderous; (*dzień*) trying; ciężk-a/ie bitwa/walka/zadanie an **uphill**[1] battle/struggle/task; zawodni-k/czka wagi ciężkiej heavyweight
ciężko hard[2], heavily; (*chory*) grievously; ~ kapować be slow/quick on the **uptake**
ciężkość środek ciężkości centre of gravity
cii hush[1], sh, shh
ciocia aunt
cios blow[2], swing[2], swipe[2], clout, hit[2], thump, wallop; ~ (nożem) stab[2]; ~ (pięścią) punch[2]; zadawać ~ (nożem) stab[1]
cioteczny babka/dziadek cioteczn-y/a **great**-aunt/-uncle
ciotka aunt
cis (*drzewo*) yew; (*dźwięk*) C **sharp**[1]
ciskać hurl; ~ *coś* **throw**[1] sth in/on, etc; ~ *coś l. czymś* **dump**[1] sth on/in/down, etc
cisza silence[1], quiet[2], stillness, hush[2]; chwila ciszy lull[2]; przerywać ciszę **break**[1] the silence; znacząca ~ a **pregnant** pause/silence
ciśnienie pressure[1]; ~ atmosferyczne atmospheric pressure; ~ krwi blood pressure; pod ciśnieniem pressurized
ciśnieniowy pressurized
City (londyńskie) ~ the City
cizia bimbo
cło duty, tariff; wolny od cła duty-free
cm cm; cm³ cc
cmentarz cemetery, graveyard; ~ (parafialny) churchyard
cmoknąć ~ *kogoś* w policzek give sb a **peck**[2] on the cheek
cnota virtue, chastity
cnotliwie virtuously
cnotliwość virtue
cnotliwy virtuous, chaste
co what; (*każdy*) every; ~? eh?; ~ (tylko) chcesz anything you **please**[2]; ~ ciekawe funnily/oddly/strangely **enough**[2]; ~ innego otherwise[1]; ~ jakiś czas **every** every so often; ~ najmniej at **least**[1]; ~ następuje as **follow**s, the **following**[1]; ~ niemiara galore; ~ się stało what's the **matter**[1]; ~ powiesz na ...? How about..?; ~ tylko chcesz you **name**[2] it; ~ z tego? So (what)?; ~ za pech! Bad/Hard **luck**!; nie ma za ~ (*po przeprosinach*) that's all right, It was **nothing**.; (*po podziękowaniach*) You're **welcome**[3]., Not at all.; nieważne ~ no **matter**[1] what; No to ~? So (what)?; tyle ... ~ **as** .... as; Wiesz ~? (I'll) **tell** you what
coca-cola Coca Cola
cockney cockney
codziennie daily[1], on a daily **basis**, any **given**[1] day
codzienny daily[1], day-to-day, everyday; (*ubranie*) casual; życie codzienne **daily**[1] life
cofać (*samochodem*) back (sth) up; ~ (się) reverse[1]; ~ *coś* take sth back; ~ się draw back, recede, regress; → **wycofać**
cofnąć ~ czas turn/put the **clock**[1] back; ~ się back off, **step**[2] back; ~ się przed *czymś* shrink from sth/doing sth; nie ~ się przed niczym go to great **length**s to do sth
cofnięcie withdrawal
cokolwiek anything, whatever, no **matter**[1] what; (*odrobinę*) a **mite**
cokół pedestal
cola Coke, cola
collage collage
comiesięczny monthly
conocny nightly
contra v, vs, versus

cookie (plik) ~ cookie
coraz and; ~ (bardziej *l.* częściej) increasingly; ~ bardziej **more**^{2} and more; ~ mniej **less**^{1} and less; ~ więcej **more**^{1} and more
cosinus cosine
coś something, anything, stuff^1, thing; ~ jak **something** like, **sort**^{1} of; ~ jakby **sort**^{1} of; ~ pięknego beauty; ~ podobnego! **fancy**^{1} (that)!; ~ w rodzaju of **sort**^{1}s, **sort**^{1} of; ~ w rodzaju *czegoś* **something** of a sth; ~ zupełnie innego a whole new ball game
cotygodniowy weekly
country muzyka ~ country music
cowieczorny nightly
córka daughter; ~ bratanicy *l.* bratanka *l.* siostrzenicy *l.* siostrzeńca **great**-niece; najstarsza ~ **eldest** daughter; przybrana ~ **foster**^{2} daughter; starsza ~ **elder**^{1} daughter
cóż now^1; (no) ~ well^3; no ~ oh **well**^{3}
crack crack^2
crescendo crescendo
cuchnący putrid
cuchnąć reek
cud miracle, blessing, wonder^2, marvel^1, a narrow **escape**^{2}; to cud, że ... it's a **wonder**^{2} (that)
cudownie marvellously, miraculously, wonderfully
cudowny marvellous, wonderful, gorgeous, miraculous; cudowne dziecko whizzkid
cudzołożny adulterous
cudzołóstwo adultery
cudzożywny heterotrophic; organizm ~ heterotroph
cudzysłów inverted commas, quotation marks, quotes
cugle rein
cukier sugar; ~ prosty simple sugar, monosaccharide; łyżeczka cukru sugar
cukierek sweet^2, candy
cukierniczy wyroby cukiernicze confectionery
cukinia courgette, zucchini
cukrzyca diabetes; chor-y/a na cukrzycę diabetic
cukrzycowy diabetic
cukrzyk diabetic
curry curry
CV CV, résumé
cyber- cyber-
cyberkafejka cybercafe
cybernetyczny robotic
cyberprzestrzeń cyberspace
cycek boob, tit
cydr cider
cyfra digit, figure^1, numeral; ~ rzymska Roman numeral; cyfry znaczące significant figures
cyfrowy digital
Cygan/ka gipsy, gypsy
cygaro cigar
cyjanek cyanide
cykl cycle^1; ~ azotowy the nitrogen cycle; ~ życiowy life cycle; ~ życia produktu PLC
cykliczny cyclical
cyklon cyclone
cykoria endive
cylinder cylinder; (*kapelusz*) top hat
cylindryczny cylindrical, tubular
cymbał prat
cyna tin, pewter
cynamon cinnamon
cyngiel trigger^2
cynicznie cynically
cyniczny cynical
cynik cynic
cynizm cynicism
cynk (*metal*) zinc; (*informacja*) tip-off; dać *komuś* ~ tip sb off
cynkować galvanize
cynkowanie galvanization
cynkowany galvanized
cynowo-ołowiowy stop ~ pewter
cypel headland, spit
cyrk circus
cyrkiel compasses, dividers
cyrkumfleks (*znak diakrytyczny ^*) circumflex
cysta cyst
cysterna (samochód) ~ tanker
cytadela citadel
cytat quotation, quote^2
cytoplazma cytoplasm
cytować cite, quote^1
cytrus citrus fruit
cytryna lemon
cywil civilian; w cywilu plainclothes
cywilizacja civilization
cywilizować civilize
cywilizowany civilized
cywilny civil; służba cywilna the Civil Service; stan ~ marital status; urząd stanu cywilnego register office, registry office; urzędni-k/czka stanu cywilnego registrar; urzędnik służby cywilnej civil servant
czaić ~ się lurk, be on the **prowl**^{2}; ~ się *gdzieś* **skulk** about/behind/in, etc
czajniczek ~ do herbaty teapot
czajnik kettle
czapa ~ lodowa ice cap
czapka cap^1, hat; ~ z daszkiem baseball cap
czar allure, glamour, lure^2; rzucać ~ na *kogoś* **cast**^{1} a spell on sb
czarno ~ na białym **black**^{1} and white, in **black**^{2} and white
czarno-biały monochrome; w wersji czarno-białej in **black**^{2} and white
czarnoskóry black
czarnuch nigger
czarny black^1; ~ charakter baddie, villain; ~ jak noc *l.* smoła pitch-black; ~ jak węgiel jet-black; ~ karzeł black dwarf; ~ rynek black market; czarna dziura black hole; czarna lista blacklist; czarna magia black magic; czarna porzeczka blackcurrant; czarna robota donkey work; czarna skrzynka black box; robić za *kogoś* czarną robotę do sb's dirty **work**^{2}
czarodziej/ka wizard, magician, charmer
czarownica witch; polowanie na czarownice witch-hunt
czarterować charter^2
czarterowy lot/firma/samolot *itp.* czarterow-y/a a **charter**^{3} flight/company/plane, etc
czarujący alluring, enchanting, fetching
czary magic^1, witchcraft
czas time^1, span, **days**, way^1; (*gramatyczny*) tense^3; (*w grze*) time-out; (najwyższy) ~ (na *coś l. coś* zrobić) it's **time**^{1} (for/to do sth); ~ dokonany the perfect; ~ Greenwich GMT; ~ miejscowy local time; ~ przeszły **past**^{1} tense, the **past**^{2}; ~ przyszły **future**^{2} tense; ~ teraźniejszy **present**^{1} tense, the **present**^{2}; ~ teraźniejszy dokonany the present perfect; ~ trwania duration; ~ (tylko) dla siebie me time; ~ wolny leisure, **spare**^{1} time; ~ zaprzeszły the past perfect, the pluperfect; cały ~ all the **time**^{1}; cały ~ *coś robić* keep on doing sth; cofnąć ~ turn/put the **clock**^{1} back; dawne czasy the old **days**; do czasu pending^1; grać na ~ play for **time**^{1}; mieć ~ have **time**^{1}; mieć mało czasu be **pressed** for time; mierzyć ~ time^2; na ~ in (good) **time**^{1}; na ~ nieokreślony indefinitely; na czasie timely, topical; nie na czasie behind the **time**^{1}s; od czasu do czasu (every) **now**^{1} and then/again, **on**^{2} and off, from **time**^{1} to time; od tego czasu since^1, thereafter; odstęp czasu time lag; przed czasem early, **ahead** of time; przedział czasu slot^1; raz na jakiś ~ **once**^{1} in a while; spędzać ~ hang out; spędzać z *kimś* ~ **hang**^{1} around with sb; to tylko kwestia czasu it's only a **matter**^{1} of time; upływ czasu the **passage** of time, the **passing**^{2} of time; w czasie during; w czasie *czegoś* during/in/over the **course** of sth; w dawnych czasach in the **olden** days/in olden times; w dzisiejszych czasach these **days**, today; w tamtych czasach in those **days**; w tym czasie in the **meantime**, meanwhile; w tym samym czasie at the same **time**^{1}; walczyć z czasem race/work against the **clock**^{1}; wyczucie czasu timing; wygospodarować ~ **make**^{1} time; wyścig z czasem a **race**^{1} against time/the clock; z czasem in the **course** of time; zabierać trochę/dużo czasu take some/a lot of **doing**; zabić ~ kill **time**^{1}, **pass**^{1} (the) time; zaoszczędzić ~ **save**^{1} time; zarezerwować sobie ~ **make**^{1} time; znajdować ~ **find**^{1} the time
czasami sometimes, at **time**^{1}s, occasionally, on **occasion**(s), **once**^{1} in a while
czasem sometimes, at **time**^{1}s, occasionally, on **occasion**(s), **once**^{1} in a while
czasochłonny time-consuming

czasopismo journal, periodical
czasownik verb; ~ modalny modal verb; ~ posiłkowy auxiliary verb; ~ z przysłówkiem *l.* przyimkiem phrasal verb
czasowy regulator *l.* wyłącznik ~ timer; skala czasowa timescale
czaszka skull, cranium
czat chat room
czatowy kanał ~ chat room
cząsteczka particle, molecule
cząsteczkowy molecular
cząstka particle; ~ alfa alpha particle; ~ beta beta particle; ~ (elementarna) (elementary) particle
czcić revere
czcigodny venerable, the Honourable
czcionka font; ~ pogrubiona bold
czek cheque, check[2]; ~ in blanco blank cheque; ~ podróżny traveller's cheque; zablokować ~ **stop**[1] a cheque; zrealizować ~ **cash**[2] a cheque
czekać wait[1], hold[1], wait about/around, wait up; ~ *l.* siedzieć w domu wait in; ~ *kogoś* be in **store**[1] (for sb); ~ na meet[1], await; ~ na *coś* hold out for sth; ~ z zapartym tchem **hold**[1] your breath; kazać *komuś* czekać keep sb **wait**[1]ing; spokojnie ~ bide your **time**[1]
czekolada chocolate; ~ na gorąco hot chocolate
czekoladka chocolate
czekoladowy o smaku czekoladowym chocolate-flavoured
czekowy książeczka czekowa chequebook, checkbook
czelność cheek, nerve, audacity; mieć ~ *coś zrobić* have the **gall**[1] to do sth
czemu why, how **come**; ~ nie? **why** not?
czepek bonnet
czepiać ~ się **niggle** about/over, etc, knock[1]; ~ się *kogoś* pick on sb, be on sb's **back**[2], get at sb, be/get on sb's **case**, have a **go**[2] at sb, give sb a hard time; ~ się *kogoś/czegoś* find **fault**[1] with sb/sth
czerniak melanoma
czerń black[2], blackness; głęboka ~ jet-black
czerpać ~ korzyści **reap** the benefits/profits/rewards; ~ korzyści z *czegoś* cash in on sth; ~ z *czegoś* tap into sth, draw on sth
czerstwy stale
czerwiec June
czerwień red[2]
czerwonka dysentery
czerwoność rozgrzany do czerwoności red-hot
czerwony red[1]; czerwona kartka red card; ~ olbrzym red giant
czesać comb[2]; (*nosić*) wear[1]; ~ z przedziałkiem part[3]
czesne tuition
cześć (*powitanie*) hello, hallo, hullo, hi, hiya; (*respekt*) reverence; na ~ (*nazywać*) after[1]; na ~ *kogoś/czegoś* in **honour**[1] of sb/sth; oddawać ~ worship; oddawać ~ *komuś* pay **homage** to sb
czeznąć perish
często often, frequently, much[2]; ~ *coś robić* be **apt** to do sth
częstość frequency; ~ (występowania) incidence
częstotliwość frequency; ~ (występowania) incidence
częsty frequent[1], common[1]
częściowo in **part**[1], partially, partly, part[2]
częściowy partial, qualified
część part[1], portion, share[2], element, section, segment, unit, subdivision; (*okres*) period; (*utworu*) movement; ~ *czegoś* a **slice**[1] of sth; ~ garderoby garment; ~ wspólna (*zbiorów*) intersection; ~ zapasowa spare[2]; czwarta ~ fourth[2], quarter; dziesiąta ~ tenth[2]; główna ~ body; nieodłączna ~ **part**[1] and parcel; setna ~ hundredth[2]; spora ~ chunk; trzecia ~ third[2]; tysięczna ~ thousandth[2]; w przeważającej części predominantly, overwhelmingly; większa ~ zabawy/czasu/przyjemności *itp.* **half**[1] the fun/time/pleasure, etc
czkawka hiccup
człapać waddle, **lumber**[1] along/around/off, etc
człon-ek/kini member, fellow[1]; ~ Kongresu congressman/congresswoman; ~ rodziny królewskiej royal[2]; członek rodziny your own **flesh** and blood; członek załogi crewman; być członkiem rady/komisji *itp.* be **on**[1] a committee/panel, etc; liczba członków membership; szeregowi członkowie grass roots, the **rank**[1] and file, the **rank**[1]s
członek (*prącie*) penis
członkostwo membership
człowieczeństwo humanity
człowiek human[2], man[1]; (*bezosobowo*) they, you; być tylko człowiekiem be only **human**[1]; prawa człowieka human rights; wrak człowieka wreck[2]; zwykły *l.* normalny ~ the man/person, etc in the **street**; → **ludzie**
czmychnąć **scamper** away/down/off, etc, **scuttle** across/along/away, etc
czołg tank
czołgać ~ się crawl[1], grovel, **climb** into/out of/through, etc
czoło forehead, brow; (*przód*) head[1]; na czele ahead, in the **vanguard** of sth, in **front**[1]; stawiać ~ tackle[1], brave[2], confront, weather[2]; stawiać ~ *czemuś* rise above sth; stawiać ~ konkurencji hold your **own**[1]; znajdować się *l.* być na czele head[2]
czołowo (*zderzyć się*) head on
czołowy leading, top[2], pre-eminent, foremost, predominant, premier[2]; (*zderzenie*) head-on; czołowe miejsce star/top **billing**
czołówka the **top**[1]; (*filmu*) the credits
czosnek garlic
czterdziesty fortieth
czterdzieści forty
czternasty fourteenth
czternaście fourteen
czterokrotnie zwiększać (się) ~ quadruple
cztery four; rozmowa w ~ oczy heart-to-heart
czub crest
czubek tip[1], point[1], crest, nib; (*wariat*) crank, loony
czucie feeling, sensation
czuć smell[1]; ~ (się) feel[1]; ~ się gorszym feel **small**[1]; ~ się jak *ktoś l. coś* **feel**[1] like sb/sth; ~ się (jak) obcy be left out; ~ się jak (u siebie) w domu make yourself at **home**[1], feel at **home**[1]; ~ się podle be/feel under the **weather**[1]; ~ się słabo feel **faint**[1]; ~ się w obowiązku *coś zrobić* feel **obliged** to do sth; dobrze się ~ be **settled**; nie ~ się zbyt pewnie be out of your **depth**
czujka lookout
czujnik detector, sensor
czujność alertness, vigilance; uśpić *czyjąś* ~ tak, że *coś zrobi* lull sb into sth/doing sth
czujny vigilant, watchful, alert[1]; być czujnym be on the **ball**
czule tenderly, affectionately, fondly, lovingly
czułek antenna
czułość fondness, tenderness; pełen czułości loving
czuły sensitive, responsive, keen, caring, tender[1], affectionate, fond; (*wrażliwy*) acute; ~ punkt/temat **sore**[1] point/spot/subject; trafić w czułe miejsce hit/touch a (raw) **nerve**
czuwanie vigil
czwartek Thursday
czwarty fourth[1]; czwarta część fourth[2], quarter; (jedna) czwarta fourth[2], quarter
czworaki na czworakach on all **fours**; chodzić na czworakach grovel
czworo dzielić włos na ~ split **hair**s
czworobok trapezium; trapezoid
czworokąt quadrilateral
czworościan tetrahedron
czwórka foursome; czwórkami four **abreast**
czy if[1], whether, or; ~ coś w tym stylu or **something** (like that); ~ nie or **not**; ~ zechciałbyś …? I/we **wonder**[1] if/whether …; prędzej ~ później **soon**er or later; tak ~ siak ultimately, at any **rate**[1], in any **case**, in any **event**
czyj whose
czym ~ prędzej *coś zrobić* **rush**[1] to do sth
czyn act[2], action, deed
czynić render; ~ aluzje hint[2]; ~ postępy make **headway**; ~ wyrzuty reproach[2]
czynienia nie chcieć mieć nic do ~

z *kimś/czymś* have no **time**[1] for sb/sth

czynnie actively

czynnik factor, variable[2], contributor, consideration; ~ rozstrzygający deciding factor; wspólny ~ common factor

czynny active; być czynnym open[2]; imiesłów ~ present participle; mężczyzna/kobieta *itp.* czynn-y/a zawodowo a **working** man/woman, etc; w stronie czynnej active

czynsz rent[2]

czynszowy kamienica czynszowa tenement

czyrak boil[2]

czystka purge; czystki etniczne ethnic cleansing

czysto cleanly; ~ teoretyczny academic[1]; wyjść na ~ **break**[1] even

czystość purity, cleanliness; utrzymywać *coś* w czystości **keep**[1] sth clean

czysty clean[1], pure, clear[1], plain[1]; (*uczciwy*) legit; (*niewinny*) chaste; (*taśma*) blank[1]; (*radość*) sheer; (*dźwięk*) in **tune**[1]; (*wódka*) neat, straight[1]; ~ jak łza **squeaky** clean; ~ przypadek the **luck** of the draw; koń czystej krwi thoroughbred; matematyka/fizyka *itp.* czysta **pure** mathematics/physics, etc; czyst-y/a drink/whisky/wódka *itp.* **stiff**[1] drink/whisky/vodka, etc

czyszczący środek ~ cleaner

czyszczenie ~ chemiczne dry cleaning

czyścibut shoeshine boy

czyścić clean[2]; ~ (piórka) preen; ~ chemicznie dry clean

czyściec purgatory

czytać read[1]; ~ z (ruchu) warg lip-read

czytadło babskie czytadła chick lit

czytanie reading; ~ z ruchu warg lip-reading; umiejętność czytania i pisania literacy

czytelni-k/czka reader; czytelnicy readership

czytelny legible

czyżby Really?

Ć

ćma moth

ćpun/ka junkie

ćśś hush[1], sh, shh

ćwiartka quarter

ćwiczebny alarm ~ an emergency/fire, etc **drill**[1]

ćwiczenie exercise[1], workout; ~ fizyczne exercise[1]; ~ rozciągające stretch[2]; ~ utrwalające drill[1]; arkusz ćwiczeń worksheet; zeszyt ćwiczeń workbook

ćwiczyć exercise[2], work out, train[2], drill[2], practise

ćwiek stud

ćwierć quarter

ćwierćdolarówka quarter

ćwierćfinał quarter-final

ćwierkać chirp, twitter

ćwierkanie chirp

D

dach roof, rooftop; ~ nad głową a **roof** over your head

dachowy okno dachowe skylight; pokrycie dachowe roofing

dachówka tile; kryć dachówką tile

dać ~ *komuś* cynk tip sb off; ~ *komuś* imię po *kimś* name sb after sb; ~ *komuś* nauczkę teach sb a **lesson**; ~ *komuś* słowo give sb your **word**[1]; ~ *komuś* spojrzeć *l.* zerknąć na *coś* run sth by sb; ~ *komuś* spokój leave sb **alone**; ~ *komuś* wycisk kick sb's **butt**[1]; ~ *komuś* znać (o *czymś*) **let** sb know (sth); ~ *komuś* znak ręką **wave**[1] sb in/on/through, etc; ~ klapsa spank, smack[1]; ~ napiwek tip[2]; ~ nura *gdzieś* **dive**[1] into/over/under, etc; ~ o sobie znać raise/rear its ugly **head**[1]; ~ odpocząć oczom/stopom/nogom **rest**[2] your eyes/feet/legs, etc; ~ ogłoszenie advertise; ~ plamę come a **cropper**; ~ się nabrać be **taken** in, be **had**; ~ się nabrać na *coś* fall for sth; ~ się odczytać *l.* wyczuć come across; ~ się ponieść be carried away; ~ się w *coś* wciągnąć be **sucked** into sth; ~ się zapamiętać go down; ~ się zauważyć come through, be in **evidence**; ~ sobie radę get by; ~ sobie spokój (z *czymś*) give up (sth); ~ sobie spokój z *czymś* pack sth in, give up on sth; ~ spokój/zejść z tematu **drop**[1] it/the subject; ~ z siebie wszystko do/try your **best**[3]; ~ za wygraną throw in the **towel**; daj jej/mu/im *itp.* Boże zdrowie **bless** her/him/them, etc; Daj spokój! Come on!; nic nie ~ get you **nowhere**; nie da się *czegoś zrobić* There's **no**[2] doing sth; słowo daję honestly; **→ dawać**

daktyl (*owoc*) date[1]; (*stopa metryczna*) dactyl

daktyliczny dactylic

dal distance[1]; skok w ~ the long jump; trzymać się z dala *l.* daleka od *czegoś* keep off sth; trzymać się/*kogoś/coś* z dala *l.* daleka keep (sb/sth) away; w ~ forth; z dala from **afar**, clear[3]

dalej farther, further[1], further **afield**, **down**[1] the road/river, etc, onward, next[4]; ~ (*coś robić*) go on; ~ nic nie rozumieć *l.* wiedzieć be none the **wise**[1]r; byle tak ~ so **far**[1] so good; dwa/trzy *itp.* domy ~ two/three, etc **doors** away; i tak ~ and **so**[1] on/forth, (and) that **sort**[1] of thing; kawałek ~ (wzdłuż ulicy *itp.*) **up**[1] the road/street, etc; iść *l.* jechać ~ **continue** along/down/up, etc; jak tak ~ pójdzie at this **rate**[1]; mów ~ Go on; ruszać ~ move on; trochę ~ along/down/up the **road**; **→ daleko**

daleki far[2], faraway, remote, distant; ~ od nowhere **near**[1]; ~ od *czegoś* **far**[1] from (doing) sth; być dalekim od *czegoś* be far **removed** from sth; dalekiego zasięgu long-range

daleko far[1], off[1], far **afield**; ~ idący far-reaching, wholesale; ~ nie zajechać get you **nowhere**; posunąć się za ~ go too **far**[1]; trzymać się z daleka od *czegoś* keep off sth; trzymać się z daleka keep (sb/sth) out; trzymać się/*kogoś/coś* z daleka keep (sb/sth) away; zbyt ~ idące stwierdzenie/uogólnienie **sweeping** statement/generalization

dalekowzroczny farsighted, long-sighted, forward-looking

dalszy farther, further[2]; ~ ciąg sequel; bez dalszych wstępów without further/more **ado**; dopełnienie dalsze indirect object; spychać na ~ plan eclipse[2]

daltonizm cierpiący na ~ colour-blind

dama (*w kartach*) queen

damski toaleta damska ladies' room, the ladies; w damskim przebraniu in **drag**[2]

damsko-męski unisex

dana ~ statystyczna statistic

dane data; ~ demograficzne demographics; ~ wyjściowe output[1]; baza danych database

danie dish[1], course; ~ dnia special[2]; ~ główne main course; ~ gotowe ready meal; ~ na wynos takeaway; dania gotowe convenience food

dany given[1]

dar gift, knack, acumen, flair, offering; ~ przewidywania vision

daremność futility

daremny futile; daremn-a/y próba/wysiłek/nadzieja **vain** attempt/effort/hope

darmo dawać *coś* za ~ give sth away; na ~ for **nothing**; za ~ free[2]

darmowy (*telefon*) toll-free; darmowe oprogramowanie *l.* programy freeware

darń turf[1]

darować ~ *komuś* karę let sb off; ~ *komuś* życie **spare**[3] sb's life; ~ sobie skip[1]; ~ sobie *coś* sit sth out, give sth a **miss**[2]

darowizna donation

darzyć ~ uczuciem care[1]

daszek visor

data date[1]; ~ ważności sell-by date

datek contribution, donation, handout

datować date[2]

datowanie ~ radiowęglowe carbon dating; ~ radiowęglowe radiocarbon dating

dawać give[1], spare[3]; ~ (w sumie) make[1]; ~ *coś* za darmo give sth away; ~ *komuś coś* do zrozumienia **lead**[1] sb to think sth; ~ do zrozumienia hint[2], intimate[2]; ~ lekcje *l.* korepetycje coach[2], tutor; ~ ogłoszenie **place**[2] an advertisement; ~ prawo qualify; ~ (dobry) przykład set an **example**; ~ schronienie house[2]; ~ się we znaki bite[1], take its **toll**[1], raise/rear its ugly **head**[1]; ~ upust złości/frustracji *itp.* **vent**[2] your

anger/frustration, etc; ~ wiarę credit[2]; ~ znak gesture[2], signal[2]; nie ~ *komuś* spać **keep**[1] sb awake; nie ~ *komuś* spokoju give sb a hard **time**[1]; nie ~ się łatwo wykorzenić die **hard**[2]; nie ~ spokoju nag; nie ~ za wygraną hold your **own**[1]; → **dać**
dawca donor; być dawcą donate
dawka dose, dosage, fix[2]; ~ *czegoś* a **dose** of sth
dawkować dose
dawkowanie dosage
dawniej formerly
dawno far[1]; ~ temu **long**[2] ago, a long time **ago**; ~ (~) temu **once**[1] upon a time; ~ niewidziany przyjaciel/krewny *itp.* **long-lost** friend/cousin, etc
dawny former, one-time; dawne czasy the old **days**; przyjaci-el/ółka z dawnych lat an old **friend**; w dawnych czasach in the **olden** days/in olden times
dąb oak
dąsać ~ się sulk
dążenie pursuit
dążyć ~ do pursue; ~ do *czegoś* **aim**[2] for/at sth; aim to do sth
dbać care[1]
dbałość thoughtfulness
de(z)- de-
dealer/ka ~ (narkotyków) pusher
dealer dealership, dealer
deaminacja deamination
deaminować deaminate
debata debate[1]
debatować debate[2]
debel doubles
debet overdraft, debit[1]; na debecie overdrawn, in the **red**[2]
debetowy karta debetowa debit card
debil/ka moron
debiut debut
debiutować premiere
debugować debug
decentralizacja decentralization; ~ (władzy) devolution
decentralizować decentralize
dech bez tchu breathless, breathlessly; czekać z zapartym tchem **hold**[1] your breath; nie móc złapać tchu be out of **breath**; pozbawiać tchu wind[2]; z zapartym tchem with bated **breath**; zapierający ~ (w piersiach) breathtaking, stunning
deck deck[1]
decybel decibel
decydent tsar
decydować decide, determine, dictate; ~ się na *coś* **opt** for sth; opt to do sth
decydujący decisive; ~ moment crossroads
decyzja decision, ruling; *czyjaś* ~ sb's **call**[2]; pochopna ~ **snap**[3] decision/judgment; poczekać z decyzją do rana **sleep**[1] on it; podejmować decyzję **reach**[1] a decision, **arrive** at a decision; świadoma ~ a **conscious** decision
dedukcja deduction
dedykacja dedication
defekt defect[1]
defensywa w defensywie on the **defensive**[2]
defensywnie defensively
defensywny defensive[1]
defetyst-a/ka defeatist
defetystyczny defeatist
defetyzm defeatism
deficyt deficit; ~ handlowy trade deficit
defilada procession
definicja definition
definiować define
deflacja deflation
deflacyjny deflationary
deforestacja deforestation
deformacja deformity
deformować deform
defraudacja embezzlement
defraudować defraud, siphon[2]
degeneracja degeneration; ulegać degeneracji degenerate[1]
degradacja degradation, demotion, relegation, comedown
degradować relegate
dehydratacja dehydration
deja vu deja vu
dekadencja decadence
dekadencki decadent
deklaracja declaration
deklarować declare, proclaim; ~ się commit; nie ~ się not **commit** yourself
dekoder decoder; (*telewizyjny*) set-top box
dekolt cleavage, neck, neckline; z dużym dekoltem low-cut
dekoracja decoration, adornment, scenery; ~ stołu centrepiece; dekoracje adornment
dekoracyjny decorative
dekorator/ka ~ wnętrz decorator
dekorować decorate, adorn, festoon
dekret decree
delegacja assignment, posting, contingent[1], delegation
delegat/ka delegate[1]
delegowanie delegation
deleko distantly
delektować ~ się savour
delfin dolphin
deliberacja deliberation
deliberować deliberate[2]
delikates delicacy
delikatesy deli, delicatessen
delikatnie delicately, daintily; (*wrażliwie*) sensitively; ~ *kogoś/coś* umieścić/wsunąć/wysunąć/podnieść *itp.* **ease**[2] sb/sth back/out/up, etc; ~ mówiąc to put it **mildly**, to say the **least**[2]
delikatność delicacy
delikatny delicate, mild, soft, fine[1]; (*wrażliwy*) sensitive
delta delta
demaskować expose
demencja dementia
dementi disclaimer
demo demo
demografia demography
demograficzny demographic; wyż ~ baby boom
demokracja democracy
demokrata democrat; człon-ek/kini Partii Liberalnych Demokratów Liberal Democrat; Demokrata Democrat; Liberalny ~ Lib Dem; Partia Liberalnych Demokratów the Liberal Democrats
demokratycznie democratically
demokratyczny democratic; Partia Demokratyczna the Democratic Party
demolować vandalize, trash[2]
demon demon
demoniczny demonic
demonizować ~ *coś* blow/get sth out of **proportion**
demonstracja demonstration; (*pokaz*) demo; ~ *czegoś* a **show**[2] of sth; organizować demonstrację **stage**[2] a demonstration
demonstracyjny demonstrative; wersja demonstracyjna demo
demonstrant/ka demonstrator, protester, rioter
demonstrować demonstrate; ~ swój autorytet/swoją władzę/swoją niezależność *itp.* **assert** your authority/control/independence, etc
demontować dismantle
demoralizować demoralize
demoralizujący demoralizing
denaturować denature
dendryt dendrite
denerwować annoy, upset[2], unnerve, aggravate; ~ się have butterflies (in your stomach)
denerwująco irritatingly
denerwujący annoying, irritating, upsetting, unnerving, nerve-racking, aggravating
denitryfikacja denitrification
denitryfikować denitrify
denny rubbish
dentyst-a/ka dentist
dentystyczny dental
depilować ~ woskiem wax[2]
deportacja deportation
deportować deport
deprawacja depravity
deprecjacja depreciation
deprecjonować debase
depresja depression
deptać trample, tread[1]
derby Derby, derby
dermatoza dermatitis
derywacja derivation
derywat derivative
desant airlift
deser dessert, pudding; ~ lodowy sundae; ~ owocowy (na biszkopcie z bitą śmietaną) trifle
deserowy łyżeczka deserowa dessertspoon
deska board[1], plank; (*deskorolka*) skateboard; ~ (snowboardowa) snowboard; ~ do prasowania ironing board; ~ podłogowa floorboard; ~ surfingowa surfboard;

jazda na desce skateboarding; pływać na desce (surfingowej) surf[1]; pływanie na desce surfing; zabić *coś* deskami board sth up
deskorolka skateboard
desperacja desperation
desperacki mad
despot-a/ka despot, fascist
destabilizować destabilize
destrukcja destruction
destrukcyjny destructive, counterproductive
destylacja distillation; ~ frakcyjna fractional distillation
destylarnia distillery
destylat distillate
destylować distil
desygnować designate
deszcz rain[1]; ~ ze śniegiem sleet; deszcze the **rain**[1]s; kropla deszczu raindrop; kwaśny ~ acid rain; obfity / intensywny ~ **heavy** rain; przelotny ~ shower[1]; zacinający ~ **driving**[2] rain
deszczomierz rain gauge
deszczowiec mac, mackintosh
deszczowy rainy, wet[1]; las ~ rainforest, tropical rain forest; pora deszczowa the **rain**[1]s
deszyfrować decrypt
detaliczny handel ~ retailing, retail[1]
detektor detector
detektyw detective, operative[2], sleuth
detergent detergent
determinacja determination, purpose, resolution, resolve[2], grit[1]
detonacja detonation
detonator detonator
detonować detonate, explode
deuter deuterium
dewaluacja devaluation
dewaluować devalue
dewastacja devastation
dewastować devastate
deweloper developer
dewiacja deviation, perversion
dewiacyjny deviant
dewiant deviant
dewot/ka bigot
dezaprobata disapproval
dezercja desertion
dezerter deserter
dezerterować desert[2]
dezindustrializacja deindustrialization
dezinformować misinform
dezintegracja disintegration
dezodorant antiperspirant, deodorant
dezorientacja confusion, bewilderment
dezorientować confuse, disorient
dezynfekować disinfect
dezynfekujący środek ~ disinfectant
dęba stawać ~ rear[2]
dęty instrument ~ wind instrument; blaszane instrumenty dęte brass; drewniane instrumenty dęte woodwind
diabelnie devilishly
diabelski devilish; ~ młyn Ferris wheel
diabelsko devilishly, fiendishly
diabeł devil; do diabła the **hell**; jak/co/dlaczego *itp.* do diabła how/what/why, etc on **earth**; → **diabli**
diabetyk diabetic
diabli jak ~ like **hell**, like **mad**
diaboliczny devilish
diagnostyczny metody/testy *itp.* diagnostyczne **diagnostic** methods/tests, etc
diagnoza diagnosis
diagnozować diagnose
diagram diagram
diakon deacon
dialekt dialect
dializa dialysis
dialog dialogue
diament diamond
diametralnie różnić się ~ be **poles** apart
diaska do ~ **damn**[5] him/it/you, etc
didżej DJ
diecezja diocese
diesel diesel; samochód / pojazd z silnikiem diesla diesel
dieta (*pokarmowa*) diet[1]; (*pieniężna*) allowance; być na diecie diet[2]; pełnowartościowa / urozmaicona ~ a **balanced** diet, a **well-balanced** diet
digitalizator digitizer
digitalizować digitize
dinozaur dinosaur; (*weteran*) oldie
dioda diode
dioksyna dioxin
dipeptyd dipeptide
diploidalny diploid
disacharyd disaccharide
diwa diva
diwali Divali
DJ DJ
dla for[1], to[2], towards; ~ *czegoś* for the **sake** of sth; ~ *kogoś* (*dla dobra*) for sb's **benefit**[1]; (*z punktu widzenia*) in sb's **eye**[1]s
dlaczego why, how **come**; niby ~ (nie)? why **should**/shouldn't…?
dlatego ~ (też) therefore
dławić stifle, strangle; ~ (się) choke[1]
dłoniasty palmate
dłoń palm[1]; trzymać w dłoniach cup[2]; uścisk dłoni handshake; uścisnąć ~ / dłonie **shake**[1] hands
dłubać ~ przy/w *czymś* mess about/around with sth
dług debt; ~ nieściągalny bad debt; ~ wątpliwy doubtful debt; ~ tlenowy oxygen debt; mieć u *kogoś* ~ wdzięczności be in sb's **debt**; oddać *komuś* ~ pay sb/sth back
długi long[1], lengthy; jak *coś* długie i szerokie the **length** and breadth of sth; → **dłuższy**
długo long, far[1]; ~ potrwać be a long **haul**[2]; ~ zabawić stay out; → **dłużej**
długodystansowy long-distance, long-haul
długofalowy sustainable
długogrający płyta długogrająca LP
długopis pen[1], ballpoint pen, biro
długość length; ~ fali wavelength; ~ geograficzna longitude; ~ życia lifespan; średnia ~ życia life expectancy
długoterminowy long-term, long-range
długotrwały prolonged, long-standing
dłuto chisel
dłużej pospać (sobie) ~ sleep in; → **długo**
dłużni-k/czka debtor; ~ handlowy trade debtor
dłużny nie pozostać dłużnym hit back; skrypt ~ IOU
dłuższy na dłuższą metę in the long **term**[1], in the long **run**[2]; w dłuższej perspektywie in the long **term**[1]; → **długi**
dmuchać blow[1]
dmuchany inflatable
dmuchnięcie blow[2]
DNA DNA
dno bottom[1], floor, bed[1], depths; ~ kwiatowe receptacle; ~ morskie / oceaniczne seabed; stoczyć się na (samo) ~ hit/reach rock bottom; worek bez dna a **bottomless** pit
do to, towards, into, against, at, by, through; ~ 10/20 *itp.* up to 10, 20, etc; (aż) ~ until, till, up to; od… ~ … from … to …; z… ~ … from … to …
doba (*czasy*) age[1]; 24 godziny na dobę around/round the **clock**[1]; całą dobę round-the-clock
dobić ~ *coś/kogoś* put sth down; → **dobijać**
dobiegać ~ końca **draw**[1] to a close/end, run its **course**
dobierać ~ *kogoś/coś* match sb/sth up; ~ indywidualnie personalize; ~ się pair up; ~ wysokość dźwięku pitch[1]
dobijać ~ targu **strike**[1] a deal; → **dobić**
dobitnie emphatically
dobitny emphatic, pointed, stark[1]
doborowy crack[3]
dobosz drummer
dobra okay[1], right[2]; Dobra robota! Well done.
dobranoc good night
dobrany matching; starannie ~ handpicked
dobro right[3], good[2], welfare
dobrobyt prosperity
dobroczynny beneficial
dobroczyńca benefactor
dobroć goodness, kindness
dobroduszny benign, good-humoured
dobrodziejstwo boon
dobrotliwy kindly[2]
dobrowolnie voluntarily; *zrobić coś* ~ do sth of your own free will
dobrowolny voluntary, optional, discretionary
dobry good[1], right[1]; ~ moment/okres an **opportune** moment/time; ~

interes good **value**[1] (for money); ~ wieczór (Good) **evening**.; brać *l.* przyjmować *coś* za dobrą monetę take sth at face value; być na dobrej drodze be on **target**[1]; być na dobrej drodze do *czegoś* be on **course** for sth/to do sth; być w dobrym guście *l.* tonie be in good **taste**[1]; dobra wola goodwill; dobre 20 minut/30 mil *itp.* a **good**[1] 20 minutes/30 miles, etc; dobre imię respectability, a good **name**[1]; dobre maniery decorum; dobre stosunki rapport; dzień ~ (Good) **afternoon**, (Good) **morning**; na dobre for **good**[2]; na dobre i na złe through **thick**[2] and thin; na dobrej drodze on **track**[1]; w dobrej wierze in good **faith**, well-intentioned, well-meaning

dobrze well[2], fine[2], nicely, right[2], rightly, good[1]; (*dokładnie*) intimately; (*brawo*) **that**[2]'s it; (*zgoda*) (that's) **fine**[1]; (*a może*) **shall** I/we...?; ~ *komuś* zrobić **do**[2] sb good; ~ by zrobił would not go **amiss**[2]; ~ mu/jej/ci tak! It serves her/him/you **right**[2]!; ~ płatny *l.* opłacany well-paid; ~ poinformowany well-informed; ~ ponad/przed/poniżej *itp.* **well**[2] above/ahead/below, etc; ~ się składa it's a good **thing**; ~ (się stało) it's a good **job**; bardzo ~ *komuś* zrobić *l.* służyć do sb a/the **world**[1] of good; móc równie ~ *coś zrobić* may/might as **well**[2] do sth; no ~ I **suppose** so; to ~ it's a good **thing**; wszystko ~ all is **well**[1]

dobudówka extension

dobytek effects, possession

docelowy odbiorcy/rynek *itp.* docelow-i/y **target**[1] audience/market, etc

doceniać appreciate; nie ~ underestimate, devalue, underrate; nie ~ *kogoś/czegoś* take sb/sth for **grant**[1]ed

dochodowy profitable; podatek ~ income tax

dochodzenie investigation, enquiry, inquiry, probe[2], inquest; prowadząc-y/a ~ investigator; prowadzić ~ (w sprawie) investigate

dochodzić ~ *skądś* emanate from sth; ~ do *czegoś* thrash sth out, work sth out; ~ do wniosku conclude, **arrive** at a conclusion; → **dojść**

dochód income, proceeds, revenue, takings; ~ netto disposable income; (dobre) źródło dochodów earner; uzależniony od dochodów means-tested

dociekliwie inquiringly, inquisitively

dociekliwość inquisitiveness

dociekliwy inquisitive, inquiring, enquiring, searching

docierać come through; ~ do reach[1], access[2], hit[1]; ~ do *kogoś* get through to sb, sink in; nie ~ do *kogoś* go over sb's **head**[1]

doczekać nie móc się ~ can't **wait**[1]; nie móc się *czegoś* ~ be **burst**[1]ing to do sth, be **itch**[1]ing to do sth, be gagging for sth

doczepiać hitch[2]; ~ *coś* tack sth on

doczepić ~ się tag along

doczesny earthly

dodatek supplement, complement[1], extra[2], accompaniment; (*pieniężny*) allowance; (*do książki*) appendix; (*do stroju*) accessory; (*ozdoba*) trimmings; (*do pizzy*) topping; (*konserwant*) additive; ~ smakowy flavouring; ~ wyrównawczy income support; ~ za obsługę service charge; na ~ for good **measure**[2], on **top**[1] of sth, plus[3]; (niepotrzebne) dodatki **frills**; w dodatku into the **bargain**[1], in the **process**[1], in **addition** (to sth), plus[3], additionally

dodatkowo extra[3], additionally

dodatkowy additional, extra[1], optional, duplicate; (*nadmiarowy*) surplus, excess[2]; dodatkowa zaleta the **icing** on the cake; dodatkowe zajęcie sideline[1]; opłata dodatkowa surcharge; świadczenie dodatkowe fringe benefit

dodatni positive; ładunek ~ **positive** charge

dodawać add; ~ *coś* add (sth) up

dodawanie addition

dodzwonić ~ się get through

dogadać ~ się make yourself understood

dogadywać ~ się communicate; ~ się (dobrze) get along, get on; świetnie się ~ get on **famously** (with sb)

dogadzać pamper, humour[2]; ~ sobie indulge

dogadzanie ~ sobie indulgence

doganiać ~ *kogoś/coś* gain on sb/sth, catch (sb/sth) up

doglądać mind[2]

dogłębnie in **depth**

dogłębny in-depth

dogmat dogma

dogmatyczny dogmatic

dogodnie ~ położony handy

dogodny convenient; ~ moment/okres an **opportune** moment/time

dogotowany done[1]

dogrywka playoff, tie-break

doić milk[2]

dojazd access[1], approach[1]

dojeść ~ (*coś*) eat (sth) up

dojeżdżać ~ (do pracy) commute

dojeżdżając-y/a ~ (do pracy) commuter

dojrzałość maturity; ~ (płciowa) puberty

dojrzały mature[1], ripe, full-fledged, fully-fledged

dojrzeć spy[2]; ~ *coś* pick sth up

dojrzewać mature[2], ripen; ~ do *czegoś* work up to sth

dojrzewanie okres dojrzewania adolescence

dojście access[1], approach[1]

dojść ~ do rękoczynów come to **blow**[2]s; ~ do sedna *czegoś* get to the **bottom**[1] of sth; ~ do siebie recover; ~ do siebie po *czymś* get over sth; ~ do wniosku/porozumienia *itp.* **come** to a conclusion/arrangement, etc; nie móc ~ do słowa not get a **word**[1] in edgeways; → **dochodzić**

dok dock[1]

dokańczać → **dokończyć**

dokładać ~ (się) contribute; ~ wszelkich starań go to great **length**s to do sth, pull out all the **stop**[2]s

dokładnie accurately, exactly, precisely, thoroughly, closely, specifically, strictly, right[2], just[1], bang[3], smack[3], on the **dot**[1]; ~ (mówiąc) to be **precise**; ~ w 5 minut/30 sekund *itp.* in 5 minutes/30 seconds, etc **flat**[3]; nie wiem ~ **for**[1] all I care/know; określić *coś* ~ put your **finger**[1] on sth

dokładność accuracy, precision, rigour, exactness, thoroughness

dokładny accurate, exact[1], precise, good[1]; dokładna kopia carbon copy

dokonać → **dokonywać**

dokonania track record

dokonany czas ~ the perfect; czas teraźniejszy ~ the present perfect; czas przyszły ~ the future perfect

dokonywać effect[2]; ~ *czegoś* pull sth off

dokończyć finish[1]; ~ *coś* finish sth off

dokręcać ~ *coś* tighten sth up, **screw**[2] sth on

dokręcony tight[1]

doktor PhD; ~ nauk humanistycznych/teologii *itp.* Doctor of Philosophy/Divinity, etc

doktorant/ka postgraduate

doktorat doctorate, PhD

doktorski stopień ~ PhD

doktryna doctrine

dokuczać tease, niggle, kill[1]; ~ *komuś* give sb a hard **time**[1]

dokuczliwy troublesome, nagging

dokument document, ID; (*film*) documentary; dokumenty papers

dokumentacja documentation; włączać do dokumentacji file[2]

dokumentalny film *l.* program ~ documentary; telenowela dokumentalna docusoap

dokumentować chronicle[2], chart[2]

dolar dollar

dolec buck[1]

dolegliwość ailment, complaint, ill[2]

dolewać ~ do *czegoś* top sth up

dolewka refill

dolina valley; ~ wisząca hanging valley

dolny bottom[2], lower[1]; dolna powierzchnia the underside, the underneath[2]

doładować ~ *coś* top sth up

doładowanie top-up card

dołączać attach, bundle; ~ *coś* tack sth on

dołączyć ~ do rejoin; ~ się (do *czegoś*) join in (sth)

dołek hole[1], trough; (*w policzku*) dimple; ~ środkowy (siatkówki) fovea; w dołku screwed-up; z dołkami dimpled

dom (*budynek*) house[1]; (*mieszkanie*) home[1]; (*czyjś*) place[1]; ~ (na wsi) farmhouse; ~ kultury community centre; ~ opieki **sheltered** accommodation/housing, nursing home, home[1]; ~ parterowy bungalow; ~ publiczny brothel; ~ studencki hall of residence; ~ towarowy *l.* handlowy department store; ~ wariatów madhouse; Biały Dom the White House; czuć się jak (u siebie) w domu make yourself at **home**[1], feel at **home**[1]; do domu homeward, indoors, home[2]; dwa/trzy *itp.* domy dalej two/three, etc **door**s away; jeść poza domem dine out, eat out; poza domem away[1], out[1]; prowadzenie domu home economics; rozbity ~ a **broken**[1] home; w domu home[2], in[2], indoors; właściciel/ka domu homeowner; wychodzić z domu get out; z domu (*nazwisko*) née; zostawać w domu stay in

domagać ~ się demand[2], insist, petition[1], claim; ~ się *czegoś* (od *kogoś*) **push**[1] (sb) for sth/to do sth; (głośno) ~ się *czegoś* **clamour**[1] for sth; clamour to do sth

domek cottage, lodge[1]; ~ (letniskowy) w górach chalet; osiedle domków na kółkach trailer park

domena domain, preserve[2]; nazwa domeny domain name

domiar na ~ złego on **top**[1] of everything else

dominacja supremacy, ascendancy, dominance, predominance, domination

dominanta mode

domino dominoes; efekt domina a **knock-on** effect; kostka domina domino

dominować predominate, dominate; ~ nad override

dominujący predominant, dominant, mainstream; ~ pogląd *l.* kierunek orthodoxy

domniemany alleged

domofon intercom

domokrążny door-to-door

domowy home[3], domestic, household[2], indoor; *czyjś* adres/telefon *itp.* ~ sb's **home**[3] address/phone number, etc; domowej roboty homemade; gospodyni domowa housewife; prace domowe housework, housekeeping; strona domowa home page; wojna domowa civil war; zadanie *l.* zadania domowe homework

domysł conjecture, guess[2], speculation; ~ oparty na solidnych przesłankach an **educated** guess; domysły conjecture, guesswork; oparty na domysłach speculative

domyślać ~ się guess[1], gather

domyślny default; opcja *l.* wartość domyślna default[1]

donica tub

doniczka pot[1]

doniczkowy potted; roślina doniczkowa potted plant

doniesienie dispatch[2], despatch[2]

doniosły momentous

donosiciel/ka informer

donosić report[2]; ~ na *kogoś* inform against/on sb

donośność resonance

donośny resonant

dookoła around, round[2], about[2]

dopadać collar[2]

dopasować match[2], tailor[2], customise, personalize, slot[2], pitch[1]

dopasowany personalized, fitted; dobrze ~ a good/loose/tight, etc **fit**[3]; źle ~ ill-fitting

dopasowywać → dopasować

dopełniać (*wzbogacać*) complement[2]; (*napełniać*) refill; ~ *coś* top sth up

dopełnienie object[1], complement[1]; (*kąta*) complement; ~ bliższe direct object; ~ dalsze indirect object

dopiero not **until**; ~ zaczynać *coś robić* be **new** to sth; a co ~ **let** alone, never **mind**[2]; to ~ początek it's early **days**

dopijać ~ (*coś*) drink (sth) up

dopilnować ensure; ~ *czegoś* see about sth/doing sth, see to sth; ~ żeby **see** that

doping cheering[1]

dopingować prod; (*drużynę*) support[1]; ~ *kogoś* root for sb, cheer sb on; ~ *kogoś* do (*zrobienia*) *czegoś* **prompt**[1] sb to do sth

dopłata surcharge

dopływ (*rzeki*) tributary

dopóki ~ nie until, till[1]

doprawdy indeed

doprowadzać carry; ~ (rurami *l.* rurociągiem) pipe[2]; ~ do effect[2], incur; ~ *coś* do końca go through with sth, follow sth through; ~ do *czegoś* result in sth; ~ *kogoś* do *czegoś* reduce sb to sth/doing sth; ~ do bankructwa *l.* upadku bankrupt[2]; ~ do ruiny ruin[1]; ~ *kogoś* do szaleństwa/szału *itp.* **drive**[1] sb crazy/mad/wild, etc; ~ *kogoś* do szału drive sb to **distraction**, drive sb up the **wall**, drive/send sb round the **bend**[2]; ~ do upadku dismantle; ~ do wściekłości exasperate; ~ do wrzenia boil[1]

dopuszczać ~ do allow; nie ~ *czegoś/kogoś* shut sth/sb out

dopuszczalność acceptability

dopuszczalny admissible, permissible; przekroczyć dopuszczalną granicę **overstep** the mark

dopuszczony ~ do ruchu roadworthy

dopytywać ~ się o *kogoś* inquire after sb, enquire after sb

dorad-ca/czyni adviser, aide, consultant, handler; ~ rozwoju osobistego life coach; zespół doradców **advisory**[1] committee/panel/board, etc

doradczy consultative

doradzać advise, guide[2], counsel[2]

doradztwo consultancy, counselling

dorastać grow up

doręczać deliver

doręczenie delivery

doręczyciel/ka letter carrier

doroczny annual[1], yearly

dorosłość adulthood

dorosły adult, full-grown, grown-up[2]; ~ (człowiek) grown-up[1]; dla dorosłych adult[2]; dorosł-y/a mężczyzna/kobieta a **grown**[1] man/woman; dorosł-y/a student/ka mature student

dorosnąć ~ do *czegoś* grow into sth

doroślec mature[2]

dorównywać equal[2], match[2], rival[2]; ~ *czemuś* match up to sth; ~ *komuś/czemuś* be on a **par** with sb/sth; nie ~ *komuś/czemuś* be no **match**[1] for sb/sth, not be in the same **league** as sb/sth

dorsz cod

dorywczy casual

dorzecze basin

dorzucać chime in; ~ *coś* throw sth in, chip in (sth)

dosadny ~ język **strong** language

dosiadać mount

dosięgnąć reach[1]; ~ *czegoś* get at sth; móc ~ ((do) *czegoś*) can **reach**[1] (sth)

doskonale excellently, brilliantly

doskonalić perfect[2], hone

doskonałość excellence

doskonały excellent, perfect[1], brilliant, consummate[2]; osiągać doskonałe wyniki excel

dosłownie literally

dosłowny literal

dosłyszeć catch[1]; ~ *coś* pick sth up; nie ~ miss[1]

dossier dossier

dostać get[1], catch[1]; (*wyprosić*) bum[2]; ~ *coś* come by sth; ~ *coś* w swoje ręce get/lay your **hand**[1]s on sth; ~ *coś* z powrotem get sth back; ~ *czegoś* (*wysypki*) come out in sth; ~ lanie take a **beating**; ~ nauczkę learn your **lesson**; ~ raka/grypy/malarii *itp.* **get**[1] cancer/flu/malaria, etc; ~ się get in; ~ się *gdzieś* get into sth; ~ szału flip, fly off the **handle**[2], go **berserk**; od razu ~ *coś* walk into sth

dostarczać deliver, provide, supply[1]; ~ *komuś coś* furnish sb with sth

dostarczenie delivery

dostarczyciel/ka provider, bearer

dostatecznie adequately, sufficiently

dostateczny adequate, sufficient

dostatek pod dostatkiem plenty

dostawa consignment, shipment, stock[1]

dostawać → dostać

dostawca supplier, provider, distributor, contractor, purveyor; ~ internetu /. usług internetowych service provider, access provider, ISP
dostęp access[1]; ~ bezprzewodowy wi-fi; mieć ~ do access[2]
dostępność access[1], accessibility, availability
dostępny accessible, available, on **hand**[1], on **tap**[1], around, out[1], forthcoming; (*książka*) in **print**[2]; ~ dla zwiedzających on **show**[2]; być dostępnym come; być dostępnym po/za 50 funtów/100 dolarów *itp.* **retail**[2] at/for £50/$100, etc
dostojnie grandly
dostojny grand[1], dignified
dostosować tailor[2], customise, pitch[1]; ~ (się) focus[1]; ~ się conform
dostrzec **catch**[1] sight of sth, sight[2]; ~ *coś/kogoś* make sth/sb out
dostrzegać discern, perceive; nie ~ istoty sprawy **miss**[1] the point
dostrzegalny perceptible, discernible
dostrzeżenie przypadek dostrzeżenia sighting
dosyć (*całkiem*) quite[1], rather, pretty[1], fairly, **kind**[1] of, kinda, mildly, tolerably; (*wystarczająco*) enough, ample, your **fill**[2]; ~ dobry/pomyślny/dobrze *itp.* **reasonably** good/successful/well, etc; ~ tego that's **enough**[1]; mieć ~ have had **enough**[1]; mieć *czegoś* ~ can't **take** sth; mieć *czegoś* (serdecznie) ~ be **sick**[1] of sth
doszczętnie comprehensively
doszukiwać ~ się *czegoś* w *czymś* read sth into sth
dość → **dosyć**
dośrodkowy centripetal
doświadczać experience[2]
doświadczalnie experimentally
doświadczalny experimental; królik ~ guinea pig
doświadczenie (*eksperyment*) experiment[1], experimentation; (*przeżycie*) experience[1]; brak doświadczenia inexperience; przeprowadzać doświadczenia experiment[2]; z własnego doświadczenia to your **cost**[1]
doświadczony experienced, seasoned
dot. nie dot. (*nie dotyczy*) N/A
dotacja subsidy, grant[2]
dotąd jak ~ so **far**[1]
dotkliwy acute, hurtful; ~ brak *czegoś* a **crying** need for sth
dotknąć → **dotykać**
dotknięcie touch[2]
dotknięty (*urażony*) aggrieved, piqued; (*nieszczęściem*) stricken; ~ biedą poverty-stricken; ~ kryzysem /. bezrobociem depressed; czuć się dotkniętym be put out
dotować subsidize
dotrzymać ~ dotrzymać słowa /. obietnicy keep/break a **promise**[2]; ~ słowa **keep**[1] a promise/your word, etc; ~ tajemnicy **keep**[1] a secret; nie ~ *czegoś* go back on sth, renege on sth
dotrzymywać ~ kroku keep up; ~ *komuś/czemuś* kroku keep **pace**[1] with sb/sth; ~ *komuś* towarzystwa keep sb **company**
dotychczas hitherto
dotyczący concerning
dotyczyć concern[1], involve, affect; ~ *czegoś* deal with sth, cut across sth; ~ tylko *czegoś/kogoś* be confined to sth/sb
dotyk feel[2], touch[2]
dotykać touch[1], feel[1], handle[1]; (*wpływać*) afflict, hit[1]; ~ (palcami) finger[2]; ~ się touch[1]
dotykowy panel ~ touchpad, trackpad; ekran ~ touch screen
doustnie orally
doustny oral[1]
dowcip joke[1]; (*psikus*) trick[1]; (*humor*) wit; ~ rysunkowy cartoon; cięty ~ a **sharp**[1] wit; opowiedzieć ~ **crack**[1] a joke; zrobić *komuś* ~ **play**[1] a joke/trick on sb
dowcipnie humorously
dowcipni-ś/sia joker
dowcipny cute, humorous, witty; (głupio) ~ facetious
dowiadywać ~ się inquire, enquire
dowiedzieć ~ się hear; ~ się *czegoś* od ludzi hear sth on/through the **grapevine**; ~ się (o *czymś*) find (sth) out; ~ się o *czymś* get **wind**[1] of sth, learn about/of sth
dowiedziony proven
dowodowy materiał ~ evidence
dowodzić demonstrate, command[2]
dowozić deliver, shuttle[2]; ~ (autobusem) bus
dowód proof, evidence, demonstration; (*uczuć*) token[1]; ~ *czegoś* a **testament** to sth, **testimony** to sth; ~ tożsamości identification, identity card, ID card, ID; nie mieć żadnych dowodów not have a **leg** to stand on
dowódca commander, chief[2]
dowództwo command[1]
dowóz delivery
dozor-ca/czyni keeper, caretaker, custodian, janitor
dozownik dispenser
dozwolony permissible
dożyć live[1], live on
dożylnie intravenously
dożylny intravenous
dożywocie life sentence
dożywotni dożywotnia posada tenure; par ~ life peer
dół (*spód*) bottom[1]; (*dziura*) pit[1]; ~ *czegoś* the **foot**[1] of sth; na ~ down[1]; (*po schodach*) downstairs; na dole down[1], downstairs; od góry do dołu from **top**[1] to bottom; w ~ down[1], downhill[1], downwards, downhill[2], downstairs, over[1]; w ~ rzeki downstream; w dole rzeki downstream
dr Dr; ~ med. MD
drabina ladder
drag w dragu (*w przebraniu*) in **drag**[2]
drakoński draconian
dramat drama
dramatopisa-rz/rka playwright, dramatist
dramaturg playwright, dramatist
dramaturgia drama
dramatycznie dramatically
dramatyczny dramatic, dire
dramatyzacja dramatization
dramatyzm drama
dramatyzować dramatize
drań bastard
drapacz ~ chmur skyscraper
drapać scratch[1]
drapanie scratch[2]
draperie drapes
drapieżnik predator
drapieżny predatory; (*bezpardonowy*) in-your-face; ptak ~ bird of prey
drastycznie drastically, graphically
drastyczny drastic, graphic, gritty, lurid
drażliwie irritably
drażliwość (*delikatność*) delicacy; (*wybuchowość*) irritability
drażliwy (*kwestia*) sensitive, delicate, charged, touchy; (*osoba*) irritable, defensive[1], prickly, crusty, temperamental; drażliw-y/a temat/kwestia *itp.* **touchy** subject/issue, etc
drażniący galling; czynnik ~ irritant
drażnić irritate, annoy, jar[2], chafe, gall[2]; ~ (się) tease; ~ *kogoś* jar on sb
drążek lever, rail; ~ zmiany biegów gear lever, gearstick
dredy (*loki*) dreadlocks
dres sweats, tracksuit; bawełniany ~ sweats; dresy sweats
dressing (*sos*) dressing
dreszcz chill[2], shiver, shudder, quiver
dreszczowiec thriller
dreszczyk (przyjemny) ~ buzz[1]; ~ emocji thrill[1]
drewniaki clogs
drewniany wooden; drewniane instrumenty dęte woodwind
drewno (*materiał*) wood, timber, lumber[2]; (*tkanka roślinna*) xylem; ~ drzew liściastych hardwood; ~ miękkie softwood; ~ na opał /. opałowe firewood
dręczący agonizing, nagging, tantalizing
dręczyciel/ka tormentor
dręczyć torment[1], oppress, harass; ~ *kogoś* nag (away) at sb, eat away at sb; ~ się fret
drgać vibrate; (*część ciała*) twitch
drganie vibration
drgawka convulsion
drgnąć budge
drgnięcie twitch
drink drink[2]
drobiazg trifle; drobiazgi **bit**[1]s and pieces, trivia, **odds** and ends

drobiazgowy minute[2], fastidious, fussy
drobina particle
drobne change[2], small change
drobniutki diminutive
drobno finely
drobnomieszczański bourgeois
drobnostka trifle
drobnoustrój microbe, microorganism
drobny minor[1], petty, small[1], small-time, little[1], petite, slight[1], minute[2], fine[1], delicate; ogłoszenie drobne classified ad
droga way[1], route, road, path, tract, approach[1]; (*jazda*) drive[2], channel[1]; (*sposób*) recourse; ~ (gruntowa) track[1]; ~ do *czegoś* the **gateway** to sth; *czyjaś* ~ do sławy/władzy *itp.* sb's **rise**[2] to fame/power, etc; dwupasmowa dual carriageway; ~ eliminacji a process of **elimination**; ~ główna main road, trunk road; Droga Mleczna the Milky Way; ~ wodna waterway; ~ wolna the **coast**[1] is clear; boczna ~ **back**[4] road; być na dobrej drodze be on **target**[1]; być na dobrej drodze do *czegoś* be on **course** for sth/to do sth; być w drodze be on her/my/its, etc **way**[1]; kawał drogi **miles**; krawędź drogi verge[1]; Krzyżyk na drogę! Good **riddance**!; na dobrej drodze on **track**[1]; nie wchodzić *komuś* w drogę steer **clear**[3] of sb; otwierać drogę be a **first**[3]; po drodze en route; skrócić sobie drogę przez *coś* cut across sth; sprowadzać *kogoś* na złą drogę lead sb **astray**; swoją drogą by the **way**[1]; szybka ~ (do *czegoś*) a fast **track**[1] (to sth); w drodze on the **road**; w drodze losowania at **random**; w pół drogi halfway; wskazać drogę direct[3]; zagrodzić drogę confront; znajdować drogę navigate
drogeria chemist's; ~ z apteką drugstore
drogi dear[1], expensive, big-ticket; ~ *czyjemuś* sercu **dear**[1] to sb/sb's heart; Boże drogi! Good God/grief!, Good/Goodness **gracious**!; zbyt ~ overpriced
drogocenny precious[1]
drogowskaz signpost
drogowy motoring; roboty drogowe roadworks; słupek ~ bollard
drozd robin
drożdże yeast
drożdżowy bułeczka drożdżowa English muffin, muffin
drób fowl, poultry
dróżka lane
drugi (*z kolei*) second[1]; (*inny*) other, another; (*z wymienionych*) latter; (*przeciwległy*) opposite[1], far[2]; ~ język second language; ~ oddech second wind; ~ wybór the **next**[1] best thing; ~ z kolei second best; co ~ dzień/tydzień *itp.* every **other**[1] day/week, etc, **alternate**[1] days/weeks etc; drug-a/i strona/koniec (*czegoś*) the **other**[1] side/end (of sth); druga natura second nature; druga osoba the second person; druga potęga square[1]; druga strona the flip side; drugą klasą second class; drugie imię middle name; drugie śniadanie packed lunch; drugiej kategorii second-class; drugiej klasy second-class; iść jeden za drugim **file**[2] along/into/through, etc; jeden po drugim back-to-back, in quick/rapid **succession**; jeden za drugim in single **file**[1]; na drugą stronę over[1], through[2]; po drugie secondly; po drugiej stronie across, over[1], beyond[2]; po drugiej stronie (drogi) over the **road**; student/ka drugiego roku sophomore; ten ~ the latter; to drugie the latter; w drugą stronę around; z drugiej ręki second-hand; z drugiej strony then/there **again**; z jednej strony … z drugiej strony on the one **hand**[1] … on the other hand
drugoklasist-a/ka sophomore
drugorzędny second-rate, secondary, incidental
druhna (*na ślubie*) bridesmaid
druk print[2], printing; ~ offsetowy offset lithography; ~ typograficzny letterpress; ~ wklęsły gravure, intaglio printing
drukarka printer; ~ atramentowa ink-jet printer; ~ igłowa dot-matrix printer; ~ laserowa laser printer
drukarnia printer
drukarski błąd ~ misprint; prasa *l.* maszyna drukarska press[2], printing press
drukarz printer
drukować print[1], run[1]
drukowany litery drukowane block capitals; pisać drukowanymi literami print[1]
drumlin drumlin
drut wire[1]; ~ kolczasty barbed wire; robić na drutach knit; robienie na drutach knitting
druzgocący devastating
drużba (*na ślubie*) best man
drużyna team[1], side[1], squad; kole-ga/żanka z drużyny teammate
drwal lumberjack
drwiący derisive
drwić sneer; ~ (z) jeer; ~ z taunt
drwina derision, jeer, sneer, taunt
dryblować dribble
dryf w dryfie adrift
dryfować ~ przez/w stronę *itp.* **drift**[1] across/down/towards, etc
dryfujący adrift
drzazga sliver, splinter, chip[1]
drzeć rip[1], tear[1]; ~ (na strzępy) shred[2]; ~ koty (z *kimś*) be at **loggerheads** (with sb); ~ się tear[1]
drzemać doze, nap, snooze, kip
drzemka nap, kip, snooze
drzewko młode ~ sapling
drzewnik lignin
drzewny węgiel ~ charcoal
drzewo (*roślina*) tree; (*materiał*) timber, wood, lumber[2]; ~ genealogiczne family tree; ~ iglaste conifer; ~ użytkowe timber
drzwi door, doorway; od ~ do drzwi door-to-door; otworzyć ~ **get**[1] the door; oszklone ~ French windows; wyważać otwarte ~ reinvent the **wheel**[1]; za zamkniętymi drzwiami behind closed **doors**
drżący shaky
drżeć shake[1], shudder, shiver, tremble, quake[2], quiver; (*głos*) falter, waver
drżenie tremor, quiver, jitters
dubbingować dub
dubler/ka understudy
duch spirit[1], ghost; ~ prawa/umowy the **spirit**[1] of the law/an agreement, etc; hart ducha fortitude; podniesiony na duchu heartened; podnoszący na duchu uplifting; podtrzymać na duchu reassure; podtrzymujący na duchu reassuring; stan ducha state of mind; w duchu inwardly, inside[4]; wyzionąć ducha give up the **ghost**
duchowieństwo clergy
duchowny (*kleryk*) clergyman, cleric, minister; (*nie świecki*) clerical; stan ~ the **ministry**
duchowy spiritual; wsparcie duchowe reassurance
dudnić rumble
dudnienie rumbling, rumble
dudy bagpipes
duet duo, duet
duma (*uczucie*) pride[1]; (*powód do dumy*) centrepiece, sb's **pride**[1] and joy; powód do dumy boast[2]; (*czyjś*) powód do dumy sb's **pride**[1] and joy, sb's/sth's **claim**[2] to fame; przemóc w sobie dumę swallow your **pride**[1]; uczucie dumy a **glow**[1] of pride; urażona ~ pique[1]; z dumą proudly
dumać muse
dumnie proudly
dumny proud; być dumnym **take** pride; być z *czegoś* dumnym pride yourself on sth/doing sth; być zbyt dumnym aby *coś zrobić* be too **proud** to do sth
dupa arse, ass
duplikacja duplication
duplikat duplicate[2]
duplikować duplicate[1]
dur (*dźwięk*) major[1]; ~ brzuszny typhoid
duraluminium Duralumin
durowy major[1]
durszlak colander
dusić (*potrawę*) stew; (*osobę*) throttle[1]; ~ (się) choke[1]; ~ w sobie nurse[2]
dusza soul, spirit[1], heart; w głębi duszy *l.* serca at **heart**, in your **heart**, **deep**[2] down
duszny stuffy, sticky, muggy, airless, close[2]
duszony potrawa duszona stew
duszpasterski pastoral
dużo (*z l. mnogą*) many; (*z l.*

pojedynczą) much; (*z czasownikiem*) a good/great **deal**[1], widely, heavily; (bardzo *l.* wystarczająco) ~ plenty; ~ gadać (mało robić) be all **talk**[2] (and no action); ~ lepszy/łatwiejszy/ciekawszy *itp.* **all**[2] the better/easier/more exciting, etc; ~ pić/palić drink/smoke **heavily**; policzyć za dużo overcharge; strasznie ~ (*czegoś*) an **awful** lot (of sth); zawierający ~ *czegoś* **high**[1] in sth; zbyt/tak ~ too **much**/so much
duży big, large, heavy, coarse, good[1]; duż-a/e szansa/prawdopodobieństwo *itp.* **strong** chance/possibility, etc; duża litera capital[1]; duże litery upper case; duże szczęście a near **miss**[2]; niezwykle ~ *itp.* **unusually** big/strong/good, etc; pisać dużą literą capitalize; w dużej mierze largely
DVD DVD
dwa two, couple[1]; ~ razy twice, double[4]; ~ tygodnie fortnight; co ~ lata **alternate**[1] years; (odbywający się) co ~ tygodnie fortnightly; na dwie części in **two**; odbywający się ~ razy do roku biannual; odbywający się co ~ lata biennial; sprawdzać ~ razy double-check; w dwóch egzemplarzach in **duplicate**[2]
dwadzieścia twenty
dwanaście twelve
dwoić ~ się i troić pull out all the **stop**[2]s
dworski dworskie maniery gentility
dworzanin courtier
dworzec station[1], depot; ~ autobusowy bus station, coach station
dwóchsetlecie bicentenary
dwójkowy binary
dwór court[1]; na ~ (*ubranie*) outdoor; na dworze outdoor, outdoors, out[1], outside[2]
dwu- bi-
dwuatomowy diatomic
dwucukr disaccharide
dwucyfrowy liczby dwucyfrowe double **figure**[1]s
dwuczłonowy double-barrelled
dwudziestka być po dwudziestce be in your twenties
dwudziesty twentieth; lata dwudzieste the twenties
dwugłoska diphthong
dwugwiazdkowy two-star
dwujajowy (*bliźnięta*) dizygotic
dwujęzyczny bilingual
dwukierunkowy two-way
dwukropek colon
dwukrotnie twice; kliknąć ~ (myszką) double-click
dwukrotność double[3]
dwulatek a two-**year**-old
dwuliścienny roślina dwuliścienna dicotyledon; dicotyledonous
dwulufowy double-barrelled
dwumian binomial
dwunastkowy duodecimal
dwunastnica duodenum
dwunastolatek a twelve-**year**-old
dwunastościan dodecahedron
dwunasty twelfth[1]; dwunasta część twelfth[2]; (jedna) dwunasta twelfth[2]
dwuosobowy double[1]
dwupartyjny bipartisan
dwupasmowy droga dwupasmowa dual carriageway
dwupodział bisection
dwurzędowy double-breasted
dwusieczna ~ (kąta) bisector
dwustronny (*rozmowy*) bilateral, bipartisan; (*kurtka*) reversible
dwutlenek dioxide; ~ węgla carbon dioxide
dwutysięczny rok ~ the Millennium
dwuwymiarowy two-dimensional
dwuznaczność ambiguity
dycha tenner
dychotomia dichotomy
dydaktyczny pomoc dydaktyczna visual aid
dyfrakcja diffraction
dyfteryt diphtheria
dyftong diphthong
dyfundować diffuse
dyfuzja diffusion
dygnąć curtsey
dygnięcie curtsey
dygnitarz dignitary
dygotać shudder
dygresja digression; robić dygresje digress
dyktando dictation
dyktat diktat
dyktator/ka dictator, control freak; ~ mody **arbiter** of fashion/style; dyktator (wojskowy) warlord
dyktatorski dictatorial
dyktatura dictatorship
dyktować dictate; ~ *komuś* dictate to sb
dylemat quandary, dilemma
dym smoke[1]; obłok dymu a **pall**[2] of smoke; puścić z dymem torch[2]; smuga dymu a **wisp** of smoke
dymek smoke[1]
dymiący piping hot
dymić smoke[2], steam[2]
dynamicznie dynamically
dynamiczny dynamic, high-flying
dynamika dynamics
dynamit dynamite
dynamizm dynamism
dynamo dynamo
dynastia dynasty
dyndać dangle
dynia pumpkin
dyplom diploma; ~ z wyróżnieniem first[3]; przyznawać ~ certify; zdobywać ~ qualify
dyplomacja diplomacy
dyplomat-a/ka diplomat
dyplomatycznie diplomatically
dyplomatyczny diplomatic, noncommittal
dyplomowany chartered
dyrekcja management, the **executive**[2]
dyrektor executive[2], director, head[1], manager, principal[2]; ~ (szkoły) headmaster, headteacher; ~ naczelny managing director, chief executive, CEO; ~ odpowiedzialny line manager; pełniący obowiązki dyrektora **acting**[1] director; zastęp-ca/czyni dyrektora **associate**[3] director
dyrektorka head[1], manager, principal[2]; ~ (szkoły) headmistress, headteacher
dyrektorski executive[1]
dyrektywa directive
dyrygent/ka conductor
dyrygować conduct[2]
dys- dis-
dyscyplina discipline[1]; ~ wewnętrzna self-discipline; narzucać dyscyplinę discipline[2]
dyscyplinarny disciplinary
dyscyplinować discipline[2]
dysertacja dissertation
dysk disc, disk; (*lekkoatletyczny*) discus; stacja dysków disk drive; twardy ~ hard disk, hard drive
dyskdżokej disc jockey, DJ
dyskietka diskette, floppy disk
dyskomfort discomfort
dyskoteka disco
dyskrecja discretion
dyskrecjonalny discretionary
dyskretnie discreetly, unobtrusively
dyskretny discreet, unobtrusive
dyskretyzator digitizer
dyskryminacja discrimination; ~ ze względu na płeć sexism
dyskryminować discriminate, penalize, victimize
dyskryminujący ~ ze względu na płeć sexist
dyskusja debate[1], discussion; poddawać pod dyskusję dispute[2]; uczestni-k/czka dyskusji panellist
dyskusyjny arguable, debatable; grupa dyskusyjna newsgroup
dyskutować debate[2], discuss
dyskwalifikacja disqualification
dyskwalifikować disqualify
dysleksja dyslexia; cierpiący na dysleksję dyslexic
dyslektyczny dyslexic
dyspensa dispensation
dyspersja dispersion
dysponować ~ czymś go on sth
dyspozycja być do *czyjejś* dyspozycji be at sb's **command**[1]; do dyspozycji on **hand**[1]; do *czyjejś* dyspozycji at sb's **disposal**; mieć *coś* do dyspozycji go on sth
dystansować ~ się od *kogoś/czegoś* **distance**[2] yourself from sb/sth
dystrybucja distribution; break-bulk
dystrybutor distributor; ~ (wody) water cooler
dystyngowany genteel, posh
dysydent/ka dissident, dissenter
dysza nozzle
dyszeć puff[1], **huff**[1] and puff
dywan carpet, rug
dywanik mat, rug
dywersant/ka infiltrator
dywidenda dividend
dywizjon squadron

dyżur na dyżurze/nie na dyżurze on/off **duty**
dyżurować be on **call**²
dzban pitcher
dzbanek jug, pot¹; ~ do herbaty teapot
dziać ~ się go on, happen
dziad grandfather
dziadek grandad, granddad, grandfather, grandpa, grandparent; (*wapniak*) geezer; ~ cioteczny /. stryjeczny **great**-uncle; dziadkowie **grandparents**
dziadostwo rubbish
dział department, division; ~ kadr human resources, personnel; ~ osobowy personnel; ~ sprzedaży /. zbytu sales; ~ wsparcia technicznego help desk
działacz/ka ~ na rzecz ochrony środowiska environmentalist
działać (*osoba*) act¹; (*urządzenie*) work¹, operate, go¹, run¹, be **up**² and running; ~ (na zwolnionych obrotach) tick over; ~ *jakoś* (*substancja*) act as sth; ~ *komuś* na nerwy rub sb up the wrong **way**¹, grate on sb/sth; ~ jak płachta na byka be like a red **rag** to a bull; ~ na *coś* (*paliwo*) run on sth; ~ na *czyjąś* niekorzyść work against sb; ~ na korzyść/na niekorzyść *czegoś/kogoś* be **weighted** in favour of/towards/ against sth; ~ w zmowie collude; dobrze/źle *itp.* ~ **perform** well/badly, etc; przestawać ~ wear off; zaczynać ~ take **effect**¹, kick in
działający functional, operational, operative¹, in **operation**, up²; ~ wstecz (*prawo*) retrospective²
działalność activity, operation, activism; ~ wydawnicza publishing; ~ wywrotowa subversion; wytwór ludzkiej działalności artefact
działanie action, activity, exercise; ~ *czegoś* the **workings** of sth; działania bezpośrednie direct action; ~ uboczne side effect; działania wojenne warfare, hostilities; mieć *jakieś* ~ act as sth; podejmować zdecydowane działania clamp down; zdecydowane działania clampdown
działka allotment; (*grunt*) lot, plot¹; (*udział*) cut²; (*narkotyku*) fix²; ~ kielicha sepal; robić swoją działkę pull your **weight**
działo cannon
dzianina wyroby z dzianiny knitwear
dziąsło gum¹
dzicz wilderness
dzida spear
dzieci children, family; opieka nad dziećmi childcare, babysitting; → **dziecko**
dzieciak kid¹, kiddie
dziecięcy childlike; łóżeczko dziecięce crib; wózek ~ baby carriage
dziecinnie childishly
dziecinność childishness
dziecinny babyish, childish, childlike, infantile, juvenile¹
dzieciństwo childhood; (*wczesne*) infancy, boyhood
dziecko kid¹, babe, baby, child; ~ w młodszym wieku szkolnym junior²; cudowne ~ whizzkid; małe ~ infant, toddler; mieć /. rodzić ~ **have**³ a baby; opieka nad dzieckiem /. dziećmi custody; opiekować się dzieckiem babysit; opiekun/ka do dziecka babysitter, sitter, nanny, childminder; przybrane ~ **foster**² child; → **dzieci**
dziedzictwo legacy, heritage
dziedziczność heredity
dziedziczny hereditary
dziedziczyć inherit
dziedzina area, field¹, realm, discipline¹; ~ nauki science; autorytet w dziedzinie *czegoś* an **authority** on sth; w dziedzinie działalności gospodarczej/zatrudnienia/ polityki *itp.* on the business/jobs/ politics, etc **front**¹
dziedziniec courtyard
dziekan dean
dzielenie division; ~ liczb wielocyfrowych long division
dzielić divide, redistribute, split¹, partition; ~ (dalej) subdivide; ~ (się) share¹, divide, separate², split¹, pool²; ~ *coś* między *kogoś* **divide** sth (up) among/between sb; ~ się (odpowiedzialnością) delegate²; ~ się problemami/myślami/pomysłami *itp.* **share**¹ your problems/thoughts/ ideas, etc; ~ włos na czworo split **hairs**; ~ z *kimś* pokój **room**² with sb
dzielnica district, quarter, borough, neighbourhood; ~ handlowa a shopping **precinct**; ~ slumsów shanty town
dzielnie gallantly
dzielnik divisor; największy wspólny ~ highest common factor
dzielność gallantry
dzielny gallant
dzieło work², creation, piece¹, handiwork; *czyjeś* ~ the **brainchild** of sb; ~ sztuki work of art; być prawdziwym dziełem sztuki be a work of art
dziennik (*zapiski*) journal, log¹, diary; (*gazeta*) daily²; (*w księgowości*) book of prime entry; ~ sprzedaży sales journal; ~ zakupów purchases journal
dziennikarski journalistic
dziennikarstwo journalism
dziennika-rz/rka journalist
dzienny na porządku dziennym a **dime** a dozen; opieka dzienna daycare; porządek ~ agenda; przechodzić nad *czymś* do porządku dziennego take sth in your **stride**²; światło dzienne daylight; wyciągnąć *coś* na światło dzienne bring sth out into **the open**; wydobyć na światło dzienne unearth
dzień day; (*nie noc*) daytime; ~ Bożego Narodzenia Christmas Day; ~ dobry (Good) **afternoon**., good afternoon, good morning; Dzień Matki Mother's Day; ~ otwarty open day; ~ po dniu **day** after day, day **by**¹ day; ~ powszedni weekday; ~ w dzień **day** after day; ~ wyborów election day, polling day; ~ wypłaty payday; całymi dniami for days on **end**¹; co drugi ~ **alternate**¹ days; danie dnia special²; dni powszednie the **week**; drugi ~ Świąt (Bożego Narodzenia) Boxing Day; drugi/trzeci *itp.* ~ z rzędu second/third, etc day **running**²; kilka dni temu the other **day**; mieć swój ~ have a field day; pewnego dnia someday; pewnego (pięknego) dnia one **day**/some day/ one of these days; poprzedni /. przedostatni ~ the day before **last**³; w ~ **by**¹ day; w biały ~ in broad **daylight**; w dniu on¹; wiele dni **days**; z dnia na ~ overnight; za dnia **by**¹ day
dzierżawa lease¹; (*mieszkania*) tenancy
dzierżawczy possessive
dzierżawić lease²
dzierżyć wield
dziesiątak tenner
dziesiątki **dozen**s; ~ *czegoś/kogoś* **score**¹s of sth
dziesiąty tenth¹; co ~ one in **every** ten; dziesiąta część tenth²; (jedna) dziesiąta tenth²
dziesięciobój decathlon
dziesięciocentówka dime
dziesięciolecie decade
dziesięciominutowy ~ spacerek a ten-minute **walk**²
dziesięć ten; jeden na ~ one in **every** ten; za ~ lat ten years **from** now
dziesiętny decimal¹; kropka dziesiętna decimal point; miejsce dziesiętne decimal place; ułamek ~ decimal², decimal fraction
dziewczyna girl, youngster, lass; (*sympatia*) date¹, girlfriend; dziewczyny the **girl**s
dziewczynka girl
dziewiąty ninth¹; dziewiąta część ninth²; (jedna) dziewiąta ninth²
dziewica virgin¹
dziewictwo virginity
dziewiczy virgin², unspoiled; ~ lot/ rejs a **maiden**² flight/voyage
dziewięć nine
dziewięćdziesiąt ninety
dziewięćdziesiątka mieć po dziewięćdziesiątce be in your nineties
dziewięćdziesiąty ninetieth; lata dziewięćdziesiąte the nineties
dziewiętnasty nineteenth
dziewiętnaście nineteen
dziękczynienie Święto Dziękczynienia Thanksgiving
dzięki (*dziękuję*) thanks¹, cheers, ta, THNQ; (*z powodu*) through¹; ~ *czemuś* by **virtue** of sth; ~ *czyjejś* uprzejmości (by) **courtesy** of sb/sth; ~ *komuś/czemuś* **thanks**² to sb/sth;

~ *komuś* to sb's **credit**[1]; ~ Bogu thank God, **thank** God/goodness/ Heavens, etc; ~ któremu whereby; z góry ~ TIA
dziękować thank; dziękuję thank you, thanks[1]; (tak,) dziękuję thank you, **thanks** [1] ; Dziękuję, chętnie! Yes, **please**[1].; nie, dziękuję no, thank you, no, **thanks**[1]
dzik boar, wild boar
dziki wild[1], fierce; (*bezładny*) riotous; dzik-i/a lokator/ka squatter
dziko lokal zasiedlony na ~ squat[3]; mieszkać na ~ squat[1]
dzikość wildness
dzikus/ka savage[3]
dziobać peck[1]
dziobnięcie peck[2]
dziób (*ptaka*) beak, bill[1]; (*statku*) bow[2]
dzióbek spout[1]
dzisiaj today; (*obecnie*) nowadays; od ~ down the **road**
dzisiejszy present-day; w dzisiejszych czasach these **day**s, today
dziś → **dzisiaj**
dziura hole[1]; (*rozdarcie*) tear[2]; (*wybój*) pothole; (*ponura*) dump[2]; czarna ~ black hole
dziurka (*przebicie*) puncture[1]; (*na guzik*) buttonhole; ~ od klucza keyhole; ~ w nosie nostril
dziurkacz punch[2]
dziurkowany perforated
dziwactwo peculiarity, quirk, foible, idiosyncrasy
dziwacznie bizarrely
dziwaczny bizarre, queer, quirky, weird, whimsical, extravagant, outlandish
dziwa-k/czka eccentric[2], freak[1], weirdo
dziwić trudno się ~ understandably; wcale się nie dziwię I don't **blame**[1] him/them/you, etc; → **zdziwić**
dziwka whore, tart[1]
dziwnie strangely, oddly, curiously, peculiarly, eerily, uncharacteristically; brzmieć ~ **sound**[2] strange; wyglądać ~ **look**[1] strange
dziwny strange, odd, curious, peculiar, funny, weird, surprising, eerie, uncharacteristic; dziwnym trafem funnily/oddly/strangely **enough**[2]; mieć ~ smak **taste**[2] funny; nic dziwnego (że ...) no **wonder**[2], understandably; to /. co dziwne **funnily** enough
dzwon bell
dzwonek bell, ring[1], chime; (*telefonu*) ringtone; (*do drzwi*) doorbell; (*brzęczyk*) buzzer; (*kwiat*) bluebell
dzwoniąc-y/a caller
dzwonić ring[2]; (*dzwonkami*) chime, jingle[2]; (*piszczeć*) ping; ~ (do) call[1], phone[2], telephone[2], ring[2]; ~ (do *kogoś*) call (sb) up; ~ na koszt abonenta reverse the **charge**[1]s
dzwonienie ring[1]
dzwonnica belfry
dzwony bootlegs
dźgać jab[1], prod
dźgnięcie jab[2], prod; ~ (nożem) stab[2]
dźwięk sound[1], noise
dźwiękowy sonic; efekt ~ a sound **effect**[1]; karta dźwiękowa sound card; ścieżka dźwiękowa soundtrack
dźwig crane[1]
dźwigać heave
dźwigar girder
dźwignia lever, joystick; ~ zmiany biegów gear lever, gearstick
dżem jam[1]; ~ pomarańczowy /. cytrynowy marmalade
dżentelmen gentleman, gent
dżersej jersey
dżin gin
dżingiel jingle[1]
dżins denim
dżinsy jeans; ~ od znanego projektanta **designer**[2] jeans; markowe ~ **designer**[2] jeans
dżojpad joypad, gamepad
dżokej jockey
dżoker joker
dżudo judo
dżul joule
dżuma plague
dżungla jungle

E

e- e-
eBay eBay
e-biznes e-business
echo echo[2]; bez echa unheard; odbić się szerokim echem make a **splash**[2]; odbijać /. roznosić się echem echo[1]
edukacja education
edukacyjnie educationally
edukacyjny educational
edycja edition; (komputerowa) ~ tekstów word processing
edykt edict
edytor ~ tekstu word processor
efekt effect[1]; ~ cieplarniany the greenhouse effect; ~ domina a **knock-on** effect; ~ dźwiękowy/ specjalny/wizualny *itp.* a sound/ special/visual, etc **effect**[1]; ~ uboczny side effect; efekty fruition; nie przynosić efektu draw a **blank**[2]
efektor effector
efektywność effectiveness
efektywny effective
efemeryczny ephemeral
egalitarny egalitarian
egalitarystyczny egalitarian
ego ego
egocentryczny egocentric
egoist-a/ka egotist
egoistycznie selfishly
egoistyczny selfish, egotistic, inconsiderate
egoizm selfishness, egotism
egotyst-a/ka egotist
egotystyczny egotistic
egotyzm egotism
egzamin examination, exam, test[1]; ~ (pisemny) paper[1]; ~ praktyczny practical[2]; ~ ustny oral[2], viva; egzaminy końcowe **final**[2]s; zdany ~ pass[2]
egzaminator examiner
egzaminować examine, test[2]
egzekucja execution; oczekujący na egzekucję on death row; wykonać egzekucję na execute
egzekucyjny pluton ~ death/firing **squad**
egzekutywa the **executive**[2]
egzekwować exact[2], enforce
egzekwowanie enforcement
egzema eczema
egzemplarz copy[1], issue[1], piece[1]; w dwóch egzemplarzach in **duplicate**[2]
egzorcyzm exorcism
egzorcyzmować exorcize
egzotyczny exotic
egzystencja existence, subsistence
egzystować exist
e-handel e-commerce
Eid (*święta muzułmańskie*) Eid
ejakulowac ejaculate
ekipa crew, outfit[1]; ~ poszukiwawcza search party
eklektyczny eclectic
eko- eco-
ekolog conservationist, environmentalist, ecologist
ekologia conservation, ecology
ekologicznie ecologically, environmentally, organically
ekologiczny organic, ecological, environmental, environmentally friendly, green[1]
ekonometria econometrics
ekonomia economics
ekonomicznie economically
ekonomiczny (*oszczędny*) economical; (*gospodarczy*) economic
ekonomist-a/ka economist
ekosystem ecosystem
ekoturystyka ecotourism
ekowojownik eco-warrior
ekran display[1], screen[1]; ~ dotykowy touch screen; ~ plazmowy plasma screen; nie schodzić z ekranów run[1]; płaski ~ flat screen; wprowadzać na ekrany premiere; wygaszacz ekranu screen saver
eks- ex-
eks ex
ekscentrycznie eccentrically
ekscentryczność eccentricity
ekscentryczny eccentric[1]
ekscentryk eccentric[2]
ekscesy excesses
ekscytacja excitement
ekscytować excite
ekscytujący exciting, thrilling, heady
ekshibicjonist-a/ka exhibitionist
ekshibicjonizm exhibitionism
ekskluzywny exclusive[1], upscale, upmarket, select[2], high-class, upper-class
ekskrementy excrement
eksmisja eviction
eksmitować evict
ekspatriancki expatriate

ekspatriant expatriate
ekspedient/ka a sales/shop assistant
ekspedycja expedition
ekspert expert[1], pundit; sztab ekspertów think tank
ekspertyza ~ (budowlana) survey[1]; przeprowadzać ekspertyzę (budowlaną) survey[2]
eksperyment experiment[1], experimentation
eksperymentalnie experimentally
eksperymentalny experimental
eksperymentować experiment[2]
eksploatacja running[1]
eksploatować tap[2]
eksplodować explode, blow up, go off
eksploracja exploration
eksplozja explosion; (*wzrost*) upsurge
eksponat exhibit[2]
eksponowany exposed, high-profile
eksport export[1]
eksporter exporter
eksportować export[2]
eksportowy towar /. produkt ~ export[1]
ekspozycja exposure
ekspres express[3]
ekspresowy kurs ~ crash course; usługa/pociąg *itp.* ekspresow-a/y an **express**[2] service/train, etc
ekspresywny expressive
ekstatycznie ecstatically
ekstatyczny ecstatic
ekstaza ecstasy, high[3]
eksterminacja extermination
eksterminować exterminate
ekstra- extra-
ekstra extra[3], premium[2]
ekstradować extradite
ekstradycja extradition
ekstrakcja extraction
ekstraklasa the Premiership
ekstrakt extract[2]
ekstranet extranet
ekstrawagancja extravagance, flamboyance
ekstrawagancki extravagant, flamboyant
ekstrawagancko extravagantly
ekstrawertyczny extrovert
ekstrawerty-k/czka extrovert
ekstremalny extreme[1]
ekstremist-a/ka extremist, militant[2]
ekstremistyczny extremist, militant[1]
ekstremizm extremism, militancy
ekstremum extreme[2]
ektoplazma ectoplasm
ekumeniczny ecumenical
ekwiwalent equivalent[2]
elastyczność flexibility, elasticity, adaptability, buoyancy, give[2]; brak elastyczności inflexibility
elastyczny flexible, adaptable, elastic[1]; mało ~ inflexible
elegancja elegance
elegancki elegant, stylish, sleek, chic, posh, smart[1], dressy
elegancko elegantly, stylishly; ~ się ubierać dress up
elektorat electorate
elektroda electrode
elektrolit electrolyte
elektrolityczny electrolytic
elektroliza electrolysis
elektromagnes electromagnet
elektromagnetyczny electromagnetic
elektromagnetyzm electromagnetism
elektron electron
elektronarzędzie power tool
elektronicznie electronically
elektroniczny electronic; handel ~ e-commerce; pieniądz ~ e-cash; poczta elektroniczna email
elektronika electronics
elektrostatyczny electrostatic; ładunek ~ static[2]
elektrownia power station
elektryczność electricity; awaria elektryczności blackout
elektryczny electric, electrical; grzejnik /. piecyk ~ an electric **fire**[1]; instalacja elektryczna wiring; krzesło elektryczne the electric chair
elektryfikować electrify
elektryk electrician
elektryzować electrify
element element; ~ grzejny element; kluczowy ~ pivot
elementarny elementary, rudimentary
elf elf
eliminacja elimination, eradication; (*rozgrywka*) qualifier; (*reakcja chemiczna*) elimination reaction; droga eliminacji a process of **elimination**; eliminacje heat[1], trials
eliminacyjny spotkanie eliminacyjne qualifier
eliminować eliminate
elita elite, the Establishment; ~ prawnicza/medyczna *itp.* the legal/medical, etc **establishment**
elitarny elitist; (*oddział*) crack[3]
elitarystyczny elitist
elitaryzm elitism
elokwencja eloquence
elokwentnie eloquently
elokwentny eloquent, articulate[1]
email email; wysłać ~ email
emalia enamel, gloss[1]
emancypacja emancipation
emancypować emancipate
emanować ~ pewnością siebie/radością/miłością *itp.* **overflow** with confidence/happiness/love, etc
embargo embargo
emblemat emblem
embrion embryo
emeryt/ka pensioner, old-age pensioner, OAP, retiree, senior citizen
emerytowany retired
emerytura retirement, pension[1], old-age pension; przechodzić na emeryturę retire; przejście na emeryturę retirement; wysyłać /. przenosić *kogoś* na emeryturę pension sb off
emigracja emigration, migration
emigrant/ka emigrant; ~ ekonomiczny economic migrant
emigrować migrate, emigrate
emisja emission, discharge[2]; ~ gazów cieplarnianych carbon emissions; ~ programów broadcasting
emitować emit; (*programy*) broadcast[2]
emocja emotion, thrill[1]; budzący emocje emotive; dreszczyk emocji thrill[1]; pełen emocji charged; wzbudzający emocje charged
emocjonalnie emotionally
emocjonalny emotional
e-moll E **flat**[2]
empatia empathy; czuć empatię empathize
empirycznie empirically
empiryczny empirical
emulgacja emulsification
emulgator emulsifier
emulgować emulsify
emulsja (*kosmetyk*) lotion; (*farba*) emulsion; ~ do opalania sun lotion; ~ nawilżająca moisturizer; krem /. ~ z filtrem UV sunscreen
emulsyjny farba emulsyjna emulsion
en (*ileś*) umpteen
encyklopedia encyclopedia
encyklopedyczny wydawnictwo /. źródło encyklopedyczne reference book
endoskop endoscope
endoskopia endoscopy
endywia endive
energia energy, vigour, power[1], drive[2], exuberance, liveliness; ~ atomowa atomic energy; ~ potencjalna potential energy, stored energy; ~ słoneczna solar energy; ~ wodna hydroelectricity; tryskający energią exuberant; wyłączenie energii an electricity/power **cut**[2], power outage
energicznie energetically, vigorously
energiczny energetic, active, vigorous, vibrant, vivacious, bouncy, ebullient
enigma enigma
enigmatycznie obliquely
enigmatyczny enigmatic
enklawa enclave
en masse en masse
Ententa the Triple Entente
Enter (klawisz) ~ return[2]
entuzjast-a/ka enthusiast, nut, devotee
entuzjastycznie enthusiastically
entuzjastyczny enthusiastic, exuberant, ebullient; mało ~ lukewarm
entuzjazm enthusiasm, zest, exuberance; być pełnym entuzjazmu **bubble**[2] (over) with confidence/enthusiasm, etc; przypływ entuzjazmu a **wave**[2] of enthusiasm; pozbawiony entuzjazmu flat[2]

enty (*któryś*) umpteenth
enzym enzyme
eoliczny aeolian
epicentrum epicentre
epicki epic
epidemia epidemic, outbreak
e-pieniądz e-cash
epifit epiphyte
epilepsja epilepsy
epileptyczny epileptic
epilepty-k/czka epileptic
epilog epilogue
epitafium epitaph
epizod episode
epizodyczny epizodyczna rola cameo
epoka age[1], epoch, era; wyprzedzać epokę be ahead of your **time**[1]
epos epic
era era
erekcja erection
ergonomiczny ergonomic
erodować erode
erotycznie erotically
erotyczny erotic
erozja erosion; ulegać erozji erode
erytrocyt red blood cell, erythrocyte
Escape (klawisz) ~ escape (key)
esej essay
esencja essence; (*olejek*) essential oil; ~ *czegoś* the **gist** of sth
eskadra squadron
eskalacja escalation
eskapada escapade
eskapistyczny escapist
eskapizm escapism
Eskimos/ka Inuit, Eskimo
Eskimosi Inuit
eskorta escort[1]
espresso kawa ~ espresso
establishment the Establishment
ester ester
estetycznie aesthetically, esthetically
estetyczny aesthetic, esthetic
estetyka aesthetics, esthetics
estradowy stand-up; artyst-a/ka estradow-y/a entertainer
estrogen estrogen, oestrogen
estyma esteem
ESW (= *Europejski System Walutowy*) the EMS
etan ethane
etanol ethanol
etap stage[1]; (*podróży*) leg
etat (wolny) ~ opening[1], vacancy; na niepełny ~ part-time; na pełny ~ full-time, on a full-time **basis**
etatowy in **residence**
eterycznie ethereally
eteryczny ethereal; olejek ~ essential oil
etiologia aetiology
etniczny ethnic
etos ethos
etycznie ethically
etyczny ethical
etyka ethics, ethic
etykieta (*etykietka*) label[1]; (*zwyczaje*) etiquette
etykietka label[1]
etykietować label[2]
etylen ethylene
etymologia etymology
etymologicznie etymologically
etymologiczny etymological
eufemistycznie euphemistically
eufemistyczny euphemistic
eufemizm euphemism
euforia euphoria
euforyczny euphoric
euro euro
euro-, Euro- Euro-
Europa ~ kontynentalna the Continent
Europej-czyk/ka European
europejski European; Unia Europejska the European Union
europoseł MEP
eutanazja euthanasia
eutrofizacja eutrophication
ewakuacja evacuation
ewakuacyjny wyjście ewakuacyjne fire escape
ewakuować evacuate
ewakuowan-y/a evacuee; osoba ewakuowana evacuee
ewangelia gospel
ewangelicki evangelical
ewangeliczny evangelical
ewentualnie alternatively, possibly
ewentualność possibility, contingency
ewidentnie blatantly, patently
ewidentny blatant, palpable; ewidentn-e/a kłamstwo/bzdura **patent**[2] lie/nonsense
ewolucja evolution
ewolucyjny evolutionary
ewoluować evolve
exodus exodus

F

fabrycznie ~ nowy brand new
fabryka factory
fabrykacja fabrication
fabrykować fabricate
fabularny film ~ feature film
fabuła plot[1]
facet/ka thingy, thing
facet bloke, chap, dude, fella, geezer, guy
fach trade[1]
fachowo professionally, expertly
fachowość competence, workmanship
fachowy professional[1], expert[2], technical
fagocyt phagocyte
fagot bassoon
Fahrenheit skala Fahrenheita Fahrenheit; stopień Fahrenheita Fahrenheit
fair ~ play fair **play**[2], sportsmanship; gra ~ fair **play**[2]
fajerwerk firework
fajka pipe[1]; (*papieros*) fag; ~ (do nurkowania) snorkel[1]
fajnie wyglądać ~ **look**[1] nice
fajny fun[2]
faks fax[1]
faksować fax[2]
fakt fact; ~ ogólnie znany **common**[1] knowledge; fakty fact; literatura faktu nonfiction; oparty na faktach factual; skojarzyć fakty put **two** and two together; wiedza po fakcie hindsight
faktoring factoring
faktura (*rachunek*) invoice[1]; (*powierzchnia*) texture, the **grain**; wystawiać fakturę invoice[2]
faktycznie actually, effectively
faktyczny actual, effective
fakultatywny discretionary
fala wave[2], tide[1], ripple[2], swell[2]; (*uczuć*) outpouring, overflow; ~ kontrowersji/protestów *itp.* a **storm**[1] of controversy/protest, etc; ~ nienawiści a **wave**[2] of hatred; ~ pływowa tidal wave; ~ podłużna longitudinal wave; ~ poprzeczna transverse wave; ~ radiowa radio wave; ~ upałów heatwave; ~ wypadków/przestępczości/kradzieży *itp.* a **spate** of accidents/crimes/thefts, etc; być na fali be on a **roll**[2]; długość fali wavelength; grzbiet fal surf[2]; nadawać na tych samych falach be on the same **wavelength**; nowa ~ new wave
falbanka frill; z falbankami frilly
falisty wavy; (*blacha*) corrugated; papużka falista budgerigar, budgie
falochron sea wall
falować ripple[1], wave[1], heave
falowanie swell[2]
falstart false start
falsyfikat fake[2], forgery
falujący undulating
fałd przysiąść fałdów knuckle down
fałda fold[2]
fałdka wrinkle
fałsz falsehood
fałszerstwo forgery
fałszować forge[1], falsify, rig[1], doctor[2], fiddle[1]
fałszujący out of **tune**[1]
fałszywie falsely, fraudulently
fałszywy fake[1], false, counterfeit, fraudulent, spurious, phoney[1], bogus, dud; ~ alarm false alarm; pod fałszywym pretekstem under false **pretence**s
fan/ka fan[1]
fanatyczny fanatical, bigoted
fanaty-k/czka fanatic, bigot
fanatyzm fanaticism, bigotry
fanfara fanfare
fanklub fan club
fantastycznie fabulously, terrifically
fantastyczny fantastic, fabulous, terrific, fanciful
fantastyka ~ naukowa science fiction
fantazja fantasy, make-believe; mieć fantazje fantasize
fantazyjny fancy[2]
fantom phantom[1]
fantomowy (*ból*) phantom[2]
fantowy loteria fantowa raffle
farad farad
faraon pharaoh
farba paint[1], dye[1]; ~ akrylowa acrylic; ~ emulsyjna emulsion

farbować dye², tint²; (*puszczać kolor*) run¹
farbowany tinted
farma farm¹
farmaceut-a/ka pharmacist
farmaceutyczny pharmaceutical; środki farmaceutyczne pharmaceuticals
farmaceutyki pharmaceuticals
farmacja pharmacy
farmer/ka farmer
farsa farce; być farsą be a **joke**¹
farsz stuffing
fartuch jumper
fartuszek apron, pinafore
fasada facade, front¹; ~ *czegoś* a **veneer** of sth
fascynacja fascination
fascynować fascinate
fascynujący fascinating, gripping, riveting, compulsive, enthralling
fasola bean
fasolka bean; ~ szparagowa runner bean; ~ w sosie pomidorowym baked beans
fason *zrobić coś* z fasonem do sth in **style**¹
fastrygować tack²
faszerować stuff²; ~ *kogoś czymś* ply sb with sth
faszyst-a/ka fascist
faszystowski fascist
faszyzm fascism, Fascism
fatalistyczny fatalistic
fatalizm fatalism
fatalnie terribly
fatalny disastrous, fatal
fatum jinx, doom
fatygować ~ *kogoś* put sb out; ~ się bother¹
faul foul³
faulować foul²
fauna fauna
faworyt/ka favourite², front-runner
faworyzować favour²
faza phase¹, stage¹
federacja federation
federalist-a/ka federalist
federalizm federalism
federalny federal
feeria ~ barw/świateł a **blaze**² of colour/lights etc
felietonist-a/ka columnist
feminist-a/ka feminist
feministyczny feminist
feminizm feminism
fenomenalnie phenomenally
fenomenalny phenomenal
fenotyp phenotype
ferie ~ (śródsemestralne) half-term
ferment ferment²
fermentacja fermentation; poddawać fermentacji ferment¹
fermentować ferment¹
feromon pheromone
ferromagnetyczny ferromagnetic
ferromagnetyzm ferromagnetism
festiwal festival; ~ piwa/filmowy/jazzowy *itp.* a beer/film/jazz, etc **fest**
festyn fête; ~ piwa/filmowy/jazzowy *itp.* a beer/film/jazz, etc **fest**
feta extravaganza, fête, jamboree, blowout
fetować fête
fetysz fetish
feudalizm feudalism
feudalny feudal
fiasko fiasco, non-starter
fibryna fibrin
fibrynogen fibrinogen
fielder fielder
figa fig
figiel caper; figle mischief, romp
figlarnie mischievously
figlarny mischievous
figura figure¹; ~ retoryczna figure of speech; pełna ~ a **full**¹ figure
figuralny figurative
figurować figure²
fikać ~ koziołki somersault
fikcja fiction, sham
fikcyjny fictitious, fictional
fikołek somersault
-fil -phile
filantrop/ka philanthropist
filar pillar, backbone, centrepiece, cornerstone, bedrock; ~ *czegoś* a **pillar** of sth
filc felt¹
filet filet, fillet
filetować bone²
filia subsidiary
filigranowy petite
filiżanka cup¹; ~ do herbaty teacup
film film¹, movie, picture¹, release², video; ~ dokumentalny documentary; ~ fabularny feature film; ~ krótkometrażowy short³; ~ sensacyjny mystery¹; ~ z ukrytej kamery /. z życia a **fly**²-on-the-wall documentary/film; babski ~ chick flick; pełnometrażowy ~ a **full-length** film
filmik video clip
filmować film², shoot¹, video
filmowiec film-maker
filmowy gwiazda filmowa film star, movie star; wytwórnia filmowa studio
filologia ~ klasyczna classics
filozof philosopher
filozofia philosophy
filozoficznie philosophically
filozoficzny philosophical
filtr filter²; krem /. emulsja z filtrem UV sunscreen, sunblock
filtracja filtration
filtrat filtrate
filtrować filter¹
finalist-a/ka finalist, qualifier; lista finalistów shortlist
finalizować finalize
finał final², finale
finanse finance¹; *czyjeś* ~ sb's **finance**¹s; ministerstwo finansów treasury
finansować finance², fund
finansowo financially; wspomagać ~ endow
finansowy financial; pomoc finansowa bailout; rok ~ the financial **year**
finisz finish²
fiolet purple, violet
fioletowy purple
fiołek violet
firewall firewall
firma business, company, establishment, firm², operation, outfit¹; ~ czarterowa a **charter**³ company; ~ fonograficzna record label; ~ jednoosobowa sole trader; (dobrze) prosperująca ~ going concern; na koszt firmy on the **house**¹; Panorama Firm the Yellow Pages
firmowy proprietary; nazwa firmowa brand name; sklep ~ outlet; znak ~ logo
fiskalny fiscal; rok ~ fiscal year
fitness klub ~ gym
fizjologia physiology
fizjologiczny physiological
fizycznie physically
fizyczny physical¹, bodily¹; (*praca*) manual¹, blue-collar; aktywność fizyczna exercise¹; wychowanie fizyczne **game**¹s
fizy-k/czka physicist
fizyka physics
fizykoterapeut-a/ka physical therapist, physiotherapist
fizykoterapia physical therapy, physiotherapy
flaczeć slacken
flaga flag¹; ~ brytyjska Union Jack
flaming flamingo
flanela flannel
flara flare²
flegma phlegm
flegmatyczny phlegmatic
fleksja inflection
fleksodruk flexography
fleksografia flexography
flesz flash²
flet flute; ~ prosty recorder
flircia-rz/rka flirt²
flirt flirtation
flirtować flirt¹
flora flora
flota fleet; ~ wojenna the Navy
fluktuacja fluctuation, blip; ~ kadrowa turnover
fluktuować fluctuate
fluor fluoride
fluorek fluoride
fluorescencyjny fluorescent
fluorowęglowodór hydrofluorocarbon, HFC
fluorowiec halogen
FM FM
-fob -phobe
fobia phobia
fochy nonsense; stroić ~ make a **nuisance** of yourself
foka seal¹
folder folder, directory
folia foil¹, wrapper; ~ aluminiowa tinfoil; ~ do żywności clingfilm, plastic wrap; ~ zabezpieczająca seal¹
folk folk¹; muzyka ~ folk music

folkowy muzyka folkowa folk music
fonetycznie phonetically
fonetyczny phonetic; alfabet ~ IPA IPA
fonetyka phonetics
fonograficzny firma fonograficzna record label
fontanna fountain
forhend forehand
forma (*postać*) form[1], format[1], mode; (*kondycja*) fitness; (*odlewnicza*) mould[1]; ~ *czegoś* the **form**[1] of sth; ~ ciągła (czasownika) the continuous, the progressive; ~ (czasu) future perfect the future perfect; ~ niedokonana the imperfect; ~ przyszła the **future**[1]; ~ pytająca interrogative; ~ rozkazująca imperative[2]; ~ ściągnięta contraction; być w formie/nie w formie be in/on/off **form**[1]; nie w formie out of **shape**[1]; trzymać formę keep in **shape**[1]; w dobrej formie fit[2]; w dobrej/złej/świetnej *itp.* formie in good/bad/great, etc **shape**[1]; w obecnej formie as it **stand**[1]s; w słabej formie unfit
formacja formation
formalnie formally, nominally; ~ (rzecz biorąc) technically
formalność formality; formalności paperwork
formalny formal, nominal; z formalnego punktu widzenia technically
format format[1]
formatować format[2]
formować shape[2], mould[2]; ~ (się) form[2]
formowanie ~ rozdmuchowe blow moulding; ~ tłoczne compression moulding; ~ wtryskowe injection moulding
formularz form[1]; ~ (podania /. wniosku) application form
formułować formulate, word[2], phrase[2], frame[2]
forsa mieć forsy jak lodu be **roll**[1]ing in it; spać na forsie be **roll**[1]ing in it
forsować ~ kwestię **press**[1] a case/ claim
forsowny strenuous
fort fort
forteca fortress
fortepian grand piano, piano
fortuna fortune
fortyfikacje fortifications
fortyfikować fortify
forum forum, message board; przemawiać na ~ address[2]
fosfat phosphate
fosfor phosphorus
fosforan phosphate
fosforyzujący phosphorescent, luminous
fotel armchair, seat[1]
fotka snap[2]
fotochemiczny photochemical
fotogeniczny photogenic
fotograf photographer
fotografia (*zdjęcie*) photograph[1]; (*technika*) photography
fotograficzny photographic
fotografować photograph[2], snap[1]
fotokomórka photoelectric cell
fotometr photometer
fotometria photometry
fotosynteza photosynthesis
fototropizm phototropism
foyer foyer
frachtowiec freighter
fragment fragment[1], extract[2], passage, excerpt, patch[1]
fragmentaryczny patchy
frajda kick[2]
frajer/ka sucker, nerd, mug[1]
frajerski nerdy
frak tailcoat, tails
frakcja faction; walczące frakcje **warring** factions
francuski klucz ~ wrench[2]; mówić po francusku **speak** French
francuz wrench[2]
franszyzobiorca franchisee
frazes platitude, mantra
freeware (oprogramowanie /. programy) ~ freeware
fregata frigate
frekwencja turnout, attendance
freon chlorofluorocarbon
fretka ferret[1]
frędzel tassel; frędzle fringe[1]
front the **front**[1], the front line; ~ wewnętrzny the home front; linia frontu the front line
frontalny ~ atak a **frontal** attack/ assault
frontowy front[2], frontal, front-line
fruktoza fructose
frustracja frustration, angst
frustrować frustrate
frustrujący frustrating
fruwać (*rozpryskiwać się*) spray[2]
frytka chip[1]; frytki french fries, fries
fryz frieze
fryzjer/ka hairdresser
fryzjer (*zakład*) **hairdresser**'s; ~ (męski) barber
fryzjerski zakład ~ **hairdresser**'s
fryzura haircut, cut[2], hairdo, hairstyle
fu ugh, yuck
fuj ugh, yuck
fuks fluke
fuleren fullerene; ~ Buckminstera buckminsterfullerene
funciak quid
fundacja foundation
fundament **foundation**s; fundamenty **foundation**s
fundamentalist-a/ka fundamentalist
fundamentalistyczny fundamentalist
fundamentalizm fundamentalism
fundusz fund; fundusze **fund**s, finance[1], funding, coffers
funk (muzyka) ~ funk
funkcja function[1], facility, capacity; ~ odwrotna inverse function; spełniać funkcję **fulfil** a function; spełniać równocześnie funkcję *czegoś* double (up) as sth
funkcjonalny functional, utilitarian
funkcjonariusz/ka officer
funkcjonować function[2], be **up**[2] and running; dobrze/źle *itp.* ~ **perform** well/badly, etc
funkcjonowanie ~ *czegoś* the **workings** of sth
funkowy funky
funt quid; ~ (szterling) pound[1]; ~ szterling /. brytyjski sterling; ~ (wagi) pound[1]
furgonetka pickup, van
furmanka cart[1]
furora robić furorę be all the **rage**[1]; zrobić furorę make a **splash**[2]
furtka gate; zostawić sobie furtkę keep/leave your **option**s open
fusy dregs
fuszerka cock-up
futbol ~ amerykański American football, football
futbolist-a/ka footballer
futerkowy furry
futro fur
futrzany furry
futurystyczny futuristic
fuzja merger, fusion; ~ konglomeratowa conglomerate merger; ~ pionowa vertical merger; ~ pozioma horizontal merger, lateral merger

G

g (*gram*) g, gm
gabinet (*lekarski*) surgery; (*rząd*) the Cabinet; (*pokój*) study[2]; ~ lekarski infirmary; ~ owalny the Oval Office
gad reptile
gadać go on, keep on; ~ do *kogoś* jak najęty talk at sb; dużo ~ (mało robić) be all **talk**[2] (and no action)
gadatliwy talkative, loquacious
gadka chat[2]
gadzi reptilian
gadżet gimmick
gafa blunder[1], boob, gaffe
gag gag[2]
gaj grove
gala gala
galaktyka galaxy
galaretka jelly, Jell-O
galeria gallery
galon gallon
galop gallop; brać *kogoś* do galopu keep sb on their **toe**[1]s
galopować gallop
galwanizować electroplate
gałązka twig, sprig
gałąź bough, branch[1]
gałka knob; (*lodów*) scoop[2]; ~ oczna eyeball
gama array, gamut; (*muzyczna*) scale[1]
gameta gamete
gamma-globulina gamma globulin
ganek porch
gang gang[1]
gangrena gangrene
gangster gangster
ganić rebuke

gap onlooker
gapa pasażer/ka na gapę stowaway
gapić ~ się leer, gape, gawp
garaż garage
garb hump, slouch[2]
garbić ~ się hunch[2], slouch[1]
garbować tan
garbus/ka hunchback
garderoba dressing room, wardrobe; część garderoby garment
gardło throat, pharynx; płukać ~ gargle; podchodzić do gardła churn[1]; wąskie ~ bottleneck, hold-up
gardzić despise, scorn
garncarski pracownia garncarska pottery; wyroby garncarskie pottery
garncarstwo pottery
garnca-rz/rka potter[1]
garnek pot[1]; ~ do gotowania na parze steamer
garni garnish
garnirować garnish
garnitur suit[1]
garnizon garrison
garstka ~ *czegoś* a **handful** of sth
garść handful; brać się w ~ pull yourself together; wziąć się w ~ get a **grip**[1] (on yourself)
gasić extinguish
gasnąć go out, fade
gastronomiczny gastronomic
gaśnica fire extinguisher, extinguisher
gatunek (*towaru*) sort[1]; (*literacki*) genre; (*biologiczny*) species; gatunki zagrożone wymarciem **endangered** species; towar drugiego gatunku second[2]
gatunkowy (*luksusowy*) vintage[1]; (*właściwy dla gatunku*) generic
gawędziarski chatty
gaworzenie gurgle
gaworzyć gurgle
gawron rook
gaz gas[1]; (*paliwo*) LPG; (*w samochodzie*) the **gas**[1], accelerator, throttle[2]; (*w napoju*) fizz; ~ cieplarniany greenhouse gas; ~ łzawiący tear gas; ~ szlachetny noble gas; ~ ziemny natural gas; bez gazu (*napój*) flat[2]; dodawać gazu rev; pedał gazu accelerator, the **gas**[1], gas pedal; → **gazy**
gaza gauze
gazeta newspaper, paper[1]; bezpłatna ~ freesheet; poważna ~ broadsheet
gazetowy papier ~ newsprint
gazik swab
gazociąg gas **main**[2]
gazohol gasohol
gazowany carbonated, bubbly; napój ~ pop[2], soda; woda gazowana **sparkling** water
gazowy grzejnik /. piecyk ~ gas **fire**[1]; komora gazowa gas chamber; maska gazowa gas mask
gazy (*wzdęcie*) gas[1]
gaźnik carburettor
gąbczasty spongy
gąbka sponge, eraser
gąsiątko gosling
gąsienica caterpillar
gąszcz tangle[1]; ~ *czegoś* a **mass**[1] of sth
gdakać cluck
gdakanie cluck
gderać grouse[2]
gdy as; ~ (tylko) if[1]; ~ tylko as **soon** as, no **sooner** … than, immediately[2]; ~ tylko (jest to) możliwe **wherever**[1] possible; podczas ~ while[1], whereas
gdyby should, be[2]; jak ~ like[3]; nawet ~ **even**[2] if
gdzie where, wherein, whereabouts[1]; ~ (do diabła) wherever[2]; ~ indziej elsewhere; ~ tylko wherever[1]
gdziekolwiek anywhere, wherever[1]
gdzieś somewhere, anywhere, someplace; ~ około/między *itp.* **somewhere** around/between, etc
gehenna ordeal
gej gay[2]
gejowski gay[1]
gejzer geyser
gen gene
genealogiczny drzewo genealogiczne family tree
generacja generation; ~ *czegoś* a **crop**[1] of sth
generalny general[1]
generał general[2]
generator generator
genetycznie genetically; ~ modyfikowany genetically modified
genetyczny genetic; ~ odcisk palca genetic fingerprint; inżynieria genetyczna genetic engineering, genetic modification; kod ~ genetic code
genetyka genetics
genialnie ingeniously
genialność ~ *czegoś* the **beauty** of sth
genialny ingenious
genitalia genitals
geniusz genius, prodigy, whizzkid, wizard
genotyp genotype
geo- geo-
geodeta surveyor
geograf/ka geographer
geografia geography; ~ człowieka human geography
geograficznie geographically
geograficzny geographical; długość geograficzna longitude; szerokość geograficzna latitude
geolog geologist
geologia geology
geologiczny geological
geomagnetyczny geomagnetic
geometria geometry
geometryczny geometric; miejsce geometryczne locus
geomorficzny geomorphic
geotermalny geothermal
geotermiczny geothermal
geotropizm geotropism
gepard cheetah
geriatria geriatrics
geriatryczny geriatric
gest gesture[1]; przesadny ~ flourish[2]
gestia discretion
gestykulować gesticulate
getto ghetto
gęsi gęsia skórka goose pimples; przyprawiać *kogoś* o gęsią skórkę give sb the **creeps**
gęsiego in single **file**[1]; iść ~ **file**[2] along/into/through, etc
gęstnieć thicken
gęsto densely; ~ zaludniony populous
gęstość density
gęsty dense, thick[1]; (*masa*) stiff[1], creamy; być gęstym od *czegoś* be **thick**[1] with sth
gęś goose
gibki supple
giełda ~ (papierów wartościowych) the stock exchange; ~ rzeczy używanych car boot sale; premiera na giełdzie flotation, float[2]; wchodzić na giełdę float[1]; wprowadzać na giełdę float[1]
giętki supple
giga (*taniec*) jig
gigabajt gigabyte
gigant giant[2]
gigantyczny giant[1], gigantic, mammoth, towering
gilotyna guillotine
gimnastyczny sala gimnastyczna gym, gymnasium
gimnasty-k/czka gymnast
gimnastyka gymnastics, gym
gimnazjum middle school, junior high school
ginąć be **lost**[1], perish
ginekolog gynaecologist
ginekologia gynaecology
ginekologiczny gynaecological
gips cast[2], plaster[1]; być w gipsie be in **plaster**[1]; mieć *coś* w gipsie be in **plaster**[1]
gitara guitar; ~ basowa bass
gitarzyst-a/ka guitarist
glazura glaze[2]
glazurować glaze[1]
gleba ground[1], soil[1]
ględzić waffle[2], drone on, ramble
glicerol glycerol
glikogen glycogen
glina clay; (*policjant*) cop, copper; ~ lodowcowa boulder clay
gliniarz cop, copper
globalizacja globalization
globalnie globally
globalny global; globalne ocieplenie global warming; myślenie globalne **joined-up** thinking
globus globe
glon algae; glony algae
gloryfikować glorify
glosa gloss[1]
glosariusz glossary
glukagon glucagon
glukoza glucose
gluten gluten
gładki (*równy*) even[1], smooth[1]; (*bez wzoru*) plain[1]; (*cwany*) glib
gładko smoothly; iść ~ go **smoothly**

gładkość smoothness; stracić ~ roughen
głaskać pet[2], stroke[2]
głasnost glasnost
głaz boulder, rock[1]
głąb w ~ lądu inland[2]
głębia depth, depths; podziwiać/lubić *kogoś* w głębi duszy have a **sneaking** admiration/fondness for sb; w głębi duszy *l.* serca at **heart**, in your **heart**, **deep**[2] down
głębinowy abyssal
głęboki deep[1], profound, intense; ~ na metr/sześć stóp *itp.* one metre/6ft, etc **deep**[1]; ~ sen a **deep**[1] sleep; rzucić *kogoś* na głęboką wodę throw sb in at the deep **end**[1]; w głębokim śnie **sound**[4] asleep; wziąć ~ oddech take a **deep**[1] breath, breathe **deeply**
głęboko deeply, deep[2], profoundly; ~ zakorzeniony deep-seated; być ~ zakorzenionym go/run **deep**[2]; oddychać ~ breathe **deeply**; śpiący ~ **fast**[2] asleep
głębokość depth
głodnawy peckish
głodny hungry; ~ jak wilk starved, starving
głodować starve, go **hungry**
głodowy strajk ~ hunger strike
głodówka hunger strike
głodzić starve
głos voice[1]; (*odgłos*) sound[1]; (*w głosowaniu*) vote[2]; ~ wstrzymujący abstention; miażdżącą większością głosów overwhelmingly; na ~ aloud, out **loud**[2]; na cały ~ at the **top**[1] of your voice; oddać ~ **cast**[1] a/your vote; podnosić ~ **raise**[1] your voice; przewaga głosów majority; słyszeć głosy be hearing **things**; śpiewać na głosy harmonize; tracić ~ lose your **voice**[1]; wstrzymać się od głosu abstain; wstrzymanie się od głosu abstention
głosować vote[1]
głosowanie vote[2]; (tajne) ~ ballot[1]; przeprowadzać ~ wśród ballot[2]
głosowy poczta głosowa voice mail; struny głosowe vocal chords
głośnia glottis
głośnik speaker, loudspeaker
głośno loudly, loud[2]; (*mówić*) aloud, out **loud**[2]; (*hałaśliwie*) noisily; mówić głośniej speak up
głośnomówiący hands free
głośność volume; maksymalna ~ **full**[1] volume
głośny loud[1], vociferous; (*słynny*) high-profile
głowa head[1]; (*umysł*) mind[1]; ~ (na karku) **brains**; ból głowy headache; dach nad głową a **roof** over your head; do głowy by *coś* człowiekowi nie przyszło wouldn't **dream**[2] of doing sth; kręcić głową **shake**[1] your head; kręcić się w głowie be **dizzy**, be **giddy**; mieć *kogoś/coś* na głowie be **stuck**[1] with sb/sth, be lumbered with sb/sth; mieć *coś* na głowie have sth on your **mind**[1]; mieć *coś* (już) z głowy get sth out of the **way**[1], get sth **over**[2] (and done) with; mieć *czymś* zaprzątniętą głowę have sth on the **brain**; mieć pustkę w głowie go **blank**[1]; na głowę per capita; 10 funtów/6 dolarów *itp.* na głowę £10/$6, etc a **head**[1]; na głowie in **tow**[2]; nie tracić głowy keep your **head**[1]; postawić *coś* na głowie turn sth upside down; postawiony na głowie topsy-turvy; przychodzić *komuś* do głowy occur to sb; przychodzić do głowy come/spring to **mind**[1], strike[1]; przyprawiać *kogoś* o ból głowy muddle sb (up); przyprawiający o zawroty głowy giddy; rwać sobie włosy z głowy pull/tear your **hair** out; silny ból głowy splitting headache; skakać *komuś* po głowie **walk**[1] all over sb; stać *komuś* nad głową be breathing down sb's **neck**; stawać na głowie bend over **backwards**; stracić głowę dla *kogoś* fall for sb; suszyć *komuś* głowę have a **go**[2] at sb; to się nie mieści w głowie the mind **boggle**s; tracić głowę lose your **head**[1]; uderzyć *komuś* do głowy go to your **head**[1]; walić głową w mur be banging your **head**[1] against a brick wall; wbijać *coś komuś* do głowy hammer sth into sb; wylecieć z głowy slip your **mind**[1]; z głowy off the **cuff**, offhand[2]; zachodzić w głowę **rack**[2] your brain/brains; zawracać *komuś* głowę mess sb about/around; zawracać głowę bother[1], hassle[2]; zawracanie głowy hassle[1]; zawroty głowy vertigo; zwalić coś *komuś* na głowę land sb with sth; zwiesić głowę (ze wstydu) hang your **head**[1] (in shame)
głowica ~ (bojowa) warhead
głowić ~ się nad *czymś* puzzle over sth
głowonóg cephalopod
głód hunger, starvation, famine; ~ (narkotykowy) withdrawal; ~ *czegoś* a **thirst** for sth; klęska głodu famine; umierający z głodu starving
główka uderzenie z główki a head **butt**[1]; uderzyć z główki butt[2]
główkować (*piłkę*) head[2]
głównie mainly, mostly, primarily, principally, chiefly
główny main[1], principal[1], chief[1], central, premier[2], prime[1], lead[3], mainstream; ~ nurt the **mainstream**; ~ punkt keynote; droga główna trunk road; główna część body; główna rola lead[2]; główna ulica high street; główna wygrana jackpot; kwatera główna headquarters; liczebnik ~ cardinal number; obóz ~ base camp
głuchota deafness
głuchy deaf; (*cisza*) stony; (*dźwięk*) dull[1]; być głuchym na *coś* be **deaf** to sth
głupek dummy[1], prat; wyjść na głupka have **egg**[1] on your face
głupi silly, foolish, stupid, daft, dumb, crass; wyglądać jak ~ stick/stand out like a sore **thumb**[1]
głupiec fool[1]
głupio foolishly, stupidly
głupkowaty goofy
głupota foolishness, silliness, stupidity
głupoty silliness
gmach edifice
gmerać fumble
gmina Izba Gmin the Commons, House of Commons; szeregowy członek Izby Gmin a **backbench** MP/politician, etc, backbencher
GMT (czas) ~ GMT
gnać **race**[2] along/down/over, etc
gnejs gneiss
gnębiciel/ka oppressor
gnębić dog[2], oppress, pester; ~ *kogoś* nag (away) at sb
gniazdko (*elektryczne*) the mains, outlet, socket; (*posadka*) niche; wyłączyć z gniazdka unplug
gniazdo (*ptasie*) nest[1]; (*elektryczne*) socket; zakładać ~ nest[2]
gniazdować nest[2]
gnicie decay
gnić decay, rot[1]; ~ w *czymś* **languish** at/in, etc sth
gnieść mash
gniew anger[1], wrath
gnieździć ~ się nest[2]
gnojek punk
gnój dung
go him
gobelin tapestry
godło emblem
godność dignity; poniżej godności beneath[1]
godny dignified, worthy; ~ pochwały commendable, praiseworthy; ~ podziwu admirable; ~ pogardy *l.* potępienia contemptible; ~ pozazdroszczenia enviable; ~ ubolewania deplorable, regrettable; ~ uwagi notable, noteworthy; ~ uznania creditable; ~ zaufania dependable, reliable, trustworthy; pożałowania ~ lamentable
godowy w okresie godowym in **season**[1]
gody złote ~ golden wedding
godz. hr
godzić (*obowiązki*) juggle; ~ się assent; ~ się na *coś* agree with sth
godzina (*czas*) time[1]; (*60 minut*) hour; ~ (lekcyjna) period; 24 godziny na dobę around/round the **clock**[1]; ~ *l.* godziny szczytu rush hour; ~ policyjna curfew; godziny urzędowania office hours; całymi godzinami for hours on **end**[1]; co godzinę hourly; pełna *l.* równa ~ the **hour**; po godzinach overtime; wczesne godziny poranne the early/small **hour**s; za godzinę (*stawka*) hourly
godzinowy hourly
gofr waffle[1]

gogle goggles
goić ~ (się) heal
gokart go-cart, go-kart
golarka razor, shaver
golenie shave²; maszynka do golenia razor, shaver; płyn /. woda po goleniu aftershave
goleń shin
golf (*gra*) golf; (*sweter*) polo neck, turtleneck; gracz w golfa golfer; kij do golfa golf club
golfowy klub ~ golf club
golić ~ (się) shave¹
gołąb pigeon, dove¹
goły bare¹; (*bez grosza*) hard up; gołym okiem with the **naked** eye; gołymi rękami with your bare **hand**¹s; pod gołym niebem in **the open**, outdoor
gong gong
gonić chase¹
gonitwa rush²
gończy pies ~ hound¹
gorąco (*żar*) heat¹
gorący hot¹, blazing; (*czuły*) warm¹; (*moment*) hairy; (bardzo) ~ red-hot; ~ temat a **hot**¹ issue/topic; gorąca dyskusja/debata *itp.* a **heated** argument/debate, etc; gorąca linia hotline; na gorącym uczynku (jak …) in the **act**² (of doing sth); złapać *kogoś* na gorącym uczynku catch sb **red-handed**; strasznie ~ boiling
gorączka fever; mieć gorączkę have a **temperature**
gorączkowo feverishly, frantically
gorączkowy feverish, frantic, hectic, frenetic, busy¹
gorączkujący feverish
gorliwie assiduously, avidly
gorliwy assiduous
gorset corset
gorszy worse¹, inferior¹; być w gorszej sytuacji lose out; czuć się gorszym feel **small**¹; ktoś ~ inferior²; w gorszej sytuacji worse off; zmieniać się na gorsze take a **turn**² for the worse
gorycz bitterness
goryl gorilla
gorzej worse³; ~ niż zwykle below **par**
gorzki bitter¹, unpalatable; (*uwaga*) wry
gorzko bitterly, wryly
gospel muzyka ~ gospel
gospoda inn
gospodarczo economically
gospodarczy economic; ład ~ economic **order**¹; wydział do spraw przestępstw gospodarczych fraud **squad**
gospodarka economy; ~ mieszana mixed economy; ~ planowa planned economy
gospodarować oszczędnie *czymś* ~ eke sth out
gospodarstwo farm¹; ~ (domowe) household¹; ~ (rolne) homestead; mieć ~ farm²
gospod-arz/yni ~ programu compère
gospodarz host¹, landlord; (*klasy*) prefect; być gospodarzem host²; gospodarzy (*drużyna*) home³
gospodyni hostess, landlady; ~ domowa housewife
gosposia housekeeper
gościnność nadużywać *czyjejś* gościnności outstay/overstay your **welcome**⁴
gościnny hospitable
gość guest, visitor, caller; (*restauracji*) patron, diner; (*pensjonatu*) boarder; (*facet*) dude, chap, fellow¹, thingy; nieproszony ~ gatecrasher
gotować cook¹, boil¹, poach, stew; ~ w kuchence mikrofalowej microwave²; ~ na parze steam²; ~ (się) na wolnym ogniu simmer; ~ się cook¹; (*ze złości*) smoulder; ~ się ze złości fume
gotowanie cooking; garnek do gotowania na parze steamer
gotowany cooked
gotowość readiness; być w gotowości stand by, be on **standby**, be waiting in **the wings**
gotowy ready; (*w gotowości*) prepared, poised, good to go; (*zakończony*) done¹, complete¹, finished; (*chętny*) game²; (*wstępnie przetworzony*) ready-made; ~ (do działania) poised; ~ do rozmowy **open**¹ to discussion; ~ na *coś* /. do *czegoś* **ripe** for sth; być gotowym be all **set**³; być gotowym *coś zrobić* be **ready** to do sth; być gotowym do *czegoś* be **willing** to do sth; być gotowym do *czegoś* /. na *coś* be **prepared** to do sth; Na miejsca, gotowi, start! On your **mark**¹s. Get set. Go!
gotówka cash¹, hard cash; ~ w kasie float; nieoczekiwany przypływ gotówki windfall; przepływ gotówki cashflow
goździk (*kwiat*) carnation; (*przyprawa*) clove
góra (*górna część*) top¹; (*wzniesienie*) mountain; (*w nazwach*) Mount; ~ lodowa iceberg; brać górę nad *kimś* get the **better**³ of sb; być wierzchołkiem góry lodowej be the **tip**¹ of the iceberg; do góry up¹, upward, upwards; (*po schodach*) upstairs; do góry nogami upside down; górą over¹; na /. w górze overhead; na górę (*po schodach*) upstairs; na górze (*po schodach*) upstairs; na/w górze up¹; od góry do dołu from **top**¹ to bottom; patrzeć na *kogoś* z góry look down on sb; (płatny) z góry upfront¹; pod /. w górę uphill²; przewrócić *coś* do góry nogami turn sth upside down; skoczyć w górę rocket²; traktować *kogoś* z góry talk down to sb; w górę up¹, upward, upwards; w górę rzeki upstream; z góry in **advance**¹, upfront², beforehand; (*płatność*) advance³; z góry *coś* zakładać take it for **grant**¹ed; z góry przyjęty preconceived; z góry ustalony predetermined; → **góry**
górka z górki downhill¹; być z górki be all **downhill**²; be downhill all the way
górnictwo mining
górnik miner
górny top², upper; górna granica the **upper** limit
górować ~ nad *kimś/czymś* **tower**² over/above sb/sth
górski highland, upland; kolejka górska (*w wesołym miasteczku*) roller coaster; rower ~ mountain bike
góry highlands; → **góra**
górzysty hilly, mountainous
gówniany crap²
gówniarz punk
gówno shit², crap¹
gra game¹, play²; ~ fair fair **play**²; ~ planszowa board game; ~ podwójna doubles; ~ pojedyncza singles; ~ słów pun, a **play**² on words; ~ wideo /. telewizyjna video game; salon gier arcade; usuwać *kogoś* z gry send sb off; wyeliminowany /. usunięty z gry out¹; wyłączony z gry out of **action**
grabić rake²
grabie rake¹
grabież plunder
gracja grace¹, poise
gracz player, gamer; ~ (giełdowy) trader; ~ (hazardowy) punter; ~ na polu zewnętrznym (*w baseballu*) outfielder; ~ w golfa golfer; ~ w krykieta cricketer; nałogowy /. notoryczny ~ a **compulsive** gambler
grać play¹; (*przedstawiać*) act¹, enact, portray, show¹; ~ *coś* ze słuchu play sth by **ear**; ~ *komuś* na nerwach get on sb's **nerves**, get up sb's **nose**¹; ~ (główną rolę) w star²; ~ główne role co-star²; ~ na *czymś* play on sth; ~ na czas play for **time**¹; ~ na ulicy busk; ~ w otwarte karty put/lay your **card**s on the table
grad hail¹; ~ *czegoś* a **shower**¹ of sth, a **barrage** of sth; ~ kul/kamieni/butelek *itp.* a **hail**¹ of bullets/stones/bottles, etc; ~ wyzwisk/narzekań *itp.* a **volley**¹ of abuse/complaints, etc; pada ~ it **hail**²s
graffiti graffiti
graficzny interfejs ~ graphical user interface, GUI; karta graficzna graphics card
grafik roster, rota
grafika graphics, artwork, imaging, graphic; ~ komputerowa CGI; ~ użytkowa graphic design
grafit graphite
grający szafa grająca jukebox
grajek uliczny ~ busker
gram (*masy*) gram, gramme
gramatura grammage
gramatycznie grammatically
gramatyczny grammatical
gramatyka grammar
gramofon record player, gramophone
granat (*broń*) grenade; (*kolor*) navy

granatowy (kolor) ~ navy
granica border[1], borderline[2], boundary, frontier, line[1]; (*ograniczenie*) limit[1]; (*styk*) interface[1]; ~ wytrzymałości breaking point; górna ~ the **upper** limit; granice bounds, confines; granice *czegoś* the **frontier**s of sth; przekroczyć dopuszczalną granicę **overstep** the mark; w granicach rozsądku within **reason**[1], within **limit**[1]s; za granicą abroad, overseas; za granicę abroad, overseas
graniczny borderline[1]
graniczyć ~ z border[2]; ~ z *czymś* border on sth, verge on sth
granit granite
grant grant[2]
granulka granule
granulowany granulated
grany (*film*) on[2]; → **grać**
grań arete
grasować be on the **prowl**[2]; ~ (po) prowl[1]
gratulacje congratulations
gratulować congratulate
graty junk
grawer engraver
grawerować engrave
grawitacja gravity
grawitacyjny gravitational; pole grawitacyjne a gravitational **field**[1]
grdyka Adam's apple
grecki Greek
Greenwich czas ~ GMT
grejfrut grapefruit
gręplowanie carding; machine carding
gril barbecue[1], grill[1]
grilować barbecue[2], grill[2]
grobla dike, dyke; droga na grobli causeway
grobowiec tomb, vault[1]
groch pea
grom jak ~ z jasnego nieba in/from/ out of left field
gromada cluster[1], troop[1]
gromadzić amass, accumulate, assemble, gather, hoard, stockpile, mass[3]; ~ się accumulate, assemble, gather, congregate, mass[3]; ~ się (wokół) **cluster**[2] around/round/ together, etc
gromki tumultuous
grono ~ nauczycielskie the **faculty**; ~ zaufanych inner circle
grosz pittance; bez grosza (przy duszy) penniless; być bez grosza be **broke**[1]; co do grosza every **penny**; marny ~ pittance; wtrącać swoje trzy grosze stick/put your **oar** in
groszek pea
grota grotto
groteskowo grotesquely
groteskowy grotesque
groza horror; budzący grozę formidable
grozić threaten; (*palcem*) wag; ~ *komuś* pistoletem/nożem *itp.* **pull**[1] a gun/knife, etc on sb
groźba threat, menace[1]
groźnie threateningly
groźny threatening, forbidding, menacing, mean[2]; (*przeciwnik*) mighty[1]; (*choroba*) virulent; ~ dla życia life-threatening
grób grave[1], tomb
grubo thickly
gruboskórny thick-skinned
gruboskórzec pachyderm
grubość thickness; (o) grubości 10cm/ 2m *itp.* 10cm/2m, etc **thick**[1]
gruby thick[1], fat[1]; krótki i ~ stubby; za ~ overweight; gruba ryba fat cat, heavyweight
gruchać coo
gruczoł gland; ~ łojowy sebaceous gland; ~ potowy sweat gland; ~ wydzielania wewnętrznego / dokrewny endocrine gland
grudka lump[1]
grudkowaty lumpy
grudz. (*grudzień*) Dec.
grudzień December
grunt land[1], ground[1]; podatny ~ (na *coś*) **fertile** ground (for sth); przygotować ~ pod *coś* set the **stage**[1] for sth
gruntownie to the **hilt**
gruntowny sweeping, full-scale, thorough; gruntowna znajomość *czegoś* an **intimate**[1] knowledge/ understanding of sth
grupa group[1], party[1], team[1], flock[1], batch, cluster[1], body, lot; (*muzyczna*) band[1]; (*przyjaciół*) network[1]; ~ krwi blood group, blood type, the ABO system; ~ (muzyczna) ensemble; ~ nacisku pressure group, lobby[1]; ~ newsowa / dyskusyjna newsgroup, discussion group; ~ robocza task force; ~ rówieśnicza peer group; ~ tematyczna / problemowa focus group; ~ użytkowników user group; ~ wiekowa age group; nacisk grupy peer pressure; praca w grupie teamwork
grupka huddle[2]; (wrzaskliwa) ~ gaggle
grupować ~ (się) group[2]
grupowy praca grupowa teamwork; solidarność grupowa community/ team, etc **spirit**[1]
gruszka pear
gruz rubble; lec w gruzach go **pear-shaped**; leżeć/lec w gruzach be/lie in **ruin**[2]s
gruźlica TB, tuberculosis
grymas grimace
grypa flu, influenza; ptasia ~ bird flu, avian flu; dostać grypy **get**[1] flu
gryzący acrid
gryzmolić doodle
gryzmoły doodle, scrawl
gryzoń rodent
gryźć bite[1], gnaw; ~ *kogoś* (*martwić*) eat away at sb, gnaw at sb; ~ się fret; ~ ziemię bite the **dust**[1]
grzałka element
grzanka toast[1]
grządka bed[1], patch[1]
grzbiet crest, ridge, spine; ~ fal surf[2]
grzbietowy styl ~ backstroke
grzebać fumble, poke about/ around; ~ po śmietnikach scavenge; ~ przy/w *czymś* mess about/around with sth, tamper with sth
grzebień comb[1]
grzech sin[1]
grzechotka rattle[2]
grzechotnik rattlesnake
grzeczność favour[1], courtesy
grzeczny good[1], well-behaved, polite; być grzecznym behave; uprzedzająco ~ suave
grzejnik heater; ~ elektryczny/gazowy an electric/gas **fire**[1]
grzejny element ~ element
grzeszni-k/ca sinner
grzeszny sinful
grzeszyć sin[2]
grzęda roost
grzęznąć be bogged down
grzmieć rumble, boom[2]; grzmi it **thunder**[2]s
grzmot thunder[1], rumble, boom[1], a **clap**[2] of thunder
grzyb mushroom[1], fungus
grzybnia mycelium
grzywa mane
grzywacz surf[2]
grzywka fringe[1], bangs
grzywna fine[4]; karać grzywną fine[3]; nakładać grzywnę **levy** a fine
gubernator governor
gulasz stew
guma rubber; (*gumka*) elastic[2]; (*do żucia*) gum[1]; (*przebicie*) puncture[1], blowout; ~ arabska gum[1]; ~ balonowa bubble gum; ~ do żucia chewing gum; jak z gumy rubbery
gumka (*do ścierania*) rubber, eraser; (*taśma elastyczna*) elastic band, rubber band
gumowy rubbery
guru guru
gust taste[1]; być w dobrym guście be in good **taste**[1]; być w złym guście be in bad/poor **taste**[1]; być zbyt jasnym/ słodkim *itp.* jak na *czyjś* ~ be too bright/sweet, etc for your **liking**; przypaść sobie do gustu click[1], **hit**[1] it off
gustować przestać w *czymś/kimś* ~ go **off**[1] sth/sb
gustownie tastefully
gustowny tasteful
guwernantka governess
guz (*nabity*) bump[2]; (*chorobliwy*) tumour, lump[1]; szukać guza **ask** for it/trouble
guzek nodule, lump[1]
guzik button[1]
gwałciciel/ka rapist
gwałcić (*prawa*) violate; → **zgwałcić**
gwałt rape
gwałtownie (*nagle*) rapidly, by/in **leap**[2]s and bounds, steeply; (*dziko*) vehemently, violently
gwałtowność (*szybkość*) rapidity; (*przemoc*) violence

gwałtowny (*nagły*) sudden, rapid, unrestrained, steep[1], almighty; (*dziki*) violent, fierce, rough[1], vehement, impetuous
gwar bustle[2], clamour[2]
gwara dialect, slang
gwarancja guarantee[2], warranty; (*zastaw*) collateral; ~ utrzymania niższej ceny rain check; udzielać gwarancji na guarantee[1]
gwarantować guarantee[1]; gwarantować katastrofę/kłopoty/sukces be a **recipe** for disaster/trouble/ success, etc
gwarny teeming
gwiazda star[1]; ~ filmowa film star, movie star; ~ rocka rock star
gwiazdka star, asterisk; z dwiema/ trzema *itp.* gwiazdkami two-star/ three-star, etc
gwizd whistle[2]
gwizdać whistle[1]
gwizdek whistle[2]
gwizdy boo
gwóźdź nail[1]; ~ (tapicerski) tack[1]; ~ do trumny the final **nail**[1] in the coffin

H

ha ha
habit habit
haczyk hook[1]; złapać na ~ hook[2]
haczykowaty hooked
hadż hajj
haft embroidery
haftować embroider
haftowanie embroidery
ha-ha ha ha
haiku haiku
haj na haju high[1]
hak hook[1]; szukać na *kogoś* haka dig the/up **dirt**[1] on sb
haker hacker
hala concourse; ~ produkcyjna shop floor
halka petticoat, slip[2]
hall lobby[1], lounge[1]
halo hello, hallo, hullo
halotan halothane
halowy indoor
halucynacja hallucination; mieć halucynacje hallucinate
halucynogenny psychedelic
hałas noise, row[3], din, racket; przejechać z hałasem **roar**[1] past/ down, etc; zagrożenie hałasem noise pollution
hałaśliwie noisily, boisterously
hałaśliwy noisy, boisterous, raucous
hamak hammock
hamburger burger, hamburger; ~ (wołowy) beefburger; ~ wegetariański veggie burger
hamować brake[2], inhibit, stunt[2]; hamować *kogoś/coś* hold sb/sth back
hamulec brake[1]; ~ ręczny emergency brake, handbrake; pedał hamulca brake pedal
handel trade[1], commerce, trading; (nielegalny) ~ trafficking, traffic; ~ detaliczny retailing, retail[1]; ~ elektroniczny e-commerce; sprawiedliwy ~ fair trade; Światowa Organizacja Handlu the World Trade Organization; w handlu (*dostępny*) on **sale**; wolny ~ free trade
handla-rz/rka vendor, trafficker; ~ warzywami (i owocami) greengrocer
handlować trade[2], peddle, handle[1]; ~ *czymś* deal in sth
handlowiec tradesman, trader
handlowy commercial[1], merchant[2]; bank ~ merchant bank; centrum handlowe shopping centre, shopping mall, mall, plaza; deficyt ~ trade deficit; dom ~ department store; izba handlowa chamber of commerce; dzielnica handlowa a shopping **precinct**; przedstawiciel ~ sales rep; znak ~ trademark
hangar hangar
haniebnie disgracefully, ignominiously
haniebny disgraceful, dishonourable, ignominious
hańba disgrace[2], dishonour[2]; przynosić hańbę *komuś/czemuś* be a **disgrace**[2] to sb/sth
hańbić disgrace[1], dishonour[2]
haploidalny haploid
harcerka (Girl) **Guide**, scout[1]
harcerstwo the Scouts, the Guides
harcerz Boy Scout, scout[1]
hardware hardware
harem harem
harfa harp[1]
harmonia harmony
harmonijka harmonica
harmonijny harmonious
harmonizować harmonize
harmonogram schedule[1], roster, rota; ~ testów test plan
harować slave[2], slog away, toil, graft[2]
harówka drudgery, grind[2], toil, slog[2], graft[1]
harpun harpoon
hart ~ ducha fortitude
hartować ~ (się) toughen
hasać cavort, **romp** around/in/ through, etc
hasło (*slogan*) slogan, soundbite, chant[2], mantra; (*kod dostępu*) password; (*słownikowe*) entry; ~ (wywoławcze) watchword
haszysz hashish
hatchback hatchback
hat-trick hat trick
haust swig
hazard gambling; uprawiać ~ gamble[1]
hazardzist-a/ka gambler
heban ebony
hebel plane[1]
heblować plane[2]
hebrajski Hebrew; (język) ~ Hebrew
Heinego-Medina choroba ~ polio
hej hey, yo
hektar hectare
hel helium
helikopter helicopter, chopper
hełm helmet
hematyt haematite
hemofilia haemophilia, hemophilia
hemofilik haemophiliac, hemophiliac
hemoglobina haemoglobin
hemoroidy haemorrhoids, hemorrhoids
herb crest
herbata tea; amator herbaty a tea **drinker**; czajniczek *l.* dzbanek do herbaty teapot; filiżanka do herbaty teacup; torebka herbaty teabag
herbatnik biscuit, cookie; ~ maślany shortbread
herc hertz
heretycki heretical
herety-k/czka heretic
herezja heresy
hermafrodyta hermaphrodite
hermafrodytyzm androgyny
hermetyczny (*pojemnik*) airtight; (*instytucja*) incestuous
heroiczny heroic
heroina heroin
hetero straight[1]
heteroseksualist-a/ka heterosexual
heteroseksualny heterosexual
heterotrof heterotroph
heterozygotyczny heterozygous
hę eh?
hibernacja hibernation
hierarchia hierarchy; ~ służbowa the chain of command
hierarchiczny hierarchical
hieroglify hieroglyphics
higiena hygiene
higieniczny hygienic, sanitary
higrometr hygrometer
higroskopijność deliquescence
hinduistyczny Hindu
hinduizm Hinduism; wyznaw-ca/czyni hinduizmu Hindu
Hindus/ka Indian
hiper- hyper-
hiperbola hyperbole
hiperinflacja hyperinflation
hiperłącze hyperlink
hipermarket superstore, hypermarket
hipertekst hypertext
hip-hop hip-hop
hipiczny equestrian
hipis/ka hippie
hipnotyczny hypnotic
hipnotyzer/ka hypnotist
hipnotyzować hypnotize
hipnoza hypnosis, hypnotism
hipochondria hypochondria
hipochondry-k/czka hypochondriac
hipokryt-a/ka hypocrite
hipokryzja hypocrisy
hipopotam hippopotamus, hippo
hipoteczny kredyt ~ mortgage; makler ~ *itp.* a mortgage **broker**[1]
hipoteka mortgage
hipotermia hypothermia
hipotetyczny hypothetical, theoretical
hipoteza hypothesis
hipsometria orography
hipsometryczny orographic

histeria hysteria, hysterics
histerycznie hysterically
histeryczny hysterical
histery-k/czka drama queen
historia history; (*opowieść*) story, tale; (zmyślona) ~ yarn; ~ *czegoś* a **history** of sth; ~ choroby case history; ~ naturalna natural history; przechodzić do historii go down
historycznie historically
historyczny historic, historical
historyjka ~ obrazkowa comic strip
historyk historian
hit hit[2], smash[2]; ~ kasowy blockbuster
HIV (wirus) ~ HIV; zarażony ~ HIV-positive
hm eh?, er, hm, uh
hobby hobby
hochsztapler/ka crook
hodować grow, keep[1], raise[1], nurture; ~ kurczaki/konie/króliki *itp.* **breed**[2] chickens/horses/rabbits, etc
hodowca grower, breeder
hodowla breeding; (*bakterii*) culture
hojnie generously, liberally, lavishly, profusely
hojność generosity
hojny generous
hokej ~ (na lodzie) hockey, ice hockey; ~ na trawie field hockey, hockey
hokejowy kij ~ hockey **stick**[2]
hol hall, concourse
holistyczny holistic
Hollywood Hollywood
hologram hologram
holokaust holocaust
holować tow[1]
holownik tug[2]
hołd tribute; składać *komuś/czemuś* ~ **pay**[1] tribute to sb/sth; składać *komuś* ~ pay **homage** to sb
hołubić cherish
homar lobster
homeopatia homeopathy
homeopatyczny homeopathic
homeostaza homeostasis
homo queer
homofobia homophobia
homofobiczny homophobic
homologiczny homologous
homoseksualist-a/ka homosexual, gay[2]; (dla) homoseksualistów gay[1]
homoseksualizm homosexuality
homoseksualny homosexual, same-sex
homozygotyczny homozygous
honor honour[1]; (*hołd*) salute[1]; specjalne honory the red carpet
honorarium fee; ~ uzależnione od wygranej (*prawnika*) a **contingency** fee
honorować ~ umowę/kontrakt/obietnicę *itp.* **honour**[2] an agreement/contract/promise, etc; nie ~ dishonour
honorowo honourably
honorowy (*gest, osoba*) honourable; (*stopień, wynagrodzenie*) honorary; zajmować honorowe miejsce have/take **pride**[1] of place
horda horde
horendalnie horrendously
hormon hormone; ~ wzrostu growth hormone
hormonalny hormonal
horoskop horoscope, sb's **star**[1]s/the stars
horror a **horror** film/movie/story
horyzont horizon; na horyzoncie on the **horizon**; poszerzać horyzonty broaden/expand/widen your **horizons**
hospicjum hospice
hospitalizować hospitalize
hot-dog hot dog
hotel hotel; ~ na każdą kieszeń budget hotel; tani ~ a **budget** hotel
hotela-rz/rka hotelier
hotelowy pociąg ~ sleeper
hr. (*hrabstwo*) Co.
hrabia count[2], earl
hrabina countess
hrabstwo county
huczny huczne oklaski standing ovation
huk bang[1], crash[1], pop[2], roll[2], bump[2]; pędzić z hukiem **thunder**[2] along/down/through, etc
hukać hoot[2]
huknąć ram[1], crash[2]
hulajnoga scooter
humanist-a/ka humanist
humanistyczny humanistic; doktor nauk humanistycznych Doctor of Philosophy; licencjat nauk humanistycznych Bachelor of Arts; nauki humanistyczne humanities, arts, liberal arts; przedmioty humanistyczne arts
humanitarnie humanely
humanitarny humane, humanitarian
humanitaryzm humanity
humanizm humanism
humor humour[1]; (zły) ~ temper[1]; mieć zły ~ be in a **mood**; poczucie humoru a **sense**[1] of humour; mieć poczucie humoru take a **joke**[1]; pozbawiony poczucia humoru humourless
humory moodiness
humorzasty moody
humorzaście moodily
humus humus
hura hurrah, hooray
huragan hurricane
hurtownia wholesaler
hurtownik wholesaler
hurtowo in **bulk**, wholesale
hurtowy wholesale
husky (*pies*) husky[2]
huśtać ~ (się) rock[2], swing[1]
huśtawka (*pionowa*) swing[2]; (*pozioma*) seesaw, teeter-totter
hybryda hybrid
hybrydowy hybrid
hydrant hydrant
hydratacja hydration
hydrauliczny hydraulic
hydraulik plumber
hydro- hydro-
hydroelektryczny hydroelectric
hydrofilowy hydrophilic
hydrofobowy hydrophobic
hydrograf hydrograph
hydroliza hydrolysis
hydrolizować hydrolyze
hydrologia hydrology
hydrolokator sonar
hydromasaż Jacuzzi; wanna /. basen z hydromasażem Jacuzzi
hydroponika hydroponics
hydrosfera hydrosphere
hymn anthem; (*kościelny*) hymn; ~ państwowy national anthem
Hz Hz

I

i and
ich them, their, theirs
idący daleko ~ far-reaching, wholesale; zbyt daleko idące stwierdzenie/uogólnienie **sweeping** statement/generalization; → **iść**
idea idea
idealist-a/ka idealist
idealistyczny idealistic
idealizm idealism
idealizować romanticize, glamorize
idealnie perfectly, ideally; ~ *komuś* odpowiadać suit sb down to the **ground**[1]; ~ *komuś* pasować be right up sb's **alley**
idealny perfect[1], ideal[1], pristine, just the **job**, tailor-made
ideał ideal[2]
identycznie identically
identyczny identical
identyfikacja identification
identyfikator badge, tag[1]; ~ (użytkownika) user ID; przyczepiać ~ do tag[2]
identyfikować (*przyrównywać*) equate; (*określać*) name[2]; ~ *kogoś/coś* z *kimś/czymś* identify sb/sth with sb/sth; ~ się z *kimś/czymś* identify with sb/sth
ideologia ideology
ideologicznie ideologically
ideologiczny ideological
idiom idiom
idiomatyczny idiomatic
idiot-a/ka idiot; robić z *kogoś* idiotę make a **fool**[1] (out) of sb; robić z siebie idiotę make a **fool**[1] of yourself; słodka idiotka bimbo
idiotycznie idiotically
idiotyczny idiotic, inane
idiotyzm idiocy
idol/ka idol, icon; (*na plakacie*) pin-up; plakat z idol-em/ką pin-up
idylliczny idyllic
iglasty coniferous; drzewo iglaste conifer
iglica spire
igloo igloo
igła needle; (*gramofonu*) stylus; nawlekać igłę **thread**[2] a needle;

robić z igły widły make a **mountain** out of a molehill
ignorancja ignorance
ignorować ignore, disregard[2]; (*osobę*) snub, ostracize; ~ *kogoś* give sb the **brush-off**
igrać ~ z niebezpieczeństwem **flirt**[1] with danger/disaster, etc
igraszki romp
Igrzyska ~ Paraolimpijskie the Paralympic Games
igrzyska ~ Europy/Wspólnoty Narodów *itp.* the European/Commonwealth, etc Games; ~ olimpijskie the Olympic Games
ikona icon
ikonka icon
ikra roe
Iks (*jakaś osoba*) X
Iksińsk-i/a X
ile (*z l. mnogą*) how **many**; (*z l. pojedynczą*) how **much**[1]; na tyle na ~ insofar as; (na tyle,) na ~ to możliwe as **far**[1] as possible; o ~ provided (that), as **long**[2] as; o ~ *komuś* wiadomo to (the best of) sb's **knowledge**; o ~ mi wiadomo as **far**[1] as I know; o ~ mi/nam wiadomo, to … I/we **understand** (that)…; o ~ nie zdarzy się barring; o ~ wiem as far as I **know**[1], **for**[1] all I care/know; o ~ wie/m *itp.* my/her/his, etc **understanding**[1]
ileś ~ tam umpteen
iloczyn product
iloraz ~ inteligencji IQ
ilościowy quantitative
ilość amount[1], quantity, body; spora ~ a **fair**[1] amount; występować w niewielkich ilościach be thin on the **ground**[1]
iluminacja illumination
ilustr. fig.
ilustracja illustration, figure[1], picture[1], artwork, graphic
ilustrator/ka illustrator
ilustrować exemplify, illustrate
ilustrowany pictorial
iluzja illusion, make-believe
iluzjonist-a/ka conjuror, conjurer
im ~ … tym … the; ~ większy/jaśniejszy/cieplejszy *itp.* tym lepiej the bigger/brighter/hotter, etc the **better**[1]
imadło vice, vise
imbir ginger[1]
imieniny name day
imienni-k/czka *czyjś/czyjaś* ~ your **namesake**
imiesłów participle; ~ bierny past participle; ~ czynny present participle
imię name[1], first name, forename, Christian name; dać *komuś* ~ po *kimś* name sb after sb; dobre ~ respectability; drugie ~ middle name; w ~ *czegoś* in the **interest**[1] (s) of sth, in the **name**[1] of sth; w *czyimś* imieniu on sb's **behalf**; występować w *czyimś* imieniu **speak** for/on behalf of sb; złe/dobre ~ a bad/good **name**[1]
imigracja immigration
imigrant/ka immigrant; nielegaln-y/a ~ illegal immigrant
imigrować immigrate
imitacja imitation
imitować imitate, mimic[1]
immunitet immunity
immunologiczny immune; układ ~ immune system
immunosupresant immunosuppressant
immunosupresja immunosuppression
impas deadlock, impasse
imperator emperor
imperatyw imperative[2]
imperialistyczny imperialist
imperializm imperialism
imperialny imperial
imperium empire
impertynencki impertinent
impet momentum
implant implant[1]
implementacja implementation
implikacja implication
imponująco impressively, admirably
imponujący imposing, impressive; ~ występ a strong **showing**
import import[2], importation
importer importer
importować import[1]
importowany produkt ~ import[2]
impotencja impotence; cierpiący na impotencję impotent
impregnować treat[1]
impreza (*uroczystość*) event; (*party*) bash[2], do[3]; (cykliczna) ~ fixture; ~ otwierająca *l.* inaugurująca opener; ~ towarzysząca sideshow; ~ ze zbiórką pieniędzy fundraiser; organizować imprezę **stage**[2] a show
improwizacja improvisation
improwizować improvise, ad lib, play it by **ear**
impuls push[2], impulse; pod wpływem impulsu on the **spur**[2] of the moment, on **impulse**
impulsywnie impulsively
impulsywny impulsive
in. (*inne*) misc.
inaczej differently; (*albo też*) or, otherwise[1]; (*pseudonim*) alias[2]; bo ~ or **else**; podejść/spróbować ~ take/try a different **tack**[1]; wyrazić ~ paraphrase
inauguracja inauguration, opener
inauguracyjny inaugural
inaugurować inaugurate
inaugurujący impreza *l.* osoba inaugurująca opener
in blanco czek in blanco blank cheque
incydent incident; pojedynczy ~ an **isolated** incident
indeks index[1]; ~ dolny subscript; ~ Dow-Jonesa the Dow Jones; ~ FTSE (*giełdy brytyjskiej*) the FTSE 100 Index; ~ górny superscript
indeksować index[2]
India-nin/nka Native American, Indian, American Indian
indiański American Indian, Native American
Indie ~ Zachodnie the West Indies; mieszka-niec/nka Indii Zachodnich West Indian; z Indii Zachodnich West Indian
Indochiński Półwysep ~ Indo-China
indoktrynacja indoctrination
indoktrynować indoctrinate
indukcja induction
industrializacja industrialization
indygo indigo
indyk turkey
indywidualist-a/ka individualist, maverick
indywidualistyczny individualistic
indywidualizm individualism
indywidualnie one-on-one, one-to-one; dobierać ~ personalize
indywidualność individuality
indywidualny individual[1], personal, personalized, one-on-one, one-to-one
indziej else; gdzie ~ elsewhere
inercja inertia
infantylny puerile
infekcja infection
infiltracja infiltration
infiltrator/ka infiltrator
infiltrować infiltrate
inflacja inflation
inflacyjny inflationary
infolinia hotline, helpline
informacja information, reference, info, update[2]; ~ z pierwszej ręki **inside**[2] information; informacje information, intelligence, info; poufna ~ tip-off; wymieniać informacje liaise
informator/ka informer, informant
informator (*ulotka*) prospectus
informatyka computing, information technology, IT, computer science, ICT
informować inform, update[1], brief[2], educate; ~ *kogoś* (na bieżąco) keep sb **post**[2]ed, keep sb in the **picture**[1]; ~ *kogoś* na bieżąco o *czymś* keep (sb) **abreast** of sth
infrastruktura infrastructure; ~ sanitarna sanitation
ingerencja interference
inicjacja initiation
inicjalizować initialize
inicjał initial[2]
inicjator/ka instigator
inicjatywa initiative; podjąć inicjatywę take the **initiative**
inkubacja incubation
inkubator incubator
innowacja innovation
innowator/ka innovator
inny (*nie ten*) other, another; (*odmienny*) different; (*pozostały*) miscellaneous; (*po zaimkach*) else; co innego otherwise[1]; coś zupełnie innego a whole new ball game; i inne takie and **whatnot**; inni **other**[2]s; innymi słowy in other

word[1]s; iść w ślad za innymi get/ jump on the **bandwagon**; każdy ~ **everyone** else; ktoś ~ **someone** else; liczący się z innymi considerate; nie liczący się z innymi inconsiderate; robić to co inni go with the **flow**[2]; wszyscy inni **everyone** else; wszystko inne **everything** else
inscenizacja production, dramatization
inscenizować dramatize
inspekcja inspection
inspektor supervisor, inspector, superintendent
inspiracja inspiration
inspirować inspire, stimulate
inspirujący inspiring, thought-provoking, stimulating
instalacja installation; ~ (rurowa) tubing; ~ elektryczna wiring; ~ wodno-kanalizacyjna plumbing; element instalacji fixture
instalować ~ *coś* put sth in
instrukcja instruction, instructions, rubric; instrukcje directions, brief[3]
instruktaż briefing
instruktor/ka instructor
instrument instrument; ~ dęty wind instrument; blaszane instrumenty dęte brass; drewniane instrumenty dęte woodwind
instrumentalny instrumental
instruować brief[2]
instynkt instinct
instynktownie instinctively
instynktowny instinctive; instynktown-a/e reakcja/przeczucie **gut**[2] reaction/feeling/instinct
instytucja institution, operation
instytucjonalny institutional
instytut institute[1]; (*uczelni*) school
insulina insulin
insygnia insignia
insynuacja insinuation
insynuować insinuate
integracja integration
integralność integrity
integralny integral
integrować integrate
intelekt intellect
intelektualist-a/ka intellectual[2]
intelektualnie intellectually
intelektualny intellectual[1], cerebral, highbrow; możliwości intelektualne understanding[1]
inteligencja intelligence, cleverness, wit; iloraz inteligencji IQ; sztuczna ~ artificial intelligence
inteligentnie intelligently
inteligentny intelligent, clever, smart[1], intellectual[1]; inteligentna tkanina smart fibre
intencja intention, intent[1]; mieć dobre intencje **mean**[1] well; powodowany dobrymi intencjami well-intentioned, well-meaning
intensywnie intensely, intensively
intensywność intensity
intensywny intensive, intense, strenuous; ~ śnieg/deszcz **heavy** snow/rain; intensywna opieka intensive care; oddział intensywnej opieki medycznej intensive care
inter- inter-
interakcja interaction
interakcyjny interactive
interaktywny interactive; tablica interaktywna whiteboard
interes (*zainteresowanie*) interest; (*biznes*) deal[1], business; (*coś*) thingy; (żywotny /. osobisty) ~ vested interest; być w *czyimś* interesie be in sb's **interest**[1](s); dobry ~ good **value**[1] (for money); konflikt interesów a **conflict**[1] of interest; rozmawiać o interesach **talk**[1] business; ubijać ~ **strike**[1] a deal; w interesie *czegoś* in the **interest**[1](s) of sth
interesować concern[1], interest[2]; ~ się **take** an interest; ~ się *czymś* be **into** sth, go in for sth
interesujący interesting, newsworthy
interesy business
interfejs interface[1]; ~ graficzny graphical user interface, GUI
interferon interferon
interior australijski ~ the outback
interkom intercom
internat mieszka-niec/nka internatu boarder; szkoła z internatem boarding school; z internatem residential
internaut-a/ka browser
Internet the Internet, the Net, the World Wide Web, the Web; dostawca Internetu service provider, access provider; w Internecie online; surfować /. buszować w /. po Internecie **surf**[1] the Internet/Net/Web
internetowy online; adres ~ web address, URL; dostawca usług internetowych ISP; kamera internetowa webcam; kawiarenka internetowa cybercafe; strona internetowa web page, website
internować intern[2]
internowanie internment
interpretacja interpretation, rendering, rendition, spin[2]
interpreter interpreter
interpretować interpret
interpunkcja punctuation; stosować interpunkcję punctuate
interwencja intervention
interweniować intervene
intonacja intonation
intonować chant[1]
intratny lucrative
introspekcja introspection
introspekcyjny introspective
introwertyczny introverted
introwerty-k/czka introvert
intruz intruder, trespasser
intryga intrigue[2]
intrygować intrigue[1]
intrygujący intriguing
intuicja intuition
intuicyjnie intuitively
intuicyjny intuitive
intymność privacy
intymny intimate[1]; (*zdjęcia*) intrusive; stosunki intymne intimacy; życie intymne love life, sex **life**
inwalid-a/ka invalid[1]
inwalidzki wózek ~ wheelchair
inwazja invasion; dokonać inwazji (na) invade
inwencja creativity
inwentaryzacja stock account
inwentarz żywy ~ livestock
inwertaza invertase
inwestor investor, developer
inwestować invest, commit
inwestycja project[1], investment; ~ kapitałowa capital investment; inwestycje zagraniczne (w kraju) **inward**[1] investment
inwestycyjny entrepreneurial; kapitał ~ (obarczony wysokim ryzykiem) venture capital
inżynier engineer[1]
inżynieria engineering; ~ genetyczna genetic engineering, genetic modification
IPA alfabet fonetyczny ~ IPA; transkrypcja ~ IPA
Irlandczycy the **Irish**[2]
irlandzki Irish[1]; (język) ~ Irish[2]
ironia irony; jak na ironię ironically
ironicznie ironically, drily, dryly
ironiczny ironic, dry[1]
irracjonalnie irrationally
irracjonalność irrationality
irracjonalny irrational
iryd iridium
irygacja irrigation
irys iris
irytacja annoyance, exasperation
irytować exasperate, infuriate; ~ się chafe
irytujący exasperating, infuriating; irytująca rzecz /. osoba irritant
iskierka glint
iskra spark[1], twinkle, glint
iskrzący ~ się sparkling
iskrzyć ~ się sparkle[1], glint
Islam Islam; zgodny z zasadami Islamu halal
islamski Islamic
istnieć exist; … nie istnieje there's no **such** thing/person (as)…
istniejący existing, in **place**[1]
istnienie existence, life; zawdzięczać *komuś/czemuś* swoje ~ **owe** your existence to sb/sth
istota (*sens*) essence, the **name**[1] of the game; (*stworzenie*) being[1]; ~ *czegoś* the **substance** of sth; ~ biała white matter; ~ pozaziemska alien[2]; ~ rzeczy the **point**[1]; nie dostrzegać istoty sprawy **miss**[1] the point
istotnie indeed, admittedly
istotność relevance
istotny relevant; (bardzo) ~ vital; mieć ~ wkład w *coś* be **instrumental** in sth/doing sth
iść go[1], come, come on, come out; ~ dalej **continue** along/down/up, etc; ~ *coś* zobaczyć take sth in; ~ do see; ~ do ubikacji go to the **bathroom**;

~ gęsiego **file**[2] along/into/through, etc; ~ gładko go **smoothly**; ~ jak w zegarku run/go like **clockwork**; ~ jeden za drugim **file**[2] along/into/through, etc; ~ na kompromis compromise[2]; ~ na łatwiznę cut **corner**[1]s; ~ na palcach **tiptoe**[2] across/down/through, etc; ~ na skróty przez *coś* cut across sth; ~ na trzęsących nogach **teeter** about/across/around, etc; ~ pełną parą be in full **swing**[2]; ~ po omacku **blunder**[2] around/into, etc; ~ potańczyć go **club**[2]bing; ~ się zabawić go **club**[2]bing; ~ w *czyjeś* ślady follow in sb's **footsteps**; ~ w najlepsze be in full **swing**[2]; ~ w parze go **hand**[1] in hand; ~ w ślad za innymi get/jump on the **bandwagon**; ~ za *czyimś* przykładem follow **suit**[1]; dobrze/źle ~ **go**[1] well/badly; źle ~ go **awry**; → **chodzić** → **pójść**

iteracja iteration

itp. etc

izba chamber; (*parlamentu*) the House; (*chorych*) bay; ~ handlowa chamber of commerce; ~ przyjęć casualty, emergency room, ER; Izba Gmin the Commons, House of Commons; szeregowy członek Izby Gmin a **backbench** MP/politician, etc, backbencher; Izba Lordów House of Lords, the Lords; Izba Reprezentantów House of Representatives

izobara isobar

izohieta isohyet

izolacja isolation, insulation; w izolacji in **isolation**

izolatka solitary confinement

izolator insulator

izolować isolate, insulate

izomer isomer

izomeria isomerism

izometryczny isometric

izotop isotope; ~ promieniotwórczy radioisotope

izotopowy isotopic

J

ja I, me; (swoje) ~ self; ~ cię! wow; ~ też Same here.; (to) tak jak ~ Same here.

jabłecznik (*napój*) cider

jabłko apple; ~ Adama Adam's apple

jabłkowy napój ~ cider

jacht yacht; ~ motorowy cruiser

jachtowy port ~ marina; przystań jachtowa marina

jad venom

jadalnia dining room

jadalny edible

jadący ~ z przeciwka oncoming; → **jechać**

jadłodajnia eatery

jadowity poisonous, venomous

jadowy ząb ~ fang

jagnię lamb

jagnięcina lamb

jagoda berry; (czarna) ~ blueberry

jaguar jaguar

jaja robić sobie ~ take the **piss**[2]; → **jajo**

jajeczko egg[1]

jajeczkować ovulate

jajeczkowanie ovulation

jajecznica scrambled eggs

jajko egg[1]; ~ wielkanocne Easter egg; kieliszek do jajek egg cup; znosić jajka **lay**[1] eggs

jajnik ovary; jajników ovarian

jajnikowy ovarian

jajo egg[1], ovum; → **jaja**

jajowód Fallopian tube, oviduct

jak how, as, like; Jak ci się podoba *ktoś/coś*? How do you **like**[2] sb/sth?; Jak się masz? How are you?; Jak (sobie) chcesz! Please yourself.; Jak to? How come?; nieważne ~ no **matter**[1] how

jakby like[3]; coś ~ **sort**[1] of; (prosto) ~ kij połknął bolt upright; tak ~ like[3], **as** if/as though

jaki which, what; byle ~ crummy, shoddy, dowdy; Jaki/e *ktoś/coś* jest? What is sb/sth **like**[1]?; nie byle ~ no **mean**[2]; w jakim stopniu how **far**[1]

jakieś (*około*) **something** like, or **so**[1], some[2]; → **jakiś**

jakikolwiek any[1], whichever

jakiś some[1], any[1], a, one[3], of a **kind**[1], some **kind**[1] of; ~ czas **some**[1] time; co ~ czas **every** every so often; jakiegoś rodzaju of some **description**; raz na ~ czas **once**[1] in a while; → **jakieś**

jakkolwiek however[2], no **matter**[1] how; ~ zimno/trudno/wolno *itp.* **however**[1] cold/difficult/slowly, etc

jako as; ~ taki as such

jakoby allegedly

jakoś somehow; (tak) ~ **kind**[1] of; ~ się kręcić tick over; ~ sobie radzić scrape by; ~ wytrzymać **grin** and bear it

jakościowo qualitatively

jakościowy qualitative

jakość quality[1]; kontrola jakości quality control; wysokiej jakości quality[2]

jałmużna charity

jałowość barrenness, sterility

jałowy (*bezowocny*) sterile, arid, barren; (*bezczynny*) idle[1]; bieg ~ neutral[2]; pracować na biegu jałowym idle[2]

jamb iambus

jambiczny iambic

jamochłon coelenterate

Jankes Yank

janowiec gorse

japonka thong, flip-flop

jard yard; (*skrót*) yd

jarzyć ~ się glow[2]

jarzynka veg

jaskier buttercup

jaskinia cave[1]

jaskółka swallow[2]

jaskrawy garish

jasne **sure** [1], You **bet**[1]!

jasno (*wyraźnie*) clearly, plainly, explicitly; (*nie ciemno*) brightly; jest ~ it is **light**[2]

jasnobrązowy tan[2]

jasnoczerwony scarlet; (kolor) ~ scarlet

jasnofioletowy mauve; (kolor) ~ mauve

jasność (*wyraźność*) clarity; (*jaskrawość*) brightness

jasnowidzący psychic

jasnowłosy fair-haired

jasny (*wyraźny*) clear[1], explicit, plain[1]; (*jaskrawy*) bright, light[2]; (*włosy*) fair[1]; absolutnie ~ crystal clear; jak grom z jasnego nieba in/from/out of left field; piwo jasne lager

jastrząb hawk

jaszczurka lizard

jaw wychodzić na ~ come out, come to **light**[1], emerge, break[1], surface[2]

jawnie overtly

jawny overt

jawor sycamore

jaz weir

jazda drive[2], ride[2]; ~ (samochodem) driving[1]; ~ kradzionymi samochodami joyriding; ~ na barana piggyback; ~ na desce skateboarding; ~ na łyżwach ice skating; ~ na łyżwach / wrotkach skating; ~ na rolkach rollerblading; ~ na rowerze cycling; ~ na wrotkach roller skating; ~ na zderzaku tailgating; ~ po pijanemu drink-driving; ~ z nadmierną prędkością speeding; prawo jazdy driver's license, driving licence; zdatny do jazdy (*pojazd*) roadworthy

jazz jazz

ją her[1]

jądro (*rdzeń*) core, nucleus, kernel; (*narząd*) testicle, testis

jądrowy nuclear; reaktor ~ nuclear reactor; rozszczepienie jądrowe nuclear fission; synteza jądrowa nuclear fusion

jąkać ~ się stammer, stutter, falter

jąkanie ~ się stammer, stutter

jątrzyć ~ się fester

je them

jechać go[1], ride[1]; (*z jakąś szybkością*) do[2]; (*krążyć*) cruise[2]; (*złapać: autobus, pociąg*) take; ~ (samochodem) drive[1]; ~ autostopem hitchhike; ~ dalej **continue** along/down/up, etc; ~ na jednym wózku be in the same **boat**; ~ na rowerze cycle[2]; ~ rozpędem coast[2]; ~ saniami sledge[2]; ~ z nadmierną prędkością be **speed**[2]ing; ~ zygzakiem zigzag; → **jeździć**

jeden one, a, piece[1]; ~ na jednego one-on-one, one-to-one; ~ na pięć/dziesięć *itp.* one in **every** five/ten, etc; ~ po drugim back-to-back, in quick/rapid **succession**; ~ za drugim in single **file**[1]; ani ~ neither[2]; bilet w jedną stronę single[2], one-way ticket; iść ~ za drugim **file**[2] along/into/through, etc; jednym słowem in **short**[3]; jeszcze ~ (yet) another; po jednym **one**[2] at a time; w jednym (all) in **one**[2]; z jednej

strony … z drugiej strony on the one **hand**[1] … on the other hand; → **jedno**
jedenasty eleventh
jedenaście eleven
jednak however[1], **after**[1] all, on second thoughts
jednakowo alike[2], equally, the **same**[2], uniformly
jednakowość uniformity
jednakowy equal[1], uniform[2]
jednakże however[1]
jedno- mono-
jedno mi wszystko ~ I'm **easy**[1]
jednocyfrowy liczby jednocyfrowe single **figure**[1]s
jednoczesny simultaneous, concurrent
jednocześnie at the same **time**[1], together[1], in **unison**, simultaneously, concurrently; (*zarówno*) (all) in **one**[2]
jednoczyć unify; ~ (się) unite; ~ (się) w obronie rally[2]
jednodniowy ~ bilet powrotny day return
jednojajowy (*bliźniak*) monozygotic; bliźniak ~ identical twin
jednojęzyczny monolingual
jednokierunkowy one-way
jednokomórkowy unicellular
jednolicie uniformly
jednoliścienny monocotyledonous
jednolitość uniformity
jednolity uniform[2], smooth[1]
jednomyślnie unanimously
jednomyślność consensus, unanimity
jednomyślny unanimous
jednoosobowy single[1], one-man
jednorazowy (*przedmiot*) disposable; (*incydent*) one-off; jednorazowa wypłata lump sum
jednoroczny roślina jednoroczna annual[2]
jednorodny homogeneous
jednorożec unicorn
jednostajny steady[1]
jednostka (*istota*) entity, individual[2]; (*miara, urządzenie*) unit; ~ masy atomowej atomic mass unit; ~ (pływająca) vessel
jednostronnie unilaterally
jednostronny unilateral; (*subiektywny*) one-sided, unbalanced
jedność unity, cohesion; poczucie jedności community/team, etc **spirit**[1]
jednoznacznie unequivocally, conclusively, squarely
jednoznaczny clear[1], clear-cut, conclusive, definitive, unequivocal, emphatic, unique, solid[1], absolute
jedwab silk
jedwabisty silken, silky
jedyna-k/czka only child
jedynie only[1], merely, purely
jedyny one[3], only[2], sole[1], single[1]; ~ w swoim rodzaju unique; *czyjaś* jedyna nadzieja sb's only **hope**[2]; jedyna okazja one-off
jedzenie food
jeep Jeep
jego his, him, its, their, thereof; Jego Wysokość His **Highness**
jej her, hers, their, its; Jej Wysokość Her/His/Your **Highness**
jejku o jejku! oh **dear**[2]
jeleń stag, deer
jelito intestine, bowel, gut[1]; ~ cienkie small intestine; ~ grube large intestine; ~ kręte ileum; ~ ślepe caecum
jelitowy intestinal; kosmek ~ villus
jelonek fawn[1]
jemioła mistletoe
jeniec captive[2]; ~ wojenny prisoner of war, POW
jeniecki obóz ~ a prison **camp**[1]
jesienny autumnal
jesień autumn, fall[2]
jesion ash
jest is; ~ późno it's **late**; Takie ~ życie. That's **life**.
jestem am
jesteś are
jesteście are
jesteśmy are
jeszcze still[1], yet[1]; (*po zaimku*) else; (*na dodatek*) then[1]; ~ *czegoś* nie *zrobić* be/have **yet**[1] to do sth; ~ jeden another; ~ lepszy/szybszy/ mniejszy *itp.* **even**[2] better/faster/ smaller, etc; ~ lepszy/trudniejszy/ gorszy *itp.* better/harder/worse, etc **still**[1]; ~ może/mógłby *itp.* could/may/ might, etc **yet**[1]; ~ musieć *coś zrobić* be/have **yet**[1] to do sth; ~ raz **once**[1] again, **once**[1] more; ~ raz/jeden/ więcej *itp.* **yet**[1] again/another/more, etc; ~ się nie ciesz don't hold your **breath**; zawsze ~ if all **else** fails; zrobić *coś* ~ raz do sth **over**[1]
jeść eat, feed[1]; ~ lunch lunch[2]; ~ obiad dine; ~ poza domem eat out, dine out; ~ śniadanie breakfast
jeśli if[1], should; ~ chcesz if you **like**[2]; ~ chodzi o **as** for, **as** to; ~ chodzi o *coś* when it **come**s to sth/doing sth, as far as sth is **concerned**; ~ chodzi o *kogoś* as far as sb is **concerned**; ~ nalegasz if you **like**[2]; (a) ~ nie if **not**; ~ o mnie chodzi personally, personally **speak**ing; ~ (tylko) as **long**[2] as; a (co będzie) ~ …? **what** if…?; a co, ~ **suppose**/ supposing (that); nawet ~ **even**[2] if
jeśliby be[2]
jezdnia roadway
jezioro lake; ~ przyrzeczne oxbow lake; ~ rynnowe ribbon lake; ~ wulkaniczne *l.* kraterowe crater lake
Jezus ~ Chrystus Jesus Christ
jeździć travel[1]; ~ (na) ride[1]; ~ na rowerze cycle[2]; ~ kradzionymi samochodami joyride; ~ na łyżwach ice skate, skate[2]; ~ na nartach ski[2]; ~ na wrotkach skate[2]; → **jechać**
jeździec horseman, horsewoman, rider
jeździecki equestrian; szkółka jeździecka a riding **school**
jeździectwo **horseback** riding, horse riding, riding
jeż hedgehog
jeżący ~ włos na głowie hair-raising
jeżeli if[1]; ~ nie unless
jeżówka echinacea
jeżyć ~ się od *czegoś* be **riddled** with sth
jeżyna blackberry
jęczeć groan, moan, whine, whinge, bleat
jęczmień barley
jędza bitch[1]
jęk groan, moan, whine
języczek tab
język (*mowa*) language; (*narząd*) tongue; ~ asemblera assembly language; ~ ciała body language; ~ migowy sign language; ~ niskiego poziomu low-level language; ~ ojczysty mother tongue, first language; ~ wysokiego poziomu high-level language; cięty ~ a **sharp**[1] tongue; dosadny ~ **strong** language; drugi ~ second language; języki nowożytne modern languages; mieć na końcu języka be on the **tip**[1] of your tongue; szkoła języków (obcych) a language **school**; wulgarny ~ **foul**[1] language/words
językowy laboratorium językowe language laboratory; łamaniec ~ tongue twister
językoznawca linguist
językoznawczy linguistic
językoznawstwo linguistics
JKM HRH
jod iodine
jodek iodide
jodła fir
joga yoga
jogging jogging, jog; osoba uprawiająca ~ jogger; uprawiać ~ jog
jogurt yoghurt
joint-venture spółka ~ joint venture
jojo yo-yo
joker joker
Jom Kippur Yom Kippur
jon ~ wodorotlenkowy hydroxyl ion; ion
jonizować ionize
jonosfera the ionosphere
jonowy ionic; wiązanie jonowe electrovalent bond
jowialny jovial
Jowisz Jupiter
joystick joystick
JPEG JPEG
jubiler jeweller
jubilerstwo jewellery
jubileusz jubilee
judaizm Judaism
judo judo
jumbo ~ jet jumbo jet
junior junior[1]; (dla) juniorów junior[1]
junta junta
jupiter spotlight; jupitery floodlights
jura Jurassic
jury jury

jurysdykcja jurisdiction
jutro tomorrow
już already; (*w pytaniach*) yet[1]; (*z przeczeniem*) any more; (*właśnie*) just[1]; ~ jesteś/jest *itp.* **here** you are/ here he is, etc; ~ nie no **long**[2]er/ not any longer; Już wiem! I **know**[1]; ~ w wieku lat 8/17/25 *itp.* at the **tender**[1] age of 8/17/25 etc; jak ~ now[2]; jak ~ jesteśmy przy *czymś* **talk**[1]ing of sth
j.w. ditto[2]

K

kabaczek marrow, squash[1]
kabaret cabaret
kabel cable[1], wire[1], cord, lead[2]
kabina cabin, cubicle; (*w łazience*) stall[1]; (*kierowcy*) cab
kablowy telewizja kablowa cable[1]
kabriolet convertible[2]
kabura holster
kac hangover; na kacu hungover
kaczka duck[1]
kadencja term[1], tenure; (*premiera*) premiership
kadet cadet
kadłub (*statku*) hull; (*samolotu*) fuselage
kadm cadmium
kadrowy fluktuacja kadrowa turnover
kadry personnel, human resources; dział kadr human resources, personnel
kadzidło incense
kafejka kawiarenka /. ~ internetowa internet cafe
kafelek tile
kafelkować tile
kaftan ~ bezpieczeństwa strait-jacket
kaganiec muzzle[1]; zakładać ~ muzzle[2]
kajak canoe, kayak
kajakarstwo canoeing, kayaking
kajdanki handcuffs
kajdany shackles
kajmak fudge[1]
kakao cocoa; (*ziarno*) cacao
kakofonia cacophony
kaktus cactus
kalafior cauliflower
kaldera caldera
kalectwo disability, deformity; powodować ~ disable
kalejdoskop kaleidoscope
kaleka cripple[2]
kalendarz calendar, diary; ~ chrześcijański/żydowski/zachodni *itp.* the Christian/Jewish/Western, etc **calendar**; ~ polityczny/szkolny/ sportowy the political/school/ sporting, etc **calendar**
kaliber calibre
kalka carbon paper
kalkulacja calculation
kalkulacyjny arkusz ~ spreadsheet
kalkulator calculator
kaloria calorie
kaloryfer radiator
kalorymetr calorimeter
kalosz rubber boot; kalosze wellies, wellingtons
kał faeces, feces
kałamarnica squid
kałuża pool[1], puddle
kambr Cambrian
kamera camera; ~ internetowa webcam; ~ wideo camcorder, video camera; kamery (monitoringu) CCTV; film z ukrytej kamery a **fly**[2]-on-the-wall documentary/film
kameralny intimate[1]; muzyka kameralna chamber music
kamerdyner butler, valet
kamieniarz stonemason
kamienica ~ czynszowa tenement
kamieniołom quarry
kamienisty rocky, stony
kamienny (*twarz*) deadpan; z kamienną twarzą poker-faced
kamień stone[1], rock[1]; (*w strumieniu*) stepping-stone; (*osad*) limescale, scale; ~ brukowy cobblestone, cobble[2]; ~ milowy milestone; ~ nagrobny gravestone; ~ szlachetny jewel, gem; ~ z serca a **weight** off your mind; obrzucać kamieniami stone[2]
kamizelka waistcoat, vest; ~ ratunkowa life jacket
kampania campaign[1], fight[2], drive[2], crusade; ~ na rzecz *czegoś* a **push**[2] for sth/to do sth; prowadzić kampanię campaign[2], **wage**[2] a campaign; prowadzić kampanię (wyborczą) stump[2]; uczestni-k/czka kampanii campaigner
kampus campus
kamuflaż camouflage
kamyk pebble, shingle, stone[1]
Kanadyj-czyk/ka Canadian
kanadyjski Canadian
kanalia rat
kanalik duct
kanalizacja sewer, drainage
kanalizacyjny system ~ drainage
kanał channel[1], canal, passage, duct, ditch[1]; (*telewizyjny*) side[1]; (*kłopot*) a **bummer**; ~ (ściekowy) sewer; ~ czatowy chat room; ~ płatny pay channel; ~ wentylacyjny vent[1]; ~ La Manche the Channel; przez ~ La Manche cross-Channel
kanapa couch[1], sofa, futon
kanapka sandwich[1]
kanarek canary
kancia-rz/ra con artist
kanciasty angular, square[2]
kanclerz chancellor
kandydat/ka candidate, applicant, contestant, contender, nominee, challenger, interviewee
kandydatura candidacy, nomination
kandydować stand[1]; ~ do *czegoś* /. na *coś* run for sth
kangur kangaroo; (*mały*) wallaby; kraina kangurów **down**[1] under; w krainie kangurów **down**[1] under
kanibal cannibal
kanibalizm cannibalism
kanion canyon
kanonada barrage
kanonierka gunboat
kanonik canon
kant (*oszustwo*) con[2]
kantyna mess[1]
kapa bedspread
kapać dribble, drip[1]
kapanie drip[2]
kapeć slipper
kapelan chaplain
kapelusz hat; ~ kowbojski cowboy hat
kapitalist-a/ka capitalist
kapitalistyczny capitalist
kapitalizm capitalism
kapitalny smashing
kapitał capital[1]; ~ inwestycyjny (obarczony wysokim ryzykiem) venture capital; ~ obrotowy working capital
kapitałochłonny capital intensive
kapitan captain[1], skipper; być kapitanem captain[2]; ranga /. funkcja kapitana captaincy
kapitulacja surrender, capitulation
kapka tot
kaplica chapel
kapłan priest
kapłaństwo the priesthood
kapować ciężko/szybko ~ be slow/ quick on the **uptake**
kapral corporal
kaprawy bleary
kaprys fad; ~ losu **quirk** of fate; kaprysy vagaries
kapryśny capricious, temperamental, fickle, petulant
kapsuła capsule
kapsułka capsule
kaptur hood; z kapturem hooded; bluza z kapturem hoodie
kapturek cap[1]
kapusta cabbage; (gotowana) ~ greens
kara punishment, penalty, retribution; ~ cielesna corporal punishment; ~ śmierci capital punishment, death penalty, death sentence; darować *komuś* karę let sb off; przestępstwo zagrożone karą śmierci a **capital**[2] crime/offence
karabin rifle[1]; ~ maszynowy machine gun
karać punish, penalize, discipline[2]; ~ *kogoś* come down on sb; ~ grzywną fine[3]
karaibski West Indian
karalny punishable
karaluch cockroach, roach
karambol pile-up
karany punishable
karat carat, karat
karate karate
karawan hearse
karawana caravan
karb notch[1]
karbohydraza carbohydrase
karboński carboniferous
karcić scold
karczoch artichoke
kardiologiczny cardiac

kardynalny cardinal[2]
kardynał cardinal[1]
karetka ambulance
kariera career[1]; robić zawrotną karierę go from **rags** to riches
kark neck, nape; za ~ by the **scruff** of the/your neck
karkołomny karkołomna prędkość **breakneck** speed
karłowaty dwarf
karma karma
karmazyn crimson
karmazynowy crimson
karmel caramel, fudge[1]
karmić feed[1]; ~ (piersią) nurse[2]; ~ piersią breast-feed; ~ na siłę force-feed
karmienie feed[2]; ~ piersią breast-feeding
karnacja complexion, colouring
karnawał carnival
karnet ~ znaczków/biletów a **book**[1] of stamps/tickets, etc
karny penal, punitive; rzut ~ penalty; zakład ~ penitentiary
karo **diamond**s
karp carp[1]
karta card; (*potraw*) menu; (*dokument*) charter[1]; ~ atutowa trump; ~ bankomatowa cash card; ~ chipowa smart card; ~ czekowa cheque card; ~ debetowa debit card; ~ do gry playing card; ~ dźwiękowa sound card; ~ graficzna graphics card; ~ kredytowa credit card; ~ magnetyczna swipe card; ~ obciążeniowa charge card; ~ pokładowa boarding pass; ~ SIM sim card; ~ telefoniczna phone card; grać w otwarte karty put/lay your **card**s on the table; zielona ~ green card
karteczka slip[2]; ~ samoprzylepna Post-it (note)
kartel cartel
kartka card, note[1]; ~ papieru a **sheet** of paper; ~ świąteczna Christmas card; czerwona ~ red card; przewracać kartkę **turn**[1] a page; żółta ~ yellow card
kartkować ~ *coś* thumb through sth
kartkówka quiz[1]
kartofel potato
karton (*pudełko*) carton, box[1]; (*papier*) cardboard, card; pakować do kartonu /. kartonów box[2]
kartoteka file[1]
karuzela roundabout[1], carousel, ride[2]
karygodnie criminally
karygodny criminal[1], sinful
karykatura caricature
karzący punitive
karzeł dwarf[1], midget; biały ~ white dwarf; czarny ~ black dwarf
kasa checkout, cash register, till[2], cash desk; (*biletowa*) box office; (*forsa*) dosh; ~ mieszkaniowa building society; ~ podręczna petty cash; spółdzielcza ~ oszczędnościowo-kredytowa savings and loan association; wspólna ~ kitty
kaseta cartridge, cassette, tape[1]; ~ (wideo) video[1]; ~ wideo videotape
kasetka case, casket
kasetowy magnetofon ~ cassette recorder; odtwarzacz ~ cassette player
kasjer/ka cashier, teller
kask crash helmet, helmet; ~ rowerowy cycle helmet
kaskada cascade; spływać kaskadą cascade
kasować erase
kasowy hit ~ blockbuster
kasta caste
kastracja castration
kastrować castrate
kasyno casino, mess[1]
kaszel cough[2]
kaszleć cough[1]
kaszmir cashmere
kasztan chestnut, horse chestnut, conker
kasztanowiec chestnut, horse chestnut
kasztanowy auburn
kat executioner
katalaza catalase
katalityczny catalytic
kataliza catalysis
katalizator catalyst; (*w samochodzie*) catalytic converter
katalizować catalyze
katalog catalogue[1]; (*w komputerze*) folder, directory; ~ plików file directory
katalogować file[2]
katapultować ~ się eject
katar **runny** nose, catarrh; ~ sienny hay fever
katastrofa disaster, catastrophe, calamity, meltdown, doom; ~ (morska) shipwreck[1]; być katastrofą be a **shambles**; oznaczać katastrofę **spell**[1] disaster; przeżyć katastrofę (morską) be **shipwreck**[2]ed; uniknąć katastrofy **avert** a disaster; zapobiegać katastrofie **avert** a disaster
katastrofalny catastrophic, cataclysmic
katedra (*kościół*) cathedral; (*na uczelni*) chair[1]; kierownik katedry chair[1]
kategoria category, class[1]; drugiej kategorii second-class
kategorycznie categorically
kategoryczny categorical
kation cation
katoda cathode
katolicki Catholic; Kościół Katolicki the Catholic Church
katolicyzm Catholicism, Roman Catholicism
katoli-k/czka Catholic; (rzymsk-i/a) ~ Roman Catholic; praktykując-y/a ~ a **practising** Catholic
katorga być katorgą be **murder**[1]
kaucja (*za rzecz*) deposit[1]; (*za osobę*) bail[1]; wpłacać kaucję za *kogoś* bail sb out; wyjść /. być zwolnionym za kaucją be **bail**[2]ed
kawa coffee; ~ bez kofeiny decaf; ~ espresso espresso; amator kawy a coffee **drinker**
kawaler bachelor
kawaleria the cavalry
kawalerski wieczór ~ stag night
kawał chunk, hunk; (*dowcip*) trick[1], practical joke; ~ chłopa hunk; ~ drogi **miles**; zrobić *komuś* ~ **play**[1] a joke/trick on sb
kawałek piece[1], bit[1], fragment[1]; (*plaster*) slice[1]; (*jedzenia*) morsel; (*papieru*) scrap[1]; (*nici*) length; (*patyczek*) stick[2]; (*mięsa*) cut[2]; (*sera*) wedge[1]; ~ dalej **up**[1] the road/street, etc; na kawałki apart
kawiarenka ~ internetowa internet cafe, cybercafe
kawiarnia cafe
kawior caviar
kazać keep[1], order[2]; ~ *komuś coś zrobić* **tell** sb to do sth; ~ *komuś* czekać keep sb **wait**[1]ing; ~ *komuś* przechodzić przez *coś* put sb through sth; robić, co *ktoś* każe do sb's **bidding**
kazanie sermon, lecture[1]; prawić kazania lecture[2]; wygłaszać ~ preach
kazirodczy incestuous
kazirodztwo incest
kaznodzieja preacher
każdy every, each, a, every **single**[1], any[1], either[2], everyone, everybody, anyone, one[2]; ~ inny **everyone** else; ~ możliwy every; być na każde *czyjeś* skinienie /. zawołanie be at sb's **beck** and call; być *kimś* w każdym calu to be every **inch**[1] sth; dla każdego each; każdego rodzaju of every **description**; w każdej chwili any **given**[1] time, any time **now**[1]; w każdym razie anyhow, anyway, in any **event**, or; za każdym razem **time**[1] after time
kądziołek spinneret
kąpać ~ (się) bath[2], bathe
kąpiel (*mycie*) bath[1], a **wash**[2]; (*pływanie*) swim[2], dip[1]; przygotować ~ **run**[1] a bath
kąpielowy kostium ~ swimming costume, swimsuit; strój ~ bathing suit
kąpielówki (swimming) trunks
kąsać bite[1]
kąsek morsel; (smaczny /. łakomy) ~ tidbit, titbit
kąt angle[1]; ~ dopełniający supplementary angle, complementary angle; ~ naprzemianległy corresponding angle, alternate angle; ~ półpełny straight angle; ~ prosty right angle; ~ przyległy adjacent angle; ~ wklęsły reflex angle; każdy ~ every **nook** and cranny; kątem oka from/out of the **corner**[1] of your eye; leżeć po kątach lie around; pod kątem at an **angle**[1]; rozstawiać *kogoś* po kątach order sb about/around
kątomierz protractor

kciuk thumb[1]; trzymać kciuki keep your **finger**[1]s crossed
kebab kebab
keczup ketchup, catsup
kelner waiter
kelnerka waitress
kelwin kelvin
kemping campsite
kempingowy pole kempingowe trailer park; przyczepa kempingowa trailer, caravan; samochód ~ camper
keratyna keratin
kerning kerning
ketchup ketchup, catsup
keyboard keyboard
kępa clump
kępka tuft
kęs bite[2], mouthful
khaki khaki
kibelek loo
kibic supporter
kibicować support[1]; ~ *komuś* root for sb
kibuc kibbutz
kichać sneeze
kichnięcie sneeze
kicz kitsch
kiczowaty naff
kiedy when, while[1], as, once[2]; ~ tylko whenever; od ~ since[2]; rzadko ~ hardly **ever**
kiedykolwiek ever, whenever, no **matter**[1] when; lepszy/szybszy/szczęśliwszy *itp.* niż ~ przedtem better/faster/happier, etc than **ever**
kiedyś once[1], ever, someday, sometime, at one **time**[1]; ~ *coś robić* **used to** do/be sth
kielich calyx
kieliszek glass; (*drink*) shot[1], short[3], drink[2]; ~ do jajek egg cup
kieł (*człowieka*) canine; (*węża, psa*) fang; (*słonia*) tusk
kiełbacha banger
kiełbasa sausage
kiełek shoot[2], sprout[2]
kiełkować sprout[1], germinate
kiełkowanie germination
kiepski lame, lousy, spotty, feeble, rough[1]; ~ *ktoś/coś* not **much**[1] of a sth; być w kiepskim stanie be the worse for **wear**[2]
kier **hearts**
kierat treadmill
kiermasz ~ (dobroczynny) bazaar
kierować (*przewodzić*) direct[3], head[2], lead[1], control[2], be in **charge**[1], manage, mastermind; (*pojazdem*) drive[1], operate, steer; (*przesyłać, przeznaczać*) channel[2]; ~ *coś* do *kogoś/czegoś* gear sth to/towards sb/sth; ~ *coś* pod *czyimś* adresem level sth against/at sb; ~ *kogoś/coś* do *kogoś/czegoś* refer sb/sth to sb/sth; ~ objazdem redirect; ~ się *czymś* go by sth; ~ się do/przez/ku *itp.* make your **way**[1] to/through/towards, etc; ~ się ku *czemuś* make for sth; ~ się z powrotem/w dół/w stronę *itp.* **head**[2] back/down/towards, etc; źle ~ mismanage
kierowca driver, motorist; ~ ciężarówki trucker; agresja wśród kierowców road rage
kierownica (*samochodu*) steering wheel, the **wheel**[1]; (*roweru*) handlebars
kierownictwo direction, leadership
kierowniczy executive[1], managerial; pracownik szczebla kierowniczego executive[2]; układ ~ steering
kierowni-k/czka manager
kierownik executive[2], director, supervisor, controller, superintendent, foreman; ~ administracyjny warden; ~ katedry chair[1]; ~ pociągu conductor
kierunek direction, way[1], trend; ~ *czegoś* the **thrust**[2] of sth; ~ podstawowy (*studiów*) major[2]; dominujący ~ orthodoxy; w *czyimś* kierunku in sb's **direction**; w kierunku bound[1], towards; w kierunku południowym southbound; w kierunku północnym northbound
kierunkowskaz indicator; włączać ~ indicate
kierunkowy code; (numer) ~ area code
kiery **hearts**
kieszeń pocket[1]; (*fundusze*) pocketbook; (pełna) ~ pocketful; mieć *coś* w kieszeni have sth **sewn** up; hotel/cena *itp.* na każdą ~ a **budget**[3] hotel/price, etc; schować do kieszeni pocket[2]; sięgać do kieszeni cough (sth) up; znać *coś* jak własną ~ know sth **inside**[1] out
kieszonkowe allowance, pocket money
kieszonkowiec pickpocket
kieszonkowy pocket[3]
kij stick[2], rod; (*golfowy*) club[1]; (*baseballowy*) bat[1]; ~ bilardowy cue; ~ do golfa golf club; ~ i marchewka **carrot** and stick; (prosto) jakby ~ połknął bolt upright; nosić kije (do golfa) caddie
kijanka tadpole
kikut stump[1]
kil keel[1]
kilka a **few**, some[1], several, **one**[3] or two, odd; ~ dni temu the other **day**
kilku several
kilo- kilo-
kilo kilo
kilobajt kilobyte
kilof pick[2]
kilogram kilogram
kiloherc kilohertz
kilometr kilometre
kilowat kilowatt
kilt kilt
kilwater wake[2]
kiła syphilis
kinematografia cinema, celluloid
kineskop cathode ray tube, CRT
kinetyczny kinetic
kino cinema, movie theater, theatre, the **movies**, the **picture**[1]s; ~ dla zmotoryzowanych drive-in
kiosk stall[1], booth, kiosk; ~ z gazetami newsstand, **newsagent**'s
kioska-rz/rka newsagent
kiper kipper
kipieć seethe
kiszony pickled; ogórek ~ pickle
kiść bunch[1]
kit putty
kitki bunches
kiwać ~ (głową) nod
kiwi kiwi
klacz mare
klakson horn, hoot[1], toot
klamerka clothes peg, peg[1]
klamka doorknob, handle[2]
klamra clip[1], pin[1], clamp[1]
klan clan
klapa trap door; (*w ubraniu*) flap[1], lapel; (*niepowodzenie*) washout
klapek flip-flop
klapka flap[1]
klapki mules
klapnąć **flop**[1] down/into/onto, etc
klaps smack[2], slap[2], flop[2]; dać klapsa spank, smack[1]
klarnet clarinet
klasa class[1]; (*uczniowie*) form[1], grade[1]; (*sala*) classroom; ~ biznes (owa) business class; ~ ekonomiczna economy class; ~ maturalna sixth form; ~ robotnicza working class; ~ średnia middle class; ~ wyższa upper class; ~ zerowa kindergarten; drugą klasą second class; drugiej klasy second-class; (gra w) klasy hopscotch; klasy przedmaturalne sixth form; kolega/koleżanka z klasy classmate; pierwszą klasą first class; pierwszej klasy first-class; światowej klasy world-class; z klasą classy
klaskać clap[1], applaud
klasycznie classically
klasyczny classical, classic[1], vintage[1]; ~ przykład a **prime**[1] example; filologia klasyczna classics; muzyka klasyczna **classical** music; styl ~ breaststroke
klasyfikacja classification
klasyfikować categorize, classify
klasyka classic[2]
klasztor (*żeński*) convent; (*męski*) monastery
klasztorny monastic
klatka cage, coop[1]; (*zdjęcie*) exposure, still[3]; ~ (schodowa) staircase, stairway; ~ piersiowa rib cage, chest, thorax
klaustrofobia claustrophobia
klaustrofobiczny claustrophobic
klauzula clause, provision, caveat, stipulation
klawiatura keyboard; (*telefonu itp.*) keypad
klawisz key[1], control[1]; ~ funkcyjny function key
klawisze keyboard
kląć curse[2], swear
klątwa curse[1]
kleić gum[2]; ~ się cling; → **sklejać**
klej glue[1], adhesive, gum[1], paste[1]

klejący sticky, adhesive; taśma klejąca Scotch tape, Sellotape, tape[1]
klejnot gem, jewel
klepać tap[2]
klepnięcie pat[2], tap[1]
kler clergy
kleszcz tick[1]
kleszcze pincer
klęczeć kneel
klęska calamity, defeat[2], disaster; ~ głodu famine; skazany na klęskę doomed
klient/ka customer, client, patron, shopper; stał-y/a ~ regular[2]; klienci custom
klientela clientele, custom
klient-serwer client-server
klif cliff
klika clique
klikać click[1]
kliknąć ~ dwukrotnie (myszką) double-click
klimat climate; (*nastrój*) aura, vibes; zmiany klimatu climate change
klimatyczny climatic
klimatyzacja air conditioning, air con
klimatyzator air conditioner
klimatyzowany air-conditioned
klin wedge[1]
klinicyst-a/ka clinician
kliniczny clinical
klinika clinic
klip clip[1]; (wideo)~ video clip
klocek block[1]; (*tysiąc*) grand[2]
klomb bed[1], flower bed
klon (*drzewo*) maple; (*kopia*) clone[1]
klonować clone[2]
klonowanie cloning
klosz lampshade, shade[1]; życie pod kloszem a **sheltered** existence/life/ upbringing, etc
kloszard down-and-out
klown clown[1]
klozetowy muszla klozetowa toilet
klub club[1]; ~ fitness gym; ~ golfowy golf club; ~ nocny nightclub; (dyskusyjny) ~ książki book club; budynek /. siedziba klubu clubhouse
klubowy życie klubowe the club **scene**
klucz key[1]; (*w nutach*) clef; (*bazy danych*) key field; ~ (do nakrętek) spanner; ~ do *czegoś* a **passport** to sth; ~ francuski wrench[2]; dziurka od klucza keyhole; pod kluczem under **lock**[2] and key
kluczowo crucially
kluczowy key[2], pivotal, critical, crucial; ~ element pivot; kluczowa sprawa the **name**[1] of the game; kluczowe wydarzenie landmark
kluska dumpling
kłaczki fluff[1]
kłam zadawać ~ belie
kłamać lie[2]
kłamca liar; nałogowy /. notoryczny ~ *itp.* a **compulsive** liar; niepoprawny ~ an **inveterate** liar
kłamliwy mendacious, deceitful
kłamstewko fib; niewinne ~ white lie
kłamstwo lie[3], untruth; ewidentne ~ **patent**[2] lie
kłaniać ~ się bow[1]
kłapać ~ (zębami) snap[1]
kłaść ~ *coś* **lay**[1] sth down/in/on, etc; ~ *coś gdzieś* **put** sth down/in/on, etc; ~ nacisk na *coś* **place**[2] emphasis on sth; ~ podwaliny pod *coś* lay the **foundation**(s) for/of sth; ~ się cieniem na blight; ~ się cieniem na *czymś* cast a **pall**[2] over sth, cast a **shadow**[1] over sth, put a **damper** on sth; ~ się na skrzydło bank[2]; nie ~ się wait up; nie ~ się (do łóżka) stay up; ~ *coś* na/pod *itp.* **stick**[1] sth on/under, etc;
→ **położyć**
kłąb (*dymu*) puff[2]
kłącze rhizome
kłębek ball; ~ nerwów a **bundle**[1] of nerves
kłębić ~ się billow; ~ się od *czegoś/ kogoś* **bustle**[1] with sth
kłoda log[1]
kłopot difficulty, problem, trouble[1], hassle[1], bother[2], imposition, liability, mess[1], nuisance, predicament, bore[2]; ~ z *kimś/czymś* the **trouble**[1] with sb/sth; być w kłopocie be in a **fix**[2]; drobny ~ *itp.* a **bit**[1] of a problem; kłopoty trouble[1]; mieć kłopoty be **for**[1] it; oznaczać kłopoty **spell**[1] trouble; przysparzać kłopotów act up; robić /. sprawiać *komuś* ~ put sb out; sprawiać ~ inconvenience
kłopotliwy awkward, burdensome, perplexing; być kłopotliwym be a **pain**[1] (in the neck)
kłos ear
kłócić ~ się (*awanturować się*) argue, quarrel[2], fight[1]; (*być sprzecznym*) conflict[2], clash[1]; ~ się z *czymś* be/ run **counter**[3] to sth, go against sth; ~ się z zasadami go against the **grain**
kłódka padlock; zamknąć na kłódkę padlock
kłótliwy argumentative, stroppy
kłótnia argument, quarrel[1], fight[2], row[3]; wywoływać kłótnię **pick**[1] a fight/argument
kłucie ~ w boku stitch[1]
kłuć jab[1]
kłujący ~ ból stabbing pain
kłus trot[2], canter
kłusować (*bieć*) trot[1], canter; ~ (na) poach
kłusowni-k/czka poacher
KM hp
km km
km/godz. kph
km/h kph
knajpka joint[2], diner
knebel gag[2]
knuć plot[2], scheme[2], connive; ~ (*coś*) be **up**[1] to (sth)
knur boar
ko- co-
koala (niedźwiadek) ~ koala
koalicja coalition
kobiecość femininity, womanhood
kobiecy feminine, female[1], womanly; siatkówka kobieca netball
kobierzec ~ *czegoś* a **carpet** of sth; stanąć na ślubnym kobiercu tie the **knot**[1]
kobieta woman, female[2]
kobra cobra
koc blanket[1]
kochać love[1]; ~ się make **love**[2]
kochający loving, doting
kochan-ek/ka lover
kochanie dear[3], love[2], darling[1], honey, sweetheart
kochanka mistress
kochany sweet[1]
koci feline
kocioł (*gar*) cauldron; (*piec*) boiler
kocur tomcat
kocyk rug
koczowniczy nomadic
koczownik nomad
kod ~ binarny binary code; ~ genetyczny genetic code; ~ maszynowy machine code; ~ paskowy bar code; ~ pocztowy postcode, zip code; ~ źródłowy source code
kodeina codeine
kodeks code
koedukacyjny co-ed
kofeina caffeine; kawa bez kofeiny decaf
kognitywny cognitive
kogo whom; ~ to obchodzi? Who **care**[1]s?
kogucik cockerel
kogut cock[1], rooster
kohabitacja cohabitation
kohabitować cohabit
koić soothe
koja berth, bunk
kojarzyć associate[1]; ~ się w pary mate[2]
kojący soothing, therapeutic
kojec playpen
kojot coyote
kok bun
kokaina cocaine
kokarda bow[3]
kokardka bow[3]
kokieteryjnie coyly
kokieteryjny coy
koklusz whooping cough
kokon cocoon
kokos coconut
kokosowy orzech ~ coconut
kokpit cockpit
koktajl cocktail; ~ (mleczny /. owocowy) shake[2]; ~ mleczny milkshake
kolaboracja collaboration
kolaborant/ka collaborator
kolaborować collaborate
kolacja dinner, supper, tea, teatime; pora kolacji teatime; zakwaterowanie ze śniadaniem i kolacją half board
kolagen collagen
kolano knee; kolana lap[1]; do kolan knee-deep; napisać *coś* na kolanie dash sth off; po kolana knee-deep;

rzucić *kogoś/coś* na kolana bring sb/sth to their **knees**
kolarstwo cycling
kolba (*szklana*) flask, collecting flask; (*kukurydzy*) ear; (*karabinu*) butt[1]; ~ (stożkowa) conical flask
kolczasty prickly, spiky, thorny; drut ~ barbed wire
kolczyk earring, stud
kolebka ~ *czegoś* the **cradle**[1] of sth
kolec spike, prickle[1], thorn
kole-ga/żanka friend; ~ (z pracy) colleague; ~ z klasy classmate; ~ z drużyny /. zespołu teammate; ~ z pokoju roommate; koledzy the **boy**[1]s
kolegium college
koleina rut
kolej (*pociągi*) rail, the **railway**(s); (*pora*) turn[2], go[2]; ~ magnetyczna maglev train; drugi z kolei second best; po kolei **one**[2] by one, in **turn**[2], **one**[2] at a time; szybka ~ bullet train
kolejka queue, line[1]; (*drinków*) round[3]; ~ górska (*w wesołym miasteczku*) roller coaster; ~ linowa cable car; stać w kolejce **stand**[1] in line, queue (up); stanąć w kolejce **join**[1] a line; wpychać się bez kolejki jump the **queue**
kolejno one[2] by one, in **turn**[2], consecutively, sequentially
kolejność order[1], sequence; w odwrotnej kolejności **in reverse**[2]
kolejny consecutive, successive, straight[1], sequential
kolejowy linia kolejowa railway; przejazd ~ grade crossing, level crossing
kolekcja collection
kolekcjoner/ka collector
kolekcjonować collect[1]
kolendra coriander, cilantro; natka kolendry cilantro
koleś crony
koleżeństwo comradeship
kolęda carol, Christmas carol
koliber hummingbird
kolidować clash[1]; ~ z *czymś* interfere with sth
kolizja collision
kolka stitch[1], colic
koloid colloid
kolokacja collocation
kolonia colony
kolonializm colonialism
kolonialny colonial
kolonist-a/ka colonist
kolonizacja colonization
kolonizować colonize
kolor colour[1]; (*w kartach*) suit[1]; ~ (skóry) colour[1]; do wyboru do koloru you **name**[2] it; nabierać koloru colour[2]; odrobina koloru a **splash**[2] of colour; w tym samym kolorze matching
kolorować colour[2]
kolorowy coloured, colourful
koloryt colour[1]
kolosalny colossal
kolumna column
kołatka knocker
kołdra comforter, duvet, quilt
kołek peg[1], pin[1]
kołnierz collar[1]
koło (*obok*) near[1], beside, by[1]; (*kółko*) circle[1], wheel[1]; ~ *czegoś/kogoś* **next**[3] to sth/sb; ~ barw colour wheel; ~ do pływania float[2]; ~ zębate cog; błędne ~ vicious circle
kołysać ~ (się) rock[2], swing[1]; ~ się sway, bob
kołysanka lullaby
kołyska cradle[1]
komandor ~ porucznik commander
komandos commando
komar mosquito, gnat; repelent /. środek na komary insect/mosquito **repellent**[2]
kombajn combine harvester
kombi estate car, station wagon
kombinacja combination
kombinator/ka deadbeat, hustler
kombinezon overalls, coveralls; ~ piankowy wet suit
kombinować ~ przy *czymś* fiddle (about/around) with sth
komedia comedy, charade; ~ slapstickowa slapstick
komediowy serial ~ sitcom
komenda ~ policji police department
komendant marshal
komensalizm commensalism
komentarz comment[1], commentary, narration; ~ dnia op-ed; Bez komentarza No **comment**[1].; negatywny ~ **adverse** comment
komentator/ka broadcaster, commentator
komentować comment[2]
komercjalizacja commercialization
komercjalizm commercialism
komercyjnie commercially
komercyjny commercial[1]; bank ~ merchant bank; na zasadach komercyjnych on a commercial **basis**
kometa comet
komfort comfort[1]
komfortowy comfortable
komicznie comically
komiczny comic[1], comical
komik comedian, comic[2]
komiks cartoon, comic[2]
komin chimney, funnel
kominek fireplace, fireside, hearth; miejsce przy kominku fireside; osłona kominka fender; półka nad kominkiem mantelpiece
kominiarz chimney sweep
komisariat (*rejon*) precinct; ~ policji police station; brać *kogoś* na ~ take sb in
komisarz commissioner
komisja committee, commission[1]
komitet committee
komoda bureau, chest of drawers, dresser
komora chamber, compartment; ~ gazowa gas chamber; ~ (serca) ventricle
komornik bailiff
komórka cell; (*telefon*) mobile[2], cell phone, cellular phone; ~ kubkowa goblet cell; ~ macierzysta stem cell; ~ nerwowa nerve cell; ~ szparkowa guard cell
komórkowy cellular; telefon ~ cellular phone, mobile phone, cell phone
kompakt CD
kompaktowy odtwarzacz ~ CD player; płyta /. płytka kompaktowa compact disc
kompas compass
kompatybilny compatible
kompensacja ~ emisji (dwutlenku węgla) offsetting
kompensować ~ *coś* cancel sth out
kompetencja competence; zakres kompetencji remit[1]
kompetentnie competently
kompetentny competent; ~ *coś zrobić* **qualified** to do sth
kompilacja compilation
kompilator compiler
kompleks complex[2]
komplement compliment[1]; powiedzieć *komuś* ~ **pay**[1] sb a compliment; prawić komplementy flatter
komplet set[2], match[1]; ~ (mebli) suite; ~ (widowni) full house; być w komplecie z accompany
kompletny complete[1], unadulterated; (*dzieło*) unabridged; (*nonsens*) utter[1]
komplikacja complication, setback, hitch[1]
komplikować complicate, obscure[2], obfuscate; ~ się go **awry**
komponować compose
kompost compost
kompozycja arrangement, composition
kompozytor/ka composer
kompresować compact[2]
kompromis compromise[1], balance[1], trade-off, appeasement; iść na ~ compromise[2]
kompromitacja disgrace[2]
kompromitować disgrace[1]
kompromitujący compromising, unsavoury
komputer computer, machine; ~ (osobisty) personal computer, PC[1]; ~ dużej mocy mainframe; ~ klasy mainframe mainframe; ~ stacjonarny desktop; na /. przy komputerze on **screen**[1]; pisać na komputerze type[2]; pisanie na komputerze word processing, typing; spec od komputerów techie
komputerowy (mała) poligrafia komputerowa desktop publishing
komputeryzacja computerization
komputeryzować computerize
komuna commune
komunalny budynek/mieszkanie komunaln-y/e a council house/flat; przedsiębiorstwo usług komunalnych public utility, utility

komunał cliché
komunia communion
komunikacja (*kontakt*) communication; (*przewóz*) transport[1], transportation, transit; ~ publiczna **public**[1] transport; ~ zbiorowa public transport
komunikat communiqué, advisory[2]; ~ błędu error message
komunikatory ~ (internetowe) instant messaging
komunikatywny coherent
komunikować convey
komunist-a/ka communist, Communist
komunistyczny communist
komunizm communism, Communism
komutator commutator
komutowany dial-up
konar limb, bough
koncentracja concentration
koncentracyjny obóz ~ concentration camp
koncentrat concentrate
koncentrować ~ się na *czymś/kimś* revolve around/round sth/sb, centre around/on sth/sb, home in on sth/sb; ~ się na *czymś* (w *czymś*) focus (sth) on sth; ~ się wokół/na *itp.* be **concentrate**d around/in/on, etc; koncentrujący się na sobie introspective
koncentryczny concentric
koncepcja concept, conception, notion
koncern concern[2]; ~ międzynarodowy multinational[2]
koncert concert, gig, concerto; organizować ~ **stage**[2] a concert
koncesja licence, concession, franchise; posiadający koncesję na sprzedaż alkoholu licensed
koncesjodawca franchiser
koncha (*muszla*) conch
kondensator condenser; capacitor
kondensować compress
kondolencje condolence
konduktor/ka conductor, collector, guard[1]
kondycja fitness, health; w słabej kondycji unfit
kondygnacja storey, level[1], a **flight** of stairs/steps
koneser connoisseur; ~ wina a wine **buff**
konewka watering can
konfederacja confederacy
konferencja conference; ~ prasowa press conference
konferencyjny sala konferencyjna boardroom
konfetti confetti
konfirmacja confirmation
konfirmowany zostać konfirmowanym be **confirm**ed
konfiskata seizure, confiscation
konfiskować confiscate, impound
konfitura preserve[2]; konfitury preserve[2]
konflikt conflict[1], clash[2], breach[1], row[3]; ~ interesów a **conflict**[1] of interest; ~ pokoleń the generation gap; konflikty friction; konflikty wewnętrzne infighting; włączyć się w ~ enter/join, etc the **fray**[2]; zostać wciągniętym w ~ be caught in the **crossfire**
konfliktowy confrontational
konfrontacja confrontation; zmierzać do konfrontacji be on a **collision** course
konfrontacyjny confrontational
konfrontować confront
konglomerat conglomerate
kongres congress; Kongres Congress; członek/członkini Kongresu congressman, congresswoman; (do) Kongresu (*wybory, komisja*) congressional
kongresowy congressional
koniak cognac, brandy
koniczyna clover
koniec end[1], close[4]; (*czubek*) tip[1]; (*ulicy*) bottom[1]; (*śmierć*) demise; ~ *czegoś* the **tail**[1] end of sth; bez końca endlessly, **over**[1] and over (again), interminably; do końca up[1], to[3]; do samego końca to/until the **bitter**[1] end; dobiegać końca **draw**[1] to a close/end, run its **course**; doprowadzać *coś* do końca go through with sth, follow sth through; drugi ~ (*czegoś*) the **other**[1] end (of sth); i ~ **that**[2]'s that; końcem końców in the **event**; mieć na końcu języka be on the **tip**[1] of your tongue; na końcu last[2]; to nie ~ świata not be the **end**[1] of the world; od końca in **reverse**[2]; w końcu in the **end**[1], finally, eventually, **after**[1] all, ultimately, at (long) **last**[3], at the **end**[1] of the day; wiązać ~ z końcem make **end**[1]s meet, **eke** out a living/existence
konieczność necessity, the **inevitable**; kupujący z konieczności a **captive**[1] market; pilna ~ urgency
konieczny necessary, essential, imperative[1]; być koniecznym be a **must**[2]; konieczne jest *coś* There **need**[1]s to be sth
konik (*handlarz*) scalper, tout[2]; ~ morski seahorse
koniugacja conjugation
koniugować conjugate
koniunktura (dobra) ~ boom[1]
koniuszek tip[1]; ~ palca fingertip
konkluzja the upshot
konkretny concrete[2], specific, particular, pithy, businesslike, no-nonsense
konkrety the nitty-gritty
konkurencja competition; stawić czoło konkurencji hold your **own**[1]; wolna ~ free enterprise; wprowadzać konkurencję deregulate; wprowadzenie konkurencji deregulation
konkurencyjnie competitively
konkurencyjność competitiveness
konkurencyjny competitive, rival
konkuren-t/ka competitor
konkurent suitor
konkurować compete; ~ z rival[2]
konkurs competition, contest[1]
konno on **horseback**
konny equestrian; (*zaprzęgowy*) horse-drawn; wyścigi konne horse racing
konopie hemp
konotacja connotation
konsekwencja consequence, consistency; będący tego konsekwencją consequent; konsekwencje ramifications; ponieść konsekwencje face the **music**
konsekwentnie consistently
konsekwentny consistent
konserwacja maintenance
konserwant additive, preservative
konserwatyst-a/ka Conservative
konserwatywny conservative, unadventurous; Partia Konserwatywna the Conservative Party
konserwatyzm conservatism
konserwować preserve[1]
konserwowy tinned
konserwujący środek ~ preservative
konsola console[2]
konsolidacja consolidation
konsolidować consolidate
konsorcjum consortium, syndicate
konspekt handout
konstelacja constellation
konsternacja consternation, dismay
konstrukcja construction, design[1]
konstrukcyjnie structurally
konstrukcyjny structural
konstruktywnie constructively
konstruktywny constructive
konstruować structure[2]
konstytucja constitution; niezgodny z konstytucją unconstitutional
konstytucyjny constitutional
konsul consul
konsularny consular
konsulat consulate
konsultacja consultation, referral; konsultacje tutorial
konsultant/ka consultant
konsultować ~ się z consult
konsument/ka consumer, diner; ~ drugiego rzędu secondary consumer; ~ pierwszego rzędu primary consumer
konsumować consume; (*związek*) consummate[1]
konsumpcjonizm consumerism
konsystencja consistency
kontakt contact[1], exposure, introduction; ~ wzrokowy eye contact; być/pozostawać *itp.* w kontakcie be/get/keep, etc in **touch**[2]; mieć ~ z handle[1]; nawiązywać ~ **establish** communication; tracić ~ lose **touch**[2]; kontakty dealings; mieć kontakty z *kimś/czymś* deal with sb/sth; nawiązywać kontakty network[2]; nawiązywanie kontaktów networking; zerwać kontakty **sever** links with sb

kontaktować ~ się interface²; ~ się z contact²; ~ się z *kimś/czymś* deal with sb/sth
kontaktowy soczewka kontaktowa contact lens, contact¹
kontekst context, background, backdrop; ~ użycia use²; rozważać *coś* w kontekście *czegoś* balance sth against sth; spojrzeć na *coś* w szerszym kontekście put sth in/into **perspective**
kontemplacja contemplation
kontener crate; ~ (na śmieci) Dumpster, skip²
konto account¹; ~ bankowe bank account; ~ kredytowe credit account; ~ teowe T account; mieć *coś* na koncie have sth to your **credit**¹, have sth under your **belt**¹; otwierać ~ **open**² an account; stan konta bank balance; wyciąg z konta bank statement
kontr- counter-
kontra- contra-
kontrabanda contraband
kontrabas double bass, bass
kontrakt contract¹; podpisywać ~ sign on; podpisywać ~ z *kimś* (*z drużyną*) sign for sth
kontraktowy contractual
kontrast contrast¹; ostry ~ a **sharp**¹ contrast
kontrastować contrast²
kontrastujący contrasting
kontratak counter-attack
kontratakować strike back, counter-attack
kontrola examination, inspection, review¹, regulation, control¹, grip¹; ~ (finansowa) audit; ~ jakości quality control; ~ nad *czymś* **mastery** of/over sth; ~ nad *czymś/kimś* **hold**² on/over sth/sb; ~ paszportowa immigration; ~ urodzeń birth control; obejmować kontrolę **assume** control; pełna ~ stranglehold; pod kontrolą under **control**¹; poza kontrolą out of **control**¹; przejmować kontrolę take over; punkt kontroli (drogowej) checkpoint; urząd kontroli regulator; wyjęcie spod kontroli państwowej deregulation; wyjmować spod kontroli państwowej deregulate; wymykać się spod kontroli run **riot**¹, get out of **hand**¹
kontroler/ka (*biletów*) conductor; ~ ruchu lotniczego air traffic controller
kontroler inspector; ~ (księgowy) auditor
kontrolny regulatory; badanie kontrolne check-up
kontrolować (*sterować*) regulate; (*sprawdzać*) inspect, control², audit; ~ *coś* hold/keep sth in **check**², keep sth down
kontrowersja controversy, row³; fala kontrowersji a **storm**¹ of controversy
kontrowersyjny controversial, contentious, divisive
kontur contour, outline²
kontynent continent, the **mainland**; (*Europa*) the Continent
kontynentalny continental, Continental, mainland; Europa kontynentalna the Continent; śniadanie kontynentalne continental breakfast
kontyngent contingent¹, quota
kontynuacja continuation, follow-up, sequel; stanowić kontynuację follow on
kontynuować carry on, continue, proceed; (konsekwentnie) ~ press ahead/forward/on
konurbacja conurbation
konwekcja convection
konwekcyjny convectional
konwencja convention
konwencjonalnie conventionally
konwencjonalny conventional, orthodox; broń/siły/wojna *itp.* konwencjonaln-a/e **conventional** arms/forces/warfare, etc
konwój convoy
koń horse; ~ czystej krwi thoroughbred; ~ mechaniczny horsepower; ~ wyścigowy racehorse; na koniu /. koniach on **horseback**; robić *kogoś* w konia mess sb about/around
końcowy eventual; egzaminy końcowe **final**²s; produkt ~ end-product; przystanek ~ terminus; stacja końcowa terminus
końcówka ending; (*do urządzenia*) attachment; ~ (wylotowa) nozzle; ~ *czegoś* the **tail**¹ end of sth
kończący uderzenie kończące putt
kończyć culminate; ~ (na dziś) call it a **day**; ~ (pracę) knock off; ~ (się) end²; ~ się run out, dry up, peter out, **draw**¹ to a close/end; ~ się *czymś* **culminate** in/with sth; ~ się/ *coś* wind (sth) down, wind (sth) up; ~ studia /. szkołę graduate²
kończyna limb; kończyny extremities
koński ~ ogon ponytail
koordynacja coordination
koordynator/ka coordinator, liaison
koordynować coordinate
kopacz digger
kopać (*nogą*) kick¹, boot²; (*w ziemi*) dig¹, excavate; ~ (tunel) tunnel²
kopalnia mine², pit¹; ~ węgla coal mine, colliery; ~ złota gold mine
kopalny paliwo kopalne fossil fuel
koparka digger
koper ~ (włoski) fennel
koperta envelope; zaadresowana ~ ze znaczkiem sae, SAE, SASE
kopia copy¹, replica, reproduction, print², carbon copy; (*skrót*) cc; ~ zapasowa backup; dokładna ~ carbon copy; robić kopię (zapasową) *czegoś* back sth up; wysłać *komuś* ~ *czegoś* copy sb in on sth
kopiarka copier
kopiec mound
kopiować copy², reproduce; ~ nielegalnie pirate²
kopnąć ~ (w powietrzu) (*piłkę*) punt²; → **kopać**
kopniak kick²
kopnięcie kick²
kopolimer copolymer
kopolimeryzacja copolymerization
kopolimeryzować copolymerize
kopuła dome; kryty /. zwieńczony kopułą domed
kopułowy domed
kopyto hoof; kopyta hooves
kora (*drzewa*) bark¹; (*w anatomii i botanice*) cortex; ~ mózgu cerebral cortex
koral coral
korale sznur korali a **string**¹ of beads
koralik bead
Koran the Koran, the Qur'an
korba crank
kordon cordon¹
korek (*zator*) jam¹, gridlock, tailback, bottleneck; (*zatyczka*) cork, plug¹; ~ (uliczny) traffic jam
korekcyjny corrective
korekta adjustment, revision
korelacja correlation
korelować correlate
korepetycje tuition, coaching; dawać ~ coach², tutor
korepetytor/ka coach¹, tutor
korespondencja correspondence; ~ seryjna mail merge; tacka na korespondencję przychodzącą in-tray
korespondent/ka correspondent
korespondować correspond
korkociąg corkscrew
korniszon pickle
korodować corrode
korona crown¹; ~ (kwiatu) corolla
Korona the Crown
koronacja coronation
koroner coroner
koronka (*ozdoba*) lace¹; (*dentystyczna*) crown¹
koronować crown²
korozja corrosion; powodować korozję corrode; powodujący korozję corrosive
korporacja corporation
korpulentny portly, stout¹
korpus (*tułów*) body, trunk; (*grupa*) corps
kort court¹
korumpować corrupt²
korupcja corruption, sleaze
korygować adjust, correct²
korytarz corridor
koryto trough
korzeń root¹; ~ oddechowy aerial root; ~ palowy taproot; korzenie roots
korzonek ~ zarodkowy radicle
korzystać ~ z (*prawa*) exercise²; ~ z *czegoś* make **use**² of sth, take **advantage** of sth; ~ z usług (*sklepu, lokalu*) patronize
korzystanie ~ z *czegoś* the **use**² of sth
korzystnie favourably
korzystny advantageous, beneficial, flattering, favourable

korzyść advantage, benefit[1], mileage, expediency; ~ (uboczna) perk[1]; (dodatkowa) ~ bonus; czerpać / przynosić korzyści **reap** the benefits/profits/rewards; czerpać korzyści z *czegoś* cash in on sth; działać na ~ *czegoś* be **weighted** in favour of/towards sth; mieć same korzyści have the **best**[3] of both worlds; na *czyjąś* ~ in sb's **favour**[1]; na ~ *kogoś/czegoś* in **favour**[1] of sb/sth; osiągać ~ z *czegoś* profit from sth; przynosić ~ benefit[2]; własna ~ self-interest
kos blackbird
kosa scythe
kosiarka mower; ~ (do trawy) lawn mower
kosić mow
kosmek ~ jelitowy villus
kosmetyczka (*osoba*) beautician
kosmetyczny cosmetic; salon ~ beauty salon; zabieg ~ a **beauty** treatment
kosmetyk a **beauty** product; kosmetyki cosmetics
kosmiczny cosmic; prom ~ shuttle[1], space shuttle; przestrzeń kosmiczna outer space; skafander ~ spacesuit; statek / pojazd ~ spacecraft, spaceship
kosmit-a/ka alien[2]
kosmonautyka lotnictwo i ~ aerospace
kosmopolityczny cosmopolitan
kosmos space[1], outer space, the cosmos
kosmyk strand; ~ włosów a **wisp** of hair
kostium costume, fancy dress, kit, pant suit, suit[1]; ~ kąpielowy swimming costume, swimsuit
kostka (*sześcian*) cube[1]; (*w dłoni*) knuckle[1]; (*w nodze*) ankle; ~ (do gry) dice[1]; ~ domina domino; ~ lodu ice cube; kroić w kostkę cube[2], dice[2]; płaszcz/suknia/spódnica *itp.* do kostek a **full-length** coat/dress/skirt, etc
kostnica morgue, mortuary
kostny szpik ~ bone marrow
kostyczny dry[1]
kosz basket, hamper[2]; ~ na śmieci bin, dustbin, garbage can, trash can, wastepaper basket; trafić do kosza bite the **dust**[1]
koszary barracks
koszerny kosher
koszmar nightmare
koszmarny ghastly, harrowing, hellish, from **hell**; ~ sen nightmare
koszt cost[1], expense; ~ alternatywny opportunity cost; ~ krańcowy marginal cost; ~ przelotu airfare; ~ przewozu carriage; ~ sprzedaży cost of sales; ~ wysyłki shipping and handling, postage and packing, P&P; koszty expenses; koszty kredytu cost of borrowing; koszty stałe fixed costs, overheads; koszty własne prime cost; koszty zmienne variable costs; dzwonić na ~ abonenta reverse the **charge**[1]s; *czyimś* kosztem at sb's **expense**; kosztem *czegoś* at the **expense** of sth, to the **exclusion** of sth; na *czyjś* ~ at sb's **expense**, with the **compliment**[1]s of sb; na ~ abonenta collect[2]; na ~ firmy on the **house**[1]; podzielić się kosztami z *kimś* go halves with sb; ponosić koszty **bear**[1] the cost; tanim kosztem on a **shoestring**
kosztorys estimate[1]
kosztować cost[2]; (*smakować*) taste[2]; ~ *ileś* **sell** for/at sth; ~ *kogoś* (*ileś*) set sb back (sth); ~ dużo wysiłku tax[2]; trochę ~ not come **cheap**[2]
kosztownie expensively
kosztowności valuables
kosztowny costly, expensive
koszula shirt; ~ nocna nightdress, nightgown, nightie
koszulka jersey; ~ polo polo shirt; ~ z krótkim rękawem T-shirt, tee shirt
koszyk basket, shopping basket, hamper[2]
koszykówka basketball; piłka do koszykówki basketball
kościelny ecclesiastical
kościół church; Kościół Katolicki the Catholic Church; uczęszczać / chodzić do kościoła **attend** a church
kościsty bony, scrawny
kość bone[1]; ~ niezgody a **bone**[1] of contention; ~ łokciowa ulna; ~ policzkowa cheekbone; ~ promieniowa radius; ~ ramienna humerus; ~ słoniowa ivory; ~ strzałkowa fibula
koślawy rickety, spidery
kot cat; drzeć koty (z *kimś*) be at **loggerheads** (with sb); mieć kota na punkcie *czegoś/kogoś* have a **thing** about sth/sb; pręgowany ~ tabby
kotek kitten
kotlet chop[2], cutlet
kotlina corrie
kotłować ~ się (*gdzieś*) mill about/around (sth)
kotwica anchor[1]; rzucać kotwicę anchor[2]
kotylion rosette
kowadełko incus
kowal blacksmith
kowboj cowboy
koza goat; (*areszt*) detention
kozaczek boot[1]
kozi zapędzić w ~ róg trap[2]; zapędzić *kogoś* w ~ róg put sb on the **spot**[1]
kozioł buck[1]; ~ ofiarny scapegoat
koziołek somersault; fikać koziołki somersault
Koziorożec Capricorn
kozłować bounce[1]
koźlę kid[1]
kożuch (*futro*) skin[1]; (*na cieczy*) scum
kółko ~ (na klucze) key ring; ~ zębate sprocket; (kolczyk) ~ sleeper; w ~ **again** and again, **over**[1] and over (again), away[1], **round**[2] and round
kpić ~ (z) mock[1]; ~ sobie z ridicule[1]; ~ sobie z *kogoś/czegoś* make **fun**[1] of sb/sth
kpina mockery, ridicule[2], gibe, jibe
krab crab
krach crash[1]
kradzież theft; ~ samochodów dla przyjemności joyriding; ~ sklepowa shoplifting; fala kradzieży a **spate** of thefts
kradziony jazda kradzionymi samochodami joyriding; jeździć kradzionymi samochodami joyride
kraina land[1]; ~ kangurów **down**[1] under; w krainie kangurów **down**[1] under
kraj country[1], land[1]; ~ rozwinięty a **developed** country/nation; kraje rozwijające się/uprzemysłowione/ zachodnie *itp.* the developing/ industrialized/Western, etc **world**[1]; kraje śródziemnomorskie the Mediterranean; tęskniący za krajem homesick; tęsknota za krajem homesickness; w całym kraju nationwide, nationally
krajobraz scenery, landscape; ~ (wiejski) countryside
krajowiec native[2]
krajowy internal, domestic, national[1], cross-country, home-grown; na trasach krajowych cross-country
krakać croak
krakers cracker
krakowanie cracking
kraksa crash[1], wreck[2]
kran tap[1], faucet; woda z kranu tap water
krasnal dwarf[1], gnome
krasnoludek dwarf[1], gnome
krasomów-ca/czyni orator
krasomówstwo oratory
kraść steal, pilfer, nick[1]; ~ samochody dla przyjemności joyride; ~ w sklepach shoplift
krata bar[1], grille, grating; materiał w kratę plaid; materiał w szkocką kratę tartan
krater crater
kratka (*wzór*) check[2], grid; (*kwadracik*) box[1]; (*z listew*) trellis; w kratkę checked; za kratkami behind **bar**[1]s
kraul crawl[2]
krawat tie[2]
krawędź rim, ridge, precipice, lip; ~ drogi verge[1]; być na krawędzi *czegoś* be at/on the **point**[1] of doing sth, be on the **verge**[1] of sth/doing sth
krawężnik kerb, curb[2]
kraw-iec/cowa tailor[1]
krawiectwo sewing
krąg ring[1], circle[1]; (*grupa*) crowd[1]
krągły plump[1]
krążek disc; ~ (hokejowy) puck
krążenie circulation
krążownik cruiser
krążyć circulate, circle[2], orbit, hover, fly about/around, get round; krążą pogłoski be **rumour**[2]ed
kreator wizard

kreatywnie myśleć ~ think outside the box
kreda chalk[1]; napisać kredą chalk[2]; z okresu kredy Cretacious
kredens cupboard, dresser, sideboard
kredka ~ (świecowa) crayon; ~ do oczu eyeliner
kredowy chalky; (*z okresu kredy*) Cretacious
kredyt credit[1], loan[1]; ~ hipoteczny mortgage
kredytobiorca borrower
kredytodawca lender
kredytowy karta kredytowa credit card
krem cream[1]; ~ budyniowy custard; ~ nawilżający moisturizer; ~ z filtrem UV sunscreen
kremacja cremation
krematorium crematorium
kremować (*zwłoki*) cremate
kremowy cream[2], creamy; (kolor) ~ cream[1]
kreować tout[1]
kres end[1]; położyć ~ pull the **plug**[1], stop[1]; położyć *czemuś* ~ put an **end**[1] to sth, put a **stop**[2] to sth, bring sth to an **end**[1]; u kresu wytrzymałości at the **end**[1] of your tether
kreseczka hyphen; (*jak wyżej*) ditto[2]
kreska line[1]; położyć na *kimś/czymś* kreskę write sb/sth off
kreskówka cartoon
kresomózgowie cerebrum
kreślarz draughtsman, draftsman
kret mole
kretyn/ka moron
kretyński moronic
krew blood, bloodstream, gore[1]; ciśnienie krwi blood pressure; grupa krwi blood group, blood type; koń czystej krwi thoroughbred; mieć *coś* we krwi be in your **blood**; mrożący ~ w żyłach blood-curdling, spine-chilling, chilling; nabiegły krwią bloodshot; nowa ~ new **blood**; płytka krwi platelet; przelewać ~ **shed**[2] blood; rozlew krwi bloodshed; z zimną krwią in cold **blood**; żądny krwi bloodthirsty
krewetka shrimp, prawn; krewetki (panierowane) scampi
krewn-y/a relative[1], relation
kręcić curl[2], twiddle; (*film*) shoot[1]; (*kombinować*) hedge[2]; ~ *kogoś* float sb's boat; ~ (się) twirl, whirl[1], wriggle; ~ głową **shake**[1] your head; ~ na *coś* nosem turn your **nose**[1] up at sth; ~ się hang around, shift[2]; (*w głowie*) swim[1]; ~ się w głowie dizzy, giddy; ~ się wokół *czegoś/kogoś* revolve around/round sth/sb; jakoś się ~ tick over
kręcony curly, frizzy
kręg vertebra
kręgarstwo osteopathy
kręgarz osteopath
kręgiel skittle; kręgle bowling, **skittle**s; grać w kręgle bowl[2]
kręgosłup spine, backbone; kręgosłupa spinal
kręgowiec vertebrate
kręgowy spinal, vertebrate, vertebral
krępować ~ *kogoś* cramp sb's **style**[1]; nie ~ się feel **free**[1]
krępująco embarrassingly
krępujący embarrassing
krępy stocky
krętacz/ka cowboy
kręty tortuous; kręta ścieżka/droga/ulica *itp.* a **winding** path/road/street, etc
kriogeniczny cryogenic
kriogenika cryogenics
kriolit cryolite
krnąbrny wayward, recalcitrant
krochmal starch
krocie kosztować/żądać *itp.* ~ cost/charge, etc the **earth**
krocze crotch, crutch
kroczyć **strut** along/around/down, etc, **stride**[1] across/down/into, etc; ~ zawadiacko swagger
kroić slice[2]; ~ w kostkę cube[2], dice[2]; ~ w plasterki slice[2]
krok step[1], pace[1], stride[2], footstep; (*środek*) measure[2]; (*krocze*) crotch, crutch; ~ po kroku step-by-step; ~ zapobiegawczy a **precaution**ary measure/step; być o ~ od *czegoś* be on the **brink** of sth; dotrzymywać kroku keep up; dotrzymywać *komuś/czemuś* kroku keep **pace**[1] with sb/sth; kroki proceedings; (*odgłos*) tread[2]; kroki prawne legal **action**; milowy ~ quantum leap; nie ustąpić na ~ not budge/give an **inch**[1]; podejmować kroki move[1]; stanowcze kroki hard line; wyprzedzać *kogoś* o ~ be one **step**[1] ahead (of sb); zawadiacki ~ swagger
krokiet croquet
krokiew rafter
krokodyl crocodile
krokus crocus
kronika chronicle[1]; ~ towarzyska gossip column
kropeczka w kropeczki polka-dot
kropelka drop[2], globule, droplet; (*drink*) shot[1], tot; kropelki wody spray[1]
kropka full stop, period, dot[1], spot[1]; ~ (dziesiętna) point[1]; ~ dziesiętna decimal point; stawiać kropkę dot[2]
kropkować dot[2]
kropkowany linia kropkowana dotted line
kropla drop[2], drip[2], splash[2], bead, blob; ~ deszczu raindrop; ostatnia ~ (goryczy) the final/last **straw**
kroplówka drip[2], IV
kros cross[2]
krosno loom[2]
krowa cow
krowi bovine
krój ~ pisma typeface
król king
królestwo kingdom, realm; ~ zwierząt/roślin the animal/plant **kingdom**
królewicz prince
królewna princess
królewski royal[1], regal; człon-ek/kini rodziny królewskiej royal[2]; Jego/Jej/Wasza Królewska Mość His/Her/Your Majesty; radca ~ QC; rodzina królewska royalty
króliczek bunny
króliczy królicza nora warren
królik rabbit, buck[1]; (*wegetarianin*) veggie; ~ doświadczalny guinea pig
królowa queen
krótki short[1], brief[1], concise; ~ i gruby stubby; koszulka z krótkim rękawem tee shirt, T-shirt; krótk-i/a romans/wizyta/podróż *itp.* a **whirlwind**[1] romance/visit/tour, etc; krótka lista shortlist; krótkie spodenki shorts; z krótkim rękawem short-sleeved
krótko briefly; ~ mówiąc in **short**[3]
krótkodystansowy short-haul
krótkofalowy short-wave
krótkofalówka walkie talkie
krótkometrażowy film ~ short[3]
krótkometrażówka short[3]
krótkość shortness
krótkoterminowy short-term
krótkotrwałość brevity
krótkotrwały short-lived, transitory, short-term; ~ sukces a **flash**[2] in the pan
krótkowzroczny nearsighted, short-sighted
krtań larynx, voice box
kruchość delicacy, fragility
kruchy crisp[1], breakable; (*wrażliwy*) delicate, fragile, brittle; (*smaczny*) crispy, crunchy, tender[1]
krucyfiks crucifix
kruczek catch[2]; ~ prawny technicality
kruczoczarny jet-black
kruk raven
kruszyć ~ (się) crumble
kruszynka mite
krużganek cloister
krwawić bleed; ~ z nosa have a **nosebleed**
krwawienie bleeding
krwawy bloody[1], gory, ugly; ~ sport blood sport
krwinka corpuscle; ~ biała leucocyte, white blood cell; ~ czerwona red blood cell, erythrocyte
krwiobieg bloodstream
krwiodawca blood donor
krwionośny naczynie krwionośne blood vessel
krwiożerczo ferociously
krwiożerczy bloodthirsty, ferocious
krwisty (*stek*) rare
krwotok haemorrhage, hemorrhage; mieć ~ z nosa have a **nosebleed**
kryć ~ dachówką tile; ~ wykładziną carpet; nie ~ się z *czymś* make no **bone**[1]s about sth/doing sth
kryjówka hideaway, hideout

krykiet cricket; gracz w krykieta cricketer
kryminalista outlaw[2]
kryminalistyczny forensic
kryminalny criminal[1]; wydział ~ the CID
kryminał mystery[1]
kryminolog criminologist
krypta crypt, vault[1]
krypto- ~inteligent/liberał/socjalista *itp.* a **closet**[2] intellectual/liberal/ socialist, etc
krypton krypton
krystalizacja crystallization
krystalizować crystallize
kryształ crystal
kryształek crystal
kryterium criterion; spełniać kryteria **fulfil** criteria
kryty (*basen*) indoor; ~ kopułą domed; ~ strzechą thatched
krytycznie critically
krytyczny critical, scathing; analiza krytyczna critique; osiągać punkt ~ come to a **head**[1]; w krytycznym momencie if/when it comes to the **crunch**[1]
krytyk critic, reviewer
krytyka criticism, flak, indictment, sniping; być narażonym na krytykę run the **gauntlet**; być poniżej wszelkiej krytyki be the **pit**[1]s; miażdżąca ~ **withering** attack; narażony na krytykę **open**[1] to criticism; odpierać krytykę **deflect** criticism, run the **gauntlet**; ostra ~ battering; znaleźć się w ogniu krytyki come under **fire**[1]
krytykancki judgmental
krytykować criticize, fault[2], snipe; ~ *kogoś/coś* find **fault**[1] with sb/sth; ~ *kogoś* come down on sb, put sb down
kryzys crisis, depression, stand-off, erosion; ~ wieku średniego mid-life crisis; dotknięty kryzysem depressed; przechodzić ~ be at a low **ebb**[1], sag; uniknąć kryzysu **avert** a crisis; zapobiegać kryzysowi **avert** a crisis
krzaczasty bushy
krzak shrub, bush
krzątać ~ się **bustle**[1] about/around/ in, etc, **busy**[2] yourself, **clatter** about/around/down, etc, **scurry** along/around/away, etc; ~ się (po *czymś*) potter about/around (sth)
krzemień flint
krzemionka silica
krzepki burly, husky[1], robust, **hale** and hearty
krzepnąć clot[2], congeal, solidify
krzepnięcie powodować ~ clot[2]; temperatura /. punkt krzepnięcia freezing point
krzesło chair[1]; ~ elektryczne the electric chair; przysuwać /. przystawiać (sobie) ~ **pull**[1] up a chair
krzew shrub, bush, shrubbery; kolekcja krzewów shrubbery; rząd /. szpaler krzewów hedgerow
krzta ani krzty *czegoś* not a **shred**[1] of sth
krztusić ~ się gag[1]
krztyna nie mieć (ani) krztyny *czegoś* not have an **ounce** of sth
krzyczeć cry[1], scream[1], shout[1]; ~ (*coś*) cry out (sth); ~ na scold; ~ jak wariat/ka shout/scream your **head**[1] off; → **krzyknąć**
krzyk scream[2], shout[2], cry[2]
krzykliwy loud[1], lurid, flamboyant, flashy, gaudy, shouty
krzyknąć exclaim; → **krzyczeć**
krzywa (linia) ~ curve[1]
krzywda harm[1], wrongdoing, hurt[3]; wyrządzić krzywdę wrong[4]
krzywdzić ~ *coś/kogoś* be **weighted** against sth
krzywica rickets
krzywić ~ się make a **face**[1], scowl
krzywo askew; ~ patrzeć na *coś* frown on/upon sth
krzywoprzysięstwo perjury
krzywy crooked, askew, lopsided; krzywe spojrzenie scowl
krzyż cross[2]
krzyżowa (*wołowina*) rump
krzyżować cross[1]
krzyżowy ogień ~ crossfire
krzyżówka (*słowna*) crossword; (*hybryda*) hybrid; ~ *czegoś* z *czymś* a **cross**[2] between sth and sth
krzyżyk cross[2]; nuta z krzyżykiem sharp[3]; Krzyżyk na drogę! Good **riddance**!
ksenofobia xenophobia
ksenofobiczny xenophobic
ksenon xenon
ksero (*kopiarka*) copier
kserograf photocopier
kserokopia photocopy
kserokopiarka photocopier
kserować photocopy
ksiądz priest
książeczka ~ czekowa chequebook, checkbook
książę prince, duke; (*mądrala*) prima donna
książka book[1]; ~ adresowa address book; ~ kucharska cookbook, cookery book; ~ telefoniczna phone book, telephone directory; ~ w miękkiej oprawie paperback; ~ w twardej oprawie hardback
książkowy mól ~ bookworm
księga ledger; ~ dłużników debtors ledger; ~ główna nominal ledger, general ledger; ~ kasowa cash book; ~ sprzedaży sales ledger; ~ wierzycieli creditors ledger; ~ zakupów purchases ledger
księgarnia bookshop, bookseller
księgarz bookseller
księgi ~ (rachunkowe) accounts, books
księgowość accountancy, bookkeeping
księgow-y/a accountant, bookkeeper
księstwo principality
księżna duchess, princess
księżniczka princess; (*mądrala*) prima donna
księżyc the **moon**; ~ w pierwszej /. ostatniej kwadrze/pełni/nowiu crescent/full/new **moon**; oświetlony światłem księżyca moonlit; światło księżyca moonlight
księżycowy lunar, moonlit
ksylem xylem
ksylofon xylophone
kształcenie ~ pomaturalne further education
kształcić educate
kształt shape[1]; nabierać kształtów take **shape**[1]; obfitych kształtów buxom; w kształcie -shaped
kształtny shapely
-kształtny -like
kształtować shape[2]; ~ się na poziomie *czegoś* be **run**[1]ning at sth
kształtowanie ~ się formation
kształtujący formative
kto who; ~ (do diabła) whoever; ~ by pomyślał! **fancy**[1] (that)!; (i) ~ by pomyślał, że ...? Who would have thought...?; ~ pierwszy ten lepszy First come, **first**[2] served.; ten ~ whoever
ktokolwiek anyone, whoever
ktoś anyone, anybody, someone, somebody
którego whose, whom
który which, that[3], who, where[2]; dzięki któremu whereby; w którym wherein; zgodnie z którym whereby
których whose, whom
którykolwiek either[2], whichever
któryś one[3]
któż whoever
ku towards; ~ *czyjejś* pamięci in **memory** of sb; ~ rozczarowaniu/ uldze/zaskoczeniu *itp. kogoś* **to**[2] sb's disappointment/relief/surprise, etc; ~ środkowi inward[2]
kubek mug[1], beaker; kubki smakowe taste buds
kucać crouch, squat[1]
kucharski książka kucharska cookbook, cookery book
kucha-rz/rka cook[2]
kuchenka cooker, oven, stove; ~ mikrofalowa microwave[1]; gotować /. podgrzewać w kuchence mikrofalowej microwave[2]
kuchenny ręcznik ~ dishtowel, tea towel; robot ~ food processor
kuchnia (*pomieszczenie*) kitchen; (*gotowanie*) cookery, cooking, cuisine; ~ (pokładowa) galley; szef kuchni chef
kucyk pigtail, ponytail, pony; kucyki bunches
kufer trunk
kujon swot[1]
kukiełka puppet
kukła effigy
kuksaniec dig[2], poke[2], nudge, prod, a **clip**[1] round the ear/earhole
kukułka cuckoo
kukurydza maize, corn; ~ (cukrowa) sweetcorn; prażona ~ popcorn

kukurydziany płatki kukurydziane cornflakes
kula ball, sphere; (*podpora*) crutch; (*pocisk*) bullet; ~ ziemska the **globe**; gra w kule bowls; szklana ~ crystal ball
kulawy lame
kuleć limp[2]; (*niedomagać*) sag, flounder
kulejący (*słaby*) ailing
kulić ~ się cower, cringe, huddle[1]
kulinarny culinary; sztuka kulinarna cookery
kulisty spherical
kulisy backdrop, the wings; za kulisami behind the **scenes**, backstage
kulka ball, pellet; (*lodów*) scoop[2]
kulminacja climax[1]
kulminacyjny climactic; osiągnąć punkt ~ climax[2]
kulomb coulomb
kuloodporny bulletproof
kult cult, worship
kultura culture; ~ i sztuka the **arts**; ~ tkankowa tissue culture; ~ wodna hydroponics; dom *l.* ośrodek kultury community centre
kulturalny (*grzeczny*) cultured, civilized; (*wydarzenie*) cultural
kulturowo culturally
kulturowy cultural; szok ~ culture shock
kulturyst-a/ka bodybuilder
kulturystyka bodybuilding
kultywować nurture, cultivate
kumpel/a buddy, chum, crony, mate[1], pal
kundel mongrel, mutt
kung-fu kung fu
kunszt craftsmanship
kunsztownie elaborately, intricately
kunsztowność intricacy
kunsztowny elaborate[1], intricate
kupa heap[1], drift[2], shedload; ~ *czegoś* **heap**[1]s of sth, a **pile**[1] of sth/ piles of sth, **stack**[1]s of sth; ~ śmiechu hoot[1]; nie trzymać się kupy be a **shambles**
kupić get[1]; → **kupować**
kupiec merchant[1]
kupka dollop
kupno purchase[2]
kupon coupon, voucher
kupować buy[1], purchase[1], shop[2]; → **kupić**
kupując-y/a buyer, shopper
kura hen
kuracja course
kurator curator; ~ (sądowy) probation officer
kurczak chicken[1]
kurczątko chick
kurczę (*okrzyk*) wow, blast[3], boy[2]
kurczowo trzymać się ~ cling, clutch at sth; trzymać się *czegoś* ~ cling (on) to sth
kurczyć ~ (się) contract[2], shrink[1]; ~ się dwindle
Kurd/yjka Kurd
kurdyjski Kurdish
kurier courier
kurort resort[1]
kurs course; (*kierunek*) line[1]; (*wymiany*) rate[1]; ~ ekspresowy crash course; ~ wprowadzający an **introductory** course; ~ wymiany exchange rate
kursor cursor
kursować run[1], shuttle[2], **ply** across/ between, etc
kursywa italics, **joined-up** writing; (drukowany) kursywą italic
kurtka jacket
kurtyna curtain
kurz dust[1]; ściereczka do kurzu duster
kurzyć puff[1]
kusić tempt, entice
kustosz/ka custodian
kusy skimpy
kuszący tantalizing, tempting, seductive, enticing
kuśtykać hobble
kuty kute żelazo wrought iron
kutykula cuticle
kuzyn/ka cousin, **great**-nephew/-niece
kuźnia forge[2]
kw. (*kwadratowy*) sq
kwadra księżyc w pierwszej *l.* ostatniej kwadrze crescent **moon**
kwadracik box[1]
kwadrans quarter
kwadrat square[1]; 2/3/4 *itp.* do kwadratu 2/3/4, etc **square**[3]d
kwadratowy square[2]; centymetr/metr/ mila *itp.* kwadratow-y/a **square**[2] centimetre/metre/mile, etc; pierwiastek ~ z 16/64/144 *itp.* the square root of 16/64/144, etc
kwakać quack
kwaknięcie quack
kwalifikacja qualification; bez kwalifikacji untrained; kwalifikacje credentials; posiadać kwalifikacje **fulfil** qualifications; pozbawiony kwalifikacji unqualified; zdobywać kwalifikacje qualify
kwalifikacyjny rozmowa kwalifikacyjna interview[1]
kwalifikować ~ (się) qualify
kwantyfikator quantifier
kwarantanna quarantine
kwarc quartz
kwark quark
kwarta quart; (*skrót*) qt; pół kwarty pint
kwartalny quarterly
kwartał quarter; (*ulic*) block[1]; co ~ quarterly
kwartet quartet
kwartyl quartile
kwas acid[1]; ~ azotowy nitric acid; ~ benzoesowy benzoic acid; ~ etanowy *l.* octowy ethanoic acid; ~ foliowy folic acid; ~ mlekowy lactic acid; ~ nukleinowy nucleic acid; ~ octowy acetic acid; ~ rybonukleinowy ribonucleic acid; ~ siarkowy sulphuric acid; ~ solny *l.* chlorowodorowy hydrochloric acid; ~ stearynowy stearic acid; ~ tłuszczowy fatty acid; ~ węglowy carbonic acid; mocny ~ strong acid; nienasycony ~ tłuszczowy unsaturated fat; słaby ~ weak acid
kwaskowaty sharp[1], tangy; ~ smak *l.* zapach tang
kwasowość acidity
kwaśnieć **turn**[1] sour
kwaśność acidity
kwaśny acid[2], sour[1]; ~ deszcz acid rain
kwatera quarters, lodgings, digs; ~ główna headquarters; wynajmować kwaterę u **lodge**[2] at/with, etc
kwesta collection
kwestia question[1], issue[1], point[1], affair; (*aktora*) **line**[1]s; ~ dni/tygodni/ kilku stóp *itp.* a **matter**[1] of days/ weeks/feet, etc; ~ sporna moot point; ~ wiary/szczęścia/czasu a **matter**[1] of confidence/luck/ waiting, etc; ~ życia lub śmierci a **matter**[1] of life and/or death; drażliwa ~ **touchy** issue; forsować kwestię **press**[1] a case/claim; poruszyć kwestię **raise**[1] a question; to tylko ~ czasu it's only a **matter**[1] of time; trudna ~ **vexed** question/ issue, etc; w kwestii ... in ... **terms**
kwestionariusz questionnaire
kwestionować challenge[2], question[2], dispute[2], query[2]
kwestionowanie challenge[1]
kwestować collect[1]
kwiaciarnia florist
kwiacia-rz/rka florist
kwiat flower[1], bloom[1], blossom[1]; ~ *czegoś* the **flower**[1] of sth; w kwiecie wieku in one's **prime**[2]
kwiatek ~ (w butonierce) buttonhole
kwiatostan inflorescence
kwiatowy floral
kwiec. Apr
kwiecie blossom[1]
kwiecień April
kwiecisty flowery
kwilić whimper
kwita even[1]
kwitek odprawiać *kogoś* z kwitkiem turn sb away
kwitnący (*prosperujący*) thriving; (*z kwiatami*) in **bloom**[1]
kwitnąć (*prosperować*) flourish[1], thrive; (*zakwitać*) bloom[2], be in **flower**[1], blossom[2], flower[2]
kwitnienie inflorescence
kwiz quiz[1]
kwota amount[1], sum[1], payment, allocation; kwoty monies
kysz a kysz! shoo

L

labirynt maze; (*komplikacje*) minefield
laboratorium laboratory, lab; ~ językowe language laboratory
labourzyści Labour
lać pour; (*sikać*) piss[1]; ~ wodę waffle[2]
lada (*sklepowa*) counter[1]; ~ moment (at) any **minute**[1]; być nie ~ wyczynem be no mean **feat**

Lady Lady
laguna lagoon
laicki lay[2]
laik layman, the **untrained** eye
lakier varnish[1], lacquer; ~ do paznokci nail polish
lakierować varnish[2]
lakmus litmus
lakonicznie curtly
lakoniczny curt, laconic
laktacja lactation
laktoza lactose
lalka doll
lameta tinsel
laminat laminate
laminowany laminated
lamówka braid[1], trimming
lampa lamp; ~ błyskowa flash[2]
lampart leopard
lampion lantern
lanie beating, thrashing, wallop; ~ wody waffle[1]; dostać ~ take a **beating**
lantanowiec lanthanide
laptop laptop
larwa grub, larva; ~ (muchy) maggot
las forest, wood; ~ deszczowy rainforest, tropical rain forest
lasagna lasagne
laseczka bacillus
laser laser
laska cane[1], walking **stick**[2]; (*dziewczyna*) babe
lata → **rok**
latać fly[1]; → **lecieć**
latający flying, roving
latanie flying
latarka torch[1], flashlight
latarnia lamppost, lantern; ~ morska lighthouse; ~ uliczna street light
latawiec kite
lateryt laterite
lato summer, summertime; pełnia lata midsummer
latynoamerykański Latin American
Latynos/ka Latin American, Hispanic, Latino
latynoski Latin American, Hispanic
laureat/ka recipient
laury spocząć na laurach rest on your **laurels**
lawa lava
lawenda lavender
lawina avalanche; (*zalew*) deluge[1]; ~ *czegoś* an **avalanche** of sth; ~ błotna landslide; wywołać lawinę (*przenośnie*) open the **floodgates**; zostać zasypanym lawiną *czegoś* be **deluge**[2]d with/by sth
lawinowy exponential
lawirować **weave** in and out; weave through; ~ przez/między *itp.* **thread**[2] your way through, between, etc
lazania lasagne
ląd land[1]; ~ stały the **mainland**; do lądu in[2]; od lądu offshore; w głąb lądu inland[2]; zejście na ~ disembarkation
lądolód ice sheet
lądować land[2], touch down; ~ *gdzieś* **land**[2] in/on, etc
lądowanie landing, touchdown
lądowisko airfield
lec ~ w gruzach go **pear-shaped**
lecieć fly[1], dash[1], go[1], hurtle, cruise[2], **fly**[1] along/down/past, etc, **jet**[2] in/off, etc
lecytyna lecithin
lecz yet[2]
leczenie treatment; ~ wspomagające **complementary** medicine/ treatment, etc; ~ odwykowe rehab
leczniczy therapeutic, medicated, medicinal
leczyć treat[1]
ledwie barely, hardly; ~ wystarczający tight[1]
ledwo barely, hardly, just[1], narrowly
ledwość z ledwością *coś zrobić* do sth by the **skin**[1] of your teeth
legalizacja legalization
legalnie legally, legitimately
legalność legality
legalny lawful, legitimate, legal, rightful
legenda key[1], legend
legendarny legendary
legginsy leggings
legia legion
legion legion
legislacja legislation
legowisko bedding, den
lejce rein
lejek funnel
lek drug[1], medicine; ~ immunosupresyjny immunosuppressant; ~ przeciwbólowy painkiller; ~ przeciwdepresyjny anti-depressant; leki medication
lekarski medical[1]; badanie lekarskie physical[2], medical[2]; gabinet ~ infirmary
lekarstwo medicine, medication, cure[1], remedy[1]; ~ na *coś* **antidote** to sth
leka-rz/rka physician
lekarz doctor[1], registrar; (praktykujący) ~ practitioner; ~ rodzinny *l.* ogólny general practitioner, GP; ~ specjalista consultant; ~ weterynarii veterinary surgeon
lekceważąco dismissively, disrespectfully, flippantly, irreverently; wypowiadać się ~ o disparage
lekceważący disparaging, irreverent, flippant, dismissive, disrespectful
lekceważenie irreverence, disregard[1], dismissal, flippancy
lekceważyć underestimate, devalue, ignore, snub, dismiss, disregard[2], flout
lekcja class[1], lesson, tuition; ~ wprowadzająca an **introductory** lesson; dawać lekcje coach, tutor
lekki light[2], faint[1], lightweight; ~ i przyjemny cushy; lekka przesada a **bit**[1] much; lekkie śniadanie continental breakfast; mieć ~ sen be a light **sleeper**; zawodni-k/czka wagi lekkiej lightweight
lekko lightly, faintly, effortlessly
lekkoatletyka athletics, track and field
lekkomyślnie carelessly, recklessly
lekkomyślność carelessness
lekkomyślny careless, reckless
lekkość lightness
lektura reading, text; dobra/łatwa *itp.* ~ a good/easy, etc **read**[2]
lemoniada lemonade
lenistwo laziness; poranne ~ lie-in
leniuch sloth; ~ tkwiący przed telewizorem couch potato
leniwie lazily
leniwiec sloth
leniwy lazy, sluggish, idle[1], languid
lepiej better[2]; (*radzę*) it is **advisable**, he/you, etc had **better**[2] do sth; ~ *zrób coś* you're better off doing sth; ~ sytuowany better off; im większy/jaśniejszy/cieplejszy *itp.* tym ~ the bigger/brighter/hotter, etc the **better**[1]; (to) nawet ~ be (just) as **well**[1]
lepki clammy, gooey, sticky, tacky, viscous
lepkość viscosity
lepszy better[1], superior[1], preferable; być lepszym niż beat[1]; kto pierwszy ten ~ First come, **first**[2] served.; mieć się ku lepszemu look up; na lepsze for the **best**[3], for the **better**[3]; nie ma nic lepszego niż *coś* you can't **beat**[1] sth; trudno by znaleźć coś lepszego take a lot of/some, etc **beat**[1]ing; w lepszej sytuacji better off; zmieniać się na lepsze take a **turn**[2] for the better
lesbijka lesbian
leseferystyczny laissez-faire
less loess
leśnictwo forestry
leśny wooded; obszar ~ woodland; obszary leśne woodland
letarg lethargy
letni (*nie zimowy*) summery; (*ciepławy*) lukewarm, tepid; przesilenie letnie midsummer
leukocyt leucocyte, white blood cell
lew lion; ~ morski sea lion; Lew Leo
lewarek jack[1]
lewica the Left/left; radykalna ~ the **far**[2] left
lewicowiec left-winger
lewicowy leftist, left-wing
lewo left[2]; skręcać w ~ **bear**[1] left; w ~ left[1]; (*obracać*) anti-clockwise, counterclockwise
leworęczny left-handed
lewy left[1], left-hand; ~ sierpowy a left **hook**[1]; lewa (strona) left[2]; lewa burta port; na lewą stronę **inside**[1] out; po lewej left[1]
leżak deckchair
leżący ~ twarzą w dół prostrate
leżeć ~ *gdzieś* **lie**[1] below/in/on/to, etc; ~ na sumieniu be on your **conscience**; ~ po kątach lie around; ~ po obu stronach straddle;

~ u podstaw *czegoś* be at the **bottom**[1] of sth; ~ w/na *itp.* **lie**[1] in/ on, etc; ~ w *czymś* (*tkwić*) lie in sth; ~ w gruzach be/lie in **ruin**[2]s; ~ w łóżku z (*chorobą*) nurse[2]
leżenie miejsce do leżenia berth
lęgowisko breeding ground
lęk fear[1]; budzący ~ awesome; chorobliwy ~ phobia
liana liana
liberalny liberal, permissive, laissez-faire; człon-ek/kini Partii Liberalnych Demokratów Liberal Democrat; Liberalny Demokrata Lib Dem; Partia Liberalnych Demokratów the Liberal Democrats
liberał liberal
licencjat ~ (z nauk humanistycznych) BA; ~ (z nauk ścisłych) BSc; ~ nauk humanistycznych/ścisłych/ pedagogicznych Bachelor of Arts/ Science/Education, etc
licencjonowany licensed
liceum ~ ogólnokształcące grammar school; z tyłu liceum, z przodu muzeum **mutton** dressed as lamb
lichy flimsy
licytacja auction, bidding; sprzedawać na licytacji auction
licytator/ka auctioneer
liczba number[1], figure[1]; ~ atomowa atomic number; ~ całkowita integer; ~ członków membership; ~ masowa mass number; ~ mieszkańców population; ~ mnoga plural; ~ niewymierna irrational number; ~ ofiar toll[1]; ~ ofiar (śmiertelnych) death toll; ~ okresowa recurring number; ~ pierwsza prime number; ~ pojedyncza the singular; ~ porządkowa ordinal number; ~ rzeczywista real number; ~ urojona imaginary number; ~ wymierna rational number; ~ zespolona complex number; liczby jednocyfrowe/dwucyfrowe *itp.* single/ double, etc **figure**[1]s; niewielka ~ scattering; przybliżona ~ **ballpark** estimate/figure; zaokrąglone /. okrągłe liczby **round**[1] figures/ numbers
liczebnie przewyższać liczebnie outnumber
liczebnik ~ główny cardinal number
licznie przybyć ~ be out in **force**[1]
licznik clock[1], meter, speedometer; (*ułamka*) numerator
liczny numerous, multiple[1]
liczyć (*obliczać*) count[1]; (*wynosić*) number[2]; ~ na *coś* count on sth, gamble on sth, reckon on sth/ doing sth; ~ na *kogoś/coś* bank on sb/sth; ~ na *kogoś* count on sb, count sb in; ~ się count[1], matter[2], carry **weight**; ~ się do *czegoś* count towards sth; ~ się z *kimś/czymś* reckon with sb/sth; licząca się siła a **force**[1] to be reckoned with; liczący się z innymi considerate; móc/nie móc ~ na *czyjąś* przychylność be in sb's good/bad **book**[1]s; nie licząc excluding; nie licząc się z niczym indiscriminately; nie liczący się z innymi inconsiderate; zaczynać ~ się (w *czymś*) make **inroads** (into/ on sth)
liczydło abacus
lider/ka leader
lifting ~ (twarzy) facelift
liga league; Liga Narodów the League of Nations
lignina lignin
likier liqueur
likwidacja closure, liquidation, disposal; ulegać likwidacji close[1], close down
likwidować liquidate, nullify, axe[2]; ~ (*coś*) close (sth) down
lilia lily
liliput midget
limeryk limerick
limfa lymph
limfatyczny lymphatic
limfocyt lymphocyte; ~ B B lymphocyte, B-cell; ~ T T-cell
limit allowance, quota; ~ kredytowy credit limit
limona lime
limonka lime
limuzyna limousine
lina rope[1], cable[1]; (*linoskoczka*) tightrope
lingwist-a/ka linguist
lingwistyczny linguistic
lingwistyka linguistics
linia line[1]; ~ brzegowa coastline; ~ frontu the front line; ~ kolejowa railway; ~ kropkowana dotted line; ~ lotnicza airline, carrier; ~ włosów hairline; gorąca ~ hotline; pierwsza ~ the front line; w linii prostej as the **crow**[1] flies
linijka (*wiersz*) line[1]; (*przymiar*) ruler
liniowiec liner
liniowy linear; sędzia ~ linesman
link link[1]
linowy kolejka linowa cable car
lipa lime
lipaza lipase
lipid lipid
lipiec July
liposom liposome
liryczny lyrical
lis fox
lisica vixen
list. Nov
list letter, missive; ~ polecający reference; ~ przewodni /. towarzyszący covering letter; przysyłać listy write in
lista list[1], set[2], roster, roll[2]; ~ (czynności do wykonania) checklist; ~ finalistów shortlist; ~ oczekujących waiting list; ~ przebojów the **chart**[1]s; ~ spraw agenda; ~ wysyłkowa mailing list; czarna ~ blacklist; krótka ~ shortlist
listonosz/ka letter carrier
listonosz postman, mailman
listop. Nov
listopad November
listowie foliage
listowy papier ~ notepaper
liściasty deciduous
liścień cotyledon
liść leaf[1]; ~ pojedynczy simple leaf; ~ złożony compound leaf; liście leaves, foliage; zrzucać liście **shed**[2] leaves; zrzucający liście deciduous
lit lithium
litera letter; duża /. wielka ~ capital[1]; duże litery upper case; litery drukowane block capitals; małe litery lower case; pisać drukowanymi literami print[1]; pisać dużą literą capitalize
literacki literary
literatura literature; ~ (piękna) fiction; ~ faktu nonfiction
literówka misprint
litosfera the lithosphere
litość mercy, pity[1], sympathy; na ~ boską for God's/goodness/heaven's, etc **sake**
litr litre, liter; ćwierć litra cup[1]
lity lite złoto/srebro/drzewo *itp.* **solid**[1] gold/silver/wood, etc
lizać lick[1]; ~ się snog
lizak lollipop
lizus/ka creep[2]
lizusowaty slimy
lizusowski sycophantic
liźnięcie lick[2]
lobby lobby[1]
loch dungeon
lodowato icily
lodowaty icy, frosty
lodowcowy glacial
lodowiec glacier
lodowisko ice rink, rink
lodowy być wierzchołkiem góry lodowej be the **tip**[1] of the iceberg; deser ~ sundae; góra lodowa iceberg
lodówka fridge, refrigerator; ~ z zamrażarką fridge-freezer; przechowywać w lodówce refrigerate; przechowywanie w lodówce refrigeration; z lodówki refrigerated
lody ice cream; ~ na patyku ice lolly; przełamać ~ break the **ice**[1]; → **lód**
logarytm logarithm
logicznie logically
logiczny logical, cogent, Boolean
logika logic, rationale, reasoning; ~ rozmyta fuzzy logic
logo logo
logowanie login
lojalnie loyally
lojalność loyalty, loyalties; pełna ~ **undivided** loyalty; poczucie lojalności a **sense**[1] of loyalty
lojalny loyal, stalwart; lojaln-y/a zwolenni-k/czka stalwart
lok curl[1]
lokal (*gastronomiczny*) eatery; (*mieszkalny*) unit; ~ wyborczy polling station; ~ zasiedlony na dziko squat[3]
lokalizacja location, venue
lokalna sieć ~ intranet
lokalnie locally
lokalny (*drużyna*) home[3]; (*deszcz*) patchy; władze lokalne local authority

lokata rachunek lokat deposit account
lokator/ka tenant, occupant, occupier, lodger, renter, householder; dzik-i/a ~ squatter
lokomotywa engine, locomotive
lokówka roller
lombard pawnbroker; właściciel/ka lombardu pawnbroker
longplay LP
lord lord; Izba Lordów House of Lords, the Lords
lordowie the Lords
lornetka binoculars
los destiny, fate, fortune; (ciężki) ~ plight; *czyjś* ~ sb's **lot**; być pokaranym *czymś* przez ~ be **curse**[2]d by/with sth; kaprys *l.* zrządzenie losu **quirk** of fate; ofiara losu failure; przeciwności losu adversity; wygrać ~ na loterii hit the **jackpot**
losowanie draw[2], drawing; w drodze losowania at **random**
losowo randomly
losowy random
lot flight, air[1]; ~ czarterowy a **charter**[3] flight; ~ w tamtą stronę **outward**[1] flight; dziewiczy ~ a **maiden**[2] flight/voyage; w locie airborne, in **mid-air**, in-flight, mid-air; z lotu ptaka aerial[2]
loteria lottery, draw[2], drawing, the **luck** of the draw; ~ fantowa raffle; oddać (jako fant) na loterię raffle; wygrać los na loterii hit the **jackpot**
lotka birdie, shuttlecock
lotnia hang glider
lotniarstwo hang gliding
lotnictwo aviation; ~ i kosmonautyka aerospace
lotniczy airborne, aerial[2]; baza lotnicza airbase; (opłata za) bilet ~ airfare; cena biletu lotniczego airfare; linia lotnicza airline, carrier; poczta lotnicza airmail; transportować drogą lotniczą airlift
lotnik flier, flyer, airman
lotnisko airport; płyta lotniska the **tarmac**
lotniskowiec aircraft carrier
lotny roving
loża box[1]
lód ice[1]; kostka lodu ice cube; mieć forsy jak lodu be **roll**[1]ing in it; z lodem on the **rock**[1]s; → **lody**
lśniący brilliant, glittering, glossy, shiny, sleek
lśnić glisten, shine[1]
lśnienie brilliance
lub or
lubić like[2], enjoy; ~ *kogoś/coś* be **fond** of sb/sth; ~ *kogoś* w głębi duszy have a **sneaking** admiration/ fondness for sb; bardzo ~ love[1]; być *czymś*, co *ktoś* lubi be sb's **thing**; nie ~ dislike[1]; nie ~ *czegoś robić* not **like**[2] to do sth/not like doing sth; nie ~ *czegoś/kogoś* not care for sth/ sb, not **think**[1] much of sth/sb; przestać ~ *kogoś/coś* go off sb/sth
lubieżny lecherous, lewd
lud the **people**[1]
ludność spis ludności census
ludny populous
ludobójstwo genocide
ludowy muzyka ludowa folk music; sztuka/taniec *itp.* ludow-a/y **folk**[2] art/ dancing, etc
ludzie people[1], folk[1], **guys**; dowiedzieć się *czegoś* od ludzi hear sth on/through the **grapevine**; spotykać się z ludźmi get out; zwykli ~ grass roots; → **człowiek**
ludzki human[1]; co w ludzkiej mocy **humanly** possible; natura ludzka human nature; rasa ludzka humankind, the human race; wytwór ludzkiej działalności artefact
ludzkość humanity, humankind, the human race, mankind
lufa barrel; wylot lufy muzzle[1]
luk hatch[2]
luka gap, void[2], shortfall; ~ (na rynku) a **gap** in the market; ~ (prawna) loophole; wypełniać lukę **fill**[1] a gap, **plug**[2] a gap/hole
lukier frosting, glaze[2], icing
lukrować frost[2], glaze[1], ice[2]
luksus luxury; luksusy **frill**s
luksusowy fancy[2], luxurious, deluxe, opulent, plush, premium[2]
lumen lumen
luminarz luminary
lunaty-k/czka sleepwalker
lunatykować sleepwalk
lunch lunch[1], luncheon; jeść ~ lunch[2]
lunchu pora ~ lunchtime
lupa magnifying glass
lusterko mirror[1]; ~ boczne side mirror, wing mirror; ~ wsteczne rear-view mirror
lustro mirror[1]; wysokie ~ a **full-length** mirror
lut solder
Lutera-nin/nka Lutheran
luterański Lutheran
lutować solder
luty February
luz (*bieg*) neutral[2]; na luzie at **ease**[1], laid-back
luźno loosely; ~ opadający floppy
luźny loose, slack[1], relaxed, flowing, baggy, a loose **fit**[3], open-ended

Ł

łabędź swan
łachmany rags
Łacina Latin
łaciński Latin
ład order[1]; ~ gospodarczy/polityczny/ społeczny economic/political/social **order**[1]; bez ładu i składu haphazardly; mówić bez ładu i składu **ramble** [1]
ładnie nicely; ~ się ubierać dress up
ładny fine[1], nice, pretty[2]; niezbyt ~ homely
ładować load[2], heap[2]; (*prądem*) charge[2], recharge; ~ *coś* w *coś* pump sth into sth
ładownia hold[2]
ładunek load[1], freight, cargo; (*elektryczny*) charge[1]; ~ dodatni **positive** charge; ~ elektrostatyczny static[2]
łagodnie softly, gently; potraktować *kogoś* ~ get (sb) off (sth); → **łagodniej**
łagodnieć ease[2], soften, lighten, mellow[2]
łagodniej ~ traktować ease off/up; → **łagodnie**
łagodność gentleness
łagodny gentle, mild, soft, smooth[1], lenient, neutral[1], mellow[1], benign, tame[1]; być wyrozumiałym *l.* łagodnym dla *kogoś* go **easy**[2] on sb; o łagodnym głosie soft-spoken
łagodzący okoliczności łagodzące **mitigating** circumstances/factors
łagodzić ease[2], relax, alleviate, mitigate, soften, soothe, lighten, moderate[3], temper[2], mellow[2], deaden; ~ *coś* take the **edge**[1] off sth
łajać berate
łajdak rascal
łaknąć ~ *czegoś* be **hungry** for sth
łaknienie zaburzenie łaknienia eating disorder
łamać breach[2], infringe, violate; ~ (zasady *l.* prawo) transgress; (świadomie) ~ flout; → **złamać**
łamaniec ~ językowy tongue twister
łamany halting; łaman-a/y angielszczyzna/hiszpański *itp.* **broken**[1] English/Spanish, etc
łamigłówka puzzle[1], conundrum
łania doe
łańcuch chain[1]; (*sekwencja*) sequence; (*gór*) range[1]; (*zwierzęcia*) tether; ~ pokarmowy food chain; ~ produkcji chain of production; ~ węglowy carbon chain; trzymać na łańcuchu chain[2]
łańcuchowy reakcja łańcuchowa chain reaction
łańcuszek chain[1]
łapa paw; łapy przy sobie **hand**[1]s off, Get off!; odcisk łapy footprint; tylna ~ a **hind** foot/leg
łapacz (*zawodnik*) fielder
łapać catch[1], grab[1], seize; (*taksówkę*) hail[2]; (*w baseballu*) field[2]; ~ *coś* go for sth; ~ (powietrze) gulp; ~ (z trudem) powietrze gasp; ~ (w sidła) snare[2]
łapczywie thirstily
łapownictwo bribery
łapówka bribe, kickback
łasica weasel
łaska clemency; być zdanym na łaskę *czegoś/kogoś* be at the **mercy** of sth/sb
łaskawie graciously
łaskotać tickle
łaskotanie tickle
łata patch[1]
łatać patch[2]
łatwizna być łatwizną be a **piece**[1] of cake, be a **doddle**, be plain **sailing**, be a **snap**[2]; iść na łatwiznę cut **corner**[1]s; pójście na łatwiznę soft

option; to ~ be a **piece**[1] of cake, be a **doddle**, be plain **sailing**, be a **snap**[2]
łatwo easily, readily, painlessly; (*komuś mówić*) be all very **well**[1]; ~ palny flammable, inflammable; ~ przychodzić **come** easily/easy/ naturally; ~ się mówi easier said than done
łatwość ease[1]; z łatwością easily
łatwowierny gullible, impressionable
łatwy easy[1], painless; ~ w obsłudze user-friendly; łatwa opcja soft option; łatw-y/e sukces/zwycięstwo/ zwycięzca *itp.* a **runaway**[1] success/ victory/winner, etc; osiągać łatwe zwycięstwo **cruise**[2] to success/ victory, etc; uważać, że *ktoś/coś* jest łatw-y/e **find**[1] sb/sth easy
ława coffee table; ~ przysięgłych jury, the **bench**; ~ oskarżonych the **dock**[1]; tylne ławy poselskie the backbenches
ławica school, shoal
ławka bench; (*w kościele*) pew; ~ rezerwowych the **bench**
łazić ~ po/z *itp.* **meander** around/ from/off, etc
łazienka bathroom
łączący subjunctive; tryb ~ subjunctive; w trybie łączącym subjunctive
łącze link[1]
łączenie ~ w sieć networking
łącznie collectively; ~ z including
łączni-k/czka liaison
łącznik hyphen; z łącznikiem hyphenated
łączność connectivity
łączny cumulative, inclusive
łączyć connect, link[2], blend[1], combine, integrate, bind[1]; ~ (się) join[1], combine, fuse[2], relate, amalgamate, mix[1], merge, reunite; ~ (w sobie) juxtapose; ~ *kogoś* put sb through; ~ się meet up; ~ się w parę *l.* pary pair off; ~ się w pary mate[2]; ~ się drogą radiową radio[2]; ~ się (z) meet[1]; ~ się z *czymś* be associated with sth; ~ w sieć network[2]
łąka meadow
łąkotka meniscus
łeb ~ w ~ **neck** and neck; patrzeć spode łba glower
łebski brainy
łobuz rascal
łodyga stalk[2], stem[1]
łokieć elbow[1]; zgięcie łokcia the **crook** of your arm
łomot thud, thump
łomotać thud
łonowy owłosienie łonowe pubic hair
łopata shovel, spade
łopatka (*kość*) shoulder blade, scapula; (*ostrze*) blade; (*kuchenna*) spatula; ~ (do smażenia) fish slice
łopotać flap[2]
łoskot roll[2], thud
łosoś salmon
łoś moose
łowca scout[1]; ~ głów *l.* talentów headhunter
łowczy gamekeeper
łowić ~ (ryby) fish[2]
łoże na łożu śmierci on your **deathbed**
łożysko placenta
łódka boat, dinghy
łódź boat; ~ (wiosłowa) rowing boat; ~ mieszkalna houseboat; ~ motorowa launch[2]; ~ płaskodenna punt[1]; ~ podwodna submarine; przewozić łodzią row[2]
łój sebum
łóżeczko ~ (dziecięce) cot, crib
łóżko bed[1], bunk; ~ do opalania sunbed, tanning bed; ~ dwuosobowe double bed; ~ piętrowe bunk beds; pościelić ~ **make**[1] the bed; przy łóżku at the **bedside**
łucznictwo archery
łudzić delude
łuk (*zakręt*) bend[2], curve[1], sweep[2]; (*wygięcie*) arc, arch[1]; (*broń*) bow[3]; ~ odruchowy reflex arc; wyginać (się) w ~ *l.* łukiem arch[2]; zataczać ~ swing[1]
łup booty, haul[2], loot[2]; paść łupem *czegoś/kogoś* fall **prey**[1] to sth
łupacz haddock
łupek slate[1], schist
łupież dandruff
łupina shell[1]; ~ nasienna testa
łupkowy płytka łupkowa slate[1]
łupy spoils
łuska scale[1]
łuszczący ~ się flaky, scaly
łuszczyć ~ się flake[2], peel[1]
łycha dollop
łyczek sip
łydka calf
łyk swallow[2], mouthful, gulp, sip, slug[1], swig, drink[2]
łykać swallow[1]
łyknąć swallow[1]
łyko phloem
łypać leer
łypnięcie leer
łysiejący balding
łysienie baldness
łysina baldness
łysy bald
łyż. (*łyżeczka*) tsp
łyżeczka spoon, spoonful; ~ (do herbaty) teaspoon; ~ cukru sugar; ~ deserowa dessertspoon
łyżka spoon, tablespoon, spoonful, scoop[2]; ~ (stołowa) tbsp
łyżwa ice skate, skate[1]; jazda na łyżwach ice skating, skating; jeździć na łyżwach ice skate, skate[2]
łyżwiarstwo ice skating
łyżwia-rz/rka skater
łyżworolka in-line skate; łyżworolki Rollerblades
łza tear[3]; czysty jak ~ **squeaky** clean; ronić łzy **shed**[2] tears; rozśmieszyć *kogoś* do łez crack (sb) up; śmiejący się do łez in **stitch**[1]es; wzruszyć się/ *kogoś* do łez choke (sb) up; zalewając się łzami in **flood**[2]s of tears; ze łzami w oczach tearfully
łzawiący gaz ~ tear gas
łzawić water[2]

M

MA Cr.
ma Nie ~ mowy! No **chance**[1]!/ Not a chance!; Nie ~ porównania There's no **comparison**.; nie ~ sprawy No **problem**., **forget** it; nie ~ za co (*po przeprosinach*) that's all right, It was **nothing**.; (*po podziękowaniach*) You're **welcome**[3]., Not at all.; → **być**→ **mieć**
macać feel[1], grope, finger[2], scrabble about/around
machać wave[1], flap[2], swing[1], wag; → **machnąć**
machina machinery, machine, contraption; ~ (biurokratyczna) the **system**
machinacje machinations, shenanigans
machinalnie mechanically
machinalny mechanical; machinalna reakcja a **knee-jerk** reaction/ response, etc
machnąć ~ na *kogoś* **wave**[1] sb in/on/ through, etc; → **machać**
machnięcie ~ ręką *l.* ręki wave[2]
macho macho
macica uterus, womb; szyjka macicy cervix; szyjki macicy cervical
macierz matrix
macierzyński maternal, maternity, motherly; urlop ~ maternity leave
macierzyństwo motherhood
maciora sow[2]
macka tentacle
macocha stepmother
maczać dunk
maczeta machete
maczuga club[1]
maestro maestro
mafia the mafia
magazyn (*skład*) warehouse, depot; (*gazeta*) magazine
magazynek storeroom
magia magic[1], conjuring, mystique; czarna ~ black magic
magicznie magically
magiczny magic[2], magical; magiczne chwile **magic**[2] moments
magik magician
magister ~ (nauk humanistycznych/ ścisłych) Master of Arts/Science, etc; stopień magistra Master's (degree)
magisterium Master's (degree)
magistrala trunk road
magistrant/ka postgraduate
maglować (*odpytywać*) grill[2]
magma magma
magnat tycoon, mogul, magnate
magnes magnet; stanowić ~ dla *kogoś* be a **magnet** for sb
magnetofon tape recorder; ~ kasetowy cassette recorder
magnetowid VCR, video[1], video recorder
magnetyczny magnetic; karta

magnetyczna swipe card; pole magnetyczne a magnetic **field**[1]; taśma/dysk/zapis *itp.* magnetyczn-a/y **magnetic** tape/disk/storage, etc
magnetyzm magnetism; ~ ziemski geomagnetism
magnez magnesium
Mahomet Mohammed, Muhammad
mahoń mahogany
mainframe komputer klasy ~ mainframe
maj May
majaczący delirious
majątek estate, property, wealth; (*czyjś*) cały ~ sb's **worldly** goods/possessions
majestat majesty
majestatyczność majesty
majestatyczny stately, majestic
majonez mayonnaise
major major[2]
majsterkowanie DIY
majstrować tinker; ~ przy *czymś* tamper with sth
majtki briefs, knickers, panties, pants, underpants
mak poppy
makabryczny grisly, gruesome, macabre
makaron noodles, pasta; ~ rurki macaroni
makijaż make-up, makeup; robić sobie ~ **do**[2] your make-up
makler broker[1]; ~ (giełdowy) stockbroker; ~ hipoteczny a mortgage **broker**[1]
makrama macramé
makrela mackerel
makro macro
makro- macro-
makrocząsteczka macromolecule
makropolecenie macro
maks na maksa to the **max**, full-on; wykorzystać na maksa max out
maksimum maximum[2], max, high[3]
maksyma maxim
maksymalizować maximize
maksymalnie ~ 10/20 *itp.* **up**[1] to 10, 20, etc; ~ *coś* wykorzystać make the **most**[2] of sth
maksymalny maximum[1]; maksymalna głośność **full**[1] volume
malaria malaria
malarka painter
malarstwo painting
malarz decorator, painter; ~-tapeciarz decorator
maleńki tiny
maleństwo thing
malina raspberry
malować paint[2]
malowanie painting, a **lick**[2] of paint
malowidło ~ ścienne mural
malowniczy picturesque
maltaza maltase
maltoza maltose
maltretować batter[2]
maltretowanie battering, mistreatment; ~ dzieci child abuse
maluch toddler
malutki tiny, wee[2]
mało few, little; ~ atrakcyjny unattractive; ~ prawdopodobny implausible, unlikely; ~ ważny of little/no **consequence**; ~ znaczący petty; ~ znany obscure[1]; bardzo ~ **precious**[2] few/little; mieć ~ *czegoś* be **pushed** for sth; mieć ~ czasu/pieniędzy be **pressed** for time/money; o ~ nie I **could** (have)
małomówność reticence
małomówny reticent, silent, taciturn
małostkowy petty
małpa monkey; (*znak "@"*) at; ~ (człekokształtna) ape
mały small, little, concise; mała zmiana a **bit**[1] of a change; małe dziecko infant, toddler; małe litery lower case; na małą skalę small-scale, in a small **way**[1]; w małym palcu at your **fingertips**
małż clam[1], bivalve; ~ (jadalny) mussel; ~ (przegrzebek) scallop
małżeński marital, conjugal, married
małżeństwo marriage, matrimony
małżon-ek/ka spouse
mama mummy, mum, mom, mommy, mama, momma, mother
mamić beguile
mamrotać mumble, mutter
mamrotanie mutter
mamusia mummy, mommy, mama, momma
mandarynka tangerine
mandat (*grzywna*) ticket; (*poselski*) seat[1]; (*upoważnienie*) mandate; ~ za nieprawidłowe parkowanie parking ticket
manekin dummy[1]
manetka joystick
manewr manoeuvre[1], maneuver[1]; ~ zawracania U-turn; pole manewru elbow room
manewrować manoeuvre[2], maneuver[2]
manewrujący pocisk ~ cruise missile
mango mango
mania mania, fetish
maniak maniac, freak[1], nut
manicure manicure
maniera mannerism, affectation, manners
maniery dobre ~ decorum; dworskie ~ gentility
manieryczny affected
manifest manifesto
manifestacja ~ uczucia/gniewu *itp.* a **display**[1] of affection/anger, etc
manifestować display[2]
manipulacja manipulation; manipulacje manipulation
manipulować manipulate, rig[1]
mankiet cuff
manualnie uzdolniony ~ practical[1]
Maorys/ka Maori
maoryski Maori
mapa map, chart[1]; ~ bitowa bitmap; ~ plastyczna relief map; nanosić na mapę chart[2]
maraton marathon
marchew carrot
marchewka carrot; kij i ~ **carrot** and stick
margaryna margarine
marginalizować marginalize
marginalnie marginally
marginalny marginal, peripheral
margines margin; ~ błędu a **margin** of error; uwaga na marginesie aside[2]
marihuana marijuana, cannabis
marionetka puppet, figurehead
marka brand[1], make[2]; popularna ~ a **household**[2] name
marker highlighter, marker
marketing marketing
markotny morose
markowy markowe dżinsy/okulary *itp.* **designer**[2] jeans/sunglasses, etc
marksist-a/ka Marxist
marksistowski Marxist
marksizm Marxism
marmolada marmalade
marmur marble
marmurkowanie marbling
marnieć waste away
marnotrawstwo waste[1]
marnować waste[2]; ~ *coś* idle sth away, throw sth away; ~ się go to **waste**[1]; ~ się u *kogoś* be **waste**[2]d on sb
marny paltry, flimsy; ~ grosz pittance; na marne down the **drain**[2]
Mars Mars
marshmallow marshmallow
Marsja-nin/nka Martian
marskość ~ wątroby cirrhosis
marsz march[1]; ~ protestacyjny march[1]; brać udział w marszu protestacyjnym march[2]; organizować ~ protestacyjny march[2]
marszałek ~ polny field marshal
marszczyć ~ (się) crinkle, wrinkle, ripple[1], bunch up; ~ się shrivel; ~ brwi frown[1]
martwić bother[1], concern[1], distress[2], trouble[2], upset[2], worry[1]; ~ *kogoś* **make**[1] sb sad; ~ się worry[1]; ~ się *czymś* lose **sleep**[2] over sth; później będziemy się o to ~ I'll/We'll cross that **bridge**[1] when I/we come toit.
martwo ~ urodzony stillborn
martwy dead[1], lifeless, defunct; (*cisza*) stony; ~ punkt stalemate, blind spot; stanąć w martwym punkcie stall[2]
marudny fretful
marudzenie whinge
marudzić carp[2], moan, whine, whinge; ~ o **niggle** about/over, etc
marynarka jacket; ~ wojenna the Navy; marynarki naval
marynarz sailor, seaman
marynata marinade; marynaty pickle
marynować marinate
marynowany pickled
marz. Mar
marzec March
marzenie dream[1], daydream; realizować ~ **fulfil** a dream
marznąć freeze[1], chill[1]

marzyciel/ka dreamer
marzycielski dreamy
marzycielsko dreamily
marzyć dream², daydream; ~ o *czymś* be dying for sth; be dying to do sth
marża profit margin, margin, mark-up
masa mass¹, bulk; ~ *czegoś* a **mass**¹ of sth, **tons** of sth; ~ atomowa atomic mass, atomic weight; ~ atomowa względna relative atomic mass; ~ bitumiczna bitumen; ~ cząsteczkowa molecular weight; ~ cząsteczkowa względna relative molecular mass; ~ (drzewna / celulozowa) pulp; ~ krytyczna critical mass; masy the **mass**¹es
masakra massacre
masaż massage, rub²
maselnica churn²
maska mask¹, facade; (*samochodu*) bonnet, hood; ~ gazowa gas mask
maskonur puffin
maskotka mascot
maskować camouflage
masło butter¹; ~ orzechowe peanut butter; osełka masła a **knob** of butter; smarować masłem butter²
masochist-a/ka masochist; być masochist-ą/ką be a **glutton** for punishment
masochistyczny masochistic
masochizm masochism
masować massage
masowo wholesale, indiscriminately, in **droves, thick**¹ and fast
masowy mass², wholesale, indiscriminate; produkować na skalę masową mass-produce
mass media the mass media
masturbacja masturbation
masywny bulky, chunky, hefty, massive
maszerować march²
maszt mast, pole
maszyna machine; ~ drukarska press², printing press; ~ do pisania typewriter; ~ do szycia sewing machine; maszyny machinery; napisany na maszynie typewritten; pisać na maszynie type²; pisanie na maszynie typing
maszynist-a/ka engine driver, engineer¹
maszynistka typist
maszynka ~ (do strzyżenia) clippers; ~ do golenia razor, shaver
maszynopis w maszynopisie typewritten
maszynowy karabin ~ machine gun
maść ointment
maślany herbatnik ~ shortbread
matczyny maternal, motherly
matematycznie mathematically
matematyczny mathematical
matematy-k/czka mathematician
matematyka mathematics, math, maths; ~ czysta **pure** mathematics; ~ stosowana **applied** mathematics
materac mattress, futon
materia matter¹
materialistyczny materialistic
materializm materialism
materialny material², physical¹
materiał material¹; (*tkanina*) cloth; (*materia*) matter¹; (*nauczania*) coursework; ~ (filmowy) footage; ~ dowodowy evidence; ~ w kratę plaid; ~ w szkocką kratę tartan; ~ wybuchowy explosive²; materiały materials; sensacyjny ~ scoop²
matka mother; ~ chrzestna godmother; ~ zastępcza surrogate mother; Dzień Matki Mother's Day; przyszła ~ an **expectant** mother; wdać się w matkę be a **chip**¹ off the old block; zastępcza ~ **foster**² mother; ze strony matki maternal
matma math, maths
matowić tarnish
matowieć tarnish
matowy frosted, matt, opaque
matrona matron
maturalny bal ~ prom; (zaliczony) egzamin ~ A level; klasa maturalna sixth form
mauzoleum mausoleum
maz smear², smudge¹
mazak felt-tip pen
maź goo; ~ stawowa synovial fluid
mądrość wisdom; ząb mądrości wisdom tooth
mądry wise¹; być mądrym po szkodzie do/learn sth the **hard**¹ way; być mądrzejszym know **better**²
mądrze wisely, smartly
mąka flour
mątwa squid
mąż husband; ~ stanu statesman; ponownie wychodzić za ~ remarry; wychodzić za ~ marry
mdlący nauseating, nauseous
mdlić ~ *kogoś* nauseous, queasy
mdłości nausea, sickness; mający ~ queasy; mieć ~ feel **sick**¹; przyprawiający o ~ nauseating, nauseous
mdły sickly, bland
meble furniture
mech moss
mechanicznie mechanically; zatwierdzać ~ rubber-stamp
mechaniczny mechanical; koń ~ horsepower
mechanik mechanic
mechanika mechanics
mechanizm mechanism, clockwork, machinery; mechanizmy rynkowe market forces; ~ zębatkowy rack and pinion
mecz game¹, match¹, ball game; początek meczu kick-off
meczeć bleat
meczet mosque
medal medal; brązowy ~ bronze medal; srebrny ~ silver medal; złoty ~ gold medal
medalist-a/ka medallist
media (mass) ~ the media; mass ~ the mass media; przychylność/ nieprzychylność mediów good/bad **press**²; uwaga mediów the **glare**¹ of the media
mediacja mediation; prowadzić mediację mediate
mediator/ka intermediary, mediator
medium medium²
meduza jellyfish
medycyna medicine; ~ alternatywna alternative medicine
medycznie medically
medyczny medical¹; oddział intensywnej opieki medycznej intensive care; oficer ~ medic
medyk medic
medytacje meditation
medytować meditate
mega- mega-
megabajt megabyte
megafon megaphone
megaherc megahertz
megapiksel megapixel
megawat megawatt
mejl email; wysłać mejla email
mejoza meiosis
mekka mecca
melancholia melancholy
melancholijny melancholy
melanina melanin
melasa molasses, treacle
melatonina melatonin
meldunek dispatch², despatch²
melina den
melodia tune¹, melody; ~ przewodnia **theme** tune
melodramat melodrama
melodramatyczny melodramatic
melodyjny melodic
melon melon
melonik bowler hat, derby
menisk meniscus
mennica mint¹
menopauza menopause
menstruacyjny menstrual
mentalność mentality
mentor/ka mentor
menu menu; ~ rozwijane drop-down menu; opcja ~ menu option; pasek ~ menu bar
merdać wag
Merkury Mercury
merystem meristem
mesjasz the Messiah; Mesjasz the Messiah
meszek fluff¹
meszka gnat
meta finish²; na dłuższą/krótką metę in the long/short **run**², in the long/ short **term**¹
metabolizm metabolism
metadon methadone
metafora metaphor, figure of speech
metaforyczny metaphorical
metal metal; ~ alkaliczny alkali metal; ~ nieszlachetny base metal; ~ przejściowy transition metal; ~ szlachetny precious metal; (heavy) ~ heavy metal; pozłacany/posrebrzany ~ gold/silver **plate**
metaliczny metallic

metaloid metalloid
metamorficzny metamorphic
metamorfoza metamorphosis
metan methane
metanol methanol
meteor meteor
meteorolog meteorologist
meteorologia meteorology
meteorologiczny meteorological
meteoryt meteorite
metka label[1], tag[1], tab; (*z ceną*) price tag; przyczepiać metkę do tag[2]
metkować tag[2]
metoda method, technique; ~ prób i błędów **trial** and error; ~ słownikowa predictive texting
metodologia methodology
metodologiczny methodological
metodycznie methodically
metodyczny methodical
metodyka methodology
metodyst-a/ka Methodist
metodystyczny Methodist
metr metre; ~ kwadratowy **square**[2] metre
metro underground[2], subway, metro[1], the Tube
metropolia metropolis
metrum metre
metryczny metric
metylowy oranż ~ methyl orange
mewa seagull, gull
mezofil mesophyll
mezosfera the mesosphere
męczarnia agony, torment[2]
męczący tiring, tiresome, taxing, trying
męczenni-k/ca martyr
męczeństwo martyrdom
męczyć (*trudzić*) tire[2], tax[2]; (*prześladować*) niggle, pester; ~ *kogoś czymś* ply sb with sth; ~ się tire[2]; (*harować*) plug away
mędrzec sage
męka torture[2]; być męką be a **drag**[2]; męki **trials** and tribulations; skrócić *czyjeś* męki put sb out of their **misery**
męski male[1], manly, masculine, virile; ~ szowinista male chauvinist; płci męskiej male[1]; płeć męska the male **sex**; przesadnie ~ macho; toaleta męska men's room, the gents; wiek ~ manhood
męskość manhood, masculinity, virility
męstwo valour
mętlik muddle[1]
mętny cloudy, murky
męty ~ (społeczne) the **dregs** of society/humanity
mężczyzna man[1], male[2]
mężnie valiantly
mężny valiant
MFW (= *Międzynarodowy Fundusz Walutowy*) the IMF
mgiełka haze, spray[1], vapour; ~ *czegoś* a **cloak** of sth
mglisty foggy, hazy, misty; mgliste wspomnienie blur[2]
mgliście dimly
mgła fog, mist[1]; być spowitym mgłą be **shroud**[2]ed in fog/mist; zajść mgłą glaze[1]
mgnienie w mgnieniu oka in a **flash**[2]
mgr MA, MSc
mi me
mianować appoint, designate, name[2], nominate; ~ na make[1]
mianowanie appointment, designation
mianowicie namely
mianownik denominator; najmniejszy wspólny ~ lowest common denominator; wspólny ~ common denominator
miara measure[2], measurement, yardstick; ~ *czegoś* a **measure**[2] of sth; (szyty) na miarę tailor-made; niejednakowa ~ double standard; przebrać miarę boil over; w dużej mierze largely; w miarę możliwości **wherever**[1] possible
miareczkowanie titration
miarka tape measure
miarodajny authoritative
miasteczko town; ~ uniwersyteckie campus; wesołe ~ amusement park, carnival, fairground, fair[2]
miasto city, town, borough; ~ otoczone murem **walled** city; mieszka-niec/nka miasta a city **dweller**; mieszkańcy miasta townspeople; na mieście out on the **town**; poza /. za miastem out-of-town; rodzinne ~ hometown; wymarłe ~ ghost town
miau meow, miaow
miauczeć mew
miazga pulp cavity; cambium; ~ pokarmowa chyme
miażdżący miażdżąc-a/e krytyka/pogarda/spojrzenie **withering** attack/contempt/look; miażdżącą większością głosów overwhelmingly; miażdżące zwycięstwo landslide
miażdżyca ~ (tętnic) atherosclerosis
miażdżyć crush[1]
miąć ~ (się) crease[2], crumple, wrinkle
miąższ flesh, pulp
MIDI MIDI
miecz sword
miecznik swordfish
mieć have; (*w planach*) be; (*zajmować*) hold; ~ na sobie wear; ~ *coś zrobić* be supposed to do sth; ~ *coś* na sobie have (got) sth on; ~ *coś* przy sobie have/carry sth on you; ~ *coś* z *czegoś* get sth out of sth; ~ (zamiar) *coś zrobić* have been meaning to do sth; ~ za swoje be in for it; nie ~ lack; właśnie ~ *coś zrobić* be at/on the point of doing sth, be just about to do sth, be on the verge of sth/doing sth; → **ma**
miednica (*miska*) basin; (*kość*) pelvis
miedziak copper
miedź copper
miejsce (*punkt*) place[1], site[1], spot[1], scene; (*wolna przestrzeń*) room[1], space[1], area; (*siedzenie*) seat[1]; (*możliwość*) scope; (*spotkania*) venue; (wolne) ~ vacancy; ~ na *coś* **room**[1] for sth; ~ dziesiętne decimal place; ~ po przecinku decimal place; *czyjeś* ~ pobytu sb's **whereabouts**[2]; ~ postoju berth; ~ pracy workplace; ~ przeznaczenia destination; ~ sypialne /. do leżenia berth; ~ urodzenia birthplace; ~ zamieszkania dwelling, residence, abode; bezpieczne ~ a **safe**[1] place; somewhere safe; brak wolnych miejsc sellout; być na *czyimś* miejscu be in sb's **shoes**; być na swoim miejscu be in **position**[1]; być na pierwszym miejscu come **first**[2]; być dla *kogoś* na pierwszym miejscu be **uppermost** in sb's mind; czołowe ~ star/top **billing**; mieć ~ occur, take **place**[1], be the **case**; mieć swoje ~ belong, **belong** in/on/there, etc; miejsca siedzące seating; miejsca stojące the terraces; na miejsce in[2]; Na miejsca, gotowi, start! On your **mark**[1]s. Get set. Go!; na miejscu on **site**[1], in[2], in **place**[1], on the **spot**[1]; na pierwszym/drugim/trzecim *itp.* miejscu in first/second/third, etc **place**[1], in first/second/third, etc **position**[1]; nie na miejscu uncalled for, out of **place**[1]; posiadać /. mieć 4/12/200 *itp.* miejsc/a **seat**[2] 4/12/200, etc; puste ~ blank[2]; stać w miejscu get/go **nowhere**; stanąć w miejscu stop **dead**[2]; stawiać *kogoś/coś* na pierwszym miejscu put sb/sth **first**[2]; trafić w czułe ~ hit/touch a (raw) **nerve**; ustępować miejsca *czemuś* give **way**[1] to sth; w ~ *czegoś* in **lieu** of sth; z miejsca **there**[2] and then, on the **spot**[1]; zająć pierwsze/drugie *itp.* ~ **come** in first/second, etc, **finish**[1] first/second, etc; zajmować honorowe ~ have/take **pride**[1] of place; zarezerwować *komuś* ~ (*gdzieś*) book sb in/book sb into sth; znaleźć ~ dla siebie **carve** (out) a niche/career/role, etc for yourself; zrobić ~ na *coś* make **way**[1] for sth
miejscowo locally
miejscow-y/a local[2]
miejscowy local[1], home[3]; czas ~ local time; znieczulenie miejscowe local anaesthetic
miejski urban, metropolitan, metro[2], municipal, civic
mielić grind[1], mill[2], mince[2]
mielina myelin
mielizna osiąść na mieliźnie run **aground**; wejść na mieliznę be **ground**[2]ed
mielone (mięso) ~ mince[1]; ~ (wołowe) hamburger; ~ wołowe ground beef
mieniący ~ się sparkling
mienić ~ się sparkle[1]
mieńszewicki Menshevik
mieńszewik Menshevik
mierniczy surveyor
miernik meter, gauge[2]
miernota mediocrity
mierzeja bar

mierzyć measure[1], gauge[1], take; ~ czas time[2]
miesiąc month; ~ miodowy honeymoon; co ~ monthly, on a monthly **basis**; za dwa miesiące in two months' **time**[1]
miesiączka menstruation, period
miesiączkować menstruate
miesięcznie monthly; opłacany ~ salaried
miesięczny monthly
mieszać stir[1], blend[1], jumble[2]; ~ (się) mingle, mix[1]; ~ się interfere, meddle; nie ~ się do *czegoś* stay out of sth
mieszalny miscible
mieszanie stir[2]
mieszanka mix[2], mixture, assortment, blend[2], cocktail, medley, concoction
mieszany mixed, assorted, hybrid; mieszane uczucia **mixed** feelings, ambivalence; mieszanej rasy mixed-race; z mieszanymi uczuciami ambivalent
mieszczaństwo the bourgeoisie
mieszek ~ (włosowy) follicle
mieszkać stay[1]; ~ gdzie popadnie / pod mostem live/sleep **rough**[3]; ~ na dziko squat[1]; ~ na/w/koło *itp.* **live**[1] at/in/near, etc; ~ u **lodge**[2] at/with, etc; ~ w/pośród/z *itp.* **dwell** in/ among/with, etc; ~ ze sobą (bez ślubu) cohabit
mieszkalny residential; blok / budynek ~ apartment building; budynek ~ tenement; budynek ~ (własnościowy) condominium; łódź / barka mieszkalna houseboat
mieszkanie flat[1], place[1], dwelling, housing, apartment, unit; ~ komunalne a council flat; ~ własnościowe condominium; zapewnić ~ house[2]
mieszka-niec/nka citizen, inhabitant, occupant, occupier, resident[1]; ~ bloku/miasta/wsi *itp.* an apartment/city/country, etc **dweller**; ~ internatu boarder; ~ wsi villager; ~ wyspy islander; liczba mieszkańców population; na mieszkańca per capita; rodowit-y/a ~ native[2]
mieszkaniowy kasa mieszkaniowa building society; osiedle mieszkaniowe housing estate
mieścić hold[1], take, house[2]; ~ 4/12/ 200 *itp.* osoby/osób (*na siedząco*) **seat**[2] 4/12/200, etc; ~ cztery osoby/sześć osób *itp.* (*dawać nocleg*) **sleep**[1] four/ six, etc; ~ się *gdzieś* be **located** in/ near/on, etc; to się nie mieści w głowie the mind **boggles**
mięczak wimp
między- inter-; cross-
między between[1], among; ~ nie/nich/ nimi between[2]; w połowie ~ *czymś* a *czymś* **midway** between sth and sth
międzyczas w międzyczasie between[2], in the **interim**[2], in the **intervening** months/period/years, etc
międzycząsteczkowy intermolecular
międzykontynentalny intercontinental
międzylądowanie stopover
międzylodowcowy interglacial
międzyludzki interpersonal
międzynarodowy international[1], multinational[1]; koncern ~ multinational[2]; na arenie międzynarodowej internationally; rozgrywki międzynarodowe international[2]; transkrypcja międzynarodowa IPA
Międzynarodówka ~ Komunistyczna Comintern
międzypaństwowy spotkanie międzypaństwowe international[2]
międzystanowy interstate
międzystrefowy long-distance
międzyżebrowy intercostal
miękki soft, floppy; (*jedzenie*) tender[1]; książka w miękkiej oprawie paperback
miękkość softness
mięknąć soften
mięsień muscle[1]; ~ agonistyczny agonist; ~ antagonistyczny antagonist; ~ (dwugłowy) uda hamstring[1]; ~ prostownik erector muscle; ~ rzęskowy ciliary muscle; naciągnąć sobie ~ **pull**[1] a muscle
mięsisty fleshy
mięsny (sklep) ~ butcher's
mięso meat; (*tkanka*) flesh; ~ od szynki gammon; amator mięsa *itp.* a meat **eater**; białe ~ white meat; czerwone ~ red meat
mięsożerny carnivorous; zwierzę mięsożerne carnivore
mięśniowy muscular
mięta mint[1]; ~ ogrodowa spearmint; ~ pieprzowa peppermint
miętowy olejek ~ peppermint
miętówka mint[1]
migacz turn signal
migać blink
migawka shutter
migdał almond
migdałek tonsil; zapalenie migdałków tonsillitis
migi pokazywać na ~ mime
mignąć glimpse
mignięcie glimpse
migotać flicker[1], glimmer[2], shimmer, twinkle
migotanie glimmer[1], flicker[2]
migowy język ~ sign language
migracja migration
migrena migraine
migrować migrate
mijać pass[1], elapse, go[1], go by, tick away/by, wear off, wear on; ~ *coś* **pass**[1] (sth) over/through, etc
Mikołaj Santa; Święty ~ Father Christmas, Santa (Claus)
mikro- micro-
mikrobus minibus, van
mikrofala microwave[1]
mikrofalowy kuchenka mikrofalowa microwave[1]; gotować / podgrzewać w kuchence mikrofalowej microwave[2]
mikrofalówka microwave[1]
mikrofaza microfibre
mikrofon microphone, mike; ukryty ~ bug[1]
mikroklimat microclimate
mikrokomputer microcomputer
mikrokosmos microcosm
mikroorganizm microorganism
mikroprocesor microchip, microprocessor
mikropyle micropyle
mikroskop microscope; ~ elektronowy electron microscope
mikroskopijny miniscule, minuscule, minute[2]
mikroskopowy microscopic
mikser blender, mixer
miksować blend[1]
mila mile; ~ kwadratowa **square**[2] mile
milczący mute, tacit, unspoken, quiet[1]
milczenie silence[1]; pomijać *coś* milczeniem let sth **pass**[1], draw a **veil** over sth
mile ~ widziany welcome[3]
mili- milli-
miliard billion; tysiąc miliardów trillion
milicja militia
milicjant militiaman
miligram milligram
milimetr millimetre
mililitr millilitre
milion million; (*mnóstwo*) zillion
milioner/ka millionaire
milionowy millionth[1]; (jedna) milionowa millionth[2]; milionowa część millionth[2]
millenium millennium; nowe ~ the Millennium
milowy ~ krok quantum leap; kamień ~ milestone
miło nicely, agreeably, amiably, thoughtfully; Bardzo mi miło. Pleased to meet you.
miłosierdzie charity
miłosny amorous
miłość love[2]; na ~ boską for God's/ goodness/heaven's, etc **sake**; pełen miłości loving
miłośni-k/czka ~ książek/kotów/psów *itp.* a book/cat/dog, etc **lover**
miły (*przyjemny*) nice, enjoyable, lovable, likeable, agreeable; (*uprzejmy*) amiable, genial, sweet[1], thoughtful; miła odmiana a **breath** of fresh air; stanowić miłe towarzystwo be good **company**
mimo despite, **for**[1] all; ~ *czegoś* in **spite** of sth; ~ to **even**[2] so, nevertheless, all/just the **same**[1], still[1]; ~ wszystko **after**[1] all, regardless, all/just the **same**[1]; ~ że **even**[2] though; puścić *coś* ~ uszu let sth **pass**[1]
mimochodem in **passing**[2]
mimowolnie involuntarily

mimowolny involuntary
mina expression, face[1]; (*bomba*) mine[2], landmine; *ktoś* ma minę niewiniątka **butter**[1] wouldn't melt in sb's mouth; *komuś* rzednie ~ sb's **face**[1] falls; przybierać minę **assume** an expression; stroić miny make **face**[1]s; wyjść z obrażoną miną **stalk**[1] out/off, etc
mineralny składnik ~ mineral; woda mineralna mineral water
minerał mineral
mini- mini-
mini (spódniczka) ~ miniskirt
miniatura miniature[2]
miniaturowy miniature[1], in **miniature**[2]
minikomputer minicomputer
minimalnie minimally, fractionally
minimalny minimal, minimum[1]
minimum minimum[2]
miniony minion-y/a/e wiek/epoka/czasy *itp.* **bygone** age/days/era, etc
minister minister; ~ skarbu chancellor
ministerialny departmental, ministerial
ministerstwo department, ministry; ~ skarbu *l.* finansów treasury
minivan people carrier, minivan, MPV
minowy pole minowe minefield
minus disadvantage, downside, drawback, minus; plus ~ or **so**[1]; szóstka ~/piątka ~ *itp.* A **minus**[2]/B minus, etc
minuta minute[1]; co do minuty on the **dot**[1]
minutka minute[1]
miodowy miesiąc ~ honeymoon
miot brood[1], litter[1]
miotacz pitcher; grać na pozycji miotacza pitch[1]
miotać hurl, pitch[1]; ~ się flounder
miotła broom
miód honey
miraż mirage
miriady myriad
misja mission; (*firmy, organizacji*) mission statement
misjonarz missionary
miska bowl[1], basin
misternie elaborately
mistrz/yni champ, champion[1]; aktualn-y/a ~ reigning champion
mistrz master, maestro
mistrzostwo championship; mistrzostwa championship
mistrzowski masterful
mistycyzm mysticism
mistyczny mystical
misty-k/czka mystic
miś pluszowy ~ teddy bear
mit myth, fallacy
mitochondrium mitochondrion
mitologia mythology
mitologiczny mythical, mythological
mitoza mitosis
mityczny mythical
mityng meeting
mizantrop misanthrope
mizerny flimsy, puny, wan
mizogin misogynist
mizoginia misogyny
mizoginiczny misogynistic
mknąć **scuttle** across/along/away, etc; ~ koło/obok/przez *itp.* **whizz** by/past/through, etc; ~ przez **streak**[2] across/down/through, etc
mlecz dandelion
mleczarnia dairy[1]
mleczarz milkman
mleczny milky, dairy[2], lacteal; Droga Mleczna the Milky Way; koktajl ~ milkshake; zakłady mleczne dairy[1]
mleko milk[1]; ~ odtłuszczone skimmed milk; bez mleka black[1]; z mlekiem milky
mlekowy lactic
mł. (*młodszy*) Jr, Jnr
młode baby, cub, pup; *czyjeś* młode sth's **young**[2]
młodociany juvenile[1]; ~ przestępca juvenile delinquent, delinquent
młodość youth; *czyjaś* ~ sb's **youth**
młodszy junior[1]; (*brat*) little[1]; być od *kogoś* 10/20 *itp.* lat młodszym be 10/20, etc years sb's **junior**[2]
młody young[1], fledgling; młode pokolenie new wave; pan ~ bridegroom, groom[2]; panna młoda bride
młodzieniec youth
młodzieńczy youthful
młodzież youth, the **young**[2]
młodzieżowy schronisko młodzieżowe youth hostel
młoteczek malleus
młotek hammer[1], mallet; walić młotkiem hammer[2]
młyn windmill, mill[1]; diabelski ~ Ferris wheel
młynek mill[1], grinder
MMS-y picture messaging
mniam-mniam yum
mnich monk
mnie me
mniej less, under[2]; ~ ważny lesser; ~ więcej **more**[2] or less, about[2], roughly, thereabouts; ~ znany lesser-known
mniejszość minority
mniejszy lesser, less[2]; mniejsze zło the **lesser** of two evils
mnogi plural; liczba mnoga plural
mnogość multitude
mnożenie multiplication
mnożyć multiply; ~ się multiply, proliferate, abound
mnóstwo a **lot**; lots, plenty, a **load**[1]/loads, a **great** many, no **end**[1], **thousand**s; ~ *czegoś* **bag**[1]s of sth, a **host**[1] of sth, a **plethora** of sth, **stack**[1]s of sth, a **wealth** of sth; ~ *czegoś/kogoś* a **raft** of sth/sb
mobile mobile[2]
mobilizacja mobilization
mobilizować ~ (się) mobilize
moc force[1], power[1], potency; ~ wyjściowa output[1]; co w ludzkiej mocy **humanly** possible; pobór mocy input[1]; w mocy in**force**[1]; z mocą wsteczną retrospective[2], retrospectively; zrobić *l.* uczynić wszystko, co w *czyjejś* mocy do everything in your **power**[1] to do sth; zrobić wszystko, co w *czyjejś* mocy do/try your **best**[3], do your **utmost**[2]
mocarstwo power[1], superpower
mocno hard[2], strongly, powerfully, heavily, fast[2], tight[2], tightly, bitterly; ~ padać rain/snow **heavily**; ~ śpiący **sound**[4] asleep; spać ~ sleep **soundly**; reagować zbyt mocno overreact
mocny strong, powerful, tough, firm[1], rugged, potent; *czyjś* ~ punkt sb's **strong** point; mocna strona strength; mocne nerwy steady/strong **nerves**; mocn-y/a drink/whisky/wódka **stiff**[1] drink/whisky/vodka, etc
mocować anchor[2]; ~ się wrestle; ~ się z *kimś* grapple with sb
mocz urine; nietrzymający moczu incontinent; oddawać ~ urinate
moczary marsh, swamp[1]
mocznik urea
moczowo-płciowy urogenital
moczowód ureter
moczyć soak
moda fashion[1], vogue; (przelotna) ~ fad; dyktator/ka mody **arbiter** of fashion/style; świat mody couture; w modzie in[3]; wychodzić z mody date[2]
modalny czasownik ~ modal verb
model/ka model[1]; pracować jako ~ model[2]
model model[1]
modelowanie modelling
modem modem
modernizacja facelift, modernization
modernizować update[1]; ~ (się) modernize
modlić ~ się pray
modliszka praying mantis
modlitwa prayer, grace[1]
modnie fashionably
modny fashionable, hip[2], trendy, hot[1]; ~ temat a **hot**[1] issue/topic; modne określenie buzzword
modrzew larch
modulacja ~ (głosu) inflection
moduł module
modyfikacja modification
modyfikować modify
mokry wet[1]
mol mole
molestować molest
molestowanie harassment, molestation
moll minor[1]
molo pier
moloch biurokratyczny ~ bureaucracy
molowy (*w muzyce*) minor[1]; (*w chemii*) molar
momencik tick[1]
moment moment, point[1], juncture; (*chwileczkę!*) Wait/Just a **minute**[1]; Hold on a minute.; decydujący ~

crossroads; do momentu pending[1]; dobry /. dogodny ~ an **opportune** moment/time; lada ~ (at) any **minute**[1]; od tego momentu **from** then on; w krytycznym momencie if/ when it comes to the **crunch**[1]; w odpowiednim momencie in due **course**; w swoich najlepszych momentach at the **best**[3] of times; wybrać (odpowiedni) ~ na time[2]; wybrany ~ timing

monarch-a/ini monarch, sovereign, Sovereign[2]

monarchia monarchy

moneta coin[1]; ~ dziesięcio-/ dwudziesto- *itp.* pensowa ten-/ twenty-, etc pence **piece**[1]; brać /. przyjmować *coś* za dobrą monetę take sth at face value; rzucić monetą toss a **coin**[1]; rzut monetą a **toss**[2] of a coin

monetarny monetary

monitor monitor[1], VDU

monitoring CCTV

monitorować monitor[2], screen[2]

mono- mono-

monogamia monogamy

monogamiczny monogamous

monogram oznaczać monogramem personalize; z monogramem personalized

monolingwalny monolingual

monolityczny monolithic

monolog monologue

monomer monomer

mononukleoza ~ (zakaźna) mononucleosis, glandular fever

monopol monopoly

monopolowy sklep ~ liquor store, off-licence

monosacharyd monosaccharide

monotonnie monotonously, repetitively

monotonny monotonous, humdrum, repetitive

monstrualny monstrous

monstrum eyesore

monsun monsoon

montaż assembly

montować assemble; (*taśmę*) edit; ~ *coś* put sth in

monumentalny monumental

mop mop[1]; zmywać mopem mop[2]

morale morale

moralnie morally

moralność morality, morals

moralny moral[1]; wsparcie moralne moral support

morał moral[2]

morda muzzle[1], snout

morder-ca/czyni murderer; seryjny morderca serial killer

morderczy homicidal, murderous; (*trudny*) punishing

morderstwo murder[1], foul play

morela apricot

morena moraine

morfina morphine

Mormon/ka Mormon

mormoński Mormon

mors walrus

morski marine[1], maritime, nautical, naval; (*ryba*) saltwater; cierpiący na chorobę morską seasick; dno morskie seabed; konik ~ seahorse; latarnia morska lighthouse; lew ~ sea lion; świnka morska guinea pig; żołnierz piechoty morskiej marine[2]

morze sea, ocean; ~ *czegoś* a **sea** of sth; Morze Śródziemne the Mediterranean; brzeg morza the seashore; nad morzem at the seaside; od morza do morza **coast**[1] to coast; owoce morza seafood, shellfish; poziom morza sea level

mosiądz brass

moskit mosquito

most bridge[1]; ~ powietrzny airlift; ~ wiszący suspension bridge; mieszkać/spać pod mostem live/sleep **rough**[3]; mówić prosto z mostu speak your **mind**[1]; powiedzieć *komuś* prosto z mostu tell sb **straight**[2] (out); prosto z mostu bluntly; walić prosto z mostu not pull any **punch**[2]es

mostek (*statku*) the **bridge**[1]; (*nosa*) the **bridge**[1] of your nose; (*część klatki piersiowej*) breastbone, sternum

moszna scrotum

Mość Jego/Jej/Wasza Królewska ~ His/ Her/Your Majesty

motel motel

motłoch rabble

motocykl motorcycle

motocyklist-a/ka biker, rider

motoneuron motor neuron

motor motorbike, bike

motorowy jacht ~ cruiser; łódź motorowa launch[2]

motoryzacyjny auto, automotive, motor[2]

motto motto

motyka hoe

motyl butterfly

motyw motivation, motive; (*ozdobny*) motif; ukryty ~ **ulterior** motive

motywacja motivation, direction, push[2]; dawać motywację motivate

motywacyjny motivational

motywować motivate

mowa speech, talk[2]; ~ zależna reported speech; *ktoś /. coś*, o którym ~ sb/sth in **question**[1]; nie ma mowy! No **way**[1]!, there's no **way**[1], No **chance**[1]!/ Not a chance!; o wilku ~ speak/talk of the **devil**; odbierać mowę take your **breath** away; wygłosić mowę **deliver** a speech/talk, etc, **give**[1] a performance/speech, etc

mozaika mosaic; ~ *czegoś* a **patchwork** of sth

moździerz mortar

może maybe, perhaps, could, possibly, you **might**[1] like/want to; ~ ...? **shall** I/we...?, I/we **wonder**[1] if/whether ..., **would** you; (być) ~ maybe, perhaps, possibly, arguably; ~ (chcesz) ...? Would you **like**[2]...?; a ~ ...? **what** about...?, what/how **about**[1] ...?; a ~ (by tak) ...? what/how **about**[1] ...?; A ~ byś/ by (tak) ...? Why don't you?/why not do sth?

możliwe możliwe, że may/might/ could **well**[2]

możliwie conceivably

możliwość possibility, opportunity, option, scope, feature[1]; ~ *czegoś* **room**[1] for sth; możliwości intelektualne understanding[1]; ponad możliwości beyond[1]; stwarzać ~ *czegoś* open (sth) up; stworzyć ~ open the **floodgates**; w miarę możliwości **wherever**[1] possible

możliwy possible, conceivable, feasible, imaginable; gdy tylko (jest to) możliwe **wherever**[1] possible; każdy ~ every; (na tyle,) na ile to możliwe as **far**[1] as possible; najlepszy/najtańszy/najgorszy *itp.* z możliwych the best/cheapest/ worst, etc **possible**; praktycznie ~ practicable

można could; ~ *komuś coś* wybaczyć sb could be **forgiven** for doing sth; ~ było could; ~ twierdzić, że It is **arguable** that; ~ wyczuć *coś* can **taste**[2] sth; nie ~ *czegoś robić* can **scarcely** do sth, There's **no**[2] doing sth

móc can, could, may, might; ~ *coś zrobić* be able to do sth; nie ~ can't, cannot, couldn't, mightn't; zawsze (przecież) ~ *coś zrobić* can/could always do sth

mój my, mine[1]

mól ~ książkowy bookworm

mów-ca/czyni orator

mówiąc nawiasem ~ by the **way**[1], incidentally; delikatnie ~ to put it **mildly**, to say the **least**[2]; krótko ~ in **short**[3]; nie ~ już o *czymś* to say **nothing** of sth; nie ~ o not to **mention**[1]; prawdę ~ as a **matter**[1] of fact; szczerze ~ to be **honest**, in all **honesty**; → **mówić**

mówiący ~ te słowa **yours** truly; osoba mówiąca po angielsku/francusku/ niemiecku *itp.* an English/French/ German, etc **speaker**

mówić say[1], speak, tell, here; ~ *coś* serio be in **earnest**; ~ bez ładu i składu **ramble** [1]; ~ głośniej speak up; ~ o *czymś* **speak** about/of sth; ~ o *kimś/czymś* refer to sb/sth; ~ o tym go down that **road**; ~ po angielsku/francusku/niemiecku *itp.* **speak** English/French/German, etc; ~ poważnie mean[1]; ~ prosto z mostu speak your **mind**[1]; A nie mówił-em/am? (I) told you so!; jak mówią to **coin**[2] a phrase; łatwo się mówi easier said than done; mów dalej Go on; źle o *kimś* ~ speak **ill**[3] of sb; → **mówiąc**→ **powiedzieć**

mównica podium, rostrum

mózg brain; (*przedsięwzięcia*) mastermind; ~ *czegoś* the **brains** behind sth; burza mózgów brainstorming; pranie mózgu brainwashing; robić wodę z mózgu brainwash; wstrząs mózgu concussion; ze wstrząsem mózgu concussed

mózgowy cerebral; zapalenie opon mózgowych meningitis

móżdżek cerebellum

mroczny murky

mrok gloom; pogrążać (się) w mroku darken

mrowić prickle[2]

mrowienie tingle; czuć ~ have pins and needles

mrozy freeze[2]

mroźny frosty, freezing[1]

mrożący ~ krew w żyłach chilling, blood-curdling

mrożony frozen[1]

mrówka ant; czuć mrówki have pins and needles

mróz frost[1]

mruczeć murmur[1], purr

mrugać blink, wink[1], twinkle

mrugnąć nawet nie ~ not bat an **eyelid**

mrugnięcie blink, wink[2]

mrużyć ~ oczy squint, **screw**[2] up your eyes/face

msza Mass, mass; ~ żałobna requiem

mszyca aphid

mścić ~ się na *kimś* catch up with sb

mściwy vengeful, vindictive

MTV[û] MTV[û]

mucha fly[2]; *ktoś* by muchy nie tknął **butter**[1] wouldn't melt in sb's mouth; nawet muchy by nie skrzywdził wouldn't hurt a **fly**[2]; padać jak muchy be dropping like flies

muchomór toadstool

muczeć moo

muesli muesli

mukowiscydoza cystic fibrosis

multi- multi-

multikino multiplex

multilingwalny multilingual

multimedia visual aid

multimedialny multimedia

muł (*zwierzę*) mule; (*osad*) silt, sludge, slime

mułła mullah

mumia mummy

mundur uniform[1]; ~ polowy fatigues

mundurek uniform[1]

municypalny municipal

mur wall, masonry; ogród/miasto otoczon-y/e murem **walled** garden/ city; przypierać do muru corner[2]; przypierać *kogoś* do muru pin sb down, put sb on the **spot**[1]; walić głową w ~ be banging your **head**[1] against a brick wall

murarz bricklayer

Murzyn/ka black[2], Negro

murzynek (*ciastko*) brownie

murzyński black[1]; osiedle murzyńskie township

mus mousse, puree

musical musical[2]

musieć must[1], need[1]; ~ *coś zrobić* **have**[2] to do sth; have got to do sth, be **bound**[1] to do sth; (to) co być musi /. musiało the **inevitable**; jeszcze ~ *coś zrobić* be/have **yet**[1] to do sth; nie ~ *czegoś robić* don't **need**[1] to do sth/ needn't do sth; to musi być it/that **will**[1] be

muskać graze[1], skim

muskularny muscular, wiry

musować fizz

musowanie fizz

musujący bubbly, fizzy; wino musujące **sparkling** wine

muszelka sea shell

muszka bow tie; na muszce at **gunpoint**

muszla shell[1], sea shell; ~ klozetowa toilet

musztarda mustard

musztra drill[1]

muślin muslin

muśnięcie ~ *czegoś* the **brush**[1] of sth

mutacja mutation; przechodzić mutację break[1]

mutant mutant

mutualizm mutualism

muu moo

muzak muzak

muzeum museum; z tyłu liceum, z przodu ~ **mutton** dressed as lamb

Muzułma-nin/nka Muslim, Moslem

muzułmański Muslim, Moslem

muzycznie musically

muzyczny musical[1]; temat ~ **theme** music; scena muzyczna the music **scene**

muzyk musician, player

muzyka music; ~ country country music; ~ folk /. folkowa /. ludowa folk music; ~ gospel gospel; ~ kameralna chamber music; ~ klasyczna **classical** music; ~ przewodnia **theme** music; ~ rockowa rock[1]

muzykalny musical[1]

my we

mycie a **wash**[2]; płyn do mycia twarzy cleanser

mycka skull cap

myć wash[1], cleanse; ~ (się) wash[1]; ~ (szamponem) shampoo; ~ ręce wash up

mydlany soapy

mydliny suds, lather

mydło soap

myjący środek ~ cleaner

myjka washcloth, flannel

mylący confusing, misleading; myląca nazwa misnomer

mylić confuse; ~ *kogoś/coś* mix sb/sth up, get sb/sth **muddle**[2]d up, muddle sb/sth up; ~ *kogoś/coś* z *kimś/czymś* mistake sb/sth for sb/ sth; ~ się be **wrong**[1], be in the **wrong**[3], err

mylny ill-informed

mysz mouse; biedny jak ~ kościelna **dirt**[2] poor; podkładka pod ~ mouse mat

myszaty mousy

myszka mouse

myśl thought[1], idea, thinking; *czyjeś* myśli błądzą sb's attention/mind/ thoughts, etc **wander**; bić się z myślami agonize; czytać *komuś* w myślach read sb's mind; mieć na myśli mean[1]; nie być po *czyjejś* myśli go against sb; nie móc zebrać myśli not think **straight**[2]; pogrążony w myślach **deep**[1] in thought; przejść przez ~ cross your **mind**[1]; przywodzący na ~ evocative; przywodzić *coś* na ~ bring sth back; tok myśli **train**[1] of thought; w ~ under[1]; w ~ prawa by **law**; *robić coś* z myślą o *kimś/czymś* gear sth to/ towards sb/sth; zebrać myśli **collect**[1] yourself/your thoughts

myśleć think[1], reckon; ~ kreatywnie think outside the box; ~ o *kimś/ czymś* **think**[1] about/of sb/sth; ~ o *czymś* **think**[1] about/of doing sth, play (about/around) with sth; ~ o *czymś* (przez chwilę) toy with sth; ~ o przyszłości look ahead; (i) kto by pomyślał, że …? Who would have thought…?; myślę, że I **think**[1]; (nawet) nie chcieć o tym ~ not go there; nie myśl sobie you **know**[1]; pozwolić *komuś* przestać ~ o *czymś* take your mind off sth; → **myślę**

myślenie thinking; *czyjś* sposób myślenia sb's **line**[1] of thinking; ~ perspektywiczne **forward**[2] thinking; ~ globalne **joined-up** thinking

myślę I **guess**[1]; myślę, że I **suppose**; myślę, że tak/nie I **guess**[1] so/not; → **myśleć**

myśliciel/ka thinker

myślistwo hunting, shooting

myśliwiec fighter

myśliwy hunter

myślnik dash[2]

mżawka drizzle

mżyć drizzle

N

na on, onto, at, against, to, towards, by, for, per, in, into, of, to; ~ miejsca, gotowi, start! On your **mark**[1]s. Get set. Go!

nabawić ~ się contract[2]

nabiegły ~ krwią bloodshot

nabierać (*zyskiwać*) gain[1]; (*zgarniać*) scoop[1], spoon; (*oszukiwać*) kid[2]; ~ *czegoś* pick up sth; ~ *kogoś* have sb on, wind sb up; ~ koloru colour[2]; ~ kształtów take **shape**[1]; ~ rozpędu take off; ~ szybkości/sił **gather** speed/strength; ~ wprawy get into your **stride**[2]; → **nabrać**

nabierka ladle, scoop[2]

nabijać ~ się (z *kogoś*) take the **mickey** (out of sb)

nabłonek epithelium

nabożeństwo service[1]

nabój cartridge, round[3]

nabór intake

nabrać ~ *jakiegoś* zwyczaju get into the **habit** of doing sth; ~ się na *coś* fall for sth; dać się ~ be **taken** in,

be **had**; dać się ~ na *coś* fall for sth; **→ nabierać**
nabrzeże dock[1], quay, wharf, embankment, waterfront
nabytek addition, acquisition; (cenny) ~ asset; nowy ~ signing
nabywać acquire, purchase[1], develop
nabywca buyer
nachalny pushy
nachodzić ~ *kogoś* come over sb
nachylać ~ (się) slant[1]
nachylenie gradient, slant[2], dip[1]
nachylony być nachylonym slant[1]
naciągacz/ka hustler
naciągać con[1], dupe, hustle[1]; **→ naciągnąć**
naciągany far-fetched
naciągnąć overcharge, trick[2]; ~ sobie mięsień **pull**[1] a muscle; **→ naciągać**
nacierać advance[2]
nacięcie cut[2], incision, notch[1], slash[2]
nacisk emphasis, focus[2], pressure[1], stress[1]; ~ grupy peer pressure; ~ na coś the **accent** on sth; grupa nacisku pressure group, lobby[1]; kłaść ~ na *coś* **place**[2] emphasis on sth; ulegać naciskom **yield**[1] to pressure; wywierać ~ (na) lobby[2]; wywierać ~ na pressure[2], pressurize; wywierać na *kogoś* ~ put **pressure**[1] on sb
naciskać push[1]; ~ (na) press[1]; ~ na pressure[2], pressurize, push[1], press[1]
nacjonalist-a/ka nationalist
nacjonalistyczny nationalistic
nacjonalizacja nationalization
nacjonalizm nationalism
nacjonalizować nationalize
naczelnik ~ więzienia warden
naczelny supreme; (ssak) ~ primate; dyrektor ~ managing director
naczynie dish[1], vessel; ~ krwionośne blood vessel; ~ limfatyczne lymph vessel; ~ włoskowate capillary; ~ żaroodporne casserole; naczynia the **dish**[1]es, china; płyn do naczyń dish soap, washing-up liquid; ściereczka do naczyń dishcloth; ścierka do naczyń tea towel, dishtowel; zmywać naczynia wash up
naczyniowy vascular; wiązka naczyniowa vascular bundle
naczyniówka choroid
naćpany high[1], stoned; być naćpanym be **dope**[2]d up
nad- over-
nad on[1], above[1], over[1]; 3/4 *itp.* ~ ranem 3/4, etc o'clock in the **morning**
nadać ~ przydomek dub, nickname
nadający ~ się fit[2]; ~ się do użytku serviceable
nadal still[1], on[2]
nadaremnie in **vain**, vainly
nadawać (*transmitować*) air[2], broadcast[2], play[1], screen[2], relay[1]; (*przydawać*) impart; (*tytuł*) confer; (*bagaż*) check[1]; (*obgadywać*) bitch[2]; ~ *czemuś* bieg set sth in **motion**[1]; ~ drogą radiową radio[2]; ~ na tych samych falach be on the same **wavelength**; ~ priorytet prioritize; ~ się do the **job**, fit[2]; ~ się do *czegoś* lend itself to sth, be **suit**[2]ed to/for sth; ~ się na make[1]; **→ nadający**
nadawany broadcast, on[2]
nadąsany sullen, sulky
nadążać keep up, keep **track**[1]; ~ z *czymś* keep sth up; ~ za *kimś* be **with** me/you; ~ za *kimś/czymś* keep **pace**[1] with sb/sth
nadchodzący coming[2], forthcoming, upcoming
nadchodzić come, come round, come in, come around; ~ niepostrzeżenie creep up on sb; **→ nadejść**
naddźwiękowy supersonic, ultrasonic
nadejście approach[1]; ~ *czegoś* the **coming**[1] of sth, the **advent** of sth
nadejść be/come **along**[2]; mający ~ forthcoming; **→ nadchodzić**
nadepnąć tread[1]; ~ na *coś* **step**[2] on sth
nadesłany in[2]
nadgarstek wrist
nadgodziny overtime; w nadgodzinach overtime
nadgorliwy full-on
nadjechać be/come **along**[2]
nadjeżdżający ~ z przeciwka oncoming
nadkwasota acidity
nadludzki nadludzk-i/a wysiłek/siła *itp.* **superhuman** effort/strength, etc
nadmiar excess[1], surplus, surfeit, overflow; w nadmiarze to **spare**[3]
nadmiernie excessively, inordinately, unduly, unreasonably
nadmierny excessive, excess[2], inordinate, undue; jazda z nadmierną prędkością speeding; jechać z nadmierną prędkością be **speed**[2]ing
nadmorski coastal; bulwar ~ seafront
nadmuchiwać ~ *coś* blow sth up
nadmuchiwany inflatable; nadmuchiwane rękawki **armbands**
nadnercze adrenal gland
nadobny odpłacić (*komuś*) pięknym za nadobne get your **own**[1] back (on sb)
nadopiekuńczy doting
nadpisać overwrite
nadpobudliwość hyperactivity
nadpobudliwy hyperactive, hyper
nadprzyrodzony supernatural; zjawiska *l.* siły nadprzyrodzone the supernatural
nadrabiać ~ zaległości catch up; ~ zaległości w *czymś* catch up on/with sth
nadruk print[2]
nadrukować print[1]
nadrzędny overriding; być nadrzędnym (w stosunku do *czegoś*) have/take **priority** (over sth)
nadskakiwać ~ *komuś* fawn on/over sb
nadsyłać ~ *coś* send sth in
nadszarpnąć dent[2], strain[2], taint
nadtlenek ~ wodoru hydrogen peroxide
nadto aż ~ ample
nadużycie abuse[1], misuse; ~ uprzejmości imposition
nadużywać abuse[2], misuse; ~ *czyjejś* gościnności outstay/overstay your **welcome**[4]; ~ *czyjejś* uprzejmości impose on sb
nadużywając-y/a abuser
nadużywanie abuse[1], misuse
nadwątlić sap[1], erode
nadwerężenie strain[1]
nadwerężyć strain[2], wrench[1]
nadwozie body
nadwyżka surplus; ~ w handlu trade surplus
nadziany loaded, well-heeled, flush[3]
nadzieja hope[2], hopefulness; budzić nadzieje **raise**[1] hopes; *czyjaś* największa/ostatnia/jedyna ~ sb's best/last/only **hope**[2]; daremna ~ **vain** hope; mam nadzieję, że I **trust**[1] (that); mieć nadzieję hope[1]; mieć nadzieję na *coś* **hope**[1] to do sth; miejmy nadzieję hopefully; miejmy nadzieję, że nie hopefully **not**; nikła ~ **faint**[1] hope; pełen nadziei hopeful, hopefully; pogrzebać *czyjeś* nadzieje **dash**[1] sb's hopes; promyk nadziei a **glimmer**[1] of hope, a **ray** of hope; spełnić nadzieje come/turn up **trumps**; stracić nadzieję co do *kogoś* give up on sb; w nadziei na/że in the **hope**[2] of/that; wiązać z *kimś/czymś* swoje nadzieje pin your **hope**[2]s on sb/sth; z nadzieją hopefully, expectantly
nadzienie filling[1], stuffing; ~ bakaliowe mincemeat
nadziewać stuff[2]; (*nabijać*) impale
nadziwić nie móc się *czemuś* ~ can't/couldn't **get**[1] over sth
nadzorczy organ ~ regulator
nadzorować oversee, supervise, police[2]
nadzór supervision; ~ sądowy probation; urząd nadzoru watchdog
nadzwyczaj supremely
nadzwyczajnie spectacularly
nadzwyczajny spectacular
naelektryzowanie static[2]
nafta kerosene, paraffin
naftowy ropa naftowa crude oil
nagabywać tout[1]
nagana censure, rebuke, reprimand; udzielać nagany censure, reprimand
naganiać hustle[1]
naganny objectionable, reprehensible
nagi bare[1], naked, nude[1]; (*fakty*) bald; naga skała outcrop; zupełnie ~ **stark**[2] naked
naginać ~ (fakty) fudge[2]; ~ zasady *l.* przepisy bend/stretch the **rule**[1]s
naglący pressing
nagle all at **once**[1], all of a **sudden**,

suddenly, abruptly, at short **notice**[2]; ~ się otworzyć **burst**[1] open
nagłaśniający system ~ public address system, tannoy
nagłość urgency, suddenness
nagłośnia epiglottis
nagłówek heading, headline, header
nagły abrupt, sudden; ~ ból twinge; ~ wypadek emergency; ~ wzrost surge[2]
nagonka ~ na imigrantów/prawników/związki zawodowe *itp.* immigrant-bashing/lawyer-bashing/union-bashing, etc
nagość nudity
nagradzać reward[2], honour[2]
nagradzany prize-winning
nagranie recording, tape recording
nagrobek gravestone, headstone, tombstone
nagrobkowy płyta nagrobkowa headstone
nagrobny kamień ~ gravestone; tablica nagrobna tombstone
nagroda reward[1], award[1], prize[1], bounty; ~ pocieszenia booby prize
nagrodzony prize-winning
nagromadzenie accumulation
nagromadzić ~ *coś* run sth up
nagrywać record[2], tape[2]; ~ (na wideo) video[2]
nagrywarka recorder; ~ CD CD burner, CD writer
nagrzewać ~ się warm up
nagusieńki **stark**[2] naked
naiwnie naively
naiwność naivety
naiwny naive, facile; naiwna nadzieja/wiara *itp.* a **fond** hope/belief, etc
najazd invasion
nająć hire[1]; ~ *kogoś* take sb on
najbardziej most[1], best[2], worst[3]; ~ popularny *itp.* the **most**[1] popular, etc; jak ~ Absolutely., by all **means**
najbliższy immediate, next[1]; (*tydzień*) this[1]; (*sąsiad*) next door; *czyjaś* najbliższa rodzina sb's **immediate** family; najbliższa przyszłość the **immediate** future; najbliższa rodzina next of kin; w najbliższej przyszłości for/in the **foreseeable** future
najczarniejszy ~ scenariusz worst-case **scenario**
najdalej farthest, furthest; wysunięty ~ na południe southernmost; wysunięty ~ na północ northernmost
najdalszy extreme[1], farthest, furthest
najdrobniejszy the **mere**st
najechać ~ na *coś* run into sth
najedzony full[1]
najem tenancy; umowa najmu lease[1]
najemca tenant, renter
najemnik mercenary[1]
najeźdźca invader
najeżdżać (*krytykować*) snipe; ~ (na) invade; ~ na *kogoś/coś* run sb/sth down; ~ na *kogoś* lay into sb
najęty gadać do *kogoś* jak ~ talk at sb
najgorszy the **worst**; ~ z możliwych the worst **possible**; obawiać się najgorszego **fear**[2] the worst; w najgorszym razie at **worst**[2]
najgorzej worst[3]
najistotniejszy salient
najlepiej best[2], preferably; (*a może*) **shall** I/we...?; ~ (byłoby, gdyby) ideally
najlepszy best[1], the **best**[3], top[2], premier[2], definitive; ~ wybór your best **bet**[2]; ~ z możliwych the best **possible**; najlepsze spośród *czegoś* the **pick**[2] of sth; iść w najlepsze be in full **swing**[2]; najlepsze rozwiązanie your best **bet**[2]; pozwolić *komuś* pokazać się z najlepszej strony bring out the **best**[3] in sb; w najlepszym wydaniu at his/its, etc **best**[3]; w najlepszym wypadku at **best**[3]; wszystkiego najlepszego z okazji urodzin/szczęśliwego Nowego Roku *itp.* Happy Birthday/New Year, etc
najmniej least; co ~ at **least**[1]
najmniejszy the **slightest**, the **mere**st, least[2]; najmniejszego powodu/przyczyny/sensu *itp.* no **earthly** reason/use, etc; w najmniejszym stopniu nie zainteresowany/zaskoczony/możliwy *itp.* not **remotely** interested/surprised/possible, etc
najniezbędniejszy bare[1]
najniższy bottom[2]; osiągnąć ~ poziom hit/reach rock bottom
najnowocześniejszy cutting-edge, high-tech, hi-tech, state-of-the-art
najnowszy up-to-the-minute
najpierw first[2], to **begin** with
najpóźniej at the **latest**[2]
najprawdopodobniej in all **probability**
najskrytszy innermost
najstarszy najstarsz-e/a/y dziecko/córka/brat *itp.* **eldest** child/daughter/brother, etc
najszybciej jak ~ as quickly/soon as **possible**, asap
najście intrusion
najść (*pomysł*) hit[1]
najuboższy deprived
najważniejsze the **main**[1] thing
najważniejszy the **most**[1] important, foremost; być dla *kogoś* najważniejszym be **uppermost** in sb's mind; najważniejsze wiadomości the **headline**s
najwcześniej at the earliest; jak ~ as quickly/soon as **possible**
najwięcej most[2], the **most**[2]; jak ~ as much as **possible**, every
największy ultimate[1], utmost[1]; *czyjaś* największa nadzieja sb's best **hope**[2]
najwyraźniej apparently, clearly, evidently, obviously
najwyżej ~ 10/20 *itp.* **up**[1] to 10, 20, etc; (co) ~ at (the) **most**[2], max
najwyższy utmost[1], top[2], topmost, uppermost, supreme; ~ poziom high[3]; ~ szczebel drabiny the highest **rung**[1] of the ladder; okres najwyższej oglądalności prime time; sąd ~ the supreme court; Sąd Najwyższy High Court; stopień ~ superlative
najzwyklejszy sheer
nakaz warrant[1]; ~ (sądowy / urzędowy) writ; ~ rewizji search warrant; ~ sądowy court order, injunction; niezastosowanie się do nakazu sądu **contempt** of court
nakazać ~ *komuś coś* **direct**[3] sb to do sth
nakazywać prescribe
naklejać glue[2], paste[2]
naklejka sticker, tab
nakład circulation; ~ (finansowy) outlay
nakładać apply, impose, superimpose; ~ opłatę/grzywnę/podatek *itp.* **levy** a charge/fine/tax, etc; ~ się (na) overlap[1]
nakłaniać induce, cajole; ~ *kogoś* do *czegoś* **urge**[1] sb to do sth
nakrapiany speckled, spotty
nakreślać ~ *coś* draw sth up, sketch sth out; ~ sylwetkę profile[2]
nakręcać ~ zegar/zabawkę/zegarek *itp.* **wind**[3] (up) a clock/toy/watch, etc
nakrętka (*śruby*) nut; (*słoika*) top[1]
nakryć (*złapać*) nail[2]
nakrywać cover[1]; ~ do stołu **set**[1] the table, **lay**[1] the table
nalać → **nalewać**
nalegać insist; jeśli nalegasz if you **like**[2]
nalepka sticker
naleśnik pancake
nalewać pour, spoon
należący ~ do przeszłości past[1]
należeć ~ do *czegoś* belong to sth; ~ do *kogoś* belong to sb; (*decyzja*) be **down**[1] to sb, lie with sb, be **up**[1] to sb; Należało mu/jej/ci się! It serves her/him/you **right**[2]!; tego się należało spodziewać that/it **figure**[2]s; Tego się należało po niej/nim/tobie spodziewać! She/he/you **would**!
należny due[1]
należycie duly
należyty due[1]
nalot air raid, airstrike, raid[1], swoop; ~ (bombowy) the Blitz; przeprowadzać ~ swoop; robić ~ na raid[2]
naładować recharge
naładowany loaded
nałogowo compulsively; palić ~ chain-smoke
nałogow-y/a ~ palacz/ka chain smoker
nałogowy compulsive, habitual; ~ hazardzista an **inveterate** gambler; ~ pijak/palacz a **heavy** drinker/smoker; ~ żarłok/gracz/kłamca *itp.* a **compulsive** eater/gambler/liar, etc
nałożenie imposition
nałóg habit
nam us
namacalny tangible
namaczać soak
namawiać cajole, coax, convince;

(próbować) ~ *kogoś* twist sb's **arm**[1]; → **namówić**
nami us
namiastka surrogate, second best
namieszać lose
namiętnie passionately
namiętność passion
namiętny passionate
namiot tent; (*wielki*) marquee; rozbijać ~ **pitch**[1] a tent
namowa persuasion; za *czyjąś* namową at sb's **suggestion**
namówić ~ *kogoś* do *czegoś* talk sb into (doing) sth; ~ *kogoś*, żeby *coś* *zrobił* **get**[1] sb to do sth
namydlony soapy
namysł consideration, reflection, thought[1], reconsideration; bez namysłu without a second thought, off-the-cuff; po namyśle on second thoughts
namyślić ~ się reconsider
nano- nano-
nanosić plot[2]; ~ na mapę chart[2]; ~ szablonem stencil
naokoło around
napad attack[1]; (*choroby*) fit[3], seizure, bout; (*napaść*) hold-up, raid[1], robbery; ~ złości tantrum
napadać attack[2], mug[2]; ~ *kogoś* (*myśl*) come over sb; ~ na assault; ~ na *coś* hold up sth; ~ na *kogoś* lay into sb
napar brew[2]
naparstek thimble
napastliwy personal
napastni-k/czka assailant, attacker, mugger; (*w grze*) forward[4], striker
napaść attack[1], assault, mugging; ~ z nożem (w ręku) stabbing
napawać ~ obrzydzeniem repulse, sicken; ~ obrzydzeniem *l.* wstrętem disgust[2]
napchany crammed
napełniać infuse; ~ (się) fill[1]; ~ się/ *coś* fill (sth) up; ~ ponownie *l.* powtórnie refill
napełnienie ponowne *l.* powtórne ~ refill
napęd drive[2], propulsion, transmission
napędowy olej ~ diesel; siła napędowa the **driving**[2] force
napędzać propel; ~ sprzedaż sell
napędzić ~ *komuś* strachu scare/ frighten sb out of their **wits**
napić ~ się have[3]
napięcie tension, strain[1]; (*elektryczne*) voltage; ~ (emocjonalne) stress[1]; pod napięciem live[2]; zwiększać ~ w strain[2]
napiętnować brand[2], stigmatize; publicznie ~ name and shame
napięty taut, tight[1], tense[1], fraught, strained
napinać flex[1]; ~ (się) tense[2], tighten; ~ *coś* tighten sth up
napis inscription; (*naklejka*) bumper sticker; wywieszać ~ *itp.* **post**[2] a notice/sign, etc
napisać inscribe, jot, pen[2]; ~ *coś* write sth up; ~ *coś* na kolanie dash sth off; ~ kredą chalk[2]; ~ z błędem misspell; → **pisać**
napisany ~ na maszynie typewritten; być napisanym *jakoś* be **couch**[2]ed in/ as sth
napisy subtitles; ~ (końcowe) the credits
napiwek tip[1], gratuity; dać ~ tip[2]
napletek foreskin
napływ influx, drift[2], rush[2], outpouring
napływać roll in, **stream**[2] in; (powoli) ~ **trickle** in
napompować inflate; ~ *coś* pump sth up
napotkać encounter[1]; ~ *coś* run up against sth
napowietrzny overhead
napój drink[2], beverage; ~ alkoholowy spirit[1]; ~ alkoholowy (wysokoprocentowy) liquor; ~ bezalkoholowy soft drink; ~ gazowany pop[2], soda; ~ jabłkowy cider; ~ pomarańczowy orange[2]
naprawa repair[2]; zlecić naprawę *czegoś* **get**[1] sth repaired
naprawdę indeed, really, truly, honestly; (tak) ~ actually; Naprawdę? Really?
naprawiać fix[1], repair[1], service[2], mend[1], rectify, undo; ~ *coś* fix sth up, put sth **right**[1]; ~ (sytuację) make **amends**; ~ zło **right**[4] a wrong
naprawić ~ *coś* **get**[1] sth repaired
naprężenie tension, strain[1], tightness
naprężony tight[1]
napromieniać irradiate
napromienianie irradiation
naprowadzać guide[2]
naprzeciw opposite[2], in **front**[1] of; mieć coś ~ mind[2]
naprzeciwko opposite[2], in **front**[1] of
naprzemienny alternate[1], alternating
naprzód forward[1]; posuwać (się) ~ advance[2]
napuszczać ~ *kogoś* na *kogoś* set sb/ sth on/upon sb
napuścić ~ wody do wanny **run**[1] a bath
napychać stuff[2]
narada conference
naradzać ~ się confer
narastać mount, mount up, snowball[2], pile up, accrue
narazić ~ się *komuś/czemuś* fall **foul**[1] of sb/sth
narażać place[2]; ~ *kogoś/coś* na *coś* subject sb/sth to sth; ~ (na niebezpieczeństwo) endanger, imperil; ~ (na szwank) compromise[2], jeopardize; ~ się na *coś* let yourself in for sth, run the **risk**[1] of sth
narażony ~ na *coś* **subject**[2] to sth; ~ na krytykę **open**[1] to criticism; być narażonym na *coś* come to sth, be **expose**d to sth; być narażonym na krytykę run the **gauntlet**
narciarstwo skiing; ~ wodne water-skiing
narcia-rz/rka skier
narcystyczny narcissistic
narcyzm narcissism
naręcze armful
narkoman/ka addict, drug addict, junkie
narkotyk drug[1], narcotic; narkotyki twarde hard drugs; przemytni-k/czka narkotyków drug **runner**; wydział do spraw narkotyków drug **squad**
narkotykowy siatka narkotykowa a drug **ring**[1]
narkoza anaesthetic, anesthetic, general anaesthetic
narobić ~ *komuś* smaku whet sb's **appetite**; ~ sobie *czegoś* run sth up; ~ szkód **do**[2] damage
narodowość nationality
narodowy national[1]; park ~ national park; święto narodowe national holiday
narodzić ~ się be **born**[1]
narodziny birth
narodzony nowo ~ newborn
narosły accrued
narośl growth
narożnik angle[1]
naród nation, the **people**[1]; Narody Zjednoczone the United Nations; Organizacja Narodów Zjednoczonych the United Nations; Wspólnota Narodów the Commonwealth
narracja narration
narrator narrator; być narratorem narrate
narta ski[1]; jeździć na nartach ski[2]; na nartach biegowych (*jeździć*) cross-country
naruszać violate, infringe, contravene; ~ *czyjąś* prywatność **invade** sb's privacy; → **naruszyć**
naruszenie breach[1], violation, infringement, contravention; ~ obyczajów misconduct; ~ prywatności an **invasion** of privacy
naruszyć ~ prawo **break**[1] the law; → **naruszać**
narzeczeństwo okres narzeczeństwa courtship
narzeczona fiancée
narzeczony fiancé; być narzeczonym court[2]
narzekać complain, carp[2]
narzekanie whinge; potok *l.* grad narzekań a **volley**[1] of complaints
narzędzie tool, instrument, implement[2], a piece of **equipment**; ~ (do *l.* dla) *czegoś* a **vehicle** for sth/doing sth; ~ traserskie marking out tool; narzędzia hardware; skrzynka na narzędzia tool box
narzucać impose; ~ *coś komuś* thrust sth on/upon sb; ~ *coś* (*na ramię*) **sling**[2] sth over/on; ~ dyscyplinę discipline[2]; ~ się *komuś* impose on sb; ~ swoją wolę lay down the **law**

narzucić ~ *coś* (*ubranie*) slip into sth, slip sth on
narzut mark-up
narzuta bedspread
nas us
nasada ~ liścia axil
nasenny tabletka nasenna sleeping pill
nasienie seed[1]; (*sperma*) semen; ~ sezamu sesame seed
nasieniowód vas deferens; wycięcie / przecięcie nasieniowodu vasectomy
nasilać ~ (się) escalate, intensify; ~ się build up, rise[1]
nasilenie intensity; ~ (się) escalation; ~ się build-up
naskoczyć ~ (na *kogoś/coś*) let **fly**[1] (at sb/sth)
naskórek epidermis
naskrobać jot
nasłonecznienie insolation
nasłoneczniony sunlit
nasłuchiwać ~ *czegoś* listen (out) for sth
nastać arrive
nastanie arrival; ~ *czegoś* the **advent** of sth
nastawiać (*zegarek*) set[1]; (*uszu*) cock[2]; (*stację*) tune[2]; (*ostrość*) focus[1]; ~ *coś* put sth on; ~ odbiornik tune in; ~ się psych yourself up
nastawiony oriented, orientated
nastąpić ~ (po) follow
następ-ca/czyni replacement, successor
następnie then[1], thereafter, subsequently; ~ *coś zrobić* **go**[1] on to do sth
następny next, another, subsequent, ensuing, this[1], thereafter; następnego dnia/ranka *itp.* the **following**[1] day/morning, etc; następnym razem next[2]
następować ensue; co / jak następuje as **follow**s; co następuje the **following**[1]
następstwo aftermath, succession; bez żadnych następstw unaffected; w następstwie following[3]; w następstwie *czegoś* in the **wake**[2] of sth
następująco as **follow**s
następujący the **following**[1]; ~ (później) ensuing
nastolat-ek/ka adolescent, teenager, teen[1]; (dla) nastolat-ków teenage, teen[2]
nastoletni teenage, teen[2], adolescent; wiek ~ teens
nastrajać inspire
nastrojony in **tune**[1]
nastrojowy atmospheric
nastrój mood, spirit[1], **frame**[1] of mind, state of mind, vibes; być w (dobrym) nastroju na *coś* / do *czegoś* be in the **mood** for sth/to do sth; być w złym/podłym *itp.* nastroju be in a bad/foul, etc **temper**[1]; nie być w nastroju na *coś* / do *czegoś* be in no **mood** for sth/to do sth; w dobrym/świetnym/złym nastroju in good/high/low **spirit**[1]s; wprawiać *kogoś* w ~ **put** sb in a mood
nasycać saturate
nasycenie saturation
nasycony tłuszcz ~ saturated fat; tłuszcze nasycone saturated fat
nasyp bank[1], embankment
nasypać pour
nasz our, ours
naszkicować outline[1], sketch[2]
naszyjnik necklace
naszywka tab
naśladować copy[2], emulate, imitate, impersonate, mimic[1]
naśladowanie impersonation; wzór do naśladowania role model
naśladow-ca/czyni imitator, impersonator
naśmiewać ~ się scoff
naświetlać expose; irradiate
naświetlanie irradiation
natarcie advance[1]
natarczywy intrusive
natchnąć inspire
natchnienie inspiration; być natchnieniem dla *kogoś* be an **inspiration** to sb
natka ~ kolendry cilantro
natknąć ~ się na encounter[1]; ~ się na *coś/kogoś* come across sth/sb, stumble across/on/upon sth/sb; ~ się na *kogoś* run across sb
natleniać oxygenate
natlenianie oxygenation
NATO NATO
natomiast whereas
natrafić ~ na *coś/kogoś* happen on/ upon sth/sb
natrętny pushy
natura nature; ~ ludzka human nature; druga ~ second nature; w naturze in the **flesh**; z natury naturally
naturalistyczny naturalistic
naturalizacja naturalization
naturalizować ~ się be **naturalize**d
naturalizowany być naturalizowanym be **naturalize**d
naturalnie naturally, innately, intrinsically
naturalność naturalness
naturalny natural, intrinsic, plain[1]; (*styl*) effortless; (*żywność*) organic; historia naturalna natural history; naturalnej wielkości full-scale; selekcja naturalna natural selection; środowisko naturalne habitat; w sposób ~ naturally; z przyczyn naturalnych naturally
natychmiast immediately[1], instantly, at **once**[1], **right**[2] away, **straight**[2] away, momentarily, instantaneously, promptly, **there**[2] and then
natychmiastowy immediate, instant[1], instantaneous, prompt[2], off-the-cuff
nauczać instruct, teach
nauczanie teaching; ~ języka angielskiego ELT; ~ wspomagane komputerowo e-learning; komputerowo wspomagane ~ języków CALL; nauczania scholastic; program nauczania syllabus
nauczka dać *komuś* nauczkę teach sb a **lesson**; dostać nauczkę learn your **lesson**
nauczyciel master[1]
nauczyciel/ka instructor, schoolteacher, teacher, educator; (prywatn-y/a) ~ tutor
nauczycielski grono nauczycielskie the **faculty**
nauczyć ~ pokory chasten; ~ się *czegoś* get the **hang**[2] of sth, pick sth up; ~ się na pamięć memorize
nauka learning, instruction, schooling, study[2], science, scholarship; ~ społeczna social science; ~ stosowana **applied** science; dziedzina nauki science; nauki teachings; nauki humanistyczne arts, humanities, liberal arts; nauki przyrodnicze natural sciences; nauki społeczne social science; pokój do nauki study[2]; tablica nauki jazdy L-plate; w nauce scholastic
naukowiec academic[2], scholar, scientist, researcher
naukowo academically, scientifically
naukowy scientific, scholarly; (czysto) ~ academic[1]; fantastyka naukowa science fiction; pracownik ~ academic[2], fellow[1]; stopień ~ degree; urlop ~ sabbatical
nawadniać irrigate
nawadnianie irrigation
nawalać (*psuć się*) play up
nawalić (*zepsuć się*) **have**[3] had it
nawalony pissed
nawałnica storm[1]
nawdychać ~ się dymu/oparów *itp.* be **overcome** by smoke/fumes, etc
nawet even[2], as **many** as; ~ gdyby **even**[2] if; ~ jeśli **even**[2] if; (to) ~ lepiej be (just) as **well**[1]; ~ nie mrugnąć not bat an **eyelid**; ~ w części nie tak dobry/zły/ciekawy *itp.* not **half**[1] as good/bad/exciting, etc; ~ w przybliżeniu nie nowhere **near**[1]; ~ w przybliżeniu nie (tak / taki) not **nearly** (as/so); a ~ indeed; o którym się ~ nie śniło beyond your wildest **dream**[1]s
nawias ~ (okrągły) parentheses; brać w ~ bracket[2]; nawiasem ~ incidentally, by the **way**[1]; nawiasy brackets; nawiasy (okrągłe) parentheses
nawiązać ~ romans / związek z *kimś* be/get **involved** with sb; ~ współpracę join **force**[1]s
nawiązywać ~ *coś* strike up sth; ~ kontakt/stosunki *itp.* **establish** communication/relations, etc; ~ *kontakt* get in **touch**[2]; ~ znajomości / kontakty network[2]
nawiązywanie ~ znajomości / kontaktów networking
nawiedzać haunt[1]

nawierzchnia ~ (drogi) pavement; pokrywać nawierzchnią surface[2]
nawietrzna po nawietrznej downwind
nawigacja navigation; ~ satelitarna GPS, SATNAV
nawigator navigator
nawigować navigate
nawijać go on, keep on, chatter; ~ (o) spout[2]
nawilżać moisturize
nawilżający emulsja nawilżająca moisturizer; krem ~ moisturizer
nawlekać ~ igłę **thread**[2] a needle
nawoływać exhort; ~ do urge[1]; ~ do *czegoś* call for sth
nawoływanie exhortation; nawoływania clamour[2]
nawozić fertilize
nawóz fertilizer
nawracać recur; ~ (się) convert[1]
nawracający recurring
nawrócenie conversion
nawrócon-y/a convert[2]; ~ chrześcija-nin/nka a **born-again** Christian
nawrót recurrence; ~ (choroby) relapse; mieć ~ (choroby) relapse
nawyk habit
nazewnictwo nomenclature
nazębny płytka nazębna plaque
nazist-a/ka Nazi
nazwa name[1]; ~ firmowa brand name; ~ pliku filename; ~ użytkownika user name; ~ własna proper noun; błędna /. myląca ~ misnomer; podawać nazwę name[2]; zmienić nazwę rename
nazwać ~ *kogoś* po *kimś* name sb after sb
nazwisko name[1], family name, last name, surname; ~ panieńskie maiden name; niewymieniony z nazwiska unnamed; podawać ~ name[2]; występować pod przybranym nazwiskiem **assume** a false identity/ name, etc
nazywać call[1], name[2], nickname, term[2]; ~ się *jakoś* be **call**[1]ed sth
ne (*naszej ery*) AD
nefron nephron
nefryt jade
negacja negative[2], negation
negatyw negative[2]
negatywnie negatively
negatywny negative[1]; ~ komentarz/ wroga opinia publiczna/reakcja *itp.* **adverse** comment/publicity/ reaction, etc
negocjacja negotiation; negocjacje zbiorowe collective bargaining
negocjator/ka negotiator
negocjować negotiate, talk[1]
negować negate
nekrolog obituary
nektar nectar
nektarnik nectary
nektarynka nectarine
neo- neo-
neologizm neologism
neon neon
Neptun Neptune
nerd anorak, geek
nerka kidney
nerkowiec orzech nerkowca cashew
nerw nerve; (*liścia*) vein; ~ słuchowy auditory nerve; ~ wzrokowy optic nerve; → **nerwy**
nerwica neurosis
nerwowo nervously; wykańczający ~ nerve-racking
nerwowość nervousness
nerwowy nervous, tense[1], restless, temperamental; (*neuronowy*) neural; układ ~ nervous system; załamanie nerwowe nervous breakdown
nerwy nerves; działać *komuś* na ~ grate on sb/sth, rub sb up the wrong **way**[1]; grać *komuś* na nerwach get on sb's **nerves**, get up sb's **nose**[1]; kłębek nerwów a **bundle**[1] of nerves; mieć za słabe nerwy na *coś* can't **stomach**[2] sth; mocne ~ steady/strong **nerves**; → **nerw**
netto net[2]; dochód ~ disposable income
neurolog neurologist
neurologia neurology
neurologiczny neural, neurological
neuron neuron, nerve cell; ~ ruchowy motor neuron
neurotyczny neurotic
neuroza neurosis
neutralizacja neutralization
neutralność neutrality; zachowywać ~ sit on the **fence**[1]
neutralny neutral[1], inoffensive
neutron neutron
newsowy grupa newsowa newsgroup
nęcić lure[1], beckon, dangle
nędza poverty, squalor, destitution; skrajna ~ **abject** poverty
nędznie shabbily
nędzny miserable, paltry, squalid
nękać beset, plague[2]; ~ *kogoś czymś* ply sb with sth
nękanie harassment
nękany ~ wyrzutami sumienia /. poczuciem winy guilt-ridden
ni ~ stąd, ni zowąd out of **nowhere**, out of the **blue**[2]
niacyna niacin
niania nanny
niby ~ dlaczego (nie)? why **should**/ shouldn't...?; na ~ mock[2]
nic nothing, naught, nought, nil; ~ dziwnego (że ...) no **wonder**[2], understandably; ~ mnie/go *itp.* nie obchodzi I/he, etc couldn't **care**[1] less; ~ nie dać get you nowhere; ~ przyjemnego turn-off; ~ się nie stało that's all right, there's nothing the **matter**[1]; ~ specjalnego non-event; ~ z tych rzeczy **nothing** of the sort; na ~ for nothing; nie ma ~ lepszego niż *coś* you can't **beat**[1] sth
nicień nematode
nicość nothingness
niczyj ziemia niczyja no-man's land
nić thread[1]; ~ dentystyczna dental floss
nie- dis-, il-, im-, in-, ir-, mis-, non-, un-, under-
nie no, not
nieadekwatny inadequate
nieatrakcyjny unattractive
niebawem presently
niebezpieczeństwo danger, peril, distress[1]; igrać z niebezpieczeństwem **flirt**[1] with danger/disaster, etc; pełny niebezpieczeństw **fraught** with danger; stanowić ~ **pose**[1] a danger; śmiertelne ~ **mortal**[1] danger; w niebezpieczeństwie in **jeopardy**
niebezpiecznie dangerously, perilously, precariously; ~ sobie poczynać z *kimś/czymś* fool with sb/ sth
niebezpieczny dangerous, hazardous, perilous, precarious, treacherous, unsafe, rough[1]; ~ dla otoczenia homicidal; niebezpieczna okolica no-go area
niebiański celestial
niebieski (*kolor*) blue[1]; (*w niebie*) celestial
niebiosa the **heavens**
niebo skies, sky, heaven; być w siódmym niebie be over the **moon**, be on **top**[1] of the world; jak grom z jasnego nieba in/from/out of left field; pod gołym niebem in **the open**, outdoor; to woła o pomstę do nieba it's a **crying** shame; wielkie nieba! (Good) Heavens!
niebywały prodigious
niecelny wide[1]
niech ~ to (szlak)! **worse**[1] luck
niechcący inadvertently, unwittingly
niechcenia od ~ casually
niechciany unwanted
niechęć unwillingness, dislike[2], distaste, negativity, reluctance; ~ do *czegoś* an **aversion** to sth
niechętnie grudgingly, reluctantly, unwillingly; ~ *coś robić* be **loath** to do sth
niechętny grudging, reluctant, unwilling
niechluj slob
niechlujnie sloppily
niechlujność sloppiness
niechlujny sloppy, slovenly, scruffy
niechlujstwo slovenliness
nieciekawy unremarkable, bland, unattractive
niecierpliwie anxiously, eagerly, impatiently, in **anticipation** (of)
niecierpliwością z ~ oczekiwać *czegoś* look forward to sth/doing sth
niecierpliwość anticipation, impatience; z niecierpliwością eagerly
niecierpliwy eager, impatient
nieco somewhat, mildly, vaguely, a **trifle**, piece[1]; być ~ mniejszym niż *coś* fall **short**[2] of sth
nieczule insensitively
nieczułość insensitivity
nieczuły immune, impervious, insensitive, cold-hearted, unfeeling

nieczynny idle[1], inactive, down[2], out of **action**
nieczysty unclean
nieczytelny illegible
niedaleki near[2]; w niedalekiej przyszłości in the **near**[2] future
niedaleko near[1], towards, along/down/up the **road**
niedawno newly, recently
niedawny recent
niedbale carelessly, sloppily
niedbalstwo sloppiness
niedbały slack[1], careless, negligent, slapdash, sloppy, lax; niedbała poza sprawl
niedelikatny crass, heavy-handed
niedługo soon, before **long**[2]
niedo- under-
niedobór shortfall, deficiency, shortage, deprivation; wykazujący ~ deficient
niedobry bad
niedoceniany undervalued, underrated
niedoceniony unsung
niedochodowy non-profit-making
niedociągnięcie deficiency, weakness, inadequacy
niedogodność inconvenience
niedogodny inconvenient
niedojrzałość immaturity
niedojrzały immature, adolescent
niedokładność inaccuracy
niedokładny imprecise, inaccurate
niedokonany forma niedokonana the imperfect
niedokończony unfinished, undone
niedola plight
niedołężny infirm
niedomagający ailing
niedomówienie understatement
niedopowiedzenie understatement
niedopuszczalnie unacceptably
niedopuszczalny unacceptable, out of **order**[1]
niedorajda ~ (życiowa) loser
niedorozwinięty retarded
niedorzecznie ludicrously
niedorzeczny fatuous, preposterous, ludicrous
niedoskonale imperfectly
niedoskonałość imperfection
niedoskonały deficient, imperfect
niedosłyszący hearing-impaired
niedostatecznie insufficiently; ~ przygotowany ill-equipped
niedostateczność inadequacy
niedostateczny insufficient
niedostatek scarcity; ~ *czegoś* a **dearth** of sth
niedostępny unavailable, inaccessible
niedościgniony unparalleled
niedoświadczony inexperienced
niedouczony ignorant
niedowaga z niedowagą underweight
niedowidzący visually **impaired**
niedowierzać doubt[2], disbelieve, distrust
niedowierzający incredulous
niedowierzanie disbelief, incredulity
niedożywienie malnutrition
niedrogi inexpensive
niedrożność occlusion
niedwuznacznie suggestively
niedwuznaczny suggestive
niedyskrecja indiscretion
niedyskretny indiscreet
niedz. Sun
niedziela Sunday; ~ wielkanocna Easter Sunday
niedzisiejszy behind the **time**[1]s
niedźwiedź bear[2]; ~ polarny polar bear
nieefektywnie inefficiently, ineffectually
nieefektywność inefficiency
nieefektywny inefficient, ineffectual, cumbersome
nieekonomiczny uneconomic, wasteful
nieelastyczny inflexible
nieetyczny unethical
nieformalnie informally
nieformalność informality
nieformalny informal; (*związek*) common-law
niefortunnie ~ zacząć znajomość get/start off on the wrong **foot**[1]; zakończyć się ~ misfire
niefortunny ill-fated; ~ wypadek mishap
niegazowany still[2]
niegodziwy wicked
niegospodarność mismanagement
niegościnny inhospitable
niegrzecznie rudely, unkindly, unpleasantly; brzmieć ~ **sound**[2] rude
niegrzeczny impolite, rude, unpleasant, bad, naughty, unkind
niegustowny tasteless
niehumanitarny inhumane
nieistniejący non-existent
nieistotnie insignificantly, irrelevantly
nieistotność insignificance, irrelevance
nieistotny inconsequential, insignificant, negligible, immaterial, irrelevant
niejadalny inedible
niejasno vaguely
niejasność vagueness
niejasny unclear, vague, confusing, obscure[1], opaque
niejednakowy niejednakowa miara double standard
niejednoznacznie ambiguously
niejednoznaczność ambiguity
niejednoznaczny ambiguous
niekompatybilny incompatible
niekompetencja incompetence, ineptitude
niekompetentnie ineptly
niekompetentny incompetent, inept
niekoniecznie not **necessarily**
niekonieczny expendable
niekonsekwencja inconsistency
niekonsekwentny inconsistent, erratic; niekonsekwentne zasady double standard
niekonstytucyjny unconstitutional
niekontrolowany unchecked, rogue, out of **control**[1], rampant, runaway[1], indiscriminate; ~ spadek a downward **spiral**
niekonwencjonalny unorthodox, unconventional
niekończący ~ się unending, never-ending, interminable
niekorzystnie adversely, unfavourably
niekorzystny unfavourable, unflattering; niekorzystn-e/y warunki/skutki/wpływ **adverse** conditions/effects/impact; w niekorzystnej sytuacji at a **disadvantage**
niekorzyść działać na *czyjąś* ~ work against sb; działać na ~ *czegoś/kogoś* be **weighted** against sth
niektórzy some[1], **certain** of
nielegalnie illegally, unlawfully; kopiować ~ pirate[2]
nielegalny illegal, unlawful; nielegaln-y/a imigrant/ka illegal immigrant
nieletn-i/a minor[2], juvenile[2]
nieletni under-age, under **age**[1], juvenile[1]
nieliczny thin[1]
nielogiczny illogical, unsound
nielojalność disloyalty
nielojalny disloyal
nieludzki inhuman, inhumane
nieludzko inhumanely
nieład disarray; w nieładzie dishevelled, disordered
niełaska być w niełasce be under a **cloud**[1]
niełatwy daunting
niemal nearly
niemarkowy generic
niemądry unwise
niemądrze unwisely
niemetal non-metal
niemiara co ~ galore
niemiecki mówić po niemiecku **speak** German
niemieszalny immiscible
niemiły disagreeable, nasty
niemniej nevertheless; ~ (jednak) nonetheless
niemodny dowdy, out[1], unfashionable
niemoralność immorality
niemoralny depraved, immoral
niemowlę baby, babe, infant
niemowlęctwo infancy
niemożliwość impossibility, the impossible
niemożliwy impossible[1], out[1]; ~ do zrealizowania unworkable; rzecz niemożliwa the impossible
niemożność inability
niemrawy slow[1]
niemy silent, dumb, mute
nienacka z ~ all of a **sudden**
nienadający ~ się unfit; ~ się do zamieszkania uninhabitable

nienadzwyczajny tame[1]
nienagannie impeccably
nienaganny faultless, impeccable, polished
nienajlepszy mediocre
nienarodzony unborn
nienaruszony pristine, intact
nienasycenie insatiably
nienasycony insatiable
nienaturalnie unnaturally
nienaturalny unnatural, contrived
nienawidzić detest, hate[1]
nienawistny hateful
nienawiść hatred, hate[2], venom; fala nienawiści a **wave**[2] of hatred
nienormalny abnormal
nieobcy *komuś coś* jest nieobce be no **stranger** to sth
nieobecność absence
nieobecn-y/a absentee
nieobecny absent; nieobecny wyraz twarzy a **faraway** look/expression
nieobiektywny unbalanced
nieobliczalnie erratically
nieobliczalny erratic
nieobsadzony vacant
nieoceniony priceless, invaluable
nieoczekiwanie surprisingly
nieoczekiwany untoward, surprising, improbable; ~ przypływ gotówki windfall; nieoczekiwana porażka / przegrana upset[3]
nieodłącznie inextricably, inescapably, inherently, inseparably, intrinsically
nieodłączny inescapable, inherent, integral, intrinsic, inseparable; nieodłączna część **part**[1] and parcel
nieodparcie irresistibly
nieodparty irresistible; mieć nieodpartą ochotę na crave; nieodparta pokusa compulsion
nieodpowiedni bad, wrong[1], unsuitable, inadequate
nieodpowiedzialnie irresponsibly
nieodpowiedzialność irresponsibility
nieodpowiedzialny irresponsible, feckless
nieodwołalnie irrevocably
nieodwołalny irrevocable
nieodwracalnie irreparably, irreversibly
nieodwracalny irreparable, irreversible
nieoficjalnie off the **record**[1], informally, unofficially
nieoficjalny unofficial, informal
nieograniczony unlimited, open-ended, unfettered
nieokiełznany unbridled
nieokreślony indefinite, indeterminate, nondescript, indefinable, nameless; (bliżej) ~ unspecified; na czas ~ indefinitely, open-ended; rodzajnik / przedimek ~ indefinite article
nieokrzesany uncouth
nieomal well **nigh**/nigh on
nieomylność infallibility
nieomylny infallible, telltale
nieopierzony fledgling
nieopisany indescribable
nieopłacalny uneconomic
nieopłacany unpaid
nieopodatkowany tax-free
nieorganiczny inorganic
nieosiągalny unavailable
nieosłonięty exposed
nieostrożnie carelessly
nieostrożność carelessness
nieostrożny careless
nieostry blurred, out of **focus**[2]
nieoznaczony unmarked
nieoznakowany unmarked
nieożywiony inanimate
niepalący non-smoker; dla niepalących non-smoking
niepamięć oblivion; puścić urazę w ~ bury the **hatchet**
nieparzysty odd
niepełnoletni under-age, under **age**[1]
niepełnosprawność disability
niepełnosprawny disabled, handicapped
niepełność incompleteness
niepełny sketchy, incomplete; na ~ etat part-time; w niepełnym wymiarze (godzin) part-time
niepewnie uncertainly, insecurely, precariously, tentatively, tenuously; ~ stąpać **teeter** about/ across/around, etc
niepewność uncertainty, insecurity, suspense; nie trzymać *kogoś* dłużej w niepewności put sb out of their **misery**
niepewny unsure, insecure, unsteady, doubtful, iffy, tentative, tenuous, uncertain, unclear, shaky, unsettled, precarious, quizzical
niepisany niepisan-a/e zgoda/prawo/ zasada an **unwritten** agreement/ law/rule
niepiśmienny illiterate
nieplanowany unplanned
niepłodność sterility
niepłodny sterile
niepocieszony desolate
niepodejrzewający niczego ~ unsuspecting
niepodległość independence; Święto Niepodległości (Stanów Zjednoczonych) Independence Day, Fourth of July
niepodległy independent[1]
niepodobny dissimilar; ~ do unlike; chociaż to do *kogoś* niepodobne **unusually** for sb
niepodważalny watertight
niepodzielny niepodzielna uwaga **undivided** attention
niepohamowanie irrepressibly, uncontrollably
niepohamowany uncontrollable, unrestrained, irrepressible; ~ wzrost **breakneck** growth
niepojęty inconceivable
niepokoić disturb, alarm[2], trouble[2], bother[1], perturb
niepokojąco disconcertingly, worryingly, disturbingly
niepokojący unsettling, alarming, disturbing, worrying, disconcerting, startling, distressing
niepokonany unbeaten, undefeated
niepokój disquiet, unease, anxiety, alarm[1], disorder, unrest, upheaval, restlessness, turbulence
niepoliczalny rzeczownik ~ uncountable noun
nieponoszący ~ odpowiedzialności unaccountable
niepoprawny incorrigible; ~ kłamca an **inveterate** liar
niepopularność unpopularity
niepopularny unpopular
nieporęczny cumbersome, unwieldy, clumsy
nieporozumienie misunderstanding, disagreement, misapprehension; wyjaśniać nieporozumienia put/set the **record**[1] straight
nieporządek disorder
nieporządny disorderly, untidy
nieposkromiony unchecked, unbridled, uncontrollable
nieposłuszeństwo disobedience, defiance
nieposłusznie defiantly
nieposłuszny defiant, disobedient; być nieposłusznym disobey
nieposprzątany untidy
niepostrzeżenie unobtrusively; nadchodzić ~ creep up on sb
niepotrzebnie needlessly, unnecessary, unnecessarily
niepotrzebny gratuitous, needless, unnecessary, unhelpful; wyrzucać niepotrzebne rzeczy *skądś* clear sth out
niepotwierdzony unconfirmed
niepoważnie frivolously
niepoważny frivolous
niepowiązany unrelated, unconnected
niepowodzenie failure, setback; przedsięwzięcie skazane na ~ non-starter; zakończyć się niepowodzeniem come unstuck
niepowtarzalny unique
niepozorny inconspicuous
niepożądany unsolicited, unwelcome, undesirable
niepraktyczny impractical
nieprawda untruth
nieprawdopodobnie improbably, uncannily
nieprawdopodobny improbable, unlikely, uncanny
nieprawdziwy untrue
nieprawidłowo abnormally
nieprawidłowość anomaly, abnormality; nieprawidłowości impropriety
nieprecyzyjny loose
nieprofesjonalny unprofessional
nieproporcjonalnie

disproportionately; reagować ~ overreact
nieproporcjonalny disproportionate, out of **proportion**
nieproszony unsolicited; ~ gość gatecrasher
nieprzechodni intransitive
nieprzejednany implacable
nieprzejezdny impassable
nieprzekonany dubious
nieprzekonujący unconvincing
nieprzeliczony myriad
nieprzemakalny waterproof
nieprzemijający lingering
nieprzemyślany ill-conceived, misconceived
nieprzenikniony impenetrable
nieprzepisowy irregular
nieprzepuszczalny impervious, impermeable
nieprzerwany uninterrupted, continued, unbroken, sustained
nieprzewidywalność unpredictability
nieprzewidywalny unpredictable, temperamental, rogue
nieprzewidziany unforeseen, untoward
nieprzezroczysty opaque
nieprzychylnie negatively, unfavourably
nieprzychylność ~ mediów good/bad **press**[2]
nieprzychylny unsympathetic, unfavourable, biased
nieprzydatny unhelpful
nieprzyjazny hostile, unfriendly
nieprzyjemnie unpleasantly
nieprzyjemny unpleasant, disagreeable, ugly, filthy
nieprzytomność unconsciousness, oblivion; zbić *kogoś* do nieprzytomności beat/knock the (living) **daylights** out of sb
nieprzytomny unconscious[1], senseless, numb; być nieprzytomnym be out **cold**[3]
nieprzyzwoicie indecently
nieprzyzwoitość indecency, obscenity
nieprzyzwoity indecent, naughty, obscene, rude, dirty[1]
nierdzewny stal nierdzewna stainless steel
nierealistyczny unrealistic
nierealność unreality
nierealny unreal, impractical
nieregularnie erratically, irregularly
nieregularność irregularity
nieregularny irregular, spotty, erratic, rugged, rambling
nierentowny uneconomic
nierozerwalnie inextricably; ~ związany inseparable
nierozłącznie inseparably
nierozłączny inseparable
nierozpuszczalny insoluble
nierozsądnie unreasonably, unwisely
nierozsądny unwise, unreasonable, ill-advised
nierozstrzygający inconclusive
nierozstrzygnięty inconclusive, unresolved, open[1], pending[2]; bieg *l.* wynik ~ dead heat
nierozważny ill-advised
nierozwiązany unresolved, unsolved
nierozwiązywalny insoluble
nierozwikłany unsolved
nierówno unequally, unevenly
nierówność inequality, roughness
nierówny unequal, uneven; (*nie gładki*) rough[1], lumpy; (*jednostronny*) one-sided; (*niekonsekwentny*) inconsistent
nieruchomo inertly
nieruchomość property, real estate; nieruchomości property
nieruchomy immobile, motionless, static[1], stationary, inert, transfixed
nierzeczywistość unreality
nierzeczywisty unreal
nierzucający ~ się w oczy unobtrusive
niesamodzielny clingy
niesamowicie incredibly, devastatingly, eerily, terrifically, wildly, uncannily
niesamowitość eeriness
niesamowity eerie, uncanny, unbelievable, terrific, tremendous, spooky, awesome, wicked, a/one **hell** of a, to **die** for; być niesamowitym be out of this **world**[1]
niesforny unruly, boisterous, stray[2], straggly
nieskazitelnie flawlessly, immaculately, spotlessly
nieskazitelny pristine, immaculate, flawless, spotless
nieskażony untouched, unadulterated
nieskładny disjointed, incoherent
nieskończenie infinitely
nieskończoność infinity
nieskończony endless, infinite
nieskrępowany unfettered
nieskruszony unrepentant
nieskrywany naked, open[1]
nieskutecznie ineffectively
nieskuteczność ineffectiveness
nieskuteczny ineffective
niesłabnący enduring, relentless
niesława notoriety
niesławny infamous
niesłychany unheard of
niesłyszalny inaudible
niesłyszący deaf, hearing-impaired
niesmacznie distastefully
niesmaczny tasteless, sick[1], distasteful
niesmak distaste
niesnaski strife
niespełniający ~ norm substandard
niespełniony unfulfilled
niespeszony undaunted
niespodzianka surprise[1], treat[2]; bez niespodzianek uneventful; przykra ~ a rude **awakening**; strzelająca ~ cracker, Christmas cracker; zrobić niespodziankę surprise[2]
niespodziewanie unexpectedly
niespodziewany unexpected
niespokojnie restlessly, fitfully
niespokojny restless, uneasy, unsettled, fidgety, fitful, restive
niespotykany unheard of, unprecedented; niespotykan-y/a wypadek/nawałnica *itp.* a **freak**[2] accident/storm, etc
niespożyty osoba o niespożytej energii a **bundle**[1] of energy
niespójność incoherence
niespójny incoherent
niesprawiedliwie unequally, unfairly, unjustly
niesprawiedliwość injustice, inequity, unfairness
niesprawiedliwy unjust, unequal, unfair
niesprawny out of **order**[1], out of **action**; ~ (fizycznie) unfit
niesprowokowany niczym ~ unprovoked
niesprzyjający unfavourable
niestabilność volatility
niestabilny unstable, volatile, fluid[2]
niestety sadly, unfortunately, regretfully, regrettably, alas; ~ nie! I/you **wish**[1]!; ale ~ the **thing** is
niestosownie improperly, inappropriately
niestosowność impropriety
niestosowny uncalled for, improper, inappropriate
niestrawność indigestion
niestrudzony indefatigable
niesubordynacja insubordination
niesubordynowany insubordinate
nieswojo uncomfortably
nieswój ill at **ease**[1], uncomfortable, low[1]
nieszczelny draughty
nieszczerość insincerity
nieszczery insincere
nieszczerze insincerely
nieszczęsny hapless, wretched
nieszczęście misadventure, misfortune, tragedy, unhappiness, misery, affliction, blight; błogosławione w skutkach ~ a **blessing** in disguise
nieszczęśliwie unhappily
nieszczęśliwy unhappy, unfortunate, miserable; ~ wypadek misadventure
nieszkodliwie harmlessly, innocuously
nieszkodliwy innocuous, harmless
nieścisłość inaccuracy
nieścisły inaccurate
nieść carry, bear[1]; ~ się carry; ~ za sobą carry; ~ się przez **waft** through
nieślubny illegitimate
nieśmiało shyly, bashfully, timidly
nieśmiałość shyness, diffidence, timidity
nieśmiały shy[1], timid, bashful, diffident, retiring
nieśmiertelność immortality

nieśmiertelny immortal
nieświadomie unconsciously
nieświadomość oblivion, unconsciousness
nieświadomy oblivious, unaware, ignorant, unconscious[1], unwary
nieświeży stale
nietakt snub
nietaktowny tactless
nietknięty intact, unaffected, untouched
nietłukący unbreakable
nietolerancja intolerance
nietolerancyjny intolerant
nietoperz bat[1]
nietowarzyski anti-social, unsociable
nietrwały perishable
nietrzeźwy intoxicated
nietrzymający ~ moczu /. stolca incontinent
nietypowo abnormally, uncharacteristically
nietypowy uncharacteristic, abnormal, irregular
nieuchronnie inevitably, inexorably
nieuchronność inevitability
nieuchronny imminent, impending, inevitable, inexorable
nieuchwytny intangible, elusive, indefinable
nieuczciwie dishonestly, fraudulently; ~ zdobyty ill-gotten
nieuczciwość dishonesty
nieuczciwy dishonest, bent[1], crooked, underhand
nieudany unsuccessful, abortive
nieudolnie ineptly
nieudolność inadequacy, ineptitude
nieudolny bumbling, inept
nieufnie guardedly, warily
nieufność distrust, mistrust, wariness
nieufny guarded, wary, leery, suspicious
nieugięty adamant, inflexible
nieujawniony undisclosed
nieuleczalnie terminally
nieuleczalny incurable, terminal[2]
nieumiejętność inability, incapacity
nieumyślnie unwittingly, inadvertently
nieumyślny inadvertent; nieumyślne spowodowanie śmierci manslaughter
nieunikniony inevitable, unavoidable, inescapable
nieuprawiany (*ziemia*) fallow
nieuprzejmość rudeness
nieuprzejmy impolite, unhelpful
nieurodzajność infertility
nieurodzajny infertile
nieurodziwy homely
nieusprawiedliwiony wanton, unjustified
nieustający running[2]
nieustannie ceaselessly, incessantly
nieustanny ceaseless, incessant
nieustępliwie relentlessly, tenaciously
nieustępliwość insistence, tenacity
nieustępliwy headstrong, spirited, tenacious, relentless
nieustraszenie fearlessly
nieustraszony fearless, intrepid
nieuświadomiony unconscious[1]
nieuważny inattentive
nieuzasadniony gratuitous, unwarranted, unprovoked, unjustified, unreasonable
nieuzbrojony unarmed
nieużytek wasteland
nieużywany disused, unused[1], idle[1]
nieważne not **bother**[1]ed; ~ jak/co/kiedy *itp.* no **matter**[1] how/what/when, etc; ~ jak zimno/trudno/wolno *itp.* **however**[1] cold/difficult/slowly, etc
nieważny (*nieistotny*) unimportant; (*unieważniony*) invalid[2], void[1]
niewątpliwie undoubtedly, unquestionably, no **doubt**[1], doubtless, unmistakably
niewątpliwy unmistakable, undoubted
niewdzięczność ingratitude
niewdzięczny thankless, ungrateful; niewdzięczna robota bind[2]
niewiadoma if[2], an unknown **quantity**; być wielką niewiadomą be anybody's **guess**[2]; wielka ~ wild card
niewiarygodnie impossibly, incredibly, fantastically, unbelievably
niewiarygodny unbelievable, incredible, fantastic, mind-boggling, beyond **belief**, staggering
niewiasta dame
niewidoczność invisibility
niewidoczny invisible
niewidomy blind[1]
niewidzialność invisibility
niewidzialny invisible, **fly**[2] on the wall
niewidziany unseen; dawno ~ przyjaciel/krewny *itp.* **long-lost** friend/cousin, etc
niewiedza ignorance
niewiele few, little; ~ znaczyć not go (very) **far**[1]; bardzo ~ **precious**[2] few/little; być ~ wartym not be up to **much**[1]
niewielki compact[1]; niewielka liczba scattering; niewielkich rozmiarów compact[1]
niewierność infidelity
niewierny unfaithful
niewiniątko *ktoś* ma minę niewiniątka **butter**[1] wouldn't melt in sb's mouth
niewinnie harmlessly, innocently
niewinność innocence
niewinny innocent, blameless, harmless, in the **clear**[4]; być uważanym za niewinnego be **presume**d innocent; niewinne kłamstewko white lie; uznać *kogoś* za niewinnego **find**[1] sb not guilty
niewłaściwie improperly, inappropriately; ~ wykorzystywać misdirect
niewłaściwy improper, inappropriate
niewola captivity, bondage
niewolnica slave[1]
niewolnictwo slavery
niewolnik slave[1]; (*przyzwyczajenia*) junkie; być niewolnikiem *czegoś* be a **slave**[1] to sth
niewrażliwy impervious
niewskazany inadvisable
niewspółmiernie disproportionately
niewspółmierny disproportionate, out of **proportion**
niewybaczalnie inexcusably
niewybaczalny indefensible, inexcusable
niewyczerpany endless, inexhaustible
niewydajny inefficient
niewydolność failure
niewygoda discomfort
niewygodnie uncomfortably
niewygodny uncomfortable
niewyjaśniony z niewyjaśnionych przyczyn inexplicably
niewykonalny unworkable
niewykorzystany untapped
niewykwalifikowany untrained, unskilled, unqualified, menial
niewymieniony ~ z nazwiska /. nazwy unnamed
niewymownie unspeakably
niewyobrażalnie unimaginably
niewyobrażalny unimaginable, inconceivable
niewypał dud, flop[2]
niewypłacalny bankrupt[1]
niewypowiedzianie unspeakably
niewypowiedziany unspoken, unspeakable, untold
niewypróbowany untried
niewyraźnie dimly
niewyraźny vague, indistinct, dim[1], blurred, shaky
niewystarczająco inadequately, insufficiently
niewystarczający insufficient, inadequate, scarce, deficient
niewytłumaczalnie inexplicably, unaccountably
niewytłumaczalny inexplicable, unaccountable
niewyważony unbalanced
niewzruszenie adamantly, steadfastly
niewzruszony steadfast, unconcerned, unmoved
niezaangażowany neutral[1]
niezachęcający unappealing
niezachwiany steadfast
niezadowalający unsatisfactory
niezadowolenie dissatisfaction, displeasure, discontent, unhappiness, dismay; odgłosy niezadowolenia rumblings; wywoływać ~ displease
niezadowolony dissatisfied, unhappy, disgruntled,

discontented, displeased, dismayed
niezagospodarowany undeveloped, greenfield; teren ~ wasteland
niezainteresowany uninterested
niezależnie independently, freelance; ~ od *czegoś* **irrespective** of sth
niezależność independence; demonstrować swoją ~ **assert** your independence
niezależny independent, external, freelance, self-employed, standalone; niezależna wytwórnia płytowa indie; telewizja niezależna ITV
niezamężna unmarried, single[1]
niezamierzony unintentional
niezamieszkały uninhabited, unoccupied
niezapłacony unpaid
niezapomniany unforgettable, memorable, indelible
niezapowiedziany unannounced
niezaprzeczalnie undeniably
niezaprzeczalny incontrovertible, indisputable, undeniable
niezaradny impractical
niezastąpiony indispensable, irreplaceable
niezastosowanie ~ się do nakazu sądu **contempt** of court
niezatarty abiding
niezauważalnie imperceptibly
niezauważalny imperceptible
niezauważenie unseen
niezauważony unnoticed, unseen, unsung
niezawodnie unfailingly
niezawodny unfailing, foolproof, dependable
niezbędny essential; rzeczy niezbędne essentials
niezbyt not **too**; ~ czysty/bystry/zadowolony *itp.* **none** too clean/clever/pleased, etc; ~ dobry/wysoki/szczęśliwy *itp.* not **very**[1] good/tall/happy, etc; ~ ładny homely
niezdarny clumsy
niezdatny unfit
niezdecydowanie (*niepewnie*) hesitantly, uncertainly; (*wahanie*) indecision, hesitancy
niezdecydowany hesitant, indecisive, uncertain, undecided, iffy
niezdolność incapacity
niezdolny unfit; ~ do *czegoś* **incapable** of sth/doing sth
niezdrowy unhealthy, unwell, morbid; niezdrowa żywność junk food
niezgoda discord; kość niezgody a **bone**[1] of contention
niezgodnie postępować ~ z compromise[2]
niezgodność incompatibility; ~ z prawem illegitimacy
niezgodny inconsistent, incompatible; ~ (z *kimś/czymś*) out of **step**[1] (with sb/sth); ~ z konstytucją unconstitutional
niezgrabnie clumsily, ponderously
niezgrabność clumsiness
niezgrabny awkward, clumsy, stilted, ungainly, ponderous
niezidentyfikowany unidentified
nieziemski unearthly
niezliczony countless, innumerable
niezłośliwy benign
niezły not **bad**, fair[1], reasonable; niezłe ziółko a **handful**
niezmącony undisturbed
niezmieniony unchanged
niezmiennie invariably
niezmiernie exceedingly
niezmierzony immeasurable
niezmordowany irrepressible, tireless
nieznacznie insignificantly
nieznaczny insignificant, minimal, slight[1], negligible; nieznaczn-a/e porażka/zwycięstwo a **narrow**[1] defeat/victory
nieznajom-y/a stranger
nieznajomy unfamiliar
nieznane the **unknown**[2]
nieznany unknown[1], unheard of, unfamiliar, nameless; ktoś ~ unknown[2]
niezniszczalny indestructible, unbreakable
nieznośnie intolerably, unbearably, insufferably
nieznośny intolerable, unbearable, insufferable
niezorganizowany disorganized
niezrażony undaunted
niezręcznie awkwardly, clumsily, uncomfortably
niezręczność awkwardness, clumsiness
niezręczny clumsy, uncomfortable, awkward
niezrobiony undone
niezrozumiale unaccountably
niezrozumiały incomprehensible, unintelligible, impenetrable, unaccountable; ~ dla beyond[1]
niezrozumiany być niezrozumianym be misunderstood
niezrozumienie incomprehension
niezrównany incomparable, unmatched, unparalleled, unrivalled
niezrównoważony deranged, disturbed, unstable; unsustainable; ~ psychicznie unbalanced
niezupełnie not **quite**[1], not **exactly**
niezwiązany unrelated; ~ (z nikim) unattached
niezwłocznie promptly
niezwłoczny prompt[2]
niezwyciężony unbeaten, invincible
niezwykle extremely, remarkably, uncommonly, outstandingly, enormously, hugely, supremely, vitally, dearly, breathtakingly, stupendously; ~ duży/silny/dobry *itp.* **unusually** big/strong/good, etc; być ~ *jakimś* be **nothing** if not sth
niezwykły uncommon, unusual, out of the **ordinary**, remarkable, stupendous
nieźle ~ not **bad**
nieżonaty unmarried, single[1]
nieżyczliwie unkindly
nieżyczliwy unhelpful, unkind, unsympathetic
nieżyjący deceased
nieżywy dead[1]; jak ~ like a **zombie**
nigdy never, ever; ~ mi tego nie zapomną! I'll never **live**[1] it down!; ~ nie wiadomo you never **know**[1]; ~ w życiu fat **chance**[1]
nigdzie nowhere, anywhere
nijaki nondescript, neuter
nikczemny despicable
nikiel nickel
nikły slim[1]; nikła nadzieja/szansa *itp.* **faint**[1] hope/chance, etc; nikła szansa outside chance
nikotyna nicotine
nikt nobody, no one, anyone
nimfa nymph
niniejszym hereby
nirwana nirvana
niski low[1]; (*osoba*) short[1]; (*dźwięk*) deep[1]; ~ wzrost shortness; o niskiej zawartości tłuszczu low-fat; rekordowo ~ poziom a record **low**[3]; utrzymywać *coś* na niskim poziomie hold sth/sb down; zbyt ~ (*dźwięk*) flat[2]
nisko low[2]
niskoalkoholowy low-alcohol
niskokaloryczny low-calorie
niskotłuszczowy low-fat
nisza niche
niszczący destructive, devastating
niszczyciel destroyer
niszczyć damage[2], destroy, ruin[1], devastate, corrode; ~ *coś* tear sth apart; ~ *coś/kogoś* kill sth/sb off
niszowy rynek ~ niche market
nit rivet[2]
nitka thread[1]; ~ (autostrady) carriageway; ~ pyłkowa filament; nie zostawić suchej nitki na maul, savage[2]; nie zostawić suchej nitki na *czymś* pull sth apart
nitrogliceryna nitroglycerine
nitryfikacja nitrification
nitryfikować nitrify
niuans nuance
niuton newton
niweczyć defeat[1]
niwelować nullify
nizina lowland
niż than; (inny) ~ **other**[1] than; nie … ~ **no**[3] … than; raczej ~ **rather** than
niżej piętro ~ downstairs
niższość inferiority
niższy ~ rangą junior[1]; gwarancja utrzymania niższej ceny rain check; niższe szczeble the lower **echelons**
no well[3], Go on; ~ (więc) now[1]; ~ cóż oh **well**[3]; ~ dobrze I **suppose** so; ~ nie! Oh **no**[1]!; ~ to co? So (what)?; ~

więc now **then**[1]/right then/okay then
noc night, night-time; bezsenna ~ **sleepless** night; co ~ nightly; czarny jak ~ pitch-black; na ~ overnight; nocą **by**[1] night, overnight; przez ~ overnight; środek nocy the **dead**[3] of night; w nocy **by**[1] night; zapada ~ night **fall**[1]s; zostać na ~ sleep over
nocleg prywatka z noclegiem sleep-over; przyjęcie z noclegiem slumber party
nocniczek potty[1]
nocnik potty[1]
nocny nocturnal, overnight; klub ~ nightclub; koszula nocna nightdress, nightgown, nightie; życie nocne nightlife
noga leg; być na nogach be on your feet; do góry nogami upside down; iść na trzęsących ~ **teeter** about/across/around, etc; na nogach up[2]; pod nogami underfoot; podstawić nogę trip[2]; podstawić *komuś* nogę trip (sb) up; powłóczyć nogami shuffle; przestępować z nogi na nogę shuffle; przewrócić *coś* do góry nogami turn sth upside down; rozprostować nogi stretch your **leg**s; skrzyżować nogi **cross**[1] your legs; stanąć na nogi bounce back, get/rise to your feet, be **up**[2] and around/about, stand on your own two feet; tylna ~ a **hind** leg; wyciągnąć nogi put your **feet** up; złamać nogę **break**[1] your leg; złamana ~ a **broken**[1] leg
nogawka leg
nokaut knockout
nomada nomad
nomadyczny nomadic
nominacja nomination
nominalnie nominally
nominalny nominal
nominał denomination
nominować nominate
no-no tut
nonsens nonsense
non-stop non-stop
nonszalancki cavalier, nonchalant
nonszalancko nonchalantly
nora burrow[2], den, dive[2], dump[2]; ~ królika/myszy *itp.* a rabbit/mouse, etc **hole**[1]; królicza ~ warren
nordycki Nordic
norka mink; norki mink
norma standard[1], the **norm**; niespełniający norm substandard; odbiegający od normy deviant; wrócić do normy recover
normalka to ~ be **par** for the course
normalnie normally, naturally, ordinarily
normalność normality; pozory normalności a **semblance** of normality
normalny normal, common[1], regular[1]; ~ człowiek the man/person, etc in the **street**
nornica vole
nornik vole
nos nose[1]; dziurka w nosie nostril; kręcić na *coś* nosem turn your **nose**[1] up at sth; krwawić z nosa have a **nosebleed**; mieć krwotok z nosa have a **nosebleed**; pilnuj swojego nosa mind your own **business**; pociągać nosem sniff; pod nosem under your **breath**; pod samym nosem under your **nose**[1]; przytrzeć *komuś* nosa put sb in their **place**[1]; wodzić *kogoś* za ~ string sb along; wtykać ~ w *coś* poke/stick your **nose**[1] into sth; wydmuchiwać ~ **blow**[1] your nose; zagrać *komuś* na nosie thumb your **nose**[1] at sth/sb; zatykać ~ **hold**[1] your nose
nosiciel vector
nosiciel/ka carrier, bearer; być nosiciel-em/ką (*choroby*) carry
nosić carry, take, bear[1]; (*ubrania*) wear[1]; ~ *coś* przy sobie have/carry sth **on**[1] you
nosidełko sling[1]
nosorożec rhinoceros, rhino
nosowy nasal
nostalgia nostalgia
nostalgiczny nostalgic, haunting
nosze stretcher
nośnik ~ *czegoś* a **vehicle** for sth/doing sth
nota ~ debetowa debit note; ~ kredytowa credit note
notacja notation
notarialny akt ~ deed
notatka notice[2], memorandum, note[1]; ~ (służbowa) memo
notebook notebook
notes notebook, pad[1], book[1], tablet
notka ~ biograficzna profile[1]; ~ reklamowa blurb
notorycznie habitually, notoriously
notoryczny notorious; ~ żarłok/gracz/kłamca *itp.* a **compulsive** eater/gambler/liar, etc
notowanie rating, record[1]
nowa (*gwiazda*) nova
nowatorski innovative, novel[2]
nowicjusz/ka novice, rookie, recruit[2]
nowinka novelty
nowo newly; ~ narodzony newborn; ~ powstały emerging; ~ przybyły newcomer, arrival; odkryć na ~ reinvent; przeżywać na ~ recapture, relive
nowoczesność modernity
nowoczesny modern, up-to-date; (*w poglądach*) enlightened; nowoczesnych technologii high-tech, hi-tech
noworodek newborn
nowość arrival, innovation, development, novelty; być dla *kogoś* nowością be **news** to sb; nowości *czegoś* the **latest**[2] in sth
nowotworowy cancerous
nowożeniec honeymooner
nowożytny języki nowożytne modern languages
nowy new, fresh, renewed, emerging, newfound, incoming; (*przybysz*) newcomer; ~ adres forwarding address; ~ nabytek signing; ~ poziom new **heights**; być dla *kogoś* nowym be **new** to sb; być nowym w *czymś l. gdzieś* be **new** to sth; fabrycznie ~ brand new; nowa fala new wave; nowa krew new **blood**; nowa wersja update[2]; Nowy Rok new year, New Year's Day; Nowy Testament the New Testament; od nowa afresh, anew, all over **again**; tchnąć w *kogoś* nowe życie give sb a new **lease**[1] of life; zacząć (wszystko *l.* życie) od nowa turn over a new **leaf**[1]
nozdrze nostril
nożny piłka nożna football, soccer
nożyce clippers, shears
nożyczki scissors
nów księżyc w nowiu new **moon**
nóż knife[1]; grozić *komuś* pistoletem/nożem *itp.* **pull**[1] a gun/knife, etc on sb; napaść z nożem (w ręku) stabbing; ranić *l.* pchnąć nożem knife[2]
nóżka leg
np. e.g.
nr no.
nucić croon, hum[1]
nuda boredom, dullness, bore[2]
nudnawy slow[1]
nudno tediously
nudny boring, dry[1], dreary, dull[1], stuffy; być nudnym be a **drag**[2]; stawać się nudnym wear **thin**[1]; śmiertelnie ~ **deadly**[2] dull
nudyst-a/ka nudist
nudyzm nudism
nudzia-rz/ra bore[2]
nudzić bore[1]; ~ (o *kimś/czymś*) harp on (about sb/sth); ~ się pall[1]
nuklearny nuclear
nukleotyd nucleotide
numer number[1]; ~ serii serial number; (*czasopisma*) issue[1]; (*pokaz*) routine[1], act[2]; ~ rejestracyjny registration; ~ telefoniczny *l.* telefonu telephone number, phone number; być rozstawionym z numerem jeden/dwa *itp.* be **seed**[2]ed first/second, etc; pokazowy ~ set-piece
numerować number[2]
numeryczny numerical
nur dać nura *gdzieś* **dive**[1] into/over/under, etc
nurek diver
nurkować dive[1], swoop; ~ (z fajką) snorkel[2]
nurkowanie diving; ~ (z aparatem) scuba diving
nurt główny ~ the **mainstream**
nuta note[1]; (*posmak*) tinge, undertone; ~ z krzyżykiem sharp[3]; nuty music
nużący tedious, wearing
NWD (= *największy wspólny dzielnik*) HCF
NWW (= *najmniejsza wspólna wielokrotność*) LCM
nylon nylon

O

o about, against, at, on, with, over; (*ojej!*) oh
oaza oasis
oba both, either[2]; w obu przypadkach on both **count**[2]s
obalać (*tezę*) demolish, disprove, refute, subvert; → **obalić**
obalenie overthrow
obalić (*rząd*) topple, overthrow, down[4]; ~ *coś* (*piwo*) knock sth back; ~ *kogoś/coś* bring sb down, knock sb/sth down; → **obalać**
obarczać burden; ~ *kogoś czymś* saddle sb with sth; ~ *kogoś* winą za *coś* pin sth on sb; ~ winą/odpowiedzialnością **apportion** blame/responsibility
obawa apprehension, anxiety, concern[2], fear[1], misgiving, scare[2]; budzić obawy **raise**[1] fears; pełen obawy apprehensive, anxiously; z obawy przed *czymś* for **fear**[1] of sth/doing sth
obawiać ~ się be **afraid**, dread[1], fear[2]; ~ się najgorszego **fear**[2] the worst; ~ się o *coś/kogoś* fear for sth/sb; obawiam się (że) I'm **afraid**
obawiający ~ się fearful
obcas heel; na (wysokich) obcasach high-heeled; wysokie obcasy high heels
obcesowy offhand[1], brash
obchody commemoration
obchodzić (*święto*) celebrate; (*przepisy*) circumvent; ~ *coś* get around sth, get round sth; ~ się z handle[1]; kogo to obchodzi? Who **care**[1]s?; nic mnie/go *itp.* nie obchodzi I/he, etc couldn't **care**[1] less; nie ~ *kogoś* not give a **damn**[4]
obchód round[3], beat[2]
obciach a **bummer**
obciachowy cheesy, geeky, uncool
obciążać charge[2], bill[2], incriminate
obciążający incriminating
obciążenie stress[1]; ~ (pracą) workload; ~ dla *czegoś* a **drain**[2] on sth; zmniejszać ~ **lighten** the burden/load
obciążeniowy karta obciążeniowa charge card
obcinacz clippers
obcinać slash[1], cut[1]; ~ *coś* lop sth off; ~ wydatki (na *coś*) cut back (sth)
obcisły tight[1], snug
obcokrajowiec foreigner, alien[2]
obcopylność cross-pollination
obc-y/a stranger, outsider
obcy strange, alien[1]; być *komuś* obcym be **foreign** to sb; czuć się (jak) ~ be left out; (język) angielski jako język ~ EFL; stawać się sobie obcym drift apart
obdarty ragged
obdarzać bestow, accord[2]
obdarzony być obdarzonym *czymś* be **bless**ed with sth, be **endow**ed with sth
obdzielać ~ *czymś* dish sth out
obecnie at **present**[2], now[1], nowadays, currently, these **day**s, today, presently
obecność attendance, presence, profile[1]; zaznaczyć swoją ~ make your **presence** felt
obecny present[1], present-day, current[1], in **attendance**, in **hand**[1]; być obecnym attend, be **present**[1]; chwila obecna now[3]; ciągle ~ at/in the **back**[2] of your mind; do chwili obecnej to **date**[1]; w obecnej formie as it **stand**[1]s
obejma brace[2]
obejmować embrace[1], span, range[2], cover[1], encompass, include, subsume; ~ (się) embrace[1]; ~ *kogoś/coś* **wrap** your arms/fingers, etc around sb/sth; ~ kontrolę/władzę **assume** control/power; ~ urząd po succeed; nie ~ exclude
obejrzeć ~ *coś* play sth back; zanim się obejrzysz before you **know**[1] it; → **oglądać**
obelga slight[2], slur[2]; obrzucać *kogoś* obelgami **hurl** abuse/insults, etc at sb; obelgi abuse[1]
obelżywy abusive, derogatory
oberżyna aubergine
obetrzeć graze[1]; ~ (sobie) skin[2]
obeznanie familiarity
obeznany knowledgeable, clued up
obezwładniać restrain, overpower; ~ *kogoś* hold sth/sb down
obezwładniający overpowering
obficie profusely, abundantly, copiously
obfitość abundance, profusion, bounty
obfity abundant, copious, generous, plentiful; ~ śnieg/deszcz **heavy** snow/rain; obfitych kształtów buxom
obgryzać gnaw
obiad dinner; jeść ~ dine
obicie upholstery, padding
obiecujący promising, up-and-coming, budding; obiecująca osoba hopeful
obiecywać promise[1]
obieg circulation; ~ skał w przyrodzie the rock cycle; ~ węgla (w przyrodzie) the carbon cycle; ~ wody w przyrodzie the water cycle; wycofać z obiegu discontinue
obiekt object[1], facility; ~ *czyichś* uczuć/*czyjegoś* pożądania *itp.* the **object**[1] of sb's affection/desire, etc; stać się głównym obiektem *czegoś* bear/feel/take the **brunt** of sth
obiektyw ~ o zmiennej ogniskowej zoom lens; ~ z zoomem zoom lens
obiektywny objective[2]
obierać peel[1]; ~ (ze skórki) skin[2]
obietnica promise[2]; dotrzymać/nie dotrzymać obietnicy keep/break a **promise**[2]; składać obietnicę **make**[1] a promise; spełniać obietnicę **fulfil** promise; złamana ~ a **broken**[1] promise
obijać pad[2]; ~ się mess about/around, goof off, bum around; nie ~ się be no **slouch**[2]
objadać ~ się *czymś* **gorge**[2] (yourself) on sth
objaśniać elucidate
objaśniający explanatory
objaw manifestation, symptom
objawienie epiphany, eye-opener; być objawieniem be a **revelation**
objawowy symptomatic
objazd diversion, detour; (*trasa*) tour[1]; kierować objazdem redirect
objazdowy itinerant
objeżdżać tour[2]
objęcie ~ władzy the **assumption** of power
objętość volume
objęty ~ stanem zapalnym inflamed
objuczony być objuczonym *czymś* be loaded down with sth
oblać fail[1]
oblegać mob[2]
oblegany być obleganym przez *kogoś* be **besiege**d by/with sb
oblepiać plaster[2]
oblepiony encrusted; być oblepionym *czymś* be **caked** in/with sth
obleśny lecherous
oblewać douse
oblężenie siege
obliczać calculate; ~ *coś* work sth out
oblicze countenance[1]; nie poddawać się w obliczu *czegoś* rise above sth; stanąć w obliczu *czegoś* be **confront**ed by/with sth; w obliczu *czegoś* in the **face**[1] of sth
obliczenie calculation, count[2], sum[1]; obliczenia arithmetic
obliczony być obliczonym na *coś* be **calculate**d to do sth
obligacja bond[1], debenture
oblodzony icy
obluzować ~ się come **adrift**
obłapiać ~ się make out
obława round-up; ~ na handlarzy narkotyków a drug **bust**[2]
obłąkany demented, insane; zakład dla obłąkanych asylum
obłęd insanity, madness
obłok ~ pyłu/dymu *itp.* a **pall**[2] of dust/smoke, etc
obłowić ~ się make a **killing**
obłożyć ~ podatkiem tax[2]
obłuda duplicity
obłudnie hypocritically
obłudni-k/ca hypocrite
obłudny hypocritical
obmurowanie masonry
obmyślić conceive
obnażać bare[2], expose
obniżać lower[2], cut[1], reduce, depress, downgrade; (drastycznie) ~ slash[1]; ~ cenę discount[2]; ~ się sink[1], decline[2], dip[2], drop[1], go down, slip[1]
obniżenie decline[1], dip[1]
obniżka reduction
obniżony sunken
obnosić ~ się z flaunt, parade[2]
obojczyk collarbone, clavicle

obojętnie ~ (który) either[2]; ~ co whatever
obojętność detachment, indifference
obojętny detached, distant, unsympathetic, apathetic, indifferent, inert, neutral, uncaring
obojnak hermaphrodite
obok beside, alongside, next door, by[1], past[3]; ~ *kogoś/czegoś* **along**[2] with sb/sth; ~ siebie **side**[1]-by-side
obolały sore[1], tender[1]
obopólny reciprocal
obora barn
obornik dung, manure
obowiązek duty, commitment, chore, job, obligation, the onus; czuć się w obowiązku *coś zrobić* feel **obliged** to do sth; mieć ~ *coś zrobić* be **oblige**d to do sth; pełniący obowiązki prezesa/dyrektora *itp.* **acting**[1] chairman/director, etc; przejęcie obowiązków succession; robić *coś* z obowiązku go through the **motion**[1]s; wypełniać ~ **fulfil** a duty; zaniedbujący obowiązki negligent
obowiązkowo without **fail**[2], dutifully
obowiązkowy compulsory, dutiful, mandatory, obligatory
obowiązujący operative[1]
obowiązywać zaczynać ~ kick in
obozowicz/ka camper
obóz camp[1]; ~ bazowy *l.* główny base camp; ~ koncentracyjny concentration camp; ~ wojskowy/jeniecki/uchodźców *itp.* an army/prison/refugee, etc **camp**[1]
obrabiarka machine tool
obrabować rob
obracać twist[1]; ~ *coś* w *coś* reduce sth to sth; ~ *coś* w żart laugh sth off; ~ (się) swirl, rotate, spin[1], swivel, turn[1], twirl; ~ się revolve, swing around/round; ~ się (wokół) pivot; ~ się/*coś* **roll**[1] (sth) across/around/over, etc
obradować sit
obrady deliberation, proceedings; przebieg obrad proceedings
obramować edge[2]; (zgrabnie) ~ frame[2]
obraz picture[1], image, painting, scene, depiction; ~ olejny oil painting; dawać pesymistyczny/optymistyczny *itp.* ~ *czegoś* paint a bleak/rosy, etc **picture**[1] of sth; ogólny ~ a **broad** picture
obraza insult[2], offence, affront; ~ sądu **contempt** of court
obrazić → **obrażać**
obrazkowy pictorial; historyjka obrazkowa comic strip
obrazowanie imagery
obraźliwie offensively
obraźliwy abusive, insulting, offensive[1], objectionable
obrażać insult[1], offend; nie obraź się **forgive** me
obrażenia injury, bruising
obrażony wyjść z obrażoną miną **stalk**[1] out/off, etc
obrączka ring[1]
obrębiać hem
obręcz hoop
obrobić (*okraść*) burglarize
obrona defence, the **defence**; (*bramki*) save[2]; ~ własna self-defence; jednoczyć (się) w obronie rally[2]; nie do obrony untenable; stanąć w *czyjejś* obronie come to sb's **defence**; stawać w obronie *czegoś/kogoś* stand up for sth/sb, stick up for sth/sb; wypowiadać się w *czyjejś* obronie **plead** sb's case/cause
obronność defence
obronny defensive[1]
obroń-ca/czyni defender, protector, champion[1]; ~ tytułu title-holder, reigning champion; samozwańczy obrońca prawa vigilante
obrotowy rotary, revolving
obroty turnover, custom
obroża collar[1]
obrót revolution, spin[2], rotation, twirl; na pełnych obrotach **flat**[3] out; pracować na wolnych obrotach idle[2]
obrus tablecloth
obrządek ritual, rite
obrzezać circumcise
obrzezanie circumcision
obrzeża fringe[1]
obrzeżać edge[2]
obrzeżony być obrzeżonym *czymś* be **fringe**[2]d with sth
obrzęd observance
obrzęk swelling, oedema
obrzucać (*tynkiem*) render; ~ kamieniami stone[2]; ~ *kogoś* obelgami **hurl** abuse/insults, etc at sb; *kogoś* wyzwiskami call sb **name**[1]s
obrzydliwy sickening, nauseating, nauseous, gross[1], disgusting
obrzydzać ~ *komuś* (*coś*) put sb off (sth)
obrzydzenie disgust[1], revulsion, abhorrence; napawać obrzydzeniem disgust[2], repulse, sicken
obsada cast[2]; mieć w obsadzie feature[2], co-star[2]
obsadzać staff[2], man[2]; (*aktorów*) cast[1]
obsceniczność obscenity, filth
obsceniczny obscene, filthy
obserwacja observation, scrutiny, surveillance
obserwacyjny punkt ~ vantage point
obserwator/ka observer, onlooker, lookout, monitor[1]
obserwatorium observatory
obserwować monitor[2], observe, watch[1]; ~ *coś* stake sth out
obserwowanie ~ ptaków bird-watching
obsesja fixation, obsession, preoccupation; mieć obsesję (na punkcie) obsess; mieć obsesję na punkcie *kogoś/czegoś* be **obsessed** by/with sb/sth
obsesyjnie obsessively, insanely
obsesyjny obsessive
obsiewać seed[2]
obskurny dingy, sleazy
obsługa service[1], catering; ~ hotelowa room service; dodatek za obsługę service charge; łatwy w obsłudze user-friendly
obsługiwać serve[1], cater, navigate, man[2], operate, cover[1]; ~ *kogoś* wait on sb, deal with sb; umieć *coś* ~ can **work**[1] sth; know how to work sth
obsługując-y/a operator
obstawa ~ prezydenta secret service
obstawać ~ przy swoim stick to your **gun**[1]s
obstawanie insistence
obstawiać bet[1], back[3]
obsypywać ~ *kogoś* słowami krytyki/obelgami/pochwałami *itp.* **heap**[2] criticism/insults/praise, etc on sb
obszar area, expanse, pocket[1], stretch[2], tract, territory; ~ leśny woodland; ~ wzajemnego oddziaływania interface[1]; ~ zagadnień ground[1]; obszary leśne woodland
obszernie at **length**
obszerny voluminous
obszywać hem
obściskiwać ~ się make out
obtarcie ~ (naskórka) graze[2]
obudzić ~ (się) awake[2], awaken; Obudź się! Get **real**[1]!
obupłciowy androgynous
oburzać outrage[2]; ~ się na resent
oburzająco outrageously
oburzający outrageous
oburzenie outrage[1], resentment, indignation, resentfulness; z oburzeniem indignantly, resentfully
oburzony resentful, indignant
obuwie footwear
obwiązać ~ *coś* **tie**[1] sth around
obwiniać blame[1]
obwisać droop, sag
obwodnica bypass[1], ring road
obwoźny door-to-door
obwód perimeter, circumference, girth; (*elektryczny*) circuit; ~ równoległy parallel circuit; ~ szeregowy series circuit
obyczaj convention, custom; naruszenie obyczajów misconduct
obywać ~ się (bez *czegoś*) go/do **without** (sth), go without (sth); ~ się bez *czegoś/kogoś* do without sth/sb, dispense with sth/sb
obywatel/ka citizen, national[2], subject[1]
obywatelski prawa obywatelskie civil rights; rzecznik praw obywatelskich ombudsman; swobody obywatelskie civil liberties
obywatelstwo citizenship, nationality
obżarstwo gluttony
obżerać ~ się pig out
ocalały survivor
ocalić rescue[1], salvage[1], save[1]
ocean ocean, sea

oceanarium aquarium
oceaniczny oceanic; dno oceaniczne seabed
ocena estimate[1], appraisal, rating, assessment, estimation, evaluation; (*szkolna*) grade[1], mark[1]; ~ sytuacji judgment; błędna ~ misjudgment, miscalculation; dyplom ukończenia studiów z oceną dostateczną a **third**[2]; ostrożna ~ a **conservative** estimate/guess; pochopna ~ **snap**[3] decision/ judgment; pomylić się w ocenie miscalculate; wykaz ocen report[1]
oceniać assess, evaluate, estimate[2], appraise, gauge[1], judge[2], measure[1], rate[2], grade[2], **pass**[1] judgment, mark[2], survey[2]; ~ *kogoś/ coś* size sb/sth up; wysoko *coś/kogoś* ~ to speak/think **highly** of sb/sth
ocenić ~ *coś/kogoś* sum sth/sb up; źle ~ misjudge, misread
ocet vinegar
och oh
ochładzać fan[2], chill[1]; ~ (się) cool[2]; ~ się/*kogoś/coś* cool (sb/sth) down/off
ochłonąć (pozwalać *komuś*) ~ cool (sb/ sth) down/off
ochoczo willingly, with **gusto**
ochoczy willing
ochota willingness, urge[2], impulse, alacrity; (nieodparta) ~ craving; Czy miał(a)by Pan/i ochotę na ...? Would you **care**[1] for sth/to do sth?; miałem ochotę I **could** (have); mieć na *coś* ochotę **feel**[1] like sth/doing sth, be up for sth; mieć nieodpartą ochotę na crave; mieć ochotę *coś robić* be **disposed** to do sth; mieć ochotę na fancy[1]
ochotni-k/czka volunteer[2]; zgłaszać się na ochotnika volunteer[1]
ochraniacz pad[1]
ochraniać conserve
ochrona protection, preservation; ~ (przyrody /. środowiska) conservation; ~ prezydenta secret service; ~ wybrzeża (*przed zalaniem lub zniszczeniem*) sea defence
ochroniarz bodyguard, minder; ~ (pokładowy) sky marshal
ochronny protective
ochryple hoarsely
ochrypły hoarse, husky[1]
ochrzanić ~ *kogoś* tick sb off
ociągać ~ się dawdle, procrastinate, drag your feet; ~ się z *czymś* be **slow**[1] to do sth; be slow in doing sth
ocieplać ~ się thaw
ocieplenie globalne ~ global warming
ocierać chafe; ~ (o) rub[1]; ~ *coś* **wipe**[1] sth from/away/off, etc; ~ się (*zajmować się*) dabble; ~ się o graze[1]; ~ się o *kogoś/coś* **brush**[2] against/past sb/sth; ~ się o *kogoś* rub **shoulder**[1]s with sb
oczarować bewitch; ~ *kogoś* **cast**[1] a spell on sb
oczarowany smitten, enchanted, entranced
oczekiwać expect, anticipate; ~ *czyichś* rozkazów be at sb's **command**[1]; ~ na await; ~ na *kogoś/ coś* be **expect**ing sb/sth; z niecierpliwością ~ *czegoś* look forward to sth/doing sth
oczekiwanie expectation, expectancy, anticipation, wait[2]; pełen oczekiwania expectant; przekraczający wszelkie oczekiwania beyond your wildest **dream**[1]s; spełniać oczekiwania deliver/come up with the **goods**, come/turn up **trump**s
oczekiwany due[1]
oczekujący ~ (przy telefonie) on **hold**[2]; ~ na egzekucję on death row; lista oczekujących waiting list
oczerniać blacken, smear[1], vilify
oczko (*nitki*) stitch[1]; (*mrugnięcie*) wink[2]
oczny gałka oczna eyeball
oczodół orbit
oczyszczać purify, purge, refine; (*z winy*) exonerate; → **oczyścić**
oczyszczający cathartic
oczyszczanie purification, refinement
oczyszczenie clearance, purge; (*z winy*) exoneration
oczyszczony refined
oczyścić ~ atmosferę clear the **air**[1]; ~ z zarzutów clear[2]; → **oczyszczać**
oczytany well-read
oczywisty obvious, evident, self-evident, manifest[2], self-explanatory, apparent; nad wyraz ~ **painfully** obvious; to oczywiste it goes without **say**[1]ing; traktować *coś* jako oczywiste take it for **grant**[1]ed; w ~ sposób demonstrably
oczywiście obviously, absolutely., naturally, certainly, **sure**[1] enough, of **course**; (ależ) ~ by all **means**; oczywiście, że nie of course not
od from; ~ (czasu) since; (począwszy) ~ as from/as of; ~ kiedy since; ~ ... po ... from ... to ...; ~ tego czasu since; ~ teraz/tego momentu *itp.* from now/then, etc
od- de-
odbarwiony discoloured
odbicie reflection, deflection; ~ *czegoś* a **reflection** of sth, a **reflection** on sb/sth
odbić ~ się bounce back; → **odbijać**
odbiegać deviate
odbiegający ~ od normy deviant
odbierać (*przyjezdnego*) meet[1], collect[1], receive; (*rozumieć*) construe; (*telefon*) answer[1]; (*prawo*) revoke; ~ *coś/kogoś* pick sth/sb up; ~ *coś* take sth away, pick sth up; ~ *czemuś* urok take the **shine**[2] off sth; ~ mowę take your **breath** away; → **odebrać**
odbijać return[1], reflect; ~ (się) deflect, bounce[1], reflect; ~ się rebound[1]; (*mieć efekt*) tell, take its **toll**[1]; (*bekać*) belch[1], burp; ~ się (rykoszetem) ricochet; ~ się echem echo[1]; ~ się szerokim echem make a **splash**[2]
odbior-ca/czyni recipient; odbiorcy audience; ~ docelowi **target**[1] audience
odbiornik receiver, set[2]; nastawiać ~ tune in
odbiór receipt, reception; (*piłki*) return[2]
odbitka print[2]
odblask sparkle[2]
odblaskowy fluorescent, reflective
odbudowa reconstruction
odbudować rebuild, reconstruct
odbyt anus
odbytnica rectum
odbytniczy anal
odbywać (*wyrok*) serve[1]; ~ się take **place**[1]
odbywający ~ się on[2]; ~ się co dwa lata biennial
odcedzać drain[1], strain[2]
odchody faeces, feces, excrement, droppings, dung
odchodzić leave[1], go away, wander; (*ze ściany*) peel[1]; ~ od zmysłów ze zmartwienia/z żalu *itp.* be out of your **mind**[1] with worry/grief, etc
odchrząknąć clear your **throat**
odchudzać ~ się slim[2]; ~ *coś* slim sth down
odchwaszczać weed[2]
odchylenie deviation, aberration
odciąć sever; ~ *coś* chop sth off; → **odcinać**
odcień shade[1], tone[1], tinge, hue, nuance, subtlety; ~ znaczeniowy a **shade**[1] of meaning
odcinać ~ się od *kogoś/czegoś* **distance**[2] yourself from sb/sth; ~ *coś* shut sth off; ~ (*komuś*) *coś* (*prąd*) cut sb/sth off; ~ *kogoś/coś* cut sb/ sth off; ~ się od *kogoś/czegoś* **dissociate** yourself from sb/sth; → **odciąć**
odcinek stretch[2], segment, leg; (*filmu*) episode; (*powieści*) instalment
odcisk impression, imprint; ~ (palca) print[2]; ~ (stopy) print[2]; ~ palca fingerprint; ~ stopy /. łapy footprint
odcyfrować ~ *coś* make sth/sb out
odczepiać ~ (się) disengage; Odczep się! Get off!
odczepiany detachable
odczucie feeling, sentiment
odczuwać feel[1]; ~ *coś* jak *coś* **feel**[1] like sth; ~ do *kogoś* pociąg be **attract**ed to sb; ~ odrazę do *czegoś* be **revolt**[2]ed by sth; ~ zapachy smell[1]; ~ zawiść /. żal do/o resent
odczynnik reagent
odczyt reading
odczytać ~ *coś* read sth out; dać się ~ come across; źle ~ misread
oddać ~ *coś* give sth back, pay sth back; ~ głos **cast**[1] a/your vote; ~ (jako fant) na loterię raffle; ~ ostatnią posługę pay your **respect**[1]s; ~ *komuś* pieniądze /. dług pay sb/sth

back; ~ się w ręce policji /. wroga give yourself up; trzeba to *komuś* ~ you have to **hand**[2] it to sb; → **oddawać**
oddalać ~ *coś* stave sth off; ~ się recede, wander
oddalenie remoteness
oddali z ~ from **afar**
oddalony remote, outlying
oddanie dedication, devotion; z oddaniem devotedly
oddany committed, dedicated, devoted, staunch, stalwart
oddawać repay, return[1], surrender, cede; ~ (do użytku) inaugurate; ~ (na przechowanie) check[1]; ~ *coś* take sth back, give sth in, hand sth back, hand sth in; ~ *coś* w rozliczeniu trade sth in; ~ *komuś/ czemuś* sprawiedliwość do sb/sth **justice**; do justice to sb/sth; ~ cześć worship; ~ *komuś* cześć pay **homage** to sb; ~ mocz urinate; ~ pieniądze pay up; ~ pod sąd wojenny court-martial[2]; ~ się indulge; ~ *komuś* sprawiedliwość give sb their **due**[2]; ~ (w pełni) urodę *czegoś* do sb/ sth **justice**; do justice to sb/sth; → **oddać**
oddech breath, breathing; brać ~ **draw**[1] (a) breath; brać głęboki ~ breathe **deeply**; drugi ~ second wind; wstrzymać ~ hold your **breath**; wziąć głęboki ~ take a **deep**[1] breath; złapać ~ catch your **breath**; get your breath back, get your **wind**[1] (back)
oddechowy respiratory; drogi oddechowe airway
oddelegować second[4]; zostać oddelegowanym do Francji/Londynu/ Singapuru *itd.* be **post**[2]ed to France/ London/Singapore, etc
oddychać breathe; ~ głęboko breathe **deeply**
oddychanie respiration; ~ beztlenowe anaerobic respiration; ~ komórkowe aerobic respiration; zrobić *komuś* sztuczne ~ give sb the **kiss**[2] of life
oddział branch[1], division, subdivision, detachment; (*szpitalny*) ward[1]; ~ intensywnej opieki medycznej intensive care; ~ ratunkowy A&E; ~ specjalny task force; ~ urazowy casualty
oddziałowa (siostra) ~ sister
oddziaływać wzajemnie ~ na siebie interact
oddziaływanie obszar wzajemnego oddziaływania interface[1]; wzajemne ~ interplay
oddzielać segregate; ~ (się) separate[2]; ~ *coś* screen sth off
oddzielić dający się ~ separable
oddzielnie separately
oddzielny separate[1]
oddzwonić ~ (do *kogoś*) call (sb) back; ~ (do *kogoś*) ring (sb) back
odebrać ~ *coś* get sth back; ~ telefon **get**[1] the phone; podstępem ~ *coś* *komuś* cheat sb out of sth; źle to ~ take it **amiss**[2]; → **odbierać**
odebrany być odebranym (*źle, dobrze*) go over
odegrać ~ się na *kimś* get sb back
odegranie enactment
odejmować subtract, deduct; ~ *ileś* take sth away
odejmowanie subtraction
odejście departure, going[1]
odejść pass away, pass on; ~ z trzaskiem go out with a **bang**[1]
oderwać ~ się break away; nie móc od *kogoś/czegoś* ~ oczu can't keep/ take your **eye**[1]s off sb/sth
odeskortować escort[2]
odetchnąć ~ z ulgą **heave** a sigh of relief
odezwać ~ się do *kogoś* get back to sb; → **odzywać**
odfiltrować ~ *coś* filter sth out
odgadnąć guess[1]
odganiać ~ *kogoś/coś* **chase**[1] sb/sth away/off/out, etc
odgłos sound[1], noise, call[2]; odgłosy niezadowolenia rumblings
odgradzać ~ *coś* close sth off, seal sth off, fence sth off; ~ *coś* (kordonem) cordon sth off
odgrażać ~ się bluster
odgrywać enact; ~ *coś* act sth out; ~ rolę **come** into it; ~ rolę w *czymś* have/play a **part**[1] in sth; ~ w *czymś* ważną rolę feature in sth
odgrzebać ~ *coś* dig sth out
odhaczać tick[2], check[1]
odhaczyć ~ *coś* tick sth off, check sth off
odinstalować uninstall
odjazd departure
odjeżdżać depart, drive off, **draw**[1] away
odkalkować trace[1]
odkamieniacz descaler
odkamienić descale
odkażać disinfect
odkażający antiseptic; środek ~ antiseptic, disinfectant
odkąd since[2]
odkleić, odklejać ~ się come unstuck
odkładać (*opóźniać*) defer, delay[1], postpone, suspend; (*umieszczać*) replace, store[2], stow; ~ (*coś*/ *zrobienie czegoś*) hold off (sth/doing sth); ~ (na półkę) shelve; ~ *coś* put sth back, put sth down, put sth off, put sth aside, set sth aside; ~ *coś* na później put sth to one **side**[1], put sth on the back **burner**; ~ słuchawkę hang up, ring off, cut sb off
odkodować decode
odkopać unearth; ~ *kogoś/coś* dig sb/ sth out
odkrawać trim[1]
odkręcać unscrew; ~ *coś* (*wodę*) turn sth on
odkrycie discovery, find[2]; przypadkowe ~ serendipity
odkryć uncover, find[1]; ~ na nowo reinvent; → **odkrywać**
odkryty (*nagi*) exposed; (*pod gołym niebem*) outdoor; świeżo ~ new-found
odkrywać discover; ~ Amerykę reinvent the **wheel**[1]; → **odkryć**
odkrywca discoverer
odkrywczy revealing
odkupić redeem
odkupienie redemption
odkupować replace
odkurzacz vacuum cleaner, Hoover
odkurzać dust[2], vacuum[2], hoover
odlegle distantly
odległość distance[1], range[1]; w odległości within[1], apart
odległy distant, faraway, far-off, outlying, remote
odlewać cast[1], die-cast; ~ (w formie piaskowej) sand-cast
odlewanie casting
odlewany ~ (pod ciśnieniem) die-cast; ~ (w formie piaskowej) sand-cast
odlewnia foundry
odleżeć (*chorobę*) nurse[2]
odliczać deduct; ~ *coś* (*sumę*) count sth out
odliczanie countdown
odliczenie deduction
odlot departure, blast[1]
odlotowy być odlotowym be out of this **world**[1]
odludek hermit, recluse
odludny lonely, desolate
odludzie na odludziu off the beaten **track**[1]
odłam a **splinter** group
odłamek chip[1], sliver, splinter
odłączać disconnect, detach; ~ (się) disengage
odłożony ~ na później on **hold**[2]; źle ~ (*telefon*) off the **hook**[1]
odłożyć → **odkładać**
odmawiać decline[2], refuse[1]; → **odmówić**
odmiana (*zmiana*) change[2]; (*typ*) brand[1], variety, variant, variation, inflection, strain[1]; (*czasownika*) conjugation; miła ~ a **breath** of fresh air
odmieniać conjugate
odmieniec misfit
odmienny disparate, distinct
odmierzać ~ *coś* measure sth out
odmładzać rejuvenate
odmłodzenie rejuvenation
odmowa denial, refusal, rejection
odmowny odpowiedź odmowna rejection
odmówić ~ *komuś* turn sb/sth down; ~ posłuszeństwa give out, seize up; ~ realizacji (*czeku*) bounce[1]; nie ~ *czegoś* not be **averse** to sth; stanowczo ~ *itp.* **flatly** deny/refuse, etc; → **odmawiać**
odmrożenie frostbite
odnaleźć trace[1]; ~ *coś/kogoś* track sth/sb down
odnawiać decorate, renew, refurbish, renovate, restore,

rekindle; ~ *coś* do sth up, smarten sth up
odnawialny renewable
odnieść ~ odwrotny skutek backfire; ~ wrażenie **form**[2] an impression
odnosić enjoy; ~ rany **sustain** injuries; ~ się do *czegoś* pertain to sth; ~ się do *kogoś/czegoś* refer to sb/sth
odnoszący ~ sukcesy successful, high-flying
odnośnie ~ *czegoś* with **respect**[1] to sth; in respect of sth
odnotować note[2]
odnowa regeneration
odnowienie renewal, restoration
odosobnienie seclusion, solitary confinement; umieścić *kogoś* w odosobnieniu lock sb up; w odosobnieniu in **isolation**
odosobniony isolated, secluded
odór odour, reek
odpad waste[1]; piec do spalania odpadów incinerator
odpadać (*wypadać*) drop out; (*odchodzić*) **come** off
odpadki refuse[2]
odpadowy waste[3]
odpady refuse[2]
odpakowywać unwrap
odpalenie launch[2]
odpalić launch[1]
odparować retort, evaporate
odpaść come unstuck
odpędzać banish; ~ *kogoś/coś* **chase**[1] sb/sth away/off/out, etc, **shoo** sb away/off/out, etc; ~ *coś* (od *kogoś/czegoś*) keep sth off (sb/sth)
odpierać (*zarzuty*) refute; (*atak*) repulse; (*odpowiadać*) counter[2], retort; ~ *kogoś/coś* fend sb/sth off; ~ *kogoś/coś l.* atak *kogoś/czegoś* beat sb/sth off; ~ krytykę run the **gauntlet**, **deflect** criticism
odpisywać write back; (*ściągać*) copy[2]
odpłacić repay; ~ (*komuś*) pięknym za nadobne get your **own**[1] back (on sb)
odpływ (*ucieczka*) drift[2]; (*oceaniczny*) the **ebb**[1] (tide); (*hydrauliczny*) drain[2], plughole
odpływać (*łódź*) cast off; (*woda*) ebb[2]; (powoli) ~ **trickle** out
odpocząć put your feet up; dać ~ oczom/stopom/nogom **rest**[2] your eyes/feet/legs, etc; → **odpoczywać**
odpoczynek rest[1], breather; robić ~ **take** a rest
odpoczywać break[1], rest[2]; → **odpocząć**
odpornościowy immune; układ ~ immune system
odporność immunity, resistance, resilience; ~ bierna passive immunity
odporny hardy, resilient, resistant, immune
odpowiadać (*mówić*) answer[1], reply[1]; (*reagować*) respond, retaliate; (*pasować*) fit[1], suit[2]; ~ *czemuś* be in line[1] with sth; ~ *komuś* be to sb's **liking**; ~ na return[1]; ~ na pytania/telefony **field**[2] questions/telephone calls; ~ za *coś* answer for sth; ~ za *kogoś/coś* be **responsible** for sb/sth/doing sth; idealnie *komuś* ~ suit sb down to the **ground**[1]
odpowiadający equivalent[1]; ~ (sobie) corresponding
odpowiedni applicable, appropriate[1], proper, requisite, right[1], suitable, good[1], respective; ~ dla -friendly; w odpowiednim momencie in due **course**; za odpowiednią cenę at a **price**[1]
odpowiedni-k/czka counterpart; odpowiednik equivalent[2]
odpowiednio accordingly, properly, duly, respectively, appropriately, suitably
odpowiedzialnie responsibly
odpowiedzialność responsibility, liability, accountability; brać (na siebie) ~ **accept** responsibility/blame; brać na siebie ~ **shoulder**[2] the responsibility; brak (poczucia) odpowiedzialności irresponsibility; nieograniczona ~ unlimited liability; nieponoszący odpowiedzialności unaccountable; obarczać odpowiedzialnością **apportion** responsibility; przyjmować ~ **assume** responsibility; przyjęcie odpowiedzialności *itp.* the **assumption** of responsibility; poczucie odpowiedzialności a **sense**[1] of responsibility; ponosić ~ **bear**[1] the responsibility; ponosić ~ za *coś* be **responsible** for sth/doing sth; przyjmować ~ za *coś* take/accept/claim **responsibility** for sth; spółka z ograniczoną odpowiedzialnością limited company; zrzeczenie się odpowiedzialności disclaimer; zrzekać się odpowiedzialności **abdicate** responsibility; zrzucać ~ pass the **buck**[1]
odpowiedzialny responsible, accountable, liable, high-powered; być odpowiedzialnym za *kogoś/coś* be **responsible** for sb/sth/doing sth
odpowiedź answer[2], reply[2], response; ~ odmowna rejection; nie znać odpowiedzi na *coś* be **stump**[2]ed by sth; sztampowa ~ **stock**[3] answer; uprasza się o ~ RSVP; znajdować ~ **arrive** at an answer
odprawa check-in, briefing; ~ celna customs; punkt odpraw check-in; punkt odprawy celnej customs; zgłosić się do odprawy check in
odprawiać ~ *kogoś* z kwitkiem turn sb away
odprężać ~ (się) relax; ~ się unwind, wind down
odprężający relaxing
odprężenie relaxation; (*polityczne*) detente
odprężony relaxed
odprężyć → **odprężać**
odprowadzać escort[2]; ~ *kogoś* see sb off; ~ *kogoś* (do drzwi) see sb out; ~ *kogoś* do domu/*gdzieś* **walk**[1] sb home/to sth; ~ *kogoś* do domu/na dworzec **see** sb home/to the station, etc
odprysk chip[1], sliver
odprzemysłowienie deindustrialization
odpychać repel, repulse
odpychający odious
odpychanie repulsion
odpyskować ~ (*komuś*) answer (sb) back
odra measles
odrabiać ~ straty rally[2]
odraczać defer, suspend, adjourn
odradzać resurrect
odrapany shabby
odraza loathing, repulsion, abhorrence; odczuwać odrazę do *czegoś* be **revolt**[2]ed by sth
odrażający repulsive, abhorrent, repellent[1], repugnant, revolting
odrąbać ~ *coś* chop sth off
odrębny discrete
odręczny (*rysunek*) freehand
odrobina grain, fraction, piece[1], scrap[1], dash[2], dab, drop[2], a **shade**[1], a **tad**, a **touch**[2], a **trifle**; ~ *czegoś* an **element** of sth, a **crumb** of sth, a **modicum** of sth, a **hint**[1] of sth, a **spot**[1] of sth; ~ farby a **lick**[2] of paint; ~ koloru a **splash**[2] of colour; ~ na spróbowanie a **taste**[1]; nie mieć (ani) odrobiny *czegoś* not have an **ounce** of sth
odrobinę slightly, somewhat; ~ przed/ponad/poniżej *itp.* **just**[1] before/over/under, etc
odroczenie adjournment; miesięczne/tygodniowe *itp.* ~ a month's/week's, etc **grace**[1]
odroczyć table[2]
odrodzenie regeneration, resurrection; ~ (się) rebirth; Odrodzenie the Renaissance
odróżniać differentiate, discriminate, distinguish; ~ *kogoś/coś* tell sb/sth apart, set sb/sth apart; nie do odróżnienia indistinguishable
odruch reflex, reflex action
odrywać detach; ~ *coś* **rip**[1] sth out/off/from, etc; ~ *kogoś* tear sb away
odrzucać discard, reject[1], rebuff, repudiate, disallow, spurn; ~ *coś* turn sth down
odrzucenie rejection, rebuff, repudiation
odrzut out-take
odrzutowiec jet[1]
odrzutowy silnik ~ jet engine
odsączać drain[1]
odsetek percentage
odsetki interest[1]
odskocznia escape[2], stepping-stone
odskoczyć **spring**[2] back
odsłaniać reveal, uncover, unveil
odsłonięty naked, windswept
odsłowny rzeczownik ~ gerund

odsłuchać ~ *czegoś* play sth back
odstawać stick out, stick up
odstawiać ~ od piersi wean
odstęp (*miejsce*) clearance; (*czasu*) interval; ~ czasu time lag; w odstępach at **intervals**; w odstępie apart
odstępować ~ od waive
odstraszać deter, repel; ~ *kogoś* frighten sb away/off; ~ *kogoś/coś* scare sb/sth away/off
odstraszający deterrent; środek /. czynnik ~ deterrent
odstręczać repel
odstrzał ~ selektywny cull; przeprowadzać ~ selektywny cull
odsuwać ~ (od władzy) oust; ~ od władzy depose; ~ się stand back, draw back; ~ zasłony **draw**[1] the curtains
odsyłacz cross reference
odsyłać ~ *coś* send sth back; ~ *kogoś/coś* do *kogoś/czegoś* refer sb/sth to sb/sth
odsypiać ~ *coś* sleep sth off
odszczepieniec dropout
odszczepka cutting[1]
odszkodowanie compensation, damages, award[1], indemnity, reparations; wypłacić ~ compensate
odszraniać ~ (się) defrost
odszukać trace[1]
odśrodkowy centrifugal
odświeżyć refresh; ~ *coś* freshen sth up; ~ *komuś* pamięć **refresh** sb's memory, **jog** sb's memory; ~ się freshen up
odtąd henceforth, hereafter
odtleniać deoxygenate
odtlenianie deoxygenation
odtłuszczony mleko odtłuszczone skimmed milk
odtrącać reject[1], rebuff, spurn
odtrącenie rejection, rebuff
odtrucie detox
odtwarzacz ~ (przenośny) personal stereo; ~ kasetowy cassette player; ~ kompaktowy CD player; ~ mp3 MP3 player
odtwarzać recreate, regenerate, reconstruct; (*nagranie*) play[1]; ~ *coś* play sth back; ~ rolę portray
odurzać drug[2], dope[2]
odurzający intoxicating
odurzenie intoxication
odurzony intoxicated
odwadniający system ~ drainage
odwaga bravery, courage, guts, nerve; nie mieć odwagi na *coś* have no **stomach**[1] for sth; zbierać odwagę **summon** (up) the courage; zdobyć się na odwagę (aby *coś zrobić*) pluck up the **courage** (to do sth)
odważać ~ *coś* weigh sth out
odważnie bravely, courageously, explicitly
odważny bold, brave[1], courageous, adventurous, daring, gutsy, sassy, explicit
odważyć ~ się venture[2]; ~ się *coś zrobić* **dare**[1] (to) do sth
odwdzięczać ~ się repay
odwet reprisal, retaliation; brać ~ retaliate
odwetowy retaliatory
odwieczny perennial[1]; ~ wróg an **old** enemy
odwiedzać visit[1], frequent[2], sit in; ~ *kogoś* visit with sb
odwiedzający visitor
odwiedziny visit; (*strony WWW*) hit[2]
odwieść ~ *kogoś* od *czegoś* talk sb out of (doing) sth; → **odwodzić**
odwijać ~ (się) unwind
odwilż thaw
odwlekać delay[1]
odwodnienie dehydration
odwodniony dehydrated
odwodzić dissuade; ~ *kogoś* od *czegoś* **discourage** sb from doing sth; → **odwieść**
odwołać (*imprezę*) cancel; (*słowa*) withdraw, retract; (*ze stanowiska*) recall; ~ *coś* call sth off, take sth back; ~ się od contest[2]
odwołanie cancellation, recall
odwracać turn[1], invert; (*cofać*) undo, reverse[1]; ~ (się) twist[1]; ~ się turn[1], swing around/round, wheel around/round; ~ się/*kogoś* spin (sb) around/round; ~ uwagę **deflect** attention, sidetrack; ~ *czyjąś* uwagę **divert** sb's attention; ~ uwagę od upstage; ~ wzrok/twarz **avert** your eyes/face/gaze; → **odwrócić**
odwracalny reversible
odwrotnie backwards, conversely, **back**[2] to front
odwrotność reciprocal
odwrotny opposite[1], reverse[3], inverse; odnieść ~ skutek backfire; przynoszący efekty odwrotne do zamierzonych counterproductive; w odwrotnej kolejności in **reverse**[2]
odwrócenie reversal; ~ uwagi diversion
odwrócić ~ się na pięcie i wyjść **march**[2] off/up/down, etc; ~ się plecami do *kogoś* turn your **back**[2] on sb; → **odwracać**
odwrót retreat[2], reaction; na ~ vice versa
odwyk rehab
odwykowy leczenie odwykowe rehab
odwzajemniać return[1]; ~ (się) reciprocate
odwzajemnić ~ się hit back
odyseja odyssey
odziany attired, clad; skąpo ~ **scantily** clad/dressed
odziedziczyć inherit; odziedziczyć *coś* come into sth
odzienie attire
odzież apparel, clothing, -wear; ~ sportowa sportswear
odznaczać ~ się show[1], stand out; zostać odznaczonym be **decorated**
odznaczenie decoration; otrzymać ~ be **decorated**
odznaczyć ~ się leave/make your **mark**[1]; → **odznaczać**
odznaka badge
odzwierciedlać reflect, mirror[2]
odzwierciedlenie ~ *czegoś* a **reflection** on sth
odzwyczajać ~ *kogoś* od *czegoś* wean sb off sth
odzysk salvage[2]; z odzysku recycled
odzyskać reclaim, regain, recover, recoup; ~ *coś* get sth back, claw sth back; ~ przytomność come to, come around, come round, revive; → **odzyskiwać**
odzyskanie salvage[2], recovery, retrieval
odzyskiwać recycle; → **odzyskać**
odzyskiwalny recyclable
odzywać nie ~ się (do siebie) not be on speaking **terms**; → **odezwać**
odżywać ~ w *kimś* come back to sb
odżywczy nourishing, nutritional; składnik ~ nutrient
odżywiać nourish
odżywianie nutrition; sposób odżywiania diet[1]
odżywiony dobrze ~ well-fed
odżywka conditioner; nakładać odżywkę na condition[2]
ofensywa offensive[2]
ofensywnie offensively
ofensywny offensive[1]
oferent/ka bidder
oferować offer[1], bid[2], proffer, tender[2]; (*towar*) stock[2]; ~ usługi seksualne solicit
oferowany on **offer**[2]
oferta offer[2], bid[1], approach[1]; ~ promocyjna an **introductory** offer; ~ przetargowa tender[3]; ~ specjalna **special**[1] offer, special[2]; poszerzać ofertę diversify; poszerzenie oferty diversification; składać ofertę tender[2]; składać ofertę na *coś* **bid**[2] for sth; bid to do sth
ofiara victim, prey[1]; (*wypadku*) casualty; (*poświęcenie*) sacrifice[1], offering; (*ciamajda*) nerd, dork; ~ (losu) loser; ~ losu failure; ~ śmiertelna fatality; być ofiarą *czegoś* be on/at the receiving **end**[1] of sth; liczba ofiar toll[1]; paść ofiarą *czegoś/kogoś* fall **prey**[1] to sth; składać ofiarę z sacrifice[2]
ofiarny kozioł ~ scapegoat
ofiarodaw-ca/czyni contributor, benefactor, donor
ofiarować donate, present[3]; ~ się offer[1]
ofiarowaty nerdy, wet[1]
oficer officer; ~ medyczny medic; ~ śledczy detective
oficjalnie officially, formally
oficjalność formality
oficjalny official[1], formal; ~ charakter formality
ogar hound[1]
ogarnąć ~ się smarten up
ogarniać engulf, sweep[1]
ogień fire[1]; (*zapalniczka*) a **light**[1]; ~ krzyżowy crossfire; ~ z broni palnej

gunfire; być jak ~ i woda be like **chalk**[1] and cheese; zająć się ogniem catch **fire**[1]
ogier stallion
oglądać watch[1], view[2], see, spectate, examine, inspect, survey[2]; → **obejrzeć**
oglądający-y/a browser
oglądalność okres najwyższej oglądalności prime time; poza godzinami największej oglądalności off-peak; ranking oglądalności the **rating**s
oglądanie ~ wystaw sklepowych window shopping
oględziny inspection
ogłaszać announce, declare, publish; ~ się advertise; ~ werdykt/wyrok **return**[1] a verdict/sentence
ogłoszenie ad, advert, advertisement, notice[2]; ~ drobne classified ad, small ad; dać ~ advertise, **place**[2] an advertisement; publiczne ~ a **public**[1] announcement; tablica ogłoszeń bulletin board, noticeboard; wywieszać ~ **post**[2] a notice
ogłupiający stupefying
ogłupiały stupefied
ogłuszać stun
ogłuszający deafening, thunderous
ognisko fire[1], bonfire
ogniskowa obiektyw o zmiennej ogniskowej zoom lens
ognisty flaming, fiery
ogniwo link[1]; ~ elektrolityczne electrolytic cell; ~ fotoelektryczne photovoltaic cell
ogolony shaven
ogon tail[1]; koński ~ ponytail
ogorzały swarthy
ogólnie ~ (biorąc) in **general**[1], overall; ~ (rzecz) biorąc on the **whole**[2]; ~ rzecz biorąc generally, generally **speak**ing; fakt ~ znany **common**[1] knowledge
ogólnokrajowy national[1], nationwide
ogólnokształcący liceum ogólnokształcące grammar school; szkoła ponadpodstawowa ogólnokształcąca comprehensive[2]
ogólnoświatowy worldwide
ogólnoustrojowy systemic
ogólny general[1], overall; ~ sens *czegoś* the **gist** of sth; ~ zarys/obraz *itp.* a **broad** outline/picture, etc; lekarz ~ general practitioner, GP; znieczulenie ogólne general anaesthetic
ogół ~ *kogoś/czegoś* sb/sth at **large**; na ~ typically, generally, in the **main**[1], by and **large**, normally, ordinarily, usually, routinely, in **general**[1]; w ogóle in the first **place**[1]
ogórek cucumber; ~ kiszony pickle
ogradzać enclose
ograniczać cap[2], curtail, hamstring[2], constrain, constrict, control[2], curb[1], moderate[3], restrain, restrict, limit[2], confine, smother; ~ *coś* hold sth down, narrow sth down, scale sth back, hold/keep sth in **check**[2], keep sth down; ~ *coś* do *jakiegoś poziomu* keep sth to sth; ~ *kogoś/coś* keep a tight **rein** on sb/sth; ~ *kogoś/coś* do *czegoś* confine sb/sth to sth; ~ *kogoś* cramp sb's **style**[1], tie sb down; ~ się/*coś* cut down (sth); ~ się do *czegoś* be limited to sth ~ się z *czymś* go **easy**[2] on sth; ~ wydatki (na *coś*) cut back (sth)
ograniczający restrictive
ograniczenie constraint, limitation, restraint, restriction, limit[1], control[1], curb[2], curtailment; ograniczenia limitations; ~ prędkości speed limit; ~ wieku age limit; bez ograniczeń freely; przekraczać ~ szybkości be **speed**[2]ing
ograniczony confined, limited, restricted, blinkered, closed, narrow-minded; być ograniczonym do *czegoś/kogoś* be confined to sth/sb; spółka z ograniczoną odpowiedzialnością limited company
ogrodnictwo gardening, horticulture
ogrodniczki dungarees, overalls
ogrodniczy horticultural; centrum ogrodnicze garden centre
ogrodnik gardener; być urodzonym ogrodnikiem have green **finger**[1]s
ogrodowy mięta ogrodowa spearmint
ogrody **garden**s
ogrodzenie fence[1], fencing, railing
ogrodzić ~ *coś* fence sth in
ogrodzony ~ teren enclosure
ogrom magnitude; ~ *czegoś* the **enormity** of sth
ogromnie enormously, hugely, immensely, tremendously
ogromny profound, formidable, enormous, huge, immense, massive, terrific, tremendous, whopping, infinite; ogromne szczęście a close **call**[2], a **narrow**[1] escape, a close **shave**[2], a narrow **escape**[2]
ogród garden, yard; pracować w ogrodzie garden; zajmować się ogrodem garden; → **ogrody**
ogródek garden, yard; ~ (za domem) backyard; z własnego ogródka home-grown
ogródka bez ogródek baldly, bluntly, blunt[1], point-blank, in no uncertain **terms**
ogryzek core
ogrzać ~ (się) warm[2], heat[2]
ogrzewanie heating, the **heat**[1]; centralne ~ central heating
ogrzewany heated
-oholik -aholic
ohydnie hideously
ohydny hideous, diabolical
OIMW (*o ile mi wiadomo*) AFAIK
ojciec father[1]; ~ *czegoś* the **father**[1] of sth; ~ chrzestny godfather; być ojcem father[2]; ktoś (prawie) jak ~ father figure; przyszły ~ an **expectant** father; wdać się w ojca be a **chip**[1] off the old block; ze strony ojca paternal
ojcostwo fatherhood, paternity
ojcowski paternal
ojczulek papa
ojczym stepfather
ojczysty native[1]; język ~ mother tongue, first language
ojczyzna homeland; ~ *czegoś/kogoś* the **home**[1] of sth/sb
ojej oh, oops, whoops, gosh, my **goodness**
ok. (*około*) c, approx
okaleczenie mutilation
okaleczyć cripple[1], disable, maim, mutilate, scar
okap eaves
okapi okapi
okaz specimen
okazałość grandeur
okazja chance[1], opportunity, occasion, bargain[1], a good **buy**[2]; jedyna ~ one-off; mieć okazję się wykazać come into your/its **own**[1]; mieć okazję *coś robić* **get**[1] to do sth; przegapić okazję miss the **boat**; przepuścić okazję **miss**[1] a chance/opportunity; przy okazji by the **way**[1], in the **process**[1]; skorzystać z (tej) okazji, aby *coś zrobić* take the **opportunity** to do sth; wszystkiego najlepszego z okazji urodzin/szczęśliwego Nowego Roku *itp.* Happy Birthday/New Year, etc; z okazji in **anticipation** (of), for[1]; złapać okazję **hitch**[2] a lift/ride
okazjonalny odd
okazywać display[2], exhibit[1], show[1]; ~ *komuś* cierpliwość bear with sb; ~ *komuś* swoją wyższość condescend to sb; ~ się turn out, emerge; ~ się *jakimś* **prove** to be sth; ~ życzliwość befriend; nie ~ *czegoś* bottle sth up; okazuje się It **transpire**s that
okej okay
okiełznać harness[2]
okienko slot[1], porthole; (*w botanice*) micropyle; ~ (kasowe) counter[1]; ~ dialogowe dialog box
okiennica shutter
oklaski applause, clap[2]; huczne ~ standing ovation
okleina veneer
oklepany corny, trite
okluzja occlusion
okładka cover[2]
okno window; ~ połaciowe *l.* dachowe skylight
oko eye[1]; ~ proste simple eye; ~ złożone compound eye; ~ za oko **tit** for tat; gołe ~ the **naked** eye; gołym okiem with the **naked** eye; kątem oka from/out of the **corner**[1] of your eye; kredka *l.* ołówek do oczu eyeliner; mieć *kogoś/coś* na oku keep your/an **eye**[1] on sb/sth; mieć ~ na fancy[1]; mieć ~ na *coś/kogoś* keep your **eye**[1]s open/peeled (for sb/

sth); mieć na *coś* ~ have your **eye**[1] on sth; mieć oczy (szeroko) otwarte keep your **eye**[1]s open/peeled (for sb/sth), keep/have your **wits** about you, be on the **lookout**; móc *coś zrobić* z zamkniętymi oczami could do sth in your **sleep**[2]; mrużyć oczy **screw**[2] up your eyes/face, squint; na oczach in **front**[1] of; na oczach *kogoś* in full **view**[1] of sb; mieć *kogoś/coś* na oku keep **tabs** on sb/sth; na pierwszy rzut oka at first **sight**[1], on the **face**[1] of it, at a **glance**[2]; nie móc od *kogoś/czegoś* oderwać oczu can't keep/take your **eye**[1]s off sb/sth; nie rzucając się w oczy unobtrusively; nie wierzyć własnym oczom not **believe** your eyes; nie zmrużyć oka not sleep a **wink**[2]; nierzucający się w oczy unobtrusive; otworzyć oczy na *coś* wake up to sth; rzucający się w oczy conspicuous; podbite ~ black eye; przewracać /. wywracać oczami **roll**[1] your eyes; przymykać (na *coś*) ~ turn a blind **eye**[1] (to sth); przymykać oczy connive; rozmowa w cztery oczy heart-to-heart; rzucać okiem have/take a **peek**[2]; rzucać się w oczy stick out, stick/stand out like a sore **thumb**[1]; rzucić na *coś* okiem cast/run your/an **eye**[1] over sth; rzut oka glance[2], look[2], peep; traktować *coś* z przymrużeniem oka take sth with a pinch of **salt**[1]; w *czyichś* oczach in sb's **eye**[1]s; w mgnieniu oka in a **flash**[2]; wypłakiwać oczy cry your **eye**[1]s out; z szeroko otwartymi oczyma wide-eyed

okolica neighbourhood, region; niebezpieczna ~ no-go area; w okolicy (*czegoś*) in the **vicinity** (of sth)

okoliczność okoliczności circumstances; okoliczności łagodzące **mitigating** circumstances/factors; szczęśliwy zbieg okoliczności a **stroke**[1] of luck; zbieg okoliczności coincidence

około approximately, around, roughly, **round**[2] about, about[2], circa, towards; ~ *czegoś* in the **region** of sth; gdzieś ~ **somewhere** around

okólnik circular[2], memo, memorandum

okradać rob, burgle; ~ *kogoś* **pick**[1] sb's pocket

okrakiem ~ na /. nad astride; siedzieć ~ na straddle; stać ~ nad straddle

okrąg circle[1]

okrąglutki chubby, plump[1]

okrągły round[1], circular[1], tubular; okrągła sumka a **princely** sum; okrągłe liczby **round**[1] figures/numbers

okrążać circle[2], round[4], ring[3], orbit

okrążenie circuit, lap[1]

okres time[1], duration, term[1], period, span, spell[2], stint, stretch[2]; ~ (czasu) timescale; ~ (nauczania) quarter; ~ dojrzewania adolescence; ~ najwyższej oglądalności prime time; ~ narzeczeństwa courtship; ~ pokoju peacetime; ~ poprzedzający *coś* the **run-up** to sth; ~ półtrwania half-life; ~ próbny probation; ~ przygotowań do *czegoś* the **build-up** to sth; ~ rozkwitu heyday; ~ wojny wartime; dobry /. dogodny ~ an **opportune** moment/time; trudny ~ a bad/rough, etc **patch**[1]

okresowo periodically, intermittently

okresowy periodic, intermittent; bilet ~ pass[2], season ticket

określać characterize, identify, specify, govern, determine, quantify, pinpoint, term[2], define, label[2], modify; ~ *coś* set sth out, pin sth down; ~ *coś* dokładnie put your **finger**[1] on sth; ~ standard **set**[1] a standard; ~ wiek date[2]

określający słowo określające predeterminer

określenie label[1]; modne ~ buzzword

określnik modifier, determiner, predeterminer

określony rodzajnik /. przedimek ~ definite article

okręg district; ~ (wyborczy) constituency

okręt ~ podwodny submarine; ~ wojenny warship; budowa okrętów shipbuilding

okrężnica colon

okrężny circular[1], roundabout[2], indirect

okropnie horribly, frightfully, terribly, abominably, appallingly, dreadfully, fearfully

okropność horror

okropny abominable, appalling, atrocious, dreadful, fearful, horrible, nasty, awful, terrible, frightful, beastly, obnoxious

okruch crumb

okrucieństwo cruelty, inhumanity; akt okrucieństwa atrocity; okrucieństwa inhumanity

okruszek crumb

okrutnie cruelly

okrutny cruel, fiendish

okrywać envelop

okrzyk cry[2], exclamation, interjection, whoop

okrzyknąć ~ *kogoś/coś kimś/czymś* hail sb/sth as sth

oksyhemoglobina oxyhaemoglobin

oksymoron oxymoron

oktawa octave

okulary glasses, spectacles, specs; ~ przeciwsłoneczne /. słoneczne sunglasses; ~ słoneczne shades

okultyzm the occult

okup ransom

okupacja occupation

okupować occupy, hog[2]

olbrzym giant[2]; czerwony ~ red giant

olbrzymi giant[1], huge, jumbo, king-size, vast

oleisty oily

olej oil; ~ napędowy diesel; ~ z oliwek olive oil

olejek essence; ~ eteryczny essential oil; ~ miętowy peppermint

olejny obraz ~ oil painting

oligarcha baron

olimpiada the Olympic Games

olimpijski Olympic; igrzyska olimpijskie the Olympic Games

olinowanie rigging

oliwka olive; olej z oliwek olive oil

oliwkowy (kolor) ~ olive

-ologia -ology

olśnienie brainstorm, brainwave

olśniewać dazzle

olśniewający dazzling, glamorous, ravishing

ołów lead[4]

ołówek pencil; ~ do oczu eyeliner

ołtarz altar

om ohm

omacku iść po ~ **blunder**[2] around/into, etc; iść /. posuwać się po ~ **grope** your way along/through, etc; szukać po ~ grope, scrabble about/around

omamiony deluded

omawiać szerzej *coś* ~ expand on sth; **→ omówić**

omdlenie blackout

omen omen

omijać avoid, bypass[2], skirt[2], circumvent, sidestep; ~ temat **evade** the issue

omlet omelette

omówić ~ *coś* go over sth; ~ *coś* z *kimś* take sth up with sb; **→ omawiać**

omylność fallibility

omylny fallible

omywać **wash**[1] against/on, etc; ~ *coś* **lap**[2] against/on, etc sth

on he; (*rzecz*) it

ona she; (*rzecz*) it

onanizować ~ się masturbate

one they

oni they

oniemiały speechless, tongue-tied

oniemieć be struck **dumb**

onieśmielający intimidating

onieśmielony intimidated

ono it

onomatopeja onomatopoeia

ONZ the UN

opactwo abbey

opad ~ (atmosferyczny) precipitation; ~ (deszczu) rainfall; ~ (radioaktywny) fallout; ~ konwekcyjny convectional rainfall; opady (deszczu) rainfall; opady /. ~ śniegu snowfall

opadać fall[1], go down, **slump**[1] back/down/over, etc, slope[2], droop, subside, flop[1]; szczęka *komuś* opada sb's **jaw** drops

opadający luźno ~ floppy

opakować package[2]

opakowanie package[1], packet, pack[2], packaging, packing, wrapping

opal opal

opalać ~ (się) tan; ~ się sunbathe, **sun**[2] yourself
opalanie sunbathing; emulsja do opalania sun lotion; łóżko do opalania sunbed, tanning bed
opalenizna suntan, tan[1]; złapać opaleniznę **catch**[1] the sun
opalony tanned, tan[2], suntanned
opał drewno na ~ firewood
opałowy drewno opałowe firewood
opały być w opałach be in deep **water**[1]
opamiętać ~ się come to your **sense**[1]s
opancerzony armoured
opanować (*kontrolować*) control[2], check[1], contain, master[2]; (*zdobyć*) invade, capture[1]; (*emocje*) grip[2]; (*rozplenić się*) infest, overrun; nie móc ~ podniecenia/przerażenia/smutku *itp.* be **overcome** by excitement/ fear/sadness, etc
opanowanie poise, composure, equanimity, control[1], coolness, capture[2]; do opanowania manageable
opanowany cool[1], collected, composed, relaxed, placid, deliberate[1]
oparcie (*krzesła*) back[2]; (*opoka*) a **tower**[1] of strength; ~ dla stopy foothold
opary fumes, haze
oparzenie burn[2]; ~ słoneczne sunburn
oparzyć ~ się (w palce *itp.*) **burn**[1] yourself/your fingers, etc
opaska band[1], wristband; ~ (na ramię) armband; ~ na oczy blindfold; ~ uciskowa tourniquet
opaść **flop**[1] down/into/onto, etc
opatentować patent
opatrunek dressing
opatrzyć ~ oparzenie/ranę *itp.* **dress**[1] a burn/cut/wound, etc
opatulać ~ się wrap up
opatulić ~ *kogoś l.* się bundle (sb) up
opcja option, avenue; ~ domyślna default[1]; ~ menu menu option; łatwa ~ soft option
opera opera; ~ mydlana soap opera
operacja operation, surgery; ~ plastyczna plastic surgery, cosmetic surgery; ~ plastyczna (twarzy) facelift; przeprowadzać operację operate
operacyjnie surgically
operacyjny surgical, operational; sala operacyjna operating room, operating theatre, theatre; system ~ operating system, system software
operator/ka operator; operator cameraman
operować operate
operowy operatic
opętany possessed
opieka care[2], attention, guardianship; ~ dzienna daycare; ~ nad dzieckiem *l.* dziećmi custody; ~ nad dziećmi childcare, babysitting; ~ społeczna social work; ~ zdrowotna health-care; bez opieki unaccompanied; (pozostawiony) bez opieki unattended; dom opieki **sheltered** accommodation/ housing, nursing home, home[1]; intensywna ~ intensive care; oddział intensywnej opieki medycznej intensive care; pracowni-k/ca opieki społecznej social worker
opiekacz grill[1], toaster, broiler
opiekać grill[2], broil; ~ (się) roast[1]
opiekować ~ się nurse[2], tend; ~ się *kimś* watch over sb; ~ się *kimś/czymś* look after sb/sth, take **care**[2] of sb/ sth, care for sb/sth; ~ się dzieckiem babysit
opiekun/ka caregiver, carer, caretaker; ~ do dziecka babysitter, sitter, nanny, childminder
opiekun tutor, guardian
opiekuńczy protective, caring; państwo opiekuńcze welfare state
opierać found[1]; ~ *coś* na *czymś* base sth on/upon sth; ~ *coś* o *coś* lean sth against/on sth; ~ *coś* o/na **prop**[1] sth against/on, etc; ~ się/*coś* o/na **rest**[2] (sth) on/against, etc; ~ się resist; ~ się (*czymś*) o *coś* lean (sth) against/on sth; ~ się na *czymś* be **ground**[2]ed in sth, draw on sth; ~ się *czemuś* keep/hold sth at bay; opierając się na *czymś* on the **strength** of sth
opinia opinion, verdict, estimation; ~ publiczna public **opinion**; badanie opinii publicznej poll[1], opinion poll; ośrodek badań opinii publicznej pollster; opinie feedback; wydawać opinię **pass**[1] judgment; wymieniać opinie compare **note**[1]s; zasięgać opinii ballot[2]
opis description; szczegółowy ~ a **blow-by-blow** account/description
opisać ~ szczegółowo detail[2]; **→ opisywać**
opisowy descriptive
opisywać describe, recount[1], trace[1]; być nie do opisania **defy** description; **→ opisać**
opium opium
opłacać ~ się pay[1]
opłacalnie profitably
opłacalność profitability, viability
opłacalny economic, profitable, viable, cost-effective
opłacany ~ miesięcznie salaried; dobrze ~ well-paid; źle ~ underpaid
opłacić pay[1]
opłakany ~ widok/stan a **sorry** sight/ state
opłakiwać mourn
opłata charge[1], fee, dues, subscription; ~ (za przejazd) fare[1]; ~ dodatkowa surcharge; ~ pocztowa postage; ~ za przejazd toll[1]; opłaty bankowe bank charges; nakładać opłatę **levy** a charge
opłucna pleura
opłucnowy pleural
opływać ~ w *coś* be **awash** with sth
opływowy nadawać ~ kształt streamline
opodatkować tax[2]
opodatkowanie taxation; podlegający opodatkowaniu taxable
opoka a **tower**[1] of strength
opona tyre, tire[1]; opony mózgowe meninges; zapalenie opon mózgowych meningitis; zatrzymać się z piskiem opon **screech** to a halt/stop
opornik resistor
oporność resistance
oporny resistant
oportunist-a/ka opportunist
oportunistyczny opportunistic
opory qualm
oporządzać groom[1]
opowiadać narrate, relate, keep on; ~ się come down; ~ się po *czyjejś* stronie **align** yourself with sb; be aligned with sb; ~ się przeciw *czemuś*/za *czymś* **come** out against/ in favour of sth; **→ opowiedzieć**
opowiadanie story, narrative
opowiedzieć ~ dowcip **crack**[1] a joke; **→ opowiadać**
opowieść tale, story; (zmyślona) ~ yarn
opozycja opposition; (*sprzeciw*) hostility
opozycjonist-a/ka dissident
opór resistance; do oporu to the **max**; pokonywać *czyjś* ~ wear sb down; stawiać ~ resist
opóźniać delay[1], stall[2]; ~ *kogoś/coś* hold sb/sth back, hold sb/sth up, set sb/sth back
opóźnienie delay[2], lag[1], time lag
opracowanie development, formulation
opracowywać formulate, develop, devise
oprawa socket; książka w miękkiej oprawie paperback; książka w twardej oprawie hardback
oprawca tormentor, torturer
oprawiać (*obraz*) frame[2]; (*książkę*) bind[1]; (*mięso*) butcher[2]
oprawka frames
oprogramowanie software; ~ użytkowe application software; darmowe ~ freeware
oprowadzać ~ *kogoś* **show**[1] sb around/round
oprócz besides, **apart** from, except, **aside**[1] from, **other**[1] than, beyond[1], bar[3], barring, but[2], excepting, excepted; ~ *czegoś* in **addition** to sth, **short**[2] of doing sth
opróżniać clear[2], empty[2]; ~ *coś* clean sth out; ~ się empty[2]
opróżnienie clearance
opryskać ~ *kogoś czymś* **squirt** sb with sth
opryskiwać spray[2]
opryskliwy abrasive, surly
opryszek thug
oprzyrządowanie tackle[2]
optować ~ za *czymś* **opt** for sth; opt to do sth

optyczny optical; złudzenie optyczne optical illusion
optyk optician
optymalny optimum
optymist-a/ka optimist
optymistyczny optimistic, buoyant, upbeat, hopeful, rosy, can-do; dawać ~ obraz *czegoś* paint a rosy **picture**[1] of sth
optymizm optimism, buoyancy, hopefulness; pełen optymizmu sanguine
opublikować print[1], publish
opuchlizna swelling
opuchnięty puffy
opustoszały deserted
opustoszyć raid[2]
opuszczać (*zostawiać*) leave[1], desert[2], forsake, flee, exit[2]; (*pomijać*) miss[1]; (*obniżać*) lower[2]; ~ *coś* z ceny (*czegoś*) knock sth off (sth); ~ *kogoś/coś* miss sb/sth out; ~ pokład disembark; ~ się slack[2]; nie ~ *kogoś* stand by sb, stick by sb
opuszczony abandoned, disused, derelict, desolate, downcast, bereft
opychać ~ się binge[2], pig out; ~ się *czymś* **gorge**[2] (yourself) on sth
opylić flog
orać plough[2]
orangutan orang-utan
oranż ~ metylowy methyl orange
orator/ka orator
oraz plus[1]; ~ *coś* as **well**[2] as sth
orbita orbit
orchidea orchid
ordynarnie crudely
ordynarny crude, vulgar, lewd
orędowni-k/czka crusader, campaigner
orędzie address[1]
organ organ; ~ nadzorczy regulator
organella organelle
organicznie organically
organiczny organic
organista organist
organizacja organization, set-up; ~ *czegoś* the **logistics** of sth/doing sth; ~ charytatywna charity; ~ patronacka **umbrella** organization; Organizacja Narodów Zjednoczonych the United Nations; sklep organizacji charytatywnej charity shop, thrift shop; zła ~ mismanagement
organizacyjny organizational
organizator/ka organizer, operator, marshal, promoter, steward; ~ zbiórki pieniędzy fundraiser
organizm organism; ~ cudzożywny heterotroph; ~ samożywny autotroph; wychłodzenie organizmu exposure
organizować organize, arrange, mobilize, structure[2]; ~ demonstrację/ protest *itp.* **stage**[2] a demonstration/ protest, etc; ~ koncert/imprezę *itp.* **stage**[2] a concert/show, etc; ~ marsz protestacyjny march[2]
organki harmonica
organy organ
orgazm orgasm
orgia orgy
Orient the Orient
orientacja orientation, grasp[2]; ~ seksualna sexuality; mieć świetną orientację feel at **home**[1]; stracić orientację lose your **bearings**; ujawniać swoją orientację seksualną come out, out[2]; (publiczne) ujawnienie swojej orientacji seksualnej outing
orientacyjny rough[1]; punkt ~ landmark
orientalny Oriental
orientować nie ~ się be out of **touch**[2]
orkiestra orchestra
orkiestrowy orchestral
ornament ornament
ornitolog ornithologist
ornitologia ornithology
orograficzny orographic
ortodoksyjny orthodox, strict
ortografia spelling
ortopedyczny orthopaedic
oryginalnie imaginatively
oryginalność originality
oryginalny original[1], imaginative, unorthodox
oryginał original[2], master[1], character
orzech nut; (*drzewo*) walnut; ~ (włoski) walnut; ~ kokosowy coconut; ~ nerkowca cashew; ~ pekanowy pecan
orzechowy nutty; masło orzechowe peanut butter
orzeczenie judgment, ruling, verdict, predicate; wydawać ~ rule[2]
orzecznik w pozycji orzecznika predicative
orzekać rule[2]; bez orzekania winy no-fault
orzeł eagle; (*monety*) tails
orzeszek ~ ziemny peanut
orzeźwiająco refreshingly
orzeźwiający refreshing, invigorating, bracing
orzeźwić refresh, invigorate
orżnąć ~ *kogoś* rip sb off
osa wasp
osaczyć corner[2]; ~ *kogoś* hem sb in
osad residue, sediment, precipitate, deposition, limescale, scale; zostawiać ~ deposit[2]
osada settlement
osadnik sedimentation tank
osadni-k/czka settler
osadowy sedimentary
osadzać deposit[2], set[1]; ~ się settle
osadzanie ~ (się) deposition
osadzony embedded
osamotniony isolated, bereft, forlorn
osądzać judge[2], try[1]
oschły abrupt
oscylacja oscillation
oscyloskop oscilloscope
oscylować oscillate, alternate[2]
osełka ~ masła a **knob** of butter
oset thistle
osiadać settle, subside
osiadanie subsidence
osiągać accomplish, achieve, attain, hit[1], meet[1], reach[1], secure[2], **rise**[1] to/through, etc; ~ *coś* pull sth off, rack up sth; ~ doskonałe wyniki excel; ~ łatwe zwycięstwo **cruise**[2] to success/victory, etc; ~ najniższy poziom hit/reach rock bottom; ~ porozumienie **reach**[1] an agreement; ~ punkt krytyczny come to a **head**[1]; ~ punkt kulminacyjny climax[2]; ~ punkt szczytowy peak[2]; ~ sukces **make**[1] it, make it **big**; ~ sukces *l.* powodzenie succeed; ~ sukces *l.* sukcesy get ahead; ~ średnio average[3]; ~ wymagany poziom make the **grade**[1]; ~ zysk *l.* korzyść z *czegoś* profit from sth; nie ~ *czegoś* fall **short**[2] of sth
osiągalny achievable, attainable, obtainable, accessible
osiągnięcie advance[1], advancement, accomplishment, achievement, attainment, coup, track record
osiąść settle; ~ na mieliźnie run **aground**
osie axes
osiedle settlement, development, estate; ~ domków na kółkach trailer park; ~ mieszkaniowe housing estate
osiedleniec colonist
osiedlić ~ się settle
osiem eight
osiemdziesiąt eighty
osiemdziesiątka być po osiemdziesiątce be in your eighties
osiemdziesiąty eightieth; lata osiemdziesiąte the eighties
osiemnasty eighteenth
osiemnaście eighteen
osierocony być *l.* zostać osieroconym be **orphan**[2]ed
osioł ass, donkey
Oskar Oscar
oskarżać accuse, charge[2]; ~ *kogoś* **lay**[1] the blame on sb; → **oskarżyć**
oskarżenie indictment, charge[1], accusation, recrimination, prosecution; akt oskarżenia indictment; bezpodstawne ~ a **wild**[1] accusation; odpierać oskarżenia **deflect** blame; postawić w stan oskarżenia indict; wnosić ~ **press**[1] charges
oskarżon-y/a the accused, defendant; bezpodstawnie oskarżony **wrongly** accused; ława oskarżonych the **dock**[1]
oskarżyciel/ka accuser, prosecutor
oskarżycielski accusing, damning
oskarżycielsko accusingly
oskarżyć indict, prosecute; → **oskarżać**
oskrzela zapalenie oskrzeli bronchitis
oskrzele bronchus
oskrzelik bronchiole
oskubać pluck
osłabiać depress, dampen, weaken, impair; → **osłabić**
osłabiający debilitating

osłabić (*załamać*) freak[3]; → **osłabiać**
osłabiony unsound
osłaniać shield[2]
osłodzić sweeten
osłona cover[2], shield[1], guard[1]; ~ (przeciwsłoneczna) visor; ~ kominka fender
osłonięty sheltered
osłupiały flabbergasted
osłupienie wprawiać w ~ stun
osmotyczny osmotic
osmoza osmosis
osnowa the warp
osoba person, individual[2]; ~ towarzysząca escort[1]; ~ trzecia /. postronna third party; druga ~ the second person; osoby starsze your **elder**[2]s; pierwsza ~ the first person; trzecia ~ the third person; utrata bliskiej osoby bereavement
osobistość personality
osobisty private[1], personal, individual[1]; ~ trener personal trainer; komputer ~ personal computer
osobiście in **person**, personally
osobliwość peculiarity, curiosity, oddity
osobliwy peculiar, quaint, incongruous
osobnik individual[2]
osobno apart, individually, separately
osobność na osobności in **private**[1]
osobny separate[1]
osobowość personality, persona, type[1], presence; bez osobowości prawnej unincorporated; z osobowością prawną Incorporated
osobowy dział ~ personnel; wzorzec ~ role model; zaimek ~ personal pronoun
ospa ~ wietrzna chicken pox
ospałość lethargy
ospały sluggish, lethargic, languid
ostatecznie eventually, finally, ultimately, conclusively, definitively, in the **event**
ostateczność a last **resort**[1]; w ostateczności if/when **push**[2] comes to shove, if the **worst**[2] comes to the worst, if all **else** fails
ostateczny eventual, final[1], ultimate[1], conclusive, definite, definitive; ostateczna rozgrywka showdown; w ostatecznym rozrachunku at the **end**[1] of the day
ostatni last[1], latest[1], closing, concluding, final[1], past[1], recent, last-minute; *czyjaś* ostatnia nadzieja sb's last **hope**[2]; być ostatnim **come** last; mieć ostatnie słowo have the last **word**[1]; oddać ostatnią posługę pay your **respect**[1]s; ostatni-a/i szansa/próba/wysiłek a **last-ditch** attempt/effort; ostatnia chwila the last **minute**[1]; ostatnia kropla (goryczy) the final/last **straw**; ostatnia osoba/rzecz *itp.* the **last**[1] person/thing, etc; to jest moje ostatnie słowo **that**[2]'s that; uplasować się na ostatniej pozycji **come** last; w ostatniej chwili last-minute, in the **nick**[2] of time; z ostatniej chwili up-to-the-minute
ostatnio recently, last[2], of **late**, lately, latterly, the **last**[3] I heard
ostentacyjnie ostentatiously
ostentacyjny ostentatious, glitzy
osteopata osteopath
osteopatia osteopathy
osteoporoza osteoporosis
ostro sharply, roundly, savagely; postawić sprawę ~ put your **foot**[1] down; zagrać z *kimś* ~ call sb's **bluff**[2]
ostroga spur[2]
ostrokrzew holly
ostrość sharpness, definition
ostrożnie carefully, cautiously, gingerly, guardedly
ostrożność care[2], caution[1]; zachowywać ~ hedge your **bet**[2]s
ostrożny careful, cautious, circumspect, guarded; być ostrożnym watch[1], err on the **side**[1] of caution; ostrożna ocena a **conservative** estimate/guess
ostry sharp[1], pointed; (*poważny*) acute, harsh, severe, tight[1]; (*silny*) vigorous, strident, strong; (*surowy*) jagged, trenchant, savage[1]; (*przewód*) live[2]; (*obraz*) crisp[1], in **focus**[2]; ~ ból a **sharp**[1] pain, stabbing pain; ~ wzrost/spadek *itp.* a **sharp**[1] rise/increase/drop, etc; ~ zakręt *itp.* a **sharp**[1] bend/turn, etc; ostr-y/a/e kontrast/różnica/rozróżnienie *itp.* a **sharp**[1] contrast/difference/ distinction, etc; ostra krytyka battering
ostryga oyster
ostrze blade, edge[1]
ostrzec ~ *kogoś* tip sb off
ostrzegać caution[2], warn
ostrzegawczy cautionary; światło ostrzegawcze beacon
ostrzeliwać shell[2]
ostrzeżenie notice[2], warning, a **word**[1] of warning, heads-up; (poważne) ~ wake-up call; bez (wcześniejszego) ostrzeżenia at short **notice**[2]
ostrzyć sharpen, grind[1]
ostudzić blunt[2]
osunięcie ~ ziemi landslide
osuszać drain[1]; ~ się drain[1]
oswajać tame[2]
oswojony tame[1], domesticated
oszacować cost[3]
oszacowanie trudny do oszacowania incalculable
oszalały frantic; ~ z radości delirious; jak ~ like **crazy**
oszaleć go **nuts**, go **crazy**, go **mad**; (kompletnie) ~ freak[3]
oszałamiać stun
oszałamiająco stunningly
oszałamiający roaring, stunning, bewildering
oszczep javelin, spear; rzut oszczepem the **javelin**
oszczerczy slanderous
oszczerstwo smear[2]
oszczędnie sparingly, economically; ~ *czymś* gospodarować eke sth out
oszczędnościowo-kredytowy spółdzielcza kasa oszczędnościowo-kredytowa savings and loan association
oszczędnościowo-rozliczeniowy rachunek ~ checking account
oszczędność economy, saving, thrift; oszczędności savings
oszczędny frugal, economical, parsimonious, sparing, thrifty
oszczędzać economize, conserve, save[1]; ~ na *czymś* save on sth, skimp on sth; ~ się slow down, take it/things **easy**[2], ease off/up; → **oszczędzić**
oszczędzając-y/a saver
oszczędzanie conservation
oszczędzić spare[3]; ~ *komuś czegoś* **save**[1] sb (from) doing sth
oszklony oszklone drzwi French windows
oszołamiać dazzle
oszołomiony groggy, in a **daze**, dazed
oszpecić deface, disfigure, scar
oszroniony frosty
oszukać overcharge, fool[2], trick[2]; → **oszukiwać**
oszukany zostać oszukanym be **taken** in
oszukańczy deceitful
oszukiwać swindle, cheat[1], deceive, double-cross, dupe, delude, kid[2]; → **oszukać**
oszust/ka fraud, crook, swindler, cheat[2], phoney[2], impostor, fake[2]
oszust conman
oszustwo fraud, deception, trickery, deceit, sham, swindle; oszustwa fraud
oś axis, pivot, axle; ~ odciętych x-axis; ~ pionowa vertical axis; ~ pozioma horizontal axis; ~ rzędnych y-axis
ość bone[1]
ośleep szukać na ~ grope
oślepiać blind[2], dazzle
oślepiający blinding, dazzling; oślepiające światło glare[1]; oślepiające światło/słońce *itp.* **glaring** light/sun, etc
oślizgły slimy
ośmielać ~ się *coś zrobić* **presume** to do sth; nie ~ się daren't
ośmielić ~ się venture[2]
ośmieszać ~ *coś* make a **mockery** of sth; ~ *kogoś/coś* bring sb/sth into **disrepute**
ośmiokąt octagon
ośmiornica octopus
ośmiościan octahedron
ośnieżony snowy
ośrodek ~ badań opinii publicznej pollster; ~ kultury community centre
oświadczać announce, declare; ~ się propose
oświadczenie declaration,

statement, announcement, pronouncement, disclaimer; ~ o winie/niewinności plea; ~ pod przysięgą **sworn**[1] statement; ~ prasowe press release; publiczne ~ a **public**[1] statement
oświadczyny proposal
oświata education
oświatowy educational
oświecać enlighten
oświecony enlightened
oświetlać illuminate, light[3], spotlight
oświetlenie lighting, illumination
oświetlony ~ reflektorami floodlit; ~ światłem księżyca moonlit
otaczać encircle, enclose, ring[3], surround, border[2], **cluster**[2] around/round/together, etc, besiege
otarcie scrape[2], rawness
otarty raw
otchłań abyss
otępiały stupefied
otępienie wprawiać w ~ stupefy
oto here; ~ co nam przyszło z … **so**[1] much for…
otoczenie environment, surroundings; niebezpieczny dla otoczenia homicidal
otoczka air[1]; ~ mielinowa myelination
otoczony być otoczonym *czymś* be **encase**d in sth, **nestle** beneath/between/in, etc; być otoczonym *kimś/czymś* be **flank**[1]ed by sb/sth, be **surround**ed by sb/sth; być otoczonym tajemnicą be **shroud**[2]ed in mystery/secrecy
otruć poison[2]
otruty poisoned
otrząsnąć nie móc się ~ reel[1]
otrzeć scrape[1]
otrzeźwiający sobering
otrzeźwić ~ *kogoś* sober sb up
otrzymać obtain; ~ awans na *jakieś* stanowisko be **elevated** to sth; ~ odznaczenie be **decorated**; ~ sute wynagrodzenie be **richly** rewarded; ~ tytuł szlachecki be **knight**[2]ed
otrzymywać receive, collect[1]; ~ *coś* come in for sth; ~ lawinę *czegoś* be **besiege**d by/with sth
otumaniony groggy
otwarcie (*jawnie*) openly, readily, freely, overtly; (*początek*) opening[1]
otwartość openness
otwarty open-air, open[1], forthright, outspoken, forthcoming, overt, upfront[1], open-minded, receptive, amenable; (*oprogramowanie*) open-source; ~ na propozycje **open**[1] to suggestions; być otwartym open[2]; dzień ~ open day; grać w otwarte karty put/lay your **cards** on the table; mieć oczy (szeroko) otwarte keep your **eye**[1]s open/peeled (for sb/sth), be on the **lookout**, keep/have your **wits** about you; przyjąć *kogoś* z otwartymi ramionami snap sb up; szeroko ~ **wide**[2] apart/open, wide[1]; wyważać otwarte drzwi reinvent the **wheel**[1]; z szeroko otwartymi oczyma wide-eyed; zachowywać spokój/być otwartym *itp.* **remain** calm/open, etc; remain a secret/mystery/prisoner,etc; zostać otwartym open[2]
otwieracz ~ do butelek/puszek *itp.* bottle/can/tin, etc **opener**; ~ do puszek can opener, tin opener
otwierać open[2], unlock; (*drzwi*) answer[1]; ~ *coś* open sth up; ~ drogę be a **first**[3]; ~ konto *l.* rachunek **open**[2] an account; ~ się open[2]; ~ się/*coś* z trzaskiem **snap**[1] (sth) open; **→ otworzyć**
otwierający opening[2]; impreza *l.* osoba otwierająca opener
otworzyć open; ~ drzwi **get**[1] the door; ~ książkę na *jakiejś* stronie turn to sth; ~ oczy na *coś* wake up to sth; ~ się open up; nagle się ~ **burst**[1] open; **→ otwierać**
otwór opening[1], hole[1], cavity, slot[1]; ~ wentylacyjny vent[1]; stać otworem gape; stanąć otworem **burst**[1] open
otyłość obesity
otyły obese
OUN (*=ośrodkowy układ nerwowy*) CNS
outback the outback
owacja ovation, **round**[3] of applause; ~ na stojąco standing ovation
owad insect
owadobójczy środek ~ insecticide
owaki taki ~ so-and-so
owal oval
owalny oval; gabinet ~ the Oval Office
owca sheep, ewe
owdowiały widowed
owiany ~ tajemnicą hush-hush
owieczka lamb
owies oats
owijać wrap; ~ *coś* wokół *kogoś/czegoś* **wrap** sth around sb/sth; ~ *coś* wokół/dookoła *itp.* **wind**[3] sth around/round, etc sth; ~ *coś* wokół/dookoła *czegoś itp.* **loop**[2] sth around/over, etc sth; ~ w bawełnę beat about the **bush**
owinięty być owiniętym w *coś* be **drape**d in/with sth
owładnąć pervade
owłosienie hairiness; ~ łonowe pubic hair
owłosiony hairy
owo to i ~ **this**[2] and that
owoc fruit, berry; owoce fruit; owoce morza seafood, shellfish; owoc/e *czegoś* the **fruit**(s) of sth; przynosić owoce bear **fruit**
owocnia pericarp
owocny fruitful, productive
owocolistek carpel
owocowy fruity
owodnia amnion
owrzodzenie sore[2]
owsianka porridge
owulacja ovulation
ozdabiać decorate, embellish
ozdoba decoration, ornament, embellishment
ozdobiony emblazoned; być ozdobionym *czymś* be **trim**[1]med with sth
ozdobny decorative, ornamental, ornate; ~ papier wrapping paper
oziębły frigid
oznaczać denote, mean[1], signify, represent, mark[2]; ~ *coś* be **tantamount** to sth, stand for sth; ~ katastrofę/kłopoty *itp.* **spell**[1] disaster/trouble, etc; ~ monogramem personalize
oznaczony ~ czas **appointed** time
oznajmujący indicative[1]; tryb ~ indicative[2]
oznaka indication, sign[1], signal[1]; ~ *czegoś* a **mark**[1] of sth, a **suggestion** of/that sth; pewna ~ *czegoś* a **sure**[1] sign of/that sth
ozon ozone
ozonowy warstwa *l.* powłoka ozonowa the ozone layer
ozorek tongue
ozór tongue
ożenić ponownie się ~ remarry
ożywać **spring**[2] to life
ożywczo refreshingly
ożywczy refreshing
ożywić enliven, regenerate, revitalize, revive; ~ *coś* stir sth up; ~ *coś*/się bring sth to **life**/come to life; ~ *kogoś*/się perk (sb) up
ożywienie animation
ożywiony animated, animate, alive, lively

Ó

ósmy eighth[1]; (jedna) ósma eighth[2]; ósma część eighth[2]
ówczesny then[2]
ówdzie tu i ~ **here** and there

P

pa bye
pacha armpit; mieć (*czegoś*) po pachy be up to your **neck** (in sth); siedzieć w *czymś* po pachy be **knee-deep** in sth
pachnący fragrant
pachnieć ~ *czymś*/apetycznie/okropnie *itp.* **smell**[1] of/like; smell delicious/horrible, etc
pachołek (*słupek*) bollard, cone
pachwina groin
paciorek bead
pacjent/ka patient[2], inmate; ~ (szpitala) in-patient; ~ ambulatoryjn-y/a outpatient
pacnąć swat
pacyfist-a/ka pacifist
pacyfizm pacifism
paczka packet, package[1], parcel; (*grupa*) bunch[1], gang[1]
pad joypad, gamepad
padaczka epilepsy
padaczkowy epileptic
padać fall[1]; (*deszcz ze śniegiem*) sleet; ~ jak muchy be dropping like flies; mocno ~ rain/snow **heavily**; pada

(deszcz) it **rain**[2]s; pada grad it **hail**[2]s; pada śnieg it **snow**[2]s; → **paść**
padlina carcass; żywić się padliną scavenge
padlinożerca scavenger
padok paddock
pager beeper, bleeper, pager; wysłać wiadomość na ~ page[2]
pagoda pagoda
pagórkowaty hilly
pająk spider
pajęczak arachnid
pajęczyna cobweb, web
paka (*więzienie*) nick[2]; w pace inside[4]
pakiet package[1]
pakować package[2], wrap; ~ (się) pack[1]; ~ do kartonu /. kartonów box[2]; ~ się w *coś* let yourself in for sth; pakowany próżniowo vacuum packed; → **spakować**
pakowanie packing
pakt pact
pakunek bundle[1]
pal stilt
palacz/ka smoker; nałogow-y/a ~ chain smoker, a **heavy** smoker
palant jerk[2]
palący burning; ~ problem a **burning** issue/question; paląca potrzeba *czegoś* a **crying** need for sth
palec finger[1]; ~ (u nogi) toe[1]; ~ wskazujący forefinger, index finger; iść na palcach **tiptoe**[2] across/down/through, etc; koniuszek palca fingertip; na palcach on **tiptoe**[1]; nie ruszyć palcem not lift a **finger**[1]; nie tknąć *kogoś/czegoś* palcem not **touch**[1] sb/sth; odcisk palca fingerprint; palce (*skarpety, buta*) toe[1]; pstrykać palcami snap your **finger**[1]s; w małym palcu at your **fingertip**s
palenie smoking; bierne ~ passive smoking
palenisko grate[2]
palić blaze[1], burn[1], smoke[2], beat down; ~ nałogowo chain-smoke; ~ się burn[1]; ~ się do *czegoś* be **raring** to do sth; dużo ~ smoke **heavily**
palik stump[1]
paliwo fuel[1], petrol; ~ kopalne fossil fuel; uzupełniać zapas paliwa refuel; zużycie paliwa mileage
palma palm[1], palm tree
palmtop Palm, notepad (computer), palmtop, personal digital assistant
palnik burner; ~ Bunsena Bunsen burner
palny broń palna gun[1], firearm; łatwo ~ flammable; ogień z broni palnej gunfire
pałac palace
pałać ~ wściekłością/nienawiścią *itp.* **burn**[1] with anger/hatred, etc
pałeczka baton
pałeczki chopsticks
pałętać ~ się hang around, doss about/around, be kicking about/around
pałka truncheon; ~ (policyjna) baton, nightstick
pamiątka souvenir, memento; pamiątki memorabilia; sprzedaż pamiątek merchandising
pamiątkowy commemorative, sentimental
pamięć memory, remembrance, thought[1], storage; ~ podręczna cache memory; ~ wirtualna virtual memory; karta pamięci memory card, Memory Stick; ku *czyjejś* pamięci in **memory** of sb; nauczyć się na ~ memorize; odświeżyć *komuś* ~ **refresh** sb's memory, **jog** sb's memory; pobudzić *czyjąś* ~ **jog** sb's memory; słaba ~ forgetfulness; świętej pamięci late; uciekać z pamięci elude; uczcić ~ (zmarłe-go/j) pay your **respect**[1]s; uczyć się *czegoś*/znać *coś itp.* na ~ learn/know, etc sth by **heart**; wymazywać *coś* z pamięci block sth out, blot sth out
pamiętać remember, recollect; ~ *coś* have **know**[1]n sth; ~ o *kimś/czymś* bear/keep sb/sth in **mind**[1]; nie pamiętam I **forget**
pamiętnie memorably
pamiętnik diary, memoirs
pan Mr, gentleman, master[1]; ~ młody bridegroom, groom[2]; Pan (*Bóg*) the Lord; (Szanowny) Panie sir; Panowie Messrs
panaceum panacea
panda panda
Pandora puszka Pandory a **can**[2] of worms
panel panel, panelling; panele (elewacyjne /. zewnętrzne) siding; ~ dotykowy touchpad, trackpad
pani Ms, Mrs, lady; (Szanowna) ~ Madam; proszę ~ madam, ma'am
panicz Master
panieński nazwisko panieńskie maiden name
panierka batter[1]
panika panic[1], scare[2], stampede
panikować panic[2], be/get in a **flap**[1], flap[2], fuss[2]
panna maiden[1]; ~ młoda bride; Panna Miss; (*horoskop*) Virgo; stara ~ spinster
panorama panorama, skyline, vista; Panorama Firm the Yellow Pages
panoramiczny panoramic
panoszyć ~ się throw your **weight** around
panować reign[2]; ~ nad control[2]
panowanie reign[1], grip[1]; ~ nad *czymś* **mastery** of/over sth; stracić ~ nad sobą snap[1], go/fall to **piece**[1]s, lose your **cool**[3], lose it; stracić ~ nad sobą (z powodu *kogoś*) lose your **temper**[1] (with sb)
pantera panther, leopard
pantofel być pod *czyimś* pantoflem be under sb's **thumb**[1]
pantomima mime
państwo country[1], nation, state[1]; ~ opiekuńcze welfare state; ~ policyjne police state
państwowy national[1]; fundusze/świadczenia/wydatki *itp.* państwowe **public**[1] funds/services/spending, etc; hymn ~ national anthem; szkoła państwowa public school, state school; święto państwowe federal holiday, bank holiday; urzędnik administracji państwowej civil servant; wizyta/uroczystość *itp.* państwowa **state**[1] visit/occasion, etc; wyjęcie spod kontroli państwowej deregulation; wyjmować spod kontroli państwowej deregulate
pańszczyzna serfdom
paparazzi paparazzi
papeteria stationery
papier paper[1]; ~ gazetowy newsprint; ~ listowy notepaper; ~ milimetrowy graph paper; ~ ścierny sandpaper; ~ toaletowy toilet paper; kartka papieru a **sheet** of paper; ozdobny ~ wrapping paper; przycisk do papieru paper weight; rolka papieru toaletowego toilet roll
papierek wrapper; ~ lakmusowy litmus paper
papierkowy papierkowa robota paperwork
papierniczy artykuły papiernicze stationery; sklep ~ stationer's
papieros cigarette, smoke[1]
papieski papal
papiestwo the papacy
papież Pope
papka mush
paplać babble, chatter, natter
paplanie babble
paplanina chatter
paproć fern
papryka pepper[1]
papuga parrot
papużka ~ falista budgerigar, budgie
par peer[1]; ~ dożywotni life peer
para (*dwójka*) pair[1], couple[1], duo; (*partner*) match[1]; (*mgiełka*) steam[1], vapour; (skroplona) ~ condensation; do pary twin[2]; garnek do gotowania na parze steamer; gotować na parze steam[2]; iść pełną parą be in full **swing**[2]; iść w parze go **hand**[1] in hand; łączyć /. kojarzyć się w pary mate[2]; łączyć się w parę /. pary pair off; nie do pary odd; parami two **abreast**; pełen pary steamy; → **parę**
parabola parabola
paracetamol paracetamol
parać ~ się dabble
parada parade[1]
paradoks paradox
paradoksalnie paradoxically
paradoksalny paradoxical, ironic
paradować **parade**[2] around/up and down, etc, prance, swagger, **sweep**[1] along/into/past, etc; ~ w /. z sport[2]
parafia parish
parafia-nin/nka parishioner
parafować initial[3]
parafraza paraphrase
paragon receipt
paralelizm parallelism

paraliż paralysis
paraliżować paralyse, paralyze, hamstring[2]
paraliżujący crippling, debilitating; ~ strach **abject** terror
parametr parameter
paramilitarny paramilitary
paranoiczny paranoid
paranoja paranoia
paraolimpijczyk Paralympian
paraolimpijski Paralympic; Igrzyska Paraolimpijskie the Paralympic Games
parapet ledge, windowsill
parapetówa house warming
parapsychologiczny psychic
parasol umbrella
parasolka umbrella
parawan screen[1]
pardwa grouse[1]
parę a **few, one**[3] or two, couple[1], some[1], odd; ~ dni/tygodni *itp.* temu the **other**[1] day/week, etc
park park[1]; (*pojazdów*) fleet; ~ narodowy national park; ~ rozrywki theme park; ~ przemysłowy industrial estate, industrial park
parkan picket fence
parkiet floor
parking car park, parking lot
parkingowy pracownik (miejskiej) służby parkingowej traffic warden
parkomat parking meter
parkowacz ~ (samochodu) valet
parkować park[2]
parkowanie parking; mandat za nieprawidłowe ~ parking ticket
parlament parliament; do parlamentu (*wybory*) parliamentary; Parlament Houses of Parliament
parlamentarny parliamentary
parny sweltering, muggy, sticky, sultry
parodia imitation, impression, take-off, parody, spoof, travesty, impersonation
parodiować impersonate, parody; ~ *kogoś/coś* send sb/sth up
parodyst-a/ka impersonator, mimic[2]
parować evaporate, steam[2]
parowanie evaporation
parowiec steamer
parownica evaporating dish
parów gully
parówka (cienka) ~ frankfurter, wiener
parskać snort
parsknięcie snort
partactwo bungling
partacz/ka cowboy
partaczyć bungle
parter ground floor, first floor; (*teatru*) orchestra, the stalls; miejsca na parterze the stalls
parterowy dom ~ bungalow
partia (*polityczna*) party[1]; (*gry*) game[1]; (*towaru*) lot; Partia Demokratyczna the Democratic Party; Partia Konserwatywna the Conservative Party; Partia Liberalnych Demokratów the Liberal Democrats; Partia Pracy the Labour Party, Labour; Partia Republikańska the Republican Party; ~ wokalna vocals; ~ zielonych the Green Party
partner/ka partner[1], mate[1], equal[3]; (*w filmie*) co-star[1]; mający wielu partnerów promiscuous
partnerować partner[2], co-star[2]
partnerstwo partnership
party rave ~ rave[2]
partyjny partisan[1]
partytura score[1]
partyzant/ka guerrilla, partisan[2]
parzyć ~ (się) (*zaparzać*) brew[1]; ~ się (*łączyć się*) mate[2]
parzysty even[1]
pas belt[1], strip[2], waistband; (*talia*) waist, waistline, your **middle**[1]; ~ (bezpieczeństwa) seat belt, safety belt; ~ (ruchu) lane; ~ startowy runway; ~ zieleni green belt; pasy zebra crossing; (tuż) za pasem around/round the **corner**[1]; zaciskać pasa tighten your **belt**[1]
pasaż arcade
pasażer/ka passenger; (*samolotu*) flier, flyer; ~ na gapę stowaway; przyjmować pasażerów na pokład board[2]
pasażerski samolot ~ airliner; statek ~ cruise ship
Pascha Passover
pasek belt[1], strap, strip[2], band[1], stripe, stick[2], waistband, wristband; ~ klinowy vee belt; ~ menu menu bar; ~ narzędzi toolbar; ~ przewijania scrollbar; ~ tytułu title bar; ~ zadań taskbar; w paski striped, stripy
pasemko streak[1]
pasiasty stripy
pasierb/ica stepchild
pasierb stepson
pasierbica stepdaughter
pasikonik grasshopper
pasja passion, a **labour**[1] of love
pasjans patience, solitaire
pasjonat/ka fiend
pasjonujący exciting
paskarski extortionate
paskowy kod ~ bar code
paskudny horrific, nasty, rotten, horrid, foul[1], skanky
pasmo ~ zwycięstw/porażek a winning/losing **streak**[1]
pasować fit in, suit[2], belong, go[1], slot[2], mesh[2]; ~ (do) fit[1]; ~ do *czegoś* fit in with sth; ~ do (siebie) match[2]; *coś komuś* pasuje be cool with sth; idealnie *komuś* ~ be right up sb's **alley**, be right up sb's **street**
pasożyt parasite, vermin
passa dobra/zła ~ a winning/losing **streak**[1]
pasta paste[1], pâté, spread[2]; ~ (do polerowania) polish[1]; ~ do zębów toothpaste
pastel pastel
pastelowy pastel
pasternak parsnip
pasterz shepherd[1]
pastisz take-off
pastor pastor, vicar
pastwisko pasture
pastylka ~ (do ssania) lozenge
pasujący ~ do siebie compatible
pasza feed[2], fodder
paszport passport
paszportowy kontrola paszportowa immigration
pasztet pâté; (*kłopot*) a **bummer**
paść ~ ofiarą *l.* łupem *czegoś/kogoś* fall **prey**[1] to sth; ~ się graze[1]; ~ trupem drop **dead**[1]; → **padać**
patat sweet potato
patelnia frying pan, pan[1], skillet
patent patent[1]
patera platter
patio patio
patogen pathogen
patol grand[2]
patolog pathologist
patologia pathology
patologiczny pathological, dysfunctional
patos pathos
patowy deadlocked; sytuacja patowa deadlock, stalemate, stand-off
patriot-a/ka patriot
patriotyczny patriotic
patriotyzm patriotism
patrol patrol[1]
patrolować patrol[2]
patron/ka patron, patron saint
patron promoter
patronacki grupa/organizacja *itp.* patronacka **umbrella** group/organization, etc
patroszyć gut[3]
patrzeć look[1], stare; ~ na *kogoś* z góry look down on sb; ~ spode łba *l.* wilkiem glower; ~ wilkiem scowl; ~ z wściekłością glare[2]; krzywo ~ na *coś* frown on/upon sth; spojrzeć *l.* ~ *komuś* w oczy look sb in the **eye**[1]/eyes
patyczek stick[2]
patyk stick[2]
patykowaty lanky, gangly
pauza dash[2]
paw peacock; (*wymioty*) barf; rzucać pawia barf
pawilon pavilion
paznokieć fingernail, nail[1]; ~ (u nogi) toenail; lakier do paznokci nail polish; szczoteczka do paznokci nail brush
pazur talon, claw[1]
paźdz. Oct
październik October
pączek (*kwiatu*) bud; (*ciastko*) doughnut, donut
pąk ~ szczytowy plumule
pchać push[1], shove; ~ *coś* **wheel**[2] sth around/into/to, etc; ~ się push[1]; ~ się na crowd[2]
pchli ~ targ flea market
pchła flea
pchnąć ~ nożem knife[2]; → **pchać**
pchnięcie push[2], thrust[2], shove; ~ (nożem) stab[2]

PCW PVC
pecet PC[1]
pech jinx; Co za pech! Bad/Hard **luck**!; To pech! Bad/Hard **luck**!
pechowo unluckily
pechowy bad, unfortunate, unlucky, ill-fated
pedagog pedagogue
pedał pedal; ~ gazu accelerator, the **gas**[1], gas pedal; ~ hamulca brake pedal
pedant/ka pedant
pedantyczny pedantic
pediatra paediatrician, pediatrician
pedicure pedicure
pedikurzyst-a/ka chiropodist, podiatrist
pedofil paedophile, pedophile
pekan (orzesznik) ~ pecan
pekanowy orzech ~ pecan
peleryna cape, cloak
pełen → **pełny**
pełnia ~ (Księżyca) full moon; ~ lata midsummer; księżyc w pełni full **moon**; w pełni entirely, fully, unreservedly, wholeheartedly; w (całej) pełni to the **full**[2]; w pełni zasługiwać **richly** deserve
pełniący ~ obowiązki prezesa/dyrektora *itp.* **acting**[1] chairman/director, etc
pełnić ~ rolę *kogoś* act as sth
pełno a **lot**; lots
pełnoetatowy full-time
pełnometrażowy ~ film a **full-length** film
pełnomocnik przez pełnomocnika by **proxy**
pełnoprawny full-fledged, fully-fledged
pełnowartościowy pełnowartościow-a/y dieta/posiłek a **balanced** diet/meal, a **well-balanced** diet/meal
pełny full[1]; (*kompletny*) unabridged; (*tłusty*) plump[1]; być pełnym *czegoś* be loaded with sth, be **brim**[1]ming with sth; iść pełną parą be in full **swing**[2]; mieć pełne ręce roboty have your **hand**[1]s full; na pełnych obrotach **flat**[3] out; na ~ etat full-time, on a full-time **basis**; pełna godzina the **hour**; pełna sala full house; pełna szybkość **full**[1] speed; pełna twarz/figura a **full**[1] face/figure; pełne wyżywienie full board; w pełnym składzie at full **strength**; w pełnym wymiarze full-time
pełzać crawl[1], slither, **climb** into/out of/through, etc
pełzak amoeba
penetracja penetration
penetrować penetrate
penicylina penicillin
penis penis
pens penny
pensja salary, pay cheque, pay check; pobierający pensję salaried; potrącać *komuś* z pensji **dock**[2] sb's pay/wages
pensjonat bed and breakfast, B&B, boarding house, guesthouse
pensy pence
Pentagon the Pentagon
pepsyna pepsin
peptyd peptide
per zwracać się do *kogoś* ~ *ktoś* **address**[2] sb as sth
percepcja perception
perełka nugget
perfekcja perfection
perfekcjonist-a/ka perfectionist
perfekcyjny perfect[1], consummate[2]
perforacja z perforacją perforated
perforowany perforated
perfumowany perfumed, scented
perfumy perfume, fragrance, scent
periodyk periodical
perkaty stubby, bulbous
perkusist-a/ka drummer
perkusja percussion
perła pearl; sznur pereł a **string**[1] of pearls
peron platform
perorować expound
personel personnel, staff[1], workforce; podstawowy ~ a **skeleton** crew/staff
perspektywa perspective, vantage point, viewpoint, outlook, prospect, vista; *czyjeś* perspektywy sb's **prospect**s; bez perspektyw dead-end; w dłuższej/krótszej perspektywie in the long/short, etc **term**[1]; (patrząc) z perspektywy czasu in **retrospect**
perspektywiczny planowanie/myślenie *itp.* perspektywiczne **forward**[2] planning/thinking, etc
perswazja persuasion
peruczka toupee
peruka wig
perwersyjnie perversely
perwersyjny kinky, perverse, perverted
peryferie the outskirts
perystaltyka peristalsis
pestka stone[1], pit[1], kernel, pip[1]
pestycyd pesticide
pesymist-a/ka pessimist
pesymistyczny pessimistic, jaundiced; dawać ~ obraz *czegoś* paint a bleak etc **picture**[1] of sth
pesymizm pessimism
pet butt[1]
petycja petition[2]
pewien (*jakiś*) certain, a **certain**, one[3]; ~ stopień *czegoś* a/some **measure**[2] of sth; do pewnego stopnia to some **extent**/to a certain extent, up to a **point**[1]; pewnego (pięknego) dnia someday, one **day**/some day/one of these days; pewnego razu **once**[1] upon a time; w pewnym sensie in a **sense**[1]/in some senses, in a **way**[1]/in many ways; → **pewny**
pewniak a safe **bet**[2]
pewnie securely, confidently, reliably, solidly, steadily; (*jasne*) **sure** [1], I **expect**; nie czuć się zbyt ~ be out of your **depth**
pewnik a **sure**[1] thing
pewno na ~ doubtless, no **doubt**[1], I **bet**[1], for **sure**[1], without **fail**[2]; na ~ *coś zrobić* be **sure**[1] to do sth; Na ~ nie! Not **likely**[2]!, certainly **not**; to na ~ it/that **will**[1] be
pewność certainty, security, reliability, steadiness; ~ siebie assurance, confidence, poise, self-confidence; (zbytnia) ~ siebie swagger; brak pewności siebie insecurity; mieć pewność, że be **satisfied** that; pozbawiony pewności siebie **unsure** of yourself; zastrzyk pewności siebie a confidence/morale, etc **booster**
pewny certain, sure[1], steady[1], tight[1], clear[1], positive, firm[1], stable[1], blue-chip, secure[1], comfortable; ~ (siebie) confident; ~ siebie opinionated, assured, poised, self-assured, self-confident, sassy; (zbyt) ~ siebie forward[2]; zbyt ~ siebie presumptuous; być pewnym know/say for **certain**; być pewnym *czegoś* be **sure**[1] of sth; być pewnym siebie be **sure**[1] of yourself; móc być pewnym *czegoś* be **assured** of sth; na pewno certainly; pewna oznaka *czegoś* a **sure**[1] sign of/that sth; pewna rzecz a **sure**[1] thing
pęcherz blister[1], bladder; ~ pławny swim bladder, air bladder; pokrywać się pęcherzami blister[2]; powodować pęcherze blister[2]
pęcherzyk vesicle, sac; ~ płucny air sac, alveolus; ~ żółciowy gall bladder
pęcherzykowy bubble-jet
pęd speed[1], momentum, shoot[2]
pędzący runaway[1]
pędzel paintbrush
pędzić dash[1], fly[1], **belt**[2] along/down/through, etc, **fly**[1] along/down/past, etc, hurtle, **pound**[2] along/down/up, etc, **race**[2] along/down/over, etc, **scuttle** across/along/away, etc, do[2], rush[1], **bolt**[2] down/out/through, etc, **bomb**[2] along/down/through, etc, **shoot**[1] across/out/up, etc, **speed**[2] along/down/past, etc, **scurry** along/around/away, etc; ~ z hukiem **thunder**[2] along/down/through, etc
pęk bunch[1]
pękać crack[1], snap[1], split[1], pop[1], burst[1], rupture; ~ z zazdrości be **green**[1] with envy; ~ ze śmiechu crack (sb) up
pęknięcie crack[2], split[2], fracture, rupture; powodować ~ fracture; włoskowate ~ a **hairline** fracture
pępek navel, belly button
pępowina umbilical cord
pęseta tweezers
pętak creep[2], scum
pętla loop[1], noose
phi huh
piać crow[2]
piana foam, froth, lather, scum
pianino piano
pianist-a/ka pianist
pianka foam, foamboard; (*słodycz*)

marshmallow; (*kombinezon*) wet suit; ~ do włosów mousse

piankowy kombinezon ~ wet suit

piarg scree

piasek sand[1], grit[1]; (*w golfie*) bunker; piaski sands; posypywać piaskiem grit[2]; zamek z piasku sandcastle

piaskować grit[2]

piaskowiec sandstone

piasta hub

piaszczysty sandy

piątak fiver

piątek Friday; Wielki Piątek Good Friday

piątka fiver

piąty fifth[1]; co ~ one in **every** five; (jedna) piąta fifth[2]; piąta część fifth[2]

picie ~ (alkoholu) drinking

pić drink[1]; ~ za *czyjeś* zdrowie/*coś* drink to sb/sth; dużo ~ drink **heavily**

piec (*palić*) burn[1], smart[2], sting[1]; (*gotować*) bake, broil; (*kocioł*) furnace, stove; ~ (do wypalania) kiln; ~ (się) roast[1]; ~ do spalania odpadów incinerator

piechota infantry; żołnierz piechoty morskiej marine[2]

piechotą on **foot**[1]

piechur/ka walker, hiker, rambler

piecyk ~ elektryczny/gazowy an electric/gas **fire**[1]

pieczara cavern

pieczątka stamp[1]

pieczenie sting[2]

pieczeń roast[2]

pieczęć seal[1], stamp[1]

pieczętować stamp[2]

pieczołowicie religiously

pieczony roast; ~ ziemniak jacket potato, baked potato

piedestał pedestal; wynosić *kogoś* na ~ put sb on a **pedestal**

pieg freckle

piegowaty freckled

piekarnia bakery

piekarnik oven

piekarz baker

piekący burning, searing, blistering

piekielnie ~ trudny fiendish

pieklić ~ się rave[1]

piekło hell, quagmire, purgatory; z piekła rodem from **hell**

pielęgniarka nurse[1]; ~ szkolna matron

pielęgniarstwo nursing

pielęgnować nurture, nurse[2], cherish, treasure[2]

pielgrzym pilgrim

pielgrzymka pilgrimage

pielucha nappy, diaper

pieluszka nappy, diaper

pieniądz ~ elektroniczny e-cash; podaż ~a money supply

pieniądze money; oddawać ~ pay up; zbiórka pieniędzy fundraising

pienić ~ się froth

pieniężny monetary; przekaz ~ money order; środki pieniężne monies

pienisty frothy

pień stem[1], trunk, stump[1]

pieprz pepper[1]

pieprzowy mięta pieprzowa peppermint

pieprzyk mole, beauty spot

pierdnięcie fart

pierdzieć fart

pieriestrojka perestroika

piersiowy thoracic; klatka piersiowa chest, rib cage, thorax

piersiówka flask

pierś chest, bosom, breast; karmić piersią breast-feed; karmienie piersią breast-feeding; odstawiać od piersi wean

pierścienica annelid

pierścień ring[1]; ~ benzenowy benzene ring; ~ zieleni green belt

pierścionek ring[1]

pierwiastek (*w matematyce*) root; ~ (chemiczny) chemical element, element; ~ kwadratowy z 16/64/144 *itp.* the square root of 16/64/144, etc; ~ sześcienny cube root; ~ śladowy trace element; układ okresowy pierwiastków the Periodic Table

pierwiosnek primrose

pierwotniak protozoan

pierwotny original[1], underlying, primal, primeval, primitive, native[1]; sektor ~ the primary sector

pierwsze → **pierwszy**

pierwszeństwo precedence; dawać ~ *czemuś* give **priority** to sth; mieć ~ (nad *czymś*) have/take **priority** (over sth); udzielać / ustępować pierwszeństwa (przejazdu) yield[1]; ustępować (*komuś/czemuś*) pierwszeństwa przejazdu give **way**[1] (to sb/sth)

pierwszoklasist-a/ka freshman

pierwszorzędnie first class, superbly

pierwszorzędny first-class, first-rate, prime[1], superb, paramount

pierwszy first[1]; (*z wymienionych*) the former; ~ plan the foreground; być dla *kogoś* na pierwszym miejscu be **uppermost** in sb's mind; być na pierwszym miejscu come **first**[2]; być pierwszym **come** first; informacja/ wiedza *itp.* z pierwszej ręki **inside**[2] information/knowledge, etc; jako ~ first[2]; kto ~ ten lepszy First come, **first**[2] served.; na ~ plan to the **fore**; na ~ rzut oka at first **sight**[1], on the **face**[1] of it, at a **glance**[2]; pierwsza linia the front line; pierwsza osoba the first person; pierwsza pomoc first aid; pierwsza rata down payment; pierwszą klasą first class; pierwsze piętro first floor; pierwszej klasy first-class; po pierwsze firstly, for a **start**[2], **first**[2]; first of all, to **start**[1] with, in the first **place**[1], to **begin** with; po raz ~ first[2]; stawiać *kogoś/coś* na pierwszym miejscu put sb/sth **first**[2]; student/ka pierwszego roku fresher, freshman; uplasować się na pierwszej pozycji **come** first; z pierwszej ręki firsthand; zająć pierwsze miejsce **come** in first, **finish**[1] first; zrobić ~ ruch set/start the **ball** rolling

pierwszyzna *coś* to nie ~ be no **stranger** to sth

pierzasty feathery, pinnate

pies dog[1]; ~ gończy hound[1]; ~ przewodnik guide dog, seeing eye dog; schodzić na psy go to **pot**[1]; schronisko dla psów kennel; wyprowadzać psa **walk**[1] the dog

piesek płynąć pieskiem paddle[2]

pieszczota caress

pieszy pedestrian[1]; przejście dla pieszych pedestrian crossing; strefa ruchu pieszego a pedestrian **precinct**; trasa piesza walk[2]; turystyka piesza hiking, backpacking; wycieczka piesza hike[1]

pieścić caress, fondle, pet[2]

pieśń chant[2]

pietruszka parsley

pięciocentówka nickel

pięciodrzwiowy samochód ~ hatchback

pięciogwiazdkowy five-star

pięciokąt pentagon

Pięcioksiąg the Torah

pięć five

pięćdziesiąt fifty

pięćdziesiątka być po pięćdziesiątce be in your fifties

pięćdziesiąty fiftieth; lata pięćdziesiąte the fifties

pięknie beautifully

piękno beauty

piękność beauty; salon piękności beauty salon

piękny beautiful; coś pięknego beauty; odpłacić (*komuś*) pięknym za nadobne get your **own**[1] back (on sb); uderzająco ~ striking; w pięknym stylu with flying **colour**[1]s

pięść fist

pięta heel; odwrócić się na pięcie i wyjść **march**[2] off/up/down, etc

piętnasty fifteenth

piętnaście fifteen

piętno stigma, scar

piętnować castigate

piętro floor, storey, deck[1], a **flight** of stairs/steps; ~ niżej downstairs; na piętrze upstairs; pierwsze ~ first floor

piętrowy autobus ~ double-decker; łóżko piętrowe bunk beds

piętrus double-decker

pigment pigment

pigmentacja pigmentation

pigułka pill; ~ antykoncepcyjna the **pill**

pijacki drunken

pijacko drunkenly

pijak drinker; nałogowy ~ a **heavy** drinker

pijany drunk[1], drunken; po pijanemu drunkenly

pijaństwo drunkenness

pijawka leech

pijący drinker
pik **spade**s
pikać beep
pikantny savoury, hot[1], spicy, steamy, piquant, juicy, blue[1]
pikap pickup
piki **spade**s
pikieta picket
pikietować picket
pikle pickle
piknik picnic; jechać na ~ picnic; urządzać ~ picnic
pikować dive[1]
piksel pixel
piktogram pictogram
pilnie diligently, studiously, urgently
pilnik file[1]
pilność diligence
pilnować mind[2], police[2]; ~ *kogoś/ czegoś* check (up) on sb/sth; pilnuj swojego nosa mind your own **business**
pilny (*naglący*) immediate, pressing, urgent; (*pracowity*) diligent, studious; pilna potrzeba *czegoś* a **crying** need for sth; pilna konieczność urgency
pilot/ka ~ (wycieczek) courier
pilot pilot, navigator; (*do telewizora*) remote control; ~ (wojskowy) airman
pilotować pilot, navigate; ~ (samolot) fly[1]
pilotowanie navigation
piła saw[1]
piłka ball; ~ (nożna / do nogi / futbolowa) football; ~ do baseballa baseball; ~ do koszykówki basketball; ~ golfowa golf ball; ~ nożna football, soccer
piłkarski footballing; totalizator ~ the pools
piłka-rz/rka footballer
piłować saw, file[2]
PIN (numer) ~ PIN
pinceta tweezers
pinezka drawing pin, pin[1], thumbtack, tack[1]
pingwin penguin
pint pint
pionek pawn[1], counter[1]
pionier/ka pioneer; być pionierem pioneer
pionierski pioneering, front-line
pionowo upright[1], vertically
pionowy upright[2], vertical
piorun lightning
piorunem like a **shot**[1]
piorunujący piorunujące spojrzenie glare[1]
piosenka song; ~ dla dzieci nursery rhyme; ~ przewodnia **theme** song; autor/ka piosenek songwriter
piosenka-rz/rka singer
piosnka ditty
pióro feather, plume; ~ świetlne light pen, stylus; wieczne ~ fountain pen
pióropusz ~ pyłu/dymu *itp.* a **plume** of dust/smoke, etc
pipeta pipette
piracki pirate[3]
piractwo piracy
piramida pyramid
pirat pirate[1]
piratować pirate[2]
pirat-złodziej joyrider
piryt pyrites
pisać write, contribute, say[1], write in, write off; ~ (bez błędów) spell[1]; ~ drukowanymi literami print[1]; ~ dużą literą capitalize; ~ na komputerze / maszynie type[2]
pisak felt-tip pen, marker
pisanie writing; ~ na komputerze word processing; ~ na komputerze / maszynie typing; maszyna do pisania typewriter; umiejętność czytania i pisania literacy
pisanka Easter egg
pisany być na wodzie pisanym be up in the **air**[1]; *coś* jest *komuś* pisane be **destined** for sth; be destined to do sth; ręcznie ~ handwritten
pisarstwo writing
pisa-rz/rka author, writer
pisemny written[1]
pisk screech, shriek, squeak, squeal, bleep, ping; zatrzymać się z piskiem opon **screech** to a halt/stop
pisklak chick
piskliwy squeaky, shrill
pismak hack[2]
pismo writing, handwriting, script; (*list*) missive; (*czasopismo*) magazine; ~ święte scripture; charakter pisma handwriting, writing; na piśmie in **writing**, written[1]
pisownia spelling; sprawdzanie pisowni spell-check; sprawdzać pisownię spell-check
pistolet gun[1], handgun, pistol; grozić *komuś* pistoletem **pull**[1] a gun on sb
pisywać contribute
piszczeć screech, shriek, squeak, squeal, beep, ping, bleep
piszczel tibia
piśmienny literate; artykuły piśmienne stationery
pitny woda pitna drinking water
piwnica cellar, basement
piwny (*kolor*) hazel
piwo beer; (duże) ~ pint; ~ (gorzkie) bitter[2]; ~ (typu ale) ale; ~ beczkowe **draught**[2] beer/lager, etc; ~ jasne lager
piwowar brewer
pizza pizza
piżama pyjamas, pajamas
PKB (= *produkt krajowy brutto*) GDP
pkt pt
plac square[1], plaza; ~ zabaw playground
placebo placebo
placek (*ciasto*) pie, flan; (*obszar*) patch[1]
placówka establishment, outpost; wyjazd na placówkę posting
plaga plague[1]; ~ *czegoś* a **plague**[1] of sth, the **scourge** of sth
plagiat plagiarism; popełniać ~ plagiarize
plagiator/ka plagiarist
plajta non-starter
plakat poster; ~ z idol-em/ką pin-up
plakietka badge
plama stain[1], blot[2], mark[1], blotch, splash[2], smear[2]; ~ na *czymś* a **blot**[2] on sth; dać plamę come a **cropper**
plamić stain[2], tarnish
plamisty blotchy
plamka fleck, spot[1]; plamki markings
plan plan[1], schedule[1], scheme[1], arrangement, blueprint, set[2], game[1]; (*dokładny*) road map; ~ biznesowy business plan; ~ (zajęć) timetable; na pierwszy ~ to the **fore**; na planie on **location**; na planie otwartym open-plan; pierwszy ~ the foreground; plany planning; pokrzyżować plany frustrate; spychać na dalszy ~ eclipse[2]; uknuć ~ **hatch**[1] a plan; w planach afoot; w planie on[2]; zgodnie z planem duly
plandeka tarpaulin
planeta planet
planetarium planetarium
planetarny planetary
planetoida asteroid
planimetr planimeter
planimetryczny planimetric
planista planner
plankton plankton
planować plan[2], budget[2]; ~ *coś* (*zrobić*) **plan**[2] to do sth, plan on doing sth; ~ *coś* **aim**[2] for/at sth; aim to do sth, **talk**[1] about sth/ doing sth, line sth up; ~ na styk cut it/things **fine**[2]; ~ na zmianę / na przemian stagger
planowanie planning; ~ perspektywiczne **forward**[2] planning; ~ przestrzenne planning; ~ rodziny family planning
planowany due[1]; być planowanym be **slate**[2]d
planowy due[1]
plansza board[1]
planszowy gra planszowa board game
plantacja plantation
plaster plaster[1], Band-Aid
plasterek slice[1]; ~ (bekonu) rasher
plastik plastic
plastikowy plastic
plastyczność plasticity, ductility
plastyczny malleable, ductile; operacja / chirurgia plastyczna plastic surgery; operacja plastyczna (twarzy) facelift
platan sycamore
platforma float[2]; ~ (wiertnicza) rig[2]; ~ (wyborcza) platform
platoniczny platonic
platyna platinum
play fair ~ sportsmanship
playboy playboy
playoff playoff
plazma plasma
plazmoliza plasmolysis
plazmowy ekran ~ plasma screen

plaża beach
plądrować plunder, loot[1]
plątać ~ (się) tangle[2]; ~ się flounder
plątanina jumble[1], tangle[1]
plebania vicarage
plebiscyt plebiscite
plecak backpack, rucksack, pack[2]
plecionka matting
plecy back[2]; odwrócić się plecami do *kogoś* turn your **back**[2] on sb; poklepać *kogoś* po plecach **clap**[1] sb on the back; plecami do siebie back-to-back; za *czyimiś* plecami behind sb's **back**[2]
pled rug
plejstocen Pleistocene
plemienny tribal
plemię tribe
plemnik sperm, spermatozoon
plener w plenerze on **location**
plenerowy (historyczne) widowiska plenerowe pageantry; (historyczne) widowisko plenerowe pageant
pleśń mould[1]
plewić weed[2]
plik file[1], wad, sheaf; ~ do pobrania download; ~ wsadowy batch file; zapisywać *l.* zachowywać pliki **save**[1] files
pliocen Pliocene
plisowany pleated
plomba (*w zębie*) filling[1]; (*zamknięcie*) seal[1]
plon crop[1], harvest[1]
ploter plotter
plotka rumour[1]; bezpodstawna ~ a **wild**[1] rumour; plotki gossip[1]
plotka-rz/rka gossip[1]
plotkować gossip[2]
pluć spit[1]; ~ *czymś* cough sth up; ~ sobie w brodę **kick**[1] yourself
plugawy squalid, sleazy, sordid
plumula plumule
pluralistyczny pluralist
pluralizm pluralism
plus plus, and; ~ minus or **so**[1]; na plusie in the **clear**[4]
plusk plop[1], splash[2]
pluskać ~ (się) **splash**[1] about/around/through, etc
pluskwa bug[1]
pluszowy fluffy; ~ miś teddy bear
pluton (*wojska*) platoon; (*pierwiastek*) plutonium; ~ egzekucyjny death/firing **squad**
Pluton Pluto
płaca pay[2], wage[1]
płachta działać jak ~ na byka be like a red **rag** to a bull
płacić pay[1], pick up the **tab**; ~ (rachunek) **foot**[2] the bill; ~ za pay[1]
płacz ~ i zgrzytanie zębów **doom** and gloom; wybuchnąć płaczem **burst**[1] into tears, **burst**[1] out crying, **dissolve** into tears
płaczliwie tearfully
płaczliwy tearful
płakać cry[1], weep
płaski flat[2]; ~ ekran flat screen
płasko flat[3]
płaskodenny łódź płaskodenna punt[1]
płaskowyż plateau
płastuga plaice
płaszcz coat[1], overcoat; (*ziemi*) mantle; ~ przeciwdeszczowy mac, mackintosh, raincoat
płaszczyć ~ się grovel
płaszczyk guise; ~ *czegoś* a **cloak** of sth
płaszczyzna plane[1]; wspólna ~ common ground
płat (*mięsa*) cut[2]
płatek flake[1]; (*kwiatu*) petal; ~ śniegu snowflake; ~ ucha earlobe
płatki ~ (zbożowe) cereal; płatki kukurydziane cornflakes
płatniczy bilans ~ balance of payments
płatny ~ na rzecz *kogoś* payable; dobrze ~ well-paid; kanał ~ pay channel
pławić ~ się exult
płaz amphibian; puścić płazem overlook
płciowo sexually
płciowy sexual; stosunek ~ sexual intercourse
płeć sex, gender; ~ żeńska/męska/przeciwna *itp.* the female/male/opposite, etc **sex**; dla obu płci unisex; dyskryminacja ze względu na ~ sexism; dyskryminujący ze względu na ~ sexist; płci sexual; płci męskiej male[1]
płetwa fin, flipper; ~ piersiowa pectoral fin
płetwonurek frogman
płk. Col
płodność fertility
płodny fertile, prolific
płodowy foetal, fetal
płomienny fiery, impassioned
płomień flame; stanąć w płomieniach **burst**[1] into flames, catch **fire**[1]; w płomieniach ablaze, alight[1], on **fire**[1]
płonący flaming, alight[1]
płonąć blaze[1], burn[1]
płoszyć ~ *kogoś/coś* scare sb/sth away/off
płot fence[1]
płotka small fry
płotka-rz/rka hurdler
płotki biegać przez ~ hurdle[2]
płowieć fade
płowienie powodować ~ fade
płowy kolor ~ fawn[1]
płód foetus, fetus
płótno canvas, linen
płucny pulmonary
płuco lung; zapalenie płuc pneumonia
pług plough[1]; ~ (śnieżny *l.* drogowy) snowplough
płukać rinse[1]; ~ gardło gargle
płukanie rinse[2]; płyn do płukania ust mouthwash
płukanka ~ (koloryzująca do włosów) rinse[2]
płycina panel
płycizna the shallows
płyn liquid, fluid[1]; ~ do mycia twarzy cleanser; ~ do płukania ust mouthwash; ~ do naczyń dish soap, washing-up liquid; ~ do prania detergent; ~ owodniowy amniotic fluid; ~ po goleniu aftershave; płyny fluid[1]; w płynie liquid
płynąć (*wpław*) swim[1], paddle[2]; (*statkiem*) sail[1], cruise[2]; (*ciecz*) **roll**[1] down/in/off, etc; (*bieć*) run[1], flow[1]; ~ pieskiem paddle[2]; ~ z prądem go with the **flow**[2]
płynnie smoothly, fluently
płynność flux, fluency; (*finansowa*) liquidity
płynny (*jak ciecz*) liquid, fluid[2]; (*gładki*) flowing, smooth[1], fluent
płyta (*tablica*) plate, slab; (*muzyczna*) disc, record[1]; ~ kontynentalna continental plate; ~ (kuchenna *l.* grzejna) hob; ~ długogrająca LP; ~ kompaktowa compact disc; ~ lotniska the **tarmac**; ~ nagrobkowa headstone; budynek/dom *itp.* z wielkiej płyty a **prefabricated** building/home/house, etc
płytka tile; ~ (kompaktowa) CD-ROM; ~ kompaktowa compact disc; ~ krwi platelet; ~ łupkowa slate[1]; ~ nazębna plaque
płytki superficial, shallow
płytowy niezależna wytwórnia płytowa indie; wytwórnia płytowa label[1]
pływ tide[1]
pływać swim[1], navigate; ~ (łodzią płaskodenną) punt[2]; ~ na desce (surfingowej) surf[1]
pływający buoyant
pływa-k/czka swimmer
pływalnia swimming pool
pływanie flotation, swimming; ~ na desce surfing; koło *l.* deska do pływania float[2]
pływowy tidal; fala pływowa tidal wave
PNB GNP
pne BC
pneumatyczny pneumatic; tratwa pneumatyczna dinghy
pneumatyka pneumatics
po after, following, on, past, about, around, along, at; od … ~ … from … to …
pobicie battery
pobić beat[1], outplay; ~ *kogoś* beat sb up; ~ rekord **break**[1] a record
pobierać draw[1], withdraw; (*plik*) download; ~ (opłatę) charge[2]; ~ się get **married**, marry
pobierający ~ pensję salaried
pobieżny rough[1], sketchy, cursory
pobliski nearby
pobliże być w pobliżu (*czegoś*) be within **reach**[2] (of sth); w pobliżu nearby, near[1], around, about[2], locally, at **hand**[1]
pobłażliwie indulgently
pobłażliwy permissive, soft, indulgent
pobocze verge[1], shoulder[1], roadside; (utwardzone) ~ hard shoulder
poborca collector

poborowy conscript[1]
pobożnie devoutly
pobożność piety, devotion
pobożny devout, pious; pobożne życzenia wishful thinking
pobór conscription, the **draft**[1]; ~ mocy input[1]
pobrać → **pobierać**
pobrzękiwać clank, clatter, clink, jangle
pobrzękiwanie clatter, jangle
pobudliwy excitable
pobudzać encourage, stimulate; ~ *kogoś* do (*zrobienia*) *czegoś* **prompt**[1] sb to do sth; → **pobudzić**
pobudzający ~ (do myślenia) stimulating; ~ do refleksji thought-provoking; ~ wspomnienia evocative; środek ~ stimulant
pobudzenie stimulation
pobudzić ~ *czyjąś* pamięć **jog** sb's memory; → **pobudzać**
pobyt stay[2], residence; *czyjeś* miejsce pobytu sb's **whereabouts**[2]
pocałunek kiss[2], snog
pochlapać spatter
pochlebca sycophant
pochlebiać ~ *komuś* be **flatter**ed
pochlebny complimentary; (bardzo) ~ glowing
pochlebstwa flattery
pochłaniać engulf, devour, inhale; ~ *coś* eat away at sth, swallow sth up, eat into sth, eat up sth
pochłonąć claim
pochłonięty engrossed; być pochłoniętym *czymś* be **absorb**ed in sth, be **immerse**d in sth; immerse yourself in sth, be **consume**d with/by sth, be wrapped up in sth
pochmurny cloudy, overcast
pochodna derivative
pochodnia torch[1]
pochodzący ~ z native[1]
pochodzenie origin, ancestry; pochodzenia chińskiego/włoskiego *itp.* of Chinese/Italian, etc **extraction**; pochodzenia irlandzkiego/francuskiego *itp.* of Irish/French, etc **descent**; z pochodzenia Amerykanin/Włoch *itp.* American/Italian, etc by **birth**
pochodzić ~ *skądś* come from sth; ~ od *kogoś/czegoś* be descended from sb/sth; ~ z date back, date from sth, hail from; ~ z/od **originate** from/in/with, etc
pochopnie hastily; nie *robić czegoś* ~ not do sth **lightly**
pochopny hasty, rash[2]; nie wyciągać pochopnych wniosków have/keep an **open**[1] mind; pochopna decyzja/ocena **snap**[3] decision/judgment; wyciągać pochopne wnioski jump to **conclusions**
pochować ~ *coś* (*posprzątać*) tidy sth away
pochód procession; zamykać ~ bring up the **rear**[1]
pochwa vagina, sheath
pochwalać approve, condone, applaud; nie ~ disapprove
pochwalić móc się ~ boast[1]; trzeba *kogoś* ~ (za to, że) ... to sb's **credit**[1]
pochwała praise[2], commendation, a **pat**[2] on the back; godny pochwały commendable, praiseworthy; obsypywać *kogoś* pochwałami *itp.* **heap**[2] praise on sb
pochylać incline[1]; ~ się stoop[1]; ~ się do tyłu/przodu **lean**[1] back/forward
pochyłość incline[2]
pochyły (*pismo*) italic; równia pochyła a **slippery** slope
pociąg (*na szynach*) train[1]; (*ochota*) attraction; ~ ekspresowy an **express**[2] train; ~ hotelowy *l.* sypialny sleeper; kierownik pociągu conductor; odczuwać do *kogoś* ~ be **attract**ed to sb; złapać ~ **get**[1] a train
pociągać appeal[2]; ~ (za) pull[1]; ~ nosem sniff; ~ za sobą entail
pociągnięcie tug[2], stroke[1], tweak
pocić ~ się sweat, perspire; ~ się nad *czymś* sweat over sth
pociecha comfort[1], a **ray** of comfort; ~ dla *kogoś* a **comfort**[1] to sb
pocierać rub[1]
pocieszać comfort[2], console[1]; → **pocieszyć**
pocieszająco reassuringly
pocieszający comforting, reassuring, cheering[2], heartening, uplifting
pocieszenie consolation, solace; nagroda pocieszenia booby prize; znajdować w *czymś* ~ **derive** comfort from sth
pocieszony heartened
pocieszyć ~ *kogoś* cheer (sb) up; ~ się *czymś* be **cheer**[1]ed by sth; → **pocieszać**
pocisk missile, shell[1]; ~ manewrujący cruise missile
począć conceive; nie wiedzieć, co ~ be at your **wits**' end
początek start[2], beginning, origin, inception, opening[1], launch[2]; ~ *czegoś* the **onset** of sth; ~ meczu kick-off; na ~ for **starter**s; na początku **early** on, at **first**[2], to **begin** with, to **start**[1] with; na/od początku at/from the **outset**; od początku (all) **over**[1] again, from **scratch**[2]; od (samego) początku **all**[2] along; początki *czegoś* (the) **seed**[1]s of sth; to dopiero ~ it's early **days**; trzeba zacząć (wszystko) od początku back to the drawing board; z początku at **first**[2], to **start**[1] with; zaczynać od początku start over
początkowo initially, originally
początkowy initial[1], opening[2], start-up, embryonic; początkowe trudności teething problems/troubles; w stadium początkowym incipient
początkujac-y/a beginner
początkujący elementary; ~ aktor/polityk/pisarz *itp.* an **aspiring** actor/politician/writer, etc
począwszy ~ od ... skończywszy na ... from ... **to**[2] ...
poczekać hang on; ~ z decyzją do rana **sleep**[1] on it; Poczekaj! Hold it!; → **czekać**
poczekalnia waiting room
poczernieć blacken
poczerwienić redden
poczerwienieć redden
poczęcie conception
poczęstować ~ się (*czymś*) **help**[1] yourself (to sth)
poczęstunek refreshments, treat[2]
poczta mail[1], post[1], post office; ~ elektroniczna email; ~ głosowa voice mail; ~ lotnicza airmail; ~ polecona **registered** mail/post; ~ tradycyjna snail mail; ~ zwykła surface mail
pocztowy postal; kod ~ postcode, zip code; opłata pocztowa postage; przekaz ~ postal order; skrzynka pocztowa post box; stempel ~ postmark; urząd ~ post office; znaczek ~ postage stamp
pocztówka postcard, card
poczucie ~ bezpieczeństwa security; ~ humoru a **sense**[1] of humour; ~ jedności community/team, etc **spirit**[1]; ~ lojalności/odpowiedzialności/bezpieczeństwa *itp.* a **sense**[1] of loyalty/responsibility/security,etc; ~ winy guiltiness; ~ własnej wartości self-esteem, self-respect; ~ wspólnoty togetherness; mieć ~ humoru take a **joke**[1]; nękany poczuciem winy guilt-ridden; pozbawiony poczucia humoru humourless; z poczuciem winy guiltily
poczuć ~ się *czymś* urażonym take **exception** to sth
poczwarka chrysalis, pupa
poczynać niebezpiecznie sobie ~ z *kimś/czymś* fool with sb/sth
poćwiartować dismember
pod- sub-; under-
pod under, below, underneath, beneath
podanie (*wniosek*) application, application form; (*piłki*) pass[2]; poprzeczne ~ cross[2]; składać ~ apply
podarować donate
podarty ragged, tattered
podarunek giveaway
podatek tax[1]; ~ bezpośredni direct tax; ~ CIT corporation tax; ~ dochodowy income tax; ~ pośredni indirect tax; ~ węglowy carbon tax; nakładać ~ **levy** a tax; obłożyć podatkiem tax[2]; zwolniony *l.* wolny od podatku tax-free
podatnik taxpayer
podatność susceptibility, vulnerability
podatny susceptible, vulnerable; ~ grunt (na *coś*) **fertile** ground (for sth); ~ na *coś* **subject**[2] to sth; ~ na wpływy impressionable, malleable; ~ na wypadki/urazy *itp.* accident/injury, etc **prone**
podawać give[1], administer, pass[1],

hand[2], feed[1], serve[1], quote[1]; ~ *coś* hold sth out; ~ *coś* (dalej) pass sth around/round; ~ *coś* w wątpliwość cast **doubt**[1] on sth; ~ nazwisko /. nazwę name[2]; ~ się za impersonate; ~ się za *kogoś* pose as sb, masquerade as sb/sth, purport to be/do sth
podawanie ~ się za impersonation
podaż ~ pieniądza money supply
podążać ~ (za) follow; ~ za *kimś* go after sb
podbicie arch[1]
podbić conquer; → **podbijać**
podbierać poach
podbijać ~ *coś* (*cenę*) jack sth up; → **podbić**
podbity podbite oko black eye
podbój conquest
podbródek chin
podbudowany encouraged; być podbudowanym *czymś* be **buoy**[2]ed (up) by sth
podbudowywać bolster
podchodzić come up; ~ do *kogoś/czegoś* go/walk, etc **up**[1] to sb/sth; ~ chyłkiem **sidle** along/over/up, etc; ~ do approach[2]; ~ do *czegoś* z rezerwą take sth with a pinch of **salt**[1]; ~ do gardła churn[1]; → **podejść**
podchwycić ~ *coś* seize on/upon sth, pick sth up
podchwytliwy pytanie podchwytliwe loaded question
podciągać ~ *coś* hitch sth up
podcinać slash[1], slit[2]
podczas during; ~ gdy while[1], whereas
podczerwony infrared
poddać (*pomysł*) sell; ~ się surrender, capitulate, buckle[2], give[1], give **way**[1], give in, submit, give up, give yourself up, throw in the **towel**; → **poddawać**
poddan-y/a subject[1]
poddany zostać poddanym undergo
poddasze loft
poddawać ~ *coś* throw sth up; ~ *kogoś/coś czemuś* subject sb/sth to sth; ~ pod dyskusję dispute[2]; nie ~ się w obliczu *czegoś* rise above sth; → **poddać**
podejmować (*działanie*) renew; ~ (na nowo) resume; ~ *coś* embark on/upon sth; ~ decyzję **come** to a decision, **arrive** at a decision, **reach**[1] a decision; ~ inicjatywę take the **initiative**; ~ kroki move[1]; ~ się undertake; ~ się *czegoś* take sth on; ~ się *zrobienia czegoś* **undertake** to do sth
podejrzanie suspiciously
podejrzan-y/a suspect[1]
podejrzany suspicious, suspect[3], questionable, fishy, shady, unsavoury, tawdry, disreputable, iffy, dodgy
podejrzenie suspicion; ~ *czegoś* a **suggestion** of/that sth; rzucać ~ na *kogoś/coś* **cast**[1] suspicion on sb/sth
podejrzewać suspect[2], have a **sneaking** feeling/suspicion
podejrzliwie suspiciously
podejrzliwość distrust
podejrzliwy suspicious, leery
podejście approach[1], outlook; (dobre) ~ do chorych **bedside** manner
podejść ~ inaczej take/try a different **tack**[1]; → **podchodzić**
podekscytować ~ się get into a **lather**
podekscytowany excited, hyper, worked up, wound up
podenerwowany jittery, jumpy, flustered
poderwać ~ się jump[1]
poderwanie ~ się start[2]
podest landing
podeszły w podeszłym wieku aged[2]
podeszwa sole[2]
podglądać ~ *kogoś* spy on sb
podgrzewacz heater
podgrzewać heat[2]; ~ (wstępnie) preheat; ~ w kuchence mikrofalowej microwave[2]
podgrzewany heated
podium platform, podium, rostrum
podjazd drive[2], driveway, ramp, forecourt
podjąć (*mówić dalej*) go on; → **podejmować**
podjeżdżać ~ *gdzieś* pull in/into sth
podjudzać goad; ~ *kogoś* egg sb on, **poison**[2] sb's mind
podkast podcast
podkatalog subdirectory
podkład ~ (kolejowy) sleeper, railroad tie; ~ (pod makijaż) foundation
podkładać ~ bombę **plant**[2] a bomb; ~ bombę w booby-trap
podkładka (*pod naczynie*) mat; (*pod nakrętkę*) washer; ~ pod mysz mouse mat
podkochiwać ~ się have a crush[2]
podkopywać undermine, erode
podkoszulek undershirt, vest, camisole
podkowa horseshoe
podkradać ~ się **sidle** along/over/up, etc
podkreślać amplify, highlight[1], accentuate, emphasize, stress[2], underscore, underline, show[1], frame[2]; ~ *coś* bring sth out; ~ urodę flatter
podkręcać tweak; ~ *coś* turn sth up
podle shabbily; czuć się ~ be/feel under the **weather**[1]
podlegać ~ *czemuś* come under sth; ~ *komuś* be **responsible** to sb
podlegający ~ *czemuś* **subject**[2] to sth
podlewać water[2]
podliczać tally[2]
podlizywać ~ się crawl[1]; ~ się *komuś* butter sb up, suck up to sb
podłączać wire[2]; ~ *coś/kogoś* hook sth/sb up; ~ *coś* do *czegoś* plug sth into sth; ~ się muscle in; ~ się/ *kogoś/coś* link (sb/sth) up
podłączenie connection
podłączyć ~ się get in on the **act**[2]; → **podłączać**
podłoga floor
podłogowy deska podłogowa floorboard
podłoże substrate
podły vile, wretched, lousy, seedy, wicked, shabby, rough[1], mean[2], squalid, miserable; być w podłym nastroju be in a foul **temper**[1]
podmiejski suburban
podminowany edgy; być podminowanym be on **edge**[1]
podmiot subject[1]
podmokły waterlogged
podmorski undersea
podmuch blast[1], gust
podmurówka masonry
podnawka remora
podniebienie palate, the **roof** of your mouth; ~ miękkie soft palate; ~ twarde hard palate
podniecać arouse, excite; ~ *kogoś* fire sb up; ~ się *czymś* get off on sth
podniecenie arousal, excitement; pełen podniecenia electric; przypływ podniecenia a **flush**[2] of excitement; w podnieceniu excitedly
podniecony excited
podniesienie lift[2]
podniesiony upturned; ~ na duchu heartened
podnieść (*uszy*) cock[2]; ~ alarm raise the **alarm**[1]; ~ się get/rise to your feet; delikatnie *kogoś/coś* ~ **ease**[2] sb/sth up
podnosić elevate, hoist, lift[1], raise[1]; ~ *coś* put sth up, jack sth up; ~ *coś/kogoś* pick sth/sb up, scoop sth/sb up; ~ do sześcianu /. trzeciej potęgi cube[2]; ~ głos **raise**[1] your voice; ~ się sit up, rise[1], go up, come in, lift[1]; ~ się (powoli) **inch**[2] up
podnoszący ~ na duchu uplifting
podnośnik jack[1]
podobać *ktoś* się *komuś* podoba be **attract**ed to sb; Jak ci się ~ *ktoś/coś*? How do you **like**[2] sb/sth?; zacząć się *komuś* ~ grow on sb
podobieństwo similarity, likeness, resemblance, affinity, parallel[2]; wskazywać na podobieństwa **draw**[1] a comparison; wykazywać ~ do *kogoś/czegoś* **bear**[1] a resemblance to sb/sth
podobnie similarly, likewise, alike[2]; ~ jak *ktoś/coś* in **common**[2] with sb/sth
podobno reportedly, by all **account**[1]s; ~ być *jakimś* be **suppose**d to be sth
podobny similar, alike[1], analogous; ~ do like[1]; ~ do *czegoś* along the **line**[1]s of sth; być podobnym do resemble; być podobnym do *kogoś* take after sb; coś podobnego like[4]; coś podobnego! **fancy**[1] (that)!; i tym podobne and the **like**[4], (and) that **sort**[1] of thing; To do niej/jego/ciebie

podobne! She/he/you **would**!; w podobnym tonie in the same **vein**
-podobny -like
podpalacz/ka arsonist
podpalenie arson
podpalić ~ *coś* **set**[1] fire to sth; set sth on fire, set **light**[1] to sth, **set**[1] sth alight
podpaska sanitary towel
podpasować idealnie *komuś* ~ be right up sb's **alley**, be right up sb's **street**
podpierać ~ *coś* prop sth up
podpis signature, caption; ~ cyfrowy digital signature; złożyć ~ sign on the dotted line
podpisać autograph
podpisanie signing
podpisy subtitles
podpisywać ~ (inicjałami) initial[3]; ~ (się) sign[2]; ~ kontrakt sign on; ~ kontrakt z *kimś* sign for sth; ~ się (za *kogoś*) (przy wejściu) sign (sb) in; ~ się (za *kogoś*) (przy wyjściu) sign (sb) out
podpora support[2]
podporządkować subordinate[3]; ~ się obey, conform; ~ się *czemuś* conform to/with sth
podporządkowanie subordination; ~ się compliance; ~ się *czemuś* **conformity** to/with sth; ~ się (normom) conformity
podporządkowany subordinate[1]
podpowiadać prompt[1]
podprowadzić pinch[1]
podpuszczać bait[2]; ~ *kogoś* wind sb up
podrabiać duplicate[1], fake[3]
podrapać scratch[1]; ~ (się) scratch[1]
podrasować ~ *coś* sex sth up
podrażnienie irritation
podregulować tweak
podreperować boost[2]; ~ *coś* beef sth up, patch sth up, shore sth up
podreptać ~ (do *itp.*) **toddle** down/off/to, etc
podretuszować ~ *coś* touch sth up
podręcznik handbook, manual[2], textbook, coursebook; ~ wprowadzający an **introductory** book
podręczny bagaż ~ hand luggage
podroby offal
podróba żadna ~ the real **McCoy**
podróbka fake[2]
podróż journey, tour[1], trip[1], voyage, travel[2], transit; ~ (morska) crossing; ~ w tamtą stronę **outward**[1] flight/journey, etc; ~ poślubna honeymoon; ~ tam i z powrotem round trip; ~ w obie strony round trip; biuro podróży travel agent, travel agency; pracowni-k/ca biura podróży travel agent; przerwa w podróży stopover; w podróży on the **road**, away[1]
podróżni-k/czka traveller
podróżny czek ~ traveller's cheque
podróżować travel[1], get about; ~ (po) tour[2]; ~ autostopem hitchhike
podróżowanie travel[2]
podróżujący traveller
podrywać ~ *kogoś* chat sb up, pick sb up
podrzeć ~ *coś* rip sth up, pull sth apart; ~ *coś* (na drobne kawałki) tear sth up
podrzędny second-rate, subordinate[1], lowly; zdanie podrzędne subordinate clause
podrzucić drop[1], plant[2]; ~ *kogoś/coś* drop sb/sth off, **run**[1] sb/sth to/down, etc
podsadka bract
podskakiwać hop[1], skip[1]; ~ na jednej nodze hop[1]
podskoczyć jump[1], start[1]
podskok hop[2], skip[2]; biec w podskokach **bounce**[1] along/around/into, etc
podsłuch bug[1], tap[1]; zakładać ~ na /. u tap[2]; zakładać ~ w bug[2]
podsłuchać overhear; → **podsłuchiwać**
podsłuchiwacz/ka eavesdropper
podsłuchiwać tap[2], eavesdrop, listen in; → **podsłuchać**
podsmażać sauté
podstawa basis, base[1], foundation, grounding, grounds, the basics, cornerstone, the **name**[1] of the game, the **nuts** and bolts, core; ~ *czegoś* a/the **mainstay** of sth; → **podstawy**
podstawić ~ *komuś* nogę trip sb up; ~ nogę trip[2]
podstawka cradle; (*w golfie*) tee
podstawowy basic, fundamental, elementary, essential, cardinal[2], major[1], primary[1], staple[1], rudimentary, bare[1]; barwa podstawowa primary colour; kierunek ~ major[2]; podstawow-y/a personel/obsługa a **skeleton** crew/staff/service; prywatna szkoła podstawowa prep school; szkoła podstawowa primary school, elementary school, grade school, grammar school; (czteroletnia) szkoła podstawowa junior school
podstawy fundamentals; ~ *czegoś* the **rudiments** of sth; dawać ~ do warrant[2]; leżeć u podstaw *czegoś* be at the **bottom**[1] of sth; tworzyć ~ *czegoś* lay the **foundation**(s) for/of sth; → **podstawa**
podstęp trick[1], ruse, stealth, subterfuge; podstępem odebrać *coś komuś* cheat sb out of sth
podstępnie insidiously
podstępność insidiousness
podstępny devious, sneaky, manipulative, underhand, insidious
podsumować recap, summarize; ~ (*coś/kogoś*) sum (sth/sb) up; ~ *coś* top sth off; → **podsumowywać**
podsumowanie round-up, the lowdown, recap
podsumowywać encapsulate; → **podsumować**
podsuwać dangle
podsycać fuel[2]; ~ *coś* whip up sth; ~ *czyjąś* wyobraźnię **fire**[2] sb's imagination
podszewka lining
podszkolić ~ *coś* (*język*) brush up (on) sth
podszycie ~ (leśne) undergrowth
podświadomie subconsciously
podświadomość subconscious[2], unconscious[2]
podświadomy subconscious[1]
podtapiać swamp[2]
podtekst undertone, overtones
podtrzymujący ~ na duchu reassuring
podtrzymywać bear[1], sustain, uphold; ~ *coś* stand by sth, hold sth up; ~ na duchu reassure
podupadać fall[1], go **downhill**[1]
podupadły broken-down
poduszka cushion[1], pillow; ~ powietrzna airbag
poduszkowiec hovercraft
podwalina foundation
podwaliny groundwork; kłaść podwaliny pod *coś* lay the **foundation**(s) for/of sth
podważać ~ *coś* **pry** sth apart/loose/open, etc, **prise** sth apart/off/open, etc
podwiązka garter
podwiązki suspenders
podwieczorek tea, teatime; pora podwieczorku teatime
podwielokrotność submultiple
podwiezienie lift[2], ride[2]
podwijać ~ *coś* roll sth up; ~ się curl up
podwładn-y/a subordinate[2], inferior[2]
podwodny underwater; łódź podwodna submarine; okręt ~ submarine
podwoić ~ (się) double[2]
podwozie chassis
podwójnie doubly
podwójny double[1], dual; ~ standard double standard; gra podwójna doubles; podwójna porcja double[3]; podwójne szyby double-glazing
podwórko yard; ~ (za domem) backyard
podwórze farmyard
podwyżka rise[2], raise[2]
podwyższać elevate, raise[1], up[3]; ~ *coś* push sth up, put sth up
podwzgórze hypothalamus
podyplomowy (*policencjacki, pomagisterski*) postgraduate
podzbiór subset
podziać nie mieć gdzie się ~ be **maroon**[2]ed
podział allocation, distribution, redistribution, break-up, partition, division, segregation, subdivision; (*komórek*) fission; ~ bezpośredni binary fission
podzielać ~ *coś* subscribe to sth; ~ zainteresowanie/zdanie *itp.* **share**[1] an interest/opinion, etc

podzielić ~ *coś* break sth down, carve sth up, tear sth apart; ~ się/*coś* break (sth) up; ~ się kosztami z *kimś* go halves with sb
podzielnik factor
podzielny ~ przez 2/7/50 *itp.* **divisible** by 2/7/50, etc
podzielony fragmented
podziemie w podziemiu underground[1]
podziemny subterranean, underground[1]; przejazd ~ underpass; przejście podziemne underpass, subway
podziękowanie acknowledgement, thanks[2], thank-you, a **word**[1] of thanks; szczere podziękowania **sincere** thanks; złożyć *komuś* ~ **extend** thanks to sb
podziw admiration, wonder[2]; być pełnym podziwu marvel[2]; godny podziwu admirable
podziwiać admire; ~ *kogoś* look up to sb; ~ *kogoś* w głębi duszy have a **sneaking** admiration/fondness for sb
podzlecać subcontract; ~ *coś* contract out sth
podzwaniać clank, jangle
podzwrotnikowy subtropical; strefa podzwrotnikowa the subtropics
podżegać incite
podżeganie incitement
poet-a/ka poet
poetycki poetic
poezja poetry; (*urok*) beauty
pofalowany wavy
pofałdowany undulating
pogadać chat[1]
pogadanie mieć z *kimś* do pogadania have a **bone**[1] to pick with sb
pogadanka talk[2]
pogaduszki chat[2]
poganiać hurry[1], rush[1], hasten
poga-nin/nka pagan
pogański pagan
pogarda contempt, disdain, disrespect, scorn; godny pogardy contemptible
pogardliwie contemptuously, disdainfully, scornfully
pogardliwy disparaging, contemptuous, scornful, disdainful
pogardzać despise
pogarszać worsen, aggravate, impair, degrade, compound[2], exacerbate, sour[2]; ~ się worsen, degenerate[1], deteriorate, disintegrate, slip[1]; ~ się *komuś* be losing it
pogawędka natter
pogięty twisted
pogląd judgment, notion, opinion, outlook, sentiment, view[1], idea; dominujący ~ *l.* kierunek orthodoxy; osoba o umiarkowanych poglądach moderate[2]; poglądy persuasion; *czyjeś* poglądy polityczne sb's **politics**; popularny ~ **conventional** wisdom; różnica poglądów difference; różnić się poglądami dissent; wyrażać poglądy **air**[2] your opinions/views, etc
pogłębiać deepen, dredge, compound[2]; ~ (się) deepen
pogłoska hearsay, rumour[1]; krążą pogłoski be **rumour**[2]ed
pogmatwany topsy-turvy
pogoda weather[1]; prognoza pogody weather forecast
pogodny fair[1], fine[1], bright, sunny, good-humoured
pogodzenie reconciliation; nie do pogodzenia incompatible, irreconcilable
pogodzić reconcile; ~ się make up; ~ się (z *kimś*) be **reconcile**d (with sb); ~ się z face[2]; ~ się z *czymś* face up to sth, resign yourself to sth, come to **terms** with sth, reconcile yourself to sth, live with sth; dający się ~ compatible
pogoń pursuit, rush[2]; ~ za sensacją sensationalism
pogorszenie deterioration, relapse
pogorszyć ~ się relapse; ~ sytuację add **insult**[2] to injury
pogotowie alert[3]; być w pogotowiu be on **call**[2]; być w pogotowiu stand by, be on **standby**; być w pełnym pogotowiu be on full/red **alert**[3]
pogórze foothills
pogrążać ~ się wallow; ~ (się) w mroku darken; **→ pogrążyć**
pogrążony ~ w myślach/rozmowie **deep**[1] in thought/conversation; być pogrążonym w smutku *l.* żałobie grieve
pogrążyć ~ *kogoś/coś* w *czymś* plunge sb/sth into sth; **→ pogrążać**
pogrom rout
pogróżka threat
pogróżki bluster
pogrubiony bold
pogryzać nibble
pogryźć chew; trudny do pogryzienia chewy
pogrzeb funeral, burial
pogrzebacz poker
pogrzebać bury; ~ *czyjeś* nadzieje **dash**[1] sb's hopes
pogrzebowy przedsiębiorca ~ funeral director, undertaker
pogubić ~ się lose your **bearings**
pogwałcenie violation
pohukiwanie hoot[1]
poinformować źle ~ misinform
poinformowany dobrze ~ well-informed; być dobrze poinformowanym be in the **know**[2]
poinstruować instruct
pojaśnieć lighten
pojawiać ~ się come along, arise, roll up, come up, crop up, develop, come in, present[3], develop, figure[2], **creep**[1] across/in/into, etc, appear, flash[1], surface[2], go up; ~ się (jak grzyby po deszczu) spring up, sprout up; ~ się ponownie reappear; **→ pojawić**
pojawiający ~ się pop-up
pojawić ~ się show up, turn up, pop up, **become** available, flicker[1]; **→ pojawiać**
pojawienie ~ się appearance, emergence, sighting; ~ się *czegoś* the **advent** of sth; ponowne ~ się reappearance
pojazd vehicle; ~ kosmiczny spacecraft; ~ księżycowy moon buggy; ~ z silnikiem diesla diesel
pojąć fathom[1]; nie mogę ~ It **beat**[1]s me
pojednanie conciliation, reconciliation
pojednawczy conciliatory
pojedynczo individually, **one**[2] at a time, singly
pojedynczy individual[1], single[1], singular; ~ przypadek/przykład/incydent *itp.* an **isolated** case/example/incident, etc; gra pojedyncza singles; liczba pojedyncza the singular
pojedynek duel
pojedynka w pojedynkę solo[1]
pojemnik container, canister, bin, case, cartridge; ~ na (zużyte) butelki bottle bank
pojemność capacity, volume, capacitance
pojęcie concept, idea, notion, comprehension; nie mam pojęcia don't ask me; nie mieć pojęcia have no **idea**, not have a **clue**; nie mieć zielonego pojęcia not have the **faint**[1]est idea, not have the foggiest (idea)
pojęciowy conceptual
pojmać capture[1]; ~ *kogoś* hunt sb down
pojmanie capture[2]
pojmany captive[1]
pojmować comprehend, grasp[1]; ~ *coś* take sth in
pokaleczyć lacerate
pokarany być pokaranym *czymś* przez los be **curse**[2]d by/with sth
pokarm ~ stały solids
pokarmowy gastrointestinal; łańcuch ~ food chain; przewód ~ digestive tract; składnik ~ nutrient; układ ~ alimentary canal; zatrucie pokarmowe food poisoning
pokaz show[2], demonstration, exhibition, display[1]; ~ przedpremierowy *l.* zamknięty preview; na ~ for **show**[2]
pokazać ~ się show up; nie mieć szansy się ~ not get a **look-in**; pozwolić *komuś* ~ się z najlepszej strony bring out the **best**[3] in sb
pokazowy prize[2]; ~ numer set-piece; proces ~ show trial
pokazywać show[1], demonstrate, illustrate, present[3], read[1]; ~ *coś komuś* take sb through sth; ~ *komuś*, co *robić*/jak *coś robić* **show**[1] sb what to do/how to do sth; ~ na migi mime; ~ się *gdzieś* set **foot**[1] in/on sth
pokaźny sizeable, ample; pokaźn-y/a

zysk/sumka *itp.* a **handsome** profit/sum, etc
poker poker
pokiereszować maul, savage[2]
poklask plaudit
poklepać pat[1]; ~ *kogoś* po plecach/ramieniu **clap**[1] sb on the back/shoulder
pokład deck[1]; (*węgla*) seam; na pokładzie on **board**[1], aboard, on **deck**[1]; opuszczać ~ disembark; przyjmować pasażerów na ~ board[2]; wejść na ~ embark
pokładać pokładający się ze śmiechu in **hysterics**, in **stitch**[1]es
pokładowy in-flight; karta pokładowa boarding pass
pokłócić ~ się fall out
pokojowy peaceful, non-violent, peacekeeping; siły pokojowe peacekeeper
pokojówka chambermaid, maid
pokolenie generation; ~ *czegoś* a **crop**[1] of sth; konflikt pokoleń the generation gap; młode ~ new wave
pokolorować ~ *coś* colour sth in
pokonać conquer, clear[2], beat[1], outplay, unseat
pokonywać surmount, negotiate, hurdle[2], defeat[1]; ~ *czyjś* opór wear sb down
pokora humility; nauczyć pokory chasten; uczący pokory chastening; uczyć pokory humble[2]
pokornie humbly
pokorny humble[1]
pokój (*pomieszczenie*) room[1], digs; (*brak wojny*) peace, peacetime; (samodzielny) ~ bedsit; ~ do pracy *l.* nauki study[2]; ~ do zabawy playroom; ~ wypoczynkowy den; ~ ze śniadaniem bed and breakfast, B&B; dzielić z *kimś* ~ **room**[2] with sb; kole-ga/żanka z pokoju roommate; okres pokoju peacetime; sędzia pokoju Justice of the Peace, JP; wolny ~ vacancy; wynajmować ~ u **lodge**[2] at/with, etc
pokpiwać ~ sobie scoff
pokrętło control[1], dial[1], knob
pokroić carve; ~ *coś* cut sth up
pokrowiec cover[2]
pokrój wszelkiego pokroju all **shape**[1]s and sizes
pokrycie sheeting; ~ dachowe roofing; nie mieć pokrycia bounce[1]
pokryty być pokrytym *czymś* be **encase**d in sth
pokrywa blanket[1], coating
pokrywać blanket[3], cap[2], coat[2], cover[1]; ~ nawierzchnią surface[2]; ~ się be in **sync**, agree, correspond, match up, tally[2], tie in, concur; ~ się (z) overlap[1]; ~ się z *czymś* square with sth; ~ się pęcherzami blister[2]; ~ się wysypką/potem *itp.* **break**[1] out in a rash/sweat, etc; nie ~ się be out of **sync**
pokrywanie ~ się overlap
pokrywka lid, top[1]
pokrzepić refresh, invigorate
pokrzywa nettle
pokrzywdzić harm[2]
pokrzywdzony być pokrzywdzonym miss out
pokrzyżować derail, thwart; ~ plany frustrate
pokupny saleable
pokusa bait[1], temptation; nieodparta ~ compulsion; ulegający pokusom *l.* słabościom self-indulgent
pokuta penance
pokwitowanie receipt
polana clearing
polar fleece
polarny polar; niedźwiedź ~ polar bear
polaroid Polaroid
pole field[1], course; ~ autowe sidelines; ~ golfowe golf course; ~ grawitacyjne/magnetyczne a gravitational/magnetic **field**[1]; ~ kempingowe trailer park; ~ magnetyczne magnetic field; ~ manewru elbow room; ~ minowe minefield; ~ powierzchni surface area; ~ puttingowe green[2]; ~ ryżowe paddy field, rice paddy; ~ widzenia sight[1]; ~ zewnętrzne the outfield; gracz na polu zewnętrznym outfielder; w szczerym polu in the **middle**[1] of nowhere
polecać recommend, suggest; → **polecić**
polecający list ~ reference
polecenie command[1], instruction, order[1], recommendation; ~ przelewu credit transfer; ~ zapłaty direct debit
polecić order[2]; → **polecać**
polecieć **lurch** forward/towards, etc
polecony przesyłka *l.* poczta polecona **registered** mail/post
polegać ~ na *kimś/czymś* depend on/upon sb/sth, rely on sb/sth, lean on sb/sth
poleganie ~ na *kimś/czymś* **reliance** on sb/sth
polemika polemic
polemizować spar
polepszać ~ (się) improve
polerować shine[1], polish[2]
polerowanie polish[1]
polewa topping
poleżeć ~ (dłużej) w łóżku lie in
poli- poly-
policealny (dwuletnia) szkoła policealna junior college
polichlorek ~ winylu polyvinyl chloride
policja police[1], police department, police force; komenda policji police department; posterunek *l.* komisariat policji police station
policjant/ka policeman, policewoman, officer, police officer, trooper; policjant bobby; (szeregow-y/a) ~ police constable, PC[1]
policyjny godzina policyjna curfew; państwo policyjne police state
policzalny rzeczownik ~ countable noun
policzek cheek; (*cios*) a **slap**[2] in the face, a **kick**[2] in the teeth; cmoknąć *kogoś* w ~ give sb a **peck**[2] on the cheek; zapadnięte policzki **sunken** cheeks
policzkowy kość policzkowa cheekbone
policzyć ~ *kogoś/coś* count up sb/sth; ~ za dużo overcharge; źle ~ miscalculate
poliester polyester
polietylen polythene
poliglot-a/ka linguist
poligrafia (mała) ~ komputerowa desktop publishing
polimer polymer
polimeryzacja polymerization
polimeryzować polymerize
polio polio
polip polyp
polipeptyd polypeptide
polipropylen polypropylene
polisa policy
polisacharyd polysaccharide
polistyren polystyrene; ~ spieniony expanded polystyrene
politechnika polytechnic
politycznie politically; ~ poprawny politically correct, PC[2]
polityczny political; *czyjeś* poglądy polityczne sb's **politics**; azyl ~ political asylum; ład ~ political **order**[1]; na arenie politycznej in the political **arena**; polityczna poprawność political correctness; więzień ~ political prisoner
polityk politician
polityka politics, policy, line[1]
polka polka
polny marszałek ~ field marshal
polo polo; koszulka ~ polo shirt
polodowcowy glacial
polot flair, panache
polować ~ (na) hunt[1]; ~ na chase[1]; ~ na *coś* be **after**[1] sth, prey on sth
polowanie hunt[2]; ~ na czarownice witch-hunt; polowania hunting
polowy mundur ~ fatigues
polubić ~ *kogoś* take a **shine**[2] to sb, take a **liking** to sb; ~ *kogoś/coś* take a **fancy**[3] to sb/sth, take to sb/sth; ~ się **hit**[1] it off
polubowny out-of-court
poluzować slacken, ease off/up
połaciowy okno połaciowe skylight
połać expanse
połączenie connection, combination, fusion, join[2], joint[2], hyperlink, line[1], amalgamation, juxtaposition; ~ w sieć networking; regularne ~ shuttle[1]; w połączeniu z *czymś* **couple**[2]d with sth; w połączeniu z *czymś/kimś* in **conjunction** with sth/sb
połączony combined, connected
połączyć join[1]; ~ się get through; ~ siły join **force**[1]s, team up
połknąć ~ bakcyla be bitten by the

bug[1]/get the bug; (prosto) jakby kij połknął bolt upright; → **połykać**
połowa half[1]; ~ tygodnia midweek; po połowie fifty-fifty; w połowie half[2], halfway; w połowie *czegoś* **midway** through sth; w połowie między *czymś* a *czymś* **midway** between sth and sth; w połowie tygodnia midweek; zmniejszyć (się) o połowę halve; zwiększać/zmniejszać *itp.* *coś* o połowę decrease/increase, etc sth by **half**[1]
połowiczny qualified
położenie location, position[1], situation; trudne ~ bind[2]; w trudnym położeniu hard-pressed
położna midwife
położnictwo midwifery
położniczy maternity
położnik obstetrician
położony być położonym w/na/nad *itp.* be **situated** in/on/by, etc; dogodnie ~ handy
położyć ~ *coś* **lay**[1] sth down/in/on, etc, slap sth on; ~ *czemuś* kres put an **end**[1] to sth, put a **stop**[2] to sth, bring sth to an **end**[1]; ~ kres pull the **plug**[1], stop[1]; ~ na *kimś/czymś* kreskę write sb/sth off; ~ się lie back, lie down; wcześnie/późno się ~ have an early/a late **night**; → **kłaść**
połów catch[2]
południe (*pora*) midday, noon; (*kierunek*) south, South; na ~ down[1], south, southward, southwards; na południu down[1], south; po południu p.m.; prosto na ~ **due**[3] south; prowadzący *l.* zdążający na ~ southbound; wychodzący na ~ south-facing; wysunięty najdalej na ~ southernmost; z południa southerly
południk ~ zerowy the prime meridian
południowiec southerner, Southerner
południowoamerykański South **American**
południowo-wschodni southeastern, Southeastern, southeast, Southeast
południowo-zachodni southwestern, Southwestern, southwest, Southwest
południowy southern, Southern, southbound, southerly, south, southward; ~ wschód the southeast, southeast, Southeast; ~ zachód the southwest, southwest, Southwest; biegun ~ the South Pole; na ~ wschód southeast, Southeast; na ~ zachód southwest, Southwest; w kierunku południowym southbound
połykać swallow[1], gulp, bolt[2]; ~ (powietrze) gulp; → **połknąć**
połysk gloss[1], sheen, shine[2], sparkle[2]; (drukowany na papierze) z połyskiem glossy
pomachać ~ *komuś* na pożegnanie wave sb off
pomagać help[1], aid[2], assist, cooperate; ~ (na *coś*) clear (sth) up; → **pomóc**
pomagier sidekick
pomalować paint[2]; ~ *coś* **get**[1] sth painted; ~ się **do**[2] your make-up; → **malować**
pomarańcza orange[2]
pomarańczowy orange[1]; (kolor) ~ orange[2]; dżem ~ marmalade; napój *l.* sok ~ orange[2]; sok ~ orange juice
pomarszczony crinkly, shrivelled
pomaturalny kształcenie pomaturalne further education; szkoła pomaturalna community college
pomazać daub
pomiar measurement, survey[1], mensuration; dokonywać pomiarów survey[2]
pomiarowy przyrząd ~ meter
pomiatać ~ *kimś* **walk**[1] all over sb, push sb about/around
pomiąć ~ *coś* screw sth up
pomidor tomato
pomidorowy fasolka w sosie pomidorowym baked beans
pomieszać jumble[2]; ~ *coś* mix sth up, muddle sth up
pomieszczenie unit
pomieścić accommodate
pomiędzy among, between[1]
pomięty rumpled
pomijać exclude, omit, skip[1], overlook, bypass[2]; ~ *coś* milczeniem let sth **pass**[1], draw a **veil** over sth; ~ *kogoś* leave sb out in the **cold**[2]; ~ *kogoś/coś* miss sb/sth out, leave sb/sth out
pomimo despite, notwithstanding; ~ *czegoś* in **spite** of sth; ~ to nonetheless
pominięty być pominiętym be left out
pomniejszy minor[1], lesser
pomnik monument, memorial
pomoc aid[1], help[2], assistance, a **hand**[1], relief, guidance, outreach, guide[1]; ~ dydaktyczna visual aid; ~ finansowa bailout; bez (niczyjej) pomocy unaided; na pomoc! help[3]; pierwsza ~ first aid; przyjść *komuś* z pomocą come/go to sb's **aid**[1], come to the/sb's **rescue**[2]; służyć pomocą assist; spieszyć z pomocą (*komuś*) rally around/round (sb); tymczasowa ~ biurowa temp; uzyskać *l.* pozyskać ~ *kogoś* **enlist** the help of sb; wzajemnej pomocy self-help; z *l.* za pomocą *czegoś* with the **help**[2] of sth, with the **aid**[1] of sth
pomocniczy auxiliary; silnik ~ booster
pomocnie helpfully
pomocni-k/ca helper; pomocnik (noszący kije do golfa) caddie
pomocność helpfulness
pomocny helpful, supportive, cooperative[1]
pomost jetty, pier
pomóc ~ (*komuś*) help (sb) out; ~ *komuś* przeżyć *l.* przetrwać (*coś*) tide sb over (sth); → **pomagać**
pomówienie slander
pompa pump[1]; (*przepych*) pomp
pompatycznie pompously
pompatyczność pomposity
pompatyczny pompous
pompka (*ćwiczenie*) press-up, push-up; (*urządzenie*) pump[1]
pompować pump[2]
pomruk pomruki (niezadowolenia) rumblings
pomsta to woła o pomstę do nieba it's a **crying** shame
pomścić avenge
pomyje swill[2]
pomyleniec psycho
pomylić ~ się slip up, trip up, miscalculate; ~ się w *czymś* get sth **wrong**[1]; ~ się w ocenie miscalculate
pomylony mad, raving
pomyłka error, mistake, slip[2], misjudgment, miscalculation, confusion; ~ sądowa **miscarriage** of justice; przez pomyłkę by **mistake**[1], mistakenly; przez przypadek/pomyłkę **by**[1] mistake; rażąca ~ a **glaring** mistake
pomysł idea, thought[1]
pomysłowo cleverly, ingeniously, inventively
pomysłowość ingenuity, inventiveness
pomysłowy clever, ingenious, inventive, imaginative
pomyśleć ~ o *kimś* spare a **thought**[1] for sb; kto by pomyślał! **fancy**[1] (that)!; nie do pomyślenia unthinkable; strach ~ I **dread**[1] to think
pomyślenie (coś) nie do pomyślenia no-no
pomyślnie successfully
pomyślność well-being
pomyślny successful, hopeful, auspicious; dość ~ *itp.* **reasonably** good/successful/well, etc
pon. (*poniedziałek*) Mon
ponad above[1], over[1], beyond[1]; ~ *coś* in **excess**[1] of sth; ~ 40/150 *itp.* 40 **plus**[2], 150 plus, etc; ~ możliwości beyond[1]; ~ wszelką wątpliwość beyond/without a **shadow**[1] of a doubt; dobrze ~ **well**[2] above
ponadczasowy timeless
ponaddźwiękowy ultrasonic
ponadpodstawowy secondary; szkoła ponadpodstawowa secondary school; szkoła ponadpodstawowa ogólnokształcąca comprehensive[2]
ponadrozmiarowy outsize
ponadto furthermore, moreover, in **addition** (to sth)
poncz punch[2]
ponętny sultry
poniedziałek Monday
ponieść ~ konsekwencje face the **music**; ~ porażkę fail[1], come **unstuck**; dać się ~ be carried away; → **ponosić**
ponieważ as, because, since[2]
poniewierać buffet[2]
poniewierany downtrodden

poniżać humiliate, degrade, denigrate; ~ *kogoś* put sb down
poniżający humiliating, degrading, demeaning
poniżej below, under, beneath[1], underneath[1]; ~ godności beneath[1]; ~ przeciętnej below **par**; być ~ wszelkiej krytyki be the **pit**[1]s; dobrze ~ **well**[2] below
poniżenie humiliation, degradation
poniżony humiliated
ponoć ostensibly
ponosić ~ odpowiedzialność za *coś* be **responsible** for sth/doing sth; ~ odpowiedzialność/koszty **bear**[1] the responsibility/cost, etc; ~ winę be in the **wrong**[3]
ponownie again; ~ rozważyć reconsider; ~ się ożenić remarry; ~ wychodzić za mąż remarry; napełniać ~ refill; pojawiać się ~ reappear; rozpatrzyć ~ review[2]; uruchamiać ~ restart; wybrać ~ re-elect; wykorzystywać ~ reuse
ponowny ~ wybór re-election; ponowne napełnienie refill
ponuro darkly, glumly, grimly, mournfully
ponurość bleakness
ponury gloomy, drab, black[1], grim, murky, humourless, sombre, bleak, dismal, mournful, dark[1], dreary
pończocha stocking
poobijać bruise
pop (muzyka) ~ pop[2]
popadnie mieszkać/spać gdzie ~ live/sleep **rough**[3]
poparcie support[2], following[2], backing, endorsement, advocacy, sanction[1]; ~ społeczne **public**[1] support; na znak poparcia dla *kogoś/czegoś* in **support**[2] of sb/sth; pełne ~ **undivided** support, **wholehearted** support; silne ~ **strong** support; udzielać poparcia sanction[2]; zabiegać o ~ woo; zdobyć *czyjeś* ~ win sb over; zdobyć (sobie) ~ **win**[1] support; zyskiwać ~ **gather** support
poparzyć scald
popchnięcie push[2]
popcorn popcorn
popełniać commit, perpetrate; ~ błąd go **wrong**[2], blunder[2], **make**[1] a mistake; ~ plagiat plagiarize; ~ przestępstwo /. wykroczenie offend
popełnić nie ~ najmniejszego błędu not put a **foot**[1] wrong
popędzać hurry[1], rush[1]
popiel grey[2]
popielaty grey[1]
popielniczka ashtray
popierać support[1], back[3], advocate[1], endorse, second[3], condone; ~ *coś* stand for sth; ~ *kogoś* back sb up
popiersie bust[2]
popijać sip; ~ *coś* wash sth down
popijawa binge[1]
popiół ash, cinder
popis stunt[1]; popisy antics
popisywać ~ się show off
poplamić spatter
popleczni-k/czka cohort
poplecznik henchman
popłacać pay[1]
popłakać ~ sobie have a **cry**[2]
popłoch wpadać w ~ stampede
popłód afterbirth
popołudnie afternoon
popołudniówka matinée
poprawa improvement, recovery, upturn, enhancement, correction; ~ samopoczucia recovery
poprawiać correct[2], amend, adjust, readjust, ameliorate, revise, better[4], enhance, tweak; ~ (się) improve, reform[2]; ~ *coś* improve on sth, touch sth up; ~ się pick up, recover, look up
poprawiony wersja poprawiona revision
poprawka correction, adjustment, revision, amendment; brać poprawkę na *coś* allow for sth, make **allowance**s for sb/sth; uwzględniać /. wprowadzać poprawki adjust
poprawnie correctly, right[2]
poprawność correctness, rightness; polityczna ~ political correctness
poprawny right[1], correct[1]; politycznie ~ politically correct, PC[2]
poprosić request[2]; ~ *kogoś, żeby coś zrobił* **get**[1] sb to do sth; poproszę *itp. coś* **would** like/love sth
popryskać spatter
poprzeczka crossbar
poprzeczny lateral, transverse; fala poprzeczna transverse wave; poprzeczne podanie cross[2]
poprzedni previous, past[1], preceding; ~ dzień/tydzień/rok the day/week/year before **last**[3]
poprzedni-k/czka predecessor
poprzednio formerly, previously
poprzedzać precede, predate; ~ *coś* lead up to sth
poprzedzający ~ *coś* **prior** to sth; okres ~ *coś* the **run-up** to sth
poprzek w ~ across
poprzemysłowy brownfield
poprzestawać ~ na *czymś* stick to sth; (*karze*) let sb off
poprzestawiać ~ *coś* change sth around/round
popsuć derail, kill[1]; → **psuć**
populacja population
popularność popularity, currency; bijący rekordy popularności best-selling; cieszyć się/nie cieszyć się popularnością be in **favour**[1]/out of favour; zyskiwać/tracić na popularności gain/lose **ground**[1]
popularny popular; ~ pogląd **conventional** wisdom; popularna postać /. marka a **household**[2] name
popularyzacja popularization
popularyzować popularize
popychać hustle[1], jostle, nudge, push[1], shove, prod; ~ *coś* **trundle** sth along/down/up, etc; ~ *kogoś* do *czegoś* /. ku *czemuś* **propel** sb into/to sth; ~ *kogoś* do (*zrobienia*) *czegoś* **prompt**[1] sb to do sth
popychadło doormat
popyt demand[1]
por. cf
por (*warzywo*) leek; (*otwór*) pore[1]; pory leek
pora slot[1]; ~ deszczowa the **rain**[1]s; ~ lunchu lunchtime; ~ podwieczorku /. kolacji teatime; ~ posiłku mealtime; ~ roku season[1]; ~ spania bedtime; do tej pory to **date**[1]; nalepszy/najgorszy *itp.* jak do tej pory the best/worst, etc **yet**[1]; od tej pory **ever** since; w porę in (good) **time**[1]; w (samą) porę timely; w samą porę in the **nick**[2] of time
porada consultation, counsel[1], guidance
poradnik handbook
poradnikowy self-help
porady counselling
poradzić ~ się consult; ~ sobie (z *czymś*) muddle through (sth); ~ sobie z *czymś* get around sth, get round sth, make a **go**[2] of sth; nie móc nic ~ na *coś* can't/couldn't **help**[1] sth
poranek morning
poranić lacerate
poranny poranne lenistwo lie-in; wczesne godziny poranne the early/small **hours**
poratować ~ (finansowo) bail sb out
porazić ~ prądem electrocute
porażenie paralysis; ~ mózgowe cerebral palsy; ~ (prądem) shock[1]; ~ prądem electric shock, electrocution
porażka defeat[2], thrashing, blowout; być skazanym na porażkę fight a losing **battle**[1]; doznać porażki **suffer** defeat; nieoczekiwana ~ upset[3]; nieznaczna ~ a **narrow**[1] defeat/victory; pasmo porażek a losing **streak**[1]; ponieść porażkę fail[1], come **unstuck**; sromotna ~ hammering; uznać swoją porażkę **concede** defeat
porażony paralysed
porcelana china, porcelain
porcja helping, portion, serving, batch; ~ dla jednej/dwóch/czterech *itp.* osób **serve**[1]s one/two/four, etc; podwójna ~ double[3]
porcjami piecemeal
poręcz arm[1], banister, rail
poręczny handy
pornografia pornography
pornograficzny pornographic, hardcore
poronić miscarry
poronienie miscarriage
porośle epiphyte
porowaty porous
porozmawiać mingle; ~ z *kimś* have a **word**[1] with sb; ~ z kim trzeba pull **string**[1]s
porozumieć ~ się make yourself understood
porozumienie understanding[1],

agreement, communication, accord[1], bargain[1]; osiągać ~ **reach**[1] an agreement
porozumiewać ~ się communicate
porozumiewawczo knowingly
porozumiewawczy knowing
poród birth, childbirth, delivery, labour[1]; przyjmować ~ **deliver** a baby; wywoływać ~ (u) induce
porównać ~ *coś* z *czymś* weigh sth against sth; → **porównywać**
porównanie comparison, simile; Nie ma porównania There's no **comparison**.; w porównaniu do *kogoś/czegoś*/z *kimś/czymś* **compare**d to/with sb/sth; w porównaniu z versus, vis-à-vis; w porównaniu z *czymś* /. do *czegoś* **relative**[2] to sth, in **relation** to sth
porównawczy comparative[1]
porównywać compare, contrast[2], **draw**[1] a comparison/distinction; ~ *coś/kogoś* do *czegoś/kogoś* liken sth/sb to sth/sb; ~ ceny shop around; → **porównać**
porównywalny comparable
poróżnić ~ *kogoś* come between sb
port port, harbour[1]; ~ jachtowy marina; ~ równoległy parallel port; ~ szeregowy serial port; wchodzić /. wprowadzać do portu dock[2]
portal portal
porter stout[2]
portfel wallet, billfold, portfolio
portier doorman
portmonetka purse[1]
porto port
portret portrait; ~ *kogoś/czegoś* a **portrait** of sb/sth
porucznik lieutenant; komandor ~ commander
poruszać affect, move[1], touch[1], stir[1], perturb; ~ (się) wiggle; ~ *coś* (*temat*) bring sth up; ~ się get about; (*na wietrze*) blow[1]; → **poruszyć**
poruszający disturbing, emotional, evocative, stirring
poruszenie agitation, activity, flap[1], uproar; wywoływać ~ cause/create a **stir**[2]
poruszony agitated, perturbed, emotional
poruszyć disturb; ~ (się) stir[1]; ~ *coś* touch on sth; ~ *coś* z *kimś* take sth up with sb; ~ kwestię/temat *itp.* **raise**[1] a question/subject, etc; ~ temat **broach** a subject/topic; bardzo *kogoś* ~ hit sb **hard**[2]; → **poruszać**
porwać kidnap, hijack, abduct, snatch[1]; zostać porwanym be swept along/away, etc
porwanie kidnapping, abduction, hijacking, kidnap; ~ samochodu carjacking
porysować scuff
poryw gust
porywacz/ka hijacker, kidnapper; ~ samochodów carjacker
porywający inspiring, spirited, rousing
porywczy impetuous
porywisty gusty, turbulent
porządek order[1], tidiness, sequence; ~ dzienny agenda; na porządku dziennym a **dime** a dozen; przechodzić nad *czymś* do porządku dziennego take sth in your **stride**[2]; robić wiosenne porządki spring clean; w porządku all right[1], okay[2], fair[1], **fair**[1] enough, fine[1]; wiosenne porządki spring clean; wszystko w porządku all is **well**[1]; zakłócający ~ disorderly; zakłócenie porządku disturbance
porządkować tidy[2], order[2]
porządkowy liczba porządkowa ordinal number
porządnie neatly, decently, tidily
porządny proper, decent, respectable, orderly[1], tidy[1], presentable
porzeczka czarna ~ blackcurrant
porzucać abandon, desert[2], ditch[2], jettison, forsake
porzucenie abandonment, desertion
porzucony abandoned
pos. (*pos-eł/łanka*) MP
posada position[1], post[1]; dożywotnia ~ tenure; stała ~ **steady**[1] job/work; utrzymać posadę **hold**[1] down a job
posadzić ~ *kogoś gdzieś* **sit** sb down/at/in, etc
posadzka flooring
posag dowry
posąg statue
poselski tylne ławy poselskie the backbenches
pos-eł/łanka Member of Parliament
posępnie gloomily
posępny dull[1], sombre, forbidding, gloomy, morose
posiadacz/ka holder; ~ tytułu title-holder
posiadać own[2], possess; nie ~ się z podniecenia/przerażenia/smutku *itp.* be **overcome** by excitement/fear/sadness, etc
posiadanie ownership, possession; wchodzić w ~ acquire
posiadłość estate, mansion
posiąść acquire
posiedzenie session, sitting; sala posiedzeń zarządu boardroom
posiłek meal; pora posiłku mealtime
posiłki reinforcements
posiłkowy czasownik ~ auxiliary verb
posiniaczony **black**[1] and blue
poskręcany twisted
poskutkować do the **trick**[1]
posłanie bedding, bedclothes
posłaniec messenger, go-between
posłuchać heed[1]; nie ~ cross[1]
posługa oddać ostatnią posługę pay your **respect**[1]s
posługiwać umieć się *czymś* ~ be **handy** with sth
posłuszeństwo obedience, submission; odmówić posłuszeństwa give out, seize up
posłuszny obedient, submissive, compliant; być posłusznym cooperate
posmak aftertaste, tang
pospać ~ (sobie) dłużej sleep in
pospiesznie hastily, hurriedly; ~ *coś zrobić* **hasten** to do sth
pospieszny hurried, hasty
pospieszyć **bound**[2] across/down/into, etc; ~ *komuś* na ratunek come to the/sb's **rescue**[2]; ~ się hurry up; pospiesz się make it **snappy**
pospolity common[1], vulgar
posprzątać clean up; ~ *coś* straighten sth up, tidy sth away
posrebrzany ~ metal silver **plate**
post fast; wielki ~ Lent
postać form[1], figure[1], character, guise; ~ *czegoś* the **form**[1] of sth; popularna ~ a **household**[2] name
postanowić resolve[1], settle
postanowienie resolution
postarać ~ się (z *czymś*) go to **town** (on sth)
postarzać age[2]
postarzeć ~ się **grow** old
postawa attitude, stance, posture, demeanour; przybierać postawę **assume** an air
postawić ~ *coś* put sth down; ~ *coś* (*gdzieś*) **set**[1] sth down/on, etc; ~ *coś* na głowie turn sth upside down; ~ na swoim get/have your (own) **way**[1], **assert** yourself; ~ sobie *coś* za cel set your **sight**[1]s on sth; ~ sprawę ostro put your **foot**[1] down; ~ w stan oskarżenia indict
postawiony ~ na głowie topsy-turvy; wysoko ~ exalted
posterunek post[1], precinct; ~ policji police station; ~ straży pożarnej fire station
posterunkowy police constable, constable, PC[1]
postęp progress[1], advance[1], advancement, progression; robić /. czynić postępy make **headway**; robić postępy get **somewhere**
postępować proceed, progress[2]; ~ niezgodnie z compromise[2]; ~ uczciwie play **fair**[3]
postępowanie proceedings; ~ (prawne) legal **action**
postępowy progressive
postępujący progressive
postój ~ taksówek taxi rank; miejsce postoju berth
postradać ~ rozum /. zmysły be out of your **mind**[1]
postronek tether
postronny osoba postronna outsider, third party
postrzał gunshot
postrzegać perceive, view[2]
postrzeganie perception
postrzelić shoot[1]; ~ *kogoś* gun sb down
postrzępiony jagged, wispy
post-scriptum postscript
postukiwać rattle[1]
postura stature

posunąć ~ się move over, make **way**[1]; ~ się do *czegoś* stoop to sth/doing sth, go so **far**[1] as to do sth; ~ się za daleko go too **far**[1]; nie ~ się do *czegoś* stop **short**[2] of sth/doing sth; → **posuwać**
posunięcie move[2]
posuwać ~ się come on, go along; ~ się do tego go down that **road**; ~ się (leniwie) **chug** across/along/up, etc; ~ (się) naprzód advance[2]; ~ się po omacku **grope** your way along/through, etc; ~ się powoli **creep**[1] along/down/through, etc; ~ się przez *itp.* **work**[1] your way around/through/up, etc sth; → **posunąć**
posuwanie ~ się advance[1]
posypywać sprinkle; ~ piaskiem grit[2]
poszaleć ~ sobie **let** yourself go
poszanowanie compliance
poszarpany ragged
poszczególny individual[1], respective
poszczycić móc się ~ *czymś* be **endow**ed with sth
poszerzać broaden; ~ (się) broaden, dilate, widen; ~ horyzonty broaden/expand/widen your **horizons**; ~ ofertę diversify
poszerzany (*spodnie*) bootleg, bootcut
poszerzenie ~ oferty diversification
poszkodowan-y/a casualty
poszlaki **circumstantial** evidence
poszukać ~ *czegoś* look sth up; → **poszukiwać**
poszukiwacz/ka scout[1]; ~ przygód adventurer
poszukiwać hunt[1], search[1], seek, mine[3]; ~ *kogoś* be **after**[1] sb; ~ pożywienia forage; → **poszukać**
poszukiwanie hunt[2], quest, search[2]
poszukiwany marketable, wanted, sought-after
poszukiwawczy ekipa poszukiwawcza search party
pościć fast[3]
pościel bedding, bedclothes, covers, sheet
pościelić ~ łóżko **make**[1] the bed
pościg chase[2], pursuit; ruszyć w ~ give **chase**[2]
pośladek buttock
pośledni inferior[1]
poślizg skid; wpaść w ~ skid
poślizgnąć ~ się slip[1]
poślizgnięcie slip[2]
poślubny podróż poślubna honeymoon
pośmiertnie posthumously
pośmiertny posthumous
pośmiewisko laughing stock, a **standing**[2] joke
pośpiech haste, rush[2]
pośredni intermediate, indirect, implicit, vicarious
pośrednictwo arbitration; za pośrednictwem via
pośredniczyć mediate; ~ (w rozmowach między) arbitrate; ~ w broker[2]
pośredni-k/czka intermediary, arbitrator, mediator, middleman; (*w handlu nieruchomościami*) real estate agent, estate agent, realtor
pośrednio indirectly; ~ doznawany vicarious
pośrodku ~ pustki in the **middle**[1] of nowhere
pośród amid; ~ *kogoś* in your **midst**
poświadczać witness[2]
poświata glow[1]
poświęcać sacrifice[2], spare[3]; (*wysiłek*) invest; (*konsekrować*) consecrate; ~ *coś czemuś* put sth into sth/doing sth; ~ *coś komuś/czemuś* devote sth to sb/sth; → **poświęcić**
poświęcenie dedication, sacrifice[1], self-sacrifice, commitment, devotion, consecration
poświęcić ~ się *czemuś* **bury** yourself in sth; ~ życie/się *czemuś* **dedicate** your life/yourself to sth; → **poświęcać**
pot perspiration, sweat; pokrywać się potem **break**[1] out in a sweat
potajemnie in **secret**[2], secretly, surreptitiously
potajemny clandestine, surreptitious
potańcówka dance[2]
potańczyć iść ~ go **club**[2]bing
potargany ~ (przez wiatr) windswept
potas potassium; jodek potasu potassium iodide; nadmanganian potasu potassium permanganate
potem then[1], afterwards, next[2]; zaraz ~ **right**[2] after
potencjalnie potentially
potencjalny potential[1]; potencjalni nabywcy/pracodawcy/rodzice *itp.* **prospective** buyers/employers/parents, etc
potencjał capability, potential[2]; ~ do *czegoś* **potential**[2] for sth/doing sth
potencjometr potentiometer
potentat giant[2], heavyweight, tycoon
potęga power[1], strength, might[2], potency; druga ~ square[1]; podnosić do trzeciej potęgi cube[2]; trzecia ~ *czegoś* the **cube**[1] of sth
potęgować ~ (się) heighten
potępiać denounce, condemn, censure, damn[5]
potępiający damning, disapproving
potępienie condemnation, denunciation, censure; godny potępienia contemptible
potężnie powerfully
potężny powerful, mighty[1], potent
potknąć ~ się stumble, trip[2], trip up
potknięcie slip[2], hitch[1]
potłuc bruise
potocznie colloquially
potoczny colloquial, informal, conversational
potok brook, stream[1], torrent; ~ *czegoś* a **torrent** of sth, a **stream**[1] of sth; ~ wyzwisk/narzekań *itp.* a **volley**[1] of abuse/complaints, etc
potomek descendant
potometr potometer
potomność posterity
potomstwo offspring, brood[1]
potrafić can[1]; ~ *coś zrobić* be **able** to do sth
potraktować ~ *kogoś* łagodnie get (sb) off (sth)
potrawa ~ duszona stew
potrącać debit[2], deduct; (*uderzać*) jostle, jog; ~ *komuś* z pensji **dock**[2] sb's pay/wages; → **potrącić**
potrącenie deduction
potrącić ~ *kogoś* knock sb down; ~ *kogoś/coś* run sb/sth over; → **potrącać**
potroić ~ (się) treble, triple[2]
potrójny triple[1]
potrwać długo ~ be a long **haul**[2]
potrząsać shake[1]
potrząśnięcie shake[2]; ~ głową/włosami a **toss**[2] of your head/hair
potrzeba necessity, need[2]; ~ *czegoś* There **need**[1]s to be sth; artykuł pierwszej potrzeby necessity; bez potrzeby needlessly; paląca *l.* pilna ~ *czegoś* a **crying** need for sth; potrzeby needs, wants; spełniać potrzeby **satisfy** needs; zaspokajać potrzebę **fill**[1] a need, **fulfil** a role; zaspokajać potrzeby *kogoś/czegoś* cater for sb/sth
potrzebny necessary; być potrzebnym be **want**[1]ed
potrzebować need[1], want[1]; ~ *czegoś* be in **need**[2] of sth; nie ~ (już) *czegoś* finish with sth
potrzebujący needy
potulnie meekly
potulny meek, docile
poturbować maul, savage[2]
potwierdzać confirm, corroborate, substantiate, verify, validate, affirm, attest, acknowledge, certify, support[1]; ~ *coś* back sth up; ~ *czyjeś* słowa back sb up; ~ *czyjeś* słowa/*coś* bear sb/sth out; ~ się stand up
potwierdzenie confirmation, affirmation, corroboration, validation, verification; ~ (odbioru) acknowledgement
potworny diabolical, heinous, monstrous
potwór beast, fiend, monster, ogre
potyczka duel, skirmish
pouczać instruct
pouczająco instructively
pouczający enlightening, illuminating, informative, instructive, educational, humbling
poufałość familiarity
poufały familiar
poufnie confidentially
poufność confidentiality
poufny classified, confidential, hush-hush; poufna informacja tip-off
powab lure[2]
powaga gravity, earnestness, seriousness, solemnity
powalić fell[1]; ~ *kogoś* na ziemię blow sb away, blow your **mind**[1]

poważanie z poważaniem Yours faithfully/sincerely, etc
poważnie seriously, earnestly, badly, gravely, grievously, severely, meaningfully, respectably; mówić ~ mean[1]; na ~ in **earnest**; traktować *kogoś/coś* poważnie take sb/sth **seriously**
poważny serious, meaningful, weighty, deep[1], intense, bad, grave[2], grievous, severe, substantive, solemn, earnest, respectable; śmiertelnie ~ **deadly**[2] serious, deadpan
powątpiewająco incredulously
powątpiewający incredulous
powątpiewanie incredulity; z powątpiewaniem doubtfully, dubiously
poweseleć brighten
powiadamiać advise, notify
powiadomić alert[2]
powiązanie affiliation, correspondence
powiązany corresponding, connected, related; być powiązanym z *czymś* be **allied** to/with sth
powiedzenie saying
powiedzieć say[1], tell; ~ (bez pytania) volunteer[1]; (głośno) ~ *coś* point sth out; ~ *komuś* **break**[1] the news to sb; ~ *komuś* komplement **pay**[1] sb a compliment; ~ *komuś* (parę słów) do słuchu give sb a **piece**[1] of your mind; ~ *komuś* prosto z mostu tell sb **straight**[2] (out); ~ coś więcej (o) elaborate[2]; ~ coś więcej o *czymś* enlarge on/upon sth; ~ do siebie *coś* **say**[1] sth to yourself; co powiesz na …? what/how **about**[1] …?; można śmiało ~ **safe**[1] to say; nie wiedzieć, co ~ be at a **loss**; powiedzmy sobie szczerze let's **face**[2] it; powiedzmy, że… (let's) **say**[1]…; zgodnie ~ chorus[2]; że tak powiem so to **speak**; → **mówić**
powieka eyelid; cień do powiek eyeshadow
powielać duplicate[1], reproduce
powierniczy zarząd ~ trust[2]
powierni-k/ca confidant, confidante
powiernik trustee
powierzać entrust
powierzchnia surface[1], area; dolna /. spodnia ~ the underside, the underneath[2]; pod powierzchnię /. powierzchnią under[2]; pole powierzchni surface area; zajmowana ~ footprint
powierzchownie superficially
powierzchowność exterior
powierzchowny superficial
powierzyć ~ *komuś kogoś/coś* **trust**[1] sb with sb/sth
powiesić hang[1]; ~ *coś* hang sth up
powieściopisa-rz/rka novelist
powieść novel[1]; ~ sensacyjna mystery[1]; ~ się come off; nie ~ się fail[1], fall through
powietrze air[1], atmosphere; bez powietrza flat[2]; łapać (z trudem) ~ gasp; na powietrzu outside[3]; na świeżym powietrzu in **the open**, open-air, outdoor, outdoors; świeże ~ **fresh** air; w powietrzu in **mid-air**, mid-air; wisieć w powietrzu be **brew**[1]ing; wylecieć w ~ blow up; wypełniać (się) powietrzem inflate; wypuszczać /. tracić ~ deflate; wyrzucić *kogoś/coś* w ~ send sb/sth **fly**[1]ing; wysadzić *kogoś/coś* w ~ blow sb/sth up; zawieszony w powietrzu airborne
powietrzny most ~ airlift; poduszka powietrzna airbag; przestrzeń powietrzna airspace; siły powietrzne air force; trąba powietrzna tornado, twister, whirlwind[2]
powiew silny ~ **stiff**[1] wind/breeze
powiewać flap[2], fly[1], blow
powiększać augment, extend, magnify; ~ (się) enlarge, expand, swell[1]
powiększający szkło powiększające magnifying glass
powiększenie enlargement
powijaki w powijakach in its **infancy**
powikłanie complication
powinien should, be[2]; ~ być/*zrobić coś* **ought** to be/do sth; (*ktoś*) ~ *coś zrobić* be **mean**[1]t to do sth; *ktoś* ~ *coś zrobić* **want**[1] to do sth; powinno się *coś zrobić* be **suppose**d to do sth
powitać welcome[2]
powitanie welcome[4]
powłoczka ~ (na poduszkę) pillowcase
powłoka covering, film[1]; warstwa /. ~ ozonowa the ozone layer
powłóczyć ~ nogami shuffle
powłóczysty flowing
powodować cause[2], induce, motivate, drive[1], incur, precipitate, produce[1], give[1]; ~ *coś* bring sth about; co *kimś* powoduje what makes sb **tick**[2]
powodowany motivated; ~ dobrymi intencjami well-intentioned, well-meaning
powodzenie success; bez powodzenia unsuccessfully; cieszący się powodzeniem successful; osiągać ~ succeed; Powodzenia! Good **luck**!
powodzić ~ się **fare**[2] well
powojenny postwar
powoli slowly
powolny slow[1]
powołanie calling, vocation; (*na stanowisko*) installation
powoływać ~ (do wojska) conscript[2]; ~ (na stanowisko) install; ~ do wojska draft[2]; ~ się na plead, invoke
powód/ka plaintiff
powód reason[1], cause[1], grounds; ~ do dumy boast[2]; (*czyjś*) ~ do dumy sb's **pride**[1] and joy, sb's/sth's **claim**[2] to fame; ~ zażenowania embarrassment; mający słuszne powody justified; powody grounds; *komuś* przykro z *jakiegoś* powodu feel **bad** about sth/doing sth; z mojego powodu on my **account**[1]; z powodu because of, for[1], owing to, through[1], with, at; z powodu *czegoś* **due**[1] to sth; z tego powodu on that/this **score**[1], therefore
powódź flood[2], flooding, deluge[1]
powóz carriage, coach[1]; ~ (dwukołowy) buggy
powracać return[1], reappear, resurface; ~ do *czegoś* **return**[1] to sth
powracający recurring, resurgent
powrotny jednodniowy bilet ~ day return
powrót return[2], comeback, reappearance, resurgence, reversion, throwback; ~ do domu homecoming; ~ do zdrowia recuperation; bilet tam i z powrotem return[2], round-trip ticket; chodzić tam i z powrotem **pace**[2] about/up and down, etc; dostać *coś* z powrotem get sth back; podróż tam i z powrotem round trip; tam i z powrotem **up**[1] and down, **back**[1] and forth, **backwards** and forwards, **to**[3] and fro; z powrotem back[1], round[2]
powrzaskiwać rave[1]
powstały resultant; nowo ~ emerging
powstanie (*początek*) inception; (*przewrót*) insurrection, uprising; doprowadzać do powstania spawn
powstawać come into **being**[1], come about, start[1], be **born**[1]
powstrzymać foil[2], check[1]; ~ się od *czegoś* stop **short**[2] of sth/doing sth; ~ się od śmiechu keep a straight **face**[1]; ~ upadek stop the **rot**[2]; nie móc się ~ przed *czymś* can't/couldn't **help**[1] sth; → **powstrzymywać**
powstrzymanie ~ się abstinence
powstrzymywać inhibit, keep[1], stop[1], restrain, suppress, stem[2]; ~ *coś* hold sth back, stave sth off; ~ *kogoś/coś* hold sb/sth back; ~ się refrain[1]; ~ się/*kogoś/coś* keep (sb/sth) back; → **powstrzymać**
powszechnie widely, generally, freely, universally; ~ szanowany exalted; ~ uważany/zwany/znany *itp.* **popularly** believed/called/known, etc
powszechność prevalence
powszechny common[1], popular, widespread, universal, prevailing, endemic; być powszechnym prevail; wybory powszechne general election
powszedni (*czyjś*) chleb ~ a/sb's **way**[1] of life; dni powszednie the **week**; dzień ~ weekday
powściągliwość restraint, reserve[2]
powściągliwy restrained, reserved, muted
powtarzać duplicate[1], replicate, echo[1], reiterate, repeat[1], review[2], revise, replay; ~ *coś* trot sth out; ~ do upadłego **rub**[1] it in; ~ się recur; → **powtórzyć**

powtarzający ~ się repeated, recurring, repetitive
powtarzanie reiteration
powtórka repeat[2], repetition, rerun, revision, replay, action replay, instant replay
powtórnie napełniać ~ refill
powtórny ~ proces retrial; powtórne napełnienie refill; powtórne rozważenie reconsideration
powtórzenie repeat[2], repetition, reiteration, replication; znak powtórzenia ditto[2]
powtórzyć ~ *coś* do sth **over**[1], go over sth, do sth over, run through sth; → **powtarzać**
powykręcany twisted
powyżej above, over[1]; ~ *czegoś* in **excess**[1] of sth, **upwards** of sth
powyższy above[2]
poza beyond[1], **aside**[1] from, besides, outside[1], above[1], out of; (*udawanie*) pose[2], act[2]; ~ *czyimś* zasięgiem out of/beyond (sb's) **reach**[2]; ~ domem away[1], out[1]; ~ godzinami szczytu *l.* największej oglądalności off-peak; ~ kontrolą out of **control**[1]; ~ miastem out-of-town; ~ sezonem out of **season**[1]; ~ tym besides[2], moreover, **other**[1] than that, otherwise[1]; jeść ~ domem dine out, eat out; świata ~ *kimś* nie widzieć think the **world**[1] of sb, dote on sb; wieczór ~ domem a **night** out
poza- extra-
pozaginany z pozaginanymi rogami (*książka*) dog-eared
pozakomórkowy extracellular
pozamykać ~ (*coś*) lock (sth) up
pozaszczytowy off-peak
pozazdroszczenie godny pozazdroszczenia enviable
pozaziemski istota pozaziemska alien[2]
pozbawiać deny, deplete; ~ *kogoś/coś czegoś* deprive sb/sth of sth; ~ *kogoś czegoś* strip sb of sth, **rob** sb of sth; ~ pracy idle[2]; ~ tchu wind[2]; ~ uczuć harden; ~ złudzeń disillusion
pozbawić ~ *coś* sensu make a **nonsense** of sth
pozbawienie denial; pozbawienia wolności (*kara*) custodial
pozbawiony ~ *czegoś* **bereft** of sth, **devoid** of sth; ~ entuzjazmu flat[2]; ~ miłości loveless; ~ pewności siebie **unsure** of yourself; ~ poczucia humoru humourless; ~ skrupułów unscrupulous; być pozbawionym *czegoś* be **starved** of sth, be **void**[1] of sth
pozbierać ~ *coś* z *czegoś* cull sth from sth
pozbyć ~ się *czegoś* do away with sth, shake sth off, get sth out of your **system**; ~ się *kogoś* give sb the **push**[2], do away with sb
pozbywać ~ się dump[1], scrap[2], shed[2]; ~ się *czegoś/kogoś* dispense with sth/sb; ~ się *czegoś* dispose of sth, rid yourself of sth, get **rid**[1] of sth; ~ się *kogoś/czegoś* be **rid**[1] of sb/sth; ~ się *kogoś* get **rid**[1] of sb
pozdrowienie greeting; pozdrowienia regards, best **wish**[2]es
poziom level[1], standard[1], calibre, notch[1], tier, mark[1]; ~ morza sea level; ~ życia standard of living; na poziomie *czegoś* **up**[1] to sth; na tym samym poziomie level[2]; najwyższy ~ high[3]; nowy ~ new **heights**; osiągać wymagany ~ make the **grade**[1]; osiągnąć najniższy ~ hit/reach rock bottom; pozostawać na tym samym poziomie level off/out; rekordowo niski ~ a new/record/all-time, etc **low**[3]; utrzymywać *coś* na niskim poziomie hold sth down
poziomica contour
poziomo horizontally
poziomy level[2], horizontal
pozłacany gilded, gilt; ~ metal gold **plate**
poznać ~ (się) meet[1]; ~ się get together; móc ~ się can **tell**
poznawać recognize, explore
poznawczy cognitive
pozornie apparently, outwardly, seemingly
pozorny apparent
pozory pretence, surface[1], front[1]; pozory normalności/porządku *itp.* a **semblance** of normality/order, etc
pozostać nie ~ dłużnym hit back; ~ przy *czymś* stick with sb/sth; → **pozostawać**
pozostaje nie ~ mi/ci/nam *itp.* nic innego jak *robić coś* I/you/we, etc will **just**[1] have to do sth
pozostałość the remainder, remnant, residue
pozostały else, other[1], remaining, residual, leftover, over[1]; ~ przy życiu survivor
pozostawać stay[1], go[1], remain; ~ na tym samym poziomie level off/out; ~ na/w/z *itp.* **remain** at/in/with, etc; ~ tajemnicą/więźniem *itp.* **remain** a secret/mystery/prisoner, etc; ~ w sprzeczności z contradict; ~ w tyle za *kimś/czymś* lag behind (sb/sth); ~ w zawieszeniu be up in the **air**[1]; nie ~ w tyle get/jump on the **bandwagon**; pozostaje tylko *coś* be a **case** of doing sth; → **pozostać**
pozostawiać leave[1]; ~ *kogoś/coś gdzieś* **keep**[1] sb/sth in/inside, etc; ~ *kogoś* samemu sobie leave someone to their own **device**s; ~ uraz (psychiczny) scar
pozostawiony ~ samemu sobie stranded
pozować pose[1]
pozór na ~ outwardly; pod żadnym pozorem on no **account**[1]; not on any account; z pozoru outwardly, on the **face**[1] of it, seemingly; → **pozory**
pozwać sue
pozwalać allow, permit[1], let; ~ na permit[1]; ~ sobie *coś zrobić* **presume** to do sth; nie ~ na *coś* not **stand**[1] for sth; nie ~ *komuś/czemuś* na *coś* keep sb/sth from doing sth; pozwól, że ... **let** me/us; → **pozwolić**
pozwan-y/a defendant
pozwolenie permission, permit[2], licence, dispensation; bez pozwolenia unauthorized; uzyskać *l.* dać ~ clear[2]
pozwolić ~ *komuś* pokazać się z najlepszej strony bring out the **best**[3] in sb; ~ *komuś* wyciągnąć wniosek **lead**[1] sb to a conclusion; ~ *komuś* wytrzymać *l.* przetrwać **keep**[1] sb going; ~ sobie *coś zrobić* take the **liberty** of doing sth; ~ wyjść *l.* odejść dismiss; móc sobie ~ na can **afford**; móc sobie ~ na *coś* can **afford** to do sth; nie móc sobie ~ na *coś* can **ill**[3] afford (to do) sth; → **pozwalać**
pozycja position[1], standing[1], stature; (*na liście*) item, entry; ~ (katalogowa) lot; na pierwszej/drugiej/trzeciej *itp.* pozycji in first/second/third, etc **place**[1], in first/second/third, etc **position**[1]; uplasować się na pierwszej/na ostatniej *itp.* pozycji **come** first/last, etc; zajmować *jakąś* pozycję rank[2]; zapewniać *komuś/czemuś* pozycję jako *ktoś/coś* **establish** sb/sth as sth
pozycyjny (liczbowy) system ~ place value
pozyskać procure; ~ pomoc/wsparcie *kogoś* **enlist** the help/support of sb
pozyton positron
pozytywnie positively; być ~ ustosunkowanym do *czegoś* be favourably **disposed** towards sth
pozytywny positive, favourable, can-do; wynik ~ (*na egzaminie*) pass[2]
pożałowanie pożałowania godny lamentable
pożar fire[1], blaze[2]
pożarny posterunek straży pożarnej fire station; straż pożarna fire brigade
pożarowy alarm ~ fire alarm; schody pożarowe fire escape
pożądać covet; ~ *kogoś* lust after sb
pożądanie desire[1], lust[1]; przemożne ~ **burning** desire
pożądany desirable, in **demand**[1]; ~ skutek/rezultat/kształt *itp.* the **desired** effect/result/shape, etc
pożegnać ~ *kogoś* **bid**[3] sb farewell/goodbye/good night, etc
pożegnalny pożegnalne spojrzenie/słowa *itp.* **parting**[2] glance/words, etc
pożegnanie farewell, send-off; pomachać *komuś* na ~ wave sb off
pożerać devour, gobble, scarf[2], scoff, wolf[2]; ~ *kogoś/coś* wzrokiem drool over sb/sth
pożoga inferno
pożyczać borrow, lend, loan[2]
pożyczka loan[1]
pożyczkobiorca borrower
pożytecznie profitably
pożyteczny profitable

pożywienie nourishment, food; poszukiwać pożywienia forage
pożywka culture medium
pożywny nourishing, nutritious, wholesome
pójście ~ na łatwiznę soft option
pójść go along; ~ na *coś* (*czas, wysiłek*) go into sth; ~ za *jakąś sumę* go for sth; dobrze/źle *itp.* ~ **go**[1] badly/well, etc; *komuś* źle/dobrze *itp.* poszło **do**[2] badly/well, etc; jak tak dalej pójdzie at this **rate**[1]; → **iść**
pół- demi-; semi-
pół half[1]; na ~ in **two**; przełamać/przeciąć/podzielić *coś* na ~ break/cut/split sth in **half**[1]; w ~ drogi halfway
półfinał semifinal
półka shelf, rack[1]; (*skalna*) ledge; ~ (na książki) bookshelf; ~ nad kominkiem mantelpiece
półkole semicircle
półksiężyc crescent
półkula hemisphere; ~ mózgu cerebral hemisphere
półleżeć recline
półmetal metalloid, semi-metal
półmisek dish[1], platter
północ (*pora*) midnight; (*kierunek*) north, North; mieszka-niec/nka północy northerner, Northerner; na ~ north, northward, northwards, uptown, upstate; na północy north, uptown, upstate; prowadzący */.* zdążający na ~ northbound; skierowany na ~ north-facing; wysunięty najdalej na ~ northernmost; z północy northerly
północnoamerykański North **American**
północno-wschodni northeastern, Northeastern, northeast, Northeast
północno-zachodni northwestern, Northwestern, northwest, Northwest
północny north, northern, Northern, northbound, northerly, north-facing, northward, upstate; ~ wschód northeast, Northeast; ~ zachód northwest, Northwest; biegun ~ the North Pole; na ~ wschód northeast, Northeast; na ~ zachód northwest, Northwest
półpiętro landing
półprzepuszczalny semipermeable
półprzewodnik semiconductor
półprzezroczysty translucent
półprzytomny in a **daze**
półświatek underworld
półwysep peninsula; Półwysep Indochiński Indo-China
później later (on), after[3], afterwards, next[2], beyond[2], thereafter; ~ będziemy się o to martwić I'll/We'll cross that **bridge**[1] when I/we come to it.; na ~ (*odłożyć*) aside[1]; odłożony na ~ on **hold**[2]; odłożyć *coś* na ~ put sth to one **side**[1], put sth on the back **burner**; prędzej *czy* ~ **soon**er or later
późniejszy later
późno late; ~ się położyć have a late **night**; do późna all **hour**s; jest ~ it's **late**; o wiele za ~ **far**[1] too late; przesiadywać do późna sit up; robić się ~ be getting on; za ~ belatedly
późny late
prababcia **great**-grandmother
prababka **great**-grandmother
praca work[2], job, labour[1], employment, service[1], business, working; (*rozprawa*) thesis; ~ (konkursowa) entry, submission; ~ na akord piecework; ~ socjalna social work; ~ społeczna community service; ~ w grupach groupwork; ~ z domu teleworking, telecommuting; ~ zespołowa */.* grupowa */.* w grupie teamwork; bez pracy out of a **job**; brać się do pracy **set**[1] to work; miejsce pracy workplace; nie w pracy off[2]; Partia Pracy Labour, the Labour Party; pokój do pracy study[2]; pozbawiać pracy idle[2]; prace badawczo-rozwojowe R and D; prace domowe housework, housekeeping; przerwa w pracy stoppage, shutdown; sąd pracy industrial tribunal; stała ~ **steady**[1] job/work; w pracy in[2]; wylać *kogoś* z pracy boot sb out; wylecieć z pracy get/be given the **boot**[1]; z pracy (*znać*) professionally; zabierać się do pracy get/set to **work**[2] (on sth); zadowolenie z pracy job satisfaction; zmuszać do pracy work[1]; zwalniać z pracy sack[2]; zwalniać *kogoś* z pracy lay sb off; zwolnienie z pracy the **sack**[1]
pracochłonny exacting
pracodawca employer
pracoholik workaholic
pracować work[1]; (*urządzenie*) run[1]; ~ (sobie) **ply** your trade; (ciężko) ~ labour[2]; ~ na własny rozrachunek */.* na zlecenia freelance; ~ nad *czymś* work at sth; ~ nad tym be on the **case**; ~ przy *czymś* work on sth; ~ w ogrodzie garden
pracowicie busily, industriously
pracowity hard-working, industrious
pracownia studio, laboratory; ~ garncarska pottery
pracowni-k/ca employee, worker; pracownicy staff[1]; pracownicy (naukowi) the **faculty**; pracownik (obsługi) attendant; pracownik naukowy academic[2], fellow[1]; pracownik sezonowy migrant; pracownik szczebla kierowniczego executive[2]; pracownik wykwalifikowany tradesman; sprawny/powolny/dobry *itp.* pracownik a quick/slow/good, etc **worker**
pracujący ~ na własny rozrachunek self-employed; mężczyzna/kobieta *itp.* pracując-y/a a **working** man/woman, etc; osoba pracująca z domu telecommuter, teleworker
prać wash[1], launder; ~ chemicznie dry clean
pradawny primeval
pradziad **great**-grandfather
pradziadek **great**-grandfather
pragmatyczny pragmatic
pragmatyk pragmatist
pragmatyzm pragmatism
pragnąć desire[2], crave; ~ *czegoś* **aspire** to sth; aspire to do sth, be **hungry** for sth, lust after sth; bardzo ~ *czegoś* **long**[4] for sth; long to do sth, **yearn** for sth; yearn to do sth, hanker after/for sth
pragnienie (*napoju*) thirst; (*pożądanie*) desire[1], urge[2], longing, yearning; ugasić ~ **quench** your thirst; umierać z pragnienia be **parched**
praktycznie practically, virtually, effectively; ~ możliwy practicable; ~ rzecz biorąc to/for all **intent**[1]s (and purposes)
praktyczność practicality
praktyczny practical[1], sensible, down-to-earth, utilitarian, hands-on; egzamin ~ practical[2]; praktyczna zasada a **rule**[1] of thumb; praktyczna znajomość *czegoś* a **working** knowledge of sth; strona praktyczna the nitty-gritty, practicalities; szkolenie praktyczne practical[2]; wiedza */.* strona praktyczna the **nut**s and bolts
praktyka practice, practical[2], apprenticeship, internship, placement; w praktyce in **practice**, in **effect**[1], in **actual** fact; zastosować *coś* w praktyce put something into **practice**
praktykant/ka apprentice, intern[1], trainee
praktykować practise
praktykujący ~ katolik/żyd/muzułmanin *itp.* a **practising** Catholic/Jew/Muslim, etc
pralka washing machine, washer
pralnia ~ chemiczna the **cleaner**'s, dry cleaner's; ~ samoobsługowa launderette
pranie wash[2], washing, laundry, laundering; ~ chemiczne dry cleaning; ~ mózgu brainwashing; (nadający się) do prania washable; proszek do prania washing powder; proszek */.* płyn */.* żel do prania detergent
prasa the **press**[2]; ~ drukarska printing press, press[2]; dobra/zła ~ good/bad **press**[2]
prasować iron[2], press[1]
prasowanie ironing, press[2]; deska do prasowania ironing board
prasowy konferencja prasowa press conference; oświadczenie prasowe press release
prasowy rzeczni-k/czka prasow-y/a publicist
prawda truth, substance; ~? **aren't** I?; ~ jest taka, że the **fact** (of the matter) is; ~ o *czymś* the **reality**/realities of sth; co ~ admittedly; prawdę mówiąc as a **matter**[1] of fact; spójrzmy prawdzie w oczy **let**'s

face it; święta ~ the **gospel** truth; to ~ be **so**[3]; to prawda, że … ale **may** (well) … but; ukrywać prawdę o whitewash; ukrywanie prawdy whitewash; zatuszowanie prawdy cover-up; zgodnie z prawdą truthfully; zgodny z prawdą truthful
prawdomówność truthfulness
prawdomówny truthful
prawdopodobieństwo probability, likelihood, odds, plausibility; duże ~ **strong** possibility
prawdopodobnie probably, arguably, may/might/could **well**[2], likely[2]; brzmieć ~ ring **true**
prawdopodobny probable, likely[1], plausible; mało ~ unlikely, implausible
prawdziwie truly
prawdziwy true, real[1], genuine, right[1], proper, underlying, veritable
prawica the Right/right; radykalna ~ the **far**[2] right
prawicowiec right-winger
prawicowy right-wing
prawić ~ kazania lecture[2]; ~ komplementy flatter
prawidłowo properly, correctly
prawidłowy correct[1]
prawie almost, nearly, **just**[1] about, **all**[2] but, near[1], **near**[1] enough, well **nigh**/nigh on; ~ *coś zrobić* be/come **near**[1] to doing sth, be/come **close**[2] to doing sth; ~ (całkiem) **pretty**[1] much/well; ~ (zupełnie) virtually; ~ nie hardly; ~ zawsze/każdy/pół *itp.* **almost** always/everyone/half, etc; ~ zupełny *l.* całkowity virtual; *coś* ~ tak dobre the **next**[1] best thing
prawnie legally
prawnik attorney, lawyer; (praktykujący) ~ practitioner
prawnuczka **great**-granddaughter
prawnuk **great**-grandchild
prawny legal; kroki prawne legal **action**; kruczek ~ technicality; (bezpłatna) pomoc prawna legal aid; z osobowością prawną Incorporated
prawo (*strona*) right[2]; (*uprawnienie*) right[3], entitlement, claim[2]; (*kodeks*) law, statute, authority; ~ autorskie copyright; ~ jazdy driving licence, driver's license; ~ wyborcze the **vote**[2], franchise; (czynne) ~ wyborcze suffrage; duch prawa the **spirit**[1] of the law; mający ~ eligible; mieć *l.* dawać ~ qualify; mieć ~/nie mieć prawa do *czegoś l. robić coś/czegoś* have a/no **right**[3] to do sth; naruszyć ~ **break**[1] the law; niepisane ~ an **unwritten** law; niezgodność z prawem illegitimacy; osoba wyjęta spod prawa outlaw[2]; prawa rights; prawa człowieka human rights; prawa obywatelskie civil rights; rościć sobie ~ do *czegoś* lay **claim**[2] to sth; równe prawa **equal**[1] rights; rzecznik praw obywatelskich ombudsman; samozwańczy obrońca *l.* stróż prawa vigilante; skręcać w ~ **bear**[1] right; ustanawiać ~ *l.* prawa legislate; w ~ right[2], clockwise; w myśl prawa by **law**; w ramach prawa/swoich praw *itp.* **within**[1] the law/your rights; wbrew prawu **against** the law; zgodnie z prawem by **law**; zgodny z prawem above board
prawomyślny law-abiding
praworęczny right-handed
praworządność **law** and order
praworządny law-abiding
prawość integrity
prawowity rightful
prawy right[1], right-hand; (*uczciwy*) upright[2]; ~ sierpowy a right **hook**[1]; *czyjaś* prawa ręka sb's **right-hand** man/woman; prawa burta starboard; prawa strona right[3]
prawybory primary[2]
prażony prażona kukurydza popcorn
prąd current[2]; ~ przemienny alternating current; ~ stały direct current; ~ znamionowy amperage; płynąć z prądem go with the **flow**[2]; pod ~ upstream; porazić prądem electrocute; porażenie prądem electric shock, electrocution; wyłączenie prądu an electricity/power **cut**[2]
prądnica generator, dynamo
prążek band[1]
preambuła preamble
precedens precedent
precyzja precision, rigour
precyzować specify; ~ *coś* set sth out
precyzyjnie finely
precyzyjny precise, strict, fiddly
precz ręce ~ **hand**[1]s off
predykatywny predicative
predyspozycja predisposition; mieć predyspozycje do *czegoś* be **predisposed** to sth
prefabrykowany budynek/dom *itp.* z elementów prefabrykowanych a **prefabricated** building/home/house, etc
preferencja preference; preferencje preference; dawać *komuś* preferencje give **preference** to sb
preferencyjny preferencyjne traktowanie **preferential** treatment; traktować *kogoś* preferencyjnie give **preference** to sb
preferować favour[2]; ~ *coś/kogoś* be **weighted** in favour of/towards sth
prehistoryczny prehistoric
prekambryjski Precambrian
prekursor/ka precursor, forerunner
prelegent/ka speaker
preludium prelude
premedytacja z premedytacją premeditated
premia bonus
premier prime minister, PM, premier[1]
premiera premiere; ~ na giełdzie float[2], flotation
prenatalny prenatal
prenumerata subscription
prenumerator/ka subscriber
prenumerować subscribe
prepaid pay-as-you-go, prepaid
preparat slide[2]
preparować doctor[2]
preria prairie
prerogatywa prerogative
presja pressure[1]; wywierać na *kogoś* presję put **pressure**[1] on sb; wywierać presję na pressure[2], pressurize
prestiż prestige, cachet
prestiżowy prestigious
pretekst excuse[2], pretext, pretence; pod fałszywym pretekstem under false **pretences**
pretendent/ka challenger, contender
pretensja grievance, recrimination; mieć pretensje do całego świata have a **chip**[1] on your shoulder
pretensjonalność pretension
pretensjonalny arty, pretentious
prewencja prevention
prewencyjny preventive
prezbiteria-nin/nka Presbyterian
prezbiteriański Presbyterian
prezencja presence
prezent gift, present[2], treat[2]
prezentacja introduction
prezenter/ka anchor[1], broadcaster, newscaster, newsreader, presenter; pracować jako ~ anchor[2]
prezentować feature[2], model[2]; ~ się pose[1]
prezerwatywa condom
prezes president, chairman, chairwoman, chief executive, CEO
prezesura presidency, the **presidency**
prezydencki presidential; urząd ~ the **presidency**
prezydent president; obstawa *l.* ochrona prezydenta secret service
prezydentura presidency
pręcik stamen
prędkość speed[1], velocity; jazda z nadmierną prędkością speeding; jechać z nadmierną prędkością be **speed**[2]ing; karkołomna ~ **breakneck** speed; ograniczenie prędkości speed limit
prędzej ~ czy później **soon**er or later; czym ~ *coś zrobić* **rush**[1] to do sth
pręgowany ~ kot tabby
pręt bar[1], rod
prężność resilience
prężny resilient
prima aprilis April Fool's Day
priorytet priority; dawać ~ *czemuś* give **priority** to sth; mieć ~ (nad *czymś*) have/take **priority** (over sth); ustalać *l.* nadawać ~ prioritize
pro- pro-
probierz touchstone
problem problem, snag[1], trouble[1], worry[2], aggravation, upset[3]; (drobny) ~ hiccup; borykający się z problemami beleaguered; mieć z *czymś* ~ have issues with sth;

palący ~ a **burning** issue/question; stanowić ~ **pose**[1] a problem; stanowić /. stwarzać ~ **present**[3] a problem; trudny ~ a **sticky** problem
problematyczny problematic
problemowy grupa problemowa focus group
problemy trouble[1]
proboszcz rector
probówka test tube
proca catapult[2], slingshot
procedura procedure
procek chip[1]
procent percentage, percent; procenty booze[1]
proces process[1]; (*w sądzie*) lawsuit; ~ (sądowy) trial; ~ pokazowy show trial; powtórny ~ retrial; rewizja procesu retrial
procesja procession
procesor chip[1], processor, CPU
proch dope[1]; ~ (strzelniczy) gunpowder; prochy dope[1]; *czyjeś* prochy sb's **ashes**; zetrzeć *kogoś* na ~ make **mincemeat** of sb
producent/ka maker, manufacturer, producer, primary producer; być producentem produce[1]
produkcja production, making, manufacturing, manufacture, output[1]; ~ jednostkowa job production; ~ masowa mass production; ~ seryjna batch production; ~ taśmowa flow production; wycofać z produkcji discontinue
produkcyjny hala produkcyjna shop floor
produkować produce[1], manufacture; ~ *coś* turn sth out; ~ masowo mass-produce; ~ *coś* (masowo) churn sth out; ~ na skalę masową mass-produce
produkt product; (chodliwy) ~ seller; ~ eksportowy export[1]; ~ importowany import[2]; ~ końcowy end-product; ~ (reakcji) product; ~ uboczny by-product, spin-off; produkty produce[2]; sztandarowy ~ flagship
produktywność productivity
produktywny productive
profesjonalist-a/ka pro, professional[2]
profesjonalizm professionalism
profesjonalnie professionally
profesjonalny professional[1], businesslike
profesor professor, master[1]
profil profile[1], moulding, profile
profilaktyczny preventive
profilaktyka prevention
progesteron progesterone
prognoza prediction, forecast[1], projection, prognosis; ~ pogody weather forecast
prognozować forecast[2], project[2]
program show[2], broadcast[1], channel[1], programme[1], program[1], set[2], circuit, routine[1], timetable, scheme[1], bill[1]; ~ (nauczania) curriculum, syllabus; ~ (wyborczy) platform; ~ dokumentalny documentary; ~ z (telefonicznym) udziałem widzów /. słuchaczy call-in, phone-in; ~ zajęć syllabus; darmowe programy freeware; emisja programów broadcasting; gospod-arz/yni programu compère; specjalny ~ special[2]
programist-a/ka programmer
programować programme[2], program[2]
programowanie programming
programy software
progresja progression
progresywny graduated
projekcja projection, showing
projekt project[1], design[1], draft[1], blueprint; ~ ustawy bill[1]; sporządzać ~ draft[2]
projektant/ka designer[1]; ~ wnętrz interior designer, decorator; dżinsy/okulary od znanego projektanta **designer**[2] jeans/sunglasses, etc
projektor projector
projektować design[2], style[2]
projektowanie design[1]; ~ wnętrz interior design
proklamacja proclamation
proklamować proclaim
prokurator prosecutor; ~ rejonowy district attorney
proletariat proletariat
prolog prologue
prom ferry[1]; ~ kosmiczny space shuttle, shuttle[1]
promenada promenade
promienie ~ gamma gamma radiation
promienieć radiate; ~ szczęściem/dumą *itp.* **glow**[2] with happiness/pride, etc
promieniotwórczość radioactivity
promieniotwórczy radioactive
promieniować radiate, ooze
promieniowanie radiation; ~ tła background radiation; ~ X /. rentgenowskie X-ray
promiennie uśmiechać się ~ beam[2]
promienny radiant; ~ uśmiech beam[1]
promień beam[1], ray, radius; ~ odbity reflected ray; ~ padający incident ray; w promieniu within[1]
promiskuityzm promiscuity
promocja offer[2], promotion; ~ własna /. pozamedialna below the line promotion
promocyjny promotional; być (sprzedawanym) po promocyjnej cenie be going **cheap**[2]; zniżka/cena/oferta *itp.* promocyjna an **introductory** discount/fare/offer, etc
promować market[2], promote, tout[1]
promyk glimmer[1]; ~ nadziei a **ray** of hope; ~ szczęścia/nadziei *itp.* a **glimmer**[1] of happiness/hope, etc
propaganda propaganda, spin[2], agitprop; spec od propagandy spin doctor
propagandzist-a/ka propagandist
propagator/ka promoter, exponent
propagować propagate
propagowanie propagation
propan propane
proponować offer[1], propose, suggest; ~ *coś* put sth forward
proporcja proportion, ratio; proporcje proportions; zachowywać proporcje **strike**[1] a balance
proporcjonalnie proportionately, on a percentage **basis**; ~ do in **proportion** to
proporcjonalny proportional, proportionate, in **proportion**; reprezentacja proporcjonalna proportional representation
proporczyk pennant
proporzec pennant
propozycja offer[2], proposal, proposition, suggestion, offering, approach[1]; ~ (uchwały) proposition; otwarty na propozycje **open**[1] to suggestions
proroctwo prophecy
proroczy prophetic
prorok/ini prophet
prosiak pig[1], piglet
prosić ask, request[2]; ~ (o) ask; ~ (bardzo) go ahead, There you are/go.; ~ się o *coś* be heading for sth; proszę Here you are., here, please[1]; proszę bardzo go **ahead**, Be my **guest**.; proszę pana sir, Mister; proszę pani madam, ma'am
prosperować prosper
prosperujący prosperous; dobrze ~ buoyant
prosta na prostej in the **clear**[4]
prostacki coarse, common[1]
prostata prostate gland
prosto straight[2], squarely, clean[3], smack[3], headlong, plainly, simply, upright[1]; ~ *skądś* **fresh** from/out of sth; ~ na wschód/północ/południe/zachód *itp.* **due**[3] east/north/south/west, etc; ~ w twarz to sb's **face**[1]; ~ z mostu bluntly; mówić ~ z mostu speak your **mind**[1]; powiedzieć *komuś* ~ z mostu tell sb **straight**[2] (out); po prostu just[1], simply, positively, cold[3]; po prostu głupi/błędny *itp.* **plain**[2] stupid/wrong, etc; siedzieć/stać ~ sit up/stand up **straight**[2]; walić ~ z mostu not pull any **punch**[2]es
prostokąt rectangle
prostokątny rectangular
prostopadłościan cuboid
prostopadłościenny cuboid
prostopadły perpendicular
prostota simplicity
prostownik extensor (muscle)
prosty straight[1], plain[1], simple, straightforward, basic, **rough**[1] and ready, rustic; ~ sposób a quick **fix**[2]; flet ~ recorder; kąt ~ right angle; prosta rada a quick **fix**[2]; w linii prostej as the **crow**[1] flies
prostytucja prostitution, soliciting; ~ i narkotyki vice
prostytutka prostitute
proszek powder, mix[2]; ~ do prania

detergent, washing powder, laundry detergent; w proszku powdered, instant[1]
proszę → **prosić**
prośba request[1]
prot protium
protagonist-a/ka protagonist
proteaza protease
protegowan-y/a protégé
proteina protein
protekcjonalnie condescendingly; traktować ~ patronize
protekcjonalność condescension
protekcjonalny condescending
protekcjonizm favouritism, protectionism
protest protest[1], outcry, protestation; fala protestów a **storm**[1] of protest; organizować ~ **stage**[2] a protest; przemaszerować w proteście march[2]; składać ~ **lodge**[2] a protest
protestacyjny akcja protestacyjna industrial action; brać udział w marszu protestacyjnym march[2]; marsz ~ march[1]; organizować marsz ~ march[2]
protestancki Protestant; religia protestancka Protestantism
protestant/ka Protestant
protestantyzm Protestantism
protestować object[2], protest[2], petition[1]; ~ (przeciw/przeciwko *czemuś*) **protest**[2] (about/against/at sth); ~ przeciw *l.* przeciwko *czemuś* **protest**[2] sth; zażarcie ~ be up in **arms**
protestując-y/a protester
proteza plate; ~ (zębowa) dentures
protokół the minutes, protocol
proton proton
protoplazma protoplasm
prototyp prototype
provider ISP
prowadząc-y/a host[1], compère
prowadzenie (*pozycja lidera*) lead[2]; (*obsługa*) running[1]; ~ (samochodu) driving[1]; ~ *czegoś* **conduct**[1] of sth; ~ domu home economics; na prowadzeniu ahead, in **front**[1]; przynosić *komuś* ~ **catapult**[1] sb into the lead; zajęcia z prowadzenia domu home economics
prowadzić (*przewodzić*) lead[1], guide[2], shepherd[2], drive[1], spearhead; (*kierować*) channel[2], run[1]; (*notatki*) keep[1]; (*program*) present[3]; (*towar*) sell; ~ (z) lead[1]; ~ *coś* **wheel**[2] sth around/into/to, etc; ~ *gdzieś* **lead**[1] into/to/towards, etc; ~ *kogoś* **steer** sb; ~ aktywne/normalne/spokojne *itp.* życie **lead**[1] a busy/normal/quiet, etc life; ~ badania (nad) research[2]; ~ do *czegoś* lead to sth; ~ do uprzedzeń/ignorancji *itp.* **breed**[2] contempt/ignorance, etc; ~ dochodzenie *l.* śledztwo (w sprawie) investigate; ~ kampanię campaign[2]; ~ kampanię (wyborczą) stump[2]; ~ mediację mediate; ~ przez/do/wzdłuż *itp.* **run**[1] through/down/along, etc;
~ rozmowy talk[1]; ~ walkę/kampanię/wojnę *itp.* **wage**[2] a battle/campaign/war, etc; ~ wykopaliska excavate; źle ~ mishandle
prowiant provisions
prowincja province, the **province**s; prowincji provincial
prowincjonalny provincial
prowizja commission[1]
prowizorycznie provisionally
prowizoryczny makeshift, provisional, **rough**[1] and ready
prowodyr ringleader
prowokacja provocation, invitation
prowokacyjnie provocatively
prowokacyjny provocative, inflammatory
prowokator/ka instigator
prowokować invite[1], ignite, provoke; ~ konflikt/niebezpieczeństwo/katastrofę *itp.* **court**[2] controversy/danger/disaster, etc
prowokująco provocatively
prowokujący provocative
proza prose
Prozac Prozac
prozaiczny mundane, prosaic, pedestrian[2]
próba attempt[1], test[1], bid[1], go[2], trial, try[2], effort, sample[1], a dummy/practice/trial **run**[2]; (*przedstawienia*) rehearsal; (*jubilerska*) hallmark; ~ ognia acid test; ~ zgadnięcia guess[2]; daremna ~ **vain** attempt; metoda prób i błędów **trial** and error; odbywać próbę rehearse; stanowić trudną próbę be **hard**[1] on sth; wystawiać na próbę test[2]; wystawiać *kogoś/coś* na próbę put a **strain**[1] on sb/sth
próbka sample[1], specimen
próbkowanie ~ losowe random sampling
próbny probationary; alarm ~ an emergency/fire, etc **drill**[1]; okres ~ probation
próbować try[1], attempt[2]; (*kosztować*) taste[2], sample[2]; (*przedstawienie*) rehearse; → **spróbować**
próchnica decay
prócz **other**[1] than; → **oprócz**
próg threshold, doorway, doorstep; ~ rentowności break-even point; u progu *czegoś* on the **threshold** of sth
próżnia vacuum[1]
próżno na ~ in **vain**, vainly, to no **avail**
próżność vanity
próżnować idle[2]
próżny vain
pruć ~ (się) unravel
pruderyjnie primly
pruderyjny prim, prudish
prychać sputter
prymat pre-eminence
prymitywnie crudely
prymitywny crude, primitive, earthy; żyć w prymitywnych warunkach **rough**[4] it
prymulka primrose
pryncypialny principled
pryskać spray[2]
pryszcz pimple, spot[1]; to ~ be a **snap**[2]
pryszczaty spotty, pimply
prysznic shower[1]; brać ~ shower
prywatka ~ z noclegiem sleep-over
prywatnie in **private**[1], privately
prywatność privacy; naruszać *czyjąś* ~ **invade** sb's privacy; naruszenie prywatności an **invasion** of privacy
prywatny private[1], personal; *czyjeś* prywatne życie sb's **private**[1] life; prywatna przedsiębiorczość private enterprise; prywatna szkoła podstawowa prep school; prywatna szkoła średnia prep school; sektor ~ the private sector; szkoła prywatna public school
prywatyzacja privatization
prywatyzować privatize
pryzmat prism
prząść spin[1]; cienko ~ feel the **pinch**[2]
prze- over-
przeadresować redirect
przebaczać absolve
przebaczenie forgiveness
przebarwiać ~ (się) discoloured
przebicie siła przebicia clout
przebić top[3], puncture[2], perforate; ~ się przez *coś* break through sth; → **przebijać**
przebieg mileage; ~ obrad proceedings
przebiegle artfully, craftily, cunningly
przebiegłość guile, cunning
przebiegły artful, devious, shifty, crafty, cunning, sly, wily; ~ uśmieszek **sly** smile
przebierać ~ się change[1], dress up, **disguise**[2] yourself
przebieralnia changing room, dressing room
przebijać pierce, impale, undercut; ~ *coś* **drive**[1] sth through; ~ się/*coś* **stick**[1] (sth) into; ~ się przez **crash**[2] through; → **przebić**
przebiśnieg snowdrop
przebity perforated
przebogaty opulent
przebojowy feisty
przebój hit[2], smash[2]; lista przebojów the **chart**[1]s
przebrać ~ miarę boil over
przebranie disguise[1]; w damskim przebraniu in **drag**[2]
przebrany być przebranym za *kogoś/coś* be **disguise**[2]d as sb/sth
przebrnąć ~ (przez *coś*) muddle through (sth); ~ przez *coś* plough through sth, wade through sth
przebudowa redevelopment
przebudować redevelop
przebudzenie awakening
przebyć cover[1], negotiate, navigate
przebywać ~ w areszcie be **remand**[2]ed in custody; ~ wśród *kogoś* rub **shoulder**[1]s with sb; ~ z *kimś* associate with sb

przecedzać sieve
przeceniać overestimate
przeceniony cut-price
przechadzać ~ się **amble** along/around/through, etc
przechłodzony super-cooled
przechodni transitive
przechodzić (*łagodnieć*) ease off/up; (*mijać*) pass[1]; (*podlegać*) go through, endure, **get**[1] through, undergo; (*w głosowaniu*) be carried; (*przenosić się*) branch out, change over, move on; (*zmieniać*) convert[1]; (szybko) ~ **come** and go; ~ (obok) go by; ~ do *czegoś* get onto sth, **proceed** to do sth; ~ do historii go down; ~ kryzys be at a low **ebb**[1], sag; ~ na emeryturę retire; ~ na stronę wroga defect[2]; ~ nad *czymś* do porządku dziennego take sth in your **stride**[2]; ~ nad *czymś*/przez *coś* **pass**[1] (sth) over/through, etc; ~ przez cross[1]; ~ przez *coś* go through sth; ~ rekonwalescencję convalesce; ~ samego siebie **excel** yourself; ~ w bród **wade** across/through, etc; kazać *komuś* ~ przez *coś* put sb through sth; **→ przejść**
przechodzień passer-by; (przypadkowy) ~ bystander
przechowanie storage; na ~ for safe **keeping**
przechowywać hold[1], store[2], stow; ~ *coś* **keep**[1] sth in/on, etc
przechwalać ~ się brag
przechwałka pełen przechwałek boastful
przechwycenie seizure
przechwycić intercept, seize
przechylać ~ (się) tilt, tip[2]; ~ *coś* do tyłu/przodu **lean**[1] sth back/forward
przechył tilt
przechytrzyć outwit, outmanoeuvre
przeciąć slice[2]; ~ (się w) cut[1]
przeciąg draught[1], draft[1]; pełen przeciągów draughty
przeciągać ~ *coś* drag sth out, spin sth out; ~ *coś/kogoś* **draw**[1] sth/sb across/back/over, etc; ~ (myszką) drag[1]; ~ się overrun; ~ się na/do *itp.* **stretch**[1] into/over, etc; ~ strunę **overstep** the mark
przeciągły drawn-out
przeciążać overload
przeciążony overburdened
przeciek leak[2]
przeciekać leak[1], leak out, soak, **seep** through
przeciekający leaky
przeciekanie leakage
przecier paste[1], purée
przecierać dab; ~ (się) wear[1]; ~ szlaki be a **first**[3]
przecież **after**[1] all; ale ~ at the **end**[1] of the day, **come** to think of it; nie móc ~ *czegoś zrobić* can't/couldn't very **well**[2] do sth
przecięcie slash[2]; (*prostych*) intersection; ~ nasieniowodu vasectomy
przeciętna average[2]; poniżej przeciętnej below **par**
przeciętnie on **average**[2]
przeciętność mediocrity
przeciętny average[1], lacklustre, run-of-the-mill, median, lay[2], indifferent, pedestrian[2]; (co najwyżej) ~ mediocre
przecinać cut[1], slit[2], snip[1], cross[1], criss-cross; ~ (się) intersect; ~ się (z) cross[1]
przecinek comma; (*w liczbie*) decimal point; miejsce po przecinku decimal place
przeciskać ~ się **squeeze**[1] through
przeciw against, versus; (argumenty) za i ~ the **pros** and cons; być ~ oppose; być ~ *czemuś* be **opposed** to sth; **→ przeciwko**
przeciw- contra-; counter-
przeciwbólowy lek /. środek ~ painkiller
przeciwciało antibody
przeciwdepresyjny lek ~ anti-depressant
przeciwdeszczowy płaszcz ~ raincoat, mackintosh, mac
przeciwdziałać counter[2]
przeciwieństwo opposite[3], antithesis; w przeciwieństwie by/in **contrast**[1]; w przeciwieństwie do unlike, as **opposed** to; zupełne ~ **stark**[1] contrast
przeciwko buntować się ~ *czemuś* react against sth; mieć coś ~ mind[2]; mieć *coś* ~ *komuś/czemuś* have sth **against** sb/sth; nadjeżdżający /. jadący z przeciwka oncoming; nie mieć nic ~ *czemuś* not be **averse** to sth; **→ przeciw**
przeciwnie wręcz ~ on the **contrary**[1], conversely, the **reverse**[2]
przeciwni-k/czka opponent, adversary; przeciwnicy **opposing** teams/players, etc
przeciwności przeciwności losu adversity
przeciwny opposite[1], contrary[2], rival, against; być przeciwnym *czemuś* be **averse** to sth; być przeciwnym *czemuś*/*robieniu czegoś* be set against sth/doing sth; płeć przeciwna the opposite sex; przeciwne drużyny *itp.* **opposing** teams/players, etc; w przeciwnym razie otherwise[2], or
przeciwprostokątna hypotenuse
przeciwsłoneczny okulary przeciwsłoneczne sunglasses
przeciwstawiać ~ się defy, make a **stand**[2]
przeciwstawny przeciwstawne poglądy/przekonania *itp.* **opposing** ideas/beliefs, etc
przeciwutleniacz anti-oxidant
przeczący negative[1]; ~ temu to the **contrary**[1]
przeczekać ~ *coś* sit sth out
przeczenie negative[2]
przeczesywać comb[2]
przecznica block[1]
przeczucie suspicion, hunch[1], premonition; instynktowne ~ **gut**[2] feeling/instinct; złe ~ foreboding
przeczuwać have a **sneaking** feeling/suspicion
przeczyć contradict
przeczytać read[1]; ~ *coś* read sth over/through
przeczytanie read[2]
przećwiczyć ~ *coś* run through sth
przed before[1], ahead, outside[1], against, from, in **front**[1], in **front**[1] of; ~ *czymś* **prior** to sth; ~ chwilą just **now**[1]; ~ czasem early; ~ czasem/terminem **ahead** of time/schedule; ~ siebie along[2]; dobrze ~ **well**[2] ahead; nie ~ not **until**; tuż ~ *czymś* **shortly** before sth; **→ przede**
przedawkować overdose
przedawkowanie overdose
przeddzień w ~ *czegoś* the **eve** of sth
przede ~ wszystkim **above**[1] all, **first**[2]; first of all, in the first **place**[1], primarily, for a **start**[2]; **→ przed**
przedimek article; ~ nieokreślony indefinite article; ~ określony definite article
przedłużać extend, prolong; (*odnawiać*) renew; ~ (się) lengthen; ~ się overrun
przedłużający ~ się protracted, lengthy
przedłużenie extension; (*odnowienie*) renewal; podlegający przedłużeniu renewable
przedłużony o przedłużonej trwałości long-life
przedmaturalny klasy przedmaturalne sixth form
przedmiesiączkowy premenstrual
przedmieście suburb; przedmieścia the outskirts, suburbia
przedmiot object[1], item, subject[1]; ~ *czyichś* uczuć/*czyjegoś* pożądania *itp.* the **object**[1] of sb's affection/desire, etc; będący przedmiotem dyskusji at **issue**[1]; być przedmiotem ataków/krytyki/badań *itp.* **come** under attack/criticism/scrutiny, etc; przedmioty humanistyczne arts; przedmioty wartościowe valuables
przedmowa foreword, preface
przedni front[2], frontal; przednia szyba windscreen
przedostatni penultimate; ~ dzień/tydzień/rok the day/week/year before **last**[3]
przedostawać ~ się **seep** from/into/through, etc
przedpłacony pay-as-you-go, prepaid
przedpłata prepayment
przedpokój hall
przedporodowy antenatal, prenatal
przedpremierowy pokaz ~ preview
przedramię forearm
przedrostek prefix
przedrzeźniać mimic[1]
przedsiębiorca entrepreneur,

trader; ~ pogrzebowy funeral director, undertaker
przedsiębiorczość enterprise, resourcefulness; prywatna ~ private enterprise; przedsiębiorczości entrepreneurial
przedsiębiorczy enterprising, resourceful
przedsiębiorstwo business, company, enterprise, operation; ~ usług komunalnych public utility, utility; małe ~ small business; przedsiębiorstw/a corporate
przedsięwzięcie enterprise, project[1], venture[1], operation, undertaking, endeavour; ~ skazane na niepowodzenie non-starter
przedsionek ~ (serca) auricle, atrium
przedstawiać (*uwidaczniać*) picture[2], represent, depict, characterize, portray, present[3], show[1], encapsulate, render, package[2]; (*wprowadzać*) introduce; (*konfrontować*) confront; ~ *coś* lay sth out, put sth forward; ~ *coś/kogoś* jako *coś/kogoś* pass sth/sb off as sth/sb; ~ *coś komuś* put sth to sb; ~ sylwetkę profile[2]; ~ w sposób stereotypowy stereotype[2]; ~ w zarysie outline[1]
przedstawiciel/ka representative[1], dealer, rep; ~ handlowy sales rep; ~ pracowników shop steward
przedstawicielstwo representation
przedstawienie (*prezentacja*) depiction, portrayal, representation, characterization, introduction; (*inscenizacja*) show[2], production, performance; ~ dla dzieci pantomime; dać ~ **give**[1] a performance; sposób przedstawienia presentation, coverage
przedszkole kindergarten, playgroup, pre-school
przedszkolny pre-school; w wieku przedszkolnym pre-school
przedtem before[3]
przedwczesny early, premature, untimely
przedwcześnie prematurely; ~ rozwinięty precocious
przedyskutować ~ *coś* talk sth over, talk sth **through**[2]
przedział bracket[1], span, range[1], band[1]; (*pociągu*) compartment; ~ czasu slot[1]
przedziałek part[1], parting[1]; czesać z przedziałkiem part[3]
przedzielać divide
przedzierać ~ się **scramble** down/out/up, etc
przedziurawić perforate, prick
przedziurkować ~ *coś* **punch**[1] a hole in sth
przedzwonić ~ do *kogoś* give sb a **ring**[1]
przeforsować ~ *coś* push sth through
przeganiać ~ *kogoś/coś* **shoo** sb away/off/out, etc
przegapić ~ okazję miss the **boat**
przegięciowy gimmicky
przegląd review[1], check[2], overview, round-up, service[1]; dokonać przeglądu overhaul; robić ~ service[2]
przeglądać scan[1], skim, **glance**[1] at/over/through, etc; ~ *coś* thumb through sth, leaf through sth
przeglądarka web browser, browser
przegrać lose; → **przegrywać**
przegrana defeat[2]; upset[3]
przegran-y/a loser
przegroda septum
przegródka pigeonhole[1]
przegrupować redeploy
przegrupowanie redeployment
przegrywać ~ (z) trail[2]; → **przegrać**
przegrywając-y/a loser
przegrzać ~ się overheat
przegubowy articulated
przeinaczać misrepresent
przeinaczenie misrepresentation
przejaśniać ~ się clear[2], clear up
przejaw manifestation, symptom; być przejawem *czegoś* be **indicative**[1] of sth
przejawiać manifest[1]
przejazd passage; ~ kolejowy level crossing, grade crossing; ~ podziemny underpass; opłata za ~ toll[1]; ustępować (*komuś/czemuś*) pierwszeństwa przejazdu give **way**[1] (to sb/sth)
przejażdżka ride[2], spin[2]
przejąć intercept, seize
przejechać ~ *kogoś/coś* run sb/sth over; ~ z hałasem **roar**[1] past/down, etc
przejeżdżać pass[1], cross[1]; ~ (obok) go by; ~ nad *czymś*/przez *coś* **pass**[1] sth over/through, etc
przejęcie takeover, seizure, interception; ~ obowiązków succession
przejęty het up
przejęzyczenie a **slip**[2] of the tongue
przejmować adopt; ~ *coś*/kontrolę take (sth) over; ~ od *kogoś coś* relieve sb of sth; nie przejmować się have (a) thick **skin**[1]
przejmująco bitterly
przejrzeć second-guess; ~ *coś* sort through sth, go over sth, look over sth, look through sth; ~ *kogoś* be **onto** sb; ~ *kogoś/coś* (na wylot) see through sb/sth
przejrzysty lucid, translucent
przejrzyście lucidly
przejście (*zmiana*) changeover, conversion, transition; (*pasaż*) aisle, gangway, crossing, passage; przejścia **trials** and tribulations; ~ (dla pieszych) pedestrian crossing, crosswalk; ~ na emeryturę retirement; ~ podziemne underpass, subway; zmuszać *kogoś* do przejścia przez *coś* put sb through sth
przejściowy transitional, transitory
przejściówka adapter
przejść ~ *gdzieś* **proceed** along/down/to, etc; ~ razem *l.* masowo *l.* gromadnie **troop**[2] into/through/out of, etc; ~ do *czegoś* get down to sth; ~ przez *coś* get through sth; ~ przez myśl cross your **mind**[1]; → **przechodzić**
przekaz ~ pieniężny money order; ~ pocztowy postal order; środki (masowego) przekazu the media
przekazać ~ *coś* get sth across; → **przekazywać**
przekazanie transmission, transfer
przekazywać convey, impart, communicate, transmit, relay[1], redirect, remit[2]; ~ *coś* pass sth down, put sth across, pass sth on; ~ *coś komuś/czemuś* devolve sth to sb/sth; ~ *coś* (młodszemu pokoleniu) hand sth down; ~ *coś* (następnym pokoleniom) hand sth down; ~ *kogoś/coś* hand sb/sth over; → **przekazać**
przekaźnik transmitter
przekąsić snack[2]
przekąska a **bite**[2], snack[1]; przekąski refreshments
przekątny diagonal
przekierować divert
przekierowanie diversion
przekimać ~ się doss
przekleństwo curse[1], swear word, expletive, blight
przeklęty wretched
przeklinać curse[2], swear
przeklinanie swearing
przekład translation
przekładać shuffle, rearrange, reschedule; (*tłumaczyć*) translate; ~ (się) translate
przekładnia transmission; ~ kapitałowa (*wskaźnik zadłużenia*) gearing
przekłuwać pierce, prick
przekomarzanie banter
przekonać sway; ~ *kogoś*, że **satisfy** sb that; ~ *kogoś* get round sb, win sb over; ~ *kogoś* do (*zrobienia*) *czegoś* prevail on/upon sb to do sth; ~ się come around, come round; ~ się do *kogoś/czegoś* warm to sb/sth; → **przekonywać**
przekonanie belief, contention, conviction, assurance, certitude; bez przekonania half-hearted, half-heartedly; błędne ~ misapprehension, misconception; przekonania persuasion; z przekonaniem confidently
przekonany confident, convinced; być przekonanym o *czymś* be **sure**[1] of sth
przekonująco convincingly, persuasively
przekonujący convincing, compelling, persuasive
przekonywać convince, persuade; → **przekonać**
przekopywać ~ (tunel) tunnel[2]
przekór na ~ wszystkiemu against all (the) **odds**
przekraczać cross[1], pass[1], exceed, surpass, transcend; ~ dozwoloną

szybkość **exceed** the speed limit; ~ ograniczenie szybkości be **speed**[2]ing; **→ przekroczyć**
przekraczający ~ wszelkie oczekiwania beyond your wildest **dream**[1]s
przekreślać negate; ~ *coś* cross sth out, strike sth out
przekreślenie negation
przekręcać twist[1]
przekręcić ~ się/*coś* roll/turn, etc (sth) **over**[1]
przekręt scam, fiddle[2]
przekroczenie transgression; ~ (dozwolonej) szybkości speeding
przekroczyć (*przestąpić*) **step**[2] over; ~ dopuszczalną granicę **overstep** the mark; **→ przekraczać**
przekroić slice[2]
przekrój cross-section, section
przekrwiony bloodshot
przekrzywienie tilt
przekrzywiony askew
przekształcać convert[1]
przekupić bribe
przekupstwo bribery
przekwalifikować ~ się retrain
przekwalifikowanie retraining
przelatywać **flit** about/around/in and out, etc; ~ nad *czymś*/przez *coś* **pass**[1] (sth) over/through, etc
przelew transfer; ~ na konto direct deposit
przelewać transfer, siphon[2], decant; ~ krew **shed**[2] blood; ~ się overflow, **slosh** against/over/around, etc; ~ się (przez) overflow
przelewanie decantation
przeleżeć (*chorobę*) nurse[2]
przelicytować outbid
przeliczać ponownie ~ recount[2]
przeliczenie ponowne ~ recount[3]
przeliczyć ~ się miscalculate
przeliterować spell[1]
przelot koszt przelotu airfare
przelotnie ujrzeć ~ glimpse
przelotny passing[1], transient[1], intermittent, scattered; ~ deszcz shower[1]
przełaj na ~ cross-country
przełajowy cross-country
przełamać ~ lody break the **ice**[1]
przełączać switch over; ~ (*coś*) turn (sth) over
przełącznik control[1], switch[2]; pstryknąć ~ **flick**[1] a switch
przełęcz pass[2]
przełknąć swallow[1]; ~ ślinę gulp
przełknięcie trudny do przełknięcia unpalatable
przełom breakthrough, turnaround, watershed; ~ wieku the **turn**[2] of the century; dokonać przełomu break new **ground**[1]
przełomowy groundbreaking
przełowienie over-fishing
przełożona matron; (siostra) ~ matron
przełożon-y/a superior[2]
przełyk oesophagus
przełykać swallow[1]
przemarsz march[1]
przemaszerować **stride**[1] across/ down/into, etc; ~ *gdzieś* **parade**[2] down/past/through sth; ~ w proteście march[2]
przemawiać speak; ~ *komuś* do rozumu reason with sb; ~ do address[2]; ~ na forum address[2]; ~ przeciwko *komuś/czemuś* count against sb/sth; **→ przemówić**
przemądrzale complacently
przemądrzały opinionated, snooty
przemęczać nie ~ się take it/things **easy**[2]
przemęczenie exhaustion, strain[1], burnout
przemęczony burnt-out
przemęczyć ~ się burn out
przemian na ~ alternate[1], alternately; planować na ~ stagger
przemiana transition, conversion, makeover, metamorphosis, movement; ~ materii metabolism
przemienny commutative
przemierzać traverse, tramp[2]
przemieszczać shift[2]
przemijający transitory
przemknąć **flash**[1] by/past/through, etc, **zoom** along/down/past, etc, flicker[1], **slip**[1] through, **speed**[2] along/down/past, etc; **→ przemykać**
przemoc violence, abuse[1], battering; akt przemocy outrage[1]; unikający przemocy non-violent
przemoczony soaked, soaking, sodden, bedraggled
przemoczyć drench, saturate
przemożny overpowering; przemożn-a/e ambicja/pożądanie *itp.* **burning** ambition/desire, etc
przemóc ~ w sobie dumę swallow your **pride**[1]
przemówić speak up; **→ przemawiać**
przemówienie speech; wygłosić ~ **deliver** a speech/talk
przemycać smuggle; ~ *coś gdzieś* **sneak**[1] sth into/out of/through, etc
przemykać **breeze**[2] along/into/ through, etc, dodge[1], **dart**[2] between/in/out, etc, **scoot** along/ down/over, etc, **flit** about/around/ in and out, etc, **tear**[1] along/about/ past, etc, **buzz**[2] about/around, etc; **→ przemknąć**
przemysł industry; ~ rozrywkowy show business
przemysłowiec industrialist
przemysłowy industrial; telewizja przemysłowa closed-circuit television; teren / park ~ industrial estate, industrial park
przemyślany considered, calculated
przemyśleć ~ *coś* think sth over, think sth through, think sth out, mull sth over
przemyślenie thinking
przemyt smuggling; towary z przemytu contraband
przemytni-k/czka smuggler; ~ narkotyków/broni drug/gun **runner**
przemywać cleanse, bathe
przeniesienie relocation, transfer, transmission
przenieść carry
przenikać **filter**[1] down/in/through, etc, penetrate, infiltrate; ~ (przez) pierce; ~ (w) permeate
przenikanie penetration
przenikliwy penetrating, perspicacious, biting, bitter[1], incisive, piercing, pungent, acute, high-pitched; przenikliw-y/e wzrok/ spojrzenie *itp.* a **penetrating** gaze/ look/stare, etc
przenocować ~ *kogoś* put sb up
przenosić transfer, carry, shift[2], convey, transmit; ~ (się) move[1], transfer, relocate; ~ *kogoś* na emeryturę pension sb off
przenoszenie translocation
przenośnia metaphor; w przenośni figuratively
przenośnie figuratively
przenośnik ~ taśmowy conveyor belt
przenośny (*nie stacjonarny*) mobile[1], portable; (*metaforyczny*) figurative, metaphorical
przeobrażać transform
przeobrażenie transformation, metamorphosis
przeobrażony metamorphic
przeoczenie oversight, omission; rażące ~ a **glaring** omission
przeoczyć overlook, miss[1]
przeorganizować reorganize
przepadać ~ za *czymś* be **wild**[1] about sth, be **into** sth; nie ~ za *czymś/kimś* not care for sth/sb
przepajać ~ *kogoś/coś czymś* imbue sb/sth with sth
przepalić ~ bezpiecznik w fuse[2]; ~ się blow[1]
przepaska patch[1]
przepaść abyss, chasm, gap, gulf, rift, precipice, a **yawning** gap; zmniejszyć ~ **bridge**[2] the gap/gulf, etc
przepchnąć ~ *coś* push sth through; **→ przepychać**
przepełniać infuse; ~ *coś czymś* pepper sth with sth; ~ *kogoś* złością/ radością/dumą *itp.* **fill**[1] sb with anger/joy/pride, etc; ~ się overflow
przepełnienie overcrowding
przepełniony overcrowded; być przepełnionym *czymś* be **steep**[2]ed in sth
przepierzenie partition
przepięknie exquisitely
przepiękny exquisite
przepiórka quail
przepis formula, regulation, rule[1]; (*kulinarny*) recipe; naginać przepisy bend/stretch the **rule**[1]s; *robić coś* zgodnie z przepisami do sth by the **book**[1]; w ramach przepisów **within**[1] the rules
przepisywać transfer; ~ *coś* copy sth out

przeplatać ~ *coś czymś* **alternate**[2] sth with sth
przeplatany ~ *czymś* **interspersed** with sth; być przeplatanym *czymś* be **streak**[2]ed with sth
przepłukać swill[1]; ~ *coś* rinse sth out
przepływ flow[2]; ~ gotówki cashflow
przepływać **stream**[2] down/in/through, etc
przepocony sweaty
przepołowić halve
przepona diaphragm
przepowiadać foretell, prophesy; ~ *komuś* przyszłość tell sb's **fortune**
przepowiednia prophecy
przepracowany overworked, burnt-out
przepraszać apologize;
→ **przepraszam**
przepraszający apologetic
przepraszam (I'm) **sorry**, **excuse**[1] me, Pardon me., I **mean**[1], I beg your **pardon**[2].; ~ (czy) please[1];
→ **przepraszać**
przeprawa passage, crossing; (*trudności*) ordeal
przeprosiny apology; być *komuś* winnym ~ **owe** sb an apology; szczere ~ **sincere** apologies
przeprowadzać administer, conduct[2], hold[1], perform; ~ *coś* bring sth off; ~ się move[1], **move**[1] house; → **przeprowadzić**
przeprowadzenie execution; ~ *czegoś* **conduct**[1] of sth
przeprowadzić ~ *coś* go through with sth, carry sth off;
→ **przeprowadzać**
przeprowadzka move[2], removal
przepuklina hernia
przepustka pass[2]; ~ do *czegoś* a **passport** to sth
przepustnica throttle[2]
przepustowość bandwidth
przepuszczać ~ *kogoś/coś* **let** sb/sth in/past/through, etc
przepuszczalny permeable
przepuścić pass[1], blow[1]; ~ *coś* pass sth up; ~ okazję **miss**[1] a chance/opportunity
przepych pełny przepychu glamorous
przepychać ~ się push[1], **barge**[2] past/through/ahead, etc, jostle;
→ **przepchnąć**
przepychanka scuffle, tussle, scramble
przepytywać quiz[2]
przerabiać adapt, redo, alter, remake; ~ (*kogoś/coś*) na *kogoś/coś* turn (sb/sth) into sb/sth;
→ **przerobić**
przeradzać ~ się degenerate[1]; ~ się w *coś* give **way**[1] to sth
przerastać outgrow; ~ samego siebie **excel** yourself
przerażać frighten, terrify, horrify
przerażająco frighteningly, outrageously, painfully
przerażający appalling, atrocious, harrowing, outrageous, intimidating, creepy, fearsome, frightening, scary, horrifying, terrifying
przerażenie fright, horror, terror; śmiertelne ~ **mortal**[1] fear/terror
przerażony frightened, terrified, panic-stricken, petrified, aghast; śmiertelnie ~ frightened to **death**, scared **stiff**[2]
przerąbane mieć ~ be in the **doghouse**
przeredagować paraphrase, rewrite
przereklamowany hyped, overrated
przerobić reinvent, rework, rewrite; ~ *coś* na *coś* make sth into sth;
→ **przerabiać**
przeróbka adaptation, alteration, remake, cover version
przerwa break[2], pause, gap, interval, recess, stop[2], interruption, intermission, hiatus, half-time, time-out; ~ (śródsemestralna) half-term; (duża) ~ playtime; ~ w podróży stopover; ~ w pracy stoppage, shutdown; bez przerwy non-stop, away[1], back-to-back, all **hours**; robić przerwę **take** a break; z przerwami intermittently; zasłużona ~ **well-earned** break
przerwać sever
przerywać interrupt, abort, break[1], cease, pause, break off, butt in, intervene; ~ *komuś* cut sb off; ~ ciszę **break**[1] the silence; nie ~ *czegoś* get on with sth
przerywanie interruption; ~ ciąży abortion
przerywany fitful, intermittent, halting; ~ *czymś* **interspersed** with sth
przerywnik interlude
przerzedzać ~ się thin out
przerzucać shovel, shunt; ~ *coś* flick through sth, flip through sth; ~ *coś* **sling**[2] sth over/around/on, etc; ~ *coś* przez **drape** sth across/on/over, etc
przerzucić ~ *coś* **flick**[1] sth over; ~ się branch out
przesada overkill, exaggeration; *robić coś* do przesady do sth to **excess**[1]; lekka ~ a **bit**[1] much
przesadnia hyperbole
przesadnie excessively, overly; *robić coś* ~ do sth to **excess**[1]
przesadny excessive; ~ gest flourish[2]
przesadzać overdo, exaggerate, go **overboard**; ~ z overstate; ~ z *czymś* make a **meal** of sth; nie ~ z *czymś* go **easy**[2] on sth
przesadzony over the **top**[1], gimmicky
przesączać ~ się **seep** from/into/through, etc, percolate
przesąd superstition
przesądny superstitious
przesądzony przesądzona sprawa foregone conclusion
przesiadać ~ się change[1]
przesiadka connection; bez przesiadki through[3]
przesiadywać sit about/around; ~ do późna sit up
przesiąkać soak
przesiedzieć ~ *coś* sit sth out
przesiewać sift, sieve
przesilenie solstice; ~ letnie midsummer; ~ zimowe midwinter
przeskoczyć jump[1], vault[2], **leap**[1] over
przesłaniać eclipse[2]
przesłanie message
przesłanka premise; domysł oparty na solidnych przesłankach an **educated** guess
przesłuchanie (*dochodzeniowe*) questioning, hearing, cross-examination, interrogation; (*kwalifikacyjne*) interview[1], audition; mieć ~ audition; prowadzący-y/a ~ interrogator
przesłuchiwać cross-examine, interrogate, question[2], interview[2]
przesłuchiwan-y/a interviewee
przespacerować ~ się **have**[3] a walk
przespać ~ *coś* sleep through sth; ~ się doss, **have**[3] a sleep; ~ się z *kimś* sleep with sb
przestankowy znak ~ punctuation mark
przestarzały antiquated, dated, obsolete, outdated, outmoded, out-of-date
przestawać stop[1], cease; ~ działać wear off; ~ z *kimś* consort with sb; nie ~ persist; nie ~ *czegoś robić* **keep**[1] doing sth, keep on doing sth; Przestań! Knock it off!, Stop it/that!, Cut it out!
przestawiać rearrange; ~ (się) switch[1], switch over; ~ się change over
przestęp-ca/czyni criminal[2], offender; (groźny) przestępca felon; młodociany ~ juvenile delinquent, delinquent
przestępczość crime; ~ (nieletnich) delinquency; fala przestępczości a **spate** of crimes
przestępczy criminal[1], delinquent; siatka przestępcza a crime **ring**[1]; świat ~ underworld
przestępny rok ~ leap year
przestępować ~ z nogi na nogę shuffle
przestępstwo crime, offence; (poważne) ~ felony; ~ zagrożone karą śmierci a **capital**[2] crime/offence; popełniać ~ offend; wydział do spraw przestępstw gospodarczych fraud **squad**
przestrach start[2]
przestraszony afraid, fearful, frightened, scared, startled
przestraszyć frighten, scare[1], startle; ~ (się) panic[2]; śmiertelnie *kogoś* ~ **scare**[1] the hell/life/living daylights, etc out of sb, scare/frighten the (living) **daylights** out of sb
przestronny airy, roomy, spacious
przestrzegać (*stosować*) obey,

observe, uphold; (*ostrzegać*) caution[2], warn; ~ *czegoś* adhere to sth, abide by sth
przestrzeganie observance, adherence
przestrzennie spatially
przestrzenny spatial; planowanie przestrzenne planning
przestrzeń expanse, elbow room; ~ (kosmiczna) space[1]; ~ kosmiczna outer space; ~ powietrzna airspace; pusta ~ cavity
przesunąć ~ się/*coś gdzieś* **edge**[2] (sth) up/down/past, etc; → **przesuwać**
przesunięcie relegation
przesuwać relegate, move[1], shift[2]; ~ (się) move[1]; ~ *coś* przez *coś*/po *czymś itp.* **run**[1] sth along/over/through, etc sth; ~ się/*coś* **slide**[1] (sth) across/down/along, etc; → **przesunąć**
przesył transmission
przesyłać send, transmit, forward[3], remit[2]
przesyłka ~ polecona **registered** mail/post; przesyłki reklamowe junk mail, direct mail
przeszczep transplant, graft[1]
przeszczepiać transplant, graft[2]
przeszkadzać intrude, intervene, disturb, bother[1]; ~ w *czymś/komuś* get in the **way**[1] of sth/sb
przeszkoda brake[1], hurdle[1], bar[1], block[1], hindrance, impediment, obstacle, stumbling block, obstruction; (niespodziewana) ~ upset[3]; pełny przeszkód **fraught** with difficulties
przeszło ~ 40/150 *itp.* 40 **plus**[2], 150 plus, etc
przeszłość the **past**[2]; *czyjaś* ~ sb's **past**[2]; należący do przeszłości past[1]; osoba należąca do przeszłości has-been
przeszły czas ~ **past**[1] tense, the **past**[2]
przeszukiwać search[1], frisk, scour, rifle[2]; ~ *coś* go through sth, trawl through sth
przeszukiwarka search engine
przeszywać pierce
przeszywający piercing
prześcieradło sheet
prześcigać outperform, outdo, outrun, overtake
prześladować dog[2], stalk[1], plague[2], persecute, victimize, haunt[1], hound[2]
prześladowania persecution
prześladow-ca/czyni stalker, persecutor
prześledzić trace[1], track[2]
prześlizgnąć ~ się **glide** along/into/over, etc, **slide**[1] into/out of/through, etc, **slip**[1] away/out/through, etc; ~ się (bez wysiłku) coast[2]; ~ się (po) skim; ~ się (przez *coś*) scrape through (sth); ~ się po *czymś* gloss over sth
prześmieszny hysterical

prześwietlać scan[1], X-ray
prześwietlenie scan[2], X-ray; aparat do prześwietleń scanner
prześwit clearance
prześwitujący translucent
przetarcie wipe[2]
przetarg tender[3], bidding
przetargowy oferta przetargowa tender[3]
przetarty threadbare
przetasowanie reshuffle; dokonywać przetasowania reshuffle
przetchlinka spiracle
przetrawić digest; ~ *coś* mull sth over
przetrwać last[4], survive, outlast, remain, stay **afloat**, get by, subsist, weather[2], withstand, outlive; ~ (*coś*) come through (sth); pomóc *komuś* ~ (*coś*) tide sb over (sth); pozwolić *komuś* ~ **keep**[1] sb going
przetrwanie survival
przetrząsać **rummage** around/in/through, etc, scour, rifle[2]; ~ *coś* trawl through sth
przetrzymać outlast; ~ *coś* ride out sth
przetrzymywać hold[1]; ~ *kogoś* (w niewoli) hold sb **captive**[1]
przetwarzać process[2]
przetwarzanie processing; ~ danych data processing
przetwornik transducer
przewaga advantage, benefit[1], predominance, superiority; ~ *czegoś* a **preponderance** of sth; ~ głosów majority; ~ na starcie head start; mieć nad *kimś/czymś* przewagę have the **edge**[1] on/over sb/sth; zdobyć przewagę nad *kimś* turn the **table**[1]s on sb; zyskać przewagę get/gain the upper **hand**[1]
przeważać be in a/the **majority**; ~ nad override, outweigh
przeważający prevailing, dominant; ~ wiatr *l.* kierunek wiatru a **prevailing** wind; w przeważającej części predominantly, overwhelmingly
przeważnie predominantly, for the most **part**[1], in the **main**[1]
przewidywać foresee, predict, anticipate, forecast[2], project[2], envisage, budget[2], allow
przewidywalny predictable
przewidywanie prediction; dar przewidywania vision; wbrew wszelkim przewidywaniom against all (the) **odds**
przewidywany on[2]
przewidzenie do przewidzenia predictable; jak było do przewidzenia predictably; to było do przewidzenia that/it **figure**[2]s
przewietrzyć air[2]
przewieźć (błyskawicznie) ~ *kogoś* **whisk**[1] sb away/off/into, etc; → **przewozić**
przewijać (*taśmę*) rewind; (*dziecko*) change[1]; ~ (do przodu) fast-forward; ~ (w górę/dół *itp.*) **scroll**[2] up/down/through, etc
przewijanie ~ (do przodu) fast-forward; pasek przewijania scrollbar
przewlekły chronic
przewodni list ~ covering letter; muzyka/piosenka/melodia przewodnia **theme** music/song/tune
przewodnictwo (*kierowanie*) presidency; (*elektryczne itp.*) conductivity
przewodnicząc-y/a chair[1], chairman, chairwoman, chairperson
przewodniczyć chair[2], preside; ~ *czemuś* preside over sth
przewodni-k/czka guide[1]
przewodnik (*książka*) guide[1], guidebook; (*elektryczny*) conductor; pies ~ guide dog, seeing eye dog
przewodzący conductive
przewodzenie conduction
przewodzić lead[1], spearhead; (*prąd*) conduct[2]
przewozić convey, transport[2], ferry[2], ship[2], shuttle[2]; ~ (łodzią płaskodenną) punt[2]; ~ łodzią row[2]; ~ samolotem *l.* drogą powietrzną fly[1]; natychmiast ~ rush[1]; szybko *kogoś* ~ **race**[2] sb to/back, etc
przewoźnik carrier
przewód wire[1], lead[2], duct, passage, tract, cord; ~ (sieciowy) flex[2]; ~ ślinowy salivary duct; ~ trzustkowy pancreatic duct; przewody (rurowe) tubing
przewóz transport[1], transportation, carriage, shipment, haulage; koszt przewozu carriage
przewracać knock[1]; ~ (się) flip, overturn; ~ się come down, fall over; (*mdlić*) churn[1]; ~ się/*coś* tip (sth) over; ~ kartkę *l.* stronę **turn**[1] a page; ~ oczami **roll**[1] your eyes; → **przewrócić**
przewrażliwiony touchy
przewrotnie perversely
przewrotny perverse
przewrócić ~ (się) topple; ~ *coś* do góry nogami turn sth upside down; ~ *kogoś/coś* push sb/sth over, knock sb/sth down; ~ się keel over; ~ się/*coś* roll/turn, etc (sth) **over**[1]; → **przewracać**
przewrócony upturned
przewrót somersault
przewyższać exceed, surpass, outweigh, outperform, outstrip; ~ liczebnie outnumber
przewyższyć top[3]
przez through[1], across, over[1], via, by[1], on[1], for[1]; ~ (cały) through[1]; ~ *kogoś* at the **hand**[1]s of sb; ~ noc overnight; ~ pełnomocnika by **proxy**; ~ przypadek/pomyłkę *itp.* **by**[1] accident/chance/mistake, etc; ~ telefon on the **phone**[1]
przezabawnie hilariously
przezabawny hilarious
przezbrajać ~ (się) rearm
przezbrojenie rearmament

przezdobiony fussy
przeziębienie cold[2], chill[2]
przeznaczać allocate, commit, earmark; ~ do rozbiórki condemn
przeznaczenie destiny, fate; miejsce przeznaczenia destination
przeznaczony fated; być przeznaczonym dla *kogoś*/na *coś* be **intend**ed for sb; be intended as sth; mieć *coś* przeznaczone be **destined** for sth; be destined to do sth
przezorność foresight
przezorny być przezornym err on the **side**[1] of caution
przezrocze slide[2], transparency
przezroczysty transparent, sheer
przezwisko nickname
przezwyciężać surmount, overcome
przezwyciężenie nie do przezwyciężenia insurmountable
przezwyciężyć beat[1]
przezywać dub, nickname; ~ *kogoś* call sb **name**[1]s
przeźrocze → **przezrocze**
przeżegnać ~ się **cross**[1] yourself
przeżerać ~ *coś* eat away at sth
przeżycie survival; bogaty w przeżycia eventful; bolesne ~ trauma, wrench[2]
przeżyć survive, pull through, outlast, outlive; ~ katastrofę (morską) be **shipwreck**[2]ed; pomóc *komuś* ~ (*coś*) tide sb over (sth)
przeżywać experience[2], undergo, smart[2]; ~ na nowo recapture, relive; ~ sukces za sukcesem go from **strength** to strength
przędza yarn
przodek ancestor; przodkowie ancestry; *czyiś* przodkowie sb's **forefather**s
przodować ~ w *czymś* be at/in the **forefront** of sth
przód the **front**[1], face[1]; do przodu forward[1], ahead, onward; do przodu i do tyłu **to**[3] and fro; ruszyć do przodu forge ahead; rzucać się / ruszać do przodu **surge**[1] forward; tyłem do przodu **back**[2] to front; w ~ onward; z przodu ahead, in **front**[1]
prztyczek ~ (w nos) a **rap**[1] on/across/over the knuckles
przy by[1], at, beside, along[1], off[1], on[1], towards, in **front**[1] of; ~ *czymś*/*kimś* **next**[3] to sth/sb; ~ tym in the **process**[1]
przybić → **przybijać**
przybierać garnish; ~ *coś* take on sth; ~ na gain[1]; ~ na wadze put on/gain **weight**; ~ postawę/minę **assume** an air/expression, etc
przybijać (*młotkiem*) hammer[2]; (*przygnębiać*) deflate; ~ *coś* do/w *itp.* **nail**[2] sth down/on/to, etc; ~ *kogoś* drag sb down
przybity downhearted, despondent, downcast, glum, crestfallen, in the **doldrums**; być przybitym be down in the **dumps**
przybliżenie approximation; nawet w przybliżeniu nie nowhere **near**[1]; nawet w przybliżeniu nie (tak / taki) not **nearly** (as/so); w przybliżeniu approximately
przybliżony approximate[1], rough[1]; przybliżona liczba **ballpark** estimate/figure
przybory materials, paraphernalia, **utensil**s; ~ toaletowe toiletries
przybranie garnish, topping
przybrany przybran-e/a/y dziecko/córka/syn *itp.* **foster**[2] child/daughter/son, etc; występować pod przybranym nazwiskiem **assume** a false identity/name, etc
przybrzeżny coastal, inshore, offshore; straż przybrzeżna coastguard; strażnik straży przybrzeżnej coastguard
przybudówka annex[2]
przybycie arrival
przybyć (dać radę) ~ na make[1]; → **przybywać**
przybyły nowo ~ newcomer, arrival
przybysz newcomer
przybywać arrive, turn out, converge, get in; ~ licznie be out in **force**[1]; ~ tłumnie flock[2]; → **przybyć**
przychodzący incoming; tacka na korespondencję przychodzącą in-tray
przychodzić come, arrive, come over, come through; ~ do głowy **spring**[2] to mind, strike[1]; ~ *komuś* do głowy occur to sb; do głowy by *coś* człowiekowi nie przyszło wouldn't **dream**[2] of doing sth; łatwo ~ **come** easily/easy/naturally; oto co nam przyszło z … **so**[1] much for…; → **przyjść**
przychylnie favourably
przychylność ~ mediów good/bad **press**[2]; móc/nie móc liczyć na *czyjąś* ~ be in sb's good/bad **book**[1]s
przychylny amenable
przyciąć crop
przyciągać attract, draw[1]; ~ (*czyjąś*) uwagę attract/get (sb's) **attention**; ~ *czyjąś* uwagę **capture**[1] sb's attention/imagination, catch sb's **eye**[1]; ~ *czyjś* wzrok catch sb's **eye**[1]; ~ *kogoś* be a **magnet** for sb; ~ uwagę/zainteresowanie *itp.* **attract** attention/interest, etc
przyciągający ~ wzrok eye-catching
przyciąganie attraction, pull[2]
przycichać die down
przycięcie trim[2]
przycinać clip[2], crop[2], prune[1], trim[1]
przycisk button[1]; ~ do papieru paper weight
przyciskać press[1]; ~ *coś* **clamp**[2] sth around/over/to, etc; ~ *kogoś* pin sb down; ~ *kogoś gdzieś* **pin**[2] sb to/against/under, etc
przycisnąć ~ *kogoś* nail sb down
przyciszony hushed
przyczaić ~ się *gdzieś* **skulk** about/behind/in, etc
przyczepa trailer; ~ kempingowa caravan, trailer
przyczepiać hook[2], hitch[2]
przyczyna cause[1], reason[1], motivation, trigger[2]; mieć przyczynę w *czymś* stem from sth; z niewyjaśnionych przyczyn inexplicably; z przyczyn naturalnych naturally
przyczyniać ~ się do *czegoś* contribute to sth
przyczyniający ~ się contributory
przyćmiewać dwarf[2], eclipse[2], outshine, overshadow, upstage; ~ *kogoś/coś* put sb/sth to **shame**[1]
przyćmiony dim[1]
przydać ~ się be (of) any/some **use**[2], come in **handy**, come in **useful**, come into your/its **own**[1]; ~ się *komuś* stand sb in good **stead**; nie ~ się be (of) no **use**[2]; przydałby się would not go **amiss**[2]; przydałoby się *coś* could **use**[1] sth; przydałby się *ktoś*/przydałoby się *coś* could **do**[2] with sb/sth
przydatnie usefully
przydatność helpfulness, usefulness
przydatny handy, useful, helpful
przydawać → **przydać**
przydawkowy attributive
przydomek nickname; nadać ~ dub, nickname
przydrogi pricey, pricy
przydział allocation, allotment, ration[1]
przydzielać allocate, allot, apportion, assign; ~ *kogoś* do *czegoś* assign sb to sth
przygasić deflate
przygaszony subdued
przygazować rev
przyglądać ~ się eye[2], look on, observe, regard[1], scrutinize, stare; ~ się (biernie) stand by
przygłup twit
przygnębiać depress; ~ *kogoś* get sb down, grind sb down
przygnębiający depressing, dismal, gloomy, disheartening
przygnębienie depression, gloom, dejection, despondency
przygnębiony down[2], dejected, depressed, despondent, dispirited, disheartened, low[1]
przygniatać ~ *kogoś* pin sb down; ~ *kogoś gdzieś* **pin**[2] sb to/against/under, etc
przygoda adventure, foray; ~ na jedną noc one-night stand; amator/ka / poszukiwacz/ka przygód adventurer; pełen przygód adventurous
przygotować equip, fix[1]; ~ *coś* put sth together; ~ grunt pod *coś* set the **stage**[1] for sth; ~ kąpiel **run**[1] a bath; ~ się **brace**[1] yourself, **steel**[2] yourself, do your **homework**; musieć się ~ na *coś* be **in**[2] for sth; → **przygotowywać**
przygotowanie arrangement, grounding, preparation, readiness; bez przygotowania impromptu; być w przygotowaniu be in the **pipeline**; okres przygotowań do *czegoś* the **build-up** to sth; przygotowania preparations

przygotowany prepared; niedostatecznie ~ ill-equipped; wcześniej ~ scripted; źle ~ ill-equipped

przygotowawczy preparatory

przygotowywać prepare, make[1], prime[3], groom[1]; ~ się prepare, **prepare** yourself; ~ się (psychicznie) psych yourself up; ~ się do *czegoś* work up to sth; ~ się/*coś* set (sth) up; ~ się/*kogoś* do *czegoś* gear (sb/sth) up; ~ się na *coś* make **provision** for sth; **→ przygotować**

przyimek preposition; czasownik z przyimkiem phrasal verb

przyjaci-el/ółka friend; ~ z dawnych lat an old **friend**; przyjaciel od serca a **bosom** buddy/pal, etc; star-y/a ~ an old **friend**; **→ przyjaciółka**

przyjacielski chummy; być w przyjacielskich stosunkach be on friendly **terms**; być z *kimś* na stopie przyjacielskiej be **friendly**[1] with sb

przyjaciółka girlfriend

przyjazd arrival

przyjazny friendly[1], amicable, genial; ~ dla -friendly; ~ dla środowiska environmentally friendly, eco-friendly

przyjaźnić ~ się (z *kimś*) be **friend**s (with sb)

przyjaźnie amicably

przyjaźń friendship

przyjąć ~ *kogoś* z otwartymi ramionami snap sb up; ~ się catch on; nie ~ reject[1]; nie umieć *czegoś* ~ not take **kindly**[1] to sth; **→ przyjmować**

przyjemnie pleasantly

przyjemność pleasure, joy, enjoyment, kick[2], comfort[1], indulgence, relish[2]; Cała ~ po mojej stronie! It's a **pleasure**.; My pleasure.; mieć ~ **have**[3] fun; sprawiać ~ please[2]; z przyjemnością happily, I'd **love**[1] to; z przyjemnością *coś zrobić* **happy** to do sth; znajdować ~ **take** pleasure; znajdować ~ w relish[1]; znajdować w *czymś* ~ **derive** pleasure from sth

przyjemny pleasant, pleasing, pleasurable, enjoyable, nice, satisfying, homely, affable, fun[2]; ~ (w czytaniu) readable; lekki i ~ cushy; mieć ~ smak **taste**[2] nice; nic przyjemnego turn-off

przyjeżdżać come, come over, arrive, get in; ~ tu/tam/do banku *itp.* **get**[1] here/there/to the bank, etc; ~ znowu go back

przyjęcie (*akces*) admission; (*akceptacja*) acceptance; (*impreza*) party[1], reception; ~ odpowiedzialności the **assumption** of responsibility; ~ z noclegiem slumber party; do przyjęcia acceptable, palatable; nie do przyjęcia unacceptable, prohibitive, prohibitively; izba przyjęć emergency room, ER, casualty; wyprawić ~ **give**[1] a party

przyjęty accepted; być przyjętym go over; z góry ~ preconceived; zostać przyjętym go through

przyjmować accept, receive, adopt, admit, take, greet, espouse, embrace[1], induct; ~ (gości) entertain; ~ *kogoś* take sb in; ~ do wiadomości accept; ~ odpowiedzialność **assume** responsibility; ~ odpowiedzialność za *coś* take/accept/claim **responsibility** for sth; ~ pasażerów na pokład board[2]; ~ poród **deliver** a baby; ~ ustawę/wniosek *itp.* **pass**[1] a law/motion, etc; ~ z zadowoleniem welcome[2]; ~ *coś* za dobrą monetę take sth at face value; nie ~ decline[2]; życzliwie *kogoś* ~ make sb (feel) **welcome**[3]; **→ przyjąć**

przyjść get in; ~ *komuś* z pomocą come/go to sb's **aid**[1], come to the/sb's **rescue**[2]; ~ do głowy come/spring to **mind**[1]; ~ na (umówione) spotkanie **keep**[1] an appointment; (dać radę) ~ na make[1]; **→ przychodzić**

przykazanie commandment

przyklaskiwać applaud

przyklejać glue[2], paste[2]; ~ (się) stick[1]; ~ *coś* do/na *itp.* **tape**[2] sth to/onto, etc

przyklejony być przyklejonym do *czegoś* be glued to sth

przykład example, instance, illustration, a **case** in point; brać ~ z *kogoś/czegoś* take your **cue** from sb/sth; brać z *kogoś* ~ **follow** sb's example/lead, take a **leaf**[1] out of sb's book; na ~ for **example**, for **instance**; na ~ dlatego, że for one **thing**; dawać ~ **set**[1] an example, **practise** what you preach; iść za *czyimś* przykładem follow **suit**[1]; klasyczny ~ a **prime**[1] example; stanowić ~ exemplify

przykładać ~ się **apply** yourself; ~ się do *czegoś* put your **mind**[1] to sth; ~ znaczenie do *czegoś* **place**[2] importance on sth

przykładny exemplary

przykręcać bolt[2]; ~ *coś* (w/do *itp.*) **screw**[2] sth down/to/onto, etc

przykro sorry; ~ mi (I'm) **sorry**; ~ mi, ale I'm **afraid**; *komuś* ~ z *jakiegoś* powodu feel **bad** about sth/doing sth

przykrość sprawiać ~ pain[2]; to ~ too **bad**

przykry messy, upsetting; przykra niespodzianka a rude **awakening**; przykra sprawa a nasty **business**, a **sorry** tale

przykrywka cover[2], front[1]

przykrzyć ~ się pall[1]

przykuty być przykutym be **rivet**[1]ed

przylądek cape

przylegać cling, adhere

przyległy adjacent, adjoining; ~ teren precincts

przylepiec Velcro

przyłapać catch[1]

przyłączyć ~ się come along, pitch in, team up; ~ się (do *czegoś*) join in (sth); ~ się do join[1]

przyłożenie touchdown; ~ (piłki) try[2]

przyłożyć clap[1], slug[2]

przymawiać ~ się o *coś* be angling for sth

przymierzać ~ *coś* try sth on

przymierzalnia changing room, fitting room

przymilny ingratiating

przymiotnik adjective

przymiotnikowy adjectival

przymknąć bust[1], nick[1]; **→ przymykać**

przymocować attach, secure[2]; ~ *coś gdzieś* **fasten** sth on/to/together, etc, **fix**[1] sth onto/to/under, etc

przymorze seafront

przymrużenie traktować *coś* z przymrużeniem oka take sth with a pinch of **salt**[1]

przymus coercion, compulsion; pod przymusem under **duress**; widzowie z przymusu a **captive**[1] audience

przymusowy compulsory

przymykać ~ (na *coś*) oko turn a blind **eye**[1] (to sth); ~ oczy connive; **→ przymknąć**

przynajmniej at **least**[1], anyway, anyhow; a ~ or

przynęta bait[1], decoy; używać jako przynęty bait[2]

przynosić bring, fetch, give[1], earn, generate, net[3], see, yield[1], realize; ~ *coś* bring sth in, bring sth back; ~ *komuś/czemuś* złą sławę bring sb/sth into **disrepute**; ~ *komuś* sławę/prowadzenie *itp.* **catapult**[1] sb to stardom/into the lead, etc; ~ hańbę *komuś/czemuś* be a **disgrace**[2] to sb/sth; ~ korzyść benefit[2]; ~ korzyści **reap** the benefits/profits/rewards; ~ owoce bear **fruit**; ~ szczęście/pokój/wstyd *itp.* **bring** happiness/peace/shame, etc; ~ ulgę reprieve; brać, co życie przynosi take the **rough**[2] with the smooth; nie ~ efektu draw a **blank**[2]

przyozdabiać adorn

przypadać ~ do wypłaty mature[2]; ~ na *coś* fall on sth; **→ przypaść**

przypadek case, chance[1], count[2]; (*gramatyczny*) case; czysty ~ the **luck** of the draw; (pojedynczy) ~ one-off; pojedynczy ~ an **isolated** case; przez ~ by **accident**, **by**[1] chance; we wszystkich/obu/kilku *itp.* przypadkach on all/both/several, etc **count**[2]s

przypadkiem by **accident**, by any **chance**[1]; ~ *coś zrobić* **happen** to do sth

przypadkowo accidentally, arbitrarily, coincidentally, haphazardly, randomly

przypadkowy coincidental, chance[3], accidental, arbitrary, casual, haphazard, hit-and-miss,

random; przypadkowe odkrycie serendipity
przypadłość affliction
przypalać scorch; ~ (się) burn[1]
przypalenie sunburn
przypalony burnt[1], scorched
przypaść ~ sobie do gustu click[1], **hit**[1] it off; → **przypadać**
przypiekać scorch
przypierać ~ *kogoś gdzieś* **pin**[2] sb to/ against/under, etc; ~ do muru corner[2]; ~ *kogoś* do muru pin sb down, put sb on the **spot**[1]
przypinać clip[2], pin[2]; ~ (łańcuchem) chain[2]; ~ (paskiem) strap; ~ (pinezką) tack[2]
przypis note[1], footnote
przypisywać ~ *coś czemuś* attribute sth to sth, put sth down to sth, ascribe sth to sth; ~ *coś komuś* attribute sth to sb, credit sth to sb, credit sb with sth/doing sth
przypływ flurry, rush[2], flash[2], pang, outpouring, flutter[2], gush[2]; ~ entuzjazmu/smutku *itp.* a **wave**[2] of hatred/enthusiasm/sadness, etc; ~ podniecenia/rozkoszy *itp.* a **flush**[2] of excitement/pleasure, etc; ~ sztormowy storm surge; nieoczekiwany ~ gotówki windfall
przypochlebiać ~ się (*komuś*) **ingratiate** yourself (with sb)
przypominać remind, resemble; ~ *coś* bring sth back, be **akin** to sth; ~ *komuś coś/kogoś* remind sb of sth/ sb; ~ się *komuś* come back to sb, come to sb; ~ sobie recall, recollect, think back; coś *komuś* ~ ring a **bell**
przypominający ~ *coś* **suggestive** of sth; ~ *coś/kogoś* **reminiscent** of sth/sb
przypomnienie reminder; ~ (sobie) recall
przypowieść parable
przyprawa seasoning, spice[1]
przyprawiać flavour[2], season[2], spice[2]; ~ *kogoś* o ból głowy muddle sb (up); ~ *kogoś* o gęsią skórkę /. ciarki give sb the **creeps**
przyprawiający ~ o mdłości nauseating, nauseous; ~ o zawroty głowy giddy
przyprowadzać bring
przypuszczać suppose, believe, presume, have an **inkling**, conjecture; przypuśćmy, że **suppose**/ supposing (that); → **przypuścić**
przypuszczalnie presumably
przypuszczenie conjecture, presumption, supposition; bezpodstawne ~ a **wild**[1] guess
przypuścić ~ *coś* (*atak*) launch into sth; → **przypuszczać**
przyroda nature, wildlife, the outdoors; rezerwat przyrody nature reserve
przyrodni brat ~ half-brother, stepbrother; siostra przyrodnia half-sister, stepsister

przyrodniczy nauki przyrodnicze natural sciences
przyrodni-k/czka naturalist
przyrodoznawstwo natural history
przyrost increment, accrual
przyrostek affix, suffix
przyrównywać equate; ~ *kogoś/coś* do *kogoś/czegoś* compare sb/sth to sb/sth
przyrząd instrument, device, a piece of **equipment**; ~ pomiarowy meter; przyrządy apparatus
przyrzeczenie pledge[1], promise[2], vow[2]
przyrzekać promise[1], vow[1]
przysadka pituitary gland
przysadzisty squat[2], chunky, dumpy
przysiąść ~ fałdów knuckle down; ~ na/w *itp.* **perch**[1] on/in, etc
przysięga oath, vow[2]; oświadczenie/ zeznanie *itp.* pod przysięgą **sworn**[1] statement/testimony, etc; pod przysięgą under **oath**
przysięgać swear, vow[1]
przysięgł-y/a juror; ława przysięgłych the **bench**; ława /. sąd przysięgłych jury; przysięgli the **bench**
przysłona aperture
przysłowie proverb
przysłowiowy proverbial
przysłówek adverb; czasownik z przysłówkiem phrasal verb
przysługa być *komuś* winnym przysługę **owe** sb a favour; wyświadczyć przysługę oblige; zrobić *komuś* przysługę do sb a good **turn**[2]
przysługiwać qualify
przysparzać ~ kłopotów act up
przyspieszać accelerate, quicken, hasten, expedite, **spurt**[1] ahead, rev; ~ (*coś*) speed (sth) up; ~ *coś* bring sth forward
przyspieszenie acceleration
przyspieszony summary[2]
przyssawka sucker
przystać ~ na *coś* settle for sth
przystający congruent
przystanek stop[2]; ~ autobusowy bus stop; ~ końcowy terminus
przystań ~ jachtowa marina; cicha ~ safe haven
przystawać acquiesce
przystawanie congruence
przystawiać ~ (sobie) krzesło **pull**[1] up a chair
przystawka (*jedzenie*) appetizer, starter; (*końcówka*) attachment
przystąpienie entry
przystępność accessibility
przystępny accessible, affordable, approachable
przystępować go ahead, set out; ~ do enter; ~ do *czegoś* **proceed** to do sth, enter into sth; ~ do realizacji **move**[1] ahead/along/ forward, etc
przystojniak hunk
przystojny handsome
przystosowanie adaptation
przystosowywać adapt; ~ się adapt, adjust, readjust

przystrojony być przystrojonym be decked out
przystrzyżenie trim[2]
przysunąć (*uderzyć*) slug[2]
przysuwać ~ (sobie) krzesło **pull**[1] up a chair; ~ się (powoli) **inch**[2] closer
przyswajać assimilate; ~ sobie absorb, acquire, assimilate; ~ sobie *coś* take sth in
przyswajanie ~ (sobie) acquisition
przysyłać ~ listy write in
przysypiać drop off, nod off, doze off, drift off
przyszłość future[1], tomorrow; myśleć o przyszłości look ahead; najbliższa ~ the **immediate** future; nie mieć przyszłości get/go **nowhere**; przepowiadać *komuś* ~ tell sb's **fortune**; w ~ forward[1]; w najbliższej przyszłości for/in the **foreseeable** future; w niedalekiej przyszłości in the **near**[2] future; w przyszłości in **future**[1], ahead
przyszły future[2]; czas ~ **future**[2] tense; czas ~ dokonany the future perfect; forma przyszła the **future**[1]; przyszł-a/y matka/ojciec *itp.* an **expectant** mother/father, etc; w przyszłym tygodniu/roku *itp.* **next**[1] week/year, etc
przyszpilić nail[2]
przytakiwać nod
przytępiać dull[2]
przytłaczać dwarf[2], overwhelm; ~ *kogoś/coś* weigh on/upon sb/sth; ~ *kogoś* get on **top**[1] of sb
przytłaczający oppressive, overwhelming, devastating
przytłoczony overburdened; być przytłoczonym *czymś* be weighed down by/with sth
przytłumiony dull[1], muted, subdued
przytomnie lucidly
przytomność consciousness; ~ umysłu **presence** of mind, sense[1]; odzyskać ~ come to, come around, come round; odzyskać /. przywrócić ~ revive; stracić ~ black out; utrata przytomności blackout
przytomny conscious, lucid; być przytomnym keep/have your **wits** about you; być zupełnie przytomnym be wide **awake**[1]
przytrafiać ~ się befall
przytrzeć ~ *komuś* nosa put sb in their **place**[1]
przytrzymać hold[1], steady[2]; ~ *kogoś* hold sb down
przytulać cuddle; ~ (się) hug[1], **nestle** (sth) against/in/on, etc; ~ się cuddle up, **snuggle** up/down/ into, etc
przytulanie do przytulania cuddly
przytulany cuddly
przytulenie cuddle
przytulnie snugly
przytulny cosy, snug, toasty
przytyć **put** on weight
przytyk dig[2], crack[2], jibe
przywdziewać don

przywiązać ~ *coś* **tie**[1] sth to/together/around, etc, **lash**[1] sth down/together, etc; → **przywiązywać**
przywiązanie attachment
przywiązany być przywiązanym do *kogoś/czegoś* be **attached** to sb/sth
przywiązywać tether; ~ (liną) rope[2]; ~ duże znaczenie do *czegoś* set great **store**[1] by sth; ~ wagę *itp.* do *czegoś* **attach** importance/value, etc to sb/sth; → **przywiązać**
przywidzenie mieć przywidzenia be seeing **things**
przywieszka tag[1]; przyczepiać przywieszkę do tag[2]
przywilej privilege, prerogative; przywileje trappings; dawać *komuś* przywileje give **preference** to sb
przywlec ~ *coś/kogoś* **drag**[1] sth/sb across/along/over, etc
przywłaszczenie appropriation
przywłaszczyć ~ sobie appropriate[2], pocket[2]
przywodzący ~ na myśl evocative
przywodzić ~ *coś* na myśl bring sth back
przywoływać cite, evoke; (*wzywać*) hail[2], page[2]; ~ *coś* conjure sth up
przywód-ca/czyni leader
przywództwo lead[2], leadership
przywracać restore; (*skasowany plik*) undelete; → **przywrócić**
przywrócenie reinstatement, restoration
przywrócić reinstate; ~ *czemuś* dawny wygląd give sth a new **lease**[1] of life; odzyskać /. ~ przytomność revive; → **przywracać**
przywyczajać ~ się do *czegoś* accustom yourself to sth/doing sth
przywyknąć settle down, be **settled**
przyziemie basement
przyziemny mundane
przyznać confess; ~ się come **clean**[1], own up, fess up; ~ się (do) confess; trzeba przyznać, że … to sb's **credit**[1]; → **przyznawać**
przyznanie acknowledgement; ~ się admission, confession
przyznawać (*fakt*) acknowledge, concede; (*nagrodę*) award[2], bestow, grant[1]; ~ (rację) grant[1]; ~ dyplom certify; ~ się admit; (nie) ~ się (do winy) plead; ~, że *ktoś coś* ma credit sb with sth; → **przyznać**
przyzwalający permissive
przyzwoicie decently
przyzwoitka chaperone[1]; służyć za przyzwoitkę chaperone[2]
przyzwoitość decency, propriety, decorum
przyzwoity decent, fair[1], wholesome, clean[1], respectable, presentable
przyzwolenie acceptance, acquiescence
przyzwyczaić ~ się settle down, settle in
przyzwyczajać ~ (się) acclimatize; ~ się adjust
przyzwyczajony ~ do *czegoś* **used**[1] to sth/doing sth, **accustomed** to sth/doing sth; nie być do *czegoś* przyzwyczajonym be **unused**[2] to sth
psalm psalm
pseudo- quasi-, pseudo-
pseudonim alias[1], pseudonym
psi canine
psikus practical joke, prank
psioczyć rant
psotnie mischievously
psotny mischievous
psoty mischief
pstrąg trout
pstryk click[2]
pstrykać click[1]; ~ palcami snap your **finger**[1]s
pstryknąć ~ przełącznik **flick**[1] a switch
pstrzyć dot[2]
psuć sour[2], upset[2]; ~ (się) darken, rot[1]; ~ *coś* detract from sth; ~ się go **wrong**[2], go[1], spoil; sprawy zaczynają się ~ the **rot**[2] sets in; → **popsuć**
psujący (łatwo) ~ się perishable
psychiatra psychiatrist, shrink[2]
psychiatria psychiatry
psychiatryczny psychiatric
psychicznie mentally, psychologically; niezrównoważony ~ unbalanced; zdrowy ~ sane
psychiczny mental, psychological; zdrowie psychiczne sanity
psychika psyche, psychology
psychoanalityczny psychoanalytic
psychoanality-k/czka psychoanalyst
psychoanaliza psychoanalysis
psychodeliczny psychedelic
psychol psycho
psycholog psychologist, counsellor
psychologia psychology
psychologicznie psychologically
psychologiczny psychological
psychopat-a/ka psychopath
psychopatyczny psychopathic
psychoterapeut-a/ka psychotherapist
psychoterapia psychotherapy
psychotyczny psychotic
psychoza psychosis
pszczoła bee
pszenica wheat
pt. (*piątek*) Fri
ptak bird, fowl; ~ drapieżny bird of prey; obserwowanie ptaków bird-watching; z lotu ptaka (*widok*) aerial[2]
ptasi ptasia grypa bird flu, avian flu
ptaszarnia aviary
ptaszek (*odhaczenie*) check[2], tick[1]
pub pub; *czyjś* (lokalny /. pobliski) ~ sb's **local**[2]; ~ koło *kogoś* sb's **local**[2]
publicznie in **public**[2], publicly
publiczność audience, the (general) **public**[2]
publiczny badanie opinii publicznej opinion poll, poll[1]; dom ~ brothel; na arenie publicznej in the public **arena**; opinia publiczna public **opinion**; ośrodek badań opinii publicznej pollster; parki/toalety/komunikacja *itp.* publiczn-e/a **public**[1] parks/toilets/transport, etc; publiczne ogłoszenie/wystąpienie/oświadczenie *itp.* a **public**[1] announcement/appearance/statement,etc; sektor ~ the public sector; szkoła publiczna state school, public school; wart podania do wiadomości publicznej newsworthy; wroga opinia publiczna **adverse** publicity
publikacja publication
publikować publish, run[1], reproduce
puch down[3]
puchar cup[1]
puchnąć swell[1], puff up
pudding pudding
pudel poodle
pudełko box[1], pack[2], tub; ~ (od) zapałek matchbox
puder powder
pudło (*więzienie*) nick[2]
puenta punchline
pukać knock[1]
pukanie knock[2]
pula pool[1]; cała ~ jackpot; zgarnąć całą pulę hit the **jackpot**
pulchny plump[1]
pulower jersey, pullover
pulpit desktop
puls pulse
pulsować pulsate, throb
pulsowanie throb
pułap ceiling
pułapka pitfall, set-up, trap[1]; śmiertelna ~ death trap; złapać w pułapkę trap[2]
pułk regiment
pułkownik colonel
pułkowy regimental
punk punk; (muzyka) ~ punk
punkcik speck; ~ (na ekranie) blip
punk-rock punk
punkt point[1], bullet (point); (*moment*) juncture; (*w punktacji*) credit[1], run[2]; (*przedstawicielstwo*) office; ~ apteczny dispensary; ~ kontroli (drogowej) checkpoint; ~ obserwacyjny vantage point; odpraw check-in; ~ odprawy celnej customs; ~ orientacyjny landmark; ~ podparcia fulcrum; ~ rosy dew point; ~ serwisowy the **pit**[1]s; ~ widzenia angle[1], perspective, point of view, standpoint, vantage point, viewpoint, slant[2]; ~ wrzenia/krzepnięcia/topnienia boiling/freezing/melting **point**[1]; ~ wyjścia basis, starting-point; ~ zaczepienia foothold; ~ zbiegu vanishing point; ~ zerowy (wybuchu) ground zero; ~ zwrotny turning point; centralny ~ focal point; czuły ~ **sore**[1] point/spot; do punktu wyjścia back to **square**[1] one; główny ~ keynote; martwy ~ stalemate, blind spot; mieć kota na punkcie *czegoś/kogoś* have a **thing** about sth/sb; mieć obsesję na punkcie *kogoś/czegoś* be **obsessed** by/with sb/sth; *czyjś*

mocny ~ sb's **strong** point; osiągać ~ szczytowy peak[2]; osiągać ~ krytyczny come to a **head**[1]; osiągać ~ kulminacyjny climax[2]; słaby ~ weakness; stanąć w martwym punkcie stall[2]; w punkcie wyjścia back to **square**[1] one; z formalnego punktu widzenia technically; z punktu widzenia ... in ... **terms**; zdobywać ~ score[2]

punktualnie on **time**[1], promptly, punctually; ~ o trzeciej/20:30 *itp.* 3 o'clock/8.30 p.m., etc **sharp**[2]

punktualność punctuality

punktualny prompt[2], punctual

pupa backside, behind[3], bottom[1], bum[1]

purée robić ~ z mash

purpura crimson

purpurowy crimson

puryst-a/ka purist

puryta-nin/nka puritan

purytański puritanical

pustelni-k/ca hermit

pustka emptiness, desolation, void[2], vacuum[1]; mieć pustkę w głowie go **blank**[1]; pośrodku pustki in the **middle**[1] of nowhere; trafiać w pustkę fall on deaf **ears**; uczucie pustki a sense of **loss**

pustkowie the **wild**[2]s

pustoszeć empty[2]

pustoszyć devastate

pusty empty[1], hollow[1], idle[1], blank[1], vacant, bare[1], clear[1]; ~ (w środku) hollow[1]; pusta przestrzeń cavity; puste miejsce blank[2]; z pustymi rękami empty-handed

pustynia desert[1]

pustynnienie desertification

puszczać (*zwalniać*) release[1]; (*film*) run[1]; (*nerwy*) fray[1]; ~ (*coś*) **let** (sth) go; → **puścić**

puszka can[2], tin; ~ Pandory a **can**[2] of worms; otwieracz do puszek can/tin **opener**; w puszce canned, tinned; z puszki canned, tinned

puszkować can[3]

puszysty fluffy, furry, fuzzy

puścić ~ *coś* mimo uszu let sth **pass**[1]; ~ płazem overlook; ~ urazę w niepamięć bury the **hatchet**; ~ w zapomnienie overlook; ~ z dymem torch[2]; → **puszczać**

puttingowy pole puttingowe green[2]

puzon trombone

pycha (*duma*) pride[1]; (*mniam*) yum

pylnik anther

pył obłok pyłu a **pall**[2] of dust

pyłek speck; ~ (kwiatowy) pollen; stężenie *l.* poziom stężenia pyłków (w powietrzu) pollen count

pysk snout

pyskaty saucy

pyskować talk back

pyszności goodies

pyszny delicious, yummy

pytać ask, question[2]; ~ o *kogoś* enquire after sb, inquire after sb; ~ się enquire, inquire

pytając-y/a enquirer, inquirer

pytający enquiring, inquiring, quizzical, interrogative; forma pytająca interrogative; zaimek ~ interrogative

pytanie enquiry, inquiry, question[1]; ~ retoryczne rhetorical question; ~ rozłączne question tag; ~ tendencyjne *l.* podchwytliwe loaded question; dobre ~ you may well ask; odpowiadać na pytania **field**[2] questions; omijać temat/unikać pytania *itp.* **evade** the issue/ question, etc; zadawać ~ **pose**[1] a question; zadawać sobie *jakieś* ~ **ask** yourself sth; zarzucać *kogoś* pytaniami **fire**[2] questions at sb

pyton python

pyza dumpling

Q

quasi- quasi-

quiz quiz[1]

R

rabarbar rhubarb

rabat discount[1]; ~ towarowy trade discount; otrzymany ~ discount received; udzielony ~ discount allowed; stosować ~ discount[2]

rabin rabbi

rabuś robber

raca flare[2]

rachuba nie wchodzić w rachubę be out of the **question**[1]; stracić rachubę **lose** count (of sth), lose **track**[1]

rachunek account[1], bill[1], check[2], tab, sum[1]; ~ bankowy bank account; ~ bieżący current account; ~ lokat deposit account; ~ oszczędnościowo-rozliczeniowy checking account; ~ oszczędnościowy savings account; ~ pomocniczy imprest; ~ przejściowy suspense account; ~ różniczkowy differential calculus; ~ różniczkowy i całkowy calculus; ~ sprzedaży sales account; ~ sumienia soul-searching; ~ zakupów purchases account; ~ zbiorczy appropriation account; ~ zysków i strat profit and loss account; mieć ~ bank[2]; na *czyjś* ~ with the **compliment**[1]s of sb; otwierać ~ **open**[2] an account; wyrównywać rachunki square up; wyrównywać (z *kimś*) rachunki get **even**[1] (with sb); wystawiać ~ bill[2]

rachunkowy księgi rachunkowe books, accounts

racja point[1]; (*porcja*) ration[1]

racjonalizacja rationalization

racjonalizować rationalize

racjonalnie rationally

racjonalny rational, no-nonsense

racjonować ration[2]

raczej pretty[1], rather; ~ nie hardly; ~ niż **rather** than; nie móc ~ *czegoś zrobić* can't/couldn't very **well**[2] do sth

raczyć ~ *coś zrobić* **condescend** to do sth, **deign** to do sth; nie ~ *czegoś zrobić* **neglect**[1] to do sth

rada (*porada*) advice, counsel[1], tip[1], a **word**[1] of advice; (*komisja*) board[1], council, Council; ~ zarządzająca directorate; dać sobie radę get by; prosta ~ a quick **fix**[2]; służyć radą guide[2]; wbrew *czyimś* radom **against** sb's advice; za *czyjąś* radą at sb's **suggestion**

radar radar

radca ~ królewski QC

radio radio[1], wireless; ~ i telewizja broadcasting

radioaktywność radioactivity

radioaktywny radioactive

radioterapia radiotherapy

radiowy fala radiowa radio wave; łączyć się *l.* nadawać drogą radiową radio[2]

radn-y/a councillor

radon radon

radosny cheerful, cheery, buoyant, joyful, joyous, gay[1], exhilarating, bubbly, gleeful

radość joy, delight[1], enjoyment, glee, rejoicing, exhilaration, zest, cheerfulness, elation, exultation; oszalały z radości delirious; szaleć z radości be **burst**[1]ing with joy; sprawić *komuś* (wielką) ~ make sb's **day**

radośnie cheerfully, cheerily, gleefully, joyfully, joyously

radować ~ się rejoice

radykalnie by/in **leap**[2]s and bounds, radically

radykalny radical[1], sweeping, far-fetched, far-reaching; radykalna lewica/prawica the **far**[2] left/right

radykał radical[2]

radzić advise, counsel[2]; ~ sobie cope, get along, get on, manage, make out; ~ sobie dobrze/źle/lepiej *itp.* **fare**[2] well/badly/better, etc; ~ sobie samemu fend for yourself, stand on your own two feet; ~ sobie z navigate, handle[1]; ~ sobie z *czymś* deal with sth; ~ sobie z *czymś* na bieżąco **take** sth as it comes; dobrze sobie ~ be no **slouch**[2]; jakoś sobie ~ scrape by

rafa reef

rafinacja refinement

rafineria refinery

rafinować refine

rafinowany refined

raj heaven, paradise

rajd rally[1]

rajski heavenly

rajstopy hose, pantyhose, tights

rajtuzy hose

Rak Cancer

rak cancer; dostać raka **get**[1] cancer

rakieta (*latająca*) rocket[1]; (*do gry*) racket

rakietka racket, bat[1]

rakotwórczy carcinogenic; czynnik ~ carcinogen; substancja rakotwórcza carcinogen

RAM (pamięć) ~ RAM

rama frame[1]; (*roweru*) crossbar; ramy framework; w ramach prawa/przepisów/swoich praw *itp.* **within**[1] the law/the rules/your rights, etc; w ramach zakładu /. firmy in-house
ramadan Ramadan
ramiączko strap
ramię arm[1], shoulder[1]; do ramion shoulder-length; poklepać *kogoś* po ramieniu **clap**[1] sb on the shoulder; przyjąć *kogoś* z otwartymi ramionami snap sb up; torba na ~ shoulder bag
rampa ramp
rana wound[1], injury, sore[2], laceration; ~ (cięta) cut[2]; ~ cięta gash; odnosić rany **sustain** injuries; opatrzyć ranę **dress**[1] a wound; ziejąca ~ a **gaping** wound
ranchero rancher
rancho ranch
ranczer rancher
ranczo ranch
randka date[1]; ~ w ciemno blind date; randki internetowe Internet dating; błyskawiczne randki speed dating
ranek morning
ranga rank[1]; niski /. niższy rangą junior[1]; wysoki /. wyższy rangą senior[1]
ranić wound[2]; ~ nożem knife[2]; ~ *czyjeś* serce tear sb apart
ranking ~ oglądalności the **ratings**
ranny injured, hurt[2]
rano morning, in the **morning**; (*w godzinach*) a.m.; 3/4 *itp.* nad ranem 3/4/, etc o'clock in the **morning**; poczekać z decyzją do rana **sleep**[1] on it; z samego rana first **thing**
rany o rany! Good **grief**!, whoops
rap rap[1]
raper/ka rapper
raport report[1], rundown; ~ rządowy White Paper
rapować rap[2]
rapsodia rhapsody
rasa race[1], breed[1]; ~ ludzka humankind, the human race; mieszanej rasy mixed-race
rasist-a/ka racist
rasistowski racist
rasizm racism
rasowo racially
rasowy racial; (*pies*) pedigree[2]; stosunki rasowe race relations
rata instalment; raty hire purchase; na raty piecemeal; pierwsza ~ down payment
rating ~ (kredytowy) credit rating
ratować rescue[1]
ratowniczy służby ratownicze emergency services
ratownik lifeguard
ratunek rescue[2], salvage[2], salvation, lifeline; pospieszyć *komuś* na ~ come to the/sb's **rescue**[2]
ratunkowy kamizelka ratunkowa life jacket; szalupa ratunkowa lifeboat
ratusz town hall
ratyfikować ratify
rausz high[3]
rave ~ party rave[2]
raz once[1], time[1], occasion; ~ na jakiś czas **once**[1] in a while; ~ na ruski rok once in a blue **moon**; ~ na zawsze **once**[1] and for all; ~ za razem in quick/rapid **succession**; chociaż ~ for **once**[1]; dwa razy twice, double[4]; jeszcze ~ **once**[1] again, **once**[1] more, **yet**[1] again/another/more; na ~ at **once**[1]; na razie **for**[1] now, for the **time**[1] being, for the **moment**; (*cześć*) **see** you; następnym razem next[2]; od razu at **once**[1], **straight**[2] away, straight[2]; od razu dostać *coś* walk into sth; pewnego razu **once**[1] upon a time; po ~ pierwszy first[2]; sprawdzać drugi ~ double-check; sprawdzać dwa razy double-check; trzy/osiem/dziewięć *itp.* razy three/eight/nine, etc **time**[1]s; tym razem for **once**[1]; w każdym razie or, anyhow, anyway, at any **rate**[1], in any **event**; w najgorszym razie at **worst**[2]; w przeciwnym razie or, otherwise[2]; w razie *czegoś* in the **event** of sth; w sam ~ fine[1], just the **job**; w takim razie in that **case**/in which case; za każdym razem **time**[1] after time; zrobić *coś* jeszcze ~ do sth over
razem together[1]; traktować ~ bracket[2]; trzymać się ~ stick together
razowy wholemeal, whole wheat
razy (*mnożenie*) times
raźny jaunty
rażąco grossly, flagrantly
rażący gross[1], flagrant, egregious; rażący błąd a **glaring** error
rąbać chop[1], hack[1]
rąbek hem
rączka handle[2]; złota ~ handyman
rdza rust
rdzenny indigenous
rdzeń ~ kręgowy spinal cord; ~ przedłużony medulla oblongata; stopienie rdzenia (reaktora) meltdown
rdzewieć rust
rdzewienie powodować ~ rust
re- re-
reagować react, respond; ~ zbyt mocno /. nieproporcjonalnie overreact
reakcja reaction, response, reception, feedback; ~ egzotermiczna exothermic reaction; ~ endotermiczna endothermic reaction; ~ łańcuchowa chain reaction; ~ redoks redox; instynktowna ~ **gut**[2] reaction; machinalna ~ a **knee-jerk** reaction/response, etc; spóźniona ~ double take; w reakcji na at; wroga ~ **adverse** reaction
reakcjonist-a/ka reactionary
reakcyjny reactionary
reaktor reactor; ~ jądrowy nuclear reactor
reaktywność reactivity
reaktywny reactive
realia practicalities
realist-a/ka realist
realistycznie realistically
realistyczny realistic, down-to-earth, lifelike, vivid, gritty
realizacja realization, making; odmówić realizacji (*czeku*) bounce[1]; przystępować do realizacji **move**[1] ahead/along/forward, etc; w realizacji afoot
realizm realism
realizować pursue; (*czek*) bank[2]; ~ ambicję/marzenie/cel *itp.* **fulfil** an ambition/dream/goal, etc
realność viability
realny workable, viable, realizable
reanimacja resuscitation
reanimować resuscitate
rebelia rebellion
rebeliant/ka rebel[1]
recenzent/ka reviewer
recenzja review[1], write-up
recenzować review[2]
recepcja reception
recepcjonist-a/ka receptionist
recepta prescription; (dostępny) bez recepty over-the-counter; (dostępny) na receptę on **prescription**; stanowić receptę na katastrofę/kłopoty/sukces *itp.* be a **recipe** for disaster/trouble/success, etc
receptor receptor
receptura formula
recesja recession, slump[2]
recesywny recessive
rechotać croak
recital recital
recycling recycling
recytować recite
redagować edit
redakcyjny editorial[1]; artykuł ~ editorial[2]
redaktor editor; zastęp-ca/czyni redaktora **associate**[3] editor
redaktorski editorial[1]
reducent decomposer
redukcja cut[2], curtailment, downsizing, reduction; ~ kosztów cost-cutting; ~ zatrudnienia redundancy
redukować curtail, cut[1], reduce, trim[1], downsize; ~ *coś* slim sth down
reduktor reducing agent
redystrybucja redistribution; dokonywać redystrybucji redistribute
referat presentation, paper[1], project[1]
referencje credentials, reference
referendum referendum
refleks **reactions**, reflexes
refleksja afterthought; pobudzający do refleksji thought-provoking
refleksoterapia reflexology
refleksyjny reflective
reflektor spotlight, headlight; reflektory floodlights; oświetlony reflektorami floodlit
reforma reform[1]
reformator/ka reformer
reformować reform[2]
refrakcja refraction
refren chorus[1], refrain[2]

refundacja reimbursement
refundować reimburse
regał ~ (na książki) bookcase
regeneracja regeneration
reggae reggae
region region
regionalny regional
reglamentować ration[2]
regresja regression; ulegać regresji regress
regulacja adjustment, regulation, tweak; urząd regulacji watchdog
regulacyjny regulatory
regulamin *robić coś* zgodnie z regulaminem do sth by the **book**[1]
regularnie regularly, on a regular **basis**, religiously
regularność regularity
regularny regular[1]; regularne połączenie shuttle[1]
regulator regulator; ~ czasowy timer; cały ~ full **blast**[1]
regulować adjust, govern, regulate
regulowany adjustable
reguła rule[1]
rehabilitacja vindication; ~ ruchowa physical therapy, physiotherapy
rehabilitant/ka physiotherapist, physical therapist
rehabilitować vindicate
reinkarnacja reincarnation
reinwestować ~ *coś* plough sth back
rejestr register[1], journal, ledger
rejestracja registration
rejestracyjny numer ~ registration; tablica rejestracyjna number plate, license plate
rejestrator/ka registrar
rejestrować chart[2]
rejon area, region, catchment area, precinct
rejonowy prokurator ~ district attorney
rejs voyage; ~ (wycieczkowy) cruise[1]; dziewiczy ~ a **maiden**[2] voyage
rekin shark
reklama advertisement, ad, advert, commercial[2], advertising, plug[1], preview, promo, publicity; ~ medialna above the line promotion; sposób reklamy pitch[2]
reklamacja complaint; składać reklamację complain
reklamodawca advertiser
reklamować publicize, pitch[1], hype[2], plug[2], preview; ~ (się) advertise; ~ *coś* jako *coś* palm sth off as sth
reklamowany być reklamowanym jako *coś* be **bill**[2]ed as sth
reklamowy promotional; notka reklamowa blurb; przesyłki reklamowe junk mail
reklamówka (*torba*) carrier bag; (*film*) promo
rekomendacja recommendation
rekomendować recommend
rekompensata compensation, recompense, redress[2]
rekompensować make **amends**, recompense
rekonesans reconnaissance
rekonstrukcja reconstruction
rekonstruować reconstruct; ~ *coś* piece sth together
rekonwalescencja convalescence, recuperation; przechodzić rekonwalescencję convalesce
rekord record[1]; bijący rekordy popularności best-selling; pobić ~ **break**[1] a record; ustanawiać ~ **set**[1] a record
rekordowo ~ niski poziom a new/ record/all-time, etc **low**[3]
rekordowy record-breaking, prize[2], bumper[2]
rekreacja recreation, leisure
rekreacyjny recreational; centrum rekreacyjne leisure centre; teren ~ fairground
rekrut/ka recruit[2]
rekrutacja recruitment
rekrutować recruit[1]
rektor chancellor
rekultywować reclaim
rekwirować commandeer
rekwizyt prop[2]
relacja account[1], coverage, narrative; ~ z terenu roadshow
relacjonować recount[1], relate, report[2]
religia religion, faith; ~ protestancka Protestantism; ~ sikhijska Sikhism
religijnie religiously
religijny religious; na tle religijnym (*walki*) sectarian
relikt relic
remake remake
remiks remix
remiksować remix
remis draw[2], tie[2]; wywalczyć ~ **scrape**[1] a draw
remisja być w fazie / stadium remisji be in **remission**
remisować draw[1], tie[1]
remiza ~ (strażacka) fire station
remont renovation, refurbishment, decoration; ~ (kapitalny) overhaul; przeprowadzić ~ (kapitalny) overhaul; w remoncie (*droga*) up[2]
remontować overhaul, refurbish, renovate, decorate
rencist-a/ka OAP, pensioner
rendezvous rendezvous
renegat renegade
renesans revival, renaissance
Renesans the Renaissance
renifer reindeer
renoma stature
renomowany reputable, blue-chip
renowacja renovation
renta pension[1], social security
rentgen X-ray
rentgenowski promieniowanie rentgenowskie X-ray
reorganizacja reorganization, shake-up
reorganizować ~ (się) reorganize
repatriacja repatriation
repatriować repatriate
repelent ~ na komary insect/ mosquito **repellent**[2]
reperkusje repercussions
reperować mend[1]
repertuar repertoire, repertory
replay action replay, instant replay
replika replica
reporter/ka reporter
represje repression, reprisal
represjonować repress
represyjny repressive
reprezentacja representation, contingent[1]; ~ proporcjonalna proportional representation; członek reprezentacji international[2]
reprezentant/ka exponent; Izba Reprezentantów House of Representatives
reprezentatywny representative[2]
reprezentować represent; ~ *kogoś* **speak** for/on behalf of sb; ~ stanowisko **hold**[1] a view
reprodukcja reproduction
reprymenda reprimand
republika republic; zbuntowana ~ a **breakaway** republic
republika-nin/nka republican; Republika-nin/nka Republican
republikański republican; Partia Republikańska the Republican Party
reputacja reputation; o złej reputacji disreputable; zła/dobra ~ a bad/ good **name**[1]
requiem requiem
resocjalizacja rehabilitation
resocjalizować rehabilitate; ~ (się) reform[2]
respekt awe, respect[1]; budzący ~ awe-inspiring, formidable, awesome; czuć ~ przed *kimś* be in **awe** of sb
respektować respect[2]
respondent/ka respondent
restartować reboot, restart
restauracja restaurant; ~ dla zmotoryzowanych drive-in; tania ~ diner; właściciel/ka restauracji restaurateur
restaurator/ka restaurateur
restaurować restore
restrukturyzacja restructuring
restrukturyzować restructure
restrykcyjny restrictive, prescriptive, tough
reszka **head**[1]s
reszta the **rest**[1], the remainder; (*pieniądze*) change[2]
resztka remnant, stub[1]; ~ *czegoś* the **last**[3] of sth; resztki leftovers
retorycznie rhetorically
retoryczny rhetorical; figura retoryczna figure of speech; pytanie retoryczne rhetorical question
retoryka rhetoric
retriever retriever
retro retro
retrospekcja flashback
retrospektywny wystawa retrospektywna retrospective[1]
return return[2]
reumatyczny arthritic
reumatyzm arthritis, rheumatism

rewaloryzacja revaluation
rewaloryzować revalue
rewanż replay
rewanżować ~ się strike back
rewelacja revelation, cracker; być rewelacją be a **revelation**
rewelacyjny incredible, sensational
rewers (*monety*) tails; (*skrypt dłużny*) IOU
rewia revue
rewident ~ (księgowy) auditor
rewidować search[1], frisk
rewir beat[2]
rewizja overhaul, rethink; ~ procesu retrial; nakaz rewizji search warrant; poddawać rewizji review[2]
rewolucja revolution, quantum leap, step change
rewolucjonist-a/ka revolutionary[2]
rewolucyjny revolutionary[1]
rewolwer revolver
rezerwa reserve[2], standby; podchodzić do *czegoś* z rezerwą take sth with a pinch of **salt**[1]; w rezerwie in **reserve**[2]
rezerwacja booking, reservation
rezerwat preserve[2], reserve[2], sanctuary; ~ przyrody nature reserve
rezerwowy second best; ławka rezerwowych the **bench**; zawodni-k/czka rezerwow-y/a reserve[2]
rezolucja resolution
rezonans ~ (magnetyczny) MRI
rezultat result[1], end-product, tally[1], joy; (ostateczny) ~ the upshot; ~ *czegoś* **product** of sth; pożądany ~ the **desired** result; rezultaty fruition; w rezultacie consequently
rezydencja mansion, residence; zabytkowa ~ stately home
rezygnacja resignation, withdrawal, abandonment
rezygnować resign, quit, opt out; ~ z abandon, forego, forgo; nie ~ push ahead/forward, push on
reżim regime
reżyser director
reżyserować direct[3], produce[1], orchestrate
ręcznie by **hand**[1], manually; ~ pisany handwritten
ręcznik towel; ~ kuchenny dishtowel, tea towel; wieszak na ręczniki towel rail
ręczny manual[1], hand-held; hamulec ~ handbrake, emergency brake; ręcznej roboty handmade
ręczyć ~ za *kogoś/coś* vouch for sb/sth
ręka hand[1], arm[1]; (*w piłce nożnej*) handball; ~ w rękę **hand**[1] in hand; być bez *kogoś/czegoś* jak bez ręki be **lost**[1] without sb/sth; być w *czyichś* rękach be in sb's **hand**[1]s; być pod ręką be waiting in **the wings**; być w zasięgu (*czyjejś*) ręki be within (sb's) **reach**[2]; dostać *coś* w swoje ręce get/lay your **hand**[1]s on sth; gołymi rękami with your bare **hand**[1]s; informacja/wiedza *itp.* z pierwszej ręki **inside**[2] information/knowledge, etc; machnięcie ręką /. ręki wave[2]; mieć dobrą rękę do roślin have a green **thumb**[1], have green **finger**[1]s; mieć ręce pełne roboty have your **hand**[1]s full, have your **work**[2] cut out; mieć związane ręce *czymś* /. przez *coś* be **shackle**d by sth; myć ręce wash up; od ręki offhand[2]; oddać się w ręce policji /. wroga give yourself up; pod ręką at **hand**[1], on **tap**[1]; pod rękę **arm**[1] in arm; *czyjaś* prawa ~ sb's **right-hand** man/woman; ręce precz **hand**[1]s off; siedzieć z założonymi rękami sit back; skrzyżować ręce **cross**[1] your arms; skrzyżować ręce (na piersiach) **fold**[1] your arms; trzymać się za ręce hold **hand**[1]s; wolna ~ a free **hand**[1], free **rein**, carte blanche; wydawać się w zasięgu ręki beckon; wziąć /. złapać *kogoś* za rękę take sb by the **hand**[1]; z drugiej ręki second-hand; z pierwszej ręki firsthand; z pustymi rękami empty-handed; zadany własną ręką self-inflicted; załamywać ręce wring your **hand**[1]s; złamać rękę **break**[1] your arm; złamana ~ a **broken**[1] arm
rękaw sleeve, arm[1]; as w rękawie trump card; bez rękawów sleeveless; chować *coś* w rękawie have sth up your **sleeve**; koszulka z krótkim rękawem tee shirt, T-shirt; z krótkim/długim rękawem short-sleeved/long-sleeved
rękawek nadmuchiwane rękawki **armband**s
rękawica gauntlet; ~ baseballowa mitt; ~ wirtualna dataglove; rzucać rękawicę throw down the **gauntlet**
rękawiczka glove
rękoczyn dojść do rękoczynów come to **blow**[2]s
rękodzielniczy wyroby rękodzielnicze **handicraft**s
rękodzieło handicraft; rękodzieła **handicraft**s
rękojeść shaft
rękopis manuscript
ring a boxing/circus **ring**[1]
riposta retort
robak bug[1], worm[1]
robić make[1], do[2], go[1]; ~ awanturę kick up/make a **fuss**[1]; ~, co *ktoś* każe do sb's **bidding**; ~ furorę be all the **rage**[1]; ~ *komuś* kłopot put sb out; ~ na *kimś jakieś* wrażenie **strike**[1] sb as sth; ~ na drutach knit; ~ na szydełku crochet; ~ postępy get **somewhere**, make **headway**; ~ przerwę/odpoczynek *itp.* **take** a break/rest, etc; ~ różnicę make a/any **difference**; ~ się późno be getting on; ~ sobie jaja take the **piss**[2]; ~ sobie włosy/makijaż *itp.* **do**[2] your hair/make-up, etc; ~ swoją robotę /. działkę pull your **weight**; ~ swoje **ply** your trade; ~ to go down that **road**; ~ to co inni go with the **flow**[2]; ~ *kogoś* w konia mess sb about/around; ~ wodę z mózgu brainwash; ~ *komuś* wstyd show sb up; ~ wszystko, aby … go out of your **way**[1] to do sth; ~ wyjątek make an **exception**; ~ z *czegoś* ceregiele make a **meal** of sth; ~ z *kogoś* idiotę make a **fool**[1] (out) of sb; ~ z igły widły make a **mountain** out of a molehill; ~ *coś* z obowiązku go through the **motion**[1]s; ~ z siebie idiotę make a **fool**[1] of yourself; ~ z siebie widowisko make a **spectacle** of yourself; ~ zakupy shop[2]; ~ zamieszanie rock the **boat**; nic nie ~ idle[2]; → **zrobić**
robienie ~ na drutach knitting
robocizna ~ bezpośrednia direct labour
roboczy grupa robocza task force; siła robocza workforce, manpower, labour[1]
robot robot; ~ kuchenny food processor; robota (*ramię*) robotic
robota czarna ~ donkey work; Dobra robota! Well done.; domowej /. własnej roboty homemade; mieć ręce pełne roboty have your **hand**[1]s full, have your **work**[2] cut out; nie mieć nic do roboty be at a loose **end**[1]; niewdzięczna ~ bind[2]; papierkowa ~ paperwork; ręcznej roboty handmade; robić swoją robotę pull your **weight**; robić za *kogoś* czarną robotę do sb's dirty **work**[2]; zabierać się do roboty get **crack**[1]ing
robotniczy working-class; klasa robotnicza working class
robotni-k/ca labourer, laborer; robotnik workman; robotnik sezonowy migrant
roboty ~ drogowe roadworks
robótka knitting
rock rock[1]; ~ and roll rock 'n' roll; gwiazda rocka rock star
rockowy muzyka rockowa rock[1]
rocznica anniversary
rocznie annually, yearly, per annum
rocznik (*rok*) year, vintage[2]; (*książka*) yearbook, annual[2]
roczny annual[1], yearly
rodak compatriot, countryman; rodacy **fellow**[2] countrymen
rodeo rodeo
rodnik wolny ~ free radical
rodny kanał ~ birth canal
rodowity native[1]; rodowit-y/a mieszka-niec/nka native[2]
rodowód pedigree[1]
rodowy ancestral
rodzaj kind[1], sort[1], type[1], nature, breed[1], gender, genus; *coś* wszelkiego rodzaju all **sort**[1]s of sth; coś w rodzaju **sort**[1] of, of **sort**[1]s; coś w ~ *czegoś* **something** of a sth; jedyny w swoim rodzaju unique; swego rodzaju of **sort**[1]s, of a **kind**[1]; wszelkiego rodzaju all **shape**[1]s and sizes, of any **description**
rodzajnik article; ~ nieokreślony indefinite article; ~ określony definite article

rodzący ~ się nascent
rodzeństwo sibling
rodzic parent; *czyiś* rodzice sb's **folk**[1]s; zastępczy ~ **foster**[2] parent
rodzicielski parental
rodzicielstwo parenthood
rodzić give **birth**, bear[1], crop[2]; ~ dziecko **have**[3] a baby
rodzimy native[1]
rodzina family, kin; ~ królewska royalty; członek rodziny your own **flesh** and blood; człon-ek/kini rodziny królewskiej royal[2]; najbliższa ~ next of kin; *czyjaś* najbliższa ~ sb's **immediate** family; planowanie rodziny family planning; w rodzinie domestic
rodzinny domestic; być cechą rodzinną **run**[1] in sb's/the family; lekarz ~ general practitioner, GP; rodzinne miasto hometown; zasiłek ~ child benefit; życie rodzinne family **life**, domesticity
rodzynek raisin, currant; ~ (sułtański) sultana
rogal croissant
rogalik (*kształt*) crescent; (*bułka*) croissant
rogatka checkpoint
rogówka cornea
roić ~ się swarm[2]; ~ się od *czegoś* be littered with sth, be **saturate**d with sth; ~ się od *kogoś/czegoś* swarm with sb/sth, be **crawl**[1]ing with sb/sth, be teeming with sb/sth
rojalist-a/ka royalist
rojalistyczny royalist
rok year; ~ akademicki/finansowy *itp.* the academic/financial, etc **year**; ~ dwutysięczny the Millennium; ~ fiskalny fiscal year; ~ podatkowy *l.* obrachunkowy financial year; ~ przestępny leap year; ~ w ~ year after year; być od *kogoś* 10/20 *itp.* lat młodszym be 10/20, etc years sb's **junior**[2]; co ~ annually; co dwa lata **alternate**[1] years; lata **days**; lata pięćdziesiąte the fifties; lata dziewięćdziesiąte the nineties; mieć dwa lata/dwanaście/37 lat *itp.* be two/twelve/37, etc **year**s old; mieć (już) swoje lata be getting on; najlepsze lata (życia) prime[2]; Nowy Rok new year, New Year's Day; odbywający się co dwa lata biennial; odbywający się dwa razy do roku biannual; pora roku season[1]; raz na ruski ~ once in a blue **moon**; skończyć 16/21 *itp.* lat **turn**[1] 16/21, etc; student/ka drugiego roku sophomore; student/ka ostatniego roku senior[2]; student/ka trzeciego roku junior[2]; szkolne lata schooldays; w przyszłym roku **next**[1] year; szczęśliwego Nowego Roku Happy New Year; za pół roku/dziesięć lat *itp.* six months/ten years, etc **from** now
rokowanie prognosis
rola (*charakter*) capacity, function[1]; (*aktorska*) part[1], role, portrayal; ~ tytułowa title role; epizodyczna ~ cameo; główna ~ lead[2]; grać główne role co-star[2]; mieć rolę do spełnienia come in; odgrywać rolę **come** into it; odgrywać rolę w *czymś* have/play a **part**[1] in sth; odgrywać w *czymś* ważną rolę feature in sth; odtwarzać rolę portray; pełnić rolę *kogoś* act as sth; spełniać rolę serve a **purpose**, **fulfil** a role; występować w roli *kogoś* act as sth
roleta blind[3], shade[1]
rolka roll[2], reel[2], roller; (*łyżworolka*) in-line skate; ~ papieru toaletowego toilet roll; rolki Rollerblades; jazda na rolkach rollerblading
rolnictwo agriculture, farming
rolniczy agricultural
rolni-k/czka farmer
Rom/ka traveller
romans love affair, affair, romance, liaison; (przelotny) ~ fling[2]; krótki ~ a **whirlwind**[1] romance; mieć/nawiązać ~ z *kimś* be/get **involved** with sb
romantycznie romantically
romantyczny romantic[1]
romanty-k/czka romantic[2]
romb rhombus, diamond
rondel saucepan, pan[1]
rondo (*uliczne*) roundabout[1], traffic circle; (*kapelusza*) brim[2]
ronić ~ łzy **shed**[2] tears
ropa pus; ~ (naftowa) oil, petroleum; ~ naftowa crude oil; wyciek ropy (naftowej) oil spill; złoże ropy (naftowej) oilfield
ropieć fester
ropień abscess
ropucha toad
rosa dew
rosé wino ~ rosé
rosnący growing, ascending, on the **increase**[2]; gwałtownie ~ soaring, burgeoning
rosnąć go up, rise[1], grow, mount, escalate; ~ (gwałtownie) soar
rosół broth
roszczenie claim[2]; zgłaszać ~ **stake**[2] a/your claim
rościć ~ sobie prawo do *czegoś* lay **claim**[2] to sth
roślina plant[1]; ~ doniczkowa potted plant; ~ dwuliścienna dicotyledon; ~ jednoliścienna monocotyledon; ~ jednoroczna annual[2]; ~ uprawna crop[1]; ~ wiecznie zielona *l.* zimozielona evergreen; królestwo roślin the plant **kingdom**; mieć dobrą rękę do roślin have a green **thumb**[1], have green **finger**[1]s; rośliny strączkowe pulses; rośliny zagrożone wymarciem **endangered** plants; świat roślin the plant **world**[1]
roślinność vegetation, greenery
roślinożerca herbivore
rotacja rotation
rottweiler rottweiler
rounders (gra w) ~ rounders
rowek groove
rower bicycle, bike, cycle[1]; ~ górski mountain bike; ~ trójkołowy tricycle; jazda na rowerze cycling; jeździć *l.* jechać na rowerze cycle[2]
rowerzyst-a/ka cyclist, rider
rozbawić amuse, tickle
rozbawienie amusement, mirth
rozbawiony amused
rozbić ~ (się) crash[2], smash[1]
rozbiec ~ się scatter
rozbierać dismantle; ~ (się) undress, strip[1]; ~ *coś* pull sth down, take sth apart
rozbieżność discrepancy, divergence
rozbijać crack[1], fragment[2]; ~ namiot **pitch**[1] a tent; ~ się o **crash**[2] against/on
rozbiór partition
rozbiórka przeznaczać do rozbiórki condemn
rozbitek castaway
rozbity broken[1]; ~ dom a **broken**[1] home
rozbłysk flash[2], flare[2]
rozbłysnąć flare[1]
rozbrajać disarm; ~ się disarm; → **rozbroić**
rozbrajający disarming
rozbroić defuse; → **rozbrajać**
rozbrojenie disarmament
rozbrykany frisky
rozbrzmiewać resonate, resound, reverberate
rozbrzmiewający resounding
rozbudzać engender; ~ *coś* whip up sth
rozbudzony **wide**[2] awake
rozchmurzyć ~ się cheer up, lighten up
rozchodzić ~ *coś* (*buty*) break sth in; ~ się spread[1], fan out, branch[2], diverge, travel[1], get about, get out; ~ się z **radiate** from/out, etc
rozchylać ~ (się) part[3]
rozciąć gash
rozciągać ~ (się) stretch[1]; ~ się **extend** from/into/over, etc, sprawl; ~ się *gdzieś* **stretch**[1] away/into, etc
rozciągający ćwiczenie rozciągające stretch[2]
rozcieńczać dilute, thin[2]; ~ *coś* water sth down
rozcieńczony dilute
rozcięcie slit[1], cut[2]
rozcinać slit[2]
rozczarować disappoint; ~ *kogoś* let sb down
rozczarowanie disappointment, disillusionment, letdown, anticlimax, disaffection, disenchantment; ku rozczarowaniu *kogoś* **to**[2] sb's disappointment
rozczarowany disaffected, disenchanted, disillusioned, disappointed
rozczarowująco disappointingly
rozczarowujący disappointing
rozczochrany dishevelled, tousled, unkempt
rozczulać ~ się melt

rozczulanie ~ się nad sobą self-pity
rozdający dealer
rozdanie hand[1]
rozdarcie rip[2], tear[2]
rozdarty być rozdartym między *czymś* a *czymś* be torn between sth and sth
rozdawać distribute; ~ (karty) deal[2]; ~ *coś* dish sth out, dole sth out, give sth away, give sth out, hand sth out, pass sth around/round
rozdrażnienie irritation
rozdrażniony irritated
rozdział chapter, unit; (*podział*) separation
rozdzielać (*rozdawać*) apportion; (*segregować*) segregate; ~ (się) part[3], separate[2]; ~ *coś* (*rozłączać*) **pry** sth apart/loose/open, etc, **prise** sth apart/off/open, etc; (*rozdawać*) dole sth out, share sth out; ~ *kogoś/coś* pull sb/sth apart; ~ się spread out
rozdzielczość resolution
rozdzielczy tablica rozdzielcza dashboard
rozdzierać ~ (się) split[1]; ~ *coś* tear sth apart
rozdzierająco excruciatingly
rozdzierający blinding, excruciating
rozdźwięk discord, rift, dichotomy
rozebrany undressed
rozejm truce
rozejść ~ się separate[2]
rozetka rosette
rozeznanie judgment
rozgałęziacz adapter
rozglądać ~ się browse, shop around, **glance**[1] around, scout[2]; ~ się po scan[1]
rozgłos publicity
rozgniewać anger[2]
rozgniewany angry
rozgoryczenie chagrin
rozgoryczony bitter[1], embittered
rozgościć ~ się make yourself at **home**[1]
rozgotowany overdone
rozgromić annihilate, blitz[2], slaughter[1], thrash, rout
rozgrywający quarterback
rozgrywka innings, inning; ostateczna ~ showdown; rozgrywki politics; rozgrywki międzynarodowe international[2]
rozgryźć crack[1]; ~ *kogoś* be **onto** sb
rozgrzany ~ do czerwoności red-hot
rozgrzeszać absolve
rozgrzewać ~ (się) warm up; ~ się/*kogoś/coś* warm (sb/sth) up
rozgrzewka warm-up
rozgwieżdżony starry
rozjaśniać bleach[2]
rozjaśnić brighten; ~ (się) lighten; ~ się light up
rozjazd junction, fork[1]
rozjemca arbiter
rozkaz command[1], order[1]; oczekiwać *czyichś* rozkazów be at sb's **command**[1]; wykonujący rozkazy under **order**[1]s
rozkazać order[2]; **→ rozkazywać**
rozkazujący imperative[1]; forma rozkazująca imperative[2]
rozkazywać boss[2], command[2]; ~ *komuś* order sb about/around, dictate to sb; **→ rozkazać**
rozkaźnik imperative[2]
rozkaźnikowy imperative[1]
rozkład (*rozmieszczenie*) layout; (*psucie*) decay, decomposition; ~ (jazdy *l.* lotów *l.* rejsów) schedule[1], timetable
rozkładać spread[1], dismantle; ~ (się) open[2], unfold; ~ *coś* lay sth out; ~ *coś gdzieś* **spread**[1] sth across/over/through, etc; ~ na czynniki factorize; ~ się (*kłaść się*) recline; (*psuć się*) decay, decompose; (*rozpadać się*) degrade; ~ się wygodnie recline; ~ siły **pace**[2] yourself
rozkładany pop-up
rozkładówka spread[2]
rozkojarzony distracted
rozkopywać ~ *coś* dig sth up
rozkosz bliss, delight[1], relish[2]; przypływ rozkoszy a **flush**[2] of pleasure
rozkosznie delightfully
rozkoszny adorable, delectable, delightful
rozkoszować ~ się relish[1]; ~ się *czymś* glory in sth, revel in sth, bask in sth
rozkręcać ~ się hot up
rozkurcz diastole
rozkurczowy diastolic
rozkwit okres rozkwitu heyday
rozkwitać blossom[2], bloom[2]
rozkwitły in **bloom**[1]
rozlanie spill
rozlecieć ~ się break down
rozległy extensive, massive
rozlew ~ krwi bloodshed
rozlewać spill; (*do butelek*) bottle[2]; ~ się/*coś* **slop** (sth) about/around/into, etc
rozliczać ~ się settle up
rozliczenie billing; ~ roczne final accounts; oddawać *coś* w rozliczeniu trade sth in
rozliczony zostać rozliczonym clear[2]
rozluźnić ~ (się) relax, loosen, loosen up, slacken; ~ się unwind, **let** yourself go
rozluźniony mellow[1]
rozładować (*napięcie*) defuse; **→ rozładowywać**
rozładowany (*bateria*) flat[2]
rozładowywać ~ (się) unload; **→ rozładować**
rozłam split[2], rift, division
rozłazić ~ się straggle
rozłączać ~ (się) disengage; ~ się ring off; nie ~ się hold[1]
rozłączny pytanie rozłączne question tag
rozłąka separation
rozłupywać crack[1]; ~ się splinter
rozmach flourish[2]
rozmaicie variously
rozmaity various
rozmaryn rosemary
rozmarzać thaw
rozmarzenie z rozmarzeniem dreamily
rozmarzony dreamy; być rozmarzonym be in a **dream**[1]
rozmawiać speak, talk[1], **hold**[1] a conversation, converse; ~ o *czymś* **speak** about/of sth; ~ o interesach/polityce *itp.* **talk**[1] business/politics, etc; ~ z *kimś* **speak** to sb
rozmazywać ~ (się) smudge[2], blur[1]
rozmiar extent, size[1], dimension, volume; rozmiary proportions; niewielkich rozmiarów compact[1]
rozmieniać change[1]
rozmieszczać space[2], dot[2], deploy
rozmieszczenie deployment
rozmnażać ~ (się) propagate; ~ się reproduce, breed[2]
rozmnażanie reproduction, breeding, propagation; ~ bezpłciowe *l.* wegetatywne asexual reproduction; ~ płciowe sexual reproduction
rozmoczyć saturate
rozmokły soggy; ~ śnieg slush
rozmowa conversation, talk[2]; ~ konferencyjna conference call; ~ kwalifikacyjna interview[1]; ~ o niczym small talk; ~ telefoniczna phone call; ~ w cztery oczy heart-to-heart; gotów do rozmowy **open**[1] to discussion; odbywać rozmowę *l.* rozmowy z interview[2]; pogrążony w rozmowie **deep**[1] in conversation; prowadzić rozmowy talk[1]; przeprowadzając-y/a rozmowę (kwalifikacyjną) interviewer; rozmowy talks; zajęty rozmową (telefoniczną) on the **phone**[1]
rozmowny talkative, chatty, communicative, forthcoming
rozmów-ca/czyni caller
rozmówić ~ się (z *kimś*) **have**[3] it out (with sb); ~ się z tackle[1]
rozmrażać ~ (się) thaw, defrost
rozmydlać fudge[2]
rozmyślać brood[2], meditate, muse, reflect; ~ (nad) ponder
rozmyślanie contemplation
rozniecać ~ *coś* drum up sth
roznosić ~ się echem echo[1]
rozpacz despair[1], distress[1], desolation, desperation, heartache; skrajna ~ **abject** misery
rozpaczać despair[2]
rozpaczliwie desperately
rozpaczliwy desperate
rozpad break-up, disintegration; ~ beta beta decay
rozpadać ~ się crumble, disintegrate, fall apart, fragment[2], **come** apart, be on its last **legs**
rozpadający ~ się dilapidated, rickety
rozpadlina chasm, rift; ~ skalna bergschrund
rozpakować (*pliki*) unzip; ~ (się) unpack
rozpalać inflame; ~ *kogoś* fire sb up
rozpalony ablaze, feverish

rozpamiętywać ~ *coś* dwell on/upon sth
rozparcelować ~ *coś* carve sth up
rozpatrywać examine, hear
rozpatrzeć ~ ponownie review[2]
rozpęd impetus, momentum; jechać rozpędem coast[2]; nabierać rozpędu take off
rozpętać unleash; ~ się blow up, break[1]
rozpierzchnąć ~ się scatter
rozpieszczać pamper, spoil, indulge
rozpieszczony spoilt
rozpiętość span
rozpięty undone
rozpinać undo, unfasten, unbutton, unzip
rozpinany sweter ~ cardigan
rozpisać ~ wybory **call**[1] an election
rozplątać disentangle, untangle
rozpłaszczyć ~ (się) flatten
rozpłynąć ~ się disappear/vanish into thin **air**[1]
rozpływać ~ się (nad) gush[1]
rozpoczęcie commencement
rozpoczynać commence, launch[1]; ~ *coś* embark on/upon sth
rozporek flies, fly[2]
rozporządzenie edict, decree, ordinance
rozpowszechniać diffuse, spread[1]
rozpowszechnienie prevalence
rozpowszechniony prevalent, rife, widespread
rozpoznanie recognition
rozpoznawać identify, distinguish, recognize; rozpoznawanie mowy speech recognition, voice recognition
rozpoznawalny recognizable
rozpoznawczy exploratory
rozpraszać distract, dispel; ~ (się) disperse, dissipate
rozprawa thesis, treatise, dissertation; ~ (sądowa) trial, hearing; sala rozpraw courtroom
rozpromieniać *komuś* twarz się rozpromienia sb's **face**[1] lights up
rozpromieniony radiant
rozprostować ~ nogi stretch your **leg**s
rozproszenie dispersal, dispersion
rozproszony scattered
rozprowadzać distribute, disseminate
rozprowadzanie dissemination
rozprucie rip[2]
rozprzestrzeniać ~ się spread[1]
rozprzestrzenianie ~ się spread[2]
rozpuszczać ~ (się) dissolve
rozpuszczalnik solvent[1]
rozpuszczalny instant[1], soluble
rozpychać elbow[2]; ~ się jostle
rozrabiać play up, kick off
rozrabiara tomboy
rozrachunek osoba pracująca na własny ~ freelancer; pracować na własny ~ /. na zlecenia freelance; pracujący na własny ~ self-employed; w ostatecznym rozrachunku at the **end**[1] of the day
rozradowanie jubilation, elation
rozradowany elated, exhilarated, gleeful, jubilant, overjoyed
rozrastać ~ się straggle, balloon[2], snowball[2]
rozrastanie ~ się sprawl
rozreklamowany hyped
rozrodczy reproductive
rozróżniać differentiate, discriminate, distinguish, **draw**[1] a distinction; ~ *kogoś/coś* tell sb/sth apart
rozróżnialny distinguishable
rozróżnienie distinction; ostre ~ a **sharp**[1] distinction
rozruchy riot[1], disorder, rioting, disturbance; brać udział w rozruchach riot[2]; uczestni-k/czka rozruchów rioter
rozrusznik ~ (serca) pacemaker
rozrywać rip[1]
rozrywka entertainment, amusement, pastime, recreation, diversion; park rozrywki theme park; zapewniać *komuś* rozrywkę keep sb **amused**
rozrywkowy entertaining, recreational; przemysł ~ show business; sztuki rozrywkowe the performing arts
rozrzedzać thin[2]
rozrzedzony thin[1]
rozrzucać scatter
rozrzucony scattered
rozrzutnie extravagantly
rozrzutność extravagance
rozrzutny extravagant, wasteful
rozsądek reason[1], sense[1]; w granicach rozsądku within **reason**[1], within **limit**[1]s; zdrowy ~ common sense, sanity
rozsądnie reasonably, sensibly, wisely
rozsądny reasonable, sensible, sound[3], sane, sober[1], wise[1], grounded; po rozsądnej cenie **reasonably** priced
rozsiany stwardnienie rozsiane multiple sclerosis
rozsiąść ~ się (wygodnie) sit back
rozsmarowywać spread[1]
rozstać ~ się separate[2]; ~ się (z *kimś*) be **through**[3] (with sb); ~ się (z) part[3]; ~ się z *czymś* part with sth
rozstanie parting[1], split
rozstawiać ~ *kogoś* po kątach order sb about/around
rozstawiony być rozstawionym z numerem jeden/dwa *itp.* be **seed**[2]ed first/second, etc
rozstęp ~ ćwiartkowy interquartile range
rozstrojony out of **tune**[1]
rozstrój ~ żołądka a stomach/tummy **upset**[3], **upset**[1] stomach/tummy
rozstrzygać settle, determine, decide, adjudicate; ~ sprawę **clinch** it
rozstrzygający decisive; czynnik ~ deciding factor
rozstrzygnięcie settlement, adjudication
rozsyłać circulate; ~ *coś* send sth out
rozsypywać ~ się crumble
rozszczepiać ~ się splinter
rozszczepianie fission
rozszczepienie ~ jądrowe nuclear fission
rozszerzać ~ (się) dilate, widen; ~ się spread[1], spill over
rozszerzany flared
rozszerzenie dilation; ~ nazwy pliku file extension
rozszyfrować decipher, decode
rozśmieszyć ~ *kogoś* do łez crack (sb) up
roztargnienie absent-mindedness, forgetfulness; przez ~ absent-mindedly
roztargniony absent-minded, forgetful, muddled
rozterka quandary; być w rozterce emocjonalnej (po rozpadzie związku) be on the **rebound**[2]; w rozterce conflicted
roztocze mite
roztropnie prudently
roztropność prudence
roztropny prudent, sagacious
roztrzaskać ~ (się) shatter
roztrząsać ~ *coś* chew sth over, thrash sth out
roztrzepany scatty
roztrzepywać ~ *coś* fluff sth out/up
roztrzęsiony distraught
roztwór solution
rozum reason[1], wits; mieć na tyle rozumu (żeby *czegoś* nie *robić* **know**[1] better (than to do sth); postradać ~ be out of your **mind**[1]; przemawiać *komuś* do rozumu reason with sb
rozumieć understand, appreciate, follow, know[1], get[1], see, gather, get the **picture**[1], take; (dobrze) ~ *kogoś* relate to sb; dalej nic nie ~ be none the **wise**[1]r; dobrze *kogoś* ~ be in **tune**[1] with sb; jak rozumie/m *itp.* my/her/his, etc **understanding**[1]; nie ~ misunderstand; nie ~ ani słowa not understand a **word**[1]; nie ~, o co chodzi **miss**[1] the point; nie rozumiem I **fail**[1] to see/understand; Nie zrozum mnie źle Don't get me **wrong**[2].; rozumiem, że I **take** it (that); rozumiem/y, że … I/we **understand** (that)…; świetnie się ~ be on the same **wavelength**; źle ~ misunderstand
rozumienie comprehension; test rozumienia comprehension
rozumować reason[2]
rozumowanie reasoning; *czyjś* sposób rozumowania sb's **line**[1] of reasoning
rozwadniać ~ *coś* water sth down
rozwalać blast[2], bust[1], trash[2]; ~ się sprawl
rozwarty (*kąt*) obtuse
rozważać consider, contemplate, entertain, explore, ponder, weigh, examine; ~ *coś* look at sth, toy with sth; ~ *coś* w kontekście *czegoś*

balance sth against sth; (przelotnie) ~ *coś* flirt with sth; → **rozważyć**
rozważenie powtórne ~ reconsideration
rozważny judicious, deliberate[1]
rozważyć ~ *coś* think sth through, think sth over; ~ *coś* i *coś* weigh sth against sth; ponownie ~ reconsider; → **rozważać**
rozweselić brighten; ~ *coś* cheer sth up
rozwiązanie answer[2], remedy[1], resolution, solution, dissolution, recourse, cure[1], termination; najlepsze ~ your best **bet**[2]; nie do rozwiązania insoluble; nie znać rozwiązania *czegoś* be **stump**[2]ed by sth
rozwiązany undone
rozwiązłość promiscuity
rozwiązły promiscuous
rozwiązywać solve; (*problem*) resolve[1], remedy[2], answer[1], dismantle, dissolve; (*likwidować*) terminate; (*węzeł*) undo, untie; ~ *coś* iron sth out; ~ (się) unravel, disband; ~ się work out
rozwidlać ~ się fork[2]
rozwidlenie fork[1]; ~ (dróg) T-junction
rozwiedziony divorced
rozwieszać string[2]; ~ *coś gdzieś* **suspend** sth from/between, etc
rozwieść ~ się get **divorced**
rozwiewać dispel
rozwijać unroll, unwrap; (*promować*) further[3]; ~ (się) expand, escalate, develop, unwind; ~ się grow up, be coming along, evolve, progress[2], unfold; ~ (temat) elaborate[2]; ~ *coś* expand on sth; dobrze się ~ thrive, shape up
rozwijający ~ się emerging; dobrze się ~ thriving; kraje rozwijające się the developing **world**[1]
rozwikłać unravel, untangle
rozwinięcie elaboration; stanowić ~ follow on
rozwinięty full-blown; ~ nad wiek precocious; kraj ~ a **developed** country/nation; przedwcześnie ~ precocious
rozwlekły drawn-out, long-winded
rozwodniony watery
rozwodzić ~ się nad *czymś* enlarge on/upon sth; ~ się (z) divorce
rozwojowy developmental
rozwód divorce
rozwódka divorcée
rozwój development, evolution, expansion, growth; (niekontrolowany) ~ proliferation; ~ wydarzeń **turn**[2] of events
rozwścieczać enrage, infuriate
rozwydrzony rowdy
rozżalenie resentment, resentfulness; z rozżaleniem resentfully
rozżalony resentful
rożek cone, horn
rożen spit[2]
rożny rzut ~ corner[1]
ród z piekła rodem from **hell**
róg (*narożnik*) corner[1]; (*na głowie*) antler, horn; ~ alpejski alphorn; wziąć na rogi gore[2]; z pozaginanymi rogami dog-eared; zapędzić w kozi ~ trap[2]; zapędzić *kogoś* w kozi ~ put sb on the **spot**[1]
rój swarm[1]
rów ditch[1], trench, dike, dyke
rówieśniczy grupa rówieśnicza peer group
rówieśni-k/czka peer[1]
równać ~ się equal[2]; móc się ~ z *czymś* match up to sth
równanie equation; ~ kwadratowe quadratic equation; ~ liniowe linear equation; ~ reakcji chemical equation; ~ zbilansowane balanced equation
równia ~ pochyła a **slippery** slope
równie equally, every **bit**[1] as; ~ zły/dobry/wysoki *itp.* (jak *ktoś/coś*) **just**[1] as bad/good/tall, etc (as sb/sth); móc ~ dobrze *coś zrobić* may/might as **well**[2] do sth
równik equator
równikowy equatorial
równina plain[3]; ~ zalewowa flood plain
równo- equi-
równo equally, evenly, flush[3], cleanly, equitably
równoboczny equilateral
równoczesny simultaneous
równocześnie simultaneously
równoległobok rhomboid; parallelogram
równoległy parallel[1]; port ~ parallel port
równoleżnikowy longitudinal
równomiernie evenly
równomierny even[1]
równoodległy equidistant
równorzędny **evenly** matched
równość equality, equity, parity; znak równości equal sign
równouprawnienie emancipation; dawać ~ emancipate
równowaga balance[1], footing, equilibrium; ~ dynamiczna dynamic equilibrium; ~ sił balance of power; brak równowagi imbalance, instability; stracić równowagę **lose** your balance; utrzymywać równowagę balance[2]; wytrącać z równowagi rattle[1], unnerve; wytrącony z równowagi off balance; zachowywać równowagę **strike**[1] a balance; złapać równowagę **steady**[2] yourself
równowartość equivalent[2]
równoważnik equivalent[2]
równoważny equivalent[1]
równoważyć counter[2], counteract, offset
równoznaczny synonymous; być równoznacznym z *czymś* amount to sth, be **tantamount** to sth
równy equal[1], even[1], regular[1], smooth[1], straight[1], level[2], equitable; (*ktoś równorzędny*) peer[1]; ~ zeru non-existent; mający równe szanse **evenly** matched; równa godzina the **hour**; równe szanse **equal**[1] opportunities, a level playing field
rózga cane[1]
róż blusher, pink
róża rose[1]
różaniec rosary
różdżka wand; jak za dotknięciem czarodziejskiej różdżki as if by **magic**[1]
różnica difference, distinction, disparity, imbalance, margin; ~ poglądów difference; ~ zdań disagreement, dissent; sprawiać /. robić różnicę make a/any **difference**; wskazywać na różnice **draw**[1] a distinction; wyraźna ~ a **sharp**[1] difference, **stark**[1] difference
różnić ~ się differ, vary; ~ się diametralnie be **poles** apart; ~ się poglądami dissent; bardzo się ~ od *czegoś* be a far **cry**[2] from sth; znacznie się ~ differ/vary **widely**
różnie differently
różnorodność diversity
różnorodny diverse, heterogeneous
różności **odds** and ends
różny different, separate[1], odd, dissimilar, distinct, sundry, miscellaneous, various; ~ *coś/ktoś* a **variety** of sth/sb; mówiący o zupełnie różnych rzeczach at cross purposes; różne *coś* all **sort**[1]s of sth
różowić ~ się glow[2]
różowy pink, rosy; wino różowe rosé
różyczka German measles, rubella
rtęć mercury
rubaszny earthy, saucy
rubin ruby
rubryka column
ruch motion[1], traffic, exercise[1], movement, move[2], stroke[1], wiggle, **coming**[1]s and goings; ~ robaczkowy peristalsis; *czyjeś* ruchy sb's **movements**; bez ruchu motionless; brak ruchu immobility; dopuszczony do ruchu roadworthy; strefa ruchu pieszego a pedestrian **precinct**; szybki ~ flick[2]; wprawiać w ~ propel; wprawiać *coś* w ~ set sth in **motion**[1]; zrobić ~ make a **move**[2]; zrobić pierwszy ~ set/start the **ball** rolling
ruchomy mobile[1], movable, moving; ruchome schody escalator
ruchowy rehabilitacja /. terapia ruchowa physical therapy, physiotherapy
ruda ore
rudy ginger
rud-y/a redhead
rudy red[1], ginger[2]
rudzielec redhead
rufa stern[2]
rugby rugby
ruina ruin[2], dilapidation, disrepair; doprowadzać do ruiny ruin[1]
rujnować ruin[1]

ruletka roulette
rum rum
rumb point[1]
rumiany ruddy
rumienić ~ się blush, cringe
rumieniec blush, colour[1], flush[2], glow[1]
runąć **plunge**[1] down/into, etc, **pitch**[1] forward/into, etc
runda round[3]; ~ golfa **round**[3] of golf; pierwsza/druga/trzecia *itp.* ~ first/second/third/etc, **round**[3]
runo fleece, wool
rupiecie junk
rura pipe[1], piping, tube; ~ spustowa *l.* ściekowa drainpipe; ~ wydechowa exhaust pipe, exhaust[2], tailpipe
rurka tube, tubing, siphon[1]; makaron rurki macaroni
rurociąg pipeline
rury plumbing
ruski raz na ~ rok once in a blue **moon**
ruszać pull away, pull off, pull out; ~ (się) move[1], wriggle; ~ dalej move on; ~ ustami mime; ~ w dalszą drogę move on; ~ (w pogoń) za *kimś* go after sb; nie ~ się stand/stay/sit, etc **still**[2]; nie ~ się (z miejsca) **stay**[1] put; ~ do przodu/do/przez *itp.* **surge**[1] forward/into/through, etc; → **ruszyć**
ruszt grill[1]
rusztowanie scaffolding
ruszyć strike out; ~ do przodu forge ahead, **step**[2] forward; ~ się budge, get moving, get a **move**[2] on, get **crack**[1]ing; ~ w kierunku *czegoś* make for sth; nie ~ palcem not lift a **finger**[1]; rusz się get/put your **skate**[1]s on; → **ruszać**
rutyna routine[1], a **matter**[1] of course; popaść w rutynę get in a **rut**; w rutynie in a **rut**; zerwać z rutyną break the **mould**[1]
rutynowy routine[2], standard[2]
rwać ~ sobie włosy z głowy pull/tear your **hair** out
rwący turbulent; ~ strumień torrent
ryba fish[1]; gruba ~ heavyweight; Ryby Pisces
rybak fisherman
rybka złota ~ goldfish
rybny fishy
rybołówstwo fishing
rycerz knight[1]
rycina engraving, plate, print[2]
ryczeć bawl, bellow, howl, roar[1], blare, blast[2], moo; ~ ze śmiechu **hoot**[2] with laughter
ryć burrow[1], etch
rydwan chariot
rygiel latch[1]
ryglować bolt[2]
rygor rigour
rygorystycznie rigorously
rygorystyczny rigorous, regimented
ryj snout
ryk roar[2], blast[1], bellow, howl
rym rhyme[2]
rymować ~ się rhyme[1]
rymowanka nursery rhyme, rhyme[2]
rynek market[1], marketplace; ~ docelowy **target**[1] market; ~ masowego odbiorcy mass market; ~ niszowy niche market; ~ zniżkujący bear market; ~ zwyżkujący bull market; badanie rynku market research; czarny ~ black market; na rynku on the **market**[1]; penetracja rynku market penetration; segment rynku market segment; udział w rynku market share; wolny ~ free market; wprowadzać *coś* na ~ bring sth out; zmonopolizować ~ **corner**[2] the market
rynkowy market-led; mechanizmy rynkowe market forces; uprawa rynkowa cash crop
rynna gutter
rynsztok gutter
rys. fig.
rys feature[1]
rysa crack[2]; cienka ~ a **hairline** crack
rysik lead[4]
rysować draw[1]
rysownik cartoonist
rysujący ~ się silhouetted
rysunek drawing, figure[1]
rysunkowy dowcip ~ cartoon
rytm beat[2], rhythm; złapać (właściwy) ~ get into your **stride**[2]
rytmicznie rhythmically
rytmiczny rhythmic; struktura rytmiczna scansion
rytualny ritualistic
rytuał ritual, rite
rywal/ka rival[1], competitor; rywale **opposing** teams/players, etc
rywalizacja competition, contention, contest[1], rivalry; oparty na rywalizacji competitive; wymagający rywalizacji competitive
rywalizować compete, contend, vie
ryza trzymać *kogoś/coś* w ryzach keep a tight **rein** on sb/sth
ryzykancki foolhardy
ryzyko risk[1], chance[1], gamble[2]; ~ zawodowe an occupational **hazard**[1]; na własne ~ at your own **risk**[1]
ryzykować risk[2], take a **risk**[1], chance[2]; ~ *coś* run the **risk**[1] of sth; (woleć) nie ~ play (it) **safe**[1]; zaryzykowałbym twierdzenie (że) I **dare**[1] say
ryzykownie ~ zagrywać cut it/things **fine**[2]
ryzykowny risky, adventurous, dicey
ryż rice; ~ basmati basmati (rice)
ryżowy pole ryżowe paddy field, rice paddy
rzadki (*nie częsty*) rare, uncommon, infrequent, sparse; (*nie gęsty*) thin[1], runny; bardzo ~ **few** and far between
rzadko rarely, seldom, infrequently, thinly, sparsely; ~ kiedy hardly **ever**; występować ~ be thin on the **ground**[1]
rzadkość rarity; być rzadkością be a **rarity**
rząd (*linia*) row[1], tier, line[1]; (*władza*) government, administration, rule[1], premiership, reign[1]; ~ krzewów *l.* drzew hedgerow; rządy government; rządy terroru **reign**[1] of terror; drugi/trzeci *itp.* dzień/tydzień *itp.* z rzędu second/third, etc day/week, etc **running**[2]; ustawiać się/*kogoś/coś* w rzędzie line (sb/sth) up; z rzędu in a **row**[1], successive, consecutive, on the **trot**[2]
rządowy governmental; raport ~ White Paper
rządzić govern, rule[2], rule the **roost**; ~ się throw your **weight** around
rzecz thing, item, stuff[1]; ~ niemożliwa the impossible; ~ używana cast-off; ~ w tym, że the **fact** (of the matter) is; rzeczy things, stuff[1], belongings, effects, goings-on; rzeczy niezbędne essentials; rzeczy zagubione lost property; akcja *l.* kampania na ~ *czegoś* a **push**[2] for sth/to do sth; dobra ~ a good **bet**[2]; dokonać zapisu na ~ endow; giełda rzeczy używanych car boot sale; gorsze rzeczy worse[2]; istota rzeczy the **point**[1]; na ~ *kogoś/czegoś* in **aid**[1] of sb/sth, in **favour**[1] of sb/sth; nic z tych rzeczy **nothing** of the sort; ogólnie ~ biorąc generally, generally **speak**ing; ostatnia ~ the **last**[1] thing; pewna ~ a **sure**[1] thing; praktycznie ~ biorąc to/for all **intent**[1]s (and purposes); stan rzeczy state of affairs; (istniejący) stan rzeczy the status quo; znać się na rzeczy know the **rope**[1]s; ulubiona ~ favourite[2]; wyprzedaż rzeczy używanych jumble sale; wyprzedaż rzeczy używanych (na cele dobroczynne) rummage sale; znać się na rzeczy know your **stuff**[1]
rzeczka stream[1]
rzeczni-k/czka spokesperson, spokesman, spokeswoman, mouthpiece, voice[1]; ~ prasow-y/a publicist; rzecznik praw obywatelskich ombudsman
rzeczownik noun; ~ niepoliczalny uncountable noun; ~ odsłowny gerund; ~ policzalny countable noun
rzeczowo factually, matter-of-factly
rzeczowy factual, pragmatic, crisp[1], no-nonsense, matter-of-fact, hard-headed, hard-nosed
rzeczoznawca ~ budowlany surveyor
rzeczywistość reality; ~ wirtualna virtual reality; stać się rzeczywistością become a **reality**; w rzeczywistości in **fact**/in actual fact/as a matter of fact
rzeczywisty actual, effective
rzeczywiście really, **sure**[1] enough, **so**[1] it is/so they are, etc
rzednąć recede; *komuś* rzednie mina sb's **face**[1] falls

rzeka river; ~ *czegoś* a **stream**[1] of sth; brzeg rzeki riverside; ujście rzeki **mouth** of a river; w dole rzeki downstream; w dół rzeki downstream; w górę rzeki upstream; wzdłuż rzeki **down**[1] the river
rzekomo allegedly, reportedly, ostensibly, reputedly, supposedly
rzekomy alleged, reputed, supposed
rzemieślnik artisan, craftsman
rzemiosło craft[1]
rzep Velcro
rzepa turnip
rzepka kneecap
rześki crisp[1], fresh
rzetelność reliability
rzetelny bona fide, solid[1]
rzeź bloodbath, carnage, slaughter[2]; dokonywać rzezi butcher[2]
rzeźba carving, sculpture
rzeźbiarstwo carving, sculpture
rzeźbia-rz/rka sculptor
rzeźbić carve
rzeźnia abattoir, slaughterhouse
rzeźni-k/czka butcher[1]
rzeżucha watercress
rzęch banger
rzęsa eyelash; rzęsy lashes; tusz do rzęs mascara
rzęsisty torrential
rzęska cilium
rzęzić wheeze
rzodkiewka radish
rzucać throw[1], drop[1], cast[1], chuck, drop out, pitch[1], shoot[1]; ~ (monetą) toss[1]; ~ *coś* **throw**[1] sth in/on, etc, **sling**[2] sth into/onto/under, etc, **throw**[1] sth around/down/on, etc, **plonk**[1] sth down/in/on, etc, **plop**[2] (sth) down/onto, etc, **fling**[1] sth around/across/down, etc; ~ *coś l. czymś* **dump**[1] sth on/in/down, etc; ~ *coś l. czymś gdzieś* **slam** sth down/onto/into, etc; ~ *kimś/czymś* się *gdzieś* **pitch**[1] (sb/sth) forward/into, etc; ~ cień na *coś* cast a **shadow**[1] over sth; ~ czar na *kogoś* **cast**[1] a spell on sb; ~ kotwicę anchor[2]; ~ okiem have/take a **peek**[2]; ~ pawia barf; ~ podejrzenie na *kogoś/coś* **cast**[1] suspicion on sb/sth; ~ się thrash, pounce; ~ się do przodu/do/przez *itp.* **surge**[1] forward/into/through, etc; ~ się na *coś/kogoś l.* do *czegoś l.* po *coś l* na make a **grab**[2] for sth/sb; ~ się na *kogoś* go for sb; ~ się na *kogoś/coś* grab at sb/sth, pounce on sb/sth; ~ się w oczy stick out, stick/stand out like a sore **thumb**[1]; ~ światło na illuminate; ~ światło na *coś* cast/shed **light**[1] on sth; ~ wyzwanie challenge[2]; ~ wyzwanie *l.* rękawicę throw down the **gauntlet**; ~ *komuś* wyzwanie do **defy** sb to do sth, **dare**[1] sb to do sth; nie rzucając się w oczy unobtrusively; rzucający się w oczy conspicuous
rzucić quit; ~ (*coś*) give up (sth); ~ *coś* jack sth in, give up sth, **pop**[1] sth in/into/on, etc; ~ *coś gdzieś* **toss**[1] sth away/into/on, etc; ~ *coś* (w diabły) pack sth in; ~ *kogoś* walk out on sb; ~ *kogoś/coś* na kolana bring sb/sth to their **knees**; ~ *kogoś* na głęboką wodę throw sb in at the deep **end**[1]; ~ *komuś* spojrzenie/uśmiech *itp.* **flash**[1] (sb) a look/smile, etc; ~ monetą toss a **coin**[1]; ~ na *coś* okiem cast/run your/an **eye**[1] over sth; ~ się **plunge**[1] down/into, etc; ~ się do ucieczki make a **run**[2] for it; ~ się na *coś* snap sth up; ~ się w wir *czegoś* plunge into sth
rzut throw[2], pitch[2], shot[1]; ~ karny penalty; ~ monetą a **toss**[2] of a coin; ~ oka glance[2], look[2], peep; ~ oszczepem the **javelin**; ~ rożny corner[1]; ~ wolny free kick; na pierwszy ~ oka at first **sight**[1], on the **face**[1] of it, at a **glance**[2]
rzutnik ~ (multimedialny) data projector, beamer
rzutować ~ na *kogoś/coś* impinge on/upon sb/sth
rzygać barf, puke
Rzymia-nin/nka Roman[2]
rzymski Roman[1]; cyfra rzymska Roman numeral
rzymskokatolicki Roman Catholic; wyznanie rzymskokatolickie Roman Catholicism
rżysko stubble

S

s. (*strona*) p.
SA plc, PLC
sabat the Sabbath
sabotaż sabotage
sabotować sabotage
sacharaza sucrase
sacharoza sucrose
sacharyna saccharin
sad orchard
sadyst-a/ka sadist
sadystyczny sadistic
sadyzm sadism
sadza soot
sadzić plant[2]; ~ (w doniczce) pot[2]
sadzonka seedling, sapling
safari safari
saga saga
sakiewka pouch
sakrament sacrament
saksofon saxophone
saksofonist-a/ka saxophonist
sala hall; ~ balowa ballroom; ~ gimnastyczna gym, gymnasium; ~ konferencyjna boardroom; ~ operacyjna operating room, operating theatre, theatre; ~ posiedzeń zarządu boardroom; ~ rozpraw courtroom; ~ sypialna dormitory; pełna ~ full house
salami salami
saldo balance[1], bank balance; z dodatnim saldem in the **black**[2]; z ujemnym saldem in the **red**[2]
saletra ~ amonowa ammonium nitrate
salmonella salmonella
salon living room, sitting room, lounge[1], drawing room, parlour, salon, showroom; ~ gier arcade; ~ piękności *l.* kosmetyczny beauty salon; ~ samochodowy garage
salow-y/a orderly[2]
salsa (sos) ~ salsa
salto somersault
salut salute[1]
salutować salute[2]
salwa ~ (kul/wystrzałów *itp.*) a **volley**[1] of shots/gunfire, etc
sałata lettuce
sałatka salad
sam alone, himself, itself, myself, ourselves, oneself, yourself, sheer, (all) by **itself**, (all) on your **own**[1], mere, proper; (całkiem) ~ (all) by **myself**, (all) by **himself**, (all) by **yourself**/yourselves; (ten) ~ very[2]; ~ w sobie in **itself**; do samego końca to/until the **bitter**[1] end; nadawać na tych samych falach be on the same **wavelength**; pozostawiać *kogoś* samemu sobie leave someone to their own **devices**; pozostawiony samemu sobie stranded; taki ~ the **same**[1]; ten ~ the **same**[1]; tym samym thus; w ~ raz fine[1], just the **job**; w samą porę in the **nick**[2] of time; w tym samym czasie at the same **time**[1]; wciąż te/ta sam-e/a kłótnie/twarze/śpiewka *itp.* the **same**[1] old arguments/faces/story, etc; z samego rana first **thing**; zrób to ~ DIY
sama herself; (całkiem) ~ (all) by **herself**
samemu alone, (all) by **ourselves**, ourselves, (all) on your **own**[1]
sami themselves; (całkiem) ~ (all) by **ourselves**, (all) by **themselves**, (all) by **yourself**/yourselves
samica female[2]
samiec male[2]
samo tak ~ the **same**[2], likewise, ditto[1]; zrobić to ~ follow **suit**[1]
samobójca zamachowiec ~ suicide bomber
samobójczy suicidal, self-destructive
samobójstwo suicide
samochodowy motor[2]; salon ~ garage
samochód car, automobile; ~ kempingowy camper; ~ pięciodrzwiowy hatchback; ~ sportowy sports car; ~ z automatyczną skrzynią biegów automatic[2]; ~ z napędem na cztery koła four-wheel drive, four-by-four; ~ z silnikiem diesla diesel; porwanie *l.* uprowadzenie samochodu carjacking; porywacz/ka samochodów carjacker; wymarzony ~ **dream**[3] car
samodyscyplina self-discipline
samodzielnie single-handedly, unaided, (all) on your **own**[1], (all) by **myself**, (all) by **ourselves**
samodzielność independence
samodzielny independent[1],

unaided, self-reliant, self-contained, single-handed
samogłoska vowel
samokontrola self-control
samolot airplane, plane[1], aircraft, aeroplane, air[1]; ~ bojowy /. wojskowy warplane; ~ czarterowy a **charter**[3] plane; ~ pasażerski airliner; przewozić samolotem fly[1]; zmęczenie po podróży samolotem jet lag
samolubnie selfishly
samolubny selfish, self-centred, egotistic
samoobrona self-defence
samoobsługowy self-service; pralnia samoobsługowa launderette
samopas chodzić ~ run **wild**[1]
samopoczucie poprawa samopoczucia recovery
samopomoc wzajemnej samopomocy self-help
samotniczy reclusive
samotnie alone, (all) on your **own**[1]
samotni-k/czka recluse
samotnik loner
samotność loneliness, solitude, isolation
samotny lonely, lonesome, lone, isolated, single[1], solitary, unaccompanied, unattached
samouczek (interaktywny) ~ tutorial
samowystarczalny self-sufficient
samozadowolenie complacency; z samozadowoleniem smugly
samozaparcie discipline[1]
samozatrudnienie self-employment
samozwańczy ~ obrońca /. stróż prawa vigilante
samożywny autotrophic; organizm ~ autotroph
sanatorium sanatorium, sanitarium
sandał sandal
sanie sledge[1], sleigh; jechać saniami sledge[2]
sanitariusz/ka medic, orderly[2], paramedic
sanitarny sanitary; infrastruktura sanitarna sanitation; urządzenia sanitarne sanitation
sankcja sanction[1]
sanki sledge[1], toboggan; zjeżdżać na sankach sledge[2]
sanktuarium shrine
sapać pant, puff[1], gasp, **huff**[1] and puff
saper brygada saperów bomb **squad**
saprofit saprophyte
sardynka sardine
sarenka fawn[1]
sari sari
sarkastycznie drily, dryly, sarcastically
sarkastyczny dry[1], sarcastic
sarkazm sarcasm
sarna deer
sarnina venison
saszetka sachet; ~ przy pasie bumbag, fanny pack
sataniczny satanic
satelita satellite
satelitarny antena satelitarna satellite dish; nawigacja satelitarna SATNAV; telewizja satelitarna satellite television
Saturn Saturn
satyna satin
satyra satire
satyryczny satirical, stand-up
satyryk satirist, comedian, comic[2]
satysfakcja satisfaction, fulfilment, gratification, reward[1]
satysfakcjonować gratify
satysfakcjonujący fulfilling, rewarding, satisfying
sauna sauna; iść do sauny have a **sauna**
sawanna savannah
są are
sączyć sip; ~ się ooze, **trickle** down/ from/out of, etc
sąd court[1], judgment, courthouse; (wysoki) ~ the **bench**; ~ najwyższy the supreme court; ~ pracy industrial tribunal; ~ przysięgłych jury; ~ wojenny /. wojskowy court-martial[1]; bez sądu summary[2]; gmach /. budynek sądu courthouse; niezastosowanie się do nakazu sądu **contempt** of court; obraza sądu **contempt** of court; oddawać pod ~ wojenny court-martial[2]; stawać przed sądem **stand**[1] trial; wzywać do sądu cite; Sąd Najwyższy High Court; Wysoki Sąd Her/His/Your Honour
sądownictwo the judiciary
sądowy forensic, judicial; nadzór ~ probation; nakaz /. zakaz ~ injunction; pomyłka sądowa **miscarriage** of justice; strażnik ~ bailiff
sądząc ~ z/po judging by/from
sądzić suppose, believe, feel[1], reckon; (*w sądzie*) try[1]; ~ o *kimś/ czymś* make of sb/sth; co sądzisz o …? **what** about…?, what/how **about**[1] …?; sądzę I **guess**[1]; sądzę, że … I **would** imagine/think, etc
sądzony być sądzonym **stand**[1] trial
sąsiad/ka neighbour
sąsiadujący adjacent, neighbouring
sąsiedni adjacent, adjoining, neighbouring, opposite[1], next door
sąsiedztwo neighbourhood
sążeń fathom[2]
scalać integrate
scena scene, stage[1], still[3]; ~ muzyczna the music **scene**; wprowadzać na scenę premiere; wycięta ~ out-take
scenariusz scenario, screenplay, script, timescale; najczarniejszy ~ worst-case **scenario**
scenarzyst-a/ka scriptwriter
sceneria scenery, setting
sceniczny adaptacja sceniczna dramatization; sztuki sceniczne the performing arts
scenka scene, sketch[1], role-play
sceptycyzm scepticism
sceptyczny sceptical
scepty-k/czka sceptic
schemat diagram, pattern; ~ (blokowy) flowchart
schematyczny rough[1]
schizofrenia schizophrenia
schizofreniczny schizophrenic
schizofreni-k/czka schizophrenic
schlebiać flatter
schludnie neatly, tidily
schludność tidiness
schludny neat, tidy[1]
schłodzony refrigerated
schodek stair, step[1]
schody staircase, stairs, stairway; ~ pożarowe fire escape; ruchome ~ escalator
schodzenie descent
schodzić descend; (*plamy*) come out; ~ na psy go to **pot**[1]; nie ~ z ekranów /. afisza run[1]
schorzenie disorder
schować ~ *coś* put sth away; ~ do kieszeni pocket[2]
schowek glove compartment; clipboard
schron shelter[1]
schronić ~ się przed/w/pod *itp.* **shelter**[2] from/in/under, etc
schronienie shelter[1], cover[2], haven, refuge, retreat[2], sanctuary; bezpieczne ~ safe haven; dawać ~ house[2]; udzielać schronienia shelter[2]; znajdować ~ *gdzieś* **retreat**[1] to/into, etc
schronisko shelter[1], lodge[1], hostel, refuge; ~ dla psów kennel; ~ młodzieżowe youth hostel
schrzanić ~ *coś* muck sth up
schwytać catch[1]
schwytanie capture[2]
schylać ~ (się) bow[1]; ~ się bend[1], stoop[1]
science fiction science fiction
scysja run-in
scyzoryk jack-knife[1], pocketknife; składać się jak ~ jack-knife[2]
seans ~ (spirytystyczny) seance
sedan saloon, sedan
sedno ~ (*czegoś*) the **crux** (of sth); ~ *czegoś* the **heart** of sth; ~ sprawy the bottom line, the **point**[1]; dojść do sedna *czegoś* get to the **bottom**[1] of sth; trafić w samo ~ hit the **nail**[1] on the head
segment unit; ~ (w szeregowcu) terraced house
segregacja segregation
segregator file[1], folder, binder; (*szafka*) filing cabinet
segregować grade[2], sort[2]
sejf safe[2]
sejsmiczny seismic
sejsmograf seismograph
sekcja section, dissection; ~ zwłok autopsy, post-mortem; poddawać sekcji dissect
sekret secret[2]
sekretarka secretary; automatyczna ~ answerphone
sekretarski secretarial
sekreta-rz/rka registrar
sekretarz secretary

seks sex; bezpieczny ~ safe sex; sprawy seksu the **facts** of life
seksistowski sexist
seksizm sexism
seksowny sexy
seksualnie sexually
seksualność sexuality
seksualny sexual; oferować usługi seksualne solicit; orientacja seksualna sexuality; (publiczne) ujawnienie swojej orientacji seksualnej outing; ujawniać swoją orientację seksualną come out, out[2]
sekta sect
sektor sector, block[1]; ~ pierwotny the primary sector; ~ prywatny the private sector; ~ publiczny the public sector; ~ wtórny the secondary sector; trzeci ~ the tertiary sector
sekunda second[2], sec; ułamek sekundy a **split**[3] second
sekwoja redwood
selekcja selection; ~ naturalna natural selection
selektywny selective; przeprowadzać ubój /. odstrzał ~ cull; ubój /. odstrzał ~ cull
selen selenium
seler celery
semafor signal[1]
semantyczny semantic
semestr term[1], semester
semicki Semitic
seminarium seminar
sen dream[1], sleep[2], slumber; ~ zimowy hibernation; głęboki ~ a **deep**[1] sleep; koszmarny ~ nightmare; mieć lekki/mocny ~ be a light/heavy **sleeper**; tuż przed snem last **thing**; utulić *kogoś* do snu tuck sb in/up; w głębokim śnie **sound**[4] asleep; zapadać w ~ zimowy hibernate
senat the Senate
senator senator
senior senior[1], Snr, Sr
sennie drowsily, sleepily
senność drowsiness, sleepiness
senny drowsy, sleepy
sens meaning, point[1], sense[1]; bez sensu pointlessly; być bez sensu be no **use**[2]; be no use doing sth; mieć ~ be **worth**[1] your while, make **sense**[1]; najmniejszego sensu no **earthly** use; nie mieć sensu be no **use**[2]; be no use doing sth; ogólny ~ *czegoś* the **gist** of sth; pozbawić *coś* sensu make a **nonsense** of sth; w pewnym sensie in a **sense**[1]/in some senses, in a **way**[1]/in many ways; w tym sensie to that **effect**[1]
sensacja bombshell, sensation; pogoń za sensacją sensationalism; sensacje żołądkowe a stomach/tummy **upset**[3], **upset**[1] stomach/tummy
sensacyjny sensational, revealing; ~ materiał scoop[2]; film ~ mystery[1]; powieść sensacyjna mystery[1]
sensowny reasonable
sentyment sentiment
sentymentalność sentimentality
sentymentalny sentimental
separacja separation, estrangement; (żyjący) w separacji estranged
seplenić lisp
seplenienie lisp
ser cheese; sos do mięs i serów chutney
serce heart; (*regionu*) heartland; bez serca heartless; bicie serca heartbeat; całe swoje ~ **heart** and soul; całym sercem with all your **heart**, wholeheartedly; drogi *czyjemuś* sercu **dear**[1] to sb/sb's heart; kamień z serca a **weight** off your mind; nie mieć serca *coś zrobić* not have the **heart** to do sth; o złamanym sercu broken-hearted; od serca heartfelt; przyjaciel od serca a **bosom** buddy/pal, etc; ranić *czyjeś* ~ tear sb apart; w głębi serca at **heart**, in your **heart**, **deep**[2] down; zatrzymanie akcji serca heart failure; zawładnąć *czyimś* sercem **capture**[1] sb's heart; złamać *komuś* ~ break sb's **heart**; złamane ~ a **broken**[1] heart
serdecznie warmly, heartily, cordially
serdeczność warmth
serdeczny warm[1], hearty, cordial
serek ~ śmietankowy cream cheese; ~ ziarnisty cottage cheese
serenada serenade
seria series, succession, flurry, course, round[3]; (*produktów*) line[1]; ~ *czegoś* a **string**[1] of sth, a **run**[2] of sth, a **stream**[1] of sth; (czarna) ~ *czegoś* a **rash**[1] of sth; ~ nieszczęść/błędów/pomyłek *itp.* a **catalogue**[1] of disasters/errors/failures, etc
serial series, serial; ~ komediowy sitcom
serio mówić /. traktować *coś* ~ be in **earnest**
sernik cheesecake
serotonina serotonin
serowy o smaku serowym cheese-flavoured
serpentyna (*papierowa*) streamer; (*zakręt*) hairpin bend
serw serve[2], service[1]
serwer server; ~ WWW web server
serwetka napkin, serviette
serwis serve[2], service[1]; (*wiadomości*) bulletin; serwisy społecznościowe social networking
serwisowy as ~ ace[1]; punkt ~ the **pit**[1]s
serwować serve[1]; (*w krykiecie*) bowl[2]
serwujący bowler
seryjny ~ morderca serial killer
sesja session; ~ zdjęciowa shoot[2]
set set[2]
setka **hundreds**, **millions**, hundred
setna ~ część hundredth[2]; (jedna) ~ hundredth[2]
setny hundredth[1]
sexy sexy
sezam nasienie sezamu sesame seed
sezon season[1]; jest ~ na *coś* sth is in **season**[1]; nie jest ~ na *coś* sth is out of **season**[1]; poza sezonem out of **season**[1]
sezonowy transient[1], seasonal; pracownik /. robotnik ~ migrant
sędzia judge[1], justice, adjudicator; (*sportowy*) referee[1], ref, umpire; ~ (pokoju) magistrate; ~ liniowy linesman; ~ pokoju JP, Justice of the Peace
sędziować judge[2], referee[2], umpire
sękaty gnarled
sęp vulture
sępić scrounge
SF sci-fi
sfałszować fix[1]; **→ fałszować**
sfatygowany tatty
sfera domain, sphere
sferyczny spherical
sfinalizować conclude, clinch; ~ *coś* wrap sth up
sflaczały flabby
sfora pack[2]
sformułowanie formulation; sposób sformułowania wording
sfrustrowany frustrated
shareware (oprogramowanie) ~ shareware
sherry sherry
show-biznes show business
showman showman
siać sow[1], plant[2], seed[2]; ~ zniszczenie rampage[1], **wreak** havoc
siadać sit
siak tak czy ~ at any **rate**[1], in any **case**, in any **event**, ultimately
siano hay; stóg siana haystack; wykręcić się sianem get off **lightly**
siarczan sulphate; ~ amonu ammonium sulphate; ~ wapnia calcium sulphate
siarczek sulphide
siarka sulphur, sulfur; dwutlenek siarki sulphur dioxide
siatka net[1], netting, mesh[1], screen[1], grid, network[1], gauze; ~ asekuracyjna safety net; ~ przestępcza/narkotykowa/szpiegowska *itp.* a crime/drug/spy, etc **ring**[1]; trafić w siatkę net[3]
siatkówka (*gra*) volleyball; (*oka*) retina; ~ kobieca netball
siding siding
sidła snare[1]; złapać w ~ trap[2]
siebie (*samemu*) oneself, myself, yourself, himself, herself, itself, ourselves, yourselves; (*nawzajem*) each other, one another
sieciowy online
sieciówka pass[2], season ticket
sieć network[1], net[1], chain[1], grid; (*zasilanie*) the mains; ~ lokalna intranet, LAN; łączyć w ~ network[2]; połączenie /. łączenie w ~ networking; sklep należący do sieci chain store; surfować /. buszować w /. po sieci **surf**[1] the Internet/Net/Web; w sieci online; wyłączyć z sieci unplug
siedem seven

siedemdziesiąt seventy
siedemdziesiątka być po siedemdziesiątce be in your seventies
siedemdziesiąty seventieth; lata siedemdziesiąte the seventies
siedemnasty seventeenth
siedemnaście seventeen
siedlisko hotbed
siedmiokąt heptagon
siedzący sedentary; miejsca siedzące seating; układ miejsc siedzących seating
siedzenie seat[1]; (*pupa*) behind[3], bottom[1]
siedziba residence, base[1], headquarters, premises; ~ klubu clubhouse; mieć siedzibę w/na *itp.* be **base**[2]d at/in, etc
siedzieć sit, be **seat**[2]ed; ~ cicho keep (sth) **quiet**[1]; ~ na zderzaku tailgate; ~ okrakiem na straddle; ~ po turecku sit **cross-legged**; ~ prosto sit up/stand up **straight**[2]; ~ sobie sit about/around; ~ spokojnie sit **still**[2]; ~ w *czymś* po pachy be **knee-deep** in sth; ~ w domu wait in; ~ z założonymi rękami sit back
siekacz incisor
siekać chop[1], dice[2], shred[2]
siekiera axe[1]
sielankowy idyllic, pastoral
sielski pastoral
sienny katar ~ hay fever
sierociniec orphanage
sierota dork, orphan[1]; być /. zostać sierotą be **orphan**[2]ed
sierp. Aug
sierp sickle
sierpień August
sierpowy lewy/prawy ~ a left/right **hook**[1]
sierść coat[1], fur; zrzucać ~ **shed**[2] hair
sierżant sergeant
siewka plover
się (*samemu*) oneself, myself, yourself, himself, herself, itself, ourselves, yourselves; (*nawzajem*) each other, one another
sięgać ~ (po /. do) reach[1]; ~ *czegoś* run into sth; ~ *gdzieś* refer to sth; ~ do **delve** in/into/inside, etc, consult; ~ do *czegoś* dip into sth; ~ do kieszeni cough (sth) up; ~ do/po *itp.* **come** past/to/up to, etc; ~ po *coś* dip into sth; ~ wstecz flash back; ~ zenitu go through the **roof**, reach fever pitch
sikacz plonk[2]
sikać pee[1]
sikh Sikh
sikhijski Sikh; religia sikhijska Sikhism
sikhizm Sikhism
siki pee
silikon silicon
silnie strongly, forcefully, powerfully
silnik engine, motor[1]; ~ odrzutowy jet engine; ~ pomocniczy booster; samochód /. pojazd z silnikiem diesla diesel
silny strong, powerful, forceful, potent, robust, heavy, broad; ~ ból głowy splitting headache; ~ wiatr/powiew **stiff**[1] wind/breeze
siła force[1], power[1], strength, might[2], potency; ~ ciągu thrust[2]; ~ czynna effort; ~ napędowa the **driving**[2] force; ~ przebicia clout; ~ robocza manpower, labour[1], workforce; ~ woli willpower; brutalna ~ **brute**[2] force/strength; licząca się ~ a **force**[1] to be reckoned with; na siłę at a **pinch**[2]; nadludzka ~ **superhuman** strength; cała ~ **full**[1] strength; połączyć siły join **force**[1]s, team up; rozkładać siły **pace**[2] yourself; równowaga sił balance of power; siłą bodily[2]; siły konwencjonalne **conventional** forces; siły nadprzyrodzone the supernatural; siły pokojowe peacekeeper; siły powietrzne air force; siły zbrojne the armed forces, the services; spróbować (swoich) sił w *czymś* give sth a **shot**[1]; have/take a shot at sth, have/take a **crack**[2] at sth; tracić siły run out of **steam**[1]; z użyciem siły forcible, forcibly; zbierać siły **summon** (up) the strength
siłownia gym
SIM karta ~ sim card
singiel (*płyta*) single[2]; (*gra*) singles
siniak bruise; siniaki bruising
sinieć ~ **turn**[1] blue
sinus sine
sio shoo
siodełko saddle[1], seat[1]
siodłać saddle[2]
siodło saddle[1]; (*w geologii*) anticline; wysadzić z siodła unseat; zakładać ~ saddle[2]
siorbać slurp
siorbanie slurp
siostra sister; ~ przyrodnia half-sister, stepsister; starsza ~ **elder**[1] sister, your **big** sister
siostrzany sisterly
siostrzenica niece
siostrzeniec nephew
siódmy seventh[1]; być w siódmym niebie be over the **moon**, be on **top**[1] of the world; (jedna) siódma seventh[2]; siódma część seventh[2]
Sir Sir
sitar sitar
sitko sieve
sito sieve
sitodruk screen printing
sitowie rushes
siusiać pee[1], wee
siusiu pee, wee[1]
siwiejący greying, graying
siwy grey[1]
sjesta siesta
skacowany hungover
skafander anorak; ~ kosmiczny spacesuit
skakać jump[1], hop[1], skip[1], bounce[1], **flick**[1] down/out/towards, etc; ~ (do wody) dive[1]; ~ (na jednej nodze) hop[1]; ~ (ze spadochronem) parachute; ~ na skakance skip[1]; ~ *komuś* po głowie **walk**[1] all over sb; ~ przez (płotki) hurdle[2]; ~ wokół *kogoś* make a **fuss**[1] of/over sb; ~ wokół *kogoś/czegoś* fuss over sb/sth; → **skoczyć**
skakanka jump rope, skipping rope; skakać na skakance skip[1]
skala magnitude, scale[1]; ~ Celsjusza Celsius, centigrade; ~ czasowa timescale; ~ Fahrenheita Fahrenheit; ~ Richtera the Richter scale; na dużą/małą skalę large-/small-scale, in a big/small **way**[1]; produkować na skalę masową mass-produce
skalar scalar
skalarny scalar
skaleczenie cut[2]
skaleczyć injure; ~ się w cut[1]
skaleń feldspar
skalisty rocky, rugged
skalpel scalpel
skała rock[1], crag; naga ~ outcrop
skamielina fossil
skamieniały transfixed; ~ ze strachu petrified
skamienieć fossilize
skamienienie fossilization
skandal scandal, outrage[1]
skandaliczny scandalous
skandować chant[1]
Skandynaw/ka Scandinavian
skandynawski Scandinavian, Nordic
skaner scanner; ~ płaski flat-bed scanner
skanować scan[1]
skaperować poach
skapitulować capitulate
skarb gem, treasure[1]; minister skarbu chancellor; ministerstwo skarbu treasury; za żadne skarby świata nie wouldn't be caught/seen **dead**[1]
skarbiec vault[1]
skarbnik treasurer
skarbonka piggy bank
skarga complaint, grievance; składać skargę **lodge**[2] a complaint; skargi clamour[2]
skarpa scarp
skarpetka sock
skarżyć ~ się complain; ~ się na *coś* complain of sth
skarżypyta sneak[2]
skasować ~ *coś* (*samochód*) write sth off
skatalogować catalogue[2]
skaut scout[1]
skauting the Scouts
skaza blemish, flaw, imperfection
skazać → **skazywać**
skazanie conviction; bezprawne ~ **wrongful** conviction
skazan-y/a convict[2]
skazany fated; ~ na klęskę doomed; bezpodstawnie ~ **wrongly** convicted; być skazanym na *kogoś/coś* be **stuck**[1] with sb/sth; być skazanym na porażkę fight a losing **battle**[1]; przedsięwzięcie skazane na niepowodzenie non-starter
skazić contaminate
skazywać sentence[2], convict[1]; ~

kogoś/coś na *coś* consign sb/sth to sth, condemn sb to sth
skażenie contamination
skądże **not** at all
skąpany być skąpanym w słońcu be **bathe**d in light
skąpiradło scrooge
skąpo ~ odziany/ubrany **scantily** clad/dressed
skąpstwo avarice
skąpy mean[2], stingy, cheap[1], skimpy, meagre, scant, scanty, scarce, sparse, parsimonious, revealing
skecz sketch[1]
skierować direct[3], divert, point[2]; ~ *coś* na *kogoś/coś*/przeciwko *komuś/czemuś*/do *kogoś/czegoś itp.* **direct**[3] sth against/at/towards, etc sb/sth; → **kierować**
skierowanie diversion; (*do lekarza*) referral
skierowany oriented, orientated; ~ na północ north-facing; być skierowanym do *kogoś l.* pod *czyimś* adresem be **aim**[2]ed at sb
skin skinhead
skinąć beckon; ~ (głową) nod; ~ na *kogoś*, aby *coś zrobił* **motion**[2] (for/to) sb to do sth
skinhead skinhead
skinienie być na każde *czyjeś* ~ be at sb's **beck** and call
skinięcie ~ głową nod
sklasyfikowany być sklasyfikowanym (na) rank[2]
sklecić ~ *coś* rig sth up; ~ *coś* (naprędce) cobble sth together
sklejać glue[2], paste[2]; → **kleić**
sklejka plywood
sklep shop[1], store[1]; ~ firmowy outlet; ~ monopolowy liquor store, off-licence; ~ należący do sieci chain store; ~ organizacji charytatywnej charity shop, thrift shop; ~ papierniczy stationer's; ~ spożywczy **grocer**'s, grocery; kraść w sklepach shoplift; właściciel/ka sklepu spożywczego grocer
sklepienie canopy
sklepik ~ (spożywczy) convenience store; ~ z gazetami **newsagent**'s
sklepika-rz/rka shopkeeper
sklepowy kradzież sklepowa shoplifting; oglądanie wystaw sklepowych window shopping; złodziej/ka sklepow-y/a shoplifter
skład (*zbiór*) store[1], stock[1], stockpile, cache; (*zawartość*) composition, complement[1], formula; bez ładu i składu haphazardly; być/nie być na składzie be in **stock**[1]/out of stock; mieć na składzie stock[2]; mówić bez ładu i składu **ramble**[1]; w pełnym składzie at full **strength**
składać (*maszynę*) assemble; (*kartkę*) fold[1]; (*dłonie*) cup[2]; (*propozycje*) submit, present[3], tender[2]; (*umieszczać*) deposit[2]; ~ *coś* piece sth together, put sth together, take sth down, lay sth down; ~ gołosłowne deklaracje poparcia dla *czegoś* give/pay **lip-service** to sth; ~ *komuś/czemuś* hołd **pay**[1] tribute to sb/sth; ~ *komuś* hołd pay **homage** to sb; ~ obietnicę **make**[1] a promise; ~ ofertę tender[2]; ~ ofertę na *coś* **bid**[2] for sth; bid to do sth; ~ ofiarę z sacrifice[2]; ~ reklamację complain; ~ się comprise, club together; ~ się jak scyzoryk jack-knife[2]; ~ się na compose; ~ się w (jedną *l.* logiczną) całość fall into **place**[1]; ~ się z *czegoś* consist of sth; ~ wizytę visit[1], pay your **respect**[1]s; ~ *komuś/gdzieś* wizytę **pay**[1] sb/sth a visit; pay a visit to sb/sth; ~ wniosek *l.* podanie apply; ~ zeznania give **evidence**; ~ żądanie/skargę/protest *itp.* **lodge**[2] a claim/complaint/protest, etc; ~ zamówienie **place**[2] an order; dobrze się składa it's a good **thing**; tak się składa, że as it **happen**s; it so happens; → **złożyć**
składanie ~ wniosków *l.* prac submission
składanka compilation, medley
składany collapsible, convertible[1]
składka dues, subscription, premium[1]
składnia syntax
składnik component, constituent, element, ingredient; ~ mineralny mineral; ~ pokarmowy *l.* odżywczy nutrient
składować ~ *coś* stow away sth or stow sth away
składzik storeroom
skłaniać (*nakłaniać*) induce; (*schylać*) bow[1]; ~ *kogoś* do *czegoś* **lead**[1] sb to do sth; ~ się ku *czemuś* incline to/towards sth
skłonność inclination, leaning, propensity, streak[1]; mający ~ do *czegoś* **inclined** to do sth; mieć ~ do *czegoś* have a **penchant** for sth; mieć ~ do *czegoś l.* ku *czemuś* be **prone** to sth/doing sth
skłonny ~ *coś zrobić* **inclined** to do sth; być skłonnym do *czegoś* be **willing** to do sth; być skłonnym myśleć/wierzyć/zgodzić się be **inclined** to think/believe/agree, etc
skłócenie estrangement
skłócić ~ *kogoś* come between sb
skłócony estranged
sknera scrooge
sknocić botch; ~ *coś* make a **hash** of sth, cock sth up
skoczyć hop[1], surge[1], shoot up, **nip** down/out/up, etc, **spring**[2] back/forward/out, etc; ~ w górę rocket[2]; → **skakać**
skojarzyć ~ fakty put **two** and two together; nie móc (z niczym) sobie *kogoś* ~ can't **place**[2] sb; → **kojarzyć**
skok jump[2], hop[2], skip[2], dive[2], leap[2], spring[1], surge[2]; ~ (do wody) dive[2]; ~ o tyczce pole vault; ~ w dal the long jump; ~ wzwyż the high jump; skoki do wody diving; żabi ~ a short **hop**[2]
skombinować wangle
skomercjalizowany commercialized
skomleć whimper, whine
skomlenie whine
skomplikowany complicated, elaborate[1], involved, sophisticated, tricky, tortuous; (zbyt) ~ fussy
skompromitować discredit, taint; ~ się **compromise**[2] yourself; → **komplikować**
skompromitowany disgraced
skomunikowany być skomunikowanym connect
skoncentrować ~ się concentrate; ~ się na *czymś* concentrate on sth
skoncentrowany concentrated
skondensować condense
skonsternowany dismayed, nonplussed
skonsumowanie consummation
skontaktować ~ się z reach[1]
skończony over[2], up[2]
skończyć end up, finish[1], be **finished**, wind up; ~ (z *czymś*) give up (sth); ~ 16/21 lat **turn**[1] 16/21, etc; ~ *coś* get sth out of the **way**[1]; ~ *coś l.* z *czymś* be **through**[3] with sth; ~ się finish[1], run out, fizzle out; ~ zajęcia break up; dobrze/źle *itp.* się ~ **work**[1] out well/badly, etc; źle ~ come to **grief**
skończywszy począwszy od … ~ na … from … **to**[2] …
skopać (*zepsuć*) fluff[2]; ~ sprawę strike out
skorek earwig
skoro when[2]
skorowidz index[1]
Skorpion Scorpio
skorpion scorpion
skorumpowany bent[1], corrupt[1]
skorupa crust, shell[1]; ~ kontynentalna continental crust; ~ oceaniczna oceanic crust
skorupiak shellfish, crustacean
skorupka shell[1]
skory ~ do *czegoś* **inclined** to do sth
skorygować ~ *coś* touch sth up
skorzystać benefit[2]; (skwapliwie) ~ z *czegoś* jump at sth, leap at sth; ~ na *czymś* **gain**[1] by/from sth; ~ z *czegoś* take sb up on sth; ~ z (tej) okazji, aby *coś zrobić* take the **opportunity** to do sth; ~ z toalety go to the **bathroom**; chętnie ~ z *czegoś* kiedy indziej take a rain check on sth
skostniały monolithic
skowronek lark
skowyczeć yelp
skóra skin[1], leather, hide[2]; ~ właściwa dermis; (owłosiona) ~ głowy scalp; być w *czyjejś* skórze be in sb's **shoes**; na własnej skórze to your **cost**[1]; wychodzić ze skóry bend over **backwards**; zrzucać skórę **shed**[2] skin
skórka skin[1], peel[2], rind, zest, crust; (*przy paznokciu*) cuticle; (*programu*)

skin; gęsia ~ goose pimples; przyprawiać *kogoś* o gęsią skórkę /. ciarki give sb the **creeps**
skracać shorten, abbreviate, abridge; → **skrócić**
skradać ~ się **creep**[1] along/in etc
skraj edge[1], fringe[1], periphery, precipice, extremity; być na skraju *czegoś* be **teeter**ing on the brink/ edge of sth
skrajność extreme[2], extremity
skrajny extreme[1], dire; skrajna rozpacz/nędza **abject** misery/ poverty
skraplacz condenser
skraplać ~ się condense
skrawek scrap[1], strip[2]
skreślać ~ *coś* (z *czegoś*) cross sth off (sth)
skręcać turn[1], pull out, twist[1], turn off (sth), **veer** across/off/towards, etc; (gwałtownie) ~ swerve; ~ *coś* turn sth down; ~ *coś* **screw**[2] sth together; ~ się writhe; ~ się/*kogoś* double (sb) over/up; ~ w lewo/ prawo **bear**[1] left/right
skręcenie twist[2], sprain
skręcić sprain, twist[1], wrench[1]; ~ za round[4]
skrępowanie self-consciousness; ze skrępowaniem self-consciously
skrępowany ill at **ease**[1], inhibited, self-conscious
skręt turn[2], twist[2]
skrętnica spirogyra
skrobać scrape[1], scratch[1]; ~ w paw
skrobia starch; bogaty w skrobię starchy
skromnie simply, humbly, modestly, demurely
skromność modesty
skromny modest, humble[1], unassuming, insubstantial, low-key, homely, meagre, demure
skroń temple
skrócenie contraction
skrócić ~ *coś* cut sth **short**[2]; ~ *czyjeś* męki put sb out of their **misery**; ~ sobie drogę przez *coś* cut across sth; → **skracać**
skrócony abridged; skrócona wersja *czegoś* **potted** version of sth
skrót summary[1], abbreviation, contraction, shortcut; ~ klawiaturowy hot key; ~ wiadomości the **headline**s; być skrótem od *czegoś* be **short**[1] for sth; iść na skróty przez *coś* cut across sth; w skrócie in **brief**[1]; w (wielkim) skrócie in a **nutshell**
skrótowiec acronym
skrucha remorse, repentance
skrupulatnie meticulously, painstakingly, thoroughly
skrupulatność thoroughness
skrupulatny meticulous, scrupulous, thorough, painstaking
skrupuły scruple, qualm; pozbawiony skrupułów unscrupulous
skruszony apologetic, remorseful, repentant
skrypt ~ dłużny IOU
skrytka stash[2]
skryty inward[1], cagey
skrywać belie
skrywany skrzętnie skrywana tajemnica a **well-kept** secret
skrzeczeć screech, squawk
skrzeczenie screech, squawk
skrzek squawk
skrzela gill
skrzep clot[1]
skrzętnie ~ skrywana tajemnica a **well-kept** secret
skrzyć ~ się glitter[1], shimmer
skrzydełka ~ (do pływania) **armband**s
skrzydlaty winged
skrzydło wing, flank[2]; kłaść się na ~ bank[2]; wziąć *kogoś* pod swoje skrzydła take sb under your **wing**
skrzynia chest, trunk; ~ biegów gearbox
skrzynka crate; ~ (na listy) mailbox, letterbox; ~ (pocztowa) mailbox, post box, letterbox; ~ na narzędzia tool box; ~ odbiorcza in-box
skrzypce fiddle[2], violin
skrzyp-ek/aczka fiddler, violinist
skrzypiący creaky
skrzypieć creak, squeak
skrzypienie creak, squeak
skrzypki fiddle[2]
skrzywdzić harm[2], wrong[4]; nawet muchy by nie skrzywdził wouldn't hurt a **fly**[2]
skrzywić warp
skrzywiony twisted, warped
skrzyżować ~ ręce/palce/nogi **cross**[1] your arms/fingers/legs; ~ ręce (na piersiach) **fold**[1] your arms
skrzyżowanie hybrid, junction, crossing, intersection; ~ (dróg) crossroads; ~ (w kształcie litery T /. z drogą poprzeczną) T-junction; ~ *czegoś* z *czymś* a **cross**[2] between sth and sth
skubać nibble; ~ *coś* pick at sth
skumulowany cumulative
skunks skunk
skupiać ~ się huddle[1]
skupić ~ się concentrate; ~ się na *czymś* concentrate on sth
skupienie concentration; w skupieniu intently
skupiony intent[2]
skurcz contraction, cramp[1], spasm, systole
skurczony shrunken
skurczowy systolic
skusić seduce
skutecznie effectively
skuteczność effectiveness
skuteczny effective
skutek effect[1], result[1]; ~ uboczny side effect; błogosławione w skutkach nieszczęście a **blessing** in disguise; brzemienny w skutki fateful; odnieść odwrotny ~ backfire; pożądany ~ the **desired** effect
skuter scooter
skwapliwie busily
skwarny baking, scorching, sweltering, stifling
skwierczeć sizzle
slajd slide[2]
slalom slalom
slang slang
slapstickowy komedia slapstickowa slapstick
slipy shorts
slogan slogan, catchphrase, refrain[2]
slumsy slum; dzielnica slumsów shanty town
słabeusz the underdog, weakling
słabnąć weaken, ease off/up, abate, ebb[2], subside, tail off, taper off, wane, falter, recede, flag[2], trail away/off
słabo weakly, feebly, poorly, thinly, tenuously; czuć się ~ feel **faint**[1]
słabostka foible, indulgence
słabość failing[1], frailty, weakness, self-indulgence; mieć ~ do *czegoś* be **partial** to sth; mieć ~ do *czegoś/ kogoś* have a **weakness** for sth/sb; mieć ~ do *kogoś* have a soft **spot**[1] for sb; ulegający słabościom self-indulgent
słabszy osoba znęcająca się nad słabszymi bully[2]
słaby weak, faint[1], insubstantial, fragile; (*kiepski*) poor, bad, unsound, tenuous, feeble, shaky, slack[1], spineless, slow[1]; ~ punkt weakness; ~ występ a poor **showing**; być za słabym not be/ come up to **scratch**[2]; mieć za słabe nerwy na *coś* can't **stomach**[2] sth; słaba pochwała **faint**[1] praise; słaba pamięć forgetfulness; słaba strona blind spot; w słabej formie /. kondycji unfit
sława fame, prominence, stardom, eminence; (*osoba*) celebrity; *czyjaś* droga do sławy sb's **rise**[2] to fame; blask sławy a **blaze**[2] of publicity, the **glare**[1] of publicity; cieszący się złą sławą notorious; przynosić *komuś* sławę **catapult**[1] sb to stardom/into the lead, etc; przynosić *komuś/czemuś* złą sławę bring sb/sth into **disrepute**; światowej sławy world-famous; zdobyć sławę make a **name**[1] for yourself; zła ~ notoriety; zła/dobra ~ a bad/good **name**[1]
sławić glorify
sławny celebrated, prominent, well-known, renowned
słodki sweet[1], dainty; mieć ~ *itp.* smak **taste**[2] sweet; słodka idiotka bimbo; woda słodka **fresh** water
słodko sweetly
słodkowodny freshwater
słodycz sweetness
słodycze sweet[2]s, candy, confectionery
słodzić sweeten
słodzik sweetener
słoik jar[1]
słoma straw
słomka straw

słonecznik sunflower
słoneczny sunny, solar; bateria słoneczna solar panel; okulary słoneczne sunglasses, shades; oparzenie słoneczne sunburn; światło słoneczne sunlight; udar ~ sunstroke; układ ~ the solar system
słoniowy kość słoniowa ivory
słony salty; słona zalewa brine
słoń elephant
słońce sun[1], sunlight, sunshine; być skąpanym w słońcu be **bathe**d in light; oślepiające ~ **glaring** sun; wschód słońca sunrise; wygrzewać się na słońcu **sun**[2] yourself; zachód słońca sunset
słowik nightingale
słownictwo vocabulary
słowniczek vocabulary
słownik dictionary, vocabulary; ~ wyrazów bliskoznacznych thesaurus
słowny verbal
słowo word[1]; ~ daję honestly; ~ określające predeterminer; ~ w ~ **word**[1] for word, verbatim; (nie pisnąć) ani słowa not breathe a **word**[1]; dać *komuś* ~ give sb your **word**[1]; dotrzymać/nie dotrzymać słowa keep/break a **promise**[2]; gra słów pun, a **play**[2] on words; innymi słowy in other **word**[1]s; jednym słowem in **short**[3]; mieć ostatnie ~ have the last **word**[1]; nie rozumieć/ słyszeć *itp.* ani słowa not understand/hear, etc a **word**[1]; nie móc dojść do słowa not get a **word**[1] in edgeways; potwierdzać *czyjeś* słowa back sb up, bear sb/sth out; słowa lyrics; to jest moje ostatnie ~ **that**[2]'s that; ważyć słowa **tread**[1] carefully/gently/lightly, etc; wierzyć *komuś* na ~ take sb's **word**[1] for it, give sb the **benefit**[1] of the doubt; wolność słowa free **speech**/freedom of speech; zamieniać słowa **exchange**[2] words; zasób słów vocabulary; złamać ~ **break**[1] a promise
słód malt
słój the **grain**
słuch hearing; być poza zasięgiem/w zasięgu słuchu be out of/within **earshot**; chodzą słuchy be **rumour**[2]ed; grać *coś* ze słuchu play sth by **ear**; powiedzieć *komuś* (parę słów) do słuchu give sb a **piece**[1] of your mind; pozbawiony słuchu (muzycznego) tone-deaf
słuchacz/ka listener; program z (telefonicznym) udziałem słuchaczy call-in, phone-in
słuchać listen, obey; nie ~ disobey; Słuchaj! Listen up!; Słuchaj (no)! Look!; słucham? Sorry?, pardon[1]
słuchawka (*telefoniczna*) receiver, handset; (*lekarska*) stethoscope; odkładać słuchawkę hang up, ring off, cut sb off
słuchawki headphones, earphones, headset
słuchawkowy hands free
słuchowy aural; nerw ~ auditory nerve
sługus dogsbody
słup pole, post[1], stake[1], pylon, pillar; ~ *czegoś* a **column** of sth
słupek pole; (*bramki*) goalpost; (*rachunkowy*) sum[1]; (*kwiatowy*) pistil; ~ drogowy bollard
słusznie rightly, justifiably, legitimately
słuszność rightness, righteousness; ~ *czegoś* the **wisdom** of sth/doing sth
słuszny right[1], righteous, valid, deserving; mający słuszne powody justified
służalczy subservient, obsequious, servile, sycophantic
służąc-y/a servant; służąca maid
służba service[1]; ~ cywilna the Civil Service; (obowiązkowa) ~ wojskowa national service; (publiczna) ~ zdrowia health service; na/po służbie on/off **duty**; nie na służbie off duty; pracownik (miejskiej) służby parkingowej traffic warden; służby ratownicze emergency services; służby wywiadowcze secret service; tajne służby secret service; urzędnik służby cywilnej civil servant
służbist-a/ka disciplinarian
służyć serve[1]; ~ *czymś komuś/czemuś* lend sth to sb/sth; ~ (tylko) *komuś/ czemuś* cater to sb/sth; ~ pomocą assist; ~ radą guide[2]; ~ także jako *coś* double (up) as sth; ~ za *l.* jako *coś* function as sth; ~ za przyzwoitkę chaperone[2]; bardzo dobrze *komuś* ~ do sb a/the **world**[1] of good
słynny famed, famous
słyszalnie audibly
słyszalny audible
słyszeć hear; ~ głosy be hearing **things**; ~ o *kimś/czymś* have heard of sb/sth; nie ~ *itp.* ani słowa not hear a **word**[1]; nie chcieć o *czymś* ~ will not **hear** of sth
SM (*choroba*) MS
smaczek flavour[1]
smaczny tasty, palatable
smagać lash[1], whip[2]
smagany ~ wiatrem windswept
smagły swarthy
smak taste[1], flavour[1], palate; ~ *czegoś* **taste**[1] of sth; arbiter dobrego smaku **arbiter** of taste; bez smaku bland, tasteless, insipid, insipidly; kwaskowaty ~ tang; mieć dziwny/ przyjemny/słodki *itp.* ~ **taste**[2] funny/ nice/sweet, etc; narobić *komuś* smaku whet sb's **appetite**; o smaku serowym/czekoladowym *itp.* cheese/ chocolate, etc -flavoured
smakosz gourmet[1], foodie; dla smakoszy gourmet[2]
smakowity delectable
smakowy dodatek ~ flavouring; kubki smakowe taste buds
smar grease[1], lubricant
smarki snot
smarować smear[1], spread[1], grease[2], lubricate; ~ masłem butter[2]
smarowanie lubrication
smażony fried; ~ (we frytownicy *l.* w głębokim tłuszczu) deep-fried
smażyć fry, sauté; (krótko) ~ mieszając stir-fry
smętny doleful, dreary
smoczek dummy[1], pacifier
smog smog; ~ fotochemiczny photochemical smog
smok dragon
smoking dinner jacket, tuxedo, tux
smolisty substancje smoliste tar
smoła tar; czarny jak ~ pitch-black
smołować tar
smród smell[2], stench, stink[2], reek
SMS text message, text, SMS; SMS-y text messaging; wysyłać SMS(-y) text, SMS
SMS-ować text, SMS
smucić ~ *kogoś* tear sb apart
smuga smear[2], smudge[1], streak[1]; ~ chmur/dymu/pary a **wisp** of cloud/ smoke/steam; ~ pyłu/dymu *itp.* a **plume** of dust/smoke, etc
smukły slender, svelte, willowy
smutas anorak, saddo, geek
smutek sadness, sorrow; być pogrążonym w smutku grieve; nie móc opanować smutku be **overcome** by sadness; nie posiadać się ze smutku be **overcome** by sadness; przypływ smutku a **wave**[2] of sadness; smutki your **woes**; ze smutkiem sadly
smutno sadly
smutny sad, sorrowful, blue[1]
smycz lead[2], leash
smyczek bow[3]; smyczki the strings
smykałka flair
snajper sniper
snob snob
snobistyczny snobbish
snobizm snobbery
snooker snooker
snop ~ światła a **shaft** of light
snopek sheaf
snowboard snowboard, snowboarding
snowboardzist-a/ka snowboarder, boarder
snuć ~ się (po) wander
so. (*sobota*) Sat
sob. (*sobota*) Sat
sobą each other, **one**[2] another, herself, himself, myself, oneself, ourselves, themselves, yourself; ze ~ together[1], in **tow**[2]
sobie each other, **one**[2] another, herself, himself, myself, oneself, ourselves, themselves, yourself; mieć na ~ wear; mieć *coś* na ~ have (got) sth on; mieć *coś* przy ~ have/ carry sth on you; nosić *coś* przy ~ have/carry sth **on**[1] you; sam w ~ in **itself**
sobota Saturday
sobowtór lookalike; *czyjś* ~ sb's **double**[3]
socjalist-a/ka socialist
socjalistyczny socialist

socjalizm socialism
socjalny (*pomoc*) means-tested; praca socjalna social work
socjo- socio-
socjolog sociologist
socjologia sociology
socjopat-a/ka sociopath
soczewica lentil
soczewka lens; ~ kontaktowa contact lens, contact[1]
soczysty juicy, succulent
soda ~ kaustyczna caustic soda
sodowy woda sodowa soda
sofa couch[1], settee, sofa
softball softball
software software
soja soya bean
sojowy sos ~ soy sauce
sojusz alliance
sojuszniczy allied
sojuszni-k/czka ally[1]
sok juice; (*drzewa*) sap[2]; ~ (owocowy) squash[1]; ~ komórkowy cell sap; ~ pomarańczowy orange juice, orange[2]; ~ trzustkowy pancreatic juice; ~ żołądkowy gastric juice; odrobina soku z cytryny/pomarańczy *itp.* a **squeeze**[2] of lemon/orange, etc
sokół falcon
sola sole[2]
solanka brine
solić salt[2]
solidarność solidarity, sympathy; ~ grupowa community/team, etc **spirit**[1]
solidaryzować ~ się sympathize
solidnie reliably, solidly
solidność solidity
solidny solid[1], sturdy, sound[3], substantial, reliable, hearty, hefty, stout[1]; ~ posiłek a **square**[2] meal
solipsyzm solipsism
solist-a/ka soloist
solniczka salt cellar
solny saline
solo solo[2]
solowy solo[1]
solut solute
sonar sonar
sonata sonata
sonda probe[2]
sonet sonnet
sopel icicle
sopran soprano
sortować sort[2]
sos sauce, juices; ~ (do sałatek) dressing; ~ (do zamaczania zakąsek) dip[1]; ~ (pieczeniowy) gravy; ~ (przyprawowy) relish[2]; ~ do mięs i serów chutney; ~ sojowy soy sauce
sosna pine[1]
soul (muzyka) ~ soul
sowa owl
sód sodium; azotan sodu sodium nitrate; chlorek sodu sodium chloride; węglan sodu sodium carbonate; wodorotlenek sodu sodium hydroxide
sól salt[1]; ~ kuchenna common salt; ~ kwaśna acid salt
Sp. (*spółka*) Co

spacer walk[2], stroll
spacerek krótki/dziesięciominutowy *itp.* ~ a short/ten-minute, etc **walk**[2]
spacerować ~ wzdłuż/przez *itp.* **stroll** along/down/through, etc
spacerowicz/ka walker
spacerówka buggy, pushchair, stroller
spać be **asleep**, sleep[1], slumber; ~ gdzie popadnie *l.* pod mostem live/sleep **rough**[3]; ~ mocno sleep **soundly**; ~ na forsie be **roll**[1]ing in it; ~ z *kimś* sleep with sb; nie ~ stay up, be/lie/stay, etc **awake**[1]; nie dawać *komuś* ~ **keep**[1] (sb/sth) awake
spadać drop[1], fall[1], tumble, come down, decrease, dip[2], drop off, fall off, go down; (gwałtownie) ~ plummet, plunge[1], slump[1]; gwałtownie ~ nosedive, dive[1]; Spadaj! Get **lost**[1]!
spadek dip[1], decline[1], drop[2], fall[2], slide[2], bequest, legacy, inheritance, decrease; (gwałtowny) ~ plunge[2], slump[2], dive[2]; ~ wartości depreciation; gwałtowny ~ nosedive; niekontrolowany ~ a downward **spiral**; ostry ~ *itp.* a **sharp**[1] rise/increase/drop, etc; zostawiać w spadku bequeath
spadkobier-ca/czyni beneficiary, heir; spadkobierczyni heiress
spadochron parachute, chute
spadochroniarstwo skydiving
spadochroniarz paratrooper
spaghetti spaghetti
spakować (*pliki*) zip, compress; ~ się/*coś* pack (sth) up; → **pakować**
spalać burn[1], incinerate
spalanie combustion, incineration; piec do spalania odpadów incinerator
spalić burn[1], torch[2]; ~ (się) burn (sth) down, burn (sth) up; ~ bezpiecznik w fuse[2]
spaliny exhaust[2]
spalony burnt[1], scorched, sunburnt; na spalonym offside; taktyka spalonej ziemi scorched earth policy
spam spam
spamer spammer
spamować spam
spanie pora spania bedtime
spaniel spaniel
spanikowany panicky
spaprać ~ *coś* mess sth up
sparafrazować paraphrase
sparaliżowany paralysed
sparing odbywać ~ spar
spartański spartan; żyć po spartańsku **rough**[4] it
spawać weld
spec ~ (rządowy) czar; ~ od komputerów techie; ~ od propagandy spin doctor
specjalist-a/ka specialist, expert[1], professional[2]; lekarz specjalista consultant; specjalista chorób stóp chiropodist, podiatrist
specjalistyczny technical
specjalizacja specialization

specjalizować ~ się specialize; ~ się w *czymś* major in sth
specjalnie especially, specifically, expressly, specially; ~ zaprojektowany purpose-built
specjalność speciality
specjalny special[1]; ~ program special[2]; nic specjalnego non-event; efekt ~ a special **effect**[1]; oddział ~ task force; oferta specjalna **special**[1] offer, special[2]; specjalne honory the red carpet
specjał delicacy
specyficznie peculiarly
specyficzny idiosyncratic, peculiar; ~ dla *kogoś/czegoś* **peculiar** to sb/sth
specyfikacja specification
spedycja haulage
spektakularny spectacular; spektakularn-y/e/a sukces/zwycięstwo/porażka a **resounding** success/victory/failure, etc
spektrometr ~ masowy mass spectrometer
spektrometria ~ masowa mass spectrometry
spektroskop spectroscope
spektrum spectrum
spekulacje speculation
spekulatywnie speculatively
spekulować speculate
spelunka dive[2]
spełniać meet[1], accommodate; ~ *coś* come up to sth, live up to sth, conform to/with sth; ~ funkcję **fulfil** a function; ~ kryteria/wymagania/posiadać kwalifikacje *itp.* **fulfil** criteria/requirements/qualifications, etc; ~ obietnicę/zadanie *itp.* **fulfil** a promise/responsibility, etc; ~ oczekiwania deliver/come up with the **goods**; ~ oczekiwania *l.* nadzieje come/turn up **trumps**; ~ rolę serve a **purpose**; ~ równocześnie funkcję *czegoś* double (up) as sth; ~ się come **true**; ~ warunki/potrzeby/wymagania *itp.* **satisfy** conditions/needs/requirements, etc; ~ życzenia appease
spełnienie realization, fulfilment; mieć rolę do spełnienia come in
spełniony fulfilled
spełznąć ~ na niczym misfire
sperma semen
spęd round-up
spędzać (*czas*) spend; (*zwierzęta*) herd[2]; ~ czas hang out; ~ urlop holiday[2]; ~ *gdzieś* urlop **vacation**[2] in/on/by, etc; ~ z *kimś* czas **hang**[1] around with sb
spiczasty pointed
spieczony ~ (słońcem) parched
spierać ~ się (*kłócić się*) wrangle[2]; (*w praniu*) wash out; ~ się o *coś* **quibble** about/over/with sth
spierzchnięty dry[1]
spieszyć ~ się hurry[1], be in a **hurry**[2]; (*zegarek*) gain[1]; ~ z pomocą (*komuś*) rally around/round (sb); nie

~ się be in no **hurry**[2]; not be in any hurry, take your **time**[1]
spięty tense[1], uptight, fraught
spiker/ka announcer
spiknąć ~ się z *kimś* get off with sb
spinacz paper clip, clip[1]
spinać clip[2]
spinka clip[1]; ~ do włosów hairpin, bobby pin
spirala spiral, twist[2], helix; podwójna ~ double helix
spirytyst-a/ka spiritualist
spirytyzm spiritualism
spis list[1], directory, inventory, register[1]; ~ ludności census; ~ treści contents
spisać book[2]; dobrze/świetnie *itp.* się ~ do a good/excellent, etc **job**; źle/dobrze *itp.* się ~ **do**[2] badly/well, etc; źle/dobrze *itp.* się ~ z *czymś* make a bad/good, etc **job** of sth; **→ spisywać**
spisek conspiracy, plot[1]; uknuć ~ **hatch**[1] a plot
spiskować conspire, plot[2]
spiskowiec conspirator, plotter
spisywać ~ na straty write sth off; **→ spisać**
spiżarnia pantry
splajtować go **bust**[3]
splamić taint
splatać braid[2], plait
splątany entwined
spleciony entwined
splendor splendour
spleśniały mouldy
spłacać repay
spłacić ~ *coś* pay sth off
spłaszczyć ~ (się) flatten
spłata repayment
spławiać float[1]
spławik float[2]
spławny navigable
spłoszyć ~ się shy[2]
spłuczka cistern
spłukać ~ *coś* **flush**[1] sth away/down/out, etc
spłukany hard up
spływać ~ **stream**[2] down, **trickle** down; ~ kaskadą cascade; ~ po *kimś* (jak woda po gęsi *l.* kaczce) be (like) **water**[1] off a duck's back; po *kimś* spływa jak po kaczce have (a) thick **skin**[1]
spocony sweaty
spocząć ~ na laurach rest on your **laurels**
spodeczek saucer
spodek saucer; latający ~ *l.* talerz flying saucer
spodenki krótkie ~ shorts
spodni spodnia powierzchnia the underside, the underneath[2]
spodnie trousers, pants, slacks
spodnium pant suit, trouser suit
spodobać ~ się *komuś* take sb's **fancy**[3]
spodziewać ~ się expect, face[2]; ~ się *czegoś* bargain for/on sth; ~ się (dziecka) be **expect**ing; się *kogoś/czegoś* be **expect**ing sb/sth; czego się można (po *kimś*) ~ where you **stand**[1] (with sb); Można się było (*czegoś* po *kimś*) spodziewać! Trust sb (to do sth)!; nie spodziewaj się za dużo don't hold your **breath**; spodziewam się I **expect**; tego się należało ~ that/it **figure**[2]s; Tego się należało po niej/nim/tobie spodziewać! She/he/you **would**!
spoglądać **take** a look; ~ na/w/przez *itp.* **peer**[2] at/into/through, etc; ~ wstecz look back
spojówka conjunctiva
spojrzeć look[1], see, have/take a **look**[2]; ~ *komuś* w oczy look sb in the **eye**[1]/eyes; ~ na *coś* look at sth; ~ na *coś* w szerszym kontekście put sth in/into **perspective**; ~ (prosto) w oczy face[2]; dać *komuś* ~ na *coś* run sth by sb; spójrzmy prawdzie w oczy **let**'s face it
spojrzenie look[2], glance[2], outlook, gaze, stare, peep; krzywe ~ scowl; miażdżące ~ **withering** look; nieobecne ~ a **faraway** look; piorunujące ~ glare[1]; przenikliwe ~ a **penetrating** gaze/look/stare, etc; rzucić (*komuś*) ~ **flash**[1] (sb) a look; ukradkowe ~ a **sidelong** glance/look; wymieniać spojrzenia **exchange**[2] looks
spokojnie quietly, calmly, coolly, peacefully, placidly, serenely; ~ czekać bide your **time**[1]; stać/siedzieć *itp.* ~ stand/stay/sit, etc **still**[2]
spokojny quiet[1], peaceful, calm[1], sober[1], smooth[1], mild, non-violent, comfortable, relieved, serene, tranquil, cool[1], easy-going, philosophical, leisurely, sleepy, still[2]
spokój calm[2], peace, quiet[2], calmness, stillness, tranquility; ~ (ducha) **peace** of mind; chwila spokoju lull[2]; dać ~ **drop**[1] it; dać *komuś* ~ leave sb **alone**; dać sobie ~ z *czymś* pack sth in, give up on sth; dać sobie ~ (z *czymś*) give up (sth); Daj spokój! Come on!; nie dawać spokoju nag; nie dawać *komuś* spokoju give sb a hard **time**[1]; w spokoju quietly; zachować ~ keep your **cool**[3], keep your **temper**[1], **remain** calm; zakłócać *komuś* ~ **invade** sb's privacy; zakłócający ~ disruptive; zostawiać *coś* w spokoju **leave**[1] sth alone; zostawiać *kogoś* w spokoju **leave**[1] sb alone
spokrewniony related
społeczeństwo society, the (general) **public**[2], populace
społecznie socially
społeczność community, populace; ~ międzynarodowa the international community
społeczny social; (*dobroczynny*) voluntary; ład ~ social **order**[1]; nauka społeczna social science; nauki społeczne social science; opieka społeczna social work; praca społeczna community service; pracowni-k/ca opieki społecznej social worker; świadomość społeczna/poparcie społeczne *itp.* **public**[1] awareness/support, etc; ubezpieczenia społeczne social security; upośledzony społecznie underprivileged
spondej spondee
sponiewierany battered
sponsor/ka sponsor[2], backer
sponsorować sponsor[1]
sponsorowanie sponsorship
spontanicznie on **impulse**, spontaneously
spontaniczność spontaneity
spontaniczny spontaneous
sporadycznie occasionally, **on**[2] and off, on **occasion**(s), sporadically
sporadyczny occasional, sporadic, spasmodic
sporny contentious, divisive, at **issue**[1]; kwestia sporna moot point
sporo **quite**[1] a bit/a few/a lot, etc, quite a **few**/a good few; ~ *czegoś* a **bunch**[1] of sth; mieć ~ *czegoś* have your (fair) **share**[2] of sth
sport sport[1], sporting; sporty ekstremalne extreme sports; krwawy ~ blood sport
sportowiec athlete, sportsman, sportswoman
sportowy athletic, sporting, sporty; kalendarz ~ the sporting, etc **calendar**; odzież sportowa sportswear; samochód ~ sports car; sportowe zachowanie sportsmanship
sportsmenka sportswoman, athlete
spory sizeable, generous; całkiem spora książka a **full-length** book; spora część chunk; spora ilość/odległość/wielkość a **fair**[1] amount/distance/size, etc
sporządzać ~ *coś* draw sth up; ~ projekt *l.* szkic *l.* pierwszą wersję draft[2]
sposób manner, means, mode, fashion[1], trick[1], way[1]; ~ bycia manner; (*czyjś*) ~ na życie a/sb's **way**[1] of life; *czyjś* ~ rozumowania/myślenia *itp.* sb's **line**[1] of reasoning/thinking, etc; ~ odżywiania diet[1]; ~ przedstawienia presentation, coverage; ~ reklamy pitch[2]; ~ sformułowania wording; prosty ~ a quick **fix**[2]; w ~ naturalny naturally; w oczywisty ~ demonstrably; w ten ~ thus, thereby
spostrzegać spot[2]; zanim się spostrzegłem the **next**[1] thing I knew
spostrzegawczy observant, perceptive
spośród nalepsze ~ *czegoś* the **pick**[2] of sth
spotkać **→ spotykać**
spotkanie meeting, appointment, encounter[2], get-together, rendezvous, meet[2]; (zaplanowane) ~ engagement; ~ eliminacyjne qualifier; ~ międzypaństwowe international[2]; ~ towarzyskie friendly[2]; aranżować *komuś* ~ z *kimś*

pair sb off with sb; przyjść na (umówione) ~ **keep**[1] an appointment; zwołać ~ **call**[1] a meeting; umówić się na *l.* zamówić ~ **make**[1] an appointment
spotykać ~ (się) meet[1], encounter[1]; ~ się get together, meet up, mingle, mix[1], socialize, rendezvous; ~ się (z) date[2]; ~ się z see; ~ się z *czymś* come up against sb/sth, meet with sth, be **expose**d to sth; ~ się z ludźmi get out
spowalniać slow[2], slacken; ~ *coś* slow sth down
spowiedź confession
spowijać envelop, surround
spowity być spowitym ciemnością/mgłą be **shroud**[2]ed in darkness/fog/mist
spowodowanie nieumyślne ~ śmierci manslaughter
spowodowany ~ *czymś* **attributable** to sth; być spowodowanym *czymś* come from sth/doing sth
spowszedniały stale
spożycie consumption, intake, ingestion
spożywać consume, ingest
spożywczy artykuły spożywcze groceries; sklep ~ **grocer**'s, grocery; właściciel/ka sklepu spożywczego grocer
spód bottom[1], the underside, the underneath[2]; ~ *czegoś* the **foot**[1] of sth; pod spodem underneath[1]
spódnica skirt[1]; ~ do kostek a **full-length** skirt; ~ szkocka kilt
spójnie coherently
spójnik conjunction
spójność coherence
spójny coherent, cohesive
spółdz. co-op
spółdzielczy spółdzielcza kasa oszczędnościowo-kredytowa savings and loan association
spółdzielnia collective[2], cooperative[2]
spółgłoska consonant
spółka partnership; ~ akcyjna joint-stock company, public limited company; ~ dominująca parent company; ~ joint-venture joint venture; ~ kapitałowa private limited company; ~ z ograniczoną odpowiedzialnością limited company; ~ z o.o. limited liability
spór contention, dispute[1], wrangle[1], strife; ~ kompetencyjny demarcation dispute; toczyć ~ feud
spóźniać ~ się (*zegarek*) lose, be slow[1]
spóźnić ~ się na miss[1]
spóźniony belated, late, overdue; spóźniona reakcja double take
sprać (*zbić*) thrash, wallop
spragniony thirsty
sprawa affair, matter[1], cause[1], case, going[1]; ~ (do załatwienia) errand; kluczowa ~ the **name**[1] of the game; lista spraw agenda; nie być *czyjąś* sprawą be **nothing** to do with sb; nie dostrzegać istoty sprawy **miss**[1] the point; nie ma sprawy **forget** it; Nie ma sprawy! No **problem**.; postawić sprawę ostro put your **foot**[1] down; przesądzona ~ foregone conclusion; przykra ~ a **sorry** sight/state/tale; przykra/dziwna *itp.* ~ a nasty/strange, etc **business**; rozstrzygać sprawę **clinch** it; sedno sprawy the bottom line, the **point**[1]; skopać sprawę strike out; sprawy affairs, things; sprawy seksu the **fact**s of life; sprawy zaczynają się psuć the **rot**[2] sets in; super ~ the best/greatest **thing** since sliced bread; to *czyjaś* (prywatna) ~ be sb's (own) **business**; to (jest) *czyjaś* ~ be sb's **affair**; to nie *czyjaś* ~ be none of sb's **business**; w sprawie concerning, **as** to, into; zajmować się sprawą **pursue** a matter; załatwić sprawę do the **trick**[1]; zawalić sprawę **blow**[1] it/your chance(s); zdawać sobie sprawę realize; zdawać sobie sprawę z/że be **aware** of/that
spraw-ca/czyni culprit, perpetrator
sprawdzać check[1], test[2], mark[2], screen[2]; ~ *coś* check sth out, look sth up; ~ *gdzieś* refer to sth; ~ drugi raz double-check; ~ dwa razy double-check; ~ pisownię spell-check; → **sprawdzić**
sprawdzanie ~ pisowni spell-check
sprawdzian check[2], test[1], quiz[1], touchstone; ~ *czegoś* a **measure**[2] of sth
sprawdzić make **sure**[1] (that), see; ~ się come/turn up **trump**s, **carve** (out) a niche/career/role, etc for yourself, **prove** yourself, come into your/its **own**[1]; → **sprawdzać**
sprawdzony proven
sprawiać ~ ból hurt[1]; ~ kłopot inconvenience; ~ *komuś* kłopot put sb out; ~ przyjemność please[2]; ~ przykrość pain[2]; ~ różnicę make a/any **difference**; ~ wrażenie come across, come over
sprawić ~ *komuś* (wielką) radość make sb's **day**; ~ zawód disappoint; sprawić, żeby *coś* się *stało* **get**[1] sb/sth to do sth
sprawiedliwie fairly, equitably, justly
sprawiedliwość fairness, justice, equity, righteousness; oddawać *komuś* ~ give sb their **due**[2]; oddawać *komuś/czemuś* ~ do sb/sth **justice**; do justice to sb/sth; uczynić zadość sprawiedliwości bring sb to **justice**; wymiar sprawiedliwości justice; wymierzyć *komuś* ~ bring sb to **justice**
sprawiedliwy fair[1], just[2], equitable, righteous
sprawnie efficiently
sprawność efficiency, agility, prowess; ~ (fizyczna) fitness
sprawny efficient, functional; (*działający*) operational; (*zwinny*) able-bodied, agile; ~ (fizycznie) fit[2]
sprawozdanie report[1], rundown
sprawozdawca commentator
spray spray[1]
spreparować concoct
sprężać compress
sprężanie compression
sprężyć ~ się get your **act**[2] together
sprężyna spring[1]
sprężystość bounce[2]
sprężysty bouncy
sprint sprint, dash[2]
sprinter/ka sprinter
sprostać measure up
sproszkowany powdered
sprośności filth
sprowadzać ~ *kogoś* bring sb in; ~ *kogoś* na złą drogę lead sb **astray**; ~ się do *czegoś* boil down to sth, come down to sth/doing sth
spróbować ~ (*czegoś*) have a **bash**[2] (at sth); ~ *czegoś* give sth a **shot**[1]; have/take a shot at sth, give sth a **try**[2], give sth a **whirl**[2]; ~ *czegoś zrobić coś* have a **stab**[2] at sth/doing sth; ~ inaczej take/try a different **tack**[1]; ~ (swoich) sił w *czymś* have/take a **crack**[2] at sth, give sth a **shot**[1]; have/take a shot at sth; ~ zgadnąć **hazard**[2] a guess; być wartym spróbowania be **worth**[1] trying; odrobina na spróbowanie a **taste**[1]; → **próbować**
spryskiwać spray[2]
spryt cleverness
sprytnie cleverly, shrewdly
sprytny clever, shrewd, canny, savvy, wily, streetwise
sprzączka buckle[1], clasp[2]
sprzątacz/ka cleaner
sprzątać clean[2], tidy[2]; ~ (*coś*) clear (sth) up; ~ *coś* clear sth away
sprzątnąć (błyskawicznie) ~ (*coś*) **whip**[2] (sth) away/off
sprzeciw contradiction, objection, opposition, hostility; (gwałtowny) ~ backlash
sprzeciwiać ~ się contradict, object[2], oppose; ~ się *czemuś* be **opposed** to sth; zdecydowanie się *czemuś* ~ be **dead**[2] set against sth/doing sth
sprzeczać ~ się bicker, quarrel[2], squabble, wrangle[2]; ~ się o *coś* **quibble** about/over/with sth
sprzeczka quarrel[1], quibble, squabble, tussle; wywoływać sprzeczkę **pick**[1] an argument
sprzeczność contradiction; pozostawać w sprzeczności z contradict; stać *l.* być w sprzeczności z *czymś* be/run **counter**[3] to sth; wewnętrzna ~ a **contradiction** in terms
sprzeczny inconsistent, contradictory, confused; ~ z *czymś* at **variance** with sth, **contrary**[2] to sth; być sprzecznym conflict[2]; być sprzecznym z *czymś* go against sth
sprzedać fix[1], sell; ~ wszystko sell up
sprzedawać peddle, sell; ~ na licytacji auction; ~ się (w liczbie) sell
sprzedawany być sprzedawanym po/za

50 funtów/100 dolarów *itp.* **retail**[2] at/for £50/$100, etc

sprzedaw-ca/czyni a sales/shop **assistant**, salesperson, salesman, saleswoman, clerk, vendor; sprzedawca retailer, seller, vendor

sprzedaż sale, sales; ~ pamiątek merchandising; ~ ratalna hire purchase; ~ telefoniczna telemarketing, telesales; ~ wysyłkowa mail order, home shopping; dział sprzedaży *l.* zbytu sales; na ~ (up) for **sale**; (wystawiony) na ~ on the **market**[1]; napędzać ~ sell; posiadający koncesję na ~ alkoholu licensed; w sprzedaży on **sale**

sprzeniewierzenie embezzlement

sprzeniewierzyć embezzle

sprzęgło clutch[2]

sprzęt equipment, gear[1], tackle[2], hardware, apparatus; ~ zbrojeniowy munitions; ustawiać ~ set up

sprzyjający favourable, conducive; w sprzyjającej sytuacji well-placed

sprzymierzać ~ się z *kimś* ally yourself to/with sb

sprzymierzeniec ally[1]

sprzymierzony allied

sprzysiąc ~ się przeciwko *komuś* (żeby) **conspire** against sb; conspire to do sth, gang up against/on sb

spuchnięty swollen[1], bloated

spust trigger[2]

spustoszenie devastation; spustoszenia dokonane przez chorobę/czas/wojnę *itp.* the **ravages** of disease/time/war, etc

spustoszony devastated

spustoszyć ravage, gut[3]

spuszczać lower[2]; ~ *coś* (do toalety) **flush**[1] sth away/down/out, etc; ~ wodę flush[1]

spuścizna legacy, heritage

spychacz bulldozer

spychać ~ na dalszy plan eclipse[2]

spytać ~ *kogoś* o *coś* run sth by sb

squash squash[1]

srebrny silver[2]; ~ medal silver medal; srebrne wesele silver wedding anniversary

srebro silver[1]; ~ w sztabach bullion; lite ~ **solid**[1] silver; srebra silver[1]

srebrzysty silver[2], silvery

srogi dour

srom vulva

sromotny sromotna porażka hammering

ss (*strony*) pp

ssać suck

ssak mammal

ssanie choke[2], suction

stabilizacja stabilization; brak stabilizacji instability

stabilizować ~ (się) stabilize

stabilność stability

stabilny stable[1], settled

stacja station[1], depot; (*dysk*) disk drive, drive[2]; ~ benzynowa filling station, garage, gas station, petrol station, service station; ~ końcowa terminus

stacjonarny komputer ~ desktop

stacjonować ~ *gdzieś* be **station**[2]ed at/in, etc

stacyjka ignition

staczać ~ się **roll**[1] down, tumble

stać stand[1], hover, sit; ~ (bezczynnie) stand by; ~ (w odstępach) be strung out; ~ *gdzieś* can **afford**, **stand**[1] in/against/by, etc sth; ~ *kogoś* na can **afford**; ~ *komuś* nad głową be breathing down sb's **neck**; ~ na straży be on **guard**[1]; stand guard; ~ okrakiem nad straddle; ~ otworem gape; ~ pod znakiem zapytania be in **doubt**[1]; ~ prosto stand up **straight**[2]; ~ się happen; ~ się bogatym/pisarzem *itp.* **become** rich/a writer, etc; ~ się głównym obiektem *czegoś* bear/feel/take the **brunt** of sth; ~ się rzeczywistością become a **reality**; ~ spokojnie stand **still**[2]; ~ twarzą do face[2]; ~ w kolejce **stand**[1] in line, queue (up); ~ w miejscu get/go **nowhere**; ~ w sprzeczności z *czymś* be/run **counter**[3] to sth; ~ w wodzie **tread**[1] water; ~ wzdłuż line[2]; co się stało what's the **matter**[1]; co się (*komuś*) stało? **what**'s up (with sb); coś się stało/nic się nie stało there's something/nothing the **matter**[1]; nic się nie stało that's all right; → **stawać**

stadion stadium; ~ baseballowy ballpark

stadium być w ~ remisji be in **remission**; w ~ początkowym incipient

stadko flock[1]

stadnina stud

stado flock[1], herd[1], pack[2], troop[1]

stagnacja stagnation

stajenny groom[2]

stajnia barn, stable[2]

stal steel[1]; ~ nierdzewna stainless steel

stalagmit stalagmite

stalaktyt stalactite

stale constantly, habitually, steadily

stalówka nib

stała ~ Faradaya the Faraday constant

stałocieplny homeothermic

stałość solidity, steadiness

stały constant, fixed, steady[1], standing[2], regular[1], set[3], solid[1]; ~ bywalec regular[2]; ~ klient regular[2]; ciało stałe solid[2]; koszty stałe overheads; ląd ~ the **mainland**; pokarm ~ solids; stała cena/stawka *itp.* a **flat**[2] price/rate, etc; stała posada/praca **steady**[1] job/work; stałe zlecenie standing order

stamtąd thence

stan state[1], condition[1], status; ~ cywilny marital status; ~ ducha state of mind; ~ duchowny the **ministry**; ~ rzeczy state of affairs; (istniejący) ~ rzeczy the status quo; ~ wojenny martial law; ~ zapalny inflammation; być w dobrym/złym stanie be in good/bad **repair**[2]; być w kiepskim stanie be the worse for **wear**[2]; być w stanie *coś zrobić* be in a **position**[1] to do sth; być/nie być na stanie be in **stock**[1]/out of stock; mąż stanu statesman; nie być w stanie *l.* nie móc *czegoś zrobić* be **unable** to do sth; opłakany ~ a **sorry** state; postawić w ~ oskarżenia indict; urząd stanu cywilnego register office, registry office; urzędni-k/czka stanu cywilnego registrar; w stanie *coś zrobić* **up**[1] to sth/doing sth; w stanie panować nad *czymś* on **top**[1] of sth; w złym/dobrym stanie in bad/good **nick**[2]; zamach stanu coup

stanąć halt[2]; ~ (w miejscu) stagnate; ~ jak wryty stop **dead**[2]; ~ na nogi bounce back, get/rise to your feet, be **up**[2] and around/about, stand on your own two feet; ~ na ślubnym kobiercu tie the **knot**[1]; ~ na wysokości zadania **rise**[1] to the occasion/challenge, etc; ~ otworem **burst**[1] open; ~ po *czyjejś* stronie side with sb; ~ w *czyjejś* obronie come to sb's **defence**; ~ w kolejce **join**[1] a line; ~ w martwym punkcie stall[2]; ~ w miejscu stop **dead**[2]; ~ w obliczu *czegoś* be **confront**ed by/with sth; ~ w płomieniach **burst**[1] into flames, catch **fire**[1]; ~ wobec face[2]; → **stanąć**

stancja digs

standard standard[1], the **norm**, benchmark, default[1]; określać ~ **set**[1] a standard; podwójny ~ double standard

standardowy standard[2], default

stanik bra

stanowczo firmly, insistently, hotly, emphatically, assertively, purposefully; ~ zaprzeczyć/odmówić *itp.* **flatly** deny/refuse, etc

stanowczość firmness, decisiveness, assertiveness, resolution

stanowczy firm[1], insistent, decisive, assertive, emphatic, vigorous, purposeful, hardline; stanowcze kroki hard line

stanowić be, represent, comprise, constitute, form[2], mark[2]; ~ *coś* make up sth, account for sth; ~ magnes dla *kogoś* be a **magnet** for sb; ~ miłe towarzystwo be good **company**; ~ niebezpieczeństwo/problem/zagrożenie *itp.* **pose**[1] a danger/problem/threat, etc; ~ przykład exemplify; ~ rozwinięcie *l.* kontynuację follow on; ~ trudną próbę be **hard**[1] on sth; ~ większość be in a/the **majority**; ~ wysiłek be an **effort**; ~ zagadkę dla mystify, puzzle[2]; ~ zagrożenie/problem *itp.* **present**[3] a threat/problem, etc

stanowisko (*pogląd*) stance, stand[2]; (*posada*) appointment, office, fellowship, position[1], post[1]; ~ (komputerowe *l.* pracy) workstation; twarde ~ hard line; reprezentować ~

hold[1] a view; zająć ~ **fill**[1] a post/position; zajmować ~ take a **stand**[2]; zmienić ~ climb down
Stany the States
starać ~ się struggle[1]; ~ się o *coś* go for sth; ~ się uniknąć wypadku take **evasive** action
starania dokładać wszelkich starań go to great **length**s to do sth, pull out all the **stop**[2]s
starannie painstakingly; ~ dobrany handpicked
staranny painstaking
staranować ram[1]
starcie clash[2], run-in
staroć oldie
staromodny dated, old-fashioned, old-style
starosta prefect
starość old age
staroświecki stuffy
starożytność antiquity
starożytny ancient
starsi your **elder**[2]s
starszeństwo seniority
starszy senior[1], elderly, the **elder**[2]; być od *kogoś* starszym o 20/30 *itp.* lat be 20/30, etc years sb's **senior**[2]; osoby starsze your **elder**[2]s; starsz-y/a brat/siostra your **big** brother/sister; starsz-y/a brat/córka/siostra *itp.* **elder**[1] brother/daughter/sister, etc
starszyzna członek starszyzny elder[2]
start the **start**[2], blast-off, lift-off, take-off; ~ (życiowy) start[2]; Na miejsca, gotowi, start! On your **mark**[1]s. Get set. Go!
startować take off, compete
startowy pas ~ runway
stary mate[1], old; ~ przyjaciel an **old** friend; po staremu same old same old; stara panna spinster; w starym stylu old-style; Stary Świat the Old World; Stary Testament the Old Testament; za ~ na to **past**[3] it
starzeć ~ się age[2], date[2], be getting on
starzejący ~ się ageing[1]
starzenie ~ (się) ageing[2], aging
stateczny well-balanced, sedate[1], staid
statek boat, craft[1], ship[1], vessel; ~ kosmiczny spaceship, spacecraft; ~ pasażerski cruise ship
status status; ~ quo the status quo; symbol statusu (społecznego) status symbol
statut charter[1]; ~ (spółki) Articles of Association
statyst-a/ka extra[2]
statystycznie statistically
statystyczny statistical; dana statystyczna statistic
statystyka statistics, record[1]
statyw tripod
staw (*kości*) joint[2], knuckle[1]; (*jeziorko*) pond; zapalenie stawów arthritis
stawać stop[1]; ~ dęba rear[2]; ~ na głowie bend over **backwards**; ~ przed sądem **stand**[1] trial; ~ się nudnym wear **thin**[1]; ~ się sobie obcy drift apart; ~ w obronie *kogoś/czegoś* stand up for sb/sth, stick up for sb/sth; → **stanąć, stać**
stawiać (*pieniądze*) gamble[1], wager; ~ *coś* put sth up; ~ *coś gdzieś* **stand**[1] sth in/against/by, etc sth; ~ *coś* na *coś* stake sth on sth; ~ *kogoś/coś* na pierwszym miejscu put sb/sth **first**[2]; ~ *kogoś/coś* w wątpliwym świetle **cast**[1] doubt on sb/sth; ~ *kogoś/coś* w złym świetle reflect on sb/sth; ~ czoło tackle[1], brave[2], confront, weather[2]; ~ czoło *czemuś* rise above sth; ~ czoło konkurencji hold your **own**[1]; ~ kropkę dot[2]; ~ opór resist; ~ się turn out; ~ *kogoś* w położeniu *itp.* **put** sb in a position, etc; ~ zarzuty charge[2]; ja/on stawia/m *itp.* be **on**[1] me/him, etc
stawka (*przelicznik*) rate[1]; (*cena*) stakes; (*zawodnicy*) field[1]; aktualna ~ the **going**[2] rate; być stawką be at **stake**[1]; stała ~ a **flat**[2] rate; zamykać stawkę bring up the **rear**[1]
stawonóg arthropod
staż internship, probation
stażyst-a/ka intern[1], trainee, resident[1]; lekarz stażysta resident[1]
stąd away[1], hence; ~ wynika że it **follow**s that; ni ~ ni zowąd out of **nowhere**, out of the **blue**[2]
stąpać tread[1]; (cicho) ~ **pad**[2] about/around/down, etc; niepewnie ~ **teeter** about/across/around, etc
stchórzyć chicken out, get cold feet
stek steak; ~ bzdur a **load**[1] of rubbish/nonsense, etc
stempel ~ pocztowy postmark
stenografia shorthand
stepować tap dance
stepowanie tap dancing
stepowy semi-arid
stepując-y/a tance-rz/rka ~ tap dancer
ster helm, rudder; za sterem at the **helm**
sterburta starboard
sterczeć protrude, stick up, **jut** into/out, etc, stand about/around
stereo stereo
stereofonia stereo
stereotyp stereotype[1]
stereotypowy stereotypical; postrzegać *l.* przedstawiać w sposób ~ stereotype[2]
steroid steroid
sterować control[2], steer; sterowany głosem voice-activated
sterowanie zdalne ~ remote control
sterowiec airship
sterta stack[1]
steryd steroid; ~ anaboliczny anabolic steroid
sterylizacja sterilization
sterylizować sterilize
sterylność sterility
sterylny sterile
stetoskop stethoscope
steward flight attendant, steward
stewardesa flight attendant, stewardess, air hostess
stęchły musty
stękać grunt
stępić blunt[2]
stępka keel[1]
stężenie concentration; ~ *l.* poziom stężenia pyłków (w powietrzu) pollen count
stężony concentrated
stłaczać ~ *kogoś* coop sb up
stłamsić crush[1]
stłoczony cramped
stłoczyć ~ (się) squash[2]
stłuc ~ (się) break[1], crack[1]
stłuczka (*odpady*) breakage
stłumić quell, smother, quash
stłumiony muffled, pent-up, repressed
sto hundred
stocznia shipyard, shipbuilder
stoczniowiec shipbuilder
stoczyć ~ się **career**[2] down/into/off, etc; ~ się na (samo) dno hit/reach rock bottom
stodoła barn
stoicki stoic
stoicyzm stoicism; ze stoicyzmem stoically
stoisko booth, stall[1], stand[2]; ~ z gazetami newsstand
stojak stand[2]
stojąco owacja na ~ standing ovation
stojący (*woda*) stagnant; trybuny *l.* miejsca stojące the terraces; wolno ~ detached; zegar ~ grandfather clock
stok hillside, slope[1]
stokrotka daisy
stolarka carpentry, woodwork
stolarstwo woodwork
stolarz carpenter
stolec nietrzymający stolca incontinent
stolica capital[1]
stoliczek coffee table
stołek stool
stołowy tenis ~ table tennis
stołówka cafeteria, canteen
stomatolog dentist
stomatologia dentistry
stomatologiczny dental
stonowany subdued
stop alloy; ~ cynowo-ołowiowy pewter; złapać stopa **hitch**[2] a lift/ride
stopa foot[1], rate[1]; ~ depozytowa bank rate; ~ podstawowa base rate; ~ procentowa interest rate; ~ życiowa standard of living; być z *kimś* na stopie przyjacielskiej be **friendly**[1] with sb; odcisk stopy footprint; oparcie dla stopy foothold; pod stopami underfoot; specjalista chorób stóp chiropodist, podiatrist; portret od stóp do głów a **full-length** photograph
stoper stopwatch
stopić ~ *coś* melt sth down
stopienie ~ rdzenia (reaktora) meltdown
stopień degree, grade[1]; (*zakres*) extent; (*ranga*) rank[1]; (*schodek*) stair, step[1]; ~ Celsjusza Celsius, centigrade; ~ doktorski PhD; ~

Fahrenheita Fahrenheit; ~ magistra Master's (degree); ~ najwyższy superlative; ~ naukowy degree; ~ wyższy comparative[2]; do pewnego stopnia to some **extent**/to a certain extent, up to a **point**[1]; do tego stopnia, że inasmuch as; o 180 stopni round[2]; pewien ~ *czegoś* a/some **measure**[2] of sth; w jakim stopniu how **far**[1]; w najmniejszym stopniu nie zainteresowany/zaskoczony/możliwy *itp.* not **remotely** interested/surprised/possible, etc; zwrot o 180 stopni U-turn

stopka footer

stopniowo gradually, **bit**[1] by bit, piecemeal, in the **course** of time, progressively, day **by**[1] day/little by little/one by one, etc

stopniowy gradual, incremental

storczyk orchid

storno ~ czarne contra entry

stos pile[1], stack[1], mound, pyre; całe stosy **mass**[1]es; układać *coś* w ~ pile sth up

stosować apply, employ; ~ rabat *l.* ulgę discount[2]; ~ się do *czegoś* adhere to sth; ~ się do poleceń/zasad *itp.* **follow** instructions/orders/rules, etc

stosowany in **operation**; matematyka/nauka *itp.* stosowana **applied** mathematics/science, etc

stosownie accordingly

stosowność propriety

stosowny pertinent, proper

stosunek relationship, attitude, ratio, intercourse; ~ płciowy sexual intercourse; być w dobrych/złych/przyjacielskich *itp.* stosunkach be on good/bad/friendly, etc **terms**; dobre stosunki rapport; nawiązywać stosunki **establish** relations; stosunki relations; stosunki intymne intimacy; stosunki rasowe race relations; zerwać stosunki z *kimś* **sever** links/ties, etc with sb

stosunkowo relatively; ~ tani/łatwy/mało *itp.* **comparatively** cheap/easy/little, etc

stowarzyszenie association

stowarzyszony być stowarzyszonym z *czymś* be **affiliate**d to/with sth

stożek cone

stożkowy conical

stóg ~ siana haystack

stół table[1]; dekoracja stołu centrepiece; nakrywać do stołu **lay**[1] the table, **set**[1] the table

str. (*strona*) p; (*strony*) pp

strach fear[1], fright, scare[2], dread[2]; ~ na wróble scarecrow; ~ pomyśleć I **dread**[1] to think; napędzić *komuś* strachu scare/frighten sb out of their **wits**; paraliżujący ~ **abject** terror; skamieniały ze strachu petrified; śmiertelny ~ **mortal**[1] fear/terror

stracić (*zgubić*) lose; (*uśmiercić*) execute; ~ *coś* miss out; ~ *kogoś* put sb to **death**; ~ głowę dla *kogoś* fall for sb; ~ nadzieję co do *kogoś* give up on sb; ~ orientację lose your **bearings**; ~ panowanie nad sobą snap[1], go/fall to **piece**[1]s, lose your **cool**[3]; ~ panowanie nad sobą (z powodu *kogoś*) lose your **temper**[1] (with sb); ~ przytomność black out; ~ rachubę lose **count**[2], **lose** count of sth, lose **track**[1]; ~ równowagę **lose** your balance; ~ twarz lose **face**[1]; ~ wiarę/zainteresowanie/cierpliwość *itp.* **lose** faith/interest/patience, etc; ~ wyraz glaze[1]; ~ życie **lose** your life; móc ~ *coś* **stand**[1] to lose sth; → **tracić**

strajk strike[2], stoppage; ~ generalny general strike; ~ głodowy hunger strike; ~ włoski work-to-rule

strajkować strike[1]

strajkowy akcja strajkowa industrial action

strajkując-y/a striker

straszliwie horrendously, excruciatingly

straszliwy horrendous, excruciating

strasznie awfully, appallingly, horrifically, one[3]; ~ dużo (*czegoś*) an **awful** lot (of sth)

straszny awful, terrible, dreadful, horrific, scary, spooky

straszydło eyesore

strata loss, waste[1], wastage; doznać strat **suffer** loss; ponosić straty **sustain** losses; odrabiać straty rally[2]; spisywać *coś* na straty write sth off

strategia strategy

strategicznie strategically

strategiczny strategic

stratosfera the stratosphere

strawić consume

strawny palatable; (lekko) ~ digestible

straż guard[1]; ~ pożarna fire brigade; ~ przybrzeżna coastguard; być pod strażą be under **guard**[1]; posterunek straży pożarnej fire station; stać na straży be on **guard**[1]; stand guard; strażnik straży przybrzeżnej coastguard

strażacki wóz ~ fire engine

strażak firefighter, fireman

strażni-k/czka guard[1]; ~ więzienn-y/a jailer, warder

strażnik ranger; ~ sądowy bailiff; ~ straży przybrzeżnej coastguard

strącanie ~ się precipitation

strączek pod

strączkowy nasiona *l.* rośliny strączkowe pulses

strąk pod

strefa zone, area, sector; ~ buforowa buffer zone; ~ czasowa time zone; ~ podzwrotnikowa the subtropics; ~ ruchu pieszego a pedestrian **precinct**; szara ~ **grey**[1] area, twilight zone

stres stress[1], pressure[1], strain[1]

stresować ~ się stress[2]

stresujący stressful

streszczenie summary[1], precis, synopsis

stringi thong

striptiz striptease, strip[2]

striptizer/ka stripper

strofa verse

stroić pitch[1], tune[2]; ~ (się) preen; ~ fochy make a **nuisance** of yourself; ~ miny make **face**[1]s; ~ się dress up; ~ się/*coś* tune (sth) up

stromo steeply

stromość steepness

stromy steep[1]

strona side[1], direction, way[1], face[1], facet; (*książki*) page[1]; (*internetowa*) site[1]; (*uczestnik*) party[1]; ~ bierna the passive; ~ domowa home page; ~ internetowa web page, website; ~ praktyczna the nitty-gritty, the **nut**s and bolts, practicalities; bilet w jedną stronę single[2], one-way ticket; bilet w obie strony return[2], round-trip ticket; być *l.* stanąć po *czyjejś* stronie side with sb; Cała przyjemność po mojej stronie! It's a **pleasure**.; My pleasure.; druga ~ the flip side; druga ~ (*czegoś*) the **other**[1] side (of sth); leżeć po obu stronach straddle; lot/podróż *itp.* w tamtą stronę **outward**[1] flight/journey, etc; mieć dobre i złe strony be a mixed **blessing**; mocna ~ strength; na całą stronę full-page; na drugą stronę over[1], through[2]; na lewą stronę **inside**[1] out; opowiadać *się* po *czyjejś* stronie **align** yourself with sb; be aligned with sb; otworzyć książkę na *jakiejś* stronie turn to sth; po drugiej stronie across, over[1], beyond[2]; po drugiej stronie (drogi) over the **road**; po stronie behind[1]; podróż w obie strony round trip; pozwolić *komuś* pokazać się z najlepszej strony bring out the **best**[3] in sb; prawa ~ right[3]; przechodzić na stronę wroga defect[2]; przewracać stronę **turn**[1] a page; słaba ~ blind spot; strony (internetowe) website; uwaga na stronie aside[2]; w drugą stronę around; w stronie biernej passive; w stronie czynnej active; wiadomość/artykuł *itp.* z pierwszych stron (gazet) **front-page** news/story, etc; z drugiej strony then/there **again**; z jednej strony … z drugiej strony on the one **hand**[1] … on the other hand; z tej strony here; zabezpieczyć się ze wszystkich stron touch/cover all the **base**[1]s; ze strony *kogoś* at the **hand**[1]s of sb; ze strony matki maternal; ze strony ojca paternal; zewnętrzna ~ exterior, the outside[4]

stronić ~ od shun

stronniczość bias

stronniczy partisan[1]

stronni-k/czka partisan[2]

stront strontium

stroskany troubled

strój dress[2], attire, costume, kit, outfit[1]; (*instrumentu*) pitch[2]; ~ kąpielowy bathing suit

stróż guardian, janitor; samozwańczy ~ prawa vigilante
strug plane[1]
struga spurt[2]
struktura framework, structure[1]; ~ *czegoś* the **fabric** of sth
strukturalnie structurally
strukturalny structural
strumień (*potok*) stream[1], creek; (*struga*) gush[2], jet[1]; ~ *czegoś* a **stream**[1] of sth; rwący ~ torrent
struna string[1]; przeciągać strunę **overstep** the mark; struny głosowe vocal chords
strup scab
struś ostrich
strużka trickle; ~ (śliny) dribble
strych attic, loft
stryczek noose
stryjeczny babka/dziadek stryjeczn-y/a **great**-aunt/-uncle
strzał shot[1], shooting; ~ w ciemno a **shot**[1] in the dark
strzała arrow
strzałka arrow, pointer, dart[1]; (gra w) strzałki darts
strzec guard[2]
strzecha kryty strzechą thatched
strzelać fire[2], shoot[1], blast[2], pop[1], snipe
strzelanina shooting, crossfire
strzelba gun[1], rifle[1], shotgun
strzelec (*bramek*) scorer
Strzelec Sagittarius
strzelnica range[1]
strzemiączko stapes
strzemię stirrup
strzepnąć ~ *coś* **brush**[2] sth away/off, etc, **flick**[1] sth into/off/over, etc
strzęp shred[1], snippet; w strzępach in **tatters**
strzępek ~ (grzybni) hypha
strzępić ~ (się) fray[1]
strzyc shear
strzykawka syringe
strzyżenie haircut
strzyżyk wren
stu- centi-, cent-
studencki bractwo studenckie fraternity; dom ~ hall of residence
student/ka student, major[2]; ~ (studiów licencjackich) undergraduate; ~ drugiego roku sophomore; ~ ostatniego roku senior[2]; ~ pierwszego roku fresher, freshman; ~ trzeciego roku junior[2]; dorosł-y/a ~ mature student
studia study[2], college, school; kończyć ~ graduate[2]; ukończenie studiów graduation
studio studio
studiować study[1]; (*oglądać*) peruse; ~ *coś* major in sth; (*oglądać*) pore over sth; ~ biologię/francuski/historię *itp.* **do**[2] biology/French/history, etc
studium college; ~ (przypadku) case study
studnia well[4]
stuk tap[1]
stukać knock[1], rap[2], tap[2], clatter, rattle[1]
stukanie knock[2], rap[1]
stuknięcie tap[1]
stuknięty barmy, dotty, potty[2], off your trolley
stulecie centenary
stwardnienie ~ rozsiane multiple sclerosis
stwarzać ~ możliwość *czegoś* open (sth) up; ~ wrażenie project[2]; ~ zagrożenie/problem *itp.* **present**[3] a threat/problem, etc
stwierdzać state[2], certify; ~ chorobę umysłową u certify
stwierdzenie zbyt daleko idące ~ **sweeping** statement
stworzenie creation; (*istota*) creature
stworzony nie być stworzonym do *czegoś*/dla *czegoś*/na *coś* not be **cut**[1] out to be sth/not be cut out for sth
stworzyć ~ możliwość open the **floodgates**; ~ warunki ku *czemuś l.* do *czegoś* set the **scene** for sth
Stwórca the Creator
stycz. Jan
styczeń January
styczna tangent
styczność exposure
stygnąć ~ **turn**[1] cold
styk planować na ~ cut it/things **fine**[2]
stykać ~ się (z) touch[1]
styl style[1], look[2]; ~ (pływacki) stroke[1]; ~ grzbietowy backstroke; ~ klasyczny breaststroke; ~ życia lifestyle; albo coś w tym stylu or **whatever**; czy coś w tym stylu or **something** (like that); w pięknym stylu with flying **colour**[1]s; w starym stylu old-style; w stylu -style; w stylu *czegoś* in **keeping** with sth; w stylu wiktoriańskim Victorian; w tym stylu to that **effect**[1]
stylowo stylishly
stylowy stylish
stymulacja stimulation
stymulować foster[1], stimulate
stypa wake[2]
stypendium grant[2], scholarship
styropian Styrofoam; expanded polystyrene
sub- sub-
subarktyczny subarctic
subatomowy subatomic
subiektywizm subjectivity
subiektywnie subjectively
subiektywność subjectivity
subiektywny subjective
subkultura subculture
sublimacja sublimation
sublimować sublime
subskrybent/ka subscriber
substancja matter[1], substance; ~ chemiczna chemical[2]; ~ rakotwórcza carcinogen; ~ trująca toxin; ~ zanieczyszczająca pollutant; substancje smoliste tar
substrat substrate; ~ (reakcji) reactant
subtelnie subtly
subtelność subtlety, delicacy
subtelny subtle, delicate, understated
sucho ujść *komuś* na ~ get away with sth, get off **lightly**
suchość dryness
suchy dry[1], arid; nie zostawić suchej nitki na maul, savage[2]; nie zostawić suchej nitki na *czymś* pull sth apart
Sudoku (*łamigłówka liczbowa*) Sudoku
sufit ceiling
suflerować prompt[1]
suflet soufflé
sufrażyst-a/ka suffragist
sufrażystka suffragette
sugerować suggest, imply
sugestia suggestion, implication
sugestywnie eloquently
sugestywność innuendo
sugestywny eloquent, expressive
suka bitch[1]
sukces success, achievement; człowiek sukcesu achiever, high-flyer; krótkotrwały ~ a **flash**[2] in the pan; łatwy ~ a **runaway**[1] success; odnoszący sukcesy successful, high-flying; osiągać ~ succeed, **make**[1] it, make it **big**; osiągać ~ *l.* sukcesy get ahead; przeżywać ~ za sukcesem go from **strength** to strength; spektakularny ~ a **resounding** success; uznawać *kogoś/coś* za ~ **pronounce** sb/sth a success; zawdzięczać *komuś/czemuś* swój ~ **owe** your success to sb/sth; życzyć *komuś* sukcesów **wish**[1] sb success
sukcesor/ka successor
sukienka dress[2]
suknia gown; ~ do kostek a **full-length** dress
sułtan sultan
sułtanka sultana
suma total[2], sum[1], aggregate; ~ kontrolna checksum; w sumie in **all**[1], **all**[2] in all, altogether, overall
sumaryczny cumulative
sumienie conscience; leżeć na sumieniu be on your **conscience**; mieć na sumieniu be on your **conscience**; nękany wyrzutami sumienia guilt-ridden; rachunek sumienia soul-searching; wyrzuty sumienia remorse
sumiennie conscientiously
sumienny conscientious, scrupulous
sumka okrągła ~ a **princely** sum; pokaźna ~ a **handsome** sum
sumować total[3]
sunąć **career**[2] down/into/off, etc, **chug** across/along/up, etc
sunnicki Sunni
sunnit-a/ka Sunni
supeł knot[1]
super- super-; uber-
super super, premium[2]; ~ sprawa the best/greatest **thing** since sliced bread
supergrupa supergroup
supergwiazda superstar
superkomputer supercomputer
supermarket supermarket, chain store, market[1]

supermodel/ka supermodel
supernowa supernova
suplement supplement
supłać knot[2]
supremacja supremacy
surfing surfing; osoba uprawiająca ~ surfer
surfingowy deska surfingowa surfboard
surfować surf[1]; ~ w /. po Internecie/ sieci **surf**[1] the Internet/Net/Web
surfowanie ~ (w sieci) surfing
surogat surrogate
surowica serum
surowiec feedstock
surowo harshly, severely, starkly, sternly; ~ wzbroniony **strictly** forbidden/prohibited; traktować *kogoś* ~ be **hard**[1] on sb
surowość severity, austerity, harshness
surowy austere, stark[1], sparse, regimented, rugged, dour, harsh, severe, hard[1], stern[1], stiff[1], strict, stringent, raw
surrealistyczny surreal
sus bound[3]
sushi sushi
susza drought
suszarka drier, dryer; ~ (bębnowa) tumble dryer; ~ (do włosów) hairdryer
suszenie blow-dry
suszony suszona śliwka prune[2]
suszyć (*włosy*) blow-dry; (*kwiaty*) press[1]; ~ (się) dry[2]; ~ *komuś* głowę have a **go**[2] at sb
sutanna robe
sutek nipple
sutener pimp
suterena basement
suty otrzymać sute wynagrodzenie be **richly** rewarded
suweren sovereign, Sovereign[2]
suwerenność sovereignty
suwerenny sovereign[1]
sweter sweater, jumper; ~ rozpinany cardigan
swędzący itchy
swędzenie itch[2], itching, itchiness, tickle
swędzieć itch[1], tickle
swoboda freedom, latitude, leeway, informality; swobody obywatelskie civil liberties; względna ~ **comparative**[1] freedom
swobodnie freely, free[2], casually, informally
swobodny effortless, lax, bohemian, informal, comfortable, easy[1], uninhibited, casual
swojski homey
swój her, his, its, my, our, their, your; mieć ~ dzień have a field day; mieć za swoje be **in**[2] for it; obstawać przy swoim stick to your **gun**[1]s; postawić na swoim get/have your (own) **way**[1]; robić swoje **ply** your trade; swego rodzaju of **sort**[1]s; swoją drogą by the **way**[1]; trwać przy swoim stand your **ground**[1]

sycący filling[2]
syczeć hiss
syfon siphon[1]
sygnalizacja ~ świetlna traffic light
sygnalizować ~ (skręt) indicate
sygnał signal[1], cue, tone[1]; ~ (dźwiękowy) beep; sygnały vibes
sygnałówka bugle
sygnatariusz signatory
syk hiss
syknąć hiss
sylaba syllable
sylabus syllabus
sylwester New Year's Eve
sylwetka silhouette, frame[1], physique; nakreślać /. przedstawiać sylwetkę profile[2]
symbioza symbiosis
symbol symbol, sign[1], emblem; ~ statusu (społecznego) status symbol
symbolicznie symbolically
symboliczny symbolic, nominal, token[2]
symbolika imagery
symbolizm symbolism
symbolizować symbolize, represent
symetralna ~ (odcinka) bisector
symetria symmetry
symetryczny symmetrical
symfonia symphony
sympatia *czyjeś* sympatie i antypatie sb's **like**[4]s and dislikes; zjednać *komuś czyjąś* sympatię endear sb to sb
sympatyczny likeable, pleasant, congenial, nice
sympaty-k/czka sympathizer, well-wisher
sympatyzować sympathize
symptom symptom
symptomatyczny symptomatic
symulacja simulation, a dummy/ practice/trial **run**[2]
symulator simulator
symulować feign, simulate
syn son
synagoga synagogue
synapsa synapse
synaptyczny synaptic
synchronizacja synchronization
synchronizować synchronize
syndrom syndrome
syndyk ~ (masy upadłościowej) official receiver, receiver
syndykat syndicate
synklina syncline
synonim synonym
synonimiczny synonymous
synowa daughter-in-law
syntetycznie synthetically
syntetyczny synthetic
syntetyzować synthesize
synteza synthesis, fusion; ~ jądrowa (nuclear) fusion
syntezator synthesizer
sypialnia bedroom
sypialny miejsce sypialne berth; pociąg ~ sleeper; sala sypialna dormitory; wagon ~ sleeper
syrena (*z bajki*) mermaid; (*dźwiękowa*) siren

syrop syrup
system system, network[1], scheme[1], machine; ~ ekspertowy expert system; ~ nagłaśniający tannoy, public address system; ~ odwadniający /. kanalizacyjny drainage; ~ operacyjny operating system, system software; (liczbowy) ~ pozycyjny place value
systematycznie systematically, methodically, steadily
systematyczny systematic, steady[1], methodical
systematyka taxonomy
sytuacja situation, status, going[1]; ~ awaryjna emergency; ~ patowa deadlock, stalemate, stand-off; ~ się uspokaja the **dust**[1] settles; być w podobnej/stabilnej *itp.* sytuacji be on an equal/firm, etc **footing**; ocena sytuacji judgment; pogorszyć sytuację add **insult**[2] to injury; trudna ~ predicament, adversity, a **sticky** situation; uratować sytuację save the **day**; w gorszej sytuacji worse off; w lepszej sytuacji better off; w niekorzystnej sytuacji at a **disadvantage**; w sprzyjającej sytuacji well-placed; w trudnej sytuacji disadvantaged
sytuowany dobrze ~ well-off; lepiej ~ better off
sza (*cicho*) sh, shh
szabas the Sabbath
szablon stencil, template; nanosić szablonem stencil; używać szablonu stencil
szach-mat checkmate
szachy chess
szacować estimate[2], reckon
szacowny venerable
szacunek respect[1], regard[2], deference, esteem; (*ocena*) estimate[1]; brak szacunku disrespect; pełen szacunku respectful, deferential; z szacunkiem respectably, respectfully; zasługiwać na ~ be **worthy** of respect; zdobyć (sobie) ~ **win**[1] respect
szacunkowy estimated
szafa wardrobe; ~ grająca jukebox; ~ wnękowa closet[1]
szafir sapphire
szafka cabinet, cupboard, locker, unit; ~ do suszenia bielizny airing cupboard
szafran saffron
szakal jackal
szal scarf[1], shawl
szaleć rage[2]; ~ na punkcie *kogoś/czegoś* be **crazy** about sb/sth; ~ za *kimś/czymś* be **mad** about sb/sth; ~ z radości be **burst**[1]ing with joy
szalejący roaring
szalenie madly, deliriously
szaleniec madman, madwoman, daredevil
szaleńczy manic
szaleństwo insanity, madness, lunacy, craze, craziness, splurge; ~ zakupów/wydatków *itp.* a shopping/

spending, etc **spree**; doprowadzać *kogoś* do szaleństwa/szału *itp.* **drive**[1] sb crazy/mad/wild, etc
szalik scarf[1]
szalony crazy, insane, wild[1], crazed, deranged, mad, nuts, nutty, demented, frenzied; jak ~ madly
szalotka shallot, scallion
szalupa longboat, launch[2]; ~ ratunkowa lifeboat
szał frenzy, craze; ~ (zakupów) binge[1]; ~ *czegoś* an **orgy** of sth; doprowadzać *kogoś* do szału **drive**[1] sb crazy/mad, drive sb to **distraction**, drive sb up the **wall**, drive/send sb round the **bend**[2]; dostać szału flip, fly off the **handle**[2], go **berserk**
szałas hut
szałwia sage
szamotać ~ się struggle[1], wrestle
szamotanina struggle[2]
szampan champagne
szampon shampoo
szanować respect[2]
szanowany respected, esteemed; powszechnie ~ exalted
szanowny dear[1], the Honourable
szansa chance[1], break[2]; ~ 50% a **fifty-fifty** chance; ~ na *coś* potential for sth/doing sth; duża ~ **strong** chance; *ktoś* jest bez szans sb can't **win**[1]; mający równe szanse **evenly** matched; mieć duże szanse na *coś* be on **course** for sth/to do sth; mieć szansę stand a **chance**[1]; mieć szansę na *coś* be in **line**[1] for sth; nikła ~ **faint**[1] chance, outside chance; ostatnia ~ a **last-ditch** attempt; równe szanse **equal**[1] opportunities, a level playing field; szanse odds; zmarnować szansę **blow**[1] it/your chance(s); znikoma ~ long shot; życiowa ~ a **golden** opportunity
szantaż blackmail, extortion, intimidation
szantażować blackmail
szantażyst-a/ka blackmailer
szanujący ~ się self-respecting
szarfa sash
szariat Sharia
szarlatan charlatan
szarmancki chivalrous, gallant
szarmancko gallantly
szarmanckość gallantry, chivalry
szarość grey[2]
szarpać jerk[1], tug[1], yank, jolt[2]; ~ za tweak; ~ za *coś* pull at sth; ~ w (struny) pluck; → **szarpnąć**
szarpany jerky
szarpiąc jerkily
szarpnąć **lurch** forward/towards, etc; ~ się splash out (sth), splurge; → **szarpać**
szarpnięcie surge[2], jerk[2], jolt[1], tug[2], tweak
szary grey[1], drab; szara strefa **grey**[1] area, twilight zone
szarża charge[1]
szarżować charge[2]
szaszłyk shish kebab
szata robe
szatan Satan, the Devil
szatański satanic
szatnia changing room, cloakroom, locker room, pavilion
szczać piss[1]
szczątki remains, debris, wreckage
szczątkowy residual
szczebel rung[1]; na wysokim szczeblu high-level; niższe/wyższe szczeble the lower/upper **echelons**; pierwszy/najwyższy/następny *itp.* ~ drabiny the first/highest/next, etc **rung**[1] of the ladder; pracownik szczebla kierowniczego executive[2]; wyższego szczebla senior[1]
szczecina bristle[2], stubble
szczecinowaty bristly
szczególnie especially, particularly, notably, doubly, not **least**[1]
szczególność w szczególności in **particular**
szczególny distinctive, particular; szczególna cecha distinction; szczególn-a/e uwaga/opieka/traktowanie **special**[1] attention/care/treatment
szczegół detail[1], arrangement; ~ (techniczny *l.* prawny) technicality; szczegóły particulars, specifics, the ins and outs; szczegóły *czegoś* the **fine**[1]r details/points, etc of sth, the **in**[4]s and outs of sth; szczegóły techniczne technicalities; szczegóły umowy small print; wchodzić w szczegóły go into **detail**[1]
szczegółowo at **length**, in **detail**[1], in **depth**, rigorously
szczegółowy detailed, specific, rigorous; ~ opis a **blow-by-blow** account/description; opisać szczegółowo detail[2]
szczekać bark[2]
szczekanie bark[1]
szczeknięcie woof
szczelina chink, gap, crevasse, crevice, aperture; ~ oddechowa spiracle
szczelnie tight[2], tightly
szczelny tight[1], airtight
szczeniak pup, puppy
szczep strain[1], graft[1]
szczepić immunize, vaccinate, graft[2]
szczepienie immunization, vaccination
szczepionka vaccine
szczerba chip[1]
szczerość honesty, candour, earnestness, frankness, sincerity
szczery honest, sincere, genuine, straight[1], candid, earnest, frank, heartfelt, straightforward, upfront[1]; szczere przeprosiny/podziękowania *itp.* **sincere** apologies/thanks, etc; w szczerym polu in the **middle**[1] of nowhere
szczerze honestly, sincerely, candidly, earnestly, frankly, genuinely, truly; ~ mówiąc to be **honest**, in all **honesty**, frankly; powiedzmy sobie ~ let's **face**[2] it
szczerzyć ~ zęby grin, smirk
szczędzić nie ~ *komuś/czemuś czegoś* lavish sth on sb/sth; nie ~ wysiłków/wydatków *itp.* **spare**[3] no effort/expense, etc
szczęk clang
szczęka jaw; ~ *komuś* opada sb's **jaw** drops; sztuczna ~ dentures
szczękać chatter, clang
szczęściarz ~ lucky **devil**
szczęście happiness, luck; (wielkie) ~ blessing; duże ~ a near **miss**[2]; mieć ~ be in **luck**; na ~ luckily, fortunately, happily, thankfully, mercifully, it's **just**[1] as well; ogromne ~ a close **call**[2], a **narrow**[1] escape, a close **shave**[2], a narrow **escape**[2]; promienieć szczęściem **glow**[2] with happiness; promyk szczęścia a **glimmer**[1] of happiness; przynosić ~ **bring** happiness; uczucie szczęścia a **glow**[1] of happiness; życzyć *komuś* szczęścia **wish**[1] sb luck
szczęśliwie luckily, happily
szczęśliwy fortunate, lucky, happy; ~ zbieg okoliczności a **stroke**[1] of luck; niezbyt ~ not **very**[1] happy; szczęśliwego Nowego Roku Happy New Year
szczoteczka ~ do paznokci nail brush; ~ do zębów toothbrush
szczotka brush[1]; ~ do włosów hairbrush
szczotkować brush[2]
szczotkowanie brush[1]
szczuć ~ *kogoś kimś/czymś* set sb/sth on/upon sb
szczudło stilt
szczupak pike
szczupły slim[1], slender, lean[2], thin[1], trim[3]
szczur rat; wyścig szczurów the rat race
szczycić ~ się boast[1], **flatter** yourself; ~ się *czymś* pride yourself on sth/doing sth
szczypać pinch[1], sting[1], nip
szczypanie sting[2]
szczypce pincer, tongs
szczypiorek spring onion, chives
szczypta pinch[2], sprinkling
szczyt peak[1], summit, apex, head[1], pinnacle, top[1], zenith, depths; ~ (ściany) gable; ~ *czegoś* the **height** of sth, the **ultimate**[2] in sth; ~ wzniesienia **brow** of a hill/slope; godzina *l.* godziny szczytu rush hour; na szczycie high-level; poza godzinami szczytu off-peak
szczytowy crowning; osiągać punkt ~ peak[2]
szef/owa boss[1], chief[2], head[1]; ~ kuchni chef
szejk Sheikh
szelest swish
szeleścić rustle, swish
szelf ~ kontynentalny continental shelf
szelki braces, suspenders, harness[1]
szelmowski wicked
szept whisper

szeptać whisper, murmur[1]
szereg line[1]; ~ *czegoś* a **string**[1] of sth; ustawiać się/*kogoś/coś* w szeregu line (sb/sth) up; wyłamać się z szeregu break **rank**[1]s
szeregowiec row house, terraced house, terrace
szeregowy private[2]; ~ członek Izby Gmin a **backbench** MP/politician, etc, backbencher; obwód ~ series circuit; port ~ serial port; szeregowi członkowie grass roots, the **rank**[1] and file; szeregowi żołnierze /. członkowie the **rank**[1]s
szermierka fencing; uprawiać szermierkę fence[2]
szeroki broad, wide[1]; ~ wachlarz/wybór *itp.* a **broad** range/variety, etc; ~ zakres/wybór/asortyment *itp.* a **wide**[1] range/selection/variety, etc; jak *coś* długie i szerokie the **length** and breadth of sth; odbić się szerokim echem make a **splash**[2]
szeroko ~ otwarty **wide**[2] apart/open, wide[1]; ~ zakrojony wide-ranging; mieć oczy ~ otwarte keep/have your **wits** about you; z ~ otwartymi oczyma wide-eyed
szerokoekranowy widescreen
szerokość breadth, width; ~ (basenu) width; ~ geograficzna latitude; na ~ across; o szerokości 5 mil/3 cali/6 metrów *itp.* 5 miles/3 inches/6 metres, etc **wide**[1]; szerokości across
szerszy spojrzeć na *coś* w szerszym kontekście put sth in/into **perspective**; **→ szeroki**
szeryf sheriff; (*czcionki*) serif
szerzący ~ się rampant
szerzej ~ *coś* omawiać expand on sth; **→ szeroko**
szerzenie dissemination
szerzyć disseminate, diffuse, propagate; ~ się proliferate, sweep[1]
szesnasty sixteenth
szesnaście sixteen
sześcian cube[1]; ~ *czegoś* the **cube**[1] of sth; podnosić do sześcianu cube[2]
sześcienny cuboid; centymetr/cal/metr *itp.* ~ **cubic** centimetre/inch/metre, etc
sześciokąt hexagon
sześciokątny hexagonal
sześć six
sześćdziesiąt sixty
sześćdziesiątka być po sześćdziesiątce be in your sixties
sześćdziesiąty sixtieth; lata sześćdziesiąte the sixties
szew seam, stitch[1]
szewc cobbler
szkalować blacken
szkarłupień echinoderm
szkatułka casket
szkic draft[1], outline[2], sketch[1]; sporządzać ~ draft[2]
szkicować draft[2]
szkielet frame[1], framework, skeleton; ~ *czegoś* the **fabric** of sth; ~ wewnętrzny endoskeleton; ~ zewnętrzny exoskeleton
szkieletowy skeletal
szkiełko ~ (podstawowe) slide[2]
szklanka glass, tumbler
szklany szklana kula crystal ball; włókno szklane fibreglass
szklarnia greenhouse
szklić glaze[1]
szklisty glassy
szkliwo enamel
szkło glass; ~ powiększające magnifying glass
Szkoci the Scots
szkocka ~ (whisky) Scotch
szkocki Scottish; materiał w szkocką kratę tartan; spódnica szkocka kilt
szkoda harm[1], disservice, a **shame**[1], too **bad**, breakage; być mądrym po szkodzie do/learn sth the **hard**[1] way; narobić szkód **do**[2] damage; szkoda, że nie … **wish**[1] (that); Szkoda, że… It's a **pity**[1]…; ze szkodą dla *czegoś* to the **detriment** of sth
szkodliwy harmful, damaging, noxious, detrimental, ill[1]
szkodnik pest, vermin
szkodzić damage[2], affect; ~ *komuś/czemuś* be **bad** for sb/sth; (nic) nie szkodzi never **mind**[2], that's all right
szkolenie instruction, training, orientation, workshop; ~ praktyczne practical[2]
szkolić instruct, train[2]; ~ się train[2]
szkolny scholastic; bal ~ prom; dziecko w młodszym wieku szkolnym junior[2]; kalendarz ~ the school **calendar**; pielęgniarka szkolna matron; szkolne lata schooldays
szkoła school; ~ letnia summer school; ~ (naukowa) **school** of thought; ~ podstawowa elementary school, grade school, grammar school, primary school; (czterolenia) ~ podstawowa junior school; (dwuletnia) ~ policealna junior college; ~ pomaturalna community college; ~ ponadpostawowa secondary school; ~ ponadpodstawowa ogólnokształcąca comprehensive[2]; ~ prywatna public school; ~ publiczna /. państwowa public school, state school; ~ średnia high school; ~ tańca/języków (obcych) a dance/language **school**; ~ wieczorowa night school; ~ z internatem boarding school; kończyć szkołę graduate[2]; prywatna ~ podstawowa prep school; prywatna ~ średnia prep school; uczęszczać /. chodzić do szkoły **attend** a school; ukończenie szkoły graduation
szkółka ~ (leśna) nursery; ~ jeździecka a riding **school**
szkrab tot
szkwał squall
szlachcic knight[1]
szlachecki otrzymać tytuł ~ be **knight**[2]ed
szlachectwo knighthood
szlachetnie nobly
szlachetność nobility
szlachetny noble[1], worthy, vintage[1]; gaz ~ noble gas; kamień ~ jewel, gem; metal ~ precious metal
szlafrok bathrobe, robe, dressing gown, gown
szlak lane, trail[1], walk[2]; ~ wodny waterway; przecierać szlaki be a **first**[3]
szlam slime
szlem wielki ~ grand slam
szlifować ~ (papierem ściernym) sand[2]
szloch sob, wail
szlochać sob, wail
szmaragd emerald
szmaragdowy emerald; kolor ~ emerald
szmata rag
szmatka cloth, eraser
szmatławy trashy
szmer murmur[2], ripple[2], hum
szminka lipstick
szmira rubbish
sznur line[1], cord, tether; ~ do bielizny clothesline; ~ korali/pereł a **string**[1] of beads/pearls
sznurek string[1]
sznurowadło shoelace, lace[1]
szofer chauffeur
szoferować chauffeur
szok shock[1]; ~ kulturowy culture shock; w szoku traumatized
szokować disturb, shock[2]
szokująco shockingly
szokujący shocking, devastating, heinous
szopa shed[1]
szorować scrub[1], scour
szorowanie scrub[2]
szorstki rough[1], coarse, rugged, abrasive, clipped, abrupt, brusque, curt, wiry, gruff
szorstko coarsely, abruptly, brusquely, curtly, gruffly; ~ *kogoś* traktować be **short**[1] with sb
szorstkość roughness
szorty shorts
szosa road
szowinist-a/ka chauvinist; męski szowinista male chauvinist
szowinizm chauvinism
szósty sixth[1]; (jedna) szósta sixth[2]; szósta część sixth[2]
szpada sword
szpaler ~ krzewów /. drzew hedgerow
szpaner show-off
szpara crack[2], gap, slit[1]
szparagi asparagus
szparagowy fasolka szparagowa runner bean
szparka stoma
szperać browse, **rummage** around/in/through, etc, sift; ~ (*gdzieś*) root about/around (sth)
szpetny unsightly
szpic wycięcie w ~ V-neck; w ~ V-necked
szpieg spy[1]
szpiegostwo espionage
szpiegować spy[2]; ~ *kogoś* spy on sb
szpiegowski siatka szpiegowska a spy **ring**[1]

szpik ~ (kostny) marrow; ~ kostny bone marrow
szpikulec spike
szpilka pin[1]; (*but*) stiletto
szpinak spinach
szpital hospital, infirmary; zatrzymywać *kogoś* (w szpitalu) keep sb in
szpon talon, claw[1]; czyjeś szpony sb's **clutch**[2]es
szprycha spoke[1]
szpulka reel[2]
szrapnel shrapnel
szron frost[1]
sztab ~ ekspertów think tank
sztaba bar[1]; złoto *l.* srebro w sztabach bullion
sztach drag[2], puff[2]
sztafeta relay[2]
sztafetowy bieg ~ relay[2]
sztaluga easel
sztampowy sztampowa odpowiedź **stock**[3] answer
sztancowanie die cutting
sztandarowy ~ produkt flagship
szterling funt ~ sterling
sztruks corduroy
sztruksy cords
sztubacki laddish
sztuczka trick[1], ploy; sztuczki wiles
sztucznie artificially
sztuczny artificial, fake[1], imitation, dummy[2], man-made, synthetic, false, phoney, affected; ~ uśmiech a **cheesy** grin; sztuczna inteligencja artificial intelligence; sztuczna szczęka dentures; sztuczne zapłodnienie artificial insemination; zrobić *komuś* sztuczne oddychanie give sb the **kiss**[2] of life
sztućce cutlery, silverware
sztuka art, drama, play[2]; (*artykuł*) article; ~ (mięsa) joint[2]; ~ kulinarna cookery; ~ ludowa **folk**[2] art; błąd w sztuce malpractice; być prawdziwym dziełem sztuki be a work of art; dzieło sztuki work of art; kultura i ~ the **arts**; wschodnia ~ walki martial art; za sztukę apiece; znający się na sztuce arty
sztuki ~ sceniczne *l.* rozrywkowe *l.* widowiskowe the performing arts
szturchać nudge, prod
szturchnięcie dig[2], nudge
szturm attack[1]
szturmować blast[2], storm[2]
sztych engraving
sztylet dagger
sztywnieć stiffen
sztywno stiffly, primly, rigidly
sztywność stiffness, rigidity, inflexibility
sztywny stiff[1], rigid, tense[1], stilted, prim, wiry
szubienica gallows; zginąć na szubienicy hang[1]
szufelka dustpan
szufla shovel
szuflada drawer
szukać search[1], look[1], seek; ~ *czegoś* be **after**[1] sth, grope for sth; ~ guza **ask** for it/trouble; ~ na *kogoś* haka dig the/up **dirt**[1] on sb; ~ po omacku scrabble about/around; ~ po omacku *l.* na oślep grope; ~ w search[1]; ~ w Google Google; ~ zapomnienia w *czymś* turn to sth
szukający ~ ucieczki escapist
szum hum, buzz[1], hype[1]; robić ~ wokół hype[2]
szumieć buzz[2], hum[1], drone[1], purr, ring[2]
szumowiny the **dregs** of society/humanity, scum
szurnięty bonkers
szwadron squadron; ~ śmierci death/firing/hit, etc **squad**
szwagier brother-in-law
szwagierka sister-in-law
szwank bez szwanku unharmed, unhurt, unscathed
szwankować play up, go[1]
szwindel fiddle[2]
szyb shaft, well[4]
szyba pane, windowpane, a **sheet** of glass; podwójne szyby double-glazing; przednia ~ windscreen
szyberdach sunroof
szybka visor
szybki fast[1], quick[1], speedy, swift; ~ ruch flick[2]; szybka droga (do *czegoś*) a fast **track**[1] (to sth); szybka wizyta a **flying** visit; szybkie dania fast food
szybko fast[2], quick[2], quickly, **early** on, speedily, swiftly; (*poganiając*) Come on!; ~ *kogoś* przewozić **race**[2] sb to/back, etc; ~ kapować be quick on the **uptake**
szybkościomierz speedometer
szybkość speed[1], rapidity; pełna ~ **full**[1] speed; przekraczać dozwoloną ~ **exceed** the speed limit; przekraczać ograniczenie szybkości be **speed**[2]ing; przekroczenie (dozwolonej) szybkości speeding; z szybkością at
szybkowar pressure cooker
szybować float[1], soar; ~ nad/koło/przez *itp.* **sail**[1] over/past/through, etc
szybowiec glider
szybownictwo gliding
szycie sewing; maszyna do szycia sewing machine
szyć sew, stitch[2]
szydełko robić na szydełku crochet
szydełkować crochet
szyderczy derisive, derisory
szyderstwo derision
szydzić ~ (z) jeer; ~ z taunt
szyfon chiffon
szyfr code, combination
szyfrować encrypt
szyfrowanie encryption
szyfrowany coded
szyicki Shiite
Szyit-a/ka Shiite, Shia
szyja neck; tkwić (w *czymś*) po szyję be up to your **neck** (in sth)
szyjka ~ macicy cervix; ~ słupka style; szyjki macicy cervical
szyk formation
szykować groom[1]; ~ się be in the **offing**, be on the **cards**; ~ się do *czegoś* be **out**[1] for sth; be out to do sth; ~ się/*kogoś* do *czegoś* gear (sb/sth) up; ~ się do zadania ostatecznego ciosu go/move in for the **kill**[2]; ~ się na *coś* *l.* do *czegoś* be **due**[1] for sth
szykowny sharp[1]
szyling shilling
szympans chimpanzee
szyna rail; szyny railway
szynka ham; mięso od szynki gammon
szyszka pinecone

Ś

ściana face[1], wall
ściąć behead; ~ *coś* chop sth down; → **ścinać**
ściągać (*na egzaminie*) cheat[1], lift[1]; (*pliki*) download; ~ *coś* **get**[1] sth down, peel sth off
ściągnięty pinched; forma ściągnięta contraction
ścieg stitch[1]
ściek sewage, sewer, drain[2]
ściemniać ~ (się) darken, dim[2]
ściemnieć deepen
ścienny malowidło ścienne mural
ścierać ~ *coś* wipe sth up, **wipe**[1] sth from/away/off, etc, mop sth up; ~ się clash[1]
ściereczka ~ do kurzu duster; ~ do naczyń dishcloth
ścierka cloth, rag; ~ do naczyń tea towel, dishtowel
ściernisko stubble
ścierny abrasive; papier ~ sandpaper
ścierpnąć have pins and needles
ścieśniać ~ (*kogoś*/się) bunch (sb/sth) together/up; ~ się huddle[1]
ścieżka path, track[1], trail[1], footpath, walk[2]; ~ (dźwiękowa) track[1]; ~ dźwiękowa soundtrack; kręta ~ a **winding** path
ścięgno tendon
ścigać pursue; ~ się race[2]
ścinać (*drzewo*) fell[1]; ~ (się) curdle; ~ *coś* cut sth down, shave sth off; → **ściąć**
ścinek clipping
ścisk crush[2]
ściskać squeeze[1], clench, clasp[1], clutch[1], grip[2], compress; ~ (się) squash[2]; (*tulić*) hug[1]; ~ (*kogoś*/się) bunch (sb/sth) together/up; ~ *coś* **clamp**[2] sth together
ściskanie compression
ścisłość exactness
ścisły exact[1], strict, close[2], tight[1]; licencjat nauk ścisłych Bachelor of Science
ściszać drop[1]; ~ *coś* turn sth down
ściśle closely, strictly; ~ mówiąc to be **precise**; ~ tajny top-secret
ślad trace[2], mark[1], imprint, trail[1], vestige; ~ (palca) print[2]; ~ (stopy) print[2]; ~ *czegoś* a **hint**[1] of sth; iść w *czyjeś* ślady follow in sb's **footsteps**; iść w ~ za innymi get/jump on the **bandwagon**; ślady

tracks; zniknąć bez śladu disappear/vanish into thin **air**[1]; zostawiać ślady na mark[2]

ślamazarny poky

śledczy investigative; oficer ~ detective

śledzić follow, shadow[2], keep **track**[1], stalk[1], tail[2], watch[1], track[2], trail[2]; (*działanie programu*) debug

śledztwo investigation; prowadzić ~ (w sprawie) investigate

śledź herring; (*namiotu*) peg[1]; ~ wędzony kipper

ślepo blindly; na ~ blindly

ślepota blindness

ślepy blind[1]; ~ zakręt a **blind**[1] corner/bend; być ślepym na *coś* be **blind**[1] to sth; ślep-a/e panika/wściekłość/zaufanie *itp.* **blind**[1] panic/rage/trust, etc; ślepa uliczka cul-de-sac, dead end; uczynić *kogoś* ślepym na *coś* **blind**[2] sb to sth

śliczny cute, lovely

ślimaczy w ślimaczym tempie at a **snail**'s pace

ślimak snail; (*morski*) conch; ~ (nagi) slug[1]

ślina saliva, spit[2], dribble; przełknąć ślinę gulp

śliniaczek bib

ślinianka salivary gland

ślinić ~ się dribble, drool, water[2]

śliski slippery

śliwka plum; suszona ~ prune[2]

ślizgacz speedboat

ślizgać ~ się **slide**[1] across/down/along, etc, **glide** along

ślub marriage, wedding; udzielać ślubu marry

ślubny bridal; stanąć na ślubnym kobiercu tie the **knot**[1]

śluz mucus

śluza lock[2]

śluzówka mucous membrane

śmiać ~ się laugh[1]; ~ się z *kogoś/czegoś* laugh at sb/sth; ~ się jak wariat/ka laugh your **head**[1] off; śmiejący się do łez in **stitch**[1]es

śmiałek daredevil

śmiało boldly; można ~ powiedzieć **safe**[1] to say

śmiałość boldness, daring

śmiały bold, daring, revealing; (zbyt) ~ forward[2]

śmiech laugh[2], laughter; ~ na sali LOL; kupa śmiechu hoot[1]; pękać ze śmiechu crack up; pokładający się ze śmiechu in **hysterics**, in **stitch**[1]es; powstrzymać się od śmiechu keep a straight **face**[1]; ryczeć ze śmiechu **hoot**[2] with laughter; wybuch śmiechu a **hoot**[1] of laughter; wybuchnąć śmiechem **burst**[1] into laughter/tears, etc, **burst**[1] out laughing, **dissolve** into laughter

śmieci garbage, litter[1], rubbish, trash[1]; kosz na śmieci bin, dustbin, garbage can, trash can, wastepaper basket, trash can, wastepaper basket

śmieciarz dustman, garbage collector, garbage man, scavenger

śmieć jak śmie/śmiesz *itp.* How **dare**[1] she/you, etc; nie ~ (*bać się*) daren't; → **śmieci**

śmiercionośny lethal

śmierć death, killing, loss; (nagła) ~ łóżeczkowa cot death, sudden infant death syndrome, SIDS; kara śmierci death penalty, capital punishment; kwestia życia lub śmierci a **matter**[1] of life and/or death; na ~ to **death**; na łożu śmierci on your **deathbed**; nieumyślne spowodowanie śmierci manslaughter; przestępstwo zagrożone karą śmierci a **capital**[2] crime/offence; szwadron śmierci death/firing/hit, etc **squad**; w celi śmierci on death row; wyrok / kara śmierci death sentence

śmierdzący smelly

śmierdzieć smell[1], stink[1], reek

śmiertelnie deathly, to **death**, fatally, mortally; ~ *kogoś* przestraszyć **scare**[1] the hell/life/living daylights, etc out of sb, scare/frighten the (living) **daylights** out of sb; ~ nudny/poważny *itp.* **deadly**[2] dull/serious, etc; ~ poważny deadpan; ~ przerażony/znudzony *itp.* frightened/bored, etc to **death**; ~ znudzony/przerażony/zmartwiony *itp.* bored/scared/worried, etc **stiff**[2]

śmiertelnik mortal[2]

śmiertelność mortality

śmiertelny deathly, mortal[1], fatal, lethal; ofiara śmiertelna fatality; śmierteln-e/y niebezpieczeństwo/strach/przerażenie *itp.* **mortal**[1] danger/fear/terror, etc

śmieszny funny, laughable, ludicrous, derisory; uważać, że *ktoś/coś* jest śmieszn-y/e **find**[1] sb/sth funny

śmieszyć amuse

śmietana cream[1]

śmietanka ~ *czegoś* the **cream**[1] of sth

śmietankowy serek ~ cream cheese

śmietniczka dustpan

śmietnik grzebać po śmietnikach scavenge

śmigać **zip**[2] along/around/past, etc; ~ przez **streak**[2] across/down/through, etc

śmigło propeller

śmigłowiec helicopter

śniadanie breakfast; ~ kontynentalne continental breakfast; drugie ~ packed lunch; jeść ~ breakfast; lekkie ~ continental breakfast; pokój ze śniadaniem bed and breakfast, B&B; tradycyjne angielskie ~ English breakfast; zakwaterowanie ze śniadaniem i kolacją half board

śniady swarthy

śnić dream[2]; ~ (na jawie) daydream; o którym się nawet nie śniło beyond your wildest **dream**[1]s

śnieg snow[1], snowfall; być zasypanym śniegiem be **snow**[2]ed in; deszcz ze śniegiem sleet; obfity / intensywny ~ **heavy** snow; opady / opad śniegu snowfall; pada ~ it **snow**[2]s; płatek śniegu snowflake; rozmokły / topniejący ~ slush; zacinający ~ **driving**[2] snow

śnieżka snowball[1]

śnieżny snowy

śnieżyca flurry, blizzard, snowstorm

śnieżynka snowflake

śpiący drowsy, sleepy; ~ głęboko **fast**[2] asleep; mocno ~ **sound**[4] asleep

śpiączka coma

śpieszyć ~ się rush[1]; zbytnio się ~ jump the **gun**[1]

śpiew singing, vocals

śpiewać sing; ~ na głosy harmonize

śpiewająco zdać (*coś*) ~ sail through (sth)

śpiewa-k/czka singer

śpiewka wciąż ta sama ~ the **same**[1] old story; zmienić śpiewkę change your **tune**[1]

śpiwór sleeping bag

śr. (*środa*) Wed

średni average[1], mean[2], medium[1], middle[2], regular[1]; klasa średnia middle class; kryzys wieku średniego mid-life crisis; prywatna szkoła średnia prep school; szkoła średnia high school; średnia długość życia life expectancy; w średnim wieku middle-aged; z / typowy dla klasy średniej middle-class

średnia average[2], mean[3]

średnica diameter

średnik semicolon

średnio on **average**[2]; ~ zaawansowany intermediate; osiągać / uzyskiwać / wynosić ~ average[3]

średniookresowy medium-term

średniowiecze the Middle Ages

średniowieczny mediaeval, medieval

środa Wednesday

środek (*wnętrze*) centre[1], the **middle**[1], the **inside**[1]; (*metoda*) measure[2]; ~ (przekazu) medium[2]; ~ *czegoś* the **heart** of sth; ~ antykoncepcyjny contraceptive; ~ ciężkości centre of gravity; ~ dezynfekujący / odkażający disinfectant; ~ konserwujący preservative; ~ myjący / czyszczący cleaner; ~ na komary insect/mosquito **repellent**[2]; ~ nocy/zimy the **dead**[3] of night/winter; ~ odkażający antiseptic; ~ odstraszający deterrent; ~ owadobójczy insecticide; ~ pobudzający stimulant; ~ przeciwbólowy painkiller; ~ tygodnia midweek; ~ uspokajający sedative, tranquilizer; ~ zapobiegawczy a **precaution**ary measure/step, precaution; ~ zimy midwinter; do środka in[2], inside[4], inward[2]; ku środkowi inward[2]; od środka within[2]; umieszczać na / w środku centre[2]; w ~ between[2]; w środku inside[4], within[2], between[2]

środki funding, means, resource; ~ (finansowe) finance[1]; ~ bezpieczeństwa security; ~ farmaceutyczne pharmaceuticals; ~ na *coś* the **wherewithal** to do sth; ~ (masowego) przekazu the media; ~ obrotowe current assets; ~ pieniężne monies; ~ trwałe fixed assets, capital assets; bez środków do życia destitute, down-and-out
środkowozachodni (*w USA*) Midwestern
środkowy central, middle[2], median; środkowa Anglia the Midlands; Środkowy Zachód (USA) the Midwest; na Środkowym Zachodzie Midwestern
środowisko surroundings, community, background, profession, **walk**[2] of life; ~ (naturalne) the **environment**; ~ akademickie academia; ~ gejów the gay **scene**; ~ graficzne graphical user interface, GUI; ~ naturalne habitat; dla środowiska environmentally; działacz/ka na rzecz ochrony środowiska environmentalist; przyjazny dla środowiska environmentally friendly, eco-friendly; środowiska environmental
śród- mid-
śródlądowy inland[1]
śródmiejski inner-city
śródmieście inner city
śródziemnomorski Mediterranean; kraje śródziemnomorskie the Mediterranean
śródziemny Morze Śródziemne the Mediterranean
śruba bolt[1], screw[1]
śrubokręt screwdriver
św. (*święty*) St
świadczenie ~ (dodatkowe) perk[1]; ~ dodatkowe fringe benefit; świadczenia państwowe **public**[1] services
świadczyć render; źle ~ o *kimś/czymś* reflect on sb/sth
świadectwo certificate, licence, report[1]; ~ urodzenia birth certificate; wystawiać znakomite ~ *komuś/czemuś* be a **tribute** to sb/sth
świadek witness[1], observer; (naoczny) ~ eyewitness; być świadkiem see, witness[2]; miejsce dla świadka the (witness) **stand**[2], witness box
świadomie consciously, knowingly
świadomość awareness, appreciation, consciousness, realization, recognition; ~ społeczna **public**[1] awareness; z pełną świadomością with your **eye**[1]s open
świadomy aware, calculated, -conscious, concerned, enlightened, informed, savvy; być świadomym *czegoś/że* be **conscious** of/that; świadom-a/y decyzja/wybór/wysiłek a **conscious** decision/choice/effort, etc
świat world[1]; *czyjś* ~ your **world**[1]; ~ akademicki academia; ~ mody couture; ~ przestępczy underworld; ~ roślin/zwierząt *itp.* the plant/animal, etc **world**[1]; ~ zewnętrzny the outside world; być złym na cały ~ be on the **warpath**; cały ~ the whole **world**[1]; jak jeszcze *kogoś* nie było na świecie before sb's **time**[1]; mieć pretensje do całego świata have a **chip**[1] on your shoulder; na cały ~ worldwide, internationally; na całym świecie worldwide, globally, internationally; to nie koniec świata not be the **end**[1] of the world; świata poza *kimś* nie widzieć dote on sb, think the **world**[1] of sb; Stary Świat the Old World; Trzeci Świat the Third World; za żadne skarby świata nie wouldn't be caught/seen **dead**[1]
światełko ~ w tunelu **light**[1] at the end of the tunnel
światło light[1], signal[1], stoplight, traffic light; (*perspektywa*) complexion; (*w komórce roślinnej*) lumen; ~ dzienne daylight; ~ księżyca moonlight; ~ ostrzegawcze beacon; ~ słoneczne sunlight; ~ świec candlelight; feeria świateł a **blaze**[2] of lights; oślepiające ~ **glaring** light, glare[1]; oświetlony światłem księżyca moonlit; rzucać ~ na illuminate; rzucać ~ na *coś* cast/shed **light**[1] on sth; snop światła a **shaft** of light; stawiać *kogoś/coś* w wątpliwym świetle **cast**[1] doubt on sb/sth; stawiać *kogoś/coś* w złym świetle reflect on sb/sth; światła lights; święto świateł Divali; tylne ~ tail light; w świetle *czegoś* in the **light**[1] of sth; wyciągnąć *coś* na ~ dzienne bring sth out into **the open**; wydobyć na ~ dzienne unearth; zielone ~ green light
światłowodowy technika światłowodowa fibre optics
światłowód optical fibre
światowy worldly, world[2], global, worldwide; światowej klasy world-class; światowej sławy world-famous; wojna światowa world war
świąteczny festive, celebratory; kartka świąteczna Christmas card
świątobliwy saintly
świątynia temple
świeca ~ zapłonowa spark plug; światło świec candlelight
świecący luminous
świecić shine[1], glow[2], beam[2]; ~ się shine[1]
świecki lay[2], secular
świeczka candle
świecznik candlestick
świergotać twitter
świerszcz cricket
świetlik (*okno*) skylight
świetlny sygnalizacja świetlna traffic light
świetlówka fluorescent
świetnie cool[4], super, thoroughly; (*brawo*) Well done.; ~ się spisać do an excellent **job**; ~ się bawić have a **ball**; ~ się dogadywać get on **famously** (with sb); ~ się rozumieć be on the same **wavelength**; (wciąż) ~ się trzymać be still going **strong**
świetność glory[1]
świetny cool[1], fine[1], grand[1], great, neat, nifty, super, to **die** for; mieć świetną orientację feel at **home**[1]; w świetnej formie in great **shape**[1]; w świetnym nastroju in high **spirit**[1]s
świeżo newly, freshly; ~ odkryty new-found
świeżość freshness; zachowywać ~ keep[1]
świeży crisp[1], fresh; na świeżym powietrzu in **the open**, open-air, outdoor, outdoors; świeże powietrze **fresh** air
święcić consecrate
święto holiday[1], extravaganza, fête, festival; ~ narodowe national holiday; ~ państwowe bank holiday, federal holiday; ~ świateł Divali; drugi dzień Świąt (Bożego Narodzenia) Boxing Day; Święto Dziękczynienia Thanksgiving; Święto Niepodległości Independence Day; Święto Niepodległości (Stanów Zjednoczonych) Fourth of July; Święta Xmas; Święta (Bożego Narodzenia) Christmas
świętokradztwo sacrilege
świętosz-ek/ka goody-goody, prude
świętość holiness; ~ życia/małżeństwa *itp.* the **sanctity** of life/marriage, etc
świętować ~ na całego push the **boat** out
świętowanie celebration
święt-y/a saint
święty holy, sacred, hallowed, sacrosanct; pismo święte scripture; święta prawda the **gospel** truth; świętej pamięci late; Trójca Święta the Trinity; Święty Mikołaj Father Christmas
świnia pig[1], swine
świnka piglet; (*choroba*) mumps; ~ morska guinea pig
świński dirty[1]
świństwo obscenity
świsnąć swish
świst whistle[2], swish
świstać whistle[1]
świstek slip[2]
świt dawn[1], daybreak; blady ~ the **crack**[2] of dawn
świta entourage
świtać dawn[2]; świta dawn/day **break**[1]s

T

t. (*tom*) vol
taa yeah
tabaka snuff[1]
tabela table[1]; przedstawić w tabeli tabulate
tabelaryzować tabulate
tablet ~ (graficzny) graphics tablet, tablet
tabletka pill, tablet; ~ (do ssania) lozenge; ~ nasenna sleeping pill

tablica board¹, blackboard, chalkboard, whiteboard, tablet; (*kosza*) backboard; (*tabela*) table¹; ~ (pamiątkowa) plaque; ~ (przyrządów) panel; ~ interaktywna whiteboard; ~ nagrobna tombstone; ~ nauki jazdy L-plate; ~ ogłoszeń bulletin board, noticeboard; ~ rejestracyjna number plate, license plate; ~ rozdzielcza dashboard; ~ wyników scoreboard
tabliczka (*czekolady*) bar¹; (*tablica*) tablet; ~ (pamiątkowa) plaque
taboret stool
tabu taboo
tabulator tab key
taca tray
tachać lug
tacka ~ na korespondencję przychodzącą in-tray; ~ na sprawy do załatwienia in-tray
taczka barrow, wheelbarrow
tafta taffeta
tajemnica secret², mystery¹, confidence, secrecy; być otoczonym tajemnicą be **shroud**²ed in mystery/secrecy; dotrzymać tajemnicy **keep**¹ a secret; mieć wstydliwie ukrywaną tajemnicę have a **skeleton** in the cupboard; owiany tajemnicą hush-hush; skrzętnie skrywana ~ a **well-kept** secret; trzymać *coś* w tajemnicy keep (sth) **quiet**¹; utrzymywać *coś* w tajemnicy keep sth back; utrzymywać *coś* w tajemnicy przed *kimś* keep sth from sb; w tajemnicy in **confidence**, in **secret**², covertly, secretly, secret¹; żadna ~ **common**¹ knowledge
tajemniczo mysteriously, secretively, coyly
tajemniczość aura tajemniczości mystique
tajemniczy mysterious, mystery², shadowy, secretive, coy
tajfun typhoon
tajny secret¹, clandestine, covert, undercover; ~ agent secret agent; ściśle ~ top-secret; tajne służby secret service
tak (*owszem*) yes, yep, aye; (*w ten sposób*) so¹, thus; ~ czy siak at any **rate**¹, in any **case**, in any **event**, ultimately; ~ dużo so much; ~ jak like³, **as** if/as though; ~ … jak as …. as; ~ jakby as if/as though; (to) ~ jak ja Same here.; ~ samo the **same**², likewise, ditto¹; ~ się składa, że as it **happens**; it so happens; byle ~ dalej so **far**¹ so good; dobrze mu/jej/ci ~! It serves her/him/you **right**²!; i ~ anyhow, anyway; i ~ dalej and **so**¹ on/forth, (and) that **sort**¹ of thing; jak ~ dalej pójdzie at this **rate**¹; myślę, że ~ I **guess**¹ so; że ~ powiem so to **speak**
taki such, so¹, this³, **ever** so/ever such a; ~ … że (aż) **such**…that; ~ a ~ so-and-so, such-and-such; ~ jak **such** as, like⁴; ~ owaki so-and-so; ~ sam the **same**¹; ~ sobie so-so; i inne takie and **whatnot**; jako ~ as **such**; nie ~ łatwy/nowy/oczywisty *itp.* not **exactly** easy/new/clear, etc; (wcale) nie ~ wspaniały (za jaki uchodzi) not all it's **crack**¹ed up to be; prawda jest taka, że the **fact** (of the matter) is; Takie jest życie. That's **life**.; wcale nie ~ duży/dobry/ciepły *itp.* not (all) **that**⁴ big/good/warm, etc; w takim razie in that **case**/in which case
takielunek rigging
taksiarz cabbie
taksonomia taxonomy
taksówka cab, taxi; postój taksówek taxi rank
taksówkarz cabbie
takt tact, discretion, grace¹; (*muzyki*) bar¹
taktownie tactfully
taktowny tactful, graceful
taktycznie tactically
taktyczny tactical
taktyka tactic
także also, too, as **well**²
talent talent, knack; talent do *czegoś* a **feel**² for sth
talerz plate; (*perkusji*) cymbal; latający ~ (*zabawka*) Frisbee; latający spodek /. ~ flying saucer
talia (*kart*) deck¹, pack²; (*pas*) waist, waistline, your **middle**¹, midriff
talizman talisman
talk talcum powder
talk-show talk show, chat show
Talmud the Talmud
talon coupon, token¹, voucher
tam there², over¹, behind², yonder, therein; ~ z powrotem **up**¹ and down, **back**¹ and forth, **backwards** and forwards, **to**³ and fro; bilet ~ i z powrotem return², round-trip ticket; chodzić ~ i z powrotem **pace**² about/up and down, etc; ileś ~ umpteen; podróż ~ i z powrotem round trip; tu i ~ **here** and there
tama dam; budować tamę na dam
tamagotchi Tamagotchi
tamburyn tambourine
tamci those
tampon tampon
tamte those
tamten that; lot/podróż *itp.* w tamtą stronę **outward**¹ flight/journey, etc; w tamtych czasach in those **days**
tance-rz/rka dancer; ~ stepując-y/a tap dancer
tandem tandem
tandetny tacky, tawdry, downmarket
tangens tangent
tango tango
tani cheap¹; ~ jak barszcz **dirt**² cheap; być tanim jak barszcz be a **snip**²; tani hotel a **budget** hotel; tania restauracja diner; tanim kosztem on a **shoestring**
taniec dance², dancing; ~ ludowy **folk**² dancing; szkoła tańca a dance **school**
taniej off¹
tanio cheaply, cheap², on a **shoestring**
tankować refuel; (*pić*) booze²
tankowiec tanker
tantiemy royalties
tańczyć dance¹; ~ (na pokaz) strut your **stuff**¹; ~ walca waltz²
tapeta wallpaper
tapetować wallpaper, paper²
tapicerka upholstery
tarantula tarantula
tarapaty bind², scrape², trouble¹; być w tarapatach be in a **fix**², be on the **rope**¹s; w tarapatach on the **rock**¹s; wybawić *kogoś* z tarapatów get/let sb off the **hook**¹
taras patio, terrace, stoop²
tarasować ~ *coś* block sth off
tarcia friction
tarcie friction
tarcza dial¹, face¹, shield¹
tarczyca thyroid
targ market¹, fair²; dobijać targu **strike**¹ a deal; pchli ~ flea market
targać ~ *kimś* gnaw at sb
targi trade fair, fair²
targować ~ się bargain², haggle
tarka grater
tarta flan, tart¹
tarty bułka tarta breadcrumbs
taryfa tariff; ~ celna tariff
tarzać ~ się wallow
tasak chopper, cleaver
tasiemka tape¹
tasować shuffle
taszczyć lug
taśma tape¹; ~ (bagażowa) carousel; ~ klejąca Scotch tape, Sellotape, tape¹; ~ magnetyczna **magnetic** tape; uchwycić *kogoś/coś* na taśmie (filmowej) *itp.* **capture**¹ sb/sth on camera/film, etc
taśmowy przenośnik ~ conveyor belt
tata dad, pop²
tatuaż tattoo
tatuować tattoo
tatuś daddy
tawerna tavern
tchawica windpipe, trachea
tchnąć ~ w *kogoś* nowe życie give sb a new **lease**¹ of life
tchórz coward; (*gryzoń*) ferret¹
tchórzliwy cowardly, spineless, wimpy
tchórzostwo cowardice
te these
teatr theatre, drama, the **stage**¹
teatralny theatrical
technicznie technologically
techniczny technical, technological, tech¹; szczegóły techniczne technicalities
technik engineer¹, technician, tech²
technika technique, technology, tech²
techno techno
techno- techno-
technologia technology, tech²; nowoczesnych technologii high-tech, hi-tech; ~ żywności food technology

technologicznie technologically, technically
technologiczny technological
teczka file[1], folder, portfolio; (szkolna) ~ satchel
tego thereof; Co z tego? So (what)?; (no i) co z tego? Who **care**[1]s?; do ~ stopnia, że inasmuch as; dosyć ~ that's **enough**[1]; → **ten**
tekst text, contents; (*piosenki*) lyrics; edytor tekstu word processor; (komputerowa) edycja tekstów word processing
tektoniczny tectonic
tektonika tectonics; ~ płyt plate tectonics
tel. tel
tele- tele-
telefon phone[1], telephone[1], phone call, call[2]; *czyjś* ~ domowy sb's **home**[3] phone number; ~ inteligentny (typu BlackBerry) BlackBerry; ~ komórkowy mobile phone, cellular phone, cell phone; ~ stacjonarny landline; ~ zaufania helpline; numer telefonu telephone number, phone number; odebrać ~ **get**[1] the phone; odpowiadać na telefony **field**[2] telephone calls; pod telefonem on the **phone**[1]; przez ~ on the **phone**[1]
telefoniczny dial-up; karta telefoniczna phone card; książka telefoniczna phone book, telephone directory; numer ~ telephone number, phone number; rozmowa telefoniczna phone call; sprzedaż telefoniczna telemarketing, telesales
telefonist-a/ka operator
telefonować ~ (do) phone[2], telephone[2]
telegazeta Teletext
telegraf telegraph
telegram telegram
telekomunikacja communications, telecommunications, telecoms
telekonferencja teleconference
telemarketing telemarketing, telesales
telenowela soap; ~ dokumentalna docusoap
telepać ~ się po *czymś* **bump**[1] along/over sth
telepatia telepathy
telepatyczny telepathic
telepraca telecommuting, teleworking
telepracownik telecommuter, teleworker
teleskop telescope
teleturniej game show, quiz[1]
telewidz viewer
telewizja television, TV, the **box**[1]; ~ kablowa cable (TV), cable[1]; ~ niezależna ITV; ~ przemysłowa closed-circuit television; ~ satelitarna satellite television; radio i ~ broadcasting
telewizor television, telly; ~ z płaskim ekranem flat-screen TV; leniuch tkwiący przed telewizorem couch potato
telewizyjny gra telewizyjna video game
temat subject[1], topic, theme, story; ~ muzyczny **theme** music/song/tune; ~ zastępczy red herring; czuły ~ **sore**[1] subject; drażliwy ~ **touchy** subject; mieć dobre/złe zdanie na ~ *kogoś/czegoś* have a high/low **opinion** of sb/sth; modny /. gorący ~ a **hot**[1] issue/topic; na ~ on[1], pertinent, to the **point**[1]; omijać ~ **evade** the issue; poruszyć ~ **raise**[1] a subject, **broach** a subject/topic; zbaczać z tematu digress, go off at/on a **tangent**; zejść z tematu **drop**[1] the subject; zrobić uwagę na ~ *czegoś* remark on/upon sth
tematyczny grupa tematyczna focus group
tematyka subject matter
temblak sling[1]
temperament temperament
temperatura temperature, heat[1]; *czyjaś* ~ sb's **temperature**; ~ topnienia melting point; ~ wrzenia/krzepnięcia/topnienia boiling/freezing/melting **point**[1]; ~ zapłonu flashpoint; mieć temperaturę have a **temperature**
temperówka pencil sharpener
tempo pace[1], rate[1], tempo; w ślimaczym tempie at a **snail**'s pace; w tym tempie at this **rate**[1]; zwolnione ~ slow motion; żółwie ~ crawl[2]
temu dawno ~ **long**[2] ago; dawno dawno ~ **once**[1] upon a time; dziesięć minut/sześć lat/dawno ~ ten minutes/six years/a long time **ago**; kilka dni ~ the other **day**; parę dni/tygodni *itp.* ~ the **other**[1] day/week, etc
ten that, one[2], that[1], the, this[1]; ~ *ktoś*/to *coś* sb/sth in **question**[1]; ~ drugi the latter; ~ kto whoever; ~ sam the **same**[1]; w ~ sposób thereby, thus; właśnie ~ very[2]
tendencja tendency, trend; ~ zwyżkowa upturn
tendencyjność bias
tendencyjny biased; pytanie tendencyjne loaded question
tenis tennis; ~ stołowy table tennis
tenisówka sneaker
tenor tenor
teologia theology; doktor nauk teologii Doctor of Divinity
teologiczny theological
teoretycznie theoretically, in **theory**
teoretyczny theoretical, academic[1]; czysto ~ academic[1]
teoretyk theorist
teoretyzować theorize
teoria theory, **school** of thought
terabajt terabyte
terakota terracotta
terapeut-a/ka therapist
terapeutyczny therapeutic
terapia therapy; ~ genowa gene therapy; ~ ruchowa physical therapy, physiotherapy
teraz now, at **present**[2], next[2], here, there[2]; ~ (jak) now[2]; od ~ **from** now on
teraźniejszość the **present**[2]
teraźniejszy czas ~ **present**[1] tense, the **present**[2]; czas ~ dokonany the present perfect
tercet trio
teren ground[1], site[1], lot, area, terrain, estate, compound[1], premises; ~ niezagospodarowany wasteland; ~ przemysłowy industrial estate, industrial park; ~ rekreacyjny fairground; ogrodzony ~ enclosure; przyległy ~ precincts; relacja z terenu roadshow; tereny grounds
terier terrier
termiczny thermal
termin deadline, date[1], term[1]; przed terminem **ahead** of schedule; wybrany ~ timing; zarezerwować ~ **make**[1] an appointment
terminal terminal[1]; ~ nieinteligentny dumb terminal
terminarz diary, personal organizer
terminologia terminology
termistor thermistor
termo- thermo-
termodynamika thermodynamics
termofor hot-water bottle
termometr thermometer
termoplastyczny thermoplastic
termos flask, Thermos; ~ (bufetowy) urn
termostat thermostat
termoutwardzalny thermosetting
terpentyna turpentine
terror rządy terroru **reign**[1] of terror
terroryst-a/ka terrorist
terroryzm terrorism
terroryzować terrorize
terytorialny territorial
terytorium territory
test test[1], quiz[1], trial; ~ rozumienia comprehension; poddać testowi alkomatem breathalyse; testy diagnostyczne **diagnostic** tests
testament will[2]; Nowy Testament the New Testament; Stary Testament the Old Testament
testosteron testosterone
testować test[2]
teściowa mother-in-law
teściowie in-laws
teść father-in-law
teza thesis
tezaurus thesaurus
też also, too, as **well**[2], ditto[1]; ~ (nie) either[3]; ~ nie neither[1]; ja ~ Same here.; ja/ty *itp.* ~ nie **nor** can I/nor do you, etc; my/ja/mój *itp.* ~ **so**[1] did we/so have I/so is mine, etc
tęcza rainbow
tęczówka iris
tęgi stout[1]
tępak clot[1], dummy[1]
tępić exterminate
tępienie extermination

tępo absently, blankly, dully, dumbly, vacantly

tępy dim[1], dumb, slow[1], thick[1], blunt[1], dull[1], vacant

tęskniący ~ za domem /. krajem homesick

tęsknić pine[2]; ~ do *czegoś* **long**[4] for sth; long to do sth; ~ za miss[1]

tęsknie wistfully, longingly

tęsknota longing, yearning; ~ za domem /. krajem homesickness; usychać z tęsknoty pine[2]

tęskny wistful

tętniący ~ życiem bustling, alive, vibrant

tętnica artery; ~ szyjna carotid artery

tętniczka arteriole

tętniczy arterial

tętnić ~ życiem be **hum**[1]ming

tętno heartbeat, pulse

tężec tetanus

tężeć set[1]

thriller thriller

thx THNQ

tie-break tie-break

tik twitch

tipi tepee

tj. (*to jest*) i.e.

tkać weave

tkanina cloth, fabric, fibre, textile; inteligentna ~ smart fibre

tkanka tissue; ~ *czegoś* the **fabric** of sth; ~ łączna connective tissue; ~ twórcza meristem

tknąć *ktoś* by muchy nie tknął **butter**[1] wouldn't melt in sb's mouth; (nawet) nie ~ *czegoś* not **touch**[1] sth; nie ~ *kogoś/czegoś* palcem not **touch**[1] sb/sth

tkwiący embedded

tkwić ~ (w *czymś*) po szyję be up to your **neck** (in sth); leniuch tkwiący przed telewizorem couch potato

tlen oxygen

tlenek oxide; ~ węgla carbon monoxide

tlenowy aerobic

tlić ~ się smoulder

tłamsić strangle

tło setting, background; ~ dla *kogoś/czegoś* a **foil**[1] for sb/sth; na tle religijnym (*walki*) sectarian

tłoczyć mint[2]; ~ się flock[2], throng[2], swarm[2]; ~ się (*gdzieś*) mill about/around (sth); ~ się (wokół *kogoś/czegoś*) crowd around/round (sb/sth)

tłok (*tłum*) overcrowding; (*w cylindrze*) piston

tłuc bludgeon, mash

tłum crowd[1], crush[2], mob[1], throng[1]

tłumacz/ka translator, interpreter

tłumaczenie translation; ~ (się) explaining

tłumaczyć explain, interpret, translate; ~ się plead

tłumić dampen, suppress, repress, muffle, deaden, dull[2]

tłumienie repression, suppression

tłumik muffler, silencer

tłumnie przybywać ~ flock[2]

tłumy ~ *kogoś* **legions** of sb

tłusty greasy, oily, fat[1], fleshy, fatty, rich

tłuszcz fat[2], grease[1]; ~ nasycony saturated fat; o niskiej zawartości tłuszczu low-fat; tłuszcze nasycone saturated fat

tłuszcza rabble

tłuszczowy adipose

to it, this[2], that[2]; (*więc*) so[2], then[1]; ~ (właśnie) it; ~ *coś* sth in **question**[1]; ~ *ktoś/coś* **it**'s sb/sth; ~ co so[1]; ~ cud, że ... it's a **wonder**[2] (that); To do niej/jego/ciebie podobne! She/he/you **would**!; ~ dobrze it's a good **thing**; ~ drugie the latter; ~ i owo **this**[2] and that; *coś* ~ nie pierwszyzna be no **stranger** to sth; To pech! Bad/Hard **luck**!; ~ wszystko **that**[2]'s it; ~ zależy it/that **depends**; ~ znaczy **that**[2] is (to say), I **mean**[1]; Jak to? How come?; mimo ~ **even**[2] so, nevertheless, all/just the **same**[1], still[1]; niech ~ (szlak)! **worse**[1] luck; No ~ co? So (what)?; pomimo ~ nonetheless

toaleta toilet, restroom, washroom, lavatory, cloakroom; ~ damska ladies' room, the ladies; ~ męska the gents, men's room; toalety publiczne **public**[1] toilets; skorzystać z toalety go to the **bathroom**

toaletka dressing table

toaletowy papier ~ toilet paper; przybory toaletowe toiletries; rolka papieru toaletowego toilet roll

toast toast[1]; wznosić ~ do/za toast[2]

tobą you

tobie you

tobogan toboggan

toczący ~ się ongoing

toczyć bowl[2]; (*walkę*) fight[1]; ~ beznadziejną walkę fight a losing **battle**[1]; ~ się **roll**[1] down/in/off, etc, flow[1]; ~ się/*coś* **roll**[1] (sth) across/around/over, etc, **trundle** (sth) along/down/up, etc; ~ spór feud

toffi toffee

tofu bean curd; tofu

toga gown, robe

tok ~ myśli **train**[1] of thought; być w toku be under **way**[1]; w toku ongoing, in **progress**[1], pending[2]

tokarka lathe

toksyczność toxicity

toksyczny toxic

toksyna toxin; ~ botulinowa Botox

tolerancja tolerance, toleration; zerowa ~ zero tolerance

tolerancyjny tolerant, liberal, open-minded, inclusive

tolerować tolerate

tom volume

ton tone[1], note[1]; być w dobrym tonie be in good **taste**[1]; być w złym tonie be in bad/poor **taste**[1]; w podobnym tonie in the same **vein**; złagodzić ~ *czegoś* tone sth down

tona ~ (brytyjska /. amerykańska) ton; ~ (metryczna) metric ton, tonne; ważyć tonę weigh a **ton**

tonacja key[1], pitch[2]

tonąć drown

toner toner

tonik tonic

top być na topie be the new rock 'n' roll

topić ~ (się) thaw, melt; ~ *coś* w *czymś* sink sth into sth; ~ się drown

topless (w stroju) ~ topless

topnieć thaw; (*znikać*) dwindle

topniejący ~ śnieg slush

topnienie temperatura /. punkt topnienia melting **point**[1]

topografia topography

topola poplar

toporek hatchet

topór axe[1]; zakopać ~ wojenny bury the **hatchet**

tor track[1], circuit, course, path; (*ruchu*) trajectory; (*kolejowy*) railway; (*sportowy*) lane, rink; ~ wyścigowy racecourse, racetrack

Tora the Torah

torba bag[1], pouch; ~ (na zakupy) tote bag; ~ (podróżna) carryall, holdall; (szkolna) ~ satchel; ~ na ramię shoulder bag

torbacz marsupial

torbiel cyst

torebeczka sachet

torebka bag[1], handbag, pocketbook, purse[1]; ~ herbaty teabag

torf peat

tornado tornado, twister

torpeda torpedo

tors torso

tort gateau

tortilla tortilla

tortura torture[2]

torturować torture[1]

torys Tory

tost toast[1]

toster toaster

tostować toast[2]

totalitarny totalitarian

totalitaryzm totalitarianism

totalizator ~ piłkarski the pools

totalny all-out, full-scale, out-and-out, wholesale

tournée tour[1]

towar commodity, merchandise, stock[1], freight, cargo; ~ eksportowy export[1]; ~ wybrakowany /. drugiego gatunku second[2]; towary goods, merchandise, wares; towary z przemytu contraband; wyładowywać ~ unload; zapas towaru stock[1]

towarowy bon ~ gift certificate; dom ~ department store; znak ~ trademark

towarzyski outgoing, sociable, social, gregarious; kronika towarzyska gossip column; spotkanie towarzyskie friendly[2]

towarzysko socially; udzielać się ~ socialize

towarzystwo society, company, companionship; dotrzymywać *komuś* towarzystwa keep sb **company**; stanowić miłe ~ be good **company**

towarzysz/ka comrade, companion
towarzyszący impreza towarzysząca sideshow; list ~ covering letter; osoba towarzysząca escort[1]
towarzyszyć accompany, escort[2], chaperone[2], shepherd[2]
tożsamość identity; dowód tożsamości identification, identity card, ID card, ID; ujawniać ~ identify
tracić lose, miss[1], forfeit; ~ *coś* z oczu lose **sight**[1] of sth; ~ energię /. siły run out of **steam**[1]; ~ głos lose your **voice**[1]; ~ głowę lose your **head**[1]; ~ kontakt lose **touch**[2]; ~ na popularności lose **ground**[1]; ~ na wadze lose **weight**; ~ na wartości depreciate; ~ powietrze deflate; ~ ważność expire; nie ~ głowy keep your **head**[1]
tradycja tradition; uświęcony tradycją time-honoured; z tradycjami well-established
tradycjonalista traditionalist
tradycyjnie customarily, traditionally
tradycyjny traditional, old-style, customary, orthodox, low-tech; poczta tradycyjna snail mail; tradycyjne angielskie śniadanie English breakfast
traf dziwnym trafem funnily/oddly/strangely **enough**[2]
trafiać ~ w pustkę fall on deaf **ears**
trafić catch[1], hit[1]; ~ do kosza bite the **dust**[1]; ~ na *coś/kogoś* happen on/upon sth/sb; ~ w czułe miejsce hit/touch a (raw) **nerve**; ~ w samo sedno hit the **nail**[1] on the head; ~ w siatkę net[3]; nie ~ (w/do) miss[1]
trafienie hit[2]
trafił na chybił ~ at **random**
trafnie aptly
trafny apt, pithy
tragedia tragedy
tragicznie tragically
tragiczny devastating, tragic
trajkotać gabble, natter
trakt być w trakcie *czegoś* be in the **middle**[1] of doing sth, be in the **process**[1] of doing sth; w trakcie under[1], during; w trakcie *czegoś* in the **midst** of sth
traktat treaty
traktor tractor
traktować treat[1]; ~ *coś* jako oczywiste take it for **grant**[1]ed; ~ *coś* serio be in **earnest**; ~ *coś* z przymrużeniem oka take sth with a pinch of **salt**[1]; ~ *kogoś/coś* look on sb/sth; ~ *kogoś/coś* poważnie take sb/sth **seriously**; ~ *kogoś* preferencyjnie give **preference** to sb; ~ *kogoś* surowo be **hard**[1] on sb; ~ *kogoś* z góry talk down to sb; ~ protekcjonalnie patronize; ~ razem bracket[2]; łagodniej ~ ease off/up; szorstko *kogoś* ~ be **short**[1] with sb
traktowanie treatment; preferencyjne ~ **preferential** treatment; szczególne ~ **special**[1] treatment
tramp tramp[1]
trampek trainer
trampolina diving board, trampoline
tramwaj tram, streetcar
trans- trans-; cross-
trans trance
transakcja transaction
transatlantycki transatlantic
transformacja transformation, movement
transformator transformer
transfuzja blood transfusion, transfusion
transgraniczny cross-border
transkrybować transcribe
transkrypcja transcription; ~ IPA /. międzynarodowa IPA
translokacja translocation
transmisja transmission, showing
transmitować broadcast[2], beam[2], relay[1]; ~ (w telewizji) televise
transmitowany broadcast
transparent banner, placard
transpiracja transpiration
transpirować transpire
transplantacja transplant
transplantować transplant
transport transport[1], transportation, transit, shipment
transporter carrier
transportować transport[2]; ~ drogą lotniczą airlift
transportowiec freighter
transwestyt-a/ka transvestite
tranzystor transistor
trap gangway
trapez trapezoid, trapezium
trasa route, itinerary, circuit, round[3]; ~ piesza walk[2]; na trasach krajowych cross-country
tratwa raft; ~ pneumatyczna dinghy
traumatyczny traumatic
trawa grass, turf[1]; hokej na trawie field hockey, hockey; wiązka trawy a **wisp** of grass
trawiasty grassy
trawić digest
trawienie digestion; ~ mechaniczne mechanical digestion
trawienny digestive; układ ~ digestive system
trawiony być trawionym *czymś* be **consume**d with/by sth
trawka dope[1]
trawler trawler
trawnik lawn
trąba trunk; ~ powietrzna tornado, twister, whirlwind[2]
trąbić blow[1], beep, honk, hoot[2], **toot** your horn
trąbienie toot
trąbka trumpet, bugle; ~ Eustachiusza Eustachian tube
trącać poke[1]
trącić ~ *czymś* smack of sth
trąd leprosy
trądzik acne
trefle **club**[1]s
treliaż trellis
trema jitters; mieć tremę have butterflies (in your stomach)
trencz trenchcoat
trend trend
trendy groovy
trener/ka coach[1], trainer; osobisty trener personal trainer
trening training, practice, workout
trenować train[2], practise, coach[2]
treser/ka trainer, handler
treść content[1], subject matter; spis treści contents
trębacz/ka trumpeter
trędowat-y/a leper
trias Triassic
triathlon triathlon
triceps triceps
trimaran trimaran
trio trio
triumf triumph[1], exultation
triumfalnie triumphantly
triumfalny triumphant
triumfować triumph[2], gloat
trochej trochee
trochę a **little**[3], a **bit**[1], somewhat, some[1], slightly; (choć) ~ any[2]; ~ *czegoś* a **little**[2] sth; ~ dalej along/down/up the **road**; ~ kosztować not come **cheap**[2]; ~ niemądry a **bit**[1] of a fool; ~ za wiele a **bit**[1] much; ani ~ **anywhere** near sth, not in the **slightest**, any[2], not in the **least**[1], **far**[1] from it; ani ~ jak **anything** like; ani ~ nie nowhere **near**[1]; ani ~ szczęśliwszy/biedniejszy/mądrzejszy *itp.* **none** the happier/poorer/wiser, etc; choć ~ **anywhere** near sth; choć ~ jak **anything** like
trociny sawdust
trofeum trophy
troić dwoić się i ~ pull out all the **stop**[2]s
trojaczek triplet
trojan trojan (horse)
trolejbus trolley
tron throne
trop footprint, tracks, lead[2], scent; być na *czyimś* tropie be **onto** sb; być na tropie *czegoś* be **onto** sth; zbić z tropu baffle, throw[1], disconcert, sidetrack
tropić track[2]
tropik the tropics
tropikalny tropical
tropizm tropism
troposfera the troposphere
troska care[2], concern[2]
troskliwie thoughtfully
troskliwość thoughtfulness
troskliwy thoughtful
troszczyć ~ się care[1]; ~ się o further[3]
trotyl trinitrotoluene; TNT
trój- tri-
trójbój triathlon
Trójca ~ Święta the Trinity
trójkami three **abreast**
trójkąt triangle; ~ prostokątny right-angled triangle; ~ równoboczny scalene triangle; ~ równoramienny isosceles triangle
trójkątny triangular
trójkołowy rower ~ tricycle
trójnóg tripod

Trójporozumienie the Triple Entente

Trójprzymierze the Triple Alliance

trójwymiarowy three-dimensional

trucht biec truchtem **trot**[1] down/up/along, etc

truchtać **trot**[1] down/up/along, etc

trucizna poison[1]

trud toil; *czyjś* ~ sb's **labours**; trudy *czegoś* the **rigours** of sth; z trudem at a **pinch**[2], at a **push**[2]; z trudem *coś zrobić* do sth by the **skin**[1] of your teeth; zadawać sobie trud, żeby *coś zrobić* be at **pain**[1]s to do sth; take pains to do sth

trudno too **bad**, oh **well**[3]; ~ *coś zrobić* be **hard-pressed** to do sth; ~ by znaleźć coś lepszego take a lot of/some, etc **beat**[1]ing; ~ się dziwić understandably; ~ uwierzyć, że incredibly; choć ~ w to uwierzyć **believe** it or not

trudność difficulty, hardship; borykać się z trudnościami flounder; mieć trudności **have**[3] difficulty; początkowe trudności teething problems/troubles; trudności hardship, trouble[1]; z trudnością heavily

trudny difficult, hard[1], severe, tough, heavy, **heavy** going, rough[1], tricky, thorny, bumpy, perplexing, prickly; ~ do oszacowania incalculable; ~ do pogryzienia chewy; ~ do przełknięcia unpalatable; ~ okres a bad/rough, etc **patch**[1]; być dla *kogoś* trudnym be **hard**[1] on sb; być trudnym be an **effort**; być za trudnym dla *kogoś* go over sb's **head**[1]; mieć trudne zadanie have your **work**[2] cut out; piekielnie ~ fiendish; stanowić trudną próbę be **hard**[1] on sth; trudn-a/y chwila/problem/sytuacja *itp.* a **sticky** moment/problem/situation, etc; trudna kwestia **vexed** question/issue, etc; trudna sytuacja adversity, predicament; trudne położenie **bind**[2]; w trudnej sytuacji disadvantaged; w trudnym położeniu hard-pressed

trudzić ~ się toil

trufla truffle

trujący noxious, poisonous, toxic; substancja trująca toxin

trumna coffin, casket; gwóźdź do trumny the final **nail**[1] in the coffin

trup paść trupem drop **dead**[1]; żywy ~ zombie

trupa troupe

truskawka strawberry

trwać continue, go on, last[4], run[1]; ~ już enter; ~ przy *kimś* stick by sb; ~ przy swoim stand your **ground**[1]; uporczywie ~ przy *czymś* cling to sth

trwający ongoing

trwale permanently

trwała perm; zrobić trwałą perm

trwałość permanence, durability, life, shelf life; o przedłużonej trwałości long-life

trwały lasting, indelible, enduring, permanent, stable[1], durable, strong

trwanie czas trwania duration

trwoga trepidation

trwonić squander, waste[2]; ~ *coś* idle sth away, fritter sth away

tryb mode; (*gramatyczny*) mood; ~ łączący subjunctive; ~ oznajmujący indicative[2]; ~ wsadowy batch processing; w trybie łączącym subjunctive

trybuna platform, stand[2]; ~ (główna) grandstand; trybuny stojące the terraces

trybunał tribunal

trygonometria trigonometry

trylogia trilogy

trymestr trimester

trypsyna trypsin

tryskać gush[1], **pour** out/from, spout[2], spurt[1], squirt, exude, ooze

tryskający ~ energią exuberant

tryt tritium

trywializować trivialize

trywialny trivial

trzask click[2], crack[2], crash[1], snap[2], crackle; odejść z trzaskiem go out with a **bang**[1]; otwierać/zamykać się/*coś* z trzaskiem **snap**[1] (sth) open/shut

trzaskać slam, click[1], crack[1], crackle

trzasnąć bang[2], clap[1], crash[2]

trzaśnięcie slam

trząść ~ (się) jiggle, shake[1], wobble; ~ się shiver, throb, tremble; ~ się nad *kimś* make a **fuss**[1] of/over sb

trzcina cane[1], reed

trzeba ~ *kogoś* pochwalić (za to, że) … to sb's **credit**[1]; ~ przyznać, że … to sb's **credit**[1]; ~ to *komuś* oddać you have to **hand**[2] it to sb; ~ zacząć (wszystko) od początku back to the drawing board; porozmawiać z kim ~ pull **string**[1]s

trzeci third[1]; ~ sektor the tertiary sector; (jedna) trzecia third[2]; osoba trzecia third party; po trzecie thirdly; podnosić do trzeciej potęgi cube[2]; student/ka trzeciego roku junior[2]; trzecia część third[2]; trzecia osoba the third person; trzecia potęga *czegoś* the **cube**[1] of sth; Trzeci Świat the Third World; ucze-ń/nnica trzeciej klasy liceum junior[2]; w jednej trzeciej a third of the **way**[1]

trzeciorzędny third-rate

trzeć rub[1], grate[1]

trzepaczka ~ (do piany) whisk[2]

trzepnąć swat

trzepot flutter[2]

trzepotać flutter[1], **flutter**[1] about/around/down, etc, flap[2]

trzeźwo soberly

trzeźwy sober[1], down-to-earth, hard-headed, hard-nosed

trzęsawisko quagmire

trzęsący bumpy; ~ się shaky; iść na trzęsących nogach **teeter** about/across/around, etc

trzęsienie ~ ziemi earthquake, quake[1]

trzmiel bumblebee

trzoda ~ (chlewna) swine

trzon nucleus, hard core

trzonek shaft

trzustka pancreas

trzy three; wtrącać swoje ~ grosze stick/put your **oar** in

trzydziestka mieć po trzydziestce be in your thirties

trzydziesty thirtieth; lata trzydzieste the thirties

trzydzieści thirty

trzygwiazdkowy ~ three-star

trzykrotnie zwiększać (się) ~ treble, triple[2]

trzymać hold[1], keep[1], save[1]; ~ (w ręku) wield; ~ *kogoś/coś gdzieś* **keep**[1] sb/sth in/inside, etc; ~ *coś* **keep**[1] sth in/on, etc; ~ *coś* w tajemnicy keep (sth) **quiet**[1]; ~ *kogoś/coś* pen sb/sth in/up; ~ *kogoś/coś* w ryzach keep a tight **rein** on sb/sth; ~ *kogoś* jako zakładnika take/hold sb **hostage**; ~ formę keep in **shape**[1]; ~ kciuki keep your **finger**[1]s crossed; ~ się hang on, hold on; ~ się *czegoś* keep to sth, adhere to sth, hold onto/on to sth; ~ się *czegoś/kogoś* hold onto sth/sb; ~ się (blisko) hug[1]; ~ się kurczowo cling; ~ się *czegoś* kurczowo cling (on) to sth, clutch at sth; ~ się *kogoś* stick with sb; ~ się razem stick together; ~ się ścieżki/drogi *itp.* **follow** a path/road, etc; ~ się z dala *l.* daleka od *czegoś* keep off sth; ~ się z daleka keep out; ~ się za ręce hold **hand**[1]s; ~ się/*kogoś/coś* z dala *l.* daleka keep (sb/sth) away; ~ w dłoniach cup[2]; ~ (za) *coś* hold/grip, etc **onto** sth; nie ~ *kogoś* dłużej w niepewności put sb out of their **misery**; nie ~ się kupy be a **shambles**; (wciąż) świetnie się ~ be still going **strong**; Trzymaj się! Take **care**[2]!

trzynasty thirteenth

trzynaście thirteen

t-shirt tee shirt, T-shirt

tu here, about[2], around, round[2], over[1]; ~ i ówdzie **here** and there; ~ i tam **here** and there

tuba tuba

tubka tube

tubylczy native[1]

tubylec native[2]

tuczący fattening, rich

tuczyć fatten

tukan toucan

tulić cradle[2]; ~ *coś*/się **nestle** (sth) against/in/on, etc; ~ się **snuggle** up/down/into, etc

tulipan tulip

tułów trunk, thorax

tuman wally

tunel tunnel[1], underpass; światełko w tunelu **light**[1] at the end of the tunnel; wykopać ~ **dig**[1] a tunnel

tunika tunic

tuńczyk tuna

tupać stamp[2], stomp

tupecik toupee
tupet nerve
tura sitting
turban turban
turbina turbine; ~ wiatrowa wind turbine
turbulencja turbulence
turecki siedzieć po turecku sit **cross-legged**
turkusowy turquoise; (kolor) ~ turquoise
turniej tournament
turyst-a/ka tourist, sightseer, traveller; ~ (piesz-y/a) backpacker, hiker, rambler
turystyczny atrakcje turystyczne the **sight**[1]s
turystyka tourism; ~ piesza backpacking, hiking
tusz ink; ~ do rzęs mascara
tutaj here, around, behind[2]
tuzin dozen
tuż ~ przed/ponad/poniżej *itp.* **just**[1] before/over/under, etc; ~ przed/po *czymś* **shortly** after/before sth
twardnieć harden, toughen
twardo na ~ hard-boiled
twardówka sclera
twardy hard[1], tough, firm[1], rugged, hardcore; ~ dysk hard disk, hard drive; książka w twardej oprawie hardback; narkotyki twarde hard drugs; twarda waluta hard currency; twarde stanowisko hard line
twarożek cottage cheese
twarz face[1]; *komuś* ~ się rozpromienia sb's **face**[1] lights up; (do) twarzy facial; być do twarzy flatter; leżący twarzą w dół prostrate; mieć na twarzy wear[1]; nieobecny wyraz twarzy a **faraway** expression; odwracać ~ **avert** your face; pełna ~ a **full**[1] face/figure; płyn do mycia twarzy cleanser; prosto w ~ to sb's **face**[1]; stać twarzą do face[2]; stracić/zachować ~ lose/save **face**[1]; twarzą w ~ face-to-face, head on; ukryć ~ w *czymś* **bury** your face/head in sth; z kamienną twarzą poker-faced
tweed tweed
twierdza bastion
twierdzący affirmative
twierdzenie claim[2], assertion, contention, proposition, theorem; ~ Pitagorasa Pythagoras' theorem; zaryzykowałbym ~ (że) I **dare**[1] say
twierdzić assert, profess, claim; można twierdzić, że It is **arguable** that
tworzenie creation; ~ się formation
tworzyć create, form[2]; ~ podstawy *czegoś* lay the **foundation**(s) for/of sth; ~ się form[2]
twój your, yours
twór formation
twór-ca/czyni creator, originator
twórczo creatively
twórczy creative, imaginative
ty you
tyczka skok o tyczce pole vault
tydzień week; ~ (roboczy) the **week**; co ~ weekly, any **given**[1] week; co drugi ~ **alternate**[1] weeks; dwa tygodnie fortnight; (odbywający się) co dwa tygodnie fortnightly; środek *l.* połowa tygodnia **midweek**; w połowie tygodnia midweek; w przyszłym tygodniu **next**[1] week; w tygodniu midweek; w weekend za dwa tygodnie/za dwa tygodnie/w czwartek za dwa tygodnie *itp.* the weekend/ week/Thursday, etc after **next**[4]
tygiel melting pot
tygrys tiger
tykać tick[2]
tykanie tick[1]
tyle ~ ... co **as** .... as; ~ jest wart ... **so**[1] much for...; na ~ na ile insofar as; tylko ~ only **so**[1] much/many
tylko only[1], just[1], alone, but[3], merely, possibly, simply; ~ nie but[2]; ~ tyle only **so**[1] much/many; ~ że the **thing** is, only[3]; być ~ człowiekiem be only **human**[1]; co ~ chcesz you **name**[2] it; gdy ~ as **soon** as, no **soon**er ... than, immediately[2]; gdy ~ (jest to) możliwe **wherever**[1] possible; gdzie ~ wherever[1]; jak ~ as **soon** as, no **soon**er ... than, once[2], whenever; (zaraz) jak ~ the **moment** (that), the **minute**[1] (that); kiedy ~ whenever; nie ~ ... ale (jeszcze) not **only**[1] ... (but) also; pozostaje ~ *coś* be a **case** of doing sth; to ~ kwestia czasu it's only a **matter**[1] of time
tylny back[4], rear; tylna łapa/noga a **hind** foot/leg; tylne ławy poselskie the backbenches; tylne światło tail light
tył back[2], the **rear**[1]; być do tyłu be out of **pocket**[1]; do przodu i do tyłu **to**[3] and fro; do tyłu round[2], back[1], backward, backwards, behind[2]; nie pozostawać w tyle get/jump on the **bandwagon**; od tyłu backwards, behind[2]; pochylać się/przechylać *coś* do tyłu **lean**[1] (sth) back; pozostawać w tyle za *kimś/czymś* lag behind (sb/ sth); tyłem do siebie back-to-back; tyłem do przodu **back**[2] to front; z tyłu back[1], behind, in **back**[2] of, in the **background**; zachodzić *kogoś* od tyłu creep up on sb; zostawać w tyle fall behind
tyłek ass, backside, butt[1]
tym ~ razem for **once**[1]; ~ samym thus; i ~ podobne (and) that **sort**[1] of thing, and the **like**[4]; im ... ~ ... the; im większy/jaśniejszy/cieplejszy *itp.* ~ lepiej the bigger/brighter/hotter, etc the **better**[1]; po ~ jak after[1]; poza ~ besides[2], moreover, **other**[1] than that, otherwise[1]; przy ~ in the **process**[1]; rzecz w tym, że the **fact** (of the matter) is; w ~ including; w ~ czasie in the **meantime**, meanwhile; w ~ samym czasie at the same **time**[1]; → **ten**
tymczasem in the **meantime**, meanwhile, in the **interim**[2]
tymczasowo provisionally, temporarily
tymczasowy interim[1], temporary, provisional; pracować jako tymczasowa pomoc biurowa temp; tymczasowa pomoc biurowa temp
tymianek thyme
tynkować plaster[2]
typ type[1]; (*w biologii*) phylum; ~ (człowieka) character; nie być w *czyimś* typie not be sb's **type**[1]
typek ciemny ~ baddie
typowany być typowanym jako *ktoś*/do *czegoś* be **tip**[2]ped as/to do/for sth
typowo typically
typowy typical, representative[2]; ~ dla like[1]; być typowym dla typify
tyran tyrant
tyrania tyranny
tyrański oppressive, tyrannical
tyroksyna thyroxine
tyrystor thyristor
tysiąc thousand; ~ miliardów trillion; tysiące **thousand**s
tysiąclecie millennium
tysięczny thousandth[1]; (jedna) tysięczna thousandth[2]; tysięczna część thousandth[2]
tytoń tobacco
tytuł title; ~ własności tenure; bronić tytułu (mistrzowskiego) **defend** a championship/title; obroń-ca/czyni tytułu reigning champion; otrzymać ~ szlachecki be **knight**[2]ed; posiadacz/ka *l.* obroń-ca/czyni tytułu title-holder
tytułowy eponymous; rola tytułowa title role
tzn. i.e.

U

uaktualniać update[1]
uaktualnienie update[2]
ubarwiać embroider, dramatize; ~ *coś* spice sth up
ubarwienie pigmentation
ubezpieczać insure
ubezpieczenie insurance, coverage, cover[2], indemnity; ~ na życie life insurance; Narodowy System Ubezpieczeń Społecznych National Insurance; ubezpieczenia społeczne social security
ubezpieczeniowy agent ~ an insurance **broker**[1]
ubić slaughter[1]
ubiegać ~ się compete; ~ się o seek; ~ się o *coś* go for sth
ubierać clothe; ~ się dress[1], wrap up; ładnie *l.* elegancko się ~ dress up
ubijać beat[1], whisk[1], whip[2]; ~ (na masło) churn[1]; ~ interes **strike**[1] a deal
ubikacja toilet, loo; iść do ubikacji go to the **bathroom**
ubliżać abuse[2]
uboczny incidental, extraneous; działanie uboczne side effect; produkt ~ by-product, spin-off; skutek *l.* efekt ~ side effect
ubogi needy, poor, underprivileged,

deprived; być ubogim w *coś* be **poor** in sth
ubolewać regret[1]; ~ (nad) lament; ~ nad deplore
ubolewanie godny ubolewania deplorable, regrettable
U-Boot (*niemiecki okręt podwodny*) U-boat
ubój ~ selektywny cull; przeprowadzać ~ selektywny cull
ubóstwiać idolize
ubóstwo poverty
ubóść gore[2]
ubranie dress[2], clothes; ~ na zmianę a **change**[2] of clothes; zmiana ubrania a **change**[2] of clothes
ubrany clothed, decent; dobrze ~ well-dressed; skąpo ~ **scantily** clad/dressed
ubytek cavity
ucho ear; ~ (igielne) eye[1]; ból ucha earache; być zakochanym po uszy be **madly** in love; mieć do *czegoś* ~ have an **ear** for sth; nie wierzyć własnym oczom/uszom not **believe** your eyes/ears; płatek ucha earlobe; puścić *coś* mimo uszu let sth **pass**[1]; wpadający w ~ catchy
uchodzić ~ za *coś/kogoś* pass as/for sth/sb; **→ ujść**
uchodźca refugee, asylum seeker; obóz uchodźców a refugee **camp**[1]
uchwalać enact; ~ ustawę/wniosek **pass**[1] a law/motion
uchwalenie enactment
uchwycić capture[1]; ~ *kogoś/coś* na taśmie (filmowej) *itp.* **capture**[1] sb/sth on camera/film, etc
uchwyt grasp[2], grip[1], handle[2], cradle
uchylać override, repeal, revoke; ~ (decyzję) overrule; ~ się duck[2]
uchylanie ~ się avoidance, evasion, evasiveness
uchylony ajar
uciąć (*ukąsić*) sting[1]
uciążliwy onerous
ucichnąć blow over
uciec get away, break out; nie ~ be/get caught
uciecha amusement
ucieczka escape[2], retreat[2], getaway, defection, breakout, escapism; rzucić się do ucieczki make a **run**[2] for it; szukający ucieczki escapist
uciekać run away, run off, escape[1], defect[2], elope, fly[1], **scurry** away, elude; ~ (z) flee; ~ się do *czegoś* resort to sth/doing sth, fall back on sth; ~ z pamięci elude
uciekanie ~ się recourse
uciekinier/ka fugitive, runaway[2]
ucieleśnienie ~ *czegoś* the **incarnation** of sth
uciemiężony oppressed
ucierać grate[1]
ucierpieć nie ~ not come to any **harm**[1]; wcale nie ~ z powodu *czegoś* be none the **worse**[1] for sth
ucieszyć ~ *kogoś* make sb's **day**
ucisk pressure[1], oppression; oparty na ucisku oppressive
uciskać oppress
uciskowy opaska uciskowa tourniquet
uciszać silence[2], quieten, hush[3]
uciszyć ~ się pipe down; ~ się/*kogoś* shut (sb) up; ~ się/*kogoś/coś* quieten (sb/sth) down
uciułać ~ *coś* scrape sth together
uczący ~ się learner
uczcić ~ pamięć (zmarłe-go/j) pay your **respect**[1]s
uczciwie honestly, **fair**[3] and square; postępować ~ play **fair**[3]
uczciwość honesty, fair **play**[2]
uczciwy honest, fair[1], above board, clean[1], scrupulous, upright[2]
uczelnia school
uczenie teaching; ~ się learning
ucze-ń/nnica learner, pupil, student, schoolchild, disciple; ~ trzeciej klasy liceum junior[2]; uczennica schoolgirl; uczeń schoolboy
uczesać ~ się **do**[2] your hair
uczestnictwo participation
uczestniczyć participate; ~ (w *czymś*) take **part**[1] (in sth)
uczestni-k/czka contestant, entrant, participant, qualifier, starter; ~ dyskusji panellist; ~ kampanii campaigner; ~ rozruchów *l.* zamieszek rioter
uczęszczać ~ do szkoły/kościoła *itp.* **attend** a church/school, etc; ~ na attend
uczon-y/a scholar
uczony scholarly, learned
uczta feast[1]
uczucie affection, emotion, feeling, sensation; ~ pustki a sense of **loss**; ~ szczęścia/dumy *itp.* a **glow**[1] of happiness/pride, etc; darzyć uczuciem care[1]; manifestacja uczucia a **display**[1] of affection; mieszane uczucia **mixed** feelings, ambivalence; pozbawiać uczuć harden; pozbywać się uczuć harden; uczucia feelings; z mieszanymi uczuciami ambivalent; zranić *czyjeś* uczucia hurt sb's **feelings**
uczuciowo emotionally
uczuciowy emotional, intense
uczulenie allergy
uczuleniowy allergic
uczulony allergic
uczyć educate, teach, tutor; ~ pokory humble[2]; ~ się study[1], learn, learn the **rope**[1]s; ~ się *czegoś* na pamięć learn sth by **heart**; ~ się na błędach do/learn sth the **hard**[1] way
uczynek deed; na gorącym uczynku (jak ...) in the **act**[2] (of doing sth); złapać *kogoś* na gorącym uczynku catch sb **red-handed**
uczynić ~ wszystko, co w *czyjejś* mocy do everything in your **power**[1] to do sth, do/try your **best**[3]; ~ zadość sprawiedliwości bring sb to **justice**; ~ znak gesture[2]
uczynny accommodating
udać ~ się work[1], **work**[1] out well, pan out, succeed, make the **grade**[1]; jeśli (to) się nie uda **failing**[2] that; nie ~ się fail[1], fall through, **work**[1] out badly; **→ udawać**
udany successful
udar stroke[1]; ~ słoneczny sunstroke
udaremnić defeat[1], foil[2], frustrate
udawacz/ka fake[2], phoney[2]
udawać fake[3], feign, pretend; ~ *coś* put sth on, make out sth; ~ się (*iść*) retire; ~ się *gdzieś* **retreat**[1] to/into, etc; **→ udać**
udawany mock[2], phoney
uderzać strike[1], beat[1], putt, thump; ~ *kogoś* jako *coś* **strike**[1] sb as sth; ~ (*czymś*) o/w *itp.* **dash**[1] (sth) against/on, etc; ~ w (struny) pluck; **→ uderzyć**
uderzająco ~ piękny striking
uderzający striking
uderzenie blow[2], strike[2], impact[1], hit[2]stroke[1], knock[2], bang[1], bash[2], chop[2], slap[2], thump; ~ kończące (*w golfie*) putt; ~ z główki a head **butt**[1]
uderzyć hit[1], slap[1], smack[1]; ~ (pięścią) punch[1]; ~ (się) bump[1]; ~ *czymś* o/w *itp.* **smack**[1] sth against/onto/down, etc; ~ *komuś* do głowy go to your **head**[1]; ~ się w palec (u nogi) **stub**[2] your toe; ~ w hit[1]; ~ z główki butt[2]; ~ z woleja volley[2]; **→ uderzać**
udo thigh; mięsień (dwugłowy) uda hamstring[1]
udobruchać placate
udomowiony domesticated
udoskonalać refine; ~ *coś* improve on sth
udoskonalenie refinement
udoskonalony refined
udostępnianie ~ plików file sharing
udostępniony ~ (dla zwiedzających) on **display**[1]
udowodnić prove; dający się ~ demonstrable
udowodniony proven
udręczony anguished, harassed
udręka anguish, torment[2]
uduchowiony soulful
udusić smother, strangle; ~ (się) suffocate; ~ się be **asphyxiated**; **→ dusić**
uduszenie asphyxiation, suffocation
udział (*uczestnictwo*) implication, involvement, interest[1], participation; (*działka*) share[2], stake[1], cut[2], holding, equity; brać ~ (w *czymś*) take **part**[1] (in sth); brać ~ w enter; brać ~ w marszu protestacyjnym march[2]; brać ~ w rozruchach *l.* zamieszkach riot[2]; program z (telefonicznym) udziałem widzów *l.* słuchaczy phone-in
udziałowiec shareholder, stakeholder
udziec leg
udzielać administer, grant[1], render; ~ *czegoś komuś/czemuś* lend sth to sb/sth; ~ gwarancji na guarantee[1]; ~ nagany censure, reprimand; ~

pierwszeństwa (przejazdu) yield[1]; ~ poparcia sanction[2]; ~ schronienia shelter[2]; ~ się rub off; ~ się towarzysko socialize; ~ ślubu marry; ~ zezwolenia license; ~ zgody na sanction[2]

udźwignąć carry

UE the EU

ufać trust[1]; ~, że *ktoś coś zrobi* **trust**[1] sb to do sth; nie ~ distrust, mistrust, suspect[2]

uff phew, whew

ufny trusting

UFO UFO

uformować craft[2]

ugasić douse; ~ *coś* put sth out; ~ pragnienie **quench** your thirst

ugiąć ~ się cave in; ~ się pod *czymś* pod wpływem *kogoś* bow to sth/sb; ~ się przed appease; ~ się przed *kimś/czymś* pander to sb/sth

ugięcie diffraction

uginać diffract; ~ się buckle[2], sag, weaken; ~ się od *czegoś* /. pod ciężarem *czegoś* be **laden** with sth; ~ się pod ciężarem *czegoś* be weighed down by/with sth

ugładzony slick

ugłaskany tame[1]

ugodzić ~ (nożem) stab[1]; (szczególnie dotkliwie) ~ w clobber

ugościć ~ *kogoś* put sb up

ugrupowanie grouping

ugryzienie bite[2]

ugrzeczniony smooth[1]

uhonorować honour[2]

ujadać yap

ujarzmiać subdue

ujawniać disclose, expose, break[1], leak[1], reveal, release[1], uncover, unveil; ~ *coś* bring sth to **light**[1], make sth **public**[1], throw sth up; ~ swoją orientację seksualną come out, out[2]; ~ tożsamość identify

ujawnienie disclosure, exposure; (publiczne) ~ swojej orientacji seksualnej outing

ujawniony być ujawnionym come out

ująć apprehend, catch[1]; (ponownie) ~ recapture; → **ujmować**

ujednolicać standardize

ujednolicenie standardization

ujemnie negatively

ujemny negative[1], sub-zero; z ujemnym saldem in the **red**[2]

ujęcie inclusion

ujędrniać tone[2]

ujma ~ dla *kogoś/czegoś* a **reflection** on sb/sth

ujmować include, put; ~ *kogoś* endear sb to sb; ~ się za *czymś/kimś* stand up for sth/sb; → **ująć**

ujmujący endearing, engaging

ujrzeć behold; ~ *kogoś/coś* (po raz pierwszy) lay/set **eye**[1]s on sb/sth; ~ przelotnie glimpse

ujście outlet; ~ (rzeki) estuary; ~ rzeki **mouth** of a river

ujść ~ *komuś* na sucho get away with sth, get off **lightly**; → **uchodzić**

UK UK

ukamienować stone[2]

ukarać book[2]; ~ (żółtą kartką) book[2]

ukartować contrive

ukazanie ~ się appearance

ukazywać ~ się appear, come out

ukąsić sting[1]

ukąszenie sting[2], bite[2]

UKF FM

ukierunkowanie direction

uklęknąć kneel

układ (*umowa*) deal[1], pact; (*kompozycja*) composition, set-up, routine[1]; (*system*) system; ~ immunologiczny /. odpornościowy immune system; ~ kierowniczy steering; ~ krążenia circulatory system; ~ miejsc siedzących seating; ~ nerwowy nervous system; ~ pokarmowy alimentary canal; ~ scalony integrated circuit; ~ słoneczny the solar system; ~ trawienny digestive system; ~ typograficzny typography; ~ włókien the **grain**; ośrodkowy ~ nerwowy central nervous system

układać arrange, set[1], lay[1], style[2], stack[2], frame[2], compose; ~ (w kolejności) order[2]; ~ *coś* w stos pile sth up; ~ warstwami layer; dobrze się ~ shape up

układanka jigsaw, puzzle[1]

ukłon bow[2]

ukłucie jab[2], prick, sting[2], twinge; ~ bólu twinge; ~ winy/zazdrości/żalu *itp.* a **stab**[2] of guilt/jealousy/regret, etc

ukłuć sting[1]; ~ (się w) prick

uknuć ~ plan/spisek *itp.* **hatch**[1] a plan/plot, etc

ukochany beloved, darling[2]

ukojenie solace

ukołysać lull[1]

ukończenie completion; ~ studiów /. szkoły graduation

ukończony complete[1]

ukończyć complete[2]

ukoronować cap[2], crown[2]

ukos na ~ at an **angle**[1]

ukośnie diagonally

ukośnik forward slash, slash[2]; ~ lewy backslash

ukośny diagonal

ukradkiem covertly, furtively, stealthily, surreptitiously; zerknąć ~ na *kogoś/coś* **sneak**[1] a look/glance at sb/sth

ukradkowy furtive, stealthy, surreptitious; ukradkowe spojrzenie a **sidelong** glance/look

ukraść steal; ~ *coś* make off with sth

ukruszyć chip[2]

ukrycie concealment; atakować z ukrycia ambush

ukryć ~ twarz w *czymś* **bury** your face/head in sth; → **ukrywać**

ukryty implicit, indirect, latent; ~ mikrofon bug[1]; ~ motyw/cel *itp.* **ulterior** motive/purpose, etc; być ukrytym be tucked away; film z ukrytej kamery a **fly**[2]-on-the-wall documentary/film

ukrywać conceal, disguise[2], harbour[2], hide[1], stash[1]; ~ *coś* hold sth back; ~ prawdę o whitewash; ~ się hide[1], be in **hiding**; go into hiding; → **ukryć**

ukrywanie ~ prawdy whitewash

ukrywany mieć wstydliwie ukrywaną tajemnicę have a **skeleton** in the cupboard

ukrzyżować crucify

ukrzyżowanie crucifixion

ukształtować ~ (się) crystallize

ukuć coin[2]

ul. (*ulica*) St, Rd

ul beehive, hive

ulatniać ~ się escape[1]; → **ulotnić**

ulegać give in, succumb; ~ (*komuś/czemuś*) give **way**[1] (to sb/sth); ~ żądaniom/naciskom *itp.* **yield**[1] to demands/pressure, etc

uległość submission

uległy submissive, docile, compliant

ulepszenie improvement, tweak

ulewa downpour

ulewny torrential

ulga (*rabat*) concession, discount[1]; (*ukojenie*) relief, alleviation; (chwilowa) ~ reprieve; ku uldze *kogoś* **to**[2] sb's relief; odetchnąć z ulgą **heave** a sigh of relief; przynosić ulgę reprieve; stosować ulgę discount[2]

ulica street, Road, Crescent; boczna ~ **back**[4] street; główna ~ high street; wzdłuż ulicy **down**[1] the road, **up**[1] the road/street

uliczka alley; ślepa ~ cul-de-sac, dead end

uliczny ~ grajek busker; latarnia uliczna street light

ulokowany źle ~ misplaced

ulotka flier, flyer, leaflet; ~ (reklamowa) circular[2]

ulotnić ~ się evaporate, **waltz**[2] off; → **ulatniać**

ulotnie ethereally

ulotny elusive, ephemeral, ethereal, intangible, transient[1]

ultimatum ultimatum

ultra- ultra-

ultradźwięki ultrasound

ultradźwiękowy ultrasonic

ultrafioletowy ultraviolet, UV

ulubie-niec/nica favourite[2]

ulubiony favourite[1]; być *czyimś* ulubionym zajęciem be sb's **thing**; ulubiona rzecz favourite[2]; ulubione miejsce haunt[2]

ulżyć relieve; ~ sobie let off **steam**[1]

ułamać ~ się/*coś* break (sth) off

ułamek fraction; ~ dziesiętny decimal[2], decimal fraction; ~ mieszany mixed fraction; ~ niewłaściwy improper fraction; ~ sekundy a **split**[3] second; ~ właściwy proper fraction; ~ zwykły common fraction, vulgar fraction

ułaskawić pardon[3]

ułaskawienie pardon[2]

ułatwiać facilitate

ułożenie arrangement

umacniać bolster, consolidate, fortify
umarzać ~ *coś* write sth off
umeblować furnish
umeblowanie furnishings
umeblowany furnished; być bogato umeblowanym be **richly** furnished
umiar moderation, restraint; brak umiaru self-indulgence; z umiarem in **moderation**
umiarkowanie moderately
umiarkowany moderate¹, reasonable, temperate; osoba o umiarkowanych poglądach moderate²
umieć can¹, know¹; ~ *coś* obsługiwać can **work**¹ sth; know how to work sth; ~ się *czymś* posługiwać be **handy** with sth; nie ~ *czegoś* przyjąć not take **kindly**¹ to sth
umiejętnie ably, artfully
umiejętność ability, accomplishment, capacity, expertise, faculty, power¹, skill; ~ czytania i pisania literacy
umiejętny artful
umierać die; ~ z pragnienia be **parched**
umierający ~ z głodu starving
umieralność mortality
umieszczać deposit², insert¹, position², put; ~ *coś gdzieś* **plant**² sth in/next/on, etc, **put** sth down/in/on, etc; ~ *kogoś/coś gdzieś* put sb/sth in sth; ~ na *l.* w środku centre²; **→ umieścić**
umieszczenie placement
umieścić (*wiadomość na stronie internetowej*) post; ~ *coś* w/na *itp.* **place**² sth in/on, etc; ~ *kogoś* w odosobnieniu lock sb up; ~ się/*coś* na/w/nad *itp.* **perch**¹ (sth) on/in/above, etc; ~ w bramce net³; delikatnie *kogoś/coś* ~ **ease**² sb/sth back; **→ umieszczać**
umięśniony muscular, buff
umknąć escape¹; **→ umykać**
umniejszać belittle; ~ *coś* detract from sth
umocnienia fortifications
umorzenie ~ długu debt relief
umowa contract¹, deal¹, arrangement, understanding¹, covenant; ~ najmu lease¹; duch umowy the **spirit**¹ of the law/an agreement, etc; szczegóły umowy small print; wynikający z umowy contractual; złamać umowę **break**¹ an agreement
umożliwiać enable, facilitate, empower
umówić ~ się na wizytę *l.* spotkanie **make**¹ an appointment
umundurowany uniformed
umyć ~ *kogoś/coś*/się clean (sb/sth) up
umykać elude, escape¹
umysł mind¹; przytomność umysłu **presence** of mind, sense¹; zaćmienie umysłu block¹; zdrowy na umyśle sane
umysłowo mentally; ~ chory insane
umysłowy mental; (*pracownik*) white-collar; choroba umysłowa insanity; stwierdzać chorobę umysłową u certify
umyślnie wilfully
umyślny wilful
umywać nie ~ się do *kogoś/czegoś* not be a **patch**¹ on sb/sth
umywalka washbasin, basin, sink²
uncja ounce, oz; ~ objętości (płynu) fluid ounce; ~ obj. fl oz
unia union; Unia Europejska the European Union
unicestwiać annihilate
unicestwienie annihilation
uniemożliwiać preclude, prevent
unieruchomić cripple¹, incapacitate
unieruchomienie immobility
uniesienie ecstasy
unieszkodliwiać disable
unieważniać override, nullify, quash, revoke; ~ (decyzję) overrule; ~ wyrok skazujący/orzeczenie/werdykt *itp.* **overturn** a conviction/ruling/verdict, etc
unieważnienie annulment
uniewinniać acquit, exonerate
uniewinniający wyrok ~ acquittal
uniewinnienie acquittal, exoneration
uniform uniform¹
unik dodge², evasion; robić ~ duck²; robić uniki take **evasive** action; zastosować ~ take **evasive** action
unikać avoid, dodge¹, duck², evade, flinch, skirt², abstain, shun; ~ *czegoś* **avoid** doing sth, shy away from sth; ~ pytania **evade** the question; **→ uniknąć**
unikający ~ przemocy non-violent
unikanie avoidance, evasion
uniknąć escape¹; ~ kryzysu/katastrofy/wojny *itp.* **avert** a crisis/disaster/war, etc; starać się ~ wypadku take **evasive** action; **→ unikać**
uniknięcie do uniknięcia avoidable, preventable
uniseks unisex
uniwersalnie universally
uniwersalność versatility
uniwersalny universal, versatile
uniwersytecki miasteczko uniwersyteckie campus
uniwersytet university, college
uniżony abject, deferential
unosić lift¹; ~ *coś* **blow**¹ sth down/across/off, etc; ~ się hover, float¹, lift¹; ~ się od **waft** from; ~ się przez/w stronę *itp.* **drift**¹ across/down/towards, etc; unoszący się na wodzie afloat
unoszenie ~ się flotation
unowocześniać update¹, upgrade, revamp; ~ (się) modernize
unowocześnienie modernization, upgrade
uodparniać immunize; ~ (się) toughen
uodpornienie immunization
uogólniać generalize
uogólnienie generalization; zbyt daleko idące ~ **sweeping** generalization
uosabiać embody, epitomize, personify
uosobienie personification; ~ (*czegoś*) personified; ~ *czegoś* the **embodiment** of sth; być uosobieniem *czegoś* be the **epitome** of sth
upadać drop¹, fall¹
upadek fall², collapse², defeat², demise, tumble; doprowadzać do upadku bankrupt², dismantle; powstrzymać ~ stop the **rot**²; wzloty i upadki ups and downs, **ebb**¹ and flow
upadlający degrading
upadły powtarzać do upadłego **rub**¹ it in
upajać ~ się *czymś* revel in sth
upakować ~ *coś* pack sth in
upalny scorching
upał the **heat**¹; fala upałów heatwave
upamiętniać commemorate, mark²
uparcie doggedly, persistently, stubbornly
uparty dogged, obstinate, persistent, stubborn, wilful; (głupio) ~ pigheaded
upaść collapse¹, go under, fold¹
upewniać ~ się ensure, double-check
upewnić ~ się make **sure**¹ (that); ~ *kogoś*, że **satisfy** sb that
upichcić concoct; ~ *coś* rustle up sth, whip up sth
upierać ~ się insist, persist
upierzenie plumage
upiększać embellish
upiorny ghostly
upiór ghoul, spectre
uplasować ~ się za *kimś/czymś*/na pierwszej/na ostatniej *itp.* pozycji **come** after/first/last, etc
upływ lapse¹; ~ czasu the **passage** of time; ~ czasu/lat the **passing**² of time/years
upływać go¹, go by, lapse², run out, tick away/by, wear on
upodobać ~ sobie favour²
upodobanie liking, taste¹, preference, predilection; ~ do *czegoś* a **taste**¹ for sth; *czyjeś* upodobania sb's **like**⁴ and dislikes
upojenie ~ (alkoholem) intoxication
upojny intoxicating
upojony intoxicated
upokarzać humiliate
upokorzenie indignity
upolityczniać politicize
upolować land²; ~ *coś* hunt sth down
upominać admonish, caution², chastise, rebuke
upominek gift, present², freebie
upomnienie caution¹, rebuke
uporać ~ się z *czymś* get through sth, polish sth off
uporczywie persistently; ~ trwać przy *czymś* cling to sth
uporczywość persistence

uporczywy unrelenting, unremitting, persistent
uporządkować ~ *coś* straighten sth out
uporządkowany orderly[1], tidy[1]
upośledzać impair, stunt[2]
upośledzenie impairment, handicap
upośledzony handicapped, deprived; ~ słuchowo hearing-impaired; ~ społecznie underprivileged
upoważniać authorize
upoważnienie authorization
upoważniony być upoważnionym do *czegoś* be **authorize**d to do sth
upór persistence, determination, stubbornness
upraszać uprasza się o odpowiedź RSVP
upraszczać simplify
uprawa cultivation; ~ rynkowa cash crop; z własnej uprawy home-grown
uprawiać grow, cultivate, farm[2], raise[1]; ~ hazard gamble[1]; ~ jogging jog; ~ szermierkę fence[2]
uprawniać empower; ~ *kogoś* do *czegoś* **entitle** sb to (do) sth
uprawnienie entitlement, eligibility, power[1]; brak uprawnień ineligibility; nie mający uprawnień ineligible; zakres uprawnień /. kompetencji remit[1]
uprawniony eligible, licensed
uprawny arable; roślina uprawna crop[1]; ziemia uprawna farmland
uproszczenie simplification
uproszczony (nadmiernie) ~ simplistic
uprowadzenie abduction, hijacking, kidnap, kidnapping; ~ samochodu carjacking
uprowadzić abduct, hijack
uprząż harness[1]; zakładać ~ harness[2]
uprzedni prior, pre-existing
uprzedzać pre-empt, prejudice[2]; → **uprzedzić**
uprzedzająco ~ grzeczny suave
uprzedzenie prejudice[1], preconception; pełen uprzedzeń narrow-minded
uprzedzić ~ *kogoś* w *czymś* beat sb to sth; → **uprzedzać**
uprzedzony prejudiced
uprzejmie kindly[1], courteously, politely
uprzejmość politeness, civility, courtesy, pleasantry; brak uprzejmości unkindness; dzięki *czyjejś* uprzejmości (by) **courtesy** of sb/sth; nadużycie uprzejmości imposition; nadużywać *czyjejś* uprzejmości impose on sb
uprzejmy polite, kind[2], kindly[2], civil, courteous, gracious, urbane; być uprzejmym oblige
uprzemysłowienie industrialization
uprzemysłowiony industrialized; kraje uprzemysłowione the industrialized **world**[1]
uprzyjemniać ~ sobie *coś* while sth away
uprzywilejowany privileged
upstrzyć ~ *coś czymś* pepper sth with sth
upust dawać ~ złości/frustracji *itp.* **vent**[2] your anger/frustration, etc
upuszczać drop[1]
uran uranium
Uran Uranus
urastać balloon[2]
uratować redeem, save[1]; ~ drużynę od utraty bramki **save**[1] a goal; ~ sytuację save the **day**
uratowanie być nie do uratowania be beyond **redemption**
uraz injury, scar, trauma; podatny na urazy *itp.* injury **prone**; pozostawiać ~ (psychiczny) u scar
uraza grudge[1], offence; puścić urazę w niepamięć bury the **hatchet**
urazić sting[1], wound[2]
urazowy oddział ~ casualty
urażony hurt[2], piqued, sullen; czuć się urażonym be put out, be/feel **slighted**; poczuć się *czymś* urażonym take **exception** to sth; urażona duma pique[1]
urbanistyka planning
urbanizacja urbanization
uregulować settle
URL URL
urlop leave[2], holiday[1], vacation[1]; ~ macierzyński maternity leave; ~ naukowy sabbatical; ~ ojcowski paternity leave; krótki ~ mini-break; spędzać ~ holiday[2]; spędzać *gdzieś* ~ **vacation**[2] in/on/by, etc; zasłużony ~ **well-earned** holiday
urlopowicz/ka holidaymaker
urna urn
uroczo charmingly
uroczy charming, enchanting, irresistible, lovely; ~ zakątek beauty spot
uroczystość festivity, ceremony, function[1]; ~ państwowa **state**[1] occasion; uroczystości festivities
uroczysty ceremonial, festive, solemn; ~ charakter solemnity
uroczyście ceremonially, solemnly
uroda podkreślać urodę flatter; oddawać (w pełni) urodę *kogoś/czegoś* do sb/sth **justice**; do justice to sb/sth
urodzajny fertile
urodzenie kontrola urodzeń birth control; miejsce urodzenia birthplace; od urodzenia innately; świadectwo urodzenia birth certificate; wskaźnik urodzeń birth rate
urodzić give **birth**; ~ się be **born**[1]; zanim się *ktoś* urodził before sb's **time**[1]
urodziny birthday; wszystkiego najlepszego z okazji urodzin Happy Birthday
urodziwy mało ~ plain[1]
urodzony natural; ~ aktor/przywódca/nauczyciel *itp.* a **born**[2] actor/leader/teacher, etc; być urodzonym ogrodnikiem have green **finger**[1]s; martwo ~ stillborn
urok appeal[1], charm[1], romance; odbierać *czemuś* ~ take the **shine**[2] off sth
urozmaicać vary; ~ *coś* spice sth up
urozmaicenie variety, spice[1]
urozmaicony varied; urozmaicon-a/y dieta/posiłek a **balanced** diet/meal, a **well-balanced** diet/meal
uruchamiać activate, launch[1], run[1]; ~ (się) start[1]; ~ *coś* get sth off the **ground**[1]; ~ ponownie restart
uruchomienie launch[2]
urwisko precipice
urwisty sheer
urywać ~ się peter out
urywany jerky
urywek clip[1], excerpt, extract[2], snatch[2]
urząd agency; ~ kontroli regulator; ~ pocztowy post office; ~ prezydencki the **presidency**; ~ regulacji /. nadzoru watchdog; ~ stanu cywilnego register office, registry office; obejmować ~ po succeed; osoba sprawująca ~ incumbent[1]
urządzać furnish; ~ piknik picnic
urządzenie appliance, device, gadget, utensil; ~ dodatkowe add-on; ~ zapisujące recorder; ~ zewnętrzne peripheral; urządzenia sanitarne sanitation
urzekać captivate
urzekający captivating
urzędni-k/czka clerk, officer; ~ stanu cywilnego registrar; urzędnik administracji państwowej civil servant; urzędnik służby cywilnej civil servant; (wyższy) urzędnik official[2]
urzędowanie tenure
urzędujący (obecnie) ~ incumbent[2]
urżnięty stoned
USA USA, the States
usadowić ~ (się) (wygodnie) settle; ~ (się) na/w/nad *itp.* **perch**[1] (sth) on/in/above, etc; ~ się *gdzieś* **seat**[2] yourself in/on/next to, etc
usatysfakcjonowany fulfilled
USG ultrasound
usiąść be **seat**[2]ed; (*z leżenia*) sit up; ~ wygodnie sit back
usieciować network[2]
usiłować strive; ~ *coś zrobić* **endeavour** to do sth
usiłowanie endeavour; ~ zabójstwa **attempted** murder
uskarżać ~ się na *coś* complain of sth
uskok fault
usługa service[1]; dostawca usług internetowych ISP; korzystać z usług patronize; oferować usługi seksualne solicit; przedsiębiorstwo usług komunalnych public utility, utility
uspokajać calm[3], assuage, appease, pacify, placate, soothe, quieten; ~ (*kogoś*/się) calm (sb) down; ~ *czyjeś* obawy/podejrzenia *itp.* **allay** sb's concerns/fears/suspicions, etc;

sytuacja się uspokaja the **dust**[1] settles; **→ uspokoić**
uspokajający działanie /. podanie /. wpływ środka uspokajającego sedation; podawać środek ~ sedate[2]; środek ~ sedative, tranquilizer
uspokoić ~ *kogoś* put/set sb's **mind**[1] at rest; ~ się **compose** yourself, **grow** calm, pipe down; ~ się/*kogoś* settle (sb) down; ~ się/*kogoś/coś* quieten (sb/sth) down; **→ uspokajać**
uspokojony relieved
usposobiony wrogo ~ hostile
usprawiedliwiać justify, excuse[1]
usprawiedliwiony justifiable
usprawniać expedite, streamline
usta mouth; płyn do płukania ust mouthwash; ruszać ustami mime; wydęcie ust pout; wydymać ~ pout; zamknąć ~ silence[2], gag[1], muzzle[2]
ustabilizować steady[2]; ~ się level off/out
ustalać determine, establish, fix[1], set[1], settle, ascertain, peg[2]; ~ *coś* settle on/upon sth, fix sth up, set sth up, nail sth down, pin sth down; ~ priorytet prioritize
ustalony fixed, established, given[1], set[3]; z góry ~ predetermined
ustanawiać establish; ~ *coś* lay sth down; ~ prawo /. prawa legislate; ~ rekord **set**[1] a record
ustatkować ~ się settle down
ustawa act[2], statute; projekt ustawy bill[1]; przyjmować /. uchwalać ustawę **pass**[1] a law
ustawać let up; nie ~ persevere; nie ~ w wysiłkach keep at sth, struggle on
ustawiać align, pitch[1]; ~ (pod kątem) angle[2]; ~ się/*kogoś/coś* w rzędzie /. szeregu line (sb/sth) up; ~ sprzęt/*coś* set (sth) up
ustawienie setting, alignment
ustawodawca lawmaker
ustawodawstwo legislation
ustawowy statutory
ustąpić back down, give in, **give**[1] way, relent; nie ~ na krok not budge/give an **inch**[1]; **→ ustępować**
ustąpienie resignation
usterka defect[1], glitch
ustęp passage
ustępować resign, stand aside, stand down; ~ (w) concede; ~ (ze stanowiska) step down; ~ miejsca *czemuś* give **way**[1] to sth; ~ pierwszeństwa (przejazdu) yield[1]; ~ (*komuś/czemuś*) pierwszeństwa przejazdu give **way**[1] (to sb/sth); nie ~ persist; **→ ustąpić**
ustępstwo concession; wzajemne ustępstwa **give**[2] and take
ustępujący outgoing
ustnie orally, verbally
ustny oral[1], verbal; egzamin ~ oral[2], viva
ustosunkowany well-connected; być pozytywnie/dobrze *itp.* ustosunkowanym do *czegoś* be favourably/well, etc **disposed** towards sth
ustronny private[1], secluded
usunąć (dać) ~ *coś* (sobie) have sth out; ~ w cień overshadow; **→ usuwać**
usunięcie extraction, expulsion, deletion, eradication
usunięty ~ z gry out[1]
usuwać remove, eliminate, purge, eject, expel, oust; (*ząb*) extract[1]; (*farbę*) strip[1]; (*plik*) delete, erase; (*ciążę*) abort; ~ *coś* clear sth away; ~ *kogoś* z gry send sb off; **→ usunąć**
usuwanie disposal, removal
usychać ~ z tęsknoty pine[2]
usypiać drug[2]; ~ *kogoś* **send** sb to sleep; **→ uśpić**
uszczelka seal[1]
uszczelniać seal[2]
uszczelnienie seal[1]
uszczerbek dent[1]
uszczęśliwiać ~ *kogoś* **make**[1] sb happy
uszczuplać deplete, strain[2]
uszczuplenie depletion
uszczypliwy caustic; uszczypliwa uwaga **acid**[2] remark/comment, etc
uszczypnięcie pinch[2]
uszkodzenie damage[1], failure, harm[1]
uszkodzić harm[2], corrupt[2]
uszkodzony defective, corrupt[1]
usztywniać stiffen
uścisk squeeze[2], clasp[2], clutch[2]; (*objęcie*) embrace[2], hug[2]; ~ dłoni handshake; uściski (od) Love from; All my **love**[2]
uścisnąć ~ dłoń /. dłonie **shake**[1] hands
uściślać qualify
uśmiech smile[2]; (szeroki) ~ grin; promienny ~ beam[1]; (proszę o) uśmiech! Say **cheese**!; rzucić *komuś* ~ **flash**[1] (sb) a smile; wymieniać uśmiechy **exchange**[2] smiles; z uśmiechem with good **grace**[1]
uśmiechać ~ się smile[1], grin; ~ się promiennie beam[2]
uśmiercić ~ *kogoś* put sb to **death**
uśmieszek smirk; przebiegły ~ **sly** smile
uśpić lull[1]; ~ *czyjąś* czujność tak, że *coś zrobi* lull sb into sth/doing sth; (dać) ~ *coś/kogoś* (*psa*) put sth down, put sth to **sleep**[2]; **→ usypiać**
uśpiony dormant
uświadamiać educate, enlighten; ~ sobie realize, wise up
uświadomić ~ sobie *coś* wake up to sth
uświęcony hallowed; ~ tradycją time-honoured
utajony latent
utalentowany talented
utarczka scrap[1], skirmish
utargować ~ z *kimś* cenę beat sb down
utarty ~ zwrot **stock**[3] phrase
utknąć get **stuck**[1], stumble
utknięty stuck[1]
utkwić ~ *gdzieś* **lodge**[2] in/on, etc
utleniać ~ (się) oxidize
utlenianie oxidation
utłuc ~ (się) crack[1]
utonięcie drowning
utopia utopia
utopijny utopian
utożsamiać ~ *kogoś/coś* z *kimś/czymś* identify sb/sth with sb/sth; ~ się z *kimś/czymś* identify with sb/sth
utrapienie nuisance, pest, aggravation; być utrapieniem make a **nuisance** of yourself; być utrapieniem dla *kogoś* cause/give sb **grief**
utrata loss; ~ bliskiej osoby bereavement; ~ przytomności blackout; ~ ważności expiry
utrudniać hamper[1], hinder, impede, obstruct; ~ *coś* **make**[1] sth difficult
utrudnienie impediment, handicap, hindrance, hold-up, obstruction
utrwalać perpetuate
utrwalający ćwiczenie utrwalające drill[1]
utrzymać ~ *coś* w żołądku keep sth down; ~ posadę **hold**[1] down a job; ~ się manage; ~ się na powierzchni stay **afloat**; **→ utrzymywać**
utrzymanie living[1], upkeep, keep[2], retention, maintenance; nie do utrzymania untenable; osoba będąca na *czyimś* utrzymaniu dependant; źródło utrzymania livelihood
utrzymany dobrze ~ well-kept
utrzymujący ~ się persistent, lingering
utrzymywać support[1], maintain, keep[1], sustain; (*twierdzić*) allege, contend, profess; ~ *coś* keep sth up, hold onto/on to sth; ~ *coś* na niskim poziomie hold sth/sb down; ~ *coś* w czystości **keep**[1] sth clean; ~ *coś* w tajemnicy keep sth back; ~ *coś* w tajemnicy przed *kimś* keep sth from sb; ~ *czyjąś* uwagę/*czyjeś* zainteresowanie **hold**[1] sb's attention/interest; ~ *kontakt* be/keep in **touch**[2]; ~ *kogoś* provide for sb; ~ przy życiu sustain; ~ równowagę balance[2]; ~ się linger, persist; ~ się przy życiu subsist; utrzymywać, że się *kimś* jest/*coś robi* purport to be/do sth; **→ utrzymać**
utuczyć ~ *kogoś/coś* fatten sb/sth up
utulić ~ *kogoś* do snu tuck sb in/up
utwardzać harden, toughen
utworzenie foundation
utworzyć form[2]
utwór composition, piece[1], track[1]
utykać limp[2]
utykanie limp
utylizacja recycling; nadający się do utylizacji recyclable
utylizować recycle
utytułowany titled
UV krem /. emulsja z filtrem ~ sunscreen
uwadniać hydrate

uwaga (*komentarz*) comment[1], observation, remark[1]; (*zainteresowanie*) attention, emphasis, watch[2], care[2], notice[2]; Uwaga! watch out, watch your **step**[1], Mind out!; ~ mediów *itp.* the **glare**[1] of the media; ~ na marginesie *l.* stronie aside[2]; biorąc *l.* wziąwszy pod uwagę given[2]; brać pod uwagę consider, entertain; brać *coś* pod uwagę take sth into **account**[1]; take account of sth, take sth into **consideration**; być w centrum uwagi be the **centre**[1] of attention; centrum uwagi the **spotlight**, the limelight; godny uwagi notable, noteworthy; niepodzielna ~ **undivided** attention; odwracać *czyjąś* uwagę **divert** sb's attention; odwracać uwagę sidetrack; odwracać uwagę od upstage; odwracać uwagę **deflect** attention; odwrócenie uwagi diversion; podzielna ~ multitasking; przyciągać uwagę **attract** attention; przyciągać (*czyjąś*) uwagę attract/get (sb's) **attention**; przyciągać *czyjąś* uwagę **capture**[1] sb's attention, catch sb's **eye**[1]; robić uwagę **make**[1] a remark; szczególna ~ **special**[1] attention; uszczypliwa ~ **acid**[2] remark/comment, etc; utrzymywać *czyjąś* uwagę **hold**[1] sb's attention; wziąwszy wszystko pod uwagę all things **considered**; zasługiwać na uwagę be **worthy** of attention; zrobić uwagę na temat *czegoś* remark on/upon sth; zwracać uwagę na acknowledge, note[2], spotlight; zwracać uwagę (na *coś*) take **note**[1] (of sth); zwracać uwagę na *kogoś/coś* **attach** importance to sb/sth, point sb/sth out; zwracać (*czyjąś*) uwagę na *coś/kogoś* bring/draw (sb's) **attention** to sth/sb; zwracać *czyjąś* uwagę **grab**[1] sb's attention; zwracać *komuś* uwagę tell sb off; zwracający uwagę na -conscious

uwalniać discharge[1], liberate, release[1]; ~ *coś* od *czegoś* rid sth of sth; ~ *kogoś* z *l.* od *czegoś* relieve sb of sth; ~ się od exorcize; ~ się od *czegoś* rid yourself of sth; **→ uwolnić**

uwarunkowanie conditioning

uwarunkowany conditional

uważać (*być zdania*) think[1], **hold**[1] an opinion/belief/view; (*postrzegać*) count[1], view[2]; (*być ostrożnym*) be on the **lookout**, take **care**[2], **pay**[1] attention, watch your **step**[1], watch out; ~ (na) watch[1]; ~ (na *coś*) pay **attention** (to sth); ~ na beware, mind[2]; ~ za regard[1]; ~ *kogoś/coś* za *kogoś/coś* **consider** sb/sth (to be) sth; consider that; *robić coś* jak *ktoś* uważa do sth as you see/think **fit**[2]; uważać, że *ktoś/coś* jest łatw-y/e/ nudn-y/e/śmieszn-y/e *itp.* **find**[1] sb/sth easy/boring/funny, etc; uważać, że *ktoś coś* ma credit sb with sth; Uważaj! Look out!

uważany być uważanym za niewinnego *itp.* be **presume**d innocent; powszechnie ~ **popularly** believed

uważnie closely, attentively

uważny careful, watchful, close[2], attentive

uwertura overture

uwiązany ~ w domu housebound

uwiązywać tether; ~ *kogoś* tie sb down

uwieczniać immortalize

uwielbiać adore, love[1]; ~ *coś/robić coś* delight in sth/doing sth; ~ *kogoś* think the **world**[1] of sb

uwielbienie love[2], adulation, adoration, worship

uwieńczenie climax[1], culmination

uwieńczony zostać uwieńczonym *czymś* **culminate** in/with sth

uwieńczyć cap[2]

uwierzyć ~ w *coś* buy into sth; być nie do uwierzenia **defy** belief; choć trudno w to ~ **believe** it or not; nie do uwierzenia unbelievable; Nie uwierzysz! Guess what?; trudno uwierzyć, że incredibly

uwięzić imprison, incarcerate, trap[2]; ~ *kogoś* hold/take sb **captive**[1], hold/keep/take sb **prisoner**

uwięzienie imprisonment, incarceration; bezprawne ~ **wrongful** imprisonment

uwięzion-y/a captive[2]

uwięziony stranded; bezprawnie ~ **wrongly** imprisoned

uwikłany entangled

uwłaczać denigrate

uwłaczający derogatory, demeaning

uwodnienie hydration

uwodornianie hydrogenation

uwodorniony hydrogenated

uwodzicielski seductive, sultry

uwodzić seduce

uwolnić free[3]; ~ *kogoś* **set**[1] sb free; ~ się **break**[1] free/loose; **→ uwalniać**

uwsteczniać ~ się regress

uwzględniać ~ poprawki adjust

uwziąć ~ się na *kogoś* **have**[3] it in for sb

uzależniający addictive

uzależnić ~ się od *czegoś* get **hook**[2]ed on sth

uzależnienie addiction, dependence; wywołujący ~ addictive

uzależniony addicted, dependent[1], conditional; ~ od *czegoś* **dependent**[1] on/upon sth, **contingent**[2] on sth, **subject**[2] to sth; ~ od alkoholu alcoholic[2]; ~ od dochodów means-tested; być uzależnionym od *czegoś* be **hook**[2]ed on sth; być uzależnionym od *kogoś/ czegoś* depend on/upon sb/sth, be **reliant** on sb/sth, rely on sb/sth; osoba uzależniona addict

uzasadniać justify

uzasadnienie justification; bez uzasadnienia unreasonably

uzasadniony justifiable, justified, legitimate

uzbierać ~ *coś* scrape sth together

uzbroić arm[2]

uzbrojony armed; ~ bandyta gunman; ~ w *coś* **armed** with sth

uzda bridle

uzdolnienie aptitude

uzdolniony gifted, skilled; ~ manualnie practical[1]

uzdrowiciel/ka healer

uzdrowisko spa

uzębienie dentition

uzgadniać agree, check[1]

uzgadnianie handshaking

uzgodnienie arrangement; do uzgodnienia negotiable

uziemienie earth

uziemiony być uziemionym be **ground**[2]ed

uzmysłowić ~ *coś komuś* impress sth on sb

uznać ~ *kogoś* za winnego/niewinnego **find**[1] sb guilty/not guilty; ~ swoją porażkę **concede** defeat; **→ uznawać**

uznanie acclaim, appreciation, recognition, credit[1], regard[2], favour[1], plaudit; (*decyzja*) discretion; *robić coś* według własnego uznania do sth as you see/think **fit**[2]; cieszący się uznaniem acclaimed; godny uznania creditable; pełen uznania appreciative; wyraz uznania accolade; wyrazy uznania tribute; wyrażać ~ dla recognize; wyrażać ~ dla *kogoś/czegoś* **pay**[1] tribute to sb/ sth

uznany established

uznawać deem, recognize; ~ *kogoś/ coś* za martwego/sukces *itp.* **pronounce** sb/sth dead/a success, etc; nie ~ disallow; **→ uznać**

uznawany być uznawanym za zmarłego be **presume**d dead

uzupełniać complement[2], replenish, supplement; ~ zapas paliwa refuel

uzupełniający supplementary; wybory uzupełniające by-election; wzajemnie się ~ complementary

uzupełnienie complement[1], replenishment

uzurpować ~ sobie usurp

uzyskać gain[1], obtain, elicit, secure[2], glean; (*głosy*) poll[2]; ~ pomoc/wsparcie *kogoś* **enlist** the help/support of sb

użądlenie sting[2]

użądlić sting[1]

użycie use[2], usage; kontekst użycia use[2]; w użyciu in **operation**; z użyciem siły forcible, forcibly

użytecznie usefully

użyteczność usefulness

użyteczny useful

użytek use[2], wear[2]; nadający się do użytku serviceable; wielokrotnego użytku reusable

użytkowanie use[2]; ~ *czegoś* the **use**[2] of sth

użytkownik user; (*lokalu*) occupant,

occupier; zarejestrowany ~ subscriber
użytkowy grafika użytkowa graphic design
używać use[1]
używanie mieć ~ have a field day
używany used[2], second-hand; giełda rzeczy używanych car boot sale; rzecz używana cast-off; wyprzedaż rzeczy używanych jumble sale; wyprzedaż rzeczy używanych (na cele dobroczynne) rummage sale

V

VAT (podatek) ~ VAT
verte PTO
vice versa vice versa
VIP VIP; dla VIP-ów executive[1]
voodoo (kult) ~ voodoo

W

w in, into, inside, at, on, to
wabić entice, lure[1], tempt
wabik decoy
wachlarz fan[1]; (*zakres*) range[1]; szeroki ~ a **broad** range/variety, etc
wachlować fan[2]
wacik swab, wad
wada disadvantage, downside, defect[1], drawback, vice, shortcoming, fault[1], failing[1], impediment, abnormality
wadliwie imperfectly
wadliwy defective, faulty, imperfect, flawed
wafel wafer; (*do lodów*) cone
wafelek wafer; (*do lodów*) cone
waga (*przyrząd*) scale[1], scales; (*ciężar*) weight; (*znaczenie*) importance; ~ laboratoryjna beam balance; przybierać na wadze put on/gain **weight**; przywiązywać wagę do *czegoś* **attach** importance to sth; tracić na wadze lose **weight**; zawodni-k/czka wagi ciężkiej heavyweight; zawodni-k/czka wagi lekkiej lightweight
Waga Libra
wagarować play **truant**, skive
wagarowanie truancy
wagarowicz/ka skiver, truant
wagary truancy; chodzić na ~ play **truant**
wagon carriage, car; ~ barowy buffet car; ~ sypialny sleeper
wahać ~ się hesitate, falter, waver, dither, fluctuate; ~ się (począwszy) od *czegoś* do *czegoś* *l.* po *coś* **range**[2] from sth to sth
wahadło pendulum
wahanie hesitation, hesitancy, indecision, fluctuation; bez wahania without a second thought; wahania fluctuation; z wahaniem hesitantly
wakacje holiday[1], vacation[1]; ~ letnie summer holiday
wakat opening[1], wakat; wypełnić ~ **fill**[1] a vacancy
wakuola vacuole
walać ~ się be kicking about/around
walący ~ się ramshackle, decrepit
walc waltz[1]; tańczyć walca waltz[2]
walczący walczące frakcje/partie/strony *itp.* **warring** factions/parties/sides, etc
walczyć fight[1], strive, slug it out; ~ o contest[2], champion[2]; ~ o *coś* jostle for sth; ~ o życie be **fight**[1]ing for your life; ~ z combat[2], tackle[1]; ~ z *czymś* wrestle with sth; ~ z czasem race/work against the **clock**[1]
walec roller
walenie hammering
walentynka Valentine
walentynki Valentine's Day
waleń cetacean
walet jack[1]
walić beat[1], thump, thud, pound[2], throb, batter[2], belt[2], club[2]; (*tłoczyć się*) **pour** into; ~ (w) pound[2], thump; ~ głową w mur be banging your **head**[1] against a brick wall; ~ młotkiem hammer[2]; ~ prosto z mostu not pull any **punch**[2]es; ~ w *coś* hammer on sth; → **walnąć**
Walijczycy the **Welsh**
walijski (język) ~ Welsh
walizka case, suitcase
walka fight[2], bout, struggle[2], race[1], war, quest, battle[1], combat[1], scramble; ~ manewrowa dogfight; ciężka ~ an **uphill**[1] struggle; walki wewnętrzne infighting; prowadzić walkę **wage**[2] a battle; toczyć beznadziejną walkę fight a losing **battle**[1]; walki fighting, hostilities; wschodnia sztuka walki martial art; wydawać *l.* wypowiadać walkę crack down
walkie-talkie walkie talkie
walkman Walkman
walkower walkowerem by **default**[1]
walnąć crack[1], whack, clobber, wallop; ~ (się) bump[1]; ~ (się w) bash[1]; ~ się (w) bang[2]; ~ się plonk yourself down; ~ (*czymś*) o/w *itp.* **smash**[1] (sth) against/into/through, etc; ~ *czymś* o/w *itp.* **smack**[1] sth against/onto/down, etc; → **walić**
walnięcie whack
waltornia horn
waluta currency; twarda ~ hard currency
wał bank[1], embankment, dyke; ~ przeciwpowodziowy levee
wałek roller; ~ do ciasta rolling pin
wałęsać ~ się loiter; ~ się (po) wander, roam
wam you
wami you
wampi-r/rzyca vampire
wanad vanadium
wandal vandal
wandalizm vandalism
wanilia vanilla
wanna bathtub, bath[1], tub; ~ z hydromasażem Jacuzzi; napuścić wody do wanny **run**[1] a bath
WAP WAP
wapień limestone
wapiti (*łoś*) elk
wapno calcium, lime; ~ gaszone calcium hydroxide
wapń calcium
warcaby draughts, checkers
warczeć bark[2], snap[1], snarl, growl, drone[1]
warczenie growl
warga lip; czytać z (ruchu) warg lip-read; czytanie z ruchu warg lip-reading; zaciskać wargi **purse**[2] your lips
wariant variant
wariat/ka loony, lunatic, madman, madwoman; dom wariatów madhouse; jak ~ like **mad**; śmiać się/krzyczeć/wrzeszczeć *itp.* jak ~ laugh/shout/scream, etc your **head**[1] off
warknięcie snarl
warkocz braid[1], plait
warkoczyk pigtail
warkot whirr
warkotać whirr
warstwa layer, film[1], coat[1], covering, tier; ~ ozonowa the ozone layer; ~ wodonośna aquifer; ~ wyższa upper class; układać warstwami layer
warsztat garage, workshop
wart ~ podania do wiadomości publicznej newsworthy; ~ zachodu worthwhile; być niewiele wartym not be up to **much**[1]; tyle jest ~ … **so**[1] much for…; → **warty**
wartki z wartką akcją action-packed
wartościowość valency
wartościowy valuable, quality[2]; przedmioty wartościowe valuables
wartość value[1], worth[2], merit[1]; ~ domyślna default[1]; ~ firmy goodwill; *coś* wartości 20£/100$ £20/$100, etc **worth**[2] of sth; poczucie własnej wartości self-esteem, self-respect; spadek wartości depreciation; tracić na wartości depreciate; wartości values; wzrost wartości appreciation; zyskiwać na wartości appreciate
wartownik sentry
warty być tego wartym be **worth**[1] it; być wartym *ileś* be **worth**[1] sth; być wartym wysiłku be **worth**[1] your while; być wartym zrobienia/zobaczenia/spróbowania *itp.* be **worth**[1] doing/seeing/trying, etc; nic nie ~ dud; → **wart**
warunek condition[1], proviso, provision, stipulation, eligibility; ~ (wstępny) prerequisite; ~ wstępny precondition; bez żadnych (dodatkowych) warunków no **string**[1]s (attached); niekorzystne warunki **adverse** conditions; pod warunkiem, że on **condition**[1] that, provided (that), as **long**[2] as; spełniać warunki **satisfy** conditions; stworzyć warunki ku *czemuś* *l.* do *czegoś* set the **scene** for sth; warunki **condition**[1]s, circumstances, facilities, going[1], terms; żyć w prymitywnych warunkach **rough**[4] it
warunkować condition[2]

warunkowy conditional; zwolnienie warunkowe parole
warzyć brew[1]
warzywa veg
warzywniak **greengrocer**'s
warzywo vegetable; handlarz warzywami (i owocami) greengrocer
was you
wasz your, yours
waśnić ~ się feud
waśń feud
wat watt
wata cotton wool, cotton[1]
wazektomia vasectomy
wazon vase, urn
ważka dragonfly
ważki weighty
ważniak upstart; zgrywający ważniaka too big for your **boot**[1]s
ważność validity; data ważności sell-by date; tracić ~ expire; utrata ważności expiry
ważny important, notable, major[1], grand[1], high-powered, valid; co (równie) ważne importantly; mało ważny of little **consequence**; mniej ~ lesser; odgrywać w *czymś* ważną rolę feature in sth
ważyć weigh; ~ 200 g/75 kg/63,5 kg *itp.* **weigh** 200g/75 kg/10 stone, etc; ~ się be at **stake**[1], be/hang in the **balance**[1]; ~ słowa **tread**[1] carefully/gently/lightly, etc; ~ tonę weigh a **ton**; nie waż się Don't you **dare**[1]
wąchać smell[1], sniff
wąchanie sniff
wąs whisker
wąski narrow[1]; wąskie gardło bottleneck, hold-up
wąsy moustache, mustache
wątek thread[1], strand
wątłość frailty
wątły frail, fragile
wątpić doubt[2]; ~ w suspect[2]; bez wątpienia definitely, evidently, without (a) **doubt**[1], there's no **doubt**[1]; bez wątpienia najlepszy/najgorszy/największy *itp.* **easily** the best/worst/biggest, etc
wątpliwie dubiously
wątpliwość doubt[1], reservation, question[1], niggle; bez cienia wątpliwości beyond/without a **shadow**[1] of a doubt; budzić nadzieje/obawy/wątpliwości *itp.* **raise**[1] hopes/fears/doubts, etc; mieć wątpliwości have second thoughts; nie ma wątpliwości there's no **doubt**[1]; nie mieć wątpliwości have no **doubt**[1]; nie pozostawiający wątpliwości pointed; pełen wątpliwości doubtful, dubious; podawać *coś* w ~ cast **doubt**[1] on sth; ponad wszelką ~ beyond/without a **shadow**[1] of a doubt
wątpliwy arguable, doubtful, dubious, questionable, unsound; stawiać *kogoś/coś* w wątpliwym świetle **cast**[1] doubt/suspicion on sb/sth
wątroba liver
wątróbka liver
wąwóz gorge[1], gully, ravine
wąż snake[1], serpent; (*ogrodowy*) hose
wbić ~ się w *coś* plough into sth
wbijać ~ *coś* **drive**[1] sth into/through/towards, etc; ~ *coś komuś* do głowy hammer sth into sb; ~ *coś* do/w *itp.* **nail**[2] sth down/on/to, etc; ~ *coś* w *coś* plunge sth into sth; ~ się/*coś itp.* **stick**[1] (sth) in/into/through, etc; ~ się/*coś* w *kogoś/coś* dig (sth) into sb/sth
wbity embedded
wbrew ~ *czemuś* **contrary**[2] to sth; ~ *czyimś* radom/życzeniom *itp.* **against** sb's advice/wishes, etc; ~ prawu/zasadom **against** the law/the rules; ~ sobie **despite** yourself; ~ wszelkim przewidywaniom against all (the) **odds**; ~ wszystkiemu against all (the) **odds**
wbudować ~ *coś* w *coś* build sth into sth
wbudowany built-in; ~ (na stałe) hard-wired
WC WC
wcale at **all**[1], never, **not** at all, not in the **least**[1]; ~ bym się nie zdziwił/a (gdyby *ktoś coś zrobił*) I wouldn't put it **past**[3] sb (to do sth); ~ nie tak ciepło *itp.* not (all) **that**[4] warm, etc; ~ nie taki duży/dobry/ciepły *itp.* not (all) **that**[4] big/good/warm, etc; ~ nie ucierpieć z powodu *czegoś* be none the **worse**[1] for sth; ~ się nie dziwię I don't **blame**[1] him/them/you, etc
wchłaniać subsume, absorb; ~ (*coś*) soak (sth) up; ~ się absorb
wchłaniający (dobrze) ~ absorbent
wchłanianie absorption
wchodzić come in, enter, go in, get in, **get**[1] into; ~ (do) **drift**[1] in/into; ~ do portu dock[2]; ~ do *l.* na penetrate; ~ na *coś* get onto sth; ~ na giełdę float[1]; ~ na mieliznę be **ground**[2]ed; ~ na pokład embark; ~ po mount; ~ razem *l.* masowo *l.* gromadnie **troop**[2] into/through/out of, etc; ~ w *coś* go into sth; ~ w posiadanie acquire; ~ w szczegóły go into **detail**[1]; ~ w życie become/be **effective**, come/go into **effect**[1]; nie ~ *komuś* w drogę steer **clear**[3] of sb; nie ~ w rachubę be out of the **question**[1]
wciągać engage; ~ *coś* pull on sth, **suck** sth in/under; ~ *kogoś* w *coś* drag sb into sth; ~ *kogoś/coś* w *coś* draw sb/sth into sth
wciągnąć dać się w *coś* ~ be **suck**ed into sth
wciągnięty zostać wciągniętym w konflikt be caught in the **crossfire**
wciąż still[1], all the **time**[1], **time**[1] after time; ~ te/ta sam-e/a kłótnie/twarze/śpiewka *itp.* the **same**[1] old arguments/faces/story, etc; ~ zmieniający się/rosnący *itp.* **ever**-changing/growing/increasing, etc
wcielać induct
wcielenie incarnation; ~ *czegoś* the **embodiment** of sth; zmienić ~ **reinvent** yourself
wcielony incarnate
wcierać wcierać *coś* **rub**[1] sth into/on, etc
wciskać wedge[2]; ~ *coś* za/do/w *itp.* **thrust**[1] sth behind/into/through, etc; ~ *coś* do/za/pod *itp.* **tuck** sth into/behind/under, etc; ~ *komuś coś* palm sth off on sb; ~ się **squeeze**[1] into
wcisnąć ~ *coś* pack sth in; ~ *coś/kogoś* fit sth/sb in, squeeze sth/sb in
wciśnięty być wciśniętym między *coś/kogoś* be sandwiched between sth/sb
wczasowicz/ka holidaymaker
wczasy holiday[1]; ~ zorganizowane package holiday
wczepiać ~ się claw[2]
wczesny early; wczesne godziny poranne the early/small **hours**
wcześnie early; ~ się położyć have an early **night**; za ~ early
wcześniej before[3], beforehand, formerly, previously; ~ przygotowany scripted
wcześniejszy past[1], previous, prior, pre-existing
wczoraj yesterday
wczuwać ~ się empathize
wdać ~ się w *coś* launch into sth; ~ się w ojca *l.* matkę be a **chip**[1] off the old block
wdawać ~ się set in
wdech inspiration; gwałtowny ~ gasp
wdechowy swell[3]
wdepnąć ~ w *coś* **step**[2] in sth
wdowa widow
wdowiec widower
wdrapywać ~ się **clamber** into/over/up, etc, **scramble** down/out/up, etc
wdrażać implement[1]
wdrożenie implementation
wdychać inhale
wdzięcznie gracefully
wdzięczność appreciation, gratitude, indebtedness; mieć u *kogoś* dług wdzięczności be in sb's **debt**; z wdzięcznością gratefully, appreciatively
wdzięczny appreciative, grateful, obliged, thankful; być wdzięcznym za appreciate; być *komuś* wdzięcznym be **indebted** to sb
wdzięk grace[1]; pełen wdzięku graceful
we → **w**
webmaster webmaster
według according to, by[1]
weekend weekend; w ~ at the **weekend**
wega-nin/nka vegan
wegański vegan
wegetaria-nin/nka vegetarian[1], veggie
wegetariański vegetarian[2], veggie
wejście entrance, entry, input[1]
wejść → **wchodzić**
wektor vector

welon veil
wełna wool, fleece
wełniany woollen, woolly
wendeta vendetta
wentylacja ventilation
wentylacyjny otwór / kanał ~ vent[1]
wentylator fan[1]
wentylować ventilate
Wenus Venus
wepchnąć ram[1]
weranda conservatory, porch, veranda
werbalny verbal
werbel roll[2]
werbować recruit[1]; (*pracowników konkurencji*) headhunt
werdykt verdict, adjudication; ogłaszać ~ **return**[1] a verdict; unieważniać ~ **overturn** a verdict
wers line[1]
wersja version, side[1]; ~ demonstracyjna demo; ~ poprawiona revision; nowa ~ update[2]; sporządzać pierwszą wersję draft[2]; w wersji czarno-białej in **black**[2] and white
wertować browse; ~ *coś* leaf through sth
werwa sparkle[2], verve; pełen werwy breezy, sparkling; z werwą breezily
weryfikacja verification
weryfikować verify, vet[2]
wesele srebrne ~ silver wedding anniversary
wesolutki chirpy
wesoło cheerfully, happily, merrily, gaily
wesołość hilarity, gaiety, mirth
wesoły cheerful, jolly[1], merry; być (naprawdę) wesołym be a (good) **laugh**[2]; wesołe miasteczko fair[2], fairground, carnival, amusement park
westchnąć gasp; → **wzdychać**
westchnienie sigh
western western[2]
wesz louse
weteran/ka veteran
weterynaria lekarz weterynarii veterinary surgeon
weterynaryjny veterinary
weterynarz veterinarian, vet[1]
wetknąć ~ *coś* (do gniazdka) plug sth in
weto veto[2]
wewnątrz- intra-
wewnątrz inside, within[1]; do ~ in[2], inward
wewnątrzcząsteczkowy intra-molecular
wewnętrznie internally, within[2]
wewnętrzny indoor, in-house, inner, inside[2], internal, inward[1]; (*krajowy*) domestic, home[3]; (najbardziej) ~ innermost; (numer) ~ extension; dyscyplina wewnętrzna self-discipline; konflikty / walki wewnętrzne infighting; wewnętrzna sprzeczność a **contradiction** in terms
wezbrany swollen[1]
wezwać → **wzywać**
wezwanie summons; ~ (do sądu) subpoena; ~ do *czegoś* a **call**[2] for sth; dostać ~ be called up
węch smell[2]; mieć ~ smell[1]
wędkarstwo angling, fishing
wędkarz angler, fisherman
wędkować fish[2]
wędkowanie fishing
wędrować hike[2], trek; ~ po/przez *itp.* **ramble**[1] along/through, etc
wędrowny itinerant, migratory, roving
wędrówka hike[1], ramble[2], trek; *czyjeś* wędrówki sb's **travel**[2]s
wędzić smoke[2], cure
wędzidło bit[1]
wędzony smoky; śledź ~ kipper
węgiel coal, **coal**s, carbon; ~ drzewny charcoal; czarny jak ~ jet-black; dwutlenek węgla carbon dioxide; kopalnia węgla coal mine, colliery; tlenek węgla carbon monoxide
węglan ~ wapnia calcium carbonate; carbonate
węglowodan carbohydrate; ~ złożony complex carbohydrate
węglowodór hydrocarbon
węglowy carbonic
węgorz eel
węszenie snoop
węszyć pry, snoop; ~ (*gdzieś*) nose about/around (sth), root about/ around (sth)
węzeł knot[1]; ~ chłonny lymph gland
WF PE, gym
wgląd insight
wgłębienie hollow[2], indentation
wgniecenie dent[1]
wgnieść dent[2]
whisky whisky, whiskey
wiać blow[1], gust
wiadomo nigdy nie ~ you never **know**[1]; o ile *komuś* ~ to (the best of) sb's **knowledge**; o ile mi ~ as far as I **know**[1]; o ile mi/nam wiadomo, to … I/we **understand** (that)…
wiadomości news, newscast; najważniejsze wiadomości the **headlines**; skrót wiadomości the **headlines**
wiadomość message, communication, item, email; ~ tekstowa text message; wiadomości tekstowe text messaging; ~ z pierwszych stron (gazet) **front-page** news/story; mieć wiadomości od *kogoś* hear from sb; przyjmować do wiadomości accept; to zła/dobra ~ dla *kogoś* be bad/good **news** for sb; wart podania do wiadomości publicznej newsworthy; wysłać ~ message; wysłać ~ na pager page[2]
wiadro bucket, pail
wiadukt flyover, overpass, viaduct
wiara belief, faith; dawać wiarę credit[2]; w dobrej wierze in good **faith**, well-intentioned, well-meaning; być pełnym wiary w siebie **bubble**[2] (over) with confidence
wiarygodność credibility
wiarygodny authoritative, believable, credible; czynić *coś* bardziej ~ add/give/lend **credence** to sth
wiata shelter[1]
wiatr wind[1]; przeważający ~ / kierunek wiatru a **prevailing** wind; silny ~ **stiff**[1] wind/breeze; smagany wiatrem windswept; wystawiać do wiatru double-cross; wystawiać *kogoś* do wiatru stand sb up; z wiatrem downwind
wiatrak windmill
wiatromierz anemometer
wiatry wind[1]
wiąz elm
wiązać tie[1], bind[1], bond[2], knot[2]; (*beton*) set[1]; ~ (się) correlate, relate; ~ koniec z końcem **eke** out a living/ existence, make **end**[1]s meet; ~ się z entail, involve; ~ się z *czymś* pertain to sth; ~ się z *czymś/kimś* be/have **something** to do with sth/sb; ~ się z *kimś/czymś* relate to sb/sth; ~ z *kimś/czymś* swoje nadzieje pin your **hope**[2]s on sb/sth
wiązadło ligament
wiązanie bond; ~ chemiczne chemical bond; ~ jonowe ionic bond, electrovalent bond; ~ kowalencyjne covalent bond; ~ podwójne double bond
wiązka beam[1]
wiążący binding
wiceprezes vice president
wiceprezydent vice president
wichrzyciel/ka troublemaker
wichura gale
wić ~ się twist[1], writhe, slither, zigzag; ~ się przez/wokół *itp.* **snake**[2] across/around/through, etc; ~ się wzdłuż/po/przez *itp.* **wind**[3] along/ down/through, etc; ~ się wzdłuż/ wokół/przez *itp.* **meander** along/ around/through, etc
widać a nie widać! you could have **fool**[2]ed me
widelec fork[1]
widełki cradle; zdjęty z widełek (*telefon*) off the **hook**[1]
wideo video[1], VCR; gra ~ video game; kamera ~ camcorder, video camera; kaseta ~ videotape
wideofon videophone
wideokaseta videotape
wideokonferencje video conferencing
widły fork[1]; robić z igły ~ make a **mountain** out of a molehill
widmo (*spektrum*) spectrum; (*duch*) phantom[1], spectre; ~ *czegoś* the **spectre** of sth
widnieć ~ na *czymś* be **splash**[1]ed across/all over sth
widoczność visibility
widoczny visible, conspicuous, prominent, outward[1], out[1]; być widocznym be in **evidence**, show[1]

widok sight[1], view[1]; ~ *kogoś/czegoś* the **sight**[1] of sb/sth; *komuś* (nie) na widoku in/out of the/sb's **way**[1]; mieć ~ na overlook; opłakany ~ a **sorry** sight
widokowy scenic
widowisko spectacle; (historyczne) ~ plenerowe pageant; (historyczne) widowiska plenerowe pageantry; robić z siebie ~ make a **spectacle** of yourself
widowiskowy dramatic; sztuki widowiskowe the performing arts
widownia audience, auditorium, house[1]
widz spectator, viewer, onlooker; program z (telefonicznym) udziałem widzów call-in, phone-in; widzowie z przymusu a **captive**[1] audience
widzący sighted
widzenie do widzenia bye, goodbye; pole widzenia sight[1]; punkt widzenia point of view, viewpoint, angle[1], perspective, standpoint, vantage point, slant[2]; z formalnego punktu widzenia technically; z punktu widzenia ... in ... **terms**
widzialność visibility
widziany mile ~ welcome[3]
widzieć see, sight[2]; ~ *coś* w *kimś/czymś* see sth in sb/sth; A widzisz? There you are/go.; świata poza *kimś* nie ~ dote on sb, think the **world**[1] of sb
wiec rally[1]
wieczko lid, top[1]
wiecznie forever, eternally, interminably, perpetually; ~ zielony evergreen
wieczność eternity, ages
wieczny eternal, everlasting, interminable, perennial[1], perpetual; wieczne pióro fountain pen
wieczorowy szkoła wieczorowa night school
wieczorówka night school
wieczór evening, night; ~ kawalerski stag night; ~ panieński hen night; ~ poza domem a **night** out; co ~ nightly; dobry ~ (Good) **evening**.; (dziś) wieczorem tonight
wiedza knowledge, learning, understanding[1]; ~ (fachowa) expertise; ~ (praktyczna) know-how; ~ po fakcie hindsight; ~ praktyczna the **nut**s and bolts; ~ z pierwszej ręki **inside**[2] knowledge
wiedzieć know[1], understand; ~ o *czymś* be **in**[2] on sth; dalej nic nie ~ be none the **wise**[1]r; Już wiem! I **know**[1]; nic nie ~ be in the **dark**[2]; nie ~ o *czymś* be **unfamiliar** with sth; nie wiedzieć, co począć be at your **wits**' end; nie wiedzieć, co zrobić /. powiedzieć be at a **loss**; nie wiem I **dunno**; nie wiem dokładnie **for**[1] all I know; o ile wiem as far as I **know**[1], **for**[1] all I know, my **understanding**[1]; wiedzieć, która godzina can tell the **time**[1]; (no) wiesz you **know**[1]; Wiesz co? (I'll) **tell** you what
wiejski country[2], rural, rustic; (*jajka*) free-range
wiek age[1], century; ~ męski manhood; ~ nastoletni teens; całe wieki ages, forever, **year**s, for **donkey**'s years; już w wieku lat 8/17/25 *itp.* at the **tender**[1] age of 8/17/25 etc; kryzys wieku średniego mid-life crisis; minion-y/a/e ~ *itp.* **bygone** age/days/era, etc; określać ~ date[2]; przełom wieku the **turn**[2] of the century; rozwinięty nad ~ precocious; w kwiecie wieku in one's **prime**[2]; w podeszłym wieku aged[2]; w średnim wieku middle-aged; w wieku aged[1], old; w wieku przedszkolnym pre-school
wiekowy ancient, aged[2]; grupa wiekowa age group
Wiel. (*Wielebny*) Rev, Revd
wielbiciel/ka admirer, enthusiast, fan[1], devotee, follower; cich-y/a ~ **secret**[1] admirer
wielbić worship
wielbłąd camel
wielce highly
wiele many, much[1], extensively; o ~ much[2], way[2]; o ~ za trudny/drogi/późno **far**[1] too difficult/expensive/late, etc; trochę za ~ a **bit**[1] much
wielebny Reverend
Wielkanoc Easter
wielkanocny jajko wielkanocne Easter egg; niedziela wielkanocna Easter Sunday
wielki big, great, grand[1], grandiose, outsize, bulky, jumbo, king-size, prodigious; ~ biznes big business; ~ post Lent; ~ szlem grand slam; bardzo ~ **great** big; budynek/dom *itp.* z wielkiej płyty a **prefabricated** building/home/house, etc; być wielką niewiadomą be anybody's **guess**[2]; wielka litera capital[1]; wielka niewiadoma wild card; Wielki Piątek Good Friday; wielkie nieba! Good heavens!
wielkość size[1], volume, greatness; naturalnej wielkości full-scale; spora ~ a **fair**[1] size; wielkości -sized
wielo- poly-, multi-
wieloatomowy polyatomic
wielocukier polysaccharide
wieloczynnościowy multi-purpose
wielojęzyczny multilingual
wielokąt polygon
wielokomórkowy multicellular
wielokrotnie repeatedly; wykorzystywać ~ reuse
wielokrotność multiple[2]; (najmniejsza) wspólna ~ (lowest) common multiple
wielokrotny multiple[1], repeated; wielokrotnego użytku reusable; wielokrotnego wyboru multiple choice
wielokulturowy multicultural
wieloletni perennial[2]
wielonarodowy multinational[1]
wielonienasycony polyunsaturated
wielopiętrowy multi-storey
wieloraki multiple[1]
wielorasowy multiracial
wieloryb whale
wielorybnictwo whaling
wielowątkowy wide-ranging
wielozadaniowość multitasking
wieniec wreath
wieńcowy coronary[1]
wieńczyć culminate
wieprz hog[1]
wieprzowina pork
wiercić bore[1], drill[2]; ~ się fidget, squirm; nie ~ się stand/stay/sit, etc **still**[2]
wiernie faithfully
wierność allegiance, fidelity, faithfulness
wiern-y/a believer, churchgoer, worshipper; wierni congregation
wierny faithful, hardcore; być wiernym *komuś/czemuś* be **true** to sb/sth
wiersz poem, rhyme[2], verse
wierszyk rhyme[2]; ~ dla dzieci nursery rhyme
wiertarka drill[1]
wierząc-y/a believer
wierzba willow
wierzch top[1]
wierzchołek apex, crown[1]; być wierzchołkiem góry lodowej be the **tip**[1] of the iceberg
wierzenie belief
wierzgać buck[2]
wierzyciel/ka creditor, lender; ~ handlowy trade creditor
wierzyć believe, **hold**[1] a belief; ~ *komuś* na słowo give sb the **benefit**[1] of the doubt, take sb's **word**[1] for it; ~ (święcie) w *coś* swear by sth; ~ w *coś* believe in sth/doing sth; ~, że *ktoś coś zrobi* **trust**[1] sb to do sth; możesz mi ~ **take** it from me; nie ~ disbelieve; nie ~ własnym oczom/uszom not **believe** your eyes/ears
wieszać hang[1]; ~ *coś gdzieś* **suspend** sth from/between, etc
wieszak coat hanger, hanger, peg[1]; (*stojący*) stand[2]; ~ na ręczniki towel rail
wieś (*tereny wiejskie*) countryside, the **country**[1]; (*wioska*) village; mieszkaniec/nka wsi villager, a country **dweller**; życie na wsi country **living**[1]
wieść ~ się dobrze/źle/lepiej *itp.* **fare**[2] well/badly/better, etc
wieśnia-k/czka villager
wietrzenie weathering
wietrzny blustery, breezy, windy; ospa wietrzna chicken pox
wietrzyć air[2], ventilate; ~ się air[2]
wietrzyk breeze[1]
wiewiórka squirrel
wieźć carry
wieża tower[1], steeple; (*stereo*) stereo; ~ (audio) hi-fi
wieżowiec tower block, high-rise

wieżyczka spire, steeple, turret
więc so, then[1]; (no) ~ anyhow, anyway, okay[1]; no ~ now **then**[1]/right then/okay then
więcej more, further[1]; (*ponad*) over[1]; co ~ furthermore, moreover, **what**'s more, indeed; coraz ~ **more**[1] and more; jeszcze ~ *itp.* **yet**[1] more; mniej ~ about[2], **more**[2] or less, roughly, thereabouts; powiedzieć coś ~ (o) elaborate[2]; powiedzieć coś ~ o *czymś* enlarge on/upon sth
więdnąć wilt, wither
większość majority, most[2]; ~ *czegoś* the best/better **part**[1] of sth, the **bulk** of sth; ~ zabawy/czasu/przyjemności *itp.* **half**[1] the fun/time/pleasure, etc; miażdżącą większością głosów overwhelmingly; stanowić ~ be in a/the **majority**
większy większa część zabawy/czasu/przyjemności *itp.* **half**[1] the fun/time/pleasure, etc
więzadełko suspensory ligament
więzić ~ *kogoś* hold/keep/take sb **prisoner**, hold/take sb **captive**[1]
więzienie jail[1], gaol, prison, penitentiary; naczelnik więzienia warden; wsadzać do więzienia jail[2]
więzienny strażni-k/czka więzienn-y/a jailer, warder
wię-zień/źniarka inmate, prisoner; więzień polityczny political prisoner
więź bond[1], tie[2], affinity, camaraderie; wytwarzać ~ bond[2]
wigilia Wigilia (Bożego Narodzenia) Christmas Eve; ~ Wszystkich Świętych Halloween
wigor vigour; pełen wigoru active, dashing
wikary curate
wiklinowy wicker
wiktoriański Victorian; w stylu wiktoriańskim Victorian
wilgoć condensation, moisture, damp
wilgotnościomierz hygrometer
wilgotność humidity
wilgotny damp, humid, moist
wilk wolf[1]; głodny jak ~ starved, starving; o wilku mowa speak/talk of the **devil**; patrzeć wilkiem glower, scowl
willa villa
wina blame[2], guilt, culpability; *czyjaś* ~ sb's **fault**[1]; bez orzekania winy no-fault; bez winy blameless; brać (na siebie) winę **accept** blame; brać na siebie winę **shoulder**[2] the blame; być *czyjąś* winą be sb's **doing**; cierpieć z powodu poczucia winy be **rack**[2]ed with guilt; nękany poczuciem winy guilt-ridden; obarczać winą **apportion** blame; obarczać *kogoś* winą za *coś* pin sth on sb; oświadczenie o winie plea; poczucie winy guiltiness; ponosić winę be in the **wrong**[3]; przyznanie/nieprzyznanie się do winy plea; z poczuciem winy guiltily; zwalić winę na *kogoś* **lay**[1] the blame on sb
winda lift[2], elevator
windsurfing windsurfing; amator/ka windsurfingu windsurfer
windsurfist-a/ka windsurfer
winić blame[1]
winnica vineyard
winny at **fault**[1], culpable, guilty; być winnym owe; być *komuś* winnym przeprosiny/przysługę/drinka *itp.* **owe** sb an apology/favour/drink, etc; uznać *kogoś* za winnego/niewinnego **find**[1] sb guilty/not guilty
wino wine; (*winorośl*) vine; ~ musujące **sparkling** wine; ~ różowe /. rosé rosé; amator wina a wine **drinker**; koneser wina a wine **buff**
winogrono grape
winorośl vine
winowaj-ca/czyni culprit
winyl vinyl
wiodący cutting-edge
wiolonczela cello
wiolonczelist-a/ka cellist
wiosenny robić wiosenne porządki spring clean; wiosenne porządki spring clean
wioska village, hamlet
wiosło paddle[1], oar
wiosłować paddle[2], row[2]
wiosłowanie rowing
wiosna spring[1]
wioślarstwo rowing
wiotki flabby, limp[1], flaccid
wióry shavings
wir whirl[2], whirlpool; ~ *czegoś* a **whirlwind**[2] of sth; rzucić się w ~ *czegoś* plunge into sth; w wirze *czegoś* in the **throes** of sth
wirować swirl, twirl, whirl[1], swim[1]
wirowanie spin[2], swirl, centrifugation
wirówka centrifuge
wirtualny virtual; rzeczywistość wirtualna virtual reality
wirtuoz virtuoso
wirus virus, bug[1]
wirusowy viral
wisieć hang[1], overhang, loom[1]; ~ na włosku be on the **line**[1]; ~ w powietrzu be **brew**[1]ing, loom[1]
wisiorek pendant
wiśnia cherry
witać greet, welcome; ~ z zadowoleniem welcome[2]; witam welcome[1]
witalność vitality
witamina vitamin
witraż stained glass
wiwat cheer[2]
wiwatować cheer[1]
wiwisekcja vivisection
wiza visa
wizerunek image, depiction; ~ firmy /. instytucji public relations, PR
wizja vision, rendering
wizjoner/ka visionary
wizjonerski visionary
wizualnie visually
wizualny visual; efekt ~ a visual **effect**[1]
wizyta visit[2], appointment, call[2]; ~ państwowa **state**[1] visit; krótka ~ a **whirlwind**[1] visit; składać wizytę visit[1], pay your **respect**[1]s; składać *komuś/gdzieś* wizytę **pay**[1] sb/sth a visit; pay a visit to sb/sth; szybka ~ a **flying** visit; umówić się na /. zamówić wizytę **make**[1] an appointment
wizytować sit in
wizytówka showcase
wjechać ~ w *coś* plough into sth, run into sth
wjeżdżać enter, **draw**[1] into
wkleić paste; wyciąć i ~ cut and paste
wklepywać dab
wklęsły concave
wkład contribution, input[1]; mieć istotny ~ w *coś* be **instrumental** in sth/doing sth
wkładać insert[1]; ~ *coś* put sth on, pull on sth, slip into sth, slip sth on, **get**[1] sth into; ~ *coś gdzieś* **put** sth in; ~ *coś* do **stick**[1] sth in; ~ *coś* do/za/pod *itp.* **tuck** sth into/behind/under, etc; ~ *coś* w *coś* (*wysiłek*) put sth into sth/doing sth; ~ się/*coś* **stick**[1] (sth) in/into/through
wkładka insert[2]
wkraczać enter, step in; ~ na *coś* encroach on/upon sth; zaczynać ~ (na arenę *czegoś*) make **inroads** (into/on sth); **→ wkroczyć**
wkradać ~ się **steal** in
wkrapiać dribble
wkręcać ~ *coś* (w/do *itp.*) **screw**[2] sth down/to/onto, etc
wkręcić ~ się *gdzieś* **worm**[2] your way into sth
wkręt screw[1]
wkrętak screwdriver
wkrętka (*kolczyk*) stud
wkroczyć **stride**[1] into, **sweep**[1] into; ~ (na teren prywatny) trespass; **→ wkraczać**
wkrótce soon, shortly, presently, in no **time**[1]
wkurzać bug[2]; ~ *kogoś* get to sb, tick sb off, wind sb up; coś, co mnie/go/ją *itp.* wkurza pet hate; wkurza mnie to It makes me **sick**[1].; **→ wkurzyć**
wkurzony in a **huff**[2]
wkurzyć ~ się go **ballistic**; **→ wkurzać**
wkuwać cram, swot[2]; ~ (*coś*) swot up (on sth)
wlec haul[1]; ~ (się) trail[2]; ~ *coś/kogoś* **drag**[1] sth/sb across/along/over, etc; ~ *kogoś* **drag**[1] sb along/out/to, etc; ~ się drag[1], crawl[1], **lumber**[1] along, straggle, wear on; ~ się przez/do *itp.* **plod** along/on/through, etc; ~ się wzdłuż/przez/w górę *itp.* **trudge** along/through/up, etc
wlewać ~ się flood[1], **pour** into
wliczać count[1]

wliczając including; nie ~ *czegoś* **exclusive**[1] of sth
Wlk. Bryt. UK
wł. (*włącznie*) incl
wład-ca/czyni ruler
władczy authoritative, imperious, overbearing
władza authority, power[1], rule[1], control[1]; *czyjaś* droga do władzy sb's **rise**[2] to power; ~ w *czymś* (*nogach*) the **use**[2] of sth; ~ wykonawcza the **executive**[2]; demonstrować swoją władzę **assert** your control; mieć władzę **wield** power; obejmować władzę **assume** power; objęcie władzy the **assumption** of power; odsuwać od władzy depose
władze authority, the **power**[1]s that be; ~ lokalne local authority
włamać ~ się break in; ~ się (do) (*komputera*) hack[1]; ~ się do *czegoś* break into sth
włamanie break-in, burglary
włamywacz/ka burglar
własnościowy mieszkanie własnościowe condominium
własność ownership, property; tytuł własności tenure
własny own[1], private[1], of your **own**[1], home-grown; (*łazienka*) en suite; na własne ryzyko at your own **risk**[1]; na własne życzenie self-inflicted; na własnej skórze to your **cost**[1]; nazwa własna proper noun; nie wierzyć własnym oczom/uszom not **believe** your eyes/ears; obrona własna self-defence; osoba pracująca na ~ rozrachunek freelancer; poczucie własnej wartości self-esteem, self-respect; pracować na ~ rozrachunek freelance; pracujący na ~ rozrachunek self-employed; własna korzyść self-interest; własnej roboty homemade; z własnego doświadczenia to your **cost**[1]; z własnego ogródka home-grown; z własnej uprawy home-grown; z własnej woli of your own **accord**[1]; z własnym wyżywieniem self-catering; zadany własną ręką self-inflicted; znać *coś* jak własną kieszeń know sth **inside**[1] out; zmieniać właściciela change **hand**[1]s
właściciel/ka owner, proprietor, householder; ~ domu homeowner; ~ lombardu pawnbroker; ~ restauracji restaurateur; ~ sklepu spożywczego grocer; ~ ziemsk-i/a landowner; właściciel landlord; właścicielka landlady
właściwie actually; ~ (to) in **fact**/in actual fact/as a matter of fact; ~ tak I **suppose** so
właściwy fitting, proper, right[1], underlying
właśnie (*akurat*) just[1], just **now**[1], only[1]; (*dokładnie*) precisely; (*potwierdzenie*) I **know**[1]; (no) ~ exactly; ~ mieć *coś zrobić* be **just**[1] about to do sth, be at/on the **point**[1] of doing sth; ~ tak **that**[2]'s it; ~ ten very[2]; ~ że actually, yes[1]; mieć ~ *coś zrobić* be on the **verge**[1] of sth/doing sth
właz hatch[2]
włączać incorporate; ~ (się) start[1]; ~ *coś* put sth on, turn sth on, flick sth on/off; ~ *coś*/się switch (sth) on; ~ *kogoś* count sb in; ~ do dokumentacji file[2]; ~ kierunkowskaz indicate; ~ się (*przyłączać się*) step in, pitch in, chip in; (*zadziałać*) come on, go off; ~ się w *coś* enter into sth; ~ się w konflikt enter/join, etc the **fray**[2]
włączenie inclusion, incorporation
włącznie inclusive
włączony on[2]
włączyć → włączać
włochaty hairy
włos hair; dzielić ~ na czworo split **hairs**; jeżący ~ na głowie hair-raising; kosmyk włosów a **wisp** of hair; linia włosów hairline; o ~ narrowly; pianka do włosów mousse; pokonać o ~ pip[2]; potrząśnięcie włosami a **toss**[2] of your hair; robić sobie włosy **do**[2] your hair; rwać sobie włosy z głowy pull/tear your **hair** out; spinka /. wsuwka do włosów hairpin; spinka do włosów bobby pin; szczotka do włosów hairbrush; wsuwka do włosów hairgrip
włosek wisieć na włosku be on the **line**[1]
włoskowaty naczynie włoskowate capillary; włoskowate pęknięcie a **hairline** fracture
włosy → włos
włośnik root hair
włożenie insertion
włożyć → wkładać
włóczęga bum[1], tramp[1], transient[2], vagrant
włóczyć ~ się tramp[2]; ~ się (po) roam; ~ się *gdzieś* bum around sth
włókno fibre, strand, filament; ~ szklane fibreglass; układ włókien the **grain**
wmieszać implicate
wmieszany być wmieszanym w *coś* be **tangled** up in/with sth
WN (*=winien*) Dr.
wnęka niche, recess, alcove
wnękowy szafa wnękowa closet[1]
wnętrze the **inside**[1], interior; dekorator/ka /. projektant/ka wnętrz decorator; (*komórki*) lumen; projektant/ka wnętrz interior designer; projektowanie wnętrz interior design; wystrój wnętrza decor
wnętrzności guts, insides
wnikać probe[1]
wnikliwy discerning, perceptive
wniosek (*konkluzja*) conclusion, finding, inference; (*zgłoszenie*) application, motion[1], request[1], submission; dochodzić do wniosku conclude; nie wyciągać pochopnych wniosków have/keep an **open**[1] mind; pozwolić *komuś* wyciągnąć ~ **lead**[1] sb to a conclusion; przyjmować /. uchwalać ~ **pass**[1] a motion; składać ~ /. podanie apply; składanie wniosków /. prac submission; wyciągać ~ **reach**[1] a conclusion; wyciągać pochopne wnioski jump to **conclusion**s; wyciągać wnioski **draw**[1] conclusions; znajdować odpowiedź/podejmować decyzję/dochodzić do wniosku **arrive** at an answer/decision/conclusion, etc
wnioskować infer
wnioskowanie deduction
wnosić (*oskarżenie*) file[2]; (*błoto*) tread[1]; ~ apelację appeal[2]; ~ oskarżenie **press**[1] charges
wnuczek grandson
wnuczka granddaughter
wnuk grandchild, grandson
wnyki snare[1]
woalka veil
wobec stanąć ~ face[2]
woda water[1]; ~ amoniakalna ammonium hydroxide; ~ destylowana distilled water; ~ gazowana **sparkling** water; ~ mineralna mineral water; ~ pitna drinking water; ~ po goleniu aftershave; ~ słodka **fresh** water; ~ sodowa soda; ~ utleniona hydrogen peroxide; ~ wapienna limewater; ~ z kranu tap water; bieżąca ~ **running**[2] water; być jak ogień i ~ be like **chalk**[1] and cheese; być na wodzie pisanym be up in the **air**[1]; kropelki wody spray[1]; lać wodę waffle[2]; lanie wody waffle[1]; napuścić wody do wanny **run**[1] a bath; pod wodą underwater; poziom wód gruntowych water table; robić wodę z mózgu brainwash; rzucić *kogoś* na głęboką wodę throw sb in at the deep **end**[1]; skoki do wody diving; spuszczać wodę flush[1]; stać w wodzie **tread**[1] water; unoszący się na wodzie afloat; wody waters
wodniczka vacuole
Wodnik Aquarius
wodnisty watery, sloppy, aqueous
wodno-lądowy amphibious
wodny aquatic, aqueous; droga wodna waterway; narciarstwo wodne water-skiing; szlak ~ waterway; znak ~ watermark
wodociąg water **main**[2]
wodolot hydrofoil
wodopój waterhole
wodorost seaweed
wodorotlenek hydroxide; ~ wapnia calcium hydroxide
wodospad waterfall
wodoszczelny watertight
wodować launch[1]
wodowanie launch[2]
wodowstręt hydrophobia
wodór hydrogen; ~ lekki protium; ciężki ~ deuterium
wodzian hydrate
wodzić ~ *kogoś* za nos string sb along
wojenny działania wojenne hostilities,

warfare; jeniec ~ prisoner of war, POW; marynarka *l.* flota wojenna the Navy; oddawać pod sąd ~ court-martial[2]; okręt ~ warship; sąd ~ court-martial[1]; stan ~ martial law; zakopać topór ~ bury the **hatchet**; zbrodnia wojenna war crime; zbrodniarz ~ war criminal
wojna war, warfare, wartime; ~ błyskawiczna blitzkrieg; ~ domowa civil war; ~ konwencjonalna **conventional** warfare; ~ światowa world war; dziwna ~ phoney war; okres wojny wartime; prowadzić wojnę **wage**[2] war; uniknąć wojny **avert** a war; wyniszczony wojną war-torn; zapobiegać wojnie **avert** a war
wojowniczy belligerent, combative
wojownik warrior
wojsko army, the military[2], troops; powoływać do wojska draft[2]; wojska troops; wstąpić do wojska join up
wojskowy military[1]; obóz ~ an army **camp**[1]; samolot ~ warplane; sąd ~ court-martial[1]; (obowiązkowa) służba wojskowa national service
wojujący militant[1]
wok wok
wokal vocals
wokalist-a/ka vocalist
wokalny vocal; partia wokalna vocals
wokół around, round[2]
wola will[2], volition; *zrobić coś* z własnej woli do sth of your own free will; dobra ~ goodwill; narzucać swoją wolę lay down the **law**; siła woli willpower; wolna ~ free will; z własnej woli of your own **accord**[1]; zła ~ ill will
woleć prefer, would **prefer**, would **rather**; ~ (raczej) would **soon**er; woleć, żeby ... **wish**[1] (that)
wolej volley[1]; uderzyć z woleja volley[2]
wolno (*powoli*) slowly; (*swobodnie*) free[2]; ~ stojący detached; *komuś* ~ *coś robić* be at **liberty** to do sth; nie ~ mustn't
wolnocłowy duty-free
wolność freedom, liberty; ~ od *czegoś* **freedom** from sth; ~ słowa free **speech**/freedom of speech; być na wolności be on the **run**[2], be at **large**; chwila wolności fling[2]; dający poczucie wolności liberating; na wolności loose, in the **wild**[2]; pozbawienia wolności (*wyrok*) custodial
wolny (*powolny*) slow[1]; (*swobodny*) free[1], loose, spare[1]; (*dostępny*) available, unoccupied, vacant, open[1], eligible; (*dzień*) off[1]; ~ handel free trade; ~ od *czegoś* **free**[1] from/of sth; ~ od cła duty-free; ~ od podatku tax-free; ~ pokój vacancy; ~ rodnik free radical; rynek free market; brać *coś* wolne take sth off; brak wolnych miejsc sellout; czas ~ leisure, **spare**[1] time; droga wolna the **coast**[1] is clear; gotować (się) na wolnym ogniu simmer; pracować na wolnych obrotach idle[2]; rzut ~ free kick; w wolnej chwili at your **leisure**; wolna konkurencja free enterprise; wolna ręka a free **hand**[1], free **rein**, carte blanche; wolna wola free will
wolontariusz/ka volunteer[2]
wolt volt
woltomierz voltmeter, potentiometer
wołać call[1], cry[1]; ~ o *coś* be crying out for sth; to woła o pomstę do nieba it's a **crying** shame
wołanie call[2]
wołowina beef[1]
wołowy mielone wołowe ground beef
woń fragrance, odour, scent, whiff
woreczek sac; ~ żółciowy gall bladder
worek bag[1], sack[1]; ~ bez dna a **bottomless** pit; ~ powietrzny air sac; worki (pod oczami) **bag**[1]s; wrzucać *coś/kogoś* do jednego worka lump sth/sb together
workowaty baggy
wosk wax[1]; depilować woskiem wax[2]
woskować wax[2]
wozić ~ *kogoś/coś* **cart**[2] sb/sth around
woźn-y/a caretaker, custodian, janitor
wódka vodka; mocna *l.* czysta ~ **stiff**[1] vodka
wódz chief[2], chieftain
wół ox
wóz cart[1], wagon; ~ strażacki fire engine
wózek (*sklepowy*) trolley, cart[1]; (*dziecięcy*) buggy, pram; ~ (spacerowy) pushchair, stroller; ~ dziecięcy baby carriage; ~ inwalidzki wheelchair; jechać na jednym wózku be in the same **boat**
wpadać **burst**[1] in, drop by/in, **dart**[2] in; ~ (jak burza) **storm**[2] into; ~ (z wizytą) come round, come around; ~ w popłoch stampede; **→ wpaść**
wpadający ~ w ucho catchy
wpadka blunder[1], cock-up
wpajać instil; ~ *coś komuś* drum sth into sb
wpakować ~ *kogoś gdzieś* **bundle**[2] sb into sth; ~ *kogoś* w *coś* land sb in sth
wparować **waltz**[2] in
wpaść **pop**[1] in/over, go along; ~ (z wizytą) call[1]; ~ na *coś* hit on/upon sth, **bump**[1] into/against sth; ~ na *kogoś* bump into sb, run into sb; ~ w *coś* run into sth; ~ w poślizg skid; ~ we wściekłość fly into a rage/temper; **→ wpadać**
wpatrywać ~ się w **gaze** at/into, etc
wpieprzać ~ *kogoś* piss sb off
wpieprzony pissed, pissed off
wpijać ~ *coś*się w *kogoś/coś* dig (sth) into sb/sth
wpisywać ~ *coś* key sth in; ~ się (za *kogoś*) (przy wejściu) sign (sb) in; ~ się (za *kogoś*) (przy wyjściu) sign (sb) out
wpłacać credit[2], deposit[2]; ~ kaucję za *kogoś* bail sb out
wpłata credit[1], deposit[1]
wpływ effect[1], impact[1], influence[1], leverage, say[2]; (*w ekonomii*) inflow; być pod *czyimś* wpływem be under sb's **thumb**[1]; mieć ~ na colour[2]; mieć na *coś* ~ have a **bearing** on sth; mieć wpływy **wield** influence; niekorzystny ~ **adverse** impact; pod ~ impulsu on the **spur**[2] of the moment, on **impulse**; podatny na wpływy impressionable, malleable; wpływy (*przychody*) receipts, takings; (*autorytet*) muscle[1]
wpływać ~ na affect, impact[2], influence[2]; ~ na *kogoś/coś* impinge on/upon sb/sth
wpływowy influential, powerful
wpół ~ do drugiej/trzeciej/czwartej *itp.* **half**[1] past one/two/three, etc, **half**[1] one/two/three, etc
wpraszać ~ się gatecrash
wprawa practice; nabierać wprawy get into your **stride**[2]; wyjść z wprawy be out of **practice**
wprawiać ~ *kogoś* w nastrój **put** sb in a mood; ~ w osłupienie stun; ~ w otępienie stupefy; ~ w ruch propel; ~ *coś* w ruch set sth in **motion**[1]; ~ w zakłopotanie baffle, confound, disconcert, embarrass, perplex
wprawny deft, practised, skilled
wprost directly, in no uncertain **terms**, overtly, positively, squarely, straight[2]; nie ~ implicitly, obliquely, oblique
wprowadzać introduce, initiate, institute[2], insert[1], feed[1], inject, enter, input[2]; ~ (na rynek) launch[1]; ~ (w życie) implement[1], enforce, execute; ~ *coś* bring sth in, **wheel**[2] sth into; (*wpisywać*) key sth in; ~ *coś* (stopniowo) phase sth in; ~ *kogoś* (*kierować*) **show**[1] sb into/around/round, etc, **steer** sb into; (*zapoznawać*) put sb in the **picture**[1]; ~ *kogoś gdzieś* **usher**[1] sb into/to etc; ~ do portu dock[2]; ~ konkurencję deregulate; ~ na ekrany *l.* scenę premiere; ~ na giełdę float[1]; ~ *coś* na rynek bring sth out; ~ poprawki adjust; ~ się move in; ~ w błąd mislead; ~ *coś* w życie put something into **practice**
wprowadzający podręcznik/kurs/lekcja *itp.* wprowadzając-y/a an **introductory** book/course/lesson, etc
wprowadzanie entry
wprowadzenie (*wstęp*) introduction, induction, orientation, preliminary; (*włożenie*) insertion; ~ (na rynek) launch[2]; ~ konkurencji deregulation
wprowadzić **→ wprowadzać**
wpuszczać ~ *kogoś* let sb in; ~ *kogoś/coś* **let** sb/sth in/past/through, etc; nie ~ (*kogoś/czegoś*) keep (sb/sth) out; nie ~ (*kogoś/*

czegoś) gdzieś keep (sb/sth) off sth; nie ~ *czegoś/kogoś* shut sth/sb out
wpuszczony sunken
wpychać (*towar*) tout[1]; ~ *coś* **jam**[2] sth in/into/on, etc; ~ *coś gdzieś* **stuff**[2] sth in/into/behind, etc; ~ *coś* do/w/pod *itp.* **shove** sth into/in/under, etc; ~ *coś* za/do/w *itp.* **thrust**[1] sth behind/into/through, etc; ~ *coś* za/pod/do *itp.* **tuck** sth behind/under/in, etc; ~ się push in, muscle in; ~ się (*gdzieś*) barge in/barge into sth; ~ się bez kolejki jump the **queue**; ~ się/*kogoś gdzieś* crowd in/crowd (sb) into sth
wrabiać frame[2]; ~ *kogoś* set sb up, rope sb in
wracać come back, get back, go back, get in, return[1], call back; ~ do *l.* na rejoin; ~ do *czegoś* get back to sth, get on with sth, go back to sth, revert to sth/doing sth; ~ do *czegoś* **return**[1] to sth; ~ do *kogoś* go back to sb; ~ do normy recover; ~ do zdrowia be on the **mend**[2], recuperate; ~ tą samą drogą **retrace** your steps; nie ~ (na noc) stay out
wrak wreck[2], write-off, wreckage; ~ człowieka wreck[2]
wrażenie impression, sensation; mieć ~ (że) have/get a **feeling** (that)...; odnieść ~ **form**[2] an opinion/impression, etc; robić na *kimś jakieś* ~ **strike**[1] sb as sth; sprawiać ~ come across, come over; stwarzać ~ project[2]; zrobić *l.* wywrzeć ~ na impress
wrażliwie sensitively
wrażliwość sensitivity, sensibility, fragility, susceptibility, vulnerability, responsiveness
wrażliwy sensitive, susceptible, squeamish, fragile, responsive, vulnerable
wreszcie at (long) **last**[3], finally, lastly, **last**[2] but not least; ~ jesteś/jest *itp.* **here** you are/here he is, etc
wręcz indeed, positively; ~ niebezpieczny/chamski/brzydki *itp.* **downright** dangerous/rude/ugly, etc; ~ przeciwnie conversely, on the **contrary**[1], the **reverse**[2]
wręczać hand[2], present[3]
wręczenie presentation
wrodzić ~ się w *kogoś* take after sb
wrodzony congenital, inherent, innate, intrinsic, natural
wrogi hostile, antagonistic, sour[1]; wroga opinia publiczna/reakcja *itp.* **adverse** publicity/reaction, etc
wrogo ~ usposobiony hostile
wrogość hostility, antagonism, bad **blood**, enmity
wrona crow[1]
wrotka roller skate, skate[1]; jazda na wrotkach roller skating, skating; jeździć na wrotkach skate[2]
wrotka-rz/rka skater
wróbel sparrow; strach na wróble scarecrow
wrócić bounce back; → **wracać**
wróg enemy, foe, opponent; oddać się w ręce wroga give yourself up; odwieczny ~ *itp.* an **old** enemy; przechodzić na stronę wroga defect[2]; zaprzysięgli wrogowie **sworn**[1] enemies
wróżka fairy, fortune-teller
wróżyć źle/dobrze ~ **bode** ill/well
wryty stanąć jak ~ stop **dead**[2]
wrzask scream[2], shriek, yell, holler
wrzawa furore, pandemonium
wrzący piping hot
wrzeć boil[1], bubble[2], buzz[2], rage[2], smoulder
wrzenie ferment[2]; doprowadzać do wrzenia boil[1]; doprowadzać *coś* do wrzenia bring sth to the **boil**[2]; temperatura *l.* punkt wrzenia boiling **point**[1]
wrzesień September
wrzeszczeć scream[1], shriek, yell, holler; ~ jak wariat/ka scream your **head**[1] off
wrzos heather
wrzosowisko heath, moor
wrzód ulcer, abscess
wrzucać (*bieg*) shift[2]; ~ *coś* **sling**[2] sth into; ~ *coś/kogoś* do jednego worka lump sth/sb together
wrzucić ~ *coś gdzieś* **toss**[1] sth into, **pop**[1] sth in/into, **flick**[1] sth into, **bung** sth in; ~ *coś* do *czegoś* **tip**[2] sth into sth
wsadzać ~ do więzienia jail[2]
wsączać blot[1]
wschodni eastern, Eastern, easterly, east, eastward; wschodnia sztuka walki martial art
wschodzić rise[1], come up
wschód the east, east, East; ~ słońca sunrise; Bliski Wschód the Middle East; mieszka-niec/nka wschodu easterner, Easterner; na ~ east, eastward, eastwards; na południowy ~ southeast, Southeast; na północny ~ northeast, Northeast; na wschodzie east; południowy ~ the southeast, southeast, Southeast; północny ~ the northeast, northeast, Northeast; Wschodu eastern, Eastern; Wschód the East; ze wschodu easterly
wsiadać embark; ~ (do) board[2]; ~ (do *czegoś*) get on (sth)
wskakiwać → **wskoczyć**
wskazany expedient[1], advisable
wskazówka clue, needle, hand[1], hint[1], instruction, pointer, directions, tip[1], lead[2], guide[1], guidelines
wskazujący palec ~ forefinger, index finger
wskazywać indicate, point[2], denote, gesture[2], register[2], say[1], suggest; ~ *kogoś/coś* point sb/sth out; ~ na indicate; ~ drogę direct[3]; ~ na *coś* point sth out, point to/towards sth, be **indicative**[1] of sth; ~ na podobieństwa/różnice **draw**[1] a comparison/distinction
wskaźnik indicator, index[1], pointer, dial[1], gauge[2], barometer; ~ cen detalicznych consumer price index, retail price index, RPI; ~ finansowy accounting ratio; ~ pH indicator; ~ płynności current ratio; ~ uniwersalny universal indicator; ~ urodzeń birth rate
wskoczyć **jump**[1] into, hop[1], **leap**[1] into, **pop**[1] in
wskórać nic nie ~ not get **anywhere**
wskrzeszać resurrect
wskrzeszenie resurrection
wspak backwards
wspaniale wonderfully, deliciously, delightfully, gloriously, magnificently, splendidly, sublimely, thoroughly
wspaniałomyślność generosity
wspaniałomyślny generous
wspaniałość grandeur, splendour
wspaniały wonderful, magnificent, splendid, beautiful, delightful, glorious, gorgeous, sublime, tremendous; (wcale) nie taki ~ (za jaki uchodzi) not all it's **crack**[1]ed up to be
wsparcie backing, backup, support[2], encouragement; ~ duchowe reassurance; ~ moralne moral support; pełne ~ **wholehearted** support; uzyskać *l.* pozyskać ~ *kogoś* **enlist** the support of sb; zdobyć (sobie) ~ **win**[1] support
wspierać encourage, promote; ~ *kogoś* stand by sb
wspieranie promotion
wspinaczka ascent, climb, climbing
wspinać ~ się climb; ~ się na *l.* po scale[2]; ~ się (po) climb; ~ się po mount
wspomagać aid[2]; ~ *coś* prop sth up; ~ *kogoś* back sb up; ~ finansowo endow
wspomagający leczenie wspomagające **complementary** medicine/treatment
wspominać look back, reminisce, think back; ~ (o) mention[1]; ~ o *kimś/czymś* refer to sb/sth; → **wspomnieć**
wspominając nie ~ o **let** alone
wspomnieć remark[2]; ~ *coś* remark on/upon sth; ~ o *czymś* touch on sth; → **wspominać**
wspomnienie memory, recollection, reminiscence; mgliste ~ blur[2]; pobudzający wspomnienia evocative; wspomnienia memoirs, reminiscence; zamglone ~ a **dim**[1] memory/recollection
wspornik bracket[1]
wspólnie collectively, cooperatively, jointly; ~ (z *kimś*) in **tandem** (with sb); ~ z in **association** with
wspólni-k/czka accomplice, partner[1]
wspólnota fellowship; poczucie wspólnoty togetherness; Wspólnota Narodów the Commonwealth
wspólny common[1], communal, joint[1], mutual, cooperative[1]; mieć

coś wspólnego have sth in **common**[2]; nie mieć z *kimś/czymś* nic wspólnego have **nothing** to do with sb/sth; wspólna kasa kitty; wspólna płaszczyzna common ground
współ- co-
współbiesiadnictwo commensalism
współczesn-y/a contemporary[2]
współczesny contemporary[1], modern, modern-day
współczucie compassion, pity[1], sympathy
współczuć commiserate, pity[2], sympathize; ~ *komuś* feel for sb
współczująco sympathetically
współczujący compassionate, sympathetic
współczynnik rate[1], coefficient
współdziałać ~ (z *kimś*) **aid**[2] and abet (sb)
współdziałanie liaison, synergy
współistnieć coexist
współistnienie coexistence
współlokator/ka flatmate, roommate
współmieszka-niec/nka roommate
współpłaszczyznowy coplanar
współpraca collaboration, cooperation, liaison; nawiązać współpracę join **force**[1]s; we współpracy z in **association** with; we współpracy (z *kimś*) in **tandem** (with sb)
współpracować collaborate, cooperate, liaise; ~ z *czymś* be **twin**[3]ned with sth
współpracowni-k/czka colleague, co-worker, associate[2], contributor, collaborator
współrzędna coordinate
współspraw-ca/czyni accessory
współśrodkowy concentric
współudział complicity
współużytkować pool[2]
współwinn-y/a accessory
współzawodnictwo rivalry
współżyć interact
wstawać get up, rise[1], stand[1], arise
wstawiać insert[1]
wstawić ~ się za *kimś* put in a good **word**[1] for sb
wstąpić ~ (*gdzieś*) stop by (sth); ~ do join[1]; ~ do wojska join up; ~ po *kogoś* call for sb; ~ w *kogoś* get into sb; co w nią/niego/ciebie *itp.* wstąpiło? what **possess**ed her/him/you, etc?; → **wstępować**
wstąpienie entry
wstążka ribbon
wstecz back[1], backward, backwards; działający ~ retrospective[2]; sięgać ~ flash back; spoglądać ~ look back
wsteczny (bieg) ~ reverse[2]; lusterko wsteczne rear-view mirror; z mocą wsteczną retrospective[2], retrospectively
wstęp (*wprowadzenie*) introduction, preamble, preliminary; (*wejście*) admission, admittance, entrance, entry; ~ do *czegoś* a **prelude** to sth; bez dalszych wstępów without further/more **ado**; opłata za ~ admission
wstępnie tentatively
wstępny preliminary, tentative, exploratory; artykuł ~ editorial[2], an **introductory** essay; warunek ~ precondition
wstępować ~ do enter; → **wstąpić**
wstręt disgust[1], loathing, repugnance, revulsion; napawać wstrętem disgust[2]
wstrętny distasteful, foul[1], vile, obnoxious, odious, disgusting
wstrząs jolt[1], bump[2], tremor, upheaval, shock[1]; ~ mózgu concussion; ze wstrząsem mózgu concussed
wstrząsać stun; ~ *czymś* rip through sth
wstrząsająco shockingly
wstrząsający shocking
wstrząsnąć jar[2], rock[2], shake[1], shock[2]; ~ *kimś* shake sb up
wstrząśnięty shocked
wstrzemięźliwy celibate
wstrzykiwać inject
wstrzymać halt[2]; ~ *coś* call a **halt**[1] to sth; ~ oddech hold your **breath**; ~ się od głosu abstain
wstrzymanie freeze[2], suspension; ~ się od głosu abstention
wstrzymujący głos ~ abstention
wstrzymywać impede, withhold; ~ oddech **hold**[1] your breath
wstyd shame[1], embarrassment; być wstydem be a **disgrace**[2]; nie mieć wstydu have no **shame**[1]; przynosić ~ **bring** shame; robić *komuś* ~ show sb up; to ~ be a **disgrace**[2]
wstydliwie shamefully; mieć ~ ukrywaną tajemnicę have a **skeleton** in the cupboard
wstydliwy shameful, bashful
wstydzić ~ się be **ashamed**; ~ się za *kogoś* be **ashamed** of sb
wsuwać slip[1]; (*pożerać*) scoff; ~ *coś* **slip**[1] sth into/through, etc; ~ się/ *coś* **slide**[1] (sth) down/along, etc
wsuwka ~ do włosów hairgrip, hairpin
wszczep implant[1]
wszczepiać implant[2]
wszczęcie instigation
wszczynać instigate; ~ burdy rampage[1]
wszech ~ czasów all-time
wszechmogący almighty
wszechobecny commonplace, pervasive, ubiquitous
wszechstronność versatility
wszechstronny comprehensive[1], versatile, wide-ranging
wszechświat the universe
wszelki dokładać wszelkich starań go to great **length**s to do sth, pull out all the **stop**[2]s; na ~ wypadek (just) in **case**; ponad wszelką wątpliwość beyond/without a **shadow**[1] of a doubt; przekraczający wszelkie oczekiwania beyond your wildest **dream**[1]s; wbrew wszelkim przewidywaniom against all (the) **odds**; wszelkie *coś* every **ounce** of sth; wszelkiego rodzaju all **shape**[1]s and sizes, of any **description**; *coś* wszelkiego rodzaju all **sort**[1]s of sth; za wszelką cenę at all **cost**[1]s, at any **price**[1]
wszerz wzdłuż i ~ *czegoś* the **length** and breadth of sth
wszędzie everywhere, **all**[2] over, all over the **place**[1], throughout, everyplace; ~ bez wyjątku across the **board**[1]
wszy lice
wszyscy everyone, all[1], the **lot**; ~ (bez wyjątku) all and **sundry**; ~ inni **everyone** else
wszystkie all[1]
wszystko all[1], everything, anything, the **lot**, things; ~ dobrze /. w porządku all is **well**[1]; ~ inne **everything** else; ~ przez **what** with; być wszystkim be/mean **everything**; dać z siebie ~ do/try your **best**[3]; mi ~ jedno I'm **easy**[1]; mieć ~ (naraz) have your **cake** and eat it; mimo ~ **after**[1] all, all/just the **same**[1], regardless; po wszystkim **all**[2] over; przede wszystkim in the first **place**[1], for a **start**[2], primarily, **above**[1] all, **first**[2]; first of all; robić wszystko, aby … go out of your **way**[1] to do sth; sprzedać ~ sell up; to ~ **that**[2]'s it; wbrew /. na przekór wszystkiemu against all (the) **odds**; we wszystkich przypadkach on all **count**[2]s; wszystkiego najlepszego z okazji urodzin/szczęśliwego Nowego Roku *itp.* Happy Birthday/New Year, etc; wziąwszy ~ pod uwagę all things **considered**; zrobić /. uczynić ~, co w *czyjejś* mocy do everything in your **power**[1] to do sth, do/try your **best**[3]; zważywszy ~ on **balance**[1]
wścibski intrusive, nosy, nosey
wściec ~ się go **mad**, have a **fit**[3], hit the **roof**, go off
wściekać ~ się rage[2], see **red**[2]
wściekle crazily, fiercely, furiously
wścieklizna rabies
wściekłość fury, rage[1]; doprowadzać do wściekłości exasperate; pałać wściekłością **burn**[1] with anger; patrzeć z wściekłością glare[2]; ślepa ~ **blind**[1] rage; wpaść we ~ fly into a rage
wściekły crazy, fierce, furious, mad, livid, incensed, nasty, blazing, black[1]
wślizgnąć ~ się **glide** into, **slide**[1] into
wśród among, amid; ~ *kogoś* in your **midst**
wtaczać ~ się **roll**[1] in
wtajemniczać initiate
wtajemniczon-y/a insider
wtajemniczony ~ w *coś* **privy** to sth; być wtajemniczonym be in the

know²; być w coś wtajemniczonym be in² on sth
wtapiać ~ się blend in
wtargnąć intrude; ~ na coś encroach on/upon sth
wtargnięcie incursion
wtedy then¹
wtłaczać squash²; ~ coś cram sth between/in/into, etc
wtłoczyć ~ się pile in
wtorek Tuesday
wtórny sektor ~ the secondary sector
wtrącać ~ (się) chime in; ~ się butt in, interfere, meddle, intervene, pipe up, pry; ~ swoje trzy grosze stick/put your oar in; nie wtrącaj się mind your own business
wtrącanie ~ się intrusion
wtulać ~ (się) nestle (sth) against/in/on, etc; ~ się nestle beneath/between/in, etc, snuggle up/down/into, etc
wtyczka plug¹; (program) plug-in; (informator) mole
wtykać ~ nos w coś poke/stick your nose¹ into sth
wuef game¹s
wuj uncle
wujek uncle
wulgarność vulgarity
wulgarny vulgar, profane; ~ język foul¹ language/words
wulgaryzm obscenity, profanity
wulkan volcano
wulkaniczny volcanic, igneous
www www
wy you, guys
wybaczać excuse¹, forgive; wybacz forgive me; → wybaczyć
wybaczalny excusable
wybaczyć można komuś coś ~ sb could be forgiven for doing sth; → wybaczać
wybaw-ca/czyni rescuer, saviour
wybawiciel/ka rescuer, saviour
wybawić ~ kogoś z tarapatów get/let sb off the hook¹
wybawienie rescue², salvation
wybić ~ się rocket²
wybieg (sztuczka) expedient²; (scena) catwalk; (dla koni) paddock
wybielacz bleach¹
wybielać bleach²
wybierać choose, pick¹, have/take your pick², select¹, elect, nominate; ~ coś/kogoś pick sth/sb out; ~ (sobie) coś/kogoś cream sth/sb off; ~ kogoś/coś single sb/sth out; → wybrać
wybijać chime; ~ (godzinę) strike¹; ~ (piłkę) bat²
wybijający (gracz) ~ batsman, batter¹
wybiórczy selective
wybitnie eminently, outstandingly, prominently
wybitny distinguished, eminent, outstanding, prominent
wyboisty bumpy
wyborca voter, constituent; wyborcy electorate
wyborczy electoral; lokal ~ polling station; prawo wyborcze franchise, the vote²; (czynne) prawo wyborcze suffrage
wyborowy choice²
wybory election, the polls; ~ powszechne general election; ~ uzupełniające by-election; dzień wyborów election day, polling day; rozpisać ~ call¹ an election
wybój bump², pothole
wybór assortment, choice¹, selection, array; do wyboru do koloru you name² it; dobry ~ a good bet²; drugi ~ the next¹ best thing; najlepszy ~ your best bet²; ponowny ~ re-election; szeroki ~ a broad range/variety, etc, a wide¹ range/selection/variety, etc; świadomy ~ a conscious choice; wielokrotnego wyboru (test) multiple choice
wybrać ~ (odpowiedni) moment na time²; ~ ponownie re-elect; → wybierać
wybrakowany towar ~ second²
wybrany select²; ~ termin /. moment timing
wybredny choosy, fussy, particular, picky
wybryki antics, excesses
wybrzeże coast¹, the seaside, shore¹, waterfront; ochrona wybrzeża (przed zalaniem lub zniszczeniem) sea defence, coastal defence
wybrzuszać ~ się bulge¹
wybrzuszenie bulge²
wybuch blast¹, explosion, eruption, burst², outburst, outbreak; ~ czegoś a burst² of sth; ~ śmiechu a hoot¹ of laughter; Wielki Wybuch the big bang
wybuchać explode, erupt, go up
wybuchnąć break out, flare¹, burst out, go off; ~ (gniewem) blow up; ~ czymś break into sth; ~ śmiechem/płaczem burst¹ into laughter/tears, burst¹ out laughing/crying, dissolve into laughter/tears
wybuchowość volatility
wybuchowy explosive¹, volatile; (człowiek) bad-tempered; materiał ~ explosive²
wybulić splurge; ~ (ileś) cough (sth) up, splash out (sth); ~ ileś fork sth out
wyburzenie demolition
wyburzyć ~ coś tear sth down
wycelować point², take aim¹
wycena estimate¹, quotation, valuation
wyceniać quote¹, value²
wycenić price², cost³; ponownie ~ revalue
wychłodzenie ~ organizmu exposure
wychodzący outgoing; ~ na południe south-facing; nie ~ z domu housebound
wychodzić go out, leave¹, come out, walk out, head off, go off, emerge; ~ (z) exit², drift¹ out; ~ (z czegoś) get off (sth); ~ ileś work¹ out at sth; ~ na (być zwróconym) overlook; ~ na jaw come out, come to light¹, emerge, break¹, surface²; ~ razem /. masowo /. gromadnie troop² out of; ~ z czegoś come of sth/doing sth; ~ z domu get out; ~ z mody date²; ~ z siebie (z czegoś) be beside yourself (with sth); ~ za mąż marry; ~ ze skóry bend over backwards; ~ zwycięsko come off best/well; nie pozwolić komuś ~ (z domu) keep sb in; ponownie ~ za mąż remarry; → wyjść
wychowanie upbringing; ~ dzieci parenting; ~ fizyczne game¹s; brać na ~ foster¹
wychowany -behaved; dobrze ~ well-behaved, urbane
wychowywać raise¹, rear², foster¹, nurture; ~ kogoś bring sb up; ~ się grow up
wychudły pinched
wychudzony emaciated
wychwalać extol; ~ coś/kogoś big sth/sb up
wychylać ~ się lean¹ out; nie ~ się keep a low profile¹, toe the (party) line¹
wychylić (wypić) down⁴
wychynąć poke¹ out
wyciąć ~ i wkleić cut and paste; → wycinać
wyciąg (fragment) extract²; (dźwig) pulley; ~ (bankowy/z konta) (bank) statement; ~ z konta bank statement
wyciągać draw¹, extend, extract¹; (szyję) crane²; (podnosić) winch; ~ (się) stretch¹; ~ coś take sth out, hold sth out; ~ coś suck sth/up; ~ coś/kogoś skądś pluck sth/sb from/out, etc; ~ kogoś get sb out; ~ od milk²; ~ pochopne wnioski jump to conclusions; ~ się stretch out; ~ wniosek reach¹ a conclusion; ~ wnioski draw¹ conclusions; nie ~ pochopnych wniosków have/keep an open¹ mind; → wyciągnąć
wyciągarka winch
wyciągnąć ~ coś na światło dzienne bring sth out into the open; ~ nogi put your feet up; pozwolić komuś ~ wniosek lead¹ sb to a conclusion; → wyciągać
wyciągnięty outstretched
wycie howl, wail
wycieczka excursion, outing, tour¹, trip¹; ~ piesza hike¹
wycieczkowy bilet ~ day return
wyciek discharge², leak², release²; ~ ropy (naftowej) oil spill
wyciekać escape¹, ooze
wyciekanie leakage
wycieńczony drawn¹
wycieraczka (do nóg) doormat, mat; (samochodowa) windscreen wiper, wiper
wycierać dry², wipe¹; ~ (coś) dry (sth) up; ~ (się) fray¹; ~ coś rub sth

out, **wipe**[1] sth away/off; ~ się/ *kogoś/coś* dry (sb/sth) off
wycięcie neck; ~ nasieniowodu vasectomy
wycinać clip[2], cut[1], snip[1], carve; ~ *coś* cut sth out; → **wyciąć**
wycinanie ~ na prasie die cutting
wycinek clipping, cutting[1]
wycisk dać *komuś* ~ kick sb's **butt**[1]
wyciskać extrude; ~ cytrynę/ pomarańczę *itp.* **squeeze**[1] a lemon/ orange, etc
wyciskanie extrusion
wyciszać fade
wyciszyć ~ *coś* hush sth up
wycofać withdraw; (*obietnicę*) retract, recall; ~ (się) withdraw; ~ *coś* (stopniowo) phase sth out; ~ się back away, back down, back off, back out, backtrack, bow out, climb down, opt out, retreat[1], stand aside, stand down, withdraw; ~ się z *czegoś* go back on sth; ~ się/*coś* **back**[3] (sth) away/into/ out, etc; ~ z produkcji *l.* obiegu discontinue; → **cofać**
wycofanie withdrawal, recall; ~ (się) withdrawal
wycofywać → **wycofać**
wyczarować ~ *coś* conjure sth up
wyczekiwać wait about/around
wyczekująco expectantly
wyczerpać exhaust[1], deplete, drain[1]; ~ *kogoś* wear sb down, wear sb out; ~ się dry up, run out, wear **thin**[1]
wyczerpanie exhaustion, depletion
wyczerpany drained, exhausted, worn-out; (*nakład*) out of **print**[2]
wyczerpujący (*kompletny*) comprehensive[1], exhaustive; (*męczący*) exhausting, gruelling
wyczerpywać → **wyczerpać**
wyczucie sense[1], acumen; ~ *czegoś* a **feel**[2] for sth; ~ czasu timing; mieć ~ *czegoś* have an **eye**[1] for sth
wyczuć feel[1], sense[2], detect; ~ *coś* pick sth up; dać się ~ come across; można ~ *coś* can **taste**[2] sth
wyczuwalny wyraźnie ~ palpable
wyczyn exploit[2], feat; ~ (kaskaderski) stunt[1]; być nie lada wyczynem be no mean **feat**
wyczyścić (*okraść*) raid[2]; ~ *coś* clean sth out
wyć howl, wail
wydajnie efficiently
wydajność capacity, efficiency, yield[2]
wydajny efficient, cost-effective
wydalać discharge[1], excrete
wydalanie excretion, egestion
wydalenie expulsion
wydanie edition, issue[1], publication; (*ekstradycja*) extradition; w najlepszym wydaniu at his/its, etc **best**[3]
wydarzenie event, incident, episode, happening, milestone, occurrence; kluczowe ~ landmark; pełen wydarzeń eventful; rozwój wydarzeń **turn**[2] of events
wydarzyć ~ się happen, occur, transpire
wydatek outlay
wydatki expenses, spending, expenditure, outgoings; ~ na konsumpcję consumer spending; nie szczędzić wydatków **spare**[3] no expense; ograniczać *l.* obcinać wydatki (na *coś*) cut back (sth); szaleństwo wydatków a spending **spree**
wydatkować expend
wydatnie prominently
wydatny prominent
wydawać (*pieniądze*) spend; (*drukiem*) issue[2], publish; (*wydzielać*) dispense; (*z kraju*) extradite; (*dźwięk*) emit, utter[2]; ~ (*coś*) pay (sth) out; ~ opinię **pass**[1] judgment; ~ orzeczenie rule[2]; ~ się (*zdawać się*) appear, **sound**[2] like/as if/as though; (*myśleć*) imagine, fancy[1]; ~ się *jakimś* **seem** like/as if; ~ się lepszym/innym/dziwnym/jakby *itp.* **feel**[1] better/different/strange, etc; feel like/as if; ~ się w zasięgu ręki beckon; ~ się wesołą/miłą osobą *itp.* **seem** happy/a nice person, etc; ~ się złym/szczęśliwym *itp.* **sound**[2] angry/happy, etc; ~ walkę crack down; ~ wyrok **pass**[1] sentence; wydaje mi się, że I **think**[1]
wydawca publisher
wydawnictwo press[2]; ~ encyklopedyczne reference book
wydawniczy działalność wydawnicza publishing
wydech expiration
wydechowy rura wydechowa exhaust pipe, exhaust[2], tailpipe
wydęcie ~ ust pout
wydłubać ~ *coś* gouge sth out
wydłużać extend; ~ (się) lengthen; ~ *coś* pad sth out
wydłużony elongated
wydma dune, sand dune
wydmuchiwać blow[1]; ~ nos **blow**[1] your nose
wydobycie extraction
wydobyć glean; ~ *coś* z *l.* od *kogoś* get sth out of sb; ~ na światło dzienne unearth
wydobywać extract[1], mine[3], quarry, retrieve; ~ się *skądś* emanate from sth
wydostać ~ się get out; nie móc się ~ *skądś* be **maroon**[2]ed
wydra otter
wydrążony hollow[1]
wydrążyć gouge; ~ *coś* hollow sth out
wydruk printout, hard copy, printing
wydrukować ~ *coś* print sth out
wydychać exhale, expire
wydymać ~ *coś* puff sth out; ~ usta pout
wydz. (*wydział*) dept
wydział department, division, school; ~ do spraw narkotyków/ oszustw *l.* przestępstw gospodarczych *itp.* drug/fraud, etc **squad**; ~ kryminalny the CID; ~ *l.* pracownicy wydziału filologii angielskiej/prawa/nauk ścisłych *itp.* the English/law/science, etc **faculty**
wydziałowy departmental
wydzielać secrete; ~ *coś* (*dawać*) dole sth out; (*wytwarzać*) give off sth
wydzielanie excretion
wydzielina discharge[2], excretion, secretion
wydzielony dedicated
wydzierać ~ *coś* z **tear**[1] sth out of
wyekspediować ~ *kogoś* pack sb off
wyeliminować eliminate, eradicate, sideline[2], purge; ~ *coś* cut sth out; ~ *coś/kogoś* root sth/sb out; ~ *kogoś* knock sb out
wyeliminowany ~ z gry out[1]
wygadać blurt; ~ *coś* let sth **slip**[1]; ~ się let the **cat** out of the bag, let on
wygadany glib
wygasać expire
wygaszacz ~ ekranu screen saver
wygaśnięcie expiry, termination
wygięcie twist[2]
wygięty bent[1]
wyginać ~ (się) bend[1], buckle[2], contort, curve[2]; ~ (się) w łuk *l.* łukiem arch[2]
wyginięcie extinction
wygląd appearance, air[1]; ~ *kogoś/ czegoś* the **look**[2] of sb/sth; *czyjś* ~ sb's **look**[2]s; atrakcyjny ~ good looks; przywrócić *czemuś* dawny ~ give sth a new **lease**[1] of life; zmiana wyglądu makeover
wyglądać **poke**[1] round/out/through, etc; ~ fajnie/dziwnie *itp.* **look**[1] nice/ strange, etc; ~ jak głupi stick/stand out like a sore **thumb**[1]; ~ na to, że **sound**[2] like/as if/as though; ~ przez/znad/zza *itp.* **peep** through/ over/out from, etc; odpowiednio ~ look the **part**[1]; wygląda na to **chance**[1]s are; wygląda na to, że it **look**[1]s like; it looks as if
wygładzać smooth[2]; ~ (papierem ściernym) sand[2]
wygłodniale ravenously
wygłodniały ravenous
wygłosić ~ kazanie preach; ~ mowę **give**[1] a speech; ~ mowę/ przemówienie *itp.* **deliver** a speech/ talk, etc
wygłupiać ~ się fool around/about, goof around, muck about/around, play about/around; Nie wygłupiaj się! Come off it!
wygłupić ~ się goof
wygnać banish, exile, expel
wygnanie exile
wygnaniec exile
wygnany exiled
wygoda comfort[1], convenience, expediency
wygodnie comfortably, conveniently; rozkładać się ~ recline; usiąść ~ sit back

wygodny comfortable, convenient, expedient[1], comfy
wygolony shaven
wygospodarować free[3]; ~ czas **make**[1] time
wygórowany exorbitant, extortionate, prohibitive, steep[1]
wygrać win[1]; ~ los na loterii hit the **jackpot**
wygrana prize[1], win[2], winnings; dać za wygraną throw in the **towel**; główna ~ jackpot; nie dawać za wygraną hold your **own**[1]
wygrywać → **wygrać**
wygrzebać ~ *coś* dig sth up
wygrzewać ~ się bask; ~ się na słońcu **sun**[2] yourself
wyguglać Google
wygwizdać boo
wyimaginowany imaginary
wyjaśniać clarify, elaborate[2], elucidate, explain, gloss[2], illuminate; ~ *coś* account for sth, clear sth up, straighten sth out, spell sth out; ~ *coś czymś* put sth down to sth; ~ *coś komuś* take sb through sth; ~ nieporozumienia put/set the **record**[1] straight; ~ się work out; → **wyjaśnić**
wyjaśniający explanatory
wyjaśnianie explaining
wyjaśnić ~ *coś* (do końca) get sth **straight**[1]; → **wyjaśniać**
wyjaśnienie clarification, elaboration, explanation, gloss[1], story; być nie do wyjaśnienia **defy** explanation
wyjawić disclose, divulge; ~ *coś* give sth away
wyjawienie disclosure
wyjazd departure; ~ na placówkę posting; na wyjeździe away
wyjazdowy away[2]
wyjąć ~ *coś* fish sth out; (błyskawicznie) ~ (*coś*) **whip**[2] (sth) out
wyjąkać stutter
wyjątek exception; (*fragment*) extract[2], excerpt; bez wyjątku **bar**[3] none, without **fail**[2]; robić ~ make an **exception**; wszędzie bez wyjątku across the **board**[1]; z wyjątkiem except, **apart** from, excepted, excepting; z wyjątkiem *czegoś* **short**[2] of doing sth
wyjątkowo exceptionally, extremely, extra[3], extraordinarily, singularly, uniquely; ~ niebezpieczny/chamski/brzydki *itp.* **downright** dangerous/rude/ugly, etc
wyjątkowość uniqueness
wyjątkowy exceptional, extraordinary, special[1], unique, singular, extreme[1]
wyjeżdżać depart, go away, leave[1], **draw**[1] out
wyjęcie ~ spod kontroli państwowej deregulation
wyjęty osoba wyjęta spod prawa outlaw[2]
wyjmować produce[1]; ~ *coś* **get**[1] sth out, take sth out; ~ spod kontroli państwowej deregulate
wyjście exit[1], way out; (*rozwiązanie*) course; (*z komputera*) output[1]; (*z domu wieczorem*) a **night** out; (*na lotnisku*) gate; ~ ewakuacyjne fire escape; do punktu wyjścia back to **square**[1] one; nie mieć (innego) wyjścia (i musieć *coś zrobić*) have no **option** (but to do sth); punkt wyjścia basis, starting-point; w punkcie wyjścia back to **square**[1] one
wyjściowy dane wyjściowe output[1]; moc wyjściowa output[1]
wyjść come out, pan out; ~ na czysto /. zero **break**[1] even; ~ na dobre be a **blessing** in disguise; ~ na głupka have **egg**[1] on your face; ~ z obrażoną miną **stalk**[1] out/off, etc; ~ z wprawy be out of **practice**; ~ za kaucją be **bail**[2]ed; odwrócić się na pięcie i ~ **march**[2] off/up/down, etc; pozwolić ~ dismiss; → **wychodzić**
wyjustować justify
wykałaczka toothpick
wykańczający ~ nerwowo nerve-racking
wykapany carbon copy
wykaszleć ~ *coś* cough sth up
wykaz inventory; ~ ocen report[1]; ~ operacji statement of account
wykazać mieć okazję /. móc się ~ come into your/its **own**[1]; nie mieć szansy się ~ not get a **look-in**
wykazujący ~ niedobór deficient
wykazywać demonstrate, show[1]; ~ podobieństwo do *kogoś/czegoś*/związek z *kimś/czymś itp.* **bear**[1] a resemblance/relation, etc to sb/sth
wykąpać ~ się **have**[3] a bath
wykipieć boil over
wykluczać exclude, dismiss, discount[2], preclude, drop[1]; ~ *coś* draw the **line**[1] at sth; ~ *coś/kogoś* cut sth/sb out; ~ *kogoś* count sb out; ~ *kogoś/coś* rule sb/sth out
wykluczenie exclusion
wykluczony out[1]; być wykluczonym be out of the **question**[1]
wykluwać ~ się hatch[1]
wykład lecture[1], talk[2]
wykładać expound, lecture[2], teach; (*obijać*) pad[2]
wykładany być wykładanym *czymś* be **line**[2]d with sth
wykładniczy exponential; zapis ~ scientific notation, standard form, index form
wykładnik exponent
wykładowca lecturer, fellow[1]
wykładzina carpet; kryć wykładziną carpet
wykoleić ~ (się) derail
wykolejenie derailment
wykombinować ~ *coś* cook sth up
wykonać craft[2]; ~ egzekucję na execute; → **wykonywać**
wykonalność feasibility, practicality, viability
wykonalny feasible, practicable, practical[1], workable, viable
wykonanie execution, rendering, rendition; nie do wykonania insurmountable; zawieszać ~ wyroku reprieve; zawieszenie /. zaniechanie wykonania wyroku reprieve
wykonaw-ca/czyni performer
wykonawca contractor
wykonawczy executive[1]; władza wykonawcza the **executive**[2]
wykonywać make[1], perform, fashion[2]; ~ *coś* carry out sth; → **wykonać**
wykonywanie execution
wykończenie finish[2], trim[2], trimming
wykończony worn-out, knackered, shattered
wykończyć ~ *kogoś* do sb in
wykop excavation; ~ z ręki punt[1]
wykopać excavate, unearth; ~ *coś* dig sth up; ~ *kogoś* turf sb out; ~ dziurę/tunel *itp.* **dig**[1] a hole/tunnel, etc
wykopalisko dig[2], excavation; prowadzić wykopaliska excavate
wykorzenić eradicate, uproot; ~ *coś* root sth out; nie dawać się łatwo ~ die **hard**[2]
wykorzystać → **wykorzystywać**
wykorzystanie exercise[1], exploitation
wykorzystujący ~ innych manipulative
wykorzystywać use[1], utilize, exploit[1], exert, harness[2], tap[2], milk[2]; ~ *coś* capitalize on sth, play on sth, seize on/upon sth, take **advantage** of sth, tap into sth; ~ *kogoś/coś* take **advantage** of sb/sth; ~ ponownie /. wielokrotnie reuse; bezlitośnie ~ *coś* pounce on sth; maksymalnie *coś* ~ make the **most**[2] of sth; niewłaściwie ~ misdirect
wykosztować ~ się splash out (sth), splurge
wykpić ~ się (*czymś*) get off (sth)
wykradać ~ się **steal** away/out
wykres chart[1], graph; ~ rozrzutu scatter diagram; ~ słupkowy bar chart, block graph
wykreślać plot[2]; ~ *coś* strike sth out; ~ *coś* (z *czegoś*) cross sth off (sth)
wykręcać (*numer*) dial[2]; (*szyję*) crane[2]; (*szmatę*) wring; ~ się od dodge[1]; ~ się od *czegoś* duck out of sth, get out of sth, **wriggle** out of sth/doing sth; → **wykręcić**
wykręcanie ~ się evasiveness
wykręcić ~ się sianem get off **lightly**; → **wykręcać**
wykręt way out
wykroczenie infraction, misdemeanour, offence; bez wykroczeń clean[1]; popełniać ~ offend
wykruszać ~ się fall by the **wayside**
wykrycie detection
wykryć detect, uncover
wykrywacz detector
wykrywać → **wykryć**

wykrywanie detection
wykrztusić blurt; Wykrztuś to z siebie! Spit it out!
wykrzykiwać ~ (*coś*) cry out (sth)
wykrzyknąć exclaim
wykrzyknik exclamation mark, interjection
wykrzywiać twist¹; ~ (się) contort, warp; ~ się grimace
wykształcenie education, background; wyższe ~ higher education
wykształcony cultivated, educated; dobrze ~ well-educated
wykup buyout
wykupić ~ *coś* buy sth up; ~ *kogoś/coś* buy sb/sth out
wykwalifikowany skilled, qualified; pracownik ~ tradesman
wykwintnie exquisitely
wykwintny exquisite, gourmet²
wykwit efflorescence
wylać ~ (z pracy) fire²; ~ *kogoś* give sb the **push**²; ~ *kogoś* z pracy boot sb out; → **wylewać**
wylądować end up, wind up; ~ *gdzieś* **plop**² down/onto, etc
wylęg brood¹
wylecieć ~ w powietrze blow up; ~ z głowy slip your **mind**¹; ~ z pracy get/be given the **boot**¹
wyleczyć cure²
wylegiwać ~ się lie around
wylewać empty²; ~ *coś* z siebie pour sth out; ~ (się) overflow; ~ się spill out, **pour** out/from; → **wylać**
wylewny effusive, expansive
wylęgać ~ (się) hatch¹, incubate
wylęganie incubation
wylęgarnia breeding ground, hotbed
wyliczać enumerate, list²
wylogować ~ się log off/out
wylot outlet; ~ jaskini/tunelu *itp.* **mouth** of a cave/tunnel, etc; ~ lufy muzzle¹
wyluzować ~ się chill out
wyluzowany laid-back
wyładowywać ~ się na *kimś* za *coś* take sth out on sb; ~ towar unload; ~ złość/frustrację *itp.* **vent**² your anger/frustration, etc
wyłamać force²; ~ się z szeregu break **rank**¹s
wyłaniać ~ się emerge, loom¹
wyławiać distinguish
wyłączać disconnect, drop¹, disable; ~ *coś* turn sth off, turn sth out, shut sth off, flick sth off, put sth out; ~ *coś*/się switch (sth) off; ~ się go off; ~ z sieci / gniazdka unplug; wyłączając excluding
wyłączenie shutdown; ~ energii power cut, power outage; ~ energii/prądu *itp.* an electricity/power, etc **cut**²
wyłącznie exclusively, purely, strictly, solely
wyłącznik switch²; ~ czasowy timer
wyłączny exclusive¹, sole¹
wyłączony off¹; ~ z gry out of **action**
wyłączyć → **wyłączać**
wyłonienie ~ się emergence
wyłowić ~ *coś* fish sth out
wyłudzać swindle
wyłudzić ~ *coś* od *kogoś* cheat sb out of sth
wymachiwać brandish, flail, flourish¹
wymagać demand², expect, involve, require, need¹, necessitate, presuppose, insist, exact², take, want¹; ~ *czegoś* be in **need**² of sth, call for sth; ~ *czegoś* od *kogoś* **require** sb to do sth
wymagający challenging, demanding, exacting, selective; ~ rywalizacji competitive
wymagania demands; ~ (przedmiotu) coursework; spełniać ~ **fulfil** requirements, **satisfy** requirements
wymaganie standard¹, requirement
wymagany requisite; osiągać ~ poziom make the **grade**¹
wymanewrować outmanoeuvre
wymarcie extinction; ptaki/rośliny/gatunki *itp.* zagrożone wymarciem **endangered** birds/plants/species, etc
wymarły extinct; jak ~ dead¹; wymarłe miasto ghost town
wymarzony tailor-made; wymarzon-y/a dom/praca/samochód *itp.* **dream**³ house/job/car, etc
wymawiać pronounce
wymazać erase; ~ *coś* rub sth out; ~ *coś* z pamięci block sth out, blot sth out
wymeldować ~ się check out
wymęczony washed-out
wymiana exchange¹, replacement, rotation, swap; ~ zdań exchange¹; kurs wymiany exchange rate
wymiar dimension, measurement; ~ sprawiedliwości justice; (pasowany) na ~ fitted; w niepełnym wymiarze (godzin) part-time; w pełnym wymiarze full-time
wymiarowanie dimensioning
wymieniać (*wspominać*) list², note²; (*zamieniać się*) trade², exchange², barter; (*na nowy*) change¹, replace; ~ (na nowy) upgrade, renew; ~ (się) swap; ~ *coś* (na nowy) (za dopłatą) trade sth in; ~ informacje liaise; ~ opinie compare **note**¹s; ~ spojrzenia/uśmiechy *itp.* **exchange**² looks/smiles, etc
wymienialny convertible¹
wymienić → **wymieniać**
wymiennie interchangeably
wymienny interchangeable
wymierać die off, die out
wymierny measurable
wymierzać ~ *coś* mete sth out
wymierzyć ~ *komuś* sprawiedliwość bring sb to **justice**; ~ z *czegoś* w/do *kogoś* level sth at sb
wymię udder
wymięty rumpled
wymigać ~ się od *czegoś* get out of sth, **wriggle** out of sth/doing sth
wymigiwać ~ się (od) shirk
wymijająco evasively
wymijający evasive, noncommittal
wymiociny sick², vomit²
wymiotować be **sick**¹, vomit¹
wymioty sickness; zbierać się na ~ gag¹
wymizerowany drawn¹, haggard, gaunt
wymknąć → **wymykać**
wymordować slaughter¹
wymowa pronunciation, accent, elocution
wymowny eloquent, telling
wymóg qualification
wymówienie notice²
wymówka excuse²
wymuskany dapper
wymuszać enforce, extort
wymuszenie extortion
wymuszony strained, grudging
wymykać ~ się **slink** away/out, **slip**¹ away/out, **sneak**¹ out, **creep**¹ out, elude, evade; ~ się *komuś* give sb the **slip**²; ~ się spod kontroli get out of **hand**¹, run **riot**¹
wymysł fabrication; wymysły fabrication
wymyślić conceive, devise, invent, contrive; ~ *coś* dream sth up, **think**¹ of sth, think sth up, come up with sth
wymywać ~ *coś* wash sth away
wynagrodzenie pay², compensation, remuneration; bez wynagrodzenia unpaid; otrzymać sute ~ be **richly** rewarded
wynagrodzić reward², compensate, redress¹; ~ *coś* make up for sth; ~ *komuś* to make it up to sb; ~ sobie recoup
wynajem hire², rental, lease¹
wynajmować hire¹, rent¹, lease², let, contract²; ~ kwaterę / pokój u **lodge**² at/with, etc
wynajmowany rented
wynajmujący renter
wynalaz-ca/czyni inventor
wynalazek invention
wynalezienie invention
wynaleźć invent
wynegocjować ~ *coś* hammer sth out
wyniesienie elevation
wynik result¹, outcome, finding, score¹, record¹, performance, tally¹; ~ nierozstrzygnięty dead heat; ~ pozytywny pass²; osiągać doskonałe wyniki excel; tablica wyników scoreboard
wynikać arise, result²; ~ z *czegoś* be rooted in sth, come of sth/doing sth, come out of sth, spring from sth; stąd wynika, że it **follows** that
wynikający resultant; ~ z umowy contractual
wynikły ~ (z tego) ensuing

wyniosły aloof, haughty, proud, superior[1]
wyniośle haughtily
wyniszczający crippling
wyniszczony ~ wojną war-torn
wyniszczyć cripple[1]
wynos danie na ~ takeaway
wynosić ~ *coś* put sth out; ~ *ileś* amount to sth, come to sth, be **run**[1]ning at sth, **stand**[1] at sth, **work**[1] out at sth; ~ *kogoś* na piedestał put sb on a **pedestal**; ~ średnio average[3]
wynurzać ~ się surface[2]
wyobcować alienate
wyobcowanie alienation, isolation
wyobcowany isolated
wyobraźnia imagination; bogata ~ a **fertile** imagination; podsycać *czyjąś* wyobraźnię **fire**[2] sb's imagination; wytwór *czyjejś* wyobraźni a **figment** of sb's imagination
wyobrażać ~ sobie imagine, envisage, conceive, fantasize, picture[2], visualize
wyobrażalny conceivable, imaginable
wyobrażam ~ sobie, że ... I **would** imagine/think, etc
wyobrażenie visualization
wyolbrzymiać exaggerate, magnify, overstate; ~ *coś* blow/get sth out of **proportion**
wyolbrzymiony overblown
wypaczać distort, pervert[2], twist[1], warp; ~ (się) warp
wypaczenie distortion, perversion
wypaczony distorted
wypad break[2], jaunt, outing
wypadać (*wybiegać*) **burst**[1] out, **dart**[2] out; (*plasować się*) compare; (*uchodzić*) befit; ~ (jak burza) **storm**[2] out of
wypadek accident, crash[1]; bieg wypadków **train**[1] of events; fala wypadków a **spate** of accidents; na ~ in **anticipation** (of), on the **off-chance**; na ~ *czegoś* in **case** of sth; na wszelki ~ (just) in **case**; nagły ~ emergency; niefortunny ~ mishap; nieszczęśliwy ~ misadventure; niezwykły /. niespotykany ~ a **freak**[2] accident; podatny na wypadki accident **prone**; w najlepszym wypadku at **best**[3]; w żadnym wypadku in no **way**[1], under no **circumstances**, Absolutely not., not by any **stretch**[2] of the imagination; zbiegły z miejsca wypadku hit-and-run
wypalać burn; ~ się burn out
wypalić (*przepalić*) burn[1]; (*udać się*) come off, go off; nie ~ fall **flat**[3], flop[1], misfire
wypalony burnt-out
wyparcie displacement
wyparować evaporate, melt away
wypatrywać ~ *kogoś/coś* look out for sb/sth; ~ *kogoś/czegoś* keep an **eye**[1] out for sb/sth
wypchany crammed
wypchnąć force[2]; → **wypychać**
wypełniać fill[1], complete[2]; (*napychać*) stuff[2]; (*ludźmi*) crowd[2], pack[1], throng[2]; (*wodą*) flood[1]; ~ (się) fill[1]; ~ *coś* (*formularz*) fill sth in/out; ~ lukę **fill**[1] a gap, **plug**[2] a gap; ~ obowiązek **fulfil** a duty; ~ (się) powietrzem inflate; ~ się bulge[1]
wypełnić ~ wakat **fill**[1] a vacancy
wypełnienie filling[1], stuffing
wypędzić banish; ~ *kogoś* (z) **drive**[1] sb out/away/from, etc
wypiąć ~ się na *kogoś/coś* turn your **back**[2] on sb/sth
wypieczony well-done
wypieki flush[2]; dostać wypieków flush[1]
wypierać displace, supersede, supplant; ~ *coś* (z) **drive**[1] sb out/away/from, etc; ~ *kogoś* crowd sb out; ~ się disclaim, disown
wypijać ~ (*coś*) drink (sth) up
wypinać ~ *coś* (*pierś*) puff sth out
wypis discharge[2]
wypisać (*czek*) write; ~ się unsubscribe
wypisywać (*zwalniać*) discharge[1]
wyplątać ~ (się) disentangle; ~ się z *czegoś* **extricate** yourself from sth
wyplenić ~ *kogoś/coś* weed sb/sth out; ~ *coś* root sb out, stamp sth out
wypłacać draw[1], withdraw; ~ (*coś*) pay (sth) out; → **wypłacić**
wypłacalny solvent[2], in **credit**[1]
wypłacić ~ odszkodowanie compensate; → **wypłacać**
wypłakać ktoś przed kim się można ~ a **shoulder**[1] to cry on
wypłakiwać ~ oczy cry your **eye**[1]s out
wypłata debit[1], withdrawal; dzień wypłaty payday; jednorazowa ~ lump sum; przypadać do wypłaty mature[2]
wypłoszyć ~ *kogoś/coś* flush sb/sth out
wypłukać swill[1]; ~ *coś* rinse sth out, **flush**[1] sth out
wypłukiwać leach
wypływ ~ (środków pieniężnych) outflow
wypływać (*na wodę*) sail[1], set **sail**[2]; (*ujawniać się*) come up; (*wyciekać*) **trickle** from/out of, etc
wypoczynek zasłużony ~ **well-earned** rest
wypoczynkowy pokój ~ den
wypolerowany polished
wyposażenie equipment, facilities, fittings, **fixture**s, furnishings; element wyposażenia fixture
wyposażony być wyposażonym w *coś* be **equip**ped with sth; źle ~ ill-equipped
wyposażyć equip, outfit[2]; ~ *kogoś* w *coś* furnish sb with sth
wypowiadać utter[2]; ~ się (otwarcie) speak up; ~ się (publicznie) speak out; ~ się lekceważąco o disparage; ~ się w *czyjejś* obronie **plead** sb's case/cause; ~ walkę crack down; → **wypowiedzieć**
wypowiedzenie notice[2]; możliwość wypowiedzenia się a fair **hearing**; złożyć ~ hand/give in your **notice**[2]
wypowiedzieć ~ się have your **say**[2]; → **wypowiadać**
wypowiedź utterance
wypożyczać rent[1]; ~ *coś* check sth out, hire sth out
wypożyczenie hire[2], rental
wypożyczony rented; być wypożyczonym be on **loan**[1]
wypracować forge[1]
wypracowanie composition, essay
wypraszam ~ sobie! I beg your **pardon**[2].
wyprawa expedition, foray, trek
wyprawiać ~ *coś* be playing at sth, get up to sth
wyprawić ~ przyjęcie **give**[1] a party
wyprostować right[4]; ~ (się) straighten; ~ się straighten up
wyprostowany erect[1], upright[2]
wyprowadzać ~ *kogoś* **steer** sb into/out of/towards, etc; ~ psa **walk**[1] the dog; ~ się move[1], move out, **move**[1] house
wypróbować ~ *coś* check sth out, play (about/around) with sth, try sth out
wyprysk eczema
wyprzedawać sell out; ~ *coś* sell sth off
wyprzedaż sale; ~ rzeczy używanych jumble sale; ~ rzeczy używanych (na cele dobroczynne) rummage sale; na wyprzedaży on **sale**, on **offer**[2]
wyprzedzać (*poprzedzać*) predate; (*przeganiać*) outpace, outrun, overtake; ~ (w punktacji) outscore; ~ epokę be ahead of your **time**[1]; ~ *kogoś* o krok be one **step**[1] ahead (of sb); ~ *kogoś/coś* zdecydowanie be **streets** ahead (of sb/sth)
wyprzedzający pre-emptive
wyprzedzenie z wyprzedzeniem in **advance**[1], advance[3]
wypsnąć ~ się slip out
wypukły convex
wypuszczać expel, release[1], sprout[1]; ~ *coś* pump sth out, turn sth out; ~ *kogoś/coś* let sb/sth out; ~ powietrze deflate
wypychać stuff[2]; → **wypchnąć**
wypytywać ~ *kogoś* pick sb's brains
wyrabiać (*ciasto*) knead
wyrachowanie calculation
wyrachowany calculating, mercenary[2]
wyrastać go up; ~ (jak grzyby po deszczu) spring up, sprout up; ~ z outgrow; ~ z *czegoś* grow out of sth; → **wyrosnąć**
wyraz expression; ~ (twarzy) expression; ~ uznania accolade; ~ złożony compound[1]; bez wyrazu blank[1], glassy; nad ~ oczywisty *itp.* **painfully** clear/obvious, etc; słownik wyrazów bliskoznacznych

thesaurus; stracić ~ glaze[1]; wyrazy uznania tribute
wyrazić register[2]; ~ *coś* get sth across; ~ inaczej paraphrase; ~ swoje zdanie speak your **mind**[1]; → **wyrażać**
wyrazisty expressive, vivid
wyraźnie clearly, acutely, specifically, distinctly, distinctively, conspicuously, expressly, markedly, unmistakably, visibly, vividly; ~ wyczuwalny palpable
wyraźny clear[1], definite, distinct, marked, unmistakable, stark[1], decided, apparent, pronounced; wyraźn-y/a cel/intencja/zamiar *itp.* an **express**[2] aim/intention/purpose, etc; wyraźna różnica **stark**[1] difference
wyrażać express[1], exude, encapsulate, say[1], communicate, put, voice[2], articulate[2], phrase[2]; ~ *coś* put sth across; ~ poglądy **air**[2] your opinions/views, etc; ~ uznanie dla recognize; ~ uznanie dla *kogoś/czegoś* **pay**[1] tribute to sb/sth; ~ zgodę assent; → **wyrazić**
wyrażanie articulation
wyrażenie expression, phrase[1]
wyrażony być wyrażonym *jakoś* be **couch**[2]ed in/as sth
wyrecytować ~ *coś* rattle sth off, reel sth off
wyremontować ~ *coś* do sth up
wyreżyserować choreograph
wyrobić ~ sobie zdanie **form**[2] an opinion
wyrobienie sophistication
wyrobiony discriminating, discerning, sophisticated
wyroby ~ cukiernicze confectionery; ~ garncarskie pottery; ~ rękodzielnicze **handicraft**s; ~ z dzianiny knitwear
wyrok sentence[1]; ~ (skazujący) conviction; ~ / kara śmierci death sentence; ~ uniewinniający acquittal; ogłaszać ~ **return**[1] a verdict/sentence; wydawać ~ **pass**[1] sentence; zawieszać wykonanie wyroku reprieve; zawieszenie / zaniechanie wykonania wyroku reprieve
wyrosnąć ~ na *kogoś/coś* grow into sb/sth; → **wyrastać**
wyrostek ~ (robaczkowy) appendix; zapalenie wyrostka appendicitis
wyrozumiale charitably
wyrozumiałość forgiveness, understanding[1]
wyrozumiały forgiving, understanding[2], charitable; być wyrozumiałym dla *kogoś* go **easy**[2] on sb
wyrób product, production, artefact; → **wyroby**
wyrównać equalize, equal[2]; → **wyrównywać**
wyrównany close[2], even[1]
wyrównawczy remedial; dodatek ~ income support
wyrównywać align, level[3], plane[2]; ~ (spychaczem) bulldoze; ~ rachunki square up; ~ (z *kimś*) rachunki get **even**[1] (with sb); ~ się/*coś* even (sth) out; → **wyrównać**
wyróżniać differentiate, distinguish, recognize; ~ *kogoś/coś* set sb/sth apart, single sb/sth out; ~ się **distinguish** yourself, stand out
wyróżniający ~ się outstanding
wyróżnienie distinction, honour[1], **honour**[1]s; dyplom z wyróżnieniem first[3]; z wyróżnieniem **honour**[1]s
wyruszać set off, set out, head off
wyrwa dent[1]
wyrwać ~ się break away, get away, pull away; ~ się z *czegoś* snap out of sth; → **wyrywać**
wyryć etch, inscribe
wyrywać dislodge, extract[1]; ~ (z korzeniami) uproot; ~ *coś* **rip**[1] sth out/off/from, etc; ~ *coś* z *czegoś komuś* **wrench**[1] sth from/off, etc sb/sth; ~ *kogoś/coś skądś* **pluck** sth/sb from/out, etc; ~ się z *czymś* come out with sth; → **wyrwać**
wyrządzić ~ krzywdę wrong[4]
wyrzeczenie ~ się renunciation
wyrzekać ~ się disown, renounce
wyrzucać discard, ditch[2], dump[1], eject, belch[1], empty[2], jettison; ~ (z pracy) fire[2]; ~ (z siebie) spew; ~ *coś* throw sth out, chuck sth away/out, throw sth away; ~ *kogoś* throw sb out, chuck sb out; ~ *kogoś/coś* **catapult**[1] sb/sth out/through, etc; ~ niepotrzebne rzeczy *skądś* clear sth out; nie ~ *czegoś* hang onto sth, keep **hold**[2] of sth
wyrzucić (*usunąć*) lose; ~ *kogoś* kick sb out; ~ *coś gdzieś* **toss**[1] sth away; ~ *kogoś/coś* w powietrze send sb/sth **fly**[1]ing; ~ z siebie blurt; ~ *coś* z siebie get sth off your **chest**; → **wyrzucać**
wyrzucony zostać wyrzuconym na brzeg be **wash**[1]ed up
wyrzut reproach[1]; czynić wyrzuty reproach[2]; nękany wyrzutami sumienia guilt-ridden; pełen wyrzutu reproachful; wyrzuty sumienia remorse; z wyrzutem reproachfully
wyrzutek outcast, outlaw[2]
wysadzić blast[2]; ~ (*kogoś/coś*) w powietrze blow (sb, sth) up; ~ z siodła unseat
wysączyć drain[1]
wyschnięty dry[1]
wysiadać alight[2], disembark, get out; ~ (z *czegoś*) get off (sth)
wysiadywać incubate
wysiąść całkiem ~ give up the **ghost**
wysiedlać displace, uproot
wysiedlenie displacement
wysilać ~ (się) strain[2]; ~ się **exert** yourself
wysiłek effort, exertion, trouble[1], heave; bez wysiłku effortlessly; być wartym wysiłku be **worth**[1] your while; daremny ~ **vain** effort; kosztować dużo wysiłku tax[2]; nadludzki ~ **superhuman** effort; nie szczędzić wysiłków **spare**[3] no effort; nie ustawać w wysiłkach keep at sth, struggle on; stanowić ~ be an **effort**; zabierać dużo wysiłku take a lot of **doing**
wyskoczyć **nip** out, **pop**[1] out/up, **leap**[1] off, **leap**[1] out of, **shoot**[1] out/up, **spring**[2] out
wyskubywać ~ brwi **pluck** your eyebrows
wysłać (*na serwer*) upload; ~ *komuś* kopię *czegoś* copy sb in on sth; → **wysyłać**
wysłanie despatch[2], dispatch[2]
wysłanni-k/czka delegate[1], envoy
wysłowić nie umiejący się ~ inarticulate
wysoki high[1], tall; ~ rangą senior[1]; na wysokim szczeblu high-level; Wysoki Sąd Her/His/Your Honour; wysokie lustro a **full-length** mirror; wysokiej jakości quality[2]; wysoko postawiony exalted; z wysoką zawartością *czegoś* **high**[1] in sth; za ~ (*nuta*) sharp[1]
wysoko high[2], highly; ~ *coś* cenić place/put a **premium**[1] on sth; ~ *kogoś/coś* oceniać to speak/think **highly** of sb/sth
wysokogórski alpine
wysokość altitude, elevation, height, heights; dobierać ~ dźwięku pitch[1]; stanąć na wysokości zadania **rise**[1] to the occasion/challenge, etc; Jej/Jego/Wasza Wysokość Her/His/Your **Highness**
wyspa island, isle; bezludna ~ desert island; mieszka-niec/nka wyspy islander
wyspecjalizowany dedicated, specialized
wyspia-rz/rka islander
wysportowany athletic, sporty
wyspowiadać ~ się confess
wysprzątać ~ (porządnie) spring clean; ~ *coś* clean sth out
wystarczać hold out, suffice
wystarczająco enough[2], adequately, amply, sufficiently; ~ duży/szeroki *itp.* **plenty** big/large/wide, etc enough
wystarczający adequate, ample, sufficient; ledwie ~ tight[1]
wystarczyć last[4]; ~ (dla wszystkich) go around, go round; wystarczy will **do**[2]
wystartować blast off, get off the **ground**[1]
wystawa display[1], exhibition, show[2]; ~ retrospektywna retrospective[1]; oglądanie wystaw sklepowych window shopping
wystawać (*sterczeć*) stick out, **jut** into/out, etc, **project**[2] from/into/out, etc, protrude; (*stać*) stand about/around
wystawca exhibitor
wystawiać (*eksponować*) display[2], exhibit[1], present[3], expose; (*wydawać*) issue[2]; (*narażać*) place[2]; (*w*

zawodach) field[2], race[2]; ~ *coś* stick sth out, **poke**[1] sth out; ~ do wiatru double-cross; ~ *kogoś* do wiatru stand sb up; ~ fakturę invoice[2]; ~ na próbę test[2]; ~ *kogoś/coś* na próbę put a **strain**[1] on sb/sth; ~ *kogoś/coś* przeciwko *komuś/czemuś* pit sb/sth against sb/sth; ~ rachunek bill[2]; ~ znakomite świadectwo *komuś/czemuś* be a **tribute** to sb/sth
wystawianie okres wystawiania run[2]
wystawiany on **show**[2]
wystawiony ~ (na widok publiczny) on **display**[1]
wystawny lavish[1]; wystawn-y/a posiłek/kolacja *itp.* **slap-up** meal/ dinner, etc
wystąpienie address[1], appearance, presentation; publiczne ~ a **public**[1] appearance
występ (*artystyczny*) performance, gig; (*kant*) ridge; dobry/słaby/ imponujący *itp.* ~ a good/poor/ strong, etc **showing**
występek misdemeanour, transgression
występować (*na scenie*) act[1], perform; (*znajdować się*) be found; ~ *gdzieś*/u *kogoś* **occur** in/among, etc sth/sb; ~ jako *ktoś* /. w roli *kogoś* act as sth; ~ pod przybranym nazwiskiem **assume** a false identity/ name, etc; ~ rzadko /. w niewielkich ilościach be thin on the **ground**[1]; ~ w star[2]; ~ w *czyimś* imieniu **speak** for/on behalf of sb; ~ w/na *itp.* **appear** in/at/on, etc
wystosować issue[2]; ~ do *kogoś* zaproszenie **extend** an invitation to sb
wystraszony scared
wystraszyć scare[1]
wystrojony być wystrojonym be decked out
wystrój ~ wnętrza decor
wystrzał shot[1]; ~ (z broni palnej) gunshot
wystrzałowy funky, snappy
wystrzały gunfire
wystrzegać ~ się abstain, beware; ~ się *czegoś* steer **clear**[3] of sth, keep/ hold sth at bay
wystrzelenie launch[2]
wystrzelić (*wypalić*) fire[2], go off; (*pocisk*) launch[1]
wystrzępiony tattered
wysunąć ~ się slip[1]; delikatnie *kogoś/ coś* ~ **ease**[2] sb/sth out/up
wysunięty ~ najdalej na południe southernmost; ~ najdalej na północ northernmost
wysupłać ~ *ileś* shell out sth
wysuszać ~ *coś* dry sth out
wysuszony ~ (na wiór) parched
wysuwać ~ (się) eject
wysuwany pop-up
wyswobodzić free[3]; ~ (się) disentangle
wysychać dry out, dry up, shrivel
wysyłać send, mail[2], post[2], despatch[1], dispatch[1], ship[2]; ~ (telegramem) wire[2]; ~ *coś* send sth out, send sth off; ~ *kogoś* send sb in; ~ email /. mejla email; ~ *kogoś* na emeryturę pension sb off; ~ SMS(-y) text, SMS; ~ wiadomość na pager page[2]; natychmiast ~ rush[1]
wysyłka despatch[2], dispatch[2]; koszt wysyłki shipping and handling, postage and packing, P&P
wysyłkowy lista wysyłkowa mailing list; sprzedaż wysyłkowa mail order
wysypać ~ się pile out
wysypisko ~ (śmieci) dump[2], landfill, tip[1]
wysypka rash[1]; pokrywać się wysypką **break**[1] out in a rash
wysypywać ~ się spill out, **pour** out/from
wyszaleć ~ się get sth out of your **system**
wyszczególniać detail[2], itemize
wyszczerbić chip[2]
wyszczerbienie chip[1]
wyszczerbiony jagged
wyszczuplеć slim down
wyszperać ~ *coś* ferret sth out
wyszukiwać retrieve
wyszukiwanie retrieval
wyszydzać deride
wyszykować ~ (*kogoś/coś*) smarten (sb) up; ~ *kogoś/coś* spruce sb/sth up
wyszywać embroider
wyszywanie embroidery
wyścig race[1], the **race**[1]s, racing; ~ szczurów the rat race; ~ z czasem a **race**[1] against time/the clock; wyścigi konne horse racing; wyścigi samochodowe motor racing
wyścigowy koń ~ racehorse; tor ~ racecourse, racetrack
wyściółka lining, padding
wyśledzić trace[1]; ~ *coś/kogoś* track sth/sb down
wyślizgnąć ~ się **slip**[1] away/out, **slide**[1] out of
wyśmienicie deliciously
wyśmienity delicious
wyśmiewać deride, ridicule[1]; ~ się z caricature
wyśpiewywać ~ *coś* belt sth out
wyświadczyć ~ przysługę oblige
wyświechtany trite, ragged, tatty, scruffy
wyświetlacz display[1]; ~ ciekłokrystaliczny /. LCD liquid-crystal display
wyświetlać display[2], project[2], screen[2]; ~ (się) flash[1]; ~ *coś* call sth up; ~ się come up
wyświetlany być wyświetlanym show[1]
wyświetlenie display[1]
wyświęcić ordain
wytapicerować pad[2]
wytarty shabby, threadbare, worn[1]
wytchnienie respite; chwila wytchnienia breathing space
wytępić eradicate
wytężony concerted, concentrated, all-out; miejsce wytężonej pracy a **hive** of activity
wytłaczać extrude
wytłaczanie extrusion
wytłumaczenie explanation, excuse[2]
wytłumaczyć dający się ~ explicable
wytrawny (*wprawny*) seasoned; (*wino*) dry[1]
wytrącać ~ z równowagi rattle[1], unnerve
wytrącony ~ z równowagi off balance
wytropić trace[1]
wytrwać endure, persevere, plough on; ~ (do końca) stick it out; ~ w /. przy *czymś* stick at sth
wytrwale assiduously
wytrwałość determination, perseverance, stamina
wytrwały assiduous
wytrysk gush[2]; (*nasienia*) ejaculation; mieć ~ ejaculate
wytrzepać ~ *coś* shake sth out
wytrzeźwieć sober up
wytrzymać bear[1], hold[1], withstand; ~ (do końca) stick it out; ~ (jakoś) sweat it out; ~ *coś* sit through sth; jakoś ~ **grin** and bear it; nie ~ give[1]; pozwolić *komuś* ~ **keep**[1] sb going
wytrzymałość endurance, durability, toleration, stamina; granica wytrzymałości breaking point; u kresu wytrzymałości at the **end**[1] of your tether
wytrzymały durable, hardy
wytrzymywać → **wytrzymać**
wytwarzać produce[1], generate, cultivate, engender; ~ więź bond[2]
wytwarzanie generation
wytworność refinement
wytworny gracious, polished, refined
wytwór ~ *czegoś* **product** of sth; ~ *czyjejś* wyobraźni a **figment** of sb's imagination; ~ ludzkiej działalności artefact
wytwórnia factory; ~ filmowa studio; ~ płytowa label[1]; niezależna ~ płytowa indie
wytyczać ~ *coś* lay sth down, mark sth out
wytyczna directive
wytyczne brief[3]
wywalczyć ~ zwycięstwo/remis/ zaliczenie **scrape**[1] a win/draw/pass
wywalić ~ bezpiecznik fuse[2]; ~ się come a **cropper**
wywar stock[1]
wyważać (*stonować*) balance[2]; ~ *coś* **pry** sth open; ~ otwarte drzwi reinvent the **wheel**[1]
wyważenie balance[1]
wyważony balanced
wywęszyć ~ *coś* ferret sth out
wywiad (*rozmowa*) interview[1]; (*służby*) intelligence; przeprowadzając-y/a ~ interviewer
wywiadow-ca/czyni agent
wywiadowczy służby wywiadowcze secret service
wywiązać nie ~ się default[2]

wywiązywać ~ się ensue; ~ się (z) deliver; ~ się z meet[1]
wywierać exert; ~ na *kogoś* presję /. nacisk put **pressure**[1] on sb; ~ nacisk (na) lobby[2]; ~ presję /. nacisk na pressure[2], pressurize; → **wywrzeć**
wywieszać fly[1]; ~ *coś* pin sth up; ~ ogłoszenie/napis *itp.* **post**[2] a notice/ sign, etc
wywieźć (błyskawicznie) ~ *kogoś* **whisk**[1] sb away/off; zostać wywiezionym be **spirit**[2]ed away/out/ to, etc; → **wywozić**
wywinąć ~ się z *czegoś* **extricate** yourself from sth
wywlec ~ *kogoś* **drag**[1] sb out
wywlekać ~ *coś* dredge sth up, trot sth out
wywnioskować deduce
wywodzić ~ *coś*/się od *czegoś* derive (sth) from sth
wywołanie (*zdjęć*) development
wywoływać evoke, engender, excite, generate, induce, precipitate, produce[1], prompt[1], spark[2], trigger[1], stir[1], provoke; (*zdjęcia*) develop; ~ *coś* bring sth about, bring sth on, conjure sth up, give **rise**[2] to sth, set sth off, stir sth up; ~ kłótnię/sprzeczkę **pick**[1] a fight/argument; ~ niezadowolenie displease; ~ poruszenie cause/create a **stir**[2]
wywozić ~ *kogoś/coś* **cart**[2] sb/sth away/off; → **wywieźć**
wywóz disposal
wywracać ~ (się) overturn; ~ (się) dnem do góry capsize; ~ oczami **roll**[1] your eyes
wywrotowiec subversive
wywrotowy subversive; działalność wywrotowa subversion
wywrócony upturned
wywrzeć ~ wrażenie na impress; → **wywierać**
wyzdrowieć recover
wyzdrowienie recovery
wyziewy fumes
wyzionąć ~ ducha give up the **ghost**
wyznaczać assign, designate, define, name[2], nominate, set[1], mark[2], pinpoint
wyznaczenie designation
wyznaczony wyznaczona data/ wyznaczone miejsce *itp.* **appointed** date/place, etc
wyznać confess; → **wyznawać**
wyznanie creed, denomination; ~ rzymskokatolickie Roman Catholicism
wyznawać espouse; ~ *coś* subscribe to sth; → **wyznać**
wyznaw-ca/czyni ~ hinduizmu Hindu
wyzwalać liberate, emancipate
wyzwanie challenge[1], dare[2]; rzucać ~ challenge[2], throw down the **gauntlet**; rzucać *komuś* ~ do *zrobienia czegoś* **defy** sb to do sth, **dare**[1] sb to do sth
wyzwisko obrzucać *kogoś* wyzwiskami call sb **name**[1]s; potok /. grad wyzwisk a **volley**[1] of abuse
wyzwolenie liberation, emancipation
wyzwolony liberated
wyzysk exploitation
wyzywająco provocatively
wyzywający provocative
wyż anticyclone; ~ demograficzny baby boom
wyżebrać bum[2]
wyżej above[2]; ~ niż above[1]
wyżłobić gouge
wyżłopać guzzle
wyższość superiority; okazywać *komuś* swoją ~ condescend to sb
wyższy upper, up[2]; (*wykształcenie*) tertiary; ~ rangą senior[1]; klasa /. warstwa wyższa upper class; stopień ~ comparative[2]; wyższa cena premium[1]; wyższe szczeble the upper **echelons**; wyższe wykształcenie higher education; wyższego szczebla senior[1]
wyżynny upland
wyżyny uplands
wyżywać ~ się na *kimś* za *coś* take sth out on sb; ~ się na byle kim be on the **warpath**
wyżywienie board[1]; pełne ~ full board; z własnym wyżywieniem self-catering
wzajemnie mutually; ~ oddziaływać na siebie interact; ~ się uzupełniający complementary
wzajemny mutual, reciprocal; obszar wzajemnego oddziaływania interface[1]; wzajemne oddziaływanie interplay; wzajemne ustępstwa **give**[2] and take; wzajemne zrozumienie rapport
wzbogacać enrich, fortify
wzbogacenie enrichment, fortification
wzbogacić ~ się **get**[1] rich
wzbraniać ~ się przed *czymś* shrink from sth/doing sth
wzbroniony surowo ~ **strictly** forbidden/prohibited
wzbudzać arouse, rouse, instil, inspire; ~ *coś* drum up sth; ~ *czyjąś* ciekawość/*czyjeś* zainteresowanie *itp.* **pique**[2] sb's curiosity/interest, etc
wzbudzający ~ emocje charged
wzbudzić ~ (*czyjeś*) zainteresowanie strike a **chord** (with sb)
wzburzać churn[1]
wzburzenie uproar
wzburzony (*morze*) rough[1]; (*osoba*) irate; (lekko) ~ choppy; być wzburzonym be up in **arms**
wzdęty bloated
wzdłuż along[1], edgeways; ~ i wszerz *czegoś* the **length** and breadth of sth; ~ rzeki/ulicy *itp.* **down**[1] the river/road, etc; ~ ulicy *itp.* **up**[1] the road/street, etc
wzdragać ~ się flinch, balk, baulk
wzdrygnąć ~ się flinch, recoil, wince
wzdychać sigh; → **westchnąć**
wzgardzić ~ *czymś* turn your **nose**[1] up at sth
wzgląd consideration; bez względu na *coś* **irrespective** of sth, **regardless** of sth; pod tym względem/pod wieloma względami in this **respect**[1]/many respects; przez ~ na *coś* for the **sake** of sth; przez ~ na *kogoś* for the **sake** of sb; zabiegać o względy woo; ze względu na *coś* for the **sake** of sth, on **account**[1] of sth; ze względu na *kogoś* for the **sake** of sb
względny relative[2]; względna wygoda/ swoboda/cisza *itp.* **comparative**[1] comfort/freedom/silence, etc; zaimek ~ relative pronoun; zdanie (podrzędne) względne relative clause
wzgórze hill
wziąć ~ głęboki oddech take a **deep**[1] breath; ~ na rogi gore[2]; ~ *kogoś* pod swoje skrzydła take sb under your **wing**; ~ się w garść get a **grip**[1] (on yourself); ~ *kogoś* za rękę take sb by the **hand**[1]; móc sobie *coś* ~ be **welcome**[3] to sth; wziąwszy wszystko pod uwagę all things **considered**; → **brać**
wzięcie do wzięcia up for **grab**[2]s
wzlot wzloty i upadki ups and downs, **ebb**[1] and flow
wzmacniacz amplifier
wzmacniać amplify, fortify, reinforce; ~ (się) build (sth) up, strengthen; ~ *coś* beef sth up
wzmagać ~ *coś* step sth up; ~ (się) escalate; ~ się rise[1], pick up
wzmianka mention[2], reference; ~ (dla reklamy) plug[1]
wzmocnić → **wzmacniać**
wzmocnienie amplification, consolidation, reinforcement, fortification
wznawiać restart, resume; (*książkę itp.*) reprint, re-release
wzniecać incite
wzniesienie ascent, elevation, hill, slope[1]; (*budynku*) erection; szczyt wzniesienia **brow** of a hill/slope
wznosić erect[2]; ~ (się) ascend; ~ się rise[1], slope[2]; ~ się nad *kimś/czymś* **tower**[2] over/above sb/sth; ~ toast do/za toast[2]
wznowienie resumption, revival
wzornictwo design[1]
wzorować ~ się na *kimś* model yourself on sb
wzorowany być wzorowanym na *czymś* be modelled on sth
wzorzec paradigm; ~ osobowy role model
wzór design[1], model[1], motif, pattern, print[2]; (*matematyczny*) formula; ~ chemiczny chemical formula; ~ do naśladowania role model; na ~ *czegoś* along the **line**[1]s of sth
wzrastać climb, increase[1], rise[1], escalate; gwałtownie ~ mushroom[2]; → **wzrosnąć**
wzrok eyesight, sight[1], vision, gaze,

stare, view[1]; odwracać ~ **avert** your eyes/gaze; pożerać *kogoś/coś* wzrokiem drool over sb/sth; przenikliwy ~ a **penetrating** gaze/look/stare, etc; przyciągać *czyjś* ~ catch sb's **eye**[1]; przyciągający ~ eye-catching; zasięg wzroku sight[1]
wzrokowo visually
wzrokowy visual; kontakt ~ eye contact; nerw ~ optic nerve
wzrosnąć gwałtownie ~ go through the **roof**; → **wzrastać**
wzrost build-up, expansion, gain[2], growth, increase[2], increment, rise[2], height, swell[2]; ~ wartości appreciation; gwałtowny ~ upsurge; niepohamowany ~ **breakneck** growth; mieć *ileś* wzrostu tall; nagły ~ surge[2]; niski ~ shortness; ostry ~ a **sharp**[1] rise/increase
wzrostowy upward
wzruszać affect, touch[1]; ~ (ramionami) shrug
wzruszająco poignantly
wzruszający moving, poignant, touching; ~ charakter poignancy
wzruszenie ~ (ramion) shrug
wzruszony touched
wzruszyć ~ się/*kogoś* do łez choke (sb) up
wzwód erection
wzwyż skok ~ the high jump
wzywać call[1], summon, page[2], subpoena; ~ *kogoś* send for sb, draft sb in/draft sb into sth; ~ *kogoś*, aby *coś zrobił* call on sb to do sth; ~ do *czegoś* call for sth; ~ do sądu cite; być wzywanym be **want**[1]ed
wżarty ingrained

X

X promieniowanie ~ X-ray
XL XL

Y

yuppie yuppie

Z

z from, with, out of, of, in, against
za for; (*poza*) behind, beyond, after; (*w ciągu*) in; (*złapać*) by; (*zbyt*) too; ~ tydzień/pół roku/dziesięć lat *itp.* a week/six months/ten years, etc; ~ dwa tygodnie/pięć godzin *itp.* two weeks/five hours, etc away
zaabsorbowany engrossed, preoccupied
zaadresowany zaadresowana koperta ze znaczkiem sae, SAE, SASE
zaakceptować accept, authorize
zaalarmować alert[2]
zaangażować ~ się (w *coś*) get **involved** (in/with sth); ~ się w *coś* engage in sth
zaangażowanie commitment, involvement
zaangażowany być zaangażowanym (w *coś*) be **involved** (in/with sth)
zaatakować lash out
zaawansowany advanced; dla zaawansowanych advanced; średnio ~ intermediate
zabałaganiony messy
zabarwić ~ (się) colour[2]
zabarwienie colouring, tint[1]
zabarwiony tinged
zabarykadować barricade[2]
zabawa fun[1], play[2]; chwila zabawy fling[2]; dla zabawy for **fun**[1]/for the fun of it; plac zabaw playground; pokój do zabawy playroom
zabawiać entertain
zabawić długo ~ stay out; iść się ~ go **club**[2]bing
zabawka toy[1], plaything
zabawny amusing, entertaining, funny, humorous, cute; być zabawnym be a **scream**[2]
zabezpieczać secure[2], assure, treat[1]; ~ (*kogoś/coś*) przed *czymś* keep sth off (sb/sth); ~ się na wypadek *czegoś* make **provision** for sth; → **zabezpieczyć**
zabezpieczający folia zabezpieczająca seal[1]
zabezpieczenie protection, precaution, security, safeguard[2], safety net, collateral, buffer, indemnity, cushion[1]
zabezpieczony secure[1]
zabezpieczyć ~ się ze wszystkich stron touch/cover all the **base**[1]s; → **zabezpieczać**
zabić kill[1]; ~ czas kill **time**[1], **pass**[1] (the) time; ~ *coś* deskami board sth up; *ktoś kogoś* zabije sb will **kill**[1] sb
zabieg ~ kosmetyczny a **beauty** treatment
zabiegać ~ o seek, solicit, court[2]; ~ o względy *l.* poparcie woo
zabielić whiten
zabierać bring, take; ~ *coś* take sth away; ~ *kogoś* take sb away, take sb out; ~ *kogoś* (ze sobą) bring/take sb **along**[2]; ~ się set out; ~ się do *czegoś* go about sth; ~ się do pracy *l.* do *czegoś* get/set to **work**[2] (on sth); ~ się do roboty get **crack**[1]ing; ~ się za *coś* start on sth, tuck in/tuck into sth; ~ się za *coś l.* do *czegoś* go at sth; ~ się za *coś*/do (*robienia*) *czegoś* set about sth/doing sth; ~ trochę/dużo czasu *l.* wysiłku take some/a lot of **doing**
zabijać → **zabić**
zablokować choke[1], jam[2], suppress; ~ (się) jam[2]; ~ *coś* **wedge**[2] sth open/shut; ~ *kogoś/coś* box sb/sth in; ~ czek **stop**[1] a cheque; ~ się lock[1], seize up
zablokowany stuck[1]
zabłądzić stray[1]
zabłąkany stray[2]
zabłysnąć shine[1], sparkle[1]
zaborczy possessive
zabój-ca/czyni killer
zabójczy deadly[1], mean[2], wicked
zabójstwo homicide, killing; usiłowanie zabójstwa **attempted** murder
zabrać ~ się za *coś* get around to sth, get down to sth; (błyskawicznie) ~ *kogoś* **whisk**[1] sb away/off/into, etc
zabraknąć run out
zabraniać ban[1], forbid, prohibit, bar[2]
zabroniony forbidden
zabudowa development
zabudowany built-up
zaburzenie disorder; ~ łaknienia eating disorder
zabytek monument
zabytkowy antique, vintage[1]; zabytkowa rezydencja stately home
zachcianka whim
zachęcać encourage, spur[1]; ~ *kogoś* egg sb on, urge sb on; ~ *kogoś* do *czegoś* **urge**[1] sb to do sth
zachęcająco encouragingly, invitingly
zachęcający encouraging, inviting
zachęcony encouraged
zachęta encouragement, incentive, inducement, sweetener
zachłannie greedily, voraciously
zachłanność voracity
zachłanny grasping, greedy, voracious
zachmurzony cloudy, overcast
zachodni western, Western[1], west, westerly, westward; Indie Zachodnie the West Indies; kalendarz ~ the Western **calendar**; kraje zachodnie the Western **world**[1]
zachodzić go down, set[1]; ~ (na) overlap[1]; ~ *kogoś* od tyłu creep up on sb; ~ w głowę **rack**[2] your brain/brains; → **zajść**
zachorować ~ **get**[1] ill, **fall**[1] ill; ~ na *coś* come/go **down**[1] with sth
zachować ~ *coś* dla siebie keep sth to yourself; ~ się remain; ~ spokój keep your **cool**[3], keep your **temper**[1]; ~ twarz save **face**[1]; → **zachowywać**
zachowanie (*postępowanie*) behaviour, conduct[1]; (*pozostawienie*) preservation, retention; sportowe ~ sportsmanship; złe ~ misbehaviour, misconduct
zachowywać preserve[1], retain; ~ neutralność sit on the **fence**[1]; ~ ostrożność hedge your **bet**[2]s; ~ pliki/dokument *itp.* **save**[1] files/work, etc; ~ równowagę *l.* proporcje **strike**[1] a balance; ~ się act[1], behave, **conduct**[2] yourself, go[1]; ~ spokój **remain** calm; ~ świeżość keep[1]; dobrze się ~ behave; źle się ~ act up, misbehave; → **zachować**
zachód the west; ~ słońca sunset; mieszka-niec/nka zachodu westerner, Westerner; na ~ west, westward, westwards; na południowy ~ southwest, Southwest; na północny ~ northwest, Northwest; na zachodzie west; południowy ~ the southwest, southwest, Southwest; północny ~ the northwest, northwest, Northwest; Środkowy Zachód (USA) the Midwest; wart

zachodu worthwhile; z zachodu westerly
zachwalać pitch[1]
zachwycać delight[2], thrill[2]; ~ się enthuse, marvel[2], rave[1]
zachwycony delighted, thrilled
zachwyt rapture
zaciąć nick[1]; ~ się cut out, seize up; → **zacinać**
zaciągać drawl; ~ się puff[1]; → **zaciągnąć**
zaciąganie drawl
zaciągnąć ~ się enlist; → **zaciągać**
zaciekle fiercely
zaciekłość acrimony
zaciekły fierce, furious, acrimonious, bitter[1], blistering, all-out
zaciemniać cloud[2], obscure[2], obfuscate
zaciemnienie blackout
zacieniony shadowy, shady
zacierać blur[1]; ~ (się) blur[1]; ~ się recede; ~ się/*coś* wear (sth) away
zacieśniać ~ (się) tighten
zacięcie grit[1]
zacięty scrappy, stiff[1]
zacinać lash[1]; ~ się jam[2], stick[1], stumble; → **zaciąć**
zacinający ~ deszcz/śnieg **driving**[2] rain/snow; ~ się stiff[1]
zacisk clamp[1], jig
zaciskać clench; ~ (się) tighten; ~ *coś* **clamp**[2] sth onto/to/together, etc; ~ pasa tighten your **belt**[1]; ~ wargi **purse**[2] your lips
zacisnąć ~ zęby bite the **bullet**, **grin** and bear it, grit your teeth
zacisze retreat[2], sanctuary
zaciszny zaciszne miejsce retreat[2]
zacofany backward
zaczarowany enchanted
zacząć ~ (wszystko /. życie) od nowa turn over a new **leaf**[1]; ~ *coś robić* break into sth, take to sth/doing sth; niefortunnie ~ znajomość get/start off on the wrong **foot**[1]; trzeba ~ (wszystko) od początku back to the drawing board; → **zaczynać**
zaczekać hang on, hold on; ~ i zobaczyć **wait**[1] and see
zaczepiać accost, collar[2], snag[2]
zaczepić ~ się catch[1]
zaczepienie punkt zaczepienia foothold
zaczepny scrappy
zaczerniać blacken
zaczerpnąć ~ *coś* z *czegoś* cull sth from sth
zaczerwienić ~ (się) redden; ~ się flush[1]
zaczynać begin, start[1], start out, make a **start**[2], go ahead; ~ (się) start[1]; ~ (*coś*) start (sth) off, kick (sth) off; ~ (jeść *coś*) dig in/dig into sth; ~ *coś robić* **come** to do sth; ~ działać take **effect**[1]; ~ działać /. obowiązywać kick in; ~ liczyć się (w *czymś*) make **inroads** (into/on sth); ~ od początku start over; ~ się begin, come on, kick off, set in; ~ się od *czegoś* /. *czymś* **begin** with sth; ~ się *komuś* podobać grow on sb; ~ wkraczać (na arenę *czegoś*) make **inroads** (into/on sth); ~ z *kimś* mess with sb/sth; dopiero ~ *coś robić* be **new** to sth; sprawy zaczynają się psuć the **rot**[2] sets in; → **zacząć**
zaczynający ~ się incipient
zaćma cataract
zaćmienie eclipse[1]; ~ umysłu block[1]
zad rump
zadanie task, assignment, problem, project[1]; ~ /. zadania domowe homework; ciężkie ~ an **uphill**[1] task; mieć trudne ~ have your **work**[2] cut out; spełniać ~ **fulfil** a duty; stanąć na wysokości zadania **rise**[1] to the occasion/challenge, etc
zadany ~ własną ręką self-inflicted
zadatek deposit[1]; mieć (wszelkie) zadatki na *coś/kogoś* be a sth/sb in the **making**, have the **making**s of sth
zadawać (*pytanie*) ask; (*ból*) inflict; (*zadanie*) set[1]; ~ *coś komuś* put sth to sb; ~ cios (nożem) stab[1]; ~ kłam belie; ~ pytanie **pose**[1] a question; ~ się z *kimś* **hang**[1] around with sb, mess with sb/sth, be mixed up with sb, consort with sb; ~ sobie *jakieś* pytanie **ask** yourself sth; ~ sobie trud, żeby *coś zrobić* be at **pain**[1]s to do sth; take pains to do sth
zadbać ~ o *coś* make a **point**[1] of doing sth, see to sth
zadbany clean-cut, well-kept
zadedykować inscribe; ~ *coś komuś* **dedicate** sth to sb
zadeklarować pledge[2]
zadęcie blow[2]
zadławić ~ (się) stall[2]
zadłużony indebted
zadomowić ~ się settle in
zadość uczynić ~ sprawiedliwości bring sb to **justice**
zadowalać please[2], humour[2]; → **zadowolić**
zadowalająco satisfactorily
zadowalający satisfactory
zadowolenie contentment, satisfaction; ~ z pracy job satisfaction; przyjmować /. witać z zadowoleniem welcome[2]; z zadowoleniem contentedly
zadowolić ~ się **make**[1] do (with); ~ się *czymś* content yourself with sth, settle for sth; → **zadowalać**
zadowolony glad, happy, pleased, satisfied, content[2], contented; ~ z siebie complacent, smug; (zbytnio) ~ z siebie self-satisfied; być zadowolonym z enjoy
zadrapać scratch[1]
zadrapanie scratch[2], scrape[2]
zadrasnąć nick[1]
zadraśnięcie nick[2]
zadrzewiony leafy
zadufany ~ w sobie opinionated, self-righteous, snooty; być zadufanym w sobie be **full**[1] of yourself
zadurzenie crush[2], infatuation
zadurzony infatuated
zadymiony smoky
zadziałać do the **job**
zadziwiać confound, mystify
zadzwonić ~ do *kogoś* **give**[1] sb a call/ring, give sb a **bell**; → **dzwonić**
zafascynować enthral, grip[2]
zafascynowany entranced, fascinated
zafundować treat[1]
zagadać ~ *kogoś* talk at sb
zagadka puzzle[1], riddle, enigma; stanowić zagadkę dla mystify, puzzle[2]
zagadkowo cryptically
zagadkowy cryptic, enigmatic, puzzling
zagadnienie obszar zagadnień ground[1]
zagadywać schmooze
zaganiać herd[2]; ~ *kogoś/coś* round sb/sth up
zagazować gas[2]
zagęszczać condense, thicken
zagiąć ~ *kogoś* catch sb out, trip sb up
zagięcie fold[2], kink
zaginiony lost[1], missing
zagłada holocaust
zagłębiać ~ (się) sink[1]; ~ się w probe[1]; ~ się w *coś* delve into sth, go into sth; ~ się w *czymś* sink into sth
zagłębienie hollow[2]
zagłuszać drown, obscure[2]; (*stację*) jam[2]
zagmatwany convoluted
zagniecenie crease[1], wrinkle
zagorzale ardently, fervently
zagorzały ardent, avid, diehard, fervent, staunch; ~ czytelnik an **inveterate** reader; zagorzał-y/a zwolenni-k/czka *czegoś* a firm/great/strong, etc **believer** in sth/doing sth
zagospodarować develop; ~ *coś* while sth away
zagotować boil[1]; ~ *coś* bring sth to the **boil**[2]
zagracać clutter[1]
zagrać ~ *komuś* na nosie thumb your **nose**[1] at sth/sb; ~ z *kimś* ostro call sb's **bluff**[2]
zagradzać bar[2]; → **zagrodzić**
zagraniczny foreign, overseas, offshore; inwestycje zagraniczne (w kraju) **inward**[1] investment
zagrażać threaten, menace[2]
zagrażający threatening
zagroda enclosure, farmhouse, pen[1]
zagrodzić drogę confront; → **zagradzać**
zagrożenie danger, hazard[1], menace[1], risk[1], threat; stanowić /. stwarzać ~ **pose**[1] a threat, **present**[3] a threat

zagrożony at **risk**[1], in **jeopardy**, unsafe; być zagrożonym be on the **line**[1]; przestępstwo zagrożone karą śmierci a **capital**[2] crime/offence; ptaki/rośliny/gatunki *itp.* zagrożone wymarciem **endangered** birds/plants/species, etc
zagrywać ryzykownie ~ cut it/things **fine**[2]
zagrywający in[2], up[2]
zagrzać ~ (się) warm[2]
zagubiony confused, lost[1], mixed up; rzeczy zagubione lost property
zagwarantowany być zagwarantowanym przez *coś* be **enshrined** in sth
zahaczać hook[2], snag[2]
zahamowanie inhibition; bez zahamowań uninhibited; z zahamowaniami repressed
zaimek pronoun; ~ osobowy personal pronoun; ~ pytający interrogative; ~ względny relative pronoun
zaimponować impress
zaimprowizować concoct
zainaugurować inaugurate
zainicjować initiate, inaugurate
zainstalować install
zainteresować stimulate; ~ się *czymś* get into sth
zainteresowani **interested** parties/groups
zainteresowanie interest[1], preoccupation; przyciągać ~ **attract** interest; utrzymywać *czyjeś* ~ **hold**[1] sb's interest; wzbudzać *czyjeś* ~ **pique**[2] sb's interest; wzbudzić (*czyjeś*) ~ strike a **chord** (with sb)
zainteresowany concerned, interested, keen; w najmniejszym stopniu *l.* zupełnie nie ~ not **remotely** interested
zainwestować inject; ~ w *coś* invest in sth
zajadać ~ się *czymś* feast on sth
zajadły fierce, virulent
zajazd inn
zając hare
zająć seize; ~ pierwsze/drugie *itp.* miejsce **come** in first/second, etc, **finish**[1] first/second, etc; ~ się drift[1]; ~ się *czymś* (*zainteresować się*) go into sth, take sth up; (*załatwić*) see about sth/doing sth, see to sth; ~ się ogniem catch **fire**[1]; ~ stanowisko **fill**[1] a post/position; Zajmij się czymś! Get a **life**!; → **zajmować**
zajechać daleko nie ~ get you **nowhere**
zajezdnia depot
zajeżdżać ~ *gdzieś* pull in/into sth
zajęcia session; (*hobby*) pursuits; ~ z prowadzenia domu home economics; program zajęć syllabus; skończyć zajęcia break up; zajęcia (indywidualne *l.* w małej grupie) tutorial
zajęcie activity, occupation; (*przejęcie*) repossession; (zaplanowane) ~ engagement; być *czyimś* ulubionym zajęciem be sb's **thing**; dodatkowe ~ sideline[1]
zajęty busy[1], engaged, occupied; ~ rozmową (telefoniczną) on the **phone**[1]; być zajętym be tied up
zajmować cover[1], hold[1], occupy, take, annex[1]; (*przejmować*) repossess; (*zabawiać*) amuse; ~ *coś* take sth up; ~ *kogoś czymś* engage sb in sth; ~ honorowe miejsce have/take **pride**[1] of place; ~ się **busy**[2] yourself, **concern**[1] yourself, address[2], tend; ~ się *czymś* engage in sth, take **care**[2] of sth/doing sth, deal with sth; ~ się *kimś* deal with sb, go in for sth; ~ się *kimś/czymś* look after sb/sth, take **care**[2] of sb/sth, attend to sb/sth; ~ się ogrodem garden; ~ *jakąś* pozycję rank[2]; ~ się sprawą **pursue** a matter; ~ stanowisko take a **stand**[2]; → **zająć**
zajmujący absorbing, compelling
zajście incident
zajść ~ mgłą glaze[1]; ~ w ciążę conceive; → **zachodzić**
zakamarek wszystkie zakamarki every **nook** and cranny
zakańczać (*w golfie*) putt; → **zakończyć**
zakapturzony hooded
zakaz prohibition, ban[2], no[2]; ~ sądowy injunction
zakazać → **zakazywać**
zakazany forbidden, illicit, no-no, taboo
zakazić infect
zakazywać ban[1], forbid, prohibit, outlaw[1]
zakaźny contagious, infectious; mononukleoza zakaźna glandular fever
zakażenie infection
zakażony septic
zakąska appetizer
zakątek pocket[1], corner[1]; uroczy ~ beauty spot
zaklejać seal[2]
zaklęcie exorcism, curse[1], spell[2]
zaklinować ~ *coś* **wedge**[2] sth open/shut
zakład (*firma*) plant[1], mill[1], establishment; (*o pieniądze*) bet[2], wager; (drobny) ~ flutter[2]; ~ dla obłąkanych asylum; ~ fryzjerski **hairdresser**'s; ~ karny penitentiary; w ramach zakładu in-house; zakłady sweepstake; zakłady mleczne dairy[1]
zakładać (*myśleć*) assume, presume; (*tworzyć*) establish, found[1], start[1]; ~ *coś* set sth up, put sth in, put sth up; ~ gniazdo nest[2]; ~ kaganiec muzzle[2]; ~ podsłuch w *l.* na bug[2], tap[2]; ~ się bet[1]; ~ siodło saddle[2]; ~ uprząż harness[2]; z góry *coś* ~ take it for **grant**[1]ed
zakładka bookmark
zakładni-k/czka hostage; brać/trzymać *kogoś* jako zakładnika take/hold sb **hostage**
zakłopotanie embarrassment, discomfort; wprawiać w ~ baffle, confound, disconcert, embarrass, perplex; z zakłopotaniem sheepishly
zakłopotany bemused, embarrassed, perplexed, sheepish
zakłócać disrupt, upset[2]; ~ *coś* encroach on/upon sth, interfere with sth; ~ *komuś* spokój **invade** sb's privacy
zakłócający ~ porządek disorderly; ~ spokój disruptive
zakłócenia interference, static[2]
zakłócenie disruption, disturbance, distraction, interruption; ~ porządku disturbance
zakneblować gag[1]
zakochać ~ się w *kimś* fall for sb
zakochany ~ w sobie narcissistic; być zakochanym po uszy be **madly** in love; być zakochanym w *kimś/czymś* be **enamoured** of/with sb/sth
zakon order[1]
zakonnica nun
zakonnik friar
zakończenie close[4], conclusion, culmination, ending, termination; na ~ in **conclusion**
zakończony done[1], up[2]
zakończyć conclude, complete[2]; ~ (się) close[1], conclude, end[2], terminate; ~ *coś* round sth off, top sth off, wrap sth up; ~ się come to an **end**[1]; ~ się *czymś* end in/with sth, meet with sth; ~ się niefortunnie misfire; ~ żywot bite the **dust**[1]
zakopać bury; ~ topór wojenny bury the **hatchet**
zakorzeniony embedded, ingrained, well-established; (głęboko) ~ entrenched; być głęboko zakorzenionym go/run **deep**[2]; głęboko ~ deep-seated
zakosztować sample[2]
zakotwiczyć anchor[2]
zakradać ~ się **sneak**[1] into/around, sneak up, **creep**[1] in
zakraplacz dropper
zakres range[1], scope; ~ doświadczenia/wiedzy/zainteresowań *itp. kogoś* sb's **breadth** of experience/knowledge/interest, etc; ~ obowiązków job description; ~ uprawnień *l.* kompetencji remit[1]; szeroki ~ a **wide**[1] range
zakreślacz highlighter
zakreślać circle[2]
zakręcać bend[1], curve[2], **veer** across/off/towards, etc; ~ *coś* turn sth off
zakręcony curly
zakręt bend[2], turn[2], twist[2], turning; ostry ~ a **sharp**[1] bend/turn, etc; ślepy ~ a **blind**[1] bend
zakrętka cap[1]
zakrojony szeroko ~ wide-ranging
zakrwawiony bloodstained
zakrywać cover[1]
zakrzepica thrombosis
zakrzywiać ~ (się) bend[1]
zakrzywiony bent[1], hooked
zakuć ~ (w kajdany) shackle

zakup purchase[2]

zakupy shopping; robić ~ shop[2]; szaleństwo zakupów a shopping **spree**

zakurzony dusty

zakwalifikować shortlist; ~ się qualify

zakwaszać ~ (się) acidify

zakwaterować accommodate

zakwaterowanie accommodation, housing; ~ ze śniadaniem i kolacją half board; z zakwaterowaniem residential

zalanie flooding; ulegać zalaniu flood[1]

zalany waterlogged; (*pijany*) sloshed

zalążek ovule; ~ *czegoś* the **germ** of sth

zalążkowy embryonic

zalecać recommend, urge[1]; ~ się (do) court[2]

zalecenie recommendation; zalecenia guidelines

zaledwie only[1], scarcely

zalegać default[2], get behind

zalegalizować legalize

zalegalizowanie legalization

zaległości backlog; ~ (płatnicze) arrears; mieć ~ get behind, fall behind; nadrabiać ~ catch up; nadrabiać ~ w *czymś* catch up on/with sth

zaległy outstanding, overdue

zalesiony forested, wooded

zaleta advantage, asset, merit[1], virtue; dodatkowa ~ the **icing** on the cake

zalew flood[2], glut

zalewa słona ~ brine

zalewać flood[1], submerge, swamp[2], douse; ~ *coś czymś* smother sth in/with sth; zalewając się łzami in **flood**[2]s of tears

zależeć ~ od pivot; ~ od *czegoś* hinge on sth, rest on/upon sth, ride on sth; ~ od *kogoś* be **up**[1] to sb; ~ od *kogoś/czegoś* depend on/upon sb/sth; to zależy it/that **depends**

zależność ~ od *kogoś/czegoś* **reliance** on sb/sth

zależny dependent[1]; ~ od *czegoś* **dependent**[1] on/upon sth; być zależnym od *kogoś/czegoś* be **reliant** on sb/sth; mowa zależna reported speech

zaliczać ~ (się) rank[2]; ~ *kogoś/coś* do *czegoś* **class**[2] sb/sth as sth

zaliczenie credit[1]; wywalczyć ~ **scrape**[1] a pass

zaliczka advance[1], deposit[1], down payment

zaliczyć pass[1]; ~ *coś* chalk sth up, clock sth up, notch up sth

zalogować ~ się log in/on

zalotny flirtatious

zaloty *czyjeś* ~ sb's **advances**

zaludniony być zaludnionym be **populate**d; być zaludnionym przez *kogoś* be peopled by/with sb; gęsto ~ populous

zał. (*załączniki*) enc

załadować load[2]; (*na serwer*) upload

załagodzić ~ *coś* smooth sth over

załamać freak[3]; ~ się crash[2], collapse[1], come **unstuck**, break[1], go/fall to **piece**[1]s, crack[1], break down; ~ się (nerwowo) crack up; → **załamywać**

załamanie collapse[2], downturn, slump[2]; (*światła itp.*) refraction; ~ (nerwowe) breakdown; ~ nerwowe nervous breakdown

załamany screwed-up, gutted; być załamanym be **cut**[1] up

załamywać (*światło itp.*) refract; ~ ręce wring your **hand**[1]s; ~ się break[1], falter, slump[1]; → **załamać**

załapać catch on, click[1], latch on; ~ (o co chodzi) get the **message**; ~ się na catch[1]

załatwiać arrange; ~ *coś* deal with sth, go about sth

załatwić zap; ~ (sobie) wangle; ~ *coś* sort sth out, get sth **sort**[2]ed; ~ *kogoś* bump sb off, do away with sb; ~ *komuś* (*coś*) fix sb up; ~ sprawę do the **trick**[1]

załatwiony być załatwionym/załatwić *coś* be **sort**[2]ed/get sth sorted

załączać attach, enclose

załącznik attachment

załoga crew, workforce; członek załogi crewman

załogant crewman

załogowy manned

założenie (*przyjęcie*) assumption, presumption; (*powstanie*) foundation, establishment

założyciel/ka founder

założyć fit[1]; ~ blokadę clamp[2]; siedzieć z założonymi rękami sit back; założę się I **bet**[1]; załóżmy, że **suppose**/supposing (that); → **zakładać**

załzawiony watery

zamach (*wymach*) sweep[2], swing[2], swipe[2]; (*zabójstwo*) assassination; ~ na *czyjeś* życie an **attempt**[1] on sb's life; ~ stanu coup; dokonać zamachu na assassinate

zamachnąć ~ się na swipe[1]

zamachowiec assassin, bomber; ~ samobójca suicide bomber

zamanifestować register[2]

zamarzać freeze[1]

zamarznięty frozen[1]

zamaskować mask[2]

zamaskowany masked

zamawiać order[2]; ~ *coś* send (off/away) for sth

zamazany fuzzy

zameczek chateau

zamek (*do drzwi*) lock[2]; (*budowla*) castle, chateau; ~ (błyskawiczny) zip[1], zipper; ~ z piasku sandcastle

zameldować ~ się check in; ~ się (*gdzieś*) book in/book into sth

zamerykanizowany westernized

zamęczyć ~ *kogoś* tire sb out

zamęt havoc, mayhem, muddle[1]

zamężna married

zamglony hazy, misty; zamglone wspomnienie *itp.* a **dim**[1] memory/recollection, etc

zamian w ~ instead, in **return**[2]

zamiana swap

zamiar intent[1], intention; *czyjeś* zamiary sb's **movement**s; mieć ~ *coś zrobić* be **out**[1] for sth; be out to do sth; nie mieć złych zamiarów not mean any **harm**[1]; wyraźny ~ an **express**[2] intention; z zamiarem *zrobienia czegoś* with a **view**[1] to doing sth

zamiast **rather** than; ~ (tego) instead; ~ *czegoś* in **lieu** of sth, in **place**[1] of sth

zamiatać sweep[1]

zamieć blizzard, snowstorm

zamiejscowy (*telefon*) long-distance

zamieniać convert[1], trade[2]; ~ (się) swap, switch[1]; ~ słowa **exchange**[2] words

zamiennik substitute[1]

zamierać (*sztywnieć*) stiffen; (*zanikać*) tail off, trail away/off

zamierzać intend; ~ *coś* (*zrobić*) **mean**[1] to do sth, **plan**[2] to do sth, plan on doing sth, **propose** to do sth; ~ się na *kogoś* swing at sb

zamierzchły remote

zamierzenie project[1]

zamierzony deliberate[1], intentional; przynoszący efekty odwrotne do zamierzonych counterproductive

zamieszać implicate, stir[2]

zamieszanie confusion, commotion, fuss[1], turmoil, furore, activity, implication, mix-up, melee, pandemonium; robić ~ rock the **boat**

zamieszany być zamieszanym w *coś* be mixed up in sth, be **embroil**ed in sth

zamieszkać settle; ~ z *kimś* shack up with sb; → **zamieszkiwać**

zamieszkały inhabited, resident[2]

zamieszkanie habitation; miejsce zamieszkania residence, dwelling, abode; nadający się do zamieszkania habitable; nienadający się do zamieszkania uninhabitable

zamieszkany być zamieszkanym be **populate**d

zamieszki riot[1], rioting, unrest; brać udział w zamieszkach riot[2]; uczestni-k/czka zamieszek rioter

zamieszkiwać inhabit; ~ w/z *itp.* **reside** in/with, etc; → **zamieszkać**

zamieszkujący indigenous

zamilknąć **fall**[1] still

zamiłowanie predilection; ~ do *czegoś* a **passion** for sth

zaminować mine[3]

zamknąć ~ się shut up; ~ usta silence[2], gag[1], muzzle[2]; zamknij się belt up; → **zamykać**

zamknięcie confinement, seal[1]; ~ się w sobie withdrawal

zamknięty closed, shut[2], confined, enclosed, out of **bounds**, off **limit**[1]s; ~ w sobie withdrawn, incestuous; dobrze ~ under **lock**[2]

and key; pokaz ~ preview; za zamkniętymi drzwiami behind closed **doors**
zamontować fit[1], install; ~ *coś* na/do *itp.* **mount** sth on/to, etc
zamordować murder[2]
zamożność affluence
zamożny affluent, prosperous, wealthy, well-off, well-to-do
zamówić ~ wizytę *l.* spotkanie **make**[1] an appointment
zamówienie order[1]; składać ~ **place**[2] an order; na (indywidualne) ~ custom-
zamrażać freeze[1]
zamrażarka deep freeze, freezer
zamroczenie stupor
zamrożenie freeze[2]
zamruczeć purr
zamsz suede
zamykać (*więzić*) confine; (*program*) exit[2]; ~ (się) close[1], shut[1], lock[1]; ~ (szczelnie) seal[2]; ~ *coś*/się shut (sth) down; ~ *kogoś/coś* shut sb/sth away, shut sb/sth up, **lock**[1] sb/sth away/ in, pen sb/sth in/up; ~ *kogoś/coś gdzieś* shut sb/sth in (sth); ~ na kłódkę padlock; ~ pochód *l.* stawkę bring up the **rear**[1]; ~ się close[1]; ~ się/*coś* wind (sth) down; ~ się/*coś* z trzaskiem **snap**[1] (sth) shut; **→ zamknąć**
zamyślenie reverie, thoughtfulness; w zamyśleniu thoughtfully
zamyślić *ktoś* się zamyśla sb's attention/mind/thoughts, etc **wander**
zamyślony thoughtful; być zamyślonym be in a **dream**[1]
zanadrze mieć *coś* w zanadrzu have sth up your **sleeve**
zaniechać abandon, jettison
zaniechanie ~ wykonania wyroku reprieve
zanieczyszczać contaminate, pollute, taint, foul[2]
zanieczyszczający substancja zanieczyszczająca pollutant
zanieczyszczenie impurity, contamination, pollutant, pollution
zanieczyszczony impure
zaniedbać ~ się **let** yourself go; **→ zaniedbywać**
zaniedbanie disuse, negligence, neglect[2]
zaniedbany rusty, run-down, unkempt
zaniedbujący ~ obowiązki negligent
zaniedbywać neglect[1]; ~ się slack[2]; **→ zaniedbać**
zaniemówić clam up
zaniepokojony alarmed, anxious, concerned, perturbed, uneasy; niepotrzebnie ~ over-anxious
zanik chwilowy ~ lapse[1]
zanikać die away, die out, ebb[2], fade, peter out, trail away/off
zanim before[2]; ~ się *ktoś* urodził before sb's **time**[1]; ~ się obejrzysz before you **know**[1] it; ~ się spostrzegłem the **next**[1] thing I knew
zanotować ~ *coś* note/write, etc sth **down**[1]
zanurzać dip[2], immerse, dunk; ~ (się) submerge
zanurzenie immersion
zanurzony submerged
zaogniony inflamed
zaokrąglenie rounding
zaokrąglić ~ *coś* (w dół) round sth down; ~ *coś* (w górę) round sth up
zaokrąglony rounded; zaokrąglone liczby **round**[1] figures/numbers
zaopatrywać provide, supply[1]; ~ się stock up
zaopatrzenie supplies, supply[2]
zaostrzać exacerbate
zaostrzyć ~ (*coś*) tighten (sth) up
zaoszczędzić save[1]; ~ pieniądze/ miejsce/czas *itp.* **save**[1] money/space/ time, etc
zaowocować bear **fruit**
zapach fragrance, odour, scent, smell[2], whiff; kwaskowaty ~ tang; odczuwać zapachy smell[1]
zapachowy scented
zapaćkać daub
zapadać ~ się cave in, sag, give **way**[1]; ~ w *coś* lapse into sth; ~ w sen zimowy hibernate; zapada zmierzch/noc darkness/night **fall**[1]s; **→ zapaść**
zapadka catch[2]
zapadły godforsaken
zapadnięty zapadnięte oczy/policzki **sunken** eyes/cheeks, **hollow**[1] eyes/cheeks
zapakować ~ *coś* wrap sth up
zapalać ~ (*coś*) light (sth) up; ~ (się) light[3], ignite; ~ zapałkę **strike**[1] a match; **→ zapalić**
zapalający incendiary
zapalenie inflammation; ~ migdałków tonsillitis; ~ mózgu encephalitis; ~ opon mózgowych meningitis; ~ oskrzeli bronchitis; ~ płuc pneumonia; ~ stawów arthritis; ~ wyrostka appendicitis
zapalić ~ się catch **fire**[1]; **→ zapalać**
zapalniczka lighter
zapalnik fuse[1]
zapalny explosive[1], incendiary; objęty stanem zapalnym inflamed; stan ~ inflammation
zapalony keen
zapał drive[2], eagerness, keenness, vigour, zeal; z zapałem eagerly
zapałka match[1]; pudełko (od) zapałek matchbox; zapalać zapałkę **strike**[1] a match
zapamiętać ~ sobie (*coś*) take **note**[1] (of sth); dać się ~ go down
zapamiętale with a **vengeance**
zapanować reign[2]
zapaprać ~ *coś* mess sth up
zaparować ~ się/*coś* steam (sth) up
zaparowany steamy
zaparowywać mist over/up
zaparty czekać z zapartym tchem **hold**[1] your breath; z zapartym tchem with bated **breath**
zaparzać ~ (się) infuse
zapas reserve[2], stock[1], stockpile, store[1], supplies, supply[2]; ~ towaru stock[1]; robić zapasy stock up; uzupełniać ~ paliwa refuel; w zapasie in **reserve**[2], to **spare**[3]
zapasik stash[2]
zapasowy spare[1], duplicate; część zapasowa spare[2]; kopia zapasowa backup
zapasy wrestling
zapaść ~ się fall in; **→ zapadać**
zapaśni-k/czka wrestler
zapchać jam[2]; **→ zapychać**
zapchany congested
zapeszyć jinx
zapewne presumably
zapewniać ensure, assure, assert, reassure, protest[2]; ~ *coś* lay sth on; ~ *komuś/czemuś* pozycję jako *ktoś/coś* **establish** sb/sth as sth; ~ *komuś* rozrywkę keep sb **amused**; ~ *komuś/ czemuś* bezpieczeństwo **keep**[1] sb/sth safe; ~ mieszkanie house[2]
zapewnienie assertion, assurance, protestation, provision, reassurance
zapewniony mieć *coś* zapewnione be **assured** of sth
zapędzić ~ w kozi róg trap[2]; ~ *kogoś* w kozi róg put sb on the **spot**[1]
zapiekanka casserole, pie; ~ w cieście quiche
zapierający ~ dech (w piersiach) breathtaking, stunning
zapięcie fastener, clasp[2]
zapinać buckle[2]; ~ (na guziki) button[2]; ~ (na zamek) zip[2]; ~ (się) fasten; ~ *coś* do sth up
zapis entry, record[1], recording, registration, notation, transcript; ~ magnetyczny **magnetic** storage; ~ wykładniczy scientific notation, standard form, index form; dokonać zapisu na rzecz endow
zapisać → zapisywać
zapisanie ~ (się) enrolment
zapisany być zapisanym subscribe
zapisujący urządzenie zapisujące recorder
zapisywać record[2]; (*lek*) prescribe; (*w testamencie*) leave[1]; ~ (się) enrol, register[2]; ~ (w dzienniku) log[2]; ~ (w testamencie) bequeath; ~ *coś* get sth down, jot sth down, note down sth, take sth down, write sth down; ~ *kogoś* slot sb/sth in, put sb down; ~ pliki/dokument *itp.* **save**[1] files/work, etc; ~ się subscribe, sign up
zaplanować mastermind, time[2], schedule[2]; ~ *coś* plan sth out, set sth up, slot sth in
zaplanowany premeditated; być zaplanowanym be **slate**[2]d
zaplatać plait
zaplątać ~ (się) tangle[2]; ~ się w *coś* be/get caught up in sth
zaplątany entangled, tangled

zaplecze facilities
zapłacić ~ (za) pay[1]
zapłakany tearful
zapłata payment; do zapłaty payable; polecenie zapłaty direct debit
zapłodnić fertilize
zapłodnienie fertilization; ~ in vitro in vitro fertilization, IVF; sztuczne ~ artificial insemination
zapłon ignition
zapłonowy świeca zapłonowa spark plug
zapobiegać discourage, forestall, prevent, stop[1]; ~ *czemuś* guard against sth, ward sth off; ~ kryzysowi/katastrofie/wojnie *itp.* **avert** a crisis/disaster/war, etc
zapobieganie prevention
zapobiegawczy pre-emptive, preventive, precautionary, remedial; środek ~ precaution; środek/krok ~ a **precaution**ary measure/step
zapoczątkować initiate, institute[2], pioneer; ~ *coś* usher in sth
zapoczątkowanie initiation
zapodziać mislay
zapominać forget; ~ o *czymś* lose **sight**[1] of sth; ~ się **forget** yourself; → **zapomnieć**
zapominalski forgetful
zapomnieć ~ *coś zrobić* **neglect**[1] to do sth, **omit** to do sth; ~ o overlook; nie ~ *coś zrobić* be **sure**[1] to do sth; Nigdy mi tego nie zapomną! I'll never **live**[1] it down!; → **zapominać**
zapomnienie oblivion, obscurity, neglect[2], disuse; puścić w ~ overlook; szukać zapomnienia w *czymś* turn to sth
zapora barricade[1], dam; (*sieciowa*) firewall; budować zaporę na dam
zapotrzebowanie ~ na *coś* **call**[2] for sth
zapowiadać foreshadow, herald[1], introduce; ~ się na *coś* **promise**[1] to be sth; ~ się na *coś/kogoś* be a sth/sb in the **making**; dobrze się ~ show **promise**[2]
zapowiadający dobrze się ~ budding, up-and-coming; dobrze zapowiadająca się osoba hopeful
zapowiedź introduction, an **introductory** message, herald[2], preview, trailer
zapoznany być zapoznanym z *czymś* be **acquainted** with sth
zapoznawać ~ *kogoś*/się z *czymś* **familiarize** sb/yourself with sth
zapożyczać borrow
zapracować ~ na earn
zapraszać ask, invite[1], treat[1]; → **zaprosić**
zaprawa ~ (murarska) mortar
zaprawiony (*pijany*) plastered
zaprezentować package[2], demo[2]
zaprojektować plan[2]
zaprojektowany specjalnie ~ purpose-built
zaprosić ~ *kogoś* invite sb in, invite sb over, take sb out; → **zapraszać**
zaproszenie invitation, invite[2]; wystosować do *kogoś* ~ **extend** an invitation to sb
zaprowadzić conduct[2]; ~ *kogoś gdzieś* **usher**[1] sb to/across, etc
zaprzątnięty mieć *czymś* zaprzątniętą głowę have sth on the **brain**
zaprzeczać contradict, deny, disclaim, repudiate; → **zaprzeczyć**
zaprzeczenie contradiction, denial, repudiation
zaprzeczyć stanowczo ~ **flatly** deny; → **zaprzeczać**
zaprzedanie ~ się sellout
zaprzestanie cessation
zaprzestawać nie ~ press ahead/forward/on
zaprzeszły czas ~ the past perfect, the pluperfect
zaprzęgać harness[2]
zaprzęgowy horse-drawn
zaprzyjaźnić ~ się (z *kimś*) make **friend**s (with sb)
zaprzysięgać inaugurate; ~ *kogoś* swear sb in
zaprzysięgły ~ ateista/kawaler/pesymista *itp.* a **confirmed** atheist/bachelor/pessimist, etc; zaprzysięgli wrogowie **sworn**[1] enemies
zapuszczać (*włosy*) grow; (*program*) run[1]
zapuszczony overgrown
zapychać ~ (się) block[2], clog; ~ *coś* bung sth up; → **zapchać**
zapylać pollinate
zapylanie pollination
zapylenie ~ krzyżowe cross-pollination
zapytać ask
zapytanie enquiry, inquiry, query[1]; stać pod znakiem zapytania be in **doubt**[1]; znak zapytania question mark; (*niewiadoma*) if[2]
zapytywać poll[2]
zarabiać earn, make[1]; ~ (brutto) gross[2]; ~ (na czysto) net[3]; ~ na życie **earn** a/your living
zarabiający-y/a earner
zaradczy remedial
zaradność resourcefulness
zaradny resourceful
zaradzić cure[2], remedy[2]
zaranie ~ *czegoś* the **dawn**[1] of sth
zaraz immediately[1], in no **time**[1], straight[2]; ~ jak the **minute**[1] (that), the **moment** (that); ~ potem **right**[2] after; ~, ~ Let's see/Let me see
zarazek bug[1], germ
zarazić infect; ~ się contract[2]; ~ się *czymś* pick sth up
zaraźliwy catching, contagious, infectious
zardzewiały rusty
zareagować react
zarejestrować ~ (się) register[2]; ~ się subscribe; ~ się jako bezrobotny sign on
zarejestrowany licensed; ~ użytkownik subscriber
zarezerwować book[2], reserve[1]; ~ (sobie) allow; ~ *komuś* miejsce (*gdzieś*) book sb in/book sb into sth; ~ sobie czas **make**[1] time; ~ termin **make**[1] an appointment
zaręczony engaged
zaręczyny engagement
zarobek earnings
zarobkujący-y/a earner
zarodek zdusić *coś* w zarodku nip sth in the **bud**
zarodnia sporangium
zarodnik spore
zarost (lekki) ~ stubble
zarośla scrub[2]
zarośnięty overgrown
zarozumiale conceitedly
zarozumialstwo conceit
zarozumiałość complacency
zarozumiały complacent, conceited
zarówno alike[2]; ~ … jak i … **both**… and…
zarumienić ~ się go **red**[1]
zaryglować bar[2]
zarys outline[2], silhouette; ogólny ~ a **broad** outline; przedstawić w zarysie outline[1]
zarysować (*nakreślić*) define; (*porysować*) scuff
zaryzykować venture[2]
zarząd board[1], management, directorate; ~ powierniczy trust[2]; sala posiedzeń zarządu boardroom
zarządca administrator
zarządzać administer, manage; źle ~ mismanage
zarządzający rada zarządzająca directorate
zarządzanie management, running[1]
zarządzenie ordinance
zarządzić decree
zarzucać (*rezygnować*) abandon, drop[1], forego, forgo, scrap[2]; (*krytykować*) reproach[2]; ~ *coś* (*rezygnować*) chuck sth in; (*narzucać*) **fling**[1] sth around, **sling**[2] sth around/on, **throw**[1] sth around/on; (*krytykować*) fault[2]; ~ *coś* na **drape** sth across/on/over, etc; ~ *kogoś czymś* bombard sb with sth; ~ *kogoś* pytaniami **fire**[2] questions at sb
zarzucenie (*rezygnacja*) abandonment; nie mieć *komuś/czemuś* nic do zarzucenia have no **quarrel**[1] with sb/sth
zarzut allegation, complaint, charge[1], niggle, reproach[1]; oczyścić z zarzutów clear[2]; stawiać zarzuty charge[2]
zarzynać slaughter[1]; ~ się **push**[1] yourself
zasada principle, rule[1], tenet; (*w chemii*) base, alkali; dla zasady on **principle**; kłócić się z zasadami go against the **grain**; naginać zasady bend/stretch the **rule**[1]s; niekonsekwentne zasady double standard; niepisana ~ an **unwritten** rule; praktyczna ~ a **rule**[1] of thumb;

w zasadzie basically, in **principle**, by and **large**; w zasadzie (to) **come** to think of it; wbrew zasadom **against** the rules; zasady ground rules; z zasadami moral[1]; złamać zasadę **break**[1] a rule
zasadniczo basically, broadly, essentially, for the most **part**[1], fundamentally, in **principle**
zasadniczy basic, essential, fundamental
zasadowość alkalinity
zasadowy alkaline
zasadzać found[1]
zasadzka ambush
zasądzać award[2]
zasiać plant[2]
zasiadać serve[1]
zasiedlać colonize
zasiedlony być zasiedlonym be **populate**d; lokal ~ na dziko squat[3]
zasięg extent, range[1], scope, grasp[2]; ~ wzroku sight[1]; bliskiego zasięgu short-range; być poza zasięgiem/w zasięgu słuchu be out of/within **earshot**; być w zasięgu (*czyjejś*) ręki be within (sb's) **reach**[2]; dalekiego zasięgu long-range; poza *czyimś* zasięgiem out of/beyond (sb's) **reach**[2], beyond (sb's) **reach**[2]; wydawać się w zasięgu ręki beckon
zasięgać ~ opinii ballot[2]
zasilać power[2]
zasilanie supply[2]; awaria zasilania power cut, power outage
zasiłek benefit[1], social security, welfare; ~ (dla bezrobotnych) the dole; ~ rodzinny child benefit
zaskakiwać → **zaskoczyć**
zaskakujący startling, surprising
zaskarżyć contest[2], prosecute, sue
zaskoczenie surprise[1]; ku zaskoczeniu *kogoś* **to**[2] sb's surprise
zaskoczony surprised, startled, dumbfounded; być zaskoczonym be taken **aback**; w najmniejszym stopniu /. zupełnie nie ~ not **remotely** surprised
zaskoczyć startle, surprise[2]; (*załapać*) click[1]; ~ *kogoś* catch/take sb **unawares**, take/catch sb by **surprise**[1], catch sb off **guard**[1], creep up on sb; ~ *kogoś czymś* spring sth on sb
zasłaniać block[2], obstruct, obscure[2], shade[2]; ~ *coś* cover sth up, blot sth out
zasłona curtain, screen[1]; odsuwać /. zasuwać zasłony **draw**[1] the curtains
zasłony drapes
zasługiwać ~ na deserve, merit[2], rate[2], warrant[2]; ~ na uwagę/lojalność/szacunek *itp.* **command**[2] attention/loyalty/respect, etc; ~ na uwagę/szacunek *itp.* be **worthy** of attention/respect, etc; w pełni ~ **richly** deserve
zasługujący deserving
zasłużenie deservedly
zasłużony zasłużon-a/y przerwa/urlop/wypoczynek **well-earned** break/holiday/rest, etc
zasłużyć ~ sobie na earn
zasłyszeć ~ *coś* hear sth on/through the **grapevine**
zasmucać grieve, sadden
zasnąć → **zasypiać**
zasolić cure
zasób resource, stock[1]; ~ słów vocabulary
zaspa drift[2]; ~ (śnieżna) snowdrift; tworzyć zaspy drift[1]
zaspać oversleep
zaspokajać accommodate, satisfy; ~ potrzebę **fill**[1] a need, **fulfil** a need; ~ potrzeby *kogoś/czegoś* cater for sb/sth
zastanawiać ~ się debate[2], reflect, think[1], have a **think**[2], wonder[1]; ~ się nad *czymś* look at sth
zastanowić ~ się (nad) rethink; dobrze się ~ (nad *czymś*) take **stock**[1] (of sth); zastano-wię/wimy się I'll/we'll **see**
zastanowienie bez zastanowienia off the **top**[1] of your head
zastany pre-existing
zastarzały deep-seated
zastawa ~ (stołowa) crockery
zastawiać (*za pieniądze*) pawn[2]; ~ *coś* (*zasłaniać*) block sth off
zastawka ~ dwudzielna bicuspid valve; ~ mitralna mitral valve; ~ półksiężycowa semilunar valve; ~ trójdzielna tricuspid valve
zastąpić take over; → **zastępować**
zastąpienie substitution
zastęp-ca/czyni deputy, replacement, stand-in, substitute[1]; ~ dyrektora/redaktora/realizatora *itp.* **associate**[3] director/editor/producer, etc
zastępczy surrogate; matka zastępcza surrogate mother; temat ~ red herring; zastępcz-y/a dom/matka/rodzic *itp.* **foster**[2] home/mother/parent, etc; (globalny) znak ~ wildcard
zastępować replace, stand in, substitute[2], succeed, supersede; ~ *kogoś* **substitute**[2] for sb
zastępstwo replacement, temp, substitution
zastosować ~ *coś* w praktyce put something into **practice**; ~ się comply; ~ unik take **evasive** action
zastosowanie application, employment, use[2]; mający ~ applicable; mieć ~ apply
zastój slowdown, slump[2], stagnation, standstill, plateau; ulegać zastojowi stagnate; w zastoju sluggish, stagnant, in the **doldrums**
zastrajkować walk out
zastraszenie intimidation
zastraszony intimidated
zastraszyć intimidate
zastrzegać ~ (sobie) stipulate
zastrzelić shoot[1]; ~ *kogoś* gun sb down
zastrzeżenie complaint, objection, qualification, reservation, stipulation; mieć zastrzeżenia do *czegoś/kogoś* have a problem with sth/sb
zastrzeżony exclusive[1]
zastrzyk injection, shot[1], jab[2]; (*poprawa*) boost[1], infusion; ~ (finansowy) injection; ~ pewności siebie a confidence/morale, etc **booster**
zastygać congeal
zasugerować ~ pomysł **broach** an idea
zasuwać ~ zasłony **draw**[1] the curtains
zasuwka bolt[1], latch[1]
zasygnalizować indicate, signal[2]
zasymilować ~ (się) assimilate
zasypany być zasypanym *czymś* be flooded with sth, be **inundate**d with/by sth; być zasypanym śniegiem be **snow**[2]ed in; zostać zasypanym lawiną *czegoś* be **deluge**[2]d with/by sth
zasypiać fall **asleep**, go to **sleep**[2], drop off, doze off, nod off; → **zasnąć**
zasypywać spray[2]; ~ *kogoś czymś* shower sb with sth
zaszaleć let your **hair** down; ~ (z *czymś*) go to **town** (on sth)
zaszczycony czuć się zaszczyconym be **flatter**ed
zaszczyt privilege
zaszkodzić **do**[2] damage/harm, hurt[1], prejudice[2], kill[1], sabotage; ~ *komuś* (na żołądek) **upset**[2] sb's stomach; *coś komuś* nie zaszkodziło be none the **worse**[1] for sth; nie ~ not do any **harm**[1]; nie zaszkodzi *coś zrobić* there's no **harm**[1] in doing sth; (*komuś*) nie zaszkodzi *coś zrobić* it won't/wouldn't **hurt**[1] (sb) to do sth
zaszufladkować pigeonhole[2]
zaszyć ~ *coś* sew sth up; ~ się hole up
zaś while[1]
zaściankowość insularity
zaściankowy insular
zaśmiecać litter[2]
zaśmiewający ~ się in **hysterics**
zaświadczyć attest
zaświtać dawn[2]; ~ *komuś* dawn on sb
zataczać ~ łuk swing[1]; ~ się reel[1], stagger, totter
zataić suppress; ~ *coś* keep sth back; ~ *coś* przed *kimś* keep sth from sb
zatamować plug[2]
zatapiać ~ (się) sink[1]
zatęchły dank
zatkać plug[2]; zatkało *kogoś* tongue-tied
zatłoczony crowded, congested, busy[1], packed, overcrowded, teeming
zatłuc bludgeon
zatoczka inlet, cove, creek; (*dla samochodów*) bay, lay-by

zatoka bay, gulf; (*nosowa*) sinus
zatonąć sink[1]
zatopiony sunken, submerged
zator blockage, congestion, bottleneck
zatroskany bothered
zatrucie poisoning; ~ pokarmowe food poisoning
zatruć poison[2], kill[1], taint; ~ się dymem/oparami *itp.* be **overcome** by smoke/fumes, etc; → **zatruwać**
zatrudniać employ, engage, hire[1]
zatrudnianie recruitment
zatrudnić ~ *kogoś* take sb on
zatrudnienie employment; gwarancja stałego zatrudnienia job security; redukcja zatrudnienia redundancy
zatruty poisoned
zatruwać poison[2]; → **zatruć**
zatrzask (*zapadka*) latch[1]; (*w ubraniu*) popper, snap[2], press stud, stud
zatrzasnąć ~ *kogoś* wewnątrz/na zewnątrz lock sb in/out
zatrzymać keep[1]; ~ (się) halt[2]; ~ *coś* (*zachować*) keep **hold**[2] of sth; (*zastopować*) flag sth down; ~ *kogoś* pick sb up, take sb in; ~ się come to **rest**[1], pull up, stop off; ~ się z piskiem opon **screech** to a halt/stop; → **zatrzymywać**
zatrzymanie detention; ~ akcji serca heart failure; ~ się halt[1]
zatrzymywać keep[1], apprehend, detain, impound, retain, stall[2], stop[1]; ~ *coś* block sth out; ~ *coś/kogoś* hold sth/sb up; ~ *kogoś* (w szpitalu) keep sb in; ~ się come to a **stop**[2], stop[1], stay[1]; → **zatrzymać**
zatuszować whitewash; ~ *coś* cover sth up, hush sth up
zatuszowanie ~ prawdy cover-up
zatwardzenie constipation; cierpiący na ~ constipated
zatwardziały diehard, hardcore, hardline; ~ ateista/kawaler/pesymista *itp.* a **confirmed** atheist/bachelor/pessimist, etc
zatwierdzać approve; ~ mechanicznie / automatycznie rubber-stamp
zatyczka plug[1]
zatykać choke[1]; ~ nos **hold**[1] your nose
zatytułować entitle
zaufanie confidence, trust[2]; godny zaufania dependable, reliable, trustworthy; ślepe ~ **blind**[1] trust
zaufany grono zaufanych inner circle; ktoś ~ confidant, confidante
zaułek close[4], Crescent
zauroczyć charm[2], enthral
zauważać acknowledge, comment[2], note[2], notice[1], observe, remark[2], perceive, spot[2]; → **zauważyć**
zauważalnie noticeably
zauważalny distinct, measurable, noticeable, perceptible
zauważyć dać się ~ come through, be in **evidence**; nie ~ miss[1]; → **zauważać**
zawadiacki ~ krok swagger
zawadiacko kroczyć ~ swagger
zawadzić ~ o clip[2]
zawahać nie ~ się *coś zrobić* not **hesitate** to do sth, have no **hesitation** in doing sth; nie ~ się przed niczym stop at **nothing**
zawalić ~ (*coś*) screw (sth) up; ~ *coś* foul sth up; ~ się collapse[1], fall in, go **pear-shaped**; ~ sprawę **blow**[1] it/your chance(s)
zawalony być zawalonym be **snow**[2]ed under; być zawalonym *czymś* be littered with sth
zawał ~ (serca) coronary[2], heart attack
zawartość content[1], contents; z wysoką zawartością *czegoś* **high**[1] in sth
zawdzięczać ~ *komuś/czemuś* swoje istnienie/swój sukces *itp.* **owe** your existence/success, etc to sb/sth
zawdzięczający ~ wszystko sobie self-made
zawetować veto[1]
zawężać ~ *coś* narrow sth down
zawiadamiać inform, notify
zawiadomić ~ *kogoś* **break**[1] the news to sb
zawiadomienie notice[2], notification
zawias hinge[1]
zawiązać ~ oczy blindfold
zawiązywać tie[1]; ~ *coś* do sth up, lace sth up
zawiedziony disgruntled
zawieja flurry
zawierać contain, include, embrace[1], encompass, carry, feature[2]; ~ *coś* enter into sth
zawierający ~ dużo *czegoś* **high**[1] in sth
zawieruszyć mislay
zawiesina suspension
zawieszać suspend; ~ wykonanie wyroku reprieve
zawieszenie suspension, suspense; ~ broni armistice, ceasefire; ~ wykonania wyroku reprieve; pozostawać w zawieszeniu be up in the **air**[1]
zawieszony ~ w powietrzu airborne
zawieść come to **grief**; ~ *kogoś* let sb down
zawijać curl[2], wrap
zawijas squiggle
zawikłany tangled
zawile intricately
zawiłości ~ *czegoś* the intricacies of sth
zawiłość intricacy
zawiły intricate, involved, messy, tortuous
zawiniątko bundle[1]
zawinić be in the **wrong**[3]
zawiść odczuwać ~ do/o resent
zawlec ~ *kogoś* **drag**[1] sb out/to, etc
zawleczka tab
zawładnąć ~ *czymś* sercem **capture**[1] sb's heart
zawoalowany veiled, oblique
zawodni-k/czka player, fighter; ~ rezerwow-y/a reserve[2]; ~ wagi ciężkiej heavyweight; ~ wagi lekkiej lightweight
zawodny unreliable
zawodowiec professional[2], pro
zawodowo professionally; mężczyzna/kobieta *itp.* pracując-y/a / czynn-y/a ~ a **working** man/woman, etc
zawodowy occupational, professional[1], vocational; ryzyko zawodowe an occupational **hazard**[1]; związek ~ trade union, union, labor union
zawody competition
zawodzić fail[1]; (*nerwy*) fray[1]
zawołanie być na każde *czyjeś* ~ be at sb's **beck** and call; (jak) na ~ on **cue**
zawozić ~ (samochodem) drive[1]
zawód (*profesja*) occupation, profession, trade[1], **walk**[2] of life; (*rozczarowanie*) disappointment, letdown; sprawić ~ disappoint
zawór valve
zawracać double back; ~ głowę bother[1], hassle[2]; ~ *komuś* głowę mess sb about/around; → **zawrócić**
zawracanie U-turn; ~ głowy hassle[1]; manewr zawracania U-turn
zawrotny giddy; robić zawrotną karierę go from **rags** to riches
zawroty ~ głowy vertigo; mający ~ głowy dizzy; przyprawiający o ~ głowy giddy
zawrócić ~ (*kogoś*) turn (sb) back; → **zawracać**
zawstydzić shame[2]; ~ *kogoś* put sb to **shame**[1]; bardzo się ~ be mortified
zawstydzony ashamed
zawsze always, evermore, invariably, will[1], would; (na) ~ forever, for **ever**; ~ jeszcze if all **else** fails; ~ (przecież) móc *coś zrobić* can/could **always** do sth; na ~ for **good**[2]; prawie ~ *itp.* **almost** always; raz na ~ **once**[1] and for all; to ~ coś be **something**
zawyżać inflate
zawyżony exorbitant, inflated
zawzięcie ferociously, with a **vengeance**
zawziętość ferocity
zawzięty bitter[1], dogged, ferocious, headstrong, **hotly** contested
zazdrosny envious, jealous
zazdrościć begrudge, envy[2]
zazdrość envy[1], jealousy; budzić *czyjąś* ~ be the **envy**[1] of sb; pękać z zazdrości be **green**[1] with envy
zazdrośnie enviously, jealously
zaznaczać highlight[1], tick[2], check[1]; ~ *coś* mark sth out
zaznaczyć ~ swoją obecność make your **presence** felt
zaznajamiać ~ *kogoś* z *czymś* introduce sb to sth
zaznajomiony acquainted; być zaznajomionym z *czymś* be **acquainted** with sth

zazwyczaj typically, usually; ~ *coś robić l.* być *jakimś* **tend** to do sth
zażarcie ~ protestować be up in **arms**
zażenowanie embarrassment; powód zażenowania embarrassment
zażenowany embarrassed, mortified
ząb tooth, cog; ~ jadowy fang; ~ mądrości wisdom tooth; ~ przedtrzonowy premolar; ~ trzonowy molar; ból zęba toothache; → **zęby**
ząbek ~ (czosnku) clove
ząbkować be teething
ząbkowany serrated
zbaczać deviate, stray[1], **veer** off; ~ z tematu digress, go off at/on a **tangent**
zbankrutować go **broke**[1]
zbawiciel the Saviour
zbawić redeem
zbawienie lifeline, salvation, redemption
zbesztać ~ *kogoś* tell sb off
zbędność redundancy
zbędny redundant
zbić ~ *kogoś* do nieprzytomności beat/knock the (living) **daylights** out of sb; ~ z tropu baffle, disconcert, sidetrack, throw[1]
zbiec abscond
zbieg fugitive; ~ okoliczności coincidence; szczęśliwy ~ okoliczności a **stroke**[1] of luck; ~ (rzek) confluence
zbiegać ~ się coincide, converge
zbiegły escaped; ~ z miejsca wypadku hit-and-run
zbieracz/ka collector
zbierać collect[1], compile, gather; (*grzyby*) pick[1]; (*tłuszcz*) skim; (*pieniądze*) raise[1]; ~ (plony) harvest[2], reap; ~ (się) assemble, gather; ~ (się na) muster; ~ odwagę/siły **summon** (up) the courage/strength, etc; ~ się (*spotykać się*) collect[1], convene, meet[1]; (*nawarstwiać się*) mount up, pile up; ~ się (do wyjścia) make a **move**[2]; ~ się na wymioty gag[1]; → **zebrać**
zbieżność convergence, overlap; ~ (stanowisk) alignment
zbieżny być zbieżnym coincide, concur
zbiornik tank, reservoir, cistern, receptacle
zbiorowy collective[1]; komunikacja zbiorowa public transport; negocjacje zbiorowe collective bargaining
zbiór set; (*kolekcja*) collection, hoard; (*upraw*) crop[1], harvest[1]; ~ pusty empty set; ~ uniwersalny universal set
zbiórka collection; ~ pieniędzy fundraising; impreza ze zbiórką pieniędzy fundraiser; organizator/ka zbiórki pieniędzy fundraiser
zbir thug
zbliżać ~ *kogoś* bring sb together; ~ się be coming up, close in, **draw**[1] near/close; ~ się (do) approach[2]; ~ się do near[3]; ~ się (do siebie) converge
zbliżający ~ się forthcoming, upcoming
zbliżanie ~ się approach[1]
zbliżenie close-up; robić ~ zoom in
zbliżony być zbliżonym do approximate[2]
zbłaźnić ~ się put your **foot**[1] in it
zbłąkany errant, lost[1], stray[2]; zbłąkane zwierzę stray[3]
zbocze incline[2], slope[1]
zboczenie deviation, perversion
zboczeniec deviant, pervert[1]
zboczony deviant
zbolały pained
zbombardować blitz[2]
zboże cereal, corn
zbrodnia felony; ~ wojenna war crime
zbrodniarz felon; ~ wojenny war criminal
zbrodniczy murderous
zbroja armour
zbrojeniowy sprzęt ~ munitions
zbrojny armed; siły zbrojne the armed forces, the services
zbudowany dobrze ~ well-built
zbulwersowany appalled, exasperated, irate
zbuntowany rebellious; zbuntowan-a/y grupa/republika/region *itp.* a **breakaway** group/republic/region, etc
zburzyć ~ *coś* knock sth down, pull sth down
zbyt (*sprzedaż*) sales; (*za bardzo*) over-; ~ daleko idące stwierdzenie/uogólnienie **sweeping** statement/generalization; ~ drogi overpriced; ~ mały/ciężki/dużo *itp.* **too** small/heavy/much, etc; ~ niski flat[2]; ~ pewny siebie presumptuous; być ~ dumnym aby *coś zrobić* be too **proud** to do sth; być ~ jasnym/słodkim *itp.* jak na *czyjś* gust be too bright/sweet, etc for your **liking**; dział zbytu sales; nie czuć się ~ pewnie be out of your **depth**; reagować ~ mocno *l.* nieproporcjonalnie overreact
zbyteczny superfluous, expendable
zbytni undue
zbytnio unduly; ~ się śpieszyć jump the **gun**[1]; → **zbyt**
zbywać realize; ~ *kogoś* palm sb off
zbywalny realizable
zdać pass[1]; ~ (*coś*) śpiewająco sail through (sth); nie ~ fail[1]; → **zdawać**
zdalny zdalne sterowanie remote control
zdanie (*opinia*) feeling, opinion, verdict, view[1]; (*gramatyczne*) clause, sentence[1]; ~ (podrzędne) względne relative clause; ~ podrzędne subordinate clause; ciągle zmieniać ~ **chop**[1] and change; mający odmienne ~ niż *ktoś* at **variance** with sb/sth; mieć dobre/złe ~ na temat *kogoś/czegoś* have a high/low **opinion** of sb/sth; mieć o *kimś/czymś* dobre ~ **think**[1] a lot of sb/sth; nie mieć o *kimś/czymś* najlepszego zdania not **think**[1] much of sb/sth; podzielać ~ **share**[1] an opinion; różnica zdań disagreement, dissent; wymiana zdań exchange[1]; wyrazić swoje ~ speak your **mind**[1]; wyrobić sobie ~ **form**[2] an opinion; zdaniem wszystkich by common **consent**[1]; zmiana zdania a **change**[2] of heart; zmienić ~ change your **mind**[1], come around, come round, budge
zdany ~ egzamin pass[2]; być zdanym na łaskę *czegoś/kogoś* be at the **mercy** of sth/sb
zdarzenie happening, occurrence
zdarzyć ~ się happen, take **place**[1], transpire; o ile nie zdarzy się barring
zdatność fitness
zdatny fit[2]; ~ do jazdy roadworthy
zdawać (*egzamin*) sit; ~ się imagine; ~ się na *kogoś/coś* fall back on sb/sth; ~ sobie sprawę realize; ~ sobie sprawę z/że be **aware** of/that; → **zdać**
zdawkowo tersely
zdawkowy terse
zdążający ~ na południe southbound; ~ na północ northbound
zdążyć make[1], **make**[1] it
zdecydować figure[2]; ~ *coś* work sth out; ~ się make your **mind**[1] up, take the **plunge**[2]; ~ się *coś zrobić* **elect** to do sth; ~ się na *coś* go for sth, **choose** to do sth, settle on/upon sth, plump for sth; ~ się na *coś/kogoś* decide on sth/sb; nie móc się ~ be in two **mind**[1]s, agonize; → **decydować**
zdecydowanie (*stanowczo*) convincingly, decidedly, decisively, definitely, definitively, forcefully, by **far**[1], purposefully, resolutely, strongly; (*stanowczość*) decisiveness, purpose, resolve[2]; ~ pokonany **soundly** beaten/defeated; ~ się *czemuś* sprzeciwiać be **dead**[2] set against sth/doing sth; wyprzedzać *kogoś/coś* ~ be **street**s ahead (of sb/sth)
zdecydowany decisive, commanding, a **convincing** win/victory, decided, definite, forceful, determined, purposeful, resolute, strong-willed, firm[1], trenchant; ~ na *coś* **bent**[1] on sth/doing sth; być zdecydowanym na *coś*/*coś zrobić* be **intent**[2] on sth/doing sth; zdecydowane działania clampdown; podejmować zdecydowane działania clamp down
zdeformowany deformed
zdefraudować embezzle
zdegenerowany degenerate[2]
zdegradować downgrade; zostać zdegradowanym be **demoted**
zdegustowany disgusted
zdejmować detach, pick[1], remove; ~ *coś* take sth down, take sth off
zdejmowany detachable

zdeklasować ~ *kogoś/coś* put sb/sth to **shame**[1]
zdelegalizować outlaw[1]
zdemaskowanie exposure
zdemolować ~ *coś* smash sth up
zdemoralizowany demoralized
zdenerwowanie nerves, nervousness; w zdenerwowaniu in the **heat**[1] of the moment
zdenerwowany nervous, in/into a **state**[1], upset[1], worked up, wound up
zdeprawowany depraved
zderzak bumper[1]; jazda na zderzaku tailgating; siedzieć na zderzaku tailgate
zderzenie collision
zderzyć ~ się collide; ~ się (z) crash[2]
zdesperowany desperate
zdeterminowany determined, single-minded, strong-willed
zdewastowany devastated
zdezorientować lose
zdezorientowany bewildered, confused, disoriented
zdjęcia filming
zdjęcie photograph[1], photo, picture[1], shot[1], snapshot, snap[2]; robić ~ photograph[2]
zdjęciowy photographic; sesja zdjęciowa shoot[2]
zdjęty ~ z widełek off the **hook**[1]
zdławić smother
zdmuchnąć ~ *coś* blow sth out, **blow**[1] sth down/off
zdobić grace[2]; ~ *coś* be **splash**[1]ed across/all over sth
zdobiony bogato ~ ornate; być bogato zdobionym be **richly** decorated
zdobycie capture[2]
zdobycz kill[2], prey[1]
zdobyć elicit, land[2], snag[2], capture[1]; ~ *coś* notch up sth, come by sth; ~ *czyjeś* poparcie win sb over; ~ dyplom / kwalifikacje qualify; ~ (sobie) poparcie/szacunek/wsparcie *itp.* **win**[1] approval/respect/support, etc; ~ przewagę nad *kimś* turn the **table**[1]s on sb; ~ się na odwagę (aby *coś zrobić*) pluck up the **courage** (to do sth); ~ sławę make a **name**[1] for yourself; ~ punkt / bramkę score[2]; nie móc się na *coś* ~ can't **face**[2] sth/doing sth
zdobyty nieuczciwie ~ ill-gotten
zdobywać → **zdobyć**
zdobyw-ca/czyni ~ drugiego miejsca runner-up
zdobywca conqueror
zdolność ability, capability, capacity, faculty, power[1], talent; mający zdolności artystyczne/techniczne *itp.* artistically/technically, etc **inclined**
zdolny able, capable, skilful, clever, academic[1]; ~ do *czegoś* **capable** of sth/doing sth, **up**[1] to sth/doing sth
zdołowany in the **doldrums**
zdominować overshadow
zdopingować galvanize
zdrada betrayal, defection, infidelity, treachery, treason
zdradliwy treacherous
zdradzać betray, let on, two-time; ~ *kogoś* cheat on sb
zdradzić ~ *coś* give sth away; ~ się give the **game**[1] away
zdradziecki treacherous
zdraj-ca/czyni traitor, defector, renegade
zdrewniały lignified
zdrętwiały dead[1], numb, stiff[1]
zdrętwieć go to **sleep**[2], have pins and needles
zdrowie health, constitution; ~ psychiczne sanity; daj jej/mu/im *itp.* Boże ~ **bless** her/him/them, etc; na zdrowie! (*przy kichaniu*) **bless** you!; (*przy piciu*) cheers; Narodowa Służba Zdrowia the National Health Service, the NHS; pić za *czyjeś* ~ drink to sb; powrót do zdrowia recuperation; stan zdrowia społeczeństwa **public**[1] health; wracać do zdrowia be on the **mend**[2], recuperate
zdrowotny medical[1]; opieka zdrowotna health-care
zdrowszy better[1]
zdrowy healthy, fine[1], well[1], good[1], okay[2], robust; ~ na umyśle sane; ~ psychicznie sane; ~ rozsądek common sense; cały i ~ unscathed, unharmed, unhurt; zdrowa żywność wholefood; zdrowe życie healthy **living**[1]
zdrutować wire[2]
zdruzgotany devastated, gutted, shattered
zdrzemnąć ~ się kip
zdumienie amazement, astonishment, wonder[2]
zdumiewać amaze, astonish, astound
zdumiewająco amazingly, astonishingly, astoundingly, stupendously
zdumiewający stupendous, amazing, astonishing, astounding
zdumiony amazed, astonished, astounded
zdusić stifle, smother; ~ *coś* w zarodku nip sth in the **bud**; ~ w sobie *coś* choke sth back
zdymisjonować dismiss
zdyscyplinowany disciplined, orderly[1]
zdyskredytować discredit
zdystansowany distant
zdziecinniały senile
zdziecinnienie senility
zdzierać scuff, strip[1]; ~ *coś* rip sth off; ~ *coś* z **tear**[1] sth out of/off/down, etc
zdzierstwo rip-off
zdziesiątkować decimate
zdziwić wcale bym się nie zdziwił/a (gdyby *ktoś coś zrobił*) I wouldn't put it **past**[3] sb (to do sth); → **dziwić**
zdziwienie surprise[1]
zdziwiony surprised, puzzled
ze → **z**
zebra zebra; (*przejście*) zebra crossing
zebrać ~ myśli **collect**[1] yourself/your thoughts; ~ się w sobie **steel**[2] yourself; nie móc ~ myśli not think **straight**[2]; → **zbierać**
zebranie meeting
zebrany collected
zechcieć will[1]; ~ *coś zrobić* **condescend** to do sth; czy zechciałbyś ...? I/we **wonder**[1] if/whether ...; zechcesz ...? **would** you, will[1]
zegar clock[1], timer; ~ słoneczny sundial; ~ stojący grandfather clock; nakręcać ~ **wind**[3] (up) a clock
zegarek watch[2]; ~ (na rękę) wristwatch; iść jak w zegarku run/go like **clockwork**; jak w zegarku (as) regular as **clockwork**; nakręcać ~ *itp.* **wind**[3] (up) a watch; zsynchronizować zegarki **synchronize** watches
zejście descent; ~ na ląd disembarkation
zejść ~ (z powrotem) na ziemię come (back) down to **earth**; dać ~ z tematu **drop**[1] it/the subject; Zejdź na ziemię! Get **real**[1]!
zelżeć let up
zemdleć faint[2], pass out
zemsta revenge, vengeance
Zen Zen
zenit zenith; sięgać zenitu go through the **roof**, reach fever pitch
zepsucie corruption, depravity
zepsuć spoil, corrupt[2], mar, overshadow, taint; ~ (się) break[1]; ~ się break down, go down, go off
zepsuty broken[1], broken-down, bust[3], down[2], dead[1], bad, off[2], rancid, rotten, spoilt
zerkać peek[1]; ~ na **glance**[1] at, **peep** at; ~ zerkać w kierunku **glance**[1] towards
zerknąć ~ na *coś* look at sth; ~ ukradkiem na *kogoś/coś* **sneak**[1] a look/glance at sb/sth; dać *komuś* ~ na *coś* run sth by sb
zero zero, nil, nought; (*w tenisie*) love[2]; ~ bezwzględne absolute zero; ~ (stopni) freezing[2]; od zera (*zacząć*) from **scratch**[2]; równy zeru non-existent; wyjść na ~ **break**[1] even
zerowy (*szansa*) nil; klasa zerowa kindergarten; zerowa tolerancja zero tolerance
zerówka kindergarten
zerwać (*rozstać się*) break up, split up; (*urwać*) snap[1]; ~ (z *czymś*) give up (sth); ~ (z *kimś*) be **through**[3] (with sb), finish with sb, give sb the **push**[2]; ~ (się) rupture; ~ *coś* break sth off; ~ kontakty/stosunki *itp.* z *kimś* **sever** links/ties, etc with sb; ~ się (*skoczyć*) **leap**[1] up; ~ z rutyną break the **mould**[1]; → **zrywać**
zerwanie breakdown, rupture; ~ z *czymś* a **break**[2] with sth
zerwany zostać zerwanym break down

zeskrobywać scrape[1]
zespołowy praca zespołowa teamwork
zespół band[1], group[1], team[1], panel, company; ~ Aspergera Asperger's syndrome; ~ Downa Down's syndrome; ~ (muzyczny) ensemble; ~ doradców **advisory**[1] committee/ panel/board, etc; kole-ga/żanka z zespołu teammate
zestaw kit, set[2]; (*leków*) cocktail; ~ (do składania) kit; ~ (mebli) suite
zestawiać juxtapose
zestawienie breakdown, juxtaposition; ~ bilansowe balance sheet
zestresowany stressed
zestrzelić ~ *kogoś/coś* shoot sb/sth down
zesztywniały stiff[1]
zesztywnieć stiffen
zeszyt book[1], pad[1]; ~ ćwiczeń workbook
zetknięcie ~ z *czymś* a **brush**[1] with sth, **taste**[1] of sth
zetrzeć ~ *kogoś* na proch make **mincemeat** of sb
zeuropeizowany westernized
zewnątrz na ~ outside, out[1], outdoors, outward[2], outwardly; zatrzasnąć *kogoś* na ~ lock sb out
zewnętrze exterior, the outside[4]
zewnętrznie externally
zewnętrzny external, exterior, outer, outside[3], outward[1], extraneous; gracz na polu zewnętrznym outfielder; pole zewnętrzne the outfield; świat ~ the outside world; zewnętrzna strona exterior, the outside[4]
zeznanie testimony; ~ pod przysięgą **sworn**[1] testimony; składać zeznania give **evidence**
zeznawać give **evidence**, testify
zezowaty cross-eyed
zezwalać ~ na allow, authorize, permit[1]
zezwolenie permit[2]; udzielać zezwolenia license
zębaty koło zębate cog; kółko zębate sprocket
zębina dentine
zębowy dental
zęby teeth; pasta do zębów toothpaste; płacz i zgrzytanie zębów **doom** and gloom; szczerzyć zęby grin, smirk; szczoteczka do zębów toothbrush; zacisnąć zęby bite the **bullet**, **grin** and bear it, grit your teeth; zgrzytać zębami **grind**[1] your teeth; → **ząb**
zgadnąć guess[1]; spróbować ~ **hazard**[2] a guess
zgadnięcie próba zgadnięcia guess[2]
zgadywać guess[1]
zgadzać ~ się agree, consent[2], correspond, tally[2], tie in; ~ się (dobrze) get along, get on; ~ się na *coś* be **agreeable** to sth; ~ się z *czymś* fit in with sth, square with sth; ~ się z *czymś/kimś* go along with sth/sb; całkowicie się (z *kimś*) ~ see **eye**[1] to eye (with sb); nie ~ się differ, disagree, dissent, not add up; nie ~ się z *kimś/czymś* be at **odds** with sb/sth; Zgadza się! You can **say**[1] that again!; → **zgodzić**
zgadzający ~ się compatible
zgarbienie slouch[2], stoop[2]
zgarniać ~ *coś* rack up sth, rake sth in, walk off with sth; ~ *coś/kogoś* cream sth/sb off; ~ całą pulę hit the **jackpot**
zgasić (*silnik*) stall[2]; ~ *coś* put sth out, snuff sth out, stub sth out; → **gasić**
zgasnąć (*świeczka*) blow out; (*silnik*) cut out, stall[2]
zgaszony out[1]
zgiełk **hustle**[2] and bustle
zgięcie crease[1]; ~ łokcia the **crook** of your arm
zgilotynować guillotine
zginacz flexor (muscle)
zginać flex[1]; ~ (się) bend[1]
zginąć go **astray**; ~ na szubienicy hang[1]
zgładzić slay
zgłaszać declare, report[2], table[2]; ~ (się) do enter; ~ roszczenie **stake**[2] a/ your claim; ~ się come forward, apply; ~ się na ochotnika volunteer[1]; ~ się u *kogoś/ gdzieś* report to sb/sth
zgłębiać explore
zgłębianie exploration
zgłębić fathom[1]
zgłosić ~ się do odprawy check in
zgłoska syllable
zgnębiony sorrowful
zgniatać crush[1], squash[2]
zgnilizna rot[2]
zgniły rotten, putrid
zgoda agreement, approval, clearance, consent[1], sanction[1], assent, consensus, okay[1], reconciliation, acquiescence, go ahead; (*dobrze*) all right[2], done[2]; bez zgody unauthorized; niepisana ~ an **unwritten** agreement; pełna ~ **wholehearted** agreement; udzielać zgody na sanction[2]; w zgodzie (z *kimś/czymś*) in **step**[1] (with sb/sth); w zgodzie z *czymś* in **accordance** with sth, **consistent** with sth; wyrażać zgodę assent; za zgodą wszystkich by common **consent**[1]
zgodnie in **unison**; ~ powiedzieć chorus[2]; ~ z according to, under[1]; ~ z *czyimś* życzeniem to sb's **satisfaction**; ~ z *czymś* in **accordance** with sth, in **keeping** with sth; ~ z którym whereby; ~ z planem duly; ~ z prawdą truthfully; ~ z prawem by **law**
zgodność compatibility, correspondence
zgodny compatible, united; ~ z *czymś* **consistent** with sth; ~ z prawdą truthful; ~ z prawem above board
zgodzić nie ~ się (z *kimś/czymś*) take **issue**[1] (with sb/sth); → **zgadzać**
zgon *czyjś* ~ sb's **demise**
zgorzkniały embittered
zgrabny nimble, shapely, slick
zgromadzenie assembly, gathering; walne ~ AGM
zgromadzić ~ *coś* rack up sth
zgrywać rip
zgrywający ~ ważniaka too big for your **boot**[1]s
zgrywanie ~ bohatera heroics
zgrzybiały decrepit
zgrzytać grate[1]; ~ zębami **grind**[1] your teeth
zgrzytanie płacz i ~ zębów **doom** and gloom
zguba lost property
zgubić lose; ~ *kogoś* (*zmarnować*) be sb's **undoing**; (*uciec*) give sb the **slip**[2], shake sb off; ~ się get **lost**[1], go **astray**
zgubiony lost[1]
zgubny pernicious
zgwałcić rape
zhańbiony disgraced
ziać gape
ziarenko grain
ziarnisty serek ~ cottage cheese
ziarnko grain; ~ (kawy) bean; ~ *czegoś* (the) **seed**[1]s of sth
ziarno grain, seed[1]
zidentyfikować identify; dający się ~ identifiable
ziejący ziejąca dziura/rana *itp.* a **gaping** hole/wound, etc
zieleniak **greengrocer**'s
zieleń green[2], greenery; pas *l.* pierścień zieleni green belt
zielny herbaceous
zielony clueless, green[1], buck[1], lush, leafy; nie mieć zielonego pojęcia not have the **faint**[1]est idea, not have the foggiest (idea); partia zielonych the Green Party; roślina wiecznie zielona *l.* zimozielona evergreen; wiecznie ~ evergreen; zielona cebulka spring onion; zielona karta green card; zielone światło green light
ziemia earth, land[1], the **ground**[1], soil[1], dirt[1]; ~ niczyja no-man's land; ~ uprawna farmland; gryźć ziemię bite the **dust**[1]; osunięcie ziemi landslide; pod ziemią underground[1]; powalić *kogoś* na ziemię blow sb away, blow your **mind**[1]; trzęsienie ziemi earthquake, quake[1]; Zejdź na ziemię! Get **real**[1]!; zejść (z powrotem) na ziemię come (back) down to **earth**; Ziemia earth; znieść *coś* z powierzchni ziemi wipe sth out; zrównać z ziemią level[3], obliterate
ziemisty earthy, sallow
ziemniak potato; pieczony ~ jacket potato
ziemnowodny amphibious
ziemny gaz ~ natural gas; orzeszek ~ peanut
ziemski earthly, terrestrial; kula ziemska the **globe**; właściciel/ka ziemsk-i/a landowner
ziewać yawn

ziewnięcie yawn
zięba finch
zięć son-in-law
zignorować ~ *coś/kogoś* push sth/sb aside; ~ *coś* brush sth aside/off, wave sth aside
zima winter; środek zimy the **dead**[3] of winter, midwinter
zimno the **cold**[2], freezing[1]; na ~ cold[1]
zimny cold[1]; z zimną krwią in cold **blood**
zimorodek kingfisher
zimowy wintry; przesilenie zimowe midwinter; sen ~ hibernation; zapadać w sen ~ hibernate
zimozielony evergreen; roślina zimozielona evergreen
zinterpretować błędnie ~ misinterpret
zioło herb
ziołowy herbal
ziom homey
ziomal homeboy
ziółko niezłe ~ a **handful**
zirytowany exasperated, fretful
ziścić ~ się materialize
zjadliwy bitchy, catty, scathing, vitriolic
zjawa apparition, phantom[1]
zjawisko phenomenon; zjawiska nadprzyrodzone the supernatural
zjazd (*spotkanie*) convention, reunion; (*droga*) exit[1], ramp, slip road, turn-off
zjazdowy downhill[2]
zjechać (*skrytykować*) maul, pan[2], slate[2], rubbish[2]; (doszczętnie) ~ savage[2]; ~ *kogoś/coś* slag sb/sth off
zjednać ~ *komuś czyjąś* sympatię endear sb to sb; ~ sobie *kogoś* get round sb
zjednoczenie unification, union, reunification
zjednoczony united, unified; Narody Zjednoczone the United Nations; Organizacja Narodów Zjednoczonych the United Nations
zjełczały rancid
zjeść have[3]; ~ (*coś* do końca) eat (sth) up; → **jeść**
zjeżdżać ~ *gdzieś* pull in/into sth; ~ na bok pull over; ~ na sankach sledge[2]; ~ z *czegoś* turn off (sth)
zjeżdżalnia slide[2], chute; ~ (do wody) flume
zjeżyć ~ się bristle[1]
zlać thrash
zlecać commission[2], delegate[2]; ~ *coś* contract out sth; → **zlecić**
zlecanie delegation
zlecenie commission[1]; osoba pracująca na zlecenia freelancer; pracować na własny na zlecenia freelance; stałe ~ standing order, banker's order
zleceniobiorca contractor
zlecić ~ malowanie/naprawę *itp. czegoś* **get**[1] sth painted/repaired, etc; → **zlecać**
zlew sink[2]
zlewnia drainage basin
zlikwidować abolish, smash[1]
zlodowacenie glaciation
zlokalizować locate; ~ *coś gdzieś* **site**[2] sth in/on, etc
zlot jamboree
zluzować relieve
złagodzenie mitigation
złagodzić cushion[2]; ~ *coś* tone sth down, water sth down; ~ ton *czegoś* tone sth down
złamać crack[1], fracture; ~ (się) break[1], snap[1]; ~ *komuś* serce break sb's **heart**; ~ rękę/nogę *itp.* **break**[1] your arm/leg, etc; ~ umowę/słowo/zasadę *itp.* **break**[1] an agreement/promise/rule, etc; → **łamać**
złamanie break[2], fracture, breach[1], infringement, transgression, violation
złamany o złamanym sercu broken-hearted; złamana obietnica a **broken**[1] promise; złamana ręka/noga *itp.* a **broken**[1] arm/leg, etc; złamane serce a **broken**[1] heart
złapać catch[1], grab[1], bag[2], reach[1], snare[2]; ~ (w locie) snatch[1]; ~ *coś* pick sth up; (*chorobę*) go down with sth; ~ *coś/kogoś* catch/grab/take, etc **hold**[2] of sth/sb; ~ *kogoś* get **hold**[2] of sb; ~ autobus/pociąg *itp.* **get**[1] a bus/train, etc; ~ *kogoś* na gorącym uczynku catch sb **red-handed**; ~ na haczyk hook[2]; ~ oddech catch your **breath**; get your breath back, get your **wind**[1] (back); ~ okazję *l.* stopa **hitch**[2] a lift/ride; ~ opaleniznę **catch**[1] the sun; ~ równowagę **steady**[2] yourself; ~ (właściwy) rytm get into your **stride**[2]; ~ w pułapkę *l.* sidła trap[2]; ~ *kogoś* za rękę take sb by the **hand**[1]; nie móc ~ tchu be out of **breath**; → **łapać**
złącze joint[2]
złe → **zły**
zło evil[2], wrong[3]; mniejsze ~ the **lesser** of two evils; naprawić ~ **right**[4] a wrong
złocenie gilt
złocisty golden
złocony gilded, gilt
złodziej/ka robber, thief; ~ sklepow-y/a shoplifter
złom scrap[1], write-off
złościć anger[2]
złość anger[1], exasperation, spite; dawać upust złości **vent**[2] your anger; gotować się ze złości fume; napad złości tantrum, hissy (fit); wyładowywać ~ **vent**[2] your anger; ze złością angrily
złośliwie spitefully, viciously
złośliwość malice, nastiness, spite
złośliwy malicious, spiteful, mean[2], nasty, catty, snide, vicious; (*rak*) malignant
złoto gold[1]; ~ w sztabach bullion; jak ~ like a **dream**[1]; kopalnia złota gold mine; lite ~ **solid**[1] gold; znajdować ~ **strike**[1] gold; żyła złota bonanza, earner, gold mine
złoty gold[2], golden; ~ medal gold medal; złota rączka handyman; złota rybka goldfish; złote gody golden wedding
złowieszczy ominous, sinister
złowrogi evil[1], sinister, baleful
złowróżbny ominous
złoże deposit[1]; ~ gazu/ropy a gas/oil **field**[1]
złożenie compound[1]
złożoność complexity, sophistication
złożony complex[1], composite; (*nadesłany*) in[2]; wyraz ~ compound[1]
złożyć ~ *komuś* podziękowanie **extend** thanks to sb; ~ podpis sign on the dotted line; ~ wypowiedzenie hand/give in your **notice**[2]; → **składać**
złudny phantom[2]
złudzenie delusion, illusion; ~ optyczne optical illusion; pozbawiać złudzeń disillusion
złuszczać peel[1]
zły (*niedobry*) bad, evil[1], ill[1], wrong[1]; (*wściekły*) angry, annoyed, cross[3]; ~ znawca *czegoś* a bad **judge**[1] of sth; być w złych stosunkach be on bad **terms**; być w złym stanie be in bad **repair**[2]; być w złym guście *l.* tonie be in bad/poor **taste**[1]; być w złym nastroju be in a bad **temper**[1]; być złym na cały świat be on the **warpath**; cieszący się złą sławą notorious; mieć za złe take it **amiss**[2]; mieć *coś komuś* za złe hold sth against sb; mieć ~ humor be in a **mood**; na dobre i na złe through **thick**[2] and thin; na domiar złego on **top**[1] of sth; nie mieć złych zamiarów not mean any **harm**[1]; o złej reputacji disreputable; przynosić *komuś/czemuś* złą sławę bring sb/sth into **disrepute**; sprowadzać *kogoś* na złą drogę lead sb **astray**; stawiać *kogoś/coś* w złym świetle reflect on sb/sth; uczynić wiele złego have a lot to **answer**[1] for; w złej formie in bad **shape**[1]; w złym nastroju in low **spirit**[1]s; zła organizacja mismanagement; zła passa a losing **streak**[1]; zła prasa bad **press**[2]; zła sława notoriety; zła sława *l.* reputacja a bad **name**[1]; zła wola ill will; złe imię a bad **name**[1]; złe przeczucie foreboding; złe zachowanie misbehaviour, misconduct
zmagać ~ się battle[2], struggle[1]; ~ się z *czymś* contend with sth, grapple with sth; musieć ~ się z *kimś/czymś* come up against sb/sth
zmaganie battle[1], quest
zmarły deceased, the **deceased**; być uznawanym za zmarłego be **presume**d dead
zmarnować ~ *coś* foul sth up; ~ szansę **blow**[1] it/your chance(s)
zmarszczenie ~ brwi frown[2]
zmarszczka furrow[1], ripple[2], wrinkle; zmarszczki **line**[1]s

zmartwienie worry[2]; odchodzić od zmysłów ze zmartwienia be out of your **mind**[1] with worry/grief
zmartwiony upset[1], worried; śmiertelnie ~ worried **stiff**[2]
zmartwychwstanie resurrection
zmarznięty frozen[1]
zmasakrować massacre, mutilate
zmasakrowany mangled
zmaterializować ~ się materialize
zmącić ~ (się) cloud[2]
zmechanizowany mechanized
zmęczenie fatigue, tiredness; ~ po podróży samolotem jet lag
zmęczony tired, fatigued, weary; ~ *czymś* **tired** of doing sth; ~ *czymś/kimś* **weary** of sth/sb
zmęczyć ~ *kogoś* tire sb out; ~ się **grow** tired; → **męczyć**
zmiana change[2], development, variation, switch[2], shift[1]; (*tura*) sitting; (gwałtowna) ~ swing[2]; ~ ubrania a **change**[2] of clothes; ~ wyglądu makeover; ~ zdania a **change**[2] of heart; bez zmian static[1]; dokonać zmiany move on; dźwignia /. drążek zmiany biegów gear lever, gearstick; mała ~ a **bit**[1] of a change; planować na zmianę stagger; ubranie na zmianę a **change**[2] of clothes; zmiany change[2]
zmiatać sweep[1]
zmiażdżyć crush[1]
zmiąć ~ *coś* crumple sth up
zmieniać change[1], shift[2], reverse[1], transform; (*zastępować*) relieve; ~ (się) alter, change[1], switch[1]; ~ (się) (kolejno) rotate; ~ się (*zastępować się*) take **turn**[2]s; (*wahać się*) swing[1], vary; ~ się na lepsze/gorsze take a **turn**[2] for the better/worse; ~ swój głos *itp.* **disguise**[2] your voice, etc; ~ właściciela change **hand**[1]s; ~ zdanie budge; ciągle ~ zdanie **chop**[1] and change
zmienić ~ nazwę rename; ~ stanowisko climb down; ~ śpiewkę change your **tune**[1]; ~ wcielenie **reinvent** yourself; ~ zdanie come around, come round, change your **mind**[1]; ~ zwyczaj **break**[1] a habit/routine, etc; to może się (jeszcze) ~ it's early **day**s
zmienna variable[2]; ~ niezależna independent variable; ~ zależna dependent variable
zmiennocieplny poikilothermic
zmienność variation, variability
zmienny changeable, variable[1], unsettled; obiektyw o zmiennej ogniskowej zoom lens
zmierzać ~ do *czegoś* be driving at sth, be getting at sth, be heading for sth; ~ do konfrontacji be on a **collision** course
zmierzch dusk, twilight; zapada ~ darkness **fall**[1]s
zmierzwić ruffle
zmierzwiony tousled
zmierzyć quantify; ~ się square off, square up; ~ się z face[2]; ~ się z *czymś* come/get to **grip**[1]s with sth; ~ się z *kimś* take sb on; ~ się z *kimś/czymś* be **up**[1] against sb/sth; musieć ~ się z *kimś/czymś* come up against sb/sth
zmieszać ~ z błotem crucify
zmieścić ~ *kogoś/coś* fit sb/sth in; ~ się/*coś* **fit**[1] (sth) in/through/under, etc
zmiękczać soften
zminimalizować minimize
zmniejszać reduce; ~ (się) diminish, narrow[2], lessen; ~ *coś* turn sth down; ~ *coś* o połowę decrease sth by **half**[1]; ~ obciążenie/ciężar **lighten** the burden/load; ~ się decline[2], decrease, tail off, taper off, wane
zmniejszyć ~ przepaść **bridge**[2] the gap/gulf, etc; ~ (się) o połowę halve
zmobilizować galvanize; ~ *kogoś* draft sb in/draft sb into sth
zmoczyć soak, wet[2]; ~ się **wet**[2] the bed/your pants/yourself, etc
zmoknąć **get**[1] wet
zmonopolizować monopolize; ~ rynek **corner**[2] the market
zmora ~ *czegoś* the **scourge** of sth
zmotoryzowany kino /. restauracja dla zmotoryzowanych drive-in
zmowa collusion; ~ cenowa price fixing; być w zmowie z *kimś* be in **league** with sb; działać w zmowie collude
zmrok dusk, nightfall; przed zmrokiem/po zmroku before/after **dark**[2]
zmrużyć nie ~ oka not sleep a **wink**[2]
zmusić nie móc ~ się do *zrobienia czegoś* can not **bring** yourself to do sth
zmuszać force[2], coerce, push[1], bully[1], impel; ~ *kogoś* do *czegoś* **compel** sb to do sth, **drive**[1] sb to sth; drive sb to do sth, **make**[1] sb do sth, reduce sb to sth/doing sth; ~ *kogoś* do przejścia przez *coś* put sb through sth; ~ do pracy work[1]; ~ się (do ciężkiej pracy) **push**[1] yourself
zmykać **scamper** away/down/off, etc; zmykaj (stąd) clear off
zmyłka diversion, red herring
zmysł sense[1], savvy; odchodzić od zmysłów ze zmartwienia/z żalu *itp.* be out of your **mind**[1] with worry/grief, etc; postradać zmysły be out of your **mind**[1]
zmysłowość sensuality
zmysłowy sensual, sensuous, voluptuous
zmyślać invent, concoct, fabricate; ~ *coś* make sth up
zmyślny nifty
zmyślony imaginary, mythical, phantom[2], fictitious
zmyty zostać zmytym be **wash**[1]ed away
zmywać wash[1]; ~ *coś*/naczynia wash (sth) up; ~ mopem mop[2]; ~ się wash out
zmywalny washable
zmywanie ~ (naczyń) washing-up
zmywarka ~ (do naczyń) dishwasher
znacząco meaningfully, noticeably, prominently, significantly
znaczący meaningful, noteworthy, noticeable, prominent, relevant, significant, substantial, telling; cyfry znaczące significant figures; mało ~ petty; nic nie ~ meaningless; znacząca cisza a **pregnant** silence; *coś* znaczącego/*ktoś* ~ sb/sth of **note**[1]
znaczek ~ (pocztowy) stamp[1]; ~ pocztowy postage stamp; karnet /. bloczek znaczków a **book**[1] of stamps; zaadresowana koperta ze znaczkiem sae, SAE, SASE
znaczenie importance, prominence, meaning, relevance, sense[1], significance, substance, use[2]; bez znaczenia beside the **point**[1], meaningless, of no **consequence**; mieć ~ matter[2]; przykładać ~ do *czegoś* **place**[2] importance on sth; przywiązywać duże ~ do *czegoś* set great **store**[1] by sth
znaczeniowy odcień ~ a **shade**[1] of meaning
znacznie considerably, markedly, much[2], significantly, substantially, vastly; ~ lepszy/starszy/szybszy *itp.* a **lot** better/older/quicker, etc; ~ lepszy/tańszy/więcej *itp.* **far**[1] better/cheaper/more, etc; ~ się różnić differ/vary **widely**
znacznik hilum
znaczny appreciable, considerable, marked, significant, substantial
znaczyć mean[1]; ~ *coś* stand for sth; niewiele ~ not go (very) **far**[1]; to znaczy I **mean**[1], **that**[2] is (to say)
znać know[1]; ~ *coś* be **familiar** with sth; ~ *coś/kogoś* know of sth/sb; ~ *coś* jak własną kieszeń know sth **inside**[1] out; ~ *coś* na pamięć know sth by **heart**; ~ się na *czymś* be **familiar** with sth; ~ się na rzeczy know your **stuff**[1], know the **rope**[1]s; dać *komuś* ~ (o *czymś*) **let** sb know (sth); dać o sobie ~ raise/rear its ugly **head**[1]; nie ~ odpowiedzi na *coś* be **stump**[2]ed by sth; nie ~ się na *czymś* be **unfamiliar** with sth
znajdować ~ drogę navigate; ~ energię/pieniądze/czas *itp.* **find**[1] the energy/money/time, etc; ~ odpowiedź **arrive** at an answer; ~ przyjemność **take** pleasure; ~ przyjemność w relish[1]; ~ schronienie *gdzieś* **retreat**[1] to/into, etc; ~ się na czele head[2]; ~ w *czymś* pocieszenie/przyjemność *itp.* **derive** comfort/pleasure, etc from sth; ~ złoto/ropę *itp.* **strike**[1] gold, oil, etc; → **znaleźć**
znajomość familiarity, command[1], grasp[2], understanding[1]; gruntowna ~ *czegoś* an **intimate**[1] knowledge/understanding of sth; nawiązywać znajomości network[2]; nawiązywanie znajomości networking; niefortunnie zacząć ~ get/start off on the wrong

foot[1]; praktyczna ~ *czegoś* a **working** knowledge of sth; znajomości connections

znajom-y/a acquaintance, friend

znajomy familiar

znak sign[1], indication, marker, token[1], mark[1], cue, omen, signal[1], character; ~ *czegoś* a **mark**[1] of sth; ~ firmowy logo; ~ powtórzenia ditto[2]; ~ przestankowy punctuation mark; ~ równości equal sign; ~ towarowy /. handlowy trademark; ~ wodny watermark; ~ zapytania question mark; (*niewiadoma*) if[2]; (globalny) ~ zastępczy wildcard; ~ zodiaku star sign; dać *komuś* ~ ręką **wave**[1] sb in/on/through, etc; dawać ~ gesture[2], signal[2]; dawać się we znaki bite[1], take its **toll**[1], raise/rear its ugly **head**[1]; na ~ poparcia dla *kogoś/czegoś* in **support**[2] of sb/sth; stać pod znakiem zapytania be in **doubt**[1]

znakomicie superbly

znakomity accomplished, eminent, illustrious, superb; wystawiać znakomite świadectwo *komuś/czemuś* be a **tribute** to sb/sth

znakować brand[2]

znalezisko find[2]

znaleźć find[1]; ~ *coś* pick sth up, get/lay your **hand**[1]s on sth; ~ *coś/kogoś* get **hold**[2] of sth/sb; ~ miejsce dla siebie **carve** (out) a niche/career/role, etc for yourself; ~ się drift[1], finish up, turn up; ~ się *gdzieś* **find**[1] yourself somewhere; ~ się w ogniu krytyki come under **fire**[1]; trudno by ~ coś lepszego take a lot of/some, etc **beat**[1]ing; → **znajdować**

znamienity pre-eminent

znamię ~ (wrodzone) birthmark; ~ słupka stigma

znany familiar, known[1], noted, well-known; być znanym jako *coś* be **know**[1]n as sth; co (jest) najbardziej znane famously; fakt ogólnie ~ **common**[1] knowledge; mało ~ obscure[1]; mniej ~ lesser-known; powszechnie ~ **popularly** known

znawca ~ komputerów/filmu *itp.* a computer/film etc **buff**; zły/dobry *itp.* ~ *czegoś* a bad/good, etc **judge**[1] of sth

znerwicowany neurotic

zneutralizować neutralize

znęcać ~ się nad abuse[2], bully[1], mistreat

znęcając-y/a ~ się abuser; osoba znęcająca się nad słabszymi bully[2]

znęcanie ~ się bullying, mistreatment

zniechęcać discourage, daunt, demoralize; ~ *kogoś/coś* scare sb away/off; ~ *kogoś* (do *czegoś*) put sb off (sth); ~ *kogoś* do *czegoś* **discourage** sb from doing sth

zniechęcający discouraging, demoralizing, disheartening

zniechęcenie discouragement, dejection, disaffection

zniechęcony discouraged, dejected, demoralized, demotivated, disaffected, dispirited, disheartened

znieczulać anaesthetize, harden

znieczulenie anaesthetic, anesthetic; ~ miejscowe local anaesthetic; ~ ogólne general anaesthetic

zniedołężniały senile

zniedołężnienie senility

zniekształcać distort, disfigure

zniekształcenie distortion

zniekształcony distorted, misshapen, garbled

znienacka out of the **blue**[2]

znienawidzony reviled

znieruchomieć freeze[1]

zniesienie abolition; do zniesienia bearable; nie do zniesienia unbearable

zniesławić slander

zniesławienie slander, libel

znieść abolish; ~ *coś* z powierzchni ziemi wipe sth out; nie móc *czegoś* ~ can't **take** sth; nie móc ~ *kogoś/czegoś* can't **stand**[1] sb/sth

zniewaga insult[2]

zniewalać enslave

zniewalający magnetic

znieważać insult[1]

zniewieściały effeminate

znikać disappear, go[1], go away, vanish, take off

zniknąć ~ bez śladu disappear/vanish into thin **air**[1]

zniknięcie disappearance

znikomy remote, slim[1]; znikoma szansa long shot

zniszczenie destruction; doznać zniszczeń **suffer** damage, **sustain** damage; siać ~ rampage[1], **wreak** havoc

zniszczony weathered

zniszczyć kill[1], roughen, wreck[1]; celowo ~ sabotage; → **niszczyć**

zniweczyć shatter, thwart; ~ *coś* snuff sth out

zniżka (*rabat*) concession, discount[1]; (*bessa*) bear market; ~ promocyjna an **introductory** discount

zniżkowy downward

zniżyć ~ się do *czegoś* stoop to sth/doing sth

znokautować ~ *kogoś* knock sb out

znosić (*wytrzymywać*) bear[1], counteract, endure, stand[1], tolerate; (*usuwać*) lift[1], repeal; ~ *coś* cancel sth out; ~ *kogoś/coś* put up with sb/sth; ~ jajka **lay**[1] eggs; nie ~ *kogoś/czegoś* can't **abide** sb/sth

znoszony worn[1]

znośnie tolerably

znośny bearable, tolerable

znowu again, **once**[1] again; przyjeżdżać ~ go back

znudzić ~ się *czymś* tire of sth/doing sth

znudzony bored, fed up, restless; ~ *czymś/kimś* **weary** of sth/sb; śmiertelnie ~ bored to **death**, bored **stiff**[2]

znużenie weariness; ze znużeniem wearily

znużony weary, jaded; ~ *czymś/kimś* **weary** of sth/sb

zobaczyć see; iść *coś* ~ take sth in; zaczekać i ~ **wait**[1] and see; zobaczmy Let's see/Let me see; zobaczy się I'll/we'll **see**

zobojętniać neutralize

zobojętnianie neutralization

zobowiązanie commitment, pledge[1], undertaking; (*wdzięczność*) indebtedness; zobowiązania bieżące current liabilities; ~ długookresowe long-term liability; ~ (pieniężne) liability; bez żadnych zobowiązań no **string**[1]s (attached)

zobowiązany bound[1], obliged, under **order**[1]s; być *komuś* zobowiązanym be **indebted** to sb; być zobowiązanym *coś zrobić* be **oblige**d to do sth; być zobowiązanym do *czegoś* be **incumbent**[2] on/upon sb to do sth

zobowiązywać bind[1]; ~ się commit

zodiak the zodiac; znak zodiaku star sign

zołza bitch[1]

zołzowaty bitchy

zoo zoo

zoolog zoologist

zoologia zoology

zoologiczny zoological

zoom obiektyw z zoomem zoom lens

zorganizować ~ kampanię/protest *itp.* **mount** a campaign/challenge/protest, etc; ~ się band together; → **organizować**

zorganizowany orderly[1], organized; (*osoba*) together[2]; dobrze ~ well-organized; wczasy zorganizowane package holiday

zorientować ~ *kogoś* put/keep sb in the **picture**[1]; ~ się get/find your **bearings**; ~ się, gdzie się jest get/find your **bearings**; ~ się, że się *coś robi* **find**[1] yourself doing sth; móc ~ się can **tell**

zorientowany up to **speed**[1], clued up

zostać be[2], be left over; ~ na noc sleep over

zostawać stay[1], stay behind, stay on, stick around; ~ (z tyłu) straggle; ~ w domu stay in; ~ w tyle fall behind

zostawiać leave[1], save[1]; ~ *coś* (za sobą) leave behind sth; leave sth behind (sb); ~ *coś komuś* leave sth for/to sb; ~ *kogoś/coś* leave sb/sth behind; ~ osad deposit[2]; ~ *coś* otwarte/włączone/wyłączone *itp.* **leave**[1] sth open/on/off, etc; ~ sobie *coś* hang onto sth; ~ ślady na mark[2]; ~ w spadku bequeath; ~ *coś* w spokoju **leave**[1] sth alone; ~ *kogoś* w spokoju **leave**[1] sb alone

zostawić ~ *kogoś* walk out on sb; ~ sobie furtkę keep/leave your

options open; nie ~ suchej nitki na maul, savage[2]; nie ~ suchej nitki na *czymś* pull sth apart
zowąd ni stąd, ni ~ out of the **blue**[2], out of **nowhere**
zranić injure, hurt[1], wound[2]; ~ *czyjeś* uczucia hurt sb's **feelings**
zranienie laceration
zraszacz sprinkler
zrażać alienate, daunt; ~ (sobie) antagonize; nie ~ się *czymś* take sth in your **stride**[2]
zrealizować redeem; ~ ambicję/marzenie/cel *itp.* **realize** an ambition/dream/goal, etc; ~ czek **cash**[2] a cheque; niemożliwy do zrealizowania unworkable
zredukować ~ *coś* bring sth down
zreflektować ~ się come to your **sense**[1]s
zregenerować regenerate
zrehabilitować redeem; ~ się **redeem** yourself
zrekompensować compensate, redress[1]; ~ *coś* make up for sth
zresztą anyhow
zrewidować rethink
zrewolucjonizować revolutionize
zrezygnować give up, unsubscribe; ~ z *czegoś* give up sth
zrezygnowany disheartened
zręcznie deftly, skilfully
zręczność dexterity
zręczny deft, skilful
zrobić (*kanapkę*) fix[1]; ~ *coś* jeszcze raz do sth over; ~ co w *czyjejś* mocy do your **utmost**[2]; ~ pierwszy ruch set/start the **ball** rolling; ~ ruch make a **move**[2]; ~ to samo follow **suit**[1]; ~ wszystko, co w *czyjejś* mocy do/try your **best**[3], do everything in your **power**[1] to do sth; ~ z *czegoś coś* make sth into sth; ~ z *czymś* do with sth; bardzo dobrze *komuś* ~ do sb a/the **world**[1] of good; dobrze *komuś* ~ do sb **good**[2]; dobrze by zrobił would not go **amiss**[2]; nie wiedzieć, co ~ be at a **loss**; zrób to sam DIY; → **robić**
zrozpaczony despairing, desolate, heartbroken
zrozumiale meaningfully, understandably
zrozumiały comprehensible, intelligible, understandable, meaningful, explicable; jest zrozumiałe it stands to **reason**[1]
zrozumiany nie zostać zrozumianym przez *kogoś* be **lost**[1] on sb
zrozumieć catch[1], learn; ~ (o co chodzi) get the **message**; ~ *coś* make **sense**[1] of sth; ~ *coś/kogoś* figure sth/sb out; ~ *kogoś* work sb out; ~ o co *komuś* chodzi catch/get sb's **drift**[2]; (dobrze) *coś* ~ get sth **straight**[1]; *ktoś czegoś* nie zrozumiał be **lost**[1] on sb; źle ~ mistake[2], get (hold of) the wrong **end**[1] of the stick
zrozumienie understanding[1], insight, consideration; brak zrozumienia incomprehension; dawać do zrozumienia hint[2], intimate[2]; dawać *komuś coś* do zrozumienia **lead**[1] sb to do sth; wzajemne ~ rapport
zrównać equalize; ~ z ziemią level[3], obliterate
zrównoważony stable[1], well-balanced, sustainable
zrównoważyć ~ budżet **balance**[2] the books/budget
zróżnicowanie differential, differentiation
zróżnicowany varied
zrujnować shatter; ~ *coś* mess sth up, make a **mess**[1] of sth
zrujnowany derelict
zryw spurt[2]
zrywać peel[1], pluck; ~ *coś* **rip**[1] sth off; ~ *coś* z siebie tear sth off; ~ się start[1]; → **zerwać**
zrządzenie ~ losu **quirk** of fate
zrzeczenie ~ się renunciation, abdication; ~ się odpowiedzialności disclaimer
zrzednąć crumple
zrzekać ~ się waive, relinquish, renounce; ~ się odpowiedzialności **abdicate** responsibility
zrzeszenie association
zrzędnie grumpily
zrzędność grumpiness
zrzędny grumpy
zrzędzić grumble, nag
zrzucać knock[1]; ~ *coś* **fling**[1] sth down; (*ubranie*) slip sth off, slip out of sth, rip sth off; ~ *coś* **throw**[1] sth around/down/on, etc; ~ *kogoś* **throw**[1] sb from; ~ liście/skórę/sierść *itp.* **shed**[2] leaves/skin/hair, etc; ~ odpowiedzialność pass the **buck**[1]; ~ się chip in (sth)
zrzucający ~ liście deciduous
zrzutka collection
zsiadać dismount; ~ się curdle
zsyłać banish
zsynchronizować ~ zegarki **synchronize** watches
zsyp chute
zszokowany aghast, staggered
zszywacz stapler
zszywać stitch[2]; (*zszywaczem*) staple; ~ *coś* stitch sth up
zszywanka patchwork
zszywka staple[2]
zubożały impoverished
zuchwale insolently
zuchwałość audacity, insolence
zuchwały audacious, insolent
zupa soup
zupełnie absolutely, altogether, completely, perfectly, totally, utterly, quite[1], dead[2]; ~ *jakiś* **nice** and sth; ~ nagi **stark**[2] naked; ~ nie zainteresowany/zaskoczony/możliwy *itp.* not **remotely** interested/surprised/possible, etc; być ~ przytomnym be wide **awake**[1]; coś ~ innego a whole new ball game
zupełny absolute, perfect[1], total[1], right[1], utter[1], dead[1]; prawie ~ virtual; zupełne przeciwieństwo **stark**[1] contrast
zużycie consumption, usage, wear[2]; ~ paliwa mileage
zużyć ~ *coś* use sth up, wear sth out; ~ (aż) *ileś czegoś* go through sth
zużyty spent[1], worn-out, waste[3]
zużywać consume, expend, use[1]; ~ (się) wear[1]
z/w (*=zaraz wracam*) BRB
zwalczać combat[2], fight[1]
zwalić ~ *coś komuś* na głowę land sb with sth; ~ winę na *kogoś* **lay**[1] the blame on sb
zwalniać (*wypisywać*) discharge[1]; (*darować*) exempt[2], excuse[1]; (*uwalniać*) free[3], release[1], vacate; (*spowalniać*) slow[2], slow (sth) down, slacken, decelerate; ~ (z pracy) dismiss, fire[2], sack[2]; ~ *kogoś* z pracy lay sb off; ~ się resign
zwalnianie deceleration
zwał bank[1], drift[2]; tworzyć zwały drift[1]
zwany powszechnie ~ **popularly** called; tak ~ so-called
zwarcie short-circuit; powodować ~ (w) short-circuit
zwariowany loony, potty[2], wacky, zany
zwarty close-knit
zwarzyć ~ się curdle
zważać ~ na *coś* take **heed**[2] of sth; nie ~ na brave[2]; nie ~ na nic throw **caution**[1] to the wind
zważywszy ~ na considering, **what** with; ~ na *coś* in **view**[1] of sth; ~ wszystko on **balance**[1]
zwerbować ~ *kogoś* rope sb in
zwędzić nick[1], pilfer
zwęglony charred
zwężać ~ *coś* (*ubranie*) take sth in; ~ (się) narrow[2], constrict; ~ się taper
zwężający ~ się tapered
zwężany tapered
zwężenie constriction; ~ (drogi) bottleneck
zwiad reconnaissance
zwiastować herald[1]
zwiastun/ka bearer
zwiastun (*zapowiedź*) herald[2]; (*reklamowy*) trailer
związać ~ *coś* tie sth up, bundle sth up, **tie**[1] sth together, **lash**[1] sth together; ~ *kogoś/coś* tie sb/sth up
związany connected, related, entwined; ~ z *czymś* **bound**[1] up with sth; ~ z tym consequent; być związanym z *czymś/kimś* be/have **something** to do with sth/sb; mieć związane ręce *czymś l.* przez *coś* be **shackled** by sth; nierozerwalnie ~ inseparable
związek affinity, connection, correlation, relation, relationship, tie[2], association, link[1], liaison, compound[1]; ~ partnerski civil partnership; ~ wyrazowy collocation; ~ zawodowy trade union, union, labor union; bez

związku irrelevant, irrelevantly; mieć ~ z *czymś* be associated with sth; mieć ~ z *kimś/czymś* relate to sb/sth; mieć/nawiązać ~ z *kimś* be/get **involved** with sb; w związku z in **connection** with, regarding, vis-à-vis; w związku z *czymś* in/with **regard**[2] to sth, in **relation** to sth, in **view**[1] of sth, with/in **reference** to sth, with **respect**[1] to sth; in respect of sth; wykazywać ~ z *kimś/czymś* **bear**[1] a relation to sb/sth
związkowy federal
związywać bind[1]; → **związać**
zwichnąć dislocate
zwichnięcie dislocation
zwiedzający dostępny dla zwiedzających on **show**[2]
zwiedzanie sightseeing
zwieńczać cap[2], crown[2]
zwieńczony ~ kopułą domed
zwieracz sphincter
zwierz beast
zwierzać ~ się confide; ~ się *komuś* confide in sb
zwierzątko ~ (w domu *l.* domowe) pet[1]
zwierzchnictwo dominion, domination
zwierzchni-k/czka superior[2]
zwierzę animal[1]; ~ (w domu *l.* domowe) pet[1]; ~ mięsożerne carnivore; bezpańskie *l.* zbłąkane ~ stray[3]; królestwo zwierząt the animal **kingdom**; świat zwierząt the animal **world**[1]
zwierzęcy animal[2]
zwierzyna ~ (łowna) game[1]
zwiesić ~ głowę (ze wstydu) hang your **head**[1] (in shame)
zwietrzały flat[2]
zwietrzyć ~ *coś* get **wind**[1] of sth
zwiększać add, up[3]; ~ *coś* step sth up; ~ (się) increase[1]; ~ (się) czterokrotnie quadruple; ~ (się) trzykrotnie treble, triple[2]; ~ napięcie w strain[2]; ~ *coś* o połowę increase sth by **half**[1]
zwięzłość brevity, conciseness
zwięzły brief[1], concise, succinct
zwięźle concisely, succinctly
zwijać coil[2], roll[1]; ~ *coś* roll sth up; ~ się curl up; ~ się (w kłębek) curl up
zwilżać dampen; ~ (się) moisten
zwinąć (*ukraść*) lift[1], pinch[1], swipe[1]; → **zwijać**
zwinność agility
zwinny agile, nimble
zwiotczały flaccid
zwisać dangle, overhang
zwlekać procrastinate; nie ~ z *czymś* **rush**[1] to do sth
zwłaszcza especially, notably, not **least**[1]
zwłoka delay[2], time lag
zwłoki body, corpse; sekcja zwłok autopsy, post-mortem
zwodniczo deceptively
zwodniczy deceptive
zwodzić fool[2], beguile; ~ *kogoś* string sb along
zwolenni-k/czka adherent, advocate[2], exponent, follower, proponent, supporter; być zwolennikiem *czegoś* be in **favour**[1] of sth; lojaln-y/a ~ stalwart; zagorzał-y/a ~ *czegoś* a firm/great/strong, etc **believer** in sth/doing sth
zwolnić → **zwalniać**
zwolnienie (*wypuszczenie*) discharge[2], release[2]; (*z pracy*) layoff, redundancy; (*chorobowe*) sick leave; (*ulga*) exemption; ~ (z pracy) dismissal, severance, the **sack**[1]; ~ warunkowe parole
zwolniony (*bez obowiązku*) exempt[1]; (*z pracy*) redundant; ~ od podatku tax-free; być zwolnionym za kaucją be **bail**[2]ed; zwolnione tempo slow motion
zwołać summon; ~ spotkanie **call**[1] a meeting
zwój coil[1], scroll[1]
zwracać return[1], restore, reimburse; ~ *czyjąś* uwagę **grab**[1] sb's attention; ~ (*czyjąś*) uwagę na *coś/kogoś* **draw**[1] (sb's) attention to sth/sb, bring/draw (sb's) **attention** to sth/sb; ~ *komuś* uwagę tell sb off; ~ pieniądze refund[2]; ~ się do address[2], approach[2]; ~ się do *kogoś* turn to sb; ~ się do *kogoś* per *ktoś* **address**[2] sb as sth; ~ uwagę na acknowledge, note[2], spotlight; ~ uwagę (na *coś*) take **note**[1] (of sth); ~ uwagę na *kogoś/coś* **attach** importance to sb/sth, point sb/sth out; zwracający uwagę na -conscious; → **zwrócić**
zwrot (*zmiana*) climbdown, turnaround, shift[1], switch[2], twist[2]; (*powrót*) return[2]; (*odzyskanie*) recovery, reimbursement, restoration; (*wyrażenie*) expression, phrase[1]; ~ (nadpłaty) rebate; ~ (pieniędzy) refund[1]; ~ o 180 stopni U-turn; całkowity ~ U-turn; utarty ~ **stock**[3] phrase; zwroty (*z kupna*) returns outward; zwroty (*ze sprzedaży*) returns inward
zwrotka verse, stanza
zwrotny (*butelka*) returnable; (*zaimek*) reflexive; punkt ~ turning point
zwroty sales returns
zwrócić ~ (*coś*) throw (sth) up; ~ *coś* pay sth back; → **zwracać**
zwrócony być zwróconym point[2]; być zwróconym w kierunku face[2]
zwycięski triumphant, victorious
zwycięsko triumphantly; wychodzić ~ **come** off best/well
zwycięstwo triumph[1], victory, win[2]; łatwe ~ a **runaway**[1] victory; miażdżące ~ landslide; nieznaczne ~ a **narrow**[1] victory; osiągać łatwe ~ **cruise**[2] to success/victory, etc; pasmo zwycięstw a winning **streak**[1]; spektakularne ~ a **resounding** victory; wywalczyć ~ **scrape**[1] a win
zwycię-zca/żczyni victor, winner
zwyciężać prevail, triumph[2]
zwyczaj custom, habit; mieć *jakiś* ~ be in the **habit** of doing sth; zmienić ~ **break**[1] a habit/routine, etc
zwyczajnie (*swobodnie*) casually; (*po prostu*) cold[3]
zwyczajny common[1], ordinary, plain[1], run-of-the-mill, usual
zwyczajowo customarily
zwyczajowy customary, common-law
zwykle commonly, typically, generally, ordinarily, usually, routinely; ~ *coś robić l.* być *jakimś* **tend** to do sth; gorzej niż ~ below **par**; jak ~ as **usual**
zwykły usual, ordinary, lay[2]; ~ człowiek the man/person, etc in the **street**; poczta zwykła surface mail; ułamek ~ vulgar fraction; zwykli ludzie grass roots
zwymiotować ~ (*coś*) throw (sth) up; ~ *coś* bring sth up
zwyżka bull market
zwyżkować boom[2]
zwyżkowy tendencja zwyżkowa upturn
zygota zygote
zygzak zigzag; iść *l.* jechać zygzakiem zigzag
zysk gain[2], profit[1], return[2]; ~ netto net profit; osiągać ~ z *czegoś* profit from sth; podział zysku profit sharing; pokaźny ~ a **handsome** profit; zyski kapitałowe capital gains
zyskać gain[1]; ~ na *czymś* capitalize on sth; ~ przewagę get/gain the upper **hand**[1]; móc ~ *coś* **stand**[1] to gain sth
zyskiwać ~ na popularności gain **ground**[1]; ~ na wartości appreciate; ~ poparcie **gather** support
zżerać (*połykać*) scarf[2]; (*przeżerać*) corrode

Ź

źdźbło blade
źle badly, wrongly, ill[3], wrong[2], ill-; ~ dopasowany ill-fitting; ~ iść go **awry**; ~ kierować mismanage; ~ o *kimś* mówić speak **ill**[3] of sb; ~ ocenić misjudge, misread; ~ odczytać misread; ~ odłożony (*słuchawka*) off the **hook**[1]; ~ opłacany underpaid; ~ poinformować misinform; ~ policzyć miscalculate; ~ prowadzić mishandle; ~ przygotowany *l.* wyposażony ill-equipped; ~ rozumieć misunderstand; ~ się spisać **do**[2] badly; ~ się spisać z *czymś* make a bad **job** of sth; ~ się zachowywać act up, misbehave; ~ skończyć come to **grief**; ~ świadczyć o *kimś/czymś* reflect on sb/sth; ~ to odebrać take it **amiss**[2]; ~ ulokowany misplaced; ~ wróżyć **bode** ill; ~ zarządzać mismanage; ~ zrozumieć mistake[2], get (hold of) the wrong **end**[1] of the stick; Nie zrozum mnie ~ Don't get me **wrong**[2].

źrebak colt, foal
źrenica pupil
źródło source, reference, spring[1]; ~ *czegoś* the **root**[1] of sth; (dobre) ~ dochodów earner; ~ encyklopedyczne reference book; źródła odnawialne renewables; ~ utrzymania livelihood; mieć ~ w *czymś* be rooted in sth, stem from sth

Ż

żaba frog
żabi ~ skok a short **hop**[2]
żabka breaststroke
żaden no[2], none, neither[2], any[1], nil, non-existent; absolutnie ~ no... whatsoever; pod żadnym pozorem on no **account**[1]; not on any account; w żadnym wypadku in no **way**[1], not by any **stretch**[2] of the imagination, under no **circumstances**, Absolutely not.; za żadne skarby świata nie wouldn't be caught/seen **dead**[1]; żadna atrakcja non-event; żadna podróba the real **McCoy**; żadna tajemnica **common**[1] knowledge
żagiel sail[2]
żaglówka sailboat
żal grief, regret[2], sorrow, your **woes**; (*uraza*) grudge[1]; odchodzić od zmysłów z żalu be out of your **mind**[1] with grief; odczuwać ~ do/o resent; pełen żalu regretful; z żalem regretfully
żaluzja blind[3]; ~ (pozioma) venetian blind
żałoba grief, mourning; być pogrążonym w żałobie grieve; być w żałobie mourn; (pogrążony) w żałobie bereaved
żałobnik mourner
żałobny msza żałobna requiem
żałosny deplorable, dismal, doleful, forlorn, lamentable, pathetic, pitiful, plaintive, rueful, sad, woeful
żałość woe
żałośnie dismally, forlornly, miserably, pathetically, pitifully, ruefully, woefully
żałować be **sorry**, pity[2], regret[1], repent; (*skąpić*) begrudge, grudge[2]; ~ (sobie) *czegoś* /. na *coś* skimp on sth; żałować, że nie ... **wish**[1] (that)
żar embers
żarcie grub
żargon jargon
żarliwie fervently, passionately, zealously
żarliwość fervour
żarliwy passionate, fervent, zealous
żarłocznie voraciously
żarłoczność voracity
żarłoczny voracious
żarłok glutton, a big **eater**; nałogowy /. notoryczny ~ a **compulsive** eater
żaroodporny naczynie żaroodporne casserole
żarówka bulb, light bulb
żart banter, caper, hoax, quip; dla żartu for a **laugh**[2]; obracać *coś* w ~ laugh sth off; to nie ~ be no **joke**[1]; to nie żarty be no laughing **matter**[1]
żartem jokingly, in **jest**, tongue-in-cheek
żartobliwie playfully
żartobliwość playfulness
żartobliwy light-hearted, playful, tongue-in-cheek
żartować joke[2], kid[2], play **game**[1]s, quip; ~ (z) tease; ~ sobie z *kogoś/czegoś* make **fun**[1] of sb/sth; Chyba żartujesz! You must be joking!/ You're joking!
żartowni-ś/sia joker
żądać demand[2]; ~ żeby *ktoś coś zrobił* **require** sb to do sth
żądanie demand[1]; składać ~ **lodge**[2] a claim; ulegać żądaniom **yield**[1] to demands
żądny ~ krwi bloodthirsty
żądza lust[1]; ~ *czegoś* an **appetite** for sth
że that
żebrać beg, panhandle
żebra-k/czka beggar, panhandler
żebro rib
żeby to[1], **so**[2] (that); ~ (nie) **so**[1] as (not) to do sth
żeglarstwo sailing
żegla-rz/rka sailor
żeglować sail[1], navigate; ~ (po) browse
żeglowny navigable
żegluga navigation
żegnaj farewell
żel gel; ~ do prania detergent
żelatyna gelatine
żelazko iron[1]
żelazny iron[3], cast-iron, steely
żelazo iron[1]; kute ~ wrought iron
żelazonośny ferrous
żeliwny cast-iron
żeliwo cast iron
żenić ~ się marry
żenująco embarrassingly
żenujący embarrassing, disconcerting, unsavoury
żeński feminine, female[1]; płeć żeńska the female **sex**
żerdka perch[2]
żerować forage; ~ na *kimś* prey on/ upon sb
żeton token[1], counter[1]
żłobek creche, nursery, nursery school
żłopać guzzle, swig, swill[1]
żmija adder, viper
żmudny arduous, laborious
żniwa harvest[1]
żołądek stomach[1]; ból żołądka stomach ache; rozstrój żołądka a stomach/tummy **upset**[3], **upset**[1] stomach/tummy; utrzymać *coś* w żołądku keep sth down; w żołądku down[1]
żołądkowy gastric; sensacje żołądkowe a stomach/tummy **upset**[3], **upset**[1] stomach/tummy
żołądź acorn
żołnierz soldier, serviceman, combatant; ~ (amerykański) GI; ~ piechoty morskiej marine[2]; szeregowi żołnierze the **rank**[1]s; żołnierze troops
żona wife
żonaty married
żongler juggler
żonglować juggle
żonkil daffodil
żółciowy drogi żółciowe bile duct; woreczek /. pęcherzyk ~ gall bladder
żółć bile
żółtaczka hepatitis, jaundice
żółtko yolk
żółtobrązowy tawny
żółtozielony lime; (kolor) ~ lime
żółty yellow, amber; (kolor) ~ yellow, amber; żółta kartka yellow card
żółw tortoise; ~ (wodny /. morski) turtle
żółwi żółwie tempo crawl[2]
żrący caustic, corrosive
żuchwa mandible
żuć chew; guma do żucia chewing gum
żuk beetle
żuraw crane[1]
żurawina cranberry
żuwaczka mandible
żwawo briskly
żwawy brisk, sprightly
żwir gravel, grit[1]
życie life, lifetime; ~ codzienne **daily**[1] life; ~ domowe /. rodzinne domesticity; ~ intymne sex life; ~ klubowe the club **scene**; ~ na wsi/ zdrowe ~ *itp.* country/healthy, etc **living**[1]; ~ nocne nightlife; ~ pod kloszem a **sheltered** existence/life/ upbringing, etc; ~ rodzinne/ prywatne/intymne *itp.* family/private/ sex, etc **life**; bez środków do życia destitute, down-and-out; bez życia lifeless; brać, co ~ przynosi take the **rough**[2] with the smooth; budzić się do życia **spring**[2] to life; darować *komuś* ~ **spare**[3] sb's life; długość życia lifespan; film z życia a **fly**[2]-on-the-wall documentary/film; groźny dla życia life-threatening; kwestia życia lub śmierci a **matter**[1] of life and/or death; na całe ~ lifelong; nigdy w życiu fat **chance**[1]; pełen życia vital, vivacious; poświęcić życie *czemuś* **dedicate** your life/yourself to sth; poziom życia standard of living; pozostały przy życiu survivor; prowadzić aktywne/normalne/spokojne *itp.* ~ **lead**[1] a busy/normal/quiet, etc life; *czyjeś* prywatne ~ sb's **private**[1] life; (*czyjś*) sposób na ~ a/ sb's **way**[1] of life; stracić ~ **lose** your life; styl życia lifestyle; średnia długość życia life expectancy; Takie jest życie. That's **life**.; tchnąć w *kogoś* nowe ~ give sb a new **lease**[1] of life; tętniący życiem alive, bustling, vibrant; tętnić życiem be **hum**[1]ming; ubezpieczenie na ~ life insurance; utrzymywać się przy życiu subsist; w ~ (*wchodzić*) into **force**[1]; walczyć o ~ be **fight**[1]ing for your

life; wchodzić w ~ become/be **effective**, come/go into **effect**[1]; wprowadzać *coś* w ~ put something into **practice**; zamach na *czyjeś* ~ an **attempt**[1] on sb's life; zarabiać na ~ **earn** a/your living

życiorys CV, résumé

życiowy lifelong; cykl ~ life cycle; stopa życiowa standard of living; życiowa szansa a **golden** opportunity

życzenie wish[2]; na własne ~ self-inflicted; pobożne życzenia wishful thinking; spełniać życzenia appease; wbrew *czyimś* życzeniom **against** sb's wishes; zgodnie z *czyimś* życzeniem to sb's **satisfaction**

życzliwie kindly[1], sympathetically

życzliwość kindness, friendliness, benevolence; brak życzliwości unkindness; okazywać ~ befriend

życzliwy kind[2], kind-hearted, sympathetic, friendly[1], good-natured, benevolent; życzliwie *kogoś* przyjmować make sb (feel) **welcome**[3]

życzyć ~ sobie *coś zrobić* **wish**[1] to do sth; ~ *komuś* szczęścia/sukcesów *itp.* **wish**[1] sb luck/success, etc

żyć live[1], exist; ~ *czymś* be **buoy**[2]ed (up) by sth, be **full**[1] of sth; ~ dla *czegoś/kogoś* live for sth/sb; ~ na/o *czymś* live on sth; ~ po spartańsku **rough**[4] it; ~ w prymitywnych warunkach **rough**[4] it; ~ z *czegoś* live on sth; ~ z *czymś* live with sth; ~ z *kimś* live with sb; ~ z *kimś* (na kocią łapę) shack up with sb; ~ ze sobą live together; ciągle ~ live on

Żyd Jew

żydowski Jewish; kalendarz ~ the Jewish **calendar**

żyjący living[2]

żylasty wiry

żyletka razor blade

żyła vein; ~ główna vena cava; ~ wrotna portal vein; ~ złota bonanza, earner, gold mine; mrożący krew w żyłach blood-curdling, chilling

żyłka vein, venule; line[1]

żyrafa giraffe

żyrandol chandelier

żyto rye

żywica resin

żywiciel/ka ~ (rodziny) breadwinner

żywić (*odżywiać*) nourish; (*nosić w sobie*) harbour[2], nurse[2]; ~ się feed[1]; ~ się *czymś* live on sth; się padliną *l.* odpadkami scavenge

żywieniowiec nutritionist

żywioł the **elements**; być w swoim żywiole be in your **element**

żywnościowy artykuł ~ foodstuff

żywność food; folia do żywności clingfilm, plastic wrap; niezdrowa ~ junk food; zdrowa ~ wholefood

żywo keenly; na ~ live, in the **flesh**

żywopłot hedge[1]

żywot zakończyć ~ bite the **dust**[1]

żywotność life, bounce[2], lifespan

żywy alive, live[2], living[2], fresh, lively, vibrant, vivid; ~ inwentarz livestock; ~ trup zombie; żywa dusza soul

żyzność fertility

żyzny fertile

Czasowniki nieregularne

Poniższa lista podaje czasowniki w ich formie bezokolicznika, czasu przeszłego oraz imiesłowu przeszłego. Jeśli podane są dwa warianty jakiejś formy, każda z nich może odnosić się do innego znaczenia; w słowniku pod odpowiednimi hasłami podane są wyjaśnienia obu tych znaczeń.

bezokolicznik	czas przeszły	imiesłów przeszły
arise	arose	arisen
awake	awoke	awoken
be	was/were	been
bear	bore	borne
beat	beat	beaten, also *US* beat
become	became	become
befall	befell	befallen
begin	began	begun
bend	bent	bent
bet	bet, betted	bet, betted
bid	bid, bade	bid, bidden
bind	bound	bound
bite	bit	bitten
bleed	bled	bled
blow	blew	blown
break	broke	broken
breed	bred	bred
bring	brought	brought
broadcast	broadcast, also *US* broadcasted	broadcast, also *US* broadcasted
build	built	built
burn	burnt, burned	burnt, burned
burst	burst	burst
bust	bust, *US* busted	bust, *US* busted
buy	bought	bought
cast	cast	cast
catch	caught	caught
choose	chose	chosen
cling	clung	clung
come	came	come
cost	cost	cost
creep	crept	crept
cut	cut	cut
deal	dealt	dealt
dig	dug	dug
dive	dived, also *US* dove	dived
draw	drew	drawn
dream	dreamed, dreamt	dreamed, dreamt
drink	drank	drunk
drive	drove	driven
dwell	dwelt, dwelled	dwelt, dwelled
eat	ate	eaten
feed	fed	fed
fall	fell	fallen
feel	felt	felt
fight	fought	fought
find	found	found
flee	fled	fled
fling	flung	flung
fly	flew	flown
forbid	forbade	forbidden
forecast	forecast, forecasted	forecast, forecasted
foresee	foresaw	foreseen
forget	forgot	forgotten
forgive	forgave	forgiven
forgo	forwent	forgone
forsake	forsook	forsaken
freeze	froze	frozen
get	got	got, also *US* gotten
give	gave	given
go	went	gone
grind	ground	ground
grow	grew	grown
hang	hung, hanged	hung, hanged
have	had	had
hear	heard	heard
hide	hid	hidden
hit	hit	hit
hold	held	held
hurt	hurt	hurt
input	inputted, input	inputted, input
keep	kept	kept
kneel	knelt, kneeled	knelt, kneeled

bezokolicznik	czas przeszły	imiesłów przeszły
know	knew	known
lay	laid	laid
lead	led	led
lean	leaned, also *UK* leant	leaned, also *UK* leant
leap	leapt, leaped	leapt, leaped
learn	learned, also *UK* learnt	learned, also *UK* learnt
leave	left	left
lend	lent	lent
let	let	let
lie	lay	lain
light	lit, lighted	lit, lighted
lose	lost	lost
make	made	made
mean	meant	meant
meet	met	met
mislay	mislaid	mislain
mislead	misled	misled
misread	misread	misread
misspell	misspelled, also *UK* misspelt	misspelled, also *UK* misspelt
mistake	mistook	mistaken
misunderstand	misunderstood	misunderstood
mow	mowed	mown, mowed
outdo	outdid	outdone
outgrow	outgrew	outgrown
overcome	overcame	overcome
overdo	overdid	overdone
overhang	overhung	overhung
overhear	overheard	overheard
override	overrid	overridden
overrun	overran	overrun
oversee	oversaw	overseen
oversleep	overslept	overslept
overtake	overtook	overtaken
overthrow	overthrew	overthrown
pay	paid	paid
plead	pleaded, also *US* pled	pleaded, also *US* pled
prove	proved, proven	proved, proven
put	put	put
quit	quit	quit
read	read	read
rebuild	rebuilt	rebuilt
repay	repaid	repaid
rethink	rethought	rethought

bezokolicznik	czas przeszły	imiesłów przeszły
rewind	rewound	rewound
rewrite	rewrote	rewritten
rid	rid	rid
ride	rode	ridden
ring	rang	rung
rise	rose	risen
run	ran	run
saw	sawed	sawn, also *US* sawed
say	said	said
see	saw	seen
seek	sought	sought
sell	sold	sold
send	sent	sent
set	set	set
sew	sewed	sewn, sewed
shake	shook	shaken
shed	shed	shed
shine	shone	shone
shoot	shot	shot
show	showed	shown, showed
shrink	shrank	shrunk
shut	shut	shut
sing	sang	sung
sink	sank	sunk
sit	sat	sat
slay	slew	slain
sleep	slept	slept
slide	slid	slid
slit	slit	slit
smell	smelled, also *UK* smelt	smelled, also *UK* smelt
sow	sowed	sown, sowed
speak	spoke	spoken
speed	sped, speeded	sped, speeded
spell	spelled, also *UK* spelt	spelled, also *UK* spelt
spend	spent	spent
spill	spilled, also *UK* spilt	spilled, also *UK* spilt
spin	spun	spun
spit	spat, also *US* spit	spat, also *US* spit
split	split	split
spoil	spoiled, spoilt	spoiled, spoilt
spread	spread	spread
spring	sprang	sprung

bezokolicznik	czas przeszły	imiesłów przeszły
stand	stood	stood
steal	stole	stolen
stick	stuck	stuck
sting	stung	stung
stink	stank, also *US* stunk	stunk
stride	strode	strode
strike	struck	struck
string	strung	strung
strive	strove	striven
swear	swore	sworn
sweep	swept	swept
swell	swelled	swollen, swelled
swim	swam	swum
swing	swung	swung
take	took	taken
teach	taught	taught
tear	tore	torn
tell	told	told
think	thought	thought
thrust	thrust	thrust
throw	threw	thrown
tread	trod	trodden
undercut	undercut	undercut
undergo	underwent	undergone
understand	understood	understood
undertake	undertook	undertaken
undo	undid	undone
unwind	unwound	unwound
uphold	upheld	upheld
upset	upset	upset
wake	woke	woken
wear	wore	worn
weave	wove, weaved	woven, weaved
weep	wept	wept
wet	wet, wetted	wet, wetted
win	won	won
wind	wound	wound
withdraw	withdrew	withdrawn
withstand	withstood	withstood
withhold	withheld	withheld
wring	wrung	wrung
write	wrote	written

Wymowa

iː	s**ee**	aɪ	m**y**	f	**f**at
i	bab**y**	ɔɪ	b**oy**	v	**v**an
ɪ	s**i**t	aʊ	h**ow**	θ	**th**in
e	b**e**d	ɪə	n**ear**	ð	**th**is
æ	c**a**t	eə	h**air**	s	**s**un
ɑː	f**a**ther	ʊə	p**ure**	z	**z**oo
ɒ	h**o**t	aɪə	f**ire**	ʃ	**sh**e
ɔː	s**aw**	aʊə	s**our**	ʒ	deci**s**ion
uː	t**oo**			h	**h**at
u	infl**u**ence	p	**p**en	m	**m**ap
ʊ	p**u**t	b	**b**ee	n	**n**ame
ʌ	r**u**n	t	**t**en	ŋ	ri**ng**
ɜː	b**ir**d	d	**d**o	l	**l**ight
ə	**a**go	k	**c**at	r	**r**ed
		g	**g**o	j	**y**es
eɪ	d**ay**	tʃ	**ch**ip	w	**w**et
əʊ	n**o**	dʒ	**j**ar		

^{ə} jak w wyrazie **sudden** /ˈsʌd^{ə}n/ oznacza, że dany dźwięk może, ale nie musi, być wymówiony. Wyraz **sudden** można wypowiedzieć albo jako /ˈsʌdən/, albo jako /ˈsʌdn/.

^{r} jak w wyrazie **teacher** /ˈtiːtʃə^{r}/ jest wymawiane w brytyjskiej angielszczyźniej, jeśli po tym dźwięku następuje dźwięk samogłoski a nie spółgłoski. Natomiast w amerykańskiej angielszczyźnie ten dźwięk jest wymawiany zawsze.

ˈ wskazuje akcent główny, czyli tę część słowa, która wypowiadana jest najmocniej, przykładowo **about** /əˈbaʊt/.

ˌ wskazuje akcent poboczny, czyli tę część słowa, która jest wypowiadana mocno, ale nie tak mocno jak ta oznaczona akcentem głównym ˈ, na przykład pierwsza sylaba w wyrazie **information** ma akcent poboczny /ˌɪnfəˈmeɪʃ^{ə}n/.